D1618600

Beck'sches Formularbuch
für die
Anwaltskanzlei

Beck'sches Formularbuch für die Anwaltskanzlei

Herausgegeben von

Volker G. Heinz

Barrister-at-Law, London
Scrivener Notary, London
Rechtsanwalt und Notar a.D. in Berlin

und

Dr. Thomas Ritter

Rechtsanwalt und Fachanwalt für Arbeitsrecht in Berlin

Bearbeitet von:

Dr. Astrid Auer-Reinsdorff, Rechtsanwältin in Berlin und Lissabon; *Klaus-Jörg Diwo*, Rechtsanwalt in Freiburg; *Prof. Dr. Carmen Griesel*, Rechtsanwältin und Steuerberaterin in Düsseldorf; *Dr. Peter Hamacher*, Rechtsanwalt in Köln; *Volker G. Heinz*, Rechtsanwalt und Notar a.D. in Berlin; *Prof Dr. Martin Henssler*, Dekan der Rechtswissenschaftlichen Fakultät der Universität zu Köln; *Klaus Hoffmann*, Rechtsanwalt und Diplom-Verwaltungswirt (FH) in München; *Jan Horn*, Rechtsanwalt in Berlin; *Hartmut Kilger*, Rechtsanwalt in Tübingen; *Dr. Matthias Kilian*, Rechtsanwalt und Akademischer Rat an der Universität zu Köln; *Prof Dr. Peter Knief*, Unternehmensberater in Köln; *Felix Müller*, Betriebswirt (VWA) in Hamburg; *Dr. Christof Münch*, Notar in Kitzingen; *Marion Pietrusky*, Rechtsanwältin und Hauptgeschäftsführerin der Rechtsanwaltskammer Berlin; *Prof Dr. Hermann Plagemann*, Rechtsanwalt in Frankfurt am Main; *Prof. Rolf Rattunde*, Rechtsanwalt und Notar in Berlin; *Dr. Wolf-Georg Freiherr von Rechenberg*, Rechtsanwalt und Steuerberater in Berlin; *Wolf J. Reuter*, LL.M., Rechtsanwalt in Berlin; *Dr. Thomas Ritter*, Rechtsanwalt in Berlin; *Holger Sassenbach*, Ass. jur. in München; *Stefan C. Schmidt*, Rechtsanwalt in Mainz; *Christoph H. Vaagt*, Rechtsanwalt in München; *Peter Weber*, Rechtsanwalt in Karlsruhe.

2014

C.H.BECK

Zitiervorschläge:
BeckFormB Anwaltskanzlei/*Bearbeiter* A. I. 1 (Formularzitat)
BeckFormB Anwaltskanzlei/*Bearbeiter* A. I. 1 Anm. 1 (Anmerkungszitat)

www.beck.de

ISBN 978 3 406 64976 9

© 2014 Verlag C. H. Beck oHG
Wilhelmstraße 9, 80801 München
Satz: Reemers Publishing Services GmbH, Krefeld
Druck und Bindung: Druckerei C. H. Beck Nördlingen
(Adresse wie Verlag)

Gedruckt auf säurefreiem, alterungsbeständigem Papier
(hergestellt aus chlorfrei gebleichtem Zellstoff)

Vorwort zur 1. Auflage

Nach der Stellungnahme der Bundesrechtsanwaltskammer Nr. 17/2014 zur Mitteilung der Europäischen Kommission zur Bewertung der nationalen Reglementierungen des Berufszugangs (COM(2013) 676 final) ist die Zahl der zugelassenen Rechtsanwälte von 12.844 in den 50-iger Jahren auf 162.695 im März 2014 angestiegen. Dabei hat sich in diesem Zeitraum nicht nur die Zahl der Rechtsanwälte, sondern auch deren Rechtsstellung erheblich verändert. So hatte das Bundesverfassungsgericht in der Zeugenbeistandsentscheidung vom 8.10.1974 noch ausgesprochen, dass der Beruf des Rechtsanwalts ein staatlich gebundener Vertrauensberuf ist, der dem Anwalt eine auf Wahrheit und Gerechtigkeit verpflichtete, amtsähnliche Stellung zuweist (BVerfG NJW 1975, 103). In der Folgezeit hat sich das Berufsbild des Rechtsanwaltes in Richtung eines marktwirtschaftlich orientierten und unternehmerisch denkenden und arbeitenden Dienstleisters entwickelt. In diese Richtung wirkt auch die bereits eingangs zitierte Transparenzinitiative der Europäischen Kommission.

Angesichts dieser Entwicklung besteht ein wachsendes Bedürfnis für ein Formularbuch für die Anwaltskanzlei bzw. das Anwaltsunternehmen, in dem die für den Rechtsanwalt und sein Anwaltsunternehmen relevanten Vertragsmuster, Erklärungen, Anträge etc. zu finden sind. Herr Dr. Burkhard Schröder vom Verlag C.H.BECK war der ursprüngliche Ideengeber für dieses Projekt. Die Unterzeichner wagten die Übernahme der Herausgeberschaft. Das Werk, zunächst auf ca. 1.000 Seiten konzipiert, hat allerdings schon in der 1. Auflage einen Umfang von rund 1.600 Seiten erreicht, was Größe und Schwierigkeit dieses Projektes erahnen lässt.

Das nunmehr erstmals vorliegende „Beck'sche Formularbuch für die Anwaltskanzlei" richtet sich an angehende und arrivierte Rechtsanwälte sowie deren Mitarbeiter. Es gibt ihnen Arbeitshilfen für die regelmäßig in der Kanzlei anfallenden Strukturierungs-, Verwaltungs- und Organisationsaufgaben an die Hand. Von den Fragen der Anwaltszulassung über die Kanzleigründung bis hin zur potentiellen Kanzleifusion oder Abwicklung werden sämtliche Themengebiete anhand ausführlich kommentierter Formulare, Muster und Checklisten veranschaulicht. Das Werk richtet sich dabei an Kanzleien jeder Größe und Rechtsform und deckt so ein breites Themenspektrum ab. Der Rechtsanwalt findet über zeitsparende Arbeitshilfen in einem Band alles das, was er zu seiner standesgemäßen Berufsausübung benötigt. Betriebswirtschaftliche und steuerliche Themen der Kanzleiführung werden ebenso wie die für den Anwaltsnotar wichtigen Bestimmungen und die populären englisch-rechtlichen Organisationsformen LLP und Limited eingehend behandelt.

Begleitet wurde die Fertigstellung des Werkes von mehreren für die anwaltliche Berufsausübung relevanten Gesetzesänderungen – wie beispielsweise dem 2. Kostenrechtsmodernisierungsgesetz im Sommer 2013 – und gerichtlichen Entscheidungen mit erheblichen Auswirkungen für die Rechtsstellung des Rechtsanwalts, zuletzt etwa der Entscheidung des Bundessozialgerichtes vom 3.4.2014 – B 5 RE 13/14 R – zur Rentenversicherungspflicht der Syndikusanwälte.

Mit Blick auf die Vielgestaltigkeit anwaltlicher Berufsausübung und die Fülle der im Bereich des Anwaltsunternehmens auftretenden Rechts- und Organisationsprobleme kann das zugegebenermaßen hochgesteckte Ziel eines umfassenden Formularbuchs für die Anwaltskanzlei – zumal in einer Erstauflage – nur unvollkommen erreicht werden, weshalb sich die Autoren und Herausgeber über sachdienliche Hinweise, konstruktive Kritik und Lob gleichermaßen freuen. Es braucht wohl auch nicht darauf hingewiesen zu werden, dass die Formulare nur als Grundlage für die berufliche Arbeit gedacht sind und je nach dem konkreten Sachverhalt und dem Stil der Rechtsanwältin oder des Rechtsanwaltes abgeändert werden müssen. Wie stets kann auch dieses Formularbuch wie auch die beigefügte CD-ROM eine individuelle und auf den Einzelfall zugeschnittene Prüfung nicht ersetzen.

Wir danken den sachkundigen und stets hilfsbereiten Lektoren des Verlages und den Autoren für ihre engagierte Arbeit und die kollegiale Zusammenarbeit. Besonderer Dank geht dabei an die Kollegen, die hier kurzfristig Teile des Buches übernommen haben oder die gerade noch jüngst ergangene, erhebliche Rechtsprechungs- und Gesetzesänderungen einarbeiten mussten.

Berlin, im Mai 2014

Volker G. Heinz
Rechtsanwalt & Notar a. D.
Barrister-At-Law London
Scrivener Notary London

Dr. Thomas Ritter
Rechtsanwalt
Fachanwalt für Arbeitsrecht

Inhaltsübersicht

Inhaltsverzeichnis

A. Anwaltszulassung und Kanzleigründung

B. Gemeinschaftliche Berufsausübung

C. Altersvorsorge und Vermögensnachfolge

D. Krankenversicherung und weitere persönliche Versicherungen

E. Betriebliche Versicherungen

F. Kanzleiräume und EDV-Ausstattung – Checkliste/Fragebogen

G. Begründung des Mandats

H. Laufendes Mandat

I. Beendigung des Anwaltsvertrags

J. Beschäftigungsverhältnisse

K. Ausbildungsverhältnisse

L. Informationstechnologie, Datenschutz und Outsourcing

M. Krise und Insolvenz

N. Buchführung, Finanzbuchhaltung und Auswertungen

O. Steuerrecht

P. Kanzleiverwaltung und Kanzleientwicklung

Q. Syndikusanwälte

R. Anwaltsnotare

S. Ausländische und transnationale Kooperationsformen

Verzeichnis der Bearbeiter

Dr. Astrid Auer-Reinsdorff
KANZLEI AUER
Berlin und Lissabon .... F. II.; L.

Klaus-Jörg Diwo
DIWO & FALK, RECHTSANWÄLTE,
STEUERBERATER, VEREIDIGTE
BUCHPRÜFER
Freiburg .... D. II.; V.

Prof. Dr. Carmen Griesel
GKM BERATUNGSGRUPPE
Düsseldorf .... O.

Dr. Peter Hamacher
LATZ RECHTSANWÄLTE
Köln .... Q.

Volker G. Heinz
HEINZ & RITTER –
INTERNATIONAL LEGAL SERVICES
Berlin .... R.; S.

Prof. Dr. Martin Henssler
INSTITUT FÜR ARBEITS- UND
WIRTSCHAFTSRECHT AN DER
UNIVERSITÄT ZU KÖLN
Köln .... B. I. 1–3

Klaus Hoffmann
HOFFMANN & GRESS
RECHTSANWÄLTE
München .... F. I. 8

Jan Horn
ARBEITSGEMEINSCHAFT
BERUFSSTÄNDISCHER
VERSORGUNGSEINRICHTUNGEN e.V.
Berlin .... C. I.–VII.

Hartmut Kilger
KILGER UND REIN – FACHANWÄLTE
FÜR SOZIALRECHT
Tübingen .... C. I.-VII.

Dr. Matthias Kilian
INSTITUT FÜR ARBEITS- UND
WIRTSCHAFTSRECHT AN DER
UNIVERSITÄT ZU KÖLN
Köln .... B. I. 1, 2, 4–9

Prof. Dr. Peter Knief
„I+Q" INNOVATION + QUALITÄT
UNTERNEHMENS-BERATUNG
Köln .... N.

Felix Müller
BRASE & COLLEGEN AG
Hamburg .... E.

Dr. Christof Münch
Kitzingen .... C. VIII.

Marion Pietrusky
RECHTSANWALTSKAMMER BERLIN
Berlin .... A. I.

Prof. Dr. Hermann Plagemann
PLAGEMANN RECHTSANWÄLTE
Frankfurt am Main .... D. I.

Prof. Rolf Rattunde
LEONHARDT RATTUNDE
Berlin .... M.

Dr. Wolf-Georg Freiherr von Rechenberg
CMS HASCHE SIGLE
Berlin .... B. II.

Wolf J. Reuter, L.L.M.
BREITEN BURKHARDT
RECHTSANWALTSGESELLSCHAFT MBH
Berlin .... K.

Dr. Thomas Ritter
HEINZ & RITTER –
INTERNATIONAL LEGAL SERVICES
Berlin .... G.; H.; I.; J.

Holger Sassenbach
BRASE & COLLEGEN AG
München .... E.

Stefan C. Schmidt
BETTE WESTENBERGER BRINK
Mainz .... D. I.

Christoph H. Vaagt
LAW FIRM CHANGE CONSULTANTS
München .... A. II; P.

Peter Weber
HANNEMANN, ECKL & MOERSCH
RECHTSANWÄLTE
Karlsruhe .... F. I. 1–7

Abkürzungs- und Literaturverzeichnis

Hinweis: Literatur, die nur Bezug zu speziellen Abschnitte oder Formularen hat, wird dort aufgeführt (insbesondere Zeitschriftenaufsätze).

a.	auch
aA	andere Ansicht
aaO	am angegebenen Ort
abgedr.	abgedruckt
ABl	Amtsblatt der Europäischen Union
abl.	ablehnend
Abs.	Absatz
Abschn.	Abschnitt
Abt.	Abteilung
abw.	abweichend
AcP	Archiv für die civilistische Praxis
Adler/Düring/Schmaltz	Rechnungslegung und Prüfung der Unternehmen (Loseblattwerk)
ADSp	Allgemeine Deutsche Spediteurbedingungen
aE	am Ende
Änd.	Änderung
ÄndG	Gesetz zur Änderung
AEAO	Anwendungserlass zur Abgabenordnung
AEUV	Vertag über die Arbeitsweise der Europäischen Union
aF	alte Fassung
AfA	Absetzung für Abnutzung
AFG	Arbeitsförderungsgesetz
AG	Amtsgericht/ Aktiengesellschaft/ Die Aktiengesellschaft (Zeitschrift)/ Ausführungsgesetz
AGB	Allgemeine Geschäftsbedingungen
AGBG	Gesetz zur Regelung des Rechts der Allgemeinen Geschäftsbedingungen
AGH	Anwaltsgerichtshof
AGS	Anwaltsgebühren Spezial
AHB	Allgemeine Haftpflichtversicherungsbedingungen
AktG	Aktiengesetz
allg.	allgemein
Alt.	Alternative
aM	anderer Meinung
amtl.	amtlich
amtl. Begr.	Amtliche Begründung
AnfG	Anfechtungsgesetz
Anh.	Anhang
Anl.	Anlage
Anm.	Anmerkung
Anwalt	Anwalt. Das Magazin (Zeitschrift)
AnwBl.	Anwaltsblatt, herausgegeben vom Deutschen Anwaltverein
AnwG	Anwaltsgericht
Anz.	Anzeiger
AO	Abgabenordnung

AP	Arbeitsrechtliche Praxis
ApG	Apothekengesetz
ApZ	Deutsche Apotheker-Zeitung
ArbG	Arbeitgeber/ Arbeitsgericht
ArbGG	Arbeitsgerichtsgesetz
ArbN	Arbeitnehmer
ArbPlSchG	Arbeitsplatzschutzgesetz
ArbRSamml.	Arbeitsrechtssammlung mit Entscheidung des Reichsarbeits-gerichts, der Landesarbeitsgerichte und Arbeitsgerichte
ArbuR	Arbeit und Recht
ArbZG	Arbeitszeitgesetz
arg.	argumentum
Arndt	Kommentar zur Bundesnotarordnung, 7. Aufl. 2012
Art.	Artikel
ATV	Allgemeine technische Vorschriften für Bauleistungen
AÜG	Gesetz zur Regelung der gewerbsmäßigen Arbeitnehmer-überlassung
Aufl.	Auflage
AuR	Arbeit und Recht
AusfG	Ausführungsgesetz
AV	Allgemeine Verfügung
AVB	Allgemeine Versicherungsbedingungen
AVG	Angestelltenversicherungsgesetz
AVO	Ausführungsverordnung
AWD	Außenwirtschaftsdienst des Betriebs-Beraters
Az	Aktenzeichen
AZO	Arbeitszeitordnung
B	Bundes-
Bärmann	Wohnungseigentumsgesetz, WEG, 12. Aufl. 2013
Bärmann/Seuß	Praxis des Wohnungseigentums, 6. Aufl. 2013
Bad.-Württ.	Baden-Württemberg
BAG	Bundesarbeitsgericht, auch Entscheidungen des Bundesarbeits-gerichts
BAnstArb.	Bundesanstalt für Arbeit
BAnz.	Bundesanzeiger
BauGB	Baugesetzbuch
Baumbach/Hopt	Kommentar zum Handelsgesetzbuch, 36. Aufl. 2014
Baumbach/Hefermehl/ *Casper*	Wechselgesetz und Scheckgesetz, Recht der elektronischen Zahlungs-mittel, 23. Aufl. 2008
Baumbach/Hueck	GmbH-Gesetz, 20. Aufl. 2013
Baumbach/Lauterbach/ *Albers/Hartmann*	Kommentar zur Zivilprozessordnung, 72. Aufl. 2014
BauR	Baurecht (Jahr u. Seite)
Bay	bayerisch, Bayern
BayObLG	Bayerisches Oberstes Landesgericht
BayObLGZ	Entscheidungen des Bayerischen Obersten Landesgerichts in Zivilsachen
BayVBl.	Bayerisches Verwaltungsblatt
BB	Betriebs-Berater
BBG	Bundesbeamtengesetz
BBiG	Berufsbildungsgesetz
BBodSchG	Bundesbodenschutzgesetz
BBR-RA	Besondere Bedingungen für Rechts- und Patenanwälte
Bd.	Band

BDHE	Entscheidungen des Bundesdisziplinarhofes
BDO	Bundesdisziplinarordnung
BDSG	Bundesdatenschutzgesetz
BeckBilKomm	Beck'scher Bilanzkommentar, hrsg. v. *Förschle ua*, 9. Aufl. 2014
BeckFormB ArbR	Beck'sches Formularbuch Arbeitsrecht, hrsg. v. *Klemm/Kornbichler/Ubber/Löw ua*, 2. Aufl. 2009
BeckFormB AktR	Beck'sches Formularbuch Aktienrecht, hrsg. v. *Lorz/Pfisterer/Gerber*, 2. Aufl. 2014
BeckFormB BHW	Beck'sches Formularbuch Bürgerliches, Handels- und Wirtschaftsrecht, hrsg. v. *Hoffmann-Becking/Rawert*, 11. Aufl. 2013
BeckFormB ErbR	Beck'sches Formularbuch Erbrecht, hrgs. v. *Brambring/Mutter*, 3. Aufl. 2014
BeckFormB FamR	Beck'sches Formularbuch Familienrecht, hrsg. v. *Bergschneider*, 4. Aufl. 2013
BeckFormB GmbHR	Beck'sches Formularbuch GmbH-Recht, hrsg. v. *Lorz/Pfisterer/Gerber*, 2010
BeckFormB ImmobilienR	Beck'sches Formularbuch Immobilienrecht, hrsg. v. *Weise/Forst*, 2. Aufl. 2014
Beck FormB ITR	Beck'sches Formularbuch IT-Recht, hrsg. v. *Weitnauer*, 3. Aufl. 2012
BeckFormB M&A	Beck'sches Formularbuch Mergers & Acquisitions, hrsg. v. *Seibt*, 2. Aufl. 2011
BeckFormB MietR	Beck'sches Formularbuch Mietrecht, hrsg. v. *Nies/Gies*, 4. Aufl. 2013
BeckFormB VergabeR	Beck'sches Formularbuch Vergaberecht, hrsg. v. *Prieß/Hausmann/Kulartz*, 2. Aufl. 2011
BeckFormB ZivilR	Beck'sches Formularbuch Zivil-, Wirtschafts- und Unternehmens-recht: Deutsch-Englisch, hrsg. v. *Walz*, 3. Aufl. 2014
BeckHdb PersGesR	Handbuch der Personengesellschaften, Gesellschaftsrecht, Steuerrecht, hrsg. v. *Prinz/Hoffmann*, 4. Aufl. 2014
BeckMHdB ITR	Beck'sches Mandatshandbuch IT Recht, hrsg. v. *Auer-Reinsdorff/Conrad*, 2011
BeckNotar-Hdb	Beck'sches Notarhandbuch, hrsg. v. *Brambring/Jerschke*, 5. Aufl. 2009
BeckRA-HdB	Beck'sches Rechtsanwaltshandbuch, hrsg. v. *Büchting/Heussen*, 10. Aufl. 2011
BeckOF	Beck'sche Online-Formulare
BeckOK	Beck'scher Online-Kommentar
BeckRS	Beck-Online Rechtsprechungssammlung
begl.	beglaubigt
Begr.	Begriff, Begründung
Beil.	Beilage
ber.	bereinigt
BerlAnwBl.	Berliner Anwaltsblatt
bes.	besonders
Beschl.	Beschluss
Beschw.	Beschwerde
bestr.	bestritten
betr.	betreffend
Betr.	Der Betrieb (Jahr u. Seite)
BetrAVG	Gesetz zur Verbesserung der betrieblichen Altersversorgung
BetrVG	Betriebsverfassungsgesetz
BeurkG	Beurkundungsgesetz

BewG	Bewertungsgesetz
BFH	Bundesfinanzhof
BFHE	Sammlung der Entscheidungen des Bundesfinanzhofs
BFuP	Betriebswirtschaftliche Forschung und Praxis Gutachten des Bundesfinanzhofs (Band u. Seite)
BG	Beamtengesetz (der Länder)
BGB	Bürgerliches Gesetzbuch
BGBl.	Bundesgesetzblatt
BGH	Bundesgerichtshof
BGHZ	Entscheidungen des Bundesgerichtshofs in Zivilsachen
BGHSt	Entscheidungen des BGH in Strafsachen
BGHZ	Entscheidungen des BGH in Zivilsachen
BilMoG	Gesetz zur Modernisierung des Bilanzrechts
BImSchG	Bundesimmissionsschutzgesetz
Binz GmbH & Co	Die GmbH & Co. KG, hrsg. v. *Binz/Sorg*, 11. Aufl. 2010
BK	Bonner Kommentar zum Grundgesetz, Loseblattsammlung
BKartA	Bundeskartellamt
BKGG	Bundeskindergeldgesetz
Bl.	Blatt
BMF	Bundesminister(ium) der Finanzen
BMinG	Bundesministergesetz
BMJV	Bundesministerium der Justiz und für Verbraucherschutz
BMJ	Bundesministerium der Justiz
BMT-G	Bundesmanteltarifvertrag gemeindlicher Verwaltungen und Betriebe
BMWi	Bundesminister(ium) für Wirtschaft
BNotK	Bundesnotarkammer
BNotO	Bundesnotarordnung
BOE	Boletin Oficial del Esstado
BORA	Berufsordnung
BOStB	Berufsordnung der Bundessteuerberaterkammer
Borgmann/Jungk/Grams	Anwaltshaftung 4. Aufl. 2005
BRAGO	Bundesgebührenordnung für Rechtsanwälte
BRAK	Bundesrechtsanwaltskammer
BRAK-Mitt.	BRAK-Mitteilungen, herausgegeben von der BRAK
BRAO	Bundesrechtsanwaltsordnung
BR-Drs.	Bundesrats-Drucksache (Nummer/Jahr)
BremGBl.	Gesetzblatt (Bremen)
BRRG	Beamtenrechtsrahmengesetz
BSG	Bundessozialgericht, auch Sammlung der Entscheidungen (Band u. Seite)
BSHG	Bundessozialhilfegesetz
BSozG	Bundessozialgericht
Bsp.	Beispiel(e)
BStBl.	Bundessteuerblatt (II/III)
BT	Bundestag/ Berufsträger
BT-Drs.	Bundestags-Drucksache (Legislaturperiode/Nummer)
Buchst.	Buchstabe
Bülow	Kommentar zur BRAO, 1959
Büro	Das Juristische Büro (Jahr u. Seite)
BUrlG	Bundesurlaubsgesetz
Busse	Deutsche Anwälte – Geschichte der deutschen Anwaltschaft 1945–2009, 2009
Büttner/Wrobel-Sachs/ Gottschalk/Dürbeck	Prozesskostenhilfe und Beratungshilfe, 6. Aufl. 2013

BVerfG	Bundesverfassungsgericht
BVerfGE	Entscheidungen des Bundesverfassungsgerichts, amtl. Sammlung
BVerfGG	Bundesverfassungsgerichtsgesetz
BVerfGK	Kammerentscheidungen des Bundesverfassungsgerichts
BVerwG	Bundesverwaltungsgericht
BVerwGE	Entscheidungen des Bundesverwaltungsgerichts, amtl. Sammlung
BVFG	Bundesvertriebenen- und Flüchtlingsgesetz
BVG	Bundesversorgungsgesetz
BWNotZ	Mitteilungen aus der Praxis. Zeitschrift für das Notariat in Baden-Württemberg (Zeitschrift)
bzgl.	bezüglich
BZRG	Bundeszentralregistergesetz
bzw.	beziehungsweise
ca.	circa
CCBE	Conseil des Barreaux De La Communaute Européenne
Chemnitz/Johnigk	Rechtsberatungsgesetz, 11. Aufl. 2003
CI	Computerrecht Intern
cic	culpa in contrahendo
Claussen/Janzen	Kommentar zur Bundesdisziplinarordnung, 8. Aufl. 1996
CMLRev.	Common Market Law Review
CR	Computer und Recht
Creifelds	Rechtswörterbuch, 20. Aufl. 2011
Cüppers	Rechtsanwaltsordnung für die britische Zone, 1949
DAV	Deutscher Anwaltverein
DAV-Ratgeber	Ratgeber für junge Rechtsanwältinnen und Rechtsanwälte, 8. Aufl. 2000, herausgegeben vom DAV
DB	Der Betrieb
DBG	Deutsches Beamtengesetz
DDR	Deutsche Demokratische Republik
ders.	derselbe
dgl.	dergleiche
DGVZ	Deutsche Gerichtsvollzieher-Zeitung
d. h.	das heißt
dies.	dieselbe(n)
DIN	Deutsche Industrienorm
dingl.	dinglich
Diss.	Dissertation
DJ	Deutsche Justiz
DJT	Deutscher Juristentag
DK	Die Kanzlei
DNotZ	Deutsche Notar-Zeitschrift
Dombeck/Ottersbach/ Schulze zur Wiesche	Die Anwaltssozietät, 2012
Dörndorfer Kostenhilfe	Kostenhilferecht für Anfänger, 6. Aufl. 2014
Dörndorfer Streitwert	Der Streitwert für Anfänger, 5. Aufl. 2009
DÖV	Die Öffentliche Verwaltung
DONot	Dienstordnung für Notare
DR	Deutsches Recht
Dreier	Grundgesetz, 7. Aufl. 2012
Dreyer/Lamm/Müller	RDG - Rechtsdienstleistungsgesetz, 2009
DRiG	Deutsches Richtergesetz

DRiZ	Deutsche Richterzeitung
DRZ	Deutsche Rechtszeitschrift
DStR	Deutsches Steuerrecht
DStZ	Deutsche Steuer-Zeitung
DtZ	Deutsch-Deutsche Rechts-Zeitschrift
DurchfVO	Durchführungsverordnung
DVBl.	Deutsches Verwaltungsblatt
DVO	Durchführungsverordnung
DVStB	Verordnung zur Durchführung der Vorschriften über Steuerberater, Steuerbevollmächtigte und Steuerberatungsgesellschaften
DWW	Deutsche Wohnungswirtschaft
DZWir	Deutsche Zeitschrift für Wirtschaftsrecht
EA	Einstweilige Anordnung
ebda.	Ebenda
EBE	Eildienst Bundesgerichtliche Entscheidung
Ebenroth/Boujong/ Joost/Strohn	Handelsgesetzbuch, 3. Aufl. 2013
EDV	Elektronische Datenverarbeitung
EFG	Entscheidungen der Finanzgerichte (Jahr und Seite)
EG	Ehrengericht
EGAO	Einführungsgesetz zur Abgabenordnung
EGBGB	Einführungsgesetz zum Bürgerlichen Gesetzbuch
EGE	Sammlung „Ehrengerichtliche Entscheidungen", herausgegeben vom Präsidium der BRAK (Band I bis XIV)
EGGVG	Einführungsgesetz zum Gerichtsverfassungsgesetz
EGH	Ehrengerichtshof für Rechtsanwälte
EGHE	Entscheidungen des Ehrengerichtshofs bei der Reichs-Rechtsanwaltskammer
eGmbH	Eingetragene Genossenschaft mit beschränkter Haftung
EGStGB	Einführungsgesetz zum Strafgesetzbuch
EGV	EG-Vertrag
EGZPO	Einführungsgesetz zur Zivilprozessordnung
ehem.	ehemalig/-en
Eidenmüller/Wagner	Mediationsrecht, 2013
EigPrüfG	Gesetz über die Eignungsprüfung für die Zulassung zur Rechtsanwaltschaft
EigPrüfVO	Verordnung über die Eignungsprüfung für die Zulassung zur Rechtsanwaltschaft
Einf.	Einführung
Einigungsvertrag	Vertrag zwischen der Bundesrepublik Deutschland und der Deutschen Demokratischen Republik über die Herstellung der Einheit Deutschlands vom 31. August 1990 (BGBl. II S. 889 ff.)
Einigungsvertragsgesetz	Gesetz zu dem Vertrag vom 31. August 1990 zwischen der Bundesrepublik Deutschland und der Deutschen Demokratischen Republik über die Herstellung der Einheit Deutschlands – Einigungsvertragsgesetz – und der Vereinbarung vom 18. September 1990 vom 23. September 1990 (BGBl. II S. 885)
Einl.	Einleitung
Einf.	Einführung
Einl.	Einleitung
einschl.	einschließlich
einstw.	einstweilig

elterl.	elterliche
entspr.	entsprechend, entspricht
EP	„Equity Partner", d.h. echte Gesellschafter mit Beteiligung an Gewinn und Verlust, wird synonym mit den Begriffen Sozien, Gesellschafter verwendet (sog. Non-EP, also „Partner" ohne Gesellschafterstellung, sind als Berufsträger zu kalkulieren)
ErbbRVO	Verordnung über das Erbbaurecht
Erbs/Kohlhaas	Strafrechtliche Nebengesetzte, Loseblattsammlung
ErbStDVO	Erbschaftsteuerdurchführungsverordnung
ErbStG	Erbschaftsteuer- und Schenkungsteuergesetz
Erman	Handkommentar zum Bürgerlichen Gesetzbuch, 13. Aufl. 2011
EStG	Einkommensteuergesetz
EStR	Einkommensteuerrichtlinien
etc.	et cetera
EuGH	Gerichtshof der Europäischen Gemeinschaften
EuGHE	Sammlung der Rechtsprechung des Gerichtshofs der Europäischen Gemeinschaften
EuR	Europarecht
EUR	Euro
EuRAG	Gesetz über die Tätigkeit europäischer Rechtsanwälte in Deutschland
EUV	Vertrag über die Europäische Union
EuZW	Europäische Zeitschrift für Wirtschaftsrecht
EV	Eigentumsvorbehalt
evtl.	eventuell
EWG	Europäische Wirtschaftsgemeinschaft
EWGV	Vertrag zur Gründung einer Europäischen Wirtschaftsgemeinschaft
EWiR	Entscheidungen zum Wirtschaftsrecht
EWIV	Europäische wirtschaftliche Interessenvereinigung
EWR	Europäischer Wirtschaftsraum
EWS	Europäisches Wirtschafts- und Steuerrecht
Eyermann/	Kommentar zur Verwaltungsgerichtsordnung, 13. Aufl. 2010
Eylmann/Vaasen	Kommentar zur Bundesnotarordnung, Beurkundungsgesetz, 3. Aufl. 2011
EzA	Entscheidungen zum Arbeitsrecht
f., ff.	folgende
Fa.	Firma
FA	Finanzamt
FamFG	Gesetz über das Verfahren in Familiensachen und in Angelegenheiten der freiwilligen Gerichtsbarkeit (Familienverfahrensgesetz)
FamRÄndG	Familienrechtsänderungsgesetz
FamRZ	Zeitschrift für das gesamte Familienrecht
FAO	Fachanwaltsordnung
Fellmann	Schweizerisches Anwaltsrecht, 1998
Feuerich/Weyland	Kommentar zur Bundesrechtsanwaltsordnung, 8. Aufl. 2012
FG	Finanzgericht
FGG	Gesetz über Angelegenheiten der freiwilligen Gerichtsbarkeit
FGO	Finanzgerichtsordnung
FGPrax.	Praxis der freiwilligen Gerichtsbarkeit
FIBU	Finanzbuchhaltung

Fitting	Betriebsverfassungsgesetz, hrsg. v. *Fitting/Engels/Schmidt/ Trebinger/Linsenmaier*, 27. Aufl. 2014
Fischer	Fischer, Kommentar zum StGB, 60. Auf., 2013
Fn.	Fußnote
Form.	Formular
FR	Finanz-Rundschau
Friedländer	Kommentar zur Rechtsanwaltsordnung, 3. Aufl. 1930
Fritz/Pielsticker	Mediationsgesetz, 2013
FS	Festschrift
FTE	„Full Time Equivalent" (Vollzeitäquivalent von Beschäftig- ten, meist nach Arbeitszeit x Monaten Tätigkeit im Jahr berechnet. Vollzeit ent-spricht den arbeitsvertraglich geschul- deten Stunden pro Jahr, im Zwei-fel 1840h/Jahr bei 40h pro Woche, bei 6 Wochen Abwesenheit wegen Urlaub/Krankheit)
FuR	Familie und Recht
G	Gesetz
GA	Goltdammer's Archiv für Strafrecht
Gaier/Wolf/Göcken	Anwaltliches Berufsrecht, 2010
Gail/Overlack	Anwaltsgesellschaften, 2. Aufl. 1996
Ganster	*Ganster*, Freier Beruf und Kapitalgesellschaft – das Ende der freien Professionen?, 2000
GATS	General Agreement on Trade in Service
GATT	General Agreement on Tariffs and Trade
GB	Grundbuch
GBO	Grundbuchordnung
GbR	Gesellschaft bürgerlichen Rechts
geb.	geboren
Gehre/Koslowski	Steuerberatungsgesetz, 6. Aufl. 2009
Geimer/Schütze	Internationaler Rechtsverkehr in Zivil- und Handelssachen, (Lose-blatt)
gem.	gemäß
GemSOGB	Gemeinsamer Senat der Obersten Gerichtshöfe des Bundes
GenG	Genossenschaftsgesetz
Gerold/Schmidt	Rechtsanwaltsvergütungsgesetz, Kommentar, 20. Aufl. 2012
GerVollz.	Gerichtsvollzieher oder Der Gerichtsvollzieher (Jahrgang u. Seite)
Ges.	Gesetz
GesBl.	Gesetzblatt
GeschmMG	Geschmacksmustergesetz
GewA	Gewerbearchiv
GewO	Gewerbeordnung
GewStG	Gewerbesteuergesetz
gez.	gezeichnet
GG	Grundgesetz für die Bundesrepublik Deutschland
ggf.	gegebenenfalls
GKG	Gerichtskostengesetz
GmbH	Gesellschaft mit beschränkter Haftung
GmbHR/GmbHRdsch.	Rundschau für die GmbH
GNotKG	Gesetz über Kosten der freiwilligen Gerichtsbarkeit für Gerichte und Notare (Gerichts- und Notarkostengesetz)
GO	Geschäftsordnung, Gemeindeordnung
GOA	Gebührenordnung für Architekten
GrdstVG	Grundstückverkehrsgesetz
Grdz.	Grundzüge

HK-HGB	*Glanegger*, Heidelberger Kommentar zum Handelsgesetzbuch, 7. Aufl. 2007
HK-ZPO	*Saenger*, Zivilprozessordnung Handkommentar, 5. Aufl. 2013
hL	herrschende Lehre
hM	herrschende Meinung
HOAI	Verordnung über die Honorare für Leistungen der Architekten und Ingenieure (Honorarordnung für Architekten und Ingenieure)
HReg.	Handelsregister
HRR	Höchstrichterliche Rechtsprechung
Hrsg.	Herausgeber
HRV	Handelsregisterverfügung
Hüffer	Aktiengesetz, 10. Aufl. 2012
HS	Halbsatz
idÄnd	in der Änderung
idF	in der Fassung
idR	in der Regel
iG	in Gründung
IHK	Industrie- und Handelskammer
iHv	in Höhe von
INF	Information über Steuer und Wirtschaft
insbes.	insbesondere
InsO	Insolvenzordnung
IPR	Internationales Privatrecht
IPRax	Praxis des Internationalen Privat- und Verfahrensrechts
iRd	im Rahmen des
iS	im Sinne
iSd/v	im Sinne des/von
Isele	Kommentar zur BRAO, 1976
Isensee/Kirchhoff	Handbuch des Staatsrechts der BRD, Band 3, 2005
IStGH	Gesetz über den internationalen Strafgerichtshof
ITRB	Der IT-Rechtsberater (Jahr u. Seite)
iÜ	im Übrigen
iVm	in Verbindung mit
iW	in Worten
JA	Juristische Arbeitsblätter
Jaeger	Kommentar zur Konkursordnung, 9. Aufl. 1977 ff.
JAG	Juristenausbildungsgesetz
JAO	Juristenausbildungsordnung
Jarass/Pieroth	Grundgesetz, 12. Aufl. 2012
Jauernig	Bürgerliches Gesetzbuch, 15. Aufl. 2014
JBl.	Justizblatt
Jessnitzer/Blumberg	Kommentar zur BRAO, 9. Aufl. 2000
jew.	jeweils
JFG	Jahrbuch für Entscheidungen in Angelegenheiten der Freiwilligen Gerichtsbarkeit und des Grundbuchrechts
JGG	Jugendgerichtsgesetz
JMBl.	Justizministerialblatt
J. O.	Journal Officiel de la Republique Francaise
JR	Juristische Rundschau
jur.	juristisch
JurA	Juristische Analysen
JurBüro	Das Juristische Büro

JuS	Juristische Schulung
Justiz	Die Justiz, Amtsblatt des Justizministeriums Baden-Württemberg
JW	Juristische Wochenschrift
JW	Juristische Wochenschrift
JZ	Juristenzeitung
K. Schmidt GesR	Gesellschaftsrecht, 4. Aufl. 2002
K. Schmidt HandelsR	Handelsrecht, 5. Aufl. 1999
KAG	Kommunalabgabengesetz
Kaiser/Bellstedt	GbR, Partnerschaft, Anwalts-GmbH, 2. Aufl. 1995
Kalsbach	Kommentar zur BRAO, 1960
Kap.	Kapitel
Keidel	FamFG, 18. Aufl. 2014
Kersten/Bühling	Formularbuch und Praxis der Freiwilligen Gerichtsbarkeit, 24. Aufl. 2014
KfH	Kammer für Handelssachen
Kfv	Kostenfestsetzungsverfahren
Kfz	Kraftfahrzeug
KG	Kommanditgesellschaft
Kilian/Offermann-Burckart/vom Stein	Praxishandbuch Anwaltsrecht, 2. Aufl. 2010
KGJ	Jahrbuch für Entscheidungen des Kammergerichts in Sachen der freien Gerichtsbarkeit in Kosten-, Stempel- und Strafsachen
KK	Karlsruher Kommentar, StPO, GVG, hrsg. v. *Gerd Pfeiffer*, 6. Aufl. 2008
K&R	Kommunikation und Recht
Kilian/Sabel/vom Stein	Das neue Rechtsdienstleistungsrecht, 2008
Kilian/Sandkühler/ vom Stein	Praxishandbuch Notarrecht, 2. Aufl. 2011
Kilian/Offermann-Burckart/vom Stein	Praxishandbuch Anwaltsrecht, 2. Aufl. 2010
Kleine-Cosack RDG	RDG, 2. Aufl. 2008
Kleine-Cosack BRAO	Kommentar zur Bundesrechtsanwaltsordnung, 6. Aufl. 2009
KO	Konkursordnung
Koch/Kilian	Anwaltliches Berufsrecht, 2007
Kolonovits	Anwaltsrecht in EU-Beitrittsländern, 2003
König	Rechtsberatungsgesetz, 1993
Kopp/Schenke	Verwaltungsgerichtsordnung, 19. Aufl. 2013
KÖSDI	Kölner Steuerrechtsdialog
Komm.	Kommentierung
Korintenberg	Gerichts- und Notarkostengesetz, Kommentar, 18. Aufl. 2009
Korintenberg/Lappe/ Bengel/Reimann	Kostenordnung, Kommentar, 18. Aufl. 2010
KostO	Gesetz über die Kosten in Angelegenheiten der freiwilligen Gerichtsbarkeit
KR	Gemeinschaftskommentar zum Kündigungsschutzgesetz und sonstigen kündigungsschutzrechtlichen Vorschriften, hrsg. v. *Etzel ua*, 10. Aufl. 2013
Kreuzer	RDG, 2010
KRsp.	Rechtsprechung zum Kostenrecht, Entscheidungssammlung
KSchG	Kündigungsschutzgesetz
KStG	Körperschaftsteuergesetz
KStZ	Kommunale Steuer-Zeitschrift

KTS	Konkurs-, Treuhand- und Schiedsgerichtswesen
Kuhls/Busse/Goez/	
Kleemann/Maxl/	
Ridermann/Ruppert/	
Willerscheid	Steuerberatungsgesetz, 3. Aufl. 2011
Kuhls/Maxl	Steuerberatungsgesetz, 2. Aufl. 2004
KTS	Konkurs-, Treuhand- und Schiedsgerichtswesen
KV	Kostenverzeichnis (Anlage zum GKG)
KWG	Kreditwesengesetz
LAG	Landesarbeitsgericht
lfd.	laufend
LG	Landgericht
Lingenberg/Hummel/	Kommentar zu den Grundsätzen des anwaltlichen Standes-
Zuck/Eich	rechts, 2. Aufl. 1988
lit.	litera (= Buchstabe)
Lit.	Literatur
LJM	Landesjustizministerium
LJV	Landesjustizverwaltung
LK	Leipziger Kommentar zum StGB, 12. Aufl. 2006 ff.
LKartB	Landeskartellbehörde
LLP	Limited Liability Partnership
LM	Nachschlagewerk des Bundesgerichtshofs in Zivilsachen, herausgegeben von Lindenmaier und Möhring
Löwe/Rosenberg	Kommentar zur StPO, 26. Aufl. 2013
LohnFzG	Lohnfortzahlungsgesetz
LPachtG	Landpachtgesetz
LPG	Landespressegesetz
LSG	Landessozialgericht
LuftfzRG	Gesetz über Rechte an Luftfahrzeugen
LuL	Lieferungen und Leistungen
Lutter/Hommelhoff	GmbH-Gesetz, 18. Aufl. 2012
LwErbR	Landwirtschaftserbrecht
m.	mit
MaBV	Makler- und BauträgerVO
MAH AktR	Münchener Anwaltshandbuch Aktienrecht, hrsg. v. *Schüppen/Schaub*, 2. Aufl. 2010
MAH ArbR	Münchener Anwaltshandbuch Arbeitsrecht, hrsg. v. *Moll*, 3. Aufl. 2012
MAH ErbR	Münchener Anwaltshandbuch Erbrecht, hrsg. v. *Scherer*, 4. Aufl. 2014
MAH FamR	Münchener Anwaltshandbuch Familienrecht, hrsg. v. *Schnitzler*, 3. Aufl. 2010, 4. Aufl. 2014
MAH GewRS	Münchener Anwaltshandbuch Gewerblicher Rechtsschutz, hrsg. v. *Hasselblatt*, 4. Aufl. 2012
MAH GmbHR	Münchener Anwaltshandbuch GmbH-Recht, hrsg. v. *Römermann*, 3. Aufl. 2014
MAH InsR	Münchener Anwaltshandbuch Insolvenz und Sanierung, hrsg. v. *Nerlich/Kreplin*, 2. Aufl. 2012
MAH MietR	Münchener Anwaltshandbuch Mietrecht, hrsg. v. *Hannemann/Wiegner*, 3. Aufl. 2010
MAH PersGesR	Münchener Anwaltshandbuch Personengesellschaftsrecht, hrsg. v. *Gummert*, 2005

MAH VergütungsR	Münchener Anwaltshandbuch Vergütungsrecht, hrsg. v. *Teubel/Scheungrab*, 2. Aufl. 2011
MAH WirtschaftsstrafR ...	Münchener Anwaltshandbuch Verteidigung in Wirtschafts- und Steuerstrafsachen, hrsg. v. *Volk*, 2. Aufl. 2013
Maunz/Dürig	Kommentar zum Grundgesetz, Loseblattsammlung
Maunz/Schmidt-Bleibtreu/ Klein/Ulsamer	Bundesverfassungsgerichtsgesetz, 2013
MBl.	Ministerialblatt
MBOÄ	(Muster-)Berufsordnung für die in Deutschland tätigen Ärztinnen und Ärzte
MDE	Minderung der Erwerbsfähigkeit
MDR	Monatsschrift für Deutsches Recht
MedR	Medizinrecht
ME	Miteigentum
Meilicke/Graf v. Westphalen/Hoffmann/ Lenz/Wolff	Kommentar zum Partnerschaftsgesellschaftsgesetz, 2. Aufl. 2006
Meyer-Goßner	Kommentar zur StPO, 56. Aufl. 2013
MfS	Ministerium für Staatssicherheit der DDR
Michalski/Römermann	Kommentar zum Partnerschaftsgesellschaftsgesetz, 3. Aufl. 2005
Min.	Ministerium
mind.	mindestens
Mio.	Millionen
MiStra	Anordnung über Mitteilungen in Strafsachen
MitbestG	Gesetz über die Mitbestimmung der Arbeitnehmer
Mitt.	Mitteilungen
MittBayNot	Mitteilungen des Bayerischen Notarvereins, der Notarkasse und der Landesnotarkammer Bayern (Jahr u. Seite)
Mitternöckler	Formularsammlung für Rechtsanwaltsfachangestellte, 2009
MittRhNotK	Mitteilungen der Rheinischen Notarkammer
MMR	Multimedia und Recht (Jahr u. Seite)
MHdB GesR I.	Münchener Handbuch des Gesellschaftsrechts, Band 1, BGB-Gesellschaft, OHG, PartG, EWIV, München 3. Aufl. 2009
MHdB GesR II.	Münchener Handbuch des Gesellschaftsrechts, Band 2, Kommanditgesellschaft, Stille Gesellschaft, München 3. Aufl. 2009
MHdB GesR III	Münchener Handbuch des Gesellschaftsrechts, Band 3, GmbH, 4. Aufl. 2012
MHdB GesR IV	Münchener Handbuch des Gesellschaftsrechts, Band 4, Aktiengesellschaft, 3. Aufl. 2007
MHdB GesR V	Münchener Handbuch des Gesellschaftsrechts, Band 5, Verein, Stiftung bürgerlichen Rechts, 3. Aufl. 2009
MoMiG	Gesetz zur Modernisierung des GmbH-Rechts und zur Bekämpfung von Missbräuchen
MRK	Menschenrechtskonvention
v. Münch/Kunig	Kommentar zum Grundgesetz, 6. Aufl. 2012
MüKoAktG	Münchener Kommentar zum AktG, 3. Aufl., 2008 ff.
MüKoBGB	Münchner Kommentar zum BGB, 6. Aufl. 2012/13
MüKoHGB	Münchener Kommentar zum HGB, 3. Aufl. 2013
MüKoZPO	Münchner Kommentar zur ZPO, 4 Aufl. 2013
Musielak	Kommentar zur Zivilprozessordnung, 10. Aufl. 2013
MuSchG	Gesetz zum Schutz der erwerbstätigen Mutter
MVHdB	Münchener Vertragshandbuch, 7. Aufl. 2011 ff.

mwN .... mit weiteren Nachweisen
MWSt .... Mehrwertsteuer

Nachf. .... Nachfolger
Nachw. .... Nachweise
NdsRpfl. .... Niedersächsische Rechtspflege
Nerlich .... Internationale Kooperationsmöglichkeiten für europäische Rechtsanwälte, 1994
nF .... neue Fassung
nv .... nicht veröffentlicht
NJ .... Neue Justiz
NJOZ .... Neue Juristische Online-Zeitschrift
NJW .... Neue Juristische Wochenschrift
NJW-RR .... NJW-Rechtsprechungsreport
Nr. .... Nummer
Noack .... Kommentar zur Reichsrechtsanwaltsordnung, 2. Aufl. 1937
NRW .... Nordrhein-Westfalen
NStZ .... Neue Zeitschrift für Strafrecht
NVwZ .... Neue Zeitschrift für Verwaltungsrecht
NVwZ-RR .... Neue Zeitschrift für Verwaltungsrecht Rechtsprechungs-Report Verwaltungsrecht
NW .... Nordrhein-Westfalen
NWB .... Neue Wirtschafts-Briefe für Steuer- und Wirtschaftsrecht
NZA .... Neue Zeitschrift für Arbeits- und Sozialrecht
NZBau .... Neue Zeitschrift für Baurecht und Vergaberecht
NZG .... Neue Zeitschrift für Gesellschaftsrecht
NZM .... Neue Zeitschrift für Miet- und Wohnungsrecht

o. .... oben
oa .... oben angegeben(en)
oä .... oder ähnlich
ÖAnwBl .... Österreichisches Anwaltsblatt
og .... oben genannte(r/n)
Offermann-Burckart .... Anwaltsrecht in der Praxis, 2010
OFD .... Oberfinanzdirektion
OHG .... Offene Handelsgesellschaft
OLG .... Oberlandesgericht
OLGRep .... OLG-Report, Schnelldienst zur Zivilrechtsprechung der Oberlandesgerichte
OLGRspr .... Die Rechtsprechung der Oberlandesgerichte auf dem Gebiet des Zivilrechts
OLGZ .... Entscheidung des OLG in Zivilsachen
Ostler .... Die deutschen Rechtsanwälte, 2. Aufl. 1982
OVG .... Oberverwaltungsgericht
OWiG .... Gesetz über Ordnungswidrigkeiten

p.a. .... per anno
Palandt .... Kommentar zum BGB, 73. Aufl. 2014
PAO .... Patentanwaltsordnung
PartG .... Partnerschaftsgesellschaft
PartGG .... Partnerschaftsgesellschaftsgesetz
Pelzer .... Die Sozietät im Sinne der BRAO unter besonderer Berücksichtigung der Beteiligung von Berufsfremden, 2008
PersGes. .... Personengesellschaft
PFB .... Praxis Freiberufler-Beratung

phG	persönlich haftender Gesellschafter
Pos.	Position
Posser/Wolff	Verwaltungsgerichtsordnung, 2008
ppa.	per procura
Prot.	Protokoll(e)
PRV	Partnerschaftsregisterverordnung
Prütting	Die deutsche Anwaltschaft zwischen heute und morgen, 1990
pVV	positive Vertragsverletzung
RA	Rechtsanwalt
RabelsZ	Rabels Zeitschrift für ausländisches und internationales Privatrecht
RAG	Rechtsanwaltsgesetz der DDR
RAK	Rechtsanwaltskammer
RAO	Rechtsanwaltsordnung
RAObritZ	Rechtsanwaltsordnung für die britische Zone
Rbeistand	Der Rechtsbeistand (Zeitschrift)
RBerG	Rechtsberatungsgesetz
RdA	Recht der Arbeit
RDG	Gesetz über außergerichtliche Rechtsdienstleistungen (Rechtsdienstleistungsgesetz – RDG)
RDGEG	Einführungsgesetz zum Rechtsdienstleistungsgesetz
Rn.	Randnummer
RDV	Verordnung zum Rechtsdienstleistungsgesetz
RdW	Österreichisches Recht der Wirtschaft
Redeker/v. Oertzen	Kommentar zur Verwaltungsgerichtsordnung, 14. Aufl. 2004
RefE	Referentenentwurf
RegE	Regierungsentwurf
RegNr.	Registernummer
Rennen/Caliebe	Rechtsberatungsgesetz mit Ausführungsverordnungen, 3. Aufl. 2001
RG	Reichsgericht
RGBl.	Reichsgesetzblatt
RGRK-*Bearbeiter*	Das Bürgerliche Gesetzbuch mit besonderer Berücksichtigung der Rechtsprechung des Reichsgerichts und des Bundesgerichtshofes, 12. Aufl. 1975–1999
RGZ	Entscheidungen des Reichsgerichts
Richardi	Betriebsverfassungsgesetz, 14. Aufl. 2014
RichtlRA	Grundsätze des anwaltlichen Standesrechts, Richtlinien der Bundesrechtsanwaltskammer
Riedel/Sußbauer	Kommentar zum RVG, 9. Aufl. 2005
Rinsche	Die Haftung des Rechtsanwalts und Notars, 6. Aufl. 1998
RiStBV	Richtlinien für das Straf- und Bußgeldverfahren
RL	Richtlinie
RIW	Recht der Internationalen Wirtschaft
RNPG	Gesetz zur Überprüfung von Rechtsanwaltszulassungen, Notarbestellungen und Berufungen ehrenamtlicher Richter
RNotZ	Rheinische Notar-Zeitschrift
Roth/Altmeppen	Gesetz betreffend die Gesellschaften mit beschränkter Haftung: GmbHG, 7. Aufl. 2012
Römermann/Hartung	Anwaltliches Berufsrecht, 5. Aufl. 2013
Rowedder/Schmidt-Leithoff	Gesetz betreffend die Gesellschaften mit beschränkter Haftung: GmbHG, 5. Aufl. 2012
RPfleger	Der deutsche Rechtspfleger
RPflG	Rechtspflegergesetz

RRAO	Reichs-Rechtsanwaltsordnung
Rs.	Rechtssache
Rspr.	Rechtsprechung
RT-Drucks	Reichstags-Drucksache
RVG	Rechtsanwaltsvergütungsgesetz
RVGE	Reichsverwaltungsgericht-Entscheidungen
RzW	Rechtsprechung zum Wiedergutmachungsrecht
s.	siehe
S.	Satz/ Seite
SAE	Sammlung arbeitsrechtlicher Entscheidungen
Sachs	Kommentar zum Verwaltungsverfahrensgesetz, 8. Aufl. 2014
Schautes	Anwaltliche Unabhängigkeit – Eine rechtsvergleichende Untersuchung des deutschen und US-amerikanischen Berufsrechts, 2005
ScheckG	Scheckgesetz
SchlHA	Schleswig-Holsteinische Anzeigen
Schmidt-Bleibtreu/Klein	Kommentar zum GG, 12. Aufl. 2011
Schmidt-Räntsch	Kommentar zum DRiG, 6. Aufl. 2009
Schneider	Der Rechtsanwalt – ein unabhängiges Organ der Rechtspflege, 1976
Schneider/Wolf	Anwaltkommentar Rechtsanwaltsvergütungsgesetz, 6. Aufl. 2011
Schoch/Schneider/Bier	Verwaltungsgerichtsordnung, 24. Aufl. 2012
Schöner/Stöber	Grundbuchrecht, 15. Aufl. 2012
Schönke/Schröder	Kommentar zum StGB, 28. Aufl. 2010
Scholz	Kommentar zum GmbHG, 10. Aufl. 2010 (Bd. 2 und 3), 11. Aufl. 2012 (Bd. 1)
Schoreit/Groß	Kommentar zum Beratungshilfe- und Prozesskostenhilfegesetz, 11. Aufl. 2012
Schorn	Die Rechtsberatung, 2. Aufl. 1967
SchwBG	Schwerbehindertengesetz
SE	Societas Europae bzw. Sondereigentum
SE-VO	Verordnung (EG) Nr. 2157/2001 des Rates vom 8. Oktober 2001 über das Statut der Europäischen Gesellschaft (SE)
Seibert	Die Partnerschaft, 1995
SG	Sozialgericht
SGB	Sozialgesetzbuch
SGG	Sozialgerichtsgesetz
S. I.	Statutory Instruments
Sachs GG	Sachs, Grundgesetz, Kommentar 6. Aufl. 2011
SK-StGB	Systematischer Kommentar zum StGB, Loseblattsammlung
Slg.	Amtliche Sammlung der Entscheidungen des EuGH und des EuG
so	siehe oben
Soergel	Soergel, Bürgerliches Gesetzbuch, 13. Aufl. 1999 ff.
sog.	sogenannt
Sozietätsrecht	Kraus/Kunz/Mäder/Nerlich/Peres/Schmidt/Senft/Stuber/Weber, Sozietätsrecht, 2. Aufl. 2006
Sp.	Spalte
StA	Staatsanwaltschaft
städt.	städtisch(e)
Staub	Großkommentar zum Handelsgesetzbuch, 5. Aufl. 2012
Staudinger	Kommentar zum Bürgerlichen Gesetzbuch, 14./15. Aufl. 1993 ff.

StBerG	Steuerberatungsgesetz
Stbg	Die Steuerberatung
Stein/Jonas	Kommentar zur ZPO, 22. Aufl. 2002 ff.
Stelkens/Bonk/	
Stern I	Anwaltschaft und Verfassungsstaat, 1980
Stern II	Das Staatsrecht der Bundesrepublik Deutschland, 4 Bände 1980 ff.
StGB	Strafgesetzbuch
StPO	Strafprozessordnung
str.	strittig
stRspr.	ständige Rechtsprechung
StrEG	Gesetz über die Entschädigung für Strafverfolgungsmaßnahmen
Stummel	Standardvertragsmuster zum Handels- und Gesellschaftsrecht Deutsch – Englisch, 4. Aufl. 2009
StV	Strafverteidiger
StVG	Straßenverkehrsgesetz
StVO	Straßenverkehrsordnung
StVZO	Straßenverkehrs-Zulassungs-Ordnung
StWK	Steuer- und Wirtschafts-Kurzpost
su	siehe unten
Sudhoff GmbH	Der Gesellschaftsvertrag der GmbH, 8. Aufl. 1992
Sudhoff GmbH & Co.	GmbH & Co. KG, 6. Aufl. 2005
Sudhoff Personengesellschaften	Personengesellschaften, 8. Aufl. 2005
Sudhoff Unternehmensnachfolge	Unternehmensnachfolge, 5. Aufl. 2005
SZW/RSDA	Schweizerische Zeitschrift für Wirtschafts- und Finanzmarktrecht
teilw.	teilweise
Tettinger	Zum Tätigkeitsfeld der BRAK, Schriftenreihe der BRAK, Band 7
Thomas/Putzo	ZPO, 34. Aufl. 2013
Tyrell/Yaqub	The Legal Profession In The New Europe, 2nd Edition, London 1996
TVG	Tarifvertragsgesetz
Tz.	Teilzeichen/ Textziffer
u.	unten; und
U1	Umsatz 1 = erbrachte Leistungen lt. Zeitmitschrift x h-Satz (SOLL); Honorar netto!
U2	Umsatz 2 = abgerechnete Leistungen (lt. Rechnungen: tats. abgerechnete Stunden x tats. h-Satz); Honorar netto!
U3	Umsatz 3 = bezahlte Leistungen (tatsächlicher Zahlungseingang)
ua	und andere, unter anderen/m
uä	und ähnliche
Überbl.	Überblick
Übers.	Übersicht
Ulmer/Brandner/Hensen	Kommentar zum AGBG, 11. Aufl. 2011
UmwG	Umwandlungsgesetz
UmwStG	Umwandlungssteuergesetz
unstr.	unstreitig
unveröff.	unveröffentlicht

UrhG	Urheberrechtsgesetz
UR	Urkundenrolle
URNr.	Urkundenrollennummer
Urt.	Urteil
uU	unter Umständen
UStG	Umsatzsteuergesetz
us w	und so weiter
uU	unter Umständen
UWG	Gesetz gegen den unlauteren Wettbewerb
v.	vom
va	vor allen/m
VAG	Versicherungsaufsichtsgesetz
VBlBW	Verwaltungsblätter für Baden-Württemberg
VerfGH	Verfassungsgerichtshof
VersAusglG	Gesetz über den Versorgungsausgleich (Versorgungsausgleichsgesetz – VersAusglG)
VersR	Versicherungsrecht
VerwArch	Verwaltungsarchiv
VG	Verwaltungsgericht
VGH	Verwaltungsgerichtshof, Verfassungsgerichtshof
VGHG	Gesetz über den Verfassungsgerichtshof
vgl.	vergleiche
vH	vom Hundert
VO	Verordnung
Vockenberg	Berufsrechtliche Probleme des deutschen und italienischen Anwaltsrechts, 2000
Vollkommer/Greger/	
Heinemann	Anwaltshaftungsrecht, 3. Aufl. 2009
vollst.	vollständig
Vorb.	Vorbemerkung
VR	Vereinsregister
VU	Versäumnisurteil
vT	von Tausend
VVG	Gesetz über den Versicherungsvertrag
VwGO	Verwaltungsgerichtsordnung
VwVfG	Verwaltungsverfahrensgesetz
VVG	Versicherungsvertragsgesetz
WBl	Wirtschaftsrechtliche Blätter
WEG	Wohnungseigentumsgesetz
WG	Wechselgesetz
Weißler	Geschichte der Rechtsanwaltschaft, 1905 (Reprint 1967)
WIP	„Work in Progress" (unfertige Leistungen)
WiB	Wirtschaftsrechtliche Beratung
WiRO	Wirtschaft und Recht in Osteuropa
WM	Wertpapier-Mitteilungen
Wolf/Horn/Lindacher	AGB-Gesetz, Kommentar, 5. Aufl. 2009
Wolf/Lindacher/Pfeiffer	AGB-Recht, 6. Aufl. 2013
WPK-Mitt.	Mitteilungen der Wirtschaftsprüferkammer
WPM	Wertpapier-Mitteilungen
WPO	Wirtschaftsprüferordnung
WPrax	Wirtschaftsrecht und Praxis
WRP	Wettbewerb in Recht und Praxis

WuB	Entscheidungssammlung zum Wirtschaft- und Bankrecht
WuW/E	Wirtschaft und Wettbewerb. Entscheidungssammlung zum Kartellrecht
YTD	Year to Date/ bis dato
ZAP	Zeitschrift für die Anwaltspraxis
zB	zum Beispiel
ZEV	Zeitschrift für Erbrecht und Vermögensnachfolge
ZfSch	Zeitschrift für Schadensrecht
ZgS	Zeitschrift für die gesamte Staatswissenschaft
zH	zu Händen
ZHR	Zeitschrift für das gesamte Handelsrecht und Wirtschaftsrecht
ZEV	Zeitschrift für Erbrecht und Vermögensnachfolge
ZGR	Zeitschrift für Unternehmens- und Gesellschaftsrecht
Ziff.	Ziffer
ZIP	Zeitschrift für Wirtschaftsrecht
zit.	zitiert
ZMR	Zeitschrift für Miet- und Raumrecht
ZNotP	Zeitschrift für die Notarpraxis
Zöller	Kommentar zur ZPO, 29. Aufl. 2012
ZRHO	Rechtshilfeordnung für Zivilsachen
zT	zum Teil
Zugehör/Fischer/Vill/	
Fischer/Rinkler/Chab	Handbuch der Anwaltshaftung, 3. Aufl. 2011
Zuck	Anwalts-GmbH, 1999
zus.	zusammen
ZRP	Zeitschrift für Rechtspolitik
ZVglRWiss	Zeitschrift für vergleichende Rechtswissenschaft
zzgl.	zuzüglich
ZZP	Zeitschrift für Zivilprozess
zzt	zurzeit

A. Anwaltszulassung und Kanzleigründung

I. Zulassung zur Anwaltschaft

1. Erstzulassung und Wiederzulassung

An den

Vorstand der

Rechtsanwaltskammer . . . . . .[2]

Antrag auf Zulassung zur Rechtsanwaltschaft[1]

Anlagen:

☐ Ablichtung des Zeugnisses des 2. Staatsexames oder begl. Abl. über das Bestehen der Eignungsprüfung
☐ Lebenslauf
☐ Nachweis der Berufshaftpflichtversicherung[4]
☐ Original oder amtl. begl. Ablichtung der Promotionsurkunde
☐ Original oder amtl. begl. Ablichtung der Geburtsurkunde
☐ Original oder amtl. begl. Ablichtung des Nachweises einer Namensänderung

Antragsteller/in (Name, Vorname, ggf. auch Geburtsname)	
Wohnung (Straße, Hausnummer, Postleitzahl, Ort)	Tagsüber erreichbar unter Tel.-Nr.
Geburtsdatum	Staatsangehörigkeit
Geburtsort	

Ich beantrage, mich zur Rechtsanwaltschaft im Bezirk der Rechtsanwaltskammer Berlin zuzulassen.[3]

Die juristische Qualifikation (Befähigung zum Richteramt) habe ich durch Bestehen der

☐ Zweiten juristischen Staatsprüfung am . . . . . .

☐ Eignungsprüfung am . . . . . . vor dem Landesjustizprüfungsamt in . . . . . . erlangt.

(Zum Nachweis verweise ich auf die beigefügten, amtlich beglaubigten Zeugnisablichtungen und meine Prüfungsakten)

Meinen Wohnsitz werde ich nach meiner Zulassung   ☐ beibehalten.

☐ nehmen in

. . . . . .

(Straße, Hausnummer, Ort)

Meine Kanzlei werde ich einrichten in (Straße, Hausnummer, Ort)[5]

. . . . . .

bei . . . . . .

Gemäß § 27 Abs. 3 BRAO sind Sie verpflichtet, die etwaige Einrichtung von Zweigstellen der eigenen als auch der für diesen Ort zuständigen Rechtsanwaltskammer mitzuteilen.

Fragebogen zum Antrag auf Zulassung zur Rechtsanwaltschaft[6]

Zutreffendes bitte ankreuzen und ggf. durch zusätzliche Angaben ergänzen. Reicht der vorgesehene Platz nicht aus, bitte vollständige Angaben auf unterschriebenem Blatt beifügen.

	Frage	Erläuterungen	Anworten
1	Haben Sie bereits anderweitig oder früher eine Zulassung zur Anwaltschaft beantragt?	§ 26 Abs. 2 VwVfG	☐ nein ☐ ja
2	a) Sind gegen Sie Strafen verhängt worden?[7] b) Haben Sie nach einer Entscheidung des BverfG ein Grundrecht verwirkt?	Ggf. erkennende Stelle (Gericht, Staatsanwaltschaft) und Aktenzeichen angeben. Die Rechtsanwaltskammer hat ein unbeschränktes Auskunftsrecht aus dem BZRG (§ 41 Abs. 1 Ziff. 11 iVm Abs. 5 BZRG), dh, die für ein Führungszeugnis geltenden Begrenzungen (§ 32 BZRG) finden ihr gegenüber keine Anwendung. Anzugeben sind alle Ermittlungsverfahren und strafgerichtlichen Verurteilungen, sofern keine Tilgungsreife nach § 45 Abs. 1 BZRG eingetreten ist. Im Fall einer Wiederzulassung sind, unabhängig von der Tilgungsreife, Straftaten anzugeben, wenn sie Gegenstand einer anwaltsgerichtlichen Maßnahme waren und die Frist des § 205a Abs. 1 BRAO noch nicht verstrichen ist. Falsche bzw. unterlassene Angaben führen in der Regel unabhängig von der Schwere der nicht angegebenen Tat bzw. des Tatvorwur-	☐ nein ☐ ja: Gericht/StA: AZ:
3	Sind gegen Sie beamtenrechtliche oder richterliche Disziplinarmaßnahmen oder anwaltsgerichtliche Maßnahmen verhängt worden?		☐ nein ☐ ja
4	Sind gegen Sie a) Strafverfahren b) Disziplinarverfahren c) anwaltsgerichtliche Verfahren oder Ermittlungsverfahren zu den og Verfahrensarten anhängig?		☐ nein ☐ ja: Gericht/StA: AZ:

	Frage	Erläuterungen	Anworten
		fes zu einer Versagung der Zulassung wegen Unwürdigkeit (§ 7 Nr. 5 BRAO). § 7 Nr. 1 – 5 BRAO[8]	
5	Haben Sie seit Erlangen der Befähigung zum Richteramt eine berufliche Tätigkeit ausgeübt?	§ 7 Nr. 8, Nr. 10 BRAO Ggf. nähere Angaben auf besonderen Blatt	☐ nein ☐ ja
6	Ist Ihre Zulassung zur Rechtsanwaltschaft bereits einmal versagt, widerrufen oder zurückgenommen worden?	§ 7 Nr. 3 und 5 BRAO	☐ nein ☐ ja
7	Erklären Sie, dass Sie die freiheitliche demokratische Grundordnung nicht in strafbarer Weise bekämpfen?	§ 7 Nr. 6 BRAO	☐ ja ☐ nein
8	Leiden Sie an einer Sucht oder bestehen sonstige gesundheitliche Beeinträchtigungen, die Sie nicht nur vorübergehend an der ordnungsgemäßen Ausübung des Anwaltsberufes hindern könnten?	§ 7 Nr. 7 BRAO	☐ nein ☐ ja
9	Wollen Sie nach Ihrer Zulassung neben dem Rechtsanwaltsberuf noch eine sonstige Tätigkeit ausüben?	§ 7 Nr. 8 und 10 BRAO[9] Anzugeben ist jede selbständige, freiberufliche Tätigkeit, aber auch jede Tätigkeit bei einem nichtanwaltlichen Arbeitgeber; die rentenversicherungsrechtliche Bewertung ist insoweit unmaßgeblich. Siehe außerdem gesondertes Merkblatt „Ausübung einer sonstigen beruflichen Tätigkeit"	☐ nein ☐ ja

Frage	Erläuterungen	Anworten
10	a) Sind Ihre Vermögens-verhältnisse geordnet?		☐ ja ☐ nein
	b) Ist über Ihr Vermögen ein Insolvenzverfahren eröffnet oder sind Sie in das vom Insolvenz-gericht oder vom Voll-streckungsgericht zu führende Verzeichnis (§ 26 Abs. 2 Insolvenz-ordnung, § 915 ZPO) eingetragen?	Vgl. § 7 Nr. 9 BRAO; ggf. nähere Angaben, insbeson-dere über gegen Sie gerichtete Zwangs vollstreckungsmaßnahmen, auf besonderem Blatt	☐ nein ☐ ja
11	Sind Sie durch gericht-liche Anordnung in der Verfügung über Ihr Ver-mögen beschränkt?	§ 7 Nr. 9 BRAO	☐ nein ☐ ja
12	Sind oder waren Sie Rich-ter, Beamter, Berufssoldat oder Soldat?	Ausgenommen ist der Vor-bereitungsdienst als Rechts-referendar.	☐ nein ☐ ja
13	a) Wo werden die Refe-rendarpersonalakten über Sie geführt?	Angabe, wo diese Personal-akten angefordert werden können:	
	b) Werden bei einer sons-tigen Stelle Personal-akten über Sie geführt?	Ggf. angeben, wo diese Per-sonalakten angefordert wer-den können: Auf § 26 Abs. 2 VwVfG wird hingewiesen.	☐ nein ☐ ja
	Sind Sie mit der Einsicht-nahme in die Referendar-personalakten und ggf. sonstigen Personalakten durch die Rechtsanwalts-kammer einverstanden?		☐ ja ☐ nein

Die vorstehenden Fragen habe ich vollständig und wahrheitsgemäß beantwortet.

Die Verwaltungsgebühr in Höhe von 205,– EUR ist überwiesen.

......

(Ort und Datum)

......

(Unterschrift)

Anmerkungen

1. **Antragserfordernis.** Die Zulassung zur Anwaltschaft erfolgt nur **auf Antrag**, § 6 Abs. 1 BRAO. Die Zulassungsanträge der Rechtsanwaltskammern sind in wesentlichen Teilen identisch und können über die Internetseite der Kammern bezogen werden. Bei einigen Rechtsanwaltskammern ist es möglich, den Zulassungsantrag online zu stellen.

2. **Zuständigkeit.** Zuständig für die Zulassung zur Anwaltschaft ist die Rechtsanwaltskammer, in deren Bezirk der Zulassungsbewerber seine Kanzlei einrichten möchte.

3. **Persönliche Voraussetzungen.** Nach § 4 BRAO kann zur Rechtsanwaltschaft nur zugelassen werden, wer die **Befähigung zum Richteramt** (§ 5 DRiG) besitzt. Das setzt voraus, dass der Antragsteller ein rechtswissenschaftliches Studium mit der ersten und den anschließenden Vorbereitungsdienst mit der zweiten Staatsprüfung abgeschlossen hat. Unerheblich ist, in welchem Bundesland die Befähigung zum Richteramt erlangt wurde. Sie wird durch Vorlage einer Ablichtung des Zeugnisses des 2. Staatsexamens nachgewiesen. Das Fehlen der Befähigung zum Richteramt stellt einen Grund zur Versagung der Zulassung dar (BGH Beschl. v. 22.5.1985 – AnwZ(B) 42/84, NJW 1985, 1842).

Im Zulassungsverfahren gilt gemäß § 5 BRAO der **Grundsatz der Freizügigkeit**: Die Zulassung zur Rechtsanwaltschaft kann deshalb in jedem Bundesland beantragt werden.

4. **Berufshaftpflichtversicherung.** Für Rechtsanwälte besteht gemäß § 51 Abs. 1 S. 1 BRAO eine **gesetzliche Pflicht** zum Abschluss einer Berufshaftpflichtversicherung gegen Vermögensschäden. Sie dient vorrangig dem Schutz des rechtsuchenden Publikums und stellt sicher, dass jeder Rechtsanwalt im Haftungsfall erfolgreich in Anspruch genommen werden kann. Der Nachweis der Versicherung oder die Vorlage einer vorläufigen Deckungszusage nach § 12 Abs. 2 S. 2 BRAO ist Voraussetzung für die Zulassung.

Die Versicherungspflicht trifft angestellte Rechtsanwälte, freie Mitarbeiter, Syndikusanwälte und Sozien gleichermaßen. Erforderlich ist der Nachweis einer **persönlichen Berufshaftpflichtversicherung**. Die Vorlage einer Bestätigung, in den Versicherungsvertrag der Sozietät aufgenommen worden zu sein, reicht deshalb zur Erfüllung der Verpflichtung aus § 51 Abs. 1 S. 1 BRAO nicht aus, da damit die Tätigkeit als Rechtsanwalt außerhalb der Sozietät nicht versichert ist. Ebenso unzureichend ist eine Versicherung eines angestellten Rechtsanwaltes, der lediglich über seinen Arbeitgeber versichert ist. Auch ihn trifft über die Mitversicherung in der Police des Arbeitgebers hinaus die Verpflichtung, eine eigene Versicherung nach § 51 BRAO zu unterhalten (Henssler/Prütting/*Stobbe*, § 51 Rn. 115). Will ein **Syndikus** neben seiner Tätigkeit als angestellter Unternehmensjurist anwaltlich tätig sein, benötigt auch er für seine Zulassung eine Berufshaftpflichtversicherung (Hartung/*Grams* § 51 Rn. 37).

Richtet der Rechtsanwalt seine **Kanzlei im Ausland** ein und erfolgt deshalb seine Befreiung von der Kanzleipflicht nach § 29a Abs. 2 BRAO, lässt dies seine Pflicht zum Unterhalt einer Berufshaftpflichtversicherung nicht entfallen (BGH Beschl. v. 10.5.2010 –

AnwZ(B) 30/09 BRAK-Mitt. 2010, 213). Denn auch ein Rechtsanwalt, der beabsichtigt, ausschließlich eine Kanzlei im Ausland zu unterhalten, kann sich im Inland schadensersatzpflichtig machen, da er weiterhin berechtigt ist, seinen Beruf in Deutschland auszuüben (BGH Beschl. v. 10.5.2010 – AnwZ(B) 30/09, BRAK-Mitt. 2010, 213).

Die Versicherung muss gemäß § 51 Abs. 1 S. 2 BRAO bei einem im Inland zum Geschäftsbetrieb befugten Versicherungsunternehmen aufgenommen werden. Die **Versicherungssumme** hat sich auf **mindestens 250.000 EUR** zu belaufen, § 51 Abs. 4 S. 1 BRAO.

5. Einrichtung der Kanzlei. Eine Verpflichtung, innerhalb des Oberlandesgerichtsbezirk, in dem der Rechtsanwalt seine Zulassung betreibt, seinen Wohnsitz zu nehmen, besteht nicht. Der Rechtsanwalt ist nach § 27 Abs. 1 BRAO lediglich verpflichtet, **im Bezirk der Rechtsanwaltskammer**, bei der er die Zulassung betreibt, **seine Kanzlei einzurichten**. Sofern zum Zeitpunkt der Zulassung passende Räumlichkeiten noch nicht gefunden sein sollten, ist dies zunächst unschädlich, da die Zulassung zur Rechtsanwaltschaft auch ohne Nachweis einer Kanzlei mit der Aushändigung der Urkunde (§ 12 Abs. 1 BRAO) wirksam wird. Nach erfolgter Zulassung ist der Rechtsanwalt jedoch verpflichtet, **binnen drei Monaten**, im Bezirk der Rechtsanwaltskammer, der er nunmehr angehört, seine Kanzlei einzurichten, § 14 Abs. 3 Nr. 1 BRAO.

6. Versagungsgründe. Die Rechtsanwaltskammern stellen über die Angaben auf dem Zulassungsbogen hinausgehende inhaltliche Anforderungen an das Zulassungsgesuch, die im Wesentlichen dazu dienen, eine eigene Prüfung des Sachverhalts vorzunehmen und von Amts wegen **auszuschließen**, dass ein **Grund zur Versagung der Zulassung** nach § 7 BRAO gegeben ist. Dazu muss der Zulassungsbewerber einen Fragebogen zum Antrag auf Zulassung zur Rechtsanwaltschaft beantworten. Er hat sich ua darüber zu erklären, ob Strafen, Disziplinarmaßnahmen oder anwaltsgerichtliche Maßnahmen gegen ihn verhängt worden sind oder ob gegen ihn ein strafrechtliches Ermittlungsverfahren, ein Strafverfahren oder ein anwaltsgerichtliches Verfahren anhängig war oder ist. Gibt der Zulassungsbewerber diese Erklärung nicht ab, so kann sein Antrag in der Sache nicht geprüft werden und wird ohne Sachentscheidung als unzulässig zurückgewiesen (BGH Beschl. v. 25.3.1991 – AnwZ (B) 84/90). Der Fragebogen der Rechtsanwaltskammern kann den jeweiligen Homepages der Kammern entnommen werden.

Der Katalog der Versagungsgründe in § 7 BRAO ist abschließend (*Isele* § 7 BRAO Anm. II A 2, III). Der Rechtsanwaltskammer ist es daher nicht möglich, die Zulassung aufgrund anderer, nicht in der BRAO festgeschriebener Gründe, zu versagen.

In der Zulassungspraxis der Rechtsanwaltskammern spielen im Wesentlichen drei Versagungsgründe eine Rolle: Der **Verlust der Fähigkeit zur Bekleidung öffentlicher Ämter** (§ 7 Nr. 2 BRAO), ein **unwürdiges Verhalten** des Antragstellers (§ 7 Nr. 5 BRAO) und eine vom Antragsteller ausgeübte und **mit dem Beruf des Rechtsanwalts unvereinbare Tätigkeit** (§ 7 Nr. 8 BRAO).

7. Verlust der Fähigkeit zur Bekleidung öffentlicher Ämter (§ 7 Nr. 2 BRAO).
Nach § 7 Nr. 2 BRAO ist die Zulassung zu versagen, wenn der Bewerber infolge strafrechtlicher Verurteilung die Fähigkeit zur Bekleidung öffentlicher Ämter nicht besitzt.

Der **Verlust der Amtsfähigkeit** tritt gemäß § 45 Abs. 1 StGB ein, wenn jemand wegen eines Verbrechens (12 Abs. 1 StGB) zu einer Freiheitsstrafe von mindestens einem Jahr verurteilt wird. Der Verlustzeitraum beträgt gemäß § 45 Abs. 1 StGB fünf Jahre, gerechnet nicht schon ab Rechtskraft des Strafurteils, sondern gemäß § 45a Abs. 2 StGB grundsätzlich erst ab Verbüßung, Verjährung oder Erlass der Freiheitsstrafe. Gemäß § 45 Abs. 2 StGB kann der Verlust der Amtsfähigkeit vom Strafgericht in besonderen Fällen auf bis zu zwei Jahre verkürzt werden. Ist die erkannte Strafe nach § 51 StGB durch die Anrechnung von U-Haft oder anderer Freiheitsentziehung bei Rechtskraft des Strafurteils vollständig getilgt, läuft die Frist ausnahmsweise bereits von der Rechtskraft des Urteils an, vorausgesetzt, dass neben der Strafe keine freiheitsentziehende Maßregel angeordnet worden ist (Schönke/Schröder/*Stree/Kinzig* § 45a Rn. 6).

Vor Wiedererlangung der Amtsfähigkeit ist eine **Zulassung** zur Rechtsanwaltschaft **ausgeschlossen**; Verhältnismäßigkeitserwägungen – etwa der mittlerweile eingetretene Zeitablauf seit der Tatbegehung – bleiben dabei außer Betracht (BGH Beschl. v. 28.10.2011 – AnwZ(B) 30/11, NJW-RR 2012, 189 (zu § 14 Abs. 2 Nr. 2 BRAO)).

Die Rechtsanwaltsanwaltskammer muss das Zulassungsverfahren gemäß § 10 Abs. 2 BRAO **aussetzen**, wenn gegen den Antragsteller wegen eines Deliktes, das die Amtsunfähigkeit zur Folge haben kann, Anklage erhoben oder bereits ein – noch nicht rechtskräftig abgeschlossenes – Strafverfahren anhängig ist.

Die Rechtsanwaltskammern sind bei ihrer Prüfung **an die rechtskräftige Entscheidung eines deutschen Strafgerichts gebunden** (BGH Beschl. v. 8.2.1988 – AnwZ(B) 46/87, BRAK-Mitt. 1988, 208; Feuerich/Weyland/*Vossebürger* § 7 BRAO Rn. 20). Sie dürfen eine Verurteilung jedoch dann nicht mehr berücksichtigen, wenn die verlorenen Fähigkeiten und Rechte gemäß § 45b StBG vorzeitig wiederverliehen wurden (BGH Beschl. v. 1.3.1993 – AnwZ(B) 49/92, BRAK- Mitt. 1993, 102); dasselbe gilt, wenn der Antragsteller durch rechtskräftiges Urteil im Wiederaufnahmeverfahren mindestens eine Reduzierung der Strafe erreichen konnte oder ihm ein Gnadenerweis erteilt wurde (BGH Beschl. v. 21.11.1966 – AnwZ(B) 3/66, BGHZ 46, 230).

Ein nicht mehr dem Anwendungsbereich des § 7 Nr. 2 BRAO unterfallendes strafbares Vorverhalten des Antragstellers kann im Zulassungsverfahren gleichwohl zu seinen Lasten Berücksichtigung finden. Da auch ein Straftäter, dem die Bekleidung öffentlicher Ämter nicht oder nicht mehr generell verboten ist, unwürdig sein kann, den verantwortungsvollen Beruf des Rechtsanwalts als eines unabhängigen Organs der Rechtspflege auszuüben, kann sich ein **Versagungsgrund auch aus der Unwürdigkeit** des Antragstellers nach § 7 Nr. 5 BRAO ergeben (BGH Beschl. v. 1.3.1993 – AnwZ(B)49/92, BRAK-Mitt. 1993, 102).

8. **Unwürdiges Verhalten (§ 7 Nr. 5 BRAO).** Nach § 7 Nr. 5 BRAO ist die Zulassung zur Rechtsanwaltschaft zu versagen, wenn der Bewerber sich eines Verhaltens schuldig gemacht hat, das ihn unwürdig erscheinen lässt, den Beruf eines Rechtsanwalts auszuüben.

Der Bewerber erscheint dann unwürdig, wenn er im Zeitpunkt der Entscheidung über die Zulassung bei Abwägung seines schuldhaften Verhaltens und aller erheblichen Umstände wie Zeitablauf und zwischenzeitlicher Führung nach seiner Gesamtpersönlichkeit **für den Anwaltsberuf nicht oder noch nicht wieder tragbar** ist (BVerf Beschl. v. 8.3.1983 – 1 BvR 1078/80, NJW 1983, 1535; BGH Beschl. v. 10.10.2011 – AnwZ (B) 10/10, AnwBl 2012, 195). Dabei sind das berechtigte Interesse des Bewerbers nach beruflicher und sozialer Eingliederung und das durch das Berufsrecht geschützte Interesse der Öffentlichkeit, insbesondere der Rechtsuchenden, an der Integrität des Anwaltsstandes einzelfallbezogen gegeneinander abzuwägen (BGH Beschl. v. 10.10.2011 – AnwZ (B) 10/10, AnwBl 2012, 195).

Die Zulassung ist regelmäßig zu versagen, wenn der Zulassungsbewerber sich einer **Straftat** schuldig gemacht hat, die sich **gegen Rechtsgüter** richtet, die **für die anwaltliche Berufsausübung von unmittelbarer Bedeutung** sind. Dazu zählen insbesondere Verurteilungen wegen **Veruntreuung** von Mandantengeldern als noch zugelassener Rechtsanwalt (BGH Beschl. v. 28.3.2013, BRAK-Mitt 2013, 197; v. 10.10.2011 – AnwZ (B) 10/10 –, BRAK-Mitt 2012, 31), **betrügerisches Verhalten** (BGH Beschl. v. 10.5.2010 – AnwZ (B) 67/09; BRAK-Mitt 2010, 214; Beschl. v. 15.6.2009 – AnwZ (B) 59/08, BGH BRAK-Mitt. 2009, 242), **falsche Verdächtigung** (BGH Beschl. v. 15.6.2009 – AnwZ (B) 59/08, BRAK-Mitt 2009, 242), **unberechtigtes Führen eines Doktorgrades** (BGH Beschl. v. 29.1.1996 – AnwZ (B) 52/95, BRAK-Mitt. 1996, 122), **Vorteilsannahme und Bestech-**

lichkeit (BGH Beschl. v. 17.2.1992 – AnwZ (B) 61/91, BRAK-Mitt. 1992, 106), Abgabe einer **falschen eidesstattlichen Versicherung** (BGH Beschl. v. 8.2.1988, AnwZ (B) 49/87, BRAK-Mitt. 1988, 146) sowie **steuerunehrliches Verhalten** (BGH Beschl. v. 29.1.1996 – AnwZ (B) 53/95, BRAK-Mitt 1996, 123).

Auch bewusst unwahre Angaben des Antragstellers können zur Annahme seiner Unwürdigkeit führen, insbesondere, wenn die **unwahren Angaben im Zulassungsverfahren** zur Täuschung der Rechtsanwaltskammer gemacht werden (BGH Beschl. v. 5.10.1998 – AnwZ (B) 26/98, BRAK-Mitt 1999, 38). Der Zulassungsbehörde sind die im Zulassungsbogen abgefragten Auskünfte vollständig und wahrheitsgemäß zu erteilen. Kommt der Bewerber dieser Pflicht nicht nach, kann die unvollständige und damit unwahre Angabe zur Unwürdigkeit und damit zur Versagung der Zulassung führen, so etwa wenn **Ermittlungsverfahren oder strafrechtlichen Verurteilungen im Zulassungsantrag verschwiegen** werden (BGH Beschl. v. 5.10.1998 – AnwZ (B) 26/98, BRAK-Mitt 1999, 38). Wer als Bewerber schon gegenüber der Zulassungsbehörde unwahre Angaben macht, ruft erhebliche Zweifel an seiner Eignung als Organ der Rechtspflege und damit als Garant für die Integrität der Anwaltschaft hervor. Anknüpfungspunkt für die Unwürdigkeit des Bewerbers ist dabei nicht der Strafvorwurf an sich, sondern das Verschweigen desselben (BGH Beschl. v. 3.3.1997- AnwZ (B) 62/96, BRAK-Mitt 1997, 171).

Selbst ein schwerwiegendes berufsunwürdiges Verhalten kann jedoch nach einer mehr oder minder langen Zeit durch **Wohlverhalten** oder andere Umstände soviel an Bedeutung verlieren, dass es die Zulassung zur Rechtsanwaltschaft nicht mehr hindert.

Die Frage, wie viele Jahre zwischen einem die Unwürdigkeit begründenden Verhalten und dem Zeitpunkt liegen müssen, in dem eine Zulassung zur Rechtsanwaltschaft wieder möglich ist, lässt sich nicht durch eine schematische Festlegung auf bestimmte Fristen beantworten, sondern verlangt – insbesondere im Lichte von Art. 12 GG – eine **einzelfallbezogene Gewichtung** aller für und gegen den Bewerber sprechenden Umstände (BGH Beschl. v. 14.2.2000 – AnwZ (B) 12/99, AnwBl 2000, 627; Beschl. v. 17.3.2003- AnwZ (B) 26/02, BRAK-Mitt 2003, 128). Dabei haben die Rechtsanwaltskammern einen erheblichen Spielraum bei der Gewichtung der für und gegen die Zuverlässigkeit des Bewerbers sprechenden Tatsachen.

Um der Rechtsanwaltskammer die erforderliche Abwägung zu ermöglichen, hat der Bewerber Tatsachen vorzutragen, die in besonderer Weise seine Bewährung belegen (BGH Beschl. v. 10.10.2011- AnwZ (Brfg) 10/10, BRAK-Mitt 2012, 31). Dabei ist die bloße straffreie Führung nach einer Verurteilung dann nicht entscheidend zu seinen Gunsten zu berücksichtigen, wenn der Bewerber noch unter dem Druck einer zur Bewährung ausgesetzten Freiheitsstrafe steht (BGH AnwZ (Brfg) 10/10, BRAK-Mitt 2012, 31). Vielmehr muss das **beanstandungsfreie Verhalten geraume Zeit nach Erlass der Freiheitsstrafe** wegen Ablaufs der Bewährungsfrist **fortgesetzt** worden sein. Dazu ist es erforderlich, dass der Bewerber auch nach Ablauf der Bewährung verlässlich gezeigt hat, dass er von seinen Verfehlungen innerlich abgerückt ist und sich gewandelt hat (BGH Beschl. v. 10.5.2010 – AnwZ (B)67/09, BRAK-Mitt 2010, 214; Feuerich/Weyland/*Vossebürger* § 7 Rn. 41).

Für den **Wohlverhaltenszeitraum**, der gegen die Annahme von Unwürdigkeit spricht, ist bei besonders **gravierenden Straftaten** und Straftaten, die den Kernbereich der anwaltlichen Berufsausübung betreffen, etwa in schweren Fällen von Betrug und Untreue (zu Lasten von Mandanten), ein zeitlicher Abstand zwischen der die Unwürdigkeit begründenden Straftat des Bewerbers und dessen Zulassung zur Rechtsanwaltschaft von **in der Regel 15 bis 20 Jahren** erforderlich (BGH Beschl. v. 10.5.2010 – AnwZ (B) 67/09, BRAK-Mitt 2010, 214; Beschl. v. 10.10.2011 – AnwZ (Brfg) 10/10, BRAK-Mitt 2012, 31; Beschl. v. 28.3.2013 – AnwZ (Brfg) 40/12, BRAK-Mitt 2013, 197). Der genannte Zeitraum kann aber auch unterschritten werden, wenn das Interesse des Bewerbers an seiner beruflichen und sozialen Eingliederung unter Berücksichtigung von Art. 12 GG dies geboten erscheinen lässt; maßgebend ist, dass der Bewerber sein Leben wieder geordnet hat (BGH Beschl. v. 10.7.2000 – AnwZ (B) 40/99, BRAK-Mitt 2000, 306; Beschl. v. 7.12.2009 – AnwZ (B) 113/08, AnwBl 2010, 289).

In **leichteren Fällen**, die nicht den Kernbereich der anwaltlichen Berufsausübung betreffen, wie durch Alkoholsucht bedingte Verfehlungen oder Verletzung der Unterhaltspflicht beträgt der Wohlverhaltenszeitraum **4–5 Jahre** (Feuerich/Weyland/*Vossebürger* § 7 Rn. 41). **Fahrlässige Delikte** sind grundsätzlich nicht geeignet, die Unwürdigkeit des Bewerbers zu begründen (Feuerich/Weyland/*Vossebürger* § 7 Rn. 46).

Im Falle der Beurteilung eines **Zulassungsgesuchs eines ehemaligen Rechtsanwalts** ist bei der Gewichtung allerdings § 7 Nr. 3 BRAO zu beachten, der bestimmt, dass ein Bewerber, der durch rechtskräftiges Urteil aus der Anwaltschaft ausgeschlossen ist (§ 114 Abs. 1 Nr. 5 BRAO), **nicht vor Ablauf von acht Jahren** seit Rechtskraft des Urteils wiederzugelassen werden darf (BGH Beschl. v. 10.5.2010 – AnwZ (B) 67/09, BRAK-Mitt 2010, 214). Ist der Rechtsanwalt hingegen nicht durch Urteil des Anwaltsgerichts gemäß § 114 Abs. 1 Nr. 5 BRAO ausgeschlossen worden, sondern ihm wegen des identischen Sachverhalts gemäß § 14 Abs. 2 BRAO von der Rechtsanwaltskammer die Zulassung widerrufen worden, ist bei der Beurteilung des Wohlverhaltenszeitraums gleichwohl die Sperrfrist von acht Jahren zu beachten. Denn diese ist an den tatsächlichen Vorwurf gekoppelt und nicht an die Maßnahme, die zum Zulassungsverlust geführt hat (BGH Beschl. v. 10.5.2010 – AnwZ (B) 67/09, BRAK-Mitt 2010, 214).

9. **Unvereinbare Tätigkeit (§ 7 Nr. 8 BRAO).** Gemäß § 7 Nr. 8 BRAO ist die Zulassung auch dann zu versagen, wenn der Bewerber eine Tätigkeit ausübt, die mit dem Beruf des Rechtsanwalts, insbesondere seiner Stellung als unabhängiges Organ der Rechtspflege nicht vereinbar ist oder das Vertrauen in seine Unabhängigkeit gefährden kann. Die Vereinbarkeit der Tätigkeit mit dem Rechtsanwaltsberuf ist nicht abstrakt nach deren Art, sondern jeweils unter Berücksichtigung ihrer konkreten Ausgestaltung zu prüfen (BGH Beschl. v. 5.11.1984 – AnwZ (B) 26/84, NJW 1986, 435).

Zur Prüfung der Vereinbarkeit empfiehlt es sich, schon mit dem Zulassungsantrag den Anstellungsvertrag – oder bei selbständiger Tätigkeit die getroffenen Vereinbarungen – ebenso wie eine Tätigkeitsbeschreibung beizufügen, die erkennen lässt, welche Aufgaben im Einzelnen wahrgenommen werden und in welchem zeitlichen Verhältnis diese Tätigkeit zur anwaltlichen Tätigkeit steht.

Ein Zweitberuf ist grundsätzlich zulässig. Nur die Zweitberufe, die die Unabhängigkeit und Objektivität des Rechtsanwalts beeinträchtigen oder die seine Integrität in den Augen der Rechtsuchenden in Frage stellen, sind mit diesen wichtigen Gemeinschaftsinteressen nicht zu vereinbaren (Henssler/Prütting/Henssler, § 7 Rn. 78 ff.). Hierbei handelt es sich im Wesentlichen um Zweitberufe mit erwerbswirtschaftlicher Prägung oder um Tätigkeiten im öffentlichen Dienst.

a) Erwerbswirtschaftlicher Zweitberuf. Unabhängigkeit und Integrität eines Rechtsanwalts können bei einer erwerbswirtschaftlichen Prägung des Zweitberufs gefährdet sein. Interessenkollisionen liegen vor allem dann nahe, wenn ein kaufmännischer Beruf die Möglichkeit bietet, Informationen zu nutzen, die aus der rechtsberatenden Tätigkeit stammen (BVerfG Beschl. v. 4.11.1992 – 1 BvR 79/85, NJW 1993, 317; BGH Beschl. v. 21.11.1994 – AnwZ (B) 44/94, BRAK-Mitt 1995, 163). Eine Gefahr für die anwaltliche Unabhängigkeit liegt jedoch nicht schon dann vor, wenn das Wissen aus der einen Tätigkeit für die andere von Vorteil ist (BGH Beschl. v. 21.11.1994 – AnwZ (B) 44/94, BRAK-Mitt 1995, 163). Es ist vielmehr darauf abzustellen, ob die zweitberufliche Tätigkeit des Rechtsanwalts bei objektiv vernünftiger Betrachtungsweise von Seiten der Mandanten die Wahrscheinlichkeit von Pflichten- und Interessenkollisionen nahe legt (BGH Beschl. v. 8.10.2007 – AnwZ (B) 92/06, AnwBl 2008, 65).

Vereinbarkeit/Unvereinbarkeit des Zweitberufs mit der Rechtsanwaltstätigkeit – erwerbswirtschaftlicher Zweitberuf (Einzelfälle):

Versicherungsmakler: unvereinbar (BGH Beschl. v. 14.6.1993 – AnwZ (B) 15/93; BRAK-Mitt 1994, 43; Beschl. v. 13.2.1995 – AnwZ (B) 71/94, BRAK-Mitt 1995, 123; Beschl. v. 21.7.1997 – AnwZ (B) 15/97; Beschl. v. 18.10.1999 – AnwZ (B) 97/98, BRAK-Mitt 2000, 43). Rechtsanwälte haben es bei der Wahrnehmung ihrer Mandate vielfach mit der Abwägung von Risiken zu tun, die versichert werden könnten. Es besteht deshalb die Gefahr, dass ein Rechtsanwalt im eigenen Courtage-Interesse dem Mandanten empfiehlt, bestehende Versicherungsverträge zu kündigen und von ihm vermittelte „bessere" Verträge neu abzuschließen. Das ist mit der anwaltlichen Berufpflicht, unabhängig und nur gegen das in der Bundesrechtsanwaltsgebührenordnung geregelte Honorar tätig zu werden, nicht vereinbar.

Vermittler von Finanzdienstleistungen: unvereinbar (BGH Beschl. v. 18.10.1999 – AnwZ (B) 97/98, BRAK-Mitt 2000, 43)

Grundstücksmakler: unvereinbar (BGH Beschl. v. 21.9.1987 – AnwZ(B) 25/87, BRAK-Mitt 1988; 49; Beschl. v. 11.10.2000 – AnwZ (B) 54/99, BRAK-Mitt 2001, 90). Rechtsanwälte erhalten bei der Ausübung ihres Berufs vielfach Kenntnis von Geld- oder Immobilienvermögen des Mandanten. In seinem Zweitberuf als Immobilienmakler kann ein Rechtsanwalt an der Umschichtung dieses Vermögens verdienen. Das birgt die Gefahr, dass er im eigenen Courtage-Interesse dem Mandanten eine derartige Umschichtung empfiehlt, die er als unabhängiger Rechtsanwalt nicht empfehlen dürfte.

Angestellter eines Maklerunternehmens: vereinbar (BGH Beschl. v. 11.12.1995 – AnwZ (B) 32/95, NJW 1996, 2378). Eine Gefährdung der Unabhängigkeit wurde – ausnahmsweise – verneint, da dem Rechtsanwalt eine akquirierende Tätigkeit untersagt und damit ausgeschlossen war, dass er sich im eigenen Provisionsinteresse am Abschluss von Versicherungsverträgen beteiligt.

Mitgeschäftsführer einer Immobiliengesellschaft: unvereinbar (BGH Beschl. v. 8.10.2007 – AnwZ (B) 92/06, AnwBl. 2008, 65). Diese Tätigkeit ist unvereinbar, wobei es unerheblich ist, ob der Mitgeschäftsführer selbst akquirierend tätig ist oder ob dies anderen obliegt. Selbst wenn er sich in der Geschäftsführung auf den Verwaltungsbereich beschränkt, fallen ihm in jedem Fall kraft seiner Allzuständigkeit Überwachungspflichten zu, durch die er zum Eingreifen auch in Geschäftsbereiche veranlasst sein kann. Damit kann eine Interessenkollision auch nicht durch die Beschränkung der Zuständigkeitsbereiche des Geschäftsführers vermieden werden.

Bankangestellter im Bereich private banking: unvereinbar (BGH Beschl. v. 15.5.2006 – AnwZ (B) 41/05, NJW 2006, 2488). Die Einbindung in den Vertrieb von Bankprodukten birgt die Gefahr, dass sich der Antragsteller bei seinen Ratschlägen zur Regelung der Vermögensbelange des Kunden nicht nur von dessen Interessen, sondern auch von dem Interesse der Bank leiten lässt. Eine vom Geschäftsinteresse der Bank nicht zu trennende Rechtsberatung des Bankkunden durch einen hierfür angestellten Mitarbeiter der Bank ist – anders als etwa die Tätigkeit als Syndikus in der Rechtsabteilung der Bank – mit dem Berufsbild des Rechtsanwalts und seiner Stellung als unabhängiges Organ der Rechtspflege nicht vereinbar.

Mitarbeiter im Vertriebsteam einer Rechtsschutzversicherung: unvereinbar (BGH Beschl. v. 15.5.2006 – AnwZ (B) 53/05, NJW 2006, 3717). Es besteht die Gefahr einer Interessenkollision, weil der Antragsteller als Betreuer der Außendienstorganisation der Konsortialpartner des Versicherungsunternehmens Gelegenheit hat, Informationen zu erhalten, die ihm für eine Anwaltstätigkeit von Nutzen sein können, und er umgekehrt aus einer Anwaltstätigkeit erlangte nützliche Informationen an die Außendienstmitarbeiter weitergeben kann. Er befindet sich in einer vergleichbaren Lage wie ein Versicherungsmakler.

Berater und Akquisiteur für eine Unternehmensberatungsgesellschaft: unvereinbar (BGH Beschl. v. 26.11.2007 – AnwZ(B) 111/06, BRAK-Mitt 2008, 73). Eine unabhängige Beratung als Rechtsanwalt ist dann nicht möglich, wenn der Rechtsanwalt bei der Akquisition von Kunden und der damit verbundenen Beratung der zu gewinnenden Kunden das wirtschaftliche Interesse der Unternehmensberatungsgesellschaft verfolgt, das er als Angestellter des Unternehmens zu verfolgen hat.

Selbstständiger Personalberater: unvereinbar (BGH Urt. v. 25.11.2013 – AnwZ (Brfg) 22/12, AnwBl 2014, 487). Die Tätigkeit birgt die Gefahr, dass bei der Personalauswahl auch Rechtsfragen betroffen sind und der Rechtsanwalt seine Personalempfehlung nicht frei von eigenen wirtschaftlichen (Provisions-)Interessen trifft. Dies begründet beim rechtssuchenden Publikum Zweifel an der Unabhängigkeit des Rechtsanwalts.

Taxiunternehmer: vereinbar (BGH Beschl. v. 24.3.1993 – AnwZ (B) 44/92, BRAK-Mitt 1993, 171). Keine sich deutlich abzeichnende Gefahr der Kollision mit Mandanteninteressen und noch hinreichend Zeit für die Ausübung des Anwaltsberufes.

b) Zweitberuf im öffentlichen Dienst. Unabhängigkeit und Integrität eines Rechtsanwalts können auch durch eine **Tätigkeit im öffentlichen Dienst** beeinträchtigt sein. Bereits nach § 7 Nr. 10 BRAO – und nicht nach § 7 Nr. 8 BRAO – scheidet eine Tätigkeit als Rechtsanwalt aus, wenn der Bewerber im öffentlichen Dienst als **Beamter, Richter oder Soldat** tätig ist. Dabei ist es unerheblich, ob der Beamte, Richter oder Soldat beurlaubt, ruhend gestellt (BGH Beschl. v. 30.10.2006 – AnwZ (B) 21/06, BRAK-Mitt 2007, 27) oder die Versetzung in den Ruhestand bereits eingeleitet wurde (BGH Beschl. v. 25.6.1984 – AnwZ (B) 3/84, NJW 1984, 2877). Unerheblich ist auch, ob der Bewerber nur in einem Beamtenverhältnis auf Widerruf steht (BGH Beschl. v. 27.2.1978 – AnwZ (B) 26/77, NJW 1978, 1004) oder es sich um einen Beamten auf Zeit handelt (BGH Beschl. v. 26.1.1998 – AnwZ (B) 62/92, NJW-RR 1998, 1440). Es kommt auch nicht darauf an, aus welchen Gründen der Bewerber im Einzelfall eine entsprechende dienstlichen Tätigkeit ausübt oder nicht; entscheidend ist ausschließlich, ob er die Rechtsstellung eines im aktiven Dienst stehenden Beamten, Richters oder Soldaten hat.

Die Frage der Vereinbarkeit des Rechtsanwaltsberufs mit Tätigkeiten im öffentlichen Dienst nach § 7 Nr. 8 BRAO stellt sich nur bei **Bewerbern, die im Anstellungsverhältnis oder in einem andersartigen öffentlich-rechtlichen Dienstverhältnis** tätig sind. Im Rahmen des Zulassungsverfahrens ist zu prüfen, ob die gleichzeitige Ausübung des Anwaltsberufs und eine Tätigkeit im öffentlichen Dienst die Belange der Rechtspflege gefährden kann. Das **Vertrauen in die Unabhängigkeit** des Rechtsanwalts ist **gefährdet,** wenn der Bewerber eine hoheitliche Tätigkeit im öffentlichen Dienst ausübt und der Rechtssuchende den Eindruck gewinnen kann, die Unabhängigkeit des Anwalts sei durch die Bindung an den Staat beeinträchtigt (Feuerich/Weyland/*Vossebürger* § 7 Rn. 107). Das Vertrauen in die Unabhängigkeit ist aber auch dann gefährdet, wenn der Bewerber so in die Verwaltung eingebunden ist, dass bei den Rechtssuchenden der Eindruck entstehen kann, ihr Rechtsanwalt habe weitergehende Einflussmöglichkeiten als andere Rechtsanwälte, die solche Positionen in der Verwaltung nicht bekleiden (BGH Beschl. v. 21.3.2011 – AnwZ (B) 33/10, BRAK-Mitt 2011, 141).

Vereinbarkeit/Unvereinbarkeit des Zweitberufs mit der Rechtsanwaltstätigkeit – Zweitberuf im öffentlichen Dienst (Einzelfälle):

Juristische Mitarbeit im Rechtsamt der Stadt: unvereinbar (BGH Beschl. v. 14.5.2009 – AnwZ(B) 119/08, BRAK-Mitt. 2009, 238). Durch eine aufgrund langjähriger Tätigkeit im Rechtsamt der Stadt erworbene Stellung kann der Anschein erweckt werden, der Rechtsanwalt habe größere und weiter gehende Möglichkeiten bei der Wahrnehmung der Interessen der Mandaten als ein Rechtsanwalt der nicht zugleich im Rechtsamt tätig ist.

Sachbearbeiter bei einer Universitätsverwaltung: unvereinbar (BGH Beschl. v. 23.2.1987 – AnwZ (B) 43/86, NJW 1987, 3011), zumindest dann, wenn im Zweitberuf auch eine Befugnis zur Prozessführung in Personalangelegenheiten besteht und der Antragsteller dadurch als Repräsentant der Universität nach außen in Erscheinung tritt.

Geschäftsführer eines kommunalen Spitzenverbandes: vereinbar (BGH Beschl. v. 21.3.2011, AnwZ (B) 33/10, AnwBl 2011, 497). Da es sich bei der Tätigkeit für einen privatwirtschaftlich organisierten Verband um keine hoheitliche handelt, besteht keine Gefahr, dass beim rechtsuchenden Publikum der Eindruck einer die anwaltliche Unabhängigkeit beeinträchtigenden Staatsnähe entstehen könnte.

Angestellter Jobcoach in der Jobakademie: vereinbar (AGH Frankfurt a.M. Urt. v. 3.6.2013 – 2 AGH 21/12, NJW-RR 2013, 1468). Kein Über-Musterordnungsverhältnis und damit keine hoheitliche Tätigkeit.

Geschäftsführer einer Berufskammer: unvereinbar (BGH Beschl. v. 14.2.2000 – AnwZ (B) 9/99, BRAK-Mitt 2001, 44), wenn die Kammer – als Körperschaft des öffentlichen Rechts – nicht nur intern beraten wird, sondern der Antragsteller als Repräsentant der Kammer nach außen in Erscheinung tritt. Ausnahmsweise vereinbar ist aber die Tätigkeit als Geschäftsführer einer Rechtsanwalts- oder Patentanwaltskammer, da diese Kammern auch Aufgaben der Rechtspflege erfüllen.

Syndikus eines öffentlich-rechtlichen Bankinstituts: vereinbar (BGH Beschl. v. 12.5.1975 – AnwZ (B) 14/74, NJW 1975, 1514), zumindest dann, wenn die betriebenen Bankgeschäfte sich nicht wesentlich von denen einer überregionalen, privaten Großbank unterscheiden.

Leiter einer evangelischen Kirchenverwaltung: vereinbar (BVerfG Beschl. v. 15.3.2007 – 1 BvR 1887/06, BRAK-Mitt 2007, 122). Die Berufung zum Kirchenbeamten auf Lebenszeit berührt die Unabhängigkeit des Rechtsanwalts vom Staat nicht, da die Kirchen keine staatlichen Einrichtungen sind.

Wissenschaftliche Tätigkeit im öffentlichen Dienst: vereinbar (BGH Beschl. v. 16.2.1998 – AnwZ (B) 74/97, BRAK-Mitt 1998, 200), da bei einer rein wissenschaftlichen Tätigkeit Gefahren für die Rechtspflege nicht zu besorgen sind.

c) Rechtliche und zeitliche Kompatibilität. Wird im Zulassungsverfahren eine generell mit dem Anwaltsberuf zu vereinbarende Tätigkeit angezeigt, ist für die Zulassung weiterhin Voraussetzung, dass dem Bewerber der für eine Anwaltstätigkeit unentbehrliche Handlungsspielraum verbleibt. Dafür muss er rechtlich und tatsächlich in der Lage sein, den Anwaltsberuf neben seiner weiteren Tätigkeit in einem nennenswerten Umfang und jedenfalls mehr als nur gelegentlich auszuüben. Zum Erhalt eines Mindestmaßes an Unabhängigkeit und Professionalität der Rechtsanwaltsschaft werden diese Anforderungen vom BVerfG (Beschl. v. 4.11.1992 – 1 BvR 79/85, NJW 1993, 317) und dem BGH (Beschl. v. 9.11.2009 – AnwZ (B) 83/08, NJW 2010, 1381) gebilligt und auch für erforderlich gehalten, um den reinen „Feierabend-" oder „Titularanwalt" auszuschließen, dem es vorrangig um die mit der Zulassung zur Rechtsanwaltschaft verbundenen versorgungsrechtlichen Vorteile geht.

2. Freistellungserklärung

Zu dem Antrag des/der . . . . . . auf Zulassung zur Rechtsanwaltschaft erklären wir hiermit unsere unwiderrufliche Einwilligung,[1, 2]

- dass Sie neben Ihrer Tätigkeit als Angestellter den Beruf des Rechtsanwalts ausüben;[3, 4]
- dass Sie auch während der Dienststunden für Ihre Mandanten erreichbar sein dürfen und Sie berichtigt sind, sich zur Wahrnehmung etwaiger anwaltlicher Termine und Besprechungen jederzeit von ihrem Arbeitsplatz zu entfernen, ohne im Einzelfall eine Erlaubnis hierfür einholen zu müssen, selbst wenn etwaige für Ihren Arbeitgeber wahrzunehmende Termine mit den in Ihrer Anwaltspraxis anstehenden Terminen kollidieren,

• dass außerhalb der Freistellungserklärung keine mündlichen oder schriftlichen Vereinbarungen existieren, die die anwaltliche Tätigkeit einschränken können.

Anmerkungen

1. Den Nachweis, **rechtlich** befugt zu sein, den Anwaltsberuf neben dem Zweitberuf ausüben zu können, hat der Bewerber bereits während des Zulassungsverfahrens durch Vorlage einer sogenannten **Freistellungserklärung** des Arbeitgebers/Dienstherren zu führen.

2. Die Einwilligung kann auch als Bestandteil des Arbeitsvertrages formuliert werden. Sie sollte sich jedoch am vorstehenden Wortlaut orientieren, da schon vermeintlich geringfügig Änderungen bei der Formulierung dazu führen können, dass die rechtliche Ausübungsmöglichkeit nicht gegeben ist (BGH Beschl. v. 9.11.2009 – AnwZ (B) 83/08, NJW 2010, 1381). Wegen fehlender rechtlicher Möglichkeit zur ausreichenden Anwaltstätigkeit ist die **Zulassung zu versagen, wenn** der Dienstherr dem Bewerber die notwendige **Genehmigung zur Ausübung des Anwaltsberufs** versagt oder **nur unter Vorbehalt** erteilt hat.

3. Ob ein Bewerber **tatsächlich** in der Lage ist, den Anwaltsberuf in nennenswertem Umfang auszuüben, hängt jeweils vom Einzelfall ab. Das ist dann anzunehmen, wenn er **über seine Dienstzeiten hinreichend verfügen** kann, während der Dienststunden nicht nur in Ausnahmefällen für seine Mandanten erreichbar ist und die zu überwindende Entfernung zwischen Kanzlei- und Beschäftigungsort zu keinen erheblichen Erschwernissen für die Ausübung des Anwaltsberufs führt (BGH Beschl. v. 9.11.2009 – AnwZ (B) 83/08, NJW 2010, 1381). Zwar kann der Bewerber nach seiner Zulassung nach eigenem Ermessen sowohl darüber befinden, wie viele und welche Aufgaben er als Rechtsanwalt wahrnimmt, als auch darüber, wie und wann er die zur angemessenen Erledigung der Aufträge notwendigen Arbeiten leisten will. Er muss jedoch angesichts der arbeitsvertraglich vereinbarten Arbeitszeit überhaupt in der Lage sein, den Beruf des Rechtsanwalts in nennenswertem Umfang tatsächlich auszuüben (Feuerich/Weyland/*Vossebürger* § 7 Rn. 124).

4. Unvereinbar mit dem Anwaltsberuf ist deshalb eine Tätigkeit als Sachbearbeiter in einer Anstalt des öffentlichen Rechts mit einer Wochenarbeitszeit von 38,5 Stunden, wenn für die anwaltliche Tätigkeit nur am frühen Morgen, in den Abendstunden sowie an den Wochenenden Zeit verbleibt (BGH Beschl. v. 9.11.2009 – AnwZ (B) 83/08, NJW 2010, 1381). Auch lediglich 8 Wochenstunden für die anwaltliche Tätigkeit reichen nicht aus (BGH Beschl. v. 26.11.1998 – AnwZ (B) 58/97, BRAK-Mitt 1998, 154). Mit dem Berufsbild des Rechtsanwaltes **vereinbar** ist es aber, wenn die daneben ausgeübte weitere Beschäftigung es ermöglicht, tatsächlich **20 Wochenstunden** auf die rechtsanwaltliche Tätigkeit zu verwenden (BGH Beschl. v. 16.2.1998 – AnwZ (B) 74/97, NJW-RR 1998, 1216).

3. Widerspruch gegen die Versagung der Zulassung

An den

Vorstand der Rechtsanwaltskammer . . . . . . ,²

Aktenzeichen [. . . . . .]

Sehr geehrte Damen und Herren,

gegen den Bescheid vom . . . . . ., zugestellt am . . . . . .,[3] mit dem Sie die Zulassung zur Anwaltschaft verweigern, lege ich hiermit

Widerspruch[1]

ein. Zur Begründung führe ich aus:[4]

Sie haben meinen Antrag auf Zulassung als Rechtsanwalt abgelehnt, weil Sie mir zu Unrecht vorgeworfen haben, den Zulassungsbogen wahrheitswidrig ausgefüllt zu haben. . . . . . .

Rechtsanwalt/Rechtsanwältin

Anmerkungen

1. Die Rechtsbehelfe gegen die Versagung der Zulassung oder gegen eine Untätigkeit der zuständigen Rechtsanwaltskammer richten sich nach der VwGO, § 112c Abs. 1 S. 1 BRAO.

Die Verweisung in § 112c Abs. 1 S. 1 BRAO auf die VwGO hat zur Folge, dass die Verpflichtungsklage auf Erteilung der Zulassung erst nach erfolgloser Durchführung des Widerspruchsverfahrens zulässig ist.

Einige Länder haben von der Öffnungsklausel in § 68 Abs. 1 S. 2 Alt. 1 VwGO Gebrauch gemacht und das Widerspruchsverfahren durch Landesgesetz ausgeschlossen. Ein Widerspruchsverfahren ist nur bei den Rechtsanwaltskammern **Brandenburg, Freiburg, Hamburg, Karlsruhe, Koblenz, Mecklenburg-Vorpommern, Stuttgart, Thüringen, Tübingen und Zweibrücken** zu durchlaufen. Bei den übrigen Kammern muss der Zulassungsbewerber sogleich Verpflichtungsklage erheben.

2. Widerspruchsbehörde. Der Widerspruch ist grundsätzlich bei der Behörde einzulegen, die den Verwaltungsakt erlassen hat, § 70 Abs. 1 S. 1 VwGO. Über den Widerspruch gegen die Entscheidung hat die Rechtsanwaltskammer nach § 112c Abs. 1 S. 1 BRAO iVm § 73 Abs. 1 S. 1 VwGO selbst zu entscheiden, weil sie eine Selbstverwaltungskörperschaft ist.

3. Widerspruchsfrist. Der Widerspruch ist innerhalb eines Monats seit Bekanntgabe des Verwaltungsaktes einzulegen, § 70 Abs. 1 S. 1 VwGO. Da nach § 58 Abs. 1 VwGO die Widerspruchsfrist erst mit Erteilung einer zutreffenden Rechtsbehelfsbelehrung zu laufen beginnt, gilt die Jahresfrist des § 58 Abs. 2 VwGO, wenn die Belehrung fehlt oder unrichtig ist.

4. Form. Für den Widerspruch ist weder ein bestimmter Antrag noch eine Begründung vorgeschrieben (Kopp/Schenke/*Schenke* § 70 Rn. 5).

4. Verpflichtungsklage auf Zulassung zur Rechtsanwaltschaft

An den

Anwaltsgerichtshof . . . . . .[1, 2]

Klage

des . . . . . .

Prozessbevollmächtigter: Rechtsanwalt[3]

gegen

den Vorstand der Rechtsanwaltskammer . . . . . .

vertreten durch den Präsidenten[4]

wegen: Erteilung der Zulassung zur Rechtsanwaltschaft

Namens des Klägers erhebe ich Klage mit dem Antrag,

unter Aufhebung des Bescheides der Beklagten vom . . . . . . in der Gestalt des Widerspruchbescheides vom . . . . . . ,[5] die Beklagte zu verpflichten, die Zulassung zur Rechtsanwaltschaft zu erteilen.

Zur Begründung führe ich aus: . . . . . .[6]

. . . . . .

Rechtsanwalt/Rechtsanwältin

Anmerkungen

1. Richtige Klageart. Der Rechtsbehelf gegen die Versagung der Zulassung richtet sich nach der VwGO, § 112c Abs. 1 S. 1 BRAO. Da der Kläger die Verurteilung der Rechtsanwaltskammer zum Anlass eines abgelehnten Verwaltungsakts – die Zulassung – begehrt, ist die Verpflichtungsklage (§ 42 Abs. 1 Alt. 2 VwGO) die richtige Klageart.

2. Örtliche Zuständigkeit. Der **Anwaltsgerichtshof** (AGH) ist in den verwaltungsrechtlichen Anwaltssachen ausschließlich erstinstanzlich zuständig, § 112a Abs. 1 BRAO. Örtlich zuständig ist nach § 112b S. 1 Halbsatz 1 BRAO der AGH, der für den Oberlandesgerichtsbezirk errichtet ist, in dem der Verwaltungsakt zu erlassen wäre.

3. Postulationsfähigkeit. Nach § 112c Abs. 1 BRAO gelten die Vorschriften der VwGO entsprechend, soweit die BRAO keine abweichenden Bestimmungen enthält. Die BRAO verweist mangels einer abweichenden Bestimmung auch auf § 67 VwGO, wonach vor dem OVG Vertretungszwang gegeben ist. Da der AGH über § 112c Abs. 1 S. 2 einem OVG gleichgestellt ist, gilt dieser **Anwaltszwang** damit auch vor dem AGH.

4. Gerichtliche Vertretung der Rechtsanwaltskammer. Der Präsident einer Rechtsanwaltskammer vertritt diese gerichtlich und außergerichtlich, § 80 Abs. 1 BRAO.

5. Vorverfahren. Dieses Zusatzes bedarf es **nur bei Verfahren gegen Rechtsanwaltskammern**, bei denen noch ein **vorgeschaltetes Widerspruchverfahren** durchgeführt werden muss (→ Form. A. I. 3 Anm. 1). Ansonsten ist auf den Ursprungsbescheid abzustellen.

6. Berufung. Die Entscheidung des Anwaltsgerichtshof ist gemäß § 112e BRAO mit der **Berufung zum BGH** anfechtbar, soweit diese vom Anwaltsgerichtshof oder vom BGH zugelassen wird (Henssler/Prütting/*Deckenbrock* § 112e Rn 4; Feuerich/Weyland/*Weyland* § 29 Rn. 19). Nach § 112e S. 2 BRAO, § 125 Abs. 1 S. 1, § 67 Abs. 4 S. 1 S. 1, 2 VwGO besteht in einem vor dem Bundesgerichtshof geführten Berufungsverfahren und in einem diesem vorgeschalteten Zulassungsverfahren (§ 124a Abs. 4 VwGO) **Anwaltszwang**. Ein Beteiligter, der selbst Rechtsanwalt ist, kann sich dabei auch selbst vertreten, § 112e Satz 2 BRAO, § 125 Abs. 1 S. 1, § 67 Abs. 4 S. 3, 8, Abs. 2 S. 1 VwGO (BGH Beschl. v. 23.6.2012 – AnwZ (Brfg) 58/11, BRAK-Mitt 2012, 247).

5. Untätigkeitsklage

An den

Anwaltsgerichtshof

. . . . . .

Klage

des . . . . . .

Prozessbevollmächtigter: RA . . . . . .

gegen

den Vorstand der Rechtsanwaltskammer . . . . . .

vertreten durch den Präsidenten

Namens des Klägers erhebe ich Klage mit dem Antrag,[1]

die Beklagte unter Aufhebung ihres Bescheides vom 20. September 2012 zu verpflichten, dem Kläger die Zulassung zur Anwaltschaft zu erteilen.

Zur Begründung führe ich aus:

Der am 15. April 1980 geborene Kläger ist Rechtsassessor. . . . . . .

Am 15. August 2012 beantragte der Kläger bei der Beklagten, ihm die Zulassung zur Rechtsanwaltschaft zu erteilen. Die Beklagte lehnte die Erteilung der Zulassung mit Bescheid vom 20. September 2012 mit der Begründung ab, die Prüfung habe ergeben, dass der Kläger unwürdig sei iSd § 7 Nr. 5 BRAO. Gegen den Ablehnungsbescheid legte der Kläger mit Schreiben vom 24. September 2012 Widerspruch ein. Über diesen Widerspruch ist bis heute nicht entschieden.[2]

Nach § 112c Abs. 1 S. 1 BRAO iVm § 75 VwGO ist die Klage auch ohne Erlass eines Widerspruchsbescheides zulässig, da ein Grund für die Nichtbescheidung[3] innerhalb der vergangenen drei Monate[4] nicht ersichtlich ist.

Die Klage ist auch begründet, da dem Kläger ein Rechtsanspruch auf Erteilung der Zulassung nach den §§ 4, 6 Abs. 2 BRAO zusteht und ein Versagungsgrund nicht besteht.

. . . . . .

Rechtsanwalt/Rechtsanwältin

Anmerkungen

1. Klageantrag. Hat die Rechtsanwaltskammer über den Zulassungsantrag nicht rechtzeitig entschieden, kann sie der Bewerber nach § 75 VwGO mit einer Untätigkeitsklage in Anspruch nehmen. Dies gilt unabhängig davon, ob in dem jeweiligen Kammerbezirk ein Widerspruchsverfahren durchzuführen ist oder nicht.

Die Klage ist nicht auf Bescheidung schlechthin zu richten, sondern wie bei der Anfechtungs- oder Verpflichtungsklage auf Aufhebung des – mit dem bisher noch nicht beschiedenen Widerspruch – angefochtenen oder auf Verpflichtung zum Erlass des beantragten Verwaltungsaktes (BVerwG Beschl. v. 23.7.1991 – 3 C 56/90, NVwZ 1991, 1180).

2. **3-Monats-Frist.** § 32 Abs. 2 S. 1 BRAO sieht auch für den Zulassungsantrag eine Bearbeitungsdauer von lediglich 3 Monaten vor. Gemäß § 32 Abs. 2 2. Halbsatz BRAO iVm § 42a Abs. 2 S. 2 VwVfG beginnt die Frist allerdings erst zu laufen, wenn der Rechtsanwaltskammer **alle für die Entscheidung über den Antrag erforderlichen Unterlagen vorliegen.**

3. **Fehlen eines zureichenden Verzögerungsgrundes.** Ob ein zureichender Grund für die Überschreitung der 3-Monats-Frist durch die Rechtsanwaltskammer besteht, ist im konkreten Einzelfall anhand der ihn kennzeichnenden tatsächlichen Umstände zu entscheiden, wobei sowohl das Interesse des Betroffenen an einer möglichst raschen Entscheidung als auch der Umfang und die Schwierigkeit der Angelegenheit und das Interesse an einer ausreichend vorbereiteten sachgerechten Entscheidung zu berücksichtigen sind (BayAGH Beschl. v. 12.12.1995 – BayAGH I-8/95, BRAK-Mitt 1996, 205; AGH Stuttgart Beschl. v. 7.8.2008 – AGH 25/2008, BRAK 2008, 274; LG Köln Beschl. v. 9.8.2011 – 5 O 69/11, NJW 2011, 3380).
Verwaltungsinterne Verzögerungen rechtfertigen kein Überschreiten der 3-Monats-Frist. Auch wenn bei der Bearbeitung von Anträgen die erforderliche Korrespondenz mit der Rechtsanwaltskammer und deren Aufklärungsbedarf eine Verzögerung rechtfertigen kann (AGH Frankfurt Beschl. v. 29.3.2012 – 2 AGH 16/11, BRAK-Mitt 2012, 184), stellen nicht schon alleine der Umfang der Unterlagen und deren sukzessive Ergänzung im Antragsverfahren einen zureichenden Grund für eine lange Bearbeitungsdauer dar (AGH Berlin Beschl. v. 27.10.2011 – II AGH 7/11, AnwBl 2012, 280).

4. **Erledigung nach Klageerhebung.** Liegt ein zureichender Grund dafür vor, dass über den Widerspruch noch nicht entschieden oder der beantragte Verwaltungsakt noch nicht erlassen worden ist, erfolgt bis zum Ablauf einer vom Gericht bestimmten Frist, die verlängert werden kann, eine **Aussetzung des Klageverfahrens,** § 75 S. 3 VwGO.
Ergeht nach Klageerhebung – und Ablauf der 3-Monats-Frist – ein dem Antrag oder dem Widerspruch stattgebender Bescheid der Rechtsanwaltskammer, ist die **Hauptsache für erledigt** zu erklären, § 75 S. 4 VwGO. Die **Kosten** hat nach § 161 Abs. 3 VwGO die **Rechtsanwaltskammer** zu tragen, wenn der Antragsteller mit der Bescheidung innerhalb der 3-Monats-Frist rechnen durfte. Hatte die Rechtsanwaltskammer dem Antragsteller nicht Gegenteiliges mitteilt, darf er – bei nicht besonders umfangreichen und unkomplizierten Fällen – mit einer Entscheidung innerhalb der Frist rechnen (Kopp/Schenke/ *Schenke* § 161 Rn. 36). Die Rechtsanwaltskammer hat die Kosten nach § 161 Abs. 1 VwGO **jedoch nicht** zu tragen, wenn sie einen zureichenden Grund für die Nichtbescheidung hatte und dem Kläger dieser bekannt war oder hätte bekannt sein müssen (Kopp/ Schenke/*Schenke* § 161 Rn. 37).
Ergeht im Verlaufe des Klageverfahrens eine negative Entscheidung der Rechtsanwaltskammer, muss der Antragsteller den negativen Verwaltungsakt oder Widerspruchsbescheid zum Gegenstand der Klage machen und den Klageantrag dementsprechend **umformulieren.** („Es wird nunmehr beantragt, unter Aufhebung des Bescheides vom . . . . . . in der Gestalt des Widerspruchsbescheides vom . . . . . . die Beklagte zu verpflichten . . . . . .".). Die bereits erhobene Untätigkeitsklage wird damit unter Einbeziehung des Ablehnungsbescheides fortgeführt (VGH Mannheim Beschl. v. 23.8.1996 – 8 S 269/96, NVwZ-RR 1997, 396).
Lehnt die Rechtsanwaltskammer die Zulassung während des Klageverfahrens ab, muss der Antragsteller in den Kammerbezirken, in denen das Vorverfahren durchzuführen ist, **keinen Widerspruch** mehr einlegen. Die Untätigkeitsklage bleibt zulässig (BVerwG Urt. v. 4.6.1991 – 1 C 42/88, NVwZ 1992, 180).

6. Kanzlei, § 27 Abs. 1 BRAO

Checkliste: Mindestanforderungen an die Kanzlei[1]

☐ Einrichtungszeitpunkt[2]
☐ Kanzleiräume[3]
☐ Kanzleiadresse[4]
☐ Kanzleischild[5]
☐ Briefkasten[6]
☐ Telefonanschluss[7]
☐ Telefaxanschluss[8]
☐ E-Mail-Adresse[9]
☐ Personelle Ausstattung[10]
☐ Angestellte Rechtsanwälte[11]

Anmerkungen

1. § 27 BRAO statuiert die **Pflicht** des Rechtsanwalts nach seiner Zulassung, im Bezirk der Rechtsanwaltskammer, deren Mitglied er ist, eine **Kanzlei einzurichten und zu unterhalten** sowie die für seine Berufsausübung erforderlichen sachlichen, personellen und organisatorischen Voraussetzungen vorzuhalten, § 5 BORA.

2. Der Rechtsanwalt ist **ab dem Moment der Zulassung** verpflichtet, seine Kanzlei einzurichten, § 27 Abs. 1 BRAO. Die Einrichtung der Kanzlei ist allerdings kein Erfordernis für das Wirksamwerden der Zulassung. Die Zulassung erfolgt auch ohne Nachweis der Einrichtung; der Rechtsanwalt darf seine Tätigkeit sofort ausüben, § 12 Abs. 4 BRAO. **Spätestens drei Monate nach erfolgter Zulassung** aber muss die Kanzlei eingerichtet sein. Ist die Kanzlei nach diesem Zeitraum immer noch nicht eingerichtet, kann die Rechtsanwaltskammer anwaltsgerichtliche Maßnahmen veranlassen oder die Zulassung widerrufen, § 14 Abs. 3 Nr. 1 BRAO (BVerfG Beschl. v. 23.8.2005 – 1 BvR 276/05, BRAK-Mitt 2005, 275).

3. Die Kanzlei muss **dauerhaft in festen und eindeutig definierten Räumlichkeiten** eingerichtet werden. Unzulässig ist daher der Betrieb der Kanzlei in wechselnden Räumlichkeiten (Restaurant, Hotel, Wohnmobil), ebenso die Ausübung der Rechtsanwaltstätigkeit ohne jegliche räumliche Verortung, wie die bloße Einrichtung einer Hotline oder Homepage im Internet (Gaier/Wolf/Göcken/*Siegmund* § 27 Rn. 55; Feuerich/Weyland/ *Weyland* § 27 Rn. 5).
Der Rechtsanwalt ist in der Wahl der Räume frei: Er kann seine Kanzlei sowohl in Räumlichkeiten betreiben, die in seinem Eigentum stehen, als auch in solchen, die er lediglich angemietet hat. Zulässig ist deshalb die Einrichtung der Kanzlei auch in der – gemieteten – **Privatwohnung** des Rechtsanwalts (BGH Beschl. v. 2.12.2004 – AnwZ (B) 72/02, NJW 2005, 1420) oder in den **Räumen des Arbeitgebers** (BGH Beschl. v. 9.10.1961 – AnwZ (B) 22/61, BGHZ 36, 36). Werden die Kanzleiräume beim Arbeitgeber eingerichtet, muss jedoch wegen der dem Rechtsanwalt gemäß § 43a Abs. 2 S. 1 BRAO obliegenden Verschwiegenheitspflicht sichergestellt werden, dass das Arbeitszimmer sich als Besprechungsort eignet und absperrbare Schränke die Kanzleiakten auch vor dem eigenen Arbeitgeber sichern (BGH Beschl. v. 18.11.1996 – AnwZ (B) 23/96).
Werden die Kanzleiräume **nicht nur vom Rechtsanwalt selbst, sondern auch von anderen Berufsgruppen genutzt**, ist § 59a BRAO zu beachten. Er erlaubt dem Rechtsanwalt nur die Zusammenarbeit mit sozietätsfähigen Berufen (Rechtsanwälte, Patent-

anwälte, Steuerberater, Steuerbevollmächtigte, Wirtschaftsprüfer, vereidigte Buchprüfer, Anwaltsnotare). Teilt sich der Rechtsanwalt seine Kanzleiräume mit einer der vorgenannten Berufsgruppen, ist dies berufsrechtlich grundsätzlich unbedenklich.

Teilt sich der Rechtsanwalt die Kanzleiräume jedoch mit **nicht sozietätsfähigen Berufen** – etwa mit Ärzten, Maklern, Bauunternehmern oder einer Kfz-Werkstatt – handelt er **in der Regel berufsrechtswidrig**. Denn § 59a BRAO verbietet über seinen Abs. 1 nicht nur die Verbindung mit nicht sozietätsfähigen Berufen, sondern über Abs. 3 auch die Bildung von Bürogemeinschaften. Eine solche liegt bereits vor, wenn ein Zusammenschluss zur gemeinsamen Nutzung der Betriebsmittel und zur Teilung der Kosten – ohne eine gemeinsame Entgegennahme von Aufträgen – erfolgt (Gaier/Wolf/Göcken/*Bormann* § 59a Rn. 24, 26; Feuerich/Weyland/Böhnlein § 59a Rn. 79). Davon ist bereits auszugehen, wenn der Rechtsanwalt und ein nicht sozietätsfähiger Berufsträger die Miete für gemeinsam genutzte Räume anteilig tragen.

Ob der Rechtsanwalt zur Ausübung seiner Tätigkeit in den von ihm eingerichteten Räumen – insbesondere mietvertraglich – berechtigt ist, ist berufsrechtlich unerheblich. Allein entscheidend ist seine **tatsächliche Sachherrschaft über die Räume**; letztere ist unerlässlich, so dass die bloße formelle Einrichtung einer Bürogemeinschaft und die polizeiliche Anmeldung die Kanzleipflicht nicht erfüllt.

4. Die Kanzleiräume müssen über eine **eindeutige Adresse** verfügen, damit dort die erforderlichen Zustellungen vorgenommen werden können. Eine Zustellung unter der Kanzleianschrift muss jedoch nur dann erfolgen, wenn der Rechtsanwalt kein eigenes **Postfach** unterhält, an das Ersatzzustellungen gemäß § 180 S. 1 ZPO ebenfalls wirksam vorgenommen werden können (BGH Beschl. v. 14.6.2012 – V ZB 182/11, NJW-RR 2012, 1012). Die Unterhaltung eines eigenen Postfachs befreit den Rechtsanwalt aber nicht von der Pflicht, über eine eindeutige Anschrift zu verfügen. Denn nur so wird dem rechtsuchenden Publikum der Wille des Rechtsanwalts hinreichend offenbar, dass und an welchem Ort anwaltliche Dienste angeboten werden (BGH Beschl. v. 2.12.2004 – AnwZ (B) 72/02, BRAK-Mitt 2005, 84).

Eine **Kanzleianschrift mit c/o Zusatz** (care of; wörtlich: in Obhut von, sinngemäß: wohnhaft bei) ist unbedenklich, wenn durch den c/o Zusatz auf eine bei einem anderen Rechtsanwalt eingerichtete Kanzlei, etwa in Bürogemeinschaft, hingewiesen wird. Nicht zulässig ist die Verwendung des c/o Zusatzes hingegen, wenn sie die Gefahr von Irreführungen – insbesondere über mögliche unzulässige Zusammenschlüsse – birgt. Der **Syndikusanwalt**, der seine Kanzlei bei einem nichtanwaltlichen Arbeitgeber eingerichtet hat, ist deshalb zur Vermeidung von Irreführungen gehalten, auf einen c/o Zusatz und den damit verbundenen Hinweis auf seinen Arbeitgeber zu verzichten. Um seine Auffindbarkeit als Rechtsanwalt mit Kanzlei sicherzustellen, muss er auf seine Kanzlei am Standort in geeigneter Weise – etwa über ein Kanzleischild, einen Briefkasten oder Klingelschild – hinweisen und die Adresse seines Arbeitgebers als Kanzleiadresse ohne Zusatz verwenden.

5. Das **Kanzleischild** gehört nicht mehr zu den **Mindestanforderungen** einer Kanzleieinrichtung (AnwG Hamm Urt. v. 5.10.1999 – AR 4/97, AnwBl. 2000, 316, AnwG München Urt. v. 24.7.2007 – 2 AnwG 46/05, NJW 2008, 600; a.A BGH Beschl. v. 2.12.2004 – AnwZ (B) 72/02, BRAK-Mitt 2005, 84). Das Anbieten der anwaltlichen Dienstleistung als Hauptfunktion des Kanzleischildes hat angesichts des Internets und des elektronischen Anwaltsverzeichnisses seine wesentliche Bedeutung verloren. Wird auf ein Kanzleischild verzichtet, bedarf es jedoch eines eindeutigen Praxishinweises auf dem Briefkasten und dem Klingelschild, um den Ort der anwaltlichen Dienstleistung hinreichend zu verdeutlichen. Das gilt insbesondere für **Syndikusanwälte**, die ihre Kanzlei bei einem nichtanwaltlichen Arbeitgeber eingerichtet haben.

6. Der Rechtsanwalt hat grundsätzlich einen **Briefkasten** vorzuhalten, damit neben den Zustellungen nach den §§ 177, 178 ZPO auch Ersatzzustellungen nach § 180 ZPO durch Einlegung des Schriftstückes in den Briefkasten ordnungsgemäß und verlässlich vorgenommen werden können (Gaier/Wolf/Göcken/*Siegmund* § 27 Rn. 60; Feuerich/Weyland/*Weyland* § 27 Rn. 2; *Kleine-Cosack* § 27 Rn. 4). Ein Briefkasten muss jedoch nicht eingerichtet werden, wenn der Rechtsanwalt ein eigenes **Postfach** unterhält. Denn auch dort können Ersatzzustellungen gemäß § 180 S. 1 ZPO wirksam vorgenommen werden (BGH Beschl. v. 14.6.2012 – V ZB 182/11, NJW-RR 2012, 1012).

Ein Briefkasten kann nicht durch die Bevollmächtigung von empfangsbereiten Personen, beispielsweise im **Foyer eines Bürohauses**, ersetzt werden: Einerseits besteht in einem solchen Fall die Möglichkeit nicht unerheblicher Zustellerschwernisse. Andererseits kann bereits der Name des Absenders von Briefen der Verschwiegenheitsverpflichtung unterliegen (AGH Berlin Urt. v. 2.9.2013 – I AGH 5/13, BRAK-Mitt 2014, 31; Feuerich/Weyland/*Böhnlein*, § 43a Rn. 16), die der Rechtsanwalt gegenüber externen Empfangspersonen schwerer durchsetzen und sanktionieren kann als gegenüber kanzleiangehörigen Mitarbeitern. Deshalb müssen auch **Syndikusanwälte** und alle anderen in von Dritten (mit-)genutzten Räumen tätigen Rechtsanwälte einen eigenen Briefkasten oder ein Postfach einrichten.

7. Der Rechtsanwalt ist gemäß § 5 BORA verpflichtet, die für seine Berufsausübung erforderlichen sachlichen, personellen und organisatorischen Voraussetzungen vorzuhalten. Dazu gehört ein **eigener dienstlicher Telefonanschluss** (BGH Beschl. v. 6.7.2009 – AnwZ (B) 26/09, NJW-RR 2009, 1577). Ein **Mobilfunkanschluss** reicht aus, ein Festnetzanschluss ist nicht erforderlich (Gaier/Wolf/Göcken/*Siegmund* § 27 Rn. 62). Die Verwendung von Mehrwert- und Vanitynummern ist unbedenklich, sofern die entstehenden Gebühren hinreichend ausgewiesen werden.

Zur – bei einem Mobilfunkanschluss ohnehin unüblichen – Eintragung der Telefonnummer in ein Telefonbuch ist der Rechtsanwalt auch bei einem Festnetzanschluss nicht verpflichtet (AnwG München Urt. v. 24.7.2007 – 2 AnwG 46/05, NJW 2008, 600).

Sofern der Rechtsanwalt – wie etwa bei **Syndikusanwälten** häufig – seine Kanzlei bei einem nicht anwaltlichen Arbeitgeber eingerichtet hat, muss er wegen der ihm gemäß § 43a Abs. 2 S. 1 BRAO obliegenden Verschwiegenheitspflicht einen gesonderten Telefonanschluss vorhalten; eine gesonderte Mobilfunknummer reicht insoweit aus. Die Beauftragung eines externen **Callcenters** verstößt in der Regel gegen die Verschwiegenheitspflicht des Rechtsanwalts aus § 43a Abs. 2 S. 1 BRAO.

Der Rechtsanwalt muss unter seinem Anschluss **zu den üblichen Geschäftszeiten erreichbar** sein (BGH Beschl. v. 18.10.2004 – AnwZ (B) 69/03, BRAK-Mitt 2005, 86). Eine Anrufweiterschaltung ist unbedenklich; unzureichend sind jedoch ein – nicht regelmäßig abgehörter – Anrufbeantworter (BGH Beschl. v. 18.10.2004 – AnwZ (B) 69/03, BRAK-Mitt 2005, 86) oder eine lediglich temporäre Erreichbarkeit, sei es „zwischen 7.00 und 8.00 Uhr" (Feuerich/Weyland/*Weyland* § 27 Rn. 5) oder „am Dienstag von 10–12 Uhr" (BGH Beschl. v. 18.10.2004 – AnwZ (B) 69/03, BRAK-Mitt 2005, 86).

8. Der Rechtsanwalt ist berufsrechtlich auch zur Einrichtung eines **Telefaxanschlusses** verpflichtet (Feuerich/Weyland/*Weyland* § 27 Rn. 5g; Gaier/Wolf/Göcken/*Siegmund* § 27 Rn. 67). Denn nur so können die unverzügliche schriftliche Kontaktaufnahme zum Rechtsanwalt durch Mandanten und Gerichte – etwa bei eiligen Ab- oder Umladungen – und der vom Rechtsanwalt zu gewährleistende fristwahrende Zugang von Schriftsätzen in Eilfällen sichergestellt werden.

9. Der Rechtsanwalt ist mittlerweile berufsrechtlich auch dazu verpflichtet, eine dienstliche – ausschließlich für die Kanzlei genutzte – **E-Mail-Adresse** zu unterhalten (Feuerich/Weyland/*Weyland* § 27 Rn. 5g). Die Kommunikation per E-Mail zur schnellen und unkomplizierten Übermittlung auch umfangreicher Unterlagen entspricht heute der allgemeinen Verkehrssitte. Sie gilt auch im Verhältnis zwischen Rechtsanwalt und Mandanten. E-Mails sollten aber stets **mit elektronischer Signatur** versandt werden. Der Rechtsanwalt, der seine E-Mails unverschlüsselt versendet, sollte sich dazu vorab das Einverständnis seines Mandanten erteilen lassen, um so einem etwaigen Verstoß gegen seine Verschwiegenheitsverpflichtung aus § 43 Abs. 2 BRAO zu begegnen.

10. Der Rechtsanwalt ist **nicht verpflichtet, Personal zu beschäftigen.** Er muss jedoch für einen ordnungsgemäßen Kanzleibetrieb und dessen Aufrechterhaltung bei Abwesenheit Sorge tragen. Verzichtet er auf Personal, muss er die erforderlichen technischen Voraussetzungen – beispielsweise eine Rufumleitung auf die Mobilfunknummer – schaffen, die es ihm ermöglichen, auch bei Abwesenheit aus der Kanzlei in Eilfällen tätig zu werden.

Der Rechtsanwalt muss selbst regelmäßig in der Kanzlei anwesend sein. Da das Gesetz in § 53 Abs. 1 Nr. 2 BRAO eine Vertreterbestellung ab einer einwöchigen Abwesenheit vorschreibt, geht das Gesetz unausgesprochen davon aus, dass der Rechtsanwalt **mindestens einmal wöchentlich seine Kanzlei aufzusuchen hat** (Gaier/Wolf/Göcken/*Siegmund* § 27 Rn. 76).

11. Ein bei einem anderen Rechtsanwalt angestellter Rechtsanwalt kommt seiner Pflicht zur Kanzleieinrichtung nach, wenn er die **Kanzlei seines Arbeitgebers** benutzen darf. Für die Wahrung der Kanzleipflicht ist es nicht erforderlich, dass der angestellte Rechtsanwalt auf dem Kanzleischild, dem Briefbogen und den Vollmachten erscheint (aA Feuerich/Weyland/*Weyland* § 27 Rn. 23); andernfalls geriete er in eine gesamtschuldnerische Haftung unter dem Gesichtspunkt der Schein- und Außensozietät (OLG Koblenz Urt. v. 19.12.1980 – 8 U 996/80, AnwBl 1981, 151; Hartung/*Hartung* § 5 Rn. 17). Es reicht aus, dass für das rechtssuchende Publikum hinreichend deutlich erkennbar ist, dass die Kanzlei des Arbeitgebers am Ort des Kanzleisitzes anwaltliche Dienste anbietet.

7. Verlegung der Kanzlei, § 27 Abs. 2 S. 1 BRAO

An den

Vorstand der Rechtsanwaltskammer . . . . . .,

Verlegung meines Kanzleisitzes[1]

Sehr geehrte Damen und Herren Kollegen,

hiermit gebe ich bekannt, dass ich meinen Kanzleisitz ab dem . . . . . . verlegen werde an folgende Adresse . . . . . .

Die Kontaktdaten bleiben unverändert.

Mit freundlichen und kollegialen Grüßen

. . . . . .

Rechtsanwalt/Rechtsanwältin

Anmerkungen

1. Hat der Rechtsanwalt eine Kanzlei eingerichtet und möchte sie später verlegen, richten sich seine Pflichten nach § 27 Abs. 2 S. 1 BRAO. Danach hat der Rechtsanwalt der zuständigen Rechtsanwaltskammer die **Verlegung seiner Kanzlei** und damit die **neue Adresse** sowie die **Kontaktdaten unverzüglich anzuzeigen**. Will der Rechtsanwalt seine Kanzlei in einen anderen Kammerbezirk verlegen, hat er das Aufnahmeverfahren nach § 27 Abs. 3 BRAO zu durchlaufen (→ Form. A. I. 12).

8. Anzeige der Zweigstelleneinrichtung im Zulassungsbezirk

An die

Rechtsanwaltskammer . . . . . .

Anzeige nach § 27 Abs. 2 S. 1 BRAO

Sehr geehrte Damen und Herren,

hiermit zeige[4] ich[2] an, dass ich ab sofort eine Zweigstelle[1] unterhalte.

Die Zweigstelle ist unter folgender Adresse . . . . . .[3] mit den Kontaktdaten . . . . . . eingerichtet.[5]

Mit freundlichen Grüßen

. . . . . .

Rechtsanwalt/Rechtsanwältin

Anmerkungen

1. **Errichtung einer Zweigstelle, § 27 Abs. 2 BRAO.** Dem Rechtsanwalt ist es erlaubt, Zweigstellen einzurichten, § 27 Abs. 2 BRAO. Eine Zweigstelle ist eine Kanzlei, die der Rechtsanwalt **neben** seiner bereits bestehenden Kanzlei einrichtet und unterhält (Hartung/ *Hartung* § 5 BORA Rn. 67; Henssler/Prütting/*Prütting* § 27 Rn. 15). Bei der Zweigstelle und der Kanzlei handelt es sich jeweils um Niederlassungen, wobei der Rechtsanwalt den Schwerpunkt nach seine berufliche Tätigkeit in der Kanzlei und nicht in der Zweigstelle entfaltet. Die Zweigstelle ist damit ebenso eine Kanzlei des Rechtsanwalts wie seine „Hauptkanzlei" (so im Ergebnis auch BGH Beschl. v. 13.9.2010 – AnwZ (P) 1/09, NJW 2010, 3787).

Der Rechtsanwalt unterhält **keine Zweigstelle**, wenn er regelmäßig an einem bestimmten Ort außerhalb seiner Kanzlei, beispielsweise beim Mieterverein oder in karitativen Einrichtungen, **auswärtige Sprechtage** abhält, um dort Mandanten zu beraten oder neue Mandate entgegenzunehmen (OLG Düsseldorf Urt. v. 23.9.2003 – I-20 U 49/03, AnwBl 2004, 254). Diese Abgrenzung hat für die Anzeigenverpflichtung gegenüber der Rechtsanwaltskammer Bedeutung: Ein Rechtsanwalt darf **auswärtige Sprechtage** durchführen, **ohne** dass ihn eine **Verpflichtung zur Anzeige** trifft.

2. **Zweigstellenberechtigte.** Jeder **Einzelanwalt** ist befugt, **eine oder mehrere Zweigstellen** einzurichten. Der als Einzelanwalt tätige Rechtsanwalt ist nicht darauf beschränkt, auch die Zweigstelle als Einzelanwalt zu betreiben. Für ihn besteht die Möglichkeit, seine Zweigstelle in einer Sozietät mit anderen Rechtsanwälten einzurichten oder weiterhin als Einzelanwalt als Mitglied einer Bürogemeinschaft tätig zu werden.

Auch **Sozietäten** können Zweigstellen einrichten (Hartung/*Hartung* § 5 BORA, Rn. 75; Feuerich/Weyland/*Weyland* § 27 Rn. 31a). Die Einrichtung einer Zweigstelle bietet sich in den Fällen an, in denen die Sozietät keine weitere rechtlich, wirtschaftlich und organisatorisch selbständige Kanzlei mit ständiger Präsenz eines Sozius' errichten, sondern einen weiteren Standort der „Hauptkanzlei" lediglich als Zweigstelle durch einen angestellten Rechtsanwalt betreuen lassen möchte (Feuerich/Weyland/*Weyland* § 27 Rn. 31a). In diesem Fall liegt keine gemeinschaftliche Berufsausübung iSd § 59a Abs. 1 S. 1 BRAO und damit keine überörtliche Sozietät vor. Der weitere Kanzleistandort muss dann **von sämtlichen Sozien gemeinsam** als Zweigstelle bei der zuständigen Rechtsanwaltskammer **angezeigt werden.**

Obwohl die Kanzlei einer Sozietät gesellschaftsrechtlich nicht die Kanzlei des einzelnen Sozietätsmitglieds ist, ist es auch dem **einzelnen Sozius** erlaubt, neben seiner Tätigkeit als Sozius eine eigene Zweigstelle zu betreiben (Gaier/Wolf/Göcken/*Siegmund* § 27 Rn. 100, Römermann, AnwBl 2007, 609, aA Feuerich/Weyland/*Weyland* § 27 Rn. 31; Hartung/ *Hartung*, § 5 BORA Rn. 76). Es kommt dabei nicht auf die Trägerschaft der Kanzlei an. Denn die berufsrechtliche Zulässigkeit sowohl der Kanzlei als auch der Zweigstelle hängt nicht von der gesellschaftsrechtlichen Konstellation in der Berufsausübungsgemeinschaft ab, sondern alleine von der Erfüllung der gesetzlichen Mindestvoraussetzungen. Jeder Sozius, der die Einrichtung seiner Kanzlei in einer Sozietät angezeigt hat, betreibt damit eine Kanzlei iSd § 27 Abs. 1 BRAO und ist deshalb auch berechtigt, selbständig eine oder mehrere Zweigstellen einzurichten. Diese Zweigstelle kann auch in einer weiteren Sozietät oder Bürogemeinschaft eingerichtet werden.

3. Anforderungen an die Zweigstelle. Für die Einrichtung einer Zweigstelle gelten dieselben Anforderungen wie für die Einrichtung der „Hauptkanzlei".

Unterhält ein Rechtsanwalt eine oder mehrere Zweigstellen, ist er nach dem eindeutigen Wortlaut des § 10 Abs. 1 S. 2 BORA verpflichtet, auf dem **Briefbogen** der Zweigstelle seine Hauptkanzlei anzugeben.

4. Anzeigepflicht. Die Einrichtung einer Zweigstelle ist der Rechtsanwaltskammer **unverzüglich** formlos anzuzeigen. Der Rechtsanwalt untersteht der Aufsicht der Rechtsanwaltskammer, deren Mitglied er ist, auch hinsichtlich der Berufstätigkeit, die er im Bezirk einer anderen Rechtsanwaltskammer ausübt. Richtet er eine Zweigstelle im Bezirk einer anderen Rechtsanwaltskammer ein, hat er die Einrichtung deshalb sowohl der für die Hauptkanzlei zuständigen Rechtsanwaltskammer als auch der Rechtsanwaltskammer anzuzeigen, in deren Bezirk sich die Zweigstelle befindet.

Die Anzeigepflicht trifft nach dem Wortlaut der Norm ausschließlich den Rechtsanwalt. Richtet eine **Sozietät** eine Zweigstelle ein, muss die Einrichtung von allen Rechtsanwälten der Sozietät gegenüber der Rechtsanwaltskammer angezeigt werden; dafür empfiehlt es sich, eine von allen Sozien unterzeichnete Sammelerklärung abzugeben. Richtet die Sozietät eine Zweigstelle in einem anderen Kammerbezirk ein, so ist die Eirichtung auch dieser Rechtsanwaltskammer anzuzeigen.

5. Auflösung der Zweigstelle. Da der Rechtsanwalt gesetzlich nicht zur Einrichtung einer Zweigstelle verpflichtet ist, kann er eine einmal eingerichtete Zweigstelle **ohne Auswirkung auf die ihm erteilte Zulassung** auflösen. Die Auflösung hat er der zuständigen Rechtsanwaltskammer und der Rechtsanwaltskammer, in deren Bezirk er die Zweigstelle eingerichtet hat, **anzuzeigen.** Diese Mitteilungspflicht ist gesetzlich nicht geregelt. Sie ist aus den allgemeinen Kanzleipflichten abzuleiten (Gaier/Wolf/Göcken/*Siegmund* § 27 Rn. 102). Gleiches gilt für den Fall der Verlegung der Zweigstelle.

9. Anzeige der Zweigstelleneinrichtung in einem anderen Kammerbezirk (Anzeige an Zulassungskammer)

An die

Rechtsanwaltskammer . . . . . .

Anzeige nach § 27 Abs. 2 S. 1 BRAO[1]

Sehr geehrte Damen und Herren,

hiermit zeige ich an, dass ich ab sofort eine Zweigstelle im Bezirk der Rechtsanwalts-kammer . . . . . . betreibe. Die Zweistelle befindet sich . . . . . . und ist unter folgenden Kontaktdaten . . . . . . zu erreichen.

Der Rechtsanwaltskammer . . . . . . habe ich die Einrichtung der Zweigstelle bereits angezeigt.

Mit freundlichen Grüßen

. . . . . .

Rechtsanwalt/Rechtsanwältin

Anmerkungen

1. Hat der Rechtsanwalt im Bezirk einer anderen Rechtsanwaltskammer eine Zweig-stelle eingerichtet, so hat er das unverzüglich seiner Zulassungskammer anzuzeigen, § 27 Abs. 2 S. 1 BRAO.

10. Anzeige der Zweigstelleneinrichtung in einem anderen Kammerbezirk (Anzeige an Zweigstellenkammer)

An die

Rechtsanwaltsammer . . . . . .

Anzeige nach § 27 Abs. 2 S. 2 BRAO[1]

Sehr geehrte Damen und Herren,

hiermit zeige ich an, dass ich ab sofort einen Zweigstelle in ihrem Bezirk beitreibe.

Die Zweigstelle befindet sich . . . . . . und ist unter folgenden Kontaktdaten . . . . . . zu erreichen.

Den Sitz meiner Kanzlei und die dortigen Kontaktdaten entnehmen sie bitte dem Briefbogen.

Mir freundlichen Grüßen

. . . . . .

Rechtsanwalt/Rechtsanwältin

Anmerkungen

1. Hat der Rechtsanwalt im Bezirk einer anderen Rechtsanwaltskammer eine Zweigstelle eingerichtet, so ist auch dieser Rechtsanwaltskammer gegenüber eine Anzeige zu erstatten, § 27 Abs. 2 S. 2 BRAO.

11. Antrag auf Befreiung von der Kanzleipflicht

An den Vorstand der

Rechtsanwaltskammer . . . . . .

Antrag auf Befreiung[1] von der Kanzleipflicht nach § 29 BRAO

Sehr geehrte Damen und Herren,

hiermit beantrage ich die Befreiung von der Kanzleipflicht für den Zeitraum vom 1. April bis 31. Oktober 2014 zur Vermeidung von Härten, da ich mich in der vorgenannten Zeit in Elternzeit[2, 5] befinde.

Als Zustellungsbevollmächtigten[3] nach § 30 Abs. 1 BRAO benenne ich

Herrn/Frau . . . . . . wohnhaft . . . . . .

Mit freundlichen Grüßen[4]

. . . . . .

Rechtsanwalt/Rechtsanwältin

Anmerkungen

1. Nach § 29 Abs. 1 BRAO kann der Rechtsanwalt im **Interesse der Rechtspflege** oder zur **Vermeidung von Härten** auf Antrag von der Kanzleipflicht des § 27 Abs. 1 BRAO befreit werden. § 29 BRAO soll die den Rechtsanwalt aus der starren Kanzleipflicht des § 27 BRAO treffenden Unstimmigkeiten ausgleichen und damit verfassungswidrige Eingriffe in die Freiheit der Berufswahl vermeiden (BVerfG Urt. v. 4.10.1993 – 1 BvR 1633/82, NJW 1984, 556; Beschl. v. 12.2.1986 – 1 BvR 1770/83, AnwBl 1986, 202 (zu § 27 Abs. 1 BRAO)). Angesicht der hohen Bedeutung der Kanzleipflicht sowohl für den Rechtsanwalt als Ort seiner Berufsausübung als auch für die Rechtspflege ist § 29 BRAO restriktiv anzuwenden. Daher kann die Befreiung in der Regel **nur vorübergehend** gewährt werden, eine dauernde Befreiung kommt wegen der Bedeutung der Kanzleipflicht nur in seltenen Ausnahmefällen in Betracht (*Kleine-Cosack* § 29 Rn. 4).

Der Antrag auf Befreiung von der Kanzleipflicht **suspendiert** die Verpflichtung zur Einrichtung einer Kanzlei bis zur Entscheidung durch die Rechtsanwaltskammer **nicht** (BGH Beschl. v. 8.5.1978 – AnwZ (B) 8/78 -, MDR 1978, 1020). Deshalb steht es im pflichtgemäßen Ermessen der Rechtsanwaltskammer, die Zulassung des Rechtsanwalts, der keine Kanzlei unterhält, gemäß § 14 Abs. 3 Nr. 4 BRAO zu widerrufen, wenn dessen Antrag auf Befreiung von der Kanzleipflicht **rechtskräftig abgelehnt** worden ist (BGH Beschl. v. 23.2.1987 – AnwZ (B) 54/86, BRAK-Mitt 1987, 152).

2. **Befreiungstatbestände.** Der Befreiungstatbestand „**Interesse der Rechtspflege**" hat seinen **Anwendungsbereich verloren** (Feuerich/Weyland/*Weyland* § 29 Rn. 4; Gaier/Wolf/Göcken/*Siegmund* § 29 Rn. 10). Da es Rechtsanwälten inzwischen unabhängig vom Ort der Zulassung und damit vom Kanzleisitz erlaubt ist, vor allen Amts- Land- und Oberlandesgerichten aufzutreten, sind Interessen der Rechtspflege, die eine Befreiung von der Kanzleipflicht begründen könnten, nicht mehr denkbar.

Die Rechtsanwaltskammer kann einen Rechtsanwalt von der Kanzleipflicht befreien, wenn die Befreiung **zur Vermeidung von Härten** erforderlich ist. Angesichts der hohen Bedeutung der Kanzlei für eine funktionierende und geordnete Rechtspflege müssen in der Person des Rechtsanwalts Gründe vorliegen, die ihm einen Kanzleibetrieb unmöglich oder zumindest nur unter erschwerten Bedingungen möglich machen.

Härtefälle sind etwa **Brand- und Wasserschäden** in der Kanzlei, Angst vor **Morddrohungen** (Kilian/vom Stein § 11 Rn. 39), die (mehrjährige) **Untersuchungshaft** für einen Rechtsanwalt, auch wenn ein Vertreter gemäß § 53 BRAO bestellt ist (BGH Beschl. v. 21.6.1999 – AnwZ (B) 83/98, NJW-RR 1999, 1578; Gaier/Wolf/Göcken/*Siegmund* § 29 Rn 14) oder die vom Rechtsanwalt in Anspruch genommene **Elternzeit** (Feuerich/Weyland/*Weyland* § 29 Rn. 8b).

Als Befreiungsgrund genügen **nicht** eine angespannte **wirtschaftliche Lage** oder lediglich wirtschaftliche Interessen (Feuerich/Weyland/*Weyland* § 29 Rn. 8; aA Hartung/*Hartung* § 5 BORA Rn. 25; Gaier/Wolf/Göcken/*Siegmund* § 29 Rn. 15). Zwar verfolgt auch der Rechtsanwalt, der die Befreiung von der Kanzleipflicht beantragt, in der Regel zumindest auch wirtschaftliche Interessen, da die begehrte Befreiung auch der Einsparung der mit dem Betrieb seiner Kanzlei verbundenen Unterhaltungskosten – wie etwa Miete und Personal – dient. Solange das wirtschaftliche Interesse zu einem berechtigten Befreiungsinteresse hinzutritt – beispielsweise im Krankheitsfall, in der Elternzeit oder wegen eines Aufbaustudiums im Ausland – spricht es nicht gegen das Vorliegen eines Härtefalles. Das wirtschaftliche Interesse der Kostenersparnis darf hingegen nicht alleiniger Grund für den Befreiungsantrag sein.

Eine schwere **Krankheit** des Rechtsanwalts berechtigt nur dann zur Befreiung von der Kanzleipflicht, wenn die Genesung absehbar ist, wie beispielsweise bei Rehabilitationsmaßnahmen nach einer Krankheit. Im Falle einer nicht nur vorübergehenden gesundheitlichen Einschränkung ist die Zulassung nach § 14 Abs. 2 Nr. 3 BRAO durch die Rechtsanwaltskammer zu widerrufen.

Hohes **Alter** berechtigt hingegen nicht zur Befreiung (aA Gaier/Wolf/Göcken/*Siegmund* § 29 Rn. 14), da es sich dabei – zumindest nach dem derzeitig Stand der Wissenschaft – nicht um einen vorübergehenden Zustand handelt. Für einem Rechtsanwalt, der aus Altersgründen nicht mehr in der Lage ist, seinen Kanzleibetrieb aufrechtzuerhalten, besteht jedoch nach einem Verzicht auf die Zulassung die Möglichkeit der Erlaubnis nach § 17 Abs. 2 BRAO, sich auch nach Zulassungsverzicht weiterhin Rechtsanwalt nennen zu dürfen.

3. **Zustellungsbevollmächtigter nach erfolgter Kanzleipflichtbefreiung.** Wird die Befreiung gewährt, muss der Rechtsanwalt der Rechtsanwaltskammer nach § 30 Abs. 1 BRAO einen Zustellungsbevollmächtigten benennen. Zur **Beschleunigung des Befreiungsverfahrens** empfiehlt es sich, bereits im Befreiungsantrag einen Zustellbevollmächtigten zu benennen, da die Rechtsanwaltskammern die Befreiung in der Regel von den Nennung eines Zustellungsbevollmächtigten abhängig machen.

Der Rechtsanwalt ist in der Wahl der **Person des Zustellungsbevollmächtigten** frei. Der Zustellungsbevollmächtigte darf lediglich keine juristische Person sein, er muss geschäftsfähig sein (Feuerich/Weyland/*Weyland* § 30 Rn 9) und seinen Wohn- oder Geschäftssitz in Deutschland haben, § 30 Abs. 1 BRAO. Der Rechtsanwalt hat den Zustellungsbevollmächtigten durch Erteilung einer **Vollmacht** zur Entgegennahme von für ihn in seiner Eigenschaft als Rechtsanwalt bestimmte Zustellungen zu bestellen (Feuerich/Weyland/*Weyland* § 30 Rn. 10).

Nach § 14 Abs. 3 Nr. 3 BRAO kann die Zulassung widerrufen werden, wenn der **Zustellungsbevollmächtigte später wegfällt**, ohne dass der Rechtsanwalt innerhalb von drei Monaten einen neuen Bevollmächtigten bestellt hat.

Mit der Befreiung des Rechtsanwalts von der Kanzleipflicht erlöschen nicht seine Rechte und übrigen Pflichten als Rechtsanwalt. Der Rechtsanwalt hat **nach wie vor** eine **Berufshaftpflichtversicherung** nach § 51 BRAO zu unterhalten, da er weiterhin das Recht zur Beratung und Vertretung in allen Rechtsangelegenheiten hat. Auch besteht weiterhin die Pflicht zur **Entrichtung des Kammerbeitrags**.

4. Rechtsbehelfe. Gegen einen Bescheid, durch den der Antrag auf Befreiung von der Kanzleipflicht abgelehnt oder nur unter Auflagen erteilt wird, kann der Rechtsanwalt innerhalb eines Monats **Verpflichtungsklage beim Anwaltsgerichtshof** erheben, § 112c Abs. 1 S. 1 BRAO iVm § 42 Abs. 1 Alt. 2 VwGO. Zu beachten ist auch hier, dass in einigen Ländern im Vorfeld noch das Vorverfahren durchzuführen ist (→ Form. A. I. 3 Anm. 1). Mit der Anfechtungsklage hat der Rechtsanwalt gegen den Bescheid vorzugehen, mit dem die Rechtsanwaltskammer die Befreiung von der Kanzleipflicht widerrufen hat.

5. Befreiung von der Kanzleipflicht wegen Einrichtung einer Auslandskanzlei. Der Rechtsanwalt kann neben seiner Kanzlei in Deutschland **weitere Kanzleien im Ausland** einrichten, § 29a Abs. 1 BRAO. Er benötigt für eine Niederlassung im Ausland eine Erlaubnis der dort zuständigen Behörde (Hartung/*Hartung* § 5 BORA Rn. 36). Die Voraussetzungen, unter denen ein Rechtsanwalt im Ausland eine Kanzlei einrichten kann, sind den nationalen Vorschriften des jeweiligen Staates zu entnehmen (Hartung/*Hartung* § 5 BORA Rn. 36).

Ein Rechtsanwalt, der seine Kanzleien **ausschließlich** in anderen Staaten einzurichten beabsichtigt, kann sich von der Rechtsanwaltskammer von der Kanzleipflicht in Deutschland befreien lassen, § 29a Abs. 2 BRAO. Das Gesetz erlaubt dem Rechtsanwalt damit, sich unter Aufgabe der inländischen Kanzlei, aber unter Beibehalten der Zulassung zur Anwaltschaft in Deutschland in anderen Staaten niederzulassen.

Voraussetzung dafür ist nach § 29a BRAO zunächst die **Einrichtung mindestens einer Kanzlei** im Ausland. Der Rechtsanwalt muss dafür nach dem Recht des Niederlassungsstaates befugt sein, als Anwalt tätig zu sein und damit zumindest im deutschen Recht Rechtsberatung anbieten zu dürfen.

In der **Europäischen Union und den Staaten des Europäischen Wirtschaftsraumes** ist die Niederlassungsfreiheit durch die Hochschuldiplom-Richtlinie (Richtlinie 89/48/EWG des Rates v. 21.12.1988) und die Niederlassungsrichtlinie (Richtlinie 98/5/EG des Europäischen Parlaments und des Rates v. 16.12.1998) geregelt. So sieht Art. 3 Abs. 1 der Richtlinie 98/5/EG für die anwaltliche Berufsausübung in einem anderen Mitgliedstaat eine Pflicht zur Eintragung im Aufnahmestaat vor. Die Einrichtung einer Kanzlei iS § 29a BRAO in den Staaten des Geltungsbereichs dieser Richtlinieninhalte setzt damit ausnahmslos die Registrierung als europäischer Rechtsanwalt voraus. Gleiches gilt für die **Staaten außerhalb des europäischen Wirtschaftsraumes**; auch dort ist grundsätzlich eine Registrierung als ausländischer Rechtsanwalt nach dem dort geltenden Recht vorzunehmen. Dies kann beispielsweise in den USA als attorney at law geschehen. In zahlreichen Bundesstaaten der USA ist die Registrierung als foreign legal consultant möglich.

Eine Kanzleipflichtbefreiung hat jedoch zu **unterbleiben,** wenn **überwiegende Interessen der Rechtspflege entgegenstehen.** Das ist etwa dann der Fall, wenn die Aufgabe der Kanzlei im Inland die Verfolgung einer schwerwiegenden Pflichtverletzung oder die Durchsetzung von Ansprüchen gegen den Rechtsanwalt erheblich behindern würde; dafür genügt ein **laufendes Widerrufsverfahren wegen Vermögensverfalls,** dessen Durchführung durch die Aufgabe der Kanzlei im Inland wesentlich erschwert würde (BGH Beschl. v. 24.10.2012 – AnwZ (Brfg) 42/12, juris).

Die Ablehnung der Befreiung durch die Rechtsanwaltskammer ist mit im Wege der Verpflichtungsklage anzugreifen (→ Form. A. I. 4).

12. Wechsel des Kammerbezirks

An den

Vorstand der

Rechtsanwaltskammer . . . . . .[2]

Anlagen:

☐ Lebenslauf
☐ Ablichtung der Geburtsurkunde

Antragsteller/in (Name, Vornamen, ggf. auch Geburtsname)	
Wohnung (Straße, Hausnummer, Postleitzahl, Ort)	Tagsüber erreichbar unter Tel.-Nr.
Bisherige Kanzlei (Straße, Hausnummer, Postleitzahl, Ort)	
Geburtsdatum	Staatsangehörigkeit
Geburtsort	

Ich beantrage, mich in die Anwaltschaft im Bezirk der Rechtsanwaltskammer Berlin aufzunehmen.[1, 3, 4]

Neue Kanzleianschrift (Straße, Hausnummer, Postleitzahl, Ort)
bei

☐ Meinen og Wohnsitz werde ich beibehalten.
☐ Meinen Wohnsitz werde ich nach meiner Zulassung in

. . . . . . nehmen.

. . . . . .

Rechtsanwalt/Rechtsanwältin

Anmerkungen

1. Beabsichtigt der Rechtsanwalt seine Kanzlei in den Bezirk einer anderen Rechtsanwaltskammer zu verlegen, hat er die Aufnahme in diese Kammer zu beantragen, § 27 Abs. 3 BRAO. Auch für das Aufnahmeverfahren haben die meisten Rechtsanwaltskammern ein Antragsformular entwickelt, das über die Homepages der Kammern abgerufen werden kann.

2. Zuständige Rechtsanwaltskammer. Der Aufnahmeantrag ist an die Rechtsanwaltskammer zu richten, **bei der die Aufnahme erfolgen soll**, § 33 Abs. 3 S. 2 BRAO.

3. Aufnahmevoraussetzungen. Voraussetzung für die Aufnahme in eine andere Rechtsanwaltskammer ist eine **bestehende Zulassung zur Rechtsanwaltschaft.** Durch die Angabe der bisherigen Kanzleianschrift erhält die um Aufnahme ersuchte Rechtsanwaltskammer die notwendigen Informationen, um sich mit der bisherigen Rechtsanwaltskammer zur Abwicklung der Aufnahmeverfahrens in Verbindung zu setzen. Dort werden die Mitgliedsakte angefordert und Informationen über laufende Verfahren des Mitglieds eingeholt.

Der Antragsteller durchläuft **kein neues Zulassungsverfahren.** Voraussetzungen für die Aufnahme in die neue Rechtsanwaltskammer sind daher lediglich ein Antrag des Rechtsanwalts, eine bestehende Zulassung zur Rechtsanwaltschaft und der Nachweis über die Verlegung der Kanzlei. Der Nachweis erfolgt durch Mitteilung der neuen Kanzleianschrift an die aufnehmende Rechtsanwaltskammer (Gaier/Wolf/Göcken/*Siegmund* § 27 Rn. 105). Sofern bereits eine Zweigstelle im neuen Kammerbezirk eingerichtet ist, genügt es, diese nun zur (Haupt-) Kanzlei umzudeklarieren (Gaier/Wolf/Göcken/*Siegmund* § 27 Rn. 111). Allerdings muss das **Aufnahmeverfahren** vollzogen werden. Denn die Verlegung des Kanzleistandortes in einen anderen Kammerbezirk – und sei es nur durch Umwidmung einer Zweigstelle – bedingt immer einen Kammerwechsel, weil Zulassungsort und Kanzlei untrennbar miteinander verbunden sind.

Liegen diese Voraussetzungen vor, erfolgt die Aufnahme durch Bescheid. Die Mitgliedschaft in der bisherigen Kammer erlischt zeitgleich mit Aufnahme in die neue Rechtsanwaltskammer, § 27 Abs. 3 S. 3 BRAO.

Nicht selten werden von den Rechtsanwaltskammern zum Antrag auf Aufnahme noch Auskünfte über mögliche im Anschluss an den Wechsel aufzunehmende Nebentätigkeiten und über anhängige Strafverfahren oder anwaltsgerichtliche Verfahren abgefragt. Da die Aufnahme bei Vorliegen der oben dargestellten Voraussetzungen erfolgen muss – ein Ermessen steht der aufnehmenden Rechtsanwaltskammer nicht zu (Gaier/Wolf/Göcken/*Siegmund* § 27 Rn. 112) –, dienen die Auskünfte in erster Linie dazu, sich frühzeitig mit der abgebenden Rechtsanwaltskammer über die Fortführung anhängiger Verfahren verständigen zu können, § 3 VwVfG iVm § 32 S. 1 BRAO.

4. Rechtsbehelfe. Gegen die Ablehnung der Aufnahme kann der Rechtsanwalt Verpflichtungsklage vor dem Anwaltsgerichtshof erheben (→ Form. A. I. 4). Örtlich zuständig ist nach § 112b S. 1 1 Hs. 1 BRAO der Anwaltsgerichtshof, der für den Oberlandesgerichtsbezirk errichtet ist, in dem der Verwaltungsakt zu erlassen wäre. Damit ist die Verpflichtungsklage bei dem Anwaltsgerichtshof zu erheben, in dessen Oberlandesgerichtsbezirk die *aufnehmende* Rechtsanwaltskammer ihren Sitz hat.

13. Ruhen der Zulassung

An den Vorstand der Rechtsanwaltskammer

......

Anzeige nach § 56 Abs. 3 BRAO

Sehr geehrte Damen und Herren,

hiermit teile ich Ihnen mit, dass ich ab dem 1. Mai 2014 befristet[2] für die Dauer eines Jahres bei der Bundesanstalt für Arbeit[1] beschäftigt sein werde. Meine Kanzlei am Kaiserdamm 55 a, in 10677 Berlin, werde ich in dieser Zeit nicht unterhalten.[3]

Mit freundlichen Grüßen

......

Rechtsanwalt/Rechtsanwältin

Anmerkungen

1. Tätigkeit im öffentlichen Dienst, § 47 Abs. 1 S. 1 BRAO. Nach § 47 Abs. 1 S. 1 BRAO darf ein Rechtsanwalt, der als Richter oder Beamter verwendet wird, ohne auf Lebenszeit ernannt zu sein, der in das Dienstverhältnis eines Soldaten auf Zeit berufen wird oder der vorübergehend als Angestellter im öffentlichen Dienst tätig ist, seine Beruf als Rechtsanwalt nicht ausüben. Nach § 56 Abs. 3 BRAO hat er das **vorübergehende Beschäftigungsverhältnis** dem Vorstand der Rechtsanwaltskammer **unverzüglich anzuzeigen.** Für die Dauer des Berufsausübungsverbots ruht die Zulassung des Rechtsanwalts.

Voraussetzung für das Berufsausübungsverbot des § 47 Abs. 1 S. 1 BRAO ist zunächst, dass der Rechtsanwalt im öffentlichen Dienst tätig ist. Dazu muss er ein **Dienst- oder Angestelltenverhältnis** bei einer Behörde, Anstalt, Körperschaft des öffentlichen Rechts oder einem öffentlich-rechtlichen Dienstherren nach deutschem oder dem Recht der Europäischen Union eingegangen sein. Wer Angestellter einer in Form einer öffentlich-rechtlichen Körperschaft organisierten **Kirche** ist, ist als Angestellter im öffentlichen Dienst im Sinne des § 47 Abs. 1 S. 1 BRAO tätig (AGH Berlin Beschl. v. 27.3.2003 – I AGH 4/03, BRAK-Mitt 2003, 180). Mangels dienstvertraglicher Verpflichtung fallen Tätigkeiten von Rechtsanwälten, die als **Lehrbeauftragte an Universitäten, Fachhochschulen und sonstigen Bildungseinrichtungen** tätig sind, nicht unter § 47 Abs. 1 S. 1 BRAO (Gaier/Wolf/Göcken/*Huff* § 47 Rn. 13). Gleiches gilt für eine freiberufliche **Beratertätigkeit für die IHK** (AGH Stuttgart Beschl. v. 25.11.1995 – AGH 23/95 (I), BRAK-Mitt 1996, 164).

Nicht wesentlich ist die **Art der Tätigkeit:** Der Rechtsanwalt muss weder hoheitlich (Feuerich/Weyland/*Huff* § 47 Rn. 6) noch juristisch tätig sein. Das in § 47 Abs. 1 S. 1 BRAO normierte Berufsausübungsverbot trifft bereits den Rechtsanwalt, für dessen Tätigkeit die Eingliederung in die Organisation eines öffentlich- rechtlichen Dienstherren kennzeichnend ist (BGH Beschl. v. 17.5.1976 – AnwZ (B) 25/75, NJW 1976, 1689; Feuerich/Weyland § 47 Rn. 6).

Neben den Angestellten im öffentlichen Dienst trifft das Berufsausübungsverbot auch Rechtsanwälte, die als **Richter, Beamte oder Soldaten auf Zeit** Verwendung finden, ohne auf Lebenszeit ernannt zu sein. Die Voraussetzungen, unter denen ein Rechtsanwalt als Richter, Beamter oder Soldat tätig sein kann, ohne auf Lebenszeit ernannt zu sein, bestimmen sich nach den entsprechenden Fachgesetzen. Bei Ernennung auf Lebenszeit ist die Zulassung nach § 14 Abs. 2 Nr. 5 BRAO zu widerrufen.

2. Vorübergehende Tätigkeit. Die Tätigkeit im öffentlichen Dienst darf nur **vorübergehend** sein. Vorübergehend ist eine Tätigkeit im öffentlichen Dienst, wenn das Angestellten- oder Beamtenverhältnis entweder befristet oder mit Bedingungen abgeschlossen worden ist, die in absehbarer Zeit sein Ende zur Folge haben werden (BGH Beschl. v. 16.11.1998 – AnwZ (B) 44/98, NJW-RR 1999, 570).

3. Rechte und Pflichten während des Berufsausübungsverbots. Der Rechtsanwalt, der einem Berufsausübungsverbot unterliegt, darf seinen Beruf als Rechtsanwalt für die Dauer der Beschäftigung im öffentlichen Dienst nicht ausüben, er bleibt jedoch zur Rechtsanwaltschaft zugelassen. Seine Zulassung ruht lediglich. Aus dem Fortbestand der Zulassung leiten sich folgende Pflichten ab:

- Zahlung des **Kammerbeitrags**, da sich die Verpflichtung zur Zahlung des Beitrags von der Mitgliedschaft in einer Rechtsanwaltskammer ableitet.
- Unterhaltung einer **Berufshaftpflichtversicherung** (BGH Beschl. v. 22.2.2006 – AnwZ (B) 69/04, BRAK-Mitt. 2006, 137). Auch diese Verpflichtung knüpft an die Zulassung zur Anwaltschaft an. Da jedoch eine Tätigkeit als Rechtsanwalt ausgeschlossen ist und ein Haftungsrisiko der Berufshaftpflichtversicherung nicht besteht, sollte der Versuch unternommen werden, mit der Versicherung eine Reduzierung der Versicherungsprämie zu verhandeln.
- **Fortbildung.** Da die Zulassung nicht zurückgegeben wird, sondern lediglich ruht, beabsichtigt der Rechtsanwalt, wieder in seinem Beruf tätig zu werden. Er muss daher im Interesse des rechtsuchenden Publikums seine fachliche Qualität durch die Aktualisierung seiner Kenntnisse durch Fortbildungsmaßnahmen weiterverfolgen.
- **Fortbildungsnachweis für Fachanwälte nach § 15 FAO.** Hier gelten die Ausführungen zur Fortbildung im besonderen Maße. Ist der Rechtsanwalt auch Fachanwalt, hat er der Rechtsanwaltskammer die Fortbildung von mindestens zehn Stunden jährlich auch dann nachzuweisen, wenn die Zulassung ruht.

Für den Rechtsanwalt besteht **keine Pflicht**, während des Ruhens der Zulassung eine **Kanzlei zu unterhalten.** Er muss keinen förmlichen Antrag zur Befreiung von der Kanzleipflicht stellen. Es versteht sich von selbst, dass ein Rechtsanwalt, der einem Berufsausübungsverbot unterliegt, keinen Ort für eine Tätigkeit vorhalten muss, die ihm untersagt ist. Bedenken gegen eine Verpachtung der Kanzlei für die Dauer des Berufsausübungsverbots bestehen nicht (Henssler/Prütting/*Kilian* § 47 Rn. 13; *Zuck* NJW 1993, 3118).

Neben den Pflichten stehen dem Rechtsanwalt auch weiterhin **Rechte aus der Zulassung** zu. So bleibt er weiterhin in dem **Rechtsanwaltsverzeichnis** (§ 31 BRAO) mit Hinweis auf das Berufsausübungsverbot eingetragen. Es ist ihm auch erlaubt, weiterhin die **Berufsbezeichnung „Rechtsanwalt"** und eine **Kanzlei** (aA Henssler/Prütting/*Kilian* § 47 Rn. 12) zu führen. Er ist jedoch zur Meidung von Irreführungen gehalten, auf seinem Kanzleischild – etwa durch den **Hinweis „Zulassung ruht"** – klarzustellen, dass er seinen Beruf derzeit nicht ausübt. Gleiches gilt für den Rechtsanwalt, der Mitglied in einer Sozietät ist. Er darf weiterhin auf dem Kanzleibriefbogen und Kanzleischild der Sozietät geführt werden, allerdings bedarf es auch dort eines Hinweises auf das Ruhen der Zulassung (BGH Urt. v. 12.6.1997 – I ZR 39/95, NJW 1997, 3238). Bedenken gegen eine weitere Beteiligung des Rechtsanwalts an den **Einnahmen der Sozietät** bestehen nicht (Feuerich/Gaier/Wolf/Göcken/*Huff* § 47 Rn. 19; Henssler/Prütting/*Kilian* § 47 Rn. 13, Weyland/*Böhnlein* § 47 Rn. 33).

14. Vertreterbestellung und Gestattung der Tätigkeit, § 47 Abs. 1 S. 2 BRAO

An den

Vorstand der Rechtsanwaltskammer

. . . . . .

Anzeige nach § 56 Abs. 3 BRAO; Antrag nach § 47 Abs. 1 S. 2 BRAO

Sehr geehrte Damen und Herren,

hiermit zeige ich an, dass ich ab dem 1. November 2014 für die Dauer eines Jahres als wissenschaftlicher Mitarbeiter im Bundesjustizministerium arbeiten werden und beantrage,[1] mir zu gestatten, weiterhin den Beruf des Rechtsanwalts ausüben zu dürfen. Ich bin im Bundesjustizministerium dem Referat „Umweltrecht"[5] zugeteilt, wobei meine wesentliche Aufgabe darin bestehen wird, Gesetzentwürfe zu erarbeiten. Interessen der Rechtspflege werden dadurch, dass ich weiterhin als Rechtsanwalt tätig sein werde, nicht gefährdet, da ich weder hoheitlich tätig bin noch die Gefahr von Interessenkollissionen besteht.[3]

Den Anstellungsvertrag nebst Tätigkeitsbeschreibung und Freistellungserklärung meines Arbeitgebers füge ich als Anlage bei.[2]

Hilfsweise beantrage ich, mir einen Vertreter zu bestellen.[4, 6] Ich betreue aktuell 40 laufende Verfahren, die sich bis zu meinem Eintritt in den öffentlichen Dienst nicht abschließen lassen.[7]

Mit freundlichen Grüßen

. . . . . .

Rechtsanwalt/Rechtsanwältin

Anmerkungen

1. Antrag. Die Rechtsanwaltskammer kann dem Rechtsanwalt auf seinen **Antrag** einen Vertreter bestellen oder ihm gestatten, seinen Beruf selbst auszuüben, wenn die Interessen der Rechtspflege dadurch nicht gefährdet werden, § 47 Abs. 1 S. 2 BRAO.

Die Gestattung der Berufsausübung neben der vorübergehenden Tätigkeit im öffentlichen Dienst muss *förmlich beantragt* werden. Mit Aufnahme der Tätigkeit im öffentlichen Dienst unterliegt der Rechtsanwalt dem Berufsausübungsverbot des § 47 BRAO. Wird er ohne Gestattung durch die Rechtsanwaltskammer weiterhin als Rechtsanwalt tätig, handelt er pflichtwidrig im Sinne der §§ 43, 74, 113 BRAO (Feuerich/Weyland/*Böhnlein* § 47 Rn. 15).

2. Einzureichende Unterlagen. Zur Klärung der Frage, ob die Interessen der Rechtspflege bei einer Ausnahme von § 47 Abs. 1 S. 2 BRAO gefährdet wären, sind der Rechtsanwaltskammer der Anstellungsvertrag, eine Tätigkeits-/Stellenbeschreibung und eine umfassende Freistellungserklärung des Arbeitgebers vorzulegen (→ Form. A. I. 2).

3. Prüfungsmaßstab. Nach § 47 Abs. 1 S. 2 BRAO kommt eine Ausnahme vom grundsätzlichen Berufsausübungsverbot nur in Betracht, wenn **Interessen der Rechts-**

pflege nicht gefährdet sind. Die Rechtsanwaltskammer hat bei ihrer Prüfung die mit § 47 Abs. 1 BRAO verfolgten Gemeinwohlinteressen gegen die grundgesetzlich garantierte Berufsausübungsfreiheit des betroffenen Rechtsanwalts abzuwägen (Henssler/Prütting/*Kilian* § 47 Rn. 16). Eine Versagung der Berufsausübung als Rechtsanwalt kommt wegen Gefährdung der Interessen der Rechtspflege nur dann in Betracht, wenn bei einer gleichzeitigen Ausübung beider Berufe Interessenkollisionen zu besorgen sind oder wenn die Tätigkeit im öffentlichen Dienst mit dem Anwaltsberuf schlechthin unvereinbar ist (AGH Berlin Beschl. v. 27.3.2003 – I AGH 4/03, BRAK-Mitt 2003, 180).

§ 47 Abs. 1 BRAO erfasst sämtliche Fallgestaltungen, die die Rechtsanwaltskammer gemäß § 7 Nr. 8 BRAO zur Ablehnung der Rechtsanwaltszulassung berechtigen. Mit der Rechtsanwaltstätigkeit **vereinbar** ist eine Tätigkeit als **Kirchenbeamter** (AGH Berlin Beschl. v. 27.3.2003 – I AGH 4/03, BRAK-Mitt 2003, 180), **unvereinbar** hingegen eine solche als **Juniorprofessor** an einer Hochschule (AGH Hamm Beschl. v. 21.11.2008 – 1 AGH 68/08, BRAK-Mitt 2009, 81) oder als **Angestellter bei der BfA** (AGH Hamm Beschl. v. 13.2.2009 – 1 AGH 104/08, BRAK-Mitt 2009, 188).

4. Bestellung eines Vertreters. Eine **Vertreterbestellung** kann nur erfolgen, wenn Rechtspflegeinteressen nicht gefährdet sind. Lehnt die Rechtsanwaltskammer die Gestattung der weiteren Tätigkeit als Rechtsanwalt wegen **Gefährdung von Rechtspflegeinteressen** ab, sind diese auch regelmäßig bei einer Vertreterbestellung betroffen, da die Kanzlei weiter mit dem Praxisschild unter dem Namen des Vertretenen geführt wird und der Vertreter auch dessen Briefbogen verwendet. Auch wenn er dabei deutlich machen muss, dass er als Vertreter handelt (BGH Beschl. v. 9.2.1993 – XI ZB 2/93, NJW 1993, 1925), tritt die Kanzlei des im öffentlichen Dienst Beschäftigten durch die Vertretung weiterhin nach außen auf und nimmt am Rechtsverkehr teil.

Eine andere Beurteilung ist geboten, wenn der als Einzelanwalt tätige Antragsteller nicht mehr die **Abwicklung des laufenden Kanzleibetriebes** besorgen konnte. In diesen Fällen erfordert eine geordnete Rechtspflege, dass die **laufenden Mandate beendet** werden. Es ist daher geboten, auf Antrag eine **zeitlich befristete Vertreterbestellung** zum Zweck der Mandatsabwicklung zu genehmigen.

5. Bekleidung eines öffentlichen Amtes, § 47 Abs. 2 BRAO. Nach § 47 Abs. 2 BRAO hat der Rechtsanwalt, der ein **öffentliches Amt auf Zeit** bekleidet, ohne in ein Beamtenverhältnis berufen zu sein, einen Anspruch auf Bestellung eines Vertreters, wenn die für das Amt geltenden Vorschriften die Anwaltstätigkeit ausschließen.

Öffentliche Ämter im Sinne des § 47 Abs. 2 BRAO sind die in den Verfassungen des Bundes und der Länder und in besonderen Statusgesetzen reglementierten „staatspolitischen" Ämter oder Verfassungsämter. Das sind insbesondere das Amt des Bundespräsidenten nach Art. 55 Abs. 2 GG und die Ämter der Minister nach Art. 66 GG. **Kein öffentliches Amt** im Sinne des § 47 Abs. 2 BRAO bekleiden die **Bundestags- oder Landtagsabgeordneten**; sie dürfen den Beruf des Rechtsanwalts auch während ihrer Parlamentstätigkeit weiter ausüben (Feuerich/Weyland/*Böhnlein* § 47 Rn. 23).

Für die Richter des Bundesverfassungsgerichts ergibt sich aus der Sonderregelung des § 104 BVerfGG, dass die Rechte des Anwalts, der Verfassungsrichter wird, ruhen und nach dem Ausscheiden aus dem Amt des Verfassungsrichters wieder aufleben. Eine Vertreterbestellung kommt hier nicht in Betracht (Gaier/Wolf/Göcken/*Huff* § 47 Rn. 31).

6. Vertreterbestellung. Nach § 47 Abs. 2 BRAO erfolgt die Vertreterbestellung auf Antrag. Der Rechtsanwalt darf mit Amtsantritt den Beruf des Rechtsanwalts nicht mehr selbst ausüben, er bleibt zur Anwaltschaft zugelassen und hat ebenso wie der Rechtsanwalt, der im öffentlichen Dienst angestellt ist, auf dem Kanzleischild und den Briefbögen auf das Ruhen der Zulassung hinzuweisen. Die Fortführung des Namens eines Rechtsanwalts, der als Minister an der Berufsausübung gehindert ist, auf dem Briefbogen der von den Sozien fortgeführten Kanzlei mit dem **Zusatz „Rechte aus der Zulassung ruhen"** ist auch wettbewerbsrechtlich nicht zu beanstanden (BGH Urt. v. 12.6.1997 – I ZR 39/95, NJW 1997, 3238).

Für die Entscheidung der Rechtsanwaltskammer, ob sie auf Antrag des Rechtsanwalts einen Vertreter bestellt, ist nicht das Interesse einer geordneten Rechtspflege entscheidend. § 47 Abs. 2 BRAO geht vielmehr davon aus, dass **politische Ämter mit dem Anwaltsberuf grundsätzlich vereinbar** sind (*Zuck* NJW 1993, 3118.) Die Rechtsanwaltskammern werden daher regelmäßig einen Vertreter bestellen und den Fortbestand der betroffenen Kanzleien zu sichern.

Bestellt die Rechtsanwaltskammer auf Antrag den Vertreter, kann dieser die Kanzlei des an der Berufsausübung gehinderten Rechtsanwalts – unter Kenntlichmachung der Vertretung -aufrechterhalten und fortführen. Er handelt in eigener Verantwortung, aber im Interesse, für Rechnung und auf Kosten des vertretenen Rechtsanwalts.

7. Rechtsbehelfe. Versagt die Rechtsanwaltskammer die Gestattung der Berufsausübung oder lehnt sie eine Vertreterbestellung nach § 47 Abs. 1 S. 2 oder § 47 Abs. 2 BRAO ab, kann der Rechtsanwalt dagegen im Wege der **Verpflichtungsklage** vorgehen (→ Form. A. I. 4).

15. Verzicht auf die Zulassung

An den

Vorstand der Rechtsanwaltskammer

. . . . . .[2]

Verzicht auf die Zulassung zur Rechtsanwaltschaft[1]

Sehr geehrte Damen und Herren,

hiermit[3] erkläre ich den Verzicht auf die Rechte aus der Zulassung zum 31. Dezember 2014 und bitte, das Widerrufsverfahren nach § 14 Abs. 2 Nr. 4 BRAO zu betreiben. Zudem erkläre ich den Verzicht auf Rechtsmittel nach §§ 68, 74 VwGO.[4, 5]

Mit freundlichen Grüßen

. . . . . .

Rechtsanwalt/Rechtsanwältin

Anmerkungen

1. Verzichtserklärung gegenüber der Rechtsanwaltskammer. Ein Rechtsanwalt kann auf seine Zulassung zur Rechtsanwaltschaft **jederzeit** verzichten. Dazu hat er gegenüber der Rechtsanwaltskammer **schriftlich** auf seine Rechte aus der Zulassung zu verzichten, § 14 Abs. 2 Nr. 4 BRAO. Die Zulassung endet jedoch noch nicht mit Zugang der Verzichtserklärung, sondern **erst mit Bestandskraft der auf den Verzicht gestützten Widerrufsentscheidung** der Rechtsanwaltskammer.

2. Adressat. Nach § 14 Abs. 2 Nr. 4 BRAO ist der Verzicht auf die Rechte aus der Zulassung **gegenüber der Rechtsanwaltskammer** zu erklären.

3. Form. Der Verzicht muss nach § 14 Abs. 2 Nr. 4 BRAO **schriftlich** erklärt werden. Der Rechtsanwalt hat also seine Verzichtserklärung **eigenhändig** oder mittels notariell beglaubigten Handzeichens **zu unterschreiben**, § 126 Abs. 1 BGB. Da § 14 Abs. 2 Nr. 4 BRAO dies nicht ausschließt, kann die Schriftform durch die **elektronische Form** ersetzt werden, § 126 Abs. 3 BGB, § 32 BRAO iVm § 3a VwVfG. Dazu muss er nach § 126a BGB, § 3a VwVfG der Verzichtserklärung seinen Namen hinzufügen und das elektronische Dokument mit einer qualifizierten elektronischen Signatur nach dem Signaturgesetz versehen. Eine **einfache E-Mail** wahrt diese Voraussetzungen **nicht** (Kopp/Ramsauer/*Ramsauer* § 31 Rn. 25).

Eine per **Telefax** erklärter Verzicht ist formwirksam (Gaier/Wolf/Göcken/*Schmidt-Räntsch* § 13 Rn. 24; Kopp/Ramsauer/*Ramsauer* § 31 Rn. 25).

Der Verzicht ist **bedingungs- und befristungsfeindlich** (BayAGH Urt. v. 8.5.1998 – I-23/97, BRAK-Mitt 1998, 288), was den Rechtsanwalt allerdings nicht daran hindert, den Verzicht auf die Zulassung zu einem konkreten Datum zu erklären. Solange die Zulassung noch besteht, hat der Rechtsanwalt den Kammerbeitrag und den Beitrag zum Versorgungswerk der Rechtsanwälte fortzuentrichten. Das kann in Fällen, in denen der Rechtsanwalt den Verzicht auf seine Zulassung erklärt, um einer anderen Berufstätigkeit nachzugehen, zu einer – wenn auch nur vorübergehenden- **finanziellen Doppelbelastung** führen. Es empfiehlt sich daher, den Verzicht möglichst frühzeitig einzureichen und unmissverständlich zu erklären, ab welchen Zeitpunkt die Anwaltszulassung nicht mehr bestehen soll.

Die Verzichtserklärung wird nicht wirksam, wenn sie vorher oder gleichzeitig gegenüber der Rechtsanwaltskammer **widerrufen** wird, § 130 S. 2 BGB. (Gaier/Wolf/Göcken/*Schmidt-Räntsch* § 14 Rn. 25).

4. Rechtsmittelverzicht. Die Zulassung zur Rechtsanwaltschaft endet erst mit Bestandkraft des Widerrufsbescheides der Rechtsanwaltskammer. Deshalb ist es aus Kostengründen zu empfehlen, **vorab auf Rechtsmittel zu verzichten**, da ansonsten während der Rechtsmittelfrist die finanziellen Belastungen gegenüber der Rechtsanwaltskammer und dem Versorgungswerk fortbestehen.

5. Beseitigung der Verzichtserklärung. Ein **Widerruf der Verzichtserklärung** ist nicht mehr möglich, wenn sie der Rechtsanwaltskammer bereits zugegangen ist, unabhängig davon, ob die Rechtsanwaltskammer bereits eine Entscheidung über den Widerruf der Zulassung getroffen hat oder nicht. (BGH Beschl. v. 4.12.1981 – AnwZ (B) 26/81, BRAK-Mitt 1982, 73 (Widerrufserklärung nach bereits erfolgtem Zulassungswiderruf); Gaier/Wolf/Göcken/*Schmidt-Räntsch* § 14 Rn. 25)

Der Rechtsanwalt kann seine Verzichtserklärung nach den §§ 119 ff. BGB **anfechten** (BGH Beschl. v. 4.12.1981 – AnwZ (B) 26/81, BRAK-Mitt 1982, 73); ein bloßer Motivirrtum ist jedoch unzureichend (BayAGH Urt. v. 8.5.1998 – I-23/97, BRAK-Mitt 1998, 287).

Ist der Verzicht auf eine **fehlerhafte Rechtseinschätzung der Rechtsanwaltskammer** zurückzuführen, ist der Rechtsanwalt im Lichte von **Treu und Glauben** ausnahmsweise nicht an seinen Verzicht gebunden (BGH Beschl. v. 23.3.1987 – AnwZ (B) 61/86, BRAK-Mitt 1987, 207).

II. Kanzleigründungs- und Finanzierungsplanung

1. Kanzleigründungsplan

Inhaltsverzeichnis:[1, 2]

A. Zusammenfassung
B. Erfolgsfaktoren (nur intern zu verwenden)
C. Marketing (Qualitativer Teil)
D. Finanzierung und Controlling (Quantitativer Teil)
E. Anhänge

A. Zusammenfassung

I. Allgemeines

1. Name, Adresse, Ort der Kanzlei.
2. Meine/Unsere Spezialisierung:
3. Meine/Unsere Ausbildung qualifiziert mich/uns besonders dafür, weil ich/wir:
4. Ich/wir will/wollen Privatkunden oder   Geschäftskunden als Mandanten.
5. Diese Mandanten will ich/wollen wir mit folgendem Angebot an juristischen Dienstleistungen unterstützen:
6. Ich will/wir wollen in folgender Region tätig sein:
7. Mein/unser Angebot hilft meinen/unseren Mandanten dabei (zB mehr Umsatz und Gewinn zu machen) weil . . . . . .
8. Der Nutzen für die Mandanten ist größer als bei der Konkurrenz, weil . . . . . .
9. Am Standort sind wie viele Anwälte tätig?
10. Darunter wie viele Kanzleien mit einem ähnlichen Angebot?
11. Ich/wir werde/n dennoch erfolgreich sein, weil ich mich/wir uns durch Folgendes unterscheiden . . . . . .
12. Dass die Mandanten bereit sind, deshalb zu mir/uns zu kommen, habe/n ich/wir durch Gespräche mit wie vielen potentiellen Mandanten herausgefunden? (Anzahl geführter Gespräche)
13. Mein/unser Konzept ist zukunftsträchtig. Die Trends, die meine/unsere Zukunft bestimmen, sind folgende: . . . . . .
14. Darauf werde/n ich/wir folgendermaßen reagieren:
    i. Meine/unsere Kanzlei wird in 10 Jahren . . . . . .
15. Meine/Unsere Mandanten sollen immer von mir/uns sagen können, dass . . . . . .

II. Markt/Wettbewerb

1. Meine/unsere Wettbewerbssituation schätzen wir wie folgt ein:
2. Unsere Stärken: . . . . . .
3. Unsere Schwächen: (und was wir tun, damit wir die Potenziale darin ausbauen): . . . . . .
4. Möglichkeiten im Markt: . . . . . .
5. Bedrohungen für unser Angebot (und was wir tun, um daraus außergewöhnliche Chancen zu machen): . . . . . .

6. Folgende Trends haben wir identifiziert, die uns bei unserem Vorhaben nutzen werden:
   1. . . . . . .
   2. . . . . . .
   3. . . . . . .

III. Wir schätzen die Wettbewerbssituation folgender Faktoren wie folgt ein:

1. Situation im Markt derzeit/Spielregeln: . . . . . .
2. Neue Wettbewerber, die auftreten können: . . . . . .
3. Verhandlungsmacht der Nachfragenden, und wie sie sich verändert: . . . . . .
4. Gefahr der Substitution unserer Dienstleistungen (durch andere Dienstleistungen/Anbieterformen etc.) . . . . . .
5. Einfluss der Ressourcenseite (etwa. Mitarbeiter, ...) . . . . . .
6. Daraus leiten wir eine Strategie ab, die folgende zentrale Elemente enthält: . . . . . .
7. Unser Geschäftsmodell wird daher wie folgt aussehen, um nachhaltig ausreichende wirtschaftliche Mittel zu generieren, die es uns erlaubt, die Kanzleiunternehmung weiter zu führen: . . . . . .

B. Die Erfolgsfaktoren junger Kanzleigründer (nur zur internen Verwendung)[3] Kriterien für die Arbeitszufriedenheit[4]

I. Hinsichtlich der Belohnung, die Ihre Tätigkeit für Sie bereit halten soll:

1. Materiell: was will der/wollen die Existenzgründer mindestens, was höchstens verdienen? (Bitte mit Mindestentnahme unter → Form. P. II. Finanzen abgleichen)
   a) Mindestens: . . . . . .
   b) Höchstens: . . . . . .
2. Immateriell: welche „Belohnungen" wünschen sich der/die Existenzgründer für ihre Arbeit (etwa: Anerkennung; Freizeit; Selbstbestimmtheit . . . . . .)
   . . . . . .

II. Hinsichtlich der Arbeitsumgebung, in der der/die Existenzgründer tätig sein wollen:

Was sind die Ansprüche des/der Existenzgründer(s) an die unmittelbare Arbeitsumgebung (Raumgestaltung, Licht, ...)? . . . . . .

Wo möchten der/die Existenzgründer leben, wo fühlen der/die Existenzgründer sich heimisch?

. . . . . .

III. Hinsichtlich der Philosophie, die der/die Existenzgründer in ihrer Tätigkeit realisieren möchten.

Welche Werte müssen sich realisieren lassen in der Tätigkeit, damit der/die Existenzgründer darin Erfüllung sehen können?

. . . . . .

IV. Hinsichtlich der Ergebnisse, die der/die Existenzgründer erzielen möchten in der Tätigkeit:

1. Kurzfristig:
   Was der/die Existenzgründer am liebsten als Ergebnis seines/ihres Tuns sieht?

2. Mittelfristig:
   Was ist der zentrale Antrieb für die Tätigkeit des/der Existenzgründer(s)
   a) Anerkennung? Wo leuchten die Augen?
3. Langfristig
   a) Was möchte der/die Existenzgründer, dass die Umgebung über ihn/sie sagt?

C. Ausprägung der Erfolgsfaktoren (pro Gründer ausfüllen/nur zur internen Verwendung)

I. Ausprägung der generellen Erfolgsfaktoren

	Gering	Durchschnittlich	Gut
• Persönliche Strategie			
• Selbstorganisation			
• Information			
• Nutzung der Fähigkeiten			
• Kommunikation			
• Umfeldorientierung			

II. Ausprägung der kritischen Erfolgsfaktoren von jungen Rechtsanwälten, die eine Kanzlei gründen:

• eine Vorstellung von der Kanzlei schriftlich niedergelegt zu haben	• (zB siehe diesen Existenzgründungsplan)
• eine genaue Finanzplanung zu haben und deren Kontrolle durchzuführen	• (zB siehe Finanzplanung)
• sich über die Bedürfnisse der Mandanten zu informieren	• . . . . . .
• den Wettbewerb zu beobachten	• . . . . . .
• die Fähigkeit, Mandate aus einem professionellen Umfeld zu generieren	• . . . . . .
• sofortige Spezialisierung auf eine bestimmte Mandantschaft, dann auch auf ein Rechtsgebiet	• Rechtsgebiet: . . . . . . • Mandantschaft: . . . . . .
• geringe Konkurrenzdichte vor Ort im Verhältnis zu nachfragebestimmenden Faktoren wie Wirtschaftskraft	. . . . . .
• Umsatzpotentials eines ggf. übernommenen Mandantenstammes	vorhanden: nicht vorhanden:
• vorhandene technische personelle Ausstattung/	• . . . . . .

• Einbindung in vorh. Strukturen, aus denen Mandanten kommen	• . . . . . .
• Nutzung von Angeboten zur Gründungsberatung	• Ich/wir lasse/n mich/uns am . . . . . . von . . . . . .beraten
• praxisbezogene Organisationskenntnisse	• ich/wir habe/n . . . . . . Jahre in einer Kanzlei mitgearbeitet
• praktische Kenntnisse des Verfahrensrechts	• ich/wir haben . . . . . . Verfahren vor Gerichten durchgeführt in folgenden Gebieten: . . . . . .
• Aufbau beruflicher Kontaktnetze	• Ich/wir bin/sind Mitglied in folgenden Vereinigungen: . . . . . .
• mit anderen zusammen anzufangen (Bürogemeinschaft/Sozietät)	• . . . . . .
• Prädikatsexamen	• Examensnote/n: . . . . . .
• kurze Studiendauer	• Ich habe/wir haben . . . . . . Semester studiert
• Auslandsaufenthalte	• . . . . . . Monate in . . . . als . . . . . . zugebracht
• Promotion (oder entspr. Arbeit daran)	• . . . . . .
• Ausrichtung auf gewerbliche Klientel	• . . . . . .
• die Fähigkeit, Vorschuss zu verlangen	• . . . . . .
• Kontentrennung	• am . . . . . . drei Konten eingerichtet
• die Möglichkeit, bei geringeren Umsätzen als kalkuliert, auf Verwandtschaftskredte/andere Sicherheiten zugreifen zu können, nach dem Bankkreditlinien ausgeschöpft sind	• . . . . . .
• Standort hat hohen Anteil an Dienstleistungen/Banken etc. (nicht. Großstädte wie München und Hamburg)	• Siehe Standortanalyse . . . . . .

III. Persönliche Erfolgsfaktoren:

Folgende Fähigkeiten wurden in bisherigen Tätigkeiten bewiesen:

Art der Tätigkeit	bewiesene Fähigkeit

Art der Tätigkeit	bewiesene Fähigkeit

IV. K.O.-Kriterien:

Kriterien, bei denen mit relativ hoher Wahrscheinlichkeit davon ausgegangen werden kann, dass der/die Gründer keinen Erfolg haben wird/werden

• Kreditbedarf über das dritte Jahr hinaus	•
• fehlender Wille zum Erfolg	•
• keine Vorstellung von dem Rechtsgebiet, in dem man möglichst schnell spezialisiert tätig sein will	•
• keine Unterstützung aus dem privaten Umkreis	•
•	•
•	•

D. Marketing/Vertrieb[5]

Marketingpositionierung der Kanzlei

I. Der Kanzleiname ist[6]

II. Beschreibung der Ziel-Mandanten der Kanzlei:[7]

Der/die Existenzgründer habe/n zu den Mandanten bereits folgende Kontakte aufgrund der bisherigen Tätigkeiten oder Lebenslauf: . . . . . .

Als Datenquellen habe/n der/die Existenzgründer weiterhin folgende Informationen über die potentielle Mandantschaft ausgewertet: zB Verbandsinformationen, Internet, Brancheninformationsdienste, Informationen der IHKs, Bundesministerium der Wirtschaft, Statistisches Bundesamt Wiesbaden, Arbeitsämter, ...

III. Beschreibung der Privat/Geschäftskunden:

Das typische Ziel-Unternehmen: Beschreibung nach folgenden Kriterien

Mandantentyp: . . . . . .,

Branche/n: . . . . . .,

Umsatz p.a.: . . . . . .,

Anzahl Mitarbeiter; . . . . . .,

Angebot: . . . . . .,

Das Angebot für diesen Mandantentyp ist: . . . . . .,

Der Nutzen ist . . . . . .;

Die Auswahlkriterien sind: . . . . . . ,

Die Ansprechpartner ist (Funktion): . . . . . .

IV. Marketingplanung:

Die ganzen Marketingmaßnahmen sind darauf hin ausgerichtet, möglichst schnell als Spezialist für Fragen des . . . . . . – Rechts resp. für die Zielgruppe/Branche . . . . . . unter der Mandantschaft bekannt zu werden. Die potentielle Mandantschaft ist: . . . . . . Diese zeichnen sich durch folgende Merkmale aus: . . . . . .

Sie nutzen, um einen Anwalt zu suchen, folgende Wege: . . . . . . Für die Zielgruppe werde ich folgende Medien benutzen: . . . . . .

Quelle für Empfehlungen sind (Institutionen, Personen etc.) . . . . . .

Die fachliche Spezialisierung des/der Existenzgründer(s) ist: . . . . . .

Der/die Existenzgründer möchten das Angebot mit . . . . . .zusammen ausüben. Der derzeitige Stand der Gespräche ist folgender: . . . . . .Das hat für die Mandanten folgende Vorteile: . . . . . .

Die Mandanten werden zufrieden sein, weil der/die Existenzgründer folgendes tun wird/ werden: . . . . . . Der/die Existenzgründer schätzt/schätzen sich als guten Verkäufer ein; dies haben der/die Existenzgründer schon bei folgenden Gelegenheiten festgestellt: . . . . . .

Die Marketingaktivitäten werden der/die Existenzgründer professionell gestalten lassen. Das Ziel ist: . . . . . . Dies soll bis . . . . . . erreicht werden. Dafür werden EUR . . . . . . bereitgestellt. Das kostet in einem ersten Schritt: . . . . . . EUR. Die Kernaussagen sind: . . . . . . Der/die Existenzgründer ist/sind sich darüber bewusst, dass sehr viel von einer gelungenen Einführungswerbung abhängt. Ob der/die Existenzgründer damit Erfolg hat/ haben, wird sich dadurch messen lassen, dass . . . . . .

V. Realisierungsfahrplan[8] (nicht zur Weitergabe an Dritte vorgesehen)

a. Bester Fall (Best Case) und Fördermaßnahmen[9]

Was sollte idealer-weise eintreten?	Wie wahrscheinlich ist dies? (1–5) 1 = niedrig, 5 = sehr hoch	Wie wichtig wäre es? (1–5) 1 = niedrig, 5 = sehr hoch[10]	Welche möglichen Fördermaßnahme/n könnten eingeleitet werden?

b. Schlechtester Fall (Worst-Case) und Präventivmaßnahmen

Was im schlimms-ten Falle eintritt?	Wie hoch ist die Wahrscheinlichkeit? (1–5) 1 = niedrig, 5 = sehr hoch	Wie wichtig wäre das für unsere Kanzle? (1–5) 1 = nied-rig, 5 = sehr hoch	Welche möglichen Gegenmaßnahme/n können jetzt schon eingeleitet?

Schrifttum: *Axmann/Degen*, Anwaltsstrategien beim Kanzleimarketing, 2006; *div. Autoren*, Perspektiven für Juristen 2013: Das Expertenbuch zum Einstieg; *Hammer*, Ratgeber Gründungsfinanzierung und -zuschuss, So bekommen Sie den Gründungskredit, 2010; *Hartung/Römermann*, Marketinghandbuch für Rechtsanwälte, 1999, dort insb. Kapitel 35 f; *Hoeflmayer*, Kanzleimarketing für die anwaltliche und steuerberatende Praxis, 3. Auflage 2008; *Hommerich*, Die Anwaltschaft unter Expansionsdruck, 1988; *Hommerich*, Die Gründungsplanung, in DAV Ratgeber, bis zur 11. Auflage; *Hommerich/Kilian*, Die Berufssituation junger Rechtsanwältinnen und Rechtsanwälte. Eine empirische Untersuchung des Zulassungsjahrgangs 2003; *Kilian*, Wirksamkeit anwaltlicher Werbemaßnahmen, 2011; *Kleine-Cosack*, Das Werberecht der rechts- und steuerberatenden Berufe, 2. Auflage 2004; *Kraus ua*, Sozietätsrecht, 2. Auflage 2006; *Mauer/Krämer*, Marketingstrategien für Rechtsanwälte, Beck-Verlag, 2. Auflage 2001; *Mauer/Krämer/Kilian*, Vergütungsvereinbarung und -management, 2005; *Nagel*, Die 6 Erfolgsfaktoren des Unternehmens, 1986; *Nelson Bolles*, Durchstarten zum Traumjob, 2012; *Trejo/Eidmüller/Belian/Eggert*, Erfolgreich selbständig als Anwalt, Ein Handbuch für Gründer und Fortgeschrittene, 2013; *Trimborn v. Landenberg*, Die erfolgreiche Bewerbung als Rechtsanwalt; *Vaagt*, Businessplan für Anwaltskanzleien, in DAV Ratgeber, 13. Auflage 2013, S. 217.

Anmerkungen

1. Egal ob Kanzleigründer oder die Weiterentwicklung einer bestehenden Kanzlei, jedes geschäftliche Vorhaben gelingt eher, wenn es durchdacht, geplant und schriftlich niedergelegt ist. Denn die Schriftlichkeit des Vorganges zwingt zur Exaktheit der eigenen Vorstellungen und dient anderen (Geschäftspartnern, finanzierenden Banken, etc.) zum Nachweis der beabsichtigten wirtschaftlichen Ziele. Kanzleigründungspläne (oder Businesspläne) sind inzwischen ein durchaus gebräuchliches Instrument der Unternehmensplanung, auch in Anwaltskanzleien. Eine Organisation ohne Businessplan lässt auf nicht ausreichende Klarheit der unternehmerischen Vorstellungen schließen und ist in der Beratungsarbeit ein Indiz für wirtschaftliche Probleme. Als Nebenpflicht zum Erhalt der Unabhängigkeit gemäß § 1 BORA ist auch die Pflicht anzusehen, unternehmerisch unabhängig zu sein, und dies gelingt typischerweise nur durch gute Planung. Als Leitlinien können dabei die Grundsätze ordnungsgemäßer Planung herangezogen werden, wie sie etwa der BDU auf seiner Homepage zur Verfügung stellt.

2. Ein Businessplan hat aufgrund der Gebräuchlichkeit in allen Industriezweigen eine standardisierte Form und Struktur; dies gilt auch für Pläne von Kanzleien. Aufgrund der gestiegenen Markttransparenz ist es ebenso möglich, entsprechende Analysen zu erstellen, um die Marktchancen besser einschätzen zu können. Die Qualität der Marktanalyse und die entsprechenden Konsequenzen daraus zu ziehen bedeutet immer eine größere Erfolgswahrscheinlichkeit; sich auf die generellen Ratschläge der Mitbewerber oder Selbstverwaltungsorgane zu verlassen, ist im heutigen Marktumfeld nicht mehr ausreichend. Dieser Plan geht davon aus, dass eine Kanzleineugründung heutzutage nur noch von mehreren Anwälten gemeinsam betrieben werden sollte. Der Markt ist für Einzelanwälte viel zu wettbewerbsintensiv: Spezialisierung wird verlangt, Größe zählt und eine solide Organisation bedarf ausreichenden Umsatz. Daher sind viele Punkte aus der Sicht des Einzelnen und der Gemeinschaft angesprochen. Businesspläne werden heute auch von Kanzleien erstellt, da nur so eine Planungssicherheit hergestellt werden kann, sowie von Partnern von Wirtschaftskanzleien, die wechseln wollen und daher darstellen müssen, wie sie in der neuen Kanzlei erfolgreich sein werden.

Die wichtigsten Gliederungspunkte sind:

- **Executive Summary**

  Dieser Abschnitt ist eine Zusammenfassung des Vorhabens. Er wird daher erst nach dem Detailplan erstellt und diesem dann vorangestellt. Er enthält üblicherweise eine kurze Darstellung des Vorhaben und des/der Gründer(s), eine Beschreibung des Marktsegments (Zielgruppe und Bedürfnisse, Geschäftsfelder und Nutzen), Details zum Markt/Wettbewerb, zum Marketing/Vertrieb (Produkte/DL, Preis, Verbreitung/Aktionsradius), zum Geschäftssystem/Organisation), dem Realisierungsfahrplan, Chancen und Risiken, und zur Finanzierung (Liquiditätsvorausschau).

- Detailplanung
- Finanzteil

In diesem Formular sind die wichtigsten Themen abgebildet: die Frage nach der Marktpositionierung und dem Finanzteil. Es wurde trotzdem die generelle Gliederung eines Businessplanes übernommen, damit kein wesentlicher Gliederungspunkt übersehen werden kann.

Als häufigste Ursache für das Scheitern von Gründern werden immer wieder Informationsmängel genannt. Daher ist es wichtig, zusätzlich zu der Bearbeitung des Businessplanes, sich beraten zu lassen und jede Gelegenheit wahrzunehmen, weitere Informationen zu erhalten. Beratung für anwaltliche Gründer bieten unter anderen das Institut für Freie Berufe in Nürnberg, www.iffb.de, dort weitere Hinweise, sowie einige Kammern und Berater, die sich auf anwaltliche Gründer spezialisiert haben.

3. Erfolgsfaktoren sind diejenigen Faktoren, die in größerem Maße als andere Faktoren darüber entscheiden, ob eine Person oder ein Unternehmen erfolgreich ist. Die Konzentration auf die Verbesserung der Erfolgsfaktoren bedeutet eine Verbesserung der Erfolgschancen.

4. Zentral für die Berufswahl ist die Prüfung der eigenen Wünsche, Möglichkeiten, Kompetenzen. etc. Hilfreich ist hierbei ein Karrierecoaching, welches die eigenen Intentionen, Stärken und Schwächen prüft; oftmals können einem so die Augen geöffnet werden. Auch finden sich eine Reihe von Tests im Internet, (etwa://www.karriere.de/startseite/tests/). Das wichtigste: über Erfolg in der konkreten http Tätigkeit zählt nicht nur die Examensnote, sondern anderweitig erworbene Fähigkeiten, Kenntnisse und vor allem Interesse.

5. Um im Markt wahrgenommen zu werden, ist es auch bei anwaltlichen Dienstleistungen inzwischen notwendig, Marketing zu betreiben. Dies umfasst klassische Werbung (durchgehendes Layout für alle Briefschaften, dabei ist § 10 BORA zu beachten), Gestaltung der Kanzleiräumlichkeiten, sowie aktive Bewerbung des eigenen Angebotes, etwa durch Anzeigen, Pressearbeit etc. Die berufsrechtlichen Grenzen finden sich in § 43 BRAO: sie muss berufsbezogen, sachlich und nicht auf Erteilung eines Auftrages im Einzelfall gerichtet sein. Gemäß § 6–10 BORA konkretisiert dies. Allerdings bestehen Zweifel an jeglicher, über das § 5 UWG hinausgehende Beschränkungen, etwa das Verbot der Angabe von Umsatzzahlen (§ 6 Abs. 2 S. 1. BORA) (dazu im Einzelnen: *Wolf*, Anwaltliche Werbung 2011). Verstöße dagegen und die entspr. Rügen der Anwaltskammern, sind folgenlos. Selbst bei 70 Rügen stellte etwa das AG München fest, dass dies für einen Entzug der Zulassung nicht ausreicht. Vielmehr zeigt sich nach dem Fall des Standesrechts seit 1987, dass diejenigen, die von den Möglichkeiten des Marketings extensiv Gebrauch gemacht haben, Vorteile im Wettbewerb hatten. Für den Berufsanfänger in einem wettbewerbsintensiven Markt bedeutet dies betriebswirtschaftlich, dass nicht der mögliche Verstoß gegen im Zweifel unzulässiges Berufsrecht, welches Kollegen zur Behinderung des Wettbewerbs nutzen und die Anwaltskammern in gewohnt restriktiver Art auslegt, von Bedeutung ist, sondern die Kosten/Nutzenanalyse einer Maßnahme, bei der evtl. Rügen der Kammer als Zeit und evtl. kostenverursachende Maßnahme in die Erfolgsrechnung einzukalkulieren sind. Von rechtlicher Bedeutung ist insofern vor allem eine Außendarstellung, die zu gemeinsamer Haftung führen könnte, wenn dies nicht gewollt ist: gerade Anfänger möchten gerne „größer" im Markt dastehen und gerade bei ihnen ist das Haftungspotenzial für Fehler von anderen besonders groß.

(Urteile zur Zulässigkeit einzelner Marketingmaßnahmen hat *Hoeflmayer* zusammengetragen).

Von den ca. 150.000 zugelassenen Anwälten sind daher nach verschiedenen Schätzungen nur ca. 100.000 aktiv, darunter wiederum nur ca. 60.000 wirtschaftlich erfolgreich, was in etwa der Anzahl der im Anwaltverein zugelassenen Anwälte (aber nicht: deckungsgleich mit diesen) ist. Der Markt anwaltlicher Tätigkeiten ist wie folgt gegliedert (Quelle: Umsatzsteuerstatistik, Strukturanalyse):

Am obersten Ende stehen ca. **50 internationale Wirtschaftskanzleien**, die Absolventen mit guten Examensnoten und perfekten Englischkenntnissen suchen. Der Gewinn der Partner liegt zwischen 300.000 und über 1 Mio. EUR pro Jahr, die Einstiegsgehälter liegen bei 80.000 EUR und darüber.

Darunter sind **mittelständische Kanzleien mit Schwerpunkt im Wirtschaftsrecht** tätig (ca. 1.700), also in jedem Mittelzentrum 3 bis 5 Kanzleien, mit 7 bis 20 Anwälten. Gerade in der Provinz bieten diese nicht nur gute Verdienstmöglichkeiten, sondern auch hohe Lebensqualität. Allerdings sind die Ansprüche ebenfalls hoch und neben zumindest einer ordentlichen Note sollte insbesondere eine abgerundete Persönlichkeit, evtl. auch die Bereitschaft zur Weiterbildung (Steuerberatung, Wirtschaftsprüfung, Fachanwalt) bestehen. Auch in Großstädten sind diese zu finden, aber diese Kanzleien stehen noch viel stärker im Wettbewerb und sind daher nur im Zweifel als eine gute Alternative zu sehen. Sie bieten oftmals auch Steuerberatung und Wirtschaftsprüfung an. Die Gewinne pro Partner liegen bei oberhalb 200.000 EUR, die Einstiegsgehälter bei 40.000 – 60.000 EUR.

Das dritte Marktsegment ist jenes der ca. 8.600 Kanzleien, die primär **kleine und mittelständische Mandanten (KMU)**, oftmals auch Privatmandanten betreuen. Diese Kanzleien mit 2 bis 7 Anwälten sind sehr personal geprägt und als Anfangsstation nicht zu empfehlen: sie sind zu unsicher hinsichtlich der Chancen. Hier liegen die Gewinne pro Partner im Bereich 80.000 bis 150.000 EUR. Anfangsgehälter fangen bei 30.000 EUR an.

Schließlich, und hier ist das Gros der (umsatzsteuerlich erfassten, also mehr als 17.500 EUR im Jahr realisierenden) Kanzleien von über 35.000 Einheiten, sind **Einzelanwälte** tätig. Gerade Berufsanfänger erwirtschaften nachhaltig keinen ausreichenden Lebensunterhalt und geben ihre Zulassung daher häufig zurück. Sie sind überfordert mit einem Berufseinstieg, der nicht nur verlangt, dass sie fachlich anzuwenden lernen, was sie bisher nur in der Theorie kannten, sondern auch noch ein Unternehmen aufbauen, mit allen Verpflichtungen, die dazu gehören. Über 14.000 von Ihnen erwirtschaften weniger als 50.000 EUR Umsatz (allerdings mehr als 17.500 EUR), weitere 11.000 zwischen 50.000 und 100.000 EUR, Für einen eingerichteten Kanzleibetrieb sind aber mindestens 120.000 EUR an Umsatz notwendig, da ca. 70.000 EUR an Kosten anfallen. Die dann erwirtschafteten 50.000 EUR Gewinn vor Steuern und Abgaben sind kaum ausreichend, um sich und eine Familie zu ernähren.

Die Lebenssituation vieler Anwälte ist daher von mangelndem Einkommen bei zugleich hohem zeitlichem Einsatz geprägt. Nur derjenige, der wirklich unternehmerischen Willen aufbringt und klar seine Chancen und Risiken beurteilt, wird eine Chance haben. Ein Einstieg in den Anwaltsmarkt ist daher mit sehr hohen Risiken verbunden und sollte mehrfach geprüft und unter Abwägung von Alternativen überlegt werden. Insbesondere der Einstieg in den Markt als unerfahrener Berufseinsteiger ist sehr kritisch zu sehen. Daher sollte die Planung von Anfang an auf die Berufsausübung zu mehreren ausgelegt sein, da damit die Erfolgswahrscheinlichkeit steigt. Ideal ist eine vorherige Tätigkeit in einer Kanzlei, um eine anwaltliche, praxisnahe Kompetenz erlangt zu haben. Eine gute Recherchemöglichkeit für Daten zum Anwaltsmarkt gibt es im Internet unter www. anwaltsauskunft.de des Deutschen Anwaltsvereins, der Fachanwälte, die Mitglieder im DAV sind, nach regionalen Kriterien eingrenzbar macht, so dass die jeweilige Konkurrenzsituation schnell einsehbar ist. Zahlen und Daten gibt es bei der Legal Times Online unter dem Punkt Tools für Juristen, Statistiken (http://www.lto.de/juristen/statistiken/), sowie bei dem Institut für Freie Berufe (www.iffb.de) und bei dem Soldan Institut (www.soldaninstitut.de). Beratung für anwaltliche Gründer bieten unter anderen das Institut für Freie Berufe in Nürnberg, www.iffb.de, dort weitere Hinweise, sowie einige Kammern und Berater, die sich auf anwaltliche Gründer spezialisiert haben.

6. Der Kanzleiname (inkl. Rechtsform) ist das wichtigste Instrument für das Kanzleimarketing. Außerdem ist er wichtig, weil dieser einen Hinweis auf die Frage gibt, wer wie haftet. Hierzu → Form. B. I. 1.

7. Das Angebot einer Kanzlei sollte unter strategischen Aspekten formuliert werden. Das bedeutet, dass nur solche Angebotsformen in dem zunehmend wettbewerbsintensiven Anwaltsmarkt eine Chance haben, eine solide wirtschaftliche Grundlage zu bilden, wenn sie sich vom übrigen Markt abheben. Es kommt also darauf an, etwas anzubieten, was andere noch nicht anbieten. Dies wird am besten aus der Sicht einer klar definierten Zielgruppe deutlich, auf die sich das Angebot beziehen soll. Zielgruppen werden dabei danach gegliedert, ob sie homogene Bedürfnisse haben: dies sind zum Beispiel im gewerblichen Bereich Handwerksbetriebe einer bestimmten Größe (zB 5 bis 20 Mitarbeiter), Zahnärzte, Landwirtschaftsbetriebe; im Bereich der Privatklientel sind dies Beamten, Arbeitslose, Akademiker, ... Eine wenig fokussierte Aussage, wie sie vor 15 Jahren noch gemacht werden konnte (Arbeitsrecht für Arbeitnehmer) reicht heute nicht mehr aus. Dies bedeutet auch, dass sich der oder die Gründer darum bemühen müssen, diese Zielgruppe aktiv zu bewerben.

8. Die ersten Jahre, vor allem die ersten Monate nach Gründung sollten sehr gut geplant werden, um böse Überraschungen zu vermeiden. Hierfür sollten einfache Projektplanungstechniken genutzt werden (Meilensteinplanung, Vernetzung, Erfolgsfaktoren). Diese Planung sollte einmal jährlich wiederholt werden (Umsatz- und Gewinnplanung, Marktentwicklung, Positionierung, Organisation, ...) um zielgerichtet weiter wachsen zu können. (→ Form. P. I.: Strategie, Wettbewerbsanalyse

9. Die Chancen- und Risikenbetrachtung ist besonders hilfreich, um sich vor unliebsamen Problemen und verpassten Chancen zu schützen. Dabei werden im besten Fall der Idealfall (was im besten Falle eintritt) betrachtet und Fördermaßnahmen beschrieben, um die Eintrittswahrscheinlichkeit zu erhöhen. Im Falle des schlechtesten Falles werden die Fälle beschrieben, bei denen das größte Risiko besteht, und Gegenmaßnahmen ausgedacht und umgesetzt. An dieser Stelle sind viele Businesspläne noch einmal neu durchdacht und wesentlich verbessert worden.

10. Die Summe aus Wahrscheinlichkeit und Wichtigkeit bestimmt über die Notwendigkeit, sich hiermit auseinander zu setzen: je höher die Summe, umso mehr Anstrengungen müssen hier unternommen werden!

2. Kanzleifinanzierungsplan

1. Finanzierung[1, 2]

1.1 Vorbemerkung: Finanzplanung für Existenzgründer

Die Finanzplanung für Gründer[3] besteht aus drei Teilen:

- <u>Erstens</u>: Welche Investitionen zu tätigen sind, also welcher Finanzierungsbedarf entsteht.

- <u>Zweitens</u>: Welche Kosten insgesamt pro Monat anfallen, also welcher Mindestumsatz erwirtschaftet werden muss, inklusive der Finanzierungskosten der Gründungsphase.
- <u>Drittens</u>: Wie die Liquidität der Unternehmung gesichert wird (dazu mehr siehe Kapitel Finanzen).

1.2 Wichtige Vorfragen zur Prüfung, bei deren negative Beantwortung das Vorhaben in Frage zu stellen ist

1. Hat/Haben der/die Existenzgründer ein finanzielles Polster, damit sie in einer gewissen Unabhängigkeit von Banken sind?
2. Kann der/die Ehepartner(in(/Lebensgefährte(in) der/die Existenzgründer durch sein/ ihr Einkommen für den gemeinsamen Lebensunterhalt sorgen?
3. Gibt es keine anderen, wirtschaftlich attraktiveren Möglichkeiten für den/die Existenz- gründer, ein angemessenes Einkommen zu erwirtschaften?
4. Wird/Werden der/die Existenzgründer die Ungewissheiten einer wirtschaftlichen Selbstständigkeit aushalten können?
5. Hat/Haben der/die Existenzgründer Ehepartner/Lebensgefährte, die eine positive Haltung zu dem Vorhaben zeigen?

1.2.1 Investitionsplanung[4]

Hierunter werden einmalige Investitionen für die Gründung der Kanzlei verstanden.

Was	durchschnittliche Kosten	kalkuliert*
EDV (Hard- und Anwaltssoftware)*	5.000 EUR pro Einzelplatz)	EUR
Kopiergerät*	Kauf oder Leasing	EUR
Telefon(-anlage) inkl. Anschlüsse	(1.500 EUR)	EUR
Briefpapier/Visitenkarten	(500–1.500 EUR)	EUR
Erstausstattungspaket eines Kanz- leiausstatters[5]	(2.500–3.500 EUR)	EUR
Bibliothek (zu prüfen ist, ob die Nutzung von Datenbanken, die Standardliteratur enthalten, sinn- voll ist)	(3.000 EUR) oder monatlich ca. 50 bis 100 EUR pro jur. Ar- beitsplatz	EUR
Büroeinrichtung	(5.000 – 10.000 EUR für Ar- beitsplatz inkl. Sekretariat)	EUR
Raumausstattung	(2.500 EUR für 2 Räume)	EUR
. . . . . .		EUR
Summe:		EUR
weitere Gründungskosten:		
Gründungsberatung	Ca. 1.500 EUR	EUR
Mietkaution (ggf. per Bankbürg- schaft hinterlegbar)	3.000 EUR	EUR
Eröffnungswerbung	3.000 EUR	EUR
Seminare	1.500 EUR	EUR
Mitgliedschaften	500 EUR	EUR
GESAMTKOSTEN (EINMALIG):		EUR

* Kostenvoranschläge sollten dem Anhang beigefügt werden.

1.2.2 Berechnung des Mindestumsatzes

1.2.2.1 Berechnung der Mindestentnahme zur Sicherung des Lebensunterhaltes (Pro Berufsträger ausfüllen)[6]

Lebensunterhalt für Familie	EUR
Miete + Nebenkosten für Privatwohnung	EUR
soziale Absicherung: Altersvorsorge	EUR
Krankenversicherung	
Krankentagegeldversicherung in Höhe des durchschnittlichen Mindest-Tagesumsatzes (meist begrenzt auf 1 Jahr) ab dem 42. Tag	
Pflegeversicherung	
Berufsunfähigkeitsversicherung (ab 6. Monat notwendig)	
sonst. Versicherungen etc.	EUR
anteilige private Nutzung PKW*	EUR
Rücklagen für Urlaub, Krankheit etc.	EUR
Summe	EUR
+ Einkommensteuer (ca. 30 % der Summe als zu versteuerndes Einkommen)	EUR
Mindestentnahme im Monat	EUR

Der Mindestgewinn sollte in etwa dem Nettogehalt als Angestellter entsprechen (4.500 EUR Netto).

*idR 1 Prozent vom Neuwagenwert pro Monat als zu versteuerndes Einkommen ansetzen

1.2.2.2 Berechnung der laufenden Kosten der Kanzleiführung:

Hinzu kommen die laufenden Kosten der Kanzlei (pro Monat):

Raumkosten (Miete, Nebenkosten, Reinigung)	EUR
Beiträge (Kammer/Versicherung)	EUR
KFZ (Steuer, Versicherung, Benzin, Reparaturen, siehe ADAC-Tabellen)	EUR
ggf. Leasingraten (Auto, Kopierer, Computer . . . . . .)	EUR
Forderungsausfälle[7] (iHv 10 % des geplanten Umsatzes)	EUR
Telefon	EUR
Buchhaltung/Steuerberatung	EUR
Bürobedarf	EUR
Porto	EUR
Wartungsverträge	EUR
Kreditbeschaffungskosten (Bearbeitungsgebühren, Zinsen, Provisionen) für Investitionen (su)	EUR
Zahlungsziele[8] (Verlagerung des Umsatzes um bis zu 6 Monate nach hinten)	EUR
Gesamtkosten Kanzlei im Monat	EUR
LAUFENDE KOSTEN IM MONAT:	EUR

1.2.2.3 Errechnung des Mindestumsatzes

Zusammen ergibt dies folgende Berechnung des zu erzielenden Mindestmonatsumsatzes[9]

Mindestentnahme im Monat	EUR
laufende Kosten für die Kanzlei im Monat	EUR
MINDESTUMSATZ IM MONAT:	EUR

1.2.2.4 Errechnung des zu realisierenden Mindeststundensatzes

Mindestumsatz im Monat	EUR
Anzahl abrechenbarer Stunden/Jahr[10]	1000 h
MINDESTSTUNDENSATZ	EUR

1.3 Liquiditätsplanung[11]

Berechnen Sie die entsprechenden Beträge:	Betrag:	Erledigt:
1/12 der jährlichen Kosten beträgt:	EUR	
Fixe Kosten von drei Monaten betragen:	EUR	
Lebensunterhalt für 6 Monate beträgt:	EUR	

1.3.1 Liquiditätsplanung 1.–6. Jahr (Pro Berufsträger):

Posten	1. Jahr	2. Jahr	3. Jahr	4. Jahr	5. Jahr	6. Jahr
Voraussichtliche Umsatzerlöse[12]						
Betriebskosten[13]						
zzgl. Überschuss/ Fehlbetrag des Vorjahres						
Überschuss/ Fehlbetrag						
Lebenshaltung						
Differenz						

1.3.2 Umsatzplanung:[14]

Der Mindestumsatz/Monat beträgt . . . . . . EUR im ersten Jahr.

Dies bedeutet bei einzunehmenden 500 h/Jahr anwaltlich abrechenbarer Tätigkeit im ersten Jahr einen realisierten Durchschnittstundensatz von . . . . . . EUR.

Dies bedeutet, dass der mit Mandanten zu vereinbarende Stundensatz . . . . . . EUR beträgt, soweit nicht nach RVG abgerechnet wird. Für diesen Fall ist in der Honorarvereinbarung vorzusehen, dass der Aufwand, der die durch den voraussichtlichen Umsatz in dem Fall übersteigenden Aufwand pro Stunde nach Stunden abzurechnen ist, oder eine entsprechende Erhöhung vereinbart wird.

Daraus ergibt sich eine durchschnittliche Umsatzerwartung von EUR . . . . . . pro Monat. Da das Honorar erst mit Abschluss einer Angelegenheit fällig wird (§ 8 Abs. 1 RVG), werden der/die Existenzgründer konsequent . . . . . . % Vorschuss einnehmen. Darauf beruht die Umsatzkalkulation pro Monat.

Anzahl Mandate	von Zielgruppe	durchschnittl. Honorarvolumen	Umsatz/Monat	Umsatz/Jahr
ggf. Fortsetzung in Anlage				

1.4 Finanzierungsplan

Die zu Beginn anfallenden Kosten sind zu finanzieren (die laufende Finanzierung muss dagegen auf Basis der eingehenden Honorare sichergestellt werden). Die Formel für die Deckung der laufenden Ausgaben inkl. Kreditkosten lautet:

1.4.1 Eigenmittel zur Finanzierung

Die Finanzierung[15] setzt sich zusammen aus: Eigenmittel + Fremdmittel + Umsätze.

Barmittel (inkl. eingehender Honorare der ersten 6 Monate)	EUR
Bankguthaben/Kreditlinie	EUR
Sacheinlagen (betriebsnotwendige Güter)	EUR
Kreditsicherheiten (Immobilien, beleihbare Lebensversicherungen . . . . . .) entspr. Beleihungsgrenze	EUR
Gesamtsumme:	EUR

1.4.2 Kapitalherkunftsplan[16]

Herkunft der Mittel	in % vom gesamten Bedarf	Betrag
eigene Mittel	15 – 50 % (mind. Anm. 16)	EUR
zB Eigenkapitalhilfeprogramm (EKH), Auszahlung nur 96 %	zB 25 % (zugleich maximal)	EUR
zB. ERP-Existenzgründungspro-gramm	zB 42 % (max. 50 %)	EUR
zB DtA-Gründungsprogramm	zB 8 % (max. 75 %)	EUR
banküblicher Investitionskredit, inkl. der 4 % fehlenden Auszahlung aus EKH	zB10 %	EUR
Gesamt[17]	100 %	EUR

2. Controlling für Existenzgründer[18]

Erarbeitung der Voraussetzungen für ein kanzleispezifisches Controlling[19]

Anweisung an die Buchhaltung zur Aufbereitung relevanter Kennzahlen zur Vorlage an

A. die Gesellschafter
B. jeden Berufsträger

Folgende Kennzahlen sind zu errechnen und monatlich an die Gesellschafter vorzulegen

1. Auslastung aller Berufsträger entspr. Zeitmitschrift (diese hat elektronisch täglich erfasst zu werden); dabei gilt: 7 h abrechenbar pro Tag (= 1.610 abr. Stunden pro Jahr)
2. Umsatz pro Anwalt/Berufsträger pro Jahr/Monat (Soll ergibt sich aus Soll-Umsatzberechnung) siehe oben unter . . . . . ., errechnet durch Umsatz (netto) der Kanzlei/Anzahl Berufsträger (nach Vollzeitäquivalenten errechnet, also anteilige Monate in 1/12 pro Monat)
3. Realisierter Stundensatz Kanzlei gesamt (errechnet. Umsatz netto durch abgerechnete Stunden in der gleichen Periode)
4. Realisierter Stundensatz pro Berufsträger (errechnet. Umsatz netto durch abgerechnete Stunden in der gleichen Periode)
5. Realisierter Stundensatz pro Mandat (errechnet Umsatz pro Mandat netto geteilt durch abgerechnete Stunden auf dem Mandat)
6. Kosten pro Berufträger (errechnet durch Verwaltungskosten abzüglich der Gehaltskosten für Juristen inkl. der für diese anfallenden Sozialabgaben)
7. Gewinn pro Berufsträger (Gewinn errechnet durch Umsatz (netto) der Kanzlei/Anzahl Berufsträger (nach Vollzeitäquivalenten errechnet, also anteilige Monate in 1/12 pro Monat)
Ist/Soll Abgleich.
In das Controlling sind die Planzahlen pro Position einzuführen.

Schrifttum: *Reichmann*, Controlling mit Kennzahlen, **Lehrbuch/Studienliteratur**, 8., überarbeitete und erweiterte Auflage 2011 (nicht kanzleispezifisch, aber Grundlagenbuch); *Hammer*, Ratgeber Gründungsfinanzierung und -zuschuss, So bekommen Sie den Gründungskredit, 2010; *Staub*, in Staub/Hehli Hidber, Management von Anwaltskanzleien, 2012, hier: Kapitel 5. Accounting.

Anmerkungen

1. Vorbemerkung. Das **Geschäftsmodell** einer Anwaltskanzlei ist banal: Die Anwälte arbeiten für eine bestimmte Zeit an einem Mandat. Die aufgrund dieses Zeiteinsatzes realisierten Honorare entsprechen dem Umsatz (Kosten des Mandates wie Gebühren, Porto etc. sind hingegen durchlaufende Positionen ohne Wertsteigerung). Die Kosten der Unternehmung sind vom Umsatz abzuziehen, übrig bleibt ein Gewinn, der den Anwälten je nach Beteiligungsquote zusteht, abzüglich der Rücklagen, die zu der Tätigkeit der Kanzlei stehen bleiben müssen und nicht entnehmbar sind. Es kommt also darauf an, zu wissen, wie viel Umsatz ein Anwalt pro Stunde erzielt. Dies kann nur erreicht werden, wenn der auf die gearbeitete Stunde entfallende Umsatz berechenbar ist. Dies ist zum einen bei einer mandatsspezifischen Abrechnung (Umsatz durch alle auf das Mandat entfallenden Stunden) oder zum anderen bei einer pro Periode berechenbaren Abrechnung (etwa pro Monat) möglich. Dazu muss die **Buchhaltung** so organisiert sein, dass die (tatsächlichen resp. in Rechnung gestellten) Umsätze den Mandanten resp. Perioden zuordbar sind.

Der **Finanzierung** einer Anwaltskanzlei ist im deutschsprachigen Raum bisher kaum Aufmerksamkeit geschenkt worden (Kennzahlen fehlen etwa in den beiden führenden Werken von Hartung/Römermann sowie Mauer/Krämer Becker; beide enthalten lediglich Kostencontrolling als relevante Aspekte). Dennoch ist dies wirtschaftlich der zentrale Aspekt einer erfolgreichen Kanzlei, sobald und solange die rechtlichen Rahmenbedingungen eingehalten werden.

Die erfolgreiche Kanzlei ist:

- Konservativ finanziert: sie finanziert sich aus dem laufenden Zufluss von Honoraren (nicht hingegen durch Kontokorrentkredite)
- Hat die wichtigsten **Kennzahlen** (Auslastung, realisierter Stundensatz, Gewinn pro Akte, Gewinn pro Monat, Liquidität, etc.) schnell zugriffsbereit und weiß, wie sie die Situation verbessern kann

Die folgende Darstellung ist also daran orientiert, wie es dem Kanzleigründer gelingen kann, Orientierung zu haben und zu behalten. Eine gute Organisation des finanziellen Bereiches ist eine Nebenpflicht aus § 43 BRAO.

2. Ansonsten wird auf das Kapitel → Form. P. V. Finanzen in Anwaltskanzleien verwiesen, in welchem auf die Buchhaltungsorganisation, sowie → Form. P. V., wo das **Controlling** sowie das Reporting relevanter Kennzahlen für die Steuerung hingewiesen wird.

3. Der wichtigste Leitgedanke im Finanzbereich muss sein, ob das **Existenzminimum** gesichert ist. Nur dann ist die Tätigkeit wirtschaftlich lohnend. Eine große Gefahr besteht bei den steuerlichen Verpflichtungen. Daher ist die Einkommensteuer von Anfang an als wichtiger Kostenpunkt einzukalkulieren und ca. 30 % des geplanten Mindesteinkommens sind daher zusätzlich zu kalkulieren und monatlich auf ein gesondertes Konto einzuzahlen.

4. Zur Berechnung, welche Belastungen bei der Kanzleigründung auf den Kanzleigründer zukommen und wie diese Kosten finanziert und schließlich in monatlichen Raten wieder zurückgeführt werden können, müssen alle Einzelpositionen aufgeführt werden.

5. Beispielhaft. Robe, Stempel, Diktiergerät mit Spracherkennung, Fristenkalender, Formulare, Praxisschild, siehe etwa: http://www.soldan.de.

6. Um der Tätigkeit als Rechtsanwalt nachgehen zu können, muss der persönliche Lebensunterhalt sichergestellt sein. Dies ist der erste wichtige Schritt in eine gesicherte Planung – denn nur allzu leicht wird übersehen, dass ohne diesen Gewinn die Arbeit de facto unmöglich ist. Dieser Mindestgewinn muss also als monatliche Entnahme gesichert sein. Dies wird durch eine getrennte Kontenführung, also ein Bankkonto für die privaten Ausgaben und ein Bankkonto für die betrieblichen Ein- und Ausgaben, ermöglicht. Zusätzlich ist ein Bankkonto für **Fremdgelder** einzurichten, auf die entsprechende Gelder entweder direkt eingezahlt oder sofort vom Kanzleikonto umgebucht werden, um die Vermischung mit der Liquidität der Kanzlei zu vermeiden. Sinnvoll ist auch ein Konto, auf welches **Einkommensteuerrückstellungen** in Höhe von 30 % der aus der BWA ersichtlichen Privatentnahmen regelmäßig eingezahlt und von dem das Finanzamt die Erteilung der Abhebung der Vorauszahlungen erteilt wird, sobald dieses regelmäßige Vorauszahlungen festsetzt.

7. Üblicherweise ist in Kanzleien mit bis zu 5 – 15 % **Forderungsausfällen** zu rechnen, je nach Marktposition; bei Anfängern und dort teilweise anzutreffenden Mandanten, die wegen ihrer Bonität bei anderen Kanzleien abgelehnt worden sind, tendenziell höher. Dies liegt aber auch zum einen daran, dass Anwälte Mandanten nicht „verärgern" wollen, zum anderen an einem oft mangelhaften **Beitreibungsmanagement**. Dabei wird übersehen, dass ein Anwalt, der eine gute Leistung erbringt, auch ein angemessenes Honorar fordern kann, ja sogar muss, wenn er vom Mandanten ernst genommen werden will. Bei Anfängern ist die Ausfallquote oft noch höher, weil schon bei der Gebührenberechnung vermeidbare Fehler gemacht werden. Die Auslagerung auf qualifizierte Kräfte, die dies ggf. auf 620 EUR Basis erledigen, ist sehr oft allein rechnerisch gerechtfertigt. Eine Rechnung, die nach 90 Tagen noch nicht bezahlt wurde, sollte buchhalterisch abgeschrieben werden. Daher gilt: Vorschuss verlangen, Zwischenrechnungen stellen, sofortige Rechnungsstellung nach Abschluss, häufiger Mahnrhythmus (alle 7 Tage), ggf. telefonisch nachhaken. Alternativ ist der **Forderungseinzug** per Inkassounternehmen, wie etwa Anwaltliche Verrechnungsstelle.

8. Honorare werden gemäß § RVG erst mit Abschluss eines Mandates fällig. Die durchschnittliche **Bearbeitungszeit** beträgt zwischen 3 und 18 Monate pro Mandat. Daher ist es absolut notwendig, gerade für Existenzgründer, die noch keinen Grundumsatz haben, Vorschuss zu verlangen. Folgende Erfahrungswerte sind anzunehmen:

Sachgebiet	durchschnittl. Laufzeit
Unfallsachen	8 Monate
Mahnsachen	22 Monate
Arbeitsrechtsachen	13 Monate
Sozialrechtssachen	19 Monate
Zivilsachen	23 Monate (gerichtl. anhängig)
	9 Monate (außergerichtl. erledigt)
Straf/Owi-Sachen	6 Monate
Beratungssachen	4 Monate

(Durchschnittswerte, die von Gerichtsbezirk abweichen können; zitiert nach Buschbell, Zeitmanagement, in Beck'sches Rechtsanwaltshandbuch 1993/94; neuere Daten sind leider nicht verfügbar)

9. Dieser Mindestumsatz muss unter allen Umständen, auch im Falle der Krankheit etc. abgedeckt sein. Dazu kann eine Betriebsunterbrechungsversicherung dienen, hinsichtlich Mindestgewinn auch eine Krankentagegeldversicherung (diese wurde hier berücksichtigt, da sie günstiger ist). Die Mindestentnahme sollte per Dauerauftrag monatlich vom Kanzleikonto auf das private Konto überwiesen werden, damit sie immer einen klaren Überblick über die tatsächliche Finanzsituation Ihrer Kanzlei haben und zugleich die privaten Ausgaben abgesichert sind. Zur Absicherung ist es wichtig, eine Liquiditätsplanung zu machen (su).

10. Die Mindestanzahl an abrechenbaren Stunden hängt einerseits von der Anzahl Mandate ab, andererseits ist aber auch von einer Höchstanzahl von abrechenbaren Stunden auszugehen. Wird diese erreicht zu dem angesetzten Mindeststundensatz, wird der Mindestumsatz auch erreicht. Dabei gehen wir davon aus, dass ein Anwalt arbeitsphysiologischen Studien entsprechend maximal 7 h × 5 Tage × 46 Wochen maximal produktiv sein kann (ergibt 1610 h/Jahr). Gerade Anfangs und insb. in kleinen Kanzleien, zeigt sich, dass 1000 abrechenbare Stunden bereits ein hoher Wert ist. In diesen muss also der Mindeststundensatz erzielt werden. Dies kann einerseits durch den Verkauf der anwaltlichen Stunden zu diesem Satz, andererseits durch Rückrechnung der aufgewendeten Stunden auf das pauschal abgerechnete Mandat errechnet werden. Zur Überprüfung ist eine rigorose Zeitmitschrift Voraussetzung. Die laufende (monatliche, quartalsweise, jährliche) Berechnung des Mindeststundensatzes als relevante Kennzahl ist eine unternehmerische Pflicht für jeden Anwalt. Gute EDV Lösungen erlauben sowohl die Erfassung der Zeiten als auch die Errechnung des realisierten Stundensatzes pro Mandat, pro Zeitabschnitt etc., zumindest aber den Export dieser Daten in eine Excel-Tabelle oä zu Errechnung dieser Kennzahl.

11. Die meisten Existenzgründer scheitern daran, dass einem Gründer die Liquidität fehlt. Damit sind die finanziellen Mittel gemeint, die laufenden Ausgaben (inkl. persönliche Lebenshaltung) zu tätigen. Liquidität wird gesichert durch laufende Einnahmen +

Reserven + Kreditrahmen. Die kritische Phase eines Unternehmens ist in der Regel nicht das erste, sondern das zweite und dritte Geschäftsjahr. Denn nun sind die Kreditrahmen erschöpft, auch die Verwandtschaft ist an die Grenze der Belastung gegangen – und jetzt sind es auf einmal ausschließlich die laufenden Einnahmen, die zur Deckung der Ausgaben herangezogen werden können. Bis zu diesem Zeitpunkt muss also zum einen ein ausreichender Grundumsatz getätigt werden. Folgendes sollte beachtet werden:

- Eine allgemeine Liquiditätsreserve in Höhe von 1/12 der jährlichen Kosten schützen vor Überraschungen.
- Eine Liquiditätsreserve für die nächsten drei Monate sollte immer die fixen Kosten abdecken.
- Der Lebensunterhalt sollte immer für die nächsten 6 Monate durch entsprechende Reserven gedeckt sein.

Die Liquiditätsplanung für die ersten 2 Jahre sollten tilgungsfreie Zeiten bei den Krediten berücksichtigen, genauso wie Steigerungen der Kosten um 5 % (auch Folgekosten von Anschaffungen (Softwarepflegeverträge etc.).

Die Liquiditätsplanung sollte auf Monate heruntergebrochen sein; jeden Monat sollte die Planung aktualisiert werden. Dazu ist es wichtig, bei Annahme von Mandanten deren vor. Umsatz und den Eingang der Gelder zu planen (inkl. evtl. Vorschüsse, Zahlungsziele, Verzögerungen bei Mandatsabschluss etc.).

12. Berechnung der Steigerung der Umsatzerlöse:

Umsatzerlössteigerungen können statistisch abgesichert wie folgt projektiert werden:	1. Jahr × 2,0 %	2. Jahr × 2,5	3. Jahr × 3,0	4. Jahr × 3,5	5. Jahr + 10 %

Diese Steigerung kann zwar im Plan, hinterlegt werden, aber eine laufende, monatliche Kontrolle der Steigerungen sind notwendig. Dabei kann von monatlichen Schwankungen ausgegangen werden, die aber im Auge zu behalten sind. Mind. einmal Jährlich sollten generelle Umsatzentwicklungen als Trendlinien in Diagrammen zusammen gefasst sein, um die wichtigsten Positionen (Umsatz, Kosten, Gewinn) im Auge zu behalten.

13. Betriebskosten steigen idR. mit 5 % pro Jahr an, Lebenshaltungskosten steigen mit ebenfalls 5 % pro Jahr

14. Um eine Umsatzberechnung machen zu können, also zuverlässige Aussagen dazu treffen zu können, wie der Mindestumsatz erwirtschaftet wird, muss eine Aussage über die mögliche Umsatzentwicklung gemacht werden. Mindestumsatz = Mindestentnahme + Kosten der Kanzleiführung. Damit ist aber lediglich die Absicherung der Existenz gewonnen. Die längerfristige Existenz des Unternehmens Kanzlei wird nur dann möglich sein, wenn darüber hinaus ein Gewinn erzielt wird. Daher lautet die Formel für den Sollumsatz:

- Sollumsatz = Mindestgewinn + Kosten der Kanzleiführung + (Profit, dh Kapitalverzinsung/Risiko-/Investitionsrücklage)
- Kapitalverzinsung bedeutet die alternative Berechnung der Zinsen für das aufgewendete (Eigen-)Kapital, welches bei Nicht-Gründung am Markt zu erzielen wäre
- Risikorücklagen: um umsatzschwache Zeiten oder Forderungsausfälle (ca. 25 % der gestellten Honorarrechnungen) auszugleichen, siehe auch → Form. P. V. 7.

15. Zur Finanzierung über Existenz- und Eigenkapitalhilfe-Programme sind idR. Mindestens 25 % Eigenkapital notwendig; Ausnahmen gelten für bestimmte Gruppen (Frauen) und Regionen (Ostdeutschland). Der Kapitalbedarf ist im ersten Jahr noch hoch, weil Investitionen anfallen. Bei Erfolg wird im dritten oder vierten Jahr weiter investiert, aber dies ist schwer abschätzbar. In jedem Fall sollte dies dann aus den laufenden Einnahmen gedeckt werden können; auch stehen teilweise zinsgünstige Kredite zur Verfügung, insbesondere wenn Arbeitsplätze geschaffen werden sollen. Auch hier gilt: wer frühzeitig plant, kann diese Vergünstigungen wahrnehmen; wer einfach loslegt, wird in der Regel zu spät kommen. Die Finanzierung der Anfangszeit ist von der Finanzierung der laufenden Kanzlei zu unterscheiden, die aus den laufenden Einnahmen zu sichern ist. Hierzu sind Kapitalkonten einzurichten (→ Form. N.), die einem einen Überblick über das im Unternehmen gebundene Kapital Auskunft geben können.

16. Besondere Finanzierungsinstrumente (einschl. der Existenzgründungskredite der Deutschen Ausgleichsbank, sowie Förderungsprogramme auf Länderebene) schwanken beträchtlich von Jahr zu Jahr. Sie können bei der Hausbank, bei der die Anträge gestellt werden müssen, sowie der Existenzgründungsberatern erkundigt werden. Die aktuellen Förderbedingungen und Zinssätze sind bei der KfW Mittelstandsbank zu erfahren (http://www.kfw-mittelstandsbank.de). Die jeweils aktuelle, besondere Förderungsmöglichkeiten, zB für Arbeitsplätze, sind gesondert zu recherchieren, sie ändern sich meist nach Bundestagswahlen. Für alle gilt: die Anträge sind jeweils vor Beginn des Vorhabens (Zeitpunkt des Beginns der Tätigkeit, nicht der Planungen) zu stellen.

17. Die Berechnung der laufenden, meist monatlichen Belastung, ist in der Berechnung des Mindestumsatzes zu berücksichtigen.

18. Das Geschäftsmodell einer Anwaltskanzlei ist banal: Die Anwälte arbeiten für eine bestimmte Zeit an einem Mandat. Die aufgrund dieses Zeiteinsatzes realisierten Honorare entsprechen dem Umsatz (Kosten des Mandates wie Gebühren, Porto etc. sind hingegen durchlaufende Positionen ohne Wertsteigerung). Die Kosten der Unternehmung sind vom Umsatz abzuziehen, übrig bleibt ein Gewinn, der den Anwälten je nach Beteiligungsquote zusteht, abzüglich der Rücklagen, die zu der Tätigkeit der Kanzlei stehen bleiben müssen und nicht entnehmbar sind. Es kommt also darauf an, zu wissen, wie viel Umsatz ein Anwalt pro Stunde erzielt. Dies kann nur erreicht werden, wenn der auf die gearbeitete Stunde entfallende Umsatz berechenbar ist. Dies ist zum einen bei einer mandatsspezifischen Abrechnung (Umsatz durch alle auf das Mandat entfallenden Stunden) oder zum anderen bei einer pro Periode berechenbaren Abrechnung (etwa pro Monat) möglich. Dazu muss die Buchhaltung so organisiert sein, dass die (tatsächlichen resp. in Rechnung gestellten) Umsätze den Mandanten resp. Perioden zuordbar sind.

19. Ein geeignetes Controlling ist nur bei Einrichtung einer kanzleispezifischen Buchhaltung möglich. Da Kanzleien meist nur nach § 4 Abs. 3 EStG versteuern, wird also nur der Zufluss an Honoraren abzüglich der Kosten am Jahresende korrekt erfasst, wenn es keine weiteren Anweisungen gibt. Relevante Kennzahlen sind allerdings nur dann berechenbar, wenn die Perioden, in denen eine wirtschaftliche Tätigkeit fällt (sog. Leistungszeit) sowie die darauf entsprechenden Umsätze und Kosten korrekt erfasst sind. Dies ist ohne weiteres möglich, wenn der Buchhaltung die entsprechende Weisung erteilt wurde und die Auswertungen entsprechend vorgelegt werden. Dieses ist gerade am Anfang einer Kanzlei wichtig, weil dies später meist nicht korrigierbar ist. Dies wird vom buchenden Steuerberater ohne besonderen Zusatzaufwand vorgenommen. Nur wenn dies vorliegt, sind relevante Kennzahlen zu eruieren, die dem Kanzleiinhaber ermöglichen, frühzeitig steuernde Tätigkeiten durchzuführen. Außerdem ist eine korrekte Buchhaltung notwendig (→ Form. N.). Die Mindestanforderung ist wie folgt: Alle Belege werden hinter die entspr. Bankauszüge abgelegt. Die Buchung erfolgt dann durch den Steuerberater (monatlich/quartalsweise/jährlich). Je häufiger gebucht wird, umso schneller liegen wirtschaftliche Kennzahlen vor. Wichtig ist die Einrichtung eines Kontenrahmens, der speziell für Anwaltskanzleien entwickelt wurde, durch den Steuerberater, da dies ein Kontenrahmen ist, der es einem

Anwalt leichter erlaubt, die betriebswirtschaftlichen Auswertungen zu verstehen. Eine entsprechende Anweisung ist an den Steuerberater zu geben.

3. Anhänge an den Kanzleigründungs- und Finanzierungsplan

In der Anlage sind die entsprechenden Unterlagen zusammenzustellen, um jederzeit vorbereitet in Gespräche gehen zu können. Hier eine beispielhafte Aufzählung:

- Lebenslauf
- Kopien 1. und 2. Staatsexamen, ggf. Zulassungsurkunde
- Kostenvoranschläge
- Umsetzungsplanung
- Daten über Wettbewerber
- Daten und Informationen über Mandantschaft
- Kanzleigrundriss
- ggf. Sozietäts-/Bürogemeinschaftsvertrag etc.
- Mietverträge, soweit vorhanden

B. Gemeinschaftliche Berufsausübung

I. Rechtsformspezifische Regelungen

1. Vorbemerkungen

Überblick über gesellschaftsrechtliche und berufsrechtliche Grundlagen

Zur **gemeinschaftlichen Berufsausübung** stehen Rechtsanwälten verschiedene Gesellschaftsformen zur Verfügung. Die folgende Darstellung bietet einen knappen Überblick über die wesentlichen Merkmale sowie die Vor- und Nachteile, die bei der Rechtsformwahl zu beachten sind.

a) **GbR.** Die nach wie vor beliebteste Form ist die Sozietät in Form der **Gesellschaft bürgerlichen Rechts** (§§ 705 ff. BGB, kurz: GbR). Der Gesellschaftsvertrag unterliegt keinem Formzwang, ebenso wenig die Anteilsübertragung. Eine Registereintragung der GbR ist weder erforderlich noch möglich. Die Gesellschafter (Rechtsanwälte) bilden eine sog. Gesamthandsgemeinschaft. Sie haften für Ansprüche gegen die teilrechtsfähige Gesellschaft neben dieser gesamtschuldnerisch und unbegrenzt entsprechend § 128 S. 1 HGB (BGH NJW 2001, 1056 ff., auch den deklaratorischen § 51 Abs. 2 S. 1 BRAO). Dies gilt auch für die Haftung für berufliche Fehler eines Gesellschafters, die diesem bei der Bearbeitung eines Sozietätsmandats unterlaufen sind. Der neu eintretende Gesellschafter haftet für vor seinem Eintritt begründete Verbindlichkeiten gem. § 130 HGB analog (vgl. nur BGH NJW 2006, 765).

b) **PartG.** Nach einem zunächst etwas zögerlichen Start beginnt sich seit einigen Jahren die Rechtsform der **Partnerschaftsgesellschaft** (kurz: PartG) für die Angehörigen der Freien Berufe und insbesondere für Rechtsanwälte durchzusetzen. Die gesetzlichen Grundlagen finden sich in dem am 1.7.1995 in Kraft getretenen PartGG. Die Partnerschaft ist eine Gesellschaft, in der sich Angehörige Freier Berufe zur Ausübung ihrer Berufe zusammenschließen, § 1 Abs. S. 1 PartGG. Dazu zählen die Rechtsanwälte gem. § 2 Abs. 2 S. 2 PartGG, § 2 Abs. 1 BRAO. Soweit das PartGG keine eigenständige Regelung vorsieht, greift subsidiär das Recht der GbR, § 1 Abs. 4 PartGG. Vorrangig gelten allerdings aufgrund vielfältiger Verweisungen innerhalb des PartGG grundlegende Normen des OHG-Rechts (§§ 105 ff. HGB). Die PartG ist daher der OHG angenähert, und wird dementsprechend auch als Schwester der OHG bezeichnet. Gem. § 3 Abs. 1 PartGG bedarf der Gesellschaftsvertrag der Schriftform. Die Anteilsübertragung erfolgt formfrei. Die PartG ist namensrechtsfähig, aktiv und passiv parteifähig, grundbuchfähig und deliktsfähig (*Henssler*, PartGG, Einf. Rn. 10). Gesellschaftsgläubiger können in ihr Vermögen vollstrecken (aaO). Sie ist ferner insolvenzfähig (§ 11 Abs. 2 Nr. 1 InsO). Sofern Besonderheiten der freiberuflichen Tätigkeit dies gebieten, sieht das PartGG spezielle Bestimmungen vor (Henssler/Streck/*Henssler*, Handbuch Sozietätsrecht, A. Rn. 34).

Die Partnerschaftsgesellschaft wird in das Partnerschaftsregister, das in elektronischer Form bei den Amtsgerichten geführt wird, eingetragen, §§ 4 f. PartGG. Für allgemeine Verbindlichkeiten der Gesellschaft haften die Partner gesamtschuldnerisch und unbegrenzt, § 8 Abs. 1 S. 1 PartGG. Ausgeklammert ist die Haftung der Partner für Pflichtverletzungen innerhalb der Mandatsverhältnisse. Für solche Berufsausübungsfehler haften nur die damit befassten Berufsträger, § 8 Abs. 2 PartGG. Die Haftung des Eintretenden für Altverbindlichkeiten richtet sich – ebenso wie bei der GbR – nach § 130 HGB, der gem. § 8 Abs. 1 S. 2 PartGG auf die PartG anwendbar ist. Ein **Vorteil gegenüber der GbR** besteht aber darin, dass die Haftung sich grundsätzlich nicht auf Berufsausübungsfehler beziehen kann (so), da der Eintretende in Altfällen nicht mit der Angelegenheit befasst gewesen sein kann. Die Rechtsprechung bejaht eine Haftung allerdings dann, wenn der Eintretende in die Bearbeitung eines noch nicht abgeschlossenen Mandats eingeschaltet wird, bei dessen Betreuung bereits vor dem Eintritt Bearbeitungsfehler begangen wurden (BGH NJW 2010, 1360).

Seit dem 19.7.2013 steht mit der **Partnerschaft mit beschränkter Berufshaftung** (PartG mbB) ein alternatives Haftungsmodell zur Auswahl. Durch Abschluss einer Berufshaftpflichtversicherung, die den Anforderungen des § 51a BRAO entspricht, kann die persönliche Haftung der Partner für Berufsausübungsfehler vollständig ausgeschlossen werden (§ 8 Abs. 4 S. 1 PartGG). Damit einher geht die Pflicht, einen auf die Haftungsbeschränkung hinweisenden Zusatz (zB Part mbB) in den Namen der Partnerschaft aufzunehmen (§ 4 Abs. 4 S. 3 PartGG).

Die PartG ist gem. § 7 Abs. 1 S. 1, 2 PartGG als Verfahrens- und Prozessbevollmächtigte selbst postulationsfähig und wird selbst Vertragspartner des jeweiligen Mandanten. Sie handelt durch ihre Partner und Vertreter. Von den beruflichen Befugnissen der in die Mandatsbearbeitung eingeschalteten Personen hängt der Umfang der Postulationsfähigkeit der PartG ab. Lediglich Strafverteidiger iSd §§ 137 ff. StPO kann nur eine natürliche Person sein, § 7 Abs. 4 S. 3 PartGG.

c) **GmbH.** Das anwaltliche Berufsrecht gewährt Rechtsanwälten außerdem die Möglichkeit, ihren Beruf in einer **Kapitalgesellschaft** auszuüben.

Eine gesicherte gesetzliche Grundlage besteht allerdings nur für die **Rechtsanwaltsgesellschaft mit beschränkter Haftung** (kurz: RA-GmbH), die in den §§ 59c – 59m BRAO ausdrücklich und detailliert geregelt ist. Die §§ 59c, 59d BRAO enthalten besondere Zulassungsvoraussetzungen. Der Vertrag über die Gründung einer RA-GmbH bedarf der notariellen Beurkundung (§ 2 Abs. 1 GmbHG), die auch für eine Anteilsübertragung (§ 15 Abs. 2 GmbHG) erforderlich ist. Gründung bzw. Geschäftsaufnahme setzen außerdem den Abschluss einer Berufshaftpflichtversicherung (§ 59j BRAO) sowie eine Zulassung durch die Rechtsanwaltskammern voraus (§§ 59g, 12 BRAO). Gesellschafter dürfen nur Rechtsanwälte und die in § 59a Abs. 1 S. 1 und Abs. 2 BRAO genannten Personen sein (§ 59e BRAO). Besonders die fehlende Haftung für Gesellschaftsschulden (§ 13 Abs. 2 GmbHG) unterscheidet die RA-GmbH von den klassischen Formen gemeinsamer Berufsausübung. Das Haftungsprivileg erfasst, anders als bei der PartG, auch Berufsausübungsfehler ausnahmslos.

d) **AG.** Obwohl gesetzlich nicht geregelt steht den Rechtsanwälten auch die **Rechtsanwalts-Aktiengesellschaft** für die gemeinschaftliche Berufsausübung offen. Ihre Zulässigkeit ist höchstrichterlich geklärt (BGH NJW 2005, 1568). Aufgrund des Regelungsverzichts des Gesetzgebers besteht allerdings in zahlreichen Einzelfragen, etwa der Zusammensetzung des bei der AG zwingenden Aufsichtsrats, Rechtsunsicherheit. Zudem sind die Unterschiede zwischen von den Rechtsanwaltskammern zugelassenen und sonstigen Rechtsanwalts-AGs nicht abschließend geklärt. Der Grundsatzentscheidung des BGH lassen sich allerdings gewisse Anhaltspunkte für die Prüfung der Zulässigkeit einer RA-AG entnehmen (BGH NJW 2005, 1568, (1571)).

e) **Bürogemeinschaft.** Von den Formen der **gemeinschaftlichen Berufsausübung in einer sog. Berufsausübungsgesellschaft** sind Formen der Zusammenarbeit abzugrenzen, die lediglich auf die gemeinsame Nutzung eines Büros und dessen Ausstattung gerichtet sind. Die sog. **Bürogemeinschaft** ist zwar ebenfalls eine GbR, jedoch werden anders als bei einer Sozietät von ihr keine Mandatsverträge geschlossen (Henssler/Streck/*Henssler*, Handbuch Sozietätsrecht, A. Rn. 38). Die Zusammenarbeit beschränkt sich auf den organisatorischen Bereich, so dass lediglich Mietverträge über die Kanzleiräume, Anstellungsverträge mit Mitarbeitern uÄ von der Gesellschaft geschlossen werden. Eine gesamtschuldnerische Haftung der Bürogemeinschaftspartner für Bearbeitungsfehler scheidet damit grundsätzlich aus. Allerdings kann sich eine Haftung für die beruflichen Verbindlichkeiten der Gesellschaft aus Rechtsscheingrundsätzen ergeben, wenn bei den Mandanten den Anschein einer gemeinsamen Berufsausübung erweckt wurde (vgl. nur BGH NJW 1999, 3040; NJW 2007, 2490 (2493); OLG Köln NJW-RR 2004, 279; vgl. auch *Vollkommer/Greger/Heinemann*, Anwaltshaftungsrecht, § 4 Rn. 22 ff., 24; *Kamps/Alvermann* NJW 2001, 2121).

f) **Kooperation.** Die noch schwächere Form der Zusammenarbeit in einer sog. **Kooperation** ist je nach Ausgestaltung entweder ein Zusammenschluss in einer GbR oder ein **nicht**-gesellschaftsrechtlicher, vertraglicher Zusammenschluss (Henssler/Streck/*Henssler*, Handbuch Sozietätsrecht, A. Rn. 40). Bei ihr erfolgt ebenfalls keine gemeinsame Mandatsbearbeitung. Die Zusammenarbeit betrifft den Marktauftritt, etwa in Form von gemeinsamen Werbemaßnahmen oder der gegenseitigen Empfehlung gegenüber potentiellen Mandanten.

Praktische Aspekte (Kosten, Publizität, Vor- und Nachteile der einzelnen Gesellschaftsformen im Überblick)

Bei der Rechtsformwahl ist folgenden Fragen besondere Aufmerksamkeit zu schenken:
* **Haftung** der Gesellschafter
  Ein wesentlicher Entscheidungsparameter ist das Haftungsrisiko, das mit der jeweiligen Rechtsform verbunden ist. Hier schneidet die GbR aufgrund der gesamtschuldnerischen Haftung der Partner besonders ungünstig ab. Ein klarer **Vorteil der PartG gegenüber der GbR** ist die Haftungskonzentration gemäß § 8 II PartGG auf die das jeweilige Mandat bearbeitenden Rechtsanwälte. Eine ähnliche, aber nicht vergleichbar sichere Haftungskonzentration kann für die GbR gem. § 51a Abs. 2 S. 2 BRAO nur im jeweiligen Einzelfall über allgemeine Mandatsbedingungen erreicht werden.
  Für Verbindlichkeiten der **RA-GmbH** sowie der **RA-AG** haftet grundsätzlich lediglich das jeweilige Gesellschaftsvermögen (§ 13 Abs. 2 GmbHG; § 1 Abs. 1 S. 2 AktG – Trennungsprinzip). Gleiches gilt für die **PartG mbB**, allerdings beschränkt auf den Bereich der **Berufshaftung** (§ 8 Abs. 4 S. 1 PartGG), während für die sonstigen Verbindlichkeiten (etwa aus Miet-, Darlehens- oder Arbeitsverträgen) weiterhin sämtliche Partner gesamtschuldnerisch einzustehen haben (§ 8 Abs. 1 PartGG). Die Haftungsbeschränkung muss sowohl bei den Kapitalgesellschaften als auch bei der PartG mbB durch im Vergleich zu den sonstigen Formen der Berufsausübung höhere Versicherungsprämien „erkauft" werden, die sich aus den Mindestversicherungssummen nach §§ 51a, 59j BRAO ergeben. Für Kanzleien, die mit Blick auf die wirtschaftliche Bedeutung ihrer Mandate ohnehin überobligatorisch versichert sind, dürfte sich die Mehrbelastung jedoch in Grenzen halten, so dass einer Haftungsbeschränkung nichts im Wege steht.
* **Haftung als Scheingesellschafter**
  Werden (angestellte) Rechtsanwälte nach außen hin als Sozien (Gesellschafter) einer GbR präsentiert (auf Briefköpfen, dem Praxisschild), kann dies zu einer Behandlung als sog. „Scheinsozien" führen. Hieraus können sich sowohl für die Sozietät als auch für den Scheinsozius negative Konsequenzen ergeben. So haftet der Scheinsozius für Verbindlichkeiten der GbR, umgekehrt muss die GbR für deliktische Handlungen des Scheinsozius einstehen (vgl. dazu MüKoBGB/*Ulmer/Schäfer*, § 705 Rn. 379 f.).
  Eine vergleichbare Rechtsscheinhaftung eines „Scheinpartners" kann sich – trotz ordnungsgemäßer Anmeldungen zum Partnerschaftsregister – auch bei der PartG ergeben, da der durch den Briefkopf konkret gesetzte Rechtsschein Vorrang genießt. § 15 Abs. 2 HGB greift insoweit nicht.

Bei der RA-GmbH können für den (Schein-)Gesellschafter mangels persönlicher Haftung keine vergleichbaren Probleme auftreten. Zudem ergibt sich der Gesellschafterkreis aus der zum Handelsregister einzureichenden Gesellschafterliste.

- Kosten/Rechnungslegung

Die geringsten Kosten in der Gründung und Verwaltung verursacht die GbR, deren Gründung sogar völlig formlos erfolgen kann. Ihr folgt in der Reihenfolge der Kostengünstigkeit die Partnerschaftsgesellschaft, deren Eintragung in das Partnerschaftsregister gebührenpflichtig ist (vgl. dazu *Henssler* PartGG § 4 Rn. 26 ff.). Veränderungen im Gesellschafterbestand sowie weitere gesellschaftsrechtlich relevante Änderungen sind bei der PartG ebenfalls eintragungspflichtig und daher mit Kosten verbunden.

Für die Gründung und Eintragung einer Rechtsanwalts-GmbH müssen sowohl Gebühren für die notarielle Beurkundung als auch für die Eintragung in das Handelsregister eingeplant werden. Auch Anteilsübertragungen sowie Vertragsänderungen bedürfen der gebührenpflichtigen Mitwirkung eines Notars sowie der erneuten Eintragung. Kosten entstehen ferner durch das Zulassungsverfahren, hinzu treten laufende Belastungen durch die Pflichtmitgliedschaft in der Rechtsanwaltskammer.

Weiterhin ist zu beachten, dass die mit Publizitätspflichten verbundene Bilanzierungspflicht der GmbH (§ 42 GmbHG) weitere Kosten und Arbeitsaufwand nach sich zieht. GbR und PartG unterliegen dagegen nicht den kaufmännischen Rechnungslegungsvorschriften (§§ 238 ff. HGB), sind damit auch insoweit günstiger.

- **Steuerrechtliche Behandlung**

GbR und PartG sind jeweils nicht aufgrund ihrer Rechtsform steuerpflichtig. Wegen ihrer Einnahmeerzielungsabsicht sind beide umsatzsteuerpflichtig (§ 2 Abs. 1 UStG). Die Einnahmen der freiberuflich tätigen Gesellschafter der RA-GbR oder PartG aus der Gesellschaft unterliegen der Einkommensteuer (§ 18 EStG).

GmbH und AG sind körperschafts- (§ 1 Abs. 1 Nr. 1 KStG), sowie gewerbesteuerpflichtig (§ 1 Abs. 1 S. 1, Abs. 2 S. 1 GewStG).

Allgemeine Aussagen, welche Gesellschaftsform steuerrechtlich optimal ist, lassen sich nicht treffen (zu den steuerrechtlichen Vor- und Nachteilen, vgl. Henssler/Streck/*Streck*, Handbuch Sozietätsrecht, D. Rn. 221 ff.). Entscheidend sind die konkreten Umstände und Rahmenbedingungen der jeweiligen Berufsausübungsgesellschaft.

Schrifttum: *Henssler*, PartGG, 2. Aufl. 2008; *ders./Prütting*, BRAO, 4. Aufl. 2014; *ders./Streck*, Handbuch Sozietätsrecht, 2. Aufl. 2011; *Vollkommer/Greger/Heinemann*, Anwaltshaftungsrecht, 3. Aufl. 2009.

2. Sozietätsvertrag

§ 1 Name[1]

(1) Die Sozietät[2] trägt den Namen:[3]

„A, B und C Rechtsanwälte".[4]

(2) Neben dem Namen der Sozietät sind auf den Briefbögen, Kanzleischildern und sonstigen schriftlichen Verlautbarungen gegenüber Dritten die Namen aller Gesellschafter anzugeben.[5]

(3) Die Gesellschafter gestatten sich gegenseitig, ihre Namen auch über ihr Ausscheiden hinaus in der Bezeichnung der Sozietät zu führen, soweit nicht im Einzelfall ein wichtiger Grund entgegensteht.[6]

§ 2 Gegenstand der Sozietät

(1) Gegenstand der Sozietät ist die gemeinschaftliche Ausübung des Rechtsanwaltsberufes.

(2) Die Sozietät kann zur Verwirklichung dieses Zweckes andere Gesellschaften gründen und sich an ihnen beteiligen, soweit dies berufsrechtlich zulässig ist.

§ 3 Sitz

Die Sozietät hat ihren Sitz[7] in . . . . . .

§ 4 Beginn, Dauer und Geschäftsjahr

(1) Die Sozietät beginnt am . . . . . .

(2) Die Sozietät wird auf unbestimmte Zeit errichtet.

(3) Geschäftsjahr ist das Kalenderjahr.

(Kumulativ: Das erste Geschäftsjahr vom Beginn der Sozietät bis zum . . . . . . ist ein Rumpfgeschäftsjahr.)

§ 5 Gesellschafter und Gesellschaftsanteile

(1) Gesellschafter sind:

a) Rechtsanwalt A, geboren am . . . . . ., wohnhaft in . . . . . . ,
b) Rechtsanwalt B, geboren am . . . . . ., wohnhaft in . . . . . . ,
c) Rechtsanwalt C, geboren am . . . . . ., wohnhaft in . . . . . .

(2) Die Gesellschafter sind mit folgenden Anteilen an der Sozietät beteiligt:

a) Rechtsanwalt A . . . . . . %,
b) Rechtsanwalt B . . . . . . %,
c) Rechtsanwalt C . . . . . . %.

(Alternative:
(2) Die Gesellschafter sind alle zu gleichen Teilen an der Sozietät beteiligt.)

§ 6 Geschäftsführung und Vertretung[8]

(1) Die Befugnis zur Geschäftsführung und Vertretung steht den Gesellschaftern – unbeschadet der Regelungen in § 6 Abs. 2 und § 8 Abs. 4 des Vertrages – gemeinschaftlich zu.[9] Einzelnen Gesellschaftern können bestimmte Aufgabenbereiche zur eigenverantwortlichen Wahrnehmung übertragen und diesbezüglich Alleinvertretungsmacht eingeräumt werden. Insbesondere ist jeder Gesellschafter zur Erledigung laufender Geschäfte allein geschäftsführungs- und vertretungsbefugt, sofern die Sozietät nicht mit mehr als . . . . . . Euro verpflichtet wird.[10]

(Alternative: (1) Jeder Gesellschafter ist zur Führung der Geschäfte der Sozietät allein berechtigt und hat Alleinvertretungsbefugnis.[11, 12] Alle über die gewöhnlichen Geschäfte hinausgehenden Geschäftsführungsmaßnahmen bedürfen eines vorhergehenden Beschlusses der Gesellschafter.[13])

(2) Die Mandate werden selbständig und eigenverantwortlich durch den jeweiligen Gesellschafter betreut. Dem Gesellschafter steht dabei stets Einzelgeschäftsführungs- und Vertretungsbefugnis zu.[14]

(Kumulativ: (3) Die Geschäftsführungs- und Vertretungsbefugnis für die Sozietät kann einem geschäftsführenden Ausschuss übertragen werden. Dessen Aufgabengebiet, Rechte und Pflichten, Regelungen zur Mitgliederwahl und innere Organisation werden in einer von den Gesellschaftern zu erlassenden Geschäftsordnung festgeschrieben.)

§ 7 Gesellschafterversammlung und Beschlussfassung

(1) Die Sozietät fasst Beschlüsse,[15] die keine Geschäftsführungsmaßnahmen des täglichen Geschäfts betreffen, mit einfacher Mehrheit,[16] soweit in diesem Vertrag oder durch zwingendes Recht nichts anderes bestimmt ist. Die Mehrheit wird nach den Anteilen an der Sozietät bestimmt.[17]

(2) Einer Dreiviertelmehrheit und zwingend der Zustimmung der betroffenen Gesellschafter bedürfen Beschlüsse[18] über

a) die Änderung des Gewinnverteilungsschlüssels,
b) die Beteiligung am Liquidationserlös,
c) die Einschränkung von Informationsrechten eines Gesellschafters,
d) den Entzug der Geschäftsführungs- oder Vertretungsbefugnis aus wichtigem Grund,[19]
e) die Übertragung der Geschäftsführungs- und Vertretungsbefugnis an einen geschäftsführenden Ausschuss sowie Verabschiedung, Änderung und Aufhebung der Geschäftsordnung des Ausschusses.

(3) Der Zustimmung aller Gesellschafter bedürfen Beschlüsse über

a) die Annahme von Mandaten, bei denen die Haftpflichtversicherungshöchstsumme überschritten wird,
b) die Gründung von Zweigstellen und Zweigniederlassungen,
c) die Aufnahme und den Ausschluss von Gesellschaftern,
d) die Auflösung der Sozietät.

(Alternative:
(1) Die Beschlussfassung der Gesellschafter hat grundsätzlich einstimmig zu erfolgen.[20])

(4) Die Beschlussfassung erfolgt in Gesellschafterversammlungen, sofern die Gesellschafter nicht einstimmig ein anderes Verfahren festlegen.[21]

(5) Die Gesellschafterversammlung ist beschlussfähig, wenn . . . . . . % der Gesellschafter anwesend oder vertreten sind. Ist die Gesellschafterversammlung nicht beschlussfähig, kann innerhalb von . . . . . . eine erneute Gesellschafterversammlung einberufen werden, die stets beschlussfähig ist. In der Ladung ist auf diese Möglichkeit hinzuweisen. Ein Gesellschafter kann nur durch einen anderen Gesellschafter vertreten werden, sofern die Gesellschafterversammlung nicht etwas anderes beschließt.[22]

(6) Klagen gegen die Beschlüsse der Sozietät müssen spätestens einen Monat nach dem Zeitpunkt erhoben werden, zu welchem der Klageberechtigte Kenntnis von dem Beschluss erlangt hat.[23]

§ 8 Rechte und Pflichten der Gesellschafter

(1) Jeder Gesellschafter erbringt eine Einlage in Höhe von . . . . . . EUR.[24]

Kumulativ: Die Gesellschafter bringen folgende in ihrem jeweiligen Alleineigentum stehende Gegenstände unter Ausschluss der Gewährleistung zu dem in Anlage 1 festgesetzten Buchwert in die Sozietät ein:

a) *Rechtsanwalt A die in Anlage 1 zu diesem Vertrag aufgeführten Gegenstände,*
b) *Rechtsanwalt B die in Anlage 1 zu diesem Vertrag aufgeführten Gegenstände,*
c) *Rechtsanwalt C die in Anlage 1 zu diesem Vertrag aufgeführten Gegenstände.*

Sämtliche Sacheinlagen werden an die Sozietät übereignet und übergeben.
Jeder Gesellschafter hat die Differenz zwischen dem Gesamtbuchwert aller eingebrachten Sacheinlagen und der übernommenen Einlageverpflichtung als Bareinlage zu erbringen.

(2) Die Gesellschafter verpflichten sich, ihre ganze Arbeitskraft der Sozietät zu widmen und die übertragenen Mandate mit der erforderlichen Sorgfalt zu bearbeiten.[25] Eine entgeltliche oder unentgeltliche Nebenbeschäftigung oder die Übernahme von Ämtern ist nur mit Zustimmung der anderen Gesellschafter zulässig.[26] Die Zustimmung darf nur aus wichtigem Grund versagt werden.

(3) Mandate sind grundsätzlich der Sozietät zu erteilen, soweit nicht gesetzliche oder berufsrechtliche Regelungen entgegenstehen.[27] Insbesondere Mandate in Straf- und Bußgeldsachen werden nur von dem beauftragten Gesellschafter übernommen.[28] Für die Einnahmen aus ausnahmsweise als Einzelmandat übernommenen Aufträgen gilt § 11 Abs. 1 des Vertrages.

(4) Über die Annahme oder Ablehnung neuer Mandate entscheidet vorbehaltlich der Regelung in § 7 Abs. 3a des Vertrages jeder Gesellschafter selbst unter Beachtung des anwaltlichen Berufsrechts, insbesondere nach sorgfältiger Prüfung möglicher Interessenkonflikte. Widerspricht ein Gesellschafter der Annahme eines Mandats oder verlangt er begründet die Niederlegung, muss das Mandat abgelehnt bzw. niedergelegt werden.

(5) Die Gesellschafter bringen ihre bisherigen Einzelmandate in die Sozietät ein. Soweit ein Einzelmandat mangels Zustimmung eines Mandanten nicht in die Sozietät einbezogen werden kann, bleibt es nach außen hin als solches des jeweiligen Gesellschafters bestehen. Im Innenverhältnis wird es jedoch für Rechnung der Sozietät bearbeitet.[29]

(6) Über die Bearbeitung neuer Mandate unterrichten sich die Gesellschafter gegenseitig fortlaufend.[30]

(7) Jeder Gesellschafter hat gegenüber den anderen Gesellschaftern Anspruch auf Auskunft über die Angelegenheiten der Sozietät und kann Einsicht in die Bücher und Unterlagen der Sozietät verlangen.[31]

(8) Jeder verheiratete Gesellschafter vereinbart vertraglich mit seinem Ehegatten, dass er jederzeit als alleiniger Rechtsinhaber über seinen Gesellschaftsanteil verfügen kann. Ferner vereinbaren die Ehegatten, dass der Gesellschaftsanteil, sowie daraus resultierende Wertsteigerungen, keinem scheidungsbedingten Zugewinn- oder sonstigem Wertausgleich unterliegen. Die Gesellschafter verpflichten sich, die güterrechtlichen Vereinbarungen mit ihren Ehegatten gegenüber der Gesellschaft offen zu legen. Änderungen zeigen sie unverzüglich an. Dies geschieht in der Regel durch die Vorlage einer beglaubigten Ausfertigung des Ehevertrages. Von der Verpflichtung dieses Absatzes abweichende Regelungen dürfen auch nach der Offenlegung eines Ehevertrages nicht getroffen werden. Dieser Absatz gilt auch für Lebenspartner nach dem LPartG sowie für Güterstände nach nicht-deutschem Recht.[32]

§ 9 Urlaub und Krankheit

(1) Jedem Gesellschafter steht jährlich ein Urlaub von . . . . . . Werktagen zu.[33] Der Urlaub ist in Abstimmung mit den anderen Gesellschaftern im laufenden Geschäftsjahr zu nehmen. Während des Urlaubs vertreten sich die Gesellschafter wechselseitig.

(2) Ist ein Gesellschafter aufgrund krankheitsbedingter Arbeitsunfähigkeit während eines Zeitraumes von einem Jahr mehr als drei Monate nicht in vollem Umfang für die Gesellschaft tätig, so kann die Gesellschafterversammlung mit Beginn des vierten Monats beschließen, dass zu Lasten des Gewinnanteils des erkrankten Gesellschafters ein juristischer Mitarbeiter als Vertretung angestellt wird. Dauert die Erkrankung des Gesellschafters länger als ein Jahr, so kann die Gesellschafterversammlung beschließen, seinen Gewinnanteil angemessen herabzusetzen.[34]

(3) Dauert die Erkrankung länger als zwei Jahre, so kann die Gesellschafterversammlung den Gesellschafter aus der Sozietät ausschließen.

(4) Im Falle der Erkrankung eines Gesellschafters vertreten ihn die anderen Gesellschafter.

§ 10 Vermögen der Sozietät

(1) Alle der gemeinschaftlichen Berufsausübung dienenden Gegenstände sind Vermögen der Sozietät. Dies gilt auch für Gegenstände, die künftig angeschafft werden. Ausgenommen sind Inventargegenstände, die der Gesellschafter auf eigene Kosten anschafft und als sein Eigentum kennzeichnet. Der Gesellschafter überlässt diese Gegenstände unentgeltlich der Sozietät.[35]

(2) Kraftfahrzeuge werden nicht von der Sozietät, sondern von den einzelnen Gesellschaftern auf eigene Kosten angeschafft und verbleiben in deren Eigentum.

§ 11 Einnahmen und Ausgaben

(1) Sämtliche Einnahmen aus der Berufsausübung der Gesellschafter sind Einnahmen der Sozietät. Dies gilt auch für Einkünfte aus der Tätigkeit als Ratsmitglied, Notar, Schiedsrichter oder Testamentsvollstrecker. Ausgenommen sind Einnahmen eines Gesellschafters aus wissenschaftlicher und schriftstellerischer Tätigkeit sowie solche aus Vortragstätigkeit.[36]

(2) Alle durch den Betrieb der Sozietät veranlassten Ausgaben sind solche der Sozietät. Dazu zählen insbesondere Beiträge zur Rechtsanwaltskammer, Angestelltengehälter, Prämien für die mit der Berufsausübung in Zusammenhang stehenden Versicherungen und Ausgaben für Büromiete und Fachliteratur. Dies gilt auch für Aufwendungen für Fortbildungsveranstaltungen, Seminare und Tagungen (einschließlich Reise- und Übernachtungskosten), sofern die übrigen Gesellschafter der Teilnahme zugestimmt haben.

(3) Kraftfahrzeugkosten und Aufwendungen für nicht zum Gesellschaftsvermögen gehörendes Inventar sind keine Ausgaben der Sozietät.[37]

(Alternative:
(3) Die Kosten der von den Gesellschaftern genutzten Kraftfahrzeuge werden im Außenverhältnis von der Sozietät getragen. Im Innenverhältnis sind die entstehenden Kosten mit Ausnahme der Mehrwertsteuer, soweit diese als Vorsteuer geltend gemacht werden kann, als Entnahmen des jeweiligen Gesellschafters zu behandeln.)

(4) Alle Einnahmen und Ausgaben sind in einer geordneten Buchführung fortlaufend aufzuzeichnen. Die Buchführung erfolgt nach dem System der Einnahme-Überschussrechnung.[38]

§ 12 Gewinnermittlung und -verteilung, Entnahme

(1) Innerhalb von sechs Monaten nach Ende des Geschäftsjahres ist ein Rechnungsabschluss zu erstellen, der den Saldo zwischen Einnahmen und Ausgaben ausweist. Der
Rechnungsabschluss ist durch Gesellschafterbeschluss festzustellen. Kommt innerhalb
eines Monats nach Erstellung des Rechnungsabschlusses kein Feststellungsbeschluss
durch die Gesellschafter zustande, stellt ein Gutachter den Rechnungsabschluss verbindlich fest.[39]

(2) Die Verteilung von Gewinnen und Verlusten erfolgt nach Geschäftsanteilen.[40]

(Alternative 1 (Lockstep):
(2) Am Gewinn und Verlust der Sozietät sind die Gesellschafter jeweils mit demjenigen
Prozentsatz beteiligt, der dem Verhältnis der von ihnen erreichten Punktzahl zur
erreichten Gesamtpunktzahl aller Gesellschafter entspricht.
Mit dem Eintritt in die Sozietät erhält der Gesellschafter 100 Punkte. Die Punktzahl
erhöht sich jährlich um 5 Punkte, bis die Höchstpunktzahl von 200 Punkten erreicht ist.
Ab Vollendung des 60. Lebensjahres verringert sich das Punktekonto um jährlich 10
Punkte.)
(Alternative 2 (Quotenvereinbarung):
(2) Vom Gewinn der Sozietät erhalten:

a) Rechtsanwalt A . . . . . . %,
b) Rechtsanwalt B . . . . . . %,
c) Rechtsanwalt C . . . . . . %.

Alternative 3 (Verteilung nach Produktivität):
(2) Der Gewinnanteil des Gesellschafters richtet sich nach seinem Anteil an den
insgesamt abrechenbaren Arbeitsstunden.)

(3) Auf Beschluss der Gesellschafter ist eine Rücklage zu bilden bis zu einer Höhe von
. . . . . EUR.[41]

(Alternative:
(3) Die Gesellschafter bilden eine gemeinschaftliche Rücklage in Höhe von . . . . . . %
der Betriebsausgaben des vorherigen Geschäftsjahres. Von jedem Gesellschafter werden
jährlich bis zu . . . . . . % des Gewinnanteils einbehalten und einem gemeinsamen
Rücklagenkonto zugeführt. Überschüsse über die vereinbarte Rücklage hinaus sind
anteilig auf die Privatkonten der Gesellschafter zurückzuzahlen.)

(4) Zu Beginn eines jeden Geschäftsjahres legen die Gesellschafter die laufenden monatlichen Entnahmen fest (Gewinnvorab). Auf eine ausreichende Liquidität der Sozietät ist
hierbei Rücksicht zu nehmen. Der Gewinnvorab wird entsprechend auf den Gewinnanteil
des jeweiligen Gesellschafters angerechnet. Überschreiten die Entnahmen eines Gesellschafters seinen Gewinnanteil, hat er die zu viel entnommenen Beträge innerhalb eines
Monats auszugleichen.[42]

(5) Die Sozietät führt für jeden Gesellschafter jeweils ein Kapitalkonto für die Einlagen
gem. § 8 Abs. 1 des Vertrages und ein Privatkonto. Auf dem Privatkonto werden die
Gewinnanteile und Tätigkeitsvergütungen gutgeschrieben und die Verlustanteile und
Entnahmen abgeschrieben.

§ 13 Versicherungen, Haftung im Innenverhältnis

(1) Die Sozietät schließt für alle Gesellschafter und juristischen Mitarbeiter Berufshaft-
pflichtversicherungen mit Deckungssummen von je . . . . . . EUR pro Einzelfall ab.[43]

(2) Die Angemessenheit der Deckungssummen wird von den Gesellschaftern in regelmäßigen Abständen überprüft. Veränderte Umstände, aufgrund derer jeder Gesellschafter

das Recht hat, eine angemessene Erhöhung der Versicherung zu verlangen, sind insbesondere die Übernahme von Mandaten mit hohen Streitwerten sowie die Ausweitung der Tätigkeiten der Sozietät.

(3) Hat ein Gesellschafter eine Pflichtverletzung während seiner beruflichen Tätigkeit weder vorsätzlich noch grob fahrlässig begangen, tritt im Haftungsfall die Sozietät im Innenverhältnis für diesen Gesellschafter ein. Versäumt es ein Gesellschafter, bei der Mandatsannahme eine erforderliche, mit der Deckungssumme korrelierende Haftungsbeschränkung zu vereinbaren, haftet er im Innenverhältnis für den von der Haftpflichtversicherung nicht gedeckten Schaden allein, soweit die Gesellschafter nicht eine Annahme des Mandats ohne Haftungsbeschränkung beschlossen haben.[44]

§ 14 Eintritt neuer Gesellschafter

(1) Die Aufnahme weiterer Gesellschafter sowie die Verfügung über Gesellschaftsanteile bedürfen der Zustimmung aller Gesellschafter.[45]

(2) Gesellschafter dürfen nur Rechtsanwälte oder Angehörige anderer Freier Berufe sein, mit denen Rechtsanwälte nach § 59a BRAO eine Sozietät eingehen können.[46]

§ 15 Kündigung, Ausschluss und sonstige Ausscheidensgründe[47]

(1) Jeder Gesellschafter kann seine Mitgliedschaft in der Sozietät zum Schluss eines jeden Geschäftsjahres mit einer Frist von sechs Monaten kündigen.[48] Das Recht zur fristlosen Kündigung aus wichtigem Grund bleibt unberührt.[49] Die Kündigung hat schriftlich zu erfolgen.

(Kumulativ: Eine ordentliche Kündigung der Sozietät ist bis zum . . . . . . ausgeschlossen.[50])

(2) Kündigt ein Gesellschafter, so scheidet er aus der Sozietät aus.

(3) Der Ausschluss eines Gesellschafters bedarf eines wichtigen Grundes.[51]

(4) Ein wichtiger Grund liegt insbesondere vor, wenn über das Vermögen eines Gesellschafters das Insolvenzverfahren eröffnet oder der Anteil des Gesellschafters an der Sozietät gepfändet oder sonst in diesen vollstreckt wird. Sofern diese Maßnahmen innerhalb eines Monats aufgehoben werden, sind die übrigen Gesellschafter verpflichtet, den zuvor ausgeschlossenen Gesellschafter wieder in die Sozietät aufzunehmen. Ein Verstoß gegen die Pflichten aus § 8 Abs. 8 des Vertrages stellt ebenfalls einen wichtigen Grund dar.[52]

(Kumulativ:
(4) Innerhalb von drei Jahren nach Aufnahme eines neuen Gesellschafters kann dieser mit einer Frist von drei Monaten auch ohne Vorliegen eines wichtigen Grundes aus der Sozietät ausgeschlossen werden. Der Ausschluss bedarf eines einstimmigen Gesellschafterbeschlusses, bei dem der auszuschließende Gesellschafter nicht stimmberechtigt ist.[53])

(5) Weitere Gründe für ein Ausscheiden aus der Sozietät sind

a) der Tod des Gesellschafters,
b) der Verlust der Rechtsanwaltszulassung.
(Kumulativ: c) der Eintritt des Versorgungsfalls.[54, 55])

(6) Scheidet ein Gesellschafter aus der Sozietät aus, so wird die Sozietät mit den übrigen Gesellschaftern fortgesetzt.[56] Der Geschäftsanteil des ausscheidenden Gesellschafters geht entsprechend seiner Beteiligung gem. § 5 Abs. 2 des Vertrages auf die übrigen Gesell-

schafter über. Verbleibt nur noch ein Gesellschafter, hat er das Recht, die Kanzlei ohne vorherige Liquidation fortzuführen.

(7) Der Gesellschaftsanteil ist nicht vererblich.[57]

(8) Über das Ausscheiden eines Gesellschafters werden die Mandanten gem. § 32 BORA in Kenntnis gesetzt.

§ 16 Auflösung der Sozietät

(1) Wird die Sozietät aufgelöst, wird das Liquidationsergebnis im Verhältnis der jeweiligen Beteiligungen an die Gesellschafter verteilt.[58]

(2) Die Gesellschafter sind verpflichtet, sich um eine Regelung zu bemühen, welchem Gesellschafter die bisher von der Sozietät betreuten Mandatsverhältnisse übertragen werden sollen. Ist keine Einigung zu erzielen, ist gem. § 32 BORA zu verfahren.[59]

§ 17 Abfindung[60]

(1) Der ausscheidende Gesellschafter hat einen Abfindungsanspruch in Höhe seines Anteils am Wert der Sozietät. Der Wert der Sozietät ist anhand der Umsatzmethode gem. der Empfehlung der Bundesrechtsanwaltskammer (BRAK-Mitt. 2009, 268) durch einen Gutachter zu bestimmen. Zudem hat er einen Anspruch auf Auszahlung des Guthabens auf den für ihn bei der Sozietät geführten Konten, des auf ihn entfallenden Anteils an der Rücklage und des Gewinnanteils für das laufende Geschäftsjahr bis zum Tag seines Ausscheidens.[61]

(Alternative:
(1) Scheidet ein Gesellschafter gleich aus welchem Grund aus der Sozietät aus, so hat er bzw. haben seine Erben ausschließlich[62, 63] einen Anspruch auf

a) Auszahlung des Guthabens auf den für ihn bei der Sozietät geführten Konten,
b) den auf ihn entfallenden Anteil an der Rücklage,
c) den Gewinnanteil für das laufende Geschäftsjahr bis zum Tag seines Ausscheidens.)

(2) Die Abfindung ist beginnend mit dem 7. Monat nach dem Ausscheiden in halbjährlichen Raten auszuzahlen. Die Raten belaufen sich auf . . . . . . % des Abfindungsguthabens.[64]

(3) Weitere Ansprüche sind ausgeschlossen. Insbesondere hat der Ausscheidende keinen Anspruch auf Beteiligung an laufenden Mandaten und auf eine Befreiung von Verbindlichkeiten der Sozietät im Außenverhältnis.[65] Im Innenverhältnis wird der ausgeschiedene Gesellschafter von den gemeinschaftlichen Schulden der Sozietät freigestellt, soweit diese nicht auf ein vorsätzliches oder grob fahrlässiges Fehlverhalten des Ausgeschiedenen aus der Zeit vor dem Ausscheiden zurückzuführen sind.

§ 18 Mandatsschutz[66]

(1) Der ausgeschiedene Gesellschafter darf innerhalb von zwei Jahren nach seinem Ausscheiden keine Mandate von Auftraggebern, die in den zwei Jahren zuvor zum Mandantenkreis der Sozietät gehört haben, annehmen.[67, 68] Ein Verstoß gegen diese Pflicht hat einen Anspruch der Sozietät auf Abgabe von 25 % des Honorars aus dem betreffenden Mandatsverhältnis zur Folge.[69] Ausgenommen sind Mandate, die der Ausscheidende selbst in die Sozietät eingebracht hat.[70]

(2) Abs. 1 findet keine Anwendung, wenn der Gesellschafter aus einem durch die anderen Gesellschafter begründeten wichtigen Grund ausgeschieden ist.

§ 19 Schlussbestimmungen

(1) Alle Streitigkeiten, die sich im Zusammenhang mit diesem Vertrag oder über seine Gültigkeit ergeben, werden nach der Schiedsgerichtsordnung der Deutschen Institution für Schiedsgerichtsbarkeit e. V. (DIS) unter Ausschluss des ordentlichen Rechtsweges endgültig entschieden.[71]

(2) Ansprüche aus diesem Vertrag können, soweit nichts anderes vereinbart ist, nur mit Zustimmung der Sozietät abgetreten, verpfändet oder mit einem Nießbrauch belastet werden.

(3) Nebenabreden zu diesem Vertrag bestehen nicht. Änderungen und/oder Ergänzungen dieses Vertrages bedürfen zu ihrer Gültigkeit der Schriftform.[72] Dies gilt auch für einen Verzicht auf dieses Schriftformerfordernis selbst.[73]

(4) Sollte eine Bestimmung dieses Vertrages unwirksam sein oder werden, so bleibt der Vertrag im Übrigen wirksam. In einem solchen Falle sind die Gesellschafter verpflichtet, an einer Neuregelung mitzuwirken, durch die ein der unwirksamen Bestimmung wirtschaftlich möglichst nahekommendes Ergebnis rechtswirksam erzielt wird. Entsprechendes gilt im Falle von ungewollten Regelungslücken.

...... den, ...

......

(Unterschriften der Beteiligten)

Schrifttum: *Bauer/Diller*, Wettbewerbsverbote, 6. Aufl. 2012; *Brambring*, Güterstandsklauseln in Gesellschaftsverträgen, DNotZ 2008, 724; *Freund*, Abfindungsrechtliche Aspekte in der Sozietät, ZIP 2009, 941; *Gassen*, Zulässigkeit und Grenzen gesellschaftsrechtlich vereinbarter Pflichten zur Vornahme familien- und erbrechtlicher Vereinbarungen mit Dritten, RNotZ 2004, 423; *Heller*, Die Beendigung freiberuflicher Sozietätsverhältnisse, 2000; *Henssler*, Mandatsschutzklauseln in Sozietätsverträgen, FS Geiß, 2000, 271 ff.; *ders.*, Hinauskündigung und Austritt von Gesellschaftern in personalistisch strukturierten Gesellschaften, FS Konzen, 2006, 267 ff.; *ders./Mansel*, Die Limited Liability Partnership als Organisationsform anwaltlicher Berufsausübung, NJW 2007, 1393; *ders./ Michel*, Austritt und Ausschluss aus der freiberuflichen Sozietät, NZG 2012, 401; *ders./Prütting*, BRAO, 4. Aufl. 2014; *ders./Streck*, Handbuch Sozietätsrecht, 2. Aufl. 2011; *Hülsmann*, Anwaltssozietät: Rechtsprechungsreport zu Austrittsfolgen, NZG 2001, 625; *Löffler*, Der Kernbereich der Mitgliedschaft als Schranke für Mehrheitsbeschlüsse bei Personengesellschaften, NJW 1989, 2656; *Michalski/Römermann*, Wettbewerbsbeschränkungen zwischen Rechtsanwälten, ZIP 1994, 433; *Platz*, Die erfolgreiche Kanzlei, 2011; *Schlinker*, Haftung für Beratungsfehler nach Umwandlung einer Anwalts-GbR in eine LLP, NJW 2011, 2091; *K. Schmidt*, Mehrheitsbeschlüsse in Personengesellschaften, ZGR 2008, 1; *ders.*, Gesellschaftsrecht, 4. Aufl. 2002; *Sieg*, Auswirkungen der neuen Rechtsprechung zur BGB-Gesellschaft auf die persönliche Haftung der Mitglieder von Rechtsanwalts-, Steuerberater- und Wirtschaftsprüfersozietäten, WM 2002, 1432; *v. Westphalen*, Sozietätsverträge, 7. Aufl. 2012; *Wiedemann*, Rechtsethische Maßstäbe im Unternehmens- und Gesellschaftsrecht, ZGR 1980, 147; *ders.*, Gesellschaftsrecht Band II, 2004; *Winkler*, Eheverträge von Unternehmern – Gestaltungsmöglichkeiten zum Schutz des Unternehmens, FPR 2006, 217.

Anmerkungen

1. **Form.** Der Sozietätsvertrag kann grundsätzlich **formlos** geschlossen werden. Etwas anderes gilt dann, wenn einzelne darin enthaltene Verpflichtungen gesetzliche Formvorschriften auslösen (zB bei formbedürftigen Beitragsverpflichtungen in Form der Verpflichtung zur Grundstücksübertragung gem. § 311b BGB). Der Sozietätsvertrag ist dann insgesamt formbedürftig (Palandt/*Grüneberg* § 311b Rn. 25; *v. Westphalen*, Sozietätsverträge, S. 24).

2. **Sozietät.** Eine Sozietät liegt vor, wenn sich **Angehörige Freier Berufe zur gemeinsamen Berufsausübung in einer GbR** zusammenschließen (MüKoBGB/*Ulmer*/*Schäfer* vor § 705 Rn. 36 ff.; *v. Westphalen*, Sozietätsverträge, 2012, S. 21).

In Abgrenzung zur Sozietät können Rechtsanwälte auch in Bürogemeinschaften oder Kooperationen zusammenarbeiten. Die bloße **Bürogemeinschaft** ist zwar ebenfalls eine GbR, jedoch keine Berufsausübungsgesellschaft, die sich durch eine gemeinschaftliche Berufsausübung und Mandatsannahme durch die Gesellschaft auszeichnet. Bei der Bürogemeinschaft werden lediglich Ressourcen, wie Personal, Räumlichkeiten und sonstige Sachmittel gemeinschaftlich genutzt, um Synergieeffekte zu erzielen. Mandate werden nicht als Gesamtmandat der Sozietät, sondern als Einzelmandat des jeweiligen Rechtsanwalts bearbeitet. Bei einer **Kooperation** wird lediglich eine lockere Form der Zusammenarbeit praktiziert, etwa durch gegenseitige Empfehlung oder Knowhow-Transfer (ausführlich dazu Henssler/Streck/*Michalski*/*Römermann*, Handbuch Sozietätsrecht, B. Rn. 9 ff.; *Dombeck*/*Schmidt*, in Teichmann ua, Formularbibliothek Vertragsgestaltung Gesellschaftsrecht II, 2012, F. Rn. 109 ff.; Henssler/Prütting/*Hartung* BRAO § 59a Rn. 169 ff.).

3. Name. Die Sozietät kann ihren Namen nach freiem Ermessen im Rahmen der Gesetze, der guten Sitten und der Rechte Dritter gestalten (Palandt/*Ellenberger* § 12 Rn. 9 ff.; ausführlich Henssler/Streck/*Michalski*/*Römermann*, Handbuch Sozietätsrecht, B. Rn. 69 ff.). So sind auch Fantasienamen und Symbole erlaubt, solange keine Gefahr von Irrtümern und Unklarheiten im Rechtsverkehr besteht (BGH NJW 2004, 1651 (1652)). Es sollte darauf geachtet werden, einen **ansprechenden und einprägsamen Namen** auszuwählen.

§ 8 BORA erlaubt ausdrücklich die Aufnahme der Namen von angestellten Rechtsanwälten und freien Mitarbeitern in den Sozietätsnamen. Hierbei ist allerdings Vorsicht geboten: Personen, die auf dem Briefkopf der Sozietät erscheinen, gelten nach außen als Gesellschafter und unterfallen den entsprechenden Haftungsregeln, auch wenn sie im Innenverhältnis keine Gesellschafter sind (BGH NJW 2007, 2490 (2492); BeckRA-HdB/ *v. d. Recke* § 59 Rn. 48 f.).

Der Zusatz „Partnerschaft" oder „und Partner" ist gem. § 11 Abs. 1 PartGG den Partnerschaftsgesellschaften vorbehalten (BGH NJW 1997, 1854). Er darf nur noch von solchen Sozietäten verwendet werden, die ihn bei Inkrafttreten des PartGG bereits geführt haben und nun einen Hinweis auf die andere Rechtsform beifügen. Zulässig ist es aber, auf den Zusatz „und Kollegen" auszuweichen.

Der Sozietätsname wird durch **§ 12 BGB** vor Verletzungen durch Dritte geschützt (Palandt/*Heinrichs* § 12 Rn. 10; MüKoBGB/*Ulmer*/*Schäfer* § 705 Rn. 272).

4. Rechtsformhinweis. Eines besonderen Hinweises auf die Rechtsform der GbR bedarf es **nicht**, da der Zusammenschluss von Rechtsanwälten als GbR üblich ist und somit keine Verwechslungsgefahr besteht (MVHdB I GesR/*Marsch-Barner*, S. 52; Henssler/Streck/*Michalski*/*Römermann*, Handbuch Sozietätsrecht, B Rn. 73; aA MüKoBGB/ *Ulmer*/*Schäfer* § 705 Rn. 274).

5. Angabe der Gesellschafternamen. Nach § 10 Abs. 1 S. 1 BORA müssen auf Briefbögen die vollständigen Namen aller Gesellschafter angegeben werden. Gesetzlich nicht geregelt ist dagegen die Verwendung der Namen auf sonstigen Informationsmaterialien, die an Dritte gerichtet sind, sodass sich eine dahingehende Regelung im Sozietätsvertrag anbietet.

6. Namensfortführung. Angesichts des möglicherweise erheblichen Wertes eines am Markt eingeführten Sozietätsnamens ist es sinnvoll, im Sozietätsvertrag eine **antizipierte**

Zustimmung zur Namensfortführung zu vereinbaren (vgl. *Henssler/Michel* NZG 2012, 401 (411)). Als Ausfluss des allgemeinen Persönlichkeitsrechts ist der Name einer natürlichen Person als solcher nicht übertragbar (Palandt/*Ellenberger* § 12 Rn. 16). Der Namensträger kann jedoch die **Namensführung gestatten und auf Ansprüche aus § 12 BGB verzichten** (BGH NJW 1966, 823; Palandt/*Ellenberger* § 12 Rn. 20). Ein wichtiger Grund für eine Ausnahme von der Fortführungszustimmung kann insbesondere in der anderweitigen Anwaltstätigkeit des Ausscheidenden liegen.

Zudem ist das Ausscheiden des Gesellschafters **nach außen kenntlich zu machen**. Dies kann dadurch geschehen, dass entweder der Name des ausgeschiedenen Gesellschafters nicht mehr in der Gesellschafterliste auf dem Briefkopf/Kanzleischild erscheint oder der Name durch ein Kreuz bzw. den Zusatz „bis . . . . . .“ ergänzt wird.

7. Sitz. Die Angabe eines Sitzes ist bei einer GbR mangels Registrierungspflicht nicht geboten. Dennoch kann die Festlegung des Sitzes bei einer überörtlichen Sozietät als Anknüpfungspunkt für den Gerichtsstand und den Ort der Gesellschafterversammlung dienen. Nicht verwendet werden sollte die Anschrift der Büroräume, da ansonsten der Sozietätsvertrag bei jedem Umzug geändert werden müsste. Die Angabe der Stadt reicht aus.

8. Geschäftsführung und Vertretung im Überblick. In **§ 709 Abs. 1 BGB** ist eine gemeinschaftliche Geschäftsführungsbefugnis der Gesellschafter vorgesehen und daran anknüpfend regelt **§ 714 BGB** die gemeinschaftliche Vertretungsbefugnis aller Gesellschafter. Der dispositive Charakter der Regelungen ermöglicht jedoch eine im Wesentlichen freie Ausgestaltung der Geschäftsführungs- und Vertretungsbefugnis. Hierbei ist ein ausgewogener Ausgleich zwischen Praktikabilität und angemessener Risikobegrenzung zu finden. Gestaltungsmöglichkeiten sind insbesondere:

(1) Ohne abweichende Regelung im Sozietätsvertrag bleibt es bei der **gemeinschaftlichen Geschäftsführungs- und Vertretungsbefugnis** der Gesellschafter gem. §§ 709, 714 BGB.

(2) Nach allgemeinen Grundsätzen können einzelne Gesellschafter von der Geschäftsführung und Vertretung ausgeschlossen werden, sodass eine **Gesamtgeschäftsführungs- und Vertretungsbefugnis mehrerer Gesellschafter** vorliegt, §§ 710, 714 BGB. Insbesondere in größeren Sozietäten kann es sich anbieten, die Geschäftsführungsbefugnis außerhalb des beruflichen Bereichs auf einen oder mehrere Gesellschafter zu konzentrieren. Im Bereich der beruflichen Geschäfte dürfte ein vollständiger Ausschluss dagegen nicht mit der anwaltlichen Unabhängigkeit zu vereinbaren sein (→ Anm. 14). Nach der ausdrücklichen Regelung in § 6 Abs. 2 PartGG dürfen einzelne Partner nicht von der Geschäftsführung ausgeschlossen werden, soweit sie die Berufsausübung betrifft. Die amtliche Begründung (Begr. RegE PartGG, BT-Drs. 12/6152, S. 15; dazu *Henssler* DB 1995, 1549 (1553)) rechtfertigt dies mit dem Hinweis auf die anwaltliche Unabhängigkeit.

(3) Nach allgemeinem Gesellschaftsrecht kann die Geschäftsführung und Vertretung der GbR einem **einzelnen Gesellschafter** übertragen werden, §§ 711, 714 BGB. Auch insoweit sind aber die berufsrechtlichen Besonderheiten zu beachten.

(4) Gesellschaftsrechtlich zulässig und berufsrechtlich unbedenklich ist ebenfalls die Vereinbarung einer **Einzelgeschäftsführungsbefugnis**, die auf bestimmte Aufgabenbereichen oder gewöhnliche bzw. außergewöhnliche Geschäfte oder eine bestimmte Haftungssumme **beschränkt** ist.

(5) Auch ein **Auseinanderfallen der Geschäftsführungs- und Vertretungsbefugnis** kann wirksam vereinbart werden, dürfte sich in der Sozietät aber regelmäßig nicht empfehlen. Unabhängig von der Gestaltung der Aktivvertretung ist **jeder Gesellschafter allein zur Passivvertretung ermächtigt**, dh dass bei der Vertretung der Sozietät zur Entgegennahme von Willenserklärungen zwingend Einzelvertretungsbefugnis besteht (Palandt/*Ellenberger* § 167 Rn. 14; MüKoBGB/*Schäfer* § 714 Rn. 27).

9. Selbstorganschaft. Das Prinzip der Selbstorganschaft gibt vor, dass **nur Gesellschaftern** und nicht Dritten organschaftliche Geschäftsführungs- und Vertretungsbefugnis eingeräumt werden kann. Es bleibt nur die Möglichkeit, Dritten rechtsgeschäftliche Vollmachten zu erteilen. Zu beachten ist, dass sich aus dem Rechtsgedanken der §§ 125 Abs. 2 S. 2 BGB, 78 Abs. 4 AktG ableiten lässt, dass die Befugnis des Geschäftsführers zur organschaftlichen Willensbildung und –erklärung nicht übertragbar, eine **Generalvollmacht somit unzulässig** ist (BeckOF-V/*Giehl* 7.1.2.1. Rn. 17).

10. Gemeinschaftliche Geschäftsführungs- und Vertretungsbefugnis. Bei größeren Sozietäten ist eine uneingeschränkte gemeinschaftliche Geschäftsführung und Vertretung regelmäßig zu **schwerfällig und damit unpraktikabel.** Aus diesem Grunde empfiehlt es sich, zumindest für laufende Geschäfte, die eine bestimmte Größenordnung nicht überschreiten, Einzelgeschäftsführungs- und vertretungsmacht zu vereinbaren. So wird die nötige Flexibilität im Rahmen des täglichen Geschäfts der Sozietät gewährleistet.

11. Einzelgeschäftsführungs- und vertretungsbefugnis. Eine Möglichkeit zur flexiblen Gestaltung der Geschäftsführung und Vertretung ist die generelle Vereinbarung der Einzelgeschäftsführungs- und vertretungsbefugnis. Um unkalkulierbare Risiken zu vermeiden, sollte jedoch für Angelegenheiten, die über die laufenden Geschäfte hinausgehen, stets ein Gesellschafterbeschluss gefordert werden.

Mit der Anerkennung der Außen-GbR als rechtsfähig (BGH NJW 2001, 1056; MüKoBGB/*Ulmer/Schäfer* Vor § 705 Rn. 9 ff. mwN) haften die Gesellschafter der GbR gem. § 128 HGB analog. Eine Beschränkung der Vertretungsmacht dahingehend, dass der Gesellschafter die Sozietät nur unter Begrenzung der Haftung auf das Gesellschaftsvermögen verpflichten kann, kann nicht mehr im Sozietätsvertrag, sondern **nur individualvertraglich** mit dem jeweiligen Vertragspartner vereinbart werden (BGH NJW 1999, 3483; Henssler/Strohn/*Servatius* BGB § 714 Rn. 20).

12. Widerspruchsrecht. Wenn im Sozietätsvertrag vereinbart wird, dass alle oder mehrere Gesellschafter einzelgeschäftsführungsbefugt sind, ist jeder von ihnen berechtigt, alleine zu handeln, sofern kein anderer Geschäftsführer widerspricht, § 711 BGB. Dieses Widerspruchsrecht kann jedoch gesellschaftsvertraglich ausgeschlossen oder modifiziert werden.

13. Begrenzung auf gewöhnliche Geschäfte. Bei einer Begrenzung der Vertretungsmacht auf einen bestimmten Aufgabenbereich ist zu beachten, dass Dritte in der Regel auf das Bestehen der Vertretungsmacht vertrauen können, sofern das Geschäft vom Gesellschaftszweck der Sozietät gedeckt ist (*Wiedemann*, Gesellschaftsrecht Bd. II, § 7 III 3, S. 656). Aus diesem Grunde ist die Beschränkung der Geschäftsführungsbefugnis im Innenverhältnis auf gewöhnliche Geschäfte oder die Verknüpfung von außergewöhnlichen Geschäften mit einem Zustimmungsvorbehalt der Gesellschafterversammlung vorzugswürdig.

14. Weisungsunabhängigkeit. Jeder Gesellschafter übt seine berufliche Tätigkeit als Angehöriger eines Freien Berufs **eigenverantwortlich und unabhängig** aus, auch wenn das Mandatsverhältnis direkt zwischen Sozietät und Mandant besteht (BeckOF-V/*Giehl* 7.1.2.1. Rn. 15). Es besteht demnach im Rahmen der beruflichen Tätigkeit der Gesellschafter im Außenverhältnis grundsätzlich **Einzelvertretungsbefugnis.** Rechtsprechung und Schrifttum folgern eine solche Befugnis bereits im Sinne einer Rechtsscheinvollmacht aus der Benennung des Gesellschafters auf dem Briefbogen oder dem Kanzleischild (vgl. dazu BGH NJW 1992, 3037 (3039); *Schroeder* DStR 1992, 507 (510); MüKoBGB/*Schäfer* § 714 BGB Rn. 28; *Heckelmann*, FS Quack, 1991, 243 (251); Soergel/*Hadding* § 714 BGB Rn. 34; *Hadding*, FS Rittner, 1991, 133 (142); *Wüst* JZ 1989, 270; Henssler/Prütting/*Henssler* BRAO § 59 f. Rn. 24). Für die Geschäftsführungsbefugnis dürfte dagegen auch im Bereich der beruflichen Angelegenheiten wirksam ein Vier-Augen-Prinzip, etwa in der Form der Gesamtgeschäftsführung von zwei Gesellschaftern, vereinbart werden können (aA BeckOF-V/*Giehl* 7.1.2.1. Rn. 16). Die berufliche Unabhängigkeit endet dort, wo die anderen Gesellschafter aufgrund ihrer persönlichen Haftung mit unzumutbaren Risiken belastet werden könnten. Ein vollständiger Ausschluss eines anwaltlichen Gesellschafters von der Geschäftsführung ist dagegen berufsrechtlich nicht möglich (→ Anm. 8). Einzelheiten sind insoweit freilich von der Rechtsprechung bislang nicht abschließend geklärt.

15. **Beschlussfassung.** Der Gesetzgeber ist im dispositiven § 709 Abs. 1 BGB von einer einstimmigen Beschlussfassung in der GbR ausgegangen. Um die Gefahr einer Blockadepolitik zu verhindern, sollte – soweit möglich – ab einer Zahl von drei Gesellschaftern eine **einfache oder qualifizierte Mehrheit** der abgegebenen Stimmen als ausreichend angesehen werden (BeckOF-V/*Giehl* 7.1.2.1. Rn. 23). Folgende **Differenzierung nach Art und Umfang des Geschäfts** bietet sich an: (1) Geschäftsführungsmaßnahmen, die nicht zum täglichen Geschäft gehören, erfordern eine einfache Mehrheit. (2) Grundlagengeschäfte, die in den Kernbereich der Rechte einzelner Gesellschafter eingreifen, bedürfen einer qualifizierten Mehrheit und sind von der Zustimmung des betroffenen Gesellschafters abhängig. (3) Besonders weitreichende und folgenreiche Beschlüsse bedürfen der Einstimmigkeit. Alternativ kann auch auf die Mehrheitsregelungen des GmbH-Rechts zurückgegriffen werden (BeckOF-V/*Giehl* 7.1.2.1. Rn. 23; *K. Schmidt* ZGR 2008, 1 (12)).

16. **Mehrheitsbeschluss.** Aus § 709 Abs. 2 BGB und § 119 Abs. 2 HGB ergibt sich, dass Mehrheitsklauseln grundsätzlich zulässig sind. Sie müssen jedoch zum einen dem **Bestimmtheitsgrundsatz** genügen, dh der betreffende Beschlussgegenstand, für den das Mehrheitsprinzip gelten soll, muss eindeutig im Rahmen des Sozietätsvertrags bestimmbar sein (BGH NJW 2007, 1685). Eine Bestimmbarkeit durch Auslegung des Sozietätsvertrages reicht aus, eine detaillierte Auflistung aller möglichen Beschlussgegenstände ist nicht erforderlich.

Zum anderen muss die Klausel der **materiellen Wirksamkeitsprüfung** insofern standhalten, als ein Widerspruch weder zur Kernbereichslehre noch zum Belastungsverbot aus § 707 BGB bestehen darf (BGH NJW 2007, 1685). Die **Kernbereichslehre** sieht vor, dass der **Kernbereich der Mitgliedschaft des Gesellschafters unantastbar** ist. Dieser besonders geschützte Teil besteht aus den unverzichtbaren Mitgliedschaftsrechten (zB Teilnahmerecht an Gesellschafterversammlungen und Kündigungs- und Austrittsrechte aus wichtigem Grund) und aus den Rechten, die nur mit Einverständnis des Gesellschafters modifiziert werden können (zB Stimmrecht, Gewinnbezugsrecht, Recht auf Abfindung bei Ausscheiden und Recht auf Beteiligung am Erlös bei Liquidation) (*K. Schmidt*, Gesellschaftsrecht, § 16 III; MüKoBGB/*Schäfer* § 709 Rn. 91–93, 98). § 707 BGB normiert das **Belastungsverbot**, das Zugriffe auf das außergesellschaftliche Vermögen des Gesellschafters verhindern soll. **Nachschusspflichten** können somit nur dann durch Mehrheitsbeschluss begründet werden, wenn die antizipierte Zustimmung im Sozietätsvertrag sich auf der Höhe nach bestimmte oder bestimmbare Belastungen bezieht, die nach Art und Ausmaß genau abgrenzbar sind (BGH NJW-RR 2006, 829).

17. **Berechnung der Mehrheit.** Das Gesetz sieht in § 709 Abs. 2 BGB vor, dass die Mehrheit im Zweifel nach Köpfen zu bestimmen ist. Insbesondere bei ungleichen Beteiligungsverhältnissen bietet sich aber eine Berechnung der Mehrheit nach Gesellschaftsanteilen an (MüKoBGB/*Schäfer* § 709 Rn. 97).

18. **Einstimmigkeit.** Grundsätzlich gilt für **Grundlagengeschäfte** das Einstimmigkeitserfordernis (BeckOK BGB/*Schöne* § 709 Rn. 31). Grundlagengeschäfte sind alle Geschäfte, die Zweck und Organisation der Gesellschaft ändern, insbesondere also den Gesellschaftszweck, die Höhe der Beiträge, die Gewinnbeteiligung, den Ausschluss, die Auflösung, etc betreffen (Jauernig/*Stürner* §§ 709 – 713 Rn. 7). Nur wenn das **Bestimmt-**

heitsgebot, die Kernbereichslehre und das Belastungsverbot (→ Anm. 16) beachtet werden, kann eine Mehrheitsklausel wirksam in den Gesellschaftsvertrag aufgenommen werden. Rechte aus dem Kernbereich oder bereits entstandene Ansprüche einzelner Gesellschafter können nicht durch Mehrheitsbeschluss ohne Zustimmung des betroffenen Gesellschafters entzogen werden (BGH NJW 1985, 973 (974); *Löffler* NJW 1989, 2656).

19. Entzug. Gem. der Regelungen der §§ 712 Abs. 1, 715 BGB führt die Übertragung der Geschäftsführungs- und Vertretungsbefugnis auf einen einzelnen Gesellschafter dazu, dass diesem die genannten Befugnisse nur **einstimmig** bei Vorliegen eines wichtigen Grundes entzogen werden können. Im Sozietätsvertrag können allerdings niedrigere Hürden für einen Entzug vereinbart werden.

20. Einstimmigkeit bei kleiner Sozietät. Die Vorgabe einer einstimmigen Beschlussfassung für alle Gesellschaftsangelegenheiten erscheint nur bei einer kleinen Sozietät praktikabel.

21. Formalien der Gesellschafterversammlung. Im Gesetz sind keine Regeln bzgl. der formalen Rahmenbedingungen der Gesellschafterversammlung vorgegeben. Sind Mehrheitsentscheidungen vorgesehen, sollte das Verfahren bzgl. Einberufung und Ablauf der Gesellschafterversammlung, sowie der Rechtsschutz gegen fehlerhafte Beschlüsse im Sozietätsvertrag geregelt werden. Hierbei bietet sich eine Orientierung an den gesetzlichen Regeln für die Kapitalgesellschaften an.

22. Abspaltungsverbot. Das **Stimmrecht ist unauflöslich mit der Mitgliedschaft verknüpft** und darf nicht auf Dritte übertragen werden. Auch die Stellvertretung bei der Ausübung des Stimmrechts ist nur zulässig, sofern diese Möglichkeit im Sozietätsvertrag vorgesehen wurde bzw. durch einen nachträglichen Gesellschafterbeschluss gestattet wird (Palandt/*Sprau* Vorbem. v. § 709 Rn. 12). Im Falle eines Interessenkonfliktes ist der betroffene Gesellschafter vom Stimmrecht ausgeschlossen (zB bei der Entscheidung über die Einleitung eines Rechtsstreits gegen ihn, die Befreiung von Verbindlichkeiten oder seinen Ausschluss durch die übrigen Gesellschafter) (Henssler/Streck/*Michalski/Römermann*, Handbuch Sozietätsrecht, B. Rn. 119).

23. Beschlussanfechtung. Ohne eine Regelung der Rechtsfolgen von Verfahrensverstößen würde jeder Fehler gem. § 134 BGB die Unwirksamkeit des Beschlusses zur Folge haben. Das erscheint unpraktikabel. Deshalb empfiehlt sich eine Klausel, nach der Fehler im Beschlussverfahren nur durch **Anfechtungsklage innerhalb einer bestimmten Frist** angegriffen werden können. Die Frist darf gem. § 246 AktG analog nicht weniger als einen Monat betragen (BGH NJW 1995, 1218).

24. Einlagen. Bei Personengesellschaften sind die Gesellschafter in der Bestimmung von Art und Weise der Einlageerbringung völlig **frei**. So können neben Vermögenswerten auch Dienstleistungen und immaterielle Vermögenswerte eingebracht werden (Henssler/Strohn/*Servatius* BGB § 706 Rn. 1 ff.). Sacheinlagen müssen durch die Gesellschafter bewertet werden. Grenze der Bewertungsfreiheit bildet § 138 BGB in Form eines Verbots der Schädigung von Gesellschaftsgläubigern oder Mitgesellschaftern (BGH Urt. v. 5.12.1974 – II ZR 24/73). Um Konflikte über das Bestehen von eventuellen Gewährleistungsansprüchen bei mangelhaften Sacheinlagen (*K. Schmidt*, Gesellschaftsrecht, § 20 III) zu vermeiden, empfiehlt es sich, den Umfang der Gewährleistung im Sozietätsvertrag explizit zu regeln bzw. den Anspruch ganz auszuschließen.

25. Pflicht zur aktiven Mitarbeit. Die Verpflichtung zur aktiven Mitarbeit wurzelt in der **gegenseitigen Treuepflicht** der Gesellschafter und der damit verbundenen Pflicht zur Förderung des gemeinsamen Gesellschaftszweckes (Henssler/Strohn/*Servatius* BGB § 705 Rn. 41 f.). Für anwaltliche Berufsausübungsgesellschaften folgt das Gebot aktiver Mitarbeit zudem aus berufsrechtlichen Grundsätzen (zu dem für alle Berufsausübungsgesellschaften geltenden „Dogma der aktiven Mitarbeit" *Henssler* BRAK-Mitt. 2007, 186). Das erforderliche Mindestmaß an aktiver Mitarbeit ist jedoch kaum klar zu bestimmen (Henssler/Streck/*Michalski/Römermann*, Handbuch Sozietätsrecht, B. Rn. 19 ff.). In Anbetracht der Berufsausübungsfreiheit aus Art. 12 GG wird das Gebot der „aktiven Berufsausübung" auch in der die Anwalts-GmbH betreffenden Regelung des § 59e Abs. 1 S. 1 BRAO **weit ausgelegt** (Henssler/Streck/*Henssler*, Handbuch Sozietätsrecht, E. Rn. 54 ff.).

26. **Nebentätigkeit.** Es ist sinnvoll, jede Nebentätigkeit von der Zustimmung der anderen Gesellschafter abhängig zu machen, um zu zeitintensive Nebentätigkeiten im Voraus zu unterbinden. Zugleich kann es durchaus erwünscht sein, wenn Gesellschafter einer Lehrtätigkeit oder politischer bzw. ehrenamtlicher richterlicher Tätigkeit nachgehen, sofern die Interessen der Sozietät nicht beeinträchtigt werden.

27. **Gesamtmandat.** Nach gefestigter Rspr. nimmt ein Gesellschafter ein Mandat in der Regel nicht nur für sich, sondern auch im Namen der übrigen Gesellschafter an (BGH NJW 1971, 1801). Seit der Anerkennung der Rechtsfähigkeit der GbR ist dies dahin zu verstehen, dass das Mandat im Namen der Sozietät angenommen wird. Dies gilt auch für multidisziplinäre Sozietäten (BGH NJW-RR 2008, 1594; NJW 2011, 2301). Der **Grundsatz des Gesamtmandats** wurzelt im besonderen Berufsbild des Rechtsanwaltes, vgl. § 51a Abs. 2 S. 1 BRAO (*Sieg* WM 2002, 1432 (1435 f.)).

28. Vgl. § 137 Abs. 1 S. 1 StPO und § 46 Abs. 1 OWiG.

29. **Einzelmandat.** Bereits vor Gründung der Sozietät erteilte Einzelmandate gehen nicht automatisch auf die Sozietät über. Vielmehr ist eine **zumindest konkludente Einbeziehung** der Sozietät in das Mandat bzw. eine Übertragung des Mandats von Nöten (vgl. noch zum alten Recht BGH NJW 1988, 1973).

30. **Unterrichtungspflicht.** Die gegenseitige Unterrichtungspflicht dient insbesondere dazu, etwaige Interessenkollisionen bei der Mandatsannahme zu vermeiden, §§ 45, 46 BRAO, § 3 BORA.

31. **Informations- und Kontrollrechte.** Im Wesentlichen entspricht diese Regelung den in § 716 BGB niedergelegten Informations- und Kontrollrechten der Gesellschafter. Soweit sich das Einsichtsrecht auch auf Mandantenakten bezieht, sind die **berufsrechtlichen Verschwiegenheitspflichten** aus § 203 Abs. 1 Nr. 3 StGB, § 43a Abs. 2 BRAO, § 2 BORA zu beachten.

32. **Güterstand.** Ist einer der Gesellschafter verheiratet, gilt – soweit nichts anderes vereinbart ist – der gesetzliche Güterstand (Zugewinngemeinschaft). Wird die Zugewinngemeinschaft durch **Tod** oder **Scheidung der Ehe** aufgelöst, entsteht ein **Zugewinnausgleichsanspruch** (§§ 1363 Abs. 2, 1371, 1372 BGB). Der Wert des Anteils an dem Gesamthandsvermögen (§ 718 BGB) ist eine Vermögensposition. Soweit er nicht zum Anfangsvermögen zählt, gehört er zu dem Zugewinn. Ist der Ehegatten-Gesellschafter zugewinnausgleichsverpflichtet, muss der Wertanteil ausgeglichen werden (zur Wertberechnung vgl. BGHZ 188, 249; 188, 282). Macht der Wert des Anteils einen wesentlichen Teil des Vermögens des Ehegatten-Gesellschafters aus, so kann er/die Erbengemeinschaft dazu gezwungen sein, auf den Gesellschaftsanteil zuzugreifen, um Ansprüche Dritter (bspw. der Ehefrau) erfüllen zu können. Es kann zur **Kündigung der Gesellschaft,** zu einem ungewünschten **Gesellschafterwechsel** oder zu **Zwangsvollstreckungsmaßnahmen** in den Gesellschaftsanteil kommen.

Ferner unterliegen Ehegatten-Gesellschafter (im gesetzlichen Güterstand) den Verfügungsbeschränkungen der §§ 1365 ff. BGB. Insbesondere sind ihnen Verfügungen über das Vermögen im Ganzen verwehrt (§ 1365 BGB). Ein Gesellschaftsanteil kann einmal das Vermögen „im Ganzen" eines Ehegatten-Gesellschafters darstellen. Bestimmte **Änderungen des Gesellschaftsvertrags** oder auch die **Aufnahme eines Mehrheitsgesellschafters** können unter die Norm subsumiert werden. Käme es auf die Zustimmung eines Ehegatten an, wäre die unternehmerische Freiheit eingeschränkt (vgl. dazu auch *Winkler* FPR 2006, 217).

Ähnliches gilt für den seltenen Fall der Gütergemeinschaft (vgl. dazu und zu den Güterstandsklauseln insgesamt: *Gassen* RNotZ 2004, 423). Vor diesen Gefahren soll die Güterstandsklausel schützen.

Ob ein Gesellschaftsvertrag mit Güterstandsklausel der **Form des § 1410 BGB** in entsprechender Anwendung bedarf, ist sehr umstritten. Da dies ernsthaft zu erwägen ist, ist zu einer notariellen Beurkundung zu raten.

Zu beachten ist, dass Eheverträge idR nicht in ein Register eingetragen werden. Die Einhaltung der sich aus der Klausel ergebenden Verpflichtungen kann nicht wirksam kontrolliert werden. Somit verdeutlicht die Klausel den Gesellschaftern zwar, dass sie (im eigenen und) im Interesse der Gesamthandsgemeinschaft tätig werden sollten. Mangels effektiver Durchsetzbarkeit der Verpflichtungen ist die Bedeutung der Klausel aber zu relativieren (vgl. auch den kritischen Beitrag von *Brambring* DNotZ 2008, 724).

Der Ausschluss von **Ausgleichsansprüchen im Todesfall** wird nicht in diese Klausel aufgenommen. Diesbezüglich wird auf *Brambring* DNotZ 2008, 724 (736) verwiesen. Dort ist auch eine interessengerechte Lösung für dieses Problem – außerhalb des Gesellschaftsvertrags – erörtert.

Die Verpflichtung kann durch die Vereinbarung von Gütertrennung oder – was oftmals eher den Interessen der Ehegatten entsprechen wird – durch die Vereinbarung der sog. **„modifizierten Zugewinngemeinschaft"** erfüllt werden. Letzteres bedeutet die Herausnahme des Gesellschaftsanteils aus dem Zugewinnausgleich im Falle der Ehescheidung unter Beibehaltung des gesetzlichen Güterstands im Übrigen (mit Ausnahme der Verfügungsbeschränkung des § 1365 BGB, die auszuschließen ist). So stellt sich das Problem der Wirksamkeit von nach neuerer Rspr. problematischen, einseitig belastenden Eheverträgen nicht. Vgl. zu der Zulässigkeit der modifizierten Zugewinngemeinschaft auch BGH NJW 1997, 2239.

33. Gestaffelte Erhöhung. Möglich ist auch eine gestaffelte Erhöhung der Urlaubstage mit steigendem Lebensalter.

34. Krankheit. Für den Fall der Erkrankung eines Gesellschafters ist zu regeln, bis zu welchem Zeitpunkt er weiterhin am Gewinn teilnimmt und Entnahmen tätigen darf. Zudem ist zu regeln, wann und unter welchen Konditionen der kranke Gesellschafter ausgeschlossen werden kann. In den ersten drei Monaten sind die Gewinnanteils- und Entnahmerechte des Gesellschafters nicht einzuschränken (BeckRA-HdB/*v. d. Recke* § 59 Rn. 22).

35. Gesellschaftsvermögen. Die Beiträge der Gesellschafter und die mit Gesellschaftsmitteln erworbenen Gegenstände werden Gesellschaftsvermögen iSd **§ 718 BGB**. Über die Gegenstände des Gesellschaftsvermögens ist eine Inventarliste aufzustellen.

Regelmäßig werden Kfz im Vermögen der einzelnen Gesellschafter belassen. Aufgrund der betrieblichen Nutzung des Kfz wird dieses steuerlich zu Sonderbetriebsvermögen des Gesellschafters und es ist eine Sonderbilanz aufzustellen (MVHdB I GesR/*Marsch-Barner*, S. 53). Zur umsatzsteuerlichen Behandlung von gemischt genutzten Fahrzeugen vgl. BFH DStR 2007, 1345.

36. Einnahmen. Grundsätzlich stehen alle Einnahmen aus der Ausübung der freiberuflichen Tätigkeit der **Sozietät** zu. Im Einzelfall können aber Einkünfte aus Testamentsvollstreckung, Aufsichtsratsmandat und Insolvenzverwaltung ausgenommen werden. Es muss dann darauf geachtet werden, dass bei Verfolgung der ausgeklammerten Tätigkeiten nicht der Briefkopf der Sozietät verwendet wird, um eine eventuelle Außenhaftung zu vermeiden.

Üblicherweise werden die Einnahmen aus wissenschaftlicher und schriftstellerischer Tätigkeit dem Gesellschafter belassen, um einen Anreiz für publizistische Tätigkeit zu schaffen.

37. Ausgaben. Die Übernahme der Fortbildungskosten kann sinnvoll sein, um Anreize für eine **kontinuierliche Fortbildung der Gesellschafter** zu setzen. Anstelle des Zustimmungserfordernisses kann im Voraus vereinbart werden, dass nur Kosten im „angemessenen Umfang" übernommen werden (MVHdB I GesR/*Marsch-Barner*, S. 54).

38. Buchführung. Die GbR unterliegt nicht den kaufmännischen Buchführungspflichten nach den Regeln der §§ 238 ff. HGB. Zur Einhaltung der steuerlichen Vorgaben und im Interesse eines transparenten Rechnungswesens ist eine ordnungsgemäße Buchführung jedoch geboten.

39. Rechnungsabschluss. Der Rechnungsabschluss bildet die Grundlage für die steuerliche Überschussrechnung gem. § 4 Abs. 3 EStG. Statt eines Rechnungsabschlusses kann es sich bei größeren Sozietäten anbieten, eine Bilanz sowie eine Gewinn- und Verlustrechnung aufzustellen, § 4 Abs. 1 EStG.

40. Gewinnverteilung. Ohne gesellschaftsvertragliche Regelung hat jeder Gesellschafter ohne Rücksicht auf die Höhe seiner Einlage den gleichen Anteil am Gewinn und Verlust, § 722 Abs. 1 BGB. Eine solche Regelung ist aber nur bei kleinen Sozietäten und gleichem Engagement der Gesellschafter geeignet. Grundsätzlich bieten sich vier andere Systeme mit verschiedenen Ausdifferenzierungsmöglichkeiten an:

(1) Beim **Lockstep-System** ist das Dienstalter des jeweiligen Gesellschafters entscheidend. Es wird bei Eintritt in die Sozietät eine gewisse Punktzahl als Anfangsstand vereinbart und jedes Jahr kommt eine vorher festgelegte Zahl an Punkten hinzu, bis die Höchstpunktzahl erreicht ist. Ab einem gewissen Lebensalter wird zumeist ein automatischer Abbau des Punktekontos vorgenommen. Bei Vereinbarung des Lockstep-Systems ist jeder Gesellschafter mit der Forderung, seinen Gewinnanteil nach den Grundsätzen der Änderung der Geschäftsgrundlage oder aufgrund der unter den Gesellschaftern geltenden Treuepflicht zu erhöhen, ausgeschlossen, auch wenn er einen überproportionalen Anteil am Gewinn der Sozietät erwirtschaftet hat (OLG Stuttgart NZG 2007, 745).

(2) Das **Quotensystem** zeichnet sich dadurch aus, dass die Gewinn-/Verlustberechnung anhand eines Prozentsatzes berechnet wird. Häufig werden steigende Quoten für jüngere Gesellschafter und fallende für ältere vereinbart.

(3) Daneben gibt es **die produktivitätsorientierten Gewinnverteilungssysteme.** Es zählt nicht allein das Dienstalter, sondern der persönliche Gewinnanteil jedes Gesellschafters wird über zusätzliche Kriterien (zB die Akquise von neuen Mandaten, der vom Gesellschafter erzielte Jahresumsatz oder die abrechenbaren Stundenzahlen; dazu *v. Westphalen*, Sozietätsverträge, S. 37 f.; Henssler/Streck/*Michalski*/*Römermann*, Handbuch Sozietätsrecht, B. Rn. 228 ff.) bestimmt.

(4) Die Systeme können auch **kombiniert** werden, sodass zum Beispiel als Grundlage das auf Dienstalter basierende Lockstep-System genutzt wird und nach produktivitätsorientierten Kriterien zusätzliche Punkte vergeben werden, um den jeweiligen Gewinnanteil zu bestimmen.

41. Rücklagen. Es sollten Rücklagen gebildet werden, um eventuellen Liquiditätsschwierigkeiten bei vorübergehend geringeren Einnahmen vorzubeugen. Die Rücklage sollte in der Regel die **Höhe der laufenden Betriebsausgaben von drei Monaten** abdecken (*v. Westphalen*, Sozietätsverträge, S. 39). Die monatlichen Rücklagen sollten sich auf nicht mehr als 75 % des zu erwartenden Jahresgewinns belaufen.

42. Entnahme. Wenn es sich abzeichnet, dass die Umsätze und Kosten des laufenden Geschäftsjahrs im Wesentlichen mit denen des Vorjahrs übereinstimmen werden, ist ein Entnahmerecht in Höhe von einem Zwölftel des Vorjahresgewinns angemessen.

Die Vereinbarung eines besonderen Gewinnvorabs, zB für namensgebende Seniorpartner, sollte **restriktiv** gehandhabt werden, um nicht Anreize für die Abwanderung junger, dynamischer Gesellschafter zu geben.

43. Haftpflichtversicherung. § 51 Abs. 4 BRAO legt Rechtsanwälten die Pflicht zum Abschluss einer Berufshaftpflichtversicherung mit einer Deckungssumme von **mindestens 250.000 EUR** auf. Die Deckungssumme der Haftpflichtversicherung reicht im Zweifel nicht, um alle eintretenden Schadensfälle mit Sicherheit abzudecken. Deswegen stellt die Wahl der Rechtsform der LLP und die damit verbundene Haftungsbegrenzung auf das Gesellschaftsvermögen für viele Zusammenschlüsse von Rechtsanwälten eine mögliche Alternative dar (*v. Westphalen*, Sozietätsverträge, S. 35 f.; weiterführend zur LLP *Henssler/Mansel* NJW 2007, 1393; *Schlinker* NJW 2011, 2091). Seit 2013 kommt auch ein Wechsel in die PartG mbB in Betracht (→ Form. B. I. 3 Anm. 5, 28).

44. Haftungsbeschränkung. Die Haftung der mit dem Mandat befassten Gesellschafter kann gem. § 51a Abs. 1 BRAO durch **individualvertragliche Vereinbarung** mit dem Mandanten auf die Mindestversicherungssumme oder für Fälle der leichten Fahrlässigkeit durch vorformulierte Vertragsbedingungen auf das Vierfache der Mindestversicherungssumme beschränkt werden. Bei grobem Verschulden scheitert eine vorformulierte Haftungsbeschränkung an § 309 Nr. 7b BGB (Palandt/*Grüneberg* § 309 Rn. 40 ff.).

45. Mandatserstreckung. Da Mandate von der selbst rechtsfähigen Sozietät angenommen werden, stellt sich das Problem der Erstreckung auf die neu eintretenden Gesellschafter nicht mehr (Henssler/Streck/*Michalski/Römermann*, Handbuch Sozietätsrecht, B. Rn. 56). Es bedarf somit keiner zusätzlichen Vereinbarung im Hinblick auf die Einbeziehung des eintretenden Gesellschafters. Die neu eintretenden Gesellschafter haften vielmehr nach § 130 HGB analog für die Schulden aus Altverträgen (hM).

46. Multidisziplinäre Sozietät. Rechtsanwälte können sich auch mit Anwaltsnotaren, Patentanwälten, Steuerberatern und Wirtschaftsprüfern sowie mit ausländischen Rechtsanwälten zusammenschließen und eine **multidisziplinäre Berufsausübungsgesellschaft** gründen, § 59a Abs. 1 S. 1, Abs. 2 BRAO.

47. Es empfiehlt sich deutlich zwischen der Kündigung der Gesellschafterstellung durch den Gesellschafter selbst und dem – auch als Hinauskündigung bezeichneten – Ausschluss eines Gesellschafters aus der Gesellschaft zu **trennen**, da die Anforderungen an die beiden Formen eines Ausscheidens unterschiedlich sind.

48. Ordentliche Kündigung durch den Gesellschafter. Die §§ 723 Abs. 1 S. 1, 724 S. 1 BGB eröffnen die Möglichkeit einer ordentlichen Kündigung nur, wenn die Sozietät auf unbestimmte Zeit bzw. auf Lebenszeit eines Gesellschafters eingegangen wurde. Eine Frist von **drei bis sechs Monaten** erscheint sachgerecht. Eine besonders lange Kündigungsfrist ist zum einen nicht sinnvoll, da eine vertrauensvolle und engagierte Zusammenarbeit für die überlange Bindungszeit nicht mehr vollständig gewährleistet werden kann. Zum anderen stehen zu lange Kündigungsfristen in einem Spannungsverhältnis zur **Berufsausübungsfreiheit aus Art. 12 GG.** Die persönliche und wirtschaftliche Betätigungsfreiheit der Gesellschafter darf durch die Kündigungsfrist nicht unvertretbar eingeengt werden (BGH NJW 2007, 295 (296)).

49. Außerordentliche Kündigung durch den Gesellschafter. Das Recht zur fristlosen Kündigung aus wichtigem Grund ist zwingend und kann nicht ausgeschlossen werden, § 723 Abs. 1 S. 2 BGB. Entsprechend der Begriffsbestimmung des § 314 Abs. 1 S. 2 BGB liegt ein wichtiger Grund vor, wenn dem Kündigenden unter Berücksichtigung aller Umstände des Einzelfalls und unter Abwägung der beteiligten Interessen die Fortsetzung der Gesellschaft bis zur vereinbarten Beendigung bzw. bis zum Ablauf der Frist für eine ordentliche Kündigung nicht zugemutet werden kann. Die außerordentliche Kündigung ist nur als **ultima ratio** statthaft. Aus der gesellschaftsvertraglichen Treuepflicht ergibt sich, dass kein milderes Mittel zur Verfügung stehen darf (*v. Westphalen*, Sozietätsverträge, S. 42 f.).

50. Zeitlich begrenzter Kündigungsausschluss. Eine zu lange Bindung kann eine unverhältnismäßig starke Einschränkung der Berufsfreiheit darstellen und gem. **§ 138 BGB** unwirksam sein (OLG Düsseldorf Urt. v. 30.6.1998 – U 20/98). So hat der BGH einen Ausschluss des Kündigungsrechts für 30 Jahre als unzulässige Kündigungsbeschränkung iSd § 723 Abs. 3 BGB angesehen (BGH NJW 2007, 295).

Eine angemessene zeitliche Einschränkung des Kündigungsrechts kann aber insbesondere in der Startphase einer Kanzlei sinnvoll sein (BeckOF-V/*Giehl* 7.1.2.1. Rn. 9). Die Vereinbarung eines Kündigungsausschlusses für einen Zeitraum zwischen zwei bis drei Jahren dürfte unproblematisch sein (BeckOF-V/*Giehl* 7.1.2.1. Rn. 9; *Henssler*, FS Konzen, 2006, 267 (278 ff.); MüKoBGB/*Schäfer* § 723 Rn. 66). Zum umgekehrten Problem einer Probezeit → Anm. 53.

Ein Verstoß gegen § 723 Abs. 3 BGB durch eine überlange Bindungsfrist führt nach hM nicht zur Nichtigkeit des gesamten Sozietätsvertrags, sondern nur zur Unwirksamkeit der entsprechenden Vertragsbestimmung (MüKoBGB/*Schäfer* § 723 Rn. 63). Die so entstehende Lücke ist durch **ergänzende Vertragsauslegung** zu schließen und die überlange Bindungsfrist auf das noch zulässige Maß zu reduzieren (OLG Stuttgart NZG 2007, 786).

51. Ausschluss/Hinauskündigung. Der Gesetzgeber geht für die GbR grundsätzlich von einer **besonders engen Verbundenheit der Gesellschafter** aus, die einem Wechsel im Gesellschafterstand regelmäßig entgegensteht (*Wiedemann*, Gesellschaftsrecht Bd. II, § 7 IV 1 a, S. 668). Das gesetzliche Ausschließungsrecht nach § 737 S. 1 BGB setzt deshalb die **Vereinbarung einer Fortsetzungsklausel** im Sozietätsvertrag (→ Anm. 56) voraus, mit der die Gesellschafter deutlich machen, dass die Kontinuität des Gesellschafterkreises hinter das Fortführungsinteresse der Gesellschaft zurücktreten soll (*Henssler/Michel* NZG 2012, 401 (402)).

Ein Ausschluss eines Gesellschafters **ohne Vorliegen eines wichtigen Grundes** verstößt grundsätzlich gegen § 138 BGB und ist **unzulässig** (BGH NJW 1989, 834; *Gehrlein* NJW 2005, 1969; für weitergehende Ausschlussmöglichkeiten uA *Henssler*, FS Konzen, 2006, 267; MVHdB I GesR/*Marsch-Barner* S. 57). Es besteht die Gefahr, dass die Mitgesellschafter das Ausschließungsrecht willkürlich ausüben und den anderen Gesellschafter so davon abhalten, seine gesellschaftsrechtlichen Mitgliedschaftsrechte auszuüben (BGH NJW 1989, 834; vgl. *Henssler*, FS Konzen, 2006, 267 (269 f.)).

Die umfassende Abfindung des zu kündigenden Gesellschafters kann nach wohl hM nicht die Wirksamkeit einer Hinauskündigungsklausel zur Folge haben, da die Beeinträchtigung der freien Willensbildung- und -betätigung bestehen bleibt (*Wiedemann* ZGR 1980, 147 (153)). Gem. § 139 BGB analog kann eine nichtige Hinauskündigungsklausel in eine Ausschließungsklausel aus wichtigem Grund umgedeutet werden (BGH NJW 1989, 2681).

52. Wichtiger Grund. Der Ausschluss setzt einen **wichtigen Grund** in der Person des auszuschließenden Mitgesellschafters voraus. In Betracht kommen zB vorsätzliche oder grob fahrlässige Pflichtverletzungen, die Unmöglichkeit der Erfüllung einer wesentlichen Gesellschaftpflicht oder eine Zerrüttung der Gesellschaft (BGH NJW 1995, 597; vgl. zum Ganzen *Henssler/Michel* NZG 2012, 401 (402 f.)). Die bloße Nichterfüllung der in den Gesellschafter gesetzten Erwartungen bzgl. seines Erfolgsbeitrages ist für sich genommen nicht als wichtiger Grund iSd § 723 Abs. 1 S. 3 BGB ausreichend (*Henssler/Michel* NZG 2012, 401 (402 f.)). Den übrigen Gesellschaftern muss es objektiv und bei verständiger Würdigung aller Umstände **unzumutbar** sein, die Gesellschaft mit dem Auszuschließenden fortzusetzen (BGH NJW 1952, 461 (462); Palandt/*Sprau* § 723 Rn. 4). Maßgebend ist stets eine **Gesamtabwägung** unter Berücksichtigung der Umstände des Einzelfalls.

53. Probezeit. Ausnahmsweise können Hinauskündigungsklauseln wirksam sein, wenn sie **durch besondere Umstände sachlich gerechtfertigt** sind und die Rechte des auszuschließenden Gesellschafters nicht unbillig beeinträchtigt werden (BGH NZG 2005, 968 (969 f.)). Wichtigste Ausnahme ist die Möglichkeit von Freiberuflern, bei der Neuaufnahme eines Gesellschafters eine „**Probezeit**" zu vereinbaren, innerhalb derer die Altgesellschafter prüfen, ob sie das notwendige Vertrauen zum Neugesellschafter aufbauen können und ob sie in der für die gemeinschaftliche Berufsausübung notwendigen Weise miteinander harmonieren (*Henssler/Michel* NZG 2012, 401 (403)). Innerhalb der Frist bedarf der Ausschluss dann keines wichtigen Grundes (BGH NZG 2004, 569). Die maximal zulässige Probezeit beträgt drei Jahre, längere Fristen werden von der Rechtsprechung auf das zulässige Maß gekürzt (BGH NJW-RR 2007, 1256).

54. Anknüpfung an Versorgungsfall. Es empfiehlt sich, den Ausschluss nicht an ein bestimmtes Lebensalter, sondern an den Eintritt des Versorgungsfalls zu knüpfen, um der graduellen Verlängerung der zu leistenden Arbeitsjahre Rechnung zu tragen.

55. Rentenvorsorge durch Sozietät. Seit der Einführung der Altersversorgung der Anwälte durch die Versorgungswerke hat die vertraglich vereinbarte Versorgung durch die Sozietät an Bedeutung verloren. Eine eigene Altersversorgung durch die Sozietät erscheint heute **nicht mehr zeitgemäß**. Sie stellt eine erhebliche finanzielle Belastung für die Sozietät dar und mindert die Attraktivität der Sozietät für junge Gesellschafter. Daher empfiehlt es sich, keine Versorgungsregelung in den Gesellschaftsvertrag aufzunehmen. Vielmehr sollte sich jeder Gesellschafter für sich selbst und seine Angehörigen um eine angemessene Altersversorgung bemühen.

56. Fortsetzung. Aufgrund des gesetzlichen Leitbilds der Höchstpersönlichkeit der Beteiligung an einer GbR sehen die §§ 723 ff. BGB grundsätzlich keine Veränderung des Gesellschafterbestands vor. Es gilt der Grundsatz „Auflösung statt Ausscheiden". Diese gesetzlich vorgesehene Auflösung der Sozietät mit dem Ausscheiden eines Gesellschafters (§§ 723 Abs. 1, 724 Abs. 1, 727 Abs. 1, 728 BGB) ist für Berufsausübungsgesellschaften generell nicht sachgerecht. Sie zwingt zu einer Vernichtung des zT erheblichen Wertes von funktionsfähigen Unternehmen. Die Vereinbarung einer Fortsetzungsklausel ist deshalb **dringend zu empfehlen**. Sofern nach Ausscheiden des Gesellschafters nur ein Gesellschafter übrig bleibt, ist die Fortsetzungsklausel dahingehend einzuschränken, dass dieser die Sozietät nicht automatisch fortsetzen muss, sondern lediglich ein **Übernahmerecht** hat. Der durch das Erlöschen der Sozietät eintretende Übergang des Vermögens und der Verbindlichkeiten auf den verbleibenden Gesellschafter kann sonst im Einzelfall – etwa aufgrund erheblicher, den verbleibenden Gesellschafter treffenden Abfindungslasten – für diesen nachteiliger sein als eine Liquidation der Sozietät. Im Falle der Nichtausübung des Übernahmerechts wird die Sozietät liquidiert und aufgelöst.

57. Tod eines Gesellschafters. Es bestehen folgende Möglichkeiten zur Gestaltung der Rechtsfolgen nach Ableben eines Gesellschafters:

(1) Vereinbarung einer **Fortsetzungsklausel:** Die Sozietät wird ohne den verstorbenen Gesellschafter und ohne Nachfolge seiner Erben mit den übrigen Gesellschaftern fortgesetzt. Die Erben sind abzufinden. Diese Regelung ist zu **empfehlen,** da nur bestimmte Angehörige der Freien Berufe mit ausreichenden Kenntnissen und Fähigkeiten an einer Rechtsanwaltsgesellschaft teilhaben können.

(2) Vereinbarung einer **einfachen Nachfolgeklausel:** Die Sozietät wird im Rahmen der Sondererbfolge (vgl. BGH NJW 1957, 180) mit den Erben fortgeführt.

(3) Vereinbarung einer **qualifizierten Nachfolgeklausel:** Die Sozietät wird nur mit einem bestimmten Erben (etwa einem Nachkommen mit Anwaltszulassung) fortgeführt.

(4) Vereinbarung einer **rechtsgeschäftlichen Nachfolgeklausel:** Beim Tod des Gesellschafters geht der Anteil kraft rechtsgeschäftlicher Einigung mit dinglicher Wirkung auf einen Dritten über. Der Nachfolger muss entweder an der Vertragsgestaltung beteiligt gewesen sein oder der Übernahme der Beteiligung zugestimmt haben (BGH NJW 1977, 1339).

(5) Vereinbarung einer **Eintrittsklausel:** Die Sozietät wird mit den übrigen Gesellschaftern fortgesetzt. Es besteht ein Eintrittsrecht eines Dritten (Vertrag zugunsten Dritter gem. § 328 Abs. 1 BGB) gegenüber den Erben gegen Zahlung einer Abfindung.

(6) **Auflösung** und Liquidation der Sozietät (gesetzlicher Regelfall).

58. Auflösung. Der Zweck der aufzulösenden Sozietät besteht nur noch in der **Abwicklung der Sozietät** (MüKoBGB/*Schäfer* Vor § 723 Rn. 6). In § 730 Abs. 2 S. 2 BGB ist geregelt, dass im Zweifel abweichende Regelungen im Sozietätsvertrag bzgl. der Geschäftsführung ihre Wirkung verlieren und durch die **Gesamtgeschäftsführung der Gesellschafter** ersetzt werden. Es können durch Gesellschafterbeschluss **Liquidatoren** bestellt werden, die die Abwicklung der laufenden Geschäfte übernehmen. Auch Außenstehende, die gem § 55 Abs. 1 S. 1 BRAO zugelassene Rechtsanwälte sein müssen, können als Liquidatoren bestimmt werden. Zu den berufsrechtlichen Folgen der Auflösung siehe Henssler/Streck/*Michalski*/*Römermann*, Handbuch Sozietätsrecht, B. Rn. 177 ff.

59. Verfahren nach § 32 BORA. In einem ersten Schritt sind die Gesellschafter dazu verpflichtet, einen ernsthaften Versuch zu unternehmen, sich darüber zu einigen, welcher Gesellschafter nach der Auflösung der Sozietät die jeweiligen Mandate übernehmen soll. Wenn keine Verständigung erreicht wird, sind die betroffenen Mandanten zu befragen, wer das Mandat weiter bearbeiten soll. Sofern sich die Gesellschafter nicht auf eine Art der Befragung einigen können, so hat die Befragung durch ein gemeinsames Rundschreiben zu erfolgen. Kommen die Gesellschafter nicht über den Inhalt eines solchen Rundschreibens überein, dürfen die Gesellschafter einseitig die Entscheidung der Mandanten einholen.

Aus dem Wortlaut des § 32 Abs. 1 S. 1 BORA „mangels anderer vertraglicher Regelungen" ergibt sich, dass die Befragungspflicht dispositiv ist. Allerdings dürfen abweichende Vereinbarungen nicht das Recht des Mandanten auf freie Anwaltswahl einschränken. So ist weder eine Mandatsaufteilung der Gesellschafter untereinander noch ein Verzicht auf die Mandantenbefragung insgesamt zulässig (Henssler/Prütting/*Henssler* BRAO § 32 Rn. 9, 11, 13; aA *Heller*, Die Beendigung freiberuflicher Sozietätsverhältnisse, S. 35 f.).

60. Abfindung. Der ausscheidende Gesellschafter hat gegen die Sozietät einen Anspruch gem. § 732 BGB auf Herausgabe der Gegenstände, die er der Sozietät zur Nutzung überlassen hat, und auf Zahlung einer Abfindung gem. § 738 Abs. 1 S. 1 BGB.

Grundsätzlich wird die Höhe des Abfindungsanspruchs anhand des Verkehrswertes des Gesellschaftsvermögens am Tag des Ausscheidens berechnet. Der Verkehrswert ist hierbei nicht nach dem Liquidationswert, sondern nach dem **Fortführungswert** zu bestimmen (*Wiedemann*, Gesellschaftsrecht Bd. II, § 3 III 3 e, S. 242), der sich aus dem zukunftsorientierten Ertragswert berechnet (vgl. hierzu BGHZ 188, 249; 188, 282). Die Ermittlung des **fiktiven Auseinandersetzungsguthabens** erfolgt auf Grundlage einer Schlussrechnung, die gem. den Vorgaben der §§ 730 ff. BGB aufzustellen ist. Abweichend davon kann im Sozietätsvertrag auch die Substanzwertmethode, die Ertragswertmethode oder die Umsatzmethode vereinbart werden. Für einen Überblick über die verschiedenen Bewertungsmethoden siehe BRAK-Mitt 2009, 268; BeckOF-V/*Giehl* 7.1.2.1. Rn. 33; *Henssler/Michel* NZG 2012, 401 (404 f.).

In der Praxis sind abweichende gesellschaftsvertragliche Vereinbarungen üblich. Auf die Abfindung eines ausscheidenden Gesellschafters kann über die anzuwendende Bewertungsmethode, die höhenmäßige Begrenzung des Anspruchs oder die Bestimmung der Auszahlungsmodalitäten Einfluss genommen werden. Eine Abfindungsbegrenzung ist aber grundsätzlich nur gerechtfertigt, wenn das Fortführungsinteresse nicht auf andere Weise (zB durch Vereinbarung einer Ratenzahlung) gesichert werden kann.

Begrenzt wird die Vertragsfreiheit durch das **Verbot eines krassen Missverhältnisses** zwischen tatsächlichem Wert des Anteils und Abfindungssumme. Bei einem Verstoß ist die Abfindungsklausel nach § 138 BGB oder wegen übermäßiger Einschränkung des Kündigungsrechts gem. § 723 Abs. 2 BGB unwirksam (MüKoBGB/*Schäfer* § 738 Rn. 44 ff.; BeckOF-V/*Giehl* 7.1.2.1. Rn. 22). Im Rahmen der Überprüfung der Abfindungsregelung sind nicht nur die Höhe der Abfindungssumme, sondern auch die sonstigen Umstände, wie eventuelle Wettbewerbs- oder Mandatsschutzklauseln, zu berücksichtigen. So sind zB Klauseln, die den Abfindungsanspruch des Gesellschafters bei einer außerordentlichen stärker als bei einer ordentlichen Eigenkündigung einschränken, unwirksam, § 723 Abs. 3 BGB. Ist die Abfindungsklausel unwirksam, tritt an deren Stelle eine angemessene Abfindung (BGH NJW 1985, 192 (193)).

Auch wenn keine Einlage geleistet wurde, ist der vollständige Ausschluss der Abfindung nach hM grundsätzlich unwirksam (MüKoBGB/*Schäfer* § 738 Rn. 60 ff. mwN). Richtigerweise ist jedoch zumindest in den ersten Jahren der Mitgliedschaft eines ohne Einlagepflicht eingetretenen Neugesellschafters ein entschädigungsloses Ausscheiden als zulässig anzusehen, da der Neugesellschafter noch nicht entscheidend zum Aufbau des Goodwills der Sozietät beigetragen hat (*Henssler/Michel* NZG 2012, 401 (407)). Zudem ist bei Freiberuflersozietäten ein vollständiger Ausschluss der Abfindung jedenfalls dann wirksam, wenn der Gesellschafter statt einer Abfindung seinen Mandantenstamm mitnehmen und dieser Mandantenstamm auch tatsächlich nach dem Ausscheiden genutzt werden kann (BGH NJW 1994, 796; MüKoBGB/*Schäfer* § 738 Rn. 67 f.).

61. Umsatzmethode. Gegenüber der Bewertung gewerblicher Unternehmen weist die Berechnung des Wertes einer Sozietät eine Vielzahl **berufsspezifischer Besonderheiten** auf. Die im Folgenden beschriebene und von der BRAK vorgeschlagene Umsatzmethode (BRAK-Mitt 2009, 268) führt vielmals zu einem angemessenen Ergebnis und bietet sich somit als Orientierung für die Ausgestaltung der Abfindung an. Danach wird zunächst der Substanzwert der Gesellschaft ermittelt und anschließend um den ideellen Wert der Sozietät erhöht. Bei der Berechnung des Substanzwertes werden insbesondere offene Forderungen und Honorare berücksichtigt (ausführlich dazu Henssler/Streck/*Streck*, Handbuch Sozietätsrecht, B. Rn. 1026). Der Goodwill der Sozietät berechnet sich an Hand des durchschnittlichen Umsatzes der letzten drei Jahre, wobei das letzte Kalenderjahr doppelt in die Berechnung einfließt, um aktuelle Entwicklungen der Kanzlei besser abzubilden (BRAK-Mitt 2009, 268 (269)). Der Umsatz wird um außerordentliche personenbezogene Einnahmen und nur gelegentliche Einnahmen (zB aus Tätigkeit als Insolvenzverwalter) gekürzt (BRAK-Mitt 2009, 268 (269); *Henssler/Michel* NZG 2012, 401 (405)). Der errechnete durchschnittliche Umsatz wird mit einem Berechnungsfaktor multipliziert, der sich aus werterhöhenden und wertsenkenden Merkmalen zusammensetzt (*Lenzen/Ettmann* BRAK-Mitt 2005, 13). Der Berechnungsfaktor soll in der Regel zwischen 0,3 und 1,0 liegen (näher dazu BRAK-Mitt 2009, 268 (270 f.); *Henssler/Michel* NZG 2012, 401 (405)). Maßgeblich für die Erhöhung oder Absenkung des Bewertungsfaktors ist, ob sich das Ausscheiden des Gesellschafters positiv oder negativ auf den Umsatz auswirkt. Im Zweifel sollte die Bewertung von einem Gutachter vorgenommen werden (*Platz*, Die erfolgreiche Kanzlei, § 3 Rn. 3).

62. Buchwertklausel. Buchwertklauseln beschränken den Abfindungsanspruch auf die in der Bilanz ausgewiesenen Positionen mit Eigenkapitalcharakter sowie den Anteil am Ergebnis des laufenden Geschäftsjahres (BGH NJW 1979, 104). Solche Klauseln sind **grundsätzlich wirksam**. Die Grenze stellt ein grobes Missverhältnis zwischen Abfindung und Verkehrswert bei Abschluss des Sozietätsvertrages dar (BGH NJW 1989, 2685). Eine erst nachträgliche Änderung der Wertverhältnisse führt nicht zur nachträglichen Unwirksamkeit (BGH NJW 1993, 3193). An die Stelle einer nichtigen Klausel tritt eine Abfindung nach Verkehrswert, sofern im Rahmen der ergänzenden Vertragsauslegung kein anderer Wert ermittelt werden kann. Ist das grobe Missverhältnis erst nach Vertragsschluss eingetreten, ist die geschuldete Abfindung gem. §§ 157, 242 BGB durch ergänzende Vertragsauslegung anzupassen (BGH NJW 1993, 2101; aA *Henssler/Michel* NZG 2012, 401 (406); MüKoBGB/*Ulmer/Schäfer* § 738 Rn. 54, die überzeugend in der Berufung auf die Abfindungsklausel eine unzulässige Rechtsausübung gem. § 242 BGB sehen).

63. Ausschluss der Abfindung für Goodwill. Bei einem Ausschluss der Kompensation für den Anteil am Goodwill der Sozietät und dem Wert der schwebenden Geschäfte ist auf die **Wechselwirkung mit der Mandatsschutzklausel** zu achten. So ist eine Beschränkung des Auseinandersetzungsguthabens auf den Substanzwert ohne Berücksichtigung des Goodwills und der schwebenden Geschäfte nur als wirksam einzustufen, wenn der Ausscheidende seinen Mandantenstamm mitnehmen kann (BGH NJW 2008, 2987 (2990)). In diesem Falle kann sogar ein vollständiger Ausschluss des Abfindungsanspruchs zulässig sein (BGH NJW 1994, 796). Umgekehrt gilt eine Mandatsschutzklausel für den Zeitraum von zwei Jahren nach dem Ausscheiden als konkludent geschlossen, wenn dem Ausscheidenden ein voller Abfindungsanspruch zusteht (BGH NJW 1995, 1551; *Henssler/Michel* NZG 2012, 401 (408)).

64. Auszahlungsmodalitäten. Zur Schonung der Liquidität der Sozietät kann es sich anbieten, die Fälligkeit der Auszahlung hinauszuzögern und die Abfindung auf mehrere Raten zu verteilen (*Henssler/Michel* NZG 2012, 401 (405 f.)). Hierbei ist zu beachten, dass ein Auszahlungszeitraum von zehn Jahren nicht überschritten werden darf und der ausstehende Abfindungsbetrag angemessen zu verzinsen ist (BGH NJW 1989, 2685 (2686)).

65. Ausschluss weiterer Ansprüche. Grundsätzlich wird der Abfindungsanspruch durch den Anspruch auf Befreiung von gemeinschaftlichen Schulden bzw. auf Sicherheitsleistung gem. § 738 Abs. 1 S. 2, 3 BGB und auf Beteiligung an den schwebenden Geschäften gem. § 740 BGB ergänzt. Ein Ausschluss dieser Ansprüche ist jedoch in der Praxis üblich, um die Liquidität der Sozietät nicht zu gefährden und Streitigkeiten über den schwer bezifferbaren Wert von schwebenden Geschäften zu vermeiden (BeckOF-V/*Giehl* 7.1.2.1. Rn. 33).

66. Mandatsschutz. Ohne eine ausdrückliche Vereinbarung besteht nach Ausscheiden eines Gesellschafters idR nur das allgemeine Abwerbeverbot, das die Mitnahme von Mandanten unter Einsatz von wettbewerbsrechtlich unlauteren Methoden verbietet (*Michalski/Römermann* ZIP 1994, 433 (434 f., 437)).

Mandatsschutzklauseln, die es dem ausgeschiedenen Gesellschafter für einen gewissen Zeitraum untersagen, die Erfolge seiner Tätigkeit in der Sozietät illoyal zu verwerten, sind **in engen Grenzen zulässig** (BGH NJW 1968, 1717). Der Ausscheidende darf nicht unangemessen in seiner wirtschaftlichen Bewegungsfreiheit eingeschränkt werden (BGH NJW-RR 1990, 226 (227)).

Mandate, die für die Sozietät ohnehin nicht mehr werthaltig sind, sind von der Mandatsschutzklausel auszunehmen (*Hülsmann* NZG 2001, 625 (639)). Dazu zählen Mandanten, die sich schon vor Ausscheiden des Gesellschafters gegen die Sozietät entschieden haben oder die die Sozietät nur wegen des speziellen Vertrauens zum ausscheidende Gesellschafter beauftragt haben und daher keinesfalls die Sozietät weiter mandatieren würden (OLG Stuttgart NJW 2002, 1431 (1432)). Der Abfindungsanspruch ist in diesen Fällen um den Wert der Mandate zu kürzen (*Henssler/Michel* NZG 2012, 401 (413)).

67. Unbeschränkte Mandatsschutzklausel. Die hier verwendete, nach wie vor vielfach übliche unbeschränkte Mandatsschutzklausel verpflichtet den ausgeschiedenen Gesellschafter, auch die Tätigkeit für solche Mandanten der Sozietät, die ihn aus **eigener Initiative** aufsuchen, zu unterlassen. Die Rechtsprechung akzeptiert auch diese Klauseln, sofern der Verbotszeitraum nicht mehr als zwei Jahre beträgt (BGH NJW 2000, 2584). Nach einer Mindermeinung sind unbeschränkte Mandantenschutzklauseln unter Rechtsanwälten nach § 134 BGB (*Henssler*, FS Geiß, 2000, 271 (274, 278); *Henssler/Strohe* LM § 705 BGB Nr. 76) bzw. nach § 138 BGB (LAG Baden Württemberg NZA 1985, 739; Hartung/Römermann/*Nerlich*, Berufs- und Fachanwaltsordnung, 4. Aufl. 2008, § 26 BerufsO Rn. 39) dagegen nichtig. Sie verletzen das durch § 3 Abs. 3 iVm § 1 BRAO dem Mandanten garantierte **Recht auf freie Anwaltswahl** (LAG Baden Württemberg NZA 1985, 739; *Henssler*, FS Geiß, 2000, 271 (274, 277 ff.); *Henssler/Strohe* LM § 705 BGB Nr. 76; aA *Bauer/Diller*, Wettbewerbsverbote, Rn. 363). Solange die Interessen der Sozietät durch eine beschränkte Mandantenschutzklausel in Verbindung mit einer Gewinnabführungsklausel oder einem beschränkten Abfindungsanspruch hinreichend gewahrt werden können, gibt es keine Rechtfertigung für eine unbeschränkte Mandatsschutzklausel (*Henssler/Michel* NZG 2012, 401 (412 f.); *Henssler*, FS Geiß, 2000, 271 (274, 278 f.)). Zudem ist die Durchsetzung des Unterlassungsanspruchs kaum praktikabel, da das Mandat bei Streitigkeiten um den Auftraggeber im Zweifel für alle Beteiligten verloren geht.

68. Beschränkte Mandatsschutzklausel. Eine beschränkte Mandatsschutzklausel verbietet dem ausgeschiedenen Gesellschafter, **aktiv Mandanten der Sozietät abzuwerben**. Sie ist grundsätzlich **zulässig**, um die Sozietät vor einer illoyalen Verwertung der gemeinsamen Arbeit zu schützen (BGH NJW 1984, 2366 (2367); Henssler/Prütting/*Henssler* BRAO § 32 Rn. 23). Die Grenze bildet jedoch die Berufsfreiheit aus Art. 12 Abs. 1 GG. Beschränkte Mandatsschutzklauseln müssen deshalb zeitlich, räumlich und gegenständlich auf das notwendige Maß beschränkt werden. Unbedenklich sind Laufzeiten von bis zu **maximal zwei Jahren** (BGH NJW 2000, 2584 (2585)); längere Laufzeiten werden von der Rspr. im Wege der geltungserhaltenden Reduktion auf das noch zulässige Maß von zwei Jahren reduziert (BGH NJW-RR 1996, 741 (742)).

69. Gewinnabführungsklausel. Eine sinnvolle Alternative zu unbeschränkten Mandatsschutzklauseln sind Gewinnabführungsvereinbarungen. Der ausgeschiedene Gesellschafter wird hier nicht in der Möglichkeit eingeschränkt, ehemalige Sozietätsmandate zu übernehmen. Die Unterscheidung zwischen aktiv abgeworbenen und passiv (aufgrund eigener Entscheidung des Mandanten) übernommenen Mandaten spielt keine Rolle. Die Sozietät wird aber unter Berücksichtigung des weiteren Verlaufs des Mandats **angemessen für das verlorene Mandat entschädigt** (*Freund* ZIP 2009, 941 (944)). In der Vereinbarung kann festgelegt werden, dass der ausgeschiedene Gesellschafter eine Ausgleichszahlung für die übernommenen Mandate zu leisten hat, deren Höhe sich an den in der Vergangenheit aus dem Mandat erzielten Honoraren bemisst. Vorteilhaft ist bei dieser Ausgestaltung, dass zum einen der tatsächliche Mandatswert ausgeglichen und zum anderen die Manipulationsgefahr durch verspätete Abrechnung der übernommenen Mandate verringert wird (*Henssler/Michel* NZG 2012, 401 (414)).

70. Selbst akquirierte Mandate. Selbst akquirierte Mandate dürfen von einem ausscheidenden Gesellschafter **stets ohne Ausgleichszahlung** mitgenommen werden. Allerdings kommt es dann zu einer Kürzung eventueller Abfindungsansprüche (*Henssler*, FS Geiß, 2000, 271 (292)).

71. Schiedsvereinbarung. Eine Schiedsvereinbarung ist nicht zwingend geboten. Für eine Vereinbarung spricht jedoch, dass die Gesellschafter durch die Festlegung des Schiedsrichters die besondere Fachkompetenz des Gerichts gewährleisten und langwierige und kostenintensive Rechtsstreitigkeiten vermeiden können. Zudem ist das Verfahren nicht öffentlich. Die Schiedsvereinbarung muss in jedem Fall den Formvorschriften des § 1031 Abs. 1–3 ZPO entsprechen. Der Verweis auf die Schiedsgerichtsordnung der Deutschen Institution für Schiedsgerichtsbarkeit e. V. bringt Klarheit in Verfahrensfragen und über die Honorierung der Schiedsrichter, vermeidet damit unnötige Auseinandersetzungen und Verfahrensverzögerungen.

Die Schiedsvereinbarung hat zur Folge, dass gem. § 1032 Abs. 1 ZPO die Klage vor einem ordentlichen Gericht als unzulässig abgewiesen werden muss. Das Schiedsverfahren kann durch einen Schiedsspruch (eventuell durch einen solchen mit vereinbartem Wortlaut iSd § 1053 ZPO), der inter partes die Wirkung eines rechtskräftigen Urteils hat (§ 1055 ZPO), beendet werden. Bevor aus einem Schiedsspruch vollstreckt werden kann, muss dieser von einem ordentlichen Gericht für vollstreckbar erklärt worden sein, §§ 1060 f. ZPO.

72. Schriftlichkeit. Dem schriftlichen Sozietätsvertrag wohnt die Vermutung der Richtigkeit und Vollständigkeit inne (BGH NJW 2002, 3164; Palandt/*Ellenberger* § 125 Rn. 21). Er hilft Auseinandersetzungen zwischen den Gesellschaftern zu vermeiden und dient im Streitfall als Beweismittel. Aus diesem Grunde sollten zusätzliche Abreden ebenfalls **immer schriftlich** getroffen werden.

73. Doppelte Schriftformklausel. Eine einfache Schriftformklausel („Änderungen und Ergänzungen dieses Vertrages bedürfen zu ihrer Wirksamkeit der Schriftform") kann individuelle mündliche Zusagen nicht verhindern (BGH NJW 1991, 2559; *Hromadka* DB 2004, 1261 (1262)). Die Vertragsparteien können das für eine Vertragsänderung vereinbarte Schriftformerfordernis jederzeit schlüssig und formlos aufheben (BAG AP BGB § 307 Nr. 35; NZA 2008, 118). Es empfiehlt sich daher die hier vorgeschlagene sog. doppelte Schriftformklausel.

3. Partnerschaftsvertrag zwischen Rechtsanwälten, Wirtschaftsprüfern und Steuerberatern („einfache Partnerschaft")

Partnerschaftsvertrag[1, 2, 3]

§ 1 Name

(1) Die Partnerschaft trägt den Namen:

„A & Partner Rechtsanwälte, Wirtschaftsprüfer und Steuerberater".[4]

(*Alternative bei Gründung einer PartG mbB: „A & Partner Rechtsanwälte, Wirtschaftsprüfer und Steuerberater mbB".[5]*)

(2) Neben dem Namen der Partnerschaft und den Angaben entsprechend § 124a HGB sind auf den Briefbögen, Kanzleischildern und sonstigen schriftlichen Verlautbarungen gegenüber Dritten die Namen aller Partner sowie deren Berufe anzugeben.[6]

(3) Die Partnerschaft ist berechtigt, den Namen des Herrn Rechtsanwalt A auch nach dessen Ausscheiden weiterzuführen, soweit nicht im Einzelfall ein wichtiger Grund entgegensteht.[7]

§ 2 Gegenstand der Partnerschaft

(1) Gegenstand[8] der Partnerschaft ist die gemeinschaftliche Berufsausübung der Partner als Rechtsanwälte, Wirtschaftsprüfer und Steuerberater, mit Ausnahme der gesetzlichen Vorbehaltsaufgaben der Wirtschaftsprüfer.[9]

(2) Die Partnerschaft kann zur Verwirklichung dieses Zweckes andere Gesellschaften gründen und sich an ihnen beteiligen, soweit dies berufsrechtlich zulässig ist.

§ 3 Sitz

Die Partnerschaft hat ihren Sitz[10] in . . . . . .

§ 4 Beginn, Dauer und Geschäftsjahr

(1) Die Partnerschaft beginnt mit ihrer Eintragung ins Partnerschaftsregister.[11, 12]

(Alternative: Die Partnerschaft beginnt im Innenverhältnis am . . . . . . Im Außenverhältnis wird sie erst mit ihrer Eintragung ins Partnerschaftsregister wirksam.)

(2) Die Partnerschaft wird auf unbestimmte Zeit errichtet.

(3) Geschäftsjahr ist das Kalenderjahr.

(Kumulativ: Das erste Geschäftsjahr vom Beginn der Partnerschaft bis zum . . . . . . ist ein Rumpfgeschäftsjahr.)

§ 5 Partner und Gesellschaftsanteile

(1) Partner[13] sind:

a) Rechtsanwalt A (Vorname, Nachname), geboren am . . . . . ., wohnhaft in . . . . . . ,
b) Rechtsanwalt B (Vorname, Nachname), geboren am . . . . . ., wohnhaft in . . . . . . ,
c) Wirtschaftsprüfer C (Vorname, Nachname), geboren am . . . . . ., wohnhaft in . . . . . . ,
d) Steuerberater D (Vorname, Nachname), geboren am . . . . . ., wohnhaft in . . . . . .

(2) Die Partner sind mit folgenden Anteilen an der Partnerschaft beteiligt:

a) A . . . . . . %,
b) B . . . . . . %,
c) C . . . . . . %.
d) D . . . . . . %.

(Alternative:
(2) Die Partner sind alle zu gleichen Teilen an der Partnerschaft beteiligt.)

§ 6 Geschäftsführung und Vertretung[14]

(1) Jeder Partner[15] ist zur Führung der Geschäfte der Partnerschaft allein berechtigt. Alle über die gewöhnlichen Geschäfte hinausgehenden Geschäftsführungsmaßnahmen bedürfen eines vorhergehenden Beschlusses der Partner.

(2) Jeder Partner ist zur Vertretung der Partnerschaft allein berechtigt.

(Alternative:[16]
(1) Innerhalb der Partnerschaft bestehen folgende Bereiche, die jeweils von einem Bereichspartner geleitet werden.

a) Bereich 1: Arbeitsrecht (Bereichspartner: A)
b) Bereich 2: Gesellschaftsrecht (Bereichspartner: B)
c) Bereich 3: Steuer- und Bilanzrecht (Bereichspartner: D)
Die Geschäfte der Partnerschaft werden von den Bereichspartnern grundsätzlich gemeinschaftlich unter Ausschluss der übrigen Partner geführt. Zur Führung der Geschäfte, die lediglich ihren Geschäftsbereich betreffen, sind die Bereichspartner allein berechtigt. Die übrigen Partner sind nur insoweit geschäftsführungsbefugt, wie es die selbständige und eigenverantwortliche Betreuung der Mandate erfordert. Bei der Entscheidung über die Annahme, Ablehnung oder Beendigung eines Mandats bedürfen sie der Zustimmung des jeweiligen Bereichspartners. Zur Erledigung laufender Geschäfte ist jeder Partner allein geschäftsführungsbefugt, sofern die Partnerschaft nicht mit mehr als . . . . . . EUR verpflichtet wird.
(2) Die Partnerschaft wird von den Bereichspartnern gemeinschaftlich unter Ausschluss der übrigen Partner vertreten. Jeder Bereichspartner gilt zur Vornahme der Geschäfte, die lediglich seinen Geschäftsbereich betreffen, als von den anderen Bereichspartnern ermächtigt. Die übrigen Partner haben Anspruch auf Erteilung einer zeitlich unbegrenzten Vollmacht zur Vertretung der Partnerschaft in dem Umfang, wie sie zur Geschäftsführung berechtigt sind.
Kumulativ:
(3) Die Geschäftsführungsbefugnis für die Partnerschaft kann einem geschäftsführenden Ausschuss übertragen werden. Dessen Aufgabengebiet, Rechte und Pflichten, Regelungen zur Mitgliederwahl und innere Organisation werden in einer von den Partnern zu erlassenden Geschäftsordnung festgeschrieben.)

(3) Die Entziehung der Geschäftsführungs- oder Vertretungsbefugnis bedarf keiner gerichtlichen Entscheidung, sondern wird mit Zugang des Beschlusses der Partnerversammlung wirksam.[17]

§ 7 Partnerversammlung und Beschlussfassung[18]

(1) Die Partnerschaft fasst Beschlüsse, die keine Geschäftsführungsmaßnahmen des täglichen Geschäfts betreffen, mit einfacher Mehrheit, soweit in diesem Vertrag oder durch zwingendes Recht nichts anderes bestimmt ist. Die Mehrheit wird nach den Anteilen an der Partnerschaft bestimmt.

(2) Einer Dreiviertelmehrheit und zwingend der Zustimmung der betroffenen Partner bedürfen Beschlüsse über

a) die Änderung des Gewinnverteilungsschlüssels,
b) die Beteiligung am Liquidationserlös,
c) die Einschränkung von Informationsrechten eines Partners,
d) den Entzug der Geschäftsführungs- oder Vertretungsbefugnis aus wichtigem Grund,
e) die Übertragung der Geschäftsführungs- und Vertretungsbefugnis auf einzelne Partner oder an einen geschäftsführenden Ausschuss sowie Verabschiedung, Änderung und Aufhebung der Geschäftsordnung des Ausschusses.

(3) Der Zustimmung aller Partner bedürfen Beschlüsse über

a) die Annahme von Mandaten, bei denen die Haftpflichtversicherungshöchstsumme überschritten wird,
b) die Gründung von Zweigstellen und Zweigniederlassungen,

c) die Aufnahme und den Ausschluss von Partnern,

d) die Auflösung der Partnerschaft.

(Kumulativ bei Gründung einer PartG mbB:

(e) Die Kündigung oder Änderung des Haftpflichtversicherungsvertrages der Partnerschaft mit der Folge, dass die zur Beschränkung der Berufshaftung einzuhaltenden berufsrechtlichen Vorgaben nicht mehr erfüllt sind.[19]

Alternative:

(1) Die Beschlussfassung der Partner hat grundsätzlich einstimmig zu erfolgen.)

(4) Die Beschlussfassung erfolgt in Partnerversammlungen, sofern die Partner nicht einstimmig ein anderes Verfahren festlegen.

(5) Die Partnerversammlung ist beschlussfähig, wenn . . . . . . % der Partner anwesend oder vertreten sind. Ist die Partnerversammlung nicht beschlussfähig, kann innerhalb von . . . . . . eine erneute Partnerversammlung einberufen werden, die stets beschlussfähig ist. In der Ladung ist auf diese Möglichkeit hinzuweisen. Ein Partner kann nur durch einen anderen Partner vertreten werden, sofern die Partnerversammlung nicht etwas anderes beschließt.

(6) Klagen gegen die Beschlüsse der Partnerschaft müssen spätestens einen Monat nach dem Zeitpunkt erhoben werden, zu welchem der Klageberechtigte Kenntnis von dem Beschluss erlangt hat.

§ 8 Rechte und Pflichten der Partner[20]

(1) Jeder Partner erbringt eine Einlage in Höhe von . . . . . . EUR.

(Kumulativ: Die Partner bringen folgende in ihrem jeweiligen Alleineigentum stehende Gegenstände unter Ausschluss der Gewährleistung zu dem in Anlage 1 festgesetzten Buchwert in die Partnerschaft ein:

a) Rechtsanwalt A die in Anlage 1 zu diesem Vertrag aufgeführten Gegenstände,

b) Rechtsanwalt B die in Anlage 1 zu diesem Vertrag aufgeführten Gegenstände,

c) Wirtschaftsprüfer C die in Anlage 1 zu diesem Vertrag aufgeführten Gegenstände.

d) Steuerberater D die in Anlage 1 zu diesem Vertrag aufgeführten Gegenstände.

Sämtliche Sacheinlagen werden an die Partnerschaft übereignet und übergeben.

Jeder Partner hat die Differenz zwischen dem Gesamtbuchwert aller eingebrachten Sacheinlagen und der übernommenen Einlageverpflichtung als Bareinlage zu erbringen.)

(2) Die Partner verpflichten sich, ihre ganze Arbeitskraft der Partnerschaft zu widmen und die übertragenen Mandate mit der erforderlichen Sorgfalt zu bearbeiten.[21] Eine entgeltliche oder unentgeltliche Nebenbeschäftigung oder die Übernahme von Ämtern ist nur mit Zustimmung der anderen Partner zulässig. Die Zustimmung darf nur aus wichtigem Grund versagt werden.

(3) Mandate sind grundsätzlich der Partnerschaft zu erteilen, soweit nicht gesetzliche oder berufsrechtliche Regelungen entgegenstehen.[22] Insbesondere Mandate in Straf- und Bußgeldsachen werden nur von dem beauftragten Partner übernommen.[23] Partner, die als Wirtschaftsprüfer bestellt sind, bleiben befugt, Aufträge zur Durchführung gesetzlich vorgeschriebener Abschlussprüfungen nach § 316 HGB in eigenem Namen anzunehmen.[24] Für die Einnahmen aus ausnahmsweise als Einzelmandat übernommenen Aufträgen gilt § 11 Abs. 1 des Vertrages.

(4) Über die Annahme oder Ablehnung neuer Mandate entscheidet vorbehaltlich der Regelung in § 7 Abs. 3a des Vertrages jeder Partner selbst unter Beachtung des anwalt-

lichen Berufsrechts, insbesondere nach sorgfältiger Prüfung möglicher Interessenkonflikte. Widerspricht ein Partner der Annahme eines Mandats oder verlangt er begründet die Niederlegung, muss das Mandat abgelehnt bzw. niedergelegt werden.

(5) Die Partner bringen ihre bisherigen Einzelmandate in die Partnerschaft ein. Soweit ein Einzelmandat mangels Zustimmung eines Mandanten nicht in die Partnerschaft einbezogen werden kann, bleibt es nach außen hin als solches des jeweiligen Partners bestehen. Im Innenverhältnis wird es jedoch für Rechnung der Partnerschaft bearbeitet.

(6) Über die Bearbeitung neuer Mandate unterrichten sich die Partner gegenseitig fortlaufend.

(7) Jeder Partner hat gegenüber den anderen Partnern Anspruch auf Auskunft über die Angelegenheiten der Partnerschaft und kann Einsicht in die Bücher und Unterlagen der Partnerschaft verlangen.[25]

(8) Jeder verheiratete Partner vereinbart vertraglich mit seinem Ehegatten, dass er jederzeit als alleiniger Rechtsinhaber über seinen Gesellschaftsanteil verfügen kann. Ferner vereinbaren die Ehegatten, dass der Gesellschaftsanteil, sowie daraus resultierende Wertsteigerungen, keinem scheidungsbedingten Zugewinn- oder sonstigem Wertausgleich unterliegen. Die Partner verpflichten sich, die güterrechtlichen Vereinbarungen mit ihren Ehegatten gegenüber der Gesellschaft offen zu legen. Änderungen zeigen sie unverzüglich an. Dies geschieht in der Regel durch die Vorlage einer beglaubigten Ausfertigung des Ehevertrages. Von der Verpflichtung dieses Absatzes abweichende Regelungen dürfen auch nach der Offenlegung eines Ehevertrages nicht getroffen werden. Dieser Absatz gilt auch für Lebenspartner nach dem LPartG sowie für Güterstände nach nicht-deutschem Recht.

§ 9 Urlaub und Krankheit

(1) Jedem Partner steht jährlich ein Urlaub von . . . . . . Werktagen zu. Der Urlaub ist in Abstimmung mit den anderen Partnern im laufenden Geschäftsjahr zu nehmen. Während des Urlaubs vertreten sich die Partner wechselseitig.

(2) Ist ein Partner aufgrund krankheitsbedingter Arbeitsunfähigkeit während eines Zeitraumes von einem Jahr mehr als drei Monate nicht in vollem Umfang für die Gesellschaft tätig, so kann die Partnerversammlung mit Beginn des vierten Monats beschließen, dass zu Lasten des Gewinnanteils des erkrankten Partners ein juristischer Mitarbeiter als Vertretung angestellt wird. Dauert die Erkrankung des Partners länger als ein Jahr, so kann die Partnerversammlung beschließen, seinen Gewinnanteil angemessen herabzusetzen.

(3) Dauert die Erkrankung länger als zwei Jahre, so kann die Partnerversammlung den Partner aus der Partnerschaft ausschließen.

(4) Im Falle der Erkrankung eines Partners vertreten ihn die anderen Partner.

§ 10 Vermögen der Partnerschaft

(1) Alle der gemeinschaftlichen Berufsausübung dienenden Gegenstände sind Vermögen der Partnerschaft. Dies gilt auch für Gegenstände, die künftig angeschafft werden. Ausgenommen sind Inventargegenstände, die der Partner auf eigene Kosten anschafft und als sein Eigentum kennzeichnet. Der Partner überlässt diese Gegenstände unentgeltlich der Partnerschaft.

(2) Kraftfahrzeuge werden nicht von der Partnerschaft, sondern von den einzelnen Partnern auf eigene Kosten angeschafft und verbleiben in deren Eigentum.

§ 11 Einnahmen und Ausgaben

(1) Sämtliche Einnahmen aus der Berufsausübung der Partner sind Einnahmen der Partnerschaft. Dies gilt auch für Einkünfte aus der Tätigkeit als Ratsmitglied, Notar, Schiedsrichter oder Testamentsvollstrecker. Ausgenommen sind Einnahmen eines Partners aus wissenschaftlicher und schriftstellerischer Tätigkeit sowie solche aus Vortragstätigkeit.

(2) Alle durch den Betrieb der Partnerschaft veranlassten Ausgaben sind solche der Partnerschaft. Dazu zählen insbesondere Beiträge zur Rechtsanwaltskammer, Angestelltengehälter, Prämien für die mit der Berufsausübung in Zusammenhang stehenden Versicherungen und Ausgaben für Büromiete und Fachliteratur. Dies gilt auch für Aufwendungen für Fortbildungsveranstaltungen, Seminare und Tagungen (einschließlich Reise- und Übernachtungskosten), sofern die übrigen Partner der Teilnahme zugestimmt haben.

(3) Kraftfahrzeugkosten und Aufwendungen für nicht zum Gesellschaftsvermögen gehörendes Inventar sind keine Ausgaben der Partnerschaft.

(Alternative: (3) Die Kosten der von den Partnern genutzten Kraftfahrzeuge werden im Außenverhältnis von der Partnerschaft getragen. Im Innenverhältnis sind die entstehenden Kosten mit Ausnahme der Mehrwertsteuer, soweit diese als Vorsteuer geltend gemacht werden kann, als Entnahmen des jeweiligen Partners zu behandeln.)

(4) Alle Einnahmen und Ausgaben sind in einer geordneten Buchführung fortlaufend aufzuzeichnen. Die Buchführung erfolgt nach dem System der Einnahme-Überschussrechnung.

§ 12 Gewinnermittlung und –verteilung, Entnahme[26]

(1) Innerhalb von sechs Monaten nach Ende des Geschäftsjahres ist ein Rechnungsabschluss zu erstellen, der den Saldo zwischen Einnahmen und Ausgaben ausweist. Der Rechnungsabschluss ist durch Partnerbeschluss festzustellen. Kommt innerhalb eines Monats nach Erstellung des Rechnungsabschlusses kein Feststellungsbeschluss durch die Partner zustande, stellt ein Gutachter den Rechnungsabschluss verbindlich fest.

(2) Die Verteilung von Gewinnen und Verlusten erfolgt nach Geschäftsanteilen.

(Alternative 1 (Lockstep): (2) Am Gewinn und Verlust der Partnerschaft sind die Partner jeweils mit demjenigen Prozentsatz beteiligt, der dem Verhältnis der von ihnen erreichten Punktzahl zur erreichten Gesamtpunktzahl aller Partner entspricht.
Mit dem Eintritt in die Partnerschaft erhält der Partner 100 Punkte. Die Punktzahl erhöht sich jährlich um 5 Punkte, bis die Höchstpunktzahl von 200 Punkten erreicht ist. Ab Vollendung des 60. Lebensjahres verringert sich das Punktekonto um jährlich 10 Punkte.

Alternative 2 (Quotenvereinbarung): (2) Vom Gewinn der Partnerschaft erhalten:

a) Rechtsanwalt A . . . . . . %,
b) Rechtsanwalt B . . . . . . %,
c) Wirtschaftsprüfer C . . . . . . %.
d) Steuerberater D . . . . . . %.

Alternative 3 (Verteilung nach Produktivität): (2) Der Gewinnanteil des Partners richtet sich nach seinem Anteil an den insgesamt abrechenbaren Arbeitsstunden.)

(3) Auf Beschluss der Partner ist eine Rücklage zu bilden bis zu einer Höhe von . . . . . . EUR.

(Alternative: (3) Die Partner bilden eine gemeinschaftliche Rücklage in Höhe von ......
% der Betriebsausgaben des vorherigen Geschäftsjahres. Von jedem Partner werden
jährlich bis zu ...... % des Gewinnanteils einbehalten und einem gemeinsamen
Rücklagenkonto zugeführt. Überschüsse über die vereinbarte Rücklage hinaus sind
anteilig auf die Privatkonten der Partner zurückzuzahlen.)

(4) Zu Beginn eines jeden Geschäftsjahres legen die Partner die laufenden monatlichen
Entnahmen fest (Gewinnvorab). Auf eine ausreichende Liquidität der Partnerschaft ist
hierbei Rücksicht zu nehmen. Der Gewinnvorab wird entsprechend auf den Gewinnanteil
des jeweiligen Partners angerechnet. Überschreiten die Entnahmen eines Partners seinen
Gewinnanteil, hat er die zu viel entnommenen Beträge innerhalb eines Monats auszugleichen.

(5) Die Partnerschaft führt für jeden Partner jeweils ein Kapitalkonto für die Einlagen
gem. § 8 Abs. 1 des Vertrages und ein Privatkonto. Auf dem Privatkonto werden die
Gewinnanteile und Tätigkeitsvergütungen gutgeschrieben und die Verlustanteile und
Entnahmen abgeschrieben.

§ 13 Versicherungen, Haftung

(1) Die Partnerschaft schließt eine Berufshaftpflichtversicherung ab, welche den für
Steuerberaterpartnerschaften geltenden berufsrechtlichen Anforderungen genügt und zusätzlich die persönliche Haftung sämtlicher Partner und angestellter Rechtsanwälte,
Wirtschaftsprüfer und Steuerberater, auch für Tätigkeiten außerhalb der Partnerschaft,
abdeckt. Dabei werden die durch das jeweilige Berufsrecht vorgegebenen Mindest-
deckungssummen nicht unterschritten.[27]

(Alternative bei Gründung einer PartG mbB: (1) Die Partnerschaft schließt eine Berufs-
haftpflichtversicherung nach Maßgabe der für Rechtsanwaltspartnerschaften mit be-
schränkter Berufshaftung geltenden berufsrechtlichen Anforderungen ab, welche zusätz-
lich die persönliche Haftung sämtlicher Partner und angestellter Rechtsanwälte,
Wirtschaftsprüfer und Steuerberater für Tätigkeiten außerhalb der Partnerschaft ab-
deckt. Dabei werden die durch das jeweilige Berufsrecht vorgegebenen Mindest-
deckungssummen nicht unterschritten.[28])

(2) Die Angemessenheit der Deckungssummen wird von den Partnern in regelmäßigen
Abständen überprüft. Veränderte Umstände, aufgrund derer jeder Partner das Recht hat,
eine angemessene Erhöhung der Versicherung zu verlangen, sind insbesondere die Übernahme von Mandaten mit hohen Streitwerten sowie die Ausweitung der Tätigkeiten der
Partnerschaft.

(3) Die Partnerversammlung beschließt einen Geschäftsverteilungsplan, der eine eindeutige Zuordnung von Mandaten zu den einzelnen Partnern ermöglicht. Alle angestellten
und freien Mitarbeiter sind jeweils einem Partner zugewiesen, welcher die Mandatsbearbeitung überwacht. In den Mandatsverträgen der Partnerschaft ist der jeweils zuständige
Partner ausdrücklich anzugeben.[29]

(4) Hat ein Partner eine Pflichtverletzung während seiner beruflichen Tätigkeit weder
vorsätzlich noch grob fahrlässig begangen, tritt im Haftungsfall die Partnerschaft im
Innenverhältnis für diesen Partner ein.[30]

(Alternative zu (3) und (4) bei Gründung einer PartG mbB:
(3) Ansprüche der Partnerschaft gegen einen Partner wegen Pflichtverletzungen, die
dieser während seiner beruflichen Tätigkeit weder vorsätzlich noch grob fahrlässig
begangen hat, sind ausgeschlossen. Gleiches gilt für etwaige Nachschusspflichten der
Partner in der Liquidation aufgrund von Verlusten der Partnerschaft im Zusammen-

hang mit der Berufshaftung. Ist ein Partner für die Verletzung von Pflichten oder Obliegenheiten der Partnerschaft verantwortlich, die zur Leistungsfreiheit des Versicherers führen, tritt im Regressfall die Partnerschaft im Innenverhältnis für diesen Partner ein, wenn er sich weder vorsätzlich noch grob fahrlässig verhalten hat.[31])

(5) Versäumt es ein Partner, bei der Mandatsannahme eine erforderliche, mit der Deckungssumme korrelierende Haftungsbeschränkung zu vereinbaren, haftet er im Innenverhältnis für den von der Haftpflichtversicherung nicht gedeckten Schaden allein, soweit die Partner nicht eine Annahme des Mandats ohne Haftungsbeschränkung beschlossen haben.[32]

§ 14 Eintritt neuer Partner

(1) Die Aufnahme weiterer Partner sowie die Verfügung über Gesellschaftsanteile bedürfen der Zustimmung aller Partner.

(2) Partner dürfen nur Rechtsanwälte, Wirtschaftsprüfer und Steuerberater sein.

§ 15 Kündigung, Ausschluss und sonstige Ausscheidensgründe[33]

(1) Jeder Partner kann seine Mitgliedschaft in der Partnerschaft zum Schluss eines jeden Geschäftsjahres mit einer Frist von sechs Monaten kündigen.[34] Liegt ein wichtiger Grund vor, so kann jeder Partner seine Mitgliedschaft auch ohne Einhaltung einer Frist außerordentlich kündigen.[35] Die Kündigung hat schriftlich zu erfolgen.

(Kumulativ: Eine ordentliche Kündigung der Partnerschaft ist bis zum . . . . . . ausgeschlossen.)

(2) Kündigt ein Partner seine Mitgliedschaft, so scheidet er aus der Partnerschaft aus.

(3) Der Ausschluss eines Partners bedarf eines wichtigen Grundes. Er erfolgt durch Beschluss der Partnerversammlung, bei dem der betroffene Partner kein Stimmrecht hat, und wird mit Zugang beim Auszuschließenden wirksam.[36]

(4) Ein wichtiger Grund liegt insbesondere vor, wenn über das Vermögen eines Partners das Insolvenzverfahren eröffnet oder der Anteil des Partners an der Partnerschaft gepfändet oder sonst in diesen vollstreckt wird. Sofern diese Maßnahmen innerhalb eines Monats aufgehoben werden, sind die übrigen Partner verpflichtet, den zuvor ausgeschlossenen Partner wieder in die Partnerschaft aufzunehmen. Ein Verstoß gegen die Pflichten aus § 8 Abs. 8 des Vertrages stellt ebenfalls einen wichtigen Grund dar.

(Kumulativ: (4) Innerhalb von drei Jahren nach Aufnahme eines neuen Partners kann dieser mit einer Frist von drei Monaten auch ohne Vorliegen eines wichtigen Grundes aus der Partnerschaft ausgeschlossen werden. Der Ausschluss bedarf eines einstimmigen Partnerbeschlusses, bei dem der auszuschließende Partner nicht stimmberechtigt ist.)

(5) Weitere Gründe für ein Ausscheiden aus der Partnerschaft sind

a) der Tod des Partners,
b) der Verlust der Berufszulassung.[37]

(Kumulativ: c) der Eintritt des Versorgungsfalls.)

(6) Scheidet ein Partner aus der Partnerschaft aus, so wird die Partnerschaft mit den übrigen Partnern fortgesetzt.[38] Der Geschäftsanteil des ausscheidenden Partners geht entsprechend seiner Beteiligung gem. § 5 Abs. 2 des Vertrages auf die übrigen Partner über. Verbleibt nur noch ein Partner, hat er das Recht, die Kanzlei ohne vorherige Liquidation fortzuführen.

(7) Der Gesellschaftsanteil ist nicht vererblich.[39]

(8) Über das Ausscheiden eines Partners werden die Mandanten gem. §§ 32 BORA, 26 BOStB in Kenntnis gesetzt.

§ 16 Auflösung der Partnerschaft

(1) Wird die Partnerschaft aufgelöst, wird das Liquidationsergebnis im Verhältnis der jeweiligen Beteiligungen an die Partner verteilt.[40]

(2) Die Partner sind verpflichtet, sich um eine Regelung zu bemühen, welchem Partner die bisher von der Partnerschaft betreuten Mandatsverhältnisse übertragen werden sollen. Ist keine Einigung zu erzielen, ist gem. §§ 32 BORA, 26 BOStB zu verfahren.[41]

§ 17 Abfindung[42]

(1) Der ausscheidende Partner hat einen Abfindungsanspruch in Höhe seines Anteils am Wert der Partnerschaft. Der Wert der Partnerschaft ist anhand der Umsatzmethode gem. der Empfehlung der Bundesrechtsanwaltskammer (BRAK-Mitt. 2009, 268) durch einen Gutachter zu bestimmen. Zudem hat er einen Anspruch auf Auszahlung des Guthabens auf den für ihn bei der Partnerschaft geführten Konten, des auf ihn entfallenden Anteils an der Rücklage und des Gewinnanteils für das laufende Geschäftsjahr bis zum Tag seines Ausscheidens.

(Alternative: (1) Scheidet ein Partner gleich aus welchem Grund aus der Partnerschaft aus, so hat er bzw. haben seine Erben ausschließlich einen Anspruch auf

a) Auszahlung des Guthabens auf den für ihn bei der Partnerschaft geführten Konten,
b) den auf ihn entfallenden Anteil an der Rücklage,
c) den Gewinnanteil für das laufende Geschäftsjahr bis zum Tag seines Ausscheidens.)

(2) Die Abfindung ist beginnend mit dem 7. Monat nach dem Ausscheiden in halbjährlichen Raten auszuzahlen. Die Raten belaufen sich auf . . . . . . % des Abfindungsguthabens.

(3) Weitere Ansprüche sind ausgeschlossen. Insbesondere hat der Ausscheidende keinen Anspruch auf Beteiligung an laufenden Mandaten und auf eine Befreiung von Verbindlichkeiten der Partnerschaft im Außenverhältnis. Im Innenverhältnis wird der ausgeschiedene Partner von den gemeinschaftlichen Schulden der Partnerschaft freigestellt, soweit diese nicht auf ein vorsätzliches oder grob fahrlässiges Fehlverhalten des Ausgeschiedenen aus der Zeit vor dem Ausscheiden zurückzuführen sind.

§ 18 Mandatsschutz

(1) Der ausgeschiedene Partner darf innerhalb von zwei Jahren nach seinem Ausscheiden keine Mandate von Auftraggebern, die in den zwei Jahren zuvor zum Mandantenkreis der Partnerschaft gehört haben, annehmen. Ein Verstoß gegen diese Pflicht hat einen Anspruch der Partnerschaft auf Abgabe von 25 % des Honorars aus dem betreffenden Mandatsverhältnis zur Folge. Ausgenommen sind Mandate, die der Ausscheidende selbst in die Partnerschaft eingebracht hat.

(2) Abs. 1 findet keine Anwendung, wenn der Partner aus einem durch die anderen Partner begründeten wichtigen Grund ausgeschieden ist.

§ 19 Schlussbestimmungen

(1) Alle Streitigkeiten, die sich im Zusammenhang mit diesem Vertrag oder über seine Gültigkeit ergeben, werden nach der Schiedsgerichtsordnung der Deutschen Institution für Schiedsgerichtsbarkeit e. V. (DIS) unter Ausschluss des ordentlichen Rechtsweges endgültig entschieden.

(2) Ansprüche aus diesem Vertrag können, soweit nichts anderes vereinbart ist, nur mit Zustimmung der Partnerschaft abgetreten, verpfändet oder mit einem Nießbrauch belastet werden.

(3) Nebenabreden zu diesem Vertrag bestehen nicht. Änderungen und/oder Ergänzungen dieses Vertrages bedürfen zu ihrer Gültigkeit der Schriftform.[43]

(4) Sollte eine Bestimmung dieses Vertrages unwirksam sein oder werden, so bleibt der Vertrag im Übrigen wirksam. In einem solchen Falle sind die Partner verpflichtet, an einer Neuregelung mitzuwirken, durch die ein der unwirksamen Bestimmung wirtschaftlich möglichst nahekommendes Ergebnis rechtswirksam erzielt wird. Entsprechendes gilt im Falle von ungewollten Regelungslücken.

. . . . . . , den . . . . . .

. . . . . .

(Unterschriften der Beteiligten)

Schrifttum: *Hense/Ulrich*, WPO Kommentar, 2. Aufl. 2013; *Henssler*, PartGG, 2. Aufl. 2008; *ders.*, Die interprofessionelle Zusammenarbeit des Anwalts mit anderen Berufen – Praxisprobleme und Reformbedarf, AnwBl. 2009, 670; *ders.*, Die PartGmbB – großer Wurf oder (zu) kleine Lösung, AnwBl. 2014, 96; *ders./Prütting*, BRAO, 4. Aufl. 2014; *Laukemann*, Partnerschaftsgesellschaft, 2009; *Lenz/Braun*, Partnerschaftsgesellschaftsvertrag, 4. Aufl. 2009; *Limmer*, Partnerschaftsgesellschaftsvertrag, ZAP 2001, 643 = Fach 26, S. 1; *Meilicke/Graf v. Westphalen/Hoffmann/Lenz/Wolff*, PartGG, 2. Aufl. 2006; *Michalski/Römermann*, PartGG, 4. Aufl. 2014; *dies.*, Vertrag der Partnerschaftsgesellschaft, 3. Aufl. 2002; *Offermann-Burckart*, Anwaltliches Gesellschaftsrecht – das kleine Einmaleins der PartG, AnwBl. 2014, 194; *dies.*, Anwaltliches Gesellschaftsrecht – das große Einmaleins der PartG, AnwBl. 2014, 366; *Stuber*, Die Partnerschaftsgesellschaft, 2. Aufl. 2001; *Uwer/Roeding*, Wege in die Partnerschaftsgesellschaft mit beschränkter Berufshaftung, AnwBl. 2013, 309; *Wertenbruch*, Die Innenhaftung bei der Partnerschaftsgesellschaft mbB, NZG 2013, 1006.

Anmerkungen

1. **Partnerschaft.** Die Partnerschaft ist eine Gesellschaft, in der sich Angehörige **Freier Berufe** zur Ausübung ihrer Berufe zusammenschließen (§ 1 Abs. 1 S. 1 PartGG). In **Abgrenzung zur Sozietät** in der Rechtsform der GbR entsteht sie erst mit der Eintragung ins Partnerschaftsregister (§ 7 Abs. 1 S. 1 PartGG). Die zwingende Publizität birgt zwar gewisse Nachteile (Beglaubigungskosten für Anträge, Haftungsgefahren bei Versäumnissen), erleichtert aber Nachweise ggü. Dritten, insbes. Behörden und ausländischen Registern. Die Hauptvorteile der Partnerschaft liegen im Bereich der persönlichen Haftung für Berufsfehler, die sich in der „gewöhnlichen" Partnerschaft auf den mandatsbearbeitenden Partner konzentriert (§ 8 Abs. 2 PartGG, → Anm. 29) und in der Partnerschaft mit beschränkter Berufshaftung gänzlich entfällt (§ 8 Abs. 4 PartGG, → Anm. 28). Durch zahlreiche Verweise auf die §§ 105 ff. HGB ist die Partnerschaft der OHG angenähert (vgl. §§ 2 Abs. 2, 4 Abs. 1 S. 1, 5 Abs. 2, 6 Abs. 3 S. 2, 7 Abs. 2, 3 und 5, 8 Abs. 1 S. 2 PartGG); iÜ finden subsidiär die §§ 705 ff. BGB Anwendung (§ 1 Abs. 4 PartGG). Im Folgenden sollen nur die Besonderheiten der Partnerschaft erläutert werden, iÜ ist auf die Anmerkungen zum Sozietätsvertrag zu verweisen (→ Form. B. I. 2)

2. Form und Mindestinhalt. Der Partnerschaftsvertrag bedarf gem. § 3 Abs. 1 S. 1 PartGG der **Schriftform**, er muss also von allen Partnern auf derselben Urkunde eigenhändig unterschrieben werden (§ 126 BGB). Das Schriftformerfordernis gilt auch für spätere Vertragsänderungen. Ein formlos geschlossener Partnerschaftsvertrag ist nach § 125 S. 1 BGB nichtig (MWHLW/*Meilicke* § 3 Rn. 10; aA MHdB GesR I/*Salger* § 38 Rn. 11). Die notwendigen **Mindestbestandteile** sind in § 3 Abs. 2 PartGG aufgelistet: Name, Sitz und Gegenstand der Partnerschaft sowie Angaben zu den Partnern (→ Anm. 4,, → Anm. 8, → Anm. 10, → Anm. 13)

3. Interprofessionelle Zusammenarbeit von Rechtsanwälten, Wirtschaftsprüfern und Steuerberatern. § 1 Abs. 1 S. 1 PartGG begrenzt den Kreis potentieller Partner lediglich auf Angehörige Freier Berufe, von denen die wichtigsten in § 1 Abs. 2 S. 2 PartGG aufgezählt werden. Weitere Schranken für die interprofessionelle Zusammenarbeit (hierzu ausf. *Henssler* AnwBl. 2009, 670 ff.) können sich jedoch aus den **Berufsrechten** ergeben, wie § 1 Abs. 3 PartGG klarstellt. Dabei gilt das Prinzip des „kleinsten gemeinsamen Nenners" (vgl. *Henssler* PartGG § 1 Rn. 210), dh es ist bei im Einzelfall abweichenden Regelungen das jeweils strengste Berufsrecht maßgeblich.

Für **Anwälte** regelt § 59a BRAO einheitlich die Voraussetzungen der gemeinsamen Berufsausübung in der GbR und der Partnerschaft. Das Berufsrecht der **Wirtschaftsprüfer und Steuerberater** unterscheidet hingegen zwischen zwei Arten von Partnerschaften:

(1) Soll die Partnerschaft **als Wirtschaftsprüfungs- bzw. Steuerberatungsgesellschaft anerkannt** werden, muss sie ein förmliches Zulassungsverfahren durchlaufen und besonderen Anforderungen genügen (§§ 27 ff. WPO, 49 ff. StBerG). Verlangt wird insbes., dass die Partnerschaft mehrheitlich (§ 28 Abs. 1 S. 1 WPO) bzw. mindestens paritätisch (§ 50 Abs. 4 StBerG) aus den jeweiligen Berufsangehörigen besteht, so dass eine gleichberechtigte Zusammenarbeit faktisch unmöglich ist, sofern die Partner nicht über Mehrfachqualifikationen verfügen. Das BVerfG hat vergleichbare Mehrheitserfordernisse bei der RA-GmbH teilweise für verfassungswidrig erklärt (BVerfG NJW 2014, 613). Inwieweit es deswegen zu einer Liberalisierung auch des Berufsrechts der Wirtschaftsprüfer und Steuerberater kommen wird, ist noch nicht abzusehen.

(2) Für die hier gewählte „einfache" Partnerschaft (ausf. *Henssler* PartGG § 1 Rn. 293 ff., 312 ff.) gelten dagegen weniger strenge Voraussetzungen (§ 56 StBerG und § 43a Abs. 1, 2 S. 1 iVm § 44b WPO analog; kritisch zu dieser Analogie Hense/Ulrich/*Schnepel* WPO § 44b Rn. 45 ff.). Dafür müssen gewisse Einbußen bei den Aufgaben hingenommen werden, welche die Gesellschaft wahrnehmen darf. Zwar besitzt sie nach § 3 Nr. 2 StBerG die unbeschränkte Befugnis zur geschäftsmäßigen Hilfeleistung in Steuersachen. Die Vorbehaltsaufgaben der Wirtschaftsprüfer können jedoch nur von diesen persönlich und nicht im Namen der Partnerschaft wahrgenommen werden, da die einfache Partnerschaft nicht in § 319 HGB als gesetzliche Abschlussprüferin vorgesehen ist (s. Hense/Ulrich/*Schnepel* WPO § 43a Rn. 42 f.). Zu den Auswirkungen → Anm. 9, → Anm. 24.

4. Name. Der Name der Partnerschaft gehört zu den zwingenden Vertragsbestandteilen (§ 3 Abs. 2 Nr. 1 PartGG). Gem. § 2 Abs. 1 S. 1 PartGG setzt er sich aus **mindestens drei Bestandteilen** zusammen:

(1) **Name mindestens eines Partners.** Der Familienname genügt (§ 2 Abs. 1 S. 2 PartGG).

(2) **Rechtsformhinweis.** Das Gesetz nennt lediglich zwei Alternativen, nämlich „und Partner" oder „Partnerschaft". Leichte Abwandlungen, die keinerlei Irreführungsgefahren bergen, sind jedoch ebenfalls zulässig, etwa „&/+ Partner", „und Partnerinnen", „PartG" oder „Partnerschaftsgesellschaft" (im Einzelnen str., s. *Henssler* PartGG § 2 Rn. 10 ff.). Bei Verwendung des Zusatzes „und Partner" ist darauf zu achten, dass es

neben den namensgebenden Gesellschaftern noch mindestens einen weiteren Partner geben muss. Zur PartG mbB → Anm. 5.

(3) Berufsbezeichnungen aller in der Partnerschaft vertretenen Berufe.

IÜ finden über die Verweisung des § 2 Abs. 2 PartGG die **Firmengrundsätze des HGB** entsprechende Anwendung: Firmenwahrheit (§ 18 Abs. 2 HGB), Firmenausschließlichkeit (§§ 18 Abs. 2, 30 HGB) und Firmenbeständigkeit (§§ 21, 22 Abs. 1, 24 HGB, → Anm. 7).

5. **Name der PartG mbB.** § 8 Abs. 4 S. 1 PartGG eröffnet seit dem 19.7.2013 die Möglichkeit einer im Vergleich zur „klassischen" Partnerschaft umfassenderen Haftungsbeschränkung. Nach dieser Vorschrift haftet für Verbindlichkeiten der Partnerschaft aus Schäden wegen fehlerhafter Berufsausübung den Gläubigern nur das Gesellschaftsvermögen, wenn die Partnerschaft eine zu diesem Zweck durch Gesetz vorgegebene Berufshaftpflichtversicherung unterhält (zu Einzelheiten → Anm. 28). Gem. § 8 Abs. 4 S. 3 PartGG muss in diesem Fall der Name der Partnerschaft den **Zusatz** „mit beschränkter Berufshaftung", die **Abkürzung „mbB"** oder eine **andere allgemein verständliche Abkürzung** dieser Bezeichnung enthalten; ausdrücklich zulässig ist hierbei auch die Verwendung der Kurzformen „Part" oder „PartG" (also etwa „PartmbB" oder „PartG mbB", nach Wahl mit oder ohne Leerzeichen). Von anderen als der im Gesetz genannten Abkürzung sollte vorsichtshalber Abstand genommen werden, insbes. vom Kürzel „mbH", das wegen der Gefahr einer Irreführung des Rechtsverkehrs bzgl. des Umfangs der Haftungsbeschränkung im Gesetzgebungsverfahren verworfen wurde (Begründung RegE, BT-Drs. 17/10487, 14).

Die korrekte Namensführung ist **keine Voraussetzung für das Eingreifen der gesetzlichen Haftungsbeschränkung**, § 8 Abs. 4 S. 3 PartGG wird als „reine Firmenvorschrift" bezeichnet (Bericht des Rechtsausschusses, BT-Drs. 17/13944, 20). Ihre Einhaltung ist jedoch dringend zu empfehlen, um firmenrechtlichen Sanktionen sowie einer etwaigen **Rechtsscheinhaftung** des handelnden Partners zu entgehen (ausf. Henssler/Prütting/*Henssler* § 8 PartGG Rn. 71 f.).

6. **Angabe der Partnernamen.** Nach § 7 Abs. 5 PartGG iVm § 125a Abs. 1 S. 1 HGB sind auf Geschäftsbriefen der Partnerschaft Rechtsform und Sitz sowie Registergericht und Registernummer anzugeben. Nach § 10 Abs. 1 S. 1 BORA müssen auf Briefbögen die Namen aller Partner angegeben werden; § 28 Abs. 3 S. 1 BS WP/vBP und § 9 Abs. 6, 7 BOStB verlangen zusätzlich die Angabe der jeweiligen Berufsbezeichnungen sowie der Niederlassung bei überörtlichen Partnerschaften.

7. **Namensfortführung.** Namen anderer Personen als der Partner dürfen als Bezeichnung für die Partnerschaft grds. nicht verwendet werden (§ 2 Abs. 1 S. 3 PartGG). § 2 Abs. 2 PartGG iVm § 24 Abs. 1, 2 HGB erlauben es jedoch, den Namen der Partnerschaft trotz Ausscheiden eines namensgebenden Partners fortzuführen, wenn dieser seine ausdrückliche Einwilligung erteilt hat. Eine antizipierte Einwilligung im Partnerschaftsvertrag ist daher sinnvoll. Gem. § 2 Abs. 2 Hs. 2 PartGG gilt § 24 Abs. 2 HGB auch bei Umwandlung einer GbR in eine Partnerschaft; die zuvor der GbR eingeräumte Fortführungsbefugnis umfasst grds. auch die Weiterverwendung im Namen der Partnerschaft (BGH NJW 2002, 2093 (2095 f.)).

8. **Gegenstand.** Die Angabe des Gegenstandes der Partnerschaft ist gem. § 3 Abs. 2 Nr. 3 PartGG zwingender Bestandteil des Partnerschaftsvertrages. Dabei muss es sich (jedenfalls schwerpunktmäßig) um die Ausübung eines oder mehrerer Freier Berufe handeln (§ 1 Abs. 1 S. 1 PartGG).

9. **Ausschluss von Vorbehaltsaufgaben der Wirtschaftsprüfer.** Die „einfache" Partnerschaft ist nicht berechtigt, selbst Aufgaben wahrzunehmen, die nach dem Gesetz Wirtschaftsprüfern und Wirtschaftsprüfungsgesellschaften vorbehalten sind, ihr können insbes. keine Prüfaufträge nach § 319 HGB erteilt werden (→ Anm. 3). Ist geplant, durch den späteren Erwerb von Mehrfachqualifikationen eine Anerkennung als Wirtschaftsprüfungsgesellschaft zu erlangen, kann auf die bloß klarstellende Einschränkung verzichtet werden.

10. Sitz. Der Sitz der Partnerschaft zählt nach § 3 Abs. 2 Nr. 1 PartGG zu den zwingenden Mindestbestandteilen des Vertrages. Ausreichend ist die Nennung des Ortes, so dass auf die vollständige Anschrift verzichtet werden kann. Die traditionell hM im Personengesellschaftsrecht geht davon aus, dass als Sitz zwingend der Ort der (Haupt-) Geschäftsführung (**Verwaltungssitz**) zu wählen ist (Henssler/Strohn/*Steitz* § 106 HGB Rn. 13). Seit der Änderung der §§ 5 AktG, 4a GmbHG sprechen allerdings die besseren Argumente dafür, auch bei den Personengesellschaften eine freie Sitzwahl anzuerkennen, da sich die Ungleichbehandlung gegenüber Kapitalgesellschaften nur schwer rechtfertigen lässt (ausf. *Koch* ZHR 173 (2009), 101 ff.). Zumindest bei überörtlichen Partnerschaften mit mehreren nahezu gleichwertigen Standorten muss eine verbindliche gesellschaftsvertragliche Auswahl möglich sein (*Henssler* PartGG § 3 Rn. 27). IÜ empfiehlt es sich jedoch bis zu einer höchstrichterlichen Klärung der Problematik, zur Vermeidung von Auseinandersetzungen mit dem Registergericht weiterhin den tatsächlichen Verwaltungssitz anzugeben.

Auswirkungen hat die Sitzwahl auf den allgemeinen Gerichtsstand der Partnerschaft (§ 17 Abs. 1 ZPO) und auf die Zuständigkeit des Registergerichts (§ 4 Abs. 1 iVm § 106 Abs. 1 HGB). Sie entscheidet damit uU indirekt über den Namen der Partnerschaft, der sich von den am selben Ort bereits eingetragenen Bezeichnungen deutlich unterscheiden muss (§ 2 Abs. 2 PartGG iVm § 30 HGB).

Zweigniederlassungen sind am Sitz der Hauptniederlassung einzutragen (§ 5 Abs. 2 PartGG iVm § 13 HGB). Bei ihrer Gründung müssen die berufsrechtlichen Vorgaben beachtet werden, die zT besondere Anforderungen an ihre Organisation stellen und Meldepflichten vorsehen (§ 27 BRAO iVm § 5 BORA; §§ 38 Nr. 3, 47 WPO iVm § 19 BS WP/vBP; § 34 StBerG iVm §§ 10 f. BOStB, §§ 46, 48 DVStB).

11. Eintragung. Die Partnerschaft ist beim Registergericht, in dessen Bezirk sie ihren Sitz hat, zur Eintragung ins Partnerschaftsregister anzumelden (§ 4 Abs. 1 S. 1 PartGG iVm § 106 Abs. 1 HGB). Die **Anmeldung** muss folgende **Angaben** enthalten (§ 4 Abs. 1 S. 2 iVm § 3 Abs. 2 PartGG):

(1) Name der Partnerschaft (s. § 1)

(2) Gegenstand der Partnerschaft (s. § 2)

(3) Sitz der Partnerschaft (s. § 3)

(4) Angaben zu den Partnern (s. § 5): Name, Vorname, Geburtsdatum, Wohnort und in der Partnerschaft ausgeübter Beruf. Ein Nachweis der Kammerzulassung ist grds. nicht erforderlich, da das Gericht die Angaben in der Anmeldung zugrunde legt, sofern es nicht positive Kenntnis von deren Unrichtigkeit hat (§ 4 Abs. 2 PartGG).

(5) Vertretungsmacht der Partner (s. § 6). Angaben hierzu sind auch dann erforderlich, wenn nicht von der gesetzlichen Regelung der Einzelvertretung abgewichen wird.

Zur Anmeldung einer **PartG mbB** iSv § 8 Abs. 4 PartGG (→ Anm. 28) muss eine **Versicherungsbescheinigung** gem. § 113 Abs. 2 VVG eingereicht werden. Dabei handelt es sich um ein Dokument, welches unter Angabe der Versicherungssumme bescheinigt, dass eine der zu bezeichnenden Rechtsvorschrift entsprechende Versicherung besteht.

Die Anmeldung ist **durch sämtliche Partner** vorzunehmen (§ 4 Abs. 1 S. 1 PartGG iVm § 108 HGB) und bedarf der **öffentlichen Beglaubigung** (§ 5 Abs. 2 PartGG iVm § 12 Abs. 1 S. 1 PartGG). Wird die Aufgabe einem Partner übertragen, so muss die Vollmacht ebenfalls beglaubigt werden (§ 12 Abs. 1 S. 2 PartGG). Die Pflicht, Namensunterschriften der vertretungsberechtigten Partner zur Aufbewahrung bei Gericht zu zeichnen, ist mit Streichung des § 108 Abs. 2 HGB aF entfallen.

12. Beginn. Die Partnerschaft wird nach § 7 Abs. 1 PartGG im Verhältnis zu Dritten mit ihrer Eintragung in das Partnerschaftsregister wirksam (**konstitutive Wirkung der Eintragung**). Beginnt die Partnerschaft ihre Geschäfte vor der Eintragung, entsteht zunächst eine GbR, die sich im Zeitpunkt der Eintragung in eine Partnerschaft umwandelt. Das hat zur Folge, dass die Haftungsbeschränkung des § 8 Abs. 2 PartGG den Gesellschaftern zunächst nicht zur Seite steht, vielmehr haften sie für die vor Eintragung begründeten Verbindlichkeiten entsprechend § 128 HGB grundsätzlich persönlich, unbeschränkt und gesamtschuldnerisch (ausf. *Henssler* PartGG § 7 Rn. 7 ff.). Soll die Partnerschaft aus Anlass der Aufnahme neuer Gesellschafter in eine bereits bestehende Sozietät gegründet werden, empfiehlt es sich, den Beitritt unter die aufschiebende Bedingung der Registereintragung zu stellen (Teichmann ua/*Dombek/Schmidt* Formularbibliothek Vertragsgestaltung Gesellschaftsrecht II, 2012 Teil 5 § 1 Rn. 52).

Wird ein Beginn der Partnerschaft vor Eintragung vereinbart, so gelten die Bestimmungen des Partnerschaftsvertrages sowie des § 6 PartGG im **Innenverhältnis** zwischen den Partnern bereits ab diesem Zeitpunkt. An der Rechtsnatur der „Vor-Partnerschaft" als GbR ändert dies nichts.

13. Partner. Zu dem Mindestinhalt des Partnerschaftsvertrags gehören nach § 3 Abs. 2 Nr. 2 PartGG Name, Vorname, Wohnort und in der Partnerschaft ausgeübter Beruf jedes Partners. Die Angabe des Geburtsdatums ist nicht erforderlich, empfiehlt sich aber mit Blick auf die Registereintragung (→ Anm. 11). Partner können **nur natürliche Personen** sein, die einem **Freien Beruf** angehören und diesen **in der Partnerschaft ausüben** (§ 1 Abs. 1 S. 1, 3 PartGG). Reine Kapitalbeteiligungen ohne aktive Mitarbeit sind grds. unzulässig (zu Einzelheiten *Henssler* PartGG § 1 Rn. 17, 22 ff., 92 ff., 200 ff.). Auch die Beteiligung von Stiftungen oder Vereinen zu Altersvorsorgezwecken, wie sie bei Wirtschaftsprüfungs- und Steuerberatungsgesellschaften üblich ist (§§ 28 Abs. 4 S. 3 WPO, 50a Abs. 2 S. 2 StBerG), scheidet bei der Partnerschaft aus.

14. Geschäftsführung und Vertretung im Überblick. Hinsichtlich Geschäftsführung und Vertretung der Partnerschaft verweisen §§ 6 Abs. 3 S. 2, 7 Abs. 3 PartGG auf die Vorschriften über die OHG. Die Geschäftsführungsbefugnisse im Innenverhältnis sind unter Beachtung der besonderen Vorgabe des § 6 Abs. 2 PartGG ähnlich wie bei der Sozietät in der Rechtsform der GbR (→ Form. B. I. 2 Anm. 8 ff.) frei bestimmbar. Die Vertretungsmacht der Partner im Außenverhältnis kann dagegen nur nach Maßgabe der §§ 125, 126 HGB eingeschränkt werden. Aus dem Zusammenspiel dieser Vorschriften ergeben sich im Wesentlichen folgende Gestaltungsvarianten:

(1) Ohne abweichende Regelung im Partnerschaftsvertrag bleibt es bei der **Alleingeschäftsführungs- und Vertretungsbefugnis sämtlicher Partner** gem. § 6 Abs. 3 S. 2 PartGG iVm §§ 114 Abs. 1, 115 Abs. 1 HGB und § 7 Abs. 3 PartGG iVm § 125 Abs. 1 HGB.

(2) Der **Ausschluss einzelner Partner von der Geschäftsführung** (vgl. § 6 Abs. 3 S. 2 PartGG iVm §§ 114 Abs. 2 HGB) ist nur in den **Grenzen des § 6 Abs. 2 PartGG** gestattet. Danach können die Partner, die ihre beruflichen Leistungen unter Beachtung des für sie geltenden Berufsrechts erbringen, im Partnerschaftsvertrag nur von der Führung der sonstigen Geschäfte ausgeschlossen werden. Zu Geschäftsführungsmaßnahmen in unmittelbarem Zusammenhang mit der **Berufsausübung** muss jeder Partner daher stets befugt bleiben. Hierzu zählt der Abschluss von Mandatsverträgen, deren Erfüllung sowie die Durchsetzung der Vergütung (*Henssler* PartGG § 6 Rn. 53). Unter die „**sonstigen Geschäfte**" fallen dagegen Angelegenheiten, die die Kanzleiorganisation betreffen, zB der Abschluss von Miet- und Arbeitsverträgen, der Einkauf von Büromaterial, der Erwerb von Grundbesitz sowie interne Handlungen wie Personal- und Buchführung oder Bibliothekspflege.

(3) Die Möglichkeit des **Ausschlusses einzelner Partner von der (organschaftlichen) Vertretungsbefugnis** (§ 7 Abs. 3 PartGG iVm § 125 Abs. 1 Hs. 2 HGB) wird durch § 6 Abs. 2 PartGG nicht unmittelbar eingeschränkt. Der Vorschrift ist allenfalls die Wertung

zu entnehmen, dass die Partner für solche Geschäfte vertretungsberechtigt sein müssen, die untrennbar mit der Berufsausübung verbunden sind. Ausreichend hierfür ist eine nicht auf das Einzelmandat beschränkte, rechtsgeschäftlich erteilte Handlungsvollmacht; organschaftliche Befugnisse müssen nicht eingeräumt werden (*Henssler* PartGG § 7 Rn. 40; MüKoBGB/*Schäfer* § 7 PartGG Rn. 18). **Sachliche Beschränkungen** des Umfangs der Vertretungsmacht etwa auf bestimmte Geschäfte sind nach § 7 Abs. 3 PartGG iVm § 126 Abs. 2 HGB **Dritten gegenüber unwirksam**, also als bloße Geschäftsführungsregeln zu deuten.

(4) Ebenfalls möglich ist die Vereinbarung einer **Gesamtgeschäftsführungs- und Vertretungsbefugnis** sämtlicher oder einzelner Partner (vgl. § 6 Abs. 3 S. 2 PartGG iVm §§ 115 Abs. 2 HGB und § 7 Abs. 3 PartGG iVm § 125 Abs. 2 HGB). § 6 Abs. 2 PartGG und die von den einzelnen Berufsrechten geforderte Unabhängigkeit stehen einer solchen Regelung nicht prinzipiell entgegen, da sie keinen Zwang zur Einzelgeschäftsführung im Bereich der Berufsausübung begründen (*Henssler* PartGG § 6 Rn. 55; MWHLW/*Meilicke* § 6 Rn. 45 ff; Michalski/Römermann/*Praß* PartGG § 6 Rn. 34). Bei interprofessionellen Partnerschaften dürfen allerdings gesetzliche Vorbehaltsaufgaben nur von den jeweils befugten Berufsangehörigen wahrgenommen werden.

Anders als in der GbR **fallen Geschäftsführungs- und Vertretungsbefugnisse häufig auseinander**, da sich im Innenverhältnis zulässige Einschränkungen nicht vollständig auf die Vertretungsmacht übertragen lassen. Um Interpretationsschwierigkeiten zu vermeiden, empfiehlt sich daher eine getrennte Regelung von Geschäftsführung und Vertretung.

15. „Gleichberechtigte" Partnerschaft. Die **Einzelgeschäftsführung und -vertretung** durch alle Partner entspricht dem gesetzlichen Grundmodell einer Partnerschaft von Gleichberechtigten, die sich gegenseitig vertrauen. Den Partnern steht nach § 6 Abs. 3 S. 2 PartGG iVm § 115 Abs. 1 Hs. 2 HGB ein **Widerspruchsrecht** zu, das seine Wirkung jedoch nur im Innenverhältnis entfaltet und die Vertretungsmacht unberührt lässt. Gleiches gilt für den Ausschluss „ungewöhnlicher" Geschäftsführungsmaßnahmen, die einen Beschluss der Partnerversammlung erfordern (§ 6 Abs. 3 S. 2 PartGG iVm § 116 Abs. 1, 2 PartGG). Setzt sich ein Partner über den Widerspruch eines Mitgesellschafters hinweg oder schließt er allein ein ungewöhnliches Geschäft ab, kann er zwar die Partnerschaft wirksam verpflichten. Er macht sich jedoch gegenüber der Partnerschaft schadensersatzpflichtig (§ 1 Abs. 4 PartGG iVm § 708 BGB) und sieht sich uU einem Rückgriff der übrigen Partner ausgesetzt, wenn diese nach § 8 Abs. 1 PartGG in Anspruch genommen werden (§ 426 BGB).

16. „Hierarchische" Partnerschaft mit getrennten Geschäftsbereichen. In größeren Zusammenschlüssen mit vielen Partnern, von denen einige mehr als die übrigen zum Vermögen und zur Reputation der Gesellschaft beigetragen haben, kann es sich anbieten, innerhalb des Kreises der Partner verschiedene Hierarchieebenen zu bilden. Bei dem hier vorgeschlagenen Modell wird zwischen zwei Arten von Partnern unterschieden:

(1) Die „Bereichspartner" sind grundsätzlich gemeinsam zur Geschäftsführung und zur Vertretung der Partnerschaft berechtigt (**Gesamtgeschäftsführung**), sollen aber bei solchen Geschäften, die lediglich ihren eigenen Geschäftsbereich betreffen, allein entscheiden können. Während eine derartige Regelung im Innenverhältnis unproblematisch möglich ist, bedarf es zu ihrer Umsetzung im Bereich der Vertretungsmacht eines „Umweges", da § 7 Abs. 3 PartGG iVm § 126 Abs. 2 HGB gegenständliche Beschränkungen der Vertretungsmacht verhindert. Die Lösung besteht darin, **Gesamtvertretung** zu vereinbaren und die gegenseitige Ermächtigung der Partner zur Vornahme derjenigen Geschäfte vorzusehen, die lediglich den jeweiligen Geschäftsbereich betreffen (§ 7 Abs. 3 PartGG iVm § 125 Abs. 2 S. 2 HGB).

(2) Die „übrigen Partner" sind **von der Geschäftsführung ausgeschlossen, soweit es** § 6 Abs. 2 PartGG zulässt (→ Anm. 14). Im Bereich der Berufsausübung sind sie an die

Mitwirkung eines Bereichspartners gebunden („Vier-Augen-Prinzip", → Form. B. I. 2 Anm. 14). An den „sonstigen Geschäften" wirken sie nur mit, wenn es sich um außergewöhnliche Geschäfte handelt, über welche die Partnerversammlung entscheidet. Laufende Geschäfte, die eine bestimmte Größenordnung nicht überschreiten, dürfen sie allerdings allein abschließen. Um zu vermeiden, dass den übrigen Partnern die unbeschränkte Vertretungsmacht entsprechend § 126 Abs. 1, 2 HGB zusteht, werden sie von der **organschaftlichen Vertretung vollständig ausgeschlossen** und haben lediglich Anspruch auf die gesonderte Erteilung einer zeitlich unbegrenzten (rechtsgeschäftlichen) Vollmacht, deren Umfang demjenigen ihrer Geschäftsführungsbefugnisse entspricht. Bei Überschreitung der Vertretungsmacht kann es dennoch zu einer Haftung der Partnerschaft nach Rechtsscheinsgrundsätzen kommen, wenn den Vertragspartnern die Beschränkungen nicht bekannt waren (§ 54 HGB ist nach hM jedoch nicht analog anzuwenden, vgl. Oetker/*Schubert* HGB § 54 Rn. 6).

Über die hier vorgeschlagene Ausgestaltung hinausgehend kann es sich anbieten, die Trennung in verschiedene Bereiche auch auf dem Gebiet der Gewinnverteilung fortzusetzen, etwa wenn die Bereiche eine unterschiedliche Profitabilität aufweisen oder die Umsatzerlöse in unterschiedlichem Maße von dem besonderen Ansehen und der Akquisitionsstärke des jeweiligen Bereichspartners abhängen.

17. **Entziehung der Geschäftsführungs- oder Vertretungsbefugnis.** Nach § 6 Abs. 3 S. 2 PartGG iVm § 117 HGB und § 7 Abs. 3 PartGG iVm § 127 HGB bedarf es zur Entziehung der Geschäftsführungs- und/oder Vertretungsbefugnis eines Partners einer gerichtlichen Entscheidung auf Antrag der übrigen Partner. Zu beachten ist, dass mit Blick auf § 6 Abs. 2 PartGG lediglich eine vorübergehende Entziehung in Frage kommt (Faustformel: ca. 3 Monate), darüber hinaus bleibt nur der Ausschluss des betroffenen Partners (*Henssler* § 6 PartGG Rn. 58, § 7 PartGG Rn. 44).

18. **Beschlussfassung.** Beschlüsse der Partnerversammlung sind grundsätzlich einstimmig zu fassen (§ 6 Abs. 3 S. 2 PartGG iVm § 119 Abs. 1 HGB). Wird eine Mehrheitsentscheidung vereinbart, ist die Mehrheit im Zweifel „nach Köpfen" zu berechnen (§ 6 Abs. 3 S. 2 PartGG iVm § 119 Abs. 1 HGB). Die Gestaltungsmöglichkeiten sind identisch mit denjenigen bei der GbR (→ Form. B. I. 2 Anm. 15 ff.).

19. **Beschlussfassung über den „Ausstieg" aus der PartG mbB.** Das Unterhalten einer den berufsrechtlichen Anforderungen genügenden Haftpflichtversicherung ist zentrale Voraussetzung für die Haftungsbeschränkung nach § 8 Abs. 4 S. 1 PartGG (→ Anm. 28). Die Entscheidung, diese Voraussetzung nicht mehr zu erfüllen, mit der Folge, dass wieder die ggf. nach § 8 Abs. 2 PartGG konzentrierte persönliche Haftung der Partner eintritt, stellt ein **Grundlagengeschäft** dar (vgl. *Henssler* AnwBl. 2014, 96 (98); *Tröger/Pfäffinger* JZ 2013, 812 (818)) und sollte ähnlich wie der Formwechsel von einer Kapital- in eine Personengesellschaft (§ 233 Abs. 1 UmwG) von der Zustimmung sämtlicher Partner abhängig gemacht werden. Eine ausdrückliche Regelung erscheint deshalb sinnvoll, weil bei der „gewöhnlichen" Partnerschaft Entscheidungen über die Haftpflichtversicherung durchaus als einfache Geschäftsführungsmaßnahmen qualifiziert werden können, und die gesetzliche Regelung in § 8 Abs. 4 S. 1 PartGG nicht an eine Änderung des Gesellschaftsvertrags (etwa des Namens, → Anm. 5), sondern allein an das Bestehen der Versicherung anknüpft. Die Einordnung als Grundlagengeschäft hat zur Folge, dass auch die Vertretungsmacht der geschäftsführenden Partner im Verhältnis zum Versicherer entsprechend begrenzt ist (vgl. Henssler/Strohn/*Steitz* § 126 HGB Rn. 7 ff.).

20. **Rechte und Pflichten der Partner im Innenverhältnis.** Die Rechte und Pflichten der Partner im Verhältnis zur Partnerschaft ergeben sich aus dem Partnerschaftsvertrag. Es sind vergleichbare Regelungen wie bei der GbR möglich (→ Form. B. I. 2 Anm. 24 ff.). Aufgrund der Verweisung in § 6 Abs. 3 S. 2 PartGG kommen subsidiär die **§§ 110 ff.** HGB zur Anwendung. Diese sehen im Unterschied zu den §§ 705 ff. BGB ein gesetzliches

Wettbewerbsverbot vor (§§ 113 f. HGB). Danach ist es den Partnern verwehrt, ohne Einwilligung ihrer Mitgesellschafter durch eine gleichartige Berufstätigkeit in Konkurrenz zur Partnerschaft zu treten (ausf. *Henssler* PartGG § 6 Rn. 68 ff.).

21. **Pflicht zur aktiven Mitarbeit.** Die Verpflichtung zur aktiven Mitarbeit folgt bei der Partnerschaft nicht nur aus der gesellschaftsrechtlichen Treuepflicht und den berufsrechtlichen Vorschriften, sondern auch aus § 1 Abs. 1 S. 1 PartGG. Zusätzliche Anforderungen im Vergleich zur GbR (→ Form. B. I. 2 Anm. 25) ergeben sich daraus allerdings nicht.

22. **Gesamtmandat.** Mandate kommen idR mit der nach § 7 Abs. 2 PartGG iVm § 124 Abs. 1 HGB rechtsfähigen Partnerschaft zustande (OLG Düsseldorf AnwBl. 2012, 372; Michalski/Römermann/*Praß* PartGG § 7 Rn. 34 mwN). Das gilt grds. auch für **interprofessionelle Partnerschaften** (→ Form. B. I. 2 Anm. 27). Den **berufsrechtlichen Anforderungen** wird auf Erfüllungsebene dadurch Rechnung getragen, dass die Partnerschaft nur durch solche Partner und Vertreter handeln darf, in deren Person die für die Erbringung der jeweiligen Dienstleistung gesetzlich vorgeschriebenen Voraussetzungen im Einzelfall vorliegen (vgl. § 7 Abs. 4 S. 1 PartGG). In einer interprofessionellen Partnerschaft von Rechtsanwälten, Wirtschaftsprüfern und Steuerberatern etwa sind zwar sämtliche Partner zur Beratung und Vertretung in Steuersachen befugt (§ 3 Nr. 1 StBerG), die Befugnis zur allgemeinen Rechtsberatung auf anderen Gebieten steht dagegen nur den anwaltlichen Partnern zu (vgl. § 3 Abs. 1 BRAO).

23. **Einzelmandat in Straf- und Bußgeldsachen.** Vgl. § 7 Abs. 4 S. 2 PartGG iVm § 137 Abs. 1 S. 1 StPO und § 46 Abs. 1 OWiG.

24. **Einzelmandat bei gesetzlichen Vorbehaltsaufgaben der Wirtschaftsprüfer.** Die nicht als Wirtschaftsprüfungsgesellschaft anerkannte „einfache" Partnerschaft ist selbst nicht zur Wahrnehmung von Vorbehaltsaufgaben der Wirtschaftsprüfer befugt (→ Anm. 3). Nach § 43a Abs. 2 S. 1 WPO ist die Mitgliedschaft von Wirtschaftsprüfern in einer „einfachen" Partnerschaft nur dann zulässig, wenn sie befugt bleiben, Aufträge auf gesetzlich vorgeschriebene Abschlussprüfungen nach § 316 HGB durchzuführen. Daher sollte eine entsprechende Klausel in den Partnerschaftsvertrag aufgenommen werden.

25. **Informations- und Kontrollrechte.** Den Partnern steht gem. § 6 Abs. 3 S. 2 PartGG iVm § 118 HGB ein Recht auf umfassende Einsicht in die Unterlagen der Partnerschaft zu. Berufsrechtliche Schweigepflichten werden hiervon nicht berührt (ausf. *Henssler* PartGG § 6 Rn. 83 ff.).

26. **Gewinn- und Verlustverteilung.** Von der Verweisung auf das Recht der OHG in § 6 Abs. 3 S. 2 PartGG sind die Vorschriften zur Gewinnverteilung in §§ 120 ff. HGB ausgeklammert, da diese eine Handelsbilanz voraussetzen, zu deren Aufstellung die Partnerschaft nicht verpflichtet ist. Über § 1 Abs. 4 PartGG gelten daher die §§ 721 f. BGB (→ Form. B. I. 2 Anm. 39 ff.).

27. **Haftpflichtversicherung.** Lange Zeit benötigte die „einfache" Partnerschaft anders als die anerkannte Wirtschaftsprüfungs- oder Steuerberatungsgesellschaft (vgl. §§ 28 Abs. 7 WPO, 50 Abs. 6 StBerG) keinen **eigenständigen Versicherungsschutz**, sondern es genügte bislang, dass die einzelnen Partner den Anforderungen ihres jeweiligen Berufsrechts entsprechend versichert waren. Zeitgleich mit der Einführung der PartG mbB hat der Gesetzgeber jedoch – wohl auf Initiative der Kammern, aber ohne jede Begründung und in der Sache kaum nachvollziehbar (vgl. *Henssler* AnwBl. 2014, 96 (106)) – die allgemeine Pflicht für **Steuerberater** zur „angemessenen" Versicherung nach §§ 67 Abs. 1 StBerG, 51 Abs. 1 S. 2 DVStB auch auf einfache Partnerschaftsgesellschaften erstreckt. Wegen der Maßgeblichkeit des jeweils strengsten Berufsrechts ist somit auch die interprofessionelle Partnerschaft bei Beteiligung eines Steuerberaters verpflichtet, für eine risikoadäquate Deckung iHv mindestens 250.000 EUR zu sorgen (§ 52 Abs. 1 DVStB).

Daneben trifft die für die Partnerschaft tätigen **Berufsträger**, ob Partner oder Angestellte, eine **eigene persönliche Versicherungspflicht**. Eine Ausnahme gilt lediglich für angestellte Steuerberater, die ausschließlich in dieser Funktion tätig werden (§ 51 Abs. 3 Alt. 1 DVStB iVm. §§ 58, 3 Nr. 2 StBerG). Die Mindestversicherungssummen fallen mangels Harmonisierung sehr unterschiedlich aus: 250.000 Euro für Rechtsanwälte (§ 51 Abs. 4 BRAO), 1.000.000 Euro für Wirtschaftsprüfer (§ 54 Abs. 1 S. 2 WPO iVm § 323 Abs. 2 S. 1 HGB) und – wie bereits erwähnt – eine „angemessene" Summe ab 250.000 Euro für Steuerberater (§ 67 S. 1 StBerG iVm § 52 Abs. 1 DVStB). Um die Pflicht zur persönlichen Versicherung zu erfüllen, ist es nicht erforderlich, dass die Berufsträger jeweils einzelne Verträge im eigenen Namen abschließen, vielmehr **genügt** eine von der Partnerschaft gezeichnete **Sozietätspolice**, sofern diese auch berufliche Tätigkeiten außerhalb der Gesellschaft abdeckt (str., siehe Henssler/Prütting/*Diller* § 51 BRAO Rn. 25 ff.).

28. Haftpflichtversicherung in der PartG mbB. Auch bei der PartG mbB ist zwischen der Versicherungspflicht der Partnerschaft und derjenigen der einzelnen Berufsträger zu unterscheiden:

(1) **Versicherung der Partnerschaft.** § 8 Abs. 4 S. 1 PartGG erlaubt es, die Haftung der Partner für Verbindlichkeiten der Partnerschaft wegen Fehlern bei der Mandatsbearbeitung vollständig auszuschließen (→ Anm. 5). Einzige Voraussetzung hierfür ist, dass die Partnerschaft eine zu diesem Zweck durch Gesetz vorgegebene Berufshaftpflichtversicherung unterhält. Entsprechende berufsrechtliche Regeln wurden zugunsten von Rechts- und Patentanwälten, Steuerberatern und Wirtschaftsprüfern geschaffen, allerdings ohne vollständige inhaltliche Harmonisierung. Für **Rechtsanwaltspartnerschaften** ist entsprechend der Regelung zur Rechtsanwaltsgesellschaft mbH (§ 59j BRAO) eine **Mindestversicherungssumme von 2.500.000 EUR** pro Versicherungsfall vorgesehen (§ 51a Abs. 2 BRAO). Abweichend von den bisher üblichen Vertragsbedingungen (vgl. § 4 Nr. 5 AVB-RSW) müssen auch vorsätzliche Pflichtverletzungen abgedeckt sein (siehe die eingeschränkte Verweisung in § 51a Abs. 1 S. 2 BRAO). Das Berufsrecht der Steuerberater begnügt sich mit einer gesondert angeordneten Mindestsumme von 1.000.000 EUR (§ 67 Abs. 2 StBerG); die Pflicht zur „angemessenen" Versicherung (§ 67 Abs. 1 StBerG) bleibt zwar bestehen, ist jedoch von der Haftungsbeschränkung entkoppelt, so dass bei Fehlbewertung des notwendigen Versicherungsumfangs lediglich berufsrechtliche Sanktionen drohen (Bericht des Rechtsausschusses, BT-Drs. 17/13944, 22). Dieselbe Mindestsumme sieht das Berufsrecht der Wirtschaftsprüfer vor, welches die PartG mbB schlicht den Wirtschaftsprüfungsgesellschaften gleichstellt (§ 54 Abs. 1 S. 1, 2 WPO iVm § 323 Abs. 2 S. 1 HGB). Bei **interprofessionellen** Partnerschaften gelten die **strengsten** Anforderungen (Bericht des Rechtsausschusses, BT-Drs. 17/13944, 21), so dass die Vorgaben für Rechtsanwälte maßgeblich sind (vertiefend *Gladys* DStR 2013, 2416 (2417 ff.)).

Die Partnerschaft muss die Versicherung **„unterhalten"**, was bedeutet, dass der Vertrag abgeschlossen wurde und im Moment der schädigenden Handlung, dh des Berufsfehlers, auch Versicherungsschutz besteht (Begründung RegE, BT-Drs. 17/10487, 14). Wird die Versicherung gekündigt, lebt die persönliche Haftung des Mandatsbearbeiters für später begangene Fehler wieder auf (zum Haftungsregime der „gewöhnlichen" Partnerschaft → Anm. 29).

Die Haftungsbeschränkung **greift auch dann ein,** wenn im konkreten Fall die **Versicherung nicht zu leisten braucht,** etwa weil die Haftsumme überschritten ist oder der Schaden vorsätzlich herbeigeführt wurde (Begründung RegE, BT-Drs. 17/10487, 14; ausf. Henssler/ Prütting/*Henssler* § 8 PartGG Rn. 64 ff.). Der Mandant ist jedoch insoweit geschützt, als dass Pflicht- oder Obliegenheitsverletzungen der Partnerschaft (zB fehlende Prämienzahlung, Nichtanzeige des Schadens) nicht zu seinen Lasten gehen, da über den Verweis in § 8

Abs. 4 S. 2 PartGG auf § 117 Abs. 1 VVG trotz Befreiung im Innenverhältnis die Leistungspflicht in Ansehung des Geschädigten fingiert wird. In solchen Fällen wird der Versicherer
allerdings Regress nehmen, notfalls bei den Partnern nach § 8 Abs. 1 PartGG.

(2) **Versicherung der Partner.** Die sich aus dem Berufsrecht ergebende individuelle
Versicherungspflicht der Partner (→ Anm. 27) bleibt durch die Wahl der PartG mbB im
Grundsatz **unberührt.** Sie wäre zwar für die Tätigkeit im Rahmen der Partnerschaft
entbehrlich, ist aber dennoch sinnvoll mit Blick auf die Möglichkeit, außerhalb der
Gesellschaft Einzelmandate anzunehmen. Eine **Ausnahme** gilt nach § 51 Abs. 3 DVStB
für **Steuerberater,** die **ausschließlich für die PartG tätig** sind; weshalb ein entsprechender
Befreiungstatbestand nicht auch für die anderen Berufsgruppen vorgesehen wurde, ist
nicht nachvollziehbar.

29. **Haftung der Partner und Haftungskonzentration bei der „gewöhnlichen" Partnerschaft.** Nach § 8 Abs. 1 PartGG haften die Partner den Gläubigern für Verbindlichkeiten der Partnerschaft neben dieser als Gesamtschuldner wie die Gesellschafter einer
OHG. Eine Ausnahme gilt jedoch im Bereich der Haftung für berufliche Fehler: Waren
nur einzelne Partner mit der Bearbeitung eines Auftrags befasst, haften nur sie persönlich
neben der Partnerschaft (**gesetzliche Haftungskonzentration gem. § 8 Abs. 2 PartGG**).
Partner, die keine oder nur Bearbeitungsbeiträge von untergeordneter Bedeutung erbracht
haben, sind von der Haftung befreit.

Voraussetzung dafür, dass die Haftungskonzentration greift, ist, dass überhaupt ein
Partner „befasst" war, sonst gilt wieder die Grundregel der gesamtschuldnerischen
Haftung. Problematisch sind daher Fälle, in denen lediglich angestellte oder freie
Mitarbeiter ein Mandat bearbeiten oder eine Bearbeitung vollständig versäumt wird.
Nach zutreffender Auffassung kann in solchen Fällen dennoch ein Partner als „befasst"
anzusehen sein, wenn er nach der **internen Geschäftsverteilung** für die Bearbeitung oder
ihre Überwachung zuständig gewesen wäre (*Henssler* PartGG § 8 Rn. 66 ff.; Mü-
KoBGB/*Schäfer* § 8 PartGG Rn. 22; aA Michalski/Römermann/*Römermann* PartGG
§ 8 Rn. 37 ff., die allein auf die tatsächliche Bearbeitung abstellen). Zur Vermeidung
von „Haftungsfallen" empfiehlt sich daher die Aufstellung eines Geschäftsverteilungsplans, der eine lückenlose Zuordnung sämtlicher Mandate zu den einzelnen Partnern
ermöglicht. Nützlich kann auch die Benennung des bearbeitenden Partners in den
Mandatsverträgen sein. Zwar verhindert sie nicht, dass ein anderer Partner, der tatsächlich mit der Bearbeitung befasst ist, nach § 8 Abs. 2 PartGG herangezogen werden
kann. Sie erleichtert jedoch den Beweis, dass überhaupt ein Partner intern zuständig
war.

Sollen die Schwierigkeiten im Zusammenhang mit der Haftungskonzentrationsregel
ganz vermieden werden, empfiehlt sich die Wahl der Partnerschaft mit beschränkter
Berufshaftung nach § 8 Abs. 4 PartGG (→ Anm. 28), sofern die damit ggf. verbundene
Mehrbelastung bei den Versicherungsprämien tragbar erscheint.

30. **Haftungsverteilung im Innenverhältnis.** Der Partner, dem bei der Mandatsbearbeitung Fehler unterlaufen, verletzt zugleich seine Geschäftsführungspflichten gegenüber
der Partnerschaft. **Zahlt die Partnerschaft** auf die Schadensersatzforderung eines Mandanten, so kann sie beim verantwortlichen Partner gem. § 1 Abs. 4 PartGG iVm § 708
BGB Rückgriff nehmen. Der Maßstab der eigenüblichen Sorgfalt iSd §§ 708, 277 BGB
dürfte angesichts der besonderen beruflichen Qualifikation der Partner hoch anzusetzen
sein (für einen konkludenten Ausschluss des § 708 *Wertenbruch* NZG 2013, 1006
(1007 f.)). **Zahlt der nach § 8 Abs. 2 in Anspruch genommene Partner,** steht ihm der
Regressanspruch nach § 6 Abs. 3 S. 2 PartGG iVm § 110 Abs. 1 HGB grds. nicht zu, da es
sich angesichts seines schuldhaften Verhaltens nicht um „erforderliche" Aufwendungen
iSd Vorschrift handelt (*Henssler* PartGG § 8 Rn. 88).

Für Fälle leichter Fahrlässigkeit kann es jedoch sachgerecht sein, abweichend von der gesetzlichen Regel ein „Solidaritätsmodell" zu vereinbaren, wonach im Innenverhältnis die Partnerschaft den Schaden übernimmt. Nachteil einer solchen Gestaltung ist allerdings, dass Gesellschaftsgläubiger den Freistellungsanspruch des haftenden Partners pfänden und sich überweisen lassen können und ihnen dadurch uU bei Zahlungsunfähigkeit der Partnerschaft eine anteilige Inanspruchnahme der übrigen Partner ermöglicht wird (vgl. BGHZ 37, 299 (301 f.)), welche die gesetzliche Haftungskonzentration des § 8 Abs. 2 PartGG unterläuft.

31. Innenhaftung in der PartG mbB. Für die Innenhaftung in der PartG mbB (ausf. *Henssler* AnwBl. 2014, 96 (101 ff.); *Wertenbruch* NZG 2013, 1006 ff.) gelten im Ansatz dieselben Grundsätze wie in der „gewöhnlichen" Partnerschaft (→ Anm. 30). Ein Unterschied besteht jedoch insofern, als eine persönliche Inanspruchnahme des einzelnen Partners im Bereich der Berufshaftung ausgeschlossen ist, sieht man einmal von der bei den rechts- und wirtschaftsberatenden Berufen eng begrenzten Deliktshaftung ab. Regelungsbedürftig ist daher nur der Regress der (weiterhin unbeschränkt haftenden) Partnerschaft gegenüber dem Partner, der einen Berufshaftungsfall verursacht hat; hier kann auf das bereits geschilderte „Solidarmodell" zurückgegriffen werden. Mit der Wahl der PartG mbB dürfte regelmäßig die konkludente Vereinbarung einhergehen, auf einen **Regress wegen leicht fahrlässiger Berufsfehler zu verzichten.** Sonst drohte nämlich eine Umgehung des Haftungsausschlusses dadurch, dass sich geschädigte Mandanten die Forderung der Partnerschaft nach Pfändung zur Einziehung überweisen ließen (§§ 829, 835 ZPO) und so dennoch Zugriff auf das Privatvermögen des Handelnden erhielten (vgl. *Wertenbruch* NZG 2013, 1006 (1008)). Eine ausdrückliche Regelung ist zu empfehlen, um klare Verhältnisse zu schaffen.

Der Klarstellung dient auch der **Ausschluss einer Nachschusspflicht bei Liquidation** nach § 1 Abs. 4 PartGG iVm § 735 BGB, welche gleichermaßen die Haftungsbeschränkung nachträglich unterlaufen würde (siehe *Wertenbruch* NZG 2013, 1006 f.).

Nicht zwingend erforderlich, aber ebenfalls nützlich ist eine Regelung zur Verantwortlichkeit bei **Pflicht- oder Obliegenheitsverletzungen gegenüber dem Versicherer,** welche zur Leistungsfreiheit im Innenverhältnis und damit zu einem potentiellen Regress führen (→ Anm. 28, vgl. *Wertenbruch* NZG 2013, 1006 (1009 f.)). Der oder die für Versicherungsangelegenheiten zuständigen Partner sollten wegen der zentralen Bedeutung für die PartG mbB eindeutig benannt werden, etwa durch Beschluss der Gesellschafterversammlung.

32. Vertragliche Haftungsbeschränkung. Die Möglichkeiten zur Vereinbarung von Haftungshöchstbeträgen mit dem Mandanten (vgl. § 8 Abs. 3 PartGG) werden durch die Berufsrechte der Partner begrenzt. Für Rechtsanwälte ist eine individualvertragliche Beschränkung bis zur Höhe der Mindestversicherungssumme (250.000 EUR) und eine formularmäßige Beschränkung auf deren Vierfaches (1.000.000 EUR) zulässig, wenn insoweit Versicherungsschutz besteht, letztere allerdings nur für „einfache" Fahrlässigkeit (§ 52 Abs. 1 BRAO). Für Steuerberater und Wirtschaftsprüfer gelten parallele Regelungen mit dem Unterschied, dass die Haftung durch AGB auch für grobe Fahrlässigkeit ausgeschlossen werden kann (§§ 67a Abs. 1 StBerG, 54 Abs. 1 WPO). Wegen der höheren Mindestversicherung bei Wirtschaftsprüfern betragen die Mindesthaftungssummen hier 1.000.000 bzw. 4.000.000 EUR. Für Mandate, die im Namen der Partnerschaft abgeschlossen werden und die sich nicht eindeutig einem der Berufe zuordnen lassen, gilt die strengste Regelung, wobei allerdings in der „einfachen" Partnerschaft § 54 WPO außer Betracht bleiben kann.

In der **PartG mbB** (→ Anm. 28) steigern sich die Anforderungen mit Blick auf die erhöhten Mindestversicherungssummen bei Steuerberatern und Rechtsanwälten, so dass formularmäßig die Haftung nur auf 4.000.000 bzw. 10.000.000 EUR begrenzt werden kann.

33. Ausscheiden aus der Partnerschaft. Die Gründe für ein Ausscheiden aus der Partnerschaft ergeben sich kraft der Verweisung in § 9 Abs. 1 PartGG aus den **§§ 131 ff. HGB**. Hinsichtlich der gesellschaftsvertraglichen Gestaltungsmöglichkeiten bestehen praktisch keine Unterschiede zur GbR, so dass auf die Ausführungen zum Sozietätsvertrag zu verweisen ist (→ Form. B. I. 2 Anm. 47 ff.).

34. Ordentliche Austrittskündigung. Die sechsmonatige Kündigungsfrist zum Ende des Geschäftsjahrs entspricht der gesetzlichen Regelung in § 9 Abs. 3 PartGG iVm § 132 HGB.

35. Fristlose Austrittskündigung aus wichtigem Grund. Das HGB sieht kein fristloses Kündigungsrecht aus wichtigem Grund vor, sondern nur die Möglichkeit der Auflösungsklage nach § 133 HGB. Bei Einführung der Partnerschaft hat der Gesetzgeber dieses Defizit zwar gesehen, aber ausdrücklich auf eine Gesetzesanpassung verzichtet (BT-Drs. 12/6152, 19). Im Partnerschaftsvertrag kann jedoch ein Recht zur außerordentlichen Austrittskündigung eingeräumt werden. Bei gleichzeitigem Ausschluss des Auflösungsrechts darf allerdings die Abfindung des Kündigenden nicht hinter dem zurückbleiben, was er im Falle der Liquidation erhielte, da sonst gegen § 133 Abs. 3 HGB verstoßen würde (Henssler/Strohn/*Klöhn* § 133 HGB Rn. 50).

36. Ausschluss durch Gesellschafterbeschluss. § 9 Abs. 1 PartGG iVm § 140 HGB sieht lediglich die Möglichkeit einer Ausschließungsklage vor. Um nicht ein gerichtliches Gestaltungsurteil abwarten zu müssen, ist es idR sachgerecht, im Partnerschaftsvertrag einen Ausschluss durch Gesellschafterbeschluss vorzusehen. Es bleibt dann dem Ausgeschlossenen überlassen, nachträglich eine gerichtliche Überprüfung zu veranlassen. Die materiellen Voraussetzungen und die Grenzen bei der Gestaltung von „Hinauskündigungsklauseln" sind dieselben wie bei der GbR (→ Form. B. I. 2 Anm. 51 ff.).

37. Verlust der Berufszulassung. Nach § 9 Abs. 3 PartGG scheidet ein Partner, der die erforderliche Zulassung zu dem Freien Beruf verliert, den er in der Partnerschaft ausübt, aus der Gesellschaft aus. Da der Partner nach Verlust seiner Zulassung kein Angehöriger eines Freien Berufs iSd § 1 Abs. 1 S. 1 PartGG mehr ist, kann eine Fortsetzung der Partnerschaft mit dem Betroffenen nicht wirksam vereinbart werden (MüKoBGB/*Schäfer* § 9 PartGG Rn. 18).

38. Fortsetzung. Anders als in der GbR gilt in der Partnerschaft der Grundsatz „Ausscheiden vor Auflösung" (§ 9 Abs. 1 PartGG iVm § 131 Abs. 3 HGB), was in den allermeisten Fällen die sachgerechtere Lösung darstellt. Die Klausel im Partnerschaftsvertrag hat daher bloß klarstellende Funktion.

39. Tod eines Partners. Nach dem Gesetz führt der Tod eines Partners zu seinem Ausscheiden aus der Partnerschaft (§ 9 Abs. 1 PartGG iVm § 131 Abs. 3 Nr. 1 HGB). Um zu verhindern, dass „Unbefugte" durch Erbfall die Mitgliedschaft erlangen, wird die Möglichkeit der Vereinbarung erbrechtlicher Nachfolgeklauseln (→ Form. B. I. 2 Anm. 57) durch § 9 Abs. 4 S. 2 PartGG begrenzt. Danach kann die Beteiligung an der Partnerschaft nur zugunsten solcher Personen vererblich gestellt werden, die Partner im Sinne des § 1 Abs. 1, 2 PartGG sein können, die Erben müssen also natürliche Personen sein, die einem Freien Beruf angehören. Zusätzliche Anforderungen ergeben sich aus den jeweiligen Berufsrechten der verbleibenden Partner, so dass nur Angehörige derjenigen Berufe, die mit den bereits in der Partnerschaft ausgeübten vereinbar („sozietätsfähig") sind, als Erben in Betracht kommen (Michalski/Römermann/*Römermann* PartGG § 9 Rn. 28). Ausf. zur Rechtsnachfolge von Todes wegen in der Partnerschaft *Arnold*, Die erbrechtliche Nachfolge in der Partnerschaftsgesellschaft, 2006; *Heydn*, Die erbrechtliche Nachfolge in Anteile an Partnerschaftsgesellschaften, 1999.

40. Auflösung. Die **Gründe** für eine Auflösung der Partnerschaft ergeben sich aus § 9 Abs. 1 PartGG iVm § 131 Abs. 1 HGB (Zeitablauf, Gesellschafterbeschluss, Insolvenzeröffnung, erfolgreiche Auflösungsklage). Die Rechtsfolgen der Auflösung richten sich nach dem Recht der OHG (§ 10 Abs. 1 PartGG iVm §§ 145 ff. HGB). Die Partnerschaft bleibt zum Zwecke ihrer **Liquidation** bestehen. Nach § 146 Abs. 1 HGB erfolgt die Abwicklung grundsätzlich durch alle Partner als Liquidatoren, sofern sie nicht im Partnerschaftsvertrag oder durch Beschluss der Partner einzelnen Partnern oder Dritten übertragen wird. Bei der Auswahl der Liquidatoren, die gem. § 149 HGB die laufenden Geschäfte zu beendigen haben, sind die berufsrechtlichen Vorschriften zu beachten (vgl. §§ 55 BRAO, 70 StBerG). In Betracht kommen danach nur Personen, die über die berufliche Qualifikation und Zulassung als Angehörige der in der Partnerschaft ausgeübten Freien Berufe verfügen (zu Einzelheiten *Henssler* PartGG § 10 Rn. 8 ff.).

41. Verfahren nach §§ 32 BORA, 26 BOStB. Das Verfahren zur Aufteilung der laufenden Mandate nach § 26 BOStB entspricht im Wesentlichen demjenigen nach § 32 BORA (→ Form. B. I. 2 Anm. 59). Vor einer einseitigen Mandantenbefragung ist ein Vermittlungsversuch der Steuerberaterkammer zu initiieren.

42. Abfindung, Mandatsschutz. Die Rechtsfolgen des Ausscheidens aus der Partnerschaft sind identisch mit denjenigen im Recht der GbR, das über § 1 Abs. 4 PartGG zur Anwendung kommt. Es bestehen dieselben Gestaltungsmöglichkeiten wie beim Sozietätsvertrag (→ Form. B. I. 2 Anm. 60 ff.).

43. Schriftlichkeit. Die Klausel ist lediglich Ausdruck des Schriftformzwangs nach § 3 Abs. 1 S. 1 PartGG (→ Anm. 2), welcher für alle Bestandteile des Gesellschaftsvertrags und auch für spätere Änderungen Geltung beansprucht.

4. Satzung einer Rechtsanwaltsgesellschaft mbH

Satzung[1, 2, 3]

§ 1 Firma

(1) Die Firma der Gesellschaft lautet

„A Rechtsanwaltsgesellschaft mbH"[4]

(2) [bei Verwendung einer Personenfirma]: Gesellschafter A als Gründungsgesellschafter erklärt seine Zustimmung zur Verwendung seines Namens in der Firma der Rechtsanwaltsgesellschaft auflösend bedingt durch den Zeitpunkt seines Ausscheidens aus der Gesellschaft.[5]

(Alternativ: Gesellschafter A als Gründungsgesellschafter erklärt seine Zustimmung zur Verwendung seines Namens in der Firma der Rechtsanwaltsgesellschaft. Die Gesellschaft ist berechtigt, den Namen des Gesellschafters A auch nach dessen Ausscheiden weiterzuführen, soweit nicht im Einzelfall ein wichtiger Grund entgegensteht.)

§ 2 Sitz

Der Sitz der Gesellschaft ist . . . . . .[6]

§ 3 Gegenstand der Gesellschaft

(1) Gegenstand des Unternehmens ist die Beratung und Vertretung in Rechtsangelegenheiten.[7]

(2) Die von der Gesellschaft geschuldeten Rechtsdienstleistungen werden durch in Diensten der Gesellschaft stehende Rechtsanwälte eigenverantwortlich, unabhängig und weisungsfrei unter Beachtung ihres Berufsrechts und ihrer Berufspflichten ausgeführt.[8]

(3) Sind Rechtsanwälte an der Gesellschaft beteiligt, die gleichzeitig zum Notar bestellt sind (§ 3 Abs. 2 BNotO), erfolgt die Beteiligung nur mit ihrer anwaltlichen Tätigkeit. Die notarielle Amtsausübung ist nicht Gegenstand des Unternehmens.[9]

(4) Die Beteiligung der Gesellschaft an anderen Gesellschaften zur Ausübung eines der in § 59a Abs. 1 BRAO genannten Berufe ist nicht zulässig.[10]

(5) Die Gesellschaft kann unter Beachtung der berufsrechtlichen Vorgaben Zweigniederlassungen im In- und Ausland errichten.[11]

(6) Die Gesellschaft darf berufsrechtlichen Ge- und Verboten nicht zuwiderhandeln.[12]

§ 4 Dauer, Beginn, Geschäftsjahr, Bekanntmachungen

(1) Die Gesellschaft wird auf unbestimmte Zeit errichtet.

(2) Die Gesellschaft darf mit ihrer Tätigkeit erst nach Zulassung als Rechtsanwaltsgesellschaft, jedoch nicht vor Eintragung in das Handelsregister beginnen.[13]

(3) Geschäftsjahr ist das Kalenderjahr.[14]

(4) Bekanntmachungen erfolgen im Bundesanzeiger und . . . . . .[15]

§ 5 Gesellschafter

(1) Gesellschafter dürfen nur Rechtsanwälte sein.[16]

(2) Die Gesellschafter sind verpflichtet, den Anwaltsberuf in der Gesellschaft aktiv auszuüben.[17]

(3) Jeder Gesellschafter hat bei der Berufsausübung das geltende Berufsrecht zu beachten, insbesondere auch die Verpflichtung zur Berufsverschwiegenheit.

(4) Alle Gesellschafter üben ihre Berufstätigkeit eigenverantwortlich und unabhängig aus; sie sind in ihrer anwaltlichen Tätigkeit an Weisungen der Gesellschaft nicht gebunden.[18]

(5) Verheiratete Gesellschafter sind verpflichtet, durch formgültigen Vertrag mit dem Ehegatten zu vereinbaren, dass der Gesellschafter den Beschränkungen des § 1365 BGB nicht unterliegt und der Geschäftsanteil an der GmbH von der Zugewinngemeinschaft ausgeschlossen ist, es sei denn, die Zugewinngemeinschaft endet durch den Tod des Gesellschafters.[19] Dem steht es gleich, wenn der Gesellschafter mit dem Ehegatten Gütertrennung vereinbart. Die Gesellschafter können durch einstimmigen Beschluss einzelne oder alle Gesellschafter von der Verpflichtung nach S. 1 befreien.

§ 6 Stammkapital

(1) Das Stammkapital der Gesellschaft beträgt 25 000 EUR (in Worten: EUR fünfundzwanzigtausend).[20]

(2) Hiervon übernehmen

a) Herr Rechtsanwalt A[21] 10 000 (in Worten: zehntausend) Geschäftsanteile[22] mit einem Nennbetrag in Höhe von jeweils 1 EUR (in Worten: ein EUR), auf die er eine Bareinlage[23] von 10.000 EUR (in Worten: zehntausend EUR) leistet,

b) Frau Rechtsanwältin B 5 000 (in Worten: fünftausend) Geschäftsanteile mit einem Nennbetrag von jeweils 1 EUR (in Worten: ein EUR), auf die sie eine Bareinlage von 5.000 EUR (in Worten: fünftausend EUR) leistet.

c) Frau Rechtsanwältin C 5 000 (in Worten: fünftausend) Geschäftsanteile mit einem Nennbetrag von jeweils 1 EUR (in Worten: ein EUR), auf die sie eine Bareinlage von 5.000 EUR (in Worten: zehntausend EUR) leistet,

d) Herr Rechtsanwalt D 5 000 (in Worten: fünftausend) Geschäftsanteile mit einem Nennbetrag von jeweils 1 EUR (in Worten: ein EUR), auf die er eine Bareinlage von 5.000 EUR (in Worten: fünftausend EUR) leistet.

(3) Die Bareinlagen müssen vor Anmeldung der GmbH vollständig eingezahlt sein.[24]

§ 7 Wettbewerb

(1) Die Gesellschafter üben den Anwaltsberuf ausschließlich in der Gesellschaft aus und treten nicht in Wettbewerb zu dieser.[25]

(2) Den Gesellschaftern kann Befreiung vom Wettbewerbsverbot gewährt werden. Über die Befreiung und deren Art und Umfang entscheidet die Gesellschafterversammlung.

§ 8 Haftpflichtversicherung

Die Gesellschaft schließt eine Vermögensschadenhaftpflichtversicherung ab, deren Mindestversicherungssumme für jeden Versicherungsfall 2 500 000 EUR (in Worten: zwei Millionen fünfhunderttausend EUR) beträgt.[26]

§ 9 Geschäftsführer

(1) Die Gesellschaft hat einen oder mehrere Geschäftsführer.[27] Zu Geschäftsführern dürfen nur Rechtsanwälte bestellt werden.[28]

(2) Die Geschäftsführer werden durch Gesellschafterbeschluss bestellt[29] und abberufen.[30]

(3) Verliert ein Geschäftsführer seine Zulassung als Rechtsanwalt, so hat er sein Amt unverzüglich niederzulegen. Anderenfalls wird ihn die Gesellschafterversammlung unverzüglich abberufen.[31] Bei dem Beschluss über die Abberufung hat der betroffene Gesellschafter kein Stimmrecht.

(4) Der Widerruf der Bestellung zum Geschäftsführer ist bei Gesellschaftern nur zulässig, wenn wichtige Gründe dies rechtfertigen.[32]

(5) Bei Abschluss, Änderung oder Beendigung von Dienstverträgen mit Geschäftsführern wird die Gesellschaft durch die Gesellschafter vertreten.

§ 10 Geschäftsführung

(1) Die Gesellschaft hat einen oder mehrere Geschäftsführer.

(2) Die Geschäftsführer sind verpflichtet, die Geschäfte der Gesellschaft in Übereinstimmung mit dem Gesetz, diesem Gesellschaftsvertrag in seiner jeweils gültigen Fassung sowie den Beschlüssen der Gesellschafter zu führen.

(3) Hinsichtlich der Ausübung ihrer anwaltlichen Berufstätigkeit unterliegen die Geschäftsführer, Prokuristen oder Handlungsbevollmächtigten keinen Beschränkungen durch Beschlüsse der Gesellschafterversammlung. Einflussnahmen der Gesellschafter, namentlich durch Weisungen oder vertragliche Bindungen, sind unzulässig.[33]

(4) Mehrere Geschäftsführer sind nur gemeinschaftlich[34] zur Geschäftsführung befugt.[35] Sie beschließen mit einfacher Mehrheit.[36]

(5) Für Geschäfte, die über den gewöhnlichen Geschäftsbetrieb der Gesellschaft hinausgehen, bedürfen die Geschäftsführer der vorherigen Zustimmung durch Gesellschafterbeschluss. Dazu zählen insbesondere:

a) der Erwerb, die Veräußerung oder die Belastung von Grundbesitz,

b) die Errichtung oder Aufhebung von Zweigniederlassungen,

b) die Aufnahme oder Vergabe von Darlehen, die über den gewöhnlichen Geschäftsbetrieb hinausgehen,

d) alle Geschäfte, die die Gesellschafter durch Gesellschafterbeschluss für zustimmungsbedürftig erklären.

§ 11 Vertretung[37]

(1) Ist nur ein Geschäftsführer bestellt worden, so vertritt dieser die Gesellschaft allein. Bei der Bestellung mehrerer Geschäftsführer ist jeder Geschäftsführer einzelvertretungsberechtigt.[38]

(2) Durch Beschluss der Gesellschafterversammlung kann den Geschäftsführern oder einzelnen von ihnen Befreiung von den Beschränkungen des § 181 BGB gewährt werden.[39]

(Alternativ: (2) Befreiung von den Beschränkungen des § 181 BGB und – bei Bestellung mehrerer Geschäftsführer – die Befugnis zur Einzelvertretung kann gewährt werden.)

§ 12 Gesellschafterversammlung

(1) Gesellschafterversammlungen werden durch einen oder mehrere Geschäftsführer einberufen.[40] Auch jeder Gesellschafter ist einberufungsberechtigt.

(Alternativ: (1) In den ersten acht Monaten eines jeden Geschäftsjahres soll die ordentliche Gesellschafterversammlung stattfinden. Außerordentliche Gesellschafterversammlungen werden . . . . . .)

(2) Die Einberufung erfolgt in Textform[41] unter Angabe von Ort, Tag, Zeit und Tagesordnung[42] mit einer Frist zwischen dem Tag der Absendung und der Gesellschafterversammlung von mindestens vier Wochen bei ordentlichen Gesellschafterversammlungen und von mindestens zwei Wochen bei außerordentlichen Gesellschafterversammlungen. In dringenden Fällen kann die Einberufungsfrist bis auf eine Woche abgekürzt werden.[43]

§ 13 Gesellschafterbeschlüsse

(1) Die Beschlüsse der Gesellschafter werden in Präsenzversammlungen gefasst. Die Beschlüsse sind zu protokollieren.[44]

(2) Außerhalb von Präsenzversammlungen können Beschlüsse durch schriftliche, fernschriftliche, mündliche oder fernmündliche Abstimmung gefasst werden, wenn sich jeder Gesellschafter an der Abstimmung beteiligt. Die Geschäftsführer haben die begründeten Beschlussvorschläge unter Setzen einer Frist von . . . . . . Wochen/Tagen zur Stimmabgabe an die Gesellschafter zu übermitteln. Nicht fristgemäß eingegangene Stimmen

gelten als Enthaltung. Über das Ergebnis der Beschlussfassung sind die Gesellschafter unverzüglich schriftlich zu informieren.

(3) Jeder Gesellschafter hat eine Stimme.[45]

(Alternativ: Je 1 EUR eines Geschäftsanteils gewähren eine Stimme.)

(4) Gesellschafterbeschlüsse werden mit einfacher Mehrheit der abgegebenen Stimmen gefasst, soweit nicht an anderer Stelle dieses Gesellschaftsvertrages eine andere Mehrheit vorgesehen oder gesetzlich zwingend vorgeschrieben ist.[46] Stimmenthaltungen zählen als Neinstimmen.

(5) Ein Gesellschafter kann sich bei Ausübung seiner Gesellschafterrechte durch einen mit ordnungsgemäßer Vollmacht versehenen anderen stimmberechtigten Gesellschafter vertreten lassen.[47] Die Vollmacht kann in schriftlicher Form, durch Fax oder E-Mail erteilt werden.

§ 14 Gewinnverteilung[48]

(1) Die Geschäftsführer haben den Jahresabschluss (Bilanz, Gewinn- und Verlustrechnung samt Anhang) nebst Lagebericht innerhalb der gesetzlichen Frist aufzustellen und den Gesellschaftern mit ihrem Ergebnisverwendungsvorschlag vorzulegen.[49]

(2) Die Gesellschafterversammlung beschließt innerhalb der gesetzlichen Fristen über die Feststellung des Jahresabschlusses und über die Ergebnisverwendung.[50] Beschlüsse, Beträge in die Gewinnrücklagen einzustellen und/oder als Gewinn vorzutragen, dürfen nur einstimmig gefasst werden.[51]

(3) Gesellschaftsfremde Dritte dürfen am Gewinn nicht beteiligt werden.[52]

§ 15 Abtretung von Geschäftsanteilen

(1) Die Abtretung von Geschäftsanteilen bedarf der Zustimmung durch die Gesellschaft und durch die Gesellschafter. Die Zustimmung darf – vorbehaltlich einer Satzungsänderung – nicht erteilt werden, wenn der Erwerber kein Rechtsanwalt im Sinne von § 4 BRAO ist.[53]

(2) Der die Zustimmung erteilende Beschluss der Gesellschafter muss einstimmig gefasst werden.[54]

(3) Die Geschäftsanteile dürfen nicht belastet oder verpfändet werden.[55] Treuhandverhältnisse und Unterbeteiligungen sind unzulässig.[56]

§ 16 Erwerb von Geschäftsanteilen von Todes wegen

(1) Erfolgt der Erwerb eines Geschäftsanteils von Todes wegen durch Personen, die nicht Rechtsanwalt im Sinne von § 4 BRAO sind,[57] so müssen die Gesellschafter innerhalb eines Zeitraumes von einem Jahr die Einziehung des Geschäftsanteils nach § 18 beschließen.[58]

(2) Anstelle des Einziehungsbeschlusses können die Gesellschafter die Abtretung des Geschäftsanteils an einen oder mehrere Gesellschafter oder an Dritte, die Rechtsanwalt im Sinne von § 4 BRAO sind, verlangen.[59]

(3) Während der Übergangszeit haben die Gesellschafter ohne Anwaltszulassung kein Stimmrecht.

§ 17 Kündigung, Austritt eines Gesellschafters

(1) Jeder Gesellschafter, dessen Geschäftsanteil voll eingezahlt ist, kann das Gesellschaftsverhältnis zum Ende eines jeden Geschäftsjahres unter Einhaltung einer Kündigungsfrist von zwölf Monaten schriftlich gegenüber der Gesellschaft kündigen,[60] erstmals jedoch zum [Datum].

(2) Durch die Kündigung wird die Gesellschaft nicht aufgelöst, sondern von dem oder den verbleibenden Gesellschaftern fortgesetzt.[61]

(3) Der ausscheidende Gesellschafter ist verpflichtet, seinen Geschäftsanteil an einen anderen Gesellschafter oder an einen von der Gesellschaft benannten Dritten abzutreten oder die Einziehung seines Anteils zu dulden.[62]

(4) Die Abfindung erfolgt entsprechend § 19.

§ 18 Einziehung von Geschäftsanteilen

(1) Die Einziehung von Geschäftsanteilen[63] ist zulässig.[64]

(2) Ohne Zustimmung des betroffenen Gesellschafters ist die Einziehung eines Geschäftsanteils zulässig, wenn[65]

a) gegen den Gesellschafter ein Berufs- oder Vertretungsverbot verhängt wird oder wenn er seine Zulassung zur Berufsausübung verliert,

b) der Gesellschafter das Gesellschaftsverhältnis nach § 17 gekündigt hat,

c) über das Vermögen des betreffenden Gesellschafters das Insolvenzverfahren eröffnet und nicht innerhalb von sechs Wochen wieder eingestellt oder die Eröffnung mangels Masse abgelehnt worden ist,

d) der betroffene Geschäftsanteil gepfändet oder sonst wie in diesen vollstreckt wird und es dem Inhaber des Geschäftsanteils nicht innerhalb von sechs Wochen gelingt, die Aufhebung der Zwangsvollstreckungsmaßnahme zu erreichen,

e) der Geschäftsanteil von Todes wegen auf einen Erben oder Vermächtnisnehmer übergegangen ist.[66]

(3) Über die Einziehung beschließt die Gesellschafterversammlung. Der Beschluss muss einstimmig gefasst werden. Der betroffene Gesellschafter hat bei dem Gesellschafterbeschluss kein Stimmrecht. Die Erklärung der Einziehung erfolgt durch einen Geschäftsführer schriftlich gegenüber dem betroffenen Gesellschafter. Mit Zugang der Erklärung beim Gesellschafter wird diese sofort wirksam.[67]

(4) Statt der Einziehung kann die Gesellschaft in den Fällen der Absätze 1 und 2 verlangen, dass der Geschäftsanteil an eine von ihr bezeichnete Person, bei der es sich auch um einen Gesellschafter handeln kann, abgetreten wird. Bis zur Vollziehung der Abtretung ruhen die Vermögens- und Mitgliedschaftsrechte des betroffenen Gesellschafters.

(5) Die Einziehung erfolgt gegen Zahlung einer Abfindung nach § 19.

(6) Die Neubildung eines eingezogenen Geschäftsanteiles ist zulässig, soweit dem nicht zwingendes Recht entgegensteht. Sie erfolgt durch einstimmigen Gesellschafterbeschluss.

§ 19 Abfindung

(1) In den Fällen der Einziehung eines Geschäftsanteils oder einer Übertragung gemäß § 17 Abs. 3 steht dem betroffenen Gesellschafter ein Abfindungsanspruch zu.[68] Schuldner

des Abfindungsanspruchs sind im Fall der Einziehung die Gesellschaft, ansonsten der Erwerber des Geschäftsanteils und die Gesellschaft als Gesamtschuldner.

(2) Der Abfindungsanspruch bemisst sich nach dem Wert des Geschäftsanteils, der sich für den Zeitpunkt des Ausscheidens aus den Büchern der Gesellschaft ergibt (Buchwert).[69]

(Alternativ: (2) Der Abfindungsanspruch bemisst sich nach dem Verkehrswert des Ge-schäftsanteils.[70]Bewertungszeitpunkt ist der Bilanzstichtag, der mit dem Ausscheiden des Gesellschafters zusammenfällt, hilfsweise der vorausgehende Bilanzstichtag.

Ggf. kumulativ: Der Verkehrswert ist durch einen Schiedsgutachter gemäß § 317 BGB für alle Beteiligten verbindlich zu bestimmen.[71])

(3) Der Abfindungsanspruch ist in . . . . . . gleichen Jahresraten zu bezahlen. Die erste Rate wird sechs Monate nach dem Tag des Ausscheidens fällig, die weiteren im Abstand von 12 Monaten nach Fälligkeit der vorherigen Rate.[72] Steht zum Zeitpunkt der Fälligkeit der ersten Rate die Höhe des Abfindungsanspruch noch nicht fest, so ist eine von der Gesellschaft zu bestimmende angemessene Abschlagszahlung zu leisten.

(4) Der Anspruch ist ab dem Tag des Ausscheidens mit . . . . . . % über dem Basiszinssatz (§ 247 BGB) zu verzinsen. Die Zinsen sind jeweils mit der Rate zu bezahlen.

(5) Die Gesellschaft und der Erwerber sind berechtigt, den Anspruch ganz oder teilweise früher zu erfüllen.

§ 20 Auflösung, Abwicklung

(1) Die Gesellschaft wird durch Beschluss der Gesellschafter aufgelöst.[73] Der Auflösungs-beschluss bedarf einer Mehrheit von drei Vierteln der abgegebenen Stimmen.[74]

(2) Liquidatoren der Gesellschaft sind die Geschäftsführer.[75] Hat die Gesellschaft meh-rere Geschäftsführer, sind von dem Beginn der Auflösung an nur jeweils zwei Liquidato-ren gemeinsam vertretungsberechtigt.[76]

§ 21 Streitbeilegung

(1) Alle Streitigkeiten aus oder im Zusammenhang mit der Satzung und dem durch sie begründeten Gesellschafterverhältnis werden unter Ausschluss des ordentlichen Rechts-wegs durch ein Schiedsgericht entschieden. Das gilt sowohl für Streitigkeiten zwischen den Gesellschaftern als auch für Streitigkeiten zwischen der Gesellschaft und einem oder mehreren Gesellschaftern.

(2) Das Schiedsgericht besteht aus einem Einzelschiedsrichter, der Rechtsanwalt im Sinne von § 4 BRAO sein muss.[77] Können sich die Parteien nicht auf die Person des Schieds-richters verständigen, so benennt ihn auf Antrag einer Partei der Vorstand der Rechts-anwaltskammer am Sitz der Gesellschaft.[78]

(Alternativ: (2) Das Schiedsgericht besteht aus drei Schiedsrichtern, die Rechtsanwalt im Sinne von § 4 BRAO sein müssen. Jede Partei benennt einen Schiedsrichter. Die beiden von den Parteien benannten Schiedsrichter einigen sich auf den Vorsitzenden des Schiedsgerichts.)

(3) Schiedsort ist . . . . . .[79]

(4) Auf das Schiedsverfahren finden die Vorschriften des 10. Buches der deutschen ZPO Anwendung.

§ 22 Schlussbestimmungen

Die Gesellschaft trägt die mit der Gründung verbundenen Kosten der Eintragung und Bekanntmachung (Gründungsaufwand) bis zu einem Betrag von insgesamt *[summenmäßig zu beziffern – max. 10 % des Stammkapitals]* EUR.[80]

§ 23 Schlussbestimmungen

(1) Soweit in dieser Satzung nicht etwas anderes bestimmt ist, gelten die Vorschriften der §§ 59c–59m BRAO sowie die Vorschriften des Gesetzes betreffend die Gesellschaft mit beschränkter Haftung.

(2) Falls einzelne Bestimmungen dieses Vertrages unwirksam sein sollten oder werden oder dieser Vertrag Lücken enthält, wird dadurch die Wirksamkeit der übrigen Bestimmungen nicht berührt. Anstelle der unwirksamen Bestimmung gilt diejenige wirksame Bestimmung als vereinbart, welche dem Sinn und Zweck der unwirksamen Bestimmung entspricht. Im Fall von Lücken gilt diejenige Bestimmung als vereinbart, die dem entspricht, was nach Sinn und Zweck dieses Vertrages vernünftigerweise vereinbart worden wäre, hätte man die Angelegenheit von vornherein bedacht.

......, den ......

......

(Unterschriften der Beteiligten)[81]

Anmerkungen

1. **Rechtsgrundlagen.** Eine Gesellschaft mit beschränkter Haftung, deren Unternehmensgegenstand die Beratung und Vertretung in Rechtsangelegenheiten ist, kann nach § 59c Abs. 1 BRAO als **Rechtsanwaltsgesellschaft mbH** zugelassen werden. Die Formulierung des § 59c Abs. 1 BRAO („kann") ist nicht dahin zu verstehen, dass ein Wahlrecht bestünde. Vielmehr muss eine GmbH, die Rechtsdienstleistungen erbringen will, sich zur Anwaltschaft zulassen und wird durch die Zulassung zur „Rechtsanwaltsgesellschaft mbH". Als Mitglied der Rechtsanwaltskammer ist die GmbH als juristische Person „Rechtsanwalt" im berufsrechtlichen Sinne und als solcher – wie eine natürliche Person mit Anwaltszulassung – Träger von berufsrechtlichen Rechten und Pflichten. Durch die Verschränkung von Gesellschafts- und Berufsrecht ergeben sich bei der Gestaltung der Satzung im Vergleich zur GmbH Besonderheiten.

Das Muster und die hierzu gegebenen Erläuterungen konzentrieren sich auf die Besonderheiten, die bei der Gestaltung der Satzung aufgrund der berufsrechtlichen Überlagerungen des GmbH-Rechts zu beachten sind. Auch die GmbH-rechtlichen Aspekte werden ausführlicher, aber nicht in allen denkbaren Alternativen dargestellt. Insofern ist auf spezifische Formularsammlungen zum GmbH-Recht zu verweisen.

Mindestinhalt. Die Mindestinhalte des Gesellschaftsvertrags einer Rechtsanwaltsgesellschaft mbH ergeben sich sowohl aus dem Gesellschafts- als auch aus dem Berufsrecht. Nach § 3 GmbHG sind Firma und Sitz der Gesellschaft, Gegenstand des Unternehmens, Betrag des Stammkapitals und die Zahl und die Nennbeträge der Geschäftsanteile, die jeder Gesellschafter übernimmt, vorzusehen nach § 59c Abs. 1 S. 2 BRAO ein bestimmter Unternehmensgegenstand. Da die notwendige berufsrechtliche Zulassung durch die Rechtsanwaltskammer nach § 59d BRAO zudem eine Beschränkung des Kreises der Gesellschafter und Geschäftsführer, die Weisungsunabhängigkeit der Geschäftsführer und Gesellschafter bei der anwaltlichen Berufsausübung, eine Verpflichtung der Gesellschafter zur aktiven Mitarbeit in der GmbH sowie den Abschluss einer erhöhten Haftpflichtversicherung voraussetzt, ergeben sich weitere – gesellschaftsrechtlich freilich nicht zwingende – Inhalte aus dem Berufsrecht.

2. **Monoprofessionelle Zusammenarbeit von Rechtsanwälten in der Rechtsanwaltsgesellschaft mbH.** Das Muster behandelt eine monoprofessionelle Rechtsanwaltsgesellschaft mbH von Rechtsanwälten. In einer Rechtsanwaltsgesellschaft mbH können sich grundsätzlich nicht nur Rechtsanwälte untereinander, sondern auch Rechtsanwälte mit Angehörigen anderer, nach § 59e Abs. 1 iVm § 59 Abs. 1 S. 1, Abs. 2 BRAO habiler Berufe zusammenschließen (Steuerberater, Wirtschaftsprüfer, Patentanwälte, ausländischen Rechtsanwälten). Anders als für Personengesellschaften sieht das Berufsrecht für die Rechtsanwaltsgesellschaft in § 59e Abs. 2 S. 1 BRAO aber Mehrheitserfordernisse zu Gunsten anwaltlicher Anteilseigner und in § 59f Abs. 1 S. 2 BRAO zu Gunsten anwaltlicher Geschäftsführer vor. Da vergleichbare Mehrheitserfordernisse auch in § 28 Abs. 4 Nr. 3 WPO für Kapitalgesellschaften unter Beteiligung von Wirtschaftsprüfern zu deren Gunsten bestimmt sind, ist ein interprofessioneller Zusammenschluss von Rechtsanwälten einerseits und Wirtschaftsprüfern andererseits in der Rechtsanwaltsgesellschaft mbH nicht praktikabel. Für Steuerberater ist im StBerG hingegen eine unterparitätische Besetzung des Gesellschafterkreises einer Steuerberatungsgesellschaft gestattet. §§ 59e Abs. 2 S. 1, § 59f Abs. 1 S. 2 BRAO bzw. § 28 Abs. 4 Nr. 3 WPO – inhaltsgleiche Mehrheitserfordernisse zu Gunsten von Patentanwälten – hat das BVerfG 2014 für nichtig erklärt. Die Entscheidungsgründe (BVerfG NJW 2014, 613) lassen keine abweichende Bewertung für die inhaltsgleichen Regelungen in BRAO und WPO zu. Sie sind allerdings bis zu einer gesetzlichen Neuregelung oder einer Entscheidung des BVerfG verbindlich, anders als §§ 52e Abs. 2 S. 1, 52f Abs. 1 S. 2 PAO.

3. Gründung. Die Gründung einer Rechtsanwaltsgesellschaft mbH erfolgt durch formgültigen Abschluss des Gesellschaftsvertrages, die Bestellung der Geschäftsführer, die Erbringung der erforderlichen Leistungen auf die Geschäftsanteile, die Anmeldung zum Handelsregister, die Eintragung ins Handelsregister nebst Bekanntmachung und sodann die berufsrechtliche Zulassung der Gesellschaft. Anders als bei einer gewöhnlichen GmbH gibt es also neben dem **Registerverfahren** beim Registergericht auch ein ergänzendes **Zulassungsverfahren** bei der Rechtsanwaltskammer, das in der Zulassung der Rechtsanwaltsgesellschaft mbH als Rechtsanwalt mündet. Das nach § 2 Abs. 1a GmbHG für eine GmbH, die höchstens drei Gesellschafter und nur einen Geschäftsführer hat, grundsätzlich mögliche **vereinfachte Gründungsverfahren** ist für die Gründung einer Rechtsanwaltsgesellschaft mbH denkbar, aber nicht zu empfehlen. Der gesetzlich vorgesehene Mustervertrag darf nicht abgewandelt oder ergänzt werden und kann deshalb lediglich Regelungen zur Firma, zum Sitz, zum Unternehmensgegenstand, zum Stammkapital, zu den Geschäftsanteilen, zur Vertretung und zur Tragung des Gründungsaufwandes enthalten. Berufsrechtlichen Besonderheiten kann daher nicht adäquat Rechnung getragen werden, so dass auf die Gründung einer Rechtsanwaltsgesellschaft mbH im vereinfachten Verfahren verzichtet werden sollte.

4. Firma. Die Bildung der Firma der Rechtsanwaltsgesellschaft mbH muss handels-, gesellschafts- und berufsrechtliche Vorgaben beachten. Für die Bildung des Firmenkerns gelten die allgemeinen firmenrechtlichen Grundsätze des HGB (§§ 18 Abs. 1, 2 HGB, 30 Abs. 1 HGB), so dass eine Personen-, Sach- oder Phantasiefirma gebildet werden kann (der berufsrechtliche Zwang zur Benutzung einer Personenfirma wurde 2009 vom Gesetzgeber aufgehoben). Berufsrechtlich muss die Firma nach § 59k Abs. 1 BRAO zwingend die Bezeichnung „Rechtsanwaltsgesellschaft" enthalten. Der Zusatz „Rechtsanwaltsgesellschaft" muss ausgeschrieben sein, darf also nicht als „Rechtsanwalts-GmbH" abgekürzt werden. § 4 GmbHG schreibt zudem den Rechtsformzusatz „[Gesellschaft] mit beschränkter Haftung" vor. Er kann in abgekürzter Form „mbH" verwendet werden. Üblich ist daher die Firma „X Rechtsanwaltsgesellschaft mbH".

5. Namensverwendung. Für die GmbH gilt der Grundsatz, dass der Gesellschafter, der seinen Namen für die Firma der GmbH zur Verfügung stellt, sich damit zugleich auf Dauer mit der Verwendung dieses Namens einverstanden erklärt (BGHZ 58, 322; 85, 221). Begründet wird dies mit der Überlegung, dass aufgrund der Möglichkeit der Bildung einer Sach- oder Phantasiefirma kein Gesellschafter gezwungen ist, seinen Namen zur Verfügung zu stellen. Da auch für die Rechtsanwaltsgesellschaft mbH seit 2009 nicht mehr zwingend eine Personenfirma gebildet werden muss, gilt dieser allgemeine Grundsatz des Firmenrechts der GmbH auch für sie. Eine ausdrückliche Vereinbarung, dass der namensgebende Gesellschafter seinen Namen der Gesellschaft nicht dauerhaft, dh nicht für die Zeit nach seinem Ausscheiden zur Verfügung stellt, ist daher notwendig. Deklaratorisch kann auch der umgekehrte Fall geregelt werden.

6. Sitz. Der nach § 3 Abs. 1 Nr. 2 GmbHG zu bezeichnende Sitz der Rechtsanwaltsgesellschaft mbH bestimmt die für das berufsrechtliche Zulassungsverfahren zuständige Rechtsanwaltskammer, den allgemeinen Gerichtsstand der Gesellschaft (§ 17 Abs. 1 ZPO) und die Zuständigkeit des Registergerichts (§ 377 FamFG). Der Sitz kann damit die Firmenbildung beeinflussen, da sich die Firma von den am selben Ort bereits eingetragenen Firmen deutlich unterscheiden muss (§ 30 HGB). Die Regelung des § 4a GmbHG, nach der der Sitz nicht mehr zwingend der Ort sein muss, an dem die Verwaltung der GmbH geführt wird, sondern an einem beliebigen in der Satzung angegebene Ort sein kann, ist für die Rechtsanwaltsgesellschaft mbH ohne Bedeutung. Nach § 59i BRAO muss sie an ihrem Sitz eine Kanzlei unterhalten, an dem verantwortlich zumindest ein geschäftsführender Rechtsanwalt tätig ist, für den die Kanzlei den Mittelpunkt seiner beruflichen Tätigkeit bildet.

7. Gegenstand. Die Satzung muss den Gegenstand des Unternehmens enthalten, § 3 Abs. 1 Nr. 2 GmbHG. Der Gegenstand einer Rechtsanwaltsgesellschaft mbH ergibt sich aus § 59c BRAO. Die dort vorgegebene Formulierung „Beratung und Vertretung in Rechtsangelegenheiten" ist angesichts des hierüber hinausgehenden Tätigkeitfelds des Rechtsanwalts – zum Beispiel in der Mediation oder bei Begutachtungen – an sich zu eng. Aufgrund der gesetzlichen Vorgabe empfiehlt sich aber die Formulierung des Unternehmensgegenstands in enger Anlehnung an § 59c BRAO.

Nichtanwaltliche Tätigkeiten sind der Rechtsanwaltsgesellschaft mbH verwehrt. § 59c Abs. 1 BRAO sieht zwar keine ausdrückliche Beschränkung des Unternehmensgegenstandes auf die Beratung und Vertretung in Rechtsangelegenheiten vor. §§ 59d, 59h Abs. 3 BRAO verdeutlichen aber, dass die Zulassung nur für solche Gesellschaften vorgesehen ist, deren Gegenstand ausschließlich die geschäftsmäßige Besorgung fremder Rechtsangelegenheiten ist. Anderenfalls hätte sich ein Rückgriff auf die allgemeinen Regeln etwa der §§ 7 Nr. 8, 14 Abs. 2 Nr. 9, 59m BRAO aufgedrängt.

8. Weisungsfreiheit. Nach § 59f Abs. 4 BRAO ist die Unabhängigkeit der Rechtsanwälte, die Geschäftsführer oder Prokuristen sind, bei der Ausübung ihres Rechtsanwaltsberufs zu gewährleisten. Einflußnahmen der Gesellschafter durch Weisungen oder vertragliche Bindungen sind unzulässig. Die Unabhängigkeit der einzelnen anwaltlichen Geschäftsführer ist allerdings nicht unbegrenzt zu gewährleisten. So kann die Übernahme besonders risikoträchtiger Mandate an die Zustimmung der Gesellschafterversammlung geknüpft werden. Auch die Etablierung des Vier-Augen-Prinzips ist mit dem Erfordernis der anwaltlichen Unabhängigkeit nicht unvereinbar.

9. Notare. Generell ausgeschlossen von der Berufsausübung in der Rechtsanwaltsgesellschaft mbH ist der Nur-Notar. Die notarielle Amtstätigkeit als Ausübung eines personenbezogenen Amts kann nicht in eine anwaltliche Berufsausübungsgesellschaft eingebracht werden. Anwaltsnotare dürfen sich an einer Rechtsanwaltsgesellschaft mbH beteiligen, aber nur zur Ausübung ihrer anwaltlichen Tätigkeit. Die Zusammenarbeit in der Gesellschaft darf nur die anwaltliche Berufsausübung, nicht dagegen die Ausübung des Notaramtes erfassen.

10. Beteiligungen. § 59c Abs. 2 BRAO verbietet die Beteiligung einer Rechtsanwaltsgesellschaft mbH an einem weiteren Zusammenschluss zur gemeinschaftlichen Berufsausübung. Die Rechtsanwaltsgesellschaft mbH darf sich somit weder an einer Sozietät noch an einer Partnerschaft beteiligen. Auch die Übernahme eines Gesellschaftsanteils an einer weiteren anwaltlichen Kapitalgesellschaft ist unzulässig. Möglich ist hingegen die Beteiligung an einer gewerblichen Personenhandelsgesellschaft oder Kapitalgesellschaft.

11. Gründung von Zweigniederlassungen. Bei der Gründung von Zweigniederlassungen müssen die berufsrechtlichen Vorgaben beachtet werden, die zT besondere Anforderungen an ihre Organisation stellen und Meldepflichten vorsehen (§ 27 BRAO iVm § 5 BORA; §§ 38 Nr. 3, 47 WPO iVm § 19 BS WP/vBP; § 34 StBerG iVm §§ 10 f. BOStB, §§ 46, 48 DVStB). Zweigniederlassungen sind am Sitz der Hauptniederlassung einzutragen (§ 13 HGB).

12. Beachtung des Berufsrechts. Die Klausel hat lediglich deklaratorische Bedeutung. Die Pflicht zur Beachtung des Berufsrechts folgt aus dem Status der Rechtsanwaltsgesellschaft mbH als Rechtsanwalt.

13. Beginn der Gesellschaft. Die Bestimmung dient gesellschaftsrechtlich der Vermeidung einer Differenzhaftung der Gesellschafter und berufsrechtlich der Vermeidung eines Verstoßes gegen das Rechtsdienstleistungsgesetz.

14. Geschäftsjahr. Das Geschäftsjahr muss nicht dem Kalenderjahr entsprechen. Es darf nicht länger als 12 Monate sein, wohl aber kürzer (§ 240 HGB). Die häufig anzutreffende ergänzende Bestimmung eines Rumpfgeschäftsjahres für das erste Geschäftsjahr nach Gründung ist entbehrlich, weil selbstverständlich. Eine entsprechende klarstellende Klausel wäre aber unschädlich.

15. Bekanntmachungen. Sollen Bekanntmachungen ausschließlich im Bundesanzeiger als offiziellem Publikationsmedium erfolgen (§ 12 S. 1 GmbHG) – was grundsätzlich zu empfehlen ist –, ist eine eigene Klausel zu den Bekanntmachungen entbehrlich. Zusätzliche Gesellschaftsblätter (§ 12 S. 2 GmbHG) sind ansonsten in der Satzung zu bestimmen.

16. Gesellschafterkreis. → Anm. 2.

17. Aktive Mitarbeit. § 59e Abs. 1 S. 2 BRAO beschränkt den Gesellschafterkreis auf solche natürliche Personen, die in der Gesellschaft beruflich tätig sind. Richtigerweise muss die Satzung die Pflicht zur aktiven Mitarbeit nicht ausdrücklich regeln, da sie sich bereits aus dem Wesen der Gesellschaft als Berufsausübungsgesellschaft ergibt. Da diese Frage aber umstritten ist (wie hier Henssler/Streck/*Henssler* Rn. D 54; aA Gaier/Wolf/ Göcken/*Bormann* § 59e BRAO Rn. 15), empfiehlt sich eine Regelung. Die Satzung kann für nachhaltige Verstöße gegen das Tätigkeitsgebot die Sanktion der Einziehung (§§ 34, 46 Nr. 4 GmbHG) vorsehen.

18. Unabhängigkeit der Gesellschafter. → Anm. 9.

19. Verpflichtung zum Abschluss eines Ehevertrags. Durch eine in der Satzung vorgesehene Verpflichtung zum Abschluss eines Ehevertrags wird ausgeschlossen, dass die Gesellschaft unter einer Scheidung eines Gesellschafters leidet, weil ein Gesellschafter den mit dem Gesellschaftsanteil erzielten Zugewinn ausgleichen muss, obwohl er über die hierfür notwendigen liquiden Mittel nicht verfügt. Die vorgeschlagene Klausel trägt dem Gedanken der Ehevertragsfreiheit Rechnung, weil sie die verheirateten Gesellschafter nicht in einen bestimmten Güterstand, insbesondere in die Gütertrennung, „zwingt", sondern ihnen im Rahmen des Regelungsanliegens größtmögliche Autonomie belässt.

20. Stammkapital. Das Stammkapitel muss nach § 5 Abs. 1 GmbHG mindestens 25.000 EUR betragen. Soll die Rechtsanwaltsgesellschaft mit geringerem Stammkapital gegründet werden, ist dies als UG möglich (§§ 59c ff. BRAO schließen dies nicht aus). Im Gesellschaftsvertrag ist das Stammkapital als fester EUR-Betrag anzugeben.

21. Einmann-GmbH. Die nach § 1 GmbHG zulässige Gründung einer Einmann-GmbH wird durch das Berufsrecht nicht eingeschränkt.

22. Geschäftsanteil. Der Nennbetrag jedes Geschäftsanteils muss auf volle EUR lauten, § 5 Abs. 2 GmbHG. Die früher übliche Begrifflichkeit „Stammeinlage" entspricht nicht mehr der Gesetzesterminologie und sollte vermieden werden.

23. Bar-/Sacheinlage. Die Gesellschafter einer Rechtsanwaltsgesellschaft mbH sind in der Wahl zwischen Bar- und Sachgründung frei, das Berufsrecht schränkt dieses Wahlrecht des § 5 GmbHG nicht ein. Im Gesellschaftsvertrag sind die Stammeinlagen als feste EUR-Beträge anzugeben. Die konkrete Einlagepflicht kann sich aber auf Sachen oder sonstige Vermögenswerte richten. Im Fall einer Sachgründung nach § 5 Abs. 4 GmbHG müssen in der notariellen Gründungsurkunde die auf die Stammeinlagen zu leistenden Vermögensgegenstände und die Beträge der darauf entfallenden Stammeinlagen genau bezeichnet sein.

24. Leistung der Einlage. Nach § 7 Abs. 2 S. 1 GmbHG ist vor Anmeldung auf jeden Geschäftsanteil mindestens ein Viertel des Nennbetrags einzuzahlen, der Gesamtbetrag muss die Hälfte des Stammkapitals erreichen.

25. Wettbewerbsverbot. Ein allgemeines, alle Gesellschafter treffendes Wettbewerbsverbot besteht in der GmbH nicht. Fehlt eine Satzungsbestimmung, so wird ein Wettbewerbsverbot für geschäftsführende Gesellschafter aus der Treuepflicht hergeleitet. Es ist ihnen entsprechend § 112 HGB untersagt, sich in dem Geschäftszweig der Gesellschaft anderweitig unternehmerisch zu betätigen. Dieses Wettbewerbsverbot soll aufgrund des Charakters der Rechtsanwaltsgesellschaft mbH als Berufsausübungsgesellschaft auch für nichtgeschäftsführende Gesellschafter gelten (vgl. Henssler/Streck/*Henssler*, Rn. D 83). Aufgrund des Charakters der Rechtsanwaltsgesellschaft mbH als Berufsausübungsgesellschaft ist in jedem Falle eine satzungsmäßige Regelung der Frage sinnvoll, ob ein Gesellschafter in Wettbewerb zur Gesellschaft treten darf oder nicht, insbesondere, indem er Mitglied in weiteren Berufsausübungsgesellschaften ist (was das Berufsrecht seit Fortfall des Verbots der Mehrfachmitgliedschaft in Berufsausübungsgesellschaften („Sternsozietät") gestattet).

26. Versicherung. Die Pflicht zum Abschluss und Unterhalten einer Vermögensschadenshaftpflichtversicherung folgt aus § 59j BRAO; sie ist in der Satzung also lediglich gesetzeswiederholend bestimmt. Ohne Nachweis des Versicherungsschutzes lässt die zuständige Rechtsanwaltskammer die GmbH nicht als Rechtsanwaltsgesellschaft mbH zu (bzw. widerruft deren Zulassung). Die Mindestversicherungssumme beträgt 2.500.000 EUR für jeden Versicherungsfall. Die Leistungen des Versicherers für alle innerhalb eines Versicherungsjahres verursachten Schäden können auf den Betrag der Mindestversicherungssumme, vervielfacht mit der Zahl der Gesellschafter und der Geschäftsführer, die nicht Gesellschafter sind, begrenzt werden. Die Jahreshöchstleistung für alle in einem Versicherungsjahr verursachten Schäden muß sich jedoch mindestens auf den vierfachen Betrag der Mindestversicherungssumme belaufen. Jeder in der Rechtsanwaltsgesellschaft mbH tätige Anwalt ist zudem – unabhängig von seinem Status als Geschäftsführer, Gesellschafter oder Angestellter – persönlich verpflichtet, eine eigene Berufshaftpflichtversicherung mit einer Mindestversicherungssumme von 250.000 EUR abzuschließen.

27. Geschäftsführer. Die Gesellschaft muss zwingend einen oder mehrere Geschäftsführer haben, § 6 Abs. 1 GmbHG. Die Zahl der Geschäftsführer ist im GmbHG nicht vorgeschrieben. Der Gesellschaftsvertrag kann eine Mindest- oder Höchstzahl vorschreiben. Sinnvoll ist mit Blick auf die Handlungsfähigkeit der Gesellschaft und die Begrenzung der Zahl registerrelevanter Vorgänge, den Kreis der Geschäftsführer so klein wie möglich zu halten und im Übrigen von der Möglichkeit der Erteilung von Prokura bzw. Handlungsvollmacht an weitere Berufsträger Gebrauch zu machen.

28. Anforderungen an Geschäftsführer. Zum Geschäftsführer kann nach § 6 Abs. 2 S. 1 GmbHG iVm § 59f Abs. 2 BRAO nur eine Person bestellt werden, die einem nach § 59a Abs. 1 S. 1, Abs. 2 BRAO sozietätsfähigen Beruf angehört. Den Grundsatz der Fremdorganschaft des GmbH-Rechts wird durch das Berufsrecht nicht relativiert, so dass auch Nichtgesellschafter, die die fachlichen Anforderungen des Berufsrechts erfüllen, zu Geschäftsführern bestellt werden können. In der Satzung kann aber der Kreis der möglichen Geschäftsführer enger gezogen werden, etwa dahingehend, dass nur Rechtsanwälte oder Gesellschafter der GmbH zu Geschäftsführern bestellt werden können.

29. Bestellung der Geschäftsführer. Die Bestellung der Geschäftsführer erfolgt im Gesellschaftsvertrag (§ 6 Abs. 3 S. 2 GmbHG) oder durch Gesellschafterbeschluss (§ 46 Nr. 5 GmbHG). Der Beschluss erfordert nach § 47 Abs. 1 GmbHG einfache Mehrheit. Im Gesellschaftsvertrag kann eine größere Mehrheit verlangt oder die Bestellung einem oder mehreren Gesellschaftern übertragen werden.

30. Abberufung der Geschäftsführer. Ein Geschäftsführer wird durch jederzeit möglichen Gesellschafterbeschluss abberufen (§ 46 Nr. 5 GmbHG).

31. Verlust der Berufsausübungsbefugnis eines Geschäftsführers. Nach § 59f Abs. 2 BRAO kann Geschäftsführer nur sein, wer zur Ausübung eines in § 59e Abs. 1 S. 1 BRAO genannten Berufs berechtigt ist. Mit dem Verlust der Berufsausübungsbefugnis endet damit auch die Möglichkeit, Geschäftsführer zu sein. Verliert ein mehrfachqualifizierter Geschäftsführer die Ausübung zur Befugnis eines der Berufe im Sinne von § 59e Abs. 1 S. 1 BRAO, hängt die Möglichkeit, weiterhin Geschäftsführer sein zu können, davon ab, ob die Satzung hierfür einen beliebigen Katalogberuf ausreichend sein lässt.

32. Abberufung der Geschäftsführer. Der Gesellschaftsvertrag kann die Modalitäten der Abberufung modifizieren, zB das Recht zur Ausübung auf bestimmte Gesellschafter übertragen oder – wie hier – die Zulässigkeit der Abberufung einschränken. Eine Abberufung aus wichtigem Grund muss allerdings stets möglich bleiben.

33. Unabhängigkeit der Geschäftsführer. Die Klausel greift § 59f Abs. 4 BRAO auf, nach der die Unabhängigkeit der Rechtsanwälte, die Geschäftsführer oder Prokuristen sind, bei der Ausübung ihres Rechtsanwaltsberufs zu gewährleisten ist und dem zuwiderlaufende Einflußnahmen der Gesellschafter, etwa durch Weisungen oder vertragliche Bindungen, unzulässig sind. Die Vorschrift schafft aber keine Sonderstellung für Geschäftsführer, da das Berufsrecht ganz allgemein die Gewährleistung der Unabhängigkeit eines jeden in der Gesellschaft tätigen Rechtsanwalts verlangt.

34. Geschäftsführung. Der Grundsatz der Gesamtgeschäftsführung kann im Gesellschaftsvertrag auch abweichend geregelt werden. Denkbar sind insbesondere an Ressorts orientierte Befugnisse einzelner Geschäftsführer.

35. Geschäftsordnung. Die Gesellschafter können (durch Gesellschaftsvertrag oder Gesellschafterbeschluss) für Fragen der Geschäftsführung eine Geschäftsordnung aufstellen, in der eine Geschäftsverteilung vorgenommen wird. Wird dies beabsichtigt, sollte die Möglichkeit von Abweichungen von den Regelungen des Vertrages bereits in diesem klargestellt sein und etwa formuliert werden: „Die Gesellschafter können für die Geschäftsführer eine Geschäftsordnung beschließen, die auch Abweichungen von den Bestimmungen dieses Absatzes vorsehen kann."

36. Beschlussfassung der Geschäftsführer. Der Gesellschaftsvertrag sollte zumindest Mehrheitsbeschlüsse zulassen, da ansonsten bei Gesamtgeschäftsführung die Entscheidungen Einstimmigkeit erfordern. Klarstellend kann bestimmt werden, dass ein Antrag bei Stimmengleichheit als abgelehnt gilt, auch wenn sich dies bereits aus dem Mehrheitserfordernis ergibt.

37. Prokura/Handlungsvollmacht. Nach § 59f Abs. 3 BRAO kann in der Rechtsanwaltsgesellschaft mbH sowohl Prokura als auch Handlungsvollmacht erteilt werden. Auch Prokuristen und Handlungsbevollmächtigte müssen zur Ausübung eines der sozietätsfähigen Berufe berechtigt und mehrheitlich Rechtsanwälte sein.

38. Einzel-/Gesamtvertretung. Nach § 35 Abs. 2 S. 1 und 2 GmbHG gilt grundsätzlich Gesamtvertretung. Abweichendes kann – wie hier im Muster – im Gesellschaftsvertrag bestimmt werden. Der Begriff „alleinvertretungsbefugt" ist unscharf und sollte vermieden werden, wird aber von den Registergerichten – anstelle der sachlich zutreffenden Formulierung „einzelvertretungsbefugt" – akzeptiert (näher *Krafka/Willer/Kühn*, Rn. 950).

39. Befreiung von Beschränkungen des § 181 BGB. § 181 BGB findet auf GmbH-Geschäftsführer Anwendung (vgl. § 35 Abs. 3 GmbHG), so dass eine Befreiung vom Selbstkontrahierungsverbot für einzelne oder alle Gesellschafter und/oder für alle oder bestimmte Geschäfte bestimmt werden muss.

40. Gesellschafterversammlung. Im Hinblick auf die Notwendigkeit der Feststellung des Jahresabschlusses durch die Gesellschafter ist auch eine Differenzierung zwischen der ordentlichen und außerordentlichen Gesellschafterversammlungen denkbar. Der näher zu konkretisierende Zeitraum muss die Fristen in § 264 Abs. 1 S. 3, 4 HGB bzw. § 267 HGB beachten. Nach § 49 Abs. 1 GmbHG werden Gesellschafterversammlungen durch die Geschäftsführer einberufen, wobei dies weder durch alle noch eine vertretungsberechtigte Zahl Geschäftsführer erfolgen muss.

41. Form der Einberufung der Gesellschafterversammlung. Ist im Gesellschaftsvertrag – anders als im Muster – keine Formerleichterung vorgesehen, muss die Einberufung schriftlich mittels Einschreiben erfolgen (§ 51 Abs. 1 GmbHG).

42. Inhalt der Einberufung der Gesellschafterversammlung. Die Einberufung muss die Zeit und den Ort der Versammlung benennen (die Versammlung soll analog § 121 Abs. 4 AktG grundsätzlich am Sitz der Gesellschaft stattfinden; ein anderer Sitzungsort kann im Gesellschaftsvertrag bestimmt werden oder ist durch Beschluss aller Gesellschafter möglich). Die Einberufung soll eine Tagesordnung enthalten, muss dies aber nicht (§ 51 Abs. 2 GmbHG). Beschlussfassungen über Gegenstände, die den Gesellschaftern nicht mindestens drei Tage vor der Gesellschafterversammlung in der für die Einberufung vorgesehenen Form und mit hinreichender inhaltlicher Klarheit mitgeteilt worden sind, können nur bei Anwesenheit aller Gesellschafter erfolgen (§ 51 Abs. 4 iVm Abs. 3 GmbHG).

43. Frist zur Einberufung der Gesellschafterversammlung. Die Mindestfrist zur Einberufung ist eine Woche (§ 51 Abs. 1 S. 2 GmbHG), sie kann durch Gesellschaftsvertrag nicht unterschritten werden. Für den Fristbeginn kommt es auf den normalerweise zu erwartenden Zugang beim letzten Gesellschafter an.

44. Form der Gesellschafterbeschlüsse. Beschlüsse der Gesellschafterversammlung sind grundsätzlich nicht formbedürftig. Gesetzliche Ausnahmen bestehen insbesondere bei Änderungen des Gesellschaftsvertrages (§ 53 Abs. 2 S. 1 GmbHG) und Kapitalmaßnahmen (§§ 55 ff. GmbHG), die notarieller Beurkundung bedürfen. Auch im Gesellschaftsvertrag können Ausnahmen von der Formfreiheit vereinbart werden. Im Hinblick auf die Notwendigkeit der Dokumentation von anmeldepflichtigen Beschlüssen (§ 39 Abs. 2 GmbHG) und ganz generell zur Vermeidung von unnötigen Anfechtungs- und Feststellungsklagen empfiehlt sich, im Gesellschaftsvertrag eine Protokollierungspflicht grundsätzlich festzulegen.

45. Stimmrecht. Nach § 47 Abs. 2 GmbHG gewährt jeder EUR eine Stimme. Diese Regelung ist nicht zwingend und kann im Gesellschaftsvertrag abgeändert werden. Insbesondere bei einer personalistisch strukturierten GmbH mit wenigen Gesellschaftern, die der Berufsausübung dient und in der somit alle Gesellschafter gleichermaßen tätig sind, wird sich häufig ein Stimmrecht nach Köpfen anbieten. Richtet sich das Stimmrecht nach dem Kapital und ist dieses unterschiedlich verteilt, bietet sich eine Regelung zur Beschlussfähigkeit an, nach der ein bestimmter Prozentsatz des Stammkapitals vertreten sein muss, damit die Gesellschafterversammlung beschlussfähig ist.

46. Mehrheitserfordernisse. Das (Mindest-)Erfordernis der einfachen Mehrheit ergibt sich aus § 47 Abs. 1 GmbHG. Gesetzliche Ausnahmen hiervon, dh die Notwendigkeit einer qualifizierten Mehrheit (Drei-Viertel-Mehrheit), sind ua bestimmt für Änderungen des Gesellschaftsvertrages (§ 53 Abs. 2 S. 1 GmbHG) einschließlich Kapitalerhöhungen (§§ 55 ff. GmbHG), Kapitalerhöhungen aus Gesellschaftsmitteln (§§ 57 c ff. GmbHG), Kapitalherabsetzungen (§§ 58 ff. GmbHG), die Auflösung der GmbH (§ 60 Abs. 1 Nr. 2 GmbHG), eine formwechselnde Umwandlung (§§ 193 Abs. 1, 240 Abs. 1 UmwG) und einen Beschluss über die Ausschließung eines Gesellschafters. Der Gesellschaftsvertrag kann die Mehrheitserfordernisse für bestimmte oder alle Angelegenheiten bis zum Einstimmigkeitserfordernis erhöhen. Ohne eine solche Satzungsregelung erfordern insbesondere die nachträgliche Vinkulierung von Geschäftsanteilen (§ 180 Abs. 2 AktG analog), die nachträgliche Einfügung einer Einziehungsmöglichkeit (§ 34 GmbHG) und die nachträgliche Bestimmung von Leistungspflichten (§ 53 Abs. 3 GmbHG) einen einstimmigen Beschluss.

47. Stimmrechtsausübung. § 59e Abs. 4 BRAO bestimmt, dass Gesellschafter zur Ausübung von Gesellschafterrechten nur stimmberechtigte Gesellschafter bevollmächtigen können, die Angehörige desselben Berufs oder Rechtsanwälte sind.

48. Gewinnverteilung. Die Verteilung des Jahresergebnisses erfolgt, wenn in der Satzung – wie hier – nichts Anderes vereinbart ist, nach dem Verhältnis der Geschäftsanteile (§ 29 Abs. 3 GmbHG).

49. Aufstellung des Jahresabschlusses. Der Jahresabschluss (Bilanz, Gewinn- und Verlustrechnung nebst Anhang) einer „kleinen GmbH" (§ 267 HGB) oder „Kleinstkapitalgesellschaft" (§ 267a HGB) – Rechtsanwaltsgesellschaften mbH fallen typischerweise in diese Kategorien – für das vorangegangene Geschäftsjahr muss von den Geschäftsführern grundsätzlich innerhalb der ersten drei Monate eines Geschäftsjahres aufgestellt werden (§ 264 Abs. 1 S. 3 HGB). Eine Aufstellung binnen der ersten sechs Monate des Geschäftsjahres ist aber zulässig, wenn dies einem ordnungsgemäßen Geschäftsbetrieb entspricht (§ 264 Abs. 1 S. 4 HGB). Ein den Jahresabschluss ergänzender Lagebericht muss von kleinen Kapitalgesellschaften nicht aufgestellt werden (§ 264 Abs. 1 S. 4 HGB).

50. Gewinnverwendung. Die Feststellung des Jahresabschlusses und der Beschluss über die Gewinnverwendung haben in einer kleinen GmbH innerhalb der ersten elf Monate des Geschäftsjahres zu erfolgen (§ 42 a Abs. 2 S. 1 GmbHG). Inhalte des Gewinnverwendungsbeschlusses können alternativ oder kumulativ sein: Vortrag der Verluste (die Satzung kann aber auch Verlustausgleichspflichten begründen), Ausschüttung des Jahresüberschusses, Vortrag des Gewinns oder Einstellung in die Rücklagen.

51. Ergebnisverwendungsbeschluss. Die Satzung kann für bestimmte Inhalte des Ergebnisverwendungsbeschlusses qualifizierte Mehrheiten oder – wie hier – Einstimmigkeit vorsehen (sie bietet sich bei einer geringen Gesellschafterzahl an). Es können in der Satzung auch bestimmte Einstellungen in die Rücklagen bestimmt werden, um das Eigenkapital der Gesellschaft zu stärken. Ebenso kann in der Satzung die Rücklagenbildung beschränkt oder eine Mindestausschüttung festgelegt werden, um Minderheitsgesellschafter zu schützen.

52. Gewinnteilungsverbot. Die Klausel trägt § 59e Abs. 3 2. HS BRAO Rechnung, nach dem Dritte nicht am Gewinn der Rechtsanwaltsgesellschaft beteiligt werden dürfen.

53. Anteilsveräußerung. Nach § 15 GmbHG sind Geschäftsanteile frei veräußerlich. Diese Möglichkeit ist durch das Berufsrecht in §§ 59c ff. BRAO nicht abgeändert worden. Da Gesellschafter einer Rechtsanwaltsgesellschaft mbH kraft Gesetzes nur Angehörige bestimmter Berufe sein dürfen – und dieser Kreis gesellschaftsvertraglich häufig noch weiter eingeschränkt wird – ist die freie Veräußerbarkeit des Gesellschaftsanteils nicht sachgerecht. Die nach § 15 Abs. 5 GmbHG grundsätzlich mögliche Einschränkung der Veräußerlichkeit im Gesellschaftsvertrag ist daher sinnvoll, damit nicht Anteilserwerber, die nicht die erforderliche berufliche Qualifikation als Gesellschafter besitzen, zur Vermeidung eines Zulassungsverlustes ausgeschlossen werden müssen. Sicherstellen lässt sich dies, indem die Möglichkeit eines Anteilserwerbs an die Zulassung zur Rechtsanwaltschaft (oder zu einem der sozietätsfähigen Berufe) oder an die Zustimmung der Gesellschaft oder der Gesellschafter geknüpft wird.

54. Zustimmungsbeschluss bei Anteilsveräußerung. Das Mehrheitserfordernis für den Zustimmungsbeschluss kann frei vereinbart werden. Aufgrund ihrer personalistischen Struktur empfiehlt sich bei kleineren Berufsausübungsgesellschaften ein Einstimmigkeitserfordernis, damit Gesellschafter nicht ungewollt mit von ihnen nicht gewünschten Mitgesellschaftern zusammenarbeiten müssen.

55. Verpfändung eines Geschäftsanteils. Die Verpfändung eines Geschäftsanteils ist grundsätzlich möglich, da sie nicht zu einer nach § 59e Abs. 3 BRAO unzulässigen wirtschaftliche Teilhabe am Erfolg oder Misserfolg der Gesellschaft führt, sondern lediglich der Absicherung einer Forderung des Pfandgläubigers dient. Grundsätzlich ist die Verpfändung eines Geschäftsanteils daher zulässig, soweit nicht dessen Abtretbarkeit ausgeschlossen ist. Da die die Befriedigung eines Pfandgläubigers im Wege der Zwangsvollstreckung erfolgt, ist es zur Vermeidung eines den Fortbestand der Zulassung gefährdenden Eintritts nicht sozietätsfähiger Personen aber regelmäßig geboten, die Verpfändung des Geschäftsanteils in der Satzung auszuschließen, zumindest aber an die Zustimmung der Gesellschaft zu binden.

56. Verbot mittelbarer Beteiligungen. Aus der Beschränkung des Gesellschafterkreises auf die aktiv in der Gesellschaft tätigen Berufsträger folgt ein Verbot jeder mittelbaren Beteiligungsform, sei es als stille Beteiligung, Unterbeteiligung oder Treuhandverhältnis. § 59e Abs. 3 BRAO verbietet daher, dass Anteile an einer Rechtsanwaltsgesellschaft für Rechnung Dritter gehalten und Dritte am Gewinn der Rechtsanwaltsgesellschaft beteiligt werden. Die Klausel greift dieses berufsrechtliche Verbot auf.

57. Erwerb von Geschäftsanteilen von Todes wegen. Nach § 15 Abs. 1 GmbHG ist der Geschäftsanteil frei vererblich, er kann zudem auch Gegenstand eines Vermächtnisses sein. Die Vererblichkeit kann in der Satzung weder ausgeschlossen noch eingeschränkt werden, das Berufsrecht erkennt dies in § 59h Abs. 3 S. 2 BRAO ausdrücklich an. Zulässig und anzuraten ist allerdings eine gesellschaftsvertragliche Regelung des Schicksals des von Todes wegen erworbenen Geschäftsanteils (alternativ denkbar – und zulässig – sind gesellschaftsvertraglich geregelte Verpflichtungen der Gesellschafter, bestimmte erbrechtliche Regelungen zu treffen).

58. **Beseitigung des berufsrechtswidrigen Zustands.** Durch den Erwerb von Todes wegen kann eine nicht sozietätsfähige Person Gesellschafter werden. Grundsätzlich führt die Beteiligung solcher Personen an der Gesellschaft zum Verlust der Zulassung. § 59h Abs. 3 S. 2 BRAO trägt dem Rechnung, indem der Gesellschaft eine – von der Rechtsanwaltskammer zu bestimmende – Mindestfrist von einem Jahr zur Wiederherstellung eines berufsrechtskonformen Zustands eingeräumt wird.

59. **Wiederherstellung des berufsrechtskonformen Zustands.** Der berufsrechtskonforme Zustand kann durch Einziehung des Gesellschaftsanteils oder dessen Abtretung an Personen, die – anders als der Erbe – sozietätsfähig sind, herbeigeführt werden. Eine Abtretung an die Gesellschaft ist hingegen nicht möglich, da die Rechtsanwaltsgesellschaft mbH keine eigenen Anteile erwerben darf, § 59e Abs. 1 BRAO.

60. **Statuarisches Kündigungsrecht.** Das GmbHG kennt kein ordentliches Kündigungsrecht, es kann aber in der Satzung vereinbart werden (die Möglichkeit zur außerordentlichen Kündigung besteht auch ohne gesellschaftsvertragliche Regelung). Die Kündigung bedarf keiner besonderen Form, wenngleich sich die Vereinbarung der Schriftform zu Dokumentationszwecken empfiehlt. Die Rechtsfolgen einer derartigen Kündigung sollten klar geregelt werden, insbesondere der Umstand, dass die Gesellschaft durch die Kündigung nicht aufgelöst wird, vgl. Abs. 2 und 3 der Regelung.

61. **Fortsetzungsklausel.** Eine Fortsetzungsklausel sollte vorsorglich aufgenommen werden, da nach einer in der Rspr. vertretenen Auffassung eine ordentliche Kündigung ein Anwendungsfall des § 60 Abs. 2 GmbHG, dh ein gesellschaftsvertraglicher Auflösungsgrund, ist, wenn die Satzung nicht zugleich die Fortsetzung der Gesellschaft vorsieht. Ergänzend zur Fortsetzungsklausel kann im Gesellschaftsvertrag eine Anschlusskündigung geregelt werden: Die verbleibenden Gesellschafter können nach der Kündigung eines Mitgesellschafters beschließen, dass die Gesellschaft nicht, wie gesellschaftsvertraglich vorgesehen, fortgesetzt, sondern aufgelöst wird. Geregelt werden sollte dann auch, dass der zuerst kündigende Gesellschafter nicht ausscheidet, sondern wie die übrigen Gesellschafter an der Liquidation der Gesellschaft teilnimmt

62. **Geschäftsanteil des Ausscheidenden.** Beim Ausscheiden eines Gesellschafters muss dessen Geschäftsanteil einer Verwendung zugeführt werden, da es nicht zu einer Anwachsung kommt.

63. **Einziehung.** Eine Einziehung (Amortisation) von Geschäftsanteilen darf nach § 34 Abs. 1 GmbHG nur erfolgen, soweit sie im Gesellschaftsvertrag zugelassen ist. Sie führt zur Vernichtung des Geschäftsanteils, ohne dass hierdurch das Stammkapital gemindert wird. Vielmehr erhöht sich der Nennbetrag der verbliebenen Geschäftsanteile entsprechend.

64. **Einziehung mit Zustimmung des Betroffenen.** Zu unterscheiden ist die freiwillige Einziehung (Abs. 1 des Musters) und die Zwangseinziehung (Abs. 2 des Musters). Allein daraus, dass eine Satzung die Zwangseinziehung regelt, folgt nicht, dass auch die freiwillige Einziehung zulässig sein soll, so dass sie – wie hier vorgeschlagen – gesondert anzusprechen ist.

65. **Einziehung ohne Zustimmung des Betroffenen.** Ohne die Zustimmung des Anteilsberechtigten ist eine Einziehung nach § 34 Abs. 2 GmbHG nur möglich, wenn die Voraussetzungen hierfür im Gesellschaftsvertrag festgelegt sind. Die Einziehungsgründe sind daher wie hier vorgeschlagen zu benennen. Weitere denkbare Einziehungsgründe sind zB das Erreichen einer Altersgrenze, das Vorliegen eines zur Ausschließung berechtigenden Grundes in der Person des betroffenen Gesellschafters oder der unterbliebene

Nachweis, dass güterstandliche Regelungen getroffen worden sind, zu denen die Gesellschafter verpflichtet sind.

66. Einziehung bei Tod eines Gesellschafters. Die Vorschrift kann auch enger gefasst
und die Einziehung nur dann für zulässig erklärt werden, wenn der Geschäftsanteil auf
eine gesetzlich nicht als Gesellschafter anerkannte Person übergeht. Die hier getroffene
Regelung ist sinnvoll, wenn sich die Gesellschafter in jedem Fall die Entscheidung über
neue Gesellschafter vorbehalten wollen.

67. Einziehungsbeschluss. Trifft die Satzung keine Regelung, reicht die einfache
Mehrheit der Stimmen aus (Henssler/Strohn/*Fleischer*, § 34 GmbHG Rn. 8). Ob der
Betroffene auch ohne Regelung in der Satzung in der Frage der Einziehung seines Anteils
kein Stimmrecht hat, ist umstritten, so dass die Frage vorsorglich adressiert werden sollte.
Davon zu trennen ist die – zu bejahende – Frage, ob ein Recht zur Teilnahme an der
Versammlung und zur Stellungnahme vor der Beschlussfassung besteht.

68. Abfindungsanspruch bei Einziehung. Ein vollständiger Ausschluss der Abfindung
ist in der Regel nach § 138 Abs. 1 BGB unwirksam.

69. Abfindung zum Buchwert. Fehlt es an einer Satzungsregelung, hat der Ausscheidende einen Anspruch auf eine Abfindung zum Verkehrswert (BGHZ 116, 359,
370). In der Satzung vereinbart werden können statt dessen verschiedenste alternative
Bewertungsmethoden (Buchwert, Nennwert, Substanzwert), wobei das sog. Stuttgarter
Verfahren (gemeiner Wert nach steuerrechtlichen Vorschriften) wegen Zweifeln der
Rspr. an der Angemessenheit der mit ihm erzielten Ergebnisse nicht angewendet werden
sollte. Bei der Vereinbarung einer Buchwertklausel ist zu beachten, dass sie bei einem
groben Missverhältnis zwischen dem Buchwert und dem tatsächlichen Wert der Gesellschaft (Verkehrswert) sittenwidrig sein kann. Im Regelfall wird von der Rechtsprechung
aber eine Anpassung der Klausel vorgenommen.

70. Abfindung zum Verkehrswert. Der Verkehrswert ist unter Berücksichtigung stiller
Reserven und des Geschäftswerts des Unternehmens festzustellen (BGHZ 116, 359, 370).
Notwendig ist in der Regel eine sachverständige Unternehmensbewertung anhand der
Ertragswertmethode.

71. Ermittlung der Abfindung. Bei einer Abfindung nach Verkehrswert sind weitere
Regelungen zum schiedsgutachterlichen Verfahren denkbar, insbesondere zu Person,
Auswahl und Kosten des Schiedsgutachters.

72. Fälligkeit des Abfindungsanspruchs. Unterbleibt eine Regelung der Fälligkeit des
Abfindungsanspruchs, ist dieser nach § 271 BGB sofort fällig (BGH NZG 2012, 259,
260).

73. Auflösung. Die Auflösungskompetenz der Gesellschafter ist nicht dispositiv, der
Gesellschaftsvertrag darf daher die Möglichkeit einer Auflösung nicht völlig ausschließen.

74. Auflösungsbeschluss. Der Auflösungsbeschluss bedarf keiner besonderen Form
(BayObLG NJW-RR 1995, 1001, 1002) und keiner besonderen sachlichen Rechtfertigung. Das Mehrheitserfordernis orientiert sich an § 60 Abs. 1 Nr. 2 GmbHG. Der
Gesellschaftsvertrag kann aber grds. ein geringeres wie auch ein höheres Mehrheitserfordernis und auch die Notwendigkeit eines einstimmigen Beschlusses vorsehen.

75. Liquidatoren. Trifft die Satzung keine abweichende Regelung, werden die Geschäftsführer nach § 66 Abs. 1 GmbHG mit der Auflösung der Gesellschaft zu (geboren-
en) Liquidatoren. Die Regelung in Abs. 2 S. 1 des Musters hat daher deklaratorischen

Charakter. Die vorherigen Geschäftsführer sind als geborene Liquidatoren aufgrund ihres Anstellungsvertrages zur Fortsetzung ihrer Tätigkeit verpflichtet.

76. Vertretungsmacht der Liquidatoren. Wenn mehrere Liquidatoren bestellt sind, können diese, sofern nichts Abweichendes vereinbart ist, gemäß § 68 Abs. 1 S. 2 GmbHG die Gesellschaft nur gemeinsam aktiv vertreten. Eine hiervon abweichende Regelung in der Satzung drängt sich daher auf, wenn mehrere Geschäftsführer bestellt sind. Die Satzung kann eine Einzelvertretung vorsehen oder die Gesamtvertretung näher regeln (wie hier etwa Vertretung durch zwei von mehreren Liquidatoren).

77. Besetzung des Schiedsgerichts. Für einen Einzelschiedsrichter sprechen vor allem Kostengesichtspunkte, für ein Schiedsgericht aus drei Schiedsrichtern die – angesichts des fehlenden Instanzenzuges sinnvolle – höhere Kompetenz eines Kollegialgerichts. Die Beschränkung auf Rechtsanwälte als mögliche Schiedsrichter sichert neben der notwendigen juristischen Fachkompetenz zugleich Praxiskenntnisse in Fragen der Berufsausübung von Rechtsanwälten.

78. Appointing Authority. Unterbleibt eine Regelung, wer den Schiedsrichter benennt, gilt § 1035 Abs. 3 ZPO. Den Einzelschiedsrichter benennt auf Antrag einer Partei das OLG, in dessen Bezirk die GmbH ihren Sitz hat.

79. Schiedsort. Die Wahl des Schiedsorts am Sitz der Gesellschaft ist naheliegend, aber nicht stets glücklich, da im Falle einer Fortsetzung der Auseinandersetzung vor den staatlichen Gerichten die örtliche Richter- und Kollegenschaft unerwünschte Einblicke in Kanzleiinterna erhalten.

80. Gründungskosten. Die GmbH muss außer den Kosten für die Eintragung und Bekanntmachung gesetzlich keine weiteren Kosten tragen. Sollen nicht die Gründungsgesellschafter den verbleibenden Gründungsaufwand (va Notarkosten) aus eigenen Mitteln bestreiten müssen, sondern dieser der Gesellschaft zur Last fallen, muss dies im Gesellschaftsvertrag ausdrücklich festgelegt werden. Der Gesamtbetrag ist, notfalls geschätzt, anzugeben, da er ansonsten den Gründern zur Last fällt (näher *Krafka/Willer/Kühn* Rn. 941). Der Betrag muss angemessen sein (Faustregel: 10 % des Stammkapitals), da ansonsten die Eintragung verweigert werden kann. Eine nachträgliche Übernahme durch die GmbH ist ausgeschlossen, sie kann als verdeckte Gewinnausschüttung behandelt werden.

81. Form. Der Gesellschaftsvertrag bedarf nach § 2 Abs. 1 GmbHG der notariellen Form und der Unterzeichnung durch alle Gesellschafter. Gleichzeitige Anwesenheit aller Gesellschafter beim Notar ist nicht erforderlich. Es reicht aus, dass jeder Gesellschafter eine Niederschrift unterzeichnet.

5. Handelsregisteranmeldung einer Rechtsanwaltsgesellschaft mbH

An das

Amtsgericht

– Registergericht –

. . . . . .

Neuanmeldung der A Rechtsanwaltsgesellschaft mbH mit Sitz in . . . . . .

Zur Eintragung in das Handelsregister melden wir[1] an:

1. Die Gründung der A Rechtsanwaltsgesellschaft mbH mit Sitz in . . . . . .

Die Gesellschaft hat die folgende inländische Geschäftsanschrift:[2] . . . . . .

2. Der Geschäftsführer versichert,[3] dass

- auf die Geschäftsanteile
  - des Gesellschafters A iHv 10.000 EUR ein Betrag von 10.000 EUR[4]
  - der Gesellschafterin B iHv 5.000 EUR ein Betrag von 5.000 EUR
  - der Gesellschafterin C iHv 5.000 EUR ein Betrag von 5.000 EUR
  - des Gesellschafters D iHv 5.000 EUR ein Betrag von 5.000 EUR
  geleistet wurde, und zwar jeweils durch Überweisung auf das Bankkonto der Gesellschaft.
- sich die eingezahlten Beträge endgültig in der freien Verfügung des Geschäftsführers befinden.[5]
- das Gesellschaftsvermögen nicht mit Verbindlichkeiten vorbelastet ist, mit Ausnahme des im Gesellschaftsvertrag genannten Gründungsaufwandes iHv . . . . . . EUR (Kosten, Gebühren und Steuern).

3. Die abstrakte Vertretungsbefugnis der Gesellschaft lautet: Die Gesellschaft hat einen oder mehrere Geschäftsführer. Ist nur ein Geschäftsführer bestellt worden, so vertritt dieser die Gesellschaft allein. Bei der Bestellung mehrerer Geschäftsführer ist jeder Geschäftsführer alleinvertretungsberechtigt.[6]

4. Zum ersten Geschäftsführer der Gesellschaft ist (Name, Vorname, Beruf, Wohnanschrift) bestellt.[7]

Er versichert, dass keine Umstände vorliegen, die seiner Bestellung nach § 6 Abs. 2 S. 2, 3 GmbHG entgegenstehen, insbesondere,[8] dass

- ihm weder durch gerichtliches Urteil noch durch vollziehbare Entscheidung einer Verwaltungsbehörde die Ausübung eines Berufs, Berufszweigs, Gewerbes oder Gewerbezweigs untersagt worden ist, somit auch nicht im Unternehmensgegenstand der Gesellschaft.
- er während der letzten fünf Jahre nicht rechtskräftig wegen einer oder mehrerer vorsätzlich begangener Straftaten des Unterlassens der Stellung eines Antrags auf Eröffnung eines Insolvenzverfahrens (Insolvenzverschleppung), nach §§ 283 bis 283d StGB (Insolvenzstraftaten), wegen falscher Angaben nach § 82 GmbHG oder § 399 AktG, wegen unrichtiger Darstellung nach § 400 AktG, § 313 UmwG, § 311 HGB oder § 13 PublG oder nach den §§ 263 bis 264a StGB (Betrug) oder den §§ 265b bis 266a (Untreue) zu einer Freiheitsstrafe von mindestens einem Jahr verurteilt – auch nicht wegen einer im Ausland begangenen vergleichbaren Straftat – und er nicht aufgrund einer behördlichen Anordnung in einer Anstalt verwahrt worden ist.

Er versichert desweiteren, dass er vom unterschriftsbeglaubigten Notar über die unbeschränkte Auskunftspflicht gegenüber dem Registergericht § 53 BZRG belehrt worden ist.[9]

5. Zu dieser Anmeldung überreichen wir folgende Anlagen:[10]

- Gründungsurkunde der Gesellschaft, enthaltend den Gesellschaftsvertrag und den Beschluss zur Bestellung des Geschäftsführers
- Liste der Gesellschafter.

. . . . . ., den . . . . . .

. . . . . .

(Unterschrift des Geschäftsführers)

. . . . . .

(Beglaubigungsvermerk)

Anmerkungen

1. **Anmeldepflichtige.** Die Handelsregisteranmeldung muss ebenso von allen Geschäftsführern vorgenommen werden (§ 78 GmbHG) wie die gesetzlichen erforderlichen Versicherungen der Geschäftsführer. Im Muster wird angenommen, dass nur ein Geschäftsführer bestellt worden ist.

2. **Geschäftsanschrift.** Die Geschäftsanschrift, dh im Falle einer Rechtsanwaltsgesellschaft mbH der Kanzleisitz, ist nach § 8 Abs. 4 Nr. 1 GmbHG zwingend anzugeben (näher *Krafka/Willer/Kühn* Rn. 340).

3. **Versicherung aller Geschäftsführer.** Sind mehrere Geschäftsführer bestellt, ist hinsichtlich der Versicherungen etwa zu formulieren: „Die Geschäftsführer, jeder für sich, versichern, dass . . . . . ."

4. **Versicherung zur Bewirkung der Geschäftsanteile.** Zulässig ist die Anmeldung erst, wenn auf jeden Geschäftsanteil mindestens ein Viertel eingezahlt ist (ob durch Mehrzahlungen einzelner Gesellschafter in der Summe ein Viertel des Stammkapitals erreicht ist, hat keine Bedeutung). Bei Aufteilung auf mehrere Geschäftsanteile ist mitzuteilen, wieviel auf die jeweiligen Geschäftsanteile eingezahlt wurde (bei 10.000 Geschäftsanteilen von 1 EUR und der Zahlung von 5.000 EUR etwa, dass auf jeden Geschäftsanteil 0,50 EUR eingezahlt worden sind). Die Anmeldung kann beim Notar bereits vorab mit der Auflage unterzeichnet werden, diese erst nach Mitteilung der erforderlichen Einzahlungen an das Registergericht weiterzuleiten (*Krafka/Willer/Kühn* Rn. 947).

5. Vgl. § 8 Abs. 2 S. 1 GmbHG.

6. **Abstrakte Vertretungsbefugnis.** Die abstrakte Vertretungsbefugnis ist nach § 8 Abs. 4 GmbHG mitzuteilen. Die Mitteilung der Satzungsermächtigung zu einer abweichenden Regelung der Vertretungsbefugnis – im → Form. B. I. 4 § 11 zB die Möglichkeit der Befreiung vom Verbot des § 181 BGB – ist nach richtiger Auffassung nicht zwingend anzugeben, da das Handelsregister nur über bereits bestehende Möglichkeiten Auskunft zu geben hat. Da einige Registergerichte dies anders sehen, ist eine vorsorgliche Mitteilung („Durch Beschluss der Gesellschafterversammlung kann den Geschäftsführern oder einzelnen von ihnen Befreiung von den Beschränkungen des § 181 BGB gewährt werden") aber naheliegend und unschädlich (zum Ganzen *Krafka/Willer/Kühn* Rn. 952).

7. **Konkrete Vertretungsbefugnis.** Die konkrete Vertretungsbefugnis ist an dieser Stelle anzugeben, wenn sie aufgrund eines – satzungsmäßig zulässigen – Gesellschafterbeschlusses von der abstrakten Vertretungsbefugnis abweicht.

8. **Persönliche Versicherungen der Geschäftsführer:** Die Versicherung kann sich nicht darauf beschränken, den Wortlaut des § 8 Abs. 3 S. 1 GmbHG wiederzugeben, sondern muss den Inhalt des dort in Bezug genommenen § 6 Abs. 2 S. 2 Nr. 2 und 3 sowie S. 3 GmbHG sinngemäß enthalten. Die bisweilen vorgeschlagene Versicherung, dass der Geschäftsführer nicht unter einem Einwilligungsvorbehalt nach § 1903 BGB steht, ist entbehrlich, da § 8 Abs. 2 GmbHG die Inhabilitätsvorschrift des § 6 Abs. 2 Nr. 1 GmbHG nicht in bezug nimmt (OLG Hamm NZG 2010, 1435; OLG München NJW-RR 2009, 970).

9. Versicherung BZRG. Die Belehrung hat zur Folge, dass gegenüber dem Registergericht die in § 6 Abs. 2 GmbHG genannten Straftaten auch dann angegeben werden müssen, wenn sie nicht mehr in ein Führungszeugnis (oder nur noch in ein solches für Behörden) aufgenommen werden müssen.

10. Anlagen. Die der Anmeldung beizufügenden Anlagen nach § 12 Abs. 2 HGB ergeben sich aus § 8 Abs. 1 GmbHG. Nicht zu überreichen ist eine Bescheinigung der Rechtsanwaltskammer zur berufsrechtlichen Unbedenklichkeit der Gesellschaft. Das berufsrechtliche Zulassungsverfahren und das handelsrechtliche Registerverfahren sind seit 2009 vollständig voneinander entkoppelt.

6. Zulassungsantrag einer Rechtsanwaltsgesellschaft mbH

An den
Präsidenten der
Rechtsanwaltskammer . . . . . .
Adresse

Antrag auf Zulassung[1] als Rechtsanwaltsgesellschaft in der Rechtsform der GmbH

Die A Rechtsanwaltsgesellschaft mbH mit Sitz in . . . . . .*[Adresse nebst Telefon, Telefax]*, deren Gegenstand die Beratung und Vertretung in Rechtsangelegenheiten ist, beantragt die Zulassung als Rechtsanwaltsgesellschaft. Die Gesellschaft hat die Rechtsform der GmbH.[2] Es handelt sich um eine Neugründung *[alternativ: Umwandlung einer Gesellschaft]*.

(1) Eine Kanzlei wird am Sitz der Gesellschaft unterhalten.[3]

(Ggf. kumulativ: Zweigniederlassungen sind/werden wie folgt eingerichtet:

* *Adresse der Zweigniederlassung 1*
* *Adresse der Zweigniederlassung 2*
* *. . . . . .*
Am Sitz jeder Zweigniederlassung wird eine Kanzlei unterhalten (werden).[4])

(2) Gesellschafter/-innen der Gesellschaft sind:

* Vorname, Familienname, Anschrift, Stammeinlage, Beruf Gesellschafter 1
* Vorname, Familienname, Anschrift, Stammeinlage, Beruf Gesellschafter 2
* Vorname, Familienname, Anschrift, Stammeinlage, Beruf Gesellschafter 3
* Vorname, Familienname, Anschrift, Stammeinlage, Beruf Gesellschafter 4
* . . . . . .

Die Gesellschafter sind sämtlich in der Gesellschaft beruflich tätig.[5]

(3) Geschäftsführer/-innen sind:

* Vorname, Familienname, Anschrift, Umfang der Vertretungsbefugnis, Beruf Geschäftsführer 1
* Vorname, Familienname, Anschrift, Umfang der Vertretungsbefugnis, Beruf Geschäftsführer 2

• . . . . . .

(Ggf. kumulativ: Prokuristen sind:
• *Vorname, Familienname, Anschrift, Umfang der Vertretungsbefugnis, Beruf Prokurist 1*
• *Vorname, Familienname, Anschrift, Umfang der Vertretungsbefugnis, Beruf Prokurist 2*
• *. . . . . .)*
(Ggf. kumulativ: zu Handlungsbevollmächtigten sind bestellt:
• *Vorname, Familienname, Anschrift, Umfang der Vertretungsbefugnis, Beruf HBV 1*
• *Vorname, Familienname, Anschrift, Umfang der Vertretungsbefugnis, Beruf HBV 2*
• *. . . . . .)*

Die Mitteilungspflichten nach § 59m Abs. 1 BRAO sind mir/uns bekannt.[6]

. . . . . ., den . . . . . .

. . . . . .

(Unterschrift)

Anlagen:

• Fragebogen[7]
• beglaubigte Abschrift der aktuellen Gesellschafterliste nach § 8 Abs. 1 Nr. 3 GmbHG
• Ablichtungen der Anstellungsverträge der Geschäftsführer/innen, *(Ggf. der Prokuristen/-innen, der Handlungsbevollmächtigten zum gesamten Geschäftsbetrieb)*
• Ausfertigung des Gesellschaftsvertrags *(Alternativ: beglaubigte Abschrift des Gesellschaftsvertrags)*
• Ablichtung der Gründungsurkunde
• Nachweis des Abschlusses der Haftpflichtversicherung[8]
• Nachweis über die Zahlung der Verwaltungsgebühr
• Ablichtung des Gesellschafterbeschlusses über die Bestellung der Geschäftsführer/-innen[9]
• *Ggf.: Ablichtung des Gesellschafterbeschlusses über die Bestellung der Prokuristen/-innen*[10]

Anmerkungen

1. Zulassungsverfahren. Die Rechtsanwaltskammern halten in der Regeln zu diesem Muster inhaltsähnliche Antragsformulare vor. Dieses Muster orientiert sich an dem Formular der RAK Köln.

2. Rechtsform. Eine Rechtsanwaltsgesellschaft kann auch in der Rechtsform der AG oder einer ausländischen Kapitalgesellschaft zugelassen werden.

3. Kanzlei. Vgl. § 59i BRAO.

4. Zweigstelle. Nach § 5 BORA ist der Rechtsanwalt, dh die Rechtsanwaltsgesellschaft mbH, verpflichtet, die für seine Berufsausübung erforderlichen sachlichen, personellen und organisatorischen Voraussetzungen nicht nur in der Kanzlei, sondern auch in jeder Zweigstelle vorzuhalten. Die Zweigstelle muss also als Kanzlei eingerichtet sein.

5. Aktive Berufsausübung. Vgl. § 59e Abs. 1 S. 2 BRAO.

6. Mitteilungspflichten. Nach § 59m BRAO hat eine Rechtsanwaltsgesellschaft jede Änderung des Gesellschaftsvertrags, der Gesellschafter oder in der Person der nach § 59f BRAO Vertretungsberechtigten sowie die Errichtung oder Auflösung von Zweigniederlassungen der Rechtsanwaltskammer unter Beifügung einer öffentlich beglaubigten Abschrift der jeweiligen Urkunde unverzüglich anzuzeigen. Wird die Änderung im Handelsregister eingetragen, ist eine beglaubigte Abschrift der Eintragung nachzureichen.

7. Zulassungshindernisse. Zulassungshindernisse werden von den Rechtsanwaltskammern regelmäßig über einen Fragebogen ermittelt (ua zum Vermögensverfall, Beteiligungsverhältnisse, Unabhängigkeit der Berufsträger).

8. Haftpflichtversicherung. Vgl. § 59d Nr. 3 BRAO.

9. Nur notwendig, falls sich die Bestellung nicht aus Gesellschaftsvertrag oder Gründungsurkunde ergibt.

10. → Anm. 9.

7. Bürogemeinschaftsvertrag

Bürogemeinschaftsvertrag[1]

§ 1 Name und Zweck

(1) Die Bürogemeinschaft wird als Gesellschaft bürgerlichen Rechts betrieben und trägt den Namen „A, B und C Bürogemeinschaft GbR".[2]

(2) Zweck der Bürogemeinschaft ist das Betreiben einer gemeinsamen Kanzlei zur Minderung der Kosten und zur besseren Auslastung der Kanzleiinfrastruktur unter Wahrung der beruflichen Eigenständigkeit der einzelnen Gesellschafter.[3]

(3) Gegenüber Mandanten tritt die Gesellschaft nicht als solche in Erscheinung,[4] insbesondere schließt sie keine Anwaltsverträge ab.[5]

§ 2 Beginn, Dauer und Geschäftsjahr

(1) Die Gesellschaft beginnt am . . . . . .

(2) Sie wird auf unbestimmte Zeit errichtet.[6]

(3) Geschäftsjahr ist das Kalenderjahr.

(Alternativ:
Das erste Geschäftsjahr vom Beginn der Bürogemeinschaft bis zum . . . . . . ist ein Rumpfgeschäftsjahr.)

§ 3 Gesellschafter

(1) Gesellschafter sind Rechtsanwalt A, Rechtsanwältin B und Rechtsanwalt C.

(2) Die Gesellschafter sind, soweit dieser Vertrag nichts anderes bestimmt, zu gleichen Teilen an der Gesellschaft beteiligt, insbesondere an deren Gewinn und Verlust und am Auseinandersetzungsguthaben.

§ 4 Berufsausübung

(1) Die Gesellschafter üben ihren Beruf selbstständig in Einzelkanzlei aus und schließen Anwaltsverträge grundsätzlich in eigenem Namen ab. Ein Abschluss von Anwaltsverträgen im Namen der Gesellschaft und eine Erteilung von Vollmachten an die Gesellschaft erfolgen nicht.

(2) Im Rahmen der Berufsausübung haben die Gesellschaft und die Gesellschafter im Rechtsverkehr mit Mandanten und Auftraggebern alles zu unterlassen, was den Rechtsschein einer gemeinsamen Ausübung des Anwaltsberufs und gemeinsamen Bearbeitung von Mandaten durch die Gesellschafter erweckt. Dies gilt insbesondere für die Gestaltung von Drucksachen, Praxisschildern, Stempeln und Internetpräsenzen, für Einträge in Telefonbüchern und Anwaltsverzeichnissen, die Kommunikation mit Mandanten und das Führen von Bankkonten.

§ 5 Büroräume und Miete[7]

(1) Die für die Bürogemeinschaft notwendigen Büroräume werden gemeinsam in deren Namen gemietet. Eine Zuordnung der einzelnen Räume zu den Gesellschaftern zur alleinigen Nutzung erfolgt – soweit die Räume nicht der gemeinsamen Nutzung dienen – gemäß des als Anlage beigefügten Grundrisses.

(Alternativ 1:

(1) Die für die Bürogemeinschaft notwendigen Büroräume werden von Gesellschafter A alleine gemietet, welcher seinerseits Untermietverhältnisse mit den übrigen Gesellschaftern über die diesen zur alleinigen Nutzung zugeordneten Räume abschließt.[8]
(2) Die Miete und die Nebenkosten tragen die Gesellschafter anteilig nach der Fläche der ihnen gemäß Absatz 1 zugewiesenen Räume. Die Miete und die Nebenkosten, die auf die gemeinsam genutzten Räume entfallen, tragen die Gesellschafter zu gleichen Teilen.[9])

(Alternativ 2:

(1) Die Miete und die Nebenkosten tragen die Gesellschafter zu gleichen Teilen.
(2) Die Gesellschafter stellen einen aus dieser Bürogemeinschaft ausgeschiedenen Gesellschafter ab dem Zeitpunkt des Ausscheidens im Innenverhältnis von der Haftung für Verbindlichkeiten aus dem Mietvertrag frei.)

§ 6 Büroeinrichtung

(1) Die Einrichtung der gem. § 5 Abs. 1 allein genutzten Räume obliegt dem Gesellschafter, dem der jeweilige Raum zugeordnet ist. Die dort verwendete Einrichtung bleibt Eigentum des jeweiligen Gesellschafters. Die Gesellschafter dürfen die Fachliteratur der anderen jeweils kostenlos benutzen.

(2) Die gemeinsam genutzten Räume werden im Einvernehmen der Gesellschafter eingerichtet und die Einrichtungskosten zu gleichen Teilen von diesen getragen, diese Einrichtungsgegenstände werden Gesamthandsvermögen.

(Ggf. kumulativ:
Die Gesellschafter sind sich einig, dass für die Kosten der Erstausstattung ein Betrag in Höhe von . . . . . . EUR nicht überschritten wird und später notwendige Erneuerungen der Einrichtung dem Preisniveau der zuerst gekauften Sachen entsprechen.[10])
(Ggf. alternativ oder kumulativ:
Der Gesellschafter A bringt als Einrichtung der gemeinsamen Räume . . . . . . in die Bürogemeinschaft gegen Zahlung der anderen Gesellschafter in Höhe von . . . . . . EUR ein. Diese Einrichtungsgegenstände werden Gesamthandsvermögen.)

(3) Die für die Berufsausübung notwendigen sachlichen Voraussetzungen, insbesondere die Einrichtung der Telefon-, Fax- und Internetanschlüsse und die Kosten, die durch ihren Unterhalt entstehen, sowie sonstige Verbrauchsartikel, werden im Einvernehmen der Gesellschafter angeschafft und ihre Kosten verbrauchsabhängig von den Gesellschaftern anteilig getragen. Verbrauchsunabhängige Kosten tragen die Gesellschafter zu gleichen Teilen.

§ 7 Büropersonal

(1) Der Abschluss, die Änderung und die Beendigung von Arbeitsverträgen erfolgt durch die Bürogemeinschaft nach einstimmigem Beschluss aller Gesellschafter. Die Mitarbeiter sind von den Gesellschaftern zur Verschwiegenheit ausdrücklich zu verpflichten und anzuhalten.[11]

(Ggf. kumulativ oder alternativ:
Der bereits für den Gesellschafter A tätige Arbeitnehmer . . . . . . *ist ab Beginn der Bürogemeinschaft deren Arbeitnehmer.*[12])

(2) Die Kosten des Personals tragen die Gesellschafter zu gleichen Teilen.[13] Kosten für von einem Gesellschafter veranlasste Überstunden sind von diesem zu tragen. Wird das Personal in erheblichem Maß für lediglich einen Gesellschafter tätig, tragen die Gesellschafter die Kosten des Personals nach der jeweiligen Inanspruchnahme. Erheblich ist ein Einsatz von Personal, wenn dessen auf einen Gesellschafter entfallende Arbeitszeit über einen Zeitraum von . . . . . . Monaten einen Anteil von . . . . . . % der vertraglich vereinbarten Arbeitszeit des Personals überschreitet. Auf Wunsch eines Gesellschafters hat das Personal eine Aufschlüsselung seiner Arbeitszeit auf die Gesellschafter anzufertigen.[14]

(3) Jedem Gesellschafter steht unter gebotener Rücksichtnahme gegenüber den übrigen Gesellschaftern das Direktionsrecht in Bezug auf das Personal zu.

§ 8 Bürokonto

(1) Die Gesellschafter richten im Namen der Bürogemeinschaft ein Konto für diese ein, welches nicht dem Zahlungsverkehr mit Mandanten dient. Binnen einer Woche nach Abschluss dieses Vertrags verpflichten sich die Gesellschafter, ein Gründungskapital iHv . . . . . . EUR auf dieses Konto zu zahlen.[15] Jeder Gesellschafter ist darüber hinaus verpflichtet, für seine rechtsanwaltliche Tätigkeit ein eigenes Kanzlei- und Anderkonto zu führen.[16]

(2) Die Gesellschafter verpflichten sich, einen Betrag iHv . . . . . . EUR bis zum dritten Werktag eines jeden Monats auf das in Abs. 1 S. 1 genannte Konto zu zahlen.[17] Die Höhe des Anteils, den die einzelnen Gesellschafter von diesem Betrag zu leisten haben, bestimmt sich nach ihrem Anteil der Kostentragung gemäß den §§ 5 bis 7. Abhängig von der Kostenentwicklung kann die Höhe des Gesamtbetrags durch einstimmigen Beschluss der Gesellschafter erhöht oder verringert werden.

(3) Soweit der gemäß Abs. 2 gezahlte Betrag nicht ausreicht, um die angefallenen Kosten der Bürogemeinschaft zu tragen, haben die Gesellschafter unverzüglich ihren nach Abs. 2 S. 2 zu bestimmenden Teil des Fehlbetrags auf das Bürokonto einzuzahlen. Ein nach Ende des Geschäftsjahrs verbleibender Überschuss wird den Gesellschaftern nach diesem Schlüssel ausgezahlt.

§ 9 Versicherungen

(1) Die Gesellschafter schließen jeweils eine Berufshaftpflichtversicherung in Höhe von . . . . . . EUR ab.[18] Im Fall einer Durchschnittsleistung des Versicherers bei unterschiedlichen Versicherungssummen hat im Innenverhältnis der das Mandat, das den Schaden auslöst, betreuende Gesellschafter den Schaden der anderen Gesellschafter zu tragen, der diesen als Differenz ihrer Versicherungssumme und der erhaltenen Durchschnittsleistung entstanden ist.[19]

(Ggf. kumulativ:
Die Angemessenheit der Versicherungssummen wird durch die Gesellschafter in jähr-
lichen Abständen überprüft. Reicht die Deckungssumme nicht mehr aus, um den
veränderten Umständen zu genügen, verpflichten sich die Gesellschafter zur Veranlas-
sung einer entsprechenden Erhöhung.)

(2) Der Abschluss weiterer Versicherungen durch die Bürogemeinschaft ist von einem
einstimmigen Beschluss der Gesellschafter abhängig.[20]

§ 10 Geschäftsführung und Vertretung

Die Gesellschafter führen die Geschäfte der Bürogemeinschaft gemeinschaftlich und sind
in dieser Weise auch zur Vertretung berechtigt.[21] Einzelnen Gesellschaftern können durch
einstimmigen Beschluss der Gesellschafter bestimmte Aufgabenbereiche zur eigenverantwortlichen Wahrnehmung übertragen und diesbezüglich Alleinvertretungsmacht eingeräumt werden.

(Ggf. kumulativ:
Geschäfte, durch welche die Gesellschaft in einem . . . . . . EUR nicht übersteigenden
Umfang verpflichtet wird, können die Gesellschafter einzeln für die Bürogemeinschaft
abschließen.)

§ 11 Berufspflichten

(1) Die Gesellschafter wahren die Verschwiegenheit hinsichtlich der ihnen in ihrer
beruflichen Tätigkeit zu Kenntnis gelangten Tatsachen. Die Gesellschafter verpflichten
sich, bei Mandatsannahme mit den Mandanten zu vereinbaren, dass diese hinsichtlich
der anderen Gesellschafter und des Büropersonals mit einer Entbindung von der Verschwiegenheitspflicht einverstanden sind.[22]

(2) Die Gesellschafter verpflichten sich, keine Mandate anzunehmen, die zu einem Tätig-
keitsverbot eines anderen Gesellschafters nach §§ 43a Abs. 4, 3 BORA führen können.
Zu diesem Zweck hat jeder Gesellschafter zur Einsicht der übrigen Gesellschafter eine
Mandantenliste anzufertigen.[23]

§ 12 Zusammenarbeit mit Angehörigen anderer Berufe[24]

Gesellschafter, die nicht Rechtsanwälte sind, verpflichten sich, bei ihrer Tätigkeit auch
das anwaltliche Berufsrecht, insbesondere die Schweigepflicht, das Verbot der Wahrnehmung widerstreitender Interessen und die Regeln des anwaltlichen Werberechts, zu
beachten. Im Fall einander widersprechender Regelungen verschiedener Berufsrechte
findet die Regelung des strengeren Berufsrechts Anwendung.

§ 13 Unterstützung

(1) Im Fall einer Verhinderung eines Gesellschafters bei der Mandatswahrnehmung (zB
Urlaub, Krankheit oder Fortbildung) verpflichten sich die übrigen Gesellschafter zur
Vertretung des Verhinderten.[25] Die jeweiligen Mandanten sind in diesem Fall durch den
Vertreter zu unterrichten, dass es sich um einen Vertretungsfall handelt und der Ver-
tretene der alleinige Mandatsträger bleibt.

(Ggf. kumulativ:
Wenn die Abwesenheit eines Gesellschafters die durchschnittliche Abwesenheit der
übrigen Gesellschafter um . . . . . . % übersteigt, verpflichtet sich dieser, den Vertretungs-
aufwand der übrigen Gesellschafter in Höhe von . . . . . . EUR/Tag zu vergüten.)

(2) Die Gesellschafter verpflichten sich, ihren Urlaub zu Jahresbeginn zu koordinieren.

(3) Falls der Vertreter sich bei einem Fall gemäß Abs. 1 schadensersatzpflichtig macht, wird er außer bei grob fahrlässiger oder vorsätzlicher Schadensverursachung von dem Vertretenen im Innenverhältnis von Schadensersatzansprüchen freigestellt.[26]

§ 14 Verteilung neuer Mandate[27]

(1) Die Verteilung neuer Mandanten, die auch auf Nachfrage keinen Wunsch angeben, welchen der Gesellschafter sie beauftragen wollen, erfolgt auf die Gesellschafter nach folgendem Schlüssel:

a) Steuerrechtliche Mandate erhält der Gesellschafter A.
b) Arbeitsrechtliche Mandate erhält der Gesellschafter B.
c) Strafrechtliche Mandate erhält der Gesellschafter C.

(2) Unterfällt das neue Mandat keinem dieser Rechtsgebiete oder lässt sich eine Zuordnung aufgrund von Überschneidungen nicht eindeutig treffen, so bearbeitet Gesellschafter A jedes erste, Gesellschafter B jedes zweite und Gesellschafter C jedes dritte der auf diese Weise erlangten Mandate.

(3) Das Personal ist anzuweisen, eine Verteilung der Mandate nach diesen Grundsätzen vorzunehmen.

§ 15 Risikomanagement[28]

(1) Die Gesellschafter informieren ihre Mandanten jeweils mit Aufnahme des Mandatsverhältnisses darüber, dass lediglich der beauftragte Gesellschafter und nicht die Bürogemeinschaft Mandatsträger ist und für Pflichtverletzungen haftet.

(Ggf. kumulativ:
… und lässt sich dies schriftlich bestätigen.)

(2) Soweit eine Haftung der Gesellschafter als Gesamtschuldner nach den Grundsätzen der Scheinsozietät begründet wurde, hat der Gesellschafter, der die Pflichtverletzung begangen hat, die übrigen Gesellschafter im Innenverhältnis von der Haftung freizustellen.

§ 16 Eintritt neuer Gesellschafter[29]

(1) Die Aufnahme eines neuen Gesellschafters oder die Übertragung eines bestehenden Anteils an der Bürogemeinschaft an einen neuen Gesellschafter hängt von dem Einverständnis aller Gesellschafter ab.

(2) Gesellschafter dürfen nur Rechtsanwälte oder andere nach § 59a Abs. 3 iVm Abs. 1 und 2 BRAO bürogemeinschaftsfähige Personen sein.

§ 17 Kündigung, Ausschluss und sonstige Ausscheidensgründe[30]

(1) Jeder Gesellschafter kann seine Mitgliedschaft in der Bürogemeinschaft zum Schluss eines jeden Geschäftsjahres mit einer Frist von sechs Monaten[31] kündigen.

(Ggf. kumulativ: Eine ordentliche Kündigung der Bürogemeinschaft ist bis zum . . . . . . ausgeschlossen.)

(2) Das Recht zur fristlosen Kündigung aus wichtigem Grund bleibt unberührt. Ein wichtiger Grund für die außerordentliche Kündigung ist insbesondere die Beendigung des der Nutzung der Büroräume zugrunde liegenden Mietvertrags.

(3) Die Kündigung hat gegenüber den übrigen Gesellschaftern in Textform zu erfolgen.

(4) Kündigt ein Gesellschafter, so scheidet er aus der Bürogemeinschaft aus. In diesem Fall wird sie mit den übrigen Gesellschaftern fortgesetzt.[32] Der Geschäftsanteil des ausscheidenden Gesellschafters geht gem. § 738 Abs. 1 S. 1 BGB auf die verbleibenden Gesellschafter über.

(5) Der Ausschluss eines Gesellschafters bedarf eines wichtigen Grundes. Ein wichtiger Grund liegt insbesondere vor, wenn ein Gesellschafter für zwei aufeinander folgende Termine mit der Entrichtung der Zahlung gemäß § 6 Abs. 2 oder eines nicht unerheblichen Teils davon im Rückstand ist oder in einem Zeitraum, der sich über mehr als zwei Termine erstreckt, mit der Entrichtung dieser Zahlung im Rückstand ist, die den Betrag für zwei Monate erreicht.

(Ggf. kumulativ:
Sofern nach fristloser Kündigung gemäß Abs. 2 lit. b die Zahlung des vollen Betrags innerhalb eines Monats erfolgt, sind die übrigen Gesellschafter verpflichtet, den zuvor gekündigten Gesellschafter wieder aufzunehmen.)

(6) Der aus der Bürogemeinschaft ausscheidende Gesellschafter hat Anspruch auf Rückgabe der von ihm in die ihm zugeordneten Räume eingebrachten Gegenstände und auf Zahlung des anteiligen Zeitwerts der in den gemeinsam genutzten Räumen verwendeten Sachen. Reicht der Wert des Gesellschaftsvermögens zur Deckung der bis zum Ausscheiden begründeten gemeinschaftlichen Verbindlichkeiten nicht aus, so hat der Ausscheidende den übrigen Gesellschaftern für den Fehlbetrag nach dem Verhältnis seines Anteils an den bei seinem Ausscheiden begründeten Verbindlichkeiten aufzukommen.

(7) Der ausscheidende Gesellschafter darf am Sitz der Gesellschaft ab der Kündigung der Gesellschaft und danach für den Zeitraum eines Jahres ab seinem Ausscheiden aus dieser einen Hinweis auf seine neue Kanzlei anbringen. Die verbleibenden Gesellschafter haben während dieses Zeitraums auf Anfrage die neue Kanzleiadresse, Telefon- und Faxnummern des ausgeschiedenen Gesellschafters bekannt zu geben.[33]

(8) Der Gesellschaftsanteil ist nicht vererblich.

§ 18 Beendigung

(1) Wird die Bürogemeinschaft beendet, hat jeder Gesellschafter Anspruch auf Rückgabe der von ihm eingebrachten Gegenstände. Gemeinsam erworbene Gegenstände werden zum höchstmöglichen Preis verkauft und der Erlös gleichmäßig unter den Gesellschaftern verteilt. Jeder Gesellschafter darf Gegenstände der Bürogemeinschaft zu dem Preis erwerben, den ein Dritter geboten hat.

(2) Verträge mit Dritten werden zum nächsten Kündigungszeitpunkt beendet.

§ 19 Schriftform

Änderungen und Ergänzungen dieses Vertrags sowie die Vereinbarung eines Verzichts auf ein Schriftformerfordernis bedürfen der Schriftform.

§ 20 Streitbeilegung

Alle Streitigkeiten aus oder im Zusammenhang mit dem Gesellschaftsvertrag und dem durch ihn begründeten Gesellschafterverhältnis werden unter Ausschluss des ordentlichen Rechtswegs durch ein Schiedsgericht entschieden. Das gilt sowohl für Streitigkeiten zwischen den Gesellschaftern als auch für Streitigkeiten zwischen der Gesellschaft und einem oder mehreren Gesellschaftern. Das Nähere regelt die als Anlage beigefügte Schiedsvereinbarung, die Bestandteil dieses Vertrages ist.

§ 21 Salvatorische Klausel

Ist eine Klausel dieses Vertrags unwirksam oder wird sie es, bleibt der Vertrag im Übrigen davon unberührt. In diesem Fall sind die Gesellschafter verpflichtet, an einer Neuregelung mitzuwirken, durch die ein der unwirksamen Bestimmung wirtschaftlich möglichst nahekommendes Ergebnis rechtswirksam erzielt wird. Entsprechendes gilt im Fall ungewollter Regelungslücken.

. . . . . ., den . . . . . .

(Unterschriften der Beteiligten)

Anmerkungen

1. Natur der Bürogemeinschaft. Die Bürogemeinschaft ist ein als GbR organisierter Zusammenschluss mehrerer Rechtsanwälte und anderer nach § 59a Abs. 3 iVm Abs. 1 und 2 BRAO bürogemeinschaftsfähiger Personen zum gemeinsamen Betrieb eines für die Berufsausübung notwendigen Büros bei anteiliger Kostentragung und Wahrung der beruflichen Selbstständigkeit. Sie stellt, soweit sie außerhalb von Anwaltsverträgen im Rechtsverkehr auftritt, eine Außengesellschaft bürgerlichen Rechts dar, da sie insoweit am Rechtsverkehr teilnimmt und regelmäßig ein Gesamthandsvermögen bildet. Berufsrechtlich ist sie nur in § 59a Abs. 3 BRAO geregelt, der sie den Sozietäten hinsichtlich der berufsrechtlichen Anforderungen gleichstellt. In der Praxis finden sich insbesondere Bürogemeinschaften von Berufsanfängern, welche die Kosten einer häufig noch nicht ausgelasteten Kanzlei alleine nicht tragen möchten oder können. Abseits solcher „Übergangslösungen" finden sich allerdings auch andere Konstellationen, etwa die Gemeinschaft eines älteren Rechtsanwalts mit einem jungen Nachfolger in Spe, der diesem seine Eignung zur Fortführung der Kanzlei beweisen soll, ohne mit dem älteren Rechtsanwalt eine Berufsausübungsgemeinschaft zu gründen. Im Jahr 2008 waren 14 % aller Rechtsanwälte in einer Bürogemeinschaft organisiert (*Kilian/Hommerich* AnwBl. 2009, 376). Die besondere Problematik bei der Gestaltung der Bürogemeinschaft folgt auf der einen Seite aus Konkurrenzsituation, in welcher die Gesellschafter einander gegenüberstehen, und auf der anderen Seite aus der Notwendigkeit der Vermeidung des Anscheins, als Sozietät aufzutreten, da dies nachteilige haftungsrechtliche Folgen haben kann.

2. Name. Die Bürogemeinschaft ist als Gesellschaft bürgerlichen Rechts namensfähig. Der Zusatz „Bürogemeinschaft" ist zweckmäßig, um schon formell eine Abgrenzung von einer (Schein-)Sozietät zu erreichen (→ Anm. 4).

3. Gesellschaftszweck. Die Bürogemeinschaft ist eine bloße Betriebsgesellschaft, in der die anwaltliche Selbstständigkeit jedes Gesellschafters – in Abgrenzung zu der Sozietät – unberührt bleibt. Einzig Nutzen und Kosten einer gemeinsamen Büroinfrastruktur werden geteilt. Die konkrete Zweckbestimmung der Bürogemeinschaft ist der jeweiligen Situation anzupassen und wird in diesem Vertragsmuster in den kommenden §§ beispielhaft dargestellt.

4. Teilnahme am Rechtsverkehr. Es besteht für in der Bürogemeinschaft organisierte Rechtsanwälte ein nachvollziehbares Bedürfnis, die gemeinschaftliche Berufsausübung iSv § 8 BORA nach außen kundzugeben, was berufsrechtlich zulässig ist. Dies kann bei Mandanten den Eindruck gebündelter Sachkompetenz und größerer Professionalität erwecken, der in diesem Maße möglicherweise beim Einzelanwalt nicht entsteht. Bei einer derartigen Kommunikation gegenüber Rechtsuchenden ist allerdings wegen der Gefahr einer gesamtschuldnerischen Haftung aller Gesellschafter für Verbindlichkeiten aus Anwaltsverträgen nach Rechtsscheinsgrundsätzen (Problem der Haftung als Scheinsozietät) analog § 128 HGB Vorsicht geboten. Setzen die Gesellschafter in zurechenbarer Weise den Rechtsschein, dass sie als Sozietät tätig sind, haften sie Mandanten gegenüber, als ob tatsächlich eine Sozietät zwischen ihnen bestünde, somit alle Bürogemeinschaftsmitglieder als Gesamtschuldner (BGH v. 24.1.1978 – VI ZR 264/76, BGHZ 70, 247 ff.; OLG Hamm Urt. v. 28.9.2010 – 28 U 238/09, NZG 2011, 137 ff. mwN). Das bei der Gesellschaftsvertragsgestaltung und täglichen Arbeit strikt zu beachtende Prinzip der Wahrung der beruflichen Eigenständigkeit der Gesellschafter ist zwingend notwendig, um diesem Haftungsrisiko zu entgehen. Die Benutzung gemeinsamen Briefpapiers, einheitlicher Stempel und ähnlicher Sachmittel wie Kanzleibroschüren oder einer Homepage (vgl. BGH Urt. v. 17.10.1989 – XI ZR 158/88, NJW 1990, 827, 829) sowie die Aufführung der übrigen Gesellschafter in Vollmachten sind tunlichst zu unterlassen. Ein Bürogemeinschaftsschild sollte einen Hinweis auf die Art der Verbindung der Gesellschafter enthalten, die Kommunikation der Mitarbeiter am Telefon oder per e-Mail jeglichen Rechtsschein einer Vergesellschaftung vermeiden. In der Praxis ist in diesen Fragen eine große Sorglosigkeit festzustellen. In Zweifelsfällen urteilt die Rechtsprechung tendenziell zugunsten der Mandanten und nimmt eine Scheinsozietät an (MüKo BGB/*Ulmer/Schäfer* (6. Aufl. 2013), § 705 Rn. 379 mwN), allerdings ohne greifbare Kriterien für eine rechtssichere Vermeidung des Risikos aufzuzeigen. Leitidee hinter der Außendarstellung sollte es daher immer sein, einen Eindruck zu erzeugen, der auch dem rechtsunkundigen Laien vermittelt, dass keine gemeinsame Berufsausübung vorliegt. Sogar die bloße Verwendung der Bezeichnung als „Kanzlei-" oder „Anwaltsgemeinschaft" kann genügen, um den Anschein einer Sozietät zu begründen (OLG Hamm Urt. v. 2.3.2006 – 28 U 135/05, BRAK-Mitt. 2006, 218). Es kommt stets auf die Gesamtumstände bei der Mandatierung an, wie sie sich in diesem Zeitpunkt für den Rechtsuchenden dargestellt haben (OLG Köln Urt. v. 17.12.2002 – 22 U 168/02, NJW-RR 2004, 279, 280). Die sorgfältige Gestaltung des Außenauftritts ist den Bürogemeinschaftsmitgliedern daher dringend zu empfehlen. Abgesehen von der gemeinsamen Verwaltung und Nutzung einzelner Infrastrukturelemente ist bei der Berufsausübung der Rechtsanwälte somit ein „Nebeneinander" zu leben und nach außen auch kundzutun. Abhängig von der Vertragsgestaltung werden zwar die sachlichen und personellen Voraussetzungen der Berufsausübung weitgehend vergemeinschaftet, im Außenverhältnis zu Mandanten bewahrt aber jeder Gesellschafter der Bürogemeinschaft seine Selbstständigkeit.

5. Außenauftritt. Soweit bisweilen vorgeschlagen wird, dass die Bürogemeinschaft Dritten und Mandanten gegenüber in ihrem Namen auftritt, aber Vollmachten auf die einzelnen Rechtsanwälte lauten müssen, ist hiervon grundsätzlich abzuraten, da hierdurch der Rechtsschein einer Vergesellschaftung gesetzt wird. Die Vollmacht kann diesen Rechtsschein nicht zerstören, da sie grundsätzlich abstrakt vom Anwaltsvertrag ist.

6. Dauer der Gesellschaft. Angesichts der mit der Gründung einer Bürogemeinschaft regelmäßig verbundenen Dauerschuldverhältnisse (wie Miet- und Arbeitsverträge) sowie der auf längere Zeit umzulegenden Anschaffungen von Gegenständen sind Bürogemeinschaften mit kurzen Vertragslaufzeiten oft unzweckmäßig. Um die wirtschaftliche Bewegungsfreiheit der einzelnen Gesellschafter nicht unverhältnismäßig einzuschränken, ist allerdings eine unbestimmte Vertragsdauer mit Kündigungsmöglichkeit einer langen Befristung in der Regel vorzuziehen.

7. Abschluss von Mietverträgen. Ist einer der Gesellschafter Eigentümer geeigneter Räume, bietet es sich an, dass dieser Mietverträge mit der Bürogemeinschaft oder mit den einzelnen Gesellschaftern schließt.

8. Hauptmieter/Untermieter. In diesem Fall ist darauf zu achten, dass die Erlaubnis des Hauptvermieters gem. § 540 Abs. 1 BGB zur Untervermietung bereits im Hauptmietvertrag aufgenommen wird. Regelmäßig wird allerdings die Miete durch die Bürogemeinschaft selbst zweckmäßiger sein, da sonst der Gebrauch der Räume von dem Verbleib des Hauptmieters in der Bürogemeinschaft abhängt.

9. Nutzung der Mieträume. Die Verteilung der anteiligen Miete nach zur Verfügung stehender Fläche ist – jedenfalls bei ungleichmäßig großen Büroräumen – regelmäßig die einfachste und transparenteste Gestaltung. Denkbar ist auch eine andere Aufschlüsselung nach Höhe des Umsatzes der einzelnen Mitglieder oder der Anzahl der für den einzelnen Gesellschafter tätigen Angestellten.

10. Ausstattung der Kanzlei. Bei unterschiedlichen Vorstellungen der Gesellschafter bei der Einrichtung der gemeinschaftlich genutzten Räume kann es schnell zu Streit kommen, etwa wenn es dem einen auf ein besonders repräsentatives Eingangszimmer ankommt, der andere aber möglichst günstige Möbel erwerben möchte. Sind solche Meinungsunterschiede abzusehen, empfiehlt es sich, dass die Gesellschafter jedenfalls für die Höhe der Anschaffungskosten eine Grenze vereinbaren.

11. Verschwiegenheitsverpflichtung von Mitarbeitern. Der Rechtsanwalt hat seine Mitarbeiter gem. § 2 Abs. 4 BORA zur Verschwiegenheit ausdrücklich zu verpflichten und anzuhalten. Dies erfolgt in erster Linie durch das Unterschreiben einer Verschwiegenheitspflichterklärung durch den einzelnen Mitarbeiter bei Einstellung oder der Aufnahme einer entsprechenden Klausel in den Arbeitsvertrag.

12. Übernahme von Personal. Die Übernahme des Arbeitsvertrags durch die Bürogemeinschaft erfordert unter Umständen eine entsprechende arbeitsrechtliche Vereinbarung mit dem Arbeitnehmer.

13. Beiträge. Eine teilweise vorgeschlagene Klausel für die Kostenverteilung (vgl. *Teichmann/Dombke/Schmidt*, FormularBibliothek Vertragsgestaltung – Gesellschaftsrecht II 2. Aufl. 2012, Rn. 97) sieht vor, dass die Kosten anhand der von den Gesellschaftern in einem Jahr erzielten Umsätze verteilt werden. Diese Klauselvorschläge sehen zudem regelmäßig vor, dass die Umsatzangaben von einem Steuerberater auf Richtigkeit überprüft werden dürfen. Eine **Beispielformulierung** wäre:

1. Die Gesellschafter tragen die Kosten in dem Verhältnis, in dem die von ihnen erzielten Jahresumsätze ab dem Stichtag . . . . . . zueinander stehen. Sie verpflichten sich, zu diesem Zeitpunkt jährlich den übrigen Gesellschaftern ihren Jahresumsatz mitzuteilen. Auf Verlangen eines Gesellschafters sind die Umsatzangaben aller Gesellschafter durch den Steuerberater . . . . . . auf ihre Richtigkeit zu überprüfen.

Abgesehen davon, dass Kosten für die Überprüfung der Umsatzangaben anfallen, ist eine derartige Personalkostenverteilung nicht unbedingt sachgemäß, da die Umsatzhöhe des Rechtsanwalts nicht auf der Inanspruchnahme des Personals, sondern insbesondere auf der unternehmerischen Fähigkeit des Berufsträgers beruht.

14. Inanspruchnahme des Personals. Diese Aufschlüsselung ist nach BAG (Urt. v. 26.3.1991 – 1 ABR 26/90, AP BetrVG 1972 zu § 87 Überwachung Nr. 21) kein Fall des § 87 Abs. 1 Nr. 1 oder 6 BetrVG. Sollte die Bürogemeinschaft – was aufgrund niedriger Mitarbeiterzahlen selten der Fall sein wird – betriebsratsfähig sein (§ 1 BetrVG), ist diese Anweisung an das Personal nicht mitbestimmungsbedürftig.

15. Gründungskapital. Abhängig von den vorhandenen Ressourcen kann der Betrag, der für die Anschaffung der Einrichtung des Büros notwendig ist, sehr gering ausfallen oder ggf. sogar entfallen.

16. Konten. Die Führung eigener Konten für die jeweils allein betreute Mandantschaft ist zwingend notwendig, um dem Schein einer gemeinsamen Berufsausübung und somit der gesamtschuldnerischen Haftung nach den Grundsätzen der Scheinsozietät zu entgehen. Gerade auf Informationsmaterial oder dem Briefkopf der Mitglieder der Bürogemeinschaft darf keinesfalls der Eindruck entstehen, dass die Gesellschafter ein gemeinsames Konto führen, sodass insoweit auf eine eindeutige Gestaltung zu achten ist.

17. Laufende Kosten. Ausgehend von den grundsätzlich geringen Schwankungen unterliegenden wiederkehrenden Kosten für die Miete, die Erhaltung der Einrichtung und die Personalvergütung ist es zweckmäßig, dass die Gesellschafter jeden Monat einen bestimmten Betrag auf das Bürokonto überweisen. Es sind auch Rückstellungen für die Erneuerung von Einrichtungsgegenständen zu bedenken, die in Abhängigkeit von der beabsichtigten Dauer der Bürogemeinschaft in die monatliche Zahlung eingerechnet werden können.

18. Berufshaftpflichtversicherung. Die Höhe der Mindestversicherungssumme ergibt sich aus § 51 Abs. 4 BRAO. Die Mindestversicherungssumme beträgt 250.000 EUR für jeden Versicherungsfall. Die Leistungen des Versicherers für alle innerhalb eines Versicherungsjahres verursachten Schäden können auf den vierfachen Betrag der Mindestversicherungssumme begrenzt werden.

19. Versicherungssumme. Die Bürogemeinschaft wird versicherungsrechtlich aufgrund des Risikos einer Haftung als Scheinsozietät wie eine Sozietät behandelt, so dass die sog. Sozietätsklausel der AVB auch für sie Geltung beansprucht. Gem. Teil 1 § 12 II AVB kann bei unterschiedlicher Versicherungshöhe der Gesellschafter eine Benachteiligung derjenigen Gesellschafter eintreten, die höhere Versicherungssummen vereinbart haben (vgl. *Gräfel/Brügge,* Vermögensschaden-Haftpflichtversicherung, 2. Aufl. 2012, S. 461 ff.). In diesem Fall ist eine Regelung zweckmäßig, die einen Ersatz des so eingetretenen Ausfalls durch den Gesellschafter vorsieht, der das den Versicherungsfall auslösende Mandat bearbeitet hat. Aufgrund der Regelung des Teil 1 § 12 II AVB ist zudem bei einer Berufshaftpflichtversicherung möglichst ein gleiches Versicherungsniveau der Gesellschafter herzustellen, orientiert an demjenigen, der das höchste Haftungsrisiko aufweist. Dies kann bei einer sehr heterogen strukturierten Bürogemeinschaft zu Kostenbelastungen bei Mitgliedern führen, deren Mandatspraxis geringere Haftungsrisiken mit sich bringt.

20. Weitere Versicherungen. In Betracht kommen insbesondere Feuer-, Leitungswasserschaden-, Einbruchdiebstahl- und Betriebsunterbrechungsversicherungen.

21. Vertretung. Diese Klausel dient als bloße Wiederholung der §§ 709, 714 Abs. 1 BGB lediglich der Klarstellung.

22. Verschwiegenheitspflicht der Gesellschafter. Die Pflicht zur Verschwiegenheit, die gem. § 203 Abs. 1 Nr. 3 StGB strafbewehrt ist, umfasst gem. § 43a Abs. 2 BRAO alles, was dem Rechtsanwalt in Ausübung seines Berufs bekannt wird und sie besteht gegenüber jedermann –, was auch die übrigen Gesellschafter einschließt. Anders als die Sozietät wird die Bürogemeinschaft als solche nicht vom Mandanten beauftragt, sodass ein konkludent erteiltes Einverständnis zur Informationsweitergabe an die anderen Gemeinschaftsmitglieder in der Mandatserteilung nicht enthalten ist. Die enge personelle und räumliche Verflechtung der in der Bürogemeinschaft organisierten Rechtsanwälte bringt es jedoch regelmäßig mit sich, dass die Umstände, die gem. § 43a Abs. 2 BRAO der Verschwiegenheitspflicht unterliegen, leicht den anderen Rechtsanwälten bekannt werden können. Um der zu befürchtenden dauernden Verletzung der Verschwiegenheitspflicht vorzubeugen, empfiehlt es sich, dass die Gesellschafter versuchen zu erreichen, dass der Mandant sie in dem Umfang, den die Arbeit in der Bürogemeinschaft erfordert, von der Verschwiegenheitspflicht entbindet. Spiegelbildlich sind aber die Gesellschafter, die das Mandat nicht bearbeiten, jedenfalls zivilrechtlich dazu im Bürogemeinschaftsvertrag zu verpflichten, Verschwiegenheit bezüglich der Tatsachen aus Mandaten der anderen Gesellschafter zu wahren.

23. **Pflicht zur Vermeidung von Tätigkeitsverboten.** Das Verbot der Vertretung widerstreitender Interessen gem. § 43a Abs. 4 BRAO untersagt dem Rechtsanwalt ein anwaltliches Tätigwerden, wenn er eine andere Partei in derselben Rechtssache bereits beraten oder vertreten hat. Dieses Verbot wird durch § 3 Abs. 2 BORA auf alle Mitglieder einer Bürogemeinschaft erstreckt. Daher ist es unzulässig, dass Mitglieder der Bürogemeinschaft in derselben Sache unterschiedliche Parteien vertreten, wenn deren rechtliche Interessen widerstreitend sind. Das Berufsrecht hält für dieses Problem keine kohärente Lösung bereit, da es einerseits – in bedenklicher Art und Weise – Tätigkeitsverbote auf alle Mitglieder einer Bürogemeinschaft erstreckt, andererseits aber den Anspruch der Wahrung des Berufsgeheimnisses innerhalb von Bürogemeinschaften erhebt, der das Erkennen von Tätigkeitsverboten, die in der Person eines anderen Mitglieds begründet sind, bei konsequenter Beachtung dieser Pflicht unmöglich macht. Einem Verstoß gegen § 43a Abs. 4 BRAO kann nur vorgebeugt werden, wenn die Mandanten die Mitglieder der Bürogemeinschaft untereinander von der Verschwiegenheit entbunden haben und in der Bürogemeinschaft Mandatslisten geführt werden, die den Gesellschaftern die Möglichkeit bieten, etwaige Interessenkollisionen bei Mandatsanbahnungen festzustellen. Fehlt es an einer entsprechend begründeten Offenbarungsbefugnis gegenüber den anderen Mitgliedern der Bürogemeinschaft, wird angesichts der drohenden Verletzung von § 43a Abs. 4 BRAO, § 356 StGB das Berufsgeheimnis unter dem Gesichtspunkt der Wahrnehmung berechtigter Interessen zurückzutreten haben.

24. **Berufsfremde Gesellschafter.** Im Gegensatz zur Sozietät besteht eine Bürogemeinschaft zwar regelmäßig ausschließlich aus anwaltlich tätigen Gesellschaftern. Gemäß § 30 BORA ist dennoch von Angehörigen anderer nach § 59a Abs. 1, 3 BRAO bürogemeinschaftsfähiger Berufe die Beachtung des anwaltlichen Berufsrechts zu verlangen. Sie werden hierdurch nicht selbst unmittelbar dem Berufsrecht eines Berufes unterworfen, den sie selbst nicht ausüben. Vielmehr müssen sie das anwaltliche Berufsrecht beachten, damit es ihren Mitgesellschaftern, die Rechtsanwalt sind, berufsrechtlich gestattet ist, in der Bürogemeinschaft tätig zu bleiben. Zu beachten ist, dass bei gleichzeitiger Geltung mehrerer Berufsrechte jeweils das strengste Anwendung finden sollte, was über die vertragliche Vereinbarung sichergestellt wird (vgl. Hartung/*Scharmer* BORA/FAO (5. Aufl. 2012), § 31 BORA, Rn. 21).

25. **Wechselseitige Unterstützung.** Die hier in Frage stehende Unterstützung eines verhinderten Rechtsanwalts ist kein Verstoß gegen die in der Bürogemeinschaft aus Haftungsgesichtspunkten strikt einzuhaltende getrennte Berufsausübung. Der Vertreter wird hierbei nicht für die Bürogemeinschaft tätig, sondern ausschließlich für den verhinderten Rechtsanwalt. Besonderes Augenmerk sollte aber darauf gelegt werden, dass dem Mandanten diese Situation erklärt wird und Schriftsätze in entsprechender Weise gezeichnet werden, sodass sich nicht der Eindruck einer (Schein-)Sozietät mit den bereits erläuterten Haftungsfolgen ergibt.

26. **Tätigwerden als Erfüllungsgehilfe.** Der Vertreter wird in diesen Fällen als Erfüllungsgehilfe gem. § 278 BGB für den Vertretenen tätig.

27. **Zuweisung von freien Mandaten.** Da die Gesellschafter sich Kanzleiräume, Telefon- und Internetanschluss teilen, stellt sich die Frage, wie potenzielle Mandanten, die ohne konkrete Vorstellung, wer sie betreuen soll, mit der Bürogemeinschaft Kontakt aufnehmen, einem bestimmten Mitglied der Bürogemeinschaft zugewiesen werden. Eine genaue Regelung empfiehlt sich hierbei vor dem Hintergrund, dass die Gesellschafter sich als Rechtsanwälte miteinander in einer Konkurrenzsituation befinden. Besondere Beachtung sollte bei einer interessengerechten Verteilung der Mandate die besondere Qualifikation der einzelnen Rechtsanwälte finden, insbesondere deren Fachanwaltstitel. Bei Mandaten, die sich keinem Spezialisten zuordnen lassen, bietet sich eine turnusmäßige Verteilung an.

28. Haftungsfreistellung. Für den Fall, dass trotz der bereits zuvor angesprochenen Vermeidungsstrategien eine gesamtschuldnerische Haftung der Gesellschafter nach den Grundsätzen der Haftung der Scheinsozietät begründet wird, ist die vertragliche Festlegung einer Freistellung von der Haftung im Innenverhältnis interessengerecht.

29. Eintritt von Gesellschaftern. Zu beachten ist, dass der neue Gesellschafter der Bürogemeinschaft auch für die vor seinem Eintritt entstandenen Verbindlichkeiten der Bürogemeinschaft haftet, § 130 HGB analog. Es ist den Altgesellschaftern allerdings unbenommen, den neu Eintretenden von der Haftung im Innenverhältnis freizustellen. Für den Eintritt in die Bürogemeinschaft ist eine dem Einzelfall genügende Gegenleistung für die Anwachsung des Gesellschaftsvermögens festzulegen.

30. Eintritt neuer Gesellschafter. Abhängig von der Höhe und Zusammensetzung des Gesellschaftsvermögens und der Verbindlichkeiten ist die Aufnahme einer Abfindungsvereinbarung oder des Rechts, bestimmte Gegenstände gegen oder ohne Zahlung eines festzulegenden Betrags mitnehmen zu dürfen. Weil sich das Gesellschaftsvermögen der Bürogemeinschaft aber regelmäßig – wenn überhaupt – in einer überschaubaren Menge von Sachen erschöpft und aufgrund der getrennten Berufsausübung auch kein darüber hinausgehender Geschäfts- oder Firmenwert entsteht, ist die Vereinbarung einer Abfindungsregelung grundsätzlich weit weniger wichtig als in Berufsausübungsgemeinschaften wie Sozietäten. Die schon während des Bestehens der Bürogemeinschaft existierende Konkurrenzsituation macht zudem auch die Aufnahme von nachvertraglichen Wettbewerbsverboten oder Mandantenschutzklauseln entbehrlich.

31. Kündigung. Bei der Bestimmung der Kündigungsfrist ist zu beachten, dass die Festlegung einer Dauer zweckmäßig ist, in welcher alle von der Bürogemeinschaft unterhaltenen Dauerschuldverhältnisse abgewickelt werden können, um bei etwaiger Beendigung der Gemeinschaft einen echten Schlussstrich gesetzt zu haben und eine Belastung der ehemaligen Gesellschafter mit nachlaufenden Kosten zu vermeiden. Alternativ ist auch denkbar, dass geregelt wird, dass ein Gesellschafter in die Verträge eintritt. Das wird jedoch selten im Interesse der Vertragsschließenden sein, da die Bürogemeinschaft regelmäßig angestrebt, um eine zu geringe Auslastung der sachlichen und persönlichen Mittel durch einen einzelnen Berufsträger zu vermeiden.

32. Fortsetzung der Gesellschaft. Gem. §§ 723 Abs. 1, 736 BGB führt die Kündigung eines Gesellschafters zu der Auflösung der Bürogemeinschaft, solange keine Fortsetzungsklausel vereinbart ist. Fehlt diese, bleibt den Gesellschaftern lediglich die Neugründung übrig.

33. Ausscheidenshinweise. Diese Pflicht ergibt sich aus §§ 33 Abs. 1, 32 Abs. 1 S. 4 und 5 BORA.

8. Satzung einer Rechtsanwalts- und Steuerberatungsgesellschaft mbH

Satzung[1, 2, 3]

§ 1 Firma

Die Firma der Gesellschaft lautet

„B GmbH Rechtsanwaltsgesellschaft Steuerberatungsgesellschaft"[4]

§ 2 Sitz . . . . . .

§ 3 Gegenstand der Gesellschaft[5]

(1) Gegenstand des Unternehmens sind

- die Beratung und Vertretung in Rechtsangelegenheiten, die nur durch in Diensten der Gesellschaft stehende Rechtsanwälte eigenverantwortlich, unabhängig und weisungsfrei unter Beachtung ihres Berufsrechts und ihrer Berufspflichten erfolgen.
- die geschäftsmäßige Hilfeleistung in Steuersachen sowie die damit vereinbaren Tätigkeiten gem. § 33 iVm § 57 Abs. 3 StBerG.

(2) Sonstige, insbesondere gewerbliche Tätigkeiten, sind ausgeschlossen.[6]

(3) . . . . . .

§ 4 Dauer, Beginn, Geschäftsjahr, Bekanntmachungen

(1) . . . . . .

(2) Die Gesellschaft darf mit ihrer Tätigkeit erst nach Zulassung als Rechtsanwaltsgesellschaft und als Steuerberatungsgesellschaft, jedoch nicht vor Eintragung in das Handelsregister beginnen.[7]

(3) . . . . . .

§ 5 Gesellschafter

(1) Gesellschafter dürfen nur Rechtsanwälte und Steuerberater sein.[8] Die Gesellschafter, die Rechtsanwalt sind, müssen über die Mehrheit der Geschäftsanteile und Stimmrechte verfügen.[9]

(2) Die Gesellschafter sind verpflichtet, ihren Beruf in der Gesellschaft aktiv auszuüben.[10]

(3) . . . . . .

(4) Alle Gesellschafter üben ihre Berufstätigkeit eigenverantwortlich und unabhängig aus; sie sind in ihrer beruflichen Tätigkeit an Weisungen der Gesellschaft nicht gebunden.[11]

(5) . . . . . .

§ 6 Stammkapital

(1) . . . . . .

(2) Hiervon übernehmen

a) Herr Rechtsanwalt A 10.000 (in Worten: zehntausend) Geschäftsanteile mit einem Nennbetrag in Höhe von jeweils 1 EUR (in Worten: EUR eins), auf die er eine Bareinlage von 10.000 EUR (in Worten: EUR zehntausend) leistet,

b) Frau Rechtsanwältin B 5.000 (in Worten: fünftausend) Geschäftsanteile mit einem Nennbetrag von jeweils 1 EUR (in Worten: EUR eins), auf die sie eine Bareinlage von 5.000 EUR (in Worten: EUR fünftausend) leistet.

c) Frau Steuerberaterin C 5.000 (in Worten: fünftausend) Geschäftsanteile mit einem Nennbetrag von jeweils 1 EUR (in Worten: EUR eins), auf die sie eine Bareinlage von 5.000 EUR (in Worten: EUR zehntausend) leistet,

d) Herr Steuerberater und Steuerberater D 5.000 (in Worten: fünftausend) Geschäftsanteile mit einem Nennbetrag von jeweils 1 EUR (in Worten: EUR eins), auf die er eine Bareinlage von 5.000 EUR (in Worten: EUR fünftausend) leistet.

. . . . . .

§ 7 Wettbewerb

(1) Die Gesellschafter üben ihren Beruf ausschließlich in der Gesellschaft aus und treten nicht in Wettbewerb zu dieser.

(2) . . . . . .

§ 8 Haftpflichtversicherung . . . . . .[12]

§ 9 Geschäftsführer

(1) Die Gesellschaft hat einen oder mehrere Geschäftsführer. Zu Geschäftsführern dürfen nur Rechtsanwälte oder Steuerberater bestellt werden.[13] Die Zahl der Geschäftsführer, die Rechtsanwalt sind, darf die Zahl der Geschäftsführer, die Steuerberater sind, nicht übersteigen. Zugleich müssen die Geschäftsführer mehrheitlich Rechtsanwälte sein.[14] Mindestens ein Geschäftsführer, der Rechtsanwalt ist, und ein Geschäftsführer, der Steuerberater ist, müssen ihre berufliche Niederlassung am Sitz der Gesellschaft haben.[15]

(2) . . . . . .

(3) Verliert ein Geschäftsführer seine Zulassung, so hat . . . . . .

(4) . . . . . .

§ 10 Geschäftsführung

(1) . . . . . .

(2)

(3) Mehrere Geschäftsführer sind nur gemeinschaftlich zur Geschäftsführung befugt. Sie beschließen mit einfacher Mehrheit. Kann keine Einigkeit erzielt werden, sind die Stimmen der Geschäftsführer, die zugleich Rechtsanwalt und Steuerberater sind, ausschlaggebend.

(4) . . . . . .

§ 11 Vertretung

(1) Ist nur ein Geschäftsführer bestellt worden, so vertritt dieser die Gesellschaft allein. Bei der Bestellung mehrerer Geschäftsführer wird die Gesellschaft durch zwei Gesellschafter oder durch einen Gesellschafter oder einen Prokuristen gemeinschaftlich vertreten.

(2) Die Gesellschafterversammlung kann Geschäftsführern, die Rechtsanwalt und Steuerberater sind, Befreiung von den Beschränkungen des § 181 BGB und – bei Bestellung mehrerer Geschäftsführer – die Befugnis zur Einzelvertretung gewähren.[16]

(3) Wird die Gesellschaft durch einen Geschäftsführer allein vertreten, muss dieser Rechtsanwalt und Steuerberater sein. Wird die Gesellschaft durch zwei Geschäftsführer gemeinschaftlich vertreten, muss mindestens einer der Geschäftsführer Steuerberater und Rechtsanwalt sein. Wird die Gesellschaft durch einen Geschäftsführer in Gemeinschaft mit einem Prokuristen vertreten, muss der Geschäftsführer Steuerberater und Rechtsanwalt sein.[17]

§ 12 Gesellschafterversammlung . . . . . .

§ 13 Gesellschafterbeschlüsse

(1)–(2) . . . . . .

(3) Je 1 EUR eines Geschäftsanteils gewähren eine Stimme. Die Gesellschaft ist beschluss-fähig, wenn die Mehrheit der vertretenen Stimmen und Geschäftsanteile Rechtsanwälten zusteht.[18]

(4) . . . . . .

(5) Ein Gesellschafter kann sich bei Ausübung seiner Gesellschafterrechte durch einen mit ordnungsgemäßer Vollmacht versehenen anderen stimmberechtigten Gesellschafter des-selben Berufs vertreten lassen.[19] . . . . . .

§ 14 Gewinnverteilung . . . . . .

§ 15 Abtretung von Geschäftsanteilen

(1) Die Abtretung von Geschäftsanteilen bedarf der Zustimmung durch die Gesellschaft und durch die Gesellschafter. Die Zustimmung darf nur erteilt werden, wenn der Erwerber zu dem in § 5 Abs. 1 bezeichneten Personenkreis gehört und wenn die in dieser Satzung bestimmten Voraussetzungen über die Mehrheitsverhältnisse gewahrt bleiben.[20]

(2) . . . . . .

§ 16 Erwerb von Geschäftsanteilen von Todes wegen

(1) Erfolgt der Erwerb eines Geschäftsanteils von Todes wegen durch Personen, die nicht über die selbe Berufsqualifikation wie der Verstorbene verfügen, so müssen die Gesell-schafter innerhalb eines Zeitraumes von einem Jahr die Einziehung des Geschäftsanteils nach § 18 beschließen.[21]

(2) Anstelle des Einziehungsbeschlusses können die Gesellschafter die Abtretung des Geschäftsanteils an einen oder mehrere Gesellschafter oder an Dritte, die Rechtsanwalt im Sinne von § 4 BRAO oder Steuerberater im Sinne von § 32 StBerG sind, verlangen.[22]

(3) Während der Übergangszeit haben die Gesellschafter ohne Zulassung als Rechts-anwalt bzw. Steuerberater kein Stimmrecht.

§ 17 Kündigung, Austritt eines Gesellschafters . . . . . .

§ 18 Einziehung von Geschäftsanteilen . . . . . .

§ 19 Abfindung . . . . . .

§ 20 Auflösung, Abwicklung . . . . . .

§ 21 Streitbeilegung . . . . . .[23]

§ 22 Schlussbestimmungen . . . . . .

§ 23 Schlussbestimmungen

(1) Soweit in dieser Satzung nicht etwas anderes bestimmt ist, gelten die Vorschriften der §§ 59c–59m BRAO, §§ 49 – 55 StBerG sowie die Vorschriften des Gesetzes betreffend die Gesellschaft mit beschränkter Haftung.

(2) . . . . . .

. . . . . ., den . . . . .

. . . . . .

(Unterschriften der Beteiligten)

Anmerkungen

1. Das Muster der Satzung einer interprofessionellen Berufsausübungsgesellschaft in der Rechtsform der GmbH, die zugleich als Rechtsanwaltsgesellschaft im Sinne von § 59c BRAO und als Steuerberatungsgesellschaft im Sinne von § 49 StBerG zugelassen ist, beruht auf dem Muster der monoprofessionellen Rechtsanwaltsgesellschaft mbH. Dieses Muster stellt lediglich die Klauseln der Satzung dar, die sich zwingend von der Satzung einer monoprofessionellen Rechtsanwaltsgesellschaft mbH (→ Form. B. I. 4) unterscheiden müssen. Soweit Klauseln inhaltlich nicht näher erläutert werden, sind sie rein sprachlich auf den Beruf des Steuerberaters angepasst worden.

2. Interprofessionelle Zusammenarbeit von Rechtsanwälten in der Rechtsanwaltsgesellschaft mbH. In einer Kapitalgesellschaft können Rechtsanwälte nur mit Steuerberatern und Patentanwälten interprofessionell tätig werden. Das StBerG gestattet als einziges Berufsgesetz der sozietätsfähigen Berufe bei interprofessioneller Berufsausübung eine unterparitätische Besetzung des Gesellschafterkreises mit den eigenen Berufsangehörigen. BRAO und WPO verlangen hingegen jeweils eine Mehrheit von Rechtsanwälten, Wirtschaftsprüfern bzw. Patentanwälten. Eine inhaltsgleiche Regelung der PAO für Patentanwälte hat das BVerf für verfassungswidrig und nichtig erklärt (BVerfG NJW 2014, 613). Damit sind auch die Mehrheitserfordernisse in BRAO und WPO nicht länger haltbar, müssen aber bis zu einer Gesetzesänderung oder der Feststellung ihrer Unwirksamkeit durch das BVerfG beachtet werden.

3. Gründung. → Form. B. I. 4 Anm. 2. Ein berufsrechtliches Zulassungsverfahren muss sowohl bei der Rechtsanwaltskammer als auch bei der Steuerberaterkammer durchgeführt werden. Sie münden in der Zulassung als Rechtsanwaltsgesellschaft einerseits und Steuerberatungsgesellschaft andererseits.

4. Firma. → Form. B. I. 4 Anm. 4. Berufsrechtlich muss die Firma nach § 59k Abs. 1 BRAO zwingend die Bezeichnung „Rechtsanwaltsgesellschaft" und nach § 53 S. 1 StBerG die Bezeichnung „Steuerberatungsgesellschaft" enthalten.

5. Gegenstand. → Form. B. I. 4 Anm. 7. Der Gegenstand einer Rechtsanwaltsgesellschaft mbH ergibt sich aus § 59c BRAO (→ Form. B. I. 4 Anm. 7), der einer Steuerberatungsgesellschaft aus § 33 StBerG.

6. Unternehmensgegenstand. Der Unternehmensgegenstand einer Rechtsanwaltsgesellschaft ist auf die Erbringung von Rechtsdienstleistungen beschränkt (Henssler/Prütting/ *Henssler* § 59c Rn. 8) und damit enger als jener von Steuerberatungsgesellschaften, die auch mit dem Steuerberaterberuf „vereinbare" Tätigkeiten zum Gegenstand der Gesellschaft machen können. Die Klausel muss sich insofern am strengeren Berufsrecht der Rechtsanwälte orientieren.

7. Beginn der Gesellschaft. → Form. B. I. 4 Anm. 7.

8. Gesellschafterkreis. → Anm. 2.

9. Anwaltliche Gesellschaftermehrheit. Die Mehrheit der Geschäftsanteile und der Stimmrechte einer Gesellschaft, die auch Rechtsanwaltsgesellschaft ist, muß nach § 59e Abs. 2 S. 1 BRAO Rechtsanwälten zustehen (s. aber → Anm. 2).

10. Aktive Mitarbeit. → Form. B. I. 4 Anm. 17.

11. Unabhängigkeit der Gesellschafter. → Form. B. I. 4 Anm. 9.

12. Versicherung. Die Pflicht zum Abschluss und Unterhalten einer Vermögensschadenshaftpflichtversicherung folgt aus § 59j BRAO und § 52 DVStB; sie ist in der Satzung also lediglich gesetzeswiederholend bestimmt.

13. Anforderungen an die Person der Geschäftsführer. Zum Geschäftsführer kann nach § 6 Abs. 2 S. 1 GmbHG iVm. § 59f Abs. 2 BRAO bzw. § 50 Abs. 2 StBerG nur eine Person bestellt werden, die einem sozietätsfähigen Beruf angehört.

14. Mehrheitserfordernisse in der Geschäftsführung. Nach § 59f BRAO müssen die Geschäftsführer mehrheitlich Rechtsanwälte sein, nach § 50 Abs. 4 StBerG darf die Zahl der Nicht-Steuerberater unter den Geschäftsführern die Zahl der Steuerberater nicht übersteigen. Die Anforderungen beider Berufsrechte lassen sich nur erfüllen, wenn ein Doppelbänder Geschäftsführer ist (zB je ein RA, StB und RAStB – in diesem Falle sind je 2/3 der Geschäftsführer Rechtsanwalt und Steuerberater, so dass sowohl § 59f BRAO als auch § 50 Abs. 4 StBerG Rechnung getragen ist).

15. Ort der Berufsausübung. Nach § 50 Abs. 1 S. 2 StBerG muss mindestens ein Steuerberater, der Geschäftsführer ist, seine berufliche Niederlassung am Sitz der Gesellschaft oder in dessen Nahbereich haben, nach § 59i BRAO muss die Rechtsanwaltsgesellschaft an ihrem Sitz eine Kanzlei unterhalten, in der verantwortlich zumindest ein geschäftsführender Rechtsanwalt tätig ist, für den die Kanzlei den Mittelpunkt seiner beruflichen Tätigkeit bildet.

16. Einzelvertretung. Nach § 35 Abs. 2 S. 1 und 2 GmbHG gilt grundsätzlich Gesamtvertretung. Abweichendes kann im Gesellschaftsvertrag bestimmt werden. Allerdings muss bei einer Rechtsanwalts- und Steuerberatungsgesellschaft bei entsprechender Befugnis eines einzelnen Berufsträgers dieser sowohl Rechtsanwalt als auch Steuerberater sein, um dem Erfordernis Rechnung zu tragen, dass die Gesellschaft sowohl von den Steuerberatern als auch den Rechtsanwälten verantwortlich geführt wird (§ 32 Abs. 3 StBerG einerseits, § 59f Abs. 1 S. 1 BRAO andererseits).

17. Gesamtvertretung. Im Hinblick darauf, dass beide Berufsrechte verlangen, dass die Gesellschaft von „ihren" Berufsträgern verantwortlich geführt wird (§ 32 Abs. 3 StBerG, § 59f Abs. 1 S. 1 BRAO), muss bei einer Gesamtvertretung durch zwei Geschäftsführer einer der Geschäftsführer Rechtsanwalt und Steuerberater sein.

18. Stimmrechte. Anders als das StBerG für Steuerberatungsgesellschaften verlangt die BRAO für Rechtsanwaltsgesellschaften (§ 59e Abs. 2 S. 1 BRAO), dass die Mehrheit der Stimmrechte Rechtsanwälten zustehen muss. Dem muss eine Regelung zur Beschlussfähigkeit Rechnung tragen (s. aber → Anm. 2).

19. Stimmrechtsausübung. § 59e Abs. 4 BRAO bestimmt – insoweit strenger als § 50a Abs. 1 Nr. 6 StBerG –, dass Gesellschafter zur Ausübung von Gesellschafterrechten nur stimmberechtigte Gesellschafter bevollmächtigen können, die Angehörige desselben Berufs oder Rechtsanwälte sind.

20. Anteilsveräußerung. → Form. B. I. 4 Anm. 53, 54.

21. Erwerb von Geschäftsanteilen von Todes wegen. → Form. B. I. 4 Anm. 57, 58.

22. Wiederherstellung des berufsrechtskonformen Zustands. → Form. B. I. 4 Anm. 59.

23. Streitbeilegung. → Form. B. I. 4 Anm. 77. Bei einer interprofessionellen Sozietät wird sich ein Einzelschiedsrichter nur empfehlen, wenn er Doppelbänder (Rechtsanwalt und Steuerberater) oder Berufsfremder ist. Bei einem Dreier-Schiedsgericht gilt für den Vorsitzenden dasselbe, die Beisitzer können hier jeweils die Rechtsanwälte und Steuerberater repräsentieren.

9. Kooperationsvertrag

Kooperationsvertrag

§ 1 Name und Zweck

(1) Die Kooperation wird mit Wirkung zum . . . . . . als Gesellschaft bürgerlichen Rechts[1] gegründet und trägt den Namen „. . . . . .".[2]

(2) Die Kooperation wird auf unbestimmte Zeit geschlossen.

(3) Zweck der Kooperation ist die dauerhafte Verbesserung der Wettbewerbs- und Leistungsfähigkeit der einzelnen Gesellschafter unter Wahrung der rechtlichen, wirtschaftlichen und beruflichen Eigenständigkeit. Mandate werden vorbehaltlich einer Vereinbarung im Einzelfall getrennt betreut und Vergütungen einzeln entgegengenommen und vereinnahmt.[3]

(4) Geschäftsjahr ist das Kalenderjahr.

§ 2 Gesellschafter und Organe

(1) Gesellschafter sind die A & B Rechtsanwälte Partnerschaftsgesellschaft, die C Rechtsanwaltsgesellschaft mbH und Steuerberater D.

(2) Jeder Gesellschafter hat eine Stimme.

(3) Über die Aufnahme neuer Gesellschafter[4] ist einstimmig zu beschließen.

(Ggf. kumulativ: Gesellschafter der Kooperation können nur Kanzleien und Rechtsanwälte mit einem Tätigkeitsschwerpunkt im . . . . . . sein.)

(Ggf. kumulativ: Die Kooperation besteht je Oberlandesgerichtsbezirk aus höchstens einem Gesellschafter.)

(Ggf. kumulativ: Die Gesellschafter verpflichten sich, Mitglied keiner weiteren Kooperation zu sein.)

(4) Die Geschäftsführung wird wechselnd im jährlichen Turnus von den einzelnen Gesellschaftern übernommen. Erster Geschäftsführer ist . . . . . .

(Ggf. alternativ: Der Geschäftsführer wird jährlich zum Beginn des Kalenderjahres von den Gesellschaftern mit Stimmenmehrheit gewählt.)

§ 3 Pflichten der Gesellschafter[5]

(1) Die Gesellschafter verpflichten sich, Mandanten, deren Rechtsstreitigkeit in den Tätigkeitsschwerpunkt eines anderen Gesellschafters fällt, ausschließlich an diesen unent-

geltlich zu empfehlen.[6] Tätigkeitsschwerpunkt des Gesellschafters A ist . . . . . . , Tätigkeitsschwerpunkt des Gesellschafters B ist . . . . . .   ,

(2) (Ggf. kumulativ: Die Gesellschafter verpflichten sich, Mandate, die in den lokalen Tätigkeitsbereich eines anderen Gesellschafters fallen, diesem als Korrespondenzmandat zu vermitteln.[7]Tätigkeitsbereich des Gesellschafters A ist . . . . . . , Tätigkeitsbereich des Gesellschafters B ist . . . .)

(3) (Ggf. kumulativ: Mandate, die im Schnittpunkt mehrerer Rechtsgebiete liegen, sollen gemeinschaftlich von den in diesen Gebieten tätigen Gesellschaftern betreut werden. Im Fall der gemeinschaftlichen Betreuung ist der Umfang der rechtlichen Betreuung festzulegen und eine Vereinbarung hinsichtlich der Verteilung der Vergütung zu treffen.[8])

(4) (Ggf. kumulativ: Die Gesellschafter stehen einander zum gegenseitigen Erfahrungsaustausch zur Verfügung.[9]Neben dem fachlichen Erfahrungs- und Informationsaustausch liegen insbesondere Fragen des Kanzleimanagements im Fokus der Förderung. Zu diesem Zweck treffen sich die Gesellschafter in Abständen von . . . . . . Für die Vorbereitung dieser Treffen sorgt der Geschäftsführer.)

(5) (Ggf. kumulativ: Die Gesellschafter verpflichten sich, zur Kostendeckung der Kooperation jährlich einen Betrag in Höhe von . . . . . . EUR an den Geschäftsführer zu zahlen. Der Zahlungspflicht vorauszugehen hat eine durch den Geschäftsführer herzustellende Aufstellung der Kosten. Ein etwaiger Überschuss ist an die Gesellschafter auszubezahlen.)

§ 4 Außendarstellung

(1) Die Gesellschafter weisen auf Kanzleischildern, Briefbögen, Stempeln und sonstigen Verlautbarungen (*ggf. kumulativ*: durch Angabe der gemeinsamen Kurzbezeichnung) auf ihre Mitgliedschaft in der Kooperation hin.[10] Die Namen der weiteren Gesellschafter sind auf dem Rücken des eigenen Briefbogens darzustellen.

(Ggf. alternativ: Ein Hinweis auf die Kooperation nach außen ist zu unterlassen.[11])

(2) Bei Anbahnung eines Mandats ist dem Mandanten in eindeutiger Weise der Hinweis zu erteilen, dass zwischen den Gesellschaftern keine Sozietät besteht und eine gemeinsame Bearbeitung und gesamtschuldnerische Haftung nicht stattfindet. Vollmachten haben ausschließlich auf den das Mandat betreuenden Gesellschafter zu lauten.[12]

(3) Soweit eine Haftung der Gesellschafter als Gesamtschuldner nach den Grundsätzen der Scheinsozietät begründet wurde, hat der Gesellschafter, der die Pflichtverletzung begangen hat, die übrigen Gesellschafter im Innenverhältnis von der Haftung freizustellen.

(4) (Ggf. kumulativ: Zur Information über die Kooperation betreibt diese eine durch den Geschäftsführer betreute Domain www. . . . . . .de.)

§ 5 Berufspflichten

(1) Soweit einem Gesellschafter Tatsachen der Mandate anderer Gesellschafter bekannt werden, auf die sich deren Verschwiegenheitspflicht bezieht, verpflichtet sich dieser, die Verschwiegenheitspflicht in Bezug auf diese Mandate einzuhalten.[13]

(2) Die Gesellschafter verpflichten sich, bei der Mandatsannahme zu überprüfen, ob in derselben Rechtssache bereits durch einen anderen Gesellschafter eine andere Partei im widerstreitenden Interesse beraten oder vertreten wurde. In diesem Fall wird das Mandat abgelehnt.[14]

(3) Gesellschafter, die nicht Rechtsanwälte sind, verpflichten sich, bei ihrer Tätigkeit auch das anwaltliche Berufsrecht, insbesondere das Berufsgeheimnis, das Verbot der Wahr-

nehmung widerstreitender Interessen und die Regeln des anwaltlichen Werberechts, zu beachten. Im Fall einander widersprechender Regelungen verschiedener Berufsrechte findet die Regelung des engeren Berufsrechts Anwendung.

§ 6 Kündigung, Ausschluss und sonstige Ausscheidensgründe[15]

(1) Die Gesellschafter sind zum Austritt aus der Kooperation mit einer Frist von sechs Monaten zum Ende eines Geschäftsjahrs berechtigt. Das Recht zur fristlosen Kündigung aus wichtigem Grund bleibt unberührt.[16]

(2) Die Kündigung hat schriftlich gegenüber den übrigen Gesellschaftern zu erfolgen.

(3) Kündigt ein Gesellschafter, so scheidet er aus der Kooperation aus. In diesem Fall wird sie mit den übrigen Gesellschaftern fortgesetzt. Der Hinweis auf die Kooperation hat nach dem Ausscheiden zu unterbleiben.

(4) Der Ausschluss eines Gesellschafters bedarf eines wichtigen Grundes. Ein wichtiger Grund liegt insbesondere vor, wenn ein Gesellschafter wiederholt gegen seine Pflichten gem. § 3 verstößt.

(5) Der Gesellschaftsanteil ist nicht vererblich.

§ 7 Schriftform

Änderungen und Ergänzungen dieses Vertrags sowie die Vereinbarung eines Verzichts auf ein Schriftformerfordernis bedürfen der Schriftform.

§ 8 Salvatorische Klausel

Ist eine Klausel dieses Vertrags unwirksam oder wird sie es, bleibt der Vertrag im Übrigen davon unberührt. In diesem Fall sind die Gesellschafter verpflichtet, an einer Neuregelung mitzuwirken, durch die ein der unwirksamen Bestimmung wirtschaftlich möglichst nahekommendes Ergebnis rechtswirksam erzielt wird. Entsprechendes gilt im Fall ungewollter Regelungslücken.

. . . . . ., den . . . . . .

. . . . . .

(Unterschriften der Beteiligten)

Anmerkungen

1. **Begriff der Kooperation.** In Ermangelung einer gesetzlichen Definition wird unter dem Begriff der Kooperation eine Vielzahl von möglichen Formen der Zusammenarbeit verstanden, wobei die Intensität der jeweiligen Zusammenarbeit von den im Einzelfall abgeschlossenen Vereinbarungen bestimmt wird. Er kann von der bloßen Empfehlung bei Aufträgen bis hin zur Mitarbeit in Joint Ventures reichen. Die Kooperation stellt sich rechtlich als Innengesellschaft bürgerlichen Rechts, eingetragener Verein oder Vertrag sui generis mit Geschäftsbesorgungs- und Werkvertragselementen dar. In grenzüberschreitenden Sachverhalten kommt zudem die supranationale Gesellschaftsform der EWIV in Betracht (hierzu ausführlich Henssler/Streck/*Kilian*, Handbuch des Sozietätsrechts, Rn. K 1 ff.). In der Praxis finden sich vielgestaltige Ausformungen dieser Verbindungen, wobei sich diese im Hinblick auf die Gesellschafter in nationale und internationale sowie mono- und interprofessionelle Kooperationen einteilen lassen. Die aus der Weite denkbarer Beteiligter und Ziele einer Kooperation folgenden Gestaltungsmöglichkeiten erschweren die Entwicklung eines Mustervertrags, der in der hier dargestellten Fassung nur ein Prototyp für eine Kooperationsvereinbarung sein kann.

2. Name. Der Kooperationshinweis (zB in Kooperation mit . . . . . .) wird regelmäßig neben dem Kanzleinamen verwendet. Die Wahl eines solchen Hinweises, mit dem bei Vorliegen der sonstigen Voraussetzungen des § 8 BORA und Beachtung von § 3 UWG auch geworben werden darf, ist zulässig. Der Bundesgerichtshof hat dies in seiner Rechtsprechung (Beschluss v. 17.12.2001 – AnwZ (B) 12/01, NJW 2002, S. 608) jedenfalls für Kooperationen in der Form der EWIV auch für Kurzbezeichnungen gebilligt. Die Instanzrechtsprechung erhebt auch bei Kooperationen ohne Auslandsbezug und gewählten Phantasienamen wie „Legitas" oder „AdvoGarant" keine Einwände (AGH Hamburg Urt. v. 17.12.2003 – II ZU 5/03, NJW 2004, 371; OLG Köln Urt. v. 21.3.2003 – 6 U 130/02, NJW-RR 2003, 782).

3. Zweck. Entsprechend der getrennten Berufsausübung innerhalb der Kooperation kommt es grundsätzlich zu keiner gemeinsamen Abrechnung und Vereinnahmung von Vergütungen. Die Abgabe und Entgegennahme eines Teils der Gebühren oder sonstiger Vorteile für die Vermittlung von Aufträgen ist gem. § 49b Abs. 3 S. 1 BRAO darüber hinaus verboten. Eine Ausnahme ist gesetzlich aber in § 49b Abs. 3 S. 2 BRAO für das gerade auch bei Kooperationen vorkommende Verhältnis von Verkehrs- und Prozessanwalt vorgesehen und in S. 5 für den Fall, dass mehrere Rechtsanwälte ein Mandat gemeinsam bearbeiten.

4. Gesellschafter. Bei der Kooperation fehlen die interprofessionellen Restriktionen des § 59a BRAO, der lediglich sozietätsfähigen Berufsträgern die Verbindung erlaubt. Kooperationsfähig sind somit über die dort genannten Berufe hinaus auch andere Freiberufler und Gewerbetreibende, wobei sich bei der Zusammenarbeit besondere Anforderungen an die Einhaltung bzw. der Entbindung von der Schweigepflicht ergeben können. Gerade die Möglichkeit der verfestigten Zusammenarbeit mit jeder Berufsgruppe macht die Kooperation attraktiv für Rechtsanwälte mit unkonventionellen Geschäftsmodellen, wie zB den mit einem Sachverständigen kooperierenden Rechtsanwalt mit Spezialisierung im Baurecht oder die Zusammenarbeit von Arzt und Medizinrechtler.

5. Vermögen. Als Innengesellschaft bildet die Kooperation kein Gesamthandsvermögen.

6. Best-Friends-System. Die Form der Zusammenarbeit mit der geringsten Verflechtung der Kooperationspartner ist das sog. Best-Friends-System, bei welchem Mandanten anhand von Spezialgebieten oder Kanzleistandorten der einzelnen Gesellschafter diesen empfohlen werden.

7. Ein Best-Friends-System, das in erster Linie auf die Belegenheit der Kanzlei eines Kooperationsmitglieds abstellt, hat mit dem Ende der Singularzulassung und der lokalisierten Postulationsfähigkeit zwar an Attraktivität verloren, kann allerdings im Hinblick auf die Vermittlung von Korrespondenzmandaten immer noch zweckmäßig sein.

8. Gemeinsame Mandatsbearbeitung. In Abstimmung mit dem Mandanten können Mandate, deren Schwerpunkt in den Schnittbereich zweier Rechtsgebiete fällt, von mehreren Gesellschaftern der Kooperation bearbeitet werden, wodurch sich der Mandant die gebündelte Expertise der Spezialisten sichert. Die genaue Ausgestaltung des Mandats hängt dabei vom Einzelfall ab, allerdings sollte die Art der Einbeziehung der Gesellschafter und deren Entbindung von der Schweigepflicht schriftlich festgehalten werden. Denkbar ist die Mandatierung mehrerer Rechtsanwälte oder die Beauftragung des einen, der seinerseits die Dienste der anderen einkauft, die insofern als Erfüllungsgehilfen tätig werden. Jedenfalls ist unter Haftungsgesichtspunkten darauf zu achten, dass nicht der Rechtsschein einer Sozietät erzeugt wird.

9. „Club-Modell". Ein Erfahrungsaustausch innerhalb sog. Rechtsanwalts-„Clubs" wird über rechtliche Themen hinaus auch im unternehmerischen Bereich für wertvoll erachtet.

10. Außendarstellung. Ein besonderer Reiz des Beitritts zu einer Kooperation ist, dass mit der Zugehörigkeit zur Kooperation bei potentiellen Mandanten der Eindruck entsteht, dass Interessen mit der gebündelten Expertise der Kooperationspartner vertreten werden. Die Werbung mit der Mitgliedschaft in der Kooperation ist grundsätzlich berufsrechtlich zulässig, wenn die Kooperation nicht den Eindruck einer gemeinschaftlichen Berufsausübung erweckt, §§ 43b BRAO, 8 BORA. Seit einer Änderung des § 8 BORA im Jahr 2010 ist nicht länger notwendig, dass die Kooperation in einer auf Dauer angelegten und durch tatsächliche Ausübung verfestigten Weise betrieben wird. Sie ist allerdings regelmäßig nur sinnvoll, wenn sie in dieser Weise organisiert ist.

11. Es gibt auch Ausformungen der Kooperation, in denen ein nach außen tretender Hinweis nicht erwünscht ist, was oft bei Rechtsanwaltsclubs der Fall ist, die lediglich dem internen Erfahrungsaustausch dienen.

12. Mandatserteilung. Die Kooperationspartner bilden grundsätzlich keine Haftungseinheit, Haftungssubjekt ist lediglich der mandatierte Gesellschafter, je nach Einzelfallgestaltung auch ein anderer Gesellschafter, wenn auch dieser mandatiert wurde. Unterhalb dieser Mitarbeit kommt lediglich eine Haftungszurechnung nach § 278 BGB in Betracht, wobei eine eigene Außenhaftung dem Mandanten gegenüber ausscheidet. Haftungsrisiken ergeben sich aber, wenn die Gesellschafter – berufsrechtswidrig, vgl. § 8 S. 2 BORA – den Anschein einer Sozietät erwecken und nach Rechtsscheingrundsätzen wie Gesamtschuldner haften (→ Form. B. II. 7 Anm. 4). Die Vermeidung einer solchen Haftung ist – bei dem derzeitigen Stand der Rechtsprechung – nicht durch den bloßen Verweis auf die Kooperation bei der Außendarstellung gewährleistet. Es gilt, wie auch bei der Bürogemeinschaft, entsprechende Vorsichtsmaßnahmen vorzusehen. Eine dokumentierte Aufklärung des Mandanten ist ideal, auch wenn dies in der Praxis mit gewissen Schwierigkeiten verbunden sein mag.

13. Berufsgeheimnis. Zwischen den Gesellschaftern einer Kooperation muss die Verschwiegenheitspflicht gewahrt bleiben und der Mandant muss vor einer Weitergabe von Tatsachen iSv § 43a Abs. 2 S. 2 BRAO sein Einverständnis erklären. Es ist derzeit nicht geklärt, in welchen Fällen ein Mandant durch Abschluss eines Mandatsverhältnisses mit einem Kooperationsmitglied schlüssig in die Entbindung von der Verschwiegenheitspflicht hinsichtlich der übrigen Gesellschafter der Kooperation einwilligt, allerdings ist davon auszugehen, dass der Mandant im Regelfall nicht den gesamten und für ihn häufig überwiegend uninteressanten Kooperationsapparat in sein Mandat einbinden will. Somit ist im Normalfall nicht von einer stillschweigenden Einwilligung auszugehen. In Fällen, in denen andere Kooperationsgesellschafter in die Fallbearbeitung eingebunden werden sollen und ein entsprechender Informationsaustausch daher unabdingbar ist, empfiehlt es sich daher, in jedem Einzelfall eine Entbindung von der Verschwiegenheitspflicht durch den Mandanten schriftlich einzuholen, um Berufsrechtsverstößen und einer eventuellen Strafbarkeit gem. § 203 Abs. 1 Nr. 3 StGB vorzubeugen. Gerade auch bei interprofessionellen Kooperationen ist ein solches Einverständnis im Interesse des Mandanten dringend notwendig, wenn die Kooperationspartner keine eigene berufsrechtlich angeordnete und verfahrensrechtlich abgesicherte Schweigepflicht trifft.

14. Kollisionsprüfung. Das Verbot der Vertretung widerstreitender Interessen des §§ 43a Abs. 4 BRAO, 3 BORA trifft die in der Kooperation zusammengeschlossenen einzelnen Berufsträger in Person. Umstritten ist, ob dieses Verbot auch hinsichtlich der Mandate der anderen Gesellschafter der Kooperation gilt. Eine Erstreckung gem. § 3 Abs. 2 BORA erfolgt auf die Kooperation im Gegensatz zur Bürogemeinschaft nicht. Teile der Literatur (Henssler/Streck/*Hartung* Handbuch Sozietätsrecht (2. Aufl. 2011), S. 675 ff. mwN) erkennen allerdings in § 33 BORA eine solche Erstreckungsvorschrift. Seit einer sprachlichen Anpassung des § 33 BORA mit Wirkung zum 1.11.2013 ist die –

zweifelhafte – Sichtweise, dass Kooperationsmitglieder an das Verbot der Vertretung widerstreitender Interessen hinsichtlich der Mandate der anderen Gesellschafter gebunden sind, nicht länger haltbar. Jenseits dieser berufsrechtlichen Grenzen will gleichwohl gut überlegt sein, ob in einer nach außen vermarkteten Kooperation von den Kooperationspartnern Kollisionsmandate betreut werden sollten. Eine entsprechende Entscheidung über eine Mandatsannahme wird allerdings durch die Tatsache erschwert, dass ohne eine Entbindung von der Verschwiegenheitspflicht eine Kollisionsprüfung, die sich auf die Kooperationspartner erstreckt, nicht ohne Verstoß gegen das Berufsrecht möglich ist. Die Verwendung von Mandantenlisten kann hier zweckmäßig sein, setzt allerdings die Einwilligung der Mandanten voraus.

15. **Vermögen.** Da die Kooperation grundsätzlich nicht in nennenswertem Maß Vermögen ansammelt, erübrigen sich Regelungen zu dessen Verteilung bei Ausscheiden oder Beendigung regelmäßig.

16. **Kündigung, Ausschließung.** Die Konzeption von Kündigungs- und Ausschlussregeln ist in erheblichem Maße vom Organisations- und Verflechtungsgrad der Kooperation abhängig. Je näher die einzelnen Gesellschafter zusammenarbeiten, desto längere Kündigungsfristen sind angesichts der veränderten Situation zweckmäßig. Andererseits sind in Fällen bloßer Empfehlungskooperationen kurze Fristen durchaus interessengerecht.

II. Kanzleifusionen und -spaltungen

1. Zusammenschluss von zwei Sozietäten in der Rechtsform der GbR

Verschmelzungsvertrag[1]

zwischen

1. Herrn Rechtsanwalt . . . . . .

2. Frau Rechtsanwältin . . . . . .

3. Herrn Rechtsanwalt . . . . . .

in ihrer Eigenschaft als alleinige Gesellschafter der unter dem Namen

Anwaltssozietät . . . . . .

im Rechtsverkehr auftretenden Gesellschaft bürgerlichen Rechts (nachfolgend „GbR A") mit Sitz in . . . . . .

und

4. Herrn Rechtsanwalt . . . . . .

5. Herrn Rechtsanwalt und Notar . . . . . .

6. Frau Rechtsanwältin . . . . . .

in ihrer Eigenschaft als alleinige Gesellschafter der unter dem Namen

. . . . . . & Partner Rechtsanwälte

im Rechtsverkehr auftretenden Gesellschaft bürgerlichen Rechts (nachfolgend „GbR B") mit Sitz in . . . . . .

§ 1 Sachstand[2]

(1) GbR A ist eine Sozietät bestehend aus den Rechtsanwälten . . . . . ., und . . . . . . mit Sitz in . . . . . . GbR B ist eine Sozietät bestehend aus den Rechtsanwälten . . . . . ., und . . . . . . mit Sitz in . . . . . .

(2) Die GbR A und die GbR B werden nachfolgend gemeinsam auch als „die Altgesellschaften" bezeichnet.

(3) Die vertragsschließenden Gesellschafter wollen sich auf der Grundlage dieser Vereinbarung zu einer neuen Gesellschaft bürgerlichen Rechts unter dem Namen

(4) . . . . . . „. . . . . . Rechtsanwälte" mit Sitz in . . . . . . (nachfolgend „GbR AB") zusammenschließen.

(5) Dazu treffen die Parteien nachfolgende Vereinbarungen.

§ 2 Errichtung, Gesellschaftsvertrag[3]

(1) Wir errichten hiermit eine Gesellschaft bürgerlichen Rechts unter dem Namen . . . . . . Sozietät von Rechtsanwälten.

(2) Wir schließen hiermit den Gesellschaftsvertrag[4] gemäß der Anlage 2.2. zu dieser Zusammenschlussvereinbarung.

§ 3 Einbringung[5]

(1) Alle Gesellschafter der GbR A und der GbR B (nachfolgend: „Gesellschafter") übertragen mit Wirkung zum Ablauf des 31.12.20. . . . . . (Stichtag)[6] ihre Beteiligungen an der GbR A und der GbR B gegen Gewährung von den Beteiligungen an die auf der Grundlage dieser Vereinbarung neu gegründete GbR AB. Damit geht – soweit in dieser Vereinbarung nicht ausdrücklich etwas anderes bestimmt ist – das gesamte Anlage- und Umlaufvermögen der beteiligten GbR A und GbR B (nachfolgend auch: „Altgesellschaften") auf die GbR AB über.

(2) Die GbR AB übernimmt[7] sämtliche vertraglichen Verpflichtungen aus Rechtsverhältnissen jeglicher Art, insbesondere die bestehenden Mandatsverhältnisse, die bestehenden Anstellungsverhältnisse mit juristischen und nichtjuristischen Mitarbeitern, Mietverträge für die Büroräume in . . . . . . (Anschrift), und . . . . . . (Anschrift), sowie alle sonstigen Verträge und rechtlichen Verpflichtungen der GbR A und GbR B, insbesondere die bestehenden weiteren Verträge im Hinblick auf die gemieteten Räumlichkeiten, die Verträge mit Telekommunikationsunternehmen, EDV-Dienstleistungsunternehmen, Versorgungsunternehmen sowie Pensionsverpflichtungen gegenüber den Gesellschaftern der GbR A und der GbR B einschließlich der Pensionsverpflichtungen von bereits ausgeschiedenen Gesellschaftern.

(3) Das Eigentum an den übertragenden Gegenständen wird mit Wirkung zum Stichtag auf die GbR AB übertragen. Soweit den übertragenden GbR nur Anwartschaftsrechte oder sonstige Rechtspositionen zustehen, werden diese an die GbR AB abgetreten.

(4) Dies gilt insbesondere für die bislang entstandenen, aber noch nicht abgerechneten Honoraransprüche aus den Mandaten aller Gesellschafter. Mandate in Straf- oder Bußgeldsachen, die von einem einzelnen Gesellschafter oder angestellten Anwälten der Gesellschaften übernommen worden sind, werden von diesen im eigenen Namen, aber auf Rechnung für die GbR AB fortgeführt.

(5) Soweit ein Mandat mangels Zustimmung zur Überleitung auf die GbR AB nicht von ihr fortgeführt werden kann, soll dies, wenn der Mandant dem nicht widerspricht, durch den bisherigen mandatsführenden Gesellschafter fortgeführt werden. Im Innenverhältnis wird es für die Rechnung der neuen GbR bearbeitet.

§ 4 Einlagenkonto[8]

Die sich aus der Einnahmen-/Überschussrechnung zum Stichtag ergebenden Salden der Gesellschafter der GbR A und der GbR B werden dem Einlagenkonto des jeweiligen Gesellschafters in der neuen GbR AB gutgeschrieben.

§ 5 Honorare bis zum Stichtag[9]

(1) Vergütungen für die Tätigkeiten der Gesellschafter bis zum Stichtag, die abgerechnet, aber noch nicht bezahlt wurden, sowie die entstandene Vergütung für, aber noch nicht abgerechneten Tätigkeiten stehen der GbR AB zu. Sie sind jedoch im Rechnungswesen gesondert zu erfassen. Die unter Zugrundelegung des Kostenschlüssels der GbR AB hieraus entstehenden Gewinne werden den Gesellschaftern nach dem jeweiligen Verteilungsschlüssel der GbR A und der GbR B als Vorabgewinn bei der GbR AB zugerechnet. Dabei ist das Gewinnverteilungssystem der bisherigen GbR A und GbR B maßgeblich. Die Gesellschafter der Altgesellschaften verpflichten sich insoweit, möglichst alle ver-

dienten, aber noch nicht abgerechneten Honorare binnen sechs Monaten nach dem Stichtag abzurechnen und Honoraransprüche durchzusetzen.

(2) Bei der Abrechnung der Mandate ist auf die möglichen Abrechnungen nach dem RVG einschließlich der angefallenen Vorschüsse abzustellen. Soweit Honorare nach Zeitaufwand oder als Pauschalbeträge abgerechnet werden, erfolgt die Aufteilung nach dem bis zum und nach dem Stichtag angefallenen zeitlichen Aufwand.

(3) Alle ab dem Stichtag verdienten Honorare stehen der GbR AB zu und werden nach dem für diese GbR geltenden Gewinnverteilungsschlüssel unter den Gesellschaftern verteilt.

§ 6 Auslagen

Vor dem Stichtag angefallene Auslagen sowie Erstattungen auf Auslagen stehen im Innenverhältnis den Gesellschaftern derjenigen GbR zu, die sie verauslagt hat.

§ 7 Betriebsausgaben

Alle Betriebsausgaben, die nach dem Stichtag anfallen, werden von der GbR AB getragen. Soweit von dieser oder von den Altgesellschaften getragene Betriebsausgaben den Zeitraum vor und nach dem Stichtag betreffen, werden diese pro rata temporis abgegrenzt.

§ 8 Haftpflicht, Haftpflichtversicherung[10]

(1) Die Altgesellschaften werden durch Vereinbarungen mit den bisherigen Haftpflichtversicherungen sicherstellen, dass sowohl für die Altgesellschaften als auch für die GbR AB, jedoch auch für sämtliche Gesellschafter in vollem Umfang Haftpflichtversicherungsschutz besteht, soweit diese nach den gesetzlichen Vorschriften haften können.

(2) Unabhängig von der Haftung im Außenverhältnis tragen die Gesellschafter der Altgesellschaften im Innenverhältnis die Haftpflichtrisiken aus der beruflichen Tätigkeit der Altgesellschaften vor dem Stichtag auf der Grundlage der bei den Altgesellschaften geltenden Vorschriften.

(3) Die Gesellschafter der jeweiligen Altgesellschaft verpflichten sich im Innenverhältnis, die Gesellschafter der jeweils anderen Altgesellschaft von diesen nicht zuzuordnenden Haftpflichtrisiken aus der Zeit vor dem Stichtag freizustellen. Im Innenverhältnis haften die Gesellschafter der jeweiligen Altgesellschaft auf der Grundlage des Gesellschaftsvertrages der jeweiligen Altgesellschaft.

§ 9 Pensionsverpflichtungen[11]

Die Gesellschafter der Altgesellschaften verpflichten sich, die Gesellschafter der jeweils anderen Altgesellschaft von vor dem Stichtag entstandenen Pensionsverpflichtungen im Innenverhältnis freizustellen. Soweit die Pensionsleistungen im Außenverhältnis von der GbR AB erbracht werden, werden diese im Innenverhältnis nur den jeweils verpflichteten Gesellschaftern der Altgesellschaften belastet.

§ 10 Mitteilungen

Die Altgesellschaften und die GbR AB stellen sicher, dass die notwendigen Mitteilungen und Anzeigen an die Mandanten, übrigen Vertragspartner, betroffenen Rechtsanwaltskammern sowie sonstige Behörden und Institutionen vollumfänglich und rechtzeitig zum Stichtag durch die jeweiligen Gesellschaft erfolgen, so dass eine Überleitung aller Rechtsbeziehungen ordnungsgemäß erfolgen kann.

§ 11 Vertraulichkeit

Die vertragsschließenden Gesellschafter sind sich darüber einig, dass sie den Inhalt dieser Zusammenschlussvereinbarung sowie alle ihnen im Zusammenhang mit dieser Vereinbarung bekannt gewordenen Tatsachen vertraulich behandeln. Dies gilt nicht, soweit für die einzelne Gesellschaften oder einzelne Gesellschafter eine Offenlegungspflicht aufgrund gesetzlicher Vorschriften besteht. Alle Gesellschafter verpflichten sich, eine von ihnen erfolgte Offenlegung den anderen Gesellschaftern zur Kenntnis zu geben.

§ 12 Pressemitteilung

Die Gesellschafter sind sich darüber einig, dass sie eine gemeinsame Mitteilung über diesen Zusammenschluss rechtzeitig vor dem Stichtag erstellen und gemeinsam publizieren werden.

§ 13 Schriftformklausel[12]

Änderungen oder Ergänzungen dieser Vereinbarung bedürfen der Schriftform. Genügen sie diesem Erfordernis nicht, so sind sie nichtig. Dies gilt auch für Änderungen oder Ergänzungen dieser Schriftformklausel.

§ 14 Salvatorische Klausel

(1) Sollten sich einzelne Bestimmungen dieser Vereinbarung ganz oder teilweise als nichtig, unwirksam oder undurchführbar erweisen oder infolge von Änderungen der Gesetzgebung oder Rechtsprechung nach Vertragsabschluss nichtig, unwirksam oder undurchführbar werden, bleiben die übrigen Vertragsbestimmungen und die Wirksamkeit der Vereinbarung im Ganzen hiervon unberührt. An die Stelle der nichtigen, unwirksamen oder undurchführbaren Bestimmung soll diejenige wirksame und durchführbare Bestimmung treten, die dem Zweck der nichtigen, unwirksamen oder undurchführbaren Bestimmung möglichst nahekommt.

(2) Weist die Vereinbarung eine Lücke auf, gelten insoweit diejenigen Bestimmungen als vereinbart, die dem Sinn und Zweck der Vereinbarung entsprechen würden, wenn die Lücke zum Zeitpunkt des Vertragsschlusses bekannt gewesen wäre.

§ 15 Schiedsklausel

(1) Alle Streitigkeiten aus dieser Vereinbarung über die Gültigkeit dieser Vereinbarung zwischen den Parteien untereinander, zwischen Gesellschaftern oder mehreren Gesellschaftern und der GbR werden unter Ausschluss des ordentlichen Rechtswegs von einem Schiedsgericht entschieden.

(2) Die Schiedsvereinbarung ist in einer gesonderten Urkunde als Anlage 15.2 dieser Vereinbarung beigefügt.

. . . . . . , den . . . . . .

. . . . . .

(Unterschriften der Beteiligten)

Schrifttum: *Breden*, Die sieben Todsünden im Zuge von Kanzleifusionen, Berliner Anwaltsblatt 2013, 272; *Diller*, Die Berufshaftpflichtversicherung für Rechtsanwälte, AVB-RSW – Kommentar, 2009; *Dombek/Ottersbach/Schulze zur Wiesche*, Die Anwaltssozietät, 2012; *Goutier/Knopf/Tulloch*, Kommentar zum Umwandlungsrecht 1996; *Haritz/Menner*, Umwandlungssteuergesetz, Kommentar, 3. Auflage, 2010; *Henssler*, Die PartGmbB – großer Wurf oder (zu) kleine Lösung?, Anwaltsblatt

2014, 96; *ders./Prüting*, Bundesrechtsanwaltsordnung, 4. Auflage, 2014; *ders./Streck*, Handbuch Sozietätsrecht, 2. Auflage, 2011; *ders./Henssler/Strohn*, Gesellschaftsrecht, 2011; *Kallmeyer*, UmwG, 4. Auflage, 2009; *KK-UmwG*, Kölner Kommentar zum UmwG, 2009; *Leitzen*, Die Partnerschaftsgesellschaft mit beschränkter Berufshaftung, DNotZ 2013, 596; *Lutter*, UmwG, Kommentar, 4. Auflage, 2009; *Michalski/Römermann*, Partnerschaftsgesellschaftsgesetz, Kommentar, 3. Auflage, 2005; *Rixecker/Säcker/Oetker* (Hrsg.), Münchener Kommentar zum Bürgerlichen Gesetzbuch, 6. Auflage, 2012 ff.; *Pestke/Michel*, Die Partnerschaftsgesellschaft mit beschränkter Berufshaftung (PartG mbB), Stbg 2013, 371; *Sagasser/Bula/Brünger/Bearbeiter*, Umwandlungen-Verschmelzung, Spaltung, vom Wechsel, Vermögensübertragung, 4. Auflage 2011; *Schmitt/Hörtnagl/Stratz*, UmwG, Umwandlungssteuergesetz, 6. Auflage 2013; *Semler/Stengel*, UmwG, 3. Auflage, 2012; *Sommer/Treptow*, Die „Umwandlung" einer Partnerschaftsgesellschaft in eine PartG mbB und ihre Folgen, NJW 2013, 3269; *Sommer/Treptow/Dietlmeier*, Haftung für Berufsfehler nach Umwandlung einer Freiberufler-GbR in eine Partnerschaftsgesellschaft, NJW 2011, 1551; Umwandlungssteuererlass 2011 BMF, 11.11.2011, IV C 2 – S 1978 – b/08/10001, BStBl I 2011, 1114 ff.; *Uwer/Roeding*, Wege in die Partnerschaftsgesellschaft mit beschränkter Berufshaftung AnwBl 2013, S. 309, 311; *Wälzholz*, Wege in die PartG mbB, DStR 2013, 2637; *Widmann/Mayer*, Umwandlungsrecht, Loseblatt, Stand 2012.

Anmerkungen

1. Mit dem Formular wird die vollständige **Fusion zweier bereits bestehender Anwaltssozietäten** in der Rechtsform der GbR behandelt. Damit ist beabsichtigt, dass die Aktivitäten der beiden bisherigen Sozietäten möglichst vollständig in der durch den Zusammenschluss gegründeten neuen Sozietät fortgesetzt werden können. Die Fusion muss gründlich vorbereitet, vertraglich abgesichert und vor allem auch konsequent umgesetzt werden, um später Probleme und einen Misserfolg der beruflichen Zusammenarbeit zu vermeiden (vgl. dazu *Breden*, Berliner Anwaltsblatt 2013, 272). In den folgenden Formularen wird im Wesentlichen allein auf die berufliche Zusammenarbeit von Rechtsanwälten abgestellt. Die Formulare lassen sich aber ohne weiteres auch auf multidisziplinäre Gesellschaften anwenden.

2. Als **Alternative** kommt der **Beitritt** der Gesellschafter einer Sozietät in die andere bereits bestehende Sozietät durch schlichte Aufnahme dieser weiteren Sozien unter Beendigung der von diesen bisher betriebenen Sozietät in Betracht. Aus Haftungsgründen kann auch eine in „unechte Fusion" erwogen werden, bei der die „Altgesellschaften" zunächst ohne Übertragung des Vermögens fortbestehen und abgewickelt werden. (Siehe dazu Dombek/Ottersbach/Schulze zur Wiesche/*v.Rechenberg* § 3 Rn. 23 ff.).

3. Mit dieser Regelung wird klargestellt, dass eine **neue Gesellschaft** gegründet wird, in die lediglich das Vermögen der bisherigen Gesellschaften eingebracht wird.

4. Für den Inhalt des Gesellschaftsvertrages gelten die allgemeinen Vorschriften (vgl. → Form. B. II. 1) wie bei einer **vollständigen Neugründung**. Die Sonderregelungen im Hinblick auf die bisherigen Sozietäten ihr Vermögen, die Beteiligungen, Mandate und etwaige Haftungsrisiken erfolgen aber in dieser Zusammenschlussvereinbarung.

5. Gesellschaften bürgerlichen Rechts sind einer Verschmelzung auf der Grundlage des Umwandlungsgesetzes, die im Wege der Gesamtrechtsnachfolge erfolgt nicht zugänglich, da sie keine umwandlungsfähigen Rechtsträger im Sinne von § 3 Abs. 1 UmwG sind. Der Zusammenschluss muss daher durch **Einzelrechtsnachfolge in alle Aktiva und Passiva** erfolgen. Um dennoch einen Zusammenschluss die Wege der Gesamtrechtsnachfolge zu erreichen, könnten die Beteiligten die Rechtsform der GbR zunächst im Wege des außerhalb des Umwandlungsgesetzes für zulässig gehaltenen Formwechsels (Henssler/Prütting/*Henssler* § 7 PartGG Rn. 12 ff. mwN.) in eine Partnerschaftsgesellschaft überführen (vgl. → Form. B. IV. 6) und die Partnerschaftsgesellschaften sodann nach dem UmwG als umwandlungsfähige Rechtsträger miteinander verschmolzen werden (Dombek/Ottersbach/Schulze zur Wiesche/*v.Rechenberg* § 3 Rn. 32 mwN).

6. Da es sich nicht um einen Vorgang nach dem UmwG handelt kommt hier eine Rückwirkung von bis zu 8 Monaten wie nach § 17 UmwG grundsätzlich nicht in Betracht (vgl. a. Tz. 24.06 UmwStErlass).

7. Es muss auch darauf geachtet werden, dass eine **ordnungsgemäße Überleitung des Mandats** erfolgt. Dies ist bei den typischerweise der Sozietät erteilten Mandaten weniger problematisch, auch wenn für Sozietäten eine Regelung wie § 7 Abs. 4 PartGG fehlt. Es empfiehlt sich ein entsprechendes Schreiben an die Mandanten zu richten und über die Fusion zu informieren (siehe dazu § 10 des Formulars). Allerdings ist darauf zu achten, dass Verteidiger im Sinne der §§ 137 ff. Strafprozessordnung nur der einzelne Anwalt und nicht die (alte oder neue) Sozietät sein kann. Für die Haftung der Beteiligten Gesellschafter gelten die allgemeinen vom BGH entwickelten Grundsätze für die Haftung eintretender Sozien (BGHZ 154, 370 Dombek/Ottersbach/Schulze zur Wiesche/*von Rechenberg* § 3 Rn. 43 ff.; Henssler/Streck/*Olbing* H.VIII.51 ff.). Da kein Fall der gesetzlichen Gesamtrechtsnachfolge vorliegt, ist schon wegen der Nachhaftung der Gesellschafter der jeweiligen Altgesellschaft dringend zu empfehlen, die wirksame Übernahme aller Vertragsverhältnisse durch die neue Gesellschaft durch entsprechende Bestätigungen der Vertragspartner zu dokumentieren. Ausnahmen gelten nur für diejenigen Rechtsverhältnisse die, wie etwa gebäudebezogene Versicherungen etc. aufgrund von Sondervorschriften per Gesetz übergehen. Entsprechendes gilt für die Überleitung der Arbeitsverhältnisse, für die § 613a BGB Anwendung findet.

8. Durch die Regelung werden die **Einlagekonten der Sozien** bei der bisherigen Gesellschaft unmittelbar in die neue Gesellschaft überführt. Dies korrespondiert mit der vollständigen Vermögensübernahme gemäß § 3 der Zusammenschlussvereinbarung.

9. Das Formular geht davon aus, dass die beteiligten Gesellschaften nicht bilanzieren sondern lediglich eine **Einnahmen-Überschussrechnung** führen. Deshalb sind im Rechnungswesen weder die bereits in Rechnung gestellten, aber noch nicht bezahlten Honorare noch die bereits bearbeiteten, aber noch nicht in Rechnung gestellten Mandate berücksichtigt. Die Regelung dient daher zur wirtschaftlichen Abgrenzung der Tätigkeit der beiden bisherigen Sozietäten und der neuen Gesellschaft. Der Vorgang kann ertragsteuerlichen neutral gestaltet werden, da man davon ausgeht, dass dafür die Regelung des § 24 Umwandlungssteuergesetz Anwendung findet (Henssler/Streck/*Olbing* H. VIII. 52; Umwandlungssteuererlass Tz. 01.47 und 24.07). Der Zusammenschluss unterliegt auch nicht der Umsatzsteuer, da er als vollständige Einbringung in eine Gesellschaft wie eine Geschäftsveräußerung im Ganzen gemäß § 1 Abs. 1a UStG behandelt wird.

10. Die Regelung ist von zentraler Bedeutung, da nach der Rechtsprechung des BGH (BGH NJW 2001, 1056, 1061; BGH NJW 2008, 1803, 1804) **alle Gesellschafter der neuen Einheit für alle auch vor ihrem Eintritt in die neue Sozietät entstandenen Verbindlichkeiten haften.** Es ist außerdem darauf zu achten, dass wegen eventuell unterschiedlicher Systeme bei der Haftpflichtpolice „claims made vs. claims occured" Versicherungsschutz keine Haftungslücken entstehen können. Zudem ist eine mehrfache Haftungsfreistellung im Innenverhältnis zu berücksichtigen, nämlich einerseits diejenige aller Sozien der einen Altsozietät gegenüber den Sozien der jeweils anderen als Sozietät sowie diejenige innerhalb der jeweiligen Altsozietäten.

11. Soweit **Pensionsregelungen** bei den Altgesellschaften bestehen, sollte jedenfalls für die bislang entstandenen und etwa bereits gezahlten laufenden Pensionen eine abgrenzende Regelung getroffen werden. Abhängig vom Einzelfall kommen sowohl Regelungen in Betracht nach denen Pensionsverpflichtungen unabhängig von ihrer Herkunft vollständig auf die neue Sozietät übergeleitet werden oder Regelungen, bei denen die Pensionsregelungen geschlossen und lediglich die Altverpflichtungen im Innenverhältnis von den Sozien getragen werden aus deren Altsozietät sie stammen.

12. Die Zusammenschlussvereinbarung unterliegt **keinem besonderen Formerfordernis**, es sei denn es befänden sich etwa Immobilien im Vermögen einer der Gesellschaften, die mit übertragen werden sollen. Schon aus Gründen der Rechtssicherheit dürfte allerdings die Schriftform zwingend notwendig sein.

Verschmelzung zweier PartG

2. Verschmelzung zweier PartG – Verschmelzungvertrag

Verschmelzungsvertrag[1]

Notarielle Eingangsformel[2]

Vor mir, dem unterzeichnenden Notar erscheinen

Herr Rechtsanwalt . . . . . ., [Anschrift]

handelnd als einzeln vertretungsberechtigter Partner der . . . . . . Partnerschaftsgesellschaft mbB mit dem Sitz in . . . . . ., eingetragen im Partnerschaftsregister beim Amtsgericht . . . . . . unter PR-Nr. . . . . . ., wozu ich, der beurkundende Notar, bescheinige, dass Herr . . . . . . als Partner dieser Partnerschaftsgesellschaft eingetragen ist.

und

Herr Rechtsanwalt . . . . . ., [Anschrift]

handelnd als einzeln vertretungsberechtigter Partner der . . . . . . Partnerschaftsgesellschaft mbB mit dem Sitz in . . . . . ., eingetragen im Partnerschaftsregister beim Amtsgericht . . . . . . unter PR-Nr. . . . . . ., wozu ich, der beurkundende Notar, bescheinige, dass Herr . . . . . . als Partner dieser Partnerschaftsgesellschaft eingetragen ist.

Die Erschienenen baten um Beurkundung des nachfolgenden Verschmelzungsvertrages[3]

zwischen

der . . . . . . Partnerschaftsgesellschaft (nachfolgend „aufnehmende Gesellschaft")

und

der . . . . . . Partnerschaftsgesellschaft (nachfolgend „übertragende Gesellschaft")

§ 1 Sachstand

(1) An der übertragenden Gesellschaft, der . . . . . . Partnerschaftsgesellschaft mbB mit Sitz in . . . . . ., eingetragen im Partnerschaftsregister des Amtsgerichts . . . . . . unter PR-Nr. . . . . . ., sind beteiligt[4]

a) Rechtsanwalt . . . . . . Name, Vorname, ausgeübter Beruf, Wohnort]
b) Rechtsanwalt . . . . . . [Name, Vorname, ausgeübter Beruf, Wohnort]

(2) An der aufnehmenden Gesellschaft, der . . . . . . Partnerschaftsgesellschaft mbB mit Sitz in . . . . . ., eingetragen im Partnerschaftsregister des Amtsgerichts . . . . . . unter PR-Nr. . . . . . ., sind beteiligt

a) Rechtsanwalt . . . . . ., [Name, Vorname, ausgeübter Beruf, Wohnort]
b) Rechtsanwalt . . . . . ., [Name, Vorname, ausgeübter Beruf, Wohnort]

§ 2 Vermögensübertragung

(1) Die übertragende Gesellschaft überträgt ihr Vermögen als Ganzes mit allen Rechten und Pflichten[5] unter Auflösung ohne Abwicklung nach § 2 Nr. 1 UmwG auf die aufnehmende Gesellschaft gegen die Gewährung von Anteilen an der aufnehmenden Gesellschaft an die Partner der übertragenden Gesellschaft (Verschmelzung durch Aufnahme).[6]

(2) Der Verschmelzung wird die Schlussbilanz der übertragenden Gesellschaft zum 31.12.20. . . . . . als Schlussbilanz zugrunde gelegt.[7]

(3) Die Übernahme des Vermögens der übertragenden Gesellschaft erfolgt im Innenverhältnis mit Wirkung zum Ablauf des 31.12.20. . . . . . (Verschmelzungsstichtag). Vom Beginn des 1.1.20. . . . . . an gelten alle Handlungen und Geschäfte der übertragenden Gesellschaft als für Rechnung der aufnehmenden Gesellschaft vorgenommen.[8]

(4) Die aufnehmende Gesellschaft wird die in der Schlussbilanz der übertragenden Gesellschaft angesetzten Buchwerte der übergehenden Aktiva und Passiva in ihrer Rechnungslegung fortführen.[9]

§ 3 Gegenleistung,

(1) Die aufnehmende Gesellschaft gewährt mit Wirksamwerden der Verschmelzung den Partnern der übertragenden Gesellschaft

a) Rechtsanwalt . . . . . . [Name, Vorname, in der übernehmenden Gesellschaft ausgeübter Beruf, Wohnort]
b) Rechtsanwalt . . . . . . [Name, Vorname, in der übernehmenden Gesellschaft ausgeübter Beruf, Wohnort][10]

als Gegenleistung für die Übertragung des Vermögens der übertragenden Gesellschaft kostenfrei eine Beteiligung als Partner zur Ausübung ihres Berufes als Rechtsanwalt in der aufnehmenden Gesellschaft auf der Grundlage des gemäß § 5 dieses Verschmelzungsvertrages neu gefassten Partnerschaftsvertrages der aufnehmenden Gesellschaft.[11]

(2) Die gemäß Abs. 1 gewährten Beteiligungen sind ab dem 1.1.20. . . . . . bei der aufnehmenden Gesellschaft gewinnberechtigt.[12]

(3) Bare Zuzahlungen erfolgen nicht.

(4) Ein Abfindungsangebot gemäß § 29 Abs. 1 Satz 1 und 2 UmwG ist nicht erforderlich, weil die Verschmelzung nur wirksam wird, wenn sämtliche Gesellschafter ihr zustimmen.[13]

§ 4 Besondere Rechte und Vorteile[14]

Einzelnen Gesellschaftern der übertragenden Gesellschaft, der übernehmenden Gesellschaft oder Mitgliedern von Vertretungs- oder Aufsichtsorganen der an der Verschmelzung beteiligten Gesellschaften, den geschäftsführenden Gesellschaftern dieser Gesellschaften sowie Abschluss- oder Spaltungsprüfern, falls Prüfer bestellt werden sollten, werden keine besonderen Rechte oder Vorteile im Sinne von § 5 Nr. 6 oder 7 UmwG gewährt.

§ 5 Namensänderung, Partnerschaftsvertrag

(1) Im Rahmen der Verschmelzung wird die aufnehmende Gesellschaft ihren Namen in . . . . . . Partnerschaftsgesellschaft mbB[15] ändern.[16]

(2) Der Partnerschaftsvertrag[17] der aufnehmenden Gesellschaft wird mit Wirkung ab dem 1.1.20. . . . . . gemäß der Anlage 5.2 zu dieser Urkunde vollständig neu gefasst.[18]

§ 6 Veränderung für die Arbeitnehmer und ihre Vertretungen[19]

(1) Mit dem Wirksamwerden der Verschmelzung gehen sämtliche Arbeitsverhältnisse, die mit der übertragenden Gesellschaft bestehen, gemäß § 613a BGB mit allen Rechten und Pflichten auf die aufnehmende Gesellschaft über. Tarifvertragliche Regelungen finden für beide Partnerschaftsgesellschaften keine Anwendung. Die bei der übertragenden Gesellschaft bestehenden Betriebsvereinbarungen werden nach Maßgabe von § 613a Abs. 1 S. 2, 3 BGB innerhalb der auf die aufnehmende Gesellschaft übergegangenen Arbeitsverhältnisse übernommen.

(2) Weder bei der übertragenden noch bei der aufnehmenden Gesellschaft besteht ein Betriebsrat.[20]

§ 7 Haftpflicht, Haftpflichtversicherung

(1) Die übertragende Gesellschaft und die aufnehmende Gesellschaft werden durch Vereinbarungen mit den Haftpflichtversicherern der neuen Gesellschaften sicherstellen, dass sowohl für die Berufsausübung bei der übertragenden Gesellschaft als auch für die Ausübung bei der aufnehmenden Gesellschaft in vollem Umfang und lückenlos Haftpflichtversicherungsschutz mit der gesetzlich vorgeschriebenen Mindestdeckung besteht, soweit diese und/oder ihre Gesellschafter nach den gesetzlichen Vorschriften haften können.[21]

(2) Unabhängig[22] von der Haftung im Außenverhältnis tragen allein die Gesellschafter der übertragenden Gesellschaft im Innenverhältnis die Haftpflichtrisiken aus der beruflichen Tätigkeit bei der übertragenden Gesellschaft vor dem Spaltungsstichtag auf der Grundlage der bei der übertragenden Gesellschaft bis zum Spaltungsstichtag geltenden Vorschriften und verpflichten sich die aufnehmende Gesellschaft und ihre Gesellschafter von diesen nicht zuzuordnenden Haftungsrisiken freizustellen.

(3) Unabhängig von der Haftung im Außenverhältnis tragen allein die Gesellschafter der aufnehmenden Gesellschaft im Innenverhältnis die Haftpflichtrisiken aus der beruflichen Tätigkeit bei der aufnehmenden Gesellschaft vor dem Spaltungsstichtag auf der Grundlage der bei der aufnehmenden Gesellschaft bis zum Spaltungsstichtag geltenden Vorschriften und verpflichten sich die übertragende Gesellschaft und ihre Gesellschafter von diesen nicht zuzuordnenden Haftungsrisiken freizustellen.

§ 8 Honorare bis zum Stichtag[23]

(1) Vergütungen für die Tätigkeiten in der übertragenden und der übernehmenden Gesellschaft bis zum Stichtag, die abgerechnet, aber noch nicht bezahlt wurden, sowie die entstandene Vergütung für erbrachte, aber noch nicht abgerechnete Tätigkeiten stehen der übernehmenden Gesellschaft zu. Sie sind jedoch im Rechnungswesen gesondert zu erfassen. Die unter Zugrundelegung des Kostenschlüssels der übernehmenden Gesellschaft hieraus entstehenden Gewinne werden den Gesellschaftern nach dem jeweiligen Verteilungsschlüssel der der übertragenden Gesellschaft und der übernehmenden Gesellschaft bis zum Verschmelzungsstichtag als Vorabgewinn bei der übernehmenden Gesellschaft zugerechnet. Die übernehmende Gesellschaft wird, soweit, möglichst alle verdienten, aber noch nicht abgerechneten Honorare binnen sechs Monaten nach dem Wirksamwerden der Verschmelzung abrechnen und Honoraransprüche durchzusetzen.

(2) Bei der Abrechnung der Mandate ist auf die möglichen Abrechnungen nach dem RVG einschließlich der angefallenen Vorschüsse abzustellen. Soweit Honorare nach Zeitauf-

wand oder als Pauschalbeträge abgerechnet werden, erfolgt die Aufteilung nach dem bis zum und nach dem Verschmelzungsstichtag angefallenen zeitlichen Aufwand.

(3) Alle ab dem Verschmelzungsstichtag verdienten Honorare stehen der übernehmenden Gesellschaft zu und werden nach dem für diese geltenden Gewinnverteilungsschlüssel unter den Gesellschaftern verteilt.

§ 9 Information der Gesellschafter[24]

Die Erschienenen werden je eine beglaubigte Abschrift dieses Verschmelzungsvertrages allen Gesellschaftern der übertragenden und der aufnehmenden Gesellschaft unverzüglich zuleiten und die Beschlussfassung über den Verschmelzungsvertrag in Gesellschafterversammlungen der übertragenden Gesellschaft der aufnehmenden Gesellschaft herbeiführen.

§ 10 Zustimmung der Gesellschafter[25]

Dieser Verschmelzungsvertrag wird nur wirksam, wenn sämtliche Partner der übertragenden Gesellschaft und der aufnehmenden Gesellschaft diesem durch Verschmelzungsbeschluss zugestimmt haben. Sollten die Zustimmungserklärungen nicht bis zum 30.9.20...... vorliegen, gilt dieser Verschmelzungsvertrag als nicht zustande gekommen.

§ 11 Verzögerung der Abwicklung[26]

Sollte die Verschmelzung nicht bis zum 31.3.20...... wirksam geworden sein, wird der Verschmelzung abweichend von § 3 Abs. 2 dieses Verschmelzungsvertrages die Bilanz der übertragenden Gesellschaft zum 31.12.20...... zugrunde gelegt, gilt abweichend von § 3 Abs. 3 dieses Verschmelzungsvertrages der 1.1.20...... als Verschmelzungsstichtag und beginnt die Beteiligung am Gewinn abweichend von § 3 Abs. 2 dieses Verschmelzungsvertrages am 1.1.20......

§ 12 Vertraulichkeit[27]

Die beteiligten Gesellschaften und ihre Gesellschafter sind sich darüber einig, dass sie den Inhalt dieses Verschmelzungsvertrages sowie alle ihnen im Zusammenhang mit diesem Verschmelzungsvertrag bekannt gewordenen Tatsachen vertraulich behandeln. Dies gilt nicht, soweit für die einzelne Gesellschaften oder den einzelne Gesellschafter eine Offenlegungspflicht aufgrund gesetzlicher Vorschriften besteht. Alle Gesellschafter verpflichten sich, eine von ihnen erfolgte Offenlegung den anderen Gesellschaftern zur Kenntnis zu geben.

§ 13 Pressemitteilung[28]

Die übertragende Gesellschaft und die aufnehmende Gesellschaft sind sich darüber einig, dass sie eine gemeinsame Mitteilung über diese Verschmelzung rechtzeitig vor Eintragung der Verschmelzung erstellen und gemeinsam publizieren werden.

§ 14 Schriftformklausel

Änderungen oder Ergänzungen dieses Verschmelzungsvertrages bedürfen – soweit sie nicht notariell zu beurkunden sind – der Schriftform. Genügen sie diesem Erfordernis nicht, so sind sie nichtig. Dies gilt auch für Änderungen oder Ergänzungen dieser Schriftformklausel.

§ 15 Salvatorische Klausel[29]

(1) Sollten sich einzelne Bestimmungen dieses Spaltungsplans ganz oder teilweise als nichtig, unwirksam oder undurchführbar erweisen oder infolge von Änderungen der

Gesetzgebung oder Rechtsprechung nach Vertragsabschluss nichtig, unwirksam oder undurchführbar werden, bleiben die übrigen Vertragsbestimmungen und die Wirksamkeit der Vereinbarung im Ganzen hiervon unberührt. An die Stelle der nichtigen, unwirksamen oder undurchführbaren Bestimmung soll diejenige wirksame und durchführbare Bestimmung treten, die dem Zweck der nichtigen, unwirksamen oder undurchführbaren Bestimmung möglichst nahekommt.

(2) Weist der Verschmelzungsvertrag eine Lücke auf, gelten insoweit diejenigen Bestimmungen als vereinbart, die dem Sinn und Zweck des Verschmelzungsvertrages entsprechen würden, wenn die Lücke zum Zeitpunkt der Beschlussfassung bekannt gewesen wäre.

§ 16 Schiedsklausel[30]

(1) Alle Streitigkeiten aus diesem Spaltungsplan über die Gültigkeit dieses Spaltungsplans zwischen den Parteien untereinander, zwischen Gesellschaftern oder mehreren Gesellschaftern und der übertragenden und den neuen Gesellschaften werden unter Ausschluss des ordentlichen Rechtswegs von einem Schiedsgericht entschieden.

(2) Die Schiedsvereinbarung ist in einer gesonderten Urkunde als Anlage 16.2 dieses Verschmelzungsvertrages beigefügt.

§ 17 Kosten, Steuern

(1) Die Notargebühren für diese Niederschrift trägt die übertragende Gesellschaft.[31]

(2) Die aufgrund der Durchführung der Verschmelzung entstehenden Gebühren, Kosten und Steuern trägt die aufnehmende Gesellschaft.

(3) Aufgrund der Verschmelzung entstehende persönliche Steuern tragen die jeweiligen Gesellschafter.[32]

§ 18 Belehrungen des Notars

Notarielle Schlussformel

Anmerkungen

1. Das Formular enthält einen Verschmelzungsvertrag für die **Verschmelzung von zwei bereits bestehenden Partnerschaftsgesellschaften.** Dabei wird die eine Gesellschaft durch die Übertragung ihres gesamten Vermögens auf die andere Gesellschaft im Wege der Verschmelzung durch Aufnahme (§ 2 Nr. 1 UmwG) ohne Liquidation beendet. Partnerschaftsgesellschaften sind gemäß § 3 Abs. 1 Nr. 1 UmwG umwandlungsfähige Rechtsträger. Daneben kommt das Instrument noch für die Fusion von Partnerschaftsgesellschaften mit Kapitalgesellschaften oder zwischen Kapitalgesellschaften in Betracht, die ebenfalls umwandlungsfähig sind. Zudem können (nur) Kapitalgesellschaften innerhalb der EU und des EWR auch über die Grenze verschmolzen werden (§§ 122a ff. UmwG). Wegen der berufsrechtlichen Hürden dürfte dies aber die Ausnahme sein.

2. Der Verschmelzungsvertrag ist gemäß § 6 UmwG **notariell zu beurkunden.** § 4 Abs. 2 UmwG lässt aber ausdrücklich zu, dass zunächst lediglich ein schriftlicher Entwurf des Vertrages aufgestellt wird, der dann Gegenstand der Beschlussfassung der beteiligten Gesellschafterversammlungen gemäß § 13 UmwG wird. Diese Vorgehensweise ist schon aus Kostengründen in der Praxis empfehlenswert. Dies gilt insbesondere dann, wenn nicht sichergestellt werden konnte, dass die erforderliche Mehrheit für die Zustimmung zum Verschmelzungsvertrag erreicht werden wird. § 5 Abs. 1 UmwG regelt den Mindestinhalt des Verschmelzungsvertrages.

3. Der Verschmelzungsvertrag ist ein gegenseitiger Vertrag, der von den jeweils vertretungsberechtigten Organen abgeschlossen wird (§ 4 Abs. 1 S. 1 UmwG).

4. § 5 Abs. 1 Nr. 1 UmwG.

5. Mit der Eintragung der Verschmelzung tritt hinsichtlich aller Aktiva und Passiva des übertragenden Rechtsträgers **Gesamtrechtsnachfolge** ein, das heißt diese gehen ohne weitere Handlungen auf den aufnehmenden Rechtsträger über. Insbesondere besteht kein Zustimmungserfordernis von Gläubigern. Der Gläubigerschutz wird allein die Regelung des § 22 UmwG sichergestellt. Danach können Gläubiger (aller) an der Verschmelzung beteiligten Rechtsträger Sicherheitsleistung verlangen. Dies gilt jedoch nur dann, soweit für die jeweilige Forderung (noch) keine Befriedigung verlangt werden kann, wenn glaubhaft gemacht wird, dass durch die Verschmelzung die Erfüllung der Forderung gefährdet wird und der Anspruch auf Sicherheitsleistung nach Grund und Höhe schriftlich binnen 6 Monaten nach Eintragung der Verschmelzung in das Register des bisherigen Gläubigers geltend gemacht wird.

6. § 5 Abs. 1 Nr. 2 UmwG.

7. Gemäß § 17 Abs. 2 UmwG ist der Registeranmeldung eine **Schlussbilanz des übertragenden Rechtsträgers** beizufügen. Erforderlich ist nur eine Bilanz und kein Jahresabschluss, dh keine GuV-Rechnung oder gegebenenfalls ein Anhang (Schmitt/Hörtnagl/*Stratz*/*Hörtnagl* § 17 UmwG Rn. 14 mwN; LG Stuttgart DNotZ 1996, 701; LG Dresden GmbHR 1998, 1086; Lutter/*Bork* § 17 Rn. 5; Lutter/*Priester* § 24 Rn. 12; aA Widmann/Mayer/*Widmann* § 24 Rn. 103; Sagasser/Bula/*Pernegger* § 10 Rn. 35). Die Schlussbilanz ist nur dann zu prüfen, wenn für sie auch sonst Prüfungspflicht besteht (§ 17 Abs. 2 S. 2 UmwG). Es besteht keine Pflicht zur Aufstellung und Einreichung einer Schlussbilanz, wenn der übertragende Rechtsträger sonst nicht verpflichtet ist eine Bilanz aufzustellen (Schmitt/Hörtnagl/*Stratz* § 17 Rn. 17; Lutter/*Bork* § 17 Rn. 5; Lutter/*Priester* § 24 Rn. 12; Henssler/Strohn/*Heidinger* § 17 Rn. 19; Kallmeyer/*Müller* § 17 Rn. 12). Da Anwaltssozietäten typischerweise nicht bilanzieren sondern lediglich Einnahmenüberschussrechnungen erstellen, ist es ausreichend, wenn ein dieser Art der Rechnungslegung entsprechender Rechnungsabschluss, also eine Einnahmenüberschussrechnung gegebenenfalls mit einem Verzeichnis des Anlage- und Umlaufvermögens erstellt und beigefügt wird. § 17 Abs. 2 S. 4 UmwG lässt ausdrücklich eine rückwirkende Umwandlung für einen Zeitraum von bis zu acht Monaten zu, da die mit der Handelsregister Anmeldung einzureichende Verschmelzungsbilanz auf einen bis zu acht Monate vor der Anmeldung liegenden Stichtag aufgestellt sein darf (Schmitt/Hörtnagl/Stratz/*Hörtnagl* § 17 Rn. 35 ff.). Diese Rückwirkung wird nach § 2 Umwandlungssteuergesetz auch steuerlich anerkannt (Haritz/*Menner* UmwStG § 2 Rn. 40 ff.; Schmitt/Hörtnagl/Stratz/*Hörtnagl* § 17 Rn. 45 ff.).

8. § 5 Abs. 1 Nr. 6 UmwG.

9. Nach § 24 UmwG können die Schlussbilanzwerte beim übertragenden Rechtsträger als **Anschaffungskosten beim aufnehmenden Rechtsträger** gemäß § 253 Abs. 1 HGB angesetzt werden. Steuerlich kann die Umwandlung gemäß § 24 Abs. 2, 3 und 4 UmwG neutral, das heißt unter Fortführung der Buchwerte, unter Aufdeckung aller stillen Reserven, dh zum gemeinen Wert oder sogar zu jedem beliebigen Zwischenwert erfolgen, solange das Besteuerungsrecht der Bundesrepublik im Rahmen der Übertragung nicht ausgeschlossen oder beschränkt wird (Schmitt/Hörtnagl/Stratz/*Schmitt* § 24 UmwG Rn. 3). Der gesetzliche Regelfall ist die Aufdeckung und Besteuerung stiller Reserven, die jedoch auf Antrag reduziert oder durch Buchwertfortführung ganz vermieden werden kann. Auch eine freiberufliche Praxis ist „Betrieb" iSd § 24 und kann damit Gegenstand einer Einbringung sein (Schmitt/Hörtnagl/Stratz/*Schmitt* § 24 UmwG Rn. 58; Widmann/Meyer/*Fuhrmann* § 24 UmwG Rn. 242; Haritz/*Menner* § 24 UmwStG Rn. 26 mit Hinweis auf BFH uA.v. 23.5.1985, BStBl. II 1985, 697; BFH uA.v. 5.4.1984, BStBl. II 1984, 520; BFH uA.v. 13.12.1979, BStBl. II 1979, 239). Die steuerliche Behandlung von Umwandlungsvorgängen wird umfassend im Umwandlungssteuererlass des Bundesfinanzministeriums vom 11.11.2011 (BStBl I; 2011, 1314) behandelt. Die Erläuterungen zu § 24 UmwG finden sich in den Rn. 24.01 ff.

10. § 45 b UmwG verlangt, dass der Verschmelzungsvertrag den Namen, Vornamen den Wohnort sowie den in der übernehmenden Partnerschaftsgesellschaft ausgeübten Beruf jedes Partners der übertragenden Gesellschaft enthält. Damit soll sichergestellt sein, dass die Beschränkungen in § 1 Abs. 1 S. 3 und Abs. 2 S. 2 PartGG im Hinblick auf die Berufsausübung der Gesellschafter einer Partnerschaftsgesellschaft auch nach der Umwandlung eingehalten bleiben.

11. Der übertragende Rechtsträger überträgt bei einer Verschmelzung gemäß § 2 UmwG sein gesamtes Vermögen auf den aufnehmenden Rechtsträger gegen Gewährung von Anteilen oder Mitgliedschaften am aufnehmenden Rechtsträger für die bisherigen Anteilseigner (Gesellschafter, Partner, Aktionäre oder Mitglieder) des übertragenden Rechtsträgers. Nach § 5 Abs. 1 Nr. 3 und 4 UmwG muss der Verschmelzungsvertrag Informationen über das Umtauschverhältnis bzw. Angaben über die anstelle der im Rahmen der Verschmelzung untergehenden Mitgliedschaft am übertragenden Rechtsträger beim aufnehmenden Rechtsträger gewährten Rechtsstellung erhalten. Die Details hinsichtlich der Rechtsstellung der Partner des übertragenden Rechtsträgers in der aufnehmenden Partnerschaft regelt der Partnerschaftsvertrag. Im Verschmelzungsvertrag werden typischerweise daher nur Regelungen aufgenommen, die die Überleitung betreffen, soweit im Innenverhältnis nicht an der gesetzlichen Regelung der vollständigen Gesamtrechtsnachfolge festgehalten werden soll (vgl. hierzu die Regelungen in §§ 5, 7 und 8 des Formulars).

12. Der **Stichtag** für die Gewinnberechtigung wird regelmäßig mit dem Verschmelzungsstichtag korrespondieren, da ansonsten eine Lücke in der Gewinnberechtigung entstehen würde, da die Geschäfte es übertragenden Rechtsträgers bereits ab dem Verschmelzungsstichtag als auf Rechnung des aufnehmenden Rechtsträgers ausgeführt gelten.

13. Ein Angebot auf eine **angemessene Barabfindung für Gesellschafter**, die gegen den Verschmelzungsbeschluss Widerspruch zur Niederschrift erklären, ist im Einzelfall gemäß § 29 Abs. 1 UmwG in den Verschmelzungsvertrag aufzunehmen. Dieses Erfordernis besteht jedoch nur dann, wenn entweder der aufnehmende Rechtsträger eine andere Rechtsform hat als der übertragende Rechtsträger oder – bei Rechtsträgern gleicher Rechtsform – die gewährten Mitgliedschaftsrechte beim übernehmenden Rechtsträger gesetzliche oder vertragliche (Schmitt/Hörtnagl/*Stratz*, § 29 UmwG Rn. 11) Verfügungsbeschränkungen unterliegen. Mangels abweichender Regelung im Gesellschaftsvertrag besteht bei Partnerschaftsgesellschaften wegen der für eine Übertragung der Mitgliedschaft erforderlichen Zustimmung der übrigen Gesellschafter allerdings stets eine gesetzliche Verfügungsbeschränkung (Lutter/*Grunewald* § 29 Rn. 8; Kallmeyer/*Marsch-Barner* § 29 Rn. 8; aA Semler/Stengel/*Kalss* § 29 Rn. 9; KK-UmwG/*Simon* § 29 Rn. 23). Im Ergebnis ist ein Abfindungsangebot jedoch in der Praxis dann jedenfalls entbehrlich, wenn – wie im vorliegenden Fall – für die Beschlussfassung Einstimmigkeit erforderlich ist. Würde ein Gesellschafter gegen die Verschmelzung stimmen und Widerspruch zur Niederschrift erklären würde die gesamte Verschmelzung ohnehin scheitern.

14. Gemäß § 5 Abs. 1 Nr. 7 und 8 UmwG sind in den Verschmelzungsvertrag zwingend Informationen über den Umgang mit Inhabern von Sonderrechten und etwaiger Sondervorteile an Mitglieder der Geschäftsführung, Aufsichtsorganen, Abschluss- oder Verschmelzungsprüfer aufzunehmen.

15. Nach § 18 Abs. 1 iVm Abs. 3 UmwG könnte die aufnehmende Gesellschaft nach der Verschmelzung auch den bisherigen Namen der übertragenden Gesellschaft führen. Es gelten aber auch hier die Einschränkungen des § 2 Abs. 1 PartGG.

16. Eine Änderung des Namens der aufnehmenden Partnerschaft ist gesetzlich nicht notwendig, kann sich aber im Hinblick auf die Fortführung des Good-Wills der übertragenden Partnerschaft empfehlen.

17. Zum **Inhalt des Partnerschaftsvertrages** → Form. B. I. 3.

18. Wird der Partnerschaftsvertrag im Rahmen der Verschmelzung vollständig neu gefasst und ist damit Anlage zum Verschmelzungsvertrag, ist er als Teil des Verschmelzungsvertrages auch zum Partnerschaftsregister einzureichen. Damit wird er allgemein zugänglich. Dies kann dadurch vermieden werden, dass der Partnerschaftsvertrag der aufnehmenden Gesellschaft bereits im Hinblick auf die Verschmelzung durch die bisherigen Gesellschafter geändert wird. Es bedarf dann im Rahmen der Verschmelzung lediglich einer Anpassung im Hinblick auf die beteiligten Gesellschafter und – wie hier – des Namens der Partnerschaftsgesellschaft.

19. Die Folgen der Verschmelzung für die **Arbeitnehmer und die Arbeitnehmervertretungen** und insoweit etwa vorgesehene Maßnahmen sind gemäß § 5 Abs. 1 Nr. 9 UmwG im Verschmelzungsvertrag aufzunehmen. Sämtliche Arbeitsverhältnisse beim übertragenden Rechtsträger gehen im Wege der Gesamtrechtsnachfolge auf den aufnehmenden Rechtsträger über. Zusätzlich bestimmt § 324 UmwG, dass § 613a Abs. 1, 4–6 BGB unberührt bleiben. Praktische Bedeutung hat dies vor allem für die kollektivrechtlichen Regelungen, die nicht zwingend *von der* Gesamtrechtsnachfolge erfasst werden können. (Schmitt/Hörtnagl/Stratz/*Hörtnagl* § 324 Rn. 2 und § 20 Rn. 105 ff. mwN).

20. Nach der Formvorschrift mit Ordnungscharakter des § 5 Abs. 3 UmwG ist der Verschmelzungsvertrag oder sein Entwurf spätestens einen Monat vor den Gesellschafterversammlungen, die über die Verschmelzung beschließen, dem zuständigen **Betriebsrat** des jeweiligen Rechtsträgers zuzuleiten. Die Zuleitung an den Betriebsrat hat Umwandlungsrecht lediglich eine Rechtsfolge. Der Nachweis über die ordnungsgemäße Information des Betriebsrats ist gemäß § 17 Abs. 1 UmwG der Handelsregister Anmeldung der Verschmelzung beizufügen. Fehlt sie, besteht ein Eintragungshindernis (Schmitt/Hörtnagl/ Stratz/*Hörtnagl* § 17 Rn. 6 ff.). Zu beachten ist aber, dass bei Betrieben mit einem Betriebsrat und mit mehr als 20 Mitarbeitern gemäß § 111 Abs. 1 Nr. 3 BetrVG die Verpflichtung zur Aufnahme von Gesprächen über einen Interessenausgleich und gegebenenfalls Sozialplan besteht. Wird diese Verpflichtung verletzt, besteht die Gefahr, dass der Betriebsrat den Umwandlungsvorgang im einstweiligen Rechtsschutz bis zur Erfüllung der Verpflichtung blockiert. Allerdings ist streitig, ob der Betriebsrat im einstweiligen Verfügungsverfahren dem Arbeitgeber untersagen kann eine Betriebsänderung durchzuführen (dafür zB LAG Berlin AP BetrVG 1972 § 111 Nr. 36; ablehnend LAG Düsseldorf LAGE § 111 BetrVG 1972 Nr. 14). Haben die beteiligten Gesellschaften keinen Betriebsrat, besteht keine andere darüber hinausgehende Informationspflicht – etwa aller Mitarbeiter – nach dem UmwG. Um Nachfragen oder Zwischenverfügungen des Registergerichts zu vermeiden, ist dieser Sachstand sinnvollerweise sowohl im Verschmelzungsvertrag als auch in der Anmeldung zum Partnerschaftsregister aufzunehmen.

21. Regelmäßig wird für alle Beteiligten bereits aus der bisherigen Berufstätigkeit Versicherungsschutz bestehen. Probleme können sich allerdings bei unterschiedlichen Deckungssystemen „claims made vs. claims occured" ergeben (vgl. hierzu *Diller* AVB-RSW Einleitung Rn. 109 ff.).

22. Die nachfolgenden Regelungen betreffen lediglich das Innenverhältnis im Hinblick auf die Abgrenzung von Haftungsrisiken, die aus der bisherigen Berufstätigkeit bei den Beteiligten Gesellschaften stammen und regeln zudem die Lastenverteilung innerhalb des jeweiligen Gesellschafterkreises etwa im Hinblick auf interne Freistellungsansprüche.

23. Die Regelung dient der Abgrenzung der Gewinnverteilung für diejenigen Honorare, die ganz oder teilweise bereits vor der Verschmelzung entstanden aber noch nicht vereinnahmt worden sind. Danach werden diese nach dem bisherigen Gewinnverteilungsschlüssel als Vorabgewinn für die Zeiträume nach dem Verschmelzungsstichtag zugewiesen.

24. Der Verschmelzungsvertrag wird gemäß § 13 Abs. 1 UmwG nur wirksam, wenn ihn die Anteilseigner der beteiligten Rechtsträger durch Verschmelzungsbeschluss zustimmen (vergleiche dazu → Form. B. II. 3). Zur Vorbereitung dieses Gesellschafterbeschlusses, für den im übrigen die allgemeinen gesellschaftsvertraglichen und gesetzlichen Regelungen für die Einberufung, Vorbereitung und Abhaltung von Gesellschafterversammlungen gelten, ist es erforderlich, dass die Gesellschafter auch Kenntnis über den Verschmelzungsvertrag und seine Anlagen erhalten. Die Regelung dient zur Vorbereitung und Information der Gesellschafter im Hinblick auf die Gesellschafterversammlung, die über den Zusammenschluss beschließt.

25. Die Regelung gibt zum einen die gesetzliche Regelung des § 13 Abs. 1 UmwG wieder, setzt aber zusätzlich eine Frist für die Fassung der Verschmelzungsbeschlüsse. Die Regelung ist dann sinnvoll, wenn der Verschmelzungsvertrag bereits beurkundet wurde. Sollen die Verschmelzungsbeschlüsse auf der Grundlage eines Entwurfs erfolgen, ist die Regelung entbehrlich, da noch keine vertragliche Bindung entstanden ist.

26. Die Regelung soll einen Neuabschluss des Verschmelzungsvertrages vermeiden, wenn sich die Umsetzung des Verschmelzungsvorhabens, etwa wegen verzögerter Eintragung im Register über den nächsten Bilanzstichtag hinaus verzögert. An Stelle des ursprünglichen Verschmelzungsstichtages tritt der nächste Bilanzstichtag.

27. Insbesondere wegen der verschiedenen Regelungen des Innenverhältnisses empfiehlt sich eine Vertraulichkeitsvereinbarung. Zu berücksichtigen ist allerdings, dass diese erst mit den Zustimmungsbeschlüssen der Gesellschafterversammlungen wirksam wird und etwa dann leer liefe, wenn die Verschmelzung scheitert. Es empfiehlt sich daher bereits im Rahmen der Verhandlungen über die Fusion, etwa im Rahmen eines LoI eine Vertraulichkeitsregelung abzuschließen.

28. Neben der allgemeinen Information an die Mandanten, sonstigen Vertragspartnern, Rechtsanwaltskammern und Behörden kann sich schon aus Marketinggründen eine Presseerklärung empfehlen. Dies gilt insbesondere dann, wenn der Name der aufnehmenden Partnerschaft signifikant geändert wird.

29. Im Hinblick auf die salvatorische Klausel ist lediglich darauf hinzuweisen, dass nach der ausdrücklichen gesetzlichen Regelung in § 20 Abs. 1 Nr. 4 UmwG nicht nur ein Mangel der notariellen Beurkundung des Verschmelzungsvertrages, sondern auch der Mangel gegebenenfalls erforderliche Zustimmung oder Verzichtserklärungen einzelner Anteilseigner durch die erfolgter Eintragung der Verschmelzung im Register geheilt wird.

30. Eine Schiedsklausel empfiehlt sich, weil Streitigkeiten im Zusammenhang mit dem Verschmelzungsvertrag typischerweise das interne Verhältnis zwischen den Gesellschaftern betreffen, und die Beteiligten daher zumeist kein Interesse an einem öffentlichen Verfahren vor den ordentlichen Gerichten haben.

31. Grundlage für die Gebührenbemessung ist nach § 108 Abs. 3 GNotKG der Wert des Vermögens des übertragenden Rechtsträgers. Der Geschäftswert für die Beurkundung von Verträgen nach dem UmwG beträgt nach § 107 Abs. 1 GNotKG mindestens 30.000 EUR und höchstens 10 Millionen EUR. Für die Beurkundung fällt eine doppelte Gebühr gemäß § 97 Abs. 1 GNotKG an.

32. Soweit die Verschmelzung zu Buchwerten erfolgt, entsteht keine Ertragssteuerbelastung der Gesellschafter. Erfolgt die Umwandlung zum gemeinen Wert oder zu einem Zwischenwert, über dem Buchwert wird ertragssteuerlich Gewinn realisiert, der den Gesellschaftern nach dem Gewinnverteilungsschlüssel des übertragenden Rechtsträgers zugeordnet wird.

3. Verschmelzung zweier PartG – Zustimmungsbeschluss der übertragenden Gesellschaft

Notarielle Eingangsformel[1]

§ 1 Sachstand

An der . . . . . Partnerschaftsgesellschaft [übertragende Gesellschaft], eingetragen im Partnerschaftsregister beim Amtsgericht . . . . . ., sind beteiligt

a) Herr Rechtsanwalt . . . . . ., [Name, Vorname, in der Partnerschaft ausgeübter Beruf, Wohnort]
b) Herr Rechtsanwalt . . . . . ., [Name, Vorname, in der Partnerschaft ausgeübter Beruf, Wohnort].

§ 2 Gesellschafterbeschluss

Wir sind die alleinigen Gesellschafter der vorgenannten Gesellschaft und treten hiermit unter Verzicht auf alle gesetzlichen und gesellschaftsvertraglichen Regelungen über die Einberufung und Abhaltung von Gesellschafterversammlungen[2] in eine Gesellschafterversammlung der . . . . . . Partnerschaftsgesellschaft ein und beschließen, was folgt:

a) Zustimmung zum Verschmelzungsvertrag[3]
Dem Verschmelzungsvertrag gemäß Anlage 1 zu dieser Urkunde wird zugestimmt.
b) Verzichtserklärung
Wir verzichten hiermit
• auf die Erstattung eines Verschmelzungsberichts gemäß § 8 Abs. 3 UmwG[4]
• auf die Durchführung einer Verschmelzungsprüfung gemäß § 9 Abs. 3 UmwG iVm § 8 Abs. 3 UmwG[5] sowie
• auf die Anfechtung[6] aller heute gefassten Beschlüsse.[7]

Weitere Beschlüsse werden nicht gefasst. Damit ist die Gesellschafterversammlung beendet.

Notarielle Schlussformel

Anmerkungen

1. Der Beschluss über die Zustimmung zur Verschmelzung (Verschmelzungsbeschluss) ist gemäß § 13 UmwG notariell zu beurkunden.

2. Für die Einberufung und Abhaltung der Gesellschafterversammlung gelten die allgemeinen rechtsformspezifischen Regelungen außerhalb des Umwandlungsgesetzes. Zusätzlich ist allen von der Geschäftsführung ausgeschlossenen Gesellschaftern der Verschmelzungsvertrag spätestens mit der Einberufung der Gesellschafterversammlung, die über den Verschmelzungsvertrag beschließen soll, der Verschmelzungsvertrag oder sein Entwurf zuzuleiten (§ 42 iVm § 45e UmwG).

3. Der Verschmelzungsbeschluss bedarf gemäß § 45d Abs. 1 UmwG der Zustimmung sämtlicher Gesellschafter, dh nicht nur der bei der Gesellschafterversammlung anwesenden Partner. Die Zustimmung der nicht anwesenden Partner kann aber – ebenfalls in notarieller Form – in gesonderter Urkunde erteilt werden. Die Regelung ist jedoch insoweit abdingbar, als das der Gesellschaftsvertrag eine Mehrheitsentscheidung mit einer Mehrheit nicht unter drei Vierteln vorsehen kann (§ 45d Abs. 2 UmwG).

4. Ein Verschmelzungsbericht, dh ein Bericht der geschäftsführenden Gesellschafter, in dem das Verschmelzungsvorhaben detailliert dargestellt und erläutert wird, ist nach der Regelung in § 45c UmwG nur dann erforderlich, wenn anders als im Regelfall einzelne Partner gemäß § 6 Abs. 2 PartGG von der Geschäftsführung ausgeschlossen sind. In diesem Fall ist den betroffenen Gesellschaftern spätestens mit der Einladung zur Gesellschafterversammlung, die über die Verschmelzung beschließen soll, der Verschmelzungsvertrag oder sein Entwurf sowie ein Verschmelzungsbericht zu übermitteln (§ 45c UmwG iVm § 42 UmwG). Da nach § 8 Abs. 3 UmwG jedoch auch ein Verzicht auf den Verschmelzungsbericht notariell beurkundeter Form stets möglich ist, dient die Aufnahme dieses Verzichts der Beschleunigung der Eintragung der Umwandlung.

5. Eine Verschmelzungsprüfung durch externe Wirtschaftsprüfer findet bei der Verschmelzung von Partnerschaftsgesellschaften nur statt, wenn der Gesellschaftsvertrag ausnahmsweise nicht die Zustimmung aller Gesellschafter sondern lediglich eine qualifizierte Mehrheitsentscheidung vorsieht und die Verschmelzungsprüfung von einem der Gesellschafter verlangt wird (§ 45e iVm §§ 45d Abs. 2 und 44 UmwG). Auch hier sieht § 9 Abs. 3 iVm § 8 Abs. 3 UmwG die Möglichkeit eines notariellen Verzichts ausdrücklich vor.

6. Der ausdrückliche, notariell beurkundete Verzicht aller Gesellschafter auf die Anfechtung des Verschmelzungsbeschlusses erleichtert den Vollzug der Verschmelzung im Partnerschaftsregister, da aufgrund dieser Erklärung gemäß § 16 Abs. 3 S. 2 UmwG die Eintragung auch bereits vor Ablauf der einmonatigen Frist für die Erhebung der Anfechtungsklage gegen den Verschmelzungsbeschluss erfolgen kann. (Vergleiche dazu → Form. B. II. 5).

7. Gegebenenfalls kann hier auch noch der Verzicht auf ein Barabfindungsangebotes gemäß § 29 Abs. 1 UmwG aufgenommen werden (vergleiche dazu → Form. B. II. 2 Anm. 13).

4. Verschmelzung zweier PartG – Zustimmungsbeschluss der aufnehmenden Gesellschaft

Notarielle Eingangsformel[1]

§ 1 Sachstand

An der . . . . . . Partnerschaftsgesellschaft [aufnehmende Gesellschaft], eingetragen im Partnerschaftsregister beim Amtsgericht . . . . . ., sind beteiligt

a) Herr Rechtsanwalt . . . . . ., [Name, Vorname, in der Partnerschaft ausgeübter Beruf, Wohnort]
b) Herr Rechtsanwalt . . . . . ., [Name, Vorname, in der Partnerschaft ausgeübter Beruf, Wohnort].

§ 2 Gesellschafterbeschluss

Wir sind die alleinigen Gesellschafter der vorgenannten Gesellschaft und treten hiermit unter Verzicht auf alle gesetzlichen und gesellschaftsvertraglichen Regelungen über die Einberufung und Abhaltung von Gesellschafterversammlungen in eine Gesellschafterversammlung der . . . . . . Partnerschaftsgesellschaft ein und beschließen, was folgt:

a) Zustimmung zum Verschmelzungsvertrag
   Dem Verschmelzungsvertrag gemäß Anlage 1 zu dieser Urkunde wird zugestimmt.
b) Verzichtserklärung
   Wir verzichten hiermit
   • auf die Erstattung eines Verschmelzungsberichts gemäß § 8 Abs. 3 UmwG
   • auf die Durchführung einer Verschmelzungsprüfung gemäß § 9 Abs. 3 iVm § 8 Abs. 3 UmwG sowie
   • auf die Anfechtung aller heute gefassten Beschlüsse.

Weitere Beschlüsse werden nicht gefasst. Damit ist die Gesellschafterversammlung beendet.

Notarielle Schlussformel

Anmerkungen

1. Für die Beschlussfassung der aufnehmenden Gesellschaft gelten die gleichen Regelungen bei der Beschlussfassung der übertragenden Gesellschaft.

5. Verschmelzung zweier PartG – Anmeldung zum Partnerschaftsregister der übertragenden Gesellschaften

Amtsgericht . . . . . .

Partnerschaftsregister

PR . . . . . .

Anmeldung der Verschmelzung § 2 Nr. 1 UmwG

als einzelvertretungsberechtigter[1] Partner der . . . . . . Partnerschaftsgesellschaft mbB mit Sitz in . . . . . . melde ich gemäß §§ 16 und 17 UmwG zum Partnerschaftsregister der . . . . . . Partnerschaftsgesellschaft mbB an:

Die . . . . . . Partnerschaftsgesellschaft mbB mit Sitz in . . . . . . (PR . . . . . . des Amtsgerichts . . . . . .) ist nach Maßgabe des beigefügten Verschmelzungsvertrages unter Übertragung ihres Vermögen als Ganzes mit allen Rechten und Pflichten unter Auflösung ohne Abwicklung nach § 2 Nr. 1 UmwG auf die . . . . . . Partnerschaftsgesellschaft mbB mit Sitz in . . . . . . (PR . . . . . . des Amtsgerichts . . . . . .) als aufnehmende Gesellschaft verschmolzen (Verschmelzung durch Aufnahme).

Als Anlage[2] füge ich bei:

I. Ausfertigung des Verschmelzungsvertrages vom . . . . . . (UR-Nr. . . . . . . des Notars . . . . . .);

II. Ausfertigung der Niederschrift über die Gesellschafterversammlung der . . . . . . Partnerschaftsgesellschaft mbB (übertragende Gesellschaft) vom . . . . . . (UR Nummer des Notars . . . . . .) samt darin gefasster Beschlüsse und Verzichtserklärungen.

III. Jahresabschluss der übertragenden Gesellschaft zum Verschmelzungsstichtag

IV. Bei der übertragenden Gesellschaft besteht kein Betriebsrat. Der Nachweis über die rechtzeitige Zuleitung des Spaltungsplans bzw. seines Entwurfs an den Betriebsrat gemäß § 17 Abs. 1 iVm § 5 UmwG ist daher nicht erforderlich.

V. Gemäß § 16 Abs. 2 UmwG erkläre ich:[3]

Alle Gesellschafter der übertragenden Gesellschaft haben im Verschmelzungsbeschluss gemäß Ziffer II. auf einen Verschmelzungsbericht, auf eine Verschmelzungsprüfung, und auf die Anfechtung des Verschmelzungsbeschluss verzichtet.

Nach Vollzug[4] bitte ich um Eintragungsnachricht an die Gesellschaft und an den beglaubigenden Notar sowie um Übermittlung je eines beglaubigten Partnerschaftsregisterauszuges an diese.

. . . . . ., den . . . . . .

. . . . . .

(Unterschrift)

Beglaubigungsvermerk[5]

Anmerkungen

1. Die Anmeldung zur Eintragung ins Partnerschaftsregister kann durch einen einzelvertretungsberechtigten Partner erfolgen. Die umwandlungsrechtliche Spezialregelung des § 16 UmwG verdrängt die Regelung in §§ 4 Abs. 1 PartGG iVm §§ 105, 108 HGB (KK-UmwG/*Dauner-Lieb/Tettinger* § 45a Rn. 16; KK-UmwG/*Simon,* § 16 Rn. 5; Lutter/*Bork* § 16 Rn. 2).

2. Die beizufügenden Anlagen ergeben sich aus § 17 UmwG.

3. § 16 Abs. 2 S. 1 UmwG verlangt eine Erklärung der Vertretungsorgane, nach der eine Klage gegen die Wirksamkeit des Verschmelzungsbeschlusses nicht oder nicht fristgerecht erhoben oder rechtskräftig abgewiesen wurde. Ohne diese Erklärung darf die Verschmelzung gemäß § 16 Abs. 2 S. 2 nur eingetragen werden, wenn die klageberechtigten Gesellschafter in notarieller Form auf die Anfechtungsklage gegen den Verschmelzungsbeschluss verzichtet haben.

4. Die Reihenfolge der Eintragungen der Verschmelzung regelt § 19 UmwG. Danach erfolgt zunächst die Eintragung der Verschmelzung im Register des übertragenden Rechtsträgers, allerdings mit dem Vermerk, dass die Verschmelzung erst mit der Eintragung im Register des übernehmenden Rechtsträgers wirksam wird, und sodann die Eintragung im Register des übernehmenden Rechtsträgers. Etwas anderes gilt nur dann, wenn die Eintragungen in beiden Registern am selben Tag erfolgen (§ 19 Abs. 1 S. 2 aE UmwG).

5. Die Gebühren für die Anmeldung im Partnerschaftsregister richten sich nach §§ 105, 106 GNotKG. Der der Mindestwert beträgt 30.000 EUR und der Höchstgeschäftswert 1 Million EUR. Es fällt eine 0,5 Gebühr an (Nr. 24102KV).

6. Verschmelzung zweier PartG – Anmeldung zum Partnerschaftsregister der aufnehmenden Gesellschaft

Amtsgericht . . . . . .

Partnerschaftsregister

PR . . . . . .

Anmeldung der Verschmelzung § 2 Nr. 1 UmwG

als einzelvertretungsberechtigter Partner der . . . . . . Partnerschaftsgesellschaft mbB mit Sitz in . . . . . . melde ich gemäß §§ 16 und 17 UmwG zum Partnerschaftsregister der . . . . . . Partnerschaftsgesellschaft mbB an:

Die . . . . . . Partnerschaftsgesellschaft mbB mit Sitz in . . . . . . (PR . . . . . . des Amtsgerichts . . . . . .) ist nach Maßgabe des beigefügten Verschmelzungsvertrages unter Übertragung ihres Vermögen als Ganzes mit allen Rechten und Pflichten unter Auflösung ohne Abwicklung nach § 2 Nr. 1 UmwG auf die . . . . . . Partnerschaftsgesellschaft mbB mit Sitz in . . . . . . (PR . . . . . . des Amtsgerichts . . . . . .) als aufnehmende Gesellschaft verschmolzen (Verschmelzung durch Aufnahme).

I. Als Anlage füge ich bei:

a) Ausfertigung des Verschmelzungsvertrages vom . . . . . . (UR-Nr. . . . . . . des Notars . . . . . .);

b) Ausfertigung der Niederschrift über die Gesellschafterversammlung der . . . . . . Partnerschaftsgesellschaft mbB (aufnehmende Gesellschaft) vom . . . . . . (UR Nummer des Notars . . . . . .) samt darin gefasster Beschlüsse und Verzichtserklärungen;

c) Bilanz der übertragenden Gesellschaft zum Verschmelzungsstichtag;

d) Eine Versicherungsbescheinigung gemäß § 4 Abs. 3 PartGG iVm § 113[1] Abs. 2 VVG.[2]

II. Bei der aufnehmenden Gesellschaft besteht kein Betriebsrat. Der Nachweis über die rechtzeitige Zuleitung des Spaltungsplans bzw. seines Entwurfs an den Betriebsrat gemäß § 17 Abs. 1 iVm § 5 UmwG ist daher nicht erforderlich.

III. Gemäß § 16 Abs. 2 UmwG erkläre ich: Alle Gesellschafter der übertragenden Gesellschaft haben im Verschmelzungsbeschluss gemäß Ziffer Ia) auf einen Verschmelzungsbericht, auf eine Verschmelzungsprüfung und auf die Anfechtung des Verschmelzungsbeschluss verzichtet.

IV. An der Partnerschaftsgesellschaft sind nunmehr die folgenden Personen beteiligt, die in der Partnerschaftsgesellschaft wie bezeichnet jeweils den Beruf eines Rechtsanwalts ausüben:[3]

Rechtsanwalt . . . . . . [Name, Vorname, Geburtsdatum, Wohnort, ausgeübter Beruf]

Rechtsanwalt . . . . . . [Name, Vorname, Geburtsdatum, Wohnort, ausgeübter Beruf]

Rechtsanwalt . . . . . . [Name, Vorname, Geburtsdatum, Wohnort, ausgeübter Beruf]

Rechtsanwalt . . . . . . [Name, Vorname, Geburtsdatum, Wohnort, ausgeübter Beruf].

Für die Partnerschaftsgesellschaft ist jeder Partner einzeln vertretungsberechtigt.

V. Die Partnerschaftsgesellschaft hat ihren Sitz weiterhin in . . . . . . [Adresse].

VI. Zweck der Gesellschaft ist die Erbringung von Rechtsberatungsleistungen als Rechtsanwälte.

VII. Der Name der Partnerschaftsgesellschaft wurde geändert in:

. . . . . . Partnerschaftsgesellschaft mbB

Nach Vollzug bitte ich um Eintragungsnachricht an die Gesellschaft und an den beglaubigenden Notar sowie um Übermittlung je eines beglaubigten Partnerschaftsregisterauszuges an diese.

. . . . . ., den . . . . . .

. . . . . .

(Unterschriften)

Beglaubigungsvermerk[4]

Anmerkungen

1. Die Versicherungsbescheinigung muss den gesetzlichen notwendigen Haftungsumfang als Versicherungsschutz für die Partnerschaftsgesellschaft nachweisen. Bei Rechtsanwaltsgesellschaften ist eine Versicherung in Höhe von 2,5 Millionen EUR pro Schadensfall und eine jährliche Haftpflichtsumme von 10 Millionen EUR erforderlich. Bei multidisziplinären Partnerschaften sind die entsprechenden Haftungssummen und Haftungsregelungen zu beachten (vergleiche dazu die Darstellung bei *Pestke/Michel*, Stbg 2013, 366, 367 ff.).

2. Die Beifügung ist erforderlich im Hinblick auf den neuen Namen und den neuen Gesellschafterkreis der aufnehmenden Gesellschaft.

3. Die Verpflichtung zu diesen Angaben ergibt sich aus §§ 16, 45a UmwG iVm § 4 Abs. 1 S. 2 PartGG.

4. Zu den Gebühren → Form. B. II. 5 Anm. 5.

Aufspaltung einer PartG in zwei neue PartG

7. Aufspaltung einer PartG in zwei neue PartG – Aufspaltungsplan

Notarielle Eingangsformel[1, 2]

Vor mir, dem beurkundenden Notar erscheint heute

Rechtsanwalt . . . . . ., [Anschrift]

welcher erklärt, er handele nachfolgend als einzelvertretungsberechtigter Partner der . . . . . .
Partnerschaftsgesellschaft mbB, eingetragen im Partnerschaftsregister des Amtsgerichts
. . . . . unter PR-Nr. . . . . . ., wozu ich als beurkundender Notar durch Einsichtnahme in
das Partnerschaftsregister beim Amtsgericht . . . . . . am . . . . . . bescheinige, dass dort
Herr . . . . . . als Partner der . . . . . . Partnerschaftsgesellschaft mbB eingetragen ist.

Der Erschienene[3] bat um die Beurkundung des nachstehenden Aufspaltungsplans[4]

§ 1 Sachstand

(1) An der . . . . . . Partnerschaftsgesellschaft mbB mit Sitz in . . . . . ., eingetragen im
Partnerschaftsregister des Amtsgerichts . . . . . . unter PR-Nr. . . . . . ., sind beteiligt

Rechtsanwalt . . . . . ., [Anschrift]

Rechtsanwalt . . . . . ., [Anschrift]

Rechtsanwalt . . . . . ., [Anschrift]

Rechtsanwalt . . . . . ., [Anschrift].

(2) Auf der Grundlage dieses Aufspaltungsplans[5] soll die . . . . . . Partnerschaftsgesellschaft mbB (nachfolgend: „übertragende Gesellschaft") auf zwei im Rahmen der Aufspaltung neu zu gründende Partnerschaftsgesellschaften aufgespalten werden, nämlich die
Partnerschaftsgesellschaft . . . . . . mbB (nachfolgend: „neue Gesellschaft 1") mit Sitz in
. . . . . . und Geschäftsräumen in [Anschrift] und der . . . . . . Rechtsanwälte Partnerschaftsgesellschaft mbB (nachfolgend: „neue Gesellschaft 2") mit Sitz in . . . . . . und
Geschäftsräumen in . . . . . . [Anschrift].

§ 2 Aufspaltung, Schlussbilanz, Stichtag

(1) Die übertragende Gesellschaft überträgt ihr Vermögen[6] unter Auflösung ohne Abwicklung durch gleichzeitige Übertragung der in §§ 3 und 4 dieses Aufspaltungsplans
bezeichneten Vermögensteile jeweils als Gesamtheit gemäß § 123 Abs. 1 Nr. 1 UmwG auf
die neue Gesellschaft 1 und die neue Gesellschaft 2 gegen Gewährung der in § 6 dieses
Aufspaltungsplans bezeichneten Anteile dieser Partnerschaftsgesellschaften an die Gesellschafter der übertragenden Gesellschaft (Aufspaltung zur Neugründung).

(2) Der Spaltung wird die Bilanz[7] der übertragenden Gesellschaft zum 31.12.20. . . . . .
(Schlussbilanz)[8] zugrunde gelegt.[9]

(3) Die Übertragung des Vermögens der übertragenden Gesellschaft erfolgt auf die neue
Gesellschaft 1 und die neue Gesellschaft 2 im Verhältnis zwischen den Parteien mit
Wirkung zum 01.01.. . . . . . Die Handlungen der übertragenden Gesellschaft nach dem
1.1.20. . . . . . gelten als für Rechnung der für den jeweiligen Vermögensteil übernehmenden Gesellschaft vorgenommen (Spaltungsstichtag[10]).

§ 3 Vermögensübertragung[11] auf die neue Gesellschaft 1

(1) Die übertragende Gesellschaft überträgt den von ihr unterhaltenen Betrieb einer
Anwaltskanzlei in . . . . . ., soweit es die Referate der Rechtsanwälte . . . . . . und . . . . . .
(nachfolgend: „Praxis 1") betrifft, mit allen Aktiva und Passiva sowie die in diesem
Aufspaltungsplan weiteren besonders aufgeführten Gegenstände (Abs. 4) auf die neue
Gesellschaft 1. Die übertragende Gesellschaft überträgt auf die neue Gesellschaft 1
sämtliche unmittelbar oder mittelbar der Praxis 1 rechtlich oder wirtschaftlich zuordnende Gegenstände des Aktivvermögens unabhängig davon, ob diese Gegenstände bilanzierungsfähig sind oder nicht, insbesondere

a) sämtliche Rechte und Pflichten aus dem Mietvertrag vom . . . . . . mit der . . . . . . AG vom . . . . . . über die von der übertragenden Gesellschaft genutzten Räumlichkeiten in . . . . . .,

b) die Betriebs- und Geschäftsausstattung, die sich zum Stichtag in diesen Räumen befindet, mit Ausnahme derjenigen Gegenstände, die in den Anlagen zu § 4 zu diesem Aufspaltungsplan aufgeführt sind und gemäß § 4 dieses Aufspaltungsplans der neuen Gesellschaft 2 zugeordnet werden,

c) die der Praxis 1 zuzuordnenden Anlagen, Maschinen, Büro- und Geschäftsausstattung nach näherer Bestimmung der Anlage 3.1.b zu diesem Aufspaltungsplan,

d) die der Praxis 1 zuzuordnenden Vertragsverhältnisse und Forderungen, insbesondere die Vertragsverhältnisse aus den Mandatsverträgen nach näherer Bestimmung der Anlage 3.1.d zu diesem Aufspaltungsplan,

e) die von den Rechtsanwälten der Praxis 1 als verantwortliche Partner im Sinne von § 8 Abs. 2 PartGG bearbeiteten Mandate nach näherer Bestimmung der Anlage 3.1.e zu diesem Aufspaltungsplan.

(2) Die neue Gesellschaft 1 übernimmt sämtliche mittelbar oder unmittelbar der Praxis 1 rechtlich oder wirtschaftlich zuzuordnenden gegenwärtigen und künftigen, bekannten und unbekannten Verbindlichkeiten, unabhängig davon, ob diese Verbindlichkeiten bilanzierungsfähig sind oder nicht. Die wesentlichen Verbindlichkeiten sind in Anlage 3.2 zu diesem Aufspaltungsplan ausgeführt.

(3) Die übertragende Gesellschaft überträgt zusätzlich[12] zu den in Abs. 1 und 2 genannten Vermögensgegenständen die in der Anlage 3.3 diesem Aufspaltungsplan aufgeführten Gegenstände und Vertragsverhältnisse.

(4) Die neue Gesellschaft 1 übernimmt sämtliche Verbindlichkeiten, die unmittelbar oder mittelbar mit den in Abs. 3 genannten Gegenständen zusammenhängen und diesen zuzuordnen sind, insbesondere sämtliche Verpflichtungen aus den vorgenannten Vertragsverhältnissen.

(5) Die Arbeitsverhältnisse[13] der in der Praxis 1 beschäftigten juristischen und nicht-juristischen Mitarbeiter sowie weiterer Mitarbeiter der übertragenden Gesellschaft nach näherer Bestimmung der Anlage 3.5 zu diesem Aufspaltungsplan gehen nach § 613a Abs. 1 S. 2 BGB mit allen Rechten und Pflichten auf die neue Gesellschaft 1 über.

§ 4 Vermögensübertragung auf die neue Gesellschaft 2

(1) Die übertragende Gesellschaft überträgt den von ihr unterhaltenen Betrieb einer Anwaltskanzlei in . . . . . ., soweit es die Referate der Rechtsanwälte . . . . . . und . . . . . . (nachfolgend: „Praxis 2") betrifft, mit allen Aktiva und Passiva sowie die in diesem Aufspaltungsplan weiteren besonders aufgeführten Gegenstände (Abs. 4) auf die neue Gesellschaft 2. Die übertragende Gesellschaft überträgt auf die neue Gesellschaft 1 sämtliche unmittelbar oder mittelbar der Praxis 2 rechtlich oder wirtschaftlich zuordnende Gegenstände des Aktivvermögens unabhängig davon, ob diese Gegenstände bilanzierungsfähig sind oder nicht, insbesondere

a) sämtliche Rechte und Pflichten aus dem Mietvertrag vom . . . . . . mit der . . . . . . GmbH vom . . . . . . über die von der übertragenden Gesellschaft genutzten Räumlichkeiten in . . . . . .,

b) die Betriebs- und Geschäftsausstattung, die sich zum Stichtag in diesen Räumen befindet, mit Ausnahme derjenigen Gegenstände, die in den Anlagen zu § 3 zu diesem Aufspaltungsplan aufgeführt sind und gemäß § 3 dieses Aufspaltungsplans der neuen Gesellschaft 1 zugeordnet werden,

c) die der Praxis 2 zuzuordnenden Anlagen, Maschinen, Büro- und Geschäftsausstattung nach näherer Bestimmung der Anlage 4.1.c zu diesem Aufspaltungsplan,

d) die der Praxis 2 zuzuordnenden Vertragsverhältnisse und Forderungen, insbesondere die Vertragsverhältnisse aus den Mandatsverträgen nach näherer Bestimmung der Anlage 4.1.d zu diesem Aufspaltungsplan,

e) die von den Rechtsanwälten der Praxis 2 als verantwortliche Partner im Sinne von § 8 Abs. 2 PartGG bearbeiteten Mandate nach näherer Bestimmung der Anlage 4.1.e zu diesem Aufspaltungsplan.

(2) Die neue Gesellschaft 2 übernimmt sämtliche mittelbar oder unmittelbar der Praxis 2 rechtlich oder wirtschaftlich zuzuordnenden gegenwärtigen und künftigen, bekannten und unbekannten Verbindlichkeiten, unabhängig davon, ob diese Verbindlichkeiten bilanzierungsfähig sind oder nicht. Die wesentlichen Verbindlichkeiten sind in Anlage 4.2 zu diesem Aufspaltungsplan ausgeführt.

(3) Die übertragende Gesellschaft überträgt zusätzlich zu den in Abs. 1 und 2 genannten Vermögensgegenständen

a) sämtliche Rechte und Pflichten aus dem EDV-Dienstleistungsvertrag vom . . . . . . mit der . . . . . . GmbH vom . . . . . .,

b) die in der Anlage 4.3.b aufgeführte Betriebs- und Geschäftsausstattung.

(4) Die neue Gesellschaft 2 übernimmt sämtliche Verbindlichkeiten, die unmittelbar oder mittelbar mit den in Abs. 3 genannten Gegenständen zusammenhängen und diesen zuzuordnen sind, insbesondere sämtliche Verpflichtungen aus den vorgenannten Vertragsverhältnissen.

(5) Die Arbeitsverhältnisse der in der Praxis 2 beschäftigten juristischen und nichtjuristischen Mitarbeiter sowie weiterer Mitarbeiter der übertragenden Gesellschaft nach näherer Bestimmung der Anlage 4.5 zu diesem Aufspaltungsplan gehen nach § 613a Abs. 1 Satz 2 BGB mit allen Rechten und Pflichten auf die neue Gesellschaft 2 über.

§ 5 Nicht zugeordnete Vermögensgegenstände,[14] Erlöschen von Rechtsverhältnissen, Ausgleichspflicht

(1) Ist ein Vermögensgegenstand in diesem Aufspaltungsplan keiner der übernehmenden Gesellschaften zugeordnet worden und lässt sich die Zuordnung auch nicht durch Auslegung dieses Aufspaltungsplans ermitteln, geht der Gegenstand abweichend von § 131 Abs. 3 UmwG auf die neue Gesellschaft 1 über. Die neue Gesellschaft 1 ist verpflichtet, der neuen Gesellschaft 2 eine Entschädigung in Höhe von . . . . . . % des gemeinen Werts des übergegangenen Gegenstandes zum Spaltungsstichtag in bar zu leisten. Die Entschädigung ist drei Monate nach der Feststellung der fehlenden Zuordnung durch die Gesellschaften fällig.

(2) Ist eine Verbindlichkeit nach diesem Aufspaltungsplan keiner der übernehmenden Gesellschaften zugeordnet worden und lässt sich die Zuordnung nicht durch Auslegung dieses Aufspaltungsplans ermitteln, so geht die Verbindlichkeit auf die neue Gesellschaft 1 über. Die neue Gesellschaft 1 ist berechtigt, von der neuen Gesellschaft 2 eine Entschädigung in Höhe von . . . . . . % des gemeinen Werts der übergegangenen Verbindlichkeit zum Spaltungsstichtag in bar zu fordern. Die Entschädigung ist drei Monate nach der Feststellung der fehlenden Zuordnung durch die Gesellschaften fällig.

(3) Können sich die Gesellschaften über den gemeinen Wert des Gegenstandes nach Abs. 1 oder der Verbindlichkeit nach Abs. 2 nicht einigen, entscheidet ein auf Anforderung von einer der Gesellschaften von der Rechtsanwaltskammer in . . . . . . bestellter

Schiedsrichter. Die Entscheidung des Schiedsrichters ist endgültig. Die Kosten des Schiedsverfahrens tragen die Gesellschaften je zur Hälfte.

(4) Sollte ein Recht oder Rechtsverhältnis, das aufgrund dieses Aufspaltungsplans einer der übernehmenden Gesellschaften zugeordnet ist, erlöschen, da es nicht übertragbar ist oder nicht übertragen werden kann (§ 132 UmwG), kann die übernehmende Gesellschaft, der das Recht oder Rechtsverhältnis zugeordnet worden ist, gegen die andere übernehmende Gesellschaft keinerlei Rechte, gleich, aus welchem Rechtsgrund, geltend machen.

(5) Wird eine übernehmende Gesellschaft als Gesamtschuldner für Verbindlichkeiten, die ihr nach diesem Aufspaltungsplan nicht zugeordnet worden sind, in Anspruch genommen (§ 133 Abs. 1, 2 Satz 2 UmwG), so ist die andere übernehmende Gesellschaft verpflichtet, die in Anspruch genommene Gesellschaft von der geltend gemachten Verbindlichkeit unverzüglich freizustellen. Die in Anspruch genommene Gesellschaft kann Ersatz für die ihr insoweit entstandenen Aufwendungen verlangen.

§ 6 Arbeitnehmer[15]

(1) Die Arbeitsverhältnisse der Arbeitnehmer der übertragenden Gesellschaft gehen auf die neue Gesellschaft 1 gemäß § 3 Abs. 5 dieses Aufspaltungsplans und auf die neue Gesellschaft 2 gemäß § 4 Abs. 5 dieses Aufspaltungsplans über.

(2) Bei der übertragenden Gesellschaft besteht kein Betriebsrat.

(3) Die neuen Gesellschaften werden im Zusammenhang mit dem Übergang der Arbeitsverhältnisse der Arbeitnehmer der übertragenden Gesellschaft, soweit in diesem Spaltungs- und Übernahmevertrag nicht ausdrücklich etwas anderes vorgesehen ist, keine Maßnahmen irgendwelcher Art treffen, die sich auf die Arbeitnehmer der übertragenden Gesellschaft oder deren Vertretungen auswirkt.

§ 7 Haftpflicht, Haftpflichtversicherung

(1) Die übertragende Gesellschaft und die neuen Gesellschaften werden durch Vereinbarungen mit der bisherigen Haftpflichtversicherung und den Haftpflichtversicherern der neuen Gesellschaften sicherstellen, dass sowohl für die übertragende Gesellschaft als auch für die neuen Gesellschaften, jedoch auch für sämtliche Gesellschafter in vollem Umfang Haftpflichtversicherungsschutz besteht, soweit diese nach den gesetzlichen Vorschriften haften können und dass für die neuen Gesellschaften Versicherungsbescheinigungen gemäß § 113 Abs. 2 VVG zur Anmeldung im Partnerschaftsregister vorgelegt werden können.[16]

(2) Unabhängig von der Haftung im Außenverhältnis[17] tragen die Gesellschafter der übertragenden Gesellschaft im Innenverhältnis die Haftpflichtrisiken aus der beruflichen Tätigkeit der übertragenden Gesellschaft vor dem Spaltungsstichtag auf der Grundlage der bei der übertragenden Gesellschaft geltenden Vorschriften.

(3) Die Gesellschafter der neuen Gesellschaften verpflichten sich im Innenverhältnis, die Gesellschafter der jeweils anderen neuen Gesellschaft von diesen nicht zuzuordnenden Haftpflichtrisiken aus der Zeit vor dem Spaltungsstichtag freizustellen.

§ 8 Gegenleistung,[18] Gewährung von Beteiligungen, Partnerschaftsvertrag

(1) Für die vorstehende Übertragung eines Teils des Vermögens der übertragenden Gesellschaft wird Rechtsanwalt [Name, Vorname, ausgeübter Beruf, Wohnort][19] . . . . . und Rechtsanwalt . . . . . [Name, Vorname, ausgeübter Beruf, Wohnort] . . . . . die Mitgliedschaft als alleinige Partner an der im Rahmen der Aufspaltung gegründeten neuen Gesellschaft 1 zur Ausübung ihrer beruflichen Tätigkeit mit eines Gewinnberechtigung ab

dem 1.1.20. . . . .[20] gewährt. Die Übertragung erfolgt zu Buchwerten. Der Partnerschafts-vertrag der neuen Gesellschaft 1 ist diesem Aufspaltungsplan als Anlage 8.1[21] beigefügt.

(2) Für die vorstehende Übertragung eines Teils des Vermögens der übertragenden Gesell-schaft wird Rechtsanwalt . . . . . ., [Name, Vorname, ausgeübter Beruf, Wohnort] und Rechtsanwalt . . . . . ., [Name, Vorname, ausgeübter Beruf, Wohnort] die Mitgliedschaft als alleinige Partner der im Rahmen der Aufspaltung gegründeten neuen Gesellschaft 2 zur Ausübung ihrer beruflichen Tätigkeit mit einer Gewinnberechtigung ab dem 1.1.20. . . . . gewährt. Die Übertragung erfolgt zu Buchwerten. Der Partnerschaftsvertrag der neuen Gesellschaft 2 ist diesem Aufspaltungsplan als Anlage 8.2 beigefügt.

(3) Bare Zuzahlungen sind nicht zu leisten.[22]

(4) Ein Abfindungsangebot gemäß § 29 Abs. 1 S. 1 und 2 iVm § 125 UmwG ist nicht erforderlich.[23]

§ 9 Besondere Rechte und Vorteile[24]

Einzelnen Gesellschaftern der übernehmenden Gesellschaften oder Mitgliedern von Ver-tretungs- oder Aufsichtsorganen der an der Spaltung beteiligten Gesellschaften, den geschäftsführenden Gesellschaftern dieser Gesellschaften sowie Abschluss- oder Spal-tungsprüfern, falls Prüfer bestellt werden sollten, werden keine besonderen Rechte oder Vorteile gewährt.

§ 10 Unterrichtung der Gesellschafter[25]

Der Erschienene, Rechtsanwalt . . . . . ., wird je eine beglaubigte Abschrift dieses Aufspaltungsplans allen Gesellschaftern der übertragenden Gesellschaft unverzüglich zuleiten und die Beschlussfassung über den Aufspaltungsplan in einer Gesellschafter-versammlung der übertragenden Gesellschaft herbeiführen.

§ 11 Zustimmung der Gesellschafter[26]

Dieser Aufspaltungsplan wird nur wirksam, wenn sämtliche Partner der übertragenden Gesellschaft diesem durch Spaltungsbeschluss zugestimmt haben. Sollten die Zustim-mungserklärungen nicht bis zum 30.9.20. . . . . vorliegen, gilt dieser Aufspaltungsplan als nicht zustande gekommen.

§ 12 Verzögerung der Abwicklung[27]

Sollte die Spaltung nicht bis zum 31.3.20. . . . . wirksam geworden sein, wird der Spaltung abweichend von § 2 Abs. 2 dieses Aufspaltungsplans die Bilanz der übertragenden Gesell-schaft zum 31.12.20. . . . . zugrunde gelegt, gilt abweichend von § 2 Abs. 3 dieses Aufspaltungsplans der 1.1.20. . . . . als Spaltungsstichtag und beginnt die Beteiligung am Gewinn abweichend von § 7 Abs. 4 dieses Aufspaltungsplans am 1.1.20. . . . .

§ 13 Vertraulichkeit[28]

Die Gesellschafter sind sich darüber einig, dass sie den Inhalt dieses Aufspaltungsplans sowie alle ihnen im Zusammenhang mit diesem Aufspaltungsplan bekannt gewordenen Tatsachen vertraulich behandeln. Dies gilt nicht, soweit für die einzelne Gesellschaften oder den einzelne Gesellschafter eine Offenlegungspflicht aufgrund gesetzlicher Vorschrif-ten besteht. Alle Gesellschafter verpflichten sich, eine von ihnen erfolgte Offenlegung den anderen Gesellschaftern zur Kenntnis zu geben.

§ 14 Pressemitteilung[29]

Die übertragende Gesellschaft, die neuen Gesellschaften und Gesellschafter sind sich darüber einig, dass sie eine gemeinsame Mitteilung über diese Spaltung und die neuen Gesellschaften rechtzeitig vor dem Stichtag erstellen und gemeinsam publizieren werden.

§ 15 Schriftformklausel[30]

Änderungen oder Ergänzungen dieses Aufspaltungsplans bedürfen – soweit sie nicht notariell zu beurkunden sind – der Schriftform. Genügen sie diesem Erfordernis nicht, so sind sie nichtig. Dies gilt auch für Änderungen oder Ergänzungen dieser Schriftformklausel.

§ 16 Salvatorische Klausel[31]

(1) Sollten sich einzelne Bestimmungen dieses Aufspaltungsplans ganz oder teilweise als nichtig, unwirksam oder undurchführbar erweisen oder infolge von Änderungen der Gesetzgebung oder Rechtsprechung nach Vertragsabschluss nichtig, unwirksam oder undurchführbar werden, bleiben die übrigen Vertragsbestimmungen und die Wirksamkeit der Vereinbarung im Ganzen hiervon unberührt. An die Stelle der nichtigen, unwirksamen oder undurchführbaren Bestimmung soll diejenige wirksame und durchführbare Bestimmung treten, die dem Zweck der nichtigen, unwirksamen oder undurchführbaren Bestimmung möglichst nahekommt.

(2) Weist der Aufspaltungsplan eine Lücke auf, gelten insoweit diejenigen Bestimmungen als vereinbart, die dem Sinn und Zweck des Aufspaltungsplans entsprechen würden, wenn die Lücke zum Zeitpunkt der Beschlussfassung bekannt gewesen wäre.

§ 17 Schiedsklausel[32]

(1) Alle Streitigkeiten aus diesem Aufspaltungsplan über die Gültigkeit dieses Aufspaltungsplans zwischen den Parteien untereinander, zwischen Gesellschaftern oder mehreren Gesellschaftern und der übertragenden und den neuen Gesellschaften werden unter Ausschluss des ordentlichen Rechtswegs von einem Schiedsgericht entschieden.

(2) Die Schiedsvereinbarung ist in einer gesonderten Urkunde als Anlage 16.2 dieser Vereinbarung beigefügt.

§ 18 Kosten, Steuern

(1) Die Notargebühren für diese Niederschrift trägt die übertragende Gesellschaft.[33]

(2) Die aufgrund der Durchführung der Vermögensübertragung entstehenden Gebühren, Kosten und Steuern tragen die den jeweiligen Vermögensteil übernehmende neue Gesellschaft bzw. soweit es persönliche Steuern betrifft, deren Gesellschafter.

(3) Die Kosten der Registereintragung der neuen Gesellschaften trägt die jeweilige Gesellschaft.

§ 19 Notarielle Belehrungen

Notarielle Schlussformel

Anmerkungen

1. Das Formular enthält einen Aufspaltungsplan mit dem eine bestehende Partnerschaftsgesellschaft in zwei durch die Aufspaltung neu gegründete Partnerschaftsgesellschaften aufgeteilt wird. Bei einer Aufspaltung nach § 123 Abs. 1 UmwG erlischt der übertragende Rechtsträger und das gesamte Vermögen dieses Rechtsträgers geht im Wege der partiellen Gesamtrechtsnachfolge auf entweder im Rahmen der Spaltung neu gegründete und/oder im Rahmen der Spaltung Vermögensteile übernehmende bereits bestehende Rechtsträger über (Spaltung zur Neugründung bzw. Spaltung zur Aufnahme). Als Gegenleistung für die Übertragung des Vermögens des übertragenden Rechtsträgers erhalten die Gesellschafter des übertragenden Rechtsträgers Anteile oder Mitgliedschaftsrechte an den neuen oder aufnehmenden Rechtsträgern. Partnerschaftsgesellschaften sind gemäß § 124 Abs. 1 iVm § 3 Abs. 1 UmwG spaltungsfähige Rechtsträger. Auf Spaltungen finden gemäß § 125 UmwG die Vorschriften des Umwandlungsgesetzes für Verschmelzungen im Wesentlichen Anwendung soweit nicht in den §§ 123 ff. UmwG ausdrücklich abweichende Regelungen getroffen werden. Dem Formular liegt der Sachverhalt zu Grunde, dass eine bestehende Partnerschaftsgesellschaft mit zwei Standorten aufgelöst werden soll, wobei im Rahmen der Aufspaltung die Partner des jeweiligen Standortes eine neue Partnerschaftsgesellschaft gründen, der das gesamte Vermögen, das dem jeweiligen Standort zugeordnet werden kann übertragen wird. Alternativ hätte die Trennung der Gesellschafter auch dadurch erfolgen können, dass das Vermögen eines Standortes im Rahmen einer Abspaltung auf die Partner dieses Standorts übertragen worden wäre. Bei der Abspaltung wird der übertragende Rechtsträger nicht aufgelöst, sondern mit dem ihm verbliebenen Vermögen fortgeführt. Grundsätzlich erhalten bei Spaltungen die Gesellschafter des übertragenden Rechtsträgers im gleichen Verhältnis, wie sie an diesem beteiligt sind, Anteile an dem neuen oder aufnehmenden Rechtsträger (Verhältniswahrende Spaltung). Es ist jedoch schon aufgrund der gesetzlichen Regelung in § 128 UmwG zulässig, dass – soweit ein wirtschaftliches Gleichgewicht gewahrt wird – die Spaltung auch nicht verhältniswahrend erfolgen kann, so dass die Gesellschafter des übertragenden Rechtsträgers nach der Spaltung nicht mehr im gleichen Verhältnis beteiligt sind. Demzufolge ist auch eine Spaltung „zu Null" möglich, bei der nach der Spaltung eine Gruppe der bisherigen Gesellschafter an der einen (neuen oder übernehmenden) Gesellschaft und eine andere an der anderen (neuen oder übernehmenden) Gesellschaft beteiligt werden. Diese Art der Spaltung eignet sich daher besonders für die Trennung von Gesellschaftergruppen aber auch zum Beispiel für die Trennung von Familienstämmen in Familiengesellschaften. Allerdings erfordert § 128 UmwG für alle diese proportionalen Spaltungen die Zustimmung aller an den Beteiligten Rechtsträgern Beteiligten Gesellschafter. Das Formular bildet eine solche disproportionale Aufspaltung „zu Null" ab. Der rechtliche Vorteil der Spaltung gegenüber der Realteilung besteht darin, dass bei der Spaltung das den beteiligten Rechtsträgern im Spaltungsdokument jeweils zugeordnete Vermögen im Wege der partiellen (auf diese Vermögensteile bezogene) Gesamtrechtsnachfolge auf die übernehmenden Rechtsträger übergeht. Einer Zustimmung der beteiligten Gläubiger bedarf es nicht. Der Gläubigerschutz wird durch eine fünfjährige gesamtschuldnerische Haftung aller an der Spaltung beteiligten Rechtsträger für alle zum Spaltungsstichtag begründeten Verbindlichkeiten (§ 133 Abs. 1 UmwG) sowie durch das Recht auf Sicherheitsleistung gemäß §§ 133, 125, 22 UmwG gewährleistet. Bei der Spaltung von Partnerschaftsgesellschaften müssen die neuen bzw. aufnehmenden Rechtsträger die besonderen berufsspezifischen Voraussetzungen des PartGG erfüllen.

2. Das jeweilige Spaltungsdokument (Spaltungs- und Übernahmevertrag oder Spaltungsplan) ist gemäß §§ 125, 6 UmwG notariell zu beurkunden. Allerdings besteht hier ebenfalls die Möglichkeit zunächst nur einen Entwurf zu erstellen, diesen dem Spaltungsbeschluss zu Grunde zu legen und die Beurkundung erst vorzunehmen, wenn die Spaltung durch die Gesellschafter beschlossen worden ist (→ Form. B. II. 2 Anm. 2).

3. Der Spaltungsplan kann von einem einzelvertretungsberechtigten Gesellschafter aufgestellt werden (§ 136 S. 1 UmwG).

4. Da es sich im vorliegenden Fall um eine Aufspaltung zur Neugründung handelt, bei der die das aufgespaltene Vermögen übernehmenden Rechtsträger im Rahmen der Spaltung erst gegründet werden, ist das der Spaltung zu Grunde liegende Basisdokument kein Vertrag zwischen übertragenden und aufnehmenden Rechtsträger sondern ein einseitiger von übertragenden Rechtsträger aufgestellter Spaltungsplan (§ 136 UmwG). Dieser enthält aber die gleichen Inhalte wie ein Spaltungs- und Übernahmevertrag im Falle der Spaltung zur Aufnahme (§§ 135, 126 UmwG).

5. Der Inhalt des Spaltungsplans und auch des Spaltung- und Übernahmevertrages (§ 126 UmwG) entspricht weitgehend den Inhalt eines Verschmelzungsvertrages. Abweichungen ergeben sich nur dort, wo dies aufgrund der unterschiedlichen Rechtsstruktur (lediglich partielle und nicht vollständige Gesamtrechtsnachfolge sowie Aufteilung des Vermögens auf mehrere Rechtsträger und nicht einheitliche Übertragung des Vermögens auf einen Rechtsträger) sachlich geboten ist (vergl. § 126 Abs. 1 Nr. 2 und 9 UmwG).

6. Zentrale Regelung des Aufspaltungsplan ist die genaue Bezeichnung derjenigen Gegenstände des Aktiv- und Passivvermögens, die den an der Spaltung beteiligten Rechtsträgern zugeordnet werden (§ 126 Abs. 1 Nr. 9 UmwG).

7. Auch bei Spaltungen ist der Registeranmeldung eine „Schlussbilanz" des übertragenden Rechtsträgers beizufügen. Dies ist begrifflich jedenfalls bei der Aufspaltung, bei der der übertragende Rechtsträger erlischt richtig. Allerdings ist auch bei der Abspaltung, bei der der übertragende Rechtsträger nicht erlischt, eine „Schlussbilanz" einzureichen. Es ist streitig, ob es in diesen Fällen ausreicht, eine Teilbilanz für das abzuspaltende Vermögen alternativ oder zusätzlich einzureichen (Semler/Stengel/*Schwanna*, § 17 Rn. 23 mwN; Schmitt/Hörtnagl/Stratz/*Hörtnagl*, § 17 Rn. 49 ff.). Soweit keine Verpflichtung zur Aufstellung einer Bilanz besteht ist Grundlage der Spaltung der reguläre Rechnungsabschluss der Gesellschaft (→ Form. B. II. 2 Anm. 7).

8. Die Positionen der Schlussbilanz des übertragenden Rechtsträgers werden bei der Spaltung im Rahmen der Vermögenszuordnung sodann auf die neuen/übernehmenden Rechtsträger aufgeteilt. Eine steuerneutrale Spaltung, dh eine Spaltung zu Buchwerten, ist jedoch nur möglich, wenn es sich bei den Einheiten, die den jeweils aufnehmenden/neuen Rechtsträgern zugeordnet werden um Teilbetriebe im steuerlichen Sinne handelt (Haritz/*Menner* § 24 Rn. 25 ff.; Schmitt/Hörtnagl/Stratz/*Schmitt* § 24 Rn. 61 ff. mwN auch zu den Voraussetzungen eines Teilbetriebs). Fehlt es an dieser Voraussetzung kann die Spaltung nur zum gemeinen Wert, dh unter Aufdeckung stiller Reserven der Realisierung eines Spaltungszugewinns erfolgen.

9. Wie bei der Verschmelzung kann auch die Spaltung bis zu acht Monaten rückwirkend erfolgen (§ 125 iVm § 17 Abs. 2 S. 4 UmwG)

10. Die Bezeichnung des Spaltungsstichtages (§ 125 Abs. 1 Nr. 6 UmwG) dient wie bei der Verschmelzung zur Abgrenzung bei der Zuordnung der Handlungen beim übertragenden Rechtsträger.

11. Die genaue Bestimmung des den einzelnen Rechtsträgern zugeordneten, zu übertragenen Vermögens muss im Spaltungsplan so präzise wie möglich erfolgen um Missverständnisse und spätere Auseinandersetzungen zu vermeiden. Dabei ist aus Sicht des Steuerrechts außerdem zu berücksichtigen, dass jedenfalls alle Gegenstände, die zu dem jeweiligen Teilbetrieb aus steuerlicher Sicht gehören, diesem auch übertragen werden. Soweit für einzelne Gegenstände besondere rechtliche Bezeichnungen bestehen, wenn diese im Wege der Einzelrechte übertragen werden, sind diese auch im Rahmen der Spaltung zu beachten (§ 126 Abs. 2 S. 1 UmwG). Im Übrigen kann aber nach der ausdrücklichen Regelung in § 126 Abs. 2 S. 3 UmwG auf die Bilanzen und Inventare Bezug genommen werden, die dann dem Spaltungsdokument als Anlage beigefügt werden können. Da in Bilanzen jedoch lediglich ebenfalls nur Sammelpositionen enthalten sind, empfiehlt es sich hier eher auf Anlagenverzeichnisse und Inventarlisten abzustellen. Eine Besonderheit gilt für Grundstücke. Bei diesen ist bei der Bezeichnung die Regelung des § 28 GBO zu beachten. Dies gilt selbst dann, wenn aufgrund der Beschreibung der Immobilie im Spaltungsdokument keine Zweifel an der Identität bestehen können (BGH WM 2008, 610). Problematisch kann das insbesondere dann sein, wenn auch Grundstücke der übertragenden Gesellschaft im Rahmen der Spaltung aufgeteilt werden sollen. Nach zutreffender Auffassung ist es ausreichend, wenn insoweit in einem Veränderungsnachweis die Fläche entsprechend bezeichnet ist. Allerdings entsteht das gesonderte Eigentum an dieser Fläche erst mit Wirksamwerden der Teilung (Schmitt/Hörtnagl/*Stratz* § 126 Rn. 81 mwN; KK-UmwG/ *Simon* § 126 Rn. 81; aA *Schmidt-Ott* ZIP 2008, 1353).

12. Durch diese Regelung erfolgt die Verteilung von Vermögensgegenständen, die typischerweise nicht eindeutig dem einen oder anderen Teilbetrieb zugeordnet werden können. Die übertragende Gesellschaft ist insofern jedenfalls bei der Zuordnung der Vermögensgegenstände frei.

13. Für die Arbeitsverhältnisse gilt das als in → Form. B. II. 2 Anm. 18 gesagte.

14. Die Regelung stellt sicher, dass für Gegenstände, die nicht eindeutig zugeordnet worden sind, eine Zuordnungsregel besteht. Dabei muss zunächst versucht werden im Wege der Auslegung eine Zuordnung zu erreichen. Erst wenn dies scheitert wirkt die allgemeine Auffassungsklausel (Schmitt/Hörtnagl/*Stratz*/*Hörtnagl* § 131 Rn. 116 ff.). Dies ist deshalb bei der Aufspaltung wichtig, weil – anders als bei der Abspaltung – der übertragende Rechtsträger mit wirksamwerden der Spaltung erlischt.

15. Die auf den jeweiligen Rechtsträger übertragenden Arbeitsverhältnisse gehen gemäß § 613 a BGB über. Soweit einzelne Arbeitsverhältnisse nicht eindeutig einem der beiden Betriebe zugeordnet werden können, ist die übertragende Gesellschaft bei der Zuordnung im Spaltungsplan frei. Im Übrigen gelten hier die gleichen Grundsätze wie bei der Verschmelzung (vergleiche → Form. B. II. 2 Anm. 18).

16. Da beide neue Rechtsträger als Partnerschaftsgesellschaft mit beschränkter Berufshaftung eingetragen werden sollen, ist sicherzustellen, dass für diese neuen Gesellschaften mit Wirksamwerden der Spaltung Versicherungsschutz besteht und zur Anmeldung die nach § 4 Abs. 3 notwendige Bescheinigung gemäß § 113 Abs. 2 VVG vorliegt.

17. Die Regelung dient der Haftungsverteilung für Haftpflichtrisiken aus der Vergangenheit im Innenverhältnis unter den Gesellschaftern der übertragenden Gesellschaft vergleiche im übrigen (→ Form. B. II. 2 Anm. 21).

18. Nach § 126 Abs. 1 Nr. 2, 3 und 4 UmwG muss der Spaltungsplan Angaben über die als Gegenleistung für die teilweise Übertragung des Vermögens gewährte Mitgliedschaft im neuen Rechtsträger enthalten. Dabei ist es ausreichend auf die Gewährung der Position als Partner auf der Grundlage des ohnehin beigefügten Partnerschaftsvertrages zu verweisen.

19. Nach § 125 S. 1 iVm § 45b UmwG sind im Spaltungsplan Namen, Vornamen ausgeübter Beruf und Wohnort jedes Anteils Inhabers zu benennen. Damit soll sichergestellt sein, dass die berufsspezifischen Voraussetzungen des PartGG an die Anteilsinhaber erfüllt werden.

20. § 126 Abs. 1 Nr. 5 UmwG.

21. § 126 Abs. 1 Nr. 3 und 4 UmwG.

22. Die Regelung stellt klar, dass keine baren Zuzahlungen zu leisten sind, sondern die Gegenleistung allein in der Beteiligung an der jeweiligen neuen Partnerschaftsgesellschaft besteht (§ 126 Abs. 1 Nr. 3 UmwG).

23. Ein Abfindungsangebot ist entbehrlich, wenn sämtliche Gesellschafter der Spaltung zustimmen müssen (→ Form. B. II. 2 Anm. 13).

24. § 126 Abs. 1 Nr. 7 und 8 UmwG.

25. → Form. B. II. 2 Anm. 23.

26. → Form. B. II. 2 Anm. 24.

27. → Form. B. II. 2 Anm. 25.

28. → Form. B. II. 2 Anm. 26.

29. → Form. B. II. 2 Anm. 27.

30. Gemäß § 135 Abs. 1 iVm § 37 UmwG muss der notariell beurkundete Spaltungsplan auch den Partnerschaftsvertrag der neuen Rechtsträger enthalten. Der Partnerschaftsvertrag wird damit – anders als sonst bei Personengesellschaften – register-öffentlich, weil der Spaltungsplan als Anlage zur Anmeldung der Umwandlung zum Partnerschaftsregister beizufügen ist (§ 135 Abs. 1 iVm § 38 UmwG). Es ist daher zu empfehlen an dieser Stelle und in den Partnerschaftsvertrag mit der jeweils neuen Gesellschaften eine Regelung aufzunehmen, nach der eine Änderung des Vertrages nicht der notariellen Beurkundung bedarf sondern lediglich der Schriftform.

31. → Form. B. II. 2 Anm. 28.

32. → Form. B. II. 2 Anm. 29.

33. Für die Kosten der Beurkundung gilt das in → Form. B. II. 2 Anm. 31 Gesagte. Die Beurkundung des Spaltungsplans wird insoweit wie eine Beurkundung eines Vertrages behandelt.

8. Aufspaltung einer PartG in zwei neue PartG – Gesellschafterbeschluss der übertragenden Gesellschaft

Notarielle Eingangsformel[1]

Die Erschienenen baten um die Beurkundung des nachstehenden Beschlusses

§ 1 Sachstand

Im Partnerschaftsregister des Amtsgerichts . . . . . . eingetragenen . . . . . . Partnerschaftsgesellschaft mbB sind als alleinige Gesellschafter beteiligt:

Rechtsanwalt . . . . . ., [Anschrift]

Rechtsanwalt . . . . . ., [Anschrift]

Rechtsanwalt . . . . . ., [Anschrift]

Rechtsanwalt . . . . . ., [Anschrift].

§ 2 Spaltungsbeschluss

Wir treten hiermit unter Verzicht auf alle gesetzlichen und gesellschaftsvertraglichen Form- und Fristvorschriften[2] über die Einberufung und Abhaltung von Gesellschafterversammlungen in eine Gesellschafterversammlung der . . . . . . Partnerschaftsgesellschaft mbB ein und beschließen einstimmig,[3] was folgt:

1. Dem Aufspaltungsplan vom . . . . . . (UR-Nr. . . . . . . des Notars . . . . . . in . . . . . .) zur Aufspaltung der . . . . . . Partnerschaftsgesellschaft mbB in

a) die . . . . . . Partnerschaftsgesellschaft mbB und
b) die Partnerschaftsgesellschaft mbB . . . . . .

wird hiermit zugestimmt.

2. Wir verzichten hiermit

a) auf die Erstellung eines Spaltungsberichts,[4]
b) auf die Durchführung einer Spaltungsprüfung,[5]
c) auf die Anfechtung der heute gefassten Beschlüsse.[6]

3. Weitere Beschlüsse werden nicht gefasst. Damit ist die Gesellschafterversammlung beendet.

Notarielle Schlussformel

Anmerkungen

1. Der Spaltungsbeschluss ist gemäß §§ 125, 13 UmwG notariell zu beurkunden.

2. Gemäß § 125 UmwG gelten hier die gleichen Vorschriften wie für die Zustimmung zum Verschmelzungsvertrag. Vergleiche im übrigen → Form. B. II.

3. Der Spaltungsbeschluss bedarf im Regelfall der Zustimmung aller Gesellschafter, wenn nicht der Partnerschaftsvertrag der übertragenden Gesellschaft die erforderliche Mehrheit auf bis zu drei Viertel reduziert hat (vergleiche hierzu → Form. B. II. 3 Anm. 2). Im vorliegenden Fall handelt es sich jedoch eine Spaltung „zu-Null", da nicht alle Gesellschafter des übertragenden Rechtsträgers auch am jeweiligen neuen Rechtsträger beteiligt sind. Für sämtliche disproportionale Spaltungen bedarf es gemäß § 128 UmwG der Zustimmung sämtlicher vorhandenen Gesellschafter.

4. Für den Spaltungsbericht gilt der Verschmelzungsbericht in → Form. B. II. 3 Anm. 3 gesagte.

5. Vergleiche hierzu → Form. B. II. 3 Anm. 4; eine Spaltungsprüfung findet nur in Ausnahmefällen, nämlich bei Partnerschaftsgesellschaften statt, bei denen ausnahmsweise einzelne Partner von der rechtsgeschäftlichen Vertretung ausgeschlossen sind und eine Prüfung von einem dieser Partner verlangt wird.

6. Der Verzicht auf die Anfechtung des Spaltungsbeschluss beschleunigt die Eintragung (→ Form. B. II. 2 Anm. 5). Zu einem etwaigen weiteren Verzicht auf ein Barabfindungsangebot vergleiche → Form. B. II. 2 Anm. 13.

9. Aufspaltung einer PartG in zwei neue PartG – Partnerschaftsregisteranmeldung übertragende Gesellschaft

Amtsgericht . . . . . .

Partnerschaftsregister

PR . . . . . .

Anmeldung der Aufspaltung nach § 123 Abs. 1 Nr. 1 UmwG

als einzelvertretungsberechtigter Partner[1] der . . . . . Partnerschaftsgesellschaft mbB mit Sitz in . . . . . . melde ich gemäß §§ 129, 16 und 17 iVm § 125 UmwG zum Partnerschaftsregister der . . . . . . Partnerschaftsgesellschaft mbB an:

Die . . . . . Partnerschaftsgesellschaft mbB mit Sitz in . . . . . . (PR . . . . . . des Amtsgerichts . . . . . .) ist im Wege der Aufspaltung nach Maßgabe des beigefügten Spaltungs- und Übernahmevertrages erloschen, und zwar unter Übertragung von jeweils Teilen ihres Vermögens im Wege der Aufspaltung auf die im Zuge der Aufspaltung neu gegründete . . . . . Partnerschaftsgesellschaft mbB mit Sitz in . . . . . und die im Zuge der Aufspaltung neu gegründete . . . . . Partnerschaftsgesellschaft mbB Sitz in . . . . . .

Als Anlagen füge ich bei:[2]

I. Notariell beglaubigte Abschrift des Spaltungs- und Übernahmevertrages vom . . . . . . (UR-Nr. . . . . . . des Notars . . . . . .);

II. Notariell beglaubigte Abschrift der Niederschrift über die Gesellschafterversammlung der . . . . . Partnerschaftsgesellschaft mbB (übertragende Gesellschaft) vom . . . . . . (UR Nummer des Notars . . . . . .) samt darin gefasster Beschlüsse und Verzichtserklärungen.

III. Bei der übertragenden Gesellschaft besteht kein Betriebsrat. Der Nachweis über die rechtzeitige Zuleitung des Aufspaltungsplans bzw. seines Entwurfs an den Betriebsrat gemäß § 17 Abs. 1 iVm § 125 UmwG ist daher nicht erforderlich.

IV. Gemäß § 16 Abs. 2 iVm § 125 UmwG[3] erkläre ich:

Alle Gesellschafter der übertragenden Gesellschaft haben im Spaltungsbeschluss gemäß Ziffer II. auf einen Spaltungsbericht, auf eine Spaltungsprüfung und auf die Anfechtung des Spaltungsbeschlusses verzichtet.

Nach Vollzug[4] bitte ich um Eintragungsnachricht an die Gesellschaft und an den beglaubigen den Notar sowie um Übermittlung je eines beglaubigten Partnerschaftsregisterauszuges an diese.

. . . . . ., den . . . . . .

. . . . . .

(Unterschriften)

Beglaubigungsvermerk

Anmerkungen

1. Die Anmeldung erfolgt gemäß § 137 Abs. 2 UmwG durch das Vertretungsorgan des übertragenden Rechtsträgers. Da über die allgemeine Verweisung des § 125 UmwG auch die umwandlungsrechtliche Spezialregelung des § 16 UmwG gilt, wird auch hier die Regelung in § 4 Abs. 1 PartGG verdrängt.

2. Die beizufügenden Anlagen ergeben sich aus § 125 iVm § 17 UmwG.

3. → Form. B. II. 5 Anm. 2.

4. Aufgrund der Regelung in § 137 Abs. 3 UmwG erfolgt zunächst die Eintragung der neuen Rechtsträger bei den für sie zuständigen Gerichten. Diese teilen die Eintragung von Amts wegen dem Gericht am Sitz des übertragenden Rechtsträgers mit. Dieses trägt sodann die Spaltung ein und übermittelt den Gerichten am Sitz der neuen Rechtsträger einen Registerauszug und den Partnerschaftsvertrag.

10. Aufspaltung einer PartG in zwei neue PartG – Partnerschaftsregisteranmeldung neue Gesellschaft 1

Amtsgericht

Partnerschaftsregister

Anmeldung einer Neugründung durch Aufspaltung

. . . . . . Partnerschaftsgesellschaft mbB

Wir, die unterzeichnenden Partner,[1] haben mittels Aufspaltung der . . . . . . Partnerschaftsgesellschaft mbB (übertragende Gesellschaft) eine Partnerschaftsgesellschaft mit dem Namen

. . . . . . Partnerschaftsgesellschaft mbB

errichtet.[2]

Zweck der Gesellschaft ist die Erbringung von Rechtsberatungsleistungen als Rechtsanwälte.

Die Partnerschaftsgesellschaft hat ihren Sitz in . . . . . . [Anschrift].

Für die Partnergesellschaft ist jeder Partner einzelvertretungsberechtigt.

An der Partnerschaftsgesellschaft sind die folgenden Personen beteiligt, die in der Partnerschaftsgesellschaft jeweils den Beruf eines Rechtsanwalts ausüben:

Rechtsanwalt . . . . . . [Name, Vorname, Geburtsdatum, Wohnort, ausgeübter Beruf]

Rechtsanwalt . . . . . . [Name, Vorname, Geburtsdatum, Wohnort, ausgeübter Beruf].

Wir melden diese Partnerschaftsgesellschaft zur Eintragung ins Partnerschaftsregister an und überreichen dazu die folgenden Unterlagen:

I. Notariell beglaubigte Abschrift des Spaltungs- und Übernahmevertrages vom . . . . . . (UR-Nr. . . . . . . des Notars . . . . . .);

II. Notariell beglaubigte Abschrift der Niederschrift über die Gesellschafterversammlung der . . . . . . Partnerschaftsgesellschaft mbB (übertragende Gesellschaft) vom . . . . . . (UR Nummer des Notars . . . . . .) samt darin gefasster Beschlüsse und Verzichtserklärungen.

III. Bei der übertragenden Gesellschaft besteht kein Betriebsrat. Der Nachweis über die rechtzeitige Zuleitung des Aufspaltungsplans bzw. seines Entwurfs an den Betriebsrat gemäß § 17 Abs. 1 iVm § 125 UmwG ist daher nicht erforderlich.

IV. Gemäß § 16 Abs. 2 iVm § 123 UmwG erklären wir: Alle Gesellschafter der übertragenden Gesellschaft haben im Spaltungsbeschluss gemäß Ziffer II. auf einen Spaltungsbericht, auf eine Spaltungsprüfung und auf die Anfechtung des Spaltungsbeschlusses verzichtet.

V. Bescheinigung des Berufshaftpflichtversicherers für die neu gegründete Gesellschaft nach § 113 Abs. 2 VVG iVm §§ 4 Abs. 1 S. 3, Abs. 3, § 8 Abs. 4 PartGG.

Nach Vollzug bitte ich um Eintragungsnachricht an die Gesellschaft und an den beglaubigenden Notar sowie um Übermittlung je eines beglaubigten Partnerschaftsregisterauszuges an diese.

. . . . . ., den . . . . . .

. . . . . .

(Unterschriften)

Beglaubigungsvermerk

Anmerkungen

1. Der Antrag auf Eintragung der neuen Rechtsträger kann nach § 137 Abs. 1 UmwG ebenfalls vom Vertretungsorgan des übertragenden Rechtsträgers, das heißt hier von jedem einzelnen vertretungsberechtigten Partner des übertragenden Rechtsträgers, gestellt werden. Es handelt sich um eine exklusive Zuständigkeit, dh die Anmeldung kann auch von einzelvertretungsberechtigten Partnern des übertragenden Rechtsträgers unterzeichnet werden, die an dem angemeldeten neuen Rechtsträger nicht beteiligt sind (KK-UmwG/*Simon/Nießen* § 137 Rn. 8 mwN).

2. Der Inhalt der Handelsregisteranmeldung entspricht im Übrigen der Regelung des § 4 Abs. 1 PartGG, wonach die Anmeldung den Namen und Sitz der Partnerschaft, die Gegenstand der Partnerschaft sowie den Namen, den Vornamen, das Geburtsdatum, den in der Partnerschaft ausgeübter Freien Beruf und den Wohnort aller Partner enthalten hat.

11. Aufspaltung einer PartG in zwei neue PartG – Partnerschaftsregisteranmeldung neue Gesellschaft 2

→ Form. B. II. 10

Die Anmeldung deckt sich mit derjenigen für die neue Gesellschaft 1.

Abspaltung auf eine PartG aus einer PartG

12. Abspaltung auf eine PartG aus einer PartG – Spaltungs- und Übernahmevertrag

Notarielle Eingangsformel[1, 2]

Vor mir, dem beurkundenden Notar erscheinen heute[3]

1. Rechtsanwalt . . . . . ., [Anschrift]

welcher erklärt, er handele nachfolgend als einzelvertretungsberechtigter Partner der . . . . . . Partnerschaftsgesellschaft mbB, eingetragen im Partnerschaftsregister des Amtsgerichts . . . . . . unter PR-Nr. . . . . . ., wozu ich als beurkundender Notar durch Einsichtnahme in das Partnerschaftsregister beim Amtsgericht . . . . . . am . . . . . . bescheinige, dass dort Herr . . . . . . als Partner der . . . . . . Partnerschaftsgesellschaft mbB eingetragen ist.

2. Rechtsanwalt . . . . . ., [Anschrift]

welcher erklärt, er handele nachfolgend als einzelvertretungsberechtigter Partner der . . . . . . Partnerschaftsgesellschaft mbB, eingetragen im Partnerschaftsregister des Amtsgerichts . . . . . . unter PR-Nr. . . . . . ., wozu ich als beurkundender Notar durch Einsichtnahme in das Partnerschaftsregister beim Amtsgericht . . . . . . am . . . . . . bescheinige, dass dort Herr . . . . . . als Partner der . . . . . . Partnerschaftsgesellschaft mbB eingetragen ist.

Die Erschienenen baten um die Beurkundung des nachstehenden Spaltungs- und Übernahmevertrages

§ 1 Sachstand

(1) An der . . . . . . Partnerschaftsgesellschaft mbB mit Sitz in . . . . . ., eingetragen im Partnerschaftsregister des

Amtsgerichts . . . . . . unter PR-Nr. . . . . . .,

sind beteiligt:

a) Rechtsanwalt A, ... [Anschrift]
b) Rechtsanwalt B, ... [Anschrift]
c) Rechtsanwalt C, ... [Anschrift]
d) Rechtsanwalt D, ... [Anschrift].

(2) An der . . . . . . Partnerschaftsgesellschaft mbB mit Sitz in . . . . . ., eingetragen im Partnerschaftsregister des

Amtsgerichts . . . . . . unter PR-Nr. . . . . . .,

sind beteiligt:

a) Rechtsanwalt . . . . . ., [Anschrift]
b) Rechtsanwalt . . . . . ., [Anschrift]
c) Rechtsanwalt . . . . . ., [Anschrift].

(3) Auf der Grundlage dieses Spaltungs- und Übernahmevertrages sollen Vermögensteile der . . . . . . Partnerschaftsgesellschaft mbB (nachfolgend: „übertragende Gesellschaft")

auf die . . . . . . Partnerschaftsgesellschaft mbB (nachfolgend: „aufnehmende Gesellschaft") abgespalten werden.

§ 2 Abspaltung, Schlussbilanz, Stichtag

(1) Die übertragende Gesellschaft überträgt die in § 3 dieses Spaltungs- und Übernahmevertrages näher bezeichneten Teile ihres Vermögens zur Aufnahme als Gesamtheit gemäß § 123 Abs. 1 Nr. 1 UmwG auf die aufnehmende Gesellschaft gegen Gewährung der in § 5 dieses Spaltungs- und Übernahmevertrages bezeichneten Anteile an der aufnehmenden Gesellacht an die Gesellschafter C und D der übertragenden Gesellschaft (Abspaltung zur Aufnahme).

(2) Der Spaltung wird der Rechnungsabschluss der übertragenden Gesellschaft zum 31.12.20. . . . . . zugrunde gelegt.

(3) Die Übertragung des abgespaltenen Vermögens der übertragenden Gesellschaft auf die aufnehmende Gesellschaft erfolgt im Verhältnis zwischen den Parteien mit Wirkung zum 1.1.20. . . . . . Die Handlungen der übertragenden Gesellschaft nach dem 1.1.20. . . . . . gelten – soweit sie das abgespaltene Vermögen betreffen – für Rechnung der aufnehmenden Gesellschaft vorgenommen (Spaltungsstichtag).[4]

§ 3 Vermögensübertragung auf die aufnehmende Gesellschaft

(1) Die übertragende Gesellschaft überträgt den von ihr unterhaltenen Betrieb einer Anwaltskanzlei, soweit es die Referate der Rechtsanwälte C und D (nachfolgend: „Praxis CD") betrifft, mit allen Aktiva und Passiva sowie den in diesem Spaltungsplan- und Übernahmevertrag weiteren besonders aufgeführten Gegenstände (Abs. 4) auf die aufnehmende Gesellschaft. Die übertragende Gesellschaft überträgt auf die aufnehmende Gesellschaft sämtliche unmittelbar oder mittelbar der Praxis CD rechtlich oder wirtschaftlich zuordnende Gegenstände des Aktivvermögens unabhängig davon, ob diese Gegenstände bilanzierungsfähig sind oder nicht, insbesondere

a) die der Praxis CD zuzuordnenden Anlagen, Maschinen, Büro- und Geschäftsausstattung nach näherer Bestimmung der Anlage 3.1.a zu diesem Spaltungs- und Übernahmevertrag,

b) die der Praxis CD zuzuordnenden Vertragsverhältnisse und Forderungen, insbesondere die Vertragsverhältnisse aus den Mandatsverträgen nach näherer Bestimmung der Anlage 3.1.b zu diesem Spaltungs- und Übernahmevertrag,

c) die von den Rechtsanwälten der Praxis CD als verantwortliche Partner im Sinne von § 8 Abs. 2 PartGG bearbeiteten Mandate nach näherer Bestimmung der Anlage 3.1.c zu diesem Aufspaltungsplan.

(2) Die aufnehmende Gesellschaft übernimmt sämtliche mittelbar oder unmittelbar der Praxis CD rechtlich oder wirtschaftlich zuzuordnenden gegenwärtigen und künftigen, bekannten und unbekannten Verbindlichkeiten, unabhängig davon, ob diese Verbindlichkeiten bilanzierungsfähig sind oder nicht. Die wesentlichen Verbindlichkeiten sind in Anlage 3.2 zu diesem Spaltungs- und Übernahmevertrag ausgeführt.

(3) Die übertragende Gesellschaft überträgt zusätzlich zu den in Abs. 1 und 2 genannten Vermögensgegenständen

a) sämtliche Rechte und Pflichten aus dem . . . . . .-Vertrag vom . . . . . . mit der . . . . . . GmbH vom . . . . . . über . . . . . .

b) die in der Anlage 4.3.b aufgeführten Vermögensgegenstände.

(4) Die aufnehmende Gesellschaft übernimmt sämtliche Verbindlichkeiten, die unmittelbar oder mittelbar mit den in Abs. 3 genannten Gegenständen zusammenhängen und diesen zuzuordnen sind, insbesondere sämtliche Verpflichtungen aus den vorgenannten Vertragsverhältnissen.

(5) Die Arbeitsverhältnisse der in der Praxis CD beschäftigten juristischen und nicht-juristischen Mitarbeiter sowie weiterer Mitarbeiter der übertragenden Gesellschaft nach näherer Bestimmung der Anlage 3.5 zu diesem Spaltungs- und Übernahmevertrag gehen nach § 613a Abs. 1 S. 2 BGB mit allen Rechten und Pflichten auf die aufnehmende Gesellschaft über.

§ 4 Nicht ausdrücklich zugeordnete Vermögensgegenstände, Erlöschen von Rechtsverhältnissen

(1) Vermögensgegenstände die in diesem Aufspaltungsplan nicht der aufnehmenden Gesellschaft zugeordnet worden sind, verbleiben bei der übertragenden Gesellschaft.[5]

(2) Sollte sich nach Wirksamwerden der Spaltung herausstellen, dass ein Vermögensgegenstand der übertragenden Praxis CD zugeordnet werden müssen, die Zuordnung in diesem Aufspaltungsplan jedoch unterblieben ist, verpflichtet sich die übertragende Gesellschaft diesen Vermögensgegenstand auf Verlangen der aufnehmenden Gesellschaft binnen eines Monats zum Buchwert auf die aufnehmende Gesellschaft zu übertragen.[6] Entsprechendes gilt, wenn ein Vermögensgegenstand der aufnehmenden Gesellschaft zugeordnet worden ist, er jedoch bei der übertragenden Gesellschaft hätte verbleiben sollen.

(3) Können sich die Gesellschaften über eine unzutreffende Zuordnung gemäß Abs. 2 nicht einigen, entscheidet ein auf Anforderung von einer der Gesellschaften von der Rechtsanwaltskammer in . . . . . . bestellter Schiedsrichter. Die Entscheidung des Schiedsrichters ist endgültig. Die Kosten des Schiedsverfahrens tragen die Gesellschaften je zur Hälfte.

(4) Sollte ein Recht oder Rechtsverhältnis, das aufgrund dieses Spaltung- und Übernahmevertrages der aufnehmenden Gesellschaft zugeordnet ist, erlöschen, da es nicht übertragbar ist oder nicht übertragen werden kann (§ 132 UmwG), kann die aufnehmende Gesellschaft, der das Recht oder Rechtsverhältnis zugeordnet worden ist, gegen die übertragende Gesellschaft keinerlei Rechte, gleich aus welchem Rechtsgrund, geltend machen.

(5) Werden die übertragende oder die aufnehmende Gesellschaft als Gesamtschuldner für Verbindlichkeiten, die ihnen nach diesem Spaltungs- und Übernahmevertrag nicht zugeordnet worden sind, in Anspruch genommen (§ 133 Abs. 1, 2 S. 2 UmwG), so ist die jeweils andere Gesellschaft verpflichtet, die in Anspruch genommene Gesellschaft von der geltend gemachten Verbindlichkeit unverzüglich freizustellen. Die in Anspruch genommene Gesellschaft kann Ersatz für die ihr insoweit entstandenen Aufwendungen verlangen.

§ 5 Arbeitnehmer

(1) Die in § 3 Abs. 5 dieses Spaltungs- und Übernahmevertrages bezeichneten Arbeitsverhältnisse der Arbeitnehmer der übertragenden Gesellschaft gehen auf die aufnehmende Gesellschaft über. Sie werden in der aufgrund der Abspaltung begründeten Niederlassung der aufnehmenden Gesellschaft in . . . . . . an ihrem bisherigen Arbeitsort zu unveränderten Bedingungen weiterhin beschäftigt.

(2) Bei der übertragenden und der aufnehmenden Gesellschaft besteht kein Betriebsrat.

(3) Die aufnehmende Gesellschaft wird im Zusammenhang mit dem Übergang der Arbeitsverhältnisse der Arbeitnehmer der übertragenden Gesellschaft, soweit in diesem Spaltungs- und Übernahmevertrag nicht ausdrücklich etwas anderes vorgesehen ist, keine Maßnahmen irgendwelcher Art treffen, die sich auf die übernommenen Arbeitnehmer der übertragenden Gesellschaft oder deren Vertretungen auswirkt.

§ 6 Haftpflicht, Haftpflichtversicherung[7]

(1) Die übertragende Gesellschaft und die aufnehmende Gesellschaft werden durch Vereinbarungen mit ihren Haftpflichtversicherern sicherstellen, dass sowohl für die übertragende Gesellschaft als auch für die aufnehmende Gesellschaft und für sämtliche Gesellschafter für ihre Tätigkeit in vollem Umfang Haftpflichtversicherungsschutz besteht, soweit diese nach den gesetzlichen Vorschriften haften können.

(2) Unabhängig von der Haftung im Außenverhältnis tragen alle bisherigen Gesellschafter der übertragenden Gesellschaft im Innenverhältnis die Haftpflichtrisiken aus der beruflichen Tätigkeit der übertragenden Gesellschaft vor dem Spaltungsstichtag auf der Grundlage der bei der übertragenden Gesellschaft geltenden Vorschriften. Entsprechendes gilt für die bisherigen Gesellschafter der aufnehmenden Gesellschaft.

(3) Die übertragende Gesellschaft und aufnehmende Gesellschaft und ihre Gesellschafter verpflichten sich im Innenverhältnis, die jeweils andere Gesellschaft von diesen nicht zuzuordnenden Haftpflichtrisiken aus der Zeit vor dem Spaltungsstichtag freizustellen.

§ 7 Gegenleistung, Gewährung von Beteiligungen, Partnerschaftsvertrag

(1) Für die vorstehende Übertragung eines Teils des Vermögens der übertragenden Gesellschaft wird Rechtsanwalt . . . . . . [Name, Vorname, ausgeübter Beruf, Wohnort] und Rechtsanwalt . . . . . . [Name, Vorname, ausgeübter Beruf, Wohnort] eine Mitgliedschaft als Partner zur Ausübung seiner beruflichen Tätigkeit in der aufnehmenden Gesellschaft mit Gewinnberechtigung ab dem 1.1.20. . . . . . gewährt.[9] Die Übertragung erfolgt zu Buchwerten.[9]

(2) Im Hinblick auf die Veränderung bei den Partnern werden die übertragende und aufnehmende Gesellschaft ihre Partnerschaftsverträge anpassen (§ 3 Abs. 2 Nr. 2 PartGG).[10]

(3) Bare Zuzahlungen sind nicht zu leisten.

(4) Ein Abfindungsangebot gemäß § 29 Abs. 1 S. 1 und 2 iVm § 125 UmwG ist nicht erforderlich.[11]

§ 8 Besondere Rechte und Vorteile[12]

Einzelnen Gesellschaftern der beteiligten Gesellschaften oder Mitgliedern von Vertretungs- oder Aufsichtsorganen der an der Spaltung beteiligten Gesellschaften, den geschäftsführenden Gesellschaftern dieser Gesellschaften sowie Abschluss- oder Spaltungsprüfern, falls Prüfer bestellt werden sollten, werden keine besonderen Rechte oder Vorteile gewährt.

§ 9 Unterrichtung der Gesellschafter[13]

Die Erschienenen werden je eine beglaubigte Abschrift dieses Spaltungs- und Übernahmevertrages allen Gesellschaftern der übertragenden und der aufnehmenden Gesellschaft unverzüglich zuleiten und die Beschlussfassung über den Spaltungs- und Übernahmevertrag in einer Gesellschafterversammlung der übertragenden und der aufnehmenden Gesellschaft herbeiführen.

§ 10 Zustimmung der Gesellschafter, aufschiebende Bedingung

(1) Dieser Spaltungs- und Übernahmevertrag wird nur wirksam, wenn sämtliche Partner der übertragenden Gesellschaft und sämtliche Partner der aufnehmenden Gesellschaft ihm durch Spaltungsbeschluss zugestimmt haben.[14]

(2) Sollten die Zustimmungserklärungen nicht bis zum 30.9.20. . . . . . vorliegen, gilt dieser Spaltungs- und Übernahmevertrag als nicht zustande gekommen.

§ 11 Verzögerung der Abwicklung[15]

Sollte die Spaltung nicht bis zum 31.3.20. . . . . . wirksam geworden sein, wird der Spaltung abweichend von § 2 Abs. 2 dieses Spaltungs- und Übernahmevertrages der Rechnungsabschluss der übertragenden Gesellschaft zum 31.12.20. . . . . . zugrunde gelegt, gilt abweichend von § 2 Abs. 3 dieses Spaltungs- und Übernahmevertrages der 1.1.20. . . . . . als Spaltungsstichtag und beginnt die Beteiligung am Gewinn abweichend von § 7 Abs. 1 dieses Spaltungs- und Übernahmevertrages am 1.1.20. . . . . .

§ 12 Vertraulichkeit[16]

Die übertragende Gesellschaft, die aufnehmende Gesellschaft und ihre Gesellschafter sind sich darüber einig, dass sie den Inhalt dieses Aufspaltungsplans sowie alle ihnen im Zusammenhang mit diesem Aufspaltungsplan bekannt gewordenen Tatsachen vertraulich behandeln. Dies gilt nicht, soweit für die einzelne Gesellschaften oder den einzelne Gesellschafter eine Offenlegungspflicht aufgrund gesetzlicher Vorschriften besteht. Alle Gesellschafter verpflichten sich, eine von ihnen erfolgte Offenlegung den anderen Gesellschaftern zur Kenntnis zu geben.

§ 13 Pressemitteilung[17]

Die übertragende Gesellschaft, die aufnehmende Gesellschaft und ihre Gesellschafter sind sich darüber einig, dass sie eine gemeinsame Mitteilung über diese Spaltung rechtzeitig vor dem Wirksamwerden der Spaltung erstellen und gemeinsam publizieren werden.

§ 14 Schriftformklausel[18]

Änderungen oder Ergänzungen dieses Spaltungs- und Übernahmevertrages bedürfen – soweit sie nicht notariell zu beurkunden sind – der Schriftform. Genügen sie diesem Erfordernis nicht, so sind sie nichtig. Dies gilt auch für Änderungen oder Ergänzungen dieser Schriftformklausel.

§ 15 Salvatorische Klausel[19]

(1) Sollten sich einzelne Bestimmungen dieses Spaltungs- und Übernahmevertrages ganz oder teilweise als nichtig, unwirksam oder undurchführbar erweisen oder infolge von Änderungen der Gesetzgebung oder Rechtsprechung nach Vertragsabschluss nichtig, unwirksam oder undurchführbar werden, bleiben die übrigen Vertragsbestimmungen und die Wirksamkeit der Vereinbarung im Ganzen hiervon unberührt. An die Stelle der nichtigen, unwirksamen oder undurchführbaren Bestimmung soll diejenige wirksame und durchführbare Bestimmung treten, die dem Zweck der nichtigen, unwirksamen oder undurchführbaren Bestimmung möglichst nahekommt.

(2) Weist der Spaltungs- und Übernahmevertrag eine Lücke auf, gelten insoweit diejenigen Bestimmungen als vereinbart, die dem Sinn und Zweck des Spaltungs- und Übernahmevertrages entsprechen würden, wenn die Lücke zum Zeitpunkt der Beschlussfassung bekannt gewesen wäre.

§ 16 Schiedsklausel[20]

(1) Alle Streitigkeiten aus diesem Spaltungs- und Übernahmevertrag über die Gültigkeit dieses Aufspaltungsplans zwischen den Parteien untereinander, zwischen Gesellschaftern oder mehreren Gesellschaftern und der übertragenden und aufnehmenden neuen Gesellschaft werden unter Ausschluss des ordentlichen Rechtswegs von einem Schiedsgericht entschieden.

(2) Die Schiedsvereinbarung ist in einer gesonderten Urkunde als Anlage 16.2 dieser Vereinbarung beigefügt.

§ 17 Kosten,[21] Steuern

(1) Die Notargebühren für diese Niederschrift tragen die übertragende und die aufnehmende Gesellschaft jeweils zur Hälfte.

(2) Die aufgrund der Durchführung der Vermögensübertragung entstehenden Kosten und Steuern trägt die aufnehmende Gesellschaft bzw. soweit es persönliche Steuern betrifft, deren jeweilige Gesellschafter.[22]

(3) Die Kosten der Registereintragung trägt die jeweilige Gesellschaft.

Notarielle Schlussformel

Anmerkungen

1. Das Formular enthält einen Spaltungs- und Übernahmevertrag mit dem aus einer bestehenden Partnerschaftsgesellschaft zwei Rechtsanwälte mit dem auf sie entfallenden Anteil am Vermögen ausscheiden und in eine ebenfalls bereits bestehende andere Partnerschaftsgesellschaft aufgenommen werden (Spaltung zur Aufnahme gemäß § 123 Abs. 2 Nr. 1 UmwG). Die beiden Rechtsanwälte erhalten für die Einbringung des auf sie entfallenden, im Spaltungs- und Übernahmevertrag näher bezeichneten Vermögens eine Beteiligung an der aufnehmenden Partnerschaftsgesellschaft.

Da Spaltungsvorgänge nach dem UmwG im Wege der partiellen Gesamtrechtsnachfolge ablaufen, bedarf es im Hinblick auf das abgespaltene Vermögen nicht der jeweils einzelrechtlichen Übertragung sondern das im Vertrag genau bezeichnete Vermögen geht im Wege der partiellen, auf diese Vermögensgegenstände bezogenen Gesamtrechtsnachfolge auf den aufnehmenden Rechtsträger über. Da es sich um eine Abspaltung handelt, bleibt der übertragende Rechtsträger mit dem entsprechend verminderten Vermögen weiter bestehen. Da es sich bei dem Rechtsträger um eine Personengesellschaft und nicht um eine Kapitalgesellschaft handelt, besteht auch im Hinblick auf das auf den übernehmenden Rechtsträger übergegangene Vermögen verminderte Vermögen des übertragenden Rechtsträgers kein Anpassungsbedarf im Hinblick auf das Kapital.

2. Wegen der Einzelheiten des Formulars kann weitgehend auf die Anmerkungen zu den → Form. B. II. 7 verwiesen werden.

3. Der Spaltungs- und Übernahmevertrag ist von jeweils vertretungsberechtigten Gesellschaftern der an der Spaltung beteiligten Gesellschaften zu unterzeichnen (§ 125 S. 1 iVm § 4 Abs. 1 S. 1 UmwG).

4. Die Abspaltung kann rückwirkend bis zu acht Monaten erfolgen (§ 125 iVm § 17 Abs. 2 S. 4 UmwG). Damit gelten die Geschäftsvorfälle, die zwischen dem Spaltungsstichtag und dem Wirksamwerden der Spaltung durch Eintragung ins Partnerschaftsregister anfallen, bereits als Geschäftsvorfälle innerhalb der aufnehmenden Partnerschaft.

5. Anders als bei der Aufspaltung, bei der der übertragende Rechtsträger erlischt, besteht bei der Abspaltung der übertragende Rechtsträger nach der Umwandlung fort. Damit verbleiben auch alle im Spaltungsplan- und Übernahmevertrag nicht dem übernehmenden Rechtsträger zugeordneten Vermögensgegenstände beim übertragenden Rechtsträger.

6. Dennoch ist eine Regelung zu treffen, nach der etwa dem abgespaltenen Teil zuzuordnende Vermögensgegenstände, die aber bei der Zuordnung vergessen wurden und die daher zunächst beim übertragenden Rechtsträger verblieben sind, noch zum aufnehmenden Rechtsträger gelangen können.

7. Die Regelung dient der Abgrenzung und Verteilung der Haftungsrisiken im Innenverhältnis.

8. Maßgeblich für die Berechnung des Beteiligungsverhältnisses zwischen den bisherigen Gesellschaftern und den neu hinzutretenden Gesellschaftern des aufnehmenden Rechtsträgers ist gemäß § 128 S. 2 UmwG der Wert des übertragenden Vermögens im Verhältnis zum Wert des Vermögens des aufnehmenden Rechtsträgers zu berücksichtigen. Das allseitige Zustimmungserfordernis nach § 128 S. 1 UmwG sichert insofern den Konsens auch über die neuen Beteiligungsverhältnisse.

9. Die Abspaltung kann ebenfalls zu Buchwerten, zu Zwischenwerten oder zum gemeinen Wert erfolgen. Anders als bei der Aufspaltung ist jedoch nicht erforderlich, dass auch das beim übertragenden Rechtsträger verbleibende Vermögen die Anforderungen an einen Teilbetrieb im steuerlichen Sinne erfüllt (Sagasser/Bula/Brünger/*Sagasser/Schönberger* § 20 Rn. 167).

10. Änderungen der Partnerschaftsverträge sind im Zusammenhang mit einer Spaltung zur Aufnahme zwingend nur insoweit erforderlich, als dass die Namen, Vornamen, im Rahmen der Partnerschaft ausgeübten Berufe und Wohnorte der Partner entsprechend anzupassen sind. Ist eine Partnerschaftsgesellschaft übertragender Rechtsträger darf der übernehmenden Rechtsträger den Namen der Partnerschaftsgesellschaft fortführen (§ 18 Abs. 3 S. 1 UmwG). Umgekehrt kann auch der übernehmenden Rechtsträger den Namen der übertragenden Partnerschaft fortführen (§ 18 Abs. 3 S. 2 UmwG). Dies setzt allerdings Voraus, dass entweder der jeweilige Partner nunmehr an der übernehmenden Partnerschaft beteiligt ist oder er aber ausdrücklich in die Verwendung seines Namens einwilligt (§ 18 Abs. 2 UmwG).

11. → Form. B. II. 7 Anm. 23.

12. → Form. B. II. 7 Anm. 22.

13. → Form. B. II. 7 Anm. 23.

14. Weil bei Abspaltungen aus Partnerschaftsgesellschaften zur Aufnahme regelmäßig die Gesellschafterversammlungen von zwei Gesellschaften einstimmig dem Spaltungs- und Übernahmevertrag zustimmen müssen, empfiehlt es sich hier insbesondere den Vertrag nicht vorab zu beurkunden, sondern der Beschlussfassung den Entwurf des Vertrages, typischerweise in von den verhandelnden Partnern paraphierter Form zugrunde zu legen. Vergleiche § 126 Abs. 3 UmwG → Form. B. II. 2 Anm. 2. Dies gilt im vorliegenden Fall einer Spaltung „zu-Null" auch wegen der Regelung des § 128 UmwG, nach der eine solche Spaltung stets der Zustimmung aller Partner bei beiden beteiligten Rechtsträgern bedarf.

15. → Form. B. II. 2 Anm. 26.

16. → Form. B. II. 2 Anm. 27.

17. → Form. B. II. 2 Anm. 28.

18. Dabei bei der Spaltung zur Aufnahme keine Neugründung vorliegt und daher der Partnerschaftsvertrag der aufnehmenden Gesellschaft nicht im Rahmen des Spaltungs- und Übernahmevertrags zu beurkunden ist, kann es bei der bloßen Schriftform für etwaige Änderungen des Partnerschaftsvertrages gemäß § 3 Abs. 1 PartGG verbleiben.

19. → Form. B. II. 2 Anm. 29.

20. → Form. B. II. 2 Anm. 30. Gerade bei Spaltungsvorgängen zur Aufnahme, bei denen nicht nur die Partner der bisherigen Gesellschaft sondern auch weitere Partner beteiligt sind, kann es sich empfehlen eine Schiedsklausel zu vereinbaren um den Streit nicht vor ordentlichen Gerichten führen zu müssen.

21. Für die Kosten → Form. B. II. 2 Anm. 31.

22. → Form. B. II. 2 Anm. 32.

13. Abspaltung auf eine PartG aus einer PartG – Gesellschafterbeschluss der übertragenden Gesellschaft

Notarielle Eingangsformel

Der Erschienenen baten um die Beurkundung des nachstehenden Beschlusses

§ 1 Sachstand

Im Partnerschaftsregister des Amtsgerichts . . . . . . eingetragenen . . . . . . Partnerschaftsgesellschaft sind als Gesellschafter beteiligt:

Herr Rechtsanwalt . . . . . ., [Anschrift]

Herr Rechtsanwalt . . . . . ., [Anschrift]

Frau Rechtsanwältin . . . . . ., [Anschrift]

Frau Rechtsanwältin . . . . . ., [Anschrift].

§ 2 Spaltungsbeschluss

Wir treten hiermit unter Verzicht auf alle gesetzlichen und gesellschaftsvertraglichen Form- und Fristvorschriften über die Einberufung und Abhaltung von Gesellschafterversammlungen in eine Gesellschafterversammlung der . . . . . . Partnerschaftsgesellschaft ein und beschließen, was einstimmig[1] folgt:

(1) Dem Spaltungs- und Übernahmevertrag zur Abspaltung von Teilen des Vermögens der . . . . . . Partnerschaftsgesellschaft auf die . . . . . . Partnerschaftsgesellschaft mit Sitz in . . . . . . vom . . . . . . (UR-Nr. . . . . . . des Notars . . . . . . in . . . . . .) wird hiermit zugestimmt.

(2) Wir verzichten hiermit[2]

a) auf die Erstellung eines Spaltungsberichts,
b) auf die Durchführung einer Spaltungsprüfung,
c) auf die Anfechtung der heute gefassten Beschlüsse.

Weitere Beschlüsse werden nicht gefasst.

Damit ist die Gesellschafterversammlung beendet.

Notarielle Schlussformel

Anmerkungen

1. Der Spaltungsbeschluss bedarf gemäß § 128 S. 1 UmwG der Zustimmung aller Gesellschafter, da es sich um eine disproportionale Spaltung handelt.

2. Hinsichtlich der erforderlichen Verzichtserklärungen vergleiche → Form. B. II. 8 Anm. 2 ff.

14. Abspaltung auf eine PartG aus einer PartG – Gesellschafterbeschluss der aufnehmenden Gesellschaft

Notarielle Eingangsformel[1]

Der Erschienenen baten um die Beurkundung des nachstehenden Beschlusses

§ 1 Sachstand

Im Partnerschaftsregister des Amtsgerichts . . . . . . eingetragenen . . . . . . Partnerschaftsgesellschaft sind als Gesellschafter beteiligt:

Herr Rechtsanwalt . . . . . ., [Anschrift]

Herr Rechtsanwalt . . . . . ., [Anschrift]

Frau Rechtsanwältin . . . . . ., [Anschrift]

Frau Rechtsanwältin . . . . . ., [Anschrift].

§ 2 Spaltungsbeschluss

Wir treten hiermit unter Verzicht auf alle gesetzlichen und gesellschaftsvertraglichen Form- und Fristvorschriften über die Einberufung und Abhaltung von Gesellschafterversammlungen in eine Gesellschafterversammlung der . . . . . . Partnerschaftsgesellschaft ein und beschließen, was folgt:

(1) Dem Spaltungs- und Übernahmevertrag zur Abspaltung von Teilen des Vermögens der . . . . . . Partnerschaftsgesellschaft mit Sitz in . . . . . . (übertragende Gesellschaft) auf die . . . . . . Partnerschaftsgesellschaft mit Sitz in . . . . . . (Aufnehmende Gesellschaft) vom . . . . . . (UR-Nr. . . . . . . des Notars . . . . . . in . . . . . .) wird hiermit zugestimmt.

(2) Wir verzichten hiermit

a) auf die Erstellung eines Spaltungsberichts,
b) auf die Durchführung einer Spaltungsprüfung,
c) auf die Anfechtung der heute gefassten Beschlüsse.

Weitere Beschlüsse werden nicht gefasst.

Damit ist die Gesellschafterversammlung beendet.

Notarielle Schlussformel

Anmerkungen

1. Es gelten alle Anmerkungen für den zuvor erläuterten Spaltungsbeschluss der übertragenden Gesellschaft entsprechend.

15. Abspaltung auf eine PartG aus einer PartG – Anmeldung zum Partnerschaftsregister der aufnehmenden Gesellschaft

Amtsgericht . . . . . .

Partnerschaftsregister

PR . . . . . .

Anmeldung der Abspaltung nach § 123 Abs. 1 Nr. 1 UmwG

als einzelvertretungsberechtigter Partner der . . . . . . Partnerschaftsgesellschaft mbB mit Sitz in . . . . . . melde ich gemäß §§ 123 Abs. 2 Nr. 2, 129, 16 und 17 iVm § 125 UmwG zum Partnerschaftsregister der . . . . . . Partnerschaftsgesellschaft mbB an:[1]

1. Unter Fortbestand der übertragenden Partnerschaftsgesellschaft mbB mit Sitz in . . . . . . (PR . . . . . . des Amtsgerichts . . . . . .) ist ein Teil ihres Vermögens im Wege der Abspaltung nach Maßgabe des gemäß Anlage I beigefügten Aufspaltungsplans auf die . . . . . . Partnerschaftsgesellschaft mbB mit Sitz in . . . . . . übertragen worden (Abspaltung zur Aufnahme).

2. An der aufnehmenden Partnerschaftsgesellschaft sind nunmehr beteiligt:[2]

Rechtsanwalt . . . . . . [Name, Vorname, Geburtsdatum, Wohnort, ausgeübter Beruf]

Rechtsanwalt . . . . . . [Name, Vorname, Geburtsdatum, Wohnort, ausgeübter Beruf]

Rechtsanwalt . . . . . . [Name, Vorname, Geburtsdatum, Wohnort, ausgeübter Beruf]

Rechtsanwalt . . . . . . [Name, Vorname, Geburtsdatum, Wohnort, ausgeübter Beruf]

Rechtsanwalt . . . . . . [Name, Vorname, Geburtsdatum, Wohnort, ausgeübter Beruf].

Sie üben in der aufnehmenden Gesellschaft ihren Beruf als Rechtsanwalt aus.

Für die Partnerschaftsgesellschaft ist jeder Partner einzelvertretungsberechtigt.

Gegenstand der Gesellschaft ist weiterhin die Erbringung von Rechtsberatungsleistungen.

Als Anlagen füge ich bei:

I. Ausfertigung des Spaltungs- und Übernahmevertrages vom . . . . . . (UR-Nr. . . . . . . des Notars . . . . . .);

II. Ausfertigung der Niederschrift über die Gesellschafterversammlung der . . . . . . Partnerschaftsgesellschaft mbB (übertragende Gesellschaft) vom . . . . . . (UR Nummer des Notars . . . . . .) samt darin gefasster Beschlüsse und Verzichtserklärungen;

III. Ausfertigung der Niederschrift über die Gesellschafterversammlung der . . . . . . Partnerschaftsgesellschaft mbB (aufnehmende Gesellschaft) vom . . . . . . (UR Nummer des Notars . . . . . .) samt darin gefasster Beschlüsse und Verzichtserklärungen;

IV. Rechnungsabschluss der übertragenden Partnerschaftsgesellschaft auf den 31.12 . . . . . .

Darüber hinaus erkläre ich:

1. Bei der übertragenden Gesellschaft und bei der aufnehmenden Gesellschaft besteht kein Betriebsrat. Der Nachweis über die rechtzeitige Zuleitung des Spaltungs- und Übernahmevertrages bzw. seines Entwurfs an den Betriebsrat gemäß § 17 Abs. 1 iVm § 125 UmwG ist daher nicht erforderlich.

2. Alle Gesellschafter der aufnehmenden Gesellschaft haben im Spaltungsbeschluss gemäß Ziffer II. auf einen Spaltungsbericht, auf eine Spaltungsprüfung und auf die Anfechtung des Spaltungsbeschlusses verzichtet.

Nach Vollzug[3] bitte ich um Eintragungsnachricht an die Gesellschaft und an den beglaubigenden den Notar sowie um Übermittlung je eines beglaubigten Partnerschaftsregisterauszuges an diese.

. . . . . ., den . . . . . .

. . . . . .

(Unterschrift)

Beglaubigungsvermerk

Anmerkungen

1. Der Text der Anmeldung entspricht dem umwandlungsrechtlichen Tatbestand der Abspaltung zur Aufnahme.

2. § 125 UmwG iVm § 4 Abs. 1 PartGG.

3. § 130 UmwG regelt die Eintragungsreihenfolge für die Spaltung zur Aufnahme. Danach darf die Spaltung erst im Register des übertragenden Rechtsträgers eingetragen werden, wenn sie im Register am Sitz des aufnehmenden Rechtsträgers eingetragen ist. Die entsprechenden Mitteilungen unter den Registergerichten erfolgen von Amts wegen.

16. Abspaltung auf eine PartG aus einer PartG – Anmeldung zum Partnerschaftsregister der übertragenden Gesellschaft

Amtsgericht . . . . . .

Partnerschaftsregister

PR . . . . . .

Anmeldung der Abspaltung nach § 123 Abs. 1 Nr. 1 UmwG

als einzelvertretungsberechtigter Partner der . . . . . . Partnerschaftsgesellschaft mbB mit Sitz in . . . . . . melde ich gemäß §§ 123 Abs. 2 Nr. 1, 129, 16 und 17 iVm § 125 UmwG zum Partnerschaftsregister der . . . . . . Partnerschaftsgesellschaft mbB an:

1. Unter Fortbestand der übertragenden Partnerschaftsgesellschaft mbB mit Sitz in . . . . . . (PR . . . . . . des Amtsgerichts . . . . . .) ist ein Teil ihres Vermögens im Wege der Abspaltung nach Maßgabe des gemäß Anlage I beigefügten Aufspaltungsplans auf die . . . . . . Partnerschaftsgesellschaft mbB mit Sitz in . . . . . . übertragen worden (Abspaltung zur Aufnahme).

2. An der übertragenden Partnerschaftsgesellschaft sind nunmehr beteiligt:

Rechtsanwalt . . . . . . [Name, Vorname, Geburtsdatum, Wohnort, ausgeübter Beruf]

Rechtsanwalt . . . . . . [Name, Vorname, Geburtsdatum, Wohnort, ausgeübter Beruf].

Sie üben ihren Beruf als Rechtsanwalt weiterhin der übertragenden Partnerschaftsgesellschaft aus.

Gegenstand der Partnerschaftsgesellschaft ist weiterhin die Erbringung von Rechtsberatungsleistungen.

Als Anlage füge ich bei:

I. Ausfertigung des Spaltungs- und Übernahmevertrages vom . . . . . . (UR-Nr. . . . . . . des Notars . . . . . .);

II. Ausfertigung der Niederschrift über die Gesellschafterversammlung der . . . . . . Partnerschaftsgesellschaft mbB (übertragende Gesellschaft) vom . . . . . . (UR Nummer des Notars . . . . . .) samt darin gefasster Beschlüsse und Verzichtserklärungen.

III. Ausfertigung der Niederschrift über die Gesellschafterversammlung der . . . . . . Partnerschaftsgesellschaft mbB (aufnehmenden Gesellschaft) vom . . . . . . (UR Nummer des Notars . . . . . .) samt darin gefasster Beschlüsse und Verzichtserklärungen.

IV. Rechnungsabschluss der übertragenden Partnerschaftsgesellschaft auf den 31.12.20. . . . . .

Darüber hinaus erkläre ich:

1. Bei der übertragenden Gesellschaft und bei der aufnehmenden Gesellschaft besteht kein Betriebsrat. Der Nachweis über die rechtzeitige Zuleitung des Aufspaltungsplans bzw. seines Entwurfs an den Betriebsrat gemäß § 17 Abs. 1 iVm § 125 UmwG ist daher nicht erforderlich.

2. Alle Gesellschafter der übertragenden Gesellschaft haben im Spaltungsbeschluss gemäß Ziffer II. auf einen Spaltungsbericht, auf eine Spaltungsprüfung und auf die Anfechtung des Spaltungsbeschlusses verzichtet.

Nach Vollzug bitte ich um Eintragungsnachricht an die Gesellschaft und an den beglaubigen den Notar sowie um Übermittlung je eines beglaubigten Partnerschaftsregisterauszuges an diese.

. . . . . ., den . . . . . .

. . . . . .

(Unterschrift)

Beglaubigungsvermerk

Abspaltung einer GmbH aus einer PartG

17. Abspaltung einer GmbH aus einer PartG – Spaltungsplan

Notarielle Eingangsformel[1]

Vor mir, dem beurkundenden Notar erscheint heute

Rechtsanwalt . . . . . ., [Anschrift]

welcher erklärt, er handele nachfolgend als einzelvertretungsberechtigter Partner der . . . . . .
Partnerschaftsgesellschaft mbB, eingetragen im Partnerschaftsregister des Amtsgerichts
. . . . . . unter PR-Nr. . . . . . ., wozu ich als beurkundender Notar durch Einsichtnahme in
das Partnerschaftsregister beim Amtsgericht . . . . . . am . . . . . . bescheinige, dass dort
Herr . . . . . . als Partner der . . . . . . Partnerschaftsgesellschaft mbB eingetragen ist.

Der Erschienene bat um die Beurkundung des nachstehenden Spaltungsplanes

§ 1 Sachstand

(1) An der . . . . . . Partnerschaftsgesellschaft mbB mit Sitz in . . . . . ., eingetragen im
Partnerschaftsregister des Amtsgerichts . . . . . . unter PR-Nr. . . . . . .,

sind beteiligt:

a) Rechtsanwalt A, ... [Anschrift]
b) Rechtsanwalt B, ... [Anschrift]
c) Rechtsanwalt C, ... [Anschrift]
d) Rechtsanwalt D, ... [Anschrift].

(2) Auf der Grundlage dieses Spaltungsplanes[2] sollen Vermögensteile der . . . . . . Partnerschaftsgesellschaft mbB (nachfolgend: „übertragende Gesellschaft") auf die . . . . . .
Rechtsanwälte GmbH mbB (nachfolgend: „neue Gesellschaft") abgespalten werden.

§ 2 Abspaltung, Schlussbilanz, Stichtag

(1) Die übertragende Gesellschaft überträgt die in § 3 dieses Spaltungsplanes näher
bezeichneten Teile ihres Vermögens zur Aufnahme als Gesamtheit gemäß § 123 Abs. 1
Nr. 2 UmwG auf die neue Gesellschaft gegen Gewährung der in § 5 dieses Spaltungsplanes bezeichneten Anteile an der neuen Gesellschaft an die Gesellschafter C und D der
übertragenden Gesellschaft (Abspaltung zur Neugründung).

(2) Der Spaltung wird die Bilanz der übertragenden Gesellschaft zum 31.12.20. . . . . .
(Schlussbilanz) zugrunde gelegt.

(3) Die Übertragung des abgespaltenen Vermögens der übertragenden Gesellschaft auf
die neue Gesellschaft erfolgt im Verhältnis zwischen den Parteien mit Wirkung zum
1.1.20. . . . . . Die Handlungen der übertragenden Gesellschaft nach dem 1.1.20. . . . . .
gelten – soweit sie das abgespaltene Vermögen betreffen – für Rechnung der neuen
Gesellschaft vorgenommen (Spaltungsstichtag).

§ 3 Vermögensübertragung auf die neue Gesellschaft

(1) Die übertragende Gesellschaft überträgt den von ihr unterhaltenen Betrieb einer
Anwaltskanzlei, soweit es die Referate der Rechtsanwälte C und D (nachfolgend: „Praxis
CD") betrifft, mit allen Aktiva und Passiva sowie die in diesem Spaltungsplan weiteren
besonders aufgeführten Gegenstände (Abs. 4) auf die neue Gesellschaft. Die übertragende
Gesellschaft überträgt auf die neue Gesellschaft sämtliche unmittelbar oder mittelbar der
Praxis CD rechtlich oder wirtschaftlich zuordnende Gegenstände des Aktivvermögens
unabhängig davon, ob diese Gegenstände bilanzierungsfähig sind oder nicht, insbesondere

a) die der Praxis CD zuzuordnenden Anlagen, Maschinen, Büro- und Geschäftsausstattung nach näherer Bestimmung der Anlage 3.1.a zu diesem Spaltungsplan,
b) die der Praxis CD zuzuordnenden Vertragsverhältnisse und Forderungen, insbesondere die Vertragsverhältnisse aus den Mandatsverträgen nach näherer Bestimmung
der Anlage 3.1.b zu diesem Spaltungsplan,

c) die von den Rechtsanwälten der Praxis CD als verantwortliche Partner im Sinne von § 8 Abs. 2 PartGG bearbeiteten Mandate nach näherer Bestimmung der Anlage 3.1.c zu diesem Spaltungsplan.

(2) Die neue Gesellschaft übernimmt sämtliche mittelbar oder unmittelbar der Praxis CD rechtlich oder wirtschaftlich zuzuordnenden gegenwärtigen und künftigen, bekannten und unbekannten Verbindlichkeiten, unabhängig davon, ob diese Verbindlichkeiten bilanzierungsfähig sind oder nicht. Die wesentlichen Verbindlichkeiten sind in Anlage 3.2 zu diesem Spaltungsplan ausgeführt.

(3) Die übertragende Gesellschaft überträgt an die neue Gesellschaft zusätzlich zu den in Abs. 1 und 2 genannten Vermögensgegenständen

a) sämtliche Rechte und Pflichten aus dem . . . . . .-Vertrag vom . . . . . . mit der . . . . . . GmbH vom . . . . . . über . . . . . .,
b) die in der Anlage 3.3.b aufgeführten Vermögensgegenstände.

(4) Die neue Gesellschaft übernimmt sämtliche Verbindlichkeiten, die unmittelbar oder mittelbar mit den in Abs. 1, 2 und 3 genannten Gegenständen zusammenhängen und diesen zuzuordnen sind, insbesondere sämtliche Verpflichtungen aus den vorgenannten Vertragsverhältnissen.

(5) Die Arbeitsverhältnisse der in der Praxis CD beschäftigten juristischen und nicht-juristischen Mitarbeiter sowie weiterer Mitarbeiter der übertragenden Gesellschaft nach näherer Bestimmung der Anlage 3.5 zu diesem Spaltungsplan gehen nach § 613a Abs. 1 S. 2 BGB mit allen Rechten und Pflichten auf die neue Gesellschaft über.

§ 4 Nicht ausdrücklich zugeordnete Vermögensgegenstände und Verbindlichkeiten, Erlöschen von Rechtsverhältnissen

(1) Vermögensgegenstände die in diesem Spaltungsplan nicht der neuen Gesellschaft zugeordnet worden sind, verbleiben bei der übertragenden Gesellschaft.

(2) Sollte sich nach Wirksamwerden der Spaltung herausstellen, dass ein Vermögens-gegenstand der übertragenden Praxis CD zugeordnet werden müssen, die Zuordnung in diesem Spaltungsplan jedoch unterblieben ist, verpflichtet sich die übertragende Gesell-schaft diesen Vermögensgegenstand auf Verlangen der neuen Gesellschaft binnen eines Monats zum Buchwert auf die neue Gesellschaft zu übertrage. Entsprechendes gilt, wenn ein Vermögensgegenstand der neuen Gesellschaft zugeordnet worden ist, er jedoch bei der übertragenden Gesellschaft hätte verbleiben sollen.

(3) Können sich die Gesellschaften über eine unzutreffende Zuordnung gemäß Abs. 2 nicht einigen, entscheidet ein auf Anforderung von einer der Gesellschaften von der Rechtsanwaltskammer in . . . . . . bestellter Schiedsrichter. Die Entscheidung des Schieds-richters ist endgültig. Die Kosten des Schiedsverfahrens tragen die Gesellschaften je zur Hälfte.

(4) Sollte ein Recht oder Rechtsverhältnis, das aufgrund dieses Spaltungsplans der neuen Gesellschaft zugeordnet ist, erlöschen, da es nicht übertragbar ist oder nicht übertragen werden kann (§ 132 UmwG), kann die neue Gesellschaft, der das Recht oder Rechts-verhältnis zugeordnet worden ist, gegen die übertragende Gesellschaft keinerlei Rechte, gleich, aus welchem Rechtsgrund, geltend machen.

(5) Werden die übertragende oder die neue Gesellschaft als Gesamtschuldner für Ver-bindlichkeiten, die ihnen nach diesem Spaltungsplan nicht zugeordnet worden sind, in Anspruch genommen (§ 133 Abs. 1, 2 S. 2 UmwG), so ist die jeweils andere Gesellschaft verpflichtet, die in Anspruch genommene Gesellschaft von der geltend gemachten Ver-

bindlichkeit unverzüglich freizustellen. Die in Anspruch genommene Gesellschaft kann Ersatz für die ihr insoweit entstandenen Aufwendungen verlangen.

§ 5 Arbeitnehmer

(1) Die in § 3 Abs. 5 dieses Spaltungsplanes bezeichneten Arbeitsverhältnisse der Arbeitnehmer der übertragenden Gesellschaft gehen auf die neue Gesellschaft über. Sie werden in der neuen Gesellschaft in . . . . . . an ihrem bisherigen Arbeitsort zu unveränderten Bedingungen weiterhin beschäftigt.

(2) Bei der übertragenden und der neuen Gesellschaft besteht kein Betriebsrat.

(3) Die neue Gesellschaft wird im Zusammenhang mit dem Übergang der Arbeitsverhältnisse der Arbeitnehmer der übertragenden Gesellschaft, soweit in diesem Spaltungsplan nicht ausdrücklich etwas anderes vorgesehen ist, keine Maßnahmen irgendwelcher Art treffen, die sich auf die Arbeitnehmer der übertragenden Gesellschaft oder deren Vertretungen auswirkt.

§ 6 Haftpflicht, Haftpflichtversicherung

(1) Die übertragende Gesellschaft und die neue Gesellschaft werden durch Vereinbarungen mit ihren Haftpflichtversicherern sicherstellen, dass sowohl für die übertragende Gesellschaft als auch für die neue Gesellschaft und für sämtliche Gesellschafter für ihre Tätigkeit in vollem Umfang Haftpflichtversicherungsschutz besteht, soweit diese nach den gesetzlichen Vorschriften haften können.

(2) Unabhängig von der Haftung im Außenverhältnis tragen alle bisherigen Gesellschafter der übertragenden Gesellschaft im Innenverhältnis die Haftpflichtrisiken aus der beruflichen Tätigkeit der übertragenden Gesellschaft vor dem Spaltungsstichtag auf der Grundlage der bei der übertragenden Gesellschaft geltenden Vorschriften.

(3) Die übertragende Gesellschaft und neue Gesellschaft und ihre Gesellschafter verpflichten sich im Innenverhältnis, die jeweils andere Gesellschaft von diesen nicht zuzuordnenden Haftpflichtrisiken aus der Zeit vor dem Spaltungsstichtag freizustellen.

§ 7 Gegenleistung, Gewährung von Beteiligungen, Partnerschaftsvertrag

Für die vorstehende Übertragung[3] eines Teils des Vermögens der übertragenden Gesellschaft erhalten

(1) Rechtsanwalt . . . . . . [Name, Vorname, ausgeübter Beruf, Wohnort]

eine Beteiligung am Stammkapital der neuen Gesellschaft im Nennbetrag von 25.000 EUR mit Gewinnberechtigung ab dem 1.1.20. . . . . .

(2) Rechtsanwalt . . . . . . [Name, Vorname, ausgeübter Beruf, Wohnort]

eine Beteiligung am Stammkapital der neuen Gesellschaft im Nennbetrag von 25.000 EUR mit Gewinnberechtigung ab dem 1.1.20. . . . . .

Die Einlagen werden durch die Übertragung der in § 3 dieses Spaltungsplans bezeichneten Vermögensgegenstände erbracht.

(3) Die Übertragung erfolgt zu Buchwerten.

(4) Bare Zuzahlungen sind nicht zu leisten.

(5) Die neue Gesellschaft wird die Werte aus der Schlussbilanz der übertragenden Gesellschaft in ihrer Eröffnungsbilanz fortführen.[4] Soweit die Summe der Buchwerte des

übertragenen Vermögens den Nennwert des Stammkapitals der neuen Gesellschaft übersteigt, wird die Differenz in die Kapitalrücklage eingestellt. Eine Ausgleichspflicht gegenüber der übertragenden Gesellschaft besteht nicht.

(6) Im Hinblick darauf, dass die Spaltung gemäß § 128 UmwG nur wirksam wird, wenn alle Gesellschafter der übertragenden Gesellschaft dem zustimmen, erfolgt keine Aufnahme eines Barabfindungsangebots nach § 29 UmwG in den Spaltungsplan.[5]

§ 8 Gründung der neuen Gesellschaft[6]

(1) Die übertragende Gesellschaft errichtet hiermit die neue Gesellschaft. Der Gesellschaftsvertrag der neuen Gesellschaft wird hiermit gemäß Anlage 8.1[7] zu diesem Spaltungsplan festgestellt.

(2) Zu Geschäftsführern der neuen Gesellschaft werden bestellt:

a) Herr Rechtsanwalt . . . . . . [Name, Vorname, Geburtsdatum, Privatanschrift]
b) Herr Rechtsanwalt . . . . . . [Name, Vorname, Geburtsdatum, Privatanschrift]

Herr Rechtsanwalt . . . . . . und Herr Rechtsanwalt . . . . . . sind als Geschäftsführer einzelvertretungsberechtigt und von den Beschränkungen des § 181 BGB befreit.

§ 9 Besondere Rechte und Vorteile

Einzelnen Gesellschaftern der beteiligten Gesellschaften oder Mitgliedern von Vertretungs- oder Aufsichtsorganen der an der Spaltung beteiligten Gesellschaften, den geschäftsführenden Gesellschaftern dieser Gesellschaften sowie Abschluss- oder Spaltungsprüfern, falls Prüfer bestellt werden sollten, werden keine besonderen Rechte oder Vorteile gewährt.

§ 10 Unterrichtung der Gesellschafter

Der Erschienene wird je eine beglaubigte Abschrift dieses Spaltungsplanes allen Gesellschaftern der übertragenden Gesellschaft unverzüglich zuleiten und die Beschlussfassung über den Spaltungsplan in einer Gesellschafterversammlung der übertragenden Gesellschaft herbeiführen.

§ 11 Zustimmung der Gesellschafter

Dieser Spaltungsplan wird nur wirksam, wenn sämtliche Partner der übertragenden Gesellschaft diesem durch Spaltungsbeschluss zugestimmt haben. Sollten die Zustimmungserklärungen nicht bis zum 30.9.. . . . . . vorliegen, gilt dieser Spaltungsplan als nicht zustande gekommen.

§ 12 Verzögerung der Abwicklung

Sollte die Spaltung nicht bis zum 31.3.20. . . . . . wirksam geworden sein, wird der Spaltung abweichend von § 2 Abs. 2 dieses Spaltungsplanes die Bilanz der übertragenden Gesellschaft zum 31.12.20. . . . . . zugrunde gelegt, gilt abweichend von § 2 Abs. 3 dieses Spaltungsplanes der 1.1.20. . . . . . als Spaltungsstichtag und beginnt die Beteiligung am Gewinn abweichend von § 7 Abs. 1 dieses Spaltungsplanes am 1.1.20. . . . . .

§ 13 Vertraulichkeit

Die übertragende Gesellschaft und ihre Gesellschafter sind sich darüber einig, dass sie den Inhalt dieses Spaltungsplans sowie alle ihnen im Zusammenhang mit diesem Spaltungsplan bekannt gewordenen Tatsachen vertraulich behandeln. Dies gilt nicht, soweit für die einzelne Gesellschaften oder den einzelne Gesellschafter eine Offenlegungspflicht aufgrund gesetzlicher Vorschriften besteht. Alle Gesellschafter verpflichten sich, eine von ihnen erfolgte Offenlegung den anderen Gesellschaftern zur Kenntnis zu geben.

§ 14 Pressemitteilung

Die übertragende Gesellschaft, die neue Gesellschaft und alle Gesellschafter sind sich darüber einig, dass sie eine gemeinsame Mitteilung über diese Spaltung und die neue Gesellschaft rechtzeitig vor dem Stichtag erstellen und gemeinsam publizieren werden.

§ 15 Schriftformklausel

Änderungen oder Ergänzungen dieses Spaltungsplanes bedürfen – soweit sie nicht notariell zu beurkunden sind – der Schriftform. Genügen sie diesem Erfordernis nicht, so sind sie nichtig. Dies gilt auch für Änderungen oder Ergänzungen dieser Schriftformklausel.

§ 16 Salvatorische Klausel

(1) Sollten sich einzelne Bestimmungen dieses Spaltungsplanes ganz oder teilweise als nichtig, unwirksam oder undurchführbar erweisen oder infolge von Änderungen der Gesetzgebung oder Rechtsprechung nach Vertragsabschluss nichtig, unwirksam oder undurchführbar werden, bleiben die übrigen Vertragsbestimmungen und die Wirksamkeit der Vereinbarung im Ganzen hiervon unberührt. An die Stelle der nichtigen, unwirksamen oder undurchführbaren Bestimmung soll diejenige wirksame und durchführbare Bestimmung treten, die dem Zweck der nichtigen, unwirksamen oder undurchführbaren Bestimmung möglichst nahekommt.

(2) Weist der Spaltungsplan eine Lücke auf, gelten insoweit diejenigen Bestimmungen als vereinbart, die dem Sinn und Zweck des Spaltungsplanes entsprechen würden, wenn die Lücke zum Zeitpunkt der Beschlussfassung bekannt gewesen wäre.

§ 17 Schiedsklausel

(1) Alle Streitigkeiten aus diesem Spaltungsplan über die Gültigkeit dieses Spaltungsplans zwischen den Parteien untereinander, zwischen Gesellschaftern oder mehreren Gesellschaftern und der übertragenden und neuen Gesellschaft werden unter Ausschluss des ordentlichen Rechtswegs von einem Schiedsgericht entschieden.

(2) Die Schiedsvereinbarung ist in einer gesonderten Urkunde als Anlage 17.2 dieser Vereinbarung beigefügt.

§ 18 Kosten, Steuern

(1) Die Notargebühren für diese Niederschrift tragen die übertragende und die neue Gesellschaft jeweils zur Hälfte.

(2) Die aufgrund der Durchführung der Vermögensübertragung entstehenden Kosten und Steuern trägt die neue Gesellschaft bzw. soweit es persönliche Steuern betrifft,[8] deren jeweilige Gesellschafter.

(3) Die Kosten der Registereintragung trägt die jeweilige Gesellschaft.

Notarielle Schlussformel

Anmerkungen

1. Das Formular behandelt die Abspaltung eines Teils des Vermögens der übertragenden Partnerschaftsgesellschaft auf eine im Rahmen der Spaltung neu gegründete Rechtsanwalts GmbH. Damit scheiden die Rechtsanwälte, deren Referate abgespalten werden aus der übertragenden Partnerschaftsgesellschaft aus und werden Gesellschafter und Geschäftsführer der GmbH. Es handelt sich um eine Abspaltung zur Neugründung, wobei die neue Gesellschaft eine andere Rechtsform hat als die Partnerschaftsgesellschaft aus der heraus die Übertragung erfolgt. Der Vorgang ist eine Kombination des im → Form. B. II. 7 behandelten Vorgangs der Aufspaltung einer Partnerschaftsgesellschaft in zwei neue Partnerschaftsgesellschaften mit dem im → Form. B. II. 12 behandelten Vorgang der Abspaltung zur Aufnahme. Es kann daher im Wesentlichen auf die Anmerkungen zu diesen Formularen verwiesen werden.

2. Da es sich bei dem Vorgang um eine Spaltung zur Neugründung handelt, wird kein Spaltungs- und Übernahmevertrag sondern ein Spaltungsplan beurkundet. Auch hier kann die Beurkundung durch die bloße Vorlage eines Entwurfs ersetzt werden der sodann zum Gegenstand der Gesellschafterversammlung des übertragenden Rechtsträgers gemacht wird.

3. Es handelt sich bei der Gründung der aufnehmenden Gesellschaft eine Sachgründung, bei der das übertragende Vermögen als Sacheinlage geleistet wird. Es sind daher die Gründungsvorschriften zu beachten, die das GmbH-Gesetz für eine Sachgründung vorsieht (§ 135 Abs. 2 UmwG). Den Gründern steht der übertragende Rechtsträger gleich.

4. § 24 iVm § 125 UmwG.

5. Nach § 29 UmwG ist grundsätzlich immer dann ein paar Abfindungsangebot in das Umwandlungsdokument aufzunehmen, wenn im Rahmen der Umwandlung Anteile oder Mitgliedschaftsrechte an Rechtsträgern einer anderen Rechtsform als dem übertragenden Rechtsträger gewährt werden. Diese Voraussetzungen liegen hier vor, da die betroffenen Gesellschafter anstelle der Mitgliedschaftsrechte an einer Partnerschaftsgesellschaft im Rahmen der Abspaltung Beteiligungen an der neuen GmbH erhalten. Ein Abfindungsangebot wird zu Gunsten eines Gesellschafters gemäß § 29 UmwG jedoch nur dann praktisch, wenn dieser Widerspruch zur Niederschrift in der Gesellschafterversammlung erklärt also gegen die Umwandlung stimmt. Wegen der Regelung in § 128 UmwG kann die Spaltung aber nur mit Zustimmung aller Gesellschafter beschlossen werden, da sich um eine disproportionale Spaltung handelt. Das Abfindungsangebot ist in diesem Fall also aufgrund der vorliegenden Struktur obsolet.

6. Der Spaltungsplan muss den Gesellschaftsvertrag und die sonstigen im Rahmen der Gründung der neuen Gesellschaften notwendigen Angaben enthalten (§§ 135 Abs. 2, 135 Abs. 1, 125 iVm § 37 UmwG).

7. Der Gesellschaftsvertrag muss die Voraussetzungen des § 59 c ff. BRAO erfüllen; → Form. B. II. 3.

8. Nach § 20 Umwandlungssteuergesetz kann die Übertragung im Rahmen der Abspaltung, soweit es sich bei dem abgespaltenen Bereich um Mitunternehmeranteile bzw. bei dem Betrieb um einen Teilbetrieb handelt ebenfalls zum Buchwert, zum gemeinen Wert oder zu einem Zwischenwert erfolgen. Erfolgt die Übertragung auf entsprechenden steuerlichen Antrag zum Buchwert wird die Aufdeckung stiller Reserven und damit die Realisierung eines entsprechenden Abspaltungsgewinns vermieden. Die neue Gesellschaft führt die Buchwerte fort. (Haritz/*Menner* Umwandlungssteuergesetz § 20 Rn. 71f.).

18. Abspaltung einer GmbH aus einer PartG – Gesellschaftsvertrag der GmbH

→ Form. B. I. 4

19. Abspaltung einer GmbH aus einer PartG – Sachgründungsbericht

Sachgründungsbericht[1, 2]

Wir, die alleinigen Gesellschafter der im Wege der Abspaltung der von uns geführten Rechtsanwaltsreferate aus der übertragenden Partnerschaftsgesellschaft neu entstehenden ...... Rechtsanwalts GmbH erstatten zur Werthaltigkeit und Angemessenheit der im Gesellschaftsvertrag der GmbH festgesetzten Sacheinlagen folgenden Sachgründungsbericht:

Das gemäß § ...... des Spaltungs- und Übernahmevertrages vom ...... (UR-Nr. ...... Nummer ...... des Notars ...... in ......) auf die GmbH übertragende Reinvermögen (Überschuss der Aktiva über die Passiva) über steigt das im Spaltungsplan festgesetzte Stammkapital der GmbH und die Stammeinlagen der Gesellschafter entsprechend ihrer Beteiligung am Reinvermögen. Dazu berichten wir das folgende:

Der der Spaltung zugrunde gelegte Jahresabschluss der übertragenden Gesellschaft zum ...... ist nach den maßgeblichen handelsrechtlichen Vorschriften erstellt. Die für die Ermittlung des reinen Vermögens zugrunde gelegten Buchwerte des abgespalteten Vermögens liegen deutlich unter dem wirklichen Wert, so dass der wirkliche Wert des reinen Vermögens höher ist als das Stammkapital. Dies ergibt sich unter anderem daraus, dass die aktuellen Zeitwerte der übernommenen Vermögensgegenstände im Vergleich zu den auf der Grundlage jeweils unter Geltendmachung höchst zulässiger Abschreibungen ermittelten Buchwerte deutlich höher sind und dass zusätzlich in erheblichem Umfang bereits voll abgeschriebene geringwertige Wirtschaftsgüter übertragen werden, die ebenfalls einen höheren Zeitwert haben. In der Mehrzahl der übertragenden Mandatsverhältnisse sind bislang noch nicht diejenigen Honoraransprüche abgerechnet worden, die auf der Grundlage der jeweils getroffenen Vereinbarungen mit den Mandanten abgerechnet werden können.

Die übertragenen Passivposten sind vollständig und ausreichend erfasst. Risiken, für die Rückstellungen gebildet werden oder sonst Vorsorge getroffen werden müssen, sind uns nicht bekannt.

Der bisherige Geschäftsverlauf der im Rahmen der Spaltung übertragenen Anwaltsreferate hat in der Vergangenheit stets zu einer Gewinnquote von ...... Prozentpunkten geführt. Wir haben keine Erkenntnisse darüber, dass diesbezüglich eine Änderung eintritt.

Ergänzend verweisen wir auf die in der Anlage zu diesem Sachgründungsbericht beigefügte Stellungnahme des Wirtschaftsprüfers ...... vom ...... zur Werthaltigkeit des übernommenen Vermögens.

Wir können daher feststellen, dass der Wert des von der GmbH im Rahmen der Spaltung übernommenen Reinvermögens (Überschuss der Aktiva über die Passiva) die Summe der übernommenen Stammeinlagen und damit das gesellschaftsvertragliche Stammkapital der GmbH deutlich übersteigt.

. . . . . ., den . . . . . .

. . . . . .

(Unterschriften der Gesellschafter)

20. Abspaltung einer GmbH aus einer PartG – Gesellschafterbeschluss der übertragenden Gesellschaft

Gesellschafterbeschluss der übertragenden Gesellschaft

Notarielle Eingangsformel

Der Erschienenen baten um die Beurkundung des nachstehenden Beschlusses

§ 1 Sachstand

Im Partnerschaftsregister des Amtsgerichts . . . . . . unter PR . . . . . . eingetragenen . . . . . . Partnerschaftsgesellschaft sind als Gesellschafter beteiligt:

Herr Rechtsanwalt . . . . . ., [Anschrift]

Herr Rechtsanwalt . . . . . ., [Anschrift]

Herr Rechtsanwalt . . . . . ., [Anschrift]

Herr Rechtsanwalt . . . . . ., [Anschrift].

§ 2 Spaltungsbeschluss

Wir treten hiermit unter Verzicht auf alle gesetzlichen und gesellschaftsvertraglichen Form- und Fristvorschriften über die Einberufung und Abhaltung von Gesellschafterversammlungen in eine Gesellschafterversammlung der . . . . . . Partnerschaftsgesellschaft ein und beschließen, was folgt:

1. Dem Spaltungsplan zur Abspaltung von Teilen des Vermögens der . . . . . . Partnerschaftsgesellschaft auf die durch die Abspaltung neu gegründete . . . . . . GmbH mit Sitz in . . . . . . (Abspaltung zur Neugründung gemäß § 123 Abs. 1 Nr 2 UmwG) vom . . . . . . (UR-Nr. . . . . . . des Notars . . . . . . in . . . . . .) wird hiermit zugestimmt.

2. Wir verzichten hiermit[1]

a) auf die Erstellung eines Spaltungsberichts,
b) auf die Durchführung einer Spaltungsprüfung,
c) auf den Ausweis und die Gewährung einer Barabfindung sowie
d) auf die Anfechtung der heute gefassten Beschlüsse.

Weitere Beschlüsse werden nicht gefasst.[2]

Damit ist die Gesellschafterversammlung beendet.

Notarielle Schlussformel

Anmerkungen

1. Aufgrund der Verzichtserklärungen wird die Eintragung der Abspaltung im Register beschleunigt.

2. Es empfiehlt sich, mit der Umwandlung keine weiteren Beschlussgegenstände zu verbinden.

21. Abspaltung einer GmbH aus einer PartG – Anmeldung zum Partnerschaftsregister der übertragenden Gesellschaft

Amtsgericht . . . . . .

Partnerschaftsregister

PR . . . . . .

Anmeldung der Abspaltung nach § 123 Abs. 1 Nr. 2 UmwG

als einzelvertretungsberechtigter[1] Partner der . . . . . . Partnerschaftsgesellschaft mbB mit Sitz in . . . . . . melde ich gemäß §§ 129, 16 und 17 iVm § 125 UmwG zum Partnerschaftsregister der . . . . . . Partnerschaftsgesellschaft mbB an:

Die . . . . . . Partnerschaftsgesellschaft mbB mit Sitz in . . . . . . (PR . . . . . . des Amtsgerichts . . . . . .) hat im Wege der Abspaltung nach Maßgabe des beigefügten Spaltungs- und Übernahmevertrages Teile ihres Vermögens im Wege der Abspaltung auf die im Zuge der Abspaltung neu gegründete . . . . . . GmbH mit Sitz in . . . . . . gegen die Gewährung von Kapitalbeteiligungen an dieser GmbH übertragen.

Als Anlagen füge ich bei:

I. Notariell beglaubigte Abschrift des Spaltungsplans vom . . . . . . (UR-Nr. . . . . . . des Notars . . . . . .);

II. Notariell beglaubigte Abschrift der Niederschrift über die Gesellschafterversammlung der . . . . . . Partnerschaftsgesellschaft mbB (übertragende Gesellschaft) vom . . . . . . (UR Nummer des Notars . . . . . .) samt darin gefasster Beschlüsse und Verzichtserklärungen.

III. Bei der übertragenden Gesellschaft besteht kein Betriebsrat. Der Nachweis über die rechtzeitige Zuleitung des Aufspaltungsplans bzw. seines Entwurfs an den Betriebsrat gemäß § 17 Abs. 1 iVm § 125 UmwG ist daher nicht erforderlich.

IV. Gemäß § 16 Abs. 2 iVm § 125 UmwG erkläre ich:

Alle Gesellschafter der übertragenden Gesellschaft haben im Spaltungsbeschluss gemäß Ziffer II. auf einen Spaltungsbericht, auf eine Spaltungsprüfung, auf die Gewährung einer Barabfindung und auf die Anfechtung des Spaltungsbeschlusses verzichtet.[2]

Nach Vollzug bitte ich um Eintragungsnachricht an die Gesellschaft und an den beglaubigen den Notar sowie um Übermittlung je eines beglaubigten Partnerschaftsregisterauszuges an diese.

. . . . . ., den . . . . . .

. . . . . .

(Unterschrift)

Beglaubigungsvermerk

Anmerkungen

1. Die Anmeldung kann von einem Vertretungsberechtigten unterzeichnet werden, §§ 129 UmwG iVm 7 Abs. 3 PartGG und 125 Abs. 1 HGB.

2. Entlösung § 16 Abs. 2 iVm § 125 UmwG.

22. Abspaltung einer GmbH aus einer PartG – Anmeldung der neuen Gesellschaft zum Handelsregister

An das

Amtsgericht . . . . . .

– Handelsregister B –

Betrifft: HR B neu

. . . . . . Rechtsanwälte GmbH/

Als jeweils einzelvertretungsberechtigte Geschäftsführer der . . . . . . Rechtsanwalts GmbH überreichen wir,

1. Ausfertigung des Spaltungsplans vom . . . . . . – UR. Nr. . . . . . . des beglaubigenden Notars . . . . . ., der auch den Gesellschaftsvertrag der im Rahmen der Abspaltung neu gegründeten . . . . . . GmbH enthält;

2. Ausfertigung des Zustimmungsbeschlusses der Gesellschafter der . . . . . . Partnerschaftsgesellschaft mbB als übertragende Gesellschaft vom . . . . . . – UR-Nr. . . . . . . des beglaubigenden Notars – nebst Verzichtserklärungen der Gesellschafter bezüglich des Spaltungsberichts, der Spaltungsprüfung, des Prüfungsberichts, eines Abfindungsangebots sowie des Rechts auf die Erhebung der Anfechtungsklage;

3. die von uns unterzeichnete Liste der Gesellschafter;

4. Sachgründungsbericht;

5. Unterlagen darüber, dass der Wert der Sacheinlage den Betrag der dafür übernommenen Stammeinlagen erreicht.[1]

Zur Eintragung in das Handelsregister wird angemeldet:

a) Die Errichtung der . . . . . . Rechtsanwälte GmbH.
b) Die Bestellung von
   Herrn Rechtsanwalt . . . . . . [Name, Vorname, Beruf, Geburtsdatum, Wohnort] und
   Herrn Rechtsanwalt . . . . . . [Name, Vorname, Beruf, Geburtsdatum, Wohnort]
   zu Geschäftsführern der Gesellschaft.

Für die Vertretungsbefugnis gilt gemäß § . . . . . . des Gesellschaftsvertrages der Gesellschaft folgende abstrakte Regelung:

Die Gesellschaft hat einen oder mehrere Geschäftsführer. Sind mehrere Geschäftsführer bestellt, so wird die Gesellschaft durch zwei Geschäftsführer oder durch einen Geschäftsführer mit einem Prokuristen vertreten. Hat die Gesellschaft nur einen Geschäftsführer, so vertritt dieser die Gesellschaft allein.

Die Gesellschafterversammlung kann einzelnen oder mehreren Geschäftsführern Einzelvertretungsbefugnis übertragen und einzelne oder mehrere Geschäftsführer von den Beschränkungen des § 181 BGB befreien.

Die Geschäftsführer . . . . . . und . . . . . . sind jeweils einzelvertretungsberechtigt und von den Beschränkungen des § 181 BGB befreit.

Gemäß § 16 Abs. 2 S. 1 Verbindung mit § 135 Abs. 1 S. 1 UmwG erklären wir, dass sämtliche Gesellschafter der übertragenden Gesellschaft in dem gemäß Ziffer 2 vorgelegten notariellen Spaltungsbeschluss auf eine Klage gegen die Wirksamkeit des Spaltungsbeschlusses verzichtet haben.

Bei der übertragenden Gesellschaft besteht kein Betriebsrat. Die Zuleitung des Spaltungsplans an eine Arbeitnehmervertretung war daher nicht möglich.

Die inländische Geschäftsanschrift der neu gegründeten Gesellschaft lautet . . . . . . [Anschrift]

Als Geschäftsführer versichern wir einzeln,

[übliche Versicherung]

Das Verfahren zur Zulassung der Gesellschaft als Rechtsanwaltsgesellschaft gemäß § 59g[2] BRAO wird nach Eintragung der Gesellschaft im Handelsregister durchgeführt.

. . . . . ., den . . . . . .

. . . . . .

(Unterschriften)

Beglaubigungsvermerk

Anmerkungen

1. Werthaltigkeitsbescheinigung eines Wirtschaftsprüfers gemäß dem Sachgründungsbericht.

2. Das Vorliegen der Zulassung ist meist Eintragungsvoraussetzung. Vor Zulassung darf jedoch die Tätigkeit nicht aufgenommen werden.

Umwandlung einer GbR in eine PartGmbB

23. Umwandlung einer GbR in eine PartGmbB – Umwandlungsbeschluss

§ 1 Sachstand[1]

(1) An der Gesellschaft bürgerlichen Rechts unter dem Namen . . . . . . GbR mit dem Sitz in . . . . . . sind beteiligt

Rechtsanwalt . . . . . ., [Anschrift]

Rechtsanwalt . . . . . ., [Anschrift]

Rechtsanwältin . . . . . ., [Anschrift].

(2) Gegenstand der Gesellschaft ist die gemeinsame Berufsausübung der freiberuflichen Tätigkeit der Gesellschafter als Rechtsanwälte.

(3) Mit diesem Beschluss soll die Gesellschaft bürgerlichen Rechts in eine Partnerschaftsgesellschaft mit beschränkter Berufshaftung umgewandelt werden.

§ 2 Umwandlung[2]

Unter Verzicht auf alle gesetzlichen und gesellschaftsvertraglichen Form- und Fristvorschriften über die Einberufung und Abhaltung von Gesellschafterversammlungen halten wir eine Gesellschafterversammlung der GbR mit Sitz in . . . . . . ab und beschließen einstimmig, was folgt:

(1) Die Gesellschaft bürgerlichen Rechts wird unter der Wahrung der Identität des Gesellschafterbestandes und des bestehenden Gesamthandsvermögens in eine Partnerschaftsgesellschaft mit beschränkter Berufshaftung gemäß §§ 1, 8 Abs. 4 PartGG umgewandelt.

(2) Die Partnerschaftsgesellschaft führt den Namen

. . . . . . Partnerschaft von Rechtsanwälten mbB.[3]

(3) Sie hat ihren Sitz[4] in . . . . . .

(4) An der Gesellschaft sind als Partner beteiligt:[5]

a) Rechtsanwalt [Name, Vorname, geboren am . . . . . ., Wohnort]
b) Rechtsanwalt [Name, Vorname, geboren am . . . . . ., Wohnort]
c) Rechtsanwältin [Name, Vorname, geboren am . . . . . ., Wohnort].

(5) Gegenstand der Partnerschaft[6] ist die gemeinsame Berufsausübung der Partner in einer Anwaltskanzlei.

(6) Die Umwandlung wird durch die Eintragung der Partnerschaft in das Partnerschaftsregister gemäß §§ 4, 5 und 8 Abs. 4 PartGG durchgeführt.

§ 3 Partnerschaftsvertrag

Für die Partnerschaft gilt der dieser Urkunde als Anlage 1 beigefügte Partnerschaftsvertrag.

§ 4 Stichtag

Der Partnerschaftsvertrag tritt im Verhältnis der Gesellschafter untereinander mit Wirkung zum . . . . . . in Kraft.[7]

§ 5 Anmeldung zum Partnerschaftsregister[8]

Die Gesellschafter verpflichten sich, sämtliche zur Durchführung des Formwechsels notwendigen Erklärungen abzugeben, insbesondere die Anmeldung zum Partnerschaftsregister in notariell-beglaubigter Form unverzüglich zu unterzeichnen.

§ 6 Partnerschaftsregistervollmacht

Jeder Partner ist verpflichtet einzelnen oder mehreren Partnern in notariell beglaubigter Form Vollmacht zu erteilen, ihn bei allen bei allen von ihm zu bewirkenden Anmeldungen im Partnerschaftsregister in der Weise zu vertreten, dass jeweils zwei bevollmächtigte Partner gemeinsam handeln.[9]

§ 7 Verschiedenes

Weitere Beschlüsse werden nicht gefasst. Wir verzichten auf die Anfechtung der vorgenannten Beschlüsse.

. . . . . ., den . . . . . .

. . . . . .

(Unterschriften)

Anmerkungen

1. Das Formular enthält den Gesellschafterbeschluss zur Umwandlung einer bereits bestehenden Anwaltssozietät in der Rechtsform einer Gesellschaft bürgerlichen Rechts in eine Partnerschaftsgesellschaft mit beschränkter Berufshaftung. Die Gesellschaft bürgerlichen Rechts kann nicht formwechselnder Rechtsträger einer Umwandlung nach den Regeln über den Formwechsel in den §§ 190 ff. UmwG sein, da sie nicht in den Katalog der formwechselnden Rechtsträger gemäß § 191 Abs. 1 UmwG aufgenommen wurde. Allerdings könnte die Gesellschaft bürgerlichen Rechts umgekehrt neuer Rechtsträger eines Formwechsels aus einer Partnerschaftsgesellschaft heraus sein (§ 191 Abs. 2 Nr. 1 UmwG). Es ist vielmehr anerkannt, dass es sich um einen identitätswahrenden Formwechsel außerhalb des Umwandlungsgesetzes handelt (*Schmidt* NJW 1995, 1, 7; *Seibert* DB 1994, 2381, 2382; Henssler/Prütting/*Henssler* § 7 PartGG Rn. 44; Michalski/*Römermann* PartGG § 7 Rn. 7). Dies findet seine Stütze im übrigen auch in der ausdrücklichen Regelung in § 2 Abs. 2 HS. 2 PartGG (*Wälzholz* DStR 2013, 2637, 2640; *Sommer/Treptow* NJW 2013, 3269, 3270; aA *Peste/Michel* Stbg 2013, 366, 371).

Für den Partnerschaftsvertrag gilt ein Schriftformerfordernis gemäß § 3 Abs. 1 PartGG. Es ist daher nahe liegend dieses Schriftformerfordernis nach dem Rechtsgedanken des § 139 BGB auch auf den Umwandlungsbeschluss der Gesellschafter zu beziehen. Da die bisherige GbR gerade nicht aufgelöst oder liquidiert sondern durch die Partnerschaftsgesellschaft fortgeführt wird, bedarf es auch keiner diesbezüglichen Regelungen. Die Haftungsprivilegien gemäß § 8 Abs. 2, 3 und 4 PartGG (vergleiche dazu *Sommer/Treptow/Dietelmeier* NJW 2011, 1551) setzen das Bestehen einer Partnerschaftsgesellschaft voraus. Da diese Dritten gegenüber gemäß § 7 Abs. 1 PartGG erst mit der Eintragung im Partnerschaftsregister entsteht, bleibt es für alle bis zur Eintragung im Partnerschaftsregister entstandenen Haftungsansprüche beim Haftungsregime der GbR. Es sind also auch die Vorschriften zur Nachhaftung für einen Zeitraum von 5 Jahren gemäß § 736 Abs. 1, 2 BGB iVm §§ 159, 160 HGB anzuwenden (*Wälzholz* DStR, 2013 2637, 2640; *Henssler* AnwBl 2013, 96, 99 mwN)

2. Die Umwandlung bedarf eines einstimmigen Gesellschafterbeschlusses, wenn der Gesellschaftsvertrag für Umwandlungen nicht eine explizite Regelung enthält, die eine Mehrheitsentscheidung zulässt. Aus dem Rechtsgedanken des § 45d Abs. 2 UmwG dürfte folgen, dass zumindest eine Entscheidung mit ¾-Mehrheit erforderlich ist.

3. § 8 Abs. 4 S. 3 iVm § 3 Abs. 2 Nr. 1 PartGG.

4. § 3 Abs. 2 Nr. 1 PartGG.

5. Nach § 3 Abs. 2 Nr. 2 PartGG sind lediglich die Namen, Vornamen, Wohnort und die in der Partnerschaft aus geübten Berufe der Partner im Partnerschaftsvertrag aufzuführen. Demgegenüber ist gemäß § 4 Abs. 1 S. 2 PartGG für die Anmeldung zum Partnerschaftsregister zusätzlich das Geburtsdatum anzugeben.

6. § 3 Abs. 2 Nr. 3 PartGG.

7. Zwar entsteht die Partnerschaftsgesellschaft im Verhältnis zu Dritten erst mit ihrer Eintragung in das Partnerschaftsregister (§ 7 Abs. 1 PartGG), jedoch steht es den Partnern frei im Innenverhältnis den Stichtag für die Geltung der Regelungen des neuen Gesellschaftsvertrages frei zu wählen (Henssler/Prütting/*Henssler* PartGG § 7 Rn. 6 ff.; MüKoBGB/Ulmer/*Schäfer* PartGG § 7 Rn. 5; aA Michalski/*Römermann* § 7 Rn. 4 f.).

8. Die Partnerschaftsgesellschaft bedarf zu ihrer Wirksamkeit der Eintragung im Partnerschaftsregister (§ 7 PartGG). Die Anmeldung zum Partnerschaftsregister hat – vorbehaltlich einer notariell beglaubigten Registervollmacht – durch sämtliche Partner zu erfolgen (§ 4 Abs. 1 PartGG).

9. Die Regelung erleichtert die Abwicklung von Anmeldungen zum Partnerschaft Register, vor allem in größeren Partnerschaftsgesellschaften. Aufgrund der Verweisung auf § 108 HGB in § 4 Abs. 1 S. 1 PartGG müssen alle Anmeldungen, die in den Angelegenheiten einer Partnerschaftsgesellschaft erfolgen von sämtlichen Partnern unterzeichnet werden. Die Erteilung einer Registervollmacht erleichtert daher die Abwicklung insbesondere im Hinblick auf den Eintritt von jungen und das Ausscheiden von älteren Partnern.

24. Umwandlung einer GbR in eine PartGmbB – Anmeldung zum Partnerschaftsregister

Amtsgericht . . . . . .

– Partnerschaftsregister –

Partnerschaftsregistersache Neueintragung[1]

. . . . . . Partnerschaft von Rechtsanwälten mbB

1. Wir, die unterzeichnenden, haben mittels Identität waren dem Wechsel der Rechtsform der . . . . . . GbR eine Partnerschaftsgesellschaft mit dem Namen

. . . . . . Partnerschaft von Rechtsanwälten mbB

errichtet.

2. Zweck der Gesellschaft ist die Erbringung von Beratungsleistungen als Rechtsanwälte.

3. Die Partnerschaftsgesellschaft hat ihren Sitz in . . . . . . [Anschrift].

4. Für die Partnerschaftsgesellschaft ist jeder Partner einzeln vertretungsberechtigt.

5. An der Partnerschaftsgesellschaft sind die folgenden Personen beteiligt, die in der Partnerschaftsgesellschaft wie bezeichnet jeweils den Beruf eines Rechtsanwalts ausüben:

Rechtsanwalt . . . . . . [Name, Vorname, Geburtsdatum, Wohnort, ausgeübter Beruf],

Rechtsanwalt . . . . . . [Name, Vorname, Geburtsdatum, Wohnort, ausgeübter Beruf],

Rechtsanwältin . . . . . . [Name, Vorname, Geburtsdatum, Wohnort, ausgeübter Beruf].

Die vorbezeichneten Partner sind für die Partnerschaftsgesellschaft jeweils einzelvertretungsberechtigt. Die Unterzeichnenden erklären hiermit, dass berufsrechtliche Vorschriften einer Eintragung der Partnerschaftsgesellschaft nicht entgegenstehen.

6. Gemäß[2] § 4 Abs. 1 S. 3, Abs. 3, § 8 Abs. 4 PartGG ist die Bescheinigung des Berufshaftpflichtversicherers der Partnerschaft nach § 113 Abs. 2 VVG beigefügt.

. . . . . ., den . . . . . .

. . . . . .

(Unterschriften)

Beglaubigungsvermerk[3]

Anmerkungen

1. Gemäß § 4 PartGG ist die Partnerschaftsgesellschaft zum Partnerschaftsregister anzumelden. Die Anmeldung muss den Namen und den Sitz der Partnerschaft, den Gegenstand der Partnerschaft, die Namen, die Vornamen, das Geburtsdatum, den Wohnort sowie den freien Beruf, den der jeweilige Partner innerhalb der Partnerschaft ausübt, sowie Angaben über die Vertretungsverhältnisse der Partner enthalten.

2. Die Pflicht zur Beifügung der Versicherungsbescheinigung gemäß § 113 VVG ergibt sich für Partnerschaftsgesellschaften mit beschränkter Berufshaftung unmittelbar aus § 4 Abs. 3 PartGG.

3. Die Gebühren bestimmen sich nach §§ 105, 106 GNotKG iVm KV Nr. 21201.

„Umwandlung" einer PartG in eine PartGmbB

25. „Umwandlung" einer PartG in eine PartGmbB – Umwandlungsbeschluss

§ 1 Sachstand[1, 2]

(1) An der Partnerschaftsgesellschaft unter dem Namen . . . . . . & Partner mit dem Sitz in . . . . . ., eingetragen im Partnerschaft Register des Amtsgerichts . . . . . . unter PR-Nr. . . . . . . sind beteiligt

Rechtsanwalt . . . . . ., [Anschrift]
Rechtsanwalt . . . . . ., [Anschrift]
Rechtsanwältin . . . . . ., [Anschrift].

(2) Gegenstand der Gesellschaft ist die gemeinsame Berufsausübung der freiberuflichen Tätigkeit der Gesellschafter als Rechtsanwälte.

(3) Mit diesem Beschluss soll die Partnerschaftsgesellschaft mit Vorliegen der gemäß § 8 Abs. 4 PartGG erforderlichen Haftpflichtversicherung als eine Partnerschaftsgesellschaft mit beschränkter Berufshaftung fortgeführt und der Name der Partnerschaftsgesellschaft entsprechend geändert werden.

§ 2 Umwandlung

Unter Verzicht auf alle gesetzlichen und gesellschaftsvertraglichen Form- und Fristvorschriften über die Einberufung und Abhaltung von Gesellschafterversammlungen halten wir eine Gesellschafterversammlung der Partnerschaftsgesellschaft . . . . . . Partnerschaft von Rechtsanwälten mit Sitz in . . . . . . ab und beschließen einstimmig, was folgt:

(1) Die Partnerschaftsgesellschaft wird unter der Wahrung der Identität des Gesellschafterbestandes und des bestehenden Gesamthandsvermögens als eine Partnerschaftsgesellschaft mit beschränkter Berufshaftung fortgeführt.[3]

(2) Die Partnerschaftsgesellschaft führt den Namen

. . . . . . Partnerschaft von Rechtsanwälten mbB.

(3) § . . . . . . des Partnerschaftsvertrages wird neu gefasst[4] und lautet nunmehr:

„Die Partnerschaftsgesellschaft führt den Namen . . . . . . Partnerschaft von Rechtsanwälten mbB."

(4) Die Umwandlung wird durch die Eintragung der Änderung des Namens der Partnerschaft in das Partnerschaftsregister gemäß §§ 4, 5 und 8 Abs. 4 PartGG durchgeführt.

(5) Die Gesellschafter verpflichten sich, sämtliche zur Durchführung des Formwechsels notwendigen Erklärungen abzugeben, insbesondere die Anmeldung zum Partnerschaftsregister in notariell-beglaubigter Form unverzüglich zu unterzeichnen.

(6) Weitere Beschlüsse werden nicht gefasst. Wir verzichten auf die Anfechtung der vorgenannten Beschlüsse.

. . . . . ., den . . . . . .

. . . . . .

(Unterschriften)

Anmerkungen

1. Das Formular regelt den Wechsel einer bestehenden Partnerschaftsgesellschaft ohne Haftungsbeschränkung zu einer Partnerschaftsgesellschaft mit beschränkter Berufshaftung gemäß § 8 Abs. 4 PartGG. Da die Partnerschaftsgesellschaft umwandlungsfähiger Rechtsträger im Sinne von § 191 UmwG ist, käme – zur Erreichung einer möglichst vollständigen Haftungsbeschränkung – auch der umwandlungsrechtliche Formwechsel in eine Rechtsanwalts-GmbH in Betracht.

2. Noch nicht abschließend geklärt ist, ob es für die Veränderung des Status eines Gesellschafterbeschlusses der Partnerschaftsgesellschaft bedarf. Bei der Veränderung des Status der bestehenden Partnerschaftsgesellschaft als Partnerschaft ohne Haftungsprivilegierung in den Status einer Partnerschaftsgesellschaft mit beschränkter Berufshaftung gemäß § 8 Abs. 4 PartGG handelt es sich nicht um einen Umwandlungsvorgang nach dem UmwG, da der Rechtscharakter einer Partnerschaftsgesellschaft erhalten bleibt, sondern nur das Haftungsprivileg einer beschränkten Haftung für berufliche Pflichtverletzungen durch Abschluss einer entsprechenden Versicherung erzielt wird. Nach dem Wortlaut des Gesetzes in § 8 Abs. 4 S. 1 PartGG tritt die Haftungsbeschränkung allein durch das Unterhalten einer zu diesem Zweck durch Gesetz vorgegebene Berufshaftpflichtversicherung, also auch ohne die in § 8 Abs. 4 S. 3 PartGG vorgesehene Ergänzung des Namens der Partnerschaft ein. Der Abschluss eines derartigen Versicherungsvertrages allein dürfte als Geschäfte der laufenden

Verwaltung und gerade nicht allein als Grundlagengeschäft (dazu MüKoBGB/Ulmer/*Schäfer* § 709 Rn. 10 ff.) zu qualifizieren sein (*Henssler* Anwaltsblatt 2014, 96, 98). Dennoch spricht meines Erachtens Einiges dafür, dass ein Gesellschafterbeschluss zu fassen ist. Dies folgt zum einen daraus, dass für die Änderung des Partnerschaftsvertrages im Hinblick auf den Namenszusatz „mit beschränkter Berufshaftung" ein Gesellschafterbeschluss erforderlich ist. Darüber hinaus läuft der mit dem Abschluss einer entsprechenden Versicherung verfolgte Zweck der Haftungsbeschränkung auf das Gesellschaftsvermögen der, wenn die Haftungsbeschränkung nicht mit entsprechender Registerpublizität versehen wird. Wird die gerade bezweckte Haftungsbeschränkung Dritten gegenüber nämlich nicht publik gemacht, läuft die Regelung in § 8 Abs. 4 S. 1 PartGG deshalb leer wird 3. abstrakter Vertrauensschutz dadurch gewährt, dass sie sich aufgrund des Registerinhalts darauf berufen können, dass ihnen gegenüber gerade keine Haftungsbeschränkung publiziert wurde und daher eine Haftung nach Rechtsscheinsgrundsätzen besteht (Henssler/Prütting/*Henssler* § 8 Rn. 69 am Ende und Rn. 71 f.). Soll dieses Risiko vermieden werden, bedarf es gerade zur Herstellung der Publizität der Haftungsbeschränkung der korrespondierenden Änderung des Namens der Partnerschaft, die ihrerseits nur durch einen Gesellschafterbeschluss (und dessen Vollzug im Partnerschaftsregister) herbeigeführt werden kann. Die gewünschte haftungsbeschränkende Wirkung kann daher nur durch die Kombination des Abschlusses einer entsprechenden Haftpflichtversicherung und eines Gesellschafterbeschlusses über die Änderung des Namens der Partnerschaft erzielt werden. Gerade dann ist der Gesellschafterbeschluss aber auch stets erforderlich (*Wälzholz* DstR 2013, 2637, 2640; *Leitzen* DNotz 2013, 596; *Pestke/Michel* Stbg 2013, 371; *Uwer/Roeding* AnwBl 2013, 309, 311; aA *Sommer/Treptow* NJW 2013, 3269, 3270). Im übrigen würde sich ein geschäftsführender Gesellschafter im Innenverhältnis schadenersatzpflichtig machen, wenn einerseits die notwendige Haftpflichtversicherung abschließt andererseits aber den zum Wirksamwerden der Haftungsbeschränkung im Außenverhältnis notwendigen Gesellschafterbeschluss nicht herbeiführt (so i.Erg *Sommer/Treptow* NJW 2013, 3269, 3270).

3. Das neu gefasste PartGG enthält keine ausdrückliche Vorschrift darüber, wie das Haftungsregime übergeleitet wird. Für Mandate, die vor der Eintragung der Haftungsbeschränkung angenommen wurden, greift diese daher nicht. Allerdings ist davon auszugehen, dass hier wenigstens die Grundsätze über die Begrenzung der Nachhaftung in Personengesellschaften Anwendung finden. Die Haftung für Altverbindlichkeiten endet daher 5 Jahre nach der Eintragung der Haftungsbeschränkung im Partnerschaftsregister in entsprechender Anwendung von § 736 BGB, § 160 HGB und § 10 Abs. 2 PartGG (*Sommer/Treptow* aaO; *Wälzholz* aaO)

4. Die Neufassung des Partnerschaftsvertrages bedarf gemäß § 3 Abs. 1 PartGG der Schriftform.

26. „Umwandlung" einer PartG in eine PartGmbB – Anmeldung zum Partnerschaftsregister

Amtsgericht . . . . . .

– Partnerschaftsregister –

PR . . . . . .

Partnerschaftsregistersache Änderung des Namens

. . . . . . Partnerschaft von Rechtsanwälten mbB

Zur Eintragung ins Partnerschaftsregister melden wir[1] an:

der Namen der Partnerschaft ist geändert.

Der Name der Partnerschaft lautet nunmehr:

. . . . . . Partnerschaft von Rechtsanwälten mbB

Gemäß § 4 Abs. 1 S. 3, Abs. 3, § 8 Abs. 4 PartGG ist die Bescheinigung des Berufshaftpflichtversicherers der Partnerschaft nach § 113 Abs. 2 VVG beigefügt.

. . . . . ., den . . . . . .

. . . . . .

(Unterschriften)

Beglaubigungsvermerk[2]

Anmerkungen

1. Die Anmeldung zum Partnerschaftsregister muss grundsätzlich gemäß § 4 Abs. 1 PartGG iVm § 108 HGB durch sämtliche Partner erfolgen. Auch hier empfiehlt sich die Erstellung und Nutzung einer allgemein für alle Anmeldungen beim Partnerschaftsregister ausgestellten Registervollmacht der Partner.

2. Die Gebühren bestimmen sich nach §§ 105, 106 GNotKG iVm KV Nr. 21201.

C. Altersvorsorge und Vermögensnachfolge

Anwaltliches Versorgungswerk und Befreiung von der gesetzlichen Rentenversicherung

I. Vorbemerkungen

Persönliche Vorsorge und Versicherungen sind für den freien Beruf ein wichtiges Thema. Eigentliches Produktionsmittel des Anwalts sind sein Gehirn und seine fünf Sinne. Mit ihnen verdient er seinen Lebensunterhalt; fallen sie aus, gibt es keinen Ersatz. Also muss Vorsorge getroffen werden, sowohl für den Fall der Berufsunfähigkeit als auch des Alters, schließlich auch für Hinterbliebene im Fall des Todes. Obwohl aktuelle Sozialpolitik die bestehenden Systeme zu verwischen droht, so ist doch die traditionelle Unterscheidung sinnvoll: Es sind drei Säulen der Vorsorge denkbar. Die erste Säule befasst sich mit einer Grundversorgung auf breiter Basis. Sie wird ergänzt durch eine zweite Säule, welche an Arbeitgeberzusagen anknüpft. Und schließlich gibt es eine dritte Säule, die dem privaten Engagement der Einzelnen Rechnung trägt. Die zweite Säule ist für Anwälte kaum relevant. Die dritte Säule bezieht sich auf die private Vorsorge zB durch Lebensversicherungen, Immobilien oder andere Anlagen oder durch den Wert der eigenen Praxis. Der vorliegende Abschnitt befasst sich jedoch ausschließlich mit der ersten Säule. Sie wird in Deutschland vor allem durch die Deutsche Rentenversicherung, die Beamtenversorgung und die Berufsständischen Versorgungseinrichtungen dargestellt. Zwar gibt es nicht wenige Rechtsanwältinnen und Rechtsanwälte, die – nach einer Beamtenkarriere – beamtenrechtliche Versorgungsanwartschaften ihr Eigen nennen können. Sie sind aber ein für die Anwaltschaft letztlich untypisches Versorgungsgebiet. Deswegen beziehen sich die nachfolgenden Ausführungen allein auf die Deutsche Rentenversicherung und die Anwaltsversorgungswerke. Unter dem Vorsorgeaspekt besteht nach überlieferter Denkweise ein grundsätzlicher Unterschied zwischen Selbstständigen und abhängig Beschäftigten. Letztere gelten als schutzbedürftig und unterliegen seit Bismarck'schen Zeiten einem Zwang durch Pflichtversicherung. Der Selbstständige sorgte für sich selbst vor. Deswegen ist die erste Säule ursprünglich nur ein Instrument für die Angestellten- und Arbeiterschaft. Allerdings ist schon früh erkannt worden, dass auch Selbstständige schutzbedürftig sein können. Deswegen gibt es zB eine Pflichtversicherung für selbstständige Lehrer schon seit dem Jahre 1899/1911 (Nachweise bei: *Bente*, Selbstständige Lehrer in der gesetzlichen Rentenversicherung, 2008, S. 6–11). Und in der Weimarer Zeit haben die Berufsstände der bayerischen Ärzte und Apotheker erkannt, dass es sinnvoll sein kann, eigene Pflichtsysteme für Selbstständige zu schaffen. Diese Einrichtungen sind der erste historische Anknüpfungspunkt für eine inzwischen in ganz Deutschland flächendeckend vorhandene Pflichtversorgung der ersten Säule für die klassischen verkammerten Freien Berufe, und damit auch der Anwaltschaft. Ihre Versorgungswerke existieren im Wesentlichen seit den beiden letzten Dekaden des vorigen Jahrhunderts. Die sozialpolitische Entwicklung der letzten Jahrzehnte hat immer mehr Selbstständige auch außerhalb dieses Kreises in die Pflichtversicherung der ersten Säule einbezogen. Das gilt vor allem auch für arbeitnehmerähnliche Selbstständige. Sozialpolitische Projekte wie die Bürgerrente oder die Erwerbstätigenversicherung haben letztlich denselben Hintergrund, nämlich die Einbeziehung aller in ein allgemeines Rentenversicherungssystem. Vor diesem Hintergrund hat sich das Befreiungsrecht von der gesetzlichen Rentenversicherungspflicht der in Unternehmen angestellten Anwälte zu Gunsten der Versicherung in ihrem Versorgungswerk zu einem hervorgehobenen neuralgischen Punkt an der Schnittstelle nicht nur zwischen zwei Alterssicherungssystemen, sondern auch zu der Frage entwickelt, in welchem Verhältnis Selbstständigkeit und fachlich-inhaltliche Unabhängigkeit zueinander stehen. Angesichts der gegenwärtigen Entwicklung wird die Darstellung dieses Problembereichs nachfolgend den größten Umfang einnehmen müssen.

Die folgende Darstellung bezieht sich auch auf ein Grenzgebiet: das der Berufsständischen Versorgung einerseits, welches als besonderes Verwaltungsrecht im Streitfall vor den Verwaltungsgerichten ausgetragen wird, und das der gesetzlichen Rentenversicherung andererseits, für das die Sozialgerichte zuständig sind. Da Mitgliedschaft in beiden Systemen entstehen kann, sind die Kollisionsregeln hierzu von besonderem Interesse. Dabei ist auch ein Kulturunterschied zu betrachten: die gesetzliche Rentenversicherung ist als Massenverwaltung deutlich auf die Verwendung im Einzelnen vorgesehener Formulare angewiesen, während in den Versorgungswerken als berufsständische Einrichtungen der individuelle Schriftwechsel abseits der Formulare eher vertraut ist.

II. Selbstständige Rechtsanwälte in der gesetzlichen Rentenversicherung

1. Einkommensmeldung für arbeitnehmerähnliche Selbstständige, § 2 Abs. 1 Ziff. 9 SGB VI (falls Status feststeht – sonst Anfrageverfahren gemäß → Form. C. I. 3)

An

Deutsche Rentenversicherung Bund

10704 Berlin

vorab durch Telefax 030/865 27240

Betr.: Versicherungsnummer . . . . . .

Sehr geehrte Damen und Herren,

ich bin als Selbstständiger[1] nach § 2 Ziffer 9 SGB VI tätig. Ich habe im Wesentlichen nur einen Auftraggeber[2] und beschäftige keinen versicherungspflichtigen Angestellten.

Zur Beitragsbemessung benenne ich mein monatliches Einkommen mit . . . . . . EUR.[3] Unterlagen, die dies belegen, füge ich anliegend in Kopie bei.

Mit freundlichen Grüßen

. . . . . .

(Unterschrift)

Anmerkungen

1. Die Vorstellung, der selbstständige Anwalt habe mit der gesetzlichen Rentenversicherung nichts zu tun, ist überholt. Nicht nur der junge Gründer einer Praxis, sondern auch der altgediente erfahrene Anwalt wird Konstellationen ins Auge fassen müssen, bei welchen seine Beitragspflicht in der Deutschen Rentenversicherung drohen könnte. Gerade auf diesem Feld zeigt sich die Notwendigkeit, die rechtlichen Folgen eigenen beruflichen Tuns mit derjenigen professionellen Sorgfalt ins Auge zu fassen, die auch bei einem anwaltlichen Mandat üblich ist.

2. Arbeitnehmerähnliche Selbstständige sind „echte" Selbstständige (SG Lübeck 20.3.2009 – S 15 R 551/07). Gemeint sind damit Personen, die weisungsfrei, das heißt ohne in eine fremde Arbeitsorganisation integriert zu sein, auf eigene Rechnung und mit Gewinnerzielungsabsicht arbeiten und dabei aufgrund gesetzlicher Anordnung im SGB VI in der Deutschen Rentenversicherung pflichtversichert sind und an diese aus eigenen Mitteln Beiträge abführen müssen, solange sie nicht von der Versicherungspflicht nach § 6 SGB VI befreit sind. Zu beachten ist: „Scheinselbstständige" sind etwas völlig anderes. Sie sind in Wahrheit abhängig Beschäftigte. Also handelt dieses Kapitel nicht vom so genannten „Freien Mitarbeiter": Er wird in vielen Fällen Scheinselbstständiger sein, nämlich dann, wenn er in den Betrieb seines Auftraggebers eingegliedert und letztlich persönlich abhängig ist (§ 7 Abs. 1 S. 2 SGB IV). Nur wirklich echte Freie Mitarbeiter sind selbstständig. Aber als solche können sie eben arbeitnehmerähnliche Selbstständige sein. Das Gesetz gibt die Voraussetzungen vor: Der arbeitnehmerähnliche Selbstständige hat keine sozialversicherungspflichtigen Angestellten und im Wesentlichen nur einen Auftraggeber (§ 2 Abs. 1 Ziff. 9 SGB VI).

3. Dieses von der rot-grünen Koalition 1999 auf den Weg gebrachte Institut (BT-Drs. 14/1855, 8) hat sich inzwischen fest etabliert. Die scheinbar klare Vorgabe kann im Einzelfall Abgrenzungsschwierigkeiten bereiten. Voraussetzung ist ein versicherungspflichtiger Angestellter. Bislang reichte es deshalb nicht aus, dem Anwendungsbereich des § 2 Abs. 1 Ziff. 9 SGB VI dadurch zu entgehen, dass man einen versicherungsfreien Minijobber beschäftigte (BSG 23.11.2005 – B 12 RA 15/04 R, SozR 4-2600 § 2 Nr. 5). Seit dem 1.1.2013 sind allerdings geringfügige Beschäftigungsverhältnisse nicht mehr versicherungsfrei, sondern grundsätzlich versicherungspflichtig, solange nicht von der Möglichkeit des neuen § 6 Abs. 1b SGB VI Gebrauch gemacht wurde. Wer einen von den Einnahmen her ganz unbedeutenden zweiten Auftraggeber hat, entkommt der Vergütungspflicht ebenfalls nicht, wenn die hieraus erzielten Einkünfte nicht wenigstens 1/6 des gesamten Einkommens ausmachen. Das Erfordernis, im Wesentlichen nur für einen Auftraggeber tätig zu sein, wird von der Praxis nämlich als erfüllt angesehen, wenn der Betroffene mindestens 5/6 seiner gesamten Einkünfte aus den zu beurteilenden Tätigkeiten alleine aus einer dieser Tätigkeiten erzielt (LSG Sachsen-Anhalt 16.2.2012, L 1 R 213/08). Da der Gesetzgeber erkannt hat, dass derartige Einschränkungen die Gründungsfreude von Existenzgründern reduzieren kann, hat er eine temporäre Befreiungsmöglichkeit vorgesehen; dies allerdings nur für einen Übergangszeitraum von drei Jahren und das bei höchstens zwei Existenzgründungen im Leben (§ 6 Abs. 1a SGB VI).

2. Einkommensmeldung für selbstständige Lehrer, § 2 Abs. 1 Ziff. 1 SGB VI (falls Status feststeht – sonst Anfrageverfahren → Form. C. I. 3)

An

Deutsche Rentenversicherung Bund

10704 Berlin

vorab durch Telefax 030/865 27240

Betr.: Versicherungsnummer . . . . . .

Sehr geehrte Damen und Herren,

ich bin als Lehrer/Dozent[1]nach § 2 Ziffer 1 SGB VI tätig. Ich beschäftige im Zusammenhang mit meiner Lehrtätigkeit keinen versicherungspflichtigen Angestellten.[2]

Zur Beitragsbemessung benenne ich mein monatliches Einkommen mit . . . . . . EUR. Unterlagen, die dies belegen, füge ich anliegend in Kopie bei.

Mit freundlichen Grüßen

. . . . . .

(Unterschrift)[3, 4]

Anmerkungen

1. Eine ähnliche Gruppe bilden die versicherungspflichtigen selbstständigen Lehrer. Zwar mag es befremdlich erscheinen, wenn ein Anwalt als Lehrer bezeichnet wird. Inzwischen ist aber völlig unstrittig, wer insbesondere im Fortbildungsbereich Vorträge hält, auch wie ein Lehrer (Dozent) tätig ist.

2. Hierbei kommt es nicht auf die Zahl der Auftraggeber an, sondern allein darauf, ob eine Lehrtätigkeit ausgeübt wird. Die daraus gezogenen Einnahmen sind ebenfalls beitragspflichtig, wenn nicht im Zusammenhang mit der Lehrtätigkeit ein versicherungspflichtiger Beschäftigter angestellt ist. Insoweit gilt dasselbe wie beim arbeitnehmerähnlichen Selbstständigen. Wenn die Sekretärin in der Anwaltskanzlei also auch damit beschäftigt ist, die Referate des Anwalts vorzubereiten, den Text zu schreiben und Folien einzufügen sowie die Reise und den Aufenthalt zu organisieren, so wird es im Ernstfall wichtig sein, belegen zu können, dass diese Tätigkeit dem Entgeltumfang nach die Grenzen des Minijobbers überschreitet, wenn Versicherungspflicht in der gesetzlichen Rentenversicherung vermieden werden soll.

3. Hier gibt es auch kein Befreiungsrecht für Existenzgründer; ein generelles Befreiungsrecht für versicherungspflichtige selbstständige Lehrer gab es nur für einen Altbestand, welcher bei Einführung der verstärkten Kontrollpflichten bereits als Lehrer tätig gewesen war und anderweitig vorgesorgt hatte. Für Jüngere kommt das nicht mehr in Betracht. Ein Verstoß gegen den Gleichheitssatz liegt, wie das Bundessozialgericht (12.10.2000 – B 12 RA 2/99 R; 2.6.2005 – B 12 RA 6/04 R; 23.11.2005 – B 12 RA 9/04 R) entschieden hat, nicht vor.

4. Eine Befreiung von der Versicherungspflicht kommt allerdings in Betracht, wenn die Lehrtätigkeit vor Angehörigen des Freien Berufs ausgeübt wird (zB als Leiter von Arbeitsgemeinschaften für Referendare, Dozent im Rahmen der Fachanwaltsausbildung oder vor Rechtsanwaltsfachangestellten (vgl. *Jung/Horn* AnwBl. 2013, 420, 423). Außerhalb dieses Personenkreises ist es schwieriger, sich darauf berufen zu wollen, man habe eine Lehrtätigkeit als Anwalt ausgeübt (zustimmend: SG Münster Urt. v. 23.3.2012 – S 4 R 895/10, AnwBl. 2012, 772 m. Anm. *Horn*; ablehnend SG Köln Urt. v. 27.9.2012 – S 25 R 517/11). Dem SG Münster (aaO) zufolge liegen für eine Dozententätigkeit eines selbstständigen Rechtsanwalts an einer Universität die Befreiungsvoraussetzungen nach § 6 Abs. 5 S. 2 SGB VI für eine zeitliche befristete berufsfremde Tätigkeit vor; denkbar wäre dem Gericht zufolge aber auch eine berufsgruppenspezifische Befreiung nach § 6 Abs. 1 S. 1 Nr. 1 SGB VI aus dem Gedanken der „Rechtsvermittlung" heraus (Befreiungskriterium für Syndikusanwälte).

3. Anfrageverfahren, § 7a SGB IV

An

Deutsche Rentenversicherung Bund

Clearingstelle[1] für sozialversicherungsrechtliche Statusfragen

10704 Berlin

vorab durch Telefax 030/865 27240

Betr.: Versicherungsnummer . . . . . (falls schon vorhanden)

Sehr geehrte Damen und Herren,

hiermit beantrage ich nach § 7a SGB IV festzustellen,[2, 3] dass in Bezug auf mein Vertragsverhältnis mit

. . . . . (Name, Adresse des Auftraggebers)

eine abhängige Beschäftigung nicht vorliegt.[4]

Nach Ablauf der Monatsfrist: vorliegend beantrage ich hilfsweise Befreiung von der Versicherungspflicht nach § 6 Abs. 1 S. 1 Nr. 1 SGB VI (für anwaltliche Tätigkeit)/§ 6 Abs. 5 S. 2 SGB VI (für nichtanwaltliche, zeitlich befristete Tätigkeit).[5]

Mit freundlichen Grüßen

. . . . .

(Unterschrift)

Anmerkungen

1. Die Clearingstelle wird auf den Antrag hin ein Formular V027 „Antrag auf Feststellung des sozialversicherungsrechtlichen Status" übersenden, zusammen mit einer umfangreichen Erläuterung V028. Die Deutsche Rentenversicherung bietet den ganzen Formularsatz als Download (zip-Datei) im Internet an unter http://www.deutsche-rentenversicherung.de (Suchfunktion dort: Services; Formulare und Anträge; Versicherte, Rentner, Selbstständige; Vor der Rente; Formularpaket Statusfeststellung). Auf die Ausfüllung des Formulars und die unbedingte Richtigkeit der Inhalte sollte großen Wert gelegt werden, denn das Formular ist im Streitfall Grundlage der Akte und der nachfolgenden Beurteilung. Die Fragen sind zum Teil außerordentlich detailliert. So wird zB unter Ziffer 4 gefragt: „Bitte beschreiben Sie das zu beurteilende Auftragsverhältnis auf der Anlage zum Statusfeststellungsantrag zur Beschreibung des Auftragsverhältnisses (Vordruck C0031)". Also ist der Antrag mit einem nicht unerheblichen Papierkrieg verbunden, dessen Vorbereitung ihre Zeit braucht. Im Übrigen sollte der Auftraggeber sogleich über den Antrag unterrichtet werden.

2. Angesichts der (drohenden) Beitragspflichten ist es sinnvoll, frühzeitig zu klären, ob Versicherungspflicht besteht oder nicht. Mit der Reform aus dem Jahre 1999 und 2000 hat der Gesetzgeber deswegen das Anfrageverfahren nach § 7 a SGB IV eingeführt. Es soll Rechtssicherheit darüber geschaffen werden, ob der Auftragnehmer selbstständig tätig oder abhängig beschäftigt und damit sozialversicherungspflichtig ist. Es reicht aus, wenn einer der Beteiligten das Anfrageverfahren beantragt; der andere Beteiligte wird dann zum Verfahren hinzugezogen. Das Verfahren gewährt die Möglichkeit, über den einschlägigen Versicherungsstatus verbindliche Auskunft von der gesetzlichen Rentenversicherung zu erhalten. Dies schließt die Entscheidung über die Versicherungspflicht in der Kranken-, Pflege-, und Arbeitslosenversicherung ein. Es gibt zwar auch die Verfahren bei den Einzugsstellen nach § 28h Abs. 2 SGB IV und bei den Prüfstellen der Rentenversicherung nach § 28p SGB IV: sie kommen aber nicht mehr zur Anwendung, wenn bereits durch die zuständige Krankenkasse als Einzugsstelle oder einen Rentenversicherungsträger ein Verfahren zur Feststellung des Status durchgeführt oder eingeleitet wurde (zB durch Übersendung eines Fragebogens oder durch schriftliche Ankündigung einer Betriebsprüfung). Nach traditioneller Anschauung besteht eine gewisse Reserviertheit, dieses Mittel zu nutzen: Meldet man sich mit dem Antrag doch bei genau der Institution an, mit der man am liebsten nichts zu tun gehabt haben würde. Diese Anschauung dürfte aber schon wegen der Kontrolldichte der Prüfung nach § 28 p SGB IV überholt sein: Denn die Gefahr der Entdeckung ist groß, verbunden mit dem Nachteil, dass dann für möglicherweise längere Zeiträume rückwirkend Beiträge und Säumniszuschläge nachbezahlt werden müssen. Da die Regelverjährung im Sozialrecht vier Jahre beträgt (§ 25 SGB IV), im allgemeinen jedoch erst ab Jahresbeginn läuft, können beinahe fünf Beitragsjahre zusammenkommen, wenn nicht gar der Vorwurf des Vorsatzes erhoben wird mit der Folge, dass bis zu 30 Jahre nachträglich Beitragspflicht entstünde. Diese Erwägungen legen nahe, im Zweifel vom Anfrageverfahren Gebrauch zu machen.

3. Das Anfrageverfahren bei der Deutschen Rentenversicherung Bund ist grundsätzlich an keine Antragsfrist gebunden. Die Attraktivität des Verfahrens ergibt sich allerdings auch daraus, dass für das Entstehen von Beiträgen oder deren Fälligkeit hinausgeschobene Zeiträume vorgesehen sind, um die Zeit der Unklarheit nicht zu belasten. Allerdings setzt dies die Wahrung der hierfür gesetzlich vorgesehenen Frist von 1 Monat (§ 7a Abs. 6 SGB IV) ab Beginn des zu klärenden beruflichen Verhältnisses voraus. Nach Ablauf dieser Frist sollte jedes Anfrageverfahren eines Rechtsanwalts deshalb hilfsweise mit einem Befreiungsantrag (→ Form. C. I. 4) verbunden werden, für den Fall, dass durch die Statusfeststellung eine in der gesetzlichen Rentenversicherung versicherungspflichtige Tätigkeit festgestellt wird.

4. Beiträge, die aus beruflichem Einkommen eines Anwalts berechnet werden, müssen nicht an die deutsche Rentenversicherung gezahlt werden, wenn eine Befreiung von der gesetzlichen Rentenversicherungspflicht erfolgt ist. Die zentrale Vorschrift – Zuweisungsregelung zwischen berufsständischer Versorgung einerseits und Deutscher Rentenversicherung andererseits – findet sich in § 6 SGB VI. Diese „Magna Charta" der Versorgungswerke (vgl. *Kilger* DAV 2011, S. 651) gilt keineswegs nur für die Angestellten: Auch Selbstständige sind befreiungsberechtigt, wenn sie eine Versicherungspflicht in der gesetzlichen Rentenversicherung trifft (zB als Lehrer). Auch der arbeitnehmerähnliche Selbstständige kann also von der gesetzlichen Rentenversicherungspflicht befreit werden; naturgemäß nur dann, wenn seine selbstständige Tätigkeit Anwaltstätigkeit ist.

5. Ein Antrag auf Befreiung ist fristgebunden: Er wirkt nur ab Antragstellung (ex nunc). Eine Rückwirkung (ex tunc) ist nur ausnahmsweise dann gegeben, wenn der Befreiungsantrag ab Vorliegen der Voraussetzungen innerhalb von drei Monaten gestellt wird (§ 6 Abs. 4 SGB VI). Wer also eine Tätigkeit als arbeitnehmerähnlicher Selbstständiger oder als Lehrer aufnimmt, sollte die Dreimonatsfrist notieren und einhalten. Auch das stellt die oben bereits erwähnte Notwendigkeit dar, mit der Behörde, die den Betreffenden möglicherweise später mit erheblichen Folgen nachträglich vereinnahmt, sogleich und rechtzeitig in Verbindung zu treten.

4. Pflichtversicherung auf Antrag, § 4 SGB VI

An

Deutsche Rentenversicherung Bund

10704 Berlin

vorab durch Telefax 030/865 27240

Betr.: Versicherungsnummer[1, 2] (falls vorhanden)

Sehr geehrte Damen und Herren,

hiermit beantrage ich . . . . . . die Versicherungspflicht in der gesetzlichen Rentenversicherung auf Antrag nach § 4 SGB VI.

Ich bin nicht nur vorübergehend selbstständig tätig. Seit der Aufnahme der selbstständigen Tätigkeit oder dem Ende einer Versicherungspflicht aufgrund dieser Tätigkeit liegen noch keine fünf Jahre zurück.

Mit freundlichen Grüßen

. . . . . .

(Unterschrift)

Anmerkungen

1. Selbstständige können auch von sich aus „auf Antrag" die Versicherungspflicht bei der Deutschen Rentenversicherung begründen (§ 4 SGB VI). Sie kann innerhalb von fünf Jahren nach Aufnahme der selbstständigen Tätigkeit beantragt werden. Auch hier beginnt die Versicherungspflicht einen Tag nach Antragstellung. Allerdings handelt es sich dann um eine echte Pflichtversicherung. Sie ist nicht kündbar. Die Versicherungspflicht endet mit dem Ablauf des Tages, an dem die Voraussetzungen der Versicherungspflicht wegfallen. Da zu den Voraussetzungen die konkrete Aufnahme einer selbstständigen Tätigkeit gehört, beendet deren Wegfall auch die Pflichtmitgliedschaft. Ein Antragspflichtversicherter, der diese Pflichtversicherung in Kenntnis einer bereits zuvor bestehenden Pflichtmitgliedschaft in einem berufsständischen Versorgungswerk beantragt hat, kann vorbehaltlich einer wesentlichen Änderung in den persönlichen Verhältnissen keine Befreiung mehr von der selbst beantragten Pflichtversicherung in der gesetzlichen Rentenversicherung beanspruchen (LSG NS-Bremen Urt. v. 16.6.2010 – L 2 R 344/07). Der Betreffende hat sich nämlich dann in Widerspruch zu seinem vorausgegangenen Verhalten gesetzt („venire contra factum proprium" = BSG Urt. v. 9.12.1987 – 12 RK 15/80, SozR 2400 § 7 Nr. 4).

2. Der Beitrag beträgt für Berufsanfänger, genauer für die ersten drei Kalenderjahre nach dem Jahr der Aufnahme der selbstständigen Tätigkeit, den so genannten halben Regelbeitrag, was 2014 in den alten Bundesländern monatlich 261,29 EUR und in den neuen Bundesländern 221,60 EUR ausgemacht hat. Im Übrigen kann ohne Rücksicht auf das Arbeitseinkommen auch der volle Regelbeitrag bezahlt werden, was das Doppelte der erwähnten Beträge ausmacht. Wer niedrigeres oder höheres Arbeitseinkommen nachweist, kann auch niedrigere oder höhere Beiträge bis zur Beitragsbemessungsgrenze bezahlen.

5. Antrag auf Gewährung von Kindererziehungszeiten, § 54 SGB VI

An

Deutsche Rentenversicherung Bund

10704 Berlin

vorab durch Telefax 030/865 27240

Betr.: Versicherungsnummer[1, 2] (falls vorhanden)

Sehr geehrte Damen und Herren,

hiermit beantrage ich die Gewährung von Kindererziehungszeiten nach den Vorschriften des SGB VI. Zwar habe ich Anwartschaften in einer berufsständischen Versorgungseinrichtung. Da ich Kinder erzogen habe, habe ich jedoch zusätzlich Pflichtversicherungszeiten in der gesetzlichen Rentenversicherung[3] erworben.

Bitte senden Sie mir die für die Feststellung der Kindererziehungszeiten erforderlichen Formulare zu, ggf. auch die Formulare für den Antrag auf Kontenklärung und die Zuordnung der Kindererziehungszeiten. Sollten diese die Wartezeit nach § 56 SGB VI nicht erfüllen, wird Antrag auf Auffüllung auf insgesamt 60 Monate hiermit vorsorglich beantragt.

Mit freundlichen Grüßen

. . . . . .

(Unterschrift)

Anmerkungen

1. Kindererziehungszeiten sind erstmals mit dem HEZG im Jahr 1986 (Schlagwort: Babyjahr) eingeführt worden. Ihr Zweck ist es, ein Absinken der Anwartschaften der gesetzlichen Rentenversicherung zu verhindern oder abzumildern, welches allein durch die Erziehung von Kindern verursacht ist. Danach wird, gestaffelt nach Geburtsjahrgang, der Mutter oder dem Vater eines Kindes entweder für ein Jahr/künftig zwei Jahre (§ 249 SGB VI) oder für drei Jahre, nämlich für alle ab 1992 geborene Kinder (§ 56 SGB VI), eine Gutschrift erteilt. Kindererziehungszeiten werden dabei in der gesetzlichen Rentenversicherung wie Pflichtbeitragszeiten eines Durchschnittsverdieners bewertet. Diese sinnvolle sozialpolitisch begründete Last wird von der Allgemeinheit dadurch getragen, dass die Beitragsleistung für Kindererziehungszeiten gegenüber der gesetzlichen Rentenversicherung vom Bund übernommen wird (§ 177 SGB VI). Dieser hat sich bislang allerdings stets geweigert, entsprechende Beitragszahlungen auch zugunsten berufsständischer Versorgungswerke vorzunehmen. Von daher erhielten nach früherem Recht berufsständisch versicherte Mütter oder Väter, die als Angestellte tätig waren und sich von der gesetzlichen Rentenversicherung hatten befreien lassen, überhaupt keine Kindererziehungszeiten. Erst durch ein Urteil des Bundessozialgerichts (31.1.2008 – B 13 R 64/06 R, SozR 4-2600 § 56 Nr. 6) wurde die gesetzliche Rentenversicherung im Jahre 2008 aus Gleichbehandlungsgründen (Art. 3 GG) verpflichtet, in ihrem eigenen Versorgungssystem Kindererziehungszeiten für Mitglieder berufsständischer Versorgungseinrichtungen anzuerkennen. In der Folge hat der Gesetzgeber durch das dritte Gesetz zur Änderung des IV. Buches Sozialgesetzbuch und anderer Gesetze vom 10.8.2010 (BGBl. I, S. 1127 ff.) den § 56 Abs. 4 SGB VI so geändert, dass er der Rechtsprechung des BSG genügt.

2. Auch Anwältinnen und Anwälte erhalten somit Kindererziehungszeiten in der Deutschen Rentenversicherung, selbst dann, wenn sie dort sonst keine Anwartschaften begründet haben. Die Kindererziehungszeit wird demjenigen Elternteil angerechnet, dem die Erziehungszeit zugeordnet ist. Es besteht dabei auch die Möglichkeit, die Erziehungszeit monatlich zwischen den Eltern aufzuteilen. Beispiel: In den ersten zwölf Lebensmonaten des Kindes wird die Erziehungszeit der Mutter, im zweiten Jahr dem Vater und im dritten Jahr wieder der Mutter zugeordnet. Die Zuordnung von Kindererziehungszeiten (an Mutter und/oder Vater) setzt eine übereinstimmende Erklärung über die Zuordnung von Kindererziehungszeiten gegenüber der Deutschen Rentenversicherung voraus. Das dazu notwendige Antragsformular (V800) kann über das Download-Center der Deutschen Rentenversicherung abgerufen werden. Es empfiehlt sich immer, diese

Erklärung rechtzeitig abzugeben. Erfolgt sie nicht, wird die Erziehungszeit der Mutter zugewiesen.

3. In diesem Zusammenhang können auch eventuell bereits zurück gelegte Versicherungszeiten bei der gesetzlichen Rentenversicherung eine Rolle spielen. Altersrente erhält nämlich nur, wer eine bestimmte Wartezeit erfüllt hat. Das sind in der gesetzlichen Rentenversicherung mindestens 60 Monate Beitragszeit (§ 50 SGB VI). Da Kindererziehungszeiten diese Voraussetzung erfüllen, können fünf/künftig drei vor 1992 geborene Kinder (nämlich 5 × 12 Monate bzw. 3 × 24) oder zwei ab 1992 geborene Kinder (nämlich 2 × 36 Monate) diese Zeitvorgabe erfüllen. Damit allerdings nicht genug: Der Gesetzgeber hat für die, die weniger Kinder haben, die Möglichkeit der Auffüllung von Versicherungszeiten geschaffen (§ 7 Abs. 1 SGB VI). Es lohnt sich also, sich um diese Möglichkeit zu kümmern: Bei Einzahlung von wenigen Beiträgen für nur wenige Jahre kann eine Rente für mehrere Jahrzehnte herauskommen: Sie kann für jedes ab 1992 geborene Kind monatlich rund 78 EUR (alte Bundesländer) oder 69 EUR (neue Bundesländer) betragen. Das ist die Anerkennung des Steuerzahlers für von den Eltern geleistete Fürsorge und Erziehung ihrer Kinder.

III. Selbstständige Rechtsanwälte in der berufsständischen Versorgung

Pflichtversicherung

1. Vorbemerkungen

Gesetzliche Grundlagen. Berufsständische Versorgungseinrichtungen sind Ländersache. Es gibt also kein Bundesrechtsanwaltsversorgungswerk, sondern 15 rechtlich selbstständige Versorgungswerke für Rechtsanwälte in den Bundesländern und ein Anwaltsversorgungswerk als Teil der Rechtsanwaltskammer im Saarland. Sedes materiae ist damit nicht etwa das Sozialgesetzbuch, es sind vielmehr die einschlägigen Ländergesetze und die auf ihrer Grundlage erlassenen Satzungen (zu einer Gesamtdarstellung vgl. *Jung/Prossliner*, Die berufsständische Altersvorsorge über die Rechtsanwaltsversorgungswerke, in: Doetsch/Lenz/Jung, Anwaltsvorsorge, 2004, S. 45 ff.). Im Rahmen des vorliegenden Beitrags können nicht sämtliche Länderregelungen im Einzelnen geschildert werden. Das ist aber auch nicht nötig: Wenn auch im Einzelnen durchaus Unterschiede bestehen, so sind doch die Strukturen überall dieselben. Die nachfolgend am Beispiel des Versorgungswerks der Rechtsanwälte in Baden-Württemberg dargestellte Situation lässt sich deswegen auf die anderen Rechtsanwaltsversorgungswerke grundsätzlich übertragen. Nichts desto weniger ist es zwingend erforderlich, sich die für die eigene Praxis einschlägigen rechtlichen Grundlagen (Gesetz und Satzung) zu beschaffen und im Einzelnen zu überprüfen, ob die gegebenen Beispiele auch für die eigene Situation passen. Die Beschaffung dieser Grundlagen ist im Zeitalter des Internets kein Problem mehr, abgesehen davon, dass die Versorgungswerke ihren neuen Mitgliedern in aller Regel diese Grundlagen übermitteln, sobald sie von der Rechtsanwaltskammer die Mitteilung über eine Neuzulassung eines Anwalts/einer Anwältin erhalten haben.

2. Meldebogen beim Versorgungswerk

An

das Versorgungswerk der Rechtsanwälte

. . . . . .

(Adresse kann unter www.abv.de ermittelt werden: zuständig ist das Versorgungswerk im Bezirk der Rechtsanwaltskammer, die die Zulassung ausgesprochen hat)

Betr.: Meldung als Mitglied[1]

Sehr geehrte Damen und Herren,

hierdurch teile ich vorsorglich mit, dass mich die Rechtsanwaltskammer . . . . . . am . . . . . . mit Wirkung vom selben Tag zur Rechtsanwältin/zum Rechtsanwalt zugelassen hat.

Ich bin am . . . . . . geboren.[2] Bitte teilen Sie mir mit, welche Angaben und Unterlagen Sie zur Beitragsbemessung benötigen. Antrag auf Bemessung des Beitrags nach meinem persönlichen Einkommen wird vorsorglich sogleich gestellt.

Mit freundlichen Grüßen

. . . . . .

(Unterschrift)

Anmerkungen

1. Diese Meldung wird in aller Regel nur notwendig sein, wenn sich das Versorgungswerk nicht schon kurz nach der Anwaltszulassung von sich aus gemeldet hat. Denn im Normalfall unterrichtet die Kammer das Versorgungswerk über die Zulassung, so dass sich das Versorgungswerk in aller Regel binnen Kürze von sich aus meldet, weil die Pflichtmitgliedschaft im Rechtsanwaltsversorgungswerk (erste Säule!) mit der Kammerpflichtmitgliedschaft beginnt; und zwar kraft Gesetzes. Ein Antrag ist von daher formal nicht erforderlich. Der von den Versorgungswerken im Allgemeinen verlangte Meldebogen hat deswegen keine konstitutive Wirkung; er dient letztlich nur der Anlage des entsprechenden Datensatzes und der notwendigen Mitteilung über gegebenenfalls zusätzlich gestellte Anträge und Angaben über das Einkommen.

2. Pflichtmitglied des Versorgungswerks können in aller Regel jedoch nur Kammerpflichtmitglieder werden, die das 45. Lebensjahr noch nicht vollendet haben. Das ist nicht durchgängig so: Die Versorgungswerke in Sachsen und Bayern lassen regelmäßig auch Mitglieder höheren Alters zu. Diese divergierende Behandlung beruht ua auf unterschiedlichen Vorstellungen, wie weit man sich bei innerstaatlichen Sachverhalten an das koordinierende europäische Sozialrecht anlehnen möchte: Die Vorstellung von Europa ist, dass jeder dort versichert ist, wo er arbeitet. Die Kehrseite ist allerdings die Versicherungspflicht – welche in diesem Alter manchmal auch nicht willkommen sein mag. Wer also eine Umzulassung von Stuttgart nach München vornimmt, muss in jedem Fall von da an Mitglied im Versorgungswerk der Rechtsanwälte und Steuerberater in Bayern werden. Die Fortsetzung einer freiwilligen Mitgliedschaft in Baden-Württemberg reicht (im Gegensatz zu einer Umzulassung in andere Bundesländer) für eine Befreiung dort nicht aus. Wer also mit seiner Anwaltszulassung von einem Bundesland in das andere wechselt, sollte sich rechtzeitig über die jeweilige Rechtslage insbesondere im Zielbundesland orientieren.

3. Antrag auf Nachversicherung, § 186 SGB VI

An das

. . . . . .

(Behörde, die das Referendargehalt gezahlt hat)

Betr.: Personal-Nummer . . . . . .

Nachversicherung beim Versorgungswerk der Rechtsanwälte in (Namen)

(§ 8 Abs. 2 SGB VI und der entsprechenden Satzungsbestimmung des Versorgungswerks)

Sehr geehrte Damen und Herren,

ich beantrage, nach § 8 Abs. 2 SGB VI die Beiträge, die im Rahmen der Nachversicherung an die Deutsche Rentenversicherung Bund zu entrichten wären, an das

Versorgungswerk der Rechtsanwälte . . . . . .

unter Angabe meiner dortigen Mitgliedsnummer: . . . . . .

und des Verwendungszweckes zu überweisen.

Meine Mitgliedschaft besteht seit: . . . . . . (Tag der Aushändigung der Zulassungsurkunde)[1]

Ferner bitte ich, dem Versorgungswerk die Aufrechnungsbescheinigung nach § 8 Abs. 2 SGB VI über Beginn und Ende der versicherungsfreien Beschäftigungszeiten und über die Höhe der Brutto-Gehälter zu übersenden.[2]

Eine Kopie dieses Schreibens habe ich an das Versorgungswerk gesandt.

Mit freundlichen Grüßen

. . . . . .

(Unterschrift)

An das Versorgungswerk der Rechtsanwälte

. . . . . .

Betr.: Mitgliedsnummer . . . . . .

Hier: Nachversicherung nach § 186 SGB VI

Sehr geehrte Damen und Herren,

für meine Tätigkeit als . . . . . . bei . . . . . . habe ich bei meinem Arbeitgeber beantragt, die nach § 8 Abs. 2 SGB VI zu entrichtenden Beiträge, die im Rahmen der Nachversicherung an die Deutsche Rentenversicherung Bund zu zahlen wären, nach § 186 SGB VI zugunsten des Versorgungswerks abzuführen.

Ich beantrage, die Nachversicherung satzungsgemäß durchzuführen.

Mit freundlichen Grüßen

. . . . . .

(Unterschrift)[2]

Anmerkungen

1. Referendarinnen und Referendare sind nicht Mitglieder des Versorgungswerks: Erst die Kammermitgliedschaft nach der 2. Staatsprüfung macht sie dazu. Der Normgeber hat von daher bei allen Versorgungswerken die Möglichkeit der Nachversicherung vorgesehen. Auch sie geschieht aber nur auf Antrag, der seinerseits fristgebunden ist.

2. Diese Frist beträgt im Allgemeinen ein Jahr ab dem Ende des Referendardienstes (§ 186 Abs. 3 SGB VI). Durch diese Nachversicherung werden an das Versorgungswerk durch den ehemaligen Arbeitgeber die Beiträge nachbezahlt. Damit kann die Zeit des Referendardienstes nachträglich Versicherungszeit im Versorgungswerk werden, soweit das jeweilige Landesrecht seinen Referendarinnen und Referendare die Option einer Nachversicherung eingeräumt hat. Das gleiche gilt selbstverständlich auch für ehemalige Beamte, welche zu späterer Zeit noch als Rechtsanwalt tätig werden. Auch sie können auf Antrag nachversichert werden.

4. Fortgesetzte freiwillige Weiterversicherung: Fortsetzungsantrag

An das

Versorgungswerk der Rechtsanwälte

. . . . . .

vorab durch Telefax . . . . . .

Betr.: Mitgliedsnummer . . . . . .

Sehr geehrte Damen und Herren,

am . . . . . . hat meine Zulassung als Rechtsanwältin/Rechtsanwalt bei der Rechtsanwalts-kammer . . . . . . geendet.[1] Da nach den für das Versorgungswerk geltenden Vorschriften damit auch meine Mitgliedschaft im Versorgungswerk geendet hat, beantrage ich inner-halb der hierfür vorgesehenen Frist[2] hiermit die Fortsetzung der Mitgliedschaft.

Mit freundlichen Grüßen

. . . . . .

(Unterschrift)

Anmerkungen

1. Mit dem Tag der Beendigung der Mitgliedschaft in der Rechtsanwaltskammer (oder dem Ende des Monats, in welchen dieses Ereignis fällt) endet auch die Mitgliedschaft im Versorgungswerk: Sie ist insoweit streng akzessorisch. Da ein Mitglied aber nun Anwart-schaften im Versorgungswerk aufgebaut hat, hat es die Möglichkeit, seine Mitgliedschaft selbst dann fortzusetzen, wenn eine Kammerzulassung nicht mehr besteht. Dazu bedarf es jedoch eines fristgebundenen Antrags. Die Mitgliedschaft im Versorgungswerk nimmt dann ihren nahtlosen Fortgang, verbunden mit den gleichen Rechten und Pflichten wie bisher. Allerdings sehen viele Satzungen die zwangsweise Beendigung der insoweit freiwil-lig fortgesetzten Mitgliedschaft dann vor, wenn das Mitglied mit der Zahlung von Beiträgen über einen gewissen Zeitraum in Rückstand gerät.

2. Die Vorschriften in den 16 Rechtsanwaltsversorgungswerken hinsichtlich der ein-zuhaltenden Fristen zur Begründung einer fortgesetzten freiwilligen Weiterversicherung sind unterschiedlich (oftmals 6 Monate, vgl. § 10 Abs. 2 Satzung RA BW). Es empfiehlt sich von daher, sich durch rechtzeitige Kontaktaufnahme mit dem Versorgungswerk danach kundig zu machen. Im Normalfall hat das Versorgungswerk schon von sich aus das notwendige Informationsmaterial übermittelt, da es von der Rechtsanwaltskammer über das Zulassungsende informiert wurde. Dennoch sollte die Frist vorsorglich gewahrt werden. Ihre Versäumung ist in aller Regel nicht mehr reparabel. Das ist besonders dort fatal, wo das Mitglied bereits das 45. Lebensjahr vollendet hat und eine Neuaufnahme in ein Versorgungswerk bei Wiederzulassung wegen der in den meisten Rechtsanwaltsversorgungen geltenden 45-Jahresgrenze nicht mehr möglich wäre.

Beitragswesen

5. Einkommensmeldung bei Regelpflichtbeitrag

An das

Versorgungswerk der Rechtsanwälte

. . . . . .[1]

Mitgliedsnummer: . . . . . .

Sehr geehrte Damen und Herren,

bis auf Weiteres möchte ich den Regelpflichtbeitrag bezahlen.[2]

Mit freundlichen Grüßen

. . . . . .

(Unterschrift)

Anmerkungen

1. Steht die Mitgliedschaft fest, so ist ein Beitrag festzusetzen. Die Zahlung von Beiträgen bewirkt die Begründung von Anwartschaften. Die Versorgungswerke pflegen ein strenges Prinzip der Beitragsäquivalenz: Keine Leistung ohne entsprechenden Beitrag. Demgemäß ist auch die Zahlung einer Berufsunfähigkeitsrente daran geknüpft, dass zuvor Beiträge gezahlt worden sind. Also muss ein Mitglied Interesse daran haben, der alsbaldigen Beitragszahlung Sorge zu tragen.

2. Soll der Regelpflichtbeitrag gezahlt werden, muss zur Einkommenshöhe nichts mehr mitgeteilt werden, denn das Versorgungswerk setzt diesen Betrag durch Bescheid fest. Der Regelpflichtbeitrag entspricht in vielen Versorgungswerken dem Höchstbeitrag in der gesetzlichen Rentenversicherung, was, die aktuellen Verhältnisse zugrunde gelegt, rund 1.000 EUR monatlich ausmacht. Bei anderen Rechtsanwaltsversorgungswerken (zB Niedersachsen, Hessen, Sachsen-Anhalt) macht der Regelpflichtbeitrag dagegen nur die Hälfte aus. Die Unterschiede rühren aus den unterschiedlichen politischen Konstellationen in den Ländern bei Gründung des Versorgungswerks her. Wer den so festgelegten Beitrag nicht bezahlen kann, kann eine Anpassung an sein Einkommen beantragen. Dazu bedarf es allerdings der Vorlage eines Einkommensteuerbescheides oder entsprechender belastbarer Nachweise. Eine Reihe von Versorgungswerken verlangt auch einen Mindestbeitrag, während andere eine Reduzierung bis auf null zulassen.

6. Einkommensmeldung und –nachweis bei vermindertem Beitrag („Persönlicher Pflichtbeitrag") oder ohne Beitragszahlung

An das

Versorgungswerk der Rechtsanwälte

. . . . . .

Mitgliedsnummer: . . . . . .

Sehr geehrte Damen und Herren,

hierdurch stelle ich den Antrag auf eine einkommensbezogene Beitragsfestsetzung basierend auf meinen Einkünften aus selbstständiger Tätigkeit des vorletzten Kalenderjahres (Referenzjahr) für das laufende Kalenderjahr wie folgt: (Alternativen ankreuzen)

☐ Ich hatte im Referenzjahr Einkünfte aus selbständiger Tätigkeit[1] und füge zum Zwecke der Beitragsfestsetzung meinen Einkommensteuerbescheid für das Referenzjahr als Anlage bei (künftige Steuerbescheide werde ich zur jährlichen Beitragsfestsetzung unaufgefordert im Rahmen meiner satzungsgemäßen Mitwirkungsverpflichtung unverzüglich beschaffen und vorlegen).

☐ Ich hatte im Referenzjahr keine Einkünfte aus selbständiger Tätigkeit und möchte auf Basis meines zu erwartenden Monatseinkommen von geschätzt[2] . . . . . . EUR zur Beitragsfestsetzung herangezogen werden. Mir ist bekannt, dass ich künftige Steuerbescheide zur jährlichen Beitragsfestsetzung unaufgefordert im Rahmen meiner satzungsgemäßen Mitwirkungsverpflichtung unverzüglich zu beschaffen und vorzulegen habe.

Mit freundlichen Grüßen

. . . . . .

(Unterschrift)

Anmerkungen

1. Zur Festsetzung einkommensbezogener Beiträge muss der Einkommensteuerbescheid des jeweiligen Referenzjahres (vorletztes Kalenderjahr) bzw. solange dieser noch nicht vorliegt andere geeignete Belege zur Beitragsbemessung vorgelegt werden. Maßgebend sind die gesamten Jahreseinnahmen aus selbständiger Arbeit im Sinne des Einkommensteuergesetzes nach Abzug der Betriebsausgaben desselben Jahres und vor Abzug von Sonderausgaben, außergewöhnlichen Belastungen und Steuerfreibeträgen.

2. Das Einkommen kann geschätzt werden, wenn glaubhafte Einkommensangaben und Belege trotz Aufforderung unter Fristsetzung nicht vorgelegt werden. Die Festsetzung des Beitrages aufgrund einer Einkommensschätzung kann ggf. geändert werden, wenn das Mitglied innerhalb einer bestimmten Frist nach Zustellung des Beitragsbescheides glaubhaft macht, dass die Schätzung dem tatsächlichen Einkommen nicht entsprach.

7. Ermäßigungsantrag als Berufsanfänger

An das

Versorgungswerk der Rechtsanwälte

......

Mitgliedsnummer: ......

Sehr geehrte Damen und Herren,

hierdurch stelle ich den Antrag[1] auf eine einkommensbezogene Beitragsfestsetzung,[2] basierend auf meinen Einkünften aus selbständiger Tätigkeit des vorletzten Kalenderjahres (Referenzjahr) für das laufende Kalenderjahr wie folgt: (Alternativen ankreuzen)

☐ Ich hatte im Referenzjahr Einkünfte aus selbständiger Tätigkeit und füge zum Zwecke der Beitragsfestsetzung meinen Einkommensteuerbescheid für das Referenzjahr als Anlage bei (künftige Steuerbescheide werde ich zur jährlichen Beitragsfestsetzung unaufgefordert im Rahmen meiner satzungsgemäßen Mitwirkungsverpflichtung unverzüglich beschaffen und vorlegen) und möchte unter den in der Satzung genannten Voraussetzungen (ua maximal für ...... Monate ab erstmaliger Zulassung) den halben (Pflicht-) Beitrag, mindestens jedoch den Mindestbeitrag bezahlen.

☐ Ich hatte im Referenzjahr keine Einkünfte aus selbständiger Tätigkeit und möchte auf Basis meines zu erwartenden Monatseinkommen von geschätzt ...... EUR zur Beitragsfestsetzung herangezogen werden und möchte unter den in der Satzung genannten Voraussetzungen (ua maximal für ...... Monate ab erstmaliger Zulassung) den halben (Pflicht-) Beitrag, mindestens jedoch den Mindestbeitrag bezahlen. Mir ist bekannt, dass ich künftige Steuerbescheide zur jährlichen Beitragsfestsetzung unaufgefordert im Rahmen meiner satzungsgemäßen Mitwirkungsverpflichtung unverzüglich zu beschaffen und vorzulegen habe.

Mit freundlichen Grüßen

......

(Unterschrift)

Anmerkungen

1. Berufsanfänger befinden sich in der Aufbauphase. Ihnen wird zugestanden, die volle Beitragslast noch aufzuschieben. Allerdings ist die Stellung eines Antrags erforderlich.

2. Normalerweise ist die Halbierung des geschuldeten Beitrags für eine Dauer von drei Jahren möglich (vgl. § 12 Abs. 4 Satzung RA BW). Aber auch hier gilt: Höhere Anwartschaften werden nur durch höhere Beiträge aufgebaut.

8. Ermäßigungsantrag bei versorgungswerkinterner Ehe

An das

Versorgungswerk ......

(Adresse)

Mitgliedsnummer: ......

Sehr geehrte Damen und Herren,

meine Ehefrau/mein Ehemann/mein eingetragener Lebenspartner ist ebenfalls Mitglied des Versorgungswerks. Wir haben jeweils mindestens den Regelpflichtbeitrag zu entrichten. Wir beantragen, den für mich geltenden Beitrag auf ...... Zehntel zu ermäßigen.[1]

Mit freundlichen Grüßen

......

(Unterschrift des Mitglieds)

Mit freundlichen Grüßen

......

(Unterschrift Ehefrau/Ehemann/eingetragener Lebenspartner)[2]

Anmerkungen

1. Sind beide Ehepartner Mitglieder eines Versorgungswerks, so kann einer von beiden nach Wahl auf Antrag ebenfalls eine Reduzierung seines Beitrags bis zu fünf Zehntel beantragen (vgl. § 12 Abs. 3 Satzung RA BW). Dies trägt dem Umstand Rechnung, dass der Ehepartner ebenfalls Anwartschaftsberechtigter auf Hinterbliebenenversorgung im Versorgungswerk ist.

2. Für eingetragene nicht eheliche Lebensgemeinschaften gilt im Allgemeinen dasselbe.

9. Antrag auf Beitragsbefreiung wegen Kinderbetreuungszeit

An das

Versorgungswerk der Rechtsanwälte

......

Mitgliedsnummer: ......

Sehr geehrte Damen und Herren,

am ...... habe ich das Kind ...... geboren. Nachweis über die Abstammung füge ich bei.

Ich beantrage,[1, 2]

☐ deswegen als Mutter für den Zeitraum, der der Dauer der gesetzlichen Mutterschutzfrist entspricht, Beitragsbefreiung.

☐ weiter als Mutter/Vater anschließend für bis zu drei Jahren, berechnet ab dem Ersten des auf die Geburt dieses Kindes folgenden Monatsersten, Beitragsbefreiung, weil ich die Betreuung des Kindes übernehme (Zuerkennung einer Kinderbetreuungszeit).

Ich versichere, dass ich im Befreiungszeitraum keine Einkünfte aus einer oder aus Anlass einer Erwerbstätigkeit erzielt und keinen Anspruch auf besondere Beiträge gegen Dritte[3] habe.

Mit freundlichen Grüßen

. . . . . .

(Unterschrift)

Anmerkungen

1. Versorgungswerke können keine Kindererziehungszeiten übernehmen. Denn sie erhalten nicht die Zuwendung des Steuerzahlers, die der gesetzlichen Rentenversicherung entsprechende Leistungen möglich macht. Allerdings kann die Zeit des durch die Betreuung des Kindes geminderten Beitragsaufkommens auf Antrag „ausgeblendet" werden, so dass sie den persönlichen durchschnittlichen Beitragsquotienten nicht verschlechtert. Das Bundesverfassungsgericht (5.4.2005 – 1 BvR 774/02, SozR 4-1100 Art. 3 Nr. 30; vgl. *Kirchhoff/Kilger* NJW 2005, 101 ff.) hat nämlich entschieden, dass Elternteile, die ihre Kinder betreuen, für einen gewissen Zeitraum nicht zum Beitrag herangezogen werden können. Deswegen sehen die Versorgungswerke in diesen Fällen ausnahmsweise Beitragsbefreiungen vor, wie es in dem im Formular beschriebenen Beispiel der Fall ist (vgl. § 11a Satzung RA BW). Einzelheiten sollten rechtzeitig beim Versorgungswerk erfragt oder in den veröffentlichten Satzungen nachgesehen werden.

2. Die Beitragsbefreiung erfolgt auf Antrag, der oftmals fristgebunden ist – in der Regel mit einer Ausschlussfrist von 6 Monaten ab der Geburt –, wenn er ex tunc wirken soll.

3. Eine Beitragsbefreiung ist nicht möglich, solange Dritte (zB die Arbeitsagentur nach § 173 SGB III) die Beiträge zu übernehmen haben.

10. Ermäßigungsantrag wegen eines Härtefalls

An das

Versorgungswerk der Rechtsanwälte

. . . . . .

Mitgliedsnummer: . . . . . .

Sehr geehrte Damen und Herren,

ich beantrage, den von mir geschuldeten Beitrag wegen einer außergewöhnlichen Härte[1] zu ermäßigen. Ich bin aus folgenden Gründen nicht in der Lage, den Beitrag zu bezahlen:[2]

. . . . . .

(Aufstellung der Einkommensverhältnisse und Vermögensverhältnisse, einschließlich der eines Unterhaltspflichtigen.)

Mit freundlichen Grüßen

. . . . . .

(Unterschrift)

Anmerkungen

1. Es gibt Situationen, in denen ein Mitglied den an sich festzusetzenden oder schon festgesetzten Beitrag beim besten Willen nicht bezahlen kann. Es besteht dann die Möglichkeit, den Beitrag niedriger festzusetzen. Allerdings sehen viele Satzungen das nur als wirklichen Ausnahmefall vor. Es muss eine ungewöhnliche, besondere Härte vorliegen. Das setzt die Prüfung des gesamten Einkommens- und Vermögensumfeldes des Mitglieds voraus, einschließlich seiner eventuellen Unterhaltsansprüche gegen Dritte.

2. Auch setzt eine Reduzierung nach dieser Vorschrift voraus, dass nicht durch Stundung abgeholfen werden kann. Die Normgeber sind davon ausgegangen, dass der Anwalt in aller Regel jedenfalls den persönlichen Pflichtbeitrag sollte bezahlen können. Es würde dem von ihnen erteilten Versorgungsauftrag widersprechen, würde eine Reduzierung aus Härtegründen zum Normalfall werden; die entsprechende Ausnahmevorschrift ist nur dafür gedacht, eine eventuelle Erdrosselungswirkung zu vermeiden.

11. Stundungsantrag

An das

Versorgungswerk der Rechtsanwälte

. . . . . .

Mitgliedsnummer: . . . . . .

Sehr geehrte Damen und Herren,

ich beantrage, den von mir geschuldeten Beitrag zu stunden.[1] Ich bin aus folgenden Gründen derzeit nicht in der Lage, den Beitrag zu bezahlen.

(Aufstellung der Einkommensverhältnisse und Aufstellung der Vermögensverhältnisse)

Ich hoffe, den aufgelaufenen Rückstand zusammen mit den laufenden Beiträgen in . . . . . . Monatsraten[2] begleichen zu können.

Mit freundlichen Grüßen

. . . . . .

(Unterschrift)

Anmerkungen

1. Unvorhergesehene Ereignisse können dazu führen, dass ein festgesetzter Beitrag nicht bezahlt werden kann. Rückstände können auf Antrag deswegen gestundet werden. Allerdings führt dies zu einer Verzinsungspflicht. Denn eine gegenüber dem Entstehungszeitpunkt verspätete Zahlung würde sonst zu ungerechtfertigten Vorteilen gegenüber den pünktlichen Beitragszahlern führen.

2. Deswegen sollten auch nur Raten in Betracht kommen, die eine Begleichung der aufgelaufenen Schuld in einem angemessenen Zeitraum (zB ein Jahr) sicherstellen.

12. Antrag auf Simulationsberechnung

An das

Versorgungswerk der Rechtsanwälte

. . . . . .

Mitgliedsnummer: . . . . . .

Sehr geehrte Damen und Herren,

ich bitte, mir zu berechnen, welche Anwartschaft ich (nach heutigen Berechnungsgrundlagen) haben würde,[1]

* wenn ich den bisherigen Beitrag weiterhin bezahle.
* wenn ich zusätzlich zu meinem Beitrag weiter freiwillig Beiträge in Höhe von . . . . . .
  EUR bezahle.[2]

Mit freundlichen Grüßen

. . . . . .

(Unterschrift)

Anmerkungen

1. Die Versorgungswerke berechnen ihre Anwartschaften mithilfe elektronischer Datenverarbeitung. Das setzt sie in den Stand, auch Simulationsberechnungen für bestimmte Standardsituationen vorzunehmen („was wäre, wenn . . . . . .").

2. Die vielfältig denkbaren Möglichkeiten der Zukunft und die unterschiedlichen Berechnungsarten der Versorgungswerke setzen vorherige Kontaktaufnahme mit dem Versorgungswerk voraus, damit dort über die Möglichkeiten und Grenzen der Simulation aufgeklärt werden kann.

13. Entrichtung zusätzlicher Beiträge

An das

Versorgungswerk

. . . . . .

Mitgliedsnummer: . . . . . .

Sehr geehrte Damen und Herren,

von der Möglichkeit der Satzung,[1] neben dem Pflichtbeitrag zusätzliche Beiträge zu bezahlen, mache ich mit Wirkung ab dem . . . . . . hiermit Gebrauch. Ich möchte monatlich zusätzlich . . . . . . EUR bezahlen.[2]

Ich bitte um entsprechenden Bescheid.

Mit freundlichen Grüßen

. . . . . .

(Unterschrift)

Anmerkungen

1. Die Satzungen der anwaltlichen Versorgungswerke geben die Möglichkeit, zusätzliche Beiträge in bestimmten Grenzen zu bezahlen (vgl. § 14 Satzung RA BW). Auch dies setzt einen entsprechenden Antrag voraus. Zum Teil binden solche Anträge für ein ganzes Kalenderjahr. Anträge, rückwärtige Zeiträume nachträglich mit zusätzlichen Beiträgen zu belegen, scheiden in aller Regel aus.

2. Beim Vertrieb von Alterssicherungsprodukten herrscht reger Wettbewerb. Vertreter von Lebensversicherungen sind immer wieder darum bemüht, Mitglieder von Versorgungswerken davon zu überzeugen, derartige überschießende Beiträge seien besser bei ihnen angelegt. Doch Vorsicht: es empfiehlt sich im Einzelfall immer ein genauer Vergleich, ob die Höherversicherung im Versorgungswerk nicht deutlich günstiger für den Anwalt/die Anwältin ist.

Leistungswesen

14. Antrag auf Beitragserstattung

An das

Versorgungswerk der Rechtsanwälte

. . . . . .

Mitgliedsnummer: . . . . . .

Sehr geehrte Damen und Herren,

aus dem Versorgungswerk bin ich am . . . . . . ausgeschieden.[1] Ich beantrage Erstattung der bezahlten Beiträge im Rahmen der von der Satzung bestimmten Grenzen auf mein Konto . . . . . .[2]

Ich bitte um entsprechenden Bescheid.

Mit freundlichen Grüßen

. . . . . .

(Unterschrift)

Anmerkungen

1. Wer in ein Versorgungswerk eingezahlt hat, nach einer Übergangszeit aber ausgeschieden ist, hat grundsätzlich die Möglichkeit, sich einen Anteil – nie die volle Summe – seiner Einlage erstatten zu lassen. Allerdings ist die Erstattungsfähigkeit inzwischen weitgehend eingeschränkt und reduziert worden. Anlass hierfür ist nicht zuletzt das europäische Umfeld.

Die Rechtsanwaltsversorgungswerke sind nach der einschlägigen VO (EG) Nr. 883/2004 koordiniert: Beitragszeiten in einem koordinierten System werden zeitanteilig (pro-rata-temporis) berechnet, was einer Beitragserstattung grundsätzlich entgegensteht.

2. Achtung: für die erstattete Summe kann Steuerpflicht bestehen!

15. Antrag auf Berufsunfähigkeitsrente

An das

Versorgungswerk der Rechtsanwälte

. . . . . .

Mitgliedsnummer: . . . . . .

Sehr geehrte Damen und Herren,

hiermit beantrage ich, mir Berufsunfähigkeitsrente zu bewilligen.[1]

Ich bin an . . . . . . (Art und Bezeichnung der Krankheit) erkrankt und leide gegenwärtig unter folgenden Beschwerden und Beeinträchtigungen: . . . . . . Ich bin deswegen nicht mehr in der Lage, meinen Beruf als Rechtsanwältin/Rechtsanwalt auszuüben.[2]

Name und Anschrift des behandelnden Arztes bzw. des Krankenhauses lauteten wie folgt . . . . . .

(Alternative Möglichkeiten:

☐ Auf meine Anwaltszulassung habe ich verzichtet.
☐ Ich habe einen anwaltlichen Vertreter im Sinne von § 53 BRAO bestellen lassen. Nachweis hierzu füge ich bei.
☐ Mein Anstellungsverhältnis ist beendet. Die letzte Gehaltszahlung erfolgte für den Monat . . . . . .)

Die Daten zu meiner Bankverbindung und zur Steueridentifikationsnummer lauten . . . . . .

Ich füge eine Erklärung bei, dass die behandelnden Ärzte von ihrer Schweigepflicht entbunden sind und (sofern angestellt) die Bescheinigung des Arbeitgebers, wann das Arbeitsverhältnis endet und bis wann Gehalt gezahlt wird.

Mit freundlichen Grüßen

. . . . . .

(Unterschrift)

Anmerkungen

1. Berufsunfähigkeitsrente erhält, wer seinen Beruf umfassend nicht mehr ausüben kann. Sie wird also nicht fällig, wenn zB nur eine hälftige Erwerbsminderung besteht. Die Versorgungswerke beschränken sich auf den Kernbereich: Da Akademiker verhältnismäßig spät in den Beruf kommen, dann aber typischerweise Lasten unterliegen, welche andere schon längst geschultert haben (Familie, Eigenheim, Praxisaufbau), sollen sie möglichst früh möglichst hoch abgesichert sein, ohne (wie in der privaten Lebensversicherung) nach Gesundheitsrisiko selektiert worden zu sein. Das ist aber nur möglich, wenn die Absicherung auf den Kern der vollständigen Berufsunfähigkeit beschränkt wird.

2. Die dem Mitglied im Berufsunfähigkeitsfall zugebilligte Zurechnungszeit besagt, dass fiktiv bis zum in der Regel 60. Lebensjahr Beitragsmonate hinzugerechnet werden, die dem bisherigen Durchschnitt entsprechen. Das führt insbesondere bei sehr frühzeitiger Berufsunfähigkeit zu einer Rentenhöhe, die sonst nur nach langer Versicherungszeit erreicht worden wäre. Den zum Teil erheblichen Mehraufwand begleicht die Versichertengemeinschaft im Wege der Solidarität innerhalb des Berufsstandes. Deswegen wird das Versorgungswerk sehr genau prüfen, ob die Voraussetzungen einer Berufsunfähigkeit wirklich vorliegen. Es holt in aller Regel (auf eigene Kosten) ein Gutachten ein.

16. Antrag auf Altersruhegeld/Hinterbliebenenrente

An das

Versorgungswerk der Rechtsanwälte

. . . . . .

Mitgliedsnummer: . . . . . .

Sehr geehrte Damen und Herren,

hiermit beantrage ich die Gewährung von Altersruhegeld[1] (Witwen-Witwerrente/Halbwaisenrente/Waisenrente)[2] gemäß den Vorschriften der Satzung.

Mit freundlichen Grüßen

. . . . . .

(Unterschrift)

Anmerkungen

1. Das Altersruhegeld ist an die Erreichung der Regelaltersgrenze gebunden. Sie ist – ähnlich wie in der gesetzlichen Rentenversicherung – stufenweise an die sich beschleunigende Lebenserwartung angepasst worden. Für den neu eintretenden Bestand gilt deswegen eine Altersgrenze von 67 Jahren. Auch hier ist Voraussetzung ein Rentenantrag. Alles weitere prüft und erledigt das Versorgungswerk.

2. Die Leistung an die Witwe, den Witwer und inzwischen auch regelmäßig an den eingetragenen Lebenspartner macht 60 % der Rente oder Anwartschaft des Verstorbenen aus. Eine anderweitige Anrechnung eines sonstigen Einkommens findet grundsätzlich nicht statt. Eine Einkommensanrechnung erfolgt ggf. nur bei Waisenrenten, wenn diese über das 18. Lebensjahr hinaus gewährt werden soll. Die Einzelheiten in den Satzungen hierzu sind unterschiedlich. Wird Waisenrente gewährt, beträgt sie im Allgemeinen zwischen 10 % und 20 % der Rente oder Anwartschaft des Verstorbenen.

17. Lebensbescheinigung

Im Allgemeinen ist persönliche Vorsprache bei der zuständigen Kommune erforderlich.[1]

Anmerkungen

1. Selbstverständlich müssen auch Versorgungswerke prüfen, ob das rentenbeziehende Mitglied noch lebt. Das ist keine bloße Formalie: Die Auszahlung an einen längst verstorbenen Rentenbezieher würde die Versichertengemeinschaft belasten. Deswegen ist die Beschaffung der Lebensbescheinigung zwar lästig, für den weiteren Rentenbezug aber unverzichtbar.

18. Antrag auf Kapitalisierung

An das

Versorgungswerk . . . . . . der Rechtsanwälte

(Adresse)

Mitgliedsnummer: . . . . . .

Sehr geehrte Damen und Herren,

hiermit beantrage ich Kapitalerstattung nach den Vorgaben der Satzung.[1]

(Alternativ:

☐ Ich habe am . . . . . . wieder geheiratet
☐ Ich habe am . . . . . . eine eingetragene Lebenspartnerschaft begründet
☐ Die mir gewährte Rente beträgt weniger als . . . . . . EUR.)

Mit freundlichen Grüßen

. . . . . .

(Unterschrift)

Anmerkungen

1. Die Möglichkeit, sich die eingezahlten Beträge durch Kapitalisierung vorab unter Wegfall der Rente zahlen zu lassen, besteht grundsätzlich nicht. Hier gilt dasselbe wie bei den Grundsätzen zur Beitragserstattung. Eine Kapitalisierung gibt es nur bei kleinen Renten oder im Falle einer Wiederverheiratung. Der Sinn des Versorgungsauftrags des Normgebers besteht nicht nur darin, das Mitglied zu einer Beitragszahlung zu veranlassen, sondern auch sicherzustellen, dass die so aufgebaute Anwartschaft nicht verschleudert werden kann. Diese Möglichkeit wäre bei einer Kapitalisierung aber gegeben. Im Übrigen ist zu beachten, dass bei neuer Ehe bzw. Lebenspartnerschaft die/der Witwen-/Witwerrentenbezug im Allgemeinen endet.

19. Antrag auf Sterbegeld

An das

Versorgungswerk der Rechtsanwälte

. . . . . .

Mitgliedsnummer des verstorbenen Mitglieds: . . . . . .

Sehr geehrte Damen und Herren,

hiermit beantrage ich die Gewährung von Sterbegeld[1] nach Maßgabe der Satzung.

☐ Ich bin der überlebende Ehegatte des Mitgliedes.
☐ Ich bin der überlebende Partner einer eingetragenen Lebenspartnerschaft des Mitgliedes.
☐ Ich bin ein Kind des Mitglieds und beantrage Gewährung zu gleichen Teilen mit meinen Geschwistern . . . . . .
☐ Ich bin kein Hinterbliebener, habe aber die Bestattungskosten bestritten.

Nachweise füge ich bei.

Mit freundlichen Grüßen

. . . . . .

(Unterschrift)

Anmerkungen

1. Es besteht in beschränktem Umfang auch Anspruch auf Auszahlung eines Sterbegelds, eine Leistung, die in der gesetzlichen Sozialversicherung sonst nur noch im Recht der Unfallversicherung zu finden ist und die für den anwaltlichen Berufsstand in vielen Fällen früher von den Rechtsanwaltskammern gewährt werden konnte, deren Notwendigkeit mit Gründung der Versorgungswerke dort aber entfallen ist. Auch hier sind die Regelungen in den einzelnen Versorgungswerken sehr unterschiedlich.

20. Erteilung einer A 1 Bescheinigung bei Entsendung in das EU-Ausland

An die

Arbeitsgemeinschaft berufsständischer Versorgungseinrichtungen[1]

Luisenstraße 17

10117 Berlin

Betr.: Erteilung einer A 1 Bescheinigung[2]

Sehr geehrte Damen und Herren,

ich bin für zwei Jahre als selbständiger[3] Rechtsanwalt in Belgien (Eupen) in der Kanzlei
. . . . . . tätig. Mein Kanzleisitz in Aachen bleibt während dieser Zeit in vollem Umfange
erhalten.

Ich beantrage zur Fortgeltung des deutschen Rechts in Bezug auf meine Kanzleitätigkeit
in Belgien (Eupen) die Erteilung einer A 1 Bescheinigung.

Mit freundlichen Grüßen

. . . . . .

(Unterschrift)

An den

GKV-Spitzenverband,[4]

Deutsche Verbindungsstelle Krankenversicherung – Ausland

Pennefeldsweg 12c

53177 Bonn

Betr.: Erteilung einer A 1 Bescheinigung

Sehr geehrte Damen und Herren,

ich bin von Beruf selbständiger Rechtsanwalt und unterhalte dauerhaft zwei Kanzleisitze
in Aachen (Deutschland) und Eupen (Belgien).

Aus meinem Kanzleisitz in Aachen beziehe ich etwa 85 % meiner Gesamteinkünfte aus
anwaltlicher Tätigkeit. Mein Wohnort ist Aachen.

Ich beantrage zur Fortgeltung des deutschen Rechts in Bezug auf meine anwaltliche
Tätigkeit in Eupen (Belgien) die Erteilung einer A 1 Bescheinigung.

Mit freundlichen Grüßen

. . . . . .

(Unterschrift)

Anmerkungen

1. Die Arbeitsgemeinschaft berufsständischer Versorgungseinrichtungen (ABV), die für
die berufsständischen Versorgungswerke die Funktion der nationalen Verbindungsstelle
gegenüber ausländischen Trägern wahrnimmt, stellt nach § 3 Abs. 2 des Gesetzes zur
Koordinierung der Systeme der sozialen Sicherheit in Europa (vgl. BT-Drs. 17/4978, 5)
die im Rahmen der Entsendung erforderliche Bescheinigung A 1 für Personen aus, die
vorübergehend in einem anderen Mitgliedstaat der EU selbständig tätig werden und nicht
Mitglied einer gesetzlichen Krankenkasse, jedoch Mitglied einer berufsständischen Versorgungseinrichtung sind und die Weitergeltung des deutschen Rechts erlangen wollen.

2. Die Ausstellung einer A 1 Bescheinigung ist für den im EU-Ausland tätigen Rechtsanwalt von enormer Bedeutung (*Lindenau/Prossliner* AnwBl. 2011, 676), weil diese, soweit
sie jedenfalls unter rechtmäßigen Bedingungen erteilt wurde, nach der Rechtsprechung des
Europäischen Gerichtshofes (C-202/97 Slg. 2000, I-883, 917 ff.; Fitzwilliam Technical
Services, C-178/97 Slg. 2000, 2005, 2031 ff. *Banks*- C-2/05 Slg. 2006 I-1079 Herbosch

Kiere) gegenüber dem Träger der sozialen Sicherheit in einem anderen Mitgliedstaat umfassende Bindungswirkung entfaltet, der ausstellende Träger mit seinem Vorliegen also verbindlich erklärt, sein eigenes System der sozialen Sicherheit bleibe während der Entsendung anwendbar (vgl. zum Ganzen: *Horn* ZIAS 2002, 120, 134; *ders.* ZESAR 2006, 229 ff.).

3. Selbstständige, die bis zu 24 Monaten im Geltungsbereich der europäischen Koordinierungsverordnung (EG) Nr. 883/2004 beruflich tätig sind, können sich nach Art. 12 Abs. 2 VO (EG) Nr. 883/2004 in das EU-Ausland „selbst entsenden", solange sie ihre Tätigkeit nur aufgrund eigener Initiative in einem anderen Mitgliedstaat aufnehmen, währenddessen der gewöhnliche Hauptsitz ihrer Kanzlei weiterhin im Inland verbleibt (zu den Voraussetzungen im Einzelnen: *Behrend* ZESAR 2012, 55, 57; *Tiedemann* NZS 2011, 41, 43 ff). Hierzu ist die Erteilung einer A 1 Bescheinigung erforderlich, um die weitere Anwendbarkeit des deutschen Rechts festzustellen.

4. Im Einzelfall ist die Entsendung von der dauerhaften Berufsausübung in mehreren Mitgliedstaaten abzugrenzen. Soweit berufsständisch Versicherte eine Tätigkeit gewöhnlich in zwei oder mehreren Mitgliedstaaten (Art. 13 Abs. 2 VO (EG) Nr. 883/2004) ausüben, unterliegen sie in der Regel den Rechtsvorschriften ihres Wohnmitgliedstaats, zB wenn sie dort einen wesentlichen Teil ihrer Tätigkeit ausüben. Nach Art. 14 Abs. 8 VO (EG) Nr. 987/2009 liegt keine wesentliche Tätigkeit im Wohnsitzstaat vor, wenn diese weniger als 25 % der Gesamttätigkeit ausmacht. Zuständig für die Erteilung der Bescheinigung A 1 ist in derartigen Fällen die Deutsche Verbindungsstelle Krankenversicherung Ausland (DVKA) mit Sitz in Bonn, soweit der Antragsteller seinen Wohnsitz in der Bundesrepublik hat.

IV. Abhängig beschäftigte Rechtsanwälte in der gesetzlichen Rentenversicherung

1. Vorbemerkungen

Abhängig beschäftigte Rechtsanwälte sind automatisch kraft Gesetzes in der gesetzlichen Rentenversicherung (wie in allen übrigen Sozialrechtszweigen) pflichtversichert (§ 1 SGB VI). Der Arbeitgeber ist verpflichtet, für sie den Gesamtsozialversicherungsbeitrag monatlich vom Bruttoarbeitsentgelt abzuführen (§§ 174 Abs. 1 SGB VI, 28e SGB IV). Die Hälfte des Gesamtbeitrages, den der Arbeitgeber abzuführen hat, darf er seinem versicherten Arbeitnehmer von dessen Bezügen als Beitragsanteil abziehen (§§ 168 Abs. 1 Nr. 1 SGB VI, 28g SGB IV). Insoweit gibt es für den vorliegenden Bereich überhaupt keine Besonderheit; es kann auf die allgemeine Literatur zur Versicherungspflicht der abhängig Beschäftigten verwiesen werden.

Für den Bereich der berufsständischen Versorgung sollte deshalb folgender Grundsatz nie aus dem Auge verloren werden: Wer nicht nach § 6 SGB VI von der Versicherungspflicht befreit ist, für den müssen Beiträge an die gesetzliche Rentenversicherung gezahlt werden. Der Arbeitgeber, welcher einen nicht befreiten Arbeitnehmer beschäftigt, geht damit ein hohes Risiko ein. Der übliche „Freie Mitarbeiter" ist möglicherweise scheinselbständig. Dann aber müsste von ihm spätestens drei Monate ab Beschäftigungsbeginn ein Befreiungsantrag gestellt werden. Das unterbleibt oft, weil man darauf vertraut, die Dinge würden schon so laufen wie bisher. Das ist aber sehr gefährlich: Denn die Regionalträger der Deutschen Rentenversicherung überprüfen jedes Unternehmen innerhalb von vier Jahren (§ 28p SGB IV); die dazu notwendige Kontrolldichte bei Betriebsprüfungen ist inzwischen erreicht.

Wird nachträglich festgestellt, dass ein Beschäftigungsverhältnis vorlag, für das kein Befreiungsantrag gestellt wurde, muss der gesamte Rentenversicherungsbeitrag nachgezahlt werden. Die Nachzahlungspflicht trifft allein den Arbeitgeber; dies hat das BSG (Urt. v. 31.10.2012 B 12 R 3/11 R, Rn. 13) unter Hinweis auf § 28e SGB IV bei Beitragsrückforderungen wegen Fehlens einer Befreiung nach § 6 SGB VI für das aktuelle Beschäftigungsverhältnis ausdrücklich bestätigt. Der Arbeitgeber kann den unterbliebenen Beitragsabzug lediglich bei den nächsten drei Lohn- und Gehaltszahlungen von seinem Arbeitnehmer (unter Beachtung der Pfändungsfreigrenzen des § 850c ZPO) zurückfordern (§ 28g S. 3 SGB IV), danach nur dann, wenn der Abzug ohne sein Verschulden unterblieben ist (Leitherer/*Seewald*, Kasseler Kommentar Sozialversicherungsrecht, § 28g SGB IV, Rz. 11, Stand: 74 EG 2012).

Mit Beginn der Kammermitgliedschaft beginnt auch die Mitgliedschaft im Versorgungswerk, und zwar in allen Bundesländern – die Ausnahmen aus der Aufbauzeit bestehen nicht mehr. Diese Mitgliedschaft ist von daher unbedingt: Es gibt insbesondere keine Befreiungstatbestände, die von Relevanz sind. In den Satzungen noch zu findende Befreiungsvorschriften betreffen den Übergangsbestand, also die Anwältinnen und Anwälte, die sich schon im Beruf befanden, als das Versorgungswerk gegründet wurde. Es gibt auch zugelassene Anwälte, deren beamtenrechtliche Versorgung bereits gesichert ist (zB Richter auf Probe). Auch sie haben ein Befreiungsrecht, weil neben dem Aufbau einer Beamtenpension nicht auch an das Versorgungswerk Beiträge eingezahlt werden müssen. Aber für den Normalfall bleibt es bei der Mitgliedschaft im Versorgungswerk.

Deswegen gibt es nur die Möglichkeit, die Befreiung von der gesetzlichen Rentenversicherung zu betreiben oder aber – was eher selten zweckmäßig sein dürfte – in beiden Systemen zu verbleiben.

§ 6 Abs. 1 S. 1 Nr. 1 SGB trägt insgesamt einer sinnvollen Vorsorgegestaltung des einzelnen Freiberuflers Rechnung, beginnt doch kaum ein Angehöriger eines freien Berufes seine Berufsausübung in freier Niederlassung, sondern folgt einer Phase angestellter Berufsausübung zu Beginn der Karriere erst der Wechsel in die Selbstständigkeit. Die Befreiungsmöglichkeit schon zu Zeiten angestellter Berufsausübung sichert so den Aufbau einer einheitlichen Altersvorsorge. Mit der einem Mitglied eines berufsständischen Versorgungswerks eingeräumten Möglichkeit, nach § 6 Abs. 1 S. 1 Nr. 1 SGB VI die Befreiung von der Versicherungspflicht in der gesetzlichen Rentenversicherung zu erlangen, koordiniert das SGB VI damit die selbstständig nebeneinander stehenden, sich partiell überschneidenden Systeme der berufsständischen Altersvorsorge und der gesetzlichen Rentenversicherung.

2. Anfrageverfahren, § 7a SGB IV

An

Deutsche Rentenversicherung Bund

Clearingstelle[1] für sozialversicherungsrechtliche Statusfragen

10704 Berlin

vorab durch Telefax 030/865 27240

Betr.: Versicherungsnummer . . . . . (falls schon vorhanden)

Sehr geehrte Damen und Herren,

hiermit beantrage ich nach § 7a SGB IV festzustellen,[2,3] dass in Bezug auf mein Vertragsverhältnis mit

(Name, Adresse des Auftraggebers)

eine abhängige Beschäftigung nicht vorliegt.

Nach Ablauf der Monatsfrist: vorliegend beantrage ich hilfsweise Befreiung von der Versicherungspflicht nach § 6 Abs. 1 S. 1 Nr. 1 SGB VI (für anwaltliche Tätigkeit)/§ 6 Abs. 5 S. 2 SGB VI (für nichtanwaltliche, zeitlich befristete Tätigkeit).[4,5]

Mit freundlichen Grüßen

. . . . .

(Unterschrift)

Anmerkungen

1. → Form. C. II. 3. Die Clearingstelle wird auf den Antrag hin ein Formular V027 „Antrag auf Feststellung des sozialversicherungsrechtlichen Status" übersenden, zusammen mit einer umfangreichen Erläuterung V028. Die Deutsche Rentenversicherung bietet den ganzen Formularsatz als Download (zip-Datei) im Internet an unter http://www.

deutsche-rentenversicherung.de (Suchfunktion dort: Services; Formulare und Anträge; Versicherte, Rentner, Selbstständige; Vor der Rente; Formularpaket Statusfeststellung). Auf die Ausfüllung des Formulars und die unbedingte Richtigkeit der Inhalte sollte großen Wert gelegt werden, denn das Formular ist im Streitfall Grundlage der Akte und der nachfolgenden Beurteilung. Die Fragen sind zum Teil außerordentlich detailliert. So wird zB unter Ziffer 4 gefragt: „Bitte beschreiben Sie das zu beurteilende Auftragsverhältnis auf der Anlage zum Statusfeststellungsantrag zur Beschreibung des Auftragsverhältnisses (Vordruck C0031)". Also ist der Antrag mit einem nicht unerheblichen Papierkrieg verbunden, dessen Vorbereitung ihre Zeit braucht. Im Übrigen sollte der Auftraggeber sogleich über den Antrag unterrichtet werden.

2. Angesichts der (drohenden) Beitragspflichten ist es sinnvoll, frühzeitig zu klären, ob Versicherungspflicht besteht oder nicht. Mit der Reform aus dem Jahre 1999 und 2000 hat der Gesetzgeber deswegen das Anfrageverfahren nach § 7 a SGB IV eingeführt. Es soll Rechtssicherheit darüber geschaffen werden, ob der Auftragnehmer selbständig tätig oder abhängig beschäftigt und damit sozialversicherungspflichtig ist. Es reicht aus, wenn einer der Beteiligten das Anfrageverfahren beantragt; der andere Beteiligte wird dann zum Verfahren hinzugezogen. Das Verfahren gewährt die Möglichkeit, über den einschlägigen Versicherungsstatus verbindliche Auskunft von der gesetzlichen Rentenversicherung zu erhalten. Dies schließt die Entscheidung über die Versicherungspflicht in der Kranken-, Pflege-, und Arbeitslosenversicherung ein. Es gibt zwar auch die Verfahren bei den Einzugsstellen nach § 28h Abs. 2 SGB IV und bei den Prüfstellen der Rentenversicherung nach § 28p SGB IV: sie kommen aber nicht mehr zur Anwendung, wenn bereits durch die zuständige Krankenkasse als Einzugsstelle oder einen Rentenversicherungsträger ein Verfahren zur Feststellung des Status durchgeführt oder eingeleitet wurde (zB durch Übersendung eines Fragebogens oder durch schriftliche Ankündigung einer Betriebsprüfung). Nach traditioneller Anschauung besteht eine gewisse Reserviertheit, dieses Mittel zu nutzen: Meldet man sich mit dem Antrag doch bei genau der Institution an, mit der man am liebsten nichts zu tun gehabt haben würde. Diese Anschauung dürfte aber schon wegen der Kontrolldichte der Prüfung nach § 28 p SGB IV überholt sein: Denn die Gefahr der Entdeckung ist groß, verbunden mit dem Nachteil, dass dann für möglicherweise längere Zeiträume rückwirkend Beiträge und Säumniszuschläge nachbezahlt werden müssen. Da die Regelverjährung im Sozialrecht vier Jahre beträgt (§ 25 SGB IV), im allgemeinen jedoch erst ab Jahresbeginn läuft, können beinahe fünf Beitragsjahre zusammenkommen, wenn nicht gar der Vorwurf des Vorsatzes erhoben wird mit der Folge, dass bis zu 30 Jahre nachträglich Beitragspflicht entstünde. Diese Erwägungen legen nahe, im Zweifel vom Anfrageverfahren Gebrauch zu machen.

3. Das Anfrageverfahren bei der Deutschen Rentenversicherung Bund ist grundsätzlich an keine Antragsfrist gebunden. Die Attraktivität des Verfahrens ergibt sich allerdings auch daraus, dass für das Entstehen von Beiträgen oder deren Fälligkeit hinausgeschobene Zeiträume vorgesehen sind, um die Zeit der Unklarheit nicht zu belasten. Allerdings setzt dies die Wahrung der hierfür gesetzlich vorgesehenen Frist von 1 Monat (§ 7a Abs. 6 SGB IV) ab Beginn des zu klärenden beruflichen Verhältnisses voraus. Nach Ablauf dieser Frist sollte jedes Anfrageverfahren eines Rechtsanwalts deshalb hilfsweise mit einem Befreiungsantrag (→ Form. C. I. 4) verbunden werden, für den Fall, dass durch die Statusfeststellung eine in der gesetzlichen Rentenversicherung versicherungspflichtige Tätigkeit festgestellt wird.

4. Beiträge, die aus beruflichem Einkommen eines Anwalts berechnet werden, müssen nicht an die deutsche Rentenversicherung gezahlt werden, wenn eine Befreiung von der gesetzlichen Rentenversicherungspflicht erfolgt ist. Die zentrale Vorschrift – Koordinierungsregelung zwischen berufsständischer Versorgung und Deutscher Rentenversicherung – findet sich in § 6 SGB VI. Diese „Magna Charta" der Versorgungswerke (vgl. *Kilger* DAV 2011, S. 651) gilt keineswegs nur für die Angestellten: Auch Selbstständige sind befreiungsberechtigt, wenn sie eine Versicherungspflicht in der gesetzlichen Rentenversicherung trifft (zB als Lehrer). Auch der arbeitnehmerähnliche Selbstständige kann also von der gesetzlichen Rentenversicherungspflicht befreit werden; naturgemäß nur dann, wenn seine selbständige Tätigkeit Anwaltstätigkeit ist.

5. Ein Antrag auf Befreiung ist fristgebunden: Er wirkt nur ab Antragstellung (ex nunc). Eine Rückwirkung (ex tunc) ist nur ausnahmsweise dann gegeben, wenn der Befreiungsantrag ab Vorliegen der Voraussetzungen innerhalb von drei Monaten gestellt wird (§ 6 Abs. 4 SGB VI). Wer also eine Tätigkeit als arbeitnehmerähnlicher Selbständiger oder als Lehrer aufnimmt, sollte die Dreimonatsfrist notieren und einhalten. Auch das stellt die oben bereits erwähnte Notwendigkeit dar, mit der Behörde, die den Betreffenden möglicherweise später mit erheblichen Folgen nachträglich vereinnahmt, sogleich und rechtzeitig in Verbindung zu treten.

3. Antrag auf Befreiung von der Versicherungspflicht in der gesetzlichen Rentenversicherung

Antrag auf Befreiung von der Versicherungspflicht in der gesetzlichen Rentenversicherung [1]
(§ 6 Abs. 1 Satz 1 Nr. 1 SGB VI)

Versicherungsnummer [2]

Kennzeichen (soweit bekannt)
5,0,1,1

Eingangsstempel (Rentenversicherungsträger)

Anschrift des Versorgungswerks [3]

Mitgliedsnummer des Versorgungswerks

Eingangsstempel des Versorgungswerks

Weitergabe an ⟶ Deutsche Rentenversicherung Bund
10704 Berlin

1 | Angaben zur Person [4]

Name	Vornamen (Rufname bitte unterstreichen)
Geburtsname	Frühere Namen
Geburtsdatum · Geschlecht ☐ männlich ☐ weiblich	Staatsangehörigkeit (ggf. frühere Staatsangehörigkeit bis)
Geburtsort (Kreis, Land)	
Straße, Hausnummer	Telefonisch tagsüber zu erreichen (Angabe freiwillig)
Postleitzahl · Wohnort	Telefax, E-Mail (Angabe freiwillig)

2 | Angaben zur ausgeübten Erwerbstätigkeit [5, 6]

Ich bin

☐ angestellt, berufsspezifisch beschäftigt als _____

Arbeitgeber (Name, Anschrift)   Beginn der Beschäftigung

☐ arbeitnehmerähnlich tätig (z. B. freier Mitarbeiter)
(Bitte Fragebogen V023 beifügen)   Beginn der Tätigkeit

☐ selbständig und pflichtversichert in der gesetzlichen Rentenversicherung nach § 4 Abs. 2 SGB VI   Beginn der Versicherungspflicht

3 | Erklärung des Antragstellers [7]

Ich beantrage die Befreiung von der Versicherungspflicht in der gesetzlichen Rentenversicherung nach § 6 Abs. 1 Satz 1 Nr. 1 bzw. Satz 5 SGB VI aufgrund

☐ meiner gesetzlichen Pflichtmitgliedschaft in der berufsständischen Kammer

Name, Ort   Mitglied seit

☐ ab dem frühestmöglichen Zeitpunkt   ☐ ab   Datum

Ort, Datum   Unterschrift des Antragstellers

Befreiung § 6 Abs. 1 S. 1 Nr. 1 SGB VI (Rechtsanwälte) - Stand: 01/09   **bitte wenden**

4	Erklärung des Versorgungswerks [8]

Name der berufsständischen Kammer

Der Antragsteller ist aufgrund gesetzlicher Verpflichtung Mitglied der _____.
Die **Pflicht**mitgliedschaft in dieser Kammer bestand für die Berufsgruppe am Beschäftigungsort bereits vor dem 01.01.1995.
Die Pflichtmitgliedschaft des Antragstellers beruht nicht auf einer die Befreiung ausschließenden Erweiterung des Kreises der Pflichtmitglieder der Kammer.

Datum

Der Antragsteller ist seit / ab | | | | | kraft Gesetzes Mitglied unseres Versorgungswerks. Er hat ab Beginn der Befreiung nach § 6 Abs. 1 Satz 1 Nr. 1 SGB VI für Zeiten, für die ohne diese Befreiung Beiträge an die gesetzliche Rentenversicherung zu zahlen wären, einkommensbezogene Pflichtbeiträge analog §§ 157 ff. SGB VI zu zahlen.[2, 3]

Stempel des Versorgungswerks

Ort, Datum   Unterschrift des Versorgungswerks

5	Erklärung des Arbeitgebers [9]

| 5.1 | Dem Antragsteller wird bestätigt, dass er in unserer Kanzlei als Rechtsanwalt tätig ist. |

Stempel des Arbeitgebers

Ort, Datum   Unterschrift des Arbeitgebers

| 5.2 | Dem Antragsteller wird bestätigt, dass er in unserem Unternehmen / Verband als Rechtsanwalt tätig ist. weiter bei Ziffer 5.3 |

| 5.3 | Nachfolgende Stellen- und Funktionsbeschreibung erfolgt in Kenntnis des anliegenden Hinweisblattes: |

Stempel des Arbeitgebers [10, 11]

Ort, Datum   Unterschrift des Arbeitgebers

Anmerkungen

1. Für den anwaltlichen Bereich ist ein gesondertes Befreiungsformular entwickelt worden. Da sein Inhalt immer wieder aktualisiert wird, empfiehlt es sich allerdings, die jeweils geltende Fassung auf den Homepages der Versorgungswerke nachzusehen.

2. Versicherungsnummer. Der Antragsteller verfügt in aller Regel über eine solche – aus Beschäftigungen, die seiner Anwaltstätigkeit vorausgingen. Sie enthält in der 3.–8. Stelle das Geburtsdatum des Antragstellers und an der 9. Stelle den Anfangsbuchstaben seines Geburtsnamens. Die Ziffer 5011 bezeichnet die bei der DRV Bund zuständige Abteilung: es handelt sich (was irritieren könnte) um die Abteilung Internationale Aufgaben und Beratungsdienst, Hirschberger Straße 4, 10317 Berlin. Diese Adresse muss man sich nicht merken: der Antrag wird beim zuständigen Versorgungswerk eingereicht.

3. Empfänger. Der Antrag geht an das im Adressfeld eingetragene Versorgungswerk. Dies bringt rechts daneben seinen Eingangsstempel an. Dieses Eingangsdatum ist auf Grund der Verfahrensvorschriften des SGB X und einer Verabredung mit der DRV Bund für diese bindend – es wahrt die Frist des § 6 SGB VI. Dieses Verfahren dient der Verwaltungsvereinfachung. Denn das Versorgungswerk erstellt sogleich die notwendige Bescheinigung und leitet den Antrag danach an die DRV Bund weiter. Diese bringt oben rechts ihren Eingangsstempel an.

4. Angaben zur Person. Sie sollten möglichst vollständig ausgefüllt werden.

5. Ausgeübte Tätigkeit. Das Kästchen ist sehr wichtig: hier wird nach der Tätigkeit gefragt, deretwegen die Befreiung beantragt wird. Befreiungsberechtigt ist nur die Tätigkeit als „Rechtsanwalt" – deswegen sollte sie auch als solche dort eingesetzt werden; natürlich nur, wenn das inhaltlich zutrifft. Wer dort „legal consultant" oder ähnliches einsetzt, dokumentiert damit sogleich seine eigenen Zweifel daran, dass er als Rechtsanwalt tätig ist. Es gibt nun einmal kein „Legal-Consultant-Versorgungswerk". Dort ist dann auch der Beginn der Beschäftigung einzutragen. Zur Erinnerung: der Antrag muss innerhalb von drei Monaten (§ 6 Abs. 4 SGB VI) beim Versorgungswerk eingegangen sein, wenn er auf den Beginn des Beschäftigungsverhältnisses zurückwirken soll.

6. Die beiden folgenden Kästchen in Ziffer 2 betreffen nur den Antragsteller, der selbständig ist. Auch er könnte nämlich bei der DRV Bund pflichtversichert sein (zB als Dozent nach § 2 Abs. 1 Ziff. 1 SGB VI oder als arbeitnehmerähnlicher Selbstständiger nach § 2 Abs. 1 Ziff. 9 SGB VI). Denkbar ist auch die Befreiung von einer Antragspflichtversicherung nach § 4 Abs. 2 SGB VI in der gesetzlichen Rentenversicherung, allerdings nur solange, wie diese vor dem Zeitpunkt der Gründung des zuständigen Versorgungswerks herbeigeführt worden ist. Ein Antragspflichtversicherter, der diese Pflichtversicherung in Kenntnis einer bereits zuvor bestehenden Pflichtmitgliedschaft in einem berufsständischen Versorgungswerk beantragt hat, kann vorbehaltlich einer wesentlichen Änderung in den persönlichen Verhältnissen dagegen keine Befreiung mehr von der selbst beantragten Pflichtversicherung in der gesetzlichen Rentenversicherung beanspruchen (LSG NS-Bremen Urt. v. 16.6.2010 – L 2 R 344/07). Der Betreffende hat sich nämlich dann in Widerspruch zu seinem vorausgegangenen Verhalten gesetzt („venire contra factum proprium" = BSG Urt. v. 9.12.1987 – 12 RK 15/80, SozR 2400 § 7 Nr. 4).

Für abhängige Beschäftigte Anwälte (in Kanzlei oder Unternehmen) sind diese Kästchen irrelevant.

7. Rechtsanwaltskammer. Im Kästchen Ziffer 3 ist die Rechtsanwaltskammer einzutragen, bei der die Zulassung besteht. Zweckmäßig ist (bis auf wenige Ausnahme) „zum frühest möglichen Zeitpunkt" anzukreuzen. Außerdem dürfen natürlich Datum und Unterschrift nicht fehlen. Damit sind die eigenen Erklärungen des Antragstellers vollständig.

8. Unter Ziffer 4 bescheinigt das Versorgungswerk die Voraussetzungen des § 6 SGB VI, wenn sie vorliegen und bestätigt das auch durch Datum und Unterschrift. Es ist nicht Aufgabe des Versorgungswerks, die Richtigkeit der Angaben unter Ziffer 1 bis 3 zu prüfen. Denn diese betreffen nur das Rechtsverhältnis des Antragstellers zur DRV Bund.

9. Unter Ziffer 5 ist nun der Arbeitgeber am Zuge. Die gesetzliche Rentenversicherung verlangt unter Ziffer 5.1 vom Arbeitgeber des Anwalts eine Bestätigung, dass dieser auch tatsächlich bei ihm anwaltlich tätig ist. Diese Bescheinigung ist bei Beschäftigung in einer Anwaltskanzlei regelmäßig kein Problem.

Unter Ziffer 5.2 und Ziffer 5.3 (Anstellungsverhältnis des Syndikus) muss der Arbeitgeber des Anwalts bestätigen, dass dieser auch tatsächlich bei ihm anwaltlich tätig ist. Diese Bescheinigung kann für ihn ein Problem darstellen, wenn dem Arbeitgeber der Status als Rechtsanwalt gleichgültig ist. In solchen Fällen ist schon von vornherein die Chance auf eine Befreiung gering. Wenn der Arbeitgeber nicht wirklich hinter diesem Anliegen steht, spricht viel dafür, dass nicht wirklich anwaltliche Tätigkeit bei ihm ausgeübt wird. Man sollte bedenken, dass im Sozialgerichtsprozess im Streitfall der Arbeitgeber beigeladen und gegebenenfalls um seine Meinung gefragt wird. Sehr viel besser sind die Aussichten, wenn der Arbeitgeber dezidiert einen Anwalt beschäftigen will. Dafür kann es eine Reihe guter Gründe geben. Es ist sicher günstig, wenn schon bei der Stellensuche nach einem Rechtsanwalt gesucht wurde. Oft sind die Stellengesuche aber sehr viel allgemeiner gehalten (gesucht wird ein „Volljurist"), und der Arbeitgeber bemerkt erst im Kontakt mit dem Anwalt, was ihm dessen Status wert ist. Mindestens eine Stellenbeschreibung, aber auch der Arbeitsvertrag, sollte von daher das Stichwort Rechtsanwalt erwähnen, wenn es dem Arbeitgeber wirklich wichtig ist. Hier werden unbewusst oft Fehler gemacht, weil man sich über die Tragweite der abgegebenen Erklärungen nicht im Klaren ist. Allerdings gilt: Nur wer wirklich als Rechtsanwalt tätig ist und dies belegen kann, hat ein Befreiungsrecht. Die Versorgungswerke sind nicht dazu da, auch die zu versorgen, die nur scheinbar als Rechtsanwälte auftreten.

Man kann die Antwort zu Ziffer 5.2 auch nicht einfach leer lassen, in der Annahme, es ergebe sich das Notwendige aus der Antwort zu 5.3: denn es ist eindeutige Verwaltungspraxis, dass, fehlt hier der Eintrag, der Befreiungsantrag nicht bearbeitet werden kann, selbst wenn eine Stellen- und Funktionsbeschreibung beigefügt ist.

Dem Formular ist ein amtlicher Hinweistext beigefügt, um dem Aussteller die vier Befreiungskriterien (Rechtsberatung, Rechtsgestaltung, Rechtsentscheidung, Rechtsvermittlung) näher zu erläutern. Er hat rechtliche Relevanz im Hinblick auf einen eventuellen Vertrauensschutz – vorausgesetzt, die gemachten Angaben entsprechen den Tatsachen.

Hinweis:
Der nachfolgende Text ist möglicherweise durch die Entscheidungen des BSG vom 3.4.2014 überholt, soweit er die anwaltliche Tätigkeit bei einem nicht anwaltlichen Arbeitgeber betrifft.

10. Hinweise für nichtanwaltliche Arbeitgeber zu den Merkmalen einer anwaltlichen Tätigkeit (Stand: 05/11). Nach § 6 Abs. 1 S. 1 Nr. 1 SGB VI können Beschäftigte für eine Beschäftigung, wegen der sie aufgrund einer gesetzlichen Verpflichtung Mitglied einer berufsständischen Versorgungseinrichtung und zugleich kraft gesetzlicher Verpflichtung Mitglied einer berufsständischen Kammer sind, von der Versicherungspflicht in der gesetzlichen Rentenversicherung befreit werden. Die Befreiung von der Rentenversicherungspflicht ist tätigkeitsbezogen. Die Zulassung als Rechtsanwalt reicht allein nicht aus.

Bei Rechtsanwälten ist Voraussetzung, dass sie eine dem Kammerberuf entsprechende berufsspezifische Tätigkeit, dh eine für einen Rechtsanwalt typische anwaltliche Berufstätigkeit ausüben. Das Befreiungsrecht nach § 6 Abs. 1 S. 1 Nr. 1 SGB VI kann auch Rechtsanwälten zustehen, die bei einem nichtanwaltlichen Arbeitgeber beschäftigt sind, wenn sie dort eine für einen Rechtsanwalt typische Tätigkeit ausüben. Nicht entscheidend ist, dass diesen Rechtsanwälten nach § 46 Abs. 1 BRAO das Auftreten vor Gerichten oder Schiedsgerichten für ihren Arbeitgeber ausdrücklich nicht erlaubt ist.

Zu den Kriterien, nach denen sich die anwaltliche Tätigkeit von der juristischen Tätigkeit abgrenzen lässt, gehören die Tätigkeitsfelder Rechtsberatung, Rechtsentscheidung, Rechtsgestaltung und Rechtsvermittlung. Diese vier Tätigkeitsfelder müssen im Hinblick auf die Befreiung von der Rentenversicherungspflicht von dem beschäftigten Rechtsanwalt kumulativ abgedeckt werden, wobei die Gewichtung der einzelnen Felder in Abhängigkeit von der Art, der ausgeübten Beschäftigung unterschiedlich sein kann.

Um die eine anwaltliche Tätigkeit beschreibenden unbestimmten Begriffe zu präzisieren, können jedem dieser vier Tätigkeitsbereiche einige Aktivitäten zugeordnet werden, die als charakteristisch für das jeweilige Arbeitsfeld angesehen werden.

Rechtsberatung
- die unabhängige Analyse von betriebsrelevanten konkreten Rechtsfragen
- die selbständige Herausarbeitung und Darstellung von Lösungswegen und Lösungsmöglichkeiten vor dem spezifischen betrieblichen Hintergrund
- das unabhängige Bewerten der Lösungsmöglichkeiten

Rechtsentscheidung
- das außenwirksame Auftreten als rechtskundiger Entscheidungsträger verbunden mit einer von Arbeitgeberseite umschriebenen eigenen Entscheidungskompetenz. Ausreichend ist eine wesentliche Teilhabe an Abstimmungs- und Entscheidungsprozessen im Unternehmen.

Rechtsgestaltung
- das selbständige Führen von Vertrags- und Einigungsverhandlungen mit den verschiedensten Partnern des Arbeitgebers

Rechtsvermittlung
- das mündliche Darstellen abstrakter Regelungskomplexe vor größeren Zuhörerkreisen
- die schriftliche Aufarbeitung abstrakter Regelungskomplexe
- die Bekanntgabe und Erläuterung von Entscheidungen im Einzelfall

Sofern Sie der Auffassung sind, dass Ihr Mitarbeiter in der bei Ihnen ausgeübten Beschäftigung die Merkmale einer anwaltlichen Tätigkeit erfüllt, bitten wir Sie, im Antragsformular die Erklärung unter Ziffer 5 auszufüllen und zu unterschreiben und mit Hilfe der Stellen- und Funktionsbeschreibung die von Ihrem Mitarbeiter ausgeübte Tätigkeit zu beschreiben. Da die Befreiung tätigkeitsbezogen ist, bitten wir den Wechsel des Arbeitsfeldes auch nach erfolgter Befreiung von der Rentenversicherungspflicht dem Rentenversicherungsträger unverzüglich anzuzeigen. In diesem Zusammenhang weisen wir auf § 28p Abs. 1 SGB IV hin. Sollte sich im Rahmen einer Betriebsprüfung durch die Deutsche Rentenversicherung ergeben, dass die Befreiungsvoraussetzungen tatsächlich nicht gegeben sind, werden die nicht gezahlten Pflichtbeiträge zur gesetzlichen Rentenversicherung nacherhoben, wobei der Arbeitgeber den Arbeitnehmer- und den Arbeitgeberanteil der Rentenversicherungsbeiträge allein in voller Höhe zu zahlen hat.

11. Im Einzelnen gelten folgende Befreiungsvoraussetzungen:
- Das Bundessozialgericht hat am 31.10.2012 (B 12 R 3/11; B 12 R 5/10 R) das oftmals als „Magna Charta" der berufsständischen Versorgung bezeichnete Befreiungsrecht grundsätzlich umgestaltet. Die Rechtswirkung einer Befreiung von der gesetzlichen Rentenversicherungspflicht nach § 6 Abs. 1 S. 1 Nr. 1 SGB VI (und § 231 SGB VI) ist im Sinne von § 6 Abs. 5 S. 1 SGB VI nunmehr auf das jeweilige Beschäftigungsverhältnis wegen einer einheitlichen und wortgetreuen Auslegung des Begriffes „Beschäftigung" im Sinne von § 7 SGB IV beschränkt. Das BSG hat damit eine 20 Jahre

andauernde Verwaltungspraxis, nach der für anwaltliche Arbeitgeber tätige Rechtsanwälte nicht bei jedem Tätigkeitswechsel einen neuen Befreiungsantrag zu stellen brauchten, solange eine einmal erteilte Befreiung von der Versicherungspflicht nach § 6 Abs. 1 S. 1 Nr. 1 SGB VI unter ihrer Berufsbezeichnung fortwirkte, beseitigt (*Horn/Jung* AnwBl. 2013, 420, 422).

Zukünftig muss bei jedem Arbeitgeberwechsel ein neuer Befreiungsantrag gestellt werden. Damit wirkt die Antragsfrist des § 6 Abs. 4 SGB VI von drei Monaten jetzt immer konstitutiv. Hält der Rechtsanwalt diese Frist nicht ein, kann seine Befreiung erst ab Zeitpunkt der Antragstellung wirken, unabhängig davon, ob er zuvor bereits eine anwaltliche Tätigkeit ausgeübt hat. Die Frist wird gewahrt, sobald das Antragsformular ausgefüllt und unterschrieben beim Versorgungswerk eingeht.

Der Rechtswirkung von Befreiungsbescheiden wird man zukünftig mittels einer zweigeteilten Funktionalität begegnen müssen, bei der zu prüfen ist,

- einerseits, ob bei bereits bestehenden Beschäftigungsverhältnissen eine „wesentliche" Änderung im Tätigkeitsfeld bei dem bisherigen Arbeitgeber erfolgt ist, gerade bei solchen Befreiungen, die auf einer Stellen- und Funktionsbeschreibung (zB bei Syndikusanwälten) basieren,
- andererseits, ob ein Arbeitgeberwechsel stattgefunden hat, da zukünftig nur noch eine auf den jeweiligen Arbeitgeber XY bezogene Befreiung ausgesprochen wird.

Unter diesen Vorzeichen erscheint die Ansicht des BSG (31.10.2012 – B 12 R 5/10 R, Rn. 32), dass die neue Befreiungspraxis zu keinem bürokratischen Monstrum werde, also selbst unter teleologischen Gesichtspunkten nach Sinn und Zweck der Befreiungsvorschriften eine anderweitige Auslegung im Lichte der bisherigen Verwaltungspraxis in effektiver Weise zu keiner Verwaltungsvereinfachung beigetragen hätte und daher nicht vorzugswürdig gewesen wäre, mehr als zweifelhaft. Denn mit dem neuen Prüfansatz sind zahlreiche Abgrenzungsprobleme entstanden, die mit einem nicht unerheblichen Aufwand an zusätzlicher Verwaltungstätigkeit verbunden sind und die Durchführung einer Vielzahl von zusätzlichen Befreiungsverfahren notwendig machen werden, selbst wenn diesen materiell rechtlich völlig unzweifelhafte Fallgestaltungen zugrunde liegen. Die Befreiungspraxis der Deutschen Rentenversicherung Bund wird insoweit detailliert die Fragestellung zu beantworten haben, was künftig den Inhalt einer neuen Beschäftigung genau ausmacht (*Horn* NZS 2013, 605, 607 mit einzelnen Beispielen).

Für Rechtsanwälte, die im Lichte der Entscheidungen des BSG vom 31.10.2012 über keine aktuell wirksame Befreiung für die von ihnen zuletzt ausgeübte Beschäftigung mehr verfügen, stellt sich die Frage nach Bestands- und Vertrauensschutz. Die Deutsche Rentenversicherung Bund gewährt Rechtsanwälten, die bei anwaltlichen Arbeitgebern beschäftigt sind, nicht zuletzt vor dem Hintergrund der früheren Rechtsprechung des Bundessozialgerichts (BSG Urt. v. 22.10.1998, SozR 3-2600, § 56 Nr. 12, Rn. 22), eine Altfallregelung, nach der ein Befreiungsantrag zwingend erst beim nächsten Wechsel des Beschäftigungsverhältnisses gestellt werden muss, wenn die derzeitige Beschäftigung vor den Entscheidungen des BSG vom 31.10.2012 aufgenommen worden ist (vgl. *Mattern* RV-aktuell 2013, 151, 154). Auf Wunsch können Anträge zur Klarstellung auch für die aktuell ausgeübte Beschäftigung gestellt werden. Für bereits beendete Beschäftigungen werden für diesen Personenkreis keine Befreiungsbescheide mehr erteilt.

Eine Ausweitung der Vertrauensschutzregelung auch auf andere, außerhalb der klassischen Berufsfelder der Freien Berufe tätige Personen (zB Syndikusanwälte) wird seitens der Deutschen Rentenversicherung Bund nur soweit zugestanden, wie die materiellen Befreiungsvoraussetzungen für das gegenwärtige Beschäftigungsverhältnis noch vorliegen. Man möchte auf diese Weise verhindern, dass einzig aufgrund eines fehlenden Befreiungsantrags rückwirkend eine Versicherungspflicht eintritt und damit ein einheitliches Beschäftigungsverhältnis im Sinne des § 7 SGB IV sozialversicherungsrechtlich unterschiedlich behandelt würde. Zur Klärung ihrer versicherungsrechtlichen Situation räumt die Deutsche Rentenversicherung Bund deshalb allen Syndikusanwälten, die noch über keinen Befreiungsbescheid für ihr derzeit ausgeübtes Beschäftigungsverhältnis verfügen, erneut ein Antragsrecht auf Befreiung von der Versicherungspflicht nach § 6 Abs. 1 S. 1 Nr. 1 SGB VI ein. Der Befreiungsbescheid muss bis zur nächsten Betriebsprüfung vorliegen. Er wird ab dem Zeitpunkt der Antragstellung erteilt. Bei Vorliegen der materiellen Befreiungsvoraussetzungen wird auf die Beiträge für rückwärtige Zeiträume verzichtet, um die Kontinuität des Versicherungsverhältnisses im berufsständischen Versorgungswerk zu gewährleisten. In einer Pressemitteilung vom 10. Januar 2014 hat die Deutsche Rentenversicherung Bund die Verfahrensgrundsätze für die Behandlung von Altfällen zusammengefasst (Fundstelle: http://www.deutsche-rentenversicherung.de/Allgemein/de/Inhalt/5_Services/05_fachinformationen/01_aktuelles_aus_der_rechtsprechung/bsg_aenderungen_im_befreiungsrecht_der_rv.html).

- Es muss Pflichtmitgliedschaft in einem berufsständischen Versorgungswerk bestehen. Dies geschieht dadurch, dass das Antragsformular nach Ausfüllung und Unterschrift beim Versorgungswerk eingereicht wird. Das Versorgungswerk tritt insoweit als Empfangsbevollmächtigter der Deutschen Rentenversicherung auf. Es bringt seinen Eingangsstempel an, womit die im Rechtsverhältnis zur Rentenversicherung geltende Frist postalisch gewahrt ist. Das Versorgungswerk bescheinigt die Pflichtmitgliedschaft.

   Probleme entstehen in jüngerer Zeit bei der fortgesetzten freiwilligen Mitgliedschaft im Versorgungswerk. Die Deutsche Rentenversicherung Bund verfolgt dabei den Grundsatz, dass die fortgesetzte freiwillige Mitgliedschaft in einem berufsständischen Versorgungswerk weder zur Erteilung noch zur Aufrechterhaltung einer Befreiung von der Rentenversicherungspflicht berechtigt. Eine freiwillige Mitgliedschaft wird gegenwärtig nur dann als ausreichend erachtet, wenn sie (im Anschluss an eine Pflichtmitgliedschaft) eine ansonsten in einer anderen berufsständischen Versorgungseinrichtung eintretende Pflichtmitgliedschaft ersetzt. Gemeint ist damit die Fallgestaltung, wenn sich ein unter 45-jähriger Rechtsanwalt von der Pflichtmitgliedschaft in einem Versorgungswerk zugunsten eines anderen Versorgungswerks befreien lässt, weil er seine Tätigkeit in ein anderes Bundesland verlegt, aber weiterhin (freiwilliges) Mitglied in seinem alten Versorgungswerk bleiben möchte. Soweit der Antragsteller dabei aber das 45. Lebensjahr überschritten hat und insoweit keine ersetzende Pflichtmitgliedschaft in dem neu aufnehmenden Versorgungswerk vorweisen kann, ist die Befreiung hinfällig (vgl. auch BMAS, Übersicht über das Sozialrecht 2011/2012, 816).

   Das SG Saarland (SG Saarland Urt. v. 23.10.2013 – S 14 R 145/12) hat die neue Bescheidungspraxis der Deutschen Rentenversicherung Bund bestätigt. Es argumentiert wesentlich mit der gesetzgeberischen Funktion des § 6 Abs. 1 S. 1 Nr. 1 SGB VI als Kollisionsnorm (Konfliktzuweisungsnorm) zwischen zwei öffentlich-rechtlichen Pflichtversicherungssystemen der „ersten Säule". Die Kündigung des Versicherungsverhältnisses, die bei einer freiwillig fortgesetzten Mitgliedschaft in einem berufsständischen Versorgungswerk stets möglich sei, stehe dem rechtlichen Charakter einer Konfliktzuweisungsnorm zu einem öffentlich-rechtlichen Pflichtversorgungssystem evident entgegen. Die Versorgungswerke lösen das im Zuge der BSG-Rechtsprechung entstandene Problem derzeit durch Änderungen ihres Satzungsrechts.

- Es muss zugleich Pflichtmitgliedschaft in der Rechtsanwaltskammer bestehen. Dieser Nachweis bereitet im anwaltlichen Bereich in aller Regel wenige Schwierigkeiten.

- Es muss sichergestellt werden, dass das Mitglied im Versorgungswerk den Beitrag entrichtet, der zu zahlen wäre, wenn es bei der Pflichtmitgliedschaft in der gesetzlichen Rentenversicherung verbliebe. Das bedeutet: Für den Befreiungszeitraum kommen keinerlei Ermäßigungen in Betracht. Versorgungswerke, die nur den halben Regelpflichtbeitrag kennen, verlangen deswegen hier auch den vollen Beitrag, weil sonst die Befreiung von der gesetzlichen Rentenversicherung nicht möglich wäre.

- Der Anwalt ist nur befreit, wenn er auch anwaltlich (berufsgruppenspezifisch) tätig ist. Das Formular selbst verlangt eine Bezeichnung der eigenen Tätigkeit. Wer wirklich als Rechtsanwalt tätig ist, sollte dort auch tatsächlich „Rechtsanwalt" und nicht eine möglicherweise englische Funktionsbezeichnung oder einen sonstigen Titel einsetzen.
- Es muss deutlich werden, nach welcher Vorschrift die Befreiung von der gesetzlichen Rentenversicherungspflicht beantragt wird. Bei befristeten Arbeitsverhältnissen erscheint es auf den ersten Blick bequem, nach § 6 Abs. 5 S. 2 SGB VI vorzugehen. Dort wird nämlich die Befreiung auch dann erteilt, wenn im Beschäftigungsverhältnis keine anwaltliche Tätigkeit ausgeübt wird. Es kann nur davor gewarnt werden, voreilig auf diese Vorschrift zu rekurrieren. Wird nämlich das befristete Arbeitsverhältnis später in ein Dauerarbeitsverhältnis umgewandelt und wird dann eine Befreiung nach Abs. 1 beantragt, droht der Einwand, es werde nur eine berufsfremde Tätigkeit fortgesetzt, die zur Befreiung nach Abs. 1 nicht weiter berechtige. Wer also im Anstellungsverhältnis zwar zeitlich befristet, aber doch anwaltlich tätig ist, der sollte sich keinesfalls in die Falle des Abs. 5 S. 2 SGB VI locken lassen: Er hat einen Anspruch auf Befreiung nach Abs. 1. Die Abgrenzung ist im Lichte der Entscheidungen des BSG vom 31.10.2012 (Az. B 12 R 8/10 R) nicht zuletzt für Berufsanfänger besonders wichtig, weil sie nicht mehr eine Befreiung nach § 6 Abs. 5 S. 2 SGB VI erhalten können (vgl. *Horn/Jung* AnwBl. 2013, 420, 423; *Horn* NZS 2013, 605, 610 mit einzelnen Beispielen).
- Wird die Befreiung ausgesprochen, hat der Arbeitgeber in der Zwischenzeit möglicherweise an die Krankenkasse als Einzugsstelle (§ 28 h SGB IV) Beiträge gezahlt. Diese kommen von der Einzugsstelle anstandslos zurück und können dann für den bereits zurückliegenden Befreiungszeitraum in das Versorgungswerk eingezahlt werden. Viele Versorgungswerke stunden deshalb für diesen Zwischenzeitraum die Beiträge. Das ist für das Mitglied einerseits bequem, kann aber auch Nachteile haben: Würde es berufsunfähig, hätte es keine Beiträge bezahlt und würde für diesen Zeitraum (selbst bei späterer Nachzahlung durch die Einzugsstelle) auch keinen Versicherungsschutz aufbauen. Im Rahmen von Erstbefreiungen von Berufsanfängern entstünde sogar gar kein Berufsunfähigkeitsschutz. Wer sich es leisten kann, sollte deswegen in der Zwischenzeit selbst in Vorlage treten, wenn auch die Wahrscheinlichkeit des Eintritts der Berufsunfähigkeit gerade für den letztgenannten Personenkreis eher gering ist.

4. Checkliste für Syndikusanwälte

□ Umfang[1]
□ Grund der ausschließenden Ausübung durch Rechtsanwälte[2]
□ Vier Kriterien Definition[3]
□ Rechtsentscheidung[4]
□ Rechtsgestaltung[5]
□ Rechtsanspruch[6]
□ Auseinandersetzung vor den Sozialgerichten[7–13, 14]

Anmerkungen

1. Der nachfolgende Text ist durch die Entscheidungen des BSG vom 3.4.2014 teilweise überholt, → Anm. 14.

Die Stellen- und Funktionsbeschreibung von Syndikusanwälten sollte einen Umfang von zwei bis drei Din-A4-Seiten haben, in die die vier Befreiungskriterien Rechtsberatung,

Rechtsentscheidung, Rechtsgestaltung und Rechtsvermittlung als Überschriften eingefügt und nach Art,und Umfang gleichwertig in vollständig ausformulierten Sätzen beschrieben werden. Zielsetzung der Stellen- und Funktionsbeschreibung ist es, die individuelle Tätigkeit des Syndikus, auf deren Basis die Befreiung von der Versicherungspflicht nach § 6 Abs. 1 Nr. 1 SGB VI beantragt wird, möglichst konkret und anhand von Beispielen belegt in einer auch für Nichtjuristen nachvollziehbaren Weise unter die vier Befreiungskriterien zu subsumieren. Das bloße Abschreiben der beispielhaften Konkretisierungen aus dem Merkblatt für Arbeitgeber führt regelmäßig zur Ablehnung der Befreiung, weil nicht die individuelle Tätigkeit des verfassenden Syndikus dargelegt worden ist. Aus diesem Gesichtspunkt heraus ist es auch nicht zielführend, wenn Arbeitgeber für die bei ihnen tätigen Rechtsanwälte inhaltlich deckungsgleiche Stellen- und Funktionsbeschreibungen verwenden.

2. Zu Beginn der Stellen- und Funktionsbeschreibung sollte zunächst erläutert werden, warum die berufsspezifische Tätigkeit ausschließlich von einem Rechtsanwalt ausgeübt werden kann. In diesem Zusammenhang kann der Syndikus beispielsweise auf seine berufliche Vorerfahrung und rechtliche Spezialisierungen aufmerksam machen (zB aus selbständiger anwaltlicher Tätigkeit, Führen eines Fachanwaltstitels, Abfassung einer wissenschaftlichen Arbeit/Promotion zu einem bestimmten Thema, vorheriger Tätigkeit als Syndikus für ein anderes/n Unternehmen/Verband), die ihn als Rechtsanwalt für das betreffende Unternehmensumfeld in besonderer Weise qualifizieren. Als Indiz für die Anstellung eines Syndikus gilt ferner zB der Verzicht des Arbeitgebers auf vormals durch externe Rechtsanwälte zu erbringende Begutachtungsleistungen, die nunmehr aus Kosten- und Effizienzgesichtspunkten dem Syndikus anvertraut werden. Soweit der Syndikus unter Beachtung der berufsrechtlichen Grenzen des § 46 BRAO auch forensisch tätig ist (zB für Mandanten seines Arbeitgebers), kann er die Zugehörigkeit zum anwaltlichen Berufsfeld ferner durch seine (ausschließliche) Postulationsfähigkeit dokumentieren. Auch das unternehmerische oder verbandliche Umfeld (zB in berufsständischen Organisationen) kann den Arbeitgeber zur Einstellung eines Syndikus veranlassen. Hilfreich ist es auch, wenn bereits der Arbeitsvertrag die Notwendigkeit der Einstellung eines Rechtsanwalts deutlich macht und die Stellenausschreibung des Arbeitgebers für die in Rede stehende Position ausschließlich einen Volljuristen im Auge hat. Das SG Köln (30.9.2011 – 36 R 1106/10, BeckRS 2012, 66566) hat in diesem Zusammenhang allerdings darauf hingewiesen, dass sich eine zunächst für verschiedene Berufsgruppen ausgeschriebene Stelle infolge der Einstellung eines Volljuristen durchaus in eine anwaltsspezifische Richtung entwickeln kann. Innerbetriebliche Funktionsbezeichnungen in englischer Sprache, welche gerade in international agierenden Unternehmen heute Gang und Gäbe sind, sollten nicht verwandt werden, da sie inhaltlich nichts über die tatsächliche Berufsausübung und erforderliche Qualifikation eines Rechtsanwalts aussagen.

3. Der Syndikus in einem Unternehmen geht nach einer Definition des SG München (28.4.2011, -S 30 R 1451/10, AnwBl. 2011, 755 mit Anm. *Horn*) einer Tätigkeit nach, die insbesondere auf konkrete Rechtsfälle bezogen ist, den beratenden und streitigen Dialog in schriftlicher und mündlicher Form umfasst (Rechtsberatung), mit Entscheidungskompetenzen versehen ist (Rechtsentscheidung), sich auf die Formulierung von Regelwerken wie Verträgen oder einer Satzung erstreckt (Rechtsgestaltung) und ein ansatzweise didaktisches Element enthält (Rechtsvermittlung). In der Praxis erweisen sich vor allem die Merkmale der „Rechtsentscheidung" und „Rechtsgestaltung" als schwierig zu belegen.

4. Das Merkblatt definiert Rechtsentscheidung als das außenwirksame Auftreten als rechtskundiger Entscheidungsträger verbunden mit einer von Arbeitgeberseite umschriebenen eigenen Entscheidungskompetenz. Ausreichend ist eine wesentliche Teilhabe an Abstimmungs- und Entscheidungsprozessen im Unternehmen. Wichtig ist hier, dass der Syndikus bezogen auf die Sache des Rechts weisungsfrei agieren kann. Deswegen kann daher zB die tarifrechtliche Einordnung des Syndikus für dessen versicherungsrechtliche Beurteilung keine Rolle spielen (SG Düsseldorf ASR 2011, 67 mAnm. *Huff* = BeckRS 2011, 78003; SG Köln 30.6.2011, S 2 R 1180/10, BeckRS 2012, 66565), insbesondere wenn er aufgrund seiner rechtlichen Fachexpertise unternehmerische Entscheidungsprozesse wesentlich beeinflusst, durch die er auch nach außen hin als fachkundiger Entscheidungsträger wahrgenommen wird. Allein die arbeitsvertragliche Weisungsgebundenheit des Syndikus steht dessen anwaltlicher Tätigkeit grundsätzlich nicht entgegen. Das wirksame Auftreten als Entscheidungsträger mit eigenständiger Entscheidungskompetenz ist zB dann gegeben, wenn der Syndikus nach eigenem Ermessen und ohne mit Vorgesetzten Rücksprache halten zu müssen außergerichtliche Verhandlungen mit Behörden, Gewerkschaften und Anwälten durchführen kann. Da unternehmerische Entscheidungen häufig nicht von Einzelpersonen getroffen werden können, sondern wegen ihrer juristischen, betriebswirtschaftlichen und ökonomischen Reichweite einer Kollegialentscheidung bedürfen, hat das SG Braunschweig (25.11.2011, – 51 R 35/10, BeckRS 2012, 66556) den Zusatz „nach Abstimmung" mit dem Merkmal der Rechtsentscheidung für vereinbar erklärt. Dieselben Grundsätze gelten für das in vielen Unternehmen heute gegenwärtige „Vier-Augen-Prinzip" (SG Düsseldorf 2.11.2010, – 52 R 230/09, BeckRS 2011, 78003 = ASR 2011, 67 mAnm. Huff; grundlegend dazu *Prossliner* Kammer-Mitt. Düsseldorf 2011, 326 (329); SG Gotha 22.8.2011, Az. S 19 R 1065/11, BeckRS 2012, 66559 (rkr.).; SG Duisburg 7.2.2012, -S 37 R 1451/10, BeckRS 2012, 66718).

5. Das Merkblatt definiert Rechtsgestaltung als das selbständige Führen von Vertrags- und Einigungsverhandlungen mit den verschiedensten Partnern des Arbeitgebers. Wichtig ist es herauszuarbeiten, dass sich der Syndikus bei der Gestaltung des Rechts (zB von Verträgen) „schöpferisch" betätigt, also gerade die individuellen Bedürfnisse seines Unternehmens oder dessen Mandanten vor Augen hat und diesbezüglich rechtliche Lösungswege entwickelt. Die bloße Anwendung von rechtlichen Normen bezogen auf den einzelnen Sachverhalt soll dagegen für das Vorliegen einer bloßen „sachbearbeitenden" juristischen Tätigkeit sprechen, die der anwaltlichen Berufsausübung entgegenstehe. Dem haben einige Sozialgerichte allerdings entgegengehalten (SG München – S 30 R 1451/10, AnwBl. 2011, 755 mAnm. *Horn*; SG Köln 30.9.2011 – S 36 R 1106/10, BeckRS 2012, 66566; SG Frankfurt, 15.10.2012, – S 31 R 610/11), dass schon die bloße Rechtsanwendung angesichts der zunehmenden Komplexität des Rechts und des erhöhten Spezialisierungsbedarfes von Rechtsanwälten dem anwaltlichen Berufsbild zugeordnet werden müsse. Auch sollte die berufsrechtliche Rechtsprechung des Bundesgerichtshofs (Beschl. v 16.5.2011, AnwZ. (BrfG) 7/010, AnwBl 2011, 778) beachtet werden, nach der ein Rechtsanwalt, der als angestellter Rechtsanwalt oder „freier Mitarbeiter" eines anderen Rechtsanwalts tätig ist, der anwaltlichen Berufsausübung auch dann nachgeht, wenn er lediglich sachbearbeitend tätig ist und Mandate bearbeitet, für die er Schriftsätze verfasst und Gerichtstermine wahrnimmt.

6. Mit dem Vorliegen der vier Befreiungskriterien besteht ein Rechtsanspruch auf Befreiung von der Versicherungspflicht nach § 6 Abs. 1 S. 1 Nr. 1 SGB VI (LSG Hessen, – L 8 KR 189/08, AnwBl 2010, 214 mAnm *Esser*; zur grundlegenden Bedeutung dieser Entscheidung *Kilger/Prossliner* NJW 2010, 3137, 3140).

7. Bei Abfassung dieses Beitrags sind Hunderte von Befreiungsverfahren von Syndikus-anwälten bei den Sozialgerichten anhängig, eine ganze Reihe davon befindet sich inzwischen in der Berufung bei den Landessozialgerichten. Es ist erklärter Wille der Deutschen Rentenversicherung, das Thema vor das Bundessozialgericht zu tragen. Hier sind gegenwärtig bereits sechs Verfahren anhängig. Eine erste Sprungrevision (B 12 R 5/13 R) richtet sich gegen ein Urteil des SG Köln (22.11.2012 – S 25 R 1371/11), welches im Ergebnis die Doppelberufstheorie des BGH übernahm. Zwei weitere zugelassene Revisionen betreffen Verfahren, in denen das LSG BW zwei höchst unterschiedliche Lösungsmodelle für die Befreiung von Syndikusanwälten vorgelegt hat: einmal wurden die vier Kriterien angewandt, ihre Erfüllung im Einzelfall aber verneint (B 12 R 3/13 R; Vorinstanz: LSG BW 23.1.2013, – L 2 R 2671/12), beim anderen wurde ganz unabhängig von den vier Kriterien jede mit dem Anwaltsberuf vereinbare Tätigkeit als befreiungsberechtigend angesehen (B 12 R 9/13 R; Vorinstanz: LSG BW 19.2.2013, – L 11 R 2182/11). In drei weiteren Revisionen hat das LSG NRW die Befreiung deswegen verneint, weil die Klägerin von der Kammer nicht „für ihre Tätigkeit im Unternehmen" als Anwältin zugelassen worden war (B 12 R 15/13 R, Vorinstanz LSG NRW Urt. v. 7.5.2013 – L 18 R 170/12; B 12 R 17/13 R, Vorinstanz LSG NRW Urt. v. 7.5.2013, L 18 R 1038/11; B 12 R 18/13 R, Vorinstanz LSG NRW L 18 R 843/11, vgl. zum Ganzen auch *Huff* BRAK-Mitt 2013, 215 ff. Mit Vorliegen des neuen Geschäftsverteilungsplans des BSG zu Jahresbeginn 2014 wurde ausweislich Ziffer 3 der Zuständigkeitsliste des 5. Senats, also des für Fragen des Rentenversicherungsrechts „an sich" zuständigen Senats, die Zuständigkeit für Streitigkeiten betreffend der Befreiung von der Versicherungspflicht nach § 6 SGB VI einschließlich der Bestände des 12. Senats vom 31.12.2013 an diesen verlagert. Alle Verfahren erhalten demgemäß neue Aktenzeichen).

Die Aussage des LSG NRW ist schon deswegen bereits im Ansatz unzutreffend, weil ein Rechtsanwalt nach der Bundesrechtsanwaltsordnung Mitglied einer Rechtsanwaltskammer ausschließlich allein aufgrund eines Antrags und des Nachweises bestimmter statusbildender Merkmale, insbesondere der Befähigung zum Richteramt nach dem DRiG, wird, ohne dass ein Tatbestandsmerkmal „für die Beschäftigung, wegen der" in berufsrechtlicher Hinsicht überhaupt erfüllbar wäre. Insoweit lässt sich auch aus der Freistellungserklärung des Arbeitgebers für den angestellten Syndikus keine Aussage zu dessen Berufsbild treffen, denn diese soll nur die Unabhängigkeit des betroffenen Syndikusanwalts in der Mandatswahrnehmung außerhalb seines Dienstverhältnisses sicherstellen. Soweit das LSG NRW auf das Fehlen einer Berufshaftpflichtversicherung für die angestellte Tätigkeit eines Syndikusanwalts abstellt, kann damit ebenfalls keine Aussage über den berufsrechtlichen Status der Tätigkeit getroffen werden. Für betrieblich veranlasste Tätigkeiten unterliegen Syndici als Arbeitnehmer in einem Anstellungsverhältnis nämlich einem völlig anderen Haftungsregime als selbständig tätige Rechtsanwälte in eigener Praxis. Das Bundesarbeitsgericht nimmt in derartigen Fällen in Abhängigkeit vom Grad der Fahrlässigkeit des Arbeitnehmers eine Haftungsprivilegierung vor (vgl. *Söllner/Waltermann*, Arbeitsrecht, 13. Aufl. 2009, Rn. 237 ff.). Für Tätigkeiten, die dem Mitarbeiter arbeitsvertraglich übertragen worden sind oder die er im Interesse des Arbeitgebers für den Betrieb ausführt, muss sich der Arbeitgeber durch eine dementsprechende betriebliche Haftpflichtversicherung schützen.

Auch die vom LSG NRW zitierte Rechtsprechung des Europäischen Gerichtshofs lässt keinerlei Rückschlüsse auf die berufsrechtliche Stellung von Syndikusanwälten oder gar ihre Befreiungsmöglichkeit von der gesetzlichen Rentenversicherungspflicht zu. Denn der EuGH hat in der Rechtssache Akzo Nobel (EuGH – C-550/07, Slg. 2010 I-8301) und einer weiteren Entscheidung zu polnischen Syndikusanwälten (Rs. C-422/11P und 10-423/11 P, Slg. 2012, nv) lediglich festgestellt, dass diese bei Verfahren vor Gerichten der Europäischen Union nicht direkt für ihren Arbeitgeber auftreten dürfen. Dieses Vertretungsverbot liegt jedoch auch der deutschen Rechtsvorstellung in § 46 BRAO elementar zu Grunde. Von daher haben die Entscheidungen des EuGH inhaltlich keinerlei Änderung gegenüber dem bereits jetzt geltenden nationalen Rechtszustand gebracht. Im Übrigen führt der EuGH selbst ins Feld, dass die Rechtswirkung seiner Entscheidungen ausschließlich auf den Rechtskreis des Unionsrechts beschränkt ist.

Schließlich muss die sozialgerichtliche Rechtsprechung bei der Auslegung der einzelnen Tatbestandsmerkmale des § 6 SGB VI dessen Rechtsnatur als (analogiefähige) Kollisionsnorm (Konfliktlösungsnorm) berücksichtigen und sich an den verfassungsrechtlichen Leitvorstellungen des Freien Berufs orientieren. Berufsrechtliche Vorprägungen wie die vor über 80 Jahren begründete Partizipation des Syndikus als integraler Teil der deutschen Rechtsanwaltschaft müssen in diese Bewertung miteinfließen. Eine Engauslegung der Sperrwirkungsklausel des § 6 Abs. 1 S. 3 SGB VI würden die Freien Berufe deshalb mit hoher Wahrscheinlichkeit mit einer auf Art. 12 GG gestützten Verfassungsbeschwerde vor dem Bundesverfassungsgericht überprüfen lassen (vgl. zum Ganzen *Horn* NZS 2014, 375). Das SG Köln (SG Köln Urt. v. 20.12.2013 – S 33 R 1107/13) ist im Rahmen der Anwendung der vier Befreiungskriterien der Auffassung, dass ein Syndikusanwalt auch sehr wohl „wegen" seiner Tätigkeit im Sinne von § 6 Abs. 1 S. 1 Nr. 1 SGB VI Mitglied seiner zuständigen Rechtsanwaltskammer ist. Denn diese nach der vorgenannten Entscheidung des LSG NRW maßgebliche Voraussetzung sei immer dann erfüllt, wenn der Syndikusanwalt ausdrücklich als Rechtsanwalt angestellt worden ist. Dessen Arbeitgeber hatte in dem betreffenden Verfahren erklärt, dass das Arbeitsverhältnis mit sofortiger Wirkung aufgelöst worden wäre, wenn der Syndikus, der zu keinem Zeitpunkt ohne Rechtsanwaltszulassung bei ihm tätig gewesen sei, seine Anwaltseigenschaft bzw. seine Fachanwaltseigenschaft für Bau- und Architektenrecht verloren hätte.

8. Die Praxis der Deutschen Rentenversicherung – und das von ihr eingesetzte gegenwärtige Antragsformular bestätigt das ausdrücklich – geht gegenwärtig aber weiterhin von der Geltung der vier Befreiungskriterien für Syndikusanwälte aus: Rechtsberatend, rechtsgestaltend, rechtsvermittelnd und rechtsentscheidend kumulativ angewandt. Wer sie erfüllt, ist anwaltlich tätig. Die scheinbar sehr allgemein gehaltene Formel hat sich in der Praxis bewährt und repräsentiert den gegenwärtigen Standard (zur bislang durchweg positiven Rechtsprechung der unterinstanzlichen Sozialgerichte in Bezug auf die 4 Kriterien: *Horn* NJW 2012, 966 ff.; *Plitt/Stütze* NJW 2011, 2556 ff.). Zu klären ist allerdings, wie streng diese unbestimmten Rechtsbegriffe auszulegen sind: Das Landessozialgericht Baden-Württemberg hat in seiner Entscheidung vom 23.1.2013 (L 2 R 2671/12) insbesondere beim Kriterium der Rechtsentscheidung – entgegen einer gefestigten Rechtsprechungslinie der Sozialgerichte – eine sehr enge Auslegung bevorzugt.

9. Die Anwendung der vier Kriterien setzt weiterhin voraus, dass die Rechtsprechung des Bundesgerichtshofs (vgl. zuletzt Beschl. v. 7.2.2011, AnwZ (B) 20/10, AnwBl 2011, 473 ff.; kritisch dazu: *Hamacher* AnwBl. 2011, 519; *Huff* AnwBl. 2011, 473; *Kleine-Cosack* AnwBl. 2011, 467; grundlegend zum Berufbild des Syndikus: Benckendorff, Rechtsanwälte mit Zweitberuf/Syndikusanwälte in: Offermann-Burckhart, Anwaltsrecht in der Praxis, 2010, Rn. 38 ff.) über die Anwendung der so genannten Doppelberufstheorie im Sozialrecht keine Geltung haben kann (vgl. dazu Henssler/Prütting/*Henssler*, BRAO, 4. Aufl. 2014, § 46 Rn. 25d). Dafür spricht viel (st. Rechtsprechung SG Köln 29.9.2011 – S 31 R 696/10, BeckRS 2012, 66564; 1.12.2011 – S 31 R 1586/10, BeckRS 2012, 66562; 1.12.2011 – S 31 R 1525/10, BeckRS 2012, 66561; 15.12.2011 – S 31 R 865/10, BeckRS 2012, 66002), weswegen die Landessozialgerichte (LSG Hessen 29.10.2009 – L 8 KR 189/08, AnwBl. 2010, 214 mAnm. *Esser*; LSG BW 23.1.2013 – L 2 R 2671/12) diese Theorie bislang auch durchweg abgelehnt haben. Denn würde sie gelten, käme eine Befreiung für Syndikusanwälte überhaupt nicht mehr in Betracht: Nach ihr übt der Anwalt im Unternehmen überhaupt keine anwaltliche Tätigkeit aus, sondern ist nur in seiner „Feierabend-Kanzlei" als Anwalt tätig. Wer aber die historisch gewachsene Einrichtung des Syndikusanwalts und die Tätigkeit großer Syndici in bekannten Unternehmen kennt, weiß, dass diese Auffassung nicht der Wirklichkeit entspricht. Da im Sozialrecht die Rechtsfolgen unmittelbar an die gelebte Wirklichkeit anknüpfen, kann sie nicht ausgeblendet werden. Dies ergibt sich allein schon daraus, dass andernfalls § 6 SGB VI keinen Regelungsgegenstand hätte: Seine Existenz geht gerade davon aus, dass es zur Befreiung berechtigende Tätigkeiten auch von Anwälten in Unternehmen geben muss, und nicht nur von Anwälten in Kanzleien.

10. Die Anwendung der vier Kriterien setzt auch voraus, dass ihr Einsatz dem Gesetzesvorbehalt entspricht. Es gibt eine Mindermeinung in der Rechtsprechung (SG Düsseldorf 2.11.2010 – S 52 R 230/09, Anwalt/Anwältin im Sozialrecht 2011, 67 ff. mAnm. *Huff*; ablehnend: SG München 28.4.2011 – S 30 R 1451/10, AnwBl. 2011, 755 mAnm. *Horn*), die meint, derartige Kriterien müssten im Gesetz stehen. Die bisherige Rechtsprechung von Landessozialgerichten hat das aber nicht bestätigt.

11. Das Bundessozialgericht hat am 31.10.2012 (Az. B 12 R 3/11 R, Rn. 34) festgestellt, dass zur Bestimmung des Berufsbildes der verkammerten Freien Berufe stets die maßgeblichen Berufsgesetze heranzuziehen seien. Einen zuvor seitens der Deutschen Rentenversicherung Bund praktizierten Prüfungsansatz, das Berufsbild von Industrieapothekern mittels des Arzneimittelgesetzes (AMG) zu definieren, hat das Gericht aus dem Gedanken des Schutzzwecks der Norm heraus am Beispiel des Pharmareferenten zurückgewiesen, denn es ginge beim AMG – so die Ausführungen des Vorsitzenden Richters beim 12. Senat in der mündlichen Verhandlung – ausschließlich um Fragen der Arzneimittelsicherheit. Übertragen auf den Anwaltsberuf bedeutet dies, dass die einschlägigen Vorschriften der Bundesrechtsanwaltsordnung zur Bestimmung des anwaltlichen Berufsbilds maßgeblich sind. Von daher müssen die zuständigen berufsständischen Organisationen das Berufsbild des Syndikus in § 46 BRAO hinreichend bestimmen, wollen sie sicherstellen, dass zukünftig Syndikusanwälte weiterhin von der gesetzlichen Rentenversicherungspflicht befreit werden können (*Horn/Jung* AnwBl. 2013, 420, 425).

12. Die Aufgabenstellung der Kammern hat auch das Landessozialgericht Baden-Württemberg in seiner Entscheidung vom 19.2.2013 (Az. L 11 R 2182/11) besonders hervorgehoben. Das Gericht hat es für ausreichend angesehen, wenn die Beschäftigung eines Rechtsanwalts bei einem nicht anwaltlichen Arbeitgeber keinen Tatbestand erfüllt, der eine Versagung der Zulassung nach § 7 Nr. 8 BRAO, die Rücknahme der Zulassung oder ihren Widerruf nach § 14 Abs. 1, Abs. 2 Nr. 8 BRAO seitens der zuständigen Rechtsanwaltskammer rechtfertigt. Insoweit, resümiert das LSG, bestehe ein Anspruch auf Befreiung von der Versicherungspflicht in der gesetzlichen Rentenversicherung für jede Beschäftigung bei einem nicht anwaltlichen Arbeitgeber, solange diese von der zuständigen Rechtsanwaltskammer mit dem Beruf des Rechtsanwalts als vereinbar angesehen wird und das Vertrauen in die anwaltliche Unabhängigkeit nicht gefährdet.

13. Der Beitrag der verfassten Anwaltschaft zu dieser Thematik ist verhalten. Es besteht in den Berufsständen nicht nur der Anwaltschaft eine gewisse Reserviertheit, Berufsbilder näher zu definieren. Man befürchtet dort eine Einschränkung der berufsrechtlichen Freiheiten. Es wird aber kein Weg daran vorbeigehen, dass die Suche nach der Qualität gewisser Berufstätigkeit eine nähere Beschreibung notwendig macht. Gegenwärtig beschreiben Sozialgerichte, was Anwaltstätigkeit ist. Man kann fragen, ob sie hierzu überhaupt berufen sind. Der Deutsche Anwaltverein (DAV) hat in einem ersten Gesetzgebungsvorschlag zu § 46 BRAO eine nähere Konkretisierung durch den Gesetzgeber angeregt. Die Bundesrechtsanwaltskammer (BRAK) debattiert derzeit in ihrem Berufsrechtsausschuss ebenfalls eine Änderung der BRAO. Für den einzelnen Syndikusanwalt bleibt der gegenwärtige Rechtszustand bedauerlich: Ihm bleibt nichts anderes übrig, als die Verfahren zur Zuerkennung der Befreiung nach gegenwärtigem Rechtsstand zu durchlaufen.

14. Die vorstehenden Erläuterungen wurden bis März 2014 fertiggestellt. Am 3.4.2014 hat das **Bundessozialgericht** in drei Rechtssachen (**Az. B 5 RE 13/14 R, B 5 RE 3/14 R, B 5 RE 9/14 R**) ein Urteil verkündet. **Danach bleibt für Befreiungen von angestellten Anwältinnen und Anwälten kein Raum mehr, wenn sie nicht bei einem Anwalt angestellt sind.** Das Nähere kann der Pressemitteilung des BSG entnommen werden, die auf deren Homepage veröffentlicht ist.

Das bedeutet zunächst: Neuanträge ab dem 4.4.2014 erscheinen für diesen Personenkreis aussichtslos. Es stellt sich aber die Frage, ob die Vorsicht es nicht gebietet, einen Befreiungsantrag dennoch zu stellen. Denn erstens liegen die schriftlichen Urteilsgründe noch gar nicht vor. Vor allem steht auch noch nicht fest, ob die erwähnten Urteile das letzte Wort sind. Befreiungsanträge wirken nun einmal nur ex nunc. Also könnte es sich empfehlen, trotz des Urteils einen Befreiungsantrag zu stellen und (falls sich ein Ruhen des Verfahrens nicht erreichen lässt) in den Rechtsweg zu gehen. Dadurch wird die mit dem Antrag erstrebte Option offen gehalten.

Das Bundessozialgericht hat aber weiter in einem obiter dictum ausführliche Hinweise für die anhängigen Fälle und die bisher offenen „Altfälle" gegeben. Unkritisch ist die Situation für diejenigen, welche im Besitz eines Befreiungsbescheides sind, der sich auf das gegenwärtige Beschäftigungsverhältnis bezieht. Sie haben eindeutigen Vertrauensschutz. Der mündlichen Urteilsbegründung ist zu entnehmen, dass dieser sogar weiter reichen kann, als ihn § 44 SGB X vorsieht: es bleibt auch für die Zukunft bei der erteilten Befreiung – wohlgemerkt: nur in demselben Beschäftigungsverhältnis.

Schwieriger wird es für die, die in der Vergangenheit einen Befreiungsantrag gestellt haben, der aber noch nicht rechtskräftig beschieden ist. Hier würde die Altfallregelung greifen, die die DRV am 10.1.2014 angekündigt hat: wer heute als Anwalt tätig ist, wird als befreit behandelt, auch wenn er entgegen der Klarstellung der BSG-Entscheidungen vom 31.10.2012 zwar früher befreit war, aber für das gegenwärtige Beschäftigungsverhältnis keinen Befreiungsbescheid hat. Ob die neuen Urteile die so angekündigte Verfahrensweise in Frage stellen, ist bei Abfassung dieses Manuskripts nicht geklärt. Zweifel sind angebracht. Denn heute kann – wenn die BSG-Entscheidung gilt – gar nicht mehr festgestellt werden, dass Anwaltstätigkeit im Unternehmen vorliegt. Immerhin empfiehlt es sich, in diesen Fällen nicht zu früh die Segel zu streichen, solange die Situation nicht abschließend geklärt ist.

Ob ein neuer, nach dem 3.4.2014 gestellter Befreiungsantrag noch Vertrauensschutzwirkungen erzeugen kann, erscheint wenig wahrscheinlich. Möglicherweise sind ausnahmsweise noch Konstellationen denkbar, die das ermöglichen. Klar ist, dass Sonderfälle besonderen personalen Bezugs der Vergangenheit ein besonderes Vertrauen auslösen können, das von der erwähnten generellen Regelung unabhängig ist: hat nämlich der Sozialleistungsträger selbst davon abgeraten, einen neuen Antrag zu stellen, und wäre er ohne diesen Rat gestellt worden, so kann das zu einer Bestätigung der Befreiung auf Grund eines „sozialrechtlichen Herstellungsanspruchs" oder sogar nach Treu und Glauben nach sich ziehen. Ein – bisher nicht entschiedenes – Verfahren zu diesen Fragen ist beim Landessozialgericht Baden-Württemberg anhängig. Für diese Fälle ist es also geboten, durch Akteneinsicht und Durchsicht der eigenen Unterlagen zu ermitteln, ob die Erforschung der Vergangenheit nicht Konstellationen dieser Art zutage fördern. Klar ist: die Darlegungs- und Beweislast liegt beim Antragsteller.

Diese auf Grund der bisherigen Kenntnisse der erwähnten BSG-Entscheidungen erstellten Bemerkungen führen zu folgenden Schlussfolgerungen:

- Die vorstehende Darstellung zum Befreiungsrecht wird im Regelfall nur noch die Angestellten in Anwaltskanzleien betreffen. Für die übrigen abhängig beschäftigen Anwälte bei nichtanwaltlichen Arbeitgebern wird sie nur noch im Ausnahmefall relevant werden. Deren rechtliche Beurteilung hängt nicht zuletzt vom Erfolg weiterer Rechtsmittel ab – diese entfalten allerdings keine aufschiebende Wirkung!
- Die Rechtsentwicklung in diesem Bereich wird zumindest in der Anpassung der Verwaltungspraxis schnell zu Änderungen führen. Wer sich deswegen über die aktuelle Situation informieren will, wird seine Erkundungen über den hier vorliegenden Text hinaus erstrecken müssen. Er ist nach den Kenntnissen zum Zeitpunkt des Redaktionsschlusses erstellt.
- Bleibt es bei den Feststellungen des BSG vom 3.4.2014, gehört das Befreiungsrecht der Syndici der Vergangenheit an, für Alle bei Neueinstieg und Stellenwechsel.

V. Abhängig beschäftigte Rechtsanwälte in der berufsständischen Versorgung

1. Antrag bei fehlender Befreiung von der gesetzlichen Rentenversicherungspflicht

An das

Versorgungswerk der Rechtsanwälte

. . . . . .

Betr.: Mitgliedsnummer . . . . . . (falls schon vorhanden)

Sehr geehrte Damen und Herren,

ich bin Pflichtmitglied der gesetzlichen Rentenversicherung. Ich bitte, den hierfür vorgesehenen besonderen (verminderten) Beitrag festzusetzen.[1, 2]

Mit freundlichen Grüßen

. . . . . .

(Unterschrift)

Anmerkungen

1. Wer in der gesetzlichen Rentenversicherung verbleiben will oder muss, weil sein Befreiungsantrag keinen Erfolg hat, bleibt Mitglied im Versorgungswerk und beitragspflichtig, solange er Kammermitglied ist. Der dann entstehenden doppelten Beitragspflicht wird insoweit Rechnung getragen, als das Versorgungswerk nur noch einen verminderten Beitrag erhebt und dadurch zu einer Art Zusatzversorgung neben der gesetzlichen Rentenversicherung wird.

2. Der verminderte Beitrag macht am Beispiel Baden-Württemberg einen Monatsbeitrag von rund 330 EUR aus, fällt allerdings in vielen Versorgungs werken geringer aus, und kann als Vorsorgeaufwendung auch steuerlich geltend gemacht werden (→ Form. D). Entscheidet sich der Rechtsanwalt trotz allem, seine Zulassung zurückzugeben, sollte er diesen Schritt wohl überlegen. Denn bei einem Austritt aus dem Versorgungswerk bleibt seine auf der Basis der von ihm gezahlten Beiträge bereits erworbene Rentenanwartschaft zwar erhalten, führt also zu einer Altersrente, welche im Leistungsfall neben der dann erdienten anderweitigen Versorgung gezahlt wird; sie berechtigt allerdings nicht mehr zum Bezug einer Berufsunfähigkeitsrente, soweit diese durch Zurechnungszeiten finanziert ist. Zudem kann aufgrund der in anwaltlichen Versorgungswerken noch immer vorherrschenden Altersgrenze von 45 Jahren die Rückkehr in das Versorgungswerk jenseits dieses Lebensalters infrage stehen, was bei einem erneuten Tätigkeitswechsel des Anwalts in eine andere Kanzlei (im Angestelltenverhältnis) äußerst relevant würde und seine Option der Befreiung von der gesetzlichen Rentenversicherung zu Nichte machte. Insoweit ist eine individuelle Beratung in jedem Einzelfall unverzichtbar.

2. Elektronisches Arbeitgebermeldeverfahren, § 28 a Abs. 10 und 11 SGB IV – Beitragsnachweis durch Arbeitgeberbescheinigung

An das

Versorgungswerk

. . . . . .

Sehr geehrte Damen und Herren,

vorliegend teile ich Ihnen mit, dass Frau RAin/Herr RA (Mitgliedsnummer: . . . . . .) im Kalenderjahr . . . . . . Einkünfte in Höhe von . . . . . . EUR erzielt hat.[1, 2]

Mit freundlichen Grüßen

. . . . . .

(Unterschrift des Arbeitgebers)[3]

Anmerkungen

1. Ist der angestellte Anwalt von der gesetzlichen Rentenversicherungspflicht befreit, so setzt die Aufrechterhaltung der Befreiung die Zahlung der Beiträge an das berufsständische Versorgungswerk voraus, die ohne Befreiung an die gesetzliche Rentenversicherung zu zahlen gewesen wären. Das gebietet § 6 Abs. 1 S. 1 Nr. 1 SGB VI ausdrücklich. Das Versorgungswerk muss daher sicherstellen, dass dies auch tatsächlich geschieht.

2. Ein Beitragsnachweis durch Arbeitgeberbescheinigung ist allerdings in aller Regel entbehrlich, weil alle Arbeitgeber seit dem 1.1.2009 verpflichtet sind, auch für die Mitglieder einer berufsständischen Versorgungseinrichtung, die im Angestelltenverhältnis tätig und von der gesetzlichen Rentenversicherung befreit sind, elektronische Meldungen über die versicherungspflichtigen Arbeitsentgelte zu übermitteln (§ 28 a Abs. 10 und 11 SGB IV). Das elektronische Arbeitgebermeldeverfahren gewährleistet einen reibungslosen Ablauf sowie die korrekte Zuordnung der Beiträge. Zudem werden die berufsständischen Versorgungswerke zeitnah mit Änderungsmitteilungen sowie weiteren, das versicherungspflichtige Entgelt betreffenden Informationen versorgt. Der angestellte Anwalt in diesem Bereich gelangt damit in eine Situation, die das Bild des abhängig Beschäftigten generell prägt: Der Arbeitgeber muss für ihn alles erledigen.

3. In vielen Fällen zahlt der Arbeitgeber die Beiträge auch direkt an das Versorgungswerk. Zu beachten ist allerdings: Zwischen ihm und dem Versorgungswerk gibt es keine rechtlichen Beziehungen. Beitragsschuldner ist allein das Mitglied (§ 172a SGB VI). Wenn deswegen ein Arbeitgeber direkt an das Versorgungswerk bezahlt, ist dies rechtlich nur eine Zahlung auf Anweisung eines Dritten. Deswegen kann der Arbeitgeber etwa überzahlte Beiträge auch nur mit Zustimmung des Mitglieds zurückfordern.

3. Erteilung einer A 1 Bescheinigung bei Entsendung in das EU-Ausland

An die

Arbeitsgemeinschaft berufsständischer Versorgungseinrichtungen[1]

Luisenstraße 17

10117 Berlin

Betr.: Erteilung einer A 1 Bescheinigung[2]

Sehr geehrte Damen und Herren,

ich bin von meinem Arbeitgeber[3-5] (für Kanzlei . . . . . ./für Unternehmen . . . . . .) als Rechtsanwalt/Syndikusanwalt für zwei Jahre in unsere Brüsseler Dependance entsandt worden.

Ich beantrage zur Fortgeltung des deutschen Rechts in Bezug auf meine Tätigkeit in Brüssel (Belgien) die Erteilung einer A 1 Bescheinigung.

Mit freundlichen Grüßen

. . . . . .

(Unterschrift)

An den

GKV-Spitzenverband,[6, 7]

Deutsche Verbindungsstelle Krankenversicherung – Ausland

Pennefeldsweg 12 c

53177 Bonn

Betr.: Erteilung einer A 1 Bescheinigung

Sehr geehrte Damen und Herren,

ich übe zwei abhängige Beschäftigungsverhältnisse als Rechtsanwalt in Kanzlei . . . . . . in Freilassing (Deutschland) und in Kanzlei . . . . . . in Salzburg (Österreich) aus.

In Freilassing arbeite ich vier Tage pro Woche, in Salzburg einen Tag pro Woche. 80 % meiner Erwerbseinkünfte erziele ich aus meiner Beschäftigung in Freilassing. Dort unterhalte ich auch meinen regelmäßigen Wohnsitz.

Ich beantrage zur Fortgeltung des deutschen Rechts in Bezug auf meine anwaltliche Tätigkeit in Österreich (Salzburg) die Erteilung einer A 1 Bescheinigung.

Mit freundlichen Grüßen

. . . . . .

(Unterschrift)

Anmerkungen

1. Die Arbeitsgemeinschaft berufsständischer Versorgungseinrichtungen (ABV), die für die berufsständischen Versorgungswerke die Funktion der nationalen Verbindungsstelle gegenüber ausländischen Trägern wahrnimmt, stellt nach § 3 Abs. 2 des Gesetzes zur Koordinierung der Systeme der sozialen Sicherheit in Europa (vgl. BT-Drs. 17/4978, 5) die im Rahmen der Entsendung erforderliche Bescheinigung A 1 für Personen aus, die vorübergehend in einem anderen Mitgliedstaat der EU selbständig tätig werden und nicht Mitglied einer gesetzlichen Krankenkasse, jedoch Mitglied einer berufsständischen Versorgungseinrichtung sind und die Weitergeltung des deutschen Rechts erlangen wollen.

2. Die Ausstellung einer A 1 Bescheinigung ist für den im EU-Ausland tätigen Rechtsanwalt von enormer Bedeutung (*Lindenau/Prossliner* AnwBl. 2011, 676), weil diese, soweit sie jedenfalls unter rechtmäßigen Bedingungen erteilt wurde, nach der Rechtsprechung des Europäischen Gerichtshofes (C-202/97, Slg. 2000, I-883, 917 ff.; Fitzwilliam Technical Services C-178/97, Slg. 2000, 2005, 2031 ff.; Banks C-2/05, Slg. 2006, I-1079- Herbosch Kiere) gegenüber dem Träger der sozialen Sicherheit in einem anderen Mitgliedstaat umfassende Bindungswirkung entfaltet, der ausstellende Träger mit seinem Vorliegen also verbindlich erklärt, sein eigenes System der sozialen Sicherheit bleibe während der Entsendung anwendbar (vgl. zum Ganzen: *Horn* ZIAS 2002, 120, 134; *ders.* ZESAR 2006, 229 ff.).

3. Grundsätzlich ist ein Arbeitnehmer dort versicherungsrechtlich zu veranlagen, wo er beruflich tätig ist. Dieser allgemeine Rechtsgrundsatz findet im deutschen Sozialrecht durch das Territorialitätsprinzip seinen Ausdruck, korrespondierend im europäischen Sozialrecht im Prinzip der versicherungsrechtlichen Zuordnung im Beschäftigungsstaat (Art. 11 Abs. 3 VO (EG) Nr. 883/2004).

4. Arbeitnehmer, die im Geltungsbereich der europäischen Koordinierungsverordnung (EG) Nr. 883/2004 beruflich tätig sind, können – vergleichbar den Regelungen zur Aus- und Einstrahlung von Versicherungsverhältnissen im deutschen internationalen Sozialversicherungsrechts nach den §§ 4, 5 SGB IV – allerdings im Rahmen einer Entsendung bis zu einer Dauer von 24 Monaten (ausnahmsweise) im Sozialversicherungssystem ihres Heimatlandes verbleiben (Art. 12 Abs. 1 VO (EG) Nr. 883/2004).

5. Die Entsendung von Arbeitnehmern setzt eine durch den Arbeitgeber – der gewöhnlich im Entsendestaat tätig sein muss – veranlasste, zeitlich befristete Ortsveränderung voraus, die den Arbeitnehmer von einem Mitgliedstaat in das Gebiet eines anderen Mitgliedstaates führt – und nicht der Ablösung eines anderen entsandten Arbeitnehmers dient (Verbot der Kettenentsendung) –, währenddessen das bisherige Beschäftigungsverhältnis (insb. unter Fortdauer des Direktionsrechts des Arbeitgebers) fortbesteht (zu den Voraussetzungen im Einzelnen: *Behrend* ZESAR 2012, 55, 57; *Tiedemann* NZS 2011, 41, 43 ff.).

6. Im Einzelfall ist die Entsendung von der dauerhaften Berufsausübung in mehreren Mitgliedstaaten abzugrenzen. Soweit berufsständisch Versicherte eine Beschäftigung gewöhnlich in zwei oder mehreren Mitgliedstaaten (Art. 13 Abs. 1 VO (EG) Nr. 883/ 2004) ausüben, unterliegen sie in der Regel den Rechtsvorschriften ihres Wohnmitgliedstaats, zB wenn sie dort einen wesentlichen Teil ihrer Beschäftigung ausüben. Nach Art. 14 Abs. 8 VO (EG) Nr. 987/2009 liegt keine wesentliche Tätigkeit im Wohnsitzstaat vor, wenn diese weniger als 25 % der Gesamttätigkeit ausmacht. Zuständig für die Erteilung der Bescheinigung A 1 ist in derartigen Fällen die Deutsche Verbindungsstelle Krankenversicherung Ausland (DVKA) mit Sitz in Bonn, soweit der Antragsteller seinen Wohnsitz in der Bundesrepublik hat.

7. Nach Art. 16 VO (EG) Nr. 883/2004 können die Mitgliedstaaten Ausnahmen von den Regelungen der Artikel 11 bis 15 VO (EG) Nr. 883/2004 vorsehen, um im Interesse bestimmter Personen oder Personengruppen zu sachgerechten Einzelergebnisse zu kommen. In der Praxis recht häufig anzutreffen sind Sonderreglungen zur Entsendung, soweit die Entsendefrist von 24 Monaten als zu kurz erachtet wird. So erlauben einige Mitgliedstaaten zB eine Freistellung von ihren nationalen Rechtsvorschriften für eine Dauer von fünf Jahren.

VI. Leistungsansprüche in der EU

1. Vorbemerkung

Leistungsansprüche auf Zahlung von Renten können sich gegen ein berufsständisches Versorgungswerk und einen ausländischen Träger richten – mit der Folge einer europaweiten Wirkung der Antragstellung und dem europäischen Leistungsfeststellungsverfahren (Art. 50 Abs. 1 VO (EG) Nr. 883/2004 iVm Art. 45 – 48 VO (EG) Nr. 987/2009). Hat ein Rechtsanwalt als abhängig Beschäftigter oder Selbstständiger Versicherungszeiten im europäischen Ausland erworben, die unter den Geltungsbereich der Koordinierungsverordnung (EG) Nr. 883/2004 fallen, sollte er bei Rentenantragstellung darauf achten, dass auch die ausländischen Versicherungszeiten bei seiner Rentenberechnung Berücksichtigung finden. Dazu dient das europaweite Leistungsfeststellungsverfahren.

2. Feststellung ausländischer Versicherungszeiten im Geltungsbereich der Koordinierungsverordnung (EG) Nr. 883/2004

An das

Versorgungswerk der Rechtsanwälte

......

Betr.: Mitgliedsnummer ......

Sehr geehrte Damen und Herren,

ich habe folgende Versicherungszeiten im EU-Ausland im Geltungsbereich der europäischen Koordinierungsverordnung (EG) Nr. 883/2004 zurückgelegt:

1. 1989 – 1992: Tätigkeit als Rechtsanwalt in der Kanzlei ...... in London.
2. 1998 – 2002: Tätigkeit als Syndikusanwalt für das Unternehmen/den Verband ...... in Brüssel.

Ich bitte, bei allen zuständigen Trägern ein europaweites Leistungsfeststellungsverfahren[1, 2, 3] durchzuführen, um die von mir dort zurück gelegten Versicherungszeiten festzustellen, und beantrage dazu die Erteilung eines Formulars E-205.[4]

Mit freundlichen Grüßen

......

(Unterschrift)

Anmerkungen

1. Art. 50 Abs. 1 VO (EG) Nr. 883/2004 europäisiert die rechtswirksame Antragstellung in einem Mitgliedstaat, indem damit die Einleitung von Leistungsfeststellungsverfahren in allen Mitgliedstaaten angeordnet wird, deren Rentenrecht für den Antragsteller einmal gegolten hat. Damit kommen bei Vorliegen berufsständischer Versicherungszeiten auch einem in einem anderen Mitgliedstaat der EU gestellten rechtswirksamen Rentenantrag sämtliche verfahrens- und ggf. materiell-rechtlichen Wirkungen eines wirksam gestellten Rentenantrags zu, selbst wenn zur Zeit der Antragstellung noch nicht alle materiellen Voraussetzungen für die Leistungsgewährung nach den Rechtsvorschriften dieses anderen Staates erfüllt waren (EuGH C-108/75 –-, Slg. 1976, 375 – Balsamo). Ohne Abgabe einer einschränkenden Erklärung (vgl. Art. 46 Abs. 2 VO (EG) Nr. 987/2009) gilt der Grundsatz der europaweiten Wirkung des Rentenantrags für den Antragssteller zwingend.

2. Nach den Art. 47 Abs. 1, Abs. 4, Art. 48 VO (EG) Nr. 987/2009 übermittelt der „Kontaktträger" den Leistungsantrag und die vorliegenden Dokumente unverzüglich an alle beteiligten Träger und initiiert damit parallel laufende Rentenfeststellungsverfahren, die im Verlauf und im Ergebnis koordiniert werden. Ggf. leitet der Träger des Wohnstaats gem. Art. 45 Abs. 4 VO (EG) Nr. 987/2009 einen bei ihm gestellten Antrag auf Leistungen dem zuständigen Träger des Mitgliedstaates weiter, dessen Rechtsvorschriften zuletzt galten (EuGH C-287/92, Slg. 1994, I-271 – Toosey).

3. Der Grundsatz der europaweiten Wirkung der Rentenantragstellung ist hinsichtlich des Zeitpunkts der Antragstellung für alle beteiligten Träger verbindlich (Art. 45 Abs. 4 VO (EG) Nr. 987/2009). Dieser von der Rechtsprechung des EuGH durchweg bestätigte Grundsatz wird durch Art. 45 Abs. 6 VO (EG) Nr. 987/2009 allerdings eingeschränkt für den Fall, dass der Antragsteller „trotz Aufforderung" relevante Zeiten in anderen Mitgliedstaaten nicht angibt. Im Verhältnis zu den Trägern dieses Mitgliedstaates ist der Antrag erst dann wirksam gestellt, wenn er vervollständigt wurde. Den Antragsteller trifft daher die Obliegenheit, bezüglich der Zurücklegung von Rentenzeiten vollständige Angaben zu machen. Verstößt er hiergegen, hat er die negativen Folgen einer verspäteten Antragstellung nach Maßgabe des jeweiligen mitgliedstaatlichen Rentenrechts zu tragen. Als Aufforderung zur Angabe ausländischer Rentenzeiten im Sinne dieser Vorschrift ist auch eine entsprechende Frage in dem jeweiligen Antragsformular anzusehen. Die erforderlichen Angaben und vorzulegenden Unterlagen sind in Art. 46 Abs. 1 VO (EG) Nr. 987/2009 aufgeführt. Für die europaweite Wirkung eines Rentenantrags muss allerdings die bloße Angabe der ausländischen Rentenzeiten genügen (vgl. zum Ganzen *Fuchs/Schuler*, Europäisches Sozialrecht, 6. Aufl. 2013, Art. 50 VO (EG) Nr. 883/2004, Rn. 6 ff.).

4. Es sei noch auf die Erteilung der einschlägigen E-Formulare aufmerksam gemacht (insbesondere das E-205), die immer noch gebräuchlich sind, da sich die Einführung von EESSI (Elektronischer Austausch von Sozialversicherungsdaten) nicht so schnell wie erhofft verwirklichen lassen wird. Die Formblätter sind bei der Deutschen Rentenversicherung wie beim Versorgungswerk erhältlich.

VII. Einkommenssteuerrechtliche Aspekte

1. Vorbemerkung

Die Ungleichbehandlung der Rentenbesteuerung ist Gegenstand einer jahrzehntelangen Rechtsprechung des Bundesverfassungsgerichts gewesen. Das hat den Gesetzgeber schließlich 2004 zu einer umfassenden Reform durch das Alterseinkünftegesetz veranlasst. Mitglieder von Versorgungswerken hatten vor dieser Umstellung aus dem Rentenbezug nur einen Ertragsanteil zu versteuern; andererseits mussten sie die Beiträge ins Versorgungswerk aus ihrem schon versteuerten Einkommen bezahlen. Die Reform hat auf eine nachgelagerte Besteuerung umgestellt. Das hat im Umstellungsbereich allerdings zu erheblichen Komplikationen geführt, die für den entsprechenden Personenbestand noch andauern. Für die zu bezahlenden Beiträge gilt § 10 Abs. 1 Ziffer 2a EStG. Sie sind als Sonderausgaben bis zu einer bestimmten Obergrenze abzugsfähig.

Die Ruhegelder und Renten aus dem Versorgungswerk sind nachgelagert steuerpflichtig. Das nähere ergibt sich aus § 22 Nr. 1 S. 3 Buchst. A Doppelbuchst. aa) EStG. Diese Vorschrift enthält auch die Staffelung des Besteuerungsanteils, sog. Kohortenprinzip, nach dem Jahr des Rentenbeginns zu 50 % ab 2005 bis zu 100 % im Jahr 2040. Nach § 22a EStG sind die Träger der berufsständischen Versorgungseinrichtungen verpflichtet, bis zum 1. März des Jahres, das auf das Jahr folgt, in dem eine Leibrente oder andere Leistung einem Leistungsempfänger zugeflossen ist, der „Zentralen Zulagenstelle für Altersvermögen" (ZfA) eine Rentenbezugsmitteilung zu übermitteln (die ZfA ist bei der Deutschen Rentenversicherung Bund angesiedelt und hat durch das Alterseinkünftegesetz die Aufgabe erhalten, die Rentenbezugsmitteilungen entgegenzunehmen und an die Landesfinanzbehörden weiterzuleiten), um eine ordnungsgemäße Besteuerung ihrer Versicherten zu gewährleisten.

2. Antrag auf Sonderausgabenabzug

An das

Finanzamt[1]

. . . . . .

Betr.: Steuernummer . . . . . .

Sehr geehrte Damen und Herren,

gemäß § 10 Abs. 1 Ziffer 2a EStG beantrage ich den Sonderausgabenzug für meine Beiträge in Höhe von . . . . . . an das berufsständische Versorgungswerk (Name und Ort der Einrichtung) für das Steuerjahr . . . . . ., da dieses zur gesetzlichen Rentenversicherung vergleichbare Leistungen erbringt.

Mit freundlichen Grüßen

. . . . . .

(Unterschrift)

Anmerkungen

1. In aller Regel ist ein derartiger Antrag entbehrlich, da der Sonderausgabenabzug für Beiträge berufsständische Versorgungswerke seitens der Finanzämter gemäß Schreiben des Bundesministeriums der Finanzen vom 14.3.2007 – Liste der geeigneten Versorgungswerke im Sinne des § 10 Abs. 1 Ziffer 2, Buchst. a EStG – anerkannt wird.

VIII. Vermögensnachfolge: Erb- und familienrechtliche Bezüge der Anwaltstätigkeit

1. Ehevertrag

URNr. . . . . . .

Vom . . . . . .

Ehe- und Erbvertrag[1]

mit Pflichtteilsverzicht

Heute, den . . . . . .

erschienen vor mir,

. . . . . .

Notar in . . . . . .:

1. Herr . . . . . .,
   geboren am . . . . . . in . . . . . . StA-Nr. . . . . . .
   als Sohn von . . . . . .,
   Letztere eine geborene . . . . . .,
   wohnhaft in . . . . . .,
   nach Angabe ledig.
2. dessen Verlobte,
   Frau . . . . . .,
   geboren am . . . . . . in . . . . . . StA-Nr. . . . . . .
   als Tochter von . . . . . .,
   Letztere eine geborene . . . . . .,
   wohnhaft in . . . . . .,
   nach Angabe ledig.

Die Erschienenen wiesen sich durch amtliche Lichtbildausweise aus.

Der Notar hat das Mitwirkungsverbot nach § 3 Abs. 1 Nr. 7 BeurkG erläutert.

Seine Frage nach einer Vorbefassung im Sinne dieser Vorschrift wurde verneint.

Die Erschienenen wollen einen

Ehe- und Erbvertrag mit Pflichtteilsverzicht

errichten.

Sie sind zu meiner Überzeugung voll geschäfts- und testierfähig.

Auf Zeugenbeiziehung wurde verzichtet.

Ein gesetzlicher Zeugenbeiziehungsgrund bestand nicht.

Sie erklären bei gleichzeitiger[2] Anwesenheit gemeinsam mündlich mit dem Ersuchen um Beurkundung was folgt:

A. Allgemeines

Wir – nachfolgend kurz: „Ehegatten" – beabsichtigen, demnächst miteinander die jeweils erste Ehe zu schließen. Wir werden dem Notar eine Heiratsurkunde einreichen.

Wir haben keine Kinder.

Wir sind beide deutsche Staatsangehörige.[3]

Wir haben bisher miteinander keinen Ehe- oder Erbvertrag geschlossen. Wir sind Dritten gegenüber erbrechtlich nicht gebunden.

Ich, ... – nachfolgend kurz: „Ehemann" –, bin Partner der XYZ Partnerschafts-gesellschaft von Rechtsanwälten und Steuerberatern, eingetragen beim AG . . . . . . PR . . . . . . Ich bin Mitglied des Versorgungswerkes der Rechtsanwälte . . . . . . und habe ferner Kapitallebensversicherungen mit Rentenwahlrecht zu meiner Alterssicherung abge-schlossen.

Ich, ... – nachfolgend kurz „Ehefrau" –, bin als Dipl. Biologin Beamtin auf Lebenszeit und derzeit als Oberregierungsrätin beim Bayerischen Staatsministerium für Umwelt und Gesundheit tätig. Meine Alterssicherung beruht in erster Linie auf meinen Pensionsanrechten.

Solange wir keine Kinder haben, wird jeder von uns seine Berufstätigkeit fortsetzen und erleidet insoweit keinerlei ehebedingte Nachteile.

Sollten wir Kinder haben, so ist es unser gemeinsamer Wunsch, dass die Kinder nach Möglichkeit bis zu ihrer Einschulung ganztags, soweit sie keinen Kindergarten besuchen, und bis zum Ende der Grundschulzeit jedenfalls an den Nachmittagen von der Ehefrau persönlich betreut werden. Diese hat die Möglichkeit, hierfür Dienstbefreiung in An-spruch zu nehmen. Dieses Betreuungskonzept soll nach Möglichkeit auch nach einem Scheitern der Ehe fortgesetzt werden.[4]

Mit unseren nachfolgenden Vereinbarungen wollen wir das vorbezeichnete Ehemodell regeln und dem Umstand Rechnung tragen, dass der Ehemann nach dem Partnerschafts-vertrag gehalten ist, seine Anteile an der Partnerschaft aus dem Zugewinn herauszuneh-men.

B. Ehevertragliche Vereinbarungen

Ehevertraglich vereinbaren wir was folgt:

I. Güterstand

Den gesetzlichen Güterstand der Zugewinngemeinschaft wollen wir für unsere künftige Ehe ausdrücklich aufrecht erhalten, ihn allerdings wie folgt modifizieren:

(1) Der Ehemann ist Partner der XYZ Partnerschaftsgesellschaft von Rechtsanwälten und Steuerberatern, eingetragen beim AG . . . . . . PR⁻
　　　　　　　　　– nachfolgend kurz „Praxis" –[5]
Diese Praxis soll im Zugewinnausgleich weder bei lebzeitiger Beendigung der Ehe noch bei Beendigung der Ehe durch den Tod[6] eines von uns[7] berücksichtigt werden. Dies gilt auch für den vorzeitigen Zugewinnausgleich.
Dieses Praxisvermögen einschließlich etwaigen gewillkürten Betriebsvermögens und etwaigen Sonderbetriebsvermögens sowie etwaiger bestehender Gesellschafterdarle-hen[8] soll also weder bei der Berechnung des Anfangsvermögens noch bei der Berech-nung des Endvermögens des Ehemannes berücksichtigt werden, und zwar auch dann nicht, wenn sich ein negativer Betrag ergibt.

Gleiches gilt für Wertsteigerungen oder Verluste dieses Vermögens.

Auch die diese Vermögenswerte betreffenden und ihnen dienenden[9] Verbindlichkeiten sollen im Zugewinnausgleich keine Berücksichtigung finden.

Surrogate der aus dem Zugewinnausgleich herausgenommenen Vermögenswerte sollen nicht ausgleichungspflichtiges Vermögen sein. Sie werden also bei der Berechnung des Endvermögens auch nicht berücksichtigt. Jeder Ehegatte kann verlangen, dass über solche Ersatzvermögenswerte ein Verzeichnis angelegt und fortgeführt wird. Auf Verlangen hat dies in notarieller Form zu erfolgen.[10]

(2) Dies gilt in gleicher Weise für jede Nachfolgepraxis oder jede Nachfolgebeteiligung und jedes Tochterunternehmen, unabhängig von der verwendeten Rechtsform, auch bei Aufnahme weiterer Gesellschafter. Dies gilt ferner auch bei Ausscheiden des Ehemannes aus der derzeitigen Praxis für jede andere von ihm als Einzelanwalt geführte Praxis oder jede Beteiligung an einer Praxis.[11]

In gleicher Weise ausgeschlossen ist dasjenige Vermögen, das an die Praxis im obigen Sinne langfristig zur Nutzung überlassen und ihr zu dienen bestimmt ist,[12] sofern die entsprechenden Verträge jeweils mehr als zwei Jahre vor Rechtshängigkeit eines Scheidungsantrages abgeschlossen wurden.[13]

(3) Erträge[14] aus diesem vom Zugewinn ausgeschlossenen Vermögen sind gleichfalls vom Zugewinn ausgeschlossen, sofern sie entweder

a) den Praxisbereich noch nicht verlassen haben; insofern sind insbesondere ausgenommen Guthaben auf Kapital-, Darlehens-, Verrechnungs- oder Privatkonten[15] sowie stehengelassene Gewinne, Gewinnvorträge oder -rücklagen oder

b) wieder auf die ausgeschlossenen Vermögenswerte verwendet werden, soweit die Verwendung nicht in den letzten beiden Jahren vor Rechtshängigkeit eines Scheidungsantrages erfolgt ist. Unter Verwendung verstehen wir auch die Tilgung von Verbindlichkeiten im Zusammenhang mit der Praxis sowie Einlagen in das Praxisvermögen. Für die Tilgung bereits jetzt bestehender Verbindlichkeiten gilt die oben genannte zweijährige Frist nicht, so dass solche Tilgungen auch innerhalb dieser Frist nicht dem Zugewinnausgleich unterliegen.

Macht jedoch ein Ehegatte aus seinem sonstigen Vermögen Verwendungen auf die vom Zugewinnausgleich ausgeschlossenen Vermögenswerte, werden diese Verwendungen mit ihrem Wert zum Zeitpunkt der Verwendung dem Endvermögen desjenigen Ehegatten zugerechnet, der Eigentümer dieser Vermögenswerte ist.

Derartige Verwendungen unterliegen also – ggf. um den Geldwertverfall berichtigt – dem Zugewinnausgleich.

Entsprechendes gilt für Verwendungen des anderen Ehegatten auf die vom Zugewinnausgleich ausgenommenen Vermögenswerte.[16]

(4) Zur Befriedigung der sich etwa ergebenden Zugewinnausgleichsforderung gilt das vom Zugewinn ausgenommene Vermögen als vorhandenes Vermögen im Sinne des § 1378 Abs. 2 BGB.

Eine Vollstreckung in das vom Zugewinnausgleich ausgeschlossene Vermögen ist erst zulässig, wenn die Vollstreckung in das ausgleichspflichtige Vermögen nicht zum Erfolg geführt hat.[17]

Ein Ehegatte ist nicht verpflichtet, seinen Zugewinn auszugleichen, wenn er unter Berücksichtigung des vom Zugewinn ausgenommenen Vermögens des anderen Ehegatten nicht zur Ausgleichung verpflichtet wäre.[18]

(5) Die güterrechtlichen Verfügungsbeschränkungen sollen bei zu diesem Vermögen gehörenden Gegenständen nicht gelten.[19]

(6) Wir sind uns darüber einig, dass hinsichtlich des vorgenannten Praxisvermögens auch bei Mitarbeit der Ehefrau keine Ehegatteninnengesellschaft vorliegt, sondern eine rein arbeitsrechtliche Gestaltung. Wir verpflichten uns insoweit, eine erschöpfende vertragliche Regelung zu treffen, über die hinaus keine Ansprüche bestehen sollen, egal

aus welchem Rechtsgrunde sie hergeleitet werden könnten, insbesondere nicht aus Ehegatteninnengesellschaft und nicht wegen Wegfalls der Geschäftsgrundlage.[20]

(7) Streiten die Ehegatten um die Zugehörigkeit eines Vermögensgutes zum Praxisvermögen, so soll ein von der zuständigen Anwaltskammer bestellter Sachverständiger als Schiedsgutachter verbindlich entschieden. Dessen Kosten tragen wir im Verhältnis des Obsiegens und Unterliegens.[21]

II. Unterhalt

Hinsichtlich des nachehelichen Ehegattenunterhalts gelten die gesetzlichen Vorschriften,[22] soweit nachstehend nichts anderes vereinbart wird. Diesen gesetzlichen Unterhaltsanspruch modifizieren wir jedoch wie folgt:

(1) Wir begrenzen die Höhe[23] des gesetzlichen nachehelichen Unterhalts (Gesamtunterhalt einschließlich Vorsorgeunterhalt und Sonderbedarf)[24] auf den Betrag von monatlich

4.000,– EUR

iW viertausend Euro –.[25]

Diese Begrenzung gilt jedoch ausdrücklich nicht für den Basisunterhalt wegen Kindesbetreuung nach § 1570 Abs. 1 S. 1 BGB.[26]

a) Der Höchstbetrag soll wertbeständig sein.[27] Er erhöht oder vermindert sich in demselben prozentualen Verhältnis, in dem sich der vom statistischen Bundesamt in Wiesbaden für jeden Monat festgestellte und veröffentlichte Verbraucherpreisindex für Deutschland gegenüber dem für den Monat des Vertragsschlusses festgestellten Index erhöht oder vermindert (Basis 2010=100). Eine Erhöhung oder Verminderung des Höchstbetrages wird erstmals bei Rechtskraft der Scheidung festgelegt und dann jeweils wieder, wenn die Indexveränderung zu einer Erhöhung oder Verminderung des jeweils maßgeblichen Betrages um mindestens 10 % gegenüber dem zuletzt festgesetzten Betrag geführt hat.

b) Die vorstehende Regelung gibt keinen Anspruch auf Zahlung, sondern begrenzt lediglich die Unterhaltshöhe, wenn sich nach dem Gesetz ein höherer Betrag ergäbe. § 1578b BGB bleibt darüber hinaus anwendbar und kann zu einer weiteren Reduzierung der Unterhaltshöhe führen.[28]

c) Bereits heute erklärt sich jeder von uns für den Fall, dass er der Unterhaltsberechtigte ist, mit der Durchführung des begrenzten Realsplittings einverstanden und verpflichtet sich, alle etwa noch erforderlichen Erklärungen abzugeben und jährlich zu wiederholen. Der Unterhaltsverpflichtete hat dafür den anderen Ehegatten von allen nachgewiesenen steuerlichen Nachteilen freizustellen. Dies gilt jedoch nicht für solche Nachteile, die einem wiederverheirateten Unterhaltsgläubiger im Rahmen seines Ehegattensplittings entstehen. Ein solcher zusätzlich zu entrichtender Nachteilsausgleich ist auf die vorgenannte Höchstgrenze ausdrücklich nicht anzurechnen, so dass es sich insoweit um einen Nettobetrag handelt.[29]

d) Eigenes Einkommen des Unterhaltsberechtigten wird bei der Unterhaltsberechnung berücksichtigt. Der Höchstbetrag vermindert sich um die Hälfte des eigenen unterhaltsrelevanten Einkommens des Unterhaltsberechtigten.[30]

(2) Der in § 1570 Abs. 1 S. 1 BGB vorgesehene Basisunterhaltsanspruch auf Ehegattenunterhalt wird verlängert, bis das jüngste gemeinschaftliche Kind das 8. Lebensjahr vollendet hat.[31]

a) Für diesen Zeitraum besteht mithin keine Erwerbsobliegenheit. Die Billigkeitsabwägungen des § 1570 Abs. 1 S. 2 und Abs. 2 BGB können insoweit entfallen.

b) Eine zeitliche Begrenzung dieses Unterhalts nach § 1578b BGB schließen wir hiermit aus.[32]

c) Nach Vollendung des 3. Lebensjahres des jüngsten gemeinschaftlichen Kindes greift allerdings die in Ziffer B.II.1. vereinbarte Unterhaltshöchstgrenze mit den dort genannten Voraussetzungen ein.[33]

d) Die Verlängerung vereinbaren wir zur Wahrnehmung der persönlichen Erziehungsverantwortung. Die Verlängerung gilt daher nur, wenn der unterhaltsberechtigte Ehegatte diese Erziehungsaufgabe auch wahrnimmt und außerhalb der üblichen halbtägigen Kindergarten– bzw. Schulzeiten nicht berufstätig ist, außer dass dies gemeinsam entschieden ist.[34]

e) Da es sich nur um eine Modifikation des gesetzlichen Unterhaltsanspruches handelt, müssen alle übrigen Unterhaltsvoraussetzungen vorliegen.

f) Wir wissen, dass durch diese unterhaltsverstärkende Vereinbarung die Ansprüche vorrangiger Kinder nicht beeinträchtigt werden können. Diese Vereinbarung gilt daher nur soweit und solange solche Unterhaltsansprüche durch sie nicht beeinträchtigt werden. Sie bleibt aber im Übrigen gültig.[35]

g) Wir vereinbaren, dass für die Einsatzzeitpunkte der Anschlussunterhaltstatbestände nicht die hier vorgesehene Frist, sondern die gesetzliche dreijährige Frist des § 1570 Abs. 1 S. 1 BGB und ggf. der Ablauf von anschließend noch bestehenden Ansprüchen nach § 1570 Abs. 1 S. 2 und Abs. 2 BGB als maßgeblich anzusehen ist.[36]

h) Nach Ablauf der hier vereinbarten Frist für den Basisunterhalt kann weiterer Unterhalt nach § 1570 Abs. 2 BGB nur dann verlangt werden, wenn wir drei oder mehr Kinder haben.[37]

(3) Auf weitergehenden Unterhalt wird wechselseitig verzichtet, und zwar auch für den Fall der Not. Wir nehmen diesen Verzicht gegenseitig an. Der Verzicht gilt auch im Falle der Änderung der einschlägigen gesetzlichen Vorschriften oder der Rechtsprechung weiterhin.[38]

III. Versorgungsausgleich

(1) Wir schließen hiermit nach § 6 VersAusglG gegenseitig den Versorgungsausgleich nach dem VersAusglG vollständig und für die gesamte Ehezeit aus.[39]

(2) Für die Zeiträume, in denen ein Ehegatte wegen der Geburt oder Annahme eines gemeinsamen Kindes seine Berufstätigkeit ganz oder teilweise aufgibt, soll jedoch der Versorgungsausgleich durchgeführt werden, und zwar für einen Zeitraum von sechs Monaten vor der Geburt oder der Annahme unseres ersten Kindes bis zur Vollendung des zwölften Lebensjahres unseres jüngsten Kindes.[40]

(3) Es sind jedoch auch in diesem Fall höchstens so viele Versorgungsanrechte zu übertragen, wie sie . . . . . . (Name des Ehegatten mit den (voraussichtlich) geringeren Versorgungsanrechten) in dieser Zeit bei unveränderter Fortsetzung der Berufstätigkeit hätte erwerben können, vermindert um die tatsächlich erworbenen (einschließlich solchen aus Kindererziehungszeiten).[41] Soweit der Ausgleich in einem anderen Versorgungssystem erfolgt als demjenigen, dem . . . . . . angehört, sind die Vergleichswerte anhand des korrespondierenden Kapitalwertes nach § 47 Abs. 6 VersAusglG zu bestimmen. Auswirkung auf die anderen Bestimmungen dieses Vertrages hat die (teilweise) Durchführung des Versorgungsausgleichs nicht.[42]

(4) Diesen Verzicht nehmen wir hiermit gegenseitig an.

(5) Eine Abänderung dieser Vereinbarung – insbesondere nach § 227 FamFG – wird ausgeschlossen.[43]

IV. Kompensation

Zum Ausgleich[44] für die vorstehenden Verzichte vereinbaren die Ehegatten folgendes:

(1) Wir bewohnen derzeit die in der Gemarkung ...... gelegene Eigentumswohnung, welche im Grundbuch des Amtsgerichts ...... von ...... Blatt ...... wie folgt eingetragen ist:
...... /...... Miteigentumsanteil am Grundstück FlurNr. ...... verbunden mit dem Sondereigentum an den im Aufteilungsplan mit der Nr. ...... bezeichneten, im ...... geschoß gelegenen und als Wohnung dienenden Räumen samt Kellerraum Nr. ...... und Garage Nr. ...... Die Eigentumswohnung ist im Grundbuch belastet wie folgt: ......

(2) Ich, der Ehemann, verpflichte mich hiermit, diese Wohnung auf die Ehefrau zu Alleineigentum zu übertragen, wenn unsere Ehe vom Tag der Eheschließung an zehn Jahre bestanden hat,[45] ohne dass zu diesem Stichtag ein Scheidungsantrag rechtshängig ist, aufgrund dessen die Ehe später geschieden wird. Die Übertragung hat frei von allen Belastungen in Abteilung II und III des Grundbuches zu erfolgen mit Ausnahme von Dienstbarkeiten oder Reallasten für öffentliche Versorgungsträger oder solche aus bau- und nachbarrechtlichen Gründen.

(3) Eine spätere Rückforderung dieser Eigentumswohnung im Scheidungsfalle ist ausgeschlossen.[46] Die Zuwendung ist ferner weder auf einen etwaigen Zugewinnausgleichsanspruch der Ehefrau anzurechnen noch bei der Berechnung des Zugewinns bei dieser als Endvermögen zu erfassen, so dass diese Eigentumswohnung oder ein etwaiges Surrogat der Ehefrau im Falle einer späteren Ehescheidung ohne Auswirkung auf die Berechnung des Zugewinns im Übrigen verbleiben soll. Soweit die Zuwendung aus dem Anfangsvermögen des Ehemannes erfolgt, ist sie daher zusätzlich von seinem Anfangsvermögen in Abzug zu bringen.[47]

(4) Zur Sicherung des Anspruchs der Ehefrau auf Übertragung des Alleineigentums an dem genannten Wohnungseigentum bewilligt der Ehemann und beantragt die Ehefrau die Eintragung einer

Vormerkung

gemäß § 883 BGB zugunsten der Ehefrau als Alleinberechtigte in das Grundbuch.[48] Diese bewilligt und beantragt bereits heute die Löschung der Vormerkung Zug um Zug mit Eigentumsumschreibung im Grundbuch unter der Voraussetzung, dass seit dem Tag der Eintragung der Vormerkung ohne Zustimmung der Ehefrau keinerlei Rechte im Grundbuch eingetragen worden sind.
Die Ehefrau verpflichtet sich zur Löschung der Vormerkung für den Fall, dass die Ehe nicht die in Ziffer 2 geforderte Dauer hatte.[49]

(5) Weitere Vereinbarungen im Hinblick auf diese Übertragung wollen wir heute nicht treffen.

C. Gegenständlich beschränkter Pflichtteilsverzicht

Hinsichtlich des in Ziffer B.I. dieser Urkunde vom Zugewinnausgleich ausgenommenen Vermögens verzichtet die Ehefrau hiermit auf ihr gesetzliches Pflichtteilsrecht. Der Ehemann nimmt diesen gegenständlich beschränkten Pflichtteilsverzicht hiermit an.[50]

D. Erbvermächtnisvertrag

I. Allgemeines, Grundbuchstand

Unter der Voraussetzung, dass wir die Ehe geschlossen haben,[51] trifft der Ehemann die nachfolgende erbrechtliche Verfügung. Etwaige widerrufliche Verfügungen von Todes wegen aus früherer Zeit werden damit ausdrücklich nur insoweit widerrufen, als sie den nachfolgenden Verfügungen entgegenstehen. Ansonsten bleiben sie ausdrücklich aufrecht erhalten.[52] Die Ehefrau nimmt diese Verfügung zur Herstellung der Bindungswirkung an, ohne selbst erbrechtliche Verfügungen zu treffen. Auf diese Weise wird erbvertraglich bindend folgendes vereinbart:

Der Ehemann ist Alleineigentümer der in Ziffer B IV.1. genannten Eigentumswohnung.

II. Vermächtnis

Für den Fall meines Vorversterbens beschwere ich, der Ehemann, meine Erben mit folgendem Vermächtnis,[53] ohne hierfür Ersatzvermächtnisnehmer zu bestimmen: Meine Ehefrau erhält zu Alleineigentum das vorgenannte Wohnungseigentum.

Dieser Grundbesitz ist von allen Belastungen freizustellen mit Ausnahme von Dienstbarkeiten oder Reallasten für öffentliche Versorgungsträger oder solche aus bau- und nachbarrechtlichen Gründen. Zugrunde liegende Verbindlichkeiten oder sonstige Verpflichtungen sind von den Erben zu erfüllen. Dies soll ausdrücklich auch für solche Verbindlichkeiten gelten, die für Investitionen in den vermachten Grundbesitz eingegangen wurden.[54]

III. Sonstiges

Die Kosten und Steuern der Vermächtniserfüllung treffen die Vermächtnisnehmerin.

Das Vermächtnis ist fällig und fällt an sechs Monate nach meinem, des Ehemannes, Tod. Das Vermächtnis entfällt, wenn die genannte Wohnung bereits nach Ziffer B.IV, dieser Urkunde auf meine Ehefrau übertragen wurde.

Der Notar hat darüber belehrt, dass ein Vermächtnis ins Leere gehen kann, wenn über den Vermächtnisgegenstand vor dem Tode verfügt wurde.

E. Schlussbestimmungen

I. Belehrungen, Hinweise

Über die rechtliche Tragweite unserer vorstehenden Erklärungen wurden wir vom Notar eingehend belehrt. Insbesondere hat uns dieser auf folgendes hingewiesen:

(1) Ein Ehevertrag unterliegt nach der Rechtsprechung des Bundesverfassungsgerichtes und des Bundesgerichtshofs der Inhaltskontrolle und kann bei besonders einseitiger Aufbürdung vertraglicher Lasten und erheblich ungleicher Verhandlungsposition unwirksam sein oder unanwendbar werden.[55]
Wir haben diesen Vertrag mit dem Notar vorbesprochen und nach Erhalt eines Entwurfes die Regelungen eingehend erörtert. Der Vertrag wurde daraufhin nochmals angepasst und entspricht in dieser Gestalt unserer gemeinsamen Vorstellung.
Wir sind auch darauf hingewiesen, dass bei einer Änderung der Ehekonstellation dieser Vertrag auch nachträglich einer Ausübungskontrolle unterliegen kann, so dass es ratsam ist, diesen Vertrag der geänderten Situation anzupassen.
(2) Hinsichtlich der güterrechtlichen Regelungen hat uns der beurkundende Notar darüber belehrt, dass die Herausnahme bestimmter Vermögenswerte zu Abgrenzungsschwierigkeiten führen kann, dass etwa gewillkürtes (freiberufliches) Betriebsvermögen gebildet und Investitionen aus dem Privat- in das Praxisvermögen vorgenommen werden können. Er hat uns daher – soweit dies nicht schon durch die steuerliche Erfassung sichergestellt ist – eine Trennung der Vermögensmassen und Aufzeichnungen über die Bewegungen zwischen den Vermögensmassen empfohlen.[56]
(3) Der Notar hat uns über das Wesen des nachehelichen Unterhalts und die Auswirkung der Höhenbegrenzung sowie der zeitlichen Verlängerung eingehend belehrt. Er hat insbesondere darauf hingewiesen, dass es sich lediglich um eine Begrenzung der Höhe

des Unterhalts handelt, der im Übrigen von den gesetzlichen Voraussetzungen abhängt, nicht aber um eine vereinbarte Unterhaltsrente. Er hat ferner erläutert, dass die Verlängerung des Basisunterhalts sich in Fällen mangelnder Leistungsfähigkeit nicht gegen die Unterhaltsansprüche weiterer Unterhaltsberechtigter durchsetzt. Wir wurden ferner darauf hingewiesen, dass ein Unterhaltsverzicht sittenwidrig sein oder gegen Treu und Glauben verstoßen kann. Wir gehen jedoch davon aus, dass angesichts der bloßen Höhenbegrenzung und des Umstandes, dass jeder von uns derzeit berufstätig ist und Rentenanwartschaften erwirtschaftet, Gründe für eine Sittenwidrigkeit nicht vorliegen.[57]

(4) Der Notar hat uns über die rechtliche und wirtschaftliche Tragweite des Ausschlusses des Versorgungsausgleichs eingehend belehrt.[58] Er hat insbesondere darauf hingewiesen:

a) dass der Versorgungsausgleich mit dieser Vereinbarung für bestimmte Ehezeiten ausgeschlossen worden ist, für andere Zeiten hingegen beibehalten wurde;

b) dass der Versorgungsausgleich nach oben begrenzt ist und diese Grenze ggf. sachverständig ermittelt werden muss;

c) dass und wie Kindererziehungszeiten berücksichtigt werden;

d) dass es sich beim korrespondierenden Kapitalwert nicht um einen versicherungsmathemaisch exakt berechneten Wert handelt, sondern um eine Hilfsgröße zur Erstellung einer Vermögensvorsorgebilanz, die keine Dynamik auf den Leistungszeitpunkt enthält;

e) dass die Vereinbarung eines Ausschlusses des Versorgungsausgleichs einer Wirksamkeits- und Ausübungskontrolle nach § 8 Abs. 1 VersAusglG und den Rechtsprechungsgrundsätzen unterliegt. Wir erklären hierzu durch diese individuelle Vereinbarung gerade für den Ausgleich ehebedingter Nachteile Sorge getragen zu haben.

II. Salvatorische Klausel

Auf die Frage des Notars, ob vertragliche Vereinbarungen so miteinander verbunden sind, dass die Unwirksamkeit der einen auch die der anderen zur Folge hat, erklären wir, dass die Verpflichtung zur Kompensation nach Ziffer B.IV dieses Vertrages an die Wirksamkeit der Herausnahme des Praxisvermögens aus dem Zugewinn gekoppelt ist.[59]

Im Übrigen gilt: Sollten einzelne Bestimmungen dieses Vertrages unwirksam sein oder unanwendbar werden oder sollte sich im Vertrag eine Regelungslücke zeigen, so berührt dies die Wirksamkeit der übrigen Bestimmungen nicht.

Die Ehegatten verpflichten sich für diesen Fall, die unwirksame oder unanwendbare Bestimmung durch eine solche wirksame bzw. anwendbare Bestimmung zu ersetzen, die dem wirtschaftlichen Sinn der unwirksamen oder unanwendbaren Bestimmung im Gesamtzusammenhang der getroffenen Regelung in rechtlich zulässiger Weise am nächsten kommt bzw. die Regelungslücke durch eine solche Bestimmung auszufüllen, die dem am nächsten kommt, was die Ehegatten gewollt haben würden, wenn sie diesen Punkt bedacht hätten.

III. Kosten, Abschriften

Jeder von uns erhält eine Ausfertigung dieser Urkunde.

Der Notar benachrichtigt das Zentrale Testamentsregister.

Die Kosten dieser Urkunde tragen wir gemeinsam.

Vom Notar vorgelesen,

von den Erschienenen genehmigt

und eigenhändig unterschrieben

Schrifttum: Beck'sches Formularbuch Bürgerliches, Handels- und Wirtschaftsrecht, 11. Aufl., 2013; *Bergschneider,* Verträge in Familiensachen, 4. Aufl., 2010; *Bergschneider,* Richterliche Inhaltskontrolle von Eheverträgen und Scheidungsvereinbarungen, 2008; *Borth,* Versorgungsausgleich, 7. Aufl., 2014; *Brambring,* Ehevertrag und Vermögenszuwendungen unter Ehegatten, 7. Aufl., 2012; *Büte,* Zugewinnausgleich bei Ehescheidung, 4. Aufl., 2012; *Glockner/Hoenes/Weil,* Der neue Versorgungsausgleich, 2. Aufl., 2013; Festschrift für Meo-Micaela Hahne, (Hrsg.: Schwab/Dose), Familienrecht in Theorie und Praxis, 2012; *Hauß/Eulering,* Versorgungsausgleich und Verfahren in der Praxis, 2009; *Haußleiter/Schulz,* Vermögensauseinandersetzung bei Trennung und Scheidung, 5. Aufl., 2011; *Johannsen/Henrich* Familienrecht, 5. Aufl., 2010; *Kanzleiter/Wegmann,* Vereinbarungen unter Ehegatten, 6. Aufl., 2001; *Kersten/Bühling,* Formularbuch und Praxis der Freiwilligen Gerichtsbarkeit, 24. Aufl., 2014; *Klein,* Handbuch Familienvermögensrecht, 2011; *Kogel,* Strategien im Zugewinnausgleich, 4. Aufl., 2013; *Korintenberg/Lappe/Bengel/Reimann,* Kostenordnung, 18. Aufl., 2010; *Langenfeld,* Handbuch der Eheverträge und Scheidungsvereinbarungen, 6. Aufl., 2011; *Meincke,* Erbschaftsteuer- und Schenkungsteuergesetz, 16. Aufl., 2012; *C. Münch,* Ehebezogene Rechtsgeschäfte, 3. Aufl., 2011; *C. Münch,* Vereinbarungen zum neuen Versorgungsausgleich, 2010; *C. Münch,* Die Unternehmerehe, 2007; *C. Münch,* Die Scheidungsimmobilie, 2. Aufl., 2013; *C. Münch* (Hrsg.), Familienrecht in der Notar- und Gestaltungspraxis, 2013; Münchener Anwaltshandbuch Familienrecht, 3. Aufl., 2010; Münchener Kommentar zum BGB (MüKoBGB), Band 7, Familienrecht I, 6. Aufl., 2013; Münchener Vertragshandbuch, 2010, Band 6; *Nieder/Kössinger,* Handbuch der Testamentsgestaltung, 4. Aufl., 2011; *Palandt,* Bürgerliches Gesetzbuch, 73. Aufl., 2014; *Reimann/Bengel/Mayer,* Testament und Erbvertrag, 2006; *Ruland,* Versorgungsausgleich, 2011; *Schröder/Bergschneider,* Familienvermögensrecht, 2. Aufl., 2007; *Troll/Gebel/Jülicher,* Erbschaftsteuer- und Schenkungsteuergesetz, 2013; *Wever,* Vermögensauseinandersetzung der Ehegatten außerhalb des Güterrechts, 6. Aufl., 2014; Würzburger Notarhandbuch, 3. Aufl., 2012.

Anmerkungen

1. Anwendungsbereich. Die Herausnahme des betrieblichen bzw. Praxisvermögens und des Betriebs bzw. der Praxis aus dem Zugewinn wird in der Literatur sehr stark empfohlen (zB *Brambring* Rn. 127 ff.; *Langenfeld* Rn. 453; MüKoBGB/*Kanzleiter* § 1408 Rn. 14) und ist inzwischen auch durch den BGH (FamRZ 1997, 800 = NJW 1997, 2239) gebilligt. Sie entspricht zB in Österreich der gesetzlichen Rechtslage aufgrund §§ 82 Abs. 1, 91 Abs. 2 Österreichisches Ehegesetz (hierzu *Battes,* in: FS Henrich, 2000, 13, 24 ff.), wobei der OGH (v. 23.4.1992 – 7 Ob 533/92) ausgesprochen hat, dass die Arztpraxis einem Unternehmen gleichsteht. Aufgrund der bestehenden Abgrenzungsschwierigkeiten und Umgehungsgefahren wird die Gestaltung aber durchaus auch mit kritischen Anmerkungen begleitet (zB *Mayer* DStR 1993, 991). *Bergschneider* (Verträge in Familiensachen, Rn. 709) meint gar, die gängigen Vertragsmuster vermöchten die Probleme der streitigen Abwicklung eines solchen partiellen Zugewinnausgleichs bei Betriebsvermögen meist nicht befriedigend zu lösen.

Dass der Unternehmer seinen Betrieb und der Freiberufler seine Praxis nicht ohne Modifizierung dem Zugewinn aussetzen kann, zeigt die **Bewertung einer Praxis** im Zugewinn. Eine solche Bewertung muss den wahren Wert, dh den Marktwert einer Praxis oder Kanzlei ermitteln. Während für den Bereich gewerblicher Betriebe in der Regel auf die Ertragswertmethode abgestellt wird, die auch der BGH nunmehr favorisiert (BGH NJW 2011, 2572; kritisch zum Ansatz des BGH: *Koch* FamRZ 2012, 1521, 1522), erfolgt die Bewertung einer freiberuflichen Kanzlei nach anderen Grundsätzen. Hier lehnt sich die Rechtsprechung an die berufsspezifischen Vorgaben der Kammern freier Berufe an, die vor allem dem Umstand Rechnung tragen, dass anders als in der gewerblichen Wirtschaft die Marktgeltung einer Kanzlei sehr stark von ihren Inhabern geprägt ist. So bestimmt sich die Bewertung von Anwaltskanzleien nach den Richtlinien der BRAK (zuletzt BRAK-Mitteilungen 2009, 268 ff.) → Form. A. II. Der Wert setzt sich aus dem in der Regel nicht allzu erheblichen Substanzwert (Büroeinrichtung und –geräte, aber auch Außenstände und noch nicht abgerechnete Gebühren; vgl. *Haußleiter/Schulz* Rn. 356 f.) und dem eigentlichen Praxiswert oder ideellen Wert zusammen (vgl. zur Unternehmensbewertung bei freiberuflicher Praxis: *Kuckenburg* FuR 2012,222). Letzterer wird nach der Umsatzmethode berechnet, wobei die Ist-Umsätze (ohne USt) der letzten drei Jahre zu betrachten sind mit doppelt gewichtetem letzten Jahr (kritisch hierzu *Haußleiter/Schulz* Rn. 358, da der Umsatz im Trennungsjahr häufig dramatisch sinke), die um außerordentliche Einnahmen zu bereinigen sind. Diese Zahl ist mit einem Bewertungsfaktor zwischen 0.3 und 1 zu multiplizieren. Die Empfehlungen sehen zur Bestimmung einen Kriterienkatalog vor. Laut BRAK-Mitteilung (aaO, 270) soll davon nicht noch zusätzlich ein Anwaltslohn abzuziehen sein, da dies in der Methode bereits berücksichtigt werde. Der BGH (NJW 2008, 1221) hingegen hat sich bei der Bewertung einer Arztpraxis im Umsatzverfahren für den Abzug eines konkreten (*Münch* FamRZ 2006, 1164, 1170; FamRB 2007, 375, 378) Unternehmerlohnes entschieden, um eine Doppelverwertung in Zugewinn und Unterhalt zu vermeiden. Die neuere Rechtsprechung des BGH neigt auch bei freiberuflichen Praxen dazu, eine Ertragswertmethode mit **Abzug des konkreten individuellen Unternehmerlohnes** in den Vordergrund zu stellen (BGH NJW 2011, 999; BGH NJW 2011, 2572 f.; hierzu *Braeuer* FF 2012, 273 ff.; *Mayer-Klenk/Borth* FamRZ 2012, 1823 ff.). In jedem Fall ist jedoch nach ständiger Rechtsprechung die latente Ertragsteuer abzuziehen (ständige und mit BGH NJW 2011, 2572, Rn. 50 auf alle Vermögensgüter erweiterte Rechtsprechung).

Bei einer **Beteiligung** zB an einer **Sozietät**, die den Anteil **unveräußerlich** stellt oder eine Abfindung ausschließt, ist der Anteil nach der Rechtsprechung des BGH (FamRZ 1986, 1196; FamRZ 2003, 432 f.) gleichwohl mit seinem **vollen Wert** anzusetzen, da er weiter genutzt werden kann, es sei denn, er ist bereits gekündigt oder muss gekündigt werden, um den Zugewinn aufzubringen. Der BGH sieht hier den Wert der Kanzlei wesentlich durch seinen Nutzungswert bestimmt, der in der Ehe aufgebaut wurde. Allenfalls rechtfertigt der Ausschluss einer Abfindung im Hinblick auf die eingeschränkte Verwertbarkeit einen Bewertungsabschlag (*Haußleiter/Schulz*, Kap. 1, Rn. 392 f.)

Diese Schilderung der Praxisbewertung zeigt, dass der Scheidungsfall mit einem vollen Zugewinnausgleich für den Praxisinhaber zu einer ganz erheblichen Belastung führt. Wenn er den wirklichen Wert seiner Praxis oder – wenn diese selbst aufgrund familiärer Zuwendung Anfangsvermögen ist – wenigstens die Wertsteigerung derselben hälftig teilen muss, so wird dies häufig aufgrund mangelnder Liquidität das Ende der Praxis bedeuten. Es besteht also die Notwendigkeit einer abweichenden vertraglichen Regelung. Eine solche Herausnahme des Praxisvermögens aus dem Zugewinn machen viele Gesellschaftsverträge inzwischen zur Pflicht bzw. knüpfen an die Nichtregelung einen Ausschluss aus der Gesellschaft.

Neben der Herausnahme der Praxis aus dem Zugewinn kommt als **Alternative** noch die generelle Vereinbarung von Gütertrennung in Betracht. Die **Gütertrennung** hat den Vorteil der Klarheit, bedeutet aber einen generellen Ausschluss des Zugewinns, der zumindest aus Sicht der Praxis über das Ziel hinausschießt und erbschaftsteuerlich ggf. nachteilig ist. Soll Gütertrennung vereinbart werden, kann dies folgendermaßen formuliert werden:

Alternative – Gütertrennung:

Als Güterstand für unsere Ehe vereinbaren wir die Gütertrennung nach den Bestimmungen des Bürgerlichen Gesetzbuches. Uns ist bekannt, dass durch die Vereinbarung der Gütertrennung
a. keine Haftungsbeschränkung gegenüber Gläubigern eintritt;
b. jeder Ehegatten frei über sein Vermögen verfügen darf;
c. beim Tode eines von uns das Erb- und Pflichtteilsrecht des Überlebenden am Nachlass des Zuerstversterbenden sich vermindern und das Erb- und Pflichtteilsrecht der Kinder oder sonstiger Abkömmlinge sich erhöhen kann;
d. bei Auflösung der Ehe kein Zugewinnausgleich stattfindet und
e. die Privilegierung des § 5 ErbStG keine Anwendung findet.

Die Gütertrennung soll derzeit nicht in das Güterrechtsregister eingetragen werden. Jeder von uns beiden ist jedoch berechtigt, den Eintragungsantrag jetzt oder künftig alleine zu stellen.

Nach Belehrung durch den Notar verzichten wir auf die Erstellung eines Vermögensverzeichnisses. Zuwendungen eines Ehegatten an den anderen können bei Scheidung der Ehe nicht zurückgefordert werden, auch nicht wegen Störung der Geschäftsgrundlage, es sei denn die Rückforderung ist auf gesonderter vertraglicher Grundlage vorbehalten. Dies gilt unabhängig vom Verschulden am Scheitern der Ehe.

Wir stellen ferner klar, dass andere Ausgleichsansprüche nicht bestehen sollen; insbesondere entsteht nicht etwa durch Mitarbeit im Betrieb bzw. der Praxis eines Ehegatten oder durch das gemeinsame Halten von Vermögensgegenständen eine Ehegatteninnengesellschaft, wenn wir dies nicht ausdrücklich vereinbaren.

2. Form. Für den Ehevertrag schreibt § 1410 BGB die notarielle Beurkundung bei gleichzeitiger Anwesenheit beider Teile vor. Gleichzeitige Anwesenheit verbietet den sukzessiven Abschluss durch Angebot und Annahme, verlangt aber nicht persönliche Anwesenheit, so dass Bevollmächtigung und Genehmigung zulässig sind. Der BGH hat ausgesprochen, dass eine Vollmacht, die nicht unwiderruflich ausgestaltet ist, formfrei erteilt werden kann (BGH DNotZ 1999, 46). Gleichfalls soll eine Befreiung von den Beschränkungen des § 181 BGB und damit eine Bevollmächtigung des anderen Ehegatten zulässig sein (*Bergschneider* Rn. 121; MüKoBGB/*Kanzleiter* § 1410 Rn. 4, der aber darauf hinweist, dass in diesen Fällen häufig schon eine Bindungswirkung gegeben sei, die zur Beurkundungsbedürftigkeit der Vollmacht führe).

Allerdings wird man nunmehr aufgrund der Rechtsprechung des BVerfG (BVerfG DNotZ 2001, 222; DNotZ 2001, 708) und des BGH (NJW 2004, 930 f.; NJW 2005, 137; NJW 2005, 139; NJW 2005, 1370; NJW 2005, 2386; NJW 2005, 2391; NJW 2006, 2331; NJW 2006, 3142; NJW 2007, 904; NJW 2007, 2851; NJW 2008, 1076; NJW 2008, 1080; NJW 2008, 3426; NJW 2009, 842; NJW 2009, 2124; NJW 2011, 2669; NJW 2013, 380; NJW 2013, 457) zur Inhaltskontrolle von Eheverträgen (hierzu ausführlich *Bergschneider*, Richterliche Inhaltskontrolle von Eheverträgen und Scheidungsvereinbarungen, 2008; *Münch*, Ehebezogene Rechtsgeschäfte, Rn. 580 ff.; *ders.* MittBayNot 2003, 107; *ders.* ZNotP 2004, 122 ff.; *ders.* FamRZ 2005, 570 ff.; *ders.* DNotZ 2005, 819 ff.) der Vertretung eines Ehegatten durch den anderen kritischer gegenüberstehen, stützt doch das BVerfG die Notwendigkeit der Inhaltskontrolle gerade auf die ungleiche Verhandlungsposition und die Dominanz eines Ehepartners. Eine solche kann aber später bei der Vertretung des einen Ehepartners durch den anderen unter Befreiung von den Beschränkungen des § 181 BGB sehr leicht vorgetragen werden. Der vorsichtige Notar wird daher auf der **persönlichen Anwesenheit** bestehen, weil er nur so sachgerecht seiner Aufklärungspflicht nachkommen kann (Beck FormulBuch/*Brambring* → Form. V. 6 Anm. 1).

3. Ausländische Beteiligte. Zu notwendigen Regelungen bei Beteiligung ausländischer Vertragsschließender siehe *Münch* Ehebezogene Rechtsgeschäfte Rn. 3848 ff. Mit der zunehmenden Europäisierung des Familienrechts sind allerdings ausländische Rechtswirkungen immer öfter mitzudenken. So sieht etwa Art. 3 des HUP (Haager Protokoll vom 23.7.2007 über das auf Unterhaltspflichten anzuwendende Recht), das quasi als Bestandteil der EU-UntVO gilt (Münch/*Süß*, Familienrecht in der Notar- und Gestaltungspraxis, § 20, Rn. 42 ff.; umgesetzt durch das Auslandsunterhaltsgesetz, BGBl. 2011 I, 898), grundsätzlich die Geltung des Rechts desjenigen Staates vor, in dem die unterhaltsberechtigte Person ihren gewöhnlichen Aufenthalt hat. Künftig wird daher die Wahl zur Anwendung deutschen Rechts sehr häufig in Unterhaltsvereinbarungen zum festen Bestandteil gehören (*Süß*, aaO, Rn. 51).

4. Präambel. Seit der BGH Eheverträge im Rahmen einer Inhaltskontrolle überprüft (Fundstellen in → Anm. 2), empfiehlt es sich, dem Ehevertrag eine Präambel voranzustellen, denn der Richter hat später auf die individuellen Verhältnisse bei Vertragsschluss abzustellen. Hierzu gehören neben den Einkommens- und Vermögensverhält-

nissen auch der geplante oder bereits verwirklichte Zuschnitt der Ehe (eheliche Rollenverteilung) sowie die Auswirkungen auf Ehegatten und Kinder. Der beurkundende Notar
wird sich daher ebenfalls zur Einschätzung der Wirksamkeit des Vertrages über diese
Umstände klar werden wollen. Es wird nunmehr weithin empfohlen, die diesbezüglichen
Angaben in einer Präambel zur Urkunde festzuhalten (*Bergschneider* FamRZ 2004,
1757, 1764; *Dauner-Lieb* FF 2004, 65, 69; *Grziwotz* FamRB 2004, 199, 203), so dass
der Ehevertrag nunmehr im Regelfall eine Präambel mit der Darlegung der ehelichen
Rollenverteilung und den wirtschaftlichen Eckdaten erhalten wird.

5. **Bezeichnung des ausgeschlossenen Vermögens.** Hier sollte die derzeit bestehende
Praxiskonstellation genau bezeichnet sein, also die Rechtsform, ggf. mit Sitz und Handels-/
Partnerschaftsregisternummer. Die korrekte Bezeichnung des vom Zugewinn ausgenom-
menen Vermögens stellt an den Vertragsgestalter hohe Ansprüche. Denn die momentan
existierende Gestaltung kann sich – sei es aufgrund steuerlicher oder auch berufsrechtlicher
Rahmenbedingungen – im Laufe der Gültigkeit des Ehevertrages mehrfach ändern. Solche
Änderungen sollen aber von der vertraglichen Ausschlussklausel jeweils mit erfasst sein.
Das Zivilrecht kennt aber keinen ausreichend definierten Begriff eines Betriebsvermögens
oder freiberuflichen Unternehmensvermögens, so dass vor der Verwendung allgemeiner
steuerlicher Formulierungen nur gewarnt werden kann. Die Formulierungen dieses Vertrages erfassen daher ausgehend von der derzeitigen Konstellation auch alle in der Zukunft
möglichen Änderungen. Bei einem Freiberuflerehevertrag ist sogar allgemein eine Regelung
angebracht, dass jede Anwaltskanzlei, bzw. jede Arztpraxis, an welcher der begünstigte
Ehegatte beteiligt ist, vom Ausschluss des Zugewinns betroffen ist.

6. **Alternative: Nur bei Scheidung.** Die gegebene Formulierung nimmt die Praxis
sowohl im Scheidungs- als auch im Todesfall vom Zugewinn aus, um den Interessen der
Mitgesellschafter Rechnung zu tragen. In einigen Fällen, vor allem bei Vorliegen einer
Einzelpraxis, kann sich der Vertragsgestalter mit dem Ausschluss vom Zugewinn bei
Scheidung begnügen, so dass im Todesfall Zugewinn anfällt.

> Alternative – Ausschluss nur bei Scheidung:
> Diese Praxis soll beim Zugewinnausgleich bei Beendigung der Ehe aus anderen Gründen als dem
> Tod eines Ehegatten in keiner Weise berücksichtigt werden. Dies gilt auch für den vorzeitigen
> Zugewinnausgleich.

Im **Todesfalle** erhöht sich der gesetzliche Erbteil des überlebenden Ehegatten um ein
Viertel. Damit ist der Zugewinn pauschal abgegolten, unabhängig von der Entstehung
eines tatsächlichen Zugewinns. Die Erhöhung tritt also auch dann ein, wenn nur der
überlebende Ehegatte Zugewinn erzielt hat (so ausdrücklich OLG Bamberg OLG-R 1999,
265). Sie führt zu einer entsprechenden Reduzierung der Kinderpflichtteile. Zuwendungen,
die der überlebende Ehegatte erhalten hat, werden anders als bei § 1380 BGB auf den
erhöhten Erbteil nicht angerechnet (Palandt/*Brudermüller* § 1371 Rn. 5). Diese Erhöhung
kommt aber nur in Betracht, wenn der überlebende Ehegatte gesetzlicher oder durch
Verfügung von Todes wegen berufener Erbe oder Vermächtnisnehmer ist (*Reimann/Ben-
gel/Mayer* A. 151). In diesem Falle kann er, sofern noch Pflichtteilsansprüche oder Pflicht-
teilsergänzungsansprüche bestehen, den großen Pflichtteil aus dem erhöhten gesetzlichen
Erbteil verlangen, jedoch keinen weiteren Zugewinn (*Reimann/Bengel/Mayer* A. 151). Der
Erblasser kann somit, indem er dem Ehegatten wenigstens ein Vermächtnis zuwendet,
diesem immer den großen Pflichtteil verschaffen und damit zugleich die Pflichtteilsansprüche anderer Pflichtteilsberechtigter vermindern.

Ist der überlebende Ehegatte weder Erbe noch Vermächtnisnehmer, so greift die
güterrechtliche Lösung nach § 1371 Abs. 2 BGB. Er erhält in diesem Falle neben dem
Zugewinn nur den kleinen, dh aus dem nicht erhöhten Erbteil berechneten Pflichtteil.

Der überlebende Ehegatte hat im gesetzlichen Güterstand immer das Recht, den Erbteil auszuschlagen und stattdessen – entgegen den sonstigen Regelungen zum Pflichtteil – den Pflichtteil und den tatsächlichen Zugewinn, § 1371 Abs. 2, 3 BGB zu verlangen. Hierbei erhält er aber ebenfalls nur den kleinen Pflichtteil (BGH DNotZ 1983, 187 mit Anm. *Wolfsteiner*), der sich aus dem nicht erhöhten Ehegattenerbteil berechnet. Durch diese Ausschlagung kommt zugleich anstelle des § 5 Abs. 1 ErbStG der § 5 Abs. 2 ErbStG zur Anwendung. Dies kann eine erhebliche steuerliche Änderung bewirken, wie dies nachfolgend dargestellt wird.

Zu beachten ist, dass der **Zugewinn** vollständig **ausgeschlossen** werden muss, wenn im Erbfalle keine Ansprüche des Ehegatten bestehen sollen, also auch keine Ansprüche auf den güterrechtlichen Zugewinn nach § 1371 Abs. 2 BGB. Eine zusätzliche Enterbung, Pflichtteilsentziehung oder ein Pflichtteilsverzicht genügt in diesen Fällen daher nicht. Möglich ist es auch, den Zugewinn nach der güterrechtlichen Lösung (§ 1371 Abs. 2 BGB) auszuschließen, nach der erbrechtlichen (§ 1371 Abs. 1 BGB) hingegen nicht oder den güterrechtlichen Zugewinn mit einer Höchstgrenze zu versehen (vgl. *Münch*, Ehebezogene Rechtsgeschäfte, Rn. 951 ff.).

7. Erbschaftsteuer. Der Zugewinnausgleich findet bei Scheidung der Ehe, Aufhebung der Ehe nach §§ 1313 ff. BGB, vorzeitiger Aufhebung der Zugewinngemeinschaft nach §§ 1385 ff. BGB und im Todesfalle statt. Außerdem können die Ehegatten den Güterstand wechseln, so dass auch in diesem Falle der Zugewinn ausgeglichen wird. Dieser Güterstandswechsel wird zuweilen gezielt eingesetzt, um im Rahmen einer sog. **Güterstandsschaukel** Vermögen steuerfrei als Zugewinn auf den anderen Ehegatten zu übertragen (*Münch/Schlünder/Geißler*, Familienrecht in der Notar- und Gestaltungspraxis, § 18 Rn. 40 ff.) Gerade bei Freiberuflern kann dies sinnvoll sein, um Vermögenswerte aus dem Haftungsbereich weg zu übertragen. Eheverträge weisen sehr häufig erbschaftsteuerliche Implikationen auf, die bei der Abfassung berücksichtigt werden müssen. Die hier vorgelegte Modifikation des gesetzlichen Zugewinns lässt die Güterstandsschaukel weiterhin zu, denn der Zugewinn ist nur bei Ende der Ehe ausgeschlossen, nicht aber bei jedem Ende des Güterstandes.

Diese Art der Modifizierung des gesetzlichen Güterstandes setzt sich gegenüber der Gütertrennung (→ Anm. 1 am Ende) immer mehr durch. Der Grund für die immer häufigere Verwendung dieser Gestaltung im Vergleich zur Gütertrennung ist in § 5 ErbStG zu sehen, der ganz erhebliche **erbschaftsteuerliche Vorteile** für den Ausgleich des Zugewinns anordnet (gegenläufig *Bayer/Koch/Kanzleiter*, Schranken der Vertragsfreiheit, S. 65, 70). Diese Vorteile sollen folgend dargestellt sein:

§ 5 Abs. 1 ErbStG stellt im Todesfalle, wenn der Zugewinn über das erbrechtliche Viertel des § 1371 Abs. 1 BGB ausgeglichen wird, eine **fiktive Zugewinnausgleichsforderung**, wie sie sich nach § 1371 Abs. 2 BGB errechnet, steuerfrei. Danach ist zwar eine fiktive Zugewinnausgleichsforderung zu berechnen, wie sie sich bei Durchführung der güterrechtlichen Lösung ergäbe, jedoch enthält § 5 Abs. 1 ErbStG zahlreiche Anordnungen zur steuerlich abweichenden Berechnung dieser fiktiven Zugewinnausgleichsforderungen (ergänzend ErbStR 2011, R E 5.1.; danach wird insbesondere der Kaufkraftschwund aus dem Zugewinn nunmehr auch für die Erbschaftsteuer herausgerechnet. Hierzu *Meincke*, in: FS Wacke, S. 267 ff.; *Piltz* ZEV 1999, 98 f.):

- **Abweichende vertragliche Regelungen** des Güterstandes werden **nicht berücksichtigt**. Danach ist zum einen durch Ehevertrag eine Erhöhung der Zugewinnausgleichsforderung steuerwirksam nicht möglich, zum anderen bleiben aber auch nach der erbschaftsteuerlichen Literatur diejenigen güterrechtlichen Verträge unberücksichtigt, welche den Zugewinn verringern. So führt zB die hier dargestellte Herausnahme des Praxisvermögens aus dem Zugewinn dazu, dass zivilrechtlich nur noch ein geringer Zugewinn ausgleichungspflichtig bleibt. Erbschaftsteuerlich wird aber nach § 5 Abs. 1 ErbStG der

Zugewinn unter Einbeziehung der herausgenommenen Vermögenswerte berechnet (*Götz* INF 2001, 417, 460, 461; *Troll/Gebel/Jülicher* § 5 Rn. 29; *Meincke* § 5 Rn. 26; *Scherer* BB-Spezial 5/04 mwN; *Hamdan/Quernheim* ZFE 2005, 228, 232; *Jülicher* ZEV 2006, 338, 341; *Schlünder/Geißler* FamRZ 2006, 1655 f.; *Christ* FamRB 2007, 218, 219; *Höland/Sethe/Weckerle*, Eheverträge und Scheidungsfolgevereinbarungen, 2006, 70; *Münch/Schlünder/Geißler*, Familienrecht in der Notar- und Gestaltungspraxis, § 18 Rn. 6 ff.; dem folgend nun auch *Langenfeld* Rn. 183; ob man so weit gehen kann, den Freibetrag nach § 5 Abs. 1 ErbStG sogar noch dann zu bejahen, wenn der Zugewinn komplett ausgeschlossen wurde – so *Grund* MittBayNot 2008, 19, 20 mit Nachweisen auch zur Gegenmeinung – darüber bestehen verschiedene Ansichten. Der Vertragsgestalter sollte daher den sichersten Weg gehen und einen Zugewinn bestehen lassen). Dies kann ganz erhebliche Steuervorteile zur Folge haben.

- Die **Vermutung des § 1377 Abs. 3 BGB**, wonach das Endvermögen dem Zugewinn entspricht, **gilt nicht**. Das bedeutet, dass dem Finanzamt gegenüber zur Geltendmachung der Erbschaftsteuerfreistellung des fiktiven Zugewinnausgleichsbetrages der Zugewinn nachgewiesen werden muss. Hier ist die Aufnahme eines Verzeichnisses über das Anfangsvermögen ratsam. Den steuerlichen Beratern wird damit die Erbschaftsteuererklärung sehr erleichtert. Dieser Rat kann nunmehr noch verstärkt erteilt werden. Mit der Möglichkeit negativen Anfangsvermögens seit der Reform des Zugewinnausgleichs, die dennoch den § 1377 Abs. 3 BGB nicht abgeschafft hat, werden solche Verzeichnisse immer bedeutsamer.
- Eine „**rückwirkende Vereinbarung**" der Zugewinngemeinschaft wirkt erbschaftsteuerlich nicht. Der BFH hat bestätigt, dass die Rückwirkung auch für solche Eheverträge ausgeschlossen werden konnte, die vor Inkrafttreten der Vorschrift geschlossen wurden (BFH ZEV 2006, 85 und DStRE 2006, 541).
- Soweit das Endvermögen mit einem höheren als dem steuerlichen Wert angesetzt wurde, bleibt **höchstens** der dem **Steuerwert** des Endvermögens (Änderung des § 5 Abs. 1 ErbStG mit der Erbschaftsteuerreform 2009; hierzu FinMin BW ZEV 2009, 154) entsprechende Betrag steuerfrei. Die Finanzverwaltung geht davon aus, dass es zu einer Umrechnung der fiktiven Ausgleichsforderung in den steuerfreien Betrag kommen soll, wobei die Ausgleichsforderung entsprechend dem Verhältnis von Steuerwert und Verkehrswert des dem Erblasser zuzurechnenden Endvermögens auf den steuerfreien Betrag zu begrenzen ist (ErbStR 2011, R E 5.1., Abs. 5 S. 4); hierbei ist das nach § 13 a ErbStG begünstigte Vermögen mit seinem Steuerwert vor Abzug des Freibetrages und des Bewertungsabschlages (Bruttowert) einzubeziehen (ErbStR 2011, R E 5.1., Abs. 5 S. 3).

Demgegenüber stellt § 5 **Abs. 2 ErbStG** die **reale Zugewinnausgleichsforderung** steuerfrei, etwa dann, wenn durch Ehevertrag vom gesetzlichen Güterstand zur Gütertrennung übergegangen wird, aber auch im Todesfalle, wenn die güterrechtliche Lösung zum Tragen kommt. § 5 Abs. 2 ErbStG hat nach überwiegender Meinung keinen eigenständigen Regelungsgehalt, sondern wiederholt nur klarstellend, dass dann, wenn auf den Zugewinn ein Rechtsanspruch nach Familienrecht besteht, keine freigiebige Zuwendung nach den §§ 3, 7 ErbStG vorliegt (BFH BStBl. 1993 II, 510 f.; *Götz* INF 2001, 417, 421; *Kruse* StuW 1993, 3; *Meincke* § 5 Rn. 38; *Viskorf* NWB Fach 10, 1243, 1252). Dies ist bei der Auslegung der Vorschrift zu beachten. Für die Anwendung des § 5 Abs. 2 ErbStG ist bedeutsam, dass die beiden Absätze des § 5 ErbStG getrennt zu betrachten sind, so dass die Einschränkungen des ersten Absatzes den zweiten nicht treffen, denn der Gesetzgeber hatte solches zwar erwogen, aber nicht umgesetzt (*Götz* FamRB 2005, 245, 246; *Geck* ZEV 2006, 62, 65; *Schlünder/Geißler* FamRZ 2005, 149, 156). In der **Nichtanwendung** dieser **Einschränkungen** können ganz erhebliche Steuervorteile liegen.

Das bedeutet im Einzelnen:

- Die Vermutung des § 1377 Abs. 3 BGB gilt im Rahmen des § 5 Abs. 2 ErbStG.
- Abweichende ehevertragliche Vereinbarungen werden der Bemessung des Zugewinnausgleichsanspruchs nach § 5 Abs. 2 ErbStG zugrunde gelegt (Münch/*Schlünder/Geißler*, Familienrecht in der Notar- und Gestaltungspraxis, § 18 Rn. 22, 26).
- Es bleibt steuerfrei der Zugewinnausgleich aus dem wahren Wert der Vermögensgüter ohne verhältnismäßige Begrenzung auf den Steuerwert (*Meincke* § 5 Rn. 46).
- Bei einer ehevertraglichen Rückbeziehung des Anfangsvermögens auf den Tag der Eheschließung ist diese zu beachten.

Was die **rückwirkende Vereinbarung** von Zugewinngemeinschaft anbelangt, so hat der BFH zunächst die Vereinbarung einer sog. Güterstandsschaukel anerkannt, dh die Vereinbarung von Gütertrennung mit steuerfreiem Ausgleich des Zugewinns und anschließender Rückkehr in den gesetzlichen Güterstand (BFH ZEV 2005, 490 mAnm *Münch*). Sodann hat der BFH im Zusammenhang mit der Anerkennung des § 5 Abs. 1 S. 4 ErbStG ausdrücklich auf diese anerkannte Güterstandsschaukel hingewiesen und den Ehegatten diese Handlungsalternative förmlich aufgezeigt. Nach diesem Hinweis des BFH sind die rückwirkende Vereinbarung von Zugewinngemeinschaft und ein anschließender vertraglicher Ausgleich des Zugewinns mit Vereinbarung der Gütertrennung schenkungsteuerfrei möglich (BFH/NV 2006, 948, letzter Absatz; hierzu *Wefers* ErbStB 2006, 117). Die Literatur folgert daraus „mit der natürlich gebotenen Vorsicht" (*Geck* ZEV 2006, 62, 63; J. *Mayer* FPR 2006, 129, 135; *Schlünder/Geißler* NJW 2007, 482), dass abweichende ehevertragliche Gestaltungen auch mit Rückwirkung im Rahmen des § 5 Abs. 2 ErbStG anzuerkennen sind. Das FG Düsseldorf hat dies für den Fall der güterrechtlichen Lösung im Todesfalle ausgesprochen für einen Fall, in dem zuvor die Zugewinngemeinschaft rückwirkend vereinbart worden war (FG Düsseldorf EFG 2006, 1447). Dies kann dann für die ehevertragliche Vereinbarung von Gütertrennung mit Zugewinnausgleich nicht anders sein. Auch die Finanzverwaltung hatte dies zwischenzeitlich anerkannt und eine Änderung der ErbStR angekündigt (BayLAfSt DStZ 2006, 782 und OFD Rheinland und Münster ErbStB 2007, 73).

Diese **Änderung der Erbschaftsteuerrichtlinien** in ErbStR 2011 R E 5.2. hat dies aber nur sehr **unvollkommen** umgesetzt. Zwar wurde eingefügt, dass die Nichtsteuerbarkeit der durch Ehevertrag oder Scheidungsvereinbarung modifizierten Zugewinnausgleichsforderung Ausfluss der bürgerlich-rechtlichen Gestaltungsfreiheit der Ehegatten bei der Ausgestaltung des Zugewinns sei. Dann aber wird weiterhin und unverändert ausgeführt, dass – soweit durch Ehevertrag einem Ehegatten eine erhöhte güterrechtliche Ausgleichsforderung verschafft wird – hierin eine Schenkung zu sehen ist, wenn „nicht in erster Linie güterrechtliche, sondern erbrechtliche Wirkungen herbeigeführt werden sollen". Sofern ein vor dem Zeitpunkt des Vertragsschlusses liegender Beginn des Güterstandes vereinbart wird, nahm die bisherige Fassung zwingend eine überhöhte Zugewinnausgleichsforderung an. Die Neufassung begnügt sich mit der Feststellung, dass in diesen Fällen eine überhöhte Zugewinnausgleichsforderung vorliegen kann. Sie fügt ferner hinzu, dass aus der rückwirkenden Vereinbarung allein sich noch keine erhöhte güterrechtliche Ausgleichsforderung ergibt. Der bisherige Automatismus, dass eine Rückwirkung automatisch zu einer erhöhten Ausgleichsforderung führt, ist also durchbrochen. Die Finanzverwaltung will sich aber offensichtlich eine Würdigung des Einzelfalles weiterhin vorbehalten. Ansonsten interpretieren die Richtlinien die Vorschrift des § 5 Abs. 2 ErbStG in folgender Weise:

- Die Vorschrift ist nicht anwendbar, wenn zwar durch Ehevertrag der bisherige Zugewinn ausgeglichen, aber dieser Güterstand nicht beendet wird.
- Beim Verzicht auf Zugewinn gegen Abfindung ist diese ebenfalls steuerfrei.
- Beim Verzicht auf eine geltend gemachte Ausgleichsforderung kann eine Schenkung unter Lebenden vorliegen.

8. Nicht notwendige Einrichtungsgegenstände/Sonstige Vermögensarten. Zum Teil wird vorgeschlagen, nicht notwendige Einrichtungsgegenstände und Kunstgegenstände in den Praxisräumen zum ausgleichungspflichtigen Privatvermögen zu zählen (*Langenfeld* Rn. 953). Dieser Vorschlag ist aber durchaus problematisch, denn die Abgrenzung wird sehr schwer zu treffen sein, zumal wenn die entsprechenden Einrichtungsgegenstände auch steuerliches Betriebsvermögen darstellen. Wer dennoch entsprechend abgrenzen will, kann (mit *Langenfeld*) folgendermaßen formulieren:

> Alternative – Kunstgegenstände:
> Nicht notwendige Einrichtungsgegenstände und Kunstgegenstände in den Praxisräumen gehören dagegen zum ausgleichspflichtigen Privatvermögen.

9. Dienende Verbindlichkeiten. Zu dieser Formulierung *Plate* MittRhNotK 1999, 257, 264.

10. Surrogate. Eine solche Formulierung ist bei Ausschluss von Vermögensmassen aus dem Zugewinn grundsätzlich zu empfehlen. Sie kann bei Betriebsvermögen ggf. wegfallen, da die Surrogate regelmäßig erneut Betriebsvermögen sind. Dies gilt auch für den Fortführungsnachweis, da das Betriebsvermögen regelmäßig in der Buchhaltung bzw. einem Anlageverzeichnis erfasst sein wird.

Bedenkenswert ist, ob die Regelung auch Geltung beanspruchen soll für Surrogate, die anlässlich der **Betriebsaufgabe** dann im Privatvermögen anfallen, so wenn zB bei einer Veräußerung des gesamten Betriebes oder der Praxis oder der Beteiligung daran der Erlös als Surrogat anzusehen ist, der sodann Privatvermögen bildet. Wenn der Betrieb von den Eltern übernommen wurde und größtenteils ohnehin Anfangsvermögen bildet, so mag es vertretbar sein, auch das Surrogat bei der Betriebsaufgabe vom Zugewinn auszunehmen. Wurde der Betrieb bzw die Praxis aber in der Ehe aufgebaut und die Herausnahme aus dem Zugewinn vor allem zum Schutz des Betriebes vereinbart, so könnte der Erlös dem Zugewinn unterworfen werden, ggf. mit einer Modifizierung, also zB einer abweichenden Quote. Eine solche Formulierung könnte lauten:

> Alternative – Surrogat im Privatvermögen ausgleichungspflichtig:
> Surrogate der aus dem Zugewinnausgleich herausgenommenen Vermögenswerte sollen nicht ausgleichungspflichtiges Vermögen sein. Sie werden also bei der Berechnung des Endvermögens auch nicht berücksichtigt. Sofern jedoch die vom Zugewinnausgleich ausgenommene Praxis durch Veräußerung aufgegeben wird, unterfallen Veräußerungserlöse, die nicht mehr betriebliches Vermögen sind, dem Zugewinnausgleich, sind also dem Endvermögen hinzuzurechnen. Die ausgenommene Praxis ist dann, soweit sie Anfangsvermögen war, beim Anfangsvermögen zu berücksichtigen.

> Nach Belehrung durch den Notar verzichten wir auf die Erstellung eines Vermögensverzeichnisses. Zuwendungen eines Ehegatten an den anderen können bei Scheidung der Ehe nicht zurückgefordert werden, auch nicht wegen Störung der Geschäftsgrundlage, es sei denn die Rückforderung ist auf gesonderter vertraglicher Grundlage vorbehalten. Dies gilt unabhängig vom Verschulden am Scheitern der Ehe.
> Wir stellen ferner klar, dass andere Ausgleichsansprüche nicht bestehen sollen; insbesondere entsteht nicht etwa durch Mitarbeit im Betrieb bzw. der Praxis eines Ehegatten oder durch das gemeinsame Halten von Vermögensgegenständen eine Ehegatteninnengesellschaft, wenn wir dies nicht ausdrücklich vereinbaren

Wenn der Zugewinn in einem solchen Falle nicht zur Gänze ausgeglichen werden soll wäre noch folgende Modifikation denkbar:

> Alternative – geringere Quote bei Surrogat im Privatvermögen:
> Allerdings vereinbaren wir folgende Modifikation: Die Wertansätze, mit denen der Betrieb im Anfangs- und der Erlös im Endvermögen unter Berücksichtigung der Geldentwertung anzusetzen ist, sind zu vergleichen. Der Differenzbetrag wird bei Einstellung in das Endvermögen halbiert. So wird zB

ein Betrieb, der mit 200 000,– EUR im Anfangsvermögen zu werten ist und für den ein Veräußerungserlös von netto 1 000 000,– EUR erzielt wurde mit 600 000,– EUR im Endvermögen angesetzt.

11. Jegliches Praxis-/Betriebsvermögen. Im Formular wird die konkrete betroffene Praxis bezeichnet und vom Zugewinn ausgenommen. Erfasst sind darüber hinaus Wandlungen der Rechtsform. Ferner sind steuerliche Konstruktionen berücksichtigt, mit denen der Praxisinhaber Vermögen an seine freiberufliche Praxis überlässt und somit einen Praxiszusammenhang herstellt, der häufig dazu führt, dass dieses Vermögen steuerlich als freiberuflich genutztes Betriebsvermögen gilt. Solches Vermögen soll ebenfalls vom Zugewinn ausgenommen sein.

Soweit sich zuweilen vereinfachend der Begriff „jegliches (freiberufliche) Betriebsvermögen" findet (zB *Stenger* ZEV 2000, 51, 54), verweist der Verfasser auf die steuerliche Begrifflichkeit der betrieblichen Einkunftsarten nach § 2 Nr. 1 – 3 EStG (zu denen auch das freiberufliche Betriebsvermögen gehört), denn das Zivilrecht an sich kennt den Begriff des Betriebsvermögens in diesem Sinne nicht. Sich auf diese steuerlichen Begriffe zu verlassen, ist jedoch nicht ratsam, denn diese sind häufig nicht trennscharf und unterliegen der Steuergestaltung. Bei der Gewinnermittlung durch Betriebsvermögensvergleich kann gewillkürtes Betriebsvermögen gebildet werden. Nach EStR (2012) 4.2 Abs. 1 kann bei betrieblicher Nutzung zwischen 10 % und 50 % der Steuerpflichtige wählen, ob Betriebsvermögen vorliegt oder nicht. Schließlich lässt sich je nach steuerlicher Attraktivität völlig unabhängig von familienrechtlichen Überlegungen ein Trend hin zum Betriebsvermögen erkennen, so etwa nach Einführung des § 13 a ErbStG und § 105 Abs. 2 HGB zur Bildung von Grundstücks-GmbH & Co. KGs, die aufgrund ihrer gewerblichen Prägung nach (früherem) Erbschaftsteuerrecht Einkünfte nach § 15 EStG erzielen konnten.

Hier wurde daher der allgemeine Begriff des Betriebsvermögens vermieden. Bei Freiberuflern ist allerdings sehr gut vorstellbar, dass sie eine bestimmte Kanzlei verlassen und in eine andere Kanzlei eintreten oder sich in einer Einzelkanzlei selbständig machen. Aus dem Grunde sind diese entsprechenden Vorgänge mit aufgenommen. Bei dem Freiberufler fällt die Abgrenzung leichter als bei gewerblichen Unternehmen, weil sein Berufsbild zumeist feststeht.

12. Praxisimmobilie. Die Frage einer **Freiberufler-Betriebsaufspaltung** hat sich dem BFH in der letzten Zeit einige Male gestellt. Der BFH hat das Vorliegen einer Betriebsaufspaltung abgelehnt bei der Verpachtung einer Immobilie von einer Schwester-GbR an die Freiberufler-GbR. Freiberufliche Einkünfte könne die Vermietungs-GbR nach § 18 EStG nicht erzielen, an einem einheitlichen geschäftlichen Betätigungswillen, der auf die Ausübung gewerblicher Tätigkeit in einem Doppelunternehmen gerichtet sei, fehle es ebenso (BFH DStR 2005, 2164). In diesen Fällen ist Vorsicht wegen einer gewerblichen Infizierung geboten (vgl. KÖSDl 2012, 18096), nicht hingegen bei einem Einzelunternehmer (FG München DStRE 2011, 1447). Eine freiberufliche Betriebsaufspaltung hat der BFH hingegen zugelassen bei der Verpachtung des Mandantenstammes von der freiberuflichen Einzelpraxis an die Freiberufler-GmbH (BFH DB 2011, 1255), weil die Betriebsgesellschaft bereits gewerbliche Einkünfte erzielt (*Micker* DStR 2012, 589). Angesichts dieser rechtlichen Differenzierung vermeidet die Musterformulierung den Begriff der Betriebsaufspaltung und spricht nur von langfristig zur Nutzung überlassenem Vermögen.

Erwähnt seien noch Gestaltungen, bei denen dem Ehegatten die Praxisimmobilie gehört und dieser sie an den Praxisinhaber vermietet, um das Entstehen von freiberuflichem Betriebsvermögen zu vermeiden. Es ist anerkannt, dass in diesen Fällen (teilweise als „Wiesbadener Modell" bezeichnet) keine Betriebsaufspaltung vorliegt (BFH BStBl. 1986 II, 359; BStBl. 1989 II, 152; *Slabon* ZErb 2006, 49, 50), soweit keine faktische Beherrschung vorliegt, was bei einem Freiberufler ausgeschlossen sein dürfte. Eine solche Konstellation ist zwar steuerlich vorteilhaft, erfordert aber zivilrechtlich eine sorgsame Einbettung, damit im Scheidungs- und Todesfall keine ungewollten steuerlichen oder zivilrechtlichen Folgen eintreten. So wird im Scheidungsfall zumeist eine Übertragung der Praxisimmobilie auf den Praxisinhaber gewollt sein. Im Todesfall des „Immobilien-Ehegatten" kann ggf. durch Einsetzung von Kindern das Entstehen von Betriebsvermögen vermieden werden. Dies alles bedarf im Einzelfall der Abwägung.

13. Manipulationsklausel. Der letzte Halbsatz kann eingefügt werden, um Manipulationen durch den Abschluss von Verträgen in einer ehelichen Krisensituation zu verhindern. Eine solche starre Frist erfasst sicher auch betriebsnotwendige Verträge, die ohne Rücksicht auf eine familiäre Krisensituation getroffen wurden, sie verhindert aber immerhin kurzfristige Manipulationen (sie entspricht der Frist des § 91 Abs. 1 Österreichisches Ehegesetz für Hinzurechnungen; krit. *Mayer* DStR 1993, 991, 994).

Ist der Freiberufler-Ehegatte an einer Gesellschaft beteiligt, so kann man von Manipulationsklauseln noch diejenigen Verträge/Investitionen ausnehmen, welche die Mitgesellschafter im Gleichklang vornehmen.

14. Erträge. Die Behandlung der Erträge aus dem ausgenommenen Vermögen ist zumeist ein **zentraler Punkt** bei der Besprechung einer solchen ehevertraglichen Regelung. Dies gilt insbesondere dann, wenn das betriebliche bzw. Praxisvermögen das wesentliche Vermögen des Ehegatten darstellt und die Ehegatten darauf angewiesen sind, von den Erträgen der Praxis zu leben. Welche Regelung für die Behandlung der Erträge letztlich gefunden wird, hängt von der individuellen Lebenssituation der Ehegatten ab. So können etwa auch einzelne Bestandteile wie etwa Tätigkeitsvergütungen oder Gewinnausschüttungen im Zugewinn belassen werden, wenn sie die private Lebensgrundlage bilden.

Diese Regelung der Ertragsbehandlung will einmal diejenigen Erträge ausnehmen, die **in der Praxis geblieben** sind. Da sie noch dem Betrieb zur Verfügung stehen und in der Regel im betrieblichen Zusammenhang benötigt werden, sollen sie nicht dem Zugewinn unterliegen. Ferner sind ausgeschlossen diejenigen Erträge, die zwar in das Privatvermögen entnommen wurden, aber unter Einhaltung der im Vertrag festgelegten Regelungen wieder in das Praxisvermögen transferiert wurden. Hierbei sind durch eine Manipulationsklausel die Investitionen der letzten beiden Jahre vor Scheidungsantrag ausgenommen.

Zu dieser Regelung lassen sich verschiedene Alternativen denken. Zum einen können die Erträge voll dem Zugewinn unterfallen und sind dann ausgleichungspflichtig. Die entsprechende Formulierung würde lauten:

> Alternative – Erträge sind Zugewinn:
> Erträge aus diesem vom Zugewinn ausgeschlossenen Vermögen unterliegen dem Zugewinnausgleich.

Um auch für den nicht entnehmenden Unternehmer dennoch zu einer gerechten Lösung im Zugewinnausgleich zu kommen, könnte angeordnet werden, dass ein fiktiver Netto-Unternehmerlohn, der seiner Tätigkeit entspricht, seinem Endvermögen hinzuzuzählen ist, so dass er so gestellt wird wie ein abhängig Beschäftigter in gleicher Tätigkeit. Von einer solchen fiktiven Summe sind freilich die tatsächlich in das Privatvermögen getätigten und damit dem Zugewinn schon unterliegenden Entnahmen abzuziehen. Problematisch an einer solchen Lösung ist, dass sie auch dann zu einem Ausgleich führt, wenn aus rein wirtschaftlichen Gründen Entnahmen nicht getätigt werden konnten. Eine solche Regelung könnte folgendermaßen lauten:

> Alternative – kalkulatorischer Unternehmerlohn:
> Jedoch wird ein kalkulatorischer Unternehmerlohn, welcher der Tätigkeit des Unternehmer-Ehegatten als . . . . . . (Beschreibung der Tätigkeit) . . . . . . entspricht, für die Zeit von heute bis zur Rechtshängigkeit eines Scheidungsantrages/nur für die letzten fünf Jahre vor Rechtshängigkeit/ dem Endvermögen des Unternehmerehegatten hinzugerechnet. Dieser Betrag ist zu vermindern um die Beträge, welche in dieser Zeit den betrieblichen Bereich durch Entnahme in das Privatvermögen verlassen haben, und um einen Steuersatz von . . . . . . %.
> . . . . . . Schiedsgutachterklausel, wenn gewünscht . . . . . .

Manche Formulierungsvorschläge stellen darauf ab, dass das Verhalten der Rücklagenbildung oder der Vergabe von Gesellschafterdarlehen den Grundsätzen ordnungsgemäßer Unternehmensführung entspricht. Damit wird versucht, Missbräuchen und Manipulationen in einer Ehekrise entgegenzuwirken. Allerdings wird es schwer sein, auf der Grundlage dieser unbestimmten Rechtsbegriffe trennscharfe und justiziable Unterscheidungen zu finden, denn die Grundsätze ordnungsgemäßer Unternehmensführung sind nicht in einem nachprüfbaren Kodex enthalten (auch der Deutsche Corporate Governance Kodex leistet dies nicht; vgl. *Vetter* DNotZ 2003, 748 f.), sie bilden daher nur eine scheinbare Grenze. So wird man zB dem Freiberufler, der Gewinne in seiner Freiberufler-GmbH belässt, um die niedrigeren Steuersätze zu nutzen, kaum einen Verstoß gegen die Grundsätze ordnungsgemäßer Unternehmensführung vorwerfen können. Der nachfolgende in der Literatur (*Langenfeld*, Rn. 931) gegebene Vorschlag sieht ferner vor, dass endgültig entnommene Beträge auch bei Reinvestition nicht mehr unter den Ausschluss des Zugewinnausgleichs fallen.

> **Alternative – Ordnungsgemäße Unternehmensführung:**
> Erträge des Unternehmens, die den Rücklagen zugeführt werden und Gesellschafterdarlehen sind ebenfalls vom Zugewinn ausgenommen, soweit dies den Grundsätzen einer ordnungsgemäßen Unternehmensführung entspricht. Im Streitfall entscheidet der Schiedsgutachter. Werden jedoch bereits endgültig entnommene Gewinne wieder in das Unternehmen transferiert, so unterliegen sie dem Zugewinnausgleich.

Denkbar sind ferner Regelungen, dass Erträge auf gesonderten Konten verwaltet und dann wieder zu Verwendungen dienen können und dem Zugewinn unterliegen, soweit sie nicht für Verwendungen benötigt wurden. Das Formular geht davon aus, dass alle Erträge, auch solche, die endgültig in das Privatvermögen überführt worden waren, bei einer Reinvestition dem Zugewinn entzogen sind, soweit sie nicht in der Krisenphase der letzten beiden Jahre vor Rechtshängigkeit getätigt wurden. Dies setzt zur Erfassung voraus, dass die Erträge in nachweisbarer Form verwaltet werden.

Sonstige Verwendungen aus zugewinnausgleichspflichtigem Vermögen in das vom Zugewinn ausgenommene Vermögen unterliegen jedoch nach dem Formular weiterhin dem Zugewinnausgleich. Wer dies auch hier auf solche Verwendungen eingrenzen will, die in einer Krisenphase vorgenommen werden, der kann formulieren:

> **Alternative – Manipulationsklauseln:**
> Dies gilt jedoch nur für solche Verwendungen, die in den letzten beiden Jahren vor der Rechtshängigkeit eines Scheidungsantrages erfolgt sind.
> oder
> Dies gilt jedoch nur für solche Verwendungen, die nach der Trennung erfolgt sind, wenn diese Trennung durch eine Mitteilung per Einschreiben an den anderen Vertragsteil dokumentiert war.

Dem Urteil, in dem der BGH den Ausschluss des Zugewinns für das Firmenvermögen billigte (BGH NJW 1997, 2239), lag sogar noch eine erweiterte Regelung zugrunde. Danach waren sämtliche Verwendungen, auch solche, die aus zuvor ausgleichungspflichtigem Vermögen erfolgten, vom Zugewinnausgleich ausgenommen. Im Streitfall hatten diese Verwendungen eine ganz erhebliche Höhe erreicht. Der BGH hat dennoch die Klausel gehalten und zwar nicht zuletzt wegen der in der Urkunde festgehaltenen notariellen Belehrung, die dem vertragsschließenden Ehegatten die Bedeutung der Vereinbarung deutlich vor Augen geführt hatte. Eine solche Regelung kann nicht zu genereller, formelhafter Verwendung empfohlen werden. Wird sie im Einzelfall benötigt, kann sie folgendermaßen formuliert werden:

> **Alternative – Ausschluss aller Verwendungen:**
> Macht ein Ehegatte aus seinem sonstigen Vermögen Verwendungen auf die vom Zugewinnausgleich ausgenommenen Vermögenswerte, so sind diese Verwendungen gleichfalls vom Zugewinn

ausgeschlossen. Das bedeutet, dass auch diese aus dem ausgleichungspflichtigen Vermögen stammenden Verwendungen nicht mehr ausgleichungspflichtig sind. Der Notar hat über die Auswirkungen dieser Vereinbarung eingehend belehrt.

15. Streichen, soweit nicht benötigt.

16. Verwendungen des anderen Ehegatten. Probleme bereiten oft Verwendungen, die im „Ehealltag" der andere Ehegatte in die Praxis seines Partners tätigt. Eine Behandlungsweise ist die in der Musterformulierung, dass solche Verwendungen wenigstens beim Freiberufler-Ehegatten zum Endvermögen bei der Zugewinnberechnung gehören. Alternativ kann man die nachfolgende Regelung verwenden, die auf schuldrechtliche Sonderregelungen verweist, die dann allerdings auch umgesetzt werden müssen.

> Alternative – Verwendungen des anderen Ehegatten:
> Verwendungen des anderen Ehegatten auf die vom Zugewinnausgleich ausgenommenen Vermögenswerte werden wir durch gesonderten Darlehensvertrag regeln und sichern.

17. Regelung zu § 1378 Abs. 2 BGB und zur Vollstreckung. Es wird allgemein vorgeschlagen, eine solche Bestimmung aufzunehmen, die insbesondere dann Bedeutung hat, wenn Verwendungen aus dem ausgleichspflichtigen in das ausgleichsfreie Vermögen getätigt wurden, die dem Endvermögen wieder hinzuzurechnen sind. Hier kann es sein, dass das ausgleichspflichtige Vermögen den Zugewinnanspruch nicht mehr abdeckt. Der ausgleichungspflichtige Ehegatte soll sich hier nicht darauf berufen können, dass er nach § 1378 Abs. 2 BGB nicht zur Zahlung des Zugewinnausgleiches verpflichtet sei. Gleichwohl soll eine Vollstreckung in das ausgleichsfreie Praxisvermögen nicht unmittelbar möglich sein.

Mit der Reform des Zugewinnausgleichsrechts (BGBl. 2009 I, 1696 f.) ist § 1378 Abs. 2 BGB geändert worden. Es ist dabei geblieben, dass die Ausgleichswertbegrenzung sich auf das volle noch vorhandene Vermögen bezieht. Hinzugerechnet wird jedoch nach § 1378 Abs. 2 S. 2 BGB der volle Betrag des illoyal verwendeten Vermögens, jeweils nach § 1384 BGB bezogen auf den Zeitpunkt der Rechtshängigkeit des Scheidungsverfahrens (*Johannsen/Henrich/Jaeger* § 1378 Rn. 4 ff.). Bei der Regelungsnotwendigkeit im Rahmen des Ehevertrages bleibt es dennoch.

Zuweilen wird auch der **gänzliche Ausschluss der Vollstreckungsmöglichkeit** in das Praxisvermögen gewünscht, vor allem dann, wenn der Gesellschaftsvertrag mit einer Ausschlussmöglichkeit auf die Vollstreckung in den Gesellschaftsanteil reagiert. Dies kann so formuliert sein:

> Alternative – Ausschluss der Vollstreckung in das Praxisvermögen:
> Ich, die Ehefrau, verpflichte mich gegenüber meinem dies annehmenden Ehemann, bei der Verfolgung jedweder Ansprüche eine Vollstreckung in das oben vom Zugewinnausgleich ausgenommene Vermögen, insbesondere in den Anteil meines Ehemannes an der XYZ Partnerschaftsgesellschaft von Rechtsanwälten und Steuerberatern, zu unterlassen.

18. Ausschluss der Anspruchsumkehr. Schließlich soll durch die Herausnahme nicht bewirkt werden, dass bei Vergleich der jeweils ausgleichspflichtigen Vermögensmassen nunmehr der Ehegatte, der insgesamt weit weniger Zugewinn erzielt hat, sogar noch dem anderen Teil ausgleichungspflichtig wird, die Ausgleichsrichtung sich also dreht.

Allerdings ist bei den vorgeschlagenen Formulierungen Vorsicht vor einem Fall geboten: Sie führen nämlich bei der Alternative, dass das ausgenommene Vermögen negativ wird, dazu, dass der Unternehmer, der dieses Risiko selbst tragen sollte, von seiner Ausgleichspflicht, die er bei Betrachtung nur der jeweils ausgleichspflichtigen Vermögensmassen hätte, wieder frei wird. Wichtig ist daher die Formulierung „. . . . . . des anderen Ehegatten . . . . . .". Fehlt diese Formulierung ergäben sich Auswirkungen etwa in folgendem Fallbeispiel: Anfangsvermögen jeweils 0. Endvermögen EM (= Unternehmer): – 100 ausgleichsfrei und + 60 ausgleichspflichtig. Endvermögen EF + 40 ausgleichungspflichtig. Der Anspruch von Zugewinnausgleich 10 der EF gegen EM entfiele bei einer Formulierung ohne den Einschub „. . . . . des anderen Ehegatten" (so zB korrekt in BeckFormBuch/*Brambring* → Form. V. 7 und → Form. V. 17; anders *Stenger* ZEV 2000, 51, 54).

19. Verfügungsbeschränkungen. In der Regel werden die Bestimmungen der §§ 1365 ff. BGB bei einer solchen Modifikation abbedungen, da der Unternehmer-Ehegatte über das betriebliche Vermögen alleine bestimmen soll, ohne dass Ehegattenzustimmungen erforderlich werden (eingehend zu den Verfügungsbeschränkungen Schröder/Bergschneider/*Bergschneider* Rn. 4.5.ff.).

20. Ehegatteninnengesellschaft. Nachdem die schuldrechtlichen Ansprüche neben den familienrechtlichen zunehmend an Bedeutung gewinnen, ist eine solche Klarstellung empfehlenswert. Die Mitarbeit von Ehegatten nimmt aus steuerlichen Gründen einen immer breiteren, wenngleich mit der Anrechnung der Gewerbesteuer zeitweilig wieder nachlassenden Raum ein (vgl. *Münch*, Ehebezogene Rechtsgeschäfte, Rn. 1751 ff.). Sie wird in erster Linie ein Thema bei der Einzelkanzlei sein, eher nicht im hier vorgestellten Fall einer Partnerschaft aus mehreren Berufsträgern. Da die Rechtsprechung Ansprüche aus einer Ehegatteninnengesellschaft gerade bei Mitarbeit einräumt, kann es ohne eine solche Klausel vorkommen, dass trotz einer Herausnahme aus dem Zugewinn doch Forderungen gegen den Betrieb gerichtet werden können (vgl. zur Ehegatteninnengesellschaft Münch/*Herr*, Familienrecht in der Notar und Gestaltungspraxis § 6 Rn. 24 ff; zur Ehegatteninnengesellschaft mit einem Freiberufler Rn. 68 ff.)

21. Schiedsgutachter. Zu den Abgrenzungsfragen zwischen Praxis- und Privatvermögen ist die Einschaltung eines Schiedsgutachters vorgesehen, der von der Anwaltskammer bestellt wird und damit spezifische Fachkenntnisse aufweist. Schieds- und Schiedsgutachterklauseln in Eheverträgen verbreiten sich mehr und mehr (vgl. *Münch*, Ehebezogene Rechtsgeschäfte, Rn. 567 ff.).

22. Gesetzlicher Unterhalt – Anwendungsbereich der Regelung. Während es für den Bereich des Zugewinns Regelungen gibt, die aus der allgemeinen Interessenlage des Freiberuflers heraus in vergleichbare Formulierungsvorschläge münden, ist die Gestaltung des nachehelichen Unterhaltes – für den Trennungsunterhalt sind Verzichte nach §§ 1361 Abs. 4 S. 3, 1360a Abs. 3, 1614 BGB nicht zulässig – für die Ehegatten individuell zu besprechen. Gerade das im Jahre 2008 reformierte Unterhaltsrecht führt zu einer Individualisierung unterhaltsrechtlicher Entscheidungen, die zudem in der Regel nur noch für bestimmte Zeiträume ergehen. Es führt aber ebenso auch zu einer Individualisierung unterhaltsrechtlicher Vereinbarungen. Daher kann man **nicht die eine typische Unterhaltsregelung des Freiberuflers** vorstellen, sondern der Vertragsgestalter muss auf die spezifische Situation der konkreten Familie reagieren. So kann es beispielsweise sein, dass der sehr gut verdienende Freiberufler durch novierende Vereinbarung einer Unterhaltsrente als fixer Rente aus dem gesetzlichen System des Unterhalts auszuscheiden wünscht. Vielfach begegnen dem Vertragsgestalter nunmehr Ehen, bei denen ganz bewusst eine persönliche Kindesbetreuung durch einen Ehegatten gewünscht wird, weil man der Auffassung ist, dass dies für die Kinder die beste Lösung darstellt. Wenn nun ein Ehepartner für dieses gemeinsame Ziel seinen Beruf aufgibt oder doch sein berufliches Engagement deutlich verringert, so sind den Ehegatten oft die gesetzlich nunmehr festgelegten drei Jahre Basisunterhalt zu kurz. Ob danach Anschlussunterhalt gezahlt werden muss, hängt von zahlreichen Billigkeitsabwägungen ab und kann daher zuvor kaum eingeschätzt werden. Diese Ungewissheit bildet aber eine schlechte Basis für einen beruflichen Verzicht. Aus diesem Grunde begegnen uns nun statt der gewohnten Verzichte auch unterhaltsverstärkende Verträge. Die nachfolgenden Gestaltungsvorschläge sind insoweit keineswegs zwingend für die Freiberuflerehe, sondern Anregungen, die häufig verwendet werden können. Der Lösungen gibt es aber viele (vgl. *Münch*, Ehebezogene Rechtsgeschäfte Rn. 2577 ff. mit einer Fülle an Vereinbarungsvorschlägen).

23. Höhenbegrenzung. Eine häufig gewünschte Unterhaltsmodifikation ist die Begrenzung der Unterhaltshöhe. Da es im Unterhaltsrecht nach der Rechtsprechung des BGH keine Sättigungsgrenze im Sinne einer absoluten Obergrenze gibt, findet eine Begrenzung des Unterhalts allenfalls durch die Umstellung des Unterhalts von einer Unterhaltsquote hin zu einer Unterhaltsberechnung nach dem konkreten Bedarf statt (vom BGH gebilligt ab einem Einkommen, das die oberste Stufe der Düsseldorfer Tabelle – derzeit 5.100,– EUR – übersteigt, BGH NJW 2010, 3372). Der konkrete Bedarf, der sich vom jeweiligen ehelichen Lebensniveau ableitet, kann jedoch nachgewiesen und verlangt werden. Das Einkommen, das über die Bestimmung des gemeinsamen konkreten Lebensbedarfs hinausgeht, ist dann unterhaltsrechtlich nicht mehr von Relevanz. Da die Rechtsprechung hierzu nicht zuletzt regional sehr unterschiedlich ist, vereinbaren Ehegatten häufig **vertraglich ihre eigene Unterhaltsbegrenzung**. Die Unterhaltshöhe wird zumeist daran angelehnt, was der begünstigte Ehegatte selbst hätte erlangen können und bei großer Diskrepanz etwas erhöht. Damit wird letztendlich dem gesetzlichen Modell Rechnung getragen, das einen Ausgleich ehebedingter Nachteile in den Mittelpunkt stellt und die Lebensstandsgarantie abgeschafft hat.

Die Höhenbegrenzung des Unterhaltes bedeutet, dass im Übrigen alle Voraussetzungen für den Ehegattenunterhalt vorliegen müssen, dass dieser nur gekappt wird, wenn er die Unterhaltshöhe überschreitet. Das heißt, dass bei unerwarteter gegenteiliger Entwicklung – der Kanzlei geht es wirtschaftlich schlecht und es wird nur ein geringes Einkommen erzielt – nur der Unterhalt gemessen an diesem niedrigen Einkommen zu zahlen ist. Umgekehrt muss bei Zahlung des vereinbarten Höchstbetrages keine weitere Unterhaltsberechnung stattfinden. Es wird also weder Auskunft geschuldet noch eine ständige Meldung von Einkommensveränderungen. Damit hat die Vereinbarung gerade bei gehobenen Einkommensverhältnissen eine überaus befriedende Wirkung.

24. Bestandteile des Unterhaltsanspruchs. Der Unterhalt umfasst nach § 1578 Abs. 1 S. 2 BGB den gesamten Lebensbedarf. Der Elementarunterhalt besteht in Höhe aller regelmäßig anfallenden Aufwendungen des täglichen Lebens und deckt insbesondere die Bedürfnisse für Nahrung, Kleidung, Wohnung, Gesundheitspflege, Freizeitgestaltung und geistige sowie kulturelle Bedürfnisse. Er ist regelmäßig in Höhe der Quoten der Düsseldorfer Tabelle zu zahlen, bei Überschreiten der dortigen Einkommensgrenzen nach dem konkreten Bedarf. Nach § 1578 Abs. 2 und 3 BGB gehören zum vollen Unterhalt aber auch die Kosten der Kranken- und Pflegevorsorge sowie der Altersvorsorge. Alle drei sind unselbständige Bestandteile eines einheitlichen Unterhaltsanspruchs (BGH FamRZ 1982, 255, 257), die letzteren sind allerdings in den Beträgen der Düsseldorfer Tabelle nicht enthalten, sondern mittels einer komplizierten Berechnung (vgl. *Münch*, Ehebezogene Rechtsgeschäfte, Rn. 2167 ff.) zusätzlich zu berechnen. Die Formulierung stellt sicher, dass die Höchstgrenze nicht nur den Elementarunterhalt abdeckt, sondern alle anderen Unterhaltsbestandteile, und zwar einschließlich des Sonderbedarfs. Als solcher wird ein unregelmäßiger, nicht vorhersehbarer und hoher Unterhaltsbedarf verstanden, der nach §§ 1585b, 1613 Abs. 2 Nr. 1 BGB ebenfalls zu erfüllen ist. Wegen der Pauschalität der Höchstgrenze sollen jedoch weitere Einzeldarlegungen entfallen, vielmehr soll die Höchstgrenze auch diesen Sonderbedarf mit abdecken.

25. Monatlicher Geldbetrag. Der Unterhalt kann als monatlicher Geldbetrag festgelegt werden und unterliegt dann bei länger dauernder Verpflichtung der Wertsicherung (→ Anm. 27). Die Alternative besteht in der Festlegung einer Beamtenbesoldungsgruppe (oder auch einer Einstufung in den TVöD). Eine solche Vereinbarung wird häufig dort gewünscht, wo der verzichtende Ehegatte Beamter ist. Die Anpassung erfolgt dann in diesen Fällen nach der Erhöhung der Beamtenbesoldung. Wer dies vereinbaren möchte, formuliert unter II.1. wie folgt, wobei lit. a) dann entfällt, da die Erhöhung mit der Besoldungserhöhung eintritt.

Alternative – Unterhaltshöchstgrenze nach Beamtenbesoldung:
Wir begrenzen die Höhe des gesetzlichen nachehelichen Unterhalts (Gesamtunterhalt einschließlich Vorsorgeunterhalt und Sonderbedarf) auf den Grundgehaltssatz eines Bundesbeamten der Besoldungsgruppe . . . . . . zu bemessen nach der dritten Dienstaltersstufe unabhängig vom Lebensalter. Etwaige Zuschläge oder Prämien, wie Familienzuschlag oder Leistungsprämien sind nicht zusätzlich heranzuziehen.

Hierbei ist darauf hinzuweisen, dass die Beamtenbesoldung derzeit im Fluss ist. Einige Bundesländer haben bereits Besoldungsreformen umgesetzt, so dass man nicht sicher sein kann, dass die in der Urkunde angenommenen Parameter noch den tatsächlichen späteren Besoldungsstrukturen entsprechen. Für diesen Fall kann auf Wunsch noch folgendes hinzugenommen werden:

Alternative – Änderung der Besoldungsstruktur:
Sofern es die genannte Besoldungsgruppe nach einer Strukturänderung der öffentlichen Besoldung einmal nicht mehr gibt, soll als Maßstab die Grundvergütung desjenigen Beamten herangezogen werden, der nach seiner Funktion derzeit in diese Gruppe eingeordnet ist. Auch hier bleiben jegliche Zuschläge außer Betracht. Wird das Beamtengehalt generell leistungsbezogen abgerechnet, ist die Vergütung bei mittlerer Leistung maßgeblich.

26. Basisunterhalt Kindesbetreuung. Der dreijährige Basisunterhalt wegen Kindesbetreuung nach § 1570 Abs. 1 S. 1 BGB ist quasi der Kern des Kindesbetreuungsunterhaltes. Für diese Zeit besteht keine Erwerbsobliegenheit. Der Unterhalt für diesen Zeitraum ist daher am wenigsten disponibel. Auch wenn der BGH (NJW 2013, 380, Rn. 19) einen Verzicht auf § 1570 BGB nach neuer Rechtsprechung unter gewissen Umständen für möglich hält, sollte man die Gesamtvereinbarung nicht unnötigen Risiken aussetzen. Bis der nacheheliche Unterhalt nach Ablauf des Trennungsjahres und Scheidung zum Tragen kommt, sind die jüngsten Kinder in der Regel auch schon mindestens zwei Jahre alt, so dass der Zeitraum eines unverminderten Unterhaltsanspruches nur noch kurz bemessen ist. Dies lohnt nicht das Risiko unwirksamer Urkundsbestandteile. Allenfalls sollte bei sehr großer Diskrepanz eine zweite, höhere Grenze für diesen Zeitraum vereinbart werden.

27. Wertsicherung. Unterhaltsverpflichtungen sind – auch wenn das reformierte Unterhaltsrecht die Zeiten verkürzt hat – zumeist über einen längeren Zeitraum zu zahlen bzw. treten erst nach Ablauf einer längeren Zeit bis zur Scheidung überhaupt in Kraft. Aus diesem Grunde ist darauf zu achten, dass die Höchstgrenze Ihren Wert behält, ansonsten muss man sogar damit rechnen, dass die Höchstgrenze der Inhaltskontrolle nicht standhält (vgl. BGH NJW 2006, 3142). Hierzu dient die Wertsicherungsklausel, die für die Vollstreckbarkeit ausreichend bestimmt ist (BGH FamRZ 2005, 437). Eine Genehmigungspflicht für Wertsicherungsklauseln gibt es nach § 2 Preisangaben- und Preisklauselgesetz nicht mehr. Vielmehr ist nun ein Indexverbot mit Ausnahmen statuiert.

28. § 1578b BGB. Dieser Absatz bringt nochmals das Prinzip der Kappungsgrenze zum Ausdruck. Der Unterhalt wird nach dem Gesetz berechnet. Zu den gesetzlichen Vorschriften, aus denen sich die Unterhaltshöhe und auch die Unterhaltsdauer ergibt, gehört auch § 1578b BGB, der mit der Unterhaltsreform neu eingeführt wurde. Dessen Abs. 1 führt zu einer Unterhaltsherabsetzung in Fällen der Unbilligkeit, wobei insbesondere auf eingetretene ehebedingte Nachteile abzustellen ist. Diese Bestimmung bleibt für die Berechnung des gesetzlichen Unterhaltes daher anwendbar. Anders kann dies dann sein, wenn durch Vereinbarung eine Mindesthöhe des Unterhalts sichergestellt sein soll oder man sich auf eine bestimmte Unterhaltshöhe für eine gewisse Dauer geeinigt hat. Dann soll eine Herabsetzung nach § 1578b BGB ausscheiden.

29. Realsplitting. Der hier ausgeworfene Höchstbetrag soll dem Unterhaltsberechtigten netto verbleiben. Häufig machen jedoch geschiedene Ehegatten von den Möglichkeiten des sog. begrenzten Realsplittings nach § 10 Abs. 1 Nr. 1 EStG Gebrauch. Danach können Unterhaltszahlungen an den geschiedenen Ehegatten bis zu 13.805,– EUR jährlich als Sonderausgaben steuerlich abgezogen werden. Korrespondierend muss der Unterhaltsberechtigte dann aber die Unterhaltsleistung nach § 22 Nr. 1a EStG versteuern. Voraussetzung für das Realsplitting, mit dem man per Saldo bei niedrigerem Steuersatz des Unterhaltsberechtigten Steuern spart, ist das Einverständnis des Unterhaltsberechtigten. Dieses Einverständnis ist in der Urkunde erklärt. Mit der Durchführung des Realsplittings ist der Unterhaltsverpflichtete aber zugleich verpflichtet, dem Berechtigten die eintretenden steuerlichen Nachteile auszugleichen (BGH FamRZ 1985, 1232). Diese Ausgleichspflicht ist hier näher konkretisiert, indem die Nachteile einerseits nachgewiesen sein müssen und andererseits nicht jeder wirtschaftliche Nachteil zum Ausgleich verpflichtet, sondern nur ein steuerlicher Nachteil, soweit er nicht durch Ehegattensplitting einer neuen Ehe bedingt ist. Ferner ist geklärt, dass der angegebene Höchstbetrag als Nettobetrag zu verstehen ist, so dass der Nachteilsausgleich auf den Höchstbetrag nicht angerechnet wird.

30. Anrechnung eigenen Einkommens. Die Vereinbarung einer Höchstgrenze erfordert noch eine Aussage dazu, inwieweit eigenes Einkommen des Unterhaltsberechtigten auf diese Höchstgrenze anrechenbar ist. Das eigene Einkommen wird im Rahmen der Unterhaltsberechnung mit berücksichtigt, wie es das Gesetz vorsieht. Dennoch kann es geschehen, dass dies bei sehr guten Einkommensverhältnissen des Unterhaltsverpflichteten sich auf die Höchstgrenze nicht auswirkt. Dann aber kommt es dazu, dass der Unterhaltsberechtigte im Verhältnis zum Pflichtigen über mehr Einkommen verfügt, als ursprünglich gedacht war. Daher ist die Regelung vorgesehen, dass mit einer Erhöhung des eigenen Einkommens des Berechtigten auch der Höchstbetrag schmilzt, allerdings nur um die Hälfte dieses eigenen Einkommens und nur soweit dieses unterhaltsrelevant ist. So bleibt noch ein Anreiz, Arbeitstätigkeit aufzunehmen, der gänzlich verloren ginge, wenn das Einkommen in voller Höhe angerechnet würde.

31. Unterhaltsverstärkung. Mit der Unterhaltsreform hat sich ein völlig neuer Typ der Unterhaltsvereinbarung entwickelt, die unterhaltsverstärkende Vereinbarung (hierzu aktuell *Münch* MittBayNot 2012, 10 ff.). Der dreijährige Basisunterhalt im Falle der Geburt eines Kindes ist für viele Mütter zu kurz, um auf dieser Basis ihre berufliche Karriere zu gefährden und sich für Kinder zu entscheiden. Ob nach Ablauf der drei Jahre eine Unterhaltsverlängerung nach § 1570 Abs. 1 S. 2 (Kindesbelange) oder § 1570 Abs. 2 (Elternbelange) greift, lässt sich häufig im Vorhinein nicht abschätzen. Aus diesem Grunde wird hier dieser Basisunterhaltsanspruch auf 8 Jahre verlängert. Dies befähigt die Mutter, ihre Entscheidung für das Kind zu treffen. Andererseits ist es gerade bei gehobenen Verhältnissen oftmals im Interesse beider Eltern, dass das Kind nicht nach dem gesetzlichen Modell mit Vollendung des dritten Lebensjahres in die Fremdbetreuung gegeben wird, sondern auch im Fall einer Ehekrise weiterhin eine persönliche Betreuung durch einen Elternteil erfährt. Für diesen Zeitraum besteht somit keine Erwerbsobliegenheit des kindesbetreuenden Elternteils.

32. § 1578b BGB. Da die Ehegatten sich auf eine Ausdehnung des Basisunterhalts auf acht Jahre geeinigt haben, darf diese Zeit nicht durch die Berufung auf § 1578b BGB verkürzt werden. Die Ehegatten haben mit der Urkunde die in § 1578b BGB in Bezug genommene Billigkeit selbst festgelegt, so dass für die Anwendung dieser Vorschrift in Bezug auf die Unterhaltsbefristung kein Raum mehr bleibt.

33. Höhenbegrenzung nach Basiszeit. Das Eingreifen der oben vereinbarten Höchstbegrenzungen, die für den gesetzlichen Basisunterhalt von drei Jahren nicht gelten sollten (→ Anm. 26), wird aber durch die Verlängerung nicht noch weiter hinausgeschoben, so dass angeordnet ist, dass die Höchstgrenze nach Ablauf der gesetzlich angeordneten Basisunterhaltszeit von drei Jahren eingreift.

34. Verlängerung nur bei tatsächlicher Erziehung Eine solche Unterhaltsverlängerung ist vereinbart, damit das Kind nicht in Fremdbetreuung gegeben werden muss. Sie setzt also voraus, dass das Kind wirklich vom kindesbetreuenden Elternteil betreut und versorgt wird. Dem widerspräche eine Berufstätigkeit des kindesbetreuenden Elternteils, so dass ihm die Zeit für die Kindesbetreuung fehlt. Daher endet die verlängerte Basiszeit mit der Aufnahme einer solchen Erwerbstätigkeit.

35. Rang der Unterhaltsverstärkung. Zuweilen wird die Frage erhoben, ob eine solche vertragliche Unterhaltsverstärkung nicht zu Lasten des neuen Ehepartners in der Zweitehe geht, so dass es sich um einen (unzulässigen) Vertrag zu Lasten Dritter handelt. Aber eine bloße Reflexwirkung begründet noch keinen Vertrag zu Lasten Dritter. Ein solcher setzt vielmehr voraus, dass für den Dritten konkrete Rechtspflichten begründet werden (BGH NJW 2004, 3326, 3327; BGH NJW 2009, 1346). Unter diese Kriterien fällt die vorsorgend vereinbarte Unterhaltsverlängerung nicht.

Nach der früheren Rechtsprechung des BGH zur Dreiteilung in Fällen der Zweitehe (BGH NJW 2008, 3213; BGH FamRZ 2009, 23; BGH FamRZ 2010, 869) wurden neu hinzutretende Unterhaltsberechtigte wie Ehegatten der Zweitehe oder weitere Kinder bereits im Rahmen der Bedarfsberechnung beim Unterhalt berücksichtigt. Nachdem diese Rechtsprechung durch das BVerfG verworfen wurde (BVerfG NJW 2011, 836; dazu *Münch* FamRB 2011, 90 f.), findet keine Herabsetzung des Unterhaltsbedarfs mehr statt, so dass ein erhebliches Hindernis für unterhaltsverstärkende Vereinbarungen entfallen ist. Hinzutretende Unterhaltsberechtigte spielen nunmehr auf der Ebene der Leistungsfähigkeit eine Rolle. Der BGH hat auf die Rechtsprechung des BVerfG reagiert und wird nun die **Dreiteilung auf Ebene der Leistungsfähigkeit** behandeln (BGH NJW 2012, 384). Hierbei spielt der Rang des Unterhaltsberechtigten eine ganz erhebliche Rolle. Bei eingeschränkter Leistungsfähigkeit sind die Unterhaltsgläubiger grundsätzlich in der Rangfolge, die § 1609 BGB festlegt, zu befriedigen. Hier stehen minderjährige unverheiratete Kinder an erster Stelle, so dass diesen gegenüber die verstärkende Vereinbarung kaum Geltung beanspruchen kann. An zweiter Stelle stehen Eltern, die Ansprüche auf Unterhalt wegen Kindesbetreuung haben und Ehen von langer Dauer. In der Scheidungssituation konkurrieren hier häufig erste Ehefrau und neue Ehefrau, die Kinder betreut. Mit einer Änderung des § 1578b BGB, die zum 1.3.2013 in Kraft tritt (BT-Drs. 17/11885) wird die Ehe von langer Dauer in § 1578b Abs. 1 S. 2 BGB, auf den § 1609 BGB verweist, gestärkt. Ob somit die Verstärkungsvereinbarung einer zweiten Ehefrau entgegengesetzt werden kann, ist nach Ansicht des Verf. durch eine umfassende Einzelabwägung zu entscheiden, bei der zu berücksichtigen ist, dass die Vertragspartnerin des Verstärkungsvertrages sich mit diesem auf Kinder eingelassen hat, die zweite Ehefrau hingegen von dem Vertrag in der Regel weiß, so dass ihre Ehe durch diese Verbindlichkeit vorgeprägt ist (hierzu näher *Münch* MittBayNot 2012, 10, 16 f.).

36. Folgeansprüche. Unterhaltsansprüche sind nur gegeben, wenn ihre Voraussetzungen zu bestimmten, gesetzlich festgelegten Einsatzzeitpunkten bestehen. Das Unterhaltsrecht gewährt Unterhalt – Ausnahme bei § 1570 BGB – nur dann, wenn eine geschlossene Kette von Unterhaltsansprüchen vorliegt. So schließen sich etwa Unterhaltsansprüche wegen Alters oder Krankheit nach § 1571 Nr. 2 und § 1572 Nr. 2 BGB unmittelbar an den gesetzlichen Betreuungsunterhalt an. Die vertragliche Verlängerung des Basisunterhaltsanspruchs auf Kindesbetreuung soll nun nicht dazu führen, dass diese Einsatzzeitpunkte für die Folgeansprüche über das gesetzliche Maß ausgedehnt werden.

37. **Elternbezogene Verlängerung.** Dadurch, dass der Basisunterhalt auf acht Jahre verlängert wurde, ist den Interessen des kindesbetreuenden Elternteils in ausreichendem Maße Rechnung getragen. Er soll sich daher nicht noch zusätzlich auf eine elternbezogene Verlängerung des Betreuungsunterhalts berufen dürfen, die beim gesetzlich nun verkürzten Basisunterhalt in § 1570 Abs. 2 BGB angeordnet ist. Ausgenommen ist der Fall, dass drei oder mehr Kinder vorhanden sind. Dann kann man davon ausgehen, dass der Betreuungsaufwand so groß ist, dass eine elternbezogene Verlängerung bei Vorliegen der Voraussetzungen gerechtfertigt wäre.

38. **Verzicht.** Da somit die Obergrenze des Unterhaltes und die Verlängerungszeit geregelt sind, wird auf weitergehenden Unterhalt verzichtet. Der vorsorgende Verzicht ist seit der Unterhaltsreform nach § 1585c S. 2 BGB beurkundungsbedürftig. Die Formulierungen zur Unterhaltspflicht und zum Verzicht sind in dieser Urkunde jeweils auf Gegenseitigkeit erklärt. Bei feststehender Rollenverteilung kann dies ggf. sogleich entsprechend formuliert werden.

39. **Ausschluss des Versorgungsausgleichs.** Seit der Reform des Versorgungsausgleichs sind die Möglichkeiten vertraglicher Regelung nach § 6 VersAusglG stark erweitert. Zum einen kennt der Versorgungsausgleich nun nicht mehr einen Gesamtsaldo mit Einmalausgleich, sondern er gleicht jedes einzelne Anrecht aus, so dass es so viele Ausgleiche wie Anrecht in beide Richtungen gibt. Das frühere Verbot des Supersplittings ist weggefallen, so dass nun auch Verzichte nur für bestimmte Anrechte oder nur für bestimmte Ehezeiten ohne Probleme möglich sein sollten (Detailvorschläge für einzelne Vereinbarungen bei *Münch*, Vereinbarungen zum neuen Versorgungsausgleich, 2010).

Ob Vereinbarungen über den Versorgungsausgleich getroffen werden sollen, hängt von der Situation der Ehegatten ab. Das gesetzliche Modell der Teilung aller Anrechte führt häufig zur Begründung von Splitteranrechten oder zu unsinnigen Ergebnissen wie etwa dem Ausgleich von Anrechten der Landesbeamten in die gesetzliche Rentenversicherung. Bei Ehen mit Unternehmern aus dem gewerblichen Bereich ist es häufig so, dass Unternehmer gar keine Altersversorgung haben, die unter den Versorgungsausgleich fiele, so dass bei einer Scheidung sogar der Ehepartner noch von seiner Versorgung abgeben müsste. Hier wird regelmäßig ein Verzicht erklärt, ggf. mit einem Rücktrittsrecht für den Nichtunternehmer-Ehegatten.

In der Anwaltskanzlei **kommt es darauf an, welche Versorgungen** für den Anwalt im Einzelnen zur Verfügung stehen. Zum einen kann der Sozietätsvertrag eine Versorgungsregelung vorsehen (vgl. etwa Münchener Vertragshandbuch, Band 1, Gesellschaftsrecht, Muster I.7., § 18; Musterverträge des DAV für örtliche (§ 15) und überörtliche Sozietäten (§ 18 f.) unter www.anwaltverein.de unter „Praxis/Tipps und Musterverträge"; *Heussen* AnwBl. 2006, 298 ff. Checkliste unter 4.5.), die unter den Versorgungsausgleich fällt (Ruland, Rn. 153). Solche Versorgungsregelungen verlieren aber nicht zuletzt wegen der Einführung der Pflichtversorgung über die anwaltlichen Versorgungswerke (hierzu in Beck'sches Rechtsanwalts-Handbuch, *Dallmayr* § 66, Rn. 17 f.; *Kilger/Prossliner* NJW 2012, 3347 ff.) an Bedeutung. Auch diese berufsständische Versorgung unterfällt dem Versorgungsausgleich (vgl. nur § 32 Nr. 2 VersAusglG; *Borth*, Rn. 524 ff.; *Ruland*, Rn. 261 ff.; zur Versicherungspflicht des Syndikusanwalts in der gesetzlichen Rentenversicherung vgl. LSG Baden-Württemberg DStR 2013, 1042; zum Befreiungsrecht des Steuerberates in der gesetzlichen Rentenversicherung: BSG NJW 2013, 1624 u. *Hartmann/Horn* DStR 2014, 375 f.).

Die Regelung des Versorgungsausgleichs hängt daher für den Ehevertrag des Anwaltes davon ab, wie sich die Familiensituation darstellt. Es kann beim gesetzlichen Versorgungsausgleich verbleiben, wenn der Ehepartner keine eigene Versorgung erdient. Es kann auch zu einem vollständigen Verzicht kommen, wenn beide Ehegatten berufstätig sind und eine eigene Versorgung erzielen. Die hier aufgezeigte Lösung enthält einen

Verzicht, der jedoch für die Jahre der Kindesbetreuung nicht gilt. Auch in der Zeit des Versorgungsausgleichs ist dieser begrenzt auf die Höhe der eigenen Versorgung die man hätte erwirtschaften können, so dass bei sehr großer Diskrepanz der Versorgungsansprüche höchstens die eingetretenen ehebedingten Nachteile ausgeglichen werden.

Wenn auch Ansprüche aus Lebensversicherungen bestehen, so ist es wichtig, dass die **Verzahnung** des Versorgungsausgleichs **mit** dem **Güterrecht** im Blick behalten wird. Lebensversicherungen, die auf Kapitalleistungen gerichtet sind, fallen in den güterrechtlichen Bereich, während solche, die auf eine laufende Rentenzahlung gerichtet sind, dem Versorgungsausgleich unterfallen. Die Rechtsprechung des BGH erkennt eine Kapitalwahl – und damit ein Herausziehen der Versicherungsleistungen aus dem Versorgungsausgleich in den ggf. von einem Ausgleich ausgenommenen güterrechtlichen Bereich – auch dann noch an, wenn die Kapitalwahl nach dem Ende der Ehezeit aber vor der letzten tatrichterlichen Entscheidung getroffen wurde (BGH NJW 2003, 1320; BGH NJW-RR 2011, 1633; BGH NJW-RR 2012, 769).

40. **Ausschluss für bestimmte Zeiten.** Ein häufig geäußerter Wunsch ist es, dass Ehegatten, die als Doppelverdiener in die Ehe starten, den Versorgungsausgleich zunächst einmal ausschließen möchten, ihn jedoch für die Zeiten durchführen wollen, in denen ein Ehegatte wegen der Familie nicht oder nicht voll arbeiten kann. Es gibt verschiedene Arten, dies zu regeln. Zum einen kann man nur an die Geburt gemeinsamer Kinder anknüpfen und ohne Rücksicht auf die beruflichen Auswirkungen ab diesem Ereignis den Versorgungsausgleich durchführen. Hier ist ein Ausgleich nur angeordnet, wenn der Kinder erziehende Ehegatte Einschnitte in seiner Berufstätigkeit in Kauf nehmen muss. Je nach Intensität der Regelung kann dies auch näher quantifiziert werden, etwa indem erst ab einer Reduzierung auf die Hälfte der Vollzeittätigkeit Versorgungsanrechte ausgeglichen werden. Regelungsbedürftig ist ferner, ob der Versorgungsausgleich dann für die gesamte restliche Ehezeit stattfindet oder nur für die berufliche Ausfallzeit oder – wie im vorliegenden Vertrag geregelt – bis zu einem bestimmten Lebensalter des jüngsten Kindes.

41. **Höhenbegrenzung beim Versorgungsausgleich.** Wenn nur die ehebedingten Nachteile in Bezug auf die eigene Versorgung ausgeglichen werden sollen, ohne dass eine Teilhabe an der höheren Versorgung des anderen Ehegatten darüber hinaus gewünscht ist, dann kann eine solche Begrenzung vereinbart werden. Der BGH hat im Bereich des Unterhaltsrechtes ausdrücklich gebilligt, dass bei einem vorehelichen Qualifikationsgefälle, das schon ohne ehebedingte Nachteile zu einem unterschiedlichen Versorgungsniveau führt, der Ausgleich eines solchen Gefälles ausgeschlossen wird (BGH NJW 2008, 148). Auf die auszugleichenden Anrechte wurden die bei Teilzeit erdienten geringeren Anwartschaften und anderweitig erhaltenen Ersatzleistungen zur Anrechnung gebracht, so dass im Ergebnis der berechtigte Ehegatte sich so steht, als hätte er in Vollzeittätigkeit weiterhin seine eigenen Versorgungsanwartschaften erworben.

42. **Korrespondierender Kapitalwert.** Damit bei unterschiedlichen Versorgungssystemen der Ehegatten der Wertvergleich geleistet werden kann, ist insofern auf den korrespondierenden Kapitalwert verwiesen, den das Gesetz in § 47 VersAusglG festlegt. Um die Fassung des § 47 VersAusglG gab es bis zuletzt erhebliche Diskussionen. Nun ist in § 47 Abs. 6 VersAusglG klargestellt, dass bei einem Wertvergleich neben diesem Wert noch weitere Faktoren zu berücksichtigen sind. Außerdem ist in der Formulierung betont, dass es sich lediglich um eine Hilfsgröße handelt. Der Gesetzgeber hat damit den korrespondierenden Kapitalwert stark abgewertet. Die Literatur zum Versorgungsausgleich sieht in diesem Wert, der für Versorgungssysteme, die in ihrer Finanzierungs- und Sicherungsarchitektur völlig unterschiedlich sind, auch ganz unterschiedlich berechnet wird, **keinen geeigneten** Wert, um den **wahren Wert** einer Versorgung zu erfassen (*Glockner/Hoenes/Weil* § 3 Rn. 64; *Hauß/Eulering*, Rn. 707 ff; Palandt/*Brudermüller*, § 47 VersAusglG,

Rn. 9), zumal **kein einheitlicher Rechnungszins** vorgeschrieben ist (*Münch*, Vereinbarungen zum neuen Versorgungsausgleich, Rn. 59 f.). Dennoch schreibt das VersAusglG die Berechnung und Mitteilung an das Gericht nach § 5 Abs. 3 VersAusglG vor. Der Wert dient außerdem zur Ermittlung des bei externer Teilung zu zahlenden Kapitalbetrages nach § 14 Abs. 4 VersAusglG (Palandt/*Brudermüller*, § 14 VersAusglG, Rn. 8, in Vorauflagen noch skeptischer). Er kann daher mangels geeigneter Alternativen auch für vertragliche Vereinbarungen zugrunde gelegt werden.

43. Ausschluss der Abänderbarkeit. § 227 Abs. 2 FamFG sieht vor, dass die Vorschriften zur Abänderbarkeit nach §§ 225, 226 FamFG auch für Vereinbarungen über den Versorgungsausgleich gelten. Bei (Teil-)Verzichten wollen Ehegatten aber in der Regel eine solche Abänderung nicht mehr, so dass sie hier ausgeschlossen wurde.

44. Kompensationsvereinbarung. Die Rechtsprechung zur Inhaltskontrolle von Eheverträgen stellt unter anderem darauf ab, ob etwaige einseitige Nachteile eines Ehegatten durch die Vereinbarung einer Kompensation abgemildert wurden. Auch wenn die neuere Rechtsprechung des BGH (NJW 2013, 380; NJW 2013, 457) bei Firmen nach wie vor den Ausschluss des Zugewinns ohne Ausgleich für zulässig hält, so weiß man doch die künftige Entwicklung nicht einzuschätzen. Aus diesem Grunde ist es durchaus empfehlenswert, als Ausgleich für den Verzicht eine Kompensation zu vereinbaren. Im Gegensatz zu einer Höchstbegrenzung des Zugewinns kann beim Versprechen einer Kompensation nachher nicht eingewandt werden, der Zugewinn sei niedriger als erwartet. Eine solche Kompensation hat jedoch überaus befriedende Wirkung und ist vor allem bei einem sehr hohen Wert der ausgesprochenen Verzichte und bei einer Vielzahl von Verzichten in allen Bereichen anzuraten.

45. Mindestehedauer. Im konkreten Fall ist die Leistung der Kompensation nach Ablauf einer Mindestehedauer von 10 Jahren versprochen. Sie ist also auch ohne Scheidung zu leisten, wenn die Ehe auf diese Dauer bestanden hat. Damit ist zum einen ein Anspruch für eine kurze Ehe vollständig ausgeschlossen. Zum anderen ist die Kompensationsvereinbarung beim Freiberufler durchaus auch Teil einer asset protection. Da Kompensationsleistungen trotz ihrer teilweise familienrechtlichen Notwendigkeit von der Rechtsprechung des BFH als schenkungsteuerpflichtig angesehen werden (BFH DStRE 2007, 1516; DStR 2008, 348 f.; hiergegen *Münch* DStR 2008, 26 f.), wurde hier als Kompensationsgegenstand die eigenbewohnte Wohnung ausgesucht, denn deren Übertragung ist nach § 13 Abs. 1 Nr. 4a ErbStG unter Ehegatten schenkungsteuerfrei möglich. Bei Kompensationsleistungen, die vor der Ehe oder nach der Scheidung getätigt werden, ist im Hinblick auf die schenkungsteuerliche Würdigung besondere Vorsicht walten zu lassen, denn zu diesen Zeitpunkten besteht die günstige Steuerklasse für Ehegattenschenkungen nicht (mehr).

46. Rückforderungsrecht. Ein Rückforderungsrecht im Scheidungsfalle darf bei einer echten Kompensation nicht vorbehalten sein, denn die Leistung soll dem Ehepartner gerade im Scheidungsfall verbleiben.

47. Behandlung der Kompensation bei Scheidung. Die Regelung ist so gestaltet, dass die Kompensation als Gegenleistung für den Verzicht nicht im Zugewinnausgleich nochmals erfasst wird, sonst würde die Kompensation im Zugewinn teilweise wieder zurück zu gewähren sein. Aus diesem Grunde wird die Wohnung bzw. ihr Wert oder nach einem Verkauf der Erlös nicht beim Endvermögen der Ehefrau berücksichtigt. Besonders angesprochen ist noch der Fall, dass die Wohnung oder das Geld, mit dem die Wohnung angeschafft wurde, aus dem Anfangsvermögen des Ehemannes stammt. Würde man es dabei belassen, so würde sich der Zugewinn des Ehemannes um den entsprechenden Betrag verringern. Wenn dies nicht gewünscht ist, so ist rechnerisch auch das Anfangsvermögen des Ehemannes um den entsprechenden Betrag zu reduzieren, erst dann steht die Wohnung komplett außerhalb jeden Zugewinnausgleichs.

48. Vormerkung. Der Vertrag sieht eine Sicherung der Ehefrau durch Eintragung einer Vormerkung vor, nicht zuletzt im Sinne einer asset protection. Eine solche Vormerkung ist aber nicht zwingend, da der Zugewinnausgleichsanspruch selbst auch nicht weitergehend gesichert ist.

49. Löschung der Vormerkung. Da der Stichtag mit der Rechtshängigkeit des Scheidungsantrages, der zur Scheidung führt, nicht ohne weiteres bestimmbar ist, sieht der Vertrag keine Löschungsvollmacht, sondern lediglich eine Verpflichtung zur Löschung vor.

50. Pflichtteilsverzicht. Wenn der Anteil an der Kanzlei im Todesfalle keine Ansprüche des Ehepartners auslösen soll – dies hängt von der Konstellation ab; bei einem Gesellschaftsanteil, der ohnehin nicht vererblich gestellt ist, mag dies für Zugewinn und Pflichtteil auch anders sein – dann ist neben dem Verzicht auf Zugewinn auch ein Pflichtteilsverzicht erforderlich. Dies wird insbesondere bei der „dynastischen Einzelkanzlei" der Fall sein, die wieder an Kinder weitervererbt werden soll.

51. Verlobtenerbvertrag. Da der Erbvermächtnisvertrag zwischen Verlobten geschlossen wird, muss darauf geachtet werden, dass die Bindungswirkung nicht bleibt, wenn sich die Verlobten vor Eheschließung auseinanderleben. Hier kann entweder ein Rücktrittsrecht vorbehalten bleiben oder der erbrechtliche Teil, welcher nur eine einzelne Zuwendung an einen (späteren) Ehegatten enthält, steht von vornherein unter der Bedingung, dass die Ehe geschlossen wird.

52. Sonstige erbrechtliche Verfügungen. In diesem Beispiel ist nur ein Vermächtnis ausgesprochen, das als Gegenleistung für den Pflichtteilsverzicht anzusehen ist (zur Inhaltskontrolle auch des Pflichtteilsverzichtes in einem Ehevertrag vgl. *Münch*, Ehebezogene Rechtsgeschäfte, Rn. 870 f.) und daher mit bindender Wirkung angeordnet wurde, so dass eine Abänderung der Zustimmung des anderen Ehegatten bedürfte. Die restlichen erbrechtlichen Verfügungen würden dann einseitig in einem Testament getroffen. Alternativ könnte auch eine komplette erbrechtliche Regelung in den Ehe- und Erbvertrag aufgenommen werden, ggf. auch mit abgestufter Bindungswirkung. Ein Kostenprivileg gibt es dafür nach dem GNotKG nicht mehr. Ein solcher Erbvertrag wird in → Form. C. VIII. 2 vorgestellt. Er könnte dann hier integriert werden.

53. Vermächtnis. In diesem Fall ist die Kompensationsleistung, welche nach zehnjähriger Ehe fällig wäre, zusätzlich als Vermächtnis angeordnet. Dieses greift also in dem Fall, dass die Ehe beim Tod noch besteht und die Voraussetzungen des § 2077 BGB nicht vorliegen. Hatte die Ehe zuvor schon länger als 10 Jahre Bestand und wurde die Wohnung daher schon nach B IV. der Urkunde als Kompensation übertragen, so entfällt das Vermächtnis.

54. Verbindlichkeiten. Es ist zu bestimmen, ob etwaige Verbindlichkeiten vom Vermächtnisnehmer oder vom Erben zu tragen sind. Hier soll die Wohnung der Vermächtnisnehmerin lastenfrei zugute kommen, so dass die Erben Belastungen löschen und Verbindlichkeiten übernehmen müssen, und zwar auch dann, wenn es sich um Verbindlichkeiten handelt, die in das Anwesen investiert wurden. Eine solche Anordnung ist mit den Gesamtvermögensverhältnissen abzugleichen.

55. Inhaltskontrolle. Nach zwei Urteilen des BVerfG (BVerfG FamRZ 2001, 343 und BVerfG FamRZ 2001, 985) sprach sich der BGH seit seinem Grundsatzurteil vom 11.2.2004 (BGH FamRZ 2004, 601 = NJW 2004, 930 f.) ebenfalls für eine Inhaltskontrolle von Eheverträgen aus (die Folgeurteile sind zitiert in → Anm. 2; ausführliche Darstellung bei *Münch*, Ehebezogene Rechtsgeschäfte, Rn. 580 ff.). Unter Betonung der

Ehevertragsfreiheit sah der BGH Grenzen dort, wo die Vereinbarung den Schutzzweck der gesetzlichen Regelung unterläuft und entwickelte eine Kernbereichslehre, die auf erster Stufe den Kindesbetreuungsunterhalt sieht, auf zweiter Stufe Alters- und Krankheitsunterhalt sowie den Versorgungsausgleich und an letzter Stelle den Güterstand. Die Inhaltskontrolle der Verträge findet zweistufig statt. Eine Wirksamkeitskontrolle prüft die Sittenwidrigkeit zum Zeitpunkt des Vertragsschlusses (§ 138 BGB) und eine Ausübungskontrolle fragt, ob sich der begünstigte Ehegatte zum Zeitpunkt des Scheiterns der Ehe auf den Ehevertrag berufen darf oder ob sich aufgrund der Entwicklung in der Ehe eine evident einseitige, unzumutbare Lastenverteilung ergibt. Schon in den Folgeurteilen verschiebt der BGH den Schwerpunkt auf die Ausübungskontrolle und sieht als Korrekturmaßstab die erlittenen **ehebedingten Nachteile**. Ihm war wichtig, dass die **nacheheliche Verantwortung** nicht schlechthin abbedungen wird (BGH FamRZ 2005, 691). Unter vertieftem Eingehen auf die Frage der ehebedingten Nachteile lehnt der BGH schon 2005 (BGH FamRZ 2005, 1444 und BGH FamRZ 2005, 1449) eine zwingende Halbteilung ab, was er aktuell bekräftigt hat (BGH NJW 2013, 380 und BGH NJW 2013, 457).

Die Inhaltskontrolle ist daher bei der Gestaltung von Eheverträgen stets mit zu berücksichtigen. Aus diesem Grunde sollte ein Totalverzicht auf alle Ansprüche nicht mehr vereinbart werden. Vielmehr sollte der Ehevertrag dem Erhalt des Unternehmens – hier der Kanzlei – dienen und gleichzeitig zeigen, dass die nacheheliche Verantwortung nicht komplett abbedungen ist, hier zB durch die Aufrechterhaltung des Zugewinns im Privatbereich oder sonst durch Vereinbarungen von Obergrenzen im Zugewinn. Beim Unterhalt wurde eine Höchstgrenze vorgesehen, im Versorgungsausgleich der Ausgleich ehebedingter Nachteile sichergestellt. Zu beachten sind ferner die aufgrund der Inhaltskontrolle bestehenden formalen Anforderungen an den Ehevertrag. Der BGH hat mehrfach betont, dass es wichtig ist, dass sich der verzichtende Ehegatte ausreichend vor dem Termin mit dem Ehevertragsentwurf befassen kann. Es sollte daher eine Vorbesprechung mit beiden Ehegatten gehalten und ein Entwurf an beide versandt werden, der für nicht deutsch sprechende Vertragsteile auch übersetzt wird.

56. „**Buchführungsehe**". Die Schwierigkeiten der Abgrenzung zwischen dem betrieblichen und privaten Vermögen zwingt die Ehegatten zu einer Erfassung der Entnahmen und ihres weiteren Schicksals, sonst kann bei einer Scheidung nicht nachvollzogen werden, woher das jeweilige Vermögen stammt und ob es dem Zugewinn unterliegt.

57. Unterhaltsbelehrung. Über Unterhaltsregelungen muss stets ausführlich belehrt werden. Dies schließt die Belehrung über die Sittenwidrigkeit von Unterhaltsverzichten ein, wenn ein Ehegatte anschließend auf staatliche Leistungen angewiesen ist, ein Punkt der aufgrund der hier vereinbarten Höchstgrenze nicht vorkommen sollte. Hier wurde zudem ausführlich über die Unterhaltsverlängerung belehrt. Diese kann sich dann nicht durchsetzen, wenn der Unterhaltsschuldner eine neue Ehe eingeht und eventuell weitere Kinder hat, so dass vorrangig Unterhaltsberechtigte vorhanden sind und die Leistungsfähigkeit nicht genügt, um alle Ansprüche zu befriedigen.

58. Belehrungen zum Versorgungsausgleich. Die Belehrungen zum Versorgungsausgleich gehen darauf ein, dass hier der Versorgungsausgleich nur teilweise durchgeführt wird und dass für den Versorgungsausgleich sogar eine gesetzliche Inhaltskontrolle angeordnet ist. Ferner wird darauf hinzuweisen sein, dass der korrespondierende Kapitalwert als Vergleichsfaktor nur beschränkt tauglich ist.

59. Salvatorische Klausel. Eine salvatorische Klausel wird in jedem Ehevertrag zu empfehlen sein. Bei Unternehmens- oder Kanzleieheverträgen wird wichtigster Punkt die Wirksamkeit der güterrechtlichen Regelung sein. Bei der Inhaltskontrolle ist diese Regelung am wenigsten kontrollanfällig. Es sollte also zumeist vereinbart sein, dass eine Unwirksamkeit etwa der Unterhaltsvereinbarung auf diese Regelung des Güterstandes nicht durchschlägt. Die Klausel ist allerdings mit den Vertragsteilen zu besprechen. So müssen Klauseln, die zusammenhängen, von der salvatorischen Klausel ausgenommen werden. So ist es hier geschehen für die Kompensationsklausel. Die Kompensation soll nicht geleistet werden, wenn die Herausnahme des Kanzleivermögens aus dem Zugewinn nicht wirksam wäre.

2. Erbvertrag

URNr. . . . . . .

Vom . . . . . .

Erbvertrag[1]

Heute, den . . . . . .

erschienen vor mir,

. . . . . .

Notar in . . . . . .:

1. Herr . . . . . .,
   geboren am . . . . . . in . . . . . . StA-Nr. . . . . . .
   als Sohn von . . . . . .,
   letztere eine geborene . . . . . .,
   nach Angabe in modifizierter Zugewinngemeinschaft lebend,
2. dessen Ehefrau,
   Frau . . . . . .,
   geboren am . . . . . . in . . . . . . StA-Nr. . . . . . .
   als Tochter von . . . . . .,
   letztere eine geborene . . . . . .,
   nach Angabe in modifizierter Zugewinngemeinschaft lebend,[2]

beide wohnhaft in . . . . . .,

Die Erschienenen wiesen sich durch amtliche Lichtbildausweise aus.

Der Notar hat das Mitwirkungsverbot nach § 3 Abs. 1 Nr. 7 BeurkG erläutert.

Seine Frage nach einer Vorbefassung im Sinne dieser Vorschrift wurde verneint.

Die Erschienenen wollen einen

Erbvertrag

errichten.

Sie sind nach meiner Überzeugung voll geschäfts- und testierfähig.

Auf Zeugenbeiziehung wurde verzichtet.

Ein gesetzlicher Zeugenbeiziehungsgrund bestand nicht.

Sie erklären bei gleichzeitiger[3] Anwesenheit gemeinsam mündlich mit dem Ersuchen um Beurkundung was folgt:

A. Allgemeines

Wir sind in beiderseits erster Ehe verheiratet.

Unsere Ehe haben wir am . . . . . . vor dem Standesbeamten in . . . . . . geschlossen.

Aus unserer Ehe sind . . . . . .Kinder hervorgegangen:

Es sind dies . . . . . .

Weitere Kinder hat keiner von uns beiden.

Wir sind beide deutsche Staatsangehörige.

Durch Erbvertrag oder gemeinschaftliches Testament sind wir nicht gebunden.

B. Erbrechtliche Verfügungen

Zunächst widerrufen wir etwaige widerrufliche Verfügungen von Todes wegen aus früherer Zeit in vollem Umfange.

In erbvertraglicher, also einseitig nicht widerruflicher Weise

v e r e i n b a r e n

wir sodann folgendes:

I. Alleinerbeinsetzung

Wir setzen uns hiermit gegenseitig zum alleinigen und ausschließlichen

(Voll-) E r b e n

ein.[4]

II. Schlusserbeinsetzung

Schlusserben, also Erben des Letztversterbenden von uns beiden, und Erben von uns beiden im Falle unseres gleichzeitigen Versterbens, werden unsere gemeinschaftlichen Kinder . . . . . .

zu gleichen Teilen.[5]

Für den Fall, dass noch weitere gemeinschaftliche Kinder, wozu auch adoptierte Kinder zählen, vorhanden sein sollten, sind alle gemeinschaftlichen Kinder als Erben zu gleichen Teilen berufen.[6]

Ersatzschlusserben anstelle eines wegfallenden Erben werden dessen Abkömmlinge zu unter sich gleichen Stammanteilen gemäß den Regeln der gesetzlichen Erbfolge.

Sollte ein wegfallender Erbe keine Abkömmlinge hinterlassen, wächst dessen Erbteil den übrigen Erben nach dem Verhältnis ihrer Erbteile an; beim Vorhandensein nur noch eines weiteren Erben wird dieser alleiniger Erbe.[7]

III. Vermächtnis[8]

(1) Für den Fall meines Todes ordne ich, ... (Kanzleiinhaber) . . . . . . folgendes Vermächtnis an:

Unsere gemeinschaftlichen Kinder erhalten meine Rechtsanwaltskanzlei in . . . . . . mit allen Aktiven und Passiven[9] zu jeweils gleichen Teilen mit folgender Maßgabe:

Der nachfolgend eingesetzte Testamentsvollstrecker bestimmt spätestens 12 Monate nach meinem Tod,[10] welches der gemeinschaftlichen Kinder meine Anwaltskanzlei erhält. Er kann das Vermächtnis auch mehreren Kindern zusprechen.

Der eingesetzte Testamentsvollstrecker entscheidet hierbei nach freiem Ermessen, dh ohne gerichtliche Nachprüfbarkeit.[11] Er darf aber nur solche Kinder bestimmen, die nach berufsrechtlichen Regeln die Kanzlei weiterführen können.[12] Er soll denjenigen als Vermächtnisnehmer bestimmen, der am besten geeignet ist, die Kanzlei fortzuführen.

Ist eine solche Bestimmung in der vorgenannten Zeit nicht getroffen, so entfällt das Vermächtnis.[13]

(2) Das Vermächtnis ist – für den Fall, dass ich der Längerlebende bin – ein Vorausvermächtnis.[14] Es wird fällig nach Ausübung des Bestimmungsrechts durch den Testamentsvollstrecker. Ersatzvermächtnisnehmer werden nicht benannt.

(3) Meine anderen gemeinschaftlichen Kinder, die der Testamentsvollstrecker nicht benannt hat, erhalten unter der Voraussetzung, dass das Vermächtnis zu 1. nicht infolge Nichtbestimmung oder wegen anderer Gründe entfällt, je ein bares Geldvermächtnis in Höhe von . . . . . . EUR, vervielfacht um den Verbraucherpreisindex Deutschland für meinen Sterbemonat, geteilt durch den entsprechenden Index für diesen Monat der Beurkundung. Diese Vermächtnisse sind ebenfalls Vorausvermächtnisse.[15] Sie sind fällig 24 Monate nach meinem Tod. Ersatzvermächtnisnehmer sind deren Abkömmlinge nach den Regeln der gesetzlichen Erbfolge.

(4) Etwaige Kosten und Steuern der Vermächtniserfüllung hat der jeweilige Vermächtnisnehmer selbst zu tragen.

IV. Abänderungsbefugnis

Der Überlebende von uns beiden ist berechtigt, die vorstehende Schluss- und Ersatzschlusserbeneinsetzung sowie die Vermächtnisanordnungen nach dem Tode des Zuerstversterbenden von uns[16] beiden einseitig beliebig[17] abzuändern oder gar aufzuheben und insoweit neue Verfügungen von Todeswegen zu treffen.

Der Überlebende von uns beiden soll auch ausdrücklich berechtigt sein, im Vermögen vorhandenen Grundbesitz oder sonstige Vermögenswerte zu Lebzeiten[18] auf beliebige Personen zu übertragen, ohne dass den vorstehend genannten Schluss- bzw. Ersatzschlusserben etwa bestehende Ansprüche gemäß § 2287 BGB auf Herausgabe der übertragenen Vermögenswerte oder den Vermächtnisnehmern Ansprüche nach § 2288 BGB zustehen.

V. Annahme

Die unter vorstehenden Ziffern I., II. und III. enthaltenen Verfügungen eines jeden von uns beiden nehmen wir hiermit gegenseitig an.[19]

C. Weitere erbrechtliche Verfügungen

I.

In einseitiger, jederzeit frei widerruflicher Weise ordne ich, ... (Kanzleiinhaber) . . . . . . für den Fall meines Todes Testamentsvollstreckung an. Zum Testamentsvollstrecker ernenne ich Herrn Kollegen . . . . . , Rechtsanwalt, ersatzweise Frau Kollegin . . . . . ., Rechtsanwältin. Sollte keiner von diesen das Amt annehmen können oder wollen oder sollten diese später wegfallen, so ersuche ich das Nachlassgericht, um Ernennung eines geeigneten Testamentsvollstreckers, falls die Zuerstgenannten keinen Nachfolger bestimmt haben.[20]

Der Testamentsvollstrecker hat die Aufgabe, meine Kanzlei bis zur Bestimmung des Vermächtnisnehmers nach B.III.1. zu verwalten. Die ersatzweise ernannte Kollegin . . . . . . soll als Abwickler[21] bestellt werden.[22] Der Testamentsvollstrecker hat ferner die Aufgabe, den Kanzleinachfolger nach B. III.1. zu bestimmen und die Kanzlei auf diesen zu übertragen. Kommt es nicht zur Bestimmung eines Kanzleinachfolgers, so hat der Testamentsvollstrecker ferner die Aufgabe, die Kanzlei zu verkaufen.[23]

Die Erben verpflichte ich hiermit im Wege der Auflage, dem Testamentsvollstrecker alle etwa noch erforderlichen Vollmachten für seinen Wirkungskreis zu erteilen.[24]

Für die Vergütung des Testamentsvollstreckers gilt: Der Testamentsvollstrecker erhält Auslagenersatz, jedoch keine gesonderte Vergütung.[25]

II.

Wir bestimmen ausdrücklich, dass unsere vorstehenden Verfügungen auch dann Bestand haben sollen, wenn bei unserem Tode nicht bedachte Pflichtteilsberechtigte[26] vorhanden sein sollten.

Wir verzichten demgemäß auf das Anfechtungsrecht gemäß § 2079 BGB.

III.

Weitere Bestimmungen wollen wir heute nicht treffen.

Auf die Probleme der Wiederverheiratung des Überlebenden und zusätzliche Anordnungsmöglichkeiten hat der Notar hingewiesen.[27]

D. Belehrungen, Hinweise

Über die rechtliche Tragweite unserer vorstehenden Erklärungen wurden wir vom Notar eingehend belehrt.

Insbesondere wurden wir hingewiesen auf

a) das Pflichtteilsrecht,
b) die erbvertragliche Bindungswirkung,
c) das freie Verfügungsrecht unter Lebenden und seine Grenzen,
d) das Anfechtungsrecht,
e) die Bestimmungen des Erbschafts- und Schenkungssteuergesetzes.

Verträge zugunsten Dritter auf den Todesfall (zB Lebensversicherungen oder Sparkonten) werden von dieser heutigen Urkunde nicht erfasst.[28]

Der Notar hat auch darüber belehrt, dass Rücktrittsrechte vereinbart werden können; hierauf wird jedoch ausdrücklich verzichtet.[29]

E. Schlussbestimmungen

I.

Wir beantragen die Erteilung je einer Ausfertigung dieser Urkunde.

II.

Die besondere amtliche Verwahrung beim Amtsgericht wird nicht gewünscht.

Diese Urschrift und eine Ausfertigung sollen unverschlossen in der Urkundensammlung des beurkundenden Notars aufbewahrt werden.

III.

Die Kosten dieser Urkunde tragen wir gemeinsam.

IV.

Der Notar benachrichtigt das Zentrale Testamentsregister für jeden Erblasser.[30]

Schrifttum: Beck'sches Formularbuch Bürgerliches, Handels- und Wirtschaftsrecht, 11. Aufl., 2013; *Bengel/Reimann*, Handbuch der Testamentsvollstreckung, 5. Aufl., 2013; *Feuerich/Weyland*, 8. Aufl., BRAO, 2012; *Firsching/Graf*, Nachlassrecht, 9. Aufl., 2008; *Henssler/Prütting*, BRAO, 4. Aufl., 2014; *Meincke*, Erbschaftsteuer- und Schenkungsteuergesetz, 16. Aufl., 2011; *Nieder/Kössinger*, Handbuch der Testamentsgestaltung, 4. Aufl., 2011; *Palandt*, Bürgerliches Gesetzbuch, 73. Aufl., 2014; *Reimann/Bengel/Mayer*, Testament und Erbvertrag, 5. Aufl., 2006.

Anmerkungen

1. Anwendungsbereich. Der Kanzleiinhaber regelt gemeinsam mit seinem Ehepartner das Erbe. Dabei will der Inhaber einer Einzelkanzlei im Grundsatz seinen Ehegatten zum Erben einsetzen und seine Kinder zu gleichen Teilen zu Schlusserben, für den Fall, dass er der Überlebende ist. Eine Sonderregelung allerdings soll für die Anwaltskanzlei getroffen werden. Diese soll beim Tod des Anwalts – auch wenn dieser der Erstversterbende ist – an dasjenige Kind fallen, das sich zur Weiterführung der Kanzlei am besten eignet. Die anderen Kinder erhalten aus dem Privatvermögen einen Ausgleich in Geld. Welches Kind dies sein wird, kann jedoch aufgrund des Alters oder des Ausbildungsstandes der Kinder noch nicht bestimmt werden.

Sofern eine Beteiligung an einer Rechtsanwaltssozietät besteht, werden solche Regelungen häufig nicht erforderlich sein, da die Anteile in den meisten Fällen nicht vererblich gestellt sind. Soweit im Todesfalle eine Abfindung empfangen wird, fällt diese dann den Erben zu.

Der **Erbvertrag** wurde dem gemeinschaftlichen Testament vorgezogen, da bei ihm schon mit Abschluss eine Bindungswirkung für die vertragsmäßigen Verfügungen (Erbeinsetzungen, Vermächtnisse, Auflagen) eintritt (*Nieder/Kössinger* § 11 Rn. 1 ff.), während beim gemeinschaftlichen Testament wechselbezügliche Verfügungen erst mit dem Tode des Erstversterbenden Bindungswirkung erlangen (*Nieder/Kössinger* § 14 Rn. 10). Zudem kann er nunmehr aus der Verwahrung zurückgenommen werden (§ 2300 Abs. 2 BGB).

2. Güterstand. Das Formular geht davon aus, dass der Kanzleiinhaber bereits bei Heirat eine güterrechtliche Regelung vereinbart hat und nun noch die Erbregelung trifft, wenn die Kinder größer sind und eine mögliche Kanzleinachfolge geregelt werden soll.

3. Form. Ein Erbvertrag kann nach §§ 2276, 2274 BGB nur persönlich bei gleichzeitiger Anwesenheit geschlossen werden. Er bedarf der notariellen Beurkundung. Eine Sukzessivbeurkundung im Wege von Angebot und Annahme ist somit unzulässig. Jeder Erblasser kann den Erbvertrag nur persönlich schließen. Reine „Bindungspartner" können sich hingegen vertreten lassen.

4. Erbeinsetzung. Der Erbvertrag enthält zunächst eine **gegenseitige Erbeinsetzung** der Ehegatten. Für den Fall des Todes des Ehegatten, der die Kanzlei hält sind jedoch Vermächtnisse zu berücksichtigen, so dass dem Ehepartner die Kanzlei und die ausgleichenden Geldvermächtnisse für die anderen Kinder nicht zugute kommen. Die Erbeinsetzung der Ehegatten ist anhand der Gesamtvermögenssituation zu überprüfen. Hierbei ist zu berücksichtigen, inwieweit bereits Zuwendungen zu Lebzeiten stattgefunden haben, inwiefern die Ehegatten abgesichert sind oder die Kinder bereits auf ein Erbe nach dem erstversterbenden Ehegatten angewiesen sind.

Ein nicht unerheblicher Aspekt bei der Festlegung der geeigneten Erbfolge ist die anfallende **Erbschaftsteuer**. Während das eigenbewohnte Haus nunmehr dem Ehepartner nach § 13 Nr. 4a ErbStG völlig steuerfrei vererbt werden kann, sind für die anderen Werte die Freibeträge von 500.000,– EUR unter Ehegatten zu beachten (§ 16 Abs. 1 Nr. 1 ErbStG). Sofern der gesetzliche Güterstand beibehalten wurde, ist ferner der Zugewinn steuerfrei (§ 5 ErbStG); zudem gibt es noch einen besonderen Versorgungsfreibetrag nach § 17 ErbStG. Den Kindern stehen jeweils Freibeträge in Höhe von je 400.000,– EUR nach jedem Elternteil zu (§ 16 Abs. 1 Nr. 2 ErbStG), Enkel haben immerhin noch einen Freibetrag in Höhe von 200.000,– EUR (§ 16 Abs. 1 Nr. 3 ErbStG).

Die Erbeinsetzung ist daher jeweils individuell zu überlegen. Der Erbvertrag regelt jedoch eine typische Situation, dass nach „dynastischem" Vermächtnis der Kanzlei und Ausgleichszahlungen der Rest dem Ehegatten zufallen soll.

5. Schlusserben. Als Schlusserben sind die gemeinschaftlichen Kinder zu gleichen Teilen bedacht. Bei dieser Lösung wird das Erbe durch eine Erbengemeinschaft angetreten. Alternativ wären über die Kanzlei und deren Ausgleich hinaus weitere Vermächtnisse auszusprechen oder durch eine Teilungsanordnung zu bestimmen, wie der Nachlass unter den Kindern aufgeteilt werden soll. Solches bietet sich dann eher an, wenn die Kinder in einem Alter sind, in dem sich der weitere Werdegang absehen lässt oder wenn ein Erbvertrag geschlossen wird, nachdem die Kanzlei an ein Kind übergeben wurde, so dass nunmehr nur noch die übrigen Kinder zu bedenken sind.

6. Weitere Abkömmlinge. Dieser Satz hat in der noch relativ jungen Ehe seinen Platz, wenn ungewiss ist, ob noch weitere Kinder geboren werden. Da in der Praxis bei Aufnahme dieses Satzes häufig ein erbrechtlicher Nachweis durch Erbschein gefordert wird, der ansonsten beim Abschluss eines Erbvertrages entfällt (§ 35 Abs. 1 GBO), sollte er gestrichen werden, wenn die Geburt oder Adoption weiterer Kinder nicht mehr zu erwarten ist.

7. Ersatzerben. Ein Erbvertrag enthält regelmäßig auch eine Ersatzerben- und Anwachsungsregelung, um sich nicht auf die Auslegungsregeln der §§ 2069, 2094, 2099 BGB zu verlassen.

8. Das vorzeitige Unternehmer-/Freiberuflertestament. Wenn eine Chance besteht, die Kanzlei durch eines der Kinder fortzuführen, bei Abschluss des Erbvertrages aber noch nicht bekannt ist, welches der Kinder einmal die einschlägige berufliche Ausbildung erfolgreich abschließt, dann kann eine Formulierung gewählt werden, nach welcher der Nachfolger in die Kanzlei später von einem Vertrauten bestimmt werden kann (sog. **Bestimmungsvermächtnis** nach § 2151 BGB). Hierzu ist die Form des Vermächtnisses erforderlich, da nach § 2065 Abs. 2 BGB die Bestimmung des Erben ausdrücklich nicht einem Dritten überlassen werden kann. Der BGH sieht diese Bestimmung ganz eng (BGH NJW 1955, 100), so dass im Rahmen einer Erbeinsetzung keinerlei Wertungsspielraum bestünde. Aus diesem Grunde weichen die vorzeitigen Unternehmertestamente auf die Form des Vermächtnisses aus, wobei umstritten ist, ob dies dann gelten kann, wenn per Vermächtnis nahezu das gesamte Vermögen auf diese Weise vermacht wird (*Nieder/ Kössinger* § 3 Rn. 49). Das Vermächtnis ist so gestaltet, dass es stets beim Tod des Kanzleiinhabers anfällt, gleich ob dieser der Erst- oder der Letztversterbende ist.

9. Rechtsanwaltskanzlei. Hier ist nach Rücksprache mit dem steuerlichen Berater genau zu bezeichnen, was jeweils zur Anwaltskanzlei gehört. Soweit mit der Formulierung „mit allen Aktiven und Passiven" eine ausreichende Grundlage gegeben ist, kann es dabei sein Bewenden haben. Hier war nach Sachverhalt eine Einzelkanzlei Gegenstand der Erörterung. Wenn die Möglichkeit besteht, dass sich der Vermächtnisgegenstand bis zum Tod des Erblassers ändert, so müssen dieselben Überlegungen angestellt werden, wie sie in → Form. C. VIII. 1 Anm. 6, → Form. C. VIII. 1 Anm. 11, → Form. C. VIII. 1 Anm. 12 dargestellt sind. Insbesondere muss dann, wenn der Rechtsanwalt seine Kanzlei in einer eigenen Immobilie betreibt, die betriebliches Vermögen darstellt, auch diese Immobilie oder nach Aufteilung der entsprechende Teil mit diesem Vermächtnis auf den Nachfolger mit übertragen werden.

10. Frist. Während bei einem Unternehmen eine längere Schwebezeit bis zur Bestimmung des Vermächtnisnehmers unter der Verwaltung durch den Testamentsvollstrecker in Kauf genommen werden kann, ist die Lage bei einer freiberuflichen Kanzlei anders. Hier muss sich relativ schnell entscheiden, ob ein geeigneter Berufsträger zur Weiterführung zur Verfügung steht. Zwar sieht etwa die BRAO in § 55 eine Abwicklungsfrist von regelmäßig höchstens einem Jahr vor (§ 55 Abs. 1 S. 3 BRAO), die Bestellung kann aber in Ausnahmesituationen um jeweils ein (*Henssler/Prütting* § 55 Rn. 7) weiteres Jahr verlängert werden (§ 55 Abs. 1 S. 4 BRAO). Das gibt zugleich einen Anhaltspunkt für die Höchstfrist zur Bestimmung des Vermächtnisnehmers durch den Testamentsvollstrecker, die im Formular gewählt werden sollte. Hier wurde eine Frist von zwölf Monaten vorgesehen, weil die Kanzlei mit zunehmendem Abstand zum Tod des Inhabers immer mehr an Wert verliert. Wenn kein Kind mit Berufsabschluss zur Verfügung steht, dann sollte die Entscheidung schnell fallen. Eine Verpachtung der Kanzlei ist bei manchen Freiberuflern in Grenzen möglich, bei Rechtsanwälten denkbar (vgl. *Zuck* NJW 1993, 311 ff.; *Henssler/Prütting* § 47 Rn. 14; *Feuerich/Weyland* § 47, Rn. 13), aber wohl wenig üblich.

11. Bestimmung. Die Bestimmung ist dem Testamentsvollstrecker freigestellt. Das bedeutet zugleich, dass es sich bei der bestimmungsberechtigten Person um eine Vertrauensperson handelt, auf deren Urteilsvermögen sich der Erblasser verlassen kann. Hier wurde ein Kollege als Bestimmungsperson ausgewählt, da dieser am ehesten beurteilen kann, ob ein Kind die Kanzlei weiterführen kann. Alternativ könnte beim Tod des Kanzleiinhabers als Erstversterbender auch der überlebende Ehegatte zum Bestimmungsberechtigten ernannt werden. Ist wie hier ein Dritter bestimmungsberechtigt, so hat dieser seine Bestimmung gegenüber dem Beschwerten, also dem Erben zu treffen (§ 2151 Abs. 2 BGB). Wäre der überlebende Ehegatte bestimmungsberechtigt, so müsste dieser die Bestimmung gegenüber dem Begünstigten treffen.

12. Freiberufler. Eine Besonderheit besteht hier wegen der freiberuflichen Praxis. Die Auswahl unter den Kindern ist hier von vornherein beschränkt auf diejenigen Kinder, welche die berufsrechtlichen Voraussetzungen nach den einschlägigen Standesnormen erfüllen.

13. Voraussetzungen nicht erfüllt. Kann die Bestimmung eines Begünstigten nicht erfolgen, etwa weil niemand die genannten berufsrechtlichen Voraussetzungen erfüllt, so entfällt das Vermächtnis. Die Kanzlei fiele dann in die Erbmasse. An den Testamentsvollstrecker ergeht der Auftrag zum Verkauf. Der Erlös stünde den Erben zu.

14. Vorausvermächtnis. Das Kanzleivermächtnis ist – für den Fall, dass die gemeinschaftlichen Kinder auch Erben sind – ein Vorausvermächtnis nach § 2150 BGB für einen Erben. Das bedeutet, dass das Kanzleivermächtnis von der Erbenstellung unabhängig ist und nicht der Verrechnung mit dem Erbteil unterfällt. Zum Ausgleich werden nachfolgend noch Vermächtnisse für die anderen Kinder angeordnet, die aber unterhalb des Wertes der Kanzlei liegen können. Ferner muss der Kanzleiwert nicht für die Erbteilung festgestellt werden, denn dies ist ansonsten streitanfällig.

15. Ausgleichsvermächtnisse. Um das Vorausvermächtnis auszugleichen, erhalten die anderen vom Testamentsvollstrecker nicht bestimmten Kinder ein wertgesichertes Geldvermächtnis zugewendet. Bei der Höhe dieses Geldvermächtnisses ist zum einen der wirtschaftliche Wert der Kanzlei zu betrachten und zum anderen die Höhe des Nachlasses insgesamt. Ggf. kann auch differenziert werden, wenn die Geldvermächtnisse im Falle des Erstversterbens des Kanzleiinhabers die Versorgung des Ehepartners in Frage stellen würden. Es könnten dann die Vermächtnisse auf den Schlusserbfall oder – falls dies steuerlich ungünstig ist – jedenfalls noch eine gewisse Zeit „verschoben" werden. Die Ausgleichsvermächtnisse sollen nur für den Fall zur Geltung kommen, dass auch das Kanzleivermächtnis eingreift. Wird also kein Kanzleinachfolger benannt, so dass die Kanzlei zur Erbmasse gehört, dann entfallen auch die Ausgleichsvermächtnisse.

16. Abänderungsbefugnis. Eine wichtige Bestimmung in jedem Erbvertrag ist die Abänderungsbefugnis. Viele handgeschriebene gemeinschaftliche Testamente leiden unter dem Fehlen einer Abänderungsbestimmung. Ohne Abänderungsbefugnis tritt beim gemeinschaftlichen Testament mit dem Tod des Erstversterbenden, beim Erbvertrag schon mit seinem Abschluss eine Bindung ein, so dass der überlebende Ehegatte die Anordnungen nicht mehr abändern kann, eine gerade bei frühem Tod des Erstversterbenden oft schmerzliche Konsequenz. Der Formulierungsvorschlag räumt ab dem Tod des Erstversterbenden dem Überlebenden eine Abänderungsbefugnis ein, so dass er hinsichtlich der Schlusserbeinsetzung Änderungen vornehmen kann, aber ebenso auch hinsichtlich der Vermächtnisse, wenn der Inhaber der Kanzlei der Letztversterbende ist.

17. Beliebige Abänderung. Die Abänderungsmöglichkeit ist so ausgestattet, dass jede Änderung vorgenommen werden kann. Diese Variante wird bei großem Vertrauen der Ehegatten zueinander verwendet oder bei einer Ehe mit kleinen Kindern, so dass eine Bindung an die gemeinsamen Abkömmlinge noch verfrüht erscheint. Sie gibt dem überlebenden Ehegatten die größtmögliche Freiheit.

Häufig wird jedoch eine nur beschränkte Abänderbarkeit gewünscht, so dass die Abänderung durch den Überlebenden nur innerhalb der gemeinschaftlichen Abkömmlinge zugelassen wird. Dem Erstversterbenden gibt dies die Sicherheit, dass das Vermögen schlussendlich bei den gemeinsamen Kindern ankommt. Es kann dann folgendermaßen formuliert werden:

Alternative – Abänderung nur innerhalb der Abkömmlinge:
Der Überlebende von uns beiden ist jederzeit berechtigt, die vorstehende Schluss- und Ersatzschlusserbeneinsetzung sowie die Vermächtnisanordnungen innerhalb unserer gemeinschaftlichen Abkömmlinge (= Kinder, Enkelkinder, Urenkel usw.) einseitig beliebig abzuändern und zu ergänzen.
Der Überlebende kann aufgrund dieses Abänderungsrechtes, insbesondere
a) anstelle oder neben den als Schlusserben eingesetzten Abkömmlingen andere gemeinschaftliche Abkömmlinge, also beispielsweise gleich Enkelkinder, als Schlusserben einsetzen,
b) die Erbquoten unter den Schluss- und Ersatzschlusserben ändern,
c) gemeinschaftlichen Abkömmlingen Vermächtnisse zuwenden oder entziehen,
d) einzelne als Schluss- oder Ersatzschlusserben eingesetzte Abkömmlinge von der Erbfolge ausschließen und auf den Pflichtteil setzen oder – falls die Voraussetzungen vorliegen – den Pflichtteil entziehen.
Der Überlebende von uns beiden darf jedoch, vorbehaltlich der Regelung in nachfolgendem Abschnitt C.II., keine anderen Personen als gemeinschaftliche Abkömmlinge von Todes wegen bedenken.
Der Überlebende von uns beiden soll auch ausdrücklich berechtigt sein, im Vermögen vorhandenen Grundbesitz oder sonstige Vermögenswerte zu Lebzeiten auf einzelne gemeinschaftliche Abkömmlinge zu übertragen.
Der Notar hat darauf hingewiesen, dass eine Wahlmöglichkeit nicht besteht, wenn nach dem Tode des Erstversterbenden nur ein Abkömmling vorhanden ist.

Wenn diese Alternative verwendet wird, so ist unter → Form. C. II. am Ende ferner noch der folgende Text einzufügen, um sicherzustellen, dass trotz der Beschränkung der

Abänderungsbefugnis der Überlebende hinsichtlich neu hinzuerworbenen Vermögens freie Anordnungen treffen kann.

> Der Überlebende von uns beiden ist berechtigt, für das ab dem Tode des Erstversterbenden von uns beiden erworbene Vermögen Vermächtnisse beliebiger Art aussprechen zu können.
>
> Ausgenommen bleibt jedoch ein Zuerwerb, der aus dem früheren Vermögen erfolgt oder wirtschaftlich an die Stelle solcher, beim Tod des Erstversterbenden von uns bereits vorhandener Vermögenswerte tritt.

18. Lebzeitige Übertragungen. Neben der Abänderungsbefugnis für Verfügungen von Todes wegen ist festgehalten, dass der Überlebende auch andere Verfügungen zu Lebzeiten treffen darf, ohne dass deshalb den Schlusserben Ansprüche nach § 2287 BGB oder den Vermächtnisnehmern nach § 2288 BGB zustehen sollen. In der Alternative für die Abänderung nur innerhalb der Abkömmlinge (→ Anm. 17) wurde auch diese Freiheit eingeschränkt und nur auf die Abkömmlinge bezogen.

19. Annahme. Die Annahme der erbvertraglichen Verfügung ist essentiell für den Erbvertrag. Es ist zwar umstritten, ob diese Annahme ausdrücklich erklärt werden muss (so OLG Oldenburg DNotZ 1966, 249) oder schlüssig aus dem Text gefolgert werden kann (so OLG Frankfurt RPfl. 1980, 344). Der Vertragsgestalter wird sich aber auf diesen Meinungsstreit nicht einlassen und die Annahme ausdrücklich in den Text aufnehmen.

20. Testamentsvollstreckung. Die Anordnung der Testamentsvollstreckung kann stets nur einseitig und widerruflich und nicht als vertragsmäßige Verfügung erfolgen (OLG Düsseldorf MittBayNot 1994, 550; *Firsching/Graf* Rn. 4.429). Als Testamentsvollstrecker sind hier Kollegen benannt, welche die Kanzlei führen könnten. Damit die Testamentsvollstreckung von den benannten Personen unabhängig wird, ist weiter vorgesehen, dass im Notfall das Nachlassgericht nach § 2200 BGB einen geeigneten Testamentsvollstrecker benennen soll.

21. Aufgabenbereich. Aufgabenbereich des Testamentsvollstreckers ist nur die Verwaltung der Kanzlei, die Bestimmung des Nachfolgers, die Übertragung der Kanzlei auf diesen oder, wenn ein Nachfolger nicht bestimmt werden kann, der Verkauf der Kanzlei und die Auskehrung des Erlöses an die Erben. Der Testamentsvollstrecker kann nach dem Tod des Kanzleiinhabers nicht mehr zum Kanzleivertreter nach § 53 BRAO bestimmt werden (*Henssler/Prütting* § 53 Rn. 34). Es ist stattdessen ein Abwickler nach § 55 BRAO zu ernennen.

22. Abwickler. Bei einer Anwaltskanzlei ist neben dem erbrechtlichen Instrumentarium der Testamentsvollstreckung auch das Regime der BRAO zu beachten. Nach deren § 55 wird im Todesfalle eines Rechtsanwalts ein Abwickler bestellt. Bei einer Einzelkanzlei ist dies die regelmäßige Folge zum Schutze des Rechtsverkehrs (*Feuerich/Weyland* § 55 Rn. 5) Ähnlich bei einer Steuerberatungskanzlei. Hier kann die Kammer nach § 70 StBG einen Abwickler oder nach § 71 StBG einen Praxistreuhänder bestellen, der versucht, den Wert der Kanzlei zu erhalten. Die Aufgabenverteilung besteht dann folgendermaßen: Der Abwickler nach § 55 BRAO hat die laufenden Aufträge der Kanzlei abzuwickeln, also die Mandate zu bearbeiten. Die Erben bzw. Vermächtnisnehmer hingegen sind Inhaber der Miträume bzw. Eigentümer der im Eigentum stehenden Kanzleiräume, Vertragspartner der Arbeitnehmer (*Schwärzer* BRAK-Mitt 2008, 108; *Taucher* BRAK-Mitteilungen 2009, 15). Ihnen obliegt – vertreten durch den Testamentsvollstrecker – die Veräußerung der Kanzlei. Zwischen den Erben und dem Abwickler bestehen privatrechtliche Beziehungen in Gestalt eines Geschäftsbesorgungsverhältnisses, auf das nach § 55 Abs. 3 S. 1 iVm § 53 Abs. 9 S. 2 BRAO die §§ 666, 667 und 670 BGB entsprechend anwendbar sind (BGH BRAK-Mitteilungen 2004, 32). Aus diesem Grunde wurde hier vorgesehen, dass der Testamentsvollstrecker und der Abwickler personenverschieden sind, um etwaige Interessenkonflikte auszuschließen. Über die Bestellung des Abwicklers entscheidet die Rechtsanwaltskammer, die zuvor die Erben anhören und Wünsche des Erblassers berücksichtigen soll (*Feuerich/Weyland* § 55 Rn. 7)

23. Veräußerung. Kommt es innerhalb der vorgeschriebenen Frist nicht zur Ernennung eines Nachfolgers, so ordnet der Erbvertrag die Veräußerung der Kanzlei an. Auch dies ist aufgrund seines Sachverstands noch dem Aufgabenkreis des Testamentsvollstreckers zugeordnet. Dieser hat sodann erzielte Erlöse an die Erben abzuführen. Mit der Veräußerung und Erlösverteilung endet das Amt des Testamentsvollstreckers.

24. Zusätzliche Vollmacht. Häufig benötigt der Testamentsvollstrecker Befugnisse, die ihm das Testamentsvollstreckeramt allein nicht gibt. Aus diesem Grunde wird den Erben zur Auflage gemacht, solche Vollmachten zu erteilen. Eine solche Auflage ist auch bei Handelsgeschäften im Nachlass durchaus üblich.

25. Testamentsvollstreckervergütung. Der Formulierungsvorschlag sieht vor, dass der Testamentsvollstrecker lediglich Auslagenersatz, aber keine gesonderte Vergütung erhält. Das ist dann praxisrelevant, wenn der Testamentsvollstrecker sein Amt als Freundschaftsdienst versieht, wenn etwa Kollegen sich gegenseitig mit gleichen Regeln eingesetzt haben. Wenn der Testamentsvollstrecker das Amt als Teil seiner beruflichen Tätigkeit versieht, dann muss eine Vergütung festgelegt werden. Hier hat sich in letzter Zeit die sog. „Neue Rheinische Tabelle" bewährt, die auf einem Vorschlag des Deutschen Notarvereins beruht (ZEV 2000, 181 ff; eine Übersicht über alle gebräuchlichen Tabellen gibt Eckelskemper in *Bengel/Reimann* § 10 Rn. 37 ff.). Bei einem Berufsträger ist noch anzuordnen, dass zu dieser Vergütung die Umsatzsteuer hinzutritt.

> Alternative – Festsetzung einer Vergütung für den Testamentsvollstrecker:
> Der Testamentsvollstrecker erhält eine Gebühr nach der sog. Neuen Rheinischen Tabelle (ZEV 2000, 181 ff.) zuzüglich Umsatzsteuer.

Soweit eine Bestellung zum Abwickler nach § 55 BRAO erfolgt, sind dort auch die Gebühren geregelt. Danach darf der Abwickler in den ersten sechs Monaten neue Aufträge annehmen und auf eigene Rechnung führen. Nach §§ 55 Abs. 3, 53 Abs. 10 BRAO steht dem Abwickler ein Vergütungsanspruch gegen den früheren Rechtsanwalt bzw. die Erben zu. Werden diese nicht einig, so setzt die Rechtsanwaltskammer eine Vergütung fest, für die sie dann auch wie ein Bürge haftet (zur Vergütung des Abwicklers: *Knöfel* AnwBl. 2005, 530). Für den Abwickler einer Steuerberaterpraxis hat die Festsetzung vor Aufnahme der Tätigkeit zu erfolgen, sonst lassen sich besondere Schwierigkeiten nicht mehr einwenden (VGH Mannheim DStR 2011, 2370).

26. Anfechtung nach § 2079 BGB. Die Anwendung des § 2079 BGB wird in Erbverträgen regelmäßig ausgeschlossen, da das Entstehen von Anfechtungsrechten insbesondere nach Wiederheirat (der neue Ehegatte wäre als Pflichtteilsberechtigter übergangen) regelmäßig nicht gewünscht wird. Dies gilt sowohl bei freier Abänderbarkeit, welche die Ehegatten aber an ihr eigenes Tun binden, ohne dass Dritten ein Anfechtungsrecht erwachsen soll, wie auch bei einer Abänderbarkeit nur innerhalb der Kinder.

27. Hinweis. Eher selten kommt es vor, dass Ehegatten für den Fall der Wiederheirat des Überlebenden ein Wiederverheiratungsvermächtnis aussetzen, so dass für diesen Fall gewisse Vermögensteile sofort auf die Kinder zu übertragen sind. Belehrt wird aber über diese Möglichkeit.

28. Lebensversicherungen. Da die Bezugsberechtigung der Lebensversicherung im Vertragsverhältnis mit der Versicherung geändert werden müsste, genügt nach überwiegender Ansicht eine bloß testamentarische Änderung nicht, wenn diese der Versicherung nicht zugeht. Regelmäßig wird der Notar auch keine Abwicklung im Hinblick auf die Zustellung einer Ausfertigung an die Versicherung übernehmen. Der Erblasser hat auch kein Interesse an einer Übermittlung seines Erbvertrages. Aus diesem Grunde erfolgt die Änderung der Bezugsberechtigung, falls sie erforderlich ist, in der Regel im Schriftverkehr mit der Versicherungsgesellschaft (vgl. zum Ganzen detailliert *Leitzen* RNotZ 2009, 129. 150 f.).

29. Rücktrittsrechte. Aufgrund der Bindungswirkung des Erbvertrages müssten Rücktrittsrechte ausdrücklich vorbehalten bleiben. Zumeist wird dies nicht gewünscht.

30. Zentrales Testamentsregister. Mit der Einführung des zentralen Testamentsregisters nach § 78b BNotO zum 1.1.2012 (hierzu *Bormann* ZEV 2011, 628 f.; *Diehn* NJW 2011, 481 f.) ist die zentrale Erfassung aller erbfolgerelevanten Urkunden sichergestellt. Der den Erbvertrag beurkundende Notar nimmt die Anzeige vor. Dazu ist nun zusätzlich die Angabe der Standesamtsnummer eines jeden Erblassers erforderlich.

D. Krankenversicherung und weitere persönliche Versicherungen

I. Gesetzliche Krankenversicherung

1. Vorbemerkungen

Schrifttum: *Becker/Kingreen*, SGB V, 4. Aufl. 2014; Geringfügigkeitsrichtlinien vom 20.12.2012, www.drv-bund.de; *Müller-Glöge/Preis/Schmidt*, Erfurter Kommentar zum Arbeitsrecht, 14. Aufl. 2014; *Plagemann* (Hrsg.), MA SozialR, 4. Aufl. 2013; *Schönfeld/Plenker*, Lexikon für das Lohnbüro 2014.

Meldung von Beschäftigten an die Krankenkasse durch den Arbeitgeber gem. § 28a SGB 4

Gem. § 28a SGB IV hat der Arbeitgeber jeden (geringfügig) Beschäftigten zur Sozialversicherung zu melden. Die meldepflichtigen Ereignisse bzw. Tatbestände ergeben sich aus § 28a SGB IV iVm mit der DEÜV. Hierzu zählen zunächst vor allem Beginn und Ende einer Beschäftigung (An- und Abmeldung). Der Beginn und das Ende einer versicherungspflichtigen Beschäftigung ist mit der ersten folgenden Lohn- und Gehaltsabrechnung, spätestens innerhalb von 6 Wochen nach ihrem Beginn bzw. Ende zu melden (§§ 6, 8 DEÜV). Zudem ist jeder am 31. Dezember des Vorjahres Beschäftigte zu melden (sog. Jahresmeldung). Die Jahresmeldung ist mit der ersten folgenden Lohn- und Gehaltsabrechnung, spätestens bis zum 15. Februar des folgenden Jahres, zu erstatten (§ 10 DEÜV) und enthält ua das Arbeitsentgelt sowie Daten für die Unfallversicherungsträger. Arbeitgeber haben sich nach § 192 SGB VII binnen einer Woche nach Beginn ihres Unternehmens bei dem zuständigen Unfallversicherungsträger zu melden, der auch die Mitgliedsnummer vergibt. Weitere Informationen hält der Spitzenverband Deutsche Gesetzliche Unfallversicherung e. V. (DGUV) unter DGUV.de und kostenfrei unter Tel. Nr. 0800 60 50 404 bereit.

Die Meldungen erfolgen elektronisch mittels systemgeprüfter Ausfüllhilfen oder Programmen und sind an die zuständige Einzugsstelle zu richten. Einzugsstelle ist diejenige Krankenkasse, welche den Beschäftigten versichert; bei geringfügig Beschäftigten die Mini-Job-Zentrale (§ 28i SGB IV). Eine gut strukturierte und kostenfreie Ausfüllhilfe stellt „sv.net" dar; zu beziehen über http://www.itsg.de/svnet als Desktop-Variante „sv.net classic" und als Online-Variante „sv.net online". Darüber können die einzelnen Meldetatbestände ausgewählt und die dazugehörigen Meldedaten – teils manuell und teils per drop-down-Menü – eingetragen werden. Um alle Daten melden zu können, ist der Beschäftigte dem Arbeitgeber zur Mithilfe verpflichtet (§ 28o SGB IV). Ist dem Arbeitgeber noch keine Betriebsnummer zugewiesen, kann er diese bei dem Betriebsnummern-Service der Bundesagentur für Arbeit beantragen. Antrag und Erläuterungen finden sich unter Arbeitsagentur.de > Unternehmen > Sozialversicherung.

Ist der Beschäftigte ein Rechtsanwalt, so sind die Meldungen grundsätzlich auch an die Annahmestelle der berufsständischen Versorgungseinrichtungen (DASBV) zu richten (§ 28a Abs. 10 SGB IV). Hinzu kommt eine monatliche Meldung an die Annahmestelle, welche ua das Entgelt enthält (§ 28a Abs. 11 SGB IV). Für die Meldungen kann wiederum „sv.net" verwendet werden. Dies wird allerdings derzeit nur von der Variante „sv.net online" unterstützt.

Aus Gründen des Datenschutzes hat der Arbeitgeber die Meldeinhalte dem Beschäftigten mindestens einmal jährlich bis zum 30. April eines Jahres zur Kenntnis zu bringen (§ 28a Abs. 5 SGB IV, § 25 DEÜV).

2. Checkliste

Kriterien für eine abhängige oder selbständige Tätigkeit

Abgrenzung Beschäftigte und Selbständige, § 7 SGB IV

Beschäftigte:

☐ Tätigkeit nach Weisungen bezüglich Zeit, Dauer, Ort, Inhalt und Gestaltung der Arbeit, zB Bindung an Arbeitszeiten und/oder an einen Arbeitsplatz

☐ Möglichkeit, für Andere tätig zu sein, eingeschränkt

☐ Eingliederung in die Arbeitsorganisation des Weisungsgebers

☐ Fehlendes Unternehmerrisiko

☐ Feste Entlohnung

☐ Gewährung von Entgeltfortzahlung bei Urlaub und im Krankheitsfall

Selbständige:

☐ Keine Bindung an Arbeitszeiten und Arbeitsplätze

☐ Möglichkeit, auch für andere Vertragspartner tätig zu sein

☐ Unternehmerrisiko und Einsatz von eigenem Kapital

☐ Gewinn- und Verlustbeteiligung

---

3. Antrag auf freiwillige Mitgliedschaft für Selbstständige

AOK PLUS
Die **Gesundheitskasse**
für Sachsen und Thüringen.

Antrag auf freiwillige Mitgliedschaft

1. Meine persönlichen Daten

Name	Vorname	Geburtsname
Geburtsdatum	Geburtsort	Staatsangehörigkeit
Straße		PLZ, Wohnort
RV-Nummer	Telefon- bzw. Handy-Nr. (mit Vorwahl)*	E-Mail*
Geschlecht (m/w)	Familienstand	Anzahl d. gemeinsamen u. unterhaltsberechtigten Kinder'

Steueridentifikationsnummer (IDNr.) 11-stellig (siehe auch Punkt 6)

*Die Angaben der Telefon- und Handy-Nummer sowie der E-Mail-Adresse sind freiwillig. Wir möchten diese Kommunikationswege zusätzlich zur schriftlichen Kommunikation nutzen, um bei Bedarf kurzfristig mit Ihnen Kontakt aufnehmen zu können.

Ich beantrage die freiwillige Versicherung

ab   aufgrund

☐ Ausscheiden aus der Pflichtmitgliedschaft   ☐ Beendigung der Familienversicherung

☐ Schwerbeschädigung im Sinne des Schwerbehindertengesetzes

☐ Kassenwechsel entspr. § 173 Abs. 2 SGB V   ☐ beruflichen Auslandsaufenthaltes

☐ Rückkehr in das Inland am

☐ Ich bin versicherungsfrei wegen Überschreitung der Jahresarbeitsentgeltgrenze.

Beschäftigungsaufnahme ab

Meine jetzige Tätigkeit   Arbeitgeber   Telefon- und Betriebsnummer des Arbeitgebers

☐ Ich bin selbstständig tätig (ggf. als Gesellschafter)

Branche   Tätigkeit   Arbeitszeit wöchentlich in Stunden

Geschäftsöffnungszeiten (wenn vorhanden, bitte angeben)   Anzahl pflichtversicherter Arbeitnehmer (unabhängig von der Krankenkassenzugehörigkeit)   Anzahl geringfügig Beschäftigter (unabhängig von der Krankenkassenzugehörigkeit)

☐ Ich bin Sozialhilfeempfänger und in einer stationären Einrichtung nach SGB XII untergebracht.

☐ Ich bin
z. B. Student ohne Pflichtversicherung, Fachschüler, Rentner, Kind usw.

☐ Ich bin nicht erwerbstätig.

2. Mein Brutto-Einkommen
(Nachweise sind bitte beizufügen bzw. vorzulegen)

			Antragsteller	Ehegatte/Lebenspartner**'
☐ ja ☐ nein	Gewinn aus selbstständiger/freiberuflicher Tätigkeit (letzten v. Finanzamt ausgestellten Steuerbescheid beifügen/vorlegen)	jährlich		
☐ ja ☐ nein	Gründungszuschuss, Gründungsbeihilfen (z. B. von SAB-Bank)	monatlich		
☐ ja ☐ nein	Überbrückungsgeld/Leistungen aus dem ESF-Fond	monatlich		
☐ ja ☐ nein	Arbeitsentgelt/Dienstbezüge (**nicht** aus geringfügiger Beschäftigung)	jährlich		
☐ ja ☐ nein	zusätzliche Einmalzahlungen insgesamt (z. B. Urlaubsgeld, Weihnachtsgeld usw.)	jährlich		
☐ ja ☐ nein	Arbeitsentgelt aus geringfügiger Beschäftigung	monatlich		
☐ ja ☐ nein	Renten (z. B. Unfallrente, private Renten-/Lebensversicherung; Kopie der/des Bescheide/s beifügen)	monatlich		
☐ ja ☐ nein	Versorgungsbezüge (z. B. Pension, Betriebsrente) (Kopie der/des Bescheide/s beifügen)	monatlich		
☐ ja ☐ nein	Einkünfte aus Vermietung und Verpachtung	monatlich		
☐ ja ☐ nein	Einkünfte aus Kapitalanlagen	monatlich		
☐ ja ☐ nein	Sonstige Einkünfte, Einkunftsart	monatlich		

Haben Sie keine oder nur geringe Einkünfte angegeben, bitten wir um die Angabe, wovon Sie Ihren Lebensunterhalt bestreiten

z. B. Zuwendungen des Lebensgefährten bzw. der Eltern oder anderer Personen

**Lebenspartner/-innen sind Personen, die nach dem Lebenspartnerschaftsgesetz (LpartG) eingetragene Lebenspartnerschaft

14/02/002 (03/13)

Blatt 1 = AOK PLUS | Blatt 2 = Werber
Blatt 3 = Mitglied | Blatt 4 = Intern

3. Meine bisherigen Versicherungszeiten
(außerhalb der AOK PLUS)

3.1 Feststellung der Versicherungsberechtigung – max. 5 Jahre vor Beginn der freiwilligen Versicherung

von	bis	Krankenkasse	freiwilliges Mitglied	Pflichtmitglied	Familien-versicherung	nicht oder privat versichert

Die Kündigungsbestätigung der bisherigen gesetzlichen Krankenkasse ☐ liegt dem Antrag bei ☐ wird nachgereicht

3.2 Versicherungszeiten, für die eine Vorlage der Kündigungsbestätigung nicht notwendig ist:

bis zum

☐ Ich war in den letzten 18 Monaten familienversichert bei

☐ Ich war in den letzten 18 Monaten kein Mitglied einer gesetzlichen Krankenkasse.

Name der Krankenkasse

4. Besonderheiten

4.1 Ich bin hauptberuflich selbstständig tätig und verliere im Krankheitsfall ganz oder überwiegend mein Arbeitseinkommen. ☐ ja ☐ nein

Wenn »ja«, beantrage ich meine Versicherung mit Anspruch auf gesetzliches Krankengeld ab 7. Krankheitswoche. ☐ ja ☐ nein

Auf die Möglichkeit der Beitragsentlastung bei einem nachgewiesenen monatlichen Einkommen von unter 75 % der monatlichen Bezugsgröße (2013 entspricht das 2.021,25 EUR) wurde ich informiert. ☐ ja ☐ nein

Der Antrag auf Beitragsentlastung wurde mir ausgehändigt. ☐ ja ☐ nein

4.2 Ich möchte Informationen zu Ihren angebotenen Wahltarifen. ☐ ja ☐ nein

4.3 Ich bin von der sozialen Pflegeversicherung befreit. ☐ nein ☐ ja, aufgrund privatem PV-Vertrag vor dem 23.06.1993 (Nachweis über die private Pflegeversicherung bitte vorlegen)

seit

4.4 Ich bin kinderlos ☐ ja ☐ nein (bitte Nachweis der Elterneigenschaft beifügen)

4.5 Mein Ehegatte/Lebenspartner ist:** ☐ privat ☐ gesetzlich ☐ nicht krankenversichert

4.6 Ich habe Anspruch auf: Beihilfe ☐ ja ☐ nein freie Heilfürsorge ☐ ja ☐ nein

5. Zahlungsweise

☐ Ich bin einverstanden, dass die Beiträge von meinem Bankkonto abgebucht werden.

Name der Bank

Bankleitzahl

Kontonummer (Abbucher- und Empfängerkonto)

Name, Vorname v. Kontoinhaber/-in, wenn nicht identisch mit Antragsteller/-in

Unterschrift Kontoinhaber/-in

☐ Die Beiträge werden von meinem Arbeitgeber überwiesen (gilt nur für Arbeitnehmer, die die Jahresarbeitsentgeltgrenze überschreiten)

6. Einwilligung zur Datenübermittlung – steuerliche Berücksichtigung von Beiträgen

Ich bin einverstanden, dass die Höhe meiner gezahlten und von der AOK PLUS erstatteten Beiträge jährlich unter Angabe meiner Steueridentifikationsnummer (IDNr.) an die Finanzverwaltung übermittelt wird. Sofern meine IDNr. der AOK PLUS noch nicht vorliegt, stimme ich der Einholung dieser beim Bundeszentralamt für Steuern zu. Wenn Sie damit nicht einverstanden sind, streichen Sie bitte diesen Absatz.

Stempel AOK PLUS-Kundenberater

Unterschrift des Mitarbeiters der AOK PLUS und KI-Kennung

Hinweis zum Datenschutz

Damit wir unsere Aufgaben im Hinblick auf die Feststellung der Versicherungsberechtigung sowie der rechtmäßigen Ermittlung Ihrer Beiträge zur Kranken- und Pflegeversicherung entsprechend Ihrer Einkommensverhältnisse erfüllen können, ist Ihr Mitwirken nach § 206 Sozialgesetzbuch Fünftes Buch (SGB V) erforderlich. Ihre Daten sind im vorliegenden Fall aufgrund der §§ 9, 240 und 175 SGB V sowie des § 21 der Satzung der AOK PLUS zu erheben. Fehlende Mitwirkung kann zu Nachteilen hinsichtlich Ihrer Berechtigung zur Durchführung einer freiwilligen Versicherung sowie hinsichtlich der Ermittlung der Beitragshöhe führen.

7. Einwilligung zur Datennutzung

Ich bin damit einverstanden, dass die AOK PLUS meine Daten speichert und nutzt, um mich über eine Mitgliedschaft in der AOK PLUS, das Service- und Leistungsangebot der AOK PLUS sowie über Neuerungen auf dem Markt der gesetzlichen Krankenversicherung und über Angebote von Kooperationspartnern der AOK PLUS zu informieren und zu beraten, auch telefonisch, per SMS oder E-Mail. Die Einwilligung gilt auch für den Fall, dass die gewünschte Mitgliedschaft nicht zustande kommt. Diese Einwilligung kann ich jederzeit für die Zukunft widerrufen. Meine Daten werden dann bei der AOK PLUS gelöscht.

☐ **Ich erteile meine Einwilligung zur Datennutzung**

Ich bestätige, dass die Angaben richtig sind. Die Hinweise habe ich gelesen. Über künftige Veränderungen werde ich die AOK PLUS unaufgefordert informieren.

Datum

Unterschrift d. Versicherten, bei Minderjährigen die des gesetzlichen Vertreters

Informationsmaterial zu den Wahltarifen wurde ausgehändigt: ☐ ja ☐ nein

Wird von der AOK PLUS ausgefüllt!	☐ HB	☐ FE	☐ Fri	☐ WuG	☐ BBA, BBO, VertrB:
Postkz.:	☐ Tel	☐ Bi	☐ VA	☐ TS	☐ AE, Datum:

Name, Vorname
☐ Bild für eGK vorhanden

WICHTIG! Unser »Kleingedrucktes«

Beginn der Mitgliedschaft

Ihre freiwillige Mitgliedschaft beginnt mit dem Tag nach dem Ende einer vorhergehenden Versicherungspflicht bzw. Familienversicherung, ansonsten mit dem Tag des Beitritts. Ihre Anmeldung zur freiwilligen Versicherung muss uns schriftlich innerhalb von drei Monaten nach dem Ausscheiden aus der Versicherungspflicht bzw. Familienversicherung zugegangen sein.

Freiwillig Versicherte sind gleichzeitig versicherungspflichtig in der Pflegeversicherung, es sei denn, sie sind von der Versicherungspflicht in der sozialen Pflegeversicherung befreit. Die Mitgliedschaft wird von der bei uns errichteten Pflegekasse durchgeführt. Die Beiträge zur Pflegeversicherung sind (zusammen mit den Krankenversicherungsbeiträgen) an uns zu zahlen.

Leistungen

Von Beginn Ihrer freiwilligen Mitgliedschaft an haben Sie und Ihre familienversicherten Angehörigen Anspruch auf einen umfassenden Krankenversicherungsschutz. Näheres darüber enthalten unsere Leistungsbroschüren, die wir für Sie bereithalten.

Ausnahmen:

Der Anspruch auf Leistung ruht für Sie, wenn Beitragsanteile von zwei Monaten trotz Mahnung nicht gezahlt wurden. Vom Ruhen der Leistungen ausgenommen sind Leistungen, die zur Behandlung akuter Erkrankungen und Schmerzzustände sowie bei Schwangerschaft und Mutterschaft erforderlich sind. Das Ruhen endet, wenn alle rückständigen und die auf die Zeit des Ruhens entfallenden Beitragsanteile gezahlt sind oder wenn Sie hilfebedürftig im Sinne des Sozialgesetzbuches Zweites Buch (SGB II) oder des Sozialgesetzbuches Zwölftes Buch (SGB XII) werden.

Bei einer Anwartschaftsversicherung steht Ihnen unser umfangreiches Leistungspaket nicht zur Verfügung.

Beitragspflichtige Einnahmen

Der Beitrag wird nach den Einnahmen bemessen, sofern nicht gesetzliche oder satzungsgemäße Mindestbemessungsgrenzen in Ansatz zu bringen sind. Einnahmen sind Einkünfte im Sinne des Einkommensteuergesetzes **ohne** Abzüge von Steuern, Sonderausgaben, Freibeträgen und Abschreibungen. Die Beitragsbemessung erfolgt nach der gesamten wirtschaftlichen Leistungsfähigkeit.

Zahlung der Beiträge

Spätestens am 15. jeden Monats muss Ihre Beitragszahlung für den Vormonat bei uns gebucht sein. Die pünktliche Zahlung ist sichergestellt, wenn Sie uns eine Einzugsermächtigung erteilen. Wir sind verpflichtet, für jeden fälligen Beitrag, der bis zum Ablauf des Fälligkeitstages nicht beglichen ist, einen Säumniszuschlag zu erheben. Dieser beträgt für den ersten Monat der Säumnisse 1 v.H. und für Beiträge, die länger als einen Monat säumig sind, 5 v.H. des rückständigen, auf 50,00 EUR nach unten gerundeten Beitrages.

Krankengeld

Freiwillige Mitglieder, die in einem Arbeitsverhältnis stehen, haben Anspruch auf Krankengeld nach Wegfall des Entgeltfortzahlungsanspruches.

Der Anspruch auf Krankengeld entfällt mit Beginn einer Vollrente wegen Alters oder voller Erwerbsunfähigkeit.

Freiwillige Mitglieder, die hauptberuflich selbständig tätig sind, können die Krankenversicherung mit dem gesetzlichen Krankengeldanspruch ab 43. Tag der Arbeitsunfähigkeit wählen. Die Wahlerklärung besitzt drei Jahre Gültigkeit und kann nicht widerrufen werden.

Wichtige Voraussetzungen für die Zahlung Ihres Krankengeldes:

- ■ Verlieren Sie ganz oder teilweise Ihr Arbeitseinkommen, schützt Sie das Krankengeld gegen das Risiko vor Entgeltverlusten bei krankheitsbedingter Arbeitsunfähigkeit.
- ■ Basis bildet Ihr erzieltes beitragspflichtiges Arbeitseinkommen aus dem steuerlich abgeschlossenen Kalenderjahr vor Beginn der Arbeitsunfähigkeit. Maßgebend hierfür ist der durch die Finanzbehörde mittels Einkommensteuerbescheid festgestellte Gewinn.
- ■ Für den Krankengeldanspruch ist wichtig, dass aus dem erzielten Arbeitseinkommen zuletzt vor Eintritt der Arbeitsunfähigkeit auch Beiträge zur Krankenversicherung nach dem allgemeinen Beitragssatz gezahlt wurden.
- ■ Sind im maßgeblichen Einkommensteuerbescheid negative Einkünfte ausgewiesen, kann kein Krankengeld gezahlt werden.
- ■ Sind Sie am Tag der Abgabe Ihrer Wahlerklärung – oder bevor deren Wirkung eintritt – arbeitsunfähig, beginnt der Anspruch auf Krankengeld erst nach Ende dieser Arbeitsunfähigkeit.
- ■ Für das Krankengeld – vom Entstehen bis zum Wegfall des Anspruchs – wenden wir die Vorschriften des Sozialgesetzbuches Fünftes Buch (SGB V) an.

Wichtige Hinweise zur Beitragsfreiheit während der Zahlung von Krankengeld:

- ■ Für die Zeit, in der Sie Krankengeld erhalten, zahlen Sie keine Beiträge aus dem entfallenden Arbeitseinkommen.
- ■ Einkommensarten, wie z.B. während der Arbeitsunfähigkeit erzieltes Arbeitseinkommen, Rente, Versorgungsbezüge, Einkünfte aus Vermietung und Verpachtung sowie aus Kapitalvermögen bleiben bei der Ermittlung der Höhe des Krankengeldes unberücksichtigt. Aus diesen Einnahmen sind auch während des Krankengeldbezuges Beiträge zu entrichten.
- ■ Beiträge sind auch aus dem Differenzbetrag bis zur Mindestbemessungsgrenze zu zahlen, wenn das entfallende Arbeitseinkommen darunter liegt.

Wohnortwechsel

Ändert sich Wohnort oder Arbeitgeber, geben Sie uns bitte Bescheid. Die Mitgliedschaft bei der AOK PLUS bleibt natürlich weiter bestehen.

Ende der Mitgliedschaft

Die freiwillige Mitgliedschaft wird beendet durch
- a) die Aufnahme einer versicherungspflichtigen Beschäftigung
- b) den Eintritt von Versicherungspflicht, wenn Leistungen des Arbeitsamtes bezogen werden
- c) die Mitgliedschaft in der Krankenversicherung der Rentner
- d) den Eintritt in die Krankenversicherung der Studenten
- e) Wirksamwerden der Kündigung nach Ablauf des übernächsten Kalendermonats, gerechnet vom Monat, in dem die Kündigung bei uns eingeht, sofern die 18-monatige Bindungsfrist erfüllt wurde.

Nach Wegfall der von a) bis d) genannten Tatbestände können Sie erneut freiwilliges Mitglied werden. Die freiwillige Versicherung ist dann innerhalb von drei Monaten schriftlich bei uns zu beantragen.

Änderungen

Als Mitglied haben Sie eine Auskunfts- und Mitteilungspflicht. Änderungen in den Einkommensverhältnissen oder der beruflichen Tätigkeit sind uns mitzuteilen. Wir sind berechtigt zur Einsichtnahme in Unterlagen, aus denen Veränderungen hervorgehen.

Anmerkungen

1. Versicherungspflichtig in der gesetzlichen Krankenversicherung (GKV) sind gegen Entgelt tätige Beschäftigte und Auszubildende (§ 5 Abs. 1 Nr. 1 SGB V). Übersteigt das regelmäßige Einkommen die Jahresarbeitsentgeltgrenze (53.550,00 EUR im Jahr 2014), so kann sich der Beschäftigte auch privat versichern (§ 6 Abs. 1 Nr. 1, Abs. 4 und 6 SGB V). Erklärt er seinen Austritt aus einer laufenden GKV nicht, so läuft die Versicherung in der Regel als freiwillige Mitgliedschaft weiter (§ 188 Abs. 4 SGB V).

2. Für hauptberuflich selbständig Erwerbstätige besteht hingegen Versicherungsfreiheit in der GKV (§ 5 Abs. 5 SGB V). Hauptberuflich ist eine selbstständige Erwerbstätigkeit, wenn sie bei einer Gesamtschau der wirtschaftlichen Bedeutung und dem Zeitaufwand die etwaigen übrigen Erwerbstätigkeiten zusammen deutlich übersteigt und den Mittelpunkt der Erwerbstätigkeit darstellt (BSGE 77, 93).

3. **Selbständige** können **freiwillig** der GKV nur beitreten, wenn sie in den letzten fünf Jahren vor dem Eintritt in die Selbständigkeit mindestens 24 Monate oder unmittelbar vor dem Eintritt in die Selbständigkeit ununterbrochen mindestens zwölf Monate pflichtversichert waren (§ 9 Abs. 1 S. 1 Nr. 1 SGB V). Die freiwillige Versicherung in der GKV haben sie innerhalb von 3 Monaten nach Eintritt in die Selbständigkeit anzuzeigen (§ 9 Abs. 2 Nr. 1 SGB V). Ansonsten müssen sie sich privat krankenversichern, da sich seit dem 1.1.2009 jede Person mit Wohnsitz im Inland gegen Krankheit absichern muss (§ 193 Abs. 3 VVG).

4. Wer unter den Beschäftigtenbegriff zu fassen ist, regelt § 7 SGB IV. Demnach sind eine Tätigkeit nach Weisungen bezüglich Zeit, Dauer, Ort, Inhalt und Gestaltung der Arbeit sowie eine Eingliederung in die Arbeitsorganisation des Weisungsgebers ausschlaggebend. Daher ist ein Arbeitnehmer iSd Arbeitsrechts auch stets zugleich ein Beschäftigter iSd Sozialversicherungsrechts. Arbeitnehmer- und Beschäftigtenbegriff sind nahezu deckungsgleich. Dagegen kann ein selbständig Tätiger über die Ausgestaltung seiner Arbeit selbst bestimmen.

5. Bei Zweifelsfragen hinsichtlich des Vorliegens einer selbständigen oder abhängigen Tätigkeit können die Vertragspartner ein Anfrageverfahren bei der Deutsche Rentenversicherung Bund nach § 7a SGB IV durchführen (sog. „Statusfeststellung").

6. Die Beschäftigung von Scheinselbständigen birgt im Übrigen die Gefahr, dass der Arbeitgeber nachträglich Beiträge entrichten muss. Die Nachzahlung betrifft dann nicht nur den Arbeitgeberanteil an dem Gesamtsozialversicherungsbeitrag, sondern auch denjenigen des Arbeitnehmers. Denn der Arbeitgeber ist Beitragsschuldner des vollständigen Gesamtsozialversicherungsbeitrages. Einen unterlassenen Abzug des Arbeitnehmeranteils vom Lohn kann er grundsätzlich nur bei den drei nächsten Lohn- oder Gehaltszahlungen nachholen (§§ 28g S. 3, 28e Abs. 1 SGB IV).

4. Checkliste: Der entgeltgeringfügige Beschäftigte gem.
§ 8 Abs. 1 Nr. 1 SGB IV

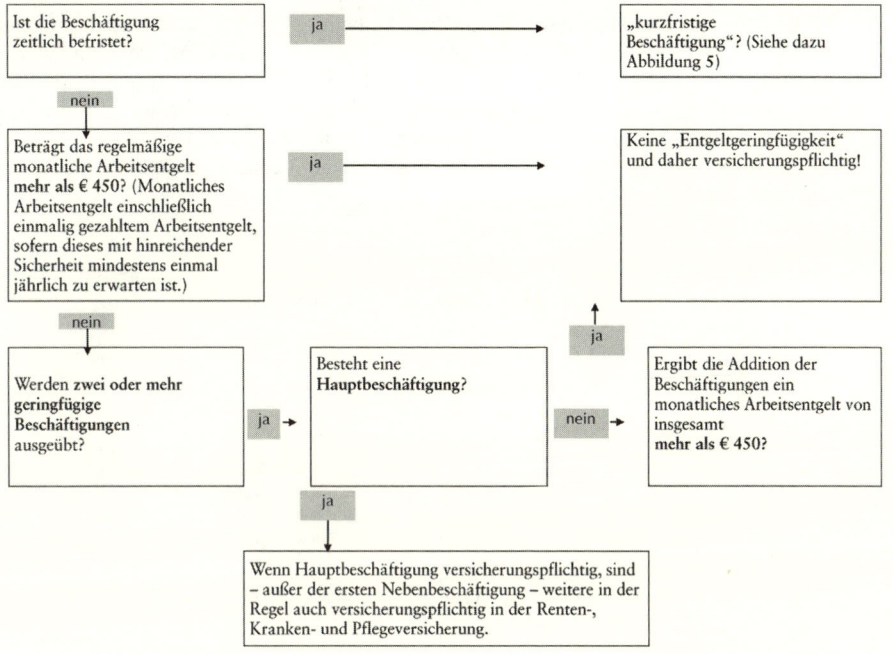

Anmerkungen

1. Eine Sonderstellung hinsichtlich der Versicherungspflicht bilden die geringfügig Beschäftigten iSd § 8 SGB IV. Ausführliche Erläuterungen finden sich in den Geringfügigkeits-Richtlinien vom 20.12.2012. Diese teilen sich auf in entgeltgeringfügig und die zeitgeringfügig Beschäftigte. Für beide Arten der geringfügigen Beschäftigung besteht teilweise Versicherungs- und Beitragsfreiheit.

2. Der geringfügig entlohnte Beschäftigte ist in der Kranken-, Pflege- und Arbeitslosenversicherung versicherungsfrei. Die Renten- und Unfallversicherung ist dagegen Pflicht. Übergangsregelungen für bis zum 31.12.2012 rentenversicherungsfreie geringfügig entlohnte Beschäftigte (§ 5 Abs. 2 S. 1 Nr. 2 SGB VI aF) enthält § 230 Abs. 8 SGB VI.

3. Der Arbeitgeber hat einen Pauschalbeitrag von 15 % des Arbeitsentgelts in die gesetzliche Rentenversicherung einzuzahlen; die restlichen 3,9 % trägt der geringfügig entlohnte Beschäftigte (§ 168 Abs. 1 Nr. 1b SGB VI).
Von der bestehenden Rentenversicherungspflicht kann der geringfügig entlohnte Beschäftigte jedoch Befreiung beantragen, welche für die Dauer der Beschäftigung bindend ist (§ 6 Abs. 1b SGB VI). Dies geschieht durch schriftliche Erklärung gegenüber dem Arbeitgeber, der die erforderliche Aufklärung vorzunehmen hat. Ein gestellter Befreiungs-

antrag ist vom Arbeitgeber mit dem Eingangstag zu versehen und zu seinen Unterlagen zu nehmen. Der Antrag wird nicht an die Minijob-Zentrale weitergeleitet, sondern dient als Nachweis für eine ordnungsgemäße Meldung nach § 28a SGB IV. Denn in diesem Fall hat der Arbeitgeber nur einen Pauschalbeitrag von 15 % ohne Anteil des geringfügig entlohnten Beschäftigen zur Rentenversicherung zu leisten (§ 172 Abs. 3 SGB VI) und dies auch entsprechend in den Beitragsgruppen zu melden (§ 28a Abs. 9 SGB IV).

4. In die GKV hat der Arbeitgeber einen Pauschalbeitrag von 13 % des Arbeitsentgelts zu entrichten (§ 249b SGB V). Dass der geringfügig entlohnte Beschäftigte krankenversicherungsfrei ist, bedeutet jedoch nicht, dass er keine Absicherung gegen Krankheit benötigt. Versicherungsfreiheit in der GKV kommt nur dann in Betracht, wenn anderweitiger Schutz besteht, sei es in der PKV oder aufgrund Familienversicherung (zur Familienversicherung → Form. D. I. 8). Andernfalls besteht eine Versicherungspflicht nach § 5 Abs. 1 Nr. 13 SGB V.

5. Checkliste: Der zeitgeringfügige Beschäftigte gem. § 8 Abs. 1 Nr. 2 SGB IV

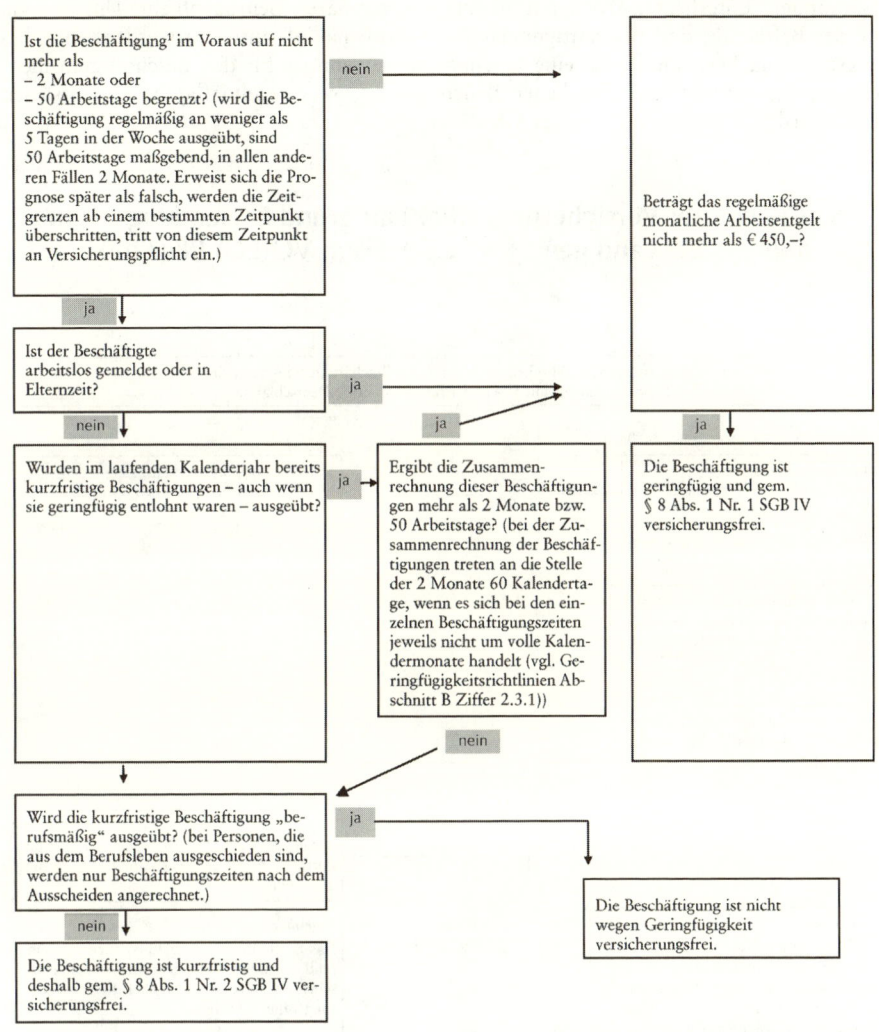

Tabelle aus *Plagemann* (Hrsg.), Münchener Anwaltshandbuch Sozialrecht, 4. Aufl. 2013, § 5 Rn. 59.

Anmerkungen

1. Für zeitgeringfügige Beschäftigungsverhältnisse besteht im Gegensatz zu geringfügig entlohnten Beschäftigungsverhältnissen Versicherungsfreiheit in der Rentenversicherung

(§ 5 Abs. 2 S. 1 Nr. 1 SGB VI). Somit ist die kurzfristige Beschäftigung mit Ausnahme der Unfallversicherung sozialversicherungsfrei. Der Arbeitgeber hat auch keine Pauschalbeiträge zu entrichten. Jedoch fallen pauschale Steuern (25 % sowie Solidaritätszuschlag und pauschale Kirchensteuer) an, die an das Betriebsstättenfinanzamt zu entrichten sind.

2. Regelmäßig ausgeübte Beschäftigungen sind nicht „kurzfristig" iSd § 8 SGB IV. Insbesondere unterliegt „Arbeit auf Abruf" der regulären Beitragspflicht. Unabhängig von der Befristung sind Beschäftigungen, die „berufsmäßig" ausgeübt werden, versicherungspflichtig. Berufsmäßig ist eine Beschäftigung, wenn sie für den Beschäftigten nicht von untergeordneter wirtschaftlicher Bedeutung ist, was regelmäßig bei Arbeitslosen bejaht wird.

6. Checkliste: Versicherungspflicht aufgrund Entsendung in ein anderes EU-Land gem. § 4 SGB IV iVm VO(EG) 883/2004

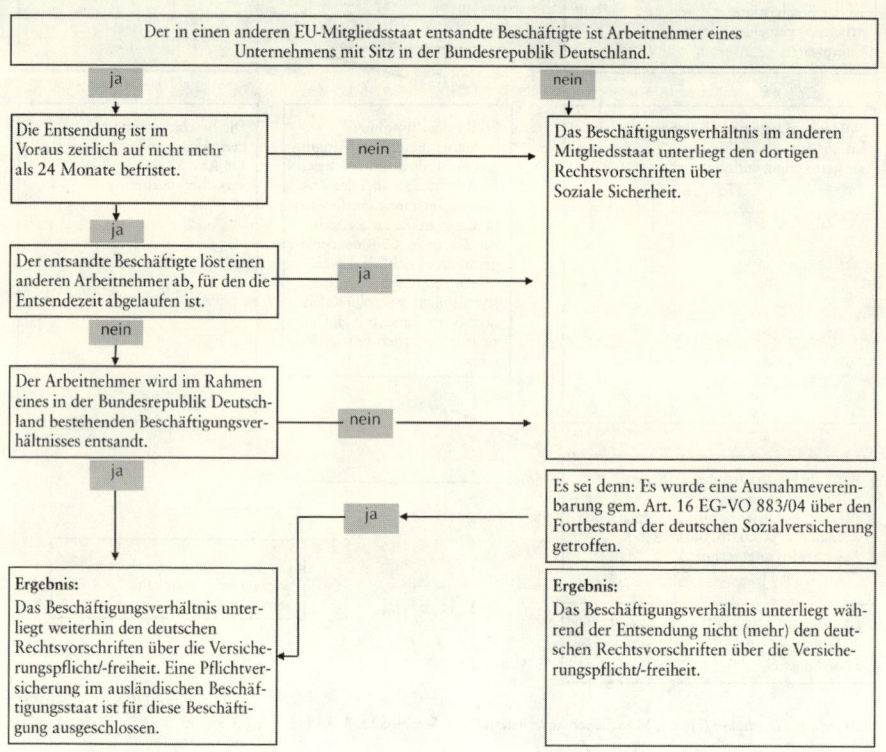

7. Entsendung eines Arbeitnehmers in einen anderen EU-Mitgliedstaat

Bitte senden Sie diesen Fragebogen an:

- die gesetzliche Krankenkasse, bei der der Arbeitnehmer versichert ist. Dies gilt unabhängig davon, ob dort eine Pflichtversicherung, freiwillige Versicherung oder Familienversicherung besteht.
- den Träger der gesetzlichen Rentenversicherung (DRV Bund, DRV Knappschaft Bahn-See oder den zuständigen Regionalträger der DRV), sofern der Arbeitnehmer nicht gesetzlich krankenversichert ist.
- die Arbeitsgemeinschaft Berufsständischer Versorgungseinrichtungen e.V. (ABV), Postfach 080254, 10002 Berlin, wenn der Arbeitnehmer nicht gesetzlich krankenversichert und aufgrund seiner Mitgliedschaft bei einer berufsständischen Versorgungseinrichtung von der Rentenversicherungspflicht befreit ist.

Entsendung eines Arbeitnehmers in einen anderen Mitgliedstaat[1]

Fragebogen für die Ausstellung einer „Bescheinigung über die anzuwendenden Rechtsvorschriften" (Vordruck A1)

1. Angaben zum Arbeitnehmer

Name .... Vorname ....

Geburtsname .... Geburtsdatum .... Geburtsort ....

Deutsche Rentenver-
sicherungsnummer .... Staatsangehörigkeit ....

Adresse im Wohnstaat:
Straße und Hausnummer ....

Postleitzahl und Ort .... Staat ....

Adresse im Beschäftigungsstaat:
Straße und Hausnummer ....

Postleitzahl und Ort .... Staat ....

Für den Arbeitnehmer galten vor seiner Entsendung mindestens einen Monat die deutschen Rechtsvorschriften über soziale Sicherheit: ☐ ja ☐ nein

Bitte zusätzlich ausfüllen, wenn der Fragebogen an den Träger der gesetzlichen Rentenversicherung/ABV gesandt wird:
Name und Anschrift des privaten Krankenversicherungsunternehmens

....

Bitte zusätzlich ausfüllen, wenn der Fragebogen an die ABV gesandt wird:
Name und Anschrift des zuständigen Versorgungswerks

....

Mitgliedsnummer ....

[1] Der Begriff „Mitgliedstaat" bezieht sich auf die EU-Staaten, Island, Liechtenstein, Norwegen sowie die Schweiz.

2. Angaben zur Entsendung

Staat, in den der Arbeitnehmer entsandt wird (Beschäftigungsstaat) ....

Die Entsendung ist vertraglich oder aufgrund der
Eigenart der Beschäftigung im Voraus befristet ☐ ja ☐ nein

Voraussichtliche Dauer der Entsendung vom .... bis ....

Beschäftigungsstelle im Beschäftigungsstaat (sofern die Beschäftigung an verschiedenen Orten ausgeübt werden soll, bitte die Angaben zu den weiteren Beschäftigungsstellen in einer Anlage angeben)

Bezeichnung der Beschäftigungsstelle ....

Anschrift ....

Telefonnummer .... E–Mail ....

☐ Der Arbeitnehmer löst keinen zuvor von uns in den Beschäftigungsstaat entsandten Arbeitnehmer ab.

☐ Der Arbeitnehmer löst einen Arbeitnehmer ab, der zuvor von uns in den Beschäftigungsstaat entsandt wurde. Grund für die Ablösung sowie ursprünglich geplanter Entsendezeitraum des abgelösten Arbeitnehmers:
  ....

Der Arbeitnehmer war in den letzten zwei Monaten vor dem aktuellen
Entsendezeitraum im Beschäftigungsstaat eingesetzt: ☐ ja ☐ nein

Der Arbeitnehmer wird von dem Unternehmen, zu dem er entsandt wird,
einem anderen Unternehmen überlassen: ☐ ja ☐ nein

3. Angaben zur Beschäftigung in Deutschland

Der Arbeitnehmer ist bei uns beschäftigt seit ....

Der arbeitsrechtliche Entgeltanspruch des Arbeitnehmers richtet sich
auch während der Entsendung ausschließlich gegen unser Unternehmen: ☐ ja ☐ nein

Ausschließlich unser Unternehmen ist insbesondere verantwortlich für

  – die Anwerbung des Arbeitnehmers: ☐ ja ☐ nein

  – den Arbeitsvertrag mit dem Arbeitnehmer: ☐ ja ☐ nein

  – die Entlassung des Arbeitnehmers: ☐ ja ☐ nein

  – die Ausübung des Weisungsrechts: ☐ ja ☐ nein

  und

  – die Zahlung der Sozialversicherungsbeiträge bzw.
  des Zuschusses zum berufsständischen Versorgungswerk: ☐ ja ☐ nein

4. Angaben zum Arbeitgeber in Deutschland

Name des Unternehmens ....

Straße und Hausnummer ....

Postleitzahl und Ort ....

Telefonnummer .... Fax ....

E–Mail ....

Rechtsform des Unternehmens .... Betriebsnummer ....

Unser Unternehmen übt gemessen am Umsatz und am Anteil der beschäftigten Arbeitnehmer mindestens 25% seiner Geschäftstätigkeit in Deutschland aus: ☐ ja ☐ nein

In Deutschland beschäftigen wir – außer internem Verwaltungspersonal – kein weiteres Personal: ☐ ja ☐ nein

Wir gehören folgendem Wirtschaftssektor an:

☐ Landwirtschaft, Jagd, Fischerei

☐ Bau

☐ Industrie

☐ sonstiger Sektor

☐ Dienstleistung:

☐ Groß– und Einzelhandel

☐ Beherbergung, Gaststätten

☐ Finanzen, Versicherungen, Immobilien, Leasing

☐ Verkehr, Nachrichtenübermittlung

☐ Gesundheit, Veterinär, Soziales

5. Erklärung des Arbeitgebers

Wir erklären als Arbeitgeber des entsandten Arbeitnehmers ausdrücklich, dass alle Angaben den tatsächlichen Verhältnissen entsprechen. Uns ist bekannt, dass sowohl in Deutschland als auch im Beschäftigungsstaat von den zuständigen Stellen Kontrollen durchgeführt werden können und – auch irrtümlich – falsche Angaben in diesem Fragebogen zum Widerruf der Bescheinigung A1 und damit zur Anwendung der Rechtsvorschriften des Beschäftigungsstaates führen können. Dies gilt auch für zurückliegende Zeiträume. Wir verpflichten uns, die im Anschriftenfeld dieses Antrags genannte Stelle umgehend zu informieren, wenn

die Entsendung nicht erfolgt,

der Einsatz im Beschäftigungsstaat länger als zwei Monate unterbrochen wird bzw. vorzeitig endet

oder

der Arbeitnehmer bei einem anderen Unternehmen im Beschäftigungsstaat eingesetzt oder dorthin versetzt wird.

....

Ort und Datum   Stempel und Unterschrift

Hinweis über den Datenschutz:
Die Daten dieses Antrags sind zur Erfüllung der gesetzlichen Aufgaben des GKV–Spitzenverbandes, DVKA erforderlich. Sie werden erfasst, elektronisch gespeichert und ausschließlich unter Beachtung der datenschutzrechtlichen Bestimmungen verwendet.

Stand: 07/2013   Entsendung eines Arbeitnehmers in einen anderen Mitgliedstaat   Seite 3 von 3

8. Checkliste: Voraussetzungen der Familienversicherung, § 10 SGB V

☐ Ehegatte, Lebenspartner, Kind, einschließlich Stiefkinder, Enkel, Pflegekinder iSd § 56 Abs. 2 SGB I[1]

☐ Wohnsitz oder gewöhnlicher Aufenthalt iSd § 30 Abs. 3 SGB I im Inland

☐ Kein Versicherungsschutz nach § 5 Abs. 1 Nr. 1, 2, 3 bis 8, 11, 12 SGB V oder freiwillig

☐ Nicht versicherungsfrei bzw. befreit gem. §§ 6, 8 SGB V

☐ Nicht hauptberuflich selbständig

☐ Kein „Gesamteinkommen" über 395 EUR (2014) bzw. 450 EUR aufgrund geringfügiger Beschäftigung

☐ Bei Kindern: privat versicherter Elternteil hat weniger Gesamteinkommen als Mitglied und unterhalb Jahresentgeltgrenze (2014: 53.550 EUR), § 10 Abs. 3 SGB V[2]

Anmerkungen

1. In der **GKV** sind Familienangehörige, dh der Ehegatte und die Kinder von Mitgliedern, gem. § 10 SGB V **kostenfrei mitversichert,** wenn ihr Gesamteinkommen 1/7 der monatlichen Bezugsgröße (2014: 395 EUR) bzw. die Grenze von 450 EUR bei Beschäftigungen gem. § 8 SGB IV nicht überschreitet (verfassungsgemäß: BVerfG 14.6.2011 – 1 BvR 429/11, GuP 2011, 160). Der kostenfreie Versicherungsschutz endet bei Kindern mit Vollendung des 18. Lebensjahres bzw. des 23. Lebensjahres, wenn sie nicht erwerbstätig sind, und mit Vollendung des 25. Lebensjahres, wenn sie sich in Schul- oder Berufsausbildung befinden. Derart Familienversicherte haben keinen Anspruch auf Krankengeld.

2. In der **PKV** muss jedes Kind gesondert einen Versicherungsvertrag mit eigenen Prämien abschließen; allerdings besteht binnen zwei Monaten nach der Geburt ein Kontrahierungszwang, § 198 VVG.

9. Antrag auf Krankengeld bei Erkrankung eines Kindes

AOK Bayern
Die Gesundheitskasse

Antrag auf Krankengeld bei Erkrankung eines Kindes über www.aok.de

Fragen	Antworten	Bitte Zutreffendes ausfüllen und ankreuzen ⊠
1. Name des Mitgliedes, Vorname, Geburtstag Straße, Nr., PLZ, Wohnort Alleinerziehend Arbeitgeber/Versicherungsverhältnis	☐ nein ☐ ja	
2. Name des erkrankten und versicherten Kindes, Vorname, Geburtstag erkrankt ab: Versicherungsverhältnis	☐ familienversichert mit Name des Mitgliedes, Geburtstag bei ☐ eigene Versicherung: Art (z. B. freiwillige Versicherung) bei ☐ privat versichert ☐ nicht versichert	
3. Lebt das erkrankte und versicherte Kind im Haushalt des Mitglieds?	☐ ja ☐ nein	
4. Während welcher Zeit müssen – mussten Sie die Arbeit wegen der Beaufsichtigung, Betreuung oder Pflege Ihres Kindes einstellen?	Meine Arbeit muss/musste ich deshalb einstellen am vom bis = Arbeitstage vom bis = Arbeitstage vom bis = Arbeitstage vom bis = Arbeitstage vom bis = Arbeitstage	

5. In meinem Haushalt leben außer mir folgende Personen:					
Kenn-Ziff.	Name, Vorname	geb. am	Verwandt-schafts-verhältnis	tägliche berufsbedingte Abwesenheit von/bis Uhr	Mitglied einer Krankenkasse? Wenn ja, welcher?
5.1					
5.2					
5.3					

Fragen	Antworten	
6. Ist die Beaufsichtigung, Betreuung oder Pflege Ihres erkrankten und versicherten Kindes durch eine der unter Kennziffer 5.1 – 5.3 genannten Personen möglich? Wenn nein, warum ist die Beaufsichtigung, Betreuung oder Pflege durch die obengenannten Personen nicht möglich?	☐ ja ☐ nein weil	
7. Ist eine andere, nicht im Haushalt lebende Person vorhanden, die diese Tätigkeit übernehmen kann?	☐ ja ☐ nein	
8. Haben Sie oder Ihr Ehegatte in diesem Kalenderjahr schon einmal Krankengeld oder **bezahlte** Freistellung von der Arbeit bei Erkrankung dieses Kindes bekommen? Welche Krankenkasse hat das Krankengeld gezahlt?	☐ nein ☐ ja vom bis vom bis	
9. Haben Sie nach gesetzlicher oder vertraglicher Regelung Anspruch auf **bezahlte** Freistellung von der Arbeit bei Erkrankung Ihres Kindes?	☐ nein ☐ ja spruch? (falls ja) verweigerte der Arbeitgeber diesen An- ☐ nein ☐ ja	

Ich erkläre, vorstehende Angaben wahrheitsgetreu gemacht zu haben. Bitte überweisen Sie das Krankengeld auf mein Konto

Bankleitzahl   Konto-Nr.   Bank – Sparkasse   in

Ort und Tag   Unterschrift des Mitglieds

Damit wir unsere Aufgaben rechtmäßig erfüllen können, ist Ihr Mitwirken nach § 60 SGB I erforderlich. Ihre Daten sind im vorliegenden Fall aufgrund § 45 SGB V zu erheben. Fehlt die Mitwirkung, kann dies zu Nachteilen bei den Leistungsansprüchen führen.

Stand: 01.12.2009

Entgeltbescheinigung

zur Berechnung von Krankengeld/Verletztengeld bei Erkrankung des Kindes

Mitglied:
Name, Vorname
Krankenvers.-Nr.
Personal-Nr.

Erkranktes Kind:
Name, Vorname
Geburtsdatum

1 Allgemeines

1.1* Letzter bezahlter Tag vor der Freistellung   am

1.2 Am ersten Tag der Freistellung wurde teilweise Arbeitsentgelt erzielt
brutto   netto

1.3* Über den letzten Tag vor der Freistellung (1.1) hinaus wird teilweise Arbeitsentgelt weitergezahlt (z. B. Sachbezüge, Krankengeldzuschuss), welches zusammen mit dem Krankengeld/Verletztengeld bei Erkrankung des Kindes das Vergleichs-Nettoarbeitsentgelt

um mehr als 50 EUR übersteigt   ☐ Ja   ☐ Nein

Falls das Vergleichs-Nettoarbeitsentgelt um mehr als 50 EUR überschritten wird: Das Arbeitsentgelt wird gezahlt

☐ laufend   bis zum
brutto monatlich

1.4 Das Arbeitsverhältnis wurde beendet
am   zum

durch ☐ Kündigung des Arbeitgebers   ☐ Kündigung des Arbeitnehmers
☐ Fristablauf   ☐ Aufhebungsvertrag

1.5* Besonderheiten

Arbeitszeitmodell im Sinne des Gesetzes zur sozialrechtlichen Absicherung flexibler Arbeitszeitregelungen (z. B. Altersteilzeit)   ☐ Ja   ☐ Nein

Kurzarbeitergeld, Saison-Kurzarbeitergeld oder Transfer-Kurzarbeitergeld (2.6) bei Beginn der Arbeitsunfähigkeit oder im Entgeltabrechnungszeitraum (2.1)   ☐ Ja   ☐ Nein
vom   bis

Arbeitsbeschaffungsmaßnahme   ☐ Ja   ☐ Nein

2 Arbeitsentgelt

2.1* Letzter abgerechneter Entgeltabrechnungszeitraum vor Beginn der Freistellung (1 Kalendermonat/mindestens 4 Wochen)
vom   bis

2.2* Höhe des im letzten Entgeltabrechnungszeitraum erzielten beitragspflichtigen Arbeitsentgelts einschließlich Sachbezüge, vermögenswirksame Leistungen, Mehrarbeitsvergütungen und Arbeitsentgelt für Feier-/Ruhetage, jedoch ohne einmalig gezahltes Arbeitsentgelt und Kindergeld sowie **ohne Berücksichtigung von Entgeltumwandlung und Gleitzonenregelung**
brutto
netto

Betrag des in den letzten 12 Kalendermonaten beitragsfrei umgewandelten laufenden Arbeitsentgelts

2.3* Das Arbeitsentgelt wird als festes Monatsentgelt gezahlt   ☐

2.4 Das im letzten Entgeltabrechnungszeitraum (2.1) erzielte Bruttoarbeitsentgelt (2.2) weicht vom vereinbarten Monatsentgelt ab
Höhe des vereinbarten Bruttoarbeitsentgelts
Daraus ergibt sich ein Nettoarbeitsentgelt von

2.5 Weicht das Bruttoarbeitsentgelt in jedem der letzten abgerechneten 3 Monate (bzw. 13 Wochen) vor Beginn der Freistellung regelmäßig vom vereinbarten Bruttoarbeitsentgelt ab oder ist weder ein Monatsgehalt/ fester Monatslohn noch ein Stundenlohn vereinbart (z.B. Stücklohn, Akkordlohn) oder wurden in den letzten 3 abgerechneten Monaten regelmäßig Mehrarbeitsstunden geleistet, bitte Angaben hier (**ohne Berücksichtigung von Entgeltumwandlung und Gleitzonenregelung**).

Monat/Zeitraum	Bruttoarbeitsentgelt	Nettoarbeitsentgelt

2.6* Sofern die Arbeitsunfähigkeit während des Bezugs von Transfer-Kurzarbeitergeld begann:

Soll-Entgelt brutto   Soll-Entgelt netto (fiktiv)
Ist-Entgelt brutto   Ist-Entgelt netto
Höhe Transfer-KUG

3* Einmalzahlungen

Beitragspflichtiger Teil der Einmalzahlungen der letzten 12 Kalendermonate vor Beginn der Freistellung in der

Krankenversicherung
und falls davon abweichend auch in der
Renten-/Arbeitslosenversicherung
ggf. knappschaftlichen Rentenversicherung

4 Arbeitszeit

4.1* Das Bruttoarbeitsentgelt wurde erzielt
☐ an   Arbeitstagen
☐ an   Werktagen
☐ unter Berücksichtigung der tatsächlichen Kalendertage des Monats, d. h. an   Kalendertagen
☐ ohne Rücksicht auf die tatsächlichen Kalendertage des Monats, d. h. für **30** Tage

4.2* Falls 2.5 zutrifft: Das Arbeitsentgelt wurde in den abgerechneten 3 Entgeltabrechnungszeiträumen (3 Monate bzw. 13 Wochen) erzielt

Monat/Zeitraum	an Arbeitstagen

4.3 Die Kürzung des Arbeitsentgelts für die Dauer der unbezahlten Arbeitsfreistellung erfolgt
☐ unter Berücksichtigung der tatsächlichen Arbeitstage des Monats, dies sind   Tage
☐ unter Berücksichtigung der tatsächlichen Kalendertage des Monats (28/29/30/31)
☐ ohne Rücksicht auf die tatsächlichen Kalendertage des Monats um je 1/30

5* Fehlzeiten ohne Arbeitsentgelt

In den unter 2.5 oder 4.2 angegebenen Zeiträumen sind folgende Fehltage angefallen

Monat/Zeitraum	Tage

6 Angaben zur Freistellung

6.1* Wegen Erkrankung des Kindes von der Arbeit befreit am
Datum
Datum

6.2* Im laufenden Kalenderjahr wurde wegen Erkrankung desselben Kindes ganztägige Freistellung bereits gewährt

vom	bis	Arbeitstage

6.3 Der Anspruch auf bezahlte Freistellung ist
☐ ausgeschlossen
durch ☐ Tarifvertrag   ☐ Betriebsvereinbarung   ☐ Arbeitsvertrag
☐ begrenzt auf   Tage

7 Schul-/Kindergartenunfall

7.1 Unfalltag   Unfallversicherungsträger

7.2* Im letzten Entgeltabrechnungszeitraum (2.1) wurden neben dem Bruttoarbeitsentgelt (2.2) lohnsteuerfreie Sonntags-, Feiertags- oder Nachtarbeitszuschläge gezahlt
in Höhe von

7.3* Bitte lohnsteuerfreie Zuschläge (7.2) der letzten 3 Entgeltabrechnungszeiträume (3 Monate bzw. 13 Wochen) eintragen, wenn unter 2.5 Angaben gemacht wurden:

Monat/Zeitraum	Betrag

Die mit einem * gekennzeichneten Positionen sind auf der Folgeseite erläutert.

Datum, Stempel und Unterschrift des Arbeitgebers, Telefon
Die Erhebung der Daten beruht auf § 284 Abs. 1 Satz 1 Nr. 4 SGB V, § 98 SGB X und weiteren Vorschriften aus dem Sozialgesetzbuch

Erläuterungen

Stand 01.12.2009

Angaben über das Arbeitsentgelt können der Abrechnung der Arbeitsentgelte entnommen werden, die bei Beginn der Freistellung wegen Erkrankung des Kindes abgeschlossen war.

Zu 1.1   Der letzte Arbeitstag kann vom letzten bezahlten Tag abweichen, z. B. bei bezahlten Feiertagen oder bei bezahltem Urlaub. Einzutragen ist immer der letzte Tag, für den Anspruch auf Arbeitsentgelt bestand.

Zu 1.3   Arbeitgeberseitige Leistungen, die für die Zeit des Bezugs von Entgeltersatzleistungen (z. B. Krankengeld/Verletztengeld bei Erkrankung des Kindes) gezahlt werden, gelten als beitragspflichtige Einnahmen, soweit sie zusammen mit dem Nettobetrag der Entgeltersatzleistung das Nettoarbeitsentgelt um mehr als 50 EUR übersteigen. Hingegen bleibt eine Überschreitung bis zu 50 EUR im Monat unberücksichtigt. Zu den arbeitgeberseitigen Leistungen gehören insbesondere Zuschüsse zur Entgeltersatzleistung, vermögenswirksame Leistungen, Sachbezüge (z. B. Verpflegung, Unterkunft, Dienstwagen, Dienstwohnung), Firmen- und Belegschaftsrabatte, Kontoführungsgebühren, Zinsersparnisse aus verbilligten Arbeitgeberdarlehen und Telefonzuschüsse.

Als Vergleichs-Nettoarbeitsentgelt gilt grundsätzlich der unter 2.2 bescheinigte Betrag. Wenn arbeitsvertraglich vereinbart ist, für Zeiten des Bezugs von Entgeltersatzleistungen ein dafür vereinbartes Nettoarbeitsentgelt auszugleichen, kann dieses als zu vergleichendes Nettoarbeitsentgelt herangezogen werden. Es ist ebenfalls zulässig, das monatlich im Falle der Beschäftigung zu zahlende Nettoarbeitsentgelt zugrunde zu legen.

Zu 1.5   Falls der Arbeitnehmer an einem **Arbeitszeitmodell** im Sinne des Gesetzes zur sozialrechtlichen Absicherung flexibler Arbeitszeitregelungen teilnimmt, ist dies entsprechend zu kennzeichnen.

Tritt die Freistellung wegen Erkrankung des Kindes <u>während</u> des Bezugs von Kurzarbeitergeld/Saison-Kurzarbeitergeld ein, geben Sie bitte unter 2 das Arbeitsentgelt aus dem letzten abgerechneten Entgeltabrechnungszeitraum vor Beginn der Kurzarbeit an. Tritt die Freistellung wegen Erkrankung des Kindes <u>nach</u> dem Ende der Kurzarbeit ein und wurde im letzten abgerechneten Entgeltabrechnungszeitraum vor der Freistellung Kurzarbeitergeld/Saison-Kurzarbeitergeld bezogen, sind das im letzten Entgeltabrechnungszeitraum tatsächlich erarbeitete Arbeitsentgelt (2.2) und die tatsächlichen Arbeits-/Werktage (4.1), bzw. bei festem Monatsentgelt das vereinbarte Arbeitsentgelt (2.4) anzugeben. Wurde Transfer-Kurzarbeitergeld bezogen, beachten Sie bitte 2.6.

Es ist zu kennzeichnen, ob es sich bei dem Beschäftigungsverhältnis um eine **Arbeitsbeschaffungsmaßnahme** handelt.

Zu 2.1   Bitte geben Sie auch dann den gesamten Abrechnungszeitraum an, wenn darin Zeiten ohne Arbeitsentgelt (z. B. Arbeitsunfähigkeit, Freistellung wegen Erkrankung des Kindes, Mutterschutzfristen, unbezahlter Urlaub) enthalten sind.

Ist der letzte Entgeltabrechnungszeitraum zwar zu Beginn der Freistellung wegen Erkrankung des Kindes **abgerechnet, aber noch nicht abgelaufen**, so ist der vorherige Entgeltabrechnungszeitraum maßgebend. Ist der Arbeitnehmer erst **im Laufe dieses Abrechnungszeitraums eingestellt** worden, so bescheinigen Sie bitte die Zeit vom Beginn der Beschäftigung bis zum Ende des Abrechnungszeitraums.

Hat die **Beschäftigung erst im** Laufe des vor der Freistellung wegen Erkrankung des Kindes abgelaufenen, aber **noch nicht abgerechneten Abrechnungszeitraums begonnen**, so ist die Zeit vom Beginn der Beschäftigung bis zur Arbeitseinstellung maßgebend.

Zu 2.2   Zum **Bruttoarbeitsentgelt** in diesem Sinne gehören alle steuer- und damit beitragspflichtigen Bezüge für Arbeitsleistungen und Entgeltfortzahlung in dem unter 2.1 angegebenen Zeitraum. Dazu zählt auch der Lohnausgleich im Baugewerbe. Es spielt keine Rolle, unter welcher Bezeichnung und in welcher Form die Bezüge geleistet worden sind. Unbedeutend ist es auch, ob sie unmittelbar aus der Beschäftigung oder im Zusammenhang mit ihr erzielt wurden. Erfasst werden z. B. auch beitragspflichtige Arbeitgeberaufwendungen für die Zukunftssicherung des Arbeitnehmers, vermögenswirksame Leistungen, Mehrarbeitsvergütungen und freiwillige Zahlungen. Die nach § 37b EStG pauschal versteuerten Sachzuwendungen gehören zum Arbeitsentgelt im Sinne der Sozialversicherung.

Zeitversetzt gezahlte variable Bestandteile des Arbeitsentgelts und laufende Provisionen (z. B. Mehrarbeitsvergütungen) werden insoweit berücksichtigt, als sie zur Berechnung der maßgebenden Abrechnungszeitraum zugeordnet worden sind. Dies gilt auch dann, wenn diese Entgeltbestandteile für die Berechnung der Beiträge aus Vereinfachungsgründen wie einmalig gezahltes Arbeitsentgelt behandelt worden sind.

Eine **Nachzahlung aufgrund einer rückwirkenden Entgelterhöhung** wird nur dann berücksichtigt, wenn der Zeitpunkt der Begründung des Anspruchs (z. B. der Tag des Tarifabschlusses) vor dem Beginn der Freistellung wegen Erkrankung des Kindes liegt. Die Nachzahlung wird in diesem Fall insoweit mitbescheinigt, als sie sich auf den maßgebenden Abrechnungszeitraum (2.1) bezieht. Dies gilt auch dann, wenn die Nachzahlung für die Berechnung der Beiträge aus Vereinfachungsgründen wie einmalig gezahltes Arbeitsentgelt behandelt worden ist.

Nicht zum maßgebenden Bruttoarbeitsentgelt gehört **einmalig gezahltes Arbeitsentgelt**, d. h. Bezüge, die nicht für die Arbeit in dem einzelnen Abrechnungszeitraum gezahlt worden sind (z. B. Weihnachts- und Urlaubsgeld, Urlaubsabgeltungen, Gewinnbeteiligungen) sowie **steuer- und beitragsfreie Zuschläge** (vgl. aber bei Schul- und Kindergartenunfällen Ausführungen zu 7.2 und 7.3) sowie ggf. gezahltes **Kindergeld**.

Das Bruttoarbeitsentgelt wird **nicht auf die Beitragsbemessungsgrenze gekürzt**.

Es ist das Brutto- und Nettoarbeitsentgelt zu bescheinigen, das **ohne Entgeltumwandlungen** zum Aufbau einer privaten Altersversorgung erzielt worden wäre. Das Nettoarbeitsentgelt ist dann fiktiv zu ermitteln. Der 12-Monats-Zeitraum für die Bescheinigung des beitragsfrei umgewandelten laufenden Arbeitsentgelts endet mit dem Monat, der für die Berechnung des Krankengeldes/Verletztengeldes bei Erkrankung des Kindes (2.1) maßgebend ist.

Nettoarbeitsentgelt ist hier das um die gesetzlichen Abzüge (Lohn- und Kirchensteuer; Solidaritätszuschlag; Pflichtbeiträge zur Sozialversicherung) verminderte Bruttoarbeitsentgelt einschließlich der Sachbezüge, jedoch ohne einmalig gezahltes Arbeitsentgelt und ohne ggf. gezahltes und in der Lohnsteuer-Anmeldung abgesetztes Kindergeld. Umlagebeiträge zur Finanzierung des Zuschuss- und des Mehraufwands-Wintergeldes sowie die Pflichtbeiträge zu berufsständischen Versorgungseinrichtungen sind wie gesetzliche Abzüge ebenfalls entsprechend zu berücksichtigen, soweit der Arbeitnehmer diese jeweils selbst trägt.

Bei freiwilligen Mitgliedern der gesetzlichen Krankenversicherung und bei privat Krankenversicherten sind außerdem die Beiträge der Arbeitnehmer zur Kranken- und Pflegeversicherung (vermindert um den Beitragszuschuss des Arbeitgebers), vom Bruttoarbeitsentgelt abzuziehen.

Bei Arbeitsentgelten innerhalb der **Gleitzone** (400,01-800,00 €) ist das tatsächliche (nicht das beitragspflichtige) Bruttoarbeitsentgelt einzutragen. Aus diesem Betrag wird ein fiktives Nettoarbeitsentgelt auf der Basis der allgemeinen Beitragsermittlungsgrundsätze – also ohne Berücksichtigung der besonderen beitragsrechtlichen Regelungen für die Gleitzone – ermittelt.

Hat der Arbeitnehmer in dem unter 2.1 bescheinigten Abrechnungszeitraum **einmalig gezahltes Arbeitsentgelt** erhalten, bitten wir Sie, das Nettoarbeitsentgelt fiktiv zu ermitteln. Dafür gilt folgendes **Berechnungsschema**:

Steuer (A)	Sozialversicherungsbeiträge (B)	Nettoarbeitsentgelt (C)
Gesamt-Bruttoarbeitsentgelt – Einmalig gezahltes Arbeitsentgelt – Lohnsteuerfreibeträge lt. Lohnsteuerkarte	Gesamt-Bruttoarbeitsentgelt – Einmalig gezahltes Arbeitsentgelt	laufendes Bruttoarbeitsentgelt (2.2) – Lohn- und Kirchensteuer sowie Solidaritätszuschlag (A) – Sozialversicherungsbeiträge (B)
= fiktives steuerrechtliches Bruttoarbeitsentgelt	= laufendes Bruttoarbeitsentgelt	= Nettoarbeitsentgelt (2.2)
davon Lohn- und Kirchensteuer sowie Solidaritätszuschlag	davon Sozialversicherungsbeiträge	

Zu 2.3   **Monatsgehalt oder festes Monatsentgelt** sind solche Bezüge, deren Höhe nicht von den im Monat geleisteten Arbeitstagen bzw. Arbeitsstunden oder dem Ergebnis der Arbeit (z. B. Akkord) abhängig ist. Daran ändern auch solche Vergütungen nichts, die zusätzlich zum festen Monatsentgelt oder Monatsgehalt gezahlt werden (z. B. Mehrarbeitsstunden und sonstige Vergütungen).

               Vergütungen auf **Provisionsbasis sowie Akkord- oder Stücklohn** sind – auch bei einem vereinbarten Fixum – vom Ergebnis der Arbeit abhängig.

Zu 2.6   Begann die Arbeitsunfähigkeit während des Bezugs von Transfer-KUG, geben Sie bitte abweichend von 2.2 die geforderten Beträge an. Steuer- und sozialversicherungsfreie Zuschläge zum Transfer-KUG (z.B. Aufstockungsbeträge) sind hierbei nicht zu berücksichtigen.

Zu 3   Aufgrund der unterschiedlichen Beitragsbemessungsgrenzen geben Sie bitte den in den genannten Versicherungszweigen jeweils beitragspflichtigen Teil der im letzten Zeitjahr zugeflossenen Einmalzahlungen an, falls die Beträge voneinander abweichen. Dies gilt auch für Einmalzahlungen, die in der knappschaftlichen Rentenversicherung beitragspflichtig sind.

               Beitragsfrei für den Aufbau einer privaten Altersversorgung **umgewandelte (Teile von) Einmalzahlungen** dürfen nicht bescheinigt werden.

               Bei **Schul- oder Kindergartenunfall** geben Sie bitte die gesamten Einmalzahlungen an.

               Sofern **Einmalzahlungen vom Arbeitgeber zurückgefordert** werden, z. B. wegen Beendigung des Arbeitsverhältnisses, informieren Sie bitte die Krankenkasse.

               Der **12-Monats-Zeitraum** endet mit dem Monat, der für die Berechnung des Krankengeldes/Verletztengeldes bei Erkrankung des Kindes (2.1) maßgebend ist.

Zu 4.1   Als Arbeitstage zählen auch bezahlte Urlaubs- und Feiertage sowie Entgeltfortzahlungstage.

Zu 4.2   Da nicht davon ausgegangen werden kann, dass „tatsächliche Arbeitstage" gleichzusetzen sind mit einer Fünf-Tage-Woche, geben Sie bitte die Tage an, an denen normalerweise gearbeitet worden wäre.

Zu 5   Schließen die Fehltage (z. B. Arbeitsunfähigkeit ohne Entgeltfortzahlung, unbezahlter Urlaub) arbeitsfreie Tage ein, so sind die arbeitsfreien Tage mit anzugeben.

Zu 6.1   Sofern innerhalb eines Betriebes mehrere unterschiedliche wöchentliche Arbeitszeiten vereinbart sind, z. B. „rollierende" Vier-Tage-Woche, geben Sie bitte die Freistellungstage an, an denen der Arbeitnehmer ansonsten entsprechend seiner individuellen wöchentlichen Arbeitszeit gearbeitet hätte.

Zu 6.1
und 6.2   Es sind **alle bezahlten und unbezahlten Freistellungstage/-zeiträume** im laufenden Kalenderjahr wegen Erkrankung desselben Kindes anzugeben.

Zu 7.2
und 7.3   In der gesetzlichen Unfallversicherung werden lohnsteuerfreie Zuschläge für Sonntags-, Feiertags- und Nachtarbeit (SFN-Zuschläge) bei der Berechnung von Geldleistungen berücksichtigt. Steuerfreie, aber ggf. beitragspflichtige SFN-Zuschläge sind dem beitragspflichtigen Bruttoarbeitsentgelt hinzuzurechnen und in Abschnitt 2.2 (mit) zu bescheinigen.

Anmerkungen

1. Bei Vorliegen der nachfolgenden Voraussetzungen besteht ein **Anspruch auf Krankengeld** (vgl. § 44 SGB V).

2. Versicherte. Anspruch auf Krankengeld haben pflichtversicherte Mitglieder, dh insbesondere Beschäftigte gem. § 5 Abs. 1 Nr. 1 SGB V (zB angestellte Rechtsanwälte) oder Bezieher von Unterhaltsgeld oder Alg I gem. § 5 Abs. 1 Nr. 2 SGB V.

3. Arbeitsunfähigkeit iSd § 44 Abs. 1 SGB V. Sie ist gegeben, wenn der Versicherte seine zuletzt vor Eintritt des Versicherungsfalls konkret ausgeübte Arbeit wegen Krankheit nicht (weiter) verrichten kann. Dass er möglicherweise eine andere Tätigkeit trotz der gesundheitlichen Beeinträchtigung noch ausüben könnte, ist unerheblich.

Tritt während einer **Arbeitslosigkeit** eine Erkrankung auf, besteht Arbeitsunfähigkeit, wenn aufgrund der Erkrankung keine Leistungsfähigkeit mehr für leichte Arbeiten – in einem zeitlichen Umfang, für den sich der Arbeitssuchende bei der Agentur für Arbeit zur Verfügung gestellt hat – vorliegt (§ 2 Abs. 3 der Arbeitsunfähigkeits-Richtlinien in der Fassung v. 14.11.2013).

Während eines Krankengeldbezugs können die Kassen § 7 Abs. 4 der Arbeitsunfähigkeits-Richtlinien in der Fassung v. 14.11.2013 anwenden:

„Können Versicherte nach ärztlicher Beurteilung die ausgeübte Tätigkeit nicht mehr ohne nachteilige Folgen für ihre Gesundheit oder den Gesundungsprozess verrichten, kann die Krankenkasse mit Zustimmung der oder des Versicherten beim Arbeitgeber die Prüfung anregen, ob eine für den Gesundheitszustand der oder des Versicherten unbedenkliche Tätigkeit bei demselben Arbeitgeber möglich ist.“

Das „**betriebliche Eingliederungsmanagement**“ gem. § 84 Abs. 2 SGB IX sieht vor, dass im Fall ununterbrochener oder wiederholter Arbeitsunfähigkeit von mehr als sechs Wochen innerhalb von 12 Monaten der Arbeitgeber mit der zuständigen Mitarbeitervertretung, bei schwerbehinderten Menschen außerdem mit der Schwerbehindertenvertretung, mit Zustimmung und Beteiligung der betroffenen Person die Möglichkeiten klärt, wie die Arbeitsunfähigkeit möglichst überwunden werden, erneuter Arbeitsunfähigkeit vorgebeugt und der Arbeitsplatz erhalten werden kann. Bestandteil des betrieblichen Eingliederungsmanagements kann die „**stufenweise Wiedereingliederung**“ sein, § 28 SGB IX. Während dieses Zeitraums besteht voller Krankengeldanspruch; eine Gehaltszahlungspflicht des Arbeitgebers besteht nur, wenn das mit ihm ausdrücklich vereinbart wird.

4. Meldung. Weitere Voraussetzung neben der Arbeitsunfähigkeit ist die rechtzeitige **Meldung** der Arbeitsunfähigkeit an die Krankenkasse (Frist 1 Woche gem. § 49 Abs. 1 Nr. 5 SGB V). Maßgeblich ist der Zeitpunkt des Eingangs bei der Krankenkasse. Die Arbeitsunfähigkeit muss der Krankenkasse vor jeder erneuten Inanspruchnahme des Krankengeldes auch dann angezeigt werden, wenn sie seit ihrem Beginn ununterbrochen bestanden hat. Die Meldepflicht soll gewährleisten, dass die Kasse über das (Fort-)Bestehen der Arbeitsunfähigkeit informiert und in die Lage versetzt wird, vor der Entscheidung über den Krankengeldanspruch und ggf. auch während des nachfolgenden Leistungsbezugs den Gesundheitszustand des Versicherten durch den Medizinischen Dienst der Krankenversicherung (MDK) überprüfen zu lassen, um Zweifel an der ärztlichen Beurteilung zu beseitigen und ggf. Maßnahmen zur Sicherung des Heilerfolges und zur Wiederherstellung der Arbeitsfähigkeit einleiten zu können.

Wurde die Feststellung bzw. Meldung der Arbeitsunfähigkeit durch Umstände verhindert oder verzögert, die dem Verantwortungsbereich der Krankenkasse zuzurechnen sind, kann dies nicht zu Lasten des Versicherten gehen, zB:

- Die Meldung erreicht die Krankenkasse wegen deren Organisationsmängeln nicht rechtzeitig und der Versicherte wusste nicht, dass die Krankenkasse von der Arbeitsunfähigkeit keine Kenntnis erlangt hat (BSG Urt. v. 2.11.2007 – B 1 KR 38/06 R: Organisationsfehler bei Arbeitsagentur oder Arbeitgeber gehen nicht zu Lasten des Versicherten).
- Der Arzt meldet die Arbeitsunfähigkeit nicht oder zu spät der Kasse (LSG Nordrhein-Westfalen Urt. v. 25.3.2004 – L 5 KR 149/03 – Breithaupt 2004, 602).
- Ablehnung des Krankengeldes wegen einer unzutreffenden Beurteilung durch MDK und/oder behandelnden Arzt (LSG Schleswig Urt. v. 26.11.2009 – L 5 KR 78/08).

Tritt die Arbeitsunfähigkeit in einem **Staat der EWR** oder in einem Staat ein, mit dem die Bundesrepublik Deutschland ein bilaterales Sozialversicherungsabkommen unterhält, hat sich der Erkrankte unverzüglich nach Eintritt der Arbeitsunfähigkeit mit den entsprechenden Bescheinigungen an den für seinen Aufenthaltsort zuständigen ausländischen Sozialversicherungsträger zu wenden. Der ausländische Sozialversicherungsträger ist verpflichtet, unverzüglich die deutsche Krankenkasse über den Beginn der Arbeitsunfähigkeit und ihre voraussichtliche Dauer zu informieren. Die deutsche Krankenkasse wird ihrerseits den Arbeitgeber ihres Mitglieds benachrichtigen. Wird ein Arbeitnehmer während eines Aufenthaltes in einem anderen als den genannten Staaten arbeitsunfähig, bleibt es bei den Anzeige- und Nachweispflichten gegenüber dem Arbeitgeber und der Krankenkasse.

5. Überprüfung der Arbeitsunfähigkeit durch den MDK. Gemäß §§ 60 ff. SGB I sind die Versicherten verpflichtet, sich auf Veranlassung der Krankenkasse (bzw. des Arbeitgebers) einer Begutachtung durch den MDK gemäß § 275 SGB V zu unterziehen. Die Begutachtung des MDK zielt auf die Sicherung des Behandlungserfolges oder die Beseitigung von Zweifeln an der Arbeitsunfähigkeit. Der Arbeitgeber ist nicht berechtigt, den Betriebsarzt zur Kontrolle der Arbeitsunfähigkeit eines erkrankten Arbeitnehmers einzuschalten, § 3 Abs. 3 ArbeitssicherheitsG. Zweifel an der Arbeitsunfähigkeit sind nach § 275 Abs. 1a S. 1 SGB V anzunehmen in den Fällen, in denen

- Versicherte auffällig häufig oder auffällig häufig nur für kurze Dauer arbeitsunfähig sind oder der Beginn der Arbeitsunfähigkeit häufig auf einen Arbeitstag am Beginn oder am Ende einer Woche fällt oder
- die Arbeitsunfähigkeit von einem Arzt festgestellt worden ist, der durch die Häufigkeit der von ihm ausgestellten Bescheinigungen über Arbeitsunfähigkeit auffällig geworden ist.

Rechtsschutz:
- Schreibt der MDK den Versicherten gesund, kann der behandelnde Arzt gem. §§ 62 Abs. 4 BMV-Ä und 7 Abs. 2 AU-Richtlinie eine Zweitbegutachtung beantragen.
- Gegen den Bescheid der Kasse über das Ende der Arbeitsunfähigkeit (AU) kann der Versicherte Widerspruch und Klage einlegen. Das setzt voraus, dass der behandelnde Arzt ebenfalls die AU bestätigt.
- Der Widerspruch hat **keine aufschiebende** Wirkung gem. § 86a SGG, da die AU vom behandelnden Arzt immer nur abschnittsweise bescheinigt wird (ausführlich LSG Halle v. 15.3.2010 – L 10 KR 74/06).

Kommt der MDK zu dem Ergebnis, dass die Erwerbsfähigkeit erheblich gefährdet oder gemindert ist, kann die Krankenkasse gem. § 51 SGB V eine Frist von 10 Wochen setzen. Innerhalb der Frist hat der Versicherte einen Antrag auf Maßnahmen zur Rehabilitation zu stellen, andernfalls wird die Krankengeldzahlung gestoppt. Voraussetzung für diese Fristsetzung ist das Vorliegen eines entsprechenden Gutachtens des MDK, wonach die **Erwerbsfähigkeit** erheblich **gefährdet** oder gemindert ist. Der Widerspruch gegen die Aufforderung, einen Reha-Antrag zu stellen, hat aufschiebende Wirkung.

6. Selbständige. Hauptberuflich Selbständige erhalten zunächst kein Krankengeld. Sie können aber gem. § 44 Abs. 2 SGB V eine Wahlerklärung zu den allgemeinen Beitragssätzen abgeben, mit der ihnen Anspruch auf Krankengeld ab der 7. Woche eingeräumt wird. An die Wahlerklärung sind Selbständigen drei Jahre gebunden (§§ 53 Abs. 8, 44 Abs. 2 S. 2 SGB V). Eine Wahlerklärung ist insbesondere dann in Erwägung zu ziehen, wenn eine Ein-Mann-Kanzlei betrieben wird. Die Wahlerklärung hat auch Einfluss darauf, ob Mutterschaftsgeld gewährt wird.

10. Mutterschutzlohn und Mutterschaftsgeld: Vorbemerkungen

Das Gesetz bietet bei Mutterschaft für Arbeitnehmerinnen eine finanzielle Absicherung durch Krankenkasse und Arbeitgeber. Zum einen besteht ein Anspruch auf Mutterschutzlohn gegen den Arbeitgeber, soweit ein Beschäftigungsverbot eingreift (§ 11 MuSchG). Zum anderen ist die Krankenkasse während der Schutzfristen verpflichtet Mutterschaftsgeld zu zahlen (§ 13 MuSchG). Dazu trägt der Arbeitgeber durch einen Zuschuss zum Mutterschaftsgeld bei (§ 14 MuSchG). Alle Aufwendungen erhält der Arbeitgeber von der Krankenkasse auf Antrag erstattet.

11. Checkliste: Mutterschutzlohn gem. § 11 MuSchG

Anspruchsvoraussetzungen des Mutterschutzlohnes, § 11 MuSchG[1, 2]

☐ Arbeitnehmerin iSd Arbeitsrechts (va weisungsabhängig)
☐ Nicht für Zeiten in denen die Berechtigung zum Bezug von Mutterschaftsgeld nach § 13 MuSchG iVm § 24i SGB V besteht (Schutzfristen)
☐ (Teilweises) Beschäftigungsverbot: Gefährdung von Mutter oder Kind (§ 3 Abs. 1 MuSchG); besonders belastende Arbeiten (§ 4 MuSchG); nicht voll leistungsfähige oder stillende Mütter (§ 6 Abs. 2 und Abs. 3 MuSchG); Mehr-, Nacht- oder Sonntagsarbeit (§ 8 Abs. 1, Abs. 3 und Abs. 5 MuSchG)
☐ Kausalität zwischen Beschäftigungsverbot und (teilweisem) Arbeitsausfall (BAG NZA 2004, 257, 259), insbesondere keine rechtswidrige Weigerung der Arbeitnehmerin eine andere zumutbare Arbeit auszuführen

Anmerkungen

1. Unter bestimmten Voraussetzungen hat der Arbeitgeber der schwangeren Arbeitnehmerin Mutterschutzlohn zu gewähren.

2. Die Höhe des Mutterschutzlohns richtet sich nach dem Durchschnittsverdienst der letzten 13 Wochen oder der letzten drei Monate vor Beginn des Monats, in dem die Schwangerschaft eingetreten ist (§ 11 Abs. 1 und Abs. 2 MuSchG). Der Arbeitgeber kann also entscheiden, welchen dieser Referenzzeiträume er ansetzt. Der Mutterschaftslohn unterliegt wie normaler Arbeitslohn der Beitragspflicht zur Sozialversicherung.

12. Antrag auf Mutterschaftsgeld gem. § 13 MuSchG iVm § 24; SGB V

AOK – Die Gesundheitskasse für Niedersachsen
Online-Geschäftsstelle **aok24**

Antrag auf Leistungen bei Schwangerschaft und Mutterschaft:

1. Name des Mitgliedes, Vorname   Versicherungs-Nr.

---

2. Arbeitsentgelt / Urlaubsgeld / Entgeltfortzahlung / Leistungsfortzahlung der Arbeitsagentur

bis   letzter Arbeitstag

Wenn Sie in einem Beschäftigungsverhältnis stehen, fordern wir die Verdienstbescheinigung für die Berechnung des Mutterschaftsgeldes direkt bei Ihrem Arbeitgeber an.
Beziehen Sie Leistungen der Arbeitsagentur, bitten wir Sie, die „Bescheinigung für den Bezug von Krankengeld, Mutterschaftsgeld oder Übergangsgeld" (Aufhebungsbescheid) von der Arbeitsagentur diesem Schreiben bei zu fügen.

---

3. Steuer-Identifikationsnummer:
Wir benötigen die Angabe, da wir nach dem Einkommensteuergesetz verpflichtet sind, die dem Progressionsvorbehalt unterliegenden Leistungen, wie z. B. Mutterschaftsgeld an die Finanzverwaltung zu übermitteln. Ihre Steuer-Identifikationsnummer besteht aus 11 Ziffern und befindet sich unter anderem in Ihrer Lohn-/Einkommmenssteuererklärung im linken oberen Abschnitt. Jede steuerpflichtige Person erhält sie einmalig.

Meine Steuer-Identifikationsnummer lautet:

---

4. Erklärung des Mitgliedes:
    4.1 Ich beantrage Mutterschaftsgeld und erkläre, bei keiner anderen Krankenkasse Leistungen bei Schwangerschaft und Mutterschaft beantragt zu haben oder zu beziehen.
    4.2 Sollte ich vor Ablauf der Schutzfrist die Arbeit aufnehmen oder Entgelt erhalten, werde ich das zuviel gezahlte Mutterschaftsgeld an die AOK - Die Gesundheitskasse für Niedersachsen zurückzahlen.
    4.3 Die Überweisung der mir zustehenden Barleistungen soll auf das Konto

IBAN _____ BIC _____

bei _____

erfolgen.

Ort und Datum   Unterschrift des Mitgliedes

---

5. **Ergänzende freiwillige Angaben!**

☐ Für Rückfragen bin ich tagsüber telefonisch unter   erreichbar.

☐ Ich möchte Kontakt zur Eltern-Kind-Beratung.

☐ Ich möchte nach der Entbindung mein Kind bei der AOK versichern.

Anmerkungen

1. Anders als der Mutterschutzlohn, der auf ein Beschäftigungsverbot im Einzelfall abstellt, ist Mutterschaftsgeld für die allgemeinen Schutzfristen (grds. sechs Wochen vor und acht (zwölf) Wochen nach der Entbindung sowie dem Entbindungstag, § 24i Abs. 3 SGB V) zu entrichten.

2. Das Mutterschaftsgeld zahlt für gesetzlich versicherte **Arbeitnehmerinnen** auf Antrag die Krankenkasse, für privat versicherte Arbeitnehmerinnen das Bundesversicherungsamt (§ 13 Abs. 1 und Abs. 2 MuSchG).

3. Die Höhe des Mutterschaftsgeldes richtet sich nach dem durchschnittlichen kalendertäglichen Netto-Arbeitsentgelt der letzten drei abgerechneten Kalendermonate vor Beginn der sechs-wöchigen Schutzfrist vor Entbindung, beträgt aber höchstens EUR 13 pro Kalendertag (§ 24i Abs. 2 SGB V). Bei privat- oder familienversicherten Arbeitnehmerinnen ist das Mutterschaftsgeld auf insgesamt 210 EUR gedeckelt (§ 13 Abs. 2 S. 1 MuSchG).

4. Um die Höhe des Mutterschaftsgeldes zu bestimmen, hat der Arbeitgeber das durchschnittliche Netto-Arbeitsentgelt der Arbeitnehmerin in einer Entgeltbescheinigung der Krankenkasse zu melden. Die Übermittlung der Entgeltbescheinigung erfolgt elektronisch über die Ausfüllhilfe sv.net, welches auch das zugehörige Formular enthält.

5. **Selbständige** haben nur dann einen Anspruch auf Mutterschaftsgeld, wenn sie gesetzlich krankenversichert und krankengeldberechtigt sind (§ 24i Abs. 1 SGB V). Dies sollte bei der Wahlerklärung nach § 44 Abs. 2 Nr. 2 SGB V berücksichtigt werden. Die Höhe des Mutterschaftsgeldes entspricht dem Krankengeld (§ 24i Abs. 2 S. 7 SGB V). Privat versicherte Selbständige haben keine Berechtigung für den Bezug von Mutterschaftsgeld (§ 13 Abs. 2 S. 1 MuSchG).

6. Es besteht jedoch auch für privat versicherte Selbständige sowie für gesetzlich versicherte Selbständige ohne abgegebene Wahlerklärung in jedem Falle die Möglichkeit **Elterngeld** nach dem Bundeselterngeld- und Elternzeitgesetz (BEEG) zu beantragen. Das Elterngeld wird grundsätzlich in Höhe von 67 % des Einkommens gewährt (§ 2 BEEG).

13. Antrag auf Erstattungen nach dem Aufwendungsausgleichsgesetz für Arbeitgeberaufwendungen bei Mutterschaft

Antrag auf Erstattung nach dem Aufwendungsausgleichsgesetz für
Arbeitgeberaufwendungen bei Mutterschaft – U2

Personalauswahl	▾

Krankenkasse

Betriebsnummer ▾

Arbeitgeber

Betriebsnummer ▾

Name

Straße

PLZ / Ort

Ansprechpartner

Anrede   ☐ Männlich   ☐ Weiblich

Vorname / Name

Telefon

Fax

E-Mail

Arbeitnehmer/in

Versicherungsnummer   Personalnummer

Name

Vorsatz / Zusatz / Titel   ▾   ▾

Vorname

Straße

Land / PLZ / Ort   ▾

Geburtsdatum   Geschlecht ☐ männlich ☐ weiblich

Beschäftigt seit dem

☐ Gesetzlich versichert   ☐ Privat versichert
☐ LKK-versichert   ☐ Geringfügige Beschäftigung (Minijob)

Erstattungszeitraum

Vom [　　　] Bis [　　　] ☐ Stornierung

☐ Endabrechnung ☐ Zwischenabrechnung

☐ **Antrag auf Erstattung des Arbeitgeberzuschusses zum Mutterschaftsgeld**

Schutzfrist vom [　　　] bis [　　　] Höhe des monatlichen Bruttoentgelts [　　　]

Kalendertägliches Nettoarbeitsentgelt [　　　] Höhe des monatlichen Nettoarbeitsentgelts [　　　]

Zuschuss zum Mutterschaftsgeld (ohne Einmalzahlung) [　　　]

Kalendertägliches Nettoarbeitsentgelt aus anderer (auch geringfügiger) Beschäftigung [　　　]

☐ **Antrag auf Erstattung der Arbeitgeberaufwendungen bei Beschäftigungsverbot nach dem Mutterschutzgesetz**

Fortgezahltes Bruttoarbeitsentgelt (ohne Einmalzahlung, ohne Überstundenvergütung, ohne Arbeitgeberanteile) [　　　]

Fortgezahlte Arbeitgeberanteile (ohne Einmalzahlung) [　　　]

Summe = Erstattungsbetrag U2 [　　　]

Art des Beschäftigungsverbots
☐ Individuelles Beschäftigungsverbot (ärztliches Attest liegt vor)
☐ Generelles Beschäftigungsverbot
☐ Teilweise individuelles Beschäftigungsverbot (ärztliches Attest liegt vor)
☐ Teilweise generelles Beschäftigungsverbot

Mutmaßlicher Entbindungstag [　　　]

Der Erstattungsbetrag
☐ soll dem Beitragskonto gutgeschrieben werden.
☐ wird / wurde mit dem Beitragsnachweis (Monat / Jahr) [　　] / [　　] verrechnet.
☐ soll auf untenstehendes Konto überwiesen werden.

Kontonummer [　　　] BLZ [　　　] IBAN [　　　]

Kontoinhaber [　　　] Verwendungszweck [　　　]

Anmerkungen

1. Die Differenz zwischen dem Mutterschaftsgeld und dem kalendertäglichen durchschnittlichen Netto-Arbeitsentgelt vor Beginn der Schutzfrist hat der Arbeitgeber für gesetzlich und privat versicherte Arbeitnehmerinnen zu tragen (§ 14 Abs. 1 MuSchG iVm § 24i Abs. 2 S. 6 SGB V). Der Zuschuss ist für die Zeit der Schutzfristen des § 3 Abs. 2 und § 6 Abs. 1 MuSchG zu gewähren (grds. sechs Wochen vor und acht (zwölf) Wochen nach der Entbindung sowie dem Entbindungstag), entfällt aber für die Zeit, in der Elternzeit nach dem BEEG in Anspruch genommen wird (§ 14 Abs. 4 MuSchG).

2. Das Mutterschaftsgeld sowie der Zuschuss dazu ist einkommensteuerfrei (§ 3 Nr. 1d EStG). Zu beachten bleibt der Progressionsvorbehalt, § 32b Abs. 1 Nr. 1c EStG. Sozialversicherungsbeiträge sind grds. nicht zu entrichten (§ 1 Abs. 1 S. 1 Nr. 6 SvEV;

§§ 345 Nr. 7, 26 Abs. 2 Nr. 1, 347 Nr. 8 SGB III; § 224 Abs. 1 SGB V; § 58 Abs. 1 S. 1 Nr. 2 SGB VI; § 56 Abs. 3 SGB XI).

3. Den gezahlten Zuschuss zum Mutterschaftsgeld sowie etwaigen Mutterschutzlohn samt Arbeitgeberbeiträgen zur Sozialversicherung kann sich der Arbeitgeber vollständig von der Krankenkasse, bei der die Arbeitnehmerin versichert ist, über das sog. U2-Verfahren erstatten lassen (§§ 1 Abs. 2 Nr. 1 bis Nr. 3, 2 Abs. 1 S. 1 AAG). Die Mittel für das U2-Verfahren erbringt die Gesamtheit der Arbeitgeber (§ 7 Abs. 1 AAG).

II. Private Krankenversicherung

1. Vorbemerkungen

Das Recht der privaten Krankenversicherung wurde durch die Reformierung des VVG zum 1.1.2008 maßgeblich umgestaltet. Die private Krankheitskostenversicherung wurde ebenso wie die private Pflegeversicherung als **Pflichtversicherung** ausgestaltet.

Rechtsgrundlagen sind neben den Bestimmungen des VVG die vereinbarten und in das Vertragsverhältnis einbezogenen Versicherungsbedingungen, für die Krankheitskostenversicherung die MB-KK, die Krankentagegeldversicherung die MB-KT, für die private Pflegepflichtversicherung die MB-PVV. Daneben gelten die Bestimmungen des gewählten Tarifes. Um die Informationsbedürfnisse des Versicherungsnehmers zu erfüllen, wurde die VVG-InfoV geschaffen. Aus § 3 VVG-InfoV ergeben sich die Informationspflichten, die der Versicherer bei Abschluss des Vertrages zu erfüllen hat. Der Versicherungsnehmer sollte die dort genannten Themenkreise mit dem Versicherungsvermittler ausführlich besprechen.

2. Checkliste: Krankheitskostenversicherung

☐ **Gesetzliche Rahmenbedingungen**[1]
  • Jahresarbeitsentgeltgrenze im Angestelltenverhältnis[2]
  • Ausübung einer selbständigen Tätigkeit[3]
☐ **Persönliche Situation**[4]
  • Alter und Anzahl der zu versichernden Person(en)[5]
  • bei Vertragsabschluss bestehende Krankheiten[6]
  • Höhe der Selbstbeteiligung[7]
☐ **Leistungsumfang, Tarife**[8]

Anmerkungen

1. Nach der Vorschrift des § 193 Abs. 3 VVG ist **jede Person mit Wohnsitz im Inland verpflichtet,** für sich selbst und die von ihr gesetzlich vertretenen Personen, sofern diese nicht selbst Verträge abschließen können, eine Krankheitskostenversicherung zu unterhalten. Die genannte Vorschrift beschreibt weiter, wie die Krankheitskostenversicherung auszusehen hat. Es besteht eine Verpflichtung zum Abschluss eines privaten Krankheitskostenversicherungsvertrages, mit Kontrahierungszwang im Basistarif, wodurch vermieden werden soll, dass Personen sich nicht versichern oder zu einem Kostenrisiko für die Allgemeinheit werden (vgl. *Römer/Langheid* § 193 Rn. 17).

Die Versicherungspflicht erstreckt sich auf ambulante und stationäre Heilbehandlungen. Mit dem Versicherer darf maximal ein Selbstbehalt von 5.000,– EUR pro Kalenderjahr und pro versicherter Person vereinbart werden. Hiermit soll verhindert werden, dass die Versicherungspflicht umgangen oder ausgehöhlt wird.

Die Versicherungspflicht erstreckt sich ausdrücklich nicht auf weitere von der privaten Krankenversicherung angebotenen Tarife oder Tarifleistungen wie zB Zahnbehandlungen oder Zahnersatz (vgl. *Römer/Langheid* § 193 Rn. 29).

Der Verpflichtung, eine private Krankheitskostenversicherung zu unterhalten, muss jede Person mit Wohnsitz im Inland nachkommen und zwar für sich selbst und für die von ihr gesetzlich vertretenen Personen, in der Regel damit minderjährige Kinder. Von der Versicherungspflicht ausgenommen sind Personen, die in der gesetzlichen Krankenversicherung versichert sind oder dort versicherungspflichtig sind.

Dem Charakter der privaten Krankenversicherung als Pflichtversicherung trägt auch der Umstand Rechnung, dass eine Kündigung gemäß § 205 VVG durch den Versicherungsnehmer nur sehr schwer möglich ist. Nach § 205 VI VVG kann die Kündigung nur dann erfolgen, wenn bei einem anderen Versicherer für die versicherte Person ein neuer Vertrag abgeschlossen worden ist, der den gesetzlichen Anforderungen genügt. Der Kündigende hat zudem nachzuweisen, dass die versicherte Person bei einem neuen Versicherer ohne Unterbrechung versichert ist.

Zusätzlich wird für die Kündigung durch den Versicherungsnehmer der Nachweis verlangt, dass eine mitversicherte Person Kenntnis von der Kündigung hat. Weist der Versicherungsnehmer dies nicht nach, so ist die Kündigung unwirksam. Nach Eingang einer Kündigung ohne einen entsprechenden Nachweis ist der Versicherer dazu verpflichtet, den Versicherungsnehmer darauf hinzuweisen, dass die Kenntnis der versicherten Person von der Kündigung noch nicht nachgewiesen ist (BGH Urt. v. 16.1.2013 – VI ZR 94/11).

Der Versicherer seinerseits kann eine Krankheitskostenversicherung, die die gesetzliche Pflicht zum Abschluss einer derartigen Versicherung erfüllt, in der Regel nicht kündigen (vgl. § 206 VVG mit weiteren Einschränkungen für Krankentagegeld und Pflegekrankenversicherung).

2. Die **Versicherungspflichtgrenze**, auch Jahresarbeitsentgeltgrenze genannt, ist eine sozialversicherungsrechtliche Rechengröße. Durch sie wird die Höhe des jährlichen Bruttoarbeitsentgeltes festgelegt, ab der ein Arbeitnehmer nicht mehr in der gesetzlichen Krankenversicherung pflichtversichert ist. Ist statt eines jährlichen Bruttoarbeitsentgeltes ein Bruttomonatsgehalt vereinbart, so beträgt das Jahresarbeitsentgelt das Zwölffache des letzten vereinbarten Monatsgehaltes zzgl. Leistungen des Arbeitgebers wie Weihnachts- und Urlaubsgeld sowie weiterer Zuschläge. Da es auf das letzte vereinbarte Monatsgehalt ankommt, wird für das zugrunde zu legende Jahr nicht die im Gesamtjahr tatsächlich gezahlte Summe errechnet, sondern erhält beispielsweise der Arbeitnehmer im Monat Dezember eine Gehaltserhöhung das Zwölffache des im Dezember gezahlten Gehaltes.

Die Jahresarbeitsentgeltgrenze ist in § 5 Abs. 1 Nr. 1 iVm § 6 Abs. 1 Nr. 1 SGB V definiert. Die Höhe wird jährlich vom Bundesministerium für Arbeit und Soziales in einer Rechtsverordnung festgelegt (§ 6 Abs. 6 SGB V), die sich an der jährlichen Lohnzuwachsrate orientiert. So hat sich die Jahresarbeitsentgeltgröße in den Jahren 2002 bis 2012 von 40.500,– EUR auf 50.850,– EUR erhöht. Im Jahr 2013 liegt die allgemeine Versicherungspflichtgrenze bei 52.200,– EUR.

Überschreitet das Angestelltengehalt die Jahresarbeitsentgeltgrenze, so tritt Versicherungsfreiheit ein, dh, dass eine Versicherungspflicht in der gesetzlichen Krankenversicherung nicht mehr besteht und zwischen dem Abschluss eines Versicherungsvertrages mit einer privaten Krankenversicherung oder dem freiwilligen Verbleib in der gesetzlichen Krankenversicherung gewählt werden kann.

Liegt das voraussichtliche Jahresarbeitsentgelt angestellter Berufseinsteiger oberhalb der Versicherungspflichtgrenze, besteht ab sofort Versicherungsfreiheit in der gesetzlichen Krankheitskostenversicherung.

Wird während des laufenden Kalenderjahres die Jahresarbeitsentgeltgrenze unterschritten, so tritt Versicherungspflicht in der gesetzlichen Krankenversicherung sofort ein.

Eine Sonderregelung gilt für Arbeitnehmer, die am 31.12.2002 wegen Überschreitens der an diesem Tag geltenden Jahresarbeitsentgeltgrenze versicherungsfrei waren und sich bei einem Krankenversicherungsunternehmen versichert hatten. Für diesen Personenkreis gilt die allgemeine Beitragsbemessungsgrenze in der Sozialversicherung, im Jahr 2013 jährlich 47.250,– EUR.

Damit kann der angestellte Rechtsanwalt ebenso wie der angestellte Berufseinsteiger, dessen Arbeitseinkommen über der Jahresarbeitsentgeltgrenze liegt, entscheiden, ob er sich freiwillig in der gesetzlichen Krankenversicherung weiter versichert oder ob er für sich und ggf. seine Angehörigen in die private Krankheitskostenversicherung wechselt.

3. Bei **Beginn der Selbständigkeit** besteht ebenfalls die **Wahl zwischen einer freiwilligen** Versicherung in der gesetzlichen Krankenversicherung **und dem Abschluss einer privaten Krankheitskostenversicherung**. Diese wiederum kann in der typischen Form der erhöhten und verbesserten Leistungen gegenüber der gesetzlichen Krankenversicherung abgeschlossen werden oder in Form des Basistarifs.

Die Höhe der Versicherungsprämie wird ganz wesentlich von dem Lebensalter bei Eintritt in die private Krankenversicherung bestimmt. Für junge, selbständige Berufsanfänger ohne Familie ist die Versicherungsprämie häufig niedriger als in der gesetzlichen Krankenversicherung. Bedacht werden muss allerdings, dass in der privaten Krankheitskostenversicherung für jede zu versichernde Person ein gesonderter Vertrag abzuschließen ist, während der nicht berufstätige Ehepartner und minderjährige Kinder in der gesetzlichen Krankenversicherung beitragsfrei mitversichert sind.

Daher können sich die für Versicherungsbeiträge aufzuwendenden Kosten bei einer Familie mit Kindern schnell aufsummieren und die Höhe der Kosten einer gesetzlichen Krankenversicherung erreichen oder überschreiten.

Der angestellte Rechtsanwalt, dessen Einkommen die Beitragsbemessungsgrenze überschreitet, steht wie der selbständige Berufsanfänger vor der Frage, ob sich angesichts seines erhöhten Eintrittsalters der Abschluss einer privaten Krankheitskostenversicherung lohnt, auch im Hinblick auf den Umstand, dass, wenn der Ehepartner berufstätig ist, minderjährige Kinder bei ihm mitzuversichern sind. Ist der Ehepartner des die Jahresarbeitsentgeltgrenze überschreitenden Angestellten selbst in der gesetzlichen Versicherung unterhalb der Jahresarbeitsentgeltgrenze pflichtversichert, können die minderjährigen Kinder nicht beitragsfrei in der gesetzlichen Versicherung bei dem weniger verdienenden Partner verbleiben, sondern es sind ebenfalls Verträge in der privaten Krankenversicherung abzuschließen.

4. Die private Krankheitskostenversicherung bietet die Möglichkeit, innerhalb der gesetzlichen Vorgaben einen auf die jeweilige persönliche Situation abgestimmten umfassenden Versicherungsschutz abzuschließen. Durch die private Krankheitskostenversicherung kann eine **Vielzahl von Risiken** abgedeckt werden, die die gesetzliche Krankenversicherung nicht umfasst. Insbesondere für den gut verdienenden Versicherungsnehmer bietet sich die Möglichkeit, genau den Schutz zu wählen, der seinen Erfordernissen entspricht und sich einen besonders umfassenden und hochwertigen Schutz zu verschaffen.

Bedacht werden sollte jedoch, dass die medizinischen Leistungserbringer in der privaten Krankenversicherung direkt mit dem Versicherungsnehmer abrechnen, so dass ein zusätzlicher Aufwand im Rahmen der Geltendmachung von Leistungen bei dem Krankenversicherer besteht und eine Zahlungskontrolle erforderlich ist. Es sollte jedoch darauf geachtet werden, dass der Versicherungsschutz bezahlbar bleibt, da aufgrund der sehr wahrscheinlich steigenden Kosten in der privaten Krankenversicherung auch die Prämien steigen werden.

Wer den Abschluss einer privaten Krankheitskostenversicherung erwägt, sollte sämtliche in § 3 der VVG-InfoV aufgestellten Kriterien im Hinblick auf seine persönliche Situation genauestens prüfen.

Unter anderem wird dem privaten Krankheitskostenversicherer auferlegt, Angaben zu den Kosten zu machen, Hinweise auf die Möglichkeiten zur Beitragsbegrenzung im Alter zu geben und insbesondere eine Übersicht über die Beitragsentwicklung im Zeitraum der dem Angebot vorangehenden 10 Jahre zu erstellen.

Vergleichsmaßstab nach § 3 Abs. 1 Ziffer 7 der VVG-InfoV ist eine Person des gleichen Geschlechtes wie der Antragsteller mit einem Eintrittsalter von 35 Jahren.

Dem Versicherungsinteressenten wird damit die Möglichkeit geboten, Beitragssteigerungen, die in der Vergangenheit stattfanden, auf die Zukunft zu projizieren und die möglichen Beitragssteigerungen abzuschätzen.

Diese Bestimmung trägt dem Umstand Rechnung, dass die private Krankenversicherung jüngeren, gesunden Person im Vergleich zur gesetzlichen Krankenversicherung, attraktive Prämien und Bedingungen bietet, die allerdings durch im Laufe der Zeit erfolgende Prämienerhöhungen vollkommen entwertet werden können.

5. Die **Höhe der Prämie** in der privaten Krankenversicherung wird maßgeblich bestimmt durch das Eintrittsalter und die Anzahl der zu versichernden Personen. Ist nur ein Ehepartner berufstätig, ist in der gesetzlichen Krankenversicherung der andere Ehepartner kostenfrei mitversichert. In der privaten Krankheitskostenversicherung sind für jeden Ehepartner entweder getrennte Verträge abzuschließen oder beide Ehepartner werden in einem Vertragswerk versichert, häufig in der Konstellation, dass der eine Versicherungsnehmer ist, der andere versicherte Person. Es findet jedoch für jede Person eine getrennte Risikoprüfung statt. Die Versicherungsprämie wird für jeden individuell ermittelt und kalkuliert.

Auch für Kinder ist jeweils ein eigener Beitrag zu bezahlen.

Ist ein Elternteil privat versichert, der Ehepartner jedoch in der gesetzlichen Krankenversicherung, so ist die beitragsfreie Mitversicherung der gemeinsamen Kinder in der gesetzlichen Krankenversicherung nur dann möglich, wenn der andere Ehepartner nicht mehr verdient und sein Gesamteinkommen regelmäßig im Monat über 1/12 der Jahresarbeitsentgeltgrenze liegt (§ 10 Ab. 3 SGB V).

Neugeborene Kinder können in der privaten Krankheitskostenversicherung ohne Gesundheitsprüfung und Wartezeit innerhalb von zwei Monaten nach der Geburt versichert werden.

Die Beitragssteigerungen in der gesetzlichen Krankenversicherung (GKV) und der höchste Beitrag lassen sich der nachfolgenden Tabelle entnehmen:

**Beitragssteigerungen und Höchstbeiträge
in der GKV von 2008 bis 2012**

Jahr	Beitragssteigerung	Höchster Beitrag
2012	3,03 %	592,88 EUR
2011	2,99 %	575,44 EUR
2010	– 1,91 %	558,75 EUR
2009	6,20 %	569,63 EUR
2008	6,03 %	536,40 EUR

Quelle: Handelsblatt vom 15.2.2013

6. Der Versicherer nimmt, soweit ein Kontrahierungszwang nicht besteht, bei Abschluss des Vertrages eine **Risikoprüfung** vor. Dh, dass sämtliche zu versichernden Personen detailliert und eingehend nach ihrem Gesundheitszustand in Textform gefragt werden. Ergibt sich dabei, dass bereits Krankheiten, Leiden oder Beschwerden bestehen, kann der Versicherer den Vertragsschluss davon abhängig machen, dass eine erhöhte Prämie gezahlt wird oder ein Risikoausschluss vorgenommen wird. Sollte der Vertragsabschluss trotz Risikoausschluss gewünscht werden, empfiehlt es sich, genauestens die

Formulierung des Risikoausschlusses zu prüfen, damit dieser nicht zu weit geht oder es später zu Abgrenzungsstreitigkeiten kommt.

7. Viele Tarifwerke enthalten **Selbstbeteiligungen**, dh, die Versicherung zahlt erst dann, wenn die jährlichen oder monatlichen Kosten für medizinische Leistungserbringer und Medikamente den Selbstbeteiligungsbetrag übersteigen.

Der maximale Selbstbehalt von 5.000,– EUR pro versicherter Person darf allerdings nicht überschritten werden. Dies bedeutet andererseits, dass eine Familie mit zwei Kindern, die die Höhe der möglichen Selbstbehalte ausschöpft, beispielsweise bei unfallbedingten Behandlungskosten bis zu 20.000,00 EUR pro Jahr selbst zu zahlen hat. Eine Verminderung des Selbstbehaltes kann der Versicherer von einer erneuten Gesundheitsprüfung abhängig machen.

8. Neben den frei wählbaren und kombinierbaren Tarifen zur Erfüllung der Krankenversicherungspflicht im Sinne des § 193 Abs. 3 VVG existiert der **Basistarif**, der **Standardtarif** und ein sog. **Notlagentarif**. Die privaten Krankenversicherer wurden vom Gesetzgeber verpflichtet ab 1.1.2009 den sog. Basistarif anzubieten. Die Leistungen im Basistarif entsprechen denen der gesetzlichen Krankenversicherung. Wie in der gesetzlichen Krankenversicherung auch spielen Vorerkrankungen und Risikozuschläge keine Rolle. Den privaten Krankenversicherungsunternehmen wurde vom Gesetzgeber vorgegeben, dass der Basistarif eine maximale Beitragshöhe nicht überschreiten darf, die im Wesentlichen dem durchschnittlichen Höchstbeitrag in der gesetzlichen Krankenversicherung entspricht. Dieser lag im Jahr 2008 bei rund 535,– EUR pro Monat. Auch wenn der Versicherte in den Ruhestand eintritt, findet eine Ermäßigung im Basistarif nicht statt. Dieser orientiert sich nach wie vor an dem durchschnittlichen Höchstbeitrag in der gesetzlichen Krankenversicherung.

Allerdings wird im Unterschied zur gesetzlichen Krankenversicherung im Basistarif auch für jede versicherte Person ein Beitrag erhoben. Der Verband der privaten Krankenversicherung e. V. hat, Stand Anfang 2013, **eine Leistungsübersicht der privaten Krankenversicherung (PKV-Tarife), der gesetzlichen Krankenversicherung (GKV) und des Basistarifs** veröffentlicht, die nachfolgend auszugsweise wiedergegeben wird:

	PKV-Tarife	**GKV**	**Basistarif**
I. Leistungs-grundsatz	medizinische Notwendigkeit	Leistungen müssen ausreichend, zweckmäßig und wirtschaftlich sein; sie dürfen das Maß des Notwendigen nicht überschreiten	wie GKV
II. Umfang des Versicherungsschutzes	Freie Tarifwahl; vom Grundschutz bis zum Spitzenschutz	Leistungen ganz überwiegend durch Gesetz vorgegeben; geringe Abweichung zwischen Kassen möglich	per Gesetz vorgegeben; einheitlicher Tarif bei allen Anbietern
III. Zukunftssicherheit	Privatrechtliches Vertragsprinzip: Eingriffe in den Leistungsumfang weder durch Politik noch Versicherung möglich; lebenslange Garantie des versicherten Leistungsumfangs	Gesetzgeber kann jederzeit den Leistungsumfang verändern	Gesetzliche Eingriffe in die GKV werden übernommen

	PKV-Tarife	GKV	Basistarif
IV. Innovationen; medizinischer Fortschritt	Innovationen und medizinischer Fortschritt sind Bestandteil des Versicherungsschutzes	Neue Methoden und Verfahren sind nicht automatisch im Leistungskatalog enthalten; zB muss für neue Therapien in der ambulanten Versorgung grundsätzlich eine Genehmigung vorliegen. Für neue Arzneimittel ist bspw. zukünftig eine Kosten-Nutzen-Bewertung vorgesehen.	Ausschlüsse und Einschränkungen der GKV müssen übernommen werden
V. Leistungen			
1. Arzt	• Status als Privatpatient • vollständig freie Wahl unter allen ambulant tätigen Ärzten; auch ambulant tätigen Krankenhausärzten • höhere Vergütung begünstigt Erbringung zeitintensiver Leistungen und rasche Terminvergabe • Arztwechsel jederzeit möglich	• Vertragsärzte • eingeschränkte Inanspruchnahme von ambulanten Leistungen im Krankenhaus • Budgets erschweren zuweilen die Terminabsprache	• Vertragsärzte • eingeschränkte Inanspruchnahme von ambulanten Leistungen im Krankenhaus • GKV-ähnliche Vergütung erschwert zuweilen die Terminabsprache
2. Arzneimittel	• alle zugelassenen Arzneimittel im Rahmen der medizinischen Notwendigkeit • Erstattung in Höhe der tatsächlichen Preise • keine Arzneimittelbudgets	• rezeptpflichtige Arzneimittel • nicht rezeptpflichtige Arzneimittel nur in Ausnahmefällen • keine Leistung bei geringfügigen Gesundheitsstörungen • Erstattung meist durch Festbeträge begrenzt • Rabattverträge legen fest, welche Medikamente erstattungsfähig sind • viele Regelungen zur „wirtschaftlichen" Verordnung von Arzneimitteln	wie GKV, Zuzahlung auf 6 EUR je Arzneimittel begrenzt

	PKV-Tarife	GKV	Basistarif
		• hoher Anteil von Nachahmer- Medikamenten gegenüber Originalpräparaten • Zuzahlungen bis zu 10 EUR	Erstattet wird idR die Höhe des preisgünstigsten Nachahmermedikaments derselben Wirkstoffgruppe
3. Heilpraktiker	tarifabhängig	nein	nein
4. Heilmittel	• freie Wahl der Leistungsanbieter (zB Physiotherapie, Logopädie etc.) • individueller Umfang je nach medizinischer Notwendigkeit	• freie Wahl der Leistungsanbieter • nur bei bestimmten Erkrankungen • Begrenzung der Verordnungsmenge auf den „Regelfall"; besondere Mengenbeschränkungen zB für Massagen • Zuzahlungen: 10 % der Kosten und 10 EUR je Verordnung	wie GKV; Zuzahlungen von 2 EUR je Heilmittel und 10 EUR pro Vereinbarung
5. Hilfsmittel	• tarifindividuelle Regelung	• Leistung nach Hilfsmittelverzeichnis • Zuzahlungen von 5 EUR bis 10 EUR • Anspruch auf Sehhilfen nur in Ausnahmefällen	wie GKV; Zuzahlungen 8 EUR bis 10 EUR
6. Krankenhaus	• freie Krankenhauswahl • idR Chefarztbehandlung • idR Unterbringung im Ein- oder Zweibettzimmer	• Mehrbettzimmer • Krankenhauswahl: Einweisung durch Arzt erforderlich; Patient ist an Hinweisungsentscheidung gebunden • Zuzahlung von 10 EUR/Tag (bis zu 28 Tage) • kein Anspruch auf Behandlung durch bestimmten Arzt	wie GKV

	PKV-Tarife	GKV	Basistarif
7. Rehabilitation	• idR begrenzt auf Anschlussheilbehandlung • Ergänzung um Kurtarife möglich	• Anschlussheilbehandlung; Zuzahlung von 10 EUR/Tag (bis zu 28 Tage) • Rehabilitation; Zuzahlung von 10 EUR/Tag	wie GKV
8. Psychotherapie	Unterschiedlicher Leistungumfang je nach Tarif	• Genehmigung nach Begutachtung • gesetzlich vorgegebener Leistungsumfang: bei definierter seelischer Krankheit und wenn Behandlungserfolg erwartet werden kann	wie GKV; nach Genehmgiung durch PKV/Beihilfe

Weitere Hinweise unter www.pkv.de. Soweit die PKV tarifabhängige Leistungen anbietet, ist genau zu fragen, in welchem Umfang Leistungen gewährt werden.

• So werden Leistungen für Psychotherapie häufig in ihrem Umfang beschränkt (zB 60 Stunden pro Jahr), häufig wird die Inanspruchnahme von Leistungen von einer vorherigen schriftlichen Zusage des Versicherers abhängig gemacht.
• Die Inanspruchnahme von Heilpraktikern ist nicht automatisch mitversichert; es muss vereinbart werden, wie und unter welchen Umständen neben Schulmedizinern auch Heilpraktiker in Anspruch genommen werden können.
• Gemischte Anstalt: Es gibt Kliniken, die sowohl Akutbehandlungen durchführen als auch der Rehabilitation oder als Sanatorium dienen. Hierbei handelt es sich um sog. gemischte Anstalten, die nach vielen Tarifbedingungen in der PKV von der versicherten Person nur dann aufgesucht werden dürfen, wenn zuvor eine schriftliche Leistungszusage des Versicherers vorliegt.
Es ist darauf zu achten, dass die Behandlung in sog. gemischten Anstalten möglichst versicherungsnehmerfreundlich ausgestaltet ist. Nicht immer hat die versicherte Person die Möglichkeit, vor Einweisung in eine gemischte Anstalt das schriftliche Einverständnis des Krankheitskostenversicherers einzuholen, so dass häufig Auseinandersetzungen vorprogrammiert sind.
• Heil- und Hilfsmittel: In zahlreichen Tarifbestimmungen ist eine Aufzählung der erstattungsfähigen Hilfsmittel enthalten, bei Abschluss des Vertrages sollte jedoch geprüft werden, ob diese Liste aus Sicht des Versicherers abschließend zu verstehen ist oder lediglich beispielhaft.

Auch im Standardtarif erbringt die private Krankenversicherung Leistungen, die mit dem Versicherungsschutz in der gesetzlichen Krankenversicherung vergleichbar sind. Der Standardtarif hat eine soziale Schutzfunktion und ist nur für bestimmte Personengruppen zugänglich, insbesondere Altersrentner und Erwerbsunfähige. Die einzelnen Aufnahmekriterien sind:

• Vollendung des 65. Lebensjahres mit mindestens zehnjähriger Zeitdauer der Vollversicherung in der privaten Krankenversicherung
• Vollendung des 55. Lebensjahres mit mindestens zehnjähriger Zeit der Vollversicherung in der privaten Krankenversicherung und einem Einkommen unter der aktuellen Versicherungspflichtgrenze

- Erwerbsunfähigkeit mit einem Einkommen unter der aktuellen Versicherungspflichtgrenze bei mindestens zehnjähriger Vollversicherung in der PKV.

Der Standardtarif kommt nur für Versicherte in Betracht, die ihre Verträge vor dem 1.1.2009 abgeschlossen haben; alle anderen privat Versicherten werden auf den Basistarif verwiesen.

Die Deckelung des Standardtarifs auf den durchschnittlichen Höchstbeitrag in der gesetzlichen Krankenversicherung bedeutet nicht, dass dieser Höchstbetrag auch tatsächlich gezahlt werden muss. Vielmehr wird im Einzelfall geprüft, wie lange die Vorversicherungszeit dauerte und welches Eintrittsalter dem Wechsel in den Standardtarif zugrunde zu legen ist. D. h. im Standardtarif kommen den langjährigen privat Versicherten die Altersrückstellungen des bisherigen Tarifs zugute.

Für Ehepaare oder eingetragene Lebenspartnerschaften nach dem Lebenspartnerschaftsgesetz gilt, dass bei einer Versicherung im Standardtarif zusammen maximal 150 % des durchschnittlichen Höchstbeitrags in der gesetzlichen Krankenversicherung zu zahlen sind, wenn die Summe der Einkünfte im Sinne des Einkommensteuerrechts unter der Jahresarbeitsentgeltgrenze liegt.

Schließlich existiert seit dem 1.8.2013 ein sog. Notlagentarif. Viele privat Versicherte konnten aufgrund der nicht unerheblichen Prämiensteigerungen in der privaten Krankenversicherung die Beiträge nicht mehr bezahlen und haben erhebliche Beitragsschulden aufgehäuft. Da diese zusätzlich zu verzinsen sind, ist insbesondere bei persönlichen Schicksalsschlägen ein Schuldenabbau nur schwer möglich. Im Notlagentarif besteht Anspruch auf Behandlung bei akuten Erkrankungen, Kinder haben ein Recht auf Vorsorgeuntersuchungen, Früherkennung und Impfungen, Schwangere und jüngere Mütter können Zusatzleistungen beanspruchen. Der Beitrag im Notlagentarif beträgt zwischen 100,– EUR und 125,– EUR. Altersrücklagen werden in dem Tarif nicht gebildet; sind alle Beitragsrückstände abgebaut, kann der privat Versicherte in den zuvor bestehenden Tarif zurückkehren.

3. Checkliste: Krankentagegeldversicherung/ Krankenhaustagegeldversicherung

☐ Gesetzliche Rahmenbedingungen[1]
☐ Leistungsvoraussetzungen der Krankenhaustagegeldversicherung[2]
☐ Leistungsvoraussetzungen der Krankentagegeldversicherung[3]
☐ Verweisung auf eine andere Tätigkeit/Umorganisation[4]
☐ Berufswechsel[5]
☐ Gerichtliches Verfahren[6]

Anmerkungen

1. Die **Krankenhaustagegeldversicherung** ist in § 192 IV VVG geregelt, die **Krankentagegeldversicherung** in § 192 V VVG. Beide Versicherungen sollen den Verdienstausfall ersetzen, den der angestellte oder selbständige Rechtsanwalt durch Krankheit bzw. durch stationäre Aufnahme wegen einer medizinisch notwendigen Heilbehandlung erleidet. In der Krankentagegeldversicherung wird in der Regel eine Karenzzeit vereinbart, nach deren Ablauf die Leistungspflicht des Versicherers beginnt. Für den angestellten Rechtsanwalt empfiehlt sich daher eine Karenzzeit für die Dauer der Lohnfortzahlung im Krankheitsfall zu vereinbaren.

Der selbständige Rechtsanwalt sollte anhand seiner konkreten finanziellen und beruflichen Situation abschätzen, wie lange er in der Lage ist, Einnahmeausfälle durch Krankheit aus seinem Vermögen abzudecken.

2. Sofern nichts anderes vereinbart ist, tritt der **Versicherungsfall** durch die medizinisch notwendige stationäre Heilbehandlung ein. Die stationäre Behandlung setzt die Aufnahme des Patienten über Nacht voraus. Die Versicherungsbedingungen können vorsehen, dass Krankenhaustagegeld für jeden vollen Tag (24 Stunden) geleistet wird, so dass eine kürzere stationäre Aufnahme nicht zu einem Anspruch des Patienten führt.

Ist in dem Bedingungswerk nicht geregelt wie bei teilstationären Behandlungen zu verfahren ist, so wird aufgrund der Unklarheitenregelung des § 305 c Abs. 2 BGB Krankenhaustagegeld geschuldet (vgl. VersR 86, 883=NJW 86, 288; VersR 87, 354; VersR 90, 843).

Der Nachweis, dass eine stationäre Behandlung stattgefunden hat, ist durch den Versicherungsnehmer zu führen. Bestreitet der Versicherer die medizinische Notwendigkeit des Aufenthaltes, so muss der Versicherungsnehmer durch Vorlage des Abschlussberichtes des Krankenhauses und unter Berücksichtigung der Vorschrift des § 213 VVG die Ärzte von der Schweigepflicht entbinden (VersR 2004, 504). Wird das Zeugnis des behandelnden Arztes über die medizinische Notwendigkeit nicht akzeptiert, ist zum Nachweis ein Sachverständigengutachten einzuholen (OLG Koblenz VersR 2010, 204).

3. In der Krankentagegeldversicherung ist Leistungsvoraussetzung, dass die versicherte Person **infolge einer Krankheit oder eines Unfalles arbeitsunfähig** wird. Die Arbeitsunfähigkeit muss vollständig in dem konkret ausgeübten Beruf vorliegen, auf die Frage, ob eine andere Tätigkeit ausgeübt werden kann, kommt es nicht an.

Der selbständig tätige Rechtsanwalt, der wegen einer Erkrankung seiner Berufstätigkeit nur noch mit großen Einschränkungen nachgehen kann, hat keinen Anspruch gegenüber dem Krankentagegeldversicherer (OLG Celle Urt. v. 24.11.2011 – 8 U 173/11). Das Oberlandesgericht hatte den Fall eines freiberuflich tätigen Rechtsanwalts zu beurteilen, der nach einem leichten Schlaganfall unter einer Lesestörung litt. Ein von dem Gericht beauftragter Sachverständiger kam zu dem Ergebnis, dass der Kläger zumindest Texte einfach gelagerter Sachverhalte lesen, sie verstehen und adäquat hierauf reagieren kann. Damit war aus Sicht des Gerichts der Kläger nicht vollständig arbeitsunfähig, so dass die Leistungsverpflichtung des Krankentagegeldversicherers entfiel.

Das Gericht hat ausdrücklich darauf abgehoben, dass es nicht darauf ankommt, dass das Lesen von Texten für den Kläger mit einem erheblichen Zeitaufwand verbunden ist und er als Rechtsanwalt daher wesentlich weniger Mandate bearbeiten kann bzw. nur noch zu beruflichen Teilleistungen in der Lage ist.

Das Oberlandesgericht Köln (Urt. v. 24.8.2013 – 20 U 77/12) hat entschieden, dass Teilleistungen in der Krankentagegeldversicherung nicht möglich sind, da nach den Bedingungen nur bei vollständiger Arbeitsunfähigkeit ein Anspruch auf Versicherungsleistungen entsteht. Das Gericht sah den Kläger durch diese Klausel auch nicht unangemessen benachteiligt. Eine Quotelung des Anspruchs auf Krankentagegeld kommt daher nicht in Betracht.

Andererseits hat das OLG Karlsruhe geurteilt, dass, wenn zwar noch Teilbereiche der beruflichen Tätigkeit wahrgenommen werden können, jedoch keine Möglichkeit besteht, selbst wertschöpfend tätig zu sein, die Arbeitsunfähigkeit zu bejahen ist, auch wenn der Versicherte noch seinen Beruf ausüben kann und Hilfspersonal einarbeiten kann (VersR 2003, 761).

Der Versicherungsschutz endet mit Eintritt einer Berufsunfähigkeit. In diesem Falle hat der Berufsunfähige die Möglichkeit eine sog. Anwartschaftsversicherung abzuschließen,

d. h. dass für den Fall des Entfalls der Berufsunfähigkeit der Versicherungsschutz in der Krankentagegeldversicherung wieder auflebt.

Der Begriff der Berufsunfähigkeit in der Krankentagegeldversicherung ist nicht identisch mit dem Begriff der Berufsunfähigkeit im Sinne der Berufsunfähigkeitsversicherung (vgl. § 2 Abs. 4 VVG-InfoV).

Wendet der Krankentagegeldversicherer ein, seine Leistungspflicht sei wegen Berufsunfähigkeit entfallen und kann er dieses entsprechend nachweisen, bedeutet dies nicht automatisch, dass der Berufsunfähigkeitsversicherer das Vorliegen einer Berufsunfähigkeit bejaht.

Zu beachten ist, dass in vielen Bedingungswerken (§ 4 Abs. 2 MB-KT 94/2008/2009) geregelt ist, dass das Krankentagegeld zusammen mit anderen Krankentage- oder Krankengeldern das auf den Kalendertag umgerechnete, aus der beruflichen Tätigkeit herrührende, Nettoeinkommen nicht übersteigen darf. Ist beispielsweise die Arbeitsunfähigkeit infolge eines Unfalles eingetreten und besteht eine Unfallversicherung, in der die Leistungsart Krankentagegeld versichert ist, so kann der Versicherer das aus der Krankentagegeldversicherung zu zahlende Krankentagegeld entsprechend kürzen, wenn durch beide Krankentagegelder zusammen das kalendertägliche Nettoeinkommen überschritten wird.

4. Der Versicherungsnehmer muss sich **nicht auf ein anderes Tätigkeitsfeld verweisen lassen**, das grundsätzlich zum Berufsbild des Rechtsanwaltes gehört und zu dessen Ausübung er in der Lage ist. Hat der Rechtsanwalt vor seiner Erkrankung die Erledigung von Arbeiten Mitarbeitern übertragen und könnte er die übertragenen Tätigkeiten selbst ausüben, allerdings jedoch nicht seine konkrete Tätigkeit, ist er nicht verpflichtet, zur Vermeidung der Arbeitsunfähigkeit, eine Rückübertragung auf sich vorzunehmen (vgl. *Prölss/Martin/Voit* § 192 Rn. 12). Ebensowenig ist der Selbständige verpflichtet, seine Berufsausübung umzuorganisieren und ggf. unter Kapitaleinsatz Arbeitsmittel zu beschaffen, um auf diese Weise die Voraussetzung für die Wiedererlangung der Arbeitsfähigkeit zu schaffen.

5. Wechselt der Rechtsanwalt von der unselbständigen Erwerbstätigkeit in die **Selbständigkeit** und gilt der von ihm gewählte Tarif nur für Angestellte, so fällt zwar die Versicherungsfähigkeit in dem gewählten Tarif fort, es besteht allerdings ein Anspruch aus entsprechender Anwendung der Vorschrift des § 204 VVG oder jedenfalls aus dem Grundsatz von Treu und Glauben auf Versicherung in einem Tarif, der der neuen Tätigkeit Rechnung trägt und zwar unter Berücksichtigung des bisherigen Eintrittsalters sowie erbrachter Altersrückstellungen (*Beckmann/Matusche-Beckmann/Tschersich* Versicherungsrechts-Handbuch § 45 Rn. 32).

6. In der **Deckungsklage** ist substantiiert zu den gesundheitlichen Beschwerden, der bisher ausgeübten Berufstätigkeit sowie zur vollständigen Arbeitsunfähigkeit vorzutragen. Beruft sich der Versicherer auf Risikoausschlüsse, hat er diese zu beweisen, ggf. auch, dass der Kläger seiner beruflichen oder einer anderweitigen Tätigkeit nachgeht.

In Ausnahmefällen kann der Anspruch auf Krankentagegeld im Wege einer einstweiligen Verfügung geltend gemacht werden. Voraussetzung ist allerdings ein eidesstattlich unterlegter Vortrag zu einer existenziellen materiellen Notlage. Besteht jedoch die Möglichkeit zur Inanspruchnahme von Sozialleistungen, so lehnt die überwiegende Rechtsprechung die Leistungsverfügung ab (LG Leipzig r+s 2005, 114).

Allerdings wird auch vertreten, dass allein der Anspruch auf öffentlich-rechtliche Leistungen die Notlage noch nicht behebt und der zivilrechtliche einstweilige Rechtsschutz das effektivere Mittel zur Existenzsicherung darstellt. Der mit der Leistungsverfügung zuzusprechende Anspruch muss dann allerdings nicht die Höhe des vereinbarten Krankengeldes erreichen, sondern ist auf die Zuerkennung eines Geldbetrages beschränkt, der die glaubhaft gemachte existenzielle Notlage beseitigt (vgl. *Beckmann/ Matusche-Beckmann/Tschersich*, Versicherungsrechts-Handbuch § 45 Rn. 146a).

4. Checkliste: Private Pflegeversicherung

☐ Gesetzliche Rahmenbedingungen[1]
☐ Leistungsumfang[2]
☐ Feststellung der Pflegebedürftigkeit[3]
☐ Pflegezusatzversicherung[4]
☐ Pflegekostenversicherung[5]
☐ Pflegetagegeldversicherung[6]
☐ Pflegerentenversicherung[7]

Anmerkungen

1. Mit Abschluss der privaten Krankheitskostenversicherung besteht auch die **Pflicht zum Abschluss einer privaten Pflegepflichtversicherung.**

Innerhalb von sechs Monaten nach dem Abschluss der privaten Krankheitskostenversicherung kann sich der Versicherungsnehmer auch für den Abschluss eines Pflegeversicherungsvertrages bei einem anderen Unternehmen entscheiden. Die Leistungen sind allerdings gesetzlich geregelt und somit bei allen privaten Krankenversicherungen gleich, die Höchstbeiträge ebenso. Damit spricht vieles dafür, das Pflegerisiko bei dem gleichen Versicherer abzusichern wie das Krankheitsrisiko.

Der **gesetzliche Rahmen** für die private Pflegepflichtversicherung ergibt sich aus **§ 110 Abs. 3 SGB XI.** Neben dem Kontrahierungszwang hat der Versicherte Anspruch auf Aufnahme in die Pflegepflichtversicherung ohne Ausschluss von Vorerkrankungen oder Risikozuschlägen. Die beitragsfreie Mitversicherung der Kinder ist nach den gleichen Bedingungen wie in der sozialen Pflegeversicherung geregelt. Versicherungsnehmer, die über einen Vorversicherungszeitraum von mindestens 5 Jahren verfügen, dürfen nicht mehr bezahlen als den Höchstbeitrag in der sozialen Pflegeversicherung. Ein Leistungsanspruch besteht, wenn der Versicherte in den letzten zehn Jahren vor Abschluss der privaten Pflegepflichtversicherung mindestens zwei Jahre versichert war, für versicherte Kinder gilt die Wartezeit als erfüllt, wenn ein Elternteil sie erfüllt. Die Wartezeiten gelten sowohl für Leistungen bei ambulanter als auch bei stationärer Pflegebedürftigkeit.

Angestellten Rechtsanwälten zahlt der Arbeitgeber ein **Zuschuss** in Höhe des Beitrages, den er bei Versicherungspflicht in der sozialen Pflegeversicherung als Arbeitgeberanteil zu zahlen hätte, höchstens jedoch die Hälfte des tatsächlich zu zahlenden Beitrages. Der Höchstbeitrag in der gesetzlichen Pflegeversicherung betrug im Jahr 2013 monatlich 80,72 EUR.

Kinder sind in der privaten Pflegepflichtversicherung beitragsfrei mitversichert, bis zum 23. Lebensjahr, sofern sie nicht erwerbstätig sind. Die beitragsfreie Mitversicherung besteht bis zum 25. Lebensjahr, sofern sich die Kinder in einer Schul- oder Berufsausbildung befinden.

Außerhalb der genannten Grenzen erhalten **Schüler und Studenten, die BAföG beziehen** und Mitglied einer privaten Pflegepflichtversicherung sind, vom Amt für Ausbildungsförderung einen monatlichen Zuschuss zur Pflegepflichtversicherung in Höhe von 11,– EUR.

2. Insgesamt werden drei Pflegestufen unterschieden. Auf Grundlage der Zahlen für 2012 ergeben sich folgende Höchstbeträge in der privaten Pflegepflichtversicherung:

	Pflegestufe I	Pflegestufe II	Pflegestufe III
stationäre Pflege	1.023,– EUR	1.100,– EUR	1.550,– EUR
häusliche Pflegehilfe durch zugelassene Pflegedienste	450,– EUR	1.100,– EUR	1.550,– EUR
Zahlung eines Pflegegeldes für die Betreuung durch Pflegepersonal (zB Angehörige)	235,– EUR	440,– EUR	700,– EUR

Quelle: PKV Datenbank

Neben den vorgenannten Pflegestufen kann ein ganz erheblicher Bedarf an allgemeiner Beaufsichtigung und Betreuung bestehen bspw. bei Demenz, psychischen Erkrankungen oder geistiger Behinderung. Dieser Personenkreis kann außerhalb der drei genannten Pflegestufen einen Leistungsanspruch nach § 45 a SGB XI haben.

Die Höchstbeträge sind gestaffelt je nach Pflegestufe und Art der Pflege, die niedrigsten Beiträge werden gezahlt für die Pflege zu Hause durch Pflegepersonen oder Angehörigen, am teuersten ist die vollstationäre Pflege.

3. Die **Feststellung der Bedürftigkeit bzw. Eingruppierung** in eine der Pflegestufen erfolgt in der privaten Pflegepflichtversicherung durch die Firma MedicProof. Diese wendet die gleichen Kriterien an wie in der gesetzlichen Pflegepflichtversicherung der medizinische Dienst der Krankenkassen. Der Hilfsbedarf des Pflegebedürftigen muss sich auf gewöhnliche und regelmäßige Verrichtungen des täglichen Lebens beziehen, die abschließend in § 14 Abs. 4 SGB XI bzw. § 61 Abs. 5 SGB XII aufgezählt werden und in die Bereiche Körperpflege, Ernährung, Mobilität und hauswirtschaftliche Versorgung unterteilt werden.

4. Da die Höchstsätze insbesondere bei stationärer Pflege und Heimunterbringung in der Pflegepflichtversicherung nicht ausreichen, werden **zusätzliche freiwillige Pflegeversicherungen** angeboten. Für das Jahr 2010 wurden durchschnittliche Kosten für die stationäre Pflege unterteilt nach Pflegestufen wie folgt ermittelt:

	Pflegestufe I	Pflegestufe II	Pflegestufe III
durchschnittliche monatliche Heimkosten (pflegebedingter Aufwand, Unterkunft und Verpflegung sowie Mehrpreis für Zweibettzimmer; durchschnittliche Werte für 2010 von 10.573 vollstationären Einrichtungen)	2.379,– EUR	2.804,– EUR	3.266,– EUR

Die Zusatzversicherungen nehmen als Versicherungsfall die Pflegebedürftigkeit des Versicherten an. Die Höhe der Versicherungsleistung ist gekoppelt an den Grad der Pflegebedürftigkeit, wobei die Pflegebedürftigkeit und Zuordnung zu einer Pflegestufe wie in der Pflegepflichtversicherung vorgenommen wird.

Seit 1.1.2013 existiert eine staatliche Förderung für private Pflegezusatzversicherungen. Die staatliche Zulage beträgt monatlich 5 EUR bzw. 60 EUR jährlich. Sie ist für alle Versicherungsnehmer gleich hoch, unabhängig von Einkommen oder Alter. Einen staatlich geförderten Pflegezusatzversicherungsvertrag kann abschließen, wer das 18. Lebensjahr vollendet hat, in der sozialen oder in der privaten Pflegepflichtversicherung versichert ist und keine Leistungen aus der Pflegeversicherung bezieht. Eine Gesundheitsprüfung findet nicht statt, Risikozuschläge und Risikoausschlüsse sind nicht zulässig. Die Höhe der Versicherungsprämie hängt ausschließlich vom Eintrittsalter des Versicherungsnehmers bei Vertragsabschluss und der Höhe der vertraglichen Leistungen ab. Vereinbart werden kann ein Pflegetagegeld oder Pflegemonatsgeld. Es müssen für jede Pflegestufe Leistungen vorgesehen sein, in der Pflegestufe 3 muss ein Pflegemonatsgeld von mindestens 600,– EUR vereinbart werden. Eine Dynamisierung des Vertrages ist möglich. Die Wartezeit bis zum Beginn einer Leistungspflicht des Versicherers darf höchstens 5 Jahre betragen. Der Versicherer stellt den Antrag für den Versicherten, dieser hat insoweit keinen bürokratischen Aufwand.

5. Grundlage der freiwilligen Pflegekostenversicherung können die Leistungen der Pflegepflichtversicherung sein, wobei diese je nach Tarif um 20 %, 30 % oder bis zu 200 % aufgestockt werden können oder die tatsächlichen Kosten der Pflege unter Berücksichtigung der Pflegepflichtversicherung bis zu einem festgelegten Maximalbetrag gezahlt werden oder einen bestimmten Prozentsatz der tatsächlichen Kosten abdecken.

Mögliche Leistungsbestandteile einer Pflegekostenversicherung sind:
- stationäre Pflege
- teilstationäre Pflege und notwendige Beförderungen von der Wohnung zur Pflegestätte
- häusliche Pflege durch einen Pflegedienst
- häusliche Pflege durch Laien, zB Angehörige. In diesem Fall erhält der Versicherte ein Pflegegeld, da keine Kosten entstehen, die erstattet werden könnten;
- ärztlich verordnete Pflegehilfsmittel, zB Krankenfahrstühle
- Maßnahmen zur Verbesserung des Wohnumfeldes, bspw. der Einbau eines Treppen- oder Badewannenliftes, die Verbreiterung von Wohnungstüren oder das Anlegen einer Rampe für Rollstuhlfahrer;
- Kurzzeitpflege: Hierunter versteht man die Pflege in einer vollstationären Pflegeeinrichtung für maximal vier Wochen im Jahr, zB im Anschluss an eine stationäre Behandlung
- Verhinderungspflege: Eine Ersatzpflegekraft übernimmt für maximal vier Wochen im Jahr die Aufgaben einer ehrenamtlichen Pflegeperson, zB wegen Urlaub;
- Unterbringung und Verpflegung in einer stationären Pflegeeinrichtung.

6. Bei der **Pflegetagegeldversicherung** erhält der Versicherte bei Pflegebedürftigkeit das vereinbarte Tagegeld, über das er frei disponieren kann. Je nach Tarif ist es möglich, ein Tagegeld nur in Pflegestufe 3 zu versichern oder eine anteilige Zahlung des Tagegeldes der Pflegestufe 3, wenn die Pflegestufe 1 oder 2 vorliegt.

Werden 100 % des Tagegeldes in der Pflegestufe III bezahlt, so ist die Vereinbarung Zahlung von 30 % in der Pflegestufe 1 und 65 % in der Pflegestufe 2 möglich.

Es existieren auch Tarife, für die nicht prozentual festgelegt wird, wie hoch das Pflegegeld pro Pflegestufe ist, sondern individuell vereinbart werden, wobei das Tagegeld in einer niedrigeren Pflegestufe nicht höher sein darf, als das in der nächst höheren Stufe. Zusätzlich können Sonderzahlungen vereinbart werden.

7. Die **Pflegerentenversicherung** existiert vor allem als Zusatzversicherung zu einer Kapitallebensversicherung, Risikolebensversicherung oder Rentenversicherung. Tritt der Pflegefall ein, erhält der Versicherte die monatlich vereinbarte Pflegerente. Zusätzlich wird vereinbart, dass Beitragsfreiheit in der Hauptversicherung, der Kapitallebensversicherung, Risikolebensversicherung oder Rentenversicherung besteht. Besonderes Augenmerk sollte in diesem Fall auf die Laufzeit der Hauptversicherung gerichtet werden, da viele Risikolebensversicherungen und Kapitallebensversicherungen auf das 60. Lebensjahr abgeschlossen werden und altersbedingt der Versicherungsfall in der Pflegeversicherung häufig erst nach diesem Zeitpunkt eintritt. Auch bei der Rentenversicherung sollte darauf geachtet werden, dass der Beitragszahlungszeitraum häufig an einem Zeitpunkt endet, an dem die altersbedingte Pflegebedürftigkeit weniger wahrscheinlich ist. Zu beachten ist, dass Pflegebedürftigkeit nicht nur altersbedingt, sondern auch durch Unfälle und Krankheiten eintreten kann.

III. Berufsunfähigkeitsversicherung

1. Vorbemerkungen

Die Leistungen einer privaten Berufsunfähigkeitsversicherung unterscheiden sich nach den Leistungsvoraussetzungen und dem Leistungsumfang erheblich von den Leistungen der anwaltlichen Versorgungswerke. Die Satzungen der Versorgungswerke sehen die Zahlung einer Berufsunfähigkeitsrente an ihre Mitglieder vor, die Zahlung ist jedoch an eine **Vielzahl von Bedingungen** geknüpft, die in der privaten Berufsunfähigkeitsversicherung nicht oder in anderer Form bestehen.

So wird die Zahlung in den Versorgungswerken ua davon abhängig gemacht, dass
- die berufliche Tätigkeit eingestellt wird und innerhalb eines bestimmten Zeitraumes (nach der Satzung des Versorgungswerkes der Rechtsanwälte in Baden-Württemberg 18 Monate) auf die berufliche Zulassung verzichtet wird
- das 63. Lebensjahr noch nicht vollendet wurde
- für einen gewissen Zeitraum vor Eintritt der Berufsunfähigkeit Beiträge geleistet wurden, allerdings bleiben Beiträge aus Nachversicherungszeiten unberücksichtigt
- vollständige Berufsunfähigkeit besteht.

Die Höhe der Berufsunfähigkeitsrente hängt von der Anzahl der anzurechnenden Versicherungsjahre sowie der Höhe der bislang geleisteten Einzahlungen ab.

Die Leistungen aus einer privaten Berufsunfähigkeitsversicherung sind aufgrund des freiwilligen Charakters anders strukturiert, individuell bestimmbar und hängen von anderen Voraussetzungen ab.
- Vor Abschluss hat der Antragssteller eine Vielzahl von Fragen zu seinem persönlichen Gesundheitszustand zu beantworten
- der Antragsteller kann die im Versicherungsfall zu zahlende Berufsunfähigkeitsleistung der Höhe nach innerhalb bestimmter Grenzen frei wählen, d.h., die private Berufsunfähigkeitsversicherung kann als Zusatzversorgung zu den Leistungen des Versorgungswerkes ausgestaltet werden oder aber den vollen Einnahmeausfall ersetzen, dies ist allenfalls eine Frage der Prämienhöhe
- in der privaten Berufsunfähigkeitsversicherung ist in der Regel Berufsunfähigkeit nach den Versicherungsbedingungen bereits dann eingetreten, wenn die versicherte Person zu 50 % voraussichtlich auf Dauer nicht mehr in der Lage ist, ihrem bisher ausgeübten Beruf nachzugehen.

In der Regel wird davon ausgegangen, dass der Prognosezeitraum ("voraussichtlich auf Dauer"), bei ca. drei Jahren liegt.

Die **Laufzeit** einer Berufsunfähigkeitsversicherung kann frei gewählt werden, d.h., die junge Rechtsanwältin oder der junge Rechtsanwalt, der noch keine großen Ansprüche auf Leistungen aus seinem Versorgungswerk erworben hat, kann die Existenz dadurch sichern, dass der Berufsunfähigkeitsversicherungsvertrag nur bis zu dem Zeitpunkt läuft, zu dem hinreichende Ansprüche gegenüber dem Versorgungswerk bestehen und die Existenz gefestigt oder gesichert ist.

Mit den Versicherern kann auch vereinbart werden, dass ohne eine erneute Gesundheitsprüfung eine Erhöhung der Leistungen im Berufsunfähigkeitsfall gegen Zahlung einer erhöhten Prämie möglich ist.

In der privaten Berufsunfähigkeitsversicherung ist es auch nicht notwendig, dass der Versicherte bei Eintritt des Versicherungsfalles seinen Beruf ganz aufgibt. Wurde vereinbart, dass Berufsunfähigkeit bereits dann besteht, wenn der bisherige Beruf zu 50 % oder mehr nicht mehr ausgeübt werden kann, so ist eine weitere anwaltliche Tätigkeit unterhalb dieser Schwelle nach wie vor möglich.

2. Checkliste: Berufsunfähigkeitsversicherung

☐ Ermittlung des Absicherungsbedarfs[1]
☐ Bei Vertragsabschluss vorhandene Krankheiten[2]
☐ Definition der Berufsunfähigkeit sowie
   Grad der Berufsunfähigkeit, der zu einem Leistungsanspruch führt (idR 50 %)[3]
☐ Verweisung auf eine andere Tätigkeit[4]
☐ Umorganisation[5]
☐ Antragstellung bei Berufsunfähigkeit[6]
☐ Nachprüfungsverfahren[7]
☐ Gerichtliches Verfahren[8]
☐ Für die versicherte Person günstige Klauseln, die vereinbart werden können[9]

Anmerkungen

1. Zunächst sollte anhand des Lebensalters und der konkreten Situation geprüft werden, ob und ggf. in welchem Umfang das **Risiko der Berufsunfähigkeit** abzusichern ist. Hierfür empfiehlt es sich, zunächst die jährlichen Mitteilungen des jeweiligen Rechtsanwaltsversorgungswerkes zu Rate zu ziehen und zu prüfen, in welcher Höhe bei Berufsunfähigkeit das Versorgungswerk leistet und welche Voraussetzungen im Einzelnen an die Leistungen des Versorgungswerkes geknüpft sind.

Bei Beantragung der Berufsunfähigkeitsversicherung sollten dem Abschlussvermittler die Auskünfte des Versorgungswerkes zur Verfügung gestellt werden, damit dieser auch von sich aus nochmals auf Deckungslücken hinweisen kann und dementsprechend in der Lage ist, Versicherungsvorschläge zu unterbreiten.

Für die Berufsunfähigkeitsversicherung hat der Gesamtverband der Deutschen Versicherungswirtschaft e. V. (GDV) Musterbedingungen herausgegeben und Musterklauseln erarbeitet, von denen unter keinen Umständen zum Nachteil der versicherten Person abgewichen werden sollte. Es empfiehlt sich, den Versicherungsvermittler hierauf konkret anzusprechen.

2. Bei vorhandenen Erkrankungen hat der Versicherer die Möglichkeit, einen entsprechenden **Risikoausschluss** zu verlangen oder einen Risikozuschlag zu fordern. Ist die Erkrankung zu gravierend, kann der Versicherer die Annahme des Antrages insgesamt ablehnen.

Bei Vereinbarung eines Risikoausschlusses für vorhandene Krankheiten ist von Seiten des Rechtsanwalts darauf zu achten, dass dieser nicht zu weit gefasst wird und nur die konkrete Erkrankung und ihre möglichen zukünftigen Auswirkungen von einem Risikoausschluss umfasst werden. Ansonsten droht die Gefahr, dass im Versicherungsfall, wegen der weiten Fassung des Risikoausschlusses, eine Leistungserbringung abgelehnt wird, weil der Versicherer einen Zusammenhang zwischen der eingetretenen Erkrankung und dem Risikoausschluss sieht. Gegebenenfalls sollte mit dem behandelnden Arzt

Rücksprache gehalten werden, ob der Umfang des Risikoausschlusses nach der ärztlichen Erfahrung korrekt definiert ist.

Nimmt der Versicherer wegen bestehender Erkrankung eine Prämienerhöhung vor, muss geprüft werden, ob der Vertrag mit der erhöhten Prämie für die Länge der vorgesehenen Laufzeit durchgehalten werden kann.

3. Nach § 172 Abs. 2 VVG ist **berufsunfähig, wer seinen zuletzt ausgeübten Beruf,** so wie er ohne gesundheitliche Beeinträchtigung ausgestaltet war, **infolge Krankheit, Körperverletzung oder mehr als altersentsprechendem Kräfteverfall ganz oder teilweise voraussichtlich auf Dauer nicht mehr ausüben kann.** Der Grad der Berufsunfähigkeit ist maßgeblich für die Schwelle, ab der der Versicherer leisten muss. Ältere Bedingungswerke sehen vor, dass erst ab einem Grad der Berufsunfähigkeit von 75 % geleistet wird, in den ganz überwiegenden Versicherungsbedingungen, ist eine Leistung ab einem Grad der Berufsunfähigkeit von 50 % vorgesehen.

Dabei ist jedoch zu beachten, dass die exakte Einschätzung eines Prozentsatzes, zu dem Berufsunfähigkeit besteht, aus Sicht der Rechtsprechung weitgehend unbrauchbar ist (vgl. Römer/Langheid/*Rixecker* § 172 Rn. 32). Bei Beurteilung der Berufsunfähigkeit ist vielmehr die gesamte versicherte Tätigkeit zu betrachten und insbesondere auf diejenigen Tätigkeiten abzustellen die den Beruf prägen, auch wenn diese Tätigkeiten nur einen geringen Umfang haben oder auch nicht täglich anfallen, jedoch notwendigerweise mit dem Beruf verbunden sind. Ist ein forensisch tätiger Rechtsanwalt aufgrund einer psychischen Erkrankung nicht mehr konfliktfähig und sieht sich daher aus psychischen Gründen nicht mehr in der Lage, vor Gericht aufzutreten, so ist eine prägende Tätigkeit des konkret ausgeübten Berufs entfallen, so dass Berufsunfähigkeit besteht. Hat das Auftreten vor Gericht den Beruf des Rechtsanwaltes jedoch nicht geprägt, beispielsweise weil er ganz überwiegend beratend tätig war, scheidet unter Anwendung der genannten Grundsätze eine Berufsunfähigkeit aus.

Nach der gesetzlichen Definition muss die bedingungsgemäße Berufsunfähigkeit „voraussichtlich auf Dauer" bestehen. Dies bedeutet, dass eine Prognose zu stellen ist, wobei die Rechtsprechung den Prognosezeitraum mit drei Jahren angenommen hat; andererseits wird verlangt, dass darauf abzustellen ist, dass eine Besserung nach dem Stand der medizinischen Wissenschaft nicht absehbar ist (vgl. Römer/Langheid/*Rixecker* § 172 Rn. 36).

Die gesetzlichen Vorgaben des § 172 VVG können durch Allgemeine Versicherungsbedingungen zu Gunsten des Versicherungsnehmers bzw. der versicherten Person abgeändert werden. So sind Bedingungswerke anzutreffen, in denen der Prognosezeitraum („voraussichtlich auf Dauer") auf sechs Monate abgekürzt wird.

4. Nach § 172 Abs. 3 VVG kann vereinbart werden, dass bei Berufsunfähigkeit die versicherte Person **auf eine Tätigkeit verwiesen werden kann,** zu deren Ausübung sie aufgrund ihrer gesundheitlichen Situation in der Lage ist und die ihrer Ausbildung und Fähigkeiten und ihrer bisherigen Lebensstellung entspricht.

Wurde in den Versicherungsbedingungen eine entsprechende Klausel vereinbart, so kann der Rechtsanwalt auf eine andere Tätigkeit verwiesen werden, zu der er aufgrund seiner Ausbildung und Fähigkeiten in der Lage ist und die seiner bisherigen Lebensstellung entspricht.

Diese Klausel beinhaltet die sog. abstrakte Verweisung, d. h., der Anspruchsteller kann bei Berufsunfähigkeit auf das gesamte weite Feld der juristischen Tätigkeit verwiesen werden immer unter der Voraussetzung, dass die gesundheitlichen Faktoren, die zur Berufsunfähigkeit geführt haben, bei der vom Versicherer vorgeschlagenen Verweisungstätigkeit entfallen und die Lebensstellung, also der Status, sowohl vom sozialen Ansehen als auch in finanzieller Hinsicht gewahrt wird. Dabei sind auch während der Berufstätigkeit erworbene zusätzliche Kenntnisse und Erfahrungen zu berücksichtigen.

Hat zB ein Rechtsanwalt eine zusätzliche Ausbildung zum Steuerberater absolviert, diese Tätigkeit allerdings seit vielen Jahren nicht mehr ausgeübt, so kann er vom Versicherer darauf verwiesen werden, zukünftig als Steuerberater tätig zu sein, wenn in diesem Beruf die belastenden gesundheitlichen Faktoren entfallen, die zur Berufsunfähigkeit im Anwaltsberuf geführt haben. Viele neuere Bedingungswerke sehen die abstrakte Verweisung auf einen Beruf, der den Fähigkeiten und der Ausbildung sowie der bisherigen Lebensstellung der versicherten Person entspricht nicht mehr vor, so dass die Leistungseinschränkung, die durch die abstrakte Verweisung entsteht, vermieden werden kann.

Übt im obigen Beispiel der Rechtsanwalt, der gleichzeitig eine Qualifikation als Steuerberater hat, diesen Beruf nach Eintritt der Berufsunfähigkeit in dem Beruf des Rechtsanwaltes wieder aus, so kann er von dem Versicherer konkret auf diesen Beruf verwiesen werden. Es handelt sich dabei um die sog. konkrete Verweisung, die nach den Bedingungswerken immer dann möglich ist, wenn die versicherte Person in ihrem ursprünglichen Beruf berufsunfähig wurde und danach einen Beruf erlernt oder ausübt, der ihrer Ausbildung und ihren Fähigkeiten sowie ihrer bisherigen Lebensstellung entspricht.

Angesichts der vorstehenden Ausführungen ist die Frage berechtigt, ob sich der Abschluss einer privaten Berufsunfähigkeitsversicherung überhaupt empfiehlt, da viele denkbare Krankheiten und Gebrechen die Ausübung des Rechtsanwaltsberufes zu mehr als 50 % immer noch als denkbar erscheinen lassen. Andererseits sollte jedoch berücksichtigt werden, dass bereits derzeit mehr als 40 % aller Erkrankungen, die zur Berufsunfähigkeit führen, psychischer Natur sind und von der Tendenz her körperliche Leiden in Zukunft weniger eine Rolle bei der Berufsunfähigkeit spielen werden.

5. Verlangt der selbständige Versicherungsnehmer Leistungen aus dem Versicherungsvertrag und ist zunächst davon auszugehen, dass aufgrund einer medizinischen Diagnose Berufsunfähigkeit besteht, so prüft der Versicherer, ob die den Anspruchsteller belastenden medizinischen Faktoren nicht dadurch beseitigt werden können, dass die Tätigkeit des Anspruchstellers **anders organisiert** wird.

Werden Versicherungsleistungen beantragt, so verlangt der Versicherer eine ausführliche Beschreibung der üblichen Tätigkeit des Rechtsanwaltes und lässt sich zusätzlich den normalen Tagesablauf schildern. Sehr oft wird dies in Form eines Stundenplanes verlangt, so dass der typische Arbeitstag vom Morgen bis zum Abend darzulegen ist. Anhand dieser Angaben wird der Versicherer prüfen, ob und in welchem Umfang durch eine Umorganisation medizinisch belastende Faktoren vermieden werden können. Die Umorganisation muss insgesamt zumutbar sein, sachlich und wirtschaftlich sinnvoll und darf nicht zu einer reinen Verlegenheitsbeschäftigung führen (vgl. Römer/Langheid/*Rixecker* § 172 Rn. 11).

Ist beispielsweise Grund für die Berufsunfähigkeit der Umstand, dass der Antragssteller aus psychischen Gründen ihn belastende Konfliktsituationen nicht mehr erträgt, wird der Versicherer versuchen, dem Versicherten vorzugeben, wie er seinen Alltag umzugestalten hat, beispielsweise durch Ausweitung weniger konfliktträchtiger, rein beratender, Tätigkeiten.

Naturgemäß wird eine Umstrukturierung der beruflichen Tätigkeit in größeren Kanzleien, die viele Tätigkeitsfelder abdecken, eher möglich sein, als in der Einzelkanzlei oder in kleineren Sozietäten.

Es kann auch durchaus vorkommen, dass der Versicherer verlangt, für die gesundheitlich belastenden Tätigkeiten eine Vertretung einzustellen

All dies ist jedoch nur dann möglich und führt auch nur dann zum Entfall der Leistungspflicht des Versicherers, wenn der Versicherte keine maßgeblichen finanziellen

Einbußen erleidet und ihm ein sinnvolles anwaltliches Betätigungsfeld verbleibt. Dies wird gerade in der Einzelkanzlei oder der kleineren Sozietät kaum der Fall sein.

Die Rechtsprechung vertritt die Auffassung, dass zu den Gestaltungsmöglichkeiten eines Selbständigen – allerdings in engen Grenzen – die Steuerung des beruflichen Einsatzes gehört. Demnach sollen Selbstüberlastungen, „Stress", die zu Erschöpfungssyndromen und psychischen Leiden führen können, keine Berufsunfähigkeit hervorrufen, wenn sie ohne Aufgabe prägender Elemente des bisherigen Leistungsumfanges vermeidbar sind (vgl. OLG Saarbrücken r+s 2007, 70).

Nimmt der selbständige Rechtsanwalt den Versicherer gerichtlich auf Zahlung der versprochenen Berufsunfähigkeitsleistung in Anspruch, so sollte bereits in der Klageschrift dazu vorgetragen werden, dass eine Umorganisation nicht möglich ist.

6. Für die positive Leistungsentscheidung des Versicherers ist die präzise und sorgfältige Beantwortung der vom Versicherer gestellten Fragen von größter Bedeutung.

Nach Meldung des Versicherungsfalles übermittelt der Versicherer einen sehr ausführlichen **Fragebogen**, der oft mehr als 20 Seiten Umfang hat. Neben den medizinischen Sachverhalten werden detaillierte Angaben zu dem zuletzt in gesunden Tagen ausgeübten Beruf verlangt.

Es empfiehlt sich, die Berufsausübung in gesunden Tagen möglichst genau zu schildern, am besten in Form eines Stundenplanes und die die Berufsausübung prägenden Merkmale möglichst genau zu schildern. Ist ein Strafverteidiger beispielsweise aus psychischen Gründen nicht mehr konfliktfähig und dauernd belastbar, so empfiehlt es sich darzulegen, wie oft er an größeren Prozessen mit vielen Hauptverhandlungstagen durchschnittlich teilgenommen hat, wie lange die einzelnen Verhandlungstage dauerten, mit und ohne Pausen oder ggf. wie lange die Pausen waren. Selbst wenn die Teilnahme in den Hauptverhandlungen weit weniger als 50 % der Arbeitszeit des Strafverteidigers in Anspruch nahm, wird sich eine Berufsunfähigkeit dann dennoch ergeben, weil die Tätigkeit eines Strafverteidigers ohne Teilnahme an Hauptverhandlungen kaum denkbar ist und rein beratende Tätigkeiten in diesem Berufsbild kaum vorkommen.

Im Rahmen der Antragsprüfung wird der Versicherer von der Krankenversicherung des Antragsstellers eingehend Auskünfte ausholen, auch um zu prüfen, ob bei Abschluss des Vertrages anzugebende Erkrankungen, Beschwerden oder Leiden verschwiegen wurden.

Dem kann der Antragssteller auf Leistungen aus der Berufsunfähigkeitsversicherung zuvorkommen, indem er vor Absendung seines Antrages auf Leistungen selbst bei seinem Krankenversicherer Auskünfte über die in den letzten zehn Jahren vor Eintritt der Berufsunfähigkeit abgerechneten ärztlichen Leistungen einholt. Gegebenenfalls können die Auskünfte des Krankenversicherers dem einem Berufsunfähigkeitsversicherer zuzusendenden Antragsformular beigefügt werden, bereits zur Zeitersparnis. In vielen Fällen muss damit gerechnet werden, dass zwischen dem Antrag auf Leistungen und der Leistungsentscheidung des Versicherers je nach Fallgestaltung drei, sechs, neun oder auch mehr Monate vergehen können.

Dem Antragsformular sollten auch ärztliche Berichte und Befunde beigefügt werden, aus denen sich ergibt, dass bei der versicherten Person nicht nur eine vorübergehende Erkrankung vorliegt, sondern der zuletzt ausgeübte Beruf voraussichtlich auf Dauer zu mehr als 50 bzw. 75 % (je nach dem in den Allgemeinen Versicherungsbedingungen enthaltenen Grad der Berufsunfähigkeit) nicht mehr ausgeübt werden kann. Dem Selbstständigen wird empfohlen, bereits bei Antragsstellung dem Versicherer darzulegen, dass eine Umorganisation innerhalb der Kanzlei nicht möglich ist. Da der Versicherer bei den von dem Antragsteller genannten medizinischen Leistungserbringern zusätzlich Auskünfte einholen wird, ist durch den Antragsteller eine Befreiung von der ärztlichen Schweigepflicht auszusprechen. In diesem Zusammenhang sollte geprüft werden, ob die

Entbindung der ärztlichen Schweigepflicht generell gegenüber allen Behandlern erfolgt oder je nach Einzelfall. In der Regel empfiehlt sich das Letztere, da der Antragssteller dann immer konkret weiß, bei welchem Behandler Auskünfte eingeholt werden.

7. Hat der Versicherer ein **Leistungsanerkenntnis** abgegeben und zahlt er die vereinbarten Berufsunfähigkeitsleistungen, so ist er berechtigt, **in regelmäßigen zeitlichen Abständen zu überprüfen**, ob bedingungsgemäße Berufsunfähigkeit noch besteht. Der Versicherer hat zwar auch die Möglichkeit, das Leistungsanerkenntnis zeitlich zu begrenzen, dies darf jedoch nur einmal geschehen. Macht der Versicherer von dieser Möglichkeit Gebrauch, sollte er einige Monate vor Ablauf der Frist aufgefordert werden zu erklären, ob er seine Leistungspflicht weiterhin bejaht oder nicht, damit sich der Versicherte frühzeitig auf einen eventuellen Leistungsentfall einstellen kann und diesem entgegenwirken kann.

Hat der Versicherer seine Leistungspflicht unbefristet anerkannt, kann er sich hiervon nur durch das **Nachprüfungsverfahren** lösen. In den meisten Fällen teilt der Versicherer dem Versicherungsnehmer die Einleitung eines Nachprüfungsverfahrens mit und beauftragt einen Arzt mit der Überprüfung des aktuellen Gesundheitszustandes.

In diesem Zusammenhang ist strikt darauf zu achten, dass der begutachtende Arzt von dem Versicherer aufgefordert wird, **zwei Gesundheitszustände miteinander zu vergleichen**, nämlich den Gesundheitszustand, der bei Abgabe des Leistungsanerkenntnisses bestand mit dem Gesundheitszustand, wie er zum Zeitpunkt des Nachprüfungsverfahrens vorliegt. Absolut **falsch** ist es, wenn der Versicherer, was durchaus nicht selten geschieht, den Gutachter beauftragt festzustellen, ob die versicherte Person **zu mehr als 50 % wieder in der Lage** ist, **den früheren Beruf auszuüben**. In diesem Fall wird nicht hinreichend beachtet, dass das ursprüngliche Leistungsanerkenntnis bindend ist und nur wenn der Gesundheitszustand im Verhältnis zu dem Gesundheitszustand, wie er bei Abgabe des Leistungsanerkenntnisses bestand, sich gebessert hat, sich der Versicherer von seiner Zahlungsverpflichtung lösen kann. Selbst wenn das ursprüngliche Leistungsanerkenntnis auf medizinisch unrichtigen Einschätzungen oder Wertungen beruhte, kann sich der Versicherer hiervon nur dann lösen, wenn eine Verbesserung des Gesundheitszustandes eingetreten ist. Kommt der Gutachter zu dem Ergebnis, dass keine Verbesserung des Gesundheitszustandes eingetreten ist, allerdings die versicherte Person zu mehr als 50 % den früheren Beruf wieder ausüben kann, verbleibt es bei der für früheren günstigen Leistungsentscheidung des Versicherers, dessen Zahlungspflicht fortdauert.

Allein mit der gutachterlichen Feststellung, dass die Voraussetzungen der Leistungspflicht des Versicherers entfallen sind, besteht jedoch noch keine Leistungsfreiheit.

Der Versicherer hat dem Versicherungsnehmer die Verbesserung der Gesundheit ausführlich in Textform konkret darzulegen. D. h., der Versicherer muss dem Versicherungsnehmer mitteilen, welche Teiltätigkeiten seines früheren Berufes er aufgrund seines verbesserten Gesundheitszustandes wieder ausüben kann und dass dadurch der Grad der Berufsunfähigkeit weniger als 50 % beträgt.

Unterlässt es der Versicherer, dem Versicherungsnehmer detailliert die Gesundheitsveränderung darzulegen, so verbleibt es bei der Leistungspflicht des Versicherers. Auch wenn der Versicherer Gesundheitsverbesserungen detailliert dargelegt hat, tritt Leistungsfreiheit erst mit Ablauf des dritten Monats nach Zugang der entsprechenden Erklärung, die in Textform abzufassen ist, ein (zu den inhaltlichen Anforderungen an eine Nachprüfungsentscheidung OLG Karlsruhe Urt. v. 3.7.2008 – 12 U 22/08, NJW-RR 2008, 1563 = VersR 2008, 1252 und OLG Karlsruhe Urt. v. 16.6.2009 – 12 U 36/09, NJW-RR 2009, 1695 = VersR 2010, 653).

8. Zunächst stellt sich die Frage, ob der Versicherungsnehmer im Wege einer Leistungsklage oder einer Feststellungsklage vorgeht. In der Regel empfiehlt es sich, da die Leistung beziffert werden kann, bei Klageeinreichung rückständige Berufsunfähigkeitsrenten im Wege der **Leistungsklage** geltend zu machen und gleichzeitig Feststellung zu verlangen, dass der Versicherer verpflichtet ist Rentenzahlungen zu leisten, solange bedingungsgemäße Berufsunfähigkeit besteht, längstens bis zum Ablauf des Versicherungsvertrages.

Sofern der Kläger nach Eintritt der behaupteten Berufsunfähigkeit eine Stundung der Versicherungsbeiträge nicht beantragt hat bzw. die Stundung nicht gewährt wurde und weiterhin Versicherungsprämien gezahlt worden sind, können diese ebenfalls im Wege der Leistungsklage zurückverlangt werden.

In der Klageschrift ist darzulegen, dass der Kläger infolge ärztlich nachgewiesener Krankheit, Körperverletzung oder Kräfteverfalles, voraussichtlich auf Dauer außer Stande ist, seinen Beruf auszuüben. In diesem Zusammenhang wird dem Selbständigen empfohlen auch darzulegen, aus welchen Gründen eine Umorganisation nicht möglich ist; der Angestellte sollte darlegen, sofern die abstrakte Verweisung nicht ausgeschlossen ist, aus welchen Gründen er auch einer anderen Tätigkeit nicht nachgehen kann, die aufgrund seiner Ausbildung und Erfahrung ausgeübt werden könnte und die seiner bisherigen Lebensstellung entspricht. Die ärztliche Prognose, dass der Kläger voraussichtlich auf Dauer nicht in der Lage sein wird seinem bisher ausgeübten Beruf nachzugehen, ist im Einzelnen darzulegen und zu beweisen.

Im Verlauf des Prozesses hat der Kläger darauf zu achten, dass das Gericht dem ggf. zu bestellenden medizinischen Sachverständigen den in gesunden Tagen ausgeübten Beruf genauestens vorgibt und dem Sachverständigen mitteilt, welche Anforderungen die Tätigkeit an den Kläger stellt.

Der Sachverständige muss genau wissen, welchen außermedizinischen Sachverhalt er seinem Gutachten zugrunde zu legen hat, wobei er diesen Sachverhalt auch nicht aufgrund der von ihm anlässlich der Anamnese gewonnenen Erkenntnisse erweitern darf.

9. **Für die versicherte Person günstige Klauseln.**
- Der Versicherungsschutz gilt weltweit.
- Bei unverschuldeter Anzeigepflichtverletzung bei Abschluss des Vertrages verzichtet der Versicherer auf die Anwendung der Vorschriften des § 19 VVG.
- Auch wenn die Berufsunfähigkeit der versicherten Person durch innere Unruhen verursacht wurde, leistet der Versicherer, wenn die versicherte Person nicht auf Seiten der Unruhestifter teilgenommen hat. Wird der Versicherungsfall verspätet gemeldet, wird rückwirkend ab Eintritt der Berufsunfähigkeit von dem Versicherer geleistet.
- Ab dem Zeitpunkt der Geltendmachung der Ansprüche aus der Berufsunfähigkeitsversicherung bis zur endgültigen Entscheidung des Versicherers über die Leistungspflicht werden auf Antrag die Beiträge zur Versicherung gestundet.
  Der Eintritt der Berufsunfähigkeit hängt bei angestellten Beschäftigten nicht von der Möglichkeit ab, im Rahmen des Anstellungsverhältnisses den Arbeitsplatz umorganisieren zu können.
- Der Versicherer verzichtet nicht nur im Rahmen der erstmaligen Leistungsprüfung, sondern auch bei der Nachprüfung, auf die abstrakte Verweisung.

3. Mitteilung des Eintritts der Berufsunfähigkeit an den Versicherer

Versicherungsnummer: . . . . . .

Sehr geehrte Damen und Herren,

wie sich aus dem beiliegenden ärztlichen Attest ergibt, bin ich seit . . . . . . zu . . . . . . %
berufsunfähig. Eine Besserung ist nicht absehbar.

Nach den ärztlichen Feststellungen besteht die Berufsunfähigkeit voraussichtlich auf Dauer.[2]

Ich bitte mir alsbald die von Ihrem Unternehmen verwendeten Fragebögen zur Leistungsprüfung in der Berufsunfähigkeitsversicherung zu übermitteln.[3]

Mit freundlichen Grüßen

. . . . . .

(Unterschrift)

Anmerkungen

1. Die Versicherer verwenden zur Prüfung des Leistungsfalles umfangreiche eigene
Fragebogen. Zur Abkürzung der Leistungsprüfungsdauer empfiehlt es sich, gleich bei
Meldung der Berufsunfähigkeit bereits vorhandene ärztliche Unterlagen mitzusenden, in
der Regel ergibt sich aus diesen jedoch nicht der Beginn und der Prozentsatz der
Berufunfähigkeit.

2. Zusätzlich muss ärztlich bestätigt werden, dass die Berufsunfähigkeit voraussichtlich auf Dauer besteht, da sich ansonsten der Versicherer auf den Standpunkt stellen
kann, es handele sich um eine kurzfristige, vorübergehende Erkrankung.

3. Da der Grad der Berufsunfähigkeit nicht mathematisch exakt bestimmt werden kann,
sollte die ärztliche Bestätigung so formuliert werden, dass Berufsunfähigkeit mindestens zu
. . . . . . % besteht.

4. Muster-Deckungsklage

Landgericht

K L A G E

des

– Kläger –

Prozessbevollmächtigte:

Rechtsanwälte . . . . . .

g e g e n

A-Lebensversicherungs AG, vertreten durch den Vorstand, dieser vertreten durch den
Vorstandsvorsitzenden Dr. H. . . . . . .

– Beklagte –

w e g e n

Forderung aus Versicherungsvertrag

Namens und in Vollmacht des Klägers erheben wir

K L A G E

mit den Anträgen:

1. Die Beklagte wird verurteilt an den Kläger 20.000,00 EUR zzgl. Zinsen in Höhe von jeweils 5 Prozentpunkten über dem Basiszinssatz aus jeweils 2.000,00 EUR seit 1.1.2013 zu bezahlen.
2. Die Beklagte wird verurteilt ab 1.1.2013 bis längstens 31.12.2030 jeweils monatlich im Voraus, so lange bedingungsgemäße Berufsunfähigkeit besteht, 2.000,00 EUR zu bezahlen.
3. Es wird festgestellt, dass der Kläger für den bei der Beklagten unterhaltenen Vertrag mit der Nummer . . . . . . ab 1.1.2013 keine Beitragszahlungen schuldet, so lange bedingungsgemäße Berufsunfähigkeit besteht.
4. Die Beklagte trägt die Kosten des Rechtsstreits.
5. Das Urteil ist, notfalls gegen Sicherheitsleistung, vorläufig vollstreckbar.
6. Für den Fall der Anordnung des schriftlichen Vorverfahrens beantragen wir bei Vorliegen der gesetzlichen Voraussetzungen Anerkenntnis- bzw. Versäumnisurteil.

Begründung:

I.

Der Kläger macht mit der Klage Leistungen wegen Berufsunfähigkeit aus einem bei der Beklagten bestehenden Versicherungsvertrag geltend.

Versichert ist die Zahlung einer monatlichen Rente bei Berufsunfähigkeit von 2.000,00 EUR sowie Beitragsbefreiung in der Lebensversicherung bei einem Grad der Berufsunfähigkeit von mindestens 50 %.

Beweis: Versicherungsschein Nr . . . . . .
      nebst bei Abschluss des Vertrages vereinbarten
      Versicherungsbedingungen, Anlage K 1

Der Kläger ist als selbständiger Rechtanwalt berufsunfähig.

Der 1973 geborene Kläger ist seit 10 Jahren als selbständiger Rechtanwalt tätig. Seit 6 Jahren ist er tätg als Fachanwalt für Strafrecht. Er betreibt eine Einzelkanzlei als Strafverteidiger.

Der Kläger erkrankte im November 2012 an einer schweren depressiven Störung mit sog. Burn-Out-Syndrom. Die typischen Symptome einer Depression mit einer Aufhebung der psychischen und physischen Leistungsfähigkeit und Belastbarkeit, Vorliegen innerer Unruhe, Vorhandensein von Ängsten mit vegetativen Begleiterscheinungen wie Schlafstörungen und Appetitlosigkeit hinzukommend Energie- und Antriebsminderung und Reduzierung der Konzentrationsfähigkeit wurden diagnostiziert, ebenso wie eine erhebliche Minderung der Konfliktfähigkeit.

Beweis: ärztliches Attest vom . . . . . ., Anlage K 2

Der Kläger befand sich im November 2012 vom 17.11. bis 14.12.2012 in einer psycho-somatischen Klinik in stationärer Behandlung. Der Kläger wird fortlaufend behandelt durch den Arzt für Neurologie und Psychiatrie Dr. H. sowie durch den Nervenarzt und Facharzt für psychotherapeutische Medizin Dr. S.

Beweis: ärztliche Bestätigung vom . . . . . ., Anlage K 3

Die Beklagte veranlasste die Begutachtung des Klägers bei dem Sachverständigen Dr. V.

Dieser kam zu der Auffassung, der Kläger könne seinen Beruf noch zu mehr als 50 %, nämlich etwa zu 60 % ausüben.

Beweis: von der Beklagten außergerichtlich eingeholtes ärztliches Parteigutachten, Anlage K 4

Der Kläger arbeitete täglich 9–10 Stunden bei fünf bis sechs Wochenarbeitstagen. Im Einzelnen hat der Kläger an einem typischen Arbeitstag folgende Tätigkeiten ausgeführt:

08.00 Uhr bis 09.00 Uhr	letztes Aktenstudium und Mandantengespräch zur Vorbereitung des um 09.00 Uhr anstehenden Termins zur Hauptverhandlung
09.00 Uhr bis 11.00 Uhr	Strafsache beim Landgericht mit Anhörung von Zeugen und Sachverständigen
11.00 Uhr bis 12.00 Uhr	Nachbereitung und Nachbesprechung des Ergebnisses mit dem Mandanten
12.00 Uhr bis 13.00 Uhr	Telefonate mit Strafgericht und Staatsanwaltschaft wegen der Frage der Einstellung einer anderen Strafsache, Telefonate mit Mandanten
13.00 Uhr bis 14.00 Uhr	Mittagspause
14.00 Uhr bis 15.00 Uhr	Aktenstudium
16.00 Uhr bis 17.00 Uhr	Besuch in der Justizvollzugsanstalt
17.00 Uhr bis 18.00 Uhr	Mandantenbesprechung
18.00 Uhr bis 19.00 Uhr	Telefonate und pers. Besprechungen mit Mitverteidigerin einer großen Strafsache

II.

Der Kläger widerspricht der Verwertung des von der Beklagten außergerichtlich eingeholten ärztlichen Privatgutachtens. Dieses geht von unzutreffenden Voraussetzungen aus.

Zwar ist der Arbeitsumfang und die Tätigkeit des Klägers zwischen den Parteien unstreitig, der von der Beklagten eingeschaltete Gutachter hat die Tätigkeit des Klägers jedoch ausschließlich quantitativ bewertet. Dabei hat der Sachverständige angesichts des 9–10 stündigen Arbeitstages die Auffassung vertreten, dass der Kläger aufgrund seiner psychischen Erkrankung keine Gerichtstermine mehr wahrnehmen könne, ebenso sei fraglich, inwieweit konfliktträchtige Telefonate mit Strafrichtern und Staatsanwaltschaft noch geführt werden könnten, im Übrigen seien kontrovers geführte Besprechungen aufgrund der psychischen Situation nicht möglich.

Der Sachverständige hat dabei verkannt, dass gerade für den von dem Kläger als Fachanwalt für Strafrecht ausgeübten Beruf des Strafverteidigers sowohl die Teilnahme an Hauptverhandlungen als auch potenziell konfliktbeladene Telefonate und persönliche

Besprechungen mit Strafrichter und Staatsanwalt für den Beruf prägend sind. Nach der ständigen Rechtsprechung liegt eine vollständige Berufsunfähigkeit auch dann vor, wenn Anforderungen im beruflichen Alltag nur in einem zeitlich untergeordneten Umfang anfallen oder gar nicht täglich, wohl aber notwendigerweise mit ihm verbunden sind (BGH VersR 2003, 61; OLG Saarbrücken VersR 2010, 977; OLG Karlsruhe VersR 2000, 1401; OLG Oldenburg r+s 1996, 1485).

Der Kläger ist daher, da er aufgrund seiner Erkrankung psychisch nicht mehr belastbar ist und potenziell konfliktbeladene Situationen nicht mehr meistern kann, berufsunfähig.

Beweis: medizinisches Sachverständigengutachten

III.

Der Versicherungsfall trat spätestens im Dezember 2012 ein. Zu diesem Zeitpunkt nahmen die behandelnden Ärzte erstmals an, dass der die beruflichen Beeinträchtigungen verursachende gesundheitliche Zustand voraussichtlich auf Dauer bestehe und eine Besserung nach dem Stand der medizinischen Wissenschaft nicht absehbar sein.

Beweis: ärztlicher Bericht vom . . . . . . Dezember 2012

Auch derzeit ist eine Besserung des Gesundheitszustandes nach dem Stand der medizinischen Wissenschaft nicht absehbar.

Beweis: medizinisches Sachverständigengutachten

Dem als Einzelanwalt tätigen Kläger ist eine Umorganisation seiner Kanzlei nicht zuzumuten und auch nicht möglich. In den vergangenen Jahren hat der Kläger sich lokal und auch regional einen Ruf als Strafverteidiger erarbeitet. Die Mandanten, die ihn aufsuchen, erwarten, dass er sie sowohl während eines Ermittlungsverfahrens als auch in einem möglicherweise sich anschließenden gerichtlichen Verfahren und dann insbesondere in der Hauptverhandlung vertritt. Aufgrund des zwischen dem Kläger und seinen Mandanten bestehenden Vertrauensverhältnisses ist eine Übertragung der konfliktträchtigen Berufsfelder an einen anderen Rechtsanwalt nicht möglich.

Beweis: Stellungnahme der Rechtsanwaltskammer

Zudem verbliebe dem Kläger keine sinnvolle Resttätigkeit, auch wirtschaftlich ist eine Umorganisation nicht tragbar.

Beweis: Sachverständigengutachten

Der Kläger hat damit einen Anspruch auf die versicherten Leistungen.

IV.

Nach den vereinbarten Versicherungsbedingungen stehen dem Kläger Leistungen ab dem auf den Eintritt der Berufsunfähigkeit folgenden Monat zu. Da erstmals im Dezember 2012 dem Kläger bestätigt wurde, dass eine Besserung seines Zustandes nach dem Stand der medizinischen Wissenschaft nicht absehbar sei, beginnt die Leistungspflicht der Beklagten ab 1.1.2013.

Mit Antrag Ziffer 1 werden die rückständigen monatlichen Berufsunfähigkeitsrenten bis zur Klageerhebung geltend gemacht.

Mit Antrag Ziffer 2 werden die zukünftig zu zahlenden monatlichen Renten geltend gemacht, solange der Kläger bedingungsgemäß, das heißt zu mehr als 50 %, berufsunfähig ist. Der streitgegenständliche Versicherungsvertrag endet am 31.12.2030, so dass längstens bis zu diesem Zeitpunkt zu leisten ist.

Da in dem Bedingungswerk vereinbart ist, dass der Kläger zu der mit der Berufsunfähigkeitsversicherung verbundenen Kapitallebensversicherung keine Beiträge schuldet, solange Berufsunfähigkeit besteht, wird mit Antrag Ziffer 3 die Feststellung begehrt, dass ab Eintritt der Berufsunfähigkeit am 1.1.2013 Beitragszahlungen nicht geschuldet sind. Die monatlichen Beitragszahlungen betragen 400,00 EUR, der Kläger hat zwar einen Antrag auf Stundung gestellt, dieser wurde bislang von der Beklagten jedoch noch nicht beschieden.

V.

Das Gericht ist nach § 215 VVG zuständig, der Kläger hat seinen Wohnsitz im Bezirk des Gerichts.

Der Gegenstandswert berechnet sich wie folgt:

Antrag Ziffer 1		20.000,00 EUR
Antrag Ziffer 2	2.000,00 EUR x 42 Monate (§ 9 ZPO)	84.000,00 EUR
Antrag Ziffer 2	Monatsprämie 400,00 EUR × 42 Monate (§ 9 ZPO)	*16.800,00 EUR*
davon § wegen Feststellung		8.400,00 EUR
Gesamtgegenstandswert		112.400,00 EUR.

. . . . . .

Rechtsanwalt

IV. Lebensversicherung

1. Vorbemerkungen

Die Zweckmäßigkeit des Abschlusses inbesondere einer kapitalbildenden Lebensversicherung ist nach wie vor Gegenstand einer lebhaften Diskussion in der Öffentlichkeit und den Wirtschaftsmedien. Tatsache ist, dass kapitalbildende Lebensversicherungen nach wie vor als Finanzierungs- und Vorsorgeinstrumente eingesetzt werden. Allein anhand der individuellen Situationen und den persönlichen Zielen eines Jeden kann geprüft werden, ob am Markt bessere Alternativen bestehen.

2. Checkliste: Lebensversicherung

☐ Formen der Lebensversicherung[1]
☐ Erwägungen bei Abschluss des Versicherungsvertrages[2]
☐ Versicherungsnehmer/versicherte Person[3]
☐ Bezugsberechtigung[4]
☐ Überschussbeteiligung und Modellrechnung[5]
☐ Vorvertragliche Anzeigepflichten in der Lebensversicherung[6]
☐ Verhalten des Versicherungsnehmers bei Prämienzahlungsschwierigkeiten[7]
☐ Pfändungsschutz, § 167 VVG[8]

Anmerkungen

1. Es werden **vier Hauptformen** der Lebensversicherung unterschieden, nämlich die kapitalbildende Lebensversicherung auf den Erlebens- und den Todesfall, die Risikolebensversicherung, die Rentenversicherung und die fondsgebundene Lebensversicherung.

- In der **kapitalbildenden Lebensversicherung** auf den Erlebens- und den Todesfall sind zwei Leistungen des Versicherers zusammengefasst, nämlich zum einen ein Zahlungsversprechen bei Ablauf des Vertrages, d. h. wenn die versicherte Person während der Laufzeit des Vertrages nicht verstirbt; zum anderen eine Todesfallleistung, wenn die versicherte Person während der Laufzeit des Vertrages verstirbt.

  Das für die Versicherung notwendige Kapital wird entweder dadurch angesammelt, dass während der Laufzeit des Vertrages monatliche oder jährliche Prämien zu entrichten sind, was der häufigere Fall ist, oder aber der Versicherungsnehmer einen Einmalbetrag einzahlt.

- Die **Risikolebensversicherung** beinhaltet alleine das Todesfallrisiko, nämlich dass die versicherte Person während der Laufzeit des Vertrages verstirbt. Eine Leistung nach Beendigung der Laufzeit wird nicht erbracht. Diese Form der Lebensversicherung dient insbesondere zur Absicherung der Familienangehörigen. Sie soll sicherstellen, dass bei dem todesbedingten Entfall der Arbeitskraft die Angehörigen durch die Zahlung der versprochenen Todesfallleistung über ausreichende Geldmittel verfügen, auch zur Tilgung von Verbindlichkeiten.

- Die **Rentenversicherung** ist ein Instrument der Altersvorsorge, wobei in der Regel vereinbart wird, dass der Versicherer ab Erreichen einer bestimmten Altersgrenze eine lebenslange Rente zahlt.
  Statt der Rentenzahlung kann auch vereinbart werden, dass bei Erreichung einer bestimmten Altersgrenze ein Einmalbetrag ausgezahlt wird.
  Möglich ist auch die Vereinbarung, dass bei vorzeitigem Tod der versicherten Person nur für einen bestimmten Zeitraum die Rente an Angehörige weitergezahlt wird.
- Die **fondsgebundene Lebensversicherung** ist ähnlich strukturiert wie die Versicherung auf den Erlebens- und Todesfall, mit der Besonderheit, dass in der Regel nur eine relativ geringe Todesfallsumme versichert wird und die Versicherungsprämie vom Versicherer in Investmentfonds eingezahlt wird. Bei Ablauf des Versicherungsvertrages erhält der Versicherungsnehmer den Wert, den die Investmentfonds zu diesem Zeitpunkt haben. Das heißt, dass der Versicherungsnehmer, gerade bei langen Laufzeiten, hofft, dass sich die Investmentfonds positiv entwickeln und er erhebliche Erträge erzielen kann, andererseits besteht hier auch das Risiko, dass gerade im Zeitpunkt des Ablaufs aufgrund der allgemeinen wirtschaftlichen Situation die Erträge weit hinter den erhofften oder vom Versicherer prognostizierten Erwartungen zurückbleiben.

2. Bei Abschluss eines Lebensversicherungsvertrages ist zu überlegen, welches Risiko genau abgesichert werden soll. Es sind daher die folgenden Fragen zu stellen:
- Welche Person soll abgesichert werden?
- Welche Verbindlichkeit soll abgesichert werden?
- Wie lange soll die Absicherung bestehen?
- Ist das Risiko möglicherweise bereits anderweitig versichert (zB die Altersrente durch das bestehende anwaltliche Versorgungswerk)?
- Wie flexibel ist die Versicherung, das heißt, kann während der Laufzeit des Vertrages die Höhe der monatlichen Prämie vermindert werden oder die Zahlung ganz ausgesetzt werden?
- Was ist, wenn die Lebensversicherung gekündigt werden muss, da infolge eines verminderten Einkommens die Prämie nicht mehr tragbar ist (Mindestrückkaufswert)?

Die Lebensversicherung spielt auch im Rahmen der Finanzierung von Vorhaben eine große Rolle, sei es bei der Gründung der anwaltlichen Praxis oder beim privaten oder beruflichen Immobilienerwerb. Sehr häufig werden Kreditinstitute bei Abschluss eines Kreditvertrages zusätzlich den Abschluss einer Risikolebensversicherung verlangen, die dann bei Tod des Kreditnehmers zur Tilgung der noch offenen Kreditsumme eingesetzt wird.

Auch die kapitalbildende Lebensversicherung auf den Erlebens- und Todesfall wird oft in eine Finanzierung miteingebunden. Mit dem Kreditnehmer wird dann vereinbart, dass er während der Laufzeit des Kredites lediglich die Zinsen zu bezahlen hat, während die Tilgung des Kredites mit der versprochenen Leistung aus dem Versicherungsvertrag bei Ablauf des Kreditvertrages erfolgt.

Eine derartige Konstruktion will jedoch gut überlegt sein. Insbesondere muss darauf geachtet werden, dass die Versicherungsleistung zur Tilgung des Kredites zum gleichen Zeitpunkt fällig wird, wie dessen Rückzahlung, und es muss sichergestellt werden, dass die Versicherungsleistung auf jeden Fall zur Tilgung des Kredites ausreicht.

Die Vergangenheit hat gezeigt, dass oftmals die bei Abschluss des Versicherungsvertrages in Aussicht gestellten Leistungen bei dessen Ablauf nicht erreicht wurden. Die Vorsicht gebietet daher, nur mit dem vom Versicherer versprochenen Garantiezins zu kalkulieren und in Aussicht gestellte Überschussbeteiligungen kritisch zu hinterfragen. Ferner sollte bei der Finanzierung eines Vorhabens unter Einbeziehung einer kapitalbildenden Lebensversicherung immer berücksichtigt werden, dass ein Ansparvorgang mit einem Verschuldungsvorgang kombiniert wird.

Das heißt, der Versicherungsnehmer überlässt dem Versicherer Gelder, der diese anlegt und für die der Versicherer die Zahlung eines Garantiezinses versprochen hat. Der vom Versicherer versprochene Garantiezins wird in der Regel niedriger liegen als der vom Versicherungsnehmer in seiner Funktion als Darlehensnehmer an das Kreditinstitut zu zahlende Sollzins. Häufig wird es daher so sein, dass es für den Versicherungsnehmer wirtschaftlich vorteilhafter ist, wenn er, statt eine kapitalbildende Lebensversicherung anzusparen, die Darlehensschuld in monatlichen Raten mit Zins und Tilgung zurückführt und das Todesfallrisiko über eine Risikolebensversicherung absichert.

3. Wie bei anderen Versicherungsarten auch, können **Versicherungsnehmer und versicherte Person auseinander fallen.** Dabei bleibt zu beachten, dass der Versicherungsnehmer derjenige ist, der dem Versicherer die vereinbarte Prämie schuldet, während die versicherte Person zur Prämienzahlung nicht herangezogen werden kann.

Verbinden sich zwei Personen zur gemeinsamen anwaltlichen Berufsausübung so besteht die Möglichkeit eine so genannte Partnerversicherung abzuschließen, um Anfangsinvestitionen beim Tode eines der beiden Partner zu decken. Das heißt, dass bei Tod des einen Partners der andere die Versicherungsleistung erhält und umgekehrt. Damit kann sichergestellt werden, dass Aufwendungen in der Existenzgründungsphase oder in einer Investitionsphase auch dann zurück gezahlt werden, wenn die Arbeitskraft eines Partners durch Tod entfällt.

Die gleiche Konstruktion ist möglich, wenn beide Ehepartner in unterschiedlichen Berufen tätig sind und Investitionen oder den Lebensstandard absichern möchten.

4. Der Versicherungsnehmer kann nach § 159 VVG bezüglich aller Lebensversicherungen ein **Bezugsrecht** vereinbaren. Dies bedeutet, dass bereits bei Abschluss oder auch während der Laufzeit des Vertrages der Versicherungsnehmer bestimmen kann, wer bei Tod die Versicherungsleistung erhalten soll. (*Römer/Langheid* § 159 Rn. 5)

Das Bezugsrecht wird durch Mitteilung gegenüber dem Versicherer begründet, eine Annahme oder Bestätigungserklärung ist aus Rechtsgründen nicht erforderlich. Es empfiehlt sich allerdings eine Bestätigung in Textform vom Versicherer anzufordern, damit der Eingang der entsprechenden Willenserklärung beim Versicherer nachgewiesen werden kann. Nicht erforderlich ist, dass der Begünstigte überhaupt weiß, dass ihm ein Bezugsrecht gewährt wurde. Es existieren zwei Formen des Bezugsrechts, nämlich das widerrufliche Bezugsrecht und das unwiderrufliche Bezugsrecht.

Wird ein widerrufliches Bezugsrecht eingeräumt, so erlangt der Begünstigte erst bei Eintritt des Versicherungsfalles eine gesicherte Rechtsposition, zuvor kann das Bezugsrecht jederzeit geändert oder widerrufen werden.

Bei Vereinbarung eines unwiderruflichen Bezugsrechtes erwirbt der Begünstigte sofort den Anspruch auf die Versicherungsleistung, das heißt, er hat eine gesicherte Rechtsposition. Diese besteht allerdings nur in dem Umfang, wie der Versicherungsnehmer seinerseits den Versicherungsvertrag erfüllt. Der unwiderrufliche Bezugsberechtigte hat keine Handhabe dagegen, dass der Versicherungsnehmer beispielsweise die Zahlung der Prämien einstellt und damit die Versicherungsleistung nicht weiter anwächst.

Das unwiderrufliche Bezugsrecht kann auch zeitlich begrenzt werden. So kann minderjährigen Kindern für die Dauer der Minderjährigkeit ein unwiderrufliches Bezugsrecht eingeräumt werden oder dem Ehepartner für die Dauer der Ehe. Nach Ablauf der angegebenen Zeit steht die Versicherungsleistung dann wieder – wenn nichts anderes vereinbart wird – dem Versicherungsnehmer zu. Das unwiderrufliche Bezugsrecht sollte zur Vermeidung von Auslegungsschwierigkeiten explizit vereinbart werden. Zu bedenken ist, dass der Versicherungsnehmer bei Einräumung eines unwiderruflichen Bezugsrechtes die Rechte aus dem Lebensversicherungsvertrag nicht mehr abtreten oder verpfänden kann (NJW 1966, 1071).

Dagegen hindert das widerrufliche Bezugsrecht den Versicherungsnehmer nicht, die Rechte aus dem Versicherungsvertrag abzutreten, beispielsweise als Sicherheit im Rahmen einer Kreditfinanzierung.

Bei einer Sicherungsabtretung wird das widerruflich eingeräumte Bezugsrecht nicht vollständig aufgehoben, ein insoweit erklärter Widerruf gilt nur für die Dauer und die jeweilige Höhe des Sicherungszweckes. Das Bezugsrecht bleibt damit erhalten und tritt lediglich im Rang hinter die Rechte des Versicherungsnehmers zurück. (*Römer/Langheid* § 159 VVG Rn. 24)

Entfällt der Sicherungszweck, hat der Bezugsberechtigte nach dem Tod des Versicherten Anspruch auf die Versicherungsleistung, ohne dass es einer Rückabtretung des Bezugsrechtes durch den vormaligen Versicherungsnehmer bedarf.

5. Aus Vertriebszwecken machen alle Versicherer nicht nur Angaben zu den vertraglich garantierten Leistungen, sondern auch zur **Beteiligung an den Überschüssen**. Gesetzlich steht dem Versicherungsnehmer der Anspruch auf Überschussbeteiligung zu, sofern diese nicht durch ausdrückliche Vereinbarung ausgeschlossen ist (§ 153 VVG).

In dieser Bestimmung ist auch geregelt, wie bei Verteilung des Überschusses vorzugehen ist. Damit sich der Versicherungsnehmer bei Abschluss des Vertrages ein möglichst realistisches Bild von der Ablaufleistung, die aus der Garantieleistung und der Überschussbeteiligung besteht, machen kann, sieht § 154 VVG vor, dass Rechenmodelle, die die Ablaufleistung darstellen, bestimmten Grundsätzen zu folgen haben. Vor Einführung dieser Norm zum 1.1.2008 war die Versuchung der Versicherer, den Abschluss des Vertrages durch möglichst positive Beispielrechnungen zu fördern, sehr hoch.

Der Versicherer hat bei Abschluss des Vertrages eine Modellrechnung vorzulegen, die von drei unterschiedlichen Zinssätzen für die nicht garantierten Leistungen ausgeht. Diese Zinssätze kann der Versicherer nicht frei wählen, sondern werden ihm durch § 2 Abs. 3 VVG-InfoV vorgegeben. Zusätzlich hat der Versicherer darauf hinzuweisen, dass es sich hierbei nur um ein Rechenmodell handelt, dem fiktive Angaben zugrunde liegen und keine vertraglichen Ansprüche hieraus abgeleitet werden können. Die Folgen eines Verstoßes gegen die Bestimmung des § 154 VVG sind gesetzlich nicht normiert, es können jedoch Schadensersatzansprüche nach den Grundsätzen des Verschuldens bei Vertragsabschluss entstehen.

§ 2 der VVG-InfoV verlangt von dem Versicherer dem Versicherungsnehmer weitere Informationen zur Verfügung zu stellen. Dazu gehören auch Angaben zur Höhe der in die Prämie einkalkulierten Kosten differenziert nach den Abschlusskosten und den übrigen Kosten, daneben Angaben über sonstige Kosten und zur Überschussermittlung und Überschussbeteiligung sowie die hierfür geltenden Berechnungsgrundsätze- und Maßstäbe. Ferner sind Angaben über die Rückkaufswerte zu machen sowie den Mindestversicherungsbetrag für die Umwandlung in eine prämienfreie oder reduzierte Versicherung sowie das Ausmaß in dem Leistungen garantiert sind. Bei fondsgebundenen Versicherungen sind Angaben über die dem Versicherungsverhältnis zugrunde liegenden Fonds und die Art der darin enthaltenen Vermögenswerte zu machen sowie Angaben allgemeiner Art über die geltenden steuerlichen Regelungen.

6. Wie in anderen Zweigen der Personenversicherung auch ist der **Gesundheitszustand der zu versichernden Person** für die Risikokalkulation des Versicherers maßgebend.

Bei Antragsstellung fragt der Versicherer daher detailliert nach dem Gesundheitszustand und insbesondere nach bestehenden Erkrankungen, Leiden oder Beschwerden. Macht der Antragsteller hierzu unzutreffende Angaben, so kann der Versicherer seine Leistung einschränken oder verweigern; wurde die Anzeigepflicht weder vorsätzlich noch grob fahrlässig verletzt, kann der Versicherer den Vertrag kündigen; allerdings nur mit Wirkung für die Zukunft, so dass die Leistungsverpflichtung bei einem eingetretenen Versicherungsfall erhalten bleibt. In diesem Fall ist ein vorhandener Rückkaufswert dem Versicherungsnehmer auf jeden Fall auszuzahlen. Die Einzelheiten der Verletzung einer vorvertraglichen Anzeigepflicht ergeben sich aus § 19 VVG. Zu beachten ist, dass der Versicherer seine Rechte, sich vom Vertrag zu lösen oder den Vertrag einzuschränken oder zu kündigen, nur dann geltend machen kann, wenn er in Textform auf die Folgen einer Anzeigepflichtverletzung hingewiesen hat. Der Rücktritt vom Vertrag ist ausgeschlossen, wenn der Versicherer den nicht angezeigten Gefahrumstand oder die Unrichtigkeit der Anzeige kannte. Es kommt vor, dass die Gesundheitsfragen bei Abschluss der Versicherung dem Antragssteller nicht oder nur unzulänglich zur Kenntnis gelangen, etwa wenn der Versicherungsvermittler die Fragen uminterpretiert oder nicht vollständig vorliest, oder Antworten, die der Antragssteller gibt, nicht oder nur unvollständig in das Formular einträgt. Hat der Antragssteller den Versicherungsvermittler wahrheitsgemäß über seinen Gesundheitszustand informiert, dieser allerdings die Antworten nicht oder nur unvollständig in das Formular eingetragen, so sind, wenn der Vermittler Versicherungsvertreter im Sinne des § 59 Abs. 2 VVG ist, sämtliche Angaben des Antragsstellers dem Versicherer zur Kenntnis gelangt, d. h., dass nach der sog. „Auge- und Ohr Rechtsprechung" unterstellt wird, dass der Versicherer Kenntnis hatte, da der Versicherungsvertreter Auge- und Ohr des Versicherers bei Abschluss des Vertrags ist. Wird der Vertrag über einen Versicherungsmakler abgeschlossen, so gilt die dargestellte Rechtsprechung nicht, da der Versicherungsmakler im Lager des Antragsstellers steht und dessen Sachverwalter ist.

Eine weitere Voraussetzung dafür, dass der Versicherer sich von dem Vertrag lösen kann ist, dass er seine Rechte innerhalb eines Monats nach Kenntniserlangung von der Anzeigepflichtverletzung geltend macht.

Ist der Versicherer nach § 19 Abs. 2 VVG vom Vertrag zurückgetreten, so entfällt die Leistungspflicht nur dann, wenn die Verletzung der Anzeigepflicht sich auf einen Umstand bezieht, der für den Eintritt oder die Feststellung des Versicherungsfalles ursächlich war (§ 21 Abs. 2 VVG).

Zu Gunsten des Versicherungsnehmers wird angenommen, dass Verletzungen der Anzeigepflicht nach Ablauf von fünf Jahren bedeutungslos werden, sofern nicht vorher der Versicherungsfall eingetreten ist. Selbst wenn der Versicherungsnehmer die Anzeigepflicht vorsätzlich oder arglistig verletzt hat, kann sich der Versicherer nach Ablauf einer Frist von zehn Jahren hierauf nicht mehr berufen (§ 21 Abs. 3 VVG).

In der Lebensversicherung auf den Todesfall kann der Versicherer sich auch dann vom Vertrag lösen, wenn die versicherte Person sich vor Ablauf von drei Jahren nach Abschluss des Versicherungsvertrages vorsätzlich selbst getötet hat. Dies gilt allerdings nur dann, wenn die Tat nicht in einem Zustand begangen wurde, der die freie Willensbestimmung ausschloss und eine krankhafte Störung der Geistestätigkeit vorliegt. Durch diese Regelung soll verhindert werden, dass ein Versicherter auf Kosten des Versicherers mit seinem eigenen Leben spekuliert.

Die fahrlässige Selbsttötung des Versicherten wird durch die Bestimmungen des § 161 VVG nicht erfasst.

7. Es kommt nicht selten vor, dass aufgrund von Schicksalsschlägen ein Versicherungsnehmer die vereinbarte Prämie nicht mehr bezahlen kann. Die Kündigung des Versicherungsvertrages und die Vereinnahmung des Rückkaufwertes ist für den Versicherungsnehmer häufig die ungünstigere Lösung. Es bietet sich vielmehr an nach § 165 VVG zum Schluss der laufenden Versicherungsperiode die **Umwandlung der Versicherung in eine prämienfreie Versicherung** zu verlangen, sofern die Mindestversicherungsleistung erreicht wird. Hintergrund für die Erreichung der Mindestvoraussetzungen ist, dass kleine Versicherungssummen wegen der überproportional hohen Kosten auf Seiten des Versicherers nicht wirtschaftlich verwaltet werden können und beim Versicherer in der Regel hohe Abschlusskosten angefallen sind. Rechtsfolge der Umwandlung ist, dass das Versicherungsverhältnis als solches bestehen bleibt, die Leistungspflicht des Versicherers und damit der Versicherungsschutz sich auf die beitragsfreie Versicherungssumme beschränkt.

Wurde zusammen mit der Lebensversicherung eine Berufsunfähigkeitszusatzversicherung abgeschlossen, so hat die Umwandlung zur Folge, dass die Berufsunfähigkeitszusatzversicherung entfällt.

Möchte der Versicherungsnehmer nach Umwandlung in eine prämienfreie Versicherung die Prämienzahlung wieder aufnehmen und damit die Umwandlung rückgängig machen, so bedarf dies der Zustimmung des Versicherers. Der Versicherer kann seine Zustimmung zur Rückgängigmachung des Umwandlungsbegehrens davon abhängig machen, dass eine erneute Gesundheitsprüfung erfolgt bzw. das zwischenzeitlich eingetretene gefahrerhöhende Umstände anzuzeigen sind.

8. Es besteht die Möglichkeit bei Liquiditätsschwierigkeiten oder drohender Insolvenz im dort genannten Umfang die Lebensversicherung einem **Pfändungsschutz im Sinne des § 851 c Abs. 1 ZPO** zu unterwerfen. Damit kann ein Kapital bis zu einer Gesamtsumme von 238.000 EUR den Gläubigern entzogen werden und zum Aufbau einer privaten Altersversorgung genutzt werden.

Umgewandelt werden können neben kapitalbildenden Lebensversicherungen auch fondsgebundene Lebensversicherungen und Rentenversicherungen.

Allerdings erstreckt sich der Pfändungsschutz nur auf das Deckungskapital sowie auf die nach Eintritt des Versicherungsfalles zu erbringenden Leistungen, nicht jedoch auf die zu zahlenden Beiträge (vgl. Beschluss des BGHs vom 12.5.2011 – IX ZB 181/10).

Der Versicherungsnehmer hat zur Erlangung des Pfändungsschutzes nach § 851 c ZPO gegenüber dem Versicherer endgültig unwiderruflich und bedingungslos zu erklären, dass er die Umwandlung begehrt. Da der Versicherungsnehmer auf die Bearbeitungsdauer beim Versicherer keinen Einfluss hat, tritt der Pfändungsschutz bereits mit Eingang der Erklärung beim Versicherer ein. Der Umwandlungszeitpunkt ist der Schluss der laufenden Versicherungsperiode.

V. Unfallversicherung

1. Vorbemerkungen

Während die gesetzliche Unfallversicherung Schutz vor den Folgen von Arbeits- bzw. Berufsunfällen und Gefahren aus der Berufstätigkeit bietet und Leistungen bei Minderung der Erwerbsfähigkeit (MdE) beinhaltet, erbringt die private Unfallversicherung zwischen den Vertragspartnern auf zivilrechtlicher Grundlage vereinbarte Leistungen, die Unfallrisiken des Privatlebens und des Berufslebens abdecken. Bei Abschluss des Unfallversicherungsvertrages werden die Allgemeinen Unfallversicherungsbedingungen (AUB) des Versicherers zugrunde gelegt.

Da in der Regel der Unfallversicherungsvertrag für längere Zeiträume geschlossen wird und die Versicherer in gewissen Zeitabständen neue Bedingungswerke formulieren, kann bei Vertragsabschluss vereinbart werden, dass im Schadensfall die jeweils aktuellen Bedingungen des Versicherers automatisch gelten, sofern diese für den Versicherten Verbesserungen im Vergleich zu den Bedingungswerk bei Abschluss des Vertrages enthalten.

Der **Begriff des Unfalles** ist in **§ 178 Abs. 2 VVG** definiert: Nach § 178 Abs. 1 VVG ist der Versicherer verpflichtet bei einem Unfall der versicherten Person die vereinbarten Leistungen zu erbringen. Die gängigsten Leistungsarten sind die Invaliditätsleistung, die Unfallrente, das Unfallkrankenhaustagegeld, die Unfallleistung im Todesfall, die Übergangsleistung und das Tagegeld.

Der Abschluss einer Unfallversicherung kann für denjenigen sinnvoll sein, der wegen Vorerkrankungen in die private Berufsunfähigkeitsversicherung nicht aufgenommen wird; zudem kann die Unfallversicherung auch dann eine sinnvolle Ergänzung sein, wenn in der privaten Berufsunfähigkeitsversicherung Risikoausschlüsse gemacht werden oder die private Berufsunfähigkeitsversicherung als zu teuer erscheint.

2. Checkliste: Unfallversicherung

☐ Besonderheiten des Unfallversicherungsvertrages[1]
☐ Invaliditätsleistung[2]
☐ Unfallrente[3]
☐ Unfallkrankenhaustagegeld[4]
☐ Leistungen im Todesfall[5]
☐ Übergangsleistung[6]
☐ Tagegeld[7]
☐ weitere Leistungsarten[8]
☐ Unfallversicherung mit Beitragsrückgewähr[9]
☐ Begünstigung im Schadensfall[10]
☐ Geltendmachung des Anspruchs, Beachtung von Fristen[11]
☐ Für den Versicherungsnehmer wichtige Klauseln[12]

Anmerkungen

1. Der Unfall ist in § 178 Abs. 2 S. 1 VVG definiert. Demnach liegt ein Unfall vor, wenn die versicherte Person **durch ein von außen auf ihren Körper wirkendes Ereignis unfreiwillig eine Gesundheitsbeschädigung** erleidet.

Die einzelnen Tatbestandsmerkmale wie plötzliches Ereignis, Einwirkung von außen sowie die unfreiwillige Gesundheitsschädigung sind Gegenstand einer äußerst umfangreichen Judikatur. Der Versicherungsnehmer hat das Vorliegen sämtlicher Merkmale des Unfallbegriffes zu beweisen, mit Ausnahme der Unfreiwilligkeit, da hierfür nach § 178 Abs. 2 S. 2 VVG eine gesetzliche Vermutung besteht. Das heißt, dass der Versicherer, wenn er sich auf den Umstand, dass der Unfall freiwillig erlitten wurde, berufen will, dies auch zu beweisen hat.

Als wichtigste Risikoausschlussklauseln gelten Geistes- oder Bewusstseinsstörungen, vorsätzliche Straftaten und Störungen infolge psychischer Reaktionen, auch wenn diese durch einen Unfall verursacht wurden. Einige der Ausschlüsse können jedoch durch entsprechende Klauseln in den Versicherungsschutz, zumindest zum Teil, wieder einbezogen werden (Checkliste → Anm. 12).

Geistes- oder Bewusstseinsstörungen liegen bereits dann vor, wenn die versicherte Person einen Kreislaufkollaps aufgrund von Sonneneinwirkung erleidet und stürzt oder wenn ihr schwarz vor Augen wird und es sodann zu einem Unfall kommt.

Als Geistes- oder Bewusstseinsstörung wird auch die Einnahme von Medikamenten oder Drogen oder der Genuss von Alkohol gewertet. Der Risikoausschluss der „Trunkenheit" liegt nicht erst dann vor, wenn ein bestimmter Blutalkoholgehalt erreicht wurde, sondern immer dann, wenn die versicherte Person in ihrer Wahrnehmungs- und Steuerungsfähigkeit reduziert war. Das gleiche gilt für die Einnahme von Drogen oder Medikamenten. Das Vorliegen des Risikoausschlusses ist vom Versicherer zu beweisen.

Trat der Unfall infolge der Ausführung einer vorsätzlichen Straftat ein, ist der Versicherer ebenfalls leistungsfrei. Es müssen die gesetzlichen Tatbestandsmerkmale verwirklicht worden sein, die versicherte Person muss rechtswidrig und schuldhaft gehandelt haben. Der Risikoausschluss gilt auch bei Fahren ohne Fahrerlaubnis (BGH VersR 1982, 465) sowie bei Unfällen nach Vollendung einer Straftat (OLG Hamm VersR 2009, 388).

Versicherungsschutz besteht auch nicht für krankhafte Störungen infolge psychischer Reaktionen, auch wenn diese durch einen Unfall verursacht wurden. Der Versicherer muss beweisen, dass allein eine psychische Reaktion die krankhafte Störung herbeigeführt hat. Der Beweis kann im Ausschlussverfahren geführt werden, wenn andere als allein psychische Gründe für die Gesundheitsschädigung nicht denkbar sind (vgl. Römer/Langheid/*Rixecker* § 178 Rn. 19).

2. Diese Leistungsart ist zentraler Bestandteil der meisten Unfallversicherungsverträge. Erleidet die versicherte Person eine unfallbedingte dauerhafte Beeinträchtigung der körperlichen oder geistigen Leistungsfähigkeit, so ist die versprochene Leistung im vereinbarten Umfang zu erbringen. Eine Beeinträchtigung sieht der Gesetzgeber dann als dauerhaft an, wenn sie voraussichtlich länger als drei Jahre bestehen wird und eine Änderung dieses Zustandes nicht erwartet werden kann (vgl. § 180 VVG).

In den Versicherungsbedingungen ist eine sog. Gliedertaxe enthalten, mit der für den Verlust oder die Funktionsunfähigkeit bestimmter Körperteile feste Invaliditätsgrade vereinbart werden. Verliert die versicherte Person beispielsweise unfallbedingt einen Arm, so wird je nach dem versicherten Invaliditätsgrad in der Gliedertaxe (in der Regel 70 % oder 80 %) an den Versicherungsnehmer der vereinbarte Prozentsatz der Versicherungssumme ausgezahlt. Bei einer angenommenen Versicherungssumme von 100.000,00 EUR erhält damit der Versicherungsnehmer, wenn als Invaliditätsgrad 70 % vereinbart sind,

70.000,00 EUR. Tritt nur eine teilweise Funktionsunfähigkeit ein, so wird ermittelt, welchen Anteil diese an der körperlichen Beeinträchtigung hat. Der Anteil der Funktionsbeeinträchtigung wird in der Regel mit Bruchteilen oder mit Prozent angegeben. Kommt der ärztliche Gutachter bei einer Armverletzung zu dem Ergebnis, dass die Funktionsbeeinträchtigung des Armes 50 % beträgt, so wird er diese mit ½ Armwert bezeichnen. Die Leistung an den Versicherungsnehmer erfolgt dann, ausgehend von dem obigen Beispiel (Versicherungssumme 100.000,00 EUR voller Armwert 70 %), aus dem hälftigen Armwert, d. h. der Versicherungsnehmer erhält 35.000,00 EUR.

Die Gliedertaxe ist nach einem abstrakt generalisierenden Maßstab ausgebildet, d. h., dass es nicht darauf ankommt, welche ganz konkreten körperlichen Funktionen noch ausgeübt werden können oder entfallen sind. Kommt der medizinische Gutachter zu dem Ergebnis, dass die Funktion in dem festgestellten Invaliditätsgrad eingeschränkt sei, kann dem nicht entgegen gehalten werden, aufgrund der individuellen körperlichen Verfassung der versicherten Person sei ein höherer Invaliditätsgrad angemessen. Selbstverständlich kann jedoch eingewandt werden, dass die ärztliche Bemessung unzutreffend ist und ein höherer Invaliditätsgrad aufgrund nicht oder unzureichend gewerteter medizinischer Befunde anzunehmen ist.

Die Verwendung des abstrakt generalisierenden Maßstabes soll lediglich eine annähernde Gleichbehandlung aller versicherten Personen gewährleisten. D. h., dass individuelle Fähigkeiten und Erfordernisse, sei es des Berufes oder des Privatlebens, vollkommen außer Betracht bleiben. Auch der Profihandballspieler wird bei einer Armverletzung genauso begutachtet und entschädigt, wie eine Vergleichsperson im entsprechenden Alter.

Grundsätzlich schließt nach der Gliedertaxe der Verlust oder die Beeinträchtigung eines rumpfnäheren Gliedes den Verlust oder die Beeinträchtigung des rumpfferneren Gliedes mit ein.

So ist beim vollständigen Verlust des Armes der Verlust der Hand und der Finger mit in dem für den Verlust des Armes vereinbarten Invaliditätsgrad enthalten. Maßgeblich ist, in welchem Körperteil sich der Sitz der Verletzung befindet.

Im Schadenfall sollte der Versicherungsnehmer immer prüfen, ob die Formulierung in den Bedingungen und insbesondere in der Gliedertaxe auch klar und transparent ist. In der Vergangenheit hatte der Bundesgerichtshof mehrfach Anlass, Formulierungen in der Gliedertaxe bzw. in den AUB wegen verschiedener Auslegungsmöglichkeiten zu Lasten des Verwenders zu bewerten. Dies betraf insbesondere in der Vergangenheit in der Gliedertaxe enthaltene Wendungen wie: Hand im Handgelenk, Arm im Armgelenk, Fuß im Fußgelenk. Als unklar wurden diese Wendungen deswegen zu Lasten des Versicherers ausgelegt, weil aufgrund der Formulierungen zwei Auslegungsmöglichkeiten bestehen, nämlich einmal kann der Versicherungsnehmer der Formulierungen entnehmen, dass es gerade auf die Funktionsbeeinträchtigung **im** Gelenk ankommt, andererseits kann der Versicherungsnehmer davon ausgehen, dass nach der Formulierung nur bestimmte Abschnitte eines Körperteiles bezeichnet wurden und es nicht speziell auf die Funktionsunfähigkeit im Gelenk ankommt.

Bei Verletzungen von Organen oder Körperteilen, die in der Gliedertaxe nicht genannt sind, wird zur Ermittlung des Invaliditätsgrades geprüft, inwieweit die normale körperliche oder geistige Leistungsfähigkeit unter medizinischen Gesichtspunkten beeinträchtigt ist.

Viele Ärzte, die Gutachten für Versicherer erstellen, verwenden bei ihrer Urteilsbildung die sog. Bemessungsempfehlungen für die medizinische Begutachtung in der privaten Unfallversicherung. Diese Bemessungsempfehlungen geben zwar die Auffassung der mit der Begutachtung von den Versicherern betrauten Ärzten wider, sind im konkreten Einzelfall für den begutachtenden Arzt jedoch nicht verbindlich. Jeder, der mit der Bemessung des Invaliditätsgrades unzufrieden ist, sollte daher prüfen, ob aufgrund des medizinischen Sachverhaltes nicht von den Bemessungsempfehlungen abgewichen werden kann.

Sollte bei der Schadensregulierung festgestellt werden, dass eine Begutachtung erfolgt ist, bei der der Gutachter nicht den Grad der Invalidität ermittelt hat, sondern den Grad der Minderung der Erwerbsfähigkeit (MdE), ist das Gutachten unter Verweis auf die vollkommen andere Struktur der privaten Unfallversicherung als unbrauchbar abzulehnen. Bislang sind sämtliche Versuche gescheitert, den Grad der Minderung der Erwerbsfähigkeit in Invaliditätsgrade umzurechnen. Dies wird auch zukünftig nicht möglich sein, da die Frage der Erwerbsfähigkeit mit der Frage der Funktionsunfähigkeit oder Einschränkung der Funktionsfähigkeit von Körpergliedern nichts zu tun hat.

Nach § 188 VVG ist jede Partei des Versicherungsvertrages berechtigt, den Grad der Invalidität, jährlich, längstens bis zu drei Jahren nach dem Eintritt des Unfalles, neu bemessen zu lassen. Der Grund dieser Bestimmung ist, dass innerhalb des Drei-Jahres-Zeitraumes eine Besserung, aber auch eine Verschlechterung des Zustandes eintreten kann. In der Regel ist dem Versicherungsnehmer nach Eintritt eines Unfalles an einer baldigen Entschädigung gelegen. Verschlechtert sich allerdings sein körperlicher oder geistiger Zustand, so soll er die Möglichkeit haben, eine weitere ärztliche Begutachtung zu veranlassen und den Invaliditätsgrad neu feststellen zu lassen. Zum Teil haben Versicherer bei der Erstbegutachtung auch prognostisch eine Verbesserung der Invalidität zugrunde gelegt, die dann tatsächlich jedoch nicht eintritt. Auch für den Fall, dass die prognostizierte Verbesserung ausbleibt, soll die Möglichkeit bestehen, dass der Versicherungsnehmer eine erneute Begutachtung veranlasst. Umgekehrt kann auch der Versicherer ein Interesse daran haben, eine Verbesserung des Gesundheitszustandes gegenüber der Erstbegutachtung feststellen zu lassen, um dann gegenüber dem Versicherungsnehmer einen Rückforderungsanspruch zu erheben.

Das Recht auf die Neubemessung der Invalidität ist lediglich innerhalb der Drei-Jahres-Frist **geltend** zu machen, die Feststellungen zum Grad der Invalidität selbst können noch nach Fristablauf erfolgen. Hat nur der Versicherte die Neubemessung geltend gemacht, so kann er auch hierauf verzichten. In diesem Fall besteht keine Obliegenheit, sich zum Zweck der Neubemessung untersuchen zu lassen.

3. Es kann im Unfallversicherungsvertrag vereinbart werden, dass der Versicherer bei Erreichen eines bestimmten Invaliditätsgrades (meistens mindestens 50 % ohne Berücksichtigung von vereinbarten verbesserten Gliedertaxen) eine **Unfallrente** bezahlt. Die Vereinbarung einer Unfallrente ist unabhängig von der Vereinbarung einer Unfallinvaliditätsleistung möglich. Auch für die Vereinbarung der Unfallrente und deren Zahlung gelten die Regelungen über die Neubemessung der Invalidität. Das heißt, es ist durchaus möglich, dass, nachdem sich der Unfall ereignet hat, für einen gewissen Zeitraum die Unfallrente gezahlt wird, dann allerdings im Wege der Neubemessung des Invaliditätsgrades innerhalb des Drei-Jahres-Raumes dieser unter 50 % fällt, so dass der Versicherer nicht mehr verpflichtet ist, die versicherte Rente zu bezahlen. Die Unfallrente wird rückwirkend ab Beginn des Monats gezahlt, in dem sich der Unfall ereignet hat. Die Leistungsdauer der Unfallrente ist unbegrenzt.

Es existieren am Markt zwei weitere Varianten, nämlich die Vereinbarung einer Invaliditätsrente bis zum 65. Lebensjahr, die sich ab Versicherungsbeginn jährlich um 1 % bis zum Eintritt des Versicherungsfalles erhöht und gezahlt wird bis das 65. Lebensjahr erreicht wird. Verstirbt der Versicherte vor Erreichen der Altersgrenze, so wird eine Garantiezeit von fünf Jahren zugesichert, d. h., nach dem Tod der versicherten Person zahlt der Versicherer bis zum fünften Jahr nach dem Unfall an die Erben weiter. Verstirbt die versicherte Person allerdings innerhalb des ersten Jahres vom Unfalltag an gerechnet, so besteht kein Rentenanspruch.

Ferner kann eine sog. Unfallrente mit Mehrleistung versichert werden, d. h., wenn der Invaliditätsgrad von 50 % auf mindestens 75 % steigt, die Rentenzahlung verdoppelt wird. Zusätzlich wird eine zehnjährige Rentengarantie gegeben, die auch dann besteht, wenn die versicherte Person innerhalb des ersten Unfalljahres wegen unfallfremder Ursachen stirbt.

4. Das Unfallkrankenhaustagegeld wird für eine unfallbedingte medizinisch notwendige vollstationäre Heilbehandlung gezalt, die innerhalb von zwei Jahren vom Unfalltag an gerechnet stattfindet. Es steht selbstständig neben den anderen, bisher erwähnten Leistungsarten. Die Zahlung erfolgt unabhängig von den tatsächlich angefallenen Krankenhauskosten, auch unabhängig von der Leistung anderer Versicherer. Vergütet wird jeder Kalendertag der vollstationären Behandlung. Dies gilt auch für den Aufnahmetag und den Entlassungstag. Das Kriterium der medizinischen Notwendigkeit wird nach den gleichen Grundsätzen wie in der privaten Krankenversicherung definiert. Insbesondere kommt es darauf an, dass die Heilmaßnahme nach objektiven medizinischen Befunden und Erkenntnissen im Zeitpunkt der Vornahme vertretbar war. Maßstab für die gewählte Methode ist die Schulmedizin, die sich in der überwiegenden Praxis durchgesetzt und bewährt haben muss. Eine vollstationäre Behandlung setzt voraus, dass die versicherte Person sich mindestens 24 Stunden im Krankenhaus aufgehalten hat.

Eine Heilbehandlung liegt dann vor, wenn Maßnahmen ergriffen werden, die darauf gerichtet sind, die unfallbedingt erlittene Erkrankung zu behandeln und zu lindern. Dies kann nach den neueren Versicherungsbedingungen auch in sog. gemischten Anstalten geschehen, in denen einerseits Kuren oder Sanatoriumsaufenthalte angeboten werden, andererseits allerdings auch eine vollstationäre Heilbehandlung erfolgt. In der Regel wird eine direkt nach dem Unfall erfolgte Anschlussheilbehandlung als Heilbehandlung im Sinne der Versicherungsbedingungen zu qualifizieren sein, während längere Zeit nach dem Unfall durchgeführte Reha-Maßnahmen nicht unter diesen Begriff fallen.

5. Ist diese Leistungsart vereinbart, so besteht Anspruch auf die im Vertrag festgelegte **Todesfallsumme**. Voraussetzung ist, dass das Unfallereignis für den Eintritt des Todes ursächlich war. Weitere Voraussetzung ist, dass der Tod innerhalb eines Jahres nach dem Unfall eingetreten ist. Nach den Bedingungen ist der Tod durch Unfall innerhalb von 48 Stunden zu melden. Die Frist beginnt, wenn die Erben Kenntnis vom Tod erhalten bzw. der Versicherungsnehmer vom Tod der versicherten Person. Diese Frist wird in der Praxis häufig wegen der emotionalen Belastung beim Tod eines nahen Angehörigen nicht eingehalten, den meisten Berechtigten steht im Zusammenhang mit einem Todesfall diese Obliegenheit nicht vor Augen.

Der Versicherer kann sich aber nur dann auf die Fristversäumnis berufen, wenn ihm dadurch Nachteile entstanden sind. Sinn und Zweck der Regelung ist, dass der Versicherer die Möglichkeit haben soll, von sich aus durch eigene Untersuchungen, insbesondere eine Obduktion, feststellen zu lassen, ob der Tod tatsächlich Folge des erlittenen Unfalles war. Wurde eine Obduktion aus anderen Gründen durchgeführt oder von den Erben veranlasst und ergab die Obduktion, dass der Tod unfallbedingt eintrat, sind die Interessen des Versicherers nicht beeinträchtigt.

Schwierigkeiten ergeben sich häufig bei der Frage, ob ein unfreiwillig erlittener Unfall den Tod verursacht hat oder ein Suizid vorlag. Viele Geschehensabläufe können sowohl unfallbedingt erfolgen als auch in suizidaler Absicht (Fahren mit dem Auto gegen einen Baum oder Brückenpfeiler, Sturz von einer Brücke, Erfasst werden von einem Zug).

Bei diesem Fallgestaltungen hat der Versicherer den Suizid zu beweisen. Dieser Beweis ist in aller Regel nur über Indizien zu führen, da der sog. Beweis des ersten Anscheines nicht zulässig ist. Die Rechtsprechung hat es für den Beweis der Selbsttötung allerdings als ausreichend angesehen, wenn Indizien keinen anderen Schluss zulassen.

Anders liegt der Fall, wenn beispielsweise streitig ist, ob sich überhaupt ein Unfall ereignet hat. Hierfür und dem ursächlichen Zusammenhang zwischen Unfall und Tod ist der Erbe bzw. beim Tod der versicherten Person der Versicherungsnehmer beweispflichtig.

Die Geltendmachung der Invaliditätsleistung und der Todesfallleistung schließen sich gegenseitig aus. Vorrang hat die Todesfallleistung, die bereits gezahlte Invaliditätsleistung wird vom Versicherer zurückgefordert werden bzw. verrechnet werden.

6. Sinn und Zweck der Vereinbarung einer Übergangsleistung ist, Kapital für die Rehabilitation des Verletzten zu gewähren und mit ihr den leistungsarmen Zeitraum zwischen Auszahlung des Krankenhaustagegeldes und der Zahlung der Invaliditätsentschädigung zu überbrücken (vgl. *Grimm*, Unfallversicherung AUB 2010, Ziffer 2 Rn. 56).

Die Übergangsleistung wird als Einmalzahlung gewährt. Voraussetzung ist, dass nach Ablauf von 6 Monaten seit Eintritt des Unfalles ohne Mitwirkung von anderen Krankheiten oder Gebrechen noch eine unfallbedingte Beeinträchtigung der normalen körperlichen oder geistigen Leistungsfähigkeit von mehr als 50 % ununterbrochen bestanden hat. Diese Anspruchsvoraussetzungen sind vom Versicherungsnehmer zu beweisen. In einigen Bedingungswerken ist die rechtzeitige Geltendmachung der Übergangsleistung Anspruchsvoraussetzung. Die Übergangsleistung ist spätestens 7 Monate nach Eintritt des Unfalles unter Vorlage eines ärztlichen Attestes beim Versicherer geltend zu machen. Zur Geltendmachung besteht eine Ausschlussfrist, die allerdings den Entschuldigungsbeweis zulässt. Hat beispielsweise der Versicherungsnehmer innerhalb der Frist seinen Arzt gebeten, die noch bestehende ununterbrochene 50%ige Einschränkung zu bestätigen und das Attest zusammen mit einem Schreiben des Versicherungsnehmers, mit dem die Zahlung geltend gemacht wird, an den Versicherer zu senden und hat der Arzt dies versehentlich unterlassen, so trifft den Versicherungsnehmer kein Verschulden.

7. Wird im Versicherungsvertrag ein **Tagegeld** vereinbart, so ist dieses in der vereinbarten Höhe für die Dauer der unfallbedingten ärztlichen Behandlung zu bezahlen (vgl. *Grimm*, Unfallversicherung AUB 2010, Ziffer 2 Rn. 56).

Invaliditätsleistung und Tagegeld schließen sich nicht gegenseitig aus. Die Zahlung von Tagegeld hängt auch nicht davon ab, ob die unfallbedingte Beeinträchtigung wieder vorübergeht. Das Tagegeld ist dafür gedacht, den Einkommensausfall zu ersetzen. Gezahlt wird für die Dauer der ärztlichen Behandlung, d. h., ab dem Zeitpunkt, an dem der Verunfallte den Arzt erstmals zur Behandlung aufsucht, bis zu dem Zeitpunkt, zu dem die ärztliche Behandlung beendet ist. Bei einem einmaligen Besuch des Unfallarztes wird nur für diesen einen Tag Tagegeld geleistet.

Eine Beeinträchtigung der Arbeitsfähigkeit liegt dann vor, wenn der Versicherte seinen Beruf nicht oder nicht in vollem Umfang ausüben kann oder bei Ausübung seines Berufes sich die Unfallfolgen verschlimmern würden. Eine bloße Behandlungsbedürftigkeit der Unfallverletzungen reicht zur Beanspruchung des Tagegeldes nicht aus. Der Grad der Beeinträchtigung ist durch den Arzt festzustellen.

Nach den gängigen Bedingungen wird das Krankentagegeld längstens für ein Jahr geleistet.

8. Als weitere Leistungsarten kommen im Unfallversicherungsvertrag die Mitversicherung der Kosten für kosmetische Operationen in Betracht, die Mitversicherung einer Kurbeihilfe sowie die Versicherung von Bergungskosten und Unfallserviceleistungen. Als weitere verletzungsbezogene Leistung kann eine Sofortleistung bei Schwerverletzungen vereinbart werden, die insbesondere dann sinnvoll ist, wenn der Unfallverletzte keine großen eigenen finanziellen Rücklagen hat und auf baldige Zahlung von Geldern angewiesen ist. In der Regel entsteht der Anspruch bei in den Bedingungen definierten schweren Verletzungen oder einer Kombination von schweren Verletzungen, wenn nicht innerhalb von 48 Stunden nach dem Unfall der Tod eintritt.

Nach einigen Bedingungswerken muss der Anspruch innerhalb von 6 Monaten, gerechnet ab dem Unfalltag, angemeldet werden. Es kann vereinbart werden, dass die Sofortleistung mit der später zu zahlenden Invaliditätsleistung zu verrechnen ist. In diesem Fall hat die Vereinbarung der Sofortleistung die gleiche Wirkung wie die Zahlung eines Vorschusses. Dieser Anspruch besteht jedoch nach den Bedingungswerken bereits, so dass die Vereinbarung der Verrechnung der Sofortleistung mit der zu leistenden Invaliditätssumme wenig Sinn macht.

Bei Vereinbarung der Zahlung eines Verletztengeldes verspricht der Versicherer bei bestimmten Verletzungen, die im Bedingungswerk ausdrücklich aufgeführt sind, eine Geldleistung, wenn ein Unfall zu den genannten Verletzungen geführt hat, die Verletzung unverzüglich ärztlich festgestellt wurde und der Anspruch innerhalb von 6 Monaten nach Eintritt der Verletzung beim Versicherer geltend gemacht wurde. In ähnlicher Weise kann die Zahlung eines Schmerzensgeldes vereinbart werden. Auch hier werden im Bedingungswerk vom Versicherer bei bestimmten Verletzungen Schmerzensgelder versprochen und zwar in Prozent einer bestimmten Versicherungssumme.

9. Die **Unfallversicherung mit garantierter Beitragsrückzahlung (UBR)** wird auch als Unfallversicherung mit Prämienrückgewähr bezeichnet. Es handelt sich dabei um eine Mischform zwischen der Unfallversicherung und einer Kapitallebensversicherung.

Gegenstand des Leistungsversprechens ist, wie in der Unfallversicherung auch, zunächst Schutz gegen die im Bedingungswerk versicherten Unfälle. Dazu kommen ein bedingungsgemäßer Rückzahlungsanspruch sowie eine Überschussbeteiligung.

Im Schadensfall erfolgt eine Leistung nach den Allgemeinen Unfallversicherungsbedingungen. Die im Vertrag garantierte Kapitalleistung zahlt der Versicherer unabhängig davon, ob Leistungen aus der Unfallversicherung erbracht wurden oder nicht. Das gleiche gilt, wenn der Ablauftermin durch den vorherigen Tod der versicherten Person nicht erreicht wird. In diesem Fall wird ebenfalls die vereinbarte Leistung gezahlt.

10. Wie in anderen Versicherungszweigen auch, kann in der Unfallversicherung von dem Versicherungsnehmer, also dem Vertragspartner des Versicherers, eine **dritte Person versichert** werden. So ist es häufig anzutreffen, dass bei Familienunfallversicherungen der eine Ehepartner Versicherungsnehmer ist, der andere Ehepartner und die gemeinsamen Kinder versicherte Personen. Die Rechtsstellung der versicherten Person ist in § 179 VVG geregelt. Die in Absatz 1 Satz 1 Alternative 2 genannte Fremdversicherung erfasst vor allem Fälle der Familienversicherung, der Versicherung der Mitglieder von Sportvereinen oder anderer Organisationen (vgl. Römer/Langheid/*Rixecker* § 179 Rn. 1), d. h. dass der Empfänger der Leistung aus einem Unfallversicherungsvertrag bei einem Unfall der versicherten Person der Versicherungsnehmer ist, nicht jedoch die versicherte Person. Damit ist der Versicherungsnehmer allein berechtigt, die Leistung gegenüber dem Versicherer geltend zu machen und den Zahlungsbetrag zu vereinnahmen. Der Ausgleich erfolgt im Innenverhältnis zwischen dem Versicherungsnehmer und der versicherten Person, wobei Aufrechnungsmöglichkeiten aus demselben Unfallereignis bestehen (BGH IV ZR 130/71, VersR 1973, 634).

§ 179 Abs. 2 VVG bestimmt, dass wenn der Versicherungsnehmer finanziell vom Unfall der versicherten Person profitieren soll, d. h. die Leistung aus dem Unfallversicherungsvertrag behalten dürfen soll, eine schriftliche Einwilligung des anderen erforderlich ist.

Ist die versicherte Person geschäftsunfähig oder in der Geschäftsfähigkeit beschränkt, wie zB Minderjährige, kann der Versicherer den anderen bei der Erteilung der Einwilligung nicht vertreten, selbst wenn er ansonsten zur Vertretung der versicherten Person berechtigt ist. Hierbei ist an die Fälle zu denken, dass die Eltern als Versicherungsnehmer ihr minderjähriges Kind als versicherte Person einsetzen und ein Bezugsrecht für sich selbst vereinbaren. In diesen Fällen ist die Bestellung eines Ergänzungspflegers nach § 1909 BGB erforderlich.

Hintergrund der genannten Regelung ist, dass nicht mit dem Leben oder der Gesundheit eines Dritten ohne dessen Kenntnis und Einwilligung spekuliert werden können soll.

In Absatz 3 des § 179 VVG ist geregelt, dass in Fällen der Versicherung gegen Unfälle Dritter für eigene Rechnung die Kenntnis und das Verhalten der versicherten Person maßgeblich sind soweit es nach dem Gesetz darauf ankommt. Dies gilt vor allem in den Fällen der Verletzung der vorvertraglichen Anzeigeobliegenheit oder Aufklärungsobliegenheit, insbesondere jedoch auch dort, wo es um die Freiwilligkeit oder die vorsätzliche Herbeiführung eines Unfalles geht (Römer/Langheid/*Rixecker* § 179 Rn. 4).

11. Die Leistungspflicht des Versicherers besteht nur dann, wenn der Versicherungsnehmer die in den Bedingungswerken vereinbarten **Fristen** einhält. Zu den wichtigsten Fristen gehört die 15-Monats-Frist, innerhalb derer die Invalidität ärztlich schriftlich festgestellt worden sein muss und beim Versicherer geltend zu machen ist. Innerhalb von drei Jahren nach dem Unfall haben Versicherungsnehmer und Versicherer das Recht, die zuvor festgestellte Invalidität ärztlich neu bemessen zu lassen.

Bei Geltendmachung der Todesfallleistung ist der Unfalltod innerhalb von 48 Stunden dem Versicherer zu melden, ggf. auch wenn der Unfall als solcher bereits dem Versicherer mitgeteilt wurde.

Die Todesfallleistung wird nur dann gewährt, wenn der Tod der versicherten Person unfallbedingt innerhalb eines Jahres nach dem Unfall eingetreten ist. Die Übergangsleistung wird nur dann gewährt, wenn 6 Monate lang eine ununterbrochene unfallbedingte Minderung der Leistungsfähigkeit von mehr als 50 % bestand und innerhalb eines weiteren Monats beim Versicherer unter Vorlage eines ärztlichen Attestes geltend gemacht wurde.

Wichtig:

Im Einzelfall können die vereinbarten Bedingungen für den Versicherungsnehmer längere bzw. günstigere Fristen enthalten, es empfiehlt sich das Bedingungswerk hierauf zu überprüfen.

Bei Geltendmachung der Invalidität ist darauf zu achten, dass eine ärztliche Bestätigung vorliegt, dass Invalidität innerhalb eines Jahres nach dem Unfall eingetreten ist.

Im Prozess muss der Versicherungsnehmer als Kläger vortragen, dass Invalidität binnen Jahresfrist eingetreten ist und innerhalb von 15 Monaten (oder der hierfür in den Bedingungen vereinbarten Frist) die Geltendmachung erfolgt ist.

Die Fristversäumnis ist allerdings nur dann von Bedeutung, wenn der Versicherer zuvor im Sinne des § 186 VVG belehrt hat und auf die Folgen der Fristversäumnis hinweist.

12. Neben den Standard-AUB gibt es eine Vielzahl von Vereinbarungen, die den Versicherungsnehmer besser stellen. Nachfolgend wird auf einige **Risikoausschlüsse** hingewiesen, die durch Vereinbarungen in den AUB wieder in den Versicherungsschutz einbezogen werden können:

- Vergiftungen durch Gase und Dämpfe
- Körperschäden anlässlich der Rettung von Menschen und Sachen, wobei eine Formulierung verwendet wird: „Der Versicherer beruft sich nicht auf die Leistungsvoraussetzung der Unfreiwilligkeit, wenn die versicherte Person bei rechtmäßiger Verteidigung oder bei der Bemühung zur Rettung von Menschen, Tieren oder Sachen Gesundheitsschäden bewusst in Kauf nimmt.")
- Bewusstseinsstörungen durch Trunkenheit
- In der Kinderunfallversicherung: Bei Kindern bis zu 14 Jahren zusätzlich die Vergiftung in Folge der Einnahme fester oder flüssiger Stoffe durch den Schlund
- Zusätzlich können in der Kinderunfallversicherung Rooming-In-Leistungen mitversichert werden, Nachhilfegeld bei Schulunfähigkeit sowie durch Krankheiten verursachte Invalidität und Erwerbsunfähigkeit.

E. Betriebliche Versicherungen

I. Vorbemerkungen

1. Begriffe

Das unternehmerische Risiko, das jeder Rechtsanwalt selbst tragen muss, kann nicht versichert werden. Generell gilt jedoch, dass Rechtsanwälte vielen existenzbedrohenden und unkalkulierbaren Risiken ausgesetzt sind. Anhand einer persönlichen Risikoanalyse sollten diese Risiken frühzeitig erkannt, bewertet und minimiert werden. Aber was sind betriebliche Versicherungen und welche Arten von betrieblichen Versicherungen gibt es? Betriebliche Versicherungen umfassen alle Versicherungen, die zur Absicherung der beruflichen Tätigkeit dienen. Darunter fällt beispielhaft nicht die private Haftpflichtversicherung oder die Hausratversicherung der privaten Wohnung. Vielmehr sollen hiermit die Risiken versichert werden, die ausschließlich bei Ausübung der beruflichen Tätigkeit entstehen können. In manchen Fällen ist der Abschluss einer betrieblichen Versicherung sogar gesetzlich vorgeschrieben, um den Beruf überhaupt ausüben zu dürfen.

Das gilt insbesondere für den Abschluss einer Berufshaftpflichtversicherung für Rechtsanwälte. Oftmals wird hierbei auch von einer Vermögensschaden-Haftpflichtversicherung gesprochen. Eine solche ist ausgerichtet auf spezielle Berufe und Ansprüche aus dieser beruflichen Tätigkeit, bei der überwiegend echte Vermögensschäden passieren, die nicht aus einem Personen- oder Sachschaden resultieren. Sie ist eine Pflichtversicherung (vgl. §§ 51, 59j BRAO): wird diese Berufshaftpflichtversicherung nicht abgeschlossen oder nicht aufrecht erhalten, erteilt die zuständige Aufsichtsbehörde keine Zulassung oder widerruft diese. Diese Versicherung dient einerseits dem Schutz des Dritten (idR der Mandant), der sich vertrauensvoll in die Hände des Rechtsanwalts begibt. Andererseits dient sie dem Schutz des Rechtsanwalts selber, um dessen Haftung abzusichern, denn Fehler bei der Beratung, Begutachtung, Prozessführung etc. können schnell zu einem hohen Vermögensschaden bei einem Dritten führen. Die Berufshaftpflichtversicherung hat jedoch nicht nur eine Zahlfunktion bei berechtigten Ansprüchen, sondern prüft Ansprüche und wehrt unberechtigte Ansprüche ab. Somit beinhaltet diese Berufshaftpflichtversicherung auch einen passiven Rechtsschutz, indem die gegen den Rechtsanwalt gerichteten Haftungsansprüche geprüft und notfalls abgewehrt werden.

Eine weitere wesentliche betriebliche Grundabsicherung stellt die Betriebshaftpflichtversicherung dar. Oftmals wird diese Haftpflichtversicherung auch unter dem Namen Bürohaftpflichtversicherung geführt, da der Rechtsanwalt im eigentlichen Sinne keinen Betrieb führt, sondern seine anwaltliche Tätigkeit grundsätzlich aus einem Büro heraus ausübt. Die Betriebshaftpflichtversicherung bietet Versicherungsschutz gegen Ansprüche Dritter bei Personen-, Sach- und hieraus resultierenden Vermögensschäden, die sog. Vermögensfolgeschäden. Diese Schäden können daraus resultieren, dass Mandanten im Büro des Rechtsanwalts zu Schaden kommen, weil die Verkehrssicherungspflicht verletzt wurde. Sie können aber auch dann eintreten, wenn der Rechtsanwalt beim Mandanten etwas beschädigt. Das Risiko, für solche oder ähnliche Fälle in Anspruch genommen zu werden, kann nicht kalkuliert werden. Deswegen empfiehlt sich der Abschluss einer solchen Betriebshaftpflichtversicherung, um den Beruf unbelastet ausüben zu können.

Da die Kosten einer solchen Versicherung sehr überschaubar sind, sollte eine solche Versicherung für jeden Rechtsanwalt Pflicht sein. Empfehlenswert ist diese Betriebshaftpflichtversicherung auch deswegen, da nicht nur Ansprüche von Mandanten, sondern auch solche eines Vermieters aus Beschädigung des gemieteten Büros oder verlorener Schlüssel, Codekarten etc. versichert sein können.

Die betriebliche Sachinhaltsversicherung als weiterer wesentlicher Grundschutz ist mit der Hausratversicherung für den Privatmann vergleichbar. Versicherungsschutz wird für die bekannten Risiken Feuer, Leitungswasser, Einbruchdiebstahl mit Vandalismus und Raub, Sturm/Hagel, Überschwemmung und unbenannte Risiken geboten. Versicherte Sachen sind hierbei alle beweglichen Sachen des Bürobetriebes (technische und kaufmännische Betriebseinrichtung), die sich im Besitz des Rechtsanwalts befinden. Existenzbedrohende Schäden, hergeleitet aus dem Verlust oder einer Beschädigung der versicherten Sachen, können mit dieser Sachinhaltsversicherung vermieden werden. Der Begriff Sachinhaltsversicherung hat sich bei den Versicherungsgesellschaften durchgesetzt. Oftmals wird er aber auch mit den Begriffen Geschäftsinhaltsversicherung, Firmen-Inhaltsversicherung oder auch Gewerbeinhaltsversicherung gleich gesetzt. Sinn und Zweck dieser Versicherung bleibt jedoch gleich: Der Schutz der zur Berufsausübung benötigten Gegenstände vor Risiken, auf deren Eintritt der Rechtsanwalt keinen Einfluss hat.

2. Management der zu versichernden Risiken

Mit Versicherung wird im Grundsatz das Prinzip der kollektiven Risikoübernahme bezeichnet. Versicherungsnehmer zahlen einen bestimmten Geldbetrag in einen Geldtopf des Versicherers ein, um beim Eintritt des Schadenfalles aus diesem Geldtopf einen Schadenausgleich zu erhalten. Da statistisch gesehen nicht bei jedem Versicherungsnehmer ein Schaden eintritt, ist der eingezahlte Geldbetrag ausreichend, um den Schaden zu bezahlen. Demzufolge ist eine Versicherung nach allgemeiner Auffassung die Deckung eines im einzelnen ungewissen, insgesamt schätzbaren Geldbedarfs, auf der Grundlage eines Risikoausgleichs im Kollektiv und in der Zeit.

Risiken sind untrennbar mit der beruflichen Tätigkeit verbunden. Es ist unmöglich, ein Risiko vollkommen auszuschließen. Wer auf den eigenen beruflichen Beinen steht, für den ist es existentiell wichtig, dass ein Management der zu versichernden Risiken vorhanden ist und dieses nicht vernachlässigt wird. Elementarer Baustein eines jeden Managements ist die wirtschaftliche Verlagerung von bestimmten Risiken auf Dritte mittels Versicherungen. Der Begriff „Risiko" wird in Theorie und Praxis nicht einheitlich definiert. Die schlüssigste Definition beschreibt Risiko als die Möglichkeit, von geplanten Zielen abzuweichen, was durch „zufällige" Störungen verursacht wurde und aus der Unvorhersehbarkeit der Zukunft resultiert. Derartige betriebliche Risiken müssen im Vorwege in Form einer Bestandsaufnahme erkannt werden. Hierbei hilft nur eine geeignete Risikoanalyse des Rechtsanwalts, welche Risiken vorhanden sind und welche vorrangig versichert werden sollen/müssen. Unterteilen lassen sich die Risiken in folgende zwei Grundarten:
• Schäden, die Dritten durch die berufliche Tätigkeit entstehen, und
• Schäden am eigenen Vermögen.
Gerade Berufseinsteiger, aber auch langjährig erfahrene Rechtsanwälte müssen genau analysieren, wo ihre Hauptrisiken liegen. Auch ist dabei die Kosten-Nutzen-Relation relevant: wie hoch sind die Versicherungskosten im Verhältnis zu den Kosten eines möglichen Schadens? Kann diese der Rechtsanwalt möglicherweise selbst tragen? Anhand dieser ganz individuellen Bewertungskriterien werden die eigenen Risiken erkannt, bewertet und entsprechend der Relevanz für die berufliche Ausübung gewichtet. Die Gewichtung kann unterteilt werden in schwaches Risiko, mittleres Risiko und hohes Risiko. Auch muss

aus dieser Gewichtung ersichtlich sein, ob mögliche Risiken beeinflusst oder gar vermindert werden können. Steht der finanzielle Aufwand einer Risikominderung fest, aber lassen sich gleichzeitig nicht alle Risiken vermeiden oder sind wirtschaftlich aus eigenen Mitteln tragbar, folgt die Entscheidung über den geeigneten Versicherungsschutz. Die Kosten für diesen Versicherungsschutz führen zu finanziellen Aufwendungen des Rechtsanwalts. Der Rechtsanwalt kann diese Aufwendungen für Versicherungsschutz auch vermeiden und die darauf entfallenden Beträge selbst ansparen; es kann aber mehrere Jahre dauern bis ein hoher Geldbetrag angespart ist, um einen Schaden selbst auszugleichen. Versicherungen sind daher ein wesentlicher Bestandteil eines Risiko-Managements. Dieses ist ein fortlaufender Prozess und sollte mind. einmal jährlich überprüft werden.

Ein Risiko-Management stellt sicher, dass kein relevantes Risiko außer Acht gelassen wird. Das Versicherungsmanagement achtet darauf, ob und welche Risiken überhaupt versichert werden. Ergänzend hierzu steht die die Versicherungsanalyse mit ihrer Frage danach, wie zu versichernde Risiken tatsächlich versichert sind, wenn für sie bereits Versicherungsschutz besteht. Die elementare Aufgabe einer Versicherungsanalyse ist die Sichtung von bestehenden Versicherungen durch eine fortlaufende Prüfung. Wenn ein Risiko identifiziert und versichert ist, müssen Inhalt und Umfang des Versicherungsschutzes genauestens überprüft werden. Sind Leistung, Versicherungssumme und der Versicherungsbeitrag optimal? Besteht möglicherweise Anpassungsbedarf an zwischenzeitlich eingetretene Änderungen? Wenn Änderungen am zu versichernden Risiko notwendig sind, sollten diese sofort dem Versicherer mitgeteilt werden. Wo Änderungen bei bestehenden Versicherungen nicht möglich sind, müssen diese gekündigt bzw. durch Alternativen ersetzt werden. Es kann aber auch der Fall eintreten, dass der Versicherer zwischenzeitlich inhaltlich und preislich besseren Versicherungsschutz bietet: Dann ist ein bestehender Vertrag anzupassen. Waren demnach Versicherungsmanagement und -analyse erfolgreich, gibt es nur noch Versicherungsschutz, der den Bedarf abdeckt: Versicherungsinhalte, Versicherungssumme und der Versicherungsbeitrag sind somit optimiert. Wie auch beim Risiko-Management sollten Versicherungsmanagement und –analyse regelmäßig durchgeführt werden, ggf. unter Einschaltung von unabhängigen externen Spezialisten.

Interessant wird es, wenn Versicherungen sowohl betriebliche als auch private Risiken kombiniert absichern. Oftmals enthält beispielsweise eine Betriebshaftpflichtversicherung eines Bürobetriebes auch eine Privat-Haftpflichtversicherung des Rechtsanwalts und evtl. weiterer Berufsträger. In diesem Fall erkennt das zuständige Finanzamt nur den beruflichen Anteil der Versicherungsbeiträge als betrieblichen Aufwand an. Es sollte daher darauf geachtet werden, dass sich bei einer solchen kombinierten Versicherung die entsprechenden Beitragsanteile eindeutig bestimmen lassen. Eine solche Kombination ist aber nicht nur deswegen mit Vorsicht zu genießen. Vielmehr kann es dann auch dazu kommen, dass Schäden aus dem privaten Bereich den Versicherungsschutz aus dem betrieblichen Bereich aushöhlen oder beeinträchtigen: dies gilt insbesondere dann, wenn der Versicherer einen schlechten Schadenverlauf aus dem privaten Bereich zum Anlass nimmt, den Beitrag zu verändern oder den Vertrag gar insgesamt zu kündigen, auch wenn der betriebliche Bereich keinen Schaden aufweist: das wird dem Sinn einer Betriebshaftpflichtversicherung nicht gerecht.

In den nachfolgenden Abschnitten werden die oben dargestellten betrieblichen Versicherungen näher in den grundlegenden Punkten und Besonderheiten erläutert. Aufgezeigt werden daneben die notwendigen Angaben gegenüber den Versicherern. Dabei wird nur der Grundversicherungsschutz erörtert: Individuelle Besonderheiten bedürfen einer individuellen Betrachtung.

3. Gemeinsamkeiten

a) **Versicherungsantrag, Versicherungsschein und Versicherungsbedingungen.** Der Versicherungsantrag ist für den Versicherungsschutz von elementarer Bedeutung, weil er das zu versichernde Risiko grundsätzlich definiert. Demzufolge sind hier auch alle gefahrerheblichen Umstände anzugeben, nach denen der Versicherer gefragt hat. Der Rechtsanwalt ist auch verpflichtet, alle Umstände anzuzeigen, nach denen der Versicherer gefragt hat und die sich zwischen Antrag und vor der Vertragsannahme geändert haben. Von diesen ausdrücklichen Fragen in einem Antrag abgesehen, sind weitere Anzeigepflichten in den Versicherungsbedingungen nicht maßgebend, weil diese erst mit Vertragsabschluss Bestandteil werden. Daher ist auf die allgemeinen gesetzlichen Vorgaben der §§ 16 f. VVG zurückzugreifen.

Der Versicherungsschein, oder auch Versicherungspolice genannt, ist das wichtigste Dokument für den Versicherungsschutz. Zur Erstellung dieser Urkunde ist der Versicherer nach § 3 Abs. 1 VVG gesetzlich verpflichtet. Der Versicherungsschein sollte inhaltlich mit dem Versicherungsantrag übereinstimmen und dient als Beweisvorlage über das Bestehen und dem Umfang eines Versicherungsvertrages. Aus dem Versicherungsschein und nachfolgend seinen Versicherungsnachträgen gehen alle vertraglichen Vereinbarungen hervor, bis hin zu den Rechten und Pflichten aus diesem Vertragsverhältnis. Ua sind Bestandteile des Versicherungsscheins die Vertragsbeteiligten, die Höhe der vereinbarten Versicherungssumme, der Vertragsbeginn und die Vertragsdauer sowie der Beitrag.

Die Versicherungsbedingungen sind neben dem Versicherungsschein ebenfalls Grundlage des Versicherungsschutzes. Diese unterteilen sich, teilweise abhängig vom jeweiligen Risiko in die Allgemeinen und Besonderen Versicherungsbedingungen. Allgemeine Versicherungsbedingungen geben die allgemeinen Regelungen eines Versicherungsvertrages wieder. Dabei handelt es sich neben dem versicherten Risiko auch um die Fälligkeit der Versicherungsprämien, den Rechtsfolgen beim Zahlungsverzug und den Obliegenheiten und Anzeigepflichten des Versicherungsnehmers. Sie regeln also die gegenseitigen Rechte und Pflichten zwischen Versicherer und dem Versicherungsnehmer. Gegenüber den Regelungen des VVG darf für den Versicherungsnehmer innerhalb dieser Versicherungsbedingungen keine Schlechterstellung vereinbart sein. Individuelle Erweiterungen aber auch Einschränkungen im Umfang des Versicherungsschutzes sind in den Besonderen Versicherungsbedingungen zu finden. Diese haben Vorrang vor den Allgemeinen Versicherungsbedingungen nach dem Grundsatz, dass die spezielle Norm der generellen vorgeht.

b) **Anzeige von Änderungen während der Vertragslaufzeit.** Während der Vertragslaufzeit ergibt sich für den Rechtsanwalt die Pflicht, dem Versicherer Änderungen anzuzeigen.

Dies gilt vor allem bei der **Berufshaftpflichtversicherung** und dort für die Einstellung von juristisch vorgebildeten Mitarbeitern. Der Rechtsanwalt kann dadurch mehr Mandate annehmen, weswegen sich dadurch das vom Versicherer zu beurteilende Haftungsrisiko erhöht. Deswegen ist diese Mitteilungspflicht in den Allgemeinen Versicherungsbedingungen enthalten; viele Versicherer weisen auch mit jährlichen Beitragsrechnungen auf diese Pflicht hin. Ein Unterlassen der Mitteilung kann für den Berufsträger nachteilig sein, weil dann die Versicherungsleistung gekürzt werden kann.

Ferner ist es dem Versicherer anzuzeigen, wenn über einen bestehenden Versicherungsschutz hinaus bei einem anderen Versicherer weiterer Versicherungsschutz abgeschlossen wird. Die Versicherer verlangen dies, weil sich dadurch für den sog. Grundversicherer die Notwendigkeit ergeben kann, seinen Tarif neu zu kalkulieren. Dementsprechend ist uU Prämie nachzuzahlen.

Wenn sich Änderungen in dem versicherten Risiko ergeben durch die Aufnahme weiterer Tätigkeiten oder der Eröffnung von Büros im Ausland, dann sollte der Versicherer ebenfalls kontaktiert werden. Nur durch den ständigen Abgleich von ausgeübter Tätigkeit und bestehendem Versicherungsschutz lassen sich unliebsame Überraschungen im Schadenfall vermeiden.

Umgekehrt empfiehlt es sich, dem Versicherer anzuzeigen, wenn sich Umstände ergeben, die zu einer Reduzierung des Beitrags führen. Hierbei ist zu denken an das Ausscheiden von Mitarbeitern, das zeitliche Einschränken der Berufsausübung, eine erforderliche Reduzierung der Versicherungssumme und dgl. mehr.

In der **Betriebshaftpflichtversicherung**, aber auch in der **Sachinhaltsversicherung** ist jeder risikomindernde und vorrangig jeder risikoerhöhender Umstand dem Versicherer unverzüglich anzuzeigen. Wird die Anzeige bei einem erhöhenden Umstand grob fahrlässig nicht vorgenommen und kommt es dann zu einem Schadenfall, kann die Leistung gekürzt werden. Die Regelungen zur Gefahrerhöhung finden sich in den jeweiligen dem Vertrag zugrundeliegenden Versicherungsbedingungen. Die Gefahrerhöhung kann insbesondere vorliegen, wenn sich ein gefahrerheblicher Umstand ändert nach dem der Versicherer vor Vertragsschluss gefragt hat. Diese liegt aber auch dann vor, wenn von der dokumentierten Betriebsbeschreibung abgewichen wird, Neu- oder Erweiterungsbauten durchgeführt werden, etc.

c) **Schadenanzeige.** Die Pflicht zur Schadenanzeige ist eine der elementaren Pflichten bei allen betrieblichen Versicherungen. Der genaue Zeitpunkt richtet sich auch nach der Definition des Versicherungsfalls. Daher kann es dazu kommen, dass der Schaden nicht erst dann anzuzeigen ist, wenn ein Schaden eingetreten ist oder der Rechtsanwalt in Anspruch genommen wird.

Die Schadenanzeige sollte daher so früh als möglich erfolgen, denn gemäß §§ 30, 104 VVG besteht die nicht nur versicherungsvertragliche Obliegenheit, den Versicherer bei Eintritt eines Versicherungsfalls unverzüglich, spätestens innerhalb einer Woche ab Kenntnis, in Textform zu unterrichten.

Ein Versicherungsfall liegt bei der **Berufshaftpflichtversicherung** bereits dann vor, wenn der Rechtsanwalt bemerkt, dass ihm möglicherweise ein Fehler unterlaufen ist. Nicht erforderlich ist, dass endgültig feststeht, ob der Rechtsanwalt seine Pflichten verletzt und dies zu einem Schaden des Mandanten geführt hat, ob durch den Mandanten Regressansprüche geltend gemacht werden oder gar ein rechtskräftiges Haftpflichturteil gegen den Rechtsanwalt vorliegt. Die Kenntnis von einem möglichen Fehler genügt; sei es, dass der Rechtsanwalt diesen selbst bemerkt, sei es durch einen Hinweis des Gerichts, die Rüge der Gegenseite oder die Erhebung von Regressansprüchen durch den Mandanten oder seinen neuen Anwalt.

Gerade in den Fällen von möglichen Fristversäumnissen ist die unverzügliche Einschaltung des Versicherers wichtig und empfehlenswert, um gemeinsam mit dem Versicherer prüfen zu können, ob noch Rettungsmöglichkeiten bestehen. Dies gilt insbesondere für die Wiedereinsetzungsmöglichkeiten: gerade auf diesem Gebiet verfügen die Versicherer über umfangreiche Erfahrungen und Kenntnisse, die der einzelne Rechtsanwalt in den seltensten Fällen besitzt und die er sich somit aufwändig aneignen müsste. Stattdessen ist die Kontaktaufnahme mit dem Versicherer zu bevorzugen. Dies gilt auch immer dann, wenn ein Rechtsanwalt durch die Erhebung von Regressansprüchen mit einem möglichen beruflichen Versehen konfrontiert wird: hier ist das weitere Vorgehen (Freistellung oder Abwehr) mit dem Versicherer abzustimmen.

Auch die Einleitung gerichtlicher Maßnahmen (Mahnbescheid, Streitverkündung, PKH-Antrag, Klageerhebung) sind dem Versicherer unverzüglich anzuzeigen, damit auch hier das weitere Vorgehen abgestimmt werden kann. Bei der gerichtlichen Inanspruchnahme ist die Einschaltung und die Auswahl eines Prozessbevollmächtigten ebenfalls mit dem Versicherer abzustimmen, weil dieser nicht nur ein Weisungsrecht hat, sondern auch über ein Expertennetzwerk verfügt, aus dem der für diesen Haftungsfall richtige Interessenvertreter schnell ermittelt werden kann.

Für die lediglich außergerichtliche Vertretung besteht in der Regel kein Kostenschutz; diese Aufgabe übernehmen die meisten Versicherer in eigener Verantwortung mit ihrer eigenen Schadenabteilung, aber immer im Einvernehmen mit dem Rechtsanwalt. Da dies aber von der vertraglichen Regelung in den Versicherungsbedingungen abhängig ist, kommt es auf den jeweiligen Versicherungsvertrag an.

Bei der **Betriebshaftpflichtversicherung** und der **Sachinhaltsversicherung** ist dem Versicherer der Schaden unverzüglich nach Kenntnis anzuzeigen. Nach erfolgter Anzeige hat der Versicherungsnehmer den Weisungen des Versicherers zu folgen.

Eine verspätete Schadenanzeige kann dazu führen, dass der Versicherer nicht mehr in vollem Umfang zu leisten hat. In Zweifelsfällen empfiehlt es sich daher, die Sache kurzerhand mit dem Versicherer abzuklären, notfalls auch telefonisch, denn die verspätete Schadenanzeige kann auch zur vollen Leistungsfreiheit des Versicherers führen. Dafür ist es erforderlich, dass der Rechtsanwalt diese Obliegenheit vorsätzlich verletzt, vgl. § 28 Abs. 2 VVG; liegt eine grobe Fahrlässigkeit vor, kann dies zur Leistungskürzung führen. Kann der Rechtsanwalt dagegen beweisen, dass die Obliegenheitsverletzung weder für den Eintritt oder die Feststellung des Versicherungsfalls noch für die Feststellung oder den Umfang der dem Versicherer obliegenden Leistung ursächlich war, so bleibt der Versicherer zur Leistung verpflichtet (§ 28 Abs. 3 VVG). Der Rechtsanwalt, der mit einem Haftungsfall konfrontiert wird, sollte diese Diskussionen mit dem Versicherer nicht führen müssen. Daher ist die Empfehlung: lieber zu oft als zu selten einen (potenziellen) Versicherungsfall anzeigen.

Dies gilt erst recht, wenn man weiß, dass die bloße Inanspruchnahme nicht immer zu einem begründeten Haftpflichtanspruch führt. Dafür ist nicht nur zu klären, ob überhaupt eine anwaltliche Pflichtverletzung vorliegt. Hinzu kommt unter anderem die Prüfung, ob ein etwaiger Fehler auch ursächlich für einen Schaden des Anspruchstellers geworden ist: diese Kausalprüfung führt oft dazu, dass ein Anspruch als unbegründet zurück gewiesen werden kann.

d) **Wegfall des versicherten Risikos/Kündigung/Wechsel. aa)** Wenn ein versichertes Risiko vollständig und dauerhaft wegfällt, erlischt die Versicherung. Das gilt unabhängig von bestehenden Vertragslaufzeiten oder Kündigungsfristen: Eine Kündigung ist dann nicht erforderlich. Ein Beispiel hierfür ist die Rückgabe der anwaltlichen Zulassung oder auch der Tod des Versicherungsnehmers. Der Vertrag wird dann aufgehoben und ein bereits voraus entrichteter Beitrag anteilig zurück erstattet.

bb) Wenn das versicherte Risiko bestehen bleibt und die beiden Parteien, also Versicherungsnehmer und Versicherer, sich auch nicht auf eine einvernehmliche Vertragsaufhebung einigen können, dann bedarf es der Kündigung. Dabei richtet sich die Frage der ordentlichen Kündigung nach der Vertragsdauer. Grundsätzlich ist der Vertrag für die im Versicherungsschein angegebene Zeit geschlossen.

Verträge, die eine Laufzeit von mindestens einem Jahr haben, verlängern sich jeweils um ein weiteres Jahr, wenn sie nicht spätestens drei Monate vor Ablauf des jeweiligen Versicherungsjahres gekündigt werden. Je nach betroffener Versicherung steht dieses Recht aber nur dem Versicherungsnehmer zu, nicht dem Versicherer (zB bei der Betriebshaftpflichtversicherung). Wer einen solchen Vertrag kündigen möchte, muss somit spätestens drei Monate vor dem Ende des Vertrags bzw. dem Ende des Verlängerungsjahres tätig werden und sei es auch nur, um die Kündigungsfrist zu verkürzen.

Für Verträge, die eine längere Laufzeit haben, gilt zunächst einmal das soeben Gesagte entsprechend. Solche Verträge können aber andererseits abweichend vom allgemeinen Vertragsrecht immer bereits nach 3 Jahren gekündigt werden und danach dann jedes Jahr. Für eine solche Kündigung gilt ebenfalls eine Frist von drei Monaten.

Wenn eine der beiden Parteien an dem Vertrag nicht mehr bis zum Ablauf der vertraglichen Bindung festhalten möchte, kann sie unter Umständen von einem besonderen Kündigungsrecht Gebrauch machen. Ein solches besteht für beide Teile nach dem Eintritt des Versicherungsfalles. Die speziellen Voraussetzungen dafür richten sich naturgemäß nach den Versicherungsbedingungen des jeweiligen Vertrages. Generell ist dafür insbesondere in der Berufshaftpflichtversicherung Voraussetzung, dass sich die Parteien nicht einig sind über die Behandlung des Versicherungsfalls: kommt es zu einem Rechtsstreit über die Deckungs- oder die Haftungsfrage, weil eine der beiden Fragen nicht einvernehmlich geklärt werden kann, so kann der Vertrag gekündigt werden. Dieses Kündigungsrecht steht somit beiden Parteien zu, weil das bestehende Vertrauensverhältnis erschüttert, wenn nicht sogar beschädigt ist: dann ist es den Parteien unzumutbar, an der vertraglichen Bindung festzuhalten. Darüber hinaus hat der Versicherer dadurch immer die Möglichkeit, sich von einem schlecht verlaufenden Risiko trennen zu können, ohne an die Vertragslaufzeit gebunden zu sein. Damit einher geht die Möglichkeit des Versicherungsnehmers, sich nach einem anderen Versicherer umsehen zu können, wenn er mit der Schadenbearbeitung des besitzenden Versicherers nicht zufrieden ist.

Für eine solche Kündigung nach Eintritt eines Versicherungsfalls ist in der Regel eine besondere Frist vorgesehen: sie kann nur binnen eines Monats erklärt werden. Die Frist beginnt zu laufen in dem Moment, in dem der streitige Deckungs- oder Haftungsanspruch rechtshängig geworden ist. Von dem Fristbeginn ist zu unterscheiden, wann die Kündigung des Versicherers wirksam wird: dies ist in der Regel ein Monat nach Zugang beim Versicherungsnehmer. Diese Frist ist individuell verlängerbar: dies kann einseitig durch den Versicherer bestimmt werden, indem er erklärt, dass die Kündigung erst später wirksam wird; eine solche spätere Wirksamkeit kann aber auch einvernehmlich bereits zu Vertragsbeginn oder während der Laufzeit vereinbart werden. Umgekehrt ist die Kündigung des Versicherungsnehmers grundsätzlich sofort wirksam, wenn er nicht einseitig bestimmt, dass sie erst zu einem späteren Zeitpunkt wirksam wird.

Ergänzend hierzu können sich in einzelnen Allgemeinen Versicherungsbedingungen weitere Sonderkündigungsrechte befinden. Diese können unterschiedlich geregelt sein, was die Voraussetzungen, Form und Frist der Kündigungserklärung und schließlich deren Wirksamwerden angeht: dies bedarf der individuellen Betrachtung.

Eine Kündigung bedarf keiner besonderen Form. Dies gilt grundsätzlich für alle Arten der Kündigung. Wenn eine besondere Form nicht vorgeschrieben ist, dann reicht die Kündigung in Textform und somit auch per e-mail aus. Aus Gründen der Beweisbarkeit empfiehlt es sich aber zumindest die Kündigung per Fax, wenn nicht sogar per Einschreibebrief

cc) Ist eine Kündigung wirksam geworden, so endet das Versicherungsverhältnis zu dem in der Kündigung erklärten Zeitpunkt. Damit ist der Weg frei, den Versicherer zu wechseln.

In der **Berufshaftpflichtversicherung** stellt sich nach einem Versichererwechsel oft die Frage, welcher Versicherer der richtige Ansprechpartner in einem Versicherungsfall ist? Hier gilt die bereits dargestellte Besonderheit, dass der Versicherungsfall nicht der Eintritt des Schadens („Ereignis") und auch nicht die Inanspruchnahme des Rechtsanwalts („Claims made") sind: Versicherungsfall ist vielmehr der Verstoß als das berufliche Versehen, dass Haftpflichtansprüche gegen den Rechtsanwalt zur Folge haben könnte. Bei fahrlässigen Unterlassungen gilt in Zweifelsfällen der Tag als Verstoßzeitpunkt, an welchem die versäumte Handlung spätestens hätte vorgenommen werden müssen. Diese Definition des Versicherungsfalls ergibt sich aus der gesetzlichen Vorgabe des § 51 Abs. 2 BRAO, der vom „Versicherungsschutz für jede einzelne Pflichtverletzung" spricht und damit das Verstoßprinzip festlegt. Damit hat der Rechtsanwalt Versicherungsschutz für einen Verstoß, der in der Vertragszeit liegt: richtiger Ansprechpartner im Schadenfall ist somit der Versicherer, bei dem der Rechtsanwalt zum Zeitpunkt des beruflichen Versehens versichert war.

Dies gilt unabhängig davon wann sich der Schaden ereignet, wann er entdeckt und wann er geltend gemacht wird: im Bereich der Pflichtversicherung gilt die unbegrenzte Nachhaftung, so dass immer der Versicherer Schutz zu bieten hat, bei dem der Rechtsanwalt zum Zeitpunkt des beruflichen Versehens versichert war. Deswegen benötigt der Rechtsanwalt auch keinen Versicherungsschutz mehr, wenn er seinen Beruf nicht mehr ausübt. Durch diesen Gleichlauf von Berufsausübung und Versicherung und der unbegrenzten Nachhaftung ist sichergestellt, dass der Versicherungsschutz nur während der Berufsausübung zu unterhalten ist. Das entspricht auch dem Sicherungsbedürfnis des Rechtsanwalts, denn gerade für seinen Beruf ist es typisch, dass sich Haftpflichtansprüche aus beruflichen Versehen viel später realisieren, wenn beispielsweise eine vom Rechtsanwalt entworfene Vereinbarung auf dem Gebiet des Gesellschaftsrechts sich später vor Gericht als unwirksam heraus stellt. Diese Definition des Versicherungsfalls ist erst recht wichtig für die Erben des Rechtsanwalts, die sich dann um zusätzlichen Versicherungsschutz kümmern müssten, wenn die Geltendmachung entscheidend wäre.

Bei der **Betriebshaftpflichtversicherung** sowie der **Sachinhaltsversicherung** ergeben sich bei einem Wechsel des Versicherers in der Regel keine Schwierigkeiten, den richtigen Versicherer zu bestimmen. Da der Versicherungsfall das Schadenereignis ist, muss sich der Rechtsanwalt an den Versicherer wenden, bei dem der Versicherungsschutz besteht, wenn sich ein Schaden ereignet. Eine Ausnahme kann sich nur dann ergeben, wenn der Versicherungsnehmer schon während der Laufzeit des Versicherungsvertrages bei dem alten Versicherer ein Kausalereignis herbeigeführt hat, das erst nach dem Ende des Versicherungsvertrages zum Schadensereignis führt und erst damit den Versicherungsfall auslöst (sog. Folgeereignistheorie). Solche zeitlich späteren Schäden sind in aller Regel nicht gedeckt. Weil hierfür aber sog. Nachhaftungsversicherungen angeboten werden, kann sich der Rechtsanwalt dagegen versichern. Bei der Betriebshaftpflichtversicherung ist diese Nachhaftung Gegenstand einer geschäftsplanmäßigen Erklärung der Versicherer, so dass im Ergebnis der Versicherer im Schadenfall anzusprechen ist, bei dem Versicherungsschutz zum Zeitpunkt des Kausalereignisses bestand.

4. Fazit

Die Absicherung der eigenen Risiken in Form von betrieblichen Versicherungen ist sehr facettenreich und wirft viele Fragen auf. Bevor der Rechtsanwalt Angebote von Versicherungsunternehmen einholen oder bereits bestehende Versicherungsverträge optimieren möchte, sollte er wissen, wo seine beruflichen Risiken liegen. Dann –und nur dann- kann er erkennen, worin sein Bedarf besteht, den die Versicherung abdecken soll. Dieser Bedarf kann sich daran orientieren, welchen Schaden der einzelne Versicherungsnehmer im Schadenfall konkret erleiden kann. Dieser Bedarf kann sich aber auch daran orientieren, dass geplante Einnahmen sich nicht verwirklichen oder nicht geplante Ausgaben eintreten: in beiden Fällen soll der eingetretene Verlust durch die Versicherung abgedeckt werden.

In jedem Fall ist die Risikoermittlung der erste und zugleich wichtigste Schritt, den Bedarf an Versicherungen zu erkennen. So vielfältig dieser Versicherungsbedarf sein kann, so vielfältig können auch die Versicherungslösungen sein. Wer sich damit nicht beschäftigen möchte, sei es mangels Zeit oder mangels Interesse, der kann sich der Hilfe Dritter bedienen, die auch helfen können, offene Fragen zu beantworten. Diese Einschaltung Dritter kann ebenfalls ein Beitrag zur Risikominimierung sein, denn Fehler Dritter bei der Risikoermittlung und der Risikoabdeckung können zu deren Haftung führen: das ist ein Vorteil gegenüber der Erkenntnis, einen eigenen Fehler begangen zu haben. Wer dies vermeiden kann, der kann gedanklich wieder frei sein, um sich dem eigenen Fachgebiet uneingeschränkt widmen zu können.

II. Checkliste/Fragebogen: Berufshaftpflichtversicherung

Name, Anschrift der Interessentin/ des Interessenten bzw. der Gesellschaft (inkl. Rechtsform) als gewünschter Versicherungsnehmer[1]
Wann soll der Versicherungsschutz beginnen?[2]
Welche Tätigkeit soll versichert werden?[3]
Wer sind die zu versichernden Personen (Bitte mit Berufsqualifikation angeben)?[4]
Wie hoch ist die gewünschte Versicherungssumme?[5]

Werden Tätigkeiten über Kanzleien oder Büros im Ausland ausgeübt?[6]
□ Nein   □ Ja
Wenn ja bitte näher erläutern:

Besteht derzeit eine Vermögensschaden-Haftpflichtversicherung?[7]
□Nein   □Ja, beim Versicherer: _____
mit der Vertragsnummer: _____
Versicherungssumme: _____
Ablauf des Vertrages: _____
Vermittler: _____

Wurde der Vertrag gekündigt: □Nein   □Ja
Wenn ja, von wem?   □Versicherer   □Versicherungsnehmer
Grund der Kündigung: _____
Gibt es Vorschäden?   □Nein   □Ja (Mit einer Vorversichereranfrage bin ich einverstanden)

Anmerkungen

1. § 51 BRAO begründet für jeden Rechtsanwalt die gesetzliche Pflicht, eine Berufshaftpflichtversicherung zur Deckung der sich aus seiner Berufstätigkeit ergebenden Haftpflichtgefahren für Vermögensschäden abzuschließen. Der Abschluss ist Zulassungsvoraussetzung (§ 12 Abs. 2 BRAO); die Versicherung ist während der Dauer der Zulassung aufrechtzuerhalten, da ansonsten der Widerruf erfolgt (§ 14 Abs. 2 Ziff. 9 BRAO).

Die Versicherungspflicht knüpft somit an die Zulassung an und trifft damit auch denjenigen, der zwar als Rechtsanwalt zugelassen ist, die Tätigkeit aber nicht ausübt. Daher muss auch der so genannte Titularanwalt diese Versicherung abschließen. Gleiches gilt für denjenigen, der die Tätigkeit nur eingeschränkt ausübt, egal ob hauptberuflich oder nebenberuflich. Weil die Versicherer die Höhe des Beitrags an dem Inhalt und Umfang der ausgeübten Tätigkeit ausrichten, empfiehlt es sich, nicht nur das anzugeben, sondern auch die Höhe der voraussichtlichen Einnahmen aus dieser Tätigkeit. Dies gilt erst recht für Berufsanfänger oder Existenzgründer.

Wer in einen schon bestehenden Zusammenschluss von Berufsträgern (Sozietät, Partnerschaftsgesellschaft etc.) eintritt, der muss darauf achten, ob der Zusammenschluss als solcher Versicherungsnehmer ist oder jeder einzelne Rechtsanwalt. Im ersteren Fall ist die Aufnahme der beruflichen Tätigkeit dem Versicherer anzuzeigen, weil dies eine Erhöhung des zu versichernden Risikos darstellt (→ Anm. 5); im letzteren Fall sollte der Versicherungsschutz des einzelnen Rechtsanwalts von der Summe und vom Inhalt her dem der anderen entsprechen, um eine mögliche gesamtschuldnerische Haftung für die beruflichen Versehen der anderen auch entsprechend abgesichert zu wissen. Das gilt erst recht bei sog. gemischten Sozietäten, wenn Rechtsanwälte mit Angehörigen anderer Berufe wie zB Patentanwälte, Steuerberater und Wirtschaftsprüfer zusammen arbeiten. Für die Frage nach dem Inhalt und Umfang einer möglichen Haftung ist auch entscheidend, wie sich der Außenauftritt gestaltet. Dieser wird bestimmt durch den Briefbogen, Kanzleischild, Internetauftritt etc.: es kommt daher immer auf den Einzelfall an.

Wenn es dagegen um den Versicherungsschutz für Rechtsanwaltsgesellschaften geht, dann gelten gemäß § 59j BRAO besondere Regelungen insbesondere zur Höhe der Versicherungssumme (→ Anm. 6). Versicherungsnehmer ist in jedem Fall die Rechtsanwaltsgesellschaft selber. Daneben benötigt jeder Rechtsanwalt eine eigene Versicherung für die Zulassung und natürlich auch für die Fälle, in denen er Tätigkeiten im eigenen Namen ausübt, was im Zweifel mit der Kammer geklärt werden kann: auch hierfür bietet die Versicherungswirtschaft unter Umständen rabattierte Beträge an, je nach Umfang der ausgeübten Tätigkeit und der Höhe der gewünschten Versicherungssumme.

2. Der Beginn des Versicherungsschutzes bestimmt sich danach, ob die Tätigkeit als Rechtsanwalt bereits ausgeübt wurde oder nicht.

Für Berufsanfänger richtet sich der Beginn nach dem Datum der Zulassung, denn der Abschluss einer Berufshaftpflichtversicherung ist Zulassungsvoraussetzung (§ 12 Abs. 2 BRAO). Der Nachweis des Abschlusses erfolgt durch Vorlage einer Versicherungsbestätigung. Die Versicherer bieten hierfür Erklärungen zur Vorlage an die Kammer, die das Bestehen von Versicherungsschutz bestätigen. Der Beginn der Versicherung ist dann das Datum der erfolgten Zulassung.

Schon zugelassene Rechtsanwälte können bei einem Wechsel der Versicherer den Beginn ihrer Versicherung grundsätzlich frei wählen. Dabei ist jedoch auf schon bestehende Versicherungen und deren Ablauf bzw. Kündigungsmöglichkeit zu achten, denn eine Mehrfachversicherung ist nicht nur aus finanziellen Gründen, sondern auch aus rechtlichen zu vermeiden, vgl. §§ 78, 79 VVG.

Der Wechsel von einer Sozietät etc. zur anderen bietet grundsätzlich keinen Anlass, eine bestehende Versicherung zu beenden und eine neue abzuschließen. Grund hierfür ist, dass sich der Versicherungsschutz auf die Tätigkeit als Rechtsanwalt erstreckt, unabhängig davon, in welcher Sozietät diese ausgeübt wird. Dennoch kann es in der Praxis vorkommen, dass ein Wechsel des Versicherers aus den verschiedensten Gründen gewünscht wird: in diesen Fällen empfiehlt es sich, mit dem Versicherer Kontakt aufzunehmen und um eine einvernehmliche Vertragsaufhebung zu bitten, um den Weg für einen Versichererwechsel und damit einen neuen Versicherungsbeginn frei zu machen. Ein Anspruch hierauf besteht aber nicht.

Der Versicherungsschutz selber beginnt in aller Regel mit der Einlösung des Versicherungsscheins durch die Zahlung der Prämie, weswegen die Zahlung der Erstprämie eine Elementarpflicht ist. Dann –und nur dann- ist der Versicherungsschutz für die Zukunft sichergestellt, denn die sog. Vorwärtsversicherung bietet Schutz für die ab Vertragsbeginn bis zum Vertragsablauf vorkommenden beruflichen Versehen, unabhängig von dem Schadeneintritt und dessen Geltendmachung.

Darüber hinaus bietet die gesondert zu vereinbarende sog. Rückwärtsversicherung auch Schutz für berufliche Versehen in der Vergangenheit, soweit diese bei Abschluss des Vertrages unbekannt sind. Welche beruflichen Versehen als bekannt gelten, hängt von der individuellen Definition in den jeweiligen Versicherungsbedingungen ab. Im Ergebnis können damit aber auch bereits begangene Fehler versichert werden, was von besonderem Interesse sein kann bei einer Erhöhung der Versicherungssumme, Wechsel der Berufsausübung und dergleichen mehr.

3. Bei nahezu allen Versicherern ist die freiberuflich ausgeübte Tätigkeit als Rechtsanwalt versichert.

Grund hierfür sind die gesetzlichen Vorgaben des § 51 BRAO, wonach der Rechtsanwalt gehalten ist, die sich aus seiner Berufstätigkeit ergebenden Haftpflichtgefahren gegen Vermögensschäden zu versichern. Damit steht auch fest, dass die Inanspruchnahme als Hauseigentümer, Fahrzeughalter oder Privatmann nicht Gegenstand der Berufshaftpflichtversicherung sein kann.

Auf der anderen Seite übernimmt ein Rechtsanwalt auch Aufgaben, die ihm aufgrund seiner Vorbildung übertragen werden, ohne dass er als Rechtsanwalt eine freiberufliche Tätigkeit ausübt. Solche traditionell eng mit dem Anwaltsberuf verbundene Tätigkeiten werden vom Versicherungsschutz umfasst: mitversichert sind daher Tätigkeiten als Insolvenzverwalter, Testamentsvollstrecker, Vormund, Betreuer und einige mehr. Diese Tätigkeiten sind in aller Regel automatisch mitversichert und das unabhängig davon, in welchem Umfang sie ausgeübt werden.

Diese Erweiterungen finden ihre Grenzen bei solchen Tätigkeiten, die über die anwaltlichen Tätigkeiten hinausgehen. So sind unternehmerische Tätigkeiten wie zB als Vorstands- oder Aufsichtsratsmitglied vom Schutz der Berufshaftpflichtversicherung nicht erfasst: hier empfiehlt sich in Zweifelsfällen die Kontaktaufnahme mit dem Versicherer oder dem Versicherungsbetreuer, um offene Fragen zu klären.

4. Ein Rechtsanwalt muss nicht nur für sich, sondern auch für andere Personen Versicherungsschutz besorgen, weil er dem Mandanten gegenüber grundsätzlich auch für ein Verschulden fremder Personen einstehen muss. Hierzu zählen Sozien, juristische Mitarbeiter und auch Büropersonal.

Der Versicherungsfall eines Sozius gilt als Versicherungsfall aller Sozien. Als Sozien im Sinne der Berufshaftpflichtversicherung gelten Berufsangehörige, die ihren Beruf nach außen hin gemeinschaftlich ausüben, ohne Rücksicht darauf, wie ihre vertraglichen Beziehungen untereinander im sog. Innenverhältnis geregelt sind. Entscheidend ist somit allein das äußere Erscheinungsbild. Diese Regelung legt es nahe, dass alle Sozien eine Versicherung gleichen Inhalts und in gleicher Höhe abschließen. Nur dann können

Nachteile durch Herabsetzung der Versicherungsleistung im Schadenfall vermieden werden. Diese Nachteile können nach den Bedingungen der Versicherungswirtschaft auch nicht etwa dadurch vermieden werden, dass ein Sozius eine besonders hohe Versicherungssumme auswählt, während die anderen Sozien es bei der Mindestversicherungssumme belassen. Eine solche Gestaltung ist auch aus haftungsrechtlichen Gründen nicht zu empfehlen.

Für das Verschulden von juristischen Mitarbeitern benötigt der Rechtsanwalt ebenfalls Versicherungsschutz. Als Mitarbeiter zählt die Versicherungswirtschaft zum einen zugelassene Rechtsanwälte, die nicht nach außen hin in Erscheinung treten, zum anderen aber auch juristisch vorgebildete Mitarbeiter, die nicht zur Anwaltschaft zugelassen sind. Die Beschäftigung dieser Mitarbeiter sollte dem Versicherer angezeigt werden, zumal dies auch für den Rechtsanwalt eine Erhöhung des zu versichernden Risikos darstellt, denn dann können mehr Mandate angenommen und bearbeitet werden. Erfolgt diese Anzeige trotz Aufforderung nicht, so verringert sich die Leistung des Versicherers im Schadenfall. Die Aufforderung zur Anzeige, die mitunter der Prämienrechnung beigefügt ist, sollte daher unbedingt befolgt werden. Die Mitversicherung erfolgt durch den Einschluss des Mitarbeiters in den Vertrag des Rechtsanwalts. Hierfür erhebt die Versicherungswirtschaft einen Zuschlag. Unberührt hiervon bleibt die eigene Versicherungspflicht des zur Anwaltschaft zugelassenen Mitarbeiters, da die Mitversicherung die gesetzlichen Vorgaben des § 51 BRAO nicht abdeckt. Der Mitarbeiter benötigt daher daneben einen eigenen Vertrag. Da sich dieser Vertrag wiederum nicht auf die Mitarbeitertätigkeit erstreckt, sind entsprechende Nachlässe denkbar.

Haftpflichtansprüche aus Versehen des juristisch nicht vorgebildeten Büropersonals sind ohne weiteres in den Schutz der Berufshaftpflichtversicherung einbezogen.

Schließlich bietet die Berufshaftpflichtversicherung dem Rechtsanwalt auch Versicherungsschutz für Ansprüche aus Versehen seiner Vertreter. Umgekehrt ist auch der Vertreter selbst durch die Police des Vertretenen mitversichert, solange dieser an der Ausübung seines Berufs gehindert ist. Dies gilt allerdings dann nicht, wenn der Vertreter Versicherungsschutz aus einer eigenen Versicherung hat.

5. Wie bereits dargelegt, dient die Berufshaftpflichtversicherung zwei Zielen: der Existenzsicherung und dem Schutz der Mandantschaft. Um diese Ziele zu erreichen, ist eine ausreichende Versicherungssumme erforderlich.

Das Gesetz sieht in § 51 BRAO eine Mindestversicherungssumme von 250.000 EUR je Versicherungsfall vor. Die Leistungen des Versicherers für alle innerhalb eines Versicherungsjahres verursachten Schäden können auf 1.000.000 EUR begrenzt werden. Von dieser Möglichkeit der Begrenzung hat die Versicherungswirtschaft – soweit ersichtlich – Gebrauch gemacht, soweit nicht gesetzliche Bestimmungen wie zB § 44b Abs. 4 WPO auch den Rechtsanwälten eine unbegrenzte Versicherungsleistung nahelegen.

Das gilt auch für Rechtsanwälte, die ihre Haftung durch vorformulierte Vertragsbedingungen begrenzen möchten: § 52 BRAO fordert dann Versicherungsschutz in Höhe des vierfachen Betrags der Mindestversicherungssumme, mithin 1.000.000 EUR. Wenn insoweit kein Versicherungsschutz besteht, ist die Haftungsbeschränkung unwirksam und der Rechtsanwalt haftet uneingeschränkt.

Rechtsanwaltsgesellschaften sind dagegen nach § 59j Abs. 2 S. 1 BRAO verpflichtet, eine Mindestversicherungssumme von 2.500.000 EUR je Versicherungsfall zu unterhalten. Das gilt auch für Partnerschaftsgesellschaften mit beschränkter Berufshaftung, s. § 51a BRAO. Wenn auch diese mit vorformulierten Vertragsbedingungen zur Haftungsbeschränkung arbeiten möchten, erhöht sich diese Summe auf das Vierfache und somit 10.000.000 EUR je Versicherungsfall, weil § 52 BRAO sinngemäß gilt (§ 59m Abs. 2 BRAO).

Mit diesen Pflichtversicherungssummen schreibt die BRAO nahezu unverändert die Beträge fort, die seit der Einführung der Pflichtversicherung im Jahre 1994 gelten. Ob dieser Betrag angemessen und ausreichend ist, muss letztendlich jeder Rechtsanwalt für sich selbst entscheiden. Dies hängt auch von der Kanzleigröße, den Mandanten, deren Mandaten, den Gegenstandswerten und den darin enthaltenen Haftungspotenzialen ab. Klar ist, dass international operierende Kanzleien, die bei Unternehmenszusammenschlüssen beraten, höheren Versicherungsschutz benötigen als Einzelanwälte. Aber auch bei diesen kann es wegen des zunehmenden Trends zur Spezialisierung dazu kommen, dass großvolumige Mandate erteilt werden und entsprechend abgesichert werden müssen.

Nahezu alle Versicherer bieten auch höhere Versicherungssummen an, sowohl für den laufenden Vertrag durch Anhebung der Versicherungssumme für alle Schadenfälle als auch für ein bestimmtes einzelnes Mandat. Die Gründe für eine solche Einzelversicherung können unterschiedlicher Art sein: der Gegenstandswert übersteigt ausnahmsweise den der sonstigen Mandate, der Versicherungsschutz soll auf Wunsch des Mandanten nur für diesen zur Verfügung stehen und dergleichen mehr. Die Kosten hierfür sind von den Umständen des Einzelfalles abhängig und können unter Umständen nach den Vorgaben des RVG dem Mandanten in Rechnung gestellt werden.

Bei jeder Frage nach der Höhe der Versicherungssumme ist zu berücksichtigen, dass sich die Leistungspflicht des Versicherers immer nach der Versicherungssumme zum Zeitpunkt des beruflichen Versehens bestimmt. Nicht maßgeblich ist der Zeitpunkt der Inanspruchnahme oder gar der Abwicklung des Schadenfalls: das Risiko der Steigerung von Vermögenswerten trägt somit immer der Rechtsanwalt. Dem kann nur durch eine angemessene Versicherungssumme entgegnet werden.

6. Wer seine Tätigkeit aus Deutschland heraus ausübt, hat Versicherungsschutz und das unabhängig davon, ob die Tätigkeit über ein Büro oder mehrere ausgeübt wird, ob in einer Sozietät oder in mehreren.

Versichert sind aber auch alle Tätigkeiten, die vor europäischen Gerichten und Behörden ausgeübt werden.

Nicht versichert ist dagegen eine Tätigkeit, die über eine Kanzlei oder ein Büro ausgeübt wird, welche in anderen Staaten eingerichtet oder unterhalten werden. Von dieser gesetzlich vorgesehenen Möglichkeit, den Versicherungsschutz einzuschränken (§ 51 Abs. 3 Ziff. 2 BRAO), haben die Versicherer Gebrauch gemacht. Hiervon gibt es aber auch Ausnahmen, so dass abweichende Vereinbarungen möglich sind und von den Umständen des Einzelfalls abhängen. Dazu gehört auch die Klärung der Frage, ob auch Tätigkeiten über Kooperationspartner von diesem Ausschluss erfasst werden oder nicht.

Unabhängig von der Frage, wo die Tätigkeit ausgeübt wird, ist auf jeden Fall die Beschäftigung mit europäischem Recht versichert. Aber auch hier gilt, dass erweiternde Vereinbarungen möglich sind.

7. Viele Versicherer fragen bei einem Wechsel von einer Gesellschaft zur anderen, um sich nach Vorschäden zu erkundigen. Dies kann hilfreich sein, wenn solche nicht vorhanden sind. Dies kann auch dann hilfreich sein, wenn Vorschäden zwar vorhanden sind, von den Versicherern aber keine Zahlungen erbracht wurden, weil die erhobenen Haftpflichtansprüche als unbegründet zurück gewiesen werden konnten. In jedem Fall sollte diese Frage nicht der Anlass sein, den Versicherer von einer Inanspruchnahme nicht zu unterrichten: wenn Versicherungsfälle rechtzeitig gemeldet werden, lässt sich der Schaden oft noch abwenden oder zumindest minimieren.

III. Checkliste/Fragebogen: Betriebshaftpflichtversicherung

Name, Anschrift der Interessentin/ des Interessenten bzw. der Gesellschaft (inkl. Rechtsform) als gewünschter Versicherungsnehmer[1]

Die Nachfolgenden Angaben beziehen sich auf folgende Büro-Standorte (bitte mit Anschrift angeben)[2]

Anzahl der tätigen Personen auf die sich der Versicherungsschutz erstrecken soll:[3]

Wie hoch ist der Jahresumsatz?[4]

	EUR

Wie hoch ist die Jahresbruttolohnsumme?

	EUR

Zu versichernde und derzeitig ausgeübte Betriebstätigkeit:[5]

• Bürobetrieb / Verwaltungsbetrieb

Werden weitere oben nicht angeführte betriebsunübliche Tätigkeiten ausgeübt?

  □ Nein   □ ja, welche _____

Sind Sie Eigentümer der selbst genutzten Immobilien oder tragen Sie die Gefahr?[6]

  □ Nein   □ Ja

Gewünschte Versicherungssumme für Personen- / Sachschäden:[7]

  □ mind. 3Mio. EUR   □ mind. 5Mio. EUR   □ Alternativ

	EUR

Besteht derzeit eine Bürohaftpflichtversicherung? [8]   □ Nein   □ Ja

        Beim Versicherer   _____

        mit der Vertragsnummer   _____

        aktuelle Versicherungssumme   _____

        Ablauf des Vertrages   _____

Wurde der Vertrag gekündigt?   □ Nein   □ Ja

        Wenn ja, von wem?   □ Versicherer   □ Versicherungsnehmer

        Grund der Kündigung   _____

        Gibt es Vorschäden?   □ Nein
                              □ Ja, und zwar Anzahl _____ (der letzten 5 Jahre)
                              Schadenhöhe ca: _____EUR

Anmerkungen

1. Der Versicherungsnehmer kann bei der Betriebshaftpflichtversicherung eine natürliche Person (ein Einzelanwalt in einer Einzelkanzlei), aber auch eine juristische Person sein (zB Rechtsanwalts-AG). Dieser Versicherungsnehmer schließt den Versicherungsvertrag ab und ist somit der Inhaber der Versicherung. Gleichzeitig entscheidet dieser, im Rahmen der vom Versicherer gegebenen Möglichkeiten, über den Inhalt und Umfang des Versicherungsschutzes. Der Versicherungsnehmer erhält den Versicherungsschein. Alle Rechte und Pflichten des Vertrages liegen bei ihm. Die Rechte des Versicherungsnehmers leiten sich aus § 45 VVG ab. Als wesentlichste Pflicht ist er für die Beitragszahlung verantwortlich. Die Rechte aus dem Versicherungsvertrag, insbesondere der Anspruch auf die Versicherungsleistung stehen dem Versicherungsnehmer zu. In der Praxis erhält in aller Regel der Geschädigte die ihm zustehende Entschädigung vom Versicherer direkt.

2. Bei der Beantragung einer Betriebshaftpflichtversicherung wird im Vorfelde oftmals die Frage nach den unterhaltenen Büro-Standorten gestellt. In den marktüblichen Versicherungsbedingungen ist geregelt, dass Versicherungsschutz für gesetzliche Haftpflichtansprüche aus den im Versicherungsschein und seinen Nachträgen angegebenen Risiken des Versicherungsnehmers besteht. Somit ist darauf zu achten, dass alle Büro-Standorte genannt und versichert sind. Im Zweifelsfall ist eine gesonderte schriftliche Bestätigung des Versicherers einzuholen.

3. Die Frage nach den vom Versicherungsschutz umfassten Personen hat zweierlei Gründe. Zum Einen soll sich der Versicherungsschutz auf alle im Bürobetrieb tätigen Personen erstrecken: Schließlich kann ein Fehler jeden treffen und nicht nur den Rechtsanwalt selbst. Maßgeblich ist demnach die Durchschnittszahl der im Versicherungsjahr tätigen Personen. Hierzu zählen alle im Büro regelmäßig oder vorübergehend tätigen Personen, auch Zeit- und Teilzeitkräfte, Bürokräfte, Auszubildende, eigenes Reinigungspersonal, etc. Zum Anderen ist die Angabe und somit die Anzahl der Personen, neben der Höhe der Versicherungssumme, Berechnungsgrundlage für den Versicherungsbeitrag. Im eigenen Interesse sollten Angaben hierüber wahrheitsgemäß erfolgen, um den Versicherungsschutz nicht zu gefährden. Eine Aufteilung nach Berufs-qualifikation ist nicht erforderlich.

4. Einige wenige Versicherungsunternehmen berechnen den Versicherungsbeitrag zur Betriebshaftpflichtversicherung jedoch nicht nach der Personenanzahl, sondern nach der Jahresumsatzsumme oder der Jahresbruttolohnsumme. Bei der Jahresumsatzsumme handelt es sich um die jährlichen Einnahmen vor Steuer aus der anwaltlichen Tätigkeit innerhalb eines Versicherungsjahres. Unter der Jahresbruttolohnsumme bzw. der Brutto-vergütung versteht man die Gesamtvergütung vor Abzug der öffentlichen Steuern und Abgaben zur Sozialversicherung, jedoch ohne Arbeitgeberanteil.

5. Betriebsunübliche Tätigkeiten, die neben dem anwaltlichen Beruf ausgeübt werden, sind dem Versicherer anzuzeigen. Darunter gehören beispielsweise Tätigkeiten als Inkas-sobüro oder Übersetzungsbüro. Hintergrund hierfür ist eine evtl. andere Tarifierungs-grundlage und somit Einstufung des zu versichernden Risikos. Daraus resultierend ergibt sich möglicherweise ein geänderter Versicherungsbeitrag. In den Versicherungsverträgen wird der zu versichernde Betrieb bei einem Rechtsanwalt oder einer Rechtsanwaltsgesell-schaft oftmals als Bürobetrieb, Verwaltungsbetrieb, Rechtsanwaltskanzlei bezeichnet: eine Änderung des zu versichernden Risikos ist damit aber nicht verbunden.

6. Ist der Rechtsanwalt lediglich Mieter von Büroräumen, so ist darauf zu achten, dass auch die sogenannten Mietsachschäden vom Versicherungsschutz umfasst sind. Als Mietsachschäden werden die Schäden bezeichnet, die an gemieteten Räumen oder dem Gebäude verursacht werden. Die Risiken hierzu können vielfältig sein: Eine zB versehent-lich vergessene Adventskerze. Im Büro bricht dadurch unbemerkt ein Feuer aus und greift auf die gemieteten Geschäftsräume und möglicherweise auch auf das Nachbargebäude über. Bei einigen Versicherungsunternehmen sind die Mietsachschäden inkl. des überg-reifenden Feuerschadens Bestandteil der normalen Versicherungsbedingungen. Bei ande-ren müssen diese Mietsachschäden über eine Deckungserweiterung ausdrücklich und somit zusätzlich vereinbart werden. Auf eine ausreichend hohe Versicherungssumme ist hierbei zu achten. Mietsachschäden durch Verschleiß oder übermäßige Beanspruchung sind in der Regel ausgeschlossen und nicht versicherbar. Sofern der Rechtsanwalt Eigentümer des Gebäudes ist, kann der Einschluss der Mietsachschäden entfallen, da sogenannte Eigenschäden nicht versichert sind.

7. Die Wahl der richtigen Versicherungssumme ist entscheidend für einen optimalen Versicherungsschutz, aber auch maßgeblich entscheidend für die Höhe des Versicherungs-beitrags. Die Versicherungssumme, in Teilen auch Deckungssumme genannt, ist der Betrag, welcher im Falle eines Schadens vom Versicherer maximal den Versicherten oder dem Geschädigten zusteht. Die vereinbarte Versicherungssumme ist im Versicherungsschein beziffert. Die optimale Versicherungssumme einer Betriebshaftpflichtversicherung lässt sich nicht pauschal bestimmen. Das Versicherungsunternehmen hat in dieser Frage keine Auf-klärungs- und Beratungspflichten. Generell ist darauf zu achten, dass eine Pauschalsumme und keine unterschiedlichen Versicherungssummen für Personen- und Sachschäden gewählt wird. Die Mindestversicherungssumme, welche jedoch nicht in der Betriebshaftpflichtver-sicherung gesetzlich vorgeschrieben ist, sollte 3.000.000 EUR oder gar 5.000.000 EUR betragen, beruhend auf den Erfahrungen der Versicherer, die sich in den sog. Regelver-sicherungssummen widerspiegeln. Versicherungsexperten raten allerdings zu einer deutlich höheren Versicherungssumme, da in der Regel die Unterschiede im Versicherungsbeitrag zu vernachlässigen sind und das Bürgerliche Gesetzbuch (BGB) in Haftungsfragen keine Begrenzung vorsieht.

Die Entschädigungsleistung in der Haftpflichtversicherung wird getrennt nach Per-sonen-, Sach- und Vermögensschäden betrachtet. Oftmals stehen hierfür auch unterschiedliche Versicherungssummen zur Verfügung: dies hängt auch davon ab, welche Haftung für welchen Schaden über welche Versicherung abgedeckt ist.

Einen Personenschaden definieren die meisten Versicherer als Tötung, Verletzung des Körpers oder Schädigung der Gesundheit von Menschen. Wenn aus einem solchen Schaden ein weiterer materieller Schaden wie zB Verdienstausfall entsteht, so wird dieser Schaden als sog. unechter Vermögensschaden oder auch Vermögensfolgeschaden bezeichnet (→ Anm. b).

Unter einem Sachschaden in der Haftpflichtversicherung verstehen die Versicherer die Substanzschädigung oder Vernichtung von Sachen. Der Geschädigte hat somit einen Anspruch, dass der bisherige Zustand wiederhergestellt wird. Ist eine Reparatur nicht möglich (Totalschaden) oder steht diese in keinem Verhältnis zu den Anschaffungskosten, erfolgt die Entschädigung nach dem sogenannten Zeitwert. Der Zeitwert ermittelt sich wiederum aus den Anschaffungskosten und der üblichen Gebrauchsdauer einer Sache. Je länger die Gebrauchsdauer des Gutes, umso niedriger ist demnach der Zeitwert. Der Geschädigte hat die Gebrauchsdauer glaubhaft zu machen. Oft wird zur Schadenermittlung ein Sachverständiger herangezogen. Zu den Sachschäden gehören auch die daraus resultierenden Vermögensfolgeschäden. Nicht als Sachschaden gilt hingegen in der Betriebshaftpflichtversicherung das Abhandenkommen von Sachen: ein solcher Baustein kann aber für den Rechtsanwalt wesentlich sein, wenn er im Rahmen des Mandats vom Mandanten Sachen ausgehändigt bekommt, die er für die Bearbeitung benötigt oder als Beweismittel vor Gericht verwenden soll. Wenn diese durch ein schuldhaftes Verhalten des Rechtsanwalts abhandenkommen, kann er zum Schadenersatz verpflichtet sein. Deswegen ist es wichtig, solche Schadenmöglichkeiten abgesichert zu wissen: das sollte über die Berufshaftpflichtversicherung geschehen.

Als Vermögensschaden bezeichnet man die Situation, dass einem Dritten ein finanzieller Schaden zugefügt wird. Dabei wird zwischen echten Vermögensschäden und unechten Vermögensschäden als Folge von Sach- bzw. Personenschäden getrennt.

a) Ein echter Vermögensschaden wird durch einen Rechtsanwalt dann verursacht, wenn er eine Forderung seines Mandanten verjähren lässt und der Mandant diese Forderung daher nicht mehr durchsetzen kann und er damit ausfällt. Ob der Rechtsanwalt deswegen zum Schadenersatz verpflichtet ist, hängt von einer Reihe von weiteren Faktoren ab. Das zu prüfen, ist auch Gegenstand der Vermögensschaden-Haftpflichtversicherung. Die Betriebshaftpflichtversicherung bietet hierfür nur einen summenmäßig eingeschränkten Schutz, weil bei ihr der Personen- und Sachschaden und die daraus resultierenden Folgeschäden im Vordergrund stehen.

b) Unechte Vermögensschäden können durch Rechtsanwälte verursacht werden, wenn sich ein Mandant im Büro des Rechtsanwalts so verletzt, dass er einen Verdienstausfall erleidet. Ein solcher unechter Vermögensschaden kann aber auch entstehen in Form einer Schmerzensgeldforderung, wenn der Rechtsanwalt durch eine Falschberatung die Gesundheit seines Mandaten verletzt: das ist Inhalt des § 253 Abs. 2 BGB. Ob eine solche Haftung tatsächlich besteht, bleibt auch hier im Einzelfall zu prüfen. Wegen des Sachzusammenhangs mit der Falschberatung haben die meisten Vermögensschaden-Haftpflichtversicherer es übernommen, eine solche Haftung in ihren Bedingungswerken abzusichern.

8. Versicherungsunternehmen haben ein großes Interesse daran zu erfahren, ob ein neuer Kunde vorher bei einem anderen Versicherungsunternehmen gegen das selbige Risiko versichert war und warum eine etwaige Vorversicherung aufgelöst wurde. Wurden Fragen beim Versicherungsantrag zur Vorversicherung gestellt, sind diese wahrheitsgemäß zu beantworten. Bis zur Abgabe der Vertragserklärung ist der Versicherungsnehmer nach § 19 Abs. 1 VVG verpflichtet, die ihm bekannten Umstände anzuzeigen. Angaben hierzu müssen jedoch nur gemacht werden, soweit der Versicherer ausdrücklich danach gefragt hat. Hat der Versicherungsnehmer die Fragen zur Vorversicherung nicht oder falsch angezeigt, können sich für das Versicherungsunternehmen Rücktritts-, Anfechtungs-, Kündigungs-, oder Vertragsanpassungsmöglichkeiten ergeben.

IV. Checkliste/Fragebogen: Sachinhaltsversicherung

Name, Anschrift der Interessentin/ des Interessenten bzw. der Gesellschaft (inkl. Rechtsform) als gewünschter Versicherungsnehmer [1]

Die nachfolgenden Angaben beziehen sich auf den Standort (Anschrift)
(Bitte für jeden weiteren Standort einen eigenen Fragebogen / eine eigene Checkliste verwenden)[2]

Eigentumsverhältnisse des Standorts:[3]

☐Eigentümer   ☐Mieter /Pächter

Wertermittlung (Angaben zum Neuwert/Wiederbeschaffungswert gem. Wertermittlungsbogen)[4]

Geschäfts- und Büroausstattung

(inkl. Elektronischer Anlagen)   EUR

Waren und Vorräte   +   EUR

Gesamtversicherungssumme   =   EUR

Gewünschter Versicherungsumfang [5]

☐Feuer   ☐Einbruch/Diebstahl

☐Sturm/Hagel   ☐Leitungswasser

☐Elementarschäden   ☐unbenannte Gefahren

Wird zusätzlicher Versicherungsschutz für eine Glasversicherung gewünscht?[6]

☐Nein   ☐Ja, für ca. _____ m² Glasfläche (Innen- und Außenverglasung)

Wird zusätzlicher Versicherungsschutz für eine Elektronikversicherung gewünscht?[7]

☐Nein   ☐Ja, mit einer Versicherungssumme   EUR

Wir zusätzlicher Versicherungsschutz für eine Betriebsunterbrechungsversicherung gewünscht? [8]

☐Nein   ☐Ja, mit einer Versicherungssumme   EUR

Besteht derzeit eine Sachinhaltsversicherung?[9]   ☐Nein   ☐Ja

    Beim Versicherer   _____

    mit der Vertragsnummer   _____

    aktuelle Versicherungssumme   _____

    Versicherte Gefahren

    ☐Feuer   ☐Einbruch/Diebstahl   ☐Leitungswasser

    ☐Sturm/Hagel   ☐Überschwemmung   ☐unbenannte Gefahren

    ☐Glas   ☐Elementarschäden   ☐Betriebsunterbrechung

    Ablauf des Vertrages   _____

Wurde der Vertrag gekündigt?   ☐Nein   ☐Ja

Wenn ja, von wem?   ☐Versicherer   ☐Versicherungsnehmer

    Grund der Kündigung   _____

    Gibt es Vorschäden?   ☐Nein   ☐Ja, und zwar Anzahl _____(der letzten 5 Jahre)

    Schadenhohe ca: _____ EUR

Anmerkungen

1. Wie auch bei der Betriebshaftpflichtversicherung kann auch bei der Sachinhaltsversicherung **Versicherungsnehmer** eine natürliche, aber auch eine juristische Person sein. Die obigen Ausführungen gelten hier daher entsprechend.

2. Der **Versicherungsort** ist der örtliche Geltungsbereich des Versicherungsschutzes in der Sachinhaltsversicherung und die Adresse des Versicherungsnehmers bzw. die Räumlichkeiten, aus der der Rechtsanwalt seiner Tätigkeit nachgeht. Gibt es mehrere Versicherungsorte (zB Büro Hamburg, Büro Köln und Büro München), sind diese ausdrücklich dem Versicherungsunternehmen anzuzeigen und müssen explizit mitversichert werden, da sonst kein Versicherungsschutz besteht. In der Praxis ist je Versicherungsort die Versicherungssumme (→ Anm. 4) separat anzugeben. Eine Erweiterung des Versicherungsschutzes zwischen den im Vertrag benannten Versicherungsorten kann durch besondere Vereinbarung einer Außenversicherung erzielt werden. Der Begriff Außenversicherung stammt aus der privaten Hausratversicherung und ist sinngemäß zu übernehmen. Die versicherten Sachen (→ Anm. 3) dürfen vom Grundsatz nicht dauernd, dh nicht länger als 3 Monate, vom Versicherungsort bzw. den Versicherungsorten entfernt, sondern nur vorübergehend entfernt werden. Das Ziel ist es immer, die versicherten Sachen an den eigentlichen Versicherungsort zurückzubringen, weil die Tarifierung des Versicherers auf den Versicherungsort abstellt.

3. Der **Versicherungsschutz** in der Sachinhaltsversicherung umfasst alle beweglichen Sachen und zwar die kaufmännische und die technische Betriebseinrichtung sowie die Waren und Vorräte, die sich innerhalb der im Versicherungsvertrag bezeichneten Versicherungsorte befinden. Auch fremdes Eigentum ist üblicherweise mitversichert, wenn es dem Rechtsanwalt zur Bearbeitung, Benutzung, Verwahrung oder zum Verkauf in Obhut gegeben wurde. Als bewegliche Sache zählen alle körperlichen Gegenstände (vgl. § 90 BGB), die nicht Grundstücke oder Grundstücksbestandteile sind. In das Büro des Rechtsanwalts selbst eingebaute Einrichtungsgegenstände können in dem Versicherungsvertrag mit eingeschlossen werden. Diese Werte sollten dann ausdrücklich aufgenommen und mitversichert werden.

Beispiele einer Bürobetriebsausstattung sind ua

- Einrichtung, Regale, Vitrinen, Schreibtische, Stühle, Schränke
- sonstiges Büromaterial (zB Aktenordner)
- Dekorationen (zB Gardinen, Pflanzen, Spiegel, Bilder, Beleuchtungskörper, Jalousien)
- Fotokopierer, Fax-Geräte, Computer, Laptop, Server
- serienmäßig hergestellte Standardprogramme (allgemeine Anwenderprogramme, zB Word, Excel) und maschinenlesbare Informationen, die für Grundfunktion versicherter Sachen notwendig sind
- Mietereinbauten (zB Bodenbeläge, abgehangene Decken, Sanitäranlagen, Einbauküche, Brandschutz-, Einbruchmeldeanlagen), die der Rechtsanwalt als Mieter oder Pächter auf seine Kosten beschafft oder übernommen hat und für die er nach Vereinbarung mit dem Vermieter oder Verpächter die Gefahr trägt

Im Versicherungsantrag sind diese Sachen nicht einzeln in Form einer Inventarliste aufzuführen, sondern als Versicherungssumme anzugeben. Teilweise wird unterschieden zwischen Betriebseinrichtung sowie Waren und Vorräte. Anhand eines Wertermittlungsbogens kann die Aufstellung jedoch erleichtert werden.

4. Die **Versicherungssumme** ist zwischen dem Versicherungsunternehmen und dem Versicherungsnehmer ein individuell vereinbarter Betrag, der dem reellen Versicherungswert entsprechen soll. Die Versicherungssumme sollte daher immer ausreichend hoch bemessen sein, da sonst die Gefahr einer Unterversicherung besteht: hierbei ist der Versicherungswert bzw. die Versicherungssumme niedriger bemessen als er tatsächlich ist. Der Versicherungsnehmer hat damit zwar den Vorteil eines geringeren Versicherungsbeitrages, aber gleichzeitig das Risiko, bei einem Schaden diesen nicht vollständig ersetzt zu bekommen. Deswegen ist auch bei dieser Versicherung eine regelmäßige Überprüfung der Versicherungssumme zwingend notwendig. Welcher Wert dem Versicherungsunternehmen anzugeben ist, bestimmt sich nach verschiedenen Faktoren. Der Versicherungswert der technischen und kaufmännischen Betriebseinrichtung ist heutzutage der Neuwert (→ Anm. 5 zur Entschädigungsberechnung). Der Neuwert ist der Betrag, der aufzuwenden ist, um Sachen gleicher Art und Güte im neuwertigen Zustand wiederzubeschaffen oder sie neu herzustellen. Auch evtl. vorhandene Waren und Vorräte sollten mit ihrem jeweiligen Neuwert bzw. Wiederbeschaffungswert kalkuliert werden. Einer besonderen Anzeige und somit auch einer gesonderten erhöhten Versicherungssumme bedürfen Wertgegenstände, die besonders diebstahlgefährdet sind. Darunter zählen ua Bargeld, Urkunden (Sparbücher und sonstige Wertpapiere), Briefmarken, Münzen, Medaillen, Schmucksachen, Perlen, Edelsteine und weitere Sachen, für die es ausdrücklich vereinbart wurde (zB kostbare Gemälde innerhalb der Kanzleiräume).

Für die Wertermittlung hilft der sog. Wertermittlungsbogen:

Wertermittlungsbogen zur Betrieblichen Sachinhaltsversicherung

Tag der Erfassung:

Teil 1: Kaufmännische und technische Betriebseinrichtung (Neuwert)

Geschäfts- und Büroausstattung	EUR
Beleuchtung, Werbeanlagen	EUR
Telefon- und Faxgeräte, etc	EUR
PC, Netzwerk, Server, Alarmanlage, etc	EUR
Sonstiges fremdes Eigentum	EUR
Geringwertige Wirtschaftsgüter	EUR
Gebrauchsgegenstände der Betriebsangehörigen	EUR
Sonstiges (Bargeld, Urkunden, Schmucksachen, etc)	EUR
Versicherungssumme Teil 1	EUR

Teil 2: Waren und Vorräte

Vorräte zum Anschaffungspreis	EUR
Kommissionswaren	EUR
Muster	EUR
Sonstiges	EUR
Versicherungssumme Teil 2	EUR
Versicherungssumme insgesamt (Teil 1 + 2)	EUR

Um zu ermitteln, was im Schadenfall erstattet wird und mit welcher Entschädigungsleistung gerechnet werden kann, sind Versicherungsvertrag und die ihm zugrunde liegenden Versicherungsbedingungen heranzuziehen. Die Entschädigungsberechnung wird in drei getrennte Versicherungswerte unterschieden und berücksichtigt keine Liebhaberwerte oder ideelle Werte. Im Allgemeinen ist zu unterscheiden zwischen:

Bei der **Neuwertversicherung** kann sich der Versicherungsnehmer die infolge des Schadens abhanden gekommene oder zerstörte Sache gleicher Art und Güte wieder beschaffen. Für die Wiederbeschaffung dieser Sache erhält er eine Entschädigungsleistung. Sofern die neu angeschaffte Sache qualitativ höherwertig ist, so kann das Versicherungsunternehmen eine Kürzung der Leistung vornehmen, um den Versicherungsnehmer nach dem Schaden nicht besser zu stellen als vor dem Schaden. Wiederbeschaffungswert bedeutet auch, dass sich der Versicherungsnehmer beschädigte Sachen neu kaufen kann. Die Höchstgrenze liegt im Kaufpreis der Sache.

Der **Zeitwert** unterstellt, dass das Alter und die Abnutzung der versicherten Sache berücksichtigt werden. Der auf diesen Anteil des Kaufpreises entfallende Teil wird von der Entschädigung abgezogen. Die Differenz stellt dann die Entschädigungsleistung für den Versicherungsnehmer dar. In der Praxis wird eine Zeitwertentschädigung dann gezahlt, wenn der Wert der vom Schaden betroffenen Sache weniger als 40 % des Neuwertes beträgt oder vertraglich eine Zeitwertentschädigung für bestimmte Sachen gesondert vereinbart wurde

Der **gemeine Wert** ist der höchstmöglich erzielbare Verkaufspreis einer Sache. Dieser Wert liegt um ein Vielfaches unter dem Neu- bzw. Zeitwert. Auch wird der gemeine Wert in den Fällen gezahlt, in denen sich die Sachen nicht mehr im ständigen Gebrauch befinden oder nicht mehr zu verwenden sind.

Im Rahmen der Sachinhaltsversicherung werden neben den Entschädigungsleistungen an der betrieblichen Sache aber auch Kostenschäden ersetzt, wie zB Aufräumungs- und Abbruchkosten, Bewegungs- und Schutzkosten sowie Feuerlöschkosten, Mehrkosten durch Preissteigerungen zwischen Eintritt des Versicherungsfalles und der Wiederherstellung oder Wiederbeschaffung, Sachverständigenkosten, Mehrkosten durch behördliche Wiederherstellungsbeschränkungen, Wiederherstellungskosten für Akten, Geschäftsbücher usw sowie Kosten für eine eventuelle Dekontamination von Erdreich.

5. Verschiedenste Gefahren können Grund sein für eine beschädigte, zerstörte oder abhanden gekommene betriebliche Sache. Diese Gefahren sind somit ursächlich für den Eintritt des Versicherungsfalls. Hier unterscheiden die Versicherungsunternehmen in verschiedenste versicherte Gefahren. Einige davon sind in einem Standardversicherungsvertrag bereits enthalten, andere können zusätzlich mit eingeschlossen werden. Am Beispiel einer marktüblichen Versicherungsbedingung sind folgende wesentliche Gefahren versicherbar:

Versicherte Gefahren	Beschreibung
Feuer	Brand, Blitzschlag, Explosion, Implosion, Anprall oder Absturz eines Luftfahrzeuges oder Teile seiner Ladung
Einbruchdiebstahl	Raub innerhalb des Versicherungsortes, Raub auf Transportwegen, Vandalismus nach einem Einbruch
Leitungswasser	ua bestimmungswidriges Austreten aus • den festverlegten Zu- oder Ableitungsrohren der Wasserversorgung • den sonstigen mit dem Rohrsystem verbundenen Einrichtungen der Wasserversorgung • den Anlagen der Warmwasser- oder Dampfheizung
Sturm/Hagel	ua erstreckt sich der Versicherungsschutz auf Schäden, die entstehen • durch unmittelbare Einwirkung des Sturmes auf die versicherten Sachen • dadurch, dass der Sturm Gebäudeteile, Bäume oder andere Gegenstände auf die versicherten Sachen wirft • als Folge eines Sturmschadens

Versicherte Gefahren	Beschreibung
Elementargefahren	Überschwemmung, Rückstau, Erdbeben, Erdsenkung oder Erdrutsch, Schneedruck oder Lawinen, Vulkanausbruch
Unbenannte Gefahren (Allgefahrendeckung)	Diese versicherte Gefahr hat die Besonderheit, dass automatisch Schäden durch alle Gefahren versichert sind, die nicht ausdrücklich ausgeschlossen wurden. Ein Einschluss dieses Bausteins „Unbenannte Gefahren" ist zu lediglich als Ergänzung zu den benannten versicherten Gefahren möglich.

6. Eine **Glasversicherung,** die teilweise in die Sachinhaltsversicherung mit eingeschlossen werden kann, jedoch auch als rechtlich selbständiger Vertrag abgeschlossen wird, schützt vor den finanziellen Folgen eines Glasschadens. Durch Unvorsichtigkeit des Rechtsanwalts selbst oder durch andere Personen kann ein Glasschaden bei einer teuren Mehrscheibenisolierverglasung bzw. Sicherheitsverglasung zu erheblichen Sonderausgaben führen. Die Glasversicherung versichert die Innen- und Außenverglasung der Geschäftsräume, die durch Bruch beschädigt oder zerstört werden. Dies gilt unabhängig von einer Haftung und Schadenersatzpflicht der schädigenden Person. Es ist daher empfehlenswert, eine Glasversicherung dann abzuschließen, wenn der Bürobetrieb mit vielen Innen- und Außenscheiben ausgestattet ist. Der Versicherungsbeitrag orientiert sich nach der Größe der Glasfläche.

7. Ist in den Büroräumen **höherwertige technische Betriebsausstattung** vorhanden, empfiehlt sich der Abschluss einer separaten Elektronikversicherung. Mit dieser Elektronikversicherung lassen sich technische Anlagen und Geräte umfassender als eine übliche Sachinhaltsversicherung absichern. Die Elektronikversicherung ist auch eine betriebliche Versicherung und lässt sich im Rahmen der bestehenden Sachinhaltsversicherung mit einschließen oder separat einzeln versichern. Versichert sind alle Beschädigungen oder Zerstörungen durch ein unvorhergesehenes Ereignis. Der Versicherungsschutz erstreckt sich nicht nur auf die versicherten Gefahren (→ Anm. 6), sondern auch auf zB unsachgemäße Handhabung, Kurzschlussschäden, Überspannung, Wasser und Feuchtigkeit. Vorsätzliche Beschädigung ist nicht versicherbar. Da technische Anlagen und Geräte immer mehr Anwendung finden, gibt es zahlreiche Elektronikversicherungen für spezielle Berufsgruppen, insbesondere auch für Bürobetriebe.

Es handelt sich hierbei um eine Neuwertversicherung (→ Anm. 5 a).

Die Versicherungsbeiträge bemessen sich nach der Höhe der Versicherungssumme. Es ist zu empfehlen, keine sog. Einzeldeklaration von versicherten technischen Anlagen und Geräten zu vereinbaren, da hierbei jeder Austausch oder Neukauf sofort dem Versicherungsunternehmen separat angezeigt werden muss. Eine sog. Pauschaldeklaration ist hier praxisorientierter, weil hier nur die Gesamtversicherungssumme angegeben werden muss.

Wenn neben einer Sachinhaltsversicherung auch eine Elektronikversicherung besteht, sind in Teilen die technischen Anlagen und Geräte doppelt versichert. Um Versicherungsbeitrag zu sparen, kann individuell vereinbart werden, den elektronischen Teil aus der Sachinhaltsversicherung auszuschließen. Alternativ gibt es folgende allgemeingültige Klausel: „Sachen, für die eine Spezialversicherung besteht, gelten vom Versicherungsschutz ausgeschlossen."

8. Die **Betriebsunterbrechungsversicherung** ist eine besondere Form der Sachinhaltsversicherung, welche Versicherungsschutz für den Fall der Unterbrechung oder Beeinträchtigung in der betrieblichen Leistungserstellung und -verwertung gewährt. Bei Eintritt des Versicherungsfalls erbringt diese den im Versicherungsvertrag definierten entgangenen Gewinn und übernimmt die fortlaufenden Betriebskosten (zB Büromiete, Personalkosten). Unterschieden wird grundsätzlich zwischen folgenden Arten der Betriebsunterbrechungsversicherungen:

Die sog kleine Betriebsunterbrechungsversicherung ist auf eine bestimmte vorher festgelegte Versicherungssumme beschränkt. Die Versicherungssumme liegt hierbei meist in derselben Höhe wie die der Sachinhaltsversicherung

Die große Betriebsunterbrechungsversicherung basiert auf eigenständigen Versicherungsverträgen, die mit deutlich höheren Versicherungssummen ausgestattet sind. Diese Varianten umfassen auch Mehrkosten, die durch Überstundenzuschläge oder Schichtarbeiten entstehen, sofern die Betriebsunterbrechung der Grund dafür ist.

Bei einem Rechtsanwalt, der seinen Beruf alleine oder mit weiteren Berufsträgern ausübt, ist eine kleine Betriebsunterbrechungsversicherung völlig ausreichend. Versichert sind Schäden, die bei Eintritt des Versicherungsfalls durch benannte Gefahren (zB Feuer, Einbruchdiebstahl, Raub, Vandalismus, Sturm, Hagel, Leitungswasser und Elementarschäden wie Überschwemmungen) entstanden sind. Die Betriebsunterbrechungsversicherung leistet dem Versicherungsnehmer für einen begrenzten Zeitraum, der bei nahezu allen Versicherern bei 12 Monaten liegt, nicht nur den entgangenen Betriebsgewinn, sondern bezahlt auch die laufenden Kosten wie Mieten, Kreditverpflichtungen und Gehälter bis zur Höhe der vereinbarten Versicherungssumme. Diese kleine Betriebsunterbrechungsversicherung kann nur im Zusammenhang mit einer normalen Sachinhaltsversicherung abgeschlossen werden. Im Gegensatz dazu steht die große Betriebsunterbrechungsversicherung, die eine wesentlich höhere Versicherungssumme beinhaltet. Hier ist auch der gesundheitsbedingte Arbeitsausfall des Rechtsanwalts mit abgesichert und eventuell entstehende Zusatzkosten für Sonderschichten und Überstunden werden ebenfalls übernommen. Wer sich also vor Augen führt, welche wirtschaftlichen Folgen ein Betriebsausfall von mehreren Wochen haben kann, wird in Erwägung ziehen, dass eine Betriebsunterbrechungsversicherung eine sehr sinnvolle Ergänzung des betrieblichen Versicherungsschutzes sein kann.

Viele Versicherungsunternehmen bieten besondere Nachlässe für Neugründungen im Bereich der Betriebsunterbrechungsversicherung an. Ein unabhängiger Preis- und Leistungsvergleich kann Aufschluss darüber geben, welche Anbieter die bestmöglichen Konditionen zu einer vertretbaren Prämie anbieten. Freiberufler können bereits mit einer kleinen Betriebsunterbrechungsversicherung das wirtschaftliche Risiko einer schadenbedingten Betriebsunterbrechung minimieren und so einer Existenzgefährdung entgehen.

9. Bei der Betriebshaftpflichtversicherung wurde bereits darauf hingewiesen, dass Versicherungsunternehmen ein Interesse daran haben zu erfahren, warum ein unmittelbar vorher bestehender Versicherungsschutz beendet wurde. Dies gilt bei der Sachinhaltsversicherung in besonderem Maße, um eine eventuelle Risikoerhöhung bereits im Vorfeld erkennen zu können.

F. Kanzleiräume und EDV-Ausstattung – Checkliste/Fragebogen

I. Immobilie

1. Kanzleimietvertrag

Zwischen

. . . . . .

– Vermieter –

und

. . . . . .

– Mieter[1] –

wird folgender Gewerberaummietvertrag geschlossen:

§ 1 Mietsache, Vertragszweck, Schlüssel

(1) Vermietet werden im Haus . . . . . . Nr. . . . . . . in . . . . . . im ☐ UG ☐ EG ☐ . . . . . .
OG rechts/mitte/links abgeschlossene Büro- und Geschäftsräume: . . . . . . Zimmer ☐ WC
mit Waschgelegenheit ☐ Küche ☐ . . . . . ., nebst ☐ Dachboden Nr. . . . . . . ☐ Kellerraum
Nr. . . . . . . zum Zweck der Einrichtung und des Betriebs einer Anwaltskanzlei.[2]

Mitvermietet werden ☐ Garage . . . . . ., ☐ Stellplatz[3] Nr. . . . . . .

Der Mieter ist berechtigt, folgende gemeinschaftliche Einrichtungen und Anlagen nach
Maßgabe der Hausordnung mitzubenutzen:

☐ Aufzug ☐ Breitbandkabelanschluß (Rundfunk TV Internet) ☐ . . . . . .

☐ Waschküche ☐ Garten ☐ . . . . . .

Abstellraum-/fläche für ☐ Fahrräder ☐ Kinderwagen ☐ . . . . . .

(2) Für die Mietdauer werden dem Mieter folgende Schlüssel[4] ausgehändigt:

☐ . . . . . . Haustürschlüssel ☐ . . . . . . Bürotürschlüssel ☐ . . . . . . Zimmerschlüssel

☐ . . . . . . Kellerschlüssel ☐ . . . . . . Briefkastenschlüssel ☐ . . . . . .

§ 2 Mietzeit

(1) Der Mietvertrag wird auf unbestimmte Zeit abgeschlossen und beginnt mit . . . . . .[5] Es
gilt die gesetzliche Kündigungsfrist nach § 580a Abs. 2 BGB.

(alternativ)
*(1) Der Mietvertrag wird auf . . . . . . Jahre befristet abgeschlossen. Das Mietverhältnis
beginnt mit . . . . . . und endet am . . . . . . Das Mietverhältnis verlängert sich . . . . . .
malig/nach Ablauf der Mietzeit um jeweils weitere . . . . . . Jahre, wenn dem Vermieter
spätestens . . . . . . Monate vor Ablauf der Mietzeit eine entsprechende schriftliche*

Willenserklärung des Mieters zugeht (Verlängerungsoption, Optionserklärung).[6] Macht der Mieter von seinem Optionsrecht keinen Gebrauch, so verlängert sich das Mietverhältnis jeweils um ein Jahr, wenn es nicht spätestens sechs Monate vor Ablauf der Mietzeit von einer der Vertragsparteien gekündigt wird.)

(2) Ungeachtet jederzeit möglicher einvernehmlicher Aufhebung des Mietverhältnisses steht dem Mieter ein Recht zur außerordentlichen fristlosen Kündigung für den Fall zu, dass existentielle wirtschaftliche oder persönliche Gründe, unter anderem Berufs- bzw. Erwerbsunfähigkeit, Betrieb und Fortführung der Kanzlei einschränken oder unmöglich machen (Geschäftsgrundlage und deren Fortfall).

(3) Kündigungen haben schriftlich zu erfolgen.[7] Für die Rechtzeitigkeit der Kündigung kommt es nicht auf deren Absendung, sondern auf den Zugang des Kündigungsschreibens an.

(4) Stillschweigende Verlängerung des Mietverhältnisses durch Gebrauchsfortsetzung nach § 545 BGB wird ausgeschlossen.

§ 3 Miete und Betriebskosten[8]

(1) Die Grundmiete beträgt monatlich . . . . . . EUR. Neben der Miete sind monatlich . . . . . . EUR als ☐ Pauschale ☐ Vorauszahlung auf Betriebskosten zu entrichten für:

☐ Grundsteuer
☐ Wasserversorgung und Entwässerung
☐ Heizung und Warmwasser
☐ Aufzug
☐ Straßenreinigung
☐ Müllbeseitigung
☐ Gebäudereinigung
☐ Gartenpflege
☐ Beleuchtung
☐ Schornsteinreinigung
☐ Sach- und Haftpflichtversicherung
☐ Hauswart
☐ Breitbandkabelanschluß
☐ Waschmaschinen Wäschetrockner
☐ . . . . . .

dazu gesetzliche Umsatzsteuer[9] auf Miete und Betriebskosten von zur Zeit . . . . . . EUR

Gesamtmiete einschließlich Betriebskostenzahlung und Umsatzsteuer mithin . . . . . . EUR.

(2) Der Vermieter ist berechtigt, Erhöhungen der Betriebskosten durch Erklärung in Textform anteilig auf den Mieter umzulegen.

(3) Bei vereinbarter Betriebskostenvorauszahlung hat der Vermieter über die Vorauszahlungen jährlich abzurechnen. Für Geltendmachung von Nachforderungen und Einwendungen gelten die Ausschlußfristen des § 556 Abs. 3 BGB. Die Abrechnung von Heizung und Warmwasser erfolgt nach Maßgabe der Heizkostenverordnung. Die Abrechnung der kalten Betriebskosten erfolgt vorbehaltlich anderweitiger Vereinbarung[10] nach Verhältnis der Nutzfläche der Mieträume im Verhältnis zur Gesamtnutzfläche des Anwesens.

§ 4 Zahlung der Miete

(1) Miete und Betriebskostenzahlungen sind monatlich im voraus, spätestens zum dritten Werktag des Monats kostenfrei an den Vermieter oder die von ihm zur Entgegennahme ermächtigte Stelle zu entrichten, derzeit auf

Kto. bei der . . . . . . Bank/Spk., IBAN . . . . . . BIC . . . . . ., Inhaber . . . . . .

(2) Für die Rechtzeitigkeit der Zahlung kommt es nicht auf die Absendung, sondern auf den Eingang des Geldes an. Bei unbarer Zahlung genügt der Mieter seiner Verpflichtung zur rechtzeitigen Zahlung, wenn er nach dem normalen Verlauf mit rechtzeitiger Gutschrift auf dem vom Vermieter bestimmten Konto rechnen konnte.

§ 5 Aufrechnung, Zurückbehaltung, Minderung[11]

Der Mieter kann mit einer Gegenforderung nur aufrechnen oder ein Zurückbehaltungsrecht ausüben, wenn er dies mindestens einen Monat vor Fälligkeit der Miete dem Vermieter schriftlich angekündigt hat. Dies gilt nicht für Ansprüche wegen Mängeln der Mietsache.

§ 6 Benutzung der Mieträume, Untervermietung

(1) Der Mieter verpflichtet sich, Mieträume und Einrichtungen schonend und pfleglich zu behandeln.

(2) Der Mieter darf die Mieträume nur zu dem vertraglich bestimmten Zweck benutzen. Anderweitige Nutzung bedarf der Zustimmung des Vermieters.

(3) Dem Mieter wird das Recht zur ganz oder teilweisen Untervermietung eingeräumt,[12] insbesondere zur Überlassung des Gebrauchs an Dritte im Rahmen etwa einer Bürogemeinschaft. Ansprüche des Vermieters auf Anpassung der Miete werden dadurch nicht ausgelöst

(Alternative:
Im Falle der Gebrauchsüberlassung an Dritte hat der Vermieter Anspruch auf Anpassung von Grundmiete und Betriebskostenzahlungen wie folgt:
. . . . . .*).*

(4) Die Regelungen über eine vorzeitige Beendigung des Mietvertrages bei Wegfall der Geschäftsgrundlage (§ 2 Nr. 2) oder Kanzleiübergabe im Falle der Berufsunfähigkeit (§ 12) bleiben unberührt.

§ 7 Instandhaltung und Instandsetzung, bauliche Veränderungen, Haftung des Vermieters

(1) Die Instandhaltung und Instandsetzung des Gebäudes sowie der mit ihm verbundenen Anlagen sowie der Außenanlagen obliegt dem Vermieter. Die Instandhaltung und Instandsetzung von Einrichtungen, mit denen die Mieträume versehen worden sind, obliegt demjenigen, der die Einrichtungen eingebracht hat.[13]

(2) Der Vermieter darf Ausbesserungen und bauliche Veränderungen nach Maßgabe der §§ 555a ff. BGB durchführen.[14] Die Parteien sind sich darüber einig, dass der Kanzleibetrieb dadurch nicht unzumutbar beeinträchtigt werden darf.

(3) Bauliche Veränderungen durch den Mieter bedürfen vorheriger Zustimmung des Vermieters. Der Mieter ist berechtigt, auf seine Kosten bauliche Veränderungen an den Mieträumen vorzunehmen und sie mit Einrichtungen zu versehen wie folgt:[15]

. . . . . .

(4) Die verschuldensunabhängige Haftung des Vermieters nach § 536a Abs. 1 BGB für anfängliche Mängel der Mietsache wird ausgeschlossen.

§ 8 Haftung des Mieters, Schönheitsreparaturen, Kleinreparaturen

(1) Zeigt sich im Laufe der Mietzeit ein Mangel oder wird eine Maßnahme zum Schutz der Mieträume gegen eine nicht vorhergesehene Gefahr erforderlich, hat der Mieter dies dem Vermieter unverzüglich anzuzeigen.

(2) Der Mieter haftet dem Vermieter für Schäden, die nach Überlassung durch ihn, seine Mitarbeiter, Untermieter, von ihm beauftragte Handwerker und Lieferanten sowie Besucher schuldhaft verursacht werden.

(3) Die Schönheitsreparaturen während der Mietdauer übernimmt auf eigene Kosten □ der Vermieter □ der Mieter. Hat der Mieter die Schönheitsreparaturen übernommen, so hat er spätestens bei Ende des Mietverhältnisses alle bis dahin je nach dem Grad der Abnutzung oder Beschädigung erforderlichen Arbeiten auszuführen, soweit nicht der neue Mieter sie auf seine Kosten – ohne Berücksichtigung im Mietpreis – übernimmt oder dem Vermieter diese Kosten erstattet. Werden Schönheitsreparaturen wegen des Zustandes der Mieträume bereits während der Mietdauer notwendig, um nachhaltige Schäden an der Substanz der Mieträume zu vermeiden oder zu beseitigen, so sind die erforderlichen Arbeiten jeweils unverzüglich auszuführen. Die Schönheitsreparaturen müssen fachgerecht ausgeführt werden. Kommt der Mieter seinen Verpflichtungen nicht nach, so kann der Vermieter nach fruchtloser Aufforderung des Mieters zur Durchführung der Arbeiten Ersatz der Kosten verlangen, die zur Ausführung der Arbeiten erforderlich sind. Bei Nichterfüllung seiner Verpflichtungen hat der Mieter die Ausführung dieser Arbeiten während des Mietverhältnisses durch den Vermieter oder dessen Beauftragte zu dulden.

(4) Kleine Instandhaltungen, die während der Mietdauer erforderlich werden, sind □ vom Vermieter, □ vom Mieter auf eigene Kosten fachgerecht auszuführen, soweit die Schäden nicht vom anderen Vertragspartner zu vertreten sind. Die kleinen Instandhaltungen umfassen nur das Beheben kleinerer Schäden an den Installationsgegenständen für Elektrizität, Wasser und Gas, den Heiz- und Kocheinrichtungen, den Fenster- und Türverschlüssen sowie den Verschlußvorrichtungen von Fensterläden. Die Verpflichtung des Mieters ist begrenzt auf Kosten bis zu . . . . . . EUR für eine Instandhaltungsmaßnahme, höchstens jedoch auf kalenderjährlich einmalig . . . . . . EUR.

§ 9 Betreten der Mieträume durch den Vermieter

(1) Der Vermieter oder dessen Beauftragte dürfen die Mieträume zur Prüfung des Zustands oder zum Ablesen von Meßgeräten in angemessenen Abständen und nach rechtzeitiger Ankündigung betreten. Auf den Kanzleibetrieb oder persönliche Verhinderung des Mieters ist Rücksicht zu nehmen.

(2) Will der Vermieter das Grundstück verkaufen oder ist der Mietvertrag gekündigt, so sind der Vermieter oder von ihm Beauftragte auch zusammen mit Kauf- oder Mietinteressenten berechtigt, die Räume zu besichtigen, und zwar unter der Woche von 9 bis 17 Uhr, an Wochenenden und Feiertagen von 12 bis 15 Uhr jeweils nach rechtzeitiger Ankündigung.

(3) Bei längerer Abwesenheit hat der Mieter sicherzustellen, dass die Betretens- und Besichtigungsrechte des Vermieters ausgeübt werden können.

(4) Die Ankündigungs- und Abstimmungsverpflichtung des Vermieters entfällt bei Feuer oder zur Abwendung unmittelbar drohender Gefahr für Bestand und Sicherheit des

Gebäudes oder seiner Anlagen oder Leib und Leben seiner Bewohner. Nur in diesem Fall dürfen der Vermieter oder dessen Beauftragte die Mieträume auch in Abwesenheit des Mieters betreten.

(5) Unbefugtes Betreten der Räume berechtigt zur Mietminderung.

§ 10 Werbung

(1) Der Mieter darf an der Außenwand des Hauses übliche, berufsrechtlich zulässige Schilder, und innerhalb des Hauses angemessene Hinweisschilder auf seinen Kanzleibetrieb anbringen.

(2) Außenschilder wird der Vermieter nach Auszug des Mieters auf dessen Wunsch mit einem entsprechenden Zusatz ein Jahr hängen lassen.

§ 11 Konkurrenzschutz[16]

(1) Der Vermieter verpflichtet sich, in demselben Haus oder in ihm gehörenden Häusern in derselben Straße bzw. im Umkreis von . . . . . . km Räume für den Betrieb einer anderen Anwaltskanzlei nur mit schriftlicher Zustimmung des Mieters zu vermieten, sie zu verkaufen oder anderweitig zu überlassen.

(2) Der Vermieter hat dafür zu sorgen, dass andere Mieter im Hause sowie ihm gehörender Nachbargrundstücke ihre Räume keinem Konkurrenzunternehmen des Mieters untervermieten oder anderweitig überlassen.

§ 12 Berufsunfähigkeit des Mieters[17]

(1) Wird der Mieter berufsunfähig oder kann er seinen Kanzleibetrieb aus anderen Gründen nicht fortführen, so hat er – unbeschadet der Regelungen über Untervermietung (§ 6 Nr. 4) oder eine vorzeitige Beendigung des Mietvertrages wegen Wegfalls der Geschäftsgrundlage (§ 2 Nr. 2) – auch das Recht, den Vertrag mit einer Frist von drei Monaten zum Quartalsende zu kündigen, oder er hat das Recht, den Kanzleibetrieb auf einen anderen zu übertragen und diesen an seiner Stelle in den Vertrag eintreten zu lassen. Der Vermieter kann einen Kanzleinachfolger nur aus wichtigen Gründen, etwa offenkundige Insolvenz oder Vorstrafen, ablehnen.

(2) Der Mieter hat in dem Fall die Miete unter Beachtung der vorstehend Nr. 1 genannten Frist, mindestens jedoch bis zum tatsächlichen Auszug, im Falle der Kanzleiabgabe bis zum Mietbeginn des Übernehmers zu zahlen.

§ 13 Tod des Mieters[18]

Mit Tod des Mieters, erlischt das Mietverhältnis. Im Falle mehrerer Mieter setzt es sich mit den überlebenden Mietern fort. Die Mitmieter des Verstorbenen haben das Recht, den Vertrag innerhalb von acht Wochen nach Kenntnis des Erbfalls mit einer Frist von drei Monaten zum Quartalsende zu kündigen. Im Falle der Vermietung an die Sozietät haben bei Tod eines Sozius die verbliebenen Sozien das Recht, den Vertrag innerhalb von acht Wochen nach Kenntnis des Erbfalls mit einer Frist von drei Monaten zum Quartalsende zu kündigen. Versterben alle Mieter gleichzeitig, erlischt das Mietverhältnis.

§ 14 Rückgabe der Mieträume

(1) Zum Mietende hat der Mieter die Mieträume vollständig geräumt, sauber und besenrein zurückzugeben. Alle Schlüssel, auch vom Mieter selbst beschaffte, sind dem Vermieter

zu übergeben. Der Mieter haftet für alle Schäden, die dem Vermieter oder einem Mietnach-folger aus der Nichtbefolgung dieser Pflicht entstehen.

(2) Einrichtungen mit denen der Mieter die Mieträume versehen hat, darf er wegnehmen. Der Vermieter kann die Ausübung des Wegnahmerechtes durch Zahlung einer angemessenen Entschädigung abwenden, es sei denn, dass der Mieter ein berechtigtes Interesse an der Wegnahme hat.

(3) Hat der Mieter bauliche Veränderungen an der Mietsache vorgenommen oder sie mit Einrichtungen versehen, so ist er auf Verlangen des Vermieters verpflichtet, bei Mietende den ursprünglichen Zustand auf seine Kosten wiederherzustellen, sofern nichts anderes schriflich vereinbart ist.[19]

§ 15 Personenmehrheit als Mieter[20]

(1) Haben mehrere Personen gemietet, so haften sie für alle Verpflichtungen aus dem Mietverhältnis im Zweifel als Gesamtschuldner.

(2) Erklärungen deren Wirkungen alle Mieter berühren, müssen von oder gegenüber allen Mietern abgegeben werden. Die Mieter bevollmächtigen sich jedoch unter Vorbehalt schriftlichen Widerrufs bis auf weiteres gegenseitig zur Entgegenahme solcher Erklärungen. Ein Widerruf der Vollmacht wird erst für Erklärungen wirksam, die nach seinem Zugang abgegeben werden.

(3) Jeder Mieter muss Tatsachen in der Person oder dem Verhalten seines Mitmieters, die das Mietverhältnis berühren oder einen Schadensersatzanspruch begründen, für und gegen sich gelten lassen.

§ 16 Änderungen und Ergänzungen des Mietvertrags, Schriftform

(1) Änderungen und Ergänzungen dieses Vertrages bedürfen der Schriftform. Dies gilt auch für eine Abbedingung der Schriftform.

(2) Mündliche Nebenabreden bestehen nicht.

(3) Die Parteien verpflichten sich, den vorliegenden Vertrag schriftformwahrend iSv §§ 550, 578 BGB durch beiderseitige Unterschrift unter zwei Vertragsausfertigungen abzuschließen. Liegt ein Schriftformmangel bei Vertragsschluß vor oder tritt er später auf, verpflichten sich beide Seiten schon jetzt, an der Heilung des Schriftformmangels mitzuwirken. Eine Kündigung unter Berufung auf den Schriftformmangel kommt erst in Betracht, wenn der andere Teil unter Setzung einer angemessenen Frist vergeblich zur Mitwirkung an der Heilung des Schriftformmangels aufgefordert wurde.

§ 17 Hausordnung

(1) Vermieter und Mieter verpflichten sich zur Wahrung des Hausfriedens und zu gegenseitiger Rücksichtnahme.

(2) Zur Aufrechterhaltung der Ordnung im Hause und für die Benutzung der Gemeinschaftsanlagen gilt die diesem Vertrag beigefügte Hausordnung. Sie kann vom Vermieter nur geändert werden, wenn dringende Gründe der Ordnung oder der Bewirtschaftung dies erfordern; diese Gründe sind dem Mieter zugleich mit der neuen Hausordnung mitzuteilen. Durch Bestimmungen der Hausordnung können Bestimmungen dieses Vertrages nicht geändert werden.

§ 18 Schlußbestimmungen

(1) Sollte eine Bestimmung dieses Vertrages unwirksam sein, wird die Geltung des Vertrages im übrigen dadurch nicht berührt.

(2) Dieser Vertrag wird in zweifacher Ausfertigung von den Parteien unterzeichnet; je eine Ausfertigung für Vermieter und Mieter.

. . . . . ., den . . . . . .

(Unterschriften)[21]

Anmerkungen

1. Mieter kann der **Einzelanwalt** als natürliche Person werden. Mieterin kann außerdem die juristische Person (zur Zulässigkeit der Anwalts-GmbH BayObLG Beschl. v. 22.11.1994 – 3Z BR 115/94, NJW 1995, 199) oder die rechtsfähige Personengesellschaft als Einzelperson sein (Gesellschaft bürgerlichen Rechts oder Partnerschaftsgesellschaft nach dem PartGG). Mehrheit von Nutzern bedeutet nicht stets Mehrheit von Mietern. Möglich ist auch verlängerter Eigengebrauch des Mieters. Das kann etwa bei der **Anwalts-GmbH** oder **Anwalts-GbR** der Fall sein, die die Büros auch zum Gebrauch für ihr angestelltes Personal anmietet, ohne dass die Belegschaft Vertragspartei werden soll. Angestelltes Personal, Kundschaft, Lieferanten des Geschäftsraummieters fällt unter verlängerten Eigengebrauch des Mieters (BGH Urt. v. 22.1.1955 – VI ZR 70/53, NJW 1955, 1066). Für Mehrheiten von Mietern wie auch Vermietern gelten die allgemeinen schuldrechtlichen Bestimmungen für Mehrheiten von Schuldnern und Gläubigern (§§ 420 bis 432 BGB). **Mehrheit von Mietern** ist in dem hier gegebenen Zusammenhang zu unterscheiden von einer Einheit von Mietern, die ihrerseits als solche Vertragspartei, weil rechtsfähig sein kann. Für die Rechtszuständigkeit im Mietverhältnis kommt es ausschließlich auf den Mietvertrag an, nämlich wer den Vertrag abgeschlossen hat und deshalb Vertragspartei wird (*Kraemer* NZM 2002, 465, 470). Der entscheidende Unterschied ist, ob mehrere Anwälte den Vertrag **im eigenen Namen** (Mietermehrheit), oder aber **für die Sozietät in deren Namen** schließen (Mietereinheit). Das betrifft den Unterschied zwischen sog. **Innen- und Außen-GbR.** Die Gesellschaft bürgerlichen Rechts (§ 705 BGB, ihrer Art nach Gesamthandsgemeinschaft, § 719 BGB) besitzt Rechtsfähigkeit, soweit sie nach außen hin, nämlich durch Teilnahme am Rechtsverkehr, eigene Rechte und Pflichten begründet (BGH Urt. v. 29.1.2000 – II ZR 331/00, NJW 2001, 1056). Mieten mehrere gemeinsam, bilden sie in der Regel eine GbR (BGH Beschl. v. 10.9.1997 – VIII ARZ 1/97, NJW 1997, 3437, str.). Die gesellschaftsrechtliche Verbindung der Mieter untereinander hindert sie aber nicht, den Vertrag im jeweils eigenen Namen abzuschließen, wie sich umgekehrt der Vermieter nicht auf die Gesamthand als Mieterin mit wechselndem Mitgliederbestand bei fehlender Registerpublizität einlassen muss (Vertrags- und Abschlußfreiheit). Bei Vertragsschluß im jeweils eigenen Namen, bilden die Mitmieter gemeinsam als Personenmehrheit die Mieterseite des Mietverhältnisses (BGH Beschl. v. 10.9.1997 – VIII ARZ 1/97, NJW 1997, 3437). Gebrauchsüberlassungsanspruch und Recht zum Besitz werden Teil des Gesamthandsvermögens der Innen-GbR (LG Berlin Urt. v. 16.10.1998 – 64 S 81/98, NJW-RR 1999, 1387, str.). Die Beendigung der Mieterschaft als solcher richtet sich nicht nach mietrechtlichen Vorschriften, sondern nach Gesellschaftsrecht (LG Berlin Urt. v. 16.10.1998 – 64 S 81/98, NJW-RR 1999, 1387). Sollen Rechte und Pflichten für die GbR als mietende Außen-GbR begründet werden, müssen die oder der **Vertreter bei Vertragsschluß** im Namen der Sozietät handeln (§ 164 Abs. 1 BGB). Die Sozietät kann in der Mietvertragsurkunde unter der Bezeichnung aufgenommen werden, die ihre Gesellschafter im Gesellschaftsvertrag selbst für sie vorgesehen haben. Sieht der Gesellschaftsvertrag keine **Bezeichnung der Sozietät** vor, kann sie als „Gesellschaft bürgerlichen Rechts bestehend aus" und Namen ihrer Gesellschafter „A B C" oder kurz „A B C-GbR" bezeichnet werden (vgl. BGH Beschl. v. 4.12.2008 – V ZB 74/08, NJW 2009, 594). Es macht keinen Unterschied, ob die Erklärung ausdrücklich im Namen der Sozietät erfolgt oder ob die Umstände ergeben, dass sie erkennbar in deren Namen erfolgen soll (§ 164 Abs. 1 S. 2 BGB). An die Erkennbarkeit stellt die Rspr. mitunter zu hohe Anforderungen. So soll etwa der Vertrag nur mit den örtlichen Mitgliedern der Sozietät zustandekommen, nicht jedoch mit der **überörtlichen Anwaltssozietät** selbst, wenn der Vermieter mit den ihm namentlich bekannten ortsansässigen Anwälten verhandelt und sodann einer dieser Anwälte die Vertragsurkunde unterzeichnet und seiner Unterschrift einen Stempel der überörtlichen Sozietät hinzufügt. Hier solle auch die Rspr. zum Vertragsabschluß mit sämtlichen Sozietätsanwälten bei Inanspruchnahme wegen anwaltlichen Fehlverhaltens keine Anwendung finden (OLG Dresden Urt. v. 15.8.2000 – 23 U 1032/00, NJW-RR 2001, 944; zweifelhaft). Zutreffende Bezeichnung der Vertragspartei(en) und Verdeutlichung etwaiger Vertretungsverhältnisse sind zur Wahrung der **Schriftform** zu beachten. Ein mündlich geschlossener oder schriftformunwirksamer Mietvertrag ist jedenfalls nach einer Laufzeit von einem Jahr jederzeit mit gesetzlicher Frist kündbar (§§ 550, 578 BGB). Unterzeichnet am Schluß der Urkunde ein Vertreter den Mietvertrag, muss dies am besten bereits im Eingang der Urkunde durch Angabe des Vertretungsverhältnisses, jedenfalls aber am Schluß durch einen das Vertretungsverhältnis anzeigenden Zusatz hinreichend deutlich zum Ausdruck kommen. Unterschreibt für eine GbR oder sonst für eine Personenmehrheit nur ein Mitglied ohne einen Vertreterzusatz, sei nicht auszuschließen, dass vorgesehen war, auch das andere Mitglied oder die anderen Mitglieder hätten die Urkunde unterschreiben sollen (so BGH Urt. v. 5.11.2003 – XII ZR 134/02, NJW 2004, 1103); die Schriftform ist dann nicht gewahrt (BGH aaO). Großer Wert auf klare und eindeutige Vereinbarungen und vor allem deren nachweisbare Durchführung sollte im Falle der **Vermietung unter nahen Angehörigen** gelegt werden, um den Vertrag später nicht dem Zwielicht und den Folgen eines Schein- oder Umgehungsgeschäftes auszusetzen (§§ 117, 134 BGB). Denn für die steuerrechtliche Beurteilung eines Mietvertrags unter nahen Angehörigen kommt es entscheidend darauf an, ob die Vertragsparteien ihre Hauptpflichten wie die Überlassung einer konkret bestimmten Sache und die Höhe der Miete klar und eindeutig vereinbart und wie vereinbart durchgeführt, dh. bezogen auf die Miete: gezahlt haben (st. Rspr. BFH Urt. v. 19.8.2008 – IX R 78/07, NJW 2009, 1375 mwN.). Für das Zivilrecht gelten im Grunde dieselben Anforderungen für eine Anerkennung des Vertrages (siehe BGH Urt. v. 18.9.2013 – VIII ZR 297/12, NJW-RR 2014, 11 zu den Anforderungen an den Nachweis eines behaupteten, dem Ersteigerer einer Wohnung nachteiligen Mietvertrages, der diesem von einem nahen Angehörigen des Mieters entgegengehalten wird).

2. Im Falle einer Mietermehrheit, Gesamthand oder Gesamtheit, gilt der Grundsatz der **Unteilbarkeit von Gebrauchsüberlassung, Gewährleistung.** Dasselbe gilt am Ende für die Rückgabe der Mieträume. Mehrheit von Vertragsbeteiligten bedeutet subjektive Vermehrung vertraglicher Rechte und Pflichten; aus Einzelschuld wird Gesamtschuld (§§ 427, 431 BGB). Bei zur Gesamtschuld verbundenen Forderungen handelt es sich um selbständige Ansprüche (BGH Urt. v. 28.4.2010 – VIII ZR 263/09, NJW 2010, 1965). Die einzelnen Forderungen können sich unterschiedlich entwickeln. Wie § 425 BGB zeigt, ist die Gesamtschuld vom Grundgedanken der Einzelwirkung geprägt. Lediglich die von §§ 422 bis 424 BGB erfaßten Umstände (Erfüllung, Erlaß, Gläubigerverzug) und ihnen vergleichbare Fallgestaltungen wirken für und gegen alle Gesamtschuldner. Allerdings endet die Unabhängigkeit der einzelnen Gesamtschuldverhältnisse dort, wo sich aus den getroffenen Abreden etwas anderes ergibt sowie in den Fällen, in denen rechtliche

Umstände in Frage stehen, die notwendigerweise Gesamtwirkung haben müssen (so BGH Urt. v. 28.4.2010 – VIII ZR 263/09, NJW 2010, 1965). Umstände die notwendigerweise Gesamtwirkung haben müssen, sind solche die für Unteilbarkeit der Leistung bzw. Einheit des Mietverhältnisses stehen. Unteilbarkeit der Leistung (§§ 431, 432 BGB) steht bei der Miete ganz im Vordergrund. Eine Leistung ist unteilbar, wenn ein beliebiger Leistungsteil seinem Wesen und Werte nach verhältnismäßig der Gesamtleistung entspricht, dh. sich nur der Größe, nicht der Beschaffenheit nach von ihr unterscheidet (RGZ 155, 306). Gebrauchsüberlassung und Gewährleistung sind unteilbar (BGH Urt. v. 24.1.1973 – VIII ZR 163/71, NJW 1973, 455). Für die Rückgabe sind mehrere Mieter Gesamtschuldner einer ebenfalls unteilbaren Leistung (§ 431 BGB; BGH Beschl. v. 22.11.1995 – VIII ARZ 4/95, NJW 1996, 515). Hinsichtlich ihrer Ansprüche auf Gebrauchsüberlassung und Gewährleistung sind die Mitmieter, gleich ob Gesamt- oder Gesamthandsbeteiligung, Mitgläubiger einer unteilbaren Leistung (§ 432 BGB; für Gewährleistung LG Kassel Beschl. v. 1.2.1993 – 1 T 3/93, WuM 1994, 534). Umgekehrt sind hinsichtlich Gebrauchsüberlassung und Gewährleistungspflichten mehrere Vermieter, gleich ob Gesamt- oder Gesamthandsbeteiligung, Gesamtschuldner einer unteilbaren Leistung (§ 431 BGB). Wird ein vermietetes Grundstück geteilt und werden die Teile an verschiedene Erwerber veräußert, tritt keine Teilung des Mietvertrages in mehrere auf die einzelnen Grundstücke bezogene Mietverhältnisse ein. Die Grundstückserwerber haften für ihre Vermieterpflichten hinsichtlich der gesamten Mietsache als Gesamtschuldner (BGH Urt. v. 24.1.1973 – VIII ZR 163/71, NJW 1973, 455). Anspruch auf ausschließliche **Benutzung von Nebenräumen,** wie Keller oder Dachböden (etwa zur Aufbewahrung abgelegter Akten), hat der Mieter nur bei ausdrücklicher Vereinbarung. Selbst die fünfzehnjährige Nutzung eines Kellerraums durch den Mieter unter Anbringung eines Namensschilds führt ohne positive Kenntnis des Vermieters hierüber nicht zu einer konkludenten Einbeziehung in das Mietverhältnis (vgl. den Fall LG Berlin Urt. v. 27.7.1999 – 65 S 350/98, NZM 2000, 457).

3. Die Benutzung der Hauszufahrt durch den Mieter um **Fahrzeuge** zu be- und entladen, hat der Vermieter so oder so zu dulden (LG Lübeck Urt. v. 4.1.1990 – 14 S 160/89, NJW-RR 1990, 1353); das Abstellen von Fahrzeugen jedoch nur innerhalb zugewiesener Flächen (LG Nürnberg-Fürth Beschl. v. 14.1.2010 – 15 S 8642/09, NJW-RR 2010, 1165).

4. Zur Erfüllung der Übergabepflicht sind dem Mieter sämtliche **Schlüssel** zu den gemieteten Räumen zu übergeben. Nur so kann der ausschließliche Besitz verschafft werden (OLG Düsseldorf Urt. v. 1.4.2004 – I-24 U 227/03, NZM 2004, 946 mwN.). Solange der Vermieter nicht alle erforderlichen Schlüssel zur Mietsache an den Mieter ausgehändigt hat, ist er seiner Übergabepflicht nicht nachgekommen (OLG Düsseldorf aaO.). Hat der Mieter **Verlust oder Beschädigung** der Schlüssel zu vertreten, hat er die unter Umständen gesamte Schließanlage auch eines größeren Gebäudes zu ersetzen (KG Urt. v. 11.2.2008 – 8 U 151/07, NJW-RR 2008, 1245).

5. Ist bei Vertragsschluß ein genaues Datum für den Mietbeginn noch nicht bestimmbar, wie etwa oft in Fällen einer **Anmietung „vom Reißbrett",** muss der Sachverhalt, an den die Vertragsparteien den Vertragsbeginn knüpfen, so genau bestimmt werden, dass bei seiner Verwirklichung kein Zweifel am Vertragsbeginn verbleibt. Die Regelung, dass das Mietverhältnis mit der Übergabe der Mieträume beginnt, ist hinreichend bestimmbar und genügt damit dem Schriftformerfordernis des § 550 BGB (BGH Urt. v. 2.11.2005 – XII ZR 212/03, NJW 2006, 139).

6. Während eine **Verlängerungsklausel** ein Tätigwerden erfordert, um das Vertragsverhältnis zu beenden, muss derjenige, zu dessen Gunsten ein **Optionsrecht** vereinbart ist, tätig werden, um den Vertrag zu verlängern (Hannemann/Wiegner/*Hannemann* MAH Mietrecht, 3. Aufl. 2010 § 48 Rn. 56).

7. Anders als bei der Wohnraummiete unterliegen Kündigungen im Gewerberaummietverhältnis nicht der gesetzlichen Schriftform (vgl. § 578 BGB; Verweis auf § 568 Abs. 1 BGB fehlt). Die Vereinbarung der **Schriftform für Kündigungserklärungen** (gewillkürte Schriftform), empfiehlt sich, um Streit über hier oder da unbedachte Äußerungen, die als Kündigung ausgelegt werden könnten ("Dann ziehen Sie doch aus!"), von vornherein zu vermeiden. Während die gesetzliche Schriftform nur gewahrt ist, wenn die Kündigungserklärung hand- oder maschinenschriftlich, oder vorgedruckt zu Papier gebracht, und diese Erklärung von dem Kündigenden eigenhändig durch Namensunterschrift (oder mittels notariell beglaubigten Handzeichens) unterzeichnet ist (§ 126 Abs. 1 BGB), genügt zur Wahrung der durch Rechtsgeschäft bestimmten Schriftform grundsätzlich eine Übermittlung des Schriftstückes per Telefax oder E-Mail (telekommunikative Übermittlung iSv § 127 Abs. 2 S. 1 BGB), wobei im Falle der Telefaxübermittlung die Rspr. mittlerweile kaum noch Bedenken hat, den Sendebericht mit Vermerk „OK" nicht zum Nachweis des Zugangs genügen zu lassen (OLG Karlsruhe Urt. v. 30.9.2008 – 12 U 65/08, IBR 2008, 710 unter Verweis auf BGH Beschl. v. 25.4.2006 – IV ZB 20/05, NJW 2006, 2263; vgl. auch BGH Urt. v. 21.1.2004 – XII ZR 214/00, NJW 2004, 1320 zur Mietvertragskündigung per Telefax bei Urlaubsabwesenheit des Empfängers). Auch der Grund der Kündigung muss bei Gewerberaummiete nicht zwingend im Kündigungsscheiben angegeben sein (vgl. § 578 BGB; kein Verweis auf § 569 Abs. 4 BGB). Im Falle einer Mietermehrheit, Gesamthand oder Gesamtheit, gilt der Grundsatz der **Unteilbarkeit von Kündigung und Anfechtung.** Die Kündigung des Mietvertrages kann nur einheitlich für und gegenüber allen Vertragsteilhabern ausgeübt werden, da sie andernfalls eine Umgestaltung des Schuldverhältnisses zu Lasten des oder der anderen am Vertrage Beteiligten zur Folge haben müßte (BGH Urt. v. 26.11.1957 – VIII ZR 92/57, NJW 1958, 421; Urt. v. 1.12.1971 – VIII ZR 88/70, NJW 1972, 249; Urt. v. 27.11.1985 – VIII ZR 316/84, NJW 1986, 918; Beschl. v. 26.4.2012 – V ZR 276/11, WuM 2012, 314). Dasselbe gilt auch für die Anfechtung (BGH Urt. v. 27.11.1985 – VIII ZR 316/84, NJW 1986, 918). Die Unwirksamkeit einer Teilkündigung kann nicht durch nachträgliche Zustimmung gemäß §§ 180 S. 2, 177 Abs. 1 BGB geheilt werden, weil die Ausübung von Gestaltungsrechten, wie insbesondere die Kündigung eines laufenden Dauerschuldverhältnisses, den durch eine schwebende Unwirksamkeit der Erklärung hervorgerufenen Zustand der Unklarheit in Bezug auf die vielfältigen mit einem Miet- oder Pachtverhältnis verbundenen gegenseitigen Rechte und Verpflichtungen nicht dulde (so OLG Celle Urt. v. 31.10.2001 – 2 U 96/01, ZMR 2002, 187; Urt. v. 2.12.1998 – 2 U 60/98, ZMR 1999, 237). Der bloße **Auszug eines Mitmieters** beendet das Mietverhältnis mit ihm nicht (LG Berlin Beschl. v. 24.7.1998 – 64 S 230/98, NZM 1999, 758). Für konkludente Vertragsaufhebung kann sprechen, dass der Vermieter den ausgezogenen Mitmieter in den Folgejahren in einer personenabhängigen Nebenkostenabrechnung nicht mehr berücksichtigt (LG Köln Urt. v. 21.10.1992 – 10 S 237/92, NJW-RR 1993, 1096 für Eheleute und Wohnraummiete). Haben mehrere gemeinsam gemietet und zieht einer aus, haben der oder die Verbliebenen einen Anspruch gegen den anderen, an der für eine Beendigung des Mietverhältnisses grundsätzlich erforderlichen gemeinsamen Kündigung mitzuwirken, sofern nicht berechtigte Interessen des anderen Mieters dem entgegenstehen (BGH Urt. v. 16.3.2005 – VIII ZR 14/04, NJW 2005, 1715 für nichteheliche Lebensgemeinschaft und Wohnraummiete). Gegen Treu und Glauben verstößt allerdings der Mieter, der einerseits das Mietverhältnis nicht gemeinsam mit dem ausziehenden Mieter kündigt, sondern die Räume weiter nutzt, und der andererseits seine Zustimmung zur Entlassung des Mitmieters verweigert, ohne dass dies durch schutzwürdige Interessen gerechtfertigt wäre (venire contra factum proprium). Der in dieser Weise widersprüchlich handelnde Mieter muss sich gegenüber seinen Vertragspartnern so behandeln lassen, als habe er seine Zustimmung zur Entlassung des Mitmieters und zur Fortsetzung des Mietverhältnisses mit ihm allein erteilt (BGH Urt. v. 16.3.2005 – VIII ZR 14/04, NJW 2005, 1715).

8. Für die im Namen einer Sozietät begründeten Verpflichtungen haften die Gesellschafter kraft Gesetzes auch persönlich. Die **Gesellschafterhaftung** kann durch einseitigen Hinweis auf den Willen zur nur auf das Gesellschaftsvermögen beschränkten Haftung nicht ausgeschlossen werden (BGH Urt. v. 27.9.1999 – II ZR 371/98, NJW 1999, 3483; Urt. v. 24.11.2004 – XII ZR 113/01, NJW-RR 2005, 400). Im übrigen gilt im Falle einer Mietermehrheit, Gesamthand oder Gesamtheit, der Grundsatz der **Unteilbarkeit der Mietforderung.** Mieten mehrere Personen, haften sie, sofern nicht etwas anderes vereinbart worden ist, für die Mietforderungen als Gesamtschuldner (§§ 427, 421 BGB; BGH Urt. v. 28.4.2010 – VIII ZR 263/09, NJW 2010, 1965). Der Vermieter ist berechtigt, nach seinem Belieben jeden Mieter ganz oder teilweise in Anspruch zu nehmen (§ 421 S. 1 BGB). Bis zur Bewirkung der gesamten Leistung bleiben alle verpflichtet (§ 421 S. 2 BGB). Umgekehrt sind hinsichtlich der Mietforderungen mehrere Vermieter, gleich ob Gesamt- oder Gesamthandsbeteiligung, Mitgläubiger einer unteilbaren Leistung (§ 432 BGB; BGH Urt. v. 11.7.1958 – VIII ZR 108/57, NJW 1958, 1723; Urt. v. 29.1.1969 – VIII ZR 20/67, NJW 1969, 839), mit der Folge, dass an alle gemeinschaftlich zu leisten ist (OLG München Urt. v. 15.1.1998 – 19 U 5142/97, NZM 1998, 474) und der einzelne Vermieter nur Leistung an alle Vermieter verlangen kann (OLG Düsseldorf Urt. v. 10.7.1996 – 9 U 10/96, NJW-RR 1998, 11 für den gemeinsamen Räumungsanspruch). Aus den Bestimmungen über die Bruchteilsgemeinschaft (§ 741 BGB) läßt sich dies entgegen hM. allerdings nicht herleiten. Durch die Bestimmungen über die Bruchteilsgemeinschaft werden den Teilhabern dingliche Befugnisse untereinander im Innenverhältnis, und zu deren Verwirklichung Benutzungs-, Verwaltungs- und Aufhebungsrechte zugewiesen. Diese Teilhaberechte sind dingliche, nicht obligatorische Ansprüche (Schnorr, Gemeinschaft nach Bruchteilen 2004; anders BGH Urt. v. 26.3.1974 – VI ZR 103/72, NJW 1974, 1189; Urt. v. 7.6.1991 – V ZR 175/90, NJW 1991, 2488; Urt. v. 16.11.1998 – II ZR 68/98 1999, 781 und die hM. im Schrifttum). Für die Rechtszuständigkeit an den Mietforderungen kommt es ausschließlich auf die mietvertraglichen Vereinbarungen an (*Flume*, Personengesellschaft § 8 S. 115; *Kraemer* NZM 2002, 465, 470). Es gibt keine Bruchteilsvermieter in dem Sinne, dass die mehreren, jeder zu einem Bruchteil, an einem Mietvertrag und dem durch ihn begründetem Schuldverhältnis als Ganzem auf der Vermieterseite beteiligt wäre, und das gleiche gilt für die Mieterseite (*Flume* § 8 S. 114, str., aA. möglw. BGH Urt. v. 28.9.2011 – VIII ZR 242/10, NJW 2012, 63 Leitsatz 2). Unteilbar ist bei der Miete die vertragscharakteristische Leistung, die Gebrauchsüberlassung (BGH Urt. v. 24.1.1973 – VIII ZR 163/71, NJW 1973, 455). Eine Leistung ist unteilbar, wenn ein beliebiger Leistungsteil seinem Wesen und Werte nach verhältnismäßig der Gesamtleistung entspricht, dh. sich nur der Größe, nicht der Beschaffenheit nach von ihr unterscheidet (RGZ 155, 306). Geldschulden sind vorbehaltlich der Vereinbarung der Parteien immer teilbar. Hat die Gesamtheit oder Gesamthand der Vermieter, also die Vermieterschaft, wie gewöhnlich im Mietvertrag eine gemeinsame Bankverbindung angegeben, folgt die Unteilbarkeit der Mietforderung ohne weiteres daraus (§§ 133, 157 BGB). Die Bestimmungen über die Bruchteilsgemeinschaft müssen dafür nicht bemüht werden. Der einzelne Vermieter ist nicht berechtigt, einen seinem eigenen Anteil entsprechenden Teil der Mietforderung einzuziehen (BGH Urt. v. 29.1.1969 – VIII ZR 20/67, NJW 1969, 839; Urt. v. 28.9.2005 – VIII ZR 399/03, NJW 2005, 3781), abzutreten oder zu verpfänden. Hierzu ist die Mitwirkung aller erforderlich (LG Aachen Urt. v. 15.6.1994 – 7 S 60/94, WuM 1994, 461). Befreiend kann nur an alle Vermieter geleistet werden. Mit Ansprüchen nur gegen einen Vertragsteilhaber, kann mangels Gegenseitigkeit nicht allen gegenüber aufgerechnet werden (BGH Urt. v. 29.1.1969 – VIII ZR 20/67, NJW 1969, 839). Der bloße **Auszug eines Mitmieters** läßt die Mietzahlungsverpflichtung des oder der anderen unberührt (§ 537 Abs. 1 BGB, LG Berlin Beschl. v. 24.7.1998 – 64 S 230/98, NZM 1999, 758). Hinsichtlich **Betriebskosten** ist im Falle einer Mietermehrheit, Gesamthand oder Gesamtheit, zwischen **Abrechnung, Nachforderung und Anpassung von Vorauszahlungen** zu unterscheiden. Der Abrechnung von Betriebskosten kommt als solcher kein rechtsgeschäftlicher Erklärungswert zu. Sie ist als Mitteilung eines Rechen-vorgangs Wissenserklärung (§ 259 BGB, BGH Urt. v. 28.4.2010 – VIII ZR 263/09, NJW 2010, 1965 unter Verweis auf BGH Urt. v. 23.11.1981 – VIII ZR 298/80, NJW 1982, 573). § 421 BGB legt dem Vermieter keine Verpflichtung zur gemeinsamen Inanspruch-nahme aller Mieter auf. Wegen § 425 BGB ist er in diesem Fall auch nicht gezwungen, vor Einforderung des noch offenstehenden Betrags allen Mietern eine Abrechnung zukommen zu lassen, sofern keine abweichenden Vereinbarungen getroffen worden sind. Die Fällig-stellung der Betriebskostennachforderung sei jedenfalls kein Umstand, der nur einheitlich gegenüber allen Gesamtschuldnern erfolgen kann (BGH Urt. v. 28.4.2010 – VIII ZR 263/09, NJW 2010, 1965). Davon zu unterscheiden ist der Anspruch auf Erteilung der Betriebskostenabrechnung, der nur gegenüber allen Mietern gemeinsam erfüllt werden kann (LG Frankfurt aM Urt. v. 2.12.2008 – 2/17 S 63/08, NJW-RR 2009, 736; offenge-lassen BGH Urt. v. 28.4.2010 – VIII ZR 263/09, NJW 2010, 1965). Die für beiderseitige Ansprüche auf Anpassung von Betriebskostenvorauszahlungen (§ 560 Abs. 4 BGB) not-wendigen Erklärungen sind ebenfalls von allen gegenüber allen abzugeben um wirksam zu sein.

9. Grundstücksmiete ist zunächst einmal umsatzsteuerfrei. Der Vermieter dessen Grund-stück weder Wohnzwecken noch anderen nichtunternehmerischen Zwecken dient, hat jedoch die Möglichkeit, nach den Regeln des Umsatzsteuergesetzes zur **Umsatzsteuer** zu optieren. Er verzichtet damit für sich auf seine Umsatzsteuerbefreiung. Dass der Mieter diese Umsatzsteuer auf die Miete zu entrichten hat, muss im Mietvertrag ausdrücklich vereinbart sein. Im Zweifel ist die beim Vermieter möglicherweise anfallende Umsatzsteuer in der Miete enthalten (OLG Naumburg Urt. v. 9.11.1999 – 1 U 102/99, ZMR 2000, 291).

10. Im Falle vermieteten Teileigentums (Teileigentum ist das Sondereigentum an nicht zu Wohnzwecken dienenden Räumen für das die Vorschriften des Wohnungseigentums-gesetzes über das Wohnungseigentum entsprechend gelten, § 1 Abs. 3 u. 6 WEG) könnte etwa **Abrechnung nach Miteigentumsanteilen** vereinbart werden, um dem vermietenden Eigentümer die Abrechnung zu erleichtern (vgl. § 16 Abs. 2 WEG). An dieser Stelle ein Exkurs in das Wohnungseigentumsrecht: Der Wohnungs- oder Teileigentümer ist grund-sätzlich zur Vermietung seines Sondereigentums berechtigt (§ 13 Abs. 1 WEG). Er darf das **Mitgebrauchsrecht an gemeinschaftlichen Einrichtungen** auf den Mieter übertragen, soweit dies zur Erfüllung des Mietvertrags erforderlich ist (OLG Düsseldorf Beschl. v. 6.11.1995 – 3 Wx 324/95, WuM 1996, 57), wobei sich dies schon fast von selbst für die zu den Mieträumen gehörenden, trotzdem aber im gemeinschaftlichen Eigentum stehen-den Gebäudeteile versteht (bspw. die Fenster; § 5 Abs. 1 WEG weist die zugehörigen Räume, und nicht bloß das Eigentum an den sonderrechtsfähigen Gebäudebestandteilen zu; vgl. BGH Urt. v. 19.5.1989 – V ZR 182/87, NJW 1989, 2391), aber auch für außerhalb der Mieträume belegene, zugehörige Sondernutzungsflächen (bspw. Pkw-Stellplätze). Zulässiger Gebrauch nach der unter den Teilhabern der Wohnungseigentü-mergemeinschaft geltenden Gemeinschaftsordnung deckt sich gleichwohl oft nicht mit dem, was der vermietende Eigentümer dem Mieter an Gebrauchsrecht nach dem Miet-vertrag einräumt. Die Liste vom vermietenden Eigentümer außerhalb der gemeinsamen Schnittmenge eingeräumter Gebrauchsrechte sowie außerhalb liegender Gebrauchshand-lungen des Mieters ist lang. Zu nennen sind Vermietungen im Widerspruch zur Zweck-bestimmung (eine zweckwidrige Nutzung kann wiederum zulässig sein, wenn sie, bei typisierender Betrachtungsweise, nicht mehr stört als die bestimmungsgemäße Nutzung); Vermietung von Gemeinschaftsflächen oder gemeinschaftlicher Einrichtungen zum aus-schließlichen Gebrauch; oder zum Mitgebrauch, obwohl nicht einmal dem vermietenden Eigentümer ein Mitgebrauchsrecht zusteht, etwa an „fremder" Sondernutzungsfläche; Einräumung von Gebrauchsrechten ohne Rücksicht auf entgegenstehende Regeln der gemeinschaftlichen Hausordnung usw.

Das Wohnungseigentumsgesetz läßt den Wohnungseigentümern weitgehend „freie Hand", wie sie ihr Verhältnis untereinander ordnen (BGH Urt. v. 15.6.1962 – V ZB 2/62, BGHZ 37, 203 = NJW 1962, 1613; auch BGH Beschl. v. 13.10.1983 – VIII ZB 4/83 BGHZ 88, 302 = NJW 1984, 308). Nach §§ 15 Abs. 1 WEG ist insbesondere auch die **Vereinbarung von Gebrauchsbeschränkungen** ohne weiteres zulässig. Das Recht des Sondereigentümers zur Vermietung (siehe § 13 Abs. 1 WEG) kann bspw. unter den Vorbehalt der Zustimmung des Verwalters des gemeinschaftlichen Eigentums gestellt werden (BayObLG Beschl. v. 13.2.1992 – 2Z BR 162/91, WuM 1992, 278; Beschl. v. 14.9.1987 – 2Z BR 38/87, WuM 1988, 90). Ein Verstoß gegen ein Vermietungsverbot bzw. ein ohne erforderliche Zustimmung des Verwalters geschlossener Mietvertrag macht diesen allerdings nicht unwirksam (BGH Urt. v. 29.11.1995 – XII ZR 230/94, NJW 1996, 714, 147; LG Bonn Urt. v. 16.8.1990 – 6 S 102/90, ZMR 1990, 458). § 12 Abs. 3 WEG, der die Unwirksamkeit einer verbotswidrigen oder ohne erforderliche Zustimmung erfolgten Veräußerung des Sondereigentums vorsieht, ist in so einem Falle nicht entsprechend anwendbar. Solche und andere Vereinbarungen über das „Verhältnis der Wohnungseigentümer untereinander" (vgl. den genauen Wortlaut von § 5 Abs. 4 BGB), können zum Inhalt des Sondereigentums „gemacht" werden (§ 5 Abs. 4 BGB). Werden sie zudem noch in das Grundbuch eingetragen, wirken sie darüberhinaus auch gegen Sondernachfolger eines Wohnungseigentümers (§ 10 Abs. 2); es tritt somit eine gewisse Verdinglichung ein (BGH Urt. v. 15.6.1962 – V ZB 2/62, BGHZ 37, 203 = NJW 1962, 1613). Nach wohl hM in der Rspr. soll es sich bei der Wirkung des § 10 Abs. 2 WEG, ähnlich der „Mietergewere" (§ 566 BGB) oder der Vormerkung (§ 883 BGB), aber nicht um ein echtes, selbständiges Sachenrecht handeln (BGH Beschl. v. 24.11.1978 – V ZB 11/77, BGHZ 73, 145 = NJW 1979, 548: „ohne ein selbständiges dingliches Recht zu sein"; BGH Beschl. v. 13.10.1983 – VIII ZB 4/83, BGHZ 88, 302 = NJW 1984, 308: kein selbständiges, vom Wohnungseigentum losgelöstes dingliches Recht), so dass es auch nach Eintragung der Vereinbarung im Grundbuch bei deren Abhängigkeit vom zugrundeliegenden Schuldrechtsverhältnis (BGH Urt. v. 26.3.1974 – VI ZR 103/72, BGHZ 62, 243 = NJW 1974, 1189), und damit der von der „Mietergewere" oder Vormerkung her bekannten, lediglich relativen Wirkung bleiben muss (vgl. BayObLG Beschl. v. 4.7.1974 – 2Z BR 16/74, NJW 1974, 2134: „begrifflich nur Bindungen der Wohnungseigentümer untereinander – nicht gegenüber Dritten – begründen[d]"; siehe auch BGH Beschl. v. 13.10.1983 – VIII ZB 4/83, BGHZ 88, 302 = NJW 1984, 308; Theorienstreit dazu angesprochen in OLG Hamm Beschl. v. 29.3.1993 – 15 W 391/92, NJW-RR 1993, 1295). Dass **Verstöße gegen die Gemeinschaftsordnung** ohne weiteres absolut-dingliche **Ansprüche auf Beseitigung und Unterlassung** begründen, nämlich **ohne Rücksicht darauf, ob der Störer Teilhaber der Gemeinschaft ist** sowie auf Ortsüblichkeit in der Nachbarschaft außerhalb der Gemeinschaft, beruht somit rein auf Richterrecht. Der Maßstab rechtmäßigen Gebrauchs nach §§ 1004 Abs. 2, 906 ff. BGB im herkömmlichen Sinne (eingehend *Wangemann* WuM 1987, 43, 46) wird von dieser Rspr. (BGH Urt. v. 1.12.2006 – V ZR 112/06, NJW 2007, 432; auch BGH Urt. v. 18.1.1995 – VII ZR 30/93, NJW-RR 1995, 715; OLG München Urt. v. 25.2.1992 – 25 U 3550/91, NJW-RR 1992, 1492; OLG Stuttgart Beschl. v. 30.9.1992 – 8 W 256/92, NJW-RR 1993, 24; OLG Karlsruhe Urt. v. 29.9.1993 – 6 U 49/93, NJW-RR 1994, 146; aber Vorsicht: nicht jeder Fall wird vom BGH entschieden und die Rspr. in erster Instanz geht hier oft ihre eigenen Wege) durch den Maßstab zulässigen Gebrauchs nach der Gemeinschaftsordnung ersetzt und unterschiedslos gegen jede Art Hausbewohner angewendet. Nach §§ 5 Abs. 4, 10 Abs. 2, 15 Abs. 1 WEG im engeren Kreis der Wohnungseigentümer untereinander gewillkürtem Nachbarrecht wird so dasselbe Gewicht beigemessen, wie dem gesetzlichen Nachbarrecht der §§ 905 ff. BGB (sehr bedenklich; mit BVerfG NJW 1982, 745, 748 zu Art. 14 GG sollten Inhalt und Schranken des Eigentums allein durch Gesetz bestimmt werden; der von BGH NJW 2007, 432 herangezogene Vergleich der Störungslage mit einer Vindikationslage steht außerdem im Widerspruch zu BGH Beschl. v. 28.4.1999 –

VIII ARZ 1/98, NJW 1999, 2177, dass nämlich nach Umwandlung in Wohnungseigentum der zur ausschließlichen Nutzung vermietete, plötzlich aber im Gemeinschaftseigentum stehende Kellerraum, gerade nicht vom Eigentümer nach § 985 BGB herausverlangt werden kann). Zumindest können die Eigentümer das Mietverhältnis mangels Vertragsparteistellung nicht kündigen. Der vermietende Eigentümer ist ebenfalls nicht berechtigt, das Mietverhältnis zu kündigen, da die gemeinschaftsordnungswidrige, aber mietvertragsgemäße Nutzung **keinen wichtigen Grund zur Kündigung** gem. § 573 Abs. 1 S. 1 BGB oder gar § 543 Abs. 1 BGB gibt (BGH Urt. v. 29.11.1995 – XII ZR 230/94, NJW 1996, 714 mwN.). Der vermietende Eigentümer vermietet also immer „auf eigene Gefahr". Umgekehrt besteht auch keine Verpflichtung des Mieters seinerseits zur Kündigung des Mietverhältnisses; weder unter dem Gesichtspunkt des Rechtsmißbrauchs noch einer Schadensminderungspflicht (BGH Urt. v. 29.11.1995 – XII ZR 230/94, NJW 1996, 714). Wird der Mieter von den Eigentümern auf Unterlassung in Anspruch genommen, so liegt im Verhältnis zu seinem Vermieter ein **Rechtsmangel** vor (BGH Urt. v. 18.1.1995 – VII ZR 30/93, NJW-RR 1995, 715). Für die Annahme eines Rechtsmangels genügt zwar nicht das bloße Bestehen eines dem Mietgebrauch entgegenstehenden Rechts, wohl aber dessen Geltendmachung (BGH Urt. v. 30.10.1974 – VIII ZR 69/73, NJW 1975, 44). Der Vermieter ist dann den Gewährleistungsrechten des Mieters ausgesetzt. Der Schaden fällt auf denjenigen zurück, der ihn ausgelöst hat (*Hannemann* NZM 2004, 531; vgl. auch KG Urt. v. 21.3.2006 – 4 U 97/05, NJW-RR 2006, 1239).

Umgekehrt sind auch **Ansprüche des Mieters gegen Wohnungseigentümer oder Wohnungseigentümergemeinschaft** denkbar, etwa Unterlassungsansprüche bei Versorgungssperre oder Ansprüche wegen Mängeln am Gemeinschaftseigentum. Zunächst zum **Unterlassungsanspruch bei Versorgungssperre nach §§ 862, 858 BGB:** Der nachhaltige Rückstand eines Eigentümers mit Beiträgen zu Kosten und Lasten des gemeinschaftlichen Eigentums rechtfertigt die Verhängung einer Versorgungssperre durch Eigentümerbeschluß (BGH Urt. v. 10.6.2005 – V ZR 235/04, NJW 2005, 2622). Rechtsgrundlage ist das Zurückbehaltungsrecht nach § 237 BGB (BGH aaO). Abzulehnen ist die Auffassung, nach der die Wohnungseigentümergemeinschaft im Falle vermieteten Sondereigentums berechtigt sein soll, bei Säumigkeit des vermietenden Eigentümers, den Mieter von der Versorgung abzuschneiden. Der 24. Senat des Kammergerichts Berlin bejaht ein Recht der Eigentümergemeinschaft dazu und begründet dies damit, dass dem Mieter gegenüber der Eigentümergemeinschaft keine „bessere Rechtsstellung" (iS einer weitergehenden Nutzungsbefugnis) zustehen könne als wie dem vermietenden Wohnungseigentümer (KG Beschl. v. 21.5.2001 – 24 W 94/01, NZM 2001, 761). Es werde deshalb keine **verbotene Eigenmacht iSv § 858 BGB** gegen den Mieter verübt (KG Beschl. v. 26.11.2001 – 24 W 7/01, NZM 2002, 221). Nach der Gegenmeinung (OLG Köln Urt. v. 15.3.2000 – 2 U 74/99, NJW-RR 2001, 301; KG Beschl. v. 26.1.2006 – 8 U 208/05, NJW-RR 2006, 658; *Suilmann* ZWE 2001, 476) handelt es sich indessen um verbotene Eigenmacht, da der Eigentümergemeinschaft keine Ansprüche gegen den Mieter zustehen, die sie mit der Ausübung des Zurückbehaltungsrechts durchsetzen könnte. § 273 BGB wäre allenfalls anwendbar, wenn die Eigentümergemeinschaft im Verhältnis zum Mieter Schuldnerin der zurückbehaltenen Leistung wäre. Dies ist jedoch nicht der Fall. Regelmäßig kommen als Leistende entweder der vermietende Eigentümer oder aber die Stadtwerke in Betracht (OLG Köln aaO). Umgekehrt hat die Eigentümergemeinschaft keine Ansprüche gegenüber dem Mieter, da dieser die Nebenkosten seinem Vermieter, ggf. unmittelbar den Stadtwerken schuldet. Entgegen der Auffassung des 24. Senats des Kammergerichts steht der Mieter also rein rechtlich betrachtet nicht „besser" da, sondern einfach anders (vgl. *Suilmann* ZWE 2001, 476). Der Sache nach erfindet diese Auffassung ein Sonderrecht gegen Mieter von Eigentumswohnungen. Das verdient entschiedene Ablehnung. Selbst wenn man der Eigentümergemeinschaft das Recht zusprechen wollte, die Versorgung des Mieters eines säumigen Eigentümers mit Strom,

Wasser, etc. einzustellen, verliert dieses Recht immer dann praktisch an Bedeutung, wenn zur Sperrung der Versorgung der **Zutritt zur Wohnung** erforderlich ist. Ein Anspruch der Wohnungseigentümergemeinschaft gegen den Mieter einer Eigentumswohnung auf Zutritt zur Wohnung und Duldung des Abstellens der dort befindlichen Versorgungsanlagen besteht nicht (KG Beschl. v. 26.1.2006 – 8 U 208/05, NJW-RR 2006, 658). Auch ein gegen den Eigentümer erwirkter Vollstreckungstitel auf Duldung der Absperrmaßnahmen und Gewährung des Zutritts hilft hier nicht weiter, da daraus nicht gegen den Mieter vollstreckt werden kann. Dann noch zu **Ansprüchen wegen Mängeln am Gemeinschaftseigentum:** Die Gebrauchsgewähr- und Gebrauchsbelassungspflicht des vermietenden Wohnungseigentümers, wie auch dessen Instandhaltungs- und Instandsetzungspflicht (§ 535 Abs. 1 S. 2 BGB), wird durch die Tatsache, dass das mitvermietete Gemeinschaftseigentum dem Vermieter nicht allein gehört und er nicht allein darüber bestimmen kann, nicht berührt. Treten Mängel der Mietsache auf, entschuldigt es den Vermieter nicht, dass **ein zur Abhilfe nach Wohnungseigentumsrecht erforderlicher Eigentümerbeschluß** noch nicht vorliegt, oder aber gar ein auf Abhilfe gezielter Beschlußantrag von der Mehrheit der Miteigentümer des Vermieters abgelehnt worden ist. Unerheblich ist, ob der Vermieter selbst Eigentümer der Wohnung ist (KG Rechtsentscheid v. 25.6.1990 – 8 RE Miet 2634/90, NJW-RR 1990, 1166) oder ob er seinerseits die Wohnung vom Eigentümer gemietet hat (OLG Zweibrücken Rechtsentscheid v. 14.12.1994 – 3 W RE 195/94, NJW-RR 1995, 270). Neben dem Erfüllungsanspruch hat der Mieter in so einem Fall die mietrechtlichen Gewährleistungsrechte (Minderung und Schadensersatz, §§ 536, 536a Abs. 1 BGB), Zurückbehaltungsrechte (§§ 273, 320 BGB) und auch das Recht zur fristlosen Kündigung (§ 543 Abs. 2 Nr. 1 BGB), die er gegenüber dem Vermieter geltend machen kann. Das Recht zur **Ersatzvornahme** auf Kosten des Vermieters (§ 536a Abs. 2 Nr. 2 BGB) soll der Mieter allerdings nicht ohne oder gegen den Willen der Miteigentümer seines Vermieters durchsetzen können (vgl. MAHMietR/*Hannemann/Wiegner* § 33 Rn. 33). Gesetzt den Fall, spielende Kinder werfen ein Fenster der Mietwohnung ein, die Instandsetzungslast ist nach der Gemeinschaftsordnung nicht dem vermietenden Wohnungseigentümer (schuldrechtlich) zugewiesen und die Miteigentümer des Vermieters verbieten die Reparatur des Fensters: muss der Mieter sich in diesem Fall zunächst den **Anspruch seines Vermieters auf ordnungsgemäße Verwaltung iSv § 21 Abs. 4 WEG** (vgl. KG Rechtsentscheid v. 25.6.1990 – 8 RE Miet 2634/90, NJW-RR 1990, 1166) abtreten, oder gar erst nach gerichtlicher Auseinandersetzung pfänden und überweisen lassen, und dann in der Eigentümerversammlung vergeblich geltend gemacht haben, bevor er Hand an das Fenster legen kann, ohne eine Strafanzeige der Miteigentümer wegen Sachbeschädigung fürchten zu müssen? Diese Frage leitet über zu der anderen Frage, inwieweit dem Mieter bei (seinen Mietgebrauch einschränkender) Mangelhaftigkeit des Gemeinschaftseigentums Besitzschutzansprüche (§§ 861, 862 BGB) unmittelbar gegen die Miteigentümer und/oder (ausschließlich? vgl. OLG München Beschl. v. 24.10.2005 – 34 Wx 82/05, ZWE 2006, 41 zur Verkehrssicherungspflicht der Eigentümergemeinschaft) gegen die das Gemeinschaftseigentum verwaltende Eigentümergemeinschaft zustehen (dies hält für erwägenswert MAHMietR/*Hannemann/Wiegner* § 33 Rn. 32). Veröffentlichte Rechtsprechung speziell zu dieser Rechtsfrage gibt soweit ersichtlich nicht (in BGH Beschl. v. 28.4.1999 – VIII ARZ 1/98, NJW 1999, 2177, wird das „unlösbare" Problem in anderem Zusammenhang behandelt: Mieterrechte nach Umwandlung von Allein- in Wohnungseigentum). Nach hier vertretener Auffassung stehen dem Mieter Besitzschutzansprüche gegen die Grundstücksmiteigentümer uneingeschränkt zu, und zwar sowohl bei Besitzentzug (Rechtsmangelfall im Mietverhältnis, § 536 Abs. 3 BGB) aus § 861 BGB, als auch bei Besitzstörung (Sachmangelfall im Mietverhältnis, § 536 Abs. 1 BGB) aus § 862 BGB ggf. iVm § 906 BGB (vgl. BGH Urt. v. 14.4.1954 – VI ZR 35/53, JZ 1954, 613 = LM Nr. 1 zu § 906: Anwendung des § 906 BGB unter Hausbewohnern; dagg. aber nunmehr BGH Urt. v. Urt. v. 12.12.2003 – V ZR 180/03, NJW 2004, 775: keine entspr. Anwendung von § 906 BGB, keine planwidrige Lücke, Nachbarrecht unter Mietern im selben Hause bewußt ungeregelt geblieben, sehr fragwürdig).

11. Anders als im Wohnraummietrecht und hier vorliegend könnte hinsichtlich der Mietzahlungsverpflichtung ein vollständiger Ausschluß von **Minderung, Aufrechnung und Geltendmachung eines Zurückbehaltungsrechts**, soweit er nicht rechtskräftig festgestellte oder unstreitige Gegenforderungen beträfe, formularvertraglich wirksam vereinbart, und der Mieter damit der Sache nach für etwaige Gegenforderungen auf den Klageweg verwiesen werden (BGH Urt. v. 27.1.1993 – XII ZR 141/91, NJW-RR 1993, 519).

12. Der Vermieter erteilt vorliegend im vorhinein seine Erlaubnis zur **Gebrauchsüberlassung an Dritte** (§ 540 BGB). Unerlaubte Gebrauchsüberlassung an Dritte wäre unzulässige Inhaltsänderung des Schuldverhältnisses und Überschreitung des vertraglich eingeräumten Gebrauchsrechts (§ 543 Abs. 2 S. 1 Nr. 2 BGB). Sinn und Zweck des Erlaubnisvorbehalts ist es, den Vermieter zu schützen, dass kein anderer als der von ihm ausgewählte Vertragspartner die Räume gegen seinen Willen benutzt. Die Gebrauchsüberlassung selbst ist kein Rechtsgeschäft sondern Realakt. Ob und in welchem Umfang Gebrauchsüberlassung an andere Personen vertragsgemäßer Gebrauch als **verlängerter Eigengebrauch** (§ 535 BGB), oder aber **Gebrauchsüberlassung an Dritte** ist (§ 540 BGB), ist Auslegungssache. Auszulegen sind der Mietvertragszweck und die näheren Umstände des Mietgebrauchs nach Treu und Glauben mit Rücksicht auf die Verkehrssitte (§ 157 BGB). Die gesetzliche Regel kennt nur den Vermieter, den Mieter, den Dritten, also einzelne Personen. Mehrheit von Nutzern bedeutet nicht in jedem Fall Mehrheit von Mietern. Schließt eine Einzelperson erkennbar für sich selbst und andere den Vertrag, ohne dass die anderen Vertragspartei werden sollen, ist dies von vornherein wesentlicher Vertragsinhalt und vertragsgemäßer Gebrauch. Das kann etwa bei der Anwalts-GmbH oder Anwalts-GbR der Fall sein, die die Büros auch zum Gebrauch für ihr angestelltes Personal anmietet, ohne dass die Belegschaft Vertragspartei werden soll. Angestelltes Personal, Kundschaft, Lieferanten des Geschäftsraummieters fällt unter verlängerten Eigengebrauch des Mieters (BGH Urt. v. 22.1.1955 – VI ZR 70/53, NJW 1955, 1066). Keine Drittüberlassung liegt vor, wenn Räume, die anfänglich zu gewerblichen Zwecken an eine **bürgerlichrechtliche Gesellschaft** oder oHG vermietet worden sind, von dieser später einer ausschließlich von den Gesellschaftern zur Fortführung des Gewerbes gegründeten und unter ihrer alleinigen Geschäftsführung stehenden GmbH überlassen werden (BGH Urt. v. 22.1.1955 – VI ZR 70/53, NJW 1955, 1066). Haben Kaufleute sich für den Betrieb eines Handelsgewerbes zu einer Gesellschaft bürgerlichen Rechts verbunden, so wird ein von ihnen für die Gesellschaft geschlossener Mietvertrag nicht dadurch berührt, dass die Gesellschaft nachträglich in eine offene Handelsgesellschaft umgewandelt wird (BGH Urt. v. 21.12.1966 – VIII ZR 196/64, NJW 1967, 821). Gleiches muss für die Umwandlung einer Anwalts-GbR in eine Partnerschaftsgesellschaft gelten. Ein **Wechsel im Mitgliederbestand der Gesellschaft** hat auf den Bestand des Mietvertrags keinen Einfluß (OLG Düsseldorf Urt. v. 13.2.2003 – 10 U 216/01, NJW-RR 2003, 513). Erwerb oder Verlust der gesamthänderischen Mitberechtigung sind gesetzliche Folge des Erwerbs oder Verlusts der Mitgliedschaft und Konsequenz dessen, dass das Gesellschaftsvermögen beim Gesellschafterwechsel stets dem jeweiligen Gesellschafterkreis zugeordnet bleibt (§ 738 Abs. 1 BGB, BGH Urt. v. 31.1.1983 – II ZR 288/81, NJW 1983, 1110). Ein späterer Wechsel beim Unternehmensträger durch **Übertragung des Einzelunternehmens (Einzelanwalt) in eine Anwalts-GmbH** fällt dagegen unter Erlaubnisvorbehalt, ungeachtet dessen, ob der Kanzleiname beibehalten wird (KG Beschl. v. 19.6.2008 – 12 U 204/07, NJW-RR 2009, 805 für das nichtfreiberufliche kaufmännische Unternehmen). Der spätere **Eintritt eines Gesellschafters in die Kanzlei eines Einzelanwalts** und die Fortführung der Geschäfte in den Mieträumen durch die neugegründete Gesellschaft fallen unter Erlaubnisvorbehalt (BGH Urt. v. 25.4.2001 – XII ZR 43/99, NJW 2001, 2251 für das nichtfreiberufliche kaufmännische Unternehmen). Spätere **Kanzleiübergabe samt Gebrauchsüberlassung vom Mietergesellschafter an Mitgesellschafter ohne Mietrecht** fällt unter Erlaubnisvorbehalt (OLG München Urt. v. 18.10.2002 – 21 U 2900/02, NJW-RR 2003, 77).

13. Nach § 535 Abs. 1 S. 2 BGB hat der Vermieter dem Mieter die Mietsache in einem zum vertragsgemäßen Gebrauch geeigneten Zustand zu überlassen und sie während der Mietzeit in diesem Zustand zu erhalten. **Instandhaltung und Instandsetzung** obliegen somit vom Grundsatz her ihm. Die Verpflichtung zur Instandhaltung und Instandsetzung kann bei der Gewerberaummiete formularmäßig sehr weitgehend auf den Mieter übertragen werden, soweit sie sich auf Schäden erstreckt, die dem Mietgebrauch oder der Risikosphäre des Mieters zuzuordnen sind (BGH Urt. v. 6.4.2005 – XII ZR 158/01, NZM 2005, 863). Die zulässige Abweichung vom gesetzlichen Leitbild findet dort ihre Grenze, wo dem Mieter die Erhaltungslast von gemeinsam mit anderen Mietern genutzten Flächen und Anlagen ohne Beschränkung der Höhe nach auferlegt würde (BGH aaO).

14. § 555a BGB, die **Duldung von Erhaltungsmaßnahmen** betreffend, und § 555b BGB, Modernisierungsmaßnahmen betreffend, beziehen sich übrigens auch auf Gewerberaummietverhältnisse (§ 578 Abs. 2 BGB), wobei es eine Modernisierungspflicht des Vermieters weder bei Gewerberaum- noch Wohnraummiete gibt. So gibt es bspw. ohne besondere Vereinbarung keinen Anspruch auf eine **moderne Heizung**; er ergibt sich nicht aus EnEG und EnEV (Palandt/*Weidenkaff* § 535 Rn. 24). Der Vermieter muss eine veraltete oder unwirtschaftliche Heizung daher nicht modernisieren und der Mieter hat in dem Fall auch nicht etwa ein Selbsthilfe(modernisierungs-)recht (BGH Urt. v. 14.9.2011 – VIII ZR 10/11, NZM 2012, 154).

15. **Einrichtungen und bauliche Veränderungen** bedürfen grundsätzlich der Zustimmung des Vermieters (Palandt/*Weidenkaff* § 535 Rn. 18). Soll der Mieter berechtigt sein, bauliche Veränderungen an den Mieträumen vorzunehmen und sie mit Einrichtungen zu versehen, so sollte dies im Interesse beider Parteien detailliert schriftlich festgehalten werden, um Streit darüber später bei Beendigung des Mietverhältnisses zu vermeiden. Hat der Mieter bauliche Veränderungen an der Mietsache vorgenommen oder sie mit Einrichtungen versehen, so ist er auf Verlangen des Vermieters verpflichtet, **bei Mietende den ursprünglichen Zustand wiederherzustellen**, sofern nichts anderes schriflich vereinbart ist (Palandt/*Weidenkaff* § 546 Rn. 6). Dasselbe gilt in Fällen der **Mietnachfolge** (Palandt/*Weidenkaff* § 546 Rn. 8), wobei sich dort die bei Fehlen schriftlicher Aufzeichnungen schwer oder gar nicht zu beantwortende Frage stellt, ob es sich jeweils um **Übernahme vom Vorgänger,** oder schlicht um den bei Mietbeginn (des Nachfolgers) **vorgefundenen Zustand** der Mieträume als Ursprungszustand handelte. Die Rechtsprechung hierzu ist nicht ganz einheitlich. Ihre Leitsätze sind mitunter mit Vorsicht zu genießen. So lautet etwa der Leitsatz OLG Hamburg Urt. v. 13.6.1990 – 4 U 118/89, NJW-RR 1991, 11: Übernimmt der Mieter von Gewerberaum von seinem Mietvorgänger im Einverständnis mit dem Vermieter Einbauten, hat er im Rahmen seiner Rückgabepflicht diese bei Beendigung des Mietvertrages zu entfernen und insoweit den früheren Zustand wiederherzustellen. Aus dem mitgeteilten Sachverhalt erfährt man dann, dass mit bereits einem zweiten Mietnachfolger ein neuer Mietvertrag geschlossen worden war, in dem allerdings „nach Auslegung des Senats" keine ausdrückliche Vereinbarung über die Wiederherstellung der baulichen Änderungen des allerersten Mieters enthalten war, in den dann die beklagte letzte Mieterin in der Kette unter „Übernahme" dieser Einrichtungen eingetreten war. Was ist unter „Übernahme" zu verstehen? Aus den Entscheidungsgründen erfährt man, dass sie, die letzte Mieterin, die Einrichtungsgegenstände unverändert von der Vormieterin käuflich erworben hatte, und dass es für die Wiederherstellungspflicht keinen Unterschied mache, ob einem Mieter erlaubt werde, Einbauten eines früheren Mieters „aufgrund eines Vertrages zwischen den Mietern" weiter zu benutzen (OLG Hamburg aaO). OLG Köln Urt. v. 15.6.1998 – 19 U 259/97, NZM 1998, 767 hat entscheiden, dass die Verpflichtung des Pächters, das Pachtobjekt bei Vertragsende im Zustand wie bei Vertragsbeginn zurückzugeben, die Beseitigung von Einrichtungen oder Aufbauten, mit denen er oder sein Rechtsvorgänger die Pachtsache während der Vertragszeit versehen hat, grundsätzlich auch dann umfasst, wenn dies mit Zustimmung des Verpächters geschehen ist. Aus Sachverhalt und Entscheidungsgründen erfährt man dort, dass der beklagte Pächter dem Vorpächter für die Übernahme des streitgegenständlichen Containers eine Zahlung geleistet, ihn also vom Vorgänger käuflich erworben hatte (OLG Köln aaO). Was insoweit für die käufliche Übernahme gelten soll, müßte auch für die unentgeltliche Übernahme gelten. Entscheidend soll wohl sein, dass Mieter von Mieter die Einrichtung auf vertraglicher Grundlage übernommen, oder sie sich in irgendeiner Weise zu eigen gemacht hat. Siehe etwa LG Potsdam Urt. v. 4.8.1997 – 6 S 192/96, WuM 1997, 677 (insoweit in NZM 1998, 760 nicht mit abgedruckt) Leitsatz zu 3: Die Räumungspflicht des Mieters erstreckt sich auch auf „seine" bei Anmietung vorgefundenen Sachen. Aus den Entscheidungsgründen erfährt man dort, dass die Beklagten sich nicht mit Erfolg darauf berufen konnten, dass der dort streitgegenständliche Schuppen bereits bei ihrem Einzug auf dem Grundstück vorhanden war; sie hätten nämlich ihre Eigentümerstellung im Hinblick auf den Schuppen im Protokoll zur Übergabe der Mietsache (dort als „Autoschuppen" bezeichnet) ausdrücklich anerkannt (LG Potsdam aaO).

16. Konkurrenz- und Wettbewerbsschutz gehört bei Gewerberaummiete auch ohne ausdrückliche Vereinbarung zur Gewährung vertragsgemäßen Gebrauchs. Der BGH hat die überkommene Rechtsprechung des RG fortgesetzt, wonach der Vermieter gewerblich zu nutzender Räume auch ohne Bestehen einer vertraglichen Regelung die Pflicht hat, den Mieter gegen Konkurrenz im selben Hause zu schützen (BGH Urt. v. 24.1.1979 – VIII ZR 56/78, NJW 1979, 1404). Dieses Richterecht beruht auf der Erwägung, dass es bei der Vermietung von Räumen zum Betriebe eines bestimmten Geschäfts zur Gewährung vertragsmäßigen Gebrauchs gehört, in anderen Räumen des Hauses oder auf unmittelbar angrenzenden Grundstücken des Vermieters kein Konkurrenzunternehmen zuzulassen (BGH aaO). Der sog. **vertragsimmanente Konkurrenzschutz** sei allerdings in der Weise einzugrenzen, dass der Vermieter nicht gehalten ist, dem Mieter jeden fühlbaren oder unliebsamen Wettbewerb fernzuhalten, vielmehr sei nach den Umständen des einzelnen Falles abzuwägen, inwieweit nach Treu und Glauben unter Berücksichtigung der Belange der Parteien die Fernhaltung von Konkurrenz geboten ist (BGH aaO). Eine vertragswidrige Konkurrenzsituation stellt demnach einen zur Minderung berechtigenden Sachmangel dar (KG Urt. v. 25.1.2007 – 8 U 140/06, NZM 2007, 566). Keinen Konkurrenzschutz kann aber in der Regel der Mieter beanspruchen, der Geschäftsräume in Kenntnis einer dadurch entstehenden und von den Vertragsparteien vorausgesetzten Wettbewerbssituation anmietet (OLG Köln Urt. v. 27.5.2005 – 1 U 72/04, NZM 2005, 866 für die Vermietung von Kanzleiräumen an Rechtsanwälte). Denn der Konkurrenzschutz richtet sich wesentlich danach, welchen Besitzstand der Mieter nach den bei Vertragsschluss ersichtlichen Umständen erwarten konnte bzw. erhalten sollte. Das bedeutet, auch ohne dass hierüber gesprochen, oder etwas geregelt würde, dass Konkurrenzschutz zu Lasten einer bereits ansässigen Kanzlei grundsätzlich nicht gewährt wird. Im Verhältnis der potentiell konkurrierenden Mieter zueinander gilt die einfache altsächsische Rechtsregel: wer zuerst kommt, mahlt zuerst (Sachsenspiegel LandR II 59/4); maßgebend sind also Prioritätsgesichtspunkte, so dass regelmäßig nur der zuerst dagewesene im Verhältnis zum hinzukommenden Mieter Konkurrenzschutz beanspruchen kann, nicht umgekehrt

(OLG Köln aaO). Das reicht soweit, dass keine Konkurrenzschutzverletzung vorliegt und der Vermieter in der Regel keine rechtliche Handhabe hat, wenn etwa die vor Anmietung schon ansässig gewesene etablierte Kanzlei später irgendwann ihre Tätigkeitsschwerpunkte auf das Fachgebiet der hinzugekommenen Kanzlei erweitert (OLG Köln aaO).

17. Ist eine Mietzeit (zulässigerweise) von vornherein bestimmt, so endet das Mietverhältnis grundsätzlich erst mit Ablauf dieser Zeit. Vor Ablauf der verbindlich bestimmten Zeit kann es in „den gesetzlich zugelassenen Fällen" außerordentlich gekündigt werden (§ 542 Abs. 2 Nr. 1 BGB). Die außerordentliche Kündigung läßt das Gesetz außer mit den in §§ 543, 569 BGB genannten Gründen in einer Reihe anderer gesetzlich geregelter Fälle zu, die sich (ua) im BGB verstreut finden, bspw. die außerordentliche Kündigung bei zu Unrecht verweigerter Untervermietungserlaubnis nach § 540 Abs. 1 S. 2 BGB, oder bei Tod des Mieters nach § 580 BGB. Der praktische Wert dieser Kündigungsbefugnisse liegt mitunter darin, dass mit ihnen einem auf bestimmte Zeit geschlossenen, befristeten Mietvertrag vorzeitig ein Ende bereitet werden kann, oder sich längere gesetzliche oder vertragliche Kündigungsfristen abkürzen lassen, und zwar ohne dass dies mit Fehlverhalten, Vertragsbruch und Zerrüttung (Unzumutbarkeit der Vertragsfortsetzung) einhergehen müßte, wie bei den in §§ 543, 569 BGB genannten Fällen. Ganz wörtlich ist § 542 Abs. 2 Nr. 1 BGB (in den „gesetzlich" zugelassenen Fällen) offenbar nicht zu nehmen. Eine vertragliche Erweiterung der Mieterrechte dadurch, dass die Parteien eine **Vereinbarung gesetzlich nicht vorgesehener Sonderkündigungstatbestände und -befugnisse** treffen, soll grundsätzlich zulässig sein (vgl. BGH Urt. v. 30.5.2001 – XII ZR 273/98, NJW 2001, 3480).

18. Mangels einer wie hier für Mietermehrheit getroffenen Vereinbarung wären bei Tod eines Mitmieters die übrigen nicht zur Kündigung des Mietverhältnisses berechtigt (für Anwaltssozietät OLG Naumburg Urt. 19.4.2000 – 6 U 202/99, NJW-RR 2002, 298). Wären Tod des Einzelmieters oder gleichzeitiges Versterben aller Mitmieter nicht als Erlöschensgrund vereinbart, würden der oder die Erben in die Rechte und Pflichten aus dem Mietvertrag einrücken, hätten aber die Möglichkeit, die Erbschaft auszuschlagen. Wird die Erbschaft ausgeschlagen, so gilt der Anfall an den Ausschlagenden als nicht erfolgt (§ 1953 Abs. 1 BGB). Das bedeutet, dass einer etwaigen Kündigung, gleich ob Vermieter- oder Erbenkündigung, rückwirkend die Grundlage entzogen würde und der Vermieter, der sich nicht im Wege der **Selbsthilfe** zu räumen traut, sich notfalls um Einsetzung eines **Nachlaßpflegers** bemühen müsste (§ 1961 BGB, OLG Hamm Beschl. v. 22.6.2010 – 15 W 308/10, NJW-RR 2010, 1594).

19. **Veränderungen oder Verschlechterungen** der Bausubstanz und mitvermieteter Einrichtung, die durch vertragsgemäßen Gebrauch herbeigeführt werden, hat der Mieter nach § 538 BGB nicht zu vertreten, es sei denn, er hat in bestimmtem Umfang Instandhaltungs-, Instandsetzungs-, Schönheits- oder Kleinreparaturverpflichtungen übernommen. Auch bei Gewerberaummiete fällt etwa die Erneuerung eines Teppichbodens oder eines sonstigen Bodenbelages nicht unter Schönheitsreparaturen (OLG Stuttgart Urt. v. 6.3.1995 – 5 U 204/94, NJW-RR 1995, 1101, gegen die mittlerweile wohl überwiegend abgelehnte Auffassung OLG Düsseldorf NJW-RR 1989, 663: was Tapeten für die Wände sind, sei Teppichboden für den Fußboden). Dübellöcher in Fliesen, die sich im allgemein üblichen Maß halten, sind Spuren vertragsgemäßen Gebrauchs (BGH Urt. v. 20.1.1993 – VIII ZR 10/92, NJW 1993, 1061; LG Berlin Urt. v. 10.1.2002 – 61 S 124/01, NZM 2003, 512). Pfennigabsatzspuren im Parkettboden gelten richtigerweise bei Gewerberaummiete als vertragsgemäße Abnutzung (OLG Karlsruhe Urt. v. 26.9.1996 – 11 U 13/96, NJW-RR 1997, 139); ebenso Abdrücke von Bürostuhlrollen (AG Leipzig Urt. v. 13.5.2004 – 167 C 12622/03, NJW-RR 2004, 1378).

20. Hat eine Personenmehrheit eine Sache gemietet, sind gegenüber dem Mieter abzugebende Erklärungen an alle Mitmieter zu richten; dies folgt aus der **Einheitlichkeit des Mietverhältnisses** und daraus, dass alle Mitmieter gemeinschaftlich die Mieterseite des bestehenden Mietverhältnisses bilden (BGH Urt. v. 3.3.2004 – VIII ZR 124/03, NJW 2004, 1797; Beschl. v. 10.9.1997 – VIII ARZ 1/97, NJW 1997, 3437 jw. für Wohnraummiete und Mieterhöhung). Willenserklärungen sind von und gegenüber allen Vertragsteilhabern abzugeben. Eine nur von einem Vertragsteilhaber abgegebene Willenserklärung ist unwirksam (LG Heidelberg Urt. v. 9.6.2000 – 5 S 22/00, NJW-RR 2001, 155). Stellvertretung, ob als ausdrückliche oder konkludente Bevollmächtigung, ist möglich. Wechselseitige, das Ausscheiden aus einer Mietergemeinschaft überdauernde Empfangsvollmachten können auf Widerruf formularmäßig wirksam erteilt werden (BGH Beschl. v. 10.9.1997 – VIII ARZ 1/97, NJW 1997, 3437). Klauseln nach denen auch die Abgabe von Willenserklärungen auch für die anderen Vertragsteilhaber uneingeschränkt verbindlich sein sollen, sind unwirksam (OLG Düsseldorf Urt. v. 17.10.2006 – 24 U 7/06, ZMR 2008, 44 unter Verweis auf OLG Koblenz Urt. v. 20.5.1999 – 5 U 2044/98, WuM 1999, 694; OLG Frankfurt Urt. v. 19.12.1991 – 6 U 108/90, NJW-RR 1992, 396; str.). Bei Anmietung durch die AußenGbR gilt: Eine von einem alleinvertretungsberechtigten Gesellschafter **namens der Sozietät abgegebene einseitige empfangsbedürftige Willenserklärung** kann vom Vermieter gemäß § 174 S. 1 BGB zurückgewiesen werden, wenn ihr weder eine Vollmacht der anderen Gesellschafter, noch der Gesellschaftsvertrag oder eine Erklärung der anderen Gesellschafter beigefügt ist, aus der sich die Befugnis des handelnden Gesellschafters zur alleinigen Vertretung der Gesellschaft ergibt (BGH Urt. v. 9.11.2001 – LwZR 4/01, NJW 2002, 1194). Bei **schuldhaften Pflichtverletzungen** nur eines von mehreren Mietern kommt Gesamtwirkung in Betracht, soweit die Abwägung der beiderseitigen Interessenlage dies ergibt. Die Interessenlage führt im Normalfall zur Gesamtwirkung, wenn und soweit der Vermieter den eingetretenen Schaden nicht individuell zuordnen kann und der Schaden aus der „Gesamtsphäre" der Mieter entstanden ist (LG Berlin Urt. v. 2.11.2001 – 63 S 116/01, NJW-RR 2002, 1452; Bsp. aus der Wohnraummiete für einen Ausnahmefall und Einzelwirkung LG Flensburg Urt. v. 7.3.2008 – 1 S 77/07, ZMR 2008, 895: nicht selbst nutzende Betreuerin als Mitmieterin). Der Vermieter wird oftmals nicht wissen und nicht wissen können, welcher Mieter den Schaden verursacht hat, und vermag daher keine weitere individuelle Zuordnung vorzunehmen (OLG Celle Urt. v. 18.2.1998 – 2 U 29/97, MDR 1998, 896; LG Berlin Urt. v. 2.11.2001 – 63 S 116/01, NJW-RR 2002, 1452). Mitmieter die sich gemeinsamen Gebrauch der Mietsache teilen, sollen sich vor Vertragsschluß gegenseitig von ihrer Redlichkeit und Zuverlässigkeit überzeugen (so BGH Urt. v. 29.10.1975 – VIII ZR 136/74, NJW 1976, 287). Die Abweichung von der in § 425 BGB bestimmten Einzelwirkung findet ihren Grund darin, dass eine Mietermehrheit gegenüber dem Vermieter im allgemeinen durch ihr gemeinschaftliches Auftreten den Eindruck erweckt, als Gesamtheit für alle dem Mietverhältnis entspringenden Verpflichtungen auch gemeinsam einstehen zu wollen (LG Berlin Urt. v. 2.11.2001 – 63 S 116/01, NZM 2003, 311). Alle Mieter wegen Beweisschwierigkeiten faktisch von der Haftung freizustellen, entspricht nicht den berechtigten Interessen des Vermieters (*Streyl* NZM 2011, 377, 388). Die Sozietät als Mieterin muss sich **deliktisches Handeln ihrer geschäftsführenden Gesellschafter** entsprechend § 31 BGB zurechnen lassen. Die Gesellschafter haben grundsätzlich auch für gesetzlich begründete Verbindlichkeiten ihrer Gesellschaft persönlich und als Gesamtschuldner einzustehen (BGH Urt. v. 24.2.2003 – II ZR 385/99, NJW 2003, 1445). Für eine Kündigung aus wichtigem Grund genügt es, wenn die Fortsetzung des Mietvertrags mit der Sozietät durch das Verhalten eines der Gesellschafter für die Gegenseite unzumutbar ist (*Kraemer* NZM 2002, 465, 472). Ein **Wechsel im Mitgliederbestand der Gesellschaft** hat auf den Bestand des Mietvertrags keinen Einfluß (OLG Düsseldorf Urt. v. 13.2.2003– 10 U 216/01, NJW-RR 2003, 513). Erwerb oder Verlust der gesamthänderischen Mitberechtigung sind gesetzliche Folge des Erwerbs oder Verlusts der Mitgliedschaft und Konsequenz dessen, dass das Gesellschaftsvermögen beim Gesellschafterwechsel stets dem jeweiligen Gesellschafterkreis zugeordnet bleibt (§ 738 Abs. 1 BGB, BGH Urt. v. 31.1.1983 – II ZR 288/81, NJW 1983, 1110).

21. Wie Eingangs bereits erläutert sind die zutreffende **Bezeichnung der Vertragspartei(en) und Verdeutlichung etwaiger Vertretungsverhältnisse** zur Wahrung der **Schriftform** zu beachten. Ein mündlich geschlossener oder schriftformunwirksamer Mietvertrag ist jedenfalls nach einer Laufzeit von einem Jahr jederzeit mit gesetzlicher Frist kündbar (§§ 550, 578 BGB). Unterzeichnet am Schluß der Urkunde ein Vertreter den Mietvertrag, muss dies am besten bereits im Eingang der Urkunde durch Angabe des Vertretungsverhältnisses, jedenfalls aber am Schluß durch einen das Vertretungsverhältnis anzeigenden Zusatz hinreichend deutlich zum Ausdruck kommen. Unterschreibt für eine GbR oder sonst für eine Personenmehrheit nur ein Mitglied ohne einen Vertreterzusatz, sei nicht auszuschließen, dass vorgesehen war, auch das andere Mitglied oder die anderen Mitglieder hätten die Urkunde unterschreiben sollen (so BGH Urt. v. 5.11.2003 – XII ZR 134/02, NJW 2004, 1103); die Schriftform ist dann nicht gewahrt (BGH aaO).

2. Allgemeine Untervermietungserlaubnis

Nachtrag zum Mietvertrag vom . . . . . .[1, 2, 3]

zwischen . . . . . . als Vermieter und . . . . . . als Mieter über die Kanzleiräume . . . . . .

§ 1

Dem Mieter wird das Recht zur ganz oder teilweisen Untervermietung eingeräumt, insbesondere zur Überlassung des Gebrauchs an Dritte im Rahmen etwa einer Bürogemeinschaft.

§ 2

Auch der oder die Dritten dürfen die Mieträume nur zu dem vertraglich bestimmten Zweck der Einrichtung und des Betriebs einer Anwaltskanzlei benutzen. Anderweitige Nutzung bedarf der Zustimmung des Vermieters.

§ 3

Ansprüche des Vermieters auf Anpassung der Miete werden dadurch nicht ausgelöst.

(Alternative:

Im Falle der Gebrauchsüberlassung an Dritte hat der Vermieter Anspruch auf Anpassung von Grundmiete und Betriebskostenzahlungen wie folgt:

. . . . . .).

§ 4

Im übrigen verbleibt es bei den Bedingungen des Mietvertrags vom . . . . . .

. . . . . ., den . . . . . .

(Unterschriften)

Anmerkungen

1. Nach §§ 540 Abs. 1, 543 Abs. 2 S. 1 Nr. 2 BGB liegt in der Überlassung des Gebrauchs der Mieträume an Dritte regelmäßig, also vorbehaltlich abweichender Vereinbarung der Parteien, eine Überschreitung des Gebrauchsrechts des Mieters. Sinn und Zweck des Erlaubnisvorbehalts ist es, den Vermieter zu schützen, dass kein anderer als der von ihm ausgewählte Vertragspartner die Räume gegen seinen Willen benutzt. Die Gebrauchsüberlassung selbst ist kein Rechtsgeschäft sondern Realakt.

2. Ob und in welchem Umfang Gebrauchsüberlassung an andere Personen vertragsgemäßer Gebrauch als **verlängerter Eigengebrauch** (§ 535 BGB), oder aber **Gebrauchsüberlassung an Dritte** ist (§ 540 BGB), ist Auslegungssache. Auszulegen sind der Mietvertragszweck und die näheren Umstände des Mietgebrauchs nach Treu und Glauben mit Rücksicht auf die Verkehrssitte (§ 157 BGB). Die gesetzliche Regel kennt nur den Vermieter, den Mieter, den Dritten, also einzelne Personen.

3. Mehrheit von Nutzern bedeutet nicht in jedem Fall Mehrheit von Mietern. Schließt eine Einzelperson erkennbar für sich selbst und andere den Vertrag, ohne dass die anderen Vertragspartei werden sollen, ist dies von vornherein wesentlicher Vertragsinhalt und vertragsgemäßer Gebrauch. Das kann etwa bei der Anwalts-GmbH oder Anwalts-GbR der Fall sein, die die Büros auch zum Gebrauch für ihr angestelltes Personal anmietet, ohne dass die Belegschaft Vertragspartei werden soll. Angestelltes Personal, Kundschaft, Lieferanten des Geschäftsraummieters fällt unter verlängerten Eigengebrauch des Mieters (BGH Urt. v. 22.1.1955 – VI ZR 70/53, NJW 1955, 1066). Keine Drittüberlassung liegt vor, wenn Räume, die anfänglich zu gewerblichen Zwecken an eine bürgerlichrechtliche Gesellschaft oder oHG vermietet worden sind, von dieser später einer ausschließlich von den Gesellschaftern zur Fortführung des Gewerbes gegründeten und unter ihrer alleinigen Geschäftsführung stehenden GmbH überlassen werden (BGH Urt. v. 22.1.1955 – VI ZR 70/53, NJW 1955, 1066). Haben Kaufleute sich für den Betrieb eines Handelsgewerbes zu einer Gesellschaft bürgerlichen Rechts verbunden, so wird ein von ihnen für die Gesellschaft geschlossener Mietvertrag nicht dadurch berührt, dass die Gesellschaft nachträglich in eine offene Handelsgesellschaft umgewandelt wird (BGH Urt. v. 21.12.1966 – VIII ZR 196/64, NJW 1967, 821). Gleiches muss für die Umwandlung einer Anwalts-GbR in eine Partnerschaftsgesellschaft gelten. Ein Wechsel im Mitgliederbestand der Gesellschaft hat auf den Bestand des Mietvertrags keinen Einfluß (OLG Düsseldorf Urt. v. 13.2.2003 – 10 U 216/01, NJW-RR 2003, 513). Erwerb oder Verlust der gesamthänderischen Mitberechtigung sind gesetzliche Folge des Erwerbs oder Verlusts der Mitgliedschaft und Konsequenz dessen, dass das Gesellschaftsvermögen beim Gesellschafterwechsel stets dem jeweiligen Gesellschafterkreis zugeordnet bleibt (§ 738 Abs. 1 BGB, BGH Urt. v. 31.1.1983 – II ZR 288/81, NJW 1983, 1110). Ein späterer Wechsel beim Unternehmensträger durch Übertragung des Einzelunternehmens (Einzelanwalt) in eine Anwalts-GmbH fällt dagegen unter Erlaubnisvorbehalt, ungeachtet dessen, ob der Kanzleiname beibehalten wird (KG Beschl. v. 19.6.2008 – 12 U 204/07, NJW-RR 2009, 805 für das nichtfreiberufliche kaufmännische Unternehmen). Der spätere Eintritt eines Gesellschafters in die Kanzlei eines Einzelanwalts und die Fortführung der Geschäfte in den Mieträumen durch die neugegründete Gesellschaft fallen unter Erlaubnisvorbehalt (BGH Urt. v. 25.4.2001 – XII ZR 43/99, NJW 2001, 2251 für das nichtfreiberufliche kaufmännische Unternehmen). Spätere Kanzleiübergabe samt Gebrauchsüberlassung vom Mietergesellschafter an Mitgesellschafter ohne Mietrecht fällt unter Erlaubnisvorbehalt (OLG München Urt. v. 18.10.2002 – 21 U 2900/02, NJW-RR 2003, 77). Die **Erlaubnis des Vermieters** ist einseitige empfangsbedürftige Willenserklärung (§ 130 BGB; BGH Beschl. v. 25.4.2008 – LwZR 10/07, NZM 2008, 728), keine Zustimmung iSv §§ 182 ff. BGB (Einwilligung oder Genehmigung), da keine

Wirksamkeitsvoraussetzung (BGH Urt. v. 8.5.1972 – VIII ZR 36/71, NJW 1972, 1267; Urt. v. 9.10.1985 – VIII ZR 198/84, NJW 1986, 308; Beschl. v. 10.10.2007 – XII ZR 12/07, NZM 2008, 167). Die Erlaubnis kann vom Untermieter beim Vermieter für den Mieter wirksam eingeholt werden (BGH Beschl. v. 25.4.2008 – LwZR 10/07, NZM 2008, 728). Die Erlaubnis ist formlos gültig und kann stillschweigend erteilt werden (Palandt/*Weidenkaff* § 540 Rn. 7). Sie bindet auch den Rechtsnachfolger (LG Hamburg WuM 1977, 184). Die für einen bestimmten Gebrauchszweck erteilte Erlaubnis berechtigt den Mieter nicht zur Überlassung zu einem anderen Zweck (OLG Düsseldorf Urt. v. 5.9.2002 – 24 U 207/01, NZM 2003, 945). Ist die Mietsache zur Ausübung eines Gewerbes vermietet und die Erlaubnis allgemein zum Betrieb eines Gewerbes erteilt, so soll der Mieter nicht berechtigt sein, die Mietsache zu jedem ihm beliebigen gewerblichen Zweck unterzuvermieten (BGH Urt. v. 11.1.1984 – VIII ZR 237/82, NJW 1984, 1031 Sexshop). Die Erlaubnis deckt im Zweifel keine Weiterüberlassung durch den Untermieter an Unter-Untermieter usw. (OLG Hamm Urt. v. 17.1.1992 – 30 U 36/91, NJW-RR 1992, 783). Die Erlaubnis bezieht sich nur auf die Person, für die sie erteilt wird (BGH Urt. v. 15.11.2006 – XII ZR 92/04, NJW 2007, 288). Eine etwaige Duldung oder Gestattung einer unerlaubten Gebrauchsüberlassung bezieht sich nur auf diese einzelne Gebrauchsüberlassung. Eine Vertragsänderung ist damit nicht verbunden, so dass jede weitere Gebrauchsüberlassung ihrerseits der Erlaubnis, oder aber Duldung oder Gestattung bedarf (OLG Düsseldorf Urt. v. 5.9.2002 – 24 U 207/01, NZM 2003, 945). Der Mieter kann die Erlaubnis nicht erzwingen. Die nachträgliche Erlaubnis kann nur bei Wohnraummiete unter Umständen erzwungen werden (§ 553 BGB). Der Anspruch auf Erlaubnis vermag diese nicht zu ersetzen. Eine auf fehlende Erlaubnis gestützte Kündigung wird im Falle eines Anspruchs gleichwohl rechtsmissbräuchlich sein (BGH Urt. v. 2.2.2011 – VIII ZR 74/10, NJW 2011, 1065). Das Gesetz löst den Interessenkonflikt ansonsten dadurch, dass es dem Mieter die Möglichkeit eröffnet, sich vorzeitig aus dem Vertragsverhältnis zu lösen. Es verlangt ihm dafür ab, dass er einen Untermietinteressenten präsentiert, und dass der Vermieter diesen Interessenten ohne Vorliegen eines wichtigen Grundes ablehnt. Ein **Widerruf der Erlaubnis aus wichtigem Grund** ist nicht zulässig (str., aA Rspr. u. hM im Schrifttum). Die Erlaubnis zur Untervermietung gewinnt ihre wesentliche Bedeutung daraus, dass der Rahmen für den vertragsmäßigen Gebrauch der Mietsache erweitert wird. Die im Umfang der Erlaubnis einmal eingetretene Erweiterung der Nutzungsmöglichkeiten für den Mieter ist in der Regel dazu bestimmt, eine rechtlich und wirtschaftlich geeignete Grundlage für seine Dispositionen als Untervermieter zu schaffen (BGH Urt. v. 11.2.1987 – VIII ZR 56/86, NJW 1987, 1692). Die darin liegende Vereinbarung kann der Vermieter nicht durch einseitige Erklärung wieder beseitigen (BGH Urt. v. 12.1.1994 – XII ZR 167/92, NJW-RR 1994, 379). Die Auffassung, dass der Vermieter aus wichtigem Grund kündigen, und dem Mieter dadurch den Gebrauch der Mietsache in vollem Umfang entziehen könne; dass es ihm dann „erst recht" gestattet sein müsse, aus wichtigem Grund den Gebrauch der Mietsache durch Widerruf der erteilten Erlaubnis nur teilweise zu entziehen (BGH Urt. v. 11.1.1984 – VIII ZR 237/82, NJW 1984, 1031), übersieht, dass dabei etwa Erlaubtes widerrufen werden soll, obwohl etwas Unerlaubtes geschieht. V erlaubt M Untervermietung einer Wohnung zu Wohnzwecken. M vermietet daraufhin zu Wohnzwecken an U. U nutzt gewerblich. V hat kein Recht, deswegen die Erlaubnis zur Untervermietung der Wohnung zu Wohnzwecken zu widerrufen (pacta sunt servanda). M droht vielmehr die Kündigung wegen unbefugter Gebrauchsüberlassung (§ 543 Abs. 2 Nr. 2 BGB, unzulässiger Gebrauch des U wird ihm zugerechnet über § 540 Abs. 2 BGB), wenn es ihm nicht gelingt, innerhalb der Frist nach Abmahnung durch V (§ 543 Abs. 3 S. 1 BGB) die Wohnung von U zurückzubekommen oder diesen zur Einstellung der gewerblichen Nutzung zu bewegen. Gelingt es ihm, muss er zur Untervermietung der Wohnung zu Wohnzwecken berechtigt bleiben (pacta sunt servanda, BGH Urt. v. 11.2.1987 – VIII ZR 56/86, NJW 1987, 1692). Widerruft V die

Erlaubnis vor Fristablauf, ist vielmehr M zur Kündigung wegen Entziehung vertragsgemäßen Gebrauchs berechtigt (§ 543 Abs. 2 Nr. 1 BGB).

3. Konkrete Untervermietungserlaubnis

Nachtrag zum Mietvertrag vom . . . . . .[1]

zwischen . . . . . . als Vermieter und . . . . . . als Mieter über die Kanzleiräume . . . . . .

§ 1

Dem Mieter wird das Recht zur Untervermietung und Überlassung des Gebrauchs an
. . . . . . (Untermieter) im Rahmen einer Bürogemeinschaft ab . . . . . . eingeräumt.

§ 2

Auch . . . . . . (Untermieter) darf die Mieträume nur zu dem vertraglich bestimmten
Zweck der Einrichtung und des Betriebs einer Anwaltskanzlei benutzen. Anderweitige
Nutzung bedarf der Zustimmung des Vermieters.

§ 3

Der Mietpreis bleibt vorerst unverändert/Grundmiete und Betriebskostenzahlungen werden angepasst wie folgt:

. . . . . .

§ 4

Im übrigen verbleibt es bei den Bedingungen des Mietvertrags vom . . . . . .

. . . . . ., den . . . . . .

(Unterschriften)

Anmerkungen

1. Anders als die allgemein erteilte bezieht sich die konkrete Untervermietungserlaubnis nur auf die Person, für die sie erteilt wird (BGH Urt. v. 15.11.2006 – XII ZR 92/04,
NJW 2007, 288). Zur näheren Erläuterung → Form. F. I. 2.

4. Kanzleiuntermietvertrag

Zwischen

. . . . . .

– Vermieter –

und

. . . . . .

– Mieter –

wird als Untermietvertrag folgender Gewerberaummietvertrag geschlossen:

§ 1 Mietsache, Vertragszweck, Schlüssel

(1) In Untermiete vermietet werden im Haus . . . . . . Nr. . . . . . . in . . . . . im ☐ UG ☐
EG ☐ . . . . . . OG rechts/mitte/links abgeschlossene Büro- und Geschäftsräume: . . . . . .
Zimmer ☐ WC mit Waschgelegenheit ☐ Küche ☐ . . . . . ., nebst ☐ Dachboden Nr. . . . . . .
☐ Kellerraum Nr. . . . . . . zum Zweck der Einrichtung und des Betriebs einer Anwalts-
kanzlei.

Mitvermietet werden ☐ Garage . . . . . ., ☐ Stellplatz Nr. . . . . . .

Der Mieter ist berechtigt, folgende gemeinschaftliche Einrichtungen und Anlagen nach
Maßgabe der Hausordnung mitzubenutzen:

☐ Aufzug ☐ Breitbandkabelanschluß (Rundfunk TV Internet) ☐ . . . . . .

☐ Waschküche ☐ Garten ☐ . . . . . .

Abstellraum-/fläche für ☐ Fahrräder ☐ Kinderwagen ☐ . . . . . .

(2) Für die Mietdauer werden dem Mieter folgende Schlüssel ausgehändigt:

☐ . . . . . Haustürschlüssel ☐ . . . . . . Bürotürschlüssel ☐ . . . . . . Zimmerschlüssel

☐ . . . . . Kellerschlüssel ☐ . . . . . . Briefkastenschlüssel ☐ . . . . . .

§ 2 Mietzeit[1]

(1) Der Mietvertrag wird auf unbestimmte Zeit abgeschlossen und beginnt mit . . . . . . Es
gilt die gesetzliche Kündigungsfrist nach § 580a Abs. 2 BGB.

Alternative:
(1) Der Mietvertrag wird auf . . . . . . Jahre befristet abgeschlossen. Das Mietverhältnis
beginnt mit . . . . . . und endet am . . . . . Das Mietverhältnis verlängert sich . . . . . .malig

(Alternative:
nach Ablauf der Mietzeit um jeweils weitere . . . . . . Jahre, wenn dem Vermieter
spätestens . . . . . . Monate vor Ablauf der Mietzeit eine entsprechende schriftliche
Willenserklärung des Mieters zugeht (Verlängerungsoption, Optionserklärung).

Macht der Mieter von seinem Optionsrecht keinen Gebrauch, so verlängert sich das
Mietverhältnis jeweils um ein Jahr, wenn es nicht spätestens sechs Monate vor Ablauf
der Mietzeit von einer der Vertragsparteien gekündigt wird.)

(2) Ungeachtet jederzeit möglicher einvernehmlicher Aufhebung des Mietverhältnisses
steht dem Mieter ein Recht zur außerordentlichen fristlosen Kündigung für den Fall zu,
dass existentielle wirtschaftliche oder persönliche Gründe, unter anderem Berufs- bzw.
Erwerbsunfähigkeit, Betrieb und Fortführung der Kanzlei einschränken oder unmöglich
machen (Geschäftsgrundlage und deren Fortfall).

(3) Kündigungen haben schriftlich zu erfolgen. Für die Rechtzeitigkeit der Kündigung
kommt es nicht auf deren Absendung, sondern auf den Zugang des Kündigungsschreibens an.

(4) Stillschweigende Verlängerung des Mietverhältnisses durch Gebrauchsfortsetzung
nach § 545 BGB wird ausgeschlossen.

§ 3 Miete und Betriebskosten

(1) Die Grundmiete beträgt monatlich . . . . . . EUR. Neben der Miete sind monatlich
. . . . . . EUR als ☐ Pauschale ☐ Vorauszahlung auf Betriebskosten zu entrichten für:

☐ Grundsteuer
☐ Wasserversorgung und Entwässerung
☐ Heizung und Warmwasser
☐ Aufzug
☐ Straßenreinigung
☐ Müllbeseitigung
☐ Gebäudereinigung
☐ Gartenpflege
☐ Beleuchtung
☐ Schornsteinreinigung
☐ Sach- und Haftpflichtversicherung
☐ Hauswart
☐ Breitbandkabelanschluß
☐ Waschmaschinen Wäschetrockner
☐ . . . . . .

Gesamtmiete einschließlich Betriebskostenzahlung mithin . . . . . . EUR.

(2) Der Vermieter ist berechtigt, Erhöhungen der Betriebskosten durch Erklärung in Textform anteilig auf den Mieter umzulegen.

(3) Bei vereinbarter Betriebskostenvorauszahlung hat der Vermieter über die Vorauszahlungen jährlich abzurechnen. Für Geltendmachung von Nachforderungen und Einwendungen gelten die Ausschlußfristen des § 556 Abs. 3 BGB. Die Abrechnung von Heizung und Warmwasser erfolgt nach Maßgabe der Heizkostenverordnung. Die Abrechnung der kalten Betriebskosten erfolgt vorbehaltlich anderweitiger Vereinbarung nach Verhältnis der Nutzfläche der Mieträume im Verhältnis zur Gesamtnutzfläche des Anwesens.

§ 4 Zahlung der Miete

(1) Miete und Betriebskostenzahlungen sind monatlich im voraus, spätestens zum dritten Werktag des Monats kostenfrei an den Vermieter zu entrichten, derzeit auf

Kto. bei der . . . . . . Bank/Spk., IBAN . . . . . . BIC . . . . . ., Inhaber . . . . . .

(2) Für die Rechtzeitigkeit der Zahlung kommt es nicht auf die Absendung, sondern auf den Eingang des Geldes an. Bei unbarer Zahlung genügt der Mieter seiner Verpflichtung zur rechtzeitigen Zahlung, wenn er nach dem normalen Verlauf mit rechtzeitiger Gutschrift auf dem vom Vermieter bestimmten Konto rechnen konnte.

§ 5 Aufrechnung, Zurückbehaltung, Minderung

Der Mieter kann mit einer Gegenforderung nur aufrechnen oder ein Zurückbehaltungsrecht ausüben, wenn er dies mindestens einen Monat vor Fälligkeit der Miete dem Vermieter schriftlich angekündigt hat. Dies gilt nicht für Ansprüche wegen Mängeln der Mietsache.

§ 6 Benutzung der Mieträume, Untervermietung

(1) Der Mieter verpflichtet sich, Mieträume und Einrichtungen schonend und pfleglich zu behandeln.

(2) Der Mieter darf die Mieträume nur zu dem vertraglich bestimmten Zweck benutzen. Anderweitige Nutzung bedarf der Zustimmung des Vermieters.

(3) Der Mieter ist ohne Erlaubnis des Vermieters nicht berechtigt, den Gebrauch der Mieträume einem Dritten zu überlassen, insbesondere sie weiter zu vermieten.

(4) Die Regelungen über eine vorzeitige Beendigung des Mietvertrages bei Wegfall der Geschäftsgrundlage (§ 2 Nr. 2) oder im Falle der Berufsunfähigkeit (§ 12) bleiben unberührt.

§ 7 Instandhaltung und Instandsetzung, bauliche Veränderungen, Haftung des Vermieters[2]

(1) Die Instandhaltung und Instandsetzung des Gebäudes sowie der mit ihm verbundenen Anlagen sowie der Außenanlagen obliegt dem Vermieter. Die Instandhaltung und Instandsetzung von Einrichtungen, mit denen die Mieträume versehen worden sind, obliegt demjenigen, der die Einrichtungen eingebracht hat.

(2) Der Vermieter wie Hauptvermieter dürfen Ausbesserungen und bauliche Veränderungen nach Maßgabe der §§ 555a ff. BGB durchführen. Die Parteien sind sich darüber einig, dass der Kanzleibetrieb dadurch nicht unzumutbar beeinträchtigt werden darf.

(3) Bauliche Veränderungen durch den Mieter bedürfen vorheriger Zustimmung des Hauptvermieters.

(4) Die verschuldensunabhängige Haftung des Vermieters nach § 536a Abs. 1 BGB für anfängliche Mängel der Mietsache wird ausgeschlossen.

§ 8 Haftung des Mieters, Schönheitsreparaturen, Kleinreparaturen

(1) Zeigt sich im Laufe der Mietzeit ein Mangel oder wird eine Maßnahme zum Schutz der Mieträume gegen eine nicht vorhergesehene Gefahr erforderlich, hat der Mieter dies dem Vermieter unverzüglich anzuzeigen.

(2) Der Mieter haftet dem Vermieter für Schäden, die nach Überlassung durch ihn, seine Mitarbeiter, Untermieter, von ihm beauftragte Handwerker und Lieferanten sowie Besucher schuldhaft verursacht werden.

(3) Die Schönheitsreparaturen während der Mietdauer übernimmt auf eigene Kosten ☐ der Vermieter ☐ der Mieter. Hat der Mieter die Schönheitsreparaturen übernommen, so hat er spätestens bei Ende des Mietverhältnisses alle bis dahin je nach dem Grad der Abnutzung oder Beschädigung erforderlichen Arbeiten auszuführen, soweit nicht der neue Mieter sie auf seine Kosten – ohne Berücksichtigung im Mietpreis – übernimmt oder dem Vermieter diese Kosten erstattet. Werden Schönheitsreparaturen wegen des Zustandes der Mieträume bereits während der Mietdauer notwendig, um nachhaltige Schäden an der Substanz der Mieträume zu vermeiden oder zu beseitigen, so sind die erforderlichen Arbeiten jeweils unverzüglich auszuführen. Die Schönheitsreparaturen müssen fachgerecht ausgeführt werden. Kommt der Mieter seinen Verpflichtungen nicht nach, so kann der Vermieter nach fruchtloser Aufforderung des Mieters zur Durchführung der Arbeiten Ersatz der Kosten verlangen, die zur Ausführung der Arbeiten erforderlich sind. Bei Nichterfüllung seiner Verpflichtungen hat der Mieter die Ausführung dieser Arbeiten während des Mietverhältnisses durch den Vermieter oder dessen Beauftragte zu dulden.

(4) Kleine Instandhaltungen, die während der Mietdauer erforderlich werden, sind ☐ vom Vermieter, ☐ vom Mieter auf eigene Kosten fachgerecht auszuführen, soweit die Schäden nicht vom anderen Vertragspartner zu vertreten sind. Die kleinen Instandhaltungen umfassen nur das Beheben kleinerer Schäden an den Installationsgegenständen für Elektrizität, Wasser und Gas, den Heiz- und Kocheinrichtungen, den Fenster- und

Türverschlüssen sowie den Verschlußvorrichtungen von Fensterläden. Die Verpflichtung des Mieters ist begrenzt auf Kosten bis zu . . . . . . EUR für eine Instandhaltungsmaßnahme, höchstens jedoch auf kalenderjährlich einmalig . . . . . . EUR.

§ 9 Betreten der Mieträume durch den Vermieter

(1) Vermieter oder Hauptvermieter oder deren Beauftragte dürfen die Mieträume zur Prüfung des Zustands oder zum Ablesen von Meßgeräten in angemessenen Abständen und nach rechtzeitiger Ankündigung betreten. Auf den Kanzleibetrieb oder persönliche Verhinderung des Mieters ist Rücksicht zu nehmen.

(2) Will der Hauptvermieter das Grundstück verkaufen oder sind Mietvertrag oder Hauptmietvertrag gekündigt, so sind Vermieter oder Hauptvermieter oder deren Beauftragte auch zusammen mit Kauf- oder Mietinteressenten berechtigt, die Räume zu besichtigen, und zwar unter der Woche von 9 bis 17 Uhr, an Wochenenden und Feiertagen von 12 bis 15 Uhr jeweils nach rechtzeitiger Ankündigung.

(3) Bei längerer Abwesenheit hat der Mieter sicherzustellen, dass die Betretens- und Besichtigungsrechte von Vermieter und Hauptvermieter ausgeübt werden können.

(4) Die Ankündigungs- und Abstimmungsverpflichtung von Vermieter und Hauptvermieter entfällt bei Feuer oder zur Abwendung unmittelbar drohender Gefahr für Bestand und Sicherheit des Gebäudes oder seiner Anlagen oder Leib und Leben seiner Bewohner. Nur in diesem Fall dürfen Vermieter oder Hauptvermieter oder deren Beauftragte die Mieträume auch in Abwesenheit des Mieters betreten.

(5) Unbefugtes Betreten der Räume berechtigt zur Mietminderung.

§ 10 Werbung

(1) Der Mieter darf an der Außenwand des Hauses übliche, berufsrechtlich zulässige Schilder, und innerhalb des Hauses angemessene Hinweisschilder auf seinen Kanzleibetrieb anbringen.

§ 11 Berufsunfähigkeit des Mieters

Wird der Mieter berufsunfähig oder kann er seinen Kanzleibetrieb aus anderen Gründen nicht fortführen, so hat er das Recht, den Vertrag mit einer Frist von drei Monaten zum Quartalsende zu kündigen.

§ 12 Tod des Mieters

Mit Tod des Mieters, erlischt das Mietverhältnis. Im Falle mehrerer Mieter setzt es sich mit den überlebenden Mietern fort. Die Mitmieter des Verstorbenen haben das Recht, den Vertrag innerhalb von acht Wochen nach Kenntnis des Erbfalls mit einer Frist von drei Monaten zum Quartalsende zu kündigen. Im Falle der Vermietung an die Sozietät haben bei Tod eines Sozius die verbliebenen Sozien das Recht, den Vertrag innerhalb von acht Wochen nach Kenntnis des Erbfalls mit einer Frist von drei Monaten zum Quartalsende zu kündigen. Versterben alle Mieter gleichzeitig, erlischt das Mietverhältnis.

§ 13 Rückgabe der Mieträume

(1) Zum Mietende hat der Mieter die Mieträume vollständig geräumt, sauber und besenrein zurückzugeben. Alle Schlüssel, auch vom Mieter selbst beschaffte, sind dem

Vermieter zu übergeben. Der Mieter haftet für alle Schäden, die dem Vermieter oder dem Hauptvermieter oder einem Mietnachfolger aus der Nichtbefolgung dieser Pflicht entstehen.

(2) Einrichtungen mit denen der Mieter die Mieträume versehen hat, darf er wegnehmen. Der Vermieter kann die Ausübung des Wegnahmerechtes durch Zahlung einer angemessenen Entschädigung abwenden, es sei denn, dass der Mieter ein berechtigtes Interesse an der Wegnahme hat.

(3) Hat der Mieter bauliche Veränderungen an der Mietsache vorgenommen oder sie mit Einrichtungen versehen, so ist er auf Verlangen des Vermieters verpflichtet, bei Mietende den ursprünglichen Zustand auf seine Kosten wiederherzustellen, sofern nichts anderes schriflich vereinbart ist.

§ 14 Personenmehrheit als Mieter

(1) Haben mehrere Personen gemietet, so haften sie für alle Verpflichtungen aus dem Mietverhältnis im Zweifel als Gesamtschuldner.

(2) Erklärungen deren Wirkungen alle Mieter berühren, müssen von oder gegenüber allen Mietern abgegeben werden. Die Mieter bevollmächtigen sich jedoch unter Vorbehalt schriftlichen Widerrufs bis auf weiteres gegenseitig zur Entgegenahme solcher Erklärungen. Ein Widerruf der Vollmacht wird erst für Erklärungen wirksam, die nach seinem Zugang abgegeben werden.

(3) Jeder Mieter muss Tatsachen in der Person oder dem Verhalten seines Mitmieters, die das Mietverhältnis berühren oder einen Schadensersatzanspruch begründen, für und gegen sich gelten lassen.

§ 15 Änderungen und Ergänzungen des Mietvertrags, Schriftform

(1) Änderungen und Ergänzungen dieses Vertrages bedürfen der Schriftform. Dies gilt auch für eine Abbedingung der Schriftform.

(2) Mündliche Nebenabreden bestehen nicht.

(3) Die Parteien verpflichten sich, den vorliegenden Vertrag schriftformwahrend iSv. §§ 550, 578 BGB durch beiderseitige Unterschrift unter zwei Vertragsausfertigungen abzuschließen. Liegt ein Schriftformmangel bei Vertragsschluß vor oder tritt er später auf, verpflichten sich beide Seiten schon jetzt, an der Heilung des Schriftformmangels mitzuwirken. Eine Kündigung unter Berufung auf den Schriftformmangel kommt erst in Betracht, wenn der andere Teil unter Setzung einer angemessenen Frist vergeblich zur Mitwirkung an der Heilung des Schriftformmangels aufgefordert wurde.

§ 16 Hausordnung

(1) Vermieter und Mieter verpflichten sich zur Wahrung des Hausfriedens und zu gegenseitiger Rücksichtnahme.

(2) Zur Aufrechterhaltung der Ordnung im Hause und für die Benutzung der Gemeinschaftsanlagen gilt die diesem Vertrag beigefügte Hausordnung. Sie kann vom Vermieter nur geändert werden, wenn dringende Gründe der Ordnung oder der Bewirtschaftung dies erfordern; diese Gründe sind dem Mieter zugleich mit der neuen Hausordnung mitzuteilen. Durch Bestimmungen der Hausordnung können Bestimmungen dieses Vertrages nicht geändert werden.

§ 17 Schlußbestimmungen

(1) Sollte eine Bestimmung dieses Vertrages unwirksam sein, wird die Geltung des Vertrages im übrigen dadurch nicht berührt.

(2) Dieser Vertrag wird in zweifacher Ausfertigung von den Parteien unterzeichnet; je eine Ausfertigung für Vermieter und Mieter.

......, den ......

(Unterschriften)

Anmerkungen

1. Der Untermietvertrag ist angelehnt an den Kanzleimietvertrag → Form. F. I. 1. Auf die dortigen Anmerkungen wird verwiesen. Obwohl oder gerade weil nach hM zwischen Hauptvermieter und Untermieter keinerlei unmittelbare vertragliche Beziehungen be- oder entstehen (BGH Beschl. v. 17.1.2001 – XII ZR 194/99, NJW 2001, 1355 mwN.), gibt § 546 Abs. 2 BGB dem Hauptvermieter für den Fall der Beendigung des Hauptmietverhältnisses einen unmittelbaren Räumungsanspruch gegen den Untermieter. Insoweit ist der Untermietvertrag also stets vom **Bestand des Hauptmietvertrags** abhängig. Die Beendigung des Hauptmietverhältnisses zieht zwangsläufig den Rückgabeanspruch aus § 546 Abs. 2 BGB nach sich (gesetzlicher Schuldbeitritt, BGH Urt. v. 21.1.1981 – VIII ZR 41/80, NJW 1981, 865). Umstritten ist, ob die Rückgabepflicht des Dritten inhaltsgleich mit der Rückgabepflicht des Mieters ist (so jdf. BGH Beschl. v. 22.11.1995 – VIII ARZ 4/95, NJW 1996, 515). Die Rückgabepflicht nach § 546 Abs. 2 BGB ist echte Verschaffungspflicht, so dass der Dritte auf seine Gefahr und seine Kosten dem Vermieter den unmittelbaren Besitz an der Sache zu verschaffen, und sich dazu gegebenenfalls vorher selbst erst einmal (wieder) zu verschaffen hätte (BGH Beschl. v. 22.11.1995 – VIII ARZ 4/95, NJW 1996, 515, str.). Der Dritte könnte nämlich Gebrauch auch dadurch gemacht haben, dass er die Räume ohne jemals unmittelbaren Besitz erlangt zu haben gleich wieder weiterüberlassen hat (vgl. den Untermietfall BGH Urt. v. 30.6.1971 – VIII ZR 147/69, NJW 1971, 2065 sowie den Fall eines mehrstufigen Untermietverhältnisses OLG Hamm Urt. v. 17.1.1992 – 30 U 36/91, NJW-RR 1992, 783).

2. Wie bei der Mietnachfolge unter Austausch des Mieters kann auch bei der Untermiete (bei der der Hauptmieter Mieter bleibt!) am Mietende (einmal nur bezogen auf den Untermieter) das Problem auftreten, was mit **vom Hauptmieter vorgenommenen baulichen Veränderungen und Einrichtungen** geschieht. Einrichtungen und bauliche Veränderungen bedürfen grundsätzlich der Zustimmung des Vermieters (Palandt/*Weidenkaff* § 535 Rn. 18). Hat der Mieter bauliche Veränderungen an der Mietsache vorgenommen oder sie mit Einrichtungen versehen, so ist er auf Verlangen des Vermieters verpflichtet, bei Mietende den ursprünglichen Zustand wiederherzustellen, sofern nichts anderes schriflich vereinbart ist (Palandt/*Weidenkaff* § 546 Rn. 6). Bei Fehlen schriftlicher Aufzeichnungen stellt sich auch hier die schwer oder gar nicht zu beantwortende Frage, ob es sich jeweils um **Übernahme vom Hauptmieter,** oder schlicht um den bei Mietbeginn vom Untermieter **vorgefundenen Zustand** der Mieträume als für ihn maßgeblichen Ursprungszustand handelte. Entscheidend soll nach der Rspr. wohl sein, dass Untermieter von Mieter die Einrichtung auf vertraglicher Grundlage übernommen, oder sie sich in irgendeiner Weise zu eigen gemacht hat. Dann dürfte sie iSv OLG Hamburg Urt. v. 19.4.2000 – 4 U 73/99, ZMR 2000, 669 „selbst veranlasst" und nicht bloß vorgefunden sein.

5. Vertragsbeitritt

Nachtrag zum Mietvertrag vom . . . . . .[1]

zwischen . . . . . . als Vermieter und . . . . . . als Mieter über die Kanzleiräume . . . . . . sowie . . . . . . als hinzutretender Mieter.

§ 1

Die Parteien sind sich einig, dass . . . . . . (beitretender Mieter) neben . . . . . . (Mieter) auf Mieterseite in den Mietvertrag mit allen sich daraus ergebenden Rechten und Pflichten eintritt und ab . . . . . . eigenständigen Gebrauch von den Räumen machen wird.

§ 2

Der Mietpreis bleibt vorerst unverändert.

(Alternative:
Grundmiete und Betriebskostenzahlungen werden angepasst wie folgt:

. . . . . .).

§ 3

Im übrigen verbleibt es bei den Bedingungen des Mietvertrags vom . . . . . .

. . . . . ., den . . . . . .

(Unterschriften)

Anmerkungen

1. Der eigentliche Zweck des Vertragsbeitritts würde verfehlt, wenn der hinzutretende Mieter von vornherein nicht selbst Gebrauch von den Räumen machen, sondern mit seiner Aufnahme lediglich dem Sicherungsbedürfnis der bisherigen Parteien Rechnung getragen werden soll. Hat die Aufnahme in den Mietvertrag als „Mieter" nur den Sicherungszweck und bleibt die Mieterschaft somit „leere Hülse" ohne selbstständige Bedeutung, haftet der weitere „Mieter" nicht für die laufende Miete (vgl. den Fall LG Leipzig Urt. v. 26.1.2005 – 1 S 5846/04, NJW-RR 2005, 1250).

6. Vertragsübernahme

Nachtrag zum Mietvertrag vom . . . . . .[1,2]

zwischen . . . . . . als Vermieter und . . . . . . als Mieter über die Kanzleiräume . . . . . . sowie . . . . . . als übernehmender Mieter.

§ 1

Die Parteien sind sich einig, dass . . . . . . (übernehmender Mieter) ab . . . . . . den Mietvertrag auf Mieterseite mit allen sich daraus ergebenden Rechten und Pflichten an Stelle von . . . . . . (ausscheidender Mieter) übernimmt.

§ 2

Zum . . . . . . wird . . . . . . (ausscheidender Mieter) die Mieträume an . . . . . . (übernehmender Mieter) übergeben. Alle Schlüssel, auch selbst beschaffte, sind an dem Tag mit zu übergeben. Folgende Einrichtungen mit denen . . . . . . (ausscheidender Mieter) die Mieträume versehen hat, werden von . . . . . . (übernehmender Mieter) übernommen:

. . . . . .

Bauliche Veränderungen wurden von . . . . . . (ausscheidender Mieter) nicht vorgenommen/Folgende von . . . . . . (ausscheidender Mieter) vorgenommene bauliche Veränderungen werden von . . . . . . (übernehmender Mieter) übernommen:

. . . . . .

Auf Verlangen des Vermieters ist . . . . . . (übernehmender Mieter) verpflichtet, bei Mietende den Zustand damals bei Mietbeginn im . . . . . . wiederherzustellen, dass heißt vorstehend aufgezählte Einrichtungen/und bauliche Veränderungen auf seine Kosten zu beseitigen und folgende Wiederherstellungsarbeiten auf seine Kosten durchzuführen:

. . . . . .

§ 3

Mietsicherheit wurde und wird nicht gleistet.

(Alternative:
Die dem Vermieter von . . . . . . (ausscheidender Mieter) geleistete Mietsicherheit, nämlich . . . . . . (bspw. das vom Vermieter verwahrte Sparbuch Nr. . . . . . . Sparkasse . . . . . . mit Guthaben Stand . . . . . . EUR nebst Verpfändungserklärung vom . . . . . .), ist am Tag der Übergabe der Mieträume zur Rückgabe unter der Voraussetzung fällig, dass . . . . . . (ausscheidender Mieter) alle seine bis dahin bestehenden Verbindlichkeiten aus dem Mietverhältnis erfüllt hat.

Für alle seine ab da entstehenden Verbindlichkeiten aus dem Mietverhältnis leistet . . . . . . (übernehmender Mieter) dem Vermieter Sicherheit in Höhe von . . . . . . EUR durch . . . . . ., ihrerseits fällig am Tag der Übergabe der Mieträume.

§ 4

Im übrigen verbleibt es bei den Bedingungen des Mietvertrags vom . . . . . . dessen Ausfertigungen bei Unterzeichnung beide vorliegen und die nicht umgeschrieben, sondern jeweils mit einer davorgehefteten Ausfertigung dieses Nachtrags fest verbunden werden.

So geschehen!

. . . . . ., den . . . . . .

(Unterschriften)

Anmerkungen

1. In der Regel würde wohl im Fall der Mietnachfolge ein neuer Mietvertrag aufgesetzt und abgeschlossen. Die Übernahme eines schon bestehenden Vertrages ist dennoch denkbar, möglich und auch gar nicht so selten. Besonderes Augenmerk sollte **Einrichtungen und baulichen Veränderungen** geschenkt werden. Hat der ausscheidende Mieter bauliche Veränderungen an der Mietsache vorgenommen oder sie mit Einrichtungen versehen, so wäre er auf Verlangen des Vermieters verpflichtet, **bei Mietende den ursprünglichen Zustand wiederherzustellen**, sofern nichts anderes schriflich vereinbart ist (Palandt/*Weidenkaff* § 546 Rn. 6). Dasselbe gilt auch im vorliegenden Fall einer **Mietnachfolge** (Palandt/ *Weidenkaff* § 546 Rn. 8), wobei sich dort die bei Fehlen schriftlicher Regelungen und Aufzeichnungen später schwer oder gar nicht zu beantwortende Frage stellt, ob es sich jeweils um **Übernahme vom Vorgänger,** oder schlicht um den bei Mietbeginn (des Nachfolgers) **vorgefundenen Zustand** der Mieträume als Ursprungszustand handelte. Die Rechtsprechung hierzu ist nicht ganz einheitlich. Ihre Leitsätze sind mitunter mit Vorsicht zu genießen. So lautet etwa der Leitsatz OLG Hamburg Urt. v. 13.6.1990 – 4 U 118/89, NJW-RR 1991, 11: Übernimmt der Mieter von Gewerberaum von seinem Mietvorgänger im Einverständnis mit dem Vermieter Einbauten, hat er im Rahmen seiner Rückgabepflicht diese bei Beendigung des Mietvertrages zu entfernen und insoweit den früheren Zustand wiederherzustellen. Aus dem mitgeteilten Sachverhalt erfährt man dann, dass mit bereits einem zweiten Mietnachfolger ein neuer Mietvertrag geschlossen worden war, in dem allerdings „nach Auslegung des Senats" keine ausdrückliche Vereinbarung über die Wiederherstellung der baulichen Änderungen des allerersten Mieters enthalten war, in den dann die beklagte letzte Mieterin in der Kette unter „Übernahme" dieser Einrichtungen eingetreten war. Was ist unter „Übernahme" zu verstehen? Aus den Entscheidungsgründen erfährt man, dass sie, die letzte Mieterin, die Einrichtungsgegenstände unverändert von der Vormieterin käuflich erworben hatte, und dass es keinen Unterschied mache, ob einem Mieter erlaubt werde, Einbauten eines früheren Mieters „aufgrund eines Vertrages zwischen den Mietern" weiter zu benutzen (OLG Hamburg aaO).

2. Das OLG Köln hat mit Urt. v. 15.6.1998 – 19 U 259/97, NZM 1998, 767 entschieden, dass die Verpflichtung des Pächters, bei Vertragsende das Pachtobjekt im Zustand wie bei Vertragsbeginn zurückzugeben, die Beseitigung von Einrichtungen oder Aufbauten, mit denen er oder sein Rechtsvorgänger die Pachtsache während der Vertragszeit versehen hat, grundsätzlich auch dann umfasst, wenn dies mit Zustimmung des Verpächters geschehen ist. Aus Sachverhalt und Entscheidungsgründen erfährt man dort, dass der beklagte Pächter dem Vorpächter für die Übernahme des streitgegenständlichen Containers eine Zahlung geleistet, ihn also vom Vorgänger käuflich erworben hatte (OLG Köln aaO). Was insoweit für die käufliche Übernahme gelten soll, müsste auch für die unentgeltliche Übernahme gelten. Entscheidend soll wohl sein, dass Mieter von Mieter die Einrichtung auf vertraglicher Grundlage übernommen, oder sie sich in irgendeiner Weise zu eigen gemacht hat. Siehe etwa LG Potsdam Urt. v. 4.8.1997 – 6 S 192/96, WuM 1997, 677 (insoweit in NZM 1998, 760 nicht mit abgedruckt) Leitsatz zu 3: Die Räumungspflicht des Mieters erstreckt sich auch auf „seine" bei Anmietung vorgefundenen Sachen. Aus den Entscheidungsgründen erfährt man dort, dass die Beklagten sich nicht mit Erfolg darauf berufen konnten, dass der dort streitgegenständliche Schuppen bereits bei ihrem Einzug auf dem Grundstück vorhanden war; sie hätten ihre Eigentümerstellung im Hinblick auf den Schuppen nämlich im Protokoll zur Übergabe der Mietsache (dort als „Autoschuppen" bezeichnet) ausdrücklich anerkannt (LG Potsdam aaO).

7. Neuordnung Betriebskostentragung im Gegenzug für Gebrauchserweiterung

Nachtrag zum Mietvertrag vom . . . . . .[1]

zwischen . . . . . . als Vermieter und . . . . . . als Mieter über die Kanzleiräume . . . . . .

§ 1

Beide Parteien sind sich hinsichtlich der Miete einig,

(1) dass der Mietpreis seit . . . . . . monatlich insgesamt . . . . . . EUR beträgt; . . . . . . EUR Grundmiete zzgl. EUR Betriebskostenvorauszahlung,

(2) dass der Mieter Betriebskosten nach der Betriebskostenverordnung vom 25.11.2003 (BGBl. I S. 2346 f.) trägt, soweit und solange für Grundstück und Kanzleiräume entstehend,

(3) dass ausschließlich für die Kanzleiräume entstehende Kaminfegerkosten direkt eins zu eins weiterbelastet werden, für das Grundstück entstehende Kaminfegerkosten, Kabelanschluss und Müllabfuhr im Verhältnis eins zu fünf Parteien im Hause, Wasser und Abwasser nach gemessenem Verbrauch, und die übrigen Betriebskosten anteilig nach Nutzfläche umgelegt werden,

(4) dass etwaige neu eingeführte öffentliche Abgaben oder künftig erst entstehende Betriebskosten vom Vermieter umgelegt, und angemessene Vorauszahlungen auch dafür festgesetzt werden können,

(5) und dass die monatliche Betriebskostenvorauszahlung von der derzeit . . . . . . EUR ab . . . . . . auf . . . . . . EUR festgelegt wird.

§ 2

Beide Parteien sind sich hinsichtlich der Gebrauchsrechte des Mieters einig,

(1) dass der vom Mieter im Hof errichtete Unterstand mit Sitzgelegenheit bestehen bleiben, und von ihm genutzt werden kann, solange das Mietverhältnis besteht,

(2) und dass der Vermieter der Haltung des . . . . . . (genaue Beschreibung und Name des Hundes) zustimmt, solange und soweit der Mieter als Halter wie gehabt dafür Sorge trägt, dass mit seiner Hundehaltung keinem der anderen Bewohner des Hauses über das bei einem geordneten Zusammenleben unter einem Dach unvermeidliche Maß hinaus ein Nachteil erwächst.

§ 3

Im übrigen verbleibt es bei den Bedingungen des Mietvertrags vom . . . . . .

. . . . . ., den . . . . . .

(Unterschriften)

Anmerkungen

1. Es handelt sich um einen Nachtrag zu einem Mietvertrag, mit dem Streit oder Ungewissheit der Parteien über ihr Rechtsverhältnis durch beiderseitige Zugeständnisse beseitigt wird. Betriebskosten, eigenmächtige bauliche Veränderungen und Hundehaltung sind nur Beispiele. Andere mögliche Streitpunkte wären denkbar. Ein gutes Einvernehmen im Mietverhältnis haben sicher auch diejenigen Parteien, denen es dauerhaft gelingt, ihre Streitpunkte ohne anwaltliche oder gerichtliche Hilfe zu regeln.

8. Checkliste: Öffentlich-rechtliche Rahmenbedingungen der Kanzleinutzung

☐ Kann in dem Gebäude eine Kanzleinutzung erfolgen?[1]
In Wohngebieten kann die freiberufliche Nutzung in Wohngebäuden auf „Räume" beschränkt sein
☐ Erfolgt eine Änderung der bisherigen Nutzung des Gebäudes/der Räume?[2, 3]
Baugenehmigungserfordernis klären
☐ Werden Umbau- und/oder Modernisierungsarbeiten größeren Umfangs durchgeführt?[4]
Baugenehmigungspflicht klären
☐ Vorbereitung des Bauantrages[5, 6]
Vordrucke verwenden
Notwendige Bauvorlagen klären
Vorgaben des Baugenehmigungsverfahrens beachten (vereinfachtes oder umfassendes Baugenehmigungsverfahren)[7, 8]
☐ Erfordernis weiterer öffentlich-rechtlicher Genehmigungen[9, 10]
bei Erhaltungsgebieten, Zweckentfremdungsgebieten Sondergenehmigung
denkmalschutzrechtliche Erlaubnis

Anmerkungen

1. **Zulässige Räume und Gebäude für freie Berufe.** Bei der Auswahl geeigneter Kanzleiräume ist im Vorfeld zu klären, ob die Nutzung in dem betreffenden Gebäude oder in einzelnen Räumen öffentlich-rechtlich zulässig ist und ob für eine Umnutzung oder Umbaumaßnahmen eine Baugenehmigung oder sonstige öffentlich-rechtliche Genehmigung eingeholt werden muss. „Freie und ähnliche Berufe" werden durch den Bundesgesetzgeber mit § 13 Baunutzungsverordnung (BauNVO) privilegiert. Danach kann die Berufsausübung in praktisch allen Baugebieten erfolgen. Allerdings sind in Wohngebieten nach den §§ 2 – 4 BauNVO nur **Räume** für freiberufliche Zwecke und nicht ganze Gebäude zulässig. Mit der Beschränkung der freiberuflichen Nutzung in Wohngebieten auf Räume möchte der Gesetzgeber verhindern, dass durch eine zu starke freiberufliche Nutzungsweise eine planerisch unerwünschte Zurückdrängung der Wohnnutzung und damit eine zumindest teilweise Umwidmung des Wohngebiets eintreten kann.

Als Faustregel gilt, dass die freiberufliche Nutzung in Mehrfamilienhäusern in Wohngebieten regelmäßig nicht mehr als die Hälfte der Wohnungen und auch nicht mehr als die Hälfte der Wohnfläche umfassen darf. Im Einzelfall können durch Zusammenlegung entstandene „Großbüros", die größer als eine Wohnung sind, den Wohnhauscharakter des Gebäudes beseitigen, so dass die Nutzung als Kanzlei unzulässig sein kann. Das Bundesverwaltungsgericht hat Inhalt und Reichweite der zulässigen Raumnutzung für Freiberufler in Wohngebieten in mehreren Entscheidungen festgelegt und diese Grundsätze vor allem im Urteil vom 18.5.2001 zusammengefasst (BVerwG Urt. v. 18.5.2011 – 4 C 8/00, NVwZ 2001, 1284).

Es empfiehlt sich, vor der Einrichtung der Kanzleiräume bei der zuständigen Baugenehmigungsbehörde Auskunft darüber einzuholen, ob und ggf. unter welchen einschränkenden Voraussetzungen in einem von Wohnungen geprägten Umfeld bzw. in einem reinen Wohngebäude die Ausübung freiberuflicher Tätigkeit zulässig ist (zu den Gebäuden und Räumen für Freiberufler siehe ua folgende Literatur: *Ernst/Zinkahn/Bielenberg/Krautzberger/Stock* BauGB § 13 BauNVO Rn. 30 ff; *König/Roeser/Stock* BauNVO § 13 Rn. 19 ff.; *Fickert/Fieseler* § 13 BauNVO Rn. 4 ff).

2. Ist eine Baugenehmigung erforderlich? Wenn für die Nutzung als Rechtsanwaltskanzlei **Umbau- und/oder Modernisierungsarbeiten** durchgeführt werden müssen, stellt sich die Vorfrage, ob die Arbeiten einer Baugenehmigung bedürfen. Dies hängt von der Art und dem Umfang der Maßnahmen ab. Bloße Instandhaltungsarbeiten an Gebäuden oder in vorhandenen Büros sind nach den Landesbauordnungen genehmigungsfrei (vgl. Art. 57 Abs. 6 BayBO, § 50 Abs. 4 LBO Ba-Wü, § 54 Abs. 1 S. 2 HBO). Größere Ausbau- oder Umbaumaßnahmen fallen dagegen regelmäßig unter die Genehmigungspflichten, die im Einzelnen in den Landesbauordnungen festgelegt sind.

3. Eine **Nutzungsänderung** – ohne Änderung der Gebäudesubstanz – kann für sich betrachtet baugenehmigungspflichtig sein. Unter Nutzungsänderung ist eine Änderung der Zweckbestimmung einer baulichen Anlage zu verstehen, unabhängig von baulichen Veränderungen. Dementsprechend wäre die Umgestaltung von Lagerräumen in Büros für freie Berufe oder die Umwandlung eines Lebensmittelgeschäfts in eine Rechtsanwaltskanzlei eine genehmigungspflichtige Nutzungsänderung. Eine Nutzungsänderung kann im Einzelfall „verfahrensfrei" sein, wenn bei der geplanten Büronutzung keine anderen öffentlich-rechtlichen Anforderungen als bei der bisherigen Nutzung in Betracht kommen.

4. Kein Baugenehmigungsverfahren durchlaufen müssen **Bauvorhaben von geringer Bedeutung.** Hier hilft nur ein Blick in die ähnlich aufgebauten jeweiligen Regelungen der Landesbauordnungen, die eine Aufzählung sogenannter „verfahrensfreier" Bauvorhaben enthalten, die keiner Baugenehmigung bedürfen (vgl. Art. 57 BayBO, § 62 BauO Bln, § 63 LBO Schleswig-Holstein). Verfahrensfrei sind insbesondere die Einrichtung bestimmter Aufenthaltsräume, die Änderung einzelner Bauteile, der Einbau von Fenstern und Türen, Maßnahmen zur nachträglichen Wärmedämmung an Außenwänden und Dächern, die Herstellung von Stellplätzen oder auch Baustelleneinrichtungen.

5. Zuständigkeit. Wird für eine Änderung zu Büroräumen oder für eine Nutzungsänderung eine Baugenehmigung benötigt, muss geklärt werden, welche Behörde über den Bauantrag entscheidet. In allen Ländern sind für die Erteilung einer Baugenehmigung die „Unteren Bauaufsichtsbehörden" zuständig, in der Regel die Landkreise, kreisfreien Städte und Großen Kreisstädte. Das Baugenehmigungsverfahren wird durch Einreichen des Bauantrags bei der Bauaufsichtsbehörde (in einigen Ländern bei der örtlichen Gemeinde) eingeleitet. Für die Antragstellung sind Vordrucke zu verwenden, die entsprechend öffentlich bekannt gemacht sind. Bauantrag und Bauvorlagen sind vom Bauherrn sowie vom Entwurfsverfasser zu unterzeichnen.

6. Die Bauaufsichtsbehörde ist verpflichtet, den Antrag ohne vermeidbare Verzögerungen zu behandeln. Sie beteiligt dabei die Behörden und Stellen, die Träger öffentlicher Belange sind und deren Aufgabenbereiche berührt werden (zB Denkmalschutzbehörde).
Dem Bauantrag sind die Bauvorlagen beizufügen, in der Regel:
• Lageplan mit Einzeichnung des Bauvorhabens
• Bauzeichnungen (Grundrisse, Schnitte, Ansichten)
• Baubeschreibung mit Angaben zu beabsichtigter Nutzung
• unter Umständen Standsicherheits- und Brandschutznachweise bei größeren Vorhaben
Einzelheiten sind den jeweils einschlägigen landesrechtlichen Bauvorlageverordnungen zu entnehmen.

Unvollständige Bauvorlagen kosten Zeit. Um eine Zurückweisung des Bauantrages wegen unvollständiger oder mangelhafter Bauvorlagen zu vermeiden, empfiehlt es sich, die Unterlagen sorgfältig zusammenzustellen. Im Zweifelsfalle sollte bei der Baugenehmigungsbehörde angefragt werden, ob und ggf. welche Unterlagen nachgereicht werden können.

7. **Baugenehmigungsverfahren und Nachbarbeteiligung.** Die Landesbauordnungen unterscheiden, ob ein Vorhaben im „vereinfachten Verfahren" oder in einem umfassenden Baugenehmigungsverfahren zu genehmigen ist. Das vereinfachte Verfahren (vgl. Art. 59 BayBO, § 69 LBO Schleswig-Holstein, § 68 BauO NRW) gilt für die Mehrzahl der Bauvorhaben. Genehmigungspflichtige Nutzungsänderungen für Kanzleiräume werden in der Regel ein solches vereinfachtes Genehmigungsverfahren durchlaufen. Im vereinfachten Genehmigungsverfahren ist die Prüfung der Bauaufsichtsbehörde beschränkt. Zu prüfen sind die Anforderungen des Bauplanungsrechts (§§ 29 ff. BauGB), jedoch regelmäßig nicht die einzelnen Anforderungen des Bauordnungsrechts, wie zB die Einhaltung der Abstandsflächen oder bautechnische Vorschriften wie zB Standsicherheit, Brandschutz, Schall- und Wärmeschutz. Für die Beachtung dieser sonstigen öffentlich-rechtlichen Anforderungen ist der Bauherr selbst verantwortlich. Allerdings kann die Bauaufsichtsbehörde bei Verstößen gegen öffentlich-rechtliche Vorschriften nachträglich einschreiten und die Einstellung von Bauarbeiten, eine Nutzungsuntersagung oder eine Beseitigungsanordnung verfügen (vgl. Art. 55 Abs. 2, 75, 76 BayBO, §§ 64, 65 LBO Ba-Wü, §§ 71, 72 HBO).

8. Bei genehmigungspflichtigen Modernisierungsmaßnahmen oder Nutzungsänderungen ist in den Bauordnungen der Länder die **Beteiligung der Nachbarn** geregelt. Zu beteiligen sind regelmäßig die Eigentümer der Grundstücke, die mit dem Baugrundstück eine gemeinsame Grenze haben. Erheben Nachbarn gegen ein genehmigungspflichtiges Bauvorhaben Einwendungen, ist dies für die Genehmigungsfähigkeit des Vorhabens grundsätzlich ohne Bedeutung. Die Bauaufsichtsbehörde prüft von sich aus, ob dem Vorhaben keine öffentlich-rechtlichen Vorschriften entgegenstehen. Allerdings lässt bei Einwendungen der Nachbarn regelmäßig die Bereitschaft der Bauaufsichtsbehörden nach, dem Bauherrn Ausnahmen oder Befreiungen von einzelnen Bauvorschriften zu erteilen. Liegt dagegen eine ausdrückliche Zustimmung der Nachbarn zu dem Bauantrag vor und wurden die Bauunterlagen von ihnen unterschrieben, ist nach den Bauordnungen keine Nachbarbeteiligung mehr erforderlich. Die Nachbarn verlieren mit ihrer Unterschrift auch das Recht, gegen die Baugenehmigung später durch verwaltungsgerichtliche Klage vorzugehen.

9. **Sind weitere öffentlich-rechtliche Genehmigungen erforderlich?** Zum Schutz erhaltenswürdiger Bausubstanz können die Städte und Gemeinden durch spezielle Satzungen **Erhaltungsgebiete** (vgl. §§ 172 ff. BauGB) festlegen. Vor allem in Großstädten sind „Milieuschutzsatzungen" nach § 172 Abs. 1 Nr. 2 BauGB von Bedeutung. In den Erhaltungsgebieten bedürfen der Rückbau, die Änderung und die Nutzungsänderung baulicher Anlagen nach § 178 BauGB einer besonderen Genehmigung. Diese muss gemäß § 173 BauGB von der Bauaufsichtsbehörde zusammen mit einer erforderlichen Baugenehmigung erteilt werden. In einigen Kommunen existieren auch **Zweckentfremdungsverordnungen**. Die Umwandlung von Wohnraum zu anderen als Wohnzwecken dienenden Nutzungen ist in diesem Fall nur mit Genehmigung der zuständigen Stelle erlaubt.

10. Bei **denkmalgeschützten Gebäuden** ist bei Veränderung des Denkmals, bei Entfernung von Ausstattungsstücken eines Denkmals (zB Fenster oder Fenstersprossen, Bodenbeläge, Stuck) oder bei der Errichtung von baulichen Anlagen in oder in der Nähe eines denkmalgeschützten Ensembles eine denkmalschutzrechtliche Erlaubnis erforderlich. Der Begriff des Baudenkmals ist in den Ländern nicht einheitlich geregelt, maßgebend ist das Denkmalschutzgesetz des jeweiligen Landes. Die denkmalschutzrechtliche

Erlaubnis und die Baugenehmigung sind in den meisten Bundesländern verfahrensrechtlich verzahnt. In einigen Bundesländern (zB Bayern, Niedersachsen) ersetzt die Baugenehmigung die denkmalschutzrechtliche Erlaubnis. Im Zuge der Genehmigungsverfahren kann es bei Modernisierungsmaßnahmen für Büroräume wegen denkmalschutzrechtlicher Fragen nicht selten zu Verzögerungen kommen.

Zu den genehmigungspflichtigen Veränderungen gehören nicht nur Maßnahmen, die das äußere Erscheinungsbild des Denkmals beeinflussen, sondern auch Änderungen im Inneren eines Gebäudes, zB der Einbau von Heizungsanlagen oder der Einbau neuer Decken.

II. Kanzlei-IT-Ausstattung und Sicherheit

1. Checkliste: EDV-Ausstattung

1. Datenverarbeitung

In der Anwaltskanzlei werden personenbezogene Daten von Mandanten und Verfahrensbeteiligten, Beschäftigtendaten, Lieferantendaten und sonstige Kontaktdaten verarbeitet. Ferner werden eigenes Know How und geheimhaltungsbedürftige Informationen der Mandanten gespeichert genauso wie eigene betriebliche Kennzahlen und Geschäftsgeheimnisse. Zum Schutz der Integrität und der Verfügbarkeit dieser Daten sind organisatorische und technische Maßnahmen der IT-Sicherheit zu ergreifen (§ 9 BDSG mit Anlage gibt Anhaltspunkte[1]).

Es ist ggf. ein interner oder externer Datenschutzbeauftragter zu ernennen und die Mitarbeiter sind nach § 5 BDSG auf den Datenschutz zu verpflichten.[2] Mit Dritten, auch mit dem externen Datenschutzbeauftragten sind Auftragsdatenverarbeitungsvereinbarungen nach § 11 BDSG[3] abzuschließen, sofern der Zugriff auf personenbezogene Daten für diese Personen im Rahmen ihrer Tätigkeitsfeldes möglich ist.

Die Kanzleiinhaber oder aber der Datenschutzbeauftragte haben ein öffentliches Verfahrensverzeichnis[4] zu erstellen, welches die internen Angaben zu organisatorischen und technischen Maßnahmen nach § 9 Anlage BDSG nicht auszuweisen braucht.

2. Internetnutzung

Mit der Eröffnung des Zugangs zum Internet über das Kanzleinetzwerk sind technische Maßnahmen zu ergreifen, so dass ein Angriff (intrusion) von Außen möglichst ausgeschlossen und schnellstmöglich entdeckt wird. Die Firewall[5] ist regelmäßig zu aktualisieren und für den Zugriff auf die Datenverarbeitungssysteme und Datenbanken der Kanzlei von extern, sind VPN-Zugänge[6] zu schaffen. Ferner sind die Programme zur Abwehr von Malware derart einzurichten, dass Websites mit gefährlichen Inhalten bereits beim Aufrufen geblockt werden oder aber mindestens Warnhinweise erscheinen, die aktiv zu bestätigen sind.

Die Nutzer sind in die Nutzung des Internets und die Risiken von unsicheren Seiten einzuweisen sowie auf rechtswidrige Nutzung wie zum Beispiel die Nutzung von Musiktauschbörsen. Dies ergibt sich umso mehr, als es im Rahmen der Mandatsarbeit im Einzelfall erforderlich werden kann, Websites mit rechtswidrigen Inhalten aufzurufen sowie zum Zwecke der Beweissicherung screenshots zu fertigen und/oder Testkäufe zu machen. Unter Umständen muss dann auch der Zugriff auf Seiten durch den Administrator erlaubt werden, welche üblicherweise mit einem Filter geblockt werden.

Ferner haben die Kanzleiinhaber zu entscheiden, ob sie ihren Mitarbeitern Zugang zum Internet zu privaten Zwecken[7] (während der Arbeitszeit) gestatten wollen.

Im Bereich der Internetverbindungen wird regelmäßig nicht individuell verhandelt, sondern Standardprodukte der Anbieter reichen aus, wobei selbstverständlich keine Angebote für Privatkunden für die Nutzung durch die Kanzlei gewählt werden. Wegen der zunehmenden Nutzung von Anwendungen wie ASP (Application Service Providing), SaaS (Software as a Service) und Cloud-Lösungen ist die am Standort bestmöglichste Übertragungsbandbreite zu wählen (ADSL, VDSL).

3. Emailnutzung

Die unverschlüsselte und unsignierte Email-Nutzung schließt weder aus, dass die Informationen, welche per Email ausgetauscht werden, inhaltlich unverändert sind, noch dass diese nicht vom vermeintlichen Absender stammen. Die Kanzlei hat die elektronische Signaturkarte mit qualifizierter elektronischer Signatur (QES) und Verschlüsselungszertifikaten nebst Software und Lesegerät vorzuhalten, um Mandanten mit dem Wunsch nach verschlüsselter und authentischer Email-Kommunikation eine Lösung anbieten zu können.[8] Diese Ausstattung wird ohnehin für die Nutzung des Elektronischen Gerichtspostfaches (EGVP) gebraucht (mit Ausnahme der Signatursoftware). Das EGVP[9] an sich ist kostenfrei downloadbar.

Die Kanzlei soll generell den Einsatz von offenen Emails kritisch hinterfragen und die Mandanten anlassbezogen auf die Möglichkeiten sichererer Kommunikationswege hinweisen. Es soll geprüft werden, ob weitere Lösungen wie DeMail, ePostbrief, Cloud-Lösungen wie webakte, doculife, eigene ftp-Server, fortgeschrittene Signatur- und Verschlüsselungszertifikate[10] geeignet sind.
Neben den Risiken hinsichtlich der Vertraulichkeit, Authentizität und Integrität der Email-Kommunikation birgt diese Sicherheitsrisiken durch Schadsoftware, welche durch den Einsatz geeigneter Antivirensoftware, welche regelmäßig zu aktualisieren ist, vermindert werden kann.
Im Email-Programm sind Signaturen[11] in dem Sinne zu hinterlegen, dass die Emails der Kanzlei mit den Informationen entsprechend § 37 HGB und § 6 TMG versandt werden. Darüber hinaus sollten im Team die Risiken einer ungeordneten Email-Kommunikation besprochen werden, dh Emails in Mandatssachen müssen der (elektronischen) Akte zeitnah zugeführt werden, damit diese auf dem aktuellen Stand ist. Bei Abwesenheit ist für eine Umleitung oder bei parallelem Abruf ist zu regeln, ob der Adressat oder aber der Vertreter den Email-Eingang generell oder im Einzelfall abarbeitet. Die Grundregeln der Kommunikation sollten eingehalten werden. Hilfreich sind hierbei die Netiquette-Regeln.[12]
Eine besondere Form der Email-Nutzung der Kanzlei ist der Versand von Newslettern,[13] also Mandanten- und Interessenteninformationen. Hier sollte der Versand nicht ohne eine spezielle Newsletter-Software erfolgen. Diese bietet den Vorteil, die personenbezogenen Daten für den Newsletterbezug gesondert von den Mandatsdaten verwalten zu können. Ferner bietet diese ua das erforderliche double-opt-in-Verfahren und eine Black-List, in welcher dauerhaft hinterlegt ist, wenn der Newsletterbezug über eine Email-Adresse abbestellt wurde.

4. Domainauswahl

Bei der Auswahl einer Domain für die Anwaltskanzlei ist einmal darauf zu achten, dass durch die Wahl von generischen Begriffen/Gattungsbegriffen keine wettbewerbswidrige Domainauswahl[14] erfolgt. Die Domainendung (top level domain) sollte ebenfalls passend zur Kanzlei gewählt werden, zB nicht .net für eine Kanzlei mit nur einem Standort. Bei der Wahl der Domain sollte von Anfang an darauf geachtet werden, dass die Wunschdomain möglichst mit allen top level domains zur Registrierung kommt, welche relevant werden könnten, damit diese später nicht schon belegt ist. Wichtig ist, dass bei Beauftragung einer Agentur mit der Domainauswahl und – registrierung diese nicht die Kanzleidomain auf sich registriert, sondern die Kanzlei oder der Berufsträger Inhaber der Domain wird.
Über den Domainprovider erfolgt die Registrierung der Domain bei der zuständigen Domainvergabestelle, für .de-Domains die DeNIC e.G.. Daneben stellt der Domainprovider Email-Postfächer, Webspace für die Website unter der Domain sowie weitere nützliche Zusatzleistungen rund um Email und Website zur Verfügung. Hierbei handelt es sich wiederum um Standardverträge, welche selten noch individuell verhandelt werden.
Im Rahmen des Versuchs die Wunschdomain zu registrieren kann sich herausstellen, dass diese bereits von einem Dritten genutzt wird oder aber von einem Domainanbieter gebucht ist und bei diesem erworbene werden kann. In diesen Fällen kann es also erforderlich werden, einen (individuellen) Domainkaufvertrag auszuhandeln. Bei einer rechtswidrigen, wettbewerbswidrigen oder markenverletzenden Registrierung einer Domain kann bei einer .de-Domain die Beantragung eines Disputes[15] bei der DeNIC e.G. erforderlich sein, um Zwischenverfügungen zu verhindern. Die Übertragung der Domain erfolgt direkt von Provider zu Provider mittels der Freigabe der Domain durch den bisherigen Inhaber unter Übermittlung des sog. authinfo-code, mittels dessen der Provider des neuen Inhabers die Domain übernehmen kann.

5. Softwareeinsatz

Die Grundentscheidung für die Wahl eines Betriebssystems hängt auch von den zur Anwendung kommenden Anwenderprogrammen ab. In Betracht kommen im Wesentlichen Microsoft Windows Versionen, Linux als Open Source Software oder MAC OS Versionen. Ferner sind meist erforderlich ein Email-Programm, Office-Anwendungen als Microsoft oder Open Source Variante, ein Anwaltsprogramm, Finanzbuchhaltung, Signatursoftware, Adobe Acrobat Vollversion, pdf-Maker, Anti-Viren-Software und verschiedene ggf. webbasierte Lösungen wie DeMail, doculife, webakte, DPMAdirekt etc. Es ist jeweils eine ausreichende Anzahl von Server-/Nutzerlizenzen zu erwerben. Die Lizenzzertifikate sind strukturiert aufzubewahren und bei weiteren Arbeitsplätzen ist nach zu lizenzieren.

Beim Einsatz von Standardsoftware erfolgt der Erwerb über einen Kaufvertrag[16] und die Nutzungsrechtseinräumung mit der Zustimmung zu den Nutzungsbedingungen des Herstellers. Standardlösungen können aber auch auf Basis eines Mietmodells[17] zum Einsatz kommen. Hierbei umfasst das monatliche Mietentgelt auch die Pflege und meist den Support, also die Hotline, welche bei technischen und/oder Anwenderfragen unterstützt. Bei den Mietmodellen sind grob die Varianten zu unterscheiden, bei denen das Programm nach wie vor auf dem Endgerät installiert wird oder aber den Varianten, welche Software as a Service (SaaS) anbieten, bei denen die Verfügbarkeit der Lösung davon abhängt, dass eine Netzverbindung über das Internet oder als individuelle Netzverbindung besteht.

Seltener werden individuelle Lösungen in der Kanzlei zum Einsatz kommen, welche für die Kanzlei programmiert oder aus einer vorbestehenden Lösung angepasst werden. Benötigt die Kanzlei eine solche spezifische Lösung wird die Entwicklung meist auf Basis eines Werkvertrages[18] mit der Übertragung ausschließlicher Nutzungsrechte einschließlich der Bearbeitungs- und Weiterentwicklungsrechte erfolgen.

6. IT-Technikausstattung, Wartung und Pflege sowie Aktualisierung

Bei der Beschaffung von Hardware[19] kann sich die Kanzlei zwischen Kauf und Miete entscheiden bzw. Teilleistungen als Mietvertrag mit weiteren Dienstleistungen bei einem Dienstleister beauftragen. Bei der Entscheidung für die Mietlösung hat die Auswahl des Anbieters besonders genau hinsichtlich Zuverlässigkeit und wirtschaftlicher Leistungsfähigkeit zu erfolgen. Bei der Rückgabe von angemieteter Hardware muss besonders auf die Löschung von Daten geachtet werden. Bei der Außerbetriebnahme von eigener Hardware ist ebenso darauf zu achten, dass eine professionelle Entsorgung über ein zertifiziertes Unternehmen erfolgt, da das Löschen der Daten einschließlich des Formatierens der Festplatten und Speicher nicht ohne Weiteres dazu führt, dass Daten vollständig gelöscht sind.

Die Mietvariante bietet den Vorteil, dass keine Anfangsinvestitionen erfolgen und die Mietentgelte als laufende Ausgaben zu buchen sind. Außerdem schuldet der Anbieter die Aufrechterhaltung der Gebrauchstauglichkeit. Das Mietangebot ist in jedem Fall der Kaufvariante detailliert gegenüberzustellen, wobei bei der Kaufvariante auf den Erwerb von verlängerten Herstellergarantien einschließlich Abholservice im Störfall geachtet werden sollte. Ferner sollte bei der Kaufvariante ein Rahmenvertrag oder aber eine EDV-Servicevereinbarung[20] mit einem Dienstleister abgeschlossen sein, damit im Störfall unproblematisch Unterstützung erfolgt.

Zur Ausstattung der Kanzlei gehören neben dem Server, dem internen Netz (LAN), den einzelnen Arbeitsplätzen heute die Smartphones, Tablets, Note-/Netbooks, je nach Ausrichtung der Kanzlei ein Beamer, eine digitale Kamera mit Bilddrucker, digitale Diktiergeräte, ein leistungsstarker Kopierer, (Farb-)Drucker, ein (Farb-)Scanner und immer seltener ein Faxgerät, was immer öfter durch ein Computerfax abgelöst wird. Zwischenzeitlich sollten die Altfälle, bei denen noch zwingend Papierformulare auszufüllen waren wie im Rahmen des Mahnverfahrens, ausgelaufen sein, so dass eine Schreibmaschine nicht mehr zur Standardausstattung der Kanzlei gehört.

7. Sicherung des Kanzlei-Know How und Aufbau Wissensmanagement

Über ein vereinheitlichtes Ablagesystem sollten Muster, Vorlagen und Literaturrechercheergebnisse für die Berufsträger und die Mitarbeiter thematisch geordnet auffindbar sein. Dies kann auch mittels eines Wikis[21] erfolgen.

8. Social Networking

Für die Aktivitäten ist ähnlich wie bei der Wahl der Domain darauf zu achten, dass in allen Sozialen Netzwerken, in denen eine Beteiligung in Betracht kommt, rechtzeitig ein Account unter dem Wunschnamen eröffnet wird. Die Kanzleiprofile in den Sozialen Netzwerken bedürfen genauso der Anbieterkennzeichnung wie die Website. Aus Platzgründen reicht in einigen Netzwerken die Verlinkung auf die Anbieterkennzeichnung auf der Website. Wichtig ist dabei, dass die für Websites geltende Regel der 2-Klick-Erreichbarkeit[22] eingehalten ist, dh der Nutzer muss mit maximal zwei Klicks von jeder Seite oder Information der Kanzlei zur Anbieterkennzeichnung gelangen.

Anmerkungen

1. Ein Muster eines Verzeichnisses technischer und organisatorischer Maßnahmen findet sich bei → Form. L. IV. 6 mit Anmerkungen und Schrifttumhinweisen. Das interne Verfahrensverzeichnis setzt sich zusammen aus den Angaben des öffentlichen Verfahrensverzeichnisses (→ Form. L. IV. 2), den Angaben zu den technischen und organisatorischen Maßnahmen nach § 9 Anlage BDSG (siehe Anlage zum Auftragsdatenverarbeitungsvertrag → Form. L. IV. 6) sowie der Zusammenstellung der eingesetzten Verfahren, Computerprogramme, internen Datenschutz- und IT-Regeln sowie der Rechteverwaltung für die Nutzerkonten.

2. Ein Muster für eine Vereinbarung zur Bestellung eines internen Datenschutzbeauftragten ist unter → Form. L. IV. 4 abgedruckt. Diese Vereinbarung bedarf der Abänderung bei der Bestellung eines externen Datenschutzbeauftragten. Mit diesem ist zusätzlich eine Auftragsdatenverarbeitungsvereinbarung nach § 11 BDSG (→ Form. L. IV. 6) abzuschließen. Da er über § 4 f (4a) BDSG zu dem Personenkreis gehört, dem das anwaltliche Zeugnisverweigerungsrecht zukommt sowie die Informationen, Daten und Datenverarbeitungseinrichtungen, welche sich bei ihm im Hinblick auf seine Tätigkeit für einen Berufsgeheimnisträger befinden, der Beschlagenahmefreiheit unterliegen, sollte der Hinweis auf die besondere Verschwiegenheit im Hinblick auf die Mandatsdaten wie bei jedem Berufsgehilfen zusätzlich erfolgen.

Ferner sind mit dem externen Datenschutzbeauftragten die Rahmenbedingungen des Vertragsverhältnisses zu verhandeln, wobei die Ersterstellung des internen Verfahrensverzeichnisses durchaus als Werkvertrag ausgestaltet werden kann. Darüber hinaus sind die Rahmenbedingungen einer regelmäßigen Revision zu vereinbaren, um gesetzliche oder aufsichtsrechtliche Bestimmungen umzusetzen und neue Verfahren und Programme aufzunehmen. Der externe Datenschutzbeauftragte ist nicht in die Organisation der Kanzlei eingegliedert und bedarf auch nicht der besonderen Freistellung zu Fort- und Weiterbildungszwecken. Laufzeit und Kündigungsfristen sollten ebenso vereinbart sein sowie die Nennung des Datenschutzbeauftragten gegenüber Dritten und die Erreichbarkeit, wenn sich Risiken für die IT- und Datensicherheit realisieren oder Betroffene Auskunft, Sperrung und Löschung auf ihre Daten bezogen verlangen.

3. Bei der Beauftragung eines Dritten mit der Verarbeitung personenbezogener Daten ist eine schriftliche Vereinbarung nach § 11 BDSG zur Auftragsdatenverarbeitung (→ Form. L. IV. 6) abzuschließen. Hierbei ist in der Kanzlei jeweils kritisch zu prüfen, ob die Beauftragung des Dritten trotz der berufsrechtlichen Anforderungen möglich ist oder sich hieraus ggf. ein Berufsrechtsverstoß oder sogar nach § 203 StGB die Strafbarkeit der Hinzuziehung des Dritten ergibt. Es lohnt sich die berufsrechtlichen sowie gesetzgeberischen Entwicklungen zu beobachten. In diesen Bereichen können sich zeitnah Veränderungen ergeben, welche Anwälten die Hinzuziehung von externen Dritten zur Erbringung von Teilaufgaben der Kanzlei ermöglichen, ohne dass das Risiko besteht, unzutreffend anzunehmen, es handle sich bei den Dritten um Berufsgehilfen, so dass ein Offenbaren von Mandatsdaten erlaubterweise erfolge oder dass ein mit dem Einsatz einer bestimmten Lösung einhergehendes Offenbaren nicht erkannt wurde.

4. Das öffentliche Verzeichnis (→ Form. L. IV. 2) oder auch Jedermannverzeichnis ist gemäß § 4 g Abs. 2, S. 2 BDSG jedermann auf Antrag zur Verfügung zu stellen. Das Verzeichnis kann auch auf der Website veröffentlich werden, so dass bei Anfragen direkt darauf verwiesen werden kann.

5. Sofern die Kanzlei über ein EDV-Netzwerk verfügt und über einen zentralen Server sowie Internetzugang wird die Kanzlei im Zusammenhang mit den Netzwerkinstallationen und der Verbindung ins Internet über einen Router eine Netzwerk- oder Hardware-Firewall als eigenständige Hardware-Komponenten mit der Firewall-Software installieren. Zusätzlich kann bei den mobilen Endgeräten das Nutzen einer Personal-/Desktop-Firewall sinnvoll sein als eine Firewall, welche nur auf dem Client (PC, Notebook etc.) als Software-lösung aktiv ist. Die Firewall-Lösungen wehren in erster Linie ungewollte Zugriffe auf das Netz von außen ab und bedürfen der ständigen Aktualisierung, um bekannt gewordene Sicherheitslücken zu schließen. Ein Muster für einen Betreuungsvertrag für eine Firewall ist bei BeckFormB ITR/*Missling*, D.2 veröffentlicht.

6. VPN-Zugänge oder besser SSL-VPN sind Softwarelösungen, welche die sichere Verbindung zu einem Netzwerk ermöglichen, dh die Verbindung ist Ende zu Ende abgesichert. Hierfür wird das mobile Endgerät zunächst in das Kanzleinetzwerk einge-bunden, so dass die Firewall dieses erkennt. Über einen virtuellen Netzwerkadapter sendet das Gerät, sofern es sich außerhalb des Netzwerkes befindet, dh nicht über den physischen Netzwerkadapter verbunden ist, seine IP-Adresse und kann sich auf diese Art und Weise trotz Firewall den Zugriff von extern auf das Kanzleinetzwerk verschaf-fen. Zugleich kapselt das Endgerät den virtuellen Netzwerkadapter derart ab, dass kein anderes Gerät diesen mit nutzen kann.

7. Die Kanzlei wird zum Diensteanbieter im Sinne des Telemediengesetzes (TMG), wenn sie ihren Mitarbeitern die private Internetnutzung gestattet, was die Kanzlei entsprechend verpflichtet. Zugleich muss die Kanzlei die rechtsverletzende Nutzung des Internetzugangs verhindern. Zu den Möglichkeiten der Regelung und Kontrolle der E-Mail und Internetnutzung siehe *Auer-Reinsdorff/Conrad*, Mandatshandbuch IT-Recht, § 2 Rn. 248 ff.

8. Allgemein bekannt ist, dass Emails weder vor Absender- noch vor Inhaltsverän-derungen noch vor Auswerten durch Dritte sicher sind. Allgemein wird dies im Hinblick darauf, dass der Email-Versand entgeltfrei und benutzerfreundlich ist, in Kauf genom-men. Für Anwälte ergibt sich die besondere Situation, dass mit dem Versand einer offenen Email ein Offenbaren der Mandatskommunikation verbunden sein kann. Daher sind Maßnahmen zu ergreifen, welche mindestens dokumentieren, dass der Mandant von sich aus die unverschlüsselte Email-Kommunikation eröffnete und/oder die Kommunika-tion per Email anforderte. Da die Kanzleien zunehmend als elektronische Kanzleien arbeiten, sollten sie auch Lösungen bereit halten, wenn der Mandant verschlüsselte und ggf. auch signierte Email-Kommunikation wünscht. Darüber hinaus sollten die Berufs-träger Mandanten für die Angreifbarkeit und die Risiken der Email-Kommunikation bereits durch Anwenderfehler sensibilisieren und Alternativen anbieten können.

Das qualifizierte elektronische kartenbasierte Signaturzertifikat gemäß Signaturgesetz wird zusammen mit einem Verschlüsselungszertifikat ausgeliefert und kann deshalb direkt zum Einsatz kommen. Mit der flächendeckenden Einführung des elektronischen Rechts-verkehrs stufenweise bis zum 31.12.2021 (Gesetz zur Förderung des elektronischen Rechts-verkehrs mit den Gerichten, Bundesrat Drucksache 500/13, 14.6.2013), bleibt die Anfor-derung der Nutzung der elektronischen Signatur für das EGVP mindestens noch bis zum 31.12.2017 bestehen. Ferner werden dann über das EGVP neben den Gerichte zwar die in Deutschland zugelassenen Rechtsanwälte technisch sicher zu erreichen sein, aber zahlreiche weitere Kommunikationspartner (zum Beispiel: Gerichtsvollzieher, Behörden, Gutachter, Ärzte etc.) der Anwaltskanzlei wie auch die Mandanten nach wie vor nicht.

9. Das EGVP (Elektronische Gerichtspostfach) kann über egvp.de kostenfrei herunter-geladen und installiert werden. Mit der Einführung des elektronischen Mahnbescheides hat das EGVP erheblich an Bedeutung gewonnen, da als Alternative nur noch das

Barcodeverfahren bleibt, welches aber den Nachteil hat, dass der Zugang des Mahnantrages per Postzugang bei Gericht erfolgt und nicht etwa vorab per Fax. Das EGVP übermittelt die elektronischen Mahnanträge bzw. Klageanträge umgehend und der Sender erhält eine Empfangsbestätigung. Mit der Einführung des Anwaltspostfaches im EGVP im Rahmen der Umsetzung des Gesetzes zur Förderung des elektronischen Rechtsverkehrs mit den Gerichten wird die gesicherte elektronische Kommunikation von Anwalt zu Anwalt ohne weitere Maßnahmen möglich.

10. Das Signaturgesetz unterscheidet verschiedene Sicherheitsstufen für elektronische Signatur- und Verschlüsselungszertifikate (*Roßnagel* SigG § 2; BeckMHdb ITR/*Lepp*, § 28.). Fortgeschrittene Zertifikate sind dabei nicht so sicher wie qualifizierte. Letztere werden von einem beim Bundesamt für Sicherheit in der Informationstechnologie gemeldeten oder sogar akkreditierten Anbieter ausgegeben, dh dieser bestätigt die korrekte Zuordnung des Zertifikates und die Signatur und Verschlüsselung erfolgen über eine sichere Erstellungseinheit (Kartenlesegerät mit PIN-Eingabetastatur und Signaturkarte). Das fortgeschrittene Zertifikate hingegen ist regelmäßig auf dem Endgerät gespeichert oder auf einem Datenspeicherstick, so dass die PIN-Eingabe über die Tastatur erfolgt, über welche Daten erleichtert abgefangen werden können.

11. Die Signatur auch Footer genannt ist nach § 6 TMG erforderlich zur Identifizierung des Email-Absenders (→ Form. L. III. 2).

12. Netiquette ist die Zusammensetzung von Net für Netz und Etikette und umschreibt die bereits in den Anfängen der Internetnutzung und Email-Kommunikation aufgekommenen Regeln, welche die Kommunikation und den Datenaustausch im Sinne von Umgangsformen regeln sollten; siehe zum Beispiel http://www.uni-leipzig.de/netz/netikett.htm.

13. Die Aufnahme einer Email-Adresse in den Verteiler für den Newsletter bedarf der ausdrücklichen oder elektronischen Einwilligung des Mandanten. Mit der bloßen Angabe der Email-Adresse erfolgt keine datenschutzkonforme Einwilligung in den Newsletter-Bezug. Es muss entweder schriftlich zum Beispiel über den Mandanten-Aufnahmebogen die Anforderung des Newsletter erfolgen oder aber per Double-Opt-In über die Website, → Form. L. III. 1. Dabei ist von der weiteren wettbewerbsrechtlichen Zulässigkeit des Double-Opt-In-Verfahrens dann auszugehen, wenn die Bestätigungsemail mit dem Verifikationslink selbst keine Werbeinhalte hat. Dies hatte das OLG München Urt. v. 27.9.2012 – 29 U 1682/12 in einem Fall abweichend entschieden. Aber entsprechend der Rechtsprechung des BGH zum Double-Opt-In bei Werbeanrufen (BGH Urt. v. 10.2.2011 – I ZR 164/09, NJW 2011, 2657 ff.) sollten die Bestätigungsemails neutral und ohne Werbeinhalte die bei der Anmeldung zum Newsletter-Bezug angegebene Email-Adresse verifizieren.

14. Domains werden als Länderkennzeichen wie .de, als generische Top Level Domains (zum Beispiel: .biz, .com, .info, .name, .net, .org, .pro) und ab 2014 auch in größerem Umfang bei Interesse und hinreichender wirtschaftlicher Erfolgswahrscheinlichkeit wie zum Beispiel als .berlin vergeben. Siehe zur Domainauswahl BeckOK BORA/*Römermann* § 6 2; Köhler/Bornkamm/*Bornkamm* UWG § 5 Rn. 4.103 – 4.109, sowie zu den entsprechenden Vertragsmustern Weitnauer, Formularbuch IT-Recht, F.1., F.5., F.6. und F.7.

15. Verletzt jemand durch eine auf ihn registrierte Domain die Rechte eines Dritten, kann dieser nur den Inhaber der Domain in Anspruch nehmen und nicht etwa die Registrierungsstelle. Die DeNIC e.G., zuständig für die Vergabe der .de-Domains, hat aber das Dispute-Verfahren eingerichtet. Dieses ermöglicht die Bekanntgabe, dass über eine registrierte Domain ein Streit über die rechtmäßige Inhaberschaft besteht. Mit der

Hinterlegung des Disputes wird dann verhindert, dass der Inhaber die Domain auf einen Dritten überträgt, um sich der Auseinandersetzung mit dem Verletzten zu entziehen. Für die Dauer der Wirksamkeit des Disputes ist eine Übertragung der Domain an einen Dritten nicht möglich, siehe auch http://www.denic.de/domains/dispute.html und Beck-FormB ITR/*Henkenborg* Form. F.2., F.3., F.4.

16. Sollte bei einer Standardlösung der Anbieter keinen Softwarekaufvertrag entwickelt haben, findet sich bei BeckFormB ITR/*Imhof* Form. B. 1. ein Muster für einen Softwarekaufvertrag. Einzelheiten zum Softwarekauf bei Auer-Reinsdorff/Conrad/*Kast* § 5 und mit den Besonderheiten bei shrink-wrap/Schutzhüllenverträgen *Wiesemann* § 12 Rn. 140 ff.

17. Bei *Weitnauer*, Formularbuch IT-Recht findet sich ein Muster für einen Software-mietvertrag, B.4. sowie zum Software-Leasing, B.5. H.4. E.4. Einzelheiten zum Vertragstypus und den Gestaltungsvarianten bei BeckMHdb ITR/*Roth*, § 6 worunter Application Providing (ASP) und Software as a Service (SaaS) fallen.

18. Je nach zu entwickelnder Softwarelösung handelt es sich um ein komplexes IT-Projekt. Bei *Weitnauer*, Formularbuch IT-Recht findet sich ein Softwareerstellungsvertrag für eine individuelle Lösung, B.3. sowie ein Vertrag über Anpassungsleistungen, das Customizing, *Ritter* C.4., weiterführende Hinweise zum Softwareerstellungsvertrag bei Auer-Reinsdorff/Conrad/*Schneider/Conrad* § 8 sowie zu IT-Projekten *Conrad/Schneider/Witzel* § 16.

19. Vertragsmuster zum Hardwarekauf als Rahmenbezugsvereinbarung A.1., die Hardwaremiete, A.2. sowie das Hardwareleasing A.3. finden sich bei *Weitnauer*, Formularbuch IT-Recht sowie Erläuterungen bei Auer-Reinsdorff/Conrad, BeckMHdb ITR/*Stadler/Kast* § 14.

20. Eine Servicevereinbarung für die Netzwerkbetreuung findet sich unter F II. 2. ein Beratungsvertrag bei BeckFormB ITR/*Ritter* Form. C. 1. und ein Schulungsvertrag bei BeckFormB ITR/*Ritter* Form. C. 2.

21. Ein Wiki ist eine webbasierte Anwendung, mit deren Hilfe Wissen, Know-How, Vorlagen etc. gesammelt, weiterentwickelt und kommentiert werden können, zum Beispiel https://www.atlassian.com/software/confluence/ und weiterführende Information zu Corporate Wikis http://mywiki.espresto.de/media/pdf/Corporate-Wikis_Vorbehalte-Vorteile-Erfolgsstories.pdf.

22. Das OLG München hatte bereits in seinem Urteil vom 18.9.2003; Az.: 29 U 2681/03 (ZUM 2003, 961) entschieden, dass zwei Klicks bis zum Erreichen der Anbieterkennzeichnung auf der Website nicht zu viel sind, um dem Kriterium „unmittelbar erreichbar" zu entsprechen. Der BGH (Urt. v. 20.7.2006 – I ZR 228/03 – MMR 2007, 40) hat dies bestätigt. Allerdings steht noch eine Entscheidung zur Erreichbarkeit der Anbieterkennzeichnung über einen Link aus einem Social Media Profil heraus aus, wenn technisch die Darstellung der vollständigen Anbieterkennzeichnung nicht direkt möglich ist (siehe auch *Spindler/Schuster*, Recht der elektronischen Medien, TMG *Micklitz/Schirmbacher* § 5 Rn. 25 – 28a, 2. Auflage 2011). Jüngst entschied das Landgericht Regensburg Urt. v. 31.1.2013 – 1 HK O 1884/12, MMR 2013, 246 ff., dass jedenfalls ein Facebook-Profil, welches eine Unternehmenspräsentation enthält bzw. den Account als Werbekanal nutzt, die Anbieterkennzeichnung dort vorzuhalten hat.

2. EDV-Servicevertrag

Zwischen

. . . . . .

– „Anbieter" –

und

. . . . . .

– „Kunde" –

wird folgender EDV-Servicevertrag geschlossen:

§ 1 Vertragsgegenstand

(1) Anbieter übernimmt die laufende EDV- und Netzwerkbetreuung und die damit in Verbindung stehenden EDV-technischen Arbeiten beim Kunden.

Dazu zählen folgende Leistungen: Beratung bei allen EDV-Problemen sowie die Netzwerkpflege, die Wartung der festen und mobilen Arbeitsplätze und der zentralen Komponenten (Server) sowie die Pflege der Software soweit das Netzwerk von Anbieter eingerichtet und/ oder überarbeitet wurde und/oder die betreffenden Komponenten Gegenstand der Auftragsdokumentation[1] sind.

(2) Nicht von den laufenden Betreuungsleistungen erfasst sind folgende Leistungen: Für die Instandhaltung, Instandsetzung, den laufenden Betrieb und/oder Erweiterung der EDV-Anlagen benötigte Verbrauchs- oder Ersatz- und/oder Ausbauteile,[2] lizenzkostenpflichtige Software und Kosten für aktuellere Softwareversionen,[3] Konzeptionen und Beratungen zu Komponenten, welche nicht Bestandteil des Netzwerkes im Sinne des Absatzes 1 sind.

(3) Ausgenommen sind ferner die Beseitigung von Störungen, die aufgrund unsachgemäßer Handhabung, nicht mit Anbieter abgestimmten Veränderungen und/oder Erweiterungen des EDV-Netzwerk durch den Kunden oder einen Dritten, menschlichem Versagen, Unfall, Feuer, Blitz oder Wasser, alle in einer üblichen EDV- oder Elektronikversicherung enthaltenen Versicherungsfälle, sowie aufgrund sonstiger Fälle höherer Gewalt oder durch Eingriffe unbefugter Personen eingetreten sind.

(4) Leistungen und Anschaffungen nach den Ziffern 2 und 3 bietet Anbieter jeweils über die laufende EDV-/Netzwerkbetreuung hinaus gegen gesonderte Vergütung an.

(5) Die Servicevereinbarung umfasst die telefonische Unterstützung (soweit möglich und sinnvoll) bei der Instandhaltung, Instandsetzung und der Störungsbeseitigung des EDV-Netzwerkes und seiner Komponenten nach Ziffer (1) einschließlich Remote-Unterstützung und die regelmäßige Pflege- und Wartungsarbeiten mittels Fernzugriff[4] und/oder am vertragsgegenständlichen Standort des Kunden. Ferner hat der Anbieter die Arbeiten und Maßnahmen zu dokumentieren sowie die Auftragsdokumentation laufend zu aktualisieren.

§ 2 Störungsbeseitigung

(1) Anbieter beseitigt gemeldete Störungen innerhalb angemessener Frist (in der Regel am nächsten Arbeitstag Montag bis Freitag zwischen 9:00 und 18:00 Uhr; nach gesonderter Vereinbarung auch am Wochenende). Nach Eingang der Fehlermeldung teilt Anbieter

dem Kunden jeweils unverzüglich mit, wann und innerhalb welchen Zeitrahmens der gemeldete Fehler analysiert und mit dessen Beseitigung begonnen wird.[5]

(2) Anbieter bietet dem Kunden den Anschluss an die Ferndiagnose und -Wartungseinrichtungen an. Die Installation der hierfür erforderlichen technischen Einrichtungen erfolgt auf Kosten des Anbieters, Verbindungskosten sind vom Kunden zu tragen. Diese Remote-Wartung ist die bevorzugte Art und Weise der Instandsetzung und Fehlerbehebung. Zur Remote-Wartung wird eine gesonderte Auftragsdatenverarbeitungsvereinbarung[6] abgeschlossen. Ferner hat der Anbieter eine Geheimhaltungs- und Vertraulichkeitserklärung[7] unterzeichnet und die einzelnen Remote-Sitzungen werden von der Kanzlei frei gegeben und am Bildschirm beobachtet.

(3) Gestaltet sich die Fehlerbeseitigung aufwendiger als angenommen, erfordert dies insbesondere die Beschaffung von Hard- und Software so nennt Anbieter einen Zeitrahmen, innerhalb welchem mit einer Problemlösung gerechnet werden kann. Bei gesonderter Vereinbarung kann dem Kunden eine Ersatz- oder Umgehungslösung[8] zur Verfügung gestellt werden.

(4) Der Kunde ist verpflichtet, auftretende Fehler, den Ablauf von Systemausfällen, Geräteausfälle und/oder sonstige Probleme (kurz: „Störungen") so genau wie möglich zu beschreiben, so dass Anbieter diese ggf. reproduzieren[9] kann.

§ 3 Vertragslaufzeit und Kündigung

(1) Dieser Vertrag wird zunächst für X Monate beginnend mit dem . . . . . . (Datum) abgeschlossen und verlängert sich jeweils um weitere sechs Monate, sofern er nicht mit einer Frist von drei Monaten zum Ende der jeweiligen Laufzeit von einer der Parteien gekündigt wird.

(2) Das Recht zur außerordentlichen Kündigung bleibt hiervon unberührt.

(3) Kündigungen haben in Schriftform zu erfolgen.

§ 4 Vergütung, Fälligkeit, Preisanpassung

(1) Die Leistungen nach § 1 vergütet der Kunde mit einer monatlichen Pauschale in Höhe von . . . . . . EUR (in Wobei: . . . . . . EUR) zzgl. der gesetzlichen Mehrwertsteuer, zahlbar nach Rechnungslegung monatlich im Voraus. Grundlage der Pauschale sind x Arbeitstage pro Monat à acht Stunden. Anbieter kann eine Anpassung der Pauschale verlangen, wenn sich der Umfang der im Sinne des § 1 Abs. 1 betreuten Komponenten und/oder Anwendungen erhöht. Betreut Anbieter die Erweiterung des Netzwerkes so bietet Anbieter zusammen mit der Erweiterung die angepasste monatliche Pauschale an.

(2) Für über die Pauschale hinausgehende Arbeiten und Leistungen vereinbaren die Parteien einen Stundensatz in Höhe von . . . . . EUR (in Wobei: . . . . . . EUR) zzgl. MwSt., sofern für diese Leistungen kein gesondertes Angebot erstellt wurde. Für Arbeiten außerhalb der regulären Geschäftszeiten (Montag bis Freitag 8 – 20 Uhr), an Wochenenden und Feiertagen wird ein Zuschlag von . . . . . .% auf den Stundensatz und entsprechend auf die Pauschale vereinbart.

(3) In der Pauschalvergütung nach Ziffer 1 sind die Kosten für bis zu . . . . . Anfahrten pro Monat innerhalb Berlins enthalten. Sonstige Anfahrtskosten werden mit 0,50 EUR pro gefahrenem Kilometer vergütet, sonstige Reisekosten nach Abstimmung auf Basis der nachgewiesenen Auslagen.

(4) Zahlungen sind bei Rechnungsstellung innerhalb von 7 Tagen nach Rechnungslegung ohne Abzug fällig.

§ 5 Vor-Ort-Service und -Wartung

(1) Bei Bedarf steht Anbieter zur Durchführung der Leistungen ein Arbeitsplatz am Standort des Kunden zur Verfügung.

(2) Der Kunde hat dafür zu sorgen, dass Anbieter Zugang zu den Räumlichkeiten und EDV-Komponenten im Störungsfall und für Wartungsarbeiten erhält. Anbieter wird planbare Wartungs- und Pflegeleistungen zu mit dem Kunden abgestimmten Zeiten innerhalb und/oder außerhalb dessen Geschäftszeiten durchführen.[8]

§ 6 Geheimhaltung, IT-Sicherheit, Datensicherung

(1) Die Mitarbeiter und Beauftragten von Anbieter verpflichten sich nach § 5 BDSG auf das Datengeheimnis[9] und werden die vom und über den Kunden erlangten Informationen und Geschäftsgeheimnisse vertraulich behandeln.

(2) Anbieter erhebt, verarbeitet und nutzt personenbezogene Kundendaten lediglich im Rahmen der Vertragsdurchführung. Personenbezogene Kundendaten werden nicht an Dritte weitergegeben, es sei denn, dies ist im Rahmen der Abwicklung von Drittgeschäften erforderlich, welche Anbieter auf Wunsch des Kunden vermittelt.

(3) Anbieter trifft alle erforderlichen technischen und organisatorischen Sicherheitsmaßnahmen, um personenbezogenen Daten vor Verlust und Missbrauch zu schützen. Die Vertragsparteien schließen eine gesonderte Auftragsdatenverarbeitungsvereinbarung nebst einer Anlage technische und organisatorische Maßnahmen nach § 9 und Anlage BDSG.[10] Auf schriftliche Anfrage des Kunden erteilt Anbieter diesem Auskunft darüber, welche personenbezogenen Daten gespeichert und wie diese verarbeitet wurden.

(4) Anbieter verpflichtet sich zum sorgsamen Umgang mit Passwörtern und sonstigen Login-Daten, welche er zur Auftragserfüllung benötigt.

(5) Der Kunde ist für die regelmäßige Datensicherung im erforderlichen Umfang und angemessener zeitlicher Routine selbst verantwortlich,[11] es sei denn die Parteien haben eine abweichende Vereinbarung mit der Beauftragung der Datensicherung an Anbieter getroffen. Der Kunde hat vor Beginn der Arbeiten an den datenverarbeitenden Geräten eine Datensicherung durchzuführen.[12] Anbieter empfiehlt dem Kunden, regelmäßig selbst oder auf Basis gesonderter Beauftragung einen Test zur Datenwiederherstellung[13] aus den Backups durchzuführen.

(6) Anbieter verpflichtet sich bei Beendigung der jeweiligen Zusammenarbeit auf Anforderung des Kunden zur Herausgabe der vertraulichen Informationen oder zur Vernichtung der vertraulichen Unterlagen, sofern Anbieter nicht aus gesetzlichen Anforderungen heraus verpflichtet ist, diese zum Nachweis aufzubewahren.

(7) Anbieter ist vom Kunden über die besonderen Verpflichtungen zur Wahrung des Mandatsgeheimnisses unterrichtet worden. Anbieter wird keine Kopien von unverschlüsselten Daten auf seine Systeme speichern oder außerhalb der Kanzleiräume verbringen.[14]

§ 7 Nutzungsrecht, Urheberrecht

(1) Sofern Leistungen des Anbieters urheberrechtlich geschützt sind, wird dem Kunden ein einfaches zeitlich und räumlich unbegrenztes, aber nicht übertragbares Nutzungsrecht[15] gewährt, es sei denn die Parteien haben abweichende Vereinbarungen getroffen.

(2) Sofern der Kunde Software oder andere urheberrechtlich geschützte Beistellungen selbst erbringt, sichert er zu, Inhaber hinreichender Nutzungsrechte[16] zu sein, welche den Einsatz bzw. die Installation und Bereitstellung durch Anbieter umfasst. Der Kunde hat

Anbieter von allen Ansprüchen Dritter einschließlich der Kosten einer angemessenen Rechtsverteidigung freizustellen, wenn dieser wegen nicht hinreichender Nutzungs- und Bearbeitungsrechte des Kunden von Dritten in Anspruch genommen wird.

§ 8 Haftung von Anbieter

(1) Anbieter haftet für Vorsatz und grobe Fahrlässigkeit. Er haftet ferner bei leicht fahrlässiger Verletzung solcher Pflichten, deren Erfüllung die ordnungsgemäße Durchführung des Vertrages überhaupt erst ermöglicht, deren Verletzung die Erreichung des Vertragszweckes gefährdet und auf deren Einhaltung der Kunde regelmäßig vertraut, jedoch maximal in Höhe von 25 % der jeweiligen Auftragssumme und maximal bis zur Versicherungssumme der Betriebshaftpflicht, wenn durch die Deckungssumme das vertragstypische Schadensrisiko abgedeckt ist. Soweit die Betriebshaftpflicht[17] von ihrer Leistung befreit ist, haftet Anbieter nur auf den vertragstypischen, vorhersehbaren Schaden.

(2) Die Haftung wegen Verletzung des Körpers, der Gesundheit oder des Lebens sowie nach dem Produkthaftungsgesetz bleibt ebenso unberührt wie die Haftung bei arglistigem Verschweigen eines Mangels und der Übernahme einer Garantie.

§ 9 Lieferfrist, -ort und –umfang bei Hard- und Softwarelieferung

(1) Anbieter übernimmt bei besonderem Auftrag die Beschaffung von Hard- und Software für den Kunden. Wird der vereinbarte Liefertermin um mehr als eine Woche überschritten, so kann der Kunde Rechte wegen Lieferverzugs nur geltend machen, wenn Anbieter eine angemessene Nachfrist von einer Woche eingeräumt wurde und diese verstrichen ist.

(2) Soweit Anbieter Waren ausliefert oder versendet, erfolgt die Lieferung auf Gefahr des Kunden. Dem Kunden obliegt die Prüf- und Rügepflicht im Sinne des § 377 HGB[18] auch wenn die Ware direkt vom Lieferanten des Anbieter an den Standort des Kunden ausgeliefert wird.

§ 10 Mängelhaftung

(1) Mängelhaftungsansprüche aus Kaufvertrag wegen der Lieferung von Hard- und Software verjähren binnen zwei Jahren ab Ablieferung.

(2) Anbieter hat nach Wahl des Kunden bei Mangelhaftigkeit der Ware diese nachzuliefern oder nachzubessern.

(3) Der Kunde ist jeweils verpflichtet, die durchgeführte Dienstleistung bei Beendigung auf Schlechtleistung zu untersuchen.

(4) Anbieter tritt Garantie-, Service- und Mängelhaftungsansprüche gegenüber seinen Lieferanten von Hard- und Software an den Kunden ab. Der Kunde ist verpflichtet, diese Abtretung anzunehmen und seine Garantie- und/oder Mängelhaftungsansprüche direkt beim Lieferanten und/oder Hersteller geltend zu machen. Dies gilt nur, soweit Anbieter dem Kunden die für die Geltendmachung der Rechte erforderlichen Informationen und Unterlagen bereit stellt und nicht für werk- und dienstvertragliche Verpflichtungen des Anbieters gegenüber dem Kunden.

§ 11 Drittgeschäfte/Subunternehmer

Anbieter ist nicht berechtigt, zur Erfüllung seiner vertraglichen Verpflichtungen ohne vorherige Zustimmung des Kunden Subunternehmer einschließlich freier Mitarbeiter zu beauftragen.[19] Diese hat der Anbieter auf das Datengeheimnis sowie auf Vertraulichkeit entsprechend der vertraglichen Verpflichtungen zu verpflichten und dies auf Anforderung des Kunden nachzuweisen.

§ 12 Schlussbestimmungen/Änderungsvorbehalt

(1) Sollte eine der Bestimmungen dieses Vertrages unwirksam sein oder werden, so wird dadurch die Wirksamkeit der übrigen Bestimmungen nicht berührt. Unwirksame Bestimmungen sind durch solche wirksamen Bestimmungen zu ersetzen, die den angestrebten Zweck weit möglichst erreichen. Die nicht betroffenen Regelungen bleiben hiervon unberührt. Entsprechendes gilt für Regelungslücken.

(2) Gerichtsstand für alle Streitigkeiten aus und im Zusammenhang mit diesem Servicevertrag sowie den darüber hinaus an den Anbieter erteilten Aufträgen ist Berlin. Es gilt deutsches Recht unter Ausschluss des UN-Kaufrechts.

. . . . . ., den . . . ., den . . . . . .

(Unterschriften)   (Unterschrift)

Schrifttum: *Auer-Reinsdorff/Conrad*, Beck'sches Mandatshandbuch IT-Recht, 2011 (zit. BeckMHdb ITR); *Gola/Schomerus*, Bundesdatenschutzgesetz, 11. Aufl. 2012; *Graf von Westphalen*, Vertragsrecht und AGB-Klauselwerke, Loseblatt; *Kindhäuser/Neumann/Paeffgen*, StGB, 2013; *Kopf/Szalai* ZD 2012, 462; DAV-Symposium Outsourcing in Kanzleien, Anwbl. 2012, 476 ff.; *Simitis*, Bundesdatenschutzgesetz, 7. Aufl. 2012; *Weitnauer*, Beck'sches Formularbuch IT-Recht, 3. Aufl. 2012 (zit. BeckFormB ITR).

Anmerkungen

1. Hat der Anbieter das EDV-System selbst nicht in der Kanzlei eingerichtet, so sollte vor Beginn der Zusammenarbeit eine Bestandsaufnahme und -dokumentation erfolgen, soweit diese nicht vorhanden ist. Im Rahmen der Statuserfassung können Alter und Ausstattung der Hardware, Geschwindigkeit des internen Netzes sowie der externen Anbindung geprüft werden ebenso der Stand der Softwarelizenzen und die IT-Sicherheitsmaßnahmen. Diese Vorarbeit kann auch gesondert von einer Auftragserteilung an einen EDV-Service erfolgen. Die Anfangsdokumentation sollte dann in der folgenden Zusammenarbeit aktualisiert werden.

2. Die Vereinbarung stellt klar, dass mit der Pauschale keine Verbrauchsmaterialien wie zum Beispiel Toner für den Kopierer oder das Multifunktionsgerät umfasst sind. Auch hat der Anbieter keine Ersatzteile, Austauschgeräte bereitzustellen oder Reparaturen ohne weitere Vergütung durchzuführen an Komponenten, für welche der Anbieter keine Mängelhaftungsverpflichtungen (mehr) hat. Die Regelungen zur Mängelhaftung ergeben sich aus § 10. Auch für Arbeiten im Rahmen der Mängelhaftung gilt § 2 zur Störungsbeseitigung.

3. Benötigt die Kanzlei neue Versionen der im Einsatz befindlichen Software so regelt der Vertrag, dass von der Pauschale zwar das Installieren der aktuellen Komponenten umfasst ist, also die Pflege der Software. Die Beschaffung der neuen Versionen der Anwendungen ist ebenfalls dann nicht zu vergüten, wenn es sich um kostenlose Aktualisierungen handelt. Andernfalls hat der Anbieter den Kunden auf die verfügbaren Aktualisierungen hinzuweisen und mit der Kanzlei ggf. zu erörtern, inwieweit eine Aktualisierung nötig, nützlich und zeitlich passend ist. Die Kanzlei kann den Anbieter zur Abgabe eines Angebotes für die Softwarebeschaffung auffordern nach § 1 Abs. 4 des Servicevertrages oder aber die Software direkt beim Hersteller oder dessen Vertrieb erwerben oder mieten. Die Vorlage lässt die Situation unberücksichtigt, in der die Kanzlei eine eigene Software-lösung hat erstellen lassen. Bei der Beauftragung einer Individualsoftware ist zunächst ein Softwareerstellungsvertrag in erster Linie als Werkvertrag abzuschließen und nach Ab-nahme und Beginn der Nutzung wird die Weiterentwicklung und Aktualisierung über einen gesonderten Pflegevertrag abgebildet. Wichtig ist bei der Beauftragung einer individuellen Anwendung, dass der Entwickler ausschließliche Nutzungsrechte einschließlich des Rechts der Bearbeitung und Weiterentwicklung überträgt und der Quellcode in der jeweils aktuellen Fassung der Kanzlei zur Verfügung steht.

4. Für die Dienstleister, welche insbesondere Softwareanwendungen in der Kanzlei pflegen und/oder für die Störungsbeseitigung zuständig sind, ist es sehr hilfreich sich direkt über das Internet auf das System der Kanzlei aufzuschalten. Mit der Freigabe einer solchen Zugriffsmöglichkeit schafft die Kanzlei aber auch eine Sicherheitslücke und ermöglicht dem Anbieter den Zugriff auf die auf den Kanzleisystemen gespeicherten Daten. Die Sicherheits-lücke entsteht dann in besonderem Ausmaß, wenn der Fernzugriff zeitlich unbeschränkt und/oder ohne Zutun der Kanzlei von außen frei geschaltet wird. Besser ist es daher, mindestens ein enges Wartungsfenster für routinemäßige Kontrollen einzurichten und im Störungsfall dem Dienstleister aus der Kanzlei heraus über das Fernwartungsprogamm den Zugriff zu ermöglichen. Da der Dienstleister bei jedem Zugriff theoretisch die Möglichkeit hat, personenbezogene Daten der Kanzlei zur Kenntnis zu nehmen und/oder zu verarbeiten, ist der Abschluss einer Auftragsdatenverarbeitung (→ Form. L. IV. 6) erforderlich. Es bleibt die darüber hinaus gehende berufsrechtliche Verpflichtung, die Arbeiten des Dienstleisters zu begleiten, zu kontrollieren und bei Zweifeln an der Erforderlichkeit im Hinblick auf die Kenntniserlangung von Mandatsdaten auch jederzeit zu beenden. Diese Verpflichtung ergibt sich daraus, dass der Dienstleister in der Anwaltskanzlei nicht angestellt ist und daher kein Berufsgehilfe mit denselben Vorgaben an die berufliche Verschwiegenheit ist wie die Mitarbeiter der Kanzlei.

5. Hier ist festgehalten, zu welchen Zeiten die Kanzlei regelmäßig Serviceleistungen beim Dienstleister anfordern und erwarten kann. Der Vertrag definiert dann nicht nach Fehlerklassen unterschiedliche Reaktionszeiten und darüber hinaus Beseitigungszeiten. Die Regelung ist relativ einfach ausgestaltet, was oftmals aber den Anforderungen der kleinen und mittleren Kanzleien genügen kann. Der Anbieter ist lediglich verpflichtet unverzüg-lich zu reagieren und Angaben dazu zu machen, wann er mit den Maßnahmen beginnen kann und wann mit der Beseitigung zu rechnen ist. An dieser Stelle können aber auch verschiedene Fehlerkategorien oder – klassen definiert werden, welche die Reaktion des Anbieters binnen unterschiedlicher Zeit je nach Ausmaß des Fehlers und der damit verbundenen Beeinträchtigungen festschreibt. Diese Vorgehensweise bietet sich an, wenn die Kanzlei mit dem Anbieter über ein Ticket-/Fehlermeldesystem arbeitet und daher die Zeiten der Störungsmeldungen, der Status sowie die Dauer bis zur Reaktion und Behebung dokumentiert sind. Die Vereinbarung von Reaktionszeiten und ggf. Beseiti-gungszeiten sollte einher gehen mit bestimmten Minderungssätzen oder Gutschriften bei Nichteinhaltung. Behebungszeiten werden die meisten EDV-Dienstleister nicht pauschal zusagen wollen, allenfalls nach Analyse des Fehlers oder aber bei deutlichem Aufpreis und eng begrenzten, weniger komplexen Anwendungen.

6. Wie zu → Anm. 4 erläutert, bedarf es immer dann des Abschlusses einer Auftrags-datenverarbeitungsvereinbarung nach § 11 Bundesdatenschutzgesetz in Schriftform, wenn ein Dritter personenbezogene Daten im Auftrag verarbeitet oder aber im Sinne des § 11 Abs. 4 BDSG die Möglichkeit besteht, dass ein Dienstleister im Rahmen der Fernwartung

Zugriff auf unverschlüsselte personenbezogene Daten erlangt, welche der Kunde auf seinen Systemen verarbeitet. Ein Muster eines Auftragsdatenverarbeitungsvertrages unter → Form. L. IV. 6.

7. Hier ist die allgemeine Belehrung des externen Dienstleisters über die anwaltliche Verschwiegenheit mit anschließender Verpflichtung des Dienstleisters gegenüber der Kanzlei die Vorgaben einzuhalten. Hierbei handelt es sich wie bei jeder Vertraulichkeits- und Geheimhaltungsvereinbarung um eine Vereinbarung im Innenverhältnis, welche dem externen Dienstleister weder zum Zeugnisverweigerungsrecht noch zur Beschlagnahmefreiheit verhilft.

8. Bei der Wartung vor Ort gilt wie bei der Fernwartung, dass der Dienstleister bei seiner Arbeit zu begleiten sowie Eingriffe und Veränderungen mit zu verfolgen und ggf. zu dokumentieren oder auch abzubrechen sind bis die weitere Vorgehensweise geklärt ist. Es ist daher auch außerhalb der Geschäftszeiten dafür Sorge zu tragen, dass ein verantwortlicher angestellter Mitarbeiter oder ein Sozius selbst in der Kanzlei anwesend ist. Diese Maßnahmen sind dann nicht nötig, sollte die Kanzlei einen EDV-Administrator als Berufsgehilfen angestellt haben.

9. Bei jedem Dienstleistungsverhältnis, bei dem der Dienstleister in Kontakt mit den von der Kanzlei verarbeiteten personenbezogenen Daten kommen kann, ist nachzuhalten, dass auch der Dienstleister seine Mitarbeiter nach § 5 BDSG auf das Datengeheimnis verpflichtet hat (→ Form. L. IV. 1)

10. Bestandteil des Auftragsdatenverarbeitungsvertrages ist immer die Beschreibung der technischen und organisatorischen Maßnahmen wie sie beim Dienstleister bzw. in der Zusammenarbeit zwischen Kanzlei und Dienstleister zu treffen sind, um die Datensicherheit und damit den Datenschutz zu gewährleisten. Umfang und Art der technischen und organisatorischen Maßnahmen bestimmt die Kanzlei, wobei aber die Dienstleister eigene Standards entwickeln, welche die Kanzlei prüfen und ggf. als angemessen und durchführbar übernehmen kann oder aber mit dem Dienstleister Änderungen verhandeln sollte (→ Form. L. IV. 6).

11. In der Kanzlei sind Vorkehrungen zu treffen, welche die Sicherung der Verarbeitungsdaten mehrfach parallel und vor allem getrennt vom Standort erlaubt. Bei der Sicherung des Datenbestandes geht es einmal um die Sicherung bei Defekt oder Diebstahl des Servers bzw. der Speichermedien. Ferner geht es aber auch um standortbezogene Vorfälle wie Brand, Hochwasser etc. Hier sollte mit dem EDV-Dienstleister ein Datensicherungskonzept besprochen werden, was die Sicherung aller Daten in der Kanzlei zentriert und absichert. Dabei sind die einzelnen Arbeitsplätze genauso einzubeziehen wie mobile Geräte. Eine Kopie des Datenbestandes sollte entweder physisch auf Datenträger zum Beispiel in Form von Wechselfestplatten außerhalb des Kanzleistandortes gelagert werden oder aber die Kanzlei setzt eine verschlüsselte Online-Datensicherung ein. Wichtig ist, dass alle Sicherungssysteme derart ausgestattet sind, dass sie möglichst mit wenig oder keinem Aufwand laufen und Meldungen abgeben, ob die Sicherung erfolgreich war.

12. Das Muster sieht vor, dass die Kanzlei auch wenn sie zum eigenen Schutz vor Datenverlusten zur täglichen Sicherung verpflichtet ist, vor jedem Wartungs-/Pflegeeingriff eine gesonderte Sicherung erstellen soll. Es kann aber mit dem Dienstleister auch vereinbart werden, dass dieser vor Eingriffen in das System eine gesonderte Sicherung erstellt bzw. mindestens nochmals prüft, ob die letzte Sicherungsroutine erfolgreich verlaufen ist. Es kann natürlich auch im Einzelfall in Abhängigkeit von der Art des Eingriffs entschieden werden, ob eine weitere Sicherung des gesamten Datenbestandes oder von Teilen hieraus erfolgt.

13. Mit dem Dienstleister sollte abgestimmt werden, welche Datensicherungsergebnisse kritisch sind im Hinblick auf die Wiederherstellbarkeit und wo ein Test der Verwendbarkeit des Datensicherungsergebnisses regelmäßig erfolgen sollte. In der ersten Stufe empfiehlt es sich bei der Kernanwendung ein gespiegeltes System bereit zu halten, was beim Ausfall des Hauptsystems die Datenverarbeitung automatisch übernimmt. Bei dem Ausfall der Systeme ist nämlich zu beachten, dass der erfolgreiche Verlauf der Übertragung der Datensicherung auch davon abhängen kann, dass das neue System identisch aufgebaut ist.

14. Bei der Verarbeitung von personenbezogenen Daten, welche nicht dem Mandatsgeheimnis unterliegen, wie zum Beispiel Beschäftigtendaten oder Daten von Lieferanten, ist eine Übermittlung der Daten im Rahmen des Auftrags außerhalb der Kanzlei von den Rahmenbedingungen des Bundesdatenschutzgesetzes umfasst. Mandatsdaten hingegen bedürfen des erweiterten Schutzes und sind bei Verbringen zum Beispiel auf einem zu reparierenden PC-Arbeitsplatz außerhalb der Kanzlei beim Dienstleister nicht Beschlagnahme frei. Mit dem Verbringen der Hardware an einen anderen Ort außerhalb des Gewahrsams des Rechtsanwalts muss berücksichtigt werden, dass bei weiterhin enger Auslegung des Begriffs des Berufsgehilfen die Privilegierung wegfällt. Schon aus diesem Grund, sollte auf den einzelnen Arbeitsplätzen keine dezentrale Speicherung erfolgen.

15. Was die Übertragung von Nutzungsrechten angeht, betrifft dies im Kontext eines EDV-Servicevertrages vornehmlich erstellte Konzepte und Individuallösungen für die Kanzlei. Das Muster geht davon aus, dass der Einkauf von Standardsoftware direkt beim Hersteller oder über dessen Vertrieb bzw. auf Basis gesonderter Vereinbarung mit dem Anbieter erfolgt. Wichtig zu unterscheiden sind einfache und ausschließliche Nutzungsrechte. Einfache Nutzungsrechte erlauben der Kanzlei die Nutzung sowie die parallel Bereitstellung, die Mehrfachverwendung durch den Anbieter auch bei anderen Kanzleikunden. Ausschließliche Nutzungsrechte räumen der Kanzlei das singuläre Recht ein, die Leistungsergebnisse zu nutzen und der Anbieter kann diese weder für sich selbst noch für Dritte verwenden. Je nach Art der Leistungsergebnisse sollte die Kanzlei darauf achten, sich Bearbeitungs- und Weiterentwicklungsrechte einräumen zu lassen.

16. Der Anbieter will kein Risiko eingehen, dass die Kanzlei Software im Einsatz hat, die nicht hinreichend lizenziert ist, dh zum Beispiel Eigenentwicklungen einsetzt, zu denen sie sich keine Bearbeitungs- und Weiterentwicklungsrechte hat einräumen lassen. An dieser Stelle kann aber auch aufgenommen werden, dass der Anbieter die Kanzlei darauf hinzuweisen hat, wenn Software nicht entsprechend der Lizenzbedingungen im Einsatz ist, damit die Kanzlei diesen Zustand beseitigen kann.

17. Zwischenzeitlich gibt es spezialisierte Angebote für EDV-Dienstleister zur Absicherung der typischen Risiken über eine Betriebshaftpflicht. Die Kanzlei sollte sich beim Anbieter über den Umfang und die Art der Versicherung informieren. Es bietet sich an, die Aktualität des Versicherungsschutzes regelmäßig zu prüfen und eine Regelung aufzunehmen, wonach der Anbieter zum Nachweis über Art und Umfang sowie das Fortbestehen des Versicherungsschutzes seitens der Kanzlei aufgefordert werden kann.

18. Sofern die Kanzlei keine juristische Person ist, welche die Vorgaben des HGB zu beachten hat, trifft die Kanzlei nicht die Prüf- und Rügepflichten gegenüber dem Anbieter. Diese Regelung geht davon aus, dass der Anbieter Hard- und/oder Software im eigenen Namen bestellt und direkt an die Kanzlei liefern lässt. Die Ware trifft nicht beim Anbieter ein, so dass es im Interesse des Anbieters ist, wenn die Kanzlei die Lieferverpackung auf äußere Beschädigungen und die Kaufgegenstände nach § 377 HGB prüft. Sieht die Kanzlei sich nicht in der Lage diese Prüfung durchzuführen, sollte eine

Anlieferung beim Anbieter erfolgen oder aber der Anbieter ist seitens der Kanzlei über die Anlieferung unverzüglich zu informieren, damit er die ihm obliegenden Prüf- und Rügepflichten selbst unverzüglich wahrnehmen kann.

19. Die Einschaltung von Subunternehmern, dh auch Einbinden von freien Mitarbeitern, auf Seiten des Anbieters sollte nur nach vorheriger Zustimmung der Kanzlei erfolgen. Die Kanzlei muss jederzeit einen Überblick darüber haben, wer Zugriff auf ihre EDV-Systeme und ggf. mandatsbezogene und personenbezogene Daten hat. Ein Regelungserfordernis zur Frage der Einbeziehung von Subunternehmern ergibt sich auch direkt aus § 11 Abs. 2 Nr. 6 BDSG zur Auftragsdatenverarbeitung (→ Form. L. IV. 6).

G. Begründung des Mandats

I. Mandantenfragebogen

Rechtsanwalt . . . . . .[1]

Mandantendaten

Es soll eine zügige und reibungslose Bearbeitung Ihrer Angelegenheit gewährleistet werden. Ich bitte deshalb um Beantwortung der nachstehenden Fragen. Ihre Angaben werden durch die anwaltliche Verpflichtung zur Verschwiegenheit geschützt.

Name: . . . . . .

Geburtsname: . . . . . .[2]

Vorname: . . . . . .

Geburtsdatum: . . . . . .

Titel: . . . . . .

Staatsangehörigkeit: . . . . . .[3]

Firma/Rechtsform der Gesellschaft: . . . . . .[4]

Tatsächlicher Verwaltungssitz der Gesellschaft . . . . . .[5]

Vertreter: . . . . . .[6]

Vorsteuerabzugsberechtigt: . . . . . .[7]

Anschrift (Straße, PLZ und Ort): . . . . . .

WEG: . . . . . .(Liste der (Mit-)Eigentümer mit aktuellen ladungsfähigen Anschriften anbei)[8]

Telefon (privat): . . . . . .

Telefon (geschäftlich): . . . . . .

Telefon (Mobil): . . . . . .

Telefax: . . . . . .

Email: . . . . . .

Bankverbindung: . . . . . .BLZ: . . . . . . Kto-Nr.: . . . . . . IBAN.: . . . . . . BIC: . . . . . .

Rechtsschutzversicherung: . . . . . . Versicherungsnummer: . . . . . .(Ggf.) Schadensummer . . . . . .

Datenschutzrechtlicher Hinweis (§§ 28, 33 BDSG): Die Daten werden vorübergehend gespeichert.

Ich bin damit einverstanden, dass die oben genannten Daten von Rechtsanwalt . . . . . . (Ggf. Titel) . . . . . . (Vorname) . . . . . . (Name) zum Zwecke der Bearbeitung des Mandates verarbeitet werden.[9]

Der Rechtsanwalt weist darauf hin, dass unverschlüsselte E-Mails bei der Datenübertragung durch Dritte eingesehen werden können. Der Mandant stimmt mit der Angabe der E-Mail-Adresse und der Unterzeichnung dieses Hinweises, der Durchführung eines unverschlüsselten E-Mail-Verkehrs zu.[10]

. . . . . ., den . . . . . .

(Unterschrift Mandant)[11]

Schrifttum: *Baumgärtel/Brunner/Bugarin/Bugarin*, Arbeitsplatz ReFa: Der Allrounder. Kanzleiorganisation – Mandatsbetreuung, Sachbearbeitung, 2. Aufl., 2013, 2. Kap. IV. Rn. 93 bis 111 Mandanten-Aufnahmebogen; *Dahns*, Verschwiegenheitspflicht des als Strafverteidiger tätigen Anwalts, NJW-Spezial 2011, 190; *Horst*, E-Commerce – Verbotenes Terrain für Rechtsanwälte?, MDR 2000, 1293; *Hoß*, Berufs- und wettbewerbsrechtliche Grenzen der Anwaltswerbung im Internet, AnwBl. 2002, 377; *Kilian*, Das anwaltliche Mandat, 1. Aufl., 2008; *Klusemann/Urban*, Der Rechtsanwalt als SCHUFA-Vertragspartner, Berliner AnwBl. 2013, 243; *Lapp*, Fax- und E-Mail-Kommunikation, BRAK-Mitt. 1997, 106; *Rüpke*, Das Anwaltsgeheimnis auf dem Prüfstand des Strafrechts – ein quasi-datenschutzrechtliches Missverständnis zu § 203 StGB?, NJW 2002, 2835; *ders.*, Anwaltsrecht und Datenschutzrecht, NJW 1993, 3097; *ders.*, Datenschutz, Mandatsgeheimnis und anwaltliche Kommunikationsfreiheit, NJW 2008, 1121; *Rüpke*, Das spezifische Datenschutzrecht des Notars, NJW 1991, 548; *Rüpke*, Ein Beauftragter für den Datenschutz in der Anwaltskanzlei?, RDV 2004, 252; *ders.*, Europäischer Datenschutz und anwaltliche Informationsverarbeitung, AnwBl. 1995, 381; *Rüpke*, Freie Advokatur, anwaltliches Berufsgeheimnis und datenschutzrechtliche Kontrollbefugnisse, AnwBl. 2003, 19; *Rüpke*, Mehr Rechtssicherheit für anwaltliche Datenverarbeitung, ZRP 2008, 87; *Sarres*, Mandantenaufnahmebogen und Arbeitshilfen, FuR 2004, 489.

Anmerkungen

1. Bei **Mandantenfragebögen** kann begrifflich zwischen den **Mandantendaten** einerseits und den **Mandatsdaten** andererseits **unterschieden werden.** Bei der Erhebung der **Mandantendaten** geht es darum – 1. – die **für die Kommunikation mit dem Mandanten erforderlichen Daten und die für die jeweiligen Kommunikationswege** etwa nach dem BDSG **erforderlichen Zustimmungen zu erhalten** und – 2. – die nach Maßgabe des Gebots der Wahl des sichersten Weges zur Vertretung des Mandanten nach außen erforderlichen Daten vollständig zu erhalten und zu gewährleisten, dass diese Daten auch während des Laufes des Mandats jeweils aktuell bleiben. Die **Mandantendaten** haben mithin **Doppelfunktion,** einerseits für das **Rechtsverhältnis Mandant-Rechtsanwalt** und andererseits für das **Rechtsverhältnis Mandant-Gegner.** Demgegenüber geht es bei **Fragebögen** bzw. **Checklisten zu Mandatsdaten** um die **zeitlich rationelle Ermittlung des Sachverhalts als Teil der anwaltlichen Rechtsdienstleistung.** Solche Fragebögen bzw. Checklisten zu Mandatsdaten (vgl. zB die Checklisten in *Büchting/Heussen*, Becksches Rechtsanwaltshandbuch, zur Prozessvorbereitung (dort § 1 Rn. 5), zu den allgemeinen Prozessvorbereitungen (dort § 1 Rn. 11) etc. oder in Brambring/Jerschke/Waldner, Becksches Notar-Handbuch, 5. Aufl., 2009, zum Grundstückskaufvertrag (dort A I Rn. 2, zu den Voraussetzungen für die Ausübung des Vorkaufsrechts nach § 577 BGB (dort A I Rn. 93 etc.) haben mehrere Funktionen:

(1) Zunächst haben solche Fragebögen bzw. Checklisten die **Funktion der Absicherung der grds. Informationsbeschaffungspflicht des Rechtsanwaltes.** Es ist Aufgabe des Rechtsanwalts, der einen Anspruch seines Mandanten klageweise geltend machen soll, **die**

zugunsten seiner Partei sprechenden tatsächlichen und rechtlichen Gesichtspunkte so **umfassend wie möglich darzustellen,** damit sie das Gericht bei seiner Entscheidung berücksichtigen kann (BGH v. 13.6.2013 – IX ZR 155/11, NJW 2013, 2965; BGH v. 18.12.2008 – IX ZR 179/07, NJW 2009, 987; BGH v. 11.4.2013 – IX ZR 94/10, NJW 2013, 2036). Dabei darf sich der Rechtsanwalt **nicht ohne weiteres mit dem begnügen, was sein Auftraggeber ihm an Informationen liefert, sondern muss um zusätzliche Aufklärung bemüht sein,** wenn den Umständen nach für eine zutreffende rechtliche Einordnung die Kenntnis weiterer Tatsachen erforderlich und deren Bedeutung für den Mandanten nicht ohne weiteres ersichtlich ist (BGH v. 13.6.2013 – IX ZR 155/11, NJW 2013, 2965; BGH v. 20.6.1996 – IX ZR 106/95, NJW 1996, 2929; BGH v. 7.2.2002 – IX ZR 209/00, NJW 2002, 1413). Der Rechtsanwalt muss sich **die zur Vertretung erforderlichen Tatsachen** auch **rechtzeitig beschaffen,** da er nach den prozessualen Vorgaben zu rechtzeitigem Vortrag verpflichtet ist (BGH v. 28.6.1990 – IX ZR 209/89, NJW-RR 1990, 1241; BGH v. 13.6.2013 – IX ZR 155/11, NJW 2013, 2965) und damit inbesondere **verhindern** muss, dass einzelne **Angriffs- oder Verteidigungsmittel als verspätet zurückgewiesen** werden (BGH NJW 2013, 2965 m.w.N.). Zudem hat der Rechtsanwalt die Interessen seines Mandanten in den Grenzen des erteilten Mandats **nach jeder Richtung und umfassend wahrzunehmen** (BGH v. 13.6.2013 – IX ZR 155/11, NJW 2013, 2965) und er hat, wenn **mehrere Maßnahmen** in Betracht kommen, diejenige zu treffen, welche die **sicherste und gefahrloseste** ist, und, wenn **mehrere Wege** möglich sind, um den **erstrebten Erfolg** zu erreichen, den zu wählen, auf dem dieser **am sichersten erreichbar** ist (BGH v. 13.6.2013 – IX ZR 155/11, NJW 2013, 2965; BGH v. 23.9.2004 – IX ZR 137/03, NJW-RR 2005, 494; BGH v. 29.6.2006 IX ZR 76/04, NJW 2006, 3494).

(2) Neben der Absicherung der anwaltlichen Pflicht zur Aufklärung des Sachverhaltes haben solche Fragebögen eine **Rationalisierungsfunktion.** Zur anwaltlichen Tätigkeit und insbesondere auch zur Führung einer Kanzlei bzw. eines Anwaltsunternehmens gehört **Zeitmanagement** (Vgl. nur: Heussen, Anwaltsunternehmen führen: Was bedeutet das für einen Anwalt?, AnwBl 2014, 227; Heussen, Time Management für Rechtsanwälte, 3. Aufl., 2009; Berkemann/Kipp, Ein verlässlicher Partner im Gerichtsverfahren AnwBl 2012, 429). Fragebögen gewährleisten grundsätzlich eine **möglichst zeitsparende Erfassung des jeweiligen Sachverhalts als Grundlage für die weitere Mandatsbearbeitung.**

(3) Schließlich hat – worauf etwa Schnitzler zutreffend hinweist (vgl.: Anwaltshandbuch Familienrecht, 2. Auflage, 2008, § 1 Rn. 10) – das vom Mandanten gemeinschaftlich und im Gespräch mit dem Rechtsanwalt durchgeführte konzentrierte Ausfüllen des Fragebogens **mandatspsychologische Funktion,** da auf diese Weise eine ruhige Gesprächsatmosphäre geschaffen wird, die dem Mandanten auch das **Gefühl vermittelt, dass mit konkreten Strukturen an die Probleme herangegangen wird** (vgl.: Schnitzler/*Schnitzler* MAH FamR 2. Aufl. 2008 § 1 Rn. 10).

2. Bei **Doppelnamen** sollten zur Vermeidung unnötiger Nachfragen die Schreibweisen genau geklärt werden. Dabei sind allerdings ggf. auch **gesetzliche Vorgaben zu berücksichtigen.** So bedeuten die Begriffe „voranstellen" und „anfügen" in § 1355 Abs. 4 S. 1 BGB – unabhängig von Verwaltungsvorschriften (Nr. 41.1.3 PStG-VwV) –, dass der Ehename und der durch Ausübung des Beifügungsrechts gewählte Begleitname mit einem Bindestrich zusammenzusetzen sind („Begleitname-Ehename"/„Ehename-Begleitname") und nicht verbindungslos aneinander zu reihen („Begleitname Ehename") oder zusammenzuschreiben sind („BegleitnameEhename" bzw. „Begleitnameehename") (vgl.: KG v. 24.1.2013 – 1 W 734/11, NJW 2013, 1891).

3. Die Frage der **Staatsangehörigkeit** kann **zB** unter dem Gesichtspunkt des **§ 110 ZPO (Ausländersicherheit)** relevant sein. Gem. § 110 Abs. 1 ZPO in der seit 1. Oktober 1998 geltenden Fassung, haben Kläger, die ihren **gewöhnlichen Aufenthalt nicht in einem Mitgliedstaat der Europäischen Union oder einem Vertragsstaat des Abkommens über**

den Europäischen Wirtschaftsraum haben, auf Verlangen des Beklagten wegen der Prozesskosten Sicherheit zu leisten (BGH v. 13.12.2000 – VIII ZR 260/99, NJW 2001, 1219). Gem. § 110 Abs. 2 Nr. 1 ZPO tritt diese Verpflichtung nicht ein, wenn aufgrund völkerrechtlicher Verträge keine Sicherheit verlangt werden kann. Dieser Ausnahmetatbestand ersetzt das nach der alten, bis 30. September 1998 geltenden Fassung maßgebliche Merkmal der Gegenseitigkeit der Befreiung von der Pflicht zur Leistung einer Prozesskostensicherheit (BGH v. 13.12.2000 – VIII ZR 260/99, NJW 2001, 1219). Seit dem Inkrafttreten der Neufassung genügt es für die Befreiung eines ausländischen Klägers von der Pflicht zur Sicherheitsleistung nicht mehr, dass ein Deutscher nach den Gesetzen des Staates, dem der Kläger angehört, dort als Kläger nicht zur Sicherheitsleistung verpflichtet wäre. Vielmehr tritt nach der Neufassung des Ausnahmetatbestands des § 110 Abs. 2 Nr. 1 ZPO die nach § 110 Abs. 1 ZPO bestehende Verpflichtung zur Sicherheitsleistung nur dann nicht ein, wenn aufgrund eines völkerrechtlichen Vertrages mit dem Staat, dem der Kläger angehört, keine Sicherheit verlangt werden kann. Diese mit Wirkung vom 1. Oktober 1998 ohne Übergangsregelung in Kraft gesetzte (Art. 3 des Gesetzes vom 6. August 1998) Bestimmung gilt auch für bei ihrem Inkrafttreten bereits laufende Verfahren (BGH v. 13.12.2000 – VIII ZR 260/99, NJW 2001, 1219; OLG Düsseldorf v. 28.4.1999 – 11 U 76/98, NJW-RR 1999, 1588 (1589)).

4. Wird ein Mandatsverhältnis zu einem Unternehmer oder einem Unternehmen begründet, dann ist dessen **Name bzw. der Name der Firma und die Rechtsform genauestens aufzunehmen und ggf. durch Einsicht im Handelsregister zu prüfen.** Dies zur **Gewährleistung des sichersten bzw. des relativ sichersten Weges** für den Mandanten (BGH Urt. v. 11.7.1967 – VI ZR 41/66, VersR 1967, 979; BGH v. 27.1.2000 – IX ZR 354/98, NJW 2000, 1267; BGH Urt. v. 18.5.2006 – IX ZR 53/05, NJW-RR 2006, 1645). Nach der höchstrichterlichen Rechtsprechung ist eine **Parteibezeichnung** als Teil einer Prozesshandlung **grundsätzlich der Auslegung zugänglich** (BGH Urt. v. 27.11.2007 – X ZR 144/06, NJW-RR 2008, 582). Es ist maßgebend, wie die Bezeichnung bei objektiver Deutung aus der Sicht der Empfänger (Gericht und Gegenpartei) zu verstehen ist. Es kommt darauf an, welcher Sinn der von der klagenden Partei in der Klageschrift gewählten Bezeichnung bei objektiver Würdigung des Erklärungsinhalts beizulegen ist (BGH v. 24.1.1952 – III ZR 196/50, NJW 1952, 545; BGH v. 26.2.1987 – VII ZR 58/86, NJW 1987, 1946). Bei objektiv unrichtiger oder auch mehrdeutiger Bezeichnung ist grundsätzlich diejenige Person als Partei anzusprechen, die erkennbar durch die Parteibezeichnung betroffen werden soll (BGH v. 27.11.2007 – X ZR 144/06, NJW-RR 2008, 582; BGH v. 28.3.1995 – X ARZ 255/95, NJW-RR 1995, 764). Bei der Auslegung der Parteibezeichnung sind nicht nur die im Rubrum der Klageschrift enthaltenen Angaben, sondern auch der gesamte Inhalt der Klageschrift einschließlich etwaiger beigefügter Anlagen zu berücksichtigen (BGH v. 27.11.2007 – X ZR 144/06, NJW-RR 2008, 582; BAG v. 12.2.2004 – 2 AZR 136/03, BAG-Rep. 2004, 210; BGH v. 16.5.1983 – VIII ZR 34/82, NJW 1983, 2448). Dabei gilt der Grundsatz, dass die Klageerhebung gegen die in Wahrheit gemeinte Partei nicht an deren fehlerhafter Bezeichnung scheitern darf, wenn diese Mängel in Anbetracht der jeweiligen Umstände letztlich keine vernünftigen Zweifel an dem wirklich Gewollten aufkommen lassen, auch dann, wenn statt der richtigen Bezeichnung irrtümlich die Bezeichnung einer tatsächlich existierenden (juristischen oder natürlichen) Person gewählt wird, solange nur aus dem Inhalt der Klageschrift und etwaigen Anlagen unzweifelhaft deutlich wird, welche Partei tatsächlich gemeint ist (BAG Urt. v. 12.2.2004 – 2 AZR 136/03, BAG-Rep 2004, 210; BGH v. 27.11.2007 – X ZR 144/06, NJW-RR 2008, 582; OLG Hamm NJW-RR 1991, 188). **Von der fehlerhaften Parteibezeichnung zu unterscheiden ist die irrtümliche Benennung der falschen, am materiellen Rechtsverhältnis nicht beteiligten Person als Partei**; diese wird Partei, weil es entscheidend auf den Willen des Klägers, so wie er objektiv geäußert ist, ankommt (BGH v. 27.11.2007 – X ZR 144/06, NJW-RR 2008,

582; BGHZ 4, 328 (334); BGH NJW 1987, 1946). **Die Notwendigkeit der Anwendung dieser Grundsätze kann durch rechtzeitige und frühzeitige Klärung bereits bei Mandatsbeginn grds. vermieden werden.** Entsprechend wird das **Haftungsrisiko** vermieden, etwa wenn es darum geht, eine Forderung geltend zu machen, deren **Verjährung** unmittelbar **droht.** Insbesondere schützt die Vorschrift des § 167 ZPO nur vor nicht zu vertretenden Verzögerungen (OLG Frankfurt v. 15.11.2010 – 13 U 119/08, mwN). **Der Partei sind solche Verzögerungen zuzurechnen, die sie oder ihr Prozessbevollmächtigter bei sachgerechter Prozessführung hätten vermeiden können bzw. müssen, wobei bereits leichte Fahrlässigkeit ausreicht** (OLG Frankfurt v. 15.11.2010 – 13 U 119/08, mwN). Nach § 167 ZPO ist die Klagepartei gehalten, alles ihr Zumutbare für die alsbaldige Zustellung zu tun (OLG Frankfurt v. 15.11.2010 – 13 U 119/08, mwN). Dabei sind der Klagepartei vorwerfbar diejenigen Verzögerungen, die auf **Mängel der Klageschrift** beruhen, im besonderen auf der Angabe einer falschen Anschrift der Beklagtenpartei, soweit die Klagepartei nicht auf die unzutreffende Anschrift vertrauen durfte (OLG Frankfurt v. 15.11.2010 – 13 U 119/08).

5. Bei Vertretung einer Gesellschaft kann die **Frage des tatsächlichen Verwaltungssitzes** unter zB dem Gesichtspunkt der **Ausländersicherheit (§ 110 ZPO)** Relevanz erlangen. Auf Verlangen des Beklagten haben Kläger, die ihren gewöhnlichen Aufenthalt nicht in einem Mitgliedstaat der Europäischen Union oder einem Vertragsstaat des Abkommens über den Europäischen Wirtschaftsraum haben, nach § 110 Abs. 1 ZPO wegen der Prozesskosten Sicherheit zu leisten. Bei **(Kapital-) Gesellschaften tritt an die Stelle des gewöhnlichen Aufenthalts im Sinne des § 110 Abs. 1 ZPO der tatsächliche Verwaltungssitz, nicht der satzungsmäßige Sitz** (OLG München v. 24.6.2010 – 29 U 3381/09, ZIP 2010, 2069; BGH v. 1.7.2002 – II ZR 380/00, NJW 2002, 3539). Maßgebend für den tatsächlichen Verwaltungssitz ist der **Tätigkeitsort der Geschäftsführung und der dazu berufenen Vertretungsorgane,** also der Ort, wo die grundlegenden Entscheidungen der Unternehmensleitung effektiv in laufende Geschäftsführungsakte umgesetzt werden (OLG München ZIP 2010, 2069; BGH NJW-RR 2010, 1364). **Nicht relevant** ist in diesem Zusammenhang der **Ort bloßer Betriebsstätten** (OLG München v. 24.6.2010 – 29 U 3381/09, ZIP 2010, 2069 mwN) und auch nicht der **Ort der Ausführung einzelner Geschäfte** (OLG München v. 24.6.2010 – 29 U 3381/09, ZIP 2010, 2069; OLG Hamm NJW-RR 1995, 469 mwN). Die vorstehende Auslegung von § 110 Abs. 1 ZPO verstößt nicht gegen das Diskriminierungsverbot des Art. 18 Abs. 1 AEUV (vormals Art. 12 Abs. 1 EG). Allerdings verbietet es Art. 18 Abs. 1 AEUV nach dem EuGH (EuGH v. 26.9.1996 – C-43/95, NJW 1996, 3407) einem Mitgliedstaat, von einer in einem anderen Mitgliedstaat ansässigen juristischen Person, die bei einem seiner Gerichte eine Klage erhoben hat, die Leistung einer Sicherheit wegen der Prozesskosten zu verlangen, wenn eine derartige Forderung an juristische Personen dieses Staates als Kläger nicht gestellt werden kann und es sich um eine Klage handelt, die mit der Ausübung der vom Gemeinschaftsrecht gewährleisteten Grundfreiheiten zusammenhängt. Dabei ist allerdings zu beachten, dass auch nach deutschem Recht gegründete juristische Personen mit satzungsmäßigem Sitz im Inland nach § 110 Abs. 1 ZPO – vorbehaltlich der Befreiungstatbestände gemäß § 110 Abs. 2 ZPO – auf Verlangen des Beklagten wegen der Prozesskosten Sicherheit leisten müssen, wenn sie ihren tatsächlichen Verwaltungssitz nicht in einem Mitgliedstaat der Europäischen Union oder in einem Vertragsstaat des Abkommens über den Europäischen Wirtschaftsraum haben (OLG München v. 24.6.2010 – 29 U 3381/09, ZIP 2010, 2069).

6. Die **Vertretungsverhältnisse müssen peinlich genau aufgeklärt und abgesichert werden.** Dies gilt zum einen im Blick auf den Anwaltsvertrag und das Rechtsverhältnis zum Mandanten. Dabei geht es nicht nur um die **Absicherung des eigenen Gebühren- und Vergütungsanspruchs** sondern auch um die **Abwendung von persönlichen Haftungsrisiken** für den Rechtsanwalt selber. So ist zB die einem Rechtsanwalt von einem

Minderjährigen ohne vorherige Zustimmung der gesetzlichen Vertreter erteilte Vollmacht mangels Geschäftsfähigkeit des Vollmachtgebers schwebend unwirksam (§ 111 S. 1 BGB). Liegt auch endgültig keine Genehmigung des Rechtsgeschäfts durch die gesetzlichen Vertreter vor, hat der **Rechtsanwalt als vollmachtloser Vertreter gemäß § 473 Abs. 1 Satz 1 StPO die Kosten des von ihm eingelegten Rechtsmittels zu tragen**, es sei denn, er durfte aufgrund einer (fehlerhaften) gerichtlichen Entscheidung darauf vertrauen, zur Rechtsmitteleinlegung befugt zu sein (KG v. 12.3.2012 – 4 Ws 17/12, 4 Ws 17/12 – 141 AR 64/12, NJW 2012, 2293).

Eine peinlich genaue Aufklärung der Vertretungsverhältnisse ist zum anderen auch wegen § 174 BGB erforderlich, dies insbesondere, wenn der Rechtsanwalt einseitige Rechtsgeschäfte vornehmen und Kündigungen aussprechen soll. Nach dieser Vorschrift ist ein einseitiges Rechtsgeschäft, das ein Bevollmächtigter einem anderen gegenüber vornimmt, unwirksam, wenn der Bevollmächtigte eine Vollmachtsurkunde nicht vorlegt und der andere das Rechtsgeschäft unverzüglich zurückweist, es sei denn, der Vollmachtgeber hat den anderen von der Bevollmächtigung in Kenntnis gesetzt (LAG Hamm v. 16.5.2013 – 17 Sa 1708/12, BeckRS 2013, 69891; vgl. dazu auch: *Steiner* ArbRAktuell 2013, 341). Dabei ist auch das Zurückweisungsschreiben nach § 174 BGB ein einseitiges Rechtsgeschäft im Sinne dieser Vorschrift mit der Folge, dass – wenn diesem Schreiben keine Originalvollmachtsurkunde beiliegt – die Zurückweisungserklärung seinerseits vom Kündigenden nach § 174 S. BGB zurückgewiesen werden kann (LAG Hamm v. 16.5.2013 – 17 Sa 1708/12, BeckRS 2013, 69891; BAG v. 8.12.2011 – 6 AZR 354/10, DB 2012, 579).

7. Die Frage der **Vorsteuerabzugsberechtigung** wird zB gem. **§ 104 Abs. 2 S. 2 ZPO** im Kostenfestsetzungsverfahren relevant. Hat dabei der Erstattungsberechtigte zunächst die Mehrwertsteuer nicht geltend gemacht und erklärt, vorsteuerabzugsberechtigt zu sein, so entscheidet das Erstgericht nicht über die Mehrwertsteuer, da es gar keinen Anlass hat, darüber zu entscheiden, da ihre Festsetzung nicht beantragt ist. In diesem Fall kann auch später noch Mehrwertsteuer verlangt werden, ohne dass die Rechtskraft des früheren Kostenfestsetzungsbeschlusses entgegensteht, da diese nur das umfassen kann, über das auch entschieden worden ist (OLG Hamburg v. 15.7.2010 – 4 W 180/10; OLG Stuttgart v. 6.3.2009 – 8 W 82/09, NJW-RR 2009, 1004; OLG Düsseldorf v. 8.3.2005 – I-10 W 144/04, AGS 2006, 201). Wenn dabei aufgrund einer Erklärung über die Vorsteuerabzugsberechtigung eine ablehnende Entscheidung über die Mehrwertsteuer ergangen ist, **kann auch nachträglich die Erklärung noch abgeändert werden, wenn rechtzeitig sofortige Beschwerde gegen den Kostenfestsetzungsbeschluss eingelegt worden ist** (OLG München v. 6.10.2003 – 11 W 2224/03, NJW-RR 2004, 69; OLG Hamburg Urt. v. 15.7.2010 – 4 W 180/10). Liegt allerdings eine **der Rechtskraft fähige Entscheidung** auch über die Mehrwertsteuer vor, **scheidet eine Nachliquidation aus** (OLG Hamburg Urt. v. 15.7.2010 – 4 W 180/10).

8. Bei **WEG-Sachen** sollte sofort eine **Liste mit sämtlichen Miteigentümern mit vollständigen Vor- und Nachnamen sowie den ladungsfähigen Anschriften vom Mandanten abgefragt und – vor allem wenn die verklagte WEG Mandantin ist oder der Verwalter erscheint – alle Miteigentümer entsprechend aufgenommen werden.** Werden die übrigen Wohnungseigentümer im Wege der Anfechtungsklage verklagt, genügt zwar für ihre nähere Bezeichnung zunächst die bestimmte Angabe des gemeinschaftlichen Grundstücks (§ 44 Abs. 1 WEG) (BGH v. 14.12.2012 – V ZR 162/11, NJW 2013, 1003). Der Gesetzgeber wollte die Einhaltung der **einmonatigen Anfechtungsfrist (§ 46 Abs. 1 S. 2 WEG)** nicht über Gebühr erschweren. Die Bezeichnung der übrigen Wohnungseigentümer mit Namen und ladungsfähiger Anschrift ist dennoch erforderlich und hat spätestens bis zum Schluss der mündlichen Verhandlung zu erfolgen (§ 44 Abs. 1 S. 2 WEG; BGH v. 14.12.2012 – V ZR 162/11, NJW 2013, 1003; BGH v. 4.3.2011 – V ZR 190/10, NJW 2011, 1738). Dabei kann der jeweilige Kläger auf eine Liste Bezug nehmen, die die Gegenseite vorgelegt hat

(BGH v. 14.12.2012 – V ZR 162/11, NJW 2013, 1003; BGH v. 4.3.2011 – V ZR 190/10, NJW 2011, 1738); eine solche Bezugnahme kann auch stillschweigend erfolgen (BGH v 20.5.2011 – V ZR 99/10, NJW 2011, 3237). Die fehlende Bezeichnung der einzelnen Wohnungseigentümer kann im Berufungsrechtszug nachgeholt werden. Dies hat der BGH – allerdings erst nach Erlass des Berufungsurteils – zunächst für das Fehlen ladungsfähiger Anschriften (BGH v. 14.12.2012 – V ZR 162/11, NJW 2013, 1003; BGH v. 20.5.2011 – V ZR 99/10, NJW 2011, 1738) und anschließend für die unterbliebene namentliche Bezeichnung entschieden, wobei er auf die deklaratorische Bedeutung der Eigentümerliste hingewiesen hat (BGH v. 14.12.2012 – V ZR 162/11, NJW 2013, 1003; BGH v. 8.7.2011 – V ZR 34/11, ZMR 2011, 976; BGH v. 28.10.2011 – V ZR 39/11, NJW 2012, 997). Infolgedessen wird der Zulässigkeitsmangel geheilt, wobei sich die **verspätete Vorlage der Liste im Einzelfall gemäß § 97 Abs. 2 ZPO auf die Kostenentscheidung auswirken kann** (BGH Urt. v. 14.12.2012 – V ZR 162/11, NJW 2013, 1003; BGH v. 28.10.2011 – V ZR 39/11, NJW 2012, 997). Dabei muss bei einer Beschlussmängelklage das Gericht auf Anregung des Klägers **der Verwaltung aufgeben, eine aktuelle Liste der Wohnungseigentümer vorzulegen, und die Anordnung nach Fristablauf gegebenenfalls mit Ordnungsmitteln durchsetzen** (§ 142 ZPO analog) (BGH v. 14.12.2012 – V ZR 162/11, NJW 2013, 1003).

9. Der Rechtsanwalt hat bei der **Verarbeitung personenbezogener Daten aus dem Mandatsverhältnis verschiedene strafbewehrte berufsrechtliche Geheimhaltungspflichten zu beachten** (vgl.: §§ 43 a Abs. 2 BRAO, § 203 Abs. 1 Nr. 3 StGB, § 2 BORA, Ziff. 2.3 CCBE). Aufgrund der **Subsidiaritätsanordnung in § 1 Abs. 3 des Bundesdatenschutzgesetzes (BDSG)**, wonach dem BDSG solche Rechtsvorschriften des Bundes, die auf personenbezogene Daten und deren Veröffentlichung anzuwenden sind, vorgehen, gilt hinsichtlich des Umgangs mit mandatsbezogenen Daten ein Anwendungsvorrang der BRAO. Da sich die in §§ 43 a Abs. 2 BRAO und 2 BORA geregelte Verpflichtung zur Verschwiegenheit ausschließlich auf personenbezogene Daten des Mandanten und auf solche Daten Dritter, deren Vertraulichkeit der Mandant, als Herr der Geheimnisses, geschützt wissen will, bezieht, wird demgegenüber das sog. „**Drittgeheimnis**" nicht geschützt und es umfassen insbesondere § 43 a Abs. 2 BRAO und § 2 BORA nicht den Schutz der personenbezogenen Daten der gegnerischen Partei (Str. Vgl.: *Klusemann/ Urban* Berliner AnwBl. 2013, 243; OLG Köln v. 4.7.2000 – Ss 254/00, NJW 2000, 3656; Hartung/Römermann/*Hartung* § 2 BORA, 5. Aufl., 2012, Rn. 22; *Rüpke* NJW 2002, 2838; Henssler/Prütting/*Henssler*, BRAO, 4. Aufl., 2014, 43a Rn. 49; BGH v. 16.2.2011 – IV ZB 23/09, NJW 2011, 1077; *Dahns* NJW-Spezial 2011, 190; AG Rostock v. 1.8.2007 – I AG 6/07). Dies mit der Folge, dass hinsichtlich der **personenbezogenen Daten Dritter das BDSG Anwendung findet**. Die Wahrnehmung berechtigter Interessen rechtfertigt dabei sowohl die Erhebung der personenbezogenen Daten Dritter als auch die Verweigerung des Auskunftsanspruchs aus § 34 BDSG.

10. Sowohl berufsrechtlich als auch strafrechtlich ist der Rechtsanwalt in berufsbezogenen Angelegenheiten zur Verschwiegenheit verpflichtet (§§ 43a Abs. 2 S. 1 BRAO, § 2 BORA, § 203 Abs. 1 Nr. 3 StGB). **Es sollte deshalb bei E-Mail-Korrespondenz mit dem Mandanten vorsorglich stets eine ausdrückliche Zustimmung eingeholt werden.** Zur Verschwiegenheitspflicht des Rechtsanwaltes betreffend E-Mail-Verkehr vgl.: Henssler/ Prütting/*Henssler* BRAO, 4. Aufl., 2014, § 43 a Rn. 68 ff.; *Hoß* AnwBl. 2002, 377; *Horst* MDR 2000, 1293 (1299); *Lapp* BRAK-Mitt. 1997, 106.

11. Mandantenakten und insbesondere **Mandantendaten dürfen bei einer Veräußerung einer Kanzlei nicht ohne Zustimmung des Mandanten auf einen Erwerber übertragen werden.** Insbesondere verletzt ein Vertrag über die Veräußerung einer Rechtsanwaltskanzlei, in der sich der Veräußerer zur Übergabe der Mandantenakten ohne Einwilligung der betroffenen Mandanten verpflichtet, deren **informationelles Selbstbestimmungsrecht**

und **die dem Veräußerer nach § 203 StGB auferlegte Schweigepflicht** (BGH v. 13.6.2001
– VIII ZR 176/00, NJW 2001, 2462). Durch die zivilrechtliche Sanktion der Nichtigkeit
eines solchen Vertrages (§ 134 BGB) sollen die Mandanten vor einer Weitergabe von
„Geheimnissen", die sie einem Angehörigen der genannten Berufsgruppe anvertraut
haben, ohne Vorliegen einer entsprechenden Zustimmungserklärung geschützt werden
(BGH v. 13.6.2001 – VIII ZR 176/00, NJW 2001, 2462; BGHZ 116, 268; BGH v.
17.5.1995 - VIII ZR 94/94, WM 1995, 1357; BGH v. 11.10.1995 – VIII ZR 25/94, WM
1996, 22; BGH v. 22.5.1996 – VIII ZR 194/95, WM 1996, 1815; BGH v. 3.2.1999
– VIII ZR 14/98, WM 1999, 1034). Dabei ist zu beachten, dass ein Rechtsanwalt einen
rechtskundigen Mitarbeiter mit der Besorgung der ihm übertragenen Rechtsangelegenheiten betrauen darf ohne damit ein Mandantengeheimnis unbefugt zu offenbaren (BGH
Urt. v. 13.6.2001 – VIII ZR 176/00, NJW 2001, 2462; BGHZ 115, 123; BGH v.
10.8.1995 – IX ZR 220/94, WM 1995, 1841). Zudem erstreckt sich das einer Anwaltssozietät erteilte Mandat in der Regel auf alle Sozietätsmitglieder, selbst wenn diese erst
später in die Sozietät eintreten (BGH 7.4.2008 – II ZR 181/04, NJW 2008, 2987; BGHZ
148, 97). Dies, da bei einer Mandatserteilung an eine Sozietät wegen der mit einer
Sozietät verbundenen Vorteile hinsichtlich der Organisation und Arbeitsteilung (BGHZ
56, 355), im Zweifel sowohl der Mandant als auch die Sozietät den Willen haben, im
Falle einer Sozietätserweiterung das hinzutretende Mitglied von diesem Zeitpunkt an
– sein vermutetes Einverständnis vorausgesetzt – in das Auftragsverhältnis einzubeziehen
(BGH v. 13.6.2001 – VIII ZR 176/00, NJW 2001, 2462). Ob der betreffende Rechtsanwalt nur als freier Mitarbeiter in die Sozietät aufgenommen wird, ist dabei unerheblich;
für die Einbeziehung in das Mandatsverhältnis kommt es allein darauf an, dass er nach
außen als Mitglied der Sozietät in Erscheinung tritt (BGH Urt. v. 13.6.2001 – VIII ZR
176/00, NJW 2001, 2462; BGHZ 124, 47; BGH v. 17.2.2000 – IX ZR 50/98, WM
2000, 1342). Da somit alle Sozietätsmitglieder aufgrund des bestehenden Mandatsverhältnisses zur Einsichtnahme in die Mandantenakten berechtigt sind und von Anfang an
der anwaltlichen Schweigepflicht unterliegen, scheidet ein unbefugtes Offenbaren eines
Geheimnisses im Sinne des § 203 Abs. 1 Nr. 3 StGB ihnen gegenüber seitens der bisherigen Sozietätsmitglieder aus (BGH v. 13.6.2001 – VIII ZR 176/00, NJW 2001, 2462).
Dementsprechend sind auch – vor Inkrafttreten der Neuregelung in § 49 b Abs. 4 S. 1
BRAO erfolgte – Abtretungen von Honorarforderungen eines Rechtsanwalts an einen
früheren Mitarbeiter bzw. Kanzleiabwickler, der die Angelegenheiten des Mandanten
bereits zuvor umfassend kennengelernt hatte, nicht als Geheimnisverletzung und damit
als wirksam angesehen worden (BGH Urt. v. 13.6.2001 – VIII ZR 176/00, NJW 2001,
2462; BGH Urt. v. 10.8.1995 - IX ZR 220/94, WM 1995, 1841; BGH v. 17.10.1996
– IX ZR 37/96, WM 1996, 2244). Auch der Vertrag über den Verkauf einer Rechtsanwaltskanzlei, nach welchem der Erwerber in die bisher bestehende (Außen-)Sozietät
eintritt, während der Veräußerer als freier Mitarbeiter für eine Übergangszeit weiterhin
tätig sein soll, ist nicht wegen Verstoßes gegen § 203 Abs. 1 Nr. 3 StGB in Verbindung
mit § 134 BGB nichtig (BGH Urt. v. 13.6.2001 – VIII ZR 176/00, NJW 2001, 2462).

II. Vollmachten, Schweigepflichterklärungen

1. Vollmacht (Außergerichtlich und gerichtlich)

Vollmacht[1]

Hiermit bevollmächtige ich[2]

Herr/Frau . . . . . . (Titel, Vorname, Nachname, Anschrift des Vollmachtgebers/der Vollmachtgeberin)

– Vollmachtgeber –

Herrn/Frau Rechtsanwalt/Rechtsanwältin . . . . . . (Name), ... (Anschrift)[3]

– Bevollmächtigter/Bevollmächtigte –

zur Vertretung in folgender Angelegenheit:[4]

. . . . . .

Die Vollmacht wird umfassend sowohl zum Zwecke der außergerichtlichen Vertretung als auch der Prozessvertretung gem. §§ 81 ff., 609 ZPO und §§ 137, 145a, 234, 434 StPO für alle Verfahren und alle Instanzen erteilt.

Die Vollmacht umfasst insbesondere auch folgende Befugnisse:

1. Die außergerichtliche Vertretung und die Prozessführung (u.a. nach § 81 ff. ZPO) einschließlich der Befugnis zur Erhebung und Zurücknahme von Widerklagen.

2. Die Antragstellung in Scheidungs- und Scheidungsfolgesachen sowie den Abschluss von Scheidungsfolgevereinbarungen.

3. Die Verteidigung und Vertretung in Bußgeldsachen und Strafsachen in allen Instanzen, auch als Nebenkläger sowie die Vertretung gem. § 411 Abs. 2 StPO mit ausdrücklicher Ermächtigung gemäß § 233 Abs. 1 StPO.

4. Die Stellung von Strafanträgen und Anträgen jeder Art, die Erhebung von Beschwerden und Einsprüchen, die Einlegung von Rechtsmitteln, die Rücknahme von Rechtsmitteln sowie den Verzicht auf Rechtsmittel.[5]

5. Die Empfangnahme des Streitgegenstandes (Gelder, Wertsachen, Wertpapiere u.ä. Urkunden usw.) sowie die vom Gegner, Justizkasse oa Stellen zu erstattenden Kosten) und sowie die Berechtigung darüber zu verfügen, ohne die Beschränkung des § 181 BGB.

6. Die Vertretung im Insolvenzverfahren des Gegners einschließlich Insolvenzantragstellung[6] und auch im Zwangsversteigerungsverfahren oder Verfahren zum Erlass eines Arrestes oder einer einstweiligen Verfügung.

7. Die gerichtliche und außergerichtliche Verhandlung aller Art (auch nach Rechtshängigkeit) zu führen und gerichtliche und außergerichtliche Rechtsstreite durch Vergleich, Verzicht oder Anerkenntnis zu beseitigen (Erklärungen iSd § 141 Abs. 3 ZPO) .[7]

8. Die Begründung und Aufhebung von Vertragsverhältnissen und die Abgabe von einseitigen Willenserklärungen (z.B. Anfechtungen, Kündigungen (außerordentlich und ordentlich)).

9. Die Berechtigung zur Übertragung dieser Vollmacht ganz oder teilweise auf Dritte und die Berechtigung zur Erteilung von Untervollmachten.

10. Die Vornahme und Entgegennahme von Zustellungen aller Art.[8]

11. Die Einsichtnahme und Vervielfältigung von Akten und Dokumenten und die Erhebung, Verarbeitung und Nutzung von Daten aller Art.

. . . . . ., den . . . . . .

(Unterschrift Mandant)

Schrifttum: *Ahrens*, Die Struktur des unternehmensbezogenen Geschäfts, JA 1997, 895; *Brox*, Die Anfechtung bei der Stellvertretung, JA 1980, 449; *Burger*, Unter welchen Voraussetzungen kann im Zivilprozess ein Ordnungsgeld gegen eine unentschuldigt ausgebliebene Partei, deren persönliches Erscheinen angeordnet war, festgesetzt werden?, MDR 1982, 91; *Faßbender/Neuhaus*, Zum aktuellen Stand der Diskussion in der Frage der Wissenszurechnung, WM 2002, 1253; *Giesen/Hegermann*, Die Stellvertretung, Jura 1991, 357; *Gruschwitz*, Der Prozessbevollmächtigte als Vertreter der Partei nach § 141 III 2 ZPO, JR 2012, 283; *Hager*, Die Prinzipien der mittelbaren Stellvertretung, AcP 180, 239; *Häblein*, § 174 BGB – eine (Haftungs-)Falle nicht nur für Rechtsanwälte, NJW 2002, 1398; *Henssler*, Die Postulationsfähigkeit ausländischer Anwaltsgesellschaften, NJW 2009, 3136; *Jungk*, Anmerkung zum Beschluss vom 22.4.2009, Az.: IV ZB 34/08 (Postulationsfähigkeit eines LLP-Anwalts), BRAK-Mitt 2009, 233; *Kanzleiter*, Formfreiheit der Vollmacht zum Abschluss eines Ehevertrages?, NJW 1999, 1612; *Meyke*, Zur Anhörung der Parteien im Zivilprozess, MDR 1987, 358; *Monhemius*, Grundprinzipien der Stellvertretung mit Bezügen zum Handels- und Gesellschaftsrecht, JA 1998, 378; *Münnich*, Anmerkung zum Urteil des BGH vom 25.10.2010 – II ZR 115/09 – GmbH & Co. KG: Amtsniederlegung des Geschäftsführers der Komplementär-GmbH und Parteifähigkeit der Komplementärin nach Löschung, GmbHR 2011, 83; *Rösler*, Formbedürftigkeit der Vollmacht, NJW 1999, 1150; *K. Schmidt*, Führungslosigkeit der GmbH oder GmbH & Co. KG im Prozess, GmbHR; *Schmid*, Verhängung eines Ordnungsgeldes nach § 141 III ZPO ZPO, JR 1981, 8; *Schnabl*, Postulationsfähigkeit von „LLP-Anwälten", AnwBl. 2010, 394; *E. Schneider*, MDR 1975, 185; *Vonderau*, Anordnung des persönlichen Erscheinens von juristischen Personen, NZA 1991, 336; *Schöpflin*, Die Parteianhörung als Beweismittel, NJW 1996, 2134; *Schwark*, Rechtsprobleme bei der mittelbaren Stellvertretung, JuS 1980, 777; *Spindler*, Die Neuregelung des Vertretungsrechts im finanzgerichtlichen Verfahren, DB 2008, 1283; *Suppliet*, Anmerkung zum Urteil des BGH vom 25.10.2010 – II ZR 115/09 – Auswirkungen der Amtsniederlegung des einzigen Geschäftsführers einer beklagten GmbH auf Prozess), NotBZ 2011, 122; *Tschöpe/Fleddermann*, Der Prozessbevollmächtigte als Vertreter seiner Partei nach § 141 III 2 ZPO im arbeitsgerichtlichen Verfahren, NZA 2000, 1269; *Wachter*, Amtsniederlegung von GmbH-Geschäftsführern, GmbHR 2001, 1129; *Wagner*, Die Kündigung durch den Arbeitgeber – Checkliste, NZA 1989, 384.

Anmerkungen

1. Im Vollmachtsrecht und so auch bei der Formulierung von Vollmachtsformularen ist im Blick auf den normativen Rahmen zwischen der außergerichtlichen bzw. vorgerichtlichen Vollmacht einerseits und der Prozessvollmacht andererseits zu unterscheiden. Vollmacht ist gem. der Legaldefintion in § 166 Abs. 2 BGB die durch Rechtsgeschäft erteilte Vertretungsmacht. Materiellrechtliche Bestimmungen des Vertretungsrechts und hierauf gegründete Erwägungen finden allerdings auf die prozessuale Vollmacht grds. keine Anwendung (BGH NJW-RR 2010, 67). Dies, da die Vorschriften der §§ 78 ff ZPO für die Prozessvollmacht ein Sonderrecht bilden (BGH NJW-RR 2010, 67 mwN).

Materiell-rechtliche Regelungen über die Vollmacht können daher nur Geltung erlangen, wenn die Zivilprozessordnung auf sie verweist oder in ihnen allgemeine Rechtsgedanken der Stellvertretung zum Ausdruck kommen (BGH NJW-RR 2010, 67; BGHZ 154, 283 (287); BGH NJW 2003, 963). So besteht auch kein Anlass, die auf die materiell-rechtliche Vollmacht zugeschnittenen, zum Schutz des Geschäftsgegners eingeführten Vorschriften der §§ 172 ff. BGB anzuwenden. Die **Zivilprozeßordnung** enthält vor allem in ihren §§ 80, 88 und 89 insoweit **eigene Regelungen**, die eine **Rechtsscheinshaftung des Vollmachtgebers nicht vorsehen** (BGH NJW 2004, 59). Des Weiteren sind die neben den Regelungen des BGB und der ZPO bestehenden Sonderregelungen im Strafrecht (§ 145a StPO), Verwaltungsrecht (§ 14 VwVfGBd; §§ 173, 67 VwGO), im Steuerrecht (§ 80 AO), im Sozialrecht (§ 13 SGB X; § 73 SGG) und im Verfassungsrecht (§ 22 BVerfGG) sowie die jeweilige von den Fachgerichten BGHSt, BVerwG, BFH, BSG und BVerfG ergangene Judikatur zu beachten und zu beobachten.

2. Im Formular erteilt eine einzelne natürliche volljährige Person für sich selbst (Auftraggeber und Mandant sind zu unterscheiden. Vgl. OLG Köln NJW 1978, 896 (897)) die Vollmacht. Wird die Vollmacht nicht von einer natürlichen Person für sich selbst erteilt, ist z.B. wegen § 174 BGB die Vertretungsberechtigung und die Berechtigung zur Bevollmächtigung peinlich genau zu prüfen.

Bevollmächtigung durch eine GbR: Eine namens einer Gesellschaft des bürgerlichen Rechts von einem alleinvertretungsberechtigten Gesellschafter abgegebene einseitige empfangsbedürftige Willenserklärung kann von dem Empfänger gemäß § 174 S. 1 BGB zurückgewiesen werden, wenn ihr weder eine Vollmacht der anderen Gesellschafter, noch der Gesellschaftsvertrag oder eine Erklärung der anderen Gesellschafter beigefügt ist, aus der sich die Befugnis des handelnden Gesellschafters zur alleinigen Vertretung der Gesellschaft ergibt (NJW 2002, 1194). Bei der Mandatserteilung durch eine GbR sind im Rahmen des erteilten Mandats relevante und einzuhaltende Schriftformerfordernisse wegen § 174 BGB schon bei der Vollmachtserteilung unbedingt zu beachten und genauestens zu prüfen. Für die Einhaltung von Schriftformerfordernissen ist es erforderlich, dass alle Erklärenden die schriftliche Willenserklärung unterzeichnen (BGH NJW 2003, 3053; BGH NJW 2004, 1103). Unterzeichnet für eine Vertragspartei ein Vertreter die Erklärung, muss dies in der Urkunde durch einen das Vertretungsverhältnis anzeigenden Zusatz hinreichend deutlich zum Ausdruck kommen. Unterschreibt für eine GbR nur ein Mitglied ohne einen Vertreterzusatz, so ist regelmäßig nicht auszuschließen, dass vorgesehen war, auch das andere Mitglied oder die anderen Mitglieder sollten die Urkunde unterschreiben und dass deren Unterschrift noch fehlt (BGH, NJW 2004, 1103; LAG Niedersachsen ZIP 2010, 1002). Die Wahrung der gesetzlichen Schriftform setzt bei einer GbR danach voraus, dass die Urkunde erkennen lässt, dass die Unterschrift der handelnden Gesellschafter auch die Erklärung des nicht unterzeichnenden Gesellschafters decken soll, sie also auch in dessen Namen erfolgt ist (BGH NJW 1994, 1649; LAG Niedersachsen ZIP 2010, 1002). Für die Frage, ob jemand eine Erklärung auch in fremdem Namen abgibt, kommt es auf deren objektiven Erklärungswert an, also darauf, wie sich die Erklärung nach Treu und Glauben unter Berücksichtigung der Verkehrssitte für den Empfänger darstellt. Hierbei sind außer dem Wortlaut der Erklärung alle Umstände zu berücksichtigen, die unter Beachtung der Verkehrssitte Schlüsse auf den Sinn der Erklärung zulassen, insbesondere die dem Rechtsverhältnis zu Grunde liegenden Lebensverhältnisse, die Interessenlage, der Geschäftsbereich, dem der Erklärungsgegenstand angehört, und typische Verhaltensweisen. Die gesetzliche Schriftform ist nur gewahrt, wenn der so ermittelte rechtsgeschäftliche Vertretungswille in der Urkunde, wenn auch nur unvollkommen, Ausdruck gefunden hat (BAG NJW 2005, 2572; BAG NJW 2008, 1341; LAG Niedersachsen ZIP 2010, 1002).

Bevollmächtigung durch eine GmbH: Gem. §§ 6, 35 Abs. 1 GmbHG wird die Gesellschaft durch die Geschäftsführer gerichtlich und außergerichtlich vertreten. Die Vertretungsverhältnisse bei der GmbH sollten stets und immer genauestens überprüft werden. Dies gilt insbesondere in dem Fall, in dem unter Bezug auf die Vollmacht einseitige Rechtsgeschäfte getätigt werden sollen. Gem. § 174 S. 1 BGB ist ein einseitiges Rechtsgeschäft, das ein Bevollmächtigter einem anderen gegenüber vornimmt, unwirksam, wenn der Bevollmächtigte eine Vollmachtsurkunde nicht vorlegt und der andere das Rechtsgeschäft aus diesem Grunde unverzüglich zurückweist. Zu beachten ist, dass bei Amtsniederlegung des GmbH- Geschäftsführers die GmbH ihre Prozessfähigkeit verliert. Hieran ändert der seit dem 1. November 2008 geltende § 35 Abs. 1 S. 2 GmbHG nichts. Danach wird die Gesellschaft bei einer Führungslosigkeit, also beim Fehlen eines Geschäftsführers, von ihren Gesellschaftern gesetzlich vertreten, wenn ihr gegenüber Willenserklärungen abzugeben oder Schriftstücke zuzustellen sind. Das betrifft etwa die Zustellung einer Klageschrift. Darin erschöpft sich die Prozessführung aber nicht. Einen Prozess kann die GmbH nur führen, wenn ihre Vertreter nicht nur zur Passivvertretung, sondern auch zur Aktivvertretung befugt sind, also auch Willenserklärungen mit Wirkung für die Gesellschaft abgeben können. Eine solche Rechtsmacht haben die Gesellschafter in den Fällen des § 35 Abs. 1 S. 2 GmbHG nicht (BGH NJW-RR 2011, 115. Vgl. dazu auch: *Supliet* NotBZ 2011, 122; *Münnich* GmbHR 2011, 83; *K. Schmidt* GmbHR 2011, 113). Der GmbH-Geschäftsführer kann dabei im Grundsatz jederzeit und fristlos seine Organstellung durch einseitige, empfangsbedürftige Willenserklärung wirksam beenden, ohne dass ein wichtiger Grund objektiv vorliegen oder er einen solchen in seiner Erklärung angeben müsste (BGHZ 121, 257; BGH GmbHR 1995, 653). Zur Möglichkeit der Rechtsmissbräuchlichkeit der Amtsniederlegung vgl.: BayObLGZ 1999, 171; OLG Köln ZIP 2008, 646; OLG Düsseldorf Urt. v. 17.12.2010 – I-25 Wx 56/10; *Wachter* GmbHR 2001, 1129.

Bevollmächtigung durch eine AG: Bei der AG sind nach der gesetzlichen Regelung des § 78 Abs. 2 S. 1 AktG, wenn der Vorstand aus mehreren Personen besteht, sämtliche Vorstandsmitglieder nur gemeinschaftlich zur Vertretung der Gesellschaft befugt. Unterzeichnet nur ein Mitglied des Vorstandes, obwohl das Gesetz die Mitwirkung aller Vorstandsmitglieder verlangt, lässt sich der Urkunde ohne Vertretungszusatz nicht entnehmen, ob die übrigen Vorstandsmitglieder noch unterzeichnen müssen (BGH NJW 2010, 1453). Der Rechtsnachfolger, dessen Schutz Schriftformerfordernisse regelmäßig dienen, kann nicht erkennen, ob der Unterzeichnende auch für das weitere Vorstandsmitglied unterzeichnet hat. Für einen Rechtsnachfolger kann deshalb der Eindruck entstehen, dass die Urkunde unvollständig ist und es zur Wirksamkeit des Vertrages noch einer weiteren Unterschrift bedarf. Dabei wird bei Unterzeichnung lediglich durch ein Vorstandsmitglied auch nicht aus den Umständen deutlich, dass es für die weiteren Vorstandsmitglieder gehandelt hat. Zwar ist nicht zweifelhaft, dass das Vorstandsmitglied einer AG nicht für sich, sondern für die AG handelt, genauso wie der Geschäftsführer einer GmbH für diese (BGH NJW 2010, 1453). Darum geht es in diesem Fall aber nicht. Die entscheidende Frage ist vielmehr, ob das unterzeichnende Vorstandsmitglied auch für die weiteren Vorstandsmitglieder gehandelt hat, deren Mitwirkung nach der gesetzlichen Regelung des § 78 Abs. 2 S. 1 AktG unerlässlich ist. Um hinreichend deutlich zu machen, dass ein Vorstandsmitglied durch seine Unterschrift für ein weiteres Vorstandsmitglied handeln will, bedarf es deshalb eines Vertreterzusatzes. Dabei ist nötig, aber auch ausreichend, klarzustellen, dass der Unterzeichnende nicht nur für die AG, sondern darüber hinaus für ein weiteres Vorstandsmitglied handeln will, etwa durch den Vermerk „iV . . . . . .“ (BGH NJW 2010, 1453).

3. Das Formular geht von der Beauftragung und Bevollmächtigung einer einzelnen natürlichen Person (Einzelanwalt oder Einzelanwältin) aus.

Bevollmächtigung einer Rechtsanwalts-GbR: Besteht eine durch gemeinsames Türschild, Briefbögen, Vollmachten, Stempel etc. ausgewiesene und nach außen im Rechtsverkehr auftretende Sozietät, so gilt im Zweifel, dass ein Mandant mit einem Auftrag an ein Mitglied der Sozietät die gesamte Sozietät verpflichten und bevollmächtigen will (Henssler/Streck/*Tophoven*, Sozietätsrecht, 2011, B Rn. 395 S. 146; BGH NJW 1982, 1866; BGH NJW 1995, 1841; BGH NJW 1999, 3040). Handelt ein Mitarbeiter der Sozietät, der nicht als Gesellschafter nach außen in Erscheinung tritt, dann beurteilt sich die Frage, wer durch einen Auftrag und durch eine Bevollmächtigung verpflichtet wird, nach den Grundsätzen zur Anscheins- und zur Duldungsvollmacht im Einzelfall (Henssler/Streck/*Tophoven*, Sozietätsrecht, 2011, B Rn. 395 S. 146; BGH NJW 1971, 1801; BGH NJW 1994, 257).

Bevollmächtigung einer Rechtsanwalts-GmbH: Bei der Rechtsanwalts-GmbH ist die Postulationsfähigkeit in § 59 Abs. 1 BRAO geregelt. Erteilt ein Mandant einer Rechtsanwalts-GmbH den Auftrag und die Vollmacht, dann wird nur die Kapitalgesellschaft selbst verpflichtet (Henssler/Streck/*Tophoven*, Sozietätsrecht, 2011, B Rn. 406 S. 156). Eine Haftung des Berufsträgers, der in der GmbH tätig ist, wurde in die gesetzliche Regelung nicht aufgenommen (*Henssler* NJW 1999, 141, 145; Henssler/Streck/*Tophoven*, Sozietätsrecht, 2011, B Rn. 406 S. 156).

Bevollmächtigung einer Rechtsanwalts-AG: Die BRAO sieht als Rechtsform für Rechtsanwaltsgesellschaften namentlich nur die GmbH vor (§ 59 c Abs. 1 BRAO). Indes schließt die gesetzliche Regelung die Zulassung einer Aktiengesellschaft als Prozessbevollmächtigte nicht aus. Eine Rechtsanwaltsgesellschaft kann über den Wortlaut des § 59 c BRAO hinaus nicht nur als Gesellschaft mit beschränkter Haftung, sondern auch als Aktiengesellschaft betrieben werden (BGH NJW 2005, 1568; LAG Hamm Urt. v. 2.9.2011 – 7 Sa 521/11, mwN). Eine solche Gesellschaft kann nach § 59 l S. 1 BRAO auch als Prozess- oder Verfahrensbevollmächtigte beauftragt werden und hat dabei nach § 59 l S. 2 BRAO die Rechte und Pflichten eines Prozessbevollmächtigten. § 59 l BRAO stellt klar, dass in den Fällen einer Prozess- oder Verfahrensvertretung eine Beauftragung der Anwaltsgesellschaft ausreicht und es insbesondere keine gesonderte Bevollmächtigung der auftretenden Rechtsanwälte bedarf (LAG Hamm Urt. v. 2.9.2011 – 7 Sa 521/11, mwN). Die Rechtsanwaltsgesellschaft ist selbst Prozessbevollmächtigte und gibt damit eigene Prozesserklärungen ab (LAG Hamm Urt. v. 2.9.2011 – 7 Sa 521/11, mwN). Dies hat auch seinen guten Zweck (LAG Hamm Urt. v. 2.9.2011 – 7 Sa 521/11). Bedürfte es zusätzlich einer Bevollmächtigung auch der für die Rechtsanwaltsgesellschaft handelnden Anwälte, würde die Haftungsbeschränkung der Rechtsanwaltsgesellschaft durch die im Wege der Einzelbevollmächtigung ausgelöste persönliche Haftung des beauftragten Anwalts unterlaufen (LAG Hamm Urt. v. 2.9.2011 – 7 Sa 521/11, mwN).

Bevollmächtigung einer Rechtsanwalts-LLP: Bei der LLP nach englischem Recht ist grundsätzlich jeder Gesellschafter der LLP alleinvertretungsberechtigter Vertreter der LLP (Sec. 6(1) LLPA). Beschränkungen sind gem. Sec. 6(2) LLPA möglich, der vollständige Ausschluss ist unzulässig, wobei die Geschäftsführungsbefugnis nach der Auffangregelung von Reg. 7(3) LLP Regulations allen Gesellschaftern gemeinsam obliegt bei der Möglichkeit abweichender Regelung. Unbedingt zu beachten ist, dass die Frage der Postulationsfähigkeit der englischen LLP vor deutschen Gerichten vom BGH bisher nicht geklärt ist (BGH NJW 2009, 3162. Dazu: *Henssler* NJW 2009, 3136; *Schnabl* AnwBl. 2010, 394; *Jungk* BRAK-Mitt 2009, 233). Der BGH ließ die Frage offen und behilft sich über eine Auslegung der Prozesshandlung dahingehend, dass diese nicht ausschließlich im Namen der Gesellschaft, sondern jedenfalls auch von dem handelnden Rechtsanwalt selbst vorgenommen worden sei, sofern nicht besondere Anhaltspunkte entgegenstehen. Ob der BGH auch zukünftig mit einer anwaltsfreundlichen Auslegung hilft, wird als offen angesehen (*Henssler* NJW 2009, 3136 (3137)). Für die Vollmacht und insbesondere die Prozessvollmacht wird im Blick auf die wegen BGH NJW 2009, 3162 bestehende

Rechtslage empfohlen, diese sowohl auf die LLP als auch auf die einzelnen der Sache jeweils konkret tätig werdenden Rechtsanwälte auszustellen.

4. Der in der Vollmachtsurkunde angegebene **Mandatsgegenstand sollte sorgfältigst formuliert werden.** Dies vor allem auch im Blick auf § 174 BGB (vgl. dazu zB im Bereich dies Mietrechts einerseits LG Berlin NJW-RR 2002, 1450 und andererseits LG München II NJW-RR 1987, 1164). Das LAG Hessen führt zu einer Vollmachtsurkunde, in der nach dem Wortlaut auch die Abgabe von Willenserklärungen, aber nicht ausdrücklich der Ausspruch von Kündigungen erfolgen durfte, aus, dass es zwar nicht von der Hand zu weisen ist, dass eine Vollmacht, die mit „Kündigung" überschrieben ist oder im Textteil ausdrücklich den Begriff „Kündigung" erwähnt, noch klarer den Umfang der Vollmacht aufgezeigt hätte, dass dies im Interesse der Rechtssicherheit und Rechtsklarheit aber nicht erforderlich ist (LAG Hessen Urt. v. 28.3.2008 – 3 Sa 61/08, AE 2008, 291). Eine Vollmachtsurkunde ist bereits dann ausreichend klar formuliert, wenn sie nach Anwendung der Auslegungsregeln für Willenserklärungen gem. § 133 BGB für den Erklärungsgegner eindeutig den Umfang der rechtsgeschäftlichen Vertretungsmacht erkennen lässt (LAG Hessen Urt. v. 28.3.2008 – 3 Sa 61/08, AE 2008, 291; BAG Urt. v. 31.8.1979 – 7 AZR 674/77, AP Nr. 3 zu § 174 BGB). Richtig ist zwar, dass es für die Beurteilung der Vollmachtsurkunde nicht auf die Verständnismöglichkeiten eines Juristen ankommt. Da die Auslegung nach dem Empfängerhorizont erfolgt, kommt es vielmehr auf die Verständnismöglichkeiten eines durchschnittlichen Teilnehmers am Rechtsverkehr bzw. eines Angehörigen des jeweils angesprochenen Personenkreises, also auf einen rechtlich nicht vorgebildeten Durchschnittsarbeitnehmer an (LAG Hessen Urt. v. 28.3.2008 – 3 Sa 61/08, AE 2008, 291 mwN). Dies bedeutet indessen nicht, dass die Vollmachtsurkunde auf den ersten Blick verständlich sein müsste. Sofern der Empfänger einer Willenserklärung nicht weiß oder erkennt, was der Erklärende gemeint hat, kommt es darauf an, wie die Erklärung verstanden werden musste (LAG Hessen Urt. v. 28.3.2008 – 3 Sa 61/08, AE 2008, 291; BAG NJW 1994, 3372 (3373); BAG NJW 2000, 308). Der Erklärungsempfänger darf sich nicht darauf verlassen, dass die Erklärung so gilt, wie er sie verstanden hat oder es für ihn am günstigsten ist. Er muss sich seinerseits mit der gebotenen Sorgfalt darum bemühen, anhand aller erkennbaren Umstände den Sinn der Erklärung zu erforschen (LAG Hessen Urt. v. 28.3.2008 – 3 Sa 61/08, AE 2008, 291; BGH NJW 1981, 2295). Auszugehen ist dabei vom Wortlaut und dem allgemeinen Sprachgebrauch, wie er sich aus Wörterbüchern und Lexika ergibt. Eine Willenserklärung ist danach eine Willensäußerung, mit dem Ziel rechtlich etwas zu erreichen (LAG Hessen Urt. v. 28.3.2008 – 3 Sa 61/08, AE 2008, 291 unter Verweis auf *Duden*, Wörterbuch; *Wahrig*, Deutsches Wörterbuch). Der Begriff der Willenserklärung umfasst mithin im allgemeinen Sprachgebrauch eine Kündigung ohne weiteres (LAG Hessen Urt. v. 28.3.2008 – 3 Sa 61/08, AE 2008, 291). Gleichwohl sollte es der Rechtsanwalt zu solchen Auslegungsspielräumen nicht kommen lassen und im Falle der Notwendigkeit des Ausspruchs von Kündigungen diese Befugnis zur außerordentlichen wie auch zur ordentlichen Kündigung klar und unzweideutig in die Vollmachtsurkunde aufnehmen.

5. Gem. § 84 ZPO sind mehrere Bevollmächtigte berechtigt, sowohl gemeinschaftlich als einzeln die Partei zu vertreten und eine abweichende Bestimmung der Vollmacht hat dem Gegner gegenüber keine rechtliche Wirkung. Gibt es eine solche mehrfache Bevollmächtigung und haben zwei Prozessbevollmächtigte unabhängig voneinander Berufung eingelegt und nimmt dann einer von ihnen „die Berufung" ohne weitere Beschränkung zurück, bewirkt dies regelmäßig den Verlust des Rechtsmittels (BGH NJW 2007, 3640; BAG NZA 2010, 183). Für den Widerruf der Bestellung eines Prozessbevollmächtigten gilt § 87 ZPO sinngemäß. Danach muss gegenüber dem Gericht in eindeutiger Form angezeigt werden, dass eine Prozessvollmacht erloschen ist. Die Bestellung eines anderen Prozessbevollmächtigten für sich allein enthält nicht den Widerruf der Bestellung des früheren Prozessbevollmächtigten (BGH NJW 1980, 2309 (2310); BAG NZA 2010, 183). Wegen der Möglichkeit, gem. § 84 S. 1 ZPO mehrere Bevollmächtigte zur Vertretung der Partei zu ermächtigen, enthält die Bestellung eines weiteren Prozessbevollmächtigten nur dann zugleich den Widerruf der Bestellung eines früheren Bevollmächtigten, wenn zum Ausdruck kommt, dass der weitere Bevollmächtigte anstelle des bisherigen bestellt werden soll. Nimmt ein Prozessbevollmächtigter die Berufung ohne oder entgegen einer Weisung des Mandanten zurück, kann für eine erneute, aber verspätet eingelegte Berufung Wiedereinsetzung in den vorigen Stand nicht gewährt werden (BAG NZA 2010, 183; BGH NJW 1991, 2839; BGH NJW-RR 1998, 1446; BGH NJW 2007, 3640). Das Risiko, dass mehrere Prozessbevollmächtigte widersprüchlich handeln, hat allein die Partei zu tragen (BAG NZA 2010, 183).

6. Ein **Antrag auf Eröffnung eines Insolvenzverfahrens ist keine Maßnahme der Forderungsdurchsetzung**, weshalb eine ausdrückliche Bevollmächtigung erforderlich ist (BeckPFB/Mes/Reinelt/*Strahl* 2010, I.A.4. Anm. 5). Zu beachten ist, dass sich ein Gläubiger bei Stellung eines Insolvenzantrages gegenüber dem Schuldner schadenersatzpflichtig machen kann (BGH NJW 1961, 2254). Im Insolvenzverfahren wird der Rechtsschutz gegen unzulässige und unbegründete Insolvenzanträge zwar grundsätzlich durch das Insolvenzgericht gewährt, so dass der Rechtsschutz durch Prozessgerichte in aller Regel wegen der ausschließlichen Prüfungskompetenz der Insolvenzgerichte bezüglich der sich aus der Insolvenzordnung ergebenden Voraussetzungen für die Zulässigkeit und Begründetheit eines Insolvenzantrags ausgeschlossen ist (OLG Koblenz NZI 2006, 353; LG Dortmund Urt. v. 8.8.2008 – 3 O 556/07, mwN). Eine Ausnahme besteht aber dann, wenn der antragstellende Gläubiger das Recht und die Möglichkeit, einen Insolvenzantrag gemäß § 14 InsO zu stellen, missbraucht, um mit einem unzulässigen oder unbegründeten Insolvenzantrag außerhalb des Insolvenzverfahrens liegende Ziele zu verfolgen (LG Dortmund Urt. v. 8.8.2008 – 3 O 556/07, mwN). Dies ist nicht bei jedem unberechtigt gestellten Insolvenzantrag der Fall (BGH NJW 1961, 2254; LG Dortmund Urt. v. 8.8.2008 – 3 O 556/07, mwN). Wer sich zum Vorgehen gegen seinen Schuldner eines staatlichen, gesetzlich eingerichteten und geregelten Verfahrens bedient, greift auch dann nicht unmittelbar und rechtswidrig in den geschützten Rechtskreis des Schuldners ein, wenn sein Begehren sachlich nicht gerechtfertigt ist und dem anderen Teil aus dem Verfahren Nachteile erwachsen. Anders ist das aber bei vorsätzlicher sittenwidriger Schadenszufügung durch ein mit unlauteren Mitteln betriebenes Verfahren, wie im Falle des Prozessbetrugs oder auch der mit unwahren Angaben erschlichenen Konkurseröffnung (OLG Koblenz NZI 2006, 353; LG Dortmund Urt. v. 8.8.2008 – 3 O 556/07).

7. Vgl. § 81 ZPO.

8. Ob eine Vollmacht zur Entgegennahme von Zustellungen in die Vollmachtsurkunde aufgenommen wird, ist unter Beachtung des jeweiligen Mandats sorgfältig zu prüfen. Im Blick auf § 12 BORA kann so einerseits für inländische Mandanten sichergestellt werden, dass eine unmittelbare Beratung erfolgt, wobei es andererseits zB bei ausländischen Mandanten insbesondere bei Wettbewerbssachen im Blick auf § 14 BORA vorteilhaft sein kann, gerade keinen inländischen Bevollmächtigten zu haben (vgl.: BeckPFB/Mes/Reinelt/*Strahl*, 2010, 2010, I.A.4.Anm. 6).

2. Vollmacht strafrechtliche Angelegenheit

Strafprozess-Vollmacht

Hiermit erteile ich,

. . . . . . (Name Mandant)

(Anschrift Mandant)

Frau Rechtsanwältin/Herrn Rechtsanwalt . . . . . . (Name), ... (Kanzleianschrift)[1]

VOLLMACHT[2]

zur Verteidigung und Vertretung, in allen Instanzen[3]

in der Sache:

_____

Die Vollmacht ist umfassend und beinhaltet insbesondere auch folgende Rechte:

1. Vertretung und Verteidigung in Strafsachen, Adhäsionsverfahren, Bußgeldsachen (§§ 302, 374 StPO), Ordnungswidrigkeitenverfahren einschließlich der Vorverfahren.[4]

2. Vertretung im Nebenklageverfahren, Privatklageverfahren und Widerklageverfahren. Erhebung der Nebenklage, der Privatklage und der Widerklage.

3. Für den Fall der Abwesenheit Vertretung nach § 411 Abs. 2 StPO und mit ausdrücklicher Ermächtigung auch nach §§ 233 Abs. 1, 234 StPO.

4. Stellung von Strafanträgen und anderen nach der Strafprozessordnung zulässigen Anträgen.

5. Erteilung von Zustimmungen gemäß §§ 153, 153a StPO.

6. Stellung von Anträgen nach dem Gesetz über die Entschädigung für Strafverfolgungsmaßnahmen, insbesondere im Beitragsverfahren.

7. Bewirken und Entgegennahme von Zustellungen.

(Alternative: Zustellungen aller Art, ausgenommen Ladungen, auch Beschlüsse und Urteile in Empfang zu nehmen (§ 350 Abs. 1 StPO, sowie ausdrücklich Zustellungen gem. § 132 Abs. 1 Ziff. 2 StPO).[5])

8. Übertragung der Vollmacht ganz oder teilweise auf andere (Untervollmacht).

9. Einlegen von Rechtsmitteln.

10. Zurücknahme von Rechtsmitteln.

11. Verzicht auf Rechtsmittel, auch gem. § 302 Abs. 2 StPO.

12. Entgegennahme von Geld, Wertsachen, Urkunden, Wertpapieren, Kautionen, Bußgeldzahlungen und im Ermittlungsverfahren sichergestellten Beweismitteln einschließlich Quittierung der Entgegennahme. Entsprechend die Freigabe von Geld, Wertsachen, Urkunden, Wertpapieren, Kautionen, Bußgeldzahlungen und im Ermittlungsverfahren sichergestellten Beweismitteln.

13. Vertretung in Kostenfestsetzungsverfahren und Kostenerstattungsverfahren.

14. Annahme und Freigabe von Geldern, die durch die Justizkasse oder andere Stellen erstattet werden, insbesondere Erstattungen von notwendigen Auslagen, hinterlegten Geldern, Sicherheitsleistungen.[6]

15. Vornahme von Akteneinsichten.[7, 8]

. . . . . ., den . . . . . .

(Unterschrift Mandant)[9]

Schrifttum: *Burhoff*, Das Akteneinsichtsrecht des Strafverteidigers nach § 147 StPO, ZAP Heft 2/ 2002; Fach 22, S. 345; *ders.* Verfahrenstipps und Hinweise für Strafverteidiger (III/2011), ZAP Heft 24/ 2011 – Fach 22 R, S. 713; *Bohl*, Der ewige Kampf des Rechtsanwalts um die Akteneinsicht, NVwZ 2005, 133; *Meyer-Lohkamp/Venn*, Vom (Un-)Sinn der schriftlichen „Strafprozessvollmacht", StraFo 2009, 265; NJW-Spezial-Redaktion, Anmerkung LG Leipzig v. 6.1.2010 – 11 Qs 372/09 – NJW Spezial 2010, 316; *Volpert*, Anmerkung LG Leipzig v. 6.1.2010 – 11 Qs 372/09 – AGS 2010, 129.

Anmerkungen

1. Ist im **Rubrum einer Verteidigervollmacht** lediglich der **Name der Anwaltskanzlei bzw. Anwaltssozietät** als solcher aufgeführt, erfasst die Vollmacht grundsätzlich alle der Kanzlei bzw. Sozietät angehörenden Rechtsanwälte (OLG Hamm v. 27.2.2012 – III-3 RBs 386/11, NStZ-RR 2013, 23). Hat der Betroffene eine alle Rechtsanwälte der Kanzlei bzw. Sozietät erfassende Verteidigervollmacht unterzeichnet und haben sich indes höchstens drei dieser Anwälte im Verfahren zum Verteidiger bestellt, können **Zustellungen** wirksam und mit **verjährungsunterbrechender Wirkung** an die Anwaltskanzlei bzw. -sozietät als solche adressiert werden (OLG Hamm v. 27.2.2012 – III-3 RBs 386/11, NStZ-RR 2013, 23; OLG Hamm MDR 1980, 513; OLG Köln v. 22.5.2003 – Ss 169/03, VRS 105, 207; OLG Stuttgart v. 30.1.2002 – 4b Ss 431/01, ZfS 2002, 252; aA AG Stadthagen AG Stadthagen v. 13.8.2008 – 11 OWi 507 Js 4839/08 (236/08), BeckRS 2009, 06724).

2. In der Praxisliteratur für Strafverteidiger wird **teilweise** empfohlen, den Mandanten bei Mandatsübernahme eine **Vollmachtsurkunde** unterzeichnen zu lassen und diese **bei Anzeige der Mandatsübernahme vorzulegen** (*Bockemühl/Bockemühl*, Handbuch des Fachanwalts Strafrechts, 4. Aufl. 2009, 2. Teil 1. Kap. Rn 11 ff.; BeckFormBStr/*Hamm/ Lohberger/Danckert/Ignor*, 4. Aufl., 2002, → Form. II. 2 Anm. 5; MAH WirtschaftshgR/ *Knierim* § 7 Rd. 75). **Andere** empfehlen, **im Einzelfall** das **Für und Wider der Vorlage** einer schriftlichen „Strafprozessvollmacht" im **Mandanteninteresse** gegeneinander **abzuwägen** (vgl.: *Meyer-Lohkamp/Venn* StraFo 2009, 265 (270)).

3. Die **Vertretung vor dem BVerfG** ist **nicht abgedeckt.** Selbst eine umfassende allgemeine Vollmacht zB für „alle Rechtsgeschäfte" reicht zur Vertretung vor dem BVerfG nicht aus (BVerfG v. 14.11.2001 – 2 BvR 1898/01, NJW 2002, 428). Zur wirksamen Prozessvertretung erforderlich ist stets eine auf das konkrete Verfahren bezogene Vollmacht (**§ 22 Abs. 2 BVerfGG**).

4. Das bloße **Auftreten des Verteidigers in der Hauptverhandlung ohne schriftliche Erteilung der Vollmacht zu den Akten** genügt nicht den Anforderungen an eine Zustellungsbevollmächtigung (OLG Köln v. 4.1.2013 – III-1 RBs 334/12, DAR 2013, 337; BGH v. 3.12.2008 – 2 StR 500/08, NStZ-RR 2009, 144; BGH v. 15.4.1964 – IV ZR 165/63, BGHZ 41, 303). Eine Zustellung an einen Verteidiger ist unwirksam, wenn sich seine Vollmacht nicht bei den Akten befindet (§ 145a Abs. 1 StPO) (BGH v. 3.12.2008 – 2 StR 500/08, NStZ-RR 2009, 144).

5. In der Judikatur werden **Einschränkungen betreffend Zustellungen an den Verteidiger** einer sehr strengen Prüfung unterworfen und **in den meisten Fällen verworfen.** Dies für den Bereich des OWiG zB mit der Argumentation, dass gem. § 51 Abs. 3 S. 1 HS. 1 OWiG der gewählte Verteidiger, dessen Vollmacht sich bei den Akten befindet, als ermächtigt gilt, Zustellungen für den Betroffenen in Empfang zu nehmen. Diese mit § 145 a Abs. 1 StPO wortgleiche Regelung begründet eine gesetzliche Zustellungsvollmacht, die vom Willen des Betroffenen unabhängig ist (vgl.: OLG Dresden Urt. v. 10.5.2005 – Ss (OWi) 309/05, NStZ-RR 2005, 244 mwN) und nicht von vornherein durch die Verteidigervollmacht eingeschränkt oder vollständig entzogen werden kann (OLG Dresden Urt. v. 10.5.2005 – Ss (OWi) 309/05, NStZ-RR 2005, 244 mwN). Dies, da die Zustellungsvollmacht sich allein aus der Stellung des Wahlverteidigers ergibt und nicht konstitutiv durch die Vollmachtsurkunde bewirkt (OLG Jena Urt. v. 6.6.2001 – 1 Ss 126/01, NJW 2001, 3204; OLG Dresden Urt. v. 10.5.2005 – Ss (OWi) 309/05, NStZ-RR 2005, 244; KG v. 17.10.2011 – 3 Ws (B) 144/11 – 2 Ss 68/11, BeckRS 2012, 04589).

6. Es kann eine **Abtretung von Kostenerstattungsansprüchen** in die Verteidigervollmacht aufgenommen werden. Allerdings ist die Frage, welche **(formalen) Voraussetzungen für die Abtretung** der Erstattungsansprüche eines Angeklagten zugunsten des Verteidigers erfüllt sein müssen, **in der Rechtsprechung bislang nicht einheitlich geklärt** (vgl.: OLG Düsseldorf AGS 2007, 55; LG Hamburg AnwBl 1977,70; OLG Koblenz v. 17.4.2009 – 10 U 691/07; LG Düsseldorf AGS 2007, 34; LG Leipzig Urt. v. 6.1.2010 – 11 Qs 372/09; vgl. auch: NJW-Spezial-Redaktion, Anmerkung LG Leipzig Urt. v. 6.1.2010 – 11 Qs 372/09, NJW Spezial 2010, 316; LG Leipzig v. 6.1.2010 – 11 Qs 372/09, AGS 2010, 129 mAnm *Volpert*).

7. Bei einem **Akteneinsichtsgesuch** ist nach zutreffender Auffassung nicht die schriftliche Vollmacht vorzulegen, sondern es kann die **Vorlage der schriftlichen Vollmacht** nur verlangt werden, wenn **Zweifel an der Bevollmächtigung** bestehen (BGH Urt. v. 13.4.2010 – 3 StR 24/10, StraFo 2010, 339; OLG Brandenburg 20.9.2009 – 2 Ss (OWi) 129 B/09, VRS 117, 305; OLG Jena Urt. v. 28.10.2004 – 1 Ss 65/04, VRS 108, 276; OLG Köln Urt. v. 5.10.2011 – III-1 RBs 278/11, AnwBl 2012, 115). Bei berechtigten und nicht widerlegten Zweifeln an der Bevollmächtigung muss das das Akteneinsichtsgesuch geltend machenden Person die Akteneinsicht vollständig versagt werden (BVerfG Urt. v. 14.9.2011 – 2 BvR 449/11, NJW 2012, 141). Beschränkungen hinsichtlich der Art und Weise der Akteneinsicht sind nicht geeignet, Zweifel an der Bevollmächtigung auszuräumen oder den Mangel einer fehlenden Bevollmächtigung zu beheben (BVerfG Urt. v. 14.9.2011 – 2 BvR 449/11, NJW 2012, 141. Vgl. dazu: *Burhoff* ZAP Heft 24/2011 – Fach 22 R, S. 713).

8. In der Rechtsprechung der Fachgerichte wird ein **Anspruch auf Akteneinsicht in der Kanzlei** verneint und ausgesprochen, dass kein Anspruch auf Überlassung oder Übersendung der Akten besteht (vgl. BGH Beschl. v. 24.8.1999 - 1 StR 672/98, NStZ 2000, S. 46; BGH Besch. v. 12.9.2007 - 1 StR 337/07, juris; KG v. 19.12.2001 – 1 AR 1546/01, VRS 102, 205; vgl. dazu auch: *Burhoff* ZAP Heft 2/2002; Fach 22, S. 345). Das **BVerfG** hat zur **Erhebung einer Auslagenpauschale bei Versendung** Stellung genommen (BVerfG v. 6.3.1996 - 2 BvR 386/96, NJW 1996, S. 2222), die Frage des Rechtsanspruchs des Verteidigers auf Überlassung und Übersendung aber ausdrücklich offen gelassen (BVerfG v. 14.9.2011 – 2 BvR 449/11, NJW 2012, 141).

9. Werden **Minderjährige** in strafrechtlichen Verfahren vertreten, ist nicht zuletzt unter dem Gesichtspunkt der **Haftung für Verfahrenkosten** unbedingt darauf zu achten, dass die **Genehmigung gesetzlicher Vertreter** eingeholt wird. Erfolgt deren Zustimmung oder Genehmigung nicht, so hat grds. der Rechtsanwalt als **vollmachtloser Vertreter gemäß § 473 Abs. 1 S. 1 StPO** die Kosten des von ihm eingelegten Rechtsmittels zu tragen (KG v. 12.3.2012 – 4 Ws 17/12, 4 Ws 17/12 – 141 AR 64/12, NJW 2012, 2293; OLG

Düsseldorf v. 30.4.2001 – 2 Ws 71/01, NStZ-RR 2001, 303 (304)). Die dem Rechtsanwalt erteilte Vollmacht ist mangels Geschäftsfähigkeit des Vollmachtgebers schwebend unwirksam (§ 111 S. 1 BGB; Palandt/*Ellenberger* 71. Aufl., § 111 Rn. 3; KG v. 12.3.2012 – 4 Ws 17/12, 4 Ws 17/12 – 141 AR 64/12, NJW 2012, 2293). Ausnahmsweise kann von einer Auferlegung der Kosten abgesehen werden, wenn der vollmachtlose Vertreter aufgrund einer (fehlerhaften) gerichtlichen Entscheidung darauf vertrauen durfte, zur Rechtsmitteleinlegung befugt zu sein (KG Urt. v. 12.3.2012 – 4 Ws 17/12, 4 Ws 17/12 – 141 AR 64/12, NJW 2012, 2293; BGH v. 18.11.2008 – 4 StR 301/08).

3. Vollmacht arbeitsrechtliche Angelegenheit

Vollmacht[1]

Hiermit erteile ich,

. . . . . . (Name)

. . . . . . (Anschrift)[2]

ggf.: als Geschäftsführer/Vorstand[3] von . . . . . .(Firma, Rechtsform, Anschrift)

Frau Rechtsanwältin/Herrn Rechtsanwalt . . . . . . (Name), (Kanzleianschrift)

Vollmacht

in der Sache:

Arbeitsverhältnis . . . . . . (Name/Firma Arbeitgeber) ./. . . . . . (Name) Mitarbeiter/Mitarbeiterin)

Die Vollmacht ist umfassend, sie gilt außergerichtlich und gerichtlich für alle Instanzen und beinhaltet das Recht zur Abgabe aller das Arbeitsverhältnis betreffenden Erklärungen. Die Vollmacht umfasst insbesondere auch folgende Rechte:

- die Erklärung von Anfechtungen
- den Ausspruch von ordentlichen Kündigungen
- den Ausspruch von außerordentlichen Kündigungen
- die Verhandlung und den Abschluss von einvernehmlichen Regelungen über das Ausscheiden des Mitarbeiters/der Mitarbeiterin.

Die Vollmacht bleibt bis zu ihrem Widerruf wirksam.

. . . . . ., den . . . . . .

Unterschrift Mandant/Vollmachtgeber[4, 5]

. . . . . .

Belehrung[6] gem. § 12 a ArbGG (Arbeitsgerichtsgesetz): Im Urteilsverfahren des ersten Rechtszugs besteht kein Anspruch der obsiegenden Partei auf Entschädigung wegen Zeitversäumnis und auf Erstattung der Kosten für die Zuziehung eines Prozessbevollmächtigten oder Beistands. Vor Abschluss der Vereinbarung über die Vertretung wurde auf den Ausschluss der Kostenerstattung nach gem. § 12 a ArbGG hingewiesen und der Hinweis wurde mir erklärt.

. . . . . ., den . . . . . .

(Unterschrift Mandant)[7]

Schrifttum: *Bartholomä*, Anmerkung BAG v. 14.4.2011 – 6 AZR 727/09 – BB 2011, 2236; *Häblein*, § 174 BGB – eine (Haftungs-)Falle nicht nur für Rechtsanwälte, NJW 2002, 1398; *Pawlak*, Anmerkung LAG Rheinland-Pfalz v. 9.4.2013 – 6 Sa 529/12 – öAT 2013, 193; *Raif*, Anmerkung LAG Rheinland-Pfalz v. 9.4.2013 – 6 Sa 529/12 – ArbRAktuell 2013, 454; *Wagner*, Die Kündigung durch den Arbeitgeber – Checkliste, NZA 1989, 384; *Wagner*, Die Kündigung durch den Arbeitgeber – Checkliste, NZA 1989, 384.

Anmerkungen

1. Im Arbeitsgerichtsprozess braucht die Prozessvollmacht vom Rechtsanwalt grds. nicht vorgelegt zu werden. Ein Prozessvertreter kann zwar nur beim Vorliegen einer wirksamen Prozessvollmacht Prozesshandlungen für eine Partei vornehmen (LAG Hamm v. 28.12.2012 – 2 Ta 163/12, BeckRS 2013, 66549). Tritt ein **Rechtsanwalt als Prozessbevollmächtigter** auf, so ist das Vorliegen einer Prozessvollmacht gemäß **§ 88 Abs. 2 ZPO** aber nicht von Amts wegen zu prüfen. Allerdings ist gem. § 88 Abs. 1 ZPO in jeder Lage des Verfahrens die **Vollmachtsrüge** möglich mit der Folge, dass die Bevollmächtigung durch eine schriftliche Vollmacht nachzuweisen und eine solche zu der Gerichtsakte im Original einzureichen ist (LAG Hamm v. 28.12.2012 – 2 Ta 163/12, BeckRS 2013, 66549; BGH Urt. v. 23.2.2006 – III ZB 50/05, NJW 2007, 772). Ein von einem Prozessvertreter **ohne wirksame Prozessvollmacht eingelegtes Rechtsmittel ist als unzulässig zu verwerfen**, da die wirksame Prozessvollmacht eine Prozesshandlungsvoraussetzung ist (LAG Hamm v. 28.12.2012 – 2 Ta 163/12, BeckRS 2013, 66549; BGH Urt. v. 14.12.2011 – XII ZB 233/11, NJW-RR 2012, 515; BGH Urt. v. 8.8.1990 – VI ZR 321/89, NJW 1990, 3152). Die Verwerfung eines Rechtsmittel bzw. Rechtsbehelfs mangels wirksamer Prozessvollmacht als unzulässig setzt allerdings zur Vermeidung der Verletzung des Grundrechts des **Art. 103 Abs. 1 GG** auf rechtliches Gehör voraus, dass die **Vollmacht trotz entsprechenden gerichtlichen Hinweises jedenfalls nicht innerhalb der gesetzten Frist eingereicht worden ist**, wobei die Fristsetzung als solche nicht im Ermessen des Gerichts steht, § 80 ZPO (LAG Hamm v. 28.12.2012 – 2 Ta 163/12, BeckRS 2013, 66549; BGH v. 14.12.2011 – XII ZB 233/11, NJW-RR 2012, 515).

2. Erteilt der Arbeitgeber die Vollmacht, sind wegen § 174 BGB sowie § 623 BGB die Vertretungsverhältnisse peinlich genau zu prüfen. Gem. **§ 174 S. 1 BGB** ist ein einseitiges Rechtsgeschäft, das ein Bevollmächtigter einem anderen gegenüber vornimmt, unwirksam, wenn der Bevollmächtigte eine Vollmachtsurkunde nicht vorlegt und der andere das Rechtsgeschäft aus diesem Grund unverzüglich zurückweist. Das **Zurückweisungsrecht** ist nach § 174 S. 2 BGB nur dann ausgeschlossen, wenn der Vollmachtgeber dem Erklärungsempfänger die Bevollmächtigung vorher mitgeteilt hat (LAG Hamm v. 16.5.2013 – 17 Sa 1708/12, BeckRS 2013, 69891; vgl. dazu auch: *Steiner*, ArbRAktuell 2013, 341). **Folge der Zurückweisung** nach § 174 S. 1 BGB ist – unabhängig vom Bestehen der Vollmacht – die **Unwirksamkeit des Rechtsgeschäfts**. Eine **Heilung oder Genehmigung** nach § 177 BGB **scheidet aus** (LAG Rheinland-Pfalz v. 9.4.2013 – 6 Sa 529/12, BeckRS 2013, 71279 mwN; vgl. dazu auch: *Pawlak*, Anmerkung LAG Rheinland-Pfalz v. 9.4.2013 – 6 Sa 529/12, öAT 2013, 193; *Raif* Anmerkung LAG Rheinland-Pfalz Urt. v. 9.4.2013 – 6 Sa 529/12, ArbRAktuell 2013, 454). Für die Frage, ob eine Zurückweisung iSd. § 174 S. 1 BGB **unverzüglich** erfolgt ist, gelten **die zu § 121 BGB aufgestellten Grundsätze** entsprechend (LAG Rheinland-Pfalz Urt. v. 9.4.2013, 6 Sa 529/12 – BeckRS 2013, 71279). Die Zurückweisung muss daher nicht sofort erfolgen. Dem Erklärungsempfänger ist vielmehr eine gewisse Zeit zur Überlegung und zur Einholung des Rates eines Rechtskundigen darüber einzuräumen, ob er das einseitige Rechtsgeschäft wegen fehlender Bevollmächtigung zurückweisen soll. Innerhalb welcher Zeitspanne der Erklärungsempfänger das Rechtsgeschäft wegen der fehlenden Bevollmächtigung zurückweisen muss, **richtet sich nach den Umständen des Einzelfalls** (LAG Rheinland-Pfalz Urt. v. 9.4.2013 – 6 Sa 529/12, BeckRS 2013, 71279; BAG v. 8.12.2011 – 6 AZR 354/10, NJW 2012, 2539). Die Zurückweisung einer Kündigungserklärung ist nach einer **Zeitspanne von mehr als einer Woche** ohne das Vorliegen besonderer Umstände des Einzelfalls **nicht mehr unverzüglich** iSd § 174 S. 1 BGB (LAG Rheinland-Pfalz Urt. v. 9.4.2013 – 6 Sa 529/12, BeckRS 2013, 71279; BAG v. 8.12.2011 – 6 AZR 354/10, NJW 2012, 2539). Dabei ist auch das **Zurückweisungsschreiben nach § 174 BGB** ein **einseitiges Rechtsgeschäft** im Sinne des § 174 BGB mit der Folge, dass – wenn diesem Schreiben keine Originalvollmachtsurkunde bei liegt – die Zurückweisungserklärung seinerseits vom Kündigenden nach § 174 S. 1 BGB zurückgewiesen werden kann (LAG Hamm Urt. v. 16.5.2013 – 17 Sa 1708/12, BeckRS 2013, 69891; BAG v. 8.12.2011 – 6 AZR 354/10, DB 2012, 579).

3. Die Vollmacht sollte aus Gründen des sichersten Wegs immer vom **gesetzlichen Vertreter**, so bei einer GmbH vom Geschäftsführer (§ 35 GmbHG) und bei der AG vom Vorstand (§ 76 AktG) unterschrieben werden. Dabei ist immer auch **zu prüfen ob Alleinvertretungsbefugnis des gesetzlichen Vertreters besteht**. Handelt bei der Bevollmächtigung des Rechtsanwaltes nicht der gesetzliche Vertreter der Gesellschaft, muss wegen § 174 BGB unbedingt auch die Vollmacht des gesetzlichen Vertreters bzw. der gesetzlichen Vertreter auf den Vollmachtgeber im Original verlangt werden, damit ggf. eine bruchlose Legitimationskette in Form der der anwaltlichen Erklärung beizufügenden Originalvollmachten gewährleistet ist. Zur **Bevollmächtigung durch eine GbR** vgl.: BGH v. 9.11.2001 – LwZR 4/01, NJW 2002, 1194; BGH v.16.7.2003 – XII ZR 65/02, NJW 2003, 3053; BGH v. 5.11.2003 – XII ZR 134/02, NJW 2004, 1103; LAG Niedersachsen v. 11.12.2009 – 10 Sa 594/09, ZIP 2010, 1002; BAG v. 21.4.2005 – 2 AZR 162/04, NJW 2005, 2572; BAG v. 28.11.2007 – 6 AZR 1108/06, NJW 2008, 1341. Zur **Bevollmächtigung und Wahrung der Schriftform durch eine AG** vgl.: BGH v. 4.11.2009 – XII ZR 86/07, NJW 2010, 1453. Dabei ermächtigt gem. **§ 49 Abs. 1 HGB die Prokura** zu allen Arten von gerichtlichen und außergerichtlichen Geschäften und Rechtshandlungen, die der Betrieb eines Handelsgewerbes mit sich bringt. Dazu gehört auch der Ausspruch einer Kündigung gegenüber einem Mitarbeiter des Unternehmens (LAG Hamm v. 16.5.2013 – 17 Sa 1708/12; BAG v. 11.7.1991 – 2 AZR 107/91, DB 1992, 895). Allerdings sind auch hier **Gesamtvertretungsverhältnisse und Beschränkungen der Prokura unbedingt zu beachten** (vgl.: LAG Hamm v. 16.5.2013 – 17 Sa 1708/12). Ein **Inkenntnissetzen iSd § 174 S. 2 BGB** kann dabei auch vorliegen, wenn der Arbeitgeber bestimmte Mitarbeiter - zB durch die Bestellung zum **Generalbevollmächtigten** oder **Leiter der Personalabteilung** - in eine Stelle berufen hat, die üblicherweise mit dem Kündigungsrecht verbunden ist (BAG v. 14.4.2011 – 6 AZR 727/09, NJW 2011, 2317 mwN). Dabei reicht allerdings die bloße Übertragung einer solchen Funktion nicht aus, wenn diese Funktionsübertragung aufgrund der Stellung des Bevollmächtigten im Betrieb nicht ersichtlich ist und auch keine sonstige Bekanntmachung erfolgt (BAG v. 14.4.2011 – 6 AZR 727/09, NJW 2011, 2317; BAG v. 20.8.1997 - 2 AZR 518/96, NZA 1997, 1343). **Vielmehr ist es erforderlich, dass der Erklärungsempfänger davon in Kenntnis gesetzt wird, dass der Erklärende diese Stellung tatsächlich innehat** (BAG v. 14.4.2011 – 6 AZR 727/09, NJW 2011, 2317; BGH Urt. v. 20.10.2008 - II ZR 107/07, NJW 2009, 293). Diese Notwendigkeit ergibt sich daraus, dass die Berufung eines Mitarbeiters auf die Stelle eines Personalleiters oder eine ähnliche Stelle zunächst ein rein interner Vorgang ist. Ein Inkenntnissetzen iSd § 174 S. 2 BGB verlangt aber begriffsnotwendig auch einen **äußeren Vorgang**, der diesen inneren Vorgang öffentlich macht und auch die Arbeitnehmer erfasst, die erst nach einer eventuell im Betrieb bekannt gemachten Berufung des kündigenden Mitarbeiters in eine mit dem Kündigungsrecht verbundene Funktion eingestellt worden sind (BAG v. 14.4.2011 – 6 AZR 727/09, NJW 2011, 2317 mwN). Um hier

Diskussionen über das Vorliegen dieser Voraussetzungen zu vermeiden und um das Risiko der Zurückweisung gem. § 174 BGB insoweit auszuschließen, sollte die Unterzeichnung der Vollmacht stets durch den oder die gesetzlichen Vertreter erfolgen.

4. Gem. **§ 623 BGB** bedarf die Beendigung eines Arbeitsverhältnisses durch Kündigung zu ihrer Wirksamkeit der **Schriftform**. Zu beachten sind die **Klarstellungs- und die Beweisfunktion** sowie betreffend die Unterschrift die **Identitätsfunktion, die Echtheitsfunktion und die Verifikationsfunktion**. Für die Einhaltung der Schriftform ist deshalb erforderlich, dass alle Erklärenden die schriftliche Willenserklärung unterzeichnen. Unterzeichnet für eine Vertragspartei ein Vertreter die Erklärung, **muss das Vertretungsverhältnis in der Urkunde deutlich zum Ausdruck kommen**. Dies kann insbesondere durch einen **entsprechenden Zusatz bei der Unterschrift** erfolgen (BAG v. 28.11.2007 – 6 AZR 1108/06, NJW 2008, 1341; BAG v. 21.4.2005 – 2 AZR 162/04, NJW 2005, 2572; BAG v. 18.11.2009 – 4 AZR 491/08, NJW 2010, 888). Für die Frage, ob jemand **eine Erklärung auch in fremdem Namen abgibt**, kommt es dabei auf deren **objektiven Erklärungswert** an. Maßgeblich ist gemäß § 157 BGB, wie sich die Erklärung nach Treu und Glauben unter Berücksichtigung der Verkehrssitte für den Empfänger darstellt. Hierbei sind außer dem Wortlaut der Erklärung alle Umstände zu berücksichtigen, die unter Beachtung der Verkehrssitte Schlüsse auf den Sinn der Erklärung zulassen, wobei von Bedeutung insbesondere die dem Rechtsverhältnis zugrunde liegenden Lebensverhältnisse, die Interessenlage, der Geschäftsbereich, dem der Erklärungsgegenstand angehört, und verkehrstypische Verhaltensweisen sind. Die gesetzliche Schriftform (§ 126 BGB) ist nur gewahrt, **wenn der so ermittelte rechtsgeschäftliche Vertretungswille in der Urkunde, wenn auch nur unvollkommen, Ausdruck gefunden hat** (BAG 28.11.2007 – 6 AZR 1108/06, NZA 2008, 348; BAG v. 21.4.2005 – 2 AZR 162/04, NJW 2005, 2572).

5. Der Rechtsanwalt hat zur Gewährleistung des sichersten Weges auch darauf zu achten, dass die **Unterschrift des Vollmachtgebers leserlich** ist und insbesondere die **Anforderungen der Rechtsprechung erfüllt**. Danach soll die in § 123 BGB angeordnete Schriftform Rechtssicherheit für die Vertragsparteien und eine Beweiserleichterung im Rechtsstreit bewirken (LAG Hessen Urt. v. 22.3.2011 – 13 Sa 1593/10). Durch das in § 126 Abs. 1 BGB vorgesehene Erfordernis der eigenhändigen Unterschrift wird der Aussteller der Urkunde erkennbar, der Erklärungsempfänger erhält die Möglichkeit zu überprüfen, wer die Erklärung abgegeben hat und ob die Erklärung echt ist und der Aussteller der Erklärung soll identifiziert werden können (BAG v. 6.9.2012 – 2 AZR 858/11 – NJW 2013, 2219; LAG Hessen v. 22.3.2011 – 13 Sa 1593/10; vgl. auch BT-Drs. 14/4987 S. 16). Die **Lesbarkeit des Namenszuges** ist hierbei nicht erforderlich (LAG Hessen v. 22.3.2011 – 13 Sa 1593/10). Es genügt ein die **Identität des Unterschreibenden ausreichend kennzeichnender Schriftzug, der individuelle und entsprechend charakteristische Merkmale aufweist, die die Nachahmung erschweren** (LAG Hessen v. 22.3.2011 – 13 Sa 1593/10). Sie ist ein aus Buchstaben einer üblichen Schrift bestehendes Gebilde. Der Schriftzug muss sich als Wiedergabe des Namens darstellen und **die Absicht einer vollen Unterschriftsleistung erkennen lassen**, selbst wenn er nur flüchtig niedergelegt und von einem starken Abschleifungsprozess gekennzeichnet ist. Die **Unterschrift ist hierbei vom Handzeichen (Paraphe) abzugrenzen**, wobei das äußere Erscheinungsbild maßgeblich ist und ein großzügiger Maßstab anzulegen ist, sofern die **Autorenschaft gesichert** ist (LAG Hessen v. 22.3.2011 – 13 Sa 1593/10; BAG v. 24.1.2008 – 6 AZR 519/07, NJW 2008, 2521; BGH Urt. v. 15.11.2006, NJW – RR 2007, 351; Hessisches LAG Urt. v. 22.3.2010, NZA – RR 2010, 341; LAG Hamm Urt. v. 13.6.2007 – 3 Sa 514/07).

6. Der Rechtsanwalt muss **vor Übernahme des Mandats auf die fehlende Kostenerstattung hinweisen**. In § 12 a ArbGG wird eine **über § 49b Abs. 5 BRAO hinausgehende Informationspflicht** begründet (*Natter/Gross/Pfitzer*, ArbGG, 1. Aufl. 2010,

§ 12 a Rn. 9). Der dem Mandanten **bei fehlendem Hinweis** eventuell zustehende **Schaden-ersatzanspruch** kann im Vergütungsfestsetzungsverfahren als **Einwendung im Sinne des § 11 Abs. 5 S. 1 RVG** dem Anspruch des Rechtsanwaltes entgegengehalten werden (*Natter/Gross/Pfitzer* ArbGG, 1. Aufl. 2010 § 12 a Rn. 9).

7. Wie im Einzelnen die Belehrung zur erfolgen hat, ist im Gesetz nicht geregelt, es genügt daher auch ein mündlicher Hinweis des Prozessbevollmächtigten, wobei sich allerdings **aus Gründen der Beweisbarkeit** empfiehlt, die entsprechende **Belehrung schrift-lich durchzuführen** (Germelmann/Matthes/Prütting/*Germelmann* ArbGG 8. Aufl. 2013, § 12a Rn. 31).

4. Vollmacht Einsicht in die Personalakte beim Arbeitgeber/ Dienstgeber/Dienstherrn

Vollmacht zur Einsicht in die Personalakte[1, 2]

Hiermit bevollmächtige ich,

Herr/Frau . . . . . . (Titel, Vorname, Nachname, Anschrift des Vollmachtgebers/der Vollmachtgeberin)

– Vollmachtgeber/Vollmachtgeberin –

Herrn/Frau Rechtsanwalt/Rechtsanwältin . . . . . . (Name), ... (Anschrift),

– Bevollmächtigter/Bevollmächtigte –[3]

bei meinem Arbeitgeber/Dienstgeber/Dienstherrn . . . . . . Einsicht in meine Personalakte zu nehmen.[4]

Ich erkläre mein Einverständnis, dass dem Bevollmächtigten/der Bevollmächtigten die Personakte vollständig[5] vorgelegt wird und er/sie in die gesamte Personalakte Einsicht nehmen und ggf. Auszüge und Kopien fertigen oder die Fertigung und Übersendung von Auszügen oder Kopien verlangen kann.

Ich entbinde meinen Arbeitgeber gegenüber dem Bevollmächtigten/der Bevollmächtigten von der Verschwiegenheitspflicht.

. . . . . ., den . . . . . .

(Unterschrift Vollmachtgeber)[6]

Anmerkungen

1. Der Arbeitgeber verletzt das **allgemeine Persönlichkeitsrecht des Arbeitnehmers**, wenn er dessen Personalakten einem Dritten ohne Wissen des Betroffenen zugänglich macht (BAG v. 18.12.1984 – 3 AZR 389/83, NJW 1986, 341). **Personenbezogene Daten und Unterlagen** darf der Arbeitgeber Dritten ohne eine **ausdrückliche Genehmigung des Arbeitnehmers** nicht zugänglich machen (*Berscheid/Kunz/Brand/Nebeling/Geck/Pestke*, Praxis des Arbeitsrechts, 4. Aufl., 2013, Kap. 21 Rn. 1300 mwN). Dabei hat der **Betriebsrat darüber zu wachen**, dass **die zugunsten der Arbeitnehmer geltenden Gesetze im Betrieb durchgeführt werden**, wozu auch das **Bundesdatenschutzgesetz** gehört (LAG Berlin-Brandenburg v. 12.11.2012 – 17 TaBV 1318/12, NJW 2013, 8; BAG v. 17.3.1987

– 1 ABR 59/85, NZA 1987, 747). Es obliegt ihm, die freie Entfaltung der Persönlichkeit der im Betrieb beschäftigten Arbeitnehmer zu schützen und zu fördern (§ 75 Abs. 2 BetrVG) (LAG Berlin-Brandenburg v. 12.11.2012 – 17 TaBV 1318/12, NJW 2013, 8). Der **Betriebsrat** hat deshalb **ohne Zustimmung des jeweiligen Arbeitnehmers nicht das Recht, Einblick in eine Personalakte nehmen,** was sich mittelbar aus § 83 BetrVG ergibt (BAG v. 20.12.1988 – 1 ABR 63/87, NZA 1989, 393; LAG Berlin-Brandenburg v. 12.11.2012 – 17 TaBV 1318/12, NJW 2013, 8).

2. Das **Personalakteneinsichtsrecht** unterliegt grds. keinen besonderen Geltendmachungserfordernissen und es ist als „Ausfluss" des fortlaufend zu beachtenden Persönlichkeitsrechts auch **keiner Ausschlussfrist unterstellt** (BAG v. 15.7.1987 – 5 AZR 215/86, NJW 1988, 791; BAG Urt. v. 16.11.2010 – 9 AZR 573/09, NJW 2011, 1306). Der Arbeitnehmer hat gemäß § 241 Abs. 2 BGB iVm Art. 2 Abs. 1 und Art. 1 Abs. 1 GG **auch nach Beendigung des Arbeitsverhältnisses Anspruch auf Einsicht in seine vom ehemaligen Arbeitgeber weiter aufbewahrte Personalakte** (BAG Urt. v. 16.11.2010 – 9 AZR 573/09, NJW 2011, 1306). Dieser nachvertragliche Anspruch setzt nicht voraus, dass der Arbeitnehmer ein konkretes berechtigtes Interesse darlegt (BAG Urt. v. 16.11.2010 – 9 AZR 573/09, NJW 2011, 1306). Der Arbeitnehmer kann seine über das Ende des Arbeitsverhältnisses hinaus fortbestehenden Rechte auf Beseitigung oder Korrektur unrichtiger Daten in seiner Personalakte nur geltend machen, wenn er von deren Inhalt Kenntnis hat, was bereits ein Einsichtsrecht begründet (BAG v. 16.11.2010 – 9 AZR 573/09, NJW 2011, 1306; vgl. dazu: *Müller*, Anmerkung BAG v. 16.11.2010 – 9 AZR 573/09, BB 2011, 1212).

3. Das **Recht zur Einsicht in die Personalakte kann durch** einen Bevollmächtigten und insbesondere **den beauftragten Rechtsanwalt ausgeübt werden.** Das ist zB in § 3 Abs. 5 TVöD ausdrücklich geregelt. Danach haben die Beschäftigten ein Recht auf Einsicht in ihre vollständigen Personalakten. Sie können das Recht auf Einsicht auch durch eine/n hierzu schriftlich Bevollmächtigte/n ausüben lassen und sie können Auszüge oder Kopien aus ihren Personalakten erhalten. Dabei wird regelmäßig verlangt, dass sich die schriftliche Bevollmächtigung **ausdrücklich auf das Einsichtsrecht bezieht** und die **Vollmacht wird** von den öffentlichen Arbeitgebern regelmäßig **zu den Akten genommen** (vgl.: *Dassau/Wiesend-Rothbrust*, TVöD-Verwaltung – VKA, 6. Aufl., § 3 Rn. 58 S. 71).

4. Ggf. ist zu prüfen, ob ergänzend noch Spezifizierungen in die Vollmacht aufgenommen werden wie zB eine **Personalnummer, Aktenzeichen bei der personalführenden Stelle** etc.

5. Der Personalakten führende Arbeitgeber ist verpflichtet, **sämtliche für die persönlichen und dienstlichen Verhältnisse relevanten Unterlagen in die Akten aufzunehmen;** das Führen von „Geheimakten" ist **untersagt** (BAG Urt. v. 16.10.2007 – 9 AZR 110/07, NZA 2008, 367). Die Personalakten sollen möglichst **vollständig und lückenlos** über die Person des Angestellten und seine dienstliche Laufbahn Aufschluss geben (BAG Urt. v. 25.4.1972 – 1 AZR 322/71, NJW 1972, 2016; BAG v. 16.10.2007 – 9 AZR 110/07, NZA 2008, 367).

6. Eine Personalakte wird auch für den Rechtsanwalt bei der Rechtsanwaltskammer geführt. In diese **bei der Rechtsanwaltskammer geführte Personalakte** kann der Rechtsanwalt grds. Einsicht nehmen (**§ 58 BRAO**) (BGH v. 25.11.2013 – AnwZ (Brfg) 39/12, BeckRS 2014, 00970). Der Begriff der Personalakte in § 58 BRAO ist dabei materiell zu verstehen und für die Frage, ob ein Vorgang zu den Personalakten gehört, kommt es nicht darauf an, wo und wie er geführt oder aufbewahrt wird (formelles Prinzip), sondern allein darauf, ob er den Rechtsanwalt in einem inneren Zusammenhang mit seinem Status als Rechtsanwalt betrifft (BGH v. 25.11.2013 – AnwZ (Brfg) 39/12, BeckRS 2014, 00970 mwN). **Ohne vorherige Anmeldung und unabhängig von der Anwesenheit eines Geschäfts-**

führers jederzeit zu den Geschäftszeiten der Rechtsanwaltskammer in ihren Räumlichkeiten steht dem Rechtsanwalt dieses Recht aber nach der berufsgerichtlichen Rspr. **nicht** zu (AGH Celle v. 11.6.2012 – AGH 24/11, NJW-RR-2013, 116). Die Bundesrechtsanwaltsordnung enthält in § 58 BRAO lediglich das grundsätzliche Einsichtsrecht des Betroffenen, beschränkt in Abs. 2 die Einsichtnahme auf den Betroffenen selbst oder einen von ihm beauftragten Rechtsanwalt und gestattet in Abs. 3 die Fertigung von Aufzeichnungen und Abschriften (AGH Celle v. 11.6.2012 – AGH 24/11, NJW-RR-2013, 116). In Ermangelung näherer inhaltlicher Ausgestaltung durch gesetzliche Vorschriften bleibt es der Rechtsanwaltskammer als Körperschaft des öffentlichen Rechts grundsätzlich selbst überlassen, wie sie ihre Arbeitsabläufe organisiert; insofern obliegt es grundsätzlich auch ihrem pflichtgemäßen Ermessen, etwaige Kollisionen zwischen ihren Arbeitsabläufen und dem gesetzlich statuierten Einsichtsrecht des Rechtsanwaltes in seine Personalakte zu klären (AGH Celle v. 11.6.2012 – AGH 24/11, NJW-RR-2013, 116). Dabei ist auch **nicht jeder Vorgang, der im Zusammenhang mit dem Rechtsanwalt entsteht, notwendig Bestandteil seiner Personalakte.** Nach den beamtenrechtlichen wie auch den arbeitsrechtlichen Grundsätzen gehören zB Vorgänge, die von dem Dienst- oder sonstigen Rechtsverhältnis sachlich zu trennenden Zwecken dienen, materiell nicht hinein, auch wenn das Dienst- oder Rechtsverhältnis dadurch berührt wird und Arbeitsunterlagen oder innerbehördlicher Schriftverkehr, die als solche keine Auswirkungen auf die Rechtsstellung des Betroffenen haben, gehören ebenfalls nicht in die Personalakten (BGH v. 25.11.2013 – AnwZ (Brfg) 39/12, BeckRS 2014, 00970; BAG v. 15.11.1985 – 7 AZR 92/83). Nur Unterlagen, die rechtlich relevant sind und sich auf die Rechtsstellung des Betroffenen auswirken können, sind zu den Personalakten zu nehmen (BGH v. 25.11.2013 – AnwZ (Brfg) 39/12, BeckRS 2014, 00970). Davon ausgehend wird die **Korrespondenz einer Rechtsanwaltskammer mit ihrem eigenen Prozessbevollmächtigten** in einem auch den Rechtsanwalt betreffenden gerichtlichen Verfahren als nicht zu den Personalakten des Rechtsanwaltes gehörend angesehen, weil diese ihn **nicht in seiner Stellung als Rechtsanwalt betrifft** (BGH v. 25.11.2013 – AnwZ (Brfg) 39/12, BeckRS 2014, 00970)

5. Vollmacht Angelegenheit vor dem Bundesverfassungsgericht

Vollmacht zur Vertretung im Verfahren vor dem Bundesverfassungsgericht[1]

Vollmachtgeber: . . . . . . (Titel), ... (Vorname), ... (Name), ... (Anschrift)[2]

Der Vollmachtgeber erteilt Rechtsanwalt/Rechtsanwältin . . . . . . (Titel), (Vorname), (Name), (Kanzleianschrift) Vollmacht[3] zur Vertretung vor dem Bundesverfassungsgericht zur Durchführung eines Verfassungsbeschwerdeverfahrens. Der Bevollmächtigte ist berechtigt, alle zur Durchführung des Verfahrens erforderlichen Handlungen vorzunehmen.[4]

Das Verfassungsbeschwerdeverfahren wird durchgeführt wegen:

(Urteil) . . . . . . (Gericht) . . . . . . (Gerichtsort) . . . . . . (Datum) . . . . . . (Aktenzeichen)

. . . . . ., den . . . . . .

(Unterschrift Vollmachtgeber)

Anmerkungen

1. Gem. § 22 Abs. 2 BVerfGG ist die Vollmacht schriftlich zu erteilen und sie muss sich ausdrücklich auf das Verfahren beziehen. Die Vollmacht muss dem BVerfG im Original vorgelegt werden (*Umbach/Clemens/Dollinger*, BVerfGG, 2. Aufl., 2005, § 22 Rn. 29). Dabei erfordert der das Verfahren vor dem Bundesverfassungsgericht beherrschende Grundsatz der Offizialmaxime, dass das Gericht das Vorliegen einer Vollmacht von Amts wegen nachprüft (BVerfG NJW-RR 2008, 447; BVerfGE 1, 433). Das Vorliegen einer schriftlichen Vollmacht ist **zwingende Wirksamkeitsvoraussetzung** für die beim Bundesverfassungsgericht anhängig gemachten Anträge. Zwar kann der Nachweis der Bevollmächtigung auch noch nach Eingang der Anträge beim Bundesverfassungsgericht geführt werden. Wird dem Mangel der Vollmacht jedoch nicht abgeholfen, so kann der Antrag als unzulässig verworfen werden (BVerfG NJW 2008, 447; BVerfGE 62, 194). Zur Vermeidung solcher Risiken sollte der mit dem Verfassungsbeschwerdeverfahren beauftragte Rechtsanwalt dafür sorgen, dass die Originalvollmacht innerhalb der Frist des § 93 Abs. 1 BVerfGG dem BVerfG vorliegt. Will der Beschwerdeführer einen Beistand gem. § 22 BVerfGG beteiligen, so ist zu beachten, dass auch das Tätigwerden als Beistand eine auf das konkrete Verfahren bezogene Vollmacht im Sinne von § 22 Abs. 2 S. 2 BVerfGG erfordert (BVerfG NVwZ-RR 2013, 249; BVerfG NJW 2002, 428). Wird der Rechtsanwalt mit der Durchführung eines Verfassungsbeschwerdeverfahrens vor einem Landesverfassungsgericht beauftragt, sind die jeweiligen Formvorschriften der Landesverfassungsgerichte zu beachten. Dort sind zB in § 19 Abs. 4 VerfGGBbg oder in § 18 Abs. 2 LVerfGG M-V entsprechende Regelungen wie in § 22 BVerfGG vorhanden dahingehend, dass die Vollmacht schriftlich zu erteilen ist und sich ausdrücklich auf das Verfahren beziehen muss.

2. Erhebt der **gesetzliche Vertreter einer natürlichen oder einer juristischen Person** Verfassungsbeschwerde, dann ist § 22 Abs. 2 BVerfGG nicht anwendbar. Dieser erfasst nur die rechtsgeschäftlich erteilte Vertretungsmacht. Bei Vertretung einer natürlichen oder einer juristischen Person ist es erforderlich, dass der gesetzliche Vertreter unter Darlegung seiner Vertretungsmacht die Verfassungsbeschwerde eigenhändig unterschreibt (BVerfG NVwZ-RR 2013, 249; BVerfG NJW 1961, 2251; *Umbach/Clemens/Dollinger*, BVerfGG, 2. Aufl., 2005, § 22 Rn. 28). Bei Verfassungsbeschwerden juristischer Personen des öffentlichen Rechts sind die dortigen Vertretungsregelungen wie Satzungen oder Gemeindeordnungen genauestens zu prüfen und zu beachten. So hat zB das BVerfG die Verfassungsbeschwerde einer juristischen Person des öffentlichen Rechts auf, die die Gemeindeordnung Baden-Württemberg anwendbar war, als unzulässig verworfen, weil die Beschwerdeschrift nicht vom dem in der Gemeindeordnung als vertretungsberechtigt angegebenen Oberbürgermeister, sondern von dem Stadtrechtsdirektor mit Vertreterzusatz „i.A." unterschrieben war (vgl. BVerfG NVwZ-RR 2013, 249). Wegen der Vertretungsbefugnis von Bundesministern und der ggf. erforderlichen Bevollmächtigung von Bundesministern durch den Bundeskanzler vgl. *Umbach/Clemens/Dollinger*, BVerfGG, 2. Aufl., 2005, § 22 Rn. 28 mwN. Entsprechend hat der von dem Vertreter einer natürlichen oder einer juristischen Person mit der Durchführung des Verfassungsbeschwerdeverfahrens beauftragte Rechtsanwalt die Vertretungsbefugnis des Unterzeichners peinlich genau zu prüfen.

3. Eine **umfassende allgemeine Vollmacht** zB für „alle Rechtsgeschäfte" reicht zur **Vertretung vor dem BVerfG nicht aus** (BVerfG NJW 2002, 428). Zur wirksamen Prozessvertretung erforderlich ist stets eine auf das konkrete Verfahren bezogene Vollmacht (§ 22 Abs. 2 BVerfGG).

4. Im Verfassungsbeschwerde-Verfahren kann sich ein Beschwerdeführer grundsätzlich nur durch einen Rechtsanwalt oder einen Rechtslehrer an einer staatlichen oder staatlich anerkannten Hochschule eines Mitgliedstaates der Europäischen Union, eines anderen Vertragsstaates des Abkommens über den Europäischen Wirtschaftsraum oder der Schweiz, der die Befähigung zum Richteramt besitzt, als Bevollmächtigten vertreten lassen (§ 22 Abs. 1 S. 1 BVerfGG). Das Bundesverfassungsgericht kann im Einzelfall auf Antrag eine andere Person als Beistand zulassen (§ 22 Abs. 1 S. 4 BVerfGG), wenn dies sachdienlich ist (BVerfG NJW 2002, 428). Ein solcher Antrag auf Zulassung einer bestimmten Person als Beistand muss allerdings innerhalb der Monatsfrist des § 93 Abs. 1 BVerfGG wirksam gestellt werden (BVerfG NVwZ-RR 2013, 249).

6. Vollmacht Vertretung vor dem EGMR

Vollmacht[1]

Ich, ...

. . . . . .

(Name und Anschrift des Beschwerdeführers)

bevollmächtige hiermit

. . . . . .

(Name, Anschrift und Tätigkeit des Verfahrensbevollmächtigten)

mich in dem Verfahren vor dem Europäischen Gerichtshof für Menschenrechte[2] und in etwaigen Folgeverfahren nach der Europäischen Menschenrechtskonvention zu vertreten, die meine am

. . . . . .

(Datum des Schreibens, mit dem die Beschwerde erhoben wurde) nach Artikel 34 der Konvention[3] gegen

. . . . . .

(belangter Staat)

eingereichte Beschwerde betreffen.

. . . . . ., den . . . . . .

(Unterschrift Beschwerdeführer)[4]

Hiermit erkläre ich mich mit der obigen Bevollmächtigung einverstanden.

. . . . . .

. . . . . ., den . . . . . .

(Unterschrift Bevollmächtigter)

Schrifttum: *Brodowski*, Strafrechtsrelevante Entwicklungen in der Europäischen Union – ein Überblick, ZIS-Online, 2013, 455; *Frowein/Peukert*, Europäische Menschenrechtskonvention, 2. Aufl. 1996; *Grote/Marauhn*, EMRK/GG-Konkordanzkommentar, 2006; *Kleine-Cosack*, Menschenrechtsbeschwerde im Berufsrecht der freien Berufe, AnwBl. 2009, 326; *Kleine-Cosack*, Verfassungsbeschwerden und Menschenrechtsbeschwerde, 3. Aufl., 2014; *Maier*, Europäischer Menschenrechtsschutz,

1982; *Meyer-Ladewig*, Europäische Menschenrechtskonvention, 2. Aufl. 2006; *Meyer-Ladewig/Petzold*, Die Bindung deutscher Gerichte an die Urteile des EGMR, NJW 2005, 15; *Oberwexer*, Der Beitritt der EU zur EMRK: Rechtgrundlagen, Rechtsfragen und Rechtsfolgen, EuR 2012, 115; *Rudolf/von Raumer*, Der Schutzumfang der Europäischen Menschenrechtskonvention – Individuelle Freiheitsrechte, Verfahrensgarantien und Diskrimierungsverbote im Vergleich zum GG, AnwBl. 2009, 318; *Rudolf/von Raumer*, Die Beschwerde vor dem Europäischen Gerichtshof für Menschenrechte – Eine kaum genutzte Chance, BerlinAnwBl. 2009, 313; *Schumann*, Menschenrechtskonvention und Wiederaufnahme des Verfahrens, NJW 1964, S. 753; *Schumann*, Verfassungs- und Menschenrechtsbeschwerde gegen richterliche Entscheidungen, 1963; *Schorn*, Die Europäische Konvention zum Schutze der Menschenrechte und Grundfreiheiten und ihr Zusatzprotokoll in Einwirkung auf das deutsche Recht, 1965; *Selbmann*, Anpassungsbedarf der Regelungen zur Wiederaufnahme des Verfahrens an die Vorgaben der EMRK, ZRP 2006, 124; *Selbmann*, Restitutionsklagen aufgrund von Urteilen des EGMR?, NJ 2005, 103; *von Raumer*; Prüfungsschema (Stand März 2009) – Zulässigkeit einer Individualbeschwerde beim Europäischen Gerichtshof für Menschenrechte, AnwBl. 2009, 324.

Anmerkungen

1. Der **EGMR** stellt ein **Vollmachts-Formular** zur Verfügung, das **über das Internet abgerufen werden kann.** Dieses Formular hier orientiert sich an den dortigen Formulierungen wobei darauf hinzuweisen ist, dass die neue Verfahrensordnung des EGMR am 1.1.2014 in Kraft getreten ist. Dabei genügt die – normale – deutsche Prozessvollmacht (BeckFormBStv/*Hamm/Leipold/Zuck*, 5. Aufl. 2010, B. Menschenrechtsbeschwerde, → Anm. 8).

2. Der EGMR arbeitet standardmäßig mit sehr **detaillierten Fragebögen,** die alle wesentlichen Zulässigkeitsaspekte abprüfen. **Anwaltszwang besteht nicht** (BeckRA-HdB/*Büchting/Heussen/Zuck* 10. Aufl., 2011, § 13 Rn. 50; *Rudolf/von Raumer* BerlinAnwBl. 2009, 313). Zu den **Mindesterfordernissen** an den **Beschwerdeschriftsatz** zählen die **Schriftform, eine Benennung des Beschwerdeführers, die zu dessen eindeutiger Identifizierung reicht, eine Schilderung des wesentlichen Sachverhalts, die Darlegung der wesentlichen gerügten Konventionsverstöße und die Unterschrift.** Bei einer Vertretung ist noch die **Benennung des Vertreters, die schriftliche Vollmacht (die nach Fristablauf nachgereicht werden kann) und die Unterschrift des Vertreters erforderlich** (*Rudolf/von Raumer* BerlinAnwBl. 2009, 313). Ausführliche Erläuterungen zu Zulässigkeitsvoraussetzungen sind in verschiedenen Sprachen, darunter auch auf Deutsch, auf der **Website des EGMR** erhältlich. Für die Beschwerdeerhebung selbst steht ein ausführliches Paket auf der Website zur Verfügung, das neben der Konvention und den Protokollen ein **Beschwerde- und Vollmachtformular** sowie ein sehr ausführliches **Merkblatt** enthält (*Markard* Asylmagazin 2012, 3 ff. mwN). Vgl. auuch die Checkliste „Menschenrechtsbeschwerde" in: BeckRA-HdB/*Büchting/Heussen/Zuck* 10. Aufl., 2011, § 13 Rn. 55.

3. Art. 34 EMRK – **Individualbeschwerden** – lautet: „Der Gerichtshof kann von jeder natürlichen Person, nichtstaatlichen Organisation oder Personengruppe, die behauptet, durch einen der Hohen Vertragsparteien in einem der in dieser Konvention oder den Protokollen dazu anerkannten Rechte verletzt zu sein, mit einer Beschwerde befasst werden. Die Hohen Vertragsparteien verpflichten sich, die wirksame Ausübung dieses Rechts nicht zu behindern." Die durch die EMRK gewährleisteten Rechte können und sollten bei Verletzung auch bereits vor den deutschen Gerichten geltend gemacht werden. Die **Europäische Menschenrechtskonvention und ihre Zusatzprotokolle** – soweit sie für die Bundesrepublik Deutschland in Kraft getreten sind – stehen **innerhalb der deutschen Rechtsordnung im Rang eines Bundesgesetzes** (BVerfG Urt. v. 18.8.2013 – 2 BvR 1380/08, NJW 2013, 3714; BVerfGE 74, 358; 82, 106; 111, 307; 128, 326). Ein Beschwerdeführer kann daher zwar vor dem Bundesverfassungsgericht nicht unmittelbar die Verletzung eines in der Europäischen Menschenrechtskonvention enthaltenen Rechts mit der Verfassungsbeschwerde rügen (BVerfG Urt. v. 18.8.2013 – 2 BvR 1380/08, NJW 2013, 3714; BVerfGE 74, 102; 111, 307; 128, 326; BVerfGK 3, 4). Gleichwohl **besitzen die Gewährleistungen der Europäischen Menschenrechtskonvention verfassungsrechtliche Bedeutung**, indem sie die **Auslegung der Grundrechte und rechtsstaatlichen Grundsätze des Grundgesetzes beeinflussen.** Der Konventionstext und die Rechtsprechung des Europäischen Gerichtshofs für Menschenrechte dienen auf der Ebene des Verfassungsrechts als **Auslegungshilfen für die Bestimmung von Inhalt und Reichweite von Grundrechten und rechtsstaatlichen Grundsätzen des Grundgesetzes**, sofern dies nicht zu einer – von der Konvention selbst nicht gewollten (BVerfG v. 18.8.2013 – 2 BvR 1380/08, NJW 2013, 3714) – Einschränkung oder Minderung des Grundrechtsschutzes nach dem Grundgesetz führt (BVerfG v. 18.8.2013 – 2 BvR 1380/08, NJW 2013, 3714; BVerfGE 128, 326). Auf der Ebene des einfachen Rechts trifft die **Fachgerichte die Verpflichtung, die Gewährleistungen der Europäischen Menschenrechtskonvention zu berücksichtigen und in den betroffenen Teilbereich der nationalen Rechtsordnung einzupassen** (BVerfG v. 18.8.2013 – 2 BvR 1380/08, NJW 2013, 3714; BVerfGE 111, 307). In diesem Rahmen sind als Auslegungshilfe auch die Entscheidungen des Europäischen Gerichtshofs für Menschenrechte zu berücksichtigen, und zwar auch dann, wenn sie nicht denselben Streitgegenstand betreffen. Dies beruht auf der **Orientierungs- und Leitfunktion, die der Rechtsprechung des Europäischen Gerichtshofs für Menschenrechte** für die Auslegung der Europäischen Menschenrechtskonvention auch über den konkret entschiedenen Einzelfall hinaus zukommt (BVerfG v. 18.8.2013 – 2 BvR 1380/08, NJW 2013, 3714; BVerfGE 128, 326). Das Grundgesetz will vor dem Hintergrund der zumindest faktischen Präzedenzwirkung der Entscheidungen internationaler Gerichte Konflikte zwischen den völkerrechtlichen Verpflichtungen der Bundesrepublik Deutschland und dem nationalen Recht nach Möglichkeit vermeiden (BVerfG v. 18.8.2013 – 2 BvR 1380/08, NJW 2013, 3714; BVerfGE 128, 326). Die Heranziehung der Europäischen Menschenrechtskonvention und der Rechtsprechung des Europäischen Gerichtshofs für Menschenrechte als Auslegungshilfe über den Einzelfall hinaus dient überdies dazu, den **Garantien der Menschenrechtskonvention in der Bundesrepublik Deutschland möglichst umfassend Geltung zu verschaffen** (BVerfG v. 18.8.2013 – 2 BvR 1380/08, NJW 2013, 3714; BVerfGE 128, 326). Dabei ist die **weitere Entwicklung** dieser Grundsätze im Blick auf den in **Art. 6 EUV-Lissabon vorgesehenen Beitritt der EU zur EMRK zu beobachten** (Vgl. zu den Verhandlungen hinsichtlich des Beitritts der Europäischen Union zur Europäischen Konvention zum Schutze der Menschenrechte und Grundfreiheiten (EMRK) den Abschlussbericht nebst Entwürfen und erläuterndem Bericht (Az: 47+1 (2013) 008rev2) und dazu auch Brodowski, Strafrechtsrelevante Entwicklungen in der Europäischen Union – ein Überblick, ZIS-Online, 2013, 455 und zudem auch allgemeiner: *Oberwexer* EuR 2012, 115).

4. Gem. **Art. 45 Abs. 3 VerfO** ist in dem Fall, dass ein Beschwerdeführer gem. Art. 36 VerfO vertreten wird, von seinem Vertreter oder seinen Vertretern eine **schriftliche Vollmacht vorzulegen.** Der Gerichtshof hat dazu ausdrücklich festgestellt, dass gemäß Art. 45 Abs. 3 VerfO der oder die Vertreter des jeweiligen Beschwerdeführers eine Prozessvollmacht oder eine schriftliche Vollmacht vorlegen müssen und dass **weder die Konvention noch die VerfO spezielle Anforderungen für die Gestaltung der Vollmacht vorsehen** (EGMR v. 23.2.2012 – 27765/09, NVwZ 2012, 809). Für den Gerichtshof ist nur entscheidend, dass die **Bevollmächtigung unmissverständlich Auskunft darüber gibt, dass der jeweilige Beschwerdeführer seine Vertretung in Straßburg einer Vertrauensperson übertragen und dass diese ihre Beauftragung akzeptiert hat** (EGMR v. 23.2.2012 – 27765/09, NVwZ 2012, 809). Im dort entschiedenen Fall waren die Prozessvollmachten alle unterzeichnet und mit Fingerabdrücken versehen und darüber hinaus hatten die Anwälte der Beschwerdeführer detaillierte Informationen hinsichtlich der Lebensumstände jener Beschwerdeführer geliefert, mit denen die Aufrechterhaltung von Kontakten möglich war, wobei nichts auf Unregelmäßigkeiten in ihren Stellungnahmen bzw. im Informationsaustausch mit dem Gerichtshof hindeutete (EGMR v. 23.2.2012 – 27765/09, NVwZ 2012, 809). Unter diesen Umständen hegte der Gerichtshof keinen Zweifel an der Gültigkeit der Vollmachten (vgl.: EGMR v. 23.2.2012 – 27765/09, NVwZ 2012, 809).

7. Vollmacht gemäß § 141 ZPO

(Briefkopf Vollmachtgeber)

Vollmacht gem. § 141 Abs. 3 ZPO[1]

Das . . . . . (Gericht) hat in dem Rechtsstreit . . . . . . (Prozessbeteiligte) . . . . . . (Aktenzeichen), das persönliche Erscheinen des/der . . . . . . (Bezeichnung der in der Verfügung des Gerichts genannten Person) angeordnet.[2]

Hiermit wird . . . . . . (Herrn/Frau) . . . . . . (Vorname) . . . . . . (Name), ... (Anschrift), Vollmacht gem. § 141 Abs. 3 ZPO erteilt.[3]

Die Vollmacht wird erteilt für die Vertretung in der mündlichen Verhandlung beim . . . . . . (Gericht) . . . . . . (Gerichtsort) am . . . . . . (Datum). Diese Bevollmächtigung berechtigt zur Abgabe sämtlicher Erklärungen, insbesondere auch zu einem Vergleichsabschluss.[4]

. . . . . ., den . . . . . .

(Unterschrift Mandant)

Schrifttum: *Burger*, Unter welchen Voraussetzungen kann im Zivilprozess ein Ordnungsgeld gegen eine unentschuldigt ausgebliebene Partei, deren persönliches Erscheinen angeordnet war, festgesetzt werden?, MDR 1982, 91; *Gruschwitz*, Der Prozessbevollmächtigte als Vertreter der Partei nach § 141 III 2 ZPO, JR 2012, 283; *Meyke*, Zur Anhörung der Parteien im Zivilprozess, MDR 1987, 358; *Schmid*, Verhängung eines Ordnungsgeldes nach § 141 III ZPO, JR 1981, 8; *Schneider*, MDR 1975, 185; *Schöpflin*, Die Parteianhörung als Beweismittel, NJW 1996, 2134; *Reinelt*, Voraussetzungen für Anordnung des persönlichen Erscheinens einer Partei – Anmerkung zum Beschluss des BGH v. 12.6.2007 – VI ZB 4/07 – jurisPR-BGHZivilR 33/2007 → Anm. 3; *Tschöpe/Fleddermann*, Der Prozessbevollmächtigte als Vertreter seiner Partei nach § 141 III 2 ZPO im arbeitsgerichtlichen Verfahren, NZA 2000, 1269; *Vonderau*, Anordnung des persönlichen Erscheinens von juristischen Personen, NZA 1991, 336.

Anmerkungen

1. Die dem Verfahrensbevollmächtigten (Hauptbevollmächtigter oder Unterbevollmächtigter) erteilte Prozessvollacht erfüllt grundsätzlich nicht die Voraussetzungen des § 141 Abs. 3 S. 1 ZPO. Die besondere Ermächtigung iSd § 141 Abs. 3 S. 2 ZPO wird schon nach dem Wortlaut der gesetzlichen Regelung nicht ohne weitere Umstände von der Prozessvollmacht umfasst (BGH NJW-RR 2007, 1364; KG JR 1983, 156, 157; OLG Frankfurt NJW 1991, 2090; OLG München MDR 1992, 513; OLG Köln OLGR Köln 2004, 256 (257)). Zwar enthält die Prozessvollmacht regelmäßig auch die Vollmacht zu einem Vergleichsabschluss (§§ 81 , 83 ZPO). Darüber hinaus muss der Vertreter nach § 141 Abs. 3 S. 2 ZPO aber auch in der Lage sein, über den aufklärungsbedürftigen Sachverhalt Auskunft zu geben (BGH NJW-RR 2007, 1364). Das wird häufig die

Kenntnisse eines Sachbearbeiters erfordern und regelmäßig über die nur aus mittelbaren Informationen abgeleiteten, lediglich punktuellen Kenntnisse eines Prozessbevollmächtigten (vgl. auch OLG Düsseldorf MDR 1963, 602 f.) und erst recht über die eines mit der Sache in der Regel nicht näher befassten Unterbevollmächtigten hinausgehen (BGH NJW-RR 2007, 1364. Vgl. dazu auch: *Reinelt*, Voraussetzungen für Anordnung des persönlichen Erscheinens einer Partei – Anmerkung zum Beschluss des BGH v. 12.6.2007 – VI ZB 4/07, jurisPR-BGHZivilR 33/2007 → Anm. 3).

2. Sieht das Gericht die **Voraussetzungen des § 141 Abs. 3 S. 1 ZPO** nicht als erfüllt an, dann **droht die Verhängung eines Ordnungsgeldes**. Will der Mandant eine Vollmacht gem. § 141 Abs. 3 S. 1 ZPO erteilen, sollte der mit der Wahrnehmung des Termins beauftragte Rechtsanwalt jeweils unter Berücksichtigung der Umstände des Einzelfalles prüfen, ob ein entsprechender **ausdrücklicher schriftlicher Hinweis an den Mandanten** über die sich aus dem Nichterscheinen möglicherweise ergebenden nachteiligen prozessualen Folgen und das Risiko der Verhängung des Ordnungsgeldes zu belehren ist. § 141 Abs. 3 S. 1 ZPO gestattet die Festsetzung eines Ordnungsgeldes, wenn eine nach § 141 Abs. 2 ZPO ordnungsgemäß geladene Partei im Termin zur mündlichen Verhandlung des Rechtsstreits trotz richterlicher Anordnung nicht erscheint. Zweck der Vorschrift ist dabei nicht, eine vermeintliche Missachtung des Gerichts zu ahnden, sondern die Aufklärung des Sachverhalts zu fördern (BGH NJW-RR 2011, 1363; BAG NJW 2008, 252; BGH NJW-RR 2007, 1364; BVerfG NJW 1998, 892; OLG Frankfurt FamRZ 1992, 72; OLG Düsseldorf OLGZ 1994, 576; OLG Köln FamRZ 1993, 338; OLGR Köln 2004, 256; OLG Brandenburg NJW-RR 2001, 1649; OLG Hamm MDR 1997, 1061; OLGR Hamm 2004, 233). Ein Ordnungsgeld kann deshalb nur festgesetzt werden, wenn das unentschuldigte Ausbleiben der Partei die Sachaufklärung erschwert und dadurch den Prozess verzögert (BGH NJW-RR 2007, 1364; OLG Frankfurt NJW-RR 1986, 997; OLG Frankfurt FamRZ 1992, 72, 73; OLG Köln FamRZ 1993, 338, 339; OLG Köln OLGR 2004, 256, 257; OLG Stuttgart MDR 2004, 1020; LAG Niedersachsen MDR 2002, 1333). Die Anordnung des persönlichen Erscheinens einer Partei steht dabei im Ermessen des Gerichts. Dieses Ermessen hat das Gericht pflichtgemäß auszuüben (BGH NJW-RR 2007, 1364). Nach der gesetzlichen Regelung ist von der Anordnung des persönlichen Erscheinens abzusehen, wenn einer Partei aus wichtigem Grund die persönliche Wahrnehmung des Termins nicht zuzumuten ist (§ 141 Abs. 1 S. 2 ZPO). Dem ist zu entnehmen, dass die Anordnung des persönlichen Erscheinens und dementsprechend auch die Verhängung eines Ordnungsgeldes nur nach Abwägung unter Berücksichtigung der Umstände des Einzelfalls zulässig sind (BGH NJW-RR 2007, 1364; OLG Düsseldorf VersR 2005, 854). Die Androhung und Verhängung eines Ordnungsgeldes darf vom Gericht nicht dazu verwendet werden, einen Vergleichsabschluss zu erzwingen (BGH NJW-RR 2007, 1364; OLG Brandenburg NJW-RR 2001, 1649).

3. Häufig wird dem jeweils **prozessbevollmächtigten Rechtsanwalt die besondere Vollmacht gem. § 141 Abs. 3 S. 1 ZPO** erteilt. Ob allerdings auch der Verfahrensbevollmächtigte als Vertreter gem. § 141 Abs. 3 ZPO auftreten kann, wird in der Judikatur nicht einheitlich gesehen. Die Rechtsprechung verlangt teilweise Kenntnis aus eigener Wahrnehmung (LAG Frankfurt NJW 1965, 1042; LAG Hamm MDR 1972, 362). Andere Gerichte führen aus, Prozessbevollmächtigte seien nur dann geeignete Vertreter im Sinne von § 141 Abs. 3 S. 2 ZPO, wenn sie über so umfassende Kenntnisse verfügen, dass auch die Partei persönlich in keiner Hinsicht ein besseres Aufklärungsmittel wäre (LAG Rheinland-Pfalz LAGE ArbGG 1979). Ein in den Termin entsandter Vertreter ist hinsichtlich der zweiten Voraussetzung des § 141 Abs. 3 S. 2 ZPO dann ausreichend zur Aufklärung des „Tatbestandes" instruiert, wenn er umfassend sachverhaltskundig ist, um bei klärungsbedürftigen Vorgängen, so wie die nicht erschienene Partei selbst, Auskunft geben zu können (OLG Stuttgart MDR 2009, 1301). Die Anhörung gem. § 141 ZPO verfolgt den Zweck, die durch Einschaltung von Mittelspersonen ergebenden Fehlerquellen so weit als möglich zu eliminieren und dem Gericht eine Aufklärung des ihm unterbreiteten Sachverhalts zu ermöglichen sowie der Beschleunigung der Sachverhaltsaufklärung, der Förderung einer zügigen Beendigung des Verfahrens und der Erleichterung der Tatsachenfeststellungen (OLG Stuttgart MDR 2009, 1301; BVerfG NJW 1998, 892: Zweck der Verfahrensbeschleunigung/-förderung und umfassenden Sachverhaltsaufklärung). Der Prozessbevollmächtigte einer Partei kann gleichzeitig ausreichend instruierter Vertreter gem. § 141 Abs. 3 S. 2 ZPO zur Aufklärung des Sachverhalts sein. Der Vertreter muss nach § 141 Abs. 3 S. 2 ZPO jedoch in der Lage sein, über den Sachverhalt Auskunft zu geben, was regelmäßig die Anwesenheit und Kenntnisse eines Sachbearbeiters erfordern wird. Die Kenntnisse eines mit der Sache befassten Vertreters sind regelmäßig den nur aus mittelbaren Informationen abgeleiteten, lediglich punktuellen Kenntnissen eines Prozessbevollmächtigten überlegen (OLG Düsseldorf MDR 1963, 602; OLG Stuttgart MDR 2009, 1301). Dies gilt erst recht für die zuweilen mit der Sache nicht näher befassten Unterbevollmächtigten, die gleichzeitig als Terminsvertreter gem. § 141 Abs. 3 S. 2 ZPO erscheinen (OLG Karlsruhe VersR 2005, 1103; OLG Stuttgart MDR 2009, 1301). Die Partei trägt das Risiko für den Fall, dass sich der Vertreter, insbesondere der Prozessbevollmächtigte, als nicht genügend unterrichtet erweist und die Partei als unentschuldigt ausgeblieben gilt (OLG Frankfurt a. M., NJW 1991, 2090; OLG Stuttgart MDR 2009, 1301). Für den Prozessbevollmächtigten gelten dieselben Grundsätze wie für jeden Vertreter und er wird normalerweise über die übliche und beschränkte Unterrichtung in einem Mandantengespräch, wenn er nicht ausnahmsweise an Verhandlungen o. ä. der Parteien teilgenommen hat, keine ausreichenden und erst recht keine umfassenden Sachverhaltskenntnisse aufweisen können (OLG Stuttgart MDR 2009, 1301; OLG Stuttgart JZ 1978, 689). **Zweck des § 141 Abs. 3 2 ZPO ist es, dass der Vertreter über Kenntnisse verfügt, die über den Inhalt der bereits vorliegenden Schriftsätze hinausgehen.** Der Vertreter muss also den Kenntnisstand über die die Grundlage des Rechtsstreits bildenden Lebensvorgänge und die betrieblichen Verhältnisse besitzen, die die vertretene Partei selber hat (LAG Nürnberg LAGE ZPO § 141 Nr. 6. Vgl. auch: *Vonderau* NZA 1991, 336 (338); *Tschöpe/Fleddermann* NZA 2000, 1269 (1271)). Dies entspricht dem Wortlaut und dem Zweck von § 141 Abs. 3 S. 2 ZPO (LAG Hessen 1.11.2005 – 4 Ta 475/05, AR-Blattei ES 160.7 Nr. 227). Die Regelung soll gewährleisten, dass die Sachaufklärung und die verfahrensökonomische Erledigung des Rechtsstreits durch das Ausbleiben der persönlich geladenen Partei nicht beeinträchtigt werden. Der Vertreter soll daher in seinen Fähigkeiten zur Aufklärung des Tatbestands und zur Abgabe der gebotenen Prozesserklärungen der Partei gleichstehen. Wodurch er diese Fähigkeiten erlangt hat, ist für das Erreichen des Normzwecks nicht erheblich. Es lässt sich daher aus der Norm nicht ableiten, dass der Vertreter die zur Aufklärung des Sachverhalts erforderlichen Kenntnisse unmittelbar persönlich erlangt haben muss (LAG Hessen 1.11.2005 – 4 Ta 475/05, AR-Blattei ES 160.7 Nr. 227 mwN). Soweit allerdings Sachverhalten vorliegen wie etwa **komplexe Handlungsabläufe, bei denen eine gleichwertige Vertretung der Partei kaum oder überhaupt nicht möglich ist, kommt eine Vertretung regelmäßig nicht in Betracht** (OLG Frankfurt MDR 1991, 545). Geht das Gericht von einem derartigen Sachverhalt aus, sollte es – sofern dies nicht offensichtlich ist – die Partei vor dem Termin allerdings darauf hinweisen, dass es eine Vertretung nicht für zulässig hält (*Tschöpe/Fleddermann* NZA 2000, 1269 (1272)). Ist eine Terminsverlegung nicht zu erreichen und/oder will der Mandant den Rechtsanwalt trotz eines eine Bevollmächtigung gem. § 141 Abs. 3 S. 1 ZPO eigentlich ausschließenden Sachverhaltes eine solche Bevollmächtigung gem. § 141 Abs. 3 S. 1 ZPO erteilen, sollte der Mandant vorsorglich ausdrücklich über die sich aus dem Nichterscheinen ergebenden nachteiligen prozessualen Folgen schriftlich belehrt und auf das Risiko der Verhängung des Ordnungsgeldes hingewiesen werden.

4. Ein Prozessbevollmächtigter, der als ausreichender Vertreter gem. § 141 Abs. 3 S. 2 ZPO mit einer „Vollmacht" zur Abgabe von Erklärungen zum Termin erscheinen möchte, **muss zu einem unwiderruflichen und folglich unbedingten Vergleichsabschluss im Sinne des § 141 Abs. 3 S. 2 ZPO „ermächtigt" sein** (OLG Stuttgart MDR 2009, 1301; OLG Karlsruhe VersR 2005, 1103; OLG Brandenburg FamRZ 2004, 467; OLG Nürnberg MDR 2001, 954). Erforderlich ist eine „Ermächtigung", die einem Terminsvertreter im Innenverhältnis gegenüber der Partei die volle Entscheidungsfähigkeit im Termin überlässt. Ein Hinweis eines Vertreters auf einen im Termin unterbreiteten Vergleichsvorschlag, er könne nur einen sog. widerruflichen Vergleich gem. § 158 Abs. 1 BGB abschließen (vgl. BGHZ 88, 364), belegt seine insoweit bestehende Bindung im Innenverhältnis und beweist, dass er über eine ausreichende „Ermächtigung" gem. § 141 Abs. 3 S. 2 ZPO nicht verfügt (OLG Stuttgart MDR 2009, 1301; OLG Karlsruhe VersR 2005, 1103). Der Streit in früheren Entscheidungen, ob die Verhängung von Ordnungsgeld zulässig ist, wenn der allein erscheinende Terminsvertreter zum Vergleichsabschluss nicht ermächtigt erscheint, ist mit § 278 Abs. 3 ZPO nF und mit der Aufhebung von § 279 Abs. 2 S. 2 ZPO aF überholt (OLG Stuttgart MDR 2009, 1301 unter Verweis auf: *Wieczorek/Schütze*, ZPO 3. Auflage, 2. Band, 1. Teilband § 141 Rn. 56 mit Fn. 102 mwN).

8. Vollmacht Grundbucheinsicht

Vollmacht Grundbucheinsicht

Hiermit erteile ich/erteilen wir ......

Frau Rechtsanwältin/Herrn Rechtsanwalt (Ggf. Titel) ...... (Vorname) ...... (Name) ...... (Kanzleianschrift)

Vollmacht

zur Einsichtnahme in folgendes Grundbuch und in folgende Grundakten:

Flur: ......

Flurstück: ......

Grundbuch/Grundakte von: ......

Blatt-Nr.: ......

Objekt: ...... (Straße) ...... (Haus-Nr.) ...... (Wohnungsnummer) ...... (PLZ) ...... (Stadt/Gemeinde)

Die Vollmacht erteile ich als:

a) Notar (§ 43 GBV)[1, 2] ......

b) Eigentümer/Miteigentümer[3] ......

c) Inhaber eines eingetragenen Rechtes der Abt. II/III ......

d) Zwangsvollstreckung Betreibender in Grundstück, Erbbaurecht, Wohnungseigentum[4, 5] ......

e) Berechtigter gem. § 12 GBO (Gläubiger,[6, 7, 8] Mieter,[9] Wohnungseigentümer, Pressevertreter,[10, 11] Aktionär, Makler[12] etc.) ......

Die Vollmacht umfasst das Recht zur Fertigung von Kopien.[13]

Der Bevollmächtigte ist berechtigt, weitere Untervollmachten zu erteilen.[14]

......, den ......

(Unterschrift Mandant)

Schrifttum: *Altemeier*, OLG Celle v. 12.8.2010 – Not 9/10, AnwBl 2011, 76; *Böhringer*, Datenschutz im Grundbucheintragungsverfahren durch entsprechende Urkundengestaltung, DNotZ 2012, 413; *Böttcher*, Grundbucheinsicht: Informationsinteresse der Presse vorrangig vor Persönlichkeitsrecht des Eigentümers – Zugleich Besprechung von BGH Urt. v. 17.8.2011 – V ZB 47/11, ZfIR 2011 812; *Grziwotz*, Das Recht auf Grundbucheinsicht, MDR 2013, 433; *Lang*, Anmerkung OLG Celle v. 24.8.2010 – Not 9/10, ZfIR 2010, 840; *Maaß*, Anmerkung BGH v. 17.8.2011 – V ZB 47/11, NotBZ 2012, 100; *Völzmann*, Die Zulässigkeit sog. „isolierter Grundbucheinsichten" durch Notare, DNotZ 2011, 164.

Anmerkungen

1. Die Vollmacht kann dem Rechtsanwalt vom Notar erteilt worden sein. § 43 Abs. 2 S. 1 i. V. m. Abs. 1 GBV gestattet u. a. Notaren die Grundbucheinsicht, **ohne dass es der Darlegung eines berechtigten Interesses bedarf** (OLG Celle v. 15.7.2011 – Not 7/11, IMR 2011, 387 –; OLG Celle v. 24.8.2010 – Not 9/10, AnwBl. 2011, 76 mwN). Dies wird damit begründet, dass bei Notaren das berechtigte Interesse aus deren Tätigkeit in Ausübung der Amtspflicht folgt (OLG Celle v. 15.7.2011 – Not 7/11, IMR 2011, 387; OLG Celle v. 24.8.2010 – Not 9/10, AnwBl. 2011, 76 mwN). Dies hat zur Folge, dass bei Vorliegen der Voraussetzungen des § 43 GBV eine Prüfung der berechtigten Interessen entfällt; **ein berechtigtes Interesse muss aber vorhanden sein** (OLG Celle v. 15.7.2011 – Not 7/11, IMR 2011, 387). Dabei **kann** ein **tatsächliches, vor allem wirtschaftliches Interesse genügen** (OLG Celle Urt. v. 15.7.2011 – Not 7/11, IMR 2011, 387). Eine Einsichtnahme ist **nicht statthaft**, wenn sie lediglich aus **Neugier** oder **zu unbefugten Zwecken** erfolgen soll (OLG Celle v. 15.7.2011 – Not 7/11, IMR 2011, 387). Davon ausgehend **verstößt der Notar gegen § 14 Abs. 1 und Abs. 3 BNotO**, wenn er – ohne selbst mit Beurkundungen befasst gewesen zu sein – auf **bloße Anforderung durch verschiedene Makler** Grundbucheinsichten vornimmt oder im automatisierten uneingeschränkten Abrufverfahren nach § 133 Abs. 2 GBO Grundbuchauszüge einholt, ohne vorab zu prüfen, ob die Makler von den jeweiligen Eigentümern entsprechend bevollmächtigt waren (BGH v. 5.3.2012 – NotSt (Brfg) 3/11).

2. Ein Anwaltsnotar begeht nach dem OLG Celle (Urt. v. 24.8.2010 – Not 9/10, AnwBl. 2011, 76) **keine Amtspflichtverletzung**, wenn er aufgrund eines Auftrages eines Grundstückseigentümers einen **Grundbuchauszug mittels des uneingeschränkten automatisierten Abrufverfahrens** einholt, den der Auftraggeber und Grundstückseigentümer für **Finanzierungsgespräche mit der Bank** benötigt. Es ist von einer originären Betreuungstätigkeit iSd § 24 Abs. 1 S. 1 BNotO auszugehen womit das uneingeschränkte (notarielle) Grundbuchabrufverfahren nach § 133 Abs. 2 GBO genutzt werden kann, bei dem ein berechtigtes Einsichtsinteresse nicht dargelegt werden muss (OLG Celle v. 24.8.2010 – Not 9/10, ZfIR 2010, 840 m. Anm. *Lang*. Vgl. auch: *Völzmann* DNotZ 2011, 164; OLG Celle v. 12.8.2010 – Not 9/10, AnwBl 2011, 76 m. Anm. *Altemeier*). Die grundsätzliche Frage, ob ein Notar, sofern eine Beauftragung durch den Eigentümer vorliegt und er eine solche überprüft hat, stets auch im uneingeschränkten automatisierten Abrufverfahren tätig werden darf hat der **BGH** angesprochen, aber nicht beantwortet (BGH v. 5.3.2012 – NotSt (Brfg) 3/11).

Ritter

3. Gemäß § 12 Abs. 1 S. 1 GBO ist die Einsicht des Grundbuchs jedem gestattet, der ein berechtigtes Interesse darlegt. Ein berechtigtes Interesse wird jedem zugeschrieben, dem ein Recht am Grundstück oder an einem Grundstücksrecht zusteht (OLG Celle Urt. v. 24.8.2010 – Not 9/10, AnwBl 2011, 76 mwN). Dem **Eigentümer ist grundsätzlich die Einsicht gestattet** (OLG Celle Urt. v. 24.8.2010 – Not 9/10, AnwBl 2011, 76 mwN).

4. Auch dem **Bietinteressenten** kann ein berechtigtes Interesse zur Grundbucheinsicht zustehen. Insbesondere beschränkt § 42 ZVG nicht das **berechtigte Informationsinteresse des Bietinteressenten auf den Inhalt der Zwangsversteigerungsakten**, sondern lässt sein bei Darlegung eines berechtigten Interesses gegenüber dem Grundbuchamt bestehendes **Recht auf Grundbucheinsicht nach § 12 Abs. 1 S. 1 GBO unberührt** (OLG Düsseldorf v. 1.6.2012 – I-3 Wx 21/12, FGPrax 2012, 189). § 12 Abs. 1 S. 1 GBO verlangt aber jedenfalls, dass der Antragsteller dem Grundbuchamt gegenüber sein berechtigtes Interesse darlegt (OLG Düsseldorf v. 1.6.2012 – I-3 Wx 21/12, FGPrax 2012, 189). Darlegung des berechtigten Interesses bedeutet einen **nachvollziehbaren Vortrag von Tatsachen, das heißt von konkreten Umständen** (OLG Köln Urt. v. 19.11.2009 – 2 Wx 95/09 – RNotZ 2010, 203; (OLG Düsseldorf Urt. v. 1.6.2012 – I-3 Wx 21/12, FGPrax 2012, 189) in der Weise, dass dem Grundbuchamt daraus die Überzeugung von der Berechtigung des geltend gemachten Interesses verschafft wird, denn es hat in jedem Einzelfall genau zu prüfen, ob durch die Einsichtnahme das schutzwürdige Interesse der Eingetragenen verletzt werden könnte (so KG 20.01.2004 – 1 W 294/03, NJW-RR 2004, 1316; OLG Düsseldorf v. 1.6.2012 – I-3 Wx 21/12, FGPrax 2012, 189 mwN). Das **Erfordernis der Darlegung** erfüllt hierbei **nicht die bloße Behauptung von Tatsachen oder ein bloß pauschaler Vortrag** (LG Offenburg v. 14.3.1996 – 4 T 40/96, NJW-RR 1996, 1521; OLG Düsseldorf v. 1.6.2012 – I-3 Wx 21/12, FGPrax 2012, 189 mwN).

5. Will der **Gläubiger eines Mieters** den Eigentümer des Grundstücks in Erfahrung bringen, um eine **Pfändung des Kautionsrückzahlungsanspruchs** vorzubereiten, so kann er zu diesem Zweck keine Einsicht ins Grundbuch nehmen (OLG Schleswig v. 12.1.2011 – 2 W 234/10, IMR 2011, 465).

6. Ein berechtigtes Interesse iSv § 12 Abs. 1 S. 1 GBO, § 46 GBV ist gegeben, wenn zur Überzeugung des Grundbuchamts ein verständiges, durch die Sachlage gerechtfertigtes Interesse des Antragstellers dargelegt wird, wobei **auch ein bloß tatsächliches, insbesondere wirtschaftliches Interesse** das Recht auf Grundbucheinsicht begründen kann (*Grziwotz* MDR 2013, 433; KG v. 19.6.2001 – 1 W 132/01, NJW 2002, 223/224; BayObLG v. 25.3.1998 – 2Z BR 171/97 – FGPrax 1998, 90; OLG München v. 17.7.2013 – 34 Wx 282/13, Rpfleger 2014, 15 mwN). Dabei haben zB **Pflichtteilsberechtigte erst nach dem Eintritt des Erbfalls** ein berechtigtes Interesse (*Grziwotz* MDR 2013, 433/434 f.). Zu Lebzeiten des Erblassers haben sie kein Recht auf Grundbucheinsicht (BayObLG Urt. v. 25.3.1998 – 2Z BR 171/97, FGPrax 1998, 90; OLG Düsseldorf FGPrax 1997, 90; OLG München v. 17.7.2013 – 34 Wx 282/13, Rpfleger 2014, 15 mwN). Denn ein **Pflichtteilsanspruch** begründet **vor dem Erbfall noch keinerlei sicherbare oder verwertbare Rechtsposition**, insbesondere keine pfändbare Anwartschaft (OLG München v. 17.7.2013 – 34 Wx 282/13, Rpfleger 2014, 15 mwN), und macht vor diesem Zeitpunkt irgendwelche rechtlichen Schritte weder möglich noch erforderlich (OLG München v. 17.7.2013 – 34 Wx 282/13, Rpfleger 2014, 15). Das gilt nicht weniger, wenn der Antragsteller nicht selbst Pflichtteilsberechtigter ist, sondern sich **in rechtlichen Auseinandersetzungen mit dem Pflichtteilsberechtigten** befindet und sich mit der Auskunft Aufschlüsse über dessen Vermögenslage erhofft. Einen Vollstreckungszugriff auf Einzelgegenstände des Nachlasses hat der Gläubiger des Pflichtteilsberechtigten ohnehin nicht (OLG München v. 17.7.2013 – 34 Wx 282/13, Rpfleger 2014, 15).

7. Ein **Nachbar** kann ein **berechtigtes Interesse auf Grundbucheinsicht** iSv § 12 Abs. 1 S. 1 GBO geltend machen, wenn eine Wohnbebauung in unmittelbarer Nähe zu seinem lärmintensiven Unternehmen geplant ist und Auseinandersetzungen mit den künftigen Bewohnern als naheliegend erscheinen (OLG Karlsruhe v. 29.5.2013 – 11 Wx 40/13, MDR 2013, 966). Es ist **darzulegen**, dass ein **Interesse an der Kenntnis des Eigentümers** besteht, um einen bei einer geplanten Wohnbebauung drohenden Nachbarschaftskonflikt durch Gespräche mit dem derzeitigen Eigentümer zu vermeiden (OLG Karlsruhe v. 29.5.2013 – 11 Wx 40/13, MDR 2013, 966). Das kann ein durch die Sachlage gerechtfertigtes Interesse darstellen (OLG Karlsruhe v. 29.5.2013 – 11 Wx 40/13, MDR 2013, 966).

8. Ein **Kaufinteressent** hat nur dann Anspruch auf Grundbucheinsicht, wenn er darlegt, dass er **bereits in Kaufverhandlungen eingetreten** ist (OLG Karlsruhe v. 29.5.2013 – 11 Wx 40/13, MDR 2013, 966 mwN). Dem liegt der Gedanke zugrunde, dass Grundbucheinsicht nicht gewährt werden soll, wenn Rechtsbeziehungen zwischen dem Antragsteller und dem Betroffenen weder bereits bestehen noch in naher Zukunft zu erwarten sind (OLG Karlsruhe v. 29.5.2013 – 11 Wx 40/13, MDR 2013, 966).

9. Der **Mieter** hat **in der Regel ein berechtigtes Interesse an der Einsicht in das Grundbuch** für das gemietete Anwesen, **ausgenommen** der **Abt. III.** Ist auf demselben Grundbuchblatt ein weiteres Grundstück vermerkt, erstreckt sich das rechtliche Interesse des Mieters an der Grundbucheinsicht nicht auf dieses weitere Grundstück (BayOLG v. 9.12.1992 – 2Z BR 98/92, NJW 1993, 1142).

10. Über den ursprünglichen, dem allgemeinen Rechtsverkehr mit Grundstücken dienenden Regelungszweck hinaus, kann auch ein **schutzwürdiges Interesse der Presse und vergleichbarer publizistisch tätiger Medien** daran bestehen, von den für ein bestimmtes Grundstück vorgenommenen Eintragungen Kenntnis zu erlangen, das nach § 12 Abs. 1 S. 1 GBO für die Gestattung der Einsicht erforderliche berechtigte Interesse zu begründen (BVerfG v. 28.8.2000 – 1 BvR 1307/91, NJW 2001, 503; BGH v. 17.8.2011 – V ZB 47/11, NJW-RR 2011, 1651; OLG Stuttgart v. 27.6.2012 – 8 W 228/12, BeckRS 2013, 07597).

11. Eine **Information über eine Grundbucheinsicht** an den Eigentümer insbesondere betreffend Grundbucheinsichten im Bereich der Wahrnehmung der Informationsfreiheit ist unzulässig (BVerfG v. 28.8.2000 – 1 BvR 1307/91, NJW 2001, 503). Es ist mit dem grundgesetzlich gewährten **Recht der Presse auf Informationsfreiheit** unvereinbar, wenn das Grundbuchamt den Grundstückseigentümer über eine der Presse gewährte Einsicht in das Grundbuch und die Grundakten benachrichtigt und eine **gesetzliche Grundlage für eine solche Benachrichtigung besteht nicht** (OLG Zweibrücken v. 24.1.2013 – 3 W 47/12, Rpfleger 2013, 383).

12. Dem **Immobilienmakler** wird ein **allgemeines Recht auf Grundbucheinsicht versagt** (OLG Celle v. 15.7.2011 – Not 7/11, IMR 2011, 387 –). Er darf **nur mit Vollmacht des Eigentümers** Einsicht in das Grundbuch nehmen (OLG Celle v. 15.7.2011 – Not 7/11, IMR 2011, 387).

13. Ein **Anspruch** des Rechtsanwaltes auf **Übersendung von Grundakten in seine Kanzlei** wird von der **Rechtsprechung verneint** (vgl.: OLG Hamm Urt. v. 15.11.2012 – I-15 W 261/12, FGPrax 2013, 105). Die Einsichtnahme in Grundakten richtet sich nach **§ 12 Abs. 1 S. 2 GBO**; **§ 46 GBV.** Aus diesen Vorschriften ergibt sich nicht, dass die Akteneinsicht nur durch die Aushändigung der Grundakten gewährt werden könnte (OLG Hamm v. 15.11.2012 – I-15 W 261/12, FGPrax 2013, 105). Dementsprechend eröffnet das Gesetz die Möglichkeit, die Akteneinsicht auch auf andere Weise zu gewähren. **Grundakten sind besonders sensibel** und müssen in besonderer Weise vor einem Verlust geschützt werden, da sie **kaum oder gar nicht rekonstruierbar** sind (OLG Hamm v. 15.11.2012 – I-15 W 261/12, FGPrax 2013, 105). Außerdem werden sie vom Grundbuchamt **für die Bearbeitung der laufenden Geschäftsvorfälle benötigt.** Dementsprechend ist es anerkannt, dass ein Anspruch auf Herausgabe von Grundakten nicht besteht (OLG Hamm v. 15.11.2012 – I-15 W 261/12, FGPrax 2013, 105 mwN). Ein solcher Anspruch lässt sich für Rechtsanwälte auch nicht aus dem Grundgesetz ableiten (OLG Hamm v. 15.11.2012 – I-15 W 261/12, FGPrax 2013, 105). Dadurch, dass die Aktenübersendung im Einzelfall an deutsche Gerichte und Justizbehörden zugelassen wird (vgl. § 9 Abs. 2 der Grundbuchgeschäftsanweisung vom 28.8.2007, JMBl. NRW 2007 S. 217), ist der Rechtsanwalt in seinem Grundrecht aus **Art. 3 Abs. 1 GG** nicht verletzt (OLG Hamm v. 15.11.2012 – I-15 W 261/12, FGPrax 2013, 105). Insofern fehlt es schon an einer Vergleichbarkeit der Sachverhalte, da ein Rechtsanwalt als Parteivertreter keine staatliche Stelle ist, die hoheitliche Aufgaben wahrzunehmen hat (OLG Hamm v. 15.11.2012 – I-15 W 261/12, FGPrax 2013, 105). Die Rechtsprechung lehnt dabei auch die Übertragung der Grundsätze der Entscheidung des BVerfG vom 14.9.2011 – 2 BvR 449/11, NJW 2012, 141) ab, dies jedenfalls, soweit es sich nicht um einen Fall der Strafverteidigung handelt und dem Grundbuchamt keine sachfremden Erwägungen vorgeworfen werden können (OLG Hamm v. 15.11.2012 – I-15 W 261/12, FGPrax 2013, 105). Auch aus **Art. 12 Abs. 1 GG** ergibt sich kein Anspruch des Rechtsanwaltes auf Übersendung der Grundakten in sein Büro, da der Schutz der wichtigen Grundakten und der Aufrechterhaltung des gerichtlichen Geschäftsbetriebs es rechtfertigen, den Rechtsanwalt auf eine andere Art und Weise der Akteneinsicht zu verweisen (OLG Hamm v. 15.11.2012 – I-15 W 261/12, FGPrax 2013, 105). Dies wird auch im Falle eines **nicht am Gerichtsort ansässigen Rechtsanwaltes** nicht als unverhältnismäßig angesehen, jedenfalls wenn in diesem Fall die Einsichtnahme in Grundakten in der Art und Weise gewährt wird, dass die **Akten** zu diesem Zwecke **an das Amtsgericht des Geschäftsorts des Rechtsanwaltes übersandt werden** (OLG Hamm v. 15.11.2012 – I-15 W 261/12, FGPrax 2013, 105). Auch aus **§ 13 Abs. 4 S. 1 FamFG** – einer Ermessensvorschrift („kann") – ergibt sich kein Anspruch eines Rechtsanwalts auf Herausgabe von Grundakten (OLG Hamm v. 15.11.2012 – I-15 W 261/12, FGPrax 2013, 105).

14. Regelmäßig ist der **Unterbevollmächtigte** als **Vertreter des Geschäftsherrn** anzusehen (OLG München v. 26.9.2012 – 34 Wx 258/12, NotBZ 2012, 472 mwN). Allerdings ist es auch zulässig, Untervollmacht so zu erteilen, dass **der Vertreter den Unterbevollmächtigten zu seinem eigenen Vertreter bestellt** und ihn so zum **Vertreter des Vertreters** macht (BGH v. 5.5.1960 – III ZR 83/59, NJW 1960, 1565; OLG München v. 26.9.2012 – 34 Wx 258/12, NotBZ 2012, 472). Auch im letzteren Fall wirkt die vom (Unter-) Bevollmächtigten abgegebene Erklärung nur für den Machtgeber des (Haupt-)Vertreters; die Wirkungen gehen gleichsam gemäß den beiden Vollmachtverhältnissen durch den (Haupt-)Vertreter hindurch (BGH v. 5.5.1960 – III ZR 83/59, NJW 1960, 1565; OLG München v. 26.9.2012 – 34 Wx 258/12, NotBZ 2012, 472).

9. Entbindung von der ärztlichen Schweigepflicht

Entbindung von der Schweigepflicht[1, 2]

Hiermit entbinde ich[3]

......

(Name, Anschrift)

den Arzt/die Ärztin/die Ärzte/nachgeordnete ärztliche und nichtärztliche Beschäftigte[4] des

......

von der ärztlichen Schweigepflicht.[5]

Ich[3] erteile Herrn Rechtsanwalt ...... (Name), ... (Anschrift), die Berechtigung,

1. alle Patientenunterlagen, alle Gutachten, alle mit meinen[3] Behandlungen im Zusammenhang stehenden Dokumentationen anzufordern und in Empfang zu nehmen.

2. alle Patientenunterlagen, alle Gutachten, alle mit meinen[3] Behandlungen im Zusammenhang stehenden Dokumentationen vor Ort[6] einzusehen.

3. alle meine[3] Behandlungen betreffenden mündlichen Fragen zu stellen und Erklärungen entgegenzunehmen.

4. die vorgenannten Personen auch gegenüber Behörden, Versicherungen[7, 8] und sonstigen Dritten von der ärztlichen Schweigepflicht zu entbinden.

......, den ......

(Unterschrift Mandant)[3, 9]

Schrifttum: *Bienwald*, Anmerkung BGH v. 23.3.2010 – VI ZR 249/08 – FamRZ 2010, 969; *Bollweg/Brahms*, Patientenrechte in Deutschland – Neue Patientencharta, NJW 2003, 1505; *Diehl*, Anmerkung BGH v. 23.3.2010 – VI ZR 249/08 – ZfS 2010, 437; *Geis/Geis*, BVerfG: Verfassungswidrigkeit einer versicherungsvertraglichen Obliegenheit zur Schweigepflichtentbindung, MMR 2007, 93; *Hernekamp/Jaeger-Lindemann*, Die neue Richtlinie zur Patientenmobilität – Vision oder Wirklichkeit: Grenzenlos mobile Patienten in der EU –, ZESAR 2011, 403; *Huffer*, Schweigepflicht im Umbruch, NJW 2002, 1382; *Katzenmeier*, Der Behandlungsvertrag – Neuer Vertragstypus im BGB, NJW 2013, 817; *Katzenmeier*, Individuelle Patientenrechte – Selbstbindung oder Gesetz, JR 2002, 444; *Kingreen*, Der Vorschlag der Europäischen Kommission für eine Patientenrichtlinie, ZESAR 2009, 109; *Klatt*, Anmerkung BVerfG v. 9.1.2006 – 2 BvR 443/02, JZ 2007, 95; *Knappmann*, Verpflichtung zur Befreiung von der ärztlichen Schweigepflicht nach dem Tod des Versicherten, NVersZ 1999, 511; *Laufs*, Patientenrechte, NJW 2000, 846; *Mayer*, Patientenrechte bei grenzüberschreitender Gesundheitsversorgung in der EU, Soziale Sicherheit 2011, 254; *Middendorf*, Dr. Max – Das Patientenrechtegesetz – was ist neu, was muss ich den Mandanten mitgeben?, ZGMR 2012, S. 324 ff.; *Notthoff*, Die Zukunft genereller Schweigepflichtentbindungserklärungen in der Berufsunfähigkeitszusatzversicherung, ZfS 2008, 243; *Peter*, Anmerkung BVerfG v. 9.1.2006 – 2 BvR 443/02, StV 2007, 425; *Pregartbauer/Pregartbauer*, Anmerkung BGH v. 23.3.2010 – VI ZR 249/08 – VersR 2010, 973; *Rehborn*, Das Patientenrechtegesetz, GesR 2013, 257; *Schulte*, Patientenmobilität in Europa – Entstehung und Inhalt der RL 2011/24/EU des Europäischen Parlaments und des Rates vom 9.3.2011 über die Ausübung der Patientenrechte in der grenzüberschreitenden Gesundheitsversorgung, GesR 2012, 72; *Schwabe*, Datenschutz im privaten Versicherungsrecht – Anmerkung zum Urteil des BVerfG vom 23.10.2006, AZ: 1 BvR 2027/02, JZ 2007, 576; *Spickhoff*, Postmortaler Persönlichkeitsschutz und ärztliche Schweigepflicht, NJW 2005, 1982; *Tiedemann*, Die Regelungen der Patientenrechte-Richtlinie zur grenzüberschreitenden Inanspruchnahme von Gesundheitsdienstleistungen in der EU, ZFSH SGB 2011, 462; *Weichert*, Die Krux mit der ärztlichen Schweigepflichtentbindung für Versicherungen, NJW 2004, 1695.

Anmerkungen

1. Auf **verfassungsrechtlicher Ebene** gewährleistet **Art. 2 Abs. 1 GG** in Verbindung mit **Art. 1 Abs. 1 GG** das allgemeine Persönlichkeitsrecht, welches grundsätzlich **vor der Erhebung und Weitergabe von Befunden über den Gesundheitszustand, die seelische Verfassung und den Charakter schützt** (BGH v. 7.11.2013 – III ZR 54/13, NJW 2014, 298). Der Schutz ist umso intensiver, je mehr die Daten zur Intimsphäre des Betroffenen gehören, die als unantastbarer Bereich privater Lebensgestaltung gegenüber aller staatlichen Gewalt Achtung und Schutz beansprucht (BGH Urt. v. 7.11.2013 – III ZR 54/13, NJW 2014, 298; BVerfG v. 24.6.1993 – 1 BvR 689/92, NJW 1993, 2365). Der fehlende Zugang zum Wissen Dritter über die eigene Person kann die von Art. 2. Abs. 1 i. V. m. Art. 1 Abs. 1 GG geschützte individuelle Selbstbestimmung berühren, so dass das Grundrecht auf informationelle Selbstbestimmung auch eine Rechtsposition verschafft, die den Zugang zu den über die eigene Person gespeicherten persönlichen Daten betrifft (BGH v. 7.11.2013 – III ZR 54/13, NJW 2014, 298). **Bezogen auf den Zugang zu Krankenunterlagen bedeutet dies, dass es das Recht auf Selbstbestimmung und die personale Würde des Patienten gebieten, jedem Patienten grundsätzlich einen Anspruch auf Einsicht in die ihn betreffenden Krankenunterlagen gegenüber seinem Arzt oder Krankenhaus einzuräumen** (BVerfG v. 9.1.2006 – 2 BvR 443/02, NJW 2006, 1116 (vgl. dazu: *Peter*, Anmerkung BVerfG v. 9.1.2006 – 2 BvR 443/02, StV 2007, 425; *Klatt*, Anmerkung BVerfG v. 9.1.2006 – 2 BvR 443/02, JZ 2007, 95); BVerfG v. 16.9.1998 – 1 BvR 1130/98, NJW 1999, 1777; BGH v. 7.11.2013 – III ZR 54/13, NJW 2014, 298). Ärztliche Krankenunterlagen betreffen mit ihren **Angaben über Anamnese, Diagnose und therapeutische Maßnahmen** den Patienten unmittelbar in seiner Privatsphäre. Deshalb und wegen der möglichen erheblichen Bedeutung der in solchen Unterlagen enthaltenen Informationen für selbstbestimmte Entscheidungen des Behandelten hat dieser **generell ein geschütztes Interesse daran zu erfahren, wie mit seiner Gesundheit umgegangen wurde, welche Daten sich dabei ergeben haben und wie man die weitere Entwicklung einschätzt.** Dies gilt im gesteigerten Maße für Informationen über die psychische Verfassung (BVerfG v. 9.1.2006 – 2 BvR 443/02, NJW 2006, 1116; BGH Urt. v. 7.11.2013 – III ZR 54/13, NJW 2014, 298). Dementsprechend steht dem Patienten grundsätzlich ein Einsichtsrecht in die Krankenunterlagen auch über seine psychiatrische Behandlung zu, soweit nicht ausnahmsweise therapeutische Gründe entgegenstehen (BGH v. 7.11.2013 – III ZR 54/13, NJW 2014, 298; BGH v. 6.12.1988 – VI ZR 76/88, NJW 1989, 764). Dabei hat der BGH mit einer vergleichbaren Argumentation **Heimbewohnern** ein **Einsichtsrecht in die Pflegedokumentation** zuerkannt (BGH v. 23.3.2010 – VI ZR 249/08, NJW 2010, 10 (vgl. dazu auch: *Diehl*, Anmerkung BGH v. 23.3.2010 – VI ZR 249/08, ZfS 2010, 437; *Pregartbauer/Pregartbauer*, Anmerkung BGH v. 23.3.2010 – VI ZR 249/08, VersR 2010, 973; *Bienwald*, Anmerkung BGH v. 23.3.2010 – VI ZR 249/08, FamRZ 2010, 969); BGH v. 26.2.2013 – VI ZR 359/11, NZS 2013, 553; BGH v. 7.11.2013 – III ZR 54/13, NJW 2014, 298). Für den Behandlungsvertrag ist am **26.2.2013** mit § 630 g BGB durch das **Gesetz zur Verbesserung der Rechte von Patientinnen und Patienten** vom 20. Februar 2013 (BGBl. I S. 277) das Einsichtsrecht auf mitgliedstaatlicher Ebene gesetzlich verankert worden (BGH v. 7.11.2013 – III ZR 54/13, NJW 2014, 298). Mit dem Patientenrechtegesetz soll für eine **erhöhte Transparenz und Rechtssicherheit im Bereich der Patientenrechte** gesorgt werden, wobei es auch darum ging, die Vielzahl an Vorschriften und die umfangreiche Judikatur zusammenzufassen. Gem. **§ 630 g Abs. 1 BGB** ist dem Patienten „auf Verlangen unverzüglich Einsicht in die vollständige, ihn betreffende Patientenakte zu gewähren, soweit der

Einsichtnahme nicht erhebliche therapeutische Gründe oder sonstige erhebliche Rechte Dritter entgegenstehen".

2. Grundlagen für **Einsichtsrechte des Patienten** in die ärztlichen Behandlungsunterlagen bestehen auch **auf der Ebene des europäischen Rechtes**. Gem. Art. 3 m) der bis zum 25.10.2013 umzusetzenden (Art. 21) **Richtlinie 2011/24/EU des Europäischen Parlaments und des Rates vom 9.3.2011 über die Ausübung der Patientenrechte in der grenzüberschreitenden Gesundheitsversorgung** (ABl. L 88/46 vom 4.4.2011) bedeutet „Patientenakte" sämtliche Unterlagen, die Daten, Bewertungen oder Informationen jeglicher Art über die klinische Situation und Entwicklung eines Patienten im Verlauf des Behandlungsprozesses enthalten. **Zudem ist in Art. 4 Abs. 2 Buchst. f) der Richtlinie 2011/24/EU festgelegt, dass** – um Kontinuität der Behandlung sicherzustellen – **behandelte Patienten Anspruch** auf Erstellung einer schriftlichen oder elektronischen Patientenakte über die Behandlung sowie — gemäß den und vorbehaltlich der nationalen Maßnahmen zur Umsetzung der Unionsvorschriften zum Schutz personenbezogener Daten, insbesondere der Richtlinien 95/46/EG und 2002/58/EG — **auf Zugang zu mindestens einer Kopie dieser Akte** haben (vgl. dazu auch: *Kingreen* ZESAR 2009, 109; *Mayer* Soziale Sicherheit 2011, 254; *Tiedemann* ZFSH SGB 2011, 462; *Hernekamp/Jaeger-Lindemann* ZESAR 2011, 403; *Schulte* GesR 2012, 72). Im Blick auf die vom EuGH jüngst (vgl.: EuGH v. 13.2.2014 – C-367/12, BeckRS 2014, 80411) zur Inländerdiskriminierung aufgestellten Grundsätze dürfte der europäische Begriff der Patientenakte unabhängig von der Frage des grenzüberschreitenden Bezugs Raum greifen. Der EuGH hat dort klargestellt, dass es für die Bejahung des grenzüberschreitenden Bezugs bereits ausreicht, wenn einem Inländer die gleichen Rechte zustehen wie die, die einem Staatsangehörigen eines anderen Mitgliedstaats in der gleichen Lage kraft Unionsrecht zustünden (vgl.: EuGH v. 13.2.2014 – C-367/12, BeckRS 2014, 80411 dort Rn. 12 unter Verweis auf EuGH v. 27.4.2012 – C-159/12, C-160/12, C-161/12, PharmR 2014, 24).

3. Ist **Mandant nicht der beim jeweiligen Arzt Behandelte sondern eine andere Person** ist das Formular entsprechend anzupassen und deren Berechtigung zur Geltendmachung solcher Ansprüche und insbesondere von Einsichtsrechten und von Rechten zur Schweigepflichtenbindung zu prüfen und ggf. darzulegen. Die **Entbindung von der Schweigepflicht** durch Erben und/oder nächste Angehörige wird dabei nach der Rspr. als grds. nicht möglich angesehen, weil die Verfügung darüber ein **höchstpersönliches Recht** ist, das **nicht vererblich** ist (OLG Naumburg v. 9.12.2004 – 4 W 43/04, NJW 2005, 2017). Das Recht zur **Freigabe von Gesundheitsdaten** als höchstpersönliches Recht des Patienten **geht nicht auf Erben oder Angehörige über** (LAG Düsseldorf Urt. 19.12.2012 – 7 Sa 603/12, BeckRS 2013, 65924; OLG Saarbrücken 9.9.2009 – 5 U 510/08-93, VersR 2009, 1478; BGH Urt. v. 31.5.1983 – VI ZR 259/81, NJW 1983, 2627; OLG Naumburg v. 9.12.2004 – 4 W 43/04, NJW 2005, 2017; vgl. auch: *Knappmann* NVersZ 1999, 511). Dabei ergibt sich aus **§ 630g Abs. 3 S. 1 BGB** – der der Umsetzung des Rechts auf informationelle Selbstbestimmung dienen soll (vgl.: *Katzenmeier* NJW 2013, 817 (821)) – ein **Einsichtsrecht der Erben** des Patienten in dessen Patientenakte zur Wahrnehmung vermögensrechtlicher Interessen. Die § 630g Abs. 1 BGB und § 630g Abs. 2 BGB sind auf diese entsprechend anwendbar (*Rehborn* GesR 2013, 257 (269)). Bei vermögensrechtlichen Interessen kann es sich insbesondere um die **Geltendmachung von Schadensersatzansprüchen gegen den Behandelnden**, aber auch um **Fragen nach der Geschäfts- bzw. Testierfähigkeit des Verstorbenen** handeln (*Rehborn* GesR 2013, 257 (269)). Des weiteren besteht nach § 630 Abs. 3 S. 2 BGB ein vom Einsichtsrecht der Erben zu unterscheidendes **Einsichtsrecht sonstiger Angehöriger (Ehegatten, Lebenspartner, Kinder, Eltern, Geschwister, Enkel)** aus § 630g Abs. 3 S. 2 BGB, das sich nur aufgrund immaterieller Interessen ergeben kann. Ein immaterielles Interesse kann zB ein **Strafverfolgungsinteresse nach § 205 Abs. 2 S. 1 StGB der Angehörigen** sein, für das gem. § 77 Abs. 2 StGB ein Antragsrecht, nicht nur der Erben, sondern auch der Angehörigen, besteht (*Rehborn* GesR 2013, 257 (269)). Dabei ist weder das Einsichtsrecht der Erben noch das der Angehörigen uneingeschränkt gewährt, sondern gem. § 630g Abs. 3 S. 3 BGB ist die **Einsicht ausgeschlossen**, wenn dies dem **ausdrücklichen oder mutmaßlichen Willen des Verstorbenen widerspricht** (*Rehborn* GesR 2013, 257 (269); vgl. dazu auch bereits vor Inkrafttreten des § 630g Abs. 3 BGB: BGH v. 31.5.1983 – VI ZR 259/81, NJW 1983, 2627)).

4. Der strafrechtlichen Schweigepflicht unterliegen neben den Ärzten auch die **Angehörigen der nichtärztlichen Heilberufe mit staatlich geregelter Ausbildung** wie beispielsweise **nichtärztliche Psychotherapeuten, Krankenschwestern und Krankenpfleger, Hebammen, Masseure, Krankengymnasten, medizinisch-technische Assistenten** etc. Zudem unterstehen der strafrechtlichen wie auch der berufsrechtlichen Schweigepflicht auch die „berufsmäßig tätigen Gehilfen" von Ärzten und die „Personen, die bei ihnen zur Vorbereitung auf den Beruf tätig sind" (§ 203 Abs. 3 S. 1 StGB). Das sind beispielsweise – unabhängig vom arbeitsrechtlichen Status – **Arzthelferinnen, Arztsekretärinnen, die in der Praxis aushelfende Ehefrau des Arztes.**

5. Zu beachten ist, dass – da **der Arzt der Schweigepflicht unterliegt** – dieser im Ergebnis zu entscheiden hat, ob Einsicht in Patientenunterlagen gewährt wird oder nicht. Zu beachten ist dabei auch, dass die **Verschwiegenheitspflicht des Arztes über den Tod des Patienten hinaus gilt** (BAG v. 23.2.2010 – 9 AZN 876/09, NJW 2010, 1222). Sie darf gegenüber nahen Angehörigen nur ausnahmsweise und lediglich im vermuteten Einverständnis des Patienten gebrochen werden, soweit einer ausdrücklichen Befreiung Hindernisse entgegenstehen (BAG v. 23.2.2010 – 9 AZN 876/09, NJW 2010, 1222). Dabei muss sich der Arzt die Überzeugung verschafft haben, dass der Patient vor diesen Angehörigen keine Geheimnisse über seinen Gesundheitszustand haben will oder ohne die seiner Entscheidung entgegenstehenden Hindernisse hätte haben wollen (BAG v. 23.2.2010 – 9 AZN 876/09, NJW 2010, 1222). Auch gegenüber Erben des Verstorbenen, deren Interesse an der Auskunft oder Einsicht eine vermögensrechtliche Komponente haben kann, hat der ausdrückliche oder mutmaßliche Wille des Verstorbenen Vorrang (BAG v. 23.2.2010 – 9 AZN 876/09, NJW 2010, 1222). **Nur der behandelnde Arzt kann entscheiden, ob seine Schweigepflicht zu wahren ist oder nicht** (BAG v. 23.2.2010 – 9 AZN 876/09, NJW 2010, 1222). Er hat insbesondere darauf abzustellen, welche Geheimhaltungswünsche dem Verstorbenen angesichts der durch seinen Tod veränderten Sachlage unterstellt werden müssen (BAG v. 23.2.2010 – 9 AZN 876/09, NJW 2010, 1222). **Der behandelnde Arzt ist in der Frage des Auskunfts- und Einsichtsrechts gewissermaßen die letzte Instanz** (BAG v. 23.2.2010 – 9 AZN 876/09, NJW 2010, 1222; BGH v. 31.5.1983 – VI ZR 259/81, NJW 1983, 2627; OLG München v. 9.10.2008 – 1 U 2500/08, VersR 2009, 982). Bedenken, die es geboten erscheinen ließen, diese Rechtsprechung zu überdenken, bestehen nach dem BAG nicht (BAG v. 23.2.2010 – 9 AZN 876/09, NJW 2010, 1222).

6. Auf der Grundlage des § 630g BGB kann der Anspruchsteller – von § 811 Abs. 2 BGB, der analog angewendet wird, gedeckt – die **Herausgabe von Kopien** geltend machen, **Zug um Zug gegen Erstattung der Vervielfältigungskosten** (LG Nürnberg-Fürth v. 10.9.2013 – 12 O 1933/13, BeckRS 2013, 19104; vgl. auch: OLG Köln v. 20.10.2010 – 3 W 55/10, VersR 2012, 79; LG Saarbrücken v. 22.6.2012 – 13 S 37/12, NJW 2012, 3658). Die **Angemessenheit dieser Kosten** wird sich bspw. an **Nr. 9000 KV GKG** zu orientieren haben (LG Nürnberg-Fürth Urt. 10.9.2013 – 12 O 1933/13, BeckRS 2013, 19104).

7. Machen **Versicherungen Ansprüche auf Gesundheitsauskunft** geltend, sind die für die Auskunftspflicht geltenden **Grenzen zu beachten (vgl. dazu auch:***Notthoff* ZfS 2008, 243; *Geis/Geis* MMR 2007, 93; *Schwabe* JZ 2007, 576; *Spickhoff* NJW 2005, 1982; *Weichert* NJW 2004, 1695; *Huffer* NJW 2002, 1382). Das **Recht auf informationelle Selbstbestimmung** als Norm des objektiven Rechts erstreckt sich auch in das

Privatrecht und schützt nicht nur vor einer überzogenen Ausforschung von personenbezogenen Daten durch den Staat, sondern es weist auf der Ebene bürgerlichrechtlicher Verhältnisse dem Schutzbedürfnis einer Person einen entsprechend hohen Rang gegenüber Eingriffen zu, die sie gegen ihren Willen für die Öffentlichkeit verfügbar machen (BGH v. 5.11.2013 – VI ZR 304/12, MDR 2014, 29; BVerfG v. 17.7.2013 – 1 BvR 3167/08, NJW 2013, 3086; BVerfGE 84, 192; BVerfG v. 23.10.2006 – 1 BvR 2027/02, VersR 2006, 1669; BGH v. 12.7.1994 – VI ZR 1/94, VersR 1994, 1116; BAG v. 4.4.1990 – 5 AZR 299/89, NJW 1990, 2272). Grundsätzlich obliegt es zwar dem Grundrechtsträger, seine Kommunikationsbeziehungen zu gestalten und in diesem Rahmen darüber zu entscheiden, ob er bestimmte Informationen preisgibt oder zurückhält (BGH v. 5.11.2013 – VI ZR 304/12, MDR 2014, 29; BVerfG v. 23.10.2006 – 1 BvR 2027/02, VersR 2006, 1669). Das Recht auf informationelle Selbstbestimmung gewährt dem Einzelnen im privatrechtlichen Umgang jedoch nicht ein unbeschränktes dingliches Herrschaftsrecht über bestimmte Informationen. Es wird nicht vorbehaltlos gewährleistet. Vielmehr kann im privatrechtlichen Bereich das Recht auf informationelle Selbstbestimmung seine Grenze in den Rechten Dritter finden, beispielsweise in Art. 2 Abs. 1 GG, Art. 8 Abs. 1 EMRK (BGH Urt. v. 5.11.2013 – VI ZR 304/12, MDR 2014, 29). Die Grenzen sind dann im Wege einer Gesamtabwägung der betroffenen Grundrechtspositionen auszuloten (vgl. BVerfGE 84, 192, 195; BVerfG Urt. v. 17.7.2013 – 1 BvR 3167/08, NJW 2013, 3086; BGH v. 5.11.2013 – VI ZR 304/12, MDR 2014, 29). Der Gesetzgeber hat dabei mit dem **Gesetz zur Reform des Versicherungsvertragsrechts vom 23. November 2007 (BGBl I S. 2631)** in § 213 VVG den Schutz der informationellen Selbstbestimmung der Versicherungsnehmerinnen und -nehmer geregelt. Diese Regelung findet gemäß **Art. 1 Abs. 2 EGVVG** jedoch keine Anwendung, wenn ein Versicherungsfall vor dem **31. Dezember 2008** eingetreten ist. In diesen Fällen **obliegt es allein den Gerichten, bei der Gesetzes- und Vertragsauslegung einen wirksamen Schutz der informationellen Selbstbestimmung zu gewährleisten**, indem sie prüfen, wie das Interesse der Versicherten an wirkungsvollem informationellem Selbstschutz und das in der von Art. 12 GG geschützten Vertragsfreiheit wurzelnde Offenbarungsinteresse des Versicherungsunternehmens in einen angemessenen Ausgleich gebracht werden können (BVerfG v. 17.7.2013 – 1 BvR 3167/08, NJW 2013, 3086). Eines Ausgleichs bedarf es hierbei insbesondere hinsichtlich der Frage, wie die für die Beurteilung der Leistungspflicht erforderlichen Informationen eingegrenzt werden können (BVerfG v. 17.7.2013 – 1 BvR 3167/08, NJW 2013, 3086). **Das Versicherungsunternehmen muss einerseits den Eintritt des Versicherungsfalls prüfen können, dabei muss andererseits aber die Übermittlung von persönlichen Daten auf das hierfür Erforderliche begrenzt bleiben** (BVerfG v. 17.7.2013 – 1 BvR 3167/08, NJW 2013, 3086). Allerdings ist es dem Versicherer oft nicht möglich, im Voraus alle Informationen zu beschreiben, auf die es für die Überprüfung ankommen kann. Auch wenn die für die Prüfung benötigten Auskünfte begrenzt sein können, lassen sich diese zum Teil erst dann bestimmen, wenn der Versicherer zunächst einen Überblick über die insgesamt in Betracht kommenden Informationsquellen und damit weiterreichende Informationen erlangt hat (BVerfG v. 17.7.2013 – 1 BvR 3167/08, NJW 2013, 3086). In einer solchen Situation wird das verfassungsrechtlich gebotene Schutzniveau unterschritten, wenn die Gerichte den Versicherungsvertrag so auslegen, dass die Versicherten eine Obliegenheit trifft, eine umfassende Schweigepflichtentbindung abzugeben, die es dem Versicherungsunternehmen ermöglicht, „sachdienliche Auskünfte" bei einem nicht konkret bestimmten Personenkreis von Ärzten, Krankenhäusern, Krankenkassen, Versicherungsgesellschaften, Sozialversicherungsträgern, Behörden und Arbeitgebern einzuholen (BVerfG v. 17.7.2013 – 1 BvR 3167/08, NJW 2013, 3086; BVerfGK 9, 353). Bestehen keine ausdrücklichen gesetzlichen Regelungen über den informationellen Selbstschutz, **kann** es zur Gewährleistung eines schonenden Ausgleichs der verschiedenen Grundrechtspositionen **geboten sein, eine verfahrensrechtliche Lösung zu suchen** wobei insoweit die Anerkennung von Kooperationspflichten denkbar wäre, die sicherstellen, dass Versicherte und Versicherung im Dialog ermitteln, welche Daten zur Abwicklung des Versicherungsfalls erforderlich sind (BVerfG v. 17.7.2013 – 1 BvR 3167/08, NJW 2013, 3086). Die Anforderungen an diesen Dialog festzulegen und Vorgaben für seine Ausgestaltung zu machen, zählt zu den Aufgaben der Zivilgerichte (BVerfG v. 17.7.2013 – 1 BvR 3167/08, NJW 2013, 3086).

8. Zu dem 2013 in Kraft getretenen § 630g BGB wird in der Instanzrechtsprechung ausgeführt, dass in dem Falle, dass die **Erben eines verstorbenen Pflegeheimbewohners das Ärzte- und Pflegepersonal von der Schweigepflicht entbunden haben,** ein Anspruch des gesetzlichen Krankenversicherers auf Vorlage der Behandlungs- und Pflegedokumentation besteht (LG Nürnberg-Fürth Urt. v. 10.9.2013 – 12 O 1933/13, BeckRS 2013, 19104). Danach genügt hierfür **die nicht völlig fern liegende Möglichkeit eines Schadensereignisses in zeitlichem Zusammenhang mit dem Aufenthalt des Versicherten in der Pflegeeinrichtung.** Anhaltspunkte, aus denen eine nennenswerte Wahrscheinlichkeit für einen Pflege- oder Behandlungsfehler folgt, muss der klagende Krankenversicherer in dieser Konstellation nicht vortragen (LG Nürnberg-Fürth Urt. v. 10.9.2013 – 12 O 1933/13, BeckRS 2013, 19104).

9. Der von der Schweigepflicht zu entbindende Arzt wird sich zur Vermeidung aller Risiken die vom Rechtsanwalt übermittelten Legitimationspapiere und insbesondere **die Schweigepflichtentbindungserklärung regelmäßig im Original** vorlegen und übermitteln lassen (vgl. dazu: OLG Köln v. 19.10.1961 – Zs 859/60, NJW 1962, 686) und genau prüfen, dass der Unterzeichner auch der vollumfänglich Berechtigte zur alleinigen Geltendmachung des Anspruchs ist.

10. Entbindung von der anwaltlichen Verschwiegenheit

Entbindung von der anwaltlichen Verschwiegenheit[1, 2]

Hiermit entbinde ich

. . . . . .

(Name, Anschrift)

Herrn Rechtsanwalt . . . . . . (Name) . . . . . . (Kanzleianschrift)

in der Angelegenheit . . . . . .

gegenüber meinem Sohn, Herrn . . . . . . (Name) . . . . . . (Anschrift)

von der anwaltlichen Pflicht zur Verschwiegenheit.[3]

Der Rechtsanwalt ist berechtigt, die vorbezeichnete Angelegenheit vollumfänglich mit meinem Sohn in dem für den . . . . . . (Datum) vorgesehenen Besprechungstermin zu erörtern.[4] Ich bin damit einverstanden, dass alle Auskünfte erteilt werden, die im Zusammenhang mit der vorbezeichneten Angelegenheit stehen.

Anlass für die Entbindung des Rechtsanwaltes von der Pflicht zur Verschwiegenheit gegenüber meinem Sohn ist der Umstand, dass ich . . . . . .[5]

Diese Entbindung von der anwaltlichen Verschwiegenheit, die ich nach reiflicher Überlegung erteile, gilt bis zum Ablauf des . . . . . . (Datum).

. . . . . ., den . . . . . .

(Unterschrift Mandant)[6]

Schrifttum: *Blattner*, Die Vertragsgestaltung im Anwaltsvertrag unter besonderer Berücksichtigung Allgemeiner Mandatsbedingungen, 2012; *ders.*, Formularvertragliche Vereinbarungen im Anwaltsvertrag, AnwBl. 2012, 237; *Breinlinger*, Anmerkung KG v. 20.8.2010 – 1 Ws (B) 51/07 – CR 2011, 188; *Burhoff*, Geldwäsche durch Strafverteidiger, ZAP 2004, 631; Eine Bestandsaufnahme aus Sicht eines Anwalts, AnwBl 2008, 222; *Gurlit/Zander*, Verfassungs- und europarechtliche Grundlagen des Anwaltsgeheimnisses BRAK-Mitt. 2012, 4; *Hamacher*, Der Syndikusanwalt ist kein Anwalt 2. Klasse, AnwBl 2011, 42; *Härting*, Anwaltsgeheimnis: Schutz vor dem Datenschutz, AnwBl 2011, 50; *Henssler/ Prütting*, BRAO, 4. Aufl., 2014; *König*, Freiheit und Strafprozess; *Kremer/Voet van Vomizeele*, Neues Rollenverständnis für Syndikusanwälte und das Anwaltsprivileg, Voet van Vomizeele, AG 2011, 145; *Linnertz*, Anmerkung VGH Hessen v. 10.11.2010 – 6 A 1896/09 – DStR 2011, 644; *Mann*, Anwaltsprivileg und Zeugnisverweigerungsrecht des unternehmerischen Syndikus, DB 2011, 978 – 984; *Matt*, Verfassungsrechtliche Beschränkungen der Strafverfolgung von Strafverteidigern, JR 2004, 321; *Moosmayer*, Der EuGH und die Syndikusanwälte, NJW 2010, 3548; *Norouzi*, Anmerkung BVerfG v. 20.5.2010 – 2 BvR 1413/09 – StV 2010, 670; *Schnichels/Resch*, Das Anwaltsprivileg im europäischen Kontext, EuZW 2011, 47; *Sommer*, Das Bundesverfassungsgericht als Retter der Strafverteidigung? – Trotz Geldwäscheurteil: Das höchste Gericht ist zumeist Zuschauer bei der Zerstörung des traditionellen Strafrechts, StraFO 2004, 257; *v. Galen*, Die reduzierte Anwendung des Geldwäschetatbestands auf die Entgegennahme von Strafverteidigerhonorar – Drahtseilakte oder Rechtssicherheit?, NJW 2004, 3304; *Weitze*, Anmerkung Kammergerichts v. 20.8.2010 – 1 Ws (B) 51/07 – 2 Ss 23/07 – DStR 2010, 2376; *Wohlers*, Anmerkung BVerfG v. 30.3.2004 – 2 BvR 1520/01 – JZ 2004, 670.

Anmerkungen

1. Die **Verschwiegenheitspflicht** ist **eine der anwaltlichen Grundpflichten** und als **unverzichtbare Bedingung der anwaltlichen Berufsausübung** grundrechtlich durch Art. 12 Abs. 1 GG geschützt (Henssler/Prütting/*Henssler*, BRAO, 4. Aufl., 2014, § 43a BRAO Rn. 41). Ihr Ziel ist es, das **Verhältnis zwischen Rechtsanwalt und Mandant gegen Störungen abzusichern** wobei ohne die gesetzliche Verschwiegenheitspflicht die anwaltliche Berufsauübung überhaupt in Frage stünde (Henssler/Prütting/*Henssler*, BRAO, 4. Aufl., 2014, § 43a BRAO Rn. 41; VGH Hessen Urt. 23.8.2012 – 6 B 1374/12, WM 2013, 416; BVerfG Urt. v. 20.5.2010 – 2 BvR 1413/09, NJW 2010, 2937 (vgl. dazu: *Norouzi* Anmerkung BVerfG v. 20.5.2010 – 2 BvR 1413/09, StV 2010, 670); BVerfG Urt. v. 30.3.2004 – 2 BvR 1520/ 01, 2 BvR 1521/01, NJW 2004, 1305 (vgl. dazu: *v. Galen* NJW 2004, 3304; *Wohlers*, Anmerkung BVerfG v. 30.3.2004 – 2 BvR 1520/01, JZ 2004, 670; *Burhoff* ZAP 2004, 631; *Matt* JR 2004, 321; *Sommer* StraFO 2004, 257; *König* AnwBl 2008, 222); VGH Hessen v. 10.11.2010 – 6 A 1896/09, AnwBl 2011, 222 (vgl. dazu: *Linnertz*, Anmerkung VGH Hessen v. 10.11.2010 – 6 A 1896/09, DStR 2011, 644). **Datenschutzrechtlich** ist im Blick auf die **anwaltliche Verschwiegenheitspflicht** zu beachten, dass die Bestimmungen der BRAO keine „**bereichsspezifische Sonderregelung**" im Sinne des § 1 Abs. 3 S. 1 BDSG sind (KG Urt. 20.8.2010 – 1 Ws (B) 51/07 – 2 Ss 23/07 (317 OWi 3235/05), NJW 2011, 324). Die Verschwiegenheitspflicht des Rechtsanwalts nach § 43a Abs. 2 S. 1 und 2 BRAO fällt unter § 1 Abs. 3 Satz 2 BDSG. Der **Rechtsanwalt ist** wegen § 38 Abs. 3 Satz 2 BDSG im Hinblick auf § 203 Abs. 1 Nr. 3 StGB **nicht verpflichtet, dem Datenschutzbeauftragten mandatsbezogene Informationen zu geben, die seiner Verschwiegenheitspflicht unterliegen** da die Vorschrift des § 38 Abs. 3 Satz 1 BDSG keine dem § 24 Abs. 2 Satz 1 Nr. 2 BDSG entsprechende Bestimmung enthält, nach der sich auch bei nicht-öffentlichen Stellen die

Kontrollbefugnis des Datenschutzbeauftragten auf diejenigen personenbezogenen Daten erstreckt, die der beruflichen Geheimhaltung unterliegen (KG v. 20.8.2010 – 1 Ws (B) 51/ 07 – 2 Ss 23/07 (317 OWi 3235/05), NJW 2011, 324 (vgl. dazu auch: *Breinlinger*, Anmerkung KG v. 20.8.2010 – 1 Ws (B) 51/07, CR 2011, 188; *Weitze*, Anmerkung Kammergerichts v. 20.8.2010 – 1 Ws (B) 51/07 – 2 Ss 23/07, DStR 2010, 2376; *Härting* AnwBl 2011, 50)).

2. Auf der Ebene des **europäischen Rechts** handelt es sich bei dem **Schutz des Anwalts-geheimnisses** um einen **Grundsatz iSv Art. 6 Abs. 3 EUV**, der **Anerkennung in allen Mitgliedstaaten der Union** gefunden hat (EuGH Urt. 18.5.1982 – 155/79, NJW 1983, 503; Gurlit/Zander, Verfassungs- und europarechtliche Grundlagen des Anwaltsgeheim-nisses BRAK-Mitt. 2012, 4 (7 mwN); *Seitz* EuZW 2008, 204) wobei das Anwalts-geheimnis zudem durch **Art. 8 Abs. 1 EMRK (Schutz der Korrespondenz)**, ggf. i. V. m. **Art. 6 Abs. 1 und 3 lit. c (Recht auf ein faires Verfahren)** geschützt ist und damit für die Union als **allgemeiner Rechtsgrundsatz iSv Art. 6 Abs. 3 EUV** (EGMR v. 19.12.2006 – 14385/04, NJW 2007, 3409; EuGH v. 26.6.2007 – C-305/05, EuZW 2007, 473) zu beachten ist (*Gurlit/Zander* BRAK-Mitt. 2012, 4). Weiterer Schutz des Anwaltsgeheim-nisses auf europäischer Ebene ergibt sich nach zutreffender Auffassung aus **Art. 47 Abs. 1, Abs. 2 S. 2 GRC (Recht auf anwaltliche Vertretung und Verteidigung)** und **Art. 48 Abs. 2 GRC (Achtung der Verteidigerrechte)** (vgl.: *Gurlit/Zander* BRAK-Mitt. 2012, 4 (7 mwN); vgl. auch: EuGH Urt. 14.9.2010 – C-550/07 P, EuZW 2010, 778 und dazu: *Hamacher* AnwBl 2011, 42; *Moosmayer* NJW 2010, 3548; *Schnichels/Resch* EuZW 2011, 47; *Kremer/Voet van Vomizeele* AG 2011, 145; *Mann* DB 2011, 978).

3. Die **Verschwiegenheitspflicht gilt nicht unbegrenzt** (vgl.: Henssler/Prütting/*Henssler*, BRAO 4. Aufl., 2014, § 43a BRAO Rn. 88 ff.). Dem Schutz des anwaltlichen Mandats-verhältnisses liegt die Erkenntnis zugrunde, dass ein Rechtsanwalt seine auch im Allgemein-interesse liegende Tätigkeit als unabhängiger Berater und Vertreter in allen Rechtsangele-genheiten (§ 3 Abs. 1 BRAO) nur wirkungsvoll wahrnehmen kann, wenn der Mandant ihm vertraut (OLG Karlsruhe Urt. v. 4.3.2014 – 1 W 4/14, BeckRS 2014, 04756). Dieses Vertrauen setzt aber neben Integrität und Zuverlässigkeit auch die Verschwiegenheit des Rechtsanwalts voraus, da der Mandant nur dann bereit sein wird, seinem Anwalt alle relevanten Umstände, dabei möglicherweise auch private und intime Geständnisse, zu offenbaren, wenn er davon ausgehen kann, dass diese Informationen nicht ohne oder gegen seinen Willen weitergegeben werden (OLG Karlsruhe v. 4.3.2014 – 1 W 4/14, BeckRS 2014, 04756) mwN. Allen Regelungen zum Schutz der anwaltlichen Verschwiegenheit ist dabei gemein, dass mit ihnen die Verschwiegenheit des Rechtsanwalts als **Grundbedingung des Vertrauensverhältnisses** zu seinem Mandant gegen Eingriffe geschützt wird (OLG Karlsruhe v. 4.3.2014 – 1 W 4/14, BeckRS 2014, 04756). Als „Herr des Geheimnisses" (BGH v. 30.11.1989 – III ZR 112/88, NJW 1990, 510; OLG Karlsruhe v. 4.3.2014 – 1 W 4/14, BeckRS 2014, 04756) kann allein der Auftraggeber des Rechtsanwaltes entscheiden, wann und welche Informationen an wen weitergegeben werden sollen. Indem das Schutz-konzept zur Sicherung des Vertrauensverhältnisses zwischen ihm und seinem Mandanten an der Verschwiegenheit des Rechtsanwalts ansetzt, wird zugleich deutlich, dass die **aus Sicht des Mandanten** geheimhaltungsbedürftigen Umstände nicht einen absoluten Schutz gegenüber Jedermann genießen, denn es wird nicht schlechthin die geheimhaltungsbedürf-tige Information, sondern **die Verfügungsbefugnis des Mandanten über Tatsachenkennt-nisse des Rechtsanwalts geschützt, von denen er als Rechtsanwalt in einer Rechtsangele-genheit erfahren hat** (OLG Karlsruhe v. 4.3.2014 – 1 W 4/14, BeckRS 2014, 04756). Ein **Recht des Mandanten, dem Rechtsanwalt „den Mund zu verbieten" vermittelt das zwi-schen dem Mandanten und dem Rechtsanwalt bestehende Mandatsverhältnis** hingegen **nicht** (OLG Karlsruhe v. 4.3.2014 – 1 W 4/14, BeckRS 2014, 04756).

4. Der Rechtsanwalt wird nach dem Besprechungstermin mit dem Dritten einen **Vermerk fertigen** und diesen der Mandantin zusenden oder den Inhalt des Gespräches in einem Schreiben an die Mandantin zusammenfassen.

5. Eine **formularmäßige Entbindung von der anwaltlichen Pflicht zur Verschwiegenheit** ist im Lichte der **§§ 307 ff. BGB und** insbesondere auch § 305c BGB nicht unproblematisch. Ausgehend davon, dass auch konkludente Einwilligungen als wirksam angesehen werden, wird zur Absicherung der Wirksamkeit empfohlen, den **Anlass für die Entbindung von der Schweigepflicht offenzulegen** (vgl.: Henssler/Prütting/*Henssler* § 43a BRAO Rn. 71a; *Blattner*, Die Vertragsgestaltung im Anwaltsvertrag unter besonderer Berücksichtigung Allgemeiner Mandatsbedingungen, 2012, S. 205 ff.; *Blattner* AnwBl. 2012, 237 (241 f.)).

6. Das **Interesse des Mandanten an der Geheimhaltung** ist höchstpersönlicher Natur, weshalb zur Wirksamkeit einer solchen Erklärung die natürliche **Einsichts- und Urteilsfähigkeit** gegeben sein muss, soweit nicht das Anvertraute vermögensrechtlicher Natur ist, da dann die §§ 105 ff. BGB entsprechende Anwendung finden (Henssler/Prütting/*Henssler* § 43a BRAO Rn. 71 mwN).

III. Anwaltsverträge

1. Anwaltsvertrag Vertretung

Anwaltsvertrag[1, 2, 3]

§ 1 Vertragspartner

(1) Rechtsanwalt (Titel), (Vorname), (Name), (Kanzleianschrift). – Im Folgenden: Rechtsanwalt[4]

(2) Herr/Frau (Titel), (Vorname), (Name), (Anschrift) – Im Folgenden: Mandant.[5]

§ 2 Rechtsdienstleistung[6]

(1) Der Mandant beauftragt den Rechtsanwalt als Rechtsanwalt in folgender Angelegenheit mit seiner Vertretung:

. . . . . .

(2) Der Rechtsanwalt schuldet keine steuerliche Beratung.[7]

(3) Der Rechtsanwalt schuldet keine Beratung nach ausländischem Recht.[8]

§ 3 Vergütung[9]

(1) Die Vergütung der Rechtsdienstleitung richtet sich nach dem Rechtsanwaltsvergütungsgesetz (RVG).

(2) § 3 Abs. 1 gilt nicht, wenn eine vom RVG abweichende Vergütungsvereinbarung abgeschlossen wird. In diesem Fall richtet sich der Vergütungsanspruch des Rechtsanwaltes nach der Vergütungsvereinbarung.

(3) Ist oder wird eine abgeschlossene Vergütungsvereinbarung ganz oder teilweise unwirksam oder nichtig, dann gilt § 3 Abs. 1.

§ 4 Allgemeine Vertragsbedingungen

Es besteht Einigkeit, dass die diesem Vertrag angefügten Allgemeinen Vertragsbedingungen des Rechtsanwaltes in das Vertragsverhältnis einbezogen sind.

§ 5 Hinweis[10]

Der Mandant wurde vor Abschluss und Unterzeichnung des Anwaltsvertrages darauf hingewiesen, dass sich die nach dem RVG zu erhebenden Gebühren nach dem Gegenstandswert richten.

. . . . . ., den . . . ., den . . . . . .

(Unterschrift des Rechtsanwalts)   (Unterschrift des Mandanten)

Schrifttum: *Blattner*, Die output-basierte Vergütung – worauf es beim Erfolgshonorar ankommt. Die neuen Möglichkeiten bei der Honorarvereinbarung, AnwBl. 2012, 562; *Bunte*, Mandatsbedingungen der Rechtsanwälte und das AGB-Gesetz, NJW 1981, 2657; *Blattner*, Die Vertragsgestaltung im Anwaltsvertrag unter besonderer Berücksichtigung Allgemeiner Mandatsbedingungen, 2011; *Blattner*, Formularvertragliche Vereinbarungen im Anwaltsvertrag, AnwBl. 2012, 237; *Bohnenkamp*, Zeitenwende: Der Zwangs zur Vergütungsvereinbarung, Kammer-Report Hamm 2/2006, 17; *Dahns*, Durchbrechung der anwaltlichen Verschwiegenheit, NJW-Spezial 2008, 158; *Damm*, Haftung der Anwaltssozietät und ihrer Gesellschafter für deliktisches Handeln eines (Schein-) Sozius (zugleich Besprechung des Urteils des BGH Urt. v. 3.5.2008 IX ZR 218/05), JR 2008, 221; *Dux*, Anwaltliche pro bono-Tätigkeit in Deutschland, AnwBl. 2011, 90; *Ebert*, Beschlüsse der Tagung Gebührenreferenten, BRAK-Mitteilungen 2005, 271; *Fromm*, Pauschalierte Vergütungsvereinbarungen in rechtsschutzversicherten Bußgeldmandaten, NJW 2013, 3498; *Hagemeister*, Schweigepflicht und Anwaltswerbung, AnwBl. 2007, 748; *Hansens*, Abrechnung von Beratungsmandaten mit dem Auftraggeber und seiner Rechtsschutzversicherung ab 1.7.2006, RVGreport 2006, 121; *Hansens*, Anm. zu KG 7 U 181/02 RVGreport 2004, 183; *Hartung*, Das Ende eines sorglosen Umgangs mit der Haftung in der Anwaltssozietät? – Risiken und Nebenwirkungen der Entscheidung des BGH vom 3.5.2007 (AnwBl 2007, 716), AnwBl 2007, 849; *Henke*, AGS 2005, 384; *Hennsler* NJW 2005, 1537; *Hinne/Klees/Teubel/Winkler*, Vereinbarungen mit Mandanten, 2. Auflage 2008; *Hofmann*, Aktuelle Rechtsprechung zu Vergütungsvereinbarungen, BRAK-Mitteilungen 2009, 218; *Hommerich/Kilian*, AnwBl. 2006, 50, 123, 200, 262, 344, 406, 473, 569; *Hommerich/Kilian*, Vergütungsvereinbarungen deutscher Rechtsanwälte, 2006; *Jahn*, Teure Scheinsozien – BGH lässt Kanzleiinhaber persönlich haften, BRAKMagazin 2007, 8; *Jungk/Chab/Grams*, Anmerkung BGH v. 3.5.2007 – IX ZR 218/05 – BRAK-Mitt 2007, 197; *Kilian*, Das Gesetz zur Neuregelung des Verbots der Vereinbarung von Erfolgshonoraren, NJW 2008, 1905; *Kilian*, Der Erfolg und die Vergütung des Rechtsanwalts, 2003; *Kilian*, Die Bedeutung der Prozesskostenhilfe in der anwaltlichen Praxis, AnwBl. 2012, 330; *Kilian*, Gedanken zur Kostenrechtsmodernisierung I: Die Rechtsanwaltsvergütung, AnwBl 2013, 882; *Kilian*, Pro bono – (k)ein Thema für Deutschland? AnwBl. 2012, 45; *Kilian*, Vorübergehende grenzüberschreitende Rechtsdienstleistungen, AnwBl. 2008, 394; *Knöfel*, Neues Anwalts-Kollisionsrecht: Berufspflichten ausländischer Anwälte am US-Kapitalmarkt, AnwBl 2005, 669; *Krämer/Mauer/Kilian*, Vergütungsvereinbarung und -management 2005; *Lasaroff*, Datenschutz im Anwaltschaft und Notariat, DSB 2006, 12 ff.; *Leicht*, Die Qualifikation der Haftung von Angehörigen rechts- und wirtschaftsberatender Berufe im grenzüberschreitenden Dienstleistungsverkehr, 1. Aufl., Tübingen, 2002; *v. Lewinski*, Anwaltliche Schweigepflicht und E-Mail, BRAK-Mittl. 2004, 12; *Mayer*, Gebührenformulare, 2008; *Mayer*, Vergütungsvereinbarung: Neues bei Beratungshilfe, pro bono und Erfolgshonorar, AnwBl. 2013, 894; *ders.*, Vergütungsvereinbarung: Neues bei Beratungshilfe, pro bono und Erfolgshonorar, AnwBl Online 2013, 311; *ders.*, Gebührenabrechnung im Sozial-, Verwaltungs- und Arbeitsrecht, AnwBl Online, 2013, 270; *Mayer*, Vertragsrecht und Vergütung, AnwBl. 2006, 160; *Mayer/Winkler*, Erfolgshonorar 2008; *Posegga*, Anmerkung BGH v. 3.5.2007 – IX ZR 218/05 – DStR 2007, 1792; *Pohl*, Berliner AnwBl. 2005, 102; *Reckin*, Wann der Staat jetzt noch Rechtsrat finanziert – was Anwälte wissen sollten, AnwBl. 2013, 889; *Rick*, Anm. zu OLG Hamm 28 U 39/05, AGS 2006, 15; *Seltmann/Dahns*, Pro Bono-Tätigkeit, NJW-Spezial 2012, 702; *Schneider*, AGS 2005, 492; *Schneider*, Die Vergütungsvereinbarung, 2006; *Schneider*, Anm. zum BGH v. 27.1.2005, BGHReport 2005, 1154; *Schons*, Die Pflicht des Rechtsanwalts zur Verschwiegenheit, AnwBl. 2007, 441; *v. Seltmann*, Die Abrechnung von Beratungsmandaten ab dem 1.7.2006, NJW-Spezial 2006, 141; *Streck*, Die Vergütungsvereinbarung für die außergerichtliche anwaltliche Beratung, AnwBl. 2006, 149; *Teubel/Schons*, Erfolgshonorar für Anwälte, 2008; *Vogeler*, Das anwaltliche Erfolgshonorar, JA 2011, 321; *Weinbeer*, Die Anwaltsgesellschaft bürgerlichen Rechts eine „Schicksalsgemeinschaft"? Die akzessorische Haftung analog § 128 HGB in Anwaltsgesellschaften, AnwBl 2007, 711; *Wilde*, Die Preisfrage ab Juli 2006: „Zahlt das auch die Versicherung?", AnwBl. 2006, 173; *Wolf*, *Maltez v. Lewis* – ein Lehrstück für den deutschen Anwaltsmarkt, BRAK-Mitt. 2006, 15.

Anmerkungen

1. In der Praxis wird der Anwaltsvertrag oft nicht verschriftlicht und vielmehr nur eine Vollmachtsurkunde unterzeichnet oder nur eine Vergütungsvereinbarung unterzeichnet (vgl. dazu auch die gesonderten Formularanmerkungen unter → Form. G. III. 2 ff.). Dieses Formular hier beschränkt sich auf die zum Zwecke der Transparenz und dem

Ausschluss bzw. der Reduzierung von Haftungsrisiken gebotene Verschriftlichung der Vertragsbeteiligten, des Gegenstandes der Rechtsdienstleistungspflicht des Rechtsanwaltes und die Regelung bzw. Klarstellung der gesetzlich geschuldeten Vergütung als Mindestvergütung. Der in diesem Formular verschriftlichte Teil des Anwaltsvertrages ist – je nach individueller Vereinbarung und unter Berücksichtigung der Besonderheiten des jeweiligen Mandats und des jeweiligen Mandanten – durch Allgemeine Vertragsbedingungen (einfach oder ausführlich), durch eine Vergütungsvereinbarung, ggf. durch eine Haftungsbeschränkung, durch besonders zu beachtende Hinweise (zB Belehrung gem. § 12 a ArbGG bei arbeitsrechtlichen Mandaten) zu ergänzen.

2. Heute wird die auf die Erbringung von Rechtsdienstleistungen gerichtete schuldrechtliche Beziehung zwischen dem Mandanten und dem Rechtsanwalt zur Vermeidung von unzutreffenden rechtlichen Assoziationen und zur Gewährleistung von Transparenz nach zutreffender Auffassung nicht mehr als Auftrag oder als Mandatsvereinbarung sondern als Anwaltsvertrag bezeichnet (vgl. BeckRA-HdB/*Büchting/Heussen/Hamm* § 50 Rn. 1; *Hümmerich/Lücke/Mauer/Vienken*, Arbeitsrecht, Teil 8 Rn. 89; *Henssler/Streck/Tophoven*, Handbuch Sozietätsrecht, B Rn. 376). **Eine bestimmte Form ist für den Anwaltsvertrag nicht vorgeschrieben**, er kann durch konkludentes Handeln abgeschlossen werden (BGH NJW 2004, 3630 (3631); BGH NJW 2003, 3564 (3565); zu den Problemen und Risiken des nicht verschriftlichten, insbesondere des konkludenten Abschlusses des Anwaltsvertrags vgl.: *Henssler/Streck/Tophoven*, B Rn. 383 f.). **Für Vergütungsvereinbarungen gilt gem. § 3 a Abs. 1 RVG die erleichterte Textform des § 126 BGB.** Schreibt das Gesetz die Wahrung der Textform vor, muss gemäß § 126 b BGB die Erklärung in einer Urkunde oder auf andere zur dauerhaften Wiedergabe von Schriftzeichen geeignete Weise abgegeben, die Person des Erklärenden genannt und der Abschluss der Erklärung durch Nachbildung der Namensunterschrift oder anders erkennbar gemacht werden (Vgl. BGH WM 2012, 760).

3. Der Anwaltsvertrag ist ein **Geschäftsbesorgungsvertrag iSv § 675 BGB**, der **regelmäßig als Dienstvertrag (§ 611 BGB)** und im Falle besonderer Einzelleistungen (Rechtsgutachten, Entwurf von Verträgen oder AGB) als Werkvertrag (§ 631 BGB) zu qualifizieren ist (NK-BGB/*v. Stein*, Anhang zu §§ 611–630: Anwaltshaftung, dort Rn. 3; BGH VersR 1997, 187 (188); *Rinsche*, Die Haftung des Rechtsanwalts und Notars, Rn. I 4; *Zugehör*, Handbuch der Anwaltshaftung, Rn. 4 ff.; *Vollkommer/Heinemann*, Anwaltshaftungsrecht, Rn. 2. Kritisch dazu: *Henssler/Streck/Tophoven* B Rn. 376a).

4. Beim Anwaltsvertrag kann auf Seiten des Rechtsanwaltes der in seiner ausschließlich von ihm genutzten Kanzlei tätige Einzelanwalt, eine in gemeinsam genutzten Räumlichkeiten tätige Personenmehrheit (Bürogemeinschaft, Rechtsanwalts-GbR, Partnerschaft) oder eine juristische Person (Rechtsanwalts-GmbH, Rechtsanwalts-AG, Rechtsanwalts-Limited, Rechtsanwalts-LLP) stehen. Wird der Anwaltsvertrag nicht verschriftlicht, ergeben sich bei der **Bürogemeinschaft Haftungsrisiken unter dem Gesichtspunkt der Scheinsozietät** (Vgl. BGH NJW 2007, 2490. Vgl. dazu auch: *Posegga*, Anmerkung BGH v. 3.5.2007 – IX ZR 218/05, DStR 2007, 1792; *Jahn*, Teure Scheinsozien – BGH lässt Kanzleiinhaber persönlich haften, BRAKMagazin 2007, 8; *Jungk/Chab/Grams*, Anmerkung BGH v. 3.5.2007 – IX ZR 218/05, BRAK-Mitt 2007, 197; *Hartung*, Das Ende eines sorglosen Umgangs mit der Haftung in der Anwaltssozietät? – Risiken und Nebenwirkungen der Entscheidung des BGH vom 3. Mai 2007 (AnwBl 2007, 716), AnwBl 2007, 849; *Weinbeer*, Die Anwaltsgesellschaft bürgerlichen Rechts eine „Schicksalsgemeinschaft"? Die akzessorische Haftung analog § 128 HGB in Anwaltsgesellschaften, AnwBl 2007, 711; *Damm*, Haftung der Anwaltssozietät und ihrer Gesellschafter für deliktisches Handeln eines (Schein-) Sozius (zugleich Besprechung des Urteils des BGH v. 3.5.2008 – IX ZR 218/05, JR 2008, 221). Soweit nicht der tatsächliche Vollzug der Bürogemeinschaft vom

Vertrag abweicht, können die Risiken durch Abschluss des schriftlichen Anwaltsvertrags reduziert werden. Wird der Anwaltsvertrag nicht verschriftlicht, ergeben sich auch bei der Rechtsanwalts-GbR **Haftungsrisiken unter dem Gesichtspunkt des Umfangs des Mandats.** Der BGH geht davon aus, dass ein Mandant grundsätzlich mit einem Auftrag an ein Mitglied der Sozietät die gesamte Sozietät vertraglich verpflichten will (vgl.: *Henssler/Streck/Tophoven*, Handbuch Sozietätsrecht, 2. Aufl., 2011, B Rn. 395 mwN), soweit nicht der Mandant ausdrücklich oder aus den Umständen erkennbar nur einen bestimmten Berufsträger beauftragen will (BGH NJW 2008, 2122; BGH NJW 1994, 257 (258); BGH NJW 1979, 877). Diese Risiken lassen sich durch Verschriftlichung des Anwaltsvertrages reduzieren. Eine **Reduzierung von Haftungsrisiken durch Verschriftlichung des Anwaltsvertrags** als Ganzem ist **zB** auch im Blick auf die **Rspr. zur Postulationsfähigkeit der englischen LLP** vor deutschen Gerichten geboten (vgl.: BGH NJW 2009, 3162. Dazu: *Henssler* NJW 2009, 3136; *Schnabl* AnwBl. 2010, 394; *Jungk* BRAK-Mitt 2009, 233).

5. Stehen beim Anwaltsvertrag **auf Seiten des Mandanten mehrere Personen,** sind **unbedingt potentielle Interessenkonflikte zu prüfen** und zudem die **Vorgaben des Vertretungsrechtes** (zB § 35 Abs. 1 GmbHG, § 78 Abs. 2 S. 1 AktG) zu beachten (vgl.: *Henssler/Streck/Tophoven*, Handbuch Sozietätsrecht, 2. Aufl., 2011, B Rn. 391). Eine **peinlich genaue Aufklärung der Vertretungsverhältnisse** beim Mandanten ist jedenfalls auch im Blick auf **§ 174 BGB** geboten.

6. Die **anwaltsvertragliche Bestimmung des Gegenstandes der vom Rechtsanwalt geschuldeten Rechtsdienstleistung ist Grundlage für die Bestimmung des haftungsrechtlichen Pflichtenkreises.** Dabei ist ein Rechtsanwalt kraft des Anwaltsvertrages zwar nur innerhalb der Grenzen des übernommenen Mandats (vgl. BGH NJW 2007, 2485; BGH NJW-RR 2007, 569; BGH NJW 2002, 1413; BGH VIZ 1998, 571; BGH NJW 1997, 2168), welches das zu erreichende Ziel und somit die Maßnahmen bestimmt, die zur Erreichung desselben zutreffen oder anzuraten sind (BGH NJW 1988, 1079; BGH NJW 1993, 2045; BGH NJW 1996, 2648), verpflichtet, die Interessen seines Auftraggebers nach jeder Richtung und umfassend wahrzunehmen (BGH NJW 2006, 3494; BGH NJW-RR 2000, 791; BGH NJW 1998, 900; BGH NJW 1988, 486; BGH NJW 1988, 1079). Ob dem Rechtsanwalt ein solches unbeschränktes Mandat erteilt worden ist, hat grundsätzlich der Mandant darzulegen und zu beweisen. Es gibt keinen Erfahrungssatz, dass ein Auftraggeber seinem Anwalt ein unbeschränktes Mandat erteilt (BGH NJW 2006, 3496; BGH NJW 1997, 2168; BGH NJW 1996, 2929; OLG Hamm v. 8.11.2007 – 28 U 100/07). Der nicht fachkundige Mandant weiß in der Regel allerdings gar nicht, wie eine Angelegenheit umfassend in seinem Interesse geregelt werden kann, und begibt sich gerade deswegen in die Beratung eines Fachmannes. Deshalb trifft den Anwalt auch zunächst einmal die grundlegende Pflicht, das Rechtschutzziel des Auftraggebers sorgfältig abzuklären (BGH NJW 2002, 1413; OLG Hamm v. 8.11.2007 – 28 U 100/07) und ihm die Schritte zu empfehlen, die auf dem sichersten Weg zu dem erstrebten Ziel führen können. Insoweit hat der Anwalt den Auftraggeber so umfassend zu belehren, dass dieser eine eigenverantwortliche Entscheidung zu treffen vermag (BGH NJW 2002, 292; BGH NJW – RR 2000, 791; BGH NJW – RR 1999, 641; BGH NJW 1996, 2648; BGH NJW 1995, 449; BGH NJW 1992, 1159). **Falls keine ausdrücklichen, abweichenden Vereinbarungen getroffen werden, kann deshalb von einem umfassenden und unbeschränkten Mandat ausgegangen werden** (OLG Hamm Urt. v. 8.11.2007 – 28 U 100/07, mwN). Nur wenn der Mandant bei der Erörterung und Aufklärung seines Rechtsschutzzieles eindeutig auf einer, eine eigenverantwortliche Entscheidung ermöglichenden Grundlage zu erkennen gibt, dass er der fachlichen Hilfe des Anwaltes nur in einer bestimmten Art, Richtung und Reichweite bedarf, dann könnte der Mandant dem Anwalt nicht vorwerfen, dieser hätte dennoch über sein Mandat hinaus beraten und handeln müssen (BGH NJW-RR 2007, 569; BGH NJW 1997, 2168; OLG Hamm v. 8.11.2007 – 28 U 100/07).

7. Gem. § 3 Abs. 1 BRAO ist der Rechtsanwalt der berufene unabhängige Berater und Vertreter in allen Rechtsangelegenheiten, was die Wahrnehmung der steuerlichen Interessen grundsätzlich mit einschließt (vgl.: *Heidel/Pauly/Amend/Ramm* Anwaltsformularbuch II.1. Rn. 3; Zugehör/Fischer/Sieg/Schlee/*Sieg* Handbuch der Anwaltshaftung, 2. Aufl., Rn. 739), wobei es aber freilich auf die Umstände des Einzelfalles ankommt, ob der Auftraggeber eine steuerrechtliche Prüfung durch den Rechtsanwalt erwartet (*Ramm*, aaO). Je nach Mandatsinhalt ist diese Klausel ggf. zu streichen oder anzupassen.

8. Je nach Mandatsinhalt ist diese Klausel ggf. zu streichen oder anzupassen. Zu beachten ist, dass das in deutsches Recht transformierte internationale und supranationale Recht kein ausländisches Recht ist wie auch das internationale Privatrecht. Diese Rechtsquellen muss der Rechtsanwalt jedenfalls kennen (Vgl.: BGH NJW 1972, 1044; HansOLG Hamburg NJW 1960, 1207; OLG Koblenz NJW 1989, 2699; *Leicht*, Die Qualifikation der Haftung von Angehörigen rechts- und wirtschaftsberatender Berufe im grenzüberschreitenden Dienstleistungsverkehr, 1. Aufl., Tübingen, 2002, S. 37; *Knöfel*, Neues Anwalts-Kollisionsrecht: Berufspflichten ausländischer Anwälte am US-Kapitalmarkt, AnwBl 2005, 669).

9. Gem. § 49 b BRAO ist es – jedenfalls im Bereich der Prozessvertretung (vgl. dazu: *Kilian* AnwBl. 2012, 408 (408)) – **unzulässig, geringere Gebühren zu vereinbaren oder zu fordern, als das Rechtsanwaltsvergütungsgesetz vorsieht, soweit dieses nichts anderes bestimmt.** Im Einzelfall darf der Rechtsanwalt besonderen Umständen in der Person des Auftraggebers, insbesondere dessen Bedürftigkeit, Rechnung tragen durch Ermäßigung oder Erlass von Gebühren nach Erledigung des Auftrags. Mit der Regelung eines Verbotes der Gebührenunterschreitung verfolgt der Gesetzgeber Gemeinwohlziele, die auf vernünftigen Erwägungen beruhen und daher die Beschränkung der Berufsausübung legitimieren können (BGH NJW 2009, 534; BVerfG NJW 2006, 495 (496)). Solche Regelungen schützen im Interesse der Funktionsfähigkeit der Rechtspflege die Anwaltschaft und sie sollen einen Preiswettbewerb um Mandate verhindern (Gesetzesbegr. BR-Drs. 93/93, S. 134; BGH NJW 2009, 534). Insbesondere auch angesichts der starken Konkurrenz der Anwälte untereinander soll kein Anreiz bestehen, die gesetzlich vorgesehene Mindestgebühr zu unterschreiten (BGH NJW 2009, 534; BVerfG NJW 2007, 2098; BGH NJW 1982, 2329 (2330)). Die Sicherung und Verbesserung der Qualität der Tätigkeit des Rechtsanwalts stellt ein legitimes Ziel dar und zu seiner Herbeiführung sind verbindliche Mindesthonorarsätze geeignet, da sie dem Rechtsanwalt jenseits von Preiskonkurrenz den Freiraum schaffen, hochwertige Arbeit zu erbringen, die sich im Leistungswettbewerb der Rechtsanwälte bewähren muss (BGH NJW 2009, 534 auch unter Verweis auf EuGH NJW 2007, 281 Rn. 67 – Cipolla).

10. Der Rechtsanwalt, der den Mandanten vor Übernahme des Auftrags schuldhaft nicht darauf hinweist, dass sich die für seine Tätigkeit zu erhebenden Gebühren nach dem Gegenstandswert richten, ist dem Mandanten **zum Ersatz des hierdurch verursachten Schadens verpflichtet** (BGH NJW 2008, 371; BGH NJW 2007, 2332. Vgl. auch: *Hansens*, Anm. zu BGH v. 11.10.2007 – IX ZR 105/06 – ZfS 2008, 46; *Madert* Anm. zu BGH v. 11.10.2007 – IX ZR 105/06 – Rechtsanwalt/Hinweispflicht/Gegenstandswert/Beweispflicht, JurBüro 2008, 146; *Grams*, Anm. zu BGH v. 11.10.2007 – IX ZR 105/06 – BRAK-Mitt 2008, 14; *Schons*, Anm. zu BGH v. 11.10.2007 – IX ZR 105/06 – AGS 2008, 11). **Der Anwalt muss gemäß § 49b Abs. 5 BRAO, wenn sich seine Gebühren nach dem Gegenstandswert richten (§ 2 Abs. 1 RVG), seinen Mandanten vor Übernahme des Auftrags hierauf hinweisen.** Grund für diese Neuregelung war der Umstand, dass es in der Vergangenheit immer wieder zu Unzuträglichkeiten geführt hatte, wenn Mandanten vor allem bei hohen Gegenstandswerten von der Abrechnung „überrascht" wurden (BGH NJW 2008, 371). Dabei ging der Gesetzgeber davon aus, dass nach einem entsprechenden Hinweis ein

Mandant, der die Folgen dieser Form der Gebührenberechnung nicht abschätzen kann, den Rechtsanwalt hierzu näher befragt. Die vorvertragliche Pflicht, den zukünftigen Mandanten gemäß § 49b Abs. 5 BRAO zu belehren, dient in erster Linie dem Schutz des Mandanten (BGH NJW 2008, 371). Eine schuldhafte Verletzung dieser Pflicht führt deshalb gemäß § 280 Abs. 1, § 311 Abs. 2 BGB zur Schadensersatzpflicht des Rechtsanwalts (BGH NJW 2008, 371; BGH NJW 2007, 2332). Die Beweislast für die Nichterfüllung der Hinweispflicht trägt der Mandant (BGH NJW 2008, 371). Dabei besteht für den Rechtsanwalt keine privatrechtliche Dokumentationspflicht. Aus einem Schuldverhältnis kann sich zwar gemäß § 242 BGB eine Dokumentationspflicht des Vertragspartners ergeben, der die Belange des anderen wahrzunehmen hat und dabei Maßnahmen oder Feststellungen trifft, die der andere nicht selbst erkennen oder beurteilen kann (BGH NJW 2008, 371; BGH WM 1985, 138). Eine solche Pflicht, die etwa Ärzte trifft (BGHZ 72, 132; BGH NJW 1999, 3408; BGH NJW 2008, 371), besteht aber bei der Beratung durch Rechtsanwälte und Steuerberater (BGH NJW 1988, 200; BGH NJW 1992, 1695) ebenso wenig wie bei der Anlageberatung durch Kreditinstitute (BGH NJW 2008, 371; BGHZ 166, 56).

2. Vergütungsvereinbarung Zeithonorar

Vergütungsvereinbarung[1, 2, 3]

§ 1 Vertragspartner[4]

§ 2 Rechtsdienstleistung[5]

Gegenstand dieser Vergütungsvereinbarung ist die vom Mandanten beauftragte und im Anwaltsvertrag vom . . . . . . unter Einbeziehung der Allgemeinen Vertragsbedingungen des Rechtsanwaltes geregelte Rechtsdienstleistung, insbesondere . . . . . . (Beratung und Vertretung des Mandanten im Verfahren (Gericht) (Gerichtsort) (Aktenzeichen) (Rubrum)).

§ 3 Vergütung(Stundenhonorar)[6]

(1) Rechtsanwalt und Mandant vereinbaren für die in § 2 bestimmte Rechtsdienstleistung für die Zeit ab dem Beginn des Mandates anstelle der gesetzlichen Vergütung folgende Vergütung:

Stundenhonorar: . . . . . . EUR netto pro Stunde.[7]

Der vereinbarte Stundensatz gilt auch für die zur Beratung und Vertretung erforderlichen Fahrt- und die Wartezeiten des Rechtsanwaltes bei Gerichten, Behörden und Verfahrensbeteiligten und/oder Dritten.[8]

(2) Die Erfassung des Zeitaufwandes des Rechtsanwaltes erfolgt minutengenau. Diese Erfassung wird der Abrechnung zugrunde gelegt.[9, 10]

(3) Der Mandant schuldet dem Rechtsanwalt mindestens die gesetzliche Vergütung nach dem Rechtsanwaltsvergütungsgesetz (RVG).[11]

§ 4 Auslagen

Auslagen des Rechtsanwaltes (zB Kopierkosten, Kosten für Post und Telefon, Reisekosten, Tage- und Abwesenheitsgeld) und die gesetzliche Umsatzsteuer sind durch die in

§ 3 dieser Vereinbarung geregelte Vergütung nicht abgegolten und werden zusätzlich nach den gesetzlichen Vorschriften (Nr. 7000 ff. des Vergütungsverzeichnisses (VV-RVG)) abgerechnet.

§ 5 Hinweise

(1) Der Mandant wird und wurde vor Abschluss und Unterzeichnung der Vergütungs-vereinbarung darauf hingewiesen, dass sich die nach dem RVG zu erhebenden Gebühren nach dem Gegenstandswert richten.[12]

(2) Der Mandant wird und wurde vor Abschluss und Unterzeichnung der Vergütungs-vereinbarung darauf hingewiesen, dass die Staatskasse, eine gegnerische Partei oder ein Verfahrensbeteiligter im Falle der Kostenerstattung regelmäßig nicht mehr als die gesetz-liche Vergütung erstatten muss.[13]

. . . . . ., den . . . . . .

(Unterschriften)[14]

Schrifttum: *Hansens,* Zeittaktklauseln in Vergütungsvereinbarungen, RVGreport 2009, 164; *Hommerich/Kilian/Jackmut/Wolf,* Abrechnungsmodalitäten beim Zeithonorar, AnwBl. 2006, 569; *Kilian,* Anwaltliche Spezialisierung – oder was bringt ein Fachanwaltstitel?, AnwBl. 2012, 106; *Kleine-Cosack,* Verfassungsbeschwerden und Menschenrechtsbeschwerde, 3. Aufl., 2013; *Lührig,* Anmerkung BGH v. 21.10.2010 – IX ZR 37/10, AnwBl. 2011, 148; *Teubel/Scheungrab,* Münchener Anwaltshandbuch Vergütungsrecht (MAH Vergütungsrecht), 2. Aufl., 2011.

Anmerkungen

1. Eine Vereinbarung über die Vergütung **muss gem. § 3 a Abs. 1 RVG als Vergütungs-vereinbarung oder in vergleichbarer Weise bezeichnet werden.** Hier sollte im Blick auf die Rechtsfolgen des § 4 b RVG, wonach der Rechtsanwalt aus einer Vergütungsvereinbarung, die nicht den Anforderungen des § 3a Abs. 1 S. 1 und 2 oder des § 4a Abs. 1 und 2 RVG entspricht, keine höhere als die gesetzliche Vergütung fordern kann und die gesetzlichen Vorschriften über die ungerechtfertigte Bereicherung unberührt bleiben, **kein Risiko einge-gangen werden und der Terminus „Vergütungsvereinbarung" verwendet werden.**

2. Gem. **§ 3a Abs. 1 RVG** bedarf eine Vereinbarung über die Vergütung der **Textform** es § 126b BGB (BGH WM 2012, 760 mwN). Zu beachten ist, dass der durch die Regelung begründete Formzwang im Unterschied zu § 4 Abs. 1 S. 1 RVG aF **nicht nur für das Honorarversprechen des Mandanten, sondern für die Vereinbarung im Ganzen und folglich auch für die Erklärung des Rechtsanwalts** gilt (BGH WM 2012, 760 mwN). Schreibt das Gesetz die Wahrung der Textform vor, muss gemäß § 126b BGB die Erklärung in einer Urkunde oder auf andere zur dauerhaften Wiedergabe von Schriftzei-chen geeignete Weise abgegeben, die Person des Erklärenden genannt und der Abschluss der Erklärung durch Nachbildung der Namensunterschrift oder anders erkennbar ge-macht werden (BGH WM 2012, 760). Damit verlangt die Regelung, dass die Erklärung in Schriftzeichen lesbar abgegeben, die Urheberschaft angegeben und ihr räumlicher Abschluss erkennbar sind (BGH WM 2012, 760 unter Verweis auf BT-Drs. 14/4987 S. 19). Wird eine Erklärung durch **Telefax** abgegeben, ist den Anforderungen an die Lesbarkeit genügt (BGH WM 2012, 760 unter Verweis auf BT-Drs. 14/4987 S. 19). In der Erklärung müssen der oder die Verfasser zweifelsfrei zum Ausdruck kommen (BGH WM 2012, 760 mwN). Eine Vergütungsvereinbarung kann somit wirksam per **(Compu-ter-)Fax, Kopie oder email** geschlossen werden **oder auch per SMS** (Gerold/Schmidt/ *Mayer* RVG 21. Aufl., 2013, § 3a RVG Rn. 7 mwN).

3. Gem. § 3a Abs. 1 RVG muss eine Vergütungsvereinbarung von anderen Vereinbarungen mit Ausnahme der Auftragserteilung **deutlich abgesetzt** und sie **darf nicht in der Vollmacht enthalten sein.** Beim hiesigen Typus (Anwaltsvertrag + Vergütungsvereinbarung + Allgemeine Vertragsbedingungen – jeweils gesondert verschriftlicht) werden durch die Reduzierung der Vergütungsvereinbarung auf den wesentlichen gesetzlichen Kernbestand Abgrenzungsprobleme betreffend das Tatbestandsmerkmal „deutlich abgesetzt" reduziert (vgl. dazu auch das Muster von Gerold/Schmidt/*Mayer*, RVG, 21. Aufl., 2013 § 3 a RVG Rn. 81 oder auf der website des DAV (Stand 12/2013)). Den Abschluss der vertragsurkundlich gesonderten Vergütungsvereinbarung empfiehlt zB auch *Kleine-Cosack*, Verfassungsbeschwerden und Menschenrechtsbeschwerde, 3. Aufl., 2013, Ziff. 10 Rn. 1297, S. 306.

4. Vertragspartner → Form. G. III. 1 § 1. Die **Vertretungsverhältnisse** sowohl auf der Seite des Rechtsanwaltes wie auch auf der Seite des Mandanten sind **peinlich genau zu überprüfen.**

5. Rechtsdienstleistung → Form. G. III. 1 § 2 dort → Form. G. III. 1 Anm. 6.

6. Beim Abschluss der Vergütungsvereinbarung ist das **Bestimmtheitsgebot zu beachten** welches allerdings nicht überspannt werden darf (BVerfG NJW 2002, 3314. Dazu: *v. Seltmann*, Urteilsanmerkung, AnwBl. 2002, 223). Eine Vergütungsvereinbarung ist auch dann hinreichend bestimmt, wenn sich die Gesamtsumme erst nach Abschluss der anwaltlichen Tätigkeit berechnen lässt (LG Münster Urt. v. 21.5.2010 – 9 S 87/09). Der Mandant muss nicht vorab die Möglichkeit haben, das Honorar zu ermitteln, was sich schon daraus ergibt, dass eine Stundensatzvereinbarung unzweifelhaft zulässig ist, obgleich sie auch nur die Berechnungsparameter enthält und die Gesamthöhe erst nach Beendigung des Mandats feststeht. Daher reicht es aus, wenn der Mandant anhand der Vereinbarung weiß, welche Stundensätze maximal anfallen würden (LG Münster v. 21.5.2010 – 9 S 87/09).

7. Die **Höhe der Stundensätze** außerhalb des großstädtischen und/oder besonders spezialisierten Bereichs wird mit 150,00 EUR bis 200,00 EUR angegeben und soll bei spezialisierten Anwälten und/oder großstädtischen Verhältnissen erfahrungsgemäß bei 500,00 EUR und mehr liegen (MAH Vergütungsrecht, Teubel/Scheungrab/*Teubel*, § 5, Rn. 220). Die weitergehende Höhe der Stundensätze von Fachanwälten ist abhängig vom jeweiligen Rechtsgebiet des Spezialisten (Vgl.: *Kilian* AnwBl. 2012, 106).

8. Ob **Fahrtzeiten** vom und zum Gericht von einer Zeitvergütungsvereinbarung erfasst werden, ist **in der Vergütungsvereinbarung klarzustellen**, da der Rechtsanwalt als Rechtskundiger dafür Sorge zu tragen hat, dass jede Abweichung von gesetzlichen Gebühren eindeutig und unmissverständlich festgelegt wird, so dass der Mandant unschwer erkennen kann, was er zu bezahlen hat (BGH NJW 2005, 2142; BGH NJW 1965, 1023). Gleiches gilt für **Wartezeiten** beim Gericht (MAH Vergütungsrecht, Teubel/Scheungrab/*Lutz*, § 6 Rn. 124). Die Vergütung von Reise- und Wartezeiten nach dem **vollen Stundensatz** kann vereinbart werden (vgl. OLG Düsseldorf Urt. v. 7.6.2011 – 24 U 183/05, NJW 2011, 3311). Teilweise wird die **Staffelung der Stundensätze** für Fahrt- und Wartezeiten (etwa hälftiger Stundensatz) empfohlen (MAH Vergütungsrecht, Teubel/Scheungrab/*Lutz*, § 6 Rn. 124).

9. In der Praxis werden sog. Zeittaktklauseln vereinbart. Eine **Zeittaktklausel liegt dann vor, wenn vereinbart wird, dass der vereinbarte Stundensatz mit einem bestimmten Bruchteil angesetzt wird, wenn dieser Stundenbruchteil begonnen hat** (MAH Vergütungsrecht, Teubel/Scheungrab/*Teubel*, § 5 Rn. 120). Sachlicher Grund und Zweck solcher Zeittaktklauseln ist die angemessene Vergütung in den Fällen, in denen der Rechtsanwalt durch mandatsbezogene Tätigkeiten, die weniger als eine Stunde dauern, wie etwa ein Telefonat aus einer anderen Sachbearbeitung herausgerissen wird und er sich nach Erledigung der Tätigkeit für den Mandanten wieder neu in die vorher begonnene Tätigkeit einarbeiten muss (MAH Vergütungsrecht, Teubel/Scheungrab/*Teubel*, § 5 Rn. 120). Ob und ggf. wie genau Zeittaktklauseln wirksam vereinbart werden können, wird unterschiedlich beurteilt (vgl.: Gerold/Schmidt/*Mayer* RVG, § 3a RVG Rn. 65 mwN). Zu einer **15-Minuten-Zeittaktklausel** („Ein Viertel des vereinbarten Stundensatzes wird für jede angefangene 15 Minuten berechnet") vgl.: BGH AnwBl. 2011, 148 mit Anm. *Lührig* sowie OLG Düsseldorf 2010, 296 und OLG Düsseldorf AnwBl. 2011, 237 und OLG Düsseldorf AnwBl. 2012, 372. Vgl. zur Aufrundung auch: MAH Vergütungsrecht, Teubel/Scheungrab/*Teubel*, § 5 Rn. 216 ff und Hommerich/Kilian/Jackmut/*Wolf* AnwBl.2006, 569 (vgl. auch: *Hansens*, Zeittaktklauseln in Vergütungsvereinbarungen, RVGreport 2009, 164). Für eine **Zeittaktklausel von 6 Minuten** wird folgende Formulierung vorgeschlagen (vgl. *Blattner*, Die Vertragsgestaltung im Anwaltsvertrag unter besonderer Berücksichtigung Allgemeiner Mandatsbedingungen, 2012, S. 62):

> „Der Rechtsanwalt erhält für seine Tätigkeit anstelle der gesetzlichen Vergütung eine Vergütung auf der Grundlage eines Stundensatzes von x,– EURO zzgl. Umsatzsteuer. Das Stundenhonorar wird in einem Intervall von je angefangenen 6 Minuten abgerechnet." oder: „Der Rechtsanwalt erhält für seine Tätigkeit anstelle der gesetzlichen Vergütung eine Vergütung auf der Grundlage eines Stundensatzes von x,– EURO zzgl. Umsatzsteuer. Die Abrechnung erfolgt im Minutentakt. Für jede angefangene Minute wird ein sechzigstel dieses Stundensatzes berechnet.".

10. Weitere Zahlungs- und Abrechnungsmodalitäten wie zB die Vorschusszahlung, die Fälligkeit oder die Abrechnungsintervalle sind beim hiesigen Regelungstypus (Anwaltsvertrag + Vergütungsvereinbarung + Allgemeine Vertragsbedingungen (jeweils gesondert verschriftlicht)) **in die Allgemeinen Vertragsbedingungen des Rechtsanwaltes aufgenommen.**

11. → Form. G. III. 1 § 3 Vergütung dort → Form. G. III. 1 Anm. 9.

12. → Form. G. III. 1 § 5 dort → Form. G. III. 1 Anm. 10.

13. Nach dem klaren Wortlaut des § 3a Abs. 1 S. 3 RVG muss nicht darauf hingewiesen werden, dass **auch die Rechtsschutzversicherung lediglich die gesetzlichen Gebühren zu erstatten** hat (So zutreffend: Gerold/Schmidt/*Mayer*, RVG, § 3a RVG Rn. 65. A.A.: Hartung/Schons/Enders/*Schons*, RVG, § 3a Rn. 15).

14. **Vertragsnachträge unterhalb der Unterschrift bzw. unterhalb der Namensnennungen sind unbedingt zu vermeiden.** Eine Vereinbarung über die Vergütung bedarf nach § 3a Abs. 1 S. 1 RVG der Textform des § 126b BGB. Der durch die Regelung begründete Formzwang gilt im Unterschied zu § 4 Abs. 1 S. 1 RVG aF nicht nur für das Honorarversprechen des Mandanten, sondern für die Vereinbarung im Ganzen und folglich auch für die Erklärung des Rechtsanwalts (BGH WM 2012, 760 mwN). Anders als bei der Schriftform (§ 126 Abs. 1 BGB), bei welcher die Unterschrift den räumlichen Abschluss der Urkunde bildet, kennt dabei die Textform keine starre Regelung für die Kenntlichmachung des Dokumentenendes (BGH WM 2012, 760 mwN). Es bedarf jedenfalls eines eindeutig wahrnehmbaren Hinweises, der sich räumlich am Ende befindet und inhaltlich das Ende der Erklärung verlautbart (BGH WM 2012, 760 mwN). Zur Erfüllung dieses Zwecks kommt neben der Namensunterschrift ein Zusatz wie „diese Erklärung ist nicht unterschrieben", ein Faksimile, eine eingescannte Unterschrift, eine Datierung oder Grußformel in Betracht (BGH WM 2012, 760; OLG Hamm NJW-RR 2007, 852). Durch den räumlichen Abschluss der Erklärung muss die Ernstlichkeit des Textes in Abgrenzung eines keine rechtliche Bindung auslösenden Entwurfs deutlich gemacht werden (BGH WM 2012, 760 unter Verweis auf BT-Drs. 14/4987 S. 20). Da bei Beachtung der Schriftform (§ 126 Abs. 1 BGB) die Unterschrift den Vertragstext räumlich abschließen muss, führen unterhalb der Unterschrift angefügte Vertragsnachträge zur Formunwirksamkeit der Erklärung (BGH WM 2012, 760; BGH NJW 1991, 487; BGH NJW-RR 1990, 518; BGH NJW 1994, 2300). **Auch wenn die Wahrung der Textform keine Unterschrift erfordert, darf der auf andere Weise verdeutlichte Abschluss der Vereinbarung ebenfalls nicht durch Vertragsnachträge beseitigt werden** (BGH WM 2012, 760). Werden unterhalb des durch die Unterschriftszeilen kenntlich gemachten räumlichen Abschlusses handschriftliche Ergänzungen vorgenommen, dann ist zur Wahrung der Textform für diese Gesamterklärung von beiden Seiten – beispielsweise durch eine Paraphierung – ein neuerlicher Abschluss zu schaffen (BGH WM 2012, 760). Allein das Seitenende einer schriftlichen Erklärung kann, weil die Möglichkeit einer Fortsetzung auf einer weiteren Seite in Betracht kommt, nicht als Abschluss der Erklärung gewertet werden (BGH WM 2012, 760).

3. Allgemeine Vertragsbedingungen zum Anwaltsvertrag

Allgemeine Vertragsbedingungen[1] Rechtsanwalt . . . . . .
(im Folgenden: Rechtsanwalt)

§ 1 Anwendungsbereich

(1) Diese Allgemeinen Vertragsbedingungen gelten für die zwischen dem Rechtsanwalt und dem Mandanten abgeschlossenen Anwaltsverträge.[2]

(2) Diese allgemeinen Vertragsbedingungen gelten auch für Anwaltsverträge, die zukünftig zwischen Rechtsanwalt und Mandant abgeschlossen werden, soweit darin nichts anderes vereinbart wird.[3]

(3) Abweichende, entgegenstehende oder ergänzende Allgemeine Vertragsbedingungen von Mandanten[4] werden auch bei Kenntnis nicht Vertragsbestandteil und finden nur Anwendung, wenn dies ausdrücklich schriftlich vereinbart wurde.[5]

§ 2 Gegenstand der Rechtsdienstleistung[6]

(1) Der Rechtsanwalt schuldet dem Mandanten in der im Anwaltsvertrag bezeichneten Angelegenheit und in dem dort bestimmten Umfang[7] Vertretung und/oder[8] rechtliche Beratung am Maßstab und auf der Grundlage des Rechtes der Bundesrepublik Deutschland.

(2) Eine Vertretung und/oder Beratung am Maßstab und auf der Grundlage des Steuerrechtes[9] ist nicht geschuldet. Etwaige Auswirkungen einer zivilrechtlichen Gestaltung hat der Mandant auf eigene Veranlassung durch fachkundige Dritte (zB Fachanwalt für Steuerrecht, Steuerberater, Wirtschaftsprüfer) zu prüfen.

(3) Eine Vertretung und/oder Beratung am Maßstab und auf der Grundlage ausländischen Rechtes[10] ist nicht geschuldet. Sollte ausländisches Recht für die vereinbarte Rechtssache Bedeutung erlangen, weist der Rechtsanwalt den Mandanten rechtzeitig darauf hin.

§ 3 Vergütung; Vorschuss; Rechnungen; Zahlung; Abtretung; Aufrechnung

(1) Die Vergütung der vereinbarten Rechtsdienstleistung richtet sich nach dem Rechtsanwaltsvergütungsgesetz (RVG), sofern nicht eine abweichende Regelung getroffen wurde oder wird.

(2) Der Rechtsanwalt kann von dem Mandanten für die entstandenen und die voraussichtlich entstehenden Gebühren und Auslagen einen angemessenen Vorschuss fordern.[11]

(3) Der Rechtsanwalt hat neben dem vereinbarten Vergütungsanspruch Anspruch auf Ersatz der Auslagen und der gesetzlichen Mehrwertsteuer.

(4) Alle Vergütungsansprüche des Rechtsanwaltes werden mit Stellung der Rechnung fällig und sind sofort ohne Abzüge zahlbar.[12]

(5) Der Mandant tritt sämtliche Ansprüche auf Kostenerstattung durch die Gegenseite, die Rechtsschutzversicherung[13]oder sonstige Dritte in Höhe der Honorarforderung des Rechtsanwaltes hiermit an diesen ab. Der Rechtsanwalt nimmt die Abtretung an.

(6) Bestehen offene Vergütungsansprüche des Rechtsanwaltes gegenüber dem Mandanten, so ist der Rechtsanwalt berechtigt, die Aufrechnung mit eingehenden Zahlungen aus demselben oder einem anderen zwischen Rechtsanwalt und Mandant bestehenden Anwaltsvertragsverhältnis zu erklären.[14] Der Rechtsanwalt erteilt dem Mandanten darüber eine Rechnung, in der die aufgerechneten Beträge ausgewiesen sind.

§ 4 Verschwiegenheit; Verwahrung von Geld

(1) Der Rechtsanwalt ist zur Verschwiegenheit berechtigt[15]und verpflichtet.[16] Recht und Pflicht zur Verschwiegenheit bestehen nach Beendigung des Mandates fort.[17]

(2) Gehen für den Mandanten Zahlungen ein, werden diese vom Rechtsanwalt treuhänderisch verwahrt. Der Rechtsanwalt zahlt diese – vorbehaltlich § 3 Abs. 6 – auf schriftliche Anforderung des Mandanten unverzüglich auf das vom Mandanten an die vom Mandanten benannte Stelle aus.

§ 5 Mitwirkungspflichten und Obliegenheiten des Mandanten

(1) Der Mandant wird den Rechtsanwalt über alle zur Erbringung der vereinbarten Rechtsdienstleistung erforderlichen Tatsachen umfassend und wahrheitsgemäß informieren. Der Mandant verpflichtet sich insbesondere, dem Rechtsanwalt die zur vereinbarten Rechtsdienstleistung erforderlichen Unterlagen und Daten vollständig und in geordneter Form zu übermitteln.

(2) Nachfragen des Rechtsanwaltes und insbesondere Aufforderungen des Rechtsanwaltes zur Stellungnahme zu eingegangenen Schriftsätzen oder Schreiben wird der Mandant jeweils zeitnah unter Beachtung der Vorgaben von § 4 Abs. 1 bearbeiten und den Rechtsanwalt entsprechend informieren.

(3) Werden dem Mandanten von seinem Rechtsanwalt Schreiben oder Schriftsätze seines Rechtsanwaltes übermittelt, so ist der Mandant verpflichtet, diese sorgfältig zu prüfen, ob sie vollständig und wahrheitsgemäß sind. Sollten Änderungen oder Ergänzungen des Vortrags und insbesondere des Tatsachenvortrags erforderlich sein, wird der Mandant den Rechtsanwalt sogleich und unter Beachtung der Vorgaben des § 4 Abs. 1 informieren.

(4) Während der Dauer des Anwaltsvertrages wird der Mandant mit Gerichten, Behörden, der Gegenseite oder anderen Verfahrensbeteiligten nur in Abstimmung mit dem Rechtsanwalt Kontakt aufnehmen.[18]

(5) Der Mandant wird den Rechtsanwalt über längere Abwesenheiten und Nichterreichbarkeit wegen Urlaubs, Geschäftsreisen, Krankenhausaufenthalt etc. rechtzeitig unterrichten und im Falle der Änderung von Adresse, E-Mail-Adresse, Telefonnummer, Fax-Nummer etc. den Rechtsanwalt rechtzeitig unter Angabe der neuen jeweiligen Daten informieren. Die Information soll in Textform erfolgen.

§ 6 Datenerfassung; Datenspeicherung; Datenverarbeitung

Der Rechtsanwalt ist berechtigt, die ihm anvertrauten Daten des Mandanten im Rahmen des Anwaltsvertragsverhältnisses und zur Erbringung der Rechtsdienstleistung mit Datenverarbeitungsanlagen zu erfassen, zu speichern und zu verarbeiten.

§ 7 Kommunikation per Telefax und E-mail

(1) Die Mitteilung einer Telefaxverbindung durch den Mandanten beinhaltet die Zustimmung des Mandanten, dass (1.) vom Rechtsanwalt an diese Telefaxverbindung uneingeschränkt und ohne Ankündigung mandatsbezogene Informationen übermittelt werden können, dass (2.) ausschließlich der Mandant oder von ihm beauftragte Personen Zugang zum Telefaxgerät haben und, dass (3.) die Eingänge über das Telefaxgerät vom Mandanten regelmäßig mindestens werktäglich überprüft werden.

(2) Die Mitteilung einer E-mail-Adresse durch den Mandanten beinhaltet die Zustimmung des Mandanten, dass (1.) vom Rechtsanwalt an diese E-mail-Adresse uneingeschränkt und ohne Einsatz von Signaturverfahren oder Verschlüsselungsverfahren mandatsbezogene Informationen übermittelt werden können, dass (2.) ausschließlich der Mandant oder von ihm beauftragte Personen Zugang zum E-Mail-Eingang haben und, dass (3.) die Eingänge über E-Mail vom Mandanten regelmäßig mindestens werktäglich überprüft werden. Der Rechtsanwalt weist dabei darauf hin, dass per E-Mail zugegangene Schriftstücke nach Eingang ausgedruckt und geordnet einer Papier-Akte hinzugefügt werden sollten, soweit der Mandant nicht anderweitige Aktenverwaltungssysteme nutzt und die per E-Mail eingegangenen Schriftstücke darin aufnimmt und ordnet.[19]

(3)Der Mandant verpflichtet sich den Rechtsanwalt darauf hinweisen, falls sich betreffend die in § 7 Abs. 1 und § 7 Abs. 2 geregelten Modalitäten der Übermittlung von E-Mails oder Telefaxschriftstücken Veränderungen ergeben.

(4) Eine Verpflichtung des Rechtsanwaltes zur Übersendung von Schriftstücken an den Mandanten per Telefax oder per E-Mail besteht nicht.

§ 8 Beendigung des Anwaltsvertrages

(1) Der Mandant kann – soweit nichts anderes vereinbart ist[20]– den Anwaltsvertrag jederzeit kündigen.

(2) Der Rechtsanwalt kann den Anwaltsvertrag jederzeit ordentlich mit einer Frist von 2 Wochen kündigen.[21]

(3) Der Rechtsanwalt kann den Anwaltsvertrag bei Vorliegen eines wichtigen Grundes auch ohne Einhaltung einer Frist kündigen. Als wichtige Gründe gelten zB:

- Aussichtslosigkeit der weiteren Rechtsverfolgung[22]
- Nichtzahlung von Vorschüssen gem. § 9 RVG trotz Mahnung[23]
- Nachträgliches Bekanntwerden von Gründen des § 45 BRAO (Tätigkeitsverbote)

§ 9 Handakte des Rechtsanwaltes[24] – Aufbewahrung und Vernichtung

(1) Handakten des Rechtsanwaltes, bis auf die Kostenakte und etwaige Titel, werden nach Ablauf von fünf Jahren nach Beendigung des Mandates vernichtet (§ 50 Abs. 2 S. 1 BRAO).

(2) Die Verpflichtung des Rechtsanwaltes zur Aufbewahrung der Handakte erlischt schon vor Beendigung des in § 7 Abs. 1 genannten Zeitraumes, wenn der Rechtsanwalt den Mandanten aufgefordert hat, die Handakten in Empfang zu nehmen, und der Mandant

dieser Aufforderung binnen sechs Monaten, nachdem er sie erhalten hat, nicht nachgekommen ist.

§ 10 Hinweise

(1) Der Mandant wird darauf hingewiesen, dass sich die nach dem Rechtsanwaltsvergütungsgesetz zu erhebenden Gebühren nach dem Gegenstandswert richten, es sei denn es wurde eine Vergütungsvereinbarung getroffen.[25]

(2) Der Mandant wird darauf hingewiesen, dass bei arbeitsrechtlichen Angelegenheiten bei außergerichtlichen Sachverhalten und im arbeitsgerichtlichen Verfahren erster Instanz auch für die obsiegende Partei kein Anspruch auf Entschädigung wegen Zeitversäumnis und auf Erstattung der Kosten für die Zuziehung eines/einer Prozessbevollmächtigten oder Beistands besteht. Eine Kostenerstattung der für den Rechtsanwalt angefallenen Kosten erfolgt in diesen Fällen nicht. Auch in Verfahren der freiwilligen Gerichtsbarkeit kann es zur Kostentragungspflicht trotz Obsiegens kommen.[26]

§ 11 Schlussbestimmungen

Die etwaige Unwirksamkeit einzelner Bestimmungen dieser Vertragsbedingungen lässt die Wirksamkeit der übrigen Bestimmungen unberührt.

Die vorstehenden Allgemeinen Vertragsbedingungen habe ich zur Kenntnis genommen und ich bin damit einverstanden.

. . . . . ., den . . . . . .

(Unterschrift)

Der Erfassung, der Speicherung und der Verarbeitung meiner Daten im Rahmen des Anwaltsvertragsverhältnisses und zur Erbringung der Rechtsdienstleistung stimme ich gem. § 4a BDSG zu.[27]

. . . . . ., den . . . . . .

(Unterschrift Mandant)

Schrifttum: *Blattner*, Formularvertragliche Vereinbarungen im Anwaltsvertrag, AnwBl. 2012, 237; *ders.*, Die Vertragsgestaltung im Anwaltsvertrag unter besonderer Berücksichtigung Allgemeiner Mandatsbedingungen, 2011; *Bohnenkamp*, Zeitenwende: Der Zwangs zur Vergütungsvereinbarung, Kammer-Report Hamm 2/2006, 17; *Bunte*, Mandatsbedingungen der Rechtsanwälte und das AGB-Gesetz, NJW 1981, 2657; *Dahns*, Durchbrechung der anwaltlichen Verschwiegenheit, NJW-Spezial 2008, 158; *Ebert*, Beschlüsse der Tagung Gebührenreferenten, BRAK-Mitteilungen 2005, 271; *Graf von Westphalen*, AGB-Recht im Jahr 2012, NJW 2013, 2239; *ders./Thüsing*, Vertragsrecht und AGB-Klauselwerke, 34. Aufl. 2013; *Hagemeister*, Schweigepflicht und Anwaltswerbung, AnwBl. 2007, 748; *Hansens*, Anm. zu KG 7 U 181/02 RVGreport 2004, 183; *ders.*, Abrechnung von Beratungsmandaten mit dem Auftraggeber und seiner Rechtsschutzversicherung ab 1.7.2006, RVGreport 2006, 121; *Hartmann*, Hinweispflicht des Anwalts bezüglich Wertgebühren, NJW 2004, 2484; *Hartung*, Das neue Rechtsanwaltsvergütungsgesetz, NJW 2004, 1409; *Heinze*, Zur Wirksamkeit von Vereinbarungen über Anwaltsvergütungen, NJW 2004, 3670; *Henke*, Unangemessen hohe Vergütung eines Strafverteidigers, AGS 2005, 384; *Henssler*, Aktuelle Praxisfragen anwaltlicher Vergütungsvereinbarungen, NJW 2005, 1537; *ders./Prütting*, BRAO, 4. Aufl., 2014; *ders./Streck*, Handbuch Sozietätsrecht, 2. Aufl., 2011; *Hinne/Klees/Teubel/Winkler*, Vereinbarungen mit Mandanten, 2. Auflage 2008; *Hofmann*, Aktuelle Rechtsprechung zu Vergütungsvereinbarungen, BRAK-Mitteilungen 2009, 218; *Hommerich/Kilian*, Vergütungsvereinbarungen deutscher Rechtsanwälte, 2006; *ders.*, AnwBl. 2006, 50, 123, 200, 262, 344, 406, 473, 569; *Jungk*, Aktuelle Tendenzen im Anwaltshaftungsrecht, AnwBl. 2004, 374; *Krämer/Mauer/Kilian*, Vergütungsvereinbarung und –management 2005; *Kroiß*, Das neue Rechtsanwaltsvergütungsgesetz, JuS 2004, 679, 2005, 33; *Lasaroff*, Datenschutz im Anwaltschaft und

Notariat, DSB 2006, 12 ff.; *Madert/Müller-Rabe*, Entwicklungen zum RVG, NJW 2006, 1927; *Mayer*, Vertragsrecht und Vergütung, AnwBl. 2006, 160; *ders./Winkler*, Erfolgshonorar 2008; *ders.*, Gebührenformulare, 2008; *Niebling*, Das Recht der AGB im Jahr 2012, NJ 2013, 89; *Pohl*, Berliner AnwBl. 2005, 102; *Rick*, Anm. zu OLG Hamm 28 U 39/05, AGS 2006, 15; *Schaefer*, Die Notwendigkeit von Honorarvereinbarungen, AGS 2003, 237; *Ring/Klingelhöfer/Niebling*, AGB-Recht in der anwaltlichen Praxis, 2. Aufl., 2009; *Schah Sedi/Schah Sedi*, Die anwaltliche Beratungspflicht zu Beginn des Mandats und vor Abschluss eines außergerichtlichen Abfindungsvergleichs unter besonderer Berücksichtigung des Personenschadens, zfs 2008, 491; *Schneider*, Die Vergütungsvereinbarung, 2006; *ders.*, AGS 2005, 492; *ders.*, Anm. zum BGH v. 27.1.2005, BGHReport 2005, 1154; *Schons*, Ein Jahr RVG, NJW 2005, 3089; *ders.*, Die Pflicht des Rechtsanwalts zur Verschwiegenheit, AnwBl. 2007, 441; *v. Seltmann*, Die Abrechnung von Beratungsmandaten ab dem 1.7.2006, NJW-Spezial 2006, 141; *Streck*, Die Vergütungsvereinbarung für die außergerichtliche anwaltliche Beratung, AnwBl. 2006, 149; *Teubel/Schons*, Erfolgshonorar für Anwälte, 2008; *Wilde*, Die Preisfrage ab Juli 2006: „Zahlt das auch die Versicherung?“, AnwBl. 2006, 173; *Ulmer/Brandner/Hensen*, AGB-Recht, 11. Aufl., 2011; *v. Lewinski*, Anwaltliche Schweigepflicht und E-Mail, BRAK-Mittl. 2004, 12; *Wolf/Lindacher/Pfeiffer*, AGB-Recht – Kommentar, 6. Aufl., 2013; *Wolf*, Maltez v. Lewis – ein Lehrstück für den deutschen Anwaltsmarkt, BRAK-Mitt. 2006, 15.

Anmerkungen

1. Betreffend ein Formular Allgemeiner Vertragsbedingungen, das ausdrücklich in erster Linie **für Mandanten** gedacht ist, **die geringe oder keine Erfahrungen mit anwaltlicher Interessenvertretung und anwaltlicher Beratung** haben, vgl.: BeckPFormB/*Strahl* Form. I. A. 1 Anm. 1. Auch hier gehören zur Zielgruppe primär mit anwaltlicher Interessenvertretung unerfahrene oder gering erfahrene Mandanten. Wegen ausführlichen Allgemeinen Mandatsbedingungen – dabei zugleich in englischer Sprache – vgl. zB: Hümmerich/Lücke/Mauer/*Vienken* Arbeitsrecht Ziff. 8.B.2. (S. 2277 ff.).

2. Die **Einbeziehungserklärung** gem. § 305 Abs. 2 BGB **erfordert** den **unmissverständlichen Hinweis auf die vorformulierten Vertragsbedingungen**, die **Kenntnisnahme des Mandanten**, das **Einverständnis des Mandanten** und das **Zustandekommen eines wirksamen Vertrages** (Henssler/Streck/*Tophoven*, B. Rn. 385). Der **Aushang** von Allgemeinen Vertragsbedingungen **im Wartezimmer** oder der **Abdruck in der Kanzleibroschüre** – auch wenn sie jedem Mandanten bei der Erteilung des Auftrags ausgehändigt wird – **reicht jedenfalls bei Verbrauchern nicht**, da dem Rechtsanwalt im Mandantengespräch oder am Telefon der ausdrückliche Hinweis auf seine Allgemeinen Vertragsbedingungen unschwer möglich ist (Henssler/Prütting/*Diller* BRAO § 52 BRAO Rn. 50). Hier ist im Formular der Allgemeinen Vertragsbedingungen die ausdrückliche schriftliche Einverständniserklärung des Mandanten vorgesehen, die bei Aufnahme dieser Klausel nicht vergessen werden darf. Betreffend die Einbeziehung von Mandatsbedingungen in den Anwaltsvertrag gegenüber Verbrauchern einerseits und Unternehmern andererseits vgl.: Henssler/Streck/*Tophoven*, B. Rn. 384 bis 386 mwN. Ob und unter welchen Voraussetzungen gegenüber Unternehmern Allgemeine Vertragsbedingungen unter **Verweis auf eine Internetseite** einbezogen werden können, wird unterschiedlich beurteilt. Das OLG Celle (v. 24.7.2009 – 13 W 48/09, NJW-RR 2010, 136) macht zur Voraussetzung, dass die Allgemeinen Vertragsbedingungen **bei Vertragsschluss auch offline vorliegen**. Demgegenüber führt das OLG Bremen (OLG Bremen v. 11.2.2004 – 1 U 68/03, NJOZ 2004, 2854) aus, dass auch unter Kaufleuten der Grundsatz gilt, dass der Verwender von AGB dem anderen Teil ermöglichen muss, von dem Inhalt der AGB in zumutbarer Weise Kenntnis zu nehmen. Dabei brauchen dem für den Vertragsschluss maßgeblichen Schreiben die AGB nicht beigefügt zu werden. Es reicht diesbezüglich nach dieser Auffassung aus, wenn die **Möglichkeit** besteht, sich die **AGB im Internet herunterzuladen** – sofern auf diese Möglichkeit **durch Nennung der Internetadresse hingewiesen** wurde – oder die AGB beim Vertragspartner anzufordern (OLG Bremen Urt. v. 11.2.2004 –

1 U 68/03, NJOZ 2004, 2854). Vgl. dazu auch: OLG Köln v. 7.12.2011 – 19 U 155/11; AG Essen v. 9.3.2010 – 11 C 510/09, BeckRS 2010, 70689.

3. Gem. § 305 Abs. 3 BGB können die Vertragsparteien für eine bestimmte Art von Rechtsgeschäften die Geltung bestimmter Allgemeiner Geschäftsbedingungen unter Beachtung der in § 305 Abs. 2 BGB bezeichneten Erfordernisse im Voraus vereinbaren. Darauf allein sollte es der Rechtsanwalt nicht ankommen lassen (BeckPFormB/*Strahl* 11. Aufl., 2010, → Form. I. A. 1 Anm. 9). Dies auch im Blick auf die Anforderungen, die von der Rechtsprechung etwa an die Bestimmtheit iSd § 305 Abs. 3 BGB gestellt werden (vgl. etwa OLG Koblenz v. 30.9.2010 – 2 U 1388/09, MMR 2010, 815). Eine **nachträgliche Einbeziehung von Allgemeinen Vertragsbedingungen** ist grundsätzlich möglich. Sie kann aber **nur im Wege der Vertragsänderung** erfolgen, für die die **Anforderungen** des § 2 Abs. 1 AGBG beziehungsweise der Nachfolgeregelung des **§ 305 Abs. 2 BGB** sinngemäß gelten (BGH v. 22.2.2012 – VIII ZR 34/11, NJW-RR 2012, 690; BGH v. 11.11.2009 – VIII ZR 12/08, WM 2010, 233). Dazu muss der Verwender seinen Vertragspartner ausdrücklich darauf hinweisen, dass er eine Vertragsänderung anstrebt, und der Kunde muss sich mit dieser Vertragsänderung in eindeutiger Weise einverstanden erklären. Ein bloßer Hinweis des Verwenders auf bestimmte Allgemeine Geschäftsbedingungen in einer nach Vertragsabschluss übersandten Erklärung genügt dem ebenso wenig wie die fortdauernde Entgegennahme der Leistung und deren Bezahlung durch den Kunden (BGH v. 22.2.2012 – VIII ZR 34/11, NJW-RR 2012, 690 mwN). Davon ausgehend sollte – um hier Rechtsunsicherheiten zu vermeiden – bei jedem weiteren Abschluss eines Anwaltsvertrags mit dem Mandanten die Einbeziehung erneut vereinbart werden.

4. Die hiesige Regelung in den Allgemeinen Vertragsbedingungen bezieht sich auf das **Rechtsverhältnis des Rechtsanwaltes zum Mandanten.** Soweit der Rechtsanwalt seinerseits im Rahmen eines Mandats zu anderen Personen als dem Mandanten Rechtverhältnisse begründet, muss ebenfalls peinlich genau geprüft werden, ob bzw. inwieweit dort Allgemeine Vertragsbedingungen und insbesondere Allgemeine Vertragsbedingungen mit Haftungsbeschränkungsklauseln bestehen, die ohne Abwehrklausel zu ungewollten Haftungsverlagerungen führen können. So wird zB dem **anwaltlichen Terminvertreter** die Wahrnehmung einer Tätigkeit, die der Prozessbevollmächtigte des Mandanten pflichtgemäß selber vorzunehmen hätte, **im Regelfall** von dem Prozessbevollmächtigten **im eigenen Namen und für eigene Rechnung übertragen** und aufgetragen (AG Berlin-Lichtenberg v. 14.8.2007 – 10 C 449/06; BGH v. 12.3.1981 – III ZR 60/80, NJW 1981, 1727), weshalb auch die Kosten für die Beauftragung des Terminsvertreters bei dieser Fallgestaltung grds. nicht im Kostenfestsetzungsverfahren geltend gemacht werden können (vgl.: BGH Urt. v. 13.7.2011 – IV ZB 8/11, VersR 2012, 737 mwN Vgl. dazu auch: *Enders* JurBüro 2012, 1 ff., JurBüro 2012, 57 ff., JurBüro 2012, 117 ff.).

5. Schon durch eine allgemein gehaltene **Abwehrklausel** sollen grundsätzlich nicht nur widersprechende, sondern auch zusätzliche ergänzende Klauseln ausgeschlossen werden (BGH NJW-RR 2002, 978; BGH v. 24.10.2000 – X ZR 42/99, NJW-RR 2001, 484; BGH v. 20.3.1985 – VIII ZR 327/83, NJW 1985, 1838).

6. Die Rechtsdienstleistungspflicht des Rechtsanwaltes ist komplex (vgl.: BeckRA-Hdb/*Borgmann* 10. Aufl., 2011 § 51 Rn. 23 bis 38 mwN sowie ebenda, § 51 Rn. 68: Checkliste). **Der Auftraggeber,** der sich in Rechtsangelegenheiten an einen Rechtsanwalt wendet, darf erwarten, dass er **über die Gesichtspunkte und Umstände, die für sein weiteres Verhalten in der Angelegenheit entscheidend werden können, eingehend und erschöpfend belehrt** werde (BGH v. 28.6.1990 – IX ZR 209/89, NJW-RR 1990, 1243; BGH v. 21.11.1960 – III ZR 16O/59, VersR 1961, 134). Es ist Sache des Anwalts, seiner Partei die **Schritte anzuraten, die zum** erstrebten **Ziel führen** (BGH v. 28.6.1990 –

IX ZR 209/89, NJW-RR 1990, 1243; RGZ 161, 280). Die dazu notwendigen Tatsachen hat er zu erfragen (BGH v. 28.6.1990 – IX ZR 209/89, NJW-RR 1990, 1243; BGH v. 15.1.1985 – VI ZR 65/83, VersR 1985, 363). Soweit sein Auftraggeber nicht unzweideutig zu erkennen gibt, dass er des Rates nur in einer bestimmten Richtung bedürfe, ist der Anwalt zur **allgemeinen, umfassenden und möglichst erschöpfenden Belehrung des Auftraggebers verpflichtet** (BGH v. 28.6.1990 – IX ZR 209/89, NJW-RR 1990, 1243; BGH v. 12.7.1960 – III ZR 89/59, VersR 1960, 932). Er muss dabei die **Zweifel und Bedenken**, zu denen die Sachlage Anlass gibt, **darlegen und erörtern** (BGH v. 28.6.1990 – IX ZR 209/89, NJW-RR 1990, 1243; BGH v. 21.11.1960 – III ZR 160/59, VersR 1961, 134), insbesondere wenn er einen weniger sicheren Weg gehen will (BGH v. 28.6.1990 – IX ZR 209/89, NJW-RR 1990, 1243; BGH v. 31.10.1985 – IX ZR 175/84, WM 1986, 199; BGH v. 23.6.1981 – VI ZR 42/80, VersR 1981, 982). Ist er beauftragt, einen **Rechtsstreit** zu führen, so muss er den Auftraggeber **über die Notwendigkeiten, Aussichten und Gefahren des Prozesses ins Bild setzen**, soweit der Mandant zu eigener Beurteilung nicht in der Lage ist (BGH v. 28.6.1990 – IX ZR 209/89, NJW-RR 1990, 1243; BGH v. 17.1.1963 – III ZR 145/61, VersR 1963, 387). Das alles gilt grundsätzlich **auch gegenüber Weisungen des Mandanten** (BGH Urt. v. 28.6.1990 – IX ZR 209/89, NJW-RR 1990, 1243; BGH Urt. v. 20.12.1962 – III ZR 191/61, VersR 1963, 359; BGH v. 10.6.1980 – VI ZR 127/79, VersR 1980, 925). Lediglich wenn dieser **nach eindringlicher Belehrung durch den Rechtsanwalt auf seiner Weisung beharrt**, verstößt der Anwalt mit deren Befolgung gemäß § 675, 665 BGB nicht gegen seine Vertragspflichten (BGH v. 28.6.1990 – IX ZR 209/89, NJW-RR 1990, 1243; BGH v. 4.12.1972 – VI ZR 10/72, VersR 1974, 488; BGH v. 20.3.1984 – VI ZR 154/82, NJW 1985, 42).

7. Die von der Rechtssprechung formulierte umfassende „Beratungs- und Belehrungspflicht" lässt noch nicht auf den jeweiligen Mandatsumfang schließen, der sich vielmehr aus dem konkreten Auftrag ergibt (BeckRA-HdB/*Borgmann* 10. Aufl. 2011, § 51 Rn. 23 mwN). Wird allerdings der **Mandatsumfang nicht ausdrücklich geregelt und bestimmt**, so wird der Anwaltsvertrag **bei lebensnaher Würdigung der üblichen Umstände** grds. dahin ausgelegt, dass der Mandant in der Erkenntnis seiner fehlenden Rechtskenntnisse **regelmäßig ein unbeschränktes Mandat** erteilen möchte, selten ein beschränktes Mandat (*Jungk* AnwBl. 2004, 374; *Schah Sedi/Schah Sedi* zfs 2008, 491). Solange der Mandant nicht eindeutig zu erkennen gibt, dass er nur des Rates in eine bestimmte Richtung bedarf, ist der **Rechtsanwalt verpflichtet**, ihn **umfassend und möglichst erschöpfend zu belehren** (BGH v. 13.3.2008 – IX ZR 136/07, NJW-RR 2008, 1235; OLG Hamm 21.2.2013 – 28 U 224/11, BeckRS 2013, 05754). Das **eingeschränkte Mandat** stellt dabei **keine Ausnahme zum Regelfall des unbeschränkten Mandats** dar (OLG Brandenburg, 18.10.2012 – 5 U 162/09, ZOV 2012, 343). Es gibt keinen Erfahrungssatz dahingehend, dass der Mandant regelmäßig ein umfassendes, nach Grund und Höhe unbeschränktes Mandat erteilt. Wegen zweifelhafter Erfolgsaussichten, aus Kostengründen oder aber deshalb, weil nur einzelne Teile eines komplexen Sachverhalts überhaupt streitig sind, ist es ebenso wahrscheinlich, dass der Mandant den Anwalt von vornherein nur wegen einzelner Ansprüche, eines der in Betracht kommenden Anspruchsgegner oder eines Teils des für gerechtfertigt gehaltenen Anspruchs beauftragt (OLG Brandenburg, 18.10.2012 – 5 U 162/09, ZOV 2012, 343; BGH v. 20.7.2006 – IX ZR 47/04, NJW 2006, 3496). Sind **mehrere Rechtsanwälte eingeschaltet**, so ist zu beachten, dass selbst das **Mandat** eines sog. **„Stempelanwalts"**, dem Schriftsätze anderer Anwälte übermittelt werden, **regelmäßig** hinsichtlich des Inhalts der einzureichenden Schriftsätze **nicht beschränkt** ist (BGH v. 20.7.2006 – IX ZR 47/04, NJW 2006, 3496; OLG Hamm 21.2.2013 – 28 U 224/11 BeckRS 2013, 05754 mwN). Der **Mandatsumfang sollte** deshalb im Lichte des jeweiligen Auftrags und des Haftungsrisikos **im Anwaltsvertrag bestimmt werden.**

8. Der Auftrag des Mandanten kann sich auf eine **bloße Beratung oder** auf eine **über eine Beratung hinausgehende Tätigkeit** des Rechtsanwaltes richten. Bei dieser im Einzelfall ggf. schwierigen Abgrenzung kommt es nicht darauf an, ob der Rechtsanwalt tatsächlich nach außen hervortritt (LG Düsseldorf v. 13.11.2008 – 4b O 78/08, mwN). Maßgeblich ist vielmehr, ob eine über die Beratung hinausgehende Tätigkeit gefordert ist (LG Düsseldorf v. 13.11.2008 – 4b O 78/08). Auch im Falle einer schriftlichen Äußerung kann ein bloßer – dann schriftlicher – Rat vorliegen (LG Düsseldorf v. 13.11.2008 – 4b O 78/08, mwN). Eine **Erstberatung** ist dabei eine pauschale, überschlägige Einstiegsberatung (BGH v. 3.5.2007 – I ZR 137/05, AnwBl 2007, 870). Dazu gehört nicht, dass sich der Rechtsanwalt erst sachkundig macht oder dass er die Erstberatung schriftlich zusammenfasst (BGH v. 3.5.2007 – I ZR 137/05, AnwBl 2007, 870 mwN). **Rat iSd § 34 RVG** ist die – auch fernmündliche – Empfehlung des Rechtsanwalts, wie sich der Mandant in einer konkreten Situation verhalten soll (AG Essen v. 5.12.2012 – 17 C 226/12, mwN). Der Anwalt muss **im Rahmen der Erstberatung** kein vollständiges Ergebnis präsentieren, er muss dem Mandanten dies aber erkennbar machen und auf offen gebliebene und zu vertiefende Fragen hinweisen, den Sachverhalt, soweit möglich, vollständig erfragen und darauf hinweisen welche Rechtsfragen von ihm noch zu recherchieren sind (AG Essen v. 5.12.2012 – 17 C 226/12).

9. Gem. § 3 Abs. 1 BRAO ist der Rechtsanwalt der berufene unabhängige Berater und Vertreter in allen Rechtsangelegenheiten, was die Wahrnehmung der steuerlichen Interessen grundsätzlich mit einschließt (vgl.: *Heidel/Pauly/Amend/Ramm*, Anwaltsformularbuch, 7. Aufl. 2012, II.1. Rn. 3; Zugehör/Fischer/Sieg/Schlee/*Sieg*, Handbuch der Anwaltshaftung, 2. Aufl., Rn. 739), wobei es freilich auf die **Umstände des Einzelfalles** ankommt, **ob der Auftraggeber eine steuerrechtliche Prüfung durch den Rechtsanwalt erwartet** (*Ramm*, aaO). Je nach Mandatsinhalt und Zuschnitt des Beratungsangebotes der Kanzlei ist diese Klausel ggf. zu streichen oder anzupassen.

10. Je nach Mandatsinhalt ist diese Klausel ggf. zu streichen oder anzupassen. Zu beachten ist, dass **das in deutsches Recht transformierte internationale und supranationale Recht kein ausländisches Recht** ist wie auch **das internationale Privatrecht.** Diese Rechtsquellen muss der Rechtsanwalt jedenfalls kennen (vgl.: BGH Urt. v. 22.2.1972 – VI ZR 135/70, NJW 1972, 1044. Vgl. dazu auch: *Gruber* VersRAI 2005, 12; HansOLG Hamburg NJW 1960, 1207; OLG Koblenz NJW 1989, 2699; Leicht, Die Qualifikation der Haftung von Angehörigen rechts- und wirtschaftsberatender Berufe im grenzüberschreitenden Dienstleistungsverkehr, 1. Aufl., 2002, S. 37; *Knöfel* AnwBl 2005, 669). Je nach Mandatsinhalt und Zuschnitt des Beratungsangebotes der Kanzlei ist diese Klausel ggf. zu streichen oder anzupassen.

11. Gem. § 9 RVG ist der Rechtsanwalt berechtigt, einen „angemessenen" Vorschuss zu fordern. Der Rechtsanwalt ist danach berechtigt, seinen Vorschuss **in Höhe der gesamten voraussichtlich anfallenden Gebühren** zu berechnen (BGH NJW 2004, 1047; OLG Bamberg Rechtspfleger 2011, 361; AG Dieburg NJW-RR 2004, 932).

12. Der Honoraranspruch des Rechtsanwalts entsteht mit Entfaltung der anwaltlichen Tätigkeit und wird nach § 8 1 RVG fällig, wenn der Auftrag erledigt oder die Angelegenheit beendet ist (LG München I v. 24.2.2010 – 9 S 16724/09, BeckRS 2010, 05768). Gem. § 10 Abs. 1 S. 1 RVG **kann der Rechtsanwalt** die Vergütung aber **nur einfordern,** wenn er seinem Auftraggeber **eine den Anforderungen des § 10 Abs. 2 RVG entsprechende Berechnung** erteilt hat. **Ohne eine solche Berechnung** ist der Auftraggeber **nicht zur Zahlung verpflichtet** und er **gerät auch nicht in Verzug** (LG München I v. 24.2.2010 – 9 S 16724/09, BeckRS 2010, 05768 mwN; OLG Celle 20.11.2013 – 3 U 75/13; BGH v. 13.7.1984 – III ZR 136/83, AnwBl 1985, 257; BGH Urt. v. 4.7.2002, IX ZR 153/01 – NJW 2002, 2774). Zu beachten ist dabei, dass § 10 Abs. 1 S. 1 RVG jedoch lediglich die Frage betrifft, wann eine entstandene und nach § 8 Abs. 1 S. 1 RVG mit Erledigung des Auftrags oder Beendigung der Angelegenheit fällige Gebühr von dem Mandanten einforderbar ist (BGH Urt. v. 22.3.2011 – VI ZR 63/10, NJW 2011, 2509 mwN). Hiervon zu unterscheiden ist der materiell-rechtliche Kostenerstattungsanspruch (BGH Urt. v. 22.3.2011 – VI ZR 63/10, NJW 2011, 2509). Die Einforderbarkeit gem. **§ 10 Abs. 1 S. 2 RVG** betrifft **lediglich das Innenverhältnis** zum Mandanten (vgl.: BGH v. 22.3.2011 – VI ZR 63/10, NJW 2011, 2509).

13. Gem. **§ 17 Abs. 7 ARB 94** können Ansprüche auf Rechtsschutzleistungen **nur mit schriftlichem Einverständnis des Versicherers** abgetreten werden. Diesem Abtretungsverbot liegt zugrunde, dass der Anspruch des Versicherungsnehmers gegen den Rechtsschutzversicherer auf Schuldbefreiung gerichtet ist, solange der Versicherungsnehmer seinen Kostengläubiger nicht selbst befriedigt hat (OLG Karlsruhe Urt. v. 15.1.2013 – 12 U 155/12). Ein solcher Freistellungsanspruch kann grundsätzlich nicht abgetreten werden, weil dies seinen Inhalt, der in der Regel durch das Eigeninteresse eines bestimmten Gläubigers geprägt ist, verändern würde (§ 399 Alt. 1 BGB). Nur der Freizustellende selbst, d.h. der Versicherungsnehmer, kann die Leistung verlangen (BGH Urt. v. 12.10.2011 – IV ZR 163/10, VersR 2012, 230; OLG Karlsruhe v. 15.1.2013 – 12 U 155/12 – mwN). Die Abtretung eines Freistellungsanspruchs ist allerdings **trotz § 399 Alt. 1 BGB zulässig,** wenn sie an den Gläubiger der Forderung, von welcher der Versicherungsnehmer zu befreien ist, bewirkt worden ist (BGH v. 22.1.1954 – I ZR 34/53, NJW 1954, 795; BGH v. 14.3.1985 – I ZR 168/82, VersR 85, 753; OLG Karlsruhe v. 15.1.2013 – 12 U 155/12, mwN).

14. Grundsätzlich ist ein Rechtsanwalt **nicht gehindert,** sich **durch Aufrechnung mit Honoraransprüchen aus nicht zweckgebundenen Fremdgeldern zu befriedigen** (BGH v. 14.6.2007 – IX ZR 56/06, NJW 2007, 2640 (vgl. dazu auch: *Leithaus* Anmerkung BGH v. 14.6.2007 – IX ZR 56/06, NJW 2007, 2643; BGH WM 2003, 92; BGH MDR 2009, 535; OLG Brandenburg v. 8.5.2007 – 11 U 68/05; OLG Düsseldorf v. 31.10.2011 – I-24 U 87/11. Vgl. zu letzterem auch: *Juretzek* OLG Düsseldorf v. 31.10.2011 – I-24 U 87/11, DStR 2012, 1475). Allerdings besteht die Möglichkeit der Aufrechnung **nicht oder nur eingeschränkt, wenn die eingezogenen Gelder zweckgebunden sind** (OLG Brandenburg v. 5.3.2009 – 12 U 169/08). Denn dann kann sich aus dem Zweck der geschuldeten Leistung, der Natur der Rechtsbeziehungen oder dem Inhalt des Schuldverhältnisses ergeben, dass ein **Aufrechnungsrecht mit dem besonderen Inhalt des betroffenen Rechtsverhältnisses nicht vereinbar** ist (BGH v. 12.9.2002 – IX ZR 66/01, NJW 2003, 140; OLG Karlsruhe AnwBl. 2004, 658; OLG Brandenburg v. 5.3.2009 – 12 U 169/08). Ob die Voraussetzungen vorliegen, ist **im Einzelfall zu prüfen** (BGH v. 12.9.2002 – IX ZR 66/01, NJW 2003, 140; OLG Brandenburg v. 5.3.2009 – 12 U 169/08).

15. Der Rechtsanwalt ist berechtigt zu schweigen, was auch in Form eines **Zeugnisverweigerungsrechtes** in den Prozessordnungen normiert ist (vgl.: § 383 Abs. 1 Nr. 6, § 385 Abs. 2 ZPO; §§ 53 Abs. 1 Nr. 3, 53a StPO; § 98 VwGO; §§ 46 Abs. 2, 80 Abs. 2 ArbGG; §§ 84 Abs. 1 FGO, § 102 Abs. 1 Nr. 3 AO). Dabei erstreckt sich das **Zeugnisverweigerungsrecht gem. § 53a Abs. 1 StPO** auf **Mitarbeiter und Gehilfen** des Rechtsanwalts. Vorausgesetzt wird dabei weder ein soziales Abhängigkeitsverhältnis noch eine berufsmäßige Tätigkeit (BGH NJW 2005, 2406). Unter § 53a StPO fallen auch **gelegentlich oder auch nur einmalig – gefälligkeitshalber ohne Dienstverpflichtung – mithelfende Familienmitglieder,** sofern deren Tätigkeit Bezug zur geschützten Betätigung des Hauptgeheimnisträgers hat, wie Aktensortieren im Gegensatz zu Putzarbeiten. Darauf, ob etwa ein Bürogehilfe als berufsmäßig tätiger Gehilfe im Sinne von § 203 Abs. 3 StGB handelt, kommt es bei § 53a StPO nicht an (BGH NJW 2005, 2406). Entscheidend ist, dass der Berufshelfer ausschließlich aufgrund seiner Tätigkeit zum Zweck der Unterstützung des

Hauptgeheimnisträgers bei dessen beruflicher Arbeit in das Vertrauensverhältnis zwischen dem Berufsgeheimnisträger mit dem, der sich dessen Dienste bedient, einbezogen ist (BGH NJW 2005, 2406 mwN).

16. Unter die **Verschwiegenheitspflicht gemäß § 43a Abs. 2 BRAO** fällt alles, was dem Rechtsanwalt in Ausübung seines Berufs bekannt geworden ist, ohne dass es darauf ankommt, von wem und auf welche Weise er sein Wissen erworben hat (BGH NJW 2011, 1077; *Dahns* NJW-Spezial 2011, 190). Die Pflicht betrifft deshalb auch **Zufallswissen**, das im Rahmen beruflicher Tätigkeit erlangt worden ist (BGH NJW 2011, 1077 mwN). **Abzugrenzen** hiervon ist, **was** dem Anwalt **nur anlässlich seiner beruflichen Tätigkeit zur Kenntnis kommt, ohne** dass ein **innerer Zusammenhang mit dem Mandat** besteht, wie es zB bei solchem Wissen der Fall ist, das der Rechtsanwalt als wartender Zuhörer einer Gerichtsverhandlung erwirbt, die mit seinem Mandat nichts zu tun hat (BGH NJW 2011, 1077 mwN).

17. Der **Mandant ist „Herr des Geheimnisses"** (BGH NJW 2011, 1077; BGHZ 109, 260) bezüglich mandatsbezogener Tatsachen auch dann, wenn sie dem Rechtsanwalt von Dritten mitgeteilt worden sind (BGH NJW 2011, 1077 mwN). Die **Schweigepflicht** des Rechtsanwaltes als Geheimnisträger **erlischt grundsätzlich auch nicht mit dem Tod des Begünstigten** (§ 203 Abs. 4 StGB; BGHZ 91, 398). Die Befugnis, von der Verschwiegenheitspflicht zu entbinden, geht nur insoweit auf den Erben über, als es nicht um Umstände aus dem persönlichen Lebensbereich des Erblassers geht, sondern beispielsweise um vermögensrechtliche Verhältnisse (vgl. § 205 Abs. 2 S. 2 StGB; OLG Stuttgart MDR 1983, 236; BGH NJW 1968, 1773; BGH DNotZ 1975, 420; OLG München AnwBl 1975, 159). Nach dem Tod des Berechtigten und bei Vorliegen einer Einwilligung der Erben hat der Zeuge allein zu entscheiden hat, ob er aussagen will oder nicht (BGH MDR 1980, 815). Die Entscheidung über die Offenlegung des Geheimnisses ist letztlich nicht justitiabel und einer gerichtlichen Überprüfung nicht zugänglich, weil diese von vornherein die Preisgabe des möglicherweise schutzbedürftigen Geheimnisses bedingen würde (BGH NJW 1983, 2627). Dabei ist der Geheimnisträger trotz seiner Dispositionsbefugnis treuhänderisch gebunden und zu einer Gewissensentscheidung verpflichtet, die eine verantwortungsbewusste und vom eigenen Berufsethos getragene Würdigung des mutmaßlichen Willens des Verstorbenen vornimmt, das Ermessen ist in dieser Frage gebunden (OLG Stuttgart MDR 1983, 236 f.). Von der erkennbar gewordenen oder zu vermutenden Willensrichtung des Verstorbenen nicht gedeckte Verweigerungsgründe sind danach sachfremd und daher unbeachtlich (BGHZ 91, 392).

18. Nach dem **AG München** (BRAK-Mitt. 2009, 21) ist das **mehrfache unvernünftige Hinwegsetzen über den fundierten Rat des Anwalts** geeignet, die **Vertrauensbasis** des Mandatsverhältnisses **nachhaltig zu erschüttern**, insbesondere wenn der Mandant **ohne Wissen und entgegen dem Rat seines Prozessbevollmächtigten** einen Schriftsatz mit dem Vorwurf des Prozessbetrugs gegenüber dem Gegner bei Gericht eingereicht und **ohne Rücksprache mit seinem Rechtsanwalt** in der Verhandlung die Ablehnung des Richters aus willkürlichen Gründen beantragt. Der Rechtsanwalt behält in diesem Fall auch bei Mandatsniederlegung seinen Anspruch auf Bezahlung des Vergütung (AG München BRAK-Mitt. 2009, 21).

19. Der **anwaltliche Hinweis auf die Notwendigkeit der Verwaltung und Ordnung von E-Mails** an den Mandanten **ist geboten**. Die E-Mail-Kommunikation nimmt ständig zu. Dabei ist in der Praxis zu beobachten und festzustellen, dass – gerade auch bei Unternehmen – beim dort benannten Sachverarbeiter eingehende E-Mails in vermehrtem Maße im Mail-Postfach „geparkt" und nicht ausgedruckt und geordnet oder einer E-Akte zugeführt werden.

20. Das **Kündigungsrecht gem. § 627 Abs. 1 BGB kann** grds. **nicht durch Allgemeine Geschäftsbedingungen ausgeschlossen werden** (BGH v. 16.5.2013 – IX ZR 204/11, NJW 2013, 2519; BGH v. 8.10.2009 – III ZR 93/09, NJW 2010, 150; BGH v. 11.2.2010 – IX ZR 114/09, NJW 2010, 1520. Vgl. dazu auch: BGH v. 11.2.2010 – IX ZR 114/09, StuB 2010, 331 mAnm *Weyand*; BGH v. 11.2.2010 – IX ZR 114/09, DStR 2010 Heft 14, 716 – 718 mAnm *Juretzek*). Für die Frage, ob das Kündigungsrecht nach § 627 BGB ausnahmsweise doch durch Allgemeine Vertragsbedingungen ausgeschlossen werden kann, kann es auf die Vertragsdauer ankommen, wobei dabei dann die gesamte mögliche Vertragsdauer zu berücksichtigen ist, einschließlich einer Verlängerungsoption des Klauselverwenders und weiterer möglicher vertraglicher Verlängerungstatbestände (OLG Hamburg v. 28.3.2012 – 8 U 103/11, BeckRS 2012, 11479).

21. Zur Vermeidung von Schadenersatzrisiken sollte stets geprüft werden, ob möglicherweise eine **Kündigung zur Unzeit** vorliegen könnte. Gemäß § 627 Abs. 2 S. 1 BGB ist es dem Dienstpflichtigen verwehrt, die Kündigung des Dienstvertrages zur **Unzeit** auszusprechen. Eine derartige Kündigung liegt bei einem Anwaltsvertrag vor, **wenn sie zu einem Zeitpunkt erfolgt, in dem der Mandant nicht in der Lage ist, sich die notwendigen Dienste eines anderen Anwalts zu besorgen** (BGH v. 7.2.2013 – IX ZR 138/11, NJW 2013, 1591 mwN). Daher ist es dem Anwalt verwehrt, das Mandat im oder unmittelbar vor dem Termin zur mündlichen Verhandlung niederzulegen (BGH v. 12.1.1978 – III ZR 53/76, AnwBl 1978, 227; BGH v. 7.2.2013 – IX ZR 138/11, NJW 2013, 1591 mwN). Verstößt der Anwalt gegen das Verbot zur Unzeit zu kündigen, ist zwar die Kündigung **regelmäßig wirksam** (BGH v. 7.2.2013 – IX ZR 138/11, NJW 2013, 1591 mwN), der Anwalt macht sich aber **schadensersatzpflichtig** (BGH v. 4.7.2002 – IX ZR 153/01, NJW 2002, 2774) und handelt **rechtswidrig** (BGH v. 7.2.2013 – IX ZR 138/11, NJW 2013, 1591 mwN).

22. Die **Aussichtslosigkeit einer Rechtssache** kann einen **wichtigen Grund** für die Kündigung des Anwaltsvertrags darstellen (BeckRA-HdB/*Hamm*, 10. Aufl., 2011, § 50 Rn. 58). Lehnt insbesondere der Rechtsanwalt aufgrund der von ihm auftragsgemäß vorzunehmenden, inhaltlich zutreffenden Rechtsprüfung die Begründung einer Berufung, die nach Kündigung des Mandats durch den Mandanten von einem anderen Anwalt vorgenommen wird, ab, verliert er nicht seinen Vergütungsanspruch (BGH Urt. v. 26.9.2013 – IX ZR 51/13, BeckRS 2013, 20957). Zu beachten ist dabei der erforderliche Inhalt des Anwaltsvertrags und insbesondere der konkrete Inhalt der vereinbarten anwaltlichen Rechtsdienstleistungspflicht. So war die Feststellung des LG, dass der dortige Mandant ausdrücklich damit beauftragt worden ist, die Erfolgsaussicht des Rechtsmittels zu prüfen, wichtig für den BGH (BGH Urt. v. 26.9.2013 – IX ZR 51/13 mAnm *Mayer* – beck-fachdienst Vergütungs- und Kostenrecht, FD-RVG 2013, 353196).

23. Die **Nichtzahlung von Vorschüssen** gem. § 9 RVG trotz Mahnung stellt einen **wichtigen Grund für die Kündigung** des Anwaltsvertrags dar (BeckRA-HdB/*Hamm*, 10. Aufl., 2011, § 50 Rn. 58; BGH NJW 2012, 2041; OLG Hamm RVGreport 2011, 238; OLG Karlsruhe BRAK-Mitt. 1989, 115).

24. Zum Begriff der Handakte und insbesondere auch dem **Handaktenbegriff in § 50 BRAO,** der **keine Legaldefinition** enthält, vgl.: Henssler/Prütting/*Offermann-Burckart*, BRAO, 4. Aufl., 2014, § 50 Rn. 4; Hartung/*Scharmer* BORA/FAO 5. Aufl., 2012, BRAO § 50 Rn. 25). In § 50 **Abs. 5 BRAO** ist klargestellt, dass sich der Rechtsanwalt zum Führen seiner Handakten auch der **elektronischen Datenverarbeitung** bedienen darf, die **Handakten also nicht unbedingt in Papierform vorliegen müssen,** sondern etwa auch als Computer-Diskette oder bloße Datei in einem Dokumentenmanagementsystem (DMS) existieren können (Henssler/Prütting/*Offermann-Burckart* BRAO 4. Aufl., 2014 § 50 Rn. 10; Hartung/*Scharmer*, BORA/FAO 5. Aufl. 2012, BRAO § 50 Rn. 140 ff.). Soweit sich der Rechtsanwalt zum Führen der Handakten der elektronischen Datenverarbeitung bedient, ist er **nicht gehalten, gespeicherte Daten auszudrucken und zur Handakte zu bringen** (Henssler/Prütting/*Offermann-Burckart* BRAO 4. Aufl. 2014, § 50 Rn. 10; Hartung/*Scharmer* BORA/FAO 5. Aufl. 2012 BRAO § 50 Rn. 140 ff.).

25. Der Rechtsanwalt, der den Mandanten vor Übernahme des Auftrags schuldhaft nicht darauf hinweist, dass sich die für seine Tätigkeit zu erhebenden Gebühren nach dem Gegenstandswert richten, ist dem Mandanten **zum Ersatz des hierdurch verursachten Schadens verpflichtet** (BGH NJW 2008, 371; BGH NJW 2007, 2332. Vgl. auch: BGH v. 11.10.2007 – IX ZR 105/06 – ZfS 2008, 46 mAnm *Hansens*; BGH v. 11.10.2007 – IX ZR 105/06 mAnm *Madert*– Rechtsanwalt/Hinweispflicht/Gegenstandswert/Beweispflicht, Jur-Büro 2008, 146; BGH v. 11.10.2007 – IX ZR 105/06 mAnm *Grams* – BRAK-Mitt 2008, 14; BGH v. 11.10.2007 – IX ZR 105/06 – AGS 2008, 11 mAnm *Schons*). Der Anwalt muss gemäß § 49b Abs. 5 BRAO, wenn sich seine Gebühren nach dem Gegenstandswert richten (§ 2 Abs. 1 RVG), seinen Mandanten vor Übernahme des Auftrags hierauf hinweisen. Grund für diese Neuregelung war der Umstand, dass es in der Vergangenheit immer wieder zu Unzuträglichkeiten geführt hatte, wenn Mandanten vor allem bei hohen Gegenstandswerten von der Abrechnung „überrascht" wurden (BGH NJW 2008, 371). Dabei ging der Gesetzgeber davon aus, dass nach einem entsprechenden Hinweis ein Mandant, der die Folgen dieser Form der Gebührenberechnung nicht abschätzen kann, den Rechtsanwalt hierzu näher befragt. Die vorvertragliche Pflicht, den zukünftigen Mandanten gemäß § 49b Abs. 5 BRAO zu belehren, dient in erster Linie dem Schutz des Mandanten (BGH NJW 2008, 371). Eine schuldhafte Verletzung dieser Pflicht führt deshalb gemäß § 280 Abs. 1, § 311 Abs. 2 BGB zur Schadensersatzpflicht des Rechtsanwalts (BGH NJW 2008, 371; BGH NJW 2007, 2332). Die Beweislast für die Nichterfüllung der Hinweispflicht trägt der Mandant (BGH NJW 2008, 371). Dabei besteht für den Rechtsanwalt keine privatrechtliche Dokumentationspflicht. Aus einem Schuldverhältnis kann sich zwar gemäß § 242 BGB eine Dokumentationspflicht des Vertragspartners ergeben, der die Belange des anderen wahrzunehmen hat und dabei Maßnahmen oder Feststellungen trifft, die der andere nicht selbst erkennen oder beurteilen kann (BGH NJW 2008, 371; BGH WM 1985, 138). Eine solche Pflicht, die etwa Ärzte trifft (BGHZ 72, 132; BGH NJW 1999, 3408; BGH NJW 2008, 371), besteht aber bei der Beratung durch Rechtsanwälte und Steuerberater (BGH NJW 1988, 200; BGH NJW 1992, 1695) ebenso wenig wie bei der Anlageberatung durch Kreditinstitute (BGH NJW 2008, 371; BGHZ 166, 56).

26. Im Gegensatz zum früher geltenden § 13 a FGG, bei dem der Grundsatz galt, dass jeder Beteiligter seine außergerichtlichen Kosten selbst zu tragen hat – ist **dem neuen § 81 Abs. 1 S. 1 FamFG keine Grundsatzregelung bzw. kein Regel-Ausnahme-Verhältnis zu entnehmen** (OLG Schleswig v. 31.10.2013 – 3 Wx 46/13, BeckRS 2013, 21786). Insbesondere kann aus den Regelungen in § 81 Abs. 1 und Abs. 2 FamFG nicht der Schluss gezogen werden, dass dann, wenn kein Regelbeispielfall gemäß § 81 Abs. 2 FamFG und auch kein einem Regelbeispiel entsprechender Fall vorliegt, in der Regel keine Kostenerstattung stattfindet (OLG Schleswig v. 31.10.2013 – 3 Wx 46/13, BeckRS 2013, 21786). Die Anordnung einer Erstattung der außergerichtlichen Kosten bzw. die Anordnung, dass keine Kostenerstattung stattfindet, hat sich vielmehr **als Ergebnis einer stets vorzunehmenden Billigkeitserwägung** darzustellen (OLG Schleswig v. 8.11.2010 – 3 Wx 123/10, NJW-RR 2011, 576; OLG München v. 30.4.2012 – 31 Wx 68/12, FamRZ 2012, 1895; (OLG Schleswig v. 31.10.2013 – 3 Wx 46/13, BeckRS 2013, 21786 mwN). Mit der Regelung in § 81 Abs. 1 S. 1 FamFG hat sich der Gesetzgeber bewusst dagegen entschieden, ausschließlich das Verhältnis von Obsiegen und Unterliegen zum Maßstab der Kostenverteilung zu machen (wie es nach den §§ 91 f ZPO im Zivilprozessverfahren gilt) (OLG Schleswig v. 31.10.2013 – 3 Wx 46/13, BeckRS 2013, 21786). Allerdings ist das **Maß des Obsiegens und Unterliegens** in streitigen FamFG-Verfahren, insbesondere in Antragsverfahren ein Umstand, der **im**

Rahmen der gemäß § 81 Abs 1 S. 1 FamFG gebotenen **Billigkeitserwägung zu berücksichtigen** ist. **Daneben** können in die Billigkeitserwägung einfließende Gesichtspunkte folgende Umstände sein: Die Art der Verfahrensführung, das Vorbringen unwahrer Behauptungen, eine objektiv von vornherein erkennbare Aussichtslosigkeit des Antrages bzw. der
erhobenen Einwendung und eine schuldhafte Veranlassung des Verfahrens (OLG Schleswig
v. 8.11.2010 – 3 Wx 123/10 – NJW-RR 2011, 576; OLG München v. 30.4.2012 – 31 Wx
68/12, FamRZ 2012, 1895; OLG Schleswig v. 31.10.2013 – 3 Wx 46/13, BeckRS 2013,
21786 mwN).

27. Gem. dem als Maßstab heranzuziehenden § 4a BDSG (vgl. BGH, 11.11.2009 –
VIII ZR 12/08, NJW 2010, 864) muss die Einwilligung auf einer **freien Entscheidung des
Betroffenen** beruhen (§ 4a Abs. 1 S. 1 BDSG). Dies erfordert zunächst, dass die Einwilligung **ohne Zwang** erfolgt. Ein solcher ist insbesondere dann anzunehmen, wenn die
Einwilligung in einer **Situation wirtschaftlicher oder sozialer Schwäche oder Unterord-
nung** erteilt wird oder wenn der Betroffene durch **übermäßige Anreize finanzieller oder
sonstiger Natur** zur Preisgabe seiner Daten verleitet wird (BGH v. 11.11.2009 – VIII ZR
12/08 – NJW 2010, 864; BGH v. 16.7.2008 – VIII ZR 348/06, NJW 2008, 3055). Es
darf keine ins Gewicht fallende Hemmschwelle bestehen, die den Verbraucher davon
abhalten kann, von seiner Entscheidungsmöglichkeit Gebrauch zu machen (OLG Köln
17.6.2011 – 6 U 8/11, WM 2011, 1600 mwN). Zudem muss der Verbraucher **über
Umfang und Folgen der Einwilligung hinreichend informiert** sein. Inhaltlich erfordert
§ 4a Abs. 1 S. 2 BDSG, dass der Verbraucher auf den vorgesehen Zweck der Verwendung
der Daten hingewiesen wird; zudem muss die Einwilligung **hinreichend bestimmt** sein,
d. h. erkennen lassen, unter welchen Bedingungen welche Daten genutzt werden dürfen,
damit der Betroffene die Tragweite seines Einverständnisses erkennen kann (OLG Köln v.
17.6.2011 – 6 U 8/11, WM 2011, 1600 mwN).

4. Vergütungsvereinbarung Pauschalhonorar

Vergütungsvereinbarung[1, 2, 3]

§ 1 Vertragspartner[4]

§ 2 Rechtsdienstleistung[5]

Gegenstand dieser Vergütungsvereinbarung ist die vom Mandanten beauftragte und im
Anwaltsvertrag vom . . . . . . unter Einbeziehung der Allgemeinen Vertragsbedingungen
des Rechtsanwaltes geregelte Rechtsdienstleistung, insbesondere . . . . . . (Beratung und
Vertretung des Mandanten im Verfahren . . . . . . (Gericht) . . . . . . (Gerichtsort) . . . . . .
(Aktenzeichen) . . . . . . (Rubrum)).

Alternative:

(1) In den Urteilen des Arbeitsgerichtes . . . . . . (Gerichtsort) vom . . . . . . und des
Landesarbeitsgerichtes . . . . . . (Gerichtsort) vom . . . . . . wurde die Kündigungsschutzklage des Mandanten abgewiesen. Die Revision wurde nicht zugelassen.

(2) Der Mandant hat den Rechtsanwalt mit der Einlegung[6] der Nichtzulassungsbeschwerde[7]
gegen die in § 2 (1) dieser Vereinbarung genannten Urteile beauftragt.

§ 3 Vergütung (Pauschalhonorar)

(1) Für die in § 2 vereinbarte Rechtsdienstleistung zahlt der Mandant an den Rechtsanwalt ein Pauschalhonorar in Höhe von . . . . . .EUR netto.[8]

(2) Für den Fall, dass die gesetzliche Vergütung für die vorgenannte Tätigkeit über dem vereinbarten Pauschalhonorar liegt, ist die gesetzliche Vergütung maßgeblich.[9] Gleiches gilt für den Fall, dass diese Vergütungsvereinbarung unwirksam oder nichtig sein oder werden sollte.

(3) Die Parteien gehen davon aus, dass es im Rahmen der unter § 2 vereinbarten Rechtsdienstleistung allein erforderlich ist, die Nichtzulassungsbeschwerde einzulegen, diese zu begründen und gerichtliche Verfügungen oder gerichtliche Entscheidungen an den Mandanten zu übermitteln. Sollten darüber hinaus weitere Tätigkeiten des Rechtsanwaltes erforderlich werden und sollte es insbesondere dazu kommen, dass weitere Schriftsätze erstellt werden müssen, dass Termine[10] wahrgenommen werden müssen, so werden die Parteien gesondert eine Vereinbarung über die weitere Vergütung über diese Tätigkeiten treffen.[11]

§ 4 Auslagen

Auslagen des Rechtsanwaltes (zB Kopierkosten, Kosten für Post und Telefon, Reisekosten, Tage- und Abwesenheitsgeld) und die gesetzliche Umsatzsteuer sind durch die in § 3 dieser Vereinbarung geregelte Vergütung nicht abgegolten und werden zusätzlich nach den gesetzlichen Vorschriften (Nr. 7000 ff. des Vergütungsverzeichnisses (VV RVG)) abgerechnet.

§ 5 Hinweise

(1) Der Mandant wird und wurde vor Abschluss und Unterzeichnung der Vergütungsvereinbarung darauf hingewiesen, dass sich die nach dem RVG zu erhebenden Gebühren nach dem Gegenstandswert richten.[12]

(2) Der Mandant wird und wurde vor Abschluss und Unterzeichnung der Vergütungsvereinbarung darauf hingewiesen, dass die Staatskasse, eine gegnerische Partei oder ein Verfahrensbeteiligter im Falle der Kostenerstattung regelmäßig nicht mehr als die gesetzliche Vergütung erstatten muss.[13]

. . . . . ., den . . . . . .

(Unterschriften)[14]

Schrifttum: *Busse*, Anmerkung BGH v. 21.10.2010 – IX ZR 37/10 – DStR 2011, 833; *Gerold/Schmidt/Mayer*, RVG, 21. Aufl., 2013; *Hansens*, Praxishinweis zum Beschluss des BVerfG v. 15.6.2009 (Vermutung unangemessener Höhe einer Vergütungsvereinbarung; *Hartung/Schons/Enders*, RVG, 2010; *Hofmann*, Aktuelle Rechtsprechung zu Vergütungsvereinbarungen, BRAK-Mitt. 2011, 218; *Hölscheidt*, Vereinbarung und Durchsetzung von Zeithonoraren – Anmerkungen zum BGH-Urteil v. 21.10.2010 – IX ZR 37/10, NWB 2011, 2558; *Kilian*, Die richterliche Kontrolle der Angemessenheit von Vereinbarungen über die Vergütung von Rechtsanwälten, BB 2009, 2098; *Leipold/Beukelmann*, Freie Fahrt für Vergütungsvereinbarungen, NJW-Spezial 2009, 584; *Schons*, Anmerkung BGH v. 21.10.2010 – IX ZR 37/10 – AGS 2011, 9; *Schons*, Anwalt, kommst Du nach Düsseldorf, lass alle Hoffnungen fahren, BRAK-Mitt. 2010, 52; *Wattenberg*, Anmerkung BVerfG v. 15.6.2009 – 1 BvR 1342/07 u. BGH v. 19.5.2009 – IX ZR 174/06 – StV 2010, 89; *Zuck*, Der Rechtsanwalt im Verfassungsbeschwerdeverfahren, NJW 2013, 2248.

Anmerkungen

1. Bezeichnung Vergütungsvereinbarung → Form. G. III. 2 Anm. 1.

2. Bezeichnung Vergütungsvereinbarung → Form. G. III. 2 Anm. 2.

3. Bezeichnung Vergütungsvereinbarung → Form. G. III. 2 Anm. 3.

4. Vertragspartner → Form. G. III. 2 Anm. 4.

5. Rechtsdienstleistung → Form. G. III. 1 § 2 dort → Anm. 6.

6. Je nach dem Inhalt der Verhandlung und der Einigung mit dem Mandanten ist zu prüfen, ob die Formulierung der anwaltsvertraglichen Vereinbarung dahin ergänzt wird, dass ausdrücklich auch die Prüfung der Erfolgsaussichten der Nichtzulassungsbeschwerde beauftragt ist. Dies da die **Aussichtslosigkeit einer Rechtssache** einen **wichtigen Grund** für die **Kündigung des Anwaltsvertrags** darstellen kann (BeckRA-HdB/Büchting/Heussen/ *Hamm* § 50 Rn. 58). Lehnt dann der Rechtsanwalt aufgrund der von ihm auftragsgemäß vorzunehmenden, inhaltlich zutreffenden Rechtsprüfung die Begründung einer Berufung bzw. einer Nichtzulassungsbeschwerde, die nach Kündigung des Mandats durch den Mandanten von einem anderen Anwalt vorgenommen wird, ab, **verliert der Rechtsanwalt nicht seinen Vergütungsanspruch** (vgl.: BGH v. 26.9.2013 – IX ZR 51/13, BeckRS 2013, 20957). Für die Bejahung eines solchen Anspruchs des Rechtsanwaltes stellt die Rspr. auf den **Wortlaut des Vertrags und den konkreten Inhalt der vereinbarten anwaltlichen Rechtsdienstleistungspflicht** ab. So war in dem vom BGH entschiedenen Fall die Feststellung des LG, dass der dortige Mandant ausdrücklich damit beauftragt worden ist, die Erfolgsaussicht des Rechtsmittels zu prüfen, von Bedeutung (vgl.: *Mayer*, Anmerkung BGH v. 26.9.2013 – IX ZR 51/13, beck-fachdienst Vergütungs- und Kostenrecht, FD-RVG 2013, 353196). Dabei geht die Rspr. davon aus, dass der Rechtsanwalt grds. gehalten ist, seinem Mandanten **von der Durchführung eines aussichtslosen Rechtsmittels abzuraten** (BGH v. 5.12.2013 – IX ZB 291/11, WM 2014, 418; BGH v. 18.4.1958 – IV ZB 44/58, NJW 1958, 1092; BGH v. 17.4.1986 – IX ZR 200/85, NJW 1986, 2043; BGH v. 26.9.2013 – IX ZR 51/13, NJW 2014, 317). Davon ausgehend wird der Mandant im Blick auf die Erfolgsquoten (→ Form. G. III. 4 Anm. 7) von Nichtzulassungsbeschwerden oder Verfassungsbeschwerden regelmäßig entsprechend zu belehren sein.

7. Bei der Entscheidung des Rechtsanwaltes und der entsprechenden Verhandlung mit dem Mandanten, ob eine Zeithonorarabrede oder eine Pauschalhonorarabrede getroffen werden soll bzw. getroffen wird, eignen sich grds. Verfahren wie die **Verfassungsbeschwerde** (Vgl. dazu das Formulierungsmuster bei Gerold/Schmidt/*Mayer*, § 3a RVG Rn. 82), die Einlegung einer **Beschwerde zum EGMR** (Vgl. dazu: *Kleine-Cosack*, Verfassungsbeschwerden und Menschenrechtsbeschwerde, 3. Aufl., 2014) oder das Nichtzulassungsbeschwerdeverfahren gem. **§ 72a ArbGG** für die Vereinbarung des Pauschalhonorars. **Beispielsweise im letztgenannten Verfahren gem. § 72a ArbGG** begegnet der Rechtsanwalt regelmäßig **sehr schwer überwindbaren Hürden.** Ausweislich des Geschäftsberichtes des BAG 2013 waren von den Nichtzulassungsbeschwerden nur 88 Beschwerden (5,7 %) und im Vorjahr 2012 nur 198 (6,5 %) erfolgreich (Im Bereich der Verfassungsbeschwerde sind die Erfolgsaussichten statistisch noch geringer. Seit Gründung des Bundesverfassungsgerichts im Jahr 1951 bis Ende des Jahres 2010 waren ausweislich der statistischen Berichte nur 4.308 Verfassungsbeschwerden erfolgreich, was durchschnittlich 73 jährlich und einer „Erfolgsquote" von 2,4 % entspricht. Dabei lag die Erfolgsquote zB im Jahr 2010 bei 1,71 % und im Jahr 1997 bei 0.97 % was bedeutet, dass ca. 98 % aller Verfassungsbeschwerden ohne Erfolg geblieben sind (vgl. auch *Zuck* NJW 2013, 2248: Erfolgsquote 2012: 2,78 %). Die Nichtzulassungsbeschwerde gem. § 72a ArbGG ist mangels Devolutiveffekt kein Rechtsmittel, sondern ein Rechtsbehelf und es geht nicht um die Überprüfung der Sachentscheidung des Landesarbeitsgerichts, sondern um die Frage, ob das Rechtsmittel gegen diese Sachentscheidung überhaupt erst zugelassen werden, kann wobei das Revisionsgericht auf die Tatbestände des § 72a ArbGG beschränkt ist (vgl.: BAG v. 12.9.2012 – 5 AZN 1743/12 (F), NZA 2012, 1319 mwN) und auch für die **Darlegung dieser Tatbestände des § 72a ArbGG** sehr **schwer zu überwindende Anforderungen** bestehen (vgl. dazu: BAG v. 15.10.2012 – 5 AZN 1958/12, NJW 2013, 413). Diese in den Verfahren bei Bundesgerichten gestellten Anforderungen bedingen einen Arbeitsaufwand, der durch die gesetzlichen Gebühren (vgl. zB BAG v. 13.11.2013 – 10 AZB 27/13: Streitwert 1.317,33 EUR; BAG v. 7.5.2013 – 10 AZB 8/13: Streitwert 200,00 EUR; BAG v. 17.2.2014 – 10 AZB 81/13: Streitwert 450,00 EUR) oft nicht abgedeckt ist. So spricht zB *Zuck* für den Bereich des Verfassungsbeschwerdeverfahrens und im Blick auf § 37 RVG sowie die dort an den Rechtsanwalt gestellten Anforderungen davon, dass der hochgerechnete Stundensatz – soweit nicht eine angemessene Vergütungsvereinbarung abgeschlossen wird – im Zweifelsfall niedriger liegt, als der einer Putzhilfe (Vgl. *Zuck* NJW 2013, 2248 (2249)).

8. Bei der **Vereinbarung der Höhe des Pauschalhonorars** müssen die **von der Rspr. gesetzten Grenzen – Sittenwidrigkeit gem. § 138 BGB** – in den Blick genommen werden. **Der BGH** (BGH v. 21.10.2010 – IX ZR 37/10, NJW 2011, 63; vgl dazu auch: *Schons*, Anmerkung BGH v. 21.10.2010 – IX ZR 37/10, AGS 2011, 9; *Busse*, Anmerkung BGH v. 21.10.2010 – IX ZR 37/10, DStR 2011, 833; *Hölscheidt*, Vereinbarung und Durchsetzung von Zeithonoraren – Anmerkungen zum BGH-Urteil v. 21.10.2010 – IX ZR 37/10, NWB 2011, 2558) **geht davon aus**, dass die **mehr als fünffache Überschreitung der gesetzlichen Höchstgebühren** nach wie vor eine **tatsächliche Vermutung für die Unangemessenheit der vereinbarten Vergütung begründet** (vgl. auch: OLG München v. 3.5.2012 – 24 U 646/10, NJW 2012, 8). Dabei soll in **Einschränkung der zuvor vom BVerfG** (BVerfG Urt. v. 15.6.2009 – 1 BvR 1342/07, NJW-RR 2010, 259; vgl. dazu auch: *Wattenberg*, Anmerkung BVerfG v. 15.6.2009 – 1 BvR 1342/07 u. BGH Urt. v. 19.5.2009 – IX ZR 174/06, StV 2010, 89; *Leipold/Beukelmann* NJW-Spezial 2009, 584; *Kilian* BB 2009, 2098; *Hansens* StRR 2009, 318; *Hansens* RVGreport 2009, 299; *ders.*, Anmerkung BVerfG v. 15.6.2009 – 1 BvR 1342/07, ZfS 2009, 526) **aufgestellten Grundsätze** zwar **der in einer Gebührenvereinbarung zum Ausdruck kommende Vertragswille der Parteien auf einen sachgerechten Interessenausgleich schließen lassen,** der **grundsätzlich zu beachten** sei, weshalb die Entkräftung der tatsächlichen Vermutung der Unangemessenheit nicht von überzogenen Anforderungen abhängig gemacht werden dürfe. Die bei einem qualifizierten Überschreiten der gesetzlichen Gebühren eingreifende Vermutung der Unangemessenheit könne nicht nur in Fällen ganz ungewöhnlicher, geradezu extremer einzelfallbezogener Umstände widerlegt werden. Vielmehr könne auch in nicht durch derartige tatsächliche Verhältnisse geprägten Gestaltungen das Vertrauen in die Integrität der Anwaltschaft im Blick auf die Vergütungshöhe dann nicht beeinträchtigt sein, wenn nachgewiesen ist, dass die vereinbarte Vergütung im konkreten Fall unter Berücksichtigung aller Umstände gleichwohl angemessen ist (BGH v. 21.10.2010 – IX ZR 37/10, NJW 2011, 63). Dabei ist zu beachten, dass bei Angelegenheiten mit kleineren und mittleren Streitwerten aus dem Quotienten von berechnetem Honorar und gesetzlichen Gebühren allein ein sittenwidriges Missverhältnis von anwaltlicher Leistung und vereinbarter Gegenleistung nicht entnommen werden kann (BGH Urt. v. 3.4.2003 – IX ZR 113/02, NJW 2003, 2386; BGH v. 30.5.2000 – IX ZR 121/99, NJW 2000, 2669; BGH v. 4.7.2002 – IX ZR 153/01, NJW 2002, 2774), wobei die Rspr. das grds. dann gelten lassen will, wenn eine arbeitszeitabhängige Vergütung vereinbart wurde, der vereinbarte Stundensatz nicht außergewöhnlich hoch ist und die Gesamtvergütung durch die Anzahl der rechnungsmäßig anfallenden Stunden – anders als die gesetzlichen Wertgebühren – aufwandsabhängig wächst, **da eine aufwandsangemessene anwaltliche**

Honorarvereinbarung das Sittengesetz nicht verletzen kann (BGH v. 3.4.2003 – IX ZR 113/ 02, NJW 2003, 2386). Vgl. zur Quotientenrechtsprechung des BGH im Bereich der Vertretung speziell in strafrechtlichen Angelegenheiten: Burhoff, RVG Straf- und Bußgeld- sachen, 3. Aufl., Teil A: Vergütungsvereinbarung, § 3a, Rn. 1537). Gerade der letztgenannte vom BGH aufgestellte Grundsatz legt nahe, grds. der Zeithonorarabrede den Vorzug gegenüber der Pauschalhonorarabrede zu geben.

9. → Form. G. III. 1 § 3 Vergütung dort → Anm. 9. Eine ausdrückliche oder konkludente Vereinbarung, auf das **gesetzliche Mindesthonorar zu verzichten**, ist wegen Verstoßes gegen **§ 49 b Abs. 1 S. 1 BRAO i. V. m. § 134 BGB nichtig** (OLG Hamm v. 29.3.2012 – I-4 U 167/ 11, MMR 2012, 602; AG München v. 3.3.2011 – 223 C 21648/10).

10. Gem. **§ 72a Abs. 5 S. 1 ArbGG** entscheidet das BAG durch Beschluss, der **ohne mündliche Verhandlung** ergehen kann. Regelmäßig findet keine mündliche Verhandlung statt. Betreffend den Fall der Wiederaufnahme des Verfahrens gegen einen Beschluss des Bundesarbeitsgerichts, durch den eine Nichtzulassungsbeschwerde verworfen oder zu- rückgewiesen wurde, hat das BAG ausgeführt, dass durch Beschluss zu entscheiden ist, der entsprechend **§ 72a Abs. 5 ArbGG aufgrund freigestellter mündlicher Verhandlung** ergeht (BAG v. 12.9.2012 – 5 AZN 1743/12 (F), NZA 2012, 1319; BAG v. 18.10.1990 – 8 AS 1/90, NJW 1991, 1252; BAG v. 11.1.1995 - 4 AS 24/94, NJW 1995, 2125).

11. Wird ein Anwaltsvertrag mit einer **Pauschalhonorarvereinbarung** vom Mandanten **vorzeitig wirksam gekündigt**, so kann der Rechtsanwalt grundsätzlich gem. **§ 628 Abs. 1** BGB nur den Teil der Vergütung verlangen, der seiner bis zur Kündigung ausgeführten Tätigkeit entspricht (BGH v. 17.10.1996 – IX ZR 37/96, NJW 1997, 188; BGH v. 30.3.1995 – IX ZR 182/94, NJW 1995, 1954; BGH v. 16.10.1986 – III ZR 67/85, NJW 1987, 315; BGH v. 27.2.1978 – AnwSt (R) 9/77, NJW 1978, 2304; OLG Düsseldorf v. 23.7.2009 – I-24 U 200/08, GI aktuell 2010, 88 mwN). Durch **Individualvereinbarung** kann in gewissen Grenzen eine **von der gesetzlichen Regelung der §§ 627, 628 BGB abweichende Bestimmung** getroffen werden (vgl. zu § 627 BGB: BGH Urt. v. 19.5.2005 – III ZR 437/04, NJW 2005, 2543; BGH v. 8.10.2009 – III ZR 93/09, NJW 2010, 150 und zu § 628 BGB: BGH v. 16.10.1986 – III ZR 67/85, NJW 1987, 315; BGH v. 27.2.1978 – AnwSt (R) 9/77, NJW 1978, 2304; BGH v. 8.10.2009 – III ZR 93/09, NJW 2010, 150).

12. Hinweis Abrechnung Gegenstandswert → Form. G. III. 1 § 5 dort → Anm. 10. Die **konkrete Angabe des** von Rechtsanwalt und Mandant bei Abschluss der Pauschal- honorarabrede **als Geschäftsgrundlage betrachteten Gegenstandswertes** kann im Blick auf § 138 BGB und die diesbezüglichen Grundsätze der Rspr. (→ Form. G. III. 4 Anm. 8) geboten sein.

13. Nach dem klaren Wortlaut des § 3a Abs. 1 S. 3 RVG muss nicht darauf hingewie- sen werden, dass **auch die Rechtsschutzversicherung lediglich die gesetzlichen Gebühren zu erstatten** hat (So zutreffend: Gerold/Schmidt/*Mayer*, RVG, 21. Aufl., 2013, § 3a RVG Rn. 65. A. A.: Hartung/Schons/Enders/*Schons*, § 3a Rn. 15).

14. Unterschriften: → Form. G. III. 2 Anm. 14.

5. Anwaltsvertrag Dauerberatung

Anwaltsvertrag

§ 1 Vertragspartner

(1) Rechtsanwalt . . . . . .

– im Folgenden: Rechtsanwalt –

(2) Firma . . . . . .[1], vertreten durch Herrn/Frau . . . . . .

– im Folgenden: Mandant –

§ 2 Rechtsdienstleistung

(1) Der Rechtsanwalt wird als Rechtsanwalt[2] wie folgt für den Mandanten tätig:

Außergerichtliche[3] Beratung und Vertretung des Mandanten im Bereich (. . . . . .)[4]

Die vom Rechtsanwalt zu erbringende Rechtsdienstleistung umfasst:

- Führung Korrespondenz mit Geschäftspartnern/Gegnern
- Überprüfung und Erstellung von Verträgen/Urkunden/Schriftwechsel
- Erstattung von Gutachten/gutachterlichen Stellungnahmen
- Vorbereitung/Mitwirkung an Verhandlungen mit Geschäftspartnern, Gegnern und Dritten
- Erteilung schriftlicher und (fern)mündlicher Auskünfte.

(2) Die Beauftragung des Rechtsanwaltes durch den Mandanten erfolgt jeweils im Einzelfall unter Beachtung der üblichen Öffnungszeiten der Kanzlei (fern-)mündlich und/oder per E-Mail oder schriftlich.[5]

(3) Inhalt und Zielrichtung der Beauftragung des Rechtsanwaltes ist nicht, beim Mandanten interne Prozesse zu optimieren und gegen den Mandanten gerichtete Pflichtverstöße aufzudecken und zukünftig zu verhindern und auch nicht, von dem Mandanten ausgehende Rechtsverstöße zu beanstanden und zu unterbinden.[5]

(4) Der Rechtsanwalt schuldet keine steuerliche Beratung.[6]

(5) Der Rechtsanwalt schuldet keine Beratung nach ausländischem Recht.[7]

(6) Keine Anwendung findet dieser Vertrag auf gerichtliche und behördliche Verfahren einschließlich der Zwangsvollstreckung. Solche Tätigkeiten des Rechtsanwaltes werden gesondert nach dem Rechtsanwaltsvergütungsgesetz (RVG) vergütet.[3]

§ 3 Vergütung

(1) Die Vergütung des Rechtsanwaltes für außergerichtliche Beratung und Vertretung richtet sich nach der gesondert abzuschließenden Vergütungsvereinbarung.[8]

(2) Wird eine gesonderte Vergütungsvereinbarung nicht abgeschlossen, richtet sich die Vergütung der Rechtsdienstleitung nach dem Rechtsanwaltsvergütungsgesetz (RVG). Gleiches gilt, wenn eine abgeschlossene Vergütungsvereinbarung ganz oder teilweise unwirksam oder nichtig ist oder wird.

§ 4 Laufzeit des Vertrags; Kündigung

(1) Der Vertrag beginnt am (. . . . . .) und wird auf unbestimmte Zeit abgeschlossen.

(2) Der Vertrag kann mit einer Frist von einem Monat zum Monatsende ordentlich gekündigt werden.[9]

(3) Das Recht zur außerordentlichen Kündigung bleibt unberührt.

§ 5 Haftungsbeschränkung

Die Beschränkung der Haftung des Rechtsanwaltes erfolgt in gesonderter Vereinbarung.[10, 11]

Alternative:

(1) Die Haftung des Rechtsanwaltes für Vermögensschäden des Mandanten aufgrund beruflicher Versehen des Rechtsanwalts wird beschränkt.

(2) In Fällen einfacher Fahrlässigkeit ist die Haftung des Rechtsanwaltes für jeden Fall der Beratung oder der Vertretung auf einen Betrag in Höhe von 1.000.000,00 EUR (In Worten: eine Million EURO) beschränkt.

§ 6 Allgemeine Vertragsbedingungen

Es besteht Einigkeit, dass die diesem Vertrag angefügten Allgemeinen Vertragsbedingungen des Rechtsanwaltes in das Vertragsverhältnis einbezogen sind.

§ 7 Hinweise

Der Mandant wurde vor Abschluss und Unterzeichnung des Anwaltsvertrages darauf hingewiesen, dass sich die nach dem RVG zu erhebenden Gebühren nach dem Gegenstandswert richten.

. . . . . ., den . . . . . .

(Unterschriften)

Schrifttum: *Barton*, Der Compliance-Officer im Minenfeld des Strafrechts – Folgewirkungen des Urteils des BGH vom 17.7.2009 – 5 StR 394/08 – auch für den Datenschutzbeauftragten?, RDV 2010, 19; *Berndt*, Anmerkung BGH v. 17.7.2009 – 5 StR 394/08 – StV 2009, 687; *Bittmann*, Anmerkung BGH v. 17.7.2009 – 5 StR 394/08 – ZInsO 2009, 1584; *Dannecker/Dannecker*, Die Verteilung der strafrechtlichen Geschäftsherrenhaftung im Unternehmen, JZ 2010, 981; *Deutscher*, Zur Strafbarkeit des Compliance Officer – Erhöhte Berufsrisiken nach dem Urteil des BGH vom 17.7.2009 = WM 2009, 1882, WM 2010, 1387; *Favoccia/Richter*, Rechte, Pflichten und Haftung des Compliance Officers aus zivilrechtlicher Sicht, AG 2010, 137; *Henke*, Die deutsche Mindestgebührenregelung ist nicht europarechtswidrig – zur EuGH-Entscheidung vom 5.12.2006 in Sachen Cipolla und Meloni, AGS 2006, 2; *Jungbauer*, Rechtsanwaltsvergütung, 5. Aufl., 2010; *Juretzek*, Anmerkung BGH v. 11.2.2010 – IX ZR 114/09 – DStR 2010 Heft 14, 716; *Kern*, Anmerkung EuGH v. 5.12.2006 – C-94/04 und C-202/04 – ZEuP 2008, 411; *Kilian*, RVG-Mindestgebühren für Prozesse: Auslauf- oder Zukunftsmodell?, AnwBl. 2012, 408; *Kretschmer*, Anmerkung BGH v. 17.7.2009 – 5 StR 394/08 – JR 2009, 471; *Mailänder*, Anwaltliches Gebührenrecht im europäischen Aufwind, NJW 2007, 883; *Mosbacher/Dierlamm*, Anmerkung BGH v. 17.7.2009 – 5 StR 394/08 –, NStZ 2010, 268; *Rübenstahl*, Anmerkung BGH v. 17.7.2009 – 5 StR 394/08 – NZG 2009, 1341; *Rönnau/Schneider*, Der Compliance-Beauftragte als strafrechtlicher Garant – Überlegungen zum BGH-Urteil vom 17.7.2009, Az.: 5 StR 394/08, in ZIP 2009, 1867, ZIP 2010, 53; *Rößler*, Ausdehnung von Garantenpflichten durch den BGH?, WM 2011, 918; *Steinheimer*, Strafbarkeitsrisiko im Bereich Compliance – Stolperstein Nichtstun, AuA 2010, 24; *Stoffers*, Anmerkung BGH v. 17.7.2009 – 5 StR 394/08 – NJW 2009, 3173; *Warneke*, Die Garantenstellung von Compliance-Beauftragten, NStZ 2010, 312; *Weyand*, Anmerkung BGH v. 11.2.2010 – IX ZR 114/09 -, StuB 2010, 331; *Wolf*, Der Compliance-Officer – Garant, hoheitlich Beauftragter oder Berater im Unternehmensinteresse zwischen Zivil-, Straf- und Aufsichtsrecht?, BB 2011, 1353; *Wybitul*, Anmerkung BGH v. 17.7.2009 – 5 StR 394/08 – BB 2009, 2263; *Zimmermann*, Die straf- und zivilrechtliche Verantwortlichkeit des Compliance Officers, BB 2011, 634; *Zimmermann*, Haftungsbeschränkung statt Versicherung? – Zur Reichweite von § 51 a BRAO, NJW 2005, 177.

Anmerkungen

1. Der **Rechtsanwalt** handelt **bei Abschluss des Anwaltsvertrags** mit seinem Mandanten in Ausübung seiner beruflichen Tätigkeit und ist mithin **Unternehmer iSd § 14 BGB** (*Blattner*, Die Vertragsgestaltung im Anwaltsvertrag unter besonderer Berücksichtigung Allgemeiner Mandatsbedingungen, 2012, S. 36 mwN). Solche mit einer Firma abgeschlossenen „**Beratungsverträge**" dürften regelmäßig nicht als Verbraucherverträge sondern als „**B2B-Verträge**" anzusehen sein (vgl. zu B2B-Verträgen nur: *Kieninger*, AGB bei B2B-Verträgen: Rückbesinnung auf die Ziele des AGB-Rechts, AnwBl. 2012, 301). Gleichwohl sollte beachtet werden, dass **unternehmerisches Handeln ein selbständiges und planmäßiges, auf gewisse Dauer angelegtes Anbieten entgeltlicher Leistungen am Markt** erfordert, wobei eine Gewinnerzielungsabsicht nicht erforderlich ist (BGH v. 13.3.2013 – VIII ZR 186/12 – NJW 2013, 2107; BGH v. 29.3.2006 – VIII ZR 173/05 – NJW 2006, 2250). Auch **Nebentätigkeiten und branchenfremde Tätigkeiten** werden erfasst, sofern sie im Zusammenhang mit der selbständigen beruflichen Tätigkeit stehen (BGH v. 13.3.2013 – VIII ZR 186/12 – NJW 2013, 2107; BGH v. 13.7.2011 – VIII ZR 215/10 – NJW 2011, 3435). Ist der Abschluss eines Vertrags aber weder der gewerblichen noch der selbständigen beruflichen Tätigkeit zuzuordnen, liegt **rein privates Handeln** vor (BGH v. 13.3.2013 – VIII ZR 186/12 – NJW 2013, 2107). Dabei ist das **rechtsgeschäftliche Handeln einer natürlichen Person** mit Rücksicht auf den Wortlaut des § 13 BGB **grundsätzlich als Verbraucherhandeln anzusehen** und eine Zuordnung entgegen dem mit dem rechtsgeschäftlichen Handeln objektiv verfolgten Zweck kommt nur in Betracht, wenn die dem Vertragspartner bei Vertragsschluss erkennbaren Umstände eindeutig und zweifelsfrei darauf hinweisen, dass die natürliche Person in Verfolgung ihrer gewerblichen oder selbständigen beruflichen Tätigkeit handelt (BGH v. 30.9.2009 – VIII ZR 7/09 – NJW 2009, 3780; BGH v. 13.3.2013 – VIII ZR 186/12 – NJW 2013, 2107).

2. Dass der **Rechtsanwalt als Rechtsanwalt** tätig wird ist klargestellt. Dabei ist **im Zweifel anzunehmen**, dass derjenige, der sich an einen **Rechtsanwalt** wendet, ihn auch **als solchen in Anspruch nimmt** (OLG Hamm v. 12.4.2011 – I-28 U 159/10 – BeckRS 2011, 14911). Regelmäßig ist bei Beauftragung eines Rechtsanwalts daher zB kein Maklervertrag anzunehmen (OLG Hamm, 12.4.2011 – I-28 U 159/10 – BeckRS 2011, 14911; Gerold/Schmidt/*Müller-Rabe* § 1 Rn. 39 ff.). Besteht die dem Rechtsanwalt übertragene Aufgabe in der Vermittlung eines Kaufgeschäftes, so ist im Zweifel – sofern nicht eindeutige und zwingende Gründe entgegenstehen – davon auszugehen, dass die Partei, die anstelle eines Maklers einen Rechtsanwalt beauftragt hat, ihn in eben dieser Eigenschaft zuzieht, also von ihm **erwartet, dass er bei seinem Tätigwerden insbesondere ihre rechtlichen Interessen betreut** (BGH v. 10.6.1985 – III ZR 73/84 – NJW 1985, 2642; OLG Hamm v. 12.4.2011 – I-28 U 159/10 – BeckRS 2011, 14911 mwN).

3. **Gem. § 49 b BRAO** ist es – jedenfalls im Bereich der Prozessvertretung (vgl. dazu: Kilian, RVG-Mindestgebühren für Prozesse: Auslauf- oder Zukunftsmodell?, AnwBl. 2012, 408 (408)) – **unzulässig, geringere Gebühren zu vereinbaren oder zu fordern, als es das RVG vorsieht, soweit dieses nichts anderes bestimmt.** Im Einzelfall darf der Rechtsanwalt besonderen Umständen in der Person des Auftraggebers, insbesondere dessen Bedürftigkeit,

Rechnung tragen durch Ermäßigung oder Erlass von Gebühren nach Erledigung des Auftrags. Mit der Regelung eines Verbotes der Gebührenunterschreitung verfolgt der Gesetzgeber Gemeinwohlziele, die auf vernünftigen Erwägungen beruhen und daher die Beschränkung der Berufsausübung legitimieren können (BGH v. 9.6.2008 – AnwSt (R) 5/05 – NJW 2009, 534; BVerfG v. 26.9.2005 – 1 BvR 82/03 – NJW 2006, 495). Solche Regelungen schützen im Interesse der Funktionsfähigkeit der Rechtspflege die Anwaltschaft und sie sollen einen Preiswettbewerb um Mandate verhindern (Gesetzesbegr. BR-Drucks. 93/93, S. 134; BGH v. 9.6.2008 – AnwSt (R) 5/05 – NJW 2009, 534). Insbesondere auch angesichts der starken Konkurrenz der Anwälte untereinander soll kein Anreiz bestehen, die gesetzlich vorgesehene Mindestgebühr zu unterschreiten (BGH v. 9.6.2008 – AnwSt (R) 5/05 – NJW 2009, 534; BVerfG v. 13.2.2007 – 1 BvR 910/05, 1 BvR 1389/05 – NJW 2007, 2098; BGH v. 17.5.1982 – AnwSt (R) 1/82 – NJW 1982, 2329). Die Sicherung und Verbesserung der Qualität der Tätigkeit des Rechtsanwalts stellt ein legitimes Ziel dar und zu seiner Herbeiführung sind verbindliche Mindesthonorarsätze geeignet, da sie dem Rechtsanwalt jenseits von Preiskonkurrenz den Freiraum schaffen, hochwertige Arbeit zu erbringen, die sich im Leistungswettbewerb der Rechtsanwälte bewähren muss (BGH v. 9.6.2008 – AnwSt (R) 5/05 – NJW 2009, 534 auch unter Verweis auf EuGH v. 5.12.2006 – C-94/04 und C-202/04 – NJW 2007, 281; vgl. dazu auch: *Kern*, Anmerkung EuGH v. 5.12.2006 – C-94/04 und C-202/04 – ZEuP 2008, 411; *Henke*, Die deutsche Mindestgebührenregelung ist nicht europarechtswidrig – zur EuGH-Entscheidung vom 5.12.2006 in Sachen Cipolla und Meloni, AGS 2006, 2; *Mailänder*, Anwaltliches Gebührenrecht im europäischen Aufwind, NJW 2007, 883).

4. Regelmäßig wird – auch ausgehend von der jeweiligen Qualifikation des Rechtsanwaltes – sowie unter haftungsrechtlichen Gesichtspunkten eine Konkretisierung auf den Rechtsbereich (zB: Mietrecht, Arbeitsrecht etc.) erfolgen.

5. Wird **pauschal die umfassende laufende rechtliche Beratung und Vertretung** des Mandanten vereinbart besteht die **Gefahr**, dass der Rechtsanwalt in die Situation des **Überwachungsgaranten** gerät. **Das sollte** wegen der damit verbundenen Risiken **unbedingt verhindert werden.** Vgl. zur strafrechtlichen Garantenpflicht des sog. Compliance-Officers: BGH v. 17.7.2009 – 5 StR 394/08 – NJW 2009, 3173. Aufgabengebiet des Compliance-Officers ist die Verhinderung von Rechtsverstößen, insbesondere auch von Straftaten, die aus dem Unternehmen heraus begangen werden und diesem erhebliche Nachteile durch Haftungsrisiken oder Ansehensverlust bringen können (BGH v. 17.7.2009 – 5 StR 394/08 – NJW 2009, 3173; vgl. dazu auch: *Rößler*, Ausdehnung von Garantenpflichten durch den BGH?, WM 2011, 918; *Dannecker/Dannecker*, Die Verteilung der strafrechtlichen Geschäftsherrenhaftung im Unternehmen, JZ 2010, 981; *Steinheimer*, Strafbarkeitsrisiko im Bereich Compliance – Stolperstein Nichtstun, AuA 2010, 24; *Mosbacher/Dierlamm*, Anmerkung BGH v. 17.7.2009 – 5 StR 394/08 –, NStZ 2010, 268; *Wybitul*, Anmerkung BGH v. 17.7.2009 – 5 StR 394/08 – BB 2009, 2263; *Berndt*, Anmerkung BGH v. 17.7.2009 – 5 StR 394/08 – StV 2009, 687; *Bittmann*, Anmerkung BGH v. 17.7.2009 – 5 StR 394/08 – ZInsO 2009, 1584; *Rübenstahl*, Anmerkung BGH v. 17.7.2009 – 5 StR 394/08 – NZG 2009, 1341; Kretschmer, Anmerkung BGH v. 17.7.2009 – 5 StR 394/08 – JR 2009, 471; *Rößler*, Ausdehnung von Garantenpflichten durch den BGH?, WM 2011, 918; *Wolf*, Der Compliance-Officer – Garant, hoheitlich Beauftragter oder Berater im Unternehmensinteresse zwischen Zivil-, Straf- und Aufsichtsrecht?, BB 2011, 1353; *Barton*, Der Compliance-Officer im Minenfeld des Strafrechts – Folgewirkungen des Urteils des BGH vom 17.7.2009 – 5 StR 394/08 – auch für den Datenschutzbeauftragten?, RDV 2010, 19; *Favoccia/Richter*, Rechte, Pflichten und Haftung des Compliance Officers aus zivilrechtlicher Sicht, AG 2010, 137; *Stoffers*, Anmerkung BGH v. 17.7.2009 – 5 StR 394/08 – NJW 2009, 3173; *Rönnau/Schneider*, Der Compliance-Beauftragte als strafrechtlicher Garant – Überlegungen zum BGH-Urteil vom 17.7.2009, Az.: 5 StR 394/08, in ZIP 2009, 1867, ZIP

2010, 53; *Warneke*, Die Garantenstellung von Compliance-Beauftragten, NStZ 2010, 312; *Deutscher*, Zur Strafbarkeit des Compliance Officer – Erhöhte Berufsrisiken nach dem Urteil des BGH vom 17.7.2009 = WM 2009, 1882, WM 2010, 1387; *Zimmermann*, Die straf- und zivilrechtliche Verantwortlichkeit des Compliance Officers, BB 2011, 634.)

6. Gem. § 3 Abs. 1 BRAO ist der Rechtsanwalt der berufene unabhängige Berater und Vertreter in allen Rechtsangelegenheiten, was die **Wahrnehmung der steuerlichen Interessen grundsätzlich mit einschließt** (vgl.: in Heidel/Pauly/Amend/*Ramm* § 3 II. 1 Rn. 3; Zugehör/Fischer/Sieg/Schlee/*Sieg* Rn. 739) wobei es freilich auf die Umstände des Einzelfalles ankommt, ob der Auftraggeber eine steuerrechtliche Prüfung durch den Rechtsanwalt erwartet (Heidel/Pauly/Amend/*Ramm*). Je nach Mandatsinhalt ist diese Klausel ggf. zu streichen oder anzupassen.

7. Je nach Mandatsinhalt ist diese Klausel ggf. zu streichen oder anzupassen. Zu beachten ist, dass **das in deutsches Recht transformierte internationale und supranationale Recht kein ausländisches Recht ist wie auch das internationale Privatrecht**. Diese Rechtsquellen muss der Rechtsanwalt jedenfalls kennen (vgl.: BGH v. 22.2.1972 – VI ZR 135/70 – NJW 1972, 1044; OLG Hamburg v. 14.12.1959 – 8 U 36/59 – NJW 1960, 1207; OLG Koblenz v. 9.6.1989 – 2 U 1907/87 – NJW 1989, 2699; *Leicht*, Die Qualifikation der Haftung von Angehörigen rechts- und wirtschaftsberatender Berufe im grenzüberschreitenden Dienstleistungsverkehr, 1. Aufl., 2002, S. 37; *Knöfel*, Neues Anwalts-Kollisionsrecht: Berufspflichten ausländischer Anwälte am US-Kapitalmarkt, AnwBl 2005, 669).

8. Bei solchen Beratungsverträgen wünschen die Mandanten oft **zur Gewährleistung der Kalkulierbarkeit die Vereinbarung eines Pauschalhonorars**. Formulierung zB (vgl. *Jungbauer*, Rechtsanwaltsvergütung, 5. Aufl., 2010, S. 224 Rn. 72):

> „Der Mandant verpflichtet sich, für die in § 2 dieses Vertrages vereinbarten Rechtsdienstleistungen an den Rechtsanwalt eine monatliche Pauschalvergütung von . . . . . . EURO zzgl. der jeweils geltenden gesetzlichen Mehrwertsteuer zu zahlen. Neben der vereinbarten Pauschalvergütung hat der Rechtsanwalt Anspruch auf Auslagenersatz gem. Teil 7 des Vergütungsverzeichnisses. Bezüglich der Höhe vereinbaren die Parteien abweichend Folgendes: Der Rechtsanwalt ist berechtigt, notwendige Flugreisen mit Business-Class zu buchen. Fahrtkosten mit dem eigenen PKW werden mit 0,50 EURO je gefahrenem Kilometer zzgl. der jeweiligen gesetzlichen Mehrwertsteuer berechnet. Reisekosten werden gesondert zunächst vorschussweise abgerechnet. Fotokopiekosten werden mit 0,50 EURO dem Mandanten weiterberechnet. Die Vergütung ist monatlich nach Rechnungsstellung durch den Rechtsanwalt zur Zahlung fällig. Der Rechtsanwalt ist berechtigt angemessene Vorschüsse gem. § 9 RVG zu fordern."

Wird ein Pauschalhonorar vereinbart, wird der Rechtsanwalt seine Interessen allerdings auch in der Weise sichern, dass eine Formulierung aufgenommen wird, aus der sich ergibt, von welchem Zeitaufwand des Rechtsanwaltes die Vertragsparteien ausgehen ggf. verbunden mit einer Regelung, dass bei bestimmten Abweichungen ein Ausgleich erfolgt. Zudem sollte der Rechtsanwalt jedenfalls die im Rahmen des „Beratungsvertrags" erbrachten Beratungsleistungen – insbesondere diejenigen, die seinerseits nicht verschriftlicht werden und betreffend die auch seitens des Mandanten keinerlei Schriftstücke vorliegen – dokumentieren, damit er in einem späteren Rechtsstreit auf Rückforderung nicht in Beweisnot gerät (vgl.: BGH v. 8.6.2004 – IX ZR 119/03 – NJW 2004, 2818 und *Jungbauer*, Rechtsanwaltsvergütung, S. 224 Rn. 63 ff.). Da der BGH klarstellt, dass **eine aufwandsangemessene anwaltliche Honorarvereinbarung das Sittengesetz nicht verletzen kann** (vgl.: BGH v. 3.4.2003 – IX ZR 113/02 – NJW 2003, 2386), dürfte eine Stundenhonorarabrede im Ergebnis der sicherste Weg zur Vermeidung von solchen Problemen sein.

9. Das **Kündigungsrecht gem. § 627 Abs. 1 BGB kann grds. nicht durch Allgemeine Geschäftsbedingungen ausgeschlossen werden** (BGH v. 16.5.2013 – IX ZR 204/11 – NJW

2013, 2519; BGH v. 8.10.2009 – III ZR 93/09 – NJW 2010, 150; BGH v. 11.2.2010 – IX ZR 114/09 – NJW 2010, 1520. Vgl. dazu auch: *Weyand*, Anmerkung BGH v. 11.2.2010 – IX ZR 114/09 -, StuB 2010, 331; *Juretzek*, Anmerkung BGH v. 11.2.2010 – IX ZR 114/09 – DStR 2010 Heft 14, 716 – 718). Für die Frage, ob das Kündigungsrecht nach § 627 BGB ausnahmsweise doch durch Allgemeine Vertragsbedingungen ausgeschlossen werden kann, kann es auf die Vertragsdauer ankommen, wobei dabei dann die gesamte mögliche Vertragsdauer zu berücksichtigen ist, einschließlich einer Verlängerungsoption des Klauselverwenders und weiterer möglicher vertraglicher Verlängerungstatbestände (OLG Hamburg v. 28.3.2012 – 8 U 103/11 – BeckRS 2012, 11479).

10. Eine weitergehende Haftungsbeschränkung bis zur Höhe der Mindestversicherungssumme ist möglich durch schriftliche Vereinbarung im Einzelfall (vgl.: § 52 Abs. 1 Ziff. 1 BRAO). Die Erfüllung dieser Voraussetzungen ist schwierig. Dazu wird gefordert, dass die Vereinbarung „ausgehandelt" wurde (Henssler/Prütting/*Diller* BRAO, § 52 Rn. 28). Eine Vertragsbedingung ist **„ausgehandelt" im Sinne von § 305 Absatz 1 Satz 3 BGB**, wenn der Verwender die betreffende Klausel **inhaltlich ernsthaft zur Disposition stellt** und dem Verhandlungspartner **Gestaltungsfreiheit zur Wahrung eigener Interessen einräumt mit der realen Möglichkeit, die inhaltliche Ausgestaltung der Vertragsbedingungen zu beeinflussen** (LAG Hamm 13.12.2012 – 11 Sa 1206/12 – BeckRS 2013, 68224). Aushandeln bedeutet **mehr als bloßes Verhandeln** (BGH v. 14.4.2005 – VII ZR 56/04 – NJW-RR 2005, 1040; LAG Hamm, 13.12.2012 – 11 Sa 1206/12 – BeckRS 2013, 68224 mwN). Es reicht nicht aus, dass der Vertragsinhalt lediglich erläutert oder erörtert wird und den Vorstellungen des Vertragspartners entspricht (LAG Hamm, 13.12.2012 – 11 Sa 1206/12 – BeckRS 2013, 68224 mwN). Auch eine allgemein geäußerte Bereitschaft, belastende Klauseln abzuändern, genügt nicht (BGH v. 27.3.1991 – IV ZR 90/90 – NJW 1991,1678; LAG Hamm 13.12.2012 – 11 Sa 1206/12 – BeckRS 2013, 68224 mwN), auch nicht ein ausdrückliches Einverständnis des anderen Teils, nachdem er auf die belastende Klausel hingewiesen worden ist (LAG Hamm v. 13.12.2012 – 11 Sa 1206/12 – BeckRS 2013, 68224 mwN), oder die Erklärung des Verwenders, dass er die Unterzeichnung der Regelung „freistelle" (BGH v. 19.5.2005 – III ZR 437/04 – NJW 2005,2543; LAG Hamm v. 13.12.2012 – 11 Sa 1206/12 – BeckRS 2013, 68224 mwN). **Aushandeln setzt voraus**, dass sich der Verwender **deutlich und ernsthaft zu gewünschten Änderungen der zu treffenden Vereinbarung bereit erklärt** und dies dem **Verwendungsgegner bei Abschluss des Vertrages bewusst** war (LAG Hamm v. 13.12.2012 – 11 Sa 1206/12 – BeckRS 2013, 68224). Bleibt es nach gründlicher Erörterung bei dem vorformulierten Text, weil der Betroffene nunmehr von der sachlichen Notwendigkeit überzeugt ist, so kann der Vertrag als das Ergebnis eines Aushandelns gewertet werden (BAG v. 19.5.2010 – 5 AZR 253/09 – NZA 2010, 939; BAG v. 18.12.2008 – 8 AZR 81/08 – NZA-RR 2009, 519; BAG v. 25.5.2005 – 5 AZR 572/04 – NJW 2005, 3305; BGH v. 3.4.1998 – V ZR 6/97 – NJW 1998, 2600; LAG Hamm, 13.12.2012 – 11 Sa 1206/12 – BeckRS 2013, 68224). Die Möglichkeit der Einflussnahme muss sich auf die konkrete Klausel beziehen. Vorformulierte Bedingungen in einem Vertragswerk, die nicht ausgehandelt wurden, bleiben kontrollfähige Allgemeine Geschäftsbedingungen. Das folgt aus der Verwendung des Wortes „soweit" in § 305 Abs. 1 Satz 3 BGB (BAG 19.5.2010 – 5 AZR 253/09 – NZA 2010, 939; BAG v. 18.12.2008 – 8 AZR 81/08 – NZA-RR 2009, 519; LAG Hamm 13.12.2012 – 11 Sa 1206/12 – BeckRS 2013, 68224). Dabei muss im Streitfall der **Verwender darlegen und beweisen**, dass es sich um **ausgehandelte Vertragsbedingungen handelt** (BAG 19.5.2010 – 5 AZR 253/09 – NZA 2010, 939; LAG Hamm 13.12.2012 – 11 Sa 1206/12 – BeckRS 2013, 68224 mwN). In der Regel schlägt sich Aushandeln in Änderungen des vorformulierten Textes nieder (BAG 19.5.2010 – 5 AZR 253/09 – NZA 2010, 939; LAG Hamm 13.12.2012 – 11 Sa 1206/12 – BeckRS 2013, 68224). Auch wenn der Text unverändert bleibt, kann aber ausnahmsweise eine Individualvereinbarung vorliegen, wenn der andere Teil entsprechend den obigen Ausführungen nach gründlicher Erörterung von der Sachgerechtigkeit der Regelung überzeugt worden ist und ihr zugestimmt hat (BAG 19.5.2010 – 5 AZR 253/09 – NZA 2010, 939; LAG Hamm 13.12.2012 – 11 Sa 1206/12 – BeckRS 2013, 68224 mwN).

11. Vgl. wegen einer ausführlichen Haftungsbeschränkungsvereinbarung: Mes/Reinelt/Strahl, Beckches Prozessformularbuch, 11. Aufl., 2011, I.A.3. (vgl. auch die Formulierung zur Partnerschaft: *Hümmerich/Lücke/Mauer/Vienken* § 8 Rn. 89, dort 93).

6. Anwaltsvertrag Gutachtenerstellung

Anwaltsvertrag

zwischen

Rechtsanwalt . . . . . . (Name), ... (Anschrift),

Im Folgenden: Rechtsanwalt

und

Herrn/Frau/Firma . . . . . . (Name), ... (Anschrift)

Im Folgenden: Mandant

§ 1 Rechtsdienstleistung

(1) Der Rechtsanwalt verpflichtet sich, ein Gutachten zu folgender Rechtsfrage zu erstellen: . . . . . .[1]

(2) Das Gutachten soll enthalten:[2]

- Die geordnete Darstellung des zu beurteilenden Sachverhalts
- Die Herausstellung der rechtlichen Probleme
- Die Stellungnahme von Rechtsprechung und Schrifttum zu diesen Problemen
- Das eigene Urteil des Rechtsanwaltes zu der Rechtsfrage gem. § 1 Abs. 1 unter Würdigung der Stimmen aus Rechtsprechung und Schrifttum[3]

§ 2 Gebührenvereinbarung[4]

(1) Der Mandant verpflichtet sich, für das Rechtsgutachten ein Pauschalhonorar in Höhe von . . . . . . EUR an den Rechtsanwalt zu zahlen.

(2) Ein Teilbetrag in Höhe von . . . . . . EUR ist mit Unterzeichnung dieser Vereinbarung fällig und spätestens binnen einer Woche nach Unterzeichnung dieses Vertrages an den Rechtsanwalt zu zahlen. Der weitere Teilbetrag in Höhe von . . . . . . EUR ist mit Fertigstellung und Übergabe des Gutachtens fällig und spätestens binnen einer Woche nach Übergabe des Rechtsgutachtens zu zahlen.[5]

(3) Die vereinbarte Vergütung versteht sich zzgl. Auslagen und Mehrwertsteuer.[6]

§ 3 Fertigstellungstermin

Der Rechtsanwalt verpflichtet sich, das Rechtsgutachten bis spätestens zum . . . . . . fertig zu stellen und an den Mandanten zu übergeben.

§ 4 Nutzungsrecht des Mandanten am Gutachten[7, 8, 9]

(1) Der Mandant ist berechtigt, das Gutachten wie folgt zu nutzen: . . . . . .[10]

(2) Jede vom vereinbarten Nutzungszweck abweichende Verwendung bedarf der schriftlichen Zustimmung des Rechtsanwaltes.

§ 5 Fachwissenschaftliche Verwertung

Der Rechtsanwalt ist berechtigt, die im Gutachten gewonnenen Erkenntnisse fachwissenschaftlich zu verwenden und die rechtlichen Argumentationen und Ergebnisse in juristischen Fachzeitschriften zu veröffentlichen.

. . . . . ., den . . . . . .

(Unterschriften)[11]

Anmerkungen

1. Bei Anwaltsverträgen mit der vereinbarten Rechtsdienstleistung Gutachtenerstellung ist insbesondere auch im Blick auf das jeweils vereinbarte Nutzungsrecht die **Prüfung** erforderlich, **ob Dienstvertrags- oder Werkvertragsrecht eingreift**. Für die Abgrenzung von Dienst- und Werkvertrag ist – auch beim Anwaltsvertrag – **der im Vertrag zum Ausdruck kommende Wille der Parteien maßgebend** (OLG Düsseldorf v. 18.10.2010 – I-24 U 50/10, MDR 2011, 1327). Es kommt darauf an, ob auf dieser Grundlage eine Dienstleistung als solche oder **als Arbeitsergebnis deren Erfolg geschuldet** wird (BGH v. 16.7.2002 – X ZR 27/01, NJW 2002, 3323; BGH v. 19.6.1984 – X ZR 93/83, NJW 1984, 2406). Bei der Feststellung, was Vertragsgegenstand ist, sind **die gesamten Umstände des Einzelfalls zu berücksichtigen** (OLG Düsseldorf v. 18.10.2010 – I-24 U 50/10, MDR 2011, 1327). **Anwaltlicher Tätigkeit** liegt danach **in der Regel ein Dienstvertrag** zugrunde; denn der Anwalt schuldet jeweils durch den konkreten Auftrag im Einzelnen spezifizierte Dienste und dabei grundsätzlich das bloße Tätigwerden, keinen Erfolg (vgl. BGH v. 25.10.2001 – IX ZR 19/99, NJW 2002, 290; BGH v. 16.11.1995 – IX ZR 148/94, NJW 1996, 661; BGH v. 20.6.1996 – IX ZR 106/95, NJW 1996, 2929; OLG Düsseldorf v. 18.10.2010 – I-24 U 50/10, MDR 2011, 1327 mwN). Nur im Einzelfall, wenn sich die anwaltliche Tätigkeit auf eine spezifische, erfolgsorientierte Einzelleistung beschränkt, kann ausnahmsweise ein Werkvertrag vorliegen (OLG Düsseldorf v. 18.10.2010 – I-24 U 50/10, MDR 2011, 1327 mwN). Jedoch ist auch hier von einem Dienstvertrag auszugehen, wenn neben die erfolgsorientierte Tätigkeit als wesentlicher Bestandteil eine Dienstleistung, insbesondere in Form der Rechtsberatung oder des Beistandes tritt (RG v. 5.5.1916 – III 10/16, RGZ 88, 223; OLG Düsseldorf v. 18.10.2010 – I-24 U 50/10, MDR 2011, 1327 mwN). Übernimmt es der Rechtsanwalt, **Rechtsauskunft lediglich über eine konkrete Frage zu erteilen oder ein schriftliches Rechtsgutachten anzufertigen,** so wird ein **Werkvertrag** vorliegen (RG v. 5.5.1916 – III 10/16, RGZ 88, 223). Der **Anwaltsvertrag über die Ausarbeitung eines Gutachtens** ist in der Regel kein Dienstvertrag sondern ein **Werkvertrag** (Gerold/Schmidt/*Mayer* RVG, 21. Aufl., 2013, § 34 Rn. 24; BGH v. 20.10.1964 – VI ZR 101/63, NJW 1965, 106).

2. Vgl.: OLG München v. 23.10.1991 – 11 W 2573/91, MDR 1992, 193 und Gerold/ Schmidt/*Mayer* RVG, 21. Aufl., 2013, § 34 Rn. 25 sowie *Enders*, RVG für Anfänger, 16. Aufl., 2014, D.III.Rn. 625. Das Gutachten muss so abgefasst sein, dass es dem Auftraggeber **möglich ist, das Gutachten in tatsächlicher und rechtlicher Hinsicht nachzuprüfen oder nachprüfen zu lassen** und ein Gutachten zielt – da es sich an den Mandanten als Adressaten richtet – darauf ab, dem Auftraggeber **Entscheidungselemente als Entscheidungshilfen an die Hand zu geben** (Gerold/Schmidt/*Mayer* RVG, 21. Aufl., 2013, § 34 Rn. 25 mwN).

3. Fehlt eine **eigene Stellungnahme des Rechtsanwaltes**, dann wird das Vorliegen eines Gutachtens verneint und das Vorliegen eines bloßen Rates angenommen (Gerold/ Schmidt/*Mayer* RVG, 21. Aufl., 2013, § 34 Rn. 26).

4. Gem. **§ 3a Abs. 1 S. 4 RVG** gilt § 3a Abs. 1 S. 2 RVG und damit auch das Erfordernis, dass die Vergütungsvereinbarung deutlich abgesetzt sein muss, nicht für die Gebührenvereinbarung gem. § 34 RVG.

5. Die **Fälligkeit** tritt **mit Ablieferung des Gutachtens** ein; das Erfordernis der Abnahme gem. § 640 BGB wird verneint (Gerold/Schmidt/*Mayer* RVG, 21. Aufl., 2013, § 34 Rn. 32 mwN).

6. Auslagen sind grundsätzlich zu erstatten. Für den Fall der Anforderung mehrerer Ausfertigungen können für die weiteren Exemplare **Schreibauslagen** gelten gemacht werden. Die **Mehrwertsteuer** ist zu entrichten (vgl.: Gerold/Schmidt/*Mayer* RVG, 21. Aufl., 2013, § 34 Rn. 30 mwN).

7. Gutachten und insbesondere **Rechtsgutachten genießen nicht ohne Weiteres Urheberrechtsschutz.** Gutachten sind nach der Rspr. – wie etwa auch Anwaltsschriftsätze – grundsätzlich dem wissenschaftlichen und nicht dem literarischen Bereich zuzuordnen (KG v. 11.5.2011 – 24 U 28/11, BauR 2011, 1544 mwN). Die Freiheit der wissenschaftlichen Lehre und die sich aus der Thematik der wissenschaftlichen Arbeit etwa vorgegebene Gliederung und Fachsprache setzen dem Urheberrecht auch für Darstellungen und Gestaltungen Schranken (KG v. 11.5.2011 – 24 U 28/11, BauR 2011, 1544; BGH – Staatsexamensarbeit, GRUR 1981, 352). Bei Schriftwerken wissenschaftlicher oder technischer Art findet der für einen Urheberrechtsschutz erforderliche geistig-schöpferische Gehalt seinen Niederschlag und Ausdruck in erster Linie in der Form und Art der Sammlung, Einteilung und Anordnung des dargebotenen Stoffs und nicht ohne weiteres auch – wie meist bei literarischen Werken – in der Gedankenformung und -führung des dargebotenen Inhalts (KG v. 11.5.2011 – 24 U 28/11, BauR 2011, 1544). Die Frage, ob ein Schriftwerk einen hinreichenden schöpferischen Eigentümlichkeitsgrad besitzt, bemisst sich dabei nach dem geistig-schöpferischen Gesamteindruck der konkreten Gestaltung, und zwar im Gesamtvergleich gegenüber vorbestehenden Gestaltungen. Lassen sich nach Maßgabe des Gesamtvergleichs mit dem Vorbekannten schöpferische Eigenheiten feststellen, so sind diese der durchschnittlichen Gestaltertätigkeit gegenüberzustellen. Die Urheberrechtsschutzfähigkeit erfordert ein deutliches Überragen des Alltäglichen, des Handwerksmäßigen, der mechanisch-technischen Aneinanderreihung des Materials (KG v. 11.5.2011 – 24 U 28/11, BauR 2011, 1544; BGH – Bedienungsanweisung, GRUR 1993, 34). Unter dem Aspekt der Form und Art der Sammlung, der Einteilung und Anordnung des dargebotenen Stoffs **liegt die erforderlich Schöpfungshöhe bei Schriftwerken wissenschaftlicher oder technischer Art vor, wenn das Material unter individuellen Ordnungs- und Gestaltungsprinzipien ausgewählt, angeordnet und in das Einzel- und Gesamtgeschehen eingeordnet wird;** sie fehlt indes, wenn Aufbau und Einordnung aus Sachgründen zwingend geboten, insbesondere durch die Gesetze der Zweckmäßigkeit vorgegeben sind und keinen Spielraum für eine individuelle Gestaltung lassen (KG v.

11.5.2011 – 24 U 28/11, BauR 2011, 1544 mwN). Ob ein wissenschaftlicher oder technischer Text unter dem Blickwinkel der Gedankenformung und -führung den nötigen geistig-schöpferischen Gehalt hat, beurteilt sich danach, ob sich der betreffende Text durch eine **sprachliche Gestaltungskunst auszeichnet, die eine tiefe Durchdringung des Stoffes und eine souveräne Beherrschung der Sprach- und Stilmittel erkennen lässt,** und ob es – im Falle der Komplexität des Darzustellenden – dem Verfasser gelingt, **eine einfache und leicht verständliche Darstellung zu liefern** (KG v. 11.5.2011 – 24 U 28/11, BauR 2011, 1544 mwN; BGH NJW 1987, 1332 – Anwaltsschriftsatz).

8. Wird unter Bezug auf § 34 RVG die **Erstellung eines Mustervertrags** vereinbart, so ist zu beachten, dass nach der Rechtsprechung urheberrechtliche Ansprüche betreffend Vertragsformulare regelmäßig nicht geltend gemacht werden können. **Vertragsformulare sind regelmäßig keine geschützten Werke im Sinne des § 2 UrhG.** Vertragsformulare als Gebrauchszwecken dienende Sprachwerke erreichen grds. nicht die erforderliche schöpferische Höhe, um als Sprachwerke im Sinne des § 2 Abs. 1 Nr. 1 UrhG gelten zu können, der einzigen insoweit in Betracht kommenden Kategorie des Kataloges geschützter Werke in § 2 Abs. 1 UrhG (OLG Brandenburg v. 16.3.2010 – 6 U 50/09, GRUR-RR 2010, 273; LG Stuttgart v. 6.3.2008 – 17 O 68/08, MIR 2008, Dok. 187). Nach der Rechtsprechung sind bei einem Gebrauchszweck dienenden Sprachwerken erhöhte Anforderungen an die urheberrechtliche Schutzfähigkeit im Sinne eines deutlichen Überragens des Durchschnitts zu stellen (OLG Brandenburg v. 16.3.2010 – 6 U 50/09, GRUR-RR 2010, 273 mwN; BGH v. 17.4.1986 – I ZR 213/83, NJW 1987, 1332 – Anwaltsschriftsatz). Die Frage des Eigentümlichkeitsgrades bemisst sich dabei nach dem geistig-schöpferischen Gesamteindruck, und zwar im Gesamtvergleich gegenüber vorbestehenden Gestaltungen. Dieser Vergleich enthält keine – für die Urheberrechtsschutzfähigkeit unerhebliche – Neuheitsprüfung, sondern beantwortet die Frage, **ob der konkreten Formgestaltung gegenüber den vorbekannten Gestaltungen individuelle Eigenheiten zukommen** (OLG Brandenburg v. 16.3.2010 – 6 U 50/09, GRUR-RR 2010, 273 mwN; BGH NJW 1987, 1332 – Anwaltsschriftsatz). Lassen sich nach Maßgabe des Gesamtvergleiches mit dem Vorbekannten schöpferische Eigenheiten feststellen, so sind diese der durchschnittlichen Gestaltertätigkeit gegenüberzustellen. Die Urheberrechtsschutzfähigkeit erfordert bei Gebrauchszwecken dienendem Schriftgut **grundsätzlich ein deutliches Überragen des Alltäglichen, des Handwerksmäßigen, der mechanisch-technischen Aneinanderreihung des Materials** (OLG Brandenburg v. 16.3.2010 – 6 U 50/09, GRUR-RR 2010, 273 mwN; BGH NJW 1987, 1332 – Anwaltsschriftsatz). Die **Schutzgrenzen sind mithin ebenfalls bei juristischen Gebrauchszwecken dienendem Schriftgut höher anzusetzen** (OLG Brandenburg v. 16.3.2010 – 6 U 50/09, GRUR-RR 2010, 273). **Standardformulierungen und durchschnittlichen alltäglichen Schriftstücken auch auf juristischem Gebiet fehlt** danach die Werksqualität. Das trifft regelmäßig für Verträge zu. Ausnahmsweise kann für besonders komplexe, aufwendige und umfangreiche Verträge anderes gelten, etwa für Anlageverträge in Immobilienanlagenprogrammen und Gesellschaftsverträge (OLG Brandenburg v. 16.3.2010 – 6 U 50/09, GRUR-RR 2010, 273 unter Verweis auf LG Hamburg v. 4.6.2006 – 74 I 283/85 und LG Köln v. 21.11.1986 – 28 O 291/86). Der Rechtsprechung des OLG Nürnberg (OLG Nürnberg v. 27.3.2001 – 3 U 3760/00, GRUR-RR 2001, 225), wonach ausdrücklich abweichend von der BGH-Rechtsprechung, für den Schutz wissenschaftlicher Werke bereits die sog. „kleine Münze", mithin eine einfache Individualität ausreichen soll, folgt insbesondere das OLG Brandenburg (Entscheidung v. 16.3.2010 – 6 U 50/09, GRUR-RR 2010, 273) nicht. Die zitierte Entscheidung berücksichtigt nicht, **dass ein weiter Bereich von sprachlichen Formen und Formeln für die Erstellung von Gebrauchssprachwerken allgemein zugänglich bleiben muss.** Juristische Standardformulierungen und ein zweckmäßiger Aufbau eines Vertrages müssen jedem zugänglich bleiben, der einen Vertrag entwirft. Das gilt auch dann, wenn neue tatsächliche Konstellationen mit herkömmlichen kautelarjuristischen Mitteln erfasst werden. Der innovative Inhalt oder schöpferische Gehalt wird gerade nicht urheberrechtlich geschützt, sondern nur die Formgestaltung (OLG Brandenburg v. 16.3.2010 – 6 U 50/09, GRUR-RR 2010, 273).

9. Wird unter Bezug auf § 34 RVG die **Erstellung von AGB** vereinbart, so ist zu beachten, dass in der Rspr. teilweise (vgl. zB OLG Köln v. 27.2.2009 – 6 U 193/08, MIR 2009, Dok. 133) Allgemeine Geschäftsbedingungen als (wissenschaftliches Gebrauchs-) Sprachwerk (§ 2 Abs. 1 Nr. 1 UrhG) und als eine persönliche geistige Schöpfung angesehen werden und damit auch als urheberrechtsfähig (§ 2 Abs. 2 UrhG), wenn sie sich wegen ihres gedanklichen Konzepts oder ihrer sprachlichen Fassung von gebräuchlichen juristischen Standardformulierungen abheben, **wobei knappe und zutreffende rechtliche Formulierungen, die durch Rechtslage und sachliche Regelungsanforderungen geprägt sind, freilich nicht monopolisiert werden dürften** (OLG Köln v. 27.2.2009 – 6 U 193/08, MIR 2009, Dok. 133; OLG Köln v. 7.8.2006 – 6 W 92/06; LG München I GRUR 1991, 50). Ausgehend von diesen Grundsätzen ist es Tatfrage, ob ein Klauselwerk insgesamt hinreichend individuell konzipiert und formuliert ist (OLG Köln v. 27.2.2009 – 6 U 193/08, MIR 2009, Dok. 133). Insgesamt ist aber von dem Grundsatz auszugehen, dass juristische Standardformulierungen und ein zweckmäßiger Aufbau eines Vertrages jedem zugänglich bleiben müssen, der einen Vertrag entwirft mit der Konsequenz, dass der innovative Inhalt oder schöpferische Gehalt gerade nicht urheberrechtlich geschützt wird, sondern nur die Formgestaltung (vgl.: OLG Brandenburg v. 16.3.2010 – 6 U 50/09, GRUR-RR 2010, 273).

10. Das **Nutzungsrecht und insbesondere der Umfang des Nutzungsrechtes am Gutachten sollte unbedingt geregelt werden.** Sind bei der Einräumung eines Nutzungsrechts die Nutzungsarten nicht ausdrücklich einzeln bezeichnet, so bestimmt sich – soweit Urheberechtsfähigkeit zu bejahen ist – nach dem von beiden Partnern zugrunde gelegten Vertragszweck, auf welche Nutzungsarten es sich erstreckt, wobei entsprechendes gilt für die Frage, ob ein Nutzungsrecht eingeräumt wird, ob es sich um ein einfaches oder ausschließliches Nutzungsrecht handelt, wie weit Nutzungsrecht und Verbotsrecht reichen und welchen Einschränkungen das Nutzungsrecht unterliegt (§ 31 Abs. 5 UrhG). Der Zweckübertragungsgedanke, der in § 31 Abs. 5 UrhG seinen gesetzlichen Niederschlag gefunden hat, besagt dabei im Kern, dass der Urheber in Verträgen über sein Urheberrecht im Zweifel Nutzungsrechte nur in dem Umfang einräumt, den der Vertragszweck unbedingt erfordert (BGH v. 22.4.2004 – I ZR 174/01, NJW 2005, 151; BGH v. 27.9.1995 – I ZR 215/93, NJW 1995, 3252; BGH v. 19.2.1998 – VII ZR 236/96, NJW 1998, 3716). In dieser Auslegungsregel kommt zum Ausdruck, dass die urheberrechtlichen Befugnisse die Tendenz haben, soweit wie möglich beim Urheber zu verbleiben, damit dieser in angemessener Weise an den Erträgnissen seines Werkes beteiligt wird (BGH v. 22.4.2004 – I ZR 174/01, NJW 2005, 151; BGH v. 23.2.1979 – I ZR 27/77, NJW 1979, 2610). Dies bedeutet, dass im Allgemeinen nur die jeweiligen Nutzungsrechte stillschweigend eingeräumt sind, die für das Erreichen des Vertragszwecks unerlässlich sind (BGH v. 22.4.2004 – I ZR 174/01, NJW 2005, 151; BGH v. 5.7.2001 – I ZR 311/98, NJW 2002, 896; BGH v. 19.2.1998 – VII ZR 236/96, NJW 1998, 3716). Dagegen kann die Einräumung von über den Vertragszweck hinausgehenden Nutzungsrechten nur angenommen werden, wenn ein entsprechender Parteiwille – und sei es nur auf Grund der Begleitumstände und des schlüssigen Verhaltens der Beteiligten – unzweideutig zum Ausdruck gekommen ist (BGH v. 22.4.2004 – I ZR 174/01, NJW 2005, 151). Nur ausnahmsweise kann ein solcher Wille auch ohne ausdrückliche Erklärung aus sonstigen Umständen (zB Branchenübung) geschlossen werden, wenn gewährleistet ist, dass die in Rede stehende Vertragspartei die Notwendigkeit einer entsprechenden Erklärung ihres rechtsgeschäftlichen Willens kennt (BGH v. 22.4.2004 – I ZR 174/01, NJW 2005, 151). Der Nutzungszweck sollte auch unter dem Gesichtspunkt der **Reduzierung und Eingrenzung des Haftungsrisikos** geregelt werden.

11. Zur Frage ob bzw. inwieweit Kosten, die durch eine außergerichtliche Tätigkeit und insbesondere Gutachtertätigkeit des Rechtsanwaltes – auch bei Prozessbezogenheit – entstanden sind, im **Kostenfestsetzungsverfahren nach § 104 ff ZPO** geltend gemacht werden können und erstattungsfähig sind vgl. in der Literatur: *Enders*, RVG für Anfänger, 16. Aufl., 2014, D.IV. Rn. 627 mwN; vgl. auch: OLG Celle v. 3.1.2014 – 2 W 275/13; OLG Naumburg v. 22.1.2009 – 1 U 82/08, NJW 2009, 1679; OLG Rostock v. 17.4.2008 – 5 W 77/08, JurBüro 2008, 371; LG Berlin AGS 2008, 268. Insbesondere bei der **Ratsgebühr gem. § 34 RVG** soll es sich um eine vereinbarte Gebühr handeln, welche **grundsätzlich als im Kostenfestsetzungsverfahren nicht erstattungsfähig** anzusehen ist und die ggf. im **Wege eines materiell-rechtlichen Kostenerstattungsanspruchs einzuklagen** ist, weil sich das auf vereinfachte und klare Prüfungskriterien zugeschnittene Kostenfestsetzungsverfahren nicht für die Festsetzung von Beträgen aus Honorarvereinbarungen eignet (OLG Celle v. 3.1.2014 – 2 W 275/13; OLG Rostock v. 17.4.2008 – 5 W 77/08, JurBüro 2008, 371). Es ist jeweils zu prüfen, ob die Aufnahme eines ausdrücklichen diesbezüglichen Hinweises an den Mandanten in die Vereinbarung geboten und erforderlich ist.

7. Gebührenvereinbarung kirchliches Schlichtungsverfahren (§ 22 AVR)

Gebührenvereinbarung für die Vertretung in einem kirchlichen Schlichtungsverfahren[1, 2]

§ 1 Vertragspartner

(1) Rechtsanwalt . . . . . (Titel), ... (Name), ... (Kanzleianschrift). – Im Folgenden: Rechtsanwalt

(2) Herr/Frau . . . . . . (Titel), ... (Name), ... (Anschrift) – Im Folgenden: Mandant.

§ 2 Rechtsdienstleistung

Der Rechtsanwalt vertritt den Mandanten als Rechtsanwalt in folgendem kirchlichen Schlichtungsverfahren:

Schlichtungsstelle des (Erz-)Bistums . . . . . . (Ort/Land) (Aktenzeichen) . . . . . .[3]

§ 3 Vergütung

(1) Rechtsanwalt und Mandant vereinbaren für die in § 2 bestimmte Rechtsdienstleistung folgende Vergütung:

Pauschalvergütung: . . . . . . EUR netto

(1. Variante Stundenhonorar: . . . . . . EUR netto je Stunde

2. Variante Geschäftsgebühr gem. Nr. 2300 RVG-VV . . . . . .[4]

3. Variante Geschäftsgebühr gem. Nr. 2300 RVG-VV unter Verdopplung des Gegenstandswertes . . . . . .)

(2) Es besteht Einigkeit, dass es sich bei der Vertretung in dem kirchlichen Schlichtungsverfahren um eine gesonderte Angelegenheit neben dem arbeitsgerichtlichen Verfahren handelt.

(3) Es besteht Einigkeit, dass die Vergütung für die Vertretung im kirchlichen Schlichtungsverfahren nicht auf Vergütung für die Vertretung im arbeitsgerichtlichen Verfahren angerechnet wird.

§ 4 Mehrwertsteuer

Die in § 3 vereinbarte Vergütung versteht sich zzgl. der gesetzlichen Mehrwertsteuer.

§ 5 Hinweise

(1) Der Mandant wird darauf hingewiesen, dass sich etwaige Erstattungen bzw. Übernahme von Kosten anwaltlicher Inanspruchnahme durch Dritte (Streitgegner, Staatskasse, Rechtsschutzversicherer usw.) in der Regel auf die gesetzlich vorgesehene Anwaltsvergütung beschränken und daher die vereinbarte Vergütung unter Umständen von Dritten nicht oder nicht vollständig übernommen wird. Insbesondere muss die gegnerische Partei, ein Verfahrensbeteiligter oder die Staatskasse im Fall des Obsiegens regelmäßig nicht mehr als die gesetzliche Vergütung erstatten.

(2) Der Mandant wird darauf hingewiesen, dass gem. § 12a Abs. 1 S. 2 ArbGG im Urteilsverfahren des ersten Rechtszuges der Arbeitsgerichtsbarkeit kein Anspruch der obsiegenden Partei auf Entschädigung wegen Zeitversäumnisses und auf Erstattung der Kosten für die Zuziehung eines Prozessbevollmächtigten oder Beistandes besteht. Dabei müssen auch die Kosten selbst getragen werden, die durch vorbereitende Tätigkeiten des Vertreters entstehen, auch dann wenn es zu keinem Rechtsstreit kommt.[5]

. . . . . ., den . . . . . .

(Unterschriften)

Schrifttum: *Enders*, Ist das Verfahren vor einer ärztlichen Schlichtungsstelle eine gesonderte gebührenrechtliche Angelegenheit? JurBüro 2008, 225; *Hansens*, Anmerkung zu BGH v. 15.12.2010 – IV ZR 96/10 – Anwaltsvergütung im Verfahren vor einer kirchlichen Vermittlungsstelle; Eintrittspflicht der Rechtsschutzversicherung, RVGreport 2011, 138; *Henke*, Anmerkung zu BGH v. 15.12.2010 – IV ZR 96/10 – Verfahren vor einer kirchlichen Vermittlungsstelle löst keine gesonderte Angelegenheit aus, AGS 2011, 119; *ders.*, Der BGH und die Geschäftsgebühr – drei Entscheidungen – Die Geschäftsgebühr im Grenzbereich zur gerichtlichen Verfahrensgebühr – Überprüfung von Rahmengebühren in der Kostenfestsetzung, AnwBl 2011, 567; *Madert*, Anmerkung zu AG Wiesbaden v. 8.12.2008 – 92 C 5291/08-82 – Arzthaftungssache/Verfahren vor der ärztlichen Schlichtungsstelle und Geltendmachung von Schadensersatzansprüchen sind dieselbe Angelegenheit/Geschäftsgebühr, JurBüro 2009, 191; *Reichold/Kortstock*, Das Arbeits- und Tarifrecht Katholischen Kirche, 2014; *Scherpe*, Gebühren bei außergerichtlicher Streitbeilegung, AnwBl. 2004, 14.

Anmerkungen

1. Im kirchlichen Arbeitsrecht sind besondere **Schlichtungsverfahren** vorgesehen. So zB für den Bereich der **Katholischen Kirche** und insbesondere Caritas in § 22 AVR-Caritasverband. Dabei sind zB auch **ärztliche Schlichtungsstellen** vorgesehen bei denen sich **ähnliche gebührenrechtliche Fragen** stellen (vgl. dazu: *Madert*, Anmerkung zu AG Wiesbaden v. 8.12.2008 – 92 C 5291/08-82, JurBüro 2009, 191; *Enders* JurBüro 2008, 225). In der Rspr. wird vertreten, dass eine gebührenrechtliche Angelegenheit vorliegt, wenn der Rechtsanwalt in einer Arzthaftungssache seinen Mandanten in einem Verfahren vor der ärztlichen Schlichtungsstelle vertritt und daneben Schadensersatzansprüche gegenüber dem Haftpflichtversicherer des Arztes geltend macht (vgl.: AG Wiesbaden v. 8.12.2008 – 92 C 5291/08, JurBüro 2009, 191).

2. Schlichtungsverfahren im Bereich kirchlichen Arbeitsrechtes haben erhebliche praktische Bedeutung. So können zB dem katholischen Arbeitsrecht etwa 700.000 Mitarbeiterinnen und Mitarbeiter zugeordnet werden, davon etwa 550.00 im Bereich der Caritas (vgl.: *Reichold/Kortstock*, Das Arbeits- und Tarifrecht Katholischen Kirche, 2014, S. V).

3. Das Verfahren der kirchlichen Schlichtungsstellen ist **in den Bistümern** jeweils in einer **Schlichtungsordnung** geregelt (vgl. zB: Amtsblatt des Erzbistums Berlin/77. Jahrg. Nr. 12 v. 1. Dez. 2005 Nr. 178 Erzbischöfliche Schlichtungsstelle Schlichtungsordnung in der Fassung vom 1. November 2005). Die Kosten des kirchlichen Schlichtungsverfahrens trägt regelmäßig der kirchliche Träger und Kosten eines Bevollmächtigten sind vom Verfahrensbeteiligten in der Regel selbst zu tragen (vgl. zB § 11 der Schlichtungsordnung des Erzbistums Berlin: „Verhandlungskosten (Gebühren und Auslagen) werden nicht erhoben. Die Kosten für die Einrichtung, die Besetzung und das Tätigwerden der Schlichtungsstelle werden vom Erzbischöflichen Ordinariat getragen. **Die Kosten der Beauftragung eines Bevollmächtigten vor der Schlichtungsstelle sind von dem Beteiligten selbst zu tragen**, soweit nicht der Vorsitzende feststellt, dass die Bevollmächtigung zur Wahrung der Rechte des Beteiligten notwendig erscheint.").

4. Die anwaltliche Tätigkeit vor einer Schlichtungsstelle kann **nicht gem. Nr. 2303 VV RVG Nr. 4** vergütet werden (vgl.: BGH Urt. v. 15.12.2010 – IV ZR 96/10, NJW-RR 2011, 573). Nach zutreffender Auffassung kann die anwaltliche Tätigkeit vor der kirchlichen Schlichtungsstelle aber gem. **Nr. 2300 RVG VV** abgerechnet werden (*Hansens* AnwBl 2011, 567 (570); *Hansens* RVGReport 2011, 138; Reichold/Kortstock/ *Kortstock*, Das Arbeits- und Tarifrecht Katholischen Kirche, 2014, Stichwort Arbeitsrechtliche Streitigkeiten – Individualarbeitsrecht dort Rn. 8 S. 64). Das wurde vom BGH aber bisher nicht bestätigt was gebietet, hier eine klarstellende ergänzende Vergütungsvereinbarung abzuschließen.

5. Ein Anspruch auf Freistellung von den **vorgerichtlichen Anwaltskosten** besteht im Bereich des Arbeitsrechtes **nicht.** Dem steht § 12a Abs. 1 S. 1 ArbGG entgegen. Der sachliche Geltungsbereich der Regelung erstreckt sich – trotz des missverständlichen Wortlauts der Norm – auch auf die vor- oder außerprozessualen Aufwendungen (BAG Urt. v. 14.12.1977 – 5 AZR 711/76, AP ArbGG 1953 § 61 Kosten Nr. 14; LAG Köln ZTR 2008, 397; LAG Niedersachsen v. 15.5.2007 – 13 Sa 108/07, AGS 2007, 431; LAG Berlin-Brandenburg v. 6.6.2012 – 4 Sa 2152/11, NZA-RR 2012, 624). Allerdings kommt **ausnahmsweise** eine sog. **teleologische Reduktion des § 12a Abs. 1 S. 1 ArbGG** in Betracht, wenn dessen Anwendung zu zweckwidrigen Ergebnissen führt, was dann der Fall ist, wenn gerade der teilweise Ausschluss der Kostenerstattung der „Verbilligung" des Arbeitsrechtsstreits entgegenwirkt (BAG v. 30.4.1992 – 8 AZR 288/91, NZA 1992, 1101; LAG Sachsen v. 16.11.2007 – 2 Sa 24/07). Eine derartige Konstellation ist festzustellen, wenn die Regelung des **§ 12 a Abs. 1 S. 1 ArbGG bewusst missbraucht** wird, um dem Gegner **konkreten Schaden zuzufügen** und der Rechtsstreit in der Absicht geführt wird, dem Gegner die Kosten seines Prozessbevollmächtigten aufzubürden (BAG v. 30.4.1992 – 8 AZR 288/91, NZA 1992, 1101; LAG Sachsen v. 16.11.2007 – 2 Sa 24/07).

IV. Beratungshilfe und PKH

1. Antrag auf Vergütungserstattung bei bewilligter Beratungshilfe

An das

Amtsgericht ....

....
Postleitzahl, Ort

| Geschäftsnummer des Amtsgerichts |
| Diese Felder sind nicht vom Antragsteller auszufüllen. |
| Eingangsstempel des Amtsgerichts: |

Antrag auf Bewilligung von Beratungshilfe [1, 2]

Antragsteller (Name, Vorname, ggf. Geburtsname)	Beruf, Erwerbstätigkeit	Geburtsdatum	Familienstand
Anschrift (Straße, Hausnummer, Postleitzahl, Wohnort)		Tagsüber telefonisch erreichbar unter Nummer	

A Ich beantrage Beratungshilfe in folgender Angelegenheit (bitte Sachverhalt kurz erläutern):

B
- ☐ In der vorliegenden Angelegenheit tritt keine Rechtsschutzversicherung ein.
- ☐ In dieser Angelegenheit besteht für mich nach meiner Kenntnis keine andere Möglichkeit, kostenlose Beratung und Vertretung in Anspruch zu nehmen.
- ☐ In dieser Angelegenheit ist mir bisher Beratungshilfe weder bewilligt noch versagt worden.
- ☐ In dieser Angelegenheit wird oder wurde von mir bisher kein gerichtliches Verfahren geführt.

Wichtig: Wenn Sie nicht alle diese Kästchen ankreuzen können, kann Beratungshilfe nicht bewilligt werden. Eine Beantwortung der weiteren Fragen ist dann <u>nicht</u> erforderlich.

Wenn Sie laufende Leistungen zum Lebensunterhalt nach dem Zwölften Buch Sozialgesetzbuch ("Sozialhilfe") beziehen und den derzeit gültigen Bescheid einschließlich des Berechnungsbogens des Sozialamtes beifügen, müssen Sie keine Angaben zu den Feldern C bis G machen, es sei denn, das Gericht ordnet dies ganz oder teilweise an. Wenn Sie dagegen Leistungen nach dem Zweiten Buch Sozialgesetzbuch ("Arbeitslosengeld II") beziehen, müssen Sie die Felder ausfüllen.

C Ich habe monatliche Einkünfte in Höhe von brutto .... EUR, netto .... EUR.

☐ Mein Ehegatte/meine Ehegattin bzw. mein eingetragener Lebenspartner/meine eingetragene Lebenspartnerin hat monatliche Einkünfte von netto .... EUR.

D Meine Wohnung hat eine Größe von .... m². Die Wohnkosten betragen monatlich insgesamt .... EUR. Ich zahle davon .... EUR.

Ich bewohne diese Wohnung ☐ allein / ☐ mit .... weiteren Person(en).

E

	Welchen Angehörigen gewähren Sie Unterhalt? Unterhalt kann in Form von Geldzahlungen, aber auch durch Gewährung von Unterkunft, Verpflegung etc. erfolgen. Bitte nennen Sie hier Name, Vorname dieser Angehörigen (Anschrift nur, wenn sie von Ihrer Anschrift abweicht)	Geburts- datum	Familienverhältnis des Angehörigen zu Ihnen (z. B. Ehegatte, Kind)	Wenn Sie den Unterhalt ausschließlich durch Zahlung leisten Ich zahle mtl. EUR:	Hat dieser Angehörige eigene Einnahmen? (z. B. Ausbildungsvergütung, Unterhaltszahlung vom anderen Elternteil)	
1					nein ☐	ja, mtl. EUR netto:
2					nein ☐	ja, mtl. EUR netto:
3					nein ☐	ja, mtl. EUR netto:
4					nein ☐	ja, mtl. EUR netto:

F Bankkonten/Grundeigentum/Kraftfahrzeuge/Bargeld/Vermögenswerte

Bitte geben Sie unter „Eigentümer/Inhaber" an, wem dieser Gegenstand gehört: A = mir allein, B = meinem Ehegatten/eingetragenen Lebenspartner allein bzw. meiner Ehegattin/meiner eingetragenen Lebenspartnerin allein, C = meinem Ehegatten/eingetragenen Lebenspartner bzw. meiner Ehegattin/eingetragenen Lebenspartnerin und mir gemeinsam

Giro-, Sparkonten und andere Bankkonten, Bausparkonten, Wertpapiere ☐ Nein ☐ Ja	Inhaber: ☐ A ☐ B ☐ C	Bezeichnung der Bank, Sparkasse/des sonstigen Kreditinstituts; bei Bausparkonten Auszahlungstermin und Verwendungszweck:	Kontostand in EUR:
Grundeigentum (zum Beispiel Grundstück, Familienheim, Wohnungseigentum, Erbbaurecht) ☐ Nein ☐ Ja	Eigentümer: ☐ A ☐ B ☐ C	Bezeichnung nach Lage, Größe, Nutzungsart:	Verkehrswert in EUR:
Kraftfahrzeuge ☐ Nein ☐ Ja	Eigentümer: ☐ A ☐ B ☐ C	Fahrzeugart, Marke, Typ, Bau-, Anschaffungsjahr, km-Stand:	Verkehrswert in EUR:
Sonstige Vermögenswerte (zum Beispiel Kapitallebensversicherung, Bargeld, Wertgegenstände, Forderungen, Anspruch aus Zugewinnausgleich) ☐ Nein ☐ Ja	Inhaber: ☐ A ☐ B ☐ C	Bezeichnung des Gegenstands:	Rückkaufswert oder Verkehrswert in EUR:

G Zahlungsverpflichtungen und sonstige besondere Belastungen

Haben Sie oder Ihr Ehegatte/eingetragener Lebenspartner bzw. Ihre Ehegattin/eingetragene Lebenspartnerin Zahlungsverpflichtungen?
☐ Nein ☐ Ja

Verbindlichkeit (z. B. „Kredit")	Gläubiger (z.B. „Sparkasse")	Verwendungszweck:	Raten laufen bis:	Restschuld EUR:	Ich zahle darauf mtl. EUR:	Ehegatte/eingetr. Lebenspartner bzw. Ehegattin/ eingetr. Lebenspartnerin zahlt darauf mtl. EUR :

Haben Sie oder Ihr Ehegatte/eingetragener Lebenspartner bzw. Ihre Ehegattin/eingetragene Lebenspartnerin sonstige besondere Belastungen? ☐ Nein ☐ Ja		
Art der Belastung und Begründung dafür:	Ich zahle dafür mtl. EUR:	Ehegatte/eingetr. Lebenspartner bzw. Ehegattin/ eingetr. Lebenspartnerin zahlt mtl. EUR:

Ich habe mich unmittelbar an eine Beratungsperson gewandt. Die Beratung und/oder Vertretung hat erstmals am
....stattgefunden.

Name und Anschrift der Beratungsperson (ggf. Stempel):

....

Ich versichere, dass mir in derselben Angelegenheit Beratungshilfe weder gewährt noch durch das Gericht versagt worden ist und dass in derselben Angelegenheit kein gerichtliches Verfahren anhängig ist oder war.

Ich versichere, dass meine Angaben vollständig und wahr sind. Die Allgemeinen Hinweise und die Ausfüllhinweise zu diesem Formular habe ich erhalten.

Mir ist bekannt, dass das Gericht verlangen kann, dass ich meine Angaben glaubhaft mache und insbesondere auch die Abgabe einer Versicherung an Eides statt fordern kann.

Mir ist bekannt, dass unvollständige oder unrichtige Angaben die Aufhebung der Bewilligung von Beratungshilfe und ggf. auch eine Strafverfolgung nach sich ziehen können.

Ort, Datum	Unterschrift des Antragstellers/der Antragstellerin

---

Dieses Feld ist nicht vom Antragsteller auszufüllen.

Belege zu folgenden Angaben haben mir vorgelegen:

☐ Bewilligungsbescheid für laufende Leistungen zum Lebensunterhalt nach SGB XII
☐ Einkünfte
☐ Wohnkosten
☐ Sonstiges:

Ort, Datum	Unterschrift des Rechtspflegers/der Rechtspflegerin

Hinweisblatt zum Antrag auf Beratungshilfe

Allgemeine Hinweise

Wozu Beratungshilfe?

Bürgerinnen und Bürger mit geringem Einkommen können Beratungshilfe bekommen, um sich rechtlich beraten und, soweit erforderlich, vertreten zu lassen. Beratungshilfe kann auf allen Rechtsgebieten erteilt werden. Näheres erfahren Sie bei den Gerichten und den Rechtsanwältinnen/Rechtsanwälten sowie den sonstigen Beratungspersonen.

Wer erhält Beratungshilfe, was sind die Voraussetzungen dafür?

Beratungshilfe erhält, wer nach seinen persönlichen und wirtschaftlichen Verhältnissen die für eine Beratung oder Vertretung erforderlichen **Mittel nicht aufbringen kann**. Dies sind in der Regel Personen, die laufende Leistungen zum Lebensunterhalt nach dem Zwölften Buch Sozialgesetzbuch („Sozialhilfe") beziehen. Aber auch bei anderen Personen mit geringem Einkommen können die Voraussetzungen dafür vorliegen. Nähere Auskünfte erteilen ggf. die Amtsgerichte und die Beratungspersonen.

Es darf Ihnen zudem **keine andere Möglichkeit zur** kostenlosen **Beratung und/oder Vertretung** in der von Ihnen genannten Angelegenheit zur Verfügung stehen (wie z. B. in der Regel als Mitglied in einer Gewerkschaft, einem Mieterverein oder wenn Sie eine Rechtsschutzversicherung abgeschlossen haben). Es darf Ihnen in **derselben Angelegenheit** auch **nicht bereits Beratungshilfe bewilligt** oder vom Gericht versagt worden sein. Ob es sich um dieselbe Angelegenheit handelt, muss ggf. im Einzelfall beurteilt werden.

Da die Beratungshilfe für die Wahrnehmung von Rechten außerhalb eines gerichtlichen Verfahrens gewährt wird, darf in derselben Angelegenheit **kein gerichtliches Verfahren anhängig** sein. Dazu gehört z. B. auch ein Streitschlichtungsverfahren vor einer Gütestelle, das in einigen Ländern vor Erhebung einer Klage durchgeführt werden muss (obligatorisches Güteverfahren nach § 15a des Gesetzes betreffend die Einführung der Zivilprozessordnung). Wer sich in einem gerichtlichen Verfahren vertreten lassen möchte, kann Prozesskosten-beziehungsweise Verfahrenskostenhilfe bekommen.

Des Weiteren darf die beabsichtigte Inanspruchnahme der Beratungshilfe **nicht mutwillig** sein. Sie ist dann nicht mutwillig, wenn Sie nicht von Beratung absehen würden, wenn Sie die Kosten selbst tragen müssten.

Erforderlich ist ein **Antrag**, der mündlich oder schriftlich gestellt werden kann. Für einen schriftlichen Antrag ist das anhängende Formular zu benutzen. Sie können den Antrag bei dem Amtsgericht stellen oder Sie können unmittelbar eine der unten genannten Beratungspersonen Ihrer Wahl mit der Bitte um Beratungshilfe aufsuchen. **In diesen Fällen muss der Antrag binnen 4 Wochen nach Beratungsbeginn beim Amtsgericht eingehen, sonst wird der Antrag auf Beratungshilfe abgelehnt.**

Liegen die Voraussetzungen für die Gewährung von Beratungshilfe vor, stellt das Amtsgericht, sofern es nicht selbst die Beratung vornimmt, Ihnen einen **Berechtigungsschein für Beratungshilfe** durch eine Beratungsperson Ihrer Wahl aus. Gegen einen Beschluss des Amtsgerichts, durch den Ihr Antrag zurückgewiesen wird, ist der nicht befristete Rechtsbehelf der Erinnerung statthaft. Das bedeutet, dass Sie dem Gericht schriftlich darlegen können, warum Sie mit der Entscheidung nicht einverstanden sind.

Wer gewährt Beratungshilfe?

Die Beratungshilfe gewähren zum einen die **Beratungspersonen** (Rechtsanwältinnen und Rechtsanwälte sowie in Kammern zugelassene Rechtsbeistände, in steuerrechtlichen Angelegenheiten auch Steuerberater und Wirtschaftsprüfer; in Rentenangelegenheiten auch Rentenberater). Besondere **anwaltliche Beratungsstellen**, die aufgrund einer Vereinbarung mit den Landesjustizverwaltungen eingerichtet worden sind, gewähren ebenfalls Beratungshilfe. Sie alle sind – außer in besonderen Ausnahmefällen – zur Beratungshilfe verpflichtet.

Auch das **Amtsgericht** gewährt direkt Beratungshilfe. Es erteilt eine sofortige Auskunft, soweit Ihrem Anliegen dadurch entsprochen werden kann. Das Amtsgericht weist auch auf andere Möglichkeiten der Hilfe hin. Im Übrigen nimmt es Ihren Antrag auf Beratungshilfe oder Ihre Erklärung auf und stellt ggf. einen Berechtigungsschein aus.

Was kostet mich die Beratungshilfe?

Wird die Beratungshilfe nicht bereits durch das Amtsgericht selbst, sondern durch eine Beratungsperson gewährt, so haben Sie an die Beratungsperson 15 Euro zu bezahlen. Die Beratungsperson kann auf diese Gebühr auch verzichten. Alle übrigen Kosten der Beratungshilfe trägt in aller Regel die Landeskasse.

Weitergehende Gebühren können auf Sie zukommen, wenn das Amtsgericht Ihren Antrag auf Beratungshilfe **ablehnt, nachdem eine Beratung bereits erfolgt ist,** oder die Bewilligung von Beratungshilfe wieder **aufgehoben** wird. In diesen Fällen müssen Sie die Kosten für die Beratungshilfe tragen. Nähere Auskünfte dazu erteilen ggf. die Amtsgerichte und die Beratungspersonen.

Weitere Kosten können auch auf Sie zukommen, wenn Sie infolge der Beratung durch Beratungshilfe etwas erlangt haben. Die Beratungsperson kann dann den Antrag stellen, dass die Beratungshilfe aufgehoben wird und von Ihnen die vorher mit Ihnen für diesen Fall vereinbarten Gebühren verlangen. Darauf müssen Sie aber im Vorwege bei der Mandatsübernahme von der Beratungsperson schriftlich **hingewiesen** werden.

Was ist bei der Antragstellung zu beachten?

Lesen Sie bitte das Antragformular sorgfältig durch und füllen Sie es gewissenhaft aus. Sie finden auf der nächsten Seite Hinweise, die Ihnen die Beantwortung der Fragen erleichtern sollen. Wenn Sie beim Ausfüllen Schwierigkeiten haben, wird Ihnen das Amtsgericht oder Ihre Beratungsperson behilflich sein.

Sollte der Raum im Antragsformular nicht ausreichen, können Sie Angaben auf einem gesonderten Blatt machen. Bitte weisen Sie in dem betreffenden Feld auf das beigefügte Blatt hin.

Da die Mittel für Beratungshilfe von der Allgemeinheit durch Steuern aufgebracht werden, muss das Gericht prüfen, ob Sie Anspruch darauf haben. Das Formular soll diese Prüfung erleichtern. Haben Sie daher bitte Verständnis dafür, dass Sie Ihre persönlichen und wirtschaftlichen Verhältnisse darlegen müssen.

Wichtig:

Bitte fügen Sie alle notwendigen Belege (insbesondere über Ihr Einkommen, Ihr Vermögen und Ihre Belastungen) in Kopie bei. Sie ersparen sich Rückfragen, die das Verfahren verzögern. Antworten Sie wahrheitsgemäß und vollständig, sonst kann schon bewilligte Beratungshilfe wieder aufgehoben werden und Sie müssen die angefallenen Kosten nachzahlen.

Das Gericht kann Sie auch auffordern, fehlende Belege nachzureichen und Ihre Angaben an Eides statt zu versichern. Wenn Sie angeforderte Belege nicht nachreichen, kann dies dazu führen, dass Ihr Antrag auf Bewilligung von Beratungshilfe zurückgewiesen wird. Bei bewusst falschen oder unvollständigen Angaben droht Ihnen außerdem strafrechtliche Verfolgung.

Ausfüllhinweise

A   Geben Sie bitte an, was vorgefallen ist und weshalb Sie beraten werden wollen. Stellen Sie dazu den **Sachverhalt** kurz dar und geben Sie gegebenenfalls Name und Anschrift Ihres Gegners an.

B   **Rechtsschutzversicherung**: Sollten Sie eine Rechtsschutzversicherung haben, klären Sie bitte vorher mit Ihrer Versicherung, ob diese für die Kosten aufkommt. Beratungshilfe kann nur bewilligt werden, wenn dies vorab geklärt ist (bitte fügen Sie das Schreiben der Rechtsschutzversicherung ggf. bei).

Anderweitige Möglichkeit der Beratung/Vertretung: Organisationen wie zum Beispiel Mietervereine oder Gewerkschaften bieten für ihre Mitglieder in der Regel kostenlose Beratung und Vertretung. Dann haben Sie in der Regel keinen Anspruch auf Beratungshilfe. Wenn Sie diese Möglichkeit für nicht ausreichend halten, begründen Sie dies bitte auf einem gesonderten Blatt.

Bisherige Bewilligung von Beratungshilfe: Wurde Ihnen Beratungshilfe in derselben Angelegenheit zu einem früheren Zeitpunkt bereits bewilligt, muss Ihr Antrag abgelehnt werden. Wenn bezüglich einer bereits bewilligten Beratungshilfe Zweifel bestehen könnten, ob es sich um die dieselbe Angelegenheit handelt, geben Sie bitte auf einem gesonderten Blatt das Datum der damaligen Bewilligung, den Namen und die Anschrift der Beratungsperson an und benennen Sie die Gründe, weshalb Sie erneut Beratungshilfe beantragen.

Anhängiges gerichtliches Verfahren: Beratungshilfe kann nur bewilligt werden, wenn in derselben Angelegenheit kein gerichtliches Verfahren geführt wurde oder wird. Dies müssen Sie auch ausdrücklich versichern. Wenn bezüglich eines anhängigen oder durchgeführten Gerichtsverfahrens Zweifel bestehen könnten, geben Sie bitte auf einem gesonderten Blatt das zuständige Gericht und das dortige Aktenzeichen an und benennen Sie kurz die Gründe, warum es sich nicht um dieselbe Angelegenheit handelt.

C   Als **Bruttoeinkommen** geben Sie hier bitte alle Ihre Einkünfte in Geld oder Geldeswert an, insbesondere

- Lohn, Gehalt (auch Weihnachtsgeld und Urlaubsgeld), Arbeitslosengeld, Einkünfte aus selbständiger Arbeit, Renten,
- Einkünfte aus Vermietung oder Verpachtung, Einkünfte aus Kapitalvermögen,
- Unterhaltsleistungen,
- Kindergeld, Wohngeld, Ausbildungsförderung.

Als **Nettoeinkommen** gilt der Betrag, der zur Verfügung steht, nachdem alle nötigen Leistungen abgezogen wurden, insbesondere

- die auf das Einkommen zu entrichtenden Steuern,
- Pflichtbeiträge zur Sozialversicherung (Renten-, Kranken-, Pflege-, Arbeitslosenversicherung),
- Beiträge zu sonstigen Versicherungen wie z.B. eine sogenannte Riester-Altersvorsorge (bitte auf einem gesonderten Blatt erläutern),
- Werbungskosten (notwendige Aufwendungen für Erwerb Sicherung und Erhalt der Einnahmen, zum Beispiel Berufskleidung, Gewerkschaftsbeitrag, Kosten für die Fahrt zur Arbeit).

Maßgebend ist in der Regel der letzte Monat vor der Antragstellung; bei Einkünften aus selbständiger Arbeit sowie bei unregelmäßig anfallenden Einkünften ist jedoch ein Zwölftel der voraussichtlichen Jahreseinkünfte anzugeben. Das Einkommen des Ehegatten oder eingetragenen Lebenspartners bzw. der Ehegattin oder eingetragenen Lebenspartnerin ist anzugeben, weil er oder sie unter Umständen als unterhaltsverpflichtete Person in wichtigen und dringenden Angelegenheiten für die Kosten der Inanspruchnahme einer Beratungsperson aufkommen muss.

Fügen Sie bitte für alle Angaben Belege bei, zum Beispiel Lohn- oder Gehaltsabrechnungen, einen Bewilligungsbescheid nach dem Zweiten Buch Sozialgesetzbuch mit Berechnungsbogen, oder wenn Sie selbstständig sind, bitte den letzten Steuerbescheid.

D   Die **Kosten für Ihre Unterkunft** werden berücksichtigt, soweit sie nicht in einem auffälligen Missverhältnis zu Ihren Lebensverhältnissen stehen. Für die monatlichen Wohnkosten geben Sie bitte bei Mietwohnungen die Miete nebst Heizungs- und Nebenkosten (das sind die auf den Mieter umgelegten Betriebskosten) an. Stromkosten (soweit es sich nicht um Heizkosten handelt) und Kosten für Telefon gehören dagegen nicht zu den Wohnkosten. Bei Wohneigentum geben Sie bitte die Zins- und Tilgungsraten auf Darlehen/Hypotheken/Grundschulden nebst Heizungs- und Betriebskosten an.

E   Es liegt in Ihrem Interesse anzugeben, welchen Personen Sie **Unterhalt gewähren** und ob diese eigene Einkünfte haben. Denn die Unterhaltsleistung wird berücksichtigt, wenn Sie zu dieser gesetzlich verpflichtet sind. Wenn Sie den Unterhalt nicht ausschließlich durch Zahlung gewähren (beispielsweise weil ein Kind nicht nur Zahlungen von Ihnen erhält, sondern ganz oder teilweise bei Ihnen wohnt und versorgt wird), lassen Sie diese Spalte bitte frei. Es wird dann für jeden Angehörigen ein gesetzlich festgelegter Unterhaltsfreibetrag angesetzt.

F   Geben Sie bitte zunächst alle Bankkonten an, die Ihnen, Ihrem Ehegatten/eingetragenen Lebenspartner bzw. Ihrer Ehegattin/ eingetragenen Lebenspartnerin jeweils alleine oder gemeinsam gehören. Diese Angaben sind auch bei fehlendem Guthaben erforderlich, da die Kontostände ggf. mit anderen Vermögenswerten aufgerechnet werden können. Beratungshilfe kann auch dann bewilligt werden, wenn zwar **Vermögenswerte** vorhanden sind, diese aber zur Sicherung einer angemessenen Lebensgrundlage oder einer angemessenen Vorsorge dienen. Solche Vermögenswerte sind zum Beispiel

- ein selbst genutztes angemessenes Hausgrundstück (Familienheim),
- ein von Ihnen oder der Familie genutztes angemessenes Kraftfahrzeug, sofern dieses für die Berufsausbildung oder die Berufsausübung benötigt wird,
- kleinere Barbeträge oder Geldwerte (Beträge bis insgesamt 2600 Euro für Sie persönlich zuzüglich 256 Euro für jede Person, der Sie Unterhalt gewähren, sind in der Regel als ein solcher kleinerer Betrag anzusehen),
- Hausrat und Kleidung sowie Gegenstände, die für die Berufsausbildung oder die Berufsausübung benötigt werden (diese müssen Sie nur angeben, wenn sie über das Übliche hinausgehen oder wertvoll sind),
- der angesparte Betrag einer sogenannten Riester-Altersvorsorge.

Sollte der Einsatz oder die Verwertung eines anderen Vermögensgegenstandes für Sie und Ihre Familie eine Härte bedeuten, erläutern Sie dies bitte auf einem gesonderten Blatt.

G   **Zahlungsverpflichtungen** und sonstige **besondere Belastungen** können berücksichtigt werden, soweit dies angemessen ist. Unter **Zahlungsverpflichtungen** fallen insbesondere Kreditraten, sofern sie tatsächlich getilgt werden. Sonstige **besondere Belastungen** können zum Beispiel zusätzliche ärztliche Behandlungskosten, Aufwendungen für außerschulische Lernförderung, BAföG-Darlehensraten oder Mehrausgaben für einen behinderten Angehörigen sein. Auch eine Unterhaltsbelastung des Ehegatten oder eingetragenen Lebenspartners bzw. der Ehegattin oder eingetragenen Lebenspartnerin aus seiner bzw. ihrer früheren Ehe oder eingetragenen Lebenspartnerschaft kann hier angegeben werden. Bitte fügen Sie sowohl für die geltend gemachte Zahlungsverpflichtung oder sonstige Belastung als auch für die Zahlungen, die Sie leisten, und die Restschuld Belege bei (z. B. Kopie des Kreditvertrags, Kopien der Kontoauszüge o. Ä.).

Wenn Sie Leistungen nach dem Zweiten oder Zwölften Buch Sozialgesetzbuch erhalten und sich in einer besonderen Lebenssituation befinden, werden die bei Ihnen **anerkannten Mehrbedarfe** gemäß § 21 SGB II oder § 30 SGB XII ebenfalls als besondere Belastung berücksichtigt. Beispiele hierfür sind:
- Feststellung des Merkzeichens G und Erreichen der Altersgrenze/volle Erwerbsminderung
- Werdende Mütter nach der 12. Schwangerschaftswoche
- Alleinerziehende Personen, die mit einem oder mehreren minderjährigen Kindern zusammenleben
- Behinderte Personen, denen bestimmte Leistungen gem. SGB XII zuerkannt werden
- Personen, die medizinisch bedingt einer kostenaufwändigen Ernährung bedürfen
- Dezentrale Warmwasserversorgung
- Unabweisbarer laufender Mehraufwand.
Weisen Sie auf die anerkannten Mehrbedarfe aufgrund Ihrer besonderen Lebenssituation bitte ggf. hin. Angaben zu Zahlungen dafür sind in diesen Fällen nicht erforderlich.

Anlage 2

Antragsteller
(Stempel des Rechtsanwalts/
der Rechtsanwältin
oder sonstigen Beratungsperson)

Geschäftsnummer des Amtsgerichts
(Berechtigungsschein)

Amtsgericht _____

Eingangsstempel des Amtsgerichts

Postleitzahl, Ort _____

Ich habe Beratungshilfe gewährt Herrn/Frau

In der Zeit vom / am

Anschrift (Straße, Hausnummer, PLZ, Ort)

☐ Der Berechtigungsschein im Original oder ☐ der Antrag auf nachträgliche Bewilligung der Beratungshilfe ist beigefügt[3, 4, 5, 6, 7]

Über die in Nr. 2500 VV RVG bestimmte Gebühr hinaus habe ich Zahlungen von einem Dritten

☐ nicht erhalten ☐ in Höhe von_____EUR erhalten.

Ist der Gegner verpflichtet, die Kosten zu erstatten (§ 9 BerHG i. V. m. § 59 Absatz 1, 3 RVG)?

☐ nein ☐ ja; Name und Anschrift sowie die Begründung der Erstattungspflicht[8] ergeben sich aus der Anlage.

Ist die Beratung oder die Vertretung in ein gerichtliches Verfahren / (weiteres) Verwaltungsverfahren in diesem Mandat übergegangen?
(Abs. 2 der Anmerkungen zu den Nummern 2501 oder 2503 VV RVG)?

☐ nein ☐ ja, und zwar bei (Gericht/Behörde, Ort, Aktenzeichen):

Ich beantrage, nachstehend berechnete Gebühren und Auslagen, deren Entstehung ich versichere, festzusetzen und auszuzahlen

durch Überweisung auf das Konto IBAN-Nr.: _ _ _ _ | _ _ _ _ | _ _ _ _ | _ _ _ _ | _ _ _ _ | _ _ _ _ | _ _ _ _ | _ _ _ _ | _ _

BIC: _ _ _ _ _ _ _ _ | _ _ _ zum Geschäftszeichen _____

Ort, Datum _____

Rechtsanwalt /Rechtsanwältin /sonstige Beratungsperson

Kostenberechnung (nach RVG)[9, 10, 11, 12]			Dieses Feld bitte nicht ausfüllen.
Bezeichnung	Vergütungsverzeichnis Nummer(n)	Betrag EUR	Festzusetzen auf EUR
Beratungsgebühr	2501		
	2502		
Geschäftsgebühr Meine Tätigkeit bestand in:	2503		
Einigungs- und Erledigungsgebühr Inhalt bzw. Darstellung der Erledigung ergeben sich aus der Anlage	2508		
Entgelte für Post- und Telekommunikationsdienstleistungen	Einzelberechnung 7001		
	Pauschale 7002		
Dokumentenpauschale (Seiten à 0,50 EUR, Seiten à 0,15 EUR)	7000		
	Summe		
Umsatzsteuer auf die Vergütung	7008		
	Summe		
Abzüglich Zahlungen gemäß § 9 BerHG i. V. m. § 58 Absatz 1 RVG; § 55 Absatz 5 Satz 3 RVG			
zu zahlender Betrag			

Schrifttum: *Binschuss*, Beratungshilfe in Angelegenheiten des Kindergeldes – Eine Entscheidung des BVerfG, ZfF 2009, 55; *Chab*, Anmerkung BGH v. 24.2.2011 – VII ZR 169/10 -, BRAK-Mitt. 2011, 198; *ders.*, Anmerkung OLG Celle v. 17.7.2009 – 3 U 139/09 -, BRAK-Mitt. 2010, 128. Beck-Bever, 2. KostRMoG – Die wichtigsten Änderungen für die Anwaltsvergütung im Überblick; BRAK-Mitt. 2013, 146; *Dux*, Anwaltliche pro bono-Tätigkeit in Deutschland, AnwBl. 2011, 90; *Hofmann*, Änderungen im Prozesskostenhilfe- und Beratungshilferecht zum 1.1.2014, BRAK-Mitt. 2013, 269; *Kilian*, Die Bedeutung der Prozesskostenhilfe in der anwaltlichen Praxis, AnwBl. 2012, 330; *Kilian*, Gedanken zur Kostenrechtsmodernisierung II: Prozesskosten- und Beratungshilfe – Den Zugang zum Recht sichern: *Kohte*, Anmerkung BVerfG v. 11.5.2009 – 1 BvR 1517/08 – VuR 2009, 393; *Lissner*, Anmerkung BVerfG v. 11.5.2009 – 1 BvR 1517/08 – Rpfleger 2009, 571; *Lissner*, Beratungshilfe im Behördenverfahren, RVGreport 2010, 324; *Madert*, Anmerkung BVerfG v. 11.5.2009 – 1 BvR 1517/08 – JurBüro 2009, 489; *Mayer*, Vergütungsvereinbarung: Neues bei Beratungshilfe, pro bono und Erfolgshonorar, AnwBl Online 2013, 311; *Mayer*, Vergütungsvereinbarung: Neues bei Beratungshilfe, pro bono und Erfolgshonorar, AnwBl. 2013, 894; Tatsachen, Anforderungen, Probleme und Lösungsideen, AnwBl. 2014, 46; *Kilian*, Pro bono – (k)ein Thema für Deutschland? AnwBl. 2012, 45; *Schafhausen*, Bundesverfassungsgericht stärkt Zugang zum Recht, AnwBl 2009, 634; *Seltmann/Dahns*, Pro Bono-Tätigkeit, NJW-Spezial 2012, 702; *Teubel*, Das neue Prozesskostenhilfe- und Beratungshilferecht, BRAK-Mitt. 2013, 151.

Anmerkungen

1. Das BVerfG leitet aus dem **Sozialstaatsprinzip (Art. 20 Abs. 1 GG)** und dem **allgemeinen Gleichheitssatz (Art. 3 Abs. 1 GG)** das **Gebot einer „weitgehenden Angleichung der Situation von Bemittelten und Unbemittelten im Bereich des Rechtsschutzes"** ab (BVerfG NJW 2009, 3417 mwN) und hat diese Forderung des weiteren mit dem Rechtsstaatsgrundsatz (Art. 20 Abs. 3 GG) begründet (BVerfG NJW 2009, 3417; BVerfGE 81, 347 (356)). Weder der allgemeine Gleichheitssatz nach Art. 3 Abs. 1 noch das Sozialstaatsprinzip aus Art. 20 Abs. 1 GG oder das Rechtsstaatsprinzip nach Art. 20 Abs. 3 GG sind in ihrer Geltung auf gerichtliche Verfahren beschränkt (BVerfG NJW 2009, 3417; BVerfG NJW 2009, 209). Die im gerichtlichen Verfahren **auf Rechtsschutzgleichheit gerichteten Verfassungsgrundsätze** gewährleisten dem Bürger deshalb auch im außergerichtlichen Bereich **Rechtswahrnehmungsgleichheit** BVerfG NJW 2009, 3417; BVerfG NJW 2009, 209). Der Unbemittelte ist einem solchen Bemittelten gleichzustellen, der bei seiner Entscheidung für die Inanspruchnahme von Rechtsrat auch die hierdurch entstehenden Kosten berücksichtigt und vernünftig abwägt (BVerfG NZS 2012, 580; BVerfG NJW 2009, 3417; BVerfG, NJW 2009, S. 209). Dabei kann der Gesetzgeber die Rechtswahrnehmungsgleichheit von nicht hinreichend Bemittelten und Begüterten auf unterschiedliche Weise zu erreichen suchen. Wie beim allgemeinen Gleichheitssatz sind dem Gestaltungsspielraum des Gesetzgebers jedoch Grenzen gesetzt. Ungleichbehandlung und rechtfertigender Grund müssen in einem angemessenen Verhältnis zueinander stehen (BVerfG NJW 2009, 3417 mwN). Die Grenzen sind umso enger, je stärker sich die Ungleichbehandlung auf die Ausübung grundrechtlicher geschützter Freiheiten nachteilig auswirken kann (vgl. BVerfG NJW 2009, 3417 mwN) und je erheblicher die Bedeutung der Sozialleistung für die Betroffenen ist (vgl. BVerfG NJW 2009, 3417; BVerfGE 60, 113 (119)). **Mit dem Beratungshilfegesetz der Zeit bis Ende 2013 hat der Gesetzgeber diesen verfassungsrechtlichen Anforderungen zur Gewährleistung der Rechtswahrnehmungsgleichheit grundsätzlich Genüge getan.** Das Gesetz stellte sicher, dass Bürger mit geringem Einkommen und Vermögen nicht durch ihre finanzielle Lage daran gehindert werden, sich außerhalb eines gerichtlichen Verfahrens sachkundigen Rechtsrat zu verschaffen (BVerfG NJW 2009, 3417 unter Verweis auf BT-Drs 8/3311, S. 1). Soweit das bis 2013 geltende Gesetz den Anspruch auf Beratungshilfe vom Vorliegen einschränkender Voraussetzungen abhängig machte, halten diese den Anforderungen einer Angemessenheitskontrolle stand. Insbesondere darf der Rechtsuchende zunächst auf zumutbare andere Möglichkeiten für eine fachkundige Hilfe bei der Rechtswahrnehmung verwiesen werden (vgl. BVerfG NJW 2009, 3417; BVerfG NJW 2009, S. 209).

2. Die **Beratungshilfe** wurde im Zuge der **Kostenrechtsmodernisierung neu geregelt** (vgl. dazu: *Kilian* AnwBl. 2014, 46; *Hofmann*, BRAK-Mitt. 2013, 269; *Teubel*, BRAK-Mitt. 2013, 151; *Mayer*, AnwBl. 2013, 894; *Mayer* AnwBl Online 2013, 311; *Beck-Bever* BRAK-Mitt. 2013, 146). Dabei wurde **auch das für den Vergütungsantrag des Rechtsanwalts und der sonstigen Beratungsperson zu verwendende Formular** novelliert. Dieses Formular, das die Länder in jeweils ähnlicher Fassung bereits verwenden, vollzieht die Artikel 3 und 5 des Kostenrechtsmodernisierungsgesetzes nach, durch die das RVG in Kraft getreten beziehungsweise geändert worden ist (BR-Drs. 779/13 v. 27.11.2013, S. 16). Es berücksichtigt auch Änderungen, die bei der Angabe von Kontodaten im bargeldlosen Zahlungsverkehr aufgrund der Art. 5 und 6 Abs. 1 der Verordnung (EU) Nr. 260/2012 vom 14.3.2012 zur Festlegung der technischen Vorschriften und der Geschäftsanforderungen für Überweisungen und Lastschriften in Euro und zur Änderung der Verordnung (EG) Nr. 924/2009 zwingend ab dem 1.2.2014 vorgeschrieben sind und auch vorher schon verwendet werden können (BR-Drs. 779/13 v. 27.11.2013, S. 16). In der Kostenberechnung wird die Dokumentenpauschale nach RVG Vergütungsverzeichnis Nr. 7000 mit aufgeführt. Die äußere Erscheinungsform wird der Anlage 1 angepasst (BR-Drs. 779/13 v. 27.11.2013, S. 16). Dabei ist auf europäischer Ebene nicht betreffend Beratungshilfe aber betreffend Prozesskostenhilfe in Art. 47 Abs. 3 der Europäischen Grundrechtecharta – also auf verfassungsrechtlicher Ebene – eine Gewährleistung vorgesehen. Gem. Art. 47 Abs. 3 GRC gilt: Personen, die nicht über ausreichende Mittel verfügen, wird Prozesskostenhilfe bewilligt, soweit diese Hilfe erforderlich ist, um den Zugang zu den Gerichten wirksam zu gewährleisten. Zudem gibt es die Regelungen in Art. 115 bis 118 VfO des EuGH. Dabei ist aber im Regelfall – wenn es um ein Vorabentscheidungsverfahren beim EuGH geht – die Unterstützung der unbemittelten Person, insbesondere durch Prozesskostenhilfe, schon nach nationalem Recht zu gewähren, da ja das Vorabentscheidungsverfahren beim EuGH ein Zwischenverfahren des mitgliedstaatlichen Ausgangsgerichtes ist.

3. Aufgrund des engen Kostenrahmens bei der Beratungshilfe ist vom Rechtsanwalt möglichst ökonomisch zu verfahren. Betreffend das Ausfüllen des Antrags auf Bewilligung von Beratungshilfe kann auf die von den **Amtsgerichten und Behörden ausgegebenen Ausfüllhinweise** verwiesen werden.

4. Die Rechtsverfolgung darf nicht mutwillig sein. Der **Begriff der Mutwilligkeit** ist in § 1 Abs. 3 BerHG nF **legaldefiniert.** Mutwilligkeit liegt vor, wenn Beratungshilfe in Anspruch genommen wird, obwohl ein Rechtsuchender, der keine Beratungshilfe beansprucht, bei verständiger Würdigung aller Umstände der Rechtsangelegenheit davon absehen würde, sich auf eigene Kosten rechtlich beraten oder vertreten zu lassen. Bei der Beurteilung der Mutwilligkeit sind die Kenntnisse und Fähigkeiten des Antragstellers sowie seine besondere wirtschaftliche Lage zu berücksichtigen. **Genaue Kriterien**, die für die Beurteilung einer Mutwilligkeit herangezogen werden, **lassen sich dem nicht entnehmen** (*Hofmann* BRAK-Mitt. 2013, 269). So bleibt abzuwarten, wie diese Abwägungsfrage in der Praxis gelöst wird bzw. ob sie überhaupt gelöst werden kann (*Hofmann* BRAK-Mitt. 2013, 269). Allerdings war bisher Voraussetzung für die Beratungshilfe, dass die Wahrnehmung der Rechte nicht mutwillig ist, wobei nunmehr die Inanspruchnahme in Zukunft **nicht mutwillig „erscheinen" darf** (§ 1 Abs. 1 Ziff. 3 BerHG). Das spricht dafür, dass dem Gericht ein etwas breiterer Beurteilungsspielraum gegeben wurde, den das Gericht auch unter Berücksichtigung der neuen Legaldefinition der Mutwilligkeit in § 1 Abs. 3 BerHG nicht strapazieren sollte (*Teubel* BRAK-Mitt. 2013, 151).

5. Im Rahmen der Beratungshilfe darf der Rechtsuchende **zunächst** auf **zumutbare andere Möglichkeiten** für eine **fachkundige Hilfe** bei der Rechtswahrnehmung verwiesen werden (BVerfG NJW 2009, 209; BVerfG NJW 2009, 3417). Dabei ist anerkannt, dass zB die **Verbraucherzentralen** als „**andere Möglichkeit**" im Sinne von § 1 Abs. 1 Nr. 2 BerHG in Betracht kommen können (BVerfG NJW 2012, 2722). Demgegenüber kann der Rechtsuchende zB **nicht an die Behörde** verwiesen werden, **die den negativen Bescheid erlassen hat** (BVerfG NJW 2009, 3417. Vgl. dazu auch: BVerfG v. 11.5.2009 – 1 BvR 1517/08 – VuR 2009, 393 mAnm. *Kohte*; BVerfG Urt. v. 11.5.2009 – 1 BvR 1517/08 – JurBüro 2009, 489 mAnm. *Madert*; BVerfG v. 11.5.2009 – 1 BvR 1517/08, Rpfleger 2009, 571 mAnm. *Lissner*; *Lissner* RVGreport 2010, 324; Schafhausen, AnwBl 2009, 634).

6. § 49a Abs. 1 S. 1 BRAO begründet einen **Kontrahierungszwang** für den Rechtsanwalt, der die Beratungshilfe aufgrund Gesetzes übernehmen muss (*Henssler/Prütting/Henssler*, BRAO BORA § 16a Rn. 5). Gem. § 16a Abs. 3 BORA kann der Rechtsanwalt die Beratungshilfe im Einzelfall aus wichtigem Grund ablehnen oder beenden (Vgl. dazu: *Henssler*/Prütting/*Henssler* BRAO BORA § 16a Rn. 5 ff.).

7. Die Frage, **ob Beratungshilfe neben der Beratung auch für die Vertretung bewilligt wird** und ein entsprechender Berechtigungsschein erteilt wird, ist vom hierfür gemäß § 24 a RPflG zuständigen Rechtspfleger zu entscheiden (LG Berlin v. 12.3.2008 – 82 T 161/08). Gewährt der Rechtspfleger Beratungshilfe, so ist diese Entscheidung unanfechtbar (LG Köln JurBüro 1983, 709; LG Göttingen JurBüro 1988, 197; LG Berlin v. 12.3.2008 – 82 T 161/08). Hieraus folgt, dass die **Erforderlichkeit der anwaltlichen Vertretung im Rahmen der Beratungshilfe bereits bei der Bewilligung der Beratungshilfe und Erteilung des Berechtigungsscheins zu prüfen** ist. Wird Beratungshilfe auch für Vertretung bewilligt, kann die Erforderlichkeit der Geschäftstätigkeit des Beratungshilfe gewährenden Rechtsanwalts im Festsetzungsverfahren vom Urkundsbeamten der Geschäftsstelle nicht mehr geprüft werden (LG Berlin v. 12.3.2008 – 82 T 161/08). Die Frage, ob über die Beratung hinaus auch eine Vertretung erforderlich war, ist durch den beauftragten Rechtsanwalt zu entscheiden, dem dabei ein Ermessen zusteht (AG Tiergarten v. 11.10.2011 – 670a II 1650/11).

8. Vertritt der Rechtsanwalt einen Rechtssuchenden auf der Grundlage von Beratungshilfe so ist zu beachten, dass **im Falle des Obsiegens bzw. der Geltendmachung des Verzugsschadens für den eigenen Mandanten nicht etwa** eine **Beschränkung auf** die **Beratungshilfegebühren** besteht. Der Schuldner soll nach der gesetzlichen Wertung keinen Vorteil aus der Möglichkeit einer Beratungshilfe ziehen (BGH Urt. v. 24.2.2011 – VII ZR 169/10, NJW 2011, 2300). Nach der Begründung des Entwurfs zum Beratungshilfegesetz soll der **Gegner des Rechtsuchenden**, der gesetzlich verpflichtet ist, diesem die Kosten der Verfolgung seiner Rechte, etwa als Verzugsschaden, zu ersetzen, **keinen Nutzen daraus ziehen, dass durch den Einsatz öffentlicher Mittel die Rechtsverfolgung verbilligt worden ist** (BGH Urt. v. 24.2.2011 – VII ZR 169/10, NJW 2011, 2300; BR-Drs. 8/3311, S. 15). Aus diesem Grund hat der Gegner des Rechtsuchenden die gesetzliche Vergütung für die Tätigkeit des Rechtsanwalts zu zahlen, wenn er verpflichtet ist, dem Rechtsuchenden die Kosten der Wahrnehmung der Rechte zu ersetzen, § 9 S. 1 BerHG. Mit der gesetzlichen Vergütung ist **diejenige Vergütung** gemeint, **die sich aus den Regelgebühren ergibt** und nicht etwa die Vergütung, die im Rahmen der Beratungshilfe entsteht (BGH v. 24.2.2011 – VII ZR 169/10, NJW 2011, 2300 mwN). Es **kann auch nicht angenommen werden**, dass die Beauftragung eines Rechtsanwalts außerhalb der Beratungshilfe ein **Verstoß gegen** die **Schadensminderungspflicht** ist und es **entfällt** bei wertender Betrachtung **nicht der Zurechnungszusammenhang** zwischen dem Verzug eines Schuldners und dem Schaden, der einem Gläubiger durch die Bezahlung der gesetzlichen Vergütung an den Anwalt entstanden ist, obwohl die Möglichkeit bestanden hätte, Beratungshilfe in Anspruch zu nehmen (BGH v. 24.2.2011 – VII ZR 169/10, NJW 2011, 2300 mwN).

9. Im Zuge der **Kostenrechtsmodernisierung** wurde die **Vergütung für die Beratungs-hilfeleistung nach Nr. 2500 ff. VV RVG angehoben** von 10 EUR auf 15 EUR für die vom Mandanten fakultativ zu erhebende Beratungshilfegebühr. Die gegenüber der Landes-kasse abzurechnende Beratungsgebühr beträgt nun 35 EUR (vorher 30 EUR) und die Geschäftsgebühr 85 EUR (vorher 70 EUR) (*Beck-Bever* BRAK-Mitt. 2013, 146). Gelingt eine Einigung, können nun 150 EUR (vorher 125 EUR) abgerechnet werden. Auch die Gebühren für die Tätigkeit im Schuldenbereinigungsverfahren wurden entsprechend erhöht (*Beck-Bever* BRAK-Mitt. 2013, 146). Dabei kommt es für Höhe der Vergütung auch darauf an, ob **eine oder mehrere Angelegenheiten** im Sinne von §§ 15 ff. RVG, 2 Abs. 2 BerHG vorliegen und welche Grundsätze – entweder § 16 Nr. 4 RVG oder die zu § 15 Abs. 2 S. 1 RVG entwickelten allgemeinen Grundsätze – für die Bewertung insoweit heranzuziehen sind (OLG Düsseldorf Urt. v. 16.10.2012 – I-3 Wx 189/12, BeckRS 2012, 22128; KG AGS 2010, 612, 613). Wird zB **im familienrechtlichen Bereich** ein **Beratungs-hilfeschein für die Angelegenheiten „Trennung, Scheidung und Folgesachen"** erteilt, sind bei einer anschließenden umfassenden Beratung durch einen Rechtsanwalt die **vier Komplexe** Scheidung als solche, das persönliche Verhältnis zu den Kindern (Personen-sorge, Umgangsrecht), Fragen im Zusammenhang mit Ehewohnung und Hausrat und finanzielle Auswirkungen von Trennung und Scheidung (Unterhaltsansprüche, Güter-recht, Vermögensauseinandersetzung) **jeweils als gesonderte gebührenrechtliche Angele-genheiten zu behandeln,** so dass die **Beratungsgebühr für insgesamt bis zu vier Angele-genheiten** geltend gemacht werden kann (OLG Stuttgart FamRZ 2013, 726; OLG Nürnberg NJW 2011, 3108; OLG Celle NJW 2011, 3109. A.A.: OLG München AGS 2012, 25 und OLG Düsseldorf FamRZ 2009, 1244). Im **arbeitsrechtlichen Bereich** wird eine **Beratung über verschiedene Kündigungsfolgen,** insbesondere die Möglichkeit einer Kündigungsschutzklage einerseits und Anspruch auf ein wohlwollendes qualifiziertes Zeugnis andererseits als eine Angelegenheit angesehen (vgl.: AG Bochum v. 10.8.2009 – 52 II 578/09, BeckRS 2009, 23011). Im **mietrechtlichen Bereich** wird die zeitgleiche Beratung eines Mieters wegen **zweier Nebenkostenabrechnungen** als nur eine Angelegen-heit nach den §§ 2, 6 BerHG, 15 RVG angesehen (OLG Köln v. 4.1.2010 – 17 W 342/09, MDR 2010, 474; vgl. dazu auch: OLG Köln v. 4.1.2010 – 17 W 342/09, RVGreport 2010, 184 mAnm. *Hansens*). Das Steuerrecht nicht zu den beratungshilfefähigen Angele-genheiten zu zählen ist mit Art. 3 Abs. 1 GG unvereinbar (BVerfG FamRZ 2008, 2179).

10. Bei der Frage der **Abrechenbarkeit einer Einigungsgebühr** ist zu beachten, dass gem. Abs. 1 der Anmerkung zu Nr. 2508 VV RVG die Anmerkungen zu Nr. 1000 VV RVG anzuwenden sind (LG Berlin v. 12.3.2008 – 82 T 161/08). Dies hat zur Folge, dass auch im Rahmen der Beratungshilfe die Voraussetzungen der Einigungsgebühr nach Nr. 1000 VV RVG erfüllt sein müssen. Dies erfordert u. a. den Abschluss eines Einigungs-vertrages (vgl.: KG RVGreport 2006, 265; KG RVGreport 2005, 424; LG Berlin v. 12.3.2008 – 82 T 161/08).

11. Grundsätzlich ist nach dem in **Vollzug der Rechnungsrichtlinie der EU (2001/115/ EG, Amtsblatt der EG 2002 Nr. L 15 S. 24)** mit Wirkung zum 1.1.2004 angepassten **§ 14 UStG** (vgl. § 14 Abs. 3 Ziff. 4 UStG) für jede Rechnung, die die Anwaltskanzlei verlässt, **eine Rechnungsnummer zu vergeben, die auch in der Rechnung auszuweisen ist** (Hartung/ Schons/Enders RVG § 10 Rn. 31; *Gerold/Schmidt/Burhoff*, RVG § 10 Rn. 23; MAHVer-gütungsR/*Teubel* § 2 Rn. 61 ff.). Es muss sich um eine fortlaufende Nummer handeln, die zweifelsfrei die Identifikation der Rechnung zulässt (*Hartung/Schons/Enders*, RVG § 10 Rn. 31; *Gerold/Schmidt/Burhoff* RVG § 10 Rn. 23). **Keiner Rechnungsnummer bedürfen Beratungshilfegebühren** (*Hartung/Schons/Enders* RVG § 10 Rn. 32 mwN).

12. Betreffend **Rechtsbehelfe** führt das Landgericht Berlin in seiner Entscheidung vom 8.1.2010 – 82 T 1183/09 – aus: Wird der **Antrag auf Gewährung von Beratungshilfe**

(teilweise) **zurückgewiesen,** indem beispielsweise die anwaltliche Vertretung nicht als erforderlich angesehen worden ist, kann **der Rechtsuchende** (nicht also der Beratungshilfe gewährende Rechtsanwalt) hiergegen **Erinnerung** gemäß § 6 S. 2 BerHG einlegen. Eine Beschwerde hiergegen ist nicht gegeben. Gegen die **Entscheidung** des Urkundsbeamten der Geschäftsstelle **im Verfahren auf Festsetzung der Beratungshilfevergütung** ist demgegenüber die **Erinnerung** gemäß § 56 Abs. 1 S. 1 RVG gegeben, über die das Amtsgericht entscheidet. Unter den Voraussetzungen des § 33 Abs. 3 RVG ist gegen die amtsgerichtliche Entscheidung die Beschwerde gegeben.

2. Prozesskostenhilfe in der Bundesrepublik Deutschland (kein grenzüberschreitender Bezug)

Bezeichnung, Ort und Geschäftsnummer des Gerichts:

Erklärung über die persönlichen und wirtschaftlichen Verhältnisse bei Prozess- oder Verfahrenskostenhilfe ① ② ③ ④ ⑤ ⑥
⑧⑨
– Belege sind in Kopie durchnummeriert beizufügen –

A	Angaben zu Ihrer Person			
⑦ Name, Vorname, ggf. Geburtsname		Beruf, Erwerbstätigkeit	Geburtsdatum	Familienstand
Anschrift (Straße, Hausnummer, Postleitzahl, Wohnort)			Tagsüber tel. erreichbar unter Nummer	
Sofern vorhanden: Gesetzlicher Vertreter (Name, Vorname, Anschrift, Telefon)				

B   Rechtsschutzversicherung/Mitgliedschaft

1. Trägt eine Rechtsschutzversicherung oder eine andere Stelle/Person (z. B. Gewerkschaft, Mieterverein, Sozialverband) die Kosten Ihrer Prozess- oder Verfahrensführung? | Beleg Nummer

☐ Nein   ☐ Ja:

In welcher Höhe? Wenn die Kosten in voller Höhe von einer Versicherung oder anderen Stelle/Person getragen werden, ist die Bewilligung von Prozess- oder Verfahrenskostenhilfe nicht möglich und damit die Beantwortung der weiteren Fragen nicht erforderlich.

2. Wenn nein: Besteht eine Rechtsschutzversicherung oder die Mitgliedschaft in einem Verein/einer Organisation (z. B. Gewerkschaft, Mieterverein, Sozialverband), der/die die Kosten der beabsichtigten Prozess- oder Verfahrensführung tragen oder einen Prozessbevollmächtigten stellen könnte? | Beleg Nummer

☐ Nein   ☐ Ja:

Bezeichnung der Versicherung/des Vereins/der Organisation. Klären Sie möglichst vorab, ob die Kosten getragen werden. Bereits vorhandene Belege über eine (Teil-)Ablehnung seitens der Versicherung/des Vereins/der Organisation fügen Sie dem Antrag bei.

C   Unterhaltsanspruch gegenüber anderen Personen

Haben Sie Angehörige, die Ihnen gegenüber gesetzlich zur Leistung von Unterhalt verpflichtet sind (auch wenn tatsächlich keine Leistungen erfolgen)? z. B. Mutter, Vater, Ehegatte/Ehegattin, eingetragene(r) Lebenspartner/Lebenspartnerin | Beleg Nummer

☐ Nein   ☐ Ja:

Name des Unterhaltsverpflichteten. Bitte geben Sie auf einem weiteren Exemplar dieses Formulars seine persönlichen und wirtschaftlichen Verhältnisse an, sofern diese nicht bereits vollständig aus den folgenden Abschnitten ersichtlich sind.

D   Angehörige, denen Sie Bar- oder Naturalunterhalt gewähren

Name, Vorname, Anschrift (sofern sie von Ihrer Anschrift abweicht)	Geburts-datum	Verhältnis (z. B. Ehe-gatte, Kind, Mutter)	Monatsbetrag in EUR, soweit Sie den Unterhalt nur durch Zahlung gewähren	Haben diese Angehörigen eigene Einnahmen? z. B. Ausbildungsvergütung, Unterhalts-zahlung vom anderen Elternteil usw.	Beleg Nummer
1				☐ Nein ☐ Ja: ___ mtl. EUR netto	
2				☐ Nein ☐ Ja: ___ mtl. EUR netto	
3				☐ Nein ☐ Ja: ___ mtl. EUR netto	
4				☐ Nein ☐ Ja: ___ mtl. EUR netto	
5				☐ Nein ☐ Ja: ___ mtl. EUR netto	

- Allgemeine Fassung -   1

Wenn Sie laufende Leistungen zum Lebensunterhalt nach dem Zwölften Buch Sozialgesetzbuch (Sozialhilfe) beziehen und den aktuellen Bescheid einschließlich des Berechnungsbogens vollständig beifügen, müssen Sie die <u>Abschnitte E bis J</u> nicht ausfüllen, es sei denn, das Gericht ordnet dies an.

E   Bruttoeinnahmen

Belege (z. B. Lohnbescheinigung, Steuerbescheid, Bewilligungsbescheid mit Berechnungsbogen) müssen in Kopie beigefügt werden.

1. Haben Sie Einnahmen aus (bitte die monatlichen Bruttobeträge in EUR angeben)

			Beleg Nummer				Beleg Nummer
Nichtselbständiger Arbeit?	☐ Nein	☐ Ja: _mtl. EUR brutto_		Unterhalt?	☐ Nein	☐ Ja: _mtl. EUR brutto_	
Selbständiger Arbeit/ Gewerbebetrieb/ Land- und Forstwirtschaft?	☐ Nein	☐ Ja: _mtl. EUR brutto_		Rente/Pension?	☐ Nein	☐ Ja: _mtl. EUR brutto_	
Vermietung und Verpachtung?	☐ Nein	☐ Ja: _mtl. EUR brutto_		Arbeitslosengeld?	☐ Nein	☐ Ja: _mtl. EUR brutto_	
Kapitalvermögen?	☐ Nein	☐ Ja: _mtl. EUR brutto_		Arbeitslosengeld II?	☐ Nein	☐ Ja: _mtl. EUR brutto_	
Kindergeld/ Kinderzuschlag?	☐ Nein	☐ Ja: _mtl. EUR brutto_		Krankengeld?	☐ Nein	☐ Ja: _mtl. EUR brutto_	
Wohngeld?	☐ Nein	☐ Ja: _mtl. EUR brutto_		Elterngeld?	☐ Nein	☐ Ja: _mtl. EUR brutto_	

2. Haben Sie andere Einnahmen? auch einmalige oder unregelmäßige

Wenn Ja, bitte Art, Bezugszeitraum und Höhe angeben
z.B. Weihnachts-/Urlaubsgeld jährlich, Steuererstattung jährlich, BAföG mtl.

☐ Nein   ☐ Ja   Beleg Nummer

EUR brutto

EUR brutto

3. Hat Ihr Ehegatte/eingetragener Lebenspartner bzw. Ihre Ehegattin/eingetragene Lebenspartnerin Einnahmen aus
(bitte die monatlichen Bruttobeträge in EUR angeben)

			Beleg Nummer				Beleg Nummer
Nichtselbständiger Arbeit?	☐ Nein	☐ Ja: _mtl. EUR brutto_		Unterhalt?	☐ Nein	☐ Ja: _mtl. EUR brutto_	
Selbständiger Arbeit/ Gewerbebetrieb/Land- und Forstwirtschaft?	☐ Nein	☐ Ja: _mtl. EUR brutto_		Rente/Pension?	☐ Nein	☐ Ja: _mtl. EUR brutto_	
Vermietung und Verpachtung?	☐ Nein	☐ Ja: _mtl. EUR brutto_		Arbeitslosengeld?	☐ Nein	☐ Ja: _mtl. EUR brutto_	
Kapitalvermögen?	☐ Nein	☐ Ja: _mtl. EUR brutto_		Arbeitslosengeld II?	☐ Nein	☐ Ja: _mtl. EUR brutto_	
Kindergeld/ Kinderzuschlag?	☐ Nein	☐ Ja: _mtl. EUR brutto_		Krankengeld?	☐ Nein	☐ Ja: _mtl. EUR brutto_	
Wohngeld?	☐ Nein	☐ Ja: _mtl. EUR brutto_		Elterngeld?	☐ Nein	☐ Ja: _mtl. EUR brutto_	

4. Hat Ihr Ehegatte/eingetragener Lebenspartner bzw. Ihre Ehegattin/eingetragene Lebenspartnerin andere Einnahmen? auch einmalige oder unregelmäßige

Wenn Ja, bitte Art, Bezugszeitraum und Höhe angeben
z.B. Weihnachts-/Urlaubsgeld jährlich, Steuererstattung jährlich, BAföG mtl.

☐ Nein   ☐ Ja   Beleg Nummer

EUR brutto

EUR brutto

5. Falls zu den Einnahmen alle Fragen verneint werden: Auf welche Umstände ist dies zurückzuführen? Wie bestreiten Sie Ihren Lebensunterhalt? Angaben hierzu sind auf einem gesonderten Blatt beizufügen!

2

F **Abzüge** Art der Abzüge bitte kurz bezeichnen (z. B. Lohnsteuer, Pflichtbeiträge, Lebensversicherung). Belege müssen in Kopie beigefügt werden.

1. Welche Abzüge haben Sie?		Beleg Nummer	2. Welche Abzüge hat Ihr Ehegatte/eing. Lebenspartner bzw. Ihre Ehegattin/eingetragene Lebenspartnerin?		Beleg Nummer
Steuern/Solidaritätszuschlag	EUR mtl.		Steuern/Solidaritätszuschlag	EUR mtl.	
Sozialversicherungsbeiträge	EUR mtl.		Sozialversicherungsbeiträge	EUR mtl.	
Sonstige Versicherungen	EUR mtl.		Sonstige Versicherungen	EUR mtl.	
Fahrt zur Arbeit (Kosten für öffentliche Verkehrs-mittel oder einfache Entfernung bei KFZ-Nutzung)	EUR mtl./KM		Fahrt zur Arbeit (Kosten für öffentliche Verkehrs-mittel oder einfache Entfernung bei KFZ-Nutzung)	EUR mtl./KM	
Sonstige Werbungskosten/Betriebsausgaben	EUR mtl.		Sonstige Werbungskosten/Betriebsausgaben	EUR mtl.	

G **Bankkonten/Grundeigentum/Kraftfahrzeuge/Bargeld/Vermögenswerte**

Verfügen Sie oder Ihr Ehegatte/Ihre Ehegattin bzw. Ihr eingetragener Lebenspartner/Ihre eingetragene Lebenspartnerin allein oder gemeinsam über ...

1. **Bank-, Giro-, Sparkonten oder dergleichen?** Angaben zu allen Konten sind auch bei fehlendem Guthaben erforderlich.　　*Beleg Nummer*

☐ Nein ☐ Ja:

Art des Kontos, Kontoinhaber, Kreditinstitut　　　Kontostand in EUR

2. **Grundeigentum?** z. B. Grundstück, Haus, Eigentumswohnung, Erbbaurecht　　*Beleg Nummer*

☐ Nein ☐ Ja:

Größe, Anschrift/Grundbuchbezeichnung, Allein- oder Miteigentum, Zahl der Wohneinheiten　　Verkehrswert in EUR

3. **Kraftfahrzeuge?**　　*Beleg Nummer*

☐ Nein ☐ Ja:

Marke, Typ, Baujahr, Anschaffungsjahr, Allein- oder Miteigentum, Kilometerstand　　Verkehrswert in EUR

4. **Bargeld oder Wertgegenstände?** z. B. wertvoller Schmuck, Antiquitäten, hochwertige elektronische Geräte　　*Beleg Nummer*

☐ Nein ☐ Ja:

Bargeldbetrag in EUR, Bezeichnung der Wertgegenstände, Allein- oder Miteigentum　　Verkehrswert in EUR

5. **Lebens- oder Rentenversicherungen?**　　*Beleg Nummer*

☐ Nein ☐ Ja:

Versicherung, Versicherungsnehmer, Datum des Vertrages/Handelt es sich um eine zusätzliche Altersvorsorge gem. Einkommensteuergesetz, die staatlich gefördert wurde („Riester-Rente")?　　Rückkaufswert in EUR

6. **sonstige Vermögenswerte?** z. B. Bausparverträge, Wertpapiere, Beteiligungen, Forderungen　　*Beleg Nummer*

☐ Nein ☐ Ja:

Bezeichnung, Allein- oder Miteigentum　　Verkehrswert in EUR

3

H Wohnkosten Belege sind in Kopie beizufügen (z. B. Mietvertrag, Heizkostenabrechnung, Kontoauszüge)   Beleg Nummer

1. Gesamtgröße des Wohnraums, den Sie allein oder gemeinsam mit anderen Personen bewohnen:
(Angabe in Quadratmeter)

2. Zahl der Zimmer:		**3. Anzahl der Personen, die den Wohnraum insgesamt bewohnen:**

4. Nutzen Sie den Raum als Mieter oder in einem ähnlichen Nutzungs-verhältnis? Wenn ja, bitte die nachfolgenden Angaben in EUR pro Monat ergänzen   ☐ Nein   ☐ Ja

Miete ohne Nebenkosten	Heizungskosten	Übrige Nebenkosten	Gesamtbetrag	Ich allein zahle davon

5. Nutzen Sie den Raum als Eigentümer, Miteigentümer oder Erbbau-berechtigter? Wenn ja, bitte die nachfolgenden Angaben in EUR pro Monat ergänzen   ☐ Nein   ☐ Ja

Zinsen und Tilgung	Heizungskosten	Übrige Nebenkosten	Gesamtbetrag	Ich allein zahle davon

6. Genaue Einzelangaben zu der Belastung aus Fremdmitteln bei Nutzung als (Mit-)Eigentümer usw. Beleg Nummer
z. B. Datum des Darlehensvertrages, Darlehensnehmer, Kreditinstitut, Darlehensrate pro Monat, Zahlungen laufen bis ...

	Restschuld in EUR	Zinsen und Tilgung mtl.
	Restschuld in EUR	Zinsen und Tilgung mtl.

I Sonstige Zahlungsverpflichtungen Angabe, an wen, wofür, seit wann und bis wann die Zahlungen geleistet werden   Beleg Nummer
z. B. Ratenkredit der ... Bank vom ... für ..., Raten laufen bis ... / Belege (z. B. Darlehensvertrag, Zahlungsnachweise) sind in Kopie beizufügen

	Restschuld in EUR	Gesamtbelastung mtl.	Ich allein zahle davon
	Restschuld in EUR	Gesamtbelastung mtl.	Ich allein zahle davon
	Restschuld in EUR	Gesamtbelastung mtl.	Ich allein zahle davon

J Besondere Belastungen Angaben sind zu belegen   Beleg Nummer
z. B. Mehrausgaben für körperbehinderten Angehörigen und Angabe des GdB/Mehrbedarfe gemäß § 21 SGB II und § 30 SGB XII

	Ich allein zahle davon
	Ich allein zahle davon

K Ich versichere hiermit, dass meine Angaben vollständig und wahr sind. Das Hinweisblatt zu diesem Formular habe ich erhalten und gelesen.

Mir ist bekannt, dass unvollständige oder unrichtige Angaben die Aufhebung der Bewilligung von Prozess- oder Verfahrenskostenhilfe und eine Strafverfolgung nach sich ziehen können. Das Gericht kann mich auffordern, fehlende Belege nachzureichen und meine Angaben an Eides statt zu versichern.

Mir ist auch bekannt, dass ich während des Gerichtsverfahrens und innerhalb eines Zeitraums von vier Jahren seit der rechtskräftigen Entscheidung oder der sonstigen Beendigung des Verfahrens verpflichtet bin, dem Gericht wesentliche Verbesserungen meiner wirtschaftlichen Lage oder eine Änderung meiner Anschrift unaufgefordert und unverzüglich mitzuteilen. Bei laufenden Einkünften ist jede nicht nur einmalige Verbesserung von mehr als 100 Euro (brutto) im Monat mitzuteilen. Reduzieren sich geltend gemachte Abzüge, muss ich dies ebenfalls unaufgefordert und unverzüglich mitteilen, wenn die Entlastung nicht nur einmalig 100 Euro im Monat übersteigt. Ich weiß, dass die Bewilligung der Prozess- oder Verfahrenskostenhilfe bei einem Verstoß gegen diese Pflicht aufgehoben werden kann, und ich dann die gesamten Kosten nachzahlen muss.

Anzahl der beigefügten Belege:

⑩	Aufgenommen:
Ort, Datum	Unterschrift der Partei oder Person, die sie gesetzlich vertritt	Unterschrift/Amtsbezeichnung

4

Hinweisblatt
zum Formular für die Erklärung
über die persönlichen und wirtschaftlichen Verhältnisse
bei Prozess- oder Verfahrenskostenhilfe

– Bitte bewahren Sie dieses Hinweisblatt und eine Kopie des ausgefüllten Formulars bei Ihren Unterlagen auf –

Allgemeine Hinweise

Wozu Prozess- oder Verfahrenskostenhilfe?

Wenn Sie eine Klage erheben oder einen Antrag bei Gericht stellen wollen, müssen Sie in der Regel Gerichtskosten zahlen. Schreibt das Gesetz eine anwaltliche Vertretung vor oder ist aus anderen Gründen eine anwaltliche Vertretung notwendig, kommen die Kosten hierfür hinzu. Entsprechende Kosten entstehen Ihnen auch dann, wenn Sie sich in einem Gerichtsverfahren verteidigen.

Die Prozess- oder Verfahrenskostenhilfe soll Ihnen die Verfolgung oder Verteidigung Ihrer Rechte ermöglichen, wenn Sie diese Kosten nicht oder nur teilweise aufbringen können. Sie kann auch dann bewilligt werden, wenn Sie zur Durchsetzung eines Anspruchs die Zwangsvollstreckung betreiben müssen.

Wer erhält Prozess- oder Verfahrenskostenhilfe?

Dazu schreibt das Gesetz für die Prozesskostenhilfe vor:

„Eine Partei, die nach ihren persönlichen und wirtschaftlichen Verhältnissen die Kosten der Prozessführung nicht, nur zum Teil oder nur in Raten aufbringen kann, erhält auf Antrag Prozesskostenhilfe, wenn die beabsichtigte Rechtsverfolgung oder Rechtsverteidigung hinreichende Aussicht auf Erfolg bietet und nicht mutwillig erscheint.

Mutwillig ist die Rechtsverfolgung oder Rechtsverteidigung, wenn eine Partei, die keine Prozesskostenhilfe beansprucht, bei verständiger Würdigung aller Umstände von der Rechtsverfolgung oder Rechtsverteidigung absehen würde, obwohl eine hinreichende Aussicht auf Erfolg besteht."

Dies gilt auch für die Verfahrenskostenhilfe. Einen Anspruch haben Sie also dann, wenn Sie

- einen Prozess oder ein Verfahren führen müssen und die dafür erforderlichen Kosten nicht oder nur teilweise aufbringen können **und**
- nach Einschätzung des Gerichts nicht nur geringe Aussichten auf Erfolg haben **und**
- nicht von der Prozess- oder Verfahrensführung absehen würden, wenn Sie die Kosten selbst tragen müssten.

Ein Anspruch auf Prozess- oder Verfahrenskostenhilfe besteht allerdings **nicht,** wenn eine **Rechtsschutzversicherung** oder eine **andere Stelle** die Kosten übernehmen würde. Sie wird auch dann nicht gewährt, wenn aufgrund einer gesetzlichen Unterhaltspflicht jemand anderes für die Kosten aufkommen muss (Prozess- oder Verfahrenskostenvorschuss). Das können der Ehegatte/eingetragene Lebenspartner bzw. die Ehegattin/eingetragene Lebenspartnerin oder bei einem unverheirateten Kind die Eltern oder ein Elternteil sein.

Was ist Prozess- oder Verfahrenskostenhilfe?

Prozess- oder Verfahrenskostenhilfe ist eine staatliche Fürsorgeleistung im Bereich der Rechtspflege. Wenn Sie Prozess- oder Verfahrenskostenhilfe erhalten, müssen Sie für die Gerichtskosten und die Kosten der eigenen anwaltlichen Vertretung je nach Ihren persönlichen und wirtschaftlichen Verhältnissen keine Zahlungen oder nur Teilzahlungen leisten. Aus Ihrem Einkommen müssen Sie gegebenenfalls bis höchstens 48 Monatsraten zahlen. Die Höhe dieser Monatsraten ist gesetzlich festgelegt.

Die Kosten Ihrer anwaltlichen Vertretung werden dann übernommen, wenn das Gericht Ihnen einen Rechtsanwalt, eine Rechtsanwältin oder eine andere beiordnungsfähige Person beiordnet. Dies muss besonders beantragt werden. Der Rechtsanwalt oder die Rechtsanwältin muss grundsätzlich in dem Bezirk des Gerichts niedergelassen sein. Andernfalls kann das Gericht dem Beiordnungsantrag nur entsprechen, wenn weitere Kosten nicht entstehen.

Verbessern sich Ihre Verhältnisse wesentlich, können Sie auch nachträglich bis zum Ablauf von vier Jahren seit der rechtskräftigen Entscheidung oder der sonstigen Beendigung des Verfahrens zu Zahlungen herangezogen werden. Verschlechtern sich Ihre Verhältnisse, ist auch eine Verringerung von festgesetzten Raten möglich.

- Allgemeine Fassung –

<u>Wichtig:</u>

Sie sind während des Gerichtsverfahrens und innerhalb eines Zeitraums von vier Jahren seit der rechtskräftigen Entscheidung oder der sonstigen Beendigung des Verfahrens verpflichtet, dem Gericht jede wesentliche Verbesserungen Ihrer wirtschaftlichen Verhältnisse oder eine Änderung Ihrer Anschrift unaufgefordert und unverzüglich mitzuteilen. Bei laufenden Einkünften ist jede nicht nur einmalige Verbesserung von mehr als 100 Euro (brutto) im Monat mitzuteilen. Reduzieren sich geltend gemachte Abzüge (Wohnkosten, Unterhalt, Zahlungsverpflichtungen oder besondere Belastungen) oder fallen diese ganz weg, so müssen Sie dies ebenfalls von sich aus mitteilen, wenn die Entlastung nicht nur einmalig 100 Euro im Monat übersteigt. Eine wesentliche Verbesserung der wirtschaftlichen Verhältnisse kann auch dadurch eintreten, dass Sie durch die Rechtsverfolgung oder -verteidigung etwas erlangen. Auch dies müssen Sie dem Gericht mitteilen. Verstoßen Sie gegen diese Pflichten, kann die Bewilligung nachträglich aufgehoben werden, und Sie müssen die Kosten nachzahlen.

Welche Risiken sind zu beachten?

Wenn Sie ein Gerichtsverfahren führen müssen, sollten Sie sich zunächst möglichst genau über die Höhe der zu erwartenden Gerichts- **und** Anwaltskosten informieren. Dies gilt auch bei Prozess- oder Verfahrenskostenhilfe. **Sie schließt nicht jedes Kostenrisiko aus.**

Insbesondere erstreckt sie sich nicht auf die Kosten, die die Gegenseite zum Beispiel für ihre anwaltliche Vertretung aufwendet. **Verlieren Sie das Gerichtsverfahren, so müssen Sie der Gegenseite diese Kosten in der Regel auch dann erstatten, wenn Ihnen Prozess- oder Verfahrenskostenhilfe bewilligt worden ist.** Eine Ausnahme gilt in der Arbeitsgerichtsbarkeit: Hier muss man **in der ersten Instanz** die Kosten der gegnerischen Prozessvertretung auch dann nicht erstatten, wenn man unterliegt.

Schon für eine anwaltliche Vertretung im Verfahren über die Prozess- oder Verfahrenskostenhilfe entstehen Kosten. Diese müssen Sie begleichen, wenn Ihrem Antrag nicht entsprochen wird. Das Gleiche gilt für bereits entstandene und noch entstehende Gerichtskosten.

Wie erhält man Prozess- oder Verfahrenskostenhilfe?

Erforderlich ist ein **Antrag**. In dem Antrag müssen Sie das Streitverhältnis ausführlich und vollständig darstellen. Aus dem Antrag muss sich für das Gericht die vom Gesetz geforderte ,,hinreichende Aussicht auf Erfolg'' (siehe oben) schlüssig ergeben. Die **Beweismittel** sind anzugeben. Zu diesen Fragen sollten Sie sich, wenn nötig, anwaltlich beraten lassen. Lassen Sie sich dabei auch über das **Beratungshilfegesetz** informieren, nach dem Personen mit geringem Einkommen und Vermögen eine kostenfreie oder wesentlich verbilligte Rechtsberatung und außergerichtliche Vertretung beanspruchen können.

Dem Antrag müssen Sie außerdem eine **Erklärung über Ihre persönlichen und wirtschaftlichen Verhältnisse** (Familienverhältnisse, Beruf, Vermögen, Einkommen und Lasten) sowie entsprechende **Belege in Kopie** beifügen. **Für diese Erklärung müssen Sie das vorliegende Formular benutzen.** Prozess- oder Verfahrenskostenhilfe kann grundsätzlich nur für die Zeit nach Vorlage des vollständigen Antrags einschließlich dieser Erklärung und aller notwendigen Belege bewilligt werden. Das Formular ist von jeder Antragstellerin bzw. jedem Antragsteller gesondert auszufüllen. Bei Minderjährigen sind deren persönliche und wirtschaftliche Verhältnisse sowie die der unterhaltsverpflichteten Personen auf weiteren Exemplaren des Formulars anzugeben.

Das Gericht entscheidet, ob Ihnen Prozess- oder Verfahrenskostenhilfe bewilligt wird. Da die Mittel für Prozess- oder Verfahrenskostenhilfe von der Allgemeinheit durch Steuern aufgebracht werden, muss es prüfen, ob Sie einen Anspruch auf Prozess- oder Verfahrenskostenhilfe haben. Das Formular soll diese Prüfung erleichtern. Haben Sie daher bitte Verständnis dafür, dass Sie Ihre persönlichen und wirtschaftlichen Verhältnisse darlegen müssen.

Lesen Sie das Formular sorgfältig durch und füllen Sie es gewissenhaft aus.

Die Ausfüllhinweise zum Formular finden Sie im Folgenden. Wenn Sie beim Ausfüllen Schwierigkeiten haben, können Sie anwaltliche Hilfe in Anspruch nehmen oder sich an das Gericht wenden. Sollte der Raum im Formular nicht ausreichen, können Sie die Angaben auf einem Extrablatt machen. Bitte weisen Sie in dem betreffenden Feld auf das beigefügte Blatt hin.

<u>Wichtig:</u>

Das Gericht kann Sie auffordern, fehlende Belege nachzureichen und Ihre Angaben an Eides statt zu versichern. Wenn Sie angeforderte Belege nicht nachreichen, kann dies dazu führen, dass Ihr Antrag auf Bewilligung von Prozess- oder Verfahrenskostenhilfe zurückgewiesen wird.

Wenn Sie unvollständige oder unrichtige Angaben machen, kann dies auch dazu führen, dass schon bewilligte Prozess- oder Verfahrenskostenhilfe wieder aufgehoben wird und Sie die angefallenen Kosten nachzahlen müssen. Dies droht Ihnen auch dann, wenn Sie während des Gerichtsverfahrens und innerhalb eines Zeitraums von vier Jahren seit der rechtskräftigen Entscheidung oder der sonstigen Beendigung des Verfahrens dem Gericht wesentliche Verbesserungen Ihrer wirtschaftlichen Lage oder eine Änderung Ihrer Anschrift nicht unaufgefordert und unverzüglich mitteilen. Wenn Sie bewusst unrichtige oder unvollständige Angaben machen, kann dies auch als Straftat verfolgt werden.

2

Ausfüllhinweise

Füllen Sie das Formular bitte in **allen Teilen vollständig** aus. Wenn Fragen zu **verneinen** sind, kreuzen Sie bitte das dafür vorgesehene Kästchen an. Bitte fügen Sie die **notwendigen Belege in Kopie** nach dem jeweils neuesten Stand bei, nummerieren Sie sie und tragen Sie die Nummer in dem dafür vorgesehenen Kästchen am Rand jeweils ein.

A   Bitte bezeichnen Sie die **Erwerbstätigkeit,** aus der Sie Einnahmen (Abschnitt E des Formulars) beziehen.

B   Sollten Sie eine **Rechtsschutzversicherung** haben, müssen Sie sich zunächst an die Versicherung wenden. **Fügen Sie bitte in jedem Fall den Versicherungsschein in Kopie bei.** Falls Ihre Versicherung die Übernahme der Kosten bereits abgelehnt hat, fügen Sie bitte auch den Ablehnungsbescheid in Kopie bei. Sind Sie Mitglied einer Organisation, die Mitgliedern üblicherweise für Rechtsstreitigkeiten wie der Ihrigen Rechtsschutz gewährt (z. B. **Gewerkschaft, Mieterverein oder Sozialverbände**), müssen Sie sich ebenfalls vorrangig an diese Organisation wenden. Die Bewilligung von Prozess- oder Verfahrenskostenhilfe kommt regelmäßig erst in Betracht, wenn die Organisation Ihnen gegenüber die Gewährung von Rechtsschutz abgelehnt hat. Wenn Sie das Formular nach erfolgter Bewilligung von Prozess- oder Verfahrenskostenhilfe zum Zweck der Überprüfung Ihrer persönlichen und wirtschaftlichen Verhältnisse ausfüllen müssen, brauchen Sie hier keine Angaben mehr zu machen.

C   **Gesetzliche Unterhaltspflichten** bestehen grundsätzlich zwischen Verwandten in gerader Linie (also etwa für Eltern gegenüber ihren Kindern und umgekehrt), zwischen Ehegatten, zwischen eingetragenen Lebenspartnern oder Lebenspartnerinnen sowie zwischen der nicht verheirateten Mutter und dem Kindesvater nach der Geburt eines Kindes. Ein Unterhaltsanspruch setzt weiter voraus, dass

- der Unterhaltsberechtigte außerstande ist, sich selbst zu unterhalten, und
- der Unterhaltsverpflichtete unter Berücksichtigung seiner sonstigen Verpflichtungen wirtschaftlich in der Lage ist, Unterhalt zu leisten.

Auch volljährige Kinder haben hiernach in der Regel einen gesetzlichen Unterhaltsanspruch gegen die Eltern, solange sie sich noch in der **Schul- oder Berufsausbildung** bzw. im Studium befinden. Das Gericht benötigt **zusätzlich Angaben** über die persönlichen und wirtschaftlichen Verhältnisse der unterhaltsverpflichteten Personen. Für (auch getrennt lebende) Ehegatten/Ehegattinnen und eingetragene Lebenspartner/Lebenspartnerinnen können die Angaben in den Abschnitten E bis J dieses Formulars gemacht werden. In den übrigen Fällen bitte ein **weiteres Exemplar** dieses Formulars verwenden, wobei dann nur die Abschnitte A und D bis J auszufüllen sind. Falls die unterhaltsverpflichtete Person die Mitwirkung ablehnt, geben Sie bitte den Grund der Weigerung sowie das an, was Ihnen über deren persönliche und wirtschaftliche Verhältnisse bekannt ist.

D   Wenn Sie **Angehörigen** Unterhalt gewähren, wird dies bei der Bewilligung der Prozess- oder Verfahrenskostenhilfe berücksichtigt. Deshalb liegt es in Ihrem Interesse, hier anzugeben, welchen Personen Sie Unterhalt leisten, egal ob Sie den Unterhalt ausschließlich durch Geldzahlungen erbringen und ob die Personen eigene Einnahmen haben. Zu den eigenen Einnahmen einer Person, der Sie Unterhalt gewähren, gehören auch Unterhaltszahlungen eines Dritten, insbesondere diejenigen des anderen Elternteils für das gemeinsame Kind, oder eine Ausbildungsvergütung, die ein unterhaltsberechtigtes Kind bezieht. **Den Angaben müssen Sie die notwendigen Belege in Kopie beifügen (z. B. Unterhaltstitel, Zahlungsnachweise).**

E   **Einnahmen aus nichtselbständiger Arbeit** sind insbesondere Lohn oder Gehalt. Anzugeben sind die Bruttoeinnahmen des letzten Monats vor der Antragstellung. Urlaubs- oder Weihnachtsgeld und andere einmalige oder unregelmäßige Einnahmen bitte gesondert unter "Andere Einnahmen" angeben. In Kopie beizufügen sind:

   1. **Lohn- oder Gehaltsabrechnungen der Arbeitsstelle für die letzten zwölf Monate vor der Antragstellung;**

   2. falls vorhanden, der **letzte Bescheid des Finanzamts über die Einkommensteuer,** sonst die elektronische **Lohnsteuerbescheinigung, aus der die Brutto- und Nettobezüge des Vorjahres ersichtlich sind.**

Einnahmen aus **selbständiger Arbeit, Gewerbebetrieb oder Land- und Forstwirtschaft** sind mit einem aktuellen Monatsbetrag anzugeben. Das Gleiche gilt für die Eintragung der entsprechenden **Betriebsausgaben** als Abzüge unter Abschnitt F. Stellen Sie die Monatsbeträge bitte auf einem Extrablatt anhand eines Zwischenabschlusses mit dem sich ergebenden Reingewinn dar. Saisonale oder sonstige Schwankungen im Betriebsergebnis sind durch angemessene Zu- oder Abschläge zu berücksichtigen. In das Formular setzen Sie bitte die Monatsbeträge der Einnahmen und der Betriebsausgaben ein, die Sie daraus zeitanteilig errechnet haben. Falls das Gericht dies anfordert, müssen Sie die Betriebseinnahmen mit den entsprechenden Umsatzsteuer-

3

voranmeldungen und die Betriebsausgaben mit den angefallenen Belegen nachweisen. **Der letzte Jahresabschluss und der letzte Steuerbescheid, aus dem sich die erzielten Einkünfte ergeben, sind in Kopie beizufügen.**

Wenn Sie Einnahmen aus **Vermietung und Verpachtung** sowie aus **Kapitalvermögen** (z. B. Sparzinsen, Dividenden) haben, tragen Sie bitte ein Zwölftel der voraussichtlichen Jahreseinnahmen ein.

Wenn Sie **Unterhaltszahlungen** für sich und Kinder beziehen, ist bei Ihrer Angabe nur der für Ihren Unterhalt bestimmte Betrag einzutragen. Die für die Kinder bestimmten Beträge geben Sie bitte in der vorletzten Spalte des Abschnitts D an. Die Frage nach dem Bezug von Unterhalt ist auch dann zu bejahen, wenn Ihnen die Leistungen nicht als Unterhaltsrente, sondern als **Naturalleistung** (z. B. freie Wohnung, Verpflegung, sonstige Versorgung im elterlichen Haushalt; Leistungen des Partners bzw. der Partnerin einer eheähnlichen Lebensgemeinschaft) gewährt werden. Der geschätzte Wert dieser Leistungen ist unter Abschnitt E einzutragen.

Bezüglich **der Einnahmen aus** Renten, Arbeitslosengeld, Arbeitslosengeld II, Krankengeld, Elterngeld, Ausbildungsförderung oder anderen Sozialleistungen sind der **letzte Bewilligungsbescheid und die Unterlagen, aus denen sich die derzeitige Höhe der Leistungen ergibt, in Kopie beizufügen.**

Anzugeben mit ihrem Geldwert sind hier ferner alle sonstigen, in den vorhergehenden Zeilen des Formulars nicht erfassten **Einnahmen,** auch Naturalleistungen (z. B. Deputate, freie Verpflegung und sonstige Sachbezüge; freie Wohnung jedoch nur, wenn unter Abschnitt H Wohnkosten angegeben werden).

F   Als **Abzüge** können Sie geltend machen:

     1. die auf das Einkommen entrichteten **Steuern** (auch Kirchensteuer, Gewerbesteuer, <u>nicht</u> jedoch Umsatzsteuer) und den Solidaritätszuschlag;

     2. Pflichtbeiträge zur **Sozialversicherung** (z. B. Renten-, Kranken-, Arbeitslosen-, Pflegeversicherung);

     3. Beiträge zu **öffentlichen oder privaten Versicherungen oder ähnlichen Einrichtungen,** aber nur bis zu der Höhe, in der diese gesetzlich vorgeschrieben sind. Falls die Versicherung nicht gesetzlich vorgeschrieben ist, können Beiträge nur bis zu der Höhe abgesetzt werden, die der Versicherung nach Art und Umfang angemessen ist. Bitte erläutern Sie Art und Umfang der Versicherung auf einem Extrablatt, falls dies nicht eindeutig aus den in Kopie beizufügenden Belegen (z. B. Versicherungsschein, Beitragsrechnung) hervorgeht;

     4. **Fahrt- und sonstige Werbungskosten,** d. h. die notwendigen Aufwendungen zur Erwerbung, Sicherung und Erhaltung der Einnahmen (z. B. auch Berufskleidung, Gewerkschaftsbeitrag). Wenn Sie Kosten der Fahrt zur Arbeit geltend machen, ist die einfache Entfernung in Kilometern anzugeben, bei Benutzung eines Pkw auch für den Grund, warum kein öffentliches Verkehrsmittel benutzt wird. Bei Einnahmen aus selbständiger Arbeit hier bitte die Betriebsausgaben angeben.

Die allgemeinen Lebenshaltungskosten (z. B. Lebensmittel, Kleidung, Telefon oder Strom, soweit er nicht zum Heizen benötigt wird) berücksichtigt das Gericht von sich aus in Höhe der gesetzlich festgelegten Freibeträge.

G   Hier sind **alle Bankkonten, Grundeigentum, Kraftfahrzeuge, Bargeldbeträge, Lebensversicherungen, private Rentenversicherungen und sonstigen Vermögenswerte** (auch im Ausland angelegte) anzugeben, die Ihnen, Ihrem Ehegatten/eingetragenen Lebenspartner bzw. Ihrer Ehegattin/ eingetragenen Lebenspartnerin jeweils allein oder gemeinsam gehören. Sollten eine oder mehrere Personen Miteigentümer sein, bitte den Anteil bezeichnen, der Ihnen, Ihrem Ehegatten/eingetragenen Lebenspartner oder Ihrer Ehegattin/eingetragenen Lebenspartnerin gehört. Geeignete Belege sind in Kopie beizufügen. Darüber hinaus kann das Gericht aus begründetem Anlass weitere Belege (zum Beispiel Kontoauszüge für einen längeren, zurückliegenden Zeitraum) anfordern.

Prozess- oder Verfahrenskostenhilfe kann Ihnen auch dann bewilligt werden, wenn zwar Vermögenswerte vorhanden sind, diese aber zur Sicherung einer angemessenen Lebensgrundlage oder einer angemessenen Vorsorge dienen. Derartige Vermögenswerte sind zum Beispiel

- ein selbst genutztes angemessenes Hausgrundstück,

- Kapital, das der zusätzlichen Altersvorsorge im Sinne des Einkommensteuergesetzes dient und dessen Ansammlung staatlich gefördert wurde ("Riester-Rente")

- ein angemessenes Kraftfahrzeug, wenn dieses für die Berufsausbildung oder die Berufsausübung benötigt wird,

- kleinere Barbeträge oder Geldwerte (Stand Januar 2014: Beträge bis insgesamt 2600 Euro für die hilfebedürftige Partei zuzüglich 256 Euro für jede Person, die von ihr überwiegend unterhalten wird).

4

Diese Vermögenswerte müssen Sie aber trotzdem angeben!

Hausrat, Kleidung und Gegenstände, die für die Berufsausbildung oder die Berufsausübung benötigt werden, müssen nur dann angegeben werden, wenn sie den Rahmen des Üblichen übersteigen oder wenn es sich um Gegenstände von höherem Wert handelt.

Ist bebautes **Grundvermögen** vorhanden, geben Sie bitte auch die jeweilige Gesamtfläche an, die für Wohnzwecke bzw. einen gewerblichen Zweck genutzt wird, nicht nur die von Ihnen und Ihren Angehörigen (oben Abschnitt D) genutzte Fläche.

Bei **Grundvermögen ist** der Verkehrswert (nicht Einheits- oder Brandversicherungswert) anzugeben, bei **Bauspar-, Bank-, Giro-, Sparkonten** und dergleichen der derzeitige Kontostand, bei **Wertpapieren die Anzahl, die Wertpapierkennnummer sowie** der derzeitige Kurswert und bei einer **Lebensversicherung** der Rückkaufswert. Entsprechende Belege (z. B. Bescheinigungen von Banken oder Versicherungen) sind in Kopie beizufügen.

Unter „**Sonstige Vermögenswerte**" fallen außerdem Forderungen, in Scheidungsverfahren insbesondere auch der Anspruch aus Zugewinnausgleich.

Sollte der Einsatz oder die Verwertung eines Vermögensgegenstandes für Sie und Ihre Familie eine besondere Härte bedeuten, erläutern Sie dies bitte auf einem Extrablatt.

H   Wenn **Wohnkosten** geltend gemacht werden, geben Sie bitte die Wohnfläche, die Zahl der Zimmer und die Gesamtzahl der Personen, die den Wohnraum bewohnen, an. Die Kosten bitte wie im Formular vorgesehen aufschlüsseln.

Mietnebenkosten sind – außer den gesondert anzugebenden **Heizungskosten** – die auf die Mieter umgelegten **Betriebskosten** (z. B. Grundsteuer, Wasserversorgung, Entwässerung, Straßenreinigung, Müllbeseitigung, Schornsteinfeger, Aufzug, Allgemeinstrom, Hausreinigung, Gemeinschaftsantenne usw.). Nicht hierzu gehören jedoch Gas- oder Stromkosten für die eigene Wohnung (soweit es sich nicht um Heizkosten handelt), Telefon oder GEZ.

Zu der Belastung aus Fremdmitteln bei **Wohneigentum** gehören insbesondere die Raten für Darlehen, die für den Bau, den Kauf oder die Erhaltung aufgenommen worden sind. **Nebenkosten** sind auch hier außer den gesondert anzugebenden Heizungskosten die Betriebskosten.

Sollten Sie sich den Wohnraum mit einer anderen Person als einem unterhaltsberechtigten Angehörigen (oben Abschnitt D) teilen, tragen Sie bitte nur die auf Sie entfallenden anteiligen Beträge ein. **Die notwendigen Belege (z. B. Mietvertrag, Darlehensurkunden, Nebenkostenabrechnung) müssen in Kopie beigefügt werden.**

I   Sie müssen die notwendigen Belege für die monatlichen Zahlungen und die derzeitige Höhe der Restschuld auch dann in Kopie beifügen, wenn Sie die Zahlungsverpflichtung eingegangen sind, um einen unter Abschnitt G anzugebenden Vermögensgegenstand anzuschaffen.

J   Wenn Sie eine **besondere Belastung** geltend machen, geben Sie bitte den Monatsbetrag oder die anteiligen Monatsbeträge an, die von Ihren Einnahmen oder denen Ihres Ehegatten/eingetragenen Lebenspartners oder Ihrer Ehegattin/eingetragenen Lebenspartnerin abgesetzt werden sollen. Bitte fügen Sie außer den Belegen auf einem Extrablatt eine Erläuterung bei. Eine Unterhaltsbelastung Ihres Ehegatten/eingetragenen Lebenspartners bzw. Ihrer Ehegattin/eingetragenen Lebenspartnerin aus einer früheren Ehe oder Partnerschaft kann hier angegeben werden. Wenn Sie sich in einer besonderen Lebenssituation befinden und daher die Voraussetzungen für die Gewährung von Mehrbedarfen gemäß § 21 SGB II oder § 30 SGB XII vorliegen, werden diese ebenfalls als Abzug anerkannt. Beispiele hierfür sind:

- Werdende Mütter nach der 12. Schwangerschaftswoche
- Personen, die mit einem oder mehreren minderjährigen Kindern zusammenleben und allein für deren Pflege und Erziehung sorgen
- Behinderte Personen, denen bestimmte Leistungen gemäß SGB XII zuerkannt werden
- Personen, die medizinisch bedingt einer kostenaufwändigen Ernährung bedürfen

K   Die Erklärung ist auch bei anwaltlicher Vertretung von der Partei selbst in der letzten Zeile zu unterschreiben. Bei gesetzlicher Vertretung muss der gesetzliche Vertreter unterschreiben.

5

Schrifttum: *Benkelberg/Schneider*, Anmerkung BGH v. 6.5.2008 – VI ZB 16/07 – AGS 2008, 426; *Burhoff*, Vorschuss aus der Staatskasse (§ 47 RVG), RVGreport 2011, 327; *Dölling*, Der Vergleich mit dem PKH-berechtigten Beklagten nach neuem Recht, MDR 2013, 1009; *Giers*, Die Reform der Prozesskosten-, Verfahrenskosten- und Beratungshilfe, FamRZ 2013, 1341; *Gundlach/Frenzel*, Anmerkung BGH v. 28.2.2008 – IX ZB 147/07 – DZWIR 2008, 298; *Hörmann*, Prozesskostenhilfe zur Durchsetzung von (Anfechtungs-)Ansprüchen zu Gunsten der Insolvenzmasse, NZI 2008, 291; *Kilian*, Gedanken zur Kostenrechtsmodernisierung II: Prozesskosten- und Beratungshilfe, AnwBl. 2014, 46; *Lissner*, Die „Angelegenheit" in der Beratungshilfe, FamRZ 2013, 1271; *Lissner*, Die wichtigsten Änderungen durch das 2. KostRMoG im Bereich der Prozesskostenhilfe, JurBüro 2013, 539; *Nickel*, Das neue Beratungshilferecht, MDR 2013, 950; *Nickel*, Konsequenzen für die Praxis und Beraterhinweis zum Beschluss des BGH vom 6.5.2008, Az.: VI ZB 16/07, FamRB 2008, 300; *Nickel*, PKH: Das neue Prozesskostenhilferecht, MDR 2013, 890; *Poller/Köpf*, Das neue Prozesskosten-, Verfahrenskosten- und Beratungshilferecht, NJ 2013, 353; *Ringel/Schwarz*, Das neue Vergütungsrecht für Rechtsanwälte, 1. Aufl. 2013; *Ritter*, Europarechtsneutralität mitgliedstaatlicher Generalklauseln, NJW 2012, 1549; *Ritter*, Neue Werteordnung für die Gesetzesauslegung, NJW 2010, 1110; *Schneider*, Kausalität zwischen Mittellosigkeit und Fristversäumnis bei der Prozesskostenhilfe, ZAP 2008, 927; *Schoreit/Groß*, Beratungshilfe/Prozesskostenhilfe/Verfahrenkostenhilfe, 10. Aufl., 2010; *Timme*, „Entschärfte" Änderungen im Prozesskosten- und Beratungshilferecht, NJW 2013, 3057; *Viefhues*, Die Reform des Prozesskostenhilfe und die Auswirkungen in familiengerichtlichen Verfahren, FuR 2013, 488; *Wendenburg*, Prozesskostenhilfe für juristische Personen – § 116 ZPO auf dem Prüfstand des EuGH, DRiZ 2011, 95; *Zempel*, Der Entwurf des Gesetzes zur Änderung des Prozesskostenhilfe- und Beratungshilferechts, FF 2013, 275; *Zimmermann*, Anmerkung BGH v. 6.5.2008 – VI ZB 16/07 – FamRZ 2008, 1521.

Anmerkungen

1. Nach der Rspr. des BVerfG gebietet das GG eine weitgehende Angleichung der Situation von Bemittelten und Unbemittelten bei der Verwirklichung des Rechtsschutzes (BVerfG v. 2.7.2012 – 2 BvR 2377/10, NJW 2012, 3293; BVerfGE 9, 124; BVerfGE 10, 264; BVerfGE 22, 83; BVerfGE 51, 295; BVerfGE 63, 380; BVerfGE 67, 245; BVerfGE 78, 104; BVerfGE 81, 347). Dies ergibt sich aus Art. 3 Abs. 1 GG in Verbindung mit dem Rechtsstaatsgrundsatz, der in Art. 20 Abs. 3 GG allgemein niedergelegt ist und für den Rechtsschutz gegen Akte der öffentlichen Gewalt in Art. 19 Abs. 4 GG seinen besonderen Ausdruck findet. Danach darf Unbemittelten die Rechtsverfolgung und -verteidigung im Vergleich zu Bemittelten nicht unverhältnismäßig erschwert werden (BVerfG v. 2.7.2012 – 2 BvR 2377/10, NJW 2012, 3293; BVerfGE 9, 124; BVerfGE 22, 83; BVerfGE 63, 380). Der Unbemittelte muss grundsätzlich ebenso wirksamen Rechtsschutz in Anspruch nehmen können wie ein Begüterter (BVerfG v. 2.7.2012 – 2 BvR 2377/10, NJW 2012, 3293; BVerfGE 9, 124; BVerfGE 63, 380). Er muss einem solchen Bemittelten gleichgestellt werden, der seine Aussichten vernünftig abwägt und dabei auch sein Kostenrisiko berücksichtigt (BVerfG NJW 2012, 3293; BVerfGE 51, 295; BVerfGE 81, 347). **Derartige Vorkehrungen sind** – so das BVerfG zu dem bis zum 31.12.2013 geltenden Recht – **im Institut der Prozesskostenhilfe gemäß §§ 114 ff. ZPO getroffen** (BVerfG v. 2.7.2012 – 2 BvR 2377/10, NJW 2012, 3293; BVerfGE 9, 124). Es galt dabei bisher der **Grundsatz, dass für das Prozesskostenhilfeverfahren Prozesskostenhilfe nicht gewährt wird** (BVerfG v. 2.7.2012 – 2 BvR 2377/10, NJW 2012, 3293; BGHZ 159, 263; LAG Berlin-Brandenburg v. 22.11.2013 – 10 Ta 1848/13). Einer ausdehnenden Auslegung, die Prozesskostenhilfe auch für das Prüfungsverfahren zu bewilligen, da es dem streitigen Prozessverfahren eng verwandt sei, bedürfe es nach Sinn und Zweck der Vorschriften über die Prozesskostenhilfe nicht (LAG Berlin-Brandenburg Urt. v. 22.11.2013 – 10 Ta 1848/13). Der armen Partei solle ermöglicht werden, ihr Recht vor Gericht zu verfolgen oder sich in einem Rechtsstreit zu verteidigen. Sie würde nicht dadurch benachteiligt, dass ihr für das Bewilligungsverfahren keine Prozesskostenhilfe gewährt, insbesondere kein Rechtsanwalt beigeordnet wird (LAG Berlin-Brandenburg v. 22.11.2013 – 10 Ta 1848/13). Bedürfe der Bürger nämlich, bevor er einen Antrag auf Prozesskostenhilfe stellt, der **Beratung über die Erfolgsaussichten der Rechtsverfolgung oder -verteidigung, finde das Beratungshilfegesetz Anwendung,** das die rechtliche Betreuung finanziell hilfsbedürftiger Bürger im vor- und außergerichtlichen Bereich gewährleiste. Hierzu gehöre auch die Beratung der armen Partei über ein beabsichtigtes Prozesskostenhilfeverfahren, insbesondere die für die Bewilligung der Prozesskostenhilfe maßgeblichen Erfolgsaussichten der vorgesehenen Rechtsverfolgung oder Rechtsverteidigung (LAG Berlin-Brandenburg v. 22.11.2013 – 10 Ta 1848/13). Die abweichende Entscheidung des Bundesgerichtshofs im Beschluss vom 19.12.2002 – III ZB 33/02 (NJW 2003, 1192) für das Rechtsbeschwerdeverfahren sei ausschließlich im gesetzlich vorgesehenen Anwaltszwang für das Rechtsbeschwerdeverfahren begründet (LAG Berlin-Brandenburg v. 22.11.2013 – 10 Ta 1848/13). Diese Grundsätze wurden als verfassungsrechtlich nicht zu beanstanden angesehen, da das Prozesskostenhilfeverfahren den Rechtsschutz, den der Rechtsstaatsgrundsatz erfordert, nicht selbst bieten, sondern zugänglich machen will (BVerfG v. 2.7.2012 – 2 BvR 2377/10, NJW 2012, 3293; BVerfGE 81, 347). **Zum 1.1.2014 sind Neuregelungen bei der Prozesskostenhilfe (Gesetz zur Änderung des Prozesskosten- und Beratungshilfehilferechts vom 31.8.2013 – BGBl I 2013, 3533) in Kraft getreten (vgl. dazu auch:** *Kilian* AnwBl. 2014, 46). Dabei bleibt **das bisherige Recht** anzuwenden, wenn eine Partei vor dem 1.1.2014 für einen Rechtszug Prozesskostenhilfe beantragt hat, wobei eine Maßnahme der Zwangsvollstreckung als besonderer Rechtszug gilt (*Viefhues* jurisPR-FamR 26/2013 → Anm. 1; vgl. auch: *Viefhues* FuR 2013, 488; *Zempel* FF 2013, 275; *Dölling* MDR 2013, 1009; *Giers* FamRZ 2013, 1341; *Lissner* FamRZ 2013, 1271; *Nickel* MDR 2013, 890; *Nickel* MDR 2013, 950; *Lissner* JurBüro 2013, 539; *Poller/Köpf* NJ 2013, 353; *Timme* NJW 2013, 3057). Mit der Neuregelung im 2. Kostenrechtsmodernisierungsgesetz wird die Tätigkeit des Rechtsanwaltes im Prozesskostenbewilligungsverfahren nunmehr auch von der Prozesskostenhilfe – sofern sie bewilligt wurde – grds. im Bereich von Betragsrahmengebühren umfasst (vgl.: *Ringel/Schwarz*, Das neue Vergütungsrecht für Rechtsanwälte, 1. Aufl. 2013, 1.2.2. S. 14). Es wurde insbesondere im Bereich der Sozialgerichtsverfahren der Aufwand, der im Verfahren über den Antrag auf Bewilligung von Prozesskostenhilfe entsteht, nach Auffassung einiger Gerichte der Sozialgerichtsbarkeit bei der Festsetzung der aus der Staatskasse zu zahlenden Rahmengebühren nicht berücksichtigt, weil nur die Tätigkeit ab der Bewilligung zugrunde zu legen sei (vgl. zB LSG Schleswig-Holstein v. 17.7.2008 – L 1 B 127/08 SK, NZS 2009, 534). Damit bestand für den Rechtsuchenden eine Lücke für die kostenlose Inanspruchnahme eines Rechtsanwalts, die dadurch geschlossen werden sollte, dass auch die Tätigkeit im PKH-Bewilligungsverfahren von der bewilligten PKH erfasst wird (vgl. BT-Drs. 17/11471 (neu) v. 14.11.2012 S. 270). **Wird der Antrag auf Bewilligung der Prozesskostenhilfe gleichzeitig mit der Einreichung der Klage gestellt, dient die Fertigung der Klageschrift auch der Begründung des Prozesskostenhilfeantrags und ist daher bei der Bemessung der Gebühr zu berücksichtigen** (Vgl. BT-Drs. 17/11471 (neu) v. 14.11.2012 S. 270). Auch die Tätigkeit in dem Klageverfahren nach Stellung des Antrags auf Bewilligung von Prozesskostenhilfe bis zur Bewilligung soll grundsätzlich in die Bemessung der Gebühr einbezogen werden. Dem Gericht bleibt jedoch die Möglichkeit, im Bewilligungsbeschluss nach § 48 Abs. 1 RVG etwas anderes zu bestimmen. Hierfür muss jedoch ein besonderer rechtfertigender Grund vorliegen (Vgl. BT-Drs. 17/ 11471 (neu) v. 14.11.2012 S. 270). Dies kann zum Beispiel der Fall sein, wenn der Antragsteller durch sein Verhalten hierfür Anlass gegeben hat. In Verfahren mit Betragsrahmengebühren ist die gesamte Tätigkeit bei der Bestimmung der konkreten Gebühr innerhalb des Rahmens zu berücksichtigen (Vgl. BT-Drs. 17/11471 (neu) v. 14.11.2012 S. 270). Bei Wertgebühren spielt die Problematik keine Rolle, weil die zuvor im PKH-Bewilligungsverfahren entstandenen Gebühren entweder anzurechnen sind, oder in der Regel nach Bewilligung neu entstehen (Vgl. BT-Drs. 17/11471 (neu) v. 14.11.2012 S. 270).

2. Eine Klage kann unter gleichzeitiger Beantragung von Prozesskostenhilfe in der Weise eingereicht werden, dass die beabsichtigte Klage in Form eines Entwurfes der Klageschrift verbunden mit der Erklärung, dass zunächst über den Prozesskostenhilfeantrag entschieden werden soll, an das Gericht übermittelt wird (Wegen der Antragsformulierung vgl.: Beck PFormB/*Mes*/Büchel, 11. Aufl., 2010, → Form. I. C. 1 dort auch → Anm. 6). In diesem Fall ist besondere anwaltliche Sorgfalt und Achtsamkeit gefordert, wenn betreffend den streitgegenständlichen Anspruch Verjährung droht. Eine **Hemmung der Verjährung** konnte ein **Prozeskotenhilfeantrag nach der bis zum 31.12.2001 geltenden Rechtslage** wegen Verhinderung der Rechtsverfolgung infolge höherer Gewalt i.S. des § 203 BGB aF herbeiführen (BGH Urt. v. 2.12.2008 – XI ZR 525/07, NJW 2009, 1137). Dazu mussten innerhalb der Verjährungsfrist ein ordnungsgemäß begründetes und vollständiges Bewilligungsgesuch eingereicht und die nach § 117 ZPO erforderlichen Unterlagen rechtzeitig und vollständig dem Gericht vorgelegt werden (BGH v. 2.12.2008 – XI ZR 525/07, NJW 2009, 1137; BGH Urt. v. 19.1.1978 – II ZR 124/76, NJW 1978, 938; BGH v. 20.12.1988 – IX ZR 88/ 88, WM 1989, 450; BGH Urt. v. 8.3.1989 – IVa ZR 221/87, NJW 1989, 3149); außerdem war weitere Voraussetzung, dass der Antragsteller subjektiv der Ansicht sein durfte, er sei bedürftig (BGH v. 2.12.2008 – XI ZR 525/07, NJW 2009, 1137; BGH v. 16.9.1981 – IVb ZB 832/81, VersR 1982, 41). Schließlich musste die Verjährung innerhalb von sechs Monaten drohen (BGH v. 2.12.2008 – XI ZR 525/07, NJW 2009, 1137). **Nach neuer Rechtslage** – in bewusster Abkehr von der früheren Rechtsprechung – soll für den Eintritt der Hemmungswirkung nach Grundsätzen des BGH nur noch die **Bekanntgabe des bloßen Prozesskostenhilfeantrags erforderlich sein.** Der Antrag müsse weder ordnungsgemäß begründet, vollständig und von den erforderlichen Unterlagen begleitet noch von der subjektiven Ansicht der Bedürftigkeit getragen sein (BGH v. 2.12.2008 – XI ZR 525/07, NJW 2009, 1137 unter Vereweis auf BT-Ds. 14/6040, S. 116), sondern lediglich bestimmten Mindestanforderungen – etwa die Individualisierbarkeit der Parteien und die ausreichende Darstellung des Sach- und Streitverhältnisses – genügen (BGH v. 2.12.2008 – XI ZR 525/07, NJW 2009, 1137 mwN). Um einem Missbrauch des § 204 Abs. 1 Nr. 14 BGB durch die Einreichung wiederholter Prozesskostenhilfeanträge zu begegnen, hätte der Gesetzgeber die Hemmungswirkung auf den erstmaligen Prozesskostenhilfeantrag beschränkt (BGH v. 2.12.2008 – XI ZR 525/07, NJW 2009, 1137). Danach löse ein Antrag auf Bewilligung von Prozesskostenhilfe keine Hemmung der Verjährung aus, wenn er mangels Erfüllung der genannten Mindestvoraussetzungen vom Gericht der Gegenseite nicht bekannt gegeben, sondern ohne deren Anhörung abgelehnt oder aus anderen Gründen nicht beschieden wird (BGH v. 2.12.2008 – XI ZR 525/07, NJW 2009, 1137; BGH v. 24.1.2008 – IX ZR 195/06, WM 2008, 806). In einem solchen Fall sei ein weiterer, nunmehr dem Gegner bekannt gegebener Antrag als „erstmaliger Antrag" i.S. des § 204 Abs. 1 Nr. 14 BGB zu behandeln (BGH v. 2.12.2008 – XI ZR 525/07, NJW 2009, 1137 mwN). Das OLG Hamm führt demgegenüber aus, dass der bloße Antrag auf Bewilligung von Prozesskostenhilfe ohne die Erklärung des Klägers zu seinen persönlichen und wirtschaftlichen Verhältnissen im Sinne von § 117 Abs. 2 ZPO nicht geeignet ist, die Verjährung zu hemmen (OLG Hamm v. 2.2.2012 – I-5 U 110/11; OLG Hamm v. 8.3.2006 – 11 WF 27/06, FamRZ 2006, 1616). Wer eine Verjährungsfrist unterbrechen will, aber Prozesskostenhilfe beantragen muss, muss neben der Klage auch den ordnungsgemäß ausgefüllten, mit allen Unterlagen gemäß § 117 Abs. 2 ZPO versehenen PKH-Antrag mit einreichen (OLG Hamm v. 2.2.2012 – I-5 U 110/11; OLG Hamm v. 8.3.2006 – 11 WF 27/ 06, FamRZ 2006, 1616). **Droht Verjährung, sollte keinerlei Risiko eingegangen werden und stets unter ordnungsgemäßer Antragstellung und Begründung der vollständig ausgefüllte und mit allen Unterlagen versehene Antrag beim Gericht eingereicht werden.** Dabei wird – wenn bei drohender Verjährung Klage unter gleichzeitiger Stellung eines Prozesskostenhilfeantrags erhoben wird – auch wegen der weiteren Behandlung der Klage **beim Gericht nachzufragen** sein, um **für die baldmögliche Bekanntgabe des Prozesskostenhilfe-**

antrags zu sorgen wobei ggf. auch zu prüfen ist, ob gleich mit der Klagerhebung ergänzend Antrag nach § 14 GKG gestellt und dieser begründet wird (vgl.: OLG Hamm v. 2.2.2012 – I-5 U 110/11; BGH v. 18.12.2008 – III ZR 132/08, NJW 2009, 984; BGH v. 12.7.2006 – VI ZR 23/05, NJW 2006, 3206). Ein Antragsteller, der mit seinem Prozesskostenhilfegesuch die Hemmung einer laufenden Verjährungsfrist nach § 204 Abs. 1 Nr. 14 BGB herbeizuführen beabsichtigt, kann das Gericht hierauf hinweisen und damit die Bitte verbinden, unabhängig von den Erfolgsaussichten des Prozesskostenhilfegesuchs dessen **umgehende Bekanntmachung an die Gegenseite zu veranlassen** (BVerfG Urt. v. 19.7.2010 – 1 BvR 1873/09, NJW 2010, 3083 mwN). Ein derartiges Vorgehen, zu dem bereits die Lektüre des Gesetzes Anlass gibt, ist ihm zuzumuten, zumal er durch die Bekanntgabe des Antrags selbst bei dessen späterer Ablehnung keine prozessualen Nachteile zu befürchten hat. Das Gericht darf sich einem solchen Ersuchen nicht verschließen (BVerfG v. 19.7.2010 – 1 BvR 1873/09, NJW 2010, 3083; BGH v. 24.1.2008 – IX ZR 195/06, NJW 2008, 1939).

3. Es entspricht ständiger Rechtsprechung der obersten Gerichtshöfe des Bundes, dass ein Beteiligter, der **wegen Mittellosigkeit nicht in der Lage** war, die **fristgebundene Klage** oder **das gegebene Rechtsmittel rechtzeitig einzulegen,** Anspruch auf Wiedereinsetzung in den vorigen Stand hat, wenn er innerhalb der Klage- oder Rechtsmittelfrist alles Zumutbare tut, um das in seiner Mittellosigkeit bestehende Hindernis zu beheben (BFH Urt. v. 9.4.2013 – III B 247/11, BFH/NV 2013, 1112) (Wegen der Formulierung des Schriftsatzes vgl.: Beck PFormB/*Mes*/Büchel 11. Aufl., 2010, → Form. I. C. 3). Der Rechtsmittelführer muss aus seiner Sicht alles getan haben, damit aufgrund der von ihm eingereichten Unterlagen ohne Verzögerung über sein Prozesskostenhilfegesuch entschieden werden kann (BGH v. 3.7.2013 – XII ZB 106/10, FamRZ 2013, 1650; BGH v. 23.2.2005 – XII ZB 71/00, FamRZ FamRZ 2005, 789; BGH v. 20.2.2008 – XII ZB 83/07, FamRZ 2008, 868; BGH v. 13.2.2008 – XII ZB 151/07, FamRZ 2008, 871). Das bedeutet, dass er **bis zum Ablauf der Klage- oder Rechtsmittelfrist alle Voraussetzungen für die Bewilligung der PKH zur Erhebung der Klage oder der Einlegung des Rechtsmittels** schaffen muss (BFH v. 9.4.2013 – III B 247/11, BFH/NV 2013, 1112). Hierzu gehört, dass innerhalb dieser Fristen das PKH-Gesuch zusammen mit der Erklärung über die persönlichen und wirtschaftlichen Verhältnisse nebst den entsprechenden Belegen (§ 117 Abs. 2 bis 4 ZPO) eingereicht wird (BFH v. 9.4.2013 – III B 247/11, BFH/NV 2013, 1112; BFH v. 3.4.1987 – VI B 150/85, BFHE 149, 409, BStBl II 1987, 573). Der Rechtsmittelführer kann nur dann davon ausgehen, die wirtschaftlichen Voraussetzungen für die Gewährung von Prozesskostenhilfe dargetan zu haben, wenn er sich rechtzeitig vor Ablauf der Rechtsmittelfrist auf dem hierfür von § 117 ZPO vorgeschriebenen und von ihm **vollständig ausgefüllten Vordruck über seine persönlichen und wirtschaftlichen Verhältnisse** erklärt hat (BGH Urt. v. 3.7.2013 – XII ZB 106/10, FamRZ 2013, 1650). Zudem ist gem. § 117 Abs. 1 S. 2 ZPO das Streitverhältnis unter Angabe der Beweismittel darzustellen (BFH v. 9.4.2013 – III B 247/11, BFH/NV 2013, 1112, BFH v. 15.4.1999 – X S 1/99, BFH/NV 1999, 1355; offen gelassen in BFH v. 27.10.2004 – VII S 11/04 (PKH), BFHE 208, 26, BStBl II 2005, 139). Sind diese Anforderungen erfüllt, dann liegt ein formell ordnungsgemäßer PKH-Antrag mit der Folge vor, dass ohne Verzögerung über das Gesuch entschieden werden kann (BFH v. 9.4.2013 – III B 247/11, BFH/NV 2013, 1112). Ergeht sodann eine – stattgebende oder ablehnende – Entscheidung über den PKH-Antrag, dann muss auf den **fristgerecht gestellten** (zB § 56 Abs. 2 S. 1 FGO) **Antrag** des Rechtsuchenden **grundsätzlich Wiedereinsetzung in die versäumte Rechtsbehelfsfrist** gewährt werden (BFH v. 9.4.2013 – III B 247/11, BFH/NV 2013, 1112). Die Wiedereinsetzung ist nicht davon abhängig zu machen, ob der PKH-Antragsteller mit der Bejahung der Erfolgsaussicht des beabsichtigten Rechtsbehelfs rechnen konnte (BFH v. 9.4.2013 – III B 247/11, BFH/NV 2013, 1112; BGH v. 29.1.1985 – VI ZB 20/84, VersR 1985, 395). Er hat daher insbesondere auch dann **grundsätzlich einen Anspruch auf**

Wiedereinsetzung, wenn das Gericht in seiner PKH-Entscheidung die Erfolgsaussichten der beabsichtigten Rechtsverfolgung verneint hat (BFH Urt. v. 9.4.2013 – III B 247/11, BFH/NV 2013, 1112; BVerfG v. 11.3.2010 - 1 BvR 290/10, NJW 2010, 2567). Dabei dürfen die Anforderungen an die Darlegung der Bedürftigkeit allerdings nicht überspannt werden, weil sonst der Zweck der Prozesskostenhilfe, dem Unbemittelten den weitgehend gleichen Zugang zu den Gerichten zu ermöglichen, verfehlt würde (BGH v. 3.7.2013 – XII ZB 106/10, FamRZ 2013, 1650). So kann die Partei, auch wenn der **Vordruck einzelne Lücken** enthält, u. U. gleichwohl darauf vertrauen, die wirtschaftlichen Voraussetzungen für die Bewilligung von Prozesskostenhilfe dargetan zu haben (BGH v. 3.7.2013 – XII ZB 106/10, FamRZ 2013, 1650; BGH v. 20.2.2008 – XII ZB 83/07, FamRZ 2008, 868; BGH v. 13.2.2008 – XII ZB 151/07, FamRZ 2008, 871). Das kommt in Betracht, wenn dem Rechtmittelführer **bereits in der Vorinstanz** – aufgrund eines ordnungsgemäß und vollständig ausgefüllten Vordrucks – **Prozesskostenhilfe gewährt worden war** und eine nunmehr im Vordruck vorhandene Lücke im Zusammenhang mit dem Parteivortrag nicht den Schluss nahe legt, die wirtschaftlichen Verhältnisse der Partei hätten sich zwischenzeitlich in einer für die Gewährung von Prozesskostenhilfe erheblichen Weise geändert (BGH v. 3.7.2013 – XII ZB 106/10, FamRZ 2013, 1650; BGH v. 23.2.2000 – XII ZB 221/99, NJW-RR 2000, 1387). Dabei kann ein Rechtsmittelkläger, dem für den ersten Rechtszug Prozesskostenhilfe bewilligt worden war, bei im Wesentlichen gleichen Angaben zu den Vermögensverhältnissen erwarten, dass auch das Gericht des zweiten Rechtszuges ihn als bedürftig im Sinne des § 115 ZPO ansieht (BGH v. 3.7.2013 – XII ZB 106/10, FamRZ 2013, 1650). Die Partei braucht dann nicht damit zu rechnen, dass das Rechtsmittelgericht strengere Anforderungen an den Nachweis der Bedürftigkeit stellt (BGH v. 3.7.2013 – XII ZB 106/10, FamRZ 2013, 1650; BGH v. 15.12.1983 – IX ZB 152/83, VersR 1984, 192; BGH Urt. v. 25.2.1987 – IVb ZB 157/86, FamRZ 1987, 1018). Unter diesen Umständen kann die Partei erwarten, dass sie **auf eine abweichende Beurteilung hingewiesen und ihr Gelegenheit gegeben wird**, ergänzend zu der vom zweitinstanzlichen Gericht beanstandeten Lücke in ihrer **Formularerklärung vorzutragen** (BGH v. 3.7.2013 – XII ZB 106/10, FamRZ 2013, 1650). Diese Grundsätze gelten aber nicht immer. Es ist **zur Vermeidung der Fristversäumung jeweils im Einzelfall die Anwendbarkeit der Grundsätze zu prüfen.** So wird zB für die gesetzliche Frist des § 246 Abs. 1 AktG geurteilt, dass ein innerhalb der Monatsfrist eingereichtes Prozesskostenhilfegesuch nicht genügt (OLG Celle v. 25.3.2010 – 9 W 19/10, ZIP 2010, 1198; OLG Karlsruhe Urt. v. 17.5.2013 – 7 U 57/12, ZIP 2013, 1958). Versäumt dabei eine mittellose Partei die Frist zur Begründung der Berufung, so kommt eine Wiedereinsetzung in den vorigen Stand nach der Entscheidung über die Prozesskostenhilfe nur in Betracht, wenn die Mittellosigkeit für die Fristversäumung kausal geworden ist (BGH v. 6.5.2008 – VI ZB 16/07, NJW 2008, 2855). **Reicht dabei eine mittellose Partei innerhalb der Rechtsmittelfrist einen vollständigen Prozesskostenhilfeantrag ein und fügt diesem einen nicht unterzeichneten Entwurf einer Rechtsmittel- und einer Rechtsmittelbegründungsschrift ihres Prozessbevollmächtigten bei, kann ihre Mittellosigkeit gleichwohl kausal für die versäumte Rechtsmittel- und Rechtsmittelbegründungsfrist geworden sein** (BGH Urt. v. 19.9.2013 – IX ZB 67/12, ZIP 2014, 100; vgl. aber auch: BGH v. 6.5.2008 – VI ZB 16/07, NJW 2008, 2855; *Zimmermann*, Anmerkung BGH v. 6.5.2008 – VI ZB 16/07, FamRZ 2008, 1521; *Benkelberg/Schneider*, Anmerkung BGH v. 6.5.2008 – VI ZB 16/07, AGS 2008, 426; *Nickel* FamRB 2008, 300; *Schneider* ZAP 2008, 927).

4. Wird der Mandant vom Insolvenzverwalter unter Inanspruchnahme von Prozesskostenhilfe verklagt, so bleibt die Mandantschaft im Ergebnis grds. auch bei Obsiegen auf den Kosten sitzen. Der **Insolvenzverwalter** ist **Partei kraft Amtes** und **kann als solche auf Antrag Prozesskostenhilfe erhalten**, wenn die Kosten des Rechtsstreits aus der verwalteten Vermögensmasse nicht aufgebracht werden können und den am Gegenstand des Rechtsstreits wirtschaftlich Beteiligten nicht zuzumuten ist, die Kosten aufzubringen (§ 116 Abs. 1 S. 1 Nr. 1 ZPO) (FG Köln v. 13.6.2012 – 13 K 2588/09 (PKH), EFG 2012, 1955). Das gilt sowohl im Hinblick auf Aktivprozesse (BGH Urt. v. 16.7.2009 – IX ZB 221/08, NJW-RR 2009, 1346; FG Köln v. 13.6.2012 – 13 K 2588/09 (PKH), EFG 2012, 1955) als auch für Passivprozesse (OLG Stuttgart v. 15.2.2012 – 7 U 197/11, MDR 2012, 551; FG Köln Urt. v. 13.6.2012 – 13 K 2588/09 (PKH), EFG 2012, 1955). Dabei ist der Insolvenzverwalter gem. § 208 Abs. 3 InsO auch nach Anzeige der Masseunzulänglichkeit zur Verwaltung und Verwertung der Masse verpflichtet und das Amt des Insolvenzverwalters bleibt folglich auch nach Abgabe der Erklärung einschließlich der Verwertungs- und Befriedigungsaufgabe uneingeschränkt bestehen (BGH v. 6.6.2013 – IX ZR 204/12, NJW 2013, 2345 mwN). Darum hat der Insolvenzverwalter nach Eintritt der Masseunzulänglichkeit **erfolgversprechende Aktivprozesse, für deren Durchführung er die Gewährung von Prozesskostenhilfe beanspruchen kann** (BGH v. 6.6.2013 – IX ZR 204/12, NJW 2013, 2345; BGH v. 28.2.2008 – IV ZB 147/07, ZIP 2008, 944), **im Interesse der Massemehrung einzuleiten und durchzuführen** (BGH v. 6.6.2013 – IX ZR 204/12, NJW 2013, 2345 mwN). In einem solchen Fall wäre die Prozessführung auch **nicht als mutwillig im Sinne von § 114 ZPO** anzusehen (BGH v. 28.2.2008 – IX ZB 147/ 07, ZIP 2008, 944; OLG Stuttgart Urt. v. 15.2.2012 – 7 U 197/11, ZIP 2012, 1314). Obsiegt dann der Beklagte, muss er es hinnehmen, dass etwaige Kostenerstattungsansprüche unbefriedigt bleiben. Grund dafür ist, dass die Deckung der eigenen Prozesskosten durch den unterlegenen Gegner zu den allgemeinen Prozessrisiken einer obsiegenden Partei gehört (BGH Urt. v. 6.6.2013 – IX ZR 204/12, NJW 2013, 2345; BGH v. 26.6.2001 – IX ZR 209/98, NJW 2001, 3187; vgl. auch: *Hörmann* NZI 2008, 291; *Gundlach/Frenzel* DZWIR 2008, 298). Dabei wird der **Insolvenzverwalter** als **nicht verpflichtet** angesehen, **bei seiner Prozessführung auf den Kostenerstattungsanspruch des Prozessgegners Rücksicht zu nehmen**, weil er grundsätzlich nur dann für den Kostenerstattungsanspruch persönlich haftet, wenn seine Prozessführung als sittenwidrig iSd § 826 BGB einzustufen ist (OLG Celle, 21.1.2008 – 4 W 226/07, ZIP 2008, 433; BGH v. 2.12.2004 – IX ZR 142/03, ZInsO 2005, 131; BGH v. 25.3.2003 – VI ZR 175/02, ZInsO 2003, 657; BGH v. 26.6.2001 – IX ZR 209/98, ZInsO 2001, 703).

5. Die Bewilligung von Prozesskostenhilfe setzt gem. **§ 117 Abs. 1 ZPO** einen **Antrag** voraus, **in dem das Streitverhältnis unter Angabe der Beweismittel darzustellen ist** (LAG Berlin-Brandenburg v. 30.12.2013 – 7 Ta 1907/13, BeckRS 2014, 66488). Bei einem solchen Antrag handelt es sich um einen **bestimmenden Antrag** (LAG Berlin-Brandenburg v. 30.12.2013 – 7 Ta 1907/13, BeckRS 2014, 66488 vgl. BGH Urt. Beschl. v. 22.9.1994 – XII ZB 21/94, NJW 1994, 2097), der **von der Partei oder seinem Bevollmächtigten zu unterzeichnen** ist, wenn er nicht zu **Protokoll der Geschäftsstelle erklärt** wird, § 117 ZPO. Dieser Antrag bildet die Grundlage für die Prüfung der Erfolgsaussichten nach § 114 ZPO und die Entscheidung über die Bewilligung von Prozesskostenhilfe nach § 119 Abs. 1 ZPO (LAG Berlin-Brandenburg Urt. v. 30.12.2013 – 7 Ta 1907/13, BeckRS 2014, 66488, BGH Urt. v. 22.9.2005 – IX ZB 163/04, NJW-RR 2006, 429–430). Angesichts des **formalisierten Beiordnungs- bzw. Prozesskostenhilfeverfahrens** ist es **nicht möglich**, den Bewilligungsantrag **stillschweigend** zu stellen oder ihn **auf zukünftige, noch nicht näher bezeichnete Rechtsverfolgungen oder Rechtsverteidigungen zu beziehen** (LAG Berlin-Brandenburg v. 30.12.2013 – 7 Ta 1907/13, BeckRS 2014, 66488, LAG Berlin-Brandenburg Beschl. v. 8.8.2012 – 17 Ta (Kost) 6080/12; LAG Berlin-Brandenburg Beschl. v. 17.11.2010 – 25 Ta 2265/10, in juris Rn. 17; LAG Berlin Beschl. v. 11.8.2004 – 17 Ta (Kost) 6067/04; a.A LAG Köln Beschl. v. 8.3.2012 – 5 Ta 129/11, in juris; LAG Hamburg Beschl. v. 8.6.2011 – 5 Ta 13/11). Einen solchen „Blankettantrag" für alle später in den Prozess evtl. eingeführten Anträge und Streitgegenstände sieht § 114 ZPO nicht vor (LAG Berlin-Brandenburg Beschl. v. 30.12.2013 – 7 Ta 1907/13, BeckRS 2014,

66488). Er kann nicht Grundlage für die Prüfung der Erfolgsaussichten und damit für die Bewilligungsentscheidung sein; bei einer solchen Auslegung stünde bei einer Entscheidung vor Abschluss des Verfahrens nicht fest, in welchem Umfang Prozesskostenhilfe bewilligt worden ist (LAG Berlin-Brandenburg v. 30.12.2013 – 7 Ta 1907/13, BeckRS 2014, 66488).

6. Gem. § 114 ZPO ist einer Partei, die nach ihren persönlichen und wirtschaftlichen Verhältnissen die Kosten der Prozessführung nicht, nur zum Teil oder nur in Raten aufbringen kann, Prozesskostenhilfe zu gewähren, wobei zudem erforderlich ist, dass **die beabsichtigte Rechtsverfolgung oder Rechtsverteidigung hinreichende Aussicht auf Erfolg bietet und nicht mutwillig erscheint** (VGH Baden-Württemberg – 15.10.2013 – 11 S 2114/13, BeckRS 2014, 46684). Unter den **gleichen Voraussetzungen** erfolgt nach Maßgabe des § 121 Abs. 2 ZPO die **Beiordnung eines Rechtsanwalts** (VGH Baden-Württemberg – 15.10.2013 – 11 S 2114/13, BeckRS 2014, 46684). Für die Gewährung von Prozesskostenhilfe ist **nicht erforderlich, dass der Prozesserfolg (annähernd) gewiss ist** (VGH Baden-Württemberg – 15.10.2013 – 11 S 2114/13, BeckRS 2014, 46684). Vielmehr besteht eine hinreichende Erfolgsaussicht schon dann, wenn ein **Obsiegen ebenso wahrscheinlich erscheint wie ein Unterliegen, der Prozessausgang also offen ist** (VGH Baden-Württemberg – 15.10.2013 – 11 S 2114/13, BeckRS 2014, 46684; BVerfG Urt. v. 7.4.2000 – 1 BvR 81/00, NJW 2000, 1938; BVerfG v. 13.7.2005 – 1 BvR 1041/05, NVwZ 2005, 1418; BVerfG v. 14.6.2006 – 2 BvR 626/06 – InfAuslR 2006, 377). Weder dürfen **Beweiswürdigungen** vorweggenommen noch sollen **schwierige Rechtsfragen** geklärt werden, die in vertretbarer Weise auch anders beantwortet werden können (VGH Baden-Württemberg Urt. v. 15.10.2013 – 11 S 2114/13, BeckRS 2014, 46684). Denn die Prüfung der Erfolgsaussicht soll nicht dazu dienen, die Rechtsverfolgung oder Rechtsverteidigung selbst in das Nebenverfahren der Prozesskostenhilfe vorzuverlagern (VGH Baden-Württemberg Urt. v. 15.10.2013 – 11 S 2114/13, BeckRS 2014, 46684; BVerfG v. 5.2.2003 – 1 BvR 1526/02, NJW 2003, 1857; BVerfG v. 14.4.2003 – 1 BvR 1998/02, NJW 2003, 2976).

7. Zu beachten sind die **Ausfüllhinweise des Gesetzgebers** (vgl. BGBl. 2014 I Nr. 3 v. 21.1.2014 S. 42 bis 44).

8. Der Antragsteller kann seinen Anspruch auf Prozesskostenhilfe entsprechend dem in § 124 Nr. 2 1. Alt. ZPO zum Ausdruck gekommenen Rechtsgedanken **verwirken** mit der Folge, dass ihm die **nachgesuchte finanzielle Unterstützung zu versagen** ist (OLG Bamberg v. 2.8.2013 – 4 U 38/13, NJW 2013, 8). Dabei setzt der Verwirkungstatbestand des § 124 Nr. 2 1. Alt. ZPO für die Aufhebung der Bewilligung von Prozesskostenhilfe nur **objektiv unrichtige Angaben** sowie ein **qualifiziertes Verschulden (Vorsatz oder grobe Nachlässigkeit)** der Antragstellerseite voraus (OLG Bamberg Urt. v. 2.8.2013 – 4 U 38/13, NJW 2013, 8). Es ist also nicht erforderlich, dass die Bewilligung auf den unzutreffenden Angaben auch beruht; vielmehr genügt es, dass die falschen Angaben jedenfalls generell geeignet erscheinen, die Entscheidung über die PKH zu beeinflussen (BGH v. 10.10.2012 – IV ZB 16/12, NJW 2013, 68; OLG Bamberg v. 2.8.2013 – 4 U 38/13, NJW 2013, 8; vgl. auch: BGH v. 23.4.2013 – VI ZB 30/12, FamRZ 2013, 1124). Die Regelung hat mithin **Sanktionscharakter,** der darauf gründet, dass die Gerichte sich im PKH-Bewilligungsverfahren im Interesse des Antragstellers mit einer summarischen Prüfung der Bewilligungsvoraussetzungen begnügen müssen und daher in besonderem Maße auf ein redliches Verhalten des Antragstellers angewiesen sind (OLG Bamberg v. 2.8.2013 – 4 U 38/13, NJW 2013, 8). Dabei kann das Gericht im Rahmen der Bedürftigkeitsprüfung zB vom Antragsteller auch zur Glaubhaftmachung der Einkommens- und Vermögensverhältnisse mit der Formularerklärung die **Vorlage von ungeschwärzten Kontoauszügen** für einen bestimmten Zeitraum anordnen (OLG Celle Urt. v. 9.3.2010 – 17 WF 28/10, FamRZ 2010, 1751; OLG Schleswig v. 22.12.2010 – 15 WF 305/10, FF 2011, 260).

9. Gem. § 117 Abs. 2 S. 2 ZPO dürfen die **Erklärungen und Belege dem Gegner** nur mit Zustimmung der Partei zugänglich gemacht werden, es sei denn, der **Gegner hat gegen den Antragsteller nach den Vorschriften des bürgerlichen Rechts einen Anspruch auf Auskunft über Einkünfte und Vermögen des Antragstellers.** Dem Antragsteller ist vor der Übermittlung seiner Erklärung an den Gegner Gelegenheit zur Stellungnahme zu geben. Er ist über die Übermittlung seiner Erklärung zu unterrichten. das **greift in fast allen familienrechtlichen Verfahren.** Ausreichend ist dabei, dass der Antragsgegner gegen den Antragsteller einen materiell-rechtlichen Anspruch auf Auskunft über die Einkünfte und das Vermögen des Antragstellers hat, der nach §§ 1361 Abs. 4 S. 4, 1580, 1605 Abs. 1 S. 1 BGB gegeben ist wobei nach dem Gesetzeswortlaut die Existenz des Auskunftsanspruchs nach den Vorschriften des BGB ausreicht (OLG Bremen Urt. v. 12.10.2011 – 5 WF 100/11, FamRZ 2012, 649; OLG Koblenz v. 4.11.2010 – 7 WF 872/10, FamRZ 2011, 389). Dieser Anspruch muss nicht konkret fällig sein (OLG Bremen v. 12.10.2011 – 5 WF 100/11, FamRZ 2012, 649). Ein Auskunftsverlangen des Auskunftsberechtigten (§ 1605 Abs. 1 S. 1 BGB) oder die gerichtliche Durchsetzung ist nicht erforderlich (OLG Koblenz v. 4.11.2010 – 7 WF 872/10, FamRZ 2011, 389 (vgl. dazu auch: *Böttcher* ZFE 2011, 152; OLG Bremen Urt. v. 12.10.2011 – 5 WF 100/11, FamRZ 2012, 649). Auch die Zweijahresfrist des § 1605 Abs. 2 BGB ist nicht zu beachten (OLG Bremen v. 12.10.2011 – 5 WF 100/11, FamRZ 2012, 649 mwN). Im anwaltlichen Alltagsgeschäft sollte der Mandant von Anfang an über diese Möglichkeit des Gerichts aufgeklärt werden (*Viefhues* jurisPR-FamR 26/2013 → Anm. 1).

10. Erscheint die beabsichtigte Rechtsverfolgung in dem für die Erfolgsprüfung maßgeblichen Zeitpunkt weder mutwillig noch ohne hinreichende Aussicht auf Erfolg und sind auch die von § 114 ZPO geforderten wirtschaftlichen Voraussetzungen für die Gewährung von Prozesskostenhilfe erfüllt, so hat das Gericht über den Prozesskostenhilfeantrag zu entscheiden. **Entscheidungsreife eines Prozesskostenhilfegesuchs** ist regelmäßig anzunehmen, wenn die vollständigen Prozesskostenhilfeunterlagen durch den Antragsteller vorgelegt worden sind und der Gegner Gelegenheit gehabt hat, sich innerhalb einer angemessenen Frist zu äußern (OVG Saarland v. 12.12.2012 – 3 D 322/12; OVG Nordrhein-Westfalen v. 27.9.2012 – 13 E 737/12; LSG Sachsen-Anhalt v. 16.9.2011 – L 3 R 253/10 B). Nach Bewilligung von PKH kann der beigeordnete Rechtsanwalt dabei gem. § 122 Abs. 1 Nr. 3 ZPO grundsätzlich keine Vergütungsansprüche gegen seinen Mandanten mehr geltend machen. Gem. **§ 47 Abs. 1 S. 1 RVG** kann der beigeordnete Rechtsanwalt jedoch von der Staatskasse einen **Vorschuss auf seine Rechtsanwaltskosten** verlangen (vgl. dazu: *Burhoff* RVGreport 2011, 327).

3. Prozesskostenhilfe in einem anderen Mitgliedstaat der Europäischen Union (Grenzüberschreitende Prozesskostenhilfe)

FORMULAR FÜR ANTRÄGE AUF PROZESSKOSTENHILFE IN EINEM ANDEREN MITGLIEDSTAAT DER EUROPÄISCHEN UNION ① ② ③ ④

ANLEITUNG

1. Bitte lesen Sie diese Anleitung sorgfältig durch, bevor Sie das Antragsformular ausfüllen.

2. Alle in diesem Formular verlangten Angaben müssen erteilt werden.

3. Ungenaue, unzutreffende oder unvollständige Angaben können die Bearbeitung Ihres Antrags verzögern.

4. Falsche oder unvollständige Angaben in diesem Antrag auf Prozesskostenhilfe können negative Rechtsfolgen haben, d.h. der Antrag kann abgelehnt werden oder Sie können strafrechtlich verfolgt werden.

5. Bitte fügen Sie alle Unterlagen zur Stützung Ihres Antrags bei. [2, 3]

6. Dieser Antrag lässt Fristen für die Einleitung eines Gerichtsverfahrens oder Einbringung eines Rechtsmittels unberührt.

7. Bitte datieren und unterzeichnen Sie den ausgefüllten Antrag und senden Sie ihn an folgende Behörde:

7.a Sie können Ihren Antrag an die zuständige Übermittlungsbehörde des Mitgliedstaats senden, in dem Sie Ihren Wohnsitz haben. Diese Behörde wird Ihren Antrag dann an die zuständige Behörde des betreffenden Mitgliedstaats weiterleiten. Wenn Sie diese Option wählen, geben Sie bitte Folgendes an:

Name der zuständigen Behörde Ihres Wohnsitzmitgliedstaats:

Anschrift:

Telefon/Fax/E-Mail:

7.b Sie können diesen Antrag direkt an die zuständige Behörde eines anderen Mitgliedstaats senden, wenn Sie wissen, welche Behörde zuständig ist. Wenn Sie diese Option wählen, geben Sie bitte Folgendes an:
Name der Behörde:

Anschrift:

Telefon/Fax/E-Mail:

Verstehen Sie die Amtssprache oder eine der Amtssprachen dieses Mitgliedstaats?

☐ Ja   ☐ NEIN

Wenn dies nicht der Fall ist, in welchen Sprachen kann sich die zuständige Behörde mit Ihnen für die Zwecke der Prozesskostenhilfe verständigen?

A. Angaben über die Person, die Prozesskostenhilfe beantragt [4]

A.1 Geschlecht: ☐ männlich   ☐ weiblich

Nachname und Vorname (gegebenenfalls Firmenname):

Datum und Ort der Geburt:

Staatsangehörigkeit:

Nummer des Personalausweises:

Anschrift:

Telefon:

Fax:

E-Mail:

A.2. Gegebenenfalls Angaben über die Person, die den Antragsteller vertritt, wenn dieser minderjährig oder nicht prozessfähig ist:
Nachname und Vorname:

Anschrift:

Telefon:

Fax:

E-Mail:

A.3. Gegebenenfalls Angaben über den Rechtsbeistand des Antragstellers (Rechtsanwalt, Prozessbevollmächtigter usw.):
☐ im Wohnsitzmitgliedstaat des Antragstellers:
Nachname und Vorname:

Anschrift:

Telefon:

Fax:

E-Mail:

☐ in dem Mitgliedstaat, in dem die Prozesskostenhilfe gewährt werden soll:
Nachname und Vorname:

Anschrift:

Telefon:

Fax:

E-Mail:

B. Angaben über die Streitsache, für die Prozesskostenhilfe beantragt wird

Bitte fügen Sie Kopien etwaiger Unterlagen zur Stützung Ihres Antrags bei.

B.1 Art der Streitsache (z.B. Scheidung, Sorgerecht für ein Kind, Arbeitsverhältnis, handelsrechtliche Streitsache, Verbraucherstreitigkeit):

B.2 Streitwert, wenn der Gegenstand der Streitsache in Geld ausgedrückt werden kann, unter Angabe der Währung:

B.3 Beschreibung der Umstände der Streitsache unter Angabe von Ort und Datum sowie etwaiger Beweise (z.B. Zeugen):

C. Angaben zum Verfahren

Bitte fügen Sie Kopien etwaiger Unterlagen zur Stützung Ihres Antrags bei.

C.1. Sind Sie Kläger oder Beklagter?

Beschreiben Sie Ihre Klage oder die gegen Sie erhobene Klage:

Name und Kontaktangaben der Gegenpartei:

C.2. Etwaige Gründe für eine beschleunigte Behandlung dieses Antrags, z.B. Fristen für die Einleitung eines Verfahrens:

C.3. Beantragen Sie Prozesskostenhilfe in vollem Umfang oder nur teilweise?

Wenn Sie nur teilweise Prozesskostenhilfe beantragen, geben Sie bitte an, auf welchen Teil sich diese erstrecken soll:

C.4 Die Prozesskostenhilfe wird beantragt für:

☐ vorprozessuale Rechtsberatung

☐ Beistand (Beratung und/oder Vertretung) im Rahmen eines außergerichtlichen Verfahrens

☐ Beistand (Beratung und/oder Vertretung) im Rahmen eines geplanten Gerichtsverfahrens

☐ Beistand (Beratung und/oder Vertretung) im Rahmen eines laufenden Gerichtsverfahrens. In diesem Fall sind anzugeben:

    - Nummer der Rechtssache:

    - Datum der Verhandlungen:

    - Bezeichnung des Gerichts:

    - Anschrift des Gerichts:

☐ Beistand und/oder Vertretung im Rahmen eines Rechtsstreits über eine bereits ergangene gerichtliche Entscheidung? In diesem Fall sind anzugeben:

    - Name und Anschrift des Gerichts:

    - Datum der Entscheidung:

    - Art des Rechtsstreits:

        ☐ Rechtsbehelf gegen die Entscheidung

        ☐ Vollstreckung der Entscheidung

C.5. Angabe der voraussichtlichen Zusatzkosten aufgrund des grenzüberschreitenden Bezugs der Rechtssache (z.B. Übersetzungen, Reisekosten):

C.6. Verfügen Sie über eine Versicherung oder sonstige Rechte und Ansprüche, die eine Gesamt- oder Teilabdeckung der Prozesskosten bieten könnten? Wenn ja, machen Sie bitte nähere Angaben dazu:

D. Familiäre Situation

Wie viele Personen leben mit Ihnen im selben Haushalt?

In welchem Verhältnis stehen diese zu Ihnen (dem Antragsteller):

Nachname undVorname	Verhältnis zum Antragsteller	Geburtsdatum(bei Kindern)	Ist diese Person vom Antragsteller finanziell abhängig?	Ist der Antragsteller von dieser Person finanziell abhängig?
			ja/nein	ja/nein
			ja/nein	ja/nein
			ja/nein	ja/nein
			ja/nein	ja/nein
			ja/nein	ja/nein
			ja/nein	ja/nein
			ja/nein	ja/nein

Ist eine Person, die nicht mit Ihnen im selben Haushalt lebt, von Ihnen finanziell abhängig? Wenn ja, machen Sie bitte folgende Angaben:

Nachname und Vorname	Verhältnis zum Antragsteller	Geburtsdatum (bei Kindern)

Sind Sie von einer Person, die nicht in Ihrem Haushalt lebt, finanziell abhängig? Wenn ja, machen Sie bitte folgende Angaben:

Nachname und Vorname	Verhältnis zum Antragsteller

E. Finanzielle Situation

Bitte erteilen Sie alle Angaben Sie selbst betreffend (I), über Ihren Ehegatten oder Partner (II), Personen, die von Ihnen finanziell abhängig sind und mit Ihnen im selben Haushalt leben (III) oder Personen, von denen Sie finanziell abhängig sind, die mit Ihnen im selben Haushalt leben (IV).

Wenn Sie andere Finanzmittel als Unterhalt von einer Person bekommen, von der Sie finanziell abhängig sind und mit der Sie nicht im selben Haushalt leben, geben Sie diese Mittel unter „Sonstiges Einkommen" in E. 1 an.

Wenn Sie andere Finanzmittel als Unterhalt an eine Person zahlen, die von Ihnen finanziell abhängig ist und nicht mit Ihnen im selben Haushalt lebt, geben Sie diese Mittel unter „Sonstige Ausgaben" in E.3 an.

Fügen Sie entsprechende Unterlagen wie Ihre Einkommenssteuererklärung, eine Bestätigung über Ihren Anspruch auf staatliche Leistungen usw. bei.

Bitte geben Sie in der nachstehenden Tabelle an, auf welche Währung die Beträge laufen.

E.1. Angaben über das durchschnittliche Monatseinkommen	I. Antragsteller	II. Ehegatte oder Partner	III. Abhängige Personen	IV. Personen, die den Antragsteller unterstützen
- Bezüge				
- Gewinn aus Geschäftstätigkeit				
- Pensionszahlungen				
- Unterhaltszahlungen				
- Angabe staatlicher Zahlungen				
Angaben:				
1. Familien- und Wohnungsbeihilfe				
2. Arbeitslosengeld und Sozialhilfe				
- Einkommen aus Kapitalvermögen (aus beweglichem Vermögen und Immobilien)				
- Sonstiges Einkommen				
GESAMT				

E.2. Vermögen	I. Antragsteller	II. Ehegatte oder Partner	III. Abhängige Personen	IV. Personen, die den Antragsteller unterstützen
- Immobilien, die als ständiger Wohnsitz genutzt werden				
- Sonstige Immobilien				
- Grundbesitz				
- Spareinlagen				
- Aktien				
- Kraftfahrzeuge				
- Sonstiges Vermögen				
GESAMT:				

E.3 Monatliche Ausgaben	I. Antragsteller	II. Ehegatte oder Partner	III. Abhängige Personen	IV. Personen, die den Antragsteller unterstützen
- Einkommenssteuer				
- Sozialversicherungsbeiträge				
- Kommunalsteuern				
- Hypothekenzahlung				
- Miet- und Wohnungskosten				
- Schulgebühren				
- Kosten für die Obsorge für Kinder				
- Schuldenzahlung				
- Kreditrückzahlung				
- gesetzlich vorgeschriebene Unterhaltszahlungen				
- Sonstige Ausgaben				
GESAMT				

Ich erkläre, dass die Angaben richtig und vollständig sind, und verpflichte mich, der Antrag prüfenden Behörde etwaige Änderungen meiner finanziellen Situation unverzüglich mitzuteilen.

Ort und Datum: Unterschrift:

....

Vom Europäischen Justizportal generiert

Schrifttum: → Form. F. IV. 2.

Anmerkungen

1. **Grenzüberschreitende Prozesskostenhilfe** ist die finanzielle Hilfe, die in einem gerichtlichen **Verfahren mit grenzüberschreitendem Bezug** für Personen mit geringem Einkommen gewährt wird. Dabei wird **unterschieden** zwischen den **eingehenden Anträgen** (Anträge auf Bewilligung von grenzüberschreitender Prozesskostenhilfe im Inland (Rechtssitz bzw. Wohnsitz des Antragstellers/der Antragstellerin in einem anderen EU-Mitgliedstaat)) und den **ausgehenden Anträgen** (Anträge auf Bewilligung von grenzüberschreitender Prozesskostenhilfe in einem anderen EU-Mitgliedstaat – Rechtssitz bzw. Wohnsitz des Antragstellers/der Antragstellerin im Inland). Geregelt ist die grenzüberschreitende Prozesskostenhilfe in der Richtlinie 2003/8/EG des Rates vom 27.1.2003 zur Verbesserung des Zugangs zum Recht bei Streitsachen mit grenzüberschreitendem Bezug durch Festlegung gemeinsamer Mindestvorschriften für die Prozesskostenhilfe in derartigen Streitsachen (**EG-Prozesskostenhilferichtlinie**), der Verordnung zur Einführung eines Vordrucks für die Erklärung über die persönlichen und wirtschaftlichen Verhältnisse bei Prozesskostenhilfe sowie eines Vordrucks für die Übermittlung der Anträge auf Bewilligung von Prozesskostenhilfe im grenzüberschreitenden Verkehr vom 21.12.2004 (**EG-Prozesskostenhilfevordruckverordnung – EG-PKHVV**) und die Verordnung über die Zusammenfassung der Aufgaben der Übermittlungsstelle nach § 1077 Abs. 1 S. 1 der Zivilprozessordnung und § 10 Abs. 1 des Beratungshilfegesetzes vom 7.4.2005 (**Konzentrations-AV**) sowie in §§ 1076 ff. ZPO. **Gem. § 1076 ZPO gelten** für die grenzüberschreitende Prozesskostenhilfe innerhalb der Europäischen Union nach der Richtlinie 2003/8/EG des Rates vom 27.1.2003 zur Verbesserung des Zugangs zum Recht bei Streitsachen mit grenzüberschreitendem Bezug durch Festlegung gemeinsamer Mindestvorschriften für die Prozesskostenhilfe in derartigen Streitsachen (ABl. EG Nr. L 26 S. 41, ABl. EU Nr. L 32 S. 15) **die §§ 114 bis 127a ZPO, soweit in den nachfolgenden Normen der ZPO nichts Abweichendes bestimmt ist.** Die Richtlinie 2003/8/EG (EG-Prozesskostenhilferichtlinie) **gilt dabei für alle EU-Mitgliedstaaten mit Ausnahme von Dänemark** (Erwägungsgrund 34, Art. 1 III Richtlinie 2003/8/EG).

2. Gem. § 1077 Abs. 3 ZPO kann die Übermittlungsstelle die Übermittlung durch Beschluss vollständig oder teilweise ablehnen, wenn der **Antrag offensichtlich unbegründet ist oder offensichtlich nicht in den Anwendungsbereich der Richtlinie 2003/8/EG fällt.** Wann ein Antrag iSd § 1077 Abs. 3 ZPO als „offensichtlich unbegründet" angesehen werden kann, wird als bislang nicht näher geklärt angesehen (OLG Hamm v. 3.2.2010 – 5 WF 11/10, FamRZ 2010, 1587). § 1077 Abs. 3 ZPO beruht auf der Ermächtigung in Art. 13 Abs. 3 der Richtlinie 2003/8/EG des Rates vom 27.1.2003 (ABl L 26 S. 41), wonach die zuständigen Übermittlungsbehörden entscheiden können, die Übermittlung eines Antrags abzulehnen, wenn dieser offensichtlich a) unbegründet ist oder b) nicht in den Anwendungsbereich der Richtlinie fällt (OLG Hamm v. 3.2.2010 – 5 WF 11/10, FamRZ 2010, 1587). § 1077 Abs. 3 ZPO verlangt **nur eine kursorische Prüfung** (vgl. Begründung zum Gesetzentwurf der Bundesregierung, BT-Drs. 15/3281, S. 11 und 14; OLG Hamm Urt. v. 3.2.2010 – 5 WF 11/10, FamRZ 2010, 1587 mwN). Die eigentliche **Prüfungskompetenz** sowohl für die finanziellen Verhältnisse als auch hinsichtlich des Inhalts der Streitsache liegt bei der **Empfangsbehörde** (Art. 5 und 6 der Richtlinie 2003/8/EG; OLG Hamm v. 3.2.2010 – 5 WF 11/10, FamRZ 2010, 1587 mwN). Die Vorprüfung durch die Übermittlungsstelle dient lediglich dazu, in eindeutig und offensichtlich unbegründeten Fällen unnötige Übersetzungs- und Übermittlungskosten sowie Personalaufwand zu ersparen (Begründung zum Gesetzentwurf der Bundesregierung, BT-Drs. 15/3281, S. 14; OLG Hamm v. 3.2.2010 – 5 WF 11/10, FamRZ 2010, 1587 mwN). Davon ausgehend kommen vor diesem Hintergrund **vor allem auch formelle Mängel des Antrags** als **Anwendungsfall des § 1077 Abs. 3 ZPO** in Betracht (OLG Hamm v. 3.2.2010 – 5 WF 11/10, FamRZ 2010, 1587).

3. Die Bewilligung von Prozesskostenhilfe (bzw. ggf. Verfahrenskostenhilfe) setzt gem. §§ 114 ff. ZPO nicht nur voraus, dass der Betroffene nach seinen persönlichen und wirtschaftlichen Verhältnissen und unter Einsatz seines Einkommens und Vermögens nach Maßgabe von § 115 ZPO die Kosten der Prozessführung nicht, nur zum Teil oder nur in Raten aufbringen kann. **Gem. § 117 Abs. 4 ZPO muss er sich zu der dafür erforderlichen Darlegung des in § 1 i. V. m. Anlage 1 PKHVV festgelegten Formulars bedienen.** Dieses muss vollständig und so ausgefüllt werden, dass eine gerichtliche Prüfung der Antragsvoraussetzungen möglich ist (BGH v. 14.10.2010 – V ZB 214/10, NVwZ-RR 2011, 87; BGH v. 20.2.2008 – XII ZB 83/07, FamRZ 2008, 868; BGH v.13.2.2008 – XII ZB 151/07, FamRZ 2008, 871). Hat der Betroffene in der Beschwerdeinstanz das vorgeschriebene Formular vollständig ausgefüllt zu den Akten gereicht, genügt in der Rechtsbeschwerdeinstanz eine Bezugnahme auf die vorliegende Erklärung, wenn sie unmissverständlich ist und Veränderungen seitdem nicht eingetreten sind (BGH Urt. v. 14.6.2012 – V ZA 2/12, BeckRS 2012, 14667; BGH v. 14.10.2010 – V ZB 214/

10, NVwZ-RR 2011, 87; BGH v. 7.10.2004 – V ZA 8/04, FamRZ 2004, 1961). **Dieser Formularzwang** gilt auch für Anträge auf Prozesskostenkostenhilfe von Verfahrensbeteiligten, die ihren Wohnsitz oder ständigen Aufenthalt in einem anderen Staat haben (BGH v. 14.10.2010 – V ZB 214/10, NVwZ-RR 2011, 87). § 117 Abs. 4 ZPO sieht für sie keine Ausnahme vor; die Zivilprozessordnung verweist im Gegenteil für die Bewilligung von Prozesskostenhilfe an Beteiligte im EU-Ausland in § 1076 ZPO uneingeschränkt auch auf § 117 Abs. 4 ZPO. Beteiligte im EU-Ausland haben dazu zwar das in § 1 EG-Prozesskostenhilfevordruckverordnung i. V. m. der Anlage zu dieser Vorschrift bestimmte Formular zu verwenden (BGH Urt. v. 14.10.2010 – V ZB 214/10, NVwZ-RR 2011, 87). Dieses Formular folgt in der Diktion dem auf Grund von Art. 16 der **Richtlinie 2003/8/ EG des Rates vom 27.1.2003** zur Verbesserung des Zugangs zum Recht bei Streitsachen mit grenzüberschreitendem Bezug durch Festlegung gemeinsamer Mindestvorschriften für die Prozesskostenhilfe in derartigen Streitsachen (ABl. Nr. L 26 S. 41, berichtigt in ABl. Nr. L 32 S. 15) bestimmten Standardformular, unterscheidet sich aber inhaltlich nicht von dem sonst zu verwendenden Formular (BGH v. 14.10.2010 – V ZB 214/10, NVwZ-RR 2011, 87). Dabei hat der der Betroffene eines **Freiheitsentziehungsverfahrens** vor deutschen Gerichten zwar einen aus dem Rechtsstaatsprinzip resultierenden **verfassungsrechtlichen Anspruch auf Gewährleistung eines wirkungsvollen Rechtsschutzes** (BGH v. 14.10.2010 – V ZB 214/10, NVwZ-RR 2011, 87; BVerfG Urt. v. 12.2.1992 – 1 BvL 1/89, NJW 1992, 1673; BVerfG v. 2.3.1993 – 1 BvR 249/92, NJW 1993, 1635; BVerfG v. 7.10.2003 – 1 BvR 10/99, NJW 2003, 3687). Der Zugang zu den Gerichten und zu den im Verfahrensrecht vorgesehenen Rechtsmittelverfahren darf ihm nicht in unzumutbarer, aus Sachgründen nicht mehr zu rechtfertigender Weise erschwert werden (BGH Urt. v. 14.10.2010 – V ZB 214/10, NVwZ-RR 2011, 87; BVerfG v. 29.11.1989 – 1 BvR 1011/88, NJW 1990, 1104). Diese Anforderungen sind auch bei der Bewilligung von Prozesskostenhilfe, die die Situation einer unbemittelten Person weitgehend der Situation eines Bemittelten bei der Verwirklichung des Rechtsschutzes angleichen soll, zu beachten (BGH v. 14.10.2010 – V ZB 214/10, NVwZ-RR 2011, 87; vgl. BVerfG v. 18.7.1984 – 1 BvR 1455/83, NJW 1985, 425). Sie stehen aber dem **Zwang zur Verwendung des mit § 1 PKHVV festgelegten Formulars für die Erklärung der persönlichen und wirtschaftlichen Verhältnisse bei Beteiligten mit Aufenthalt in einem anderen Staat** nicht entgegen, denn auch solchen Beteiligten steht Prozesskostenhilfe oder Verfahrenskostenhilfe nur zu, wenn sie bedürftig sind und dies in der von dem Gesetzgeber festgelegten Form darlegen (BGH v. 14.10.2010 – V ZB 214/10, NVwZ-RR 2011, 87). Diese Darlegung wird durch den **Formularzwang auch bei Abgabe der Erklärung im Ausland** nicht erschwert, wobei es allerdings Fälle geben mag, in denen der Betroffene in dem Staat, in den er abgeschoben worden ist, aus von ihm nicht zu vertretenden Gründen, etwa infolge einer Inhaftierung, gehindert ist, die Erklärung zu seinen persönlichen und wirtschaftlichen Verhältnissen unter Verwendung des vorgeschriebenen Formulars oder durch eine gleichwertige Bescheinigung des Aufenthalts- oder des Heimatstaats abzugeben (BGH v. 14.10.2010 – V ZB 214/10, NVwZ-RR 2011, 87).

4. Zu beachten ist, dass die **§§ 1076 bis 1078 ZPO** – da sie die **Richtlinie 2003/8/EG** umsetzen – im Lichte der genannten Richtlinie auszulegen sind (*Schoreit/Groß*, Beratungshilfe/Prozesskostenhilfe/Verfahrenkostenhilfe, 10. Aufl., 2010, § 1076 II Rn. 4 S. 295). Zudem sind damit auch nicht die **Wertentscheidungen** des GG sondern vielmehr die **der Grundrechtecharta in die Auslegung einzubeziehen** (vgl.: *Ritter* NJW 2010, 1110; *ders.* NJW 2012, 1549). Zudem ist der **Grundsatz der loyalen Zusammenarbeit** (Art. 4 Abs. 3 EUV) zu beachten (*Schoreit/Groß*, Beratungshilfe/Prozesskostenhilfe/Verfahrenkostenhilfe, 10. Aufl., 2010, § 1076 II Rn. 4 S. 295). Die Auslegung ist insbesondere auch nicht nach dem deutschen Begriff der Prozesskostenhilfe sondern vielmehr unter Beachtung des der Richtlinie zugrundeliegenden **gemeinschaftsrechtlichen Begriffs der Prozesskostenhilfe** auszulegen, der – ausgehend von der Zielsetzung der Richtlinie – auch die in § 10 BerHG geregelte **vorprozessuale Rechtsberatung im Hinblick auf eine außergerichtliche Streitbeilegung umfasst** (*Schoreit/Groß*, Beratungshilfe/Prozesskostenhilfe/Verfahrenkostenhilfe, 10. Aufl., 2010, § 1076 II Rn. 4 S. 295). Zudem sieht **Art. 47 Abs. 3 der Grundrechtecharta** eigens vor, dass Personen, die nicht über ausreichende Mittel verfügen, Prozesskostenhilfe bewilligt wird, soweit diese Hilfe erforderlich ist, um den Zugang zu den Gerichten wirksam zu gewährleisten. Zur Prozesskostenhilfe hat der Gerichtshof ausgeführt, dass der **nationale Richter insoweit zu prüfen hat, ob die Voraussetzungen für die Gewährung von Prozesskostenhilfe eine Beschränkung des Rechts auf Zugang zu den Gerichten darstellen, die dieses Recht in seinem Wesensgehalt selbst beeinträchtigt, ob sie einem legitimen Zweck dienen und ob die angewandten Mittel in einem angemessenen Verhältnis zum verfolgten Ziel stehen** (EuGH v. 13.6.2012 – C-156/12; EuGH v. 22.12.2010 – C-279/09, NJW 2011, 2496). Der in Art. 47 der Charta der Grundrechte der Europäischen Union verankerte Grundsatz des effektiven gerichtlichen Rechtsschutzes ist dahin auszulegen, dass seine Geltendmachung durch **juristische Personen** nicht ausgeschlossen ist und dass er u. a. die Befreiung von der Zahlung des Gerichtskostenvorschusses und/oder der Gebühren für den Beistand eines Rechtsanwalts umfassen kann (EuGH v. 22.12.2010 – C-279/09, NJW 2011, 2496; vgl. dazu auch: *Wendenburg* DRiZ 2011, 95). Dabei wurde dem EuGH (vgl.: EuGH v. 28.11.2013 – C-258/13, BeckRS 2013, 82302) im Wege des Vorabentscheidungsverfahrens die Frage vorgelegt, ob Art. 47 der Grundrechtcharta, in dem das Recht auf effektiven gerichtlichen Rechtsschutz niedergelegt ist, einer **nationalen Regelung entgegensteht, die juristischen Personen mit Gewinnerzielungsabsicht den Zugang zu Prozesskostenhilfe untersagt** und ob Art. 47 der Grundrechtcharta so auszulegen ist, dass das Recht auf effektiven gerichtlichen Rechtsschutz gewährleistet ist, wenn das interne Recht des Mitgliedstaats juristische Personen mit Gewinnerzielungsabsicht zwar von der Prozesskostenhilfe ausschließt, sie jedoch automatisch von den Gebühren und Kosten bei Gerichtsverfahren befreit, wenn sie zahlungsunfähig sind oder über ihr Vermögen ein Konkursverfahren eröffnet wurde. Der EuGH hat sich in diesem verfahren unter Verweis auf Art. 51 der Grundrechtecharta für unzuständig erklärt (EuGH v. 28.11.2013 – C-258/13, BeckRS 2013, 82302).

V. Rechtsschutzversicherung

1. Deckungsanfrage an die Rechtsschutzversicherung – außergerichtliche Tätigkeit

. . . . . .

(Anschrift Rechtsschutzversicherung)[1]

Betreff: . . . . . . (Versicherungsnummer Mdt.)

Sehr geehrte Damen und Herren,

hiermit zeige ich an, dass Ihr Versicherungsnehmer/Ihre Versicherungsnehmerin Herr/
Frau . . . . . . (Name), ... (Anschrift), mich mit der Wahrnehmung seiner rechtlichen
Interessen beauftragt hat. Ordnungsgemäße Bevollmächtigung wird anwaltlich ver-
sichert.

Ihr Versicherungsnehmer hat mich in einer arbeitsrechtlichen Angelegenheit beauftragt
und dabei auch gebeten, Ihre Deckungszusage einzuholen.[2, 3]

Ihr Versicherungsnehmer wurde mit einer Klage überzogen. Anliegend übersende ich
Ihnen in Kopie erste Mandatsinformationen.[4] Ich bitte um Überprüfung des Versicherungsschutzes und um Deckungszusage unter Zuteilung einer Schadensnummer.

Gern übersende ich ihnen auch weiterhin Kopien unserer Dokumente aus der Handakte,
soweit es für die Bearbeitung Ihres Schadensfalles von Bedeutung sein kann.

Die Obliegenheitsverpflichtungen des Versicherungsnehmers aus dem Versicherungsvertrag kann ich allerdings nicht übernehmen.[5]

. . . . . ., den . . . . . .

(Unterschrift Rechtsanwalt)[6, 7]

Schrifttum: *Armbrüster*, Freie Anwaltswahl für rechtsschutzversicherte Mandanten in Deutschland?
Rechtliche Bewertung von Empfehlungen, Selbstbehalten und gespaltenen Tarifen, AnwBl. 2012, 218;
Bauer, Entwicklung bei den Allgemeinen Bedingungen für die Rechtsschutzversicherung bis Anfang
2013, NJW 2013, 1576; *Bauer* Rechtsentwicklung bei den Allgemeinen Bedingungen für die Rechtsschutzversicherung bis Anfang 2012, NJW 2012, 1698; *Bugarin*, Beratungshilfe, PKH und Rechtsschutzversicherung, in: Baumgärtel/Brunner/Bugarin, Arbeitsplatz ReFa: Der Allrounder, 2. Auflage.,
2013, S. 399 (430 ff.); *v. Bühren*, Anmerkung LG Hagen v. 23.3.2007 – 1 S 136/06 -, r+s 2008, 191;
v. Bühren, Die Auskunftspflicht des Rechtsanwalts über Vorschusszahlungen des Rechtsschutzversicherers, ZfS 2010, 428; *Burhoff*, Vorschuss vom Auftraggeber (§ 9 RVG), RVGreport 2011, 365;
Gerold/Schmidt/Mayer, RVG, 21. Aufl., 2013; *Hansens*, Anmerkung OLG Celle v. 12.1.2011 – 14 U
78/10 – RVGreport 2011, 149; *Heither/Heither*, Als Mandant obsiegen, als Versicherungsnehmer
unterliegen?, NJW 2008, 2743; *Kilian*, Berufsrecht im Dreipersonenverhältnis: Abrechnungsvereinba-
rung – „Rationalisierungsabkommen" mit Rechtsschutzversicherungen berufsrechtlich wenig problematisch, AnwBl. 2012, 209; *Kilian/Terriuolo*, Anwälte, Rechtsschutzversicherungen, Mandanten –
die Wirklichkeit – Empirische Erkenntnisse zur Bedeutung der Rechtsschutzversicherung in Deutschland, AnwBl. 2012, 226; *Kindermann*, Das rechtsschutzversicherte Mandat, in: DAV-Ratgeber für
junge Rechtsanwältinnen und Rechtsanwälte, 13. Auflage, 2013, S. 515 ff.; *Kindermann*, Rechtsschutz:
Strategien der Anwaltschaft im Umgang mit Versicherern – Mehr Transparenz und weniger Vorwürfe
könnte vor allem Rechtsuchenden helfen, AnwBl. 2012, 223; *Leuze/Alternberg*, Rechtsschutzversiche-

rung in Disziplinar- und Strafverfahren. Rechtslage und Erfahrungen aus dem Bereich des öffentlichen Dienstes, DÖD 2011, 5; *Mayer*, Versicherungsschutz auch für die Kosten eines Mehrvergleichs, RVGreport 2006, 361; *Möllers*, Rechtsprechungsänderung zur Vermutung aufklärungsgerechten Verhaltens – Sackgasse oder Königsweg?, NZG 2012, 1019; *Obarowski*: Die Vergleichsklausel in der Rechtsschutzversicherung und ihre Bedeutung für die anwaltliche Praxis, NJW 2011, 2014; *Schneider*, Anmerkung BGH v. 25.1.2006 – IV ZR 207/04 – AGS 2006, 573: *Schons*, Die freie Wahl des Anwalts – Vorzug der Rechtsschutzversicherung – Ist das Verhältnis zwischen Anwaltschaft und Versicherer schon zerrüttet?, AnwBl. 2012, 221; *Schulz*, Der Auskunfts- und Abrechnungsanspruch des Rechtsschutzversicherers gegenüber dem Rechtsanwalt, ZfS 2010, 246; *Schulz*, Die Auskunfts- und Abrechnungspflicht des Rechtsanwalts gegenüber der Rechtsschutzversicherung, NJW 2010, 1729; *Schwab*, Die Vermutung aufklärungsrichtigen Verhaltens bei mehreren hypothetischen Entscheidungsmöglichkeiten, NJW 2012, 3274; *Wendt*, Der Rechtsschutzversicherer und sein „durchschnittlicher Versicherungsnehmer", Obliegenheitsverletzungen und Kosten- und Gebührenfragen in der neuen BGH-Rechtsprechung, MDR 2012, 947; *Wendt*, Rechtsschutzversicherung – Erfolgsaussichten, Aufklärungsgebote, Kosten- und Gebührenfragen, MDR 2008, 1129.

Anmerkungen

1. Übermittelt der Mandant dem Rechtsanwalt die Daten einer Rechtsschutzversicherung, so wird der Rechtsanwalt als verpflichtet angesehen, bei dem mitgeteilten Versicherer um Kostendeckung nachzusuchen und seinen Mandanten vom Ergebnis seiner Bemühungen zu unterrichten (OLG Celle v. 7.3.2007 – 3 U 262/06, DB 2007, 1698). Besteht dieses Ergebnis aber darin, dass allenfalls Deckung über einen Vorversicherer zu erlangen ist, dann ist es Sache des Mandanten, dem Rechtsanwalt diesen Versicherer mit Policennummer zu benennen (OLG Celle v. 7.3.2007 – 3 U 262/06, DB 2007, 1698). Zahlt der Mandant stattdessen die Gerichtskosten zunächst selbst, darf der Rechtsanwalt davon ausgehen, dass dieser das Verfahren auch auf eigenes Kostenrisiko durchführen möchte und der Rechtsanwalt ist insbesondere auch nicht dazu verpflichtet, sich die **älteren Rechtsschutzdaten aus bereits archivierten früheren Vorgängen desselben Mandanten** herauszuziehen (OLG Celle v. 7.3.2007 – 3 U 262/06, DB 2007, 1698; vgl. dazu auch: *Chab*, Anmerkung OLG Celle v. 7.3.2007 – 3 U 262/06, BRAK-Mitt. 2007, 199). Hier sollten aber vorsorglich Risiken ausgeschlossen werden und es sollte durch entsprechende Schreiben an den Mandanten dokumentiert werden, dass vom Rechtsanwalt nach allen bestehenden Rechtsschutzversicherungen – auch ggf. vorhandenen Vorversicherungen – gefragt wurde.

2. Ob neben der vom Mandanten jeweils beauftragten Sache die Einholung der Deckungszusage bei der Rechtsschutzversicherung eine gesondert abrechenbare Angelegenheit darstellt, wird unterschiedlich beurteilt und hängt im Ergebnis von den Umständen des Einzelfalles ab. Nach zutreffender Auffassung kann der Rechtsanwalt für die **auftragsgemäße Einholung der Deckungszusage** grds. Gebührenansprüche geltend machen, da es sich bei der Einholung einer Deckungszusage um eine **eigene Angelegenheit iSv § 15 RVG** handelt; weder ist sie von der Geschäftsgebühr umfasst, noch handelt es sich um ein Annex zum Prozessauftrag iSv § 19 Abs. 1 S. 2 Nr. 1 RVG (OLG Frankfurt v. 23.3.2012 – 10 U 50/11, BeckRS 2012, 24217; KG v. 19.3.2010 – 5 U 42/08, MDR 2010, 840; A.A.: LG Schweinfurt v. 20.3.2009 – 23 O 313/08, NJW-RR 2009, 1254). Denn die Deckungsanfrage und der Prozessauftrag richten sich gegen **unterschiedliche Parteien** und haben **unterschiedliche Werte** zum Gegenstand (OLG Frankfurt v. 23.3.2012 – 10 U 50/11, BeckRS 2012, 24217; KG v. 19.3.2010 – 5 U 42/08, MDR 2010, 840). Es können insbesondere – soweit ein Schadensersatzanspruch besteht – nach zutreffender Auffassung grundsätzlich auch die Kosten der anwaltlichen Einholung der Deckungszusage der Rechtsschutzversicherung als **Verzugsschaden gem. §§ 280 Abs. 1, Abs. 2, 286 BGB** verlangt werden (OLG Frankfurt v. 23.3.2012 – 10 U 50/11, BeckRS 2012, 24217). Der Ersatz solcher Kosten ist grundsätzlich **vom Schutzzweck der Norm umfasst**, denn auch wenn die

Rechtsschutzversicherung ein Risiko abdeckt, welches vom konkreten Verkehrsunfall als haftungsauslösendem Umstand unabhängig ist (OLG Frankfurt v. 23.3.2012 – 10 U 50/11, BeckRS 2012, 24217 unter Verweis auf OLG Celle v. 12.1.2011 – 14 U 78/10, NJW-Spezial 2011, 754; vgl. dazu auch: *Hansens*, Anmerkung OLG Celle v. 12.1.2011 – 14 U 78/10, RVGreport 2011, 149), muss doch der Gedanke des vollen Schadensausgleichs dazu führen, die Kosten einer anwaltlichen Einholung der Deckungszusage als ersatzfähig anzusehen, sofern sich ein Geschädigter in der konkreten Situation zu deren Aufwendung veranlasst („herausgefordert") fühlen durfte (OLG Frankfurt v. 23.3.2012 – 10 U 50/11, BeckRS 2012, 24217). Die Kosten für die Einholung der Deckungszusage sind als Rechtsverfolgungskosten ersatzfähig, wenn die Inanspruchnahme anwaltlicher Hilfe zur Wahrung und Durchsetzung der Rechte unter den Umständen des Falles erforderlich und zweckmäßig ist (OLG Frankfurt v. 23.3.2012 – 10 U 50/11, BeckRS 2012, 24217; OLG Düsseldorf Urt. v. 27.3.2012 – I-1 U 139/11, NJW 2012, 2044; BGH Urt. v. 9.3.2011 – VIII ZR 132/10, NJW 2011, 1222; BGH v. 13.12.2011 – VI ZR 274/10, VersR 2012, 331). Dabei schuldet der Versicherungsnehmer gem. **§ 17 Abs. 3 ARB 2008 II** seiner Rechtsschutzversicherung die vollständige Information über sämtliche Umstände des Rechtsschutzfalls, damit diese im Zusammenhang mit der Entscheidung über die Deckungszusage die Erfolgsaussichten des Rechtsschutzbegehrens prüfen kann; wobei der Versicherungsnehmer auch die Einwendungen der gegnerischen Partei darzulegen hat (OLG Frankfurt v. 23.3.2012 – 10 U 50/11, BeckRS 2012, 24217 mwN). Es kann deshalb jedenfalls nicht beanstandet werden, wenn **eine in rechtlichen Dingen unerfahrene Mandantschaft** mit dieser Darlegung den von ihr beauftragten Rechtsanwalt betraut (OLG Frankfurt v. 23.3.2012 – 10 U 50/11, BeckRS 2012, 24217).

3. Stellt die **Deckungsanfrage kostenrechtlich eine selbstständige Angelegenheit** dar, fallen **gesetzliche Gebühren** jedenfalls gem. **2400 VV-RVG** (eine Geschäftsgebühr in Höhe von 0,5 bis 2,5; eine höhere Gebühr als 1,3 nur bei einer sehr umfangreichen und schwierigen Tätigkeit, eine Gebühr in Höhe von 0,3 bei Schreiben einfacher Art) nach einem **Gegenstandswert bezogen auf die zu erwartenden Kosten des Mandanten und des Gegners in dem in Aussicht genommenen Prozess** (auf den sich die Deckungsanfrage bezieht) an (KG v. 19.3.2010 – 5 U 42/08, MDR 2010, 840; vgl. auch: *Hansens*, Anmerkung OLG Celle v. 12.1.2011 – 14 U 78/10, RVGreport 2011, 149).

4. Ob bzw. inwieweit **Auskunftspflichten des Rechtsanwaltes gegenüber der Rechtschutzversicherung des Mandanten** bestehen, wird unterschiedlich beurteilt. Nach der **berufsrechtlichen Rspr.** (vgl.: AG Frankfurt/Main v. 16.10.2012 – 30 C 1926/12, BRAK-Mitt. 2013, 130) folgt aus dem besonderen Vertrauensverhältnis zwischen Rechtsanwalt und Mandant, dass eine **Rechtsschutzversicherung Auskunftsansprüche ihres Versicherten gegenüber einem Rechtsanwalt nur dann geltend machen kann, wenn der Versicherte seinen Anwalt zuvor von dessen Schweigepflicht entbunden hat,** wobei der Versicherer auch durch den Anspruchsübergang nach den Vorgaben des VVG nicht selbst zum Mandanten wird. Es besteht keine berufsrechtliche Pflicht des Rechtsanwalts gegenüber der Rechtsschutzversicherung zur Auskunft über den Mandatsverlauf, wobei eine solche Auskunftsverpflichtung **weder aus den §§ 43, 44 BRAO, noch aus § 11 BORA** hergeleitet werden kann, was auch dann gilt, wenn der Rechtsanwalt einen Gebührenvorschuss angefordert hat (AnwG Frankfurt v. 23.11.2011 – IV AG 69/11 – 4 EV 231/11 – BRAK-Mitt. 2012, 86). **Demgegenüber** gehen andere davon aus, dass im Falle des **Erhaltes von Gebührenvorschüssen** und nach Abschluss des Prozesses des **Erhaltes von Kostenerstattungen vom Gegner** des Mandanten, dem Mandanten insoweit ein auf den Rechtsschutzversicherer übergehender unmittelbarer Anspruch aus §§ 675, 667 BGB zusteht, der mit einem entsprechenden Auskunftsanspruch gem. § 666 BGB verbunden ist (LG Bochum v. 26.6.2012 – 11 S 150/11, JurBüro 2012, 536; LG Bonn v. 3.9.2010 – 10 O 345/09, SVR 2011, 231; OLG Düsseldorf v. 11.2.2008 – I-24 U 104/07, VersR 2008, 1347; A.A.: AG Hamburg r+s 1996, 316; AG Bonn v. 8.11.2006 – 13 C 607/05, NJW-RR

2007, 355; AG Aachen v. 1.4.2010 – 112 C 182/09, NJW-RR 2010, 1544). Dies gelte zumindest dann, wenn der Rechtsanwalt die Beträge der Kostenerstattung des Prozessgegners gegebenenfalls nach vorherigem Kostenfestsetzungsverfahren auch tatsächlich erhalten hat, da erst dann ein die streitgegenständliche Verpflichtung begründendes Treuhandverhältnis gegenüber der Rechtsschutzversicherung entstehe (LG Bochum v. 26.6.2012 – 11 S 150/11, JurBüro 2012, 536; vgl. auch: *Schulz* ZfS 2010, 246; *Schulz* NJW 2010, 1729; *Wendt* MDR 2008, 1129). Dabei bezieht sich gem. **§ 43 a Abs. 2 BRAO** die **Verschwiegenheitsverpflichtung des Rechtsanwalts** „auf alles, was ihm in Ausübung seines Berufs bekannt geworden ist". Das Gebot der Verschwiegenheit gehöre zu den elementaren Grundsätzen des anwaltlichen Berufsrechts und sei unerlässliche Basis des Vertrauensverhältnisses zwischen Rechtsanwalt und Mandant, weshalb grundsätzlich auch eine Verschwiegenheitspflicht gegenüber dem Rechtsschutzversicherer bestehe (LG Bochum v. 26.6.2012 – 11 S 150/11, JurBüro 2012, 536). Etwas anderes gelte nur dann, wenn der Mandant den beauftragten Rechtsanwalt **ausdrücklich oder stillschweigend von dieser Schweigepflicht entbunden** habe. Wenn der Mandant seinen Rechtsanwalt **beauftragt, die Korrespondenz mit dem Rechtsschutzversicherer zu führen**, so liege darin bereits **konkludent eine Entbindung von der Schweigepflicht**, da nur so der Rechtsanwalt im Auftrag seines Mandanten dessen Auskunftsobliegenheiten erfüllen könne (LG Bochum Urt. v. 26.6.2012, 11 S 150/11 – JurBüro 2012, 536). Durch diese – stillschweigende – Übertragung der Auskunftsverpflichtung auf den Rechtsanwalt habe der Mandant seinen Prozessbevollmächtigten von der Schweigepflicht entbunden (OLG Düsseldorf Urt. v. 15.1.1980 – 4 U 48/79; LG Düsseldorf v. 18.1.2000 – 24 S 484/99; LG Bochum Urt. v. 26.6.2012 – 11 S 150/11, JurBüro 2012, 536; vgl. dazu auch: *v. Bühren* ZfS 2010, 428). Wurde der Prozessbevollmächtigte des Versicherungsnehmers mit der Deckungsanfrage und der Anforderung des Kostenvorschusses betraut, so sei er zumindest bezüglich der Auskunfterteilung und Rechnungslegung über gezahlte Vorschüsse und damit über erhaltene Zahlungen im Kostenfestsetzungsverfahren von der Schweigepflicht entbunden (LG Bochum v. 26.6.2012 – 11 S 150/11, JurBüro 2012, 536).

5. Die Formulierung der Deckungsanfrage orientiert sich auch an der Empfehlung der Rechtsanwaltskammer Frankfurt/Main („Anwaltliche Berufspflichten gegenüber Rechtsschutzversicherungen?"), publiziert auf deren website am 5.12.2012. Vgl. wegen Formulierungen speziell zur Korrespondenz mit der Rechtsschutzversicherung in Straf- und OWI-Sachen: *Heidel/Pauly/Amend/Nugel*, AnwaltFormulare, 6. Aufl., 2009, Kap. 53 S. 2476 Rn. 98 ff. Wenn dabei die Formulierung betreffend die Nichtübernahme der Obliegenheiten des Versicherungsnehmers aufgenommen wird, wird eine Kostenerstattung für die Deckungsanfrage nicht in Betracht kommen.

6. Bei Bestehen einer Rechtschutzversicherung sind die besonderen **Aufklärungspflichten** des Rechtsanwaltes gegenüber dem Mandanten zu beachten. So geht die Rspr. davon aus, dass das Bestehen einer Rechtsschutzversicherung den Willen des Mandanten erkennen lässt, nicht von der Versicherung gedeckte Kosten vermeiden zu wollen (OLG Düsseldorf OLGR Düsseldorf 2008, 817; OLG Düsseldorf v. 12.4.2011 – I-24 U 160/10, BeckRS 2011, 22083; OLG Düsseldorf v. 21.6.2011 – I-24 U 155/10, MDR 2012, 316). Dies bedeutet auch, dass der Rechtsanwalt seinen rechtsschutzversicherten Mandanten nicht nur über die ggf. **fehlende Erfolgsaussicht der beabsichtigten Klagerhebung**, sondern auch darüber aufzuklären hat, dass dafür kein Rechtsschutz beansprucht werden kann, weil eine aussichtslose Rechtsverfolgung **nicht erforderlich im Sinne des § 125 VVG** ist, und die Mandantschaft damit gegebenenfalls auf eigene Kosten klagen muss (OLG Düsseldorf v. 3.6.2013 – I-9 U 147/12, NJW 2014, 399). Hier können **bei Nichtbeachtung Schadenersatzpflichten** des Rechtsanwaltes entstehen. Dabei greift die **Vermutung**, dass derjenige, der einen anderen wegen seiner besonderen Sachkunde um Rat fragt, sich **beratungsgemäß verhalten hätte**, wenn er von diesem zutreffend aufgeklärt worden wäre (KG Urt. v. 23.9.2013 – 8 U 173/12, NJW 2014, 397; BGH v. 10.12.1998 – IX ZR 358/97, NJW-

RR 1999, 641; BGH v. 30.3.2000 – IX ZR 53/99, NJW 2000, 2814; BGH v. 26.9.1991 –
IX ZR 242/90, NJW 1992, 240; BGH v. 16.9.2010 – IX ZR 203/08, NJW 2010, 3576;
BGH v. 8.5.2012 – XI ZR 262/10, NJW 2012, 2427 (vgl. dazu auch: *Schwab* NJW 2012,
3274; *Möllers* NZG 2012, 1019) nur dann ein, wenn bei sachgerechter Aufklärung im
Hinblick auf die Interessenlage oder andere objektive Umstände aus der Sicht eines
vernünftig urteilenden Menschen eindeutig eine bestimmte Reaktion nahegelegen hätte
(KG v. 23.9.2013 – 8 U 173/12, NJW 2014, 397; BGH v. 9.6.1994 – IX ZR 125/93,
NJW 1994, 3295; BGH v. 30.9.1993 – IX ZR 73/93, NJW 1993,3259; OLG Hamm v.
14.9.2004 – 28 U 158/03, NJW-RR 2005, 134). Hat die **Rechtsschutzversicherung eine
Deckungszusage** für einen Prozess **erteilt**, ohne dass die Deckungszusage etwa durch falsche
Angaben erlangt worden ist, so **greift** ein **Anscheinsbeweis**, den Prozess nicht geführt zu
haben, wenn er sonst bei einem kostenempfindlichen Mandanten zu bejahen wäre, weil
diesem das Prozessrisiko zu hoch wäre, **nicht** ein (KG v. 23.9.2013 – 8 U 173/12, NJW
2014, 397; OLG Hamm Urt. v. 14.9.2004 – 28 U 158/03, NJW-RR 2005, 134; OLG
Düsseldorf Urt. v. 6.7.2001 – 24 U 211/00, NJW-RR 2002, 64). Denn auch für einen
vernünftig handelnden Mandanten würde bei Vorliegen einer Deckungszusage der Rechtsschutzversicherung das Wagnis einer nur gering oder wenig Erfolg versprechenden Prozessführung als eine solche Chance erscheinen, dass er sie ergreift (KG v. 23.9.2013 – 8 U 173/
12, NJW 2014, 397; OLG Düsseldorf v. 6.7.2001 – 24 U 211/00, NJW- RR 2002, 64).

7. In der Praxis kann der Rechtsanwalt sich damit konfrontiert sehen, dass ein langjähriger Mandant einen Fall bringt, der von seiner Rechtsschutzversicherung erfasst ist
wobei der Mandant mitteilt, dass seitens der Rechtsschutzversicherung darauf hingewirkt
wird, dass – andere – Rechtsanwälte in Anspruch genommen werden. In diesem Zusammenhang hat der BGH ausgesprochen, dass die durch **§§ 127, 129 VVG, § 3 Abs. 3 BRAO
gewährleistete freie Anwaltswahl** finanziellen Anreizen eines Versicherers in Bezug auf eine
Anwaltsempfehlung, insbesondere einem Schadenfreiheitssystem mit variabler Selbstbeteiligung, nicht entgegensteht, wenn die Entscheidung über die Auswahl des Rechtsanwalts
beim Versicherungsnehmer liegt und die Grenze unzulässigen psychischen Drucks nicht
überschritten wird (BGH v. 4.12.2013 – IV ZR 215/12, NJW 2014, 630). Dabei ist zudem
**Art. 4 Abs. 1 Buchst. A der Richtlinie 87/344 EWG des Rates vom 22. Juni 1987 zur
Koordinierung der Rechts- und Verwaltungsvorschriften für die Rechtsschutzversicherung**
zu beachten, der dahin auszulegen ist, dass diese Norm dem entgegensteht, dass ein Rechtsschutzversicherer, der in seinen Versicherungsverträgen festlegt, dass rechtlicher Beistand
grundsätzlich von seinen Mitarbeitern gewährt wird, sich darüber hinaus ausbedingt, dass
die Kosten für rechtlichen Beistand durch einen vom Versicherungsnehmer frei gewählten
Rechtsanwalt oder Rechtsvertreter nur dann übernahmefähig sind, wenn der Versicherer
der Ansicht ist, dass die Bearbeitung der Angelegenheit einem externen Rechtsvertreter
übertragen werden muss (EuGH v. 7.11.2013 – C-442/12, BRAK-Mitt. 2014, 42).

2. Anforderung eines Vorschusses von der Rechtsschutzversicherung

. . . . . .

(Anschrift Rechtsschutzversicherung)

Betreff: . . . . . . (Versicherungsnummer Mdt.) . . . . . . (Schadennummer)

Sehr geehrte Damen und Herren,

in der vorbezeichneten Angelegenheit überreiche ich unter Verweis auf die Deckungszusage vom . . . . . . (Datum) und unter Verweis auf meinen Anspruch auf Zahlung eines

angemessenen Vorschusses gem. § 9 RVG[1] als Anlage eine Vorschussrechnung,[2] in der ich eine Geschäftsgebühr 1,3 (Nr. 2400 VV RVG) in Ansatz gebracht habe. Ich bitte um Ausgleich auf mein Geschäftskonto bis zum . . . . . . (Datum).[3]

. . . . . ., den . . . . . .

(Unterschrift Rechtsanwalt)

Anmerkungen

1. Ein Rechtsanwalt hat grundsätzlich einen **Anspruch auf Vorschuss der Geschäftsgebühr 1,3 (Nr. 2400 VV RVG)** und der Rechtsschutzversicherer hat den Mandanten in dieser Höhe **freizustellen** (AG München Urt. v. 1.6.2006 – 232 C 9919/06, AGS 2007, 234). Der Anspruch des Rechtsanwalts ergibt sich aus § 9 RVG (*Schneider*, Anmerkung AG München v. 1.6.2006 – 232 C 9919/06, AGS 2007, 235; *Burhoff* RVGreport 2011, 365). Dabei ist zu berücksichtigen, dass die Voraussetzungen des **§ 14 RVG beim Vorschuss keine Rolle spielten.** Auf den Umfang der bisherigen Tätigkeit kommt es nicht an und die Höhe des Vorschusses richtet sich danach, mit welchen Gebühren zu rechnen ist (*Schneider*, Anmerkung AG München v. 1.6.2006 – 232 C 9919/06, AGS 2007, 235; *Burhoff* RVGreport 2011, 365).

2. Dem Schreiben an die Rechtsschutzversicherung ist die auf den Mandanten ausgestellte **Abrechnung der** in dem jeweiligen Verfahren entstandenen **gesetzlichen Gebühren** beizufügen. **An eine zwischen Rechtsanwalt und Mandant getroffene weitergehende Vergütungsvereinbarung ist der Rechtsschutzversicherer nicht gebunden** und er ist lediglich verpflichtet, die vereinbarte Gebühr bis zur Höhe der gesetzlichen Gebühren zu übernehmen (§ 5 Abs. 1a und b ARB 2000) Gerold/Schmidt/*Mayer*, RVG, 21. Aufl., 2013, § 3a RVG Rn. 46 mwN).

3. Verlangt der Rechtsanwalt gemäß § 9 RVG für seine entstandenen und voraussichtlich entstehenden Gebühren und Auslagen einen (angemessenen) Vorschuss, fordert er einen Teil seiner gesetzlichen Vergütung im Sinne von § 2 Abs. 1 Buchst. a und b ARB 75, wobei die insoweit bestehende **Leistungspflicht des Rechtsschutzversicherers beginnt, sobald der Versicherungsnehmer wegen dieses Vorschusses im Sinne von § 2 Abs. 2 ARB 75 „in Anspruch genommen wird"** (BGH v. 25.1.2006 – IV ZR 207/04, NJW 2006, 1281; Burhoff, Vorschuss vom Auftraggeber (§ 9 RVG), RVGreport 2011, 365 mwN). Mangels anderweitiger gesetzlicher Regelung ist das in dem Zeitpunkt der Fall, in dem der Rechtsanwalt den Vorschuss einfordert, womit auch der Kostenbefreiungsanspruch des Versicherungsnehmers bereits zu diesem Zeitpunkt fällig und die **Verjährungsfrist des § 12 Abs. 1 VVG für diesen Teil der Leistung des Rechtsschutzversicherers in Lauf gesetzt** wird (BGH v. 25.1.2006 – IV ZR 207/04, NJW 2006, 1281; vgl. dazu auch: *Schneider*, Anmerkung BGH v. 25.1.2006 – IV ZR 207/04, AGS 2006, 573).

3. Information der Rechtsschutzversicherung über einen Vergleich

. . . . . .

(Anschrift Rechtsschutzversicherung)

Per Telefax

EILT – Bitte sofort vorlegen und bearbeiten[1, 2]

Betreff: . . . . . . (Versicherungsnummer Mdt.) . . . . . . (Schadensnummer)

Sehr geehrte Damen und Herren,

in der vorbezeichneten Angelegenheit nehme ich Bezug auf die Deckungszusage vom . . . . . . (Datum). Ich überreiche als Anlage das Terminsprotokoll . . . . . . (Gericht) . . . . . . (Aktenzeichen). Wie Sie diesem entnehmen können, wurde dort auf Anraten des Gerichtes ein Vergleich[3, 4, 5] abgeschlossen. Beachten Sie dabei bitte auch die Hinweise des Gerichtes, die zum Abschluss des Vergleiches und der hier aufgenommenen Kostenquote geführt haben.[6]

Ich habe mir für Ihren Versicherungsnehmer den Widerruf des Vergleiches bis zum . . . . . . (Datum) vorbehalten. Ihr Versicherungsnehmer hat mitgeteilt, dass er nicht beabsichtigt, den Vergleich zu widerrufen. Ich bitte bis spätestens zum . . . . . . (Datum vor Ablauf Widerrufsfrist) um Bestätigung, dass Ihrerseits keine Bedenken gegen den Abschluss des Vergleiches und die Kostenübernahme bestehen.

. . . . . ., den . . . . . .

(Unterschrift Rechtsanwalt)

Anmerkungen

1. Wegen der **Auskunftspflichten gegenüber der Rechtsschutzversicherung** → Form. G. V. 1 Anm. 4.

2. Dieser Zusatz dürfte jedenfalls bei kurzen Vergleichswiderrufsfristen regelmäßig geboten sein.

3. Beim Abschluss von Vergleichen ist § 5 Abs. 3 b) ARB 94 zu beachten. Gem. **§ 5 Abs. 3 b) ARB 94** trägt der Versicherer nicht Kosten, die im Zusammenhang mit einer einverständlichen Erledigung entstanden sind, soweit sie nicht dem Verhältnis des vom Versicherungsnehmer angestrebten Ergebnisses zum erzielten Ergebnis entsprechen, es sei denn, dass eine hiervon abweichende Kostenverteilung gesetzlich vorgeschrieben ist. Bei der **einverständlichen Erledigung eines Rechtsstreits durch einen Vergleich** ist dessen Ausdehnung auf nicht rechtshängige Streitgegenstände häufig sachdienlich und allgemein üblich (BGH v. 14.9.2005 – IV ZR 145/04, NJW 2006, 513; BGH v. 16.6.1977 – IV ZR 97/76, VersR 1977, 809). Die Miterledigung anderer Streitpunkte schafft vielfach gerade erst die Grundlage für die Einigung über den bereits streitbefangenen Anspruch, was auch der der verständige Versicherungsnehmer in Betracht ziehen wird (BGH Urt. v. 14.9.2005 – IV ZR 145/04, NJW 2006, 513). Deshalb bedingt der Umstand, dass ihm gemäß § 4 Abs. 1 ARB 94 ein Rechtsschutzanspruch für einen bestimmten – insbesondere auch durch einen Verstoß im Sinne des § 4 Abs. 1 c) ARB 94 konkretisierten – Rechtsschutzfall zusteht, nicht notwendig und zugleich ein Verständnis des § 5 Abs. 3 b) ARB 94 dahin, dass nur solche Kosten vom Versicherer zu tragen sind, die durch die vergleichsweise Erledigung des konkreten Rechtsschutzfalles unmittelbar entstanden sind (BGH v. 14.9.2005 – IV ZR 145/04, NJW 2006, 513). Der Versicherungsnehmer kann nicht davon ausgehen, dass der Versicherer die Kosten der vergleichsweisen Erledigung anderer Streitpunkte zwischen den Parteien selbst dann nicht (im Rahmen der Misserfolgsquote) tragen will, wenn solche Streitpunkte mit dem unmittelbaren Gegenstand des Rechtsstreits in rechtlichem Zusammenhang stehen und für die der Versicherer im Streitfalle gegebenenfalls deckungspflichtig wäre, was schon deshalb gilt, weil die Miterledigung anderer Streitpunkte in solchen Fällen zumindest geeignet sein kann, den Eintritt eines weiteren Rechtsschutzfalles zu verhindern und weitere Kosten zu vermeiden (BGH v. 14.9.2005 – IV ZR 145/04, NJW 2006, 513).

Der Versicherungsnehmer wird deshalb die Wendung „Kosten, die im Zusammenhang mit einer einverständlichen Erledigung entstanden sind" dahin verstehen, dass sie auch solche Kosten einschließt, die durch die Einbeziehung weiterer Streitgegenstände entstanden sind, soweit diese mit dem eigentlichen Gegenstand des Streites in rechtlichem Zusammenhang stehen und der Versicherer auch für diese grundsätzlich Rechtsschutz zu gewähren hätte (BGH v. 14.9.2005 – IV ZR 145/04, NJW 2006, 513). Dass zudem hinsichtlich der weiteren in die Erledigung einbezogenen Gegenstände bereits ein Verstoß im Sinne des § 4 Abs. 1 c) ARB 94 vorliegen, also bereits ein konkreter Rechtsschutzanspruch gegeben sein müsste, erschließt sich dem Versicherungsnehmer dagegen aus § 5 Abs. 3 b) ARB 94 nicht (BGH v. 14.9.2005 – IV ZR 145/04, NJW 2006, 513). Denn aus seiner Sicht zielt die einverständliche Regelung weiterer, im Zusammenhang mit dem unmittelbaren Streitgegenstand stehender Punkte gerade auch darauf, einen weiteren Verstoß und damit einen weiteren Rechtsschutzfall nicht eintreten zu lassen (BGH Urt. v. 14.9.2005 – IV ZR 145/04, NJW 2006, 513; vgl. dazu auch: *Mayer* RVGreport 2006, 361). Zu beachten ist in diesem Zusammenhang, dass sich der Streitwert eines gerichtlichen Vergleichs nach den streitigen – rechtshängigen und nichtrechtshängigen – Ansprüchen richtet, die durch den Vergleich erledigt worden sind und dass bei der Streitwertfestsetzung nicht darauf abzustellen ist, was sich die Parteien im Vergleich gegenseitig versprochen haben (BGH v. 14.9.2005 – IV ZR 145/04, NJW 2006, 513; LAG Köln v. 3.3.2009 – 4 Ta 467/08, NZA-RR 2009, 503; LAG Köln v. 25.6.2009 – 9 Ta 165/09; LAG Köln v. 11.6.2010 – 9 Ta 204/10).

4. Auch bei **außergerichtlichen Vergleichen** ist **§ 5 Abs. 3 b) ARB 94** zu beachten. Gem. § 5 Abs. 3 b) ABR 94 trägt der Versicherer nicht Kosten, die im Zusammenhang mit einer einverständlichen Erledigung entstanden sind, soweit sie nicht dem Verhältnis des vom Versicherungsnehmer angestrebten Ergebnisses zum erzielten Ergebnis entsprechen, es sei denn, dass eine hiervon abweichende Kostenverteilung gesetzlich vorgeschrieben ist. Der BGH hat dazu festgestellt, dass ein für das Eingreifen von § 5 Abs. 3 b) ARB 94 erforderliches Kostenzugeständnis des Versicherungsnehmers nicht vorliegt, wenn im Rahmen einer **außergerichtlichen Einigung Kostenaufhebung** vereinbart wird und ein materiell-rechtlicher Kostenerstattungsanspruch gegen den Gegner nicht bestand (BGH v. 19.12.2012 – IV ZR 213/11, NJW 2013, 1007; BGH v. 25.5.2011 – IV ZR 59/09, NJW 2011, 2054 (vgl. auch: LG Hagen v. 23.3.2007 – 1 S 136/06, NJW-RR 2008, 478 u. v. *Bühren*, Anmerkung LG Hagen v. 23.3.2007 – 1 S 136/06, r+s 2008, 191)).

5. Bei Abschluss eines gerichtlichen Vergleiches kann auch vereinbart werden, dass das Gericht über die Kosten im Wege des § 91a ZPO entscheidet. Auch hier wird von den Rechtsschutzversicherern § 5 Abs. 3 b) ARB 94 ins Feld geführt. Insbesondere wenn die **Prozessparteien nach einem Vergleichsschluss den Rechtsstreit in der Hauptsache übereinstimmend für erledigt** erklärt haben und die Pflicht des Versicherungsnehmers zur Kostentragung auf einem bestandskräftigen Gerichtsbeschluss gemäß § 91a ZPO beruht, so ist aber ein Erstattungsanspruch nicht nach § 5 Abs. 3 Buchst. b) ARB 94 ausgeschlossen (OLG Hamm Urt. v. 8.12.2004 – 20 U 151/04, NJW-RR 2005, 331). Erkennbarer **Zweck des § 5 Abs. 3 Buchst. b) ARB 94** ist es, solche Kosten von der Leistungspflicht des Versicherers auszunehmen, die ein Versicherungsnehmer (oder Mitversicherter) übernommen hat, um – zu Lasten des Versicherers – den Prozessgegner zu einem Zugeständnis in der Hauptsache zu veranlassen (OLG Hamm v. 8.12.2004 – 20 U 151/04, NJW-RR 2005, 331). Der erkennbare Zweck ist derselbe, der in den älteren Musterbedingungen mit der Regelung des § 2 Abs. 3 Buchst. a) ARB 75 verbunden gewesen ist (OLG Hamm v. 8.12.2004 – 20 U 151/04, NJW-RR 2005, 331 unter Verweis auf BGH v. 16.6.1977 – IV ZR 97/76, VersR 1977, 809; OLG Karlsruhe v. 16.6.1983 – 12 U 126/82, VersR 1984, 839). Denn jedenfalls für den durchschnittlichen Versicherungsnehmer ohne Spezialkenntnisse – also einen juristischen Laien – erschließt sich aus § 5 Abs. 3 Buchst. b) ARB 94 kein anderer Zweck als aus § 2 Abs. 3 Buchst. a) ARB 75 (OLG

Hamm v. 8.12.2004 – 20 U 151/04, NJW-RR 2005, 331). Auch sonst macht § 5 Abs. 3 Buchst. b) ARB 94 für den durchschnittlichen Versicherungsnehmer jedenfalls nicht hinreichend deutlich, dass der Versicherungsnehmer trotz Deckungszusage des Rechtsschutzversicherers ggf. Kosten selbst tragen muss, wenn er und sein Prozessgegner den Rechtsstreit in der Hauptsache für erledigt erklären und das Gericht gemäß § 91a ZPO nach billigem Ermessen entscheidet (OLG Hamm v. 8.12.2004 – 20 U 151/04, NJW-RR 2005, 331). **Der Versicherungsnehmer wird ohne weiteres davon ausgehen, dass der Gesetzgeber in § 91a ZPO eine gerechte Kostenverteilung vorgeschrieben hat.** Wenn er dazu in § 5 Abs. 3 Buchst. b) ARB 94 liest, dass die Kostenverteilung dem Verhältnis des vom Versicherungsnehmer angestrebten Ergebnisses zum erzielten Ergebnis entsprechen muss, so ist für ihn nicht hinreichend erkennbar, dass diese Klausel auch den Fall der Gerichtsentscheidung nach § 91a ZPO erfassen soll und dass ein Anspruch auf Erstattung damit ggf. „mehr" voraussetzen soll als die vom Gesetzgeber vorgesehene, gerechte Entscheidung des Gerichts (OLG Hamm v. 8.12.2004 – 20 U 151/04, NJW-RR 2005, 331). Vielmehr kann der Versicherungsnehmer es zumindest ebenso für möglich halten, dass bei der vom Gesetzgeber ausdrücklich vorgesehenen, gerichtlichen Entscheidung nach billigem Ermessen in jedem Fall ein Anspruch auf Kostenerstattung besteht. Dies gilt, zumal der Begriff „entsprechen" – vor dem Hintergrund des erkennbaren Zwecks der Klausel – keineswegs eindeutig ist im Sinne einer ziffernmäßigen Übereinstimmung (OLG Hamm v. 8.12.2004 – 20 U 151/04, NJW-RR 2005, 331). Er lässt sich vielmehr auch dahin verstehen, dass eine Gerichtsentscheidung gemäß § 91a ZPO schon deshalb im Rechtssinne des § Abs. 3 Buchst. b) ARB 94 dem Verhältnis des vom Versicherungsnehmer angestrebten Ergebnisses zum erzielten Ergebnis noch „entspricht", weil es sich dabei eben um die vom Gesetzgeber vorgesehene, gerechte Kostenentscheidung handelt (OLG Hamm v. 8.12.2004 – 20 U 151/04, NJW-RR 2005, 331).

6. Erteilt das Gericht im Protokoll keine schriftlichen Hinweise, wird für den Rechtsschutzversicherer vom Rechtsanwalt der Verlauf der Verhandlung und der Erörterung sowie der Bewertungen des Gerichtes insbesondere auch im Blick auf die getroffene Kostenregelung darzustellen sein, um dem Versicherer eine Prüfungs- und Entscheidungsgrundlage zu geben.t

H. Laufendes Mandat

I. Termin- und Fristenkontrolle

1. Büroanweisung Terminmanagement

Büroanweisung Terminmanagement[1, 2]

I. Begriffsbestimmungen[3]

- P-Kalender: Kalender in Papierform[4]
- E-Kalender: Kalender in elektronischer Form[5]
- P-Akte: Akte in Papierform.[6]
- E-Akte: Akte in elektronischer Form[7]

II. Personen

II.1. Zuständigkeit für Terminmanagement

II.1.1. Zuständig für das Terminmanagement und insbesondere die Eintragung der Termine, der laufenden Überwachung und Kontrolle der Termine ist Frau/Herr (Vorname) (Name).[8]

II.1.2. Ist Frau/Herr (Vorname) (Name) nicht im Dienst oder wegen Erkrankung, Unfall oder ähnlichem ausgefallen, dann ist Frau/Herr (Vorname) (Name) zuständig.[9, 10]

II.2. Ausfall Rechtsanwalt[11]

II.2.1. Kommt es aufgrund Unfall, Erkrankung oder sonstwie zu einem Ausfall von Rechtsanwalt (Vorname) (Name) mit der Folge, dass dieser unerreichbar ist oder sich in einem Zustand befindet, in dem er keine Erklärungen mehr abgeben und keine Schriftsätze mehr fertigen kann, so ist sofort und unverzüglich Rechtsanwältin/Rechtsanwalt (Vorname) (Name) und – falls diese/dieser nicht erreichbar ist, Rechtsanwältin/Rechtsanwalt (Vorname) (Name) anzurufen und zu informieren. Zu informieren ist insbesondere unverzüglich über Fristabläufe und bevorstehende Gerichtstermine.

II.2.2. Steht ein Gerichtstermin unmittelbar bevor, ist unverzüglich das Gericht zu informieren.[12]

III. Termine

III.1. Gerichtstermine

III.1.1. Erste Eintragung von Gerichtsterminen

III.1.1.1. Geht in der Kanzlei ein Schriftstück ein, so wird dieses unverzüglich von der gem. Ziff. II.1. zuständigen Person auf Vollständigkeit und darauf überprüft, ob es sich um ein laufendes gerichtliches Verfahren handelt.

III.1.1.2. Handelt es sich um ein laufendes gerichtliches Verfahren, so wird festgestellt, ob in dem Schriftstück eine gerichtliche Terminsladung enthalten ist.

III.1.1.3. Ist eine gerichtliche Terminsladung enthalten, so wird der Termin unverzüglich zuerst[13] im P-Kalender und nachfolgend im E-Kalender eingetragen, dann auf der P-Akte notiert und schließlich der Erledigungsvermerk auf die gerichtliche Terminsladung gesetzt.[14] Anschließend wird das eingegangene Schriftstück mit der P-Akte dem Rechtsanwalt vorgelegt.

III.1.1.4. Wird bei der Eintragung des Gerichtstermins eine Terminskollision festgestellt, wird der Termin trotzdem im P-Kalender und im E-Kalender eingetragen, dann auf der P-Akte notiert und schließlich der Erledigungsvermerk auf die Terminsladung gesetzt sowie der Rechtsanwalt bei der Vorlage der Handakte ausdrücklich auf die Kollision und das Erfordernis einer Vertreterbestellung oder eines Terminsverlegungsantrags hingewiesen.[15]

III.1.2. Überwachung und Änderung von eingetragenen Gerichtsterminen

III.1.2.1. Bei Wiedervorlagen im Zeitraum zwischen der Eintragung des Gerichtstermins und dem Gerichtstermin, ist die Übereinstimmung des Inhalts der letzten Terminsladung mit den im P-Kalender und im E-Kalender eingetragenen und auf der P-Akte notierten Terminen zu kontrollieren.

III.1.2.2. Wird eine gerichtliche Verfügung zugestellt, in der ein Gerichtstermin aufgehoben und verlegt wird, wird entsprechend der Regelung in III.1.1.3. und III.1.1.4. verfahren.

III.1.2.3. Hat der Rechtsanwalt eine Terminsverlegung beantragt, so wird eine kurze Wiedervorlage spätestens vier Tage nach dem Datum des Schriftsatzes mit dem Terminsverlegungsantrag eingetragen und – falls das Gericht nicht reagiert hat – telefonisch bei der zuständigen Geschäftsstelle wegen des Terminsverlegungsantrags nachgefragt und der Rechtsanwalt unter Vorlage des Telefonvermerks entsprechend informiert.

III.1.3. Vorlage der Akte zum Gerichtstermin

III.1.3.1. Die Akte wird dem Rechtsanwalt am Tag vor dem Gerichtstermin mit angehefftetem Terminzettel vorgelegt.

III.1.3.2. Bei Wiedervorlage der Akte am Tag vor dem Gerichtstermin wird überprüft, ob sich alle vom Mandanten übermittelten Unterlagen und Informationen in der P-Akte befinden. Wird festgestellt, dass sich Teile der Akte nur in der E-Akte befinden, wird der Rechtsanwalt durch entsprechenden schriftlichen Vermerk ausdrücklich darauf hingewiesen.[16]

III.1.4. Überwachung nach dem Gerichtstermin

III.1.4.1. Nach Rückkehr des Rechtsanwaltes vom Gerichtstermin sorgt die gem. Ziff. II.1. zuständige Person dafür, dass die P-Akte nebst Terminzettel sowie etwa vom Rechtsanwalt zum Termin mitgenommene Anlagenbände möglichst zeitnah ins Sekretariat kommen.[17]

III.1.4.2. Es wird das vom Rechtsanwalt vom Gerichtstermin ggf. mitgebrachte gerichtliche Protokoll und der Terminzettel überprüft und festgestellt, ob die Anberaumung eines Gerichtstermines enthalten ist.

III.1.4.3. Ist die gerichtliche Bestimmung eines Verhandlungstermines enthalten, so wird der Termin unverzüglich im P-Kalender und im E-Kalender eingetragen und auf der P-Akte notiert und der Erledigungsvermerk auf die gerichtliche Terminsbestimmung gesetzt. Wird bei der Eintragung des Gerichtstermins eine Terminkollision festgestellt, wird der Termin trotzdem im P- und im E-Kalender eingetragen und auf der P-Akte notiert sowie der Erledigungsvermerk gesetzt und der Rechtsanwalt ausdrücklich auf die Kollision und das Erfordernis einer Vertreterbestellung oder eines Terminsverlegungsantrags hingewiesen.

III.1.4.4. Ergibt sich aus dem Terminzettel, dass eine Entscheidung zum Schluss der Sitzung angekündigt wurde, wird – nach entsprechender Rücksprache mit dem Rechtsanwalt – möglichst noch am Tag des Gerichtstermins telefonisch bei der zuständigen Geschäftsstelle das Ergebnis des Verkündungstermins erfragt, schriftlich aufgenommen und dem Rechtsanwalt unverzüglich vorgelegt.

III.1.4.5. Ergibt sich aus dem Terminzettel oder dem vom Rechtsanwalt mitgebrachten gerichtlichen Protokoll, dass ein Verkündungstermin anberaumt wurde, so wird dieser im P-Kalender und im E-Kalender eingetragen und auf der P-Akte notiert sowie der Erledigungsvermerk auf die Terminsbestimmung gesetzt und bei der Wiedervorlage am Tag der Verkündung der gerichtlichen Entscheidung – nach entsprechender Rücksprache mit dem Rechtsanwalt – bei der zuständigen Geschäftsstelle das Ergebnis des Verkündungstermins erfragt, schriftlich aufgenommen und dem Rechtsanwalt unverzüglich vorgelegt.

III.1.4.6. Hat der Rechtsanwalt vom Gerichtstermin kein Terminsprotokoll mitgebracht, wird eine kurze Wiedervorlage spätestens eine Woche nach dem Gerichtstermin eingetragen und – falls das Terminsprotokoll noch nicht zugestellt wurde – telefonisch bei der zuständigen Geschäftsstelle wegen des Protokolls nachgefragt und der Rechtsanwalt unter Vorlage des Telefonvermerks auf das Fehlen des Protokolls hingewiesen.

III.2. Andere Termine (Nicht-Gerichtstermine)

III.2.1. Eintragung anderer Termine (Nicht-Gerichtstermine)

III.2.1.1. Stellt die gem. Ziff. II.1. zuständige Person bei einem in der Kanzlei eingegangenen Schriftstück fest, dass es sich nicht um ein laufendes gerichtliches Verfahren handelt, dann wird das Schriftstück auf Vollständigkeit und darauf überprüft, ob darin ein vom Rechtsanwalt wahrzunehmender Außentermin[18] enthalten ist.

III.2.1.2. Wird ein solcher Termin festgestellt, so wird der Termin unverzüglich im P-Kalender und im E-Kalender eingetragen und auf der P-Akte notiert sowie der Erledigungsvermerk auf die Terminsbestimmung gesetzt. Anschließend wird das eingegangene Schriftstück mit der P-Akte dem Rechtsanwalt vorgelegt.

III.2.1.3. Wird bei der Eintragung des Termins eine Terminskollision festgestellt, wird der Termin trotzdem im P-Kalender und im E-Kalender eingetragen und auf der P-Akte notiert und der Rechtsanwalt bei der Vorlage der Handakte ausdrücklich auf die Kollision und das Erfordernis einer Vertreterbestellung oder einer Terminsverlegung und der Verlassung entsprechender Maßnahmen hingewiesen.

III.2.2. Überwachung und Änderung (Nicht-Gerichtstermine)

III.2.2.1. Bei Wiedervorlagen im Zeitraum zwischen der Eintragung des Termins und dem Termin ist die Übereinstimmung des Inhalts der letzten Terminsvereinbarung bzw. Terminsbestimmung mit den im P-Kalender und im E-Kalender eingetragenen und auf der P-Akte notierten Terminen zu kontrollieren.

III.2.2.2. Wird ein Schreiben eines Verfahrensbeteiligten zugestellt, in dem ein Termin abgesagt und ein Alternativtermin angeboten wird, wird entsprechend der Regelung in III.2.1.2. und III.2.1.3. verfahren.

III.2.2.3. Hat der Rechtsanwalt bei anderen Verfahrensbeteiligten schriftlich um eine Terminsverlegung gebeten, so wird eine kurze Wiedervorlage spätestens vier Tage nach dem Datum des Schreibens betreffend Terminsverlegung eingetragen und – falls die Adressatenseite nicht reagiert hat – telefonisch wegen der Terminsverlegung nachgefragt und der Rechtsanwalt unter Vorlage des Telefonvermerks entsprechend informiert.

III.2.3. Vorlage der Akte zum Termin

III.2.3.1. Die Akte wird dem Rechtsanwalt am Tag vor einem auswärtigen[19] Besprechungstermin mit angeheftetem Terminzettel vorgelegt.

III.2.3.2. Bei Wiedervorlage der Akte am Tag vor dem Termin wird überprüft, ob sich alle vom Mandanten übermittelten Unterlagen und Informationen in der P-Akte befinden. Wird festgestellt, dass sich Teile der Akte nur in der E-Akte befinden, wird der Rechtsanwalt durch entsprechenden schriftlichen Vermerk ausdrücklich darauf hingewiesen.

III.2.4. Überwachung nach dem Termin

III.2.4.1. Nach Rückkehr des Rechtsanwaltes vom Termin sorgt die gem. Ziff. II.1. zuständige Person dafür, dass die P-Akte nebst Terminzettel sowie etwa vom Rechtsanwalt zum Termin mitgenommene Anlagenbände möglichst zeitnah ins Sekretariat kommen.[20]

III.2.4.2. Es wird der vom Rechtsanwalt vom Termin mitgebrachte Terminzettel überprüft und festgestellt, ob die Vereinbarung eines Folgetermines enthalten ist.

III.2.4.3. Ist die Vereinbarung eines Folgetermines enthalten, so wird der Termin unverzüglich im P-Kalender und im E-Kalender eingetragen und auf der P-Akte notiert. Wird bei der Eintragung des Termins eine Terminkollision festgestellt wird der Termin trotzdem im P- und im E-Kalender eingetragen und auf der P-Akte notiert und der Rechtsanwalt bei der anschließenden Vorlage der Akte ausdrücklich auf die Kollision und das Erfordernis einer Vertreterbestellung oder einer Terminsverlegung hingewiesen.

Schrifttum: *Baumgärtel/Brunner/Bugarin*, Arbeitsplatz ReFa: Der Allrounder, 2. Aufl., 2013; *Bienko*, Anmerkung BGH v. 11.2.2009 – IV ZB 26/08 – FamRZ 2009, 1316; *Chab*, Anwälte haften für Fehler der Gerichte – gibt es Grenzen?, AnwBl 2010, 201; *Diehl*, Anmerkung BGH v. 18.12.2008 – IX ZR 179/07 –, ZfS 2009, 258; *Diller/Klein*, Die fünf häufigsten Anwaltshaftungsfälle – und wie man sie vermeiden kann!, BRAK-Mitt. 2013, 65; *Ewig*, Fristenmanagement, RENO 2007, 4 ff.; *Jungbauer/Groß*, Fristentabellen, 2. Aufl. 2013; *Jungk*, Fristwahrung, BRAK-Mitt. 2009, 168; *Jungk/Chab/Grams*, Pflichten und Haftung des Anwalts – Eine Rechtsprechungsübersicht, BRAK-Mitt. 2012, 152; *Kellner*, Belehrungspflicht des Anwaltes über die prozessualen Erfolgsaussichten, BRAK-Mitt. 2012, 108; *Löhnig*, Fristen und Termine im Zivilrecht, 2. Aufl., 2006; *Römermann*, Anmerkung BGH v. 17.1.2007 – XII ZB 166/05 – NJW 2007, 1454; *ders.*, Richter richten über Richterhaftung, NJW 2010, 21; *Jungk*, Anmerkung BGH v. 17.9.2009 – IX ZR 74/08 – BRAK-Mitt 2009, 282; *dies.*, Anmerkung OLG Rostock v. 28.1.2010 – 3 U 113/09 ,KG Berlin v. 15.1.2010 – 6 U 76/09 – u. OLG Celle v. 11.2.2010 – 8 U 125/09 –, BRAK-Mitt. 2010, 167; *Schlünder*, Anmerkung BGH v. 15.12.2010 – XII ZR 27/09, FamRZ 2011, 362; *Schnee-Gronauer/Schnee-Gronauer*, Software in Kanzleien: Marktüberblick, Trends und Hinweise für die Praxis, AnwBl. 2013, 776; *Schroeter*, Die Fristenberechnung im Bürgerlichen Recht, Jus 2007, 29; *Stückemann*, Fehlervermeidungen vor Gericht, FA 2010 Heft 1, 9; *Volk*, Der elektronische Rechtsverkehr in der anwaltlichen Praxis – Erfahrungsbericht und Ausblick, Berliner AnwBl. 2012, 325; *Zirnbauer*, „Novit" ist kein Optativ sondern Indikativ, FA 2009, 78.

Anmerkungen

1. Vorauszuschicken ist, dass diese Formulierung einer Büroanweisung Terminmanagement im Lichte der jeweiligen **Kanzleigröße**, der Zahl der **Berufsträger**, der **Mitarbeiterzahl**, des **Digitalisierungsgrades** etc. an die konkreten Verhältnisse insbesondere auch unter ständiger Beobachtung der jeweils einschlägigen **Judikatur durchzusehen** und **anzupassen** und **zu ergänzen** ist.

2. Die Begriffe Termin einerseits und Frist andererseits und damit auch der Regelungsbereich der Büroanweisung Terminmanagement von der Büroanweisung Fristenmanagement sind zur Vermeidung von Missverständnissen von einander abzugrenzen. Ein Termin kann als ein durch absolute Zeitangaben (d. h. Kalenderdatum, ggf. mit Uhrzeit) festgelegter Zeitpunkt in der Echtzeit verstanden und definiert werden. So verwendet zB die DIN 69900 „Termin" als „durch Kalendertag und/oder Uhrzeit ausgedrückter Zeitpunkt". Dementsprechend verwendet die DIN 69900 (Projektmanagement – Netzplantechnik; Beschreibungen und Begriffe) die Begriffe „frühester Termin", „frühester Anfangstermin", „frühester Endtermin", „spätester Termin", „spätester Anfangstermin", „spätester Endtermin". Der so definierte Begriff Termin überschneidet sich mithin insoweit mit dem Begriff der Frist, soweit es um die Frist im Sinne eines Endtermins geht. Für den **Bereich des BGB** wird der **Begriff „Termin"** definiert als ein **bestimmter Zeitpunkt, an dem etwas geschehen soll oder eine Rechtswirkung eintritt** (Palandt/Ellenberger, BGB 70. Aufl., 2011, § 186 Rn. 4 mwN). Auch bei dieser **Definition überschneidet sich** der Begriff des Termins mit dem Begriff der Frist soweit **Frist als ein Endtermin** verstanden wird. Die „Frist" wird demgegenüber vom BGH unter Verweis auf die „allgemeine Meinung" definiert **als ein Zeitraum, der bestimmt oder bestimmbar ist** (BGH v. 12.8.2009 – VIII ZR 254/08, NJW 2009, 3153; RG v. 8.6.1928 – III 426/37 – RGZ 120, 355; *Schroeter* Jus 2007, 29 mwN). Dabei wird bei den **gerichtlichen Fristen** differenziert zwischen „absoluten" und „relativen" Fristen. „Absolute" Fristen sind die Fristen für die Einlegung und Begründung von Rechtsmitteln bei denen die Fristversäumung unmittelbar zum Verlust des Rechtsmittels führt (vgl.: *Diller/Klein*, Die fünf häufigsten Anwaltshaftungsfälle – und wie man sie vermeiden kann!, BRAK-Mitt. 2013, 65; Ewig, Fristenmanagement, RENO 2007, 4 ff.) wobei für den Rechtsanwalt **haftungsträchtiger** als die gerichtlichen Fristen **die zahllosen Ausschlussfristen des materiellen Rechts sind** (*Diller/Klein* BRAK-Mitt. 2013, 65). Während jeder Rechtsanwalt die wichtigsten gerichtlichen Fristen im Kopf hat, sind die verstreuten Ausschlussfristen des materiellen Rechts dem Rechtsanwalt häufig unbekannt, insbesondere wenn er sich auf unbekanntem Terrain bewegt wobei überdies das materielle Recht bei Fristversäumung **regelmäßig keinerlei Wiedereinsetzungsmöglichkeit** vorsieht, auch wenn die Frist unverschuldet versäumt wurde (vgl.: *Diller/Klein* BRAK-Mitt. 2013, 65). Hier ist klarzustellen, dass der Regelungsbereich der Büroanweisung Terminmanagement begrifflich nicht die Fallgruppe der Endtermine und die auf die Endtermine bezogenen Vortermine erfasst. Die Fallgruppe der Endtermine wie auch die darauf bezogenen Vortermine fallen in den Regelungsbereich und sind Gegenstand der Büroanweisung Fristenmanagement.

3. Beim **Terminmanagement** und Fristenmanagement und insbesondere der **Terminkontrolle** und der Fristenkontrolle geht um einen **zentralen Bestandteil der anwaltsvertraglichen Rechtsdienstleistungspflicht.** Dabei hat der BGH zum anwaltlichen Fristenmanagement grundsätzlich festgestellt (BGH v. 5.2.2003 – VIII ZB 115/02 – NJW 2003, 1815):

„Bei der Organisation des Fristenwesens in seiner Kanzlei hat der Anwalt durch geeignete Anweisungen sicherzustellen, dass die Berechnung einer Frist, ihre Notierung auf den Handakten, die Eintragung im Fristenkalender sowie die Quittierung der Kalendereintragung durch einen Erledigungsvermerk auf den Handakten von der zuständigen Bürokraft zum frühestmöglichen Zeitpunkt und im unmittelbaren zeitlichen Zusammenhang vorgenommen werden."

(Vgl. dazu auch: Ewig, Fristenmanagement, RENO 2007, 4 (5 f.); *Henssler/Kilian*, Anmerkung BGH v. 5.2.2003 – VIII ZB 115/02, EWiR 2003, S. 791; Chab, Anmerkung BGH v. 5.2.2003 – VIII ZB 115/02 – BRAK-Mitt. 2003, 122). **Zentrales und unentbehrliches Hilfsmittel für die Terminkontrolle** und der Fristenkontrolle und insbesondere **Fixierung der Termine und Fristen** ist in erster Linie der **Fristenkalender** sowie die **Notierung der Fristen auf den Handakten** des Anwalts (BGH v. 5.2.2003 – VIII ZB 115/02, NJW 2003, 1815). Dabei ergibt sich im Zuge der **Digitalisierung der Kanzlei** bzw. der Kanzleiarbeit eine **Dualisierung** sowohl betreffend den Kalender als auch die

Akte des Rechtsanwaltes. Dabei haben die Anwaltskanzleien die erste digitale Revolution hinter sich: Die elektrische Schreibmaschine ist passé und ohne Internet und E-Mail kommt keine Rechtsanwältin und kein Rechtsanwalt mehr aus (*Schnee-Gronauer/Schnee-Gronauer* AnwBl. 2013, 776 (776)). In anderen Bereichen stellt sich der Grad der Digitalisierung jedenfalls per 2013 allerdings anders dar: Es ergab sich insbesondere für den Bereich der Kalenderführung und der Fristen- und Wiedervorlagenverwaltung, dass nach wie vor die manuelle Verwaltung mit Fristenkalendern und Fristenbüchern verbreitet und vorrangig ist und die Rechtsanwältinnen und Rechtsanwälte der ausschließlich elektronischen Führung des Fristenkalenders nicht trauen (*Schnee-Gronauer/Schnee-Gronauer*, AnwBl. 2013, 776 (779)). In der Praxis gilt nach wie vor – schlagwortartig formuliert – „P vor E" (Papier vor Elektronik). Der **elektronische Kalender (E-Kalender)** wird insbesondere auch unter Verweis auf das Problem des Systemausfalls mit der **Funktionsbestimmung als „Beikalender"** in das Fristenmanagement integriert (vgl.: *Baumgärtel/Brunner/Bugarin*, Arbeitsplatz ReFa: Der Allrounder, 2. Aufl. 2013, 2. Kap. F. Rn. 266). All dies bedingt, dass in einer **Büroanweisung zum Terminmanagement** wie auch dem Fristenmanagement **begrifflich der Dualität Rechnung zu tragen** und die **Terminologie** zur Gewährleistung des sichersten Wegs und **zur Vermeidung von Missverständnissen** beim Büropersonal **klarzustellen** ist. Besteht in einer Kanzlei ein anderer „Digitalisierungsgrad" und führt zB der Rechtsanwalt seine Handakte überwiegend elektronisch mit Dokumentenzugriff über ein iPad auch im Gerichtssaal – also einem Ordnungssystem nicht „P vor E" sondern „E vor P" – müsste die Büroanweisung entsprechend umgestaltet und angepasst werden.

4. Vgl.: *Baumgärtel/Brunner/Bugarin*, Arbeitsplatz ReFa: Der Allrounder, 2. Aufl., 2. Kap. F. Rn. 243.

5. Vgl.: *Baumgärtel/Brunner/Bugarin*, Arbeitsplatz ReFa: Der Allrounder, 2. Aufl., 2. Kap. F. Rn. 243.

6. Unter **Akte** wird verstanden eine geordnete Sammlung von eine Angelegenheit betreffenden Schriftstücken und Unterlagen (Henssler/Prütting/*Offermann-Burckart* BRAO § 50 Rn. 4). **Handakte** ist eine Akte, die innerdienstlich oder innerbetrieblich benutzt wird und deren Inhalt in der Regel vertraulich ist (Henssler/Prütting/*Offermann-Burckart* BRAO § 50 Rn. 4). Zum Begriff der Handakte und insbesondere auch dem Handaktenbegriff in § 50 BRAO, der keine Legaldefinition enthält, vgl.: Henssler/Prütting/*Offermann-Burckart* BRAO § 50 Rn. 4; Hartung/*Scharmer* BORA/FAO BRAO § 50 Rn. 25.

7. In **§ 50 Abs. 5 BRAO** ist klargestellt, dass sich der Rechtsanwalt zum Führen seiner Handakten auch der **elektronischen Datenverarbeitung** bedienen darf, die **Handakten also nicht unbedingt in Papierform vorliegen müssen,** sondern etwa auch als Computer-Diskette oder bloße Datei in einem Dokumentenmanagementsystem (DMS) existieren können Henssler/Prütting/Offermann-Burckart, BRAO, 4. Aufl., 2014, § 50 Rn. 10; Hartung/Scharmer, BORA/FAO, 5. Aufl., 2012, BRAO § 50 Rn. 140 ff.). Soweit sich der Rechtsanwalt zum Führen der Handakten der elektronischen Datenverarbeitung bedient, ist er **nicht gehalten, gespeicherte Daten auszudrucken und zur Handakte zu bringen** (Henssler/Prütting/Offermann-Burckart, BRAO, 4. Aufl., 2014, § 50 Rn. 10; Hartung/Scharmer, BORA/FAO, 5. Aufl., 2012, BRAO § 50 Rn. 140 ff.).

8. Von einem für die Fristversäumung ursächlichen **anwaltlichen Organisationsverschulden** ist nach der **Rechtsprechung des BGH** auszugehen, **wenn** nach dem Wiedereinsetzungsvorbringen **nicht festgestellt werden kann,** dass **nur eine bestimmte qualifizierte Fachkraft für die Fristen- und Terminnotierung im Kalender und die Fristenüberwachung verant-wortlich** ist, sondern es möglich ist, dass mehrere Büroangestellte und unzulässigerweise sogar eine noch auszubildende Kraft (BGH v. 6.2.2006 – II ZB 1/05, NJW 2006, 1520; BGH v. 20.6.1978 – VI ZB 7/78, VersR 1978, 959 (960); Kritisch: *Römermann* NJW 2007, 1454) hierfür zuständig sind (BGH v. 6.2.2006 – II ZB 1/05, NJW 2006, 1520; BGH v. 8.7.1992 – XII ZB 55/92, NJW 1992, 3176). Auch wenn es in Ausnahmefällen wegen **Personalmangels** zulässig sein sollte, eine Auszubildende mit der Fristüberwachung zu betrauen, **muss** eine **Kontrolle durch den Rechtsanwalt selbst oder andere geeignete Kräfte gewährleistet sein,** durch die sichergestellt wird, dass alle von dem Auszubildenden bearbeiteten Fristen überprüft werden. Bloße Stichproben reichen dafür nicht aus (BGH v. 11.9.2007 – XII ZB 109/04, NJW 2007, 3497).

9. Der Rechtsanwalt hat sein Büro so zu organisieren, dass die **Kontrolle des Termin- und Fristenkalenders nicht nur von einer Person abhängt,** sondern dass auch bei deren Verhinderung eine andere Person zur Verfügung steht, die die Fristenkontrolle übernimmt (BGH v. 8.11.1988 – VI ZB 26/88, NJW 1989, 1157). Hier sind unter Berücksichtigung der konkreten Situation in der jeweiligen Kanzlei ggf. ergänzende Regelungen einzufügen.

10. Für den Fall, dass die **Kanzleimitarbeiterinnen oder Kanzleimitarbeiter** – aus welchen Gründen auch immer – **nicht alle und vollständig im Büro anwesend** sind ist zu beachten, dass der BGH bei der Beurteilung der Frage, ob ein Rechtsanwalt seine Sorgfaltspflicht verletzt, wenn er einer zuverlässigen Angestellten auch an den Tagen, an denen sie als einzige von insgesamt drei Vollzeit- bzw. Teilzeitkräften im Büro anwesend ist, die Fristenkontrolle ohne zusätzliche eigene Nachprüfung überlässt, von den **besonderen Umständen des jeweiligen Einzelfalles** abhängig ansieht die einer Verallgemeinerung nicht zugänglich ist (BGH v. 4.7.2002 – V ZB 16/02, NJW 2002, 3029). Denn dabei ist nicht allein entscheidend, in welchem Umfang der Personalbestand reduziert ist, sondern es **kommt vor allem darauf an, ob infolge einer angespannten Personallage eine erkennbare und durch zumutbare Maßnahmen behebbare Überlastung der mit der Fristenkontrolle betrauten, verfügbaren Mitarbeiter eingetreten ist** (BGH v. 4.7.2002 – V ZB 16/02, NJW 2002, 3029). Dementsprechend hat die höchstrichterliche Rechtsprechung je nach Fallgestaltung eine Erhöhung der grundsätzlichen Organisationspflichten eines Anwalts im Falle einer erheblichen Mehrbelastung des verfügbaren Personals manchmal bejaht (vgl. BGH v. 1.4.1965 – II ZB 11/64, VersR 1965, 596: Ausfall zweier von drei Bürokräften; BGH v. 1.7.1999 – III ZB 47/98, NJW-RR 1999, 1664: Ausfall zweier von drei Mitarbeiterinnen während eines Arbeitstages; BGH v. 1.7.1999 – III ZB 47/98, NJW 1999, 3783: Reduzierung der Belegschaft auf fast die Hälfte für mehr als einen Monat; BGH v. 28.6.2001 – III ZB 24/01, NJW 2001, 2975: Verzicht auf Eintragung des Fristablaufes bei Erkrankung einer Mitarbeiterin zum Fristende und unzureichender Wiedervorlagezeit wegen eines Wochenendes), teilweise aber auch verneint (BGH v. 17.11.1975 – II ZB 8/75, VersR 1976, 343: Abwesenheit zweier von drei Kräften; BGH v. 29.6.2000 – VII ZB 5/00, NJW 2000, 3006: Ausscheiden eines Anwalts und Eheprobleme einer Anwaltssekretärin; BGH v. 27.3.2001 – VI ZB 7/01, NJW-RR 2001, 1072: Doppeltes Fehlverhalten einer Bürokraft in einer Sache, (BGH v. 4.7.2002 – V ZB 16/02, NJW 2002, 3029). Zur Frage der Fristversäumung wegen allgemeiner Arbeitsüberlastung des Rechtsanwaltes und insbesondere dem Verlust des Haftpflichtversicherungsschutzes vgl.: Henssler/Prütting/*Diller* BRAO § 51 Rn. 157 mwN

11. Ein Rechtsanwalt hat im Rahmen seiner **Organisationspflichten** grundsätzlich auch dafür **Vorkehrungen zu treffen,** dass im Falle einer **Erkrankung** ein **Vertreter die notwendigen Prozesshandlungen wahrnimmt** (BGH v. 7.8.2013 – XII ZB 533/10, NJW 2013, 3183; BGH v. 5.4.2011 – VII ZB 81/10, NJW 2011, 1601). Auf einen krankheitsbedingten Ausfall muss sich der Rechtsanwalt aber nur dann durch konkrete Maßnahmen vorbereiten, wenn er eine solche Situation vorhersehen kann. Wird er dagegen unvorhergesehen krank, gereicht ihm eine unterbleibende Einschaltung eines Vertreters nicht zum Verschulden, wenn ihm diese weder möglich noch zumutbar war (BGH v. 7.8.2013 – XII ZB 533/10, NJW 2013, 3183; BGH v. 5.4.2011 – VIII ZB 81/10, NJW 2011, 1601; BGH v. 6.7.2009 – II ZB 1/09, NJW 2009, 3037; BGH v. 18.9.2008 – V ZB 32/08, FamRZ 2008, 2271).

12. Nach dem BGH **muss unbedingt abgesichert sein**, dass bei **Ausfall des Rechts-anwaltes** das **Gericht informiert** wird und **so schnell wie möglich** für einen **Vertreter** gesorgt wird. Die Gerichte gehen davon aus, dass zB eine **schuldhafte Säumnis** im Sinne von § 514 Abs. 2 Satz 1 ZPO auch dann vorliegt, wenn der Prozessbevollmächtigte, der kurzfristig und nicht vorhersehbar an der Wahrnehmung des Termins gehindert ist, **nicht das ihm Mögliche und Zumutbare getan hat, um dem Gericht rechtzeitig seine Verhin-derung mitzuteilen** (BGH v. 25.11.2008 – VI ZR 317/07, NJW 2009, 687; BGH v. 3.11.2005 – I ZR 53/05, NJW 2006, 448; BAG v. 8.4.1974 – 2 AZR 542/73, DB 1974, 1728; BAG v. 19.10.1971 – 1 AZR 98/71, NJW 1972, 790; BGH v. 19.11.1998 – IX ZR 152/98, VersR 2000, 121). Dabei sieht es etwa das BSG (BSG v. 31.3.2004 – B 4 RA 126/03 B, NZS 2005, 109) als ein Minimalgebot der Fairness, die mündliche Verhandlung gemäß § 112 Abs. 1 S. 1 SGG erst zu eröffnen, wenn ein Beteiligter, der seine Teilnahme angekündigt hat, erschienen ist oder nach Ablauf einer Wartefrist von 15 Minuten davon auszugehen ist (vgl. BGH v. 9.10.1975 – VII ZR 242/73, NJW 1976, 196; BGH v. 19.11.1998 – IX ZR 152/98, NJW 1999, 724), dass trotz der prozessualen Fürsor-gepflicht des Gerichts wegen der legitimen Interessen der anderen Verfahrensbeteiligten und des Gerichts an einer zeitgerechten und zügigen Durchführung des Sitzungstages ein weiteres Warten nicht mehr vertretbar ist (BSG v. 31.3.2004 – B 4 RA 126/03 B, NZS 2005, 109). Ggf. kann es deshalb nach dem BSG sogar geboten sein, zunächst andere Sachen aus der Terminsliste zu verhandeln. Ist jedoch dem Gericht bekannt, dass der Beteiligte unter besonderen Schwierigkeiten versucht, den Termin wahrzunehmen, darf die Wartezeit 30 Minuten nicht unterschreiten; denn es muss gemäß Art 103 Abs 1 GG sichergestellt werden, dass jedermann „vor Gericht" rechtliches Gehör erhält, wenn er es erkennbar in Anspruch nehmen will (BSG v. 31.3.2004 – B 4 RA 126/03 B, NZS 2005, 109). Darauf sollte man es aber nicht ankommen lassen. Selbst bei Mitteilung an das Gericht kann es dazu kommen, dass das Gericht im Wege des zweiten Versäumnisurteils entscheidet und gegenüber dem Rechtsanwalt Schadenersatzansprüche geltend gemacht werden (Vgl. zB OLG Köln v. 16.3.1998 – 8 U 76/97 – MDR 1998, 617 (korrigiert durch BGH v. 19.11.1998 – IX ZR 152/98 – NJW 1999, 724)).

13. **Alle Eintragungen**, unabhängig davon, ob es sich um eine Frist, einen Gerichts-termin, einen allgemeinen Termin, Besprechungstermin usw. handelt, erfolgen **immer und ausschließlich zuerst im P-Kalender** (Vgl.: *Baumgärtel/Brunner/Bugarin*, Arbeitsplatz ReFa: Der Allrounder, 2. Aufl., 2013, 2. Kap. F. Rn. 252 u. 267).

14. Die **Kennzeichnung erledigter Fristen** erfolgt üblicherweise mit einem **Häkchen** oder dem **Vermerk „erl."**, oder beidem gleichzeitig sowie der **Datumsangabe** und dem **Handzeichen** des ausführenden **Fristensachbearbeiters** (Vgl.: *Baumgärtel/Brunner/Buga-rin*, Arbeitsplatz ReFa: Der Allrounder, 2. Aufl., 2013, 2. Kap. F. Rn. 253).

15. Ein **Terminsverlegungsantrag** sollte im Lichte der **Prozessförderungspflicht** und zur Vermeidung des Eindrucks einer **Prozessverschleppung** (vgl. BGH v. 7.6.2010 – II ZR 233/09 – NJW 2010, 2440) **so schnell wie möglich** gestellt werden. In der Zeit vom **1. Juli bis zum 31. August** ist jedenfalls die **Frist des § 227 Abs. 3 ZPO** zu beachten. Dabei hat gem. § 227 Abs. 1 S. 1 ZPO das Gericht ein Ermessen, ob es im Fall des Vorliegens eines Verlegungsgrundes einem Antrag auf Terminsverlegung stattgibt oder nicht (LAG Hessen v. 28.1.2010 – 4 Ta 24/10 – BeckRS 2010, 74801). Dieses Ermessen reduziert sich indessen auf Null, wenn andernfalls der Anspruch der Partei auf **rechtliches Gehör (Art. 103 Abs. 1**

GG) nicht mehr gewahrt ist (LAG Hessen v. 28.1.2010 – 4 Ta 24/10 – BeckRS 2010, 74801; BVerwG v. 22.5.2001 – 8 B 69/01 – NJW 2001, 2735). Dies ist regelmäßig der Fall, wenn der **Prozessbevollmächtigte der Partei unvorhergesehen erkrankt** und deshalb eine anwaltliche Vertretung der Partei in dem Termin zur mündlichen Verhandlung nicht gewährleistet ist (LAG Hessen v. 28.1.2010 – 4 Ta 24/10 – BeckRS 2010, 74801). Das Verfahrensrecht (hier § 11 Abs. 2 S. 1 ArbGG) gewährt den Parteien die Möglichkeit, sich anwaltlich vertreten zu lassen. Kann dieses Recht nicht ausgeübt werden, ohne dass die Partei oder ihr Bevollmächtigter (§ 85 Abs. 2 ZPO) dies zu vertreten hat, gebietet es der Anspruch auf rechtliches Gehör, den Termin zu verlegen (LAG Hessen v. 28.1.2010 – 4 Ta 24/10 – BeckRS 2010, 74801). Die Partei muss sich dann nicht auf eine Verhandlung ohne anwaltliche Vertretung einlassen (LAG Hessen v. 28.1.2010 – 4 Ta 24/10 – BeckRS 2010, 74801; BVerwG v. 9.12.1983 – 4 C 44/83 – NJW 1984, 882; BFH v. 28.11.1990 – I R 71/ 90 – BFH/NV 1991, 756). Es stellt auch einen erheblichen Grund im Sinne von § 227 I ZPO dar, wenn der **Prozessbevollmächtigte durch Urlaub oder wegen einer Fortbildungs- veranstaltung an der Wahrnehmung des anberaumten Termins gehindert** ist (OLG Frank- furt v.14.1.2008 – 9 W 32/07 – NJW 2008, 1328; LAG Hessen v. 28.1.2010 – 4 Ta 24/10 – BeckRS 2010, 74801; vgl. auch OVG Berlin-Brandenburg v. 17.9.2013 – 7NZS.13 – NJW 2013, 37 39: Regelmäßige Lehrtätigkeit ist kein Versagungsgrund). Die Verlegung kann im Regelfall auch nicht mit der Begründung verweigert werden, einer der Sozii des verhinderten Prozessbevollmächtigten könnte die Vertretung übernehmen da die **vertretene Partei regelmäßig erwarten darf, im Termin von demjenigen Anwalt vertreten zu werden, der die Sachbearbeitung des Mandats übernommen hat** (OLG Frankfurt v.14.1.2008 – 9 W 32/07 – NJW 2008, 1328; BVerwG NJW 1984, 882). Dabei kann gem. § 42 Abs. 2 ZPO ein **Richter wegen der Besorgnis der Befangenheit abgelehnt** werden, wenn ein Grund vorliegt, der geeignet ist, Misstrauen gegen die Unparteilichkeit des Richters zu rechtfer- tigen (OLG Hamm 19.7.2013 – 32 W 10/13 –; vgl. dazu auch: Anmerkung Schönlau IBR 2013, 3266). Dabei kommt es nicht darauf an, ob der Richter tatsächlich befangen ist. Maßgebend ist vielmehr, ob aus der Sicht der den Richter ablehnenden Partei bei ver- nünftiger Würdigung aller Umstände Anlass gegeben ist, an der Unvoreingenommenheit und objektiven Einstellung des Richters zu zweifeln (BGH NJW 1995, 1677; BGH 2004, 164; OLG Hamm, 19.7.2013 – 32 W 10/13 –). Vor diesem Hintergrund **kann die Verweigerung einer beantragten Terminsverlegung ausnahmsweise dann ein Misstrauen in die Unparteilichkeit des Richters begründen, wenn erhebliche Gründe für die Termins- verlegung offensichtlich vorliegen, die Zurückweisung des Antrags für die betreffende Partei schlechthin unzumutbar wäre und somit deren Grundrecht auf rechtliches Gehör verletzte oder sich aus der Ablehnung der Terminsverlegung der Eindruck einer sachwid- rigen Benachteiligung einer Partei aufdrängt** (BGH v. 6.4.2006 – V ZB 194/05 – NJW 2006, 2492; OLG Hamm MDR 2010, 1282; OLG Hamm, 19.7.2013 – 32 W 10/13 –).

16. Teilweise und mit steigender Tendenz werden von Mandanten **per Email umfang- reiche Dokumentensammlungen** übermittelt, auf deren unmittelbaren Ausdruck auch in „P vor E-Kanzleien" verzichtet wird. Es erfolgt **„zunächst" nur eine Speicherung in der E- Akte.** Hier sollte ein böses Erwachen im Termin, in dem dann möglicherweise auch noch der Mandant mit der Bemerkung „das habe ich Ihnen doch geschickt" anwesend ist, vermieden werden. Dabei wird zB im arbeitsgerichtlichen Verfahren zum Gütetermin regelmäßig nichts schriftsätzlich nebst Anlagen vorgetragen (Vgl. zB: RiArbG *Korinth* ArbRB 2012, 225: „Das Einreichen von Schriftsätzen vor dem Gütetermin ist selten sinnvoll."). Trotzdem soll im Termin eine vollständige Informationsverschaffung für das Gericht erfolgen um so möglichst weitgehend eine zum Vergleichsabschluss führende Erörterung zu gewährleisten. Wenn der Rechtsanwalt da erst bemerkt, dass ein Teil der Unterlagen sich in der E-Akte befindet, auf die er im Gerichtssaal keinen Zugriff hat, ist das mindestens misslich, jedenfalls vermeidbar.

17. Der „Eingang" von Unterlagen über den Rechtsanwalt selber birgt ein eigenes Risikopotential. Es werden insbesondere zB in arbeitsgerichtlichen Verfahren regelmäßig gerichtliche Protokolle mitgebracht, in denen weitere Gerichtstermine, Fristen für den Vergleichswiderruf etc., also dringend und sofort zu notierende Termine und Fristen, enthalten sind. Demgegenüber hat der Rechtsanwalt nach einem oder mehreren Gerichtsterminen zunächst das Interesse, zeitnah Terminsberichte abzudiktieren oder während der Abwesenheit eingegangene Telefonanfragen zu bearbeiten mit der Folge, dass die gerichtlichen Protokolle nicht zu der für das Termin- und Fristenmanagement zuständigen Person gelangen. Hier ist geboten, einen die „Vorlage" solcher Eingänge sichernden Verfahrensschritt besonders zu regeln.

18. Ob bzw. inwieweit Termine in den Kanzleiräumen gemäß diesem Verfahren erfasst werden wird – abhängig vom Gewicht des Termins – im Einzelfall zu regeln sein.

19. → Anm. 18.

20. → Anm. 17.

2. Büroanweisung Fristenmanagement

Büroanweisung Fristenmanagement[1, 2]

I. Begriffsbestimmungen[3]

- P-Kalender: Kalender in Papierform[4]
- E-Kalender: Kalender in elektronischer Form[5]
- P-Akte: Akte in Papierform[6]
- E-Akte: Akte in elektronischer Form[7]

II. Zuständigkeit Fristenmanagement; Ausfall Rechtsanwalt

II.1.

Zuständig für das Fristenmanagement und insbesondere die Eintragung der Fristen und der laufenden Überwachung und Kontrolle der Fristen ist Frau/Herr (Vorname) (Name).[8]

Ist Frau/Herr (Vorname) (Name) nicht im Dienst oder wegen Erkrankung, Unfall oder ähnlichem ausgefallen, dann ist Frau/Herr (Vorname) (Name) zuständig.[9, 10]

II.2.

Kommt es aufgrund Unfall, Erkrankung oder sonstwie zu einem Ausfall[11] von Rechtsanwalt (Vorname) (Name) mit der Folge, dass dieser unerreichbar ist oder dieser sich in einem Zustand befindet, in dem er keine Erklärungen mehr abgeben und keine Schriftsätze mehr fertigen kann, so ist sofort und unverzüglich Rechtsanwältin/Rechtsanwalt (Vorname) (Name) und – falls diese/dieser nicht erreichbar ist, Rechtsanwältin/Rechtsanwalt (Vorname) (Name) anzurufen und zu informieren. Zu informieren ist insbesondere unverzüglich über Fristabläufe und bevorstehende Gerichtstermine.

III. Fristrelevanz

III.1.

Ist ein Schriftstück oder ein Sachverhalt fristrelevant, so hat die Bearbeitung nach Maßgabe dieser Büroanweisung hier zu erfolgen.

III.2.

Im Zweifel ist von Fristrelevanz auszugehen.

IV. Erfassung und Bestimmung der fristrelevanten Schriftstücke

IV.1.

Die Erfassung und Bestimmung der in der Kanzlei eingehenden fristrelevanten Schriftstücke und Sachverhalte erfolgt durch die in Ziff. II.1. bestimmte Person. Es gilt ergänzend die „Büroanweisung Posteingang".[12]

IV.2.

In der Kanzlei – gleich auf welchem Weg – eingehende gerichtliche Entscheidungen – gleich welcher Art - sind immer fristrelevant. Solche Schriftstücke sind von der eingehenden Post zu trennen und vorrangig und unverzüglich nach dieser Büroanweisung hier zu bearbeiten.

IV.3.

In der Kanzlei – gleich auf welchem Weg – eingehende Schriftstücke in laufenden gerichtlichen Verfahren, die keine gerichtlichen Entscheidungen sind, sind immer als fristrelevant anzusehen. Solche Schriftstücke sind von der eingehenden Post zu trennen und vorrangig und unverzüglich nach dieser Büroanweisung hier zu bearbeiten.

IV.4.

In der Kanzlei – gleich auf welchem Weg – eingehende behördliche Entscheidungen sind immer als fristrelevant anzusehen. Solche Schriftstücke sind von der eingehenden Post zu trennen und vorrangig zu bearbeiten.

IV.5.

Sonstige in der Kanzlei – gleich auf welchem Weg – eingehende Schriftstücke sind – alle – jeweils auf Fristrelevanz zu überprüfen. Im Zweifel ist Fristrelevanz zu bejahen.

V. Vollständigkeitsprüfung

V.1.

Alle in der Kanzlei eingehenden fristrelevanten Schriftstücke sind auf Vollständigkeit zu überprüfen:[13]

- Ist das Schriftstück selber vollständig?
- Ist das Schriftstück selber in allen Teilen leserlich?
- Ist das Schriftstück – ausreichend – unterschrieben?
- Sind die Anlagen vollständig?[14]
- Sind die Anlagen in allen Teilen leserlich?
- Sind die Anlagen auch die auf die im Schriftstück Bezug genommen wird?

V.2.

Wird eine der Fragen gem. Ziff. V.1. verneint, wird der Rechtsanwalt durch entsprechenden Vermerk unter Kennzeichnung der unvollständigen Stelle durch Gelbzettel informiert.

VI. Eingangsstempel; Empfangsbekenntnisse

VI.1.

In der Kanzlei – gleich auf welchem Weg – eingehende fristrelevante Schriftstücke erhalten grundsätzlich den dem Tag des Eingangs entsprechenden Eingangsstempel, soweit nicht nachfolgend eine Ausnahme bestimmt ist. Erscheint das Vorliegen einer Ausnahme als zweifelhaft ist unverzüglich der Rechtsanwalt zu informieren und zu befragen bevor ein Stempel aufgesetzt wird.

VI.2.

Ausnahmen:

- Original-Urkunden
- Arbeitszeugnisse
- Original-Dokumente
- Kontoauszüge

Bei diesen Schriftstücken ist ein Beiblatt zu fertigen und an das betreffende Schriftstück anzuheften. Das Beiblatt ist mit dem Eingangsstempel zu versehen.

VI.3.

Ausnahme: Schriftstücke mit Empfangsbekenntnis.[15]

VII. Fristnotierung (Verfahren)

VII.1.

Die Notierung/Eintragung von Fristen wird von der in Ziff. II.1. bestimmten Person durchgeführt.

VII.2.

Ist ein in der Kanzlei eingegangenes Schriftstück fristrelevant, dann wird festgestellt, ob es sich um eine kanzleiübliche Frist handelt. Maßgeblich ist die die aktuelle Listung „Kanzleiübliche Fristen". Im Zweifel ist von einer nicht kanzleiüblichen Frist auszugehen.[16]

VII.3.

Bei nicht kanzleiüblichen Fristen erfolgt die sofortige Vorlage der Akte an den Rechtsanwalt oder seinen Vertreter mit dem aufgehefteten Vermerk: „Achtung, Prüfung/Ermittlung unüblicher Frist".[17]

VII.4.

Bei einer kanzleiüblichen Frist wird diese wie folgt notiert:[18]

VII.4.1.

Die Frist wird im P-Kalender unter Angabe des Aktenzeichens und der Aktennummer eingetragen.[19] Die Frist wird benannt. Der Fristenbearbeiter setzt sein Handzeichen in den P-Kalender.

VII.4.2.

Notfristen, Ausschlussfristen und Berufungsbegründungsfristen werden mit einem roten, wasserfesten Stift im P-Kalender eingetragen.[20] Alle anderen Fristen werden mit einem schwarzen/blauen Stift in den P-Kalender eingetragen.

VII.4.3.

Bei Notfristen, Ausschlussfristen und Berufungsbegründungsfristen werden angemessene Vorfristen ermittelt, berechnet und in den P-Kalender eingetragen.[21]

VII.4.4.

Nach Eintragung der Frist im P-Kalender wird die Frist nebst Vorfristen im E-Kalender eingetragen.[22, 23]

VII.4.5.

Nach der Eintragung der Frist im E-Kalender wird ein Fristzettel ausgedruckt und in die Akte geheftet.

VII.4.6.

Die Frist wird auf dem Aktenvorblatt notiert.

VII.4.7.

Die Frist wird auf dem Schriftstück eingetragen, in dem die Frist mitgeteilt wird.

VII.5.

Eine einmal in den P-Kalender oder in den E-Kalender eingetragene Frist darf ohne Zustimmung des Rechtsanwaltes weder gelöscht noch als erledigt vermerkt und auch nicht geändert werden.[24]

VIII. Erledigung Fristen (Verfahren)

VIII.1.

Das Verfahren der Erledigung von Fristen wird von der in Ziff. II.1. bestimmten Person bearbeitet und überwacht.

VIII.2.

Ist eine Frist erledigt, so wird im P-Kalender eingetragen:

- Häkchen oder Erledigungsvermerk („Erl.")
- Datum der Erledigung durch den Fristsachbearbeiter
- Handzeichen des Fristsachbearbeiters[25]

VIII.3.

Voraussetzungen der Eintragung des Erledigungsvermerks bei fristwahrenden Schriftsätzen:

- Vorliegen sämtlicher Voraussetzungen der „Büroanweisung Postausgang".
- Bei Versendung parallel per Telefax: Vorliegen sämtlicher Voraussetzungen der „Büroanweisung Faxversendung"

VIII.4.

Die Frist wird im E-Kalender als erledigt gekennzeichnet. Das Datum der Erledigung wird eingegeben und der Name des Fristsachbearbeiters.

IX. Änderung Fristen (Verfahren)

IX.1.

Das Verfahren der Änderung von Fristen wird von der in Ziff. II.1. bestimmten Person bearbeitet und überwacht.

IX.2.

Ist eine eingetragene Frist durch Fristverlängerung oder Terminsaufhebung geändert, so wird in den P-Kalender eingetragen:

- Einfache Streichung des Termins (Kein Tipp-Ex)
- Grund für die Streichung eintragen
- Häkchen oder Erledigungsvermerk („Erl.")
- Datum der Erledigung durch den Fristsachbearbeiter
- Handzeichen des Fristsachbearbeiters

IX.3.

Die neue Frist wird nach Maßgabe von VII.4. dieser Büroanweisung hier in den P-Kalender eingetragen.

IX.4.

Liegt bei einem Antrag auf Fristverlängerung ein vom Gericht bestätigtes und/oder in einer gerichtlichen Verfügung angegebenes Fristende noch nicht vor, so ist ergänzend wie folgt zu verfahren:[26]

- Es wird das vom Rechtsanwalt beantragte – hypothetische – Fristende in unmittelbarer zeitlicher Verbindung mit dem Antrag auf Fristverlängerung in den P-Kalender eingetragen
- Das eingetragene Fristende wird als vorläufig gekennzeichnet
- Das eingetragene und als vorläufig gekennzeichnete Fristende ist rechtzeitig, spätestens nach Eingang der gerichtlichen Mitteilung zu überprüfen, damit das wirkliche Ende der Frist festgestellt werden kann
- Wird vom Gericht ein von dem eingetragenen und als vorläufig gekennzeichneten Fristende abweichendes Fristende mitgeteilt, wird dieses unter Beachtung von IX.2. und VII.4. unter Streichung des vorläufigen Fristendes in den P-Kalender eingetragen.

IX.5.

Im E-Kalender wird die geänderte Frist nach sollständiger Beendigung der Eintragung in den P-Kalender als gestrichen gekennzeichnet. Der Grund der Streichung wird eingetragen. Das Datum der Streichung wird eingegeben und der Name des Fristsachbearbeiters.

X. Abendkontrolle/Tagesendkontrolle

X.1.

Die Erledigung der fristgebundenen Sachen ist am Abend/am Ende jedes Arbeitstages von der in Ziff. II.1. bestimmten Person anhand des Fristenkalenders zu überprüfen.[27]

X.2.

Ist eine fristgebundene Sache nicht erledigt oder ergibt sich auch nur ein Zweifel an der Erledigung ist sofort und unverzüglich der Rechtsanwalt zu unterrichten.

Anmerkungen

1. Vorauszuschicken ist, dass diese Formulierung einer **Büroanweisung Fristenmanagement** im Lichte der jeweiligen **Kanzleigröße, der Zahl der Berufsträger, der Mitarbeiterzahl, des Digitalisierungsgrades** etc. an die konkreten Verhältnisse insbesondere auch unter **ständiger Beobachtung** der jeweils einschlägigen **Judikatur durchzusehen** und **anzupassen** und **zu ergänzen** ist.

2. → Form. H. I. 1 Anm. 2.

3. Beim **Fristenmanagement** und der Fristenkontrolle geht es um einen **zentralen Bestandteil der anwaltsvertraglichen Rechtsdienstleistungspflicht.** Dabei hat der BGH zum anwaltlichen Fristenmanagement grundsätzlich festgestellt (BGH v. 5.2.2003 – VIII ZB 115/02 – NJW 2003, 1815):

> „Bei der Organisation des Fristenwesens in seiner Kanzlei hat der Anwalt durch geeignete Anweisungen sicherzustellen, dass die Berechnung einer Frist, ihre Notierung auf den Handakten, die Eintragung im Fristenkalender sowie die Quittierung der Kalendereintragung durch einen Erledigungsvermerk auf den Handakten von der zuständigen Bürokraft zum frühestmöglichen Zeitpunkt und im unmittelbaren zeitlichen Zusammenhang vorgenommen werden."

(Vgl. dazu auch: *Ewig*, Fristenmanagement, RENO 2007, 4 (5 f.); *Henssler/Kilian*, Anmerkung BGH v. 5.2.2003 – VIII ZB 115/02 – EWiR 2003, S. 791; *Chab*, Anmerkung BGH v. 5.2.2003 – VIII ZB 115/02 – BRAK-Mitt. 2003, 122). **Zentrales und unentbehrliches Hilfsmittel für die Fristenkontrolle** und insbesondere **Fixierung der Fristen** ist in erster Linie der **Fristenkalender** sowie die **Notierung der Fristen auf den Handakten** des Anwalts (BGH v. 5.2.2003 – VIII ZB 115/02 – NJW 2003, 1815). Dabei ergibt sich im Zuge der **Digitalisierung der Kanzlei bzw. der Kanzleiarbeit** eine **Dualisierung sowohl betreffend den Kalender als auch die Akte des Rechtsanwaltes.** Dabei haben die Anwaltskanzleien die erste digitale Revolution hinter sich: Die elektrische Schreibmaschine ist passé und ohne Internet und E-Mail kommt keine Rechtsanwältin und kein Rechtsanwalt mehr aus (*Schnee-Gronauer/Schnee-Gronauer* AnwBl. 2013, 776 (776)). In anderen Bereichen stellt sich der Grad der Digitalisierung jedenfalls per 2013 allerdings anders dar: Es ergab sich insbesondere für den Bereich der Kalenderführung und der Fristen- und Wiedervorlagenverwaltung, dass nach wie vor die manuelle Verwaltung mit Fristenkalendern und Fristenbüchern verbreitet und vorrangig ist und die Rechtsanwältinnen und Rechtsanwälte der ausschließlich elektronischen Führung des Fristenkalenders nicht trauen (*Schnee-Gronauer/Schnee-Gronauer* AnwBl. 2013, 776 (779)). In der Praxis gilt nach wie vor – schlagwortartig formuliert – „P vor E" (Papier vor Elektronik). Der **elektronische Kalender (E-Kalender)** wird insbesondere auch unter Verweis auf das Problem des Systemausfalls mit der **Funktionsbestimmung als „Beikalender"** in das Fristenmanagement integriert (vgl.: *Baumgärtel/Brunner/Bugarin*, Arbeitsplatz ReFa: Der Allrounder, 2. Aufl., 2013, 2. Kap. F. Rn. 266). All dies bedingt, dass in einer **Büroanweisung zum Fristenmanagement begrifflich der Dualität Rechnung zu tragen** und die **Terminologie** zur Gewährleistung des sichersten Wegs und **zur Vermeidung von Missverständnissen** beim Büropersonal **klarzustellen** ist. Besteht in einer Kanzlei ein anderer „Digitalisierungsgrad" und führt zB der Rechtsanwalt seine Handakte überwiegend elektronisch mit Dokumentenzugriff über ein iPad auch im Gerichtssaal – also einem Ordnungssystem nicht „P vor E" sondern „E vor P" – müsste die Büroanweisung auch diesbezüglich entsprechend umgestaltet und angepasst werden.

4. → Form. H. I. 1 Anm. 4.

5. → Form. H. I. 1 Anm. 5.

6. → Form. H. I. 1 Anm. 6.

7. → Form. H. I. 1 Anm. 7.

8. → Form. H. I. 1 Anm. 8.

9. → Form. H. I. 1 Anm. 9.

10. → Form. H. I. 1 Anm. 10.

11. → Form. H. I. 1 Anm. 11.

12. Es ist ergänzend und unter Berücksichtigung der Kanzleigröße und der Kanzlei-struktur eine Büroanweisung zum Posteingang zu fertigen. Vgl. dazu: *Baumgärtel/Brun-ner/Bugarin/Bugarin* 2. Kap. Rn. 117 ff.

13. Die **Vollständigkeit** insbesondere **von Urteilen ist fristrelevant.** So setzt zB der Beginn der einmonatigen Berufungsfrist des § 517 ZPO die Zustellung einer Ausfertigung des in vollständiger Form abgefassten Urteils voraus (BGH v. 9.6.2010 – XII ZB 132/09, NJW 2010, 2519).

14. In der Praxis sind insbesondere Anlagen zu Schriftsätzen nicht selten unvoll-ständig. Es werden etwa beidseitig bedruckte Vertragsurkunden durch den Kopierer gelassen und dann versehentlich nur die Vorderseiten kopiert und als Anlage angefügt.

15. Hier ist ggf. eine ergänzende Regelung aufzunehmen. Gem. **§ 14 S. 1 BORA** hat der Rechtsanwalt ordnungsgemäße Zustellungen entgegenzunehmen und das Empfangs-bekenntnis mit dem Datum versehen unverzüglich zu erteilen. Wenn der Rechtsanwalt bei einer nicht ordnungsgemäßen Zustellung die Mitwirkung verweigert, muss er dies dem Absender unverzüglich mitteilen (§ 14 S. 2 BORA). **Die Zustellung gegen Empfangs-bekenntnis ist dann als bewirkt anzusehen, wenn der Rechtsanwalt das ihm zugestellte Schriftstück mit dem Willen entgegengenommen hat, es als zugestellt gegen sich gelten zu lassen, und dies auch durch Unterzeichnung des Empfangsbekenntnisses beurkundet** (BGH v. 19.4.2012 – IX ZB 303/11, NJW 2012, 2117). Zustellungsdatum ist also der Tag, an dem der Rechtsanwalt als Zustellungsadressat vom Zugang des übermittelten Schriftstücks Kenntnis erlangt und es empfangsbereit entgegengenommen hat. **Eingangs-stempel und Datum des Empfangsbekenntnisses sind damit nicht notwendig datums-gleich.** Ein vom Rechtsanwalt zur Kenntnis genommenes und empfangsbereit entgegen-genommenes Empfangsbekenntnis erbringt als Privaturkunde im Sinne von § 416 ZPO (BGH v. 19.4.2012 – IX ZB 303/11, NJW 2012, 2117; BGH v. 7.6.1990 – III ZR 216/89, NJW 1990, 2125) grundsätzlich Beweis nicht nur für die Entgegennahme des darin bezeichneten Schriftstücks als zugestellt, sondern auch für den Zeitpunkt der Entgegen-nahme durch den Unterzeichner und damit der Zustellung (BGH v. 19.4.2012 – IX ZB 303/11, NJW 2012, 2117; BGH v. 18.1.2006 – VIII ZR 114/05, NJW 2006, 1206). Der Gegenbeweis der Unrichtigkeit der im Empfangsbekenntnis enthaltenen Angaben ist zulässig. Er setzt voraus, dass die Beweiswirkung des § 174 ZPO vollständig entkräftet und jede Möglichkeit ausgeschlossen ist, dass die Angaben des Empfangsbekenntnisses richtig sein können; hingegen ist dieser Gegenbeweis nicht schon dann geführt, wenn lediglich die Möglichkeit der Unrichtigkeit besteht, die Richtigkeit der Angaben also nur erschüttert ist (BGH v. 19.4.2012 – IX ZB 303/11, NJW 2012, 2117; BVerfG v. 27.3.2001 – 2 BvR 2211/97, NJW 2001, 1563; BGH v. 13.6.1996 – VII ZB 7/96, NJW 1996, 2514).

16. Die **Delegation der Fristenberechnung** kann der Rechtsanwalt **nur dann** vorneh-men, **wenn** es sich bei der konkret in Rede stehenden Frist für den damit betrauten Angestellten um einen **Routinefall** handelt, mit dem dieser **regelmäßig befasst** und der ihm **geläufig** ist wobei zB in der arbeitsgerichtlichen Rechtsprechung auf tatsächlichen Vortrag zu diesem Punkt besonderes Gewicht gelegt wird, weil die Zahl der Arbeitsrechtsstreite nur einen Bruchteil der bei den ordentlichen Gerichten anfallenden bürgerlichen Rechtsstreitigkeiten ausmacht und das arbeitsgerichtliche Verfahren nach wie vor bedeutsame Unterschiede aufweist, wie zB das Beschlussverfahren und die verkürzte Einspruchsfrist des § 59 S. 1 ArbGG (vgl.: BAG v. 13.3.1981 – 2 AZB 19/80 –; LAG Hessen v. 22.1.2009 – 11 Sa 1582/07 – BeckRS 2011, 71644).

17. vgl. dazu: *Baumgärtel/Brunner/Bugarin/Bugarin* 2. Kap. Rn. 161.

18. Regelung in Anlehnung an *Baumgärtel/Brunner/Bugarin/Bugarin* 2. Kap. Rn. 162.

19. Bei Zustellung eines Urteils sind dabei sowohl die Berufungsfrist als auch die Berufungsbegründungsfrist im Fristenkalender einzutragen (BGH v. 24.11.2009 – VI ZB 69/08 – MDR 2010, 401). Hier wird der Rechtsanwalt **prüfen**, ob er die Büroanweisung dahin gehend ergänzt, dass gleich und von vorneherein die prozessualen Regelungen berücksichtigt werden sollen, nach denen **unabhängig von der Zustellung des vollständig begründeten gerichtlichen Entscheidung die Rechtsmittelfristen laufen**. So beträgt **zB** nach § 66 Abs. 1 Satz 1 ArbGG die Berufungsfrist einen Monat, die Frist zur Begründung der Berufung zwei Monate. Nach **§ 66 Abs. 1 Satz 2 ArbGG** beginnen aber beide Fristen mit Zustellung des vollständig abgefassten Urteils, **spätestens mit Ablauf von fünf Monaten nach dessen Verkündung**. Die Berufungsfrist endet damit in jedem Fall spätestens sechs Monate nach der Verkündung (BAG v. 19.7.2012 – 2 AZR 25/11, NJW 2012, 3051; BAG v. 6.7.2005 - 4 AZR 35/04 -). Das Urteil ist dann rechtskräftig (BAG v. 19.7.2012 – 2 AZR 25/11, NJW 2012, 3051 mwN).

20. Die **Eintragung von sog. Rotfristen ist eine übliche und zulässige Verfahrensweise zur Hervorhebung von Rechtsmittel- und Rechtsmittelbegründungsfristen**. Rechtsmittel- und Rechtsmittelbegründungsfristen **müssen so notiert werden müssen, dass sie sich von gewöhnlichen Wiedervorlagefristen deutlich abheben** (BGH v. 29.7.2004 – III ZB 27/04, NJW-RR 2005, 215; BGH v. 21.121988 – VIII ZR 84/88, NJW 1989, 2393 mwN). Ein bestimmtes Verfahren ist insoweit weder vorgeschrieben noch allgemein üblich. Bei der in der Rechtsprechung erörterten Verwendung eines besonderen Promptfristenkalenders oder eines Kalenders mit besonderen Spalten für Rechtsmittel- und Rechtsmittelbegründungsfristen sowie bei der farblichen Kennzeichnung bestimmter Fristen handelt es sich nur um Beispiele (BGH v. 29.7.2004 – III ZB 27/04, NJW-RR 2005, 215; BGH v. 21.121988 – VIII ZR 84/88, NJW 1989, 2393 mwN). Die Pflicht, bestimmte Fristen hervorzuheben, ist ferner nicht zwingend auf Not-, Rechtsmittel- und Rechtsmittelbegründungsfristen beschränkt. Gerötet oder in anderer Weise von einfachen Wiedervorlagefristen unterschieden werden können auch andere genau einzuhaltende Fristen (vgl. BAG AP Nr. 6 zu § 232 ZPO) oder solche sich aus dem Gesetz oder gerichtlicher Verfügung ergebende Not- und andere Promptfristen, deren Nichtbeachtung Rechtsnachteile nach sich ziehen kann (vgl. BGH v. 21.12.1988 – VIII ZR 84/88, NJW 1989, 2395).

21. Zur ordnungsgemäßen Organisation einer Anwaltskanzlei gehört die **allgemeine Anordnung**, dass bei Prozesshandlungen, deren Vornahme ihrer Art nach mehr als nur einen geringen Aufwand an Zeit und Mühe erfordert, wie dies regelmäßig bei Rechtsmittelbegründungen der Fall ist, **außer dem Datum des Fristablaufs noch eine Vorfrist notiert werden muss** (BGH v. 30.9.2003 – VI ZB 60/02, FamRZ 2004, 100; BGH v. 6.7.1994 – VIII ZB 26/94, NJW 1994, 2551). Die Vorfrist dient dazu, sicherzustellen, dass auch für den Fall von Unregelmäßigkeiten und Zwischenfällen noch eine ausreichende Überprüfungs- und Bearbeitungszeit bis zum Ablauf der zu wahrenden Frist verbleibt (BGH v. 30.9.2003 – VI ZB 60/02, FamRZ 2004, 100; BGH v. 12.8.1997 – VI ZB 22/97, VersR 1998, 77; BGH v. 5.10.1999 – VI ZB 22/99, VersR 2000, 202; BGH

v. 30.10.2001 – VI ZB 43/01, VersR 2002, 506). Die Dauer der Vorfrist hat grundsätzlich etwa eine Woche zu betragen (BGH v. 30.9.2003 – VI ZB 60/02, FamRZ 2004, 100;
LAG Köln v. 25.1.2002 – 4 Sa 1025/01) und darf nur bei Vorliegen besonderer
Umstände anders bemessen werden (BGH v. 30.9.2003 – VI ZB 60/02, FamRZ 2004,
100; BGH v. 18.4.1988 – II ZB 1/88, VersR 1988, 941). Liegt einem kurzfristig im Wege
eines Mandatswechsels beauftragten Rechtsanwalt die Akte bei Berufungseinlegung noch
nicht vor, so ist nach dem LAG Köln (v. 25.1.2002 – 4 Sa 1025/01) mindestens die
übliche Wochenfrist zu verfügen oder aber eine noch längere Frist innerhalb derer es
möglich ist, durch Analyse des Urteils, Parteibefragung oder Einsicht in die Handakten
der Prozessbevollmächtigten der ersten Instanz eine Berufungsbegründung zu fertigen. Bei
Verletzung der Verpflichtung zur Notierung einer – ausreichenden – Vorfrist kommt eine
Wiedereinsetzung in den vorigen Stand gegen die Versäumung der zu wahrenden Frist
auch dann nicht in Betracht, wenn der Rechtsanwalt die vermeintlich zu wahrende Frist
eingehalten hat, er bei pflichtgemäßer Notierung einer Vorfrist die Fehlerhaftigkeit der
notierten Frist jedoch hätte erkennen können (BGH v. 30.9.2003 – VI ZB 60/02, FamRZ
2004, 100) BGH v. 30.10.2001 – VI ZB 43/01, NJW 2002, 443).

22. **Alle Eintragungen**, unabhängig davon, ob es sich um eine Frist, einen Gerichtstermin, einen allgemeinen Termin, Besprechungstermin usw. handelt, erfolgen **immer und
ausschließlich zuerst im P-Kalender** (Vgl.: *Baumgärtel/Brunner/Bugarin*, Arbeitsplatz
ReFa: Der Allrounder, 2. Aufl., 2013, 2. Kap. F. Rn. 252 u. 267).

23. Soll in einer Kanzlei **elektronische Kalenderführung** erfolgen, so ist zu beachten,
dass die elektronische Kalenderführung eines Prozessbevollmächtigten grundsätzlich
**keine geringere Überprüfungssicherheit bieten darf als die eines herkömmlichen Fristen-
kalenders** (BGH v. 17.4.2012 – VI ZB 55/11 -NJW-RR 2012, 1085). Werden die
Eingaben in den EDV-Kalender nicht durch Ausgabe der eingegebenen Einzelvorgänge
über den Drucker oder durch Ausgabe eines Fehlerprotokolls durch das Programm
kontrolliert, ist darin ein anwaltliches Organisationsverschulden zu sehen (BGH v.
17.4.2012 – VI ZB 55/11 – NJW-RR 2012, 1085). Denn bei der Eingabe der Datensätze
bestehen spezifische Fehlermöglichkeiten. Die Fertigung eines Kontrollausdrucks ist
erforderlich, um nicht nur Datenverarbeitungsfehler des EDV-Programms, sondern auch
Eingabefehler oder -versäumnisse mit geringem Aufwand rechtzeitig zu erkennen und zu
beseitigen (BFH v. 9.1.2014 – X R 14/13; BGH v. 17.4.2012 – VI ZB 55/11, NJW-RR
2012, 1085; BGH v. 23.3.1995 – VII ZB 3/95, NJW 1995, 1756; BGH v. 20.2.1997 – IX
ZB 111/96, NJW-RR 1997, 698; BGH v. 12.10.1998 – II ZB 11/98, NJW 1999, 582;
BGH v. 12.12.2005 – II ZB 33/04, NJW-RR 2006, 500; BGH v. 2.2.2010 – XI ZB 23/
08, NJW 2010, 1363).

24. Ein Rechtsanwalt bleibt auch bei solchen Fristen, die er nicht selbst zu berechnen
hat, verpflichtet, **durch allgemeine Anweisungen sicherzustellen, dass sein Büropersonal
nicht eigenmächtig im Fristenkalender eingetragene Fristen ändert oder löscht** (BGH v.
12.11.2013 – II ZB 11/12). Dies gilt insbesondere dann, wenn eine außergewöhnliche
Verfahrensgestaltung Anlass zur Prüfung gibt, ob die bereits eingetragenen Fristen
maßgeblich bleiben oder nicht (BGH v. 12.11.2013 – II ZB 11/12; BGH v. 27.9.1989 –
IVb ZB 73/89, VersR 1989, 1316; BGH v. 17.4.1991 – XII ZB 40/91, VersR 1991, 1309;
BGH v. 8.2.1996 – IX ZB 95/95, NJW 1996, 1349; BGH v. 8.3.2004 – II ZB 21/03,
NJOZ 2004, 1185; BGH v. 20.9.2007 – I ZB 108/05, AnwBl 2007, 869; BGH v.
28.5.2013 – VI ZB 6/13, NJW 2013, 2821).

25. Die **Kennzeichnung erledigter Fristen** erfolgt üblicherweise mit einem **Häkchen**
oder dem **Vermerk „erl.",** oder beidem gleichzeitig sowie der **Datumsangabe** und dem
Handzeichen des ausführenden **Fristensachbearbeiters** (vgl.: *Baumgärtel/Brunner/Buga-
rin*, Arbeitsplatz ReFa: Der Allrounder, 2. Aufl., 2013, 2. Kap. F. Rn. 253).

26. Beantragt der prozessbevollmächtigte Rechtsanwalt eine **Fristverlängerung**, so muss das **beantragte Fristende bei oder alsbald nach Einreichung des Verlängerungsantrags** im Fristenkalender eingetragen, als vorläufig gekennzeichnet und rechtzeitig, spätestens nach Eingang der gerichtlichen Mitteilung überprüft werden, damit das wirkliche Ende der Frist festgestellt werden kann (BGH 12.11.2013 – II ZB 11/12; BGH v. 22.3.2011 – II ZB 19/09, NJW 2011, 1598; BGH v. 28.5.2013 – VI ZB 6/13, NJW 2013, 2821; BGH v. 28.5.2013 – VI ZB 6/13, NJW 2013, 2821).

27. Der Rechtsanwalt muss durch organisatorische Maßnahmen gewährleisten, dass die für den Postversand vorgesehenen Schriftstücke zuverlässig auf den Postweg gebracht werden (BGH, 11.3.2014 – VIII ZB 52/13). Zu einer wirksamen Ausgangskontrolle gehört dabei unter anderem die Anordnung, dass die **Erledigung der fristgebundenen Sachen am Abend jedes Arbeitstages anhand des Fristenkalenders** überprüft wird (BGH v. 17.1.2012 – VI ZB 11/11, NJW-RR 2012, 427; BGH v. 16.2.2010 – VIII ZB 76/09, NJW 2010, 1378; BGH v. 11.3.2014 – VIII ZB 52/13).

3. Büroanweisung Postausgang

Büroanweisung[1] Postausgang

1.

Zuständigkeit: Der Postausgang wird von der leitenden Rechtsanwaltsfachangestellten Frau (. . . . . .) bearbeitet und überwacht. Im Falle der Verhinderung von Frau (. . . . . .) wird der Postaugang von der Rechtsanwaltsfachangestellten Frau (. . . . . .) bearbeitet und überwacht.[2, 3]

2.

Die ausgehende Post wird am Arbeitsplatz der in Ziff. 1 bestimmten Mitarbeiterin bearbeitet.[4]

3.

Die in Ziff. 1 bestimmte Mitarbeiterin stellt organisatorisch sicher, dass sie sich rechtzeitig ausschließlich der Bearbeitung des Postausgangs widmen kann.

4.

Die in Ziff. 1 bestimmte Mitarbeiterin überprüft alle zur Versendung anstehenden Schriftstücke wie folgt:[5]

- Steht auf dem zu versendenen Schriftstück der richtige Adressat/das richtige Gericht?
- Sind alle Seiten des Schriftstücks vollständig vorhanden?
- Sind alle Seiten des Schriftstücks leserlich?
- Sind die richtigen Beteiligten/die richtigen Prozessparteien/der richtige Kläger/der richtige Beklagte im Schriftsatz angegeben?
- Stimmt das auf dem zu versendenden Schriftstück angegebene Gerichtsaktenzeichen mit dem Gerichtsaktenzeichen des Verfahrens überein, zu dem der Schriftsatz versandt wird?
- Ist das Schriftstück unterschrieben?
- Ist das Schriftstück leserlich unterschrieben?
- Ist eine beiliegende Vergütungsberechnung unterzeichnet?
- Ist die beglaubigte Abschrift unterzeichnet?

- Sind die in dem zu versendenden Schriftstück aufgeführten Anlagen vollständig beigefügt?
- Stimmen die in dem Schriftstück angegebenen Anlagen mit den beigefügten Anlagen überein?
- Ist/Sind der/den beglaubigten Abschrift/(-en) die Anlage/Anlagen ebenfalls vollständig beigefügt?
- Sind die Anlagen leserlich? Sind Kopien von ausreichender Qualität?

Nur wenn alle Fragen eindeutig mit „Ja" beantwortet werden bleibt das Schriftstück im Versendungsverfahren.

Bei „Nein" wird von der in Ziff. 1 bestimmten Mitarbeiterin unverzüglich Abhilfe geschaffen. Läßt sich nicht unverzüglich Abhilfe schaffen, wird sofort der Rechtsanwalt informiert.

5.

Die in Ziff. 1 bestimmte Mitarbeiterin teilt die gem. Ziff. 4. überprüften und den dortigen Anforderungen entsprechenden Schriftstücke wie folgt ein:

- Nur oder auch per Fax zu versendende Schriftstücke
- Nur oder auch per E-Mail zu versendende Schriftstücke
- Per Boten oder per Gerichtsvollzieher zu versendende Schriftstücke
- Nur per Briefpost zu versendende Schriftstücke

6.

- Für die nur oder auch per Telefax zu versendenden Schriftstücke gilt ergänzend die Büroanweisung „Faxversendung".[6]
- Für die nur oder auch per E-Mail zu versendenden Schriftstücke gilt ergänzend die Büroanweisung „E-Mail-Versendung".[7]
- Für die per Boten oder per Gerichtsvollzieher zu versendenden Schriftstücke gilt ergänzend die Büroanweisung „Besondere Versendungsformen".[8]

7.

Die in Ziff. 1 bestimmte Mitarbeiterin sorgt dafür, dass die den Anforderungen gem. Ziff. 4. entsprechenden und nur oder auch zur Versendung per Briefpost bestimmten Schriftstücke vollständig in ausreichende Briefumschläge einkuvertiert werden. Bei den auch per Fax oder auch per E-Mail zu versendenden Schriftstücken wird zuvor nochmals kontrolliert, ob die Versendung per Fax oder per E-Mail erfolgt ist.

8.

Die in Ziff. 1 bestimmte Mitarbeiterin stellt für die nur oder auch per Briefpost zu versendenden Schriftstücke durch ordnungsgemäßes Abwiegen die erforderliche Frankierung fest und veranlasst die ausreichende Frankierung.

9.

Die ausreichend und ordnungsgemäß frankierten und verschlossenen und nur oder auch zur Versendung per Briefpost bestimmten Schriftstücke werden in den Postausgangskorb gelegt.

10.

Die in den Postausgangskorb gelegten Schriftstücke werden tagggleich und spätestens eine halbe Stunde vor Büroschluss vollständig entnommen und unmittelbar[9] in den Briefkasten (. . . . . .)[10] gebracht.

11.

Die mit dem Einwurf der Briefpost in den Briefkasten beauftragte Mitarbeiterin muss nach dem Einwurf der Schriftstücke wieder in die Kanzleiräume zurückkommen. Die Post darf nicht auf dem Heimweg der Mitarbeiter mitgenommen und auf dem Heimweg eingeworfen werden.[11]

12.

Die Erledigung der fristgebundenen Sachen ist am Abend/am Ende jedes Arbeitstages von der in Ziff. 1 bestimmten Mitarbeiterin anhand des Fristenkalenders zu überprüfen.[12] Ist eine fristgebundene Sache nicht erledigt oder ergibt sich auch nur ein Zweifel an der Erledigung ist sofort und unverzüglich der Rechtsanwalt zu unterrichten.

Anmerkungen

1. → Form. H. I. 4 Anm. 1.

2. Die Überwachung und Durchführung des **Verfahrens der Versendung von Schriftstücken** aus der Kanzlei **als Ganzem** ist ein **komplexer und mit hoher Verantwortung verbundener Vorgang** der **nur und ausschließlich einer erfahrenen, bewährten und ausgebildeten Fachkraft übertragen** und auf diese delegiert werden darf. Dabei ist auch die **Vertretung klar zu regeln.** Hier ist eine auf die besondere Kanzleigröße und Kanzleistruktur bezogene Vertretungsregelung aufzunehmen und zu gewährleisten.

3. Die Zuständigkeitsregelung wie auch die ganze Büroanweisung einschließlich der Listungen der Fragen ist an die jeweilige **Kanzleistruktur und Kanzleigröße anzupassen** und davon ausgehend **zu überprüfen und unter Berücksichtigung der Umstände des Einzelfalls ggf. zu ergänzen.** Dabei ist die ganze Büroanweisung auch ständig im Lichte der aktuellen und ggf. präzisierenden Rechtsprechung zu den Anforderungen an den Postausgang zu aktualisieren und zu überprüfen und vor allem mit den Kanzleiangestellten regelmäßig durchzugehen und bei diesen ohne Wenn und Aber im Präsenzwissen zu verankern.

4. Soweit das möglich ist sollte ein **Arbeitsplatz** eingerichtet werden, **an dem ausschließlich der Postausgang bearbeitet** wird und an dem sich der Postausgangskorb/das Postausgangsfach oder dergleichen, die zur Postausgangsbearbeitung erforderlichen Arbeitsmittel (Telefaxgerät, Briefmarken etc.) befinden und an dem die Unterschriftenmappen bereitgelegt werden (*vgl. Baumgärtel/Brunner/Bugarin/Bugarin*, Arbeitsplatz ReFa: Der Allrounder, 2. Aufl., 2013, 2. Kap., S. 45 Rdnr 194 f.).

5. Wegen einer Checkliste zu den Arbeitsabläufen beim Postausgang vgl. auch: Baumgärtel/Brunner/Bugarin/Bugarin, Arbeitsplatz ReFa: Der Allrounder, 2. Aufl., 2013, 2. Kap., S. 46 Rdnr 198 sowie die → Form. H. I. 4 Anm. 6ff.

6. Hier ist ausgehend von der konkreten Größe und Struktur der Kanzlei zu prüfen ob und wie die Büroanweisung „Faxversendung" (→ Form. H. I. 4) anzupassen und zu verändern ist.

7. Hier ist ausgehend von der konkreten Kanzleigröße und der jeweiligen Kanzleistruktur sowie im Lichte des Digitalisierungsrades der Kanzlei eine ergänzende Regelung zu treffen.

8. Hier ist ausgehend von der konkreten Kanzleigröße und der jeweiligen Kanzleistruktur eine ergänzende Regelung zu treffen in der ggf. auch konkret Gerichtsvollzieher für die Zustellung angegeben sind bei denen auch vorab gesichert ist, dass diese bereit sind jederzeit und schnell Zustellungen vorzunehmen. Zudem können dort auch Botendienste aufgenommen und benannt werden sowie das bei Einschaltung solcher örtlicher Botendienste zu wahrende Verfahren.

9. Der **Briefkasten, in den die ausgehende Post eingeworfen wird, sollte bestimmt werden** und es sollte sich um einen **Briefkasten handeln, der am selben Tage geleert wird** und bei dem es eine **Spätleerung gibt.** Nach dem BGH darf eine Partei grundsätzlich darauf vertrauen, dass im Bundesgebiet werktags aufgegebene Postsendungen am folgenden Werktag ausgeliefert werden (BGH v. 12.9.2013 – V ZB 187/12, BeckRS 2013, 17293). Geht eine Sendung verloren oder wird sie verspätet ausgeliefert, darf dies der Partei nicht als Verschulden angerechnet werden (BGH v. 12.9.2013 – V ZB 187/12, BeckRS 2013, 17293; BGH v. 13.5.2004 – V ZB 62/03, NJW-RR 2004, 1217; BGH v. 21.10.2010 – IX ZB 73/10, NJW 2011, 458; BGH v. 20.5.2009 – IV ZB 2/08, NJW 2009, 2379). Dabei müssen nach dem BGH weitere Vorkehrungen nicht ergriffen werden (BGH v. 12.9.2013 – V ZB 187/12, BeckRS 2013, 17293). Insbesondere ist eine **Partei nicht gehalten, Schriftsätze vorab per Telefax zu übersenden** (BGH v. 19.6.2013 – V ZB 226/12; BGH v. 12.9.2013 – V ZB 187/12, BeckRS 2013, 17293). Gleichwohl wird der Rechtsanwalt prüfen, ob zur Reduzierung des Haftungsrisikos bei der Versendung von fristgebundenen Schriftstücken die parallele Übersendung vorab per Telefax geboten und auch der Mandantschaft dienlich ist.

10. Das **Element des reinen Botenganges zum Briefkasten im Rahmen des Versendungsverfahrens für Schriftstücke als Ganzem** muss nicht unbedingt von der in Ziff. 1 bestimmten Mitarbeiterin selber ausgeführt werden. Ein Rechtsanwalt kann sich bei der Wahrung prozessualer Fristen für bloße Hilfstätigkeiten, wie vor allem Botengänge, auch solcher Hilfskräfte bedienen, die nicht die Qualifikation besitzen, die für die selbständige Fristenberechnung und Fristenkontrolle verlangt wird (BGH v. 27.2.2002 – I ZB 23/01, NJW-RR 2002, 1070; BGH v. 13.1.1988 – IVa ZB 13/87, NJW 1988, 2045). Wegen der geringen Anforderungen, die an einen Botengang gestellt werden, kann dieser grds. auch schon Auszubildenden im ersten Lehrjahr übertragen werden (BGH v. 17.12.1997 – IV ZR 93/97, NJW-RR 1998, 1140; BGH v. 27.2.2002 – I ZB 23/01, NJW-RR 2002, 1070; BGH v. 11.9.2007 – VIII ZB 114/05, FamRZ 2008, 142). Hier sollten aber keine (Haftungs-)Risiken eingegangen werden. Nach dem BGH ist zwar einer Partei selbst dann grundsätzlich Wiedereinsetzung in den vorigen Stand zu gewähren, wenn eine geschulte und zuverlässige Kanzleikraft einen fristwahrenden Schriftsatz versehentlich beim falschen Gericht einwirft (BGH v. 11.9.2007 – VIII ZB 114/05, FamRZ 2008, 142). Mit dem Botengang darf der Rechtsanwalt einen Auszubildenden oder einen zuverlässigen Praktikanten aber nur betrauen, sofern von der beauftragten Person eine gewissenhafte Ausführung des Auftrags erwartet werden kann und das auch nachgewiesen werden kann (BGH v. 11.9.2007 – VIII ZB 114/05, FamRZ 2008, 142). Wird beispielsweise ein Bote eingesetzt, der sich nachweislich in der bis dahin einjährigen Tätigkeit in der Kanzlei als zuverlässig erwiesen und fehlerfrei alle Botengänge einschließlich der Überbringung von Post zu Gerichten und Behörden ausgeführt hat, kann dieser grds. als eine für einfache Tätigkeiten wie Botengänge geeignete Person angesehen werden, bei der sich der Rechtsanwalt darauf verlassen darf, dass er den ihm übertragenen Botengang zuverlässig erledigen werde (BGH v. 21.9.2010 – VIII ZB 14/09). Dabei war der Bote in einem vom BGH entschiedenen Fall allerdings von dem Rechtsanwalt unmittelbar vor Ausführung des Botengangs nochmals ausdrücklich darauf hingewiesen worden, dass der fristwahrende Schriftsatz für das Berufungsgericht nur in den Nachtbriefkasten des – dort zuständigen – Landgerichts einzuwerfen sei. Davon ausgehend fehlt es dort an einem Organisationsverschulden des Rechtsanwaltes. Der BGH stellte dort fest, dass ein Verschulden allein des Boten bei der Beförderung des Briefes dem Rechtsanwalt nicht anzulasten sei (BGH v. 2.11.2006 – III ZR 10/06, NJW 2007, 603; BGH v. 21.9.2010 – VIII ZB 14/09). Hier wird der Rechtsanwalt, der es schon dazu kommen lässt oder in dessen Kanzlei es dazu gekommen ist, dass der Schriftsatz erst so knapp vor Fristablauf fertig gestellt ist, prüfen, ob nicht gerade dieser Sachverhalt umgekehrt bedingt, dass er lieber selber zum Gericht fährt und den Schriftsatz dort einwirft.

11. Der Einwurf der Post in den Briefkasten sollte unbedingt „im Dienst" und in der Dienstzeit und keinesfalls auf dem Heimweg erfolgen (vgl. zu anderweitiger Handhabung nur: BGH 27.11.1990 VI ZB 22/90, NJW 1991, 1179 u. BGH v. 26.2.1986 – VIII ZB 1/ 86, VersR 1986, 702).

12. → Form. H. I. 4 Anm. 23.

4. Büroanweisung Faxversendung

Büroanweisung[1] Faxversendung[2, 3]

1.

Zuständigkeit: Die Faxversendung wird von der leitenden Rechtsanwaltsfachangestellten[4] Frau (. . . . . .) bearbeitet und überwacht. Im Falle der Verhinderung von Frau (. . . . . .) wird die Faxversendung von der Rechtsanwaltsfachangestellten Frau (. . . . . .) bearbeitet und überwacht.[5]

2.

Das zur Versendung anstehende Schriftstück ist vor Versendung auf Vollständigkeit zu überprüfen. Dazu müssen folgende Fragen alle eindeutig mit „Ja" beantwortet werden:

- Steht auf dem zu versendenden Schriftstück der richtige Adressat/das richtige Gericht?[6]
- Sind alle Seiten des Schriftstücks in leserlicher Form zum Einlegen in das Faxgerät zur Versendung vorhanden?[7]
- Sind die richtigen Beteiligten/die richtigen Prozessparteien/der richtige Kläger/der richtige Beklagte im Schriftsatz angegeben[8]
- Stimmt das auf dem zu versendenden Schriftsatz angegebene Gerichtsaktenzeichen mit dem Gerichtsaktenzeichen des Verfahrens überein, zu dem der Schriftsatz versandt wird?[9]
- Ist eine Originalunterschrift[10] und insbesondere eine (leserliche)[11] Originalunterschrift des Rechtsanwaltes vorhanden?

Wird auch nur eine Frage mit „Nein" beantwortet, ist sofort und unverzüglich der Rechtsanwalt zu unterrichten.

3.

Die Faxnummer des vorgesehenen Empfängers des zu versendenden Schriftstücks ist zu überprüfen. Dazu müssen folgende Fragen alle eindeutig mit „Ja" beantwortet werden:

- Stimmt die auf dem zu versendenden Schriftstück angegebene Faxnummer mit der in der Handakte eingetragenen Faxnummer überein?[12]
- Stimmt die auf dem zu versendenden Schriftstück und in der Handakte eingetragene Faxnummer mit der Faxnummer auf der letzten vom Gericht in dieser Sache und zu diesem gerichtlichen Aktenzeichen übermittelten Verfügung/auf dem letzten vom Empfänger übermittelten Schreiben überein?[13]

- Stimmt die Faxnummer auf dem zu versendenden Schriftstück und die in der Handakte eingetragene Faxnummer sowie die auf der letzten vom Gericht übersandten Verfügung befindliche Faxnummer mit der auf der aktuellen offiziellen Internetseite des Gerichts angegebenen Faxnummer überein?[14]

Wird auch nur eine Frage mit „Nein" beantwortet ist sofort und unverzüglich der Rechtsanwalt zu unterrichten.

4.

Das auf Vollständigkeit geprüfte und als vollständig festgestellte Schriftstück wird zur Versendung auf das Faxgerät gelegt.

5.

Die festgestellte aktuelle Faxnummer ist in das Faxgerät einzugeben und die Richtigkeit der Eingabe vor Ingangsetzen des Sendevorgangs auf dem Display auf Übereinstimmung zu kontrollieren und zu überprüfen.[15]

6.

Unmittelbar nach Feststellung der Übereinstimmung der aktuellen Faxnummer mit der gem. Display in das Faxgerät eingegebenen Faxnummer wird das Schriftstück an die vorgesehene Adresse und Faxnummer versandt.

7.

Nach Beendigung des Sendevorgangs ist der Sendebericht auszudrucken und anhand des Sendeberichts zu überprüfen, ob der Faxvorgang erfolgreich durchgeführt wurde. Dazu müssen folgende Fragen alle eindeutig mit „Ja" beantwortet werden:

- Befindet sich auf dem Sendeprotokoll leserlich der OK-Vermerk?[16]
- Befindet sich auf dem Sendeprotokoll leserlich die angegebene und verwendete und zuvor in das Faxgerät eingegebene aktuelle Faxnummer?[17]
- Stimmt die auf dem Sendeprotokoll angegebene Zahl der versandten Seiten mit der Zahl der zuvor auf das Faxgerät gelegten und zur Versendung bestimmten Seiten überein?[18]

Wird auch nur eine Frage mit „Nein" beantwortet, ist der Sendevorgang zu wiederholen.

Wird auch betreffend das auf den zweiten Sendevorgang ausgedruckte Sendeprotokoll nur eine Frage mit „Nein" beantwortet, ist sofort und unverzüglich der Rechtsanwalt zu unterrichten.

8.

Bei Schriftstücken, die zur Wahrung von Fristen, insbesondere Rotfristen, versandt wurden, wird nach Abschluss des Sendevorgangs beim Faxempfänger telefonisch die Bestätigung eingeholt, dass das Fax vollständig eingegangen ist.[19] Aufzunehmen sind folgende Umstände:

- Bestätigung Datum des Schriftsatzes
- Bestätigung der Angelegenheit
- Bestätigung der Seitenanzahl
- Bestätigung Uhrzeit
- Name des auf Seiten des Faxempfängers Erklärenden

9.

Die Bestätigung des Faxempfängers und der unter Ziff. 9. angegebenen Punkte wird in einem Vermerk festgehalten.

Kann auch nur betreffend einen der in Ziff. 9 gelisteten Umstände eine Bestätigung nicht erlangt werden, ist sofort und unverzüglich der Rechtsanwalt zu unterrichten.

10.

Es ist zu prüfen, ob eine betreffend das per Telefax übersandte Schriftstück eingetragene Rotfrist gelöscht werden kann. Dazu sind folgende Fragen eindeutig mit „Ja" zu beantworten:

- Ist die Kontrolle des ausgedruckten Sendeberichts (Ziff. 7) und die Bestätigung des Eingangs des Schriftstücks beim Adressaten vollständig abgeschlossen.[20]
- Ist das vorab per Telefax versandte Schriftstück mit der endgültigen Bestimmung zum taggleichen Einwurf in den Briefkasten in den Postausgangskorb gelegt.[21]

11.

Zuständig für die Prüfung der Zulässigkeit der Streichung der Frist (Ziff. 11) ist die leitende Rechtsanwaltsfachangestellte oder die in Ziff. 1 alternativ bestimmte Person.[22]

12.

Das Sendeprotokoll und der Vermerk werden zur Handakte genommen.

13.

Die Erledigung der fristgebundenen Sachen ist am Abend/am Ende jedes Arbeitstages von der leitenden Rechtsanwaltsfachgestellten oder der in Ziff. 1 alternativ bestimmten Person anhand des Fristenkalenders zu überprüfen.[23] Ist eine fristgebundene Sache nicht erledigt oder ergibt sich auch nur ein Zweifel an der Erledigung ist sofort und unverzüglich der Rechtsanwalt zu unterrichten.

Anmerkungen

1. Zu beachten ist, dass die **Erteilung von Einzelweisungen** eine bestehende Organisation und insbesondere eine bestehende Organisation **durch Büroanweisung ganz oder teilweise hinfällig** machen kann. Weicht ein Rechtsanwalt von einer bestehenden Organisation ab und erteilt er stattdessen für einen konkreten Fall genaue Anweisungen, die eine Fristwahrung gewährleisten, so sind allein diese maßgeblich; auf allgemeine organisatorische Vorkehrungen kommt es dann nicht mehr an (BGH v. 23.10.2003 – V ZB 28/03, NJW 2004, 367; BGH v. 26.9.1995 – XI ZB 13/95, NJW 1996, 130; BGH v. 1.7.2002 – II ZB 11/01, NJW-RR 2002, 1289). Anders ist es hingegen, wenn die **Einzelweisung** nicht die bestehende Organisation außer Kraft setzt, sondern sich darin einfügt und **nur einzelne Elemente ersetzt**, während andere ihre Bedeutung behalten und geeignet sind, Fristversäumnissen entgegenzuwirken (BGH v. 23.10.2003 – V ZB 28/03, NJW 2004, 367). So ersetzt zB die Anweisung, einen Schriftsatz sofort per Telefax zu übermitteln und sich durch einen Telefonanruf über den dortigen Eingang des vollständigen Schriftsatzes zu vergewissern, alle allgemein getroffenen Regelungen einer Ausgangskontrolle und macht etwa hier bestehende Defizite unerheblich (BGH v. 23.10.2003 – V ZB 28/03, NJW 2004, 367; BGH v. 2.7.2001 – II ZB 28/00, NJW-RR 2002, 60). Ebenso liegt es, wenn der Anwalt von der Eintragung der Sache in den Fristenkalender absieht und die Anweisung erteilt, den fertiggestellten Schriftsatz in die Ausgangsmappe für die Post zum Berufungsgericht zu legen (BGH v. 23.10.2003 – V ZB 28/03, NJW 2004, 367; BGH v. 26.9.1995 – XI ZR 13/95, NJW 1996, 130). Denn in diesem Fall würde eine Frist als erledigt vermerkt werden können (BGH v. 9.9.1997 – IX ZB 80/97, NJW 1997, 3446; BGH v. 23.10.2003 – V ZB 28/03, NJW 2004, 367 mwN).

2. Für die **Rechtzeitigkeit des Eingangs** eines per Telefax übersandten Schriftsatzes kommt es darauf an, ob **die gesendeten Signale bei Ablauf des letzten Tages der Frist am Telefax-Gerät des Gerichts vollständig empfangen, d. h. komplett gespeichert** worden sind (BGH v. 25.4.2006 – IV ZB 20/05, NJW 2006, 2263; BGH v. 8.5.2007 – VI ZB 74/06, NJW 2007, 2045; BGH v. 14.10.2010 – V ZB 112/10, JurBüro 2011, 222; OLG Nürnberg v. 30.5.2012 – 12 U 2453/11, NJW-RR 2012, 1149; OLG Naumburg v. 27.8.2012 – 12 U 32/12, MDR 2013, 55; OLG Koblenz v. 15.4.2013 – 12 U 1437/12, BeckRS, 2013, 8322 mwN). Der Eingang muss dabei **bis 24.00 Uhr des letzten Tages der Frist** erfolgen. Der Schriftsatz muss somit **vor Beginn des Folgetages (00.00 Uhr und 0 Sekunden) eingegangen** sein und damit – weil zwischen 24.00 Uhr und 00.00 Uhr keine, auch keine logische Sekunde existiert – **vor Ablauf von 23.59 Uhr** (vgl. BGH v. 8.5.2007 – VI ZB 74/06, NJW 2007, 2045, 2046; OLG Nürnberg v. 30.5.2012 – 12 U 2453/11, NJW-RR 2012, 1149; OLG Koblenz v. 15.4.2013 – 12 U 1437/12, BeckRS, 2013, 8322). Ein Eingang nach diesem Zeitpunkt, auch ein **Eingang um 00.00 Uhr und 0 Sekunden des Folgetages, wahrt die Frist gerade nicht** (OLG Koblenz v. 15.4.2013 – 12 U 1437/12, BeckRS, 2013, 8322). Hier wird davon ausgegangen und der **Regelung der Büroanweisung zugrunde gelegt,** dass der Rechtsanwalt die Versendung insbesondere von fristwahrenden Schriftsätzen **so rechtzeitig und zu einer Zeit veranlasst, zu der die Einholung der telefonischen Bestätigung im Blick auf die Besetzung der entsprechenden Dienststellen – noch – möglich ist.** Es entsteht so eine doppelte Absicherung des Zugangsnachweises zum einen durch das Sendeprotokoll und zum anderen durch die telefonische Bestätigung der Posteingangsstelle. Im Blick auf die Strenge der Gerichte betreffend den zeitlichen Fristablauf muss der Rechtsanwalt unbedingt gewährleisten, dass regelmäßig überprüft wird, ob die **zeitlichen (Vor-)Einstellungen des verwendeten Faxgerätes stets zutreffend und ganz exakt und genau** sind damit der Sendebericht bzw. das Sendeprotokoll auch die tatsächliche und richtige Zeit der Faxversendung wiedergibt und es an dieser Stelle nicht zu – vermeidbaren – Nachweisproblemen des Rechtsanwaltes kommt.

3. Das **BVerfG** führt zur **Versendung fristwahrender Schriftsätze** und insbesondere von Verfassungsbeschwerden vorab per Telefax und zum **zeitlichen Sicherheitszuschlag** aus, dass wegen des Verfassungsbezugs zu **Art. 103 Abs. 1 GG** und **Art. 19 Abs. 4 GG** die **Anforderungen an die individuellen Sorgfaltspflichten nicht überspannt werden dürfen** (BVerfG v. 15.1.2014 – 1 BvR 1656/09, WM 2014, 669; BVerfG v. 21.1.1969 – 2 BvR 724/67, NJW 1969, 1103). Fahrlässig handelt, wer mit der Übermittlung eines Beschwerdeschriftsatzes nebst erforderlicher Anlagen nicht so rechtzeitig beginnt, dass unter gewöhnlichen Umständen mit dem Abschluss der Übermittlung noch am Tag des Fristablaufs zu rechnen ist. **Dabei müssen Rechtsschutzsuchende einen über die voraussichtliche Dauer des eigentlichen Faxvorgangs hinausgehenden Sicherheitszuschlag einkalkulieren** (BVerfG v. 15.1.2014 – 1 BvR 1656/09, WM 2014, 669; BVerfG v. 19.11.1999 – 2 BvR 565/98, NJW 2000, 574; BVerfG v. 19.5.2010 – 1 BvR 1070/10, BeckRS 2010, 51299; BVerfG v. 20.1.2006 – 1 BvR 2683/05, NJW 2006, 1505). Denn sie beachten nur dann die im Verkehr erforderliche Sorgfalt, wenn sie der Möglichkeit Rechnung tragen, dass das **Empfangsgerät belegt** ist (BVerfG v. 15.1.2014 – 1 BvR 1656/09, WM 2014, 669). Gerade in den **Abend- und Nachtstunden** muss damit gerechnet werden, dass wegen drohenden Fristablaufs weitere Beschwerdeführer versuchen, Schriftstücke fristwahrend per Telefax zu übermitteln (BVerfG v. 15.1.2014 – 1 BvR 1656/09, WM 2014, 669; BVerfG v. 19.11.1999 – 2 BvR 565/98, NJW 2000, 574). Das Erfordernis eines Sicherheitszuschlags kollidiert nicht mit dem Grundsatz, dass eine Frist voll ausgeschöpft werden darf. Ebenso wie übliche Postlaufzeiten oder die Verkehrsverhältnisse auf dem Weg zum Gericht zu berücksichtigen sind, muss ein Beschwerdeführer übliche Telefaxversendungszeiten einkalkulieren (BVerfG v. 15.1.2014 – 1 BvR 1656/09, WM 2014, 669). **Der Zuschlag verkürzt die Frist nicht, sondern konkretisiert lediglich die individuelle Sorgfaltspflicht des Beschwerdeführers** (BVerfG v. 15.1.2014 – 1 BvR 1656/09, WM 2014, 669). Aus der Eröffnung des Übermittlungswegs per Telefax erwächst dabei dem Gericht die Verantwortung, für ausreichende Empfangskapazitäten zu sorgen. Dem wird durch eine kurze Bemessung der Sicherheitsreserve Rechnung getragen. In **Verfahren vor dem Bundesverfassungsgericht** hat regelmäßig die im Verkehr erforderliche Sorgfalt **erfüllt, wer einen über die zu erwartende Übermittlungsdauer der zu faxenden Schriftsätze samt Anlagen hinausgehenden Sicherheitszuschlag in der Größenordnung von 20 Minuten einkalkuliert.** Damit sind nach dem BVerfG die gegenwärtigen technischen Gegebenheiten auch nach der Rechtsprechung der Fachgerichte (BFH v. 25.11.2003 – VII R 9/03, BFH/NV 2004, 519; BFH v. 28.1.2010 – VIII B 88/09, BFH/NV 2010, 919; BGH v. 3.5.2011 – XI ZB 24/10, BRAK-Mitt. 2011, 238; BVerwG v. 25.5.2010 – BVerwG 7 B 18/10 –) hinreichend beachtet (BVerfG v. 15.1.2014 – 1 BvR 1656/09, WM 2014, 669). Aus Gründen der **Rechtssicherheit und Rechtsklarheit** gilt dieser **Sicherheitszuschlag einheitlich auch für die Faxübersendung nach Wochenenden oder gesetzlichen Feiertagen** (BVerfG v. 15.1.2014 – 1 BvR 1656/09 – WM 2014, 669; A.A. noch: BVerfG v. 19.5.2010 - 1 BvR 1070/10, BeckRS 2010, 51299). Für die Fristberechnung und damit auch die Einhaltung des Sicherheitszuschlags ist der Zeitpunkt des vollständigen Empfangs und damit der Speicherung der gesendeten Signale im Empfangsgerät des Gerichts maßgeblich, nicht aber die Vollständigkeit des Ausdrucks (BVerfG v. 15.1.2014 – 1 BvR 1656/09, WM 2014, 669; BGH v. 25.4.2006 – IV ZB 20/05, NJW 2006, 2263; OLG Koblenz v. 15.4.2013 – 12 U 1437/12, BeckRS, 2013, 8322). Den Sorgfaltsanforderungen genügt schließlich nur, wer innerhalb der einzukalkulierenden Zeitspanne wiederholt die Übermittlung versucht (BVerfG v. 15.1.2014 – 1 BvR 1656/09, WM 2014, 669).

4. Der Rechtsanwalt darf Tätigkeiten im Zusammenhang mit dem Faxversand und insbesondere auch mit dem Faxversand fristgebundener Schriftsätze grundsätzlich **dem geschulten und zuverlässigen Kanzleipersonal eigenverantwortlich überlassen** (BGH v. 17.4.2012 – VI ZB 50/11, NJW-RR 2012, 1084; BGH v. 4.4.2007 – III ZB 109/06, NJW-RR 2007, 1429; BGH v. 12.5.2010 – IV ZB 18/08, NJW 2010, 2811; BGH v. 14.10.2010 – IX ZB 34/10, NJW 2011, 312). **Einem Auszubildenden** darf die **Faxübermittlung fristwahrender Schriftsätze nur dann übertragen** werden, wenn dieser mit einer solchen Tätigkeit vertraut ist und eine regelmäßige Kontrolle seiner Tätigkeit keine Beanstandungen ergeben hat (BGH v. 12.9.2013 – III ZB 7/13, NJW 2014, 225). Bei Fehlen einer konkreten Einzelanweisung müssen allgemeine organisatorische Regelungen in der Anwaltskanzlei bestehen, die die Beachtung dieser Voraussetzungen und eine wirksame Kontrolle der Faxübermittlung durch den Auszubildenden gewährleisten (BGH v. 12.9.2013 – III ZB 7/13, NJW 2014, 225). **Einem Auszubildenden sollte die Faxübermittlung fristwahrender Schriftsätze nicht übertragen werden.** Von einem für die Fristversäumung ursächlichen anwaltlichen **Organisationsverschulden** ist nach der Rechtsprechung des BGH auszugehen, wenn nach dem Wiedereinsetzungsvorbringen des Rechtsanwaltes nicht festgestellt werden kann, dass nur eine bestimmte qualifizierte Fachkraft für die Fristennotierung im Kalender und die Fristenüberwachung verantwortlich ist, sondern es **möglich ist, dass mehrere Büroangestellte und unzulässigerweise sogar eine noch auszubildende Kraft** (BGH v. 6.2.2006 – II ZB 1/05, NJW 2006, 1520; BGH v. 20.6.1978 – VI ZB 7/78, VersR 1978, 959) hierfür **zuständig sind** (BGH v. 6.2.2006 – II ZB 1/05, NJW 2006, 1520; BGH v. 8.7.1992 – XII ZB 55/92, NJW 1992, 3176). Auch wenn es in Ausnahmefällen wegen Personalmangels zulässig sein sollte, eine Auszubildende mit der Fristüberwachung zu betrauen, muss eine Kontrolle durch den Rechtsanwalt selbst oder andere geeignete Kräfte gewährleistet sein, durch die sichergestellt wird, dass alle von dem Auszubildenden bearbeiteten Fristen überprüft werden. Bloße Stichproben reichen dafür nicht aus (BGH v. 11.9.2007 – XII ZB 109/04, NJW 2007, 3497). **Für den Fall, dass die Kanzleimitarbeiterinnen oder Kanzleimitarbeiter – aus welchen Gründen auch immer – nicht alle und vollständig im Büro anwesend sind ist zu beachten,** dass der BGH bei der Beurteilung der Frage, ob ein Rechtsanwalt seine Sorgfaltspflicht verletzt, wenn er einer zuverlässigen Angestellten auch an den Tagen, an denen sie als einzige von insgesamt drei Vollzeit- bzw. Teilzeitkräften im Büro anwesend ist, die Fristenkontrolle ohne zusätzliche eigene Nachprüfung überlässt, **von den besonderen Umständen des jeweiligen Einzelfalles abhängig** ansieht die einer Verallgemeinerung nicht zugänglich ist (BGH v. 4.7.2002 – V ZB 16/02, NJW 2002, 3029). Denn dabei ist nicht allein entscheidend, in welchem Umfang der Personalbestand reduziert ist, sondern es kommt vor allem darauf an, ob infolge einer **angespannten Personallage** eine **erkennbare und durch zumutbare Maßnahmen behebbare Überlastung der mit der Fristenkontrolle betrauten, verfügbaren Mitarbeiter eingetreten** ist (BGH v. 4.7.2002 – V ZB 16/02, NJW 2002, 3029). Dementsprechend wurde je nach Fallgestaltung eine Erhöhung der grundsätzlichen Organisationspflichten eines Rechtsanwalts im Falle einer erheblichen Mehrbelastung des verfügbaren Personals manchmal bejaht (vgl.: BGH v. 1.4.1965 – II ZB 11/64, VersR 1965, 596: Ausfall zweier von drei Bürokräften; BGH v. 1.7.1999 – III ZB 47/98, NJW-RR 1999, 1664: Ausfall zweier von drei Mitarbeiterinnen während eines Arbeitstages; BGH v. 26.8.1999 – VII ZB 12/99, NJW 1999, 3783: Reduzierung der Belegschaft auf fast die Hälfte für mehr als einen Monat; BGH v. 28.6.2001 – III ZB 24/01, NJW 2001, 2975: Verzicht auf Eintragung des Fristablaufes bei Erkrankung einer Mitarbeiterin zum Fristende und unzureichender Wiedervorlagezeit wegen eines Wochenendes), teilweise aber auch verneint (BGH VersR 1976, 343: Abwesenheit zweier von drei Kräften; BGH v. 29.6.2000 – VII ZB 5/00, NJW 2000, 3006: Ausscheiden eines Anwalts und Eheprobleme einer Anwaltssekretärin; BGH v. 27.3.2001 – VI ZB 7/01, NJW-RR 2001, 1072: Doppeltes Fehlverhalten einer Bürokraft in einer Sache) (BGH v. 4.7.2002 – V ZB 16/02, NJW 2002, 3029). Dabei hat der Rechtsanwalt sein Büro grundsätzlich so zu organisieren, dass die Kontrolle des Fristenkalenders nicht nur von einer Person abhängt, sondern dass auch bei deren Verhinderung eine andere Person zur Verfügung steht, die die Fristenkontrolle übernimmt (BGH v. 8.11.1988 – VI ZB 26/88, NJW 1989, 1157).

5. Die Zuständigkeitsregelung wie auch die ganze Büroanweisung einschließlich der Listungen der Fragen ist an die jeweilige **Kanzleistruktur und Kanzleigröße anzupassen** und davon ausgehend **zu überprüfen und unter Berücksichtigung der Umstände des Einzelfalls ggf. zu ergänzen.** Dabei ist die ganze Büroanweisung auch ständig im Lichte der aktuellen und ggf. präzisierenden Rechtsprechung zu den Anforderungen an die Faxversendung zu aktualisieren und zu überprüfen und vor allem mit den Kanzleiangestellten regelmäßig durchzugehen und bei diesen ohne Wenn und Aber im Präsenzwissen zu verankern.

6. Ob der per Fax zur fristwahrenden Versendung anstehende Schriftsatz hinsichtlich des anzuschreibenden Gerichts und hinsichtlich verwendeter Faxnummer richtig „adressiert" ist, ist **peinlich genau zu prüfen.** Ein Rechtssuchender darf zwar darauf vertrauen, dass das mit der Sache befasst gewesene Gericht den bei ihm eingereichten, aber für das Rechtsmittelgericht bestimmten Schriftsatz im ordentlichen Geschäftsgang dorthin weiterleiten wird (BGH v. 4.4.2007 – III ZB 109/06, NJW-RR 2007, 1429). Geht der Schriftsatz dabei so zeitig ein, dass die fristgerechte Weiterleitung an das Rechtsmittelgericht im ordentlichen Geschäftsgang ohne weiteres erwartet werden kann, darf die Partei auch darauf vertrauen, dass er noch fristgerecht beim Rechtsmittelgericht eingeht (BGH v. 4.4.2007 – III ZB 109/06, NJW-RR 2007, 1429). Geschieht dies tatsächlich nicht, so ist der Partei Wiedereinsetzung unabhängig davon zu gewähren, auf welchen Gründen die fehlerhafte Einreichung beruht (BVerfGE 93, 99; BVerfG v. 17.3.2005 – 1 BvR 950/04, NJW 2005, 2137; BGH v. 27.7.2000 – III ZB 28/00, NJW-RR 2000, 1730; BGH v. 28.1.2003 – VI ZB 29/02; BGH v. 6.6.2005 – II ZB 9/04 NJW-RR 2005, 1373; BGH v. 3.7.2006 – II ZB 24/05, NJW 2006, 3499; BGH v. 4.4.2007 – III ZB 109/06, NJW-RR 2007, 1429). Diese Voraussetzungen liegen aber gerade bei den in der Praxis häufig in „letzter Minute" vorab per Telefax übermittelten fristwahrenden Schriftsätzen nicht vor. Eine Wiedereinsetzung bei falscher Adressierung und Einsendung beim falschen Gericht ist nämlich nur dann zu gewähren, **wenn der Schriftsatz so rechtzeitig beim unzuständigen Gericht eingegangen ist, dass die fristgerechte Weiterleitung an das zuständige Gericht im ordnungsgemäßen Geschäftsgang erwartet werden konnte** (BGH v. 3.9.1998 – IX ZB 46/ 98, VersR 1999, 1170; OLG Bremen v. 27.12.2010 – 3 U 70/10, MDR 2011, 564; OLG Bremen v. 28.8.2012 – 3 U 33/12, MDR 2013, 366) was bei zeitlich knapper Übersendung eines Schriftsatzes eben regelmäßig nicht der Fall ist.

7. Ein zur Fristwahrung per Telefax übermittelter Schriftsatz muss grundsätzlich rechtzeitig und **vollständig – mit allen (leserlichen) Seiten – bei Gericht eingehen** (vgl.: BGH v. 1.3.2004 – II ZR 88/02, NJW 2004, 2228). Äußere Unvollständigkeit (zB. **Unlesbarkeit oder Fehlen einer von mehreren Seiten**) einer Rechtsmittelbegründung kann nur dann als nicht schädlich angesehen werden, wenn der Rest die gesetzlichen Mindestanforderungen erfüllt (BVerfG v. 23.6.2004 – 1 BvR 496/00, NJW 2004, 3551; LAG Rheinland-Pfalz, 20.09.2012 – 10 Sa 121/12, BeckRS 2013, 65152). Solche Irritationen sollten aber unbedingt vermieden werden.

8. Eine falsche Parteibezeichnung in fristwahrenden Schriftsätzen führt nicht unbedingt zur Fristversäumung. Gleichwohl sollten solche Irritationen unbedingt vermieden werden. Die Rubrumsberichtigung ist nach einfachem Recht zulässig und auf Antrag wie auch von Amts wegen (§ 319 Abs. 1 ZPO) geboten, wenn im Rubrum Unklarheiten bestehen oder **falsche Verfahrensbeteiligte genannt sind, während zweifelsfrei feststeht, wer tatsächlich als Partei gemeint ist,** es sich also hier nicht im Gewand der Rubrumsberichtigung um einen Parteiwechsel handelt (BVerfG v. 18.7.2013 – 1 BvR 1623/11, NJW 2014, 205; BAG v. 28.8.2008 – 2 AZR 279/07, NJW 2009, 1293).

9. Die **Angabe eines falschen gerichtlichen Aktenzeichens auf einem per Telefax versandten fristwahrenden Schriftsatz** und dadurch eintretende Verzögerungen führen nicht unbedingt zur Fristversäumung. Gleichwohl sollten solche Irritationen unbedingt vermieden werden. **Art. 103 Abs. 1 GG** verpflichtet das Gericht, die Ausführungen der Prozessbeteiligten zur Kenntnis zu nehmen und in Erwägung zu ziehen. Das Gericht verstößt gegen diesen Grundsatz, wenn es einen ordnungsgemäß eingegangenen Schriftsatz nicht berücksichtigt; auf ein Verschulden des Gerichts kommt es dabei nicht an (BVerfG v. 12.12.2012 – 2 BvR 1294/10, NJW 2013, 925; BVerfGE 11, 218; BVerfGE 62, 347; BVerfGE 70, 215; BVerfG v. 4.8.1992 – 2 BvR 1129/92, NJW 1993, 51). **Unerheblich ist dabei, ob der Schriftsatz innerhalb der jeweiligen Frist in die für diese Sache bereits angelegte Akte eingeordnet war.** Da der Rechtsuchende keinen Einfluss darauf hat, welche Richter im einzelnen durch die Geschäftsverteilung zur Bearbeitung der Sache bestimmt worden sind, braucht er keine Sorge dafür zu treffen, dass seine Eingabe innerhalb des angerufenen Gerichts unverzüglich in die richtige Akte gelangt (BVerfG v. 12.12.2012 – 2 BvR 1294/10, NJW 2013, 925). Demgemäß schreibt das Gesetz in den **§ 129 Abs. 1, § 130 ZPO** die Angabe eines bereits zugeordneten und mitgeteilten Aktenzeichens nicht vor (BVerfG v. 12.12.2012 – 2 BvR 1294/10, NJW 2013, 925). Die **Angabe eines Aktenzeichens** soll die Weiterleitung innerhalb des Gerichts erleichtern und für eine rasche Bearbeitung sorgen. Es handelt sich um eine **Ordnungsmaßnahme, die für die Sachentscheidung ohne Bedeutung ist** (BGH v. 10.6.2003 – VIII

ZB 126/02, NJW 2003, 3418; BGH v. 15.4.1982 – IVb ZB 60/82, VersR 1982, 673; BGH v. 2.10.1973 – X ZB 7/73 (BPatG), NJW 1974, 48; BVerfG v. 12.12.2012 – 2 BvR 1294/10, NJW 2013, 925).

10. Bei fristgerechter **Einreichung einer nicht unterzeichneten Rechtsmittelbegründung** kann **Wiedereinsetzung in den vorigen Stand** (§ 233 ZPO) gewährt werden, wenn der Prozessbevollmächtigte sein **Büropersonal allgemein angewiesen** hatte, sämtliche ausgehende Schriftsätze vor der Absendung auf das **Vorhandensein der Unterschrift zu überprüfen** (BGH v. 13.3.2014 – IX ZB 47/13, BeckRS 2014, 06965; BGH v. 5.3.2003 – VIII ZB 134/02, NJW-RR 2003, 1366; BGH v. 7.7.2011 – IX ZR 190/09; BGH v. 17.10.2011 – LwZB 2/11, NJW 2012, 856). Dies ist insbesondere in Fällen entschieden worden, in denen dem Prozessbevollmächtigten das Versehen unterlaufen war, den bestimmenden Schriftsatz nicht unterzeichnet zu haben (BGH v. 14.10.2008 – VI ZB 37/08, NJW-RR 2009, 564; BGH v. 6.12.1995 – VIII ZR 12/95, NJW 1996, 998; BGH v. 15.2.2006 – XII ZB 215/05, VersR 2007, 375). Nichts anderes kann dabei grundsätzlich für den Fall gelten, in dem der Rechtsanwalt die Unterzeichnung des bestimmenden Schriftsatzes bis zum Eingang der Deckungszusage der Rechtsschutzversicherung zurückgestellt hat. Eine besondere Gefahrensituation, die einen technischen Vorgang aus der routinemäßigen Behandlung im büroorganisatorischen Ablauf heraushebt und deswegen ein Verschulden des Rechtsanwalts begründen könnte, wird damit allein noch nicht geschaffen (BGH v. 14.10.2008 – VI ZB 37/08, NJW-RR 2009, 564 mwN).

11. Zu Irritationen betreffend das **Vorliegen einer ausreichenden anwaltlichen Unterschrift** und damit verbundenen Belastungen des Verhältnisses zum Mandanten wie auch seiner Person mit nachfolgenden gerichtlichen Auseinandersetzungen sollte der Rechtsanwalt es nicht kommen lassen. Bei **bestimmenden Schriftsätzen ist die eigenhändige Unterschrift des Ausstellers erforderlich**, um diesen unzweifelhaft identifizieren zu können (BGH v. 16.7.2013 – VIII ZB 62/12, NJW-RR 2013, 1395; BGH v. 9.2.2010 – VIII ZB 67/09, BeckRS 2010, 04929). Was unter einer Unterschrift zu verstehen ist, ergibt sich aus dem Sprachgebrauch und dem Zweck der Formvorschrift (§ 130 Nr. 6, § 519 Abs. 4 ZPO). Erforderlich, aber auch genügend ist danach das Vorliegen eines die Identität des Unterschreibenden ausreichend kennzeichnenden Schriftzugs, der individuelle und entsprechend charakteristische Merkmale aufweist, die die Nachahmung erschweren, sich als Wiedergabe eines Namens darstellt und die Absicht einer vollen Unterschriftsleistung erkennen lässt, selbst wenn er nur flüchtig niedergelegt und von einem starken Abschleifungsprozess gekennzeichnet ist (BGH v. 16.7.2013 – VIII ZB 62/ 12, NJW-RR 2013, 1395). Unter diesen Voraussetzungen kann selbst ein vereinfachter und nicht lesbarer Namenszug als Unterschrift anzuerkennen sein, wobei insbesondere von Bedeutung ist, ob der Unterzeichner auch sonst in gleicher oder ähnlicher Weise unterschreibt (BGH v. 16.7.2013 – VIII ZB 62/12, NJW-RR 2013, 1395; BGH v. 9.2.2010 – VIII ZB 67/09, BeckRS 2010, 04929; BGH v. 27.9.2005 – VIII ZB 105/04, NJW 2005, 3775). In Anbetracht der Variationsbreite, die selbst Unterschriften ein und derselben Person aufweisen, ist jedenfalls dann, wenn die Autorenschaft gesichert ist, bei den an eine Unterschrift zu stellenden Anforderungen ein großzügiger Maßstab anzulegen (BGH v. 16.7.2013 – VIII ZB 62/12, NJW-RR 2013, 1395). Denn Sinn und Zweck des Unterschriftserfordernisses ist die äußere Dokumentation der eigenverantwortlichen Prüfung des Inhalts des Schriftsatzes durch den Anwalt (BGH v. 23.6.2005 – V ZB 45/04, NJW 2005, 2709), die gewährleistet ist, wenn feststeht, dass die Unterschrift von dem Anwalt stammt (BGH v. 27.9.2005 – VIII ZB 105/04, NJW 2005, 3775; BGH v. 16.7.2013 – VIII ZB 62/12, NJW-RR 2013, 1395).

12. Der BGH hat ausgesprochen, dass in dem Fall, dass die Telefaxnummer aus dem konkreten Aktenvorgang handschriftlich auf den zu versendenden Schriftsatz übertragen

wird, es zur Überprüfung auf mögliche Eingabefehler genügt, die gewählte Empfängernummer mit der übertragenen Nummer abzugleichen (BGH v. 13.2.2007 – VI ZB 70/06,
NJW 2007, 1690; BGH v. 22.6.2004 – VI ZB 14/04, VersR 2005, 573).

13. Der BGH hat ausgesprochen, dass der Rechtsanwalt durch geeignete Anordnungen
sicherstellen muss, dass die **richtige Nummer des Empfangsgerichts – vorzugsweise anhand
des letzten in der Handakte befindlichen Schreibens dieses Gerichts** oder eines gebräuchlichen Verzeichnisses – ermittelt und nicht etwa aus dem Gedächtnis abgerufen wird (BGH
11.3.2014 – VIII ZB 52/13; BGH v. 17.8.2011 – VIII ZB 39/10, NJW-RR 2011, 1557;
BGH v. 19.3.1997 – IV ZB 14/96, NJW-RR 1997, 952; BGH v. 6.6.2005 – II ZB 9/04,
NJW-RR 2005, 1373). Außerdem muss der Sendebericht daraufhin überprüft werden, ob
die richtige Nummer des Empfangsgerichts angewählt wurde und die Sendung vollständig
übermittelt worden ist (BGH v. 7.7.2010 – XII ZB 59/10, NJW-RR 2010, 1648; BGH v.
11.3.2014 – VIII ZB 52/13).

14. Der BGH hat ausgesprochen, dass ein Rechtsanwalt durch organisatorische
Anordnungen sicherstellen muss, dass bei dem Versand von Schriftsätzen per Fax nicht
nur Fehler bei der Eingabe, **sondern auch bei der Ermittlung der Faxnummer erfasst
werden** (BGH v. 24.10.2013 – V ZB 154/12, WM 2014, 427). Die Kontrolle darf sich
nicht darauf beschränken, die in dem Sendebericht enthaltene Faxnummer mit der zuvor
aufgeschriebenen zu vergleichen; vielmehr **muss der Abgleich stets anhand einer zuverlässigen Quelle vorgenommen werden** (BGH v. 24.10.2013 – V ZB 154/12, WM 2014,
427). Dabei hat der BGH ausgesprochen, dass nichts dagegen spricht, die Faxnummer
eines Gerichts aus einer als **zuverlässig erscheinenden Quelle, wie etwa der offiziellen
Internetseite des Gerichts,** zu ermitteln (BGH v. 17.4.2012 – VI ZB 50/11, NJW-RR
2012, 1084). Stellt die verantwortliche Stelle der Justiz eine falsche Faxnummer ins Netz,
kann eine darauf beruhende Fristversäumung unverschuldet sein (BGH v. 17.4.2012 – VI
ZB 50/11, NJW-RR 2012, 1084). Wird die Faxnummer der offiziellen Internetseite des
Gerichts entnommen, dann hat der Rechtsanwalt aber in geeigneter Weise **organisato-
risch sicherzustellen,** dass die den offiziellen Seiten der Gerichte im Internet entnommenen
**Faxnummern verschiedener Gerichte dem richtigen Vorgang zugeordnet und Rechts-
mittelbegründungen an die richtigen Gerichte übermittelt werden** (BGH v. 17.4.2012 –
VI ZB 50/11, NJW-RR 2012, 1084).

15. Vgl. betreffend **Display:** LAG Bremen v. 20.6.2007 – 3 Ta 22/07, BeckRS 2007,
45979.

16. Der Rechtsanwalt genügt seiner Pflicht zur wirksamen Ausgangskontrolle fristwahrender Schriftsätze nur, wenn er seine Angestellten anweist, nach einer Übermittlung
per Telefax **anhand des Sendeprotokolls zu überprüfen,** ob der Schriftsatz vollständig und
an das richtige Gericht übermittelt worden ist (BGH 5.2.2014 – IV ZB 34/13; BGH v.
7.11.2012 – IV ZB 20/12, NJW-RR 2013, 305; BGH v. 12.5.2010 – IV ZB 18/08, NJW
2010, 2811). Erforderlich hierfür ist, dass der Rechtsanwalt seinen Büroangestellten die
Weisung erteilt, sich einen **Sendebericht ausdrucken** zu lassen, um auf dessen Grundlage die
Vollständigkeit der Übermittlung prüfen zu können (BGH v. 5.2.2014 – IV ZB 34/13;
BGH v. 7.7.2010 – XII ZB 59/10, NJW-RR 2010, 1648). Diese Überprüfung hat insbesondere im Hinblick auf den so genannten „OK-Vermerk" des Sendeprotokolls zu
erfolgen (BGH 5.2.2014 – IV ZB 34/13; BGH v. 7.11.2012 – IV ZB 20/12, NJW-RR
2013, 305; BGH v. 16.12.2009 – IV ZB 30/09, FamRZ 2010, 458). Zu beachten ist, dass
bei einer Telefax-Übermittlung die ordnungsgemäße, durch einen „OK"-Vermerk unter-
legte Absendung eines Schreibens nach der Rechtsprechung des Bundesgerichtshofs über
ein **bloßes Indiz** hinaus nicht den Anscheinsbeweis für dessen tatsächlichen Zugang bei dem
Empfänger begründet (BGH v. 21.7.2011 – IX ZR 148/10, IBR 2011, 733; BGH v.
7.12.1994 – VIII ZR 153/93, NJW 1995, 665; BGH MDR 1996, 99; BGH NJW 1999,

3554; BGH NJW-RR 2002, 999; OLG Bamberg v. 5.7.2012 – 1 U 8/12; OLG Brandenburg v. 26.6.2012 – 6 U 3/11). Der „**OK**"-Vermerk gibt dem Absender keine Gewissheit über den Zugang der Sendung, weil er nur das Zustandekommen der Verbindung, aber nicht die erfolgreiche Übermittlung belegt (BGH v. 21.7.2011 – IX ZR 148/10, IBR 2011, 733; BGH MDR 1996, 99). Dieser Rechtsprechung sind der Bundesfinanzhof (vgl.: BFH v. 8.7.1998 – I R 17/96, BFHE 186, 491) und das Bundesarbeitsgericht (BAG v. 14.8.2002 – 5 AZR 169/01, NZA 2003, 158) beigetreten. Diese rechtliche Würdigung wird – wie der Bundesgerichtshof auch nochmals ausdrücklich festgestellt hat – durch abweichende Bewertungen in Entscheidungen des OLG München (MDR 1999, 286), des OLG Celle (VersR 2008, 1477) sowie des OLG Karlsruhe (VersR 2009, 245) mangels zuverlässiger neuer technischer Erkenntnisse nicht in Frage gestellt (vgl.: BGH v. 21.7.2011 – IX ZR 148/10, IBR 2011, 733).

17. Die vom Rechtsanwalt angeordnete Ausgangskontrolle muss sich auch darauf beziehen, dass bei der Versendung des Telefaxes die zutreffende Empfängernummer verwendet wurde (BGH v. 11.12.2013 – XII ZB 229/13, NJW-RR 2014, 316; BGH v. 10.9.2013 – VI ZB 612/12, MDR 2013, 1303; BGH v. 3.12.1996 – XI ZB 20/96, NJW 1997, 948). Diese Gewissheit kann das Sendeprotokoll nur vermitteln, wenn es nicht nur eine technisch fehlerfreie Versendung als solche belegt, sondern ebenfalls ausweist, an welche konkrete Empfängernummer das Telefax gesendet wurde (BGH v. 11.12.2013 – XII ZB 229/13, NJW-RR 2014, 316). **Die Überprüfung lediglich anhand einer geräteintern verwendeten Kurzwahl steht dem nicht gleich** (BGH v. 11.12.2013 – XII ZB 229/ 13, NJW-RR 2014, 316).

18. Ein Rechtsanwalt genügt seiner Pflicht zur wirksamen Ausgangskontrolle fristwahrender Schriftsätze nur dann, wenn er seine Angestellten anweist, nach einer Übermittlung per Telefax anhand des **Sendeprotokolls** zu überprüfen, ob die **Übermittlung vollständig** und an den richtigen Empfänger erfolgt ist (BGH v. 31.10.2012 – III ZB 51/ 12). Dabei ist ein **Vergleich der Anzahl der zu übermittelnden mit den laut Sendeprotokoll versandten Seiten** anzuordnen (BGH v. 31.10.2012 – III ZB 51/12; BGH v. 14.5.2008 – XII ZB 34/07, NJW 2008, 2508; BGH v. 13.6.1996 – VII ZB 13/96, NJW 1996, 2513). Die entsprechende Prüfung braucht ein Rechtsanwalt dabei nicht selbst vorzunehmen; er kann sie seinem zuverlässigen Personal übertragen (BGH v. 18.10.1995 – XII ZB 123/95, VersR 1996, 778; BGH v. 31.10.2012 – III ZB 51/12).

19. Hier wird davon ausgegangen und der **Regelung der Büroanweisung zugrunde gelegt**, dass der Rechtsanwalt die Versendung insbesondere von fristwahrenden Schriftsätzen **so rechtzeitig und zu einer Zeit veranlasst, zu der die Einholung der Bestätigung im Blick auf die Besetzung der entsprechenden Dienststellen – noch – möglich ist**. Es entsteht so eine doppelte Absicherung zum einen durch das Sendeprotokoll und zum anderen durch die telefonische Bestätigung der Posteingangsstelle. Für eine ordnungsgemäße Ausgangskontrolle ausreichend ist dabei die allgemeine Anweisung, die Frist erst nach telefonischer Rückfrage beim Empfänger zu streichen (BGH v. 24.1.1996 – XII ZB 4/96, VersR 1996, 1125; BGH v. 2.7.2001 – II ZB 28/00, NJW-RR 2002, 60; BGH v. 19.3.2008 – III ZB 80/07, NJW-RR 2008, 1379). Insbesondere hat der BGH ausgesprochen, dass die Überprüfung des Sendeberichts durch einen Kontrollanruf ersetzt werden kann, zu dem der Rechtsanwalt seine Kanzleiangestellte konkret angewiesen hat (BGH v. 2.7.2001 – II ZB 28/00, NJW-RR 2002, 60).

20. Der Rechtsanwalt muss eine wirksame Ausgangskontrolle sicherstellen, indem er seine Mitarbeiter **anweist, einen Einzelnachweis über den Sendevorgang ausdrucken zu lassen, bevor die entsprechende Frist als erledigt vermerkt wird** (BGH v. 12.9.2013 – III ZB 7/13, NJW 2014, 225; BGH v. 23.10.2003 – V ZB 28/03, NJW 2004, 367).

21. Erforderlich ist eine konkrete Anweisung – etwa in dem Sinne, dass die Frist erst gestrichen wird, wenn der fristwahrende Schriftsatz in ein Postausgangsfach der Kanzlei gelegt wird, von wo aus er unmittelbar zum Briefkasten gebracht wird (BGH v. 12.4.2011 – VI ZB 6/10, NJW 2011, 2051; BGH v. 11.3.2014 – VIII ZB 52/13).

22. Es muss klar bestimmt werden wer für die Streichung der Frist zuständig ist und es darf nur eine entsprechend qualifizierte Fachkraft verantwortlich sein. Von einem für die Fristversäumung ursächlichen anwaltlichen Organisationsverschulden ist nach der Rechtsprechung des BGH (v. 6.2.2006 – II ZB 1/05, NJW 2006, 1520) auszugehen, wenn nicht festgestellt werden kann, dass nur eine bestimmte qualifizierte Fachkraft für die Fristennotierung im Kalender und die Fristenüberwachung verantwortlich ist, sondern es möglich ist, dass mehrere Büroangestellte und unzulässigerweise sogar eine noch auszubildende Kraft (BGH v. 20.6.1978 – VI ZB 7/78, VersR 1978, 959, 960) hierfür zuständig sind (BGH v. 6.2.2006 – II ZB 1/05, NJW 2006, 1520; BGH NJW 1992, 3176). Besteht in einer Anwaltskanzlei die Möglichkeit, dass ein Rechtsanwalt selbst Fristen streicht und bleibt offen, wer eine Frist zu Unrecht gestrichen hat, so muss der Rechtsanwalt ein eigenes Verschulden ausräumen und gegebenenfalls zu den organisatorischen Maßnahmen, die er zur Vermeidung von Fehlerquellen durch die Kompetenzüberschneidung getroffen hat, Stellung nehmen (BGH v. 3.11.2010 – XII ZB 177/10, NJW 2011, 385).

23. Der Rechtsanwalt muss durch organisatorische Maßnahmen gewährleisten, dass die für den Postversand vorgesehenen Schriftstücke zuverlässig auf den Postweg gebracht werden (BGH 11.3.2014 – VIII ZB 52/13). Zu einer wirksamen Ausgangskontrolle gehört dabei unter anderem die Anordnung, dass die Erledigung der fristgebundenen Sachen am Abend jedes Arbeitstages anhand des Fristenkalenders überprüft wird (BGH v. 17.1.2012 – VI ZB 11/11, NJW-RR 2012, 427; BGH v. 16.2.2010 – VIII ZB 76/09, NJW 2010, 1378; BGH v. 11.3.2014 – VIII ZB 52/13).

5. Büroanweisung/Verhaltenshinweise Durchsuchung und Beschlagnahme in der Rechtsanwaltskanzlei

Verhaltenshinweise Durchsuchung/Beschlagnahme

1. Wenn Personen mit dem Begehren der Durchsuchung[1, 2, 3, 4] der Kanzleiräume oder der Beschlagnahme von Gegenständen an den/in den Kanzleiräumen erscheinen, keine Erklärungen abgeben, mit Ausnahme der Erklärung, dass sofort der Rechtsanwalt informiert wird. Zuständig für die erste Beantwortung der Fragen der Personen ist Frau/Herr (. . . . . .), wenn diese/r nicht anwesend ist, Frau/Herr (. . . . . .), wenn diese/r nicht anwesend ist, Frau/Herr (. . . . . .).[5]

2. Der Rechtsanwalt ist selbst in der Kanzlei anwesend: Dieser ist unverzüglich herbeizuholen.

3. Protokoll – mindestens stichwortartig – mit genauen Uhrzeiten, Personen, Namen, Fragen, Antworten bereitlegen und durchgehend zu allen in dieser Büroanweisung angegebenen Punkten sowie zu dem sonstigen Geschehen der Durchsuchung/Beschlagnahme anfertigen.

4. Der Rechtsanwalt ist selber nicht in den Kanzleiräumen anwesend:

4.1. Zuständig für die Ausübung des Hausrechts ist Frau/Herr (. . . . .), wenn diese/r nicht anwesend ist, Frau/Herr (. . . . .).[5] Das Hausrecht gibt ein Anwesenheitsrecht bei der Durchsuchung (§ 106 Abs. 1 StPO).

4.2. Unverzüglich den Rechtsanwalt anrufen, über die angekündigte/anlaufende Durchsuchung/Beschlagnahme und die bereits anwesenden Personen informieren und herbeirufen. Wenn der Rechtsanwalt nicht erreichbar ist, unverzüglich Rechtsanwältin/Rechtsanwalt (. . . . .) (Anschrift) (Telefon) und wenn diese/dieser nicht erreichbar ist Rechtsanwalt/Rechtsanwältin (. . . . .) (Anschrift) (Telefon) anrufen und herbeirufen und wenn dieser/diese nicht erreichbar ist, Rechtsanwalt/Rechtsanwältin (. . . . .).[5]

4.3. Nichts – ohne Absprache – freiwillig herausgeben.

4.4. Den Untersuchungsleiter bitten, mit dem Beginn der Untersuchung bis zum Erscheinen des herbeigerufenen Rechtsanwaltes zu warten.

4.5. Namen des Durchsuchungsleiters und der weiteren Ermittlungspersonen sowie der jeweiligen Telefonnummern erfragen und notieren (nach Visitenkarten fragen). Im Zweifel Dienstausweise vorlegen lassen.

4.6. Nach dem Durchsuchungsbeschluss fragen und diesen aushändigen lassen bzw. ggf. Kopie fertigen.[6]

4.7. Prüfung, ob Maßnahme gem. § 102 StPO (Durchsuchung bei einem Verdächtigen) oder gem. § 103 StPO (Durchsuchung bei anderen Personen).

4.8. Durchsuchungsbeschluss durchsehen: (1) Ist im Beschluss der Tatverdacht hinreichend konkret beschrieben? (2) Sind die aufzufindenden Gegenstände ausreichend konkret bezeichnet? (3) Bei einer Durchsuchung gem. § 102 StPO: Sind die Gründe benannt, aus denen sich ergibt, warum die gesuchten Gegenstände bei Dritten zu finden sein sollen? (4) Ist der Beschluss nicht älter als sechs Monate?[7]

4.9. Falls kein Durchsuchungsbeschluss vorliegt: Unterrichtung über Gründe und Ziele der Durchsuchung fordern.[8]

4.10. Keine Gespräche mit den Durchsuchungspersonen, auch keine informatorischen Vorgespräche.

4.11. Nach Möglichkeit die Durchsuchungsbeamten jeweils von einem Mitarbeiter der Kanzlei begleiten lassen.

4.12. Den Untersuchungsleiter darum bitten, in einem Vorgespräch die organisatorische Abwicklung der Durchsuchung zu besprechen und dabei auch die Frage zu erörtern, wie der Geschäftsbetrieb möglichst reibungslos aufrecht erhalten und schädliche Außenwirkungen der Durchsuchung vermieden werden können.

4.13. Die von den Ermittlern aufgefundenen Unterlagen zunächst im (. . . . .; zB Besprechungsraum)[9] sammeln. Darum bitten, dass die Fragen der Sicherstellung oder Beschlagnahme sowie der Anfertigung von Kopien dann am Ende der Durchsuchung in einem Abschlussgespräch mit dem Durchsuchungsleiter erörtert werden.[10]

4.14. Auf keinen Fall Unterlagen beiseite schaffen oder Daten vernichten.

4.15. Vernehmung in der Kanzlei widersprechen. Liegt ein Durchsuchungs- oder Beschlagnahmebeschluss vor, ist die Vernehmung von Personen bei dieser Gelegenheit nicht zulässig.

4.16. Sind nur Polizeibeamte in der Kanzlei erschienen und kein Staatsanwalt und liegt eine Einsichtsbefugnis der Polizeibeamten nicht vor oder wird nicht erteilt, der Durchsicht von Papieren und Dateien widersprechen und Versiegelung etwa beschlagnahmter Unterlagen verlangen.[11]

4.17. Beschlagnahmeverbot geltend machen.[12]

4.18. Detaillierte Dokumentation der beschlagnahmten Gegenstände verlangen.[13]

4.19. Kopien der sichergestellten Unterlagen fertigen.

4.20. Fehlendes Einverständnis mit Durchsuchung und Beschlagnahme in der Durchsuchungsniederschrift vermerken lassen.

4.21. Kopie des polizeilichen Protokolls verlangen.

Schrifttum: *Baldarelli*, Der Richtervorbehalt oder Gefahr im Verzuge bei der Anordnung einer Wohnungsdurchsuchung, Kriminalistik 2006, 69; *Burhoff*, Durchsuchung und Beschlagnahme in der Rechtsanwaltskanzlei, ZAP 2005, 413; *Falk*, Dienstbereit und gesetzlich? Anmerkung zum Grundsatz des gesetzlichen Richters im Bereitschaftsdienst, DRiZ 2007, 151; *Hofmann*, Der „unwillige" Bereitschaftsrichter und Durchsuchungsanordnungen wegen Gefahr im Verzug, NStZ 2003, 230; *Höfling*, Fernmündliche Durchsuchungsanordnungen durch den Richter gem. §§ 102 ff. StPO, JR 2003, 408; *Klaws*, Praxistipp zum Beschluss des BVerfG vom 5.5.2008 – 2 BVR 1801/06 – Verfassungsbeschwerde gegen die Durchsuchung bei einem Rechtsanwalt, StRR 2008, 265; *Maschmann/Sieg/Göpfert/Bodem*, Vertragsgestaltung im Arbeitsrecht, 1. Aufl., 2012; *Menz*, Anmerkung LG Ulm v. 15.1.2007 – 2 Qs 2002/07, ZInsO 2007, 828; *Müller/Trurnit*, Eilzuständigkeiten der Staatsanwaltschaft und des Polizeivollzugsdienstes in der StPO, StraFO 2008, 144; *Schork*, Anmerkung LG Ulm v. 15.1.2007 – 2 Qs 2002/07, NJW 2007, 2057; *Weyand*, Anmerkung LG Saarbrücken v. 2.2.2010 – 2 Qs 1/10, ZInsO 2010, 431.

Anmerkungen

1. Es ist von Vorteil und empfehlenswert, den Mitarbeitern Verhaltensregelungen für den Fall von Durchsuchungshandlungen der Ermittlungsbehörden an die Hand zu geben. Dies betrifft auch den Umgang mit den Finanzbehörden und dem Zoll im Hinblick auf deren Verhalten bei der Durchsuchung und Beschlagnahme von Mandanten- und Kundendaten und deren Unterlagen (Maschmann/Sieg/Göpfert/Bodem, S. 540 Rn. 42). Dabei ist das „Szenario" auch vorab durchzusprechen insbesondere für den Fall, dass der Rechtsanwalt nicht selber in der Kanzlei anwesend ist, wenn die Ermittlungsbehörden erscheinen.

2. Die Formulierung dieser Büroanweisung/Verhaltenshinweise orientiert sich wesentlich an der Checkliste für das Verhalten bei der Durchsuchung der Rechtsanwaltskanzlei von *Burhoff* in ZAP 2005, 413 dort Ziff. IV. Ergänzend wird verwiesen auf die auf den jeweiligen websites zu findenden Verhaltenshinweise der Rechtsanwaltskammern wie zB Verhaltenshinweise Durchsuchung Anwaltskanzlei Rechtsanwaltskammer Berlin (Stand 4/2014) mwN Der Rechtsanwalt wird prüfen, ob er diese Texte zur Gewährleistung schnellen Zugriffs zusammen mit der auf seine Kanzlei abgestimmten Büroanweisung/den Verhaltenshinweisen Durchsuchung und Beschlagnahme in den Kanzleiräumen verwahrt und dieser anheftet.

3. Art. 13 Abs. 1 GG garantiert die Unverletzlichkeit der Wohnung. Sinn der Garantie ist die **Abschirmung der Privatsphäre in räumlicher Hinsicht** (BVerfG Urt. v. 5.5.2011 – 2 BvR 1011/10, NJW 2011, 2275). Damit wird dem Einzelnen zur freien Entfaltung der Persönlichkeit ein elementarer Lebensraum gewährleistet. In seinen Wohnräumen hat er das Recht, in Ruhe gelassen zu werden (BVerfG Urt. v. 5.5.2011 – 2 BvR 1011/10, NJW 2011, 2275; BVerfG Urt. v. 16.7.1969 – 1 BvL 19/63, NJW 1969, 1707; BVerfG Urt. v. 3.4.1979 – 1 BvR 994/76, NJW 1979, 1539). Im Interesse eines wirksamen Schutzes hat das Bundesverfassungsgericht den **Begriff der Wohnung weit ausgelegt.** Er umfasst **auch Arbeits-, Betriebs- und Geschäftsräume** (BVerfG Urt. v. 5.5.2011 – 2 BvR 1011/10 – NJW 2011, 2275; BVerfGE 32, 54; BVerfGE 42, 212; BVerfGE 44, 353; BVerfGE 76, 83). In diese grundrechtlich geschützte Lebenssphäre greift eine Durchsuchung schwerwiegend ein (BVerfG Urt. v. 5.5.2011 – 2 BvR 1011/10, NJW 2011, 2275; BVerfGE 96, 27; BVerfGE 103, 142). Das Gewicht des Eingriffs **verlangt als Durchsuchungsvoraussetzung Verdachtsgründe, die über vage Anhaltspunkte und bloße Vermutungen hinausreichen.** Ein Verstoß gegen diese Anforderung liegt vor, wenn sich sachlich zureichende plausible Gründe für eine Durchsuchung nicht mehr finden lassen (BVerfG Urt. v. 5.5.2011 – 2 BvR 1011/10, NJW 2011, 2275; BVerfGE 59, 95). Es ist zu verlangen, dass ein dem Beschuldigten **angelastetes Verhalten geschildert wird, das den Tatbestand eines Strafgesetzes erfüllt.** Die wesentlichen Merkmale des gesetzlichen Tatbestandes, die die Strafbarkeit des zu subsumierenden Verhaltens kennzeichnen, müssen berücksichtigt werden (BVerfG Urt. v. 5.5.2011 – 2 BvR 1011/10, NJW 2011, 2275; BVerfG Urt. v. 7.9.2006 – 2 BvR 1219/05, NJW 2007, 1443; BVerfG Urt. v. 5.5.2008 – 2 BvR 1801/06, NJW 2008, 2422). Die Durchsuchung bedarf vor allem einer **Rechtfertigung nach dem Grundsatz der Verhältnismäßigkeit** (BVerfG Urt. v. 5.5.2011 – 2 BvR 1011/10, NJW 2011, 2275). Sie muss im Blick auf den bei der Anordnung verfolgten gesetzlichen Zweck **erfolgversprechend** sein. Ferner muss gerade diese Zwangsmaßnahme zur Ermittlung und Verfolgung der vorgeworfenen Tat **erforderlich** sein; das ist nicht der Fall, wenn andere, weniger einschneidende Mittel zur Verfügung stehen. Schließlich muss der jeweilige Eingriff in **angemessenem Verhältnis zu der Schwere der Tat und der Stärke des Tatverdachts** stehen (BVerfG Urt. v. 5.5.2011 – 2 BvR 1011/10, NJW 2011, 2275; BVerfGE 96, 44). Gerade die **Durchsuchung beruflich genutzter Räume greift in schwerwiegender Weise in das Grundrecht aus Art. 13 Abs. 1 GG ein** (BVerfG Urt. v. 5.5.2008 – 2 BvR 1801/06, NJW 2008, 2422; BVerfG Urt. v. 17.2.1998 – 1 BvF 1/91, NJW 1998, 1627). Auch wenn eine solche Durchsuchung nicht unmittelbar den Schutzbereich der Berufsfreiheit nach Art. 12 Abs. 1 GG berührt (BVerfG Urt. v. 5.5.2008 – 2 BvR 1801/06 NJW 2008, 2422); BVerfGE 97, 228; BVerfGE 113, 29), haben die Strafverfolgungsbehörden das Ausmaß der – mittelbaren – Beeinträchtigung der beruflichen Tätigkeit des Betroffenen zu berücksichtigen (BVerfGE 113, 29; BVerfG Urt. v. 5.5.2008 – 2 BvR 1801/06, NJW 2008, 2422). **Die herausgehobene Bedeutung der Berufsausübung eines Rechtsanwalts für die Rechtspflege und für die Wahrung der Rechte seiner Mandanten** (BVerfG Urt. v. 5.5.2008 – 2 BvR 1801/06, NJW 2008, 2422; BVerfGE 44, 353; BVerfGE 110, 226) **gebietet die besonders sorgfältige Beachtung der Eingriffsvoraussetzungen und des Grundsatzes der Verhältnismäßigkeit,** auch wenn die Beschlagnahme und die auf sie gerichtete Durchsuchung bei einem als Strafverteidiger tätigen Rechtsanwalt durch § 97 StPO nicht generell ausgeschlossen ist, wenn dieser selbst Beschuldigter in einem gegen ihn gerichteten Strafverfahren ist (BVerfG Urt. v. 5.5.2008 – 2 BvR 1801/06, NJW 2008, 2422 mwN). Ein Verstoß gegen diese Anforderungen liegt vor, wenn sich **sachlich zureichende plausible Gründe für eine Durchsuchung nicht mehr finden lassen.** Dass der Ermittlungsrichter diese Eingriffsvoraussetzungen selbständig und eigenverantwortlich geprüft hat (BVerfGE 103, 142), **muss in dem Beschluss zum Ausdruck kommen** (BVerfG Urt. v. 5.5.2008 – 2 BvR 1801/06, NJW 2008, 2422). Es ist zu verlangen, dass ein dem Beschuldigten angelastetes Verhalten geschildert wird, das den Tatbestand eines Strafgesetzes erfüllt (BVerfG Urt. v. 5.5.2008 – 2 BvR 1801/06, NJW 2008, 2422). Die wesentlichen Merkmale des gesetzlichen Tatbestandes, die die Strafbarkeit des zu subsumierenden Verhaltens kennzeichnen, müssen berücksichtigt werden (BVerfG Urt. v. 7.9.2006 – 2 BvR 1219/05, NJW 2007, 1443; BVerfG Urt. v. 5.5.2008 – 2 BvR 1801/06, NJW 2008, 2422).

4. Ist der **Rechtsanwalt Insolvenzverwalter,** so wird die Anordnung der **Durchsuchung in den Geschäftsräumen eines – unverdächtigen – Insolvenzverwalters** als grundsätzlich zulässig angesehen, da gem. § 103 StPO auch bei einem Unverdächtigen die Durchsuchung angeordnet werden kann, wenn aufgrund bestimmter Tatsachen zu vermuten ist, dass bestimmte, als Beweismittel dienende, Gegenstände sich in dessen Räumen befinden (LG Dresden Urt. v. 27.11.2013 – 5 Qs 113/13 und 5 Qs 123/13, NZI 2014, 236). Dabei ist die Durchsuchung auch nicht rechtswidrig, wenn der **Insolvenzverwalter als Rechtsanwalt Angehöriger einer besonders schutzwürdigen Berufsgruppe** ist (vgl. §§ 53 Abs. 1 S. 1 Nr. 3, 97, Abs. 1, 160a Abs. 2 StPO), da § 53 Abs. 1 StPO ein besonderes, vom Hilfe und Sachkunde Suchenden zum Berufsgeheimnisträger freiwillig begründetes Vertrauensverhältnis schützt, während dem **Insolvenzverwalter durch das Insolvenzgericht durch hoheitlichen Akt das Amt des (vorläufigen) Insolvenzverwalters verliehen** wird (LG Dresden Urt. v. 27.11.2013 – 5 Qs 113/13 und 5 Qs 123/13, NZI 2014, 236; LG Saarbrücken Urt. v. 2.2.2010 – 2 Qs 1/10, NStZ 2010, 534). Dabei darf die angeordnete Durchsuchung **nicht auf das Auffinden von beschlagnahmefreien Gegenständen zielen** (§§ 53 Abs. 1 S. 1 Nr. 3, 97 Abs. 1 StPO), was rechtswidrig wäre (LG Ulm Urt. v. 15.1.2007 – 2 Qs 2002/07 Wik, NJW 2007, 2056; LG Dresden Urt. v. 27.11.2013 – 5 Qs 113/13 und 5 Qs 123/13, NZI 2014, 236 mwN). Es ist allerdings stets und immer bei Durchsuchungen der **Grundsatz der Verhältnismäßigkeit** zu beachten (LG Dresden Urt. v. 27.11.2013 – 5 Qs 113/13 und 5 Qs 123/13, NZI 2014, 236). Dabei ist zu prüfen, ob der Insolvenzverwalter gem. **§ 95 StPO zur Herausgabe der gesuchten Unterlagen aufgefordert** werden kann bzw. aufgefordert wurde. Die Durchsuchung muss im Hinblick auf den bei der Anordnung verfolgten gesetzlichen Zweck nicht nur erfolgversprechend, sondern zur Ermittlung und Verfolgung der vorgeworfenen Tat auch erforderlich sein; das ist nicht der Fall, wenn andere, weniger einschneidende Mittel – wie das Verfahren gem. § 95 StPO – zur Verfügung stehen. Zudem muss der jeweilige **Eingriff in angemessenem Verhältnis zu der Schwere der Tat und der Stärke des Tatverdachts** stehen (BVerfG Urt. v. 5.5.2011 – 2 BvR 1011/10, NJW 2011, 2257; LG Dresden Urt. v. 27.11.2013 – 5 Qs 113/13 und 5 Qs 123/13, NZI 2014, 236). Der Grundsatz der Verhältnismäßigkeit gebietet in jedem Verfahrensstadium **das jeweils mildeste Mittel** anzuwenden. Kann ein Ermittlungserfolg auf unterschiedliche Art und Weise erreicht werden, so muss dasjenige Mittel gewählt werden, welches den Betroffenen unter den Umständen des Einzelfalles bestmöglich schont (LG Dresden Urt. v. 27.11.2013 – 5 Qs 113/13 und 5 Qs 123/13, NZI 2014, 236). Ein Vorgehen der Ermittlungsbehörden gem. § 95 StPO bietet sich immer dann als – verhältnismäßiges – strafprozessuales Instrument an, wenn anzunehmen ist, dass der Herausgabepflichtige die gesuchten Beweisgegenstände freiwillig herausgibt und weder das Gebot der Verfahrensbeschleunigung entgegensteht noch ein das Ermittlungsverfahren bedrohender Verlust der begehrten Sache oder gar Verdunkelungsmaßnahmen zu besorgen sind (LG Saarbrücken Urt. v. 2.2.2010 – 2 Qs 1/10, NStZ 2010, 534; LG Dresden Urt. v. 27.11.2013 – 5 Qs 113/13 und 5 Qs 123/13, NZI 2014, 236). Ein **Insolvenzverwalter als geschäftskundige, unabhängige Rechtsperson** (§ 56 Abs. 1 InsO), die Amtspflichten trifft, ist **verpflichtet, mit den Ermittlungsbehörden zu kooperieren** (LG Dresden Urt. v. 27.11.2013 – 5 Qs 113/13 und 5 Qs 123/13, NZI 2014, 236). Soweit zB nicht ein **Verlust gesuchter Unterlagen oder Verdunkelungsmaßnahmen** zu befürchten sind reicht dabei allein der Wunsch nach einem zeitgleichen Vorgehen gegen alle (vermeintlichen) Gewahrsamsinhaber von Beweismitteln es wegen des bei einer Durchsuchung betroffenen Grundrechts aus Art. 13 Abs. 1 GG nicht aus, ohne vorheriges Herausgabeverlangen gem. § 95 StPO die Durchsuchung der Geschäftsräume eines Insolvenzverwalters anzuordnen (LG Dresden Urt. v. 27.11.2013 – 5 Qs 113/13 und 5 Qs 123/13, NZI 2014, 236; vgl. dazu auch: *Weyand* ZInsO 2010, 431; *Schork* NJW 2007, 2057; *Menz* ZInsO 2007, 828).

5. Das ist an die jeweilige Kanzleistruktur und Kanzleigröße anzupassen. Geht es dabei um eine Durchsuchung gem. § 103 StPO ist der Rechtsanwalt zur Verschwiegenheit verpflichtet (§ 43 a II 1 BRAO) und er verletzt diese Pflicht, wenn er eine Handakte ohne Wissen und Zustimmung seines Mandanten freiwillig **und ohne Schweigepflichtentbindungserklärung des Mandanten** zur Verfügung stellt oder herausgibt wobei zudem auch die Gefahr eines Geheimnisverrats (§ 203 StGB) besteht. Hier sollte zur eigenen Absicherung keinerlei Auskunft aus dem Mandatsverhältnis gegeben und auf einem **schriftlichen Nachweis der Entbindung** bestanden werden und die **Handakten müssen beschlagnahmt werden**. Hier ist ggf. auch die sofortige Unterrichtung und Zuziehung eines Mitglieds des Vorstands der Rechtsanwaltskammer geboten (vgl. Verhaltenshinweise der Berliner Rechtsanwaltskammer mwN).

6. Es besteht **Anspruch auf Überlassung einer Kopie des Durchsuchungsbeschlusses** (BGH Urt. v. 7.11.2002 – 2 BJs 27/02-5, NStZ 2003, 273; *Burhoff* ZAP 2005, 413).

7. Vgl. BVerfG Urt. v. 27.5.1997 – 2 BvR 1992/92, NJW 1997, 2165.

8. Wird **Gefahr im Verzug** geltend gemacht so ist zu beachten, dass diese Voraussetzung nur erfüllt ist, wenn die richterliche Anordnung der Maßnahme nicht eingeholt werden kann, ohne dass der **Zweck** der Durchsuchung dadurch **gefährdet** wird (*Burhoff* ZAP 2005, 413 mwN). Der **Begriff** der „Gefahr im Verzug" ist dabei **eng auszulegen** (BVerfG Urt. v. 20.2.2001 – 2 BvR 1444/00, NJW 2001, 1121; *Burhoff* ZAP 2005, 413 mwN). Vgl. dazu auch: *Hofmann* NStZ 2003, 230; *Höfling* JR 2003, 408; *Baldarelli* S. 69; *Müller/Trurnit* StraFO 2008, 144; *Falk* DRiZ 2007, 151.

9. Das ist ggf. an die Kanzleistruktur und Kanzleigröße anzupassen.

10. Die Beschlagnahme von Unterlagen und Beweismitteln kann idR nicht verhindert werden. Um aber die Mitnahme und die Durchsicht von Papieren nicht betroffener Dritter zu verhindern, **bei der Suche ggf. behilflich sein**. Das verhindert auch die gezielte Suche nach **Zufallsfunden**. So wird es auch grds. zu empfehlen sein, **verschlossene Räume, Schränke, Tresore o. ä. zu öffnen**. Entsprechendes kann für die **Preisgabe von Passwörtern für die EDV** gelten, wenn durch eine Durchsicht der Dateien verhindert werden kann, dass die gesamte EDV sichergestellt wird (vgl. *Burhoff* ZAP 2005, 431).

11. Zu beachten ist, dass **Polizeibeamte ohne Genehmigung des Rechtsanwaltes Handakten nicht durchsehen dürfen**, da dieses Recht **ausschließlich der Staatsanwaltschaft zusteht** (§ 110 StPO), sodass – wenn kein Staatsanwalt anwesend ist – die Unterlagen (Handakten) von den Polizeibeamten **ungelesen versiegelt und zur Staatsanwaltschaft gebracht** werden müssen. Zu beachten ist, dass im Gegensatz zu den Polizeibeamten die Beamten der Steuerfahndung auch ohne Genehmigung des Rechtsanwalts, Papiere durchsehen dürfen (vgl.: § 404 S. 2, 1. HS AO). **Kommen nicht nur Polizeibeamte sondern auch ein Staatsanwalt** sollte der Rechtsanwalt **trotzdem versuchen auf einer Versiegelung der Unterlagen zu bestehen** (vgl. Verhaltenshinweise der Berliner Rechtsanwaltskammer bei Durchsuchungen unter Verweis (Stand 4/2014) auf AG Hanau Urt. v. 24.2.1989 – 6 Js 4691/87 – 52 GS, NJW 1989, 1493 sowie Karlsruher Kommentar/*Nack* StPO, § 97 Rn. 15).

12. Gem. § 97 Abs. 1 Nr. 2 und 3 StPO sind beschlagnahmefrei schriftliche Mitteilungen zwischen dem Mandanten und dem Rechtsanwalt, sowie dessen Aufzeichnungen über die ihm anvertrauten Tatsachen und allen anderen Gegenstände, auf die sich sein

Zeugnisverweigerungsrecht erstreckt, soweit nicht der Ausnahmetatbestand vorliegt, dahingehend, dass der Rechtsanwalt einer Teilnahme oder einer Begünstigung, Strafvereitelung oder Hehlerei verdächtig ist oder wenn es sich um Gegenstände handelt, die durch eine Straftat hervorgebracht, zur Begehung einer Straftat bestimmt sind oder aus einer Straftat herrühren (§ 97 Abs. 2 und 3 StPO). Ist der Rechtsanwalt der Auffassung, dass auf beschlagnahmefreien Unterlagen Zugriff genommen wird, so sollte er auf die Rechtswidrigkeit der Beschlagnahme hinweisen und seinen Widerspruch gem. § 97 Abs. 1 StPO auch protokollieren lassen.

13. Die beschlagnahmten Unterlagen und Gegenstände müssen im **Sicherstellungs-verzeichnis** genau aufgelistet werden. Dieses hat der Rechtsanwalt auf Richtigkeit hin zu überprüfen und er sollte ferner unbedingt darauf achten, dass er **lesbare Durchschriften des Sicherstellungsverzeichnisses** erhält.

II. Terminprotokolle

1. Terminzettel Gerichtstermin

Terminzettel Gerichtstermin[1]

Akte: . . . . . . (Aktennummer Kanzlei; Mdt. ./. Gegner)

Gericht: . . . . . .

Gerichtsort: . . . . . .

Gerichtsaktenzeichen: . . . . . .

Raum: . . . . . .

Abfahrt von der Kanzlei: . . . . . .[2]

Beginn gem. Ladung: . . . . . .

Wartezeit: . . . . . .[2]

Terminsart: Verhandlungstermin . . . . . .; Beweistermin . . . . . .;[3] Ortstermin . . . . . .

Anwesend: . . . . . .

Anträge: . . . . . .

Vermerke zur Verhandlung:

. . . . . .

Vorläufige Protokollaufzeichnung (§ 160a ZPO):

. . . .[4, 5]

Verfügungen des Gerichts: . . . . . .

Ergebnis der Verhandlung: . . . . . .

- Urteil . . . . . .
- Verkündungstermin am . . . . . .
- Weiterer Termin am: . . . . . .
- Vergleich: . . . . . .Widerrufsfrist: . . . . . .

Ende Gerichtstermin: . . . . . .[2]

Rückkehr in die Kanzlei: . . . . . .[2]

Schrifttum: *Doll*, Einsatz von Informationstechnik im Protokolldienst der ordentlichen Gerichtsbarkeit, JurPC 1995, 3263; *Heussen*, Anwaltsunternehmen führen, 2. Aufl., 2011; *Heussen*, Wie geht der gute Anwalt beim Honorar mit dem Mandanten um? Vom richtigen Preis, vom guten Verhandeln und vom besten Zeitpunkt für die Rechnung. AnwBl. 2009, 157; *Klinge/Klinge*, Mandantengespräch und Konfliktbewältigung, 1998; *Pick*, Die Kunst, Schwieriges einfach zu sagen, AnwBl 2013, 201; *Rensen*, Nachgeholte Dokumentation richterlicher Hinweise, MDR 2006, 1201; *Schons*, Die Vergütungsklage des Rechtsanwalts – gewusst wie. Praktische Tips für das Vorgehen gegen säumige Mandanten, AnwBl. 2011, 281; *Sommer/Wichert*, Anmerkung LG Kiel Urt. v. 1.6.2010 – 1 S 91/09 – ZMR 2011, 133.

Anmerkungen

1. Der Terminzettel bzw. das anwaltliche Terminsprotokoll hat verschiedene Funktionen. So können sich bei der **richterlichen Aufnahme des Protokolls Fehler** einschleichen. Die Rechtsprechung geht dabei davon aus, dass der **Anwalt verpflichtet** ist, den **Mandanten vor gerichtlichen Fehlentscheidungen zu schützen** (BGH v. 15.11.2007 – IX ZR 44/04, BGHZ 174, 205). Die Haftung des Rechtsanwalt wird dabei im Regelfall auch dann angenommen, wenn ein Fehler des Gerichts insbesondere bei der rechtlichen Prüfung des Streitfalls für den Schaden einer Partei mitursächlich geworden ist (BVerfG v. 22.4.2009 – 1 BvR 386/09, NJW 2009, 2945; BGH Urt. v. 14.10.2010 – IX ZR 4/10, BeckRS 2010, 26524). Gem. **§ 159 Abs. 1 S. 1 ZPO** ist über die **Verhandlung und jede Beweisaufnahme** ein Protokoll aufzunehmen. Dies gilt gem. § 159 Abs. 2 ZPO entsprechend für Verhandlungen, die außerhalb der Sitzung vor Richtern beim Amtsgericht oder vor beauftragten oder ersuchten Richtern stattfinden. Ein Protokoll über eine Güteverhandlung oder weitere Güteversuche vor einem Güterichter nach § 278 Abs. 5 ZPO wird nur auf übereinstimmenden Antrag der Parteien aufgenommen. Nur das Protokoll ist taugliches Beweismittel für die Beachtung der für die Verhandlung vorgeschriebenen Förmlichkeiten (§§ 165 S. 1 ZPO). Einziger Gegenbeweis ist der Nachweis der Fälschung (§ 165 S. 2 ZPO). Die Beweiskraft des Protokolls ist höher als die Beweiskraft des Urteilstatbestandes (§ 314 S. 2 ZPO). Das **Protokoll ist eine öffentliche Urkunde iSv § 415 ZPO** (vgl.: LG Kiel v. 1.6.2010 – 1 S 91/09, BeckRS 2010, 1733 mwN. Vgl. dazu auch: *Sommer/Wichert*, Anmerkung LG Kiel Urt. v. 1.6.2010 – 1 S 91/09, ZMR 2011, 133). Dies allerdings **nicht, wenn** es an der nach **§ 160 Abs. 3 Nr. 5 , § 162 Abs. 1 ZPO erforderlichen Genehmigung** die Beweiskraft als öffentliche Urkunde (§ 418 ZPO) fehlt (BGH Urt. v. 2.11.2010 – VIII ZA 14/10, WuM 2010, 765; BGH v. 18.1.1984 – IVb ZB 53/83, NJW 1984, 1465; BGH Urt. v. 4.7.2007 – XII ZB 14/07, NJW-RR 2007, 1451). Auch das **Sitzungsprotokoll der Verwaltungsgerichte** kann eine **öffentliche Urkunde** im Sinne des §§ 415 ff. ZPO darstellen (BVerwG NJW 1989, 1233; OLG Stuttgart v. 12.11.2003 – 1 Ws 248/03, Justiz 2004, 213; BGH FamRZ 1994, 300, 302). Die Reichweite der Beweiskraft dieser Urkunden richtet sich jedoch entscheidend nach deren Inhalt (OLG Stuttgart v. 12.11.2003 – 1 Ws 248/03, Justiz 2004, 213). Das **anwaltliche Protokoll** eines Gerichtstermins hat auch die Funktion einer **Prüfungsgrundlage, ob das regelmäßig später zugesandte gerichtliche Protokoll ordnungsgemäß und vollständig** erstellt wurde. Gemäß **§ 160 Abs. 2 ZPO** sind die wesentlichen Vorgänge der Verhandlung in das Protokoll aufzunehmen. Streitig ist dabei zB, wie die in § 139 Abs. 4 ZPO vorgeschriebene **Dokumentation eines gerichtlichen Hinweises** zu erfolgen hat (BGH v. 22.9.2005 – VII ZR 34/04, NJW 2006, 60 mwN). Nach der Gesetzesbegründung ist „für die Aktenkundigmachung weder eine bestimmte äußere Form noch ein bestimmter inhaltlicher Hinweis vorgesehen. Die äußere Form kann danach beispielsweise ein Hinweisbeschluss sein, dann ist inhaltlich der Hinweis sogar im Volltext aktenkundig. Wird der Hinweis mündlich erteilt, etwa in der Verhandlung oder per Telefon, so dokumentiert der Richter dies, indem er die Hinweiserteilung in das Verhandlungsprotokoll aufnimmt oder – in der zweiten Variante – einen Aktenvermerk schreibt. In diesen Fällen wird regelmäßig nicht der Wortlaut des Hinweises dokumentiert, sondern lediglich die Tatsache, dass das Gericht auf einen bestimmten Gesichtspunkt hingewiesen hat, beispielsweise, dass das Gericht eine bestimmte Tatbestandsvoraussetzung für nicht hinreichend substantiiert erachtet. Ist der Hinweis erteilt und seine Dokumentation zunächst versehentlich unterlassen worden, kann die Erteilung des Hinweises auch im Tatbestand des Urteils dokumentiert und damit aktenkundig gemacht werden" (BGH v. 22.9.2005 – VII ZR 34/04, NJW 2006, 60 unter Verweis auf BT-Drs. 14/4722, S. 78). Danach sollte die **Hinweiserteilung im Protokoll die Regel** sein und der **Hinweis im Urteil nur dokumentiert werden, wenn die anderweitige Dokumentation versehentlich unterlassen** worden ist, was schon deswegen sachgerecht erscheint, um späteren Streit über den Inhalt des Hinweises zu vermeiden (BGH Urt. v. 22.9.2005 – VII ZR 34/04, NJW 2006, 60. Vgl. dazu auch: *Rensen* MDR 2006, 1201).

2. Fahrt- und Wartezeiten. Der Terminzettel bzw. das anwaltliche Protokoll hat auch eine vergütungsrechtliche Funktion. Insbesondere kann die Frage, ob es zu Wartezeiten kam, bei der Abrechnung je nach getroffener Vergütungsvereinbarung relevant werden. Ob **Fahrtzeiten** vom und zum Gericht von einer Zeitvergütungsvereinbarung erfasst werden ist dabei **in der Vergütungsvereinbarung klarzustellen**, da der Rechtsanwalt als Rechtskundiger dafür Sorge zu tragen hat, dass jede Abweichung von gesetzlichen Gebühren eindeutig und unmissverständlich festgelegt wird, so dass der Mandant unschwer erkennen kann, was er zu bezahlen hat (BGH NJW 2005, 2142; BGH NJW 1965, 1023). Gleiches gilt für **Wartezeiten** beim Gericht (MAH VergütungsR/*Latz*, 2. Aufl., 2011, § 6 Rn. 124). Die Vergütung von Reise- und Wartezeiten nach dem **vollen Stundensatz** kann vereinbart werden (vgl. OLG Düsseldorf Urt. v. 7.6.2011 – 24 U 183/05, NJW 2011, 3311). Teilweise wird die **Staffelung der Stundensätze** für Fahrt- und Wartezeiten (etwa hälftiger Stundensatz) empfohlen (MAH VergütungsR/*Latz*, 2. Aufl., 2011, § 6 Rn. 124).

3. In der Rechtsprechung der Zivilgerichte ist anerkannt, dass eine Partei **bei Ermittlungen eines Sachverständigen** einen **fachkundigen Berater hinzuziehen darf**, um ihre Rechte bei der Feststellung und Bewertung des streitigen Sachverhalts wirksam wahrnehmen zu können (OLG Köln MedR 2010, 879; OLG Düsseldorf BauR 1974, 72; OLG Düsseldorf MDR 1979, 409; OLG München NJW-RR 1988, 1534). Im **Zivilprozess** wird dabei bei Ermittlungen eines Sachverständigen zur Vorbereitung seines Gutachtens der **Grundsatz der Parteiöffentlichkeit § 357 ZPO entsprechend angewandt** (OVG Rheinland-Pfalz v. 11.6.2013 – 2 A 11071/12.OVG, DÖV 2013, 859 mwN).

4. Es ist auch unbedingt zu überprüfen, ob ein **in der mündlichen Verhandlung gestellter Beweisantrag in das Protokoll aufgenommen** wurde. So wandelt sich zB im Verwaltungsgerichtsverfahren durch die Stellung eines Beweisantrages in der mündlichen Verhandlung (§ 86 Abs. 2 VwGO) der Anspruch der Beteiligten auf sachgerechte Ausübung des Ermessens des Gerichts in Bezug auf seine Vorgehensweise bei der Sachverhaltserforschung zu einem – nur von dem Fehlen gesetzlich abschließend festgelegter Ablehnungsgründe abhängigen – Anspruch auf Vornahme der beantragten Beweiserhebung (BVerwG v. 28.12.2011 – 9 B 53.11, NVwZ 2012, 512; BVerwG v. 13.12.1977 – 3 C 53.76, *Buchholz* 310 § 86 Abs. 1 VwGO Nr. 112). **Um einen derartigen Beweisantrag handelt es sich allerdings nur, wenn er im Termin ausdrücklich ausgesprochen und in das Sitzungsprotokoll aufgenommen worden ist.** Ein Beweisantrag nach § 86 Abs. 2 VwGO gehört zu den **wesentlichen Vorgängen der Verhandlung, die** gemäß § 160 Abs. 2 ZPO in Verbindung mit § 105 VwGO **zu protokollieren** sind (BVerwG v. 28.12.2011 – 9 B 53.11, NVwZ 2012, 512). Ist ein Beweisantrag nicht protokolliert, so begründet demgemäß das Protokoll den vollen Beweis dafür, dass er nicht gestellt worden ist (BVerwG v. 28.12.2011 – 9 B 53.11, NVwZ 2012, 512; BVerwG v. 2.11.1987, 4 B 204.87, Buchholz 310 § 86 Abs. 2 VwGO Nr. 32).

5. Der Terminzettel bzw. das **anwaltliche Protokoll zum Gerichtstermin** hat auch die **Funktion**, solche **Sachverhalte zu dokumentieren, die ggf. über § 160a Abs. 3 ZPO geltend gemacht werden** müssen. Gem. § 160a ZPO kann der Inhalt des Protokolls in einer gebräuchlichen Kurzschrift, durch verständliche Abkürzungen oder auf einem Ton-

oder Datenträger vorläufig aufgezeichnet werden. Bei vorläufiger Protokollaufzeichnung muss vom Rechtsanwalt bei Zustellung des ergänzten Protokolls die **Frist des § 160a Abs. 3 ZPO** beachtet werden. Gem. § 160a Abs. 3 ZPO sind die vorläufigen Aufzeichnungen zu den Prozessakten zu nehmen oder, wenn sie sich nicht dazu eignen, bei der Geschäftsstelle mit den Prozessakten aufzubewahren. Aufzeichnungen auf Ton- oder Datenträgern können gelöscht werden, soweit das Protokoll nach der Sitzung hergestellt oder um die vorläufig aufgezeichneten Feststellungen ergänzt ist, wenn die Parteien innerhalb eines Monats nach Mitteilung der Abschrift keine Einwendungen erhoben haben oder nach rechtskräftigem Abschluss des Verfahrens. Die **sofortige Beschwerde** gegen die **Zurückweisung eines Antrages auf Berichtigung des Sitzungsprotokolls** ist zulässig, wenn sich das Rechtsmittel gegen eine Entscheidung richtet, die eine mündliche Verhandlung nicht erfordert und durch die ein das Verfahren betreffendes Gesuch zurückgewiesen wurde (§ 567 Abs. 1 Nr. 2 ZPO), (OLG Frankfurt v. 11.2.2013 – 19 W 8/13, NJW-RR 2013, 574). Darüber hinaus darf sich der abgelehnte Berichtigungsantrag nicht auf Angaben im Protokoll beziehen, die das Beschwerdegericht nicht aus eigener Anschauung beurteilen kann, da diesem Fall die sofortige Beschwerde unzulässig ist (OLG Frankfurt v. 11.2.2013 – 19 W 8/13, NJW-RR 2013, 574; OLG Frankfurt v. 30.4.2007 – 15 W 38/07, NJW-RR 2007, 1142; OLG Düsseldorf v. 29.10.2001 – 9 W 85/01, NJW-RR 2002, 863). Geht es um eine Unrichtigkeit des Protokolls, die sich aus den Akten selbst ergibt ist die sofortige Beschwerde gegen die Ablehnung eines Antrages auf Berichtigung des Protokolls zulässig (OLG Frankfurt v. 11.2.2013 – 19 W 8/13, NJW-RR 2013, 574 mwN). Dabei ist die Frage des Bestehens einer Beschwerdemöglichkeit betreffend einen Antrag auf Protokollberichtigung nicht unumstritten. So wird im Bereich der **Verwaltungsgerichtsbarkeit** die **Beschwerdemöglichkeit** grds. als **nicht gegeben** angesehen (vgl.: OVG Hamburg Urt. v. 4.7.2008 – 3 So 13/08, DÖV 2008, 926; VGH Mannheim v. 23.7.2002, NVwZ-RR 2003, 318; VGH Kassel Urt. v. 27.2.2006, DÖV 2006, 1055 (str.)).

2. Protokoll Telefonat

Protokoll Telefonat am . . . . . .[1]

Mandant . . . . . .

Angelegenheit/Akte . . . . . .

Beginn des Telefonats: . . . . . .

Gesprächspartner: . . . . . .

Anlass/Inhalt des Telefonats.[2]

. . . . . .[3]

Ende des Telefonats: . . . . . .

Nachfolgende mandatsbezogene Tätigkeiten: . . . . . .[4]

. . . . . ., den . . . . . .

(Unterschrift)

Anmerkungen

1. Im **Rechtsstreit** mit dem Mandanten **über Vergütungsforderungen** trifft den **Rechtsanwalt** die **sekundäre Darlegungslast** dafür, dass der von ihm im Rahmen eines Zeithonorars **abgerechnete Aufwand** in vollem Umfang **tatsächlich erbracht wurde und angemessen** war (OLG Frankfurt/M. AnwBl. 2011, 300 ff.). Im Rahmen der Angemessenheitsprüfung ist nicht für jede Tätigkeit eine eingehende Überprüfung von Amts wegen geboten, sondern nur dann, wenn aufgrund der vorgelegten Unterlagen oder aufgrund einer Rüge oder eines tatsächlichen Vortrages des Mandanten Anhaltspunkte für Zweifel an der Angemessenheit eines nachgewiesenen Stundenaufwandes bestehen (OLG Frankfurt/M. AnwBl. 2011, 300 ff.). Für die Praxis bedeutet das Urteil des OLG Frankfurt jetzt, dass der Anwalt nicht nur seinen **Zeitaufwand genau dokumentieren** muss, sondern auch **genau erfassen** sollte, **was er konkret getan hat** (*Lührig* AnwBl. 2011, 317 (318)). Überspitzt formuliert: Jede Tätigkeit sollte in Vermerken dokumentiert werden. Der gegenüber der Zahlungswilligkeit seines Mandanten misstrauische Anwalt kann aus den Vermerken dann auch gleich Mandantenschreiben machen. Dies zur Absicherung, dass der Mandant am Ende nicht behaupten kann, so viel Aufwand hätte der Fall ja gar nicht gebraucht (*Lührig* AnwBl. 2011, 317 (318)).

2. Vgl. OLG Frankfurt AnwBl. 2011, 300 (300) wo die **Abrechnungsfähigkeit von Telefonaten** mit der Begründung „Telefonat nicht ausreichend: Es fehlt Darlegung des **Gesprächsinhalts.**" sowie betreffend zwei weiterer vom Rechtsanwalt vorgetragener Telefonate damit abgelehnt wurde, dass „weder Inhalt noch **Anlass** dargelegt" sei.

3. Vom Führen von **Honorarprozessen** wird teilweise **abgeraten**, jedenfalls wird darauf hingewiesen, dass mit Honorarprozessen **vorsichtig umgegangen werden sollte** da die **Antwort** des (früheren) Mandanten **nicht selten der Haftpflichtprozess** ist (vgl.: *Heussen*, Anwaltsunternehmen führen, 2. Aufl., 2011, S. 194). Entscheidet sich der Rechtsanwalt zur **Honorarklage** dann ist zu beachten, dass die anwaltliche **Verschwiegenheitsverpflichtung** auch nach Beendigung des Mandatsverhältnisses fortbesteht und selbst im Honorar- (oder Regress) Prozess nur über § 34 StGB, § 128 BGB gelockert wird (*Schons* AnwBl. 2011, 281 (282 mwN)). Davon ausgehend ist die Klagebegründung zunächst kurz zu halten und erst dann, wenn der verklagte ehemalige Auftraggeber alles und jedes bestreitet, sind die bisherigen Behauptungen zu belegen und zu beweisen (*Schons* AnwBl. 2011, 281 (282)). Es sollte deshalb im Lichte der Verschwiegenheitsverpflichtung und des Verfahrensstandes und des jeweils Notierten geprüft werden, ob und ggf. mit welchen (vorläufigen) Abdeckungen solche Telefonzettel zu Beweiszwecken vorgelegt werden können.

4. In der Praxis werden im Rahmen von Zeithonorarabreden auch im Blick auf Nacharbeiten pauschalierend sog. Zeittaktklauseln vereinbart. Eine **Zeittaktklausel liegt dann vor, wenn vereinbart wird, dass der vereinbarte Stundensatz mit einem bestimmten Bruchteil angesetzt wird, wenn dieser Stundenbruchteil begonnen hat** (MAH VergütungsR/*Teubel*, 2011 § 5 Rn. 120). Sachlicher Grund und Zweck solcher Zeittaktklauseln ist die angemessene Vergütung in den Fällen, in denen der Rechtsanwalt durch mandatsbezogene Tätigkeiten, die weniger als eine Stunde dauern, **wie etwa ein Telefonat** aus einer anderen Sachbearbeitung herausgerissen wird und er sich nach Erledigung der Tätigkeit für den Mandanten wieder neu in die vorher begonnene Tätigkeit einarbeiten muss (MAH VergütungsR/*Teubel*, 2. Aufl., 2011 § 5 Rn. 120). **Ob und ggf. wie genau Zeittaktklauseln wirksam vereinbart werden können, wird allerdings unterschiedlich beurteilt** (vgl.: Gerold/Schmidt/*Mayer*, RVG 21. Aufl. 2013 § 3a RVG Rn. 65 mwN). Zu einer **15-Minuten-Zeittaktklausel** („Ein Viertel des vereinbarten Stundensatzes wird für jede angefangene 15 Minuten berechnet") vgl.: BGH AnwBl. 2011, 148 mit Anm. *Lührig* sowie OLG Düsseldorf AnwBl. 2010, 296 und OLG Düsseldorf AnwBl. 2011, 237 und OLG Düsseldorf AnwBl. 2012, 372. Vgl. zur Aufrundung auch: MAH VergütungsR/*Teubel*, 2011, § 5 Rn. 216 ff. und *Hommerich/Kilian/Jackmut/Wolf* AnwBl. 2006, 569 (vgl. auch: *Hansens* RVGreport 2009, 164). Zur Absicherung der Durchsetzung der Vergütungsforderung sollten hier die Nacharbeiten möglichst konkret notiert werden damit im Rechtsstreit den Anforderungen der Gerichte (Vgl. zB OLG Frankfurt AnwBl. 2011, 300 ff.) genügt werden kann.

3. Protokoll Mandantenbesprechung in den Kanzleiräumen

Protokoll Mandantenbesprechung in der Kanzlei[1]

I. Akte/Aktennummer: . . . . . .

II. Datum: . . . . . .

III. Beginn: . . . . . .(Uhrzeit) [2]

IV. Unmittelbare Vorbereitung Besprechung

. . . . . .

V. Beginn Besprechung: . . . . . .(Uhrzeit) [2]

VI. Teilnehmer: . . . . . .

VII. Gegenstände der Besprechung [3]. . . . . .

VIII. Ende Besprechung: . . . . . .(Uhrzeit) [2]

IX. Unmittelbare Nacharbeit:

. . . . . .

X. Verfügungen: . . . . . .

XI. Ende: . . . . . .(Uhrzeit) [2]

XII. Unterschrift/Handzeichen: . . . . . .

Anmerkungen

1. Der BGH geht in stg. Rspr. davon aus, dass eine **anwaltliche Honorarvereinbarung das Sittengesetz nicht verletzen kann**, wenn sie zu einem aufwandsangemessenen Honorar führt (BGH v. 4.2.2010 – IX ZR 18/09, NJW 2010, 1364; BGH v. 3.4.2003 – IX ZR 113/02, NJW 2003, 2386; BGH v. 24.7.2003 – IX ZR 131/00, NJW 2003, 3486). Dies bedeutet, dass der „sicherste Weg" zur gerichtsfesten Durchsetzbarkeit einer Honorarforderung die **sorgfältige, prüfbare und nachvollziehbare Dokumentation der für den Mandanten geleisteten Tätigkeiten** ist.

2. Die **zeitbezogenen Dokumentationen** des Rechtsanwaltes im Protokoll können von den Angestellten – ggf. auf ausdrückliche Verfügung unter Ziff. X. hin – **unmittelbar in**

die Zeiterfassung für die Honorarabrechnung übernommen werden. Der Rechtsanwalt wird dabei prüfen, ob er sein Personal generell anweist, die Vollständigkeit des Protokolls unmittelbar nach Beendigung des Besprechungstermins – wenn die Erinnerungen noch frisch sind – zu überprüfen und ggf. auf eine zeitnahe Vervollständigung hinzuwirken.

3. Hier wird bei umfangreicheren Notizen ggf. auf Anlagen zu verweisen sein. Dabei ist zu beachten, dass im **Rechtsstreit** mit dem Mandanten **über Vergütungsforderungen** den **Rechtsanwalt** die **sekundäre Darlegungslast** dafür trifft, dass der von ihm im Rahmen eines Zeithonorars **abgerechnete Aufwand** in vollem Umfang **tatsächlich erbracht wurde und angemessen** war (OLG Frankfurt/M. v. 12.1.2011 – 4 U 3/08, AnwBl. 2011, 300). Dabei geht die Rspr. davon aus, dass im Rahmen der Angemessenheitsprüfung nicht für jede Tätigkeit eine eingehende Überprüfung von Amts wegen geboten ist, sondern nur dann, wenn aufgrund der vorgelegten Unterlagen oder aufgrund einer Rüge oder eines tatsächlichen Vortrages des Mandanten Anhaltspunkte für Zweifel an der Angemessenheit eines nachgewiesenen Stundenaufwandes bestehen (OLG Frankfurt/M. v. 12.1.2011 – 4 U 3/08, AnwBl. 2011, 300). Für die Praxis bedeutet das, dass der Rechtsanwalt nicht nur seinen **Zeitaufwand genau dokumentieren** muss, sondern auch **genau erfassen** sollte, **was er konkret getan hat** (*Lührig* AnwBl. 2011, 317 (318)). Überspitzt formuliert: Jede Tätigkeit sollte in Vermerken dokumentiert werden. Der gegenüber der Zahlungswilligkeit seines Mandanten misstrauische Anwalt kann aus den Vermerken dann auch gleich Mandantenschreiben machen. Dies zur Absicherung, dass der Mandant am Ende nicht behaupten kann, so viel Aufwand hätte der Fall ja gar nicht gebraucht (*Lührig* AnwBl. 2011, 317 (318)). Vgl. beispielhaft dafür, wie die Rspr. hier bei der Abrechnung von Minuten und insbesondere der Feststellung dessen, was **vom beauftragten Rechtsanwalt als „üblicherweise zur Erfüllung der beauftragten Dienste erwartet werden kann"** – auch als **Maßstab der Angemessenheit des Zeitaufwands** – vorgeht auch OLG Düsseldorf v. 17.1.2013 – I-2U 8/12. Dort wird etwa unter Rn. 42 des Urteils ausgeführt, dass sich der abzurechnende **Zeitaufwand regelmäßig nicht in der bloßen Lektüre oder dem mechanischen Schreiben von Emails erschöpft.** Da ein Rechtsanwalt in der Regel nicht mit ein- und demselben Mandat dauerhaft befasst ist, kann nach dem OLG Düsseldorf nicht erwartet werden, dass er beim Empfang oder Abfassen einer Email bereits gedanklich „im Stoff" des jeweiligen Mandatsverhältnisses ist sondern vielmehr **bedarf jede Email und jedes Schreiben einer inhaltlichen Einordnung, die eine gewisse Zeit beansprucht.** So könne dort für einfache E-Mails von einem Zeitaufwand von drei bis fünf Minuten ausgegangen werden. Das OLG Düsseldorf hatte dort die anwaltliche Lektüre des Anspruchsvorschlags eines Prüfers und die Lektüre von ausführlichen Emails des Mandanten sowie ein zweiseitiges anwaltliches Schreiben mit einer rechtlichen Bewertung des Anspruchsvorschlags des Prüfers mit einer anwaltlichen Zeitabrechnung von 81 Minuten vorliegen und sieht diesen vom Rechtsanwalt angegebenen Zeitaufwand als unbedenklich an. Dies verbunden mit der Feststellung: „Bereits die **eigene Lebenserfahrung** lehrt, dass die genannten Tätigkeiten **mit einem geringeren Zeitaufwand ernsthaft kaum zu bewerkstelligen** sind." (OLG Düsseldorf v. 17.1.2013 – I-2U 8/12, Rn. 42). Davon ausgehend wird der Rechtsanwalt prüfen, ob insbesondere bei längeren Besprechungsterminen im Zuge der unmittelbaren Nacharbeit (vgl. Ziff. IX.) das Diktat eines zusammenfassenden und ggf. an den Mandanten zu übersendenden Aktenvermerkes geboten und erforderlich ist.

4. Protokoll Besprechung außerhalb der Kanzlei

Protokoll Besprechung bei Gegner/Behörde/etc. außerhalb der Kanzlei

I. Akte: . . . . . .

II. Datum: . . . . . .

III. Beginn: . . . . . .(Uhrzeit) [1]

IV. Unmittelbare Vorbereitung Besprechung

. . . . . .

V. Abfahrt/Ankunft/Wartezeit: . . . . . .[2]

VI. Beginn Besprechung: . . . . . .(Uhrzeit) [1]

VII. Teilnehmer: . . . . . .

VIII. Gegenstände der Besprechung [3]. . . . . .

IX. Ende Besprechung: . . . . . .(Uhrzeit) [1]

X. Rückkehr Kanzlei: . . . . . .(Uhrzeit) [1, 2]

XI. Unmittelbare Nacharbeit: . . . . . .

XII. Verfügungen: . . . . . .

XIII. Ende: . . . . . .(Uhrzeit) [1]

IX. Unterschrift/Handzeichen: . . . . . .

Anmerkungen

1. → Form. H. II. 3 Anm. 2.

2. Die Frage, ob es zu Wartezeiten kam, kann bei der Abrechnung je nach getroffener Vergütungsvereinbarung relevant werden. Ob **Fahrtzeiten** vom und zu einem Gericht bzw. von und zu einem Gegner, einer Behörde etc. von einer Zeitvergütungsvereinbarung erfasst werden, ist dabei **in der Vergütungsvereinbarung klarzustellen** da der Rechtsanwalt als Rechtskundiger dafür Sorge zu tragen hat, dass jede Abweichung von gesetzlichen Gebühren eindeutig und unmissverständlich festgelegt wird, so dass der Mandant unschwer erkennen kann, was er zu bezahlen hat (BGH v. 27.1.2005 – IX ZR 273/02, NJW 2005, 2142; BGH Urt. v. 25.2.1965 – VII ZR 112/63, NJW 1965, 1023). Gleiches gilt für **Wartezeiten** beim Gericht (MAH VergütungsR/*Latz*, 2. Aufl., 2011, § 6 Rn. 124). Die Vergütung von Reise- und Wartezeiten nach dem **vollen Stundensatz** kann vereinbart werden (vgl. OLG Düsseldorf v. 7.6.2011 – 24 U 183/05, NJW 2011, 3311). Teilweise wird die **Staffelung der Stundensätze** für Fahrt- und Wartezeiten (etwa hälftiger Stundensatz) empfohlen (MAH VergütungsR/*Latz*, 2. Aufl., 2011, § 6 Rn. 124).

3. → Form. H. II. 3 Anm. 3.

III. Korrespondenzführung

1. Außergerichtliche Schreiben

RECHTSANWALT & PARTNER[1,2,3]
RECHTSANWALTSFIRMA

RECHTSANWALT & PARTNER [4,5,6,7,8]
RECHTSANWALTSFIRMA · MUSTERSTR. 2 · 12345 MUSTERHAUSEN

Herrn
Peter Schmidt
Müllerstr. 4
84201 Dorfstadt

MAX MUSTERMANN

RECHTSANWALT · MUSTERHAUSEN
NOTAR · MUSTERHAUSEN
BARRISTER-AT-LAW · LONDON
SCRIVENER NOTARY · LONDON

INTERNATIONAL
ARBITRATION & MEDIATION[19,II]

Vorab per Telefax:

Telefon: (+49-23) 789 214
Telefax: (+49-23) xxx 0
Mein Az.: 601/11/$DDNummer/TR

MAXI MUSTERFRAU

RECHTSANWÄLTIN · MUSTERHAUSEN
FACHANWÄLTIN FÜR ARBEITSRECHT [9,10,11]

Musterhausen, den 28.02.2014

Beck'sche Kanzleiformulare

Sehr geehrter Herr Kollege Schmidt,[1,2]

(...) [19,20]

Kanzlei [12,13]
MUSTERWEG 2
12345 MUSTERHAUSEN
GERMANY

TELEFON (+49-23) 456 78-9 [14,15]
TELEFAX (+49-23) 456 789-10 [16]
kanzlei@mustermann.com
www.mustermannonline.com

Anwaltliche Zweigstelle
MUSTERSTRASSE 2
12345 MUSTERHAUSEN

Bankverbindung Maxi Musterfrau
Bankkasse Musterhausen,[18]
BIC xxx
IBAN: xxx
Ust.-IDNr.: DE123456 [17]

TELEFON (+49-23) 789 214
TELEFAX (+49-23) xxx 0
kanzlei@musterfrau.de
www.musterfrauonline.de

Barristers' Chambers
SOUTH SQUARE
¾ SOUTH SQUARE
GRAY'S INN
LONDON WC1R 5HP
UNITED KINGDOM

TELEFON (+44-207) 696 6451
TELEFAX (+44-207) 696 6452

Mit freundlichen kollegialen Grüßen
(Unterschrift Rechtsanwalt) [21]

In Kooperation mit BEISPIELANWÄLTE & KOLLEGEN
Fachanwälte für Arbeitsrecht, Familienrecht

BAHNHOFSTRASSE 5
D-34567 Beispielsdorf
TELEFON (+49-623) xxx
TELEFAX (+49-623) yyy
beispielsanwälte@beispiel.de

Schrifttum: *Apfelbaum*, Anmerkung BGH v. 14.1.2010 – VII ZB 112/08, DNotZ 2010, 442; *Axmann/Deister*, Anwaltswerbung in der Praxis, NJW 2009, 39; *Burhoff*, Anmerkung BGH v. 4.12.2008 – IX ZB 41/08, StRR 2009, 99; *Burhoff*, Anmerkung BGH v. 4.12.2008 – IX ZB 41/08, VRR 2009, 105; *Chab*, Anmerkung BAG v. 5.8.2009 – 10 AZR 692/08, BRAK-Mitt 2010, 24: *Chab*, Anmerkung BFH v. 22.6.2010 – VIII R 38/08, BRAK-Mitt 2010, 257; *ders.*, Folgen der Sozienklausel in der Berufshaftpflichtversicherung Deckungsschutz bei Anwendung des § 12 AVB, AnwBl. 2012, 274; *ders.*, Anmerkung BAG v. 5.8.2009 – 10 AZR 692/08, BRAK-Mitt. 2010, 24; *Deckenbrock*, Die endgültige Gleichstellung von Kanzlei und Zweigstelle? – BGH zum Anwaltsbriefbogen bei Errichtung einer oder mehrerer Zweigstellen, AnwBl. 2013, 8; *Gaier*, Notarberuf und Berufsfreiheit, ZNotP 2006, 402; *Görk*, Anmerkung BVerfG v. 19.8.2008 – 1 BvR 623/08, DNotZ 2009, 792; *Grams*, Anmerkung BGH v. 15.7.2008 – X ZB 8/08, BRAK-Mitt 2008, 212; *Grams*, Anmerkung BGH v. 14.1.2010 – VII ZB 112/08, BRAK-Mitt 2010, 72; *Greger*, Anmerkung BGH v. 14.1.2010 – VII ZB 112/08, JZ 2010, 678; *Hartung*, BORA/FAO, 5. Aufl., 2012; *Henssler/Prütting*, BRAO 4. Aufl., 2014; *Hommerich/Kilian*, Fachanwaltstitel – 1, 2 oder 3? – Die Meinung der Anwaltschaft zur Änderung des § 43 c Abs. 1 S. 3 BRAO, AnwBl. 2010, 56; *Hornung*, Anmerkung BGH v. 15.7.2008 – X ZB 8/08, MMR 2008, 668; *Huff*, Werbung als Marketing des Rechtsanwaltes, MDR 1999, 464; *Köbler*, Klageschrift mit gescannter Unterschrift, FA 2010, 365; *Köbler*, Schriftsatz per E-Mail? – Risiken und Nebenwirkungen, FA 2009, 72; *Köbler*, Schriftsatz per E-Mail – Verfahrensrechtliche Fallen, MDR 2009, 357; *Köbler*, Signaturerfordernis bei elektronischen Schriftsätzen, FA 2010, 133; *Lohle*, Anmerkung OLG Oldenburg v. 31.5.2010 – 11 WF 70/10, JurBüro 2010, 483; *Michel/Seipen*, Der Schriftsatz des Anwalts im Zivilprozess, 6. Aufl., 2003; *Peters*, Die Verjährung in Fällen unbekannter Anschrift des Schuldners, NJW 2012, 2556; *Prütting*, Der Kampf um die Zweigstelle, AnwBl. 2011, 46; *Redeker*, Anmerkung BGH v. 14.1.2010 – VII ZB 112/08, AnwBl 2010, 293; *Remmertz/Siegmund*, Die Angabe der Kanzleianschrift auf Zweigstellenbriefbögen, BRAK-Mitt. 2013, 16; *Salamon*, Schriftlichkeit bestimmender Schriftsätze – die Entwicklung der Rechtsprechung zur Haftungsfalle, NZA 2009, 1249; *Salamon*, Schriftlichkeit bestimmender Schriftsätze – die Entwicklung der Rechtsprechung zur Haftungsfalle, NZA 2009, 1249; *Scholl*, Geklärte und offene Fragen zur sogenannten Sozienklausel in Vermögensschadenhaftpflichtversicherungen – Zugleich Anmerkung zum Urteil des BGH vom 18.5.2011 (IV ZR 168/09) VersR 2011, 1003, VersR 2011, 1108; *Skrobotz*, Anmerkung BGH v. 14.1.2010 – VII ZB 112/08, MMR 2010, 506; *Steinhauff*, Anmerkung BFH v. 22.6.2010 – VIII R 38/08, AO-StB 2010, 294; *Wagner*, Orkane der Rechtspflege, FA 2009, 205; *Wassermann*, Anmerkung BGH v. 15.7.2008 – X ZB 8/08, AnwBl Beilage 11/2008 Heft 11, 219; *Zastrow*, Der anwaltliche Briefbogen, BRAK-Mitt. 2009, 55.

Anmerkungen

1. Die für die ein werbendes Verhalten darstellende **Gestaltung und Verwendung des anwaltlichen Briefbogens** maßgeblichen berufsrechtlichen Regelungen sind **§ 43b BRAO, §§ 6–10 BORA** sowie die **allgemeinen wettbewerbsrechtlichen Schranken des UWG** wobei die genannten berufsrechtlichen Normen **Marktverhaltensregeln** iSd § 4 Nr. 11 UWG darstellen (*Zastrow* BRAK-Mitt. 2009, 55; *Axmann/Deister* NJW 2009, 39).

2. Bei der **graphischen Ausgestaltung des anwaltlichen Briefkopfes** sind die Grundsätze zur zulässigen Werbung durch Rechtsanwälte zu beachten (vgl. dazu: Henssler/Prütting/*Prütting*, BRAO, 4. Aufl., 2014, § 43b Rn. 1 ff; *Hartung*, BORA/FAO, 6. Aufl., 5. Aufl. 2012, § 5 BORA Rn. 1 ff.). Zulässig ist die **adressatenneutrale, in einer der Rechtsstellung des Rechtsanwaltes angemessenen Zurückhaltung veröffentlichte Darstellung der möglichen Dienstleistungen (Informationswerbung)**. Dies umfasst die **farbliche Gestaltung von Briefköpfen**, Informationsbroschüren und die Verwendung eines Firmenlogos, weil diese **grafischen Mittel weithin üblich geworden** sind und das **Werbeverbot keine absolute Nüchternheit verlangt** (BVerfG v. 24.7.1997 – 1 BvR 1863/96, NJW 1997, 2510). **Farben, Symbole, Embleme, Logos, Signets, Familienwappen oder Initialen**, deren **Wiedererkennungsfunktion** der **Herausbildung einer Corporate-Identity** dienen soll, sind zulässig (Henssler/Prütting/*Prütting*, BRAO, 4. Aufl., 2014, § 43b Rn. 31).

Streitig ist dabei zB die Zulässigkeit der Aufnahme eines Stierkopfes in Angriffshaltung auf den anwaltlichen Briefkopf (vgl.: OLG Düsseldorf BRAK-Mitt. 2000, 46; *Huff* MDR 1999, 464; Henssler/Prütting/*Prütting*, BRAO, 4. Aufl., 2014, § 43b Rn. 31 mwN). Ist der **Rechtsanwalt oder** sind **Rechtsanwälte mit** einem oder mehreren **Notaren beruflichen verbunden** sind bei der graphischen Gestaltung auch die **Grundsätze zur Werbung durch Notare zu beachten.** Gemäß **§ 29 Abs. 1 BNotO** hat der Notar jedes gewerbliche Verhalten, insbesondere eine dem öffentlichen Amt widersprechende Werbung zu unterlassen. Das notarielle Berufsrecht im Bereich der Werbung ist restriktiver (*Zastrow* BRAK-Mitt. 2009, 55 (55)). Durch dieses Werbeverbot soll das Vertrauen in die ordnungsgemäße Ausübung des von dem Notar wahrgenommenen Amtes, namentlich in seine Unparteilichkeit und Unabhängigkeit gesichert werden (vgl. BT-Drs. 13, 4184 S. 27) (KG Urt. v. 15.2.2008 – Not 26/07, NJW 2008, 2197). Die ordnungsgemäße Berufsausübung des Notars wird durch **irreführende Werbung** in Frage gestellt, was dann der Fall ist, wenn bei den Rechtsuchenden die Fehlvorstellung hervorgerufen werden kann, die notariellen Leistungen eines Notars seien auch an einem anderen Ort als seinem Amtssitz verfügbar (BVerfG v. 8.3.2005 – 1 BvR 2561/03, NJW 2005, 1483; KG Urt. v. 15.2.2008 – Not 26/07, NJW 2008, 2197). Dabei hat es das BVerfG (BVerfG Urt. v. 8.3.2005 – 1 BvR 2561/03, NJW 2005, 1483; vgl. dazu auch: *Gaier* ZNotP 2006, 402) betreffend die Zulässigkeit der Angabe der Amtsbezeichnung als Notar auf Geschäftspapieren einer überörtlichen Sozietät zur Vermeidung einer Irreführung für ausreichend erachtet, wenn die Anwaltsnotare mit ihrem jeweiligen Amtssitz aufgeführt sind wobei dass Gericht ausführte, dass es nahe liege, die dort angestellten Erwägungen auch auf die Geschäftsschilder einer Rechtsanwaltskanzlei zu übertragen (BVerfG v. 19.8.2008 – 1 BvR 623/08, DNotZ 2009, 792; vgl. dazu auch: *Görk*, Anmerkung BVerfG v. 19.8.2008 – 1 BvR 623/08, DNotZ 2009, 792). **Logos** sowie die **farbliche und graphische Gestaltung von Briefbögen** sind **auch bei Verwendung durch Anwaltsnotare grundsätzlich zulässig** (BVerfG v. 24.7.1997 – 1 BvR 1863/96, NJW 1997, 2519; *Zastrow* BRAK-Mitt. 2009, 55 (62)).

3. Ein **(Anwalts-)Notar** ist **nicht befugt,** auf dem **Briefbogen** der von ihm und anderen Rechtsanwälten betriebenen Kanzlei die **Kopfzeile „Notariat und Anwaltskanzlei" anzubringen** (BGH v. 20.11.2006 – NotZ 30/06, NJW-RR 2007, 408). Dabei darf gem. § 9 BORA bei gemeinschaftlicher Berufsausübung eine **Kurzbezeichnung** geführt werden, soweit sie in einer Sozietät, Partnerschaftsgesellschaft oder in sonstiger Weise (Anstellungsverhältnis, freie Mitarbeit) mit sozietätsfähigen Personen iSd § 59a BRAO erfolgt (*Zastrow* BRAK-Mitt. 2009, 55 (57)). **Bei Partnerschaften, Rechtsanwaltsgesellschaften oder Aktiengesellschaften** sind die jeweils maßgeblichen **Vorschriften für die Firmierung** sowie die des **Registerrechts** zu beachten. So müssen etwa Partnerschaften auf ihren Geschäftsbriefen – und damit faktisch auf den Briefbögen – neben ihrer Rechtsform und ihrem Sitz auch das **Registergericht und die Registernummer angeben** (§ 7 Abs. 5 PartGG i. V. m. § 125a Abs. 1 S. 1, Abs. 2 HGB) (vgl. dazu: *Zastrow* BRAK – Mitt. 2009, 55 (58 mwN)).

4. Bei der Verwendung der Kurzbezeichnung „Rechtsanwälte" auf dem Briefbogen einer Kanzlei müssen **mindestens zwei Anwälte namentlich genannt** werden (BVerfG Urt. v. 24.3.2009 – 1 BvR 144/09, NJW 2009, 2587). Wird ein Anwalt von einem einzelnen Anwalt beschäftigt, kann durch ausdrückliche Hinweise an die Rechtssuchenden auf ein Anstellungsverhältnis oder eine freie Mitarbeit eine Scheinsozietät vermieden werden (BVerfG v. 24.3.2009 – 1 BvR 144/09, NJW 2009, 2587). **§ 10 Abs. 1 S. 3 BORA** dient der **Transparenz** sowie der **Information des rechtsuchenden Publikums** und damit **hinreichenden Belangen des Gemeinwohls** (BVerfG v. 24.3.2009 – 1 BvR 144/09, NJW 2009, 2587; BVerfG v. 20.11.2007 – 1 BvR 2482/07, NJW 2008, 502). So werden Rechtsuchende durch die namentliche Benennung der Rechtsanwälte auf dem Briefbogen in die Lage versetzt, mögliche Interessenwiderstreite abzuschätzen (BVerfG v. 24.3.2009

– 1 BvR 144/09, NJW 2009, 2587; BVerfG v. 13.6.2002 – 1 BvR 736/02, NJW 2002, 2163). Zwar wird dieser Gemeinwohlbelang in erster Linie mit der Verpflichtung zur namentlichen Benennung sämtlicher Gesellschafter aus § 10 Abs. 1 S. 1 BORA verfolgt; jedoch dient auch § 10 Abs. 1 S. 3 BORA der Information der Rechtsuchenden über die personelle Zusammensetzung der Kanzlei, indem er bei zulässigen Kurzbezeichnungen unabhängig von der internen Gesellschafterstellung zur namentlichen Angabe weiterer Berufsträger verpflichtet, sofern aus der Kurzbezeichnung hervorgeht, dass in der Kanzlei mehrere Berufsträger tätig sind (BVerfG v. 24.3.2009 – 1 BvR 144/09, NJW 2009, 2587). Sofern mit einer Kurzbezeichnung auch eine Aussage über die Anzahl der in der Kanzlei aktiv tätigen Rechtsanwälte verbunden ist, bietet § 10 Abs. 1 S. 3 BORA den Rechtsuchenden auch insoweit Transparenz, als ihnen die namentliche Benennung der Berufsträger die **Kontrolle ermöglicht, ob die Kanzlei tatsächlich die durch die Kurzbezeichnung suggerierte Größe aufweist** (BVerfG v. 24.3.2009 – 1 BvR 144/09, NJW 2009, 2587). Die Pluralbezeichnung deutet zudem nicht nur auf eine bestimmte Größe hin, sondern **erweckt beim rechtsuchenden Publikum auch die Erwartung, dass im Haftungsfall mehrere gesamtschuldnerisch haftende Gesellschafter zur Verfügung stehen** (BVerfG v. 24.3.2009 – 1 BvR 144/09, NJW 2009, 2587). Durch das Benennungsgebot wird **aus dem Briefbogen mithin auch ersichtlich, welche Berufsträger auf Seiten der Kanzlei in möglichen künftigen Haftungsfällen dem Mandanten gegenüberstehen** (BVerfG v. 24.3.2009 – 1 BvR 144/09, NJW 2009, 2587). Aus § 10 Abs. 1 S. 3 BORA ergibt sich auch, dass bei **zwei namentlich angegebenen Rechtsanwälten** mit dem **Zusatz „& Kollegen" mindestens vier Rechtsanwälte auf dem Briefbogen** angegeben werden müssen (BVerfG v. 20.11.2007 – 1 BvR 2482/07, NJW 2008, 502).

5. Prof.- und Dr.-Titel wie auch **ausländische Titel, die im Inland geführt werden können,** dürfen auf dem anwaltlichen Briefbogen geführt werden (*Zastrow* BRAK-Mitt. 2009, 55 (60 mwN)). Handelt es sich nicht um einen im Bereich der Rechtswissenschaft erworbenen Titel so ist das kenntlich zu machen (*Zastrow* BRAK-Mitt. 2009, 55 (60 mwN)).

6. Mit der namentlichen Angabe von Rechtsanwälten im Briefkopf und auf dem Kanzleischild wird auch deren Außenhaftung begründet (BGH Urt. v. 14.2.2013 – IX ZR 121/12, BeckRS 2013, 04948; BGH v. 24.1.1978 – VI ZR 220/76, NJW 1978, 1003; BGH v. 24.1.1991 – IX ZR 121/90, NJW 1991, 1225; BGH v. 12.10.2000 – WpSt (R) 1/00, NJW 2001, 165). **Daneben** hat der Vorgang **werbenden Charakter** sowohl **für die Kanzlei** (BGH v. 12.6.1997 – I ZR 39/95, NJW 1997, 3238; BGH v. 17.4.1997 – I ZR 219/94, NJW 1997, 3236; AnwGH Hamburg Urt. v. 19.4.2001 – II ZU 9/00, NJW 2001, 2553) als auch **für den Rechtsanwalt** (BGH v. 19.11.2001 – AnwZ (B) 75/00, NJW 2002, 1419; LAG Düsseldorf v. 8.10.2003 – 12 (9) Sa 1034/03, AnwBl 2004, 187). Im Blick auf **Kooperationen** ist dabei die sog. **Sozienklausel** zu beachten (vgl. dazu: *Chab* AnwBl. 2012, 274; *Scholl* VersR 2011, 1003, VersR 2011, 1108). Die Sozienklausel in § 12 Abs. 1 Nr. 1 i.V.m. § 12 Abs. 3 AVB-A ist wirksam und auf Scheinsozien anwendbar (BGH Urt. v. 21.7.2011 – IV ZR 42/10, NJW 2011, 3718). Dabei setzt die Sozienklausel in § 12 Abs. 1 S. 1 AVB-S voraus, dass **Berufsangehörige ihren Beruf nach außen hin gemeinschaftlich ausüben, wobei es nicht darauf ankommt, ob sie durch Gesellschaftsvertrag oder einen anderen Vertrag miteinander verbunden sind** (BGH v. 18.5.2011 – IV ZR 168/09, NJW 2011, 3303). Dies versteht ein durchschnittlicher Versicherungsnehmer zB aus der Berufsgruppe der Steuerberater so, dass es genügt, wenn die Berufsangehörigen den **Anschein erwecken, Mitglieder einer Sozietät** zu sein (BGH v. 18.5.2011 – IV ZR 168/09, NJW 2011, 3303). Der Rechtsschein einer Sozietät wird dadurch gesetzt, dass die beteiligten Berufsträger in einem gemeinsamen Büro tätig sind, nach außen durch die einheitliche Verwendung von Briefkopf, Stempel, Praxisschild oder Kanzleibezeichnung auftreten und Aufträge gemeinsam entgegennehmen (BGH v.

18.5.2011 – IV ZR 168/09, NJW 2011, 3303; BGH Urt. v. 16.4.2008 – VIII ZR 230/07,
NJW 2008, 2330; BGH v. 8.7.1999 – IX ZR 338/97, NJW 1999, 3040; BGH v.
24.1.1991 – IX ZR 121/90, NJW 1991, 1225; BGH v. 24.1.1978 – VI ZR 264/76,
BGHZ 70, 247; BGH v. 17.10.1989 – XI ZR 158/88, VersR 1990, 97). **Eine Kooperation wird im Rechtsverkehr nicht einer Sozietät gleichgestellt** (BGH v. 18.5.2011 – IV
ZR 168/09, NJW 2011, 3303). Ein Kooperationsvertrag, dessen Inhalt im Gesetz nicht
geregelt ist, kann unterschiedlicher Rechtsnatur sein. Es kann sich um einen rein schuldrechtlichen Vertrag mit Elementen des Geschäftsbesorgungs- und Werkvertrages handeln
(BGH v. 18.5.2011 – IV ZR 168/09, NJW 2011, 3303 mwN). Bei einer auf Dauer
angelegten verfestigten Kooperation kann auch eine Innengesellschaft begründet werden,
welche die rechtliche und unternehmerische Selbstständigkeit der beteiligten Partner
unberührt lässt; diese regeln ihre Zusammenarbeit intern, ohne die Bindungen einer
Sozietät und die damit verbundene gesamtschuldnerische Haftung einzugehen (BGH
Urt. v. 18.5.2011 – IV ZR 168/09, NJW 2011, 3303 mwN). Unabhängig von der
genauen rechtlichen Einordnung steht der deutliche Hinweis auf eine Kooperation dem
Rechtsschein einer Außensozietät entgegen (BGH Urt. v. 18.5.2011 – IV ZR 168/09,
NJW 2011, 3303 mwN). Denn die Kooperation ist in der Vorstellung des Verkehrs nur
auf eine wirtschaftliche Zusammenarbeit ohne bestimmte gesellschaftsrechtliche Verpflichtungen, nicht aber auf eine gemeinschaftliche Berufsausübung im Sinne der Sozienklausel angelegt (BGH v. 18.5.2011 – IV ZR 168/09, NJW 2011, 3303; BGH v.
21.1.1993 – I ZR 43/91, NJW 1993, 1331).

7. Es ist wettbewerbsrechtlich nicht zu beanstanden, wenn ein Rechtsanwalt auf dem
Briefbogen seiner Kanzlei auf **im Ausland niedergelassene Anwälte**, die er bei Fragen des
ausländischen Rechts ständig zu Rate zieht, als **„Kooperationspartner" hinweist** (BGH
Urt. v. 21.1.1993 – I ZR 43/91, NJW 1993, 1331). Der Ratsuchende, der sich Fragen des
fremden Rechts gegenübersieht, hat ein erfahrungsgemäß nicht zu vernachlässigendes
Interesse daran zu wissen, **ob ein rascher Informationsaustausch mit kundigen Anwälten
aus dem fremden Rechtskreis hergestellt werden kann** (OLG Karlsruhe v. 21.6.1990 – 4
U 217/88, NJW 1990, 3093, 3096; BGH v. 21.1.1993 – I ZR 43/91, NJW 1993, 1331).
In dem vom OLG Karlsruhe entschiedenen Fall ging es um in einer Sozietät verbundene
deutsche Rechtsanwälte die mit einer Gemeinschaft französischer Avocats einen Kooperationsvertrag geschlossen hatten, dabei jedoch rechtlich und wirtschaftlich selbständig
geblieben waren und insbesondere keine übergreifende Sozietät eingegangen waren. Die
deutsche Sozietät verwendete seither **Geschäftsbögen, auf denen die Namen aller beteiligten deutschen und französischen Anwälte unter der Kopfzeile „Dr. Y & Partner
Rechtsanwälte – Avocats" aufgeführt waren.**

8. Solange der Umstand, dass es für die Postulationsfähigkeit vor den Oberlandesgerichten keiner gesonderten Zulassung bedarf, für die angesprochenen Verkehrskreise
keine Selbstverständlichkeit darstellt, verstößt ein Rechtsanwalt, dem vor dem 1. Juni
2007 eine solche **OLG-Zulassung** erteilt worden ist und der hierauf in einem **Zusatz zur
Namensleiste seines Briefkopfs** hinweist, nicht gegen das Irreführungsverbot nach § 5
Abs. 1 UWG (BGH v. 20.2.2013 – I ZR 146/12, NJW 2013, 2671; vgl. dazu auch:
Remmertz, Anmerkung BGH v. 20.2.2013 – I ZR 146/12, BRAK-Mitt 2013, 240). In
dem genannten Fall ging es um die **Formulierung: „auch zugelassen am OLG Frankfurt".**
Vgl. dazu auch: LG Aschaffenburg v. 30.10.2008 – 1 HK O 159/06, BRAK-Mitt. 2009,
37 u. LG Düsseldorf v. 13.6.2007 – 12 O 634/05.

9. Seit dem 1. September 2009 dürfen Rechtsanwälte (**§ 43 c Abs. 1 S. 3 BRAO**) statt
zwei **bis zu drei Fachanwaltstitel gleichzeitig** führen (vgl. dazu: *Hommerich/Kilian*
AnwBl. 2010, 56; Henssler/Prütting/*Offermann-Burckart*, BRAO, 4. Aufl., 2014, § 43c
Rn. 1 ff.).

10. Die Satzungsversammlung der Rechtsanwälte hat auf ihrer Sitzung am **21. Februar 2005** die **Regelungen zu Tätigkeits- und Interessenschwerpunkten aufgehoben** und den einschlägigen **§ 7 BORA** neu gestaltet. Es kann eine **Bezeichnung eines Teilbereichs der Berufstätigkeit** nach § 7 Abs. 1 BORA erfolgen (OLG Hamm v. 7.1.2011 – 2 AGH 36 – 38/10, ZEV 2012, 107). Neben der Benennung von Rechtsgebieten können auch **rechtsübergreifende Teilbereiche** ebenfalls beworben werden wobei in diesem Fall entscheidend ist, dass für den Rechtssuchenden die Benennung eines Teilbereichs einen **brauchbaren Informationswert** hat (OLG Hamm v. 7.1.2011 – 2 AGH 36 – 38/10, ZEV 2012, 107). Ein bestimmter Teil der Tätigkeit des Anwalts muss für den juristischen Laien erfassbar und damit erkennbar sein, womit sich der Anwalt befasst (OLG Hamm v. 7.1.2011 – 2 AGH 36 – 38/10, ZEV 2012, 107; Henssler/Prütting/*Prütting*, BRAO, 4. Aufl., 2014, § 7 BORA, Rn 6 mwN). So ist die Angabe von **Tätigkeitsschwerpunkten** auf einem Kanzleibriefbogen nicht zu beanstanden, obwohl sie nur auf einer entsprechenden Mitteilung einer eigenen Einschätzung des Rechtsanwalts beruht. Ihr liegt aber ein objektiv nachprüfbarer Sachverhalt zugrunde (OLG Hamm Urt. v. 7.1.2011 – 2 AGH 36 – 38/10, ZEV 2012, 107; BGH v. 26.5.1997 – ANWZ (B) 64/96, NJW 1997, 2682). Eine solche Angabe von Tätigkeitsschwerpunkten ist eine **angemessene Information für potentielle Mandanten** wobei ein bestimmter Tätigkeitsbereich jedoch **inhaltlich hinreichend konkret** hervortreten muss (OLG Hamm Urt. v. 7.1.2011 – 2 AGH 36 – 38/10, ZEV 2012, 107). Der Laie muss nachvollziehen können, womit sich der Rechtsanwalt vorwiegend befasst (OLG Hamm v. 7.1.2011 – 2 AGH 36 – 38/10, ZEV 2012, 107; BGH Urt. v. 26.5.1997 – ANWZ (B) 64/96, NJW 1997, 2682). Auch eine **fachübergreifende Aufgabe** darf benannt werden, wenn der Rechtssuchende daraus einen hinreichend abgrenzbaren Tätigkeitsschwerpunkt erkennen kann was aber zB bei der Bezeichnung als „Vorsorgeanwältin" nicht der Fall ist (OLG Hamm v. 7.1.2011 – 2 AGH 36 – 38/10, ZEV 2012, 107). Bei **nachgewiesener Spezialisierung** ist es zulässig, dass sich ein Rechtsanwalt auf dem Briefkopf als „**Spezialist für Verkehrsrecht**" bezeichnet (BVerfG Urt. v. 28.7.2004 – 1 BvR 159/04, NJW 2004, 2656; vgl. dazu auch: *Borowski* ZAP 2009, 537; *Römermann* ZErb 2004, 338). Die in Werbung verwendete Bezeichnung eines Rechtsanwaltes als „**Spezialist für Mietrecht**" verstößt gegen §§ 7 Abs. 1 S. 2 BORA i. V. m. 4 Nr. 11 UWG, wenn der Rechtsanwalt nicht nachweisen kann, dass er – der dadurch ausgelösten Verkehrserwartung entsprechend – im Mietrecht **über den Durchschnitt weit übersteigende Kenntnisse verfügt** und **in erheblichem Umfang tätig gewesen** ist. Bei gleichem Defizit ist die genannte Bezeichnung auch irreführend iSd § 7 Abs. 2 BORA und der §§ 3, 5 UWG (OLG Stuttgart Urt. v. 24.1.2008 – 2 U 11/07, AnwBl. 2008, 295). Erbringt ein Rechtsanwalt zu einem **überwiegenden Teil seiner Berufstätigkeit Hilfeleistungen in Steuersachen** und ist deshalb die Angabe „Steuerbüro" in seiner Kanzleibezeichnung objektiv zutreffend, so ist diese Angabe nicht allein deshalb als irreführend zu verbieten, weil ein Teil der an diesen Dienstleistungen interessierten Verbraucher aus der Angabe „Steuerbüro" den unrichtigen Schluss zieht, in der Kanzlei sei auch ein Steuerberater oder ein Fachanwalt für Steuerrecht tätig (BGH v. 18.10.2012 – I ZR 137/11, NJW 2013, 1373). Gem. § 7 Abs. 2 BORA sind die Angaben gemäß § 7 Abs. 1 BORA **unzulässig, wenn sie die Gefahr einer Verwechslung mit Fachanwaltschaften begründen** oder sonst irreführend sind (BGH v. 18.10.2012 – I ZR 137/11, NJW 2013, 1373). Dabei regelt die genannte Vorschrift nur die Zulässigkeit von Angaben über Teilbereiche der Berufstätigkeit des einzelnen Rechtsanwalts. und sie besagt nichts über die Zulässigkeit von Kanzleibezeichnungen, mit denen auf die fachliche Ausrichtung der Kanzlei hingewiesen wird (BGH v. 18.10.2012 – I ZR 137/11, NJW 2013, 1373).

11. Die Verwendung der Bezeichnung „**Mediator**" im Briefkopf eines Rechtsanwaltes ist zulässig, wenn durch eine geregelte Ausbildung nachgewiesen werden kann, die Grundsätze der Mediation zu beherrschen (BGH v. 1.7.2002 – AnwZ (B) 52/01, NJW 2002, 2948).

12. Zu den Mindestanforderungen der Einrichtung einer Kanzlei gem. § 27 Abs. 1 BRAO gehören organisatorische Maßnahmen, um der Öffentlichkeit den **Willen des Rechtsanwalts zu offenbaren, bestimmte Räume zu verwenden, um dem rechtsuchenden Publikum dort anwaltliche Dienste bereitzustellen** wobei der Rechtsanwalt ein **Praxisschild** anbringen, einen Telefonanschluß unterhalten und **zu angemessenen Zeiten dem rechtsuchenden Publikum in den Praxisräumen für anwaltliche Dienste zur Verfügung stehen muss** (BGH v. 6.7.2009 – AnwZ (B) 26/09, NJW-RR 2009, 1577 mwN)

13. Ein Rechtsanwalt ist nach dem BGH **weder nach § 10 Abs. 1 BORA noch nach § 5a Abs. 2 UWG verpflichtet,** auf den für seine anwaltliche Tätigkeit verwendeten Briefbögen **sämtliche Standorte seiner Niederlassungen zu nennen oder durch Verwendung der Begriffe „Kanzlei" und „Zweigstelle" kenntlich zu machen,** wo er seine Kanzlei im Sinne von **§ 27 Abs. 1 BRAO und wo er Zweigstellen unterhält** (BGH Urt. v. 16.5.2012 – I ZR 74/11, NJW 2013, 314; vgl. dazu auch: *Remmertz/Siegmund* BRAK-Mitt. 2013, 16; *Deckenbrock* AnwBl. 2013, 8). Ein Rechtsanwalt ist nach § 10 Abs. 1 BORA **nicht verpflichtet, auf den für seine anwaltliche Tätigkeit in einer Zweigstelle verwendeten Briefbögen den Standort der Kanzlei im Sinne von § 27 Abs. 1 BRAO anzugeben.** Er hat nach dieser Bestimmung auf solchen Briefbögen nur die Anschrift der Zweigstelle und nicht auch die Anschrift der (Haupt-) Kanzlei anzugeben (BGH Urt. v. 16.5.2012 – I ZR 74/11, NJW 2013, 314). Dabei hat die **5. Satzungsversammlung** nunmehr in der 4. Sitzung am **15.4.2013** eine **klarstellende Ergänzung des § 10 BORA** beschlossen. In § 10 Abs. 1 S. 2 BORA ist nunmehr geregelt, dass Kanzleianschrift die im Rechtsanwaltsverzeichnis als solche eingetragene Anschrift (§§ 31 Abs. 3 S. 1 1. Halbs., 27 Abs. 1 Bundsrechtsanwaltsordnung) ist (Vgl. zu dieser Neuregelung mit Fallbeispielen: *Remmertz*, Kammerkurzmitteilung der Rechtsanwaltskammer des Landes Brandenburg, Ausgabe Nr. 27/2013 v. 1.10.2013).

14. Zu den vom Rechtsanwalt zu wahrenden **Mindestanforderungen der Einrichtung einer Kanzlei gem. § 27 Abs. 1 BRAO** gehört es auch, dass der Rechtsanwalt einen **Telefonanschluß unterhält** und zu angemessenen Zeiten dem rechtsuchenden Publikum in den Praxisräumen für anwaltliche Dienste zur Verfügung stehen (BGH v. 6.7.2009 – AnwZ (B) 26/09, NJW-RR 2009, 1577; BGHZ 38, 6; BGH v. 2.12.2004 – AnwZ (B) 72/02, NJW 2005, 1420). Eine Telekanzlei (Cyber-Kanzlei) genügt den Anforderungen des § 27 BRAO nicht (Henssler/Prütting/*Prütting*, BRAO, 4. Aufl., 2014, § 27 Rn. 6; *Prütting* AnwBl. 2011, 46).

15. Ist ein **Rechtsanwalt oder** sind **Rechtsanwälte mit einem oder mehreren Notaren beruflich verbunden** sind bei der **Eintragung in Telefonbücher** die für Notare geltenden Grundsätze des BGH zu beachten. Der Eintrag eines Anwaltsnotars in einem seinen Amtssitz nicht einschließenden Telefonbuch, in dem auf das Notaramt, nicht hingegen auf den Amtssitz hingewiesen wird, kann ebenso wie ein außerhalb der Geschäftsstelle des Notars an einer Rechtsanwaltskanzlei angebrachtes Geschäftsschild eine **Irreführung der Rechtsuchenden** bewirken (BGH Urt. v. 21.11.2011 – NotZ (Brfg) – 9/11, NJW-RR 2012, 299, BVerfG v. 19.8.2008 – 1 BvR 623/08, DNotZ 2009, 792). Es kann der unzutreffende Eindruck entstehen, dass an der im Telefonbuch bezeichneten Zweigstelle der Rechtsanwaltskanzlei auch notarielle Dienste in Anspruch genommen werden können. Auch von Telefonbüchern geht eine **Werbewirkung auf auswärtige Rechtsuchende** aus (BGH v. 21.11.2011 – NotZ (Brfg) – 9/11, NJW-RR 2012, 299; BVerfG v. 24.11.2005 – 1 BvR 1870/04, NJW 2006, 359). § 29 Abs. 3 S. 2 BNotO ist nach Auffassung des BGH **nicht europarechtswidrig**; diese Bestimmung verstößt insbesondere nicht gegen Art. 24 der Richtlinie 2006/123/EG des Europäischen Parlaments und des Rates vom 12. Dezember 2006 über Dienstleistungen im Binnenmarkt (ABl. L 376/06 S. 36 ff.), denn gemäß Art. 2 Abs. 2 lit. l findet diese Richtlinie auf die Tätigkeit von Notaren keine Anwendung (BGH v. 21.11.2011 – NotZ (Brfg) – 9/11, NJW-RR 2012, 299).

16. Unbedingt gerade auch im Blick auf **außergerichtliche Korrespondenz** mit Behörden zu beachten ist, dass **durch Übersendung eines Telefaxes (vorab) nicht per se eine Fristwahrung erreicht werden kann**. Die Grundsätze, die zu Gerichtsfaxen gelten können nicht einfach übertragen werden. Ist das Verfahren beim Empfang von Telefaxsendungen so gestaltet, dass **die empfangenen Übermittlungen nicht in jedem Fall ausgedruckt werden**, so wahrt die Übermittlung per Telefax die Schriftform nicht, es gelten vielmehr die **Bestimmungen für die Einreichung elektronischer Dokumente** (AG Hünfeld Urt. v. 4.7.2013 – 34 Js – OWi 4447/13). So konnte zB bei der vom Regierungspräsidium Kassel praktizierten Verfahrensweise („**Digitalfax**") ein Einspruch gegen einen Bußgeldbescheid nicht formwirksam per Telefax eingelegt werden (AG Hünfeld Urt. v. 4.7.2013 – 34 Js – OWi 4447/13) wobei ggf. Wiedereinsetzung in den vorigen Stand gewährt werden kann (AG Hünfeld Urt. v. 4.7.2013 – 34 Js – OWi 4447/13).

17. Die **Steuernummer** kann auf dem Briefbogen enthalten sein, muss aber nicht (*Zastrow* BRAK-Mitt. 2009, 55 (62)). Anders ist das auf der Rechnung (vgl. § 14 Abs. 4 Ziff. 2 UStG).

18. Bankverbindungen können auf dem Briefbogen enthalten sein, müssen aber nicht (*Zastrow* BRAK-Mitt. 2009, 55 (62)).

19. Bei der Frage der **zulässigen sprachlichen und inhaltlichen Schärfe anwaltlicher Korrespondenz** und insbesondere zB bei der **Formulierung außergerichtlicher Mahnschreiben** sind **strafrechtliche Grenzen zu beachten**. So hat zB der BGH festgestellt (vgl. BGH v. 5.9.2013 – 1 StR 162/13, NJW 2014, 401. Kritisch dazu: *Huff* NJW Editorial 4/2014), dass bei folgender Formulierung in einem anwaltlichen Mahnschreiben **mit einem empfindlichen Übel gedroht wird**: *„Sollte die obige Gesamtforderung von Ihnen dennoch nicht fristgerecht gezahlt werden, behält sich meine Mandantin darüber hinaus vor, den Sachverhalt der zuständigen Staatsanwaltschaft zur Überprüfung wegen des Verdachts eines Betrugs vorzulegen"*. Eine solche Drohung mit einer möglichen Strafanzeige sei auch **verwerflich iSd § 240 Abs. 2 StGB** (BGH v. 5.9.2013 – 1 StR 162/13, NJW 2014, 401). Der Anwalt habe es seiner Mandanten ermöglicht, „seine Berufsbezeichnung als Anwalt einzusetzen, um dadurch generell die Position der Adressaten als faktisch aussichtslos erscheinen zu lassen." Auf diese Weise sollten „juristische Laien durch die Autorität eines Organs der Rechtspflege zur Hinnahme der nur scheinbar vom Angeklagten stammenden Wertungen veranlasst werden." (BGH v. 5.9.2013 – 1 StR 162/13, NJW 2014, 401).

20. Bei der Frage der **zulässigen sprachlichen und inhaltlichen Schärfe anwaltlicher Korrespondenz** sind zudem **die Grenzen des Berufsrechtes und insbesondere des § 43a Abs. 3 S. 2 BRAO** zu beachten. Eine Verletzung des Sachlichkeitsgebots durch herabsetzende Äußerungen nach § 43a Abs. 3 S. 2 2. Alt. BRAO setzt dabei nach zutreffender Auffassung eine strafbare Beleidigung (§ 185 StGB) voraus (AGH Niedersachsen v. 19.9.2011 – AGH 15/11 (I 7), NJW-RR 2012, 750; vgl. auch: Henssler/Prütting/ *Henssler*, BRAO 4. Aufl., 2014, § 43a Rn. 133 ff.; Hartung/*Hartung*, BORA/FAO, 5. Aufl., 2012, § 43a BRAO Rn. 36 ff.). Die Wahrnehmung seiner Aufgaben erlaubt es dem Rechtsanwalt nicht, immer so schonend mit den Verfahrensbeteiligten umzugehen, dass diese sich nicht in ihrer Persönlichkeit beeinträchtigt fühlen (BVerfG v. 14.7.1987 – 1 BvR 537/81 – 1 BvR 195/87, NJW 1988, 191). Der Rechtsanwalt darf im „**Kampf um das Recht**" auch **starke, eindringliche Ausdrücke und sinnfällige Schlagworte** benutzen, ferner **Urteilsschelte** üben oder ‚**ad personam**" argumentieren, um beispielsweise eine mögliche Voreingenommenheit eines Richters oder die Sachkunde eines Sachverständigen zu kritisieren (BVerfG v. 14.7.1987 – 1 BvR 537/81 – 1 BvR 195/87, NJW 1988, 191). Die Grenze einer zumutbaren Beschränkung der Berufsausübung und der Meinungsfreiheit wird insbesondere überschritten, wenn Kammervorstände oder Ehrengerichte

Äußerungen eines Anwalts als standeswidrig mit der Begründung beanstanden, sie würden von anderen Verfahrensbeteiligten als **stilwidrig, ungehörig oder als Verstoß gegen den guten Ton und das Taktgefühl empfunden** oder sie seien für das Ansehen des **Anwaltsstandes abträglich** (BVerfG v. 14.7.1987 – 1 BvR 537/81 – 1 BvR 195/87, NJW 1988, 191). Herabsetzende Äußerungen, die ein Anwalt im Zusammenhang mit seiner Berufsausübung und der dabei zulässigen Kritik abgibt, sind danach noch kein Anlass zu standesrechtlichem Eingreifen, wenn nicht besondere Umstände hinzutreten (BVerfG v. 14.7.1987 – 1 BvR 537/81 – 1 BvR 195/87, NJW 1988, 191). Sie sind erst dann als Berufspflichtverletzung zu beanstanden, wenn die **Herabsetzungen nach Inhalt oder Form als strafbare Beleidigungen zu beurteilen sind, ohne durch die Wahrnehmung berechtigter Interessen gedeckt zu werden** (BVerfG Urt. v. 14.7.1987 – 1 BvR 537/81 – 1 BvR 195/87, NJW 1988, 191). Zudem liegt eine Verletzung des Sachlichkeitsgebotes vor, wenn, wenn etwa ein Anwalt **unprofessionell** handelt, indem er entweder **bewusst Unwahrheiten verbreitet** oder den Kampf ums Recht durch neben der Sache liegende Herabsetzungen belastet, zu denen andere Beteiligte oder der Verfahrensverlauf keinen Anlass gegeben haben (BVerfG v. 14.7.1987 – 1 BvR 537/81 – 1 BvR 195/87, NJW 1988, 191; Henssler/Prütting/*Henssler*, BRAO 4. Aufl., 2014, § 43a Rn. 134). Diese für die Zeit bis zum Erlass einer Berufsordnung aufgestellten Maßstäbe werden auch **für die Auslegung des § 43a Abs. 3 S. 2 BRAO herangezogen**, da der Gesetzgeber den vom Bundesverfassungsgericht gelassenen Freiraum nicht ausgenutzt und sich auf die ausdrückliche Regelung der beiden letztgenannten Fallgruppen beschränkt hat (AGH Niedersachsen v. 19.9.2011 – AGH 15/11 (I 7), NJW-RR 2012, 750). Dass der Gesetzgeber die Fallgruppe der strafbaren Beleidigung nicht ausdrücklich erwähnt hat, ist unerheblich da diese mit der im Gesetz geregelten Fallgruppe der herabsetzenden Äußerungen ohne Anlass identisch ist (BVerfG v. 15.4.2008 – 1 BvR 1793/07, NJW 2008, 2424; AGH Niedersachsen v. 19.9.2011 – AGH 15/11 (I 7), NJW-RR 2012, 750 mwN; BVerfG v. 10.3.2009 – 1 BvR 2650/05, NJW-RR 2010, 204; vgl. dazu auch: *Wagner* FA 2009, 205). **Berufsrechtliche Beschränkungen des Rechts auf freie Meinungsäußerung dürften nicht strenger ausfallen, als die für jedermann geltenden Gesetze** (AGH Niedersachsen v. 19.9.2011 – AGH 15/11 (I 7), NJW-RR 2012, 750 mwN).

21. Mit der **Unterzeichnung unter Angabe seiner Berufsbezeichnung** übernimmt der Rechtsanwalt **die Verantwortung für den Inhalt des Schriftsatzes oder des Schreibens** (BGH v. 26.7.2012 – III ZB 70/11, NJW-RR 2012, 1142). Die Unterschrift soll die **Identifizierung des Urhebers** ermöglichen und dessen **unbedingten Willen** zum Ausdruck bringen, die **Verantwortung zu übernehmen** (BGH v. 25.9.2012 – VIII ZB 22/12, NJW 2013, 237). Dabei ist anders als bei einer eigenhändigen Unterschrift bei einer **eingescannten Unterschrift** nicht gewährleistet, dass der Rechtsanwalt die Verantwortung insbesondere auch für eine Rechtsmittelschrift oder Rechtsmittelbegründungsschrift übernimmt und es sich nicht lediglich um einen vom Rechtsanwalt nicht geprüften Entwurf handelt (VG Leipzig 26.6.2013 – 1 K 916/11, BeckRS 2013, 52933).

2. Schriftsatz

RECHTSANWALT & PARTNER
RECHTSANWALTSFIRMA

RECHTSANWALT & PARTNER [1,2,3,4,5]
RECHTSANWALTSFIRMA · MUSTERSTR. 2 · 12345 MUSTERHAUSEN

An das
Landgericht Musterdorf
(Anschrift) [20]

MAX MUSTERMANN

RECHTSANWALT · MUSTERHAUSEN
NOTAR · MUSTERHAUSEN
BARRISTER-AT-LAW · LONDON
SCRIVENER NOTARY · LONDON

INTERNATIONAL
ARBITRATION & MEDIATION [12]

Vorab per Telefax: [21,22]

Telefon:	(+49-23) 789 214
Telefax:	(+49-23) xxx 0
Mein Az.:	601/11/$DDNummer/TR

MAXI MUSTERFRAU

RECHTSANWÄLTIN · MUSTERHAUSEN
FACHANWÄLTIN FÜR ARBEITSRECHT [19]

Musterhausen, den 28.02.2014

Kanzlei [14]
MUSTERWEG 2
12345 MUSTERHAUSEN
GERMANY

In dem Rechtsstreit
(Kläger)./.(Beklagter)
-(Gerichtliches Aktenzeichen)-

TELEFON (+49-23) 456 78 [15,16]
TELEFAX (+49-23) 456 789-10 [17]
kanzlei@mustermann.com
www.mustermannonline.com

wird beantragt,

Anwaltliche Zweigstelle
MUSTERSTRASSE 2
12345 MUSTERHAUSEN

die Klage abzuweisen.

Begründung:

Bankverbindung Maxi Musterfrau
Bankkasse Musterhausen,
BIC xxx [19]
IBAN: xxx [19]
Ust.-IDNr.: DE123456 [18]

(...) [23,24,25]

TELEFON (+49-23) 789 214
TELEFAX (+49-23) xxx 0
kanzlei@musterfrau.de
www.musterfrauonline.de

Beglaubigte und einfache Abschrift anbei [26]

Barristers' Chambers
SOUTH SQUARE
¾ SOUTH SQUARE
GRAY'S INN
LONDON WC1R 5HP
UNITED KINGDOM

(Unterschrift des Rechtsanwaltes/der Rechtsanwältin) [27,28]

TELEFON (+44-207) 696 6451
TELEFAX (+44-207) 696 6452

In Kooperation mit **BEISPIELANWÄLTE & KOLLEGEN** [8]
Fachanwälte für Arbeitsrecht, Familienrecht

BAHNHOFSTRASSE 5
D-34567 Beispielsdorf
TELEFON (+49-623) xxx
TELEFAX (+49-623) yyy
beispielsanwälte@beispiel.de

Anmerkungen

1. Im Anwaltsprozess (§ 78 ZPO) wird die mündliche Verhandlung durch Schriftsätze vorbereitet (§ 129 Abs. 1 ZPO). Schriftsätze sind die wesentliche Grundlage der mündlichen Verhandlung. Angriffs- und Verteidigungsmittel sind vor der mündlichen Verhandlung durch vorbereitenden Schriftsatz mitzuteilen (§ 282 Abs. 2 ZPO)(vgl. grds.: *Michel/Seipen*, Der Schriftsatz des Anwalts im Zivilprozess, 6. Aufl., 2003). **Zu unterscheiden ist dabei grundsätzlich zwischen den sogenannten vorbereitenden Schriftsätzen und den bestimmenden Schriftsätzen** (Zöller/*Greger*, ZPO, 25. Auflage, 2005, § 129, Rn. 1). Vorbereitende Schriftsätze sind im Gegensatz zu den bestimmenden Schriftsätzen schriftliche Erklärungen der Parteien, welche ohne unmittelbar prozessgestaltende Wirkung der Vorbereitung und der Erleichterung der mündlichen Verhandlung dienen; sie machen zeitaufwendige Erörterungen und Niederschriften entbehrlich und geben dem Gericht sowie dem Gegner Gelegenheit, die mündliche Verhandlung mit dem Ziel eines zügigen Verfahrens vorzubereiten (Zöller/*Greger*, ZPO, 25. Auflage, 2005, § 129, Rn. 1). Dabei kann das Gericht durch Anordnungen gem. § 273 ZPO darauf hinwirken, dass sich die Parteien auf den entscheidungserheblichen Stoff konzentrieren wobei empfohlen wird, dass das Gericht daher Schriftsätze nicht unbesehen sogleich nach dem Eingang, sondern erst dann an den Gegner weiterleiten sollte, wenn es sich bereits mit der Vorbereitung des Verhandlungstermins befassen konnte (Zöller/*Greger*, ZPO, 25. Auflage, 2005, § 129, Rn. 1). **Bestimmende Schriftsätze sind das Verfahren unmittelbar, also außerhalb der mündlichen Verhandlung, gestaltende Prozeßhandlungen, so insbesondere Schriftsätze, welche ein Verfahren einleiten, ebenso alle schriftlichen Anträge über die nicht mündlich zu verhandeln ist, fortsetzen, inhaltlich ändern, beenden oder den Eintritt der formellen Rechtskraft einer Entscheidung hemmen** (Zöller/*Greger*, ZPO, 25. Auflage, 2005, § 129, Rn. 3). Bestimmende Schriftsätze sind Prozesshandlungen, die das Verfahren unmittelbar gestalten: (zB Klage § 253 ZPO: leitet Verfahren ein; Klagerücknahme, § 269: beendet Verfahren; Rechtsmittelschriften § 518 (Berufung), § 553 (Revision), § 569 (Beschwerde)). Dabei wird oft ein bestimmender Schriftsatz zugleiche Elemente eines vorbereitenden Schriftsatzes enthalten (Zöller/*Greger*, ZPO, 25. Auflage, 2005, § 129, Rn. 4).

2. Eine Berufungsbegründung hat der BGH als **in schriftlicher Form eingereicht** angesehen, sobald dem Berufungsgericht ein Ausdruck der als Anhang einer elektronischen Nachricht übermittelten, die vollständige Berufungsbegründung enthaltenden **Bilddatei** (im dortigen Fall: **PDF-Datei**) vorliegt. Ist die Datei durch **Einscannen eines vom Prozessbevollmächtigten unterzeichneten Schriftsatzes** hergestellt, ist auch dem **Unterschriftserfordernis des § 130 Nr. 6 ZPO** genügt (BAG v. 11.7.2013 – 2 AZB 6/13, NZA 2013, 983; BGH v. 15.7.2008 – X ZB 8/08 – NJW, 2008, 2649; vgl. dazu auch: *Grams*, Anmerkung BGH v. 15.7.2008 – X ZB 8/08, BRAK-Mitt 2008, 212; *Wassermann*, Anmerkung BGH v. 15.7.2008 – X ZB 8/08, AnwBl Beilage 11/2008 Heft 11, 219; *Köbler* FA 2009, 72; *Hornung*, Anmerkung BGH v. 15.7.2008 – X ZB 8/08, MMR 2008, 668; *Köbler* MDR 2009, 357). Ein **Faksimile-Stempel der Unterschrift eines Prozessbevollmächtigten** unter einem Berufungsschriftsatz genügt nicht den Anforderungen des § 130 Nr. 6 ZPO und es ist zwingend eine eigenhändige Unterschrift erforderlich (BAG Urt. v. 5.8.2009 – 10 AZR 692/08, NJW 2009, 3596; vgl. dazu auch: *Chab*, Anmerkung BAG v. 5.8.2009 – 10 AZR 692/08, BRAK-Mitt. 2010, 24; *Salamon* NZA 2009, 1249).

3. Bei der **Einreichung von Schriftsätzen als elektronische Dokumente** ist peinlich genau zu prüfen, ob an dem jeweiligen Ort die Voraussetzungen dafür überhaupt vorliegen und ob insbesondere der Umfang einer diese Art des Rechtsverkehrs eröffnenden Verordnung gerade auch das jeweilige Verfahren erfasst. Gem. **§ 130 a Abs. 2 ZPO** ist die Einreichung eines Schriftsatzes als elektronisches Dokument **nur zulässig, wenn die Landesregierung durch Rechtsverordnung den Zeitpunkt, von dem an elektronische Dokumente bei den Gerichten eingereicht werden können, und die für die Bearbeitung der Dokumente geeignete Form bestimmt hat** (OLG Düsseldorf Urt. v. 24.7.2013 – VI-U (Kart) 48/12, BeckRS 2013, 13235; BGH v. 15.7.2008 – X ZB 8/08, NJW 2008, 2649; BGH v. 4.12.2008 – IX ZB 41/08, NJW-RR 2009, 357; vgl. dazu auch: *Burhoff*, Anmerkung BGH v. 4.12.2008 – IX ZB 41/08, StRR 2009, 99; *ders.*, Anmerkung BGH v. 4.12.2008 – IX ZB 41/08, VRR 2009, 105). In Nordrhein-Westfalen war zB eine entsprechende Rechtsverordnung für die Einreichung elektronischer Dokumente bei dem Oberlandesgericht Düsseldorf nicht erlassen worden (vgl.: OLG Düsseldorf v. 24.7.2013 – VI-U (Kart) 48/12, BeckRS 2013, 13235). Die Landesregierung Nordrhein-Westfalen hatte die Ermächtigung zum Erlass der Rechtsverordnung Ende 2003 auf das Justizministerium des Landes übertragen (OLG Düsseldorf v. 24.7.2013 – VI-U (Kart) 48/12, BeckRS 2013, 13235). Der durch Verordnung des Landes-Justizministeriums eröffnete elektronische Rechtsverkehr beschränkte sich im Bereich der ordentlichen Gerichtsbarkeit auf Verfahren nach § 101 Abs. 9 UrhG, die bei dem Landgericht Köln geführt wurden, sowie auf Registersachen bei den Amtsgerichten des Landes (OLG Düsseldorf v. 24.7.2013 – VI-U (Kart) 48/12, BeckRS 2013, 13235). Wenn die Voraussetzungen für die Einreichung von Schriftsätzen als elektronische Dokumente insoweit erfüllt sind, ist zu beachten, dass **§ 130 a Abs. 1 S. 2 ZPO für bestimmte Schriftsätze nicht nur eine Ordnungsvorschrift** enthält; diese **müssen mit einer qualifizierten elektronischen Signatur versehen sein** (BGH v. 14.1.2010 – VII ZB 112/08, NJW 2010, 2134; vgl. dazu auch: *Apfelbaum*, Anmerkung BGH v. 14.1.2010 – VII ZB 112/08, DNotZ 2010, 442; *Skrobotz*, Anmerkung BGH v. 14.1.2010 – VII ZB 112/08, MMR 2010, 506; *Grams*, Anmerkung BGH v. 14.1.2010 – VII ZB 112/08, BRAK-Mitt 2010, 72; *Greger*, Anmerkung BGH v. 14.1.2010 – VII ZB 112/08, JZ 2010, 678; *Redeker*, Anmerkung BGH v. 14.1.2010 – VII ZB 112/08, AnwBl 2010, 293; *Köbler* FA 2010, 133). **Vom Formerfordernis einer qualifizierten elektronischen Signatur kann auch nicht ausnahmsweise abgesehen werden, selbst wenn sich aus einer E-mail oder begleitenden Umständen die Urheberschaft und der Wille, das elektronische Dokument in den Verkehr zu bringen, hinreichend sicher ergibt** (BVerwG v. 25.4.2012 – 8 C 18.11, NVwZ 2012, 1262; OVG Koblenz Urt. v. 21.4.2006 – 10 A 11741/05, AS RP-SL 33, 182; BFH v. 26.7.2011 – VII R 30/10, BFHE 234, 118; BGH v. 4.12.2008 – IX ZB 41/08, NJW-RR 2009, 357; BVerwG v. 17.6.2011 – 7 B 79.10, Buchholz 406.254 URG Nr. 3). Elektronische Dokumente zeichnen sich dadurch aus, dass sie nicht nur mittels Datenverarbeitung erstellt werden und auf einem Datenträger gespeichert werden können, sondern ausschließlich in elektronischer Form von einem Computer zum anderen über das Internet übertragen werden (BVerwG v. 25.4.2012 – 8 C 18.11, NVwZ 2012, 1262 mwN). Während die prozessuale Schriftform allein die Urheberschaft eines Dokuments gewährleisten soll, **dienen die hohen Anforderungen an die Signatur elektronischer Dokumente zusätzlich dem Schutz vor nachträglichen Änderungen, also ihrer Integrität** (BVerwG v. 25.4.2012 – 8 C 18.11, NVwZ 2012, 1262; BTDrs 15/4067 S. 8 f., S. 37; BVerwG v. 30.3.2006 – 8 B 8.06, Buchholz 310 § 81 VwGO Nr. 18). Abstriche von den dafür normierten Sicherheitsanforderungen können nicht zugelassen werden (BVerwG Urt. v. 25.4.2012 – 8 C 18.11, NVwZ 2012, 1262).

4. –19. → Form. H. III. 1 Anm. 3–18.

20. Die Überwachung und Prüfung der Richtigkeit der verwendeten Gerichtsanschrift ist mit höchster Sorgfalt durchzuführen. Wurde dabei ein **Schriftsatz falsch adressiert** und das **noch vor Versendung vom Rechtsanwalt bemerkt**, so sollte der Rechtsanwalt zur Vermeidung des Risikos belastender Wiedereinsetzungsverfahren prüfen und überwachen, dass tatsächlich auch der korrigierte Schriftsatz versandt wird. Dabei korrigiert der Rechtsanwalt seinen im Unterschreiben des falsch adressierten Schriftsatzes liegenden

Fehler in der Regel hinreichend dadurch, dass er einen neuen Schriftsatz erstellen lässt, diesen unterschreibt und einem zuverlässigen Mitarbeiter zur Weiterleitung an das aus dem Adressfeld ersichtliche Gericht übergibt (BGH v. 17.7.2007 – VIII ZB 107/06, BRAK-Mitt 2007, 200). BGH Urt. v. 12.11.2013 – VI ZB 4/13, DB 2014, 9). Die Kontrolle von aktuellen Anschriften ist dabei gerade im Fall drohender Verjährung auch im Blick auf den Gegner unbedingt erforderlich. So ist bei drohender Verjährung jede Zustellungsverzögerung zu vermeiden, die in der Sphäre des Gläubigers liegen könnte. Gerät dabei der Prozess in Stillstand, weil dem Kläger die für **die Zustellung eines Schriftsatzes benötigte Anschrift des Prozessgegners unbekannt** ist, so endet die Unterbrechung der Verjährung nur dann nicht, wenn die zur Anschriftenmitteilung verpflichtete Partei darlegt und gegebenenfalls beweist, dass sie die ihr **möglichen (und zumutbaren) Schritte unternommen hat, die zustellungsfähige Anschrift der anderen Partei erfolgversprechend zu ermitteln** (BGH v. 6.5.2004 – IX ZR 205/00, NJW 2004, 3418). Im Rahmen dieser Obliegenheit ist die zur Anschriftenermittlung verpflichtete Partei grundsätzlich gehalten, die öffentliche Zustellung zu beantragen (BGH v. 6.5.2004 – IX ZR 205/00, NJW 2004, 3418). Dabei beträgt die Frist für die regelmäßige Verjährung gem. § 195 BGB **drei Jahre**. Die Frist beginnt gem. § 199 Abs. 1 Nr. 1 und 2 BGB mit dem Schluss des Jahres, in dem der Anspruch entstanden ist und der Gläubiger von den den Anspruch begründenden Umständen und der Person des Schuldners Kenntnis erlangt hat oder ohne grobe Fahrlässigkeit erlangen müsste. **Zur vollständigen Kenntnis der nach § 199 Abs. 1 Nr. 2 BGB maßgeblichen Umstände gehört auch die aktuelle Anschrift des Schuldners** (OVG Nordrhein-Westfalen v. 10.10.2013 – 2 E 667/13, BeckRS 2013, 57623; BGH v. 28.2.2012 – XI ZR 192/11, NJW 2012, 1645; BGH v. 23.9.2008 – XI ZR 395/07, NJW 2009, 587; BGH v. 16.12.1997 – VI ZR 408/96, NJW 1998, 988; vgl. dazu auch: *Peters* NJW 2012, 2556).

21. Eine Rechtspflicht zur parallelen Übersendung von fristwahrenden Schriftsätzen wird von den Gerichten verneint. Eine **Partei ist nicht gehalten, Schriftsätze zusätzlich zu der parallelen Aufgabe zur Post auch vorab per Telefax an das Gericht zu übersenden** (OVG Berlin-Brandenburg v. 13.11.2013 – 6 M 80.13, BeckRS 2014, 46484; BGH v. 12.9.2013 – V ZB 187/12; BGH v. 19.6.2013 – V ZB 226/12). Das gilt entsprechend bei Übergabe eines Schriftstücks an die PIN AG (OVG Berlin-Brandenburg Urt. v. 13.11.2013 – 6 M 80.13, BeckRS 2014, 46484). Des weiteren dürfen **Verzögerungen der Briefbeförderung oder Briefzustellung** durch die Deutsche Post AG dem Rechtsmittelführer **nicht als Verschulden angerechnet** werden (BGH v. 18.7.2007 – XII ZB 32/07, NJW 2007, 2778). Er darf vielmehr darauf vertrauen, dass die Postlaufzeiten eingehalten werden, die seitens der Deutschen Post AG für den Normalfall festgelegt werden (BGH v. 18.7.2007 – XII ZB 32/07, NJW 2007, 2778). In seinem Verantwortungsbereich liegt es allein, das Schriftstück so rechtzeitig und ordnungsgemäß aufzugeben, dass es nach den organisatorischen und betrieblichen Vorkehrungen der Deutschen Post AG den Empfänger fristgerecht erreichen kann (BGH v. 18.7.2007 – XII ZB 32/07, NJW 2007, 2778). Dabei darf eine Partei grundsätzlich darauf vertrauen, dass **werktags im Bundesgebiet aufgegebene Postsendungen am folgenden Werktag im Bundesgebiet ausgeliefert werden.** Anders liegt es nur, wenn konkrete Umstände vorliegen, welche die ernsthafte Gefahr der Fristversäumung begründen (BGH v. 18.7.2007 – XII ZB 32/07, NJW 2007, 2778; BGH v. 13.5.2004 – V ZB 62/03, NJW-RR 2004, 1217; BGH v. 15.4.1999 – IX ZB 57/98, NJW 1999, 2118). Für den Fall der Übermittlung durch einen **privaten Zustelldienst** vgl.: BGH v. 27.11.2013 – III ZB 46/13, BeckRS 2014, 00520. Gleichwohl erfolgt in den meisten Anwaltskanzleien der Versand von **Schriftsätze doppelt – postalisch und „vorab per Telefax".** Dies auch bei nicht fristwahrenden Schriftsätzen (vgl.: Hanseatisches Oberlandesgericht Hamburg v. 20.4.2010 – 4 W 87/10, BeckRS 2011, 00395). Dabei ändert auch der Umstand, dass die Regelung über die Dokumentenpauschale im

Nr. 9000 KV Ziff. 1 GKG genau wie § 28 Abs. 1 GKG der Kostendämpfung dienen soll (VGH Baden-Württemberg Urt. v. 27.11.2007 – 4 S 1610/07, NJW 2008, 536; Hanseatisches Oberlandesgericht Hamburg v. 20.4.2010 – 4 W 87/10, BeckRS 2011, 00395 mwN), nichts an dem Umstand, dass die **Übersendung eines einfachen Telefaxes an das Gericht dem Übersendenden nicht in Rechnung gestellt werden kann** (vgl.: Hanseatisches Oberlandesgericht Hamburg Urt. v. 20.4.2010 – 4 W 87/10, BeckRS 2011, 00395). Auslagen schuldet eine Partei nur nach Nr. 9000 ff. KV GKG; soweit diese Vorschriften keinen Auslagenersatz vorsehen, entsteht auch keine Ersatzpflicht; dies gilt insbesondere auch wegen der Verwendung von Papier (Hanseatisches Oberlandesgericht Hamburg v. 20.4.2010 – 4 W 87/10, BeckRS 2011, 00395). **Die Gerichtsgebühren gelten die Auslagen grundsätzlich mit ab** (OLG Naumburg Urt. v. 2.8.2012 – 2 W 42/12, MDR 2013, 124; Hanseatisches Oberlandesgericht Hamburg Urt. v. 20.4.2010 – 4 W 87/10, BeckRS 2011, 00395 mwN). **Nach der jetzigen Gesetzeslage ist es nicht vorgesehen, danach zu unterscheiden, ob die Übersendung eines Schriftsatzes oder seiner Anlagen per Telefax sinnvoll erscheint oder nicht** (wie zB die immer häufiger anzutreffende Übung, auch nicht fristgebundene Schriftsätze vorab per Fax zu übersenden; Hanseatisches Oberlandesgericht Hamburg Urt. v. 20.4.2010 – 4 W 87/10, BeckRS 2011, 00395). Eine per Telefax erfolgte Übermittlung von Mehrfertigungen im Sinne von **Nr. 9000 KV Ziff. 1 Hs. 2 GKG** liegt nämlich nicht schon dann vor, wenn ein Schriftsatz (nebst Anlagen) einmal per Fax an das Gericht und sodann auch noch im Original übermittelt wird, sondern vielmehr **erst dann, wenn mehrere Telefaxe an das Gericht übermittelt und dort ausgedruckt werden** (Hanseatisches Oberlandesgericht Hamburg v. 20.4.2010 – 4 W 87/10, BeckRS 2011, 00395).

22. Die **Überwachung und Prüfung der Richtigkeit der verwendeten Faxnummer** ist mit höchster Sorgfalt durchzuführen. Das Büropersonal ist anzuweisen, bei einem fristgebundenen Schriftsatz die in einem Sendebericht ausgewiesene Faxnummer nach Ausdruck noch einmal anhand eines aktuellen Verzeichnisses oder einer anderen geeigneten Quelle auf ihre Zuordnung zu dem vom Rechtsanwalt bezeichneten Empfangsgericht zu überprüfen (BGH v. 10.9.2013 – VI ZB 61/12, NJW-RR 2013, 1467). Bei der Übermittlung fristgebundener Schriftsätze mittels Telefax muss dabei der Rechtsanwalt durch organisatorische Maßnahmen sicherstellen, dass der **Sendebericht nicht nur auf vollständige und fehlerfreie Übermittlung des Textes, sondern auch auf die richtige Empfängernummer abschließend kontrolliert wird** (BGH v. 11.12.2013 – XII ZB 229/13, DB 2014, 422; BGH v. 31.3.2010 – XII ZB 166/09, FamRZ 2010, 879). Die Überprüfung lediglich **anhand einer geräteintern verwendeten Kurzwahl steht dem nicht gleich** (BGH v. 11.12.2013 – XII ZB 229/13, DB 2014, 422).

23. Mit der Verwendung von **Textbausteinen im Begründungsteil von Schriftsätzen** sollte man im Blick auf die **Substantiierungspflichten** vorsichtig sein (vgl.: BGH v. 6.12.2012 – III ZR 66/12, NJW-RR 2013, 296). Es wird allerdings schon als genügend angesehen, wenn zB der Anleger in einem Schadenersatzprozess die behaupteten Versäumnisse in ihrem inhaltlichen Kerngehalt wiedergibt (BGH v. 6.12.2012 – III ZR 66/12, NJW-RR 2013, 296; OLG Köln Urt. v. 11.4.2013 – 24 U 176/12).

24. Wegen der **zulässigen Schärfe der Formulierung in anwaltlichen Schreiben und Schriftsätzen** → Form. H. III. 1 Anm. 19, 20. Dabei ist zudem zu beachten, dass zB im arbeitsgerichtlichen Verfahren **ein unangemessenes Verhalten des Prozessbevollmächtigten eines Arbeitnehmers im Kündigungsschutzprozess die Auflösung des Arbeitsverhältnisses rechtfertigen kann** (vgl.: LAG München Urt. v. 7.2.2012 – 6 Sa 631/11 -). Für Erklärungen des Prozessbevollmächtigten, welche der Arbeitnehmer nicht veranlasst hatte, gilt dies jedenfalls dann, wenn sich der Arbeitnehmer diese zu eigen macht und sich auch nachträglich nicht von ihnen distanziert (BAG v. 10.6.2010 – 2 AZR 297/09, NJW 2010, 3796;

BAG v. 10.7.2008 – 2 AZR 1111/06, NZA 2009, 312; BAG v. 9.9.2010 – 2 AZR 482/09, NJW 2010, 3798; LAG München v. 7.2.2012 – 6 Sa 631/11, mwN).

25. Die Veröffentlichung eines Zitates aus einem anwaltlichen Schriftsatz **kann** das in Art. 2 Abs. 1 in Verbindung mit Art. 1 Abs. 1 GG verfassungsrechtlich gewährleistete **allgemeine Persönlichkeitsrecht des Rechtsanwaltes in seiner Ausprägung als Selbstbestimmungsrecht**, in bestimmtem Umfang darüber zu entscheiden, ob und wie die Persönlichkeit für öffentlich verbreitete Darstellungen benutzt wird, **verletzen** (KG v. 31.10.2006 – 9 W 152/06, KGR 2009, 47). Darüber hinaus kann das Recht auf freie Berufsausübung gemäß Art. 12 Abs. 1 S. 2 GG verletzt sein, weil der **Ruf des Rechtsanwalts beeinträchtigt sowie dessen Tätigkeit des Rechtsanwalts in ein schlechtes Licht gerückt werden kann.** Die Veröffentlichung eines Zitates aus einem anwaltlichen Schriftsatz kann durch ein sachliches und ernsthaftes, für die Allgemeinheit bedeutsames Informationsinteresse im Ergebnis der Güterabwägung mit den schutzwürdigen Interessen der anderen Seite, insbesondere mit der ebenfalls verfassungsrechtlich gewährleisteten Pressefreiheit (Art. 5 Abs. 1 S. 2 GG) sowie der Meinungsfreiheit (Art. 5 Abs. 1 S. 1 GG) gerechtfertigt sein. (KG v. 31.10.2006 – 9 W 152/06, KGR 2009, 47; vgl. auch KG 12.1.2007 – 9 U 102/06, NJW-RR 2007, 842; OLG München v. 16.10.2007 – 29 W 2325/07, NJW 2008, 768; LG Köln v. 7.7.2010 – 28 O 721/09, GRUR-RR 2011, 4). Zur Verletzung des Persönlichkeitsrechtes des Rechtsanwaltes bei einem **Zitat aus einer anwaltlichen E-Mail** vgl.: LG Berlin v. 24.8.2010 – 27 O 184/07.

26. Nach den gesetzlichen Vorgaben für Schriftsätze ist ein Original für Gericht (§§ 129, 130 ZPO) sowie eine beglaubigte und eine einfache Abschrift für den Gegner (beglaubigte für gegnerischen Anwalt und eine einfache für Gegner selbst) beim Gericht einzureichen wobei bei weiteren Verfahrensbeteiligten wie zB mehreren Parteien oder Streitverkündeten entsprechend mehr beglaubigte und einfache Abschriften zu fertigen sind. Mit der **Kopie für den Mandanten (§ 11 Abs. 1 BORA)** sowie der **Kopie für die Akte (§ 50 Abs. 1 BRAO)** sind mithin **bei Schriftsätzen regelmäßig mindestens fünf Ausdrucke zu fertigen und mindestens drei davon an das Gericht zu übermitteln.** Wird vom Prozessbevollmächtigten einem Schriftsatz **nicht die erforderliche Anzahl von Abschriften beigefügt,** kann auch der **Prozessbevollmächtigte** einer Partei u. U. **Kostenschuldner der Dokumentenpauschale gemäß § 23 Abs. 1 S. 2 FamGKG** sein (OLG Oldenburg v. 31.5.2010 – 11 WF 70/10, JurBüro 2010, 483). Gleiches gilt in dem Fall, dass der Prozessbevollmächtigte **einen Schriftsatz lediglich per Fax ausschließlich an das Gericht** sendet. Eine solche Versendung per Fax wird als ausschließlich der Arbeitserleichterung bzw. Kostenminimierung des Prozessbevollmächtigten dienend angesehen (vgl.: *Lohle*, Anmerkung OLG Oldenburg v. 31.5.2010 – 11 WF 70/10, JurBüro 2010, 483). Kostenschuldner müsse folglich die Partei sein, die die Mehrkosten für das Gericht verursacht hat wobei des weiteren angegeben wird, dass die Kosten für Anlagen von Schriftsätzen des Prozessbevollmächtigten in 5-facher Ausfertigung von der Verfahrensgebühr Nr. 3100 VV RVG umfasst sind (*Lohle*, Anmerkung OLG Oldenburg v. 31.5.2010 – 11 WF 70/10, JurBüro 2010, 483).

27. **Ein aus unleserlichen Zeichen bestehender Schriftzug am Ende eines Schriftsatzes** und insbesondere zB einer Berufungsschrift stellt jedenfalls dann eine **Unterschrift im Sinne des § 130 Nr. 6 ZPO** dar, wenn seine individuellen, charakteristischen Merkmale die Wiedergabe eines Namens erkennen lassen und aufgrund einer Gesamtwürdigung aller dem Berufungsgericht bei Ablauf der Berufungsfrist zur Verfügung stehenden Umstände die Identifizierung des Ausstellers ermöglichen (BGH Urt. v. 26.4.2012 – VII ZB 36/10, NJW-RR 2012, 1140; BGH Urt. v. 17.11.2009 – XI ZB 6/09, NJW-RR 2010, 358). Insbesondere soll die Unterschrift die **Identifizierung des Urhebers der schriftlichen Prozesshandlung ermöglichen** und dessen **unbedingten Willen zum Ausdruck bringen,** die

Verantwortung für den Inhalt des Schriftsatzes zu übernehmen (BGH v. 20.6.2012 – IV ZB 18/11, NJW 2012, 3379 mwN). Die **Unterschriftsleistung** ist unter bestimmten Voraussetzungen auch **durch einen Vertreter** zulässig. Dieser muss jedoch die volle Verantwortung für den Inhalt der Rechtsmittelschrift übernehmen, was er etwa mit einer Unterzeichnung „i. V." oder „für Rechtsanwalt . . . . . ." zum Ausdruck bringen kann. Die Verwendung des Zusatzes „i. A." („im Auftrag") reicht für die Übernahme der Verantwortung in diesem Sinne grundsätzlich nicht aus, weil der Unterzeichnende damit zu erkennen gibt, dass er dem Gericht gegenüber nur als Erklärungsbote auftritt (BGH v. 20.6.2012 – IV ZB 18/11, NJW 2012, 3379 mwN). Die Unterzeichnung einer Rechtsmittelschrift mit dem Zusatz „i. A." ist nur dann unschädlich, wenn der unterzeichnende Rechtsanwalt als Sozietätsmitglied zum Kreis der beim Berufungsgericht zugelassenen Prozessbevollmächtigten des Berufungsklägers zählt und damit unmittelbar in Ausführung des auch ihm selbst erteilten Mandats tätig geworden ist (BGH v. 20.6.2012 – IV ZB 18/11, NJW 2012, 3379 mwN). Den Zusatz „Nach Diktat außer Haus" verbunden mit entsprechenden Verfahrensweisen auf einem Schriftsatz sollte man zur Vermeidung von Problemen jedenfalls bei bestimmenden und fristwahrenden Schriftsätzen unterlassen (vgl. dazu: BGH v. 26.7.2012 – III ZB 70/11, NJW-RR 2012, 1142).

28. § 130a ZPO ermöglicht es, die in Abs. 1 S. 1 der Vorschrift genannten Dokumente als **elektronisches Dokument** einzureichen. Gem. Abs. 1 S. 2 der Norm soll die verantwortende Person das Dokument mit einer **qualifizierten elektronischen Signatur nach dem Signaturgesetz** versehen. Die qualifizierte elektronische Signatur **tritt an die Stelle der eigenhändigen Unterschrift im Sinne des § 130 Nr. 6 ZPO** (BGH v. 14.5.2013 – VI ZB 7/13, NJW 2013, 2034). Neben den sonstigen Funktionen der Unterschrift (vgl. BGH v. 2.4.2008 – XII ZB 120/06, NJW-RR 2008, 1020) soll sie auch gewährleisten, dass das elektronische Dokument **nicht spurenlos manipuliert werden kann** (BGH v. 14.5.2013 – VI ZB 7/13, NJW 2013, 2034; Perpetuierungs- oder Integritätsfunktion, vgl. BT-Drucks. 14/4987 S. 24; BGH v. 4.12.2008 – IX ZB 41/08, NJW-RR 2009, 357). **Die im EGVP-Verfahren eingesetzte qualifizierte Container-Signatur genügt den Anforderungen des § 130a ZPO** (BGH v. 14.5.2013 – VI ZB 7/13, NJW 2013, 2034). Die qualifizierte Container-Signatur ist dadurch gekennzeichnet, dass sie nicht nur die jeweils übersandte Einzeldatei, sondern die gesamte elektronische Nachricht umfasst, mit der die Datei an das Gericht übermittelt wird (BGH v. 14.5.2013 – VI ZB 7/13, NJW 2013, 2034).

3. Kommunikation per E-Mail – Anwaltliche E-Mail-Bestätigung

Von: (. . . . . .)[1]

Gesendet: (. . . . . .)[2]

An: (. . . . . .)[3]

Cc: (. . . . . .)[3]

Betreff: (. . . . . .)[4]

(Anrede),

in vorbezeichneter Angelegenheit nehme ich Bezug auf Ihre E-Mail vom (. . . . . .) (exakte Uhrzeit des Eingangs).[5]

Ich verstehe den Umstand, dass Sie mir mit einfacher unverschlüsselter E-Mail schreiben als Einverständnis[6, 7] dahingehend, dass auch ich mit Ihnen mit unverschlüsselter E-Mail kommunizieren kann.

Nur vorsorglich bitte ich um kurze Bestätigung, dass ich Ihnen auf Ihre E-Mail-Adresse (. . . . . .@. . . . . .de/com/etc) ohne Weiteres unverschlüsselte E-Mails und E-Mails mit eingescannten oder sonstigen Anlagen übersenden kann.

Zudem gehe ich davon aus, dass dieses E-Mail-Postfach von Ihnen regelmäßig und mindestens werktäglich eingesehen und auf Eingänge überprüft wird und, dass nur Sie Zugriff auf diese E-Mail-Adresse haben.[8, 9]

Für kurzfristige Rückmeldung – gerne einfach per Re-Mail – wäre ich dankbar.

Mit freundlichen Grüßen

(Titel) (Vorname) (Name)[10]

Rechtsanwalt

(Kanzleianschrift)

Tel.: (. . . . . .)

Fax: (. . . . . .)

E-Mail: (. . . . . .)

www.(. . . . . .).de/com/etc.

Schrifttum: *Axmann/Degen*, Kanzlei-Homepages und elektronische Mandatsbearbeitung – Anwaltsstrategien zur Minimierung rechtlicher Risiken, NJW 2006, 1457; *Axmann/Degen*, Kanzlei-Homepages und elektronische Mandatsbearbeitung – Anwaltsstrategien zur Minimierung rechtlicher Risiken, NJW 2006, 1457; *Bacher*, Elektronisch eingereichte Schriftsätze im Zivilprozess, NJW 2009, 1548; *Berger*, Beweisführung mit elektronischen Dokumenten, NJW 2005, 1016; *Bernreuther*, Zulässigkeit von Telefonwerbung, MMR 2012, 284; *Brodowski*, Strafprozessualer Zugriff auf E-Mail-Kommunikation, JR 2009, 402; *Brunst*, Anmerkung BVerfG Urt. v. 16.6.2009 – 2 BvR 902/06, CR 2009, 584; *Burhoff*, Beschlagnahme von E-Mails, StRR 2009, 331; *Deckenbrock*, 5. Satzungsversammlung: Chance für die überfällige Modernisierung der BORA – Mit dem Blick auf die 4. Satzungsversammlung Lehren für die Zukunft ziehen, AnwBl. 2011, 705; *Degen*, Zukunftsvision wird Realität: Elektronische Klage statt Gang zum Nachtbriefkasten – Verschlüsselung durch Signaturkarte, NJW 2009, 199; *ders.*, Mahnen und Klagen per E-Mail . Rechtlicher Rahmen und digitale Kluft bei Justiz und Anwaltschaft?, NJW 2008, 1473; *ders.*, Die qualifizierte elektronische Signatur als maßgebender Sicherheitsstandard im elektronischen Rechtsverkehr, DuD 2009, 665; *Durner*, Anmerkung BVerfG Urt. v. 16.6.2009 – 2 BvR 902/06, JA 2010, 238; *Gassen/Mödl*, Der elektronische Rechtsverkehr in Grundbuchsachen, ZRP 2009, 77; *Gennen*, Praktischer Einsatz elektronischer Signaturen in Deutschland, DuD 2009, 661; *Gercke*, Anmerkungen BVerfG Urt. v. 16.6.2009 – 2 BvR 902/06 – und BGH Urt. v. 31.3.2009 – 1 StR 76/09, StV 2009, 624; *Hadidi/Mödl*, Die elektronische Einreichung zu den Gerichten, NJW 2010, 2097; *Härting*: Anonymität und Pseudonymität im Datenschutzrecht, NJW 2013, 2065; *ders.*, IT-Sicherheit in der Anwaltskanzlei, NJW 2005, 1248; *Henssler/Prütting*, BRAO, 4. Aufl., 2014; *Kasiske*, Neues zur Beschlagnahme von E-Mails beim Provider, StraFO 2010, 228; *Köbler*, Schriftsatz per E-Mail. Verfahrensrechtliche Fallen, MDR 2009, 357; *Klein*, Offen und (deshalb) einfach – Zur Sicherstellung und Beschlagnahme von E-Mails beim Provider, NJW 2009, 2996; *Krüger*, Anmerkung BVerfG Urt. v. 16.6.2009 – 2 BvR 902/06, MMR 2009, 680; *Lapp*, Elektronischer Rechtsverkehr – Auf dem Weg zur Justiz von morgen, BRAK-Mitt. 2004, 17; *Masing*: Herausforderungen des Datenschutzes, NJW 2012, 2305; *Mayer/Lindemann*, e-Justiz in Europa – mehr als Zukunftsmusik, AnwBl. 2009, 216; *Reus*, E-Mails in der anwaltlichen Praxis, MDR, 2012, 882; *Roßnagel/Fischer-Dieskau*, Elektronische Dokumente als Beweismittel, NJW 2006, 806; *Sack*, Individualschutz gegen unlauteren Wettbewerb, WRP 2009, 1330; *Sack*, Neuere Entwicklungen der Individualklagebefugnis im Wettbewerbsrecht, GRUR 2011,

953; *Sassenberg*, Umgang mit IT in der Anwaltskanzlei, AnwBl., 2006, 196; *Schmidl*, „To Disclaim or not to Disclaim" – Vertraulichkeitsverpflichtung auf Grund von E-Mail-Disclaimern?, MMR 2005, 501; *Stuckel*, Zur Einwilligung in Telefon- und E-Mail-Werbung – Zugleich Besprechung des BGH-Urteils vom 10.2.2011 – I ZR 164/09, DB 2011 S. 1857 – Double-opt-in-Verfahren, DB 2011, 2421; *v. Lewinski*. Anwaltliche Schweigepflicht und E-Mail, BRAK-Mitt. 2004, 12; *Viefhues*, Das Gesetz über die Verwendung elektronischer Kommunikationsformen in der Justiz, NJW 2005, 1009.

Anmerkungen

1. Bei der Ausgestaltung und der Wahl der **Bezeichnungen in der E-Mail-Adresse** sind **namensrechtliche und markenrechtliche Vorgaben zu beachten** wobei insbesondere zB ungeachtet der Rechtsform, in der eine Sozietät betrieben wird, auch der **Name**, unter dem eine Gesellschaft bürgerlichen Rechts im Geschäftsverkehr auftritt, **nach § 5 MarkenG geschützt sein kann** (BGH Urt. v. 11.4.2002 – I ZR 317/99, NJW 2002, 2096 (vossius.de) mwN; A. A. wohl BayObLG Urt. v. 26.11.1997 – 3Z BR 279/97, NJW 1998, 1158) wobei dieser **kennzeichenrechtliche Schutz** in seinem Anwendungsbereich grundsätzlich einem **parallel dazu bestehenden möglichen Namensschutz aus § 12 BGB vorgeht** (BGH Urt. v. 11.4.2002 – I ZR 317/99, NJW 2002, 2096 (vossius.de); BGH Urt. v. 22.11.2001 – I ZR 138/99, NJW 2002, 2031 (shell.de); vgl. auch: Schaub/Schüppen/ *Ritter* MAH AktR § 8 Rn. 2 mwN). Dabei ist ein Rechtsanwalt, der durch die Bezeichnung seiner Kanzlei die Rechte eines Wettbewerbers verletzt hat, im Hinblick auf die ihn treffende Verschwiegenheitspflicht grundsätzlich nicht verpflichtet, im Rahmen einer zur Schadensberechnung dienenden Auskunft die Namen seiner Mandanten zu offenbaren (BGH Urt. v. 11.4.2002 – I ZR 317/99, NJW 2002, 2096 (vossius.de)).

2. Vorsorglich sollte die **in der E-Mail angegebene Sendezeit** jeweils **auf Richtigkeit geprüft** werden. Es kann zB eine falsche Einstellung der Systemzeit oder der Zeitzone oder Nichtübereinstimmung zu einer unzutreffenden Zeitangabe führen.

3. Bei der Eingabe der E-Mail-Adresse des Mandanten sowie etwaiger Dritter ins „cc" ist im Blick auf die anwaltliche Verschwiegenheitspflicht höchste Sorgfalt geboten. Dabei nützen bei einer Falschversendung und den damit verbundenen Rechtsfolgen grds. auch die teilweise **in E-Mail-Signaturen** aufgenommenen sog. **Vertraulichkeitsverpflichtungen** nichts. Darin findet sich zB der Hinweis, dass diese E-Mail vertrauliche und/oder rechtlich geschützte Informationen enthält. Zudem wird zB erklärt: „Wenn Sie nicht der richtige Adressat sind oder diese E-Mail irrtümlich erhalten haben, informieren Sie bitte sofort den Absender und vernichten Sie diese Mail. Das unerlaubte Kopieren sowie die unbefugte Weitergabe dieser Mail ist nicht gestattet." Das bloße Schweigen im Rechtsverkehr ist jedenfalls im deutschen Recht keine Willenserklärung (BGH Urt. v. 19.9.2002 – V ZB 37/02, NJW 2002, 3629; BGH Urt. v. 4.4.1951 – II ZR 52/50, NJW 1951, 711; vgl. BGH Urt. v. 24.9.1980 – VIII ZR 299/79, NJW 1981, 43), so dass eine Rechtsbindung durch eine solche einseitige Vertraulichkeitsverpflichtung nicht erreicht werden kann. Will sich der Versender von E-Mails gegen die sich aus Sendung an den falschen Adressaten ergebenden Rechtsfolgen absichern, wird das nur durch Verschlüsselung und Einsatz qualifizierter elektronischer Signatur möglich sein (vgl. dazu auch: *Schmidl* MMR 2005, 501). Entsprechendes gilt für die sog. Disclaimer. Teilweise werden – auch in anwaltlichen – **E-Mail-Signaturen** solche **Disclaimer** verwendet. Darin findet sich die Erklärung, dass im Falle eines falschen Empfängers dieser die E-Mail vernichten und den Inhalt vergessen möge. Dem Absender einer solchen E-Mail geht es dabei darum, nicht für die versehentliche Weitergabe von vertraulichen Informationen und/oder Daten an Dritte haften zu müssen. Rechtswirkungen können daraus allerdings regelmäßig nicht abgeleitet werden (vgl. dazu auch: LG Hamburg Urt. v. 12.5.1998 – 312 O 85/98, NJW

1998, 3650; OLG München Urt. v. 17.5.2002 – 21 U 5569/01, NJW 2002, 2398; OLG Düsseldorf Urt. v. 26.4.2006 – I-15 U 180/05, 15 U 180/05, MMR 2006, 553; OLG Schleswig Urt. v. 19.12.2000 – 6 U 51/00, MMR 2001, 399).

4. Ob neben der **Betreffzeile** noch eine besondere Betreffangabe in den Text der E-Mail aufgenommen wird, ist jeweils im Einzelfall zu prüfen und zu gestalten. Es dürfte im Blick auf § 10 BORA sowie im Blick auf den Umstand, dass im Regelfall der anwaltliche Briefkopf die Kanzlei besser repräsentiert als die bloße E-Mail vorzugswürdig sein – wenn die Zustimmung und das Einverständnis des Mandanten zur E-Mail-Kommunikation vorliegt – jeweils ein Anschreiben auf dem Briefkopf der Kanzlei zu fertigen und dieses – eingescannt – per E-Mail nebst etwaigen Anlagen an den Mandanten zu übersenden. Dabei ist jeweils zu prüfen, ob überhaupt – unverschlüsselter – **E-Mail-Verkehr zulässig** ist, was zB **dann nicht der Fall ist, wenn es um hochsensible Bereiche geht** (vgl.: Henssler/Prütting/*Henssler* § 43a Rn. 68 f. mwN; *Axmann/Degen* NJW 2006, 1457; *Reus* MDR, 2012, 882).

5. Im Blick auf die Vielzahl der E-Mails und den Umstand, dass viele Mandanten E-Mails nicht ausdrucken, sondern im Posteingang „parken", ist es geboten, eine in Bezug genommene E-Mail nicht nur durch das Tagesdatum, sondern zudem durch die exakte Zeitangabe zu bezeichnen.

6. Normale („offene") – ohne Verwendung der qualifizierten elektronischen Signatur übermittelte E-Mails in der Kommunikation mit der Mandantschaft **können** zwar als schnelle, aber grundsätzlich **nicht als „abhörsicheres" Kommunikationsmittel angesehen werden,** wobei vergleichbare Sicherheitsbedenken auch bei De-Mail und Bürgerportalen bestehen (Büchting/Heussen/*Degen*, Beck'sches Rechtsanwaltshandbuch, 10. Aufl., 2011, § 65 Rn. 37). Dabei wird ausgeführt, dass es im Blick auf die anwaltliche Verschwiegenheitspflicht (§ 43a BRAO) entscheidend nur darauf ankommt, dass bei lebensnaher Betrachtung nicht mit dem Zugriff Unbefugter auf E-Mails gerechnet werden kann und Besonderheiten allenfalls dann greifen, wenn es um hochsensible Bereiche geht (Henssler/Prütting/*Henssler* § 43a Rn. 68 mwN). Es geht dabei nach zutreffender Auffassung grundsätzlich auch **nicht um eine Entbindung von der Verschwiegenheitspflicht, sondern um die Einwilligung des Mandanten in die spezifischen Risiken und Gefährdungen der Schweigepflicht, die sich bei E-Mail-Kommunikation ergeben** (Henssler/Prütting/*Henssler* § 43a Rn. 69 mwN).

7. Neben dem Umstand, dass der **Mandant seinerseits per E-Mail an den Rechtsanwalt** schreibt, werden auch die Umstände des **Abdrucks der E-Mail-Adresse auf dem Briefbogen des Mandanten** oder **auf der Visitenkarte des Mandanten** als Berechtigung des Rechtsanwaltes zur Kontaktaufnahme auf diesem Kommunikationsweg angesehen (Vgl.: Henssler/Prütting/*Henssler* § 43a Rn. 69; *Sassenberg* AnwBl., 2006, 196). Will der Rechtsanwalt sich für diese Fallgruppen – wie hier vorgeschlagen – durch besondere diesbezügliche E-Mail betreffend die ausdrückliche Zustimmung und das ausdrückliche Einverständnis des Mandanten mit der E-Mail-Kommunikation absichern, ist die Formulierung entsprechend anzupassen.

8. Zu beachten ist, dass die **Zusendung unerwünschter Werbe-E-Mails im Geschäftsverkehr** einen unmittelbaren **Eingriff in den eingerichteten und ausgeübten Gewerbebetrieb des Empfängers** darstellt, so dass die ohne vorherige Einwilligung des Empfängers erfolgte Zusendung von Werbe-E-Mails einen **Unterlassungsanspruch aus §§ 823 Abs. 1, 1004 Abs. 1 S. 2 BGB** begründet (BGH Urt. v. 20.5.2009 – I ZR 218/07, NJW 2009, 2958; OLG Düsseldorf Urt. v. 22.9.2004 – 15 U 41/04, MMR 2004, 820; Kammergericht Urt. v. 22.6.2004 – 9 W 53/04, NJW-RR 2005, 51; Amtsgericht Arnsberg Urt. v. 11.3.2009 – 3 C 610/08 – n.v.; LG Hagen Urt. v. 25.10.2013 – 2 O 278/13, BeckRS 2013, 22028; OLG

Frankfurt Urt. v. 30.9.2013 – 1 U 314/12, MMR 2014, 115; BGH Urt. v. 10.2.2011 – I ZR 164/09, NJW 2011, 2657; vgl. auch: *Stuckel* DB 2011 S. 1857; *ders.* DB 2011, 2421; *Sack* WRP 2009, 1330; *ders.* GRUR 2011, 953; *Bernreuther* MMR 2012, 284). Unverlangt zugesandte E-Mail-Werbung **beeinträchtigt regelmäßig den Betriebsablauf des Unternehmens des Empfängers.** Mit dem Sichten und Aussortieren unerbetener E-Mails ist ein **zusätzlicher Arbeitsaufwand** verbunden. Zudem können, soweit kein festes Entgelt vereinbart ist, zusätzliche Kosten für die Herstellung der Onlineverbindung und die Übermittlung der E-Mails durch den Provider anfallen. Wegen dieser durch die Zusendung unerwünschter Werbe-E-Mails verursachten Beeinträchtigungen stellt diese Zusendung einen unmittelbar betriebsbezogenen Eingriff dar (BGH Urt. v. 20.5.2009 – I ZR 218/07, NJW 2009, 2958; LG Hagen Urt. v. 25.10.2013 – 2 O 278/13, BeckRS 2013, 22028). Dabei beruhen die angeführten **zusätzlichen Aufwendungen und Kosten,** die in einem Betrieb durch Empfang unerwünschter E-Mails entstehen, auf allgemeinen Erfahrungen und **können** daher **losgelöst vom Einzelfall als gegeben zugrunde gelegt werden** (LG Hagen Urt. v. 25.10.2013 – 2 O 278/13, BeckRS 2013, 22028). Der BGH hat dabei ausdrücklich festgestellt, dass unverlangt zugesandte E-Mail-Werbung den **Betriebsablauf des Unternehmens regelmäßig beeinträchtigt** (BGH Urt. v. 20.5.2009 – I ZR 218/07 – NJW 2009, 2958; LG Hagen Urt. v. 25.10.2013 – 2 O 278/13, BeckRS 2013, 22028). Dabei wird auch die Argumentation eine einzige vom jeweiligen Absender stammende E-Mail könne doch den Betriebsablauf der Klägerin nicht wesentlich beeinträchtigt haben, in der Rechtsprechung grundsätzlich zurückgewiesen und nicht anerkannt (vgl. LG Hagen Urt. v. 25.10.2013 – 2 O 278/13, BeckRS 2013, 22028). Hierbei wird verkannt, dass die einzelne E-Mail nicht isoliert betrachtet werden kann (LG Hagen Urt. v. 25.10.2013 – 2 O 278/13, BeckRS 2013, 22028). Träfe diese Argumentation zu, dann könnte ein Empfänger sich fast nie gegen die Zusendung unverlangter E-Mails zur Wehr setzen, da dann jeder Absender sich darauf berufen könnte, gerade die von ihm stammende E-Mail könnte allein die Betriebsabläufe des Empfängers nicht wesentlich beeinträchtigen (LG Hagen Urt. v. 25.10.2013 – 2 O 278/13, BeckRS 2013, 22028). Der Arbeitsablauf für das Aussortieren einer E-Mail kann sich zwar in Grenzen halten, insbesondere wenn sich bereits aus dem Betreff entnehmen lässt, dass es sich um Werbung handelt (LG Hagen Urt. v. 25.10.2013 – 2 O 278/13, BeckRS 2013, 22028). Anders sieht die Beurteilung aber aus, wenn es sich um eine größere Zahl unerbetener E-Mails handelt. Mit der häufigen Übermittlung von Werbe-E-Mails ohne vorherige Einwilligung des Empfängers durch verschiedene Absender wäre aber immer dann zu rechnen, wenn die Übermittlung einzelner E-Mails zulässig wäre. Im Hinblick auf die billige, schnelle und durch Automatisierung arbeitssparende Versendungsmöglichkeit ist ohne Einschränkung der E-Mail-Werbung mit einem immer weiteren Um – sich – greifen dieser Werbeart zu rechnen (LG Hagen Urt. v. 25.10.2013 – 2 O 278/13, BeckRS 2013, 22028). Ohne Einschränkung der E-Mail-Werbung ist aufgrund ihrer Vorteilhaftigkeit für den Werbenden mit einem Nachahmungseffekt bei denjenigen Mitbewerbern zu rechnen, die bislang nicht mittels E-Mail geworben haben, sich aus Wettbewerbsgründen jedoch hierzu gezwungen sehen (LG Hagen Urt. v. 25.10.2013 – 2 O 278/13, BeckRS 2013, 22028). **Die Werbeart ist daher auch dann als unlauter anzusehen, wenn sie den Keim zu einem immer weiteren Um – sich – greifen in sich trägt und zu einer daraus folgenden unzumutbaren Belästigung führt und es ist daher bereits die unverlangte Zusendung einer Werbe-E-Mail ohne vorherige Einwilligung als unzulässig anzusehen** (BGH Urt. v. 11.3.2004 – I ZR 81/01, GRUR 2004, 517; BGH Urt. v. 20.5.2009 – I ZR 218/07, NJW 2009, 2958; OLG Düsseldorf Urt. v. 22.9.2004 – 15 U 41/04, MMR 2004, 820; LG Hagen Urt. v. 25.10.2013 – 2 O 278/13, BeckRS 2013, 22028). Dabei findet diese zunächst in der Rechtsprechung vorgenommene Bewertung ihre Bestätigung jetzt auch in **§ 7 Abs. 2 Nr. 3 UWG** (LG Hagen Urt. v. 25.10.2013 – 2 O 278/13, BeckRS 2013, 22028). Diese Vorschrift **brandmarkt ausdrücklich Werbung mit elektronischer Post als unzumutbare Belästigung,** soweit eine Einwilligung des Adressaten nicht vorliegt und die genannte Bestimmung des

UWG lässt schon die einmalige Werbung dieser Art genügen, um eine unzumutbare Belästigung anzunehmen (LG Hagen Urt. v. 25.10.2013 – 2 O 278/13, BeckRS 2013, 22028). Mag auch eine einzelne unerwünschte Werbe-E-Mail den Grad bloßer Belästigung nicht überschreiten, so ist doch zu berücksichtigen, dass der Anteil von Werbe-E-Mails nach einer Studie weltweit bei 62 % des gesamten E-Mail-Verkehrs lag (LG Hagen Urt. v. 25.10.2013 – 2 O 278/13, BeckRS 2013, 22028). Die einzelne Werbe-E-Mail darf daher nicht isoliert betrachtet werden, sondern ist als Teil des nach allgemeiner Auffassung zu bekämpfenden Spamming aufzufassen (OLG Düsseldorf Urt. v. 22.9.2004 – 15 U 41/04, MMR 2004, 820; LG Hagen Urt. v. 25.10.2013 – 2 O 278/13, BeckRS 2013, 22028). Für die beim Unterlassungsanspruch gem. § 1004 Abs. 1 S. 2 BGB erforderliche **Wiederholungs-gefahr** ist dabei davon auszugehen, dass **bereits eine das geschützte Rechtsgut beeinträchtigende Verletzungshandlung die tatsächliche Vermutung künftiger weiterer Verletzungshandlungen und damit die Wiederholungsgefahr begründet** (LG Hagen Urt. v. 25.10.2013 – 2 O 278/13, BeckRS 2013, 22028 mwN). Zu beachten ist dabei, dass der vorgenannte Unterlassungsanspruch **nicht nur bei unmittelbarer Versendung solcher Werbe-Mails** entsteht. Schafft ein Unternehmen auf seiner Website die Möglichkeit für Nutzer, Dritten unverlangt eine **sogenannte Empfehlungs-E-Mail** zu schicken, die auf den Internetauftritt des Unternehmens hinweist, ist dies nicht anders zu beurteilen als eine unverlangt versandte Werbe-E-Mail des Unternehmens selbst (BGH Urt. v. 12.9.2013 – I ZR 208/12 – DB 2013, 2561). Richtet sich die ohne Einwilligung des Adressaten versandte Empfehlungs-E-Mail an einen Rechtsanwalt, stellt dies einen rechtswidrigen Eingriff in den eingerichteten und ausgeübten Gewerbebetrieb dar (BGH Urt. v. 12.9.2013 – I ZR 208/12 – DB 2013, 2561).

9. Es kann dazu kommen, dass **Strafverfolgungsbehörden Zugriff auf E-Mails** nehmen. Die **Sicherstellung und Beschlagnahme von auf dem Mailserver des Providers gespeicherten E-Mails** sind am Grundrecht auf Gewährleistung des Fernmeldegeheimnisses aus Art. 10 Abs. 1 GG zu messen (BVerfG Urt. v. 16.6.2009 – 2 BvR 902/06, BVerfGE 124, 43; vgl. dazu auch: *Krüger* MMR 2009, 680; *Brunst* CR 2009, 584; *Burhoff* StRR 2009, 331; *Kasiske* StraFO 2010, 228; *Brodowski* JR 2009, 402; *Durner* JA 2010, 238; *Gercke* StV 2009, 624; *Klein* NJW 2009, 2996). **Das Fernmeldegeheimnis schützt** die unkörperliche Übermittlung von Informationen an individuelle Empfänger mit Hilfe des Telekommunikationsverkehrs (BVerfGE 124, 43; BVerfGE 115, 166; BVerfGE 120, 274). Die Reichweite des Grundrechts erstreckt sich ungeachtet der Übermittlungsart (Kabel oder Funk, analoge oder digitale Vermittlung) und Ausdrucksform (Sprache, Bilder, Töne, Zeichen oder sonstige Daten) auf sämtliche Übermittlungen von Informationen mit Hilfe verfügbarer Telekommunikationstechniken (BVerfGE 124, 43; BVerfGE 106, 28; BVerfGE 115, 166), **auch** auf **Kommunikationsdienste des Internet** (BVerfGE 124, 43; BVerfGE 120, 274). Die strafprozessualen Regelungen der §§ 94 ff. StPO ermöglichen dabei grundsätzlich die Sicherstellung und Beschlagnahme von E-Mails, die auf dem Mailserver des Providers gespeichert sind (BVerfGE 124, 43). Die **Beschlagnahme von E-Mails** kommt **auch bei leichteren Delikten** in Frage (Büchting/Heussen/*Haupt* § 41 Rn. 100 mwN).

10. Der **Textabschnitt am Ende der E-Mail**, der in der Regel die **Angaben zum Absender** enthält, wird als „**Signature**" bezeichnete. Diese „Signature" hat rein informativen Charakter und ist nicht mit der elektronischen Signatur zu verwechseln. Ob für diese Signature und die Gestaltung anwaltlicher E-Mails besondere Vorgaben gelten, wird unterschiedlich beurteilt. So sind in **§ 10 BORA** Vorgaben für den **Briefbogen des Rechtsanwaltes** geregelt. **Teilweise wird vertreten**, dass bei den Kanzleien, bei denen ein erheblicher Teil de Kanzleikorrespondenz über E-Mail abgewickelt wird, auch die Vorgabe des § 10 BORA einzuhalten ist (vgl. Henssler/Prütting/*Prütting* § 10 BORA Rn. 3). Das findet aber schon im Wortlaut des § 10 BORA keine Grundlage (*Deckenbrock* AnwBl. 2011, 705 (710)). Dabei sind seit dem 1.1.2007 auf Grund des **Gesetzes über elektronische Handelsregister und Genossenschaftsregister sowie das Unternehmensregister (EHUG)** bestimmte **Pflichtangaben** nicht nur im Impressum auf der Webseite, sondern **auch in der E-Mail-Signatur aufzuführen.** Diese gesetzliche Verpflichtung gilt für geschäftsbezogene E-Mails von Kapitalgesellschaften (GmbHs und AGs), ins Handelsregister eingetragene Personengesellschaften (OHGs und KGs), eingetragene Einzelunternehmer (e. K.) sowie Partnerschaftsgesellschaften von Angehörigen freier Berufe. Diese Pflichtinformationen hängen im Einzelnen von der Unternehmensform ab, umfassen aber grundsätzlich Angaben über die Rechtsform, den Sitz der Gesellschaft, das Registergericht, die Registernummer, Namen der Geschäftsführer/innen respektive des Vorstandes und seiner Mitglieder sowie des Aufsichtsrates sowie die allgemeine Telefon-/Faxnummer, die allgemeine E-Mail-Adresse, Internet-Adresse, die Umsatzsteuer-Identifikationsnummer bzw. Wirtschafts-Identifikationsnummer, soweit vorhanden, ansonsten die Steuernummer. Ein **Link in der E-Mail zB auf eine Website** reicht wohl nicht aus und sollte zur Vermeidung von Abmahnungsstreitigkeiten vermieden werden, da nach dem Gesetzeswortlaut mit der Formulierung „auf allen Geschäftsbriefen" auf den Text des Briefes als – insbesondere auch der E-Mail – Bezug genommen wird ((Str.) vgl.: *Hoeren/Pfaff* MMR 2007, 207, 208; *Leuering/Rubel* NJW-Spezial 2008, 47; *Rath/Hausen* K&R 2007, 113). Bei einer **Rechtsanwaltsgesellschaft (Rechtsanwalts-GmbH, Rechtsanwalts-AG etc.)** ist die **Signature entsprechend den gesetzlichen Vorgaben zu ergänzen.**

4. Kommunikation per E-Mail – E-Mail-Anschreiben an Mandant

Von: (. . . . . .)[1]

Gesendet: (. . . . . .)[2]

An: (. . . . . .)[3]

Cc: (. . . . . .)[3]

Betreff: (. . . . . .)[4]

(Anrede),

in vorbezeichneter Angelegenheit das beigefügte Schriftstück/die beigefügten Schriftstücke zur Kenntnis, zum Ausdruck[5] und zum Verbleib bei Ihren Unterlagen.

(. . . . . .)[6]

Ich bitte um Bestätigung des Eingangs dieser E-Mail nebst Anlagen, gerne einfach per Re-Mail.[7]

Mit freundlichen Grüßen,

(Titel) (Vorname) (Name)[8]

Rechtsanwalt

(Kanzleianschrift)

Tel.: (. . . . . .)

Fax: (. . . . . .)

E-Mail: (. . . . . .)

www.(. . . . . .).de/com/etc.

Schrifttum: *Bock*, Strafrechtliche Aspekte der Compliance-Diskussion – § 130 OWiG als zentrale Norm der Criminal Compliance, ZIS 2009, 68; *Burianski*, Elektronischer Rechtsverkehr: Das Ende des Empfangsbekenntnisses? – Zustellungsfiktionen keine Alternative – die anwaltliche Wirklichkeit im Blick behalten, AnwBl. 2013, 96; *Ewer*, Anwalt digital – um jeden Preis?, AnwBl. 2014, M 1; *Limperg*, Elektronisch einreichen und zustellen: Erleichterung oder Haftungsfalle für Anwälte? – Haftungsrechtliche Probleme im Zusammenhang mit dem Elektronischen Rechtsverkehr, AnwBl. 2013, 98; *Lutz*, Schriftgutverwaltung nach DIN-ISO 489 – Kommentar – Ein Leitfaden zur qualitätssicheren Aktenführung, 2012; *Ronellenfitsch*, Moderne Justiz, Datenschutz und richterliche Unabhängigkeit, DuD 2005, 354; *Roßnagel/Pfitzmann*, Der Beweiswert von E-Mail, NJW 2003, 1209; *Schaub/Schüppen*, Anwaltshandbuch Aktienrecht, 2. Aufl., 2010; *Viefhues*, Elektronischer Rechtsverkehr: Erreiche ich meinen Richter? – was auf die Justiz zukommt – Praktische Anforderungen bei Gericht und die notwendige technische Ausstattung der Gerichte, AnwBl. 2013, 106; *Wanner-Laufer/Köbler*, Elektronischer Rechtsverkehr in der Praxis: Positives, Probleme und Perspektiven – Angst ist kein guter Ratgeber für die Zukunft: Die Fakten zum Status-quo, AnwBl. 2013, 101; *Wettengel*, Internationale Normung in der Schriftgutverwaltung – Zur Veröffentlichung der DIN-ISO 15489-1, Arbido, 2002, 19.

Anmerkungen

1. → Form. H. III. 3 Anm. 1.

2. → Form. H. III. 3 Anm. 2.

3. → Form. H. III. 3 Anm. 3.

4. → Form. H. III. 3 Anm. 4.

5. In der Praxis ist nicht nur bei Privatpersonen zu beobachten, dass Mandanten die Kommunikation mit dem Rechtsanwalt per E-Mail führen wollen und ausdrücklich dazu auffordern, dann aber **die vom Rechtsanwalt erhaltenen E-Mails im E-Mail-Postfach „parken" und jedenfalls nicht einer geordneten Akte zuführen und zwar weder einer elektronischen Akte (E-Akte) noch einer Papier-Akte (P-Akte)**. Es kommt dann zu auch für den Rechtsanwalt lästigen und betriebliche Ressourcen bindenden Nachfragen des Mandanten, ob die E-Mail nicht einfach nochmals übersandt werden könnte etc. Ob hier im Blick auf die Praxis der E-Mail-Kommunikation eine anwaltsvertragliche Nebenpflicht oder Obliegenheit dahingehend anzunehmen ist, dass der Rechtsanwalt seinen Mandanten bereits allgemein diesbezüglich einen ausdrücklichen Hinweis erteilen sollte, erscheint als zweifelhaft. Der Rechtsanwalt wird jedenfalls überprüfen, ob er in AGB einen Hinweis aufnimmt dahingehend, dass per E-Mail zugegangene Schriftstücke nach Eingang ausgedruckt und geordnet einer Papier-Akte hinzugefügt werden sollten soweit der Mandant nicht anderweitige Aktenverwaltungssysteme nutzt und die per E-Mail eingegangenen Schriftstücke darin aufnimmt und ordnet. Dabei gibt es zB auch den **internationalen Standard ISO 15489** in dem die **Grundsätze und Verfahren einer systematischen Aktenführung** umschrieben und normiert sind. In dieser Norm ISO 15489 wird die **Schriftgutverwaltung bzw. Aktenführung bzw. das Records Management** definiert als „als **Führungsaufgabe wahrzunehmende, effiziente und systematische Kontrolle und Durchführung der Erstellung, Entgegennahme, Aufbewahrung, Nutzung und Aussonderung von Schriftgut** einschließlich der Vorgänge zur Erfassung und Aufbewahrung von Nachweisen und Informationen über Geschäftsabläufe und Transaktionen in Form von Akten" (vgl. dazu zB: *Lutz* Ziff. 9.6. und 9.7 zur Aufbewahrung und Handhabung der elektronischen Akte sowie zum Zugang; *Wettengeln* S. 19). Die ISO 15489 wurde in Deutschland als DIN-Norm übernommen. Gibt es bei einem unternehmerischen Mandanten bei einem Sachbearbeiter Anhalt für die Unsitte des E-Mail-Parkens im Postfach kann ein Gespräch über **Compliance** hilfreich sein mit dem Hinweis, dass unter dem

Gesichtspunkt der Haftung und zB des § 130 OWiG alle möglichen, erforderlichen und zumutbaren Maßnahmen als geschuldet angesehen werden (vgl. nur BGH Urt. v. 1.7.1997 – 1 StR 244/97, NStZ 1997, 545 (546)) und dabei eine wichtige Orientierung bei der Bestimmung des zu beachtenden Maßstabs **auch (private) Verkehrsnormen und Branchenstandards, etwa DIN-, VDE- oder VCI-Normen** liefern können (vgl. *Bock* ZIS 2009, 68 (75 l.Sp. mwN); vgl. Schaub/Schüppen/*Ritter* MAH AktR, § 24 Rn. 27 ff.).

6. Beim hiesigen Formular wird ein auf dem Briefkopf der Kanzlei gefertigtes und eingescanntes Schreiben des Rechtsanwaltes ggf. mit ebenfalls eingescannten Anlagen an den Mandanten übermittelt. Enthält das eingescannte Anschreiben des Rechtsanwaltes zB Hinweise und insbesondere Hinweise auf Fristen wird der Rechtsanwalt prüfen, ob er – nicht nur bei Angelegenheiten die besonders schnell vom Mandanten beantwortet werden müssen – einen besonderen Hinweis auf diese Hinweise auch in den Text der E-Mail aufnimmt oder die Hinweise auch in die E-Mail aufnimmt.

7. Die Absendung einer E-Mail begründet kein Vertrauen auf den Zugang. So hat der BGH festgestellt, dass **ein Rechtsanwalt, der einem anderen Rechtsanwalt einen Rechtsmittelauftrag per E-Mail zuleitet, nicht allein wegen der Absendung der E-Mail auf deren ordnungsgemäßen Zugang beim Adressaten vertrauen darf, sondern er muss vielmehr organisatorische Maßnahmen ergreifen, die ihm eine Kontrolle des ordnungsgemäßen Zugangs ermöglichen** (BGH Urt. v. 17.7.2013 – I ZR 64/13, NJW 2014, 556; vgl. auch: VK Bund v. 3.2.2014 – VK 2-01/14 -). Dabei ist am **16.10.2013 das Gesetz zur Förderung des elektronischen Rechtsverkehrs mit den Gerichten** im Bundesgesetzblatt verkündet worden wobei durch die Neuregelung in der ZPO und in den anderen Verfahrensordnungen die elektronischen Zugangswege für die Anwaltschaft zur Justiz erweitert werden, dies unter Ausnahme von der elektronischen Einreichung der Verfassungs- und der Strafgerichtsbarkeit. Gem. § 31a BRAO ist die Bundesrechtsanwaltskammer verpflichtet, zum 1.1.2016 für jeden Rechtsanwalt und jede Rechtsanwältin ein besonderes elektronisches Anwaltspostfach einzurichten, über das zukünftig die elektronische Kommunikation von Anwälten abgewickelt wird. **Dabei können gem. § 130a ZPO – ab 2018 elektronische Dokumente dann entweder – wie nach der derzeit geltenden Fassung des § 130a ZPO auch – qualifiziert elektronisch signiert oder über einen „sicheren Übermittlungsweg" bei Gericht eingereicht werden.** Die Bundesrechtsanwaltskammer konzipiert derzeit die nach § 31a BRAO vorgesehen besonderen elektronischen Anwaltspostfächer. Insgesamt ist **betreffend den Elektronischen Rechtsverkehr – jedenfalls derzeit noch – äußerste Vorsicht angebracht.** So kann zB nach dem OLG Düsseldorf aus dem Umstand, dass das Gericht ein EGVP unterhält, nicht geschlossen werden, dass hierüber auch fristgebundene Schriftsätze elektronisch eingereicht werden können (OLG Düsseldorf Urt. v. 24.7.2013 – VI-U (Kart) 48/12, AnwBl. 2014, 91). Dies da das Land Nordrhein-Westfalen noch keine entsprechende Rechtsverordnung für die Einreichung elektronischer Dokumente erlassen hat. Vgl. zum Elektronischen Rechtsverkehr auch: → Form. H. III. 2 Anm. 2, 3 und 28; sowie *Ewer* AnwBl. 2014, M 1; *Burianski*, AnwBl. 2013, 96; *Ronellenfitsch*, DuD 2005, 354; *Roßnagel/Pfitzmann*, NJW 2003, 1209; *Limperg*, AnwBl. 2013, 98; *Wanner-Laufer/Köbler*, AnwBl. 2013, 101; *Viefhues*, AnwBl. 2013, 106.

8. → Form. H. III. 3 Anm. 10.

I. Beendigung des Anwaltsvertrags

I. Mandatsniederlegung

1. Anzeige der Mandatsniederlegung an das Gericht

......

(Briefkopf Rechtsanwalt)

......

(Anschrift Gericht)

In dem Rechtsstreit

...... (Kläger) ./. ...... (Beklagter)

......

– (Aktenzeichen) –

wird mitgeteilt, dass der Beklagte nicht mehr von hier aus vertreten wird.[1, 2, 3, 4]

Unter Verweis auf die Mandatsniederlegung wird beantragt, die dem Beklagten mit Verfügung des Gerichtes vom ...... (Datum), zugegangen am ...... (Datum,) eingeräumte Zweiwochenfrist zur Stellungnahme auf den in genannter Verfügung erteilten richterlichen Hinweis um einen Monat zu verlängern.[5, 6]

Beglaubigte und einfache Abschrift anbei. Eine einfache Abschrift wurde dem Verfahrensbevollmächtigten des Klägers vorab per Telefax übermittelt.

......., den ......

(Unterschrift)

Schrifttum: *Burhoff*, Vorschuss vom Auftraggeber (§ 9 RVG) RVGreport 2011, 365; *Büchting/Heussen*, Becksches Rechtsanwalts-Handbuch, 10. Aufl., 2011; *Chab*, Anmerkung BGH v. 15.3.2006 – XII ZR 138/01 – BRAK-Mitt 2006, 219; *Chab*, Anmerkung BGH v. 19.9.2007 – VIII ZB 44/07 – BRAK-Mitt 2007 Heft 6, 257; *Gerold/Schmidt*, RVG, 21. Aufl., 2013; *Hansens*, Anmerkung BGH v. 8.12.2010 – XII ZB 38/09 – RVGreport 2011, 117; *Hartung*, BORA/FAO, 5. Aufl., 2012; *Hartung/Schons/Enders*, RVG, 1. Aufl., 2011; *Henssler*, Das Verbot der Vertretung widerstreitender Interessen, NJW 2001, 1521; *Henssler/Deckenbrock*, Anmerkung BGH v. 29.9.2011 – IX ZR 170/10 – EWiR § 627 BGB 1/2011, 773; *Henssler/Deckenbrock*, Der (Teil-)Vergütungsanspruch des Rechtsanwalts im Falle vorzeitiger Mandatsbeendigung im Normgefüge des § 628 BGB, NJW 2005, 1; *ders.*, Vergütungsrechtliche Folgen der vorzeitigen Beendigung von Anwaltsverträgen, ZAP 2005, 413; *Henssler/Prütting*, BRAO, 4. Aufl., 2014; *Jungbauer*, Rechtsanwaltsvergütung, 5. Aufl., 2010; *Jungk*, Anmerkung BGH v. 6.10.2011 – IX ZR 21/09 – BRAK-Mitt 2011, 283; *Juretzek*, Anmerkung BGH v. 29.9.2011 – IX ZR 170/10 – DStR 2012 Heft 9, 482; *Kilian*, Mandatsablehnungen wegen drohender Vertretung widerstreitender Interessen – Empirische Ergebnisse aus der Anwaltschaft: Es trifft alle – und nicht nur die Großen, AnwBl. 2012, 495; *Mes*, Becksches Prozessformularbuch, 11. Aufl., 2010; *Mugler*, Die Vergütung des Anwalts in Fällen vorzeitiger Kündigung des Mandats, AnwBl. 2000, 19; *Offermann-Burckhart*, Interessenkollisionen in familienrechtlichen Angelegenheiten, Forum Familienrecht 2009,

58 ff. und S. 104 ff.; *ders.*, Interessenkollision – Jeder Fall ist anders 35 Einzelfälle aus der Praxis zu einer Kernpflicht des Anwaltsberufs, AnwBl. 2009, 728; *ders.*, Interessenkollision – Was jeder Anwalt wissen sollte Leitlinien und die Situation nach der Neufassung von § 3 Abs. 2 BORA, AnwBl. 2008, 446; *Reinelt*, Anmerkung BGH v. 24.4.2012 – VIII ZB 111/11 – (NJW 2012, 2592) jurisPR-BGHZivilR 13/2012 Anm. 1; *Schmellenkamp*, Der Prozessbevollmächtigte als Zustellungsempfänger – Die Bedeutung des § 87 ZPO, AnwBl. 1985, 14; *Teubel/Scheungrab*, Münchener Anwaltshandbuch Vergütungsrecht, 2. Aufl., 2011.

Anmerkungen

1. Bei der Mandatsniederlegung ist **zwischen dem Anwaltsprozess und dem Parteiprozess zu unterscheiden.** Gem. **§ 87 Abs. 1 ZPO** erlangt die Kündigung des Vollmachtvertrags dem Gegner gegenüber erst durch die Anzeige des Erlöschens der Vollmacht, **in Anwaltsprozessen** erst durch die Anzeige der Bestellung eines anderen Anwalts, rechtliche Wirksamkeit. § 87 Abs. 2 ZPO berechtigt den Rechtsanwalt im dort vorgesehenen Umfang zur Vertretung der Partei trotz der Niederlegung des Mandats; die von ihm oder ihm gegenüber vorgenommenen Prozesshandlungen wirken deshalb für und gegen seine Partei (BGH NJW 2008, 234; BGHZ 43, 135 (137)). Eine Einschränkung des § 87 Abs. 2 ZPO dahin, dass dies nur für die Partei günstige Handlungen, nicht aber für die Entgegennahme von Zustellungen gelte, lässt sich der Vorschrift nicht entnehmen (BGH NJW 2008, 234 mwN; aA: OLG Hamm NJW 1982, 1887; OLG Köln Rpfleger 1992, 242). **Bis zur Erfüllung der Voraussetzungen des § 87 ZPO sind Zustellungen wirksam und vom bisherigen Rechtsanwalt entgegenzunehmen** (§ 172 ZPO) (vgl.: BeckPFormB/ *Mes/Reinelt/Strahl*, 11. Aufl., 2010, → Form. I. A. 8 Anm. 2).

2. Im **Parteiprozess** müssen Zustellungen nach der Anzeige der Mandatsniederlegung nicht mehr gemäß **§ 172 ZPO** an den (bisherigen) Prozessbevollmächtigten bewirkt werden (BGH Urt. v. 19.9.2007 – VIII ZB 44/07, NJW 2008, 234). Dieser ist aber im Rahmen des § 87 Abs. 2 ZPO weiterhin berechtigt, Zustellungen für die Partei entgegenzunehmen. Macht er hiervon Gebrauch, ist die an ihn erfolgte Zustellung wirksam (BGH Urt. v. 19.9.2007 – VIII ZB 44/07, NJW 2008, 234; BGH Urt. v. 17.10.1990 – XII ZB 105/90, NJW 1991, 295 zu § 176 ZPO aF). Die Rechtsprechung geht dabei grundsätzlich davon aus, dass ein Versäumnis ihres früheren Prozessbevollmächtigten der Partei nicht zuzurechnen ist (BGH Urt. v. 19.9.2007 – VIII ZB 44/07, NJW 2008, 234; BGH Urt. v. 19.4.1967 – VIII ZR 46/65, NJW 1967, 1567; BGH Urt. v. 14.12.1979 – V ZR 146/78, NJW 1980, 999; BGH Urt. v. 10.7.1985 – IVb ZB 102/84, VersR 1985, 1185).

3. Die **Wirksamkeit** der einem Rechtsanwalt erteilten **Vollmacht und** der von ihm **namens der Partei vorgenommenen Rechtshandlungen** ist **unabhängig vom Zustandekommen oder von der Wirksamkeit des Anwaltsvertrages** (BGH Urt. v. 14.5.2009 – IX ZR 60/08, NJW-RR 2010, 67; BGH Urt. v. 24.1.1978 – VI ZR 220/76, NJW 1978, 1003; BGH Urt. v. 19.3.1993 – V ZR 36/92, NJW 1993, 1926). Die Wirksamkeit von Rechtshandlungen eines Rechtsanwalts wird nicht durch einen Verstoß gegen ein **berufsrechtliches Tätigkeitsverbot** berührt (BGH Urt. v. 14.5.2009 – IX ZR 60/08, NJW-RR 2010, 67). Selbst bei Zuwiderhandlung gegen umfassende und generelle Tätigkeitsverbote bleiben die Handlungen des Rechtsanwalts wirksam, um die Beteiligten im Interesse der Rechtssicherheit zu schützen (BGH Urt. v. 14.5.2009 – IX ZR 60/08, NJW-RR 2010, 67; BGH Urt. v. 19.3.1993 – V ZR 36/92, NJW 1993, 1926). Ist die vom Prozessbevollmächtigten eingelegte Berufung unwirksam, weil er **nicht mehr als Rechtsanwalt zugelassen** und aus der beim Berufungsgericht geführten **Rechtsanwaltsliste gelöscht** ist, muss sich die Partei die schuldhafte Unkenntnis des Prozessbevollmächtigten von der Löschung nicht zurechnen lassen (BGH Urt. v. 22.4.2008 – X

ZB 18/07, NJW-RR 2008, 1290; BAG Urt. v. 18.7.2007 – 5 AZR 848/06, NJW 2007, 3226. Vgl. auch BVerwG Urt. v. 10.6.2005 – 1 B 149/04, NJW 2005, 3018).

4. Zu beachten ist, dass auch nach dem formellen Abschluss des Hauptsacheverfahrens **Zustellungen im Prozesskostenhilfeüberprüfungsverfahren (§§ 120 Abs. 4, 124 ZPO)** jedenfalls dann an den Prozessbevollmächtigten der Partei zu erfolgen haben, wenn dieser die Partei im Prozesskostenhilfebewilligungsverfahren vertreten hat, weil das Überprüfungsverfahren ungeachtet des formellen Abschlusses des Hauptsacheverfahrens zum Rechtszug iSd § 172 Abs. 1 ZPO gehört (Vgl. BGH Urt. v. 8.12.2010 – XII ZB 38/09, FamRZ 2011, 463; BGH Urt. v. 8.9.2011 – VII ZB 63/10, MDR 2011, 1314; OVG NRW NJW 2013, 891). **Voraussetzungen** für die Annahme der Bevollmächtigung der Prozessbevollmächtigten des Hauptsacheverfahrens auch noch in dem nach dessen Abschluss stattfindenden PKH-Überprüfungsverfahren **sind, dass der Prozessbevollmächtigte die Partei bereits im Prozesskostenhilfeverfahren vertreten haben muss und dass diese Bestellung fortdauert** (BGH Urt. v. 8.12.2010 – XII ZB 38/09, FamRZ 2011, 463).

5. Die **Mandatsniederlegung birgt erhebliche Haftungsrisiken** (vgl.: BeckRA-HdB/ *Büchting/Heussen/Borgmann*, 10. Aufl., 2011, § 51 Rn. 31 mwN). Schon im Blick auf laufende Fristen sollte die Entscheidung, ob das Mandat niedergelegt wird, so bald wie möglich getroffen werden. Das gilt vor allem auch in den Fällen, in denen gerichtliche Fristen und insbesondere **Rechtsmittelfristen** laufen. In diesem Falle sind die dem Rechtsanwalt trotz Beendigung des Anwaltsvertrags obliegenden Pflichten peinlich genau zu beachten. So wird in der Rspr. ein dem (früheren) Prozessbevollmächtigten **gem. § 85 Abs. 2 ZPO zuzurechnendes Verschulden** dann gesehen, **wenn** dieser bei Kündigung des Mandats **nicht wenigstens zugleich (erstmalige) Verlängerung der Berufungsbegründungsfrist beantragt** (OLG Schleswig Urt. v. 4.5.2005 – 13 UF 247/04, OLGReport Celle 2005, 410; BGH Urt. v. 29.11.2000 – XII ZB 189/99, BeckRS 2001, 00089; BGH Urt. v. 5.6.1996 – XII ZB 76/96, NJWE-FER 1996, 41). Eine solche Verpflichtung kommt insbesondere in Betracht, wenn der Rechtsanwalt das Mandat erst kurz vor Fristablauf niederlegt (OLG Schleswig Urt. v. 4.5.2005 – 13 UF 247/04, OLGReport Celle 2005, 410; OLG Düsseldorf NJW-RR 2000, 874). Zudem wird der **(frühere) Prozessbevollmächtigte** als **verpflichtet** angesehen, den **(vormaligen) Mandanten** spätestens zugleich mit der Kündigung des Mandats **auf die jeweils laufende Begründungsfrist hinzuweisen und diesen insoweit aufzuklären** (OLG Schleswig Urt. v. 4.5.2005 – 13 UF 247/04, OLGReport Celle 2005, 410; BGH NJW 1953, 504). Die Aufklärungspflicht des Rechtsanwalts bei Niederlegung des Mandats während laufender Berufungs- bzw. Beschwerdebegründungsfrist erfordert nicht nur den Hinweis auf diese Frist und deren Bedeutung, sondern **auch** die **Aufklärung über die zur Wahrung der Frist zu treffenden Maßnahmen** (OLG Schleswig Urt. v. 4.5.2005 – 13 UF 247/04, OLGReport Celle 2005, 410). Insbesondere muss der das Mandat niederlegende Rechtsanwalt dem Mandanten zB im Zivilprozess erläutern, dass es zur Wahrung der Beschwerdebegründungsfrist entweder der Einreichung einer Beschwerdebegründungsschrift oder aber eines Antrages auf Fristverlängerung (§ 519 Abs. 2 S. 3 ZPO) bedarf (OLG Schleswig Urt. v. 4.5.2005 – 13 UF 247/04, OLGReport Celle 2005, 410). Dabei ist davon auszugehen, dass eine unter Hinweis auf eine Mandatsniederlegung beantragte erstmalige Fristverlängerung regelmäßig bewilligt wird (OLG Schleswig Urt. v. 4.5.2005 – 13 UF 247/04, OLGReport Celle 2005, 410; BGH Urt. v. 29.11.2000 – XII ZB 189/99, BeckRS 2001, 00089; vgl. etwa BGH Urt. v. 13.12.2005 – VI ZB 52/05, VersR 2006, 568; BGH Urt. v. 23.10.2003 – V ZB 44/03, NJW-RR 2004, 785). Werden diese Pflichten vom Rechtsanwalt nicht beachtet, dann wird davon ausgegangen, dass das Anwaltsverschulden dem Mandanten, der versucht Wiedereinsetzung in den vorigen Stand zu erlangen, gem. § 85 Abs. 2 ZPO zuzurechnen ist und insbesondere das Anwaltsverschulden für die Versäumung der Frist ursächlich geworden ist (OLG Schleswig Urt. v. 4.5.2005 – 13 UF 247/04, OLGReport Celle 2005, 410).

6. Wurde vom (früheren) Prozessbevollmächtigten noch ein **Empfangsbekenntnis betreffend eine Urteilszustellung an das Gericht übermittelt**, sind die besonderen Pflichten und die **Rechtsfolgen einer unterlassenen ausdrücklichen Anzeige der Mandatsbeendigung an das Gericht** unbedingt zu beachten. Hat der Prozessbevollmächtigte zB im Verwaltungsgerichtsverfahren eine schriftliche Vollmachtsurkunde vorgelegt, sind – bis zum Bekanntwerden des Erlöschens der Vollmacht – Zustellungen im Verfahren an ihn zu richten (§ 67 Abs. 3 S. 3 VwGO) (VGH Baden-Württemberg Urt. v. 14.6.2004 – A 12 S 633/04, NJW 2004, 2916). Dabei genügt eine Telekopie zum Nachweis der Zustellung, wenn sie mit Datum und Unterschrift des Adressaten versehen ist (§ 174 Abs. 4 ZPO). **Die Zustellung wirkt gegenüber dem früheren Mandanten, auch wenn im Zeitpunkt der Rücksendung des Empfangsbekenntnisses das Mandat des früheren Bevollmächtigten bereits gekündigt worden war** (VGH Baden-Württemberg Urt. v. 14.6.2004 – A 12 S 633/04, NJW 2004, 2916). Denn eine Mandatsniederlegung wird dem Gericht und den anderen Prozessbeteiligten gegenüber erst wirksam, wenn sie dem Gericht gegenüber angezeigt worden ist (BVerwG NJW 1980, 2269; BVerwG NJW 1983, S. 2155; VGH Baden-Württemberg Urt. v. 14.6.2004 – A 12 S 633/04, NJW 2004, 2916). Das spätere Bekanntwerden der Mandatsniederlegung bzw. der Mandatskündigung und des Erlöschens der Vollmacht führt nicht dazu, dass die bis dahin vorgenommenen Handlungen und auch die bis dahin erfolgten Zustellungen ihre Wirkung verlieren (BVerwG NJW 1983, 2155; VGH Baden-Württemberg Urt. v. 14.6.2004 – A 12 S 633/04, NJW 2004, 2916). **Ein Prozessbevollmächtigter, der seine Mandatsniederlegung bzw. die Beendigung des Mandats dem Gericht nicht anzeigt und das Empfangsbekenntnis über das ihm zugestellte Urteil unterzeichnet hat, hat dafür Sorge zu tragen, dass innerhalb der durch diese Zustellung in Lauf gesetzten Frist ein etwa beabsichtigtes Rechtsmittel eingelegt wird** (VGH Baden-Württemberg Urt. v. 14.6.2004 – A 12 S 633/04, NJW 2004, 2916). Denn selbst wenn man eine Verschuldenszurechnung nach § 85 Abs. 2 ZPO mit der (internen) Mandatskündigung enden lässt (so BVerwG Beschl. v. 5.5.1999, NVwZ 2000, 65), wäre es bei dieser Fallkonstellation dem früheren Mandanten zum Zeitpunkt des Erhaltes des Urteils möglich gewesen, noch fristgerecht das Rechtsmittel einlegen zu lassen (VGH Baden-Württemberg Urt. v. 14.6.2004 – A 12 S 633/04, NJW 2004, 2916). Tut er das nicht, wird dies dem früheren Mandanten als ein eigenes Verschulden zugerechnet mit der Folge des Ausschlusses der Wiedereinsetzung in den vorigen Stand (vgl.: VGH Baden-Württemberg Urt. v. 14.6.2004 – A 12 S 633/04, NJW 2004, 2916) und der Haftung des früheren Prozessbevollmächtigten.

2. Anzeige der Mandatsniederlegung an den Gegnervertreter

. . . . . .

(Briefkopf Rechtsanwalt)

. . . . . .

(Anschrift Gegnervertreter)

Betreff: . . . . . . (Mandatsdaten)

Sehr geehrte/r Herr/Frau . . . . . .

hiermit wird angezeigt, dass ich das Mandat in der Angelegenheit . . . . . . (Mandatsdaten) niederlegt habe.[1] Meinen entsprechenden Schriftsatz an das . . . . . (Gericht) . . . . . (Gerichtsort) überreiche ich in einfacher Abschrift als Anlage.

Ich bitte um alsbaldige Unterzeichnung und Rücksendung des als Anlage überreichten Empfangsbekenntnisses per Telefax.

Mit freundlichen kollegialen Grüßen

. . . . . ., den . . . . . .

(Unterschrift Rechtsanwalt)

Anmerkungen

Vgl. → Form. I. I. 1 Anm. 1, 2, 5.

3. Kündigung durch den Rechtsanwalt wegen Nichtzahlung des Kostenvorschusses

. . . . . .

(Briefkopf Rechtsanwalt)

. . . . . .

(Anschrift Mandant)

Betreff: . . . . . . (Mandatsdaten)

Sehr geehrte/r Herr/Frau . . . . . .

mit Schreiben vom . . . . . . hatte ich Ihnen die Kostenrechnung übersandt, in der ich einen Vorschuss geltend gemacht habe. Nachdem Sie nicht zahlten, habe ich mit Schreiben vom . . . . . . und mit weiterem Schreiben vom . . . . . . unter ausdrücklicher Ankündigung der Mandatskündigung für den Fall der Nichtzahlung des Vorschusses gemahnt. Nachdem Sie auch darauf hin die Vorschussrechnung nicht ausgeglichen haben, sehe ich mich nicht in der Lage, weiter für Sie tätig zu sein.[1]

Ich lege das vorbezeichnete Mandat hiermit nieder.[2, 3, 4]

Den Schriftsatz, in dem ich dem . . . . . . (Gericht) . . . . . . (Gerichtsort) die Mandatsniederlegung mitgeteilt habe, füge ich als Anlage bei. Ich weise nochmals darauf hin,[5] dass das Gericht hier eine Frist von zwei Monaten zur Erwiderung auf den Schriftsatz der Gegenseite vom . . . . . . gesetzt hat, die am . . . . . . abläuft. Soweit Sie nicht rechtzeitig einen anderen beim hiesigen Gericht zugelassenen Anwalt beauftragen und dieser die Erwiderung fertigt und fristgemäß einreicht, treten irreparable prozessuale Nachteile für Sie ein.[6]

Mit freundlichen Grüßen

. . . . . ., den . . . . . .

(Unterschrift Rechtsanwalt)

Schrifttum: *Burhoff*, Vorschuss vom Auftraggeber (§ 9 RVG) RVGreport 2011, 365; *Gerold/Schmidt*, RVG, 21. Aufl., 2013; MAHVergütungsR, 2. Aufl., 2011; *Hartung/Schons/Enders*, RVG, 1. Aufl., 2011; *Henssler/Deckenbrock*, Anmerkung BGH v. 29.9.2011 – IX ZR 170/10 – EWiR § 627 BGB 1/2011, 773; *Henssler/Deckenbrock*, Der (Teil-)Vergütungsanspruch des Rechtsanwalts im Falle vorzeitiger Mandatsbeendigung im Normgefüge des § 628 BGB, NJW 2005, 1; *Henssler/Deckenbrock*, Vergütungsrechtliche Folgen der vorzeitigen Beendigung von Anwaltsverträgen, ZAP 2005, 413; BeckPFormB/*Mes*, 11. Aufl., 2010; *Jungbauer*, Rechtsanwaltsvergütung, 5. Aufl., 2010; *Mugler*, Die Vergütung des Anwalts in Fällen vorzeitiger Kündigung des Mandats, AnwBl. 2000, 19.

Anmerkungen

1. Die **Nichtzahlung von Vorschüssen** gem. § 9 RVG trotz Mahnung stellt einen **wichtigen Grund für die Kündigung** des Anwaltsvertrags dar (BeckRA-HdB/*Büchting/Heussen/Hamm*, 10. Aufl., 2011, § 50 Rn. 58; BGH NJW 2012, 2041; OLG Hamm RVGreport 2011, 238; OLG Karlsruhe BRAK-Mitt. 1989, 115).

2. Zur **Beendigung des Anwaltsvertrags** kommt es durch **Kündigung** sowie bei Erreichen des Vertragszwecks und beim **Tod** des Rechtsanwaltes (BeckRA-HdB/*Büchting/Heussen/Hamm*, 10. Aufl., 2011, § 50 Rn. 57).

3. Statt der **Formulierung „kündige ich den Anwaltsvertrag vom . . . . . .“** wird regelmäßig die **Formulierung der Mandatsniederlegung** gebraucht (vgl. zB BeckRA-HdB/*Mes/Reinelt/Strahl*, 11. Aufl., 2010, I.A.8; Jungbauer, Rechtsanwaltsvergütung, 5. Aufl., 2010, S. 766 Rn. 93. Auch der BGH verwendet bis in die jüngere Rspr. (zB: BGH NJW 2013, 1591) den spezifischen Begriff der Mandatsniederlegung).

4. Gemäß § 627 Abs. 2 S. 1 BGB ist es dem Dienstpflichtigen verwehrt, die **Kündigung** des Dienstvertrages **zur Unzeit** auszusprechen. Eine derartige Kündigung liegt bei einem Anwaltsvertrag vor, wenn sie zu einem Zeitpunkt erfolgt, in dem der Mandant nicht in der Lage ist, sich die notwendigen Dienste eines anderen Anwalts zu besorgen (BGH NJW 2013, 1591 mwN). Daher **ist es dem Anwalt verwehrt, das Mandat im oder unmittelbar vor dem Termin zur mündlichen Verhandlung niederzulegen** (BGH AnwBl 1978, 227; BGH NJW 2013, 1591 mwN)). Verstößt der Anwalt gegen das Verbot zur Unzeit zu kündigen, ist zwar die Kündigung regelmäßig wirksam (BGH NJW 2013, 1591), der Anwalt macht sich aber **schadensersatzpflichtig** (BGH NJW 2002, 2774) und handelt rechtswidrig (BGH NJW 2013, 1591).

5. → Form. I. I. 1 Anm. 5, 6.

6. Nach Beendigung des Anwaltsvertragsverhältnisses kann der Mandant grundsätzlich die **Herausgabe der Handakten** verlangen. Der **zivilrechtliche Anspruch** des Mandanten auf Herausgabe ergibt sich aus **§§ 675, 667 BGB**, da nach § 667 BGB der Beauftragte verpflichtet ist, dem Auftraggeber alles, was er zur Ausführung des Auftrags erhält, herauszugeben. Das in **§ 50 Abs. 3 BRAO** normierte Zurückbehaltungsrecht stellt eine **Konkretisierung des § 273 BGB** dar und dient der erleichterten Durchsetzung der Ansprüche des Rechtsanwalts auf seine Gebühren und Auslagen (AnwGH Celle Urt. v. 24.6.2013, AGH 1/13 (I 1) BeckRS 2013, 18717 (vgl. dazu auch: NJW-Spezial 2013, 767). Dabei sieht § 50 Abs. 3 S. 1 BRAO grundsätzlich vor, dass der Rechtsanwalt seinem Auftraggeber die Herausgabe der Handakten bis zur Befriedigung seiner Gebühren- und Auslagenansprüche verweigern kann. Dieses Zurückbehaltungsrecht ergänzt grundsätzlich § 273 BGB und ist ein Sonderrecht des Rechtsanwalts, das weiter geht als das allgemeine Zurückbehaltungsrecht nach § 273 BGB und es dem Anwalt ermöglichen soll, seine berechtigten Ansprüche gegen den Auftraggeber auch ohne Prozess und Anrufung der Gerichte durchzusetzen (AnwGH Celle Urt. v. 24.6.2013, AGH 1/13 (I 1) BeckRS 2013, 18717 mwN; BGH

NJW 1997, 2944). Dies gilt allerdings gemäß § 50 Abs. 3 S. 2 BRAO dann nicht, wenn die Vorenthaltung nach den Umständen **unangemessen** wäre. Gemäß § 17 BORA, der § 50 Abs. 3 S. 2 BRAO insoweit **konkretisiert**, kann dem berechtigten Interesse eines Mandanten auf Herausgabe dadurch Rechnung getragen werden, dass **Kopien** überlassen werden, es sei denn, das berechtigte Interesse beziehe sich gerade auf die Herausgabe des Originals (AnwGH Celle Urt. v. 24.6.2013, AGH 1/13 (I 1) BeckRS 2013, 18717 mwN).

4. Kündigung durch den Rechtsanwalt wegen fehlenden Erfolgsaussichten der Rechtssache

. . . . . .

(Briefkopf Rechtsanwalt)

. . . . . .

(Anschrift Mandant)

Betreff: . . . . . . (Mandatsdaten)

Sehr geehrte/r Herr/Frau . . . . . .

hiermit lege ich das vorbezeichnete Mandat nieder.[1] Dies nach auftragsgemäßer[2] Erledigung der Rechtsprüfung und insbesondere der Prüfung der Erfolgsaussichten einer Berufung sowie der Feststellung, dass die Einlegung einer Berufung gegen das Urteil des . . . . . . (Gericht) . . . . . . (Gerichtsort) vom . . . . . . (Datum) . . . . . . (Aktenzeichen) keine Aussichten auf Erfolg hat. Die Gründe hatte ich Ihnen ja bereits im Schreiben vom . . . . . . mitgeteilt. Ausgehend davon werde ich Berufung gegen das genannte Urteil nicht einlegen.[3]

Ich überreiche als Anlage die Gebührenberechnung.[4, 5] Dies mit der Bitte um Ausgleich derselben auf meine Geschäftskonto bei der . . . . . . (Bank) . . . . . . (BLZ/IBAN)[6] (KN) bis spätestens zum . . . . . . (Datum).[7]

Mit freundlichen Grüßen

. . . . . ., den . . . . . .

(Unterschrift Rechtsanwalt)

Schrifttum: *Grams,* Anmerkung AG München Urt. v. 28.5.2008 – 222 C 30394/07, BRAK-Mitt. 2009, 21; *Henssler/Deckenbrock,* Anmerkung BGH v. 29.9.2011 – IX ZR 170/10 – EWiR § 627 BGB 1/2011, 773; *Henssler/Deckenbrock,* Der (Teil-)Vergütungsanspruch des Rechtsanwalts im Falle vorzeitiger Mandatsbeendigung im Normgefüge des § 628 BGB, NJW 2005, 1; *ders.,* Vergütungsrechtliche Folgen der vorzeitigen Beendigung von Anwaltsverträgen, ZAP 2005, 413; *Juretzek,* Anmerkung BGH Urt. v. 29.9.2011 – IX ZR 170/10, DStR 2012 Heft 9, 482; *Mayer,* Anmerkung BGH Urt. v. 26.9.2013 – IX ZR 51/13, beck-fachdienst Vergütungs- und Kostenrecht, FD-RVG 2013, 353196; *Mugler,* Die Vergütung des Anwalts in Fällen vorzeitiger Kündigung des Mandats, AnwBl. 2000, 19; *Schwenker,* Anmerkung BGH Urt. v. 26.9.2013 – IX ZR 51/13 – IBR 2014, 2025.

Anmerkungen

1. → Form. I. I. 3 Anm. 4.

2. Die **Aussichtslosigkeit einer Rechtssache** kann einen **wichtigen Grund** für die Kündigung des Anwaltsvertrags darstellen (BeckRA-Hdb/*Büchting/Heussen/Hamm* 10. Aufl., 2011, § 50 Rn. 58). Lehnt insbesondere der Rechtsanwalt aufgrund der von ihm auftragsgemäß vorzunehmenden, inhaltlich zutreffenden Rechtsprüfung die Begründung einer Berufung, die nach Kündigung des Mandats durch den Mandanten von einem anderen Anwalt vorgenommen wird, ab, verliert er nicht seinen Vergütungsanspruch (BGH Urt. v. 26.9.2013 – IX ZR 51/13, BeckRS 2013, 20957). Zu beachten ist dabei der erforderliche Inhalt des Anwaltsvertrags und insbesondere der konkrete Inhalt der vereinbarten anwaltlichen Rechtsdienstleistungspflicht. So war die Feststellung des LG, dass der dortige Mandant ausdrücklich damit beauftragt worden ist, die Erfolgsaussicht des Rechtsmittels zu prüfen, wichtig für den BGH (*Mayer*, Anmerkung BGH Urt. v. 26.9.2013 – IX ZR 51/13, beck-fachdienst Vergütungs- und Kostenrecht, FD-RVG 2013, 353196). Für die anwaltliche Praxis bedeutet dies, dass der Rechtsanwalt bei der Formulierung des Anwaltsvertrages darauf achten sollte, dass er im Streitfall auch nachweisen kann, dass er nicht nur mit der Rechtsmitteleinlegung und dessen Begründung, sondern auch mit der Prüfung der Erfolgsaussichten des Rechtsmittels beauftragt worden ist, da sich der Rechtsanwalt nur dann – ohne den eigenen Vergütungsanspruch zu gefährden – rechtssicher auf den Standpunkt zurückziehen kann, das Rechtsmittel habe keine Aussicht auf Erfolg und er lehne es deshalb ab, die Rechtsmittelbegründung anzufertigen (*Mayer*, Anmerkung BGH Urt. v. 26.9.2013 – IX ZR 51/13, beck-fachdienst Vergütungs- und Kostenrecht, FD-RVG 2013, 353196).

3. Nach dem **AG München** (BRAK-Mitt. 2009, 21) ist dabei auch das **mehrfache unvernünftige Hinwegsetzen über den fundierten Rat des Anwalts** geeignet, die **Vertrauensbasis** des Mandatsverhältnisses **nachhaltig zu erschüttern**, insbesondere wenn der Mandant ohne Wissen und entgegen dem Rat seines Prozessbevollmächtigten einen Schriftsatz mit dem Vorwurf des Prozessbetrugs gegenüber dem Gegner bei Gericht eingereicht und ohne Rücksprache mit seinem Rechtsanwalt in der Verhandlung die Ablehnung des Richters aus willkürlichen Gründen beantragt. Der Rechtsanwalt behält in diesem Fall auch bei Mandatsniederlegung seinen Anspruch auf Bezahlung der Vergütung (AG München BRAK-Mitt. 2009, 21).

4. Bei einer Kündigung des Mandates durch den Rechtsanwalt ist **regelmäßig anzunehmen, dass die bisherigen Leistungen** eines Anwalts infolge der Kündigung **für den Mandanten kein Interesse mehr haben**, wenn der Mandant einen anderen Anwalt mit seiner Vertretung beauftragen und an diesen die gleichen Gebühren noch einmal in voller Höhe entrichten muss (BGH JurBüro 1984, 1659; BGH NJW 1982, 437; BGH WM 1977, 369). **Teilweise wird vertreten**, dass ein Interessenwegfall ausnahmsweise dann zu verneinen sei, wenn einzelne Tätigkeiten des ersten Anwalts für den Mandanten einen bleibenden Wert haben – wie zB die Einlegung eines fristgebundenen Rechtsmittels oder die Klagerhebung zur Hemmung der Verjährung, das der zweite Anwalt infolge Fristablaufs nicht mehr mit Erfolg einlegen könnte (OLG Karlsruhe NJW-RR 1994, 1084; KG Berlin NJW-RR 2002, 708; OLG Schleswig OLGR 2008, 232; Mugler AnwBl. 2000, 19). **Dazu hat der BGH ausgeführt**, dass das jedenfalls insoweit nicht gerechtfertigt ist, als der Auftraggeber einen neuen Anwalt bestellen muss, um den Rechtsstreit fortführen zu können (BGH NJW-RR 2012, 294 unter Verweis auf *Henssler/Deckenbrock* NJW 2005, 1). Die Tätigkeit des ersten Anwalts, der das Mandatsverhältnis ohne Veranlassung durch den Auftraggeber kündigt, bleibt für den Mandanten auch dann nutzlos, wenn dieser ein fristgebundenes Rechtsmittel eingelegt und einzelne Prozesshandlungen vorgenommen hat (BGH NJW-RR 2012, 294).

5. Wird der **Rechtsanwalt mit der Prüfung der Erfolgsaussichten eines Rechtsmittels beauftragt** und kommt er zu dem **Ergebnis, dass das Rechtsmittel völlig aussichtslos** ist, stehen ihm – insbesondere wenn die Berufung zur Fristwahrung eingelegt wurde bzw. werden musste – die bereits mit der Berufungseinlegung angefallenen Gebühren (§§ 2, 13 RVG, Nr. 3299 VV) in voller Höhe zu (BGH Urt. v. 26.9.2013 – IX ZR 51/13, BeckRS 2013, 20957). § 628 Abs. 1 BGB regelt die Frage, in welchem Umfang dem Anwalt nach der außerordentlichen Kündigung gem. § 627 BGB Vergütungsansprüche gegen seinen Mandanten zustehen. Danach kann der Dienstverpflichtete grundsätzlich einen seinen bisherigen Leistungen entsprechenden Teil der Vergütung verlangen (§ 628 Abs. 1 S. 1 BGB). Hat der Dienstverpflichtete aber durch vertragswidriges Verhalten die Kündigung des Auftraggebers veranlasst, so steht ihm gem. § 628 Abs. 1 S. 2 2. Alt. BGB, der durch das Rechtsanwaltsvergütungsgesetz nicht ausgeschlossen wird (BGH Urt. v. 26.9.2013 – IX ZR 51/13, BeckRS 2013, 20957; BGH NJW-RR 2012, 294; BGH NJW 1977, 369; BGH NJW 1982, 437), ein Anspruch auf die Vergütung nicht zu, soweit seine bisherigen Leistungen infolge der Kündigung für den anderen Teil kein Interesse mehr haben. Die Voraussetzungen dieser Einwendung hat der Mandant darzulegen und zu beweisen (BGH Urt. v. 26.9.2013 – IX ZR 51/13, BeckRS 2013, 20957; BGH NJW 1995, 1954; BGH NJW 2011, 1674). Ein vertragswidriges, die Kündigung des Vertragspartners veranlassendes Verhalten im Sinne des § 628 Abs. 1 S. 2 BGB setzt eine schuldhafte Verletzung einer Vertragspflicht voraus (BGH Urt. v. 26.9.2013 – IX ZR 51/13, BeckRS 2013, 20957 mwN). **Eine Verletzung liegt beim Abraten von der Durchführung eines Rechtsmittels ohne Erfolgsaussichten nicht vor.** Der Anwalt hat von der Durchführung eines erfolglosen Rechtsmittels ebenso abzuraten, wie von der Führung eines von vornherein aussichtslosen Rechtsstreits (BGH Urt. v. 26.9.2013 – IX ZR 51/13, BeckRS 2013, 20957; BGH NJW 1958, 1092; BGH NJW 1986, 2043; OLG Koblenz NJW-RR 2006, 1358; OLG Celle MDR 2006, 479). Es ist dem **Rechtsanwalt**, insbesondere im Hinblick auf sein Selbstverständnis als **unabhängiges Organ der Rechtspflege** und auf sein **Ansehen in der Öffentlichkeit**, auch **nicht zumutbar, ein aussichtsloses Rechtsmittel durchzuführen** (BGH Urt. v. 26.9.2013, IX ZR 51/13 – BeckRS 2013, 20957; OLG Karlsruhe NJW-RR 1994, 1084).

6. Nach der Verordnung (EU) Nr. 260/2012 des Europäischen Parlaments und des Rates vom 14. März 2012 zur Festlegung der technischen Vorschriften und der Geschäftsanforderungen für Überweisungen und Lastschriften in Euro und zur Änderung der Verordnung (EG) Nr. 924/2009 (SEPA-Verordnung), die am 31. März 2012 in Kraft getreten ist, sind **ab dem 1. Februar 2014** zur Identifikation von Zahlungskonten bei Überweisungen und Lastschriften **grundsätzlich IBAN (und BIC) zu verwenden** (vgl. dazu auch: *Kleinke*, Kammermitteilung Rechtsanwaltskammer Braunschweig 3/2013, 10 ff.).

7. Im **Anwaltsvertrag** kann grds. eine **Lastschriftklausel** vereinbart werden (Vgl.: *Blattner*, Die Vertragsgestaltung im Anwaltsvertrag unter besonderer Berücksichtigung Allgemeiner Mandatsbedingungen, 1. Aufl., 2012, S. 133 ff. (Dort auch Formulierungsvorschlag (S. 135):

„Der/Die Mandant/Mandantin ermächtigt den/die Rechtsanwalt/in widerruflich, den jeweils fälligen Betrag im Lastschrifteinzugsverfahren per Einzugsermächtigung von Konto Nr. X bei der X-Bank einzuziehen. Der/die Rechtsanwalt/in ist verpflichtet, den/die Mandanten/in vier Wochen im Voraus auf die Belastung des Kontos hinzuweisen.").

Zur Insolvenzfestigkeit einer Zahlung, die mittels des im November 2009 neu eingeführten SEPA-Lastschriftverfahrens bewirkt wird vgl.: BGH Urt. v. 20.7.2010 – XI ZR 236/07, NJW 2010, 3510; *Krüger/Staak*, Anmerkung BGH Urt. v. 20.07.2010 – XI ZR

236/07, BB 2010, 2464; *Langen/Lang*, Auf dem Weg zur insolvenzfesten Lastschrift NJW 2010, 3484; *Ehlers*, Lastschriften in der Insolvenz des Vertragspartners – Neue Chancen durch den BGH, BBK 2010, 1181.

5. Kündigung wegen Interessenkollision

. . . . . .

(Briefkopf Rechtsanwalt)

. . . . . .

(Anschrift Mandant)

Betreff: . . . . . . (Mandatsdaten)

Sehr geehrte/r Herr/Frau . . . . . .

lege ich das vorbezeichnete Mandat nieder. Sie hatten mich hier aufgesucht, um die Kosten des rechtlichen Auseinandergehens in einem Scheidungsverfahren zu minimieren.[1] Dabei hatten Sie sich über die Voraussetzungen und Grundlagen des Auseinandergehens geeinigt, bevor Sie mich aufsuchten. Mit Schreiben vom . . . . . . (Datum) hatte ich Sie vor Beginn der Beratung auf die gebühren- und vertretungsrechtlichen Folgen einer solchen Beratung hingewiesen und insbesondere auch darauf, dass ich im Falle des Auftretens eines Interessenwiderstreits[2, 3] den Anwaltsvertrag sofort beenden und kündigen muss und werde. Dieser Fall ist nunmehr in dem heute geführten Gespräch hier in der Kanzlei eingetreten.

Ich überreiche als Anlage die Gebührenberechnung[4] in der die bis hierher erbrachten Rechtsdienstleistungen abgerechnet sind. Dies mit der Bitte um Ausgleich derselben auf meine Geschäftskonto bei der . . . . . . (Bank) . . . . . . (BLZ/IBAN (KN) bis spätestens zum . . . . . . (Datum).

Mit freundlichen Grüßen

. . . . . ., den . . . . . .

(Unterschrift Rechtsanwalt)

Schrifttum: *Deckenbrock*, 5. Satzungsversammlung: Chance für die überfällige Modernisierung der BORA Mit dem Blick auf die 4. Satzungsversammlung Lehren für die Zukunft ziehen, AnwBl. 2011, 705; *Hartung*, BORA/FAO, 5. Aufl., 2012; *Hellwig*, CCBE Code of Conduct: Aufgabe für die neue Satzungsversammlung § 29 BORA ist nicht mehr haltbar, AnwBl.2011, 713; *Henssler*, Das Verbot der Vertretung widerstreitender Interessen, NJW 2001, 1521; *Henssler/Prütting*, BRAO, 4. Aufl., 2014; *Kilian*, Mandatsablehnungen wegen drohender Vertretung widerstreitender Interessen – Empirische Ergebnisse aus der Anwaltschaft: Es trifft alle – und nicht nur die Großen, AnwBl. 2012, 495; *Offermann-Burckhart*, Interessenkollisionen in familienrechtlichen Angelegenheiten, Forum Familienrecht 2009, 58 ff. und S. 104 ff.; *ders.*, Interessenkollision – Jeder Fall ist anders 35 Einzelfälle aus der Praxis zu einer Kernpflicht des Anwaltsberufs, AnwBl. 2009, 728; *ders.*, Interessenkollision – Was jeder Anwalt wissen sollte Leitlinien und die Situation nach der Neufassung von § 3 Abs. 2 BORA, AnwBl. 2008, 446.

Anmerkungen

1. Häufig suchen **scheidungswillige Eheleute** gemeinsam einen Rechtsanwalt auf, um die **Kosten des rechtlichen Auseinandergehens** zu **minimieren** (Henssler/Prütting/*Henssler*,

BRAO, 4. Aufl., 2014, § 43a Rn. 178). Wenn sich die Eheleute über die Voraussetzungen und Grundlagen des Auseinandergehens geeinigt haben, bevor sie den Rechtsanwalt aufsuchten, bestehen bei einer subjektiven Bestimmung der Interessen ein Interessengleichlauf und eben kein Interessenwiderstreit und es wird die **zentrale Aufgabe der Rechtspflege erfüllt, unnötige Rechtsstreite zu vermeiden** (Henssler/Prütting/*Henssler*, BRAO, 4. Aufl., 2014, § 43a Rn. 178; OLG Karlsruhe NJW 2002, 3561; *Henssler/ Deckenbrock* MDR 2003, 1085. (Str.). A.A.: *Hartung/Hartung* § 3 BORA Rn. 57). Auch wenn in BGH NJW 2013, 3725 das Ziel der Vermeidung unnötiger Rechtsstreite wohl anerkannt wird, sollten solche Mandate **nur mit äußerster Vorsicht und unter ständiger Prüfung der aktuellen Rechtsprechung** übernommen werden, da der **Rechtsanwalt in vielerlei Weise in** eine **berufsrechtlich problematische Situation geraten kann** (vgl. dazu: *Hartung/Hartung* § 3 BORA Rn. 57).

2. Zu einem Tätigkeitsverbot führende **Interessenkollisionen** (§§ 43 a Abs. 4, 45 BRAO) **spielen** in der beruflichen Praxis eine **nicht zu vernachlässigende Rolle**; im Mittel sind Rechtsanwälte in einem Drei-Jahreszeitraum gezwungen, wegen Interessenkollisionen drei Mandate niederzulegen (*Kilian* AnwBl. 2012, 495 (496)). Vgl. zu konkreten Fallkonstellationen: *Offermann-Burckart* AnwBl. 2009, 728.

3. In Ziff. 3.2. **CCBE (Berufsregeln des Rates der Europäischen Anwaltschaften)** (vgl.: BRAK-Mitt. 2001, 177) finden sich ebenfalls **Regelungen zum Interessenkonflikt und** insbesondere zum **Erfordernis zur Mandatsniederlegung.** Die Übernahme der CCBE-Regelungen in das deutsche Berufsrecht erfolgte durch **§ 29 BORA aF,** der statisch auf die Fassung vom 28.11.1998 verwies (vgl.: *Hartung/Lörcher* BORA/FAO 5. Aufl., 2012, CCBE 3.2 Rn. 1 und CCBE Einf Rn. 18; Henssler/Prütting/*Offermann-Burckart*, BRAO, 4. Aufl., 2014, CCBE Einl. Rn. 6 ff.; zu § 29 BORA aF vgl.: *Hellwig*, AnwBl.2011, 713). In der 5. Satzungsversammlung (vgl. dazu: *Deckenbrock*, AnwBl. 2011, 705; *Hellwig* AnwBl.2011, 713) wurde die grenzüberschreitende Tätigkeit deutscher Anwälte neu geregelt. Dabei wurde der pauschale und **statische Verweis in § 29 BORA** auf die Berufsregeln des Rates der Europäischen Anwaltschaften (CCBE) in der Fassung von 1998 **aufgehoben** und es wurde in der vierten Sitzung der Satzungsversammlung am 15. April 2013 mit **§ 29a BORA und § 29b BORA** zwei Regelungen **erlassen,** die für in Deutschland zugelassene Anwälte **mit Wirkung ab dem 1.11.2013** (vgl.: Henssler/Prütting/*Offerrmann-Burckhardt* BRAO, 4. Aufl., 2014, BORA §§ 29–29b, aE) Berufspflichten im Umgang mit ausländischen Anwälten formulieren. Dabei regelt § 29 a BORA **zwischenanwaltliche Korrespondenz** und § 29b BORA vor allem die **Haftung für das Anwaltshonorar ausländischer Kollegen.**

4. Der Verstoß des Rechtsanwalts **gegen** die Regelung des **§ 43a Abs. 4 BRAO** führt grundsätzlich weder zur rückwirkenden Nichtigkeit des Anwaltsvertrags noch lässt er den **Anspruch auf gesetzliche Gebühren entfallen,** wenn der Verstoß **zu einem Zeitpunkt** geschieht, **in dem** der Rechtsanwalt die **Gebühren bereits verdient hat** (BGH NJW 2009, 3297). In diesem Fall hat der Rechtsanwalt die das Mandatsverhältnis prägenden Dienstleistungen bereits erbracht und mit dem Wegfall der vertraglichen Grundlage **wäre den Belangen des Mandanten nicht gedient** (BGH NJW 2009, 3297). Es kann im Gegenteil in dessen Interesse liegen, dass diese vertragliche Grundlage – etwa im Hinblick auf **Schadensersatzansprüche wegen Schlechtleistung** – erhalten bleibt (BGH NJW 2009, 3297). Durch das Verbot des § 43a Abs. 4 BRAO soll das Vertrauensverhältnis des Anwalts zum Mandanten, die Wahrung der Unabhängigkeit des Anwalts und das Interesse des Gemeinwohls in Gestalt der in der Rechtspflege gebotenen Geradlinigkeit der anwaltlichen Berufsausübung geschützt werden und es soll sichergestellt werden, dass der Anwalt nur einer Seite dient und sich nicht zum Vertreter widerstreitender Interessen macht (BGH NJW 2009, 3297; BT-Drs. 12/4993, S. 27; BVerfG NJW 2003, 2520; BVerfG ZEV 2006, 413). Soweit anwaltliche Dienstleistungen bereits erbracht sind, bevor der Anwalt gegenläufige Interessen vertreten hat, ist es zum Schutze des Mandanten nicht geboten, dem Anwaltsvertrag rückwirkend die rechtliche Anerkennung zu versagen, was dadurch bestätigt wird, dass der **Rechtsanwalt, sobald er erkennt, widerstreitende Interessen zu vertreten, gemäß § 3 Abs. 4 BORA die Pflicht hat, unverzüglich seine Mandanten davon zu unterrichten und alle Mandate in derselben Rechtssache zu beenden** (BGH NJW 2009, 3297 mwN). Für die Vergangenheit bleiben sie bestehen womit es nicht zu vereinbaren wäre, wenn der Rechtsanwalt auch solche Honoraransprüche verlieren würde, die er erlangt hat, bevor ein Verstoß gegen widerstreitende Interessen vorlag (BGH NJW 2009, 3297). Eine entsprechende Sanktion kann § 43a Abs. 4 BRAO nicht entnommen werden. Insbesondere bezweckt § 43a Abs. 4 BRAO nicht die Bestrafung eines „Überläufers" durch die rückwirkende Entziehung des gesamten Honoraranspruchs, sondern sie soll vielmehr den Anwalt zukunftsgerichtet dazu anhalten, widerstreitende Interessen nicht zu vertreten (BGH NJW 2009, 3297). Die **Nichtigkeitsfolge des § 134 BGB** – wollte man sie auf den Verstoß gegen § 43a BRAO anwenden – ist deshalb jedenfalls **nicht rückwirkend anwendbar** (BGH NJW 2009, 3297 mwN; BGH NJW 2013, 3725). Allerdings kann es **gleichwohl gem. § 242 BGB zum Wegfall des Vergütungsanspruchs** kommen, wenn dem Mandanten in Höhe der Vergütungsforderung aus dem Anwaltsvertrag in Verbindung mit § 311 Abs. 2 BGB, § 280 Abs. 1 BGB ein Schadensersatzanspruch gegen den Rechtsanwalt zusteht (BGH NJW 2013, 3725). Dies kann **zB** der Fall sein, wenn Eheleute gemeinsam einen Rechtsanwalt aufsuchen, um sich in ihrer **Scheidungsangelegenheit** beraten zu lassen und der **Rechtsanwalt es unterlässt, vor Beginn der Beratung auf die gebühren- und vertretungsrechtlichen Folgen einer solchen Beratung hinzuweisen** (BGH NJW 2013, 3725).

II. Abrechnung mit Mandant, Rechtsschutzversicherung und Gegner

1. Abrechnung gerichtliches Verfahren gegenüber dem eigenen Mandant

. . . . . .

(Briefkopf Rechtsanwalt)

. . . . . .

(Anschrift Mandant)

Betreff: . . . . . . (Mandatsdaten)

Kostennote

Sehr geehrte/r Herr/Frau . . . . . .

in der vorbezeichneten Angelegenheit rechne ich die Vertretung im Verfahren vor dem . . . . . . (Gericht) . . . . . . (Aktenzeichen) unter Bezug auf den bereits mit Schreiben vom . . . . . . übermittelten Streitwertbeschluss/die bereits mit Schreiben vom . . . . . . übermittelte Streitwertabsichtserklärung wie folgt ab:

Rechnungs-Nr.: . . . . . .[1]

Steuernummer: . . . . . .[2]

Leistungszeit: . . . . . .[3]

Verfahrensgebühr (Ziff. 3100, 1008 VV RVG) für mehrere Auftraggeber:	. . . . . . EUR
(. . . . . . weitere Auftraggeber à 0,3)[4]	
Gebührensatz: . . . . . ., Obergrenze: 2,0	
Erhöhung (Ziff. 1008 VV RVG):	. . . . . . EUR

Verfahrensgebühr gesamt:	. . . . . . EUR

Terminsgebühr (Ziff. 3104 VV RVG):	. . . . . . EUR[5]
Streitwert: . . . . . . EUR	
Gebührensatz: 1,2	

Einigungsgebühr (Ziff. 1003 VV RVG):[6]	. . . . . . EUR
Streitwert:	. . . . . . EUR

Gebührensatz: 1,3

Entgelte für Post-, und Telekommunikationsdienstleistungen gem. (7001, 7002 VV RVG): . . . . . . EUR

Dokumentenpauschale für Kopien (Ziff. 7000 Nr. 1 RVG)

– Kopien/Fax aus Behörden- und Gerichtsakten (Ziff. 7000 Nr. 1a VV RVG) (. . . . . . Seiten): . . . . . . EUR

Abwesenheitsgeld (Ziff. 7005 VV RVG)

für (. . . . . .) Stunden Abwesenheit: . . . . . . EUR

Fahrtkosten (Ziff. 7300 VV RVG)

(. . . . . .) gefahrene Kilometer x 0,30 EUR: . . . . . . EUR

Sonstige verauslagte Kosten gem. Beleg: EUR

Gesamthonorar netto: . . . . . . EUR

abzüglich bereits geleisteter Zahlungen brutto: . . . . . . EUR

darin enthaltene Umsatzsteuer abzüglich: . . . . . . EUR

---

abzüglich bereits geleisteter Zahlung netto: . . . . . . EUR

1. Zwischensumme netto: . . . . . . EUR

19 % Mehrwertsteuer (Ziff. 7008 VV RVG): . . . . . . EUR

---

2. Zwischensumme: . . . . . . EUR

Verauslagte Gerichtskosten gem. Beleg: . . . . . . EUR

Verauslagte Kosten gem. Beleg: . . . . . . EUR

Summe: . . . . . . EUR

Ich bitte um Überweisung des Rechnunsgbetrages bis zum . . . . . . (Datum) auf mein Geschäftskonto bei der . . . . . . (Bank) . . . . . . (BLZ/IBAN) . . . . . . (KN).

Mit freundlichen Grüßen

. . . . . ., den . . . . . .

(Unterschrift Rechtsanwalt)[7]

Schrifttum: *Gerold/Schmidt* RVG, 21. Aufl., 2013; *Hansens*, Gebühren für die Ausarbeitung eines Vertragsentwurfs über gegenseitigen Verzicht auf Unterhalt und Zugewinnausgleich, RVGreport 2009, 141; *ders.*, Anmerkung BGH Urt. v. 20.11.2008 – IX ZR 186/07 – ZfS 2009, 286; *ders.*, Anmerkung BGH Urt. v. 10.10.2006 – VI ZR 280/05 – ZfS 2007, 165; *Hansens*, Inhalt der Kostenrechnung nach § 10 RVG, RVGreport 2004, 65; *ders.*, Neue Formerfordernisse für anwaltliche Kostenberechnungen – Praktische Auswirkungen des Steueränderungsgesetzes 2003, RVGreport 2004, 43; *Hartmann*, Rechnung ohne Steuernummer – rechtlich folgenschwer?, NJW 2002, 1851; *Hartung/Schons/Enders* RVG, 1. Aufl., 2011; *Hauskötter*, Diese Angaben müssen Ihre Rechnungen enthalten, RVGprofessionell

2004, 70; *J. Schneider,* Neue und höhere Anforderungen an die Rechnungsstellung, AGS 2004, 39; *Jungbauer,* Anmerkung BGH Urt. v. 10.10.2006 – VI ZR 280/05 – DAR 2007, 177; MAHVergütungsR/*Teubel/Scheungrab,* 2. Aufl., 2011; *Meyer,* Zur Frage der ordnungsgemäßen Abrechnung von Gebührenvorschüssen auf Honorarforderungen des Rechtsanwalts, JurBüro 2009, 633; *Onderka,* Anmerkung BGH Urt. v. 20.11.2008 – IX ZR 186/07 – AGS 2009, 111; *Ringel/Schwarz,* Das neue Vergütungsrecht für Rechtsanwälte, 1. Aufl., 2013; *Schneider,* Anforderungen an eine ordnungsgemäße Abrechnung nach dem RVG, AnwBl. 2004, 510; *Schneider,* Anmerkung BGH Urt. v. 10.10.2006 – VI ZR 280/05 – AGS 2007, 58; *Sterzinger,* Notwendiger Inhalt einer Rechnung nach dem UStG, NJW 2009, 1127; *Streck,* Steuernummer – ein Schlag gegen die Steuerkriminalität, NJW 2002, 1848; *Volpert,* Anmerkung BGH Urt. v. 10.10.2006 – VI ZR 280/05 – VRR 2007, 39; *Volpert,* Anmerkung BGH Urt. v. 17.9.2008 – IV ZB 17/08 – AGS 2009, 23.

Anmerkungen

1. Die Vorgaben des in **Vollzug der Rechnungsrichtlinie der EU (2001/115/EG, Amtsblatt der EG 2002 Nr. L 15 S. 24)** mit Wirkung zum 1.1.2004 angepassten § 14 UStG sind unbedingt zu beachten. Dabei ist insbesondere auch (vgl. § 14 Abs. 3 Ziff. 4 UStG) für jede Rechnung, die die Anwaltskanzlei verlässt, eine **Rechnungsnummer zu vergeben, die auch in der Rechnung auszuweisen ist** (*Hartung/Schons/Enders* RVG, 1. Aufl., 2011, § 10 Rn. 31; *Gerold/Schmidt/Burhoff* RVG, 21. Aufl., 2013, § 10 Rn. 23; MAHVergütungsR/*Teubel* 2. Aufl., 2011, § 2 Rn. 61 ff.). Es muss sich um eine fortlaufende Nummer handeln, die zweifelsfrei die Identifikation der Rechnung zulässt (Hartung/*Schons/Enders* RVG, 1. Aufl., 2011, § 10 Rn. 31; *Gerold/Schmidt/Burhoff* RVG, 21. Aufl., 2013, § 10 Rn. 23). **Keiner Rechnungsnummer bedürfen** Kostenfestsetzungsanträge gem. §§ 103, 104 ZPO, Vergütungsfestsetzungsanträge gegenüber dem eigenen Mandanten gem. § 11 RVG, Abrechnungen/Festsetzungsanträge des – im Rahmen der Prozess- oder Verfahrenskostenhilfe – beigeordneten Rechtsanwalts gegenüber der Staatskasse, Abrechnungen/Festsetzungsanträge des zum Pflichtverteidiger bestellten Rechtsanwalts gegenüber der Staatskasse, Beratungshilfegebühren – Abrechnungen gegenüber der Staatskasse und Schreiben mit denen ein materiell – rechtlicher Kostenerstattungsanspruch für den Mandanten gegenüber dem erstattungspflichtigen Gegner geltend gemacht werden (*Hartung/Schons/Enders* RVG, 1. Aufl., 2011, § 10 Rn. 32 mwN). **Fehlt die Rechnungsnummer, so kann der umsatzsteuerpflichtige Mandant die Rechnung nicht im Wege des Vorsteuerabzugs geltend machen.** So hat der BFH (vgl. **BFH Urt. v. 19.6.2013 – XI R 41/10** – BeckRS 2013, 96276) festgestellt, dass die Gewährung des Vorsteuerabzugs unter dem Gesichtspunkt einer rückwirkenden Rechnungsberichtigung – auch im Wege einer Billigkeitsmaßnahme – voraussetzt, dass die zu berichtigende Rechnung falsche oder unvollständige Angaben enthält, die einer Berichtigung zugänglich wären und zudem, dass die für den Steuerpflichtigen ungünstige Rechtsfolge, dass die Vorsteuer erst in dem Besteuerungszeitraum abgezogen werden kann, in dem ihm auch die Rechnung vorliegt, auf einer bewussten Anordnung des Gesetzgebers beruht, die nicht durch eine Billigkeitsmaßnahme unterlaufen werden darf. Dabei hat sich der BFH in der genannten Entscheidung auch mit der Entscheidung des **EuGH – Rs C-368/09, Slg. 2010, I-7467, DB 2010, 1571, UR 2010, 693 – Pannon Gép** auseinandergesetzt, die Anwendung aber angelehnt. Nach der genannten Entscheidung des EuGH wirkt die Berichtigung einer unvollständigen Rechnung auf den Zeitpunkt der ursprünglichen Lieferung zurück und ist im Voranmeldungszeitraum der Lieferung abziehbar.

2. In der dem Mandanten erteilten Abrechnung ist (vgl. § 14 Abs. 3 Ziff. 2 UStG) die dem leistenden Rechtsanwalt vom Finanzamt erteilte **Steuernummer oder** die dem Rechtsanwalt zugeteilte **Umsatzsteuer – Identifikationsnummer (USt-IdNr.) anzugeben** (*Hartung/Schons/Enders* RVG, 1. Aufl., 2011, § 10 Rn. 33 mwN; *Gerold/Schmidt/Burhoff*

RVG, 21. Aufl., 2013, § 10 Rn. 23; MAHVergütungsR/*Teubel*, 2. Aufl., 2011, § 2 Rn. 61 ff.). Die USt-IdNr. ist eine eigenständige Nummer, die Unternehmerinnen und Unternehmern zusätzlich zur Steuernummer erteilt wird. Das Bundeszentralamt für Steuern (BZSt) vergibt die USt-IdNr. auf Antrag (§ 27a UStG). Es empfiehlt sich, sich eine Umsatzsteuer – Identifikationsnummer erteilen zu lassen und diese in Rechnungen anzugeben (*Hartung/Schons/Enders* RVG, 1. Aufl., 2011, § 10 Rn. 33 mwN).

3. In der dem Mandanten erteilten Abrechnung ist auch der **Leistungszeitraum anzugeben** wobei als Leistungszeitraum zutreffend der **Zeitraum von Beginn der abgerechneten gebührenrechtlichen Angelegenheit bis zur Fälligkeit der Vergütung für die betreffende Angelegenheit** anzunehmen ist (*Hartung/Schons/Enders* RVG, 1. Aufl., 2011, § 10 Rn. 34; *Gerold/Schmidt/Burhoff* RVG, 21. Aufl., 2013, § 10 Rn. 23; MAHVergütungsR/*Teubel*, 2. Aufl., 2011, § 2 Rn. 61 ff.).

4. Bei der Prüfung ob bzw. inwieweit die **Erhöhung für mehrere Auftraggeber** geltend gemacht werden kann sind **im Bereich der Verwaltungsgerichtsbarkeit folgende Grundsätze** zu berücksichtigen: Vertritt ein Rechtsanwalt in demselben Verfahren mehrere Auftraggeber, entsteht ihm regelmäßig ein höherer Aufwand, als dies beim Tätigwerden für nur einen Mandanten der Fall wäre. Um diesen Mehraufwand zu vergüten, sieht das Kostenrecht zwei im Ansatz unterschiedliche Wege vor: Dies kann durch eine Erhöhung des Streit- bzw. Gegenstandswerts bei unverändertem Gebührensatz oder durch eine Erhöhung des Gebührensatzes bei unverändertem Streit-/Gegenstandswert geschehen. Auf welchem dieser Wege eine Vergütung des Mehraufwands des Rechtsanwalts erfolgt, hängt davon ab, ob seine Tätigkeit für mehrere Mandanten sich auf einen oder mehrere Verfahrensgegenstände bezieht (OVG NRW NJW 2012, 1750). Ist die Vertretung mehrerer Personen zugleich mit mehreren Verfahrensgegenständen verbunden, sind nach § 22 Abs. 1 RVG die Werte dieser unterschiedlichen Verfahrensgegenstände zusammenzurechnen. Eine Erhöhung des Gebührensatzes erfolgt hingegen nicht, denn Nr. 1008 Abs. 1 VV-RVG sieht eine solche nur vor, soweit der Gegenstand der anwaltlichen Tätigkeit für die mehreren Auftraggeber derselbe ist (OVG NRW NJW 2012, 1750). Der erhöhte Vergütungsanspruch des Rechtsanwalts ergibt sich in diesen Fällen – trotz gleichbleibenden Gebührensatzes – aus den nach § 13 RVG mit der Höhe des Streit-/Gegenstandswerts steigenden Gebühren (OVG NRW NJW 2012, 1750). Werden hingegen mit Blick auf denselben Verfahrensgegenstand mehrere Personen vertreten, bleibt der Streit-/Gegenstandswert und mit ihm die Höhe der nach § 13 RVG berechneten einzelnen Gebühr unverändert und um den durch die Tätigkeit für mehrere Mandanten erhöhten Aufwand des Rechtsanwalts zu vergüten, sieht Nr. 1008 VV-RVG für diesen Fall eine Erhöhung des Gebührensatzes um 0,3 für jeden zusätzlichen Auftraggeber vor, wobei mehrere Erhöhungen zusammengenommen einen Gebührensatz von 2,0 nicht überschreiten dürfen (OVG NRW NJW 2012, 1750). Dabei enthält das RVG keine Legaldefinition des Gegenstands im gebührenrechtlichen Sinne (OVG NRW NJW 2012, 1750). Ob die die Tätigkeit eines Rechtsanwalts für mehrere Mandanten denselben oder unterschiedliche Verfahrensgegenstände betrifft, ist im Einzelfall anhand der konkret wahrgenommenen Angelegenheiten zu ermitteln. Ein einheitlicher Gegenstand im gebührenrechtlichen Sinne ist nur gegeben, wenn der Rechtsanwalt für seine mehreren Auftraggeber wegen desselben konkreten Rechts oder Rechtsverhältnisses tätig geworden ist (BGH Urt. v. 10.3.2011 – VII ZB 3/10, NJW-RR 2011, 933; OVG NRW Urt. v. 1.3.2012 – 2 D 63/09.NE, BeckRS 2012, 48577; OLG Koblenz JurBüro 2009, 249; OVG NRW NJW 2012, 1750 mwN). **In Zivilsachen wird von der Rechtsprechung überwiegend anders gerechnet** (vgl. NJW-Spezial 2012, 252 (253, dort Verweis auf AG Augsburg BeckRS 2008, 19944 u. LG Saarbrücken BeckRS 2011, 27596). Danach ist **aus dem Wert der einfachen Beteiligung eine einfache Gebühr zu berechnen und aus dem Wert der gemeinschaftlichen Beteiligung eine erhöhte Gebühr** und hiernach ist dann gegebenenfalls gem. § 15 Abs. 3 RVG zu kürzen, was zu erheblichen Differenzen im Verhältnis zur Berechnungsweise der Verwaltungsgerichte führen kann (vgl. NJW-Spezial 2012, 252 (253 dort auch Berechnungsbeispiel)).

5. Zu beachten ist, dass mit dem am 1.8.2013 in Kraft getretenen 2. KostRMoG v. 23.7.2013 (BGBl. I S. 2586 ff.) durch dessen Art. 8 auch das RVG geändert und eine **Zusatzgebühr bei besonders umfangreichen Beweisaufnahmen, Nr. 1010 VV RVG,** eingeführt worden ist. Diese neu eingeführte Zusatzgebühr in Angelegenheiten, in denen sich die Gebühren nach Teil 3 VV RVG richten, soll die Auswirkungen des Wegfalls der früheren Beweisgebühr in der BRAGO vermindern (*Hansens* RenoPraxis 9/2013). Zur Erfüllung der **Voraussetzungen der Zusatzgebühr** müssen **mindestens drei gerichtliche Termine** stattfinden, **in denen Sachverständige oder Zeugen vernommen werden** (*Hansens* RenoPraxis 9/2013). Somit fällt ein allein **von dem Sachverständigen angesetzter Ortstermin** nicht hierunter, wohl aber **ein vom Gericht anberaumter Ortstermin**, in dem der Sachverständige angehört wird (*Hansens* RenoPraxis 9/2013). Die **Vernehmung oder Anhörung einer Partei oder eines Verfahrensbeteiligten** genügt wiederum nicht, wohl aber die **Vernehmung eines Zeugen durch den ersuchten Richter** (s. § 362 ZPO). Bei **Wertgebühren** entsteht die Zusatzgebühr dann mit einem Gebührensatz von 0,3. Bei **Betragsrahmengebühren** erhöhen sich der Mindest- und der Höchstbetrag der **Terminsgebühr** um 30 % (*Hansens* RenoPraxis 9/2013).

6. Nur bei Vorliegen einer **kostenrechtlich relevanten Einigung** einzufügen. Gemäß Nr. 1000 Abs. 1 VV RVG entsteht die Einigungsgebühr als zusätzliche Gebühr für die Mitwirkung beim Abschluss eines Vertrages, durch den der Streit oder die Ungewissheit der Parteien über ein Rechtsverhältnis beseitigt wird, es sei denn, der Vertrag beschränkt sich ausschließlich auf ein Anerkenntnis oder einen Verzicht (BGH NJW 2009, 922; vgl. zu Folgenden auch; *Onderka*, Anmerkung BGH Urt. v. 20.11.2008 – IX ZR 186/07, AGS 2009, 111; *Hansens* RVGreport 2009, 141; *ders.* Anmerkung BGH Urt. v. 20.11.2008 – IX ZR 186/07 – ZfS 2009, 286; *ders.* Anmerkung BGH Urt. v. 10.10.2006 – VI ZR 280/ 05, ZfS 2007, 165; *Schneider* Anmerkung BGH Urt. v. 10.10.2006 – VI ZR 280/05, AGS 2007, 58; *Volpert*, Anmerkung BGH Urt. v. 10.10.2006 – VI ZR 280/05, VRR 2007, 39; *Jungbauer* Anmerkung BGH Urt. v. 10.10.2006 – VI ZR 280/05, DAR 2007, 177; *Volpert*, Anmerkung BGH Urt. v. 17.9.2008 – IV ZB 17/08, AGS 2009, 23). **Die Einigungsgebühr soll die frühere Vergleichsgebühr des § 23 BRAGO ersetzen und gleichzeitig inhaltlich erweitern.** Während die Vergleichsgebühr des § 23 BRAGO durch Verweisung auf § 779 BGB ein gegenseitiges Nachgeben vorausgesetzt hat, **soll die Einigungsgebühr jegliche vertragliche Beilegung eines Streits der Parteien honorieren** (BGH NJW 2009, 922). Durch den **Wegfall der Voraussetzung des gegenseitigen Nachgebens** soll insbesondere der in der Vergangenheit häufige Streit darüber vermieden werden, welche Abrede noch und welche nicht mehr als gegenseitiges Nachgeben zu bewerten ist (BGH NJW 2009, 922; Entwurf der Bundesregierung zum Entwurf eines Gesetzes zur Modernisierung des Kostenrechts, BT-Drs. 15/1971, S. 147 und 204). Unter der Geltung des Rechtsanwaltsvergütungsgesetzes kommt es deswegen nicht mehr auf einen Vergleich im Sinne von § 779 BGB, sondern nur noch auf eine Einigung an (BGH NJW 2009, 922; BGH MDR 2007, 492; BGH NJW 2009, 234). **Durch die zusätzliche Gebühr soll die mit der Einigung verbundene Mehrbelastung und erhöhte Verantwortung des beteiligten Rechtsanwalts vergütet werden, durch die zudem die Belastung der Gerichte gemindert wird** (BGH NJW-RR 2007, 359; BGH NJW 2009, 922). Nach dem zweiten Halbsatz des Abs. 1 der Nr. 1000 VV RVG reicht allerdings die bloße Annahme eines einseitigen Verzichts oder ein Anerkenntnis für die Entstehung der Einigungsgebühr nicht aus (BGH NJW 2009, 922; BGH MDR 2006, 1375). Hieraus kann nicht der Schluss gezogen werden, dass bei Abschluss eines sich wechselseitig auf ein Anerkenntnis und einen

Verzicht beschränkenden Vertrags grundsätzlich eine Einigungsgebühr nicht entsteht (BGH NJW 2009, 922). Selbst ein Vergleich, in welchem der Schuldner den Ausgleich eines Teils der vom Gläubiger geltend gemachten Forderung zusagt und der Gläubiger den weitergehenden Anspruch fallen lässt, ist nichts Anderes als eine Kombination von Anerkenntnis und Verzicht. Die Einigungsgebühr gelangt daher nur dann nicht zur Entstehung, wenn der von den Beteiligten geschlossene Vertrag ausschließlich das Anerkenntnis der gesamten Forderung durch den Schuldner oder den Verzicht des Gläubigers auf den gesamten Anspruch zum Inhalt hat (BGH NJW 2009, 922 mwN). **Dabei bedeutet Mitwirkung im Sinne der Nr. 1000 VV RVG**, dass der Rechtsanwalt eine auf das Zustandekommen der Einigung gerichtete Tätigkeit vornimmt und diese sich mitursächlich auf den Vertragsabschluss auswirkt (BGH NJW 2009, 922). Es genügt hierfür **jede Tätigkeit, die auf den Abschluss der Einigung ausgerichtet ist** (BGH NJW 2009, 922 mwN; OVG Hamburg Rechtspfleger 2008, 46). Der Entwurf einer Vereinbarung, der von den Parteien im Wesentlichen übernommen wird, kann bereits ausreichen (BGH NJW 2009, 922 mwN). Die schriftliche Niederlegung einer bereits bestehenden, vollständigen Willensübereinstimmung würde dagegen nicht genügen (BGH NJW 2009, 922).

7. Die **Berechnung der Vergütung** ist gem. § 10 Abs. 1 RVG **von dem Rechtsanwalt zu unterzeichnen.** Diese Bestimmung soll die Überprüfbarkeit der Rechnung durch den zahlungspflichtigen Auftraggeber sicherstellen. **Mit der Unterschrift übernimmt der Rechtsanwalt die strafrechtliche, zivilrechtliche und berufsrechtliche Verantwortung für die Berechnung** (LSG Nordrhein-Westfalen Urt. v. 4.3.2013 – L 19 AS 85/13 – BeckRS 2013, 67701; OLG Schleswig-Holstein Urt. v. 19.4.2012 – 11 U 63/11 – NJW-RR 2012, 1339). Das gilt insbesondere auch in den Fällen, in denen für die anwaltliche Tätigkeit **Betragsrahmengebühren** iSv § 3 Abs. 1 S. 1, Abs. 2 RVG anfallen. Bei den Betragsrahmengebühren handelt es sich um Rahmengebühren, deren Höhe ein Rechtsanwalt nach § 14 Abs. 1 S. 1 RVG im Einzelfall unter Berücksichtigung aller Umstände, insbesondere nach dem Umfang und der Schwierigkeit der anwaltlichen Tätigkeit, der Bedeutung der Angelegenheit, den Vermögens- und Einkommensverhältnissen des Auftraggebers sowie seines besonderen Haftungsrisikos nach billigem Ermessen bestimmt (§ 14 Abs. 1 S. 3 RVG). Dem Rechtsanwalt wird durch diese Vorschrift ein **Beurteilungs- und Entscheidungsvorrecht** eingeräumt, das **mit der Pflicht zur Berücksichtigung der in § 14 RVG genannten Kriterien verbunden** ist (LSG Nordrhein-Westfalen Urt. v. 4.3.2013 – L 19 AS 85/13, BeckRS 2013, 67701). § 14 Abs. 1 S. 1 RVG wird als eine am Maßstab der Billigkeit orientierte und durch bestimmte Vorgaben **eingeschränkte Ermessensvorschrift zugunsten des Rechtsanwalts** aufgefasst (LSG Nordrhein-Westfalen Urt. v. 4.3.2013 – L 19 AS 85/13, BeckRS 2013, 67701; BSG Urt. v. 1.7.2009 – B 4 AS 21/09 R, NJW 2010, 1400). Dieses Bestimmungsrecht hat ein Rechtsanwalt gegenüber seinem Auftraggeber auszuüben, so dass auch für die Ausübung des Bestimmungsrechts nach § 14 RVG eine Rechnungsstellung gegenüber dem Auftraggeber erforderlich ist (LSG Nordrhein-Westfalen Urt. v. 4.3.2013 – L 19 AS 85/13, BeckRS 2013, 67701). **Verstirbt der Rechtsanwalt,** dann genügt grundsätzlich die von dem Prozessbevollmächtigten des Alleinerben unterzeichnete Gebührenrechnung den formalen Anforderungen, wenn sich der wesentliche Inhalt der Gebührenrechnung jedenfalls aus einem zur Erläuterung übersandten Vermerk ergibt (OLG Schleswig-Holstein Urt. v. 19.4.2012 – 11 U 63/11, NJW-RR 2012, 1339).

2. Abrechnung gerichtliches Verfahren gegenüber Rechtsschutzversicherung des Mandanten

......

(Briefkopf Rechtsanwalt)

......

(Anschrift RSV)

Betreff: ...... (Mandatsdaten)

Sehr geehrte/r Herr/Frau ......

in der vorbezeichneten Angelegenheit überreiche ich als Anlage das Protokoll des Termines beim ...... (Gericht) ...... (Gerichtsort) am ...... (Datum).[1] Wie Sie diesem entnehmen können, wurde die Gegenseite entsprechend unserem Antrag zur Zahlung verurteilt und hat die Kosten des Rechtsstreits zu tragen.

Unter Bezug auf die aus dem beigefügten Protokoll ersichtliche Streitwertfestsetzung/den bereits mit Schreiben vom ...... übermittelten Streitwertbeschluss als Anlage[2] die Abrechnung der Gebühren für die Vertretung Ihres Versicherungsnehmers.[3] Dies mit der Bitte um alsbaldigen Ausgleich, spätestens bis zum ...... auf mein Geschäftskonto bei der ...... (Bank) ...... (BLZ) ...... (KN).[4]

Kostenfestsetzung ist beantragt.

Mit freundlichen Grüßen

......, den ......

(Unterschrift Rechtsanwalt)

Schrifttum: *Bauer*, Entwicklung bei den allgemeinen Bedingungen für die Rechtsschutzversicherung bis Anfang 2013, NJW 2013, 1576; *Enders*, Quotenvorrecht auch in der Rechtsschutzversicherung JurBüro 2003, 281; *Heither/Heither*, Als Mandant obsiegen, als Versicherungsnehmer unterliegen?, NJW 2008, 2743; *Leuze/Alternberg*, Rechtsschutzversicherung in Disziplinar- und Strafverfahren. Rechtslage und Erfahrungen aus dem Bereich des öffentlichen Dienstes, DÖD 2011, 5; *Obarowski*, Die Vergleichsklausel in der Rechtsschutzversicherung und ihre Bedeutung für die anwaltliche Praxis, NJW 2011, 2014; *Samimi*, Anwaltsformulare Rechtsschutzversicherung, 2008; *Schneider*, Anmerkung AG Wetzlar Urt. v. 27.6.2006 – 30 C 588/06 – AGS 2007, 115; Lucas, Das Quotenvorrecht – wer es nicht kennt, verschenkt Geld!, VRR 2010, 127; *Schneider*, Anmerkung BGH v. 25.1.2006 – IV ZR 207/04 -, AGS 2006, 573; *Schneider*, Verschenktes Geld – das unbekannte Quotenvorrecht in der Rechtsschutzversicherung, ProzRB 2002, 20; *Schulz*, Die Auskunfts- und Abrechnungspflicht des Rechtsanwalts gegenüber der Rechtsschutzversicherung, NJW 2010, 1729; *van Bühren*, Die Auskunftspflicht des Rechtsanwalts über Vorschusszahlungen des Rechtsschutzversicherers, ZfS 2010, 428; *Wendt*, Rechtsschutzversicherung – Erfolgsaussichten, Aufklärungsgebote, Kosten- und Gebührenfragen, MDR 2008, 1129.

Anmerkungen

1. Es ist in der Rechtsprechung **zivilrechtlich und berufsrechtlich umstritten**, ob bzw. inwieweit vom **Rechtsschutzversicherer** des Mandanten **Abrechnungs- und Auskunftsansprüche** geltend gemacht werden können (vgl.: OLG Düsseldorf VersR 2008, 1347;

Landgericht Bonn BRAK-Mitteilungen 2010,280; AG Hamburg r+s 1996,316; AGH Saarland zfs 2002, 93; LG Düsseldorf r+s 2000, 157; LG Braunschweig Urt. v. 3.4.2001 – 6 S 834/00, zfs 2002, 151; AG Pforzheim zfs 2002, 246; OLG Nürnberg Urt. v. 5.3.1992 – 8 U 2784/91 – NJW-RR 1993, 602; OLG München r+s 1999, 158; OLG Saarbrücken Urt. v. 6.6.2007 – 5 U 482/06-60, r+s 2007, 504; AG Bonn Urt. v. 8.11.2006 – 13 C 607/05, NJW-RR 2007, 355, AG Aachen Urt. v. 1.4.2010 – 112 C 182/09, BRAK-Mitt. 2010, 188; Anwaltsgericht Köln Urt. v. 16.5.2012 – 10 EV 236/10; LG Karlsruhe Urt. v. 11.6.2011 – 1 S 11/12 – AGS 2012, 322). Dabei hat das LG Bochum (vgl. LG Bochum Urt. v. 26.6.2012 – 11 S 150/11 – JurBüro 2012, 536) – ausgesprochen, dass mit dem Übergang des Anspruchs des Mandanten und Versicherungsnehmers gegen den unterliegenden Prozessgegner auf Erstattung der Kosten auf den Versicherer nach § 67 VVF aF/§ 86 VVG auch der Auskunftsanspruch übergeht. Hat der Anwalt von der Rechtsschutzversicherung Gebührenvorschüsse bekommen und erhält er nach Abschluss des Prozesses Kostenerstattung vom Gegner des Mandanten, dann steht dem Mandanten insoweit ein auf den Rechtsschutzversicherer übergehender unmittelbarer Anspruch aus §§ 675, 667 BGB zu, der mit einem entsprechenden Auskunftsanspruch gem. § 666 BGB verbunden ist (LG Bochum JurBüro 2012, 536 unter Verweis auf LG Bonn Urt. v. 3.9.2010 – 10 O 345/09 mwN). Dies gilt zumindest dann, wenn der Anwalt die Beträge der Kostenerstattung des Prozessgegners gegebenenfalls nach vorherigem Kostenfestsetzungsverfahren auch tatsächlich erhalten hat, da erst dann ein die streitgegenständliche Verpflichtung begründendes Treuhandverhältnis gegenüber der Rechtsschutzversicherung entsteht. Nichts anderes ergebe sich aus AG Bonn Urt. v. 8.11.2006 – 13 C 607/05, und AG Aachen Urt. v. 1.4.2010 – 112 C 182/09 (LG Bochum JurBüro 2012, 536). Die Schweigepflicht hindert den Anspruch der Rechtsschutzversicherung nicht. Nach § 43 a Abs. 2 BRAO bezieht sich die Verschwiegenheitsverpflichtung des Rechtsanwalts „auf alles, was ihm in Ausübung seines Berufs bekannt geworden ist" und das Gebot der Verschwiegenheit gehört zu den elementaren Grundsätzen des anwaltlichen Berufsrechts und ist unerlässliche Basis des Vertrauensverhältnisses zwischen Rechtsanwalt und Mandant (LG Bochum JurBüro 2012, 536). Daher besteht grundsätzlich auch eine Verschwiegenheitspflicht gegenüber dem Rechtsschutzversicherer (LG Bochum JurBüro 2012, 536). Etwas anderes gilt nur dann, wenn der Mandant den beauftragten Rechtsanwalt ausdrücklich oder stillschweigend von dieser Schweigepflicht entbunden hat. Wenn der **Mandant** seinen **Rechtsanwalt beauftragt, die Korrespondenz mit dem Rechtsschutzversicherer zu führen,** so liegt darin bereits **konkludent** eine **Entbindung von der Schweigepflicht,** da nur so der Rechtsanwalt im Auftrag seines Mandanten dessen Auskunftsobliegenheiten erfüllen kann. Durch diese – stillschweigende – Übertragung der Auskunftsverpflichtung auf den Rechtsanwalt hat der Mandant seinen Prozessbevollmächtigten von der Schweigepflicht entbunden (LG Bochum JurBüro 2012, 536; OLG Düsseldorf Urt. v. 15.1.1980 – 4 U 48/79, VersR 1980, 231; LG Düsseldorf, Urt. v. 18.1.2000 – 24 S 484/99, r+s 2000, 157). Ist ein Prozessbevollmächtigter des Versicherungsnehmers mit der Deckungsanfrage und der Anforderung des Kostenvorschusses betraut, so ist der Prozessbevollmächtigte bezüglich der Auskunftserteilung und Rechnungslegung über gezahlte Vorschüsse und damit über erhaltene Zahlungen im Kostenfestsetzungsverfahren von der Schweigepflicht entbunden (LG Bochum Urt. v. 26.6.2012 – 11 S 150/11 JurBüro 2012, 536).

2. Dem Schreiben an die Rechtsschutzversicherung ist die auf den Mandanten ausgestellte **Abrechnung der** in dem jeweiligen gerichtlichen Verfahren entstandenen **gesetzlichen Gebühren** beizufügen. **An eine** zwischen Rechtsanwalt und Mandant getroffene weitergehende **Vergütungsvereinbarung ist der Rechtsschutzversicherer nicht gebunden** und er ist lediglich verpflichtet, die vereinbarte Gebühr bis zur Höhe der gesetzlichen

Gebühren zu übernehmen (§ 5 Abs. 1a und b ARB 2000) *Gerold/Schmidt/Mayer* RVG, 21. Aufl., 2013, § 3a RVG Rn. 46 mwN).

3. Der Rechtsanwalt wird **auch bei Bestehen einer Rechtsschutzversicherung regelmäßig seinen Vorschussanspruch gem. § 9 RVG geltend machen.** Verlangt der Rechtsanwalt gem. § 9 RVG für seine entstandenen und voraussichtlich entstehenden Gebühren und Auslagen einen (angemessenen) Vorschuss, fordert er einen Teil seiner gesetzlichen Vergütung im Sinne von § 2 Abs. 1 Buchst. a und b ARB 75 (BGH NJW 2006, 1281). Die insoweit **bestehende Leistungspflicht des Rechtsschutzversicherers beginnt, sobald der Versicherungsnehmer wegen dieses Vorschusses im Sinne von § 2 Abs. 2 ARB 75 „in Anspruch genommen wird"** (BGH NJW 2006, 1281 mwN). Mangels anderweitiger gesetzlicher Regelung ist das in dem Zeitpunkt der Fall, in dem der Rechtsanwalt den Vorschuss einfordert (BGH NJW 2006, 1281 mwN). Zu beachten ist dabei, dass damit auch der Kostenbefreiungsanspruch des Versicherungsnehmers bereits zu diesem Zeitpunkt fällig und die Verjährungsfrist des § 12 Abs. 1 VVG für diesen Teil der Leistung des Rechtsschutzversicherers in Lauf gesetzt wird (BGH NJW 2006, 1281).

4. Zu beachten ist, dass das sog. **Quotenvorrecht auch für die Selbstbeteiligung** geltend gemacht werden kann, da es sich um einen sog. kongruenten Schaden handelt, d.h. um einen Schaden, der seiner Art nach unter den Schutzbereich des Versicherungsvertrages fällt. Der Rechtsschutzversicherer trägt die für die Interessenwahrnehmung des Versicherungsnehmers erforderlichen Kosten. Nach zutreffender Auffassung fallen darunter alle die in dem betreffenden Versicherungsfall entstandenen Kosten, also auch die vereinbarte Selbstbeteiligung (AG Köln Urt. v. 5.7.2006 – 137 C 157/06 – AGS 2007, 379; AG Wetzlar Urt. v. 27.6.2006 – 30 C 588/06 – AGS 2007, 15; *Samimi*, Anwaltsformulare Rechtsschutzversicherung, 2008, S. 124 Rn. 5; *Schneider* ProzRB 2002, 20; *Schneider*, Anmerkung AG Wetzlar Urt. v. 27.6.2006 – 30 C 588/06 – AGS 2007, 115; *Lucas* VRR 2010, 127; *Enders* JurBüro 2003, 281). Das **Quotenvorrecht gilt** dabei **für sämtliche Rechtsverfolgungskosten** (OLG Köln v. 14.11.1972 – 3 U 44/72 – NJW 1973, 905). Das Quotenvorrecht folgt im Privatversicherungsrecht aus § 86 Abs. 1 S. 2 VVG (nF). Es beschränkt dort zu Lasten eines leistenden Versicherers den Übergang von Ansprüchen seines Versicherungsnehmers gegen Dritte mit der Folge, dass der Versicherungsnehmer die nicht-übergegangenen Ansprüche noch selbst geltend machen kann (*Lucas* VRR 2010, 127).

3. Geltendmachung titulierter Erstattungsanspruch (KfB) gerichtliches Verfahren gegenüber dem Prozessgegner

. . . . . .

(Briefkopf Rechtsanwalt)

. . . . . .

(Anschrift Gegnervertreter)

. . . . . .

Betreff: . . . . . . (Mandatsdaten)

Sehr geehrte/r Herr/Frau . . . . . .

in der vorbezeichneten Angelegenheit wurde hier zwischenzeitlich die (vollstreckbare) Ausfertigung des Kostenfestsetzungsbeschlusses des . . . . . . (Gericht) . . . . . . (Gerichtsort) vom (Datum) zugestellt.[1, 2]

Danach hat Ihre Mandantschaft einen Betrag von . . . . . . (Betrag) nebst Zinsen in Höhe von 5[3] Prozentpunkten über dem Basiszinssatz seit dem . . . . . . (Datum) an meine Mandantschaft zu zahlen. Die Zinsen werden wie folgt berechnet . . . . . . (Zinsberechnung).

Zur Vermeidung von Vollstreckungsmaßnahmen habe ich Ihre Mandantschaft aufzufordern, den Betrag in Höhe von . . . . . . (Summe festgesetzter Betrag zzgl. bereits entstandener Zinsansprüche) zzgl. weiterer Tageszinsen bei einem Tageszins von (Betrag Tageszins) bis spätestens . . . . . . (Datum) auf mein Geschäftskonto bei der . . . . . . (Bank) . . . . . . (BLZ/IBAN) . . . . . . (KN) auszugleichen. Auf die in der bereits übermittelten Vollmachtsurkunde erteilte Geldempfangsvollmacht weise ich unter gleichzeitiger anwaltlicher Versicherung des Bestehens derselben hin.

Sollte die Zahlungsfrist fruchtlos verstreichen bin ich gehalten, den Betrag zwangsweise beizutreiben.[4]

Mit freundlichen kollegialen Grüßen

. . . . . ., den . . . . . .

(Unterschrift Rechtsanwalt)

Anmerkungen

1. Ein Kostenfestsetzungsbeschluss kann auch schon erlassen werden, bevor die Kostengrundentscheidung, deren betragsmäßiger Umsetzung bzw. Konkretisierung der Festsetzungsbeschluss dient, in Rechtskraft erwachsen ist (OLG Köln MDR 2010, 104). Grundlage der Kostenfestsetzung ist ein zur Zwangsvollstreckung geeigneter Titel (§ 103 Abs. 1 ZPO). Geeignete Titel sind dabei nicht nur rechtskräftige, sondern auch lediglich für vorläufig vollstreckbar erklärte, d.h. typischerweise noch nicht rechtskräftig gewordene Urteile (OLG Köln MDR 2010, 104 mwN). Der im Kostenfestsetzungsverfahren nach § 104 ZPO zu treffende Kostenfestsetzungsbeschluss füllt lediglich die Kostengrundentscheidung hinsichtlich der Höhe des zu erstattenden Kostenbetrags aus (OLG Köln MDR 2010, 104; OLG Köln JurBüro 2006, 598). Der **Kostenfestsetzungsbeschluss** ist deshalb sowohl **hinsichtlich** seiner **Entstehung** als auch seines **Bestandes von der Kostengrundentscheidung abhängig**. Wird sie – zB im Rechtsmittelverfahren – aufgehoben oder abgeändert, wird ein auf ihrer Grundlage erlassener Kostenfestsetzungsbeschluss im Umfang der Aufhebung oder Abänderung ohne weiteres wirkungslos (OLG Köln MDR 2010, 104; BGH NJW-RR 2008, 1082; OLG Hamm MDR 1977, 56; JB 1989, 1419; KG Rpfleger 1993, 462; OLG Karlsruhe OLGR 2000, 185; OLG Frankfurt OLGR 2005, 328; OLG Köln OLGR 2006, 170). Auch wenn nach dem zugrunde liegenden Urteil die Zwangsvollstreckung nur gegen Sicherheitsleistung zugelassen ist, erfolgt die Kostenfestsetzung nach Antrag ohne Rücksicht darauf, ob **Sicherheit geleistet** wurde; letzteres **interessiert erst bei der Vollstreckung aus dem Kostenfestsetzungsbeschluss** (OLG Köln MDR 2010, 104 mwN).

2. Die Zwangsvollstreckung aus dem Kostenfestsetzungsbeschluss darf erst beginnen, wenn der **Beschluss mindestens zwei Wochen vorher zugestellt** ist (§ 798 ZPO), was für die **Vorpfändung** allerdings nicht gilt (KG Rpfleger 1981, 240; *Gottwald/Mock* Zwangsvollstreckung, 6. Aufl., 2012, § 794 ZPO Rn. 12 S. 570).

3. Die **Verzinsung** des Kostenerstattungsbetrages ab Eingang des Kostenfestsetzungs-
antrages ist **nicht davon abhängig, dass der Gläubiger den Kostenschuldner vor Einleitung des Kostenfestsetzungsverfahrens zur Zahlung auffordert** (OLG Celle NJW-RR
2012, 763). Der prozessuale Kostenerstattungsanspruch entsteht bereits mit der Klageerhebung aufschiebend bedingt und wandelt sich mit der vorläufigen Vollstreckbarkeit der
Kostengrundentscheidung in einen auflösend bedingten Anspruch um (OLG Celle NJW-
RR 2012, 763). Der noch unbestimmte Betrag der zu erstattenden Kosten und damit die
Höhe des Anspruchs einschließlich der nur auf Antrag auszusprechenden Pflicht zur
Verzinsung der Kosten wird allerdings erst im Verfahren nach §§ 103 ff. ZPO ermittelt
und festgesetzt (OLG Celle NJW-RR 2012, 763 mwN).

4. Die Zwangsvollstreckung einer Forderung ist unzulässig, wenn der Schuldner dieser
Forderung **mit einem prozessualen Kostenerstattungsanspruch aufgerechnet** hat, der in
einem rechtskräftig abgeschlossenen Kostenfestsetzungsverfahren betragsmäßig festgesetzt worden ist (BGH NJW 2013, 2975; BGH WM 1976, 460). **Dies gilt auch** für
den Fall, dass die Kostengrundentscheidung in einem gegen Sicherheitsleistung vollstreck-
baren Urteil ergangen und die **Sicherheitsleistung** von dem Aufrechnenden **nicht erbracht**
worden ist (BGH NJW 2013, 2975).

4. Kostenfestsetzungsantrag gem. § 11 RVG gegen den Auftraggeber

...... (Anschrift Gericht)[1]

Kostenfestsetzungsantrag gem. § 11 RVG[2, 3]

In dem Rechtsstreit

...... (Kläger) ./...... (Beklagter)

– (Aktenzeichen Gericht) –

wird beantragt,

1. die nachstehenden Kosten gem. § 11 RVG gegen den Auftraggeber festzusetzen,

2. auszusprechen, dass die Kosten vom Eingang dieses Festsetzungsantrags mit 5 % über
dem jeweiligen Basiszinssatz zu verzinsen sind,

3. dem Antragsteller eine vollstreckbare Ausfertigung de Kostenfestsetzungsbeschlusses
zu erteilen,

4. alle gezahlten Gerichtskosten und Gebühren hinzuzusetzen

5. alle nicht verbrauchten Gerichtskosten und Gebühren zu erstatten.

Berechnet nach den Vorschriften des RVG[4]

Gegenstandswert: ......

1,3 Verfahrensgebühr gemäß Nr. 3100 VV RVG:	...... EUR
1,2 Terminsgebühr gemäß Nr. 3202 VV RVG:	...... EUR
Auslagenpauschale gem. Nr. 7002 VV RVG:	...... EUR
Fahrtkosten von ...... (Ort) nach ...... (Ort) gemäß Nr. 7003/7004 VV RVG:	...... EUR

Taxi: . . . . . . EUR

Hotel gem. Nr. 7006 VV RVG: . . . . . . EUR

Abwesenheitsgeld für . . . . . . Tage gemäß Nr. 7005 VV RVG: . . . . . . EUR

Ablichtungen gemäß Nr. 7000 VV RVG, ...-mal . . . . . . EUR: . . . . . . EUR

Ablichtungen gemäß Nr. 7000 VV RVG, ...-mal . . . . . . EUR: . . . . . . EUR

Summe: . . . . . . EUR

19 % Mehrwertsteuer: . . . . . . EUR

Summe: . . . . . . EUR

Der Antragsgegner/Die Antragsgegnerin hat die Rechnung gem. § 10 RVG erhalten.

Es wird darauf hingewiesen, dass eine Erklärung zum Vorsteuerabzug gem. § 11 Abs. 2 S. 2 RVG nicht erforderlich ist. § 104 Abs. 2 S. 3 ZPO ist im Vergütungsfestsetzungsverfahren nicht anwendbar. Um antragsgemäße Festsetzung der Umsatzsteuer gem. § 7008 VV RVG wird gebeten.[5]

Beglaubigte und einfache Abschrift anbei.

. . . . . ., den . . . . . .

(Unterschrift Rechtsanwalt)

Anlagen:

• Fahrscheine . . . . . . (Ort) nach . . . . . . (Ort)
• Hotelrechnung
• Taxibelege
• Rechnung/Mahnung an Antragsgegnerin/Antragsgegner vom . . . . . .

Schrifttum: *Baumgärtel/Brunner/Bugarin*, Arbeitsplatz ReFa: Der Allrounder, 2. Aufl., 2013; *Gerold/Schmidt/Müller-Rabe*, RVG, 21. Aufl., 2013; *Hansens*, Anmerkung BGH v. 25.2.2009 – Xa ARZ 197/08 – RVGreport 2009, 190; *ders.*, Anmerkung BGH v. 25.2.2009 – Xa ARZ 197/08 – ZfS 2009, 343; *ders.*, VGH Hessen v 9.7.2010 – 5 E 1048/10 – RVGreport 2010, 413; *Mock*, Anmerkung BGH v. 25.2.2009 – Xa ARZ 197/08 – AGS 2009, 252; *ders.*, Anmerkung BGH v. 15.2.2005 – X ARZ 409/04 – AGS 2005, 208; *ders.*, Beraterhinweis zum Beschluss des BGH vom 15.2.2005, Az.: X AZR 409/04 (Zuständigkeit für Festsetzung von Kosten im Verfahren nach § 19 BRAGO), RVG-B 2005, 123; *Reinelt*, Vergütungsklage versus Kostenfestsetzung nach § 11 RVG, ZAP 2008, Fach 24, S. 1123; *Riedel*, Anmerkung BGH v. 15.2.2005 – X ARZ 409/04 – ProzRB 2005, 229; *Ringel/Schwarz*, Das neue vergütungsrecht für Rechtsanwälte, 1. Aufl., 2013.

Anmerkungen

1. § 11 RVG ermöglicht es dem Rechtsanwalt, auf unkompliziertem Wege zu einem Titel über seine Honorarforderung gegen die eigene Partei zu gelangen (LG Freiburg v. 2.5.2012 – 3 T 25/12, JurBüro 2012, 442). **Für den Anwendungsbereich der Vorschrift hat sich der Gesetzgeber ersichtlich an demjenigen der Vorschriften des § 104 ZPO über die Kostenfestsetzung gegen die unterlegene Partei orientiert,** an deren Stelle im Fall der Zwangsvollstreckung § 788 ZPO tritt (BGH v. 15.2.2005 – X ARZ 409/04, NJW 2005, 1273; LG Freiburg v. 2.5.2012 – 3 T 25/12, JurBüro 2012, 442; vgl. auch: *Riedel*, Anmerkung BGH v. 15.2.2005 – X ARZ 409/04, ProzRB 2005, 229; *Mock*, Anmerkung BGH Urt. v. 15.2.2005 – X ARZ 409/04, AGS 2005, 208; *Mock* RVG-B 2005, 123).

Zuständig ist das **Gericht des ersten Rechtszugs**, welches auch zuständig ist, wenn die Festsetzung des Vergütungsanspruchs des gerichtlichen Mahnverfahrens erfolgt, dem sich ein streitiges gerichtliches Verfahren angeschlossen hat (Baumgärtel/Brunner/Bugarin/*Baumgärtel*, Arbeitsplatz ReFa: Der Allrounder, 2. Aufl., 2013, Kap. 10 Rn. 24 f.). Kommt es nicht zu einer Abgabe, so ist das Streitgericht zuständig, das im Falle des Streitverfahrens zuständig gewesen wäre (Gerold/Schmidt/*Müller-Rabe*, RVG, 21. Aufl., 2013, § 11 RVG Rn. 271 mwN; vgl. auch: *Mock*, Anmerkung BGH v. 25.2.2009 – Xa ARZ 197/08, AGS 2009, 252; *Hansens*, Anmerkung BGH v. 25.2.2009 – Xa ARZ 197/08, RVGreport 2009, 190; *Hansens*, Anmerkung BGH v. 25.2.2009 – Xa ARZ 197/08, ZfS 2009, 343; A. A. wohl: Baumgärtel/Brunner/Bugarin/Baumgärtel, Arbeitsplatz ReFa: Der Allrounder, 2. Aufl., 2013, Kap. 10 Rn. 25).

2. Gemäß § 11 Abs. 5 S. 1 RVG ist die **Festsetzung** der Vergütung **abzulehnen**, soweit der Antragsgegner **Einwendungen oder Einreden erhebt, die nicht im Gebührenrecht ihren Grund haben** (LAG Köln v. 18.2.2014 – 4 Ta 10/14, BeckRS, 2014, 66913). Soweit einer der möglichen Antragsgegner des Festsetzungsverfahrens solche Einwendungen oder Einreden erhebt, die nicht im Gebührenrecht ihren Grund haben, darf und muss der Rechtspfleger die Festsetzung der Vergütung des Rechtsanwalts im **Verfahren nach § 11 RVG als unzulässig ablehnen**; damit **eröffnet sich** dem Rechtsanwalt als Antragsteller der **Weg einer Klage** (LAG Hamburg Urt. v. 18.6.2012 – 4 Ta 14/12, NZA-RR 2012, 493; vgl. dazu auch: *Reinelt* ZAP 2008, Fach 24, S. 1123). Der Rechtspfleger darf die Bedeutung einer solchen Einwendung oder Einrede grundsätzlich nicht über ihre Entscheidungserheblichkeit für das Festsetzungsverfahren nach § 11 RVG hinaus prüfen (LAG Hamburg v. 18.6.2012 – 4 Ta 14/12, NZA-RR 2012, 493 mwN).

3. Als **nicht gebührenrechtlich** wird ein solcher **Einwand** angesehen, **der sich nicht nur gegen die Richtigkeit einzelner Ansätze richtet, sondern gegen den Gebührenanspruch als solchen nach Grund und/oder Höhe** (LAG Köln v. 18.2.2014 – 4 Ta 10/14, BeckRS, 2014, 66913; LAG Hamburg v. 18.6.2012 – 4 Ta 14/12, NZA-RR 2012, 493 mwN). Grundsätzlich ist zwar eine Substantiierung der Einwendung, soweit sie nicht im Gebührenrecht ihren Grund hat, nicht erforderlich, allerdings stehen Einwendungen einer Vergütungsfestsetzung dann nicht entgegen, wenn sie **völlig unsubstantiiert, handgreiflich unrichtig oder offensichtlich aus der Luft gegriffen** sind (LAG Berlin-Brandenburg v. 4.9.2007 – 17 Ta (Kost) 6181/07, NZA-RR 2008, 205; LAG Hamburg Urt. v. 18.6.2012 – 4 Ta 14/12, NZA-RR 2012, 493 mwN). Es besteht ein Recht und eine Pflicht zur Festsetzung, soweit der Auftraggeber nur völlig unsubstantiiert meint, er „fühle sich schlecht beraten" (LAG Hamburg v. 18.6.2012 – 4 Ta 14/12, NZA-RR 2012, 493 mwN). Behauptet jedoch der Auftraggeber nachvollziehbar im Einzelnen, der Rechtsanwalt habe den Vertrag schlecht erfüllt, stellt dies meist einen nicht gebührenrechtlichen Einwand dar (LAG Hamburg Urt. v. 18.6.2012 – 4 Ta 14/12, NZA-RR 2012, 493 mwN). Soweit der Auftraggeber behauptet, dass er persönlich überhaupt keinen wirksamen Auftrag erteilt habe, stellt dies ebenfalls einen nicht gebührenrechtlichen Einwand dar; die Vorlage einer Prozessvollmacht ändert an der Beachtlichkeit des Einwand nichts, denn sie gilt voll nur im Außenverhältnis zum Prozessgegner, unabhängig von Instanzfragen (LAG Hamburg Urt. v. 18.6.2012 – 4 Ta 14/12, NZA-RR 2012, 493 mwN). Insgesamt gehen die Gerichte von dem Grundsatz aus, dass – auch wenn die **Erfolgsaussichten in materieller Hinsicht noch so gering sind – die Kostenfestsetzung unterbleiben muss** (LAG Köln Urt. v. 18.2.2014 – 4 Ta 10/14, BeckRS, 2014, 66913; LAG Köln Urt. v. 20.10.2011– 9 Ta 304/11 mwN).

4. Hier sind die anzusetzenden Positionen je nach den Umständen des Einzelfalles anzupassen. Dabei sind ggf. auch Unterschiede in den Gerichtszweigen zu beachten. Gem. § 11 Abs. 1 S. 1 RVG werden die gesetzliche Vergütung und die zu ersetzenden Aufwendungen, soweit sie zu den Kosten des gerichtlichen Verfahrens gehören, auf Antrag des Rechtsanwalts oder des Auftraggebers durch das Gericht des ersten Rechtszugs festgesetzt. Zu den **Kosten des gerichtlichen Verfahrens** gehören zB im **verwaltungsgerichtlichen Verfahren** auch die **Gebühren und Auslagen eines nach §§ 68 ff. VwGO erforderlichen Vorverfahrens, soweit sich dem Vorverfahren ein Hauptsacheverfahren angeschlossen hat** (VGH Hessen Urt. v. 9.7.2010 – 5 E 1048/10, NJW 2010, 3466 mwN; vgl. dazu auch: *Hansens,* Anmerkung VGH Hessen v. 9.7.2010 – 5 E 1048/10, RVGreport 2010, 413). Dies setzt im Vergütungsfestsetzungsverfahren gem. § 11 RVG nicht voraus, dass die Hinzuziehung eines Bevollmächtigten für das Vorverfahren gemäß § 162 Abs. 1 und 2 VwGO für notwendig erklärt wurde (VGH Hessen Urt. v. 9.7.2010 – 5 E 1048/10, NJW 2010, 3466). Denn maßgeblich für den Vergütungsanspruch des Rechtsanwalts gegenüber seinem Mandanten ist allein der Inhalt des Auftragsverhältnisses, wobei sich insoweit **das Vergütungsfestsetzungsverfahren vom Kostenfestsetzungsverfahren nach § 164 VwGO unterscheidet,** das die Erstattungsfähigkeit lediglich der notwendigen Kosten der Rechtsverfolgung zum Gegenstand hat (VGH Hessen Urt. v. 9.7.2010 – 5 E 1048/10, NJW 2010, 3466).

5. Die Formulierung orientiert sich an: Baumgärtel/Brunner/Bugarin/*Baumgärtel,* Arbeitsplatz ReFa: Der Allrounder, 2. Aufl., 2013, 10. Kap. Rn. 19 S. 844. Teilweise werden Formulierungen zur Vorsteuerabzugsberechtigung in Anträgen gem. § 11 RVG empfohlen (vgl.: *Ringel/Schwarz,* Das neue Vergütungsrecht für Rechtsanwälte, 1. Aufl., 2013, S. 278).

5. Antrag auf Kostenerstattung bei PKH

. . . . . . (Anschrift Gericht)

In dem Rechtsstreit

. . . . . . (Kläger) ./. . . . . . . (Beklagter)

– (Aktenzeichen Gericht) –

wird beantragt,

Gebühren und Auslagen wie folgt festzusetzen.[1, 2, 3]

I.

Vorschüsse und sonstige Zahlungen (§ 58 RVG) habe ich nicht erhalten/habe ich in Höhe von . . . . . . EUR erhalten.

Vorschüsse (§ 47 RVG) aus der Staatskasse habe ich nicht erhalten/habe ich in Höhe von . . . . . . EUR erhalten.

Gebühren für Beratungshilfe (§§ 44, 58 RVG) habe ich nicht erhalten/habe ich in Höhe von . . . . . . EUR erhalten.

II.

Ich habe den Mandanten außergerichtlich nicht vertreten.[4]

(Alternativ:

Für eine außergerichtliche Vertretung bzgl. (eines Teils) desselben Gegenstandes ist eine Geschäftsgebühr gemäß Nr. 2300 ff. VV RVG in Höhe von . . . . . . EUR (bei einem Gebührensatz von . . . . . . aus einem Wert von . . . . . . EUR) entstanden.

Ich habe diese Gebühr nicht erhalten/in Höhe von . . . . . . EUR erhalten.

Soweit Einzelberechnung: Ich versichere, dass die Auslagen nach Nr. 7001 VV RVG während meiner Beiordnung entstanden sind.

Ich versichere, dass sich der Antragsgegner mit der Zahlung der Vergütung In Verzug (§ 45 Abs. 2 RVG) befindet.

Spätere Zahlungen werden unverzüglich angezeigt (§ 55 Abs. 5 S. 2 Hs. 2 RVG).)

III.

1. 1,3 Verfahrensgebühr gem. Nr. 3100 VV RVG

   Gegenstandswert: (. . . . . .EURO)

   Vergütung nach §§ 45, 49 RVG: (. . . . . .EUR)

   Regelvergütung nach §§ 2, 50 RVG: (. . . . . .EUR)

   Festzusetzen auf: (. . . . . .EUR)

2. 1,2 Terminsgebühr gem. Nr. 3104 VV RVG

   Gegenstandswert: (. . . . . .EUR)

   Vergütung nach §§ 45, 49 RVG: (. . . . . .EUR)

   Regelvergütung nach §§ 2, 50 RVG: (. . . . . .EUR)

   Festzusetzen auf: (. . . . . .EUR)

3. 1,0 Einigungsgebühr[5] gem. Nr. 1003 VV RVG

   Gegenstandswert: (. . . . . .EUR)

   Vergütung nach §§ 45, 49 RVG: (. . . . . .EUR)

   Regelvergütung nach §§ 2, 50 RVG: (. . . . . .EUR)

   Festzusetzen auf: (. . . . . .EUR)

4. Entgelte für Post- und Telekommunikationsdienstleistungen gem. Nr. 7001, 7002 VV RVG

   Gegenstandswert: (. . . . . .EUR)

   Vergütung nach §§ 45, 49 RVG: (. . . . . .EUR)

   Regelvergütung nach §§ 2, 50 RVG: (. . . . . .EUR)

   Festzusetzen auf: (. . . . . .EUR)

5. Dokumentenpauschale für Kopien gem. Nr. 7000 VV RVG

   Gegenstandswert: (. . . . . .EUR)

   Vergütung nach §§ 45, 49 RVG: (. . . . . .EUR)

   Regelvergütung nach §§ 2, 50 RVG: (. . . . . .EUR)

   Festzusetzen auf: (. . . . . .EURO)

6. Fahrtkosten[6] gem. Nr. 7003 VV RVG (. . . . . .) gefahrene Kilometer x 0,30 EUR

   Gegenstandswert: (. . . . . .EUR)

   Vergütung nach §§ 45, 49 RVG: (. . . . . .EUR)

   Regelvergütung nach §§ 2, 50 RVG: (. . . . . .EUR)

Festzusetzen auf: (. . . . . .EUR)

7. Abwesenheitsgeld[6] gem. Nr. 7005 VV RVG

Gegenstandswert: (. . . . . .EUR)

Vergütung nach §§ 45, 49 RVG: (. . . . . .EUR)

Regelvergütung nach §§ 2, 50 RVG: (. . . . . .EUR)

Festzusetzen auf: (. . . . . .EUR)

Vorsteuerabzugsberechtigung des Antragstellers besteht/besteht nicht.[7]

Beglaubigte und einfache Abschrift anbei.

. . . . . .

Rechtsanwalt/Rechtsanwältin[8, 9]

Schrifttum: *Baumgärtel/Brunner/Bugarin*, Arbeitsplatz ReFa: Der Allrounder, 2. Aufl., 2013; *Burhoff*: Vorschuss aus der Staatskasse (§ 47), RVGreport 2011, 327; *Hansens*, Anmerkung KG Berlin v. 13.1.2009 – 1 W 496/08, RVGreport 2009, 108; *Hansens*, Anmerkung KG v. 30.7.2010 – 2 W 102/09, RVGreport 2010, 426; *Hansens*, Anmerkung BGH v. 8.12.2010 – XII ZB 38/09 – RVGreport 2011, 117; *Hofmann*, Änderungen im Prozesskostenhilfe- und Beratungshilferecht zum 1.1.2014, BRAK-Mitt. 2013, 269; *Kilian*, Die Bedeutung der Prozesskostenhilfe in der anwaltlichen Praxis, AnwBl. 2012, 330; *ders.*, Gedanken zur Kostenrechtsmodernisierung II: Prozesskosten- und Beratungshilfe – Den Zugang zum Recht sichern: Tatsachen, Anforderungen, Probleme und Lösungsideen, AnwBl. 2014, 46; *Reckin*, Nachwirkende Mandatspflichten im PKH-Überprüfungsverfahren – Lässt sich die Beteiligung des beigeordneten Anwalts im PKH-Überprüfungsverfahren vermeiden?, AnwBl. 2014, 322; *Teubel*, Das neue Prozesskostenhilfe- und Beratungshilferecht, BRAK-Mitt. 2013, 151; *Schneider*, Anmerkung KG v. 13.1.2009 – 1 W 496/08, AGS 2009, 168; *Schneider*, Anmerkung VG Oldenburg v. 12.5.2009 – 11 A 48/08 – AGS 2009, 468.

Anmerkungen

1. Formulare für den Kostenerstattungsantrag bei PKH können über die websites der Gerichte heruntergeladen werden. Vgl. zB Formular HKR 120a Justiz NRW. Formularzwang besteht nicht (Baumgärtel/Brunner/Bugarin/*Baumgärtel*, Arbeitsplatz ReFa: Der Allrounder, 2. Aufl., 2013, 8. Kap. Rn. 832 S. 718).

2. Prozesskostenhilfe wird in Anwendung des § 117 Abs. 2 und Abs. 4 ZPO regelmäßig ab dem Zeitpunkt der Bewilligungsreife gewährt (LAG Schleswig-Holstein v. 9.3.2010 – 3 Ta 34/10). Das ist der Tag, an dem die Partei einen **ordnungsgemäßen, formgerechten Antrag** auf Bewilligung von Prozesskostenhilfe gestellt hat **und die ausgefüllte Erklärung über die persönlichen und wirtschaftlichen Verhältnisse eingereicht ist** (BGH v. 30.9.1981 – IV b ZR 694/80, NJW 1982, 446; BVerfG v. 14.4.2010 – 1 BvR 362/10; LAG Schleswig-Holstein v. 6.4.2006 – 2 Ta 13/06; LAG Schleswig-Holstein Urt. v. 14.4.2009 – 6 Ta 69/09). Denn das **Formular** ist **zwingender Bestandteil eines Prozesskostenhilfeantrages** (LAG Schleswig-Holstein Urt. v. 3.7.2008 – 2 Ta 108/08). Ferner müssen die **Angaben in der Erklärung belegt** seien (LAG Schleswig-Holstein v. 9.3.2010 – 3 Ta 34/10).

3. Im Fall der **Klagrücknahme** vor Bewilligung kann der **Erstattungsanspruch** grundsätzlich **nicht mehr** geltend gemacht werden. Der Rechtsanwalt sollte deshalb frühzeitig auf Bewilligung hinwirken und insbesondere auch **darauf hinwirken, dass sein Mandant alles an Unterlagen und Informationen vorlegt, was zur Herbeiführung der Bewilligungsreife** für die PKH erforderlich ist. Nimmt der vom Rechtsanwalt vertretene Kläger die

Klage vor der Bewilligung von Prozesskostenhilfe zurück, bewirkt der auf die Rücknahme hin ergehende Einstellungsbeschluss, dass deren Rechtshängigkeit rückwirkend entfällt, sie mithin als nicht erhoben anzusehen ist (BayVGH v. 19.8.2013 – 12 C 13.1519, NVwZ-RR 2013, 1019). Durch die Klagerücknahme entfällt folglich mit der Absicht der Rechtsverfolgung ein Tatbestandsmerkmal der Gewähr von Prozesskostenhilfe (BayVGH v. 19.8.2013 – 12 C 13.1519, NVwZ-RR 2013, 1019). Grundsätzlich scheidet daher deren rückwirkende Bewilligung nach Klagerücknahme aus (BayVGH v. 19.8.2013 – 12 C 13.1519, NVwZ-RR 2013, 1019; Sächsisches OVG v. 16.3.2004 – 5 E 27/04, SächsVBl 2005, 89; OVG Berlin Urt. v. 5.3.1998 – 8 M 9.98, NVwZ 1998, 650; OVG Münster v. 30.6.1993 – 25 E 426/93, NVwZ-RR 1994, 124). Sinn und Zweck der Prozesskostenhilfe, unbemittelten Klägern zur Herstellung prozessualer Chancengleichheit bei hinreichenden Erfolgsaussichten die Durchführung eines (verwaltungs)gerichtlichen Verfahrens zu ermöglichen, kann bei einem nachträglichen Wegfall des Verfahrens ex tunc nicht mehr verwirklicht werden, so dass entsprechende Aufwendungen der Prozessführung nicht mehr anfallen (VGH Bayern v. 19.8.2013 – 12 C 13.1519, NVwZ-RR 2013, 1019). **Eine nachträgliche Erstattung zuvor aufgewendeter Kosten entspricht nicht der Intension der Prozesskostenhilfe** (VGH Bayern v. 19.8.2013 – 12 C 13.1519, NVwZ-RR 2013, 1019; BayVGH v. 11.6.2012 – 12 C 12.1042; Sächsisches OVG v. 23.7.2012 – 3 D 77/12). Von dem Grundsatz, nach einer Klagerücknahme rückwirkend keine Prozesskostenhilfe zu bewilligen, **macht die Rspr. aus Billigkeitsgründen für diejenigen Fallgestaltungen eine Ausnahme**, in denen der Kläger seinerseits alles Erforderliche getan hat, dem (Verwaltungs-) Gericht die Entscheidung über den Prozesskostenhilfeantrag zu ermöglichen, das Gericht aus Gründen, die allein in seiner Sphäre liegen, nicht zeitnah über den Prozesskostenhilfeantrag entschieden hat, und der Kläger aufgrund einer Veränderung der prozessualen Situation seinerseits das Verfahren für erledigt erklärt oder die Klage zurücknimmt (BayVGH v. 19.8.2013 – 12 C 13.1519, NVwZ-RR 2013, 1019; BayVGH Urt. v. 7.2.2012 – 14 C 11.2539). In diesen Fällen, in denen dem Kläger, hätte das (Verwaltungs-) Gericht nach Eintritt der Entscheidungsreife rechtzeitig über den Prozesskostenhilfeantrag entschieden, Prozesskostenhilfe gewährt worden wäre, kommt **ausnahmsweise die rückwirkende Bewilligung von Prozesskostenhilfe** in Betracht (BVerfG v. 14.4.2010 – 1 BvR 362/10; BayVGH Urt. v. 19.8.2013 – 12 C 13.1519, NVwZ-RR 2013, 1019). Dies gilt aber wiederum dann nicht, wenn der Kläger seinerseits die **ihn treffende Obliegenheit zur prozessualen Mitwirkung** nicht beachtet hat (BayVGH v. 19.8.2013 – 12 C 13.1519 – NVwZ-RR 2013, 1019). Insoweit trifft ihn neben beispielsweise der rechtzeitigen und vollständigen Abgabe der Erklärung über die persönlichen und wirtschaftlichen Verhältnisse die Verpflichtung, vor Abgabe einer verfahrensbeendenden Erklärung auf die Entscheidung über den Prozesskostenhilfeantrag, auch im Rahmen des Beschwerdeverfahrens, hinzuwirken (OVG Schleswig-Holstein v. 24.3.2011 – 3 O 2/11, NVwZ-RR 2011, 583; OVG Münster v. 23.6.2008 – 14 E 318/08 -; BayVGH v. 19.8.2013 – 12 C 13.1519, NVwZ-RR 2013, 1019).

4. Eine an den im Wege der Prozesskostenhilfe beigeordneten Rechtsanwalt **vorprozessual gezahlte Geschäftsgebühr** ist nicht vorrangig auf die nach § 49 RVG zu berechnende Verfahrensgebühr, sondern gemäß § 58 Abs. 2 RVG zunächst auf die Differenz zwischen der Wahlanwaltsvergütung und der Prozesskostenhilfevergütung anzurechnen (OLG Frankfurt v. 17.10.2012 – 14 W 88/12, NJW-RR 2013, 319; vgl. auch: OVG Niedersachsen v. 3.4.2013 – 13 OA 276/12, NJW 2013, 1618; KG Urt. v. 30.7.2010 – 2 W 102/09, Rpfleger 2010, 701; *Hansens*, Anmerkung KG v. 30.7.2010 – 2 W 102/09, RVGreport 2010, 426; *Schneider*, Anmerkung KG v. 13.1.2009 – 1 W 496/08, AGS 2009, 168; *Hansens*, Anmerkung KG Berlin v. 13.1.2009 – 1 W 496/08, RVGreport 2009, 108.

5. Zu beachten ist, dass **Prozesskostenhilfe für einen Vergleichsmehrwert** nur geltend gemacht werden kann, wenn die protokollierte Vereinbarung einen Vergleich darstellt

(BAG v. 16.2.2012 – 3 AZB 34/11, NJW 2012, 2828). Gem. § 779 BGB ist ein Vergleich ein Vertrag, durch den der Streit oder die Ungewissheit der Parteien über ein Rechtsverhältnis oder die Unsicherheit über die Verwirklichung eines Anspruchs im Wege gegenseitigen Nachgebens beseitigt wird. Keinen Vergleich stellt deshalb eine Vereinbarung dar, durch die Rechte und Pflichten erst begründet werden (BAG Urt. v. 16.2.2012 – 3 AZB 34/11, NJW 2012, 2828; BAG v. 13.5.1998 – 7 ABR 65/96, NZA 1998, 900). Ebenso wenig handelt es sich um einen Vergleich, wenn nur zu dessen Protokollierung ein Rechtsstreit anhängig gemacht wird, obwohl zwischen den Parteien nichts streitig ist (BAG Urt. v. 16.2.2012 – 3 AZB 34/11, NJW 2012, 2828; BAG v. 26.4.2006 – 7 AZR 366/05, DB 2006, 2070). Unerheblich ist es jedoch, ob sich das Nachgeben gerade auf den ursprünglichen Streitgegenstand oder auf andere Gegenstände bezieht, solange nur ein gegenseitiges Nachgeben vorliegt (BAG Urt. v. 16.2.2012 – 3 AZB 34/11, NJW 2012, 2828; RG v. 12.2.1927 – V 435/26, RGZ 116, 143). Demnach kann auch ein gerichtlicher Vergleich **nicht in solche Teile, hinsichtlich derer bereits ein Streit bestand, und andere Teile aufgespalten werden**, solange und soweit die gefundene Gesamtlösung der Beilegung einer tatsächlich bestehenden Meinungsverschiedenheit dient (BAG Urt. v. 16.2.2012 – 3 AZB 34/11, NJW 2012, 2828). Kommt es zu einem Vergleichsmehrwert müssen auch die **Voraussetzungen von § 114 S. 1 ZPO** erfüllt sein, die auch bei einer Bewilligung von Prozesskostenhilfe für den Abschluss eines Vergleichs gegeben sein müssen (BGH Urt. v. 8.6.2004 – VI ZB 49/03, NJW 2004, 2595; BAG v. 16.2.2012 – 3 AZB 34/11, NJW 2012, 2828). Wird Prozesskostenhilfe für den Mehrwert eines Vergleichs beantragt, kommt es für die **erforderliche Erfolgsaussicht** nicht darauf an, ob der Prozesspartei, wäre über den zusätzlich in den Vergleich einbezogenen Gegenstand ein Prozess geführt worden, Erfolgsaussichten zur Seite stünden oder nicht (BAG v. 16.2.2012 – 3 AZB 34/11, NJW 2012, 2828). Vielmehr besteht eine **Erfolgsaussicht dann, wenn zu erwarten ist, dass ein Vergleich zustande kommt** (BAG v. 16.2.2012 – 3 AZB 34/11, NJW 2012, 2828; vgl. auch abw.: LAG Rheinland-Pfalz v. 5.12.2008 – 7 Ta 214/08). Zudem darf die Einbeziehung der außerhalb des Rechtsstreits liegenden Gegenstände in die vergleichsweise Regelung auch **nicht mutwillig iSd § 114 ZPO** sein. Die Möglichkeit, zu Lasten der Staatskasse Gegenstände in den Vergleich aufzunehmen, besteht nicht unbegrenzt (BAG v. 16.2.2012 – 3 AZB 34/11, NJW 2012, 2828). Prozesskostenhilfe kann vielmehr auch insoweit nur gewährt werden, wenn die Rechtsverfolgung, also die Regelung zusätzlicher Gegenstände in dem Vergleich, nicht mutwillig ist. Mutwilligkeit liegt vor, wenn eine nicht bedürftige Partei in vergleichbarer Lage vernünftigerweise unter Berücksichtigung der Kostenfolgen von der Aufnahme der zusätzlichen Gegenstände in den Vergleich abgesehen hätte (BAG Urt. v. 18.5.2010 – 3 AZB 9/10, NJW 2010, 2748). Das ist insbesondere der Fall, wenn lediglich aus Anlass eines Rechtsstreits und seiner Beendigung Regelungen in den Vergleich aufgenommen werden, die überflüssig sind, weil sie unstreitig sind und hinsichtlich derer auch kein Titulierungsinteresse besteht (BAG Urt. v. 16.2.2012 – 3 AZB 34/11 – NJW 2012, 2828).

6. Gem. **§ 121 Abs. 3 ZPO** kann ein nicht im Bezirk des Prozessgerichts niedergelassener Anwalt nur in begrenztem Umfang beigeordnet werden soweit durch seine Beiordnung **gegenüber einem bezirksansässigen Anwalt keine weiteren Kosten entstehen.** Aus der gesetzlich vorgeschriebenen Kostenbegrenzung folgt hinsichtlich der **Erstattungsfähigkeit von Fahrtkosten**, dass auf die Reisekosten abzustellen ist, die bei einem im Gerichtsbezirk ansässigen Rechtsanwalt maximal entstehen könnten (LAG Köln v. 8.3.2013 – 3 Ta 8/13, NZA-RR 2013, 311; LAG Hessen v. 12.1.2010 – 15 Ta 197/09, AGS 2010, 299; LAG München v. 4.12.2008 – 8 Ta 473/08; VG Oldenburg v. 12.5.2009 – 11 A 48/08, BeckRS 2009, 34548; vgl. dazu auch: *Schneider*, Anmerkung VG Oldenburg v. 12.5.2009 – 11 A 48/08, AGS 2009, 468) womit **maßgeblich die weiteste Entfernung zwischen dem Gerichtssitz und der Grenze des Gerichtsbezirks ist**

(LAG Köln v. 8.3.2013 – 3 Ta 8/13, NZA-RR 2013, 311). Auf diese Weise wird der Sinn und Zweck des § 121 Abs. 3 ZPO verwirklicht, den Bedürftigen auch in Bezug auf die Wahl seines Rechtsanwalts nicht besserzustellen als eine nicht hilfsbedürftige Partei, die bei vernünftigem und kostenbewusstem Handeln grundsätzlich einen Rechtsanwalt beauftragen wird, der seine Kanzlei in der Nähe seines Wohnortes oder am Gerichtsstand selbst hat (OVG Berlin-Brandenburg Urt. v. 2.5.2012 – OVG 3 M 34/12; LAG Köln v. 8.3.2013 – 3 Ta 8/13, NZA-RR 2013, 311 mwN). Diese Berechnungsmodalitäten für Fahrtkosten unterscheiden sich von denen, die zB für den Verfahrensbeistand gelten. Im Falle der **Beiordnung eines Verfahrensbeistandes** – dessen Vergütung aus der Staatskasse gezahlt wird (**§ 158 Abs. 7 S. 5 FamFG**) – steht diesem **neben der** in § 158 Abs. 7 S. 2 und 3 FamFG geregelten **Vergütungspauschale kein weiterer Anspruch auf Erstattung von Fahrtkosten** zu, da diese als vom Tatbestandsmerkmal der „Aufwendungen" in § 158 Abs. 7 S. 4 FamFG umfasst angesehen werden (BGH v. 13.11.2013 – XII ZB 612/12, NJW 2014, 157; BGH v. 15.9.2010 – XII ZB 209/10, NJW 2010, 3446). Dies kann zwar **in Einzelfällen** auch mit Blick auf ggf. erhebliche Fahrtkosten des Verfahrensbeistands dazu führen, dass die Abrechnung nach Fallpauschalen **keine angemessene Vergütung für den tatsächlich geleisteten Aufwand** darstellt, was aber nach Auffassung des BGH mit Blick auf die bewusste gesetzgeberische Entscheidung gegen ein aufwandsbezogenes Vergütungssystem und die dieser zugrunde liegende Zielvorstellung hinzunehmen ist (BGH v. 13.11.2013 – XII ZB 612/12, NJW 2014, 157). Dabei **trifft** die Abrechnung nach Fallpauschale **nicht auf verfassungsrechtliche Bedenken** (BGH v. 9.10.2013 – XII ZB 667/12, NJW 2013, 3724; BGH v. 13.11.2013 – XII ZB 612/12, NJW 2014, 157).

7. Muss der beigeordnete Rechtsanwalt auf seine Vergütung **Umsatzsteuer** abführen, steht ihm insoweit gegenüber der Staatskasse auch ein **Anspruch auf Erstattung der Umsatzsteuer** zu. Dieser Erstattungsanspruch steht dem beigeordneten Rechtsanwalt im Vergütungsfestsetzungsverfahren nach §§ 45 ff. RVG nach zutreffender Auffassung insbesondere **auch dann** zu, **wenn seine Partei vorsteuerabzugsberechtigt ist** (OLG Hamburg v. 19.6.2013 – 4 W 60/13, MDR 2013, 1194; vgl. auch: OLG Celle Urt. v. 4.10.2013 – 2 W 217/13, MDR 2013, 1434; BGH Urt. v. 12.6.2006 – II ZB 21/05, NJW-RR 2007, 285).

8. Gem. § 50 Abs. 1 RVG gilt, dass nach Deckung der in § 122 Abs. 1 Nr. 1 ZPO bezeichneten Kosten und Ansprüche die Staatskasse über die Gebühren des § 49 hinaus **weitere Beträge bis zur Höhe der Gebühren nach § 13 RVG** einzuziehen hat, wenn dies nach den Vorschriften der ZPO und nach den Bestimmungen, die das Gericht getroffen hat, zulässig ist. § 50 RVG behandelt die grundsätzliche **Verpflichtung der Staatskasse zur Einziehung der dem beigeordneten Rechtsanwalt unter den in § 50 Abs. 1 RVG genannten Voraussetzungen zustehenden weiteren Vergütung** (LAG Rheinland-Pfalz v. 17.6.2011 – 6 Ta 75/11, BeckRS 2011, 74035; Amtliche Begründung BT-Drs. 15/1971, S. 201 zu § 50). Die **Staatskasse tritt**, wenn die nach § 122 ZPO bezeichneten Gebühren und Auslagen durch die Ratenzahlungen gedeckt sind, **als Treuhänderin für den beigeordneten Rechtsanwalt auf**, in dem sie eingehende Ratenzahlungen für den Rechtsanwalt vereinnahmt und an ihn weiterleitet (LAG Rheinland-Pfalz v. 17.6.2011 – 6 Ta 75/11, BeckRS 2011, 74035 mwN).

9. Auch dann, wenn der Rechtsanwalt sein Geld von der Staatskasse bekommen hat, ist die Akte grundsätzlich nicht endgültig abgeschlossen, da auch nach dem formellen Abschluss des Hauptsacheverfahrens Zustellungen im Prozesskostenhilfeüberprüfungsverfahren (§§ 120 Abs. 4, 124 ZPO) jedenfalls dann gem. § 172 Abs. 1 ZPO an den Prozessbevollmächtigten der Partei zu erfolgen haben, wenn dieser die Partei im Prozesskostenhilfebewilligungsverfahren vertreten hat (BGH v. 8.12.2010 – XII ZB 38/09, MDR 2011, 183; BGH v. 8.9.2011 – VII ZB 63/10, MDR 2011, 1314; OLG Brandenburg v. 8.4.2013 – 13 WF 64/13, MDR 2013, 1245; LAG Hamm v. 20.9.2013 – 14 Ta 160/13,

BeckRS 2013, 73417). Anders kann es sein, wenn sich der **Mandant bewusst dafür entschieden hat, die Vertretungsbefugnis des Rechtsanwalts zu beschränken** (vgl.: *Reckin* AnwBl. 2014, 322). Diese Auffassung vertritt dabei auch das OLG Brandenburg indem es in seinem Beschluss vom 15.11.2013, wenn es zur Frage der Vertretung der beigeordneten Anwältin im VKH-Überprüfungsverfahren darauf hinweist, dass sich die Vertretung nach dem Umfang der erteilten Verfahrensvollmacht (§ 81 ZPO in Verbindung mit dem zugrunde liegenden materiell rechtlichen Auftragsverhältnis) richte (vgl.: OLG Brandenburg Urt. v. 15.11.2013 – 9 WF 209/13, AnwBl. 2014, 363; *Reckin* AnwBl. 2014, 322).

J. Beschäftigungsverhältnisse

I. Arbeitsverträge mit Kanzleimitarbeitern

1. Arbeitsvertrag mit einem angestellten Rechtsanwalt – Vollzeit unbefristet

Arbeitsvertrag

zwischen

. . . . . . Rechtsanwaltsgesellschaft mbH . . . . . ., vertreten durch . . . . . ., ...,

– nachfolgend: Gesellschaft –

und

Rechtsanwalt . . . . . .

– nachfolgend: Arbeitnehmer –

§ 1 Beginn des Arbeitsverhältnisses; Probezeit[1]

(1) Das Arbeitsverhältnis beginnt am . . . . . .

(2) Die ersten sechs Monate des Arbeitsverhältnisses gelten als Probezeit. In der Probezeit kann das Arbeitsverhältnis mit einer Frist von zwei Wochen gekündigt werden.[2]

§ 2 Tätigkeit

(1) Der Arbeitnehmer wird als Rechtsanwalt in Vollzeit angestellt. Er verpflichtet sich, seine ganze Arbeitskraft zur Erfüllung der vereinbarten Tätigkeit einzusetzen.

(2) Der Arbeitnehmer verpflichtet sich, die vereinbarte Tätigkeit gewissenhaft und sorgfältig auszuführen.

(1. Alternative:

(1) Der Arbeitnehmer wird als juristischer Mitarbeiter angestellt.[3]

(2) Der Arbeitnehmer wird nach Ablauf der Probezeit seine Zulassung zur Rechtsanwaltschaft beantragen.)

(2. Alternative:

(1) Der Arbeitnehmer wird als juristischer Mitarbeiter angestellt.

(2) Der Arbeitnehmer verpflichtet sich, soweit dies noch nicht geschehen ist, umgehend die Zulassung als Rechtsanwalt zu beantragen.[4])

§ 3 Arbeitszeit

(1) Die wöchentliche Arbeitszeit beträgt 40 Stunden. Die Bürozeiten – derzeit Montag bis Freitag jeweils von . . . . . . bis . . . . . . – sind einzuhalten.[5]

(2) Der Arbeitnehmer ist bereit, auf Verlangen Überstunden zu leisten. Die Erbringung von Überstunden ist nur bei ausdrücklicher arbeitgeberseitiger Anweisung zulässig.[6] Im übrigen sind Überstunden weder gewollt noch werden sie geduldet.[7]

§ 4 Vergütung; Vergütung Überstunden

(1) Der Arbeitnehmer erhält eine Vergütung von . . . . . . EUR brutto monatlich.[8]

(2) In der vereinbarten Vergütung sind die ersten zwanzig Überstunden mit enthalten.[9]

§ 5 Aufwendungsersatz

(1) Wird der Arbeitnehmer von der Gesellschaft beauftragt, seinen eigenen PKW zu nutzen, so erhält er für die im Auftrag der Gesellschaft gefahrenen Kilometer ein Kilometergeld in Höhe von . . . . . . (Betrag) EUR.[10]

(2) Wird der Arbeitnehmer von der Gesellschaft beauftragt, auswärtige Gerichtstermine wahrzunehmen und ist eine Rückkehr zum Kanzleisitz unzumutbar, dann erhält der Arbeitnehmer ein Tagegeld/Übernachtungsgeld in Höhe von . . . . . . (Betrag) EUR.

§ 6 Urlaub[11]

(1) Der Arbeitnehmer hat – nach einer Beschäftigungsdauer von sechs Monaten – Anspruch auf einen Jahresurlaub von . . . . . . Arbeitstagen. Die Urlaubszeit wird im Einvernehmen mit der Gesellschaft festgelegt.

(2) Im Übrigen gelten die gesetzlichen Bestimmungen.

§ 7 Arbeitsverhinderung/Arbeitsunfähigkeit/Krankheit

(1) Der Arbeitnehmer ist verpflichtet, der Gesellschaft jede Arbeitsverhinderung – gleich welcher Art - und deren voraussichtliche Dauer unverzüglich mitzuteilen. Bei einer Erkrankung ist die Arbeitsunfähigkeitsbescheinigung eines Arztes vorzulegen.

(2) Der Arbeitnehmer ist verpflichtet, die Gesellschaft bei Arbeitsverhinderung – gleich welcher Art - mit der Anzeige der Arbeitsverhinderung gleichzeitig auch auf etwaige dringliche Arbeiten hinzuweisen.

(3) Die Gesellschaft ist berechtigt, von dem Arbeitnehmer die Vorlage einer ärztlichen Bescheinigung über das Bestehen der Arbeitsunfähigkeit und deren voraussichtliche Dauer schon von dem ersten Tag der Erkrankung an zu verlangen.[12]

§ 8 Nebentätigkeit

(1) Der Arbeitnehmer ist verpflichtet, der Gesellschaft vollständige Auskunft über Arbeitsverhältnisse und sonstige Beschäftigungsverhältnisse zu geben, die zu Dritten bestehen.[13]

(2) In andere Beschäftigungsverhältnisse und insbesondere Teilzeitarbeitsverhältnisse zu Dritten darf der Arbeitnehmer nur nach vorheriger schriftlicher Zustimmung der Gesellschaft treten. Die Gesellschaft kann die Zustimmung verweigern, wenn ihre betrieblichen Interessen beeinträchtigt werden.[14]

(3) Der Arbeitnehmer ist verpflichtet alle Tätigkeiten zu unterlassen, die mit der Tätigkeit des Rechtsanwalts unvereinbar sind.[15]

§ 9 Haftpflichtversicherung[16]

(Bei Anstellung eines Rechtsanwaltes)

(1) Der Arbeitnehmer ist verpflichtet, eine eigene Haftpflichtversicherung abzuschließen.

(2) Die Kosten der Haftpflichtversicherung trägt die Gesellschaft.

(1./2. Alternative (Anstellung eines juristischen Mitarbeiters (vgl. oben § 2 1./2. Alternative)

(1) Die Gesellschaft verpflichtet sich, für den Arbeitnehmer eine Haftpflichtversicherung abzuschließen.

(2) Bei Zulassung des Arbeitnehmers zur Rechtsanwaltschaft verpflichtet dieser sich zum Abschluss einer eigenen Haftpflichtversicherung. Die Kosten der Haftpflichtversicherung trägt die Gesellschaft.)

Für beide Alternativen:

(3) Die Deckungssumme der Haftpflichtversicherung beträgt . . . . . . (Betrag) EUR.

§ 10 Fortbildung[17]

(1) Der Arbeitnehmer ist verpflichtet, sich fortzubilden. Er ist verpflichtet, sich über die für seine Tätigkeit relevanten Rechtsentwicklungen eigeninitiativ zu informieren.[18]

(1. Alternative (Bei Anstellung des Rechtsanwaltes als Fachanwalt):[19]

(1) Der Arbeitnehmer ist verpflichtet sich fortzubilden. Er hat der Gesellschaft auf entsprechendes Verlangen nachzuweisen, dass die Nachweispflichten gegenüber der Rechtsanwaltskammer erfüllt wurden.)

(2) Die Beteiligung des Arbeitnehmers[20] an den Kosten einer von der Gesellschaft finanzierten Ausbildung wird vor der Teilnahme in gesonderter[21] einzelvertraglicher Vereinbarung geregelt.

§ 11 Verschwiegenheit[22]

(1) Der Arbeitnehmer ist zur Verschwiegenheit verpflichtet.

(2) Die Pflicht zur Verschwiegenheit bezieht sich auf alles, was dem Arbeitnehmer in Ausübung seines Berufes und der hier vereinbarten Tätigkeit – gleich auf welchem Wege und in welcher Art und Weise – bekannt geworden ist.

(3) Der Arbeitnehmer verpflichtet sich, auf Verlangen der Gesellschaft weitere gesonderte Verschwiegenheitsverpflichtungen zu unterzeichnen.[23]

(4) Die Verpflichtung zur Verschwiegenheit gilt auch nach Beendigung des Arbeitsverhältnisses – gleich aus welchem Grunde die Beendigung erfolgt -, soweit dadurch das berufliche Fortkommen nicht (nur unerheblich) behindert wird.[24]

§ 12 Arbeitsergebnisse; Unterlagen[25]

(1) Arbeitsergebnisse und Unterlagen, die der Arbeitnehmer erhält oder erstellt, sind Eigentum der Gesellschaft. Die Anfertigung und Aufzeichnung von Unterlagen aller Art erfolgt ausschließlich zu dienstlichen Zwecken und für dienstlichen Gebrauch.

(2) Der Arbeitnehmer wird alle Aufzeichnungen, Entwürfe, Korrespondenzen, Materialien, Notizen, Unterlagen jeder Art, die er anfertigt oder erhält sowie davon evtl. gefertigte Abschriften oder Kopien oder Mehrstücke ordnungsgemäß aufbewahren und dafür Sorge tragen, dass Dritte nicht Einsicht nehmen können.

(3) Jede Anfertigung von Abschriften oder Kopien oder Mehrstücken für andere, als dienstliche Zwecke, ist ausgeschlossen. Die genannten Gegenstände sind bei Beendigung des Arbeitsvertrages oder bei Freistellung vor dem Zeitpunkt der Beendigung unverzüglich und unaufgefordert sowie vollständig an die Gesellschaft herauszugeben und in den Kanzleiräumen an die Gesellschaft zu übergeben.

(4) Eine Herausgabe der genannten Gegenstände hat im übrigen auf Anforderung der Gesellschaft jederzeit zu erfolgen. Ein Zurückbehaltungsrecht des Arbeitnehmers ist ausgeschlossen. Die hier geregelten Pflichten gelten zugleich für alle Datenträger, Codes, Passwörter, Zugangssperren u.ä., die sich auf Angelegenheiten des Arbeitgebers und die von ihm betreuten Mandate beziehen. Der Arbeitnehmer wird auf Gesuch der Gesellschaft an Eides Statt versichern, dass er die gesamten Gegenstände bzw. Datenträger vollständig herausgegeben und nicht zurückbehalten hat.

§ 13 Tätigkeitsergebnisse; Urheberrechte[26]

(1) Alle Tätigkeitsergebnisse und Rechte daran (Urheberrechte, Ideen, Erfindungen), insbesondere auch an den erstellten Schriftsätzen,[27] Schreiben, Gutachten[28] etc. stehen allein und ausschließlich, unbefristet und räumlich uneingeschränkt der Gesellschaft zu.

(2) Dies gilt für alle bekannten Nutzungsarten und schließt das Recht zu Änderungen und Bearbeitungen ein. Sie beinhalten auch die Übertragung auf Datenträger. Die Rechtseinräumung ist inhaltlich uneingeschränkt und sachlich umfassend. Die Einräumung der Rechte an den Tätigkeitsergebnissen zu Gunsten der Gesellschaft ist durch die Bezüge nach diesem Vertrag abgegolten.

(3) Durch Ausübung der Nutzungsrechte einschließlich deren Übertragung bedarf es keiner weiteren Zustimmung oder Einwilligung des Arbeitnehmers. Die Nutzungseinräumung und die daraus resultierenden Rechte werden durch die Beendigung dieses Vertrages nicht berührt.

§ 14 Beendigung des Arbeitsverhältnisses

(1) Das Arbeitsverhältnis kann nach Ablauf der Probezeit mit den gesetzlichen Fristen gekündigt werden.

(2) Die Gesellschaft ist berechtigt, den Arbeitnehmer während des Laufes der Kündigungsfrist freizustellen.[29]

(3) Das Recht zur außerordentlichen Kündigung bleibt unberührt.

(4) Das Arbeitsverhältnis endet, ohne dass es einer Kündigung bedarf, mit Ablauf des Monats, in dem der Arbeitnehmer das Alter erreicht, ab den erstmals Anspruch auf gesetzliche Regelaltersrente besteht.[30]

§ 15 Nachvertragliche Pflichten

(1) Kommt es nach dem Ausscheiden des Arbeitnehmers zu Mandantenanfragen, so sind die neuen Kontaktdaten mitzuteilen.[31]

(2) Diese Verpflichtung bezieht sich ausschließlich auf die vom Arbeitnehmer beim Ausscheiden angegeben Kontaktdaten.

(3) Die Verpflichtung endet zwölf Monate nach Beendigung des Arbeitsverhältnisses. Danach kann eine Mandantenanfrage mit dem Verweis an die Rechtsanwaltskammer beantwortet werden.

§ 16 Ausschlussfrist[32]

Ansprüche aus dem Arbeitsverhältnis verfallen wenn sie nicht spätestens binnen drei Monaten an Eintritt der Fälligkeit schriftlich geltend gemacht werden.

§ 17 Vollständigkeit des Vertrags/Schriftform

(1) Es wird vermutet, dass der Vertragstext vollständig und richtig ist.[33] Derjenige, der sich gleichwohl auf eine mündlich getroffene Nebenabrede beruft, trägt dafür die Beweislast.[34]

(2) Änderungen und Ergänzungen dieses Vertrages bedürfen zu ihrer Wirksamkeit der Schriftform, es sei denn, sie beruhen auf einer ausdrücklichen oder individuellen Vertragsabrede.[35]

. . . . . ., den . . . ., den . . . . . .

. . . .

(Arbeitgeber)   (Arbeitnehmer)

Schrifttum: *Bauer/Lingemann/Diller/Haußmann* Anwalts-Formularbuch Arbeitsrecht 4. Aufl. 2011; *Dahns*, Die Fortbildungspflicht, NJW-Spezial 2006, 333; *Dahns/Eichele*, Die allgemeine Fortbildungspflicht deutscher und europäischer Rechtsanwälte unter Berücksichtigung des Rechts anderer freier Berufe, BRAK-Mitt. 2002, 259; *Eichele/Odenkirchen*, Qualitätssicherung durch überprüfbare Pflichtfortbildung, BRAK-Mitt. 2005, 103; *Fohrmann*, Anmerkung zum Urteil des BAG vom 23.11.2006, Az.: 8 AZR 701/05 (Aufwendungsersatz des Arbeitnehmers wegen Beschädigung seines PKW), DAR 2007, 534; *Hellwig*, Anwaltliches Berufsrecht und Europa, AnwBl. 2011, 77; *Henssler*, Die Anwaltschaft zwischen Berufsethos und Kommerz, AnwBl. 2008, 721; *Henssler/Holthausen*, Der Eintritt in eine Kanzlei: Gestaltung des anwaltlichen Arbeitsvertrages, BRAK-Mitt. 2001, 132; *Hümmerich/Reufels* Gestaltung von Arbeitsverträgen; *Kloepfer/Quast*, Fortbildung durch Rechtsanwaltskammern, BRAK-Mitt. 2007, 2; *Klemm/Kornbichler/Löw/Ohmann-Sauer/Schwarz/Ubber*, Beck'sches Formularbuch Arbeitsrecht, 2. Aufl. 2009; *Knief*, Der Rechtsanwalt als Angestellter und freier Mitarbeiter, AnwBl 1985, 59; *Kohnen*, Gedanken zur Fortbildungspflicht der Anwaltschaft: Darf die Advokatur frei bleiben? in: *Gäntgen*, 200 Jahre Arbeitsrechtsprechung in Köln, 2011, S. 143 ff.; *v. Landenberg*, Honorare und Vergütung – Die Vergütung angestellter Rechtsanwälte, AdVoice 4/02, 3; *Lingemann/Winkel*, Der Anstellungsvertrag des Rechtsanwalts (Teil 1), NJW 2009, 343, (Teil 2) NJW 2009, 483, (Teil 3) NJW 2009, 817, (Teil 4) NJW 2009, 966, (Teil 5) NJW 2009, 1574, (Teil 6) NJW 2009, 2185; *Maschmann/Sieg/Göpfert/Bodem*, Vertragsgestaltung im Arbeitsrecht, 2012; *Niebling*, Die Entwicklung des Rechts der AGB im Jahre 2010; *Niebling*, Aktuelle Entwicklungen im AGB-Recht, MDR 2012, 886; *Papatheodorou*, Anmerkung zum Urteil des BAG vom 28.10.2011–8 AZR 647/08 (Darlegungs- und Beweislast des AN hinsichtlich des Verschuldensmaßstabes bei Beanspruchung des vollen Schadensersatzes bei Dienstunfall mit Privat-Kfz), DAR 2011, 349; *Paul*, Sanktionierte Fortbildungspflicht für Rechtsanwälte, AnwBl 2006, 252; *Preis*, Der Arbeitsvertrag, 2011; *Rewolle*, Der Rechtsanwalt als freier Mitarbeiter, AnwBl 1978, 388; *Rölz/Velten*, Vermeidung von Burn-out und anderen Belastungsstörungen bei Führungskräften, ArbRB 2012, 101; *Salamon/Koch*, Die Darlegungs- und Beweislast des Arbeitnehmers bei der Gefährdungshaftung des Arbeitgebers, NZA 2012, 658; *Seul*, Advokatur und Ausbeutung – Die Missachtung des § 26 BerufsO in der etablierten Anwaltschaft, NJW 2002, 197; *Wettlaufer*, Angestellter oder freier Mitarbeiter? – Zum Einstieg in eine Anwaltskanzlei, AnwBl 1989, 194.

Anmerkungen

1. Der **Beginn des Arbeitsverhältnisses** ist für die **Berechnung von Kündigungsfristen**, für den **Beginn der Sozialversicherungspflicht** und der **Lohnsteuerpflicht** von Bedeutung und sollte schriftlich dokumentiert werden. Das Bedürfnis für klare Bestimmbarkeit des Beginns des Arbeitsverhältnisses besteht auch im Blick auf **§ 8 Abs. 1 TzBfG,** wonach nur ein Arbeitnehmer, dessen Arbeitsverhältnis länger als sechs Monate bestanden hat, verlangen kann, dass seine vertraglich vereinbarte Arbeitszeit verringert wird. Zu beachten ist dabei § 8 Abs. 7 TzBfG: Für den Anspruch auf Verringerung der Arbeitszeit gilt die Voraussetzung, dass der Arbeitgeber, unabhängig von der Anzahl der Personen in Berufsbildung, in der Regel mehr als 15 Arbeitnehmer beschäftigt. Für viele Kanzleien wird § 8 TzBfG deshalb gar nicht eingreifen. So betrug etwa 2000 die durchschnittliche Kanzleigröße in Deutschland 1,8 Anwälte (vgl. *Hellwig* AnwBl. 2000, 705 (706)). Dabei wurde diskutiert, ob die Kleinbetriebsklausel in § 8 Abs. 3 TzBfG verfassungswidrig ist oder ob die Regelung im Blick auf den Umstand, dass Teilzeitverlangen in Kleinbetrieben weit mehr Frauen als Männer geltend machen, eine mittelbare Diskriminierung darstellt. Das wurde aber verneint (vgl.: LAG Köln NZA-RR 2002, 511 mwN).

2. Während einer vereinbarten **Probezeit**, längstens für die Dauer von sechs Monaten, kann das Arbeitsverhältnis mit einer **Frist** von zwei Wochen gekündigt werden (**§ 622 Abs. 3 BGB**).

3. Vgl.: *Schaub/Neef/Schrader*, Arbeitsrechtliche Formularsammlung, 2004, § 10 Rn. 19.

4. Klausel in Anlehnung an *Henssler/Streck/Moll*, Sozietätsrecht, G S. 880 Rn. 232.

5. Bei den Rechtsanwaltskammern ist aus Praxisberichten bekannt, dass der Umgang mit (chronischen) Überlastungszuständen, die Erhaltung und Steigerung der eigenen Leistungsfähigkeit und das Erreichen einer ausgewogenen Work-Life-Balance auch für die Anwaltschaft ein Thema ist (Vgl. zB: Berliner Anwaltsblatt 2010, 206). Vgl. auch: *Rölz/Velten* ArbRB 2012, 101.

6. Verlangt der Arbeitnehmer aufgrund arbeitsvertraglicher Vereinbarung, tarifvertraglicher Verpflichtung des Arbeitgebers oder § 612 Abs. 1 BGB **Arbeitsvergütung für Überstunden**, hat er darzulegen und – im Bestreitensfall – zu beweisen, dass er Arbeit in einem die Normalarbeitszeit übersteigenden zeitlichen Umfang verrichtet hat (BAG NJW 2012, 2680). Dabei genügt der **Arbeitnehmer** seiner **Darlegungslast**, indem er vorträgt, an welchen Tagen er von wann bis wann Arbeit geleistet oder sich auf Weisung des Arbeitgebers zur Arbeit bereitgehalten hat. Auf diesen Vortrag muss der **Arbeitgeber** im Rahmen einer **gestuften Darlegungslast** substantiiert erwidern und im Einzelnen vortragen, welche Arbeiten er dem Arbeitnehmer zugewiesen hat und an welchen Tagen der Arbeitnehmer von wann bis wann diesen Weisungen – nicht – nachgekommen ist (BAG NJW 2012, 2680).

7. Vgl.: *Maschmann/Sieg/Göpfert/Bodem*, Vertragsgestaltung im Arbeitsrecht, 2012, S. 374 Rn. 82.

8. Bei der **Vereinbarung der Vergütung für angestellte Rechtsanwälte** wird teilweise versucht **unangemessene Beträge** durchzusetzen. So etwa in dem der Sache AGH NRW BGH 2008, 668 zugrundeliegenden Fall, in dem es um eine als „Traineestelle für junge Anwältinnen/Anwälte" ausgeschriebene Beschäftigung mit einer monatlichen Vergütung von ca. 1.000,– EUR brutto ging. Der Anwaltsgerichtshof NRW wie auch der BGH (BGH NJW 2010, 1972) haben festgestellt, dass der Antragsteller in dieser Stellenanzeige Beschäftigungsverträge angeboten hat, die im Falle ihres Abschlusses gegen **§ 26 Abs. 1 BORA** verstoßen würden, und damit – jedenfalls – gegen die sich aus § 43 S. 2 BRAO ergebenden Berufspflichten verstoßen. Bei der Prüfung der **Sittenwidrigkeit** (**§ 138 BGB**) der vereinbarten Vergütung ist der Gesamtwert der vom Antragsteller in Aussicht gestellten Leistungen zu der verkehrsüblichen Vergütung von Rechtsanwälten in vergleichbaren Angestelltenverhältnissen in Beziehung zu setzen. Die verkehrsübliche Vergütung gibt

Aufschluss über den für die Beurteilung des (Miss-) Verhältnisses zwischen Leistung und Gegenleistung maßgeblichen **objektiven Marktwert der Arbeitsleistung**; sie bestimmt sich, wenn – wie bei angestellten Anwälten – ein Tarifvertrag nicht existiert oder der vereinbarte Tariflohn nicht der verkehrsüblichen Vergütung entspricht, **nach dem allgemeinen Lohnniveau in dem betreffenden Wirtschaftsgebiet** (BAG NJW 2013, 1388; BGH NJW 2010, 1972; BAG DB 2009, 1599; BAGE 110, 79, 83; BAG NJW 2000, 3589; speziell zur Rechtsanwaltsvergütung ArbG Bad Hersfeld BRAK-Mitt. 2000, 147, bestätigt durch LAG Frankfurt am Main BRAK-Mitt. 2000, 151 = NJW 2000, 3372). Dabei hatte der AGH NRW, gestützt auf eine Dokumentation der Bundesrechtsanwaltskammer, ein Gutachten des Instituts für Freie Berufe Nürnberg, eine Studie des Soldan-Instituts für Anwaltsmanagement (BRAK-Mitt. 2006, 55 f.) und weiteres Datenmaterial, festgestellt, dass das durchschnittliche Einstiegsgehalt eines angestellten Rechtsanwalts ohne besondere Spezialisierung, ohne besondere Zusatzqualifikation und ohne Prädikatsexamen im Jahr 2006 rund 2.300 EUR brutto für eine Vollzeitstelle betragen hat (BGH NJW 2010, 1972). Dabei wird zu beobachten sein, ob die Grundsätze zur Sittenwidrigkeit von Lohnabreden aufrechterhalten werden können, falls von der Großen Koalition tatsächlich ein flächendeckender Mindestlohn von 8,50 EUR eingeführt wird.

9. Die **Vergütung von Überstunden** im anwaltlichen Bereich wird als **eher unüblich** angesehen (*Schaub/Neef/Schrader*, § 10 Rn. 13). Dabei ist die hier vorgeschlagene Klausel zur Abgeltung von Überstunden nicht ungewöhnlich (Vgl. BAG NJW 2012, 2683). Dort waren in dem monatlichen (Grund-)Gehalt die ersten zwanzig Überstunden im Monat „mit drin". Die Vereinbarung einer pauschalen Abgeltung von Überstunden ist im Arbeitsleben weit verbreitet (BAG NJW 2012, 2683 unter Verweis ua auf BAGE 135, 250 und Vorschläge und Formulierungshilfen im Schrifttum zur Vertragsgestaltung, insbesondere *Preis/Preis/Lindemann*, Der Arbeitsvertrag 4. Aufl. II M 20 Rn. 15 ff.; Tschöpe/Wisskirchen/Bissels AHB-Arbeitsrecht 7. Aufl. Teil 1 D Rn. 151 ff.; Hümmerich/Reufels/*Schiefer* Gestaltung von Arbeitsverträgen, 2. Aufl. § 1 Arbeitsverträge Rn. 3070 ff.; Bauer/Lingemann/Diller/Haußmann/*Lingemann* Anwalts-Formularbuch Arbeitsrecht 4. Aufl. S. 115). Dem Erfordernis, dass der **Arbeitnehmer bei** Vertragsabschluss **erkennen können muss, was ggf. „auf ihn zukommt"** und welche Leistungen er für die vereinbarte Vergütung maximal erbringen muss (BAG NJW 2013, 2544; BAGE 135, 250; BAG NZA 2012, 861) trägt eine Klausel, in der vereinbarten Vergütung seien die ersten zwanzig Überstunden im Monat „mit drin", Rechnung und sie ist klar und verständlich. Aus der Formulierung „mit drin" ergibt sich unmissverständlich, dass mit der Monatsvergütung neben der Normalarbeitszeit bis zu zwanzig Überstunden abgegolten sind. Durch die hinreichend bestimmte Quantifizierung weiß der Arbeitnehmer, „was auf ihn zukommt": Er muss für die vereinbarte Vergütung ggf. bis zu zwanzig Überstunden monatlich ohne zusätzliche Vergütung leisten (BAG NJW 2012, 2683).

10. Zu beachten ist, dass es beim **Einsatz des privaten PKW** bei einem Unfall des Arbeitnehmers zu **Kostentragungspflichten des Arbeitgebers** kommen kann. Das BAG (BAG DB 2011, 2382) hat ausgesprochen, dass in entsprechender Anwendung des § 670 BGB der Arbeitgeber dem Arbeitnehmer an dessen Fahrzeug entstandene Unfallschäden ersetzen muss, wenn das **Fahrzeug mit Billigung des Arbeitgebers in dessen Betätigungsbereich eingesetzt** wurde. Um einen Einsatz im Betätigungsbereich des Arbeitgebers handelt es sich ua, wenn ohne den Einsatz des Arbeitnehmerfahrzeugs der Arbeitgeber ein eigenes Fahrzeug einsetzen und damit dessen Unfallgefahr tragen müsste (BAG NJW 2011, 1247) oder wenn der Arbeitgeber den Arbeitnehmer **auffordert, das eigene Fahrzeug für eine Fahrt zu nutzen** (BAG NJW 2007, 1486; vgl. auch: *Fohrmann* DAR 2007, 534; *Papatheodorou* DAR 2011, 349; *Salamon/Koch* NZA 2012, 658).

11. Formulierung in Anlehnung an *Preis/Stoffels*, Der Arbeitsvertrag, 4. Aufl., 2011, II U 20 Rn. 1 u. 2.

12. Die Ausübung des Rechtes aus § 5 Abs. 1 S. 3 EFZG steht im nicht an besondere Voraussetzungen gebundenen Ermessen des Arbeitgebers. Insbesondere ist es **nicht erforderlich**, dass gegen den Arbeitnehmer ein begründeter **Verdacht** besteht, er habe in der Vergangenheit eine **Erkrankung nur vorgetäuscht** (BAG NZA 2013, 322).

13. Das öffentlich-rechtliche Arbeitszeitrecht setzt im Interesse der Gesundheit des Arbeitnehmers und der Sicherheit am Arbeitsplatz (§ 1 Abs. 1 ArbZG) der zulässigen Arbeitszeit Grenzen. Dabei sind nach § 2 Abs. 1 S. 1 Halbs. 2 ArbZG **Arbeitszeiten bei mehreren Arbeitgebern zusammenzurechnen**. Dass die höchstzulässige werktägliche Arbeitszeit (§ 3 ArbZG) und die Ruhezeiten (§ 5 ArbZG) eingehalten werden, ist **vom Arbeitgeber als Adressat des Arbeitsschutzes zu überwachen** (BAG NZA 2002, 965). Wie sich aus den Bußgeld- und Strafvorschriften der §§ 22 , 23 ArbZG ergibt, ist der Arbeitgeber für die Einhaltung des Arbeitszeitschutzes verantwortlich. Der Arbeitnehmer darf nur beschäftigt werden, wenn die Vorschriften des ArbZG eingehalten sind (BAG NZA 2002, 965; BAG NZA 2002, 98). Der Arbeitgeber hat somit ein berechtigtes Interesse an der Kenntnis von Nebenbeschäftigungen. Soweit eine Überschreitung der danach bestehenden Grenzen nicht ausgeschlossen werden kann, hat der Arbeitgeber daher gegen den Arbeitnehmer einen Anspruch auf Auskunft über das Ob und den Umfang einer Nebentätigkeit (BAG NZA 997, 41; BAG NZA 2002, 965). Hierfür kommt es auf die Frage, ob die Begründung eines Arbeitsverhältnisses, dessen vertragsgemäße Erfüllung zu einem Verstoß gegen das Arbeitszeitrecht führt, ganz oder teilweise nichtig ist, nicht an. Der Arbeitgeber muss unabhängig hiervon Sorge dafür tragen, dass die Vorschriften des ArbZG, die nicht nur dem Schutz des Beschäftigten, sondern auch dem Schutz der anderen Arbeitnehmer dienen, tatsächlich beachtet werden (BAG NZA 2002, 965).

14. Der Arbeitgeber ist berechtigt, seine **Zustimmung** zu einer vom Arbeitnehmer gewünschten **Teilzeitarbeit** bei einem anderen Arbeitgeber zu verweigern, wenn hierdurch **berechtigte betriebliche Interessen signifikant beeinträchtigt** werden (vgl.: LAG Düsseldorf Urt. v. 8.10.2003 – 12 (9) Sa 1034/03, BeckRS 2003, 30457339 zur Nebentätigkeit eines angestellten Rechtsanwalts). Dazu zählen Fälle von **Interessenkollisionen**, die auftreten können, wenn etwa der Arbeitnehmer für ein Konkurrenzunternehmen tätig werden möchte, wenn im Aufgabenbereich der Teilzeitarbeit **Betriebs- oder Geschäftsgeheimnisse des Arbeitgebers berührt werden** und bei diesem gewonnene Insider-Kenntnisse verwertbar sind oder, wenn sein Geschäftsziel und das des anderen Arbeitgebers sich dermaßen widersprechen, dass sich die Nebentätigkeit negativ auf die Wahrnehmung der Geschäftspartner oder der Öffentlichkeit auswirkt (BAG DB 2002, 1560; LAG Düsseldorf BeckRS 2003, 30457339). Allerdings muss, damit der Arbeitnehmer nicht unverhältnismäßig in seinem Recht auf freie Berufsausübung (Art. 12 Abs. 1 GG) beeinträchtigt wird, die Betroffenheit der Arbeitgeberinteressen signifikant sein (LAG Düsseldorf BeckRS 2003, 30457339). Dies kann der Fall sein, wenn das Bekanntwerden der Nebentätigkeit **Ansehen und Ruf des Arbeitgebers im Geschäftsleben und dessen unternehmerische Betätigungen gefährdet** werden oder, wenn der Arbeitgeber aus anderen wirtschaftlichen Gründen ein erhebliches Interesse daran hat, dass der Arbeitnehmer die inkriminierte Nebentätigkeit unterlässt. In diesem Zusammenhang ist auch zu berücksichtigen, inwieweit es dem Arbeitnehmer durch die Untersagung der Nebentätigkeit versperrt wird, seine Arbeitskraft anderweitig einzusetzen und Nebenbeschäftigungen nachzugehen, die nicht im Widerspruch zu den Interessen des Arbeitgebers stehen (LAG Düsseldorf BeckRS 2003, 30457339). Der Versagung der Zustimmung zur Teilzeitarbeit bei einem anderen Arbeitgeber wegen Interessenkollision kann der Arbeitnehmer im Allgemeinen nicht entgegen setzen, dass Kollisionsfälle selten zu erwarten seien und er dann in der Lage sei, seine Tätigkeit auf andere Aufgaben ohne Konfliktlage zu verlegen (LAG Düsseldorf BeckRS 2003, 30457339). Zwar genügt im Einzelfall für die Zustimmungsverweigerung nicht die sehr entfernt liegende Möglichkeit einer Interessenkollision; vielmehr muss die Gefahr, dass ein Kollisionsfall eintritt, plausibel sein. Jedoch soll durch das Erfordernis der Zustimmung bereits im vorhinein der Gefahr vorgebeugt werden, dass der Arbeitnehmer durch eine Teilzeitarbeit bei einem anderen Arbeitgeber die seinem bisherigen Arbeitgeber gegenüber fortgeltenden Nebenpflichten verletzt. Es muss nicht dazu kommen, dass eine konkrete Nebenpflichtverletzung des Arbeitnehmers nachweisbar eintritt (LAG Düsseldorf BeckRS 2003, 30457339 mwN).

15. Will der Rechtsanwalt eine **Neben- oder Zweittätigkeit** aufnehmen so ist gem. § 14 Abs. 2 Nr. 8 BRAO eine Vereinbarkeitsprüfung durchzuführen. Eine Unvereinbarkeit liegt grds. dann vor, wenn die tatsächliche Möglichkeit nicht gegeben ist, den Anwaltsberuf in einem, wenn auch beschränkten, so doch irgendwie nennenswertem Umfang auszuüben. Eine geringfügige Möglichkeit, sich als Rechtsanwalt zu betätigen, reicht nicht aus (BGHZ 33, 266, 268; BGH BRAK-Mitt. 1991, 102). Diese Rspr. ist vom Bundesverfassungsgericht in NJW 1993, 317 bestätigt worden. Inhaltlich sind demgegenüber seit BVerfG NJW 1993, 317 (vgl. zur Rspr. zuvor: BGH NJW 1987, 3011; BGH NJW 1991, 2289; BGH BRAK-Mitt. 1990, 50) die Möglichkeiten der Ausübung von Nebentätigkeiten für den Rechtsanwalt betreffend die Ausübung einer auch kaufmännischerwerbswirtschaftlichen Nebentätigkeit geht, etwas erweitert worden. Als unvereinbar hat die Rspr. die Tätigkeit als Angestellter im Vertriebsteam einer Rechtsschutzversicherung (BGH NJW 2006, 3717), die Tätigkeit als Geschäftsführer oder Gesellschafter einer Maklergesellschaft (BGH MDR 2008, 174), die Beratungs- und Akquisetätigkeit in einer Unternehmens- und Personalberatungsgesellschaft (BGH BRAK-Mitt. 2007, 33), die Vermögensberatungstätigkeit als Angestellter einer Bank (BGH BRAK-Mitt. 2006, 222), die Tätigkeit als Leiter des Personal-, des Haupt-, des Ordnungs-, des Standes- und des Bauamtes einer Gemeinde (BGH BRAK-Mitt. 2008, 75) sowie bei Beschränkung der Genehmigung einer selbstständigen rechtsanwaltlichen Tätigkeit durch den Arbeitgeber auf bis zu neun Stunden wöchentlich (AGH Rheinland-Pfalz BRAK-Mitt. 2008, 31), als vereinbar hingegen die Tätigkeit als Leiter einer Landesgeschäftsstelle der Wirtschaftsprüferkammer (BGH BRAK-Mitt. 2008, 137), als Personalberater für Juristen (BGH v. 25.11.2013 AnwZ (Brfg) 10/12 – NJW 2014, 498) und als Kirchenbeamter auf Lebenszeit (BVerfG BRAK-Mitt. 2007, 122) angesehen.

16. Vgl.: *Schaub/Neef/Schrader* § 10 Rn. 27.

17. Die ausdrückliche Festschreibung der **Fortbildungspflicht** im Anstellungsvertrag ist wegen der derzeitigen Gesetzeslage geboten. Gem. § 43 a Abs. 6 BRAO ist der Rechtsanwalt zwar verpflichtet, sich fortzubilden. Es handelt sich bei dieser bisher nicht sanktionierten Fortbildungspflicht aber um einen „zahnlosen Tiger" (Vgl. *Kohnen*, Gedanken zur Fortbildungspflicht der Anwaltschaft: Darf die Advokatur frei bleiben? in: *Gäntgen*, 200 Jahre Arbeitsrechtsprechung in Köln, 1. Aufl., 2011, S. 143 ff. mwN). Die Fortbildungspflicht begründet sich dabei zum einen schon aus der Kommerzialisierung des Marktes für anwaltliche Dienstleistungen mit der Folge der Notwendigkeit der Neubestimmung des Berufsethos (*Henssler* AnwBl. 2008, 721 (728); *Kohnen*, aaO, S. 150 mwN). Zudem gehört **aktualisiertes Fachwissen** zu den **Grundfesten einer vertrauensvollen Zusammenarbeit zwischen Rechtsanwalt und Mandant** und damit zu den Alleinstellungsmerkmalen der Rechtsanwaltschaft (*Kohnen*, aaO, S. 150 mwN). Zur Fortbildungspflicht für Rechtsanwälte vgl. auch: *Hellwig* AnwBl. 2011, 77 (81) zur allgemeinen nicht fachanwaltlichen Fortbildungspflicht aus europarechtlicher Sicht; *Dahns* NJW-Spezial 2006, 333; *Dahns/Eichele* BRAK-Mitt. 2002, 259; *Eichele/Odenkirchen* BRAK-Mitt. 2005, 103; *Kloepfer/Quast* BRAK-Mitt. 2007, 2; *Paul* AnwBl 2006, 252; Henssler/Prütting/*Henssler*, BRAO, § 43a Rn. 232 ff.

18. Der Rechtsanwalt hat seine Tätigkeit für den Mandanten in erster Linie an der höchstrichterlichen Rechtsprechung auszurichten (BGH NJW 2001, 675), denn diese hat richtungweisende Bedeutung für Entwicklung und Anwendung des Rechts. Der Anwalt muss sich deshalb über die **Entwicklung der höchstrichterlichen Rechtsprechung** nicht nur anhand der **amtlichen Sammlungen**, sondern auch der **einschlägigen Fachzeitschriften unterrichten** (BGHZ NJW 1958, 825). Strengere Anforderungen werden zwar dann an den Anwalt gestellt, wenn es sich um ein Rechtsgebiet handelt, welches ersichtlich in der Entwicklung begriffen ist. Aber auch dann muss ein Anwalt keine Internet-Recherchen betreiben, sondern auch Spezialzeitschriften in angemessener Zeit durchsehen (BGH NJW 1979, 877, vgl. speziell zur Internetrecherche zu Insolvenzverfahren: AG Mühlheim v. 27.2.2013 – 8 C 121/12, NJW-RR 2013, 1064 und *Rein*, Anwaltshaftung bei unterlassener Recherche zu Insolvenzverfahren, NJW-Spezial 2013, 661), wobei ihm ein „realistischer Toleranzrahmen" zuzubilligen ist (BGH NJW 2001, 675; KG MDR 2007, 435; OLG Celle DB 2011, 524). Dabei hat der Rechtsanwalt ein konkret streitentscheidendes Gericht nach BGH NJW 2009, 987 auch ausdrücklich auf die für seinen Mandanten günstigen Urteile hinzuweisen. Unterlässt es der Berufungsanwalt, auf ein die Rechtsauffassung seines Mandanten stützendes Urteil des BGH hinzuweisen, und verliert der Mandant deshalb den Prozess, wird der Zurechnungszusammenhang zwischen dem Anwaltsfehler und dem dadurch entstandenen Schaden nicht deshalb unterbrochen, weil auch das Gericht die Entscheidung des Bundesgerichtshofs übersehen hat (BGH NJW 2009, 987; BGH FamRZ 2010, 2067). Aufgabe des Rechtsanwaltes ist auch die rechtliche Durchdringung des Falles (OLG Hamm v. 6.12.2013 – 9 W 60/13, BeckRS 2013, 22612).

19. Die mit Wirkung vom 1.1.2003 eingeführte **Fachanwaltsordnung (FAO)** sieht in § 15 S. 3 FAO die Verpflichtung zum Nachweis der Teilnahme an der Fortbildung gegenüber der Kammer vor (BRAK-Mitt. 5/2002, S. 219). Diese Verpflichtung ist von den Fachgerichten rechtlich nicht beanstandet worden (vgl. hierzu BGH MDR 2001, 1079). Zu beachten ist, dass diese Fortbildungspflicht kalenderjährlich zu erfüllen ist (BGH v. 8.4.2013 – AnwZ (Brfg) 16/12 – NJW 2013, 2364; AGH Niedersachsen v. 9.9.2013 – AGH 6/13, AGH 6/13 (II 2/6)).

20. Einzelvertragliche Vereinbarungen, nach denen sich ein Arbeitnehmer an den **Kosten einer vom Arbeitgeber finanzierten Ausbildung** zu beteiligen hat, sind nach ständiger Rechtsprechung des Bundesarbeitsgerichts grundsätzlich zulässig (BAG NZA 2013, 1419; BAG NZA 2012, 738; BAGE 118, 36) und sie benachteiligen den Arbeitnehmer nicht generell unangemessen. Vertragliche Zahlungsverpflichtungen, die an eine vom Arbeitnehmer ausgesprochene Kündigung des Arbeitsverhältnisses anknüpfen, können aber im Einzelfall gegen Treu und Glauben verstoßen. Da sie geeignet sind, das Grundrecht auf freie Wahl des Arbeitsplatzes nach Art. 12 GG einzuschränken, muss die Rückzahlungspflicht einem begründeten und billigenswerten Interesse des Arbeitgebers entsprechen (BAG NZA 2012, 738). Den **möglichen Nachteilen für den Arbeitnehmer muss ein angemessener Ausgleich gegenüberstehen**; der Arbeitnehmer muss mit der Ausbildungsmaßnahme eine angemessene Gegenleistung für die Rückzahlungsverpflichtung erhalten. Insgesamt muss die Erstattungspflicht – auch dem Umfang nach – dem Arbeitnehmer nach Treu und Glauben zumutbar sein (BAG NZA 2012, 738; BAGE 129, 121). Dabei ist zu berücksichtigen, dass der Arbeitgeber Ausbildungskosten nur für solche Arbeitnehmer aufwenden will, die auch bereit sind, ihm die erworbenen Kenntnisse und Fähigkeiten einige Zeit zur Verfügung zu stellen. Er hat ein **berechtigtes Interesse daran, die vom Arbeitnehmer erworbene Qualifikation möglichst langfristig zu nutzen**. Demgegenüber geht das Interesse des Arbeitnehmers dahin, durch die Ausbildung die eigenen Arbeitsmarktchancen zu verbessern und dem Arbeitgeber deshalb nicht Kosten für eine Aus- oder Weiterbildung erstatten zu müssen, die sich als Investition im ausschließlichen Arbeitgeberinteresse darstellen (BAG Urt. v. 18.11.2008 – 3 AZR 192/07, EzA BGB 2002 § 307 Nr. 42; BAG NZA 2012, 738). Zudem hat der Arbeitnehmer ein billigenswertes Interesse daran, seinen Arbeitsplatz ohne Belastung mit der Erstattungspflicht wählen zu können (BAG NZA 2012, 738; BAG Urt. v. 5.6.2007 – 9 AZR 604/06, AP BGB § 611 Ausbildungsbeihilfe Nr. 40; BAG Urt. v. 20.2.1975 – 5 AZR 240/74, AP BGB § 611 Ausbildungsbeihilfe Nr. 2).

21. Die konkrete Regelung über die **Beteiligung des Arbeitnehmers an Fortbildungskosten** sollte in **gesonderter Zusatzvereinbarung zum Arbeitsvertrag** getroffen werden. Dies, da das BAG bei der Prüfung der Wirksamkeit von Regelungen über die Rückzahlung von Fortbildungskosten unter Berücksichtigung der jeweiligen Umstände des Einzelfalles prüft (BAG NJW 2013, 410; BAG NZA 2012, 738; BAG NZA 2013, 1419). Zudem ist nach der im Rahmen von § 307 BGB anzustellenden Interessenabwägung der die Rückzahlungspflicht auslösende Tatbestand zu berücksichtigen (BAG NZA 2012, 738). Es ist nicht zulässig, die Rückzahlungspflicht schlechthin an das Ausscheiden des Arbeitnehmers zu knüpfen, das innerhalb der mit der Klausel vorgesehenen Bindungsfrist stattfindet. Vielmehr **muss nach dem Grund des vorzeitigen Ausscheidens unterschieden werden** (BAGE 118, 36). Eine Rückzahlungsklausel stellt nur dann eine ausgewogene Gesamtregelung dar, wenn es der **Arbeitnehmer selbst in der Hand hat, durch eigene Betriebstreue der Rückzahlungsverpflichtung zu entgehen.** Verluste aufgrund von Investitionen, die nachträglich wertlos werden, hat grundsätzlich der Arbeitgeber zu tragen. Hätte der betriebstreue Arbeitnehmer die in seine Aus- oder Weiterbildung investierten Betriebsausgaben aber dann zu erstatten, wenn die Gründe für die vorzeitige Beendigung des Arbeitsverhältnisses ausschließlich dem Verantwortungs- und Risikobereich des Arbeitgebers zuzurechnen sind, würde er mit den **Kosten einer fehlgeschlagenen Investition des Arbeitgebers** belastet. Sieht eine Vertragsklausel auch für einen solchen Fall eine Rückzahlungspflicht vor, berücksichtigt sie nicht die wechselseitig anzuerkennenden Interessen beider Vertragspartner, sondern einseitig nur diejenigen des Arbeitgebers. Damit benachteiligt eine solche Klausel den Arbeitnehmer unangemessen (BAGE 111, 157; BAG NZA 2012, 738). Eine geltungserhaltene Reduktion ist dabei auch hier ausgeschlossen (BAG NZA 2013, 1419).

22. Der Rechtsanwalt ist gem. § 43a Abs. 2 BRAO zur **Verschwiegenheit** verpflichtet wobei sich diese Pflicht auf alles bezieht, was ihm in Ausübung seines Berufs bekannt geworden ist. Gem. § 2 Abs. 4 BORA hat der Rechtsanwalt seine Mitarbeiter und alle sonstigen Personen, die bei seiner beruflichen Tätigkeit mitwirken, zur Verschwiegenheit (§ 43a Abs. 2 BRAO) ausdrücklich zu verpflichten und anzuhalten. Dabei dürfen die Parteien in einem Gerichtsverfahren alles vortragen, was sie zur Wahrung ihrer Rechte für erforderlich halten, auch Tatsachenvortrag, der vertrauliche Absprachen der Gegenpartei mit ihrem Rechtsanwalt betrifft (OLG Karlsruhe v. 4.3.2014 – 1 W 4/14, BeckRS 2014, 04756).

23. Die Rechtsanwaltskammern wie auch die Notarkammern stellen Formulare mit Verschwiegenheitsverpflichtungen zur Verfügungen in denen auch gesetzliche Normen ausdrücklich zitiert sind.

24. Vgl.: *Maschmann/Sieg/Göpfert/Bodem*, Vertragsgestaltung im Arbeitsrecht, 2012, 540 Rn. 26.

25. Klausel in Anlehnung an Henssler/Streck/*Moll*, Sozietätsrecht, 1. Aufl., G Rn. 232, S. 880.

26. Klausel in Anlehnung an Henssler/Streck/*Moll*, Sozietätsrecht, 1. Aufl., G Rn. 232, S. 880.

27. Auch **Anwaltsschriftsätze** sind als Schriftwerke grundsätzlich nach § 2 Abs. 1 Nr. 1 UrhG dem Urheberrechtsschutz zugänglich und sind grundsätzlich dem (rechts-)wissenschaftlichen und nicht dem literarischen Bereich zuzuordnen (OLG München NJW 2008, 768). Bei wissenschaftlichen Werken findet der erforderliche geistigschöpferische Gehalt seinen Niederschlag und Ausdruck in erster Linie in der Form und Art der Sammlung, Einteilung und Anordnung des dargebotenen Stoffes und nicht ohne weiteres auch – wie meist bei literarischen Werken – in der Gedankenformung und -führung des dargebotenen Inhalts (OLG München NJW 2008, 768). Die Frage, ob ein Schriftwerk einen hinreichenden schöpferischen Eigentümlichkeitsgrad besitzt, bemisst sich dabei nach dem geistig-schöpferischen Gesamteindruck der konkreten Gestaltung, und zwar im Gesamtvergleich gegenüber vorbestehenden Gestaltungen. Lassen sich nach Maßgabe des Gesamtvergleichs mit dem Vorbekannten schöpferische Eigenheiten feststellen, so sind diese der durchschnittlichen Gestaltertätigkeit gegenüberzustellen (OLG München NJW 2008, 768). Die **Urheberrechtsschutzfähigkeit** erfordert ein **deutliches Überragen des Alltäglichen, des Handwerksmäßigen, der mechanisch-technischen Aneinanderreihung des Materials** (OLG München NJW 2008, 768; BGH GRUR 1986, 739 – Anwaltsschriftsatz mwN).

28. **Gutachten** und insbesondere Rechtsgutachten genießen nicht ohne weiteres **Urheberrechtsschutz.** Betreffend die Prüfung der Frage, ob Gutachten Urheberrechtsschutz genießen sind die folgenden Grundsätze zu beachten: **Gutachten** sind nach der Rspr. – wie etwa auch Anwaltsschriftsätze – **grundsätzlich dem wissenschaftlichen und nicht dem literarischen Bereich zuzuordnen** (KG BauR 2011, 1544 mwN). Bei wissenschaftlichen Schriftwerken kann die persönliche geistige Schöpfung nicht mit dem schöpferischen Gehalt des wissenschaftlichen oder technischen Inhalts der Darstellung begründet werden. Dies folgt aus dem Wesen des Urheberrechtsschutzes und seiner Abgrenzung gegenüber den technischen Schutzrechten; bei einem urheberrechtlichen Schutz der technischen Lehre würde in das bestehende Ordnungssystem der technischen Schutzrechte mit ihren anders gearteten formellen und materiellen Schutzvoraussetzungen und ihrer wesentlich kürzeren Schutzdauer eingegriffen werden. Das technische Gedankengut eines Werkes – die technische Lehre als solche – kann danach nicht Gegenstand des Urheberrechtsschutzes sein und kann daher auch nicht zur Begründung der Schutzfähigkeit von Schriftwerken, die die technische Lehre enthalten, herangezogen werden. Die Urheberrechtsschutzfähigkeit solcher Schriftwerke kann ihre Grundlage allein in der – notwendig schöpferischen – Form der Darstellung finden (BGH – Ausschreibungsunterlagen – GRUR 1984, 659). Die **Freiheit der wissenschaftlichen Lehre** und die sich **aus der Thematik der wissenschaftlichen Arbeit** etwa **vorgegebene Gliederung** und **Fachsprache setzen dem Urheberrecht** allerdings auch für Darstellungen und Gestaltungen **Schranken** (KG BauR 2011, 1544; BGH – Staatsexamensarbeit – GRUR 1981, 352). Bei Schriftwerken wissenschaftlicher oder technischer Art findet der für einen Urheberrechtsschutz erforderliche geistig-schöpferische Gehalt seinen Niederschlag und Ausdruck in erster Linie in der Form und Art der Sammlung, Einteilung und Anordnung des dargebotenen Stoffs und nicht ohne weiteres auch – wie meist bei literarischen Werken – in der Gedankenformung und -führung des dargebotenen Inhalts (KG BauR 2011, 1544). Die Frage, ob ein Schriftwerk einen **hinreichenden schöpferischen Eigentümlichkeitsgrad** besitzt, bemisst sich dabei nach dem **geistig-schöpferischen Gesamteindruck der konkreten Gestaltung,** und zwar im Gesamtvergleich gegenüber vorbestehenden Gestaltungen. Lassen sich nach Maßgabe des Gesamtvergleichs mit dem Vorbekannten schöpferische Eigenheiten feststellen, so sind diese der durchschnittlichen Gestaltertätigkeit gegenüberzustellen. Die Urheberrechtsschutzfähigkeit erfordert ein deutliches Überragen des Alltäglichen, des Handwerksmäßigen, der mechanisch-technischen Aneinanderreihung des Materials (KG BauR 2011, 1544; BGH – Bedienungsanweisung – GRUR 1993, 34). Bei Schriftwerken der in Frage stehenden Art gelten nicht die bei Darstellungen wissenschaftlicher und technischer Art im Sinne des § 2 Abs. 1 Nr. 7 UrhG – etwa wissenschaftlichen Zeichnungen – bestehenden geringeren Anforderungen an die Schutzfähigkeit. Unter dem

Aspekt der Form und Art der Sammlung, der Einteilung und Anordnung des dargebotenen Stoffs liegt die **erforderlich Schöpfungshöhe bei Schriftwerken wissenschaftlicher** oder technischer **Art** vor, wenn das **Material unter individuellen Ordnungs- und Gestaltungsprinzipien ausgewählt, angeordnet und in das Einzel- und Gesamtgeschehen eingeordnet** wird; sie fehlt indes, wenn Aufbau und Einordnung aus Sachgründen zwingend geboten, insbesondere durch die Gesetze der Zweckmäßigkeit vorgegeben sind und keinen Spielraum für eine individuelle Gestaltung lassen (KG BauR 2011, 1544 mwN). Ob ein wissenschaftlicher oder technischer Text unter dem Blickwinkel der Gedankenformung und -führung den nötigen geistig-schöpferischen Gehalt hat, beurteilt sich danach, ob sich der betreffende Text durch eine sprachliche Gestaltungskunst auszeichnet, die eine tiefe Durchdringung des Stoffes und eine souveräne Beherrschung der Sprach- und Stilmittel erkennen lässt, und ob es – im Falle der Komplexität des Darzustellenden – dem **Verfasser gelingt, eine einfache und leicht verständliche Darstellung zu liefern** (KG BauR 2011, 1544 mwN; BGH NJW 1987, 1332 – Anwaltsschriftsatz).

29. Ob eine **Freistellungsklausel mit § 307 Abs. 1 und Abs. 2 Nr. 1 BGB vereinbar** ist, ist **umstritten** (Vgl. dazu einerseits ArbG Frankfurt a.M. DB 2004, 934; ArbG Berlin BB 2006, 559 und andererseits ArbG Frankfurt a.M. BB 2006, 1915; LAG Köln BB 2006, 2137). Jedenfalls muss bei wirksamer Vereinbarung eines Freistellungsrechtes dieses wiederum iSv § 315 Abs. 1 und 3 S. 1 BGB wirksam ausgeübt werden.

30. Eine **Altersgrenze**, die darauf gerichtet ist, das Arbeitsverhältnis zu einem Zeitpunkt zu beenden, in dem der Arbeitnehmer Anspruch auf die **gesetzliche Regelaltersgrenze** hat, ist mit Art. 12 Abs. 1 GG vereinbar (BAG v. 12.6.2013 – 7 AZR 917/11, DB 2014, 185; BAG NZA 1997, 1290; BAG DB 1977, 1801). Zwar schützt das Grundrecht der Berufsfreiheit nicht nur gegen alle staatlichen Maßnahmen, die diese Wahlfreiheit beschränken, sondern legt dem Staat auch besondere Schutzpflichten für den Bereich der Beendigung von Arbeitsverhältnissen aufgrund von Kündigungen oder Befristungsabreden auf. Bei der Abwägung der wechselseitigen berechtigten Bedürfnisse gebührt dem Interesse des Arbeitgebers an einer kalkulierbaren Personalplanung jedenfalls dann der Vorrang vor dem Bestandsschutzinteresse des Arbeitnehmers, wenn der Arbeitnehmer durch den **Bezug einer gesetzlichen Altersrente wirtschaftlich abgesichert** ist (BAG NZA 1988, 617; BAG NZA 1997, 1290). Klauseln über die automatische Beendigung der Arbeitsverhältnisse von Beschäftigten, die eine Altersrente beantragen können, sind grundsätzlich geeignet, eine bessere Beschäftigungsverteilung zwischen den Generationen zu fördern (EuGH NJW 2007, 3339; EuGH NJW 2010, 3767). Denn eine Klausel über die automatische Beendigung des Arbeitsverhältnisses bei Erreichen einer Altersgrenze eröffnet den Arbeitnehmern eine gewisse Stabilität der Beschäftigung und verheißt langfristig einen vorhersehbaren Eintritt in den Ruhestand. Gleichzeitig bietet sie den Arbeitgebern eine gewisse Flexibilität in ihrer Personalplanung. Dieser Ausgleich zwischen divergierenden rechtmäßigen Interessen fügt sich in einen komplexen Kontext von Beziehungen des Arbeitslebens ein und ist eng mit politischen Entscheidungen im Bereich Ruhestand und Beschäftigung verknüpft (EuGH NJW 2010, 3767).

31. Vgl.: Landgericht Berlin BRAK-Mitteilungen 2012, 140 = NJW-RR 2012, 382: Auch wenn ein Rechtsanwalt, der nur angestellt war, aus der Kanzlei ausscheidet, kann er verlangen, dass bei Mandantenanfragen in der ehemaligen Kanzlei die neuen Kontaktdaten mitgeteilt werden.

32. Eine **einzelvertragliche Ausschlussfrist** in Allgemeinen Geschäftsbedingungen, welche die gerichtliche Geltendmachung aller Ansprüche aus dem Arbeitsverhältnis innerhalb einer Frist von weniger als drei Monaten ab Fälligkeit verlangt, benachteiligt den Vertragspartner des Verwenders unangemessen entgegen den Geboten von Treu und

Glauben (LAG Hamm v. 15.5.2013 – 3 Sa 1792/12 – BeckRS 2013, 74887; BAGE 115, 19, 26 f.). Sie ist mit wesentlichen Grundgedanken des gesetzlichen Verjährungsrechts nicht zu vereinbaren (§ 307 Abs. 2 Nr. 1 BGB) und schränkt wesentliche Rechte, die sich aus der Natur des Arbeitsvertrags ergeben, so ein, dass die Erreichung des Vertragszwecks gefährdet ist (§ 307 Abs. 2 Nr. 2 BGB) BAGE 116, 66, 73 ff.; BAG NJW 2008, 1468).

33. Es besteht für die über ein Rechtsgeschäft aufgenommenen Urkunden die **Vermutung der Vollständigkeit und Richtigkeit** (BGH NJW 2002, 3164; BGHZ 20, 109, 111; BGH ZIP 1999, 1887). Die Partei, die sich auf außerhalb der Urkunde liegende Umstände – sei es zum Nachweis eines vom Urkundtext abweichenden übereinstimmenden Willens der Beteiligten, sei es zum Zwecke der Deutung des Inhalts des Beurkundeten aus der Sicht des Erklärungsempfängers (§§ 133 , 157 BGB) – beruft, trifft die **Beweislast** für deren Vorliegen (BGH NJW 2002, 3164; BGH WM 1999, 965).

34. Klausel in Anlehnung *Preis/Preis*, Der Arbeitsvertrag II V 60 Rn. 10.

35. Klausel in Anlehnung *Preis/Preis*, Der Arbeitsvertrag II S 30 Rn. 4.

2. Arbeitsvertrag mit einem angestellten Rechtsanwalt – Teilzeit unbefristet

Arbeitsvertrag

zwischen

Rechtsanwalt . . . . . . (Name, Anschrift)

– nachfolgend: Arbeitgeber –

und

Rechtsanwalt . . . . . . (Name, Anschrift)

– nachfolgend: Arbeitnehmer –

§ 1 Beginn des Arbeitsverhältnisses; Probezeit[1]

§ 2 Vereinbarte Tätigkeit[2]

§ 3 Vergütung; Vergütung Überstunden[3]

§ 4 Arbeitszeit[4]

(1) Der Arbeitnehmer wird mit einer regelmäßigen wöchentlichen Arbeitszeit von . . . . . . Stunden angestellt.

(2) Die Arbeitzeiten des Arbeitnehmers werden wie folgt bestimmt: . . . . . .

(3) Der Arbeitnehmer ist bereit auf Verlangen Überstunden[5] zu leisten. Die Erbringung von Überstunden ist nur bei ausdrücklicher arbeitgeberseitiger Anweisung zulässig.[6] Im übrigen sind Überstunden weder gewollt noch werden sie geduldet.[7]

§ 5 Aufwendungsersatz[8]

§ 6 Urlaub

(1) Der Arbeitnehmer hat nach einer Beschäftigungsdauer von sechs Monaten – einen Anspruch auf Urlaub, der anteilig . . . . . . vollen Arbeitstagen Urlaub pro Kalenderjahr bei einem vollzeitbeschäftigten Arbeitnehmer betrifft. Vollzeitbeschäftigung entspricht derzeit einer Arbeitszeit von . . . . . . Wochenstunden an fünf Wochentagen. Arbeitstage sind alle Tage, die am Arbeitsort weder Samstage noch Sonntage oder gesetzliche Feiertage sind und an denen der Mitarbeiter nach der Arbeitszeitregelung in § 4 zur Arbeitsleistung verpflichtet ist.[9]

(2) Die Urlaubszeit wird im Einvernehmen mit dem Arbeitgeber festgelegt.

§ 7 Arbeitsverhinderung/Arbeitsunfähigkeit/Krankheit[10]

§ 8 Nebentätigkeit[11]

§ 9 Haftpflichtversicherung[12]

§ 10 Fortbildung[13]

§ 11 Verschwiegenheit[14]

§ 12 Arbeitsergebnisse; Unterlagen[15]

§ 13 Tätigkeitsergebnisse; Urheberrechte[16]

§ 14 Beendigung des Arbeitsverhältnisses[17]

§ 15 Nachvertragliche Pflichten[18]

§ 16 Ausschlussfrist[19]

§ 17 Vollständigkeit des Vertrags/Schriftform[20]

. . . . ., den . . . ., den . . . . . .

(Arbeitgeber)   (Arbeitnehmer)

Anmerkungen

1. Beginn des Arbeitsverhältnisses; Probezeit. → Form. J. I. 1 § 1.

2. Vereinbarte Tätigkeit. → Form. J. I. 1 § 2.

3. Vergütung; Vergütung Überstunden. → Form. J. I. 1 § 4. Die Zahl der „mit enthaltenen" Überstunden ist anzupassen. Zudem ist bei der arbeitsvertraglichen Vergütungsregelung das Diskriminierungsverbot in § 4 TzBfG zu beachten. Gem. § 4 Abs. 1 S. 2 TzBfG ist einem teilzeitbeschäftigten Arbeitnehmer Arbeitsentgelt mindestens in dem Umfang zu gewähren, der dem Anteil seiner Arbeitszeit an der Arbeitszeit eines vergleichbaren vollzeitbeschäftigten Arbeitnehmers entspricht. Diese Vorgaben sind gewahrt wenn sichergestellt ist, dass die **Teilzeitzeitkraft pro Stunde stets die gleiche Vergütung erhält wie eine vergleichbare Vollzeitkraft** (BAG NJW 2012, 2217; BAG NZA 2001, 799; BAG NZA 2006, 926). Zu beachten ist dabei, dass eine Gleichbehandlung Teilzeitbeschäftigter bei der

Vergütung entsprechend dem pro-rata-temporis-Grundsatz des § 4 Abs. 1 S. 2 TzBfG eine sonstige Benachteiligung nicht ausschließt (BAG v. 28.5.2013 – 3 AZR 266/11 – BeckRS 2013, 71596; BAG NJW 2012, 2217 unter Klarstellung von BAG NZA 2008, 1422; BAG Urt. v. 18.3.2009 – 10 AZR 338/08, EzA TzBfG § 4 Nr. 20). Eine schlechtere Behandlung iSd. § 4 Abs. 1 S. 1 TzBfG kann auch darin liegen, dass aufgrund unterschiedlicher Vertragsgestaltung der teilzeitbeschäftigte Arbeitnehmer Nachteile erleidet, die ein vollzeitbeschäftigter Arbeitnehmer nicht hat (BAG NJW 2012, 2217).

4. Bei Teilzeitarbeitsverträgen besteht häufig ein Bedürfnis nach **vertraglicher Festlegung der Arbeitszeiten.** Für diesen Fall ist betreffend **Direktionsrecht** zu beachten, dass der Arbeitgeber zwar regelmäßig berechtigt ist, die Lage der Arbeitszeit in Ausübung seines Weisungsrechts im Rahmen billigen Ermessens festzulegen, § 106 S. 1 GewO (BAG NZA 2005, 359). Dieses Recht kommt ihm aber nicht zu, wenn die Lage der täglichen Arbeitszeit vertraglich vereinbart ist (BAG v. 18.4.2012 – 5 AZR 195/11 – NJW 2012, 2461; BAG NJW 2007, 3739). Bei **Teilzeitarbeitsverträgen** kann sich ein Recht zur einseitigen Änderung der Lage der Arbeitszeit aus **§ 8 Abs. 5 S. 4 TzBfG** ergeben. Danach kann der Arbeitgeber die nach § 8 Abs. 5 S. 3 oder § 8 Abs. 3 S. 2 TzBfG festgelegte Verteilung der Arbeitszeit wieder ändern, wenn das betriebliche Interesse daran das Interesse des Arbeitnehmers an der Beibehaltung erheblich überwiegt und der Arbeitgeber die Änderung spätestens einen Monat vorher angekündigt hat. § 8 Abs. 5 S. 4 TzBfG ist nach den vom BAG aufgestellten Grundsätzen aber **dann nicht anzuwenden,** wenn zu Beginn eines Arbeitsverhältnisses oder in seinem Verlauf eine bestimmte Lage der Arbeitszeit vereinbart wird, **ohne dass eine Geltendmachung iSv § 8 Abs. 2 TzBfG vorausging** (BAG NJW 2007, 3739). Das einseitige Änderungsrecht setzt voraus, dass die Verteilung der Arbeitszeit nach einem Verlangen des Arbeitnehmers einvernehmlich gemäß § 8 Abs. 3 S. 2 TzBfG oder durch Fiktion nach § 8 Abs. 5 S. 3 TzBfG festgelegt wurde. **§ 8 Abs. 5 S. 4 TzBfG** ist also ein **Korrektiv für das im Rahmen des Verringerungsverlangens nach § 8 Abs. 2 S. 1 TzBfG regelmäßig zu erzielende Einvernehmen über die Verteilung der Arbeitszeit gemäß § 8 Abs. 2 S. 2 TzBfG** (BAG NZA 2007, 3739).

5. Ist im Arbeitsvertrag keine kalendertägliche Arbeitszeit vereinbart, kann der Arbeitgeber die Lage der Arbeitszeit kraft seines Weisungsrechts nach billigem Ermessen innerhalb des geltenden Zeitrahmens gemäß § 106 S. 1 GewO bestimmen (BAG NJW 2012, 2461; BAG Urt. v. 17.7.2007 – 9 AZR 819/06, AP ZPO § 50 Nr. 17; BAGE 112, 80). Überstunden werden danach erst dann geleistet, wenn der Rahmen überschritten ist. Es besteht auch nicht die Notwendigkeit einer hiervon abweichenden kalendertäglichen Berechnung da vorrangig die im jeweiligen Einzelfall vereinbarte Normalarbeitszeit ist (BAG NJW 2012, 2461).

6. Verlangt der Arbeitnehmer aufgrund arbeitsvertraglicher Vereinbarung, tarifvertraglicher Verpflichtung des Arbeitgebers oder gem. § 612 Abs. 1 BGB Arbeitsvergütung für Überstunden, hat er darzulegen und – im Bestreitensfall – zu beweisen, dass er Arbeit in einem die Normalarbeitszeit übersteigenden zeitlichen Umfang verrichtet hat (BAG NJW 2012, 2680). Dabei genügt der Arbeitnehmer seiner Darlegungslast, indem er vorträgt, an welchen Tagen er von wann bis wann Arbeit geleistet oder sich auf Weisung des Arbeitgebers zur Arbeit bereitgehalten hat. Auf diesen Vortrag muss der Arbeitgeber im Rahmen einer gestuften Darlegungslast substantiiert erwidern und im Einzelnen vortragen, welche Arbeiten er dem Arbeitnehmer zugewiesen hat und an welchen Tagen der Arbeitnehmer von wann bis wann diesen Weisungen – nicht – nachgekommen ist (BAG NJW 2012, 2680).

7. Vgl.: *Maschmann/Sieg/Göpfert/Bodem*, Vertragsgestaltung im Arbeitsrecht, 2012, S. 374 Rn. 82.

8. Aufwendungsersatz → Form. J. I. 1 § 5.

9. Formulierung nach BeckFormBArbR/*Lingscheid*, A.VI.2. dort § 6 und *Preis/Stoffels*, Der Arbeitsvertrag, II U 20 Rn. 1 u. 2.

10. Arbeitsverhinderung/Arbeitsunfähigkeit/Krankheit → Form. J. I. 1 § 7.

11. Nebentätigkeit → Form. J. I. 1 § 8.

12. Haftpflichtversicherung → Form. J. I. 1 § 9.

13. Fortbildung. → Form. J. I. 1 § 10. Gem. § 4 Abs. 1 S. 1 TzBfG **darf** ein teilzeitbeschäftigter Arbeitnehmer **wegen der Teilzeitarbeit nicht schlechter behandelt werden als** ein vergleichbarer vollzeitbeschäftigter Arbeitnehmer, es sei denn, dass sachliche Gründe eine unterschiedliche Behandlung rechtfertigen. § 4 Abs. 1 S. 2 TzBfG konkretisiert das allgemeine Benachteiligungsverbot des Satzes 1 (BAG NZA 2005, 981; BAG NZA 2005, 222). Danach ist einem teilzeitbeschäftigten Arbeitnehmer Arbeitsentgelt oder eine andere teilbare geldwerte Leistung mindestens in dem Umfang zu gewähren, der dem Anteil seiner Arbeitszeit an der Arbeitszeit eines vergleichbaren vollzeitbeschäftigten Arbeitnehmers entspricht BAG NZA 2005, 981). Es besteht dabei grundsätzlich kein Unterschied zwischen dem Schulungs- und Fortbildungsbedarf der Teilzeitkraft und dem einer Vollzeitkraft (BAG NZA 2006, 316). Die Teilzeitarbeit ist proportional entsprechend der Teilzeitquote zu vergüten. Arbeitet der Teilzeitbeschäftigte vereinbarungsgemäß zeitweise über seine Teilzeitquote hinaus bis hin zur regelmäßigen Arbeitszeit eines vergleichbaren vollzeitbeschäftigten Arbeitnehmers (§ 2 Abs. 1 TzBfG), steht ihm auch insoweit eine anteilige Vergütung bis hin zur vollen Vergütung zu (BAG NZA 2005, 981). Das kann bei Fortbildungsveranstaltungen relevant werden, die über die vereinbarte Arbeitszeit des Teilzeitarbeitnehmers hinausgehen. Dabei kann – umgekehrt – unter bestimmten Umständen bei einem – weitergehenden – Teilzeitverlangen des Arbeitnehmers gem. § 8 TzBfG die Unverhältnismäßigkeit von Fortbildungskosten eines nach der weiteren Reduzierung gem. § 8 TzBfG als Ersatzkraft einzustellenden Arbeitnehmers entgegengehalten werden (BAG NZA 2006, 316).

14. Verschwiegenheit → Form. J. I. 1 § 11.

15. Arbeitsergebnisse; Unterlagen → Form. J. I. 1 § 12.

16. Tätigkeitsergebnisse; Unterlagen → Form. J. I. 1 § 13.

17. Beendigung des Arbeitsverhältnisses → Form. J. I. 1 § 14.

18. Nachvertragliche Pflichten → Form. J. I. 1 § 15.

19. Ausschlussfrist → Form. J. I. 1 § 16.

20. Vollständigkeit des Vertrags; Schriftform → Form. J. I. 1 § 17.

3. Arbeitsvertrag mit einem angestellten Rechtsanwalt – befristet ohne Rechtsgrund

Arbeitsvertrag

zwischen

Rechtsanwalt . . . . . . (Name, Anschrift)

– nachfolgend: Arbeitgeber –

und

Rechtsanwalt . . . . . . (Name, Anschrift)

– nachfolgend: Arbeitnehmer –

§ 1 Beginn des Arbeitsverhältnisses; Befristung; Probezeit

(1) Das Arbeitsverhältnis beginnt am . . . . . .[1]

(2) Das Arbeitsverhältnis wird befristet abgeschlossen. Das Arbeitsverhältnis endet, ohne dass es einer Kündigung bedarf, mit dem Ablauf des . . . . . . (Datum)[2]

(3) Die ersten sechs Monate des Arbeitsverhältnisses gelten als Probezeit. In der Probezeit kann das Arbeitsverhältnis mit einer Frist von zwei Wochen gekündigt werden.[3]

§ 2 Vereinbarte Tätigkeit[4]

§ 3 Vergütung; Vergütung Überstunden[5]

§ 4 Arbeitszeit[6]

§ 5 Aufwendungsersatz[7]

§ 6 Urlaub[8]

§ 7 Arbeitsverhinderung/Arbeitsunfähigkeit/Krankheit[9]

§ 8 Nebentätigkeit[10]

§ 9 Haftpflichtversicherung[11]

§ 10 Fortbildung[12]

§ 11 Verschwiegenheit[13]

§ 12 Arbeitsergebnisse; Unterlagen[14]

§ 13 Tätigkeitsergebnisse; Urheberrechte[15]

§ 14 Beendigung des Arbeitsverhältnisses[16]

(1) Das Arbeitsverhältnis kann in der Probezeit mit einer Frist von zwei Wochen gekündigt werden.

(2) Nach Ablauf der Probezeit kann das Arbeitsverhältnis beiderseits unter Beachtung der gesetzlichen Fristen ordentlich gekündigt werden.

(3) Der Arbeitgeber ist berechtigt, den Arbeitnehmer während des Laufes der Kündigungsfrist freizustellen.

(4) Das Recht zur außerordentlichen Kündigung bleibt unberührt.

§ 15 Nachvertragliche Pflichten[17]

§ 16 Ausschlussfrist[18]

§ 17 Vorbeschäftigungen

(1) Der Arbeitnehmer versichert, dass er beim hiesigen Arbeitgeber oder einem etwaigen Rechtsvorgänger[19] und auch bei keinem der Sozien zuvor zu keinem Zeitpunkt beschäftigt war.[20]

(2) Der Arbeitnehmer weiß, dass eine unrichtige Erklärung den Arbeitgeber zur Anfechtung und zur fristlosen Kündigung aus wichtigem Grund berechtigen kann.

§ 18 Vollständigkeit des Vertrags/Schriftform[21]

......, den ...., den ......

(Arbeitgeber)   (Arbeitnehmer)

Schrifttum: *Annuß/Thüsing*, Kommentar zum Teilzeit- und Befristungsgesetz 3. Auflage, 2012; *Bader*, Sachgrundlose Befristungen mit älteren Arbeitnehmerinnen und Arbeitnehmern neu geregelt (§ 14 III TzBfG), NZA 2007, 713; *Bauer*, Befristete Verträge mit älteren Arbeitnehmern ab 1.5.2007 – oder der neue § 14 III TzBfG, NZA 2007, 544; *Bauer*, Der 7. Senat als Ersatzgesetzgeber im Befristungsrecht, NZA 2011, Heft 9, Editorial; *Bayreuther*, Die Neufassung des § 14 Abs. 3 TzBfG – diesmal europarechtskonform?, BB 2007, 1113; *Berscheid/Kunz/Brand/Nebeling/Hilderink*, Praxis des Arbeitsrechts, 4. Aufl., 2013, Kap 17 Rn. 183 bis 192; *Buntenbach*, Bundesarbeitsgericht übernimmt die Rolle des Gesetzgebers, AiB 2011, 345; *Grimm/Brock*, Sachgrundlose Befristung der Arbeitsverhältnisse älterer Menschen in § 14 Abs. 3 TzBfG, ArbRB 2007, 154; *Höpfner*, Die Reform der sachgrundlosen Befristung durch das BAG – Arbeitsmarktpolitische Vernunft contra; *Kast/Herrmann*, Altersdiskriminierung und erleichterte Befristung gemäß § 14 Abs. 3 TzBfG: ein Praxistest, BB 2007, 1841; *Kothe*, Zur Rechtmäßigkeit einer erneuten Änderung des § 14 Abs. 3 TzBfG im Gesetz zur Verbesserung der Beschäftigungschancen älterer Menschen v. 19.4.2007, AuR 2007, 168; *Kuhnke*, Sachgrundlose Befristung von Arbeitsverträgen bei „Zuvor-Beschäftigung" – Überraschende Kehrtwende des BAG, NJW 2011, 3131; *Lakies*, Der neue Trend im Befristungsrecht: Rechtsprechung ohne Gesetzesbindung, ArbRAktuell 2011, 447; dus., Verfassungswidrige Rechtsprechung zur Erleichterung der sachgrundlosen Befristung, AuR 2011, 190; *Lembke*, Die sachgrundlose Befristung von Arbeitsverträgen in der Praxis, NJW 2006, 325; *Meinl/Heyn/Herms*, Teilzeit- und Befristungsgesetz: TzBfG, 4. Auflage, 2012; Gesetzestreue, NZA 2011, 893; *Osnabrügge*, Die sachgrundlose Befristung von Arbeitsverhältnissen nach § 14 II TzBfG, NZA 2003, 639; *Persch*, Kehrtwende in der BAG-Rechtsprechung zum Vollbeschäftigungsverbot bei sachgrundloser Befristung nach § 14 Abs. 2 S. 2 TzBfG, ZTR 2011, 404; *Perreng*, Sachgrundlose Befristung Älterer, AiB 2007, 386; *Preis/Gotthardt*, Schriftformerfordernis für Kündigungen, Aufhebungsverträge und Befristungen nach § 623 BGB, NZA 2000, 348; *Reinsch* BB 2011, 1011; *Schiefer*, Befristete Arbeitsverträge: Hindernisse und Fallstricke – Die aktuelle Rechtsprechung (Teil II), DB 2011, 1220; *Sievers*, Befristungsrecht, RdA 2004, 291; *Sowka*, Es lebe die Zweckbefristung – trotz des Teilzeit- und Befristungsgesetzes!, DB 2002, 1158; *Thüsing/Lambrich*, Umsetzungsdefizite in § 14 TzBfG?, BB 2002, 829.

Anmerkungen

1. Der **Beginn des Arbeitsverhältnisses** ist für die **Berechnung der Höchstlaufzeit** von zwei Jahren bei sachgrundloser Befristung, die **Berechnung von Kündigungsfristen**, für den **Beginn der Sozialversicherungspflicht** und der **Lohnsteuerpflicht** von Bedeutung und sollte schriftlich dokumentiert werden. Das Bedürfnis für klare Bestimmbarkeit des Beginns des Arbeitsverhältnisses besteht auch im Blick auf **§ 8 Abs. 1 TzBfG** wonach nur ein Arbeitnehmer, dessen Arbeitsverhältnis länger als sechs Monate bestanden hat, verlangen kann, dass seine **vertraglich vereinbarte Arbeitszeit verringert** wird. Zu beachten ist dabei § 8 Abs. 7 TzBfG: Für den Anspruch auf Verringerung der Arbeitszeit gilt die Voraussetzung, dass der Arbeitgeber, unabhängig von der Anzahl der Personen in Berufsbildung, in der Regel mehr als 15 Arbeitnehmer beschäftigt. Für viele Kanzleien wird § 8 TzBfG deshalb gar nicht eingreifen. So betrug etwa 2000 die durchschnittliche Kanzleigröße in Deutschland 1,8 Anwälte (vgl. *Hellwig* AnwBl. 2000, 705 (706)). Dabei wurde diskutiert, ob die Kleinbetriebsklausel in § 8 Abs. 3 TzBfG verfassungswidrig ist oder ob die Regelung im Blick auf den Umstand, dass Teilzeitverlangen in Kleinbetrieben weit mehr Frauen als Männer geltend machen, eine mittelbare Diskriminierung darstellt. Das wurde aber vom verneint (vgl.: LAG Köln Urt. v. 18.1.2002 – 4 Sa 1066/01, NZA-RR 2002, 511 mwN).

2. Gem. **§ 14 Abs. 2 TzBfG** ist die kalendermäßige Befristung eines Arbeitsvertrages ohne Vorliegen eines sachlichen Grundes bis zur Dauer von zwei Jahren zulässig; bis zu dieser Gesamtdauer von zwei Jahren ist auch die höchstens dreimalige Verlängerung eines kalendermäßig befristeten Arbeitsvertrages zulässig. Es darf aber **keine relevante Vorbeschäftigung** vorliegen. Das **BAG** hat dazu (BAG Urt. v. 6.4.2011 – 7 AZR 716/09, NJW 2011, 2750) festgestellt, dass eine Vorbeschäftigung iSv § 14 Abs. 2 S. 2 TzBfG nicht gegeben ist, **wenn das frühere Arbeitsverhältnis mehr als drei Jahre zurückliegt**. In einer weiteren Entscheidung (BAG Urt. v. 21.9.2011 – 7 AZR 375/10, NZA 2012, 255) hat sich das Gericht mit Einwendungen der Literatur auseinandergesetzt und nach erneuter Überprüfung und unter Berücksichtigung der im Schrifttum erhobenen Bedenken an seiner Bewertung festgehalten. Abzuwarten bleibt, ob und wie die Arbeitsgerichte die Auslegung der hier relevanten unbestimmten Rechtsbegriffe im Lichte der Wertentscheidungen der GRC (Vgl. dazu *Ritter* NJW 2010, 1110; *ders.* NJW 2012, 1549) vornehmen werden. Dies auch im Blick auf die Vorgaben der Entscheidung des EuGH Urt. v. 26.2.2013 – C-617/10, (EuGH NJW 2013, 1415). **Zu beobachten** ist insbesondere auch das an eine Entscheidung des LAG Baden-Württemberg (LAG B-W Urt. v. 26.9.2013 – 6 Sa 28/13, **NZA 2013, 7**), in dem die Revision zugelassen wurde, anschließende Verfahren beim BAG. Eine sachgrundlose Befristung ist nach Auffassung des Landesarbeitsgerichts Baden-Württemberg auch bei einer länger als drei Jahre zurückliegenden Vorbeschäftigung unzulässig. Das LAG weicht damit von der neueren Rechtsprechung des Bundesarbeitsgerichts zur Auslegung des Merkmals „bereits zuvor" in § 14 Abs. 2 S. 2 TzBfG ab mit der Begründung, das BAG habe die **Grenzen der richterlichen Rechtsfortbildung überschritten**. Unbedingt zu beachten ist dabei zudem, dass eine **Verlängerung iSd § 14 Abs. 2 S. 1 TzBfG** nach der derzeitigen Rspr. des BAG **voraussetzt, dass sie noch während der Laufzeit des zu verlängernden Vertrags vereinbart und grundsätzlich nur die Vertragsdauer abgeändert wird, nicht aber die übrigen Vertragsbedingungen** (BAG v. 22.1.2014 – 7 AZR 243/12; BAG Urt. v. 23.8.2006 – 7 AZR 12/06, NZA 2007, 204; BAG Urt. v. 20.2.2008 – 7 AZR 786/06, NJW 2008, 2457). Dabei begründet der arbeitsrechtliche **Gleichbehandlungsgrundsatz keinen Anspruch** eines Arbeitnehmers **auf Verlängerung eines sachgrundlos befristeten Arbeitsvertrages** nach § 14 Abs. 2 TzBfG (BAG Urt. v. 13.8.2008 – 7 AZR 513/07, NZA 2009, 27). Dabei hatte das Arbeitsgericht Mainz (ArbG Mainz Urt. v. 2.9.2008 – 3 Ca 1133/08, BeckRS 2008, 56479) der Zahlungsklage einer Arbeitnehmerin stattgegeben, die geltend machte, ihr Arbeitsvertrag sei deshalb nicht über das Fristende hinaus verlängert worden, da sie schwanger sei. Die Arbeitnehmerin konnte dort den Beweis führen, dass ihr Vorgesetzter auf die telefonische Anfrage ihrer Mutter nach den Gründen für die Nichtverlängerung mitgeteilt hatte, Grund für die Nichtverlängerung des Arbeitsvertrages sei die Schwangerschaft. Die darin liegende Diskriminierung wegen des Geschlechts (vgl. § 3 Abs. 1 S. 2 AGG) macht den Arbeitgeber nach § 15 Abs. 1 und 2 AGG ersatzpflichtig, weshalb das ArbG Mainz feststellte, dass eine Arbeitnehmerin, deren befristetes Arbeitsverhältnis wegen einer Schwangerschaft nicht verlängert wird, Anspruch auf Schadensersatz wegen entgangenen Arbeitseinkommens und zusätzlich auf angemessene Entschädigung wegen einer Benachteiligung nach dem Allgemeinen Gleichbehandlungsgesetz (AGG) hat (ArbG Mainz Urt. v. 2.9.2008 – 3 Ca 1133/08, BeckRS 2008, 56479). Vgl. dazu auch BAG v.

21.6.2012 – 8 AZR 364/1, NJW 2013, 108 und EuGH v. 4.10.2001 – C-438/99 – NJW 2002, 125.

3. Probezeit → Form. J. I. 1 dort Anm. 2. **Abhängig von der Dauer der Befristung** ist die gebotene Dauer der Probezeit und die **Probezeitregelung zu prüfen und ggf. anzupassen.**

4. Vereinbarte Tätigkeit → Form. J. I. 1 § 2.

5. Vergütung; Vergütung Überstunden. → Form. J. I. 1 § 4. Gem. § 4 Abs. 2 S. 1 TzBfG darf ein befristet beschäftigter Arbeitnehmer wegen der Befristung des Arbeitsvertrags nicht schlechter behandelt werden als ein vergleichbarer unbefristet beschäftigter Arbeitnehmer, es sei denn, dass sachliche Gründe eine unterschiedliche Behandlung rechtfertigen. Eine **schlechtere Behandlung liegt vor, wenn** befristet Beschäftigte **für die gleiche Arbeitsleistung eine geringere Bezahlung als die unbefristet Tätigen** erhalten. Auch dürfen **Dauerbeschäftigten geleistete Vorteile** befristet Beschäftigten nicht wegen der Befristung **vorenthalten** werden (BAG v. 15.1.2013 – 3 AZR 4/11 – BeckRS 2013, 68672; BAG v. 18.1.2012 – 6 AZR 496/10 –; BAG NZA-RR 2009, 490; BAG NZA-RR 2008, 275).

6. Arbeitszeit → Form. J. I. 1 § 3. Ist im Arbeitsvertrag keine kalendertägliche Arbeitszeit vereinbart, kann der Arbeitgeber die **Lage der Arbeitszeit kraft seines Weisungsrechts nach billigem Ermessen** innerhalb des geltenden Zeitrahmens gemäß § 106 S. 1 GewO **bestimmen** (BAG NJW 2012, 2461; BAG Urt. v. 17.7.2007 – 9 AZR 819/06 – AP ZPO § 50 Nr. 17; BAGE 112, 80). Überstunden werden danach erst dann geleistet, wenn der Rahmen überschritten ist. Es besteht auch nicht die Notwendigkeit einer hiervon abweichenden kalendertäglichen Berechnung da vorrangig die im jeweiligen Einzelfall vereinbarte Normalarbeitszeit ist (BAG NJW 2012, 2461). Bei befristet Beschäftigten ist betreffend Weisungsrecht und Arbeitszeit auch das **besondere Diskriminierungsverbot in § 4 Abs. 2 TzBfG zu beachten.** Danach darf ein befristet beschäftigter Arbeitnehmer wegen der Befristung des Arbeitsvertrages nicht schlechter behandelt werden als ein vergleichbarer unbefristet beschäftigter Arbeitnehmer, es sei denn, dass sachliche Gründe eine unterschiedliche Behandlung rechtfertigen. Das BAG sieht dabei den Zweck insbesondere des gesetzliche Schlechterstellungsverbotes in § 4 Abs. 2 S. 3 TzBfG im Schutz des beruflichen Fortkommens befristet Beschäftigter (BAG NJW 2011, 953).

7. Aufwendungsersatz → Form. J. I. 1 § 5.

8. Urlaub. → Form. J. I. 1 § 6 Anm. 11. Das **Diskriminierungsverbot** des § 4 TzBfG wirkt sich **auch im Bereich des Urlaubsrechtes** aus (Vgl.: LAG Hessen in der Entscheidung v. 26.6.2009 – 10/11 Sa 2143/08 – BeckRS 2011, 71328). Insbesondere differenziert § 5 Abs. 1 BUrlG nicht danach, ob ein Arbeitsverhältnis in der ersten bzw. zweiten Hälfte eines Kalenderjahres durch Fristablauf oder Kündigung endet und es ist darüber hinaus zu berücksichtigen, dass § 4 Abs. 2 S. 1 TzBfG bestimmt, dass ein befristet beschäftigter Arbeitnehmer wegen der Befristung des Arbeitsvertrages nicht schlechter behandelt werden darf als ein vergleichbarer unbefristet beschäftigter Arbeitnehmer, es sei denn, dass sachliche Gründe eine unterschiedliche Behandlung rechtfertigen. Dem befristet beschäftigten Arbeitnehmer muss es wie dem unbefristet beschäftigten Arbeitnehmer möglich sein, im Kalenderjahr einen vollen Urlaubsanspruch zu erwerben. (LAG Hessen Urt. v. 26.6.2009 – 10/11 Sa 2143/08 – BeckRS 2011, 71328). Würde bei befristeten Arbeitsverhältnissen das Zwölftelungsprinzip generell angewandt, könnte in einer großen Anzahl befristeter Arbeitsverhältnisse ein solcher voller Urlaubsanspruch nicht erworben werden. Der **befristet beschäftigte Arbeitnehmer ist mithin hinsichtlich seines Urlaubsanspruchs so zu stellen, wie der unbefristet beschäftigte Arbeitnehmer, dies unabhängig davon, welche Erwartungen die Parteien ggf. gehegt haben** (vgl.: LAG Hessen Urt. v. 26.6.2009 – 10/11 Sa 2143/08 – mwN – BeckRS 2011, 71328). Wird im Verlauf eines Kalenderjahres die Verteilung der

Arbeitszeit auf weniger oder auch auf mehr Arbeitstage einer Kalenderwoche verändert, so verkürzt oder verlängert sich entsprechend die Dauer des dem Arbeitnehmer zustehenden Urlaubs und sie ist dann jeweils unter Berücksichtigung der nunmehr für den Arbeitnehmer maßgeblichen Verteilung seiner Arbeitszeit neu zu berechnen was auch für einen auf das folgende Urlaubsjahr übertragenen Resturlaub zutrifft, wenn der Arbeitnehmer seit Beginn des folgenden Jahres in Teilzeit beschäftigt ist (BAG v. 28.4.1998 – 9 AZR 314/9, NZA 1999, 156; LAG Hessen v. 30.10.2012 – 13 Sa 590/12 – BeckRS 2013, 66208).

9. Arbeitsverhinderung/Arbeitsunfähigkeit/Krankheit. → Form. J. I. 1 § 7.

10. Nebentätigkeit → Form. J. I. 1 § 8.

11. Haftpflichtversicherung → Form. J. I. 1 § 9.

12. Fortbildung. → Form. J. I. 1 § 10. Zu beachten ist die **Sonderregelung für befristet Beschäftigte in § 19 TzBfG.** Gemäß § 19 TzBfG hat der Arbeitgeber dafür Sorge zu tragen, dass auch befristet beschäftigte Arbeitnehmer an angemessenen Aus- und Weiterbildungen zur Förderung der beruflichen Entwicklung und Mobilität teilnehmen können, es sei denn, dringende betriebliche Gründe oder Aus- und Weiterbildungswünsche anderer Arbeitnehmer stehen dem entgegen. § 19 TzBfG stellt eine **Konkretisierung des Diskriminierungsverbots des § 4 Abs. 2 S. 1 TzBfG** für den Bereich der Aus- und Weiterbildung dar. Vorausgesetzt wird, dass der befristet beschäftigte Arbeitnehmer während seines Arbeitsverhältnisses an einer angemessenen Aus- oder Weiterbildungsmaßnahme gehindert wurde oder wird (LAG Berlin-Brandenburg Urt. v. 14.3.2012 – 15 SaGa 2494/11 – BeckRS 2012, 69863). Dabei ist zu beachten, dass das gesetzliche Schlechterstellungsverbot in § 4 Abs. 2 S. 3 TzBfG dem Schutz des beruflichen Fortkommens befristet Beschäftigter dient, was nach dem BAG besonders durch § 19 TzBfG zum Ausdruck kommt wonach dem Arbeitgeber sogar ausdrücklich die **Pflicht** auferlegt ist, die **berufliche Entwicklung befristet beschäftigter Arbeitnehmer zu fördern** (BAG v. 12.10.2010 – 9 AZR 518/09, NJW 2011, 953). Diese Pflichtenstellung lässt nur unter sachlichen Gründen Ausnahmen zu (BAG v. 12.10.2010 – 9 AZR 518/09, NJW 2011, 953 unter Verweis auf BT-Drs. 14/4374 S. 13, 21). Kommt es zu einem **Verstoß** gegen das Diskriminierungsverbot des § 4 TzBfG so führt das zur **uneingeschränkten Anwendung der den jeweiligen Arbeitnehmer begünstigenden Regelung** (BAG v. 12.10.2010 – 9 AZR 518/09, NJW 2011, 953; BAG v. 24.9.2003 – 10 AZR 675/02, NZA 2004, 611).

13. Verschwiegenheit → Form. J. I. 1 § 11.

14. Arbeitsergebnisse; Unterlagen → Form. J. I. 1 § 12.

15. Tätigkeitsergebnisse; Urheberrechte → Form. J. I. 1 § 13.

16. Beendigung des Arbeitsverhältnisses. → Form. J. I. 1 § 14 dort Anm. 29. Ein befristetes Arbeitsverhältnis unterliegt gem. **§ 15 Abs. 3 TzBfG** nur dann der ordentlichen Kündigung, wenn dies einzelvertraglich oder im anwendbaren Tarifvertrag vereinbart ist. Vgl. zur Auslegung und AGB-Kontrolle bei unklarer Formulierung der Klausel zur Kündbarkeit: BAG Urt. v. 4.8.2011 – 6 AZR 436/10, DB 2011, 2552. Vgl. auch: LAG Rheinland-Pfalz v. 22.3.2013 – 6 Sa 426/12 – BeckRS 2013, 69252.

17. Nachvertragliche Pflichten → Form. J. I. 1 § 15.

18. Ausschlussfrist → Form. J. I. 1 § 16.

19. Vgl. zu den praktischen Schwierigkeiten festzustellen, ob eine für § 14 Abs. 2 S. 2 TzBfG unbeachtliche Umfirmierung oder eine beachtliche Rechtsnachfolge vorliegt: BAG NJW 2011, 2750. Nach dem Arbeitsgericht Frankfurt am Main ist es einem Arbeitnehmer nach Treu und Glauben verwehrt, sich auf die Unwirksamkeit einer sachgrundlosen

Befristung trotz Verstoßes gegen das sog. Anschlussverbot des § 14 Abs. 2 TzBfG zu berufen, wenn er die zulässige Frage des Arbeitgebers nach einer Vorbeschäftigung nicht vorsätzlich, aber zumindest objektiv falsch beantwortet hat (ArbG Frankfurt a. M. Urt. v. 9.4.2008 – 7 Ca 8061/07, BeckRS 2008, 52606). Die Frage der Rechtsfolge der Falschbeantwortung der Frage nach Vorbeschäftigung ist allerdings sehr umstritten (vgl.: ArbG Frankfurt a. M. – 7 Ca 8061/07, BeckRS 2008, 52606 mwN).

20. Nach dem Wortlaut des § 14 Abs. 2 S. 2 TzBfG ist die sachgrundlose Befristung nach **§ 14 Abs. 2 S. 1 TzBfG** nicht zulässig, **wenn mit demselben Arbeitgeber bereits zuvor ein befristetes oder unbefristetes Arbeitsverhältnis bestanden hat.** Das BAG sieht das durch Berufsausbildungsvertrag begründete Berufsausbildungsverhältnis und das durch Arbeitsvertrag begründete Arbeitsverhältnis nicht als generell gleichsetzbar an (BAG NZA 2012, 255). So sei es nicht erforderlich, Berufsausbildungsverhältnisse in das Vorbeschäftigungsverbot einzubeziehen (BAG NZA 2012, 255) Auch eine berufsvorbereitende Beschäftigung als Praktikant, die nicht auf der Grundlage eines Arbeitsvertrags erfolgt unterfalle nicht dem Vorbeschäftigungsverbot des § 14 Abs. 2 S. 2 TzBfG unterliegt (BAG NZA 2012, 255; BAG NZA 2006, 154). Zudem sieht das BAG entgegen dem Wortlaut eine Vorbeschäftigung iSv § 14 Abs. 2 S. 2 TzBfG dann als nicht gegeben an, wenn das frühere Arbeitsverhältnis mehr als drei Jahre zurückliegt (BAG NZA 2012, 255). Dabei wird diese Rechtsfrage der Zulässigkeit der **Zulässigkeit teleologischen Reduktion** entgegen dem Wortlaut **sehr unterschiedlich beurteilt** (Vgl.: *Buntenbach* AiB 2011, 345; *Höpfner* NZA 2011, 893; *Lakies* ArbRAktuell 2011, 447; *ders.* AuR 2011, 190; *Kittner* AiBplus 5/2011, 9; *Bauer* NZA 2011, Heft 9, Editorial; *ders.* SAE 2011, Heft 4, Editorial; *Persch* ZTR 2011, 404; *Reinsch* BB 2011, 1011; *Schiefer* DB 2011, 1220; *Steinkühler* BB 2011, 2099; *Wedel* AuR 2011, 413; *Hold/Kleinsorge* NWB 2012, 1840; *Rudolf* BB 2011, 2808; *Gaenslen/Heilemann* KommJur 2012, 81; *Stenslik/Heine* DStR 2011, 2202; *Kuhnke* NJW 2011, 3131; *Tilch/Vennewald* NJW Spezial 2011, 690). Ergänzend wird verwiesen auf die Entwicklungen in der Rspr. wie sie bereits in → Anm. 2 zu diesem Formular hier dargestellt sind. **Davon ausgehend sollte bei der Frage der Vorbeschäftigung unbedingt geklärt und durch Zusicherung des Fehlens der Vorbeschäftigung abgesichert werden.** Bei der Vereinbarung einer sachgrundlosen Befristung muss der schriftliche Abschluss des Vertrags und insbesondere der Befristungsabrede unbedingt vor Aufnahme der Tätigkeit erfolgen, da sonst eine Vorbeschäftigung vorliegt mit der Rechtsfolge der Unwirksamkeit der Befristungsabrede und der Entstehung eines unbefristeten Arbeitsverhältnisses (Vgl.: BAG Urt. v. 1.12.2004 – 7 AZR 198/04, NZA 2005, 575).

21. Vollständigkeit des Vertrags; Schriftform. → Form. J. I. 1. § 17. Auf die **Wahrung der Schriftform auch bei der Unterschrift und auch ggf. Einhaltung der Voraussetzungen der Vertretungsregeln** ist beim Abschluss des befristeten Vertrags wegen § 14 Abs. 4 TzBfG und der strengen diesbezüglichen Rechtsprechung des BAG (BAG Urt. v. 26.7.2006 – 7 AZR 514/05, NJW 2007, 315) **peinlich genau zu achten.** Zur Wahrung des Schriftformgebotes müssen beide Vertragsparteien die Befristungsabrede auf derselben Urkunde eigenhändig unterzeichnet haben (§§ 126 Abs. 2, 126 a Abs. 2 BGB). Der Austausch wechselseitiger Erklärungen genügt, anders als bei § 127 BGB, nicht (BAG Urt. v. 26.7.2006 – 7 AZR 514/05, NJW 2007, 315; BAG ZTR 2007, 45). Bei mehreren inhaltlich identischen Urkunden ist es ausreichend, wenn die Partei nur die jeweils für die andere bestimmte Urkunde unterzeichnet (BAG Urt. v. 26.7.2006 – 7 AZR 514/05, NJW 2007, 315; BAG ZTR 2007, 45; BGH NJW 2004, 2962). Es muss sich tatsächlich um gleich lautende (inhaltsgleiche) Urkunden handeln, die den gesamten Vertragstext beinhalten und der Vertragspartner muss die von der anderen Partei original unterschriebene Vertragsurkunde erhalten (BAG Urt. v. 26.7.2006 – 7 AZR 514/05, NJW 2007, 315).

4. Ehegattenarbeitsvertrag – Vollzeit unbefristet

Arbeitsvertrag[1]

zwischen

Rechtsanwalt . . . . . .

– nachfolgend: Arbeitgeber –

und

Frau . . . . . .

– nachfolgend: Arbeitnehmerin[1] –

§ 1 Beginn des Arbeitsverhältnisses/Tätigkeit

Das Arbeitsverhältnis beginnt am . . . . . .[2]

Die Arbeitnehmerin wird als Rechtsanwältin angestellt.

Alternative:

Die konkret zum Aufgabenbereich der Arbeitnehmerin gehörenden Tätigkeiten ergeben sich aus der diesem Vertrag als Anlage angefügten Stellenbeschreibung.

§ 2 Kündigungsfristen

Für die Kündigung[3] des Arbeitsverhältnisses gelten die gesetzlichen Vorschriften.

Alternative:

Die Kündigungsfrist beträgt . . . . . . Wochen/Monate zum Monatsende.

§ 3 Vergütung

Die Arbeitnehmerin erhält eine monatliche Vergütung von . . . . . . EUR[4] brutto.[5]

Die Vergütung wird jeweils am Letzten eines Monats fällig.

Die Zahlung erfolgt bargeldlos durch Überweisung auf das Girokonto der Arbeitnehmerin, Kto.-Nr. . . . . . ., BLZ . . . . . . bei der . . . . . . Bank . . . . . .

§ 4 Arbeitszeit[6]

Die Arbeitszeit beträgt wöchentlich . . . . . . Stunden ohne Berücksichtigung der Pausen.

Täglicher Arbeitsbeginn ist . . . . . . Uhr.

§ 5 Urlaub

Die Arbeitnehmerin erhält . . . . . . Werktage Urlaub.

§ 6 Gehaltsfortzahlung bei Arbeitsverhinderung

In den Fällen krankheitsbedingter Arbeitsunfähigkeit oder sonstiger von Arbeitnehmerin nicht zu vertretender Arbeitsverhinderungen erhält die Arbeitnehmerin Entgeltfortzahlung nach den gesetzlichen Vorschriften.

§ 7 Vollständigkeit des Vertrags/Schriftform

1. Es wird vermutet, dass der Vertragstext vollständig und richtig ist.[7] Derjenige, der sich gleichwohl auf eine mündlich getroffene Nebenabrede beruft, trägt dafür die Beweislast.[8]

2. Änderungen und Ergänzungen dieses Vertrages bedürfen zu ihrer Wirksamkeit der Schriftform, es sei denn, sie beruhen auf einer ausdrücklichen oder individuellen Vertragsabrede.[9]

. . . . . ., den . . . ., den . . . . . .

(Arbeitgeber)   (Arbeitnehmerin)

Schrifttum: *Apitz*, Anmerkung BFH v. 7.6.2006 – IX R 4/04 – Zivilrechtliche Unwirksamkeit bei Verträgen zwischen nahen Angehörigen – EStB 2006, 409; *Assmann*, Ehegattenarbeitsverhältnisse in der Anwaltspraxis, ZAP, 1993, 31; *Bruschke*, Darlehensverträge zwischen nahen Angehörigen, DStZ 1992, 475; *Bilsdorfer*, Die Üblichkeit als Kriterium zur steuerlichen Anerkennung einer Direktversicherung und einer Pensionszusage im Rahmen eines Ehegattenarbeitsvertrages, BB 1996, 2381; *ders.*, Die nichteheliche Lebensgemeinschaft im Steuerrecht, FR 1998, 673; *ders.*, Die nichteheliche Lebensgemeinschaft im Steuerrecht, FR 1998, 673; *Bordewin*, Besonderheiten der Ertragsbesteuerung bei Familienpersonengesellschaften, DB 1996, 1359; *Felix*, Die steuerliche Anerkennung von Rechtsverhältnissen unter Angehörigen, FR 1996, 729; *ders.*, Auflockerung der einkommensteuerrechtlichen Anerkennung von Ehegatten-Arbeitsverhältnissen, BB 1996, 665; *Fischer*, Fremdvergleich und Üblichkeit, DStZ 1997, 357; *ders.*, Erwerb einer Eigentumswohnung durch Ehefrau und Vermietung an Ehemann im Rahmen doppelter Haushaltführung muss nicht zum Gestaltungsmissbrauch führen, FR 2003, 777; *ders.*, Fremdvergleich und Üblichkeit, DStZ 1997, 357; *Friedrich*, Die steuerrechtliche Behandlung von Rechtsverhältnissen unter Angehörigen, DB 1995, 1048; *ders.*, Die steuerrechtliche Behandlung von Rechtsverhältnissen unter Angehörigen, DB 1995, 1048; *Fröhlich/ Mirwald*, Die Mitarbeit im Familienbetrieb, ArbRB 2007, 217; *Fuhrmann*, Mietverträge zwischen nahen Angehörigen, BeSt. 2001, 6; *Gorski*, Das Bundesverfassungsgericht und das „Oderkonto", DStZ 1996, 137; *Gosch*, Der BFH und der Fremdvergleich, DStZ 1997, 1; *Hamdam/Hamdam*, Die steuerrechtliche Anerkennung von Verträgen zwischen nahen Angehörigen, DStZ 2008, 113; *Heuermann*, Zu den Folgen eines gescheiterten Fremdvergleichs; StBp. 2005, 207; *Heuermann*, Simulation im Steuer- und Zivilrecht; DB 2007, 416; *Hoffmann*, Die BFH-Rechtsprechung zu Verträgen mit Nahestehenden auf dem Prüfstand des Bundesverfassungsgerichts, DStR 1997, 649; *ders.*, Anmerkung BFH v. 22.2.2007 – IX R 45/06 – Keine steuerrechtliche Anerkennung eines formunwirksamen Vertrages zwischen nahen Angehörigen bei klarer Zivilrechtslage – GmbHR 2007, 720; *ders.*, Die BFH-Rechtsprechung zu Verträgen mit Nahestehenden auf dem Prüfstand des Bundesverfassungsgerichts, DStR 1997, 649; *ders.*, Pensionszusage auch an nichteheliche Lebensgefährtin des Gesellschafter-Geschäftsführers, DStR 2001, 392; *Kottke*, Steuerrechtliche Anerkennungskriterien für wechselseitige Ehegattenarbeitsverhältnisse und Unterarbeitsverträge mit Familienangehörigen, DStR 1998, 1706; *Michel*, Anwendungsbereich des § 42 AO bei einer Anteilsveräußerung vor Liquidation der Kapitalgesellschaft, FR 2008, 448; *Pezzer*, Steuerliche Gestaltungen und ihre Grenzen bei Vermietung und Verpachtung unter nahen Angehörigen, DStR 1995, 1853 und 1898; *Rätke*, Anwendbarkeit und Rechtsfolgen des Fremdvergleichs in der Rechtsprechung des BFH, StuB 2002, 174; *Ruppel*, Der Angehörigenvertrag im Zwielicht von zivilrechtlich und steuerrechtlich-wirtschaftlicher Betrachtung, BB 1996, 458; *Schoor*, Steuerorientierte Gestaltungen bei Arbeitsverhältnissen mit Angehörigen, StuB 2002, 526; *ders.*; Mietverträge zwischen nahen Angehörigen, StBp. 2004, 292; *Schuhmann*, Der „neue" § 42 AO 1977, StBp. 2008, 232; *Schulz*, Das Ehegattenarbeitsverhältnis, NZA 2010, 75; *Seeger*, Verträge zwischen nahestehenden Personen – Grundsätzliche Überlegungen und Voraussetzungen ihrer steuerlichen Anerkennung, DStR 1998,1339; *ders.*, Verträge zwischen nahen Angehörigen – Grundsätzliche Überlegungen und Voraussetzungen ihrer steuerlichen Anerkennung, DStR 1998, 1139; *Siebenhüter*, Anmerkungen BFH v. 12.5.2009 – IX R 46/08 – Zivilrechtlich unwirksamer Angehörigenvertrag, EStB 2009, 266; *Spindler*, Neuere Tendenzen in der steuerrechtlichen Beurteilung von Mietverträgen unter nahen Angehörigen, DB 1997, 643; *ders.*, Neuere Tendenzen in der steuerrechtlichen Beurteilung von Mietverträgen unter nahen Angehörigen, DB 1997, 643; *Steinhauff*, Schenkweise Abtretung von Darlehensforderungen eines beherrschenden GmbH-Gesellschafters an seine minderjährigen Kinder als Darlehensvertrag, jurisPR-SteuerR 18/2008 Anm. 2; *Thürmer*, Wohnungsvermietung an ein unterhaltsberechtigtes Kind, DB 2003, 1012; *Tiedtke/Möllmann*, Zivilrechtliche Wirksamkeit als Voraussetzung der steuerrechtlichen Anerkennung von Verträgen zwischen nahen Angehörigen DStR 2007, 1940; *Drüen*, Unternehmerfreiheit und Steuerumgehung, StuW 2008, 154; *dies.*, Anmerkung BFH v. 12.5.2009 – IX R 46/08 – Fehlerhafte Gesamtwürdigung bei Darlehensverträgen zwischen nahestehenden Personen, BB 2009, 1735; *Trossen*, Anmerkung zu BFH v. 11.5.2010 – IX R 19/09 – Treuhänderische Unterbeteiligung zwischen Ehegatten – GmbH-StB 2010, 253; *Wassermeyer*, Verdeckte Gewinnausschüttung: Veranlassung, Fremdvergleich und Beweisrisikoverteilung, DB 2001, 2465; *Wälzholz*, Die Besteuerung von Lebenspartnerschaften und deren Auswirkung auf die Besteuerung von Ehegatten, DStR 2002, 33; *Wolff-Diepenbrock*, Überlegungen zum Fremdvergleich bei Verträgen unter Angehörigen, FS Beisse, 1997, 581.

Anmerkungen

1. Die **steuerrechtliche Anerkennung** von Vertragsverhältnissen zwischen nahen Angehörigen ist u.a. davon abhängig, dass die Verträge bürgerlich-rechtlich wirksam vereinbart worden sind und sowohl die Gestaltung als auch die Durchführung des Vereinbartem **dem zwischen Fremden Üblichen entspricht** (BFHE 214, 173; BFHE 205, 261, BStBl 2004 II S. 826; BFHE 198, 288, BStBl 2002 II S. 674; BFHE 191, 250, BStBl 2000 II S. 386). Zu nahen Angehörigen zählen dabei auch Großeltern und Enkelkinder im Verhältnis zueinander (BFHE 163, 423, BStBl 1991 II S. 391; BFHE 138, 359, BStBl 1983 II S. 555). Die Anforderungen an die Anerkennung von Verträgen zwischen nahen Angehörigen gründen auf der Überlegung, dass es **innerhalb eines Familienverbundes typischerweise an einem Interessensgegensatz ermangelt und somit zivilrechtliche Gestaltungsmöglichkeiten steuerrechtlich missbraucht werden können** (BFH v. 21.1.2014 – X B 181/13 – BVerfG NJW 1996, 833; BFHE 214, 173). Im Interesse einer effektiven Missbrauchsbekämpfung ist es daher geboten und zulässig, an den Beweis des Abschlusses und an den Nachweis der Ernstlichkeit von Vertragsgestaltungen zwischen nahen Angehörigen strenge Anforderungen zu stellen (BVerfG NJW 1996, 833; BFHE 214, 173 mwN). Die Beachtung der zivilrechtlichen Formerfordernisse bei Vertragsabschluss und die **Kriterien des Fremdvergleiches** aber bilden lediglich Beweisanzeichen (Indizien) bei der im Rahmen einer Gesamtbetrachtung zu treffenden Entscheidung, ob die streitigen Aufwendungen in einem sachlichen Zusammenhang mit der Erzielung von Einkünften stehen oder dem nicht steuerbaren privaten Bereich (§ 12 des Einkommensteuergesetzes – EStG –) zugehörig sind (BFHE 214, 173; BFHE 205, 261, BStBl 2004 II S. 826). Insbesondere die zivilrechtliche Wirksamkeit des Vertragsabschlusses darf nicht zu einem eigenen Tatbestandsmerkmal dergestalt verselbständigt werden, dass allein die Nichtbeachtung zivilrechtlicher Formvorschriften die steuerrechtliche Nichtanerkennung des Vertragsverhältnisses zur Folge hat (BFH v. 23.12.2013 – III B 84/12 – BFHE 214, 173; BVerfG BStBl 1996 II S. 34). Diese verfassungsgerichtlichen Vorgaben hat der BFH im Urteil in BFHE 191, 250, BStBl 2000 II S. 386 aufgenommen und entschieden, dass die zivilrechtliche Unwirksamkeit eines Vertragsabschlusses zwischen nahen Angehörigen nicht ausnahmslos zum Ausschluss der steuerlichen Anerkennung des Vertragsverhältnisses führen darf (BFHE 214, 173).

2. In der Entscheidung vom 17.7.2013 – X R 31/12 – NZA-RR 2013, 643 hat der BFH präzisierend festgestellt, dass bei Arbeitsverträgen zwischen nahen Angehörigen die Intensität der erforderlichen Prüfung der Fremdüblichkeit der Vertragsbedingungen auch vom **Anlass des Vertragsschlusses** abhängig ist.

3. Liegt bei einer Kanzlei kein Kleinbetrieb iSd § 23 KSchG vor, dann ist zu beachten, dass das **Scheitern der Ehe** zwischen dem Arbeitgeber oder dem gesetzlichen Vertreter des

Arbeitgebers und der (Ehegatten-)Arbeitnehmerin eine Beendigung des Arbeitsverhältnisses **nicht unter dem Gesichtspunkt eines Wegfalls der Geschäftsgrundlage** (§ 242 BGB) zu rechtfertigen vermag, da die Kündigungsvorschriften des § 1 KSchG insoweit vorgehen und das genannte Rechtsinstitut verdrängen (BAG NZA 1996, 249 mwN). Auseinandersetzungen im Zusammenhang mit dem Scheitern einer Ehe können zwar das für die Fortsetzung eines Arbeitsverhältnisses zwischen Ehegatten notwendige Vertrauen zerstören. Je nach den Umständen des Einzelfalles können daraus Gründe im Verhalten des Arbeitnehmer oder in seiner Person erwachsen, die eine Kündigung sozial rechtfertigen (BAG NZA 1996, 249). Eine zerrüttete Ehe muss nach dem BAG aber nicht in jedem Fall Auswirkungen auf das Arbeitsverhältnis zwischen den Eheleuten bzw. auf das Arbeitsverhältnis zwischen einem der Ehegatten und dem Unternehmen, in dem der andere Arbeitgeberfunktionen wahrnimmt, haben. Nur wenn sich die ehelichen Auseinandersetzungen nach den tatsächlichen Umständen des Einzelfalles dergestalt auf das Arbeitsverhältnis auswirken, dass der Arbeitgeber Gründe zu der Annahme hat, der Arbeitnehmer werde seine arbeitsvertraglichen Pflichten nicht mit der geschuldeten Sorgfalt und Loyalität erfüllen bzw. es werde im Arbeitsverhältnis zu einer Fortsetzung der ehelichen Streitigkeiten und damit zu einer Störung des Betriebsfriedens kommen, kann eine Kündigung gem. § 1 Abs. 2 KSchG sozial gerechtfertigt sein. **Ohne konkrete nachteilige Auswirkungen auf das Arbeitsverhältnis ist die Zerrüttung bzw. das Scheitern der Ehe für die Frage der sozialen Rechtfertigung der Kündigung ohne Aussagekraft** (BAG NZA 1996, 249; ArbG Berlin EzA § 1 KSchG Personenbedingte Kündigung Nr. 4; ArbG Siegburg NJW-RR 1987, 73 = EzA § 1 KSchG Verhaltensbedingte Kündigung Nr. 17). Handelt es sich bei der Kanzlei um einen Kleinbetrieb (§ 23 KSchG), dann verstösst die Kündigung grds. nicht gegen den **Grundsatz von Treu und Glauben gemäß § 242 BGB,** der auch im Kleinbetrieb einen gewissen Mindestschutz gewährleistet und vom Arbeitgeber verlangt, das durch eine langjährige Mitarbeit erdiente Vertrauen in den Fortbestand des Arbeitsverhältnisses nicht unberücksichtigt zu lassen** (LAG Berlin-Brandenburg NZA-RR 2008, 633 mwN). Dass sich der (Ehegatten-)Arbeitgeber von der (Arbeitnehmer-)Gattin mit Rücksicht auf ihr Getrenntleben und die bevorstehende Scheidung trennen will, ist grds. nicht treuwidrig und es erscheint vielmehr verständlich, wenn der Arbeitgeber in seinem Kleinbetrieb nicht mehr die Grundlage für eine persönliche Zusammenarbeit mit der Ehegattin als gegeben erachtet (LAG Berlin-Brandenburg NZA-RR 2008, 633). Daran änderte auch die bei der Auslegung des § 242 BGB zu berücksichtigende Gewährleistung von Ehe und Familie in **Art. 6 Abs. 1 GG** nichts (LAG Berlin-Brandenburg NZA-RR 2008, 633). Dass überhaupt nur ein Arbeitnehmer, der mit seinem Arbeitgeber verheiratet (gewesen) ist, im Zusammenhang mit einer Trennung in die Situation geraten kann, wegen der damit verbundenen persönlichen Spannungen entlassen zu werden, läuft dem Schutz der Ehe gerade nicht zuwider (LAG Berlin-Brandenburg NZA-RR 2008, 633). Nichts anderes ergibt sich, wenn in die Auslegung und Interpretation die Vorgaben der GRC (Vgl. dazu *Ritter* NJW 2010, 1110 und *ders.* NJW 2012, 1549) und dort insbesondere Art. 9 GRC oder Art. 12 EMRK einbezogen werden.

4. Die **vereinbarte Vergütung muss beim Ehegattenarbeitsvertrag im Verhältnis zur Vergütung einer fremden Arbeitskraft für die unter gleichen Voraussetzungen verrichtete Arbeit angemessen sein** (BSGE 74, 275 (280); BSG Urt. v. 21.4.1993 – 11 RAr 67/92, SozR 3-4100 § 168 Nr. 11). In der Entscheidung vom 17.7.2013 – X R 31/12 – NZA-RR 2013, 643 hat der BFH ergänzend festgestellt: Leistet der als Arbeitnehmer beschäftigte Angehörige unbezahlte Mehrarbeit über seine vertragliche Stundenzahl hinaus, steht dies der Annahme, das Arbeitsverhältnis sei tatsächlich durchgeführt worden, grundsätzlich nicht entgegen. Etwas anderes gilt nur, wenn die vereinbarte Vergütung schlechterdings nicht mehr als Gegenleistung für die Tätigkeit des Angehörigen angesehen werden kann und deshalb auf das **Fehlen eines Rechtsbindungswillens** zu schließen ist. Die unterbliebene **Führung von Arbeitszeitnachweisen betrifft** – sofern nicht aus einem betriebsinternen Fremdvergleich Gegenteiliges folgt – in der Regel nicht die Frage der Fremdüblichkeit der Arbeitsbedingungen, sondern hat vorrangig Bedeutung für den dem Steuerpflichtigen obliegenden Nachweis, dass der Angehörige tatsächlich Arbeitsleistungen jedenfalls in dem vertraglich vereinbarten Umfang erbracht hat (BFH Urt. v. 17.7.2013 – X R 31/12 – unter ausdrücklicher Abgrenzung zum Urteil BFH Urt. v. 21.1.1999 – IV R 15/98, BFH/NV 1999, 919; FG Niedersachsen v. 7.1.2014 – 9 K 135/12 DB 2014, 512).

5. Der Abzug bzw. die **Einbehaltung von Lohnsteuer und Sozialversicherungsbeiträgen**, eine **Verbuchung des Gehalts als Betriebsausgabe** und eine **übliche Urlaubsregelung** werden als weitere Indizien für ein Beschäftigungsverhältnis angesehen (*Bereiter-Hahn/Mehrtens*, SGB VI, § 2 Rn. 6.11.). Ein ernsthaftes Arbeitsverhältnis zwischen Ehegatten besteht in der Regel nur dann, wenn der vereinbarte **Arbeitslohn jeweils zum üblichen Zahlungszeitpunkt tatsächlich gezahlt** wird (BFH Urt. v. 5.12.1963 – BStBl 1964 III S. 131, BFH Urt. v. 26.9.1968 – BStBl 1969 II S. 102; BFH Urt. v. 14.10.1981 – BStBl 1982 II S. 119).

6. Um dem sog. **Fremdvergleich** standzuhalten, sollte die Arbeitszeit möglichst genau festgelegt werden, dh an welchen Tagen und zu welchen Stunden der Arbeitnehmer zu arbeiten hat, soweit nicht **Stundenzettel** zum Nachweis gefertigt werden. Es ist unter Fremden nicht üblich, dass sich der Arbeitnehmer lediglich zu einer bestimmten wöchentlichen oder gar monatlichen Anzahl von Arbeitsstunden verpflichtet und es dabei völlig dem Arbeitgeber überlassen bleibt, zu bestimmen, wann die Arbeit im Einzelnen zu leisten ist oder aber dies in der freien Entscheidung des Arbeitnehmers liegt (FG Düsseldorf Urt. v. 6.11.2012, 9 K 2351/12 E –). Dies kann zwar auch unter Fremden ausnahmsweise vorkommen. Insbesondere bei einem Arbeitsverhältnis, das nur eine Teilzeitbeschäftigung zum Gegenstand hat, werden das Aufgabengebiet und der zeitliche Einsatz des Arbeitnehmers auch in Arbeitsverträgen unter fremden Dritten nicht stets in allen Einzelheiten festgelegt, sondern der Weisungsbefugnis des Arbeitgebers überlassen (FG Düsseldorf Urt. v. 6.11.2012 – 9 K 2351/12 E). Zum Nachweis der vom Arbeitnehmer erbrachten Arbeitsleistung können dann aber **Belege, zB in Form von Stundenzetteln, üblich** sein (FG Baden-Württemberg Urt. v. 16.3.1995 – 14 K 323/91, EFG – Entscheidungen der Finanzgerichte – 1995, 705; FG Düsseldorf Urt. v. 18.4.1996 – 15 K 1449/93 E, EFG 1996, 1152; FG Nürnberg Urt. v. 3.4.2008 – VI 140/2006, EFG 2008,1013; FG Düsseldorf Urt. v. 6.11.2012 – 9 K 2351/12 E –).

7. Es besteht für die über ein Rechtsgeschäft aufgenommenen Urkunden die **Vermutung der Vollständigkeit und Richtigkeit** (BGH NJW 2002, 3164; BGHZ 20, 109, 111; BGH ZIP 1999, 1887). Die Partei, die sich auf außerhalb der Urkunde liegende Umstände – sei es zum Nachweis eines vom Urkundstext abweichenden übereinstimmenden Willens der Beteiligten, sei es zum Zwecke der Deutung des Inhalts des Beurkundeten aus der Sicht des Erklärungsempfängers (§§ 133 , 157 BGB) – beruft, trifft die Beweislast für deren Vorliegen (BGH NJW 2002, 3164; BGH WM 1999, 965).

8. Klausel in Anlehnung *Preis/Preis*, Der Arbeitsvertrag, 4. Aufl., 2011, II V 60 Rn. 10.

9. Klausel in Anlehnung *Preis/Preis*, Der Arbeitsvertrag, 4. Aufl., 2011, II S 30 Rn. 4.

5. Arbeitsvertrag mit einer Kanzleimitarbeiterin – Vollzeit unbefristet

Arbeitsvertrag

zwischen

Rechtsanwalt . . . . . .

– nachfolgend: Arbeitgeber –

und

Frau . . . . . .

– nachfolgend: Arbeitnehmerin[1] –

§ 1 Beginn des Arbeitsverhältnisses[2]

Das Arbeitsverhältnis beginnt am . . . . . .

§ 2 Probezeit

(1) Die ersten sechs[3] Monate des Arbeitsverhältnisses sind Probezeit. In der Probezeit kann das Arbeitsverhältnis von beiden Seiten mit einer Frist von zwei Wochen[4] gekündigt[5] werden.

(2) Vor Beginn des Arbeitsverhältnisses ist die ordentliche Kündigung ausgeschlossen.[6]

(Alternative:[7]

(1) Die ersten sechs Monate des Arbeitsverhältnisses sind Probezeit.

(2) Das Arbeitsverhältnis ist auf die Dauer der Probezeit von sechs Monaten befristet. In der Probezeit kann das Arbeitsverhältnis von beiden Seiten mit einer Frist von zwei Wochen gekündigt werden. Vor Beginn des Arbeitsverhältnisses ist die ordentliche Kündigung ausgeschlossen.

(3) Wird das Arbeitsverhältnis nach Ablauf der Probezeit einvernehmlich fortgesetzt, so geht es in ein Arbeitsverhältnis auf unbestimmte Zeit zu den in diesem Vertrag geregelten Bedingungen über, für das die gesetzlichen Kündigungsfristen gelten.)

§ 3 Tätigkeit

(1) Die Arbeitnehmerin wird als Rechtsanwaltsfachangestellte[8]/Rechtsanwalts- und Notariatsfachangestellte[9]/als Rechtsfachwirtin[10]/als Notarfachwirtin[11]/als Office-Managerin/als Notarfachangestellte[12]/als leitende Notarmitarbeiterin/als Patentanwaltsfachangestellte[13] eingestellt.

(2) Die Arbeitnehmerin verpflichtet sich, die geschuldeten Tätigkeiten gewissenhaft und sorgfältig auszuführen und auf die Rechte, Rechtsgüter und Interessen des Arbeitgebers Rücksicht zu nehmen.[14]

(3) Die Arbeitnehmerin ist insbesondere dazu verpflichtet, eigenverantwortlich auf Notierung und Einhaltung der einschlägigen gesetzlichen, gerichtlichen, tarifvertraglichen oder vereinbarten Fristen insbesondere für Anträge, Klagen, Rechtsmittel usw. zu achten.[15]

§ 4 Direktionsrecht[16]

Der Arbeitgeber kann Inhalt, Ort und Zeit der Arbeitsleistung nach billigem Ermessen näher bestimmen. Dies gilt auch hinsichtlich der Ordnung und des Verhaltens der Arbeitnehmerin in der Kanzlei.

§ 5 Fortbildung[17]

(1) Die Arbeitnehmerin ist verpflichtet, sich fortzubilden.

(2)[18] Die Arbeitnehmerin wird sich über die für ihre Arbeit bedeutsamen Rechtsänderungen aus eigener Initiative informieren. Sie ist auch bereit, vom Arbeitgeber ausgewählte Fortbildungsveranstaltungen zu besuchen, auch außerhalb des Wohn- und Arbeitsortes und der üblichen Arbeitszeit, soweit alle anfallenden Kosten vom Arbeitgeber getragen werden. Ein Anspruch auf Arbeitsvergütung oder Freizeitausgleich für die Teilnahme an solchen Veranstaltungen außerhalb der üblichen Arbeitszeit besteht nicht.

(3) Für besonders aufwendige Fort- und Weiterbildungsveranstaltungen kann der Arbeitgeber den Abschluss einer besonderen Rückzahlungsvereinbarung für den Fall des Abbruchs der Veranstaltung durch die Arbeitnehmerin oder die von der Arbeitnehmerin zu vertretende und aus ihrem Risikobereich[19] herrührende Beendigung des Arbeitsverhältnisses in nahem zeitlichem Abstand zu der Veranstaltung zu den üblichen Bedingungen verlangen. Dafür soll grundsätzlich gelten, dass bei einem Ausscheiden innerhalb eines Zeitraums von drei Jahren vom Ende des Lehrgangs an eine Erstattungspflicht in voller Höhe gilt, die sich für jedes volle Jahr der Betriebszugehörigkeit nach Ende des Lehrgangs um je 1/3 verringert.

§ 6 Sprache

(1) Die Arbeitnehmerin ist verpflichtet, Schriftstücke orthografisch fehlerfrei zu erstellen. Maßstab für die Fehlerfreiheit sind die üblichen Regelwerke.

(2) Die Arbeitnehmerin ist verpflichtet, bei der Erstellung von Schriftstücken und bei sprachlichen Äußerungen im Rahmen der vereinbarten Tätigkeit die Üblichkeiten des anwaltlichen Sprachgebrauchs zu beachten.[20]

§ 7 Arbeitszeit[21]

(1) Die Arbeitnehmerin wird mit 40 Stunden wöchentlich angestellt.

(2) Die Arbeitnehmerin ist bereit auf Verlangen Überstunden zu leisten. Die Erbringung von Überstunden ist nur bei ausdrücklicher arbeitgeberseitiger Anweisung zulässig.[22] Im übrigen sind Überstunden weder gewollt noch werden sie geduldet.[23]

§ 8 Vergütung; Vergütung Überstunden

(1) Die Arbeitnehmerin erhält eine Vergütung von . . . . . . EUR monatlich.[24]

(2) In der vereinbarten Vergütung sind die ersten zwanzig Überstunden mit enthalten.[25]

§ 9 Arbeitsverhinderung/Arbeitsunfähigkeit/Krankheit

(1) Die Arbeitnehmerin ist verpflichtet, dem Arbeitgeber jede Arbeitsverhinderung – gleich welcher Art – und deren voraussichtliche Dauer unverzüglich mitzuteilen. Bei einer Erkrankung ist die Arbeitsunfähigkeitsbescheinigung eines Arztes vorzulegen.

(2) Die Arbeitnehmerin ist verpflichtet, den Arbeitgeber bei Arbeitsverhinderung – gleich welcher Art - mit der Anzeige der Arbeitsverhinderung gleichzeitig auch auf etwaige dringliche Arbeiten hinzuweisen.

(3) Der Arbeitgeber ist berechtigt, von der Arbeitnehmerin die Vorlage einer ärztlichen Bescheinigung über das Bestehen der Arbeitsunfähigkeit und deren voraussichtliche Dauer schon von dem ersten Tag der Erkrankung an zu verlangen.[26]

(4) § 616 BGB[27] wird abbedungen.[28]

(Alternative:[29]

(4) Grundsätzlich wird nur die tatsächlich geleistete Arbeit bezahlt, es sei denn, dass dies gesetzlich angeordnet wird. Die Arbeitnehmerin hat jedoch Anspruch auf Entgeltfortzahlung bei persönlicher Arbeitsverhinderung in folgenden Fällen:

– 2 Tage für die eigene Eheschließung

– 2 Tage pro Jahr bei schwerer Erkrankung eines nahen Angehörigen, insbesondere für die Pflege eines erkrankten Kindes

– 1 Tag bei der Teilnahme an einer seltenen Familienfeier oder bei einem Todesfall der engen Familie.

Im Übrigen wird die Entgeltfortzahlung bei persönlicher Arbeitsverhinderung, § 616 Abs. 1 BGB, ausgeschlossen.)

§ 10 Urlaub[30]

(1) Die Arbeitnehmerin hat – nach einer Beschäftigungsdauer von sechs Monaten – Anspruch auf einen Jahresurlaub von . . . . . . Arbeitstagen. Die Urlaubszeit wird im Einvernehmen mit dem Arbeitgeber festgelegt.

(2) Im Übrigen gelten die gesetzlichen Bestimmungen.

§ 11 Nebentätigkeit[31]

(1) Die Arbeitnehmerin ist verpflichtet, dem Arbeitgeber vollständige Auskunft über Arbeitsverhältnisse und sonstige Beschäftigungsverhältnisse zu geben, die zu Dritten bestehen.[32]

(2) In andere Beschäftigungsverhältnisse und insbesondere Teilzeitarbeitsverhältnisse zu Dritten darf die Arbeitnehmerin nur nach vorheriger schriftlicher Zustimmung des hiesigen Arbeitgebers treten. Der hiesige Arbeitgeber kann die Zustimmung verweigern wenn seine betrieblichen Interessen beeinträchtigt werden.[33]

(3) Die Arbeitnehmerin verpflichtet sich, alle Nebentätigkeiten zu unterlassen, bei denen der Anschein der Verletzung von Verschwiegenheitspflichten entstehen könnte.

§ 12 Verschwiegenheit[34]

(1) Die Arbeitnehmerin ist zur Verschwiegenheit verpflichtet.

(2) Die Pflicht zur Verschwiegenheit bezieht sich auf alles, was die Arbeitnehmerin in Ausübung ihres Berufes und der hier vereinbarten Tätigkeit – gleich auf welchem Wege und in welcher Art und Weise – bekannt geworden ist.

(3) Die Arbeitnehmerin verpflichtet sich, auf Verlangen des Arbeitgebers weitere gesonderte Verschwiegenheitsverpflichtungen zu unterzeichnen.[35]

(4) Die Verpflichtung zur Verschwiegenheit gilt auch nach Beendigung des Arbeitsverhältnisses – gleich aus welchem Grunde die Beendigung erfolgt –, soweit dadurch das berufliche Fortkommen nicht (nur unerheblich) behindert wird.[36]

§ 13 Ärztliche Untersuchung

(1) Der Arbeitgeber kann die Durchführung einer Vorsorgeuntersuchung nach der Bildschirmarbeitsplatzverordnung[37] anordnen.

(2) Entstehen der Arbeitnehmerin aus vom Arbeitgeber angeordneten ärztlichen Untersuchungen Kosten, sind diese vom Arbeitgeber zu übernehmen.

(3) Im übrigen gelten die gesetzlichen Vorgaben.[38]

§ 14 Beendigung des Arbeitsverhältnisses

(1) Das Arbeitsverhältnis kann nach Ablauf der Probezeit mit den gesetzlichen Fristen gekündigt werden.

(2) Der Arbeitgeber ist berechtigt, die Arbeitnehmerin während des Laufes der Kündigungsfrist freizustellen.[39]

(3) Das Recht zur außerordentlichen Kündigung bleibt unberührt.

(4) Das Arbeitsverhältnis endet, ohne dass es einer Kündigung bedarf, mit Ablauf des Monats, in dem die Arbeitnehmerin das Alter erreicht, ab den erstmals Anspruch auf gesetzliche Regelaltersrente besteht.[40]

§ 15 Ausschlussfrist[41]

(1) Ansprüche aus dem Arbeitsverhältnis sind binnen drei Monaten ab dem Eintritt der Fälligkeit schriftlich geltend zu machen.

(2) Werden Ansprüche aus dem Arbeitsverhältnis nicht binnen drei Monaten ab dem Eintritt der Fälligkeit schriftlich geltend gemacht verfallen sie.

(Alternative:[42]

§ 15 Verfallfristen[43]

(1) Alle Ansprüche, die sich aus dem Arbeitsverhältnis und seiner Beendigung ergeben, sind von den Vertragsschließenden binnen einer Frist von drei Monaten seit ihrer Fälligkeit schriftlich geltend zu machen.

(2) Der Fristlauf beginnt, sobald der Anspruch entstanden ist und der Anspruchsberechtigte von den, den Anspruch begründenden Umständen Kenntnis erlangt oder ohne grobe Fahrlässigkeit erlangen müsste.

(3) Ansprüche, die durch strafbare oder unerlaubte Handlungen entstanden sind, unterfallen nicht der vereinbarten Ausschlussfrist.

(4) Bleibt die Geltendmachung erfolglos, sind die Ansprüche binnen einer weiteren Frist von drei Monaten, beginnend nach Ablauf der Geltendmachungsfrist, einzuklagen.

(5) Wird der Anspruch nicht formgemäß innerhalb der Fristen geltend gemacht, führt dies zum endgültigen Erlöschen des Anspruchs.)

§ 16 Vollständigkeit des Vertrags/Schriftform

(1) Es wird vermutet, dass der Vertragstext vollständig und richtig ist.[44] Derjenige, der sich gleichwohl auf eine mündlich getroffene Nebenabrede beruft, trägt dafür die Beweislast.[45]

(2) Änderungen und Ergänzungen dieses Vertrages bedürfen zu ihrer Wirksamkeit der Schriftform, es sei denn, sie beruhen auf einer ausdrücklichen oder individuellen Vertragsabrede.[46]

....., den ...., den ......

(Arbeitgeber)   (Arbeitnehmerin)

Anmerkungen

1. Die Formulare unter → Form. J. I. 5 ff. sind in weiblicher Form gefasst.

2. Der **Beginn des Arbeitsverhältnisses** ist für die **Berechnung von Kündigungsfristen**, für den **Beginn der Sozialversicherungspflicht** und **der Lohnsteuerpflicht** von Bedeutung und sollte schriftlich klar dokumentiert werden. Das Bedürfnis für klare Bestimmbarkeit des Beginns des Arbeitsverhältnisses besteht auch im Blick auf **§ 8 Abs. 1 TzBfG** wonach nur ein Arbeitnehmer, dessen Arbeitsverhältnis länger als sechs Monate bestanden hat, verlangen kann, dass seine vertraglich vereinbarte Arbeitszeit verringert wird. Zu beachten ist dabei § 8 Abs. 7 TzBfG: Für den Anspruch auf Verringerung der Arbeitszeit gilt die Voraussetzung, dass der Arbeitgeber, unabhängig von der Anzahl der Personen in Berufsbildung, in der Regel mehr als 15 Arbeitnehmer beschäftigt. Für viele Kanzleien wird § 8 TzBfG deshalb gar nicht eingreifen. So betrug etwa 2000 die durchschnittliche Kanzleigröße in Deutschland 1,8 Anwälte (vgl. *Hellwig* AnwBl. 2000, 705 (706)). Dabei wurde diskutiert, ob die Kleinbetriebsklausel in § 8 Abs. 3 TzBfG verfassungswidrig ist oder ob die Regelung im Blick auf den Umstand, dass Teilzeitverlangen in Kleinbetrieben weit mehr Frauen als Männer geltend machen, eine mittelbare Diskriminierung darstellt. Das wurde aber verneint (vgl.: LAG Köln NZA-RR 2002, 511 mwN).

3. Einer **Begründung für die Vereinbarung einer sechsmonatigen Probezeit** bedarf es bei einer Erstbeschäftigung nicht. Nach § 622 Abs. 3 BGB gilt während einer vereinbarten Probezeit, längstens für die Dauer von sechs Monaten, eine Kündigungsfrist von zwei Wochen. Nach dem Wortlaut des Gesetzes ist damit grundsätzlich die vertraglich vereinbarte Dauer der Probezeit maßgeblich (BAG NJW 2008, 2521). Der Zusatz, „längstens für die Dauer von sechs Monaten", bezieht sich auf die vereinbarte Dauer und schränkt die arbeitsvertraglichen Gestaltungsmöglichkeiten nur dahingehend ein, dass die Probezeitdauer sechs Monate nicht überschreiten darf. Nach Ablauf von sechs Monaten gilt – von der in § 622 Abs. 4 BGB geregelten Ausnahme abgesehen – zwingend die gesetzliche Grundkündigungsfrist des § 622 Abs. 1 BGB. Weitere Voraussetzungen für die Wirksamkeit einer Probezeitvereinbarung enthält § 622 Abs. 3 BGB nicht. Die teilweise im Schrifttum vertretene Auffassung, die Probezeit dürfe nur so lang sein, wie dies zur Erprobung für die betreffende Tätigkeit erforderlich sei (vgl. KR-*Spilger* § 622 BGB Rn. 155b mwN), wurde in BAG NJW 2008, 2521 ausdrücklich abgelehnt.

4. Vgl. § 622 Abs. 3 BGB.

5. Während der **Wartezeit** des § 1 Abs. 1 KSchG gilt der **Grundsatz der Kündigungsfreiheit**. Der **Arbeitgeber kann** also dem Arbeitnehmer **regelmäßig noch am letzten Tag der Wartefrist ordentlich kündigen** (BAG NZA 2002, 1000). Sieht der Arbeitgeber die sechsmonatige Probezeit als nicht bestanden an, so kann er nach dem BAG regelmäßig, ohne rechtsmissbräuchlich zu handeln, anstatt das Arbeitsverhältnis innerhalb der Frist des § 1 Abs. 1 KSchG mit der kurzen Probezeitkündigungsfrist zu beenden, dem Arbeitnehmer eine Bewährungschance geben, indem er mit einer überschaubaren, längeren Kündigungsfrist kündigt und dem Arbeitnehmer für den Fall seiner Bewährung die Wiedereinstellung zusagt. In Fall BAG NZA 2002, 1000 sah das BAG die Einräumung einer Kündigungsfrist von vier Monaten, die unterhalb der dort relevanten längsten tariflichen Kündigungsfrist lag und dem Arbeitnehmer nur die Chance einer weiteren Bewährung und die Möglichkeit einer Bewerbung aus einem bestehenden Arbeitsverhältnis heraus bieten sollte, angesichts des Zwecks der längeren Kündigungsfrist als nicht zu beanstanden an. Ob eine Verlängerung der Kündigungsfrist, die allein oder überwiegend im Interesse des Arbeitgebers liegt oder die längste tarifliche Kündigungsfrist überschreitet, zu beanstanden wäre, hat das BAG offen gelassen (BAG NZA 2002, 1000). Davon ausgehend **sollte von der Beachtung der gesetzlichen Frist des § 622 Abs. 3 BGB beim Ausspruch von Probezeitkündigungen gegenüber anwaltlichen Mitarbeitern nicht abgewichen werden.** Vgl. zur Frage der Zulässigkeit der Verlängerung der Probezeit: *Bitzer* AuA 2003, 16.

6. Ein **Ausschluss der ordentlichen Kündigung vor Beginn des Arbeitsverhältnisses** ist grundsätzlich zulässig und darf damit grundsätzlich auch als Klausel in Allgemeinen Geschäftsbedingungen vereinbart werden (BAG NZA-RR 2011, 280; BAG NJW 2004, 3444). Dabei ist stets zu beachten, dass Klauseln, die für sich betrachtet noch zulässig sind, im Zusammenhang mit anderen Klauseln unzulässig sein können (Vgl. *Niebling* NJW 2011, 177 (179 unter Verweis auf BGH NJW 2011, 2125)). **Es darf nicht zu sog. Summierungseffekten kommen.**

7. Formulierung in Anlehnung an Beck FormBArbR/*Ubber*, A.II.1 dort § 10. Bei dieser Gestaltung müssen bei mangelnder Bewährung in der Probezeit Kündigungsbeschränkungen wie etwa wegen Schwangerschaft nicht beachtet werden und es kommt zum Fristende zur Beendigung ohne dass es einer Kündigung bedarf (Beck FormBArbR/*Ubber*, → Anm. 16).

8. Ausbildungsberuf geregelt in der ReNoPat-Ausbildungsverordnung vom 23.11.1987 (BGBl. I S. 2392), die zuletzt durch Art. 101 des Gesetzes vom 17.12.2008 (BGBl. I S. 2586) geändert worden ist.

9. Ausbildungsberuf geregelt in der ReNoPat-Ausbildungsverordnung vom 23.11.1987 (BGBl. I S. 2392), die zuletzt durch Art. 101 des Gesetzes vom 17.12.2008 (BGBl. I S. 2586) geändert worden ist.

10. Ausbildungsberuf geregelt in der Verordnung über die Prüfung zum anerkannten Abschluss Geprüfter Rechtsfachwirt/Geprüfte Rechtsfachwirtin vom 23.8.2001 (BGBl. I S. 2250), die durch Artikel 102 des Gesetzes vom 17.12.2008 (BGBl. I S. 2586) geändert worden ist.

11. Im Notarbereich fehlt es bisher an einer bundeseinheitlichen Ausbildungs- und Prüfungsverordnung.

12. Ausbildungsberuf geregelt in der ReNoPat-Ausbildungsverordnung vom 23.11.1987 (BGBl. I S. 2392), die zuletzt durch Art. 101 des Gesetzes vom 17.12.2008 (BGBl. I S. 2586) geändert worden ist.

13. Ausbildungsberuf geregelt in der ReNoPat-Ausbildungsverordnung vom 23.11.1987 (BGBl. I S. 2392), die zuletzt durch Art. 101 des Gesetzes vom 17.12.2008 (BGBl. I S. 2586) geändert worden ist.

14. Vgl. § 241 Abs. 2 BGB.

15. Formulierung in Anlehnung an DAV-Reno-Ausschuss/*Beckmann* § 2 Ziff. 2 Muster-Arbeitsvertrag für Mitarbeiterinnen und Mitarbeiter in Anwaltskanzleien Stand 10/2009.

16. Ist in einem Arbeitsvertrag die Tätigkeit nur rahmenmässig umschrieben, hat der Arbeitgeber kraft seines Direktions- bzw. seines Weisungsrechts die Befugnis, die Leistungspflicht des Arbeitnehmers im Einzelnen festzulegen. Auf der Grundlage dieses Weisungsrechts bestimmt der Arbeitgeber Zeit, Ort und auch Art der Arbeitsleistung. Umfang und Grenzen dieses Weisungsrechts ergeben sich aus Gesetz, Kollektivvereinbarungen und dem Einzelarbeitsvertrag. Dabei darf das Weisungsrecht nur nach billigem Ermessen (§ 106 S. 1 GewO; § 315 BGB) ausgeübt werden (BAG NZA 2005, 359; BAG NZA 2001, 780). Die Generalklauseln und unbestimmten Rechtsbegriffe in § 106 GewO, 315 BGB sind dabei unter Berücksichtigung der Wertentscheidungen des GG sowie der GRC auszulegen und zu interpretieren (*Ritter* NJW 2010, 1110; *ders.* NJW 2012, 1549. Vgl. zum Anwendungsbereich der GRC auch: EuGH Urt. v. 26.2.2013 – C-617/10). **Nebenarbeiten**, wie beispielsweise Heranschaffen des Büromaterials, Aufräumen und Säubern des Arbeitsplatzes und des Schreibtisches usw., hat der Arbeitnehmer nur dann zu verrichten, wenn deren Übernahme dem Arbeitsvertrag entspricht, d.h. wenn sie typischerweise in dem vereinbarten Tätigkeitsbereich anfallen oder nur eine untergeordnete Bedeutung haben. In außergewöhnlichen Fällen, insbesondere in **Notfällen**, muss der Arbeitnehmer aufgrund seiner vertraglichen **Nebenpflicht, Schaden vom Arbeitgeber abzuwehren, auf** Verlangen vorübergehend auch solche Arbeiten übernehmen, die nicht in seinen Tätigkeitsbereich fallen (BAG ZIP 1981, 418). Nicht jede im Betrieb auftretende Schwierigkeit kann jedoch als außergewöhnlicher Fall angesehen werden. Als außergewöhnliche Fälle werden unvorhergesehene, durch rechtzeitige Personalplanung nicht behebbare Personalengpässe. angesehen. Betreffend **Weisungsrecht und Arbeitsort**: Gem. § 106 S. 1 GewO darf der Arbeitgeber den Ort der Arbeitsleistung nach billigem Ermessen näher bestimmen, soweit dieser nicht durch den Arbeitsvertrag, Bestimmungen einer Betriebsvereinbarung, eines anwendbaren Tarifvertrags oder gesetzliche Vorschriften festgelegt ist (BAG Urt. v. 18.10.2012 – 6 AZR 86/11; BAG DB 2007, 1985). In einem ersten Schritt ist durch Auslegung der Inhalt der vertraglichen Regelungen unter Berücksichtigung aller Umstände des Einzelfalls zu ermitteln wobei dabei insbesondere festzustellen ist, ob ein bestimmter Tätigkeitsort vertraglich festgelegt ist und welchen Inhalt ein ggf. vereinbarter Versetzungsvorbehalt hat (BAG Urt. v. 18.10.2012 – 6 AZR 86/11 – mwN). Ist der Arbeitsort nicht festgelegt oder konkretisiert und weist der Arbeitgeber dem Arbeitnehmer einen anderen Arbeitsort zu, unterliegt die Weisung nach den Grundsätzen des BAG keiner Inhaltskontrolle nach § 307 BGB, sondern der **Ausübungskontrolle nach § 106 S. 1 GewO, § 315 Abs. 3 BGB** (BAG Urt. v. 18.10.2012 – 6 AZR 86/11). Eine Leistungsbestimmung entspricht billigem Ermessen, wenn die wesentlichen Umstände des Falls abgewogen und die beiderseitigen Interessen angemessen berücksichtigt worden sind (BAG Urt. v. 18.10.2012 – 6 AZR 86/11; BAG NZA 2011, 631; BAG NJW 2011, 329). Dabei hat das BAG in der Entscheidung vom 18.10.2012 ausdrücklich offen gelassen, ob an der bisherigen Rechtsprechung zu den arbeitsvertraglichen Grenzen des gesetzlichen Direktionsrechts (§ 106 S. 1 GewO) bei Versetzungen mit einer Veränderung des Arbeitsorts festzuhalten ist (BAG Urt. v. 18.10.2012 – 6 AZR 86/11. Das BAG verweist auf die Bewertungen von *Hromadka* NZA 2012, 233 (238); *Wank* RdA 2012, 139 (140); *ders.* NZA Beilage 2/2012, 41 (48); *ders.* RdA 2005, 271 (272)).

17. Ein Arbeitnehmer kann im Arbeitsvertrag zur **Fortbildung** verpflichtet werden (Maschmann/Sieg/Göpfert, Vertragsgestaltung im Arbeitsrecht, Ziff. 160 Rn. 13 mwN). Dabei unterliegt es dem **Direktionsrecht** des Arbeitgebers gemäß § 106 GewO, den Arbeitnehmer anzuweisen, an **internen Schulungen** teilzunehmen, die hinsichtlich der Tätigkeit des Arbeitnehmers geboten oder zumindest förderlich erscheinen (LAG Rheinland-Pfalz Urt. v. 19.10.2005 – 10 Sa 421/05).

18. Formulierung von Abs. 2 und 3 in Anlehnung an DAV-Reno-Ausschuss/*Beckmann* § 9 Muster-Arbeitsvertrag für Mitarbeiterinnen und Mitarbeiter in Anwaltskanzleien Stand 10/2009.

19. Das BAG prüft die Wirksamkeit von **Regelungen über die Rückzahlung von Fortbildungskosten unter Berücksichtigung der jeweiligen Umstände des Einzelfalles** (BAG NZA 2013, 1419; BAG NJW 2013, 410; BAG NZA 2012, 738). Zudem ist nach der im Rahmen von § 307 BGB anzustellenden Interessenabwägung der die Rückzahlungspflicht auslösende Tatbestand zu berücksichtigen (BAG NZA 2012, 738). Es ist nicht zulässig, die Rückzahlungspflicht schlechthin an das Ausscheiden des Arbeitnehmers zu knüpfen, das innerhalb der mit der Klausel vorgesehenen Bindungsfrist stattfindet. Vielmehr muss nach dem Grund des vorzeitigen Ausscheidens unterschieden werden (BAGE 118, 36). Eine Rückzahlungsklausel stellt nur dann eine ausgewogene Gesamtregelung dar, wenn es der Arbeitnehmer selbst in der Hand hat, durch eigene Betriebstreue der Rückzahlungsverpflichtung zu entgehen. Verluste aufgrund von Investitionen, die nachträglich wertlos werden, hat grundsätzlich der Arbeitgeber zu tragen. Hätte der betriebstreue Arbeitnehmer die in seine Aus- oder Weiterbildung investierten Betriebsausgaben aber dann zu erstatten, wenn die Gründe für die vorzeitige Beendigung des Arbeitsverhältnisses ausschließlich dem Verantwortungs- und Risikobereich des Arbeitgebers zuzurechnen sind, würde er mit den Kosten einer fehlgeschlagenen Investition des Arbeitgebers belastet. Sieht eine Vertragsklausel auch für einen solchen Fall eine Rückzahlungspflicht vor, berücksichtigt sie nicht die wechselseitig anzuerkennenden Interessen beider Vertragspartner, sondern einseitig nur diejenigen des Arbeitgebers. Damit benachteiligt eine solche Klausel den Arbeitnehmer unangemessen (BAGE 111, 157; BAG NZA 2012, 738). Eine **geltungserhaltende Reduktion** ist dabei auch hier **ausgeschlossen** (BAG NZA 2013, 1419).

20. Nach dem BAG (NJW 2012, 171) kann die **Anforderung, die deutsche Sprache in Wort und Schrift in einem bestimmten Umfang zu beherrschen**, ausländische Arbeitnehmer in besonderer Weise gegenüber deutschen Arbeitnehmern benachteiligen. Zwar verfügen viele ausländische Arbeitnehmer – etwa weil sie im Inland bzw. im deutschsprachigen Ausland aufgewachsen sind, sich entsprechend schulen konnten oder in sonstiger Weise die entsprechenden Sprachkenntnisse erworben haben – über umfassende Deutschkenntnisse in Wort und Schrift, so dass nicht alle Ausländer von einer solchen Vorgabe gleichermaßen betroffen sind (BAG NJW 2012, 171). Dies gilt aber zwangsläufig nicht für die Arbeitnehmer mit einer anderen Muttersprache, denen solche Möglichkeiten zum Erwerb der deutschen Sprachkenntnisse nicht zur Verfügung gestanden haben. Daher kann die Forderung nach dem Besuch von Deutschsprachkursen während des bestehenden Beschäftigungsverhältnisses eine mittelbare Diskriminierung von Ausländern darstellen, wenn die Forderung nach genügenden **Deutschkenntnissen** nicht **aufgrund der (vorgesehenen) Tätigkeit sachlich gerechtfertigt ist** (BAG NJW 2012, 171; LAG Hamm LAGE KSchG § 1 Nr. 14; ArbG Berlin Urt. v. 26.1.2010 – 25 Ca 282/09 – Rn. 41 ff.; vgl. auch: BVerfG v. 28.1.2013 – 1 BvR 274/12 – NJW 2013, 1727).

21. Ist im Arbeitsvertrag keine kalendertägliche Arbeitszeit vereinbart, kann der Arbeitgeber die Lage der Arbeitszeit kraft seines Weisungsrechts nach billigem Ermessen innerhalb des geltenden Zeitrahmens gemäß § 106 S. 1 GewO bestimmen (BAG NJW 2012, 2461; BAG NJW 2007, 3739; BAGE 112, 80). Die unbestimmten Rechtsbegriffe in § 106 GewO sind dabei unter Berücksichtigung der Wertentscheidungen des GG sowie der GRC auszulegen und zu interpretieren (*Ritter* NJW 2010, 1110; *ders.* NJW 2012, 1549. Vgl. zum Anwendungsbereich der GRC auch: EuGH Urt. v. 26.2.2013 – C-617/10.

Überstunden werden erst dann geleistet, wenn der Rahmen des Weisungsrechtes überschritten ist. Es besteht auch nicht die Notwendigkeit einer hiervon abweichenden kalendertäglichen Berechnung da vorrangig die im jeweiligen Einzelfall vereinbarte Normalarbeitszeit ist (BAG NJW 2012, 2461).

22. Verlangt der Arbeitnehmer aufgrund arbeitsvertraglicher Vereinbarung, tarifvertraglicher Verpflichtung des Arbeitgebers oder § 612 Abs. 1 BGB **Arbeitsvergütung für Überstunden**, hat er darzulegen und – im Bestreitensfall – zu beweisen, dass er Arbeit in einem die Normalarbeitszeit übersteigenden zeitlichen Umfang verrichtet hat (BAG NJW 2012, 2680). Dabei genügt der Arbeitnehmer seiner Darlegungslast, indem er vorträgt, an welchen Tagen er von wann bis wann Arbeit geleistet oder sich auf Weisung des Arbeitgebers zur Arbeit bereitgehalten hat. Auf diesen Vortrag muss der Arbeitgeber im Rahmen einer **gestuften Darlegungslast** substantiiert erwidern und im Einzelnen vortragen, welche Arbeiten er dem Arbeitnehmer zugewiesen hat und an welchen Tagen der Arbeitnehmer von wann bis wann diesen Weisungen – nicht – nachgekommen ist (BAG NJW 2012, 2680).

23. Vgl. *Maschmann/Sieg/Göpfert/Bodem* Vertragsgestaltung im Arbeitsrecht S. 374 Rn. 82.

24. Wegen der **Vergütungshöhe** wird hingewiesen auf die vom **DAV** veröffentlichten **Merkblätter**. Dabei ist in dem Rechtsanwalts- und RENO-Fachangestellten-Merkblatt 2012/2013 – Eine Orientierungshilfe für Rechtsanwältinnen und Rechtsanwälte (Stand: Mai 2012) – ausgeführt, dass nach den Umfrageergebnissen für ausgebildete Rechtsanwalts- bzw. RENO-Fachangestellte folgende Vergütungen üblich sind: Berufsanfänger: 1.300 – 1.600 EUR, 2.–4. Berufsjahr: 1.400 – 1.800 EUR, ab 5. Berufsjahr ab 1.700 EUR, fachfremdes Anwaltspersonal mit vergleichbarer Leistung und Qualifikation: wie Fachangestellte, Rechtsfachwirte/Bürovorsteher/Sekretariatsleiter/Abteilungsleiter/Office- oder Büro-Manager, je nach Alter, Erfahrung und Qualifikation: ab 2.200 EUR, wobei in Ballungsgebieten bzw. strukturschwachen Gebieten die Vergütungen nach den Umfrageergebnissen häufig von den genannten Beträgen abweichen.

25. Die hier vorgeschlagene **Klausel zur Abgeltung von Überstunden** ist nicht ungewöhnlich (Vgl. BAG NJW 2012, 2683). Dort waren in dem monatlichen (Grund-) Gehalt die ersten zwanzig Überstunden im Monat „mit drin". Die Vereinbarung einer pauschalen Abgeltung von Überstunden ist im Arbeitsleben weit verbreitet (BAG NJW 2012, 2683 unter Verweis ua auf BAGE 135, 250 und Vorschläge und Formulierungshilfen im Schrifttum zur Vertragsgestaltung, insbesondere *Preis/Preis/Lindemann*, Der Arbeitsvertrag II M 20 Rn. 15 ff.; *Wisskirchen/Bissels* in, *Tschöpe* AHB-Arbeitsrecht Teil 1 D Rn. 151 ff.; Schiefer, in *Hümmerich/Reufels* Gestaltung von Arbeitsverträgen § 1 Rn. 3070 ff.; *Lingemann*; Bauer/Lingemann/Diller/Haußmann Anwalts-Formularbuch Arbeitsrecht S. 115). Dem Erfordernis, dass der Arbeitnehmer bei Vertragsabschluss erkennen können muss, was ggf. „auf ihn zukommt" und welche Leistungen er für die vereinbarte Vergütung maximal erbringen muss (BAGE 135, 250; BAG NZA 2012, 861) trägt eine Klausel, in der vereinbarten Vergütung seien die ersten zwanzig Überstunden im Monat „mit drin", Rechnung und sie klar und verständlich. Aus der Formulierung „mit drin" ergibt sich unmissverständlich, dass mit der Monatsvergütung neben der Normalarbeitszeit bis zu zwanzig Überstunden abgegolten sind. Durch die hinreichend bestimmte Quantifizierung weiß der Arbeitnehmer, „was auf ihn zukommt": Er muss für die vereinbarte Vergütung ggf. bis zu zwanzig Überstunden monatlich ohne zusätzliche Vergütung leisten (BAG NJW 2012, 2683; BAG NJW 2013, 2544).

26. Die Ausübung des Rechtes aus § 5 Abs. 1 S. 3 EFZG steht im nicht an besondere Voraussetzungen gebundenen Ermessen des Arbeitgebers. Insbesondere ist es nicht erforderlich, dass gegen den Arbeitnehmer ein begründeter Verdacht besteht, er habe in der Vergangenheit eine Erkrankung nur vorgetäuscht (BAG NZA 2013, 322).

27. § 616 S. 1 BGB ist abzugrenzen von § 45 SGB V § 45 Abs. 3 iVm Abs. 1 SGB V gewährt nur einen Anspruch auf unbezahlte Freistellung.

28. **§ 616 S. 1 BGB** ist **dispositiv** (BAG DB 2002, 2493 mwN). Der verständige Arbeitgeber sollte beim Ausschluss oder der Reduzierung des § 616 BGB aber mit Augenmass handeln, da es sich hier um **„empfindliche" Regelungsgegenstände** handelt im Hinblick auf die Motivation der Arbeitnehmerseite (*Schulte* ArbRB 2004, 344 (346)).

29. Formulierung nach: *Schulte* ArbRB 2004, 344 (346)).

30. Formulierung in Anlehnung an *Preis/Stoffels*, Der Arbeitsvertrag, 2011, II U 20 Rn. 1 u. 2.

31. Wird die Arbeitsleistung des Arbeitnehmers durch die **Nebentätigkeit** beeinträchtigt, so muss dies der Arbeitgeber nicht hinnehmen. Eine solche Nebentätigkeit verletzt die Arbeitspflicht (vgl. BAG NZA 1997, 41; Preis in Erfurter Kommentar zum Arbeitsrecht, § 611 Rn 725 mwN).

32. Das **öffentlich-rechtliche Arbeitszeitrecht** setzt im Interesse der Gesundheit des Arbeitnehmers und der Sicherheit am Arbeitsplatz (§ 1 Abs. 1 ArbZG) der zulässigen Arbeitszeit Grenzen. Dabei sind nach § 2 Abs. 1 S. 1 Halbs. 2 ArbZG **Arbeitszeiten bei mehreren Arbeitgebern zusammenzurechnen.** Dass die höchstzulässige werktägliche Arbeitszeit (§ 3 ArbZG) und die Ruhezeiten (§ 5 ArbZG) eingehalten werden, ist **vom Arbeitgeber als Adressat des Arbeitsschutzes zu überwachen** (BAG NZA 2002, 965). Wie sich aus den Bußgeld- und Strafvorschriften der §§ 22 , 23 ArbZG ergibt, ist der Arbeitgeber für die Einhaltung des Arbeitszeitschutzes verantwortlich. Der Arbeitnehmer darf nur beschäftigt werden, wenn die Vorschriften des ArbZG eingehalten sind (BAG NZA 2002, 965; BAG NZA 2002, 98). Der Arbeitgeber hat somit ein berechtigtes Interesse an der Kenntnis von Nebenbeschäftigungen. Soweit eine Überschreitung der danach bestehenden Grenzen nicht ausgeschlossen werden kann, hat der Arbeitgeber daher gegen den Arbeitnehmer einen Anspruch auf Auskunft über das Ob und den Umfang einer Nebentätigkeit (BAG NZA 997, 41; BAG NZA 2002, 965). Hierfür kommt es auf die Frage, ob die Begründung eines Arbeitsverhältnisses, dessen vertragsgemäße Erfüllung zu einem Verstoß gegen das Arbeitszeitrecht führt, ganz oder teilweise nichtig ist, nicht an. Der Arbeitgeber muss unabhängig hiervon Sorge dafür tragen, dass die Vorschriften des ArbZG, die nicht nur dem Schutz des Beschäftigten, sondern auch dem Schutz der anderen Arbeitnehmer dienen, tatsächlich beachtet werden (BAG NZA 2002, 965).

33. Der Arbeitgeber ist berechtigt, seine Zustimmung zu einer vom Arbeitnehmer gewünschten **Teilzeitarbeit bei einem anderen Arbeitgeber** zu verweigern, wenn hierdurch berechtigte betriebliche Interessen signifikant beeinträchtigt werden (vgl.: LAG Düsseldorf Urt. v. 8.10.2003 – 12 (9) Sa 1034/03, BeckRS 2003, 30457339 zur Nebentätigkeit eines angestellten Rechtsanwalts). Dazu zählen Fälle von Interessenkollisionen, die auftreten können, wenn etwa der Arbeitnehmer für ein Konkurrenzunternehmen tätig werden möchte, wenn im Aufgabenbereich der Teilzeitarbeit Betriebs- oder Geschäftsgeheimnisse des Arbeitgebers berührt werden und bei diesem gewonnene Insider-Kenntnisse verwertbar sind oder wenn sein Geschäftsziel und das des anderen Arbeitgebers sich dermaßen widersprechen, dass sich die Nebentätigkeit negativ auf die Wahrnehmung der Geschäftspartner oder der Öffentlichkeit auswirkt (BAG DB 2002, 1560; LAG Düsseldorf BeckRS 2003, 30457339). Allerdings muss, damit der Arbeitnehmer nicht unverhältnismäßig in seinem Recht auf freie Berufsausübung (Art. 12 Abs. 1 GG) beeinträchtigt wird, die Betroffenheit der Arbeitgeberinteressen signifikant sein (LAG Düsseldorf

BeckRS 2003, 30457339). Dies kann der Fall sein, wenn das Bekanntwerden der Neben-tätigkeit Ansehen und Ruf des Arbeitgebers im Geschäftsleben und dessen unternehmeri-sche Betätigungen gefährdet werden oder wenn der Arbeitgeber aus anderen wirtschaft-lichen Gründen ein erhebliches Interesse daran hat, dass der Arbeitnehmer die inkriminierte Nebentätigkeit unterlässt (LAG Düsseldorf BeckRS 2003, 30457339). Das Interesse des Arbeitgebers hat dabei im Blick auf die in Art. 16 GRC (Unternehmer-freiheit) enthaltene und über die Vorgaben des GG hinausgehende Wertentscheidung besonderes Gewicht (vgl. zur Einbeziehung der GRC in die Auslegung unbestimmter Rechtsbegriffe: *Ritter* NJW 2010, 1110 u. *ders.* NJW 2012, 1549). In diesem Zusammen-hang ist auch zu berücksichtigen, inwieweit es dem Arbeitnehmer durch die Untersagung der Nebentätigkeit versperrt wird, seine Arbeitskraft anderweitig einzusetzen und Neben-beschäftigungen nachzugehen, die nicht im Widerspruch zu den Interessen des Arbeit-gebers stehen (LAG Düsseldorf BeckRS 2003, 30457339). Der Versagung der Zustim-mung zur Teilzeitarbeit bei einem anderen Arbeitgeber wegen Interessenkollision kann der Arbeitnehmer im allgemein nicht entgegen setzen, dass Kollisionsfälle selten zu erwarten seien und er dann in der Lage sei, seine Tätigkeit auf andere Aufgaben ohne Konfliktlage zu verlegen (LAG Düsseldorf BeckRS 2003, 30457339). Zwar genügt im Einzelfall für die Zustimmungsverweigerung nicht die sehr entfernt liegende Möglichkeit einer Interessenkollision; vielmehr muss die Gefahr, dass ein Kollisionsfall eintritt, plausibel sein. Jedoch soll durch das Erfordernis der Zustimmung bereits im vorhinein der Gefahr vorgebeugt werden, dass der Arbeitnehmer durch eine Teilzeitarbeit bei einem anderen Arbeitgeber die seinem bisherigen Arbeitgeber gegenüber fortgeltenden Neben-pflichten verletzt. Es muss nicht dazu kommen, dass eine konkrete Nebenpflichtverlet-zung des Arbeitnehmers nachweisbar eintritt (LAG Düsseldorf BeckRS 2003, 30457339 mwN).

34. Der Rechtsanwalt ist gem. § 43a Abs. 2 BRAO zur **Verschwiegenheit** verpflichtet, wobei sich diese Pflicht auf alles bezieht, was ihm in Ausübung seines Berufs bekannt geworden ist. Gem. § 2 Abs. 4 BORA hat der Rechtsanwalt seine Mitarbeiter und alle sonstigen Personen, die bei seiner beruflichen Tätigkeit mitwirken, zur Verschwiegenheit (§ 43a Abs. 2 BRAO) ausdrücklich zu verpflichten und anzuhalten.

35. Die Rechtsanwaltskammern stellen Formulare mit Verschwiegenheitsverpflichtun-gen zur Verfügungen in denen auch gesetzliche Normen ausdrücklich zitiert sind.

36. Vgl.: *Maschmann/Sieg/Göpfert/Bodem*, Vertragsgestaltung im Arbeitsrecht, 540 Rn. 26.

37. Die **Vorsorgeuntersuchung nach der Verordnung über Sicherheit und Gesund-heitsschutz bei der Arbeit an Bildschirmgeräten (Bildschirmarbeitsverordnung – Bild-scharbV)** vom 4.12.1996 (BGBl I S. 1841 (1843)) soll helfen, an Bildschirm-Arbeits-plätzen korrekte Seh- und Ergonomiebedingungen zu schaffen bzw. zu optimieren. Die Untersuchung besteht aus Anamnese (Erhebung der Vorgeschichte), Erfassung der Ar-beitsbedingungen und einem speziellen auf Bildschirmarbeit ausgerichteten Sehtest. Gem. § 6 Abs. 2 BildscharbV sind den Beschäftigten im erforderlichen Umfang spezielle Seh-hilfen für ihre Arbeit an Bildschirmgeräten zur Verfügung zu stellen, wenn eine Unter-suchung nach Abs. 1 dieser Vorschrift ergeben hat, dass diese Sehhilfen notwendig und normale Sehhilfen nicht geeignet sind (BVerwG NZA-RR 2003, 651). § 6 BildscharbV dient der Umsetzung von Art. 9 der Richtlinie des Rates der Europäischen Gemeinschaf-ten vom 29.5.1990 – 90/270/EWG – (ABlEG Nr. L 156 S. 14).

38. Der Arbeitnehmer hat die arbeitsvertragliche Nebenpflicht, beim Vorliegen eines berechtigten Interesses des Arbeitgebers eine **ärztliche Untersuchung** seines Gesundheits-zustandes zu dulden (LAG Hessen Urt. v. 9.10.2009 – 3 Sa 684/08 –; BAG NJW 2000, 604).

39. Ob eine **Freistellungsklausel** mit § 307 Abs. 1 und Abs. 2 Nr. 1 BGB vereinbar ist, ist **umstritten** (Vgl. dazu einerseits ArbG Frankfurt a. M., DB 2004, 934; ArbG Berlin BB 2006, 559 und andererseits ArbG Frankfurt a. M. BB 2006, 1915; LAG Köln BB 2006, 2137). Jedenfalls muss bei wirksamer Vereinbarung eines Freistellungsrechtes dieses wiederum iSv § 315 Abs. 1 und 3 S. 1 BGB wirksam ausgeübt werden. Die unbestimmten Rechtsbegriffe in § 315 BGB sind dabei unter Berücksichtigung der Wertentscheidungen des GG sowie der GRC auszulegen und zu interpretieren (*Ritter* NJW 2010, 1110; *ders.* NJW 2012, 1549).

40. Eine **Altersgrenze**, die darauf gerichtet ist, das Arbeitsverhältnis zu einem Zeitpunkt zu beenden, in dem der Arbeitnehmer Anspruch auf die gesetzliche Regelaltersrente hat, ist mit Art. 12 Abs. 1 GG vereinbar (BAG v. 12.6.2013 – 7 AZR 917/11 – DB 2014, 185; BAG NZA 1997, 1290; BAG DB 1977, 1801). Gleiches gilt auch im Blick auf die bei der Auslegung und Interpretation zu beachtenden (vgl. Ritter NJW 2010, 1110; Ritter NJW 2012, 1549) Wertentscheidungen der GRC. Zwar schützt das Grundrecht der Berufsfreiheit nicht nur gegen alle staatlichen Maßnahmen, die diese Wahlfreiheit beschränken, sondern legt dem Staat auch besondere Schutzpflichten für den Bereich der Beendigung von Arbeitsverhältnissen aufgrund von Kündigungen oder Befristungsabreden auf. Bei der Abwägung der wechselseitigen berechtigten Bedürfnisse gebührt dem Interesse des Arbeitgebers an einer kalkulierbaren Personalplanung jedenfalls dann der Vorrang vor dem Bestandsschutzinteresse des Arbeitnehmers, wenn der Arbeitnehmer durch den Bezug einer gesetzlichen Altersrente wirtschaftlich abgesichert ist (BAG NZA 1988, 617; BAG NZA 1997, 1290). Klauseln über die automatische Beendigung der Arbeitsverhältnisse von Beschäftigten, die eine Altersrente beantragen können, sind grundsätzlich geeignet, eine bessere Beschäftigungsverteilung zwischen den Generationen zu fördern (EuGH NJW 2007, 3339; EuGH NJW 2010, 3767). Denn eine Klausel über die automatische Beendigung des Arbeitsverhältnisses bei Erreichen einer Altersgrenze eröffnet den Arbeitnehmern eine gewisse Stabilität der Beschäftigung und verheißt langfristig einen vorhersehbaren Eintritt in den Ruhestand. Gleichzeitig bietet sie den Arbeitgebern eine gewisse Flexibilität in ihrer Personalplanung. Dieser Ausgleich zwischen divergierenden rechtmäßigen Interessen fügt sich in einen komplexen Kontext von Beziehungen des Arbeitslebens ein und ist eng mit politischen Entscheidungen im Bereich Ruhestand und Beschäftigung verknüpft (EuGH NJW 2010, 3767).

41. Eine **einzelvertragliche Ausschlussfrist** in Allgemeinen Geschäftsbedingungen, welche die gerichtliche Geltendmachung aller Ansprüche aus dem Arbeitsverhältnis innerhalb einer Frist von weniger als drei Monaten ab Fälligkeit verlangt, benachteiligt den Vertragspartner des Verwenders unangemessen entgegen den Geboten von Treu und Glauben (LAG Hamm v. 15.5.2013 – 3 Sa 1792/12 BeckRS 2013, 74887; BAG NJW 2005, 3305). Sie ist mit wesentlichen Grundgedanken des gesetzlichen Verjährungsrechts nicht zu vereinbaren (§ 307 Abs. 2 Nr. 1 BGB) und schränkt wesentliche Rechte, die sich aus der Natur des Arbeitsvertrags ergeben, so ein, dass die Erreichung des Vertragszwecks gefährdet ist (§ 307 Abs. 2 Nr. 2 BGB) BAG NJW 2006, 795; BAG NJW 2008, 1468).

42. Formulierung in Anlehnung an DAV-Reno-Ausschuss/Beckmann, § 10 Muster-Arbeitsvertrag für Mitarbeiterinnen und Mitarbeiter in Anwaltskanzleien Stand 10/2009.

43. Zweistufige Ausschlussklauseln in Formulararbeitsverträgen können vereinbart werden (BAG NZA 2008, 699). Die Mindestfrist für die gerichtliche Geltendmachung der Ansprüche beträgt aber gem. § 307 Abs. 1 S. 1 iVm Abs. 2 Nr. 1 BGB drei Monate (BAG NZA 2008, 699; BAG NJW 2005, 3305).

44. Es besteht für die über ein Rechtsgeschäft aufgenommenen Urkunden die Vermutung der **Vollständigkeit und Richtigkeit** (BGH NJW 2002, 3164; BGHZ 20, 109; BGH ZIP 1999, 1887). Die Partei, die sich auf außerhalb der Urkunde liegende Umstände – sei es zum Nachweis eines vom Urkundtext abweichenden übereinstimmenden Willens der Beteiligten, sei es zum Zwecke der Deutung des Inhalts des Beurkundeten aus der Sicht des Erklärungsempfängers (§§ 133 , 157 BGB) – beruft, trifft die Beweislast für deren Vorliegen (BGH NJW 2002, 3164; BGH WM 1999, 965).

45. Klausel in Anlehnung *Preis/Preis*, Der Arbeitsvertrag, 2011, II V 60 Rn. 10.

46. Klausel in Anlehnung *Preis/Preis*, Der Arbeitsvertrag, 2011, II S 30 Rn. 4.

6. Arbeitsvertrag mit einer Kanzleimitarbeiterin – Teilzeit unbefristet

Teilzeitarbeitsvertrag

zwischen

Rechtsanwalt . . . . . .

– nachfolgend: Arbeitgeber –

und

Frau . . . . . .

– nachfolgend: Arbeitnehmerin –

§ 1 Beginn des Arbeitsverhältnisses[1]

§ 2 Probezeit[2]

§ 3 Tätigkeit[3]

§ 4 Direktionsrecht[4]

§ 5 Fortbildung[5]

§ 6 Sprache[6]

§ 7 Arbeitszeit[7]

(1) Die Arbeitnehmerin wird mit einer regelmäßigen wöchentlichen Arbeitszeit von . . . . . . Stunden angestellt.

(2) Die Arbeitzeiten der Arbeitnehmerin werden wie folgt bestimmt: (. . . . . .).

(3) Die Arbeitnehmerin ist bereit auf Verlangen Überstunden[8] zu leisten. Die Erbringung von Überstunden ist nur bei ausdrücklicher arbeitgeberseitiger Anweisung zulässig.[9] Im übrigen sind Überstunden weder gewollt, noch werden sie geduldet.[10]

§ 8 Vergütung; Vergütung Überstunden[11]

(1) Die Arbeitnehmerin erhält eine Vergütung von . . . . . . EUR monatlich.[12]

(2) In der vereinbarten Vergütung sind die ersten . . . . . . Überstunden mit enthalten.[13]

§ 9 Arbeitsverhinderung/Arbeitsunfähigkeit/Krankheit[14]

§ 10 Urlaub

(1) Die Arbeitnehmerin hat nach einer Beschäftigungsdauer von sechs Monaten – einen Anspruch auf Urlaub, der anteilig . . . . . . vollen Arbeitstagen Urlaub pro Kalenderjahr bei einem vollzeitbeschäftigten Arbeitnehmer entspricht. Vollzeitbeschäftigung entspricht derzeit einer Arbeitszeit von . . . . . . Wochenstunden an fünf Wochentagen. Arbeitstage sind alle Tage, die am Arbeitsort weder Samstage noch Sonntage oder gesetzliche Feiertage sind und an denen die Arbeitnehmerin nach der vertraglichen Arbeitszeitregelung zur Arbeitsleistung verpflichtet ist.[15]

(2) Die Urlaubszeit wird im Einvernehmen mit dem Arbeitgeber festgelegt.

§ 11 Nebentätigkeit[16]

§ 12 Verschwiegenheit[17]

§ 13 Ärztliche Untersuchung[18]

§ 14 Beendigung des Arbeitsverhältnisses[19]

§ 15 Ausschlussfrist/Verfallfristen[20]

§ 16 Vollständigkeit des Vertrags/Schriftform[21]

. . . . . ., den . . . ., den . . . . . .

(Arbeitgeber)   (Arbeitnehmerin)

Anmerkungen

1. Beginn des Arbeitsverhältnisses → Form. J. I. 5 § 1.

2. Probezeit → Form. J. I. 5 § 2.

3. Tätigkeit → Form. J. I. 5 § 3.

4. Direktionsrecht → Form. J. I. 5 § 4. Betreffend Weisungsrecht und Arbeitszeit → Form. J. I. 5 § 7 dort Anm. 21. Betreffend Weisungsrecht und **Diskriminierungsverbot Teilzeitbeschäftigter gem. § 4 Abs. 1 TzBfG:** Das Diskriminierungsverbot kann auch bei der Ausübung des Weisungsrechtes relevant werden. Nach den vom BAG aufgestellten Grundsätzen verpflichtet das Verbot schlechterer Behandlung in § 4 Abs. 1 S. 1 TzBfG den Arbeitgeber, das dort inkriminierte Verhalten zu unterlassen. Droht – erst – im Laufe des Vertragsverhältnisses einem teilzeitbeschäftigten Arbeitnehmer aufgrund unterschiedlicher Vertragsgestaltung des Arbeitgebers bei Voll- und Teilzeitbeschäftigten eine schlechtere Behandlung, ist der Arbeitgeber verpflichtet, den Teilzeitbeschäftigten so zu stellen, dass eine schlechtere Behandlung unterbleibt (BAG NJW 2012, 2217).

5. Fortbildung. → Form. J. I. 1 § 5. Gem. § 4 Abs. 1 S. 1 TzBfG darf ein teilzeitbeschäftigter Arbeitnehmer wegen der Teilzeitarbeit nicht schlechter behandelt werden als ein vergleichbarer vollzeitbeschäftigter Arbeitnehmer, es sei denn, dass sachliche Gründe eine unterschiedliche Behandlung rechtfertigen (BAG v. 28.5.2013 – 3 AZR 266/11 – BeckRS 2013, 71596). § 4 Abs. 1 S. 2 TzBfG konkretisiert das allgemeine Benachteiligungsverbot des

Satzes 1 (BAG NZA 2005, 981; BAG NZA 2005, 222). Danach ist einem teilzeitbeschäftigten Arbeitnehmer Arbeitsentgelt oder eine andere teilbare geldwerte Leistung mindestens in dem Umfang zu gewähren, der dem Anteil seiner Arbeitszeit an der Arbeitszeit eines vergleichbaren vollzeitbeschäftigten Arbeitnehmers entspricht (BAG NZA 2005, 981; BAG v. 24.9.2008 – 6 AZR 657/07 – NZA-RR 2009, 221). Voll- und Teilzeitkräfte werden ungleich vergütet, wenn für jeweils die gleiche Stundenanzahl nicht die gleiche Gesamtvergütung gezahlt wird (BAG v. 25.9.2013 – 10 AZR 4/12 – NZA 2014, 224). Es besteht dabei **grundsätzlich kein Unterscheid zwischen dem Schulungs- und Fortbildungsbedarf der Teilzeitkraft und dem einer Vollzeitkraft** (BAG NZA 2006, 316). Die Teilzeitarbeit ist proportional entsprechend der Teilzeitquote zu vergüten. Arbeitet der Teilzeitbeschäftigte vereinbarungsgemäß zeitweise über seine Teilzeitquote hinaus bis hin zur regelmäßigen Arbeitszeit eines vergleichbaren vollzeitbeschäftigten Arbeitnehmers (§ 2 Abs. 1 TzBfG), steht ihm auch insoweit eine anteilige Vergütung bis hin zur vollen Vergütung zu (BAG NZA 2005, 981). Das kann bei Fortbildungsveranstaltungen relevant werden, die über die vereinbarte Arbeitszeit des Teilzeitarbeitnehmers hinausgehen. Dabei kann – umgekehrt – unter bestimmten Umständen bei einem – weitergehenden – Teilzeitverlangen des Arbeitnehmers gem. § 8 TzBfG die **Unverhältnismäßigkeit von Fortbildungskosten eines** nach der weiteren Reduzierung gem. § 8 TzBfG als Ersatzkraft einzustellenden Arbeitnehmers entgegengehalten werden (BAG NZA 2006, 316).

6. **Sprache** → Form. J. I. 5 § 6.

7. Bei Teilzeitarbeitsverträgen besteht häufig ein Bedürfnis nach vertraglicher Festlegung der Arbeitszeiten. Für diesen Fall ist betreffend Direktionsrecht zu beachten, dass der Arbeitgeber zwar regelmäßig berechtigt ist, die Lage der Arbeitszeit in Ausübung seines Weisungsrechts im Rahmen billigen Ermessens festzulegen, § 106 S. 1 GewO (BAG NZA 2005, 359). Dieses Recht kommt ihm aber nicht zu, wenn die Lage der täglichen Arbeitszeit vertraglich vereinbart ist (BAG NJW 2007, 3739). Bei Teilzeitarbeitsverträgen kann sich ein Recht zur einseitigen Änderung der Lage der Arbeitszeit aus § 8 Abs. 5 S. 4 TzBfG ergeben. Danach kann der Arbeitgeber die nach § 8 Abs. 5 S. 3 oder § 8 Abs. 3 S. 2 TzBfG festgelegte Verteilung der Arbeitszeit wieder ändern, wenn das betriebliche Interesse daran das Interesse des Arbeitnehmers an der Beibehaltung erheblich überwiegt und der Arbeitgeber die Änderung spätestens einen Monat vorher angekündigt hat. § 8 Abs. 5 S. 4 TzBfG ist nach den vom BAG aufgestellten Grundsätzen aber dann nicht anzuwenden, wenn zu Beginn eines Arbeitsverhältnisses oder in seinem Verlauf eine bestimmte Lage der Arbeitszeit vereinbart wird, ohne dass eine Geltendmachung iSv § 8 Abs. 2 TzBfG vorausging (BAG NJW 2007, 3739). Das einseitige Änderungsrecht setzt voraus, dass die Verteilung der Arbeitszeit nach einem Verlangen des Arbeitnehmers einvernehmlich gemäß § 8 Abs. 3 S. 2 TzBfG oder durch Fiktion nach § 8 Abs. 5 S. 3 TzBfG festgelegt wurde. § 8 Abs. 5 S. 4 TzBfG ist also ein Korrektiv für das im Rahmen des Verringerungsverlangens nach § 8 Abs. 2 S. 1 TzBfG regelmäßig zu erzielende Einvernehmen über die Verteilung der Arbeitszeit gemäß § 8 Abs. 2 S. 2 TzBfG (BAG NZA 2007, 3739).

8. → Form. J. I. 5 Anm. 21.

9. → Form. J. I. 5 Anm. 22.

10. → Form. J. I. 5 Anm. 23.

11. Vergütung; Vergütung Überstunden. → Form. J. I. 5 § 8: **Die Zahl der „mitenthaltenen" Überstunden ist anzupassen.** Bei der arbeitsvertraglichen Vergütungsregelung ist das Diskriminierungsverbot in § 4 TzBfG zu beachten. Gem. § 4 Abs. 1 S. 2 TzBfG ist einem teilzeitbeschäftigten Arbeitnehmer Arbeitsentgelt mindestens in dem Umfang zu gewähren, der dem Anteil seiner Arbeitszeit an der Arbeitszeit eines vergleichbaren vollzeitbeschäftigten Arbeitnehmers entspricht. Diese Vorgaben sind gewahrt, wenn sichergestellt ist, dass die Teilzeitkraft **pro Stunde stets die gleiche Vergütung erhält wie eine vergleichbare Vollzeitkraft** (BAG NJW 2012, 2217; BAG NZA 2001, 799; BAG NZA 2006, 926). Zu beachten ist dabei, dass eine Gleichbehandlung Teilzeitbeschäftigter bei der Vergütung entsprechend dem pro-rata-temporis-Grundsatz des § 4 Abs. 1 S. 2 TzBfG eine sonstige Benachteiligung nicht ausschließt (BAG NJW 2012, 2217 unter Klarstellung von BAG NZA 2008, 1422; BAG Urt. v. 18.3.2009 – 10 AZR 338/08 – EzA TzBfG § 4 Nr. 20). Eine schlechtere Behandlung iSd § 4 Abs. 1 S. 1 TzBfG kann auch darin liegen, dass aufgrund unterschiedlicher Vertragsgestaltung der teilzeitbeschäftigte Arbeitnehmer Nachteile erleidet, die ein vollzeitbeschäftigter Arbeitnehmer nicht hat (BAG NJW 2012, 2217).

12. Vergütungshöhe → Form. J. I. 5 Anm. 24.

13. Die hier vorgeschlagene Klausel zur Abgeltung von Überstunden ist nicht ungewöhnlich (Vgl. BAG NJW 2012, 2683). In dem zitierten und vom BAG entschiedenen Fall waren in dem monatlichen (Grund-)Gehalt die ersten zwanzig **Überstunden im Monat „mit drin".** Die Vereinbarung einer pauschalen Abgeltung von Überstunden ist im Arbeitsleben weit verbreitet (BAG NJW 2012, 2683 unter Verweis ua auf BAGE 135, 250 und Vorschläge und Formulierungshilfen im Schrifttum zur Vertragsgestaltung, insbesondere *Preis/Preis/Lindemann*, Der Arbeitsvertrag II M 20 Rn. 15 ff.; *Wisskirchen/Bissels*, in: *Tschöpe* AHB-Arbeitsrecht Teil 1 D Rn. 151 ff.; Schiefer in *Hümmerich/Reufels* Gestaltung von Arbeitsverträgen § 1 Arbeitsverträge Rn. 3070 ff.; *Lingemann*, in: *Bauer/Lingemann/ Diller/Haußmann*, Anwalts-Formularbuch Arbeitsrecht S. 115). Dem Erfordernis, dass der Arbeitnehmer bei Vertragsabschluss erkennen können muss, was ggf. „auf ihn zukommt" und welche Leistungen er für die vereinbarte Vergütung maximal erbringen muss (BAGE 135, 250; BAG NZA 2012, 861) trägt eine Klausel, in der vereinbarten Vergütung seien die ersten zwanzig Überstunden im Monat „mit drin", Rechnung und sie klar und verständlich. Aus der Formulierung „mit drin" ergibt sich unmissverständlich, dass mit der Monatsvergütung neben der Normalarbeitszeit bis zu zwanzig Überstunden abgegolten sind. Durch die hinreichend bestimmte Quantifizierung weiß der Arbeitnehmer, „was auf ihn zukommt": Er muss für die vereinbarte Vergütung ggf. bis zu zwanzig Überstunden monatlich ohne zusätzliche Vergütung leisten (BAG NJW 2012, 2683). Hier trifft das zusammen mit dem Diskriminierungsverbot gem. § 4 Abs. 1 S. 2 TzBfG. **Der Betrag der mit enthaltenen Überstunden ist mithin in Abhängigkeit von der vertraglichen Regelarbeitszeit sowie im Blick auf die Vertragsgestaltungen der nicht in Teilzeit beschäftigten Arbeitnehmer anzupassen** (Vgl. dazu auch BAG NJW 2012, 2217).

14. Arbeitsverhinderung/Arbeitsunfähigkeit/Krankheit → Form. J. I. 5 § 9.

15. Formulierung nach Beck FormBArbR/*Lingscheid*, A.VI.2. dort § 6 und *Preis/ Stoffels*, Der Arbeitsvertrag, II U 20 Rn. 1 u. 2.

16. → Form. J. I. 5 § 11.

17. Verschwiegenheit → Form. J. I. 5 § 12.

18. Ärztliche Untersuchung: → Form. J. I. 5 § 13. **Unterschiedliche Beschäftigungszeiten an Bildschirmgeräten** berühren grundsätzlich nicht das Diskriminierungsverbot, das jetzt in § 4 Abs. 1 TzBfG geregelt ist. Das BAG führte zur früheren Rechtslage aus, dass ein Arbeitgeber, der aus Gründen des Arbeitsschutzes vollzeitbeschäftigte Arbeitnehmer nur zur Hälfte ihrer Arbeitszeit mit Arbeiten an Bildschirmgeräten betraut, Art. 1 § 2 Abs. 1 BeschFG 1985 nicht verletzt, wenn er die teilzeitbeschäftigten Arbeitnehmer mit einer Arbeitsverpflichtung von 20 Wochenstunden zu 75 % ihrer Arbeitszeit zu Arbeiten mit Benutzung von Bildschirmgeräten heranzieht. Die unterschiedliche Behandlung erfolgt dann weder „wegen der Teilzeitbeschäftigung" noch aus unsachlichen Gründen gemäß Art. 1 § 2 Abs. 1 BeschFG 1985 (BAG NJW 1989, 1948).

19. Beendigung des Arbeitsverhältnisses → Form. J. I. 5 § 14.

20. Ausschlussfrist/Verfallfristen → Form. J. I. 5 § 15.

21. Vollständigkeit des Vertrags/Schriftform → Form. J. I. 5 § 16.

7. Arbeitsvertrag mit einer Kanzleimitarbeiterin – Teilzeit mit Abrufarbeit unbefristet

Teilzeitarbeitsvertrag

zwischen

Rechtsanwalt . . . . . .

– nachfolgend: Arbeitgeber –

und

Frau . . . . . .

– nachfolgend: Arbeitnehmerin –

§ 1 Beginn des Arbeitsverhältnisses[1]

§ 2 Probezeit[2]

§ 3 Tätigkeit[3]

§ 4 Direktionsrecht[4]

§ 5 Fortbildung[5]

§ 6 Sprache[6]

§ 7 Arbeitszeit[7]

(1) Die Arbeitnehmerin wird mit einer regelmäßigen wöchentlichen Arbeitszeit von mindestens 20 Stunden wöchentlich angestellt.[8]

(2) Die Arbeitzeiten der Arbeitnehmerin werden wie folgt bestimmt: . . . . . .

(3) Der Arbeitgeber kann über die vereinbarte wöchentliche Arbeitszeit hinaus weitere 5 Stunden wöchentlich abrufen.[9] Die Arbeitnehmerin ist zur Arbeitsleistung verpflichtet, wenn der Arbeitgeber ihr die Lage ihrer Arbeitszeit jeweils mindestens vier Tage im Voraus mitteilt.[10]

(4) Die Arbeitnehmerin ist bereit auf Verlangen Überstunden zu leisten. Die Erbringung von Überstunden ist nur bei ausdrücklicher arbeitgeberseitiger Anweisung zulässig. Im übrigen sind Überstunden weder gewollt noch werden sie geduldet.[11]

§ 8 Vergütung; Vergütung Überstunden; Vergütung Abrufarbeit[12]

(1) Die Arbeitnehmerin erhält eine Vergütung von . . . . . . EUR monatlich.[13]

(2) In der vereinbarten Vergütung sind die ersten . . . . . . Überstunden mit enthalten.[14]

(3) Werden vom Arbeitgeber zusätzlich zur vereinbarten wöchentlichen Arbeitszeit weitere Stunden auf der Grundlage des § 7 Abs. 3 angerufen, so werden diese mit einem Betrag von jeweils . . . . . . EUR brutto vergütet.

§ 9[15] Arbeitsverhinderung/Arbeitsunfähigkeit/Krankheit

(1) Die Arbeitnehmerin hat in jedem Fall einer unvorhergesehenen Abwesenheit den Arbeitgeber unverzüglich hierüber sowie über den Grund und die Dauer ihrer voraussichtlichen Abwesenheit zu informieren. Dies gilt auch dann, wenn der Arbeitgeber die persönliche Arbeitszeit der Arbeitnehmerin noch nicht festgelegt und eine Arbeitsleistung noch nicht abgerufen hat.

(2) Dauert eine Arbeitsunfähigkeit aufgrund Krankheit oder Unfall länger als drei Kalendertage, hat die Arbeitnehmerin eine ärztliche Bescheinigung über das Bestehen der Arbeitsunfähigkeit sowie deren voraussichtliche Dauer spätestens an dem auf den dritten Kalendertag folgenden Arbeitstag vorzulegen. Der Arbeitgeber ist berechtigt, von der Arbeitnehmerin die Vorlage einer ärztlichen Bescheinigung über das Bestehen der Arbeitsunfähigkeit und deren voraussichtliche Dauer schon von dem ersten Tag der Erkrankung an zu verlangen.[16]

(3) Die Arbeitnehmerin ist verpflichtet, den Arbeitgeber bei Arbeitsverhinderung – gleich welcher Art – mit der Anzeige der Arbeitsverhinderung gleichzeitig auch auf etwaige dringliche Arbeiten hinzuweisen.

(4) Wurde von der Arbeitnehmerin für einen Arbeitstag, an dem sie arbeitsunfähig ist, eine bestimmte Arbeitsleistung bereits abgerufen, so erhält die Arbeitnehmerin im Rahmen der gesetzlichen Bestimmungen Entgeltfortzahlung nach Maßgabe des zuvor angeforderten Umfangs der Arbeitsleistung. Umgekehrt erhält sie keine Entgeltfortzahlung, wenn feststeht, dass keine Arbeit angefordert worden wäre. In den übrigen Fällen erhält die Arbeitnehmerin für jeden Arbeitstag der Arbeitsunfähigkeit Entgeltfortzahlung auf Basis des durchschnittlichen Tagesverdienstes der vorangegangenen 13 Wochen. Arbeitstage sind alle Tage, die am Arbeitsort weder Samstage noch Sonntage oder gesetzliche Feiertage sind.

(4) Für gesetzliche Feiertage gilt die Regelung des vorstehenden Absatzes sinngemäß.

(5) § 616 BGB wird abbedungen.[17]

Alternative:[18]
(5) Grundsätzlich wird nur die tatsächlich geleistete Arbeit bezahlt, es sei denn, dass dies gesetzlich angeordnet wird. Die Arbeitnehmerin hat jedoch Anspruch auf Entgeltfortzahlung bei persönlicher Arbeitsverhinderung in folgenden Fällen:

– 2 Tage für die eigene Eheschließung

– 2 Tage pro Jahr bei schwerer Erkrankung eines nahen Angehörigen, insbesondere für die Pflege eines erkrankten Kindes

– 1 Tag bei der Teilnahme an einer seltenen Familienfeier oder bei einem Todesfall der engen Familie.

Im Übrigen wird die Entgeltfortzahlung bei persönlicher Arbeitsverhinderung, § 616 Abs. 1 BGB, ausgeschlossen.

§ 10 Urlaub[19]

§ 11 Nebentätigkeit[20]

§ 12 Verschwiegenheit[21]

§ 13 Ärztliche Untersuchung[22]

§ 14 Beendigung des Arbeitsverhältnisses[23]

§ 15 Ausschlussfrist/Verfallfristen[24]

§ 16 Vollständigkeit des Vertrags/Schriftform[25]

. . . . ., den . . . ., den . . . . . .
(Arbeitgeber)   (Arbeitnehmerin)

Schrifttum: *Bauer/Günther*, Heute lang morgen kurz – Arbeitszeit nach Maß, DB 2006, 950; *Hohenstatt/Schramm*, Neue Gestaltungsmöglichkeiten zur Flexibilisierung der Arbeitszeit, NZA 2007, 238; *Mühlmann*, Flexible Arbeitsvertragsgestaltung – Die Arbeit auf Abruf, RdA 2006, 356; *Ostermeier*, Die Lohnvereinbarung in Abrufarbeitsverhältnissen mit unterschiedlichen Stundenlöhnen, RdA 2008, 86; *Preis/Lindemann*, Änderungsvorbehalte – Das BAG durchschlägt den gordischen Knoten, NZA 2006, 632; *Zundel*, Die neue Flexibilität im Arbeitsrecht durch das BAG, NJW 2006, 2304.

Anmerkungen

1. Beginn des Arbeitsverhältnisses → Form. J. I. 5 § 1.

2. Probezeit → Form. J. I. 5 § 2.

3. Tätigkeit → Form. J. I. 5 § 3.

4. Direktionsrecht → Form. J. I. 5 § 4. Betreffend Weisungsrecht und Arbeitszeit → Form. J. I. 5 § 7 dort Anm. 21. Betreffend Weisungsrecht und Diskriminierungsverbot Teilzeitbeschäftigter gem. § 4 Abs. 1 TzBfG: → Form. J. I. 6 dort Anm. 4.

5. Fortbildung → Form. J. I. 5 § 5. Betreffend Fortbildung und Diskriminierungsverbot Teilzeitbeschäftigter gem. § 4 Abs. 1 TzBfG: → Form. J. I. 6 dort Anm. 5.

6. Sprache → Form. J. I. 5 § 6.

7. Arbeitszeit S. Anmerkungen zu → Form. J. I. 5 § 7.

8. Nach § 12 Abs. 1 S. 2 TzBfG muss die Vereinbarung eines Abrufarbeitsverhältnisses eine bestimmte Dauer der wöchentlichen Arbeitszeit festlegen, fehlt eine solche Regelung, gelten 10 Wochenstunden als vereinbart.

9. Das BAG hat zur Inhaltskontrolle nach dem Recht der allgemeinen Geschäftsbedingungen für eine vertragliche Vereinbarung von Abrufarbeit entschieden, dass die einseitig vom Arbeitgeber abrufbare Arbeit des Arbeitnehmers nicht mehr als 25 % der vereinbarten wöchentlichen Mindestarbeitszeit betragen darf (BAG NZA 2006, 423). Die hier angegebenen 5 Stunden können also nur genommen werden, wenn nicht weniger als 20 Stunden vereinbart werden.

10. Vgl. § 12 Abs. 2 TzBfG.

11. → Form. J. I. 5 Anm. 23.

12. Vergütung; Vergütung Überstunden → Form. J. I. 1 § 8; Vergütung und Diskriminierungsverbot → Form. J. I. 6 Anm. 11.

13. → Form. J. I. 5 Anm. 24.

14. → Form. J. I. 5 Anm. 25. Hier trifft das zusammen mit dem Diskriminierungsverbot gem. § 4 Abs. 1 S. 2 TzBfG. Soweit eine solche Klausel hier eingefügt wird ist der Betrag der mit enthaltenen Überstunden **mithin in Abhängigkeit von der vertraglichen Regelarbeitszeit sowie im Blick auf die Vertragsgestaltungen der nicht in Teilzeit beschäftigten Arbeitnehmer anzupassen** (Vgl. dazu auch BAG NJW 2012, 2217).

15. Formulierung in Anlehnung an: Beck FormBArbR/*Löw*, Form. A. VII. 9 Anm. 1.

16. Die Ausübung des Rechtes aus § 5 Abs. 1 S. 3 EFZG steht im nicht an besondere Voraussetzungen gebundenen Ermessen des Arbeitgebers. Insbesondere ist es nicht erforderlich, dass gegen den Arbeitnehmer ein begründeter Verdacht besteht, er habe in der Vergangenheit eine Erkrankung nur vorgetäuscht (BAG NZA 2013, 322).

17. → Form. J. I. 5 Anm. 28.

18. → Form. J. I. 5 Anm. 29.

19. Urlaub → Form. J. I. 6 § 10.

20. → Form. J. I. 5 § 11.

21. Verschwiegenheit → Form. J. I. 5 § 12.

22. Ärztliche Untersuchung → Form. J. I. 5 § 13.

23. Beendigung des Arbeitsverhältnisses → Form. J. I. 5 § 14.

24. Ausschlussfrist/Verfallfristen → Form. J. I. 5 § 15.

25. Vollständigkeit des Vertrags/Schriftform → Form. J. I. 5 § 16.

8. Arbeitsvertrag mit einer Kanzleimitarbeiterin – Vollzeit befristet ohne Sachgrund

Arbeitsvertrag

zwischen

Rechtsanwalt . . . . . . (Name, Anschrift)

– nachfolgend: Arbeitgeber –

und

Frau . . . . . . (Name, Anschrift)

– nachfolgend: Arbeitnehmerin –

§ 1 Beginn des Arbeitsverhältnisses[1] Befristung

(1) Das Arbeitsverhältnis beginnt am . . . . . .

(2) Das Arbeitsverhältnis wird befristet abgeschlossen. Das Arbeitsverhältnis endet ohne dass es einer Kündigung bedarf mit dem Ablauf des (Datum).[2]

§ 2 Probezeit[3]

§ 3 Tätigkeit[4]

§ 4 Direktionsrecht[5]

§ 5 Fortbildung[6]

§ 6 Sprache[7]

§ 7 Arbeitszeit[8]

§ 8 Vergütung; Vergütung Überstunden[9]

§ 9 Arbeitsverhinderung/Arbeitsunfähigkeit/Krankheit[10]

§ 10 Urlaub[11]

§ 11 Nebentätigkeit[12]

§ 12 Verschwiegenheit[13]

§ 13 Ärztliche Untersuchung[14]

§ 14 Beendigung des Arbeitsverhältnisses;[15] **Kündigung**[16]

(1) Das Arbeitsverhältnis kann während der Probezeit mit einer Frist von zwei Wochen gekündigt werden.

(2) Nach Ablauf der Probezeit kann das Arbeitsverhältnis beiderseits unter Beachtung der gesetzlichen Fristen ordentlich gekündigt werden.

(3) Der Arbeitgeber ist berechtigt, die Arbeitnehmerin während des Laufes der Kündigungsfrist freizustellen.

(4) Das Recht zur außerordentlichen Kündigung bleibt unberührt.

§ 15 Ausschlussfrist/Verfallfristen[17]

§ 16 Vorbeschäftigungen

(1) Die Arbeitnehmerin versichert, dass sie beim hiesigen Arbeitgeber oder einem etwaigen Rechtsvorgänger[18] und auch bei keinem der Sozien zuvor zu keinem Zeitpunkt beschäftigt war.[19]

(2) Die Arbeitnehmerin weiß, dass eine unrichtige Erklärung den Arbeitgeber zur Anfechtung und zur fristlosen Kündigung aus wichtigem Grund berechtigen kann.

§ 17 Vollständigkeit des Vertrags/Schriftform[20]

. . . . . ., den . . . ., den . . . . . .

(Arbeitgeber)[21]   (Arbeitnehmerin)

Schrifttum: *Bader*, Sachgrundlose Befristungen mit älteren Arbeitnehmerinnen und Arbeitnehmern neu geregelt (§ 14 III TzBfG), NZA 2007, 713; *Bauer*, Befristete Verträge mit älteren Arbeitnehmern ab 1.5.2007 – oder der neue § 14 III TzBfG, NZA 2007, 544; *Bayreuther*, Die Neufassung des § 14 Abs. 3 TzBfG – diesmal europarechtskonform?, BB 2007, 1113; *Grimm/Brock*, Sachgrundlose Befristung der Arbeitsverhältnisse älterer Menschen in § 14 Abs. 3 TzBfG, ArbRB 2007, 154; *Kast/Herrmann*, Altersdiskriminierung und erleichterte Befristung gemäß § 14 Abs. 3 TzBfG: ein Praxistest, BB 2007, 1841; *Kothe*, Zur Rechtmäßigkeit einer erneuten Änderung des § 14 Abs. 3 TzBfG im Gesetz zur Verbesserung der Beschäftigungschancen älterer Menschen v. 19.4.2007, AuR 2007, 168; *Lembke*, Die sachgrundlose Befristung von Arbeitsverträgen in der Praxis, NJW 2006, 325; *Osnabrügge*, Die sachgrundlose Befristung von Arbeitsverhältnissen nach § 14 II TzBfG, NZA 2003, 639; *Perreng*, Sachgrundlose Befristung Älterer, AiB 2007, 386; *Preis/Gotthardt*, Schriftformerfordernis für Kündigungen, Aufhebungsverträge und Befristungen nach § 623 BGB, NZA 2000, 348; *Sievers*, Befristungsrecht, RdA 2004, 291; *Sowka*, Es lebe die Zweckbefristung – trotz des Teilzeit- und Befristungsgesetzes!, DB 2002, 1158; *Thüsing/Lambrich*, Umsetzungsdefizite in § 14 TzBfG?, BB 2002, 829.

Anmerkungen

1. Beginn des Arbeitsverhältnisses → Form. J. I. 5 § 1 dort Anm. 2.

2. Gem. **§ 14 Abs. 2 TzBfG** ist die kalendermäßige Befristung eines Arbeitsvertrages ohne Vorliegen eines sachlichen Grundes **bis zur Dauer von zwei Jahren zulässig; bis zu dieser Gesamtdauer von zwei Jahren ist auch die höchstens dreimalige Verlängerung eines kalendermäßig befristeten Arbeitsvertrages zulässig.** Es darf aber keine relevante Vorbeschäftigung vorliegen. Das BAG hat dazu in der Entscheidung NJW 2011, 2750 festgestellt, dass eine Vorbeschäftigung iSv § 14 Abs. 2 S. 2 TzBfG nicht gegeben ist, wenn das frühere Arbeitsverhältnis mehr als drei Jahre zurückliegt. In der weiteren Entscheidung des BAG in NZA 2012, 255 hat sich das Gericht mit Einwendungen der Literatur auseinandergesetzt und nach erneuter Überprüfung und unter Berücksichtigung der im Schrifttum erhobenen Bedenken an seiner Bewertung festgehalten. Abzuwarten bleibt, ob und wie die Arbeitsgerichte die Auslegung der hier relevanten unbestimmten Rechtsbegriffe im Lichte der Wertentscheidungen der GRC (Vgl. dazu *Ritter* NJW 2010, 1110; Ritter NJW 2012, 1549) vornehmen werden. Dies auch im Blick auf die Vorgaben der Entscheidung des EuGH Urt. v. 26.2.2013 – C-617/10. Dabei hat das LAG Baden-Württemberg (NZA 2013, 7) dem BAG der Gefolgschaft verweigert und die Revision zugelassen.

3. Probezeit → Form. J. I. 5 § 2. Abhängig von der Dauer der Befristung ist die gebotene Dauer der Probezeit und die Probezeitregelung zu prüfen und anzupassen.

4. Tätigkeit → Form. J. I. 5 § 3.

5. Direktionsrecht → Form. J. I. 5 § 4. Betreffend Weisungsrecht und Arbeitszeit → Form. J. I. 5 § 7 dort Anm. 21. Zu beachten ist das besondere **Diskriminierungsverbot in § 4 Abs. 2 TzBfG.** Danach darf ein befristet beschäftigter Arbeitnehmer wegen der Befristung des Arbeitsvertrages nicht schlechter behandelt werden als ein vergleichbarer unbefristet beschäftigter Arbeitnehmer, es sei denn, dass sachliche Gründe eine unterschiedliche Behandlung rechtfertigen. Das BAG sieht dabei den Zweck insbesondere des gesetzliche Schlechterstellungsverbotes in § 4 Abs. 2 S. 3 TzBfG im Schutz des beruflichen Fortkommens befristet Beschäftigter (BAG NJW 2011, 953).

6. Fortbildung → Form. J. I. 5 § 5. Zu beachten ist die **Sonderregelung für befristet Beschäftigte in § 19 TzBfG.** Gemäß § 19 TzBfG hat der Arbeitgeber dafür Sorge zu tragen, dass auch befristet beschäftigte Arbeitnehmer an angemessenen Aus- und Weiterbildungen zur Förderung der beruflichen Entwicklung und Mobilität teilnehmen können, es sei denn, dringende betriebliche Gründe oder Aus- und Weiterbildungswünsche anderer Arbeitnehmer stehen dem entgegen. § 19 TzBfG stellt eine Konkretisierung des Diskriminierungsverbots des § 4 Abs. 2 S. 1 TzBfG für den Bereich der Aus- und Weiterbildung dar. Vorausgesetzt wird, dass der befristet beschäftigte Arbeitnehmer während seines Arbeitsverhältnisses an einer angemessenen Aus- oder Weiterbildungsmaßnahme gehindert wurde oder wird (LAG Berlin-Brandenburg Urt. v. 14.3.2012 – 15 SaGa 2494/11 – BeckRS 2012, 69863). Dabei ist zu beachten, dass das gesetzliche Schlechterstellungsverbot in § 4 Abs. 2 S. 3 TzBfG dem Schutz des beruflichen Fortkommens befristet Beschäftigter dient was nach dem BAG besonders durch § 19 TzBfG zum Ausdruck kommt wonach dem Arbeitgeber sogar ausdrücklich die Pflicht auferlegt ist, die berufliche Entwicklung befristet beschäftigter Arbeitnehmer zu fördern (BAG NJW 2011, 953). Diese Pflichtenstellung lässt nur unter sachlichen Gründen Ausnahmen zu (BAG NJW 2011, 953 unter Verweis auf BT-Drs. 14/4374 S. 13, 21). Kommt es zu einem Verstoß gegen das Diskriminierungsverbot des § 4 TzBfG so führt das zur uneingeschränkten Anwendung der den jeweiligen Arbeitnehmer begünstigenden Regelung (BAG NJW 2011, 953; BAG NZA 2004, 611).

7. Sprache → Form. J. I. 5 § 6.

8. Arbeitszeit → Form. J. I. 5 § 7.

9. Gem. § 4 Abs. 2 S. 1 TzBfG darf ein befristet beschäftigter Arbeitnehmer wegen der Befristung des Arbeitsvertrags nicht schlechter behandelt werden als ein vergleichbarer unbefristet beschäftigter Arbeitnehmer, es sei denn, dass sachliche Gründe eine unterschiedliche Behandlung rechtfertigen. Eine schlechtere Behandlung liegt vor, wenn befristet Beschäftigte für die gleiche Arbeitsleistung eine geringere Bezahlung als die unbefristet Tätigen erhalten. Auch dürfen Dauerbeschäftigten geleistete Vorteile befristet Beschäftigten nicht wegen der Befristung vorenthalten werden (BAG Urt. v. 18.1.2012 – 6 AZR 496/10 – BeckRS 2012, 67379; BAG NZA-RR 2009, 490; BAG NZA-RR 2008, 275).

10. Arbeitsverhinderung/Arbeitsunfähigkeit/Krankheit → Form. J. I. 5 § 9.

11. Urlaub → Form. J. I. 5 § 10. Zu beachten ist, dass sich das **Diskriminierungsverbot des § 4 TzBfG** auch im Bereich des Urlaubsrechtes auswirkt (Vgl.: LAG Hessen in der Entscheidung v. 26.6.2009 – 10/11 Sa 2143/08 – BeckRS 2011, 71325). Insbesondere differenziert § 5 Abs. 1 BUrlG nicht danach, ob ein Arbeitsverhältnis in der ersten bzw. zweiten Hälfte eines Kalenderjahres durch Fristablauf oder Kündigung endet und es ist darüber hinaus zu berücksichtigen, dass § 4 Abs. 2 S. 1 TzBfG bestimmt, dass ein befristet beschäftigter Arbeitnehmer wegen der Befristung des Arbeitsvertrages nicht schlechter behandelt werden darf als ein vergleichbarer unbefristet beschäftigter Arbeitnehmer, es sei denn, dass sachliche Gründe eine unterschiedliche Behandlung rechtfertigen. Dem befristet beschäftigten Arbeitnehmer muss es wie dem unbefristet beschäftigten Arbeitnehmer möglich sein, im Kalenderjahr einen vollen Urlaubsanspruch zu erwerben. (LAG Hessen Urt. v. 26.6.2009 – 10/11 Sa 2143/08 – BeckRS 2011, 71325). Würde bei befristeten Arbeitsverhältnissen das Zwölftelungsprinzip generell angewandt, könnte in einer großen Anzahl befristeter Arbeitsverhältnisse ein solcher voller Urlaubsanspruch nicht erworben werden. Der befristet beschäftigte Arbeitnehmer ist mithin hinsichtlich seines Urlaubsanspruchs so zu stellen, wie der unbefristet beschäftigte Arbeitnehmer, dies unabhängig davon, welche Erwartungen die Parteien ggf. gehegt haben (vgl.: LAG Hessen Urt. v. 26.6.2009 – 10/11 Sa 2143/08 – BeckRS 2011, 71325 mwN). Wird im Verlauf eines Kalenderjahres die Verteilung der Arbeitszeit auf weniger oder auch auf mehr Arbeitstage einer Kalenderwoche verändert, so verkürzt oder verlängert sich entsprechend die Dauer des dem Arbeitnehmer zustehenden Urlaubs und sie ist dann jeweils unter Berücksichtigung der nunmehr für den Arbeitnehmer maßgeblichen Verteilung seiner Arbeitszeit neu zu berechnen was auch für einen auf das folgende Urlaubsjahr übertragenen Resturlaub zutrifft, wenn der Arbeitnehmer seit Beginn des folgenden Jahres in Teilzeit beschäftigt ist (BAG NZA 1999, 156).

12. Nebentätigkeit → Form. J. I. 5 § 11.

13. Verschwiegenheit → Form. J. I. 5 § 12.

14. Ärztliche Untersuchung → Form. J. I. 5 § 13.

15. Beendigung des Arbeitsverhältnisses → Form. J. I. 5 § 14.

16. Ein befristetes Arbeitsverhältnis unterliegt gem. § 15 Abs. 3 TzBfG nur dann der ordentlichen Kündigung, wenn dies einzelvertraglich oder im anwendbaren Tarifvertrag vereinbart ist. Vgl. zur Auslegung und AGB-Kontrolle bei unklarer Formulierung der Klausel zur Kündbarkeit: BAG Urt. v. 4.8.2011 – 6 AZR 436/10 – DB 2011, 2552; LAG Rheinland-Pfalz v. 22.3.2013 – 6 Sa 426/12 BeckRS 2013, 69250.

17. Ausschlussfrist/Verfallfristen → Form. J. I. 5 § 15.

18. Vgl. zu den praktischen Schwierigkeiten festzustellen, ob eine für § 14 Abs. 2 S. 2 TzBfG unbeachtliche Umfirmierung oder eine beachtliche Rechtsnachfolge vorliegt: BAG NJW 2011, 2750. Nach dem Arbeitsgericht Frankfurt am Main ist es einem Arbeitnehmer nach Treu und Glauben verwehrt, sich auf die Unwirksamkeit einer sachgrundlosen Befristung trotz Verstoßes gegen das sog. Anschlussverbot des § 14 Abs. 2 TzBfG zu berufen, wenn er die zulässige Frage des Arbeitgebers nach einer Vorbeschäftigung nicht vorsätzlich, aber zumindest objektiv falsch beantwortet hat (ArbG Frankfurt a. M. Urt. v. 9.4.2008 – 7 Ca 8061/07). Die Frage der Rechtsfolge der Falschbeantwortung der Frage nach Vorbeschäftigung ist allerdings sehr umstritten (vgl.: ArbG Frankfurt a. M. – 7 Ca 8061/07 – mwN).

19. Nach dem Wortlaut des § 14 Abs. 2 S. 2 TzBfG ist die sachgrundlose Befristung nach § 14 Abs. 2 S. 1 TzBfG nicht zulässig, wenn mit demselben Arbeitgeber bereits zuvor ein befristetes oder unbefristetes Arbeitsverhältnis bestanden hat. Das BAG sieht das durch Berufsausbildungsvertrag begründete Berufsausbildungsverhältnis und das durch Arbeitsvertrag begründete Arbeitsverhältnis nicht als generell gleichsetzbar an (BAG NZA 2012, 255). So sei es nicht erforderlich, Berufsausbildungsverhältnisse in das Vorbeschäftigungsverbot einzubeziehen (BAG NZA 2012, 255). Auch eine berufsvorbereitende Beschäftigung als Praktikant, die nicht auf der Grundlage eines Arbeitsvertrags erfolgt unterfalle nicht dem Vorbeschäftigungsverbot des § 14 Abs. 2 S. 2 TzBfG unterliegt (BAG NZA 2012, 255; BAG NZA 2006, 154). Zudem sieht das BAG entgegen dem Wortlaut eine Vorbeschäftigung iSv § 14 Abs. 2 S. 2 TzBfG dann als nicht gegeben an, wenn das frühere Arbeitsverhältnis mehr als drei Jahre zurückliegt (BAG NZA 2012, 255). Dabei wird diese Rechtsfrage der Zulässigkeit der Zulässigkeit teleologischen Reduktion entgegen dem Wortlaut sehr unterschiedlich beurteilt (Vgl.: *Buntenbach* AiB 2011, 345; *Höpfner* NZA 2011, 893; *Lakies* ArbRAktuell 2011, 447; *Lakies* AuR 2011, 190; *Kittner* AiBplus 5/2011, 9; *Bauer* NZA 2011, Heft 9, Editorial; *Bauer* SAE 2011, Heft 4, Editorial; *Persch* ZTR 2011, 404; *Reinsch* BB 2011, 1011; *Schiefer* DB 2011, 1220; *Steinkühler* BB 2011, 2099; *Wedel* AuR 2011, 413; *Hold/Kleinsorge* NWB 2012, 1840; *Rudolf* BB 2011, 2808; *Gaenslen/Heilemann* KommJur 2012, 81; *Stenslik/Heine* DStR 2011, 2202; *Kuhnke* NJW 2011, 3131; *Tilch/Vennewald* NJW Spezial 2011, 690). Davon ausgehend sollte bei der Frage der Vorbeschäftigung unbedingt geklärt und durch Zusicherung des Fehlens der Vorbeschäftigung abgesichert werden. **Bei der Vereinbarung einer sachgrundlosen Befristung muss der schriftliche Abschluss des Vertrags und insbesondere der Befristungsabrede unbedingt vor Aufnahme der Tätigkeit erfolgen, da sonst eine Vorbeschäftigung vorliegt mit der Rechtsfolge der**

Unwirksamkeit der Befristungsabrede und der Entstehung eines unbefristeten Arbeitsverhältnisses (Vgl.: BAG NZA 2005, 575; BAG v. 22.1.2014 – 7 AZR 243/15).

20. Vollständigkeit des Vertrags/Schriftform → Form. J. I. 5 § 16.

21. Auf die **Wahrung der Schriftform** auch bei der Unterschrift ist beim Abschluss des befristeten Vertrags wegen § 14 Abs. 4 TzBfG und der strengen diesbezüglichen Rechtsprechung des BAG (NJW 2007, 315) **peinlich genau zu achten.** Zur Wahrung des Schriftformgebotes müssen beide Vertragsparteien die Befristungsabrede auf derselben Urkunde eigenhändig unterzeichnet haben (§§ 126 Abs. 2, 126 a Abs. 2 BGB). Der Austausch wechselseitiger Erklärungen genügt, anders als bei § 127 BGB, nicht (BAG NJW 2007, 315; BAG ZTR 2007, 45). Bei mehreren inhaltlich identischen Urkunden ist es ausreichend, wenn die Partei nur die jeweils für die andere bestimmte Urkunde unterzeichnet (BAG NJW 2007, 315; BAG ZTR 2007, 45; BGH NJW 2004, 2962). Es muss sich tatsächlich um gleich lautende (inhaltsgleiche) Urkunden handeln, die den gesamten Vertragstext beinhalten und der Vertragspartner muss die von der anderen Partei original unterschriebene Vertragsurkunde erhalten (BAG NJW 2007, 315).

9. Arbeitsvertrag mit einer Kanzleimitarbeiterin – Vollzeit, zeit- und zweckbefristet, Sachgrund Vertretung

Arbeitsvertrag[1]

zwischen

Rechtsanwalt . . . . . .

– nachfolgend: Arbeitgeber –

und

Frau . . . . . .

– nachfolgend: Arbeitnehmerin –

§ 1 Beginn des Arbeitsverhältnisses;[2] Befristung

(1) Das Arbeitsverhältnis beginnt am . . . . . .

(2) Das Arbeitsverhältnis ist befristet. Die Arbeitnehmerin wird zur Vertretung[3] der arbeitsunfähigen Frau (Name) für die Dauer der Arbeitsunfähigkeit eingestellt.[4] Das Arbeitsverhältnis endet mit dem Ende der Arbeitsunfähigkeit, ohne dass es einer Kündigung bedarf.

(3) Das Arbeitsverhältnis endet spätestens mit Ablauf des (Datum)[5] ohne dass es einer Kündigung bedarf.[6]

§ 2 Probezeit[7]

§ 3 Tätigkeit[8]

§ 4 Direktionsrecht[9]

§ 5 Fortbildung[10]

§ 6 Sprache[11]

§ 7 Arbeitszeit[12]

§ 8 Vergütung; Vergütung Überstunden[13]

§ 9 Arbeitsverhinderung/Arbeitsunfähigkeit/Krankheit[14]

§ 10 Urlaub[15]

§ 11 Nebentätigkeit[16]

§ 12 Verschwiegenheit[17]

§ 13 Ärztliche Untersuchung[18]

§ 14 Beendigung des Arbeitsverhältnisses;[19] **Kündigung**[20]

(1) Das Arbeitsverhältnis kann während der Probezeit mit einer Frist von zwei Wochen gekündigt werden.

(2) Nach Ablauf der Probezeit kann das Arbeitsverhältnis beiderseits unter Beachtung der gesetzlichen Fristen ordentlich gekündigt werden.

(3) Der Arbeitgeber ist berechtigt, die Arbeitnehmerin während des Laufes der Kündigungsfrist freizustellen.

(4) Das Recht zur außerordentlichen Kündigung bleibt unberührt.

§ 15 Ausschlussfrist/Verfallfristen[21]

§ 16 Vollständigkeit des Vertrags/Schriftform[22]

. . . . . ., den . . . ., den . . . . . .

(Arbeitgeber)[23]   (Arbeitnehmerin)

Anmerkungen

1. Bei der Befristung ist zwischen der **Zweckbefristung** und der **Zeitbefristung** zu unterscheiden. Eine **Zeitbefristung** ist vereinbart, wenn die Dauer des Arbeitsverhältnisses kalendermäßig bestimmt ist und eine **Zweckbefristung** liegt vor, wenn das Arbeitsverhältnis nicht zu einem kalendermäßig bestimmten Zeitpunkt sondern bei Eintritt eines zukünftigen Ereignisses enden soll (LAG Hamm Urt. v. 12.1.2012 – 11 Sa 1269/11 BeckRS 2012, 67210). Die Doppelbefristung (gleichzeitige Zeit- und Zweckbefristung) wurde unter der Geltung des ArbBeschFG als zulässig angesehen (BAG NZA 1985, 561; BAG DB 1994, 98; BAG v. 13.2.2013 – 7 AZR 324/11 BeckRS 2013, 68700). Nach den in der späteren Rspr. des BAG aufgestellten Grundsätzen ist in den Fällen, in denen eine Kombination von Zweckbefristung/auflösender Bedingung und Zeitbefristung vereinbart wird, die Wirksamkeit der Zweckbefristung/auflösender Bedingung und die Wirksamkeit der zeitlichen Höchstbefristung rechtlich getrennt zu beurteilen (BAG NJW 2011, 3675). Dabei gilt ein gem. §§ 21, 15 Abs. 5 TzBfG auflösend bedingtes Arbeitsverhältnis als auf unbestimmte Zeit verlängert, wenn es nach Eintritt der Bedingung mit Wissen des

Arbeitgebers fortgesetzt wird und der Arbeitgeber nicht unverzüglich widerspricht oder dem Arbeitnehmer nicht unverzüglich den Bedingungseintritt mitteilt (BAG NJW 2011, 3675). §§ 21, 15 Abs. 5 TzBfG sind auf eine Kombination von auflösender Bedingung und zeitlicher Höchstbefristung anzuwenden (BAG NJW 2011, 3675). Rechtsfolge der Weiterarbeit iSv §§ 21, 15 Abs. 5 TzBfG ist nach dem BAG bei einer solchen Vertragsgestaltung jedoch nicht die unbefristete Fortdauer des Arbeitsverhältnisses. Die Fiktionswirkung ist nach Sinn und Zweck der §§ 21, 15 Abs. 5 TzBfG auf den nur befristeten Fortbestand des Arbeitsverhältnisses beschränkt. Der Kalenderbefristung kommt „Auffangwirkung" zu (BAG NJW 2011, 3675). Nicht endgültig geklärt ist die Frage, wie Fallgestaltungen zu beurteilen sind, in denen der Arbeitgeber der Weiterarbeit des Arbeitnehmers über den Bedingungseintritt hinaus deshalb nicht unverzüglich widerspricht, weil er den Eintritt der auflösenden Bedingung in Verkennung der Sach- oder Rechtslage nicht erkannt hat. Das BAG hat das ausdrücklich offen gelassen (vgl.: BAG NJW 2011, 3675).

2. Beginn des Arbeitsverhältnisses → Form. J. I. 5 § 1.

3. Bei einer Zweckbefristung machen die Parteien die Beendigung des Arbeitsverhältnisses vom Eintritt eines künftigen Ereignisses abhängig, dessen Eintritt sie für gewiss halten, dessen Zeitpunkt dagegen ungewiss ist (BAG NZA 2012, 1366). Eine Zweckbefristung bedarf zu ihrer Wirksamkeit des Vorliegens eines sachlichen Grundes. In Betracht kommen zur Rechtfertigung insbesondere die in § 14 Abs. 1 S. 2 TzBfG genannten sachlichen Gründe. Der Sachgrund des § 14 Abs. 1 S. 2 Nr. 1 TzBfG setzt voraus, dass **zum Zeitpunkt des Vertragsschlusses mit hinreichender Sicherheit zu erwarten ist, dass nach dem vorgesehenen Vertragsende für die Beschäftigung des befristet eingestellten Arbeitnehmers kein dauerhafter betrieblicher Bedarf mehr besteht** (BAG NZA 2012, 1366; BAGE 133, 319). Hierüber hat der Arbeitgeber bei Abschluss des befristeten Arbeitsvertrages eine **Prognose zu erstellen, der konkrete Anhaltspunkte zugrunde liegen müssen.** Die Prognose ist ein Teil des Sachgrundes für die Befristung. Die allgemeine Unsicherheit über die zukünftig bestehende Beschäftigungsmöglichkeit rechtfertigt die Befristung nicht. Eine solche Unsicherheit gehört zum unternehmerischen Risiko des Arbeitgebers, das er nicht durch Abschluss eines befristeten Arbeitsvertrages auf den Arbeitnehmer abwälzen darf (BAG NZA 2012, 1366). Die tatsächlichen Grundlagen für die Prognose hat der Arbeitgeber im Prozess darzulegen (BAG NZA 2012, 1366; BAGE 101, 262).

4. Eine Zweckbefristung erfordert zum einen eine **unmissverständliche Einigung darüber, dass das Arbeitsverhältnis bei Zweckerreichung enden soll,** wobei die Einigung nach **§ 14 Abs. 4 TzBfG schriftlich vereinbart sein muss** (BAG NZA 2012, 1366). Zum anderen muss der Zweck, mit dessen Erreichung das Arbeitsverhältnis enden soll, so genau bezeichnet sein, dass hieraus das Ereignis, dessen Eintritt zur Beendigung des Arbeitsverhältnisses führen soll, zweifelsfrei feststellbar ist (BAG NZA 2012, 1366). Worauf sich die Parteien geeinigt haben, ist durch Auslegung zu ermitteln (BAG NZA 2012, 1366 (1368)).

5. Dem Sachgrund der Vertretung steht nicht entgegen, wenn das mit dem Arbeitnehmer vereinbarte Fristende nicht die gesamte Zeit des Vertretungsbedarfs bzw. des Urlaubs abdeckt. Die vertraglich vereinbarte Befristungsdauer bedarf keiner eigenen sachlichen Rechtfertigung. Dem Arbeitgeber steht es frei, den Arbeitsausfall überhaupt zu überbrücken. **Deshalb verbleibt ihm auch die Entscheidung, die Vertretung nur für eine kürzere Zeit zu regeln** (BAG NZA 2005, 469; BAG NZA 2001, 721). Für die gesetzlichen Vertretungsfälle nach § 21 Abs. 1 BErzGG hat der Gesetzgeber zudem ausdrücklich bestimmt, dass die Befristung auch „über Teile" der Vertretungszeit erfolgen kann. Ein Zurückbleiben der Befristungsdauer hinter dem voraussichtlichen Bestand des Befristungsgrundes stellt nicht den Befristungsgrund selbst in Frage (BAG NZA 2005, 469; BAG NZA 1992, 883). Aus der gewählten Befristungsdauer darf lediglich nicht zu entnehmen sein, dass der Sachgrund für die Befristung vorgeschoben ist (BAG NZA 2005, 469; BAG NZA 2001, 721). Das ist nicht der Fall, wenn der Arbeitgeber davon ausgehen durfte, der zu vertretende Arbeitnehmer werde seine Arbeit wieder aufnehmen (BAG NZA 2005, 469). Problematisch sind **Urlaubsvertretungen, bei denen Vertretungs-erfordernisse wegen mehrerer Urlaube mehrerer Arbeitnehmer pauschal kombiniert werden**. Die Befristung eines Arbeitsvertrages ist durch den Sachgrund der Vertretung eines anderen Arbeitnehmers nach § 14 Abs. 1 S. 2 Nr. 3 TzBfG nicht gerechtfertigt, wenn die **Befristung zur Vertretung von in Urlaub befindlichen Arbeitnehmern erfolgt und eine derartige Vertretung nicht nur vorübergehend, sondern regelmäßig erforderlich ist** (LAG Mecklenburg-Vorpommern NZA-RR 2008, 177). Entsprechend rechtfertigt eine **Aneinanderkettung von Urlaubszeiten** für eine Zeit von zehneinhalb Monaten keine Befristung, da davon auszugehen ist, dass ein derartiger Beschäftigungsbedarf Jahr für Jahr in gleicher Weise besteht, dies insbesondere in dem Fall, in dem vorangegangene Befristungen vorhanden sind (LAG Hamm Urt. v. 21.10.2004 – 11 Sa 688/04 –). Zur sog. **mittelbaren Vertretung** vgl.: BAG v. 6.11.2013 – 7 AZR 96/12 – BeckRS 2014, 66476.

6. **Beim nur zeitbefristeten Vertrag** muss der Sachgrund der Vertretung nicht in den Vertragstext aufgenommen werden. Der Sachgrund der Befristung muss nach der derzeitigen Rspr. des BAG auch im Blick auf das Transparenzgebot des § 307 Abs. 1 S. 2 BGB nicht angegeben werden. Das Teilzeit- und Befristungsgesetz verlangt bei der Befristung eines Arbeitsvertrags keine Vereinbarung über den Sachgrund (BAG NZA 2009, 1253). Hier genügt es vielmehr, dass der Rechtfertigungsgrund nach § 14 Abs. 1 und 2 TzBfG für die Befristung bei Vertragsschluss vorliegt. Es besteht kein Zitiergebot für den die Befristung rechtfertigenden Grund (BAG NZA 2009, 1253; BAG NZA 2004, 1333). Zwar weist die Transparenzforderung nach § 307 Abs. 1 S. 2 BGB gegenüber den Bestimmungen des TzBfG eigenständige Voraussetzungen auf. Jedoch sind die Wertungen des TzBfG bei der Auslegung und Anwendung des § 307 Abs. 1 S. 2 BGB bei der befristeten Änderung von Arbeitsbedingungen zu berücksichtigen. Das gilt für die Inhaltskontrolle nach § 307 Abs. 1 S. 1 BGB (BAG NZA 2009, 1253; BAGE 123, 327) sowie für das Transparenzgebot nach § 307 Abs. 1 S. 2 BGB. Daraus folgt, dass es bei einer Befristung von Arbeitsbedingungen grundsätzlich keiner Aufführung von Gründen im Vertrag bedarf. Anderenfalls entstünde ein Wertungswiderspruch (BAG NZA 2009, 1253 unter Verweis auf: *Hanau/Hromadka* NZA 2005, 7 (77); *Hohenstatt/Schramm* NZA 2007, 238 (243); *Schmalenberg* FS DAV S. 155 (167); *Schimmelpfennig* NZA 2005, 603 (606); *Willemsen/Grau* NZA 2005, 1137 (1142)). Es ist aber vom Arbeitgeber für den Streitfall dringend zu empfehlen die Einzelheiten des sachlichen Grundes für die eigenen Unterlagen zu dokumentieren und schriftlich festzuhalten (BeckFormBArbR/*Schröder*, 2. Aufl., 2009, A.V.3. → Anm. 1.).

7. **Probezeit** → Form. J. I. 5 § 2. Abhängig von der Dauer der Zeitbefristung ist die zu vereinbarende Probezeit zu prüfen und ggf. anzupassen.

8. **Tätigkeit** → Form. J. I. 5 § 3.

9. **Direktionsrecht** → Form. J. I. 5 § 4. Betreffend Weisungsrecht und Arbeitszeit → Form J .I. 5 § 7 dort Anm. 21. Zu beachten ist das besondere Diskriminierungsverbot in § 4 Abs. 2 TzBfG. Danach **darf ein befristet beschäftigter Arbeitnehmer wegen der Befristung des Arbeitsvertrages nicht schlechter behandelt werden als ein vergleichbarer unbefristet beschäftigter Arbeitnehmer**, es sei denn, dass sachliche Gründe eine unterschiedliche Behandlung rechtfertigen. Das BAG sieht dabei den Zweck insbesondere des gesetzliche Schlechterstellungsverbotes in § 4 Abs. 2 S. 3 TzBfG im Schutz des beruflichen Fortkommens befristet Beschäftigter (BAG NJW 2011, 953).

10. Fortbildung → Form. J. I. 5 § 5. Zum Sondertatbestand des § 19 TzBfG → Form. J. I. 8 Anm. 6.

11. Sprache → Form. J. I. 5 § 6.

12. Arbeitszeit → Form. J. I. 5 § 7.

13. Gem. **§ 4 Abs. 2 S. 1 TzBfG** darf ein befristet beschäftigter Arbeitnehmer wegen der Befristung des Arbeitsvertrags nicht schlechter behandelt werden als ein vergleichbarer unbefristet beschäftigter Arbeitnehmer, es sei denn, dass sachliche Gründe eine unterschiedliche Behandlung rechtfertigen. Eine schlechtere Behandlung liegt vor, wenn befristet Beschäftigte für die gleiche Arbeitsleistung eine geringere Bezahlung als die unbefristet Tätigen erhalten. Auch dürfen Dauerbeschäftigten geleistete Vorteile befristet Beschäftigten nicht wegen der Befristung vorenthalten werden (BAG v. 18.1.2012 – 6 AZR 496/10; BAG NZA-RR 2009, 490; BAG NZA-RR 2008, 275).

14. Arbeitsverhinderung/Arbeitsunfähigkeit/Krankheit. → Form. J. I. 5 § 9.

15. Urlaub → Form. J. I. 5 § 10. Zum Diskriminierungsverbot und Urlaub Anmerkung zu → Form. J. I. 8 dort Anm. 11.

16. Nebentätigkeit → Form. J. I. 5 § 11.

17. Verschwiegenheit . → Form. J. I. 5 § 12.

18. Ärztliche Untersuchung: → Form. J. I. 5 § 13.

19. Beendigung des Arbeitsverhältnisses: → Form. J. I. 5 § 14.

20. Ein befristetes Arbeitsverhältnis unterliegt gem. § 15 Abs. 3 TzBfG nur dann der ordentlichen Kündigung, wenn dies einzelvertraglich oder im anwendbaren Tarifvertrag vereinbart ist. Vgl. zur Auslegung und AGB-Kontrolle bei unklarer Formulierung der Klausel zur Kündbarkeit: BAG Urt. v. 4.8.2011 – 6 AZR 436/10; DB 2011, 2552; LAG Rheinland-Pfalz v. 22.3.2013 – 6 Sa 426/12 – BeckRS 2013, 69250.

21. Ausschlussfrist/Verfallfristen. → Form. J. I. 5 § 15.

22. Vollständigkeit des Vertrags/Schriftform. → Form. J. I. 5 § 16.

23. Auf die **Wahrung der Schriftform** auch bei der Unterschrift ist beim Abschluss des befristeten Vertrags wegen § 14 Abs. 4 TzBfG und der strengen diesbezüglichen Rechtsprechung des BAG (NJW 2007, 315) **peinlich genau zu achten**. Zur Wahrung des Schriftformgebotes müssen beide Vertragsparteien die Befristungsabrede auf derselben Urkunde eigenhändig unterzeichnet haben (§§ 126 Abs. 2, 126 a Abs. 2 BGB). Der Austausch wechselseitiger Erklärungen genügt, anders als bei § 127 BGB, nicht (BAG NJW 2007, 315; BAG ZTR 2007, 45). Bei mehreren inhaltlich identischen Urkunden ist es ausreichend, wenn die Partei nur die jeweils für die andere bestimmte Urkunde unterzeichnet (BAG NJW 2007, 315; BAG ZTR 2007, 45; BGH NJW 2004, 2962). Es muss sich tatsächlich um gleich lautende (inhaltsgleiche) Urkunden handeln, die den gesamten Vertragstext beinhalten und der Vertragspartner muss die von der anderen Partei original unterschriebene Vertragsurkunde erhalten (BAG NJW 2007, 315).

II. Verträge mit freien Mitarbeitern

1. Vertrag mit einem Rechtsanwalt als freiem Mitarbeiter

Vertrag über freie Mitarbeit[1, 2]

zwischen

Rechtsanwalt . . . . . .

– nachfolgend: Auftraggeber –

und

Rechtsanwalt . . . . . .

– nachfolgend: Auftragnehmer –

§ 1 Beginn

Das Vertragsverhältnis beginnt am . . . . . .

§ 2 Vertragsgegenstand; Tätigkeit

(1) Der Auftragnehmer wird für den Auftrageber als Rechtsanwalt tätig.

(2) Der Auftraggeber kann den Auftragnehmer mit anwaltlichen Dienstleistungen beauftragen. Der Auftraggeber kann den Auftragnehmer insbesondere mit der Fertigung von Berichten, von Rechtsgutachten und von Schriftsatzentwürfen sowie mit der Wahrnehmung von Gerichtsterminen oder der Wahrnehmung von Besprechungsterminen beauftragen.[3]

§ 3 Auftragserteilung; Annahme

(1) Der Auftraggeber bietet dem Auftragnehmer Tätigkeiten iSd § 1 jeweils an. Der Auftragnehmer wird unverzüglich mitteilen, ob er das Angebot annimmt.[4]

(2) Eine Verpflichtung zur Übernahme von Tätigkeiten besteht für den Auftragnehmer nicht. Der Auftragnehmer kann die Übernahme einzelner Aufträge ohne Angabe von Gründen ablehnen.[5]

§ 4 Tätigkeitsort

Der Tätigkeitsort ergibt sich aus dem jeweils erteilten Auftrag.[6]

§ 5 Vergütung; Abrechnung

(1) Für die Ausführung von Aufträgen wird ein Stundenhonorar von . . . . . . EUR zzgl. der gesetzlichen Mehrwertsteuer vereinbart.

(2) Aufwendungen sind mit dieser Vergütung abgegolten, soweit nicht in § 6 abweichendes vereinbart ist.

§ 6 Auslagen des Auftragnehmers (Fahrtkosten; Übernachtungskosten)

(1) Die zur Wahrnehmung eines Auftrags erforderlichen Fahrtkosten werden dem Auftragnehmer auf der Grundlage des RVG erstattet.

(2) Zu den gem. § 5 Abs. 1 zu erstattenden Fahrtkosten gehören nicht Fahrtkosten, die dem Auftragnehmer auf der Wegstrecke zwischen seinem Wohnsitz und der Kanzlei des Auftraggebers entstehen.

(3) Auslagen für Übernachtungskosten werden nur erstattet, wenn eine Vereinbarung getroffen wurde.

(4) Der Erstattungsanspruch für Auslagen steht unter der Bedingung, dass der Auftragnehmer die zur steuerlichen Geltendmachung erforderlichen Nachweise und Belege an den Auftraggeber übergibt.

§ 7 Abrechnung

(1) Der Auftragnehmer erteilt dem Auftraggeber jeweils zum Monatsende eine Rechnung, die eine prüfbare Aufstellung der auftragsgemäß geleisteten Stunden und der Auslagen enthält.

(2) Der Auftragnehmer wird die Rechnung unter Beachtung der gesetzlichen Vorgaben (§§ 14, 14a UStG) erstellen.[7, 8]

§ 8 Überzahlung

Kommt es zu einer Überzahlung, so verpflichtet sich der Auftragnehmer zur Erstattung ohne Rücksicht auf eine noch vorhandene Bereicherung.[9]

§ 9 Arbeitsergebnisse; Unterlagen

(1) Arbeitsergebnisse und Unterlagen, die der Auftragnehmer erhält oder erstellt, sind Eigentum des Auftraggebers. Die Anfertigung und Aufzeichnung von Unterlagen aller Art erfolgt ausschließlich zu Zwecken der jeweiligen Auftragserfüllung.

(2) Der Auftragnehmer wird alle Aufzeichnungen, Entwürfe, Korrespondenzen, Materialien, Notizen, Unterlagen jeder Art, die er anfertigt oder erhält sowie davon evtl. gefertigte Abschriften oder Kopien oder Mehrstücke ordnungsgemäß aufbewahren und dafür Sorge tragen, dass Dritte nicht Einsicht nehmen können.

(3) Jede Anfertigung von Abschriften oder Kopien oder Mehrstücken für andere, als der Auftragerfüllung dienende Zwecke, ist ausgeschlossen. Die genannten Gegenstände sind bei Beendigung des Auftrags unverzüglich und unaufgefordert sowie vollständig an den Auftraggeber herauszugeben und in der Kanzlei an den Auftraggeber zu übergeben.

(4) Eine Herausgabe der genannten Gegenstände hat im übrigen auf Anforderung des Auftraggebers jederzeit zu erfolgen. Ein Zurückbehaltungsrecht des Auftragnehmers ist ausgeschlossen. Die hier geregelten Pflichten gelten zugleich für alle Datenträger, Codes, Passwörter, Zugangssperren uä, die sich auf Angelegenheiten des Auftraggebers und die von ihm betreuten Mandate beziehen. Der Auftragnehmer wird auf Gesuch des Auftraggebers an Eides Statt versichern, dass er die gesamten Gegenstände bzw. Datenträger vollständig herausgegeben und nicht zurückbehalten hat.

§ 10 Tätigkeitsergebnisse; Urheberrechte

(1) Alle Tätigkeitsergebnisse und Rechte daran (Urheberrechte, Ideen, Erfindungen), insbesondere auch an den erstellten Schriftsätzen,[10] Schreiben, Gutachten etc. stehen allein und ausschließlich, unbefristet und räumlich uneingeschränkt dem Auftraggeber zu.

(2) Dies gilt für alle bekannten Nutzungsarten und schließt das Recht zu Änderungen und Bearbeitungen ein. Sie beinhalten auch die Übertragung auf Datenträger. Die Rechtseinräumung ist inhaltlich uneingeschränkt und sachlich umfassend. Die Einräumung der Rechte an den Tätigkeitsergebnissen zu Gunsten des Auftraggebers ist durch die Bezüge nach diesem Vertrag abgegolten.

(3) Durch Ausübung der Nutzungsrechte einschließlich deren Übertragung bedarf es keiner weiteren Zustimmung oder Einwilligung des Auftragnehmers. Die Nutzungseinräumung und die daraus resultierenden Rechte werden durch die Beendigung dieses Vertrages nicht berührt.

§ 11 Verschwiegenheit

(1) Der Auftragnehmer ist verpflichtet, über alle Umstände, die ihm im Rahmen dieses Vertragsverhältnisses zur Kenntnis gelangt sind, Stillschweigen zu bewahren.

(2) Die Verpflichtung zur Verschwiegenheit besteht nach Beendigung des jeweiligen Auftrags wie auch nach Beendigung des Vertragsverhältnisses fort.

(3) Der Auftraggeber kann vom Auftragnehmer jederzeit die Unterzeichnung von Verschwiegenheitsverpflichtungen verlangen.

§ 12 Eigene Anwaltstätigkeit des Auftragnehmers

(1) Der Auftragnehmer kann eigene Anwaltstätigkeit ausüben.

(2) Der Auftragnehmer verpflichtet sich, während des Bestehens dieses Vertragsverhältnisses bei der Ausübung eigener Anwaltstätigkeit keine Mandate von Mandanten des Auftraggebers und keine Mandate gegen Mandanten des Auftraggebers anzunehmen.

§ 13 Tätigkeit des Auftragnehmers bei Dritten

(1) Der Auftragnehmer hat das Recht, auch für dritte Auftraggeber als Rechtsanwalt tätig zu sein.

(2) Einer vorherigen Zustimmung des Auftraggebers bedarf es dazu nicht, es sei denn, dass der Auftragnehmer zugleich auch für einen Wettbewerber des Auftraggebers tätig werden will oder wenn es zu einem Interessenkonflikt kommen könnte. Der Anschein eines Interessenkonfliktes ist zu vermeiden.

§ 14 Verhalten des Auftragnehmers gegenüber Mandanten des Auftraggebers

(1) Der Auftragnehmer ist nicht berechtigt Mandate für den Auftraggeber anzunehmen.

(2) Wird der Auftragnehmer im Rahmen der Ausführung eines Auftrags von einem Mandanten des Auftraggebers wegen einer Mandatsübernahme angesprochen oder werden ihm Unterlagen überreicht, so hat er unverzüglich den Auftraggeber zu informieren und diesem die erhaltenen Unterlagen zu übergeben.

§ 15 Haftung

(1) Der Auftragnehmer hat die ihm erteilten Aufträge mit der von einem Rechtsanwalt geschuldeten Sorgfalt zu bearbeiten.

(2) Wird der Auftraggeber wegen eines Sachverhaltes von einem Dritten in Haftung genommen, der mit einem dem Auftragnehmer erteilten Auftrag im Zusammenhang steht, und beruht die Inanspruchnahme auf einem dem Auftragnehmer zuzurechnenden Fehlverhalten oder einer dem Auftragnehmer zuzurechnenden Pflichtverletzung, so hat der Auftragnehmer den Auftraggeber freizustellen.[11]

(3) Der Auftragnehmer ist verpflichtet mit Beginn des Vertrages eine entsprechende Haftpflichtversicherung mit einer Versicherungssumme von mindestens . . . . . . abzuschließen und diesen Versicherungsschutz während der gesamten Vertragslaufzeit aufrechtzuerhalten.

(4) Sollten Sachverhalte eintreten, die die Bestand des Versicherungsschutzes gefährden könnten, so ist der Auftragnehmer verpflichtet, den Auftraggeber unverzüglich zu informieren.

(5) Der Auftraggeber kann jederzeit die Vorlage geeigneter Unterlagen und Belege über den Bestand des Versicherungsschutzes beim Auftragnehmer verlangen.

§ 16 Vertragsbeendigung

(1) Das Vertragsverhältnis kann mit einer Frist von 4 Wochen zum Monatsende gekündigt werden.

(2) Das Recht zur außerordentlichen Kündigung bleibt unberührt.

§ 17 Mandantenschutzklausel[12, 13]

(1) Der Auftragnehmer verzichtet darauf, nach Beendigung dieses Vertrags aktiv um Mandate von Personen zu werben, die zur Mandantschaft des Auftraggebers gehörten und gehören.

(2) Der Auftragnehmer verpflichtet sich, für die Dauer eines Jahres nach Beendigung des Vertragsverhältnisses, ohne ausdrückliche Zustimmung des Auftraggebers keine Mandate von Personen anzunehmen, die innerhalb der letzten zwei[13] Jahre vor der Vertragsbeendigung zur Mandantschaft des Auftraggebers gehört haben. Dafür . . . . . .(Regelung der Entschädigung)

(3) Übernimmt der Auftragnehmer bei oder unmittelbar mit der Beendigung des Vertrags Mandate von Personen, die zur Mandantschaft des Auftraggebers gehören, so schuldet der Auftragnehmer dem Auftraggeber als Entschädigung für einen Zeitraum von einem[13] Jahr seit Vertragsende einen Betrag in Höhe von 20 Prozent des Gesamtumsatzes mit den betreffenden Mandanten. Die Zahlungen sind jeweils am 1. März des Folgejahres für den Jahresumsatz des vorangegangenen Jahres fällig.

(4) Der Auftragnehmer wird sich während der Laufzeit dieses Vertrages und nach der Beendigung des Vertrages für die Zeit von einem[13] Jahr in einem Umkreis von . . . . . . km um den Sitz der Kanzlei des Auftraggebers nicht als Rechtsanwalt niederlassen.

(5) Der Auftraggeber ist dazu berechtigt, jederzeit auf den vereinbarten Mandantenschutz zu verzichten. Mit dem Verzicht entfällt der Anspruch auf Karenzentschädigung gem. § 17 Abs. 2. Wird auf den Mandantenschutz in zeitlicher Hinsicht nur teilweise verzichtet, so reduziert sich der Anspruch auf Karenzentschädigung entsprechend.

§ 18 Schlussbestimmungen

(1) Dieser Vertrag ersetzt alle früheren Regelungen zwischen Auftraggeber und Auftragnehmer.

(2) Die Vollständigkeit des Vertrags wird vermutet. Derjenige, der sich gleichwohl auf mündlich getroffene Nebenabreden beruft, hat diese zu beweisen.

(3) Sind oder werden einzelne Bestimmungen dieses Vertrages unwirksam lässt dies die Wirksamkeit der übrigen Vertragsbestimmungen unberührt.

. . . . . ., den . . . ., den . . . . . .

(Auftraggeber)[14]   (Auftragnehmer)

Schrifttum: *Berscheid/Kunz/Brand/Nebeling/Kunz*, Praxis des Arbeitsrechts, 4. Aufl., 2013, Kap. 16 Rn. 1001 1007 Stichwort: Rechtsanwalt; *Bohle*, Verträge mit juristischen Mitarbeitern – Mandatenschutzklauseln und Mandantenübernahmeklausen, MDR 2003, 140; *Ennemann*, Scheinselbständigkeit und Anwaltschaft, MDR 2000, 252; *Hartung/Bargon*, Die UK-LLP in der deutschen Praxis – wer A sagt, sagt auch B – Gesellschafts- und berufsrechtliche Risiken und Nebenwirkungen bei der Trennung von Partnern, AnwBl. 2011, 84; *Henssler*, Ist der Freie Mitarbeiter abgeschafft? Was nun?, AnwBl. 2000, 213; *Hümmerich/Lücke/Mauer*, Arbeitsrecht, 8. Aufl., 2014; *Kamps/Alvermann*, Außen- und Scheinsoziäten von Rechtsanwälten, NJW 2001, 2121; *Kermer*, Anmerkung BAG v. 13.3.2008 – 2 AZR 1037/06 – AuA 2008, 694; *Kilger*, Der Traum vom Freien Mitarbeiter AnwBl. 1992, 212; *ders.*, Der Traum vom Freien Mitarbeiter Nr. 2, AnwBl. 1999, 20; *ders.*, Scheinselbstständige und arbeitnehmerähnliche Selbstständige, AnwBl. 2000, 149; *Knief*, Der Rechtsanwalt als Angestellter und freier Mitarbeiter, AnwBl 1985, 59; *Lingemann/Winkel*, Der Rechtsanwalt als freier Mitarbeiter (Teil 1), NJW 2010, 38; *dies.*, Der Rechtsanwalt als freier Mitarbeiter (Teil 2), NJW 2010, 208; *Nave*, Karenzentschädigungspflicht bei Verwendung von Kundenschutzklauseln, NJW 2003, 3322; *ders.*, Wettbewerbs- und Kundenschutzklauseln in der neuen Rechtsprechung des BGH, NWB 2003, 2405; *Offermann-Burckart*, Anwaltliches Gesellschaftsrecht – vom schönen Schein zur Scheinsozietät, AnwBl. 2014, 13; *Rewolle*, Der Rechtsanwalt als freier Mitarbeiter, AnwBl 1978, 388; *Spatschek/Talaska*, Strafrechtliche Gefahren des freien Mitarbeiters – Risiko Scheinselbstständigkeit – am Ende trifft es nur den Arbeitgeberanwalt AnwBl. 2010, 203; *Streck/Mack*, Steuerrechtsfragen der Rechtsanwalts- und Steuerberatersozietät Stbg 1997, 440; *Streck*, Sozietät oder Bürogemeinschaft? Entscheidungshilfen für den (Jung)-Anwalt, MDR 1997, 897; *Steinau/Steinrück*, Kanzlei und angestellter Anwalt – wie viel Arbeitsrecht gilt?, AnwBl. 2008, 90; *Wettlaufer*, Angestellter oder freier Mitarbeiter? – Zum Einstieg in eine Anwaltskanzlei –, AnwBl 1989, 194.

Anmerkungen

1. Vertragsmuster Rechtsanwalt als Freier Mitarbeiter vgl. auch: *Hümmerich/Lücke/Mauer/Lücke*, Arbeitsrecht, 8. Aufl., 2014, Kap. 2 Rn. 351; *Henssler/Streck/Moll*, Sozietätsrecht, 2. Aufl., 2011, L Rn. 221.

2. Die **Sozialgerichte stellen** bei der Prüfung der Sozialversicherungspflicht **grds. auf die tatsächlich gelebte Beziehung ab und nicht auf die Vertragsbezeichnung.** Beurteilungsmaßstab für das Vorliegen einer abhängigen Beschäftigung ist § 7 Abs. 1 SGB IV. Danach ist Beschäftigung die nichtselbstständige Arbeit, insbesondere in einem Arbeitsverhältnis. Eine **Beschäftigung setzt voraus**, dass der Arbeitnehmer vom Arbeitgeber **persönlich abhängig** ist, was bei einer Beschäftigung in einem fremden Betrieb der Fall ist, wenn der Beschäftigte **in den Betrieb eingegliedert** ist und dabei **einem Zeit, Dauer, Ort und Art der Ausführung umfassenden Weisungsrecht des Arbeitgebers unterliegt** (LSG Baden-Württemberg Urt. v. 11.5.2011 – L 11 R 1075/11 ER-B, BeckRS 2011, 72968). **Demgegenüber** ist eine **selbstständige Tätigkeit** vornehmlich durch das **eigene Unternehmerrisiko**, das **Vorhandensein**

einer eigenen Betriebsstätte, die Verfügungsmöglichkeit über die eigene Arbeitskraft und die im Wesentlichen frei gestaltete Tätigkeit und Arbeitszeit gekennzeichnet. Ob jemand abhängig beschäftigt oder selbstständig tätig ist, hängt davon ab, welche Merkmale überwiegen (LSG Baden-Württemberg Urt. v. 11.5.2011 – L 11 R 1075/11 ER-B, BeckRS 2011, 72968). Dabei hat das BVerfG zur Verfassungsmäßigkeit der Abgrenzung zwischen abhängiger Beschäftigung und selbstständiger Tätigkeit Stellung genommen (BVerfG Urt. v. 20.5.1996 – 1 BvR 21/96, NJW 1996, 2644). Maßgebend ist stets das Gesamtbild der Arbeitsleistung (BSG Urt. v. 25.4.2012 – B 12 KR 14/10 R, DStR 2012, 2494; LSG Baden-Württemberg Urt. v. 11.5.2011 – L 11 R 1075/11 ER-B, BeckRS 2011, 72968). **Ausgangspunkt der Prüfung** ist dabei nach ständiger Rechtsprechung des BSG (BSG Urt. v. 24.1.2007 – B 12 KR 31/06 R, NZS 2007, 648; BSG Urt. v. 25.1.2006 – B 12 KR 30/04 R, ZIP 2006, 678; LSG Baden-Württemberg Urt. v. 11.5.2011 – L 11 R 1075/11 ER-B, BeckRS 2011, 72968) zunächst das Vertragsverhältnis der Beteiligten, so wie es sich aus den von ihnen getroffenen Vereinbarungen ergibt und sich aus ihrer gelebten Beziehung erschließen lässt. Eine im Widerspruch zu ursprünglich getroffenen Vereinbarungen stehende tatsächliche Beziehung und die sich hieraus ergebende Schlussfolgerung auf die tatsächlich gewollte Natur der Rechtsbeziehung geht aber der formellen Vereinbarung regelmäßig vor und es gilt in diesem Sinne, dass die tatsächlichen Verhältnisse den Ausschlag geben, wenn sie in rechtlich zulässiger Weise von den Vereinbarungen abweichen (LSG Baden-Württemberg Urt. v. 11.5.2011 – L 11 R 1075/11 ER-B, BeckRS 2011, 72968 mwN).

3. Die Bearbeitung von Fällen als Freier Mitarbeiter schließt die **Berücksichtigung von Fällen im Rahmen einer Bewerbung um einen Fachanwaltstitel** nicht per se aus (BGH Urt. v. 10.10.2011 – AnwZ (Brfg) 7/10, NJW-RR 2012, 296). Eine „persönliche" **Bearbeitung** von Fällen ist gegeben, wenn sich der Rechtsanwalt (auch als angestellter Anwalt oder als freier Mitarbeiter eines Anwalts) namentlich durch Anfertigung von Vermerken und Schriftsätzen oder die Teilnahme an Gerichts- und anderen Verhandlungen selbst mit der Sache inhaltlich befasst hat (BGH Urt. v. 10.10.2011 – AnwZ (Brfg) 7/10, NJW-RR 2012, 296). Unter welchen Voraussetzungen es bei im Angestelltenverhältnis oder in freier Mitarbeit tätigen Rechtsanwälten am Merkmal der „Weisungsfreiheit" fehlen kann, hat der **BGH in der zitierten Entscheidung nicht allgemein festgestellt.** Anlass zu **Zweifeln** würden nach dem BGH aber beispielsweise dann bestehen, **wenn** der angestellte oder in freier Mitarbeit tätige Rechtsanwalt **nach strikten Vorgaben sowie unter strikter Anleitung und Ergebniskontrolle zu arbeiten hätte,** mithin ihm **keinerlei eigener Entscheidungsspielraum** zustünde (BGH Urt. v. 10.10.2011 – AnwZ (Brfg) 7/10, NJW-RR 2012, 296). Davon ausgehend sollten freie Mitarbeiter sorgsam Buch führen, welchen Anteil sie an der Fallbearbeitung tatsächlich hatten, damit sie am Ende nicht auf die Mitwirkung ihrer Arbeitgeber angewiesen sind (Vgl. Red. AnwBl. 2012, 92). Dabei wird dann auch eine ergänzende Vereinbarung zu treffen sein, wenn Vereinbarungen über Arbeitsergebnisse und Unterlagen (Hier § 9) getroffen wurden damit bei einer Bewerbung um den Fachanwaltstitel keine Nachweisprobleme für den (früheren) freien Mitarbeiter auftreten.

4. **Zeitliche Vorgaben** oder die **Verpflichtung, bestimmte Termine für die Erledigung der übertragenen Aufgaben einzuhalten,** werden grds. nicht als wesentliches Merkmal für ein Arbeitsverhältnis angesehen (LAG Hamm Urt. v. 10.1.2013 – 15 Sa 1238/12, BeckRS 2013, 68406; BAG Urt. v. 14.3.2007 – 5 AZR 499/06, NZA-RR 2007, 424).

5. Zu beachten ist, dass als starkes starkes Indiz für die Arbeitnehmereigenschaft die **Einteilung des Mitarbeiters in Dienstpläne ohne vorheriger Absprache** angesehen wird (LAG Schleswig-Holstein Urt. v. 13.11.2013 – 6 Sa 370/12, BeckRS 2013, 75029; LAG Hamm Urt. v. 10.1.2013 – 15 Sa 1238/12, BeckRS 2013, 68406; BAG Urt. v. 15.2.2012 –

10 AZR 301/10, NJW 2012, 2903; BAG Urt. v. 20.9.2000 – 5 AZR 61/99, NZA 2001, 551). Demgegenüber wird die grundsätzliche **Freiheit zur eigenständigen Festlegung der Urlaubszeiten** nicht bereits dadurch beeinträchtigt, dass der Dienstnehmer dem Dienstberechtigten urlaubsbedingte Abwesenheitszeiten mitzuteilen hat (BAG Urt. v. 20.9.2000 – 5 AZR 61/99, NZA 2001, 551; BAG Urt. v. 15.12.1999 – 5 AZR 3/99, NZA 2000, 534).

6. Es darf keine **Eingliederung in die Betriebsorganisation** stattfinden, wobei im Ergebnis **der tatsächliche praktische Vollzug** für die arbeitsgerichtliche, die sozialgerichtliche und die finanzgerichtliche Bewertung **maßgeblich** ist. Dabei kann es **ausnahmsweise iSd § 242 BGB rechtsmissbräuchlich sein, wenn sich ein Mitarbeiter auf seinen Status als Arbeitnehmer beruft.** Eine rechtsmissbräuchliche Berufung auf den Arbeitnehmerstatus ist zB anzunehmen, wenn der **Statuskläger eine frühere Statusklage zurückgenommen, nach erfolgreicher Statusklage erneut ein freies Mitarbeiterverhältnis vereinbart** oder **Angebote auf Abschluss eines Arbeitsvertrags jahrelang ausdrücklich abgelehnt** hat (LAG Rheinland-Pfalz Urt. v. 19.12.2013 – 10 Sa 239/13, BeckRS 66086). In diesen Fällen liegen ausdrückliche statusbezogene Erklärungen vor, aus denen der Vertragspartner schließen darf, der Dienstverpflichtete werde sich nicht auf seine Arbeitnehmereigenschaft berufen (LAG Rheinland-Pfalz Urt. v. 19.12.2013 – 10 Sa 239/13, BeckRS 66086). Dabei **genügt es regelmäßig nicht,** dass der Arbeitnehmer einen Vertrag über „freie Mitarbeit" abgeschlossen und seiner **vergütungsmäßigen Behandlung als freier Mitarbeiter nicht widersprochen, sondern deren Vorteile entgegengenommen** hat (BAG Urt. v. 4.12.2002 – 5 AZR 556/01, NZA 2003, 341; LAG Rheinland-Pfalz Urt. v. 19.12.2013 – 10 Sa 239/13, BeckRS 66086).

7. Durch das Steueränderungsgesetz 2003 sind die Vorschriften in **§§ 14 und 14a UStG** zur umsatzsteuerlichen Rechnungsstellung neugefasst worden. Gleichzeitig wurde vom Gesetzgeber durch eine Neufassung des § 15 Abs. 1 Nr. 1 UStG klargestellt, dass nur noch solche Rechnungen zum Vorsteuerabzug berechtigen, die den neuen Rechnungslegungsvorschriften entsprechen. Diese Änderungen sind am 1.1.2004 in Kraft getreten. Aufgrund der Übergangsregelung im Schreiben des Bundesministeriums der Finanzen (BMF) vom 19.12.2003 IV B 7 – S 7300 – 75/03, BStBl 2004 I S. 62, **wirken sie sich ab dem 1.7.2004 in vollem Umfang auf den Vorsteuerabzug** aus. Einzelheiten zu den Gesetzesänderungen regelt das BMF-Schreiben vom 29.1.2004 IV B 7 – S 7280- 19/04, BStBl 2004 I S. 258.

8. Nach der **finanzgerichtlichen Rechtsprechung** sind die einzelnen Merkmale, die für und gegen die Selbständigkeit iSv § 2 Abs. 2 Nr. 1 UStG sprechen, **unter Berücksichtigung des Gesamtbilds der Verhältnisse gegeneinander abzuwägen** (FG Hamburg Urt. v. 2.8.2013 – 5 K 52/10, EFG 2013, 1967; BFH Urt. v. 25.6.2009 – V R 37/08, BStBl. II 2009, 873; BFH Urt. v. 10.3.2005 – V R 29/03, BStBl II 2005, 730). Selbständigkeit in der Organisation und bei der Durchführung der Tätigkeit, Unternehmerrisiko, Unternehmerinitiative, Bindung nur für bestimmte Tage an den Betrieb, geschäftliche Beziehungen zu mehreren Vertragspartnern **sprechen für persönliche Selbständigkeit** und Weisungsgebundenheit bezüglich Ort, Zeit und Inhalt der Tätigkeit, feste Arbeitszeiten, Ausübung der Tätigkeit gleichbleibend an einem bestimmten Ort, feste Bezüge, Urlaubsanspruch, Anspruch auf sonstige Sozialleistungen, Fortzahlung der Bezüge im Krankheitsfall, Notwendigkeit der engen ständigen Zusammenarbeit mit anderen Mitarbeitern, Eingliederung in den Betrieb, Schulden der Arbeitskraft und nicht eines Arbeitserfolgs, Ausführung von einfachen Tätigkeiten, die regelmäßig weisungsgebunden sind, **sprechen gegen die Selbständigkeit der Tätigkeit** (FG Hamburg Urt. v. 2.8.2013 – 5 K 52/10, EFG 2013, 1967; BFH Urt. v. 25.6.2009 – V R 37/08, BStBl. II 2009, 873; BFH Urt. v. 30.5.1996 – V R 2/95, BStBl II 1996, 493). **Besondere Bedeutung** kommt dem **Handeln auf eigene Rechnung und eigene Verantwortung und** dem **Unternehmerrisiko (Vergütungsrisiko)** zu. Wird eine Vergütung für Ausfallzeiten nicht gezahlt, spricht dies für

Selbständigkeit; ist der Steuerpflichtige von einem Vermögensrisiko der Erwerbstätigkeit grundsätzlich freigestellt, spricht dies gegen Selbständigkeit (BFH-Urt. v. 25.6.2009, unter II.1.b). Dabei entspricht das auch den **Vorgaben des Gemeinschaftsrechtes**. Gem. Art. 4 Abs. 4 der Richtlinie 77/388/EWG liegt keine selbständige Tätigkeit vor, wenn ein festes Monatsgehalt und ein jährliches Urlaubsgeld gezahlt werden, von dem Gehalt weiter Lohnsteuer und Sozialversicherungsbeiträge einbehalten werden, und wenn nicht für eigene Rechnung und auf eigene Verantwortung gehandelt wird (EuGH Urt. v. 18.10.2007 – C-355/06, DB 2007, 2627 – van der Steen; FG Hamburg Urt. v. 2.8.2013 – 5 K 52/10, EFG 2013, 1967). Dabei ist die Frage der Selbständigkeit natürlicher Personen **für die Umsatz-, die Einkommen- und die Gewerbesteuer** grundsätzlich **nach denselben Grundsätzen zu beurteilen** (vgl. § 1 Abs. 3 der Lohnsteuer-Durchführungsverordnung). Dabei kommt der **sozial-, arbeits- und einkommensteuerrechtlichen Beurteilung** zwar **indizielle Bedeutung** zu, eine **rechtliche Bindung besteht** aber **weder an die sozial- und arbeitsrechtliche noch an die ertragsteuerrechtliche Beurteilung** (FG Hamburg Urt. v. 2.8.2013 – 5 K 52/10, EFG 2013, 1967).

9. In der **Rechtsprechung** (vgl. BAG Urt. v. 13.10.2010 – 5 AZR 648/09, NZA 2011, 219) wurde **für das Arbeitsverhältnis bisher offen gelassen**, ob im Arbeitsvertrag durch eine Allgemeine Geschäftsbedingung der - dispositive - § 818 Abs. 3 BGB **abbedungen werden kann** oder eine den Einwand der Entreicherung ausschließende Klausel wegen der vollständigen Abkehr vom gesetzlichen Leitbild eine unangemessenen Benachteiligung iSv. § 307 Abs. 1 S. 1, Abs. 2 Nr. 1 BGB darstellt und daher unwirksam ist (BAG Urt. v. 13.10.2010 – 5 AZR 648/09, NZA 2011, 219 unter Verweis auf ErfK/*Preis* 11. Aufl. §§ 305 bis 310 BGB Rn. 93 mwN).

10. Auch **Anwaltsschriftsätze** sind als Schriftwerke grundsätzlich nach § 2 Abs. 1 Nr. 1 UrhG **dem Urheberrechtsschutz zugänglich** und sind grundsätzlich dem (rechts-) wissenschaftlichen und nicht dem literarischen Bereich zuzuordnen (OLG München Urt. v. 16.10.2007 – 29 W 2325/07, NJW 2008, 768). Bei wissenschaftlichen Werken findet der erforderliche geistigschöpferische Gehalt seinen Niederschlag und Ausdruck in erster Linie in der Form und Art der Sammlung, Einteilung und Anordnung des dargebotenen Stoffes und nicht ohne weiteres auch – wie meist bei literarischen Werken – in der Gedankenformung und -führung des dargebotenen Inhalts (OLG München NJW 2008, 768). Die Frage, ob ein Schriftwerk einen hinreichenden schöpferischen Eigentümlichkeitsgrad besitzt, bemisst sich dabei nach dem geistigschöpferischen Gesamteindruck der konkreten Gestaltung, und zwar im Gesamtvergleich gegenüber vorbestehenden Gestaltungen. Lassen sich nach Maßgabe des Gesamtvergleichs mit dem Vorbekannten schöpferische Eigenheiten feststellen, so sind diese der durchschnittlichen Gestaltertätigkeit gegenüberzustellen (OLG München Urt. v. 16.10.2007 – 29 W 2325/07, NJW 2008, 768). Die Urheberrechtsschutzfähigkeit erfordert ein deutliches Überragen des Alltäglichen, des Handwerksmäßigen, der mechanisch-technischen Aneinanderreihung des Materials (OLG München Urt. v. 16.10.2007 – 29 W 2325/07, NJW 2008, 768; BGH Urt. v. 17.4.1986 – I ZR 213/83, GRUR 1986, 739 – Anwaltsschriftsatz mwN).

11. Hier wird von jeweils punktuellen Beauftragung des freien Mitarbeiters ausgegangen. Dabei ist auch in diesem Fall die eigene Haftpflichtversicherung des Auftraggebers so zu regeln und zu vereinbaren, dass die Tätigkeiten von allen Berufsträgern versichert sind. Wird der Mitarbeiter weitergehend eingebunden – womit das Risiko der Entstehung der Arbeitnehmereigenschaft steigt – können auch Regelungen mit einer Bestätigung der Versicherung über die Kanzlei des Auftraggebers geboten sein ggf. ergänzt durch Hinweispflichten des Auftragnehmers betreffend das Überschreiten der vereinbarten Deckungssumme (Vgl. dazu: *Hümmerich/Lücke/Mauer*, Arbeitsrecht, 8. Aufl. 2014, § 1 Rn. 351 dort § 7). Dabei ist insbesondere im Blick auch auf § 85 Abs. 2 ZPO zu beachten, dass als

Bevollmächtigter einer Partei auch ein Rechtsanwalt anzusehen ist, **der als** Angestellter bzw. **freier Mitarbeiter des Prozessbevollmächtigten** von diesem mit der **selbständigen Bearbeitung eines Rechtsstreits betraut** worden ist und der **nicht als bloßer Hilfsarbeiter in untergeordneter Funktion** tätig geworden ist (BGH Urt. v. 27.1.2004 – VI ZB 39/03, NJW-RR 2004, 993; BGH Urt. v. 28.5.1974 – VI ZR 145/73, VersR 1974, 1000; BGH Urt. v. 18.5.1982 – VI ZB 1/82, VersR 1982, 848; BGH Urt. v. 1.10.1981 – III ZB 18/81, VersR 1982, 71; BGH Urt. v. 4.2.1987 – IVb ZB 132/86, FamRZ 1987, 1017 f.; BGH Urt. v. 1.4.1992 – XII ZB 21/92, NJW-RR 1992, 1019; BGH Urt. v. 30.3.1993 – X ZB 2/93, NJW-RR 1993, 892; BGH Urt. v. 6.2.2001 – XI ZB 14/00, NJW 2001, 1575; BAG Urt. v. 21.1.1987 – 4 AZR 86/86, NJW 1987, 1355). Wo die **Grenze** zwischen selbständiger Bearbeitung des Rechtsstreits und lediglich untergeordneter Hilfstätigkeit zu ziehen ist, **richtet sich nach den gesamten Umständen des Einzelfalls** (BGH Urt. v. 27.1.2004 – VI ZB 39/03, NJW-RR 2004, 993; BGH Urt. v. 28.5.1974 – VI ZR 145/73, VersR 1974, 1000; BGH Urt. v. 1.10.1981 – III ZB 18/81, VersR 1982, 71; BGH Urt. v. 1.4.1992 – XII ZB 21/92, NJW-RR 1992, 1019; BGH Urt. v. 30.3.1993 – X ZB 2/93, NJW-RR 1993, 892).

12. In Verträge mit Rechtsanwälten als freie Mitarbeiter werden teilweise Mandantenschutzklauseln aufgenommen (Vgl. zB *Henssler/Streck/Moll*, Handbuch Sozietätsrecht, 2. Aufl., 2011, L Rn. 221 dort § 9). Dabei ist die Frage, welchen rechtlichen Rahmenbedingungen Mandantenschutzklauseln bei einem Freien-Mitarbeiter-Vertrag mit einem Rechtsanwalt mit eigener Anwaltstätigkeit und Tätigkeit für andere Auftraggeber unterliegen, von den Umständen des Einzelfalls und insbesondere dem Grad der Einbindung in die betriebliche Organisation des Auftraggebers – also dem das Risiko der Entstehung der Arbeitnehmereigenschaft begründenden Umstand – abhängig. **Mandantenschutzklauseln** werden im deutschen Recht als grundsätzlich sinnvoll angesehen, wenn auch nur unter gewissen Voraussetzungen und in bestimmten Grenzen (*Hartung/Bargon* AnwBl. 2011, 84 (87)). Unterschieden wird zwischen **allgemeinen Mandantenschutzklauseln, beschränkten Mandantenschutzklauseln, Mandantenübernahmeklauseln** und **Niederlassungsverboten** (Vgl.: *Hümmerich/Lücke/Mauer/Lücke*, Arbeitsrecht, 8. Aufl. 2014, § 2 Kap. 1 Rn. 68 bis 78 mwN). Dabei wird die unmittelbar nur Handlungsgehilfen betreffende Vorschrift des **§ 74 Abs. 2 HGB**, wonach ein Wettbewerbsverbot nur verbindlich ist, wenn sich der Prinzipal verpflichtet, für die Dauer des Verbots eine Entschädigung zu zahlen, wegen des vergleichbaren Schutzbedürfnisses nicht nur auf alle Arbeitnehmer und arbeitnehmerähnliche Personen, sondern allgemein **auf wirtschaftlich abhängige freie Mitarbeiter entsprechend angewandt** (BGH Urt. v. 10.4.2003 – III ZR 196/02, NJW 2003, 1864; BAG Urt. v. 21.1.1997 – 9 AZR 778/95, NJW 1998, 99; OLG Frankfurt Urt. v. 24.1.2003 – 13 U 15/01; OLG Köln Urt. v. 23.2.2005 – 27 U 19/04; OLG Düsseldorf Urt. v. 9.9.2004 – 6 U 38/04). Fehlt eine Vereinbarung über eine Entschädigung, braucht sich ein solcher Mitarbeiter nicht an das Wettbewerbsverbot zu halten (OLG Köln aaO). In dem vom BGH entschiedenen Fall (BGH Urt. v. 10.4.2003 – III ZR 196/02 – NJW 2003, 1864) konnte dabei der Auftragnehmer Zeit und Ort seiner Arbeit frei bestimmen und wurde stundenweise bezahlt, er war nach der Wertung des BGH aber **tatsächlich durch seine Tätigkeit beim Auftraggeber voll ausgelastet.** Weitere **Aufträge von anderer Seite anzunehmen,** war ihm aufgrund des tatsächlichen Tätigkeitsumfangs **nicht möglich,** dies schon im dritten Jahr. Des weiteren war der dortige Auftragnehmer zwar fachlichen Weisungen nicht unterworfen, war aber **in die Betriebsorganisation des Auftraggebers eingebunden** und insoweit nach den Wertungen des BGH einem Arbeitnehmer mit gleitender Arbeitszeit in etwa gleichgestellt und er hatte zudem aufgrund seiner langjährigen Tätigkeit beim Auftraggeber ein **spezielles „Know-how" erworben,** welches sein wesentliches wirtschaftliches Potential darstellte (BGH Urt. v. 10.4.2003 – III ZR 196/02, NJW 2003, 1864). Es muss also jeweils im Einzelfall geprüft werden ob eine und ggf. welche Mandantenschutzklausel rechtlich zum Tragen kommen kann.

13. Die hiesige Mandantenschutzklausel orientiert sich an *Preis/Stoffels*, Der Arbeitsvertrag, 4. Aufl., 2011, II W 10 Rn. 73 mwN. Dabei werden dort die jeweiligen Fristen länger geregelt (zwei Jahre nach Beendigung). Ergänzend wird verwiesen auf das umfassende Klauselbeispiel bei *Bohle* MDR 2003, 140 (141) (Vgl. auch: *Nave* NJW 2003, 3322; *ders.*, NWB 2003, 2405).

14. Die **Beschäftigung von freien Mitarbeitern** begründet nicht nur das **Risiko**, dass doch ein sozialversicherungspflichtiges Beschäftigungsverhältnis festgestellt wird, sondern – bei entsprechender Mitarbeiterzahl auch das Risiko der **Überschreitung des Schwellenwertes des § 23 KSchG** und damit des Eingreifens von Kündigungsschutz für den gesamten Kanzleibetrieb (vgl.: BAG Urt. v. 22.1.2004 – 2 AZR 237/03, NJW 2004, 1818). Das gilt insbesondere auch dann, wenn andere Personen als Rechtsanwälte wie zB **Schreibkräfte, Reinigungskräfte** oder **EDV-Dienstleister** als Freie Mitarbeiter beschäftigt werden. EDV-Dienstleistungen werden regelmäßig von den Anbietern der gängigen Rechtsanwaltssoftware RA-Micro, DATEV-Phantasy etc. erbracht. In der Realität beschäftigen viele Kanzleien daneben „freie" PC-Dienstleister. Dabei hat das LSG Baden-Württemberg (LSG Baden-Württemberg Urt. v. 14.2.2012 – L 11 KR 3007/11, NZS 2012, 667) festgestellt, dass eine Tätigkeit als EDV-Systemingenieur nicht nur im Rahmen eines Arbeitsverhältnisses, sondern auch als freier Mitarbeiter möglich ist. Fehlen typische Merkmale einer abhängigen Beschäftigung wie zB festes Monatsgehalt, Urlaubsregelungen und Entgeltfortzahlung im Krankheitsfall, so bedeutet dies nach dem LSG Baden-Württemberg aber nicht, dass bereits deshalb keine abhängige Beschäftigung mehr vorliegt. Ist die nach dem Vertrag geschuldete Leistung derart unbestimmt, dass sie erst durch weitere Vorgaben oder eine Eingliederung in den (Projekt-) Betrieb konkretisiert wird, ist dies ein gewichtiges Indiz für eine abhängige Beschäftigung (LSG Baden-Württemberg Urt. v. 14.2.2012 – L 11 KR 3007/11, NZS 2012, 667).

2. Vertrag mit einer Schreibkraft als freier Mitarbeiterin

Vertrag über freie Mitarbeit[1, 2]

zwischen

Rechtsanwalt . . . . . .

– nachfolgend: Auftraggeber –

und

. . . . . .

– nachfolgend: Auftragnehmerin –

§ 1 Beginn

Das Vertragsverhältnis beginnt am . . . .

§ 2 Vertragsgegenstand; Tätigkeit

Die Auftragnehmerin wird für den Auftraggeber als Schreibkraft tätig.

§ 3 Auftragserteilung; Annahme

(1) Der Auftraggeber bietet der Auftragnehmerin Tätigkeiten iSd § 2 jeweils an. Die Auftragnehmerin wird unverzüglich mitteilen, ob sie das Angebot annimmt.

(2) Eine Verpflichtung zur Übernahme von Tätigkeiten besteht für den Auftragnehmerin nicht. Die Auftragnehmerin kann die Übernahme einzelner Aufträge ohne Angabe von Gründen ablehnen.[3]

(3) Angenommene Schreibaufträge sind innerhalb einer Frist von drei Tagen zu erledigen soweit nicht bei Auftragserteilung eine andere Vereinbarung getroffen wird.[4]

§ 4 Tätigkeitsort; Arbeitsmittel; Virenschutz

(1) Der Tätigkeitsort ergibt sich aus dem jeweils erteilten Auftrag.[5]

(2) Die zur Ausführung der Schreibarbeiten erforderlichen Arbeitsmittel werden von der Auftragnehmerin gestellt.[6] Die Auftragnehmerin versichert, dass die von ihr zur Bearbeitung der Schreibaufträge verwendeten eigenen Arbeitsmittel und Datenträger auf Virenfreiheit überprüft und gegen Viren gesichert sind.[7]

§ 5 Sprache

(1) Die Auftragnehmerin ist dazu verpflichtet, die beauftragten Schreibarbeiten orthografisch fehlerfrei auszuführen.

(2) Maßgeblich für die orthografische Fehlerfreiheit sind die üblichen Standardwerke.

§ 6 Vergütung[8, 9, 10]

(1) Für die Ausführung von Aufträgen wird ein Stundenhonorar von . . . . . . EUR vereinbart.

(oder

(1) Die Auftragnehmerin erhält für die vertragsgemäß geleisteten Schreibarbeiten ein Honorar, das nach Seitenzahlen berechnet wird. Die Auftragnehmerin erhält je Seite einen Betrag von . . . . . . EUR. Als Seite gelten . . . . . . Zeichen inklusive Leerzeichen.)

(oder:

(1) Die Auftragnehmerin erhält für die vertragsgemäß geleisteten Schreibarbeiten ein Honorar, das nach der Anzahl der Zeichen berechnet wird. Für . . . . . . Zeichen inklusive Leerzeichen erhält die Auftragnehmerin . . . . . . EUR.)

(2) Das vereinbarte Honorar versteht sich zzgl. der gesetzlichen Mehrwertsteuer.

(3) Aufwendungen der Auftragnehmerin sind mit dieser Vergütung abgegolten.

§ 8 Abrechnung

(1) Die Auftragnehmerin erteilt dem Auftraggeber jeweils zum Monatsende eine Rechnung, die eine prüfbare Aufstellung der auftragsgemäß geleisteten Stunden enthält.

(oder:

(1) Die Auftragnehmerin erteilt dem Auftraggeber jeweils zum Monatsende eine Rechnung, die eine prüfbare Aufstellung der auftragsgemäß erstellten Seiten/der Zeichenanzahlen der erstellten Texte enthält.)

(2) Die Auftragnehmerin wird die Rechnung unter Beachtung der gesetzlichen Vorgaben (§§ 14, 14a UStG) erstellen.[11, 12]

§ 9 Überzahlung

Kommt es zu einer Überzahlung so verpflichtet sich der Auftragnehmer zur Erstattung ohne Rücksicht auf eine noch vorhandene Bereicherung.[13]

§ 10 Arbeitsergebnisse; Unterlagen

(1) Arbeitsergebnisse und Unterlagen, die die Auftragnehmerin erhält oder erstellt, sind Eigentum des Auftraggebers. Die Anfertigung und Aufzeichnung von Unterlagen aller Art erfolgt ausschließlich zu Zwecken der jeweiligen Auftragserfüllung.

(2) Die Auftragnehmerin wird alle Aufzeichnungen, Entwürfe, Korrespondenzen, Materialien, Notizen, Unterlagen jeder Art, die sie anfertigt oder erhält sowie davon evtl. gefertigte Abschriften oder Kopien oder Mehrstücke ordnungsgemäß aufbewahren und dafür Sorge tragen, dass Dritte nicht Einsicht nehmen können.

(3) Jede Anfertigung von Abschriften oder Kopien oder Mehrstücken für andere, als der Auftragserfüllung dienende Zwecke, ist ausgeschlossen. Die genannten Gegenstände sind bei Beendigung des Auftrags unverzüglich und unaufgefordert sowie vollständig an den Auftraggeber herauszugeben und in der Kanzlei an den Auftraggeber zu übergeben.

(4) Eine Herausgabe der genannten Gegenstände hat im übrigen auf Anforderung des Auftraggebers jederzeit zu erfolgen. Ein Zurückbehaltungsrecht der Auftragnehmerin ist ausgeschlossen. Die hier geregelten Pflichten gelten zugleich für alle Datenträger, Codes, Passwörter, Zugangssperren u.ä., die sich auf Angelegenheiten des Auftraggebers und die von ihm betreuten Mandate beziehen. Die Auftragnehmerin wird auf Gesuch des Auftraggebers an Eides Statt versichern, dass sie die gesamten Gegenstände bzw. Datenträger vollständig herausgegeben und nichts zurückbehalten hat.

§ 11 Verschwiegenheit[14]

(1) Die Auftragnehmerin ist verpflichtet, über alle Umstände, die ihr im Rahmen dieses Vertragsverhältnisses zur Kenntnis gelangt sind, Stillschweigen zu bewahren.

(2) Die Verpflichtung zur Verschwiegenheit besteht nach Beendigung des jeweiligen Auftrags wie auch nach Beendigung des Vertragsverhältnisses fort.

(3) Der Auftraggeber kann von der Auftragnehmerin jederzeit die Unterzeichnung von Verschwiegenheitsverpflichtungen verlangen.

§ 12 Tätigkeit der Auftragnehmerin bei Dritten

(1) Die Auftragnehmerin hat das Recht, auch für dritte Auftraggeber tätig zu sein.

(2) Einer vorherigen Zustimmung des Auftraggebers bedarf es dazu nicht, es sei denn, dass der Auftragnehmerin zugleich auch für einen Wettbewerber des Auftraggebers tätig werden will oder wenn es zu einem Interessenkonflikt kommen könnte. Der Anschein eines Interessenkonfliktes ist zu vermeiden.

§ 13 Vertragsbeendigung

(1) Das Vertragsverhältnis kann mit einer Frist von 4 Wochen zum Monatsende gekündigt werden.

(2) Das Recht zur außerordentlichen Kündigung bleibt unberührt.

§ 14 Schlussbestimmungen

(1) Dieser Vertrag ersetzt alle früheren Regelungen zwischen Auftraggeber und Auftragnehmerin.

(2) Die Vollständigkeit des Vertrags wird vermutet. Derjenige, der sich gleichwohl auf mündlich getroffene Nebenabreden beruft, hat diese zu beweisen.

(3) Sind oder werden einzelne Bestimmungen dieses Vertrages unwirksam lässt dies die Wirksamkeit der übrigen Vertragsbestimmungen unberührt.

. . . . . ., den . . . ., den . . . . . .

(Auftraggeber)   (Auftragnehmerin)

Schrifttum: *Albrecht*, Die Einrichtung von Tele- und Außenarbeitsplätzen/Rechtliche und personalpolitische Anforderungen, NZA 1996, 1240; *ders.*, Die Einrichtung von Tele- und Außenarbeitsplätzen – Rechtliche und personalpolitische Anforderungen, NZA 1996, 1240; *Besgen/Prinz*, Handbuch Internet. Arbeitsrecht. Rechtssicherheit bei Nutzung, Überwachung und Datenschutz, 3. Aufl., 2013; *Boemke*, Das Telearbeitsverhältnis, BB 2000, 147; *Bräutigam*, § 203 StGB – Weg in Isolation?, AnwBl. 2012, 487; *Ewer*, Outsourcing in Kanzleien und Verschwiegenheit, AnwBl. 2012, 476; *Goerke*, Arbeits- und datenschutzrechtliche Grundlagen der Telearbeit, AuA 1996, 188, 191; *Hilber/Busche*, Anmerkung BGH v. 9.12.2008 – VI ZR 173/07 – CR 2009, 283; Diehl, Anmerkung BGH v. 9.12.2008 – VI ZR 173/07 – ZfS 2009, 322; *Hümmerich/Lücke/Mauer/Lücke*, Arbeitsrecht, 8. Aufl., 2014, § 1 Rn. 326 Telearbeit; *Jahn/Palm*, Outsourcing in der Kanzlei: Verletzung von Privatgeheimnissen? – Die straf- und berufsrechtliche Bewertung eines „Anwaltssekretariats" außerhalb der Kanzlei, AnwBl. 2011, 613; *Kotthoff*, Grenzüberschreitendes Outsourcing durch Sozietäten, AnwBl. 2012, 482; *Härting*, Anwalt in der Wolke, AnwBl. 2012, 486; *Leutheusser-Schnarrenberger*, Regelungsbedarf bei Cloud-Computing in Kanzleien, AnwBl. 2012, 477; *Moderegger*, Leitfaden zur Telearbeit, ArbRB 2001, 90; *Otten*, Heimarbeit – ein Dauerrechtsverhältnis eigener Art, NZA 1995, 289; *Recktenwald*, Verschwiegenheitskodex?, AnwBl. 2012, 488; *Saller*, Telearbeit, NJW-CoR 1996, 300; *Schiemann*, Anmerkung BGH v. 9.12.2008 – VI ZR 173/07 – JZ 2009, 744; *Simon/Kuhne*, Arbeitsrechtliche Aspekte der Telearbeit, BB 1997, 201; *Spatscheck*, DAV-Vorschlag Outsourcing, AnwBl. 2012, 478; *Wank*, Abschied vom Normalarbeitsverhältnis?, RdA 2010, 193; *Wank*, Telearbeit, NZA 1999, 225, 230; *Wedde*, Aktuelle Rechtsfragen der Telearbeit, NJW 1999, 527.

Anmerkungen

1. **Vertragsmuster** Schreibkraft als Freie Mitarbeiterin vgl. auch: *Schaub/Neef/Schrader/Schrader*, Arbeitsrechtliche Formularsammlung, 8. Aufl., 2004 § 13 2. Rn. 8 ff..

2. Wegen der Rspr. der Sozialgerichte zur Rechtsstellung des freien Mitarbeiters → Form. J. II. 1 Anm. 2.

3. Zu beachten ist, dass als starkes starkes Indiz für die Arbeitnehmereigenschaft die **Einteilung des Mitarbeiters in Dienstpläne ohne vorheriger Absprache** angesehen wird (LAG Schleswig-Holstein Urt. v. 13.11.2013 – 6 Sa 370/12, BeckRS 2013, 75029; LAG Hamm v. 10.1.2013 – 15 Sa 1238/12, BeckRS 2013, 68406; BAG Urt. v. 20.9.2000 – 5 AZR 61/99, NZA 2001, 551). Demgegenüber wird die grundsätzliche **Freiheit zur eigenständigen Festlegung der Urlaubszeiten** nicht bereits dadurch beeinträchtigt, dass der Dienstnehmer dem Dienstberechtigten urlaubsbedingte Abwesenheitszeiten mitzuteilen hat (BAG Urt. v. 20.9.2000 – 5 AZR 61/99, NZA 2001, 551; BAG Urt. v. 15.12.1999 – 5 AZR 3/99, NZA 2000, 534).

4. Zeitliche Vorgaben oder die Verpflichtung, bestimmte Termine für die Erledigung der übertragenen Aufgaben einzuhalten, werden grundsätzlich nicht als wesentliches Merkmal für ein Arbeitsverhältnis angesehen (LAG Hamm Urt. v. 10.1.2013 – 15 Sa 1238/12, BeckRS 2013, 68406; BAG Urt. v. 14.3.2007 – 5 AZR 499/06, NZA-RR 2007, 424).

5. Es darf **keine Eingliederung in die Betriebsorganisation** stattfinden wobei im Ergebnis **der tatsächliche praktische Vollzug** für die arbeitsgerichtliche, die sozialgerichtliche und die finanzgerichtliche Bewertung **maßgeblich ist.**

6. Vgl. Schaub/Neef/Schrader/*Schrader*, Arbeitsrechtliche Formularsammlung, 8. Aufl., 2004, § 13 2. Rn. 9.

7. Übergibt die Schreibkraft ihre Schreibarbeiten im Wege von Dateien, die auf EDV-Anlagen erstellt wurden, die nicht zum EDV-System der Kanzlei gehören, ist die Versicherung gegen Viren zu klären und zu regeln. Ggf. ist eine Verpflichtung der Schreibkraft zum Abschluss einer Versicherung aufzunehmen. Der Rechtsanwalt wird zur Absicherung seiner EDV-Anlage auch eine **Elektronikversicherung** abschließen soweit nicht im Rahmen bestehender sonstiger Versicherung (zB Betriebliche Inhaltsversicherung) auch die **spezifischen Schäden im EDV-Bereich (Bedienfehler, Datenverlust etc.)** mitversichert sind. Zur **Bemessung des Schadens bei der Vernichtung eines Datenbestandes auf der Festplatte eines betrieblich genutzten Computers** vgl. BGH Urt. v. 9.12.2008 – VI ZR 173/07, NJW 2009, 1066: Der Wert eines Bestandes von gespeicherten Daten für einen Betrieb lässt sich nicht nur nach den konkreten Kosten bemessen, die der Geschädigte seit dem Schadensereignis für die Rekonstruktion von verlorenen Daten aufgewendet hat. Vielmehr ist auch **von Bedeutung, inwieweit durch ihr Fehlen Betriebsabläufe gestört und erschwert werden** (BGH Urt v. 9.12.2008 – VI ZR 173/07, NJW 2009, 1066; BGH VersR 1985, 283). Daneben kann es bei der Schadensschätzung im Rahmen einer Wahrscheinlichkeitsbetrachtung im Sinne des § 287 ZPO eine Rolle spielen, welchen Aufwand der Geschädigte in der Vergangenheit seit dem Schadensereignis über einen Zeitraum von zehn Jahren hinweg tatsächlich betrieben hat, um verlorene Dateien zu rekonstruieren (BGH Urt. v. 9.12.2008 – VI ZR 173/07, NJW 2009, 1066; VersR 1975, 1047, 1048; vgl. dazu auch: *Hilber/Busche* Anmerkung BGH v. 9.12.2008 – VI ZR 173/07, CR 2009, 283; *Diehl* Anmerkung BGH Urt v. 9.12.2008 – VI ZR 173/07, ZfS 2009, 322; *Schiemann* Anmerkung BGH Urt. v. 9.12.2008 – VI ZR 173/07, JZ 2009, 744). Kommt es aufgrund Stromunterbrechung zu einem Datenverlust, so liegt darin eine Eigentumsverletzung iSd § 823 Abs. 1 BGB (OLG Oldenburg Beschl. v. 24.11.2011 – 2 U 98/11, MDR 2012, 403 mwN).

8. Werden beauftragte **Schreibarbeiten** von der Auftragnehmerin **nicht in den Kanzleiräumen erledigt,** so sind die dann je nach den Umständen des Einzelfalls eingreifenden rechtlichen Rahmenbedingungen zu beachten. Es kann dabei insbesondere auch zur Anwendung der Regelungen des **Heimarbeitsgesetzes (HAG)** kommen. Dies gilt etwa dann, wenn die Auftragnehmerin als eine **den Heimarbeitern iSd § 1 Abs. 2 HAG gleichgestellte Person** anzusehen ist. Mit Eingreifen des HAG können **entgeltrelevante Rechtsfolgen** zB betreffend **Mindestentgelt, Urlaubsentgelt** nebst einem etwaigen zusätzlichen Urlaubsgeld, Feiertagsgeld, Zuschlag zur wirtschaftlichen Sicherung für den Fall der Krankheit oder Heimarbeits- oder Unkostenzuschlag ausgelöst werden. Vom LAG Köln bzw. dem dortigen Heimarbeitsausschuss wurde dabei eine Auftragnehmerin, die ein **Gewerbe (Schreibbüro) angemeldet** hatte, und die streitgegenständlichen **Schreibarbeiten ohne fremde Hilfskräfte oder Anstellung von weiteren Heimarbeitern für den Auftraggeber ausgeführt** hatte, als gleichgestellte Person angesehen (LAG Köln Urt. v. 14.2.2012 – 11 Sa 1380/10, BeckRS, 2012, 70845). Gem. § 2 Abs. 1 HAG ist dabei Heimarbeiter, wer in selbst gewählter Arbeitsstätte, allein oder mit seinen Familienangehörigen im Auftrag von Gewerbetreibenden oder Zwischenmeistern erwerbsmäßig arbeitet, die Verwertung der Arbeitsergebnisse jedoch den unmittelbar oder mittelbar auftraggebenden Gewerbetreibenden überlässt (BAG Urt. v. 5.11.2002 – 9 AZR 409/01, NZA 2003, 1267). Die Arbeit ist schon erwerbsmäßig, wenn die Tätigkeit auf eine gewisse Dauer angelegt und auf Bestreitung des Lebensunterhaltes ausgerichtet ist (BAG Urt. v. 5.11.2002 – 9 AZR 409/01, NZA 2003, 1267; BAG Urt. v. 12.7.1988 – 3 AZR 569/86, NZA 1989, 141). Dabei ist es im Grundsatz **Sache des Auftraggebers, sich das erforderliche Wissen darüber zu verschaffen, ob und welchen rechtlichen Beschränkungen die Vergabe von Lohnarbeit an Heimarbeiter und gleichgestellte Personen unterliegt** (LAG Köln Urt. v. 14.2.2012 – 11 Sa 1380/10, BeckRS, 2012, 70845). Eine **Offenbarungspflicht des Gleichgestellten** ist in der Regel **nicht anzuerkennen** (LAG Köln Urt. v. 14.2.2012 – 11 Sa 1380/10, BeckRS, 2012, 70845). Irrige Vorstellungen des Auftraggebers schließen die Geltung der Vorschriften des Heimarbeitsrechts nicht aus (LAG Köln Urt. v. 14.2.2012 – 11 Sa 1380/10, BeckRS, 2012, 70845). Da die Vorschriften des Heimarbeitsgesetzes, die in Ausführung des Gesetzes erlassenen Gleichstellungen und bindenden Festsetzungen den **Schutz der betroffenen Personen und Personengruppen bezwecken,** muss der Gedanke des Sozialschutzes auch im Zusammenhang mit der Aufklärungspflicht gegenüber Auftraggebern gelten; nur unter ganz besonderen Umständen kann deshalb einem Gleichgestellten die Berufung auf die zu seinen Gunsten und zu seinem Schutz erlassene Gleichstellungsanordnung versagt werden (BAG Urt. v. 19.1.1988 – 3 AZR 424/87 – NZA 1988, 805; LAG Köln Urt. v. 14.2.2012 – 11 Sa 1380/10, BeckRS, 2012, 70845).

9. Es kann die **Leistung von Schreibarbeiten** grds. auch **im Wege der Telearbeit** erfolgen. Bei der Telearbeit wird die Dienstleistung nicht beim Auftraggeber erbracht sondern dezentral etwa **von zu Hause** oder von einem anderen Ort **mit Hilfe von IT-Technik,** Tablets, und **Internet** (Hümmerich/Lücke/Mauer/*Lücke*, Arbeitsrecht, 8. Aufl., 2014, § 1 Rn. 326 mwN). Dabei ist von einer **weit verbreiteten Auflösung des „klassischen"** betrieblichen Arbeitsplatzes zu Gunsten von **häuslicher Telearbeit** und angesichts flexibler Arbeitszeitmodelle ohne feststehende und für Außenstehende abschätzbare Arbeitszeiten auszugehen (BAG Urt. v. 20.1.2009 – 1 AZR 515/08, NJW 2009, 1990 Rn. 63). Die (arbeits-) **rechtliche Einordnung der Telearbeit bereitet Schwierigkeiten** wobei viel dafür spricht, dass Telearbeit als Heimarbeit iSd HAG zu bewerten ist (*Wank* RdA 2010, 193 (207); Hümmerich/Lücke/Mauer/*Lücke*, Arbeitsrecht, 8. Aufl., 2014, § 1 Rn. 326). Entscheidend sind die Umstände des Einzelfalles wobei zu beachten ist, dass sich trotz ggf. fehlender persönlicher Abhängigkeit über die **gesetzliche Fiktion des § 12 Abs. 2 Hs. 2 HAG** eine **Sozialversicherungspflicht** ergeben kann, wenn es sich um einen Heimarbeiter handelt (Hümmerich/Lücke/Mauer/*Lücke*, Arbeitsrecht, 8. Aufl., 2014, § 1 Rn. 326; vgl. dazu auch: *Moderegger* ArbRB 2001, 90; *Albrecht* NZA 1996, 1240; *Wedde* NJW 1999, 527; *Boemke* BB 2000, 147; *Simon/Kuhne* BB 1997, 201; *Saller* NJW-CoR 1996, 300; *Albrecht* NZA 1996, 1240; *Otten* NZA 1995, 289; *Wank* NZA 1999, 225, 230; *Goerke* AuA 1996, 188, 191).

10. Wird eine **Schreibkraft** nicht als freie Mitarbeiterin sondern **als Arbeitnehmer** beschäftigt können ggf. **Aufwendungen für das Einrichten des häuslichen Arbeitsplatzes steuerlich** als **vorab entstandene Werbungskosten** geltend gemacht werden. Bei einem Steuerpflichtigen, der eine **in qualitativer Hinsicht gleichwertige Arbeitsleistung** wöchentlich an drei Tagen an einem häuslichen Telearbeitsplatz und an zwei Tagen im Betrieb seines Arbeitgebers zu erbringen hat, liegt der Mittelpunkt der gesamten beruflichen Betätigung im häuslichen Arbeitszimmer (BFH Urt. v. 23.5.2006 – VI R 21/03, NJW 2006, 2655). Ob das häusliche Arbeitszimmer den **Mittelpunkt der gesamten beruflichen und betrieblichen Betätigung** (§ 4 Abs. 5 S. 1 Nr. 6b S. 3 Halbs. 2 EStG) bildet, bestimmt sich danach, ob der Steuerpflichtige dort **diejenigen Handlungen** vornimmt und **Leistungen erbringt, die für den konkret ausgeübten Beruf wesentlich und prägend sind** (qualitativer Mittelpunkt) (BFH Urt. v. 23.5.2006 – VI R 21/03, NJW 2006, 2655).

Dem zeitlichen (quantitativen) Umfang der Nutzung des häuslichen Arbeitszimmers kommt im Rahmen dieser Würdigung lediglich eine indizielle Bedeutung zu (BFH Urt. v. 23.5.2006 – VI R 21/03, NJW 2006, 2655; BFH Urt. v. 13.11.2002 – VI R 28/02, BFHE 201, 106, BStBl 2004 II S. 59; BFH Urt. v. 23.1.2003 – IV R 71/00, BFHE 201, 269, BStBl 2004 II S. 43; BGH Urt. v. 16.12.2004 – IV R 19/03, BFHE 208, 263, BStBl 2005 II S. 212). Auf der Grundlage dieses Verständnisses sind die gesetzlichen **Voraussetzungen für einen unbeschränkten Werbungskostenabzug dann nicht erfüllt**, wenn der **qualitative Schwerpunkt** einer Betätigung **außerhalb des häuslichen Arbeitszimmers** liegt oder wenn der Aufgabenbereich eines Steuerpflichtigen so vielfältig und gestreut ist, dass seine Betätigung keinem konkreten Mittelpunkt zugeordnet werden kann (BFH Urt. v. 23.5.2006 – VI R 21/03, NJW 2006, 2655; BFH Urt. v. 21.2.2003 – VI R 14/02, BFHE 201, 305, BStBl 2004 II S. 68). Werden an sämtlichen Wochentagen Arbeitsleistungen erbracht, die in qualitativer Hinsicht gleichwertig waren und wurde durch Einrichtung eines Telearbeitsplatzes — unter gleichzeitiger **Reduzierung betrieblicher Büroflächen und Schreibtische** — der betriebliche Arbeitsplatz zeitweise örtlich ausgelagert bzw. das betriebliche Büro ersetzt und gleichartige und damit in qualitativer Hinsicht gleichwertige Arbeitsleistungen (alternierend) an drei Tagen an einem häuslichen Arbeitsplatz und an zwei Tagen im Betrieb des Arbeitgebers erbracht, so kann sich der Mittelpunkt der gesamten beruflichen Betätigung nur im häuslichen Arbeitszimmer befinden (BFH Urt. v. 23.5.2006 – VI R 21/03, NJW 2006, 2655). Angesichts dieser qualitativen Wertung kommt auch die **Abzugsbeschränkung nach § 4 Abs. 5 S. 1 Nr. 6b S. 2 Hs. 1 EStG**, die sich nur an quantitativen Merkmalen (mehr als 50 v.H. der Gesamttätigkeit) orientiert, nicht zur Anwendung (BFH Urt. v. 23.5.2006 – VI R 21/03, NJW 2006, 2655). Dabei genügt es für den Abzug von Aufwendungen für einen häuslichen Telearbeitsplatz nicht, dass **nach Feierabend oder am Wochenende im häuslichen Arbeitszimmer Arbeiten verrichtet werden**, die grundsätzlich auch an dem anderen Arbeitsplatz verrichtet werden können (FG Düsseldorf Urt. v. 8.8.2013 – 11 K 1705/12 E, (Revision zugelassen)). Vgl. dabei zur steuerlichen Berücksichtigung von Arbeitszimmeraufwendungen als Werbungskosten im Zusammenhang mit Telearbeit auch FG Rheinland-Pfalz Urt. v. 19.1.2012 – 4 K 1270/09 – (Revision anhängig –BFH – VI R 40/12).

11. Zur **Rechnungsstellung** → Form. J. II. 1 Anm. 7.

12. Betreffend finanzgerichtliche Rspr. zur Feststellung der Arbeitnehmereigenschaft → Form. J. II. 1 Anm. 8.

13. Zur Möglichkeit der formularvertraglichen Abbedingung des § 818 Abs. 3 BGB → Form. J. II. 1 Anm. 9.

14. Die Übertragung von Angelegenheiten an einen freien Mitarbeiter sollte wegen der **anwaltlichen Verschwiegenheitspflichten** nur erfolgen, wenn eine **ausdrückliche und formgerechte Einwilligung des Mandanten** vorliegt. Vgl. dazu auch: *Jahn/Palm* AnwBl. 2011, 613; *Ewer* AnwBl. 2012, 476; *Leutheusser-Schnarrenberger* AnwBl. 2012, 477; *Spatscheck* AnwBl. 2012, 478; *Kotthoff* AnwBl. 2012, 482; *Härting* AnwBl. 2012, 486; *Bräutigam* AnwBl. 2012, 487; *Recktenwald* AnwBl. 2012, 488.

III. Beanstandungen

1. Vorbemerkungen

Zu beachten ist, dass das **Recht der Beanstandung von Arbeitnehmerverhalten** und insbesondere das Abmahnungsrecht seit der sog. „Emmely-Entscheidung" des BAG (NZA 2010, 1227) **in Bewegung** ist (vgl. nur: *Herfs-Röttgen* NZA 2013, 478; *Salamon/ Rogge* NZA 2013, 363; *Ritter* DB 2013, 344; *Ritter* NZA 2012, 19; *Kleinebrink* BB 2011, 2617; *Ritter* DB 2011, 175; *Schrader* NZA 2011, 180; *ders.* NJW 2012, 342). Dies betrifft in erster Linie die Frage ob und ggf. unter welchen Voraussetzungen dem Arbeitnehmer überhaupt noch ein Anspruch auf Entfernung einer Abmahnung aus der Personalakte zusteht. Insbesondere im Blick auf die Entscheidung des BAG in NZA 2013, 91 wird in der Literatur geschlussfolgert: War die Klage auf Entfernung einer Abmahnung bislang ein Kunstfehler, da Arbeitgeber im Vorwege einer Kündigung nachbessern konnten, ist sie nunmehr darüber hinaus in der Regel chancenlos (*Salamon/Rogge* NZA 2013, 363 (366)). Des weiteren kann unter Verweis auf BVerfG NZA 1999, 77 gefragt werden, ob wegen der Multifunktionalität der Abmahnung das Interesse des Arbeitgebers an der Rügedokumentation gegenüber dem Entfernungsinteresse des Arbeitnehmers auch dann überwiegt, wenn eine Abmahnung bei allein Kündigungsrechtlicher Betrachtung materiell unwirksam ist (Vgl. dazu: *Ritter* DB 2013, 344). Streitig und von der Rechtsprechung – soweit ersichtlich – bisher nicht entschieden ist auch, ob infolge BAG NZA 2010, 1227 eine Verdachtsabmahnung möglich ist. Die Zulässigkeit wird bejaht von *Ritter* NZA 2012, 19 ff.. *Beckerle* Die Abmahnung, 11. Aufl., 2012, Seite 110 f. verneint die Zulässigkeit der Verdachtsabmahnung. Differenzierend: *Maschmann/Stoffels*, Kündigungsrecht, 2013, S. 37 (47).

Schrifttum: *Beckerle*, Die Abmahnung, 11. Aufl., 2012; *Herfs-Röttgen*, Rechtsfragen rund um die Personalakte, NZA 2013, 478; *Kleinebrink*, Arbeitgeberseitige Strategien zur Verhinderung eines Aufbaus und zum Abbau eines Vertrauenskapitals, BB 2011, 2617; *Raab*, Die Abmahnung als Verzicht auf das Kündigungsrecht in FS Buchner, 2009, 704; *Ritter*, Abmahnungsrecht ist unselbständiger Teil des Kündigungsrechts!, DB 2013, 344; *ders.*, Abmahnung: Ende des zeitbedingten Entfernungsanspruchs infolge der „Emmely"-Entscheidung des BAG, DB 2011, 175; *ders.*, Die Verdachtsabmahnung, NZA 2012, 19; *Salamon/Rogge*, Funktionen der Abmahnung und Entfernungsanspruch nach „Emmely", NZA 2013, 363; *Schiefer*, Die Abrechnung – Aktuelle Brennpunkte, DB 2013, 1785; *Schrader*, Abmahnung und „Vertrauenskapital", NJW 2012, 342; *ders.*, Verwirkung der Abmahnung durch Zeitablauf?, NZA 2011, 180; *Stoffels*, Neue Spielregeln bei Abmahnung, Anhörung und Verdachtskündigung? in Maschmann, Kündigungsrecht: alte und neue Fragen, 2013, S. 37 (S. 47 f.).

2. Abmahnung

(Briefkopf des Arbeitgebers)

Herrn . . . . . .

Abmahnung[1]

Sehr geehrter Herr . . . . . .,

hiermit mahnen wir Sie wegen des folgenden Sachverhalts ab:[2]

(Hier dann konkrete[3] Darstellung des abgemahnten Verhaltens[4] unter Angabe von Datum, Uhrzeit, Ort und Beweismitteln zB wegen Privatnutzung Internet,[5] wegen Privattelefonaten,[6] wegen Falscheingabe in Zeiterfassungssystem,[7] wegen Arbeitsbummelei,[8] wegen Buchungsfehler,[9] wegen Zuspätkommens,[10] wegen verspäteter Krankmeldung,[11] wegen Nichtvorlage/verspäteter Vorlage einer Arbeitsunfähigkeitsbescheinigung,[12] wegen Beleidigung[13]).

Mit dem zuvor dargestellten Verhalten haben Sie die Ihnen obliegenden arbeitsvertraglichen Pflichten verletzt. Sie haben das Ihnen entgegengebrachte Vertrauen zerstört.[14]

Wir fordern Sie hiermit dringendst dazu auf die Ihnen obliegenden Pflichten zukünftig zu beachten.

Sollte es zu einer Wiederholung[15] kommen so müssen Sie mit arbeitgeberseitigen Maßnahmen rechnen, die bis zum Ausspruch der außerordentlichen fristlosen Kündigung reichen können.

Mit freundlichen Grüßen

. . . . . ., den . . . . . .

(Arbeitgeber)[16]

Erhalten:[17]

. . . . . ., den . . . . . .

(Arbeitnehmer)

Anmerkungen

1. Liegt eine Pflichtverletzung des Arbeitnehmers vor, dann muss sich der Arbeitgeber vor seiner an diese Pflichtverletzung anknüpfenden Erklärung gegenüber dem Arbeitnehmer gut überlegen, ob er eine Kündigung oder „nur" eine Abmahnung aussprechen will (BAG Urt. v. 26.11.2009 – 2 AZR 751/08, NJW 2010, 1398 (aA: *Raab* in FS Buchner S. 704)). Nach der arbeitsgerichtlichen Rechtsprechung liegt im Ausspruch einer Abmahnung **regelmäßig der konkludente Verzicht auf das Recht zur Kündigung aus den in ihr gerügten Gründen,** vgl. auch *Schiefer* DB 2013, 1785, VIII 1 mwN, 1790. Der Arbeitgeber gibt mit einer Abmahnung zu erkennen, dass er das Arbeitsverhältnis noch nicht als so gestört ansieht, als dass er es nicht mehr fortsetzen könnte (BAG Urt. v. 26.11.2009 – 2 AZR 751/08, NJW 2010, 1398; BAG Urt. v. 2.2.2006 – 2 AZR 222/05, AP KSchG 1969 § 1 Verhaltensbedingte Kündigung Nr. 52; BAGE 125, 208; LAG Rheinland-Pfalz v. 24.1.2014 – 15a 451/13, 1 Sa 451/13).

2. Zu beachten ist die **herausragende Bedeutung der Abmahnung für das Kündigungs-recht des Arbeitgebers,** insbesondere, dass nach der Rechtsprechung des BAG vor Aus-spruch einer außerordentlichen oder ordentlichen verhaltensbedingten Kündigung zur **Überwindung des Hindernisses der Verhältnismäßigkeit** grundsätzlich zuvor eine Abmah-nung erfolgt sein muss. Das BAG führt aus, dass wenn die Vertragspflichtverletzung auf steuerbarem Verhalten des Arbeitnehmers beruht, grundsätzlich davon auszugehen ist, dass sein künftiges Verhalten schon durch die Androhung von Folgen für den Bestand des Arbeitsverhältnisses positiv beeinflusst werden kann (BAG Urt. v. 26.9.2013 – 2 AZR 741/ 12, BeckRS 2014, 67126; BAG Urt. v. 25.10.2012 – 2 AZR 495/11, NJW 2013, 954; BAG Urt. v. 19.4.2012 – 2 AZR 186/11, NJW 2013, 104). Ordentliche und außerordentliche Kündigung wegen einer Vertragspflichtverletzung setzen deshalb regelmäßig eine Abmah-nung voraus. Einer solchen bedarf es nach Maßgabe des auch in § 314 Abs. 2 iVm § 323 Abs. 2 BGB zum Ausdruck kommenden Verhältnismäßigkeitsgrundsatzes nur dann nicht, wenn bereits ex ante erkennbar ist, dass eine Verhaltensänderung in Zukunft auch nach Abmahnung nicht zu erwarten steht, oder es sich um eine so schwere Pflichtverletzung handelt, dass selbst deren erstmalige Hinnahme dem Arbeitgeber nach objektiven Maß-stäben unzumutbar und damit offensichtlich – auch für den Arbeitnehmer erkennbar – ausgeschlossen ist (BAG Urt. v. 26.9.2013 – 2 AZR 741/12, BeckRS 2014, 67162; BAG Urt. v. 25.10.2012 – 2 AZR 495/11 – mwN).

3. Eine Abmahnung kann formell wegen Verstoßes gegen das **Bestimmtheitsgebot** unwirksam sein. Für die Formulierung einer Abmahnung sind dabei folgende Grundsätze zu berücksichtigen: Spricht der Arbeitgeber dem Arbeitnehmer eine Abmahnung aus, hat er, um ihrer Dokumentations- und Hinweisfunktion zu genügen, den dem Arbeitnehmer vorgeworfenen Vertragsverstoß so genau zu bezeichnen und den zugrunde gelegten Sachverhalt so konkret darzustellen, dass der Arbeitnehmer erkennen kann, aus welchem Grund er nach Ansicht des Arbeitgebers gegen welche Pflicht verstoßen haben soll (BAG Urt. v. 18.1.1980 – 7AZR 75/78, AP KSchG 1969, § 1 Verhaltensbedingte Kündigung Nr. 3; vgl. auch: BAG Urt. v. 20.6.2013 – 6 AZR 805/11, NJW 2013, 3194; LAG Düsseldorf Urt. v. 24.7.2009 – 9 Sa 194/09, NZA-RR 2010, 52). Bezeichnet die Abmahnung den vermeintlichen Vertragsverstoß nicht hinreichend konkret, etwa weil sie nur pauschale Vorwürfe enthält, ist sie rechtswidrig (LAG Düsseldorf Urt. v. 24.7.2009 – 9 Sa 194/09, NZA-RR 2010, 52). Wird sie auf mehrere Pflichtverletzungen des Arbeitnehmers gestützt, muss sie bereits dann aus seinen Personalakten entfernt werden, wenn nur einer der Vorwürfe nicht zutrifft, eine teilweise Aufrechterhaltung der Abmahnung kommt nicht in Betracht (BAG Urt. v. 13.3.1991 – 5 AZR 133/90, NZA 1991, 768; LAG Hamm Urt. v. 10.1.2006 – 19 Sa 1258/05, NZA-RR 2006, 290).

4. Handelt es sich um eine im Arbeitsvertrag oder im Gesetz verschriftliche Pflicht, die verletzt wurde, dann sollte auch diese Pflicht angegeben werden. Handelt es sich beim abgemahnten Verhalten um eine Verletzung der Verpflichtung des Arbeitnehmers, arbeit-geberseitige Weisungen zu befolgen und wurde die Weisung nicht verschriftlicht, dann ist diese Weisung ebenfalls genau nach Datum, Ort, Datum, Zeit und unter Angabe von Zeugen darzustellen. Die Beweislast für die Erteilung der eine die Pflichtverletzung begründenden Weisung trägt der Arbeitgeber. An diesem Punkt scheitern Arbeitgeber häufig in Abmahnungsentfernungsprozessen.

5. Betreffend **Private Internetnutzung** gelten folgende Grundsätze: Der Mitarbeiter verletzt mit einer intensiven zeitlichen Nutzung des Internets während der Arbeitszeit zu privaten Zwecken auch dann seine dienstvertraglichen Pflichten wenn der Arbeitgeber die Privatnutzung nicht ausdrücklich verboten hat (BAG NJW 2006, 540). Das gilt ins-besondere dann, wenn der Arbeitnehmer auf Internetseiten mit pornographischem Inhalt zugreift. Diese Pflichtverletzung kann ein wichtiger Grund zur fristlosen Kündigung des

Arbeitsverhältnisses sein. Ob die Kündigung in einem solchen Fall im Ergebnis wirksam ist, ist auf Grund einer **Gesamtabwägung der Umstände des Einzelfalls** festzustellen (BAG NJW 2006, 540). Ist es dem Mitarbeiter nach den konkreten Vorgaben des Arbeitgebers „grundsätzlich" nicht gestattet, während der Arbeitszeit privat im Internet zu surfen, ist diese Anweisung nicht konkret genug, um bei privatem Surfen, dessen Umfang nicht im Einzelnen feststeht, ohne entsprechende Abmahnung eine Kündigung zu rechtfertigen (LAG Nürnberg Urt. v. 26.10.2004 – 6 Sa 348/03). Lädt der Mitarbeiter eine Anonymisierungssoftware auf seinen zur dienstlichen Nutzung bestimmten Rechner, lässt dies zwar die Vermutung der privaten Nutzung zu, jedoch ist bei mangelndem Nachweis des zeitlichen Umfangs tatsächlicher Privatnutzung allenfalls eine Verdachtskündigung – nicht aber eine Tatkündigung – möglich. Die Anzahl gespeicherter Internetadressen gibt für sich allein noch keinen Aufschluss über den zeitlichen Umfang ihrer Nutzung. Selbst wenn man verbotene private Internetnutzung in gewissem Umfang unterstellen kann, überwiegen im Rahmen des § 626 Abs. 1 BGB die Interessen eines langjährig beschäftigten Arbeitnehmers am Bestand des Arbeitsverhältnisses, wenn der Arbeitgeber erhebliche Beeinträchtigungen dienstlicher Interessen nicht vortragen und belegen kann (LAG Nürnberg Urt. v. 26.10.2004 – 6 Sa 348/03).

6. Für Privattelefonate gelten folgende Grundsätze: Für das **private Telefonieren** am Arbeitsplatz ist anerkannt, dass eine Kündigung immer dann gerechtfertigt sein kann, wenn ein ausdrückliches Verbot des Arbeitgebers vorliegt und der Mitarbeiter diesem Verbot auch nach einer einschlägigen Abmahnung nachhaltig zuwider handelt (BAG Urt. v. 25.10.2012 – 2 AZR 495/11, NJW 2013, 954; LAG Niedersachsen NZA-RR 1999, 813.). Fehlt es an einem ausdrücklichen Verbot privater Telefonate oder ist privates Telefonieren in Ausnahmefällen sogar ausdrücklich erlaubt bzw. über lange Zeit widerspruchslos durch den Arbeitgeber geduldet worden, so darf ein Mitarbeiter dennoch nicht in beliebigem Umfang von der Möglichkeit privater Telefonate Gebrauch machen. Telefoniert der Mitarbeiter in einem Ausmaß, von dem er nicht mehr annehmen durfte, dass der Arbeitgeber dies bei Kenntnis noch geduldet hätte, so kann auch solches Verhalten nach einer einschlägigen Abmahnung die Kündigung des Mitarbeiters rechtfertigen (ArbG Wesel NJW 2001, 2490). Eine Verletzung dienstvertraglicher Pflichten liegt dann vor, wenn ein Mitarbeiter unerlaubt und heimlich Privatelefonate auf Kosten des Arbeitgebers führt. Je nach Umfang der geführten Telefonate und unter Berücksichtigung des einzelnen Falles können derartige Telefonate auch als wichtiger Grund für eine außerordentliche Kündigung in Betracht kommen (LAG Mainz Urt. v. 16.1.2009 – 9 Sa 572/08; BAG NJW 2004, 2612; BAG DB 2003, 1685).

7. Für **Falscheingabe in das Zeiterfassungssystem** gelten folgende Grundsätze: Verlässt ein Mitarbeiter vor vertraglichem Arbeitsende seinen Arbeitsplatz und veranlasst einen anderen Mitarbeiter, sein Verlassen des Arbeitsplatzes erst zum vertraglichen Arbeitsende abzustempeln, um so ein ordnungsgemäßes Arbeitsende vorzutäuschen, so stellt dies eine schwerwiegende Verletzung der dienstvertraglichen Pflichten durch den Mitarbeiter dar (LAG Düsseldorf Urt. v. 1.17.2013 – 9 Sa 205/13, BeckRS 2013, 72732; LAG Baden-Württemberg Urt. v. 16.3.2004 – 18 Sa 41/03; Hessisches LAG Urt. v. 8.9.2004 – 3 Sa 1183/03). Der Arbeitgeber ist bei Einrichtung eines Arbeitszeiterfassungssystems, in das die Mitarbeiter Arbeitsbeginn und Arbeitsende selbst eingeben, auf redliches Verhalten seiner Mitarbeiter angewiesen (LAG Baden-Württemberg Urt. v. 16.3.2004 – 18 Sa 41/03). Macht der Mitarbeiter unzutreffende Eingaben in das Arbeitszeiterfassungssystem so wird das vom Arbeitgeber in die Redlichkeit des Mitarbeiters gesetzte Vertrauen gröblichst missbraucht (LAG Baden-Württemberg Urt. v. 16.3.2004 – 18 Sa 41/03). Der Arbeitgeber muss bei einem solchen Fehlverhalten des Mitarbeiters auch nicht durch eine Abmahnung statt durch eine außerordentliche Kündigung reagieren. Bei einer Kündigung aus verhaltensbedingten Gründen ist eine Abmahnung jedenfalls dann entbehrlich, wenn es um schwere Pflichtverletzungen geht, deren Rechtswidrigkeit für den Mitarbeiter ohne weiteres erkennbar ist und bei denen eine Hinnahme des Verhaltens durch den Arbeitgeber offensichtlich ausgeschlossen ist (BAG NZA 1999, 708). Bei falschen Angaben in ein Arbeitszeiterfassungssystem des Arbeitgebers liegt die schwerwiegende Pflichtverletzung in dem gezielten Vorgehen des Mitarbeiters, sich einen Verdienstvorteil ohne Gegenleistung zu verschaffen. Dies ist ohne weiteres als schwerwiegende Pflichtverletzung im Arbeits-verhältnis zu werten. In diesem Zusammenhang ist das Interesse des Arbeitgebers zu berücksichtigen, der aus der Schwere der Pflichtverletzung vernünftigerweise die Schluss-folgerung ziehen muss er, ein Mitarbeiter, der sich einmal vorsätzlich in einer derartigen Weise einen rechtswidrigen Vorteil verschaffen wollte und seinen Arbeitsplatz leichtfertig aufs Spiel gesetzt hat, biete vernünftigerweise Anlass zu der Befürchtung, dass ähnliche Pflichtverletzungen auch in Zukunft vor kommen. Die Hinnahme des Verhaltens des Mitarbeiters durch den Arbeitgeber ist in diesem Fall ausgeschlossen, so dass eine vorherige Abmahnung nicht erforderlich ist (LAG Baden-Württemberg Urt. v. 16.3.2004 – 18 Sa 41/03). Daran ändert auch eine langjährige Beschäftigung des Mitarbeiters nicht (Hessisches LAG Urt. v. 8.9.2004 – 3 Sa 1183/03).

8. Betreffend **Arbeitsbummelei** hat die Rechtsprechung folgende Grundsätze auf-gestellt: Unzureichende Arbeitsleistungen, namentlich quantitativ ungenügende oder qua-litativ schlechte Leistungen sind typischer Grund für eine ordentliche Kündigung durch den Arbeitgeber (LAG Düsseldorf Urt. v. 24.6.2009 – 12 Sa 425/09 –). Eine Kündigung wegen unzureichender Arbeitsleistung setzt zudem in der Regel eine vorherige einschlä-gige Abmahnung voraus. Dies gilt grundsätzlich sowohl bei Pflichtverstößen im Leis-tungsbereich als auch bei solchen im Vertrauensbereich (LAG Düsseldorf Urt. v. 25.7.2003 – 14 Sa 657/03 –; LAG Schleswig-Holstein Urt. v. 12.6.2007 – 5 Sa 96/07 –). Anders verhält es sich, wenn der Arbeitnehmer eine nachhaltige rechtswidrige und schuldhafte Arbeitsverweigerung begeht, d.h. er die ihm übertragene Arbeit bewusst und nachhaltig nicht leisten will. Dafür genügt es nicht, dass er eine Weisung des Arbeitgebers nicht befolgt oder „selbstverständliche" Leistungspflichten missachtet. Viel-mehr muss eine intensive Weigerung vorliegen, wobei dem Arbeitnehmer die Leistungs-pflicht zB durch eine vorhergehende erfolglose Abmahnung zu verdeutlichen ist (BAG 5.4.2001 – 2 AZR 580/99 –; LAG Düsseldorf Urt. v. 24.6.2009 – 12 Sa 425/09 –). Sind der Grad und die Auswirkung einer beharrlichen Verletzung (Verweigerung) der Arbeits-pflicht erreicht, kann auch anderes Fehlverhalten wie unentschuldigtes Fehlen, ständige Unpünktlichkeit oder Pausenbummelei eine außerordentliche Kündigung rechtfertigen, wenn hierdurch das Arbeitsverhältnis konkret beeinträchtigt wird. Die nachteiligen Auswirkungen können sich auf den Leistungsbereich, den Bereich der betrieblichen Verbundenheit aller Mitarbeiter (Betriebsordnung, Betriebsfrieden), den personalen Ver-trauensbereich der Vertragspartner oder auf den Unternehmensbereich (Betriebsgefähr-dung) beziehen (BAG Urt. v. 17.3.1988 – 2 AZR 576/87; LAG Düsseldorf Urt. v. 24.6.2009 – 12 Sa 425/09 –). Eine konkrete Beeinträchtigung des Arbeitsverhältnisses ist insbesondere gegeben, wenn durch Nichterbringung der geschuldeten Arbeitsleistung ein „Arbeitszeitbetrug" (Lohnbetrug) begangen wird. Ein Betrug liegt indessen nicht schon darin, dass der Arbeitnehmer nicht durcharbeitet, sondern die Arbeit unterbricht und während der Unterbrechung entweder untätig ist, zB döst oder einschläft, oder sich nichtdienstlichen Betätigungen widmet, zB Gespräche privater Natur, Telefonate führt, Kaffee trinkt, eine Zigarettenpause einlegt, Zeitung liest oder sich vom Arbeitsplatz entfernt, um – ohne dass ein Bedürfnis bestanden hätte – etwa den Sozialraum, die Kantine oder die Toilette aufzusuchen (LAG Düsseldorf Urt. v. 24.6.2009 – 12 Sa 425/09 –; LAG Düsseldorf Urt. v. 29.1.2003 – 12 Sa 693/01 –;, LAG Berlin Urt. v. 18.1.1988 – 9 Sa 118/87 – LAGE Nr. 31 zu § 626 BGB). Denn allein die Verkennung des Inhalts, Umfangs oder der Intensität der vertraglichen Arbeitspflicht impliziert nicht bereits den

Versuch, sich auf Kosten des Arbeitgebers Vorteile zu verschaffen oder dem Arbeitgeber einen Vermögensschaden zuzufügen (BAG Urt. v. 27.4.2006 – 2 AZR 415/05 –; LAG Düsseldorf Urt. v. 24.6.2009 – 12 Sa 425/09 –); vgl. auch ArbG Paderborn Urt. v. 21.7.2010 – 2 Ca 423/10, BeckRS 2010, 73672, nicht rechtskräftig; anhängig LAG Hamm – 17 Sa 1545/10).

9. Vgl.: LAG Düsseldorf v. 25.11.2009 – 12 Sa 879/09 – dazu *Bell* AiB 2010, 269.

10. Für das Zuspätkommen hat die Rspr. folgende Grundsätze aufgestellt: Ein wiederholt schuldhaftes verspätetes Erscheinen im Betrieb trotz entsprechender vorheriger Abmahnungen kann eine verhaltensbedingte Kündigung begründen (BAG Urt. v. 27.2.1997 – 2 AZR 302/96, AP Nr. 36 zu § 1 KSchG 1969 verhaltensbedingte Kündigung; LAG Köln Urt. v. 20.10.2008 – 5 Sa 746/08; LAG Baden-Württemberg Urt. v. 8.9.2004 – 2 Sa 66/04 – mwN). Bereits die Unpünktlichkeit bewirkt eine Störung des Arbeitsverhältnisses im Leistungsbereich. Durch die nicht rechtzeitige Aufnahme der Arbeit verletzt der Arbeitnehmer seine Hauptleistungspflicht und beeinträchtigt so das Verhältnis von Leistung und Gegenleistung. Ob es darüber hinaus zu konkreten Störungen des Betriebsablaufs oder des Betriebsfriedens kommt, ist im Rahmen der Interessenabwägung zu berücksichtigen (BAG NJW 1991, 1906; LAG Baden-Württemberg v. 8.9.2004 – 2 Sa 66/04 – mwN). Die Kündigung ist nur wirksam, wenn zu befürchten ist, dass es auch zu künftigen Vertragsverstößen kommen wird (LAG Baden-Württemberg Urt. v. 8.9.2004 – 2 Sa 66/04 – mwN). Für die hier anzustellende Prognose ist die Häufigkeit und die Ursache des Zuspätkommens in der Vergangenheit von erheblicher Bedeutung. Im Rahmen der anzustellenden Interessenabwägung sind insbesondere die Anzahl der Pflichtwidrigkeiten und Abmahnungen, die möglichen Beeinträchtigungen des Betriebsablaufs sowie die Betriebszugehörigkeit zu berücksichtigen (LAG Baden-Württemberg Urt. v. 8.9.2004 – 2 Sa 66/04 – mwN).

11. Die **Verletzung der Anzeigepflicht bei Arbeitsunfähigkeit** kann bei erschwerenden Umständen des Einzelfalls nach entsprechender Abmahnung nicht nur eine ordentliche, sondern eine fristlose Kündigung rechtfertigen (BAG Urt. v. 15.1.1986 – 7 AZR 128/83 – AP Nr. 93 zu § 626 BGB; LAG Rheinland-Pfalz v. 31.6.2006 – 10 Sa 6/06 –; LAG Rheinland-Pfalz v. 19.1.2012 – 10 Sa 593/11 –). Liegen subjektive Gründe wie etwa Krankheit (Depression) vor, die es für den Arbeitnehmer ausschlossen, sich korrekt zu verhalten, so kann eine Pflichtverletzung und das Vorliegen eines vorwerfbaren Verhaltens zu verneinen sein (BAG NZA 2012, 607).

12. Vgl. dazu auch: LAG Sachsen-Anhalt NZA 1997, 772; LAG Schleswig-Holstein NZA-RR 2004, 241; ArbG Frankfurt/Main v. 27.3.2002 – 5 Ca 6031/01 –. Der Arbeitnehmer ist auch nach Ablauf der sechswöchigen Entgeltfortzahlung (§ 3 Abs. 1 S. 1 EFZG) verpflichtet, dem Arbeitgeber bei Fortdauer der Arbeitsunfähigkeit gemäß § 5 Abs. 1 S. 2–4 EFZG eine ärztliche **Arbeitsunfähigkeitsbescheinigung vorzulegen**. Die Verletzung dieser Pflicht kann nur unter besonderen Umständen ein wichtiger Grund für eine außerordentliche Kündigung sein (LAG Sachsen-Anhalt NZA 1997, 772).

13. LAG Düsseldorf Urt. v. 10.12.2008 – 12 Sa 1190/08: Nach höchstrichterlicher Rechtsprechung (vgl. BAG Urt. v. 21.1.1999, 2 AZR 665/98, AP Nr. 151 zu § 626 BGB), der die Instanzrechtsprechung folgt (vgl. z.B. LAG Düsseldorf Urt. v. 21.7.2004, 12 Sa 620/04, LAGE Nr. 85 zu § 1 KSchG Verhaltensbedingte Kündigung; LAG Berlin-Brandenburg v. 29.4.2011 – 6 Sa 2558/10) stellen **grobe Beleidigungen von Arbeitskollegen**, die nach Form und Inhalt eine erhebliche Ehrverletzung für den Betroffenen bedeuten, einen erheblichen Verstoß des Arbeitnehmers gegen seine Pflichten aus dem Arbeitsverhältnis dar und sind an sich geeignet, eine verhaltensbedingte außerordentliche Kündigung zu rechtfertigen, wenn diese eine ernstliche Störung des Betriebsfriedens, der betrieblichen Ordnung und des reibungslosen Betriebsablaufes verursachen. Dabei kommt es kündigungsrechtlich nicht ausschlaggebend darauf an, wie das inkriminierte Erklärungsverhalten strafrechtlich einzuordnen ist, sondern ob dem Arbeitgeber wegen des Verhaltens des Arbeitnehmers nach dem gesamten Sachverhalt die Fortsetzung des Arbeitsverhältnisses noch zuzumuten ist (BAG Urt. v. 10.10.2002 – 2 AZR 418/0, EzA Nr. 1 zu § 626 BGB 2002 Unkündbarkeit). Zum einen dürfen Arbeitnehmer vom Arbeitgeber den Schutz ihrer Würde und körperlichen Unversehrtheit erwarten, so dass der Arbeitgeber gegen Störenfriede, die Auseinandersetzungen anzetteln oder durch (exzessive) Überreaktionen verschärfen, vorgehen und Eskalationen (Provokation, Beleidigung, Tätlichkeit) verhindern muss. Zum anderen liegt es im eigenen betrieblichen Interesse des Arbeitgebers, dass der Arbeitsablauf und die betriebliche Zusammenarbeit nicht durch Beleidigungen und Tätlichkeiten beeinträchtigt werden, dies uU mit der Folge von Ablaufstörungen, Arbeitsausfällen, Arbeitsversäumnissen und Eigenkündigungen von Arbeitnehmern (vgl. BAG Urt. v. 31.3.1993 – 2 AZR 492/92, AP Nr. 32 zu § 626 BGB Ausschlussfrist). Im Kündigungsrecht im Allgemeinen und für die Interessenabwägung im Besonderen ist dieses berechtigte Anliegen unter dem Aspekt der Generalprävention allerdings ein nur begrenzt tragfähiger Gesichtspunkt (BAG Beschl. v. 16.12.2004, 2 ABR 7/04, AP Nr. 191 zu § 626 BGB). LAG Düsseldorf Urt. v. 10.12.2008 – 12 Sa 1190/08: Ob eine grobe Beleidigung eine verhaltensbedingte Kündigung rechtfertigt, ist nach einer umfassenden Interessenabwägung unter Berücksichtigung der Einzelfallumstände zu klären (*Schmitz-Scholemann* BB 2000, 926 ff.). Die einmalige grobe Beleidigung von Arbeitskollegen wird vor allem nach einem langjährig und ungestört verlaufenen Arbeitsverhältnis eher selten als an sich wichtiger Grund oder als Ergebnis der Interessenabwägung nach § 626 Abs. 1 BGB zur Rechtfertigung einer außerordentlichen Kündigung ausreichen. Vielmehr bedarf es vor Ausspruch einer Kündigung meist einer Abmahnung. Anders liegen die Dinge bei vielfachen und/oder besonders groben (schwersten) Beleidigungen. In solchen Fällen kann der Arbeitnehmer auch dann, wenn ein rauher Umgangston herrscht, nicht ernsthaft damit rechnen, dass der Arbeitgeber sein Verhalten tolerieren werde (BAG Urt. v. 10.10.2002 – 2 AZR 418/01, AP Nr. 180 zu § 626 BGB, vgl. Urt. v. 30.9.1993 – 2 AZR 188/93, EzA Nr. 152 zu § 626 nF BGB, vgl. auch: BAG Urt. v. 7.7.2011 – 2 AZR 355/10, NJW 2011, 3803).

14. Vgl. dazu: *Schrader* NJW 2012, 342; *Ritter* DB 2011, 175.

15. Um das Abmahnungserfordernis im Rahmen einer Kündigung zu erfüllen, muss der in Bezug genommene zuvor **angemahnte Sachverhalt zum Kündigungssachverhalt gleichartig** sein. Pflichtverletzungen sind dann gleichartig, wenn sie in einem **inneren Bezug zu der der Kündigung zugrundeliegenden negativen Zukunftseinschätzung stehen** (BAG NZA 2005, 459). Eine Abmahnung kann nach der bisherigen Rechtsprechung zudem auch nur dann die Funktion erfüllen, den Arbeitnehmer zu warnen, dass ihm bei der nächsten gleichartigen Pflichtverletzung die Kündigung droht, wenn der Arbeitnehmer diese Drohung ernst nehmen muss. Dies kann je nach den Umständen nicht mehr der Fall sein, wenn jahrelang die Kündigung stets nur angedroht wird (BAG NZA 2005, 459; BAG NZA 2002, 968). Es handelt sich sonst um eine „leere" Drohung (BAG NZA 2005, 459).

16. Zur Abmahnung sind nicht nur kündigungsberechtigte Mitarbeiter befugt, sondern auch die Vorgesetzten, die verbindliche Anweisungen hinsichtlich des Ortes, der Zeit sowie der Art und Weise der arbeitsvertraglich geschuldeten Arbeitsleistung erteilen können (BAG Urt. v. 8.2.1989 – 5 AZR 47/88). Um Probleme auf der Ebene der Abmahnungsberechtigung zu vermeiden, sollte der Kündigungsberechtigte unterschreiben.

17. Der Arbeitgeber trägt die Beweislast für den Zugang der Abmahnung.

3. Ermahnung

(Briefkopf des Arbeitgebers)

Herrn . . . . . .

Ermahnung[1]

Sehr geehrter Herr . . . . . .,

hiermit ermahnen wir Sie wegen des folgenden Sachverhalts:

Am . . . . . . war Ihr Dienstbeginn um . . . . . . Uhr. Sie kamen aber erst 15 Minuten später um . . . . . . Uhr und erklärten unter Zeugen, Sie hätten verschlafen.[2] Sie haben damit die Ihnen obliegenden arbeitsvertraglichen Pflichten verletzt. Wir weisen Sie hiermit auf die Pflicht zum pünktlichen Erscheinen am Arbeitsplatz hin und fordern Sie dringend dazu auf, Ihren Pflichten künftig nachzukommen und jedes Zuspätkommen zu vermeiden.

Mit freundlichen Grüßen

. . . . . ., den . . . . . .

(Arbeitgeber)[3]

Erhalten:[4]

. . . . . ., den . . . . . .

(Arbeitnehmer)

Schrifttum: *Kranz*, Die Ermahnung in der arbeitsrechtlichen Praxis, DB 1998, 1464.

Anmerkungen

1. Nach der bisherigen Systematik des Abmahnungsrechtes hat die Abmahnung drei Funktionen: die Rügefunktion, die Dokumentationsfunktion und die Warnfunktion (AA: *Ritter* DB 2012, 175; *Schrader* NJW 2012, 342: Zudem Vertrauensvorratsbestimmungsfunktion). **Läßt der Arbeitgeber die Warnfunktion weg** und rügt der Arbeitgeber ein bestimmtes Arbeitnehmerverhalten ohne für den Wiederholungsfall arbeitsrechtliche Konsequenzen anzudrohen, dann liegt eine sog. **Ermahnung** vor (LAG Sachsen-Anhalt Urt. v. 19.12.2001 – 3 Sa 479/01 –). Ob der Arbeitnehmer wie bei der Abmahnung einen **Entfernungsanspruch** geltend machen kann, wird in der Rechtsprechung unterschiedlich beurteilt. So hat das Arbeitsgericht Frankfurt/Main in der Entscheidung v. 10.9.2003 – 7 Ca 2899/03 – festgestellt, dass Arbeitnehmer keinen Anspruch auf Entfernung einer bloßen Ermahnung oder Rüge aus der Personalakte haben. Demgegenüber meint das LAG Sachsen-Anhalt, dass der Arbeitnehmer die Berechtigung einer missbilligenden Äußerung des Arbeitgebers gerichtlich überprüfen lassen kann, wenn sie nach Form und Inhalt geeignet ist, ihn in seiner Rechtsstellung zu beeinträchtigen. Hierzu gehören nach dem LAG Sachsen-Anhalt auch schriftliche Rügen und Verwarnungen, die zu den Personalakten genommen werden; denn solche formellen Rügen können, wenn sie unberechtigt sind, Grundlage für eine falsche Beurteilung des Arbeitnehmers sein und dadurch sein berufliches Fortkommen behindern oder andere arbeitsrechtliche Nachteile mit sich bringen (LAG Sachsen-Anhalt Urt. v. 19.12.2001 – 3 Sa 479/01 –; unter Verweis auf

BAG AP Nr. 4 und 8 zu § 611 BGB Abmahnung). Entsprechend argumentierte nunmehr auch das Landesarbeitsgericht Baden-Württemberg (vgl. LAG Baden-Württemberg Urt. v. 31.7.2013 – 4 Sa 18/13, BB 2013, 2036).

2. Das Wegerisiko – etwa bei Behinderungen wegen Schnee- und Eisglätte – trägt der Arbeitnehmer (BAG NJW 1983, 1078).

3. Um Probleme auf der Ebene der Ermahnungsberechtigung zu vermeiden, sollte der Kündigungsberechtigte unterschreiben.

4. Der Arbeitgeber trägt die Beweislast für den Zugang der Ermahnung.

4. Schriftliche Konkretisierung der arbeitsvertraglichen Pflichten

(Briefkopf Arbeitgeber)

Herrn . . . . . .

Weisung[1, 2]

Sehr geehrter Herr . . . . . .,

nach den arbeitsvertraglichen Vorgaben sind Sie dazu verpflichtet, den arbeitgeberseitigen Weisungen Folge zu leisten.

Hiermit weise ich Sie an, in dem Ihnen zur Bearbeitung übertragenen Berufungsverfahren (. . . . . ./. . . . . .) sowohl den Schriftsatz zur Berufungseinlegung als auch die Berufungsbegründung spätestens zehn Tage vor Ablauf der jeweiligen Frist im endgültigen Entwurf fertig zu stellen und mir vorzulegen.

. . . . . ., den . . . . . .

(Arbeitgeber)

Erhalten:

. . . . . ., den . . . . . .

(Arbeitnehmer)

Anmerkungen

1. Die im Arbeitsverhältnis bestehenden Pflichten sind teilweise verschriftlicht (im Arbeitsvertrag, in kollektivarbeitsrechtlichen Normen oder in gesetzlichen Vorgaben). Die erst durch eine – zulässige – Ausübung des Weisungsrechtes (§ 106 GewO) entstehenden Pflichten hingegen entbehren regelmäßig der Schriftlichkeit und tragen damit für den Arbeitgeber das **Risiko der Nichtbeweisbarkeit** in sich. Dabei können Arbeitnehmer nach der bisherigen Rspr. des BAG (BAG NZA 2013, 91) in entsprechender Anwendung von §§ 242, 1004 Abs. 1 S. 1 BGB die Entfernung einer zu Unrecht erteilten Abmahnung aus ihrer Personalakte verlangen. Der Anspruch besteht, wenn die Abmahnung entweder inhaltlich unbestimmt ist, unrichtige Tatsachenbehauptungen enthält, auf einer unzutreffenden rechtlichen Bewertung des Verhaltens des Arbeitnehmers beruht oder den Grundsatz der Verhältnismäßigkeit verletzt, und auch dann, wenn selbst bei einer zu Recht erteilten Abmahnung kein schutzwürdiges Interesse des Arbeitgebers mehr an deren Verbleib in der Personalakte besteht (BAG NZA 2013, 91 mwN). Die Beweislast für diejenigen Tatsachen, aus denen die abgemahnte Vertragspflichtverletzung des Arbeitnehmers folgen soll, trägt im Abmahnungsprozess der Arbeitgeber (BAG DB 1987, 1495; BAG NJW 1986, 1065; LAG Bremen, LAGE § 611 BGB Abmahnung Nr. 31; LAG Köln Urt. v. 17.1.2007 – 7 Sa 526/06 –). Da die Pflichtverletzung ja der „Kern" der Abmahnung ist, ist es in den Fällen, in denen die Pflichtverletzung in der Nichtbefolgen einer arbeitgeberseitigen Weisung liegt, häufig geboten, diese konkretisierende Weisung in Hinsicht auf die Beweisbarkeit abzusichern, indem die Weisung schriftlich erteilt wird.

2. Ungenaue Vorgaben des Arbeitgebers führen für diesen **häufig zum Prozessverlust in Abmahnungsentfernungsprozessen.** Vgl. dazu LAG Hamm Urt. v. 18.1.2008 – 13 Sa 1644/07: Die Abmahnung muss ua einer sogenannten Hinweis- bzw. Rügefunktion gerecht werden, in dem sie den Inhalt einer bestehenden Vertragspflicht beschreibt und den Arbeitnehmer an die Einhaltung erinnert. Diesem Zweck kann sie nicht gerecht werden, wenn zwischen den Arbeitsvertragsparteien unklar ist, welche konkrete Handlungspflicht den Arbeitnehmer in einer bestimmten Situation trifft, weil der Arbeitgeber es versäumt hat, erforderliche präzise Vorgaben zu machen. Dann bedarf es erst genauer Anweisungen, bevor ein anschließendes Fehlverhalten zum Gegenstand einer Abmahnung gemacht werden kann.

5. Hinweis auf bereits verschriftlichte arbeitsvertragliche Pflichten

Briefkopf Arbeitgeber

Herrn . . . . . .

Hinweis[1]

Sehr geehrte Frau . . . . . . (Name),

Sie sind gem. § 5 Abs. 1 S. 1 und S. 2 des Entgeltfortzahlungsgesetzes dazu verpflichtet, mir eine eintretende Arbeitsunfähigkeit und deren voraussichtliche Dauer unverzüglich mitzuteilen. Dauert die Arbeitsunfähigkeit länger als drei Kalendertage, haben Sie eine ärztliche Bescheinigung über das Bestehen der Arbeitsunfähigkeit sowie deren voraussichtliche Dauer spätestens an dem darauffolgenden Arbeitstag vorzulegen. Entsprechendes ist in Ihrem Arbeitsvertrag geregelt.

Ich weise Sie hiermit auf diese Verpflichtungen ausdrücklich hin und zudem darauf, dass ich auf der Einhaltung dieser Pflichten bestehe.[2]

Mit freundlichen Grüßen

. . . . . ., den . . . . . .

(Arbeitgeber)

Erhalten:

. . . . . ., den . . . . . .

(Arbeitnehmer)

Anmerkungen

1. Das BAG führt in seiner Entscheidung NZA 2013, 91 aus: „Darüber hinaus kann es im berechtigten Interesse des Arbeitgebers liegen, die Erteilung einer Rüge im Sinne einer Klarstellung der arbeitsvertraglichen Pflichten weiterhin dokumentieren zu können." Die Dokumentation der arbeitgeberseitigen **Klarstellung der für den Arbeitnehmer geltenden Pflichten ohne gleichzeitige Rüge** liegt also jedenfalls **im berechtigten (Dokumentations-) Interesse des Arbeitgebers.** Da die Pflichtverletzung der „Kern" und der Ausgangspunkt des Abmahnungsverfahrens und damit im Blick auf die Funktion der Abmahnung als kündigungsvorbereitende Maßnahme auch der Ausgangspunkt des Kündigungsverfahrens ist, ist es zum Nachweis der Beharrlichkeit der arbeitnehmerseitigen Pflichtverletzung und der „Pflichtverletzungsklimax" sowie der negativen Zukunftsprognose häufig zielführend, das Verfahren mit einer schriftlichen Klarstellung der Pflichtenposition zu beginnen. Vgl. dazu beispielhaft auch den Sachverhalt von LAG Schleswig-Holstein Urt. v. 20.3.2002 – 2 Sa 22/02 –.

2. Besteht nur der **Verdacht einer Pflichtverletzung**, so kann der Arbeitgeber – **nach ordnungsgemäßer Anhörung des Arbeitnehmers** (vgl. dazu: *Gaul/Schmidt-Lauber* ArbRB 2012, 18) – **den Arbeitnehmer darauf hinweisen**, dass es infolge des Verdachts zu einer **Störung der Vertrauensgrundlage** gekommen ist und dem Arbeitnehmer bedeuten, dass das Verhalten, dessen er verdächtig ist, unter keinen Umständen geduldet wird (*Stoffels* in: Maschmann, Kündigungrecht: alte und neue Fragen, 2013, S. 48 mwN).

IV. Kündigung

1. Ordentliche fristgemäße Kündigung des Arbeitsverhältnisses eines Kanzleimitarbeiters

(Briefkopf Arbeitgeber)

Herrn ......

Kündigung[1]

Sehr geehrter Herr ......,

hiermit kündige ich[2] das mit Ihnen bestehende Arbeitsverhältnis ordentlich[3] fristgemäß zum ...... Hilfsweise wird die Kündigung zum nächst zulässigen Termin ausgesprochen.[4]

Begründung:

......[5]

Vorsorglich weise ich darauf hin, dass Sie sich innerhalb von drei Tagen nach Kenntnis von dieser Kündigung (Alternative: spätestens drei Monate vor dem Beendigungstermin) bei der zuständigen Agentur für Arbeit zu melden sowie eigene Aktivitäten bei der Suche nach einer anderen Beschäftigung zu entfalten haben.[6]

Mit freundlichen Grüßen

......, den ......

(Arbeitgeber)[7, 8, 9]

Erhalten:[10]

......, den ......

(Arbeitnehmer)

Schrifttum: *Bader*, Kündigungsprozesse richtig führen – typische Fehler im Kündigungsprozeß, NZA 1997, 905; *Bauer/Krets*, Gesetz für moderne Dienstleistungen am Arbeitsmarkt, NJW 2003, 537; *Caspers*, Rechtsfolgen des Formverstoßes bei § 623 BGB, RdA 2001, 28; *Däubler*, Obligatorische Schriftform für Kündigungen, Aufhebungsverträge und Befristungen, AiB 2000, 188; *Diller*, § 622 BGB und Quartalskündigungsfristen, NZA 2000, 293; *ders.*, „Gesuchte" Kündigungsgründe, NZA 2006, 569; *Freckmann*, Betriebsbedingte Kündigung und AGG – Was ist noch möglich? BB 2007, 1049; *Gaul/Otto*, Gesetz für moderne Dienstleistungen am Arbeitsmarkt, DB 2002, 2486; *ders./Schmidt-Lauber*, Die ordnungsgemäße Anhörung vor der Verdachtskündigung, ArbRB 2012, 18; *Greiner*, Störungen des Austausch- und Äquivalenzverhältnisses als Kündigungstatbestand, RdA 2007, 22; *Gotthardt/Beck*, Elektronische Form und Textform im Arbeitsrecht: Wege durch den Irrgarten, NZA 2002, 876; *Hamacher/Ulrich*, Die Kündigung von Arbeitsverhältnissen nach Inkrafttreten und Änderung des AGG, NZA 2007, 657; *Kleinebrink*, Gesetzliche Schriftform bei der Beendigung von Arbeitsverhältnissen, FA 2000, 174; *S. Kramer*; BAG zur Kündigung wegen privater Internetnutzung, NZA 2007, 1338; *Lakies*, Neu ab 1. Mai 2000: Verbessertes Arbeitsgerichtsverfahren und Schriftform für die Beendigung von Arbeitsverhältnissen, BB 2000, 667; *Lansnicker*, Surfen im Internet während der Arbeitszeit, BB 2007, 476; *Löw*, Wettlauf der Instanzen – Darf ein Arbeitsgericht die Europarechtswidrigkeit deutscher Gesetze feststellen?, BB 2008, 49; *Löwisch*,

Grenzen der ordentlichen Kündigung in kündigungsschutzfreien Betrieben, BB 1997, 782; *ders.*, Kündigung unter dem AGG, BB 2006, 2189; *Lohr*, Kündigung des Arbeitsvertrages – Zurückweisung wegen fehlender Vollmachtsurkunde, MDR 2000, 620; *Preis/Gotthardt*, Schriftformerfordernis für Kündigung, Aufhebungsverträge und Befristungen nach § 623 BGB, NZA 2000, 348; *Richardi*, Formzwang im Arbeitsverhältnis, NZA 2001, 57; *ders./Annuß*, Der neue § 623 BGB – Eine Falle im Arbeitsrecht?, NJW 2000, 1231; *Vorpeil/Wieder*, Vertretungsbefugnis und Legitimationsprüfung bei englischen Kapital- und Personengesellschaften, RIW 1995, 285; *Ritter*, EU-Grundrechtecharta – Neue Werteordnung im Arbeitsrecht, Editorial NZA, Heft 14/2010; *ders.*, „Lüth ist unanwendbar! – Zum Auslegungsmaßstab unbestimmter Rechtsbegriffe im deutschen Arbeits- und Sozialrecht"; in: Textband der Konrad Adenauer Stiftung zur rechtspolitischen Tagung Arbeits- und Sozialrecht 2010, dort Seite 125 ff.; *ders.*, Neue Werteordnung für die Gesetzesauslegung durch den Lissabon-Vertrag, NJW 2010, 1110; *ders.*, Anmerkung zur Entscheidung des BVerfG v.19.7.2011 – 1 BvR 1916/09 –, NJW 2011, 3434; *ders.*, Europarechtsneutralität mitgliedstaatlicher Generalklauseln?, NJW 2012, 1549; *ders.*, Editorial „Neues Auslegungsrecht: Der Two-Pencil-Test", NZA 2011 Heft 22/2011; *Wagner*, Die Kündigung durch den Arbeitgeber – Checkliste, NZA 1989, 384; *Willemsen/Sagan*, Die Auswirkungen der europäischen Grundrechtecharta auf das deutsche Arbeitsrecht, NZA 2011, 258; *Zundel*, Die Entwicklung des Arbeitsrechts – Beendigung von Arbeitsverhältnissen und Kollektivrecht, NJW 2013, 579.

Anmerkungen

1. Für viele Kanzleien wird **Kündigungsschutz** wegen der sog. **Kleinbetriebsklausel (§ 23 KSchG)** nicht eingreifen. So betrug etwa 2000 die durchschnittliche Kanzleigröße in Deutschland 1,8 Anwälte (vgl. *Hellwig* AnwBl. 2000, 705 (706)). Es ist aber zu beachten, dass auch für **Kündigungen, die außerhalb des Anwendungsbereichs des Kündigungsschutzgesetzes** ausgesprochen werden, die **Grundsätze von Treu und Glauben (§ 242 BGB)** gelten (LAG Düsseldorf Urt. 3.11.2008 – 14 Sa 1034/08 –). Für die Bestimmung des Inhalts und der Grenzen dieses Kündigungsschutzes außerhalb des Kündigungsschutzgesetzes ist nach der bisherigen Rechtsprechung die Bedeutung grundgesetzlicher Schutzpflichten nicht aber die Grundrechtecharta zu beachten (BAG NJW 2012, 1613. Vgl. zur Anwendbarkeit der Grundrechtecharta: *Willemsen/Sagan* NZA 2011, 258; *Ritter* NJW 2012, 1549; *ders.* NZA 2011 Heft 22/2011 Editorial; *ders.* NJW 2011, 3434; *ders.* in: Textband der Konrad Adenauer Stiftung zur rechtspolitischen Tagung Arbeits- und Sozialrecht 2010, dort Seite 125 ff.; *ders.* Editorial NZA, Heft 14/2010; *ders.* NJW 2010, 1110 sowie EuGH Urt. v. 26.2.2013 – C-617/10, NJW 2013, 1415 und BVerfG Urt. v. 24.4.2013 – 1 BvR 1215/07, NJW 2013, 1499). Den Arbeitnehmern in Kleinbetrieben ist das größere rechtliche Risiko eines Arbeitsplatzverlustes angesichts der schwerwiegenden und grundrechtlich geschützten Belange der Arbeitgeber zuzumuten (BVerfG NJW 1998, 1475). Die Arbeitnehmer sind aber nicht völlig schutzlos gestellt. Wo die Bestimmungen des KSchG nicht greifen, sind die Arbeitnehmer durch die zivilrechtlichen Generalklauseln vor einer sitten- oder treuwidrigen Ausübung des Kündigungsrechts des Arbeitgebers geschützt (§§ 242, 138 BGB). Im Rahmen dieser Generalklauseln ist auch **der objektive Gehalt der Grundrechte, hier vor allem aus Art. 12 Abs. 1 GG, zu beachten**. Das BAG hat die materiellen Voraussetzungen eines Kündigungsschutzes außerhalb des Kündigungsschutzgesetzes und die Anforderungen an die prozessuale Geltendmachung weiter konkretisiert (BAG NZA 2001, 833; BAG NZA 2003, 717; LAG Düsseldorf Urt. 3.11.2008 – 14 Sa 1034/08 –). Das BAG hat ausgeführt, dass dann, wenn bei einer Kündigung eine Auswahl unter mehreren Arbeitnehmern zu treffen ist, auch der Arbeitgeber im Kleinbetrieb, auf den das Kündigungsschutzgesetz keine Anwendung findet, ein durch Art. 12 GG gebotenes **Mindestmaß an sozialer Rücksichtnahme** wahren muss und ein durch langjährige Mitarbeit erdientes Vertrauen in den Fortbestand des Arbeitsverhältnisses nicht unberücksichtigt lassen darf. Dies bedeutet allerdings nicht, dass damit im Kleinbetrieb die Grundsätze des § 1 KSchG über die Sozialauswahl entsprechend anwendbar wären. Die Herausnahme des Kleinbetriebs aus dem Geltungsbereich des Kündigungsschutzgesetzes trägt ihrerseits gewichtigen, durch Art. 12 Abs. 1 GG geschützten Belangen des Kleinunternehmers Rechnung, dessen Kündigungsrecht in hohem Maße schützwürdig ist. In einem Betrieb mit wenigen Arbeitskräften hängt der Geschäftserfolg mehr als bei Großbetrieben von jedem einzelnen Arbeitnehmer ab (BVerfG NJW 1998, 1475). Auf dessen Leistungsfähigkeit kommt es ebenso an wie auf Persönlichkeitsmerkmale, die für die Zusammenarbeit, die Außenwirkung und das Betriebsklima von Bedeutung sind. Neben weiteren Umständen fällt auch die regelmäßig geringere Finanzausstattung ins Gewicht. Schließlich belastet auch der Verwaltungsaufwand, den ein Kündigungsschutzprozess mit sich bringt, den Kleinbetrieb stärker als ein größeres Unternehmen (BAG NZA 2003, 717). **Die Auswahlentscheidung eines Arbeitgebers kann im Kleinbetrieb nur darauf überprüft werden, ob sie unter Berücksichtigung der Belange des Arbeitnehmers am Erhalt seines Arbeitsplatzes (BVerfG NJW 1998, 1475) und der schützenswerten Interessen des Kleinunternehmers gegen Treu und Glauben verstößt** (LAG Düsseldorf Urt. v. 3.11.2008 – 14 Sa 1034/08 –). Ein solcher Treueverstoß bei der Kündigung des sozial schutzbedürftigeren Arbeitnehmers ist um so eher anzunehmen, je weniger bei der Auswahlentscheidung eigene Interessen des Arbeitgebers eine Rolle gespielt haben. Hat der Arbeitgeber keine spezifischen eigenen Interessen, einem bestimmten Arbeitnehmer zu kündigen bzw. anderen vergleichbaren Arbeitnehmern nicht zu kündigen, und entlässt er gleichwohl den Arbeitnehmer mit der bei weitem längsten Betriebszugehörigkeit, dem höchsten Alter und den meisten Unterhaltspflichten, so spricht alles dafür, dass der Arbeitgeber bei seiner Entscheidung das verfassungsrechtlich gebotene Mindestmaß an sozialer Rücksichtnahme außer Acht gelassen hat. Bestehen andererseits derartige **betriebliche, persönliche oder sonstige Interessen des Arbeitgebers**, so ist der durch § 242 BGB vermittelte Grundrechtsschutz des Arbeitnehmers um so schwächer, je stärker die mit der Kleinbetriebsklausel geschützten Grundrechtspositionen des Arbeitgebers im Einzelfall betroffen sind. **In sachlicher Hinsicht geht es vor allem darum, Arbeitnehmer vor willkürlichen oder auf sachfremden Motiven beruhenden Kündigungen zu schützen** (BAG NZA 2001, 833; BAG NZA 2003, 717; LAG Düsseldorf Urt. v. 3.11.2008 – 14 Sa 1034/08 –). Im Kündigungsrechtsstreit gilt dabei nach den derzeitigen Grundsätzen der Rechtsprechung folgende **Verteilung der Darlegungs- und Beweislast**: Es obliegt zunächst grundsätzlich dem Arbeitnehmer darzulegen und zu beweisen, dass die Kündigung nach § 242 BGB treuwidrig ist. Die Regel des § 1 Abs. 2 S. 4 KSchG, wonach der Arbeitgeber die Tatsachen zu beweisen hat, die die Kündigung bedingen, gilt außerhalb des Kündigungsschutzgesetzes nicht (LAG Düsseldorf Urt. v. 3.11.2008 – 14 Sa 1034/08 –). Der verfassungsrechtlich gebotene Schutz des Arbeitnehmers auch im Prozessrecht ist jedoch dadurch gewährleistet, dass insoweit die Grundsätze **der abgestuften Darlegungs- und Beweislast** gelten. In einem ersten Schritt muss der Arbeitnehmer, der die Auswahlüberlegungen des Arbeitgebers, die zu seiner Kündigung geführt haben, regelmäßig nicht kennt, nur einen Sachverhalt vortragen, der die Treuwidrigkeit der Kündigung nach § 242 BGB indiziert. Ist danach auf den ersten Blick erkennbar, dass der Arbeitgeber einen erheblich weniger schutzbedürftigen, vergleichbaren Arbeitnehmer als den Kläger weiterbeschäftigt, so spricht dies dafür, dass der Arbeitgeber das erforderliche Mindestmaß an sozialer Rücksichtnahme außer Acht gelassen hat und deshalb die Kündigung treuwidrig (§ 242 BGB) ist. Der Arbeitgeber muss sich nach § 138 Abs. 2 ZPO qualifiziert auf diesen Vortrag einlassen, um ihn zu entkräften. In diesem Zusammenhang obliegt es dem Arbeitgeber aus Gründen der Sachnähe auch, **Angaben zu seinen Auswahlüberlegungen** zu machen. Kommt er dieser sekundären Behauptungslast nicht nach, gilt der schlüssige Sachvortrag des Arbeitnehmers gemäß § 138 Abs. 3 ZPO als zugestanden. Trägt der Arbeitgeber hingegen die betrieblichen, persönlichen oder sonstigen Gründe vor, die ihn dazu bewogen haben, den auf den ersten Blick sozial schutzbedürftigeren Arbeitnehmer zu entlassen, so hat der Arbeitnehmer die Tatsachen, aus denen sich die Treuwidrigkeit der Kündigung ergeben soll, zu beweisen (LAG Düsseldorf Urt. v. 3.11.2008 – 14 Sa 1034/08 –; BAG NZA 2001, 833; BAG NZA 2003, 717). Ob diese Grundsätze genau so fortbestehen werden, bleibt abzuwarten. Dies im Blick auf die Entscheidung des **EuGH Urt. v. 26.2.2013 – C-617/10 –** NJW 2013, 1415. Der EuGH hat dort unter Rn. 21 festgestellt: „Da . . . . . . die durch die Charta garantierten Grundrechte zu beachten sind, wenn eine nationale Rechtsvorschrift in den Geltungsbereich des Unionsrechts fällt, sind keine Fallgestaltungen denkbar, die vom Unionsrecht erfasst würden, ohne dass diese Grundrechte anwendbar wären. Die Anwendbarkeit des Unionsrechts umfasst die Anwendbarkeit der durch die Charta garantierten Grundrechte." Des weiteren hat der EuGH unter Rn. 29 des Urteils dazu Ausführungen getroffen, ob bzw. inwieweit Maßnahmen der Mitgliedstaaten, die als Maßnahmen „bei Durchführung des Rechts der Union" in den Anwendungsbereich der GRC fallen, zusätzlich noch am Maßstab der grundrechtlichen Ordnung des mitgliedstaatlichen Verfassungsrechts geprüft werden dürfen. In diesem Zusammenhang wird dort auf die Entscheidung des EuGH Urt. v. 26.2.2013 – Rs. C-399/11 – NJW 2013, 1215 Bezug genommen. Der EuGH gibt vor, dass zu unterscheiden sei, ob das Unionsrecht das Handeln des Mitgliedstaats vollständig bestimmt oder nicht. Nur soweit das Unionsrecht dieses Handeln nicht vollständig bestimmt, dürften zusätzlich noch nationale Schutzstandards für die Grundrechte angewendet werden, soweit diese das Schutzniveau der GRC nicht unterschreiten. **Verlangt es der Vorrang der in Betracht kommenden Regelungen des Unionsrechts oder die Einheit und Wirksamkeit des Unionsrechts, dann dürfen keine nationalen Grundrechtsschutzstandards zur Anwendung kommen.** Bezug genommen wird dabei auf die Rechtsprechung des EuGH, dass es zu einer Schwächung der Wirksamkeit des Unionsrechts führt, wenn dem für die Anwendung des Unionsrechts jeweils zuständigen innerstaatlichen Gericht die Befugnis abgesprochen würde, bereits zum Zeitpunkt dieser Anwendung alles Erforderliche zu tun, um **diejenigen innerstaatlichen Rechtsvorschriften auszuschalten, die unter Umständen ein Hindernis für die volle Wirksamkeit der Unionsnormen bilden.** Das innerstaatliche Gericht müsse für die volle Wirksamkeit dieser Normen Sorge tragen, indem es erforderlichenfalls jede entgegenstehende Bestimmung des nationalen Rechts aus eigener Entscheidungsbefugnis unangewendet lässt, ohne dass es die vorherige Beseitigung dieser Bestimmung auf gesetzgeberischem Wege oder durch irgendein anderes verfassungsrechtliches Verfahren beantragen oder abwarten müsste. Wie die deutsche arbeitsgerichtliche Rechtsprechung insbesondere auch im Blick auf die oben dargestellten bisherigen Grundsätze zum Kündigungsschutz außerhalb des KSchG darauf reagieren wird sollte genauestens beobachtet werden. Dies auch im Blick auf BVerfG Urt. v. 24.4.2013 (NJW 2013, 1499) sowie BVerfG Urt. v. 14.1.2014 (EuZW 2014, 192), wo das BVerfG erstmalig ein Vorabentscheidungsverfahren zum EuGH veranlasst hat. Das BHG spricht im Urteil v. 19.3.2014 – 7 AZR 828/12 in einem zum Befristungsrecht entschiedenen Fall von „Wesensgehalt des in Art. 30 GRL gewährleisteten Anspruchs auf Schutz vor ungerechtfertigter Entlassung".

2. Das Formulierungsmuster geht davon aus, dass ein **Einzelanwalt als Arbeitgeber** die Kündigung ausspricht. Steht auf der Seite des Kündigenden kein Einzelanwalt dann ist die Erklärung entsprechend anzupassen. Besonderes Augenmerk ist dann unbedingt auf die **ordnungsgemäße Vertretung** und die **Einhaltung von Formvorschriften** zu richten. Es kann wegen der Ausschlussfristen in § 626 BGB oder in § 22 Abs. 4 BBiG und § 174 BGB zum Verlust des außerordentlichen Kündigungsrechtes und betreffend die ordentliche Kündigung zur Notwendigkeit der Wiederholung der Kündigung mit entsprechender verlängerter Zahlungspflicht kommen.

3. Soweit nicht im Arbeitsvertrag wirksam Abweichendes geregelt ist, greifen grds. die Fristen des **§ 622 BGB**. Gem. **§ 622 Abs. 1 BGB** gilt: Das Arbeitsverhältnis eines Arbeiters oder eines Angestellten (Arbeitnehmers) kann mit einer Frist von vier Wochen zum Fünfzehnten oder zum Ende eines Kalendermonats gekündigt werden. Gem. **§ 622 Abs. 2 BGB** gilt: Für eine Kündigung durch den Arbeitgeber beträgt die Kündigungsfrist, wenn das Arbeitsverhältnis in dem Betrieb oder Unternehmen

1. zwei Jahre bestanden hat, einen Monat zum Ende eines Kalendermonats,
2. fünf Jahre bestanden hat, zwei Monate zum Ende eines Kalendermonats,
3. acht Jahre bestanden hat, drei Monate zum Ende eines Kalendermonats,
4. zehn Jahre bestanden hat, vier Monate zum Ende eines Kalendermonats,
5. zwölf Jahre bestanden hat, fünf Monate zum Ende eines Kalendermonats,
6. 15 Jahre bestanden hat, sechs Monate zum Ende eines Kalendermonats,
7. 20 Jahre bestanden hat, sieben Monate zum Ende eines Kalendermonats.

Zu beachten ist, dass **§ 622 Abs. 2 S. 2 BGB** („Bei der Berechnung der Beschäftigungsdauer werden Zeiten, die vor der Vollendung des 25. Lebensjahrs des Arbeitnehmers liegen, nicht berücksichtigt") nach wie vor im Gesetz steht obwohl der **EuGH** bereits am 19.1.2010 (EuGH NJW 2010, 427) **festgestellt hat, dass § 622 Abs. 2 S. 2 BGB gegen das primärrechtliche Verbot der Altersdiskriminierung verstößt.**

4. Es muss sich aus der Kündigungserklärung ergeben, **zu welchem Zeitpunkt das Arbeitsverhältnis beendet werden soll** (BAG NJW 2010, 3740; BAG NJW 2006, 2284). Grundsätzlich kann eine zu einem bestimmten Termin erklärte, nicht zu einem anderen Termin auslegbare und deshalb unwirksame Kündigung in eine solche zum nächstzulässigen Termin umgedeutet werden. Die **Umdeutung nach § 140 BGB** erfordert die Ermittlung des hypothetischen Willens des Kündigenden, also dem, was er bei Kenntnis der Fehlerhaftigkeit der Kündigungsfrist und damit der Unwirksamkeit der Kündigung gewollt hätte (BAG NJW 2010, 3740 mwN). Dabei steht die Überzeugung des Arbeitgebers, mit richtiger Frist gekündigt zu haben, der Annahme, er hätte bei Kenntnis der objektiven Fehlerhaftigkeit der seiner Kündigung zugrunde gelegten Frist das Arbeitsverhältnis nicht fortsetzen, sondern zum nächstzulässigen Termin beenden wollen, nicht entgegen (BAG NJW 2010, 3740). Dabei hat das BAG (BAG Urt. v. 20.6.2013 – 6 AZR 805/11, NJW 2013, 3194, dazu: Anm. *Kock* NJW 2013, 3199) klarstellend ausgeführt: Eine Kündigung ist bestimmt und unmissverständlich zu erklären. Der Empfänger einer ordentlichen Kündigung muss erkennen können, wann das Arbeitsverhältnis enden soll. Dafür genügt bei einer ordentlichen Kündigung regelmäßig die Angabe des Kündigungstermins oder der Kündigungsfrist. Ein Hinweis auf die maßgebliche gesetzliche Regelung reicht aus, wenn der Erklärungsempfänger dadurch unschwer ermitteln kann, zu welchem Termin das Arbeitsverhältnis enden soll.

5. Die **Angabe von Kündigungsgründen** ist – soweit nicht anderes vertraglich vereinbart oder gesetzlich vorgeschrieben ist – keine Wirksamkeitsvoraussetzung der Kündigung (BAG Urt. v. 30.6.1959, AP zu § 1 KSchG Nr. 56; BAG Urt. v. 21.3.1959, AP zu § 1 KSchG Nr. 55; BAG v. 15.12.1955, AP zu § 67n HGB Nr. 1).

6. Formulierung in Anlehnung an Beck'sches Formularbuch Arbeitsrecht/*Schmidt*, A XIV. 2. Die Nichtbeachtung der in § 2 Abs. 2 S. 2 Nr. 3 SGB III vorgesehenen Pflicht des Arbeitgebers, den Arbeitnehmer über eine Meldepflicht zu informieren, führt nicht zu einem zivilrechtlichen Schadensersatzanspruch des Arbeitnehmers (BAG NZA 2005, 1406).

7. Eine „Regelausschlußfrist", innerhalb derer der Arbeitgeber das **Kündigungsrecht ausüben muss, gibt es** für den Ausspruch einer ordentlichen Kündigung **nicht** (BAG NZA 2003, 795). Gleichwohl sollte mit der Entscheidung über die Kündigung nicht zulange gewartet werden. Für eine Kündigung gelten die allgemeinen Grundsätze der **Verwir-**

kung. Das Recht des Arbeitgebers zur ordentlichen Kündigung verwirkt, wenn er in Kenntnis eines Kündigungsgrundes längere Zeit untätig bleibt, dh die Kündigung nicht ausspricht, obwohl ihm dies möglich und zumutbar wäre (sog. **Zeitmoment**), wenn er dadurch beim Arbeitnehmer das berechtigte Vertrauen erweckt, die Kündigung werde unterbleiben und wenn der Arbeitnehmer sich deshalb auf den Fortbestand des Arbeitsverhältnisses einrichtet (sog. **Umstandsmoment**). Eine dann gleichwohl erklärte Kündigung aus diesem Grund stellt eine unzulässige Rechtsausübung dar und wäre nach Treu und Glauben (§ 242 BGB) rechtsunwirksam wobei die genannten Voraussetzungen kumulativ vorliegen müssen (BAG NZA 2003, 795 mwN)

8. Wegen der strengen Vorgaben zur Schriftform bei Kündigungen sollten bei der **Unterschriftsleistung** folgende Grundsätze berücksichtigt werden: Die in § 623 BGB angeordnete Schriftform der Kündigung soll Rechtssicherheit für die Vertragsparteien und eine Beweiserleichterung im Rechtsstreit bewirken (LAG Nürnberg NZA-RR 2012, 409). Durch das in § 126 Abs. 1 BGB vorgesehene Erfordernis der eigenhändigen Unterschrift wird der Aussteller der Urkunde erkennbar. Die Unterschrift stellt eine unzweideutige Verbindung zwischen der Urkunde und dem Aussteller her. Der Erklärungsempfänger erhält die Möglichkeit zu überprüfen, wer die Erklärung abgegeben hat und ob die Erklärung echt ist (BAG NJW 2008, 2521; BAG NJW 2005, 2572; LAG Nürnberg NZA-RR 2012, 409). Das Erfordernis der eigenhändigen Unterschrift verlangt nicht, dass unmittelbar bei Abgabe der schriftlichen Erklärung für den Erklärungsempfänger die Person des Ausstellers feststehen muss. Dieser muss nur identifiziert werden können (LAG Nürnberg NZA-RR 2012, 409). Hierbei bedarf es nicht der **Lesbarkeit dessen Namenszugs**. Vielmehr genügt ein **die Identität des Unterschreibenden ausreichend kennzeichnender Schriftzug, der individuelle und entsprechend charakteristische Merkmale aufweist, welche die Nachahmung erschweren**. Ein lesbarer Zusatz des Namens des Unterzeichnenden wird von § 126 BGB nicht verlangt (BAG NJW 2008, 2521; BAG NZA 2007, 377; LAG Nürnberg NZA-RR 2012, 409). Der Schriftzug muss sich als Wiedergabe eines Namens darstellen und die Absicht einer vollen Unterschriftsleistung erkennen lassen, selbst wenn er nur flüchtig niedergelegt und von einem starken Abschleifungsprozess gekennzeichnet ist (BAG NJW 2008, 2521; BGH v. 9.2.2010 – VIII ZB 67/09, BeckRS 2010, 04929). Unter diesen Voraussetzungen kann selbst ein vereinfachter und nicht lesbarer Namenszug als Unterschrift anzuerkennen sein, wobei insbesondere von Bedeutung ist, ob der Unterzeichner auch sonst in gleicher oder ähnlicher Weise unterschreibt (BGH NJW-RR 2012, 1142; BGH Urt. v. 9.2.2010 – VIII ZB 67/09, BeckRS 2010, 04929). Die Unterschrift ist jedoch vom **Handzeichen (Paraphe)** abzugrenzen (BGH NJW-RR 2012, 1142; LAG Nürnberg NZA-RR 2012, 409). Auch das Gesetz unterscheidet in § 126 Abs. 1 BGB zwischen einer Namensunterschrift und einem Handzeichen wobei letzteres die Schriftform nur im Falle notarieller Beglaubigung wahrt. Für die Abgrenzung zwischen Unterschrift und Handzeichen ist das äußere Erscheinungsbild maßgeblich und der Wille des Unterzeichnenden hat nur Bedeutung, soweit er in dem Schriftzug seinen Ausdruck gefunden hat (BGH NJW-RR 2012, 1142; BAG NJW 2008, 2521; BGH Urt. v. 9.2.2010 – VIII ZB 67/09, BeckRS 2010, 04929; LAG Nürnberg NZA-RR 2012, 409).

9. Im Blick auf das **Schriftformerfordernis des § 623 BGB** sowie die **Gefahr der Zurückweisung gem. § 174 BGB** sollten – um jeden Zweifel zu vermeiden, dass derjenige oder diejenigen, die die Kündigungserklärung unterzeichnen, dazu berechtigt sind – die Kündigung unbedingt stets Personen unterschreiben deren Vertretungsmacht aufgrund gesetzlich zwingender Vorschrift nicht in Zweifel stehen kann (Vgl.: BeckFormBArbR/*Schmidt*, A XIV. 2. Anm. 6).

10. Eine Willenserklärung, die einem anderen gegenüber abzugeben ist, wird gem. § 130 BGB in dem Zeitpunkt wirksam, in welchem sie ihm zugeht, wenn sie in dessen

Abwesenheit abgegeben wird. Eine schriftliche Kündigung geht der anderen Vertragspartei dabei dann zu, wenn sie derartig in den Machtbereich des Empfängers gelangt, dass unter gewöhnlichen Umständen mit Kenntnisnahme zu rechnen ist. Da der **Hausbriefkasten** eines Empfängers regelmäßig zu seinem Machtbereich gehört, geht ein Kündigungsschreiben daher **regelmäßig mit Einwurf in einen solchen Briefkasten** zu (BAG NZA 2012, 1320). Der Einwurf in einen Briefkasten bewirkt dabei den Zugang, sobald nach der Verkehrsanschauung mit der nächsten Entnahme zu rechnen ist wobei nicht auf die individuellen Verhältnisse des Empfängers abzustellen, sondern im Interesse der Rechtssicherheit zu generalisieren ist (BAG NZA 2012, 1320 mwN). Bei Hausbriefkästen ist **mit einer Leerung im Allgemeinen zum Zeitpunkt der üblichen Postzustellzeiten zu rechnen, die allerdings stark variieren können.** Wenn danach für den Empfänger unter gewöhnlichen Verhältnissen die Möglichkeit der Kenntnisnahme bestand, ist es unerheblich, ob und wann er die Erklärung tatsächlich zur Kenntnis genommen hat und ob er daran durch Krankheit, zeitweilige Abwesenheit oder andere besondere Umstände einige Zeit gehindert war (BAG NZA 2010, 1320 mwN). Ein an die Heimatanschrift des Arbeitnehmers gerichtetes Kündigungsschreiben kann diesem selbst dann zugehen, wenn der Arbeitgeber von einer **urlaubsbedingten Ortsabwesenheit** weiß (BAG NZA 2012, 1320; BAG NJW 1989, 606). Die Darlegungs- und Beweislast für den Zugang einer Kündigung obliegt dabei der Vertragspartei, die sich auf die Beendigung des Arbeitsverhältnisses durch eine Kündigung beruft. Die Kündigung sollte deshalb **möglichst persönlich gegen Bestätigung der Aushändigung oder im Falle der Weigerung der Unterzeichnung der Bestätigung des Erhalts im Beisein von Zeugen direkt persönlich übergeben** werden. Dies auch im Blick auf den Umstand, dass bei **Einwurf-Einschreiben** umstritten ist, welche Beweisqualität den dabei gefertigten Einlieferungs- und Auslieferungsbelegen zukommt. Teilweise wird dazu vertreten, dass auch bei Vorlage entsprechender Dokumentationen wie Einlieferungs- und Auslieferungsbelegen kein Anscheinsbeweis für den Zugang der Sendung beim Empfänger besteht, da ein Verlust von Postsendungen während des Zustellzugangs nach der Lebenserfahrung ebenso wenig auszuschließen sei wie das Einstecken von Postsendungen in den falschen Briefkasten durch den Postzusteller (LG Potsdam NJW 2000, 3722; AG Kempen NJW 2007, 1215). Nach anderer Auffassung besteht bei nachgewiesener Absendung eines Einwurf-Einschreibens ein Anscheinsbeweis für dessen Zugang, da sowohl aus dem Einlieferungs- als auch aus dem Auslieferungsbeleg eine starke zusätzliche Indizwirkung für den tatsächlich erfolgten Zugang der Sendung herzuleiten ist (AG Erfurt MDR 2007, 1338; AG Paderborn NJW 2000, 3722).

2. Außerordentliche fristlose Kündigung (Ordentliche Unkündbarkeit)

(Briefkopf Arbeitgeber)

Herrn . . . . . .

Außerordentliche Kündigung[1]

Sehr geehrter Herr . . . . . .,

hiermit kündige ich[3] das mit Ihnen bestehende Arbeitsverhältnis außerordentlich fristlos.[2]

(Begründung: . . . . . .)[4]

Vorsorglich weise ich darauf hin, dass Sie sich innerhalb von drei Tagen nach Kenntnis von dieser Kündigung bei der zuständigen Agentur für Arbeit zu melden sowie eigene Aktivitäten bei der Suche nach einer anderen Beschäftigung zu entfalten haben.[5]

Mit freundlichen Grüßen

......, den ......

(Arbeitgeber)[6, 7]

Erhalten:[8]

......, den ......

(Arbeitgeber)

Schrifttum: *Adam*, Kündigung Unkündbarer in der Rechtsprechung des BAG, AuR 2007, 151; *Becker-Schaffner*, Die Rechtsprechung zur Ausschlussfrist des § 626 Abs. 2 BGB, DB 1987, 2147; *ders.*, Die verhaltensbedingte Kündigung – Teil 1, NZA-RR 2001, 1; *ders.*, Fragen und Grundsätzliches zur verhaltensbedingten Kündigung, ZTR 97, 3; *ders.*, Die außerordentliche Tat- und Verdachtskündigung, AuA 2008, 150; *Besgen*, Kündigung und Abmahnung bei unzulässiger Nutzung von Internet und E-Mail, MDR 2007, 1; *Buchner*, Das Wettbewerbsverbot nach Beendigung des Arbeitsverhältnisses, AR-Blattei SD 1830.3; *Busch*, Die Verdachtskündigung im Arbeitsrecht, MDR 1995, 217; *Eckert*, Außerordentliche Kündigung bei Strafantritt des Arbeitnehmers, DStR 1996, 33; *Eckert*, Verdachtskündigung bei Straftat, Frist zur außerordentlichen Kündigung, DStR 1994, 404; *ders.*, Verdachtskündigung bleibt zulässig, DStR 1995, 947; *Feichtinger/Huep*, Die außerordentliche Kündigung, AR-Blattei SD 1010,8; *Fischer*, Die Anhörung des Arbeitnehmers vor der Verdachtskündigung, BB 2003, 522; *Gaul/Schmidt-Lauber*, Die ordnungsgemäße Anhörung vor der Verdachtskündigung, ArbRB 2012, 18; *Groeger*, Probleme der außerordentlichen betriebsbedingten Kündigung ordentlich unkündbarer Arbeitnehmer, NZA 1999, 850; *Hunold*, Die Rechtsprechung zur Abmahnung und Kündigung bei Vertragsstörungen im Vertrauensbereich, NZA-RR 2003, 57; *Kolbe*, Zur befristeten außerordentlichen Kündigung eines ordentlich unkündbaren Arbeitnehmers, EWiR 2007, 709; *Laber/Legerlotz*, Verpflichtung zur Unterlassung von Wettbewerb während der Dauer und nach Beendigung eines Dienstverhältnisses, DStR 2000, 1605; *Lansnicker*, Surfen im Internet während der Arbeitszeit, BB 2007, 476; *Lücke*, Die Verdachtskündigung, Fragen aus der Praxis, BB 1998, 2259; *Lücke*, Unter Verdacht: Die Verdachtskündigung, BB 1997, 1842; *Sandmann*, Keine Bindung des Arbeitsgerichts an die Prüfung der Kündigungserklärungsfrist des § 626 Abs. 2 BGB durch das Integrationsamt, SAE 2007, 218; *Schmidt*, Die Umdeutung der außerordentlichen Kündigung im Spannungsverhältnis zwischen materiellem und Prozessrecht, NZA 1989, 661; *Schulte/Westenberg*, Die außerordentliche Kündigung im Spiegel der neueren Rechtsprechung, NZA-RR 2005, 617; *Stückmann/Kohlepp*, Verhältnismäßigkeitsgrundsatz und „ultima-ratio-Prinzip" im Kündigungsrecht – Richterliche Praxis ohne dogmatische Begründung, RdA 2000, 331; *Tschöpe*, Außerordentliche Kündigung bei Diebstahl geringwertiger Sachen, NZA 1985, 588; *ders.*, Verhaltensbedingte Kündigung – Eine systematische Darstellung im Lichte der BAG-Rechtsprechung, BB 2002, 778; *Wagner*, Die Kündigung durch den Arbeitgeber – Checkliste, NZA 1989, 384; *Zuber*, Das Abmahnungserfordernis vor Ausspruch verhaltensbedingter Kündigungen, NZA 1999, 1142; *Zundel*, Die Entwicklung des Arbeitsrechts – Beendigung von Arbeitsverhältnissen und Kollektivrecht, NJW 2013, 579.

Anmerkungen

1. Die **ordentliche Unkündbarkeit** kann sich in einer Rechtsanwaltskanzlei zB dann ergeben, wenn **bei einem befristeten Arbeitsverhältnis keine Kündbarkeit vereinbart** wurde. Gem. **§ 15 Abs. 3 TzBfG** unterliegt ein befristetes Arbeitsverhältnis nur dann der ordentlichen Kündigung, wenn dies einzelvertraglich vereinbart ist. Dabei sind nach dem BAG (DB 2011, 2552) vertragliche Abreden über die Kündbarkeit eines befristeten

Arbeitsverhältnisses in § 15 Abs. 3 TzBfG ausdrücklich vorgesehen und schon deshalb nicht ungewöhnlich im Sinne von § 305c Abs. 1 BGB. Auch angesichts der Häufigkeit dahin gehender Abreden liegt keine überraschende Klausel im Sinne des § 305c Abs. 1 BGB vor (BAG DB 2011, 2552 mwN).

2. Bei der außerordentlich Kündigung ist **unbedingt die Frist des § 626 Abs. 2 S. 1 BGB zu beachten.** Danach kann die außerordentliche Kündigung nur innerhalb von zwei Wochen erfolgen. Die Frist beginnt nach § 626 Abs. 2 S. 2 BGB in dem Zeitpunkt, in dem der Kündigungsberechtigte von den für die Kündigung maßgebenden Tatsachen Kenntnis erlangt. Dies ist nach den von der Rechtsprechung dazu aufgestellten Grundsätzen dann der Fall, wenn der Kündigungsberechtigte **eine zuverlässige und möglichst vollständige positive Kenntnis der für die Kündigung maßgebenden Tatsachen hat,** die ihm die Entscheidung ermöglichen, ob die Fortsetzung des Arbeitsverhältnisses zumutbar ist oder nicht (BAG NJW 2011, 2231 mwN). Zu den maßgeblichen Tatsachen gehören sowohl die für als auch die gegen die Kündigung sprechenden Umstände. Der Kündigungsberechtigte, der Anhaltspunkte für einen Sachverhalt hat, der zur außerordentlichen Kündigung berechtigen könnte, kann Ermittlungen anstellen und den Betroffenen anhören, ohne dass die Frist zu laufen beginnt (BAG NJW 2011, 2231 mwN). Um den Lauf der Frist nicht länger als notwendig hinauszuschieben, muss eine Anhörung allerdings innerhalb einer kurzen Frist erfolgen. Die Frist darf im Allgemeinen, und ohne dass besondere Umstände vorlägen, nicht mehr als eine Woche betragen (BAG NJW 2011, 2231 mwN). Im Blick auf den **Charakter des § 626 Abs. 2 BGB als Ausschlussfrist** sollte jedes Risiko für eine Fristüberschreitung ausgeschlossen werden und es muss jedenfalls schnell entschieden und gehandelt und die Zustellung der außerordentlichen Kündigung bewirkt werden. Bei ordentlicher Unkündbarkeit ist dabei auch peinlich genau auf die **Wahrung der Schriftform** und der **wirksamen Vertretung** zu achten, da **keine Heilungsmöglichkeit** besteht und die Kündigungsmöglichkeit nach Ablauf der Frist des § 626 Abs. 2 BGB entfallen ist. Zu beachten dabei, dass § 626 Abs. 2 BGB bei dem Nachschieben erst nachträglich bekannt gewordener Kündigungsgründe keine Anwendung findet (BAG NJW 1998, 101; LAG Berlin-Brandenburg v. 17.2.2011 – 25 Sa 2421/10 –; LAG Düsseldorf IBR 2012, 549). Die Zwei – Wochen – Frist soll dem Arbeitnehmer innerhalb kurzer Zeit Gewissheit darüber verschaffen, ob der Arbeitgeber einen bestimmten Sachverhalt zum Anlass für eine außerordentliche Kündigung nimmt oder nicht. Hierdurch soll vermieden werden, dass der Arbeitgeber ein Mittel in der Hand hält, um den Arbeitnehmer während der weiteren Dauer des Arbeitsverhältnisses unter Druck zu setzen (BAG NJW 1998, 101; BAG NJW 1972, 463; LAG Düsseldorf IBR 2012, 549). Ist jedoch bereits eine Kündigung ausgesprochen, kann eine solche Situation nicht mehr eintreten (LAG Düsseldorf IBR 2012, 549; BAG NJW 1980, 2486).

3. → Form. J. IV. 1 Anm. 2.

4. Eine **Begründung** muss die Kündigung nach den gesetzlichen Vorgaben nicht enthalten. Sowohl eine ordentliche als auch eine außerordentliche Kündigung ist grundsätzlich ohne Angabe der Kündigungsgründe wirksam. Das ergibt sich auch im Umkehrschluss aus § 626 Abs. 2 S. 3 BGB. Dort ist geregelt, dass der Kündigende dem anderen Teil auf Verlangen den Kündigungsgrund unverzüglich schriftlich mitteilen muss. Verstößt der Kündigende gegen die Begründungspflicht, so kann er schadensersatzpflichtig werden, beispielsweise wenn der Gekündigte einen Kündigungsschutzprozess verliert, weil er ohne Kenntnis des Kündigungsgrundes einen Arbeitsprozess anstrengt, dann muss der Kündigende uU für die Verfahrenskosten aufkommen (*Lindemann/Preis/Preis* Der Arbeitsvertrag II K 10 Rn. 12 S. 1109).

5. → Form. J. IV. 1 Anm. 6.

6. Im Blick auf die strenge Schriftform sollte die Unterschrift sorgfältig vorgenommen werden. Vgl. zu den Vorgaben der Rspr. → Form. J. IV. 1 Anm. 8.

7. Im Blick auf das Schriftformerfordernis des § 623 BGB, die Ausschlussfrist des § 626 BGB sowie die Gefahr der Zurückweisung gem. § 174 BGB sollten – um jeden Zweifel zu vermeiden, dass derjenige oder diejenigen, die die Kündigungserklärung unterzeichnen, dazu berechtigt sind – die Kündigung unbedingt stets Personen unterschreiben deren Vertretungsmacht aufgrund gesetzlich zwingender Vorschrift nicht in Zweifel stehen kann (Vgl.: Beck FormBuch ArbeitsR/*Schmidt*, A XIV. 2. Anm. 6).

8. → Form. J. IV. 10.

3. Außerordentliche Kündigung mit sozialer Auslauffrist (Ordentliche Unkündbarkeit)

(Briefkopf Arbeitgeber)

Herrn . . . . . .

Außerordentliche Kündigung[1, 2]

Sehr geehrter Herr . . . . . .,

hiermit kündige ich[3] mit Ihnen bestehende Arbeitsverhältnis außerordentlich fristlos, hilfsweise mit einer sozialen Auslauffrist zum . . . . . .

Begründung: (. . . . . .)

Vorsorglich weise ich darauf hin, dass Sie sich innerhalb von drei Tagen nach Kenntnis von dieser Kündigung bei der zuständigen Agentur für Arbeit zu melden sowie eigene Aktivitäten bei der Suche nach einer anderen Beschäftigung zu entfalten haben.[4]

Mit freundlichen Grüßen

. . . . . ., den . . . . . .

(Arbeitgeber)

Erhalten:[5]

. . . . . ., den . . . . . .

(Arbeitgeber)

Anmerkungen

1. Die Kündigung mit sozialer Auslauffrist ist eine **außerordentliche Kündigung** gem. § 626 BGB. Es kann arbeitgeberseits das Interesse bestehen, den Arbeitnehmer noch eine gewisse Zeit zu beschäftigen oder einem langjährig beschäftigten Arbeitnehmer eine Übergangszeit zu verschaffen, die allerdings unterhalb der gesetzlichen Kündigungsfrist liegt.

2. Die **ordentliche Unkündbarkeit** kann sich in einer Rechtsanwaltskanzlei zB dann ergeben, wenn **bei einem befristeten Arbeitsverhältnis keine Kündbarkeit** vereinbart wurde. Gem. § 15 Abs. 3 TzBfG unterliegt ein befristetes Arbeitsverhältnis nur dann der ordentlichen Kündigung, wenn dies einzelvertraglich vereinbart ist. Dabei sind nach dem BAG (DB 2011, 2552) vertragliche Abreden über die Kündbarkeit eines befristeten Arbeitsverhältnisses in § 15 Abs. 3 TzBfG ausdrücklich vorgesehen und schon deshalb nicht ungewöhnlich im Sinne von § 305c Abs. 1 BGB. Auch angesichts der Häufigkeit dahin gehender Abreden liegt keine überraschende Klausel im Sinne des § 305c Abs. 1 BGB vor (BAG DB 2011, 2552 mwN).

3. Die Formulierungsmuster gehen davon aus, dass ein **Einzelanwalt als Arbeitgeber** die Kündigung ausspricht. Steht auf der Seite des Kündigenden kein Einzelanwalt dann ist die Erklärung entsprechend anzupassen. Besonderes Augenmerk ist dann unbedingt auf die **ordnungsgemäße Vertretung** und die **Einhaltung von Formvorschriften** zu richten. Es kann wegen der Ausschlussfristen in § 626 BGB oder in § 22 Abs. 4 BBiG und § 174 BGB zum Verlust des außerordentlichen Kündigungsrechtes und betreffend die ordentliche Kündigung zur Notwendigkeit der Wiederholung der Kündigung mit entsprechender verlängerter Zahlungspflicht kommen.

4. Formulierung in Anlehnung an Beck FormBArbR/*Schmidt*, A XIV. 2. Die Nichtbeachtung der in § 2 Abs. 2 S. 2 Nr. 3 SGB III vorgesehenen Pflicht des Arbeitgebers, den Arbeitnehmer über eine Meldepflicht zu informieren, führt nicht zu einem zivilrechtlichen Schadensersatzanspruch des Arbeitnehmers (BAG NZA 2005, 1406).

5. → Form. J. IV. 1 Anm. 10.

4. Außerordentliche fristlose Kündigung (Ordentliche Kündbarkeit)

(Briefkopf Arbeitgeber)

Herrn . . . . . .

Außerordentliche Kündigung

Sehr geehrter Herr . . . . . .,

hiermit kündige ich das mit Ihnen bestehende Arbeitsverhältnis außerordentlich fristlos, hilfsweise ordentlich[1] fristgemäß zum . . . . . . (Datum) und weiter hilfsweise zum nächstzulässigen Termin.[2]

Begründung:[3]

(. . . . . .)

Vorsorglich weise ich darauf hin, dass Sie sich innerhalb von drei Tagen nach Kenntnis von dieser Kündigung bei der zuständigen Agentur für Arbeit zu melden sowie eigene Aktivitäten bei der Suche nach einer anderen Beschäftigung zu entfalten haben.[4]

Datum, Unterschrift

Mit freundlichen Grüßen

. . . . . ., den . . . . . .

(Arbeitgeber)

Erhalten:

. . . . . ., den . . . . . .

(Auszubildender)

Anmerkungen

1. → Form. J. IV. 1 Anm. 3.

2. → Form. J. IV. 1 Anm. 4.

3. → Form. J. IV. 1 Anm. 5.

4. Formulierung in Anlehnung an Beck FormB Arbeitsrecht/*Schmidt*, A XIV. 2. Die Nichtbeachtung der in § 2 Abs. 2 S. 2 Nr. 3 SGB III vorgesehenen Pflicht des Arbeitgebers, den Arbeitnehmer über eine Meldepflicht zu informieren, führt nicht zu einem zivilrechtlichen Schadensersatzanspruch des Arbeitnehmers (BAG NZA 2005, 1406).

5. Kündigung eines Berufsausbildungsverhältnisses in der Probezeit

(Briefkopf Arbeitgeber)

Herrn . . . . . .[2]

Kündigung[1]

Sehr geehrter Herr . . . . . .,

hiermit kündige ich[3] das mit Ihnen bestehende Ausbildungsverhältnis zum . . . . . .[4]

Begründung:[5]

Sie sind noch in der Probezeit. Nach Abwägung sämtlicher Umstände, die einerseits für den Fortbestand des Ausbildungsverhältnisses und andererseits für die Beendigung sprechen bin ich zu dem Ergebnis gelangt, dass eine sofortige Beendigung erfolgen muss. . . . . . .

Mit freundlichen Grüßen

. . . . . ., den . . . . . .

(Arbeitgeber)

Erhalten:

. . . . . ., den . . . . . .

(Auszubildender)

Anmerkungen

1. Gem. **§ 22 Abs. 1 BBiG** kann das Berufsausbildungsverhältnis während der Probezeit jederzeit **ohne Einhaltung einer Kündigungsfrist** gekündigt werden. Das bedeutet, dass insoweit eine ordentliche Kündigung ohne Einhaltung einer Kündigungsfrist möglich ist. Sie **bedarf grundsätzlich keines besonderen Kündigungsgrundes** (LAG Berlin-Brandenburg Urt. v. 12.5.2010 – 23 Sa 127/10 –; BAG Urt. v. 8.3.1977 – 4 AZR 700/75 – EzB BBiG § 15 Abs. 1 Nr. 5; BAG NJW 1989, 1107). Gleichwohl kann der Ausbildende nicht beliebig kündigen da nach der Rspr. des BAG dort, wo die Bestimmungen des Kündigungsschutzgesetzes nicht zur Anwendung kommen, **§ 134 BGB und die zivilrecht-**

lichen Generalklauseln (§§ 138, 242 BGB) eingreifen (LAG Berlin-Brandenburg Urt. v. 12.5.2010 – 23 Sa 127/10 –; BAG Urt. v. 24.10.1996 – 2 AZR 874/95 – RzK I 8 l Nr. 22). Sie sind nach der derzeitigen Rspr. des BAG und des BVerfG so anzuwenden, dass **der nach Art. 12 Abs. 1 GG gebotene Mindestschutz** gewahrt wird (LAG Berlin-Brandenburg Urt. v. 12.5.2010 – 23 Sa 127/10 –; BVerfG NZA 2006, 913). Dabei ist zu beachten, dass die Instanzgerichte teilweise (vgl.: LAG Baden-Württemberg Urt. v. 5.7.2011 – 22 Sa 11/11 –) in die Auslegung der genannten Generalklauseln Wertentscheidungen der Charta der Grundrechte der Europäischen Union und insbesondere Art. 30 GRC einbeziehen, das BAG (BAG NJW 2012, 1613) das derzeit aber ablehnt (vgl. dazu: *Ritter* NJW 2012, 1549).

2. Ist der **Auszubildende minderjährig** so sind die vom BAG in NJW 2012, 2539 aufgestellten Grundsätze zu beachten: Eine gegenüber einem nach § 106 BGB in seiner Geschäftsfähigkeit beschränkten Minderjährigen abgegebene schriftliche Willenserklärung **geht zu und wird gemäß § 131 Abs. 2 Satz 1 BGB wirksam, wenn sie mit dem erkennbaren Willen abgegeben worden ist, dass sie seinen gesetzlichen Vertreter erreicht, und wenn sie tatsächlich in den Herrschaftsbereich des Vertreters gelangt** (BAG NJW 2012, 2539). Sie muss mit Willen des Erklärenden in Richtung auf den gesetzlichen Vertreter in den Verkehr gelangt sein und der Erklärende muss damit gerechnet haben können und gerechnet haben, sie werde – und sei es auf Umwegen – den von ihm bestimmten Empfänger erreichen (BAG NJW 2012, 2539 unter Verweis auf BAG NZA 2011, 340). Dabei hat das BAG in der Entscheidung NJW 2012, 2539 festgestellt, dass die Kündigung gegenüber den Eltern des Minderjährigen als dessen gesetzlichen Vertretern erklärt werden musste. Dies mit Verweis auf den Umstand, dass eine Ermächtigung des Minderjährigen iSd § 113 BGB, ein Dienstverhältnis einzugehen, die zu einer entsprechenden Teilgeschäftsfähigkeit geführt hätte, nicht vorläge. Es könne deshalb dahinstehen, ob Berufsausbildungsverträge überhaupt unter diese Vorschrift fallen. Dabei wurde in BAG NJW 2010, 2539 einerseits auf die ablehnenden Literaturstimmen, insbesondere ErfK/*Preis* § 113 BGB Rn. 2, Palandt/*Ellenberger* BGB 70. Aufl. § 113 Rn. 2; Staudinger/*Singer/Benedict* [2004] § 131 Rn. 5, *Leinemann/Taubert* BBiG 2. Aufl. § 10 Rn. 23, Benecke in: *Benecke/Hergenröder* BBiG § 10 Rn. 14 und andererseits auf BAG NJW 2008, 1833 sowie Braun/Mühlhausen/Munk/Stück/Munk § 3 Rn. 50 ff. verwiesen. **Dies legt nahe, die Kündigung gegenüber einem Minderjährigen vorsorglich sowohl gegenüber den gesetzlichen Vertretern als auch gegenüber dem Minderjährigen zu erklären.**

3. Das Formulierungsmuster geht davon aus, dass ein **Einzelanwalt als Ausbilder** die Kündigung ausspricht. Steht auf der Seite des Kündigenden kein Einzelanwalt dann ist die Erklärung entsprechend anzupassen. Besonderes Augenmerk ist dann unbedingt auf die **ordnungsgemäße Vertretung** und die **Einhaltung von Formvorschriften** zu richten. Es kann wegen der **Ausschlussfristen in § 626 BGB** oder in **§ 22 Abs. 4 BBiG** und **§ 174 BGB** (vgl. dazu auch: BAG NJW 2012, 2539) zum Verlust des außerordentlichen Kündigungsrechtes und betreffend die ordentliche Kündigung zur Notwendigkeit der Wiederholung der Kündigung mit entsprechender verlängerter Zahlungspflicht kommen. Bei Kündigung eines Ausbildungsverhältnisses kommt noch hinzu, dass bei Feststellung einer formellen Unwirksamkeit der Kündigung die Probezeit abgelaufen sein kann, womit das Ausbildungsverhältnis nur noch aus wichtigem Grund beendet werden kann.

4. Während der Probezeit kann das Berufsausbildungsverhältnis jederzeit ohne Einhalten einer Kündigungsfrist gekündigt werden (§ 22 Abs. 1 BBiG).

5. Gem. § 20 BBiG beginnt das Berufsausbildungsverhältnis mit der Probezeit. Die Probezeit muss mindestens einen Monat und darf höchstens vier Monate betragen. Während der Probezeit kann das Berufsausbildungsverhältnis jederzeit ohne Einhalten einer Kündigungsfrist gekündigt werden (§ 22 Abs. 1 BBiG). Eine Pflicht zur Begründung besteht in der Probezeit nicht (§ 22 Abs. 3 BBiG).

6. Kündigung eines Berufsausbildungsverhältnisses nach Ablauf der Probezeit

(Briefkopf Ausbilder)

Herrn . . . . . .[2]

Außerordentliche Kündigung[1]

Sehr geehrter Herr . . . . . .,

hiermit kündige ich[3] das mit Ihnen bestehende Ausbildungsverhältnis außerordentlich fristlos.

Begründung:[4]

Eine Fortsetzung des Ausbildungsverhältnisses ist unzumutbar. Sie sind dazu verpflichtet, mir Ihre Berichtshefte vorzulegen.[5] Diese Pflicht haben Sie beharrlich verletzt. Ich habe Sie mit Schreiben vom . . . . . . aufgefordert, das „Berichtsheft (aktueller Stand)" vorzulegen. Mit weiterem Schreiben vom . . . . . . habe ich Sie wegen Nichtvorlage der Berichte abgemahnt und aufgefordert, diesen Missstand bis zum . . . . . . zu beseitigen. Mit weiterem Schreiben . . . . . . habe ich Sie erneut abgemahnt und aufgefordert, die kompletten Berichte bis zum . . . . . . vorzulegen. Nachdem Sie dann Ihr Berichtsheft abgegeben hatten, hatte ich Ihnen mit weiterem Schreiben vom . . . . . . die für das erste, zweite und dritte Ausbildungsjahr festgestellten Mängel aufgelistet. Mit Schreiben vom . . . . . . hatte ich Ihnen mitgeteilt, dass ich Ihre Berichte bis zum . . . . . . erwarte. Diese . . . . . . Frist haben Sie nicht eingehalten.[6]

Nach Abwägung sämtlicher Umstände, die einerseits für die Fortsetzung des Ausbildungsverhältnisses und andererseits für die Beendigung sprechen, bin ich zu dem Ergebnis gelangt, dass eine sofortige Beendigung erfolgen muss.

Datum, Unterschrift

Mit freundlichen Grüßen

. . . . . ., den . . . . . .

(Arbeitgeber)

Erhalten:

. . . . . ., den . . . . . .

(Auszubildender)

Anmerkungen

1. Nach Ablauf der Probezeit kann das Berufsausbildungsverhältnis gem. **§ 22 Abs. 2 Nr. 1 BBiG** nur aus **einem wichtigen Grund** ohne Einhalten einer Kündigungsfrist gekündigt werden. Zu beachten ist, dass bei Auszubildenden die allgemeinen **Grundsätze zur außerordentlichen Kündigung von Erwachsenen mit Modifikationen** angewandt werden (LAG Hamm Urt. v. 10.10.2012 – 3 Sa 644/12 –; LAG Köln Urt. v. 8.1.2003 – 7 Sa 852/02 –). Es handelt sich bei Auszubildenden nicht selten um ältere Jugendliche und

Heranwachsende, deren **geistige, charakterliche und körperliche Entwicklung noch nicht abgeschlossen** ist (LAG Köln Urt. v. 8.1.2003 – 7 Sa 852/02 –; LAG Baden-Württemberg NZA-RR 1997, 288; LAG Köln LAGE § 15 BBiG Nr. 14). Es gehört gem. § 14 Abs. 1 Nr. 5 BBiG auch zu den Aufgaben des Ausbildenden, dafür zu sorgen, dass Auszubildende **charakterlich gefördert werden.** Die fristlose Kündigung darf daher nur als **das letzte Mittel zur Beendigung eines unrettbaren Berufsausbildungsverhältnisses** sein wobei das Interesse des Auszubildenden an der Aufrechterhaltung des Ausbildungsverhältnisses mit fortschreitender Dauer der Ausbildung immer mehr an Gewicht gewinnt (LAG Düsseldorf EzB BBiG § 15 Abs. 2 Nr. 1, Nr. 76; LAG Köln LAGE § 15 BBiG Nr. 14). Es muss der Zweck des Berufsausbildungsverhältnisses, nämlich zu einem Berufsabschluss für den Auszubildenden zu führen, ebenso berücksichtigt werden wie die zum Zeitpunkt der Kündigung **bereits zurückgelegte Ausbildungszeit im Verhältnis zur Gesamtdauer der Ausbildung** (LAG Hamm Urt. v. 10.10.2012 – 3 Sa 644/12 –; BAG DB 1973, 1512; LAG Düsseldorf BB 1966, 822; LAG LAGE § 15 BBiG Nr. 2; Hessisches LAG LAGE § 15 BBiG Nr. 12). Nicht jeder Vorfall, der unter Umständen zur fristlosen Kündigung eines Arbeitnehmers berechtigen würde, kann als wichtiger Grund zur fristlosen Entlassung eines Auszubildenden dienen, denn die Nachteile, die einen fristlos gekündigten Auszubildenden treffen, wiegen oft unverhältnismäßig schwerer als diejenigen, die ein fristlos gekündigter Arbeitnehmer zu erwarten hat (LAG Düsseldorf (Köln) DB 1968, 401; ArbG Gelsenkirchen BB 1980, 679; ArbG Essen Urt. v. 6.3.1987 – 2 Ca 2756/86 –). Es muss vielmehr vornehmlich darauf abgestellt werden, inwieweit eine Verfehlung einer der Parteien die Fortsetzung des Berufsausbildungsvertrages **von dessen Sinn und Zweck her unzumutbar macht** (BAG NJW 1973, 166). Von besonderer Bedeutung ist bei der Abwägung der beiderseitigen Interessen die **bereits zurückgelegte Ausbildungszeit im Verhältnis zur Gesamtdauer der Ausbildung** (LAG Köln Urt. v. 8.1.2003 – 7 Sa 852/02 –; BAG DB 1973, 1512). Je länger das Berufsausbildungsverhältnis bereits besteht, je näher also die Abschlussprüfung gerückt ist, desto größer sind die Anforderungen an einen wichtigen Grund zur Kündigung durch den Ausbildenden. Auch bei verhältnismäßig groben Verfehlungen muss gegen Ende des Berufsausbildungsverhältnisses das Interesse des Auszubildenden am Abschluss seiner Ausbildung mehr den Vorrang haben, bis schließlich **kurz vor dem Prüfungstermin eine fristlose Kündigung kaum noch möglich** sein wird (vgl. LAG Hamm DB 1979, 606).

2. Ist der Auszubildende **minderjährig** so sind die vom BAG in NJW 2012, 2539 aufgestellten Grundsätze zu beachten: Eine gegenüber einem nach § 106 BGB in seiner Geschäftsfähigkeit beschränkten Minderjährigen abgegebene schriftliche Willenserklärung **geht zu und wird gemäß § 131 Abs. 2 S. 1 BGB wirksam, wenn sie mit dem erkennbaren Willen abgegeben worden ist, dass sie seinen gesetzlichen Vertreter erreicht, und wenn sie tatsächlich in den Herrschaftsbereich des Vertreters gelangt** (BAG NJW 2012, 2539). Sie muss mit Willen des Erklärenden in Richtung auf den gesetzlichen Vertreter in den Verkehr gelangt sein und der Erklärende muss damit gerechnet haben können und gerechnet haben, sie werde – und sei es auf Umwegen – den von ihm bestimmten Empfänger erreichen (BAG NJW 2012, 2539 unter Verweis auf BAG NZA 2011, 340). Dabei hat das BAG in der Entscheidung NJW 2012, 2539 festgestellt, dass die Kündigung gegenüber den Eltern des Minderjährigen als dessen gesetzlichen Vertretern erklärt werden musste. Dies mit Verweis auf den Umstand, dass eine Ermächtigung des Minderjährigen iSd **§ 113 BGB**, ein Dienstverhältnis einzugehen, die zu einer entsprechenden Teilgeschäftsfähigkeit geführt hätte, nicht vorläge. Es könne deshalb dahinstehen, ob Berufsausbildungsverträge überhaupt unter diese Vorschrift fallen. Dabei wurde in BAG NJW 2010, 2539 einerseits auf die ablehnenden Literaturstimmen, insbesondere ErfK/*Preis* § 113 BGB Rn. 2, Palandt/*Ellenberger* BGB 70. Aufl. § 113 Rn. 2; Staudinger/*Singer/Benedict* [2004] § 131 Rn. 5, *Leinemann/Taubert* BBiG 2. Aufl.

§ 10 Rn. 23, Benecke in Benecke/*Hergenröder* BBiG § 10 Rn. 14 und andererseits auf BAG NJW 2008, 1833 sowie Munk in *Braun/Mühlhausen/Munk/Stück* § 3 Rn. 50 ff. verwiesen. Dies legt nahe, die Kündigung gegenüber einem Minderjährigen vorsorglich **sowohl gegenüber den gesetzlichen Vertreten als auch gegenüber dem Minderjährigen zu erklären.**

3. → Form. J. IV. 5 Anm. 3.

4. Gem. § 22 Abs. 2 BBiG kann das Berufsausbildungsverhältnis nach der Probezeit nur gekündigt werden (1.) aus einem wichtigen Grund ohne Einhalten einer Kündigungsfrist oder (2.) von Auszubildenden mit einer Kündigungsfrist von vier Wochen, wenn sie die Berufsausbildung aufgeben oder sich für eine andere Berufstätigkeit ausbilden lassen wollen, wobei gem. § 22 Abs. 3 BBiG die Kündigung schriftlich unter Angabe der Kündigungsgründe erfolgen muss. **Für die Begründung gelten strenge Anforderungen.** Zwar ist nach der Rechtsprechung bei der Begründung einer Kündigung eines Berufsausbildungsverhältnisses gemäß § 22 Abs. 2 Nr. 1 BBiG (früher: § 15 Abs. 2 Nr. 1 BBiG) keine volle Substantiierung wie im Prozess zu verlangen, die **Kündigungsgründe müssen jedoch so genau bezeichnet werden, dass der Gekündigte erkennen kann, um welche Vorfälle es sich handelt.** Werden im Kündigungsschreiben lediglich **pauschale Werturteile** anstatt nachprüfbarer Tatsachen genannt, ist die Kündigung wegen Formmangels gemäß § 125 S. 1 BGB nichtig (ArbG Essen NZA-RR 2006, 246; BAG DB 1977, 868; BAG NZA 1986, 230; BAG v. 17.6.1998 – 2 AZR 741/97 – RzK IV 3 a Nr. 30). **Die mangelnde Begründung kann nicht nachgeholt werden (BAG DB 1977, 868).**

5. Werden von einem Auszubildenden die vorgeschriebenen **Berichtshefte** nicht oder verspätet vorgelegt, liegt eine Pflichtverletzung vor, die geeignet sein kann, eine außerordentliche Kündigung des Berufsausbildungsverhältnisses zu rechtfertigen (LAG Hessen BB 1998, 2268; LAG Schleswig-Holstein Urt. v. 20.3.2002 – 2 Sa 22/02).

6. Sachverhalt nach LAG Schleswig-Holstein Urt. v. 20.3.2002 – 2 Sa 22/02.

V. Anfechtung des Arbeitsvertrags

1. Anfechtung wegen Falschbeantwortung einer Frage bei Einstellung (Täuschung über beruflichen Werdegang)

(Briefkopf Arbeitgeber)

Herrn . . . . . .

Anfechtung/Außerordentliche Kündigung[1, 2, 3]

Sehr geehrter Herr . . . . . .,

am . . . . . .[4] haben wir festgestellt, dass Sie uns bei der Einstellung angelogen und getäuscht haben. Sie hatten auf unserer Frage nach Vorbeschäftigungen angegeben, dass Sie in der Zeit vom . . . . . . bis zum . . . . . . bei der Kanzlei . . . . . . als Rechtsanwaltsgehilfin beschäftigt gewesen wären. Bei einer Fortbildungsveranstaltung teilte uns Herr . . . . . . von der von Ihnen angegebenen Kanzlei mit, dass Sie dort völlig unbekannt sind und dort auch nie gearbeitet haben. Hätten wir das gewusst, dann hätten wir Sie nicht eingestellt.[5] Wir fechten hiermit den Arbeitsvertrag wegen arglistiger Täuschung (§ 123 BGB) an.

Nur vorsorglich und hilfsweise kündigen wir das Arbeitsverhältnis außerordentlich fristlos, hilfsweise ordentlich fristgemäß zum nächstzulässigen Termin. Das ist nach unseren Berechnungen der . . . . . .

Vorsorglich weisen wir darauf hin, dass Sie sich innerhalb von drei Tagen nach Kenntnis von dieser Kündigung bei der zuständigen Agentur für Arbeit zu melden sowie eigene Aktivitäten bei der Suche nach einer anderen Beschäftigung zu entfalten haben.[6]

Mit freundlichen Grüßen

. . . . . ., den . . . . . .

(Arbeitgeber)

Erhalten

. . . . . ., den . . . . . .

(Arbeitnehmer)

Schrifttum: *Bissels/Wisskirchen*, Das Fragerecht des Arbeitgebers bei Einstellung unter Berücksichtigung des AGG, NZA 2007, 169; *Picker*, Die Anfechtung von Arbeitsverträgen, ZfA 1981, 1; *Richardi*, Arbeitsrechtliche Probleme bei Einstellung und Entlassung Aids-infizierter Arbeitnehmer, NZA 1988, 73; *Strick*, Die Anfechtung von Arbeitsverträgen durch den Arbeitgeber, NZA 2000, 695.

Anmerkungen

1. Bei der **Anfechtung von Arbeitsverhältnissen** ist zu beachten, dass eine **Anfechtung grundsätzlich nur für die Zukunft wirkt** und eine solche Anfechtung nur zur Folge hat, dass das Arbeitsverhältnis **mit Erklärung der Anfechtung beendet** wird. Dies jedenfalls bei einem in Vollzug gesetzten Rechtsverhältnis (BAG NZA 1999, 584; LAG Berlin-Brandenburg Urt. v. 24.8.2011 – 15 Sa 980/11, BeckRS 2011, 77331; dazu: Anm. *Stück*

ArbRAktuell 2011, 622). **Ausnahmsweise gilt anderes,** wenn die Durchführung des Arbeitsverhältnisses selbst gegen ein Gesetz gem. § 134 BGB verstößt. Dies hat das BAG bejaht, wenn ein Bürovorsteher im Zusammenarbeit mit einem Rechtsanwalt Mandantengelder veruntreut (BAG Urt. v. 25.4.1963 – 5 AZR 398/62 – AP Nr. 2 zu § 611 BGB faktisches Arbeitsverhältnis; LAG Berlin-Brandenburg Urt. v. 24.8.2011 – 15 Sa 980/11 –) oder wenn dem angestellten Arzt die gesetzlich vorgeschriebene Approbation fehlt, so dass er den Beruf des Arztes nicht ausüben durfte (BAG NZA 2005, 1409; LAG Berlin-Brandenburg Urt. v. 24.8.2011 – 15 Sa 980/11 –).

2. Die falsche Beantwortung einer dem Arbeitnehmer bei der Einstellung zulässigerweise gestellten Frage kann den Arbeitgeber nach § 123 Abs. 1 BGB dazu berechtigen, den Arbeitsvertrag wegen arglistiger Täuschung anzufechten (BAG NJW 2012, 2063; BAGE 96, 123; BAGE 81, 120). Das setzt voraus, dass die **Täuschung für den Abschluss des Arbeitsvertrags ursächlich** war (BAG Urt. v. 6.9.2012 – 2 AZR 270/11, NJW 2013, 1115; BAG Urt. v. 15.11.2012 – 6 AZR 339/11, NZA 2013, 429; BAG NJW 2012, 2063; BAGE 125, 70).

3. Fragen nach der Ausbildung, Qualifikationen und dem beruflichen Werdegang einschließlich Ausbildungs- und Weiterbildungszeiten sind grundsätzlich zulässig und der Arbeitnehmer ist daher auch zur wahrheitsgemäßen Beantwortung der Frage nach früheren Beschäftigungsverhältnissen und deren Dauer verpflichtet, da nur hierdurch die Eignung für eine vorgesehene Tätigkeit ermittelt werden kann (LAG Hessen Urt. v. 1.10.2010 – 2 Sa 687/10 – mwN).

4. Für die Anfechtung wegen arglistiger Täuschung gilt die **Jahresfrist des § 124 BGB.** Da regelmäßig aber – wie auch im hiesigen Formulierungsmuster – der vorsorgliche und **hilfsweise Ausspruch einer außerordentlichen Kündigung** erfolgt, muss unbedingt auf die **kurze Zweiwochenfrist des § 626 Abs. 2 BGB** geachtet werden. Die Frist des § 626 Abs. 2 BGB ist eine **Ausschlussfrist** (BAG NZA 2006, 101). Betreffend Kündigung „zum nächst zulässigen Termin" vgl. BAG Urt. v. 20.6.2013 – 6 AZR 805/11, NZA 2013, 1137.

5. Die Vorlage insbesondere eines gefälschten Zeugnisses muss **kausal für den Abschluss des Arbeitsvertrages** sein (BAG Urt. v. 6.9.2012 – 2 AZR 270/11, NJW 2013, 1115; BAG Urt. v. 15.11.2012 – 6 AZR 339/11, NZA 2013, 429). Das ist der Fall, wenn ohne den erzeugten Irrtum die Willenserklärung nicht abgegeben worden wäre, wobei Mitursächlichkeit der Täuschung genügt und es ausreicht, wenn der Getäuschte Umstände dargetan hat, die für seinen Entschluss von Bedeutung sein können und die Täuschung nach der Lebenserfahrung Einfluss auf die Entscheidung haben kann (LAG Baden-Württemberg DB 2007, 1197; BAGE 91, 349).

6. Formulierung in Anlehnung an BeckFormB ArbR/*Schmidt*, A XIV. 2. Die Nichtbeachtung der in § 2 Abs. 2 S. 2 Nr. 3 SGB III vorgesehenen Pflicht des Arbeitgebers, den Arbeitnehmer über eine Meldepflicht zu informieren, führt nicht zu einem zivilrechtlichen Schadensersatzanspruch des Arbeitnehmers (BAG NZA 2005, 1406).

2. Anfechtung wegen Vorlage eines gefälschten Zeugnisses

(Briefkopf Arbeitgeber)

Anfechtung/Außerordentliche Kündigung[1]

Sehr geehrter Herr . . . . . . ,

am . . . . .[2] haben wir festgestellt, dass das von Ihnen bei Ihrer Bewerbung vorgelegte Abschlusszeugnis gefälscht ist. Sie haben das Ergebnis der schriftlichen Prüfung von „ausreichend (. . . . . Punkte)" auf „befriedigend (. . . . . Punkte)" und das Ergebnis der praktischen Prüfung von „befriedigend (. . . . . Punkte)" auf „gut (. . . . . Punkte)" gefälscht. Hätten Sie uns das Ihnen tatsächlich erteilte Zeugnis vorgelegt, dann hätten wir Sie nicht eingestellt.[3] Wir fechten hiermit den Arbeitsvertrag wegen arglistiger Täuschung (§ 123 BGB) an.

Nur vorsorglich und hilfsweise kündigen wir das Arbeitsverhältnis außerordentlich frist-los, hilfsweise ordentlich fristgemäß zum nächstzulässigen Termin. Das ist nach unseren Berechnungen der . . . . . .

Vorsorglich weisen wir darauf hin, dass Sie sich innerhalb von drei Tagen nach Kenntnis von dieser Kündigung bei der zuständigen Agentur für Arbeit zu melden sowie eigene Aktivitäten bei der Suche nach einer anderen Beschäftigung zu entfalten haben.[4]

Mit freundlichen Grüßen

. . . . ., den . . . . . .

(Arbeitgeber)

Erhalten

. . . . ., den . . . . . .

(Arbeitnehmer)

Anmerkungen

1. Zur Anfechtung wegen Vorlage eines gefälschten Berufsausbildungszeugnisses vgl. LAG Baden-Württemberg DB 2007, 1197 wo das LAG BW festgestellt hat, dass der Arbeitgeber das Arbeitsverhältnis wegen arglistiger Täuschung auch dann noch anfechten kann, wenn ihm die **Täuschung erst nach einem Bestand des Arbeitsverhältnisses von 8 ½ Jahren bekannt** wird. Zur Anfechtung wegen Vorlage eines gefälschten Zeugnisses vgl. auch: LAG München PflR 2008, 22 mit Anm. *Roßbruch* PflR 2008, 31.

2. Für die **Anfechtung wegen arglistiger Täuschung** gilt die **Jahresfrist des § 124 BGB**. Da regelmäßig aber – wie auch im hiesigen Formulierungsmuster – der vorsorgliche und hilfsweise Ausspruch einer außerordentlichen Kündigung erfolgt, muss unbedingt auf die kurze Zweiwochenfrist des § 626 Abs. 2 BGB geachtet werden. Die Frist des § 626 Abs. 2 BGB ist eine Ausschlussfrist (BAG NZA 2006, 101).

3. Die Vorlage des gefälschten Zeugnisses muss **kausal** für den Abschluss des Arbeits-vertrages sein. Das ist der Fall, wenn ohne den erzeugten Irrtum die Willenserklärung nicht abgegeben worden wäre, wobei **Mitursächlichkeit der Täuschung genügt** und es ausreicht, wenn der Getäuschte Umstände dargetan hat, die für seinen Entschluss von Bedeutung sein können und die Täuschung nach der Lebenserfahrung Einfluss auf die Entscheidung haben kann (LAG Baden-Württemberg DB 2007, 1197; BAGE 91, 349).

4. → Form. J. V. 1 Anm. 6.

VI. Besondere Regelungen mit Kanzleibeschäftigten

1. Verschwiegenheitsverpflichtung (Formulierung gem. Formular der Bundesrechtsanwaltskammer)

Verschwiegenheitsverpflichtung[1]

von Auszubildenden, Fachangestellten/Gehilfen, Praktikanten, Referendaren

und sonstigen Mitarbeitern bei Rechtsanwälten

Ich bin heute von meinem Arbeitgeber[2] über den Umfang meiner Verschwiegenheitspflicht belehrt worden. Mir sind die unten abgedruckten Bestimmungen bekannt gegeben worden. Es wurde mir erläutert, dass die Verschwiegenheitspflicht gemäß § 43 a Abs. 2 Bundesrechtsanwaltsordnung[3] und § 2 Berufsordnung der Rechtsanwälte über die in § 203 Strafgesetzbuch geregelte allgemeine Schweigepflicht hinausgeht. Ich verpflichte mich, auch insoweit Verschwiegenheit zu wahren.

Mir ist bekannt, dass

1. sich meine Verschwiegenheitspflicht nicht nur auf fremde Geheimnisse erstreckt, sondern auf alle Tatsachen, die mir in Ausübung oder aus Anlass meiner Tätigkeit anvertraut oder bekannt werden, so auch schon auf die Tatsache, dass dem Rechtsanwalt ein bestimmtes Mandat erteilt worden ist;

2. sich meine Verschwiegenheitspflicht auch erstreckt auf die internen Büroverhältnisse sowie die mir bei meiner Tätigkeit bekannt werdenden persönlichen, wirtschaftlichen und steuerlichen Verhältnisse des Rechtsanwalts und der anderen Mitarbeiter;

3. die Verschwiegenheitspflicht gegenüber jedermann besteht, so auch gegenüber Familienangehörigen, gegenüber Arbeitskollegen, soweit eine Mitteilung nicht aus dienstlichen Gründen erfolgt, gegenüber demjenigen, der von der betreffenden Tatsache bereits Kenntnis erlangt hat;

4. meine Verschwiegenheitspflicht auch nach Beendigung des Beschäftigungsverhältnisses fortbesteht.[4]

Über die gesetzlichen Bestimmungen zum Zeugnisverweigerungsrecht[5] (vgl. Rückseite) bin ich ebenfalls belehrt worden. Ich werde bei Gerichten und Behörden über Tatsachen, die mir bei meiner Tätigkeit bekannt werden, ohne vorherige Genehmigung des Rechtsanwalts nicht aussagen oder sonst Auskunft erteilen.

Ein Exemplar dieser Erklärung ist mir ausgehändigt worden.

. . . ., den . . . . . .

(Mitarbeiter/in)

Bestätigt:

. . . ., den . . . . . .

(Rechtsanwalt)

Vorschriften zur anwaltlichen Verschwiegenheit

I. Verschwiegenheitspflicht

§ 43a Abs. 2 Bundesrechtsanwaltsordnung

(2) Der Rechtsanwalt ist zur Verschwiegenheit verpflichtet. Diese Pflicht bezieht sich auf alles, was ihm in Ausübung seines Berufes bekanntgeworden ist. Dies gilt nicht für Tatsachen, die offenkundig sind oder ihrer Bedeutung nach keiner Geheimhaltung bedürfen.

II. Berufsordnung der Rechtsanwälte

§ 2 Verschwiegenheit

(1) Der Rechtsanwalt ist zur Verschwiegenheit berechtigt und verpflichtet.

(2) Das Recht und die Pflicht zur Verschwiegenheit beziehen sich auf alles, was ihm in Ausübung seines Berufes bekanntgeworden ist, und bestehen nach Beendigung des Mandats fort.

(3) Die Pflicht zur Verschwiegenheit gilt nicht, soweit diese Berufsordnung oder andere Rechtsvorschriften Ausnahmen zulassen oder die Durchsetzung oder Abwehr von Ansprüchen aus dem Mandatsverhältnis oder die Verteidigung des Rechtsanwalts in eigener Sache die Offenbarung erfordern.

(4) Der Rechtsanwalt hat seine Mitarbeiter und alle sonstigen Personen, die bei seiner beruflichen Tätigkeit mitwirken, zur Verschwiegenheit (§ 43a Abs. 2 Bundesrechtsanwaltsordnung) ausdrücklich zu verpflichten und anzuhalten.

III. Strafbarkeit der Verletzung von Privatgeheimnissen

§ 203 Strafgesetzbuch (Auszug)

(1) Wer unbefugt ein fremdes Geheimnis, namentlich ein zum persönlichen Lebensbereich gehörendes Geheimnis oder ein Betriebs- oder Geschäftsgeheimnis, offenbart, das ihm als

3. Rechtsanwalt, Patentanwalt, Notar, Verteidiger in einem gesetzlich geordneten Verfahren, Wirtschaftsprüfer, vereidigtem Buchprüfer, Steuerberater, Steuerbevollmächtigten oder Organ oder Mitglied eines Organs einer Rechtsanwalts-, Patentanwalts-, Wirtschaftsprüfungs-, Buchprüfungs- oder Steuerberatungsgesellschaft

6. Angehörigen eines Unternehmens der privaten Kranken-, Unfall- oder Lebensversicherung oder einer privatärztlichen, steuerberaterlichen oder anwaltlichen Verrechnungsstelle

anvertraut worden oder sonst bekanntgeworden ist, wird mit Freiheitsstrafe bis zu einem Jahr oder mit Geldstrafe bestraft.

(3) Einem in Absatz 1 Nr. 3 genannten Rechtsanwalt stehen andere Mitglieder einer Rechtsanwaltskammer gleich. Den in Absatz 1 und Satz 1 Genannten stehen ihre berufsmäßig tätigen Gehilfen und die Personen gleich, die bei ihnen zur Vorbereitung auf den Beruf tätig sind. Den in Absatz 1 und den in Satz 1 und 2 Genannten steht nach dem Tod des zur Wahrung des Geheimnisses Verpflichteten ferner gleich, wer das Geheimnis von dem Verstorbenen oder aus dessen Nachlass erlangt hat.

(4) Die Absätze 1 bis 3 sind auch anzuwenden, wenn der Täter das fremde Geheimnis nach dem Tode des Betroffenen unbefugt offenbart.

(5) Handelt der Täter gegen Entgelt oder in der Absicht, sich oder einen anderen zu bereichern oder einen anderen zu schädigen, so ist die Strafe Freiheitsstrafe bis zu zwei Jahren oder Geldstrafe.

IV. Zeugnisverweigerungsrecht

§ 53 Strafprozessordnung (Auszug)

(1) Zur Verweigerung des Zeugnisses sind ferner berechtigt

3. Rechtsanwälte, Patentanwälte, Notare, Wirtschaftsprüfer, vereidigte Buchprüfer, Steuerberater und Steuerbevollmächtigte, Ärzte, Zahnärzte, Psychologische Psychotherapeuten, Kinder- und Jugendlichenpsychotherapeuten, Apotheker und Hebammen über das, was ihnen in dieser Eigenschaft anvertraut worden oder bekanntgeworden ist, Rechtsanwälten stehen dabei sonstige Mitglieder einer Rechtsanwaltskammer gleich;

(2) Die in Absatz 1 Satz 1 Nr. 2 bis 3b Genannten dürfen das Zeugnis nicht verweigern, wenn sie von der Verpflichtung zur Verschwiegenheit entbunden sind.

§ 53a Strafprozessordnung

(1) Den in § 53 Abs. 1 Nr. 1 bis 4 Genannten stehen ihre Gehilfen und die Personen gleich, die zur Vorbereitung auf den Beruf an der berufsmäßigen Tätigkeit teilnehmen. Über die Ausübung des Rechtes dieser Hilfspersonen, das Zeugnis zu verweigern, entscheiden die in § 53 Abs. 1 Nr. 1 bis 4 Genannten, es sei denn, dass diese Entscheidung in absehbarer Zeit nicht herbeigeführt werden kann.

(2) Die Entbindung von der Verpflichtung zur Verschwiegenheit (§ 53 Abs. 2) gilt auch für die Hilfspersonen.

§ 20c Bundeskriminalamtgesetz (Auszug)

(3) Unter den in den §§ 52 bis 55 der Strafprozessordnung bezeichneten Voraussetzungen ist der Betroffene zur Verweigerung der Auskunft berechtigt. Dies gilt nicht, soweit die Auskunft zur Abwehr einer Gefahr für den Bestand oder die Sicherheit des Staates oder für Leib, Leben oder Freiheit einer Person erforderlich ist. Eine in § 53 Abs. 1 Satz 1 Nr. 1, 2 oder 4 der Strafprozessordnung genannte Person ist auch in den Fällen des Satzes 2 zur Verweigerung der Auskunft berechtigt.

Den Bestimmungen der Strafprozessordnung entspricht – in anderer sprachlicher Fassung – die Regelung für den Zivilprozess:

§ 383 Zivilprozessordnung (Auszug)

(1) Zur Verweigerung des Zeugnisses sind berechtigt:

6. Personen, denen kraft ihres Amtes, Standes oder Gewerbes Tatsachen anvertraut sind, deren Geheimhaltung durch ihre Natur oder durch gesetzliche Vorschrift geboten ist, in Betreff der Tatsachen, auf welche die Verpflichtung zur Verschwiegenheit sich bezieht.

(3) Die Vernehmung der unter Nummern 4 bis 6 bezeichneten Personen ist, auch wenn das Zeugnis nicht verweigert wird, auf Tatsachen nicht zu richten, in Ansehung welcher erhellt, dass ohne Verletzung der Verpflichtung zur Verschwiegenheit ein Zeugnis nicht abgelegt werden kann.

§ 385 Abs. 2 Zivilprozessordnung

(2) Die im § 383 Nr. 4, 6 bezeichneten Personen dürfen das Zeugnis nicht verweigern, wenn sie von der Verpflichtung zur Verschwiegenheit entbunden sind.

Das Zeugnisverweigerungsrecht ist für die anderen Gerichtszweige und auch für Verwaltungsverfahren genauso wie für den Zivilprozess und den Strafprozess geregelt. Vergleiche: § 29 Abs. 2 Gesetz über das Verfahren in Familiensachen und in den Angelegenheiten der freiwilligen Gerichtsbarkeit.

§ 29 Abs. 2 Gesetz über das Verfahren in Familiensachen und in den Angelegenheiten der freiwilligen Gerichtsbarkeit
§§ 46 Abs. 2, 80 Abs. 2 Arbeitsgerichtsgesetz
§ 98 Verwaltungsgerichtsordnung
§ 118 Abs. 1 Sozialgerichtsgesetz
§ 84 Abs. 1 Finanzgerichtsordnung
§ 28 Abs. 1 Bundesverfassungsgerichtsgesetz
§ 65 Abs. 1 Verwaltungsverfahrensgesetz
§ 102 Abgabenordnung

Schrifttum: *Dahns*, Durchbrechung der anwaltlichen Verschwiegenheit, NJW-Spezial 2008, 158; *Ewer*, Outsourcing in Anwaltskanzleien und Verschwiegenheit, AnwBl. 2012, 476; *Hagemeister*, Schweigepflicht und Anwaltswerbung, AnwBl. 2007, 748; *Kotthoff*, Grenzüberschreitendes Outsourcing durch Sozietäten, AnwBl. 2012, 482; *Lasaroff*, Datenschutz im Anwaltschaft und Notariat, DSB 2006, 12 ff.; *v. Lewinski*, Anwaltliche Schweigepflicht und E-Mail, BRAK-Mitt. 2004, 12; *Recktenwald*, Von der Sozialadäquanz zum Verschwiegenheitskodex? Einbeziehung Dritter in das Anwaltsmandat – Ansatz für eine Lösung in der BORA, AnwBl. 2012, 488; *Schons*, Die Pflicht des Rechtsanwalts zur Verschwiegenheit, AnwBl. 2007, 441.

Anmerkungen

1. Es handelt sich hier um die **Formulierung, die von der Bundesrechtsanwaltskammer zur Verfügung gestellt wird** und die auch auf den **Websites der Rechtsanwaltskammern** abrufbar ist.

2. Bei freien Mitarbeitern müsste die Formulierung ergänzt bzw. angepasst werden.

3. Unter die Verschwiegenheitspflicht gemäß § 43a Abs. 2 BRAO fällt **alles, was dem Rechtsanwalt in Ausübung seines Berufs bekannt geworden ist, ohne dass es darauf ankommt, von wem und auf welche Weise er sein Wissen erworben hat** (BGH Urt. v. 16.2.2011 – IV ZB 23/09, NJW 2011, 1077; *Dahns* NJW-Spezial 2011, 190). Die Pflicht betrifft deshalb auch Zufallswissen, das im Rahmen beruflicher Tätigkeit erlangt worden ist (BGH NJW 2011, 1077 mwN). Abzugrenzen hiervon ist, was dem Anwalt nur anlässlich seiner beruflichen Tätigkeit zur Kenntnis kommt, ohne dass ein innerer Zusammenhang mit dem Mandat besteht, wie es zB bei solchem Wissen der Fall ist, das der Rechtsanwalt **als wartender Zuhörer einer Gerichtsverhandlung** erwirbt, die mit seinem Mandat nichts zu tun hat (BGH NJW 2011, 1077 mwN). Dabei hat der BGH zu § 53 StPO jüngst – auch unter Bezug auf die Rechtsprechung zu § 43 a Abs. 2 BRAO – ausgeführt, dass als dem Berufsausübenden bekanntgeworden all das anzusehen ist, was ihm in anderer Weise als durch Anvertrauen im Sinne des **Mitteilens in der erkennbaren Erwartung des Stillschweigens in funktionalem Zusammenhang mit seiner Berufsausübung** zur Kenntnis gelangt, **unabhängig davon, von wem, aus welchem Grund oder zu welchem Zweck er sein Wissen erworben hat** (BGH Urt. v. 18.2.2014 – StB 8/13, BeckRS 2014, 04893; BGH Urt. v. 16.2.2011 – IV ZB 23/09, NJW 2011, 1077). Nicht erfasst sind allein solche Tatsachen, die er als Privatperson oder nur anlässlich seiner Berufsausübung in Erfahrung gebracht hat (BGH Urt. v. 18.2.2014 – StB 8/13, BeckRS 2014, 04893; BGH Urt. v. 15.11.2006 – StB 15/06, NJW 2007, 307). Dabei können **eigene Tätigkeiten oder Äußerungen** des Zeugnisverweigerungsberechtigten mangels eigener Wahrnehmung auch nicht bekanntgewordene Tatsachen sein (BGH Urt. v. 18.2.2014 – StB 8/13, BeckRS 2014, 04893; BGH Urt. v. 15.11.2006 – StB 15/06, NJW 2007, 307). Sie werden aber **dennoch dann vom Zeugnisverweigerungsrecht erfasst, wenn Angaben über diese Tätigkeiten oder Äußerungen Rückschlüsse auf geschützte Tatsachen zulassen** (BGH Urt. v. 18.2.2014 – StB 8/13, BeckRS 2014, 04893 mwN).

4. Der Mandant ist „Herr des Geheimnisses" (BGH NJW 2011, 1077; BGHZ 109, 260; Henssler/Prütting/*Henssler* § 43a Rdnr. 62 mwN) bezüglich mandatsbezogener Tatsachen auch dann, wenn sie dem Rechtsanwalt von Dritten mitgeteilt worden sind (BGH NJW 2011, 1077 mwN). Die Schweigepflicht des Rechtsanwaltes als Geheimnisträger erlischt grundsätzlich auch nicht mit dem **Tod des Begünstigten** (§ 203 Abs. 4 StGB; BGHZ 91, 398). Die Befugnis, von der Verschwiegenheitspflicht zu entbinden, geht nur insoweit auf den **Erben** über, als es nicht um Umstände aus dem persönlichen Lebensbereich des Erblassers geht, sondern beispielsweise um vermögensrechtliche Verhältnisse (vgl. § 205 Abs. 2 S. 2 StGB; OLG Stuttgart MDR 1983, 236; BGH NJW 1968, 1773;

BGH DNotZ 1975, 420; OLG München AnwBl 1975, 159). Nach dem Tod des Berechtigten und bei Vorliegen einer Einwilligung der Erben hat der Zeuge allein zu entscheiden hat, ob er aussagen will oder nicht (BGH MDR 1980, 815). Die Entscheidung über die Offenlegung des Geheimnisses ist letztlich nicht justitiabel und einer gerichtliche Überprüfung nicht zugänglich, weil diese von vorneherein die Preisgabe des möglicherweise schutzbedürftigen Geheimnisses bedingen würde (BGH NJW 1983, 2627). Dabei ist der Geheimnisträger trotz seiner **Dispositionsbefugnis** treuhänderisch gebunden und **zu einer Gewissensentscheidung verpflichtet,** die eine verantwortungsbewusste und vom eigenen Berufsethos getragene Würdigung des mutmaßlichen Willens des Verstorbenen vornimmt, das Ermessen ist in dieser Frage gebunden (OLG Stuttgart MDR 1983, 236 f.; Henssler/Prütting/*Henssler* § 43a Rdnr. 65 m.w.N.). Von der erkennbar gewordenen oder zu vermutenden Willensrichtung des Verstorbenen nicht gedeckte Verweigerungsgründe sind danach sachfremd und daher unbeachtlich (BGHZ 91, 392; VG Berlin Urt. v. 3.5.2006 – 1 A 173/05 –).

5. Das Zeugnisverweigerungsrecht erstreckt sich gemäß § 53a Abs. 1 StPO auf **Mitarbeiter und Gehilfen des Rechtsanwalts.** Vorausgesetzt wird dabei weder ein soziales Abhängigkeitsverhältnis noch eine berufsmäßige Tätigkeit (BGH NJW 2005, 2406). Unter § 53a StPO fallen auch gelegentlich oder auch nur einmalig – gefälligkeitshalber ohne Dienstverpflichtung – **mithelfende Familienmitglieder,** sofern deren Tätigkeit Bezug zur geschützten Betätigung des Hauptgeheimnisträgers hat, wie Aktensortieren im Gegensatz zu Putzarbeiten. Darauf, ob etwa ein **Bürogehilfe** als berufsmäßig tätiger Gehilfe im Sinne von § 203 Abs. 3 StGB handelt, kommt es bei § 53a StPO nicht an (BGH NJW 2005, 2406). Entscheidend ist, dass der Berufshelfer ausschließlich aufgrund seiner Tätigkeit zum Zweck der Unterstützung des Hauptgeheimnisträgers bei dessen beruflicher Arbeit in das Vertrauensverhältnis zwischen dem Berufsgeheimnisträger mit dem, der sich dessen Dienste bedient, einbezogen ist (BGH NJW 2005, 2406 mwN).

2. Verschwiegenheitsverpflichtung gemäß § 26 BNotO

Niederschrift

über die Verpflichtung[1] einer beim Notar beschäftigten Person[2]

Der unterzeichnende Notar . . . . . . (Name) mit Amtssitz in . . . . . . (Ort) hat am . . . . . . (Datum) Herrn/Frau . . . . . . (Name) gem. § 26 BNotO über dessen/deren Pflichten belehrt und gem. § 1 des Verpflichtungsgesetzes[3] förmlich verpflichtet. Darüber wurde die folgende Niederschrift aufgenommen:

Der/Die Beschäftigte wurde von mir, dem Notar, auf die gewissenhafte Erfüllung seiner/ihrer Obliegenheiten verpflichtet.

Der/Die Beschäftigte wurde besonders auf die Bestimmung des § 14 Abs. 4 BNotO[4] hingewiesen. Ihm/Ihr wurde untersagt, Darlehen sowie Grundstücksgeschäfte zu vermitteln oder im Zusammenhang mit einer Amtshandlung des Notars eine Bürgschaft oder sonstige Gewährleistung für einen Beteiligten zu übernehmen.[5]

Besonders wurde auch auf die Verpflichtung zur Wahrung des Amtsgeheimnisses nach § 18 BNotO[6] hingewiesen und darauf, dass auch jede bei einem Notar beschäftigte Person über alles zur Verschwiegenheit verpflichtet ist, was ihr im Rahmen der Ausübung der Tätigkeit beim Notar bekannt geworden ist.[7]

Auf die strafrechtlichen Folgen der Verletzung der Pflichten wurde hingewiesen.

Dem/Der Beschäftigten wurde sodann der Inhalt der folgenden Strafvorschriften des Strafgesetzbuches bekanntgegeben:

§ 133 Abs. 1, 3 – Verwahrungsbruch

§ 201 – Verletzung der Vertraulichkeit des Wortes

§ 203 – Verletzung von Privatgeheimnissen

§ 204 – Verwertung fremder Geheimnisse

§§ 331 Abs. 1, 332 – Vorteilsannahme und Bestechlichkeit

§ 353 b Abs. 1–3 – Verletzung des Dienstgeheimnisses

§ 355 – Verletzung des Steuergeheimnisses

§ 358 – Nebenfolgen.

Dem/Der Beschäftigten ist bekannt, dass die Strafvorschriften für ihn/sie gelten.

Ihm/Ihr ist ferner bekannt, dass die Strafvorschriften, sofern ihre Anwendung eine förmliche Verpflichtung voraussetzt, aufgrund der heutigen Verpflichtung für ihn/sie gelten.

Der/Die Beschäftigte erklärte, von dem Inhalt der vorgenannten Bestimmungen der Bundesnotarordnung und des Strafgesetzbuches Kenntnis erhalten zu haben.

Der Notar hat ihn/sie durch Handschlag zur Wahrung des Amtsgeheimnisses und zur gewissenhaften Erfüllung aller anderen Obliegenheiten verpflichtet.

Für den Fall eines einheitlichen Beschäftigungsverhältnisses zu mehreren Notaren:

Der Notar wies den/die Beschäftigte(n) darauf hin, daß es bei einem einheitlichen Beschäftigungsverhältnis zu mehreren Notaren gem. § 26 S. 3 BNotO genügt, wenn einer von ihnen die Verpflichtung vornimmt.

Er/Sie unterzeichnete dieses Protokoll zum Zeichen der Genehmigung und bestätigte den Empfang einer Abschrift dieser Niederschrift.

. . . . . ., den . . . . . .

(Notar)

. . . . . .

(Verpflichteter)

Anmerkungen

1. Es handelt sich hier um die Formulierung des Musters der Niederschrift über die Verpflichtung gem. § 26 BNotO wie Sie im **Rundschreiben 2/1999 vom 1.2.1999 der Bundesnotarkammer** enthalten ist. Diese kann über die Websites der Notarkammern heruntergeladen werden.

2. Bundesnotarordnung in der im Bundesgesetzblatt Teil III, Gliederungsnummer 303-1, veröffentlichten bereinigten Fassung, die durch Artikel 14 des Gesetzes vom 23. Juli 2013 (BGBl. I S. 2586) geändert worden ist.

3. Verpflichtungsgesetz vom 2.3.1974 (BGBl. I S. 469, 547), das durch § 1 N 4 des Gesetzes vom 15.8.1974 (BGBl. I S. 1942) geändert worden ist.

4. Zu beachten ist, dass das Tätigkeitsverbot des § 14 Abs. 4 BNotO auch die Tätigkeit von **Rechtsanwälten erfasst, die mit einem oder mehreren Notaren assoziiert sind.** Gem. Nach § 14 Abs. 4 S. 1 BNotO ist es dem Notar verboten, Grundstücksgeschäfte zu vermitteln und sich an jeder Art der Vermittlung von Urkundsgeschäften zu beteiligen. Diese für Nurnotare und Anwaltsnotare in gleicher Weise geltende Vorschrift dient dem Zweck, die unparteiische Amtsführung zu sichern (BGH NJW 2001, 1569; BGH NJW-RR 1990, 948). Die gesetzliche Regelung soll verhindern, dass der Notar an dem Zustandekommen eines Geschäfts, das er in amtlicher Funktion unabhängig und unparteilich zu führen hat, ein eigenes persönliches oder wirtschaftliches Interesse besitzt (BGH NJW 2001, 1569; BGH ZNotP 2000, 437). **Ob die Vermittlung zum Abschluss eines Vertrages führt, ist unerheblich** da § 14 Abs. 4 S. 1 BNotO schon die bloße Tätigkeit, nicht erst den Erfolg mißbilligt (BGH NJW 2001, 1569 mwN). Schon die **abstrakte Gefahr,** dass der **Anschein der Parteilichkeit** entstehen könnte, **soll auf diese Weise vermieden werden** (BGH NJW 2001, 1569; BGH ZNotP 2000, 437). Dem Tätigkeitsverbot aus § 14 Abs. 4 BNotO sind **auch die Rechtsanwälte** unterworfen, **mit denen der Notar sich zu gemeinsamer Tätigkeit zusammengeschlossen hat** (BGH NJW 2001, 1569 mwN). Dürften diese Rechtsanwälte Grundstücksgeschäfte vermitteln, wäre der Anwaltsnotar in der Regel aufgrund des zwischen ihm und den Partnern bestehenden Gesellschaftsvertrages an diesen Honoraren beteiligt und hätte damit ein eigenes wirtschaftliches Interesse am Abschluss solcher Geschäfte, was die Bestimmung des § 14 Abs. 4 BNotO gerade ausschließen soll (BGH NJW 2001, 1569). Darüber hinaus wäre der Notar leicht in der Lage, die dort normierten Verbote zu **umgehen,** indem jeweils nach außen nur ein Rechtsanwalt als Vermittler des Grundstücksgeschäfts aufträte (BGH NJW 2001, 1569). Die für den Rechtsanwalt aus der gemeinsamen Berufsausübung folgende Einschränkung seiner Tätigkeit findet also ihre **Rechtfertigung in der Sicherung der Unparteilichkeit des Notars, einem Gemeinwohlbelang von wesentlichem Rang** (BVerfG NJW 1997, 2510; BGH NJW 2001, 1569).

5. Wird von einem mit einem Notar assoziierten Rechtsanwalt ein Vertrag unter **Verstoss gegen § 14 Abs. 4 BNotO** abgeschlossen, dann ist dieser **Vertrag gem. § 134 BGB nichtig.** Da sich die gesetzliche Regelung schon gegen die bloße Tätigkeit richtet, also nicht erfolgsbezogen ist, erfüllt bereits die Vereinbarung selbst den Verbotstatbestand (BGH NJW 2001, 1569). Zwar handelt nur ein Partner des Rechtsgeschäfts, der die unzulässigen Dienste versprechende Rechtsanwalt, verbotswidrig. Der Vertrag ist jedoch auch in solchen Fällen nichtig, wenn dies dem **Schutzzweck der verletzten Rechtsnorm** entspricht (BGH NJW 2001, 1569; BGH NJW 1978, 1970; BGH NJW 1990, 1603; BGH NJW 2001, 818). Die Bestimmungen der §§ 14 Abs. 4 BNotO, 45 Abs. 3, 46 Abs. 3 BRAO haben nicht lediglich ordnungsrechtlichen Charakter sondern sie dienen vornehmlich dem **Schutz des rechtsuchenden Publikums** (BGH NJW 2001, 1569). Ein Verstoß gegen das Tätigkeitsverbot des § 46 Abs. 2 Nr. 1 BRAO führt zur **Nichtigkeit des betreffenden Anwaltsvertrages,** weil die gesetzliche Regelung weitgehend wirkungslos bliebe, wenn der Rechtsanwalt aus einer ihm untersagten Tätigkeit einen Honoraranspruch erwerben könnte (BGH NJW 2001, 1569; BGH NJW 1999, 1715).

6. Zu beachten ist, dass sich aus der **Erbenstellung keine eigene Befugnis zur Befreiung des vom Erblasser zugezogenen Notars von der Verschwiegenheitspflicht ergibt.** Vielmehr tritt nach der Regelung des § 18 Abs. 2 BNotO an die Stelle eines verstorbenen Beteiligten **allein die Aufsichtsbehörde** des Notars (BGH NJW-RR 2009, 991; BGH NJW 1975, 930). Damit wird der etwaige Widerstreit der Interessen der Erben mit denen des Erblassers, aber auch der Interessen der Erben untereinander, von einer unparteiischen Stelle entschieden (BGH NJW-RR 2009, 991). § 18 BNotO schützt das Interesse des „Beteiligten", hier der Verstorbenen, an der Geheimhaltung der dem Notar bei seiner Berufsausübung bekannt gewordenen Angelegenheiten, nicht hingegen das Interesse der

Erben, Ansprüche Dritter auf den Nachlass von vornherein dadurch abzuwehren, dass die Aufklärung des Sachverhalts vereitelt wird (BGH NJW-RR 2009, 991; BGH NJW 1975, 930). Die auf § 18 Abs. 2 BNotO gestützte Befreiung eines Notars von der Pflicht zur Verschwiegenheit ist dabei ein Verwaltungsakt nach der BNotO, dessen Anfechtung sich nach § 111 BNotO richtet (BGH NJW-RR 2009, 991; BGH NJW 1975, 930; BGH DNotZ 1987, 162; BGH DNotZ 2003, 780).

7. § 18 BNotO ist auch beim Eingreifen des § 383 Abs. 1 Ziff. 6 ZPO relevant. Gem. § 383 Abs. 1 Ziff. 6 ZPO sind ua Personen zur Zeugnisverweigerung berechtigt, denen kraft ihres Amtes Tatsachen anvertraut sind, deren Geheimhaltung geboten ist. In Bezug auf Notare enthält die Vorschrift eine inhaltliche Verweisung auf § 18 BNotO, der als lex specialis zu § 383 Abs. 1 Ziff. 6 ZPO anzusehen ist (OLG Frankfurt MDR 2005, 719; aA OLG München DNotZ 1981, 709). Bei der Frage, unter welchen Voraussetzungen ein Notar die Aussage verweigern darf ist deshalb allein auf § 18 BNotO abzustellen (OLG Frankfurt MDR 2005, 719). Die Verschwiegenheitspflicht nach § 18 I BNotO bezieht sich auf alles, was dem Notar bei Ausübung seines Amtes bekannt geworden ist; es ist nicht notwendig, dass die fragliche Tatsache dem Notar anvertraut wurde. **Die Verschwiegenheitspflicht erstreckt sich auf den gesamten Inhalt der Verhandlungen und alles, was aus Anlass der Verhandlungen zur Kenntnis des Notars oder seiner Hilfspersonen gekommen ist.** Ebenso sind unwichtig oder gleichgültig erscheinende Dinge und die eigenen Äußerungen des Notars bei der Verhandlung oder Beurkundung geheim zu halten (OLG Frankfurt MDR 2005, 719 mwN). Die Verschwiegenheitspflicht besteht grundsätzlich **auch gegenüber Behörden und Gerichten.** Es ist auch kein Ausnahmetatbestand ersichtlich, der sich aus besonderen Anzeige-, Auskunfts-, Mitteilungs- oder Beistandspflichten des Notars ergeben könnte (OLG Frankfurt MDR 2005, 719 mwN). Nach § 18 Abs. 1 S. 3 BNotO besteht die Verschwiegenheitspflicht nicht für offenkundige Tatsachen oder solche, die ihrer Bedeutung nach keiner Geheimhaltung bedürfen. **Offenkundig ist eine Angelegenheit,** wenn sie einem größeren Kreis von Personen bekannt geworden ist, der nicht durch individuelle Beziehungen verbunden ist (OLG Frankfurt MDR 2005, 719 mwN). Der Verschwiegenheitspflicht unterliegen ferner solche Angelegenheiten nicht, die die geschützten Personen nicht geheim halten wollten, deren Offenlegung vielmehr gerade ihrem wirklichen oder mutmaßlichen Willen entspricht (OLG Frankfurt MDR 2005, 719; OLG Köln DNotZ 1981, 713). Eine **Durchbrechung der Verschwiegenheitspflicht** kann darüber hinaus nach den **Grundsätzen der Güterabwägung im Einzelfall** gerechtfertigt sein (OLG Frankfurt MDR 2005, 719 mwN). So kann es dem Notar erlaubt sein, zur eigenen Interessenwahrung geheimzuhaltende Tatsachen zu offenbaren was insbesondere der Fall ist, wenn der Notar sich in der Lage sieht, dass gegen ihn selbst Schadenansprüche geltend gemacht werden. In diesem Fall ist er von der Verschwiegenheitspflicht schon dann befreit, wenn ihm im Vorprozess der Streit verkündet wurde (OLG Frankfurt MDR 2005, 719 mwN).

3. Verlängerungsvereinbarung bei sachgrundloser Befristung gem. § 14 Abs. 2 TzBfG

Vertrag

zwischen

Rechtsanwalt . . . . . .

– Arbeitgeber –

und

Frau . . . . . .

– Arbeitnehmerin –

§ 1 Verlängerungsvereinbarung

Arbeitgeber und Arbeitnehmerin haben den befristeten Arbeitsvertrag vom . . . . . . (Datum) abgeschlossen. Dieser Arbeitsvertrag läuft am . . . . . . (Datum) aus. Hiermit[1] wird dieser Vertrag bis zum Ablauf des . . . . . . (Datum) verlängert.[2]

§ 2 Fortbestand anderer Vertragsbedingungen

Regelungsgegenstand dieser Vereinbarung hier ist allein die Verlängerung gem. § 14 Abs. 2 TzBfG.[3] Die im Zeitpunkt des Abschlusses dieser Vereinbarung bestehenden anderen arbeitsvertraglichen Vereinbarungen gelten unverändert fort.[4]

. . . . . ., den . . . . . .

(Arbeitgeber)[5]

. . . . . ., den . . . . . .

(Arbeitnehmerin)

Schrifttum: *Annuß/Thüsing,* Kommentar zum Teilzeit- und Befristungsgesetz, 3. Aufl. 2012; *Bader,* Das Gesetz zu Reformen am Arbeitsmarkt: Neues im Kündigungsschutzgesetz und im Befristungsrecht, NZA 2004, 65; *Bauer,* Anmerkung BAG v. 23.8.2006 – 7 AZR 12/06 – NZA 2007, 208; *Berkowsky,* Aktuelle Fragen aus dem Insolvenzarbeitsrecht, NZI 2007, 155; *Berscheid/Kunz/Brand/Nebeling,* Praxis des Arbeitsrechts, 4. Aufl., 2013; *Braun,* Befristung eines Arbeitsvertrages – Sachgründe außerhalb des Katalogs des § 14 TzBfG, MDR 2006, 609; *Däubler,* Das neue Teilzeit- und Befristungsgesetz, ZIP 2001, 217; *ders.,* Befristete Arbeitsverträge unter neuen Vorzeichen, BB 2001, 2473; *ders.,* Sachgrundlose Altersbefristung nach den „Hartz-Gesetzen", NZA 2003, 30; *ders.,* Sachgrundlose Befristung von Arbeitsverhältnissen – Tücken und Fallen erkennen und vermeiden, Personalführung 2007, 52; *Giesen,* Verbotene Altersdiskriminierung durch befristete Arbeitsverträge mit Arbeitnehmern ab 52 Jahren, SAE 2006, 45; *Groeger,* Anmerkung BAG v. 16.1.2008 – 7 AZR 603/06 – ArbRB 2008, 232; *Haag/Spahn,* Sachgrundlose Befristung, AuA 2005, 348; *Hromadka,* Das neue Teilzeit- und Befristungsgesetz, NJW 2001, 400; *Hunold,* Aktuelle Fragen des Befristungsrechts unter Berücksichtigung von §§ 14, 16 TzBfG, NZA 2002, 255; *Klimaschewski,* Anmerkung BAG v. 16.9.2008 – 9 AZR 781/07 – AiB 2009, 384; *Koberski,* Arbeitsverträge älterer Arbeitnehmer im Einklang mit Gemeinschaftsrecht, NZA 2005, 79; *Koppenfels,* Rechtsfolgen formunwirksamer Befristungsabreden – Probleme der Neuregelung der §§ 14 ff. TzBfG und § 623 BGB, AuR 2001, S. 201; *ders.,* Verlängerungsvereinbarungen im Sinne der § 14 Abs. 2 S. 1 TzBfG bzw. § 1 Abs. 1 S. 2 BeschFG – Zeitpunkt des Abschlusses und Formanforderungen, AuR 2002, 241; *Laws,* Anmerkung BAG v. 23.8.2006 – 7 AZR 12/06 – AuA 2007, 310; *Lembke,* Die sachgrundlose

Befristung von Arbeitsverträgen in der Praxis, NJW 2006, 325; *Lorenz*, Die BAG-Rechtsprechung zu § 14 Abs. 2 TzBfG, FA 2007, 3; *Meinel/Heyn/Herms*, Teilzeit- und Befristungsgesetz, 4. Aufl., 2012; *Osnabrügge*, Die sachgrundlose Befristung von Arbeitsverhältnissen nach § 14 II TzBfG, NZA 2003, 639; *Preis*, Flexibilität und Rigorismus im Befristungsrecht, NZA 2005, 714; *Schlachter*, Gemeinschaftsrechtliche Grenzen der Altersbefristung, RdA 2004, 352; *Sievers*, Befristungsrecht, RdA 2004, 291; *Waas*, Europarechtliche Schranken für die Befristung von Arbeitsverträgen mit älteren Arbeitnehmern, EuZW 2005, 583.

Anmerkungen

1. Es reicht für die Vereinbarung der Verlängerung **nicht aus, sich vor dem Ablauf des zu verlängernden Vertrags formlos zu verständigen und zu einigen und dann nach Ablauf des zu verlängernden Vertrags zu unterschreiben.** Das BAG hat wiederholt festgestellt (vgl. BAG Urt. v. 26.7.2000 – 7 AZR 51/99, DB 2001, 100; BAG v. 19.3.2014 – 7 AZR 828/12, BeckRS 2014, 68935; LAG Hamm Urt. v. 19.4.2012 – 8 Sa 63/12, BeckRS 2012, 69840), dass bereits aus dem gesetzlich verwendeten Begriff der „Verlängerung" folgt, dass der zugrunde liegende Vertrag nur während seiner Laufzeit verlängert werden kann (LAG Hamm Urt. v. 19.4.2012 – 8 Sa 63/12, BeckRS 2012, 69840 (n.rk.; anhängig beim BAG (- 7 AZR 486/12 –)). Nach Ablauf des vereinbarten Zeitraums ist der zu verlängernde Vertrag beendet und wechselseitige Rechte und Pflichten der Parteien müssten erneut vereinbart werden (LAG Hamm Urt. v. 19.4.2012 – 8 Sa 63/12). Der erst nach Fristablauf abgeschlossene Vertrag stellt danach einen Neuabschluss dar, welcher dem Vorbeschäftigungsverbot unterliegt (BAG Urt. v. 26.7.2000 – 7 AZR 51/99, DB 2001, 100; LAG Hamm Urt. v. 19.4.2012 – 8 Sa 63/12, BeckRS 2012, 69840 mwN). Selbst tarifliche Abweichungen von der gesetzlichen Regelung sind in § 14 Abs. 2 S. 3 TzBfG allein in Bezug auf Befristungsdauer und Anzahl der Verlängerungen zugelassen, nicht jedoch in Bezug auf die Modalitäten der „Verlängerungs"-Vereinbarung bzw. auf die Regelung des § 14 Abs. 2 S. 2 TzBfG (LAG Hamm Urt. v. 19.4.2012 – 8 Sa 63/12, BeckRS 2012, 69840 mwN). Dabei wird in der Instanzrechtsprechung für den Fall, dass sich die Vertragsparteien bereits vor Ablauf der vorangehenden Befristung über eine Fortsetzung des Arbeitsverhältnisses formlos verbindlich verständigt haben und aus diesem Grunde eine zeitnahe Unterzeichnung der Verlängerungsvereinbarung beabsichtigten und dann nach Ablauf unterzeichneten, zwar teilweise vertreten (vgl.: LAG Düsseldorf Urt. v. 6.12.2001 – 11 Sa 1204/01, DB 2002, 900), dass von der Einhaltung des Schriftformerfordernisses abgesehen werden kann, wenn die schriftliche Fixierung der Verlängerungsvereinbarung unmittelbar (bzw. möglicherweise auch zeitnah) nach dem ursprünglich vereinbarten Befristungsende erfolgt. Das wird aber aber zB vom LAG Hamm (LAG Hamm Urt. v. 19.4.2012 – 8 Sa 63/12, BeckRS 2012, 69840 n.rk.; anhängig beim BAG – 7 AZR 486/12 –) abgelehnt, da eine solche Sichtweise **weder mit dem zwingenden Schriftformerfordernis für Befristungsabreden vereinbar** ist, welches eine Heilung einer formunwirksamen Abrede durch nachträgliche Beurkundung ausschließt, **noch** mit dieser Auffassung dem **Gesichtspunkt der Rechtssicherheit und Rechtsklarheit ausreichend Rechnung getragen** wird, da es jeweils der Aufklärung bedarf, ob die Vertragsverlängerung lediglich „in Aussicht genommen" oder – abweichend vom Grundsatz des § 154 Abs. 2 BGB – bereits verbindlich vereinbart ist und es ferner darauf ankommt, ob der jeweils verstrichene Zeitraum bis zur nachträglichen Vertragsbeurkundung noch als unbedeutend anzusehen ist. Hier **sollte jedes Risiko vermieden werden. Einigung und formgültige Unterzeichnung** haben **vor dem Ablauf des zu verlängernden Vertrags** zu erfolgen.

2. Die kalendermäßige Befristung eines Arbeitsvertrages ohne Vorliegen eines sachlichen Grundes ist **bis zur Dauer von zwei Jahren zulässig**; bis zu dieser Gesamtdauer von zwei Jahren ist auch **die höchstens dreimalige Verlängerung** eines kalendermäßig befristeten Arbeitsvertrages zulässig (§ 14 Abs. 2 S. 1 TzBfG).

3. Die Befristung muss nicht ausdrücklich auf das TzBfG gestützt werden (BAG Urt. v. 4.6.2003 – 7 AZR 489/02, NZA 2003, 1143; LAG Düsseldorf Urt. v. 13.1.2012 – 6 Sa 1238/11, BeckRS 2013, 70235). Ausreichend ist, wenn die Voraussetzungen dieser Rechtsgrundlagen für eine sachgrundlose Befristung bei Vertragsschluss objektiv vorliegen (BAG Urt. v. 4.12.2002 – 7 AZR 545/01, NZA 2003, 916; BAG Urt. v. 4.6.2003 – 7 AZR 489/02, NZA 2003, 1143).

4. Wird ein sachgrundlos gem. § 14 Abs. 2 TzBfG befristeter Vertrag verlängert, muss die Verlängerungsvereinbarung zur Vermeidung des Risikos der Unwirksamkeit der Befristungsabrede und der Rechtsfolge der Entstehung eines unbefristeten Arbeitsverhältnisses jedenfalls zeitlich different von etwaigen sonstigen Änderungen getroffen werden. Eine Verlängerung iSd § 14 Abs. 2 S. 1 TzBfG setzt nach der derzeitigen Rspr. des BAG voraus, dass sie **noch während der Laufzeit des zu verlängernden Vertrags vereinbart** und **grundsätzlich nur die Vertragsdauer abgeändert wird,** nicht aber die übrigen Vertragsbedingungen (AG Hessen Urt. v. 4.2.2013 – 16 Sa 709/12, BeckRS 2013, 346332; BAG Urt. v. 23.8.2006 – 7 AZR 12/06, NZA 2007, 204; BAG Urt. v. 20.2.2008 – 7 AZR 786/06, NJW 2008, 2457). **Normzweck von § 14 Abs. 2 S. 1 TzBfG** ist der **Schutz des Arbeitnehmers** bei der Entscheidung über die Verlängerung davor, dass der Arbeitgeber die Fortsetzung des befristeten Arbeitsverhältnisses davon abhängig macht, dass der Arbeitnehmer geänderte Arbeitsbedingungen akzeptiert oder dass er durch das Angebot anderer Vertragsbedingungen zum Abschluss eines weiteren sachgrundlosen Vertrages veranlasst wird (BAG Urt. v. 23.8.2006 – 7 AZR 12/06, NZA 2007, 204; BAG Urt. v. 18.1.2006 – 7 AZR 178/05, NZA 2006, 605). Das BAG will es ausnahmsweise als zulässig ansehen, wenn die Vertragsparteien bereits zuvor tatsächlich eingetretene Änderungen in den neuen Vertrag übernehmen oder den Vertrag an die geänderte Rechtslage anpassen (BAG Urt. v. 23.8.2006 – 7 AZR 12/06, NZA 2007, 204). Das sollte aber gleichwohl vermieden werden. **Wenn andere Bedingungen als der Zeitpunkt des Vertragsendes schriftlich geändert werden sollen, sollten zunächst während der Laufzeit des alten Vertrags die neuen Vertragsbedingungen in Kraft gesetzt werden und erst im Anschluss daran – zeitlich different – aber noch während der Laufzeit des alten Vertrags, die Verlängerungsabrede getroffen werden** (*B/K/B/N/H*, Praxis des Arbeitsrechts, 4. Aufl., 2013, Kap. 17 Rn. 192). Das BAG achtet es für zulässig, wenn die Vertragsbedingungen während der Laufzeit des befristeten Arbeitsvertrags einvernehmlich geändert werden, solange die ursprünglich vereinbarte Vertragsdauer beibehalten wird (BAG Urt. v. 18.1.2006 – 7 AZR 178/05, NZA 2006, 605; *B/K/B/N/H*, Praxis des Arbeitsrechts, 4. Aufl., 2013, Kap. 17 Rn. 191).

5. Auf die **Wahrung der Schriftform** auch bei der Unterschrift ist beim Abschluss des befristeten Vertrags wegen § 14 Abs. 4 TzBfG und der strengen diesbezüglichen Rechtsprechung des BAG (NJW 2007, 315) **peinlich genau zu achten.** Zur Wahrung des Schriftformgebotes müssen beide Vertragsparteien – ggf. ordnungsgemäß und formgültig vertreten – die Befristungsabrede **auf derselben Urkunde eigenhändig** unterzeichnet haben (§§ 126 Abs. 2, 126 a Abs. 2 BGB). Der Austausch wechselseitiger Erklärungen genügt, anders als bei § 127 BGB, nicht (BAG NJW 2007, 315; BAG ZTR 2007, 45). Bei mehreren inhaltlich identischen Urkunden ist es ausreichend, wenn die Partei nur die jeweils für die andere bestimmte Urkunde unterzeichnet (BAG NJW 2007, 315; BAG ZTR 2007, 45; BGH NJW 2004, 2962). Es muss sich **tatsächlich** um **gleich lautende (inhaltsgleiche) Urkunden** handeln, die den gesamten Vertragstext beinhalten und der Vertragspartner muss **die von der anderen Partei original unterschriebene Vertragsurkunde** erhalten (BAG NJW 2007, 315).

4. Fortbildungsvereinbarung

Fortbildungsvereinbarung[1]

zwischen

Rechtsanwalt . . . . . .

– Arbeitgeber –

und

Frau . . . . . .

– Arbeitnehmerin –

Präambel: Die Arbeitnehmerin ist aufgrund Arbeitsvertrages vom . . . . . . (Datum) als Rechtsanwaltsfachangestellte bei dem Arbeitgeber beschäftigt. Zuvor stand sie im Berufsausbildungsverhältnis. Mit dieser Vereinbarung wird ihre Fortbildung zur Rechtsfachwirtin[2] geregelt.

§ 1 Vereinbarte Fortbildung

Die Arbeitnehmerin nimmt in der Zeit vom . . . . . . (Datum)[3] bis zum . . . . . . (Datum) an folgender Fortbildungsmaßnahme teil:

Ausbildung als Rechtsfachwirtin bei . . . . . . (Ausbilder oder Institut) mit Unterrichtseinheiten jeweils . . . . . . (Tag und Zeit angeben) und Prüfungen . . . . . . (Datum oder Zeitabschnitt angeben).

§ 2 Pflichten der Arbeitnehmerin

(1) Die Arbeitnehmerin ist verpflichtet an sämtlichen Veranstaltungen der Fortbildung teilzunehmen.

(2) Die Arbeitnehmerin ist verpflichtet, an sämtlichen im Rahmen der Fortbildung stattfindenden Übungen und Prüfungen teilzunehmen.

(3) Die Arbeitnehmerin ist verpflichtet, alles zu unterlassen, was die erfolgreiche Fortbildung und das Erreichen des angestrebten Abschlusses gefährdet.

(4) Die Arbeitnehmerin ist verpflichtet, dem Arbeitgeber eine Ablichtung des den erfolgreichen Abschluss ausweisenden Zeugnisses zu übergeben.

§ 3 Pflichten des Arbeitgebers

(1) Der Arbeitgeber trägt die Kosten der in § 1 bestimmten Fortbildung.[4] Zu diesen Kosten zählen insbesondere: . . . . . . (Differenzierte und prüfbare Listung der Kosten unter Angabe der Gesamtkosten).[5]

(2) An den Tagen, an denen Fortbildungsveranstaltungen und Prüfungen während der Bürozeiten stattfinden, wird die Arbeitnehmerin im zeitlich erforderlichen Umfang ganz oder teilweise von der Verpflichtung zur Arbeitsleistung freigestellt.[6] Die Freistellung erfolgt unter Fortzahlung der Vergütung. Liegen Fortbildungsveranstaltungen nur teilweise innerhalb oder ganz außerhalb der Bürozeiten, wird die Arbeitnehmerin – soweit zur Teilnahme oder Vorbereitung erforderlich – ganz oder teilweise von der Verpflichtung zur Arbeitsleistung unter Fortzahlung der Vergütung freigestellt. Es besteht Einigkeit, dass die

für die Zeiten der Freistellung auf der Grundlage dieser Regelung hier gezahlten Bezüge – insbesondere das Arbeitsentgelt ohne Beiträge zur Sozialversicherung[11] – als vom Arbeitgeber getragene Kosten der Fortbildung anzusehen sind. Unter Bezug auf die in § 1 vereinbarte Fortbildung zählen zu diesen Kosten insbesondere: (Differenzierte Listung der hier anfallenden Kosten ggf. – falls Zeiträume der Freistellung noch nicht abschließend bestimmt werden können – unter Bildung von Zeitabschnitten und Angabe von prüfbaren Alternativberechnungen sowie unter Angabe von möglichst genauen Gesamt- und Höchstbeträgen)[5]

(3) Der Kostenerstattungsanspruch der Arbeitnehmerin aus § 3 Abs. 1 steht unter der Bedingung des Bestehens der Abschlussprüfung und des Erreichens des angestrebten Abschlusses.[4]

§ 4 Geschäftsgrundlage der Fortbildungsvereinbarung; Erwartungen

(1) Arbeitgeber und Arbeitnehmerin gehen davon aus, dass die Arbeitnehmerin die im Rahmen der in § 1 bestimmten Fortbildung abzuleistenden Prüfungen besteht und den angestrebten Abschluss erreicht.

(2) Der Arbeitgeber geht davon aus und die Arbeitnehmerin versichert, dass sie nach der Fortbildung und dem Erreichen des angestrebten Abschlusses mindestens weitere (. . . . . .) Jahre[7] als Arbeitnehmerin bei dem Arbeitgeber tätig ist.

§ 5 Nichterreichen der in § 4 Abs. 1 geregelten Ziele; Rückzahlungspflicht Fortbildungskosten[8, 9]

(1) Beschließt die Arbeitnehmerin den Abbruch der in § 1 bestimmten Fortbildung nach mehr als (. . . . . .) Monaten aus von ihr zu vertretenden Gründen, so entfällt der Anspruch aus § 3 Abs. 1. Hat der Arbeitgeber darauf bereits vorschussweise Zahlungen[10] geleistet, so ist die Arbeitnehmerin verpflichtet, diesen Betrag zu erstatten. Wurde die Arbeitnehmerin gem. § 3 Abs. 2 unter Fortzahlung der Bezüge freigestellt, so hat die Arbeitnehmerin diese mit Ausnahme der Arbeitgeberanteile an der Sozialversicherung[11] zu erstatten.

(2) Erreicht die Arbeitnehmerin den angestrebten Abschluss schuldhaft nicht, so entfällt der Anspruch aus § 3 Abs. 1. Hat der Arbeitgeber darauf bereits vorschussweise bereits Zahlungen geleistet, so ist die Arbeitnehmerin verpflichtet, diesen Betrag zu erstatten. Wurde die Arbeitnehmerin gem. § 3 Abs. 2 unter Fortzahlung der Bezüge freigestellt, so hat die Arbeitnehmerin diese mit Ausnahme der Arbeitgeberanteile an der Sozialversicherung[11] zu erstatten.

(3) Erreicht die Arbeitnehmerin den angestrebten Abschluss aufgrund mangelhafter Prüfungsleistungen nicht, so ist sie unabhängig vom Vorliegen eines Verschuldens verpflichtet, 25 % der vom Arbeitgeber auf der Grundlage von § 3 Abs. 2 geleisteten Zahlungen zu erstatten.[12] Der Anspruch aus § 3 Abs. 1 entfällt. Hat der Arbeitgeber darauf bereits vorschussweise Zahlungen geleistet, so ist die Arbeitnehmerin verpflichtet, diesen Betrag zu erstatten.

§ 6 Nichterreichen der in § 4 Abs. 2 geregelten Ziele; Rückzahlungspflicht Fortbildungskosten[8, 9]

(1) Kündigt die Arbeitnehmerin das Arbeitsverhältnis ohne durch vertragswidriges Verhalten des Arbeitgebers dazu veranlasst worden zu sein oder kündigt der Arbeitgeber das Arbeitsverhältnis aus einem von Arbeitnehmerin zu vertretenden Grund nach dem erfolgreichen Abschluss der Fortbildung, so ist die Arbeitnehmerin zur Rückzahlung der vom

Arbeitgeber aufgrund § 3 Abs. 1 und § 3 Abs. 2 bezahlten Kosten der Fortbildungsmaßnahme nach Maßgabe des § 6 Abs. 2 verpflichtet.

(2) Die Rückzahlungspflicht der Arbeitnehmerin reduziert sich mit jedem Monat der Beschäftigung nach der erfolgreichen Beendigung der Fortbildung um 1/X.[7] Das Datum der erfolgreichen Beendigung entspricht dem Datum der Abschlussprüfung.

§ 7 Ratenzahlung bei Kostenerstattungspflicht der Arbeitnehmerin

(1) Kommt es gem. § 5 oder § 6 zu Erstattungspflichten der Arbeitnehmerin, so ist die Arbeitnehmerin berechtigt, die jeweils geschuldeten Beträge in Raten auszugleichen.

(2) Die Raten betragen (. . . . . .) monatlich.

§ 8 Schlussbestimmungen

Die etwaige Unwirksamkeit einzelner Bestimmungen dieser Vertragsbedingungen lässt die Wirksamkeit der übrigen Bestimmungen unberührt.

. . . . . ., den . . . . . .

(Arbeitgeber)

. . . . . ., den . . . . . .

(Arbeitnehmerin)

Schrifttum: *Bayreuther*, Freiwilligkeitsvorbehalte: Zulässig, aber überflüssig?, BB 2009, 102; *ders.*, Widerrufs., Freiwilligkeits- und Anrechnungsvorbehalte – geklärte und ungeklärte Fragen der aktuellen Rechtsprechung des BAG zu arbeitsvertraglichen Vorbehalten, ZIP 2007, 2009; *Berscheid/Kunz/Brand/Nebeling/Becker*, Praxis des Arbeitsrechts, 4. Aufl., 2013, Kap. 17 Rdnr. 915 bis 936; *Brötzmann*, Anmerkung BAG v. 23.1.2007 – 9 AZR 482/06 – NJW 2007, 3020; *Clemenz/Kreft/Krause*, AGB – Arbeitsrecht, 2013; *Däubler/Bonin/Deinert*, AGB--Kontrolle im Arbeitsrecht, 3. Aufl. 2010; *Düwell/Ebeling*, Rückzahlung von verauslagten Bildungsinvestitionen, DB 2008, 406; *Grobys*, Anmerkung BAG v. 11.4.2006 – 9 AZR 610/05 – NJW 2006, 3087; *Hennige*, Rückzahlung von Aus- und Fortbildungskosten, NZA-RR 2000, 617; *Jesgarzewski*, Rückzahlungsvereinbarungen für Fortbildungskosten, BB 2011, 1594; *Junker/Kamanabrou*, Vertragsgestaltung, 3. Aufl., 2010; *Kramer*, Anmerkung LAG Niedersachsen v. 6.8.2002 – 13 Sa 374/02 – MMR 2003, 194; *Kroeschell*, Die AGB-Kontrolle von Widerrufs- und Freiwilligkeitsvorbehalten, NZA 2008, 1393; *Lakies*, AGB-Kontrolle von Rückzahlungsvereinbarungen über Weiterbildungskosten, BB 2004, 1903; *ders.*, Rückzahlungsklauseln bei betrieblicher Fort- und Weiterbildung, PersR 2008, 98; *ders.*, Vertragsgestaltung und AGB im Arbeitsrecht, 2. Aufl. 2011; *ders.*, Weiterbildung und Rückzahlungsklauseln, AiB 2010, 720; *Maier/Mosig*, Unwirksame Rückzahlungsklauseln bei arbeitgeberseitiger Übernahme der Ausbildungskosten, NZA 2008, 1168; *Meyer*, Anmerkung BAG v. 23.1.2007 – 9 AZR 482/06 – JR 2008, 175; *Morsch/Becker* Anmerkung BFH v. 4.12.2002 – VI R 120/01 – DStR 2004, 73; *Preis*, Der Arbeitsvertrag – Handbuch der Vertragsgestaltung, 4. Aufl., 2011; *Preis/Sagan*, Der Freiwilligkeitsvorbehalt im Fadenkreuz der Rechtsgeschäftslehre – Chronik eines angekündigten Todes, NZA 2012, 697; *Preis/Sagan*, Wider die Wiederbelebung des Freiwilligkeitsvorbehalts!, NZA 2012, 1077; *Rischar*, Arbeitsrechtliche Klauseln zur Rückzahlung von Fortbildungskosten, BB 2002, 2550; *Ritter*, Europarechtsneutralität mitgliedstaatlicher Generalklauseln?, NJW 2012, 1549; *Ritter*, Neue Werteordnung für die Gesetzesauslegung durch den Lissabon-Vertrag, NJW 2010, 1110; *Roßbruch*, Anmerkung LAG Schleswig-Holstein v. 7.7.2011 – 5 Sa 53/11 – PflR 2011, 627; *Roscher/v. Bornhaupt*, Die lohnsteuerliche Behandlung beruflicher Fort- und Weiterbildungsmaßnahmen des Arbeitgebers, DStR 2003, 964; *Stöcker*, Dammbruch bei der steuerlichen Absetzbarkeit von Aus- und Fortbildungskosten, NJW 2004, 249; *Schmidt*, Die Beteiligung der Arbeitnehmer an den Kosten der beruflichen Bildung, NZA 2004, 1002; *Schrader/Schubert*, AGB-Kontrolle von Arbeitsverträgen, NZA-RR 2005, 169; *Schröder*, Rückzahlungsklauseln wirksam gestalten, AuA 2007, 108; *Stück*, Rückzahlungsvereinbarungen für Fortbildungskosten – Was ist noch zulässig?, DStR 2008, 2020.

Anmerkungen

1. Die Arbeitsgerichte treffen ihre Entscheidungen zur Wirksamkeit von Fortbildungsvereinbarungen vor dem Hintergrund der für das Arbeitsverhältnis relevanten verfassungsrechtlichen Wertentscheidungen wie sie im GG bzw. in der GRC (Vgl. *Ritter* NJW 2010, 1110; *ders*. NJW 2012, 1549) kodifiziert sind. Der **Arbeitgeber** will dabei Fortbildungskosten nur für solche Arbeitnehmer aufwenden, die auch bereit sind, ihm die erworbenen Kenntnisse und Fähigkeiten einige Zeit zur Verfügung zu stellen (BAG Urt. v. 28.5.2013 – 3 AZR 103/12, NZA 2013, 1419; BAG Urt. v. 13.12.2011 – 3 AZR 791/09, NZA 2012, 738). Er **hat ein berechtigtes Interesse daran, die vom Arbeitnehmer erworbene Qualifikation möglichst langfristig zu nutzen**. Demgegenüber geht das Interesse des Arbeitnehmers dahin, durch die Ausbildung die eigenen Arbeitsmarktchancen zu verbessern und dem Arbeitgeber deshalb nicht Kosten für eine Aus- oder Weiterbildung erstatten zu müssen, die sich als Investition im ausschließlichen Arbeitgeberinteresse darstellen (BAG NJW 2009, 1532; BAG Urt. v. 13.12.2011 – 3 AZR 791/09, NZA 2012, 738). Zudem hat der Arbeitnehmer ein billigenswertes Interesse daran, seinen Arbeitsplatz ohne Belastung mit der Erstattungspflicht wählen zu können (BAG Urt. v. 13.12.2011 – 3 AZR 791/09, NZA 2012, 738; BAG NZA-RR 2008, 107; BAG BB 1975, 1206).

2. **Nicht jede Fortbildung kann zum Gegenstand einer Fortbildungsvereinbarung mit Rückzahlungsklausel gemacht werden.** Eine Kostenbeteiligung des Arbeitnehmers **scheidet in der Regel aus,** wenn die Fortbildung **in erster Linie innerbetrieblich von Nutzen** ist, der **Auffrischung vorhandener Kenntnisse** dient oder die **Anpassung der Kenntnisse an neuere betriebliche Gegebenheiten** angestrebt wird wobei die Dauer der Fortbildung ein starkes Indiz für die Qualität der erworbenen Qualifikation ist und die Erlangung eines entscheidenden beruflichen Vorteils ist (BAG Urt. v. 16.3.1994 – 5 AZR 339/92, NZA 1994, 937; BAG Urt. v. 30.11.1994 – 5 AZR 715/93, NZA 1995, 727; LAG Düsseldorf Urt. v. 29.3.2001 – 11 Sa 1760/00, NZA-RR 2002, 292; LAG Niedersachsen – 6.8.2002 – 13 Sa 374/02 – MMR 2003, 193). Entscheidend sind die Umstände des Einzelfalls. In einem vom LAG Niedersachsen entschiedenen Fall wurde dabei zB der Kostenerstattungsanspruch des Arbeitgebers betreffend eine IT-Schulung verneint, da die Kursteilnahme für den dortigen Arbeitnehmer zur Erfüllung seiner innerbetrieblichen Aufgaben zwar sinnvoll, wenn nicht sogar notwendig gewesen sei allerdings trotzdem eine besondere über das Normalmaß einer betrieblichen Fortbildung hinausgehende Fortbildung aber nicht vorliege (LAG Niedersachsen – 6.8.2002 – 13 Sa 374/02 – MMR 2003, 193. Vgl. dazu auch: *Kramer*, Anmerkung LAG Niedersachsen Urt. v. 6.8.2002 – 13 Sa 374/ 02, MMR 2003, 194). Es dürfen auch fehlgeschlagene Investitonen, die ausschließlich dem Verantwortungsbereich des Arbeitgebers zuzurechnen sind, nicht den Arbeitnehmer belasten (BAG Urt. v. 28.5.2013 – 3 AZR 103/12, NZA 2013, 1419).

3. Eine Rückzahlungsvereinbarung **muss grundsätzlich vor Beginn der Fortbildungsmaßnahme vereinbart werden** (BAG Urt. v. 9.12.1992 – 5 AZR 158/92, EzA BGB § 611 Aus- und Weiterbildungskosten Nr. 43; BAG Urt. v. 19.3.1980 – 5 AZR 362/78, DB 1980, 1703; *Berscheid/Kunz/Brand/Nebeling/Becker*, Praxis des Arbeitsrechts, 4. Aufl., 2013, Kap. 17 Rn. 933).

4. Wegen der Unsicherheit, ob eine vereinbarte Rückzahlungsklausel AGB-rechtskonform ist, **sollte der Mitarbeiter die Kosten zunächst selber tragen**, wobei der Arbeitgeber sich zur Rückerstattung unter bestimmten Voraussetzungen verpflichtet (*Berscheid/Kunz/ Brand/Nebeling/Becker*, Praxis des Arbeitsrechts, 4. Aufl., 2013, Kap. 17 Rn. 922). Hier ist der Kostenerstattungsanspruch gem. § 3 Abs. 3 der Vereinbarung unter die Bedingung des Bestehens der Abschlussprüfung und des Erreichens des angestrebten Abschlusses gestellt.

5. Die vom Arbeitgeber angesetzten und kalkulierten Kosten sollten im Blick auf die strenge Rechtsprechung möglichst differenziert und in prüfbarer Weise in die Vereinbarung aufgenommen werden und mit der Arbeitnehmerin besprochen werden. Im Falle von Rückzahlungsklauseln wird ein **Verstoß gegen das Transparenzgebot** insbesondere in den Fällen angenommen, in denen die **Klausel dem Arbeitgeber als Verwender vermeidbare Spielräume hinsichtlich der erstattungspflichtigen Kosten gewährt** (BAG Urt. v. 6.8.2013 – 9 AZR 442/12, NZA 2013, 1361). Ohne dass zumindest **Art und Berechnungsgrundlagen** der ggf. zu erstattenden Kosten angegeben sind, kann der Arbeitnehmer sein Rückzahlungsrisiko nicht ausreichend abschätzen (BAG Urt. v. 6.8.2013 – 9 AZR 442/12, NZA 2013, 1361). Erforderlich ist die **genaue und abschließende Bezeichnung der einzelnen Positionen,** aus denen sich die **Gesamtforderung** zusammensetzen soll, und die **Angabe, nach welchen Parametern die einzelnen Positionen berechnet werden** (BAG v. 6.8.2013 – 9 AZR 442/12 – NZA 2013, 1361, vgl. BAG 21.8.2012 – 3 AZR 698/10 – Rn. 18 f.). So wurde zB eine Rückzahlungsklausel mit der Formulierung „die dem Arbeitnehmer entstandenen Aufwendungen für die Weiterbildung, einschließlich der Lohnfortzahlungskosten" für unwirksam angesehen (BAG Urt. v. 6.8.2013 – 9 AZR 442/12, NZA 2013, 1361). Diese Klausel lasse offen, welche Kosten dies im Einzelnen sein sollen (BAG Urt. v. 6.8.2013 – 9 AZR 442/12, NZA 2013, 1361). Es fehle an der Angabe, welche konkreten Kosten damit gemeint sind und in welcher Höhe diese anfallen können (BAG Urt. v. 6.8.2013 – 9 AZR 442/12, NZA 2013, 1361). Der Klausel sei nicht zu entnehmen, mit welchen Lehrgangsgebühren zu rechnen ist, ob der Beklagte neben den Lehrgangsgebühren Fahrt-, Unterbringungs- und Verpflegungskosten zu erstatten hat, wie diese ggf. zu berechnen sind (zB Kilometerpauschale für Fahrtkosten, Tagessätze für Übernachtungs- und Verpflegungskosten), für welchen konkreten Zeitraum Lohnfortzahlungskosten anfallen, ob die Rückzahlungsverpflichtung auf die Netto- oder die Bruttosumme gerichtet ist und ob auch die Beiträge zur Zusatzversorgung zu erstatten sind (BAG Urt. v. 6.8.2013 – 9 AZR 442/12, NZA 2013, 1361).

6. Wie die Kostenübernahme von Fortbildungskosten für einen Arbeitnehmer **steuerlich zu bewerten** ist, hängt davon ab, in wessen Interesse die Fortbildung erfolgt (Vgl. dazu Beck FormB ArbR/*Ege*, 2. Aufl., 2009, Form. A.IV.7 dort Anm. 8; *Morsch/Becker* Anmerkung BFH v. 4.12.2002 – VI R 120/01 – DStR 2004, 73; *Stöcker* NJW 2004, 249; *Roscher*/v. Bornhaupt, DStR 2003, 964). Um hier Rechtssicherheit über die Qualifikation von jeweils arbeitgeberseits getragenen Kosten – insbesondere betreffend die Frage, ob lohnsteuerpflichtige Einkünfte beim Arbeitnehmer entstehen – zu erlangen bietet sich die Einholung einer Lohnsteueranrufungsauskunft gem. § 42 e EStG an. Fortbildungsbedingte Freistellungen müssen zur Vermeidung von Nachweisproblemen und auch zur Gewährleistung einer ausreichenden Berechnungsgrundlage exakt dokumentiert und schriftlich unter Abzeichnung durch beide Vertragsparteien niedergelegt werden.

7. Betreffend die **zulässigen Bindungsdauern** geht das BAG (vgl. Gesamtschau in BAG v. 14.1.2009 – 3 AZR 900/07, NJW 2009, 2557) von folgenden **Grundsätzen** aus: Bei Lehrgangsdauer **bis zu 1 Monat** zulässige Bindungsdauer bis zu 6 Monate (BAG Urt. v. 5.12.2002 – 6 AZR 539/01, NZA 2003, 559), bei Lehrgangsdauer **bis zu 2 Monaten** zulässige Bindungsdauer bis zu 12 Monate (BAG Urt. v. 15.12.1993 – 5 AZR 279/93, NZA 1994, 835), bei Lehrgangsdauer **bis zu 4 Monaten** zulässige Bindungsdauer bis zu 24 Monate (BAG Urt. v. 6.9.1995 – 5 AZR 241/94, NZA 1996, 314), bei Lehrgangsdauer **6 bis 12 Monate** zulässige Bindungsdauer bis zu 36 Monate (BAG Urt. v. 5.6.2007 – 9 AZR 604/06, NZA-RR 2008, 107), bei Lehrgangsdauer **mehr als 24 Monate** zulässige Bindungsdauer bis zu 60 Monate (BAG Urt. v. 12.12.1979 – 5 AZR 1056/77,

DB 1980, 1704). Zu beachten ist dabei, dass bei mehreren Unterrichtsabschnitten die dazwischen liegenden Zeiten nicht mit zu berücksichtigen sind (BAG Urt. v. 6.9.1995 – 5 AZR 241/94, NZA 1996, 314).

8. Rückzahlungsvereinbarungen für vom Arbeitgeber verauslagte Aus- und Fortbildungskosten **benachteiligen den Arbeitnehmer nicht generell unangemessen.** Die Rechtsprechung nahm dabei wegen der Bereichsausnahme des früheren § 23 Abs. 1 AGBG **zunächst auf § 242 BGB als Prüfungsmaßstab** Bezug, wenn es darum ging, die Wirksamkeit solcher Fortbildungsvereinbarungen zu überprüfen (Vgl. BAG Urt. v. 16.3.1994 – 5 AZR 339/92, NZA 1994, 937; BAG Urt. v. 24.6.2004 – 6 AZR 383/03, NJW 2004, 3059; LAG Düsseldorf v. 21.6.2013 – 10 Sa 206/13 – BeckRS 2013, 71218). **Nach Inkrafttreten der Schuldrechtsreform** am 1.1.2002 wurde auf **§ 307 BGB Abs. 1 S. 1 BGB** Bezug genommen (vgl. BAG Urt. v. 11.4.2006 – 9 AZR 610/05, NJW 2006, 3083; LAG Düsseldorf Urt. v. 21.6.2013 – 10 Sa 206/13, BeckRS 2013, 71218). Danach sind einzelvertragliche Vereinbarungen, nach denen sich ein Arbeitnehmer an den Kosten einer vom Arbeitgeber finanzierten Ausbildung zu beteiligen hat, wenn er vor Ablauf bestimmter Fristen aus dem Arbeitsverhältnis ausscheidet, **grundsätzlich zulässig** (BAG Urt. v. 18.3.2008 – 9 AZR 186/07, NZA 2008, 1004; BAG Urt. v. 18.11.2008 – 3 AZR 192/07, NJW 2009, 1532; LAG Düsseldorf Urt. v. 21.6.2013 – 10 Sa 206/13, BeckRS 2013, 71218). Voraussetzung ist allerdings, dass die Aus- und Fortbildungsmaßnahme für den Arbeitnehmer **von geldwertem Vorteil** ist, sei es, dass bei seinem bisherigen Arbeitgeber die **Voraussetzungen einer höheren Vergütung** erfüllt sind oder sich die **erworbenen Kenntnisse auch anderweitig nutzbar machen lassen** (BAG Urt. v. 15.9.2009 – 3 AZR 173/08, NJW 2010, 550; LAG Düsseldorf Urt. v. 21.6.2013 – 10 Sa 206/13, BeckRS 2013, 71218). Außerdem müssen die Vorteile der Ausbildung und die Dauer der Bindung in einem angemessenen Verhältnis zueinander stehen. Das ist in erster Linie nach der Dauer der Aus- oder Fortbildungsmaßnahme, aber auch anhand der Qualität der erworbenen Qualifikation zu beurteilen. Grundsätzlich gilt dabei: Bei einer Fortbildungsdauer bis zu einem Monat ohne Verpflichtung zur Arbeitsleistung unter Fortzahlung der Bezüge ist eine Bindungsdauer bis zu sechs Monaten zulässig, bei einer Fortbildungsdauer bis zu zwei Monaten eine einjährige Bindung, bei einer Fortbildungsdauer von drei bis vier Monaten eine zweijährige Bindung, bei einer Fortbildungsdauer von sechs Monaten bis zu einem Jahr keine längere Bindung als drei Jahre und bei einer mehr als zweijährigen Dauer eine Bindung von fünf Jahren (LAG Düsseldorf Urt. v. 21.6.2013 – 10 Sa 206/13, BeckRS 2013, 71218). Abweichungen hiervon sind jedoch möglich. Eine verhältnismäßig lange Bindung kann auch bei kürzerer Ausbildung gerechtfertigt sein, wenn der Arbeitgeber ganz erhebliche Mittel aufwendet oder die Teilnahme an der Fortbildung dem Arbeitnehmer überdurchschnittlich große Vorteile bringt. **Es geht nicht um rechnerische Gesetzmäßigkeiten, sondern um richterrechtlich entwickelte Richtwerte, die einzelfallbezogenen Abweichungen zugänglich sind** (BAG Urt. v. 15.9.2009 – 3 AZR 173/08, NJW 2010, 550 unter Hinweis auf BAG Urt. v. 14.1.2009 – 3 AZR 900/07, NJW 2009, 2557; LAG Düsseldorf Urt. v. 21.6.2013 – 10 Sa 206/13, BeckRS 2013, 71218).

9. Nach der im Rahmen von § 307 BGB anzustellenden Interessenabwägung **ist auch der die Rückzahlungspflicht auslösende Tatbestand zu berücksichtigen.** Es ist nicht zulässig, die Rückzahlungspflicht schlechthin an das Ausscheiden des Arbeitnehmers zu knüpfen, das innerhalb der mit der Klausel vorgesehenen Bindungsfrist stattfindet. Vielmehr muss nach dem Grund des vorzeitigen Ausscheidens unterschieden werden (BAG Urt. v. 28.5.2013 – 3 AZR 103/12, NZA 2013, 1419; BAG NJW 2006, 3083; BAG Urt. v. 13.12.2011 – 3 AZR 791/09, NZA 2012, 738). Eine Rückzahlungsklausel stellt nur dann eine ausgewogene Gesamtregelung dar, wenn es **der Arbeitnehmer selbst in der Hand** hat, durch eigene Betriebstreue der Rückzahlungsverpflichtung zu entgehen. Verluste aufgrund von Investitionen, die nachträglich wertlos werden, hat grundsätzlich der Arbeitgeber zu tragen (BAG Urt. v. 13.12.2011 – 3 AZR 791/09, NZA 2012, 738). Hätte der betriebstreue Arbeitnehmer die in seine Aus- oder Weiterbildung investierten Betriebsausgaben aber dann zu erstatten, wenn die Gründe für die vorzeitige Beendigung des Arbeitsverhältnisses ausschließlich dem Verantwortungs- und Risikobereich des Arbeitgebers zuzurechnen sind, würde er mit den Kosten einer fehlgeschlagenen Investition des Arbeitgebers belastet. Sieht eine Vertragsklausel auch für einen solchen Fall eine Rückzahlungspflicht vor, berücksichtigt sie nicht die wechselseitig anzuerkennenden Interessen beider Vertragspartner, sondern einseitig nur diejenigen des Arbeitgebers. Damit benachteiligt eine solche Klausel den Arbeitnehmer unangemessen (BAG NJW 2004, 3059; BAG Urt. v. 13.12.2011 – 3 AZR 791/09, NZA 2012, 738; BAG Urt. v. 28.5.2013 – 3 AZR 103/12, NZA 2013, 1419).

10. Wegen der Unsicherheit, ob eine vereinbarte Rückzahlungsklausel AGB-rechtskonform ist, **sollte der Mitarbeiter die Kosten zunächst selber tragen** (*Berscheid/Kunz/Brand/Nebeling/Becker*, Praxis des Arbeitsrechts, 4. Aufl., 2013, Kap. 17 Rn. 922). Dementsprechend sind Vorschusszahlungen riskant und sollten nur unter klarem und eindeutigem Vorbehalt erfolgen um so die diesbezüglichen Risiken zum reduzieren.

11. Klauseln, die den Erstattungsanspruch des Arbeitgebers **nicht nur auf das Arbeitsentgelt** sondern **auch auf die Arbeitgeberanteile zur Sozialversicherung** erstrecken, werden als **nichtig** angesehen (*Berscheid/Kunz/Brand/Nebeling/Becker*, Praxis des Arbeitsrechts, 4. Aufl., 2013, Kap. 17 Rn. 923; *Preis/Stoffels*, Der Arbeitsvertrag, II A 120 Rn. 15). Vgl. auch: BAG Urt. v. 17.11.2005 – 6 AZR 160/05 – NZA 2006, 872. Das BSG hat entschieden, dass die Versicherungspflicht jeglicher privat- oder arbeitsrechtlicher Disposition entzogen ist (BSG Urt. v. 20.3.2013 – B 12 R 13/10 R –; LSG NRW Urt. v. 30.12.2013 – L 8 R 406/13 B ER).

12. Der **Verschuldensnachweis und dessen Geltendmachung bei Nichtbestehen der Prüfung** kann sich – nicht zuletzt auch in „menschlicher" Hinsicht – als **problematisch** darstellen. Dies legt nahe, hier eine **Pauschalregelung** aufzunehmen, die einen Abschluss des „gescheiterten Investments" ohne Diskurse über ein Verschulden ermöglicht. Der Wert von 25 % wurde dabei in Anlehnung an die Rechtsprechung des BAG zur sog. Abrufarbeit (§ 12 TzBfG) gewählt. Das BAG ging dort davon aus, dass eine unzulässige Verlagerung von Arbeitgeberrisiko auf den Arbeitnehmer anzunehmen ist, wenn vertraglich mehr als 25 % **der vereinbarten wöchentlichen Mindestarbeitszeit dem Abrufkontingent zugewiesen werden** (Vgl.: BAG Urt. v. 7.12.2005 – 5 AZR 535/04, NZA 2006, 423. Bestätigt durch BVerfG Urt. v. 23.11.2006 – 1 BvR 1909/06, NJW 2007, 286). Es erscheint vertretbar diese Wertung für diesen Regelungsgegenstand und dieses Regelungsziel heranzuziehen.

VII. Zeugnisse

1. Vorbemerkungen

Der Zeugnisanspruch für Arbeitnehmer ist nunmehr in § 109 GewO geregelt (§ 6 Abs. 2 GewO § 630 S. 4 BGB). Ein Arbeitgeber erfüllt den Zeugnisanspruch, wenn das von ihm erteilte Zeugnis nach Form und Inhalt den gesetzlichen Anforderungen des § 109 GewO entspricht. Auf Verlangen des Arbeitnehmers muss sich das Zeugnis auf Führung (Verhalten) und Leistung erstrecken (qualifiziertes Zeugnis), § 109 Abs. 1 Satz 3 GewO. Dabei richtet sich nach den vom BAG aufgestellten Grundsätzen der gesetzlich geschuldete Inhalt des Zeugnisses nach den mit ihm verfolgten Zwecken. Es dient dem Arbeitnehmer regelmäßig als Bewerbungsunterlage und ist insoweit Dritten, insbesondere möglichen künftigen Arbeitgebern, Grundlage für ihre Personalauswahl (BAG Urt. v. 11.12.2012 – 9 AZR 227/11, NJW 2013, 811; BAG NJW 2012, 1754; BAGE 97, 57). Dem Arbeitnehmer gibt es zugleich Aufschluss darüber, wie der Arbeitgeber seine Leistung beurteilt (BAGE 24, 112). Daraus ergeben sich als inhaltliche Anforderungen das **Gebot der Zeugniswahrheit** und das in § 109 Abs. 2 GewO auch ausdrücklich normierte **Gebot der Zeugnisklarheit** (BAGE 108, 86). Genügt das erteilte Zeugnis diesen Anforderungen nicht, kann der Arbeitnehmer die **Berichtigung des Arbeitszeugnisses oder dessen Ergänzung** verlangen (BAG NJW 2012, 1754; BAGE 127, 232; BAGE 108, 86).

Es ist grundsätzlich Sache des Arbeitgebers, das Zeugnis im Einzelnen zu verfassen (BAG Urt. v. 11.12.2012 – 9 AZR 227/11, NJW 2013, 811; BAG NJW 2012, 1754). Die Formulierung und Ausdrucksweise steht in seinem pflichtgemäßen Ermessen. **Maßstab** ist dabei ein **wohlwollender verständiger Arbeitgeber** (BAGE 127, 232). Der Arbeitgeber hat insoweit einen **Beurteilungsspielraum.** Dies gilt insbesondere für die Formulierung von Werturteilen. Sie lässt sich nicht bis in die Einzelheiten regeln und vorschreiben. Solange das Zeugnis allgemein verständlich ist und nichts Falsches enthält, **kann der Arbeitnehmer daher keine abweichende Formulierung verlangen** (BAG NJW 2012, 1754).

Schrifttum: *Berkowsky*, Der arbeitsrechtliche Zeugnisanspruch in der Insolvenz, NZI 2008, 224; *Berscheid/Kunz/Brand*, Praxis des Arbeitsrechts, 2. Aufl., 2003; *Burkard-Pötter*, Das Arbeitszeugnis, NJW Spezial 2013, 50; *Gäntgen*, Urteilsanmerkung zu BAG v. 14.10.2003 – 9 AZR 12/03 – Qualifiziertes Zeugnis – Darlegungs- und Beweislast, RdA 2005, 181; *Huber/Müller*, Das Arbeitszeugnis in Recht und Praxis, 14. Aufl., 2012; *Kölsch*, Die Haftung des Arbeitgebers bei nicht ordnungsgemäßer Zeugniserteilung, NZA 1985, 382; *Löw*, Aktuelle Rechtsfragen zum Arbeitszeugnis, NJW 2005, 3605; *Weuster*, Allgemeines Gleichbehandlungsgesetz und Zeugnisausstellung – Notwendige und empfehlenswerte Neuerungen Fachbeiträge Personalführung 5/2007, 52; *Weuster/Scheer*, Arbeitszeugnisse in Textbausteinen – Rationelle Erstellung, Analyse, Rechtsfragen, 12. Aufl., 2010.

2. Arbeitszeugnis eines Rechtsanwalt mit Bewertung Note Sehr gut

(Briefkopf Arbeitgeber)[2]

Zeugnis[1]

Herr . . . . . ., geb. am . . . . . . in . . . . . .[3] war vom . . . . . . bis zum . . . . . .[4] bei uns als Rechtsanwalt angestellt. Wir sind eine zivilrechtlich ausgerichtete Kanzlei mit vier Anwälten und sechs Mitarbeiterinnen. Die Kanzlei hat Ihren Schwerpunkt im Arbeitsrecht.

Herrn . . . . . . waren laufend folgende Arbeiten übertragen:[5]

* Fertigung von Gutachten
* Fertigung von Schriftsätzen und außergerichtlichen Schreiben
* Durchführung von Mandantengesprächen
* Wahrnehmung von Gerichtsterminen
* Büroorganisation

Herr . . . . . . hat sowohl gemeinsam mit dem Kanzleiinhaber/den Kanzleiinhabern Mandate bearbeitet als auch selbständig ein eigenes Referat betreut. Die von ihm erstellen Entwürfe von Schreiben, Schriftsätzen und Gutachten konnten stets ohne weiteres übernommen werden. In seinem Referat hat er die Fälle vom ersten Mandantengespräch bis zum Abschluss selbständig bearbeitet.

Herr . . . . . . hat die ihm übertragenen Arbeiten stets zu unserer vollsten Zufriedenheit[6] erledigt. Sein Verhalten gegenüber Vorgesetzten, Mitarbeitern und Mandanten war stets einwandfrei/vorbildlich.

Wir bedauern sein Ausscheiden und wünschen ihm für den weiteren Lebensweg alles Gute.[7]

. . . . . ., den . . . . . .

(Arbeitgeber)[8, 9]

Anmerkungen

1. Dieses Muster betrifft die Fallgruppe der **Bewertung „Sehr Gut"**. Die Bewertung „Gut" wird nach der sog. **Zufriedenheitsskala** regelmäßig (Vgl. BeckFormB/Arbeitsrecht/ *Walenta* A.XVI. 1 Anm. 8; LAG Hessen BB 1987, 2370; LAG Köln NZA-RR 1996, 41; LAG Köln Urt. v. 5.5.2003 LAGE Nr. 1 zu § 630 BGB 2002) wie folgt zum Ausdruck gebracht: „Er hat die ihm übertragenen Arbeiten stets zu unserer vollen Zufriedenheit erledigt. Sein Verhalten gegenüber Vorgesetzten und Mitarbeitern war einwandfrei/vorbildlich." Die **Bewertung „Befriedigend"** wird wie folgt zum Ausdruck gebracht: „Er hat die ihm übertragenen Arbeiten zu unserer vollen Zufriedenheit erledigt. Sein Verhalten gegenüber Vorgesetzten und Mitarbeitern war gut.". Die **Bewertung „Ausreichend"** wie folgt: „Er hat die ihm übertragenen Arbeiten zu unserer Zufriedenheit erledigt. Sein Verhalten gegenüber Vorgesetzten und Mitarbeitern war stets befriedigend." Die **Bewertung „Mangelhaft"** wie folgt: „Er hat die ihm übertragenen Arbeiten im Großen und Ganzen zu unserer Zufriedenheit erledigt. Er hat alle Arbeiten ordnungsgemäß erledigt. Sein Verhalten im Dienst war angemessen." Die **Bewertung Ungenügend** wie folgt: „Er hat sich bemüht, die ihm übertragenen Arbeiten zu unserer Zufriedenheit zu erledigen. Er war stets um ein gutes Verhältnis zu Kollegen und Vorgesetzten bemüht." Vgl. auch **LAG Hamm** LAGE § 630 BGB Nr. 16: Eine Notenskala mit nur fünf Noten lässt nicht die gesamte Bandbreite der Bewertung zu. Eine **Notenskala mit sieben Stufen** lässt weitere Bewertungen nach oben wie nach unten zu. Es empfiehlt sich, **folgende Notenskala** zu übernehmen: „stets zu unserer vollsten Zufriedenheit erledigt" = sehr gute Leistungen; „stets zu unserer vollen Zufriedenheit erledigt" = gute Leistungen; „zu unserer vollen Zufriedenheit erledigt" = vollbefriedigende Leistungen; „stets zu unserer Zufriedenheit erledigt" = befriedigende Leistungen; „zu unserer Zufriedenheit erledigt" = ausreichende Leistungen; „im großen und ganzen zu unserer Zufriedenheit erledigt" = mangelhafte Leistungen; „zu unserer Zufriedenheit zu erledigen versucht" = unzureichende Leistungen. Zur Beweislast bei Anwendung der Zufriedenheitsskala vgl.: LAG Berlin-Brandenburg Urt. v. 21.3.2013 – 18 Sa 2133/12, BeckRS 2013, 70587 mwN.

2. Der **Zeugnisanspruch** ist grds. eine **Holschuld**. Ein Zeugnis ist am Ende des Arbeitsverhältnisses im Betrieb abzuholen, sofern nicht ausnahmsweise besondere Umstände dieses unzumutbar machen (LAG Berlin-Brandenburg v. 6.2.2013 – 10 Ta 31/13 – BeckRS 2013, 66712; BAG NJW 1995, 2373). Dabei ist auch bei postalischer Versendung kein Adressfeld aufzunehmen (BeckFormB ArbeitsR/*Walenta*, A.XVI.1. mwN). Wer ohne Abholversuch ein Zeugnis einklagt, hat in aller Regel die Kosten zu tragen (LAG Berlin-Brandenburg Urt. v. 6.2.2013 – 10 Ta 31/13 – BeckRS 2013, 66712). Zum Streitwert bei Geltendmachung von Ansprüchen auf qualifiziertes Zwischenzeugnis und Endzeugnis im Rahmen einer Bestandsschutzstreitigkeit vgl.: LAG Baden-Württemberg Urt. v. 8.1.2014 – 5 Ta 184/13, NZA-RR 2014, 152 und LAG Baden-Württemberg Urt. v. 5.11.2013 – 5 Ta 126/13, BeckRS 2013, 74726.

3. Die **Angabe des Geburtsortes** erfolgt regelmäßig. Teilweise wird unter Verweis auf das **AGG** dazu aufgefordert, darauf zu verzichten, da ausländische Geburtsorte Vermutungen über die Herkunft auslösen könnten (Vgl.: *Weuster*, Allgemeines Gleichbehandlungsgesetz und Zeugnisausstellung – Notwendige und empfehlenswerte Neuerungen Fachbeiträge Personalführung 5/2007, 52 (54)).

4. Gem. § 109 GewO hat der Arbeitnehmer bei Beendigung eines Arbeitsverhältnisses Anspruch auf ein schriftliches Zeugnis. Das Zeugnis muss mindestens Angaben zu Art und Dauer der Tätigkeit (einfaches Zeugnis) enthalten. Dabei ist mit der **Dauer der Tätigkeit der rechtliche Bestand des Arbeitsverhältnisses gemeint** (LAG Köln Urt. v. 4.3.2009 – 3 Sa 1419/08; NZA 2005, 1237; BGHZ 49, 30 (33)). Lediglich in Einzelfällen kann es geboten sein, bei länger andauernden Zeiträumen einer tatsächlichen Nichtbeschäftigung diese zusätzlich im Zeugnis kenntlich zu machen. Keinesfalls kann dies jedoch dazu führen, dass auf die Wiedergabe des rechtlichen Beendigungsdatums im Zeugnis insgesamt verzichtet wird (LAG Köln Urt. v. 4.3.2009 – 3 Sa 1419/08).

5. Die **Darstellung der übertragenen Arbeiten ist ggf. anzupassen**. Vom Arbeitgeber wird verlangt, dass er den Arbeitnehmer auf der Grundlage von Tatsachen beurteilt und, soweit dies möglich ist, ein **objektives Bild über den Verlauf des Arbeitsverhältnisses vermittelt** (BAG NJW 2001, 2995; BAG NJW 2005, 3659). Dabei ist der Grundsatz der Zeugniswahrheit (BAG NJW 1960, 1973; BAG NJW 2005, 3659) zu beachten. Er erstreckt sich auf alle wesentlichen Tatsachen und Bewertungen, die für die Gesamtbeurteilung des Arbeitnehmers von Bedeutung sind und an deren Kenntnis ein künftiger Arbeitgeber ein berechtigtes und verständiges Interesse haben kann (BAG NJW 2005, 3659 unter Verweis auf BAG Urt. v. 29.9.1981 – 3 AZR 132/79). Die Tätigkeiten des Arbeitnehmers sind in einem Zeugnis **so vollständig und genau zu beschreiben, dass sich künftige Arbeitgeber ein klares Bild machen können** (BAG Urt. v. 12.8.1976 – 3 AZR 720/75, AP BGB § 630 Nr. 11). Insbesondere muss das Zeugnis ein objektives Bild über den Verlauf des Arbeitsverhältnisses vermitteln (BAG NJW 2005, 3659 mwN). Dabei darf Unwesentliches verschwiegen werden, da der Grundsatz der Zeugniswahrheit durch das Verbot, das weitere Fortkommen des Arbeitnehmers ungerechtfertigt zu erschweren, ergänzt wird (BAG NJW 2005, 3659).

6. Betreffend die konkrete Formulierung der „Note" verweist das BAG auf die empirische Untersuchung von *Weuster/Scheer* (Arbeitszeugnisse in Textbausteinen S. 81) wonach die Zufriedenheitsformel in rd. 88 % von 1000 Zeugnissen verwendet wurde (BAG NJW 2004, 2770). Ausgehend von den dem Arbeitnehmer übertragenen Tätigkeiten und dem sich daraus ergebenden Anforderungsprofil wird dabei die Leistung des Arbeitnehmers daran gemessen, wie der Arbeitgeber mit der Aufgabenerfüllung „zufrieden" war. **Der Begriff „zufrieden" bezeichnet abweichend vom üblichen Sprachgebrauch nicht die subjektive Befindlichkeit des Arbeitgebers.** Er enthält vielmehr eine auf die Arbeitsaufgabe abgestellte Beurteilung, die sich an den objektiven Anforderungen orientiert, die üblicherweise an einen Arbeitnehmer mit vergleichbarer Aufgabe gestellt werden. Verstärkende oder abschwächende Zusätze führen zu einer Schul- oder Prüfungsnoten vergleichbaren Skala, die von „sehr gut", über „gut" und „befriedigend" bis hin zu „ausreichend" und „mangelhaft" reicht (BAG NJW 2004, 2770).

7. Der Arbeitnehmer hat **keinen Anspruch auf einen solchen Dank und gute Wünsche im Zeugnis.** Der Arbeitgeber ist gesetzlich nicht verpflichtet, das Arbeitszeugnis mit Formulierungen abzuschließen, in denen er dem Arbeitnehmer für die geleisteten Dienste dankt, dessen Ausscheiden bedauert oder ihm für die Zukunft alles Gute wünscht (BAG NZA 2013, 324). Das einfache Zeugnis muss nach § 109 Abs. 1 S. 2 GewO mindestens Angaben zu Art und Dauer der Tätigkeit enthalten. Der Arbeitnehmer kann gemäß § 109 Abs. 1 S. 3 GewO verlangen, dass sich die Angaben darüber hinaus auf Leistung und Verhalten im Arbeitsverhältnis (qualifiziertes Zeugnis) erstrecken. **Aussagen über persönliche Empfindungen des Arbeitgebers gehören damit nicht zum notwendigen Zeugnisinhalt.** Ist der Arbeitnehmer mit einer vom Arbeitgeber in das Zeugnis aufgenommenen Schlussformel nicht einverstanden, kann er nur die Erteilung eines Zeugnisses ohne diese Formulierung verlangen (BAG NZA 2013, 324). Gleichwohl entspricht es nach wie vor der Üblichkeit solche Schlussformeln einzufügen. Nach dem ArbG München (Urt. v. 22.3.2012 – 23 Ca 8191/11 – BeckRS 2012, 71772; vgl. dazu auch: NJW-Spezial 2012, 596) verschließt sich kein vernünftiger Arbeitgeber heute einem derartigen ausdrücklichen Wunsch des Arbeitnehmers nach einer Schlussformel. Bei der Entscheidung, ob eine solche Schlussformel eingefügt wird, ist zu beachten, dass der Arbeitgeber an **den Inhalt eines einmal erteilten Zeugnisses grundsätzlich gebunden** ist (BAG NZA 2006, 104).

8. Ein vom Arbeitgeber berichtigtes Zeugnis ist **auf das ursprüngliche Ausstellungsdatum zurückzudatieren,** wenn die verspätete Ausstellung nicht vom Arbeitnehmer zu vertreten ist (BAG NJW 1993, 2196).

9. Zu beachten sind die vom BAG zur Unterschrift aufgestellten Grundsätze. Gem. § 109 GewO hat der Arbeitgeber dem Arbeitnehmer bei Beendigung des Arbeitsverhältnisses ein Arbeitszeugnis zu erteilen. Das **Zeugnis ist schriftlich abzufassen;** es bedarf daher der **Unterzeichnung (§ 126 BGB).** Ist das Zeugnis wegen fehlender oder mangelhafter Unterzeichnung nicht ordnungsgemäß, ist der Zeugnisanspruch des Arbeitnehmers nicht durch Erfüllung erloschen (§ 362 Abs. 1 BGB). Der Arbeitnehmer kann vom Arbeitgeber verlangen, dass dieser das Zeugnis erneut erstellt, mit einer ordnungsgemäßen Unterschrift versieht und ihm aushändigt (BAG NJW 2006, 2427; BAG Urt. v. 26.6.2001 – 9 AZR 392/00, AP BGB § 630 Nr. 27). **Die Anforderungen an die unterzeichnende Person ergeben sich aus dem Zweck des Zeugnisses.** Es soll zum einen dem Arbeitnehmer Aufschluss über seine Beurteilung durch den Arbeitgeber geben. Zum anderen dient es der Unterrichtung künftiger Arbeitgeber über die Befähigung des

Arbeitnehmers. Es soll dem Arbeitnehmer die Suche nach einer neuen Beschäftigung erleichtern. Hierfür ist die Person des Unterzeichnenden von erheblichem Belang. Mit seiner Unterschrift übernimmt der Unterzeichnende als Aussteller des Zeugnisses die Verantwortung für dessen inhaltliche Richtigkeit. Der Dritte, dem das Zeugnis bestimmungsgemäß als Bewerbungsunterlage vorgelegt wird, soll und muss sich darauf verlassen können, dass die Aussagen über Leistung und Verhalten des Arbeitnehmers richtig sind. **Dieser Zweck erfordert nicht, dass das Zeugnis vom bisherigen Arbeitgeber selbst oder seinem gesetzlichen Vertretungsorgan gefertigt und unterzeichnet wird** (BAG NJW 2006, 2427). Der Arbeitgeber kann einen unternehmensangehörigen Vertreter als Erfüllungsgehilfen beauftragen, das Zeugnis in seinem Namen zu erstellen. In einem solchen Fall sind jedoch das **Vertretungsverhältnis und die Funktion des Unterzeichners anzugeben.** Fachliche Zuständigkeit und Rang in der Hierarchie geben Aufschluss über die Kompetenz des Ausstellers und ermöglichen dem Zeugnisleser eine Einschätzung der Richtigkeit der im Zeugnis zur Beurteilung des Arbeitnehmers getroffenen Aussagen (BAG Urt. v. 21.9.1999 – 9 AZR 893/98, AP BGB § 630 Nr. 23). Das BAG fordert deshalb, dass ein das Zeugnis **unterschreibender Vertreter des Arbeitgebers ranghöher als der Zeugnisempfänger sein muss.** Das setzt regelmäßig voraus, dass er **dem Arbeitnehmer gegenüber weisungsbefugt** war (BAG DB 2001, 2450). Der Zeugnisleser muss dieses Merkmal ohne weitere Nachforschungen aus dem Zeugnis ablesen können (BAG NJW 2006, 2427; BAG Urt. v. 26.6.2001 – 9 AZR 392/00, AP BGB § 630 Nr. 27). Es ist nicht zulässig, dass in Vertretung des Arbeitgebers ein freiberuflich tätiger Rechtsanwalt das Zeugnis ausstellt und unterschreibt (LAG Hamm MDR 2000, 590).

3. Arbeitszeugnis einer Rechtsfachwirtin mit Bewertung Note Gut

(Briefkopf Arbeitgeber)[2]

Zeugnis[1]

Frau . . . . . ., geb. am . . . . . . in . . . . . .[3] war vom . . . . . . bis zum . . . . . . als Rechtsfachwirtin bei uns angestellt. Wir sind eine zivilrechtlich ausgerichtete Kanzlei mit vier Anwälten und sechs Mitarbeiterinnen.

Frau . . . . . . übernahm Leitungsaufgaben in unserer Anwaltskanzlei in organisatorischer und betriebswirtschaftlicher Hinsicht. Zudem erledigte sie qualifizierte Sachbearbeiteraufgaben in Vollstreckungsangelegenheiten und unterstützte die Rechtsanwälte und Rechtsanwältinnen bei der Mandantenbetreuung.[4]

Frau . . . . . . hat dabei u. a. folgende Tätigkeiten ausgeführt:

- Organisation des Büroablaufs
- Überwachung der Kommunikationssysteme
- betriebswirtschaftliche Problemanalysen
- Leitung des Rechnungswesens
- eigenverantwortlicher Personaleinsatz sowie Personalführung
- Berufsausbildung
- dienstleistungsorientierter Umgang mit Mandanten und Dritten
- Betreuung des gesamten Kostenwesens der Kanzlei
- Einlegung von Rechtsmitteln und Rechtsbehelfen
- eigenverantwortliche Bearbeitung sämtlicher Vollstreckungsangelegenheiten unter Berücksichtigung des jeweiligen materiellen Rechts.[5]

Die von Frau . . . . . . gefertigten Entwürfe konnten vom Rechtsanwalt stets ohne weiteres übernommen werden.

Frau . . . . . . hat die ihr übertragenen Arbeiten stets zu unserer vollen Zufriedenheit[6] erledigt. Ihr Verhalten gegenüber Vorgesetzten, Mitarbeitern und Mandanten war einwandfrei/vorbildlich.

Wir bedauern ihr Ausscheiden und wünschen ihr für den weiteren Lebensweg alles Gute.[7]

. . . . . ., den . . . . . .

(Arbeitgeber)[8, 9]

Anmerkungen

1. Notenskala → Form. J. VII. 2 Anm. 1.

2. Briefkopf Arbeitgeber → Form. J. VII. 2 Anm. 2.

3. Geburtsort → Form. J. VII. 2 Anm. 3.

4. Vgl. die Darstellung des Berufsbildes des Rechtsfachwirtes bei der Bundesagentur für Arbeit (vgl. Website der Bundesagentur für Arbeit, Abruf 20.5.2014).

5. Vgl. § 1 der Verordnung über die Prüfung zum anerkannten Abschluss Geprüfter Rechtsfachwirt/Geprüfte Rechtsfachwirtin vom 23. August 2001 (BGBl. I S. 2250), die durch Artikel 36 des Gesetzes vom 23. Juli 2013 (BGBl. I S. 2586) geändert worden ist.

6. Zufriedenheitsskala → Form. J. VII. 2 Anm. 6.

7. Schlussformel → Form. J. VII. 2 Anm. 7.

8. Datum → Form. J. VII. 2 Anm. 8.

9. Unterschrift → Form. J. VII. 2 Anm. 9.

4. Einfaches Zeugnis einer Rechtsanwaltsfachangestellten

(Briefkopf Arbeitgeber)[2]

Arbeitszeugnis[1]

Frau . . . . . ., geboren am . . . . . . in . . . . . .[3] war in der Zeit vom . . . . . . bis zum . . . . . .[4] als Rechtsanwaltsfachangestellte bei uns beschäftigt.

Sie hat u. a. folgende Tätigkeiten ausgeführt:[5]

- Erstkontakt zum Mandanten am Empfang und Telefon
- Organisation des Post-, E-Mail- und Faxverkehrs
- Fertigung von Schriftsätzen nach Diktat
- Selbständige Bearbeitung einfacher Korrespondenz
- Erstellen von Rechnungen
- Vereinbarung von Terminen
- Notieren und Überwachen von Fristen
- Ausführung Buchführungsaufgaben
- Planung von Besprechungen.

Wir mussten Frau . . . . . . (Name) im Zuge einer betriebsbedingten Umstrukturierung noch während der Probezeit entlassen.[6]

Wir bedauern dies, bedanken uns für die Zusammenarbeit und wünschen ihr die Zukunft alles Gute.[7]

. . . . . ., den . . . . . .

(Unterschrift)[8, 9]

Anmerkungen

1. Der Arbeitnehmer hat **nach seiner Wahl** einen **Anspruch auf ein einfaches oder ein qualifiziertes Zeugnis** (LAG Köln BB 2001, 1959). Ein qualifiziertes Zeugnis muss sich auf Leistung und Führung erstrecken. Eine **Zwischenform** zwischen einfachem Zeugnis und qualifiziertem Zeugnis **gibt es nicht** und es ist nicht zulässig, ein Zeugnis allein über die Leistung oder allein über die Führung auszustellen (LAG Köln BB 2001, 1959).

2. Briefkopf Arbeitgeber. → Form. J. VII. 2 Anm. 2.

3. Geburtsort. → Form. J. VII. 2 Anm. 3.

4. Beendigungsdatum. → Form. J. VII. 2 Anm. 4.

5. Der **Grundsatz der Zeugniswahrheit** ist zu beachten (BAG NJW 2012, 1754). Leistungen, die nicht tatsächlich erbracht wurden, sind zu streichen bzw. der Text ist bei weiteren ausgeführten Arbeiten zu ergänzen.

6. Formulierung nach Becksches Formularbuch Arbeitsrecht/*Walenta*, A.XVI.2..

7. Schlussformel. → Form. J. VII. 2 Anm. 7.

8. Datum. → Form. J. VII. 2 Anm. 8.

9. Unterschrift. → Form. J. VII. 2 Anm. 9.

5. Zwischenzeugnis einer Notarfachangestellten mit Bewertung Note Befriedigend

(Briefkopf Arbeitgeber)[2]

Zwischenzeugnis[1]

Frau . . . . . ., geb. am . . . . . . in . . . . . .[3] ist seit dem . . . . . . als Notarfachangestellte bei uns beschäftigt. Wir sind eine Rechtsanwalts- und Notariatskanzlei mit einem Notar, drei Rechtsanwälten und fünf Mitarbeiterinnen.

Frau . . . . . . ist im Notariatsbereich unserer Kanzlei tätig. Ihr oblagen insbesondere folgende Aufgaben:[4]

- Fallbezogene Rechtsanwendung im bürgerlichen Recht, Handels- und Gesellschaftsrecht sowie im Arbeits- und Sozialrecht
- Mitarbeit im Urkundswesen und Führen der Bücher
- Mitarbeit bei der Vorbereitung und Abwicklung von Notariatsgeschäften im Liegenschafts- und Grundbuchrecht

- fallbezogene Rechtsanwendung im Verfahren der freiwilligen Gerichtsbarkeit
- Mitarbeit in registerrechtlichen Angelegenheiten
- Mitarbeit in familien- und erbrechtlichen Angelegenheiten
- Erstellen von Notarkostenrechnungen

Sie hat die ihr übertragenen Arbeiten zu unserer vollen Zufriedenheit erledigt. Ihr Verhalten gegenüber Vorgesetzten, Mitarbeitern und Mandanten war gut.

Das Zwischenzeugnis wurde auf Wunsch von Frau . . . . . . erteilt. Anlass war das bevorstehende Ausscheiden von Rechtsanwalt . . . . . . aus der Kanzlei.

. . . . . ., den . . . . . .

(Arbeitgeber)[5, 6]

Anmerkungen

1. **Unabhängig** von spezifischen Tarifregelungen und von diesen normierten besonderen **Anforderungen für einen Anspruch auf Erteilung eines qualifizierten Zwischenzeugnisses** (vgl. dazu: BAG NZA 1999, 894) hat der Arbeitnehmer im bestehenden Arbeitsverhältnis aufgrund **arbeitsvertraglicher Nebenpflicht** des Arbeitgebers grundsätzlich einen **Anspruch auf Erteilung eines (qualifizierten) Zwischenzeugnisses**, also eines vorläufigen Zeugnisses (als einem gegenüber dem bei rechtlicher Beendigung des Arbeitsverhältnisses bestehenden Anspruch auf ein Endzeugnis subsidiären Anspruch), wenn hierfür ein **ausreichender – „triftiger"** – Grund, besondere Umstände vorliegen, die bei verständiger Betrachtung einen solchen Wunsch des Arbeitnehmers als berechtigt erscheinen lassen (LAG Hamm 16.1.2012 – 7 Sa 1201/11 –; LAG München Urt. v. 20.6.2012 – 10 Sa 951/11 –; LAG München 23.7.2009 – 4 Sa 103/09 –). Dies können etwa eine Versetzung des Arbeitnehmers in einen anderen Arbeitsbereich oder auch ein Vorgesetztenwechsel sein (LAG Hamm Urt. v.16.1.2012 – 7 Sa 1201/11 –; LAG München Urt. v. 20.6.2012 – 10 Sa 951/11 –; LAG München Urt. v. 23.7.2009 – 4 Sa 103/09 –; LAG Hamm NZA-RR 2007, 486 f; LAG Hessen v. 28.3.2003 – 12 SaGa 1744/02 – Beck-RS 2003, 30449289). Als berechtigtes Interesse ist es nicht ausreichend, dass das Zwischenzeugnis nur als Beweismittel in einem weiteren Prozess dienen soll (BAG NZA 1993, 1031). Nach einer rechtskräftigen Beendigung des Arbeitsverhältnisses besteht keine Rechtsgrundlage, auf die der Arbeitnehmer nach dem Ablauf der Kündigungsfrist einen Anspruch auf ein Zwischenzeugnis stützen könnte (LAG Rheinland-Pfalz Urt. v. 26.10.2007 – 9 Sa 307/07 –). Hat der Arbeitgeber **einmal ein Zwischenzeugnis erteilt,** so ist er regelmäßig **an den Inhalt des Zwischenzeugnisses gebunden,** wann er ein Endzeugnis erteilt (LAG Hamm Urt. v. 14.1.2011 – 7 Sa 1615/10; AnwBl. 2011, 210; BAG Urt. v. 16.10.2007 – 9 AZR 248/07 – NJW 2008, 1175).

2. Briefkopf Arbeitgeber → Form. J. VII. 2 Anm. 2.

3. Geburtsort → Form. J. VII. 2 Anm. 3.

4. Vgl. § 6 der ReNoPat-Ausbildungsverordnung vom 23. November 1987 (BGBl. I S. 2392), die zuletzt durch Artikel 35 des Gesetzes vom 23. Juli 2013 (BGBl. I S. 2586) geändert worden ist.

5. Datum → Form. J. VII. 2 Anm. 8.

6. Unterschrift → Form. J. VII. 2 Anm. 9.

6. Einfaches Ausbildungszeugnis

(Briefkopf Kanzlei) . . . . . .

(Ausbilder)

Ausbildungszeugnis[1, 2]

Frau . . . . . ., geb. . . . . . . in . . . . . .[3] wurde vom . . . . . . bis zum . . . . . . in unserer Kanzlei zur Rechtsanwalts- und Notariatsfachangestellten ausgebildet. Wir sind eine Rechtsanwalts- und Notariatskanzlei mit drei Berufsträgern und drei Mitarbeiterinnen im Notariatsbereich sowie zwei Mitarbeiterinnen im Anwaltsbereich.

Frau . . . . . . durchlief bei ihrer Ausbildung sowohl den Anwaltsbereich als auch den Notariatsbereich.

Frau . . . . . . wurden alle von der Ausbildungsordnung vorgegebenen Fertigkeiten und Kenntnisse vermittelt. Gegenstand der Ausbildung war insbesondere[4]

- die Stellung des Rechtsanwalts, des Notars und des Patentanwalts
- Büropraxis und Büroorganisation
- Aufgaben und Aufbau der Rechtspflege
- Fallbezogene Rechtsanwendung im bürgerlichen Recht, Handels- und Gesellschaftsrecht, im Registerrecht sowie im Arbeits- und Sozialrecht
- Mitarbeit bei der Vorbereitung und Abwicklung von Notariatsgeschäften im Liegenschafts- und Grundbuchrecht
- fallbezogene Rechtsanwendung im Zivil-, Straf- und Bußgeldverfahren sowie im Verfahren der freiwilligen Gerichtsbarkeit
- Mitarbeit im gerichtlichen Mahnverfahren,
- Bearbeitung von Zwangsvollstreckungsangelegenheiten
- Mitarbeit im Urkundswesen und Führen der Bücher
- Erstellen von Vergütungs- und Kostenrechnungen
- Grundlagen der besonderen Gerichtszweige

Wir wünschen Frau . . . . . . für die Zukunft alles Gute.[5]

. . . . . ., den . . . . . .

(Arbeitgeber)[6]

Anmerkungen

1. Rechtsgrundlage für das Ausbildungszeugnis ist § 16 BBiG. Das in § 16 BBiG geregelte Ausbildungszeugnis unterscheidet sich inhaltlich vom Arbeitszeugnis (LAG Rheinland-Pfalz Urt. v. 11.1.2008 – 9 Sa 587/07). Das Zeugnis muss Angaben enthalten über Art, Dauer und Ziel der Berufsausbildung sowie über die erworbenen beruflichen Fertigkeiten, Kenntnisse und Fähigkeiten der Auszubildenden. Auf Verlangen Auszubildender sind auch Angaben über Verhalten und Leistung aufzunehmen. Haben Ausbildende die Berufsausbildung nicht selbst durchgeführt, so soll auch der Ausbilder oder die Ausbilderin das Zeugnis unterschreiben.

2. Vgl. auch das Formulierungsmuster für ein Ausbildungszeugnis für eine Rechtsanwaltsgehilfin bei Berscheid/Kunz/Brand/*Berscheid*, Praxis des Arbeitsrechts, 2. Aufl. (2003) Teil 4 D. III. Rn. 1584, S. 1410.

3. Geburtsort. → Form. J. VII. 2 Anm. 3.

4. Vgl. §§ 4, 7 ReNoPat-Ausbildungsverordnung vom 23.11.1987 (BGBl. I S. 2392), die zuletzt durch Art. 35 des Gesetzes vom 23. Juli 2013 (BGBl. I S. 2586) geändert worden ist.

5. Schlussformel. → Form. J. VII. 2 Anm. 7.

6. Haben Ausbildende die Berufsausbildung nicht selbst durchgeführt, so soll auch der Ausbilder oder die Ausbilderin das Zeugnis unterschreiben (§ 16 Abs. 1 S. 3 BBiG).

7. Qualifiziertes Ausbildungszeugnis mit Bewertung Note Ausreichend

Briefkopf Kanzlei

(Ausbilder)

Ausbildungszeugnis

Frau . . . . . ., geb. am . . . . . . in . . . . . .[1] stand in der Zeit vom . . . . . . bis zum . . . . . . mit unserer Kanzlei in einem Ausbildungsverhältnis zur Patentfachanwaltsangestellten. Wir sind eine Kanzlei mit vier Rechtsanwälten – davon zwei Patentanwälte – und sechs Mitarbeiterinnen.

Frau . . . . . . durchlief in ihrer Ausbildungszeit den Rechtsanwaltsbereich als auch den Patentanwaltsbereich.

Frau . . . . . . wurden die in der Ausbildungsordnung vorgesehenen Fertigkeiten und Kenntnisse vermittelt, insbesondere[2]

- fallbezogene Rechtsanwendung im bürgerlichen Recht, Handels- und Gesellschaftsrecht sowie im Arbeits- und Sozialrecht
- fallbezogene Rechtsanwendung im gewerblichen Rechtsschutz
- Mitarbeit bei der Anmeldung gewerblicher Schutzrechte
- Mitarbeit bei der Anmeldung gewerblicher Schutzrechte in wichtigen Auslandsstaaten
- Mitarbeit bei der Anmeldung eines Europäischen Patentes, eines Patents nach dem Patentzusammenarbeitsvertrag (PCT), einer Internationalen Registrierung von Marken, einer Internationalen Registrierung von Geschmacksmustern, einer Gemeinschaftsmarke, eines Gemeinschaftsgeschmacksmusters
- Mitarbeit im Erteilungs- und Eintragungsverfahren im gewerblichen Rechtsschutz
- Überwachen von Fristen im gewerblichen Rechtsschutz
- Mitarbeit bei der Aufrechterhaltung, Verteidigung und Umschreibung gewerblicher Schutzrechte
- Mitarbeit bei Nichtigkeits-, Löschungs- und Verletzungsverfahren
- Mitarbeit bei der Einlegung von Rechtsmitteln
- Erstellen von Vergütungs-, Gebühren- und Kostenrechnungen

(Besondere Leistungsbeurteilung der Auszubildenden).[3]

Frau . . . . . . hat die ihr übertragenen Aufgaben zu unserer Zufriedenheit erledigt.

Ihr Verhalten gegenüber Vorgesetzten, Kolleginnen und Mandanten war einwandfrei.

Frau . . . . . . beendete das Ausbildungsverhältnis mit dem erfolgreichen Abschluss der Ausbildung.

Eine Übernahme von Frau . . . . . . (Name) in ein Arbeitsverhältnis konnte nicht erfolgen, da in unserer Kanzlei über Bedarf ausgebildet wird und eine freie Stelle bei Beendigung der Ausbildung nicht vorhanden war.

Wir wünschen Frau . . . . . . für die Zukunft alles Gute.[4]

. . . . . ., den . . . . . .

(Arbeitgeber)[5]

Anmerkungen

1. Geburtsort → Form. J. VII. 2 Anm. 3.

2. Vgl. §§ 4, 8 ReNoPat-Ausbildungsverordnung vom 23.11.1987 (BGBl. I S. 2392), die zuletzt durch Art. 35 des Gesetzes vom 23. Juli 2013 (BGBl. I S. 2586) geändert worden ist.

3. In das Ausbildungszeugnis und die dortige Leistungsbeurteilung gehören zudem **Ausführungen zur Zielstrebigkeit, zur Auffassungsgabe, zum Fleiß, zum Eifer, zur Sorgfalt, zum Interesse an der Ausbildung, zum erreichten Kenntnisstand, zur Verlässlichkeit, zur Selbständigkeit** (Berscheid/Kunz/Brand/Berscheid, Praxis des Arbeitsrechts, 2. Aufl. (2003) Teil 4 D. III. Rn. 1583 S. 1409).

4. Schlussformel → Form. J. VII. 2 Anm. 7.

5. Haben Ausbildende die Berufsausbildung nicht selbst durchgeführt, so soll auch der Ausbilder oder die Ausbilderin das Zeugnis unterschreiben (§ 16 Abs. 1 S. 3 BBiG).

K. Ausbildungsverhältnisse

I. Vorbemerkungen

„Ausbildung" im weitesten Sinne kommt in der Rechtsanwaltskanzlei in mehr Varianten vor, als es auf den ersten Blick scheint. Im Vordergrund steht die Ausbildung von **Rechtsanwaltsfachassistenten und Fachassistentinnen** und den verwandten Berufsfeldern. Diese Tätigkeit wird etwa im „Berufenet" der Bundesagentur für Arbeit (www.berufenet.arbeits agentur.de) als zwar extrem vielseitig, aber auch zeitintensiv, von hohem Termindruck und Erwartungshaltungen sowie von ständiger Bildschirmarbeit geprägt beschrieben. Das traditionell fast ausschließlich von weiblichen Auszubildenden und Arbeitnehmerinnen besetzte Berufsfeld kann in seiner Bedeutung gar nicht unterschätzt werden, wenn man sich vergegenwärtigt, dass der Rechtsanwalt viele Berufspflichten nur auf ausgebildete Fachkräfte delegieren darf (dazu zählen Anweisungen, die mit der Einhaltung von Fristen zusammenhängen) und die meisten anwaltlichen Berufsanfänger aus eigener Erfahrung berichten können, dass sie ohne eine erfahrene Fachangestellte kaum die Formalien des Arbeitsalltags bewältigen. Dass dieser besondere Status umgekehrt nur mit einer qualitätvollen Ausbildung zu erreichen ist, die in alle Aspekte des Anwaltsberufs Einblicke verschafft, versteht sich von selbst.

Auch der **juristische Nachwuchs** wird natürlich in einer Anwaltskanzlei ausgebildet: Von den 5 – 6 „Stationen", die Rechtsreferendare in allen Bundesländern durchlaufen, ist stets eine ausdrücklich als „Anwaltsstation" bezeichnete Station in allen Bundesländern Pflicht. Die tatsächliche anwaltliche Ausbildung geht aber schon deshalb darüber hinaus, weil – nicht nur im Rahmen von Nebentätigkeiten, sondern auch im Rahmen von sog. „Wahlstationen" – arbeitszeitlich sogar die Mehrheit des „Trainings" junger Juristen in Anwaltskanzleien stattfinden dürfte. Das ist nicht nur prägend, sondern auch karrierewichtig, da die meisten Juristen nach dem zweiten Staatsexamen in die Anwaltschaft wechseln – sie ist das dominierende Berufsbild unter den Berufsanfängern. Sich selbst als (relativer) Berufsanfänger der Aufgabe auszusetzen, Rechtsanwaltsfachangestellte und Referendare auszubilden, ist eine beträchtliche Herausforderung, der man sich nur nach einiger Überlegung widmen sollte.

Anwaltskanzleien nehmen darüber hinaus regelmäßig **Praktikanten** auf, die teilweise Schüler sind (weil die Schulgesetze fast aller Bundesländer berufspraktische Ausbildungen noch während der Schulzeit vorschreiben) oder Studenten, die im Rahmen der Ausbildungsordnungen Praktika absolvieren müssen, um zum Staatsexamen zugelassen zu werden. Schließlich treten mit zunehmender Internationalisierung trotz der mit der laufenden Erweiterung der Europäischen Union verbundenen Internationalisierung des Anwaltsberufs Praktikanten aus dem (Nicht-EU)Ausland auf. Die als Studienort international äußerst beliebten britischen Universitäten bieten etwa eine Vielzahl von Juristenstudiengängen an, bei denen es sprachliche und inhaltliche Schwerpunkte für ein bestimmtes Rechtssystem (gar nicht selten das deutsche) gibt und deren Studienabschluss ein teilweise mehrmonatiges Praktikum im deutschsprachigen Ausland vorsieht.

Während die letztgenannten Aspekte hier schon wegen ihrer praktischen Bedeutung für die kleine Anwaltskanzlei und den Berufsanfänger eher gestreift werden müssen, bedarf die Ausbildung zur Rechtsanwaltsfachangestellten (m/w) und die Referendarsausbildung einer vertieften Beschreibung.

II. Ausbildung zur Rechtsanwaltsfachangestellten (m/w) und zu verwandten Berufsfeldern

1. Personalsuche und Bewerbungsverfahren

Stellenausschreibung für eine Ausbildung zur Rechtsanwaltsfachangestellten

Wir . . . . . (Kanzleiname) bieten ab dem . . . . . . (Datum) zwei Stellen für die Ausbildung zur

Rechtsanwaltsfachangestellten (m/w)[1]

an.

Voraussetzungen[2] sind neben einem Realschulabschluss oder Abitur Interesse für eine Tätigkeit im Justizwesen, Einsatzfreude, hohe Belastbarkeit und der Wunsch, Menschen, Unternehmen und anderen Institutionen bei ihren Problemen zu helfen und ihre Rechtsverteidigung zu unterstützen. Bewerbungen[3] richten Sie bitte an: . . . . . . (Kanzlei)

Anmerkungen

1. Der mittlerweile weithin übliche Zusatz „(m/w)" soll Geschlechterneutralität signalisieren. Wegen der extrem weiblichen Dominanz in diesem Berufsfeld ist er bei der Suche nach Auszubildenden und im Bewerbungsverfahren besonders wichtig: Es wird nämlich leicht vergessen, dass selbstverständlich auch Männer für diese Ausbildung in Frage kommen. Wer einen „Ausbildungsplatz für eine Rechtsanwaltsfachangestellte" inseriert, was man fast jede Woche bis heute in den Anzeigenteilen der Tageszeitung und auf den Internetseiten vieler Anwaltskanzleien (!) beobachten kann, schafft ein Indiz dafür, dass er Geschlechterdiskriminierung im Sinne von §§ 1, 7 AGG betreibt. § 11 AGG schreibt eine geschlechtsneutrale Stellenausschreibung ausdrücklich gesetzlich vor. Bereits in dieser Phase lassen sich kostspielige Fehler so vermeiden.

2. Sensibel ist im Beruf der Rechtsanwaltsfachangestellten auch ein anderes Diskriminierungsmerkmal des § 1 AGG, das dort nicht einmal ausdrücklich erwähnt ist. Denn auch Anforderungen an Kenntnisse der deutschen Sprache können grundsätzlich eine ethnische Diskriminierung im Sinne von § 1 AGG darstellen (siehe den eher ungewöhnlichen Fall des BAG Urt. v. 22.6.2011 – 8 AZR 48/10, NZA 2011, 1226, in dem es um die Aufforderung, richtig Deutsch zu lernen, geht). Bewerber für das Berufsfeld haben einen deutschen Schulabschluss. Von Referenzen an ihre Sprachkenntnisse in Stellenausschreibungen sollte man daher tunlichst absehen. Man darf auch nicht übersehen, dass eine Ausbildung inseriert wird, an deren Ende erst alle Fähigkeit erworben sein müssen, die man für die Ausübung des Berufes braucht.

3. Bewerbungen von Ausbildungswilligen werden häufig als sog. Blindbewerbungen eingesandt. Das geschieht natürlich zunehmend auch in der Form von Emails. Diese Nachrichten enthalten sämtliche personenbezogene Daten, die nach den Regeln des BDSG ausschließlich für den Bewerbungsvorgang gespeichert bzw. aufbewahrt werden dürfen. Bei Emailbewerbungen wird das auch an vielen Anwaltskanzleien übersehen. Will man die Bewerbungsunterlagen eines Bewerbers – etwa für einen künftigen Kontakt –

aufbewahren, muss der Bewerber ausdrücklich um Erlaubnis gebeten werden und die Einwilligung schriftlich oder als Email dokumentiert sein (vgl. § 4a BDSG). Die Speicherung des Emaileingangs ist nichts anderes als die Speicherung personenbezogener Daten in einem EDV-System. Bei einer erfolglosen Bewerbung ist eine solche Speicherung durch keine Rechtsgrundlage gedeckt. Schriftliche Bewerbungsunterlagen müssen zwar nicht von Gesetzes wegen zurückgeschickt werden. Abgesehen davon, dass das aber ein stilistisch anerkennenswerter, jahrzehntelang geübter Brauch ist, weist er die Anwaltskanzleien auch als entsprechend sorgfältig und seriös nach außen aus. Kaum eine Anwaltskanzlei wird mit einer solchen Zahl an schriftlichen Bewerbungen überschüttet, dass die Rücksendung von Bewerbungsunterlagen und das Verfassen von Begleitschreiben unzumutbare Kosten verursachen würden.

2. Rücksendungsschreiben

. . . . . .

Ihr Bewerbung als Rechtsanwaltsfachangestellte in unserer Kanzlei

Sehr geehrte (r) . . . . . .,

vielen Dank für Ihre Bewerbung vom . . . . . . (Datum), die wir mit großem Interesse zur Kenntnis genommen haben. Leider müssen wir Ihnen mitteilen, dass wir Ihre Bewerbung nicht berücksichtigen konnten.[1] Ihre Bewerbungsunterlagen senden wir Ihnen als Anlage zu diesem Schreiben zurück und sind angesichts Ihrer Qualifikationen überzeugt, dass Sie in kürzester Zeit den von Ihnen gewünschten Ausbildungsplatz finden werden.

Wir verbleiben mit den besten Wünschen für Ihre Zukunft und freundlichen Grüßen[2]

. . . . . .

(Rechtsanwalt)

Anmerkungen

1. Bei der Rücksendung von Bewerbungsunterlagen ist genau wie bei der Stellenausschreibung auf das AGG besonders zu achten. Einen generellen Auskunftsanspruch eines abgelehnten Bewerbers lehnt die Rechtsprechung ab (BAG Urt. v. 25.4.2013 – 8 AZR 287/08, Pressemitteilung des BAG Nr. 28/13; EuGH Urt. v. 19.4.2012 – C 415/10 – *Meister* NZA 2012, 493).

2. Rücksendungsschreiben sollten daher absolut neutral gehalten sein und sich jeglicher Wertungen, die missverständlich sein könnten, enthalten.

3. Begründung des Ausbildungsverhältnisses

Ausbildungsvertrag[2]

zwischen

Rechtsanwalt

. . . . . .

– im Folgenden „Ausbilder/Rechtsanwalt" –

und

Herrn/Frau

. . . . . .

(Name und Anschrift des/der Auszubildenden)

geboren am . . . . . .

– im Folgenden „Auszubildender" –

Die Parteien schließen den folgenden Ausbildungsvertrag nach § 10 des Berufsbildungsgesetzes (BBiG).[1] Dabei wird im Folgenden unabhängig vom Geschlecht die männliche Bezeichnung verwendet. Dies hat nur redaktionelle Bedeutung.

§ 1 Ausbildungsziel

Der Auszubildende wird nach Maßgabe der Ausbildungsordnung zum Beruf der Rechtsanwalts- und Notarsfachassistent/-in . . . . . . ausgebildet. Die sachliche und zeitliche Gliederung der Ausbildung ergibt sich aus dem als Anlage 1 beigefügten Ausbildungsplan, der Bestandteil dieses Vertrages ist.

§ 2 Dauer des Vertrags

(1) Die Ausbildung beginnt am . . . . . .

(2) Die Ausbildungszeit beträgt nach der Ausbildungsordnung . . . . . . Jahre.

(3) Besteht der Auszubildende vor Ablauf der Ausbildungszeit die Abschlussprüfung, endet das Berufsausbildungsverhältnis mit Bestehen der Abschlussprüfung: Maßgeblich ist das Datum, an dem der Prüfungsausschuss das Prüfungsergebnis ekannt gibt. Hat der Auszubildende die Abschlussprüfung innerhalb der Ausbildungszeit nach Abs. 2 vollständig und erfolgreich abgelegt, wird aber das Prüfungsergebnis erst nach dem Ende der Ausbildungszeit bekannt gegeben, so verlängert sich das Berufsausbildungsverhältnis bis zum Zeitpunkt der Bekanntgabe des Prüfungsergebnisses durch den Prüfungsausschuss. Der Entstehung eines Arbeitsvertrags durch konkludentes Handeln gem. § 24 BBiG wird bereits jetzt ausdrücklich widersprochen.[2]

(4) Besteht der Auszubildende die Abschlussprüfung nicht, so verlängert sich das Berufsausbildungsverhältnis auf sein Verlangen bis zur nächstmöglichen Wiederholungsprüfung, höchstens jedoch um ein Jahr.

§ 3 Probezeit

Die Probezeit beträgt vier Monate.

§ 4 Ausbildungsort

Die Ausbildung findet am Kanzleisitz in . . . . . .statt.

§ 5 Ausbildungszeit

Die regelmäßige wöchentliche Ausbildungszeit beträgt 40 Stunden (montags bis freitags).

§ 6 Vergütung[3]

(1) Der Auszubildende erhält eine Vergütung von monatlich brutto

a) im ersten Ausbildungsjahr . . . . . . EUR
b) im zweiten Ausbildungsjahr . . . . . . EUR
c) im dritten Ausbildungsjahr . . . . . . EUR.

(2) Die Vergütung ist zahlbar zum Ende des jeweiligen Kalendermonats.

§ 7 Urlaub[4]

Der Auszubildende erhält Urlaub von . . . . . . Arbeitstagen/Jahr. Er erhöht sich im Jahr . . . . . . auf . . . . . . und im Jahr . . . . . . auf . . . . . . Arbeitstage.

§ 8 Pflichten des Ausbilders

- Der Ausbilder verpflichtet sich, dafür zu sorgen, dass dem Auszubildenden die berufliche Handlungsfähigkeit vermittelt wird, die zum Erreichen des Ausbildungsziels erforderlich ist, und die Berufsausbildung nach den beigefügten Angaben zur sachlichen und zeitlichen Gliederung des Ausbildungsablaufs so durchzuführen, dass das Ausbildungsziel in der vorgesehenen Ausbildungszeit erreicht werden kann;
- dem Auszubildenden vor Beginn der Ausbildung die Ausbildungsordnung kostenlos auszuhändigen;
- dem Auszubildenden kostenlos die Ausbildungsmittel, insbesondere Fachliteratur, zur Verfügung zu stellen, die für die Ausbildung und zum Ablegen von Zwischen- und Abschlussprüfungen, auch soweit solche nach Beendigung des Berufsausbildungsverhältnisses und in zeitlichem Zusammenhang damit stattfinden, erforderlich sind;
- den Auszubildende zum Besuch der Berufsschule freizustellen;
- soweit schriftliche Ausbildungsnachweise geführt werden, diese dem Auszubildenden für die Berufsausbildung kostenfrei auszuhändigen oder die ordnungsgemäße Führung durch regelmäßige Abzeichnung zu überwachen;
- dem Auszubildenden nur Aufgaben zu übertragen, die dem Ausbildungszweck dienen;
- den Auszubilden in jeder Hinsicht, auch charakterlich, zu unterstützen;
- sofern der Auszubildende noch nicht 18 Jahre alt ist, sich Bescheinigungen gemäß §§ 32, 33 Jugendarbeitsschutzgesetz darüber vorlegen zu lassen, dass er vor der Aufnahme der Ausbildung untersucht und vor Ablauf des ersten Ausbildungsjahres nachuntersucht worden ist;
- unverzüglich nach Abschluss des Berufsausbildungsvertrages die Eintragung in das Verzeichnis der Berufsausbildungsverhältnisse bei der zuständigen Stelle unter Beifügung der Vertragsniederschriften und – bei Auszubildenden unter 18 Jahren – einer Kopie oder Mehrfertigung der ärztlichen Bescheinigung über die Erstuntersuchung gemäß § 32 Jugendarbeitsschutzgesetz zu beantragen; Entsprechendes gilt bei späteren Änderungen des wesentlichen Inhalts des Vertragsverhältnisses.
- den Auszubildende/n rechtzeitig zu den angesetzten Zwischen- und Abschlussprüfungen oder zum ersten Teil der Abschlussprüfung anzumelden und für die Teilnahme freizustellen. Bei der Anmeldung zur Zwischenprüfung oder zum ersten Teil der

Abschlussprüfung bei Auszubildenden, die noch nicht 18 Jahre alt sind, ist eine Kopie oder Mehrfertigung der ärztlichen Bescheinigung über die erste Nachuntersuchung gemäß § 33 Jugendarbeitsschutzgesetz beizufügen.

§ 9 Pflichten des Auszubildenden

- Der Auszubildende hat sich zu bemühen, die berufliche Handlungsfähigkeit zu erwerben, die erforderlich ist, um das Ausbildungsziel zu erreichen. Er verpflichtet sich insbesondere,
- die ihm im Rahmen seiner Berufsausbildung übertragenen Aufgaben sorgfältig auszuführen und den Ausbildungsplan einzuhalten;
- am Berufsschulunterricht und an Prüfungen sowie an Ausbildungsmaßnahmen außerhalb der Ausbildungsstätte teilzunehmen, für die er jeweils freigestellt wird;
- den Anweisungen Folge zu leisten, die ihm im Rahmen der Berufsausbildung von Ausbildern oder oder von anderen weisungsberechtigten Personen, insbesondere dem übrigen Büropersonal, erteilt werden;
- Alle Materialien und Einrichtungen pfleglich zu behandeln und sie nur zu den ihm übertragenen Arbeiten zu verwenden;
- über Betriebs- und Geschäftsgeheimnisse sowie betriebliche Angelegenheiten vertraulicher Natur, die als solche vom Ausbilder bezeichnet bzw. offensichtlich als solche zu erkennen sind, auch nach Ende der Ausbildung, Stillschweigen zu wahren; ohne Einschränkung ist Dritten gegenüber während und nach der Ausbildung strengstes Stillschweigen über die Angelegenheiten der in der Kanzlei betreuten Mandate und die Angelegenheiten der Mandanten zu bewahren; das schließt das Verbot ein, Dritten gegenüber ohne Erlaubnis das Bestehen eines Mandatsverhältnisses einzuräumen.
- vorgeschriebene schriftliche Ausbildungsnachweise ordnungsgemäß zu führen und regelmäßig vorzulegen;
- bei Fernbleiben von der betrieblichen Ausbildung, vom Berufsschulunterricht oder von sonstigen Ausbildungsveranstaltungen dem Ausbildenden unter Angabe von Gründen unverzüglich Nachricht zu geben.
- soweit auf ihn die Bestimmungen des Jugendarbeitsschutzgesetzes (JArbSchG) Anwendung finden, sich gemäß §§ 32 und 33 JArbSchG ärztlich vor Beginn der Ausbildung untersuchen vor Ablauf des ersten Ausbildungsjahres nachuntersuchen zu lassen und die Bescheinigung hierüber dem Ausbildenden vorzulegen.

§ 10 Kündigung des Ausbildungsvertrags

(1) Während der Probezeit kann das Ausbildungsverhältnis von beiden Parteien jederzeit ohne Einhalten einer Kündigungsfrist und ohne Angabe von Kündigungsgründen gekündigt werden.

(2) Nach Ablauf der Probezeit kann das Berufsausbildungsverhältnis nur gekündigt werden

a) aus einem wichtigen Grund ohne Einhalten einer Kündigungsfrist,
b) vom Auszubildenden mit einer Kündigungsfrist von vier Wochen, wenn er die Berufsausbildung aufgeben oder sich für eine andere Beschäftigung ausbilden lassen möchte.

(3) Die Kündigung muss schriftlich und in den Fällen des Abs. 2 unter Angabe der Kündigungsgründe erfolgen.

§ 11 Salvatorische Klausel[5]

(1) Sollten einzelne Bestimmungen dieses Vertrages ganz oder teilweise unwirksam sein oder werden, bleibt die Wirksamkeit der übrigen Bestimmungen unberührt.

(2) Die Vertragsparteien sind im Falle einer unwirksamen Bestimmung verpflichtet, über eine wirksame und zumutbare Ersatzregelung zu verhandeln, die dem von den Vertragsparteien mit der unwirksamen Bestimmung verfolgten wirtschaftlichen Zweck möglichst nahe kommt.

. . . . . ., den . . . . . .

(Unterschrift des Rechtsanwalts)

. . . . . ., den . . . . . .

(Unterschrift des Auszubildenden)[6]

Anmerkungen

1. Der Beruf der Rechtsanwaltsfachangestellten (m/w) ist ein staatlich anerkannter Ausbildungsberuf, dessen Ablauf und Inhalte vom Berufsbildungsgesetz (BBiG) geregelt werden. Das BBiG unterscheidet zwischen verschiedenen sog. Lernorten, in der Regel mindestens dem Betrieb (also der Anwaltskanzlei) und der Berufsschule. Staatliche Anerkennung und Ausbildungsinhalte sind in der gem. § 25 BBiG ergangenen Verordnung über die Berufsausbildung zur Rechtsanwaltsfachangestellten, Notarfachangestellten, Rechtsanwalts- und Notarfachangestellten und Patentanwaltsfachangestellten (ReNoPat Ausbildungsverordnung) geregelt. Der Titel der Verordnung weist bereits auf die verwandten Berufsfelder hin, vor allem die Rechtsanwalts- und Notarfachangestellte (m/w). Eine Rechtsanwaltskanzlei, in der es kein Notariat gibt, kann auch eine Rechtsanwalts- und Notarfachangestellte (m/w) ausbilden, wenn die Durchführung des besonderen Teils in angemessener Weise bei einem Notar sichergestellt ist.

2. Begründet wird das Berufsbildungsverhältnis durch einen Ausbildungsvertrag (§ 10 BBiG). Eine bestimmte Form sieht das Gesetz nicht vor, sodass theoretisch auch formlos geschlossene Berufsausbildungsverträge wirksam sind. Praktisch ist das ohne Relevanz. Weil § 11 BBiG eine „Niederschrift" über den Ausbildungsvertrag und seine Inhalte ohnehin vorschreibt, kommt man um eine schriftliche Zusammenfassung letztlich ohnehin nicht herum. Ausbildungsverträge müssen bei der zuständigen Rechtsanwaltskammer registriert werden und erhalten eine Nummer. Die meisten Rechtsanwaltskammern stellen geeignete Muster für Ausbildungsverträge zur Verfügung. In der Praxis wird empfohlen, das Muster zu verwenden, wenn die zuständige Rechtsanwaltskammer ein solches bereitstellt. Wie bei Arbeitsverträgen ist durch die gesetzlichen Anforderungen der Umfang solcher Verträge in den letzten Jahren stets eher gewachsen. § 24 BBiG regelt wie das Recht der befristeten Arbeitsverträge (in § 15 Abs. 5 TzBfG) die Entstehung eines **unbefristeten** (!) Arbeitsvertrags auch dann, wenn zB nur vermeintlich formlos einige Tage „Restarbeiten" durchgeführt werden sollen. Die Vorschrift ist aber vertragsdispositiv.

3. **Vergütung der Ausbildung.** Die Ausbildung ist „angemessen" zu vergüten (§ 17 Abs. 1 BBiG), die nach Monaten bemessen zu zahlen ist (§ 18 BBiG). § 17 Abs. 1 S. 2 BBiG schreibt zwingend vor, dass die Ausbildungsvergütung mindestens jährlich zu steigern ist. Die Vorschrift kann nicht von den Parteien abbedungen werden. Einzig die Höhe der Ausgangsvergütung und der einzelnen Schritte ist der Parteivereinbarung überlassen. Auch hier gibt es indes Grenzen:

In sehr wenigen Fällen existieren sogar Gehaltsempfehlungen der örtlichen Rechtsanwaltskammern. Ob diese Empfehlungen ähnlich wie tarifliche Regelungen auch den Maßstab für die Sittenwidrigkeit einer Ausbildungsvergütung bilden würden (§ 138 Abs. 2 BGB) ist nicht abschließend geklärt, aber wohl zu bejahen. Dass die Ausbildungsvergütung in Großstädten zwangsläufig höher ausfallen muss als etwa auf dem Land, um die Lebenshaltungskosten eines Auszubildenden annähernd auszugleichen, versteht sich ebenfalls von selbst. Die Rechtsanwaltskammer München etwa geht von einer Mindesthöhe von 600,00 EUR Ausbildungsvergütung im ersten Ausbildungsjahr und einer Steigerung von je 100,00 EUR bis ins dritte Ausbildungsjahr aus. Die Vergütung ist ergänzungsfähig:

Es ist etwa erlaubt, einen Ausbildungsbonus zu vereinbaren, wenn bestimmte Leistungswerte erreicht werden, etwa ein bestimmter Notendurchschnitt in der Berufsschule. Die praktische Bedeutung solcher Boni ist jedoch kaum messbar.

4. Urlaubsansprüche. Nach § 10 Abs. 2 BBiG gelten die für Arbeitnehmer geltenden Gesetze grundsätzlich, soweit sich aus dem BBiG nichts abweichendes ergibt, auch für Auszubildende. Das gilt auch für das Bundesurlaubsgesetz, das – weil Auszubildende jedenfalls meist sehr jung sind – hier jedoch nur eine Nebenrolle neben dem JArbSchG spielt. Ist der Auszubildende noch nicht 18 Jahre alt, schreibt das JArbSchG in § 19 JArbSchG vom Bundesurlaubsgesetz abweichende, erweiterte Urlaubsansprüche fest, die gleichfalls vertraglich nicht dispositiv sind. Bei Realschulabgängern können diese Vorschriften im ersten und auch zweiten Ausbildungsjahr altersbedingt erhebliche Unterschiede machen.

Die in den letzten Jahren in fast allen Punkten von der Rechtsprechung durchlöcherten Regelungen des Bundesurlaubsgesetzes zur Urlaubsdauer, Urlaubsberechnung und Urlaubsabgeltung (insbesondere § 7 Abs. 4 BUrlG – etwa BAG Urt. v. 19.6.2012 – 9 AZR 652/10, NZA 2012, 1087 zur Berechnung der Abgeltung für nicht genommene Urlaube und EuGH, Urt. v. 20.1.2009 – C 350/06 und C 520/06, *Schultz-Hoff/Stringer* NZA 2009, 135) muss auch in Ausbildungsverhältnisses deshalb in der praktischen Abwicklung beachtet werden.

5. Nichtige Vereinbarungen. Ergeben sich besondere Verbote für Verträge meist aus verstreuten Gesetzen, so ist im Ausbildungsverhältnis mit § 12 BBiG eine zentrale Norm geschaffen, die bestimmte, typischerweise von Ausbilderseite angestrebte Vereinbarungen ausdrücklich an zentraler Stelle verbietet. Dazu zählen

- Entschädigungszahlungen des Auszubildenden an den Ausbilder für die Berufsausbildung
- Vertragsstrafen jeder Art (das schließt auch Vertragsstrafen für verspäteten Dienstantritt, Zuspätkommen, Vertragsbruch etc. ein!)
- Wettbewerbs- und sonstige Tätigkeitsverbote für die Zeit nach Beendigung der Berufsausbildung (§ 12 Abs. 1 S. 1 BBiG).

Es ist also zB nicht möglich, einen Auszubildenden dazu zu verpflichten, nach Beendigung der Ausbildung etwa im gleichen Kammerbezirk kein Arbeitsverhältnis mit einem Rechtsanwalt für eine bestimmte Dauer einzugehen. Dass auch sog. „Weiterarbeitsklauseln" durchaus immer wieder in Verträge hineingeschmuggelt werden, zieht sich bis in die jüngere Rechtsprechung (siehe etwa BAG, Urt. v. 5.12.2002 – 6 AZR 537/00, AP Nr. 11 zu § 5 BBiG). Allerdings lässt § 12 Abs. 1 S. 2 BBiG ausdrücklich zu, im letzten halben Jahr der Ausbildung eine Vereinbarung mit dem Auszubildenden zu schließen, nach der nach Abschluss der Ausbildung ein Arbeitsverhältnis mit dem Ausbilder begründet werden soll.

6. Bei Minderjährigen bedarf es der Unterschrift **aller** gesetzlichen Vertreter.

4. Beendigung des Ausbildungsverhältnisses

. . . . . .

Außerordentliche Kündigung

Sehr geehrte (r) . . . . . .,[8]

hiermit kündige[1, 3] ich das mit Ihnen bestehende Ausbildungsverhältnis außerordentlich und fristlos mit sofortiger Wirkung.

Die mit Ihnen bereits erörterten Kündigungsgründe[2, 4] fasse ich wie folgt zusammen:

Am 23.3.2013[5, 6] haben Sie die Mandantin . . . . . ., die während des an diesem Nachmittag großen Andranges im Wartezimmer immer wieder darum bat, schnell vorgelassen zu werden, da sie ihren Sohn aus der Kindertagesstätte um 16.30 Uhr abholen musste, mit den Worten zurechtgewiesen: „Türken haben hier keine besondere Vorrechte. Setzen Sie sich hin und warten Sie wie jeder andere darauf, dass Sie dran kommen."

Ich habe am Folgetag durch die Beschwerde von . . . . . . hiervon erfahren. Sie haben es mir und . . . . . . gegenüber abgelehnt, sich für die Äußerung zu entschuldigen und mir mitgeteilt, Sie hätten persönlich überhaupt nichts gegen . . . . . . Sie sei Ihnen sogar sehr sympathisch. Es seien jedoch schon so viele Südeuropäer aufgrund der aktuellen Krise bei uns in Deutschland, dass Sie sich fremd im eigenen Land fühlten. In einer solchen Krise könnten Sie nicht auch noch außereuropäische Einwanderer ertragen, die wie . . . . . . nur den Sozialstaat belasten und bereits den dritten Prozess vor einem Sozialgericht auf PKH führen würden. Deren Verhalten hielten sie für unwürdig.

Wir halten Ihr Verhalten dagegen für rassistisch und diskriminierend. Es entspricht weder den Maßstäben, die an die ordnungsgemäße Ausübung des Anwaltsberufs zu stellen sind, noch dem Bild, das unsere Kanzlei in der Öffentlichkeit abgeben will. Da Ihnen offenbar zwar nicht die Einsichtsfähigkeit in die Tragweite dieser Äußerungen fehlte, Sie aber vollständig hinter ihnen stehen, scheiden aus unserer Sicht pädagogische Maßnahmen aus, die Ihre Haltung verbessern können. Unter diesen Umständen sehen wir keine Grundlage für die Fortsetzung des Ausbildungsverhältnisses.

Mit freundlichen Grüßen

. . . . . .

(Rechtsanwalt)[7, 9]

Anmerkungen

1. **Einfache Beendigung aufgrund einer Kündigung.** Einfach liegt der Fall zunächst, wenn der Auszubildende die Ausbildung bzw. den Berufsausbildungsvertrag beenden möchte. Nach § 22 Abs. 2 Nr. 2 BBiG kann der Auszubildende mit einer Frist von 4 Wochen das Ausbildungsverhältnis kündigen. Die Vorschrift bindet diese Kündigung zwar an eine bestimmte Motivation – der Auszubildende muss die Berufsausbildung entweder aufgeben wollen oder sich für eine andere Berufstätigkeit ausbilden lassen wollen –, aber es findet hier keine Motivforschung statt. Die Kündigung ist nach richtiger Auffassung stets mit Ablauf der Frist wirksam, auch wenn die im Gesetz genannten

Motivationen gar nicht vorliegen. In bestimmten – exotischen – Fällen kann ein Schadenersatzanspruch gegen den Auszubildenden möglich sein, wenn er unter Berufung auf das Gesetz fristgerecht kündigt, dann aber bei einem Konkurrenten die Ausbildung fortsetzt (Einzelheiten etwa bei ErfK/*Schlachter* BBiG § 22 Rn. 6).

Ebenso leicht ist die Situation, wenn man sich während der Probezeit trennen will. Nach § 22 Abs. 1 BBiG ist das jederzeit ohne Einhaltung einer Kündigungsfrist möglich. Es handelt sich aber trotzdem um eine ordentliche Kündigung (BAG Urt. v. 10.11.1988 – 2 AZR 26/88, NZA 1989, 268). Die **Probezeit** muss nach § 20 S. 2 BBiG einen Monat betragen und darf höchstens vier Monate betragen. Bei Schulabgängern – das wird der Regelfall sein –, die sich ggf. noch in einer Orientierungsphase befinden, gibt es kaum ein praktisches Argument, dass eine kürzere Probezeit als die vollen vier zulässigen Monate rechtfertigt. Oft stellt man zwangsläufig erst nach einer gewissen Zeit der Zusammenarbeit Stärken und Schwächen beider Seiten fest. Es ist daher dringend zu empfehlen, die **Probezeit** im Ausbildungsvertrag mit vier Monaten anzugeben.

2. Beendigung aufgrund des Ausbildungsfortschritts. Der Regelfall der Beendigung des Ausbildungsverhältnisses ist der Abschluss der Berufsausbildung. Dieser Fall ist in § 21 BBiG geregelt. Danach endet das Berufsausbildungsverhältnis regelmäßig mit der Bekanntgabe der Ergebnisse durch den Prüfungsausschuss der Rechtsanwaltskammer (§ 21 Abs. 2 BBiG).

Zu Irritationen führt bei freiberuflichen Ausbildern häufig § 21 Abs. 3 BBiG. Besteht nämlich der Auszubildende die Abschlussprüfung nicht, so endet das Ausbildungsverhältnis nicht. Es kann auch nicht wegen des Nichtbestehens gekündigt werden. Vielmehr verlängert es sich bis zur nächstmöglichen Wiederholungsprüfung, höchstens jedoch um ein Jahr (§ 21 Abs. 3 BBiG). Voraussetzung ist aber ein **Verlangen** des Auszubildenden. Die Handhabung des Gesetzestextes macht in mehrerer Hinsicht Schwierigkeiten:

Das Verlangen ist zunächst formfrei. Dabei verlängert sich das Ausbildungsverhältnis automatisch kraft Gesetzes. Eine Zustimmungserklärung des Arbeitgebers oder eine ähnliche Willensäußerung ist nicht erforderlich (ausführlich LAG Berlin Urt. v. 25.2.2000 – 6 Sa 2448/99, NZA-RR 2001, 243). Die Höchstbegrenzung auf ein Jahr wird von der Rechtsprechung so verstanden, dass innerhalb dieser Höchstfrist nicht nur eine, sondern noch eine weitere Verlängerung mit derselben Wirkung verlangt werden kann (BAG Urt. v. 15.3.2000 – 5 AZR 622/98, NZA 2001, 214). Schwierigkeiten entstehen auch dann, wenn die nächst erreichbare Wiederholungsprüfung nicht angetreten wird. Nach hM kann genau in diesem Fall unter Beachtung der einjährigen Höchstfrist eine weitere Verlängerung bis zur nächst erreichbaren Prüfung verlangt werden (Einzelheiten: ErfK/*Schlachter* BBiG, § 21 Rn. 5). Das gilt wiederum nur dann nicht, wenn dem Prüfling nachgewiesen werden kann, dass er vorwerfbar (also etwa nicht wegen einer unverschuldeten Erkrankung) am Prüfungstermin nicht teilgenommen hat. Die nicht vorhandene höchstrichterliche Rechtsprechung zeigt hier aber die geringe praktische Relevanz solcher mutwilligen Verlängerungen.

3. Beendigung durch Aufhebungsvereinbarung. Aufhebungsvereinbarungen mit Auszubildenden sind auch nach Beendigung der Probezeit in beiderseitigem Einvernehmen möglich.

Von ihnen ist allerdings aus grundsätzlichen Erwägungen abzuraten. Sie sind anfechtungsträchtig, weil der Auszubildende häufig nicht in einer Situation ist, die Folgen seines Handelns abschließend zu überblicken. Die vorschnelle Unterschrift unter einen Auflösungsvertrag kann etwa nach § 123 BGB in einer Drucksituation später zu Anfechtungen und nachfolgend Rechtsstreitigkeiten führen, wenn der Auszubildende geltend macht, er habe sich mit einem schweren, aber ggf. unberechtigten Vorwurf konfrontiert gesehen und keine andere Möglichkeit erkennen können, als zu unterschreiben. Es sind auch nur wenige Konstellationen vorstellbar, in denen es keinen anderen Weg gibt. Ist der Auszubildende unzufrieden, steht ihm die Möglichkeit der ordentlichen Kündigung nach § 22 Abs. 2 Nr. 2

BBiG mit einer Frist von vier Wochen letztlich immer offen. Ihn als Rechtsanwalt in einer Situation zu einem Aufhebungsvertrag zu drängen, um eventuell 4 Wochen Vergütungs- fortzahlung zu „sparen", ist angesichts des besonderen Gewaltverhältnisses fragwürdig. Ist der Ausbilder unzufrieden, muss er sich ernstlich die Frage stellen, ob die Unzufriedenheit tatsächlich so weit geht, dass sie die sehr strengen Anforderungen an eine außerordentliche Kündigung des Ausbildungsverhältnisses nach § 22 Abs. 2 Nr. 1 BBiG erfüllt (dazu unten) oder ob es nicht gerade seine Pflicht als Ausbilder ist, die beobachteten Mängel möglichst auszugleichen, etwa die Struktur der Ausbildung umzustellen, andere Ansprechpartner inner- halb der Kanzlei auszuwählen oder auch – wozu das Prinzip der Berufs**ausbildung** generell verpflichtet, die Ausbildung auch mit einem nicht als vollständig geeigneten Bewerber zu Ende zu führen. Ausbildung ist auch soziale Verantwortung kein arbeitsrechtliches Aus- tauschverhältnis, in dem es nur auf den Grad der gegenseitigen Pflichterfüllung ankommt.

§ 23 BBiG sichert das durch eine – in der Praxis freilich kaum relevante – Schaden- ersatzverpflichtung bei vorzeitiger Beendigung ab. Der Gesetzestext unterscheidet nicht danach, ob die vorzeitige Beendigung auf einer Kündigung oder einem Aufhebungsver- trag beruht. Das trägt dem Umstand Rechnung, dass der Ausbilder letztlich immer in der weitaus stärkeren Position ist, vor allem aber einem pädagogischen Anspruch zu genügen hat, bevor er zum Mittel der Auflösung greift oder es auch nur in Erwägung zieht.

4. **Außerordentliche Kündigung des Ausbildungsverhältnisses.** Dieser Teil bereitet zwangsläufig die größten Schwierigkeiten in der Praxis, wobei vor dem Hintergrund des soeben Gesagten zum pädagogischen Anspruch der Ausbildung es oft erstaunlich ist, welche exotischen Kündigungssachverhalte sich teilweise gerade in Rechtsanwaltskanz- leien findet. So machte vor einigen Jahren der – reale – Fall einer Auszubildenden in einer Rechtsanwaltskanzlei Schlagzeilen, die gekündigt wurde, weil sie das Alter der Freundin ihres Ausbilders zu hoch einschätzte. Das Verfahren endete im Jahr 2011 zwar ohne ein Urteil vor dem Arbeitsgericht Mannheim, es wirft aber ein unfreundliches Licht auf eine ebenso unfreundliche Realität, nämlich die in Freiberuflerkreisen – Rechtsanwälte sind hier ausdrücklich eingeschlossen – gelegentlich anzutreffende Selbstherrlichkeit der Be- rufsträger.

Die Kündigung des Ausbildungsverhältnisses nach Ablauf der Probezeit ist beiderseits nur mit einem „wichtigen Grund" (§ 22 Abs. 2 Nr. 1 BBiG) ohne Einhaltung einer Frist möglich. Eine **ordentliche Kündigung** sieht das Gesetz **nicht vor**. Sie kann auch vertrag- lich nicht vereinbart werden, da § 22 BBiG nicht dispositiv ist.

Der „wichtige Grund" ist aus dem Arbeitsrecht bekannt (§ 626 BGB), wird von der Rechtsprechung aber weit enger ausgelegt, weil § 626 Abs. 1 BGB die pädagogischen Anforderungen ebenso wenig berücksichtigt wie die Umstände, die sich daraus ergeben, dass ältere Jugendliche und Heranwachsende geistig, charakterlich und körperlich noch in der Entwicklung sind (ArbG Essen Urt. v. 27.9.2005 – 2 Ca 2427/05, NZA-RR 2006, 246). Die „ultima ratio" ist eine außerordentliche Kündigung auch im Arbeits- verhältnis nach § 626 BGB, im Ausbildungsverhältnis aber muss sie zusätzlich dadurch gerechtfertigt werden, dass alle möglichen pädagogischen Mittel ausgeschöpft sind. Für die Gründe und Einzelvorschläge kann auf die einschlägigen Kommentierungen ver- wiesen werden (so die Kommentierung von ErfK/*Schlachter* BBiG § 22 und diejenige von *Weigand*, KR, §§ 21–23 BBiG, Rn. 50 ff.).

Bei Berücksichtigung des Reifegrades werden verhaltensbedingte – für Arbeitsverhält- nisse typische – Kündigungsgründe wie etwa häufiges Zuspätkommen, fehlende Krankmel- dungen bei Arbeitsunfähigkeit, fehlender Nachweis der Arbeitsunfähigkeit durch entspre- chende Bescheinigung, zwar nicht generell als ungeeignet für die Kündigung des Ausbildungsverhältnisses anzusehen sein; bereits der pädagogische Anspruch verlangt hier aber, dass etwa durch die Erteilung von Abmahnungen wesentlich weitergehende Anstren- gungen vorgenommen werden als im Arbeitsverhältnis. Dort ist das Prinzip der Abmahnung vor allem ein solches der „zweiten Chance" für den Arbeitnehmer, der die nötige Reife besitzt, sein Verhalten selbst umzustellen. Im Ausbildungsverhältnis ist – siehe oben – weit mehr als nur eine Warnung gefordert. Die praktische Erfahrung zeigt, dass Kündigungen von Ausbildungsverträgen, die auf solche Nachlässigkeiten beruhen, in aller Regel für die Ausbilder nicht erfolgreich ausgehen. Eine Grenze ist auch im Ausbildungsverhältnis bei groben Vertrauensbrüchen und Verhaltensauffälligkeiten erreicht. So sind wiederholt Ausbildungsverhältnisse obergerichtlich und höchstrichterlich als wirksam beendet angesehen worden, wenn es um rassistische, nationalsozialistische und menschenverachtende Äußerungen geht (BAG Urt. v. 1.7.1999 – 2 AZR 676/96, NZA 1999, 1270; LAG Köln Urt. v. 11.8.1995 – 12 Sa 426/95, NZA-RR 1996, 128). Dass die Hürde für eine Kündigung deshalb außerordentlich hoch liegt, bedarf insoweit keiner weiteren Erläuterung.

5. Form. Ist eine Kündigung aus Sicht des Ausbilders dennoch unausweichlich, richtet § 22 Abs. 3 BBiG eine besonders hohe **formale Hürde** auf, die in der Praxis häufig zur **Unwirksamkeit der Kündigung** führt.

Nach dieser Vorschrift ist die Kündigung nicht nur schriftlich zu erklären, sondern vor allem **unter Angabe der Kündigungsgründe.** Das bedeutet nicht, dass eine Kündigung automatisch unwirksam ist, weil sie nur wenige Sachverhaltsangaben enthält. In einem Kündigungsschutzprozess mit dem Auszubildenden kann allerdings nur das zur Begründung der Kündigung herangezogen werden, was so eindeutig im Kündigungsschreiben umschrieben ist, dass – wie das Bundesarbeitsgericht es ausdrückt – der „fragliche Lebenssachverhalt auch im Prozess nicht ernstlich zweifelhaft sein kann" (BAG Urt. v. 10.2.1999 – 2 AZR 176/98, NZA 1999, 602). Auf die Darstellung der Kündigungsgründe im Kündigungsschreiben ist deshalb besonders großer Wert zu legen.

6. Frist. Eine zusätzliche Schwierigkeit ergibt sich daraus, dass entsprechend der in § 626 Abs. 2 BGB enthaltenen Regelung § 22 Abs. 4 S. 1 BBiG vorschreibt, dass die Kündigung des Ausbildungsverhältnisses nach der Probezeit nur innerhalb zweier Wochen erfolgen kann, nachdem der Kündigungsberechtigte von den Tatsachen erfahren hat, die zur Kündigung führen. Hierzu ist in vollem Umfang auf die zu § 626 Abs. 2 BGB ergangenen – umfangreiche – Rechtsprechung hinzuweisen.

7. Die Schwierigkeiten der **Zustellung** eines Kündigungsschreibens innerhalb der Zwei-Wochen-Frist sind dieselben wie bei § 626 Abs. 2 BGB. Empfohlen ist dringend die Zustellung durch einen zuverlässigen Boten, und zwar entweder durch Übergabe an den zu Kündigenden selbst oder durch einen Einwurf in einen eindeutig dem zu Kündigenden zuzuordnenden Briefkasten. Dieser Einwurf sollte protokolliert werden und der Zeuge – aus beweisrechtlichen Gründen möglichst nicht identisch mit dem Betriebsinhaber bzw. Ausbilder – sollte nicht nur Ort und Datum des Einwurfs dokumentieren, sondern auch in der Lage sein, den Inhalt des Schreibens zu bezeugen.

8. Besonderheiten bei Minderjährigen. Die Mehrzahl der Ausbildungsanfänger im Beruf der Rechtsanwaltsfachangestellten (m/w) verfügt heute über ein Abitur und wird volljährig sein. Ausgeschlossen ist es aber nicht, dass die Kündigung des Ausbildungsvertrages einer Minderjährigen gegenüber erklärt werden muss. Ist ein Auszubildender nach § 106 BGB minderjährig und damit nur beschränkt geschäftsfähig, kann die Kündigung erst wirksam werden, wenn sie seinem gesetzlichen Vertreter zugeht (§ 131 Abs. 2 BGB). Das sind in der Regel die Eltern (ein Beispiel dafür, welche Schwierigkeiten eine solche Zustellung machen kann, ist das Urteil des BAG vom 8.12.2011 – 6 AZR 354/10, NZA 2012, 495). Dabei ist darauf zu achten, dass das Kündigungsschreiben bei Minderjährigen nicht an den Minderjährigen, sondern an die Eltern bzw. den sonstigen gesetzlichen Vertreter zu adressieren ist (BAG Urt. v. 8.12.2011 – 6 AZR 354/10, NZA 2012, 495).

9. Besonderheiten nach § 111 ArbGG. Ist die Kündigung form- und fristgerecht ausgesprochen, folgt oft ein langwieriges Kündigungsschutzverfahren. Bei Ausbildungsverhältnissen ist bereits das ein Grund, zur Kündigung nur als wirklich letztem Mittel zu greifen. Nach § 111 ArbGG sind Kündigungsschutzklagen unzulässig, solange – was bei den meisten Rechtsanwaltskammern der Fall ist – ein paritätischer Ausschuss gebildet ist, der ein Güteverfahren durchführen kann. In der Praxis führen diese Verfahren zu einer erheblichen zeitlichen Streckung des durch sie erweiterten Kündigungsschutzverfahrens. Durch das fortgesetzte Verzugsrisiko steigt nicht nur der finanzielle Schaden; es drohen bei einer unberechtigten Kündigung, deren mangelnde Berechtigung man hätte erkennen können, gem. § 23 Abs. 1 BBiG auch Schadenersatzansprüche, weil während des Laufs dieses Verfahrens die Ausbildung ja nicht fortgesetzt wird. Die Norm fristet ein Schattendasein, wiewohl sie in praktisch allen Kündigungsschutzverfahren, die Ausbildungsverhältnisse betreffen, als wohlmeinende Drohung seitens der Ausschüsse und Arbeitsgerichte verwendet wird. Gleichwohl hat die Norm eine gewisse praktische Bedeutung. Hat der Ausbildende etwa die Auflösung des Ausbildungsverhältnisses zu vertreten – weil er einen offensichtlich nicht tragfähigen Kündigungsgrund verwendet hat -, dann kann der Verdienstausfallschaden des Auszubildenden liquidiert werden; er erleidet aufgrund des dann fast zwangsläufig verzögerten Ausbildungsabschlusses ja meist einen Verdienstschaden, weil er später in das Berufsleben eintreten kann. Es ist auch in der Praxis nicht ausgeschlossen, dass er nachweist, im Falle eines erfolgreichen Berufsausbildungsabschlusses bereits eine Anschlussbeschäftigung gefunden zu haben (sehr illustrativ LAG Niedersachsen Urt. v. 14.8.2006 – 11 Sa 1899/05, NZA-RR 2007, 348).

5. Checkliste: Besondere Pflichten des Ausbilders

☐ Ausbildung ist keine Arbeitsleistung[1]
☐ Mehrarbeit[2]
☐ Zeugniserteilung[3]

Anmerkungen

1. Ausbildung ist keine Arbeitsleistung. Der Auszubildende soll tatsächlich **ausgebildet** werden. Ausbilder ist im Beruf des Rechtsanwaltsfachangestellten (m/w) der Rechtsanwalt und nicht zB seine angestellte Rechtsanwaltsfachangestellte. Selbstverständlich können große Teile der berufspraktischen Ausbildung auch dem Kanzleipersonal übertragen werden. Es muss aber eine effektive und tatsächlich gelebte Aufsicht durch den Rechtsanwalt stattfinden.

Inhaltliche Vorgaben für Rechtsanwaltsfachangestellte gibt es einen Ausbildungsrahmenplan (Anlage zu § 9 ReNoPat-AusbVO), der nicht nur Inhalte, sondern auch zeitliche Richtwerte für die Vermittlung dieser Inhalte vorgibt. Eine sorgfältige Ausbildung bedeutet, dass diese Rahmenpläne nicht nur als Makulatur behandelt und Einzelkenntnisse auf die Vermittlung in der Berufsschule abgeschoben werden. So ist nach dem geltenden Rahmenplan etwa die Mitarbeit im gerichtlichen Mahnverfahren zu erläutern, aber auch eine wirklich praktisch relevante Einführung etwa in die Buchführung der Kanzlei zu geben. Auch das juristische Feld reicht von allgemeinen zivilrechtlichen Bezügen über das Arbeits- bis ins öffentliche Recht. Naturgemäß sind Verfahrensfragen ein Kern der Ausbildung. Eine gründliche Ausbildung etwa im Bereich der Fristenkontrolle ist nicht nur für manchen Anwalt lehrreich, sondern für die spätere Beschäftigungs-kanzlei (manches Mal) überlebenswichtig.

Erforderlich ist auch eine ausreichende **Freistellung** nicht nur für die Berufsschule, sondern auch für das Selbststudium. Gerade in Rechtsanwaltskanzleien kann es erforderlich sein, in der Berufsschule schwache Fächer eines Auszubildenden durch entsprechende Fachliteratur und Einzelgespräche mit dem Ausbilder zu vertiefen und die entsprechenden Schwächen auszugleichen. Die vielfach zu beobachtende Praxis, Auszubildende als vollwertige Arbeitskräfte einzusetzen kann gravierende Folgen bis hin zum Scheitern der Ausbildung haben. Auch hier gibt es Schadenersatzpflichten, wenn nachweislich Ausbilderpflichten verletzt worden sind. So hat das BAG im Jahre 1976 (Urt. v. 10.6.1976 – 3 AZR 412/75, NJW 1977, 74) einen Ausbilder zum Schadenersatz verurteilt, der Auszubildende zum Industriekaufmann ausbildete. Sie erhielten in zwei Fächern jeweils die Note 6 (ungenügend) und bestanden erst die wesentlich spätere Wiederholungs-prüfung. Sie machten erfolgreich geltend, die Ausbildungspflicht im Betrieb sei schuldhaft verletzt worden. Nach den Feststellungen der Tatsacheninstanz (LAG Kiel) war praktisch in diesen Fächern gar nicht ausgebildet worden, sondern die Auszubildenden tatsächlich als Arbeitskräfte eingesetzt worden. Schon seinerzeit hat das BAG es abgelehnt, eine angebliche, pauschal behauptete „Faulheit" oder „Lernunwilligkeit" als Darlegung eines Mitverschuldens (§ 254 BGB) anzuerkennen.

Die Schadenersatzpflicht ist durch § 102 BBiG von einem **Bußgeld** zusätzlich flankiert. Den Auszubildenden Verrichtungen zu übertragen, die dem Ausbildungszweck nicht dienen, ist danach ebenso bußgeldbewehrt wie die Verletzung der bereits erwähnten Formvorschrift, eine Niederschrift über die Ausbildungsbedingungen zu entrichten. Das Bußgeld beträgt nach § 102 Abs. 2 BBiG immerhin bis zu 5.000,00 EUR.

2. Mehrarbeiten. Die Frage von sog. „Überstunden" oder Mehrarbeit kann sich in Ausbildungsverhältnissen stellen. Während sie im Arbeitsverhältnis unter dem Gesichtspunkt des Direktionsrechts nach § 106 GewO (kann Mehrarbeit angeordnet werden) und unter dem allgemeinen Vergütungsgesichtspunkt (kann nach § 612 Abs. 2 BGB eine Vergütung erwartet werden) eher allgemein diskutiert wird, gibt es im BBiG eine spezielle gesetzliche Regelung. Nach § 17 Abs. 3 BBiG ist zwingend eine über die vereinbarte regelmäßige tägliche Ausbildungszeit hinausgehende Beschäftigung entweder zu vergüten oder durch Freizeit auszugleichen. Pauschale Abgeltungen oder das „Unter-den-Tisch-fallen-lassen" solcher Mehrarbeit ist damit gesetzlich nicht möglich. Ansprüche auf Geldausgleich verjähren in der regelmäßigen Verjährungsfrist und können daher leicht regelmäßig noch nach Ende des Ausbildungsverhältnisses geltend gemacht werden.

3. Zeugniserteilung. Auch hier enthält das BBiG eine eigene Regelung, die ernst genommen werden muss. Nach § 16 BBiG ist ein schriftliches Zeugnis auszustellen und vom Ausbilder selbst zu umschreiben. Es ist nur auf Verlangen auf Führung und Leistung zu erstrecken. Hierzu sind die gleichen Grundsätze anzuwenden, wie für ein qualifiziertes Arbeitszeugnis nach § 109 GewO.

III. Ausbildung von Referendaren

Checkliste: Referendarsausbildung

- ☐ Zuweisung zur Station[1, 2]
- ☐ Separate schriftliche Vereinbarung, falls Referendar nebenamtlich in der Anwaltskanzlei tätig werden soll[3]
- ☐ Erstellung und Bewertung eines Ausbildungsnachweises[4]
- ☐ Tatsächliche Durchführung der Beschäftigung in der Ausbildung an mehreren Stunden in der Woche (keine „Tauchstation")[5]
- ☐ Zeugnis[6]

Anmerkungen

1. Die Ausbildung von Referendaren dient dem juristischen Nachwuchs und ist, was wenig bekannt ist, eine Berufspflicht des Rechtsanwalts. Nach § 59 BRAO soll der Rechtsanwalt in „angemessenem Umfang" an der Ausbildung der Rechtsreferendare mitwirken. Auch hier gibt es eine Ausbildungsverpflichtung, deren Verletzung zwar – jedenfalls nach den spezialgesetzlichen Normen – nicht automatisch einen Schadenersatzanspruch bedingen muss, aber doch einen Standesverstoß darstellt (s. AnwG Köln Beschl. v. 12.10.2011, BRAK-Mitt. 2012, 128).

2. **Status des Rechtsreferendars.** Der Rechtsreferendar (m/w) steht in einem besonderen, von den jeweiligen Landesgesetzen geregelten Ausbildungsverhältnis. Das setzt eine förmliche Anweisung durch das jeweilige OLG voraus. Vergleichbare Pflichten, wie sie detailliert für Ausbildungsverträge oben beschrieben worden sind, bestehen insoweit nicht. Allerdings ist der Rechtsanwalt verpflichtet, den Ausbildungsnachweis für den Referendar zu führen und zu unterschreiben und mit der den Referendar zuweisenden Dienstbehörde zusammenzuarbeiten.

3. Mit der Zuweisung häufig vermischt wird in der Praxis der Umstand, dass viele Rechtsreferendare gerade in Anwaltskanzleien zur Aufbesserung ihres Einkommens, zur Ausbildung oder allgemein zur Beförderung ihrer Karrierechancen während des Referendariats arbeiten. Trotz ihrer weitgehenden Üblichkeit werfen solche Vertragsverhältnisse teilweise Probleme auf. Zum einen gelten für sie dieselben Maßstäbe wie etwa für die Abgrenzung von freien Dienstverträgen zu Arbeitsverhältnissen. Zum anderen ist es Referendaren ohne eine Nebentätigkeitsgenehmigung des Dienstherren meist untersagt, eine Nebentätigkeit auszuüben. Nebentätigkeitsgenehmigungen werden ausbildungsbedingt nur für verhältnismäßig geringe Stundenumfänge (in der Regel 10 Stunden wöchentlich) erteilt. Ein ohne gesonderte Vereinbarung vom Ausbilder gezahltes Entgelt ist sozialversicherungsrechtlich stets Arbeitsentgelt (LSG Hamburg Urt. v. 28.11.2012 – LZR 16/10, NZS 2013, 300) und damit abgabenpflichtig. Ein separater Arbeitsvertrag erspart hier teure Regresse der Dienstherren. Die Verletzung dieser Pflichten kann für den Referendar in extrem Fällen zu einer Entfernung aus dem Vorbereitungsdienst führen und damit seine Karrierechancen erheblich beeinträchtigen. Wer als Anwalt hieran mitwirkt, verhält sich mindestens standeswidrig. Auch hier gilt daher: Ausbildung ist eben Ausbildung und nicht Arbeitsleistung, so sehr es die Beteiligten im Einzelfall auch wünschen mögen.

Allerdings ist der Bereich, in dem der Referendar auch ausbildungsrelevant wesentliche Hilfestellungen für den Rechtsanwalt leisten kann, in bestimmten Fällen erstaunlich groß. Nach § 53 Abs. 4 BRAO kann ein Referendar, der mindestens 12 Monate im Vorbereitungsdienst beschäftigt worden ist, als Vertreter des Rechtsanwalts bestellen. Er ist damit postulationsfähig auch vor den Gerichten, vor denen der Rechtsanwalt zugelassen ist und kann alle Rechtshandlungen vornehmen, die auch der Rechtsanwalt vornehmen könnte. Diese Bestellung ist aber nur über die zuständige Rechtsanwaltskammer möglich.

4. Sonstigen Pflichten aus dem Vorbereitungsdienst. Nach den Landesgesetzen muss der Referendarausbilder eine Liste der übertragenen Arbeiten erstellen und diese bewerten (zB § 26 JAO Berlin). Der Vorbereitungsdienst ist darüber hinaus für den Ausbilder besonders unbürokratisch gestaltet. Da der Referendar im Vorbereitungsdienst über seine Dienststelle rentenversichert ist, über eine Krankenversicherung verfügen muss und eine Unterhaltsbeihilfe erhält, treffen den ausbildenden Rechtsanwalt weder Vergütungs- noch Versicherungspflichten. Die Ausbildung des Referendars ist ein Ausbildungsverhältnis der besonderen Art und kein Arbeitsverhältnis. Das gilt nur mit der Beschränkung, dass – siehe oben – zwischen den Parteien nicht möglicherweise neben der Ausbildung ein weiteres Arbeitsverhältnis vereinbart ist. Es ist bei einem Verstoß gegen Nebentätigkeitsgenehmigungen nicht gesetzes- oder gar sittenwidrig (§§ 134, 138 BGB). Lässt sich der Abschluss eines solchen Arbeitsverhältnisses nachweisen, gelten im Streitfall die Spielregeln des Arbeits- und Sozialrechts (→ Anm. 3 und LSG Berlin-Brandenburg Urt. v. 15.2.2008, NJOZ 2008, 2267). Auch hier gilt aber, dass die praktische Bedeutung solcher Fälle eher gering sein dürfte.

5. Die „Tauchstation" bezeichnet die formale Übernahme der Ausbildungsverpflichtung durch den Anwalt, ohne dass die Ausbildung wirklich durchgeführt wird. Bei Entdeckung, etwa fehlendem Ausbildungsnachweis (→ Anm. 4), kann der Referendar seine Dienstbezüge verlieren und als „unentschuldigt" vom Dienst abwesend behandelt werden (BVerwG Urt. v. 25.9.2003, NVwZ-RR 2004, 273); der Anwalt verhält sich standeswidrig (aaO), der Referendar erfüllt die Zulassungsvoraussetzungen zum 2. Staatsexamen uU nicht.

6. Erstellung eines Zeugnisses. Genau wie die Führung eines Einzelnachweises der dem Referendar übertragenden Aufgaben verlangen die Landesgesetze bzw. die dazu ergangenen Durchführungsverordnungen, dass sich die Ausbildungsstelle in einem Zeugnis über die Leistungen des Referendars zu äußern hat, wenn, wie es der Regelfall sein wird, der Beurteilungszeitraum länger als 1 Monat war (vgl. § 26 JAO Berlin). Das Zeugnis ist nach den meisten Landesregelungen mit dem Einzelnachweis (→ Anm. 4) zu verbinden und der Referendarstelle des zuständigen OLG zu übersenden. Das Zeugnis wird üblicherweise in einer Zweitschrift dem Referendar selbst ausgehändigt. Es soll wie ein Arbeitszeugnis aufgebaut sein, einen konkreten Punktwert enthalten und wird in der Praxis als wichtige Bewerbungsunterlage verwendet. Einen Anspruch auf die Übergabe eines Originalzeugnisses an sich selbst hat der Referendar/die Referendarin indes nach den Landesgesetzen nicht. Er kann darauf verwiesen werden, Kopien aus seiner Ausbildungsakte beim OLG anzufertigen. Der Referendar kann Gegenvorstellungen zu seiner Bewertung zur Akte reichen, gegen den Ausbilder aber keine eigenen Ansprüche auf Zeugnisergänzung oder -korrektur geltend machen.

IV. Ausbildung von Praktikanten

Praktikantenvertrag[1]

Zwischen

Rechtsanwalt

. . . . . .

– im Folgenden „Rechtsanwalt" –

und

Herrn/Frau

. . . . . .

– im Folgenden „Praktikant" –

wird folgender Vertrag geschlossen:

1. In der Zeit vom . . . . . . bis . . . . . . wird der Praktikant in der Anwaltskanzlei des Rechtsanwalts beschäftigt. Das Praktikum
   ☐ ist ein Pflichtpraktikum im Rahmen des Studiengangs . . . . . . an der Universität . . . . . .
   ☐ ist kein Pflichtpraktikum.
2. Zweck des Praktikum ist, Kenntnisse und praktische Erfahrungen über das Berufsbild
   ☐ des Rechtsanwalts
   ☐ des Rechtsanwaltsfachangestellten
   zu gewinnen. Das Praktikum soll vorhandene Kenntnisse und Fähigkeiten vertiefen und dem Praktikanten die Möglichkeit geben, sich in diesem Berufsfeld zu orientieren. Beide Parteien arbeiten innerhalb der ersten zwei Wochen des Praktikums gemeinsam einen stichpunktartigen Plan über die Felder aus, die im Rahmen des Praktikums besonders behandelt werden sollen.[2]
3. Beide Seiten können während der ersten zwei Wochen des Bestehens des Praktikantenverhältnisses durch eine schriftliche Erklärung ohne Einhaltung einer Frist den vorliegenden Vertrag beenden. Eine anteilig geschuldete Praktikantenvergütung ist bis zum Tag der Beendigung auszuzahlen.
4. Für die Dauer des Praktikums erhält der Praktikant eine monatliche Unterstützungsleistung in Höhe von . . . . . . EUR.[3]
5. Der Praktikant soll eine Anwesenheit von mindestens 8 Stunden pro Woche in der Kanzlei sicherstellen.
6. Nach Ende des Praktikums hat der Rechtsanwalt dem Praktikanten ein Zeugnis über das abgeleistete Praktikum mit stichwortartiger Angabe des Praktikumsinhalts und einer Note über die persönliche Führung und Leistung zu erteilen.
7. Das Praktikumsverhältnis begründet zwischen den Parteien kein Arbeitsverhältnis. Sofern öffentlich-rechtliche Normen – insbesondere ausländerrechtliche Vorschriften – der Durchführung des Praktikums entgegenstehen, ruhen die beiderseitigen Verpflichtungen aus diesem Vertrag für die Dauer des Bestehens solcher Hindernisse.[4]
8. Der Praktikant ist darauf hingewiesen worden, dass er im Zusammenhang mit seinem Praktikum verschiedene Mandatsgeheimnisse, die gesetzlichen Schweigepflichten un-

terliegen, in Berührung kommt. Er verpflichtet sich, über diese Angelegenheiten, insbesondere die Identität der Mandanten und deren wirtschaftliche, persönliche und rechtliche Verhältnisse sowie den Inhalt und Verlauf von Verfahren, soweit über sie nicht öffentlich berichtet worden ist, Dritten gegenüber strengstes Stillschweigen zu bewahren. Dritte sind in diesem Sinne alle nicht der Kanzlei zugehörige Personen. Dem Praktikanten ist die ggf. vorhandene strafrechtliche Relevanz eines Geheimnisverrats bewusst.

. . . . . ., den . . . . . .

(Unterschrift Rechtsanwalt)

. . . . . ., den . . . . . .

(Unterschrift Praktikant)

Ausbildungsplan

Im Hinblick auf den zwischen den Parteien geschlossenen Praktikumsvertrag werden folgende Tätigkeiten geplant:

A. Theoretische Fertigkeiten
  I. Juristische Recherchen
    1. Durchführen einer einfachen juristischen Recherche anhand einer einzelnen Fallakte; Präsentation des Ergebnisses
    2. Mitwirkung an einer umfangreichen Recherche zu einem komplexen Rechtsproblem mit gemeinsamer Präsentation des Ergebnisses
  II. Einblicke in Kanzleiabläufe
    1. Aktenanlage
    2. Fristennotierung
    3. Förmlichkeiten insbesondere im Zivilprozess
B. Praktische Fertigkeiten
  I. Begleitung in mindestens einem Arbeitsgerichtsverfahren, einer Strafverteidigung und einer Verwaltungsstreitsache
  II. Anwesenheit bei mindestens drei Mandantenbesprechungen nach Einverständnis mit dem Mandanten
  III. Begleitung der für Vollstreckungsangelegenheiten zuständigen Fachkraft Frau . . . . . . an mindestens zwei Tagen, um die Grundzüge des Vollstreckungsverfahrens zu erlernen.

. . . . . ., den . . . . . .

(Unterschrift Rechtsanwalt)

. . . . . ., den . . . . . .

(Unterschrift Praktikant)

Anmerkungen

1. **Arten von Praktika.** Praktikanten kommen vielfältig vor. Gesetzlich geregelt sind Praktika – mit der Folge einer unbürokratischen Abwicklung durch den Ausbilder – in den meisten Bundesländern für Schüler und für Studenten der Rechtswissenschaft, die in der Regel einmonatige Praktikumsausbildungen auch bei Rechtsanwälten durchlaufen können oder zu durchlaufen haben. Außer der jeweils bestehenden Verpflichtung, tatsächliche Einblicke in den Berufsalltag zu gewähren, bestehen keine besonderen Verpflichtungen, insbesondere keine Versicherungspflichten.

Streng davon zu unterscheiden sind häufig als „Praktika" bezeichnete Rechtsverhältnisse, die außerhalb dieser gesetzlichen Regelungen eingegangen werden und fast zwangsläufig auf Einordnungsschwierigkeiten stoßen. Hierzu zählen Praktika mit Personen, die sich zB für eine Ausbildung als Rechtsanwaltsfachangestellte nicht oder noch nicht entschlossen haben und erst einmal Einblicke in das Berufsfeld erhalten wollen ebenso wie Praktika mit – auch schon examinierten – Rechtswissenschaftlern, die eben solche Einblicke in den Anwaltsberuf erwerben wollen.

Der Begriff des „Praktikums" ist allgemeingesetzlich nicht geregelt. Häufig verbergen sich hinter solchen Vertragskonstruktionen tatsächlich abhängige Beschäftigungsverhältnisse ohne jeden echten Ausbildungszweck. Das wird dann besonders problematisch, wenn sie ohne Vergütung abgeleistet werden; aber auch die Zahlung einer Vergütung – die gesetzlich für Schüler und Studenten geregelten Praktika sind vergütungsfrei – wirft etwa die Frage einer Sozialversicherungspflicht und damit die Einordnung als Arbeitsverhältnis auf.

Allgemein lässt sich sagen, dass ein praktisches Bedürfnis für solche hybriden Ausbildungsformen kaum erkennbar ist. Eine Berufsorientierung für einen Zeitraum von vielleicht sechs Wochen bis drei Monaten für Schulabsolventen, die sich in den Beruf der Rechtsanwaltsfachangestellten (m/w) orientieren wollen, aber noch nicht sicher ist, kann akzeptabel sein. Im Einzelfall ist der bürokratische Aufwand und die lohnsteuer- und sozialversicherungsrechtlichen Risiken einer falschen Einordnung aber ein Grund, von solchen Konstruktionen abzusehen. Voraussetzung ist in jedem Fall, dass ein schriftlicher Ausbildungsplan erstellt wird. Eine „Einstiegsqualifizierung" setzt voraus, dass der Nachweis erbracht werden kann, dass tatsächlich Ausbildung und nicht Arbeitsleistung im Vordergrund stand (LAG Hessen Urt. v. 25.10.2001 – 3 Sa 1818/99, BeckRS 2013, 66276). Ob insbesondere die Risiken einer sozialversicherungsrechtlichen Fehleinschätzung deshalb nicht eher für den Abschluss eines Ausbildungsvertrages mit entsprechender Probezeit (so) sprechen, mag jeder Ausbilder für sich beurteilen.

2. **Ausbildungsplan und Zweck des Praktikums.** Im Hinblick auf die in Anmerkung 1. zitierte Rechtsrechtsprechung ist es wichtig, den Zweck des Praktikums in einem Ausbildungsplan zu dokumentieren. Der Ausbildungsplan muss keinen besonderen Anforderungen genügen. Er soll in einem Streitfall lediglich den Beleg dafür liefern, dass tatsächlich Ausbildung und nicht Arbeitsleistung im Vordergrund stand. Einem ähnlichen Zweck dient Ziffer 5. des Praktikantenvertrags. Ein Praktikum kann natürlich nur bei einer Mindestanwesenheit erfolgreich sein; genaue Zeitregelungen sprechen aber in aller Regel für Arbeitsleistungen und eben nicht für einen Ausbildungsschwerpunkt.

3. **Sozialversicherungsrechtliche Hinweise für Praktika.** Dass die gesetzlich vorgeschriebenen Praktika in der Regel keine sozialversicherungsrechtlichen Besonderheiten aufweisen, ist bereits erwähnt worden. Wird allerdings ein Arbeitsentgelt im – vorgeschriebenen – Praktikum entrichtet, ist in § 5 Abs. 1 Nr. 10 SGB V und § 20 Abs. 1 Nr. 10 SGB VI für die Kranken- und Pflegeversicherung eine Subsidiaritätsklausel eingeführt. Besteht eine (beitragsfreie) Familienversicherung des Praktikanten – was aufgrund des Lebensalters häufig der Fall sein dürfte – ist eine gesonderte Versicherung nicht erforderlich. Ansonsten besteht **Versicherungspflicht** in der Kranken- und Pflegeversicherung für die Dauer des Praktikums. Bei **nicht gesetzlich vorgeschriebenen Praktika** gelten oberhalb der Geringfügigkeitsgrenzen und der sog. Gleitzonen die allgemeinen sozialversicherungsrechtlichen Pflichten des Ausbildenden, der insoweit (sozialversicherungsrechtlicher) Arbeitgeber ist (§ 7 Abs. 1, 2. Hs. SGB V). Komplizierter ist die Situation in der **Rentenversicherung**, wobei insoweit allgemein von einer Versicherungspflicht ausgegangen wird, die wiederum nur innerhalb vorgeschriebener Praktika nicht gilt. Die

Anwendung dieser bereits sehr zersplitterten Regelungen auf vorgeschriebene Praktika ausländischer Studierender ist ungeklärt, dürfte sich aber innerhalb der EU leicht über die einschlägigen Sozialversicherungsrichtlinien lösen lassen.

4. Ausländische Praktikanten. Soweit es sich um Angehörige der EU-Staaten handelt, die Arbeitnehmerfreizügigkeit genießen, bestehen hier keine Unterschiede gegenüber deutschen Praktikanten.

Ein besonderes Phänomen in diesem Zusammenhang ist eingangs bereits erwähnt worden und eine Folge der zunehmenden Globalisierung des Rechtsmarkts. Eine Vielzahl von Universitäten – namentlich im angelsächsischen Bereich – bildet Schwerpunkte in der wissenschaftlichen Juristenausbildung auf dem deutschen Sprachraum. Mehrere Angebote an Studierende in Großbritannien etwa beinhalten damit nicht nur die Vermittlung der Grundlagen des deutschen Rechts, sondern eine – oft auch mehrmonatige – berufspraktische Ausbildung, nach deutschem Verständnis ein Praktikum – in einem Unternehmen und oft explizit in einer Rechtsanwaltskanzlei. Spricht bei EU-Bürgern nichts dagegen, solche Praktika zur Erfüllung der Studienauflagen keine Einwände, so ist aber zu beachten, dass ein nicht unerheblicher Teil dieser Bewerber aus Ländern außerhalb der EU kommt. Für solche Praktika sind umfangreiche bürokratische Hürden zu nehmen. Es bedarf eines speziellen Aufenthaltsstatus, der von der zuständigen Ausländerbehörde abgesichert und vom Ausbilder überprüft werden muss. Gerade in den rechtswissenschaftlichen Fakultäten angelsächsischer Universitäten gibt es aber viele russische, weißrussische, ukrainische Staatsbürger und überhaupt Staatsbürger aus Staaten, die der ehemaligen Sowjetunion angehört haben, die auf solche Praktika angewiesen sind. Da die Regeln sich im Einzelnen oft von Nationalität zu Nationalität unterscheiden, ist hier teilweise auf die Hilfe des Deutschen Akademischen Austauschdienstes (DAAD) und der Bundesagentur für Arbeit, die einige (wenige) spezielle Beratungsstellen für die Vermittlung von Praktika unterhält, zurückzugreifen.

Grundsätzlich am einfachsten haben es an einer inländischen staatlichen Hochschule eingeschriebene Studenten aus Nicht-EU-Staaten (sie müssen nicht notwendig Rechtswissenschaft studieren). Gemäß § 9 Nr. 9 ArGV können diese wahlweise an 90 vollen Tagen oder 180 halben Tagen (das bedeutet einen Arbeitstag von nicht mehr als 4 Stunden) **ohne** Arbeitsgenehmigung beschäftigt werde. Da es auf die Art der Beschäftigung nicht ankommt, kommt auch ein Praktikum problemlos in Frage. Für über diesen Rahmen hinausgehende Beschäftigungen wäre aber eine Arbeitserlaubnis des zuständigen Arbeitsamtes erforderlich, die nur in Ausnahmefällen erteilt wird. Ein Praktikum ist für Nicht-EU-Staatsangehörige, die an einer ausländischen (Nicht-EU) Universität eingeschrieben sind, unter erleichterten Voraussetzungen möglich. Das Praktikum gilt bei einem Aufenthalt von nicht mehr als 3 Monaten gemäß § 12 Abs. 5 DvAusIG noch als touristischer Aufenthalt. Die Vorlage eines Touristenvisums ist daher ausreichend, eine gesonderte Arbeitserlaubnis nicht erforderlich. Bei einer auch nur geringfügigen Überschreitung ist ein vorheriger (aus dem Ausland gestellter) Visumsantrag für diesen Zweck aber erforderlich (§ 9 Nr. 15 ArGV).

L. Informationstechnologie, Datenschutz und Outsourcing

I. IT-Sicherheit

1. Interne IT-/TK-Richtlinien

Präambel

Die in der Rechtsanwaltskanzlei eingesetzte Software, Hardware und sonstige IT-/TK-Anwendungen[1] werden den Mitarbeitern ausschließlich[2] zur Erfüllung ihrer Arbeitsaufgaben zur Verfügung gestellt.

Rechtsanwalt/Rechtsanwältin ist der/die IT-/TK-Beauftragte[3] und für Fragen im Zusammenhang mit unseren internen IT-/TK-Richtlinien verantwortlich.

Die im Folgenden aufgeführten Kanzleigrundsätze zur IT-/TK-Nutzung sind von allen Mitarbeitern zu befolgen. Mitarbeiter, die gegen diese Richtlinien verstoßen, müssen mit Abmahnung[4] oder je nach Schwere des Verstoßes oder im Wiederholungsfalle sogar mit der Kündigung des Vertragsverhältnisses rechnen.

§ 1 Freigabe von IT-/TK-Anwendungen

(1) Der IT-/TK-Beauftragte ist für die Software- und Hardwarebeschaffung sowie die Auswahl von anderen IT-/TK-Anwendungen wie Recherchetools, Software as a Service, Domains, Hosting, Cloud-Anwendungen etc. verantwortlich.

(2) Der beauftragte Netzwerkadministrator[5] ist regelmäßig nicht befugt, über die Auswahl, den Einsatz bzw. die Anschaffung von Lösungen zu entscheiden. Dies erfolgt nach vorheriger Abstimmung mit dem IT-/TK-Beauftragten, es sei denn dieser ist nicht erreichbar und es liegt eine Notfall- oder Dringlichkeitssituation vor (→ Anm. 8).

(3) Die für die Arbeitsabläufe in der Rechtsanwaltskanzlei erforderlichen IT-/TK-Lösungen werden zur Nutzung im Rahmen der Tätigkeit für die Kanzlei bereit gestellt und werden nach individuellem Bedarf nach Abstimmung mit dem IT-/TK-Beauftragten ergänzt. Jeder Mitarbeiter mit speziellen Arbeitsaufgaben, die mit keiner der bereits genehmigten IT-/TK-Lösungen durchgeführt werden können, kann beantragen, dass eine Lösung für diese Aufgabe bereit gestellt wird. Dazu muss der Mitarbeiter seine Arbeitsplatzanforderungen spezifizieren und insbesondere den mit dem Einsatz verbundenen Mehrwert für die damit zu bearbeitenden Aufgaben darstellen.

§ 2 Installation von Programmen

(1) Die Computerprogramme werden regelmäßig von dem IT-/TK-Beauftragten bzw. dem Systemdienstleister installiert. Mitarbeiter dürfen Programme nur dann installieren, wenn sie dazu gesondert angewiesen werden. Dies gilt auch für Demo-Versionen und Testzugänge.

(2) Alle Datenträger, Lizenzurkunden und Zugangsdaten werden durch den IT-/TK-Beauftragten verwahrt und verwaltet.

(3) Computerprogramme und IT-/TK-Anwendungen müssen im Namen der Kanzlei registriert werden, damit die Rechtsanwaltskanzlei Programmaktualisierungen und Support beanspruchen kann.

§ 3 Keine unerlaubte Vervielfältigung von Software und Daten

(1) Mitarbeiter der Rechtsanwaltskanzlei dürfen Computerprogramme nur in Übereinstimmung mit den Lizenzvereinbarungen nutzen. Das Kopieren von Computerprogrammen ist weder für den Einsatz in der Rechtsanwaltskanzlei noch für den Einsatz außer Haus gestattet.[6] Mit den Programmen verbundene Dokumentationshandbücher dürfen für den internen Gebrauch nur auszugsweise vervielfältigt werden. Nicht autorisiertes Vervielfältigen von Software kann für die Mitarbeiter und/oder die Kanzlei sowohl zivilrechtliche als auch strafrechtliche Konsequenzen nach sich ziehen.

(2) Recherchetools sind ebenfalls nur für kanzleiinterne Zwecke bereit gestellt.

§ 4 Schutz vor Schadsoftware

(1) Das IT-System ist durch ein Anti-Virenprogramm und eine Firewall zentral geschützt. Die Programme sind derart eingestellt, dass die Aktualisierung automatisch erfolgt. Änderungen an den Einstellungen sind nicht gestattet.

(2) Beim Starten des Arbeitsplatzrechners ist zu kontrollieren, ob die Anti-Viren-Lösung aktiv ist. Einmal wöchentlich ist zunächst zu kontrollieren, ob die Lösung auf dem aktuellen Stand ist und anschließend eine Systemprüfung für den Arbeitsplatzrechner durchzuführen.

(3) Für Dateien die von externen CD-ROM oder ähnlichen Datenträgern verwandt werden sollen, ist eine gesonderte Virenprüfung vorzunehmen.

§ 5 Keine private Nutzung

Die Nutzung der Kanzlei Hard- und Software sowie des Internets, der Email-Kommunikation oder Ähnliches für außerbetriebliche Zwecke ist dem Mitarbeiter nicht gestattet.

§ 6 Passwörter, Benutzerkonten, Signaturkarte

(1) Der IT-/TK-Beauftragte verwaltet die Benutzerkonten. Über die Benutzerkonteneinrichtung wird festgelegt, welche Bearbeitungs- und Zugriffsrechte der jeweilige Mitarbeiter hat. Um die Aufgabenerfüllung dem einzelnen Mitarbeiter zuordnen zu können und organisatorisch sicher zu stellen, dass jeder Mitarbeiter nur in dem ihm zugewiesenen Arbeitsbereich arbeitet, dürfen individualisierte Zugangsdaten oder aktive Benutzerkonten keinen anderen Mitarbeitern zur Nutzung zur Verfügung gestellt werden.

(2) Für zentrale Anwendungen, welche von mehreren Mitarbeitern genutzt werden, legt der IT-/TK-Beauftragte die Passwörter und Zugangsdaten fest.

(3) Passwörter sind geheim zu halten und regelmäßig nach den näheren Vorgaben des IT-/TK-Beauftragten[7] zu ändern. Bei dem Verdacht, dass ein Dritter Kenntnis von Passwörtern erlangt haben könnte, ist der IT-/TK-Beauftragte unverzüglich zu informieren. Bei Wartungs- und Pflegeleistungen an den IT-Systemen der Kanzlei sind die Passwörter nur im Ausnahmefall dem Administrator bekannt zu geben und anschließend sofort zu ändern.

(4) Die elektronischen Signaturkarten sind angemessen durch den jeweiligen Mitarbeiter zu sichern, der Inhaber der Karte ist. Die von der Kanzlei beauftragten Signaturkarten sind für den Gebrauch im Rahmen der Mandatsbearbeitung ausgestellt. Für private

Transaktionen ist der eigene elektronische Personalausweis oder ein anderer elektronischer Authentifizierungsweg zu nutzen.

§ 7 Mandatsgeheimnis

(1) Die Arbeitsplatzrechner sind so eingerichtet, dass sie nach einer bestimmten Zeit der Inaktivität gesperrt werden und die erneute Anmeldung mit Login erforderlich ist. Trotzdem ist darauf zu achten, dass unbefugte Dritte keinen Zugriff bei kurzer Abwesenheit erhalten.

(2) Besondere Achtsamkeit ist erforderlich bei der Nutzung mobiler Arbeitsplätze wie Notebook, ipad und Smartphone geboten. Diese sind ebenfalls ausschließlich passwortgeschützt zu verwenden und dürfen nicht unbeobachtet bleiben. Mobile Endgeräte sind soweit möglich mit Blickschutzfolien ausgestattet.

(3) Für die Ablage von Daten zur Bearbeitung von unterwegs sind ausschließlich die von dem IT-/TK-Beauftragten autorisierten Systeme/Cloud-Lösungen zu nutzen.

§ 8 Störfall/Notfall

(1) Im Fall einer Störung der Hard- und/oder Software ist der IT-/TK-Beauftragte über den Störfall zu informieren. Der den Störfall feststellende Mitarbeiter hat unverzüglich die für Hard- und/oder Software verantwortliche Systemdienstleister zu kontaktieren und auf eine Entstörung hinzuwirken. Das Ergebnis der Kontaktaufnahme ist dem IT-/TK-Beauftragten mitzuteilen, damit dieser über weitergehende kostenauslösende Maßnahmen entscheiden kann.

(2) Nur den vertraglich gebundenen Systemdienstleistern kann auf Anforderung der Fernwartungszugriff eröffnet werden. Der Mitarbeiter hat die Schritte der Fernwartungssitzung zu beobachten und erforderlichenfalls Rückfragen beim Mitarbeiter des Dienstleisters zu stellen. Die Systemdienstleister sind bei vor Ort Wartung und Pflege bei Abwesenheit des IT-/TK-Beauftragten ebenfalls zu begleiten und die ergriffenen Maßnahmen sind zu dokumentieren. Die Verbringung von Hardware außerhalb der Kanzlei zu Wartungs-, Pflege- oder Reparaturarbeiten hat nach Sicherung der Daten auf anderen Speichermedien und Löschung auf dem betreffenden Endgerät zu erfolgen.

(3) Eine Liste der Kontaktdaten sämtlicher Systemdienstleister befindet sich im Qualitätsmanagement-Handbuch. Sollte eine Kontaktaufnahme zu dem jeweiligen Systemdienstleister scheitern, ist der IT-/TK-Beauftragte hierüber unverzüglich zu unterrichten.

(4) Bei Störfällen mit dem Risiko des Verlusts, des Missbrauchs oder der Kenntniserlangung von Daten durch Dritten sind der Datenschutzbeauftragte sowie der IT-/TK-Beauftragte der Kanzlei zu informieren.

Hiermit bestätige ich, die IT-/TK-Richtlinien der Rechtsanwaltskanzlei zur Kenntnis genommen zu haben und verpflichte mich zu deren Beachtung. Der IT-/TK-Beauftragte hat mir die einzelnen Regelungen erläutert und steht für weitere Rückfragen zur Verfügung.

. . . . . ., den . . . . . .

(Unterschrift Mitarbeiter)

. . . . . ., den . . . ., den . . . . . .

(Unterschrift IT-/TK-Beauftragter)   (Unterschrift Personalabteilung)

Schrifttum: *Auer-Reinsdorff/Conrad*, Beck'sches Mandatshandbuch IT-Recht, 2011 (zit. BeckMHdB ITR); *Weitnauer*, Beck'sches Formularbuch IT-Recht, 2. Aufl. 2012 (zit. BeckFormB ITR); *Lindemann/Simon*, Betriebsvereinbarung zur E-Mail-, Internet und Intranet-Nutzung, BB 2001, 1950; *Leupold/Glossner*, Münchener Anwaltshandbuch IT-Recht, 3. Aufl. 2013; *Schaub* Formularsammlung, 10. Auflage 2013; *Conrad/Schneider*, Einsatz von „privates IT" in Unternehmen – kein Privater USB-Stick, aber Bring your own device (BYOD)?, ZD 2011, 153 ff.; *Kramer*, Gestaltung betrieblicher Regelung zur IT-Nutzung, ArbRAktuell 2010, 164; *Redeker*, IT-Recht, 2012; *Pröpper/Römermann*, Nutzung von Internet und E-Mail am Arbeitsplatz (Mustervereinbarung), MMR 2008, 514 ff.

Anmerkungen

1. IT-/TK-Anwendungen sind alle Geräte und Anwendungen der Informationstechnologie (IT/EDV) sowie der Telekommunikation (TK). Die IT-/TK-Systeme bilden ein wesentliches Kernstück der Ausstattung der Kanzlei und deren Funktionsfähigkeit. Ordnungsgemäßer Einsatz sichert den Bestand, den wirtschaftlichen Erfolg sowie den Ruf der Kanzlei. Insbesondere der Verlust von Daten sowie erfolgreiche Attacken auf die IT-Infrastruktur der Kanzlei tragen das Risiko von erheblichen Imageeinbußen durch die Beschädigung der Vertrauensstellung. Die Kanzlei ergreift daher angemessene technische und organisatorische Maßnahmen, dokumentiert diese und sorgt für deren Einhaltung.

2. Dieses Muster hat die Grundentscheidung getroffen, die private bzw. die Nutzung für externe Zwecke auszuschließen. Die Kanzlei sollte hier in der Tat Grundentscheidungen treffen und klare Regeln vorgeben, um deren Nichteinhaltung ggf. arbeitsrechtlich sanktionieren zu können. Umstritten, aber bislang herrschende Meinung ist, dass der Arbeitgeber mit dem Erlauben privater Internet- und Email-Nutzung am Arbeitsplatz im Sinne des § 88 Telekommunikationsgesetz (TKG) Telekommunikationsanbieter wird und die Vorgaben des TKG einschließlich des Fernmeldegeheimnisses einzuhalten hat. Im Fall Mappus hat das Verwaltungsgericht Karlsruhe (VG Karlsruhe Urt. v. 27.5.2013 – 2 K 3249/12) unlängst entschieden, dass das TKG einen anderen Anwendungsbereich hat und daher die Bereitstellung von Telekommunikationsmöglichkeiten an Mitarbeiter nicht dem TKG unterfällt. Die Kanzlei sollte bei der Grundentscheidung aber berücksichtigen, dass dies von der bisher vertretenen herrschenden Meinung abweicht und in jedem Fall eine klare Entscheidung treffen. Für den Fall, dass die Nutzung für kanzleifremde Zwecke erlaubt wird, sollte eine gesonderte Vereinbarung getroffen werden oder es sind leicht umsetzbare und sanktionierbare Regelungen in die internen IT-/TK-Richtlinien aufzunehmen.

3. In der Kanzlei sollte entweder einer der Partner oder aber die Büroleiterin, welche nicht zugleich Datenschutzbeauftragte der Kanzlei ist, als zentraler Ansprechpartner für IT-/TK-Fragestellungen benannt werden. Die Kanzlei ist so laufend über die IT-technischen Vorfälle informiert, doppelte Problemlösungen werden vermieden und die Häufung von Fehlern oder Fehlbedienungen, Mängel an den Lösungen werden schneller erkannt und die Beauftragung externer Dienstleister läuft zentriert.

4. Zur Einhaltung der technischen und organisatorischen Maßnahmen, die sich aus datenschutzrechtlichen Verpflichtungen sowie der Berufsverschwiegenheit ergeben, bedarf es klarer sanktionierbarer Regelungen. Die Einhaltung ist im Interesse der Arbeitnehmer zwar nicht systematisch und lückenlos zu überprüfen, aber die Kanzlei hat bei Verdachtsmomenten geeignete Maßnahmen zu ergreifen, Verstöße zu verhindern, aufzuklären und die betreffenden Personen im Rahmen der arbeitsrechtlichen Vorgaben zu ermahnen und erforderlichenfalls abzumahnen oder bei besonders schweren Verstößen sogar fristlos zu kündigen. Die Kanzlei kann die Nichteinhaltung der aufgestellten internen IT-/TK-Richtlinien nicht dulden.

5. Das Muster geht davon aus, dass der Netzwerkadministrator ein externer Dienstleister ist, welcher einen EDV-Servicevertrag (→ Form. E. II. 1) abgeschlossen hat. Der IT-/TK-Beauftragte und der interne Netzwerkadministrator können identisch sein, wobei diesem ein Budget oder ein Entscheidungsrahmen zu Investitionen und kostenpflichtigen Maßnahmen zugeordnet werden kann, um ihm ohne vorherige Beteiligung der Partner schnelles Reagieren zu ermöglichen.

6. Die Kanzlei hat dafür Sorge zu tragen, dass die Vereinbarungen zu den Nutzungsrechten an Software eingehalten werden. Die Nutzung von Computerprogrammen ohne entsprechende Lizenz führt zur urheberrechtlichen Unterlassungs- und Schadensersatzansprüchen nach §§ 69 a ff., 95 Urheberrechtsgesetz (UrhG) und kann nach §§ 106 ff. UrhG strafrechtlich geahndet werden.

7. Hier sollte eine Regel gesondert aufgestellt werden, wie häufig individuelle Passwörter zu ändern sind und technisch Maßnahmen ergriffen werden, welche einen Passwortwechsel erzwingen. Die Anwendungen werden meist derart konfiguriert sein, dass der Administrator mit seinem Passwort auf alle Accounts und Daten zugreifen kann, so dass ein Hinterlegen von Passwörtern beim IT-/TK-Beauftragten nicht erforderlich wird. Für zentrale Anwendungen, zu denen nur ein Zugang besteht, soll die Verwaltung der Zugangsdaten ausschließlich über den IT-/TK-Beauftragten erfolgen.

2. Checkliste: IT-Risikomanagement

☐ Einsatz bedarfsgerechter und professioneller IT-Lösungen mit regelmäßiger Statuskontrolle (Einhalten des Stands der Technik)[1]
☐ Datensicherungskonzept und Backup einführen und testen[2]
☐ Einsatz von Spam- und Virenfiltern prüfen und regelmäßig aktualisieren[3]
☐ Einsatz von WLAN kritisch prüfen und sichern[4]
☐ Einführung eines Passwortmanagements[5]
☐ Datenschutzregelungen einführen[6]
☐ Datenschutzbeauftragten bestellen bzw. als Führungsaufgabe wahrnehmen[7]
☐ Betriebsinterne Regelungen für die Email- und Internetnutzung einführen[8]
☐ Einsatz ausreichend lizenzierter Software oder Einsatzbedingungen Freier Software (Open Source Software) prüfen[9]
☐ Zulässigkeit des IT-Outsourcing (§ 11 BDSG Auftragsdatenverarbeitung und § 203 StGB, § 2 BORA, § 43a Abs. 2 BRAO) prüfen und Maßnahmen ergreifen[10]
☐ Vertraulichkeits-/Geheimhaltungsvereinbarungen mit Dienstleistern, freien Mitarbeitern treffen[11]
☐ Einsatz der elektronischen Signatur und Verschlüsselung und anderer sicherer Übertragungswege prüfen und bereithalten[12]

Anmerkungen

1. Die Anschaffung von IT-Ausstattung und die Auswahl von Lösungen erfolgt je nach Größe und Know How der Kanzlei in diesem Gebiet projektartig oder aber in verschiedenen Ausbaustufen je nach Bedarf und Angebot. Dabei versteht sich wie jedes Risikomanagement auch das IT-Risikomanagement als ein Prozess oder Kreislauf, was die regelmäßige Priorisierung von Sicherheitsmaßnahmen und Lösungen sowie Überprüfung des Status auf seine Geeignetheit und Aktualität erfordert.

Der Begriff technische und organisatorische Maßnahmen findet sich in § 9 Bundesdatenschutzgesetz mit Verweis auf dessen Anlage. Die dort genannten Gefährdungspotentiale sind zum Schutz der mittels elektronischer Datenverarbeitung (EDV) in der Kanzlei verarbeiteten Daten per se sinnvoll. Die dort beschriebenen Vorbereitungen zur Ordnung und Kontrolle der Datenverarbeitung in organisatorischer und technischer Hinsicht sind geeignet, personenbezogene sowie sonstige zu schützende Daten wie zum Beispiel Geschäftsgeheimnisse und Know How zu sichern. Hierbei kann die Frage unberücksichtigt bleiben, ob das Bundesdatenschutzgesetz umfassend oder teilweise Anwendung auf die Datenverarbeitung in Anwaltskanzleien findet (vgl. Auer-Reinsdorff/Conrad/*Lapp/Eckhardt* § 28 Rn. 1 ff.). Daneben ergeben sich weitere mögliche Risikoquellen bei der Auswahl und der Nutzung der IT-Anwendungen, welche technisch, personell, organisatorisch und rechtlich zu bewerten sind.

Risikomanagement ist dabei Führungsaufgabe (ISO Norm 31000: 2009), wobei die Risiken für die Funktionsfähigkeit und den Fortbestand einer Organisation laufend identifiziert, analysiert und bewertet werden. Analyse, Planung, Umsetzung, Überwachung und Verbesserung finden kontinuierlich statt (Demingkreis: „Plan-Do-Check-Act") und begleiten Entscheidungen zu Investitionen und Anwendung neuer Programme oder technischer Hilfsmittel. Hierzu sind in der Kanzlei die übergeordneten Ziele, zum Beispiel: Arten der zu schützenden Daten mit verschiedenen Risikoeinstufungen, Veränderungsprozess zu einer elektronischen Anwaltskanzlei, Aufbau verschiedener miteinander vernetzter Standorte etc. sowie die Strategien festzulegen. Teil des Risikomanagements ist die Festlegung von Verantwortlichkeiten und Entscheidungsbefugnissen, die meist externe Bereitstellung von Ressourcen durch Dienstleister zur Risikoabwehr, die interne Kommunikation über Risikovorfälle gleichermaßen wie über Verbesserungsmaßnahmen und veränderte Prozesse und damit einhergehender Qualifizierung des Personals sowie die Einbindung externer Kommunikationspartner bzw. der Betroffenen bei der Verarbeitung der personenbezogenen Daten. Das Risikomanagement kann Teil eines anwaltlichen Qualitätsmanagements sein. Der Verein Deutschland sicher im Netz e.V. bietet mit dem IT-Sicherheitscheck, https://www.sicher-im-netz.de/unternehmen/DsiN-Sicherheitscheck.aspx und vielfältigen Informationen praktische Hilfestellung, https://www.sicher-im-netz.de/unternehmen/110.aspx. Die IT-Grundschutzkataloge des Bundesamtes für Sicherheit in der Informationstechnik (BSI) geben umfassende Anhaltspunkte https://www.bsi.bund.de/DE/Themen/ITGrundschutz/ITGrundschutzKataloge/it-grundschutzkataloge_node.html, wobei die Anforderungen und Positionen des Grundschutzhandbuches je nach Organisation und Größe der Kanzlei umzusetzen sind.

2. Die Daten in elektronischer Form sowie teilweise (parallel) noch als Papierakten sind das Kernstück der Anwaltskanzlei neben dem Know How und der Erfahrung der Berufsträger. Diese vor Angriffen von Außen und Innen zu schützen sowie deren weitere Verfügbarkeit bei Ausfall und Defekt der EDV-Systeme zu sichern, ist mit höchster Priorität zu verfolgen. Hierzu gehört die Aufstellung eines Datensicherungskonzeptes, welches derart umgesetzt sein sollte, dass es möglichst wenig manueller Tätigkeit bedarf und klare Zuständigkeiten für die regelmäßige Überwachung zugewiesen sind. Es sollte überlegt werden, auch einmal eine Rücksicherung aus der Datensicherung zu proben, um die Verwendbarkeit des Back-Ups zu klären.

3. Hier ist eine Standardlösung zu wählen in der kostenpflichtigen Variante für Unternehmen. Updates der Informationen zu Malware sollten automatisch erfolgen und die Mitarbeiter sollten geschult sein, die Aktualität zu überwachen sowie regelmäßig Systemprüfungen auf ihren Arbeitsplätzen durchzuführen. Ferner ist der Umgang mit Dateien festzulegen, welche über USB-Sticks und/oder per Download in das Kanzleisystem gelangen, um das Einschleppen von schadhaften Dateien zu verhindern.

4. Ein WLAN ist besonders für die Nutzung der mobilen Endgeräte in der Kanzlei sinnvoll. Es sollte daher Nutzen gegen Risiko abgewogen werden und der WLAN-Router ist besonders durch die Nutzung eines ausreichend langen Verschlüsselungsschlüssels auf WPA2-Verschlüsselungsbasis zu schützen. Ob Dritten, also zum Beispiel Mandanten, ein Zugang über das Kanzlei WLAN ins Internet gewährt wird, ist ebenso kritisch in der Risiko–Nutzen–Analyse zu betrachten. Dabei ist in jedem Fall das WLAN, welches Externen zur Nutzung bereit gestellt wird vom Kanzlei-Netz zu trennen, so dass keine Zugriffe auf das interne Netz und den Dateiserver möglich sind. Ferner ist mit der Vergabe des Zugangs für Dritte das Risiko eröffnet, dass das WLAN zu rechtswidrigen Handlungen zum Beispiel illegales Filesharing etc. missbraucht und die Kanzlei als Störer, da Anschlussinhaber, in Anspruch genommen wird (*Hoeren/Sieber*, Multimedia-Recht, Teil 18.2 Zivilrechtliche Haftung im Online-Bereich Rn. 70 – 79 | 34. Ergänzungslieferung 2013; *Zander* ZUM 2011, 513; *Bienert* DSRITB 2012, 125; *Dreier/Schulze* UrhG § 97 Rn. 1 – 90, 4. Auflage 2013).

5. Das Passwortmanagement beginnt mit der Anleitung der Mitarbeiter zur Erstellung eines sicheren Passwortes sowie der Information über benutzergebundene Passwörter und Passwörter, welche als Login-Daten der Kanzlei einmalig zugeordnet und von allen befugten Personen benutzt werden können. Ein sicheres Passwort sollte mindestens acht bis zwölf Zeichen aufweisen, mit Groß- und Kleinbuchstaben, Zahlen und Sonderzeichen versehen sein (weitere Hinweis für sichere Passwörter unter https://www.bsi-fuer-buerger.de/BSIFB/DE/MeinPC/Passwoerter/passwoerter_node.html, https://www.dsin-blog.de/passwortsicherheit-i-fakten-keine-mythen sowie https://www.sicher-im-netz.de/verbraucher/Sicheres_Passwort.aspx; Hinweise auf Passwortmanager bei http://www.computerwoche.de/a/die-besten-passwort-manager,2519783). Selbstverständlich kann auch in der Kanzlei eingeführt werden, dass sich die Mitarbeiter mit der elektronischen Signaturkarte oder einem anderen karten- oder USB-Stick-gebundenen fortgeschrittenen Zertifikat in Kombination mit Passwort anmelden.

6. Hier ist im ersten Schritt die Datenschutzerklärung für die Website (→ Form. L. IV. 3) zu erstellen sowie das öffentliche (→ Form. L. VI. 2) und interne Verfahrensverzeichnis. Darüber hinaus sind Regeln zur Erhebung und Verarbeitung der personenbezogenen Daten aufzustellen und mit den Mitarbeitern im Rahmen der Verpflichtung auf den Datenschutz nach § 5 BDSG (→ Form. L. IV. 1) zu erörtern.

7. Die Voraussetzungen zur Bestellung eines Datenschutzbeauftragten sind zu prüfen und nach Überschreiten der Anzahl von neun Personen, die mit der Verarbeitung personenbezogene Daten entsprechend ihres Tätigkeitsbereiches befasst sind, ist binnen eines Monats ein Datenschutzbeauftragter zu ernennen (→ Form. L. IV. 4). Hier ist zwischen den Vor- und Nachteilen der Wahl eines internen, angestellten Datenschutzbeauftragten und einem externen Dienstleister als Datenschutzbeauftragter abzuwägen. Der Datenschutzbeauftragte ist auf der Website im Rahmen der Datenschutzerklärung als Ansprechpartner zu benennen. Ein Datenschutzbeauftragter kann auch ernannt werden, wenn die gesetzlichen Voraussetzungen nicht gegeben sind, um diese Aufgabe eindeutig einer Person als Verantwortungsbereich zuzuweisen und die Kanzleiinhaber zu entlasten.

8. Diese Regelungen sollen einmal im Sinne einer Netiquette das Vorgehen der Kanzlei bei Email-Korrespondenz festlegen und für die Risiken der unverschlüsselten und unsignierten Email-Kommunikation sensibilisieren. Entscheidet die Kanzlei private Email- und Internetnutzung über die Kanzlei-Systeme zuzulassen, so sind hierzu neben den allgemeinen Regelungen zur Nutzung der IT-Ausstattung (→ Form. L. I. 1) Vereinbarungen zu treffen (BeckFormB ITR/*Huber/Missling* Form. M.1., M.2., M.3.).

9. Das Lizenzmanagement gehört zur Risikovorsorge, dh es ist zu dokumentieren, dass die Programme, welche zum Einsatz kommen, hinreichend lizenziert sind. Ferner soll die

Installation von Programmen, ob proprietär oder auf Open Source Basis nur in Abstimmung mit dem Administrator oder dem EDV-Verantwortlichen erfolgen.

10. Hier sind die berufsrechtlichen Vorgaben zur prüfen, wobei ein Offenbaren nur dann in Betracht kommen kann, wenn Klardaten, also nicht hinreichend verschlüsselte Daten, an einen Dritten zur Bearbeitung gegeben werden (→ Form. L. IV. 5, → Form. IV. 6).

11. Hierbei handelt es sich um einen privaten Vertrag mit der Verpflichtung zur Wahrung der Vertraulichkeit, sofern die freien Mitarbeiter und Dienstleister nicht als Berufsgehilfen zu qualifizieren sind bzw. diese nicht selbst zur Berufsverschwiegenheit gesetzlich verpflichtet sind.

12. → Form. F. II. 1 Anm. 3.

II. Internet-Präsenz

1. Websiteerstellungsvertrag

Zwischen

......

– „Anbieter" –

und

......

– „Kunde" –

wird folgender Vertrag über die Erstellung einer Website geschlossen:

§ 1 Gegenstand des Vertrages

(1) Gegenstand dieses Vertrages ist die Entwicklung eines Konzepts für eine Website des Kunden durch den Anbieter sowie die Erstellung dieser Website einschließlich Dokumentation.

(2) Der Anbieter wird im Auftrag und im Namen des Kunden für die Einstellung der Website in das World Wide Web, für die Abrufbarkeit der Website über das Internet sowie die Auffindbarkeit in Suchmaschinen[1] Sorge tragen. Der Anbieter unterstützt den Kunden auf Wunsch bei der Beauftragung der Bereitstellung von Speicherplatz für die Website (Hosting[2]) sowie der Beschaffung einer Internet-Domain.[3]

§ 2 Projektphasen

(1) Die Entwicklung und Erstellung einer Website durch den Anbieter erfordert eine intensive Zusammenarbeit zwischen den Vertragspartnern. Im Interesse eines strukturierten Projektablaufs vereinbaren die Parteien, dass die Entwicklung und Erstellung der vertragsgegenständlichen Website in fünf Phasen nach Maßgabe der nachfolgenden Absätze 2 bis 6 erfolgt.

(2) Anforderungskatalog

Der Anbieter erarbeitet zunächst einen Anforderungskatalog[4] für die Website. Grundlage sind die Vorgaben des Kunden hinsichtlich des Umfangs, der Funktionalität und der Struktur der Website unter Berücksichtigung der Zielgruppen, die durch die Website angesprochen werden sollen. Bei der Entwicklung und Konkretisierung der Vorgaben des Kunden wird der Anbieter den Kunden in angemessener Weise unterstützen. Der Anforderungskatalog soll sowohl die Anforderungen an die grafische Gestaltung der Website als auch die für die Softwareprogrammierung geltenden Anforderungen in angemessenem Umfang festschreiben.

(3) Konzeptphase

Auf der Basis des Anforderungskataloges erarbeitet der Anbieter ein Konzept für die Struktur der Website. Zu dieser Struktur gehören ein Verzeichnis über die hierarchische Gliederung der einzelnen Seiten (Strukturbaum), die Festlegung eines etwaigen Framekonzepts, die Platzierung von Hyperlinks und die Einbindung von E-Mail-Fenstern, Werbebannern, Animationen, Social Links sowie von Fotos, Logos, Grafiken, Videos und anderen Anwendungen. Ferner ist die Auswahl der technischen Grundlagen der Website festzulegen, dh zum Beispiel die Wahl eines Content-Management-Tools, von Gestaltungstemplates oder Standardlösungen.[5]

(4) Entwurfsphase

Auf der Basis des mit dem Kunden abgestimmten Konzepts erstellt der Anbieter eine Grundversion der Website. Die Grundversion muss die Struktur der Website erkennen lassen, alle wesentlichen gestalterischen Merkmale beinhalten und die notwendigen Grundfunktionalitäten aufweisen. Zu den notwendigen Grundfunktionalitäten gehören insbesondere die Funktionstüchtigkeit der Hyperlinks, die die einzelnen Websites verbinden, die Umsetzung eines Framekonzepts und die Einbindung von E-Mail-Fenstern, Werbebannern und Animationen.

(5) Fertigstellungsphase

Auf der Basis der mit dem Kunden abgestimmten Grundversion der Website stellt der Anbieter die Website in gebrauchstauglicher Form fertig.

(6) Pflegephase

Nach der Fertigstellung der Website und der Einstellung der Website in das World Wide Web wird der Anbieter die Website nach den Vorgaben des Kunden und in Abstimmung mit dem Kunden laufend aktualisieren und warten, sofern der Kunde einen gesonderten Web-Pflegevertrag[5] abschließt.

§ 3 Beratung des Kunden

(1) Der Anbieter verpflichtet sich, den Kunden sowohl über die gestalterischen Möglichkeiten als auch über die möglichen Funktionalitäten der Website nach dem aktuellen Stand der Technik zu beraten. Bei der Beratung wird der Anbieter berücksichtigen, welche Zielgruppen durch die Website angesprochen werden sollen und welche Zwecke der Kunde mit der Website insgesamt verfolgt. Über Vor- und Nachteile einzelner gestalterischer und funktionaler Merkmale wird der Anbieter den Kunden ebenso unterrichten wie über allgemeine Erkenntnisse, die der Anbieter von den Gewohnheiten und Bedürfnissen von Internetnutzern sowie Nutzern der mobilen Dienste – zB im Hinblick auf Ladezeiten sowie auf die Gewichtung von Texten und grafischen Elementen – hat.

(2) Branchenspezifische Kenntnisse werden von dem Anbieter nicht erwartet. Der Anbieter ist insbesondere nicht verpflichtet, durch Erhebungen, Untersuchungen oder andere Mittel der Marktforschung spezifische Erkenntnisse über die Gewohnheiten und das Nutzerverhalten von Personen zu gewinnen, die zu den Zielgruppen der Website zählen.

§ 4 Gestalterische Leistungen

(1) Der Anbieter verpflichtet sich, mehrere – mindestens zwei – Alternativvorschläge für die grafische Gestaltung der Website zu erarbeiten oder als Lizenzprodukte (Templates) auszuwählen. Dabei wird der Anbieter – soweit vom Kunden erwünscht – Vorgaben berücksichtigen, die sich aus dem Corporate Design des Kunden ergeben.

(2) Der Anbieter wird für eine hohe gestalterische Qualität der Website Sorge tragen und dabei – im Rahmen der Vorgaben des Kunden – aktuelle Erkenntnisse über Gewohnheiten, Trends und Entwicklungen im Bereich des Webdesigns, aber auch im Bereich der allgemeinen Gebrauchsgrafik berücksichtigen.

§ 5 Softwareprogrammierung

(1) Der Anbieter verpflichtet sich zum Einsatz einer Open Source Software Lösung wie typo3, wordpress als Content Management System, mit welchem er sowohl die im einzelnen vereinbarten Funktionalitäten als auch die mit dem Kunden abgestimmte grafische Gestaltung umsetzt [alternativ: Der Anbieter verpflichtet sich zur Programmierung von Software, die sowohl die im einzelnen vereinbarten Funktionalitäten als auch die mit dem Kunden abgestimmte grafische Gestaltung umsetzt.] Der Anbieter wird Programmiersprachen und -techniken verwenden, die dem jeweils aktuellen Stand der Technik entsprechen und soweit möglich Standardlösungen zum Einsatz bringen.

(2) Der Anbieter wird mit dem Kunden die Bildschirmauflösung sowie die Internet-Browser sowie mobilen Anwendungen abstimmen, auf die die Website zu optimieren ist.[6]

§ 6 Inhalte

(1) Der Kunde stellt dem Anbieter die in die Website einzubindenden Inhalte zur Verfügung. Für die Herstellung der Inhalte ist allein der Kunde verantwortlich. Zu einer Prüfung, ob sich die vom Kunden zur Verfügung gestellten Inhalte für die mit der Website verfolgten Zwecke eignen, ist der Anbieter nicht verpflichtet. Nur bei offenkundigen Fehlern ist der Anbieter verpflichtet, den Kunden auf Mängel der Inhalte hinzuweisen.

(2) Zu den vom Kunden bereitzustellenden Inhalten gehören insbesondere die in die Website einzubindenden Texte, Bilder, Logos, Tabellen, Grafiken und Videos. Der Anbieter wird mit dem Kunden spätestens vor Abschluss der Konzeptphase (Ziffer 2 Abs. 3 dieses Vertrages) abstimmen, in welcher Form der Kunde dem Anbieter die einzubindenden Inhalte zur Verfügung stellt. Abzustimmen ist, ob die Bereitstellung der Inhalte durch den Kunden in digitaler, gedruckter oder anderer Form erfolgt. Sofern eine Überlassung von Inhalten an den Kunden in digitaler Form vereinbart wird, ist auch das jeweils zu verwendende Dateiformat abzustimmen.

§ 7 Abnahme

(1) Der Kunde ist verpflichtet die folgenden Teilleistungen durch Erklärung in Textform (§ 126 b BGB) abzunehmen, sofern diese den vertraglichen Anforderungen entsprechen:
- Anforderungskatalog (Ziffer 2 Abs. 2 dieses Vertrages);
- Konzept (Ziffer 2 Abs. 3 dieses Vertrages);
- Grundversion der Website (Ziffer 2 Abs. 4 dieses Vertrages);
- Website (Ziffer 2 Abs. 5 dieses Vertrages).

(2) Der Anbieter wird dem Kunden die jeweiligen Arbeitsergebnisse mit der Aufforderung bereit stellen, diese in angemessener Zeit zu prüfen und die Abnahme zu erklären.

§ 8 Mitwirkungspflicht des Kunden

(1) Der Kunde ist auch im Übrigen im Rahmen des Zumutbaren zur angemessenen Mitwirkung bei der Entwicklung, Herstellung und Optimierung der vertragsgegenständlichen Website verpflichtet. Der Kunde ist insbesondere auch zur Bereitstellung der für die Entwicklung, Herstellung und Pflege der Website erforderlicher Informationen verpflichtet.

(2) Soweit Testläufe oder Abnahmetests, Präsentationen oder andere Zusammenkünfte notwendig oder zweckmäßig werden, wird der Kunde sachkundige Mitarbeiter zur Teilnahme an den Zusammenkünften abstellen, die bevollmächtigt sind, alle notwendigen oder zweckmäßigen Entscheidungen zu treffen.

(3) Sofern der Anbieter dem Kunden Vorschläge, Entwürfe, Testversionen oder ähnliches zur Verfügung stellt, wird der Kunde im Rahmen des Zumutbaren eine schnelle und sorgfältige Prüfung vornehmen. Beanstandungen und Änderungswünsche wird der Kunde dem Anbieter jeweils unverzüglich mit möglichst genauer Beschreibung des Fehlers/des Änderungswunsches mitteilen.

(4) Der Kunde wird dem Anbieter spätestens unverzüglich nach Abschluss der Entwurfsphase (Ziffer 2 Abs. 4 dieses Vertrages) die Titel der einzelnen Seiten der Website, einige Schlüsselworte zu den einzelnen Seiten und jeweils eine Beschreibung der einzelnen Seiten zur Verfügung stellen (Titels, Keywords, Descriptions), damit der Anbieter die Titel, Schlüsselworte und Beschreibungen mittels Metatags in den Quellcode integrieren kann.[7]

(5) Der Kunde ist verpflichtet dem Anbieter folgende Zugangsdaten und Kontaktdaten für die Dauer der Zusammenarbeit zu überlassen und Änderungen an den Zugängen dem Anbieter unverzüglich mitzuteilen:

- Administratorzugang zu allen Installationen
- FTP-Zugangsdaten
- KIIS Zugangsdaten
- Domainverwaltungsdaten
- Daten des Hostproviders

§ 9 Vergütung

(1) Der Kunde verpflichtet sich, an den Anbieter eine Pauschalvergütung von EUR . . . . . . zzgl. Mehrwertsteuer zu zahlen. Mit der Pauschalvergütung sind sämtliche Leistungen des Anbieters gemäß der Ziffern 1 bis 5 dieses Vertrages abgegolten.

(2) Für Mehraufwand vereinbaren die Parteien eine Stundenvergütung von EUR . . . . . . zzgl. Mehrwertsteuer. Die Stundenvergütung wird in Zeiteinheiten von angefangenen Viertelstunden abgerechnet. Der Anbieter ist zu einer zeitnahen und übersichtlichen Zeiterfassung verpflichtet. Als Mehraufwand gelten alle Leistungen des Anbieters, die auf nachträglichen Änderungs- und Ergänzungswünschen des Kunden beruhen. Dies gilt insbesondere dann, wenn der Anbieter nach Abnahme des Anforderungskatalogs, nach Abnahme des Konzepts, nach Abnahme der Grundversion oder nach Abnahme der fertiggestellten Website auf Wunsch des Kunden Änderungen oder Ergänzungen vornimmt, die sich auf Leistungen beziehen, die bereits abgenommen worden sind. Dies gilt auch dann, wenn eine Abnahme noch nicht erfolgt ist, obwohl der Kunde bereits zur Abnahme verpflichtet ist.

§ 10 Auslagen

Soweit die Parteien im Einzelfall vorab keine anderweitige Regelung treffen, ist der Anbieter lediglich berechtigt, dem Kunden Reisespesen gesondert in Rechnung zu stellen. Im Übrigen besteht kein Anspruch auf gesonderten Auslagenersatz. Reisespesen wird der Anbieter in Höhe angemessener und nachgewiesener Reise- und Übernachtungskosten in Rechnung stellen. Bei der Nutzung von PKW erfolgt eine Abrechnung auf der Grundlage der steuerrechtlichen Entfernungspauschale. Der Anspruch auf Ersatz von Reisespesen besteht im Übrigen nur, wenn die Entfernung zwischen dem Sitz des Anbieters und dem Zielort mindestens 50 km beträgt.

§ 11 Zahlungen

(1) Nach Fertigstellung der Website wird der Anbieter dem Kunden die Pauschalvergütung in Rechnung stellen (Schlussrechnung). Die Schlussrechnung ist innerhalb von zehn Werktagen nach deren Eingang bei dem Kunden zur Zahlung fällig.

(2) Der Anbieter ist berechtigt, dem Kunden in angemessenen zeitlichen Abständen Abschlagszahlungen in Rechnung zu stellen. Die Höhe der Abschlagszahlungen richtet sich nach dem Wert der jeweils bereits erbrachten Leistungen des Anbieters. Die Abschlagsrechnungen sind innerhalb von zehn Werktagen nach deren Eingang bei dem Kunden zur Zahlung fällig.

(3) Stundenvergütungen wird der Anbieter dem Kunden nach Abschluss eines jeden Monats in Rechnung stellen. Auch diese Rechnungen sind innerhalb von zehn Werktagen nach deren Eingang bei dem Kunden zur Zahlung fällig.

§ 12 Nutzungsrechte

(1) Der Anbieter räumt dem Kunden an individuell für ihn erstellter Software das ausschließliche, räumlich und zeitlich unbeschränkte Recht ein, die vertragsgegenständliche Website zu nutzen, zu bearbeiten und weiterzuentwickeln. Für Standard- und Fremdkomponenten räumt der Anbieter dem Kunden die Rechte derart ein, dass dem Kunden die Nutzung, Bearbeitung und Weiterentwicklung möglich ist.[8]

(2) An geeigneten Stellen werden in die Website Hinweise auf die Urheberstellung des Anbieters aufgenommen. Der Kunde ist nicht berechtigt, diese Hinweise ohne die Zustimmung des Anbieters zu entfernen.

§ 13 Quellcode und Weiterentwicklung

(1) Der Anbieter wird dem Kunden den Quellcode der Website einschließlich der Dokumentation vollständig zur Verfügung stellen, sobald der Kunde die geschuldete Pauschalvergütung vollständig an den Anbieter entrichtet hat.

(2) Der Kunde ist berechtigt, die Website sowie die Software, aus der die Website besteht, weiterzuentwickeln. Die Weiterentwicklung darf allerdings nur für eigene Zwecke des Kunden erfolgen. Der Kunde ist nicht berechtigt, Weiterentwicklungen vorzunehmen, die der teilweisen oder vollständigen Nutzung der Website durch Dritte als eigene Website dienen. Das gemäß diesem Vertrag eingeräumte Nutzungsrecht darf im Übrigen nur mit Zustimmung des Anbieters als Ganzes auf Dritte übertragen werden.

§ 14 Fertigstellung

(1) Als Termin für die Fertigstellung der Website (Abschluss der Fertigstellungsphase) vereinbaren die Parteien den . . . .

(2) Der Fertigstellungstermin ist für den Anbieter nicht verbindlich, sofern er aus Gründen nicht eingehalten werden kann, die der Kunde allein oder überwiegend zu verantworten hat. Dies gilt insbesondere im Falle einer Verletzung der Mitwirkungspflichten des Kunden, aber nur dann wenn der Anbieter dem Kunden gegenüber die Behinderung der Auftragsdurchführung angezeigt bzw. zur Mitwirkung aufgefordert hat.

§ 15 Mängelhaftung und Haftung

(1) Für Mängel der Website haftet der Anbieter nach Maßgabe der gesetzlichen Bestimmungen des Werkvertragsrechts für individuell erstellte Software. Für Drittsoftware/-lösungen tritt der Anbieter seines Haftungsansprüche gegen den Dritten an den Kunden

ab, sofern ein Erwerb der Lizenzen im Auftrag und im Namen des Kunden aus organisatorischen oder lizenzrechtlichen Gründen nicht erfolgen kann.

(2) Für Inhalte, die der Kunde bereitstellt, ist der Anbieter nicht verantwortlich. Insbesondere ist der Anbieter nicht verpflichtet, die Inhalte auf mögliche Rechtsverstöße zu überprüfen. Entsprechendes gilt für Anbieterinformationen[9] und Anwendungen, welche der Kunde bereit halten möchte.

(3) Sollten Dritte den Anbieter wegen möglicher Rechtsverstöße, die aus den Inhalten der Website resultieren, in Anspruch nehmen, verpflichtet sich der Kunde, den Anbieter von jeglicher Haftung freizustellen und dem Anbieter die Kosten in angemessenem Umfang zu ersetzen, die ihm wegen der möglichen Rechtsverletzung entstehen.

(4) Bei leichter Fahrlässigkeit haftet der Anbieter nur bei Verletzung vertragswesentlicher Pflichten (Kardinalpflichten) sowie bei Personenschäden und nach Maßgabe des Produkthaftungsgesetzes (ProdHaftG). Im Übrigen ist die vorvertragliche, vertragliche und außervertragliche Haftung des Anbieters auf Vorsatz und grobe Fahrlässigkeit beschränkt, wobei die Haftungsbegrenzung auch im Falle des Verschuldens eines Erfüllungsgehilfen des Anbieters gilt.

(5) Der Anbieter haftet ferner bei leicht fahrlässiger Verletzung solcher Pflichten, deren Erfüllung die ordnungsgemäße Durchführung des Vertrages überhaupt erst ermöglicht, deren Verletzung die Erreichung des Vertragszweckes gefährdet und auf deren Einhaltung der Kunde regelmäßig vertraut, jedoch maximal in Höhe von 25 % der jeweiligen Auftragssumme und maximal bis zur Versicherungssumme der Betriebshaftpflicht, wenn durch die Deckungssumme das vertragstypische Schadensrisiko abgedeckt ist. Soweit die Betriebshaftpflicht von ihrer Leistung befreit ist, haftet der Anbieter nur auf den vertragstypischen, vorhersehbaren Schaden.

§ 16 Schlussbestimmungen

(1) Auf den vorliegenden Vertrag findet ausschließlich deutsches Recht unter Ausschluss des UN-Kaufrechts Anwendung.

(2) Für alle Streitigkeiten, die sich aus oder im Zusammenhang mit dem vorliegenden Vertrag ergeben, wird ORT als Gerichtsstand vereinbart.

(3) Sämtliche Vereinbarungen, die eine Änderung, Ergänzung oder Konkretisierung dieser Vertragsbedingungen beinhalten, sowie besondere Zusicherungen und Abmachungen bedürfen der Textform gem. § 126 b BGB.

(4) Sollten einzelne Bestimmungen dieses Vertrages unwirksam sein oder die Wirksamkeit durch einen später eintretenden Umstand verlieren, bleibt die Wirksamkeit dieses Vertrages im Übrigen unberührt. Anstelle der unwirksamen Vertragsbestimmungen tritt eine Regelung, die dem am nächsten kommt, was die Vertragsparteien unter Berücksichtigung der beidseitigen Interessen gewollt hätten, sofern sie den betreffenden Punkt bedacht hätten. Entsprechendes gilt für Lücken dieses Vertrages.

§ 17 Datenschutz und Datensicherheit

(1) Der Anbieter verpflichtet sich und seine Mitarbeiter nach § 5 BDSG. Der Anbieter erhält im Rahmen der Erstellung die Möglichkeit des Zugriffs auf Datenbanken mit personenbezogenen Daten, welche der Kunde verarbeitet.[10] Der Anbieter verarbeitet diese personenbezogenen Daten nicht und stellt auch keine Sicherungskopien von den Datenbankinhalten her. Der Anbieter ist verpflichtet bei datenschutzrechtlichen Kontrollen und Maßnahmen der Aufsichtsbehörden für den Kunden mitzuwirken. Der Anbieter hat den

Kunden unverzüglich über den unberechtigten Zugriff von Dritten auf die Daten zu informieren und bei der Aufklärung, Begrenzung des Schadens und ggf. Information der Betroffenen mitzuwirken. Ebenso hat der Anbieter den Kunden über Datenschutzverstöße aus seinem Verantwortungsbereich zu informieren, sofern diese die vertragsgegenständliche Leistung unmittelbar oder mittelbar betreffen. Der Anbieter beauftragt Dritte mit der Wahrnehmung seiner Verpflichtungen aus diese Vereinbarung nur mit vorheriger Zustimmung des Auftraggebers und verpflichtet diese nach § 5 BDSG.

2. Der Kunde ist selbst für die Sicherung der Daten sowie der Typo-3 Installation verantwortlich. Der Anbieter bietet bei gesonderter Vereinbarung ein Back-up/eine Parallelinstallation zur Sicherung an.

3. Der Anbieter ist zur angemessenen Sicherung von Login-Daten und Passwörtern sowie Inhalten vor Kenntnisnahme durch unbefugte Dritte verpflichtet.

. . . . . , den . . . . , den . . . . . .

(Unterschrift Anbieter)   (Unterschrift Kunde)

Schrifttum: *Auer-Reinsdorff/Conrad*, Beck'sches Mandatshandbuch IT-Recht, 2011 (zit. BeckMHdB ITR); *Weitnauer*, Beck'sches Formularbuch IT-Recht, 2012 (zit. BeckFormB ITR); *Simitis*, Bundesdatenschutzgesetz, 7. Aufl. 2011; *Gola/Schomerus* 11. Aufl. 2012; *Spindler/Schuster*, Recht der elektronischen Medien, 2011 Rn. 32–35; *Kilian/Heussen*, Computerrechtshandbuch, *Koch* Rn. 119–195.

Anmerkungen

1. Die url der Website ist nach Fertigstellung bei den gängigen Suchmaschinen anzumelden. Dies gehört zum Standard eines Websiteerstellungsvertrages sollte aber trotzdem erwähnt werden. Mit der reinen Anmeldung bei Suchmaschinen ist keine suchmaschinenoptimierte Ausführung der Website verbunden. Hier sollten ggf. detaillierte Vereinbarungen mit dem Anbieter erfolgen und die laufende Anpassung kann über einen Websitepflegevertrag realisiert werden. Die Optimierung der Auffindbarkeit der Website über Suchmaschinen gelingt heute nicht mehr rein durch die Wahl von Suchstichwörtern, sondern eine Vielzahl von Maßnahmen wie Verlinkung mit anderen Websites, Aktivitäten in sozialen Netzwerken und im Wesentlichen über die Inhalte der Website.

2. Die Website ist einschließlich der Domain bei einem Provider technisch bereit zu halten, dh es ist ein Hostingvertrag abzuschließen. Oftmals bieten die Agenturen, welche die Website erstellen, das Hosting selbst an. Die Beauftragung aus einem Paket bietet den Vorteil, die Leistungen aus einer Hand zu beziehen, führt aber im Streitfall zu einer erhöhten Abhängigkeit vom Anbieter. Diese Abhängigkeit kann durch die gesonderte Beauftragung des Hosting bei einem Dritten, welchen die Kanzlei in Abstimmung mit dem Anbieter auswählt, vermieden werden. Die Anbieter bieten auch an, die Website bei einem Hoster ihrer Wahl auf den Namen des Kunden zu platzieren. Hier ist zu vereinbaren, dass in der Tat ein eigenes Kundenkonto beim Anbieter für die Kanzlei eröffnet wird und das Hosting unabhängig vom Bestand des Accounts des Anbieters besteht.

3. Die Domainauswahl sollte neben der Geeignetheit als Hinweis auf die Leistungen der Kanzlei und die Auffindbarkeit über Suchmaschinen derart erfolgen, dass ein möglichst großes Spektrum an relevanten Domainendungen mit reserviert wird. Für eine

Kanzlei mit nur einem Standort empfiehlt sich nicht die Nutzung einer Domainendung .net. Die Endung .eu ist für eine lokal agierende Kanzlei ggf. ungeeignet. Der frühere Vorbehalt gegenüber .com als Domain für kommerzielle Dienstleistungen besteht nicht mehr, da diese von der ICANN, http://www.icann.org/, als allgemeine Domain ohne Beschränkung auf *commercial* zwischenzeitlich ausgewiesen ist. Unter http://de.wikipedia.org/wiki/Top_Level_Domain, Stand: 25.8.2013, findet sich eine Liste der aktuell verfügbaren Domainendungen, wobei man bislang länderspezifische Kennzeichen wie .de und generische wie .info unterscheidet. Inzwischen ist eine Reihe neuer Top Level Domains verfügbar wie zum Beispiel .berlin, http://dotberlin.de/. Bei der Domainauswahl ist ferner darauf zu achten, dass diese weder berufsrechtswidrig sind, noch die Rechte Dritter verletzen.

4. Die Kanzlei hat möglicherweise keine konkrete Vorstellung, welche Inhalte, Angebote und Aufteilung die Website nach Fertigstellung aufweisen soll. In einem ersten Schritt kann die Kanzlei entweder eine Agentur beauftragen, welche zunächst losgelöst von einer etwaigen späteren Beauftragung den Bedarf und die Wünsche der Kanzlei ermittelt. Das Ergebnis kann die Kanzlei als Anforderungskatalog oder Lastenheft einsetzen, um verschiedene Angebote einzuholen. Eine Phase der Erfassung der Anforderungen, vorbestehenden Materials und Gestaltungswünschen kann aber alternativ auch von der Agentur durchgeführt werden, welche nachfolgend die Umsetzung übernimmt. Wichtig ist, dass die Anforderungen der Kanzlei klar formuliert und dokumentiert sind, damit die Agentur nachfolgend auf dieser Basis ein verbindliches und umfassendes Konzept/Pflichtenheft erstellen kann.

5. Sofern es sich nicht um besonders individuelle Anforderungen handelt, kommen heute verstärkt Standardlösungen zur Erstellung einer Website zum Einsatz. Dies kann sich sowohl auf die technische Umsetzung auf Basis von Websitebaukästen, oder Programmen, welche den Aufbau und die Verwaltung von Inhalten erleichtern, sog. Content-Management-Systeme, oder aber auch das grundsätzliche Layout der Website über sog. vorerstellte Templates beziehen. Durch Verwendung von vorhandenen Standards reduzieren sich die Kosten der Ersterstellung genauso wie die Kosten der Pflege. Ferner kann die Betreuung der Website leichter von einem Dritten im Auftrag der Kanzlei übernommen werden, sofern der Websitepflegevertrag endet. Templates geben meist nur die Aufteilung der Website, der internen Verlinkung der einzelnen Seiten sowie die Form und Position der Navigationsbuttons vor, aber die farbliche Gestaltung lässt sich ebenso verändern wie einzelne Elemente entfernen oder hinzufügen.

6. Für die Kanzlei wird es immer wichtiger auch für die Mandanten ein ansprechendes und funktionales Imageprofil bereit zu halten, welche mobile Endgeräte einsetzen und daher keine Website für PC-Arbeitsplätze betrachten. Die einfache verkleinerte Darstellung derselben Inhalte adressiert nicht mehr angemessen das Nutzerinteresse, weshalb bei der Auswahl darauf geachtet werden sollte, dass es sich um ein responsive Design handelt, also ein solches Design, welches unterschiedliche Darstellungen der Inhalte der Website und deren Navigation je nach zugreifendem Endgerät zulässt. Mit dem Anbieter ist auch festzulegen, für welche Browser in der aktuellen Version und ggf. in zurückliegenden Versionen die Website erstellt werden soll. Die Browser wie Internet Explorer, Firefox, google chrom etc. haben unterschiedliche Voraussetzungen, um die Websiten optimal darzustellen, teilweise bestehen zwischen den verschiedenen Versionen der Browser derartige Unterschiede, dass die Optimierung für ältere Versionen sehr aufwändig ist.

7. Die Website erhält zur Auffindbarkeit in Suchmaschinen einige Basisinformationen im sogenannten header. Diese sind als Vorschauinformationen zum Teil bei den Suchmaschinen bei den Suchtrefferanzeigen sichtbar und sollten gut und passend gewählt werden; http://de.

wikipedia.org/wiki/Meta-Element. Die Description gibt eine kurze Beschreibung des Angebotes der Website. Die Metatags sind Stichwörter, welche Internetnutzer potentiell eingeben, um über Suchmaschinen Angebote wie den Tätigkeitsbereich der Kanzlei zu finden. Titles sind die Titelinformationen jeder einzelnen Unterseite der Website, zum Beispiel: www.url.de/Impressum.

8. Das Muster sieht vor, dass der Anbieter der Kanzlei ausschließliche Nutzungsrechte einräumt. Dies kann der Anbieter nur dann versprechen, wenn keine Templates oder vorbestehende Lösungen wie Content-Management-Systeme zum Einsatz kommen, da der Anbieter regelmäßig an diesen selbst keine ausschließlichen Nutzungsrechte oder aber das Template gerade selbst zur Verwendung bei einer Vielzahl von Kunden entwickelt hat. In vielen Fällen wird daher zu differenzieren sein, inwieweit einfache oder ausschließliche Nutzungsrechte eingeräumt werden. In jedem Fall sollten Bearbeitungs- und Weiterentwicklungsrechte ggf. unter einer Open Source Softwarelizenz eingeräumt werden. Open Source Software hat die Besonderheit, dass sich die Entwickler die Nutzung, Bearbeitung und Weiterentwicklung anders als bei individuellen Lösungen nicht vorbehalten, aber die kostenfreie und rechtskonforme Nutzung, Bearbeitung und Weiterentwicklung an besondere Bedingungen knüpfen wie die Nennung des Urhebers und die Bereitstellung von Entwicklungsergebnissen wiederum unter denselben Lizenzbedingungen an jedermann. Für die Kanzlei ist es daher wichtig im Rahmen der Dokumentation eine Liste der Komponenten nebst jeweils geltenden Lizenzbedingungen zu erhalten, welche unter einer Open Source Softwarelizenz (OSS) stehen.
Im Interesse des Anbieters finden sich in Software- und Websiteerstellungsverträgen oftmals Klauseln, welche die Übertragung der Nutzungsrechte von der vollständigen Zahlung abhängig machen. In dieser Pauschalität sollte diese Bestimmung nicht akzeptiert werden, sondern es sollte abgemildert werden wie folgt: Bis zur Entrichtung der jeweils geschuldeten Pauschalvergütung zzgl. etwaiger Vergütung für Mehrleistungen räumt der Anbieter dem Kunden nur einfache Nutzungsrechte zu Testzwecken ein. Entsteht Streit über die Abnahmereife kann die Kanzlei jedenfalls nutzen und im Rahmen der einfachen Nutzungsrechte bearbeiten und die Nutzungsrechte gehen wie vereinbart im weiteren Umfang über auch wenn die Vergütung letztlich unter Einbehalt eines berechtigten Minderungsbetrages gezahlt ist.

9. Die Anbieter sehen weit überwiegend die entsprechenden Platzhalter für die erforderlichen Informationen zur Kanzlei als Anbieter der Website, zu Datenschutz und sonstigen Informationspflichten vor. Der Anbieter übernimmt meist aber weder für die Richtigkeit noch für die Vollständigkeit die Haftung, so dass es Aufgabe der Kanzlei ist, die benötigten Informationen bereit zu stellen und ggf. weitere Informationsseiten erstellen zu lassen (→ Form. L. II. 3, → Form. IV. 3).

10. Nähre Informationen zu datenschutzrechtlichen Verpflichtungen in diesem Zusammenhang → IV.

2. Websitepflegevertrag

Zwischen

. . . . . .

– „Anbieter" –

und

......

– „Kunde" –

wird folgender Vertrag über die technische Pflege der vertragsgegenständlichen Website/s geschlossen:

§ 1 Gegenstand des Vertrages

Der Anbieter übernimmt für die vertragsgegenständlichen Website/s unter den url:

www.KUNDE.de
www.KUNDE.info
www.KUNDE.eu

die technische Pflege der vorbestehenden Typo-3 Installation in der Version ...... inkl. der folgenden Plugins und Standard-Extensions:

* ......

§ 2 Leistungsumfang

(1) Der Anbieter überwacht ohne gesonderte Aufforderung seitens des Kunden:

* die Updatezyklen und -termine der Typo Foundation. Er wird den Inhalt und Umfang der Updates auf Auswirkungen auf die bestehenden Website/s prüfen. Bei wesentlichen Änderungen, welche zum Wegfall einer Funktionalität der Website/s führen könnten, stimmt der Anbieter das Einspielen eines Updates zunächst mit dem Kunden ab.
* die sonstigen Neuerungen gegenüber der installierten Typo-3-Anwendung und informiert den Kunden, sofern ein Upgrade zur Verfügung steht. Ein Upgrade der Typo-3-Anwendung bedarf der gesonderten Beauftragung seitens des Kunden.
* die sonstigen Verbesserungen (Patches) und Meldungen zu Sicherheitsrisiken und spielt verfügbare Patches und Updates jeweils umgehend ein, wobei dies möglichst am Wochenende erfolgt.
* die Funktionsfähigkeit der Website, dh ist diese aufruf- und navigierbar, einmal wöchentlich.

(2) Der Anbieter steht zur technischen Problem- und Fehlerbehebung telefonisch und per Email montags bis freitags von ...... Uhr bis ...... Uhr zur Verfügung (Servicezeiten).[1] Die Parteien vereinbaren eine Reaktionszeit von 24 h bei Fehlern der Kategorie 1, dh die Website ist nicht erreichbar, von 36 h bei Fehlern der Kategorie 2, dh die Website ist in Teilen nicht funktionsfähig und 48 h für alle übrigen Fehler und Anliegen. In die Reaktionszeit werden die Zeiten außerhalb der Servicezeiten nicht eingerechnet.

(3) Der Anbieter wird die Websites an die jeweils aktuellen allgemein verfügbaren Versionen der Browser: Firefox, Internet Explorer, Google Chrome und Safari[2] anpassen. Führt die Anpassung an eine neu verfügbare Version der vorgenannten Browser dazu, dass die Website/s mutmaßlich nicht mehr in Vorversionen der Browser abrufbar sind, stimmt der Anbieter dies vor Anpassung mit dem Kunden ab. Der Kunde entscheidet, für welche Browser er die Optimierung wünscht. Die Anpassung an Browser von mobilen Endgeräten (Smartphones etc.) bedarf einer gesonderten Beauftragung.[1]

(4) Der Anbieter richtet auf Anforderung neue Benutzer-/Redaktionskonten ein und schließt bestehende Benutzerkonten. Dabei sind die Rechteprofile wie bestehend zu verwenden. Die Einrichtung von neuen Rechteprofilen bedarf der gesonderten Beauftragung.

(5) Der Anbieter steht den Redakteuren im Umfang von einer Stunde pro Monat zur Hilfestellung bei der Bedienung, dem Einstellen von neuem Content etc. telefonisch und/

oder per Email zur Verfügung. Dies umfasst ggf. auch das Einstellen von neuen vom Kunden gelieferten Inhalten in das Content-Management-System.

§ 3 Zeitpunkt und Durchführung der Pflegemaßnahmen

(1) Der Anbieter führt die Pflegemaßnahmen soweit planbar außerhalb der Geschäftszeiten des Kunden aus, dh am Wochenende und montags bis freitags in der Zeit von 20:00 Uhr bis 06:00 Uhr (Servicefenster).[1]

(2) Sofern Maßnahmen nicht planbar und im vereinbarten Servicefenster durchzuführen sind, informiert der Anbieter den Kunden so rechtzeitig wie möglich und bemüht sich die Beeinträchtigung der Abrufbarkeit der Website/s so kurz und so gering wie möglich zu halten.

(3) Der Anbieter erstellt über das Back-up-Tool der Typo-3-Installation vor dem Einspielen einer Neuerung ein Back-Up. Der Anbieter testet das Einspielen der Neuerung auf seinen Systemen bevor er dies in das Echtsystem übernimmt. der Anbieter haftet nicht für die Tauglichkeit des Back-Ups, welches er mit dem Typo-3-Tool erstellt hat, für den Fall dass es bei der Übernahme von Neuerungen zu Beeinträchtigungen des Echtsystems kommt, was das Einspielen eines Back-Ups erforderlich macht.

§ 4 Datenschutz und Datensicherheit

(1) Der Anbieter verpflichtet sich und seine Mitarbeiter nach § 5 BDSG. Der Anbieter erhält im Rahmen der Pflege die Möglichkeit des Zugriffs auf Datenbanken mit personenbezogenen Daten, welche der Kunde verarbeitet. Der Anbieter verarbeitet diese personenbezogenen Daten nicht und stellt auch keine Sicherungskopien von den Datenbankinhalten her. Der Anbieter ist verpflichtet bei datenschutzrechtlichen Kontrollen und Maßnahmen der Aufsichtsbehörden für den Kunden mitzuwirken. Der Anbieter hat den Kunden unverzüglich über den unberechtigten Zugriff von Dritten auf die Daten zu informieren und bei der Aufklärung, Begrenzung des Schadens und ggf. Information der Betroffenen mitzuwirken. Ebenso hat der Anbieter den Kunden über Datenschutzverstöße aus seinem Verantwortungsbereich zu informieren, sofern diese die vertragsgegenständliche Leistung unmittelbar oder mittelbar betreffen. Der Anbieter beauftragt Dritte mit der Wahrnehmung seiner Verpflichtungen aus diese Vereinbarung nur mit vorheriger Zustimmung des Auftraggebers und verpflichtet diese nach § 5 BDSG.[3]

(2) Der Kunde ist selbst für die Sicherung der Daten sowie der Typo-3 Installation verantwortlich. Der Anbieter bietet bei gesonderter Vereinbarung ein Back-up/eine Parallelinstallation zur Sicherung an.

§ 5 Zugangsdaten

(1) Der Kunde ist verpflichtet dem Anbieter folgende Zugangsdaten und Kontaktdaten für die Dauer der Zusammenarbeit zu überlassen und Änderungen an den Zugängen sowie der Ansprechpartner dem Anbieter unverzüglich mitzuteilen:

- Administratorzugang zu allen Installationen
- FTP-Zugangsdaten
- KIIS Zugangsdaten
- Domainverwaltungsdaten
- Daten des Hostproviders
- Datenschutzbeauftragter des Kunden
- IT-/TK-Beauftragter des Kunden

(2) Der Anbieter ist zur angemessenen Sicherung von Login-Daten und Passwörtern sowie Inhalten vor Kenntnisnahme durch unbefugte Dritte verpflichtet.

§ 6 Vergütung

(1) Der Anbieter erhält für die Leistungen unter dieser Vereinbarung eine monatliche Pauschale von . . . . . . EUR (in Worten: . . . . . . EUR) zzgl. gesetzlicher MwSt., fällig jeweils monatlich im Voraus zum 10. eines Monats.

(2) Für weitere über den Umfang der hier beschriebenen Leistungen hinausgehende Anforderungen, Erweiterungen etc. vereinbaren die Parteien einen Stundensatz von . . . . . . EUR zzgl. gesetzlicher MwSt. Der Anbieter rechnet auf der Basis einer Viertelstundentaktung monatlich unter Nachweis des Leistungsaufwands ab.

(3) Rechnungen sind jeweils mit einer Frist von 14 Tagen ab Rechnungsdatum zur Zahlung fällig.

§ 7 Laufzeit des Vertrages

Der Vertrag ist unbefristet und für beide Seiten mit einer Frist von einem Monat zum Quartalsende ordentlich kündbar. Das Recht zur außerordentlichen Kündigung bleibt unberührt.

§ 8 Haftung

(1) Der Anbieter haftet für Vorsatz und grobe Fahrlässigkeit. Es haftet ferner bei leicht fahrlässiger Verletzung solcher Pflichten, deren Erfüllung die ordnungsgemäße Durchführung des Vertrages überhaupt erst ermöglicht, deren Verletzung die Erreichung des Vertragszweckes gefährdet und auf deren Einhaltung der Kunde regelmäßig vertraut, jedoch maximal in Höhe von 25 % der jeweiligen Auftragssumme und maximal bis zur Versicherungssumme der Betriebshaftpflicht, wenn durch die Deckungssumme das vertragstypische Schadensrisiko abgedeckt ist. Soweit die Betriebshaftpflicht von ihrer Leistung befreit ist, haftet der Anbieter auf den vertragstypischen, vorhersehbaren Schaden.

(2) Der Anbieter haftet nicht bei leicht fahrlässiger Verletzung anderer Pflichten. Ferner haftet der Anbieter nicht, wenn nicht auszuschließen ist, dass nicht mit dem Anbieter abgestimmte Veränderungen der Typo-3-Installation, des Hostings etc. durch den Kunden oder Dritte zum Eintritt des Schadens nicht unerheblich beigetragen haben.

(3) Die Haftung wegen Verletzung des Körpers, der Gesundheit oder des Lebens sowie nach dem Produkthaftungsgesetz bleibt ebenso unberührt wie die Haftung bei arglistigem Verschweigen eines Mangels und der Übernahme einer Garantie.

(4) Für Inhalte, die der Kunde bereitstellt, ist der Anbieter nicht verantwortlich. Insbesondere ist der Anbieter nicht verpflichtet, die Inhalte auf mögliche Rechtsverstöße zu überprüfen. Entsprechendes gilt für Anbieterinformationen und Anwendungen, welche der Kunde bereit halten möchte.

(5) Sollten Dritte den Anbieter wegen möglicher Rechtsverstöße, die aus den Inhalten der Website resultieren, in Anspruch nehmen, verpflichtet sich der Kunde, den Anbieter von jeglicher Haftung freizustellen und dem Anbieter die Kosten in angemessenem Umfang zu ersetzen, die ihm wegen der möglichen Rechtsverletzung entstehen.

§ 9 Schlussbestimmungen

(1) Auf den vorliegenden Vertrag findet ausschließlich deutsches Recht unter Ausschluss des UN-Kaufrechts Anwendung.

(2) Für alle Streitigkeiten, die sich aus oder im Zusammenhang mit dem vorliegenden Vertrag ergeben, wird ORT als Gerichtsstand vereinbart.

(3) Sämtliche Vereinbarungen, die eine Änderung, Ergänzung oder Konkretisierung dieser Vertragsbedingungen beinhalten, sowie besondere Zusicherungen und Abmachungen bedürfen der Textform gem. § 126 b BGB.

(4) Sollten einzelne Bestimmungen dieses Vertrages unwirksam sein oder die Wirksamkeit durch einen später eintretenden Umstand verlieren, bleibt die Wirksamkeit dieses Vertrages im Übrigen unberührt. Anstelle der unwirksamen Vertragsbestimmungen tritt eine Regelung, die dem am nächsten kommt, was die Vertragsparteien gewollt hätten, sofern sie den betreffenden Punkt bedacht hätten. Entsprechendes gilt für Lücken dieses Vertrages.

. . . . . ., den . . . ., den . . . . . .

(Unterschrift Anbieter)   (Unterschrift Kunde)

Anmerkungen

1. Dieses Vertragsmuster sieht reine Servicezeiten in dem Sinne vor, wann der Anbieter für die Kanzlei erreichbar sein und Fehler beheben wird. In diesem Vertrag finden sich darüber hinaus keinerlei Zusagen über die Verfügbarkeit der Website an sich. Die Abrufbarkeit der Website über das Internet ist nicht Gegenstand des Pflegevertrages, sondern des Hostingvertrages mit dem Provider, welcher die Domain einschließlich Webspace bereit hält. Die Regelung hier sieht Reaktionszeiten vor, dh Zeiten innerhalb derer der Anbieter die Fehlermeldung qualifiziert beantwortet haben muss, wobei allerdings Zeitspannen außerhalb der Servicezeiten außer Betracht bleiben. Je nach Wichtigkeit des Websiteauftritts sollten kürzere Reaktionszeiten vereinbart werden.

2. Das Servicefenster ist die Zeitspanne, in welcher regelmäßig routinemäßige Arbeiten an der Website erfolgen sollen wie zum Beispiel das Einspielen von updates. Dies soll, soweit es sich nicht um außerplanmäßige Sicherheitsmaßnahmen handelt, außerhalb der normalen Kanzlei- und Geschäftszeiten stattfinden. Je nach Rechtsgebiet sind aber gerade die Abendstunden Recherchezeiten für potentielle Mandanten, so dass einer wartungsbedingte Nichtverfügbarkeit zu anderen Zeiten der Vorzug zu geben ist.

3. Hier ist wie beim Websiteerstellungsvertrag soweit es sich um Anwendungen handelt, welche personenbezogene Daten verwalten zum Beispiel im Rahmen eines Kontaktformulars, einem Newsletterabonnement oder von Analysetools eine Vereinbarung zur Auftragsdatenverarbeitung nach § 11 Abs. 4 BDSG zu vereinbaren (→ Form. L. II. 1).

3. Anbieterkennzeichnung und Informationspflichten

Anbieterkennzeichnung § 5 Telemediengesetz[1]

Kanzleifirmierung

. . . . . .

Rechtsform sowie ggf. Registerangaben (Registernummer, Registergericht)

. . . . . .

Inhaber oder vertretungsberechtigte Personen oder Gesellschafter

. . . . . .

Berufsbezeichnung

. . . . . .

Anschrift

. . . . . .

Telefon

. . . . . .

Fax

. . . . . .

Email[2]

. . . . . .

Umsatzsteueridentifikationsnummer[3]

. . . . . .

Berufsbezeichnung

. . . . . .

Als Rechtsanwältin habe ich meine Berufszulassung in Deutschland[4] erworben und bin Mitglied der Rechtsanwaltskammer für den Kammerbezirk . . . . . .

Für die Berufstätigkeit von Rechtsanwälten gelten die Bundesrechtsanwaltsordnung (BRAO), die Bundesrechtsanwaltsgebührenordnung (BRAGO) sowie das Rechtsanwaltsvergütungsgesetz (RVG), die Berufsordnung für Rechtsanwälte (BROA) und die Fachanwaltsordnung (FAO). Informationen zu den Berufsregelungen für Rechtsanwälte finden Sie auf den Internetseiten der Bundesrechtsanwaltskammer (http://www.brak.de/fuer-anwaelte/berufsrecht/).

Anschrift Kammer/n der aktuellen Zulassung/n

. . . . . .

Berufshaftpflicht[5]

Die Kanzlei unterhält eine Berufshaftpflichtversicherung bei der . . . . . .-Versicherung (Versicherungsnummer, Anschrift), welche sich räumlich auf die Beratung und Vertretung in Europa erstreckt.

Urheberrechtsvermerk

Die Veröffentlichung, Vervielfältigung sowie die Verbreitung von Inhalten dieses Angebotes bedürfen der Zustimmung der Anbieterin. Zitate haben mit dem Hinweis auf die Autorin und Quellenangabe zu erfolgen.

Informationsangebot

Die Kanzlei übernimmt keine Gewähr für die Vollständigkeit und Richtigkeit der eingestellten Informationen. Die Informationen dienen lediglich als allgemeine Informationen und sind keine Rechtsberatung.

Querverweise (*links*)[6]

Die Kanzlei ist als Inhaltsanbieter (*Content Provider*) für die eigenen Inhalte, die sie zur Nutzung auf dieser Website unter der URL www.XXXX.de bereithält, nach den allgemeinen Gesetzen verantwortlich. Querverweise (*links*) auf die von anderen Anbietern bereitgehaltenen Inhalte machen diese nicht per se zu eigenen Inhalten. Unter Nutzung der technischen Gegebenheiten und Vorzüge der Vernetzung von Informationen durch Querverweise (*links*) hält die Kanzlei insofern fremde Inhalte zur Nutzung bereit. Die Kanzlei ist nach dem Gesetz nicht dazu verpflichtet, die fremden Inhalte, auf die sie in ihrem Angebot verweist, ständig auf Rechtmäßigkeit und Veränderungen hin zu überprüfen, die eine Verantwortlichkeit begründen könnten. Für diese fremden Inhalte ist die Kanzlei nur insofern verantwortlich, als sie die weitere Nutzung einzustellen hat, wenn sie von ihrer Rechtswidrigkeit oder Strafbarkeit positive Kenntnis hat oder erlangt und es ihr technisch möglich und zumutbar ist. Die Kanzlei bleibt für Inhalte, welche sie selbst auf anderen Websites bereit stellt und an deren Angebot sie beteiligt ist wie für eigene Inhalte verantwortlich.

Schrifttum: *Auer-Reinsdorff/Conrad*, Beck'sches Mandatshandbuch IT-Recht, 2012 (zit. BeckMHdB ITR); *Weitnauer*, Beck'sches Formularbuch IT-Recht, 3. Aufl. 2012 (zit. BeckFormB ITR); *Spindler/ Schuster*, Recht der elektronischen Medien, 2011.

Anmerkungen

1. Die Angaben nach § 5 Telemediengesetz sind hinsichtlich der Angaben über die Personen bzw. die Wirtschaftseinheit, welche die anwaltlichen Leistungen anbietet, zunächst deckungsgleich. Die weiteren Angaben, welche nach § 2 Abs. 1 der Dienstleistungs-Informationspflichten-Verordnung (DL-InfoV) über Inhalt, Art, Umfang und Zeitpunkt seitens des Dienstleistungserbringers gegenüber dem Dienstleistungsempfänger erbracht werden müssen, müssen nicht auf der Website der Kanzlei wiedergegeben sein, können dort aber teilweise oder vollumfänglich dargestellt sein.

2. Nach § 5 Abs. 1 Nr. 2 TMG hat der Anbieter einer Website Angaben zu machen, welche dem Nutzer eine schnelle elektronische und unmittelbare Kommunikation mit dem Anbieter ermöglichen. Hier reicht sogar das Bereithalten eines Kontaktformulars auf der Website aus, wenn die Kanzlei Anfragen der Verbraucher binnen kurzer Frist, längstens nach 30 bis 60 Minuten beantwortet. Weder Telefon-, Faxnummer noch Email-Adresse müssen hier angegeben werden, wobei dies allerdings eher in Ausnahmefällen für die Kanzlei zweckmäßig sein wird. Als Telefonnummer kann grundsätzlich auch eine kostenpflichtige Telefonnummer oder eine Vanity-Telefonnummer verwandt werden. Ein über die reinen Kommunikationskosten hinausgehendes Entgelt darf nur dann verlangt werden, wenn über eine Hotlinetelefonnummer unter Beachtung berufsrechtlicher Anforderungen Rechtsberatung nach Zeitaufwand erbracht wird. Sofern die Kanzlei keine Faxkommunikation eröffnen möchte, ist die Angabe einer Faxnummer nicht erforderlich. Die Email-Adresse kann als ausgeschriebene Adresse angegeben werden oder aber über ein Kontaktformular wird die Kontakaufnahme ermöglicht.

3. Eine Umsatzsteueridentifikationsnummer ist nur dann anzugeben, wenn der Kanzlei auf Antrag eine solche zugewiesen wurde. Die Kanzlei ist aber weder zur Beantragung einer solchen UstID verpflichtet, um die Anbieterkennzeichnung zu vervollständigen noch zur Angabe der Umsatzsteuernummer mit dem zuständigen Finanzamt.

4. Für ausländische Anwälte, die in Deutschland tätig sind, gilt daneben das Gesetz über die Tätigkeit europäischer Rechtsanwälte in Deutschland (EuRAG) beziehungsweise die Verordnung zur Durchführung des § 206 BRAO für Rechtsanwälte aus dem nicht-europäischen Ausland. Sollten also in der Kanzlei Kollegen mit ausländischem Abschluss tätig sein, so ist dieser Hinweis bei den Angaben zu den geltenden berufsrechtlichen Regelungen anzugeben. Sollten einzelne Kollegen Mehrfachzulassungen haben oder aber die Kanzlei über verschiedene Standorte mit verschiedenen Kammerzuständigkeiten verfügen, so sind hierzu ebenfalls Angaben bei der Anbieterkennzeichnung zu machen.

5. Nach § 2 Abs. 1 Nr. 11 DL-InfoVO haben Rechtsanwälte als Dienstleister vor Zustandekommen des Vertrages den Dienstleistungsempfänger von sich aus über die Berufshaftpflichtversicherung zu informieren. Dies kann nach § 2 Abs. 1 DL-InfoVO auf unterschiedliche Art und Weise erfolgen. Bewährt hat sich die Angabe dieser Information auf der Website der Kanzlei, wobei der Name der Versichrung, deren Anschrift sowie die räumliche Erstreckung des Versicherungsschutzes anzugeben sind (OLG Hamm, Urt. v. 28.2.2013 – 4 U 159/12, AnwBl 2013, 663). Nur in den Fällen, in denen die Kanzlei direkt über die Website Rechtsrat erteilt, sind die Angaben zur Berufshaftpflicht dort zwingend. Andernfalls reicht die Information nach § 2 Abs. 2 Nr. 1, 2 oder 4 DL-InfoVO.

6. Ein Hinweis auf den rein informatorischen Charakter der Inhalte der Website ist nicht zwingend erforderlich, stellt aber klar, dass mit der Wahrnehmung eines reinen Informationsangebotes auf der Website der Anwaltskanzlei keine Rechtsberatung gegenüber dem Interessenten verbunden ist, aus der er Rechte gegenüber der Kanzlei ableiten kann. Die Kanzlei haftet für Inhalte der Website sonst allgemein nach § 7 Abs. 1 TMG nach den allgemeinen Gesetzen, dh zum Beispiel auf Unterlassung und Schadensersatz bei eigenen oder zu eigen gemachten rechtsverletzenden oder rechtswidrigen Inhalten sowie auf Unterlassung bei Kenntniserlangung von rechtswidrigen fremden Inhalten auf der Kanzleiwebsite nach § 19 TMG. Entsprechendes gilt für Informationen, welche mittels Links (Querverweisen) von der Kanzleiwebsite aus erreicht werden.

III. Kanzlei-Newsletter/Social Media

1. Newsletter-Abonnement

Einwilligungserklärung[1]

Ich bin an Informationen der Kanzlei zu aktuellen Rechtsthemen und Veranstaltungen sowie Tipps interessiert und willige ein, dass die Kanzlei meine Email-Adresse . . . . . . zum Versand ihres kostenlosen Newsletters nutzt. Einer Weitergabe meiner Daten an Dritte zum Zwecke der Werbung stimme ich nicht zu.

Hinweise zum Newsletter-Bezug und dessen Beendigung[2]

Den Newsletter-Bezug können Sie jederzeit ohne Angabe von Gründen durch einfache Erklärung per Email an . . . . . ., durch mündliche oder telefonische Erklärung oder postalisch gegenüber der Kanzlei für die Zukunft beenden. Bitte beachten Sie bei mündlichem, telefonischem oder schriftlichem Widerruf der Einwilligung zur Verwendung Ihrer Email-Adresse, dass die Weitergabe an die Black-List des Newsletter-Tools erst in angemessener Zeit umgesetzt werden kann. Unser Newslettertool sendet Ihnen eine Abmeldebestätigung. Bitte prüfen Sie Ihren Email-Posteingang auf diese Bestätigung, ggf. auch den Junk-Email-Ordner. Bitte informieren Sie uns, sollte die Abmeldebestätigung bei Ihnen nicht eingegangen sein. Möchten Sie den Newsletter weiterhin beziehen, aber unter anderer Email-Adresse so teilen Sie uns dies bitte schriftlich mit oder beenden den Newsletter-Bezug unter der alten Email-Adresse und bestellen diesen unter der neuen Anschrift neu. Bitte wählen Sie für das Newsletter-Abonnement Ihre private Email-Adresse, wenn Sie den Newsletter nicht im Rahmen Ihrer beruflichen Tätigkeit unter der Email-Adresse Ihres Arbeitgebers/Dienstherrn beziehen wollen. Für Fragen rund um den Newsletter-Versand kontaktieren Sie bitte Ansprechpartner, Email, Telefonnummer.

Schrifttum: *Auer-Reinsdorff/Conrad*, Beck'sches Mandatshandbuch IT-Recht, 2011 (zit. BeckMHdB ITR); *Weitnauer*, Beck'sches Formularbuch IT-Recht, 2. Aufl. 2012 (zit. BeckFormB ITR); *Spindler/Schuster*, Recht der elektronischen Medien, 2. Aufl. 2011.

Anmerkungen

1. Im Rahmen der Bereitstellung eines Newsletters erhebt die Kanzlei die dafür erforderlichen personenbezogenen Daten der Abonnenten, so dass die besonderen Vorgaben des Telemediendatenschutzes nach § 13 TMG zu beachten sind. Ferner beinhaltet der Newsletter werbende Informationen, mit welchen die Kanzle für ihre anwaltlichen Leistungen wirbt. Neben den allgemeinen Bestimmungen des Wettbewerbsrechts und den Vorgaben des Berufsrechts zur inhaltlichen Ausrichtung der Werbung und der Form und der Mittel des Marketing der Anwaltskanzlei ist insbesondere die Vorgabe des § 7 Abs. 2 Nr. 2 und 3 des Gesetzes gegen den unlauteren Wettbewerb (UWG) umzusetzen.

Für die Zusendung eines Kanzlei-Newsletters ist es erforderlich, dass die Einwilligung des Mandanten oder Interessenten eingeholt ist. Dies kann entweder mittels einer Erklärung in Schriftform, etwa durch das Ankreuzen der Einwilligung in den Newsletter-Bezug bei der Erhebung der Daten für die Begründung des Mandats erfolgen. Hier ist zu beachten, dass der Mandant oder Interessent aktiv die Einwilligung erklärt [opt-in] und nicht etwa ein Kästchen ankreuzen muss, wenn er den Newsletter nicht beziehen will [opt-out].

2. Wenn die Einwilligung elektronisch über die Website eingeholt wird, so ist das sogenannte double-opt-in-Verfahren zu wählen. Hierbei gibt der Interessent seine Email-Adresse online an und bestätigt durch Klicken die vorformulierte Einwilligungserklärung. Anschließend sendet das Newslet“lertool eine Email an die angegebene Email-Adresse, welche über die Anmeldung über die Website unter Wiedergabe des Einwilligungstextes sowie der Bedingungen des Newsletter-Bezugs bzw. dessen Beendigung informieren. Ferner enthält diese Email den Hinweis auf einen Bestätigungslink. Erst wenn der Interessent diesen Link anklickt, wird die online eingegebene Email-Adresse in die Versandliste des Newslettertools eingetragen und der Versand kann beginnen.

§ 7 Abs. 3 UWG sieht eine Ausnahme von dem zuvor erwähnten Einwilligungserfordernis des § 7 Abs. 2 Nr. 3 UWG vor. Nach § 7 Abs. 3 UWG ist E-Mail-Werbung ausnahmsweise zulässig, wenn die folgenden Voraussetzungen kumulativ vorliegen:

- Der Versender der E-Mail-Werbung muss die E-Mail-Adresse des Adressaten im Zusammenhang mit dem Verkauf einer Ware oder Dienstleistung vom Adressaten erhalten haben;
- Der Versender der E-Mail-Werbung verwendet die E-Mail-Adresse zur Direktwerbung für eigene ähnliche Waren oder Dienstleistungen;
- Der Adressat hat der Verwendung seiner E-Mail-Adresse nicht widersprochen;
- Der Adressat wird bei Erhebung der E-Mail-Adresse und bei jeder Verwendung klar und deutlich darauf hingewiesen, dass er der Verwendung jederzeit widersprechen kann, ohne dass hierfür andere als die Übermittlungskosten nach den Basistarifen entstehen.

Dennoch ist davon abzuraten, E-Mails auf Grundlage dieser „mutmaßlichen Einwilligung" zu versenden. Vielmehr besteht das Risiko, dass das Vorliegen der Voraussetzungen für eine mutmaßliche Einwilligung nicht nachgewiesen werden kann und der Versand der Newsletter damit wettbewerbswidrig wäre.

2. Absenderinformationen

Besondere Informationspflichten bei kommerziellen Kommunikationen

Betreff[1]

......

Kanzleifirmierung

......

Rechtsform sowie ggf. Registerangaben (Registernummer, Registergericht)

......

Inhaber oder vertretungsberechtigte Personen oder Gesellschafter

......

Berufsbezeichnung

......

Anschrift

. . . . . .

Telefon

. . . . . .

Fax

. . . . . .

Email

. . . . . .

Umsatzsteuernummer/USTID

. . . . . .

Hinweise zum Newsletter-Bezug und dessen Beendigung

Den Newsletter-Bezug können Sie jederzeit ohne Angabe von Gründen durch einfache Erklärung per Email an . . . . . ., durch mündliche oder telefonische Erklärung oder postalisch gegenüber der Kanzlei für die Zukunft beenden. Bitte beachten Sie bei mündlichem, telefonischem oder schriftlichem Widerruf der Einwilligung zur Verwendung Ihrer Email-Adresse, dass die Weitergabe an die Black-List des Newsletter-Tools erst in angemessener Zeit umgesetzt werden kann. Unser Newslettertool sendet Ihnen eine Abmeldebestätigung. Bitte prüfen Sie Ihren Email-Posteingang auf diese Bestätigung, ggf. auch den Junk-Email-Ordner. Bitte informieren Sie uns, sollte die Abmeldebestätigung bei Ihnen nicht eingegangen sein. Möchten Sie den Newsletter weiterhin beziehen, aber unter anderer Email-Adresse so teilen Sie uns dies bitte schriftlich mit oder beenden den Newsletter-Bezug unter der alten Email-Adresse und bestellen diesen unter der neuen Anschrift neu.

Hinweis auf die Vertraulichkeit der Email

Die Information in dieser E-Mail-Nachricht ist vertraulich und ausschließlich für die angesprochenen Adressaten bestimmt.[2] Dritte, welche nicht Adressaten oder deren Mitarbeiter oder Empfangsbevollmächtigten sind, werden hiermit davon in Kenntnis gesetzt, dass der Inhalt nicht verwendet, weitergeben oder reproduziert werden darf. Bitte schonen Sie die Umwelt und überlegen, ob es nötig ist, diese Email auszudrucken.

The information contained in this e-mail message is privileged and confidential and is for the exclusive use of the addressee. The person who receives this message and who is not the addressee, one of his employees or an agent entitled to hand it over to the addressee, is informed that he or she may not use, disclose or reproduce the contents thereof. Please consider the environment before printing this email.

Anmerkungen

1. Der einzelne Newsletter muss bereits im Betreff als werbende Information der Kanzlei zu erkennen sein. Es empfiehlt sich daher ein Betreff wie zum Beispiel: „Kanzleibezeichnung-Newsletter Nr./Jahr". Ferner muss die Email transparent auf den Absender der Information hinweisen. Die erforderlichen Angaben korrespondieren mit den nach dem Handelsgesetzbuch erforderlichen Angaben in elektronischen Geschäftsbriefen nach § 37 a HGB iVm 125a, 177a HGB, § 35a GmbHG, § 80 AktG.

2. Der sogenannte Footer jeder Email der Kanzlei hat die Informationen über den Absender ebenso auszuweisen. Anstelle des in der bearbeitenden Email-Korrespondenz nicht erforderlichen Hinweises auf den Newsletter-Bezug finden sich in den meisten Emails am Ende und vereinzelt am Anfang Hinweise auf die Vertraulichkeit der Email. Dieser Hinweis führt zu keiner Haftungserleichterung bei versehentlich falscher Adressierung oder Offenbaren von Mandatsgeheimnissen durch die Wahl des Email-Kommunikationsweges gegen die Vorgaben des Mandanten.

Der Hinweis kann um Informationen ergänzt werden, welche sichereren elektronischen Kommunikationsmöglichkeiten die Kanzlei für ihre Mandanten bereit hält, zB Verschlüsselung mittels elektronischer Signaturkarte, De-Mail, Trusted Cloud Service etc.

3. Social Media Guidelines

Allgemeines

Die Beteiligung in Sozialen Netzwerken gehört heute zum privaten sowie Kommunikationsalltag im geschäftlichen Bereich. Die Kanzlei hat sich entschieden, in den Sozialen Netzwerken aktiv als Kanzlei und durch ihre Mitarbeiter vertreten zu sein. Die nachfolgenden Leitlinien fassen die Zuständigkeiten und Verantwortlichkeiten zusammen. Rechtsanwalt/Rechtsanwältin ist der/die Social Media Beauftragte/r der Kanzlei.[1]

§ 1 Registrierung bei Sozialen Netzwerken

(1) Die Kanzlei entscheidet über die Eröffnung von Nutzerkonten bei den verschiedenen Sozialen Netzwerken als Kanzlei-Konten sowie die Art und Weise der Darstellung der Kanzlei unter Nutzung von Logos und Gestaltungselementen im Rahmen des Corporate Design der Kanzlei. Der/die Social Media Beauftragte verwaltet die Zugangsdaten für Kanzlei-Konten zentral. Kanzlei-Konten sind ausschließlich unter Nutzung von Kanzleikontaktdaten und Nutzung der allgemeinen Kanzlei-Email-Adresse zu eröffnen.[2]

(2) Ihnen steht es selbstverständlich frei, private Konten bei Sozialen Netzwerken zu eröffnen. Bitte machen Sie bei Ihren Profilangaben, Darstellungen und Aktivitäten immer deutlich, dass Sie als privater Nutzer registriert sind und beachten Sie, dass Mandanten und andere Beteiligte als Internetnutzer Sie mit Ihrer Tätigkeit für die Kanzlei automatisch in Verbindung bringen, auch wenn Sie auf Ihre Tätigkeit für die Kanzlei nicht in Ihrem Nutzerprofil oder in Beiträgen hinweisen.

(3) Die Kanzlei befürwortet die Nutzung von ausgewählten beruflichen Kontaktnetzwerken und Kommunikationsplattformen.[3]

§ 2 Veröffentlichungen

(1) Prüfen Sie bei jedem Beitrag, ob:[4]

a) keine Informationen über Mandanten und Mandate enthalten sind, deren Veröffentlichung zu einem Verstoß gegen die Berufsverschwiegenheit führt;

b) Urteils- und Sachverhaltskommentierungen so abgefasst sind, dass bei Weglassen der Parteibezeichnungen nicht aus anderen Details ein Rückschluss auf die Identität und den Gegenstand der Auseinandersetzung der Parteien erfolgen kann;

c) ob der Mandant im Einzelfall einer Veröffentlichung und medialen Aufarbeitung unter Preisgabe der Identität zugestimmt hat und die Art und Weise mit dem Mandanten im Detail abgestimmt ist;

d) Interna über Kanzleiabläufe und interne Kommunikation verbreitet würden;
e) keine Urheberrechte und andere Schutzrechte der Kanzlei oder Dritter verletzt werden;
f) die Nutzungsbedingungen der jeweiligen Plattform eingehalten sind, zum Beispiel keine unzulässige Werbung enthalten ist;
g) Sie zu Ihrem Beitrag derart stehen, dass Sie die Verantwortung dafür übernehmen indem Sie ihn mit Ihrem Klarnamen öffentlich zugänglich machen;
h) Ihr Beitrag sachlich und ohne Verletzung von Persönlichkeitsrechten Dritter oder Eingriffe in den eingerichteten und ausgeübten Gewerbebetrieb und kreditgefährdende Angaben abgefasst ist;
i) Ihr Beitrag nicht wissentlich unwahre Tatsachenbehauptungen enthält;
j) Sie die Informationen einer breiten Öffentlichkeit dauerhaft offenbaren möchten;
k) Ihr Beitrag ein Minimum an personenbezogenen Daten preis gibt;
l) Zitate als solche unter Angabe des Autors gekennzeichnet sind;
m) Links keine Verweise auf rechtswidrige Inhalte enthalten;
n) die Plattform, auf der Sie den Beitrag planen zu veröffentlichen, den gewünschten Adressatenkreis hat und für Mitteilungen dieser Art geeignet ist.

Die Prüfvorgaben nach a) bis f) haben Sie in jedem Fall einzuhalten, unabhängig davon, ob es sich um die berufliche oder private Nutzung handelt. Die Prüfvorgaben nach g) bis o) haben Sie für die berufliche Nutzung einzuhalten und darüber hinaus empfehlen wir Ihnen diese Vorgaben auch im privaten Bereich zu beachten.[5]

(2) Mit der Veröffentlichung der Inhalte über Kanzleikonten übertragen Sie uns einfache zeitlich und räumlich unbegrenzte Nutzungsrechte für alle bekannten und unbekannten Nutzungsarten einschließlich des Bearbeitungsrechts. Die Art und Weise der Urheberrechtsnennung gibt der Social Media Beauftragte nach den technischen und gestalterischen Vorgaben des jeweiligen Dienstes vor.

(3) Inhalte, welche im Namen der Kanzlei im Internet entgegen der Rahmenbedingungen nach Abs. 1 zugänglich gemacht wurden oder bei denen ein solcher Verdacht besteht, sperrt oder löscht die Kanzlei oder entscheidet gegebenenfalls auch ohne klärende Rücksprache mit Ihnen über eine angemessene Reaktion, sofern der Social Media Beauftragte und/oder die Inhaber Kenntnis erlangen.[6]

§ 3 Monitoring

(1) Verfolgen Sie die Reaktion von anderen Internetnutzern auf Ihre Beiträge insbesondere, wenn Sie diese mit der Absenderangabe der Kanzlei veröffentlicht haben. Sollte Ihr Beitrag eine negative Reaktion bei Betroffenen oder anderen Internetnutzern hervorrufen, kontaktieren Sie bitte unseren Social Media Beauftragten und stimmen ab, wie wir angemessen reagieren.[7]

(2) Bitte informieren Sie unseren Social Media Beauftragten auch, wenn Sie im Internet zum Beispiel in Blogs oder Bewertungsplattformen negative Kritik über unsere Kanzlei oder einzelne Berufsträger oder Mitarbeiter unserer Kanzlei wahrnehmen.

(3) Bitte sprechen Sie Ihre Kollegen/Kolleginnen an, wenn Sie im Internet Beiträge auch privater Natur wahrnehmen, welche die Vorgaben nach § 2 möglicherweise nicht einhalten oder geeignet sind, den Ruf des Kollegen/der Kollegin selbst zu schädigen.

§ 4 Nutzung, Kontakte

(1) Social Media Kommunikation ist für die Kanzlei ein Teil der Kanzleiaußendarstellung, auf welche die Kanzlei angemessene Zeit verwenden wird.

(2) Nutzung von privaten Social Media Konten während der Arbeitszeit und von den Kanzleiarbeitsplätzen ist nicht gestattet.

(3) Ihre persönlichen Konten bei beruflichen Netzwerken wie XING, LinkedIn dürfen Sie auch nach Beendigung Ihrer Tätigkeit für unsere Kanzlei weiter einschließlich der dort geknüpften Kontakte nutzen. Bitte machen Sie unverzüglich die Beendigung Ihrer Tätigkeit sichtbar.

(4) Bitte überlegen Sie bei der Verbindung mit Kontaktpersonen über Soziale Medien, dass Ihre Verbindungen öffentliche sichtbar sind. Zu Mandanten sollen Sie nur dann Kontakte knüpfen, wenn die Kontaktaufnahme vom Mandanten bzw. dem Mitarbeiter des Mandanten ausging. Bei Kontakten zu Prozessgegnern, Richtern und sonstigen Verfahrensbeteiligten wägen Sie ab, ob die öffentlich wahrnehmbare Verbindung negative Auswirkung auf das Mandatsverhältnis oder laufende Verfahren haben kann.

Schrifttum: *Auer-Reinsdorff/Conrad*, Beck'sches Mandatshandbuch IT-Recht, 2011 (zit. BeckMHdB ITR); *Hoeren/Sieber*, Multimedia-Recht; *Zintl/Naumann*, Verhalten von Arbeitnehmern im Bereich Social Media, NJW Spezial 2013, 306 ff.; *Lützeler*, Social Media-Leitfaden für Arbeitgeber: Rechte und Pflichten im Arbeitsverhältnis, ArbRAktuell 2011, 499 ff., *Erd*, Datenschutzrechtliche Probleme Sozialer Netzwerke, NVwZ 2011, 19 ff., *Lichtnecker*, Die Werbung in Sozialen Netzwerken und mögliche hierbei auftretende Probleme, GRUR 2013, 135 ff.; *Redeker*, IT-Recht, 2012; *Spindler/Schuster*, Recht der elektronischen Medien, 2011.

Anmerkungen

1. Die Kommunikation über Soziale Medien stellt neue Anforderungen an die kanzleiinterne Organisation. Die Kanzlei wird meist weder einen Pressesprecher haben noch sind die üblichen Schritte bis zur Freigabe einer Presseerklärung allein schon wegen des zeitlichen Ablaufs geeignet, Meldungen in den Sozialen Netzwerken zu koordinieren. Die Social Media Guidelines geben den Mitarbeitern den Rahmen für die Kommunikation im Namen der Kanzlei und mit Bezug auf die Kanzlei bzw. deren oder des Tätigkeitsbereichs des einzelnen Mitarbeiters. Der Social Media Beauftragte soll Ansprechpartner sein für Fragen zur Eröffnung von Accounts bei den verfügbaren Diensten, zur Klärung der Konformität des entworfenen Beitrags mit den Regeln zur Veröffentlichung nach § 2 sowie bei festgestellten Verstößen oder Angriffen Dritter im Rahmen des Monitoring nach § 3.

2. Wichtig für die Kanzlei ist, Nutzerkonten bei den bestehenden und neu aufkommenden Angeboten rechtzeitig unter der Kanzleibezeichnung zu sichern. Hier soll keinesfalls ein Mitarbeiter eigenmächtig einen Account eröffnen oder diesen gar auf sich eröffnen. Die Verwendung der zentralen Email-Adresse soll darüber hinaus sicher stellen, dass die Kanzlei Passwörter ändern kann bzw. beim Dienst neue Zugangsdaten über die hinterlegte Email-Adressen anfordern kann.

3. Die Kanzlei kann die einzelnen Mitarbeiter weder zu privaten Aktivitäten noch Aktivitäten auf beruflichen Netzwerken verpflichten, wo sie sich mit ihren personenbezogenen Daten darstellen müssen. Das Muster sieht vor, dass die Mitarbeiter ermuntert werden, diese Kommunikationskanäle in die Mandatsarbeit und Kanzleikommunikation einzubinden. Hier ist in Verbindung mit § 3 Abs. 3 der Guidelines klargestellt, dass die Mitarbeiter beim Ausscheiden ihre Accounts in beruflichen Netzwerken weder abmelden noch Kontakt zu dort verbundenen Personen abbrechen müssen. Hintergrund für diese Klarstellung ist eine Fall beim Arbeitsgericht Hamburg (ArbG Hamburg Urt. v. 24.1.2013 – 29 Ga 2/13), in dem ein Arbeitgeber zwar erfolglos auf Löschung von Kontaktverbindungen geklagt hatte, aber Ansätze zu erkennen sind, dass der Verbleib der Kontakte zum Ende des Arbeitsverhältnisses ebenso wie die Nutzung an sich vorzugsweise ausdrücklich geregelt werden sollte.

4. Die Regeln zur Veröffentlichung von Beiträgen ist derart ausgestaltet, dass die Regeln bei beruflicher Nutzung des Sozialen Mediums unbedingt zu beachten sind, dh ein Verstoß ggf. auch arbeitsrechtliche Konsequenzen haben kann. Die Regelungen a) bis g) haben jeweils Bezug zur Mandatsarbeit sowie zu Kanzleiinterna, weshalb diese Regelungen auch bei privater Kommunikation des Mitarbeiters aufgrund der Verpflichtungen zur Berufsverschwiegenheit sowie zur Vertraulichkeit und der Wahrung der Kanzleigeheimnisse durchsetzbar sind. Die Einhaltung der weiteren Regeln h) bis o) kann der Arbeitgeber bei privater Kommunikation des Mitarbeiters nicht durchsetzen. Diese sind als Empfehlungen an den Mitarbeiter zum eigenen Schutz sinnvoll, auch wenn die Befolgung dem Mitarbeiter bis zur Überschreitung der Grenze zur Beeinträchtigung der Belange der Kanzlei nach den Regelungen a) bis g) frei gestellt ist. Die Social Media Beauftragte kann auch auf die Netiquette des deutschen Knigge-Rats ergänzend hinweisen http://knigge-rat.de//themen_social_media.html und Tipps bereit stellen, wie Beiträge besonders gut gelingen oder bei den anderen Nutzern ankommen. Diese inhaltlichen Gestaltungshinweise sollten aber getrennt von den Social Media Guidelines erfolgen, da diese sonst erstens kaum praktikabel und nicht ausreichend transparent sind, um hieran erforderlichenfalls auch arbeitsrechtliche Konsequenzen zu knüpfen.

5. Inhaltliche Gestaltungshinweise können zum Beispiel folgende Inhalte umfassen:
- Geben Sie Ihrem Beitrag einen passenden und aussagekräftigen Betreff.
- Ein guter Beitrag stellt den Sachverhalt klar und strukturiert da und bringt die wesentliche Aussage auf den Punkt
- Ein guter Beitrag bezieht sich auf den jeweiligen Beitrag eines anderen oder das Thema der Diskussion.
- Die eigene Meinung sollte in jedem Beitrag klar als Meinungsäußerung erkennbar sein und erlangt Relevanz durch gut begründete Argumente eng am Sachverhalt.
- Die Beiträge sollten immer sachlich und freundlich bleiben, auch wenn andere Nutzer mit Provokationen arbeiten und die Diskussion an inhaltlicher Schärfe gewinnt. Vermeiden Sie zynische oder ironische Beiträge, da diese in Textform noch öfter missverstanden werden als im Gespräch.
- Alle Beiträge sollen die Regeln der Rechtschreibung einhalten und dezente Formatierungen machen den Beitrag besser lesbar.

6. Soweit Beiträge über Accounts veröffentlicht wurden, deren Inhaber die Kanzlei ist, haftet die Kanzlei nach außen für rechtsverletzende Inhalte nach § 7 Abs. 1 TMG, weshalb die Kanzlei durch den Social Media Beauftragten die Beiträge regelmäßig von sich aus prüfen und ggf. entfernen oder abändern muss. Bei Inhalten, die ein Mitarbeiter in seinem eigenen Account veröffentlicht, ist die Kanzlei zwar nicht Dritten gegenüber verpflichtet, hat aber selbst Unterlassungsansprüche gegen den Mitarbeiter.

7. Mit der Eröffnung eigener Blogs sowie der verstärkten Teilnahme an Sozialen Netzwerken steigt das Risiko von negativen Beiträgen über die Kanzlei. Um jeweils dem Medium angemessen reagieren zu können, sollte der Social Media Beauftragte regelmäßig den Verlauf der Diskussion zu einem Beitrag der Kanzlei prüfen, um erforderlichenfalls zunächst mit einer Versachlichung der Diskussion diese zu lenken, den Provider des Dienstes zur Löschung des Beitrags aufzufordern oder einstweiligen Rechtsschutz zu suchen. Das laufende Monitoring und damit frühzeitige Kenntnis von Beiträgen, welche den Unmut der Internetgemeinschaft erregen, können einen kaum kontrollierbaren netzgestützten Sturm der Entrüstung („shitstrom") verhindern. Die Netzgemeinschaft schätzt dabei die angemessene Auseinandersetzung mit der Empörung durch eigene Beiträge mehr als die vorschnelle Antragstellung auf Erlass einer Einstweiligen Verfügung, welche möglicherweise nachfolgend nicht vollstreckbar ist. Hier ist aber im Einzelfall abzuwägen, was zu welchem Zeitpunkt und im Hinblick auf die drohende Rechtsverletzung die angemessene Vorgehensweise ist.

4. Nutzungsbedingungen Blog

Allgemeines

Die Kanzlei („Anbieter") stellt für Internetnutzer („Nutzer") auf der Website „url" („Website") einen öffentlichen Blog bereit. Der öffentlichen Blogs dient dem Informations- und Gedankenaustausch, ohne dass anwaltlicher Rat im Einzelfall durch die Kanzlei erteilt wird. Die Nutzer, welche sich mit Beiträgen und Kommentaren beteiligen, haben die Blog-Nutzungsbedingungen einzuhalten und tragen die Verantwortung für die Richtigkeit und Angemessenheit sowie Freiheit von Rechtsverletzungen ihrer Beiträge.

§ 1 Nutzung

(1) Der Kanzlei-Blog steht allen Nutzern kostenfrei im Rahmen der Nutzungsbedingungen zur Verfügung. Nutzer kann nur werden, wer das achtzehnte Lebensjahr vollendet hat, voll geschäftsfähig ist und die Geltung der Nutzungsbedingungen einschließlich der Datenschutzhinweise sowie seine Anmeldung/Registrierung mit dem Double Opt-in Link bestätigt hat.

(2) Nutzer, welche über reine Kommentare hinaus selbst Blog-Beiträge verfassen möchten („Autoren") müssen sich registrieren. Im Rahmen der Registrierung hat ein Autor die nachgefragten Pflichtfelder wahrheitsgemäß auszufüllen. Der Autor kann wählen, ob er unter seinem Klarnamen oder einem Pseudonym veröffentlicht. Der Autor hat den Anbieter über Änderungen seiner Kontaktdaten unaufgefordert jeweils unverzüglich zu informieren. Er kann seine Registrierungsdaten entweder selbst im Login-Bereich unter Profildaten ändern oder den Anbieter per Textform unterrichten.

(3) Um einen Beitrag in den Kanzlei-Blog einzustellen, müssen sich Autoren vorher mit ihrem Benutzernamen und Passwort anmelden. Autoren haben ihre Zugangsdaten geheim zu halten und bei Verdacht der Kenntniserlangung und/oder des Missbrauchs der Registrierungsdaten durch Dritte den Anbieter unverzüglich zu informieren.

§ 2 Veröffentlichungen

(1) Die Kommentare und Beiträge sind im Internet öffentlich für jedermann zugänglich. Alle im Kanzlei-Blog veröffentlichten Beiträge können in Suchmaschinen referenziert und somit von Dritten vervielfältig und gelesen werden.

(2) Jeder Nutzer trägt nach den einschlägigen gesetzlichen Regelungen die alleinige Verantwortung[1] für Inhalte, die von ihm im Kanzlei-Blog veröffentlicht werden. Dies gilt insbesondere für die Wahrung von Persönlichkeitsrechten, des geistigen Eigentums, des Presserechts, der gewerblichen Schutzrechte, des Urheberrechts sowie des Rechts am eigenen Bild und der Einhaltung strafrechtlicher Verbote sowie der Vorschriften zum Kinder- und Jugendschutz.

(3) Verboten sind insbesondere:

- die Identitätstäuschung durch Nachahmung einer anderen natürlichen oder juristischen Person;
- die wissentliche Verbreitung unwahrer Informationen;
- die Veröffentlichung von themenfremden oder dem Blogzweck nicht entsprechenden Inhalten, wozu auch vertrauliche Informationen gehören;
- das Einstellen von Inhalten, welche Schadsoftware enthalten;
- das Werben für Marken, Produkte oder Dienstleistungen;
- Beleidigungen oder Schmähkritik anderer Nutzer und/oder Dritten gegenüber sowie der Gebrauch einer hasserfüllten, rechtsmissbräuchlichen oder vulgären Sprache (auch in Form von Symbolen oder sonstigen Zeichen);
- persönliche Angriffe aufgrund von Rasse, Nationalität, ethnischer Herkunft, Religion, Geschlecht, sexuellen Präferenzen, politischen oder philosophischen Standpunkten, Gewerkschaftszugehörigkeit, Beruf, Behinderungen oder sonstiger Andersartigkeit gleich welcher Art;
- das Setzen von Links.

(4) Jeder Nutzer verpflichtet sich, den Anbieter bei Kenntniserlangung von unzulässigen Inhalten, Identitätsklau und anderen untersagten Nutzungen im Sinne der Ziffern 2.1. und 2.2. bzw. dem Verdacht solcher Handlungen zu informieren.

(5) Der Anbieter kann im Einzelfall verpflichtet sein, bei rechtswidrigen Verhaltensweisen Dritten gegenüber Auskunft über die Identität des jeweiligen Nutzers zu geben. Der Nutzer willigt im Rahmen der Anmeldung als Kommentator bzw. der Registrierung als Autor ein, dass der Anbieter einem Dritten gegenüber Auskunft über die Registrierungsangaben zur Abwehr von Ansprüchen ihm gegenüber wegen Inhalte des betreffenden Nutzers erteilt.[2]

§ 3 Sperrung von Inhalten und Nutzern

(1) Der Anbieter übernimmt keine Moderation der einzelnen Blogbeiträge, setzt aber marktübliche Filtersoftware ein, welche nach dem Black-List-Prinzip Beiträge automatisch und ggf. nach individueller Nachsichtung sperrt, welche unerlaubte Inhalte im Sinne der Ziffern 2.1. und 2.2. enthalten.[3]

(2) Der Anbieter ist berechtigt und verpflichtet bei Kenntniserlangung von Inhalten, welche rechtswidrig sind oder gegen die Nutzungsbedingungen verstoßen bzw. bei denen ein solcher Verdacht besteht, diese ohne weitere Nachricht an den Nutzer ganz oder teilweise zu sperren und/oder die Wiederveröffentlichung von einer rechtskonformen Modifikation des Inhalts oder einer ihn bindenden gerichtlichen Entscheidung abhängig zu machen.

(3) Der Anbieter behält sich vor, Nutzern, welche gegen die Nutzungsbedingungen verstoßen bzw. bei Verdacht eines solchen Verstoßes vorübergehend und/oder endgültig den Zugang zu sperren/zu verweigern.

§ 4 Kündigung, Beendigung der Nutzung; Löschung und Anonymisierung

(1) Der Nutzer hat jederzeit das Recht, seine Anmeldung/Registrierung ohne Angabe von Gründen und ohne Einhaltung einer Frist zu beenden. Hierzu kann die auf der Website vorgesehene Funktion („Mitgliedschaft beenden") genutzt werden. Alternativ hierzu kann der Nutzer eine entsprechende Erklärung durch Senden einer E-Mail oder einer schriftlichen Nachricht per Briefpost an die Kanzlei abgeben.

(2) Der Anbieter hat das Recht, die Registrierung des Nutzers ohne Angabe von Gründen mit einer Frist von zwei Wochen zum Monatsende zu kündigen. Die Kündigung aus wichtigem Grund bleibt vorbehalten.

(3) Beiträge und Kommentare, die der Nutzer veröffentlicht hat, bleiben soweit der Anbieter diese nicht auf Grund eigener Entscheidung löscht auch nach Ende der Registrierung öffentlich zugänglich. Der Anbieter ersetzt binnen zwei Monaten den Autorennamen des Nutzers bei den Beiträgen durch ein Pseudonym, sofern der Nutzer ihn dazu auffordert.[4]

§ 5 Schutz geistigen Eigentums

(1) Sämtliche im Kanzlei-Blog seitens des Anbieters veröffentlichte Inhalte, insbesondere Texte, Illustrationen, Sound- oder Bilddateien sowie Video-Standbilder oder -sequenzen, sind urheberrechtlich geschützt. Die Vervielfältigung und Verbreitung der Inhalte ist soweit gestattet, als dass die Kanzlei die Inhalte entsprechend kennzeichnet oder technische Tools bereit stellt, wie zum Beispiel RSS-Feed.

(2) Die Nutzer des Kanzlei-Blogs haben die Urheberrechte der anderen Nutzer zu wahren.

(3) Die Nutzer räumen der Kanzlei an ihren Beiträgen einschließlich etwaiger Video-, Sound- und/oder Bilddateien einfache Nutzungsrechte kostenlos zur weltweit uneingeschränkten Nutzung auf der Website für die Dauer der Registrierung ein. Die Einräumung der Nutzungsrechte wird zeitlich befristet für die Dauer von 3 Jahren über das Ende der Registrierung hinaus gewährt.

§ 6 Haftung und Rechtegarantie

(1) Der Nutzer sichert zu, dass er über die erforderlichen Rechte zur Veröffentlichung und/oder Bereitstellung der von ihm eingestellten Beiträge verfügt.

(2) Der Nutzer ist selbst für alle Beiträge und/oder Dateien, die er einstellt, verantwortlich und hält die Kanzlei bei Inanspruchnahme schadlos. Im Falle der Inanspruchnahme der Kanzlei durch einen Dritten wegen Inhalten, welche der Nutzer veröffentlicht hat, hat der Nutzer der Kanzlei Auskünfte zu erteilen und erforderliche Informationen zur Verfügung zu stellen, soweit er sich dadurch nicht als Beschuldigter selbst belastet.

§ 7 Schutz personenbezogener Daten

Nutzer haben Anspruch darauf, dass die ihre Person betreffenden Daten, die unzutreffend, unvollständig, nicht eindeutig oder nicht mehr aktuell sind oder deren Erfassung oder Nutzung, Weitergabe oder Speicherung untersagt oder wozu die Einwilligung widerrufen ist, berichtigt, vervollständigt, präzisiert, aktualisiert bzw. gelöscht werden. Wegen Auskunfts- und Löschungsverlangen können Nutzer sich an den Datenschutzbeauftragten der Kanzlei wenden. Nähere Angaben zum Datenschutz finden Sie in den Datenschutzhinweisen.[5]

§ 8 Änderungsvorbehalt

Die Kanzlei behält sich das Recht vor, den Zugang zu den Blogs jederzeit teilweise oder ganz mit oder ohne vorherige Ankündigung kurzzeitig, zeitweise oder dauerhaft zu ändern oder zu unterbinden. Die Kanzlei kann die Funktionalitäten des Blogs ändern oder die Bereitstellung jederzeit einstellen. Die Nutzer haben keinen Anspruch auf Gestattung.

Der Anbieter kann die Nutzungsbedingungen jederzeit ändern. Die geänderte Fassung der Nutzungsbedingungen wird den angemeldeten und registrierten Nutzern (Kommentatoren und Autoren) zwei Wochen vor Inkrafttreten per Email zur Kenntnis gesandt. Widerspricht ein Nutzer den Änderungen der Nutzungsbedingungen bis zu deren Inkrafttreten, so endet die Nutzungsvereinbarung mit dem Inkrafttreten der neuen Nutzungsbedingungen. Die Kanzlei macht auf diese Rechtsfolge bei Versand der geänderten Nutzungsbedingungen aufmerksam. Die jeweils aktuelle Fassung der Nutzungsbedingungen findet sich auf der Website unter . . . . . .

§ 9 Geltendes Recht

Der Kanzlei-Blog wendet sich an Personen, die ihren gewöhnlichen Aufenthalt in Deutschland haben. Die Nutzung des Kanzlei-Blogs unterliegt deutschem Recht.

Schrifttum: *Auer-Reinsdorff/Conrad*, Beck'sches Mandatshandbuch IT-Recht, 2011 (zit. BeckMHdB ITR); *Ladeur/Gostomzyk*, Der Schutz von Persönlichkeitsrechten gegen Meinungsäußerungen in Blogs – Geht die große Zeit des Privaten Presserechts im Internet zu Ende?, NJW 2012, 710 ff.; *Knaue*, Neue juristische Publikationsformate im Internet – Stand, Perspektiven und Auswirkungen von open Access, Wikis, Blogs, Twittern und Podcasts, NJOZ 2009, 3004 ff.; *Kartal-Aydemir/Krieg*, Haftung von Anbietern kollaborativer Internetplattformen, Störerhaftung für User-Generated Content?, MMR 2012, 647 ff.

Anmerkungen

1. Nach § 7 Abs. 1 TMG ist die Kanzlei nur für die eigenen im Blog veröffentlichten Inhalte verantwortlich. Es ist daher wichtig, die Blogbeiträge und –kommentare der Kanzlei deutlich als solche zu kennzeichnen. Für die anderen Beiträge trägt der jeweilige Autor die Verantwortung. Die Kanzlei kann bei Eröffnung anonymer Nutzungsmöglichkeiten im Zweifel die Beiträge lediglich löschen, aber einem in seinen Rechten Verletzten keine weitergehende Auskunft erteilen.

2. Sofern die Kanzlei personenbezogende Daten bei der Registrierung erhebt, sollte der Hinweis auf diese Regelung nochmals deutlich im Rahmen der Datenschutzhinweise hervorgehoben werden.

3. Die Kanzlei ist ab Kenntnis von rechtsverletzenden Inhalten nach § 10 TMG verpflichtet, diese zu sperren. Die Kanzlei kann Blog-Filter einsetzen, welche dem Kanzlei-Verantwortlichen Beiträge anzeigen, welche potentiell nach allgemeinen Maßstäben rechtswidrige Inhalte enthalten. Mit dem Einsatz eines Blog-Filters kommt die Kanzlei noch nicht in die Rolle eines Redakteurs, welcher alle Beiträge geprüft und zur Veröffentlichung frei gegeben hätte. Darüber hinaus ist die Kanzlei aber bei Kenntniserlangung verpflichtet, gerügte Inhalte zu sperren oder dauerhaft zu löschen, es sei denn der Autor des Beitrags ist erreichbar und kann widerlegen, dass die Inhalte die Rechte des Dritten verletzen. Im Zweifel sollte die Kanzlei zur Vermeidung der Inanspruchnahme durch den Dritten, sofern sie selbst nicht zu einer gegenteiligen Bewertung der Inhalte kommt, die Inhalte sperren.

4. Dies Formulierung trägt dem Phänomen Rechnung, dass Inhalte im Internet zeitlich lange zurück auffindbar sind und der Autor sich ggf. nicht mehr mit den dort veröffentlichen Inhalten in Verbindung bringen lassen will.

5. Sofern im Rahmen der Anmeldung zum Blog personenbezogene Daten erhoben werden, erfolgt die Erhebung zum Zwecke der Nutzung zum Angebot des Blogs. Die allgemeinen Datenschutzhinweise (→ Form. L. IV. 3) sollten um entsprechende Hinweise für die Nutzung der personenbezogenen Daten und wie im Muster vorgesehen der Herausgabebefugnis an verletzte Dritte ergänzt werden.

IV. Datenschutz/Dienstleister

1. Verpflichtung auf das Datenschutzgeheimnis

Verpflichtung auf das Datenschutzgeheimnis nach § 5 BDSG[1]

Kanzleifirmierung

Datenschutzbeauftragter/zuständiger Sozius[2]

Sehr geehrte(r) Frau/Herr . . . . . .

im Rahmen Ihrer Tätigkeit erlangen Sie Kenntnis von personenbezogenen Daten, ggf. auch besonderen personenbezogenen Daten,[3] und Mandatsgeheimnissen. Nach § 5 des Bundesdatenschutzgesetzes habe ich Sie daher auf die Wahrung des Datengeheimnisses nach § 5 BDSG zu verpflichten.

Zu Ihrem Aufgabenbereich gehört es, die personenbezogenen Daten unserer Mandanten und der Beteiligten an den Beratungen sowie Verfahren zu erheben und auch automatisiert zu verarbeiten. Die Daten dürfen jeweils nur für den Zweck[4] verarbeitet werden, für den sie erhoben wurden. Dies ergibt sich aus dem sog. Verbotsprinzip der deutschen Datenschutzgrundsätze. Danach ist es generell untersagt, unbefugt personenbezogene Daten zu erheben, zu verarbeiten, zu nutzen oder an Dritte zu übermitteln. Diese Verpflichtung besteht auch nach Beendigung Ihrer Tätigkeit fort.

Verstöße gegen das Datengeheimnis können nach §§ 44, 43 Abs. 2 BDSG sowie nach anderen Strafvorschriften mit Freiheits- oder Geldstrafe geahndet werden. In der Verletzung des Datengeheimnisses kann zugleich eine Verletzung arbeitsrechtlicher Pflichten oder der Verschwiegenheitspflichten als anwaltlicher Berufsgehilfe liegen.

Bei Zweifeln an der Zulässigkeit einer geplanten Datenverarbeitung und Datenübermittlung an Dritte wenden Sie sich bitte zunächst an Ihren direkten Vorgesetzten und nachfolgend an unseren Datenschutzbeauftragten. Im von unserem Datenschutzbeauftragten geführten internen Verfahrensverzeichnis finden Sie die von ihm frei gegebenen Auskunftssysteme und Erläuterungen zur Zweckgebundenheit der erhobenen Datensätze, die Erhebung von Daten anderer neben unseren Mandanten an den Rechtsangelegenheiten Beteiligten sowie die Sperrung, Archivierung und Löschung von personenbezogenen Daten sowie etwaige besondere Vorgaben für die Erhebung besonderer personenbezogener Daten.

Eine unterschriebene Zweitschrift dieses Schreibens reichen Sie bitte an die Personalabteilung zurück.

. . . . . ., den . . . . . .

(Unterschrift der verantwortlichen Stelle/Kanzlei)

Über die Verpflichtung auf das Datengeheimnis und die sich daraus ergebenden Verhaltensweisen sowie Informationsmöglichkeiten wurde ich unterrichtet. Das Merkblatt zur Verpflichtungserklärung einschließlich der Texte der §§ 5, 43 Abs. 2, 44 BDSG habe ich erhalten.

. . . . . ., den . . . . . .

(Unterschrift des Verpflichteten)

Merkblatt zur Verpflichtungserklärung

Kanzleifirmierung

......

Inhaber oder vertretungsberechtigte Personen oder Gesellschafter/Soziien

......

Bei Fragen zum Datenschutz stehen Ihnen zur Verfügung:

......

Datenschutzbeauftragter/zuständiger Sozius

......

Anschrift

......

Telefon

......

Fax

......

Email

......

Wir achten darauf, dass unsere Verfahren derart ausgewählt und eingerichtet sind, dass die sieben Grundprinzipien des deutschen Datenschutzrechts Beachtung finden:

1. Verbot mit Erlaubnisvorbehalt/Verbotsprinzip

Das Erheben, Verarbeiten und Nutzen von personenbezogenen Daten ist dem Grundsatz des Bundesdatenschutzgesetzes nach verboten. Ausnahmen ergeben sich, wenn gesetzliche Regelung dies gestattet, zB im Rahmen der Begründung und Erfüllung eines Vertragsverhältnisses/eines Mandats oder der Betroffene, also die Person, deren personenbezogenen Daten erhoben werden, eingewilligt hat zB für den Bezug eines Werbenewsletters.

2. Zweckbindung

Datenerhebung und -verarbeitung erfolgen ausschließlich zweckgebunden. Der jeweilige Zweck wird bei der Erhebung festgelegt. Der Zweck ergibt sich entweder aus gesetzlichen Erlaubnistatbeständen oder aber aufgrund der Einwilligung des Betroffenen.

3. Erforderlichkeit

Die Datenverarbeitung muss zudem erforderlich sein, also muss die Erhebung und Verarbeitung zur Erreichung des Zwecks das mildeste Mittel sein.

4. Direkterhebungsgrundsatz

Die Datenerhebung hat grundsätzlich beim Betroffenen unmittelbar zu erfolgen. Im Rahmen der Mandatsbearbeitung besteht hinsichtlich der Erhebung von Daten der weiteren Beteiligten eine Ausnahme, da die Daten von unseren Mandanten bereit gestellt werden.

5. Datensparsamkeit

Die erhobenen Daten sollen entsprechend des zu erfüllenden Zwecks, nach Zweckerreichung und je nach Datenkategorie nach Ende der geltenden Aufbewahrungsfristen gelöscht werden. Das Löschen von Daten wird vom Datenschutzbeauftragten veranlasst. Bei länger zurückliegenden Mandaten kann es daher sein, dass die Kontaktdaten der Mandanten und Beteiligten nicht mehr vollständig oder nur zum Zweck des Ausschlusses von Interessenkollision in der aktuellen Datenbank auffindbar sind.

6. Datenvermeidung

Die Erhebung und Verarbeitung personenbezogener Daten ist derart auszurichten, dass so wenige Daten wie möglich erhoben werden. Bitte verwenden Sie daher den Erhebungsbogen bzw. orientieren Sie sich bei der Erhebung der Daten bei den Mandanten an diesem.

7. Transparenzgebot

Grundsätzlich soll jeder Betroffene wissen, dass Daten über ihn, von wem und zu welchem Zweck erhoben werden. Dieser Grundsatz gilt für unsere Arbeit im Mandat nur eingeschränkt, da das Mandatsgeheimnis Vorrang hat. Auskünfte über gespeicherte Daten erteilt ausschließlich unser Datenschutzbeauftragter/der zuständige Rechtsanwalt/Sozius.

Auszüge Bundesdatenschutzgesetz (BDSG)

§ 5 BDSG – Datengeheimnis

Den bei der Datenverarbeitung beschäftigten Personen ist untersagt, personenbezogene Daten unbefugt zu erheben, zu verarbeiten oder zu nutzen (Datengeheimnis). Diese Personen sind, soweit sie bei nichtöffentlichen Stellen beschäftigt werden, bei der Aufnahme ihrer Tätigkeit auf das Datengeheimnis zu verpflichten. Das Datengeheimnis besteht auch nach Beendigung ihrer Tätigkeit fort.

§ 43 Abs. 2 BDSG – Bußgeldvorschriften

Ordnungswidrig handelt, wer vorsätzlich oder fahrlässig

(1) unbefugt personenbezogene Daten, die nicht allgemein zugänglich sind, erhebt oder verarbeitet,

(2) unbefugt personenbezogene Daten, die nicht allgemein zugänglich sind, zum Abruf mittels automatisierten Verfahrens bereithält,

(3) unbefugt personenbezogene Daten, die nicht allgemein zugänglich sind, abruft oder sich oder einem anderen aus automatisierten Verarbeitungen oder nicht automatisierten Dateien verschafft,

(4) die Übermittlung von personenbezogenen Daten, die nicht allgemein zugänglich sind, durch unrichtige Angaben erschleicht,

(5) entgegen § 16 Abs. 4 S. 1, § 28 Abs. 5 S. 1, auch in Verbindung mit § 29 Abs. 4, § 39 Abs. 1 S. 1 oder § 40 Abs. 1, die übermittelten Daten für andere Zwecke nutzt,

(5a) entgegen § 28 Abs. 3b den Abschluss eines Vertrages von der Einwilligung des Betroffenen abhängig macht,

(5b) entgegen § 28 Abs. 4 S. 1 Daten für Zwecke der Werbung oder der Markt- oder Meinungsforschung verarbeitet oder nutzt,

(6) entgegen § 30 Abs. 1 S. 2, § 30a Abs. 3 S. 3 oder § 40 Abs. 2 S. 3 ein dort genanntes Merkmal mit einer Einzelangabe zusammenführt oder

(7) entgegen § 42a Satz 1 eine Mitteilung nicht, nicht richtig, nicht vollständig oder nicht rechtzeitig macht.

§ 44 BDSG – Strafvorschriften

(1) Wer eine in § 43 Abs. 2 bezeichnete vorsätzliche Handlung gegen Entgelt oder in der Absicht, sich oder einen anderen zu bereichern oder einen anderen zu schädigen, begeht, wird mit Freiheitsstrafe bis zu zwei Jahren oder mit Geldstrafe bestraft.

(2) Die Tat wird nur auf Antrag verfolgt. Antragsberechtigt sind der Betroffene, die verantwortliche Stelle, der Bundesbeauftragte für den Datenschutz und die Aufsichtsbehörde.

Schrifttum: *Auer-Reinsdorff/Conrad*, Beck'sches Mandatshandbuch IT-Recht, 2011 (zit. BeckMHdB ITR); *Gola/Schomerus*, BDSG, 2012.

Anmerkungen

1. Nach § 5 BDSG hat die Kanzlei alle Personen, welche bestimmungsgemäß personenbezogene Daten in der Kanzlei verarbeiten werden, bei der Aufnahme ihrer Tätigkeit auf das Datengeheimnis zu verpflichten. Die Belehrung und Verpflichtung gehört zu den Aufgaben des Datenschutzbeauftragten. Ist kein Datenschutzbeauftragter bestellt, so ist die Belehrung und Verpflichtung Führungsaufgabe. Die Verpflichtung muss individuell und persönlich erfolgen. Zu Dokumentationszwecken eignet sich die schriftliche Verpflichtung, wobei im Rahmen der Verpflichtung die Grundprinzipien des Datenschutzes mündlich zu erläutern und Rückfragen des Mitarbeiters zu beantworten sind. Eine nicht erfolgte Verpflichtung auf den Datenschutz ist umgehend nachzuholen.

2. Im Rahmen der Belehrung sollte neben den sieben Grundsätzen des Datenschutzes der Anwendungsbereich des Datenschutzgesetzes sowie die darüber hinaus gehenden Besonderheiten dargestellt werden, welche sich aus der Berufsverschwiegenheit und im Hinblick auf das Mandatsgeheimnis ergeben. Je nach Ausrichtung der Kanzlei sollte auf die besondere Datenkategorie der besonderen Arten der personenbezogenen Daten nach § 3 Abs. 9 BDSG und die Anforderung der erhöhten Vorsicht bei der Verarbeitung und Übermittlung an Dritte im Rahmen des Mandates hingewiesen werden.

3. Die Verarbeitung von personenbezogenen Daten bedarf eines Gestattungstatbestandes oder aber der Einwilligung des Betroffenen. Die Berechtigung zur Erhebung der Daten des Mandanten zur Begründung des Mandates ergibt sich aus § 28 Abs. 1 Nr. 1 BDSG, da die Daten der Begründung, Durchführung und Beendigung eines Beratungsvertrages, eines Prozessführungsauftrages o.ä. dienen. Die Kanzlei muss im Detail abwägen, welche Daten erforderlich sind, um das Mandatsverhältnis führen zu können. Es empfiehlt sich, wenn die Kanzlei einen Erhebungsbogen erstellt und die Mitarbeiter und auch Partner angeleitet sind, welche Daten unter welchen Umständen zu erheben sind. Die Zweckbindung der Daten ist streng einzuhalten. Beabsichtigt die Kanzlei einen Newsletter an ihre Mandanten zu versenden, so ist eine Einwilligung hierzu einzuholen. Eine weitere Verwendung der Daten außerhalb des Mandats ist regelmäßig nicht ersichtlich.

4. Die Kanzlei hat jedermann auf Anforderung ein öffentliches Verfahrensverzeichnis zur Verfügung zu stellen (→ Form. L. IV. 2). Das interne Verfahrensverzeichnis dient der Erfassung der internen datenschutzrechtlichen Prozesse und ist nach § 4g Absatz 2 BDSG der zuständigen Datenschutzaufsicht vorzulegen. Das Verzeichnis enthält über die Angaben des öffentlichen Verfahrensverzeichnisses (§ 4 e S. 1 Nr. 1 bis 8 BDSG) Angaben zu den technischen und organisatorischen Maßnahmen im Sinne des § 9 mit Anlage BDSG, welche im Sinne des § 4 e S. 1 Nr. 9 BDSG eine vorläufige Beurteilung ermöglicht, ob die Maßnahmen nach § 9 BDSG per se angemessen erscheinen die IT-Sicherheit zu gewährleisten. Dabei ist wegen der getrennten Datenverarbeitungsaufsicht nach mandatsbezogenen und sonstigen personenbezogenen Daten auch die Darstellung differenziert zu halten. Das interne Verfahrensverzeichnis hat ferner nach § 4g Abs. 2, S. 1 BDSG Angaben über die Personen zu machen, welchen die Zugriffsberechtigung erteilt ist.

2. Öffentliches Verfahrensverzeichnis

Verantwortliche Stelle

Das Bundesdatenschutzgesetz (BDSG) schreibt vor, dass die Leitung der datenverarbeitenden verantwortlichen Stelle jedermann in geeigneter Weise die folgenden Angaben entsprechend § 4e des BDSG verfügbar zu machen hat.

1. Name/Firma der Verantwortlichen Stelle:

. . . . . .

2. Inhaber [Vorstände, Geschäftsführer, Leitung, Inhaber]:

. . . . . .

3. Leitung Datenverarbeitung/IT-/TK-Beauftragter oder Administrator:

. . . . . .

4. Datenschutzbeauftragte/r:

. . . . . .

5. Anschrift der verantwortlichen Stelle:

. . . . . .

Zweckbestimmung der Datenerhebung, Datenverarbeitung oder Datennutzung:

Rechtsberatung: Erhebung, Verarbeitung, Nutzung und Übermittlung von personenbezogenen Daten zum Zweck der außergerichtlichen und gerichtlichen Beratung und Vertretung.

Personalverwaltung: Erhebung, Verarbeitung, Nutzung und Übermittlung zu eigenen Zwecken und zur Erfüllung gesetzlicher und sozialversicherungsrechtlicher Verpflichtungen.

Die Datenerhebung, -verarbeitung und -nutzung erfolgt nur zu den oben angegebenen Zwecken.

Beschreibung der betroffenen Personengruppen und der diesbezüglichen Datenkategorien:

Auftraggeber bzw. Mandanten und deren Mitarbeiter, Familienangehörige, Kunden, Lieferanten und Dienstleister sowie Mitarbeiter, Lieferanten, Dienstleister, Vertragspartner der Kanzlei und Mitarbeiter sowie Kontaktpersonen der vorgenannten Gruppen.

Mandatsdaten: Daten der Rechtsratsuchenden, der Mandanten, der Gegenseite sowie sonstiger Beteiligter sowie der jeweiligen (gesetzlichen) Vertreter und Kontaktpersonen

Lieferanten- und Dienstleisterdaten: Daten der Mitarbeiter und Vertretungsberechtigten sowie sonstiger Kontaktpersonen

Mitarbeiter- und Bewerberdaten

Empfänger oder Kategorien von Empfängern, denen die Daten mitgeteilt werden können:

Öffentliche Stellen bei Vorliegen vorrangiger Rechtsvorschriften bzw. nach § 39 BDSG, Auftragnehmer entsprechend § 11 BDSG sowie externe Stellen und interne Abteilungen/Sachbearbeiter zur Erfüllung der mit der Datenerhebung verfolgten Zweckbestimmung und weitere Stellen, sofern der jeweilige Betroffene in die Datenübermittlung eingewilligt hat.

Regelfristen für die Löschung der Daten:

Der Gesetzgeber hat vielfältige Regelungen zu Aufbewahrungspflichten und -fristen erlassen. Nach Erlöschen dieser Pflichten bzw. Ablauf dieser Fristen werden die entsprechenden Daten routinemäßig gelöscht. Soweit Daten keinen Aufbewahrungspflichten unterliegen, werden diese gelöscht, wenn der genannte Zweck der Datenerhebung weggefallen ist.

Geplante Datenübermittlungen an Drittstaaten:

Datenübermittlung an Drittstaaten finden nicht statt.

[Eine Datenübermittlung an Drittstaaten findet statt, sofern die Übermittlung im Rahmen eines Mandats erforderlich ist. Die Datenübermittlung findet in solchen Fällen stets unter Beachtung des § 4b BDSG statt.]

Anmerkungen

1. Das Verfahrensverzeichnis ergibt sich aus den gesetzlichen Vorgaben gem. § 4e BDSG.

3. Datenschutzhinweise

Die Kanzlei und ihre Mitarbeiter/innen sind auf den Datenschutz verpflichtet. Die Daten werden nach den datenschutzrechtlichen Bestimmungen erhoben und zweckgebunden verarbeitet. Die im Rahmen Ihrer Kontaktaufnahme und bei Begründung eines Mandatsverhältnisses erhobenen Daten werden nicht ohne Ihre gesonderte zweckbestimmte Einwilligung für Werbung oder andere kommerzielle Aktivitäten genutzt.[1]

1. Erhebung, Verarbeitung und Nutzung Ihrer Daten bei Besuch der Website

Der Webserver der Website der Kanzlei sammelt technisch bedingt die Daten, welche Ihr Internet Service Provider und der von Ihnen benutzte Browser mittels http-Header bei Aufruf der Website automatisch übermitteln. Dies sind regelmäßig:

• der Name Ihres Internet-Service-Providers,
• die Ihnen zugewiesene IP-Adresse,
• die Adresse der Internet-Seite, von der aus Sie die Website besuchen,
• die von Ihnen besuchten Unterseiten der Website sowie
• Datum und Dauer Ihres Besuches auf der Website.

Diese Informationen werden nicht mit anderen Informationen verknüpft, die eine Identifizierung Ihrer Person ermöglichen.

2. Erhebung, Verarbeitung und Nutzung Ihrer Daten bei Kontaktaufnahme zur Begründung eines Mandates

(1) Die Kanzlei bietet Ihnen die Möglichkeit per Email oder Kontakt-Formular auf dieser Website in Kontakt mit uns zu treten. Sie können unter Angabe Ihres Namens und Ihrer Email-Adresse mit uns in Kontakt treten. Bitte beachten Sie, dass Ihre personenbezogenen Daten und die Informationen zum Sachverhalt, welchen wir anwaltlich bearbeiten und prüfen sollen, technisch bedingt theoretisch von unserem Provider gelesen werden können.[3]

(2) Ihre Kontaktanfrage speichert die Kanzlei zunächst als Mandatsanfrage und sofern Sie die Kanzlei nachfolgend mit der Wahrnehmung Ihrer Interessen beauftragen, speichern und verarbeiten wir Ihre Kontaktanfrage sowie die weiter zum Zwecke der Mandatsbearbeitung erhobenen personenbezogenen Daten elektronisch.

(3) Bitte geben Sie bei elektronischer Erstkontaktaufnahme mit uns an, falls Sie keine elektronische Kontaktaufnahme im Mandatsverhältnis durch uns wünschen.[4]

3. Weitergabe Ihrer personenbezogenen Daten an Dritte

(1) Die Kanzlei gibt Ihre personenbezogenen Daten nur im Rahmen der Zwecke der Mandatsbearbeitung an Dritte weiter. Andernfalls erfolgt eine Weitergabe von Daten an Dritte nur, wenn Sie zuvor Ihre ausdrückliche Einwilligung gesondert erklärt haben oder eine gesetzliche Verpflichtung zur Datenweitergabe besteht. Sofern Sie Ihre Einwilligung erteilt haben, können Sie sie jederzeit mit Wirkung für die Zukunft durch einfache Mitteilung per Email widerrufen.

(2) Ihre Daten werden von Dritten im Rahmen der Auftragsdatenverarbeitung in unserem Auftrag verarbeitet. Zur technischen Abwicklung unserer elektronischen Kommunikation sowie der Bereitstellung dieser Website beziehen wir unseren Provider sowie unseren Systemberater als Dienstleistern ein. Über die etwaige Einbeziehung von dritten Dienstleistern im Rahmen der Mandatsbearbeitung informieren wir Sie bei Begründung des Mandatsverhältnisses oder bei Einbeziehung des Dritten und erbitten soweit erforderlich Ihre Zustimmung.[5]

4. Cookies

(1) Die Kanzlei weist jeweils beim ersten Besuch unserer Website von einem Ihrer Endgeräte aus darauf hin, dass bei Nutzung der Website sogenannte Cookies auf Ihren Computer geladen werden können. Wir fragen Ihre Einwilligung zur Nutzung dauerhafter Cookies in einem pop-up-Fenster ab.[6]

(2) Cookies und Flash Cookies sind alphanumerische Identifizierungszeichen, die bei Aufruf unserer Website auf die Festplatte Ihres Computers übermittelt werden. Sie ermöglichen bei einem späteren Besuch der Website, Ihren Browser zu erkennen und dienen vor allem dazu, den Online-Besuch angenehmer und individueller zu gestalten. Cookies ermöglichen, Sie als einen bestimmten Nutzer zu erkennen und Ihre Präferenzen bei der Nutzung der Website zu speichern. Dies hat für Sie vor allem den Vorteil, dass Sie die in den Cookies enthaltenen Informationen nicht bei jedem Besuch der Website erneut eingeben müssen.

(3) Sie können die Benutzung von Cookies in den Einstellungen Ihres Browserprogramms ganz abschalten. Die Hilfe-Funktion in der Menüleiste der meisten Webbrowser erklärt Ihnen, wie Sie Ihren Browser so einrichten, dass neue Cookies nie akzeptiert, Cookies nur nach Hinweis und durch Sie oder aber immer automatisch gesetzt werden. Ähnliche Funktionen wie Flash Cookies, die durch Browser-Add-On genutzt werden, können Sie durch die Änderung der Einstellungen des Browser-Add-On oder auch über die Website des Herstellers des Browser Add-On ausschalten oder löschen.

(4) Session-Cookies bedürfen nicht Ihrer vorherigen Einwilligung, da sie nach Verlassen der Website gelöscht werden. Diese ermöglichen Ihnen, einige wesentliche Funktionen unseres Webangebotes zu nutzen, so dass wir Ihnen empfehlen, Ihren Browser jedenfalls derart einzustellen, dass Cookies nicht automatisch abgelehnt werden, sondern Sie dies im Einzelfall entscheiden können. Die Kanzlei weist darauf hin, dass einige Bereiche der Website möglicherweise nicht ordnungsgemäß funktionieren, wenn Ihr Browser so eingestellt ist, dass die Annahme von Cookies oder ähnlicher Mechanismen verweigert wird.

5. Einsatz von „piwik" und Widerspruch

(1) Diese Website verwendet den Webanalysedienst „piwik". Hierbei handelt es sich um einen Dienst eines großen Entwicklerteams unter der Leitung von Metthieu Aubry, welches als Open Source-Programm von verschiedenen Sponsoren für die Webanalyse zur Verfügung gestellt wird. „Piwik" verwendet „Cookies".

(2) „Piwik" erstellt detaillierte Statistiken über die Besuche einer Website. Hierin erfasst werden Informationen über die benutzten Suchmaschinen, die benutzten Suchbegriffe, die verwendeten Sprachen, die Herkunft der Besucher nach Ländern, die verwendeten Browser und ihre Plugins, die Aufenthaltsdauer, Einstiegsseiten, Ausstiegsseiten, Abbruchquoten, die IP-Adresse usw.

(3) „Piwik" ist eine Web-Analyse-Lösung, bei der keine Speicherung und Weitergabe Ihrer Daten an Dritte erfolgt. Auch verwendet die Kanzlei ein Plug-in, welches Ihre IP-Adresse anonymisiert.[7]

(4) Wenn Sie mit einer Auswertung der Daten über Ihren Besuch auf unserer Website nicht einverstanden sind, können Sie über den folgenden Link widersprechen. Hierbei wird automatisch ein Opt-Out-Cookie auf ihrem Rechner installiert. Bitte beachten Sie, dass Sie den Opt-Out-/Widerspruchslink erneut aktivieren müssen, wenn Sie alle Cookies auf Ihrem Rechner gelöscht haben oder unsere Website von einem anderen Endgerät aus besuchen.

6. Datennutzung im Zusammenhang mit Sozialen Netzwerken

(1) Auf dieser Website finden Sie Hinweise auf sog. „Soziale Netzwerke". Wir haben diese social links derart eingerichtet, dass sie erst aktiviert werden, wenn Sie einen Button anklicken, welcher dem Original-Plug-In des Dienstes vorgeschaltet ist. Mit der Nutzung der Möglichkeiten der Sozialen Netze bieten wir Ihnen die modernen Kommunikations-

möglichkeiten, wobei damit weder eine Empfehlung unsererseits verbunden ist, noch wir die Verwendung Ihrer Daten durch die Anbieter der Sozialen Netzwerke prüfen.[8]

(2) Sofern Sie ein solches Soziale Plug-In auf unserer Website aktivieren, wird über Ihren Browser eine direkte Verbindung mit den technischen Systemen des jeweiligen Anbieters aufgebaut, so dass der im Sozialen Plug-In angezeigte Inhalt direkt vom jeweiligen Anbieter an Ihren Browser übermittelt und von diesem in die Internetseite eingebunden wird. Darüber hinaus wird über das Soziale Plug-In an den jeweiligen Anbieter die Information übermittelt, dass über Ihren Browser die entsprechende Seite unseres Angebotes aufgerufen wurde. Sollten Sie das Soziale Plug-In aktiv nutzen durch die angebotenen Kommentar- oder Empfehlungsbuttons wird dies ebenfalls über das Soziale Plug-In an den jeweiligen Anbieter übermittelt und dort gespeichert.

7. Dauer der Speicherung und Auskunft

Kanzlei wird Ihre Daten nicht länger speichern, als dies für die in diesen Datenschutzbestimmungen genannten Zwecke erforderlich ist. Wenn Sie Auskunft über Ihre bei uns gespeicherten Daten bzw. deren Löschung wünschen, wenden Sie sich bitte an unseren Datenschutzbeauftragten. Bei Fragen zu dieser Datenschutzerklärung können Sie uns kontaktieren: Email, Fax, Telefon. Unser Öffentliches Verfahrensverzeichnis nach § 4 e Bundesdatenschutzgesetz finden Sie hier.[9]

Verantwortliche Stelle ist die Kanzlei

. . . . . ., den . . . . . .

Schrifttum: *Auer-Reinsdorff/Conrad*, Beck'sches Mandatshandbuch IT-Recht, 2011 (zit. BeckMHdB ITR); *Ernst*, Social Plugins der „Like-Button" als datenschutzrechtliches Problem, NJOZ 2010, 1917; *Kay*, Vollharmonisierung des EU-Datenschutzrechts – bereits geltende Vorgaben für deutsche Datenschutzgesetze, CR 2013, 408 ff.; *Meyer*, Prüfungsmaßstab für Datenschutzerklärungen und Sanktionierung bei Unwirksamkeit, DSRITB 2012, 643 ff.; *Moser-Knierim*, „Facebook-Login" datenschutzkonformer Einsatz möglich! ZD 2013, 263 ff.; *Reus*, E-Mail in der anwaltlichen Praxis, MDR 2012, 882 ff.; *Sachs/Meder*, Datenschutzrechtliche Anforderungen an App-Anbieter, ZD 2013, 303 ff.; *Spindler/Nink* TMG; *Spindler/Schuster*, Recht der elektronischen Medien, 2011; *Weitnauer*, Beck'sches Formularbuch IT-Recht, 3. Aufl. 2012 (zit. BeckFormB ITR); *Wintermeier*, Rechtskonforme Erstellung einer Datenschutzerklärung, Anforderungen im Rahmen gewerblicher Webangebote, ZD 2013, 21 ff.

Anmerkungen

1. Die Einwilligung in die Nutzung der personenbezogenen Daten der Mandanten für andere Zwecke als die Mandatsbearbeitung muss entweder in Schriftform oder aber elektronisch mit double-opt-in-Verfahren (→ Form. III. 1) vorliegen.

2. Die Informationen, welche Interessierte über das Website-Kontaktformular eingeben, werden technisch über den Websitehoster an den Email-Server weitergegeben. Aus diesem Grund ist hier der Hinweis erfolgt, dass der Provider theoretisch mitlesen kann. Üblicherweise darf die Kanzlei zwar davon ausgehen, dass ein Internetnutzer grob über die technischen Vorgänge informiert ist. Bei einem Kontaktaufnahmeformular und dessen Nutzung wegen einer dringenden Rechtsfrage übersieht der Absender dies aber möglicherweise, so dass dieser Hinweis losgelöst von den Datenschutzhinweisen auch nochmals gesondert im Zusammenhang mit dem Kontaktaufnahmeformular gegeben werden kann. Der Hinweis ist keinesfalls zwingend.

3. Auch bei der Kontaktaufnahme des potentiellen Mandanten direkt via Email darf die Kanzlei davon ausgehen, dass der Nutzer über die Risiken der unverschlüsselten Email-Kommunikation informiert ist. Vorsorglich ist hier der Hinweis ergänzt, damit der Interessent erinnert wird, ob er eine Kommunikation über seine Angelegenheit via Email wünscht. Dieser Hinweis kann ebenfalls beim Kontaktaufnahmeformular platziert werden. Die Kanzlei bietet lediglich die üblichen elektronischen Kommunikationswege, ohne dass die Kanzlei in die Verantwortlichkeit bei der Auswahl der Kommunikationswege seitens des Mandanten kommt. Allerdings sollte die Kanzlei in der Lage sein, dem Mandanten verschlüsselte Kommunikation oder Datenaustausch auf alternativen Systemen zu ermöglichen, welche jedenfalls einen höheren Grad an IT-Sicherheit aufweisen als eine einfache unverschlüsselte Email, zB DeMail, eigene ftp-Server der Kanzlei, verschlüsselte Cloudsysteme etc.

4. Dieser Hinweis ist dem Umstand geschuldet, dass Kanzleien zunehmend die modernen Büroorganisationsmöglichkeiten nutzen und Teilleistungen wie zum Beispiel das Forderungsmanagement, die Telefonzentrale, Schreibdienste sowie teilweise die Datenverarbeitung auslagern wollen, zB Email-Server, Clouddatenmanagement etc. Mit der Nutzung externer Dienstleistungen unter Einbeziehung von Unternehmen und Personen, welche nicht Angestellte der Kanzlei sind, können diese zwar im Rahmen der Auftragsdatenverarbeitung auf das Datengeheimnis nach §§ 5, 11 BDSG und im Innenverhältnis auf das Mandatsgeheimnis verpflichtet werden. Fehlt die Zuordnung zu den anwaltlichen Berufsgehilfen droht aber ein berufsrechtlicher Verstoß gemäß § 43a Abs. 2 Bundesrechtsanwaltsordnung iVm § 2 Berufsordnung der Rechtsanwälte sowie strafrechtliche Verantwortlichkeit nach § 203 StGB, sofern der Mandant einer Offenbarung durch Nutzung der externen Dienstleister und der Verarbeitung seiner Mandatsdaten nicht zugestimmt hat.

5. Die europaweit unterschiedliche und in Deutschland noch nicht erfolgte Umsetzung der Cookie-Richtlinie (Richtlinie 2009/136/EC, e-Privacy-Richtlinie) verursachte Unsicherheit, ob deutsche Websiteanbieter vorgeschaltet beim Websiteaufruf und zusätzlich zu den Datenschutzhinweisen Cookie-Hinweise anbringen sollten. Die Richtlinie ist trotz der Nichtumsetzung in deutsches Recht im Verhältnis Privater untereinander nicht anwendbar und deren Nichtbeachtung kann (noch) nicht sanktioniert werden. Die hier vorgeschlagene Datenschutzerklärung informiert über die verschiedenen Cookies sowie die Möglichkeiten die eingesetzten Browser hinsichtlich der Cookies-Verwaltung individuell zu konfigurieren. Selbstverständlich können diese Hinweise prominenter als pop-up-Fenster zusätzlich platziert werden, damit der Nutzer diese unmittelbar beim Aufruf der Website wahrnimmt. Dabei ist zu beachten, dass einige Nutzer pop-up-Blocker verwenden und daher der Hinweis wiederum auf diese Art nicht sichtbar wird, so dass die Hinweise zusätzlich in der Datenschutzerklärung gegeben werden sollten.

6. Viele Webseiten setzen den Analysedienst google analytics ein, wobei die datenschutzrechtliche Zulässigkeit umstritten und der Einsatz jedenfalls weiterer Maßnahmen bedarf. Der Analysedienst Piwik zum Beispiel setzt von vornherein eine Anonymisierung ein, welche einen Teil der IP-Adresse nicht verarbeitet. Google Analytics kann um einen solchen plug-in ergänzt werden. Die auszuwertenden Daten werden bei Nutzung von Google Analytics an Google übermittelt, weshalb nach hM eine Auftragsdatenverarbeitungsvereinbarung nach den Konditionen von Google abzuschließen ist. Bei Piwik zum Beispiel erfolgt die Auswertung der Analysedaten ohne Übermittlung an Dritte. Die Kanzlei sollte generell über den Einsatz eines Analysetools mit dem Websiteersteller beraten und ein Tool auswählen, was nach den deutschen Bestimmungen datenschutzkonform ist und dem Einsatz und möglicher Schlussfolgerungen der Kanzlei entspricht.

7. In der Tat ist im Detail nicht bekannt, welche Daten einige Anbieter von Sozialen Netzwerken über die Buttons sammeln, welche dem Empfehlungsmanagement auf den

Webseiten dienen. Als die Datenschutzaufsichten gewahr wurden, dass bereits Daten an die Netzwerkanbieter übermittelt werden, wenn die Button auf der Website vorhanden, aber noch nicht vom Nutzer geklickt wurden, wurde das Konzept der 2-click-Lösung entwickelt. Hier wird auf der Website ein Button für den betreffenden Dienst platziert, der nur ein Platzhalter ist und sich grafisch vom Originalbutton absetzt, ggf. an das Look & Feel der Website angepasst ist. Mit einer Mouse-over-Bewegung erscheint ein Hinweistext, dass mit Klicken des Buttons der eigentliche Button des Dienstes aktiviert wird und dieser Daten sammelt. Hierbei kann im Einzelfall weder der Umfang der Datenerhebung noch deren Verwendung näher beschrieben werden.

8. Ein Muster für ein öffentliches Verfahrensverzeichnis → Form. L. IV. 2.

4. Bestellung eines Datenschutzbeauftragten

Bestellung eines Datenschutzbeauftragten

Herrn/Frau

· · · · · ·

im Hause

Bestellung zum Beauftragten für den Datenschutz gemäß §§ 4 f und 4 g BDSG[1]

Hiermit bestellen wir Sie zum Beauftragten für den Datenschutz in unserer Kanzlei.

Bei der Erfüllung Ihrer Aufgaben als Datenschutzbeauftragter sind Sie direkt den Sozien unterstellt. Rechtsanwalt/Rechtsanwältin steht Ihnen als Ansprechpartner/in zu allen organisatorischen und personellen Belangen im Rahmen Ihrer Aufgabe als Datenschutzbeauftragten zur Verfügung. Auf Ihre Berufsverschwiegenheit sowie das daraus folgende Zeugnisverweigerungsrecht weisen wir nochmals besonders hin.[2]

In Ihrem Aufgabenbereich der Datenschutzkontrolle arbeiten Sie weisungsfrei mit dem Ziel, unsere Prozesse derart zu gestalten und laufend zu revidieren, dass die Anforderungen des Bundesdatenschutzgesetzes sowie anderer Vorschriften über den Datenschutz als technische und organisatorische Grundlage zur Wahrung des Datenschutzes und des Mandatsgeheimnisses angemessen umgesetzt und eingehalten werden.[3]

Zur Aufrechterhaltung der erforderlichen Fachkunde erhalten Sie jährlich mindestens drei Tage bezahlten Fortbildungsurlaub. Wir werden uns regelmäßig von Ihrer Zuverlässigkeit und Fachkunde überzeugen.

Ihre gesetzlichen Pflichten sind insbesondere:

- die ordnungsgemäße Anwendung und Auswahl der Programme, Lösungen und Dienstleister, mit deren Hilfe personenbezogene Daten verarbeitet werden sollen, zu überwachen;
- die ordentliche Befolgung der organisatorischen Maßnahmen im Rahmen der Datenverarbeitung zu überwachen und diese regelmäßig zu revidieren;
- die bei der Verarbeitung personenbezogener und besonderer personenbezogener Daten tätigen Sozien, Berufsgehilfen und dritte Diensteanbieter durch geeignete Maßnahmen mit den Vorschriften des Bundesdatenschutzgesetzes sowie anderen Vorschriften über den Datenschutz, bezogen auf die besonderen Vorgaben im jeweiligen Tätigkeitsbereich

in unserer Kanzlei und die sich daraus ergebenden Erfordernisse für den Datenschutz, vertraut zu machen;

• die mit der Verarbeitung (besonderer) personenbezogener Daten befassten Personen auf den Datenschutz nach § 5 BDSG zu verpflichten;

• das (öffentliche) Verfahrensverzeichnis einschließlich der Anlage der technischen und organisatorischen Maßnahmen zu führen.

In Erfüllung dieser Aufgabe können Sie sich in Zweifelsfällen an die für unsere Kanzlei zuständige Datenschutzaufsichtsbehörde wenden, soweit es sich um die Verarbeitung von personenbezogenen Daten außerhalb der Mandatsbearbeitung handelt, andernfalls an die zuständige Rechtsanwaltskammer. Ferner stehen Ihnen unser EDV-Dienstleister bei technischen Fragen sowie die IT-rechtlich orientierte Kanzlei bei IT-rechtlichen und datenschutzrechtlichen Fragestellungen zur Verfügung. Wir haben hierzu ein jährliches Budget besprochen, welches Sie ohne weitere Freigabe ausschöpfen können.[4]

Auf Ihre Verschwiegenheitspflicht hinsichtlich der Identität von Betroffenen sowie der Umstände, die Rückschlüsse auf die Betroffenen zulassen – soweit Sie nicht davon durch die Betroffenen ausdrücklich befreit sind –, weise ich Sie besonders hin.[5]

. . . . . ., den . . . . . .

(Unterschrift Rechtsanwalt/Rechtsanwältin)

Ich bin mit der Bestellung zum/zur Beauftragten für den Datenschutz

einverstanden.

. . . . . ., den . . . . . .

(Unterschrift Mitarbeiter)

Schrifttum: *Auer-Reinsdorff/Conrad* Beck'sches Mandatshandbuch IT-Recht (zit. BeckMHdB ITR); *Spindler/Schuster*, Recht der elektronischen Medien BDSG; *Uwer/Schild*, Datenschutz bei den freien Berufen 4., Ed. 4 – Mai 2013; *Klug/Gola*, Neuregelung zur Bestellung betrieblicher Datenschutzbeauftragter, NJW 2007, 118 ff.; *Gola/Schomerus* BDSG; *Brink*, Der betriebliche Datenschutzbeauftragte – eine Annäherung Ausbildungsstand – Arbeitsbedingungen – Tätigkeitsschwerpunkte, ZD 2012, 55 ff.; *Hoeren*, Der betriebliche Datenschutzbeauftragte, Neuerung durch die geplante DS-GVO, ZD 2012, 355 ff.; *Robrecht*, Überblick über wesentliche Neuerungen der BDSG-Novelle II, weiterhin viele offene Fragen in der praktischen Umsetzung, ZD 2011, 23 ff.; *Gerhartinger*, Die Google-Datenschutzerklärung auf dem Prüfstand, Zugewinn an Transparenz oder Eingriff in die Privatsphäre, ZD 2012, 303 ff.; *Dorfner/Petri*, E-Justiz und Datenschutz, Ausgewählte Rechtsfragen, ZD 2011, 122 ff.; *Grobys/Panzer*, StichwortKommentar Arbeitsrecht, 6. Edition 2013; *Dahns*, Der Datenschutzbeauftragte in der Anwaltskanzlei, NJW-Spezial 2006, 285 ff.; *Hümmerich/Boecken/Düwell*, NomosKommentar Arbeitsrecht, BDSG; *Schöttle*, Datenschutzkontrolle in der Anwaltskanzlei, AnwBl 2005, 740 ff.; *Härting*, IT-Sicherheit in der Anwaltskanzlei – Das Anwaltsgeheimnis im Zeitalter der Informationstechnologie, NJW 2005, 1248 ff., ders., Anwaltsgeheimnis, Schutz vor dem Datenschutz, AnwBl 2011, 50 ff.; *Simitis*, BDSG; *Weichert*, Datenschutz auch bei Anwälten?, NJW 2009, 550 ff.; *Redeker*, Datenschutz auch bei Anwälten, aber bei Datenschutzkontrollinstanzen gilt das Berufsgeheimnis, NJW 2009, 554 ff.; *Schwintowski*, Anwaltliches Datenschutzmanagement – Qualitätsstandards, VersR 2012, 1325 ff.; *Sassenberg* AnwBl 2006, 196 ff.; *Schneider* AnwBl 2004, 618 ff.; *Abel* Datenschutz in Anwaltschaft, Notariat und Justiz, NJW-Schriftenreihe, H. 63, 1998; *Rüpke*, Datenschutz, Mandatsgeheimnis und anwaltliche Kommunikationsfreiheit, NJW 2008, 1121 ff.; *Degen*, Kanzlei-Homepage und elektronische Mandatsbearbeiter, NJW 2006, 1457 ff.; *Schneider* AnwBl 2011, 233 ff.

Anmerkungen

1. Die Kanzlei ist spätestens einen Monat nach Aufnahme der Tätigkeit oder des Eintritts der Voraussetzungen für die Bestellung eines Datenschutzbeauftragten verpflichtet, einen Datenschutzbeauftragten nach § 4f BDSG zu bestellen, soweit es die Verarbeitung personenbezogene Daten ohne Mandatsbezug betrifft. Nach § 4f Abs. 1 Satz 4 BDSG muss ein Datenschutzbeauftragter dann nicht bestellt werden, wenn nur **bis zu neun Personen** mit der Verarbeitung der betroffenen Daten befasst sind. Hierbei wird nach Personen gezählt und es kommt nicht darauf an, ob diese Personen Teil- oder Vollzeit, in der Ausbildung oder befristet mit der Datenverarbeitung für die Kanzlei befasst sind. Die Kanzlei kann aber zuvor meldepflichtig sein, da sie Daten im Rahmen der Mandatsarbeit im Sinne des § 4d Abs. 3 BDSG nicht für eigene Zwecke erhebt, verarbeitet und nutzt und oftmals die Einwilligung der Beteiligten an den Verfahren der Mandanten zur Erhebung der Daten nicht vorliegt. Die Meldepflicht entfällt nach § 4d Abs. 2 BDSG immer dann, wenn ein Datenschutzbeauftragter bestellt ist, weshalb auch bei Nichterreichen der Personenanzahl die Bestellung eines Datenschutzbeauftragten erwogen werden kann. Geht man davon aus, dass für den mandatsbezogenen Datenverarbeitungsteil keine Meldepflicht gegeben ist, erhebt die Kanzlei üblicherweise nur Daten für eigene Zwecke zur Begründung von Lieferanten- und Mitarbeiterverträgen.

Zum Beauftragten für den Datenschutz darf nach § 4f Abs. 2 BDSG nur bestellt werden, wer die erforderliche Fachkunde und Zuverlässigkeit aufweist. Hierbei ist die Fachkunde in Abhängigkeit zum Umfang der Datenverarbeitung sowie dem Schutzbedarf der verarbeiteten personenbezogenen Daten zu bestimmen. Fachkunde umfasst sowohl datenschutzrechtliche Kenntnisse sowie Grundkenntnisse über die elektronische Datenverarbeitung, die Datenverarbeitungssysteme, IT-Sicherheit sowie die Übermittlung von Daten, Datenkategorien und die Einbeziehungen von Dritten in die Datenverarbeitungsprozesse der Kanzlei. Die Zuverlässigkeit wird gemessen an der Aufgabenstellung und hat zu berücksichtigen, dass der Datenschutzbeauftragte die Rolle einer kanzleiinternen Selbstkontrolle übernimmt. Ungeeignet sind daher per se Personen, welche den Sozien derart nahe stehen, dass eine unabhängige Kontrolle und Aufgabenwahrnehmung ggf. gegen die Interessen und Ansichten der Partner nicht gewährleistet erscheint.

2. Möglicherweise ist die ausgewählte Person bereits in der Kanzlei beschäftigt, aber andernfalls ist der Datenschutzbeauftragte bei seiner Anstellung auf die Berufsverschwiegenheit gesondert hinzuweisen. Der Datenschutzbeauftragte ist unmittelbar den Partnern der Kanzlei zu unterstellen und in seinem Aufgabenbereich weisungsfrei tätig. Auch der Kanzlei ist die Wahl eines externen Datenschutzbeauftragten nach § 4f Abs. 4 a BDSG ohne Verstoß gegen berufsrechtliche Vorgaben und strafrechtliche Verbote möglich. Die Kanzlei kann Vor- und Nachteile eines internen oder externen Datenschutzbeauftragten abwägen und oftmals findet sich keine fachlich geeignete Person mit der nötigen Distanz zu den Partnern. Der externe Datenschutzbeauftragte hat meist die besondere Fachkunde und die Kanzlei hat Fortbildungsaufwand nicht zu tragen. Andererseits fehlen dem externen Beauftragten jedenfalls bei Beginn der Tätigkeit Kenntnisse von internen Abläufen, was eine besondere Einarbeitung erfordert und die Kanzlei auch vorzugsweise langjährig bindet. Ein interner Datenschutzbeauftragter genießt einen besonderen Kündigungsschutz nach § 4f Abs. 3, S. 5 und 6 BDSG.

3. Die technischen und organisatorischen Maßnahmen nach § 9 Anlage BDSG sind geeignet die Datensicherheit herzustellen und sind jeweils angemessen zu Art und Umfang der elektronischen Datenverarbeitung sowie des potentiellen Gefährdungsrisikos für die Daten auszuwählen (→ Form. L. IV. 6 Anlage 1). Dabei kann das BSI-Grundschutzhandbuch, https://www.bsi.bund.de/DE/Themen/ITGrundschutz/itgrundschutz_node.html, Anhaltspunkte für die konkrete Ausgestaltung geben, ist aber keinesfalls unabhängig von der Größe der Kanzlei und dem Schutzbedarf der verarbeiteten personenbezogenen Daten zwingend umzusetzen.

4. Nach § 4f Abs. 3, S. 7 BDSG hat die Kanzlei den angestellten Datenschutzbeauftragten zu Fort- und Weiterbildungsmaßnahmen in angemessenem Umfang zur Erhaltung dessen Fachkunde frei zu stellen und die Kosten zu übernehmen. Das Muster sieht ferner vor, dass der Datenschutzbeauftragte den EDV-Dienstleister zu technischen Fragen und eine auf IT-Recht spezialisierte Anwaltskanzlei zu Beratungen hinzuziehen kann. Um die Unabhängigkeit des Datenschutzbeauftragten zu bewahren, ist diesem ein von ihm alleinverantwortlich zu verwaltendes Beratungsbudget zugewiesen. Auf diese Art und Weise kann sich der Datenschutzbeauftragte zu Teilaspekten ohne Verzögerungen im Bedarfsfall fachkundig machen.

5. Neben der anwaltlichen Verschwiegenheit hat der Datenschutzbeauftragte über die Identität eines Beschwerdeführers sowie den Sachverhalt soweit Stillschweigen zu wahren, als dass Rückschlüsse auf die Person möglich wären. Andererseits ist der Datenschutzbeauftragte berechtigt, Mitarbeiter welche sich nicht datenschutzkonform verhalten mit seinen Feststellungen zu konfrontieren und für Aufklärung sowie Einstellung eines datenschutzwidrigen Zustandes zu sorgen. Über die festgestellten Sachverhalte berichtet der Datenschutzbeauftragte in erster Linie abstrakt.

5. Checkliste IT-Outsourcing und Cloud

Checkliste[1] IT-Outsourcing in der Kanzlei[2]

---

1. **Datenschutzanforderungen und anwaltliche Verschwiegenheit**
   Die Auswahl der Dienste hat die Anforderungen an den Datenschutz (BDSG und TMG) gleichermaßen wie die strafrechtlichen Verbote (§ 203 StGB) und berufsrechtlichen Vorgaben (insbesondere § 2 BORA, § 43a Abs. 2 BRAO) zu beachten.
   Datenschutzrechtliche Vorgaben insbesondere zur IT-Sicherheit sollten sofern sie mit den besonderen Anforderungen der Berufsverschwiegenheit vereinbar sind, bei der Kanzlei und dem Dienstleister umgesetzt sein, da die insbesondere in § 9 mit Anlage BDSG definierten technischen und organisatorischen Maßnahmen sowie der Katalog des § 11 BDSG in Verbindung mit § 43 a BDSG Anhaltspunkte für die technische, organisatorische und vertragliche Ausgestaltung geben.
   Sofern ein Dritter Kenntnis von mandatsbezogenen Daten und Informationen erlangen kann, muss die Kanzlei prüfen, inwieweit die Mandanten derart in die Entscheidung über die Heranziehung des Dritten einzubeziehen sind, dass ein Offenbaren nach § 203 StGB nicht gegeben ist oder hat Möglichkeiten der verschlüsselten Nutzung der Lösungen und/oder geeigneter technischer und organisatorischer Maßnahmen zu favorisieren, die den Tatbestand des Offenbaren nicht erfüllen.

2. **Umfang der Lösung**
   Die Kanzlei sollte vor Inanspruchnahme einer Lösung, welche von einem Dritten auf dessen IT-Systemen bzw. mit der Möglichkeit der Kenntniserlangung von personenbezogenen und/oder mandatsbezogenen Daten angeboten wird, prüfen wie groß der Nutzen und Bedarf der Kanzlei an dieser Lösung ist. Dabei ist zu betrachten, wie häufig die Kanzlei diese Lösung einsetzen wird und wie groß die Anzahl der Mandanten und Mandate mit entsprechendem Anwendungsbedarf ist.
   Vor Auswahl eines Services sollte geprüft sein, ob es diesen in unterschiedlichen Ausprägungen gibt, ggf. speziell für Anwälte, mit zuverlässigen Verschlüsselungsmechanismen und ob der angestrebte Nutzen ggf. ohne Auslagerung des mandatsbezogenen Datenbestandes erreicht werden kann.

Für Vorüberlegungen zum Einsatz eines extern für die Kanzlei betriebenen Systems bedeutet dies zum Beispiel zu entscheiden, nur die Software im Wege des Application Service Providing zu nutzen oder die Systemumgebung ohne die Datenbanken extern zu betreiben, wenn keine Lösung verfügbar ist, welche nach heutigem Stand der Diskussion mit den Anforderungen der Berufsverschwiegenheit vereinbar und zur Wahrung der Beschlagnahmefreiheit durch Verschlüsselung geschützt ist.

3. Bildung von Datenkategorien nach deren Sensibilität und Schutzbedarf

Die Wahl der Lösung hängt zudem von den Datenkategorien ab, welche verarbeitet werden sollen. In der Anwaltskanzlei werden Daten unterschiedlicher Sensibilität und Anforderungen an den Schutz verarbeitet. Den höchsten Schutz verlangen alle mandatsbezogenen Daten.

Daneben verarbeitet die Kanzlei personenbezogene Daten zum Beispiel Kontaktpersonen bei Lieferanten und Dienstleistern, welche nicht den Mandaten zugeordnet sind. Als weitere Kategorie personenbezogener Daten finden sich die Beschäftigtendaten der Mitarbeiter der Kanzlei einschließlich der Daten von Bewerbern.

Neben diesen zumeist vorzufindenden Daten, speichert die Kanzlei Informationen allgemeiner Art zum Beispiel zum Aufbau des Wissensmanagements, die eigenen Finanz- und Buchhaltungsdaten und Daten über die Aktivitäten der Kanzleiinhaber. Diese Datenkategorien unterliegen sofern ohne Personenbezug nicht den Anforderungen des Datenschutzes und auch nicht dem Mandatsgeheimnis und bedürfen daher gleichfalls des Schutzes als Geschäftsgeheimnisse der Kanzlei.

4. Zuverlässigkeit des Anbieters

Die Kanzlei muss sich soweit als möglich von der Zuverlässigkeit des Anbieters überzeugen. Dies umfasst die Erfahrung des Anbieters auf dem angebotenen Lösungsgebiet, der Ruf in der Branche, die Spezialisierung, die Lokalisierung sowie die Unternehmenskennzahlen.

Hierbei kann die Kanzlei je nach Reichweite und Bedeutung der Lösung eigene Recherchen im Internet anstellen und sich Referenzkunden nennen lassen. Die Unternehmenskennzahlen können im Bundesanzeiger oder aber durch Auskunfteien geprüft werden. Auch sollte geprüft werden, wie die Gesellschaftsstruktur des Anbieters ist und ob sich ggf. hieraus Interessenkonflikte für einzelne Mandate ergeben oder aber ein besonderes Risiko begründet ist, dass sich der Anbieter nicht vertragskonform verhalten wird.

Besonderer Prüfung bedarf die Inanspruchnahme von Dienstleistungen von nicht in Deutschland/Europa ansässigen Unternehmen bzw. solchen, deren Gesellschaftsstruktur Auslandsbezug aufweist. Die anwendbaren Datenschutzbestimmungen richten sich für den Dienstleister nach dessen Sitz, so dass die deutschen Anforderungen ggf. nicht abgebildet sind. Die vertragliche Vereinbarung der Anwendung deutschen Rechts erstreckt sich nur auf die vertragsrechtlichen Vereinbarungen und kann hinsichtlich der Anforderungen aus den Gesichtspunkten des Datenschutzes sowie des Berufsgeheimnisses nur als Qualitätsmerkmal bzw. vertragliche Beschaffenheit vereinbart werden. Die öffentlich rechtlichen Rahmenbedingungen des Staates, in welchem der Dienstleister bzw. seine Gesellschafter ihren Sitz haben oder auch nur, in welchem die Datenverarbeitung erfolgen soll, bleiben anwendbar und durchbrechen die vertraglichen Vereinbarungen hierzu.

5. IT-Sicherheitsstandards des Anbieters und deren Kontrolle

Die Kanzlei hat IT-Sicherheitsstandards mit dem Anbieter zu vereinbaren bzw. dessen IT-Sicherheitskonzept zu prüfen. Die Prüfung gelingt insofern leichter als die Kanzlei einen Anbieter auswählen sollte, der über IT-Sicherheitszertifikate verfügt. Hier kommen insbesondere Zertifizierungen nach ISO 27001:2005 für das Sicherheitsmanagement und nach ISO 9001 für das Qualitätsmanagement in Betracht.

Da die Kanzlei häufig selbst nicht über die entsprechende Expertise verfügt, die Anforderungen zu stellen bzw. die seitens des Anbieters dargestellten IT-Sicherheitsstandards zu kontrollieren, sollte die Kanzlei immer überlegen, einen Berater bei der Auswahl und laufenden Kontrolle eines Dienstleisters heranzuziehen.

Die Kanzlei bleibt auch bei Auslagerung der Datenverarbeitung und der Inanspruchnahme dritter Lösungsanbieter Verantwortliche Stelle und für die Ordnungsmäßigkeit der Datenverarbeitung verantwortlich. Daher ist es mit einer fundierten Auswahlentscheidung nicht getan, sondern die Auftragsvergabe bedarf der regelmäßigen Nachprüfung ggf. durch Vorlage aktualisierter Zertifikate, deren Geeignetheit festgestellt wurde.

Die Prüfung und ggf. nachfolgende Beauftragung eines Lösungsanbieters bietet die Gelegenheit, die eigenen kanzleiinternen Sicherheitsmaßnahmen zu evaluieren, anzupassen und die Beteiligten zu schulen.

6. Vorteil-Nachteil-Analyse gegenüber Beibehaltung einer internen Lösung

Auch die Verarbeitung der Daten in der Kanzlei erfordert die Einhaltung von IT-Sicherheitsstandards, welche die Kanzleien meist nicht auf dem hohen Niveau bieten können, wie ein professioneller Anbieter. Eine Analyse der Vorteile und Nachteile der Beibehaltung der bestehenden Lösungen gegenüber der Ablösung durch einen Dienstleister sollte daher auch abwägen, ob sich die IT-Risiken mit der Einbeziehung des Dritten insgesamt erhöhen oder eher verringern.

IT-Risiken ergeben sich aus dem möglichen Datenverlust wegen fehlerhaften BACK-UP-Lösungen, Schadsoftware, Unwetter-, Brand- und Wasserschäden, Datenklau durch interne und externe Personen.

Der Vorteil von externen Datenverarbeitungslösungen gegenüber der Beibehaltung der internen Struktur ergibt sich meist aus der Verfügbarkeit der Informationen und Daten von jedem Endgerät aus. Mobiles Arbeiten wird auch für die Anwaltschaft immer wichtiger und Mandanten erwarten die Verfügbarkeit der Informationen losgelöst von der papierhaften Handakte. Im Hinblick auf die bundesweite Einführung des Elektronischen Rechtsverkehrs ist die digitale Verfügbarkeit und Arbeitsweise für die Anwaltskanzlei unabdingbar in den nächsten Jahren herzustellen.

7. Maßnahmen der Datensicherung und Notfallpläne

Besondere Aufmerksamkeit muss die Kanzlei bei der Entscheidung zur externen Verarbeitung und insbesondere dauerhaften Speicherung darauf richten, wie die mehrfache Sicherung der Daten durch den Dienstleister erfolgt. Hierbei ist wie bei einem kanzleieigenen Datensicherungskonzept darauf zu achten, dass die Systeme redundant vorhanden sind und das Back-Up räumlich getrennt vorgehalten wird.

Auch ist bereits vor Auftragserteilung die Vorgehensweise abzustimmen, wie die Übernahme der Daten und der Prozesse durch die Kanzlei oder aber einen dritten Anbieter zum Vertragsende erfolgt. Dabei hat die Kanzlei jeweils auch den Fall der Insolvenz sowie der Einstellung des Services durch den Dienstleister in Betracht zu ziehen. Unterbrechung der Leistungen sowie das Risiko des Datenverlustes hierdurch lassen sich durch umfassende Vorsorgemaßnahmen des Anbieters wie zum Beispiel das Vorhalten einer Hinterlegung der Gesamtlösung sowie regelmäßige Datensicherungen bei einem technischen Hinterlegungsdienstleister (Escrow-Agenten) reduzieren.

8. Vertragsgestaltung und Auftragsdatenverarbeitungsvereinbarung

Bei der Vertragsgestaltung sind folgende Punkte zu berücksichtigen:

- Beschreibung des Umfangs, der Art und der Qualität der Leistungen;
- Verfügbarkeit der Leistungen sowie Supportzeiten einschließlich Reaktions- und Beseitigungszeiten;
- Minderung für Schlechtleistungen sowie ggf. Vertragsstrafen bei Nichtverfügbarkeit;
- Änderungsmanagement, dh Vorabinformation des Anbieters über etwaige Änderungen an den Funktionalitäten, Leistungen sowie Vorgehensweise bei Änderungsbedarf seitens der Kanzlei, ggf. automatische Anpassung bei Änderungen hinsichtlich der speziellen Anforderungen von Anwaltskanzleien (bei spezialisierten Anbietern);
- Einräumung von Nutzungsrechten an der eingesetzten Software einschließlich der Zusicherung des Anbieters Inhaber entsprechender Rechte zu sein;
- Ausschluss des Zurückbehaltungsrechts an den Leistungen sowie an den gespeicherten Daten;
- Klarstellung, dass die Kanzlei „Herr der Daten" ist und nur ihr das Recht zusteht, über die Verarbeitung, Löschung und Übermittlung der Daten zu entscheiden;
- Sicherung der Vergütungsforderungen des Anbieters zum Beispiel über Vorauszahlung im Verzugsfall sowie Pflicht zur Bereitstellung der Daten im vereinbarten Format im Falle der wirksamen Kündigung;
- IT-Sicherheitskonzept einschließlich Nachweis und Aktualisierung von Zertifizierungen;
- Datensicherungskonzept einschließlich Notfallkonzept;
- Standorte der Rechenzentren sowie Sitz und Gesellschafterstruktur des Anbieters und Ausschluss der Beauftragung von Subunternehmern ohne vorherige Zustimmung der Kanzlei;

- Verweis auf Auftragsdatenverarbeitungsvereinbarung einschließlich ggf. Verschlüsselungstechniken;
- Laufzeit, Kündigung und Beendigungsmanagement einschließlich einer Verlängerungsoption für die Kanzlei, wenn die Umstellung zum Vertragsende zeitlich oder technisch misslingt;
- Software- und Daten-Escrow einschließlich der Programm- und Prozessdokumentationen;
- Versicherungsschutz sowie ggf. Patronatserklärungen für den Anbieter;
- Geheimhaltungs- und Vertraulichkeitsvereinbarung;
- Alternative Streitbeilegung;
- Anwendbares Vertragsrecht und Gerichtsstand.

Sofern die Verarbeitung von personenbezogenen Daten unverschlüsselt erfolgt, ist nach § 11 BDSG eine Auftragsdatenverarbeitungsvereinbarung abzuschließen, welche die Anforderungen der §§ 11, 43 a, 9 mit Anhang BDSG umsetzt.

9. **Verfügbarkeit**

Externe Lösungen sind auf die Verbindung zum Internet angewiesen. Daher ist die Entscheidung für die Nutzung derartiger Lösungen mit leistungsstarken Internetanbindungen in der Kanzlei und für die mobilen Endgeräte zu flankieren. Außerdem sollten Informationen jedenfalls für den mobilen Einsatz lokal verfügbar sein, wenn nicht sichergestellt werden kann, dass zum Beispiel im Gerichtstermin eine hinreichende Internet-Verbindung besteht.

Schrifttum: *Abel* Datenschutz in Anwaltschaft, Notariat und Justiz, NJW-Schriftenreihe, H. 63, 1998; *Auer-Reinsdorff/Conrad*, Beck'sches Mandatshandbuch IT-Recht, 2011 (zit. BeckMHdB ITR); *Dahns*, Der Datenschutzbeauftragte in der Anwaltskanzlei, NJW-Spezial 2006, 285 ff.; *Degen*, Kanzlei-Homepage und elektronische Mandatsbearbeitung – Anwaltsstrategie zur Minimierung rechtlicher Risiken, NJW 2006, 1457 ff.; *Dorfner/Petri* ZD 2011, 122 ff.; *Ewer/Leutheusser-Schnarrenberger/Spatschek/Kotthoff/Härting/Bräutigam/Recktenwald*, E-Justiz und Datenschutz, Ausgewählte Rechtsfragen, AnwBl 2012, 476 ff.; *Gola/Schomerus* BDSG 11. Aufl. 2012; CCBE Guidelines on the use of cloud computing services by lawyers, http://www.ccbe.eu/fileadmin/user_upload/NTCdocument/07092012_EN_CCBE_gui1_1347539443.pdf, 2012; Datenschutzcheckliste, Deutscher Anwaltverein, http://anwaltverein.de/downloads/praxis/mustervertrag/ChecklisteDatenschutz.pdf, 2011; ITK-Grundregeln davit 2011; *Härting*, Datenschutz auch für Anwälte?, NJW 2005, 1248 ff., *ders.*, Anwaltsgeheimnis: Schutz vor dem Datenschutz, AnwBl 2011, 50 ff.; *Kindhäuser/Neumann/Paeffgen* StGB 4. Aufl. 2013; *Kroschwald/Wicker*, Zulässigkeit von Cloud Computing für Berufsgeheimnisträger: Strafbarkeit von Anwälten und Ärzten durch die Cloud?, DSRITB 2012, 733 ff; *Redeker*, Datenschutz und Beauftragte für den Datenschutz in der Anwaltskanzlei, NJW 2009, 554 ff.; *Rüpke*, Datenschutz, Mandatsgeheimnis und anwaltliche Kommunikationsfreiheit, NJW 2008, 1121 ff.; *Sassenberg* AnwBl 2006, 196 ff.; *Weichert*, Datenschutz auch für Anwälte?, NJW 2009, 550 ff.; *Schneider* AnwBl 2004, 618 ff.; *Schöttle*, Datenschutzkontrolle in der Anwaltskanzlei, AnwBl 2005, 740 ff.; *Schneider*, Hemmnis für einen modernen Datenschutz: Das Verbotsprinzip, AnwBl 2011, 233 ff.; *Schwintowski* VersR 2012, 1325 ff.; *Simitis* Bundesdatenschutzgesetz BDSG 2011; *Spindler/Schuster*, Recht der elektronischen Medien, 2. Aufl. 2011; *Splittgerber/Rockstroh*, Sicher durch die Cloud navigieren – Vertragsgestaltung beim Cloud Computing, BB 2011, 2179 ff.; *Weitnauer*, Beck'sches Formularbuch IT-Recht, 3. Aufl. 2012 (zit. BeckFormB ITR).

Anmerkungen

1. Moderne Datenverarbeitung bezieht auch die Möglichkeiten ein, IT-Anwendungen der Kanzlei außerhalb der Kanzleiräume durch einen Dritten oder in der Kanzlei mit der Unterstützung durch Dritte betreiben zu lassen. In Betracht kommen zum Beispiel der Mailserver zur Verwaltung der Email-Kommunikation, der Datenaustausch mit Dritten über Datenablagesysteme (ftp-Server), die Nutzung von Software als Abrufmodell (ASP, Application Service Providing), eine Online-Back-up-Lösung, eine Wissensmanagementplattform, die Kanzleiwebsite, Video-, Telefonkonferenz-Lösungen, Webinare und sonstige internetbasierte organisatorische Helfer bis hin zum Housing der Server oder Hosting der Anwendungen der Kanzlei und der Auslagerung der Datenverarbeitung zu einem Outsourcing-Dienstleister oder Anwaltslösungsanbieter, ggf. auch auf Basis von Cloud-Technologien, oder die Wartung und Pflege der Systeme per Fernzugriff.

2. Aktuell wird die Diskussion über die Rahmenbedingungen der Vereinbarkeit der Nutzung einiger der genannten Dienste mit der Verpflichtung zur anwaltlichen Verschwiegenheit intensiv geführt. Ohne Anspruch auf abschließende Klärung der Erfüllung der Anforderung der Wahrung des Mandatsgeheimnisses soll die Checkliste Anhaltspunkte geben, was bei der Auswahl und Beauftragung eines Dienstleisters zu berücksichtigen ist.

6. Auftragsdatenverarbeitungsvereinbarung

Zwischen

......

– „Anbieter/Auftragnehmer" –

und

......

– „Kunde/Auftraggeber" –

wird der nachfolgende Auftragsdatenverarbeitungsvertrag zum Vertrag über die Erbringung von IT-Leistungen vom ...... geschlossen:

Präambel

Die Vertragsparteien haben mit dem ...... einen Vertrag über die Erbringung von IT-Dienstleistungen geschlossen. In diesem Zusammenhang besteht die Möglichkeit, dass der Anbieter Kenntnis von personenbezogenen Daten erlangt, welche der Kunde verarbeitet.

§ 1 Gegenstand und Dauer des Vertrages

(1) Der Gegenstand des Auftrags ergibt sich aus dem Vertrag über die Erbringung von IT-Leistungen vom ...... (Datum – Hauptvertrag).

(2) Die Rechte und Pflichten aus diesem Auftragsdatenverarbeitungsvertrag bestehen für die Dauer der Wirksamkeit des Hauptvertrages und überdauern das Vertragsende, insofern die Datenverarbeitung einschließlich der erforderlichen Löschung von Daten beim Anbieter nach Vertragsende noch nicht beendet sein sollte, zum Beispiel für den Fall, dass dem Anbieter noch nicht der Löschungsauftrag seitens des Kunden vorliegen sollte oder aber dem Kunden, die Übernahme der verarbeiteten Daten und/oder der Anwendung sowie Aufgabe nicht rechtzeitig zum Vertragsende gelungen ist.

§ 2 Umfang, Art und Zweck sowie Kreis der Betroffenen

(1) Die nähere Beschreibung des Auftragsgegenstandes im Hinblick auf Umfang, Art und Zweck der Aufgaben des Auftragnehmers ergibt sich aus dem Hauptvertrag.

(2) Gegenstand der Erhebung, Verarbeitung und/oder Nutzung personenbezogener Daten sind folgende Datenarten/-kategorien:

Aufzählung/Beschreibung der Datenkategorien zum Beispiel:

- Personalstammdaten
- Kommunikationsdaten (zB Telefon, E-Mail)
- Kontodaten
- Lohnabrechnungsdaten
- etc.

(3) Der Kreis der durch die Auftragsdatenverarbeitungsvereinbarung Betroffenen umfasst zum Beispiel die Beschäftigten iSd § 3 Abs. 11 BDSG.

§ 3 Technische und organisatorische Maßnahmen

(1) Der Auftragnehmer hat dem Auftraggeber vor Auftragserteilung die bei ihm generell für die Leistungen in Erfüllung von Auftragsdatenverarbeitungsaufträgen getroffenen technischen und organisatorischen Maßnahmen im Sinne des § 11 Abs. 1 Nr. 3 iVm § 9 und Anhang BDSG unter Vorlage der Anlage 1 zu dieser Auftragsdatenverarbeitungsvereinbarung erörtert. Der Aufraggeber hatte keine spezifischen, abweichenden Anforderungen, welche vor Aufnahme der Auftragsdatenverarbeitung beim Auftragnehmer hätten umgesetzt werden müssen. Der Auftragnehmer wird entsprechend der Maßnahmen nach Anlage 1 die Auftragsdatenverarbeitung aufnehmen und deren Einhaltung laufend dokumentieren.

(2) Der Auftragnehmer ist ferner nach ISO 27001:2005 und ISO 9001 hinsichtlich des IT-Sicherheitsmanagements in technischer und organisatorischer Hinsicht zertifiziert. Der Auftragnehmer hat dem Auftraggeber vor Auftragserteilung die Aktualität sowie Art und Umfang der Zertifizierung unter Nennung der prüfenden Stelle nachgewiesen. Kopien der Zertifikatsurkunden sind Anlage 2 dieser Vereinbarung. Der Auftragnehmer hat dem Auftraggeber jeweils einmal jährlich die Aktualisierung dieses Zertifikats oder eine gleichwertige Zertifizierung nachzuweisen. Kopien der Zertifikatsurkunden werden jeweils als Anlage zum Vertrag genommen.

(3) Der Auftraggeber kann Änderungen an den technischen und organisatorischen Maßnahmen verlangen, sofern sich wegen der Art, dem Umfang, dem Zweck sowie dem Kreis der Betroffenen zusätzliche oder geänderte Anforderungen an die Auftragsdatenverarbeitung ergeben.

(4) Außerdem vereinbaren die Vertragsparteien regelmäßig mindestens einmal jährlich sich zu erforderlichen Anpassungen wegen des technischen Fortschritts sowie der Identifizierung neuer Risiken sowie möglicher Sicherungsmaßnahmen in technischer und organisatorischer Hinsicht abzustimmen.

(5) Der Auftragnehmer kann jederzeit wegen erkannter Lücken und neuen bzw. bislang unbekannten Sicherungsmaßnahmen und -erfordernissen die Anlage 1 anpassen, sofern das vereinbarte Sicherungsniveau nicht unterschritten wird und weiterhin die spezifischen Anforderungen des Auftraggebers als Anwaltskanzlei eingehalten werden. Der Auftragnehmer hat den Auftraggeber unverzüglich über Änderungen unter Vorlage der angepassten Anlage 1 zu informieren und dem Auftraggeber die Prüfung zu ermöglichen. Sofern der Auftraggeber keine weiteren Anforderungen hat, wird die aktualisierte Anlage 1 mit einem entsprechenden Hinweis auf die Version und das Datum der Gültigkeit zum Vertrag genommen.

(6) Der Auftragnehmer hat dem Auftraggeber vor Vertragsschluss sein Öffentliches Verfahrensverzeichnis vorgelegt, welches Anlage 3 zu diesem Vertrag wird. Der Auftragnehmer wird dem Auftraggeber jeweils unaufgefordert Aktualisierungen des Öffentlichen Verfahrensverzeichnisses bereit stellen.

§ 4 Berichtigung, Sperrung und Löschung von Daten

Der Auftraggeber allein ist berechtigt, die Berichtigung, Sperrung und Löschung von im Auftrag beim Auftragnehmer verarbeiteten Daten zu veranlassen. Der Auftragnehmer hat diesbezügliche Aufforderungen von Betroffenen entgegenzunehmen und diese unverzüglich an den Auftraggeber zur Entscheidung und anschließenden Umsetzung weiterzuleiten.

§ 5 Datenschutzkontrolle und -pflichten des Auftragnehmers

Im Rahmen der Datenschutzkontrolle hat der Auftragnehmer ergänzend zu den hier vereinbarten Pflichten und Maßnahmen nach § 11 Abs. 4 BDSG folgende Pflichten:

- Schriftliche Bestellung eines betrieblichen Datenschutzbeauftragten gemäß §§ 4f, 4g BDSG, sofern gesetzlich erforderlich, andernfalls Erfüllung der Meldepflichten. Der Auftragnehmer teilt dem Auftraggeber die Kontaktdaten des Datenschutzbeauftragten mit und aktualisiert die Informationen zur Bestellung eines Datenschutzbeauftragten bei Änderungen unaufgefordert (Anlage 4).
- Anlage 5 zum Vertrag enthält die Liste der Personen, welche Zugriff auf die im Auftrag des Auftraggebers verarbeiteten Daten erlangen. Der Auftragnehmer verpflichtet diese Personen nach § 5 BDSG und entsprechend der besonderen Anforderungen dieses Auftragsverhältnisses einschließlich der Weisungsgebundenheit sowie der Zweckbindung der Datenverarbeitung und der Geheimhaltungsvereinbarung des Auftraggebers. Der Auftragnehmer unterrichtet den Auftraggeber über das Ausscheiden von Personen aus dem Beschäftigungsverhältnis bei ihm und aktualisiert die Anlage 4 bei Hinzukommen von weiteren entsprechend verpflichteten Personen, welche im Rahmen dieses Auftragsverhältnisses tätig werden.
- Unverzügliche Information des Auftraggebers über Kontrollhandlungen und Maßnahmen der Aufsichtsbehörde nach § 38 BDSG sowie Ermittlungen nach §§ 43 und 44 BDSG.

§ 6 Subunternehmer/Standort

(1) Der Auftragnehmer hat die Auftragsdatenverarbeitung ohne die Hinzuziehung von Subunternehmern oder freien Mitarbeitern durchzuführen, soweit die Möglichkeit nicht ausgeschlossen ist, dass diese Dritten Zugriff auf die verarbeiteten Daten erlangen.

(2) Die Verarbeitung der Daten findet ausschließlich in Rechenzentren im Territorium der Bundesrepublik Deutschland statt.

§ 7 Kontrollrechte des Auftraggebers

(1) Der Auftraggeber ist berechtigt die nach Nr. 6 der Anlage zu § 9 BDSG erforderliche Auftragskontrolle in Abstimmung mit dem Auftragnehmer unter Berücksichtigung dessen betrieblicher Belangen einschließlich der Maßnahmen zur Einhaltung der Anforderungen an die Auftragsdatenverarbeitung anderer Auftraggeber durchzuführen oder durchführen zu lassen.

(2) Der Auftragnehmer verpflichtet sich, dem Auftraggeber auf Anforderung die zur Erfüllung der Pflichten zur Auftragskontrolle erforderlichen Auskünfte zu geben und die entsprechenden Nachweise und Dokumentationen zur Verfügung zu stellen.

(3) Der Auftraggeber kann sich außerdem durch Stichproben von der Einhaltung dieser Vereinbarung nebst ihrer Anlagen durch den Auftragnehmer in dessen Geschäftsräumen überzeugen. Vorortkontrollen sind regelmäßig rechtzeitig anzukündigen, es sei denn es besteht der konkrete Verdacht, der Auftragnehmer verarbeite die Daten nicht entsprechend der vertraglichen und Vereinbarungen zum Datenschutz.

§ 8 Mitteilung bei Verstößen des Auftragnehmers

(1) Der Auftragnehmer meldet dem Auftraggeber alle Fälle und konkreten Verdachtsfälle von Verstößen durch ihn oder die bei ihm beschäftigten Personen gegen Vorschriften und Vorkehrungen zum Schutz personenbezogener Daten oder gegen die im Auftragsverhältnis vereinbarten Maßnahmen.

(2) Nach § 42a BDSG bestehen für Vorfälle der unrechtmäßigen Übermittlung oder Kenntniserlangung der dort genannten Datenkategorien und drohender schwerwiegender Beeinträchtigung der Betroffenen Informationspflichten.

(3) Gegenstand des Auftragsverhältnisses sind unter anderem besondere personenbezogene Daten im Sinne des § 3 Abs. 9 BDSG. Der Auftragnehmer wird daher in derartigen Fällen den Auftraggeber unverzüglich informieren und ihm alle Informationen zur Verfügung stellen bzw. auf Anforderung des Auftraggebers bei der Information an die Aufsichtsbehörde und die Betroffenen mitwirken.

(4) Der Auftragnehmer ergreift sofort die angemessenen Maßnahmen, um die Störung und den Zugriff auf die Daten der Betroffenen zu unterbinden. Zugleich dokumentiert der Auftragnehmer die Anhaltspunkte für die Sicherheitslücke, die getroffenen Sofortmaßnahmen und schlägt dem Auftraggeber eine geeignete Anpassung der technischen und organisatorischen Maßnahmen zur Vermeidung von Wiederholungsfällen vor.

§ 9 Weisungsbefugnis des Auftraggebers

(1) Der Auftragnehmer verarbeitet und nutzt die Daten ausschließlich für die Zwecke der vertragsgegenständlichen Auftragsdatenverarbeitungsvereinbarung auf generelle oder Weisung im Einzelfall des Auftraggebers. Die Verarbeitung der Daten darf nach § 11 Abs. 3 S. 1 BDSG ausschließlich entsprechend der generellen oder Weisungen im Einzelfall des Auftraggebers erfolgen. Der Auftragnehmer hat die Weisungen hinsichtlich des Umgangs mit den verarbeiteten personenbezogenen Daten auch bei Abweichungen von den jeweils aktuell getroffenen Vereinbarungen zum Leistungsgegenstand sowie zu den technischen und organisatorischen Maßnahmen zu befolgen.

(2) Der Auftraggeber benennt und aktualisiert die gegenüber dem Auftragnehmer weisungsberechtigten Personen (Anlage 6). Mündliche Weisungen wird der Auftraggeber unverzüglich in Textform bestätigen. Setzt der Auftragnehmer die Umsetzung einer Weisung aus, da er der Auffassung ist, diese sei nicht datenschutzkonform, so hat er den Auftraggeber unverzüglich entsprechend § 11 Abs. 3 S. 2 BDSG zu informieren. Der Auftragnehmer hat die angewiesene Datenverarbeitung durchzuführen, wenn der Auftraggeber trotz der Bedenken des Auftragnehmers die Maßnahme erneut in Textform bestätigt.

(3) Auskünfte an Dritte oder die Betroffenen darf der Auftragnehmer nur nach vorheriger schriftlicher Zustimmung durch den Auftraggeber erteilen.

(4) Der Auftragnehmer fertigt auf Weisung des Auftraggebers Kopien, Duplikate und Zusammenstellungen und übermittelt diese ebenso nur auf Weisung des Auftraggebers an Dritte. Sicherungskopien fertigt der Auftragnehmer entsprechend der Anlage 1.

(5) Soweit der Auftragnehmer Kopien zur Einhaltung eigener gesetzlicher Aufbewahrungspflichten fertigt, hat er den Auftraggeber über Art, Umfang und Dauer der Verwahrung der Kopie zu informieren.

§ 10 Löschung von Daten und Rückgabe von Datenträgern

(1) Auf Aufforderung des Auftraggebers hat der Auftragnehmer alle Unterlagen, erstellte Verarbeitungs- und Nutzungsergebnisse sowie Datenbestände im Zusammenhang mit dem Auftragsdatenverhältnis dem Auftraggeber zu übergeben und anschließend datenschutzgerecht zu vernichten. Die Übergabe von Daten erfolgt mittels eines geeigneten Datenträgers, wobei die Daten verschlüsselt und passwortgeschützt zu speichern sind, nach Weisung des Auftraggebers. Die Übermittlung der Zugangsdaten zum Datenbestand erfolgt gesondert. Die Vernichtung von Unterlagen und/oder Daten ist zu dokumentieren und auf Anforderung nachzuweisen.

(2) Dokumentationen, die dem Nachweis der auftrags- und ordnungsgemäßen Datenverarbeitung dienen, bewahrt der Auftragnehmer entsprechend der jeweiligen Aufbewahrungsfristen über das Vertragsende hinaus auf und erteilt entsprechend der gesetzlichen Anforderungen Auskünfte an berechtigte Stellen sowie den Auftraggeber. Der Auftraggeber kann eine Kopie der Dokumentationen beim Auftragnehmer anfordern.

Anlage 1

Allgemeine Beschreibung der technischen und organisatorischen Maßnahmen nach § 9 BDSG und Anlage

1. Zutrittskontrolle
Ein unbefugter Zutritt zu den Räumen, in denen die Datenverarbeitung erfolgt ist zu verhindern und der Zutritt berechtigter Personen ist zu kontrollieren sowie zu dokumentieren.
2. Zugangskontrolle
Der Zugriff auf die Datenverarbeitungssysteme durch unbefugte Dritte ist zu verhindern. Zugriffe der berechtigten Personen sind durch Benutzerkonten und effektiven Kontenschutz zu kontrollieren.
3. Zugriffskontrolle
Durch ein Rechteverwaltungssystem ist zu verhindern, dass berechtigte Benutzer über die Aufgabenbereiche hinaus auf den Datenverarbeitungssystemen und im Rahmen der Datenverarbeitung tätig werden.
4. Weitergabekontrolle
Die Art und Weise sowie insbesondere die Sicherung von personenbezogenen Daten gegen unberechtigte Kenntniserlangung bei der Übermittlung sind zu bestimmen.
5. Eingabekontrolle
Es sind Maßnahmen zu beschreiben, wie die Datenverwaltung einschließlich der Erhebung, Eingabe, Änderung und Löschung nachvollziehbar dokumentiert wird.
6. Auftragskontrolle
Technisch und organisatorisch ist abzugrenzen, welche Kompetenzen der Auftragnehmer hat und wann er zur Aufrechterhaltung der vertragsgemäßen Auftragsdatenverarbeitung Weisungen des Auftraggebers einzuholen hat.
7. Verfügbarkeitskontrolle
Die Daten sind durch geeignete Datensicherungsmaßnahmen und Back-Up-Systeme gegen zufällige Zerstörung oder Verlust zu schützen.
8. Trennungskontrolle
Daten, die für verschiedene Zwecke erhoben wurden oder für verschiedene Auftraggeber verarbeitet werden, sind technisch getrennt zu verarbeiten.
9. Verschlüsselung
Die Schutzziele nach den Ziffern 2 bis 4 sind durch Verwendung dem Stand der Technik entsprechender Verschlüsselungsverfahren zu erreichen.

Schrifttum: *Auer-Reinsdorff/Conrad* Beck'sches Mandatshandbuch IT-Recht, 2011 (zit. BeckMHdB ITR); CCBE Guidelines on the use of cloud computing services by lawyers, http://www.ccbe.eu/fileadmin/user_upload/NTCdocument/07092012_EN_CCBE_gui1_1347539443.pdf, 2012; *Jandt/Nebel.* Die elektronische Zukunft der der Anwaltstätigkeit, NJW 2013, 1570 ff.; Datenschutzcheckliste, Deutscher Anwaltverein, http://anwaltverein.de/downloads/praxis/mustervertrag/ChecklisteDatenschutz.pdf,

2011; ITK-Grundregeln davit 2011; *Ewer/Leutheusser-Schnarrenberger/Spatschek/Kotthoff/Härting/ Bräutigam/Recktenwald.* Outsourcing in Kanzleien, AnwBl 2012, 476 ff.; *Gendelev/Paul,* Outsourcing von Krankenhausinformationssystemen – Praxishinweise zur rechtskonformen Umsetzung, ZD 2012, 315 ff.; *Giesen,* Zum Begriff des Offenbarens nach § 203 StGB im Falle der Einschaltung privatärztlicher Verrechungsstellen, NStZ 2012, 122 ff.; *Gola/Schomerus* BDSG, 11. Aufl. 2012; *Kopf/Szalai,* Verrat von Mandatsgeheimnissen, Ist Outsourcing strafbar nach § 203 StGB?, ZD 2012, 462 ff; Schröder, Datenschutzrecht, 1. Aufl. 2012; *Simitis* BDSG, 2011; *Spoerr* (Hrsg.) BeckOK BDSG, Ed. 4 – Mai 2013; *Spindler,* BDSG, 11. Aufl. 2012; *Spindler/Schuster,* Recht der elektronischen Medien, 2. Aufl. 2011, Weitnauer, Formularbuch IT-Recht, 3. Aufl. 2012 (zit. BeckFormB ITR).

M. Krise und Insolvenz

I. Sanierung und (drohende) Insolvenz des Rechtsanwalts bzw. seiner Kanzlei

1. Eigenantrag eines Rechtsanwalts als natürliche Person auf Eröffnung eines Insolvenzverfahrens über sein Vermögen, verbunden mit einem Antrag auf Eigenverwaltung im Schutzschirmverfahren (§ 270b InsO)

An das

Amtsgericht . . . . . .[6]

– Insolvenzgericht –

Antrag[1, 7] auf Eröffnung eines Insolvenzverfahrens und Anordnung der Eigenverwaltung[4] nach § 270b InsO[5, 7]

Ich, Rechtsanwalt/Rechtsanwältin[2]. . . . . ., beantrage,

über mein Vermögen bei gleichzeitiger Anordnung der Eigenverwaltung[10] unter Aufsicht eines Sachwalters[12, 13] das Insolvenzverfahren[3] zu eröffnen.[11]

Darüber hinaus beantrage ich,[8]

1. als vorläufige(n) Sachwalter(in) Frau Rechtsanwältin/Herrn Rechtsanwalt . . . . . . einzusetzen,[12]
2. für die Vorlage des Insolvenzplans[15, 16] eine Frist von . . . . . .(maximal 3) Monaten ab Zustellung des Beschlusses zu gewähren,
3. Zwangsvollstreckungsmaßnahmen gem. §§ 270b Abs. 2 S. 3, 2. Hs., 21 Abs. 2 S. 1 Nr. 3 InsO zu untersagen und bereits eingeleitete Zwangsvollstreckungsmaßnahmen einstweilen einzustellen, soweit nicht unbewegliche Gegenstände betroffen sind,[9]
4. nach § 270b Abs. 2 S. 3, 1. Hs. InsO iVm §§ 21 Abs. 1 und 2 S. 1 Nr. 5, 169 S. 2 und 3, 170, 171 InsO anzuordnen, dass die . . . . . .(nachfolgend genannten Gegenstände), die im Fall der Eröffnung des Verfahrens von § 166 InsO erfasst würden oder deren Aussonderung verlangt werden könnte, vom Gläubiger nicht verwertet oder eingezogen werden dürfen und dass diese Gegenstände zur Fortführung der Kanzlei des Schuldners eingesetzt werden können,[9]
5. den Schuldner nach § 270b Abs. 3 InsO zu ermächtigen, Masseverbindlichkeiten zu begründen.[8]

Begründung:

Ich bin seit . . . . . . als selbständige Rechtsanwältin/selbstständiger Rechtsanwalt zugelassen und in der . . . . . .(Adresse) als Einzelanwältin/Einzelanwalt[6] tätig. Ich beschäftige seit drei Jahren eine Rechtsanwaltsfachangestellte in Vollzeit (40 Stunden) und eine Bürohilfe als geringfügig Beschäftigte für monatlich 450,00 EUR.

Im vergangenen Geschäftsjahr wurden Umsatzerlöse in Höhe von . . . . . . EUR erzielt.

Der Grund für meine aktuelle finanzielle Lage ist . . . . . . (der Umstand, dass ich in den vergangenen Monaten hauptsächlich mit der Betreuung eines großen Mandats beschäftigt war und der Mandant selbst nun in derartige finanzielle Schwierigkeiten geraten ist, so dass er das vereinbarte Honorar nicht zahlen kann). Die weiteren noch vorhandenen Mandate erbringen laufende Erträge. Dadurch ist jedoch eine Liquiditätslücke entstanden, die nach dem aktuellen Kenntnisstand dazu führt, dass ich die am Monatsende fällig werdenden Verbindlichkeiten in Höhe von ca. . . . . . . EUR nicht begleichen kann. Insoweit droht zum Monatsende die Zahlungsunfähigkeit.

Ich gehe davon aus, mithilfe frischen Kapitals, das mir von einem Dritten zur Verfügung gestellt wird, diese Liquiditätslücke zu schließen. Gleichzeitig soll durch eine mögliche dauerhafte Kooperation auch das strukturelle Problem,[13] das zur drohenden Zahlungsunfähigkeit geführt hat, gelöst werden. Hier ist jedoch die Ausarbeitung eines nachhaltigen Konzepts erforderlich. Dies wird mE noch ca. 3 Monate in Anspruch nehmen. Es ist jedoch zu befürchten, dass die Gläubiger bereits in dieser Zeit Vollstreckungshandlungen durchführen. Dies würde sämtliche Sanierungsbemühungen erheblich erschweren oder ggf. zerstören. Aus diesem Grund bitte ich die Eigenverwaltung anzuordnen . . . . . . Ich möchte meine Anwaltskanzlei auch in Zukunft und im Rahmen des Insolvenzverfahrens unter Aufsicht eines Sachwalters selbst fortführen. Hierdurch steht auch nicht zu befürchten, dass dies zu Nachteilen für die Gläubiger führen wird . . . . . .[14]

Gegenwärtig habe ich keine offenen Forderungen gegen Dritte./Die gegenwärtig noch offenen Forderungen gegenüber Dritten können derzeit nicht geltend gemacht werden, weil . . . . . ./sind nicht werthaltig, da die Mandanten selbst Zahlungsschwierigkeiten haben.

Außer einer standardmäßigen Büroeinrichtung verfüge ich über keine Vermögensgegenstände. Die von mir genutzte Büro- und Geschäftsausstattung ist bereits fünf Jahre alt und daher vollständig abgeschrieben. Ein Verwertungserlös ist hier nicht zu erwarten.

Barvermögen ist nicht vorhanden. Ein Kontoguthaben besteht bei der X-Bank in Höhe von . . . . . . EUR.

Es ist Vermögen vorhanden, das zur Deckung der Verfahrenskosten[16] herangezogen werden kann.

Die Vermögensübersicht sowie das Gläubiger- und Schuldnerverzeichnis sind dem Antrag beigefügt.[7]

Aus der beigefügten Sanierungsbescheinigung[17] nach § 270b Abs. 1 S. 3 InsO ergibt sich, dass zum Zeitpunkt der Insolvenzantragstellung lediglich drohende Zahlungsunfähigkeit vorlag und die angestrebte Sanierung nicht offensichtlich aussichtslos ist. Nach §§ 270b Abs. 2 S. 1, 270a Abs. 1 InsO ist im Eröffnungsverfahren ein vorläufiger Sachwalter zu bestellen. Als vorläufigen Sachwalter schlage ich Frau Rechtsanwältin/Herrn Rechtsanwalt . . . . . . vor. Diese(r) hat nicht die Sanierungsbescheinigung nach § 270b Abs. 1 S. 3 InsO ausgestellt und ist für die Übernahme des Amtes geeignet . . . . . .

Die „Stopp-Anordnung" nach § 270b Abs. 2 S. 3, 1. HS InsO iVm §§ 21 Abs. 1 und 2 S. 1 Nr. 5, 169 S. 2 und 3, 170, 171 InsO ist erforderlich, da ohne die Nutzung dieser Gegenstände der Kanzleibetrieb nicht aufrechtgehalten werden kann . . . . . .(Ohne die Computer mit der näher beschriebenen Software können die vorhandenen Mandate nicht bearbeitet werden. Ein Ausweichen auf andere Rechner ist nicht möglich, da . . . . . .).

Gemäß § 270b Abs. 3 InsO ist dem Schuldner die Befugnis zur Begründung von Masseverbindlichkeiten unbeschränkt einzuräumen.

. . . . . ., den . . . . . .

(Unterschrift des Antragstellers)

Anlagen: 1) Bescheinigung nach § 270b Abs. 1 S. 3 InsO
           2) Sanierungskonzept

Anmerkungen

1. Als **Eigenantrag** wird im Gegensatz zum Fremdantrag der Insolvenzantrag bezeichnet, den der Schuldner selbst stellt. Hier stellt die natürliche Person selbst den Antrag (zur juristischen Person und zu den Personenvereinigungen → Form. M. I. 4 Anm. 2, → Form. M. I. 4 Anm. 2). Ein Insolvenzverfahren wird grundsätzlich nur dann eröffnet, wenn entweder ein Gläubiger oder der Schuldner selbst einen solchen Antrag gestellt hat.

2. Der Begriff der **natürlichen Person** wird weder in der Insolvenzordnung noch im Bürgerlichen Gesetzbuch legal definiert. Jedoch lässt sich aus dem ersten Titel des Allgemeinen Teils des BGB ableiten, was unter einer „natürlichen Person" zu verstehen ist. Nach dieser Systematik des BGB bildet das Merkmal der Rechtsfähigkeit das entscheidende Kriterium dafür, ob jemand oder etwas eine Person im Sinne des BGB ist. Das BGB unterscheidet dabei natürliche Personen und juristische Personen. Daraus ergibt sich im Umkehrschluss, dass jeder Mensch als natürliche Person (iSd §§ 1 ff. BGB) zu qualifizieren ist (vgl. Palandt/*Ellenberger*, vor § 1 Rn. 1).

3. Der Antrag auf **Eröffnung des Insolvenzverfahrens** richtet sich in dieser Fallkonstellation auf die Eröffnung eines Regelinsolvenzverfahrens, da die Voraussetzungen für ein Verbraucherinsolvenzverfahren (§§ 304 ff. InsO) bei der Insolvenz eines Rechtsanwalts nicht vorliegen. Zwar ist die Rechtsanwältin/der Rechtsanwalt eine natürliche Person im oben beschriebenen Sinne; als solche übt sie/er aber eine selbstständige wirtschaftliche Tätigkeit aus. Da somit bereits die Grundvoraussetzung des § 304 Abs. 1 S. 1 InsO nicht erfüllt ist, kommt es auf die weiteren möglichen Voraussetzungen der Norm für die Eröffnung eines Verbraucherinsolvenzverfahrens nicht an.

4. Da das vereinfachte Verfahren nach §§ 304 ff. InsO nicht in Betracht kommt, greift auch nicht die Ausschlussnorm des § 312 Abs. 2 InsO (mit dem Inkrafttreten des Gesetzes zur Verkürzung des Restschuldbefreiungsverfahrens und zur Stärkung der Gläubigerrechte (BGBl. 2013 I 2379 v. 15.7.2013) in § 270 Abs. 1 S. 3 übernommen). Danach können die Vorschriften über die Eigenverwaltung (§§ 270 – 285 InsO) ohne weiteres angewendet werden. Gleiches gilt für die Vorschriften über den Insolvenzplan (§§ 217 – 269 InsO). Auch diese können auf den Eigenantrag eines Einzelanwalts angewendet werden. Anderenfalls würde der § 270b InsO in diesen Fällen leer laufen, da das Schutzschirmverfahren gerade auf die Erstellung eines Insolvenzplans abzielt.

5. Auch im sog. **Schutzschirmverfahren** bleibt es bei den durch § 1 Abs. 1 S. 1 InsO definierten Zielen des **Insolvenzverfahrens**, die Gläubiger des Schuldners gemeinschaftlich (bestmöglich) zu befriedigen. Für das Schutzschirmverfahren ergibt sich konkretisierend aus § 1 Abs. 1 S. 1 InsO iVm § 270b Abs. 1 S. 1 InsO, dass dies durch einen Insolvenzplan gelingen soll. Das Schutzschirmverfahren soll es dem Schuldner auf diese Weise ermöglichen – für einen bestimmten Zeitraum (von maximal 3 Monaten) ungestört von etwaigen Einzelzwangsvollstreckungsmaßnamen – eine Sanierung (durch einen Insolvenzplan) durchzuführen.

6. Der Antrag auf Eröffnung des Insolvenzverfahrens ist beim **sachlich** und **örtlich zuständigen** (Insolvenz-)**Gericht** zu stellen.

Die **sachliche Zuständigkeit** ergibt sich aus § 2 Abs. 1 InsO. Danach ist das Amtsgericht sachlich zuständig, in dessen Bezirk ein Landgericht seinen Sitz hat. Hierbei handelt es sich um eine ausschließliche Zuständigkeit.

Nach § 2 Abs. 2 InsO können Landesregierungen durch Rechtsverordnung andere oder zusätzliche Amtsgerichte zur Förderung oder schnelleren Erledigung der Verfahren zu Insolvenzgerichten bestimmen und die Bezirke der Insolvenzgerichte abweichend zu der Regelung des § 2 Abs. 1 InsO festlegen. Dabei können die Landesregierungen diese Ermächtigungen auch auf die Landesjustizverwaltungen übertragen. Von dieser Ermächtigung haben eine Reihe von Landesregierungen bzw. Landesjustizverwaltungen Gebrauch gemacht. Im Einzelnen handelt es sich um die folgenden Fälle (vgl. dazu auch die Übersicht bei MüKoInsO/*Ganter*, Band 1, §§ 1 – 102 InsO, § 2 InsO Rn. 18; nachfolgend eine darauf aufbauende Übersicht mit den einzelnen Insolvenzgerichten):

- Baden-Württemberg: Von den 108 Amtsgerichten sind 24 Insolvenzgerichte, davon 17 am Ort der Landgerichte, dh Aalen, Baden-Baden, Crailsheim, Esslingen, Freiburg, Göppingen, Hechingen, Heidelberg, Heilbronn, Karlsruhe, Konstanz, Lörrach, Ludwigsburg, Mannheim, Mosbach, Offenburg, Pforzheim, Ravensburg, Rottweil, Stuttgart, Tübingen, Ulm, Villingen-Schwenningen und Waldshut-Tiengen (Justizministerium Baden-Württemberg (Hrsg.), Rechtswegweiser zum Insolvenzrecht, abrufbar im Internet: http://www.jum.baden-wuerttemberg.de/servlet/PB/show/1254354/Rechtwegweiser%20Insolvenzrecht%20Stand%202005%20NEU%20fr%20Internet%20Datei.pdf (Stand: 11.3.2014);
- Bayern: Von den 72 Amtsgerichten sind 29 Insolvenzgerichte, davon 22 am Ort der Landgerichte, dh Amtsgericht Amberg, Ansbach, Aschaffenburg, Augsburg, Bamberg, Bayreuth, Coburg, Deggendorf, Fürth, Hof, Ingolstadt, Kempten (Allgäu), Landshut, Memmingen, Mühldorf am Inn, München, Neu-Ulm, Nördlingen, Nürnberg, Passau, Regensburg, Rosenheim, Schweinfurt, Straubing, Traunstein, Weiden i.d. OPf, Weilheim i.OB, Wolfratshausen und Würzburg (menügeführt über http://www.justizadressen.nrw.de → Gesucht: Insolvenzgericht, Bundesland: Bayern (Stand 21.5.2014);
- Berlin: Für Verbraucherinsolvenzverfahren und sonstige Kleinverfahren nach dem Neunten Teil der Insolvenzordnung, die vom Schuldner selbst beantragt werden, ist jedes der 11 Amtsgerichte Insolvenzgericht; für die übrigen Verfahren ist es das AG Charlottenburg (menügeführt über http://www.justizadressen.nrw.de → Gesucht: Insolvenzgericht, Bundesland: Berlin (Stand 21.5.2014);
- Brandenburg: 4 Insolvenzgerichte am Ort der 4 Landgerichte, dh Amtsgericht Cottbus, Frankfurt (Oder), Neuruppin und Potsdam (menügeführt über http://www.justizadressen.nrw.de → Gesucht: Insolvenzgericht, Bundesland: Brandenburg (Stand 21.5.2014);
- Bremen: Von den 3 Amtsgerichten sind 2 Insolvenzgerichte, davon 1 am Ort des Landgerichts, dh Amtsgericht Bremen und Bremerhaven (menügeführt über http://www.justizadressen.nrw.de → Gesucht: Insolvenzgericht, Bundesland: Bremen (Stand 21.5.2014);
- Hamburg: 1 Insolvenzgericht, das Amtsgericht Hamburg (menügeführt über http://www.justizadressen.nrw.de → Gesucht: Insolvenzgericht, Bundesland: Hamburg (Stand 21.5.2014);
- Hessen: Von den 58 Amtsgerichten sind 18 Insolvenzgerichte, davon 9 am Ort der Landgerichte, dh Amtsgericht Bad Hersfeld, Bad Homburg v. d. Höhe, Darmstadt, Eschwege, Frankfurt am Main, Friedberg, Fritzlar, Fulda, Gießen, Hanau, Kassel, Königstein am Taunus, Korbach, Limburg a. d. Lahn, Marburg, Offenbach am Main, Wetzlar und Wiesbaden (menügeführt über http://www.justizadressen.nrw.de → Gesucht: Insolvenzgericht, Bundesland: Hessen (Stand 21.5.2014);
- Mecklenburg-Vorpommern: 4 Insolvenzgerichte am Ort der 4 Landgerichte, dh Amtsgericht Neubrandenburg, Rostock, Schwerin und Stralsund (menügeführt über http://

www.justizadressen.nrw.de → Gesucht: Insolvenzgericht, Bundesland: Mecklenburg-Vorpommern (Stand 21.5.2014);

- Niedersachsen: Von den 80 Amtsgerichten sind 33 Insolvenzgerichte, davon 11 am Ort der Landgerichte, dh Amtsgericht Aurich, Bersenbrück, Braunschweig, Bückeburg, Celle, Cloppenburg, Cuxhaven, Delmenhorst, Gifhorn, Goslar, Göttingen, Hameln, Hannover, Hildesheim, Holzminden, Leer Lingen (Ems), Lüneburg, Meppen, Nordenham, Nordhorn, Oldenburg (Oldenburg), Osnabrück, Osterode am Harz, Stade, Syke, Tostedt, Uelzen, Vechta, Verden (Aller), Walsrode, Wilhelmshaven und Wolfsburg (menügeführt über http://www.justizadressen.nrw.de → Gesucht: Insolvenzgericht, Bundesland: Niedersachsen (Stand 21.5.2014);
- Nordrhein-Westfalen: Die Amtsgerichte am Ort der 19 Landgerichte sind Insolvenzgerichte, dh Amtsgericht Aachen, Arnsberg, Bielefeld, Bochum, Bonn, Detmold, Dortmund, Duisburg, Düsseldorf, Essen, Hagen, Kleve, Köln, Krefeld, Mönchengladbach, Münster, Paderborn, Siegen und Wuppertal (menügeführt über http://www.justizadressen.nrw.de → Gesucht: Insolvenzgericht, Bundesland: Nordrhein-Westfalen (Stand 21.5.2014);
- Rheinland-Pfalz: Von den 47 Amtsgerichten sind 22 Insolvenzgerichte, davon 7 am Ort eines Landgerichts; im Bezirk des LG Frankenthal befindet sich am Ort des Landgerichts kein Insolvenzgericht; Insolvenzgerichte sind die Amtsgerichte Alzey, Bad Kreuznach, Bad Neuenahr-Ahrweiler, Betzdorf, Bingen am Rhein, Bitburg, Cochem, Idar-Oberstein, Kaiserslautern, Koblenz, Landau in der Pfalz, Ludwigshafen am Rhein, Mainz, Mayen, Montabaur, Neustadt a. d. Weinstraße, Neuwied, Pirmasens, Trier, Wittlich, Worms und Zweibrücken (menügeführt über http://www.justizadressen.nrw.de → Gesucht: Insolvenzgericht, Bundesland: Rheinland-Pfalz (Stand 21.5.2014);
- Saarland: 1 Insolvenzgericht, das Amtsgericht Saarbrücken-Sulzbach (menügeführt über http://www.justizadressen.nrw.de → Gesucht: Insolvenzgericht, Bundesland: Saarland (Stand 21.5.2014);
- Sachsen: Von den 30 Amtsgerichten sind 3 Insolvenzgerichte; sie befinden sich sämtlich am Ort eines Landgerichts; in 3 weiteren Landgerichtsbezirken gibt es kein Insolvenzgericht, dh Amtsgericht Chemnitz, Dresden und Leipzig (menügeführt über http://www.justizadressen.nrw.de → Gesucht: Insolvenzgericht, Bundesland: Sachsen (Stand 21.5.2014);
- Sachsen-Anhalt: 4 Insolvenzgerichte am Ort der 4 Landgerichte, dh: Amtsgericht Dessau-Roßlau; Halle (Saale); Stendal und Magdeburg (menügeführt über http://www.justizadressen.nrw.de → Gesucht: Insolvenzgericht, Bundesland: Sachsen-Anhalt (Stand 21.5.2014);
- Schleswig-Holstein: Von den 28 Amtsgerichten sind 13 Insolvenzgerichte, davon 4 am Ort der Landgerichte, dh Amtsgericht Eutin, Flensburg, Husum, Itzehoe, Kiel, Lübeck, Meldorf, Neumünster, Niebüll, Norderstedt, Pinneberg, Reinbek und Schwarzenbek (menügeführt über http://www.justizadressen.nrw.de → Gesucht: Insolvenzgericht, Bundesland: Schleswig-Holstein (Stand 21.5.2014);
- Thüringen: 4 Insolvenzgerichte am Ort der 4 Landgerichte, dh Amtsgericht Erfurt, Gera, Meiningen und Mühlhausen (menügeführt über http://www.justizadressen.nrw.de → Gesucht: Insolvenzgericht, Bundesland: Thüringen (Stand 21.5.2014).

Sollte sich ein Amtsgericht für sachlich unzuständig halten, hat es den Antragsteller darauf hinzuweisen und ihm die Gelegenheit zu geben, einen entsprechenden Verweisungsantrag zu stellen.

Die **örtliche Zuständigkeit** ergibt sich aus § 3 InsO. Ausgangspunkt ist dabei nach § 3 Abs. 1 S. 2 InsO der Mittelpunkt der selbstständigen wirtschaftlichen Tätigkeit (Center of Main Interest, abgekürzt: COMI). Örtlich zuständig ist daher grundsätzlich das Insolvenzgericht, in dessen Bezirk der Mittelpunkt der selbstständigen wirtschaftlichen Tätigkeit des Schuldners liegt. Hierbei handelt es sich um eine ausschließliche örtliche Zuständigkeit; abweichende Gerichtsstandvereinbarungen sind also nicht zulässig.

Kann ein solcher Mittelpunkt der selbstständigen wirtschaftlichen Tätigkeit nicht festgestellt werden oder liegt ein solcher nicht vor, ist auf die Regelung in § 3 Abs. 1 S. 1 InsO zurückzugreifen. Danach ist das Insolvenzgericht ausschließlich örtlich zuständig, in dessen Bezirk der Schuldner seinen allgemeinen Gerichtsstand hat. Dieser ergibt sich wiederum nach § 4 InsO iVm § 3 InsO aus der Zivilprozessordnung (ZPO). Nach § 13 ZPO ist der allgemeine Gerichtsstand der Wohnsitz des Beklagten, im Fall des Insolvenzantrags der Wohnsitz des Schuldners. Ist dieser nicht feststellbar oder ein solcher nicht vorhanden, ist nach § 14 ZPO auf den gewöhnlichen Aufenthaltsort des Schuldners abzustellen.

Auch bei diesen Regelungen handelt es sich um ausschließliche Zuständigkeiten. Abweichende Vereinbarungen oder Regelungen sind daher nicht zulässig. Hält sich das Insolvenzgericht für örtlich unzuständig, hat es den Antragsteller darauf hinzuweisen und ihm die Möglichkeit zu geben, einen entsprechenden Verweisungsantrag zu stellen.

Für die Zulässigkeit des Insolvenzantrags irrelevant ist die funktionale Zuständigkeit. Diese betrifft nur den gerichtsinternen Bereich der Frage, ob für bestimmte Maßnahmen und Entscheidungen der Insolvenzrichter oder der Rechtspfleger zuständig ist. Die einzelnen Regelungen dazu sind in den §§ 8 und 18 RPflG enthalten. Hier gab es durch das Gesetz zur weiteren Erleichterung der Sanierung von Unternehmen (ESUG) (BGBl. 2011, Teil I, 2582) einige Verschiebungen. Beispielsweise sind für Insolvenzplan(neu)verfahren ab dem 1.1.2013 nicht mehr die Rechtspfleger, sondern die (Insolvenz-)Richter zuständig. Dabei darf jedoch nicht übersehen werden, dass der (Insolvenz-)Richter bereits nach alter Rechtslage das Recht hatte, das Verfahren jederzeit an sich zu ziehen. Bei wichtigen Verfahren bzw. wichtigen Entscheidungen wird der (Insolvenz-)Richter das Verfahren auch ohne eine entsprechende Zuweisungsverteilung durch den Gesetzgeber an sich ziehen.

7. Grundvoraussetzung für das sog. Schutzschirmverfahren ist ein darauf gerichteter Eröffnungsantrag des Schuldners (vgl. § 270b Abs. 1 S. 3 InsO). Dieser Eigenantrag muss die Voraussetzungen des § 13 InsO erfüllen:

Nach § 13 Abs. 1 S. 1 InsO muss der Antrag schriftlich gestellt werden. Da es sich um einen Antrag des Schuldners handelt (Eigenantrag), ist dem Antrag nach § 13 Abs. 1 S. 3 InsO ein Verzeichnis der Gläubiger und ihrer Forderungen beizufügen. Da der Schuldner in der vorliegenden Konstellation die Eigenverwaltung beantragt, müssen nach § 13 Abs. 1 S. 6 Nr. 1 InsO zusätzlich auch die Voraussetzungen des § 13 Abs. 1 S. 4 InsO erfüllt sein. In dem Gläubigerverzeichnis sind danach
- die höchsten Forderungen,
- die höchsten gesicherten Forderungen,
- die Forderungen der Finanzverwaltung,
- die Forderungen der Sozialversicherungsträger sowie
- die Forderungen aus betrieblicher Altersversorgung
besonders kenntlich zu machen. Darüber hinaus müssen nach § 13 Abs. 1 S. 5 InsO Angaben
- zur Bilanzsumme,
- den Umsatzerlösen und
- zur durchschnittlichen Zahl der Arbeitnehmer des vorangegangenen Geschäftsjahres
gemacht werden. Diese zusätzlichen Angaben sind nach § 13 Abs. 1 S. 4 InsO iVm § 13 Abs. 1 S. 5 InsO erforderlich, da der Schuldner seinen Geschäftsbetrieb, dh seine Anwaltskanzlei, weiter betreibt und die Tätigkeit nicht eingestellt ist. Diesen genannten Erklärungen und dem Gläubigerverzeichnis ist dann zusätzlich die Erklärung beizufügen, dass die enthaltenen Angaben richtig und vollständig sind. Dies kann unter der entsprechenden Erklärung bzw. unter dem Verzeichnis entweder handschriftlich oder jedenfalls durch Unterschrift des Schuldners deutlich gemacht werden.

In § 13 Abs. 3 InsO ist die Möglichkeit vorgesehen, dass durch das Bundesministerium der Justiz für die Antragstellung besondere Formulare eingeführt werden. Diese Formulare müssten dann zwangsläufig für den oben beschriebenen eigenen Antrag verwendet werden. Entsprechende Formularentwürfe wurden dem Deutschen Anwaltverein (DAV) Anfang März 2014 bereits vom Bundesjustizministerium zur Stellungnahme zugeleitet. Mit einer solchen Einführung wäre eine wie oben beschriebene und hier als Muster abgedruckte Antragstellung im Ergebnis dann nicht mehr möglich.

8. Daneben hat der Schuldner dem Eigenantrag zusätzlich eine Sanierungsbescheinigung nach § 270b Abs. 1 S. 3 InsO vorzulegen. Dabei handelt es sich um eine mit Gründen versehene Bescheinigung eines in Insolvenzsachen erfahrenen Steuerberaters, Wirtschaftsprüfers oder Rechtsanwalts oder einer Person mit vergleichbarer Qualifikation, aus der sich ergibt, dass nur drohende Zahlungsunfähigkeit oder Überschuldung als Insolvenzgrund vorliegt. Zusätzlich muss sich aus der Bescheinigung ergeben, dass die angestrebte Sanierung nicht offensichtlich aussichtslos ist.

In diesem Zusammenhang ergeben sich eine Reihe praktischer Fragen:

a) Wer darf diese Bescheinigung ausstellen? Das Gesetz gibt insoweit nur vor, dass es sich um einen in Insolvenzsachen erfahrenen Steuerberater, Wirtschaftsprüfer oder Rechtsanwalt oder eine Person mit vergleichbarer Qualifikation handeln muss. Es wird deutlich, dass es sich nicht zwangsläufig um einen Berufsträger handeln muss. Welche Anforderungen an die Qualifikationen eines Nichtberufsträgers zu stellen sind, lässt der Gesetzgeber offen. Dabei wird man schwerlich auf formale Anforderungskataloge wie beispielsweise die Fachanwaltsordnung (§§ 5 Abs. 1 lit. g, 14 FAO) abstellen können. Vielmehr wird es allein auf die tatsächlichen Erfahrungen der betreffenden Person ankommen. Gleiches gilt auch im Hinblick auf die Erfahrungen der genannten Berufsträger. Auch der Steuerberater, Wirtschaftsprüfer oder Rechtsanwalt muss die in § 270b Abs. 1 S. 3 InsO genannten Erfahrungen in Insolvenzsachen vorweisen können. Auch hierbei wird man nicht allein auf theoretisch erworbenes Wissen abstellen können, sondern darüber hinaus mit einer gewissen praktischen Erfahrung aufwarten müssen. Die insolvenzrechtliche Erfahrung des Ausstellers der Bescheinigung ist dabei jeweils einzelfallbezogen zu beurteilen. Da es sich bei der Sanierungsbescheinigung bzw. bei den Angaben in der Sanierungsbescheinigung um Zulässigkeitsvoraussetzungen handelt, hat das Gericht diese von Amts wegen zu prüfen. Aufgrund der Eilbedürftigkeit, die in dieser Situation und zu diesem Verfahrenszeitpunkt besteht, hat das Gericht die Entscheidung auf Grundlage der ihm kurzfristig zur Verfügung stehenden Informationen zu treffen. Hierbei ist das Gericht nicht daran gehindert, sondern sogar angehalten, erforderlichenfalls zusätzliche Ermittlungen anzustellen. Ob die Einholung eines entsprechenden Sachverständigengutachtens jedoch – insbesondere vor dem Hintergrund der Eilbedürftigkeit – angezeigt ist, erscheint fraglich. Aus diesem Grund empfiehlt es sich, bereits im Antrag möglichst viele konkrete Informationen über die Qualifikationen des Ausstellers der Sanierungsbescheinigung zu geben. Dadurch wird das Gericht in die Lage versetzt, eine schnelle und fundierte Entscheidung zu treffen.

b) Ein weiteres Problem im Zusammenhang mit der Person des Ausstellers der Bescheinigung kann sich bei der Frage nach dessen Unabhängigkeit ergeben. Hierzu lässt sich dem Gesetzeswortlaut ebenfalls nichts entnehmen; § 270b Abs. 1 S. 3 InsO trifft eine Aussage nur zur fachlichen Qualifikation des Ausstellers. Die Sanierungsbescheinigung, die insoweit die Grundvoraussetzung für die Eröffnung des Schutzschirmverfahrens ist, hat erheblichen Einfluss – und damit auch der Aussteller der Bescheinigung. Er kann bereits zu einem möglichst frühen Zeitpunkt maximalen Einfluss auf die zukünftige Weichenstellung nehmen. Da der im Rahmen des Schutzschirmverfahrens zu erstellende Insolvenzplan und die damit bezweckte Sanierung dem allgemeinen Ziel des Insolvenzverfahrens – die Gläubiger gemeinschaftlich bestmöglich zu befriedigen (§ 1 InsO) – entsprechen müssen, sind mE an die Unabhängigkeit des Bescheinigers inhaltlich die gleichen Anforderungen zu stellen wie an den (vorläufigen) Insolvenzverwalter. Auch zu diesem Punkt sollten bereits im Antrag so viele Angaben wie möglich gemacht werden. Damit kann sichergestellt werden, dass das Gericht ausreichende Informationen zur Verfügung hat, um eine sachgerechte Entscheidung über die Unabhängigkeit des Bescheinigers zu treffen.

c) Die Bescheinigung selbst sollte möglichst aktuell sein. Zum Zeitpunkt der Antragstellung darf keine Zahlungsunfähigkeit vorliegen. Da sich die finanzielle Situation des Schuldners kurzfristig ändern und auch Zahlungsunfähigkeit eintreten könnte, sollte die Bescheinigung daher idealerweise vom Tag der Antragstellung stammen. Da dies in der Praxis schwer möglich sein wird, sind zeitliche Differenzen, die den geschäftlichen Abläufen entsprechen, also ca. 1 – 3 Tage, zu akzeptieren.

Das Institut der Wirtschaftsprüfer (IDW) hat ein Muster einer solchen Sanierungsbescheinigung nach § 270 Abs. 1 S. 3 InsO veröffentlicht. Nachfolgend wird ein leicht abgewandeltes Muster, das auf einen Einzelanwalt angepasst wurde, abgebildet:

An die . . . . . . (Auftraggeber), ... (Ort)

Im Rahmen einer Antragstellung nach § 270b InsO bin ich von dem Rechtsanwalt/der Rechtsanwältin . . . . . . (Name des Mandanten) beauftragt worden, zu beurteilen, ob

1. der Insolvenzantragsgrund der drohenden Zahlungsunfähigkeit nach § 18 InsO,
2. nicht aber der Insolvenzantragsgrund einer bereits eingetretenen Zahlungsunfähigkeit nach § 17 InsO, vorliegt und
3. die angestrebte Sanierung im Rahmen einer Eigenverwaltung nicht offensichtlich aussichtslos ist.

Verantwortung der gesetzlichen Vertreter:

Die ordnungsgemäße Aufstellung des Finanzstatus und des Finanzplans als Grundlage zur Beurteilung, ob drohende Zahlungsunfähigkeit, jedoch derzeit keine Zahlungsunfähigkeit vorliegt und die Darstellung der Einschätzung, ob eine Sanierung nicht offensichtlich aussichtslos ist, liegen in der Verantwortung der Frau Rechtsanwältin/des Herrn Rechtsanwalt . . . . . .

Verantwortung des Wirtschaftsprüfers:

Meine Aufgabe als in Insolvenzsachen erfahrener Wirtschaftsprüfer ist es, auf der Grundlage der von mir durchgeführten Tätigkeiten eine Bescheinigung nach § 270b Abs. 1 S. 3 InsO zu erstellen. Ich habe meine Beurteilung unter Beachtung des „IDW Standards: Bescheinigung nach § 270b InsO" (IDW ES 9) vorgenommen. Danach habe ich auf der Grundlage der mir vorgelegten Unterlagen und erteilten Auskünfte eine Beurteilung vorzunehmen, ob Zahlungsunfähigkeit droht, jedoch derzeit nicht vorliegt und ob die angestrebte Sanierung nicht offensichtlich aussichtslos ist.

Grundlage für die Beurteilung des Vorliegens von Insolvenzgründen:

Die Beurteilung, ob Zahlungsunfähigkeit iSd § 17 InsO vorliegt oder iSd § 18 InsO droht, habe ich nach dem „IDW Prüfungsstandard: Beurteilung eingetretener oder drohender Zahlungsunfähigkeit bei Unternehmen" (IDW PS 800) vorgenommen. Meine Einschätzung erfolgt im Wesentlichen auf der Grundlage des mir vorgelegten Finanzstatus und der Planungsunterlagen (Ertrags- und daraus abgeleitete Liquiditäts- und Vermögensplanung) [soweit zutreffend] sowie weiterer Nachweise, die den Eintritt künftiger Zahlungszuflüsse begründen.

[Soweit zutreffend: Die Beurteilung, ob Überschuldung iSd § 19 InsO vorliegt, habe ich nach der „IDW Stellungnahme: Empfehlungen zur Überschuldungsprüfung bei Unternehmen" (IDW St/ FAR 1/1996) vorgenommen. Meine Einschätzung basiert im Wesentlichen auf dem mir vorgelegten, zu Liquidationswerten aufgestellten Überschuldungsstatus. (*Anmerkung: In der vorliegenden Fallkonstellation, in der eine natürliche Person einen Eigenantrag iSd § 270b InsO stellt, kommt Überschuldung als Insolvenzeröffnungsgrund nicht in Betracht.*)]

[Hinweis: Die im Folgenden aufgeführten Informationsquellen und Tätigkeiten sind an den konkreten Einzelfall anzupassen.]

Die Beurteilung, ob die Sanierung nicht offensichtlich aussichtslos ist, ist das Ergebnis vor allem folgender Tätigkeiten:

1. Ich habe mir ein Bild von der Geschäftstätigkeit der Anwaltskanzlei, zB in Bezug auf ihre Mandantenstruktur sowie vom Verlauf der zurückliegenden Geschäftsentwicklung, insbesondere durch Einblick in Jahresabschlüsse, Prüfungsberichte, Monatsberichterstattungen etc., verschafft.

2. Weiter habe ich mir von der Frau Rechtsanwältin/dem Herrn Rechtsanwalt . . . . . . darlegen lassen, warum es zu einer akuten Insolvenzbedrohung gekommen ist und aus welchen Gründen zuvor ergriffene umsteuernde Maßnahmen nicht erfolgreich waren.
3. Ich habe mir mittels eines von der Frau Rechtsanwältin/dem Herrn Rechtsanwalt . . . . . . vorgelegten Grobkonzepts das Ziel der angestrebten Sanierung und die dafür wesentlichen Maßnahmen darlegen lassen und diese Informationen kritisch gewürdigt. Hierbei hat mir der Herr Rechtsanwalt/die Frau Rechtsanwältin . . . . . . erklärt, dass derzeit keine Umstände vorliegen, die die Fortführung der selbständigen Tätigkeit ausschließen, dass ihm/ihr keine Anzeichen dafür bekannt sind, dass die Sanierung offensichtlich aussichtslos ist, und dass er/sie gewillt ist, seine Rechtsanwaltskanzlei zu sanieren.
4. Ich habe beurteilt, ob offensichtliche Bedenken gegen die Schlüssigkeit des Grobkonzeptes bestehen.
5. Ebenso habe ich beurteilt, ob offensichtliche Hinderungsgründe vorliegen, die der Umsetzung des Grobkonzepts entgegenstehen.

Schlussfolgerung:

Auf Grundlage meiner durchgeführten Tätigkeiten komme ich zu dem Ergebnis, dass nach den Planungen des Herrn Rechtsanwalt/der Frau Rechtsanwältin . . . . . . innerhalb . . . . . . (ungefährer Zeitraum) Zahlungsunfähigkeit droht.

Der vorhandene und kurzfristig erzielbare Liquiditätsbestand begründet keine derzeit eingetretene Zahlungsunfähigkeit.

Vor dem Hintergrund der Darlegungen des Herrn Rechtsanwalt/der Frau Rechtsanwältin . . . . . ., der mir vorgelegten Unterlagen und meiner Untersuchungshandlungen bin ich zu der Schlussfolgerung gekommen, dass die angestrebte Sanierung nicht offensichtlich aussichtslos ist.

Abschließende Hinweise:

Meine Beurteilung stellt weder eine Abschlussprüfung noch eine prüferische Durchsicht dar. Auch handelt es sich bei meiner Tätigkeit nicht um eine Zusicherung der Sanierungsfähigkeit.

Dem Auftrag lagen die beigefügten Allgemeinen Auftragsbedingungen für Wirtschaftsprüfer und Wirtschaftsprüfungsgesellschaften vom 1.1.2002 zugrunde.

(Ggf. Aufnahme von Hinweisen und Regelungen zur Haftung).

Die vorliegende Bescheinigung ist ausschließlich zur Vorlage beim Insolvenzgericht im Zusammenhang mit dem Antrag auf Eigenverwaltung nach § 270b InsO bestimmt.

. . . . . ., den . . . . . .

(Unterschrift Wirtschaftsprüfer)

Hierbei handelt es sich um den Vorschlag des IDW. Dieser ist in der Literatur auf Kritik gestoßen. Es bleibt daher abzuwarten, in welcher Form und mit welchem Wortlaut die Aussteller die jeweilige Sanierungsbescheinigung ausstellen. Maßgeblich wird sein, dass die oben dargestellten materiellen Anforderungen berücksichtigt sind.

9. Der Schuldner kann im Eröffnungsantrag weitere Anträge stellen, um seine Rechtsposition zu verbessern und auf diese Weise eine ungestörte Sanierung zu ermöglichen. Im Ergebnis kann es dem Schuldner durch diese Anträge gelingen, in die Position eines starken vorläufigen Insolvenzverwalters zu rücken. Insbesondere kann der Schuldner nach § 270b Abs. 3 S. 1 InsO beantragen, dass das Gericht anordnet, dass er Masseverbindlichkeiten iSv § 55 Abs. 2 InsO begründen kann.

10. Das Gericht hat die Möglichkeit, sämtliche Sicherungsmaßnahmen, die der § 21 InsO bereithält, anzuordnen. Insbesondere die Anordnung der Einstellung von Zwangsvollstreckungsmaßnahmen, soweit nicht unbewegliche Gegenstände betroffen sind, erfolgt nach § 270b Abs. 2 S. 3 aE. InsO, wenn der Schuldner dies beantragt. Ein solcher Antrag ist in der Regel sinnvoll, da die geplanten Sanierungsmaßnahmen durch etwaige Zwangsvollstreckungsmaßnahmen erschwert würden.

11. Die Eigenverwaltung ist gerade für den Rechtsanwalt und insbesondere für den Einzelanwalt sinnvoll, da auf diese Weise das Risiko minimiert werden kann, dass das Vertrauensverhältnis zu den Mandanten belastet wird. Es wird dem Eindruck vorgebeugt, dass der Rechtsanwalt nicht in der Lage sei, die Mandate weiter eigenständig und alleine zu betreuen. Insbesondere bei freiberuflichen Tätigkeiten – wie der des Rechtsanwaltes – spielt das Vertrauensverhältnis zwischen Anwalt und Mandant eine wesentliche Rolle. In vielen Fällen ist es nur schwer möglich, einen zuvor unbeteiligten Dritten in diese Vertrauensbeziehung mit einzubinden. Jedenfalls sind Irritationen und entsprechende Konsequenzen der Mandanten nicht auszuschließen, die Umsatzrückgänge bedeuten und die geplante Sanierung erschweren können.

Darüber hinaus bietet dieses Verfahrens auch eine Möglichkeit, den Widerruf der Anwaltszulassung entweder zu verhindern – oder jedenfalls die Zulassung relativ schnell durch Beendigung des Insolvenzverfahrens wieder zu erlangen (→ Anm. 13, 14).

12. Der **Antrag auf Eröffnung des Insolvenzverfahrens** richtet sich auf die Eröffnung eines Regelinsolvenzverfahrens. Die Voraussetzungen für ein Verbraucherinsolvenzverfahren nach §§ 304 ff. InsO liegen bei der Insolvenz eines Rechtsanwalts nicht vor. Zwar ist der Schuldner eine natürliche Person (so); als solche übt der Rechtsanwalt aber eine selbstständige wirtschaftliche Tätigkeit aus. Dass es sich um eine freiberufliche Tätigkeit handelt, führt hier nicht zur Anwendung der vereinfachten Vorschriften. Da somit bereits die Grundvoraussetzung des § 304 Abs. 1 S. 1 InsO nicht erfüllt ist, kommt es auf die weiteren möglichen Voraussetzungen der Norm für die Eröffnung eines Verbraucherinsolvenzverfahrens nicht an.

13. Dem Schuldner wird ein **Sachwalter** zur Seite gestellt, der in erster Linie die Eigenverwaltung zu überwachen hat. Seine Funktion begrenzt sich jedoch nicht nur auf die bloße Überwachung. Die Rechte und Pflichten von Schuldner und Sachwalter ergänzen sich vielmehr und werden von der Insolvenzordnung ausdrücklich vorgegeben. Die wichtigsten Aufgaben und Kompetenzen ergeben sich aus der nachfolgenden Übersicht:

Rechte/Kompetenzen des Schuldners (Eigenverwalters)
- Begründung von Verbindlichkeiten und Verwertung der Insolvenzmasse im Einvernehmen mit dem Sachwalter (§ 275 Abs. 1 InsO),
- Entnahme von Mitteln aus der Insolvenzmasse zur bescheidenen Lebensführung (§ 278 InsO),
- Entscheidung über die Erfüllung von gegenseitigen Verträgen (§ 279 S. 1 InsO iVm §§ 103 bis 128 InsO) im Einvernehmen oder mit der Zustimmung des Sachwalters (§ 279 S. 2, 3 InsO),
- Recht zum Bestreiten angemeldeter Forderungen (§ 283 Abs. 1 S. 1 InsO),
- Begründung von Masseverbindlichkeiten nach Anordnung durch das Insolvenzgericht (§ 270b Abs. 3 InsO).

Pflichten des Schuldners (Eigenverwalters)
- Aufstellung des Verzeichnisses der Massegegenstände, des Gläubigerverzeichnisses und der Vermögensübersicht (§ 281 Abs. 1 iVm §§ 151 bis 153 InsO),
- Berichterstattung im Berichtstermin (§ 281 Abs. 2 InsO),
- Rechnungslegung (§ 281 Abs. 3 iVm §§ 66, 155 InsO),
- Verwertung von Gegenständen, an denen Absonderungsrechte bestehen, im Einvernehmen mit dem Sachwalter (§ 282 Abs. S. 1, Abs. 2 InsO). Kosten der Feststellung der Gegenstände und Rechte an diesen werden jedoch nicht erhoben (§ 282 Abs. 1 S. 2 InsO). Als Kosten der Verwertung können nur die tatsächlich entstandenen, für die Verwertung erforderlichen Kosten und der Umsatzsteuerbetrag angesetzt werden (§ 282 Abs. 1 S. 3 InsO),
- Aufstellung des Verteilungsverzeichnisses und Vornahme der Verteilung (§ 283 Abs. 2 S. 1 InsO),
- Ausarbeitung des Insolvenzplans nach Auftrag der Gläubigerversammlung (§ 284 Abs. 1 InsO),
- bei besonders bedeutsamen Rechtshandlungen hat der Schuldner im Übrigen die Zustimmung des Gläubigerausschusses bzw., wenn ein solcher nicht bestellt ist, diejenige

der Gläubigerversammlung einzuholen (§ 276 iVm §§ 160 Abs. 1 S. 2, Abs. 2, 161 S. 2, 164 InsO).

Rechte/Kompetenzen des Sachwalters
- Recht, die Geschäftsräume des Schuldners zu betreten, dort Nachforschungen anzustellen und die Bücher und Geschäftspapiere einzusehen (§ 274 Abs. 2 iVm § 22 Abs. 3 InsO analog),
- Zustimmung zur Eingehung von Verbindlichkeiten, die nicht zum gewöhnlichen Geschäftsbetrieb zählen (§ 275 Abs. S. 1 InsO),
- Widerspruch zur Eingehung von Verbindlichkeiten, die zum gewöhnlichen Geschäftsbetrieb gehören (§ 275 Abs. S. 2 InsO),
- Recht zur Abwicklung des Zahlungsverkehrs (§ 275 Abs. 2 InsO),
- Zustimmung zu bestimmten Rechtsgeschäften des Schuldners (§ 277 Abs. 1 S. 1, Abs. 2 InsO),
- Einvernehmen bzw. Zustimmung zur Erfüllung gegenseitiger Verträge (§ 279 S. 2, 3 InsO),
- Recht zum Bestreiten angemeldeter Forderungen (§ 283 Abs. 1 S. 1 InsO),
- Einvernehmen mit dem Schuldner bei der Verwertung von Sicherungsgut (§ 282 Abs. 2 InsO).

Pflichten des Sachwalters
- Führung der Insolvenztabelle (§ 270 Abs. 3 iVm § 175 InsO),
- Prüfung der wirtschaftlichen Lage des Schuldners und Überwachung der Geschäftsführung sowie der Ausgaben für die Lebensführung (§ 274 Abs. 2 S. 1 InsO),
- Unverzügliche Anzeige von Umständen, die erwarten lassen, dass die Fortführung der Eigenverwaltung zu Nachteilen für die Gläubiger führen wird (§ 274 Abs. 3 InsO),
- Geltendmachung der Gesamtschadensliquidation und der persönlichen Haftung der Gesellschafter (§ 280 1. HS iVm §§ 92, 93 InsO),
- Geltendmachung der Insolvenzanfechtung (§ 280 2. HS iVm §§ 129 bis 147 InsO),
- Prüfung des Verzeichnisses der Massegegenstände, des Gläubigerverzeichnisses und der Vermögensübersicht mit schriftlicher Erklärung, ob Einwendungen zu erheben sind (§ 281 Abs. 1 S. 1 InsO),
- Stellungnahme zum Bericht des Schuldners (§ 281 Abs. 2 S. 2 InsO),
- Prüfung der Schlussrechnung und schriftliche Erklärung, ob Einwendungen zu erheben sind (§ 281 Abs. 3, Abs. 1 S. 2 InsO),
- Prüfung des Verteilungsverzeichnisses und schriftliche Erklärung, ob Einwendungen zu erheben sind (§ 283 Abs. 2 S. 2 InsO),
- Ausarbeitung des Insolvenzplans nach Auftrag der Gläubigerversammlung (§ 284 Abs. 1 S. 1 InsO),
- Beratung des Schuldners bei der Aufstellung eines Insolvenzplans (§ 284 Abs. 1 S. 2 InsO),
- Überwachung der Insolvenzplanerfüllung (§ 284 Abs. 2 InsO),
- Anzeige der Masseunzulänglichkeit (§ 285 InsO).

14. Nach § 14 Abs. 2 Nr. 7 BRAO ist die **Zulassung zur Rechtsanwaltschaft zu widerrufen,** wenn der Rechtsanwalt in **Vermögensverfall** geraten ist, es sei denn, dass dadurch die Interessen der Rechtsuchenden nicht gefährdet sind. Die Regelung stellt dabei hinsichtlich des Vorliegens eines Vermögensverfalls eine eigene Vermutungsregel auf. Nach dieser soll ein Vermögensverfall vorliegen, wenn ein Insolvenzverfahren über das Vermögen des Rechtsanwalts eröffnet oder der Rechtsanwalt in das vom Insolvenzgericht oder dem Vollstreckungsgericht zu führende Verzeichnis (§ 20 Abs. 2 InsO, § 115 ZPO) eingetragen ist.

Die Widerrufsnorm stellt demnach auf zwei Komponenten ab. Zum einen muss objektiv ein Vermögensverfall vorliegen, und auf zweiter Stufe ist zu prüfen, ob durch diesen Vermögensverfall die Interessen der Rechtssuchenden gefährdet werden.

Es handelt sich hierbei um einen zwingenden Widerrufsgrund. Es ist unwesentlich, ob der Rechtsanwalt seinen Vermögensverfall selbst verschuldet hat oder nicht (vgl. BGH BRAK Mitteilungen 1999, 270).

Aus der normierten Vermutungsregel lässt sich ableiten, dass die Vermögensverhältnisse des Insolvenzschuldners, hier also des insolventen Rechtsanwalts, nicht deshalb als geordnet bezeichnet werden können, weil mit Eröffnung des Insolvenzverfahrens die Verfügungsbefugnis des Schuldners auf den Insolvenzverwalter übergeht. Darüber hinaus würde diese Überlegung in dieser Konstellation auch nicht greifen, da die Verfügungsbefugnis aufgrund der angeordneten Eigenverwaltung gerade nicht auf den Insolvenzverwalter/Sachwalter übergeht (→ Anm. 11).

Um die genannte Vermutung zu entkräften, muss der Rechtsanwalt seine Einkommens- und Vermögensverhältnisse vollständig offenlegen und darlegen, welche Verbindlichkeiten er hatte und inwiefern diese bereits erfüllt sind. Nach der amtlichen Begründung des Gesetzes soll vom Widerruf der Zulassung abgesehen werden, wenn die Interessen der Rechtssuchenden trotz des Vermögensverfalls nicht gefährdet sind. Eine solche Situation der Nichtgefährdung soll nur ausnahmsweise vorliegen.

Nach ständiger Rechtsprechung des BGH liegt ein Vermögensverfall dann vor, wenn der Anwalt in ungeordnete, schlechte finanzielle Verhältnisse geraten ist, die er in absehbarer Zeit nicht ordnen kann, und er außer Stande ist, seinen Verpflichtungen nachzukommen. Die gesetzliche Vermutung, dass Vermögensverfall vorliegt, knüpft zum einen bereits an die Eröffnung des Insolvenzverfahrens und daneben und weitergehend auch an die Ablehnung der Eröffnung des Insolvenzverfahrens mangels Masse an, da der Schuldner in diesem Fall in das Verzeichnis nach § 26 Abs. 2 InsO (Schuldnerverzeichnis) einzutragen ist. Der Umstand, dass in diesen Fällen durch den Rechtsanwalt ein Eigenantrag gestellt wurde, kann nichts daran ändern, dass ein Vermögensverfall vorliegt. Auch allein der Antrag auf Erteilung der Restschuldbefreiung beeinflusst weder das Vorliegen eines Vermögensverfalls noch die Vermutung, dass die Rechtssuchenden durch den Vermögensverfall benachteiligt werden könnten. Dem Rechtsanwalt obliegt es in diesen Fällen, zu beweisen, dass ein Vermögensverfall tatsächlich nicht vorlag bzw. nicht mehr besteht. Der Widerrufsgrund des Vermögensverfalls liegt jedoch nicht vor, wenn die finanzielle Situation in absehbarer Zeit wieder geordnet werden kann (vgl. *Feuerich/Braun* § 7 BRAO Rn. 147). Insgesamt wird es dem betroffenen Rechtsanwalt sehr schwer fallen, nachzuweisen, dass seine Vermögensverhältnisse ausnahmsweise – trotz der Eröffnung des Insolvenzverfahrens – geordnet sind oder dass die Rechtssuchenden ausnahmsweise nicht benachteiligt werden. Konsequenz eines solchen Antrags wird daher in der Regel der Widerruf der Rechtsanwaltszulassung sein.

15. Nach § 16 InsO setzt die Eröffnung eines Insolvenzverfahrens voraus, dass ein **Eröffnungsgrund** gegeben ist. In der vorliegenden Konstellation wird die Regelung des § 16 InsO dahingehend eingeschränkt, dass als Eröffnungsgrund im Schutzschirmverfahren nach § 270b Abs. 1 S. 1 InsO nur die drohende Zahlungsunfähigkeit (§ 18 InsO) oder bei juristischen Personen die Überschuldung nach § 19 InsO in Betracht kommen.

Drohende Zahlungsunfähigkeit liegt nach § 18 Abs. 2 InsO vor, wenn der Schuldner voraussichtlich nicht in der Lage sein wird, seine bestehenden Zahlungsverpflichtungen im Zeitpunkt der Fälligkeit zu erfüllen. Somit verlangt § 18 Abs. 2 InsO, dass die in § 17 Abs. 2 InsO normierten Kriterien der Zahlungsunfähigkeit voraussichtlich eintreten werden. Voraussichtlich bedeutet dabei überwiegende Wahrscheinlichkeit. Damit droht die Zahlungsunfähigkeit, wenn ihre Eintrittswahrscheinlichkeit größer als 50 % ist. Der Insolvenzgrund der drohenden Zahlungsunfähigkeit ist eine Zeitraum-Illiquidität. Sie lässt sich durch die Aufstellung eines Finanzplans ermitteln. Drohende Zahlungsunfähigkeit könnte somit vorliegen, wenn in einem Zeitpunkt die kumulierte Wahrscheinlichkeit für nicht deckbare Finanzplandefizite größer ist als die für mindestens ausgeglichene Finanzpläne (so MüKoInso/*Drukarczyk* § 18 InsO Rn. 33, 40). Auf der Einnahmenseite werden die Zahlungsmittel erfasst, die gegenwärtig vorhanden sind und bis zum künftigen Stichtag noch verfügbar werden. Diesen werden auf der Ausgabenseite die bestehenden fälligen oder fällig werdenden Verbindlichkeiten gegenüber gestellt. Umstritten ist hierbei, ob auch die noch nicht begründeten Verbindlichkeiten, deren Entstehung aber voraussehbar ist, in den Finanzplan einzubeziehen sind. Nach einer Ansicht und dem Wortlaut des § 18 Abs. 2 InsO ist dies nicht der Fall (vgl. Braun/*Bußhardt* Inso § 18 InsO Rn. 10). Nach der Gesetzesbegründung (Begr. RegE, BT-Drs. 12/2443, S. 115) und der herrschenden Meinung in der Literatur sind jedoch auch zu erwartende künftige, rechtlich noch nicht begründete, Zahlungspflichten zu berücksichtigen, sofern diese üblich oder sonst vernünftigerweise zu erwarten sind (vgl. Nerlich/Römermann/*Mönning* Inso § 18 InsO Rn. 27). Entsprechendes muss dann auch für erwartete Einzahlungen gelten. Ergibt sich aus dieser Gegenüberstellung ein voraussehbares eindeutiges Manko an Zahlungsmitteln, mithin eine Liquiditätslücke von mehr als 10 %, besteht nach einhelliger Rechtsprechung Zahlungsunfähigkeit (BGH v. 24.5.2005, IX ZR 123/04). Ist die ermittelte Liquiditätslücke kleiner als 10 %, muss die Prognoseentscheidung auch Aussagen darüber enthalten, ob sich die Insolvenz noch durch Ausgleichs- und Anpassungsmaßnahmen vermeiden lässt (IDW PS 800 nF Rn. 16; Hamburger KommentarInso/*J.-S. Schröder* § 18 InsO Rn. 5).

Grundsätzlich wird der Endpunkt des Beurteilungszeitraums entsprechend dem oben Gesagten durch den Zeitpunkt der Fälligkeit der zuletzt fällig werdenden Forderung bestimmt. Der Prognosezeitraum muss jedoch überschaubar bleiben. Ein pauschaler einheitlicher Prognosezeitraum kann nicht festgelegt werden. Je länger der Prognosezeitraum ist, desto ungenauer werden die Voraussagen und desto schwieriger wird der Nachweis des Insolvenzgrundes der drohenden Zahlungsunfähigkeit. Sachgerecht erscheint es deshalb, den Prognosezeitraum zumindest auf das laufende und folgende Geschäftsjahr zu begrenzen (vgl. dazu IDW PS 800 nF Rn. 49; Hamburger KommentarInso/*J.-S. Schröder* § 18 InsO Rn. 10).

Überschuldung iSd § 19 InsO liegt nach der Legaldefinition in Abs. 2 vor, wenn das Vermögen des Schuldners die bestehenden Verbindlichkeiten nicht deckt, es sei denn, die Fortführung des Unternehmens ist nach den Umständen überwiegend wahrscheinlich. Überschuldung scheidet in der vorliegenden Konstellation als Insolvenzeröffnungsgrund aus, weil der Antrag hier von einem Einzelanwalt und nicht von einer juristischen Person gestellt wurde. Die Überschuldung kommt nur bei juristischen Personen als Insolvenzeröffnungsgrund in Betracht (→ Form. M. I. 4 Anm. 10).

16. Auch für natürliche Personen kann ein **Insolvenzplan** erstellt werden. Der Ausschluss in § 312 Abs. 2 InsO gilt bisher noch für das vereinfachte Verfahren (Verbraucherinsolvenzverfahren), das sich nach den §§ 304 ff. InsO richtet (→ Anm. 3, 4), wird aber mit dem Inkrafttreten des Gesetzes zur Verkürzung des Restschuldbefreiungsverfahrens und zur Stärkung der Gläubigerrechte (BGBl. 2013 I 2379 v. 15.7.2013) aufgehoben. Ein Insolvenzplan für einen Freiberufler – hier Rechtsanwalt – hat den Vorteil, dass er die Restschuldbefreiung, die er sonst in der Regel erst nach Ablauf der Wohlverhaltensphase, dh nach ca. sechs bis sieben Jahren erhält, deutlich früher erreichen kann. Im Insolvenzplan kann vorgesehen werden, dass die Restschuldbefreiung bereits durch dessen Wirksamkeit erreicht wird. Im Ergebnis kann der Rechtsanwalt auf diese Weise sehr schnell seine Vermögensverhältnisse ordnen und dies nach außen dokumentieren. Da die Vermögensverhältnisse des Rechtsanwaltes nicht bereits durch den Übergang der Verwaltungs- und Verfügungsbefugnis auf den Insolvenzverwalter nach § 80 Abs. 1 InsO wieder als geordnet gelten, kann er diesen Zustand frühestens durch die Erlangung der Restschuldbefreiung erreichen. Dadurch kann er die Gefahr, dass seine Anwaltszulassung widerrufen wird (→ Anm. 14), minimieren, oder er gelangt dadurch sehr schnell in eine Position, in der er seine Zulassung wiedererlangen kann. Hierbei bleibt zu berücksichtigen, dass § 14 Abs. 2 Nr. 7 BRAO die Vermutungsregel aufgestellt, dass der Rechtsanwalt in Vermögensverfall geraten ist, wenn ein Insolvenzverfahren über sein Vermögen eröffnet wird. Fraglich ist, ob es gelingen wird, bereits mit Ablauf der nach § 270b Abs. 1 S. 1 und S. 2 InsO gesetzten Frist den Insolvenzplan so weit ausgearbeitet zu haben, dass es nicht mehr zu einer Verfahrenseröffnung kommt. Die Aufhebung des Insolvenzverfahrens und die Ankündigung der Restschuldbefreiung nach § 291 Abs. 1 InsO bzw. die Erlangung der Restschuldbefreiung durch einen Insolvenzplan und damit durch eine Einigung mit den Gläubigern kann dazu führen, dass das Vorliegen eines Vermögensverfalls verneint wird (vgl. dazu ebenfalls Feuerich/Weyland/*Vossebürger* § 14 BRAO Rn. 60).

Neben der Möglichkeit, die Restschuldbefreiung schneller zu erlangen, kann der Insolvenzplan darüber hinaus der Reorganisation der selbstständigen Tätigkeit, dh beispielsweise des Kanzleibetriebes, dienen. Insbesondere dieser Aspekt sollte bei den Überlegungen, welcher Weg eingeschlagen werden soll, nicht vernachlässigt werden, da der betroffene Rechtsanwalt in den meisten (wenn nicht allen) Fällen seine Kanzlei weiterhin betreiben möchte (vgl. zur dieser Funktion des Insolvenzplans *Smid/Rattunde/Martini*, Der Insolvenzplan, Kapitel 24 Rn. 24.3). Der Weg über einen Insolvenzplan bietet noch einen weiteren Vorteil: Anders als bei der gesetzlichen Restschuldbefreiung im vereinfachten Verfahren (Verbraucherinsolvenzverfahren nach den §§ 304 ff. InsO) kann im Insolvenzplan geregelt werden, dass von der Restschuldbefreiung (mit Zustimmung der Gläubiger) auch Forderungen umfasst sind, die sich aus einer vorsätzlich begangenen unerlaubten Handlung ergeben haben. Voraussetzung hierfür ist natürlich, dass eine entsprechende Einigung mit den Gläubigern stattgefunden hat (vgl. auch hierzu *Smid/Rattunde/Martini*, Der Insolvenzplan, Kapitel 24 Rn. 24.6).

Inhaltlich stellt sich die Frage, welche wesentlichen Punkte bei der Aufstellung eines Insolvenzplans beachtet werden müssen. Zum einen müssen sinnvolle Regelungen gefunden werden, um die Krise zu bewältigen und die Vermögensverhältnisse des Rechtsanwalts zur Verhinderung bzw. Beseitigung des Vermögensverfalls (ggf. neu) zu ordnen. Zum anderen muss berücksichtigt werden, dass die Gläubiger dem Insolvenzplan grundsätzlich zustimmen müssen. Hierbei stimmt nach § 243 InsO jede Gruppe gesondert ab. Zur Annahme des Insolvenzplans bedarf es nach § 244 Abs. 1 InsO innerhalb der jeweiligen Gruppe einer Mehrheit sowohl nach Köpfen als auch nach Summen, dh nach der Forderungshöhe. Dabei müssen grundsätzlich alle Gruppen dem Insolvenzplan zustimmen. Zu beachten ist jedoch das sog. Obstruktionsverbot nach § 245 Abs. 1 InsO. Danach gilt die Zustimmung einer Abstimmungsgruppe als erteilt, auch wenn die erforderliche Mehrheit nicht erreicht worden ist, wenn die Angehörigen dieser Gruppe durch Insolvenzplan nicht schlechter gestellt werden als sie ohne den Insolvenzplan stünden und die Angehörigen dieser Gruppe angemessen an dem wirtschaftlichen Wert beteiligt werden, der auf der Grundlage des Insolvenzplans den Beteiligten zufließen soll. Darüber hinaus ist erforderlich, dass die Mehrheit der abstimmenden Gruppen dem Insolvenzplan mit den erforderlichen Mehrheiten zugestimmt hat. Der zu erstellende Insolvenzplan sollte daher die genannten Gesichtspunkte berücksichtigen.

Im Ergebnis wird hierfür in der Regel ein Geld- oder Vermögenszufluss von außen erforderlich sein. Dieses zusätzliche Vermögen wird dann dazu verwendet, um neben der im Regelverfahren zu erwartenden Quote einen höheren bzw. weitere Beträge an die Gläubiger zu verteilen. Denkbar wäre es auch, die Gläubiger im Insolvenzplanverfahren durch die laufenden Erträge aus der anwaltlichen Tätigkeit zu befriedigen. Hierbei ist jedoch zu berücksichtigen, dass die Gläubiger besser gestellt werden sollten als bei der Regelabwicklung.

Ein solcher Insolvenzplan könnte folgende grobe Struktur haben (aus *Smid/Rattunde/ Martini*, Der Insolvenzplan, Anhang 6: Muster eines Insolvenzplans der natürlichen Person):

Grobgliederung eines möglichen Insolvenzplans
A. Darstellender Teil
    I.   Ausgangslage
    II.   Beabsichtigtes Vorgehen
    III.   Angaben zum Schuldner
    IV.   Angaben betriebswirtschaftlicher Art
    V.   Wesentliche Verträge
    VI.   Buchführung
    VII.   Umsätze
    VIII. Arbeitnehmer
    IX.   Vermögen
    X.   Verbindlichkeiten
    XI.   Massekosten
    XII.   Gruppenbildung
    XIII. Vorgeschlagenen Maßnahmen
    XIV. Quotenvergleich Regelabwicklung/Insolvenzplan Verfahren
         1. Zu erwartende Quote
         2. Quote bei Annahme eines Insolvenzplans
B. Gestaltender Teil
C. Zusammenfassung des wesentlichen Inhalts nach § 235 Abs. 3 S. 2 InsO

Zu den Einzelheiten und Spezialfragen vgl. *Smid/Rattunde/Martini*, Der Insolvenzplan, Anhang 6: Muster eines Insolvenzplans der natürlichen Person, die auch auf die berufs-spezifischen Besonderheiten im Rahmen des Insolvenzplans eingehen.

17. Weitere Voraussetzung für die Eröffnung des Insolvenzverfahrens ist, dass ausreichend Vermögen vorhanden ist, um die Kosten des Verfahrens zu decken. Dass es sich hierbei um eine weitere Voraussetzung für die Eröffnung des Insolvenzverfahrens handelt, ergibt sich im Umkehrschluss aus der Formulierung des § 26 Abs. 1 S. 1 InsO. Danach hat das Insolvenzgericht den Antrag auf Eröffnung abzuweisen, wenn nicht ausreichend Vermögen zur Verfügung steht, um die Verfahrenskosten zu decken. Die Abweisung unterbleibt nach § 26 Abs. 1 S. 2 InsO nur dann, wenn entweder ein Massekostenvorschuss geleistet wurde oder aber die Verfahrenskosten nach § 4a InsO gestundet werden (können); zur Restschuldbefreiung und zur Stundung der Verfahrenskosten → Form. M. I. 2 Anm. 9, 10.

2. Eigenantrag eines Rechtsanwalts (als natürliche Person) auf Eröffnung eines Insolvenzverfahrens über sein Vermögen

An das

Amtsgericht[4] . . . . . .

– Insolvenzgericht –

Antrag[1, 5] auf Eröffnung eines Insolvenzverfahrens[3, 6]

Ich, Rechtsanwalt/Rechtsanwältin[2, 7] . . . . . ., beantrage,

    über mein Vermögen[8] das Insolvenzverfahren zu eröffnen.

Darüber hinaus beantrage ich,

> mir die Kosten des Insolvenzverfahrens zu stunden[9] und
> mir – nach Ablauf der Wohlverhaltensphase[10] – Restschuldbefreiung[11] zu gewähren.

Begründung:

Ich bin seit . . . . . . als selbstständiger Rechtsanwalt/selbständige Rechtsanwältin zugelassen und in der . . . . . . (Adresse) als Einzelanwalt/Einzelanwältin[12] tätig.

In den vergangenen Wochen/Monaten/Jahren gelang es mir nicht . . . . . . Ich bin daher nicht in der Lage, meine derzeit fälligen Verbindlichkeiten iHv insgesamt . . . . . . EUR innerhalb der nächsten (drei) Wochen zu begleichen. Ich bin demnach zahlungsunfähig.[13] Meine Zahlungen habe ich (seit dem . . . . . .) vollständig eingestellt.[14]

Gegenwärtig habe ich keine offenen Forderungen gegen Dritte./Die gegenwärtig noch offenen Forderungen gegenüber Dritten können derzeit nicht geltend gemacht werden, weil . . . . . ./sind nicht werthaltig, da die Mandanten selbst Zahlungsschwierigkeiten haben.[15]

Außer einer standardmäßigen Büroeinrichtung verfüge ich über keine Vermögensgegenstände. Die von mir genutzte Büro- und Geschäftsausstattung ist bereits fünf Jahre alt und daher vollständig abgeschrieben. Ein Verwertungserlös ist hier nicht zu erwarten.[16]

Barvermögen ist nicht vorhanden. Ein Kontoguthaben besteht ebenfalls nicht.[16]

Es ist kein Vermögen vorhanden, das zur Deckung der Verfahrenskosten[16] herangezogen werden könnte.

Im vergangenen Geschäftsjahr habe ich durch meine Tätigkeit einen Gesamtumsatz iHv . . . . . . EUR erzielen können. Zur personellen Unterstützung hatte ich eine Rechtsanwaltsfachangestellte bis zum 31.12.20. . . . . . beschäftigt. Das Arbeitsverhältnis wurde einvernehmlich zum genannten Datum beendet. Weitere Arbeitnehmer habe ich zu keinem Zeitpunkt beschäftigt.[17]

Die Vermögensübersicht sowie das Gläubiger- und Schuldnerverzeichnis sind dem Antrag beigefügt.[17]

. . . . . ., den . . . . . .

. . . . . .

(Unterschrift)

Anmerkungen

1. Zum Eigenantrag → Form. M. I. 1 Anm. 1.

2. Zum Begriff der **natürlichen Person** → Form. M. I. 1 Anm. 2.

3. Zur Eröffnung des Insolvenzverfahrens → Form. M. I. 1 Anm. 3.

4. Zur **örtlichen, sachlichen** und **funktionellen Zuständigkeit** in Insolvenzsachen → Form. M. I. 1 Anm. 6.

5. Zur Notwendigkeit der Antragstellung und zu den Anforderungen an einen Insolvenzantrag → Form. M. I. 1 Anm. 7.

6. Zum Begriff **Insolvenzverfahren** und zu dessen Funktionen → Form. M. I. 1 Anm. 8.

7. Zu den Besonderheiten, insbesondere zum drohenden **Widerruf der Rechtsanwaltszulassung** nach § 14 Abs. 2 Nr. 7 BRAO durch die Eröffnung eines Insolvenzverfahrens, → Form. M. I. 1 Anm. 14.

8. Das Insolvenzverfahren wird über das **Vermögen des Schuldners**, hier des Rechtsanwaltes/der Rechtsanwältin, eröffnet. Dabei sind das Verfahren und die damit verbundenen Wirkungen nicht nur auf die (anwaltliche) selbstständige Tätigkeit beschränkt, sondern erstrecken sich auf das gesamte Vermögen der natürlichen Person. Änderungen an dem Insolvenzbeschlag und an der Zugehörigkeit zur Masse ergeben sich nur im Fall einer eventuellen Freigabe durch den Insolvenzverwalter nach § 35 InsO und dann auch nur in diesem Umfang.

9. Die **Stundung der Verfahrenskosten** nach § 4a InsO setzt voraus, dass der Schuldner eine natürliche Person ist und einen Antrag auf Stundung der Verfahrenskosten gestellt hat. Dies setzt nach § 4a Abs. 1 S. 1 InsO wiederum voraus, dass der Schuldner auch einen Antrag auf Restschuldbefreiung gestellt hat. In diesen Fällen hat der Schuldner eine Erklärung beizufügen, aus der sich ergibt, ob Versagungsgründe nach § 290 Abs. 1 Nr. 1 und 3 InsO vorliegen. Sollten derartige Versagungsgründe vorliegen, ist die Stundung der Verfahrenskosten nach 4a Abs. 1 S. 4 InsO ausgeschlossen. Letztlich wird die Stundung der Verfahrenskosten nur gewährt, wenn das vorhandene Vermögen des Schuldners nicht ausreicht, um die voraussichtlichen Kosten des Insolvenzverfahrens zu decken. Die Stundung umfasst dabei nach § 4a Abs. 1 S. 2 InsO auch die Kosten des Verfahrens über den Schuldenbereinigungsplan und die Kosten des Verfahrens zur Restschuldbefreiung.

Die Stundung führt dazu, dass der Schuldner von der Vorschusspflicht auf sämtliche Verfahrenskosten befreit ist und Gerichtskosten nicht erhoben werden. Darüber hinaus werden die Kosten des Insolvenzverwalters bzw. ggf. des späteren Treuhänders und des Sachverständigen zunächst von der Staatskasse verauslagt. Deren Ansprüche gehen dann auf die Staatskasse über und werden zu einem späteren Zeitpunkt gegebenenfalls geltend gemacht.

10. Nach § 286 InsO kann der Schuldner, wenn er eine natürliche Person ist und die weiteren Voraussetzungen der §§ 287 – 303 InsO vorliegen, **Restschuldbefreiung** erlangen. Hierbei handelt es sich um ein selbstständiges Verfahren (vgl. dazu Schmidt/*Streck* InsO § 286 Rn. 2), das jedoch an das Insolvenzverfahren anknüpft. Hierfür muss der Schuldner nach § 287 Abs. 1 S. 1 InsO einen darauf gerichteten Antrag stellen und nach § 287 Abs. 2 S. 1 InsO die Erklärung beifügen, dass er seine pfändbaren Bezüge aus einem Dienstverhältnis oder an deren Stelle tretende laufende Bezüge für die Zeit von sechs Jahren nach der Eröffnung des Insolvenzverfahrens an einen vom Gericht zu bestimmenden Treuhänder abtritt. Bei einem Einzelanwalt wird sich die Erklärung auf die zukünftigen laufenden Einnahmen aus seiner weiteren freiberuflichen Tätigkeit oder, sollte er angestellt sein, auf seine entsprechende arbeitsvertragliche Vergütung beziehen. In diesem Zusammenhang ist die Regelung des § 295 Abs. 2 InsO zu berücksichtigen. Danach obliegt es dem Schuldner, die Insolvenzgläubiger durch Zahlungen an den Treuhänder so zu stellen, wie sie stünden, wenn er ein angemessenes Dienstverhältnis eingegangen wäre. Es ist also ein Vergleich zwischen den tatsächlichen Einkünften aus der selbstständigen Tätigkeit und den möglichen Einkünften durch ein vergleichbares Dienstverhältnis anzustellen. Sollten die Einnahmen aus der selbstständigen Tätigkeit geringer sein als die Einnahmen, die im Rahmen eines angemessenen Dienstverhältnisses erzielt werden könnten, obliegt es dem Schuldner, diesen Differenzbetrag an den Treuhänder zu zahlen.

11. Das Restschuldbefreiungsverfahren ist dabei zweistufig: Die erste Phase dauert bis zur Ankündigung der Restschuldbefreiung nach § 291 InsO und mündet in die zweite

Phase, die sog. **Wohlverhaltensphase.** Mit Rechtskraft des Ankündigungsbeschlusses wird das Insolvenzverfahren gem. § 289 Abs. 2 S. 2 InsO aufgehoben. Die Wohlverhaltensphase dauert sechs Jahre, wobei die Frist bereits mit Eröffnung des Insolvenzverfahrens beginnt, vgl. § 287 Abs. 2 S. 1 InsO. Die Restschuldbefreiung wirkt nach § 301 Abs. 1 S. 1 InsO gegen alle Insolvenzgläubiger, auch gegenüber denjenigen, die ihre Forderungen nicht angemeldet haben. Ausgenommen sind nach § 302 InsO Verbindlichkeiten des Schuldners aus vorsätzlich begangenen unerlaubten Handlungen, sofern die betroffenen Gläubiger dies entsprechend angemeldet haben. Nicht erfasst sind ebenfalls Geldstrafen und Verbindlichkeiten aus zinslosen Darlehen, die dem Schuldner zur Begleichung der Kosten des Insolvenzverfahrens gewährt wurden.

12. Bei einem **Einzelanwalt** können sich vor allem im Zusammenhang mit dem drohenden Widerruf der Rechtsanwaltszulassung nach § 14 Abs. 2 Nr. 7 BRAO besondere Probleme ergeben, da in diesen Fällen oft nicht ermöglicht werden kann, dass ein Dritter, beispielsweise ein Kollege, den Aufgabenbereich der finanziellen Abwicklung der Mandate und die Verwaltung der Rechtsanwaltsanderkonten übernimmt. Es fällt daher die Möglichkeit weg, dass durch den Einsatz von Kollegen oÄ die Bedenken hinsichtlich der Tatbestandsvoraussetzung „Gefährdung der Interessen der Rechtsuchenden" ausgeräumt werden; vgl. zu den Einzelheiten → Form. M. I. 1 Anm. 13.

13. Nach § 16 InsO setzt die Eröffnung eines Insolvenzverfahrens voraus, dass ein **Eröffnungsgrund** gegeben ist. Nach § 17 Abs. 1 InsO kommt die Zahlungsunfähigkeit als allgemeiner Eröffnungsgrund in Betracht. Nach der Legaldefinition des § 17 Abs. 2 InsO ist ein Schuldner zahlungsunfähig, wenn er nicht in der Lage ist, die fälligen Zahlungspflichten zu erfüllen. Zahlungsunfähigkeit ist dabei in der Regel anzunehmen, wenn der Schuldner seine Zahlungen vollständig eingestellt hat. Diese allgemeine Definition allein hilft bei der Beurteilung, ob ein Eröffnungsgrund vorliegt, nicht viel weiter: Daher hat insbesondere die Rechtsprechung Kriterien herausgearbeitet, nach denen bestimmt werden kann, wann Zahlungsunfähigkeit vorliegt. Nach dieser gefestigten Rechtsprechung liegt Zahlungsunfähigkeit immer dann vor, wenn der Schuldner nicht innerhalb der nächsten drei Wochen 90 % seiner fälligen Verbindlichkeiten begleichen kann. Diese von der Rechtsprechung konkretisierte Definition enthält dabei sowohl eine zeitliche als auch eine betragsmäßige Komponente. Der Drei-Wochen-Zeitraum wurde deshalb gewählt, um Zahlungsunfähigkeit von einer bloßen Zahlungsstockung abzugrenzen. Bei der betragsmäßigen Komponente sind dabei nur die fälligen Verbindlichkeiten zu berücksichtigen. Fälligkeit ist dabei nicht gleichzusetzen mit dem Fälligkeitsbegriff des BGB. Fällig bedeutet in diesem Zusammenhang, dass die Forderung gegen den Schuldner tatsächlich eingefordert worden ist. Dies setzt in der Regel aber voraus, dass die Forderung auch fällig im Sinne des BGB ist. Im Insolvenzrecht muss hinzutreten, dass der Gläubiger die Forderung tatsächlich geltend machen und durchsetzen möchte. Bei dieser dargestellten Definition handelt es sich jedoch nur um eine Regel, hier können Ausnahmen greifen. Beispielsweise kann die Liquiditätslücke auch einmal größer oder kleiner als 10 % sein. Dann muss vom Schuldner dargelegt und nachgewiesen werden, dass bestimmte Umstände hinzugetreten sind, die bei einer Liquiditätslücke von mehr als 10 % Zahlungsunfähigkeit dennoch ausschließen. Im umgekehrten Fall ist vom Sachverständigen darzulegen und nachzuweisen, dass bestimmte Umstände hinzugetreten sind, die trotz Vorliegens einer Liquiditätslücke von weniger als 10 % zur Zahlungsunfähigkeit führen.

Als weiterer Eröffnungsgrund kommt die drohende Zahlungsunfähigkeit nach § 18 Abs. 1 InsO in Betracht. Dieser zusätzliche Eröffnungsgrund ist nur in den Fällen relevant, in denen der Schuldner selbst einen Antrag stellt. Die drohende Zahlungsunfähigkeit ist in § 18 Abs. 2 InsO legal definiert. Danach ist der Schuldner drohend zahlungsunfähig, wenn er voraussichtlich nicht in der Lage sein wird, seine bestehenden Zahlungspflichten im Zeitpunkt der Fälligkeit zu erfüllen (zu den Einzelheiten → Form. M. I. 1 Anm. 15).

Die Überschuldung spielt als Eröffnungsgrund in der vorliegenden Konstellation keine Rolle, da die Überschuldung nach § 19 Abs. 1 InsO nur bei einer juristischen Person einen Eröffnungsgrund darstellt. Zum Begriff der Überschuldung → Form. M. I. 1 Anm. 10.

14. Wenn der Schuldner seine Zahlungen vollständig eingestellt hat, ist nach § 17 Abs. 2 S. 2 InsO davon auszugehen, dass in der Regel Zahlungsunfähigkeit vorliegt.

15. Angaben zu den **Drittschuldnern** sind aus mehreren Gründen bereits an dieser Stelle sinnvoll: Zum einen sind dadurch wiederum Rückschlüsse auf die Vermögenslage des Schuldners möglich (→ Anm. 16). Zum anderen kann hierdurch bereits frühestmöglich mit der Einziehung dieser Forderungen begonnen werden.

16. Weitere Voraussetzung für die Eröffnung des Insolvenzverfahrens ist, dass ausreichend Vermögen vorhanden ist, um die **Kosten des Verfahrens** zu decken. Dass es sich hierbei um eine weitere Voraussetzung für die Eröffnung des Insolvenzverfahrens handelt, ergibt sich im Umkehrschluss aus der Formulierung des § 26 Abs. 1 S. 1 InsO. Danach hat das Insolvenzgericht den Antrag auf Eröffnung abzuweisen, wenn nicht ausreichend Vermögen zur Verfügung steht, um die Verfahrenskosten zu decken. Die Abweisung unterbleibt nach § 26 Abs. 1 S. 2 InsO nur dann, wenn entweder ein Massekostenvorschuss geleistet wurde oder aber die Verfahrenskosten nach § 4a InsO gestundet werden (können). Um dies beurteilen zu können, sind hier erste Angaben über die eigenen Vermögensverhältnisse sinnvoll. Darüber hinaus ermöglichen es diese Angaben dem Gericht oder dem vom Gericht eingesetzten Sachverständigen, erste Rückschlüsse auf das Vorliegen eines Insolvenzgrundes und darauf, ob ausreichend Vermögen vorhanden ist, um die Kosten des Insolvenzverfahrens zu decken, zu ziehen. Das Insolvenzgericht kann das Verfahren aufgrund der Angaben des Schuldners nur eröffnen, wenn es überzeugt ist, dass diese richtig sind und das Vorliegen eines Insolvenzgrundes (so) nach diesen Angaben schlüssig erscheint. Sollten daran Zweifel bestehen, hat das Gericht von Amts wegen weitere Ermittlungen anzustellen. Hierfür wird das Gericht in der Regel einen Sachverständigen einsetzen. Dieser wird dann damit beauftragt, ein Gutachten darüber zu erstellen, ob ein Insolvenzeröffnungsgrund vorliegt und ob ausreichend Vermögen vorhanden ist, um die Kosten des Verfahrens zu decken, bzw. ob die Voraussetzungen für eine Stundung der Verfahrenskosten nach § 4a InsO vorliegen.

17. Da es sich um einen Antrag des Schuldners handelt (Eigenantrag), ist dem Antrag nach § 13 Abs. 1 S. 3 InsO ein Verzeichnis der Gläubiger und ihrer Forderungen beizufügen. Ist ein laufender Geschäfts- bzw. Kanzleibetrieb vorhanden, so soll der Schuldner nach § 13 Abs. 1 S. 4 InsO in diesem Gläubigerverzeichnis die höchsten Forderungen, die höchsten gesicherten Forderungen, die Forderungen der Finanzverwaltung, die Forderungen der Sozialversicherungsträger sowie die Forderungen aus betrieblicher Altersversorgung besonders kenntlich machen. Darüber hinaus müssen nach § 13 Abs. 1 S. 5 InsO ebenfalls Angaben zur Bilanzsumme, den Umsatzerlösen und zur durchschnittlichen Zahl der Arbeitnehmer des vorangegangenen Geschäftsjahres gemacht werden. Diese Angaben sind unter anderem erforderlich, um einschätzen zu können, ob ein vorläufiger Gläubigerausschuss zu installieren ist. Diesen genannten Erklärungen und dem Gläubigerverzeichnis sind dann nach § 13 Abs. 1 S. 7 InsO zusätzlich die Erklärung beizufügen, dass die enthaltenen Angaben richtig und vollständig sind. Dies sollte praktischerweise unter der entsprechenden Erklärung bzw. unter dem Verzeichnis entweder handschriftlich oder jedenfalls durch Unterschrift des Schuldners deutlich gemacht werden.

Die Formalitäten des Antrages ändern sich natürlich, wenn das Bundesministerium wie geplant die Formulare für einen Eigenantrag einführt, § 19 Abs. 3 InsO (→ Form. M. I. 1 Anm. 7).

3. (Eigen-)Antrag einer Rechtsanwaltskanzlei in der Rechtsform einer Partnerschaftsgesellschaft auf Eröffnung eines Insolvenzverfahrens über ihr Vermögen

An das

Amtsgericht[3] . . . . . .

– Insolvenzgericht –

Antrag[1, 4] auf Eröffnung eines Insolvenzverfahrens[5]

Wir beantragen in unserer Eigenschaft als persönlich haftende Gesellschafter[2, 6] der Rechtsanwaltskanzlei . . . . . . & Partner[7]

– Antragsteller –

das Insolvenzverfahren über das Vermögen der Rechtsanwaltskanzlei . . . . . . & Partner[7, 11] zu eröffnen.

Begründung:

Die Antragstellerin wurde am 1.1.2000 in Berlin gegründet und ist im Partnerschafts-register beim . . . . . . (Registergericht) AG . . . . . . unter der Registernummer . . . . . . eingetragen.[8] Der Sitz der Gesellschaft ist . . . . . .[9]

Bei der Antragstellerin handelt es sich um eine bereits seit mehreren Jahren tätige Rechtsanwaltskanzlei. Die Gesellschaft hat aktuell . . . . . . Partner und . . . . . . angestellte Berufsträger.[13] Darüber hinaus sind, wie bereits im vergangenen Jahr, derzeit weitere . . . . . . Mitarbeiter angestellt.[13] Die Kanzlei hat in den vergangenen Jahren einen Tätigkeitsschwerpunkt im Bereich des . . . . . . (bspw. Strafrechts und Familienrechts) entwickelt. Im vergangenen Geschäftsjahr wurde ein Gesamtumsatz iHv . . . . . . EUR erzielt.[13]

In den vergangenen Wochen/Monaten/Jahren gelang es der Gesellschaft nicht . . . . . . Sie ist daher nicht in der Lage, die derzeit fälligen Verbindlichkeiten iHv insgesamt . . . . . . EUR innerhalb der nächsten (drei) Wochen zu begleichen. Die Gesellschaft hat aufgrund der oben beschriebenen wirtschaftlichen Situation ihre Zahlungen am . . . . . . vollständig eingestellt; sie ist aus den genannten Gründen zahlungsunfähig.[10]

Barvermögen ist nicht vorhanden. Ein Kontoguthaben besteht ebenfalls nicht.[12]

Es ist kein Vermögen vorhanden, das zur Deckung der Verfahrenskosten[12] herangezogen werden könnte.

Die Vermögensübersicht sowie das Gläubiger- und Schuldnerverzeichnis sind dem Antrag beigefügt.[13]

. . . . . ., den . . . . . .

(Unterschrift Antragsteller (jeweils alle Gesellschafter))

Anmerkungen

1. Zum Eigenantrag → Form. M. I. 1 Anm. 1.

2. Bei der **Partnerschaftsgesellschaft** handelt es sich um eine Gesellschaftsform, mithilfe derer sich Angehörige freier Berufe zusammenschließen können, um einen gemeinsamen Zweck zu verfolgen. Einschränkende Voraussetzung ist, dass es sich bei den Partnern um natürliche Personen handeln muss, die kein Handelsgewerbe ausüben. Rechtsanwälte üben eine freiberufliche Tätigkeit aus, womit sie per definitionem kein Handelsgewerbe betreiben, da keine gewerbliche Tätigkeit vorliegt. Rechtsanwälte erfüllen mithin die genannten beiden Voraussetzungen. In § 1 Abs. 2 S. 2 PartGG ist diese Berufsgruppe daher auch ausdrücklich genannt.

Das Insolvenzverfahren berührt nur das Vermögen der Partnerschaftsgesellschaft und nicht das Vermögen der einzelnen Partner. Mithin kann in diesen Fällen davon ausgegangen werden, dass durch die Eröffnung des Insolvenzverfahrens über eine Partnerschaftsgesellschaft nicht automatisch auch ein Widerruf der jeweiligen Zulassungen der einzelnen Partner (Rechtsanwälte) droht.

Bei der Zusammenarbeit mehrerer Rechtsanwälte spricht man oft auch von einer **(Rechtsanwalts-)Sozietät.** Hierbei handelt es sich um eine Gesellschaft, in der sich Angehörige freier Berufe zusammenschließen. Für den Zusammenschluss von Rechtsanwälten zu einer Rechtsanwaltssozietät stellt das deutsche Recht neben dem Grundmodell der Gesellschaft bürgerlichen Rechts die Partnerschaftsgesellschaft (so) wie auch die freiberuflichen Kapitalgesellschaften (GmbH und Aktiengesellschaft) zur Verfügung (vgl. *K. Schmidt* NJW 2005, 2801 (2801); *Römermann* NJW 2009, 1560 (1560)). Ein Zusammenschluss als offene Handelsgesellschaft (OHG), Kommanditgesellschaft (KG) oder GmbH & Co. KG ist hingegen nicht möglich, da diese Gesellschaftsformen alle tatbestandlich den Betrieb eines Handelsgewerbes zum Gegenstand haben und somit einen gewerblichen Unternehmenszweck voraussetzen. Dies wäre mit der freiberuflichen Tätigkeit des Rechtsanwalts nicht vereinbar (vgl. dazu BGH Urt. v. 18.7.2011 – AnwZ (Brfg) 18/10 (vorgehend: AnwGH München NJW 2011, 3036 (3036)). Die Anforderungen an anwaltliche Berufsausübungsgesellschaften sind in der Bundesrechtsanwaltsordnung (BRAO) nur rudimentär und unstrukturiert geregelt. Eine Klarstellung, welche allgemeinen Voraussetzungen von allen anwaltlichen Berufsausübungsgesellschaften erfüllt werden müssen, fehlt gänzlich. Spezifische Voraussetzungen für bestimmte Rechtsformen finden sich nur für die Gesellschaft mit beschränkter Haftung (GmbH). Nur mittelbar kann den berufsrechtlichen Bestimmungen der §§ 59a ff. BRAO entnommen werden, dass an einer anwaltlichen Berufsausübungsgesellschaft grundsätzlich nur natürliche Personen als Gesellschafter beteiligt sein dürfen. Zum Ausdruck bringt dies etwa § 59c Abs. 2 BRAO, der es einer Rechtsanwalts-GmbH verbietet, sich an einem Zusammenschluss zur gemeinschaftlichen Berufsausübung zu beteiligen. Das Verbot der Gesellschafterstellung einer Kapitalgesellschaft in einer Anwaltssozietät oder einer Anwaltspartnerschaft wird aus § 59a Abs. 1 BRAO bzw. aus § 1 Abs. 1 S. 3 PartGG hergeleitet (ausführlich dazu *Henssler* NZG 2011, 1121 (1122)). Signifikante Unterschiede ergeben sich innerhalb der drei Gesellschaftstypen bei der Haftungsverfassung. Hier stellt sich die Frage, inwieweit für die Verbindlichkeiten der Gesellschaft neben dem Gesellschaftsvermögen auch die Privatvermögen der Gesellschafter haften (vgl. dazu für die Partnergesellschaft auch → Anm. 11). Diese einzelnen Haftungsfolgen und die anwendbaren Vorschriften im Zusammenhang mit einem Insolvenzantrag ergeben sich in erster Linie aus den spezialgesetzlichen Normen, die für die jeweilig gewählte Rechtsform anwendbar sind: Für die Gesellschaft bürgerlichen Rechts sind die Vorschriften der §§ 705 ff. BGB, für die Partnerschaftsgesellschaft die Vorschriften des PartGG und für die GmbH und AG die Vorschriften des GmbHG bzw. des AktG maßgeblich.

3. § 3 Abs. 1 S. 1 InsO knüpft die **örtliche Zuständigkeit** an den allgemeinen Gerichtsstand, § 3 Abs. 1 S. 2 InsO an den Mittelpunkt der wirtschaftlichen Tätigkeit des Schuldners. Dabei geht der S. 2 dem S. 1 vor und ist deshalb stets zuerst zu prüfen (Andres/

Leithaus/*Andres* InsO § 3 InsO Rn. 2). Entscheidend für die Ermittlung der Zuständigkeit ist der Zeitpunkt des Eingangs des Eröffnungsantrages beim Insolvenzgericht (BGH Beschl. v. 2.3.2006 – IX ZB 192/04, NZI 2006, 364 (364); → Form. M. I. 1 Anm. 6). Für die Partnerschaftsgesellschaft und die BGB-Gesellschaft ergibt sich der allgemeine Gerichtsstand aus § 17 Abs. 1 ZPO. Der Sitz der Partnerschaft befindet sich am Ort der tatsächlichen Hauptgeschäftsführung (*Krafka/Willer/Kühn*, Registerrecht, Rn. 2018). Ein Doppelsitz der Partnerschaft ist im PartGG nicht vorgesehen und stößt auch mit Rücksicht auf die damit verbundenen registerrechtlichen Zuständigkeitsprobleme auf grundsätzliche Bedenken (MüKoBGB/*Ulmer* § 3 PartGG Rn. 19). Da die Partnerschaftsgesellschaft mit ihrem Sitz im Partnerschaftsregister eingetragen wird, werden sich bei der Ermittlung ihres Sitzes in der Praxis wohl keine Probleme ergeben. Der Sitz der BGB-Gesellschaft ist – mangels einer Eintragung in ein Register – der Ort, an welchem die Verwaltung geführt wird, § 17 Abs. 1 S. 2 ZPO. Wo der Sitz der BGB-Gesellschaft sich befindet, kann sich für den Gläubiger dann beispielsweise aus den Geschäftspapieren der Gesellschaft ergeben. Damit fallen der Tätigkeitsmittelpunkt und der Ort des allgemeinen Gerichtsstandes bei der BGB-Gesellschaft wie auch bei der Partnerschaftsgesellschaft zusammen (MüKoInso/*Ganter* § 3 Rn. 13).

Zur **sachlichen** und **funktionellen Zuständigkeit** in Insolvenzsachen → Form. M. I. 1 Anm. 6.

4. Zur Notwendigkeit der Antragstellung und zu den (formalen) Anforderungen an einen **Insolvenzantrag** → Form. M. I. 1 Anm. 7.

5. Zur **Eröffnung des Insolvenzverfahrens** → Form. M. I. 1 Anm. 3.

6. Jeder Partner ist allein berechtigt, einen Insolvenzantrag zu stellen. Wenn der Insolvenzantrag jedoch nicht von allen Partnern gestellt wird, muss der Eröffnungsgrund glaubhaft gemacht werden. Hierzu dienen die weiteren Angaben im Insolvenzantrag.

7. Zu den Besonderheiten, insbesondere zum drohenden **Widerruf der Rechtsanwaltszulassung** nach § 14 Abs. 2 Nr. 7 BRAO durch die Eröffnung eines Insolvenzverfahrens, → Form. M. I. 1 Anm. 14.

Der für einen möglichen Widerruf der Rechtsanwaltszulassung notwendige Vermögensverfall (vgl. § 14 Abs. 2 Nr. 7 BRAO) des einzelnen betroffenen Rechtsanwalts liegt wegen der Trennung der beiden Vermögenssphären (Partnerschaftsgesellschaft auf der einen Seite und Vermögen der einzelnen Partner auf der anderen Seite) nicht vor. Nichtsdestotrotz sind Fälle denkbar, in denen die finanzielle Situation der Partnerschaftsgesellschaft im Ergebnis die gleichen negativen Auswirkungen auf das Vermögen der einzelnen Partner haben kann. In diesen Fällen ist dann jedoch im Einzelnen zu prüfen, ob und inwieweit ein Vermögensverfall gegeben ist, der wiederum den Widerruf der Anwaltszulassungen nach § 14 Abs. 2 Nr. 7 BRAO befürchten lässt (→ Anm. 11).

8. Nach § 4 PartGG ist die Partnerschaft beim zuständigen Amtsgericht in das Partnerschaftsregister einzutragen.

9. Der Sitz der Partnerschaft befindet sich am Ort der tatsächlichen Hauptgeschäftsführung (*Krafka/Willer/Kühn*, Registerrecht, Rn. 2018) und ist dort in das Partnerschaftsregister einzutragen.

10. Nach § 16 InsO setzt die Eröffnung eines Insolvenzverfahrens voraus, dass ein **Eröffnungsgrund** gegeben ist. Bei der Partnerschaftsgesellschaft kommen hierfür ausschließlich die Zahlungsunfähigkeit nach § 17 Abs. 1 InsO und die drohende Zahlungsunfähigkeit nach § 18 Abs. 1 InsO in Betracht. Wenn der Schuldner seine Zahlungen vollständig eingestellt hat, ist nach § 17 Abs. 2 S. 2 InsO davon auszugehen, dass in der Regel Zahlungsunfähigkeit vorliegt.

Vgl. zur Zahlungsunfähigkeit → Form. M. I. 2 Anm. 13 und zur drohenden Zahlungs-unfähigkeit → Form. M. I. 1 Anm. 15.

11. Das Insolvenzverfahren wird über das **Vermögen der Gesellschaft**, hier der Part-nerschaftsgesellschaft, eröffnet. Dabei sind das Verfahren und die damit verbundenen Wirkungen nur auf das gesellschaftlich verbundene Vermögen der Partner beschränkt. Das Privatvermögen der Partner wird daher von der Insolvenz nicht unmittelbar erfasst. Zu berücksichtigen bleibt jedoch die persönliche gesamtschuldnerische Haftung der einzelnen Partner nach § 8 Abs. 1 PartGG, die jedoch nach § 8 Abs. 2 und Abs. 3 PartGG inhaltlich und betragsmäßig beschränkt werden kann.

12. Weitere Voraussetzung für die Eröffnung des Insolvenzverfahrens ist, dass aus-reichend Vermögen vorhanden ist, um die **Kosten des Verfahrens** zu decken; vgl. dazu im Einzelnen → Form. M. I. 1 Anm. 17.

13. Die formalen Voraussetzungen des § 13 Abs. 1 InsO an einen Eigenantrag müssen berücksichtigt werden; vgl. dazu im Einzelnen → Form. M. I. 1 Anm. 7.

4. (Eigen-)Antrag einer Rechtsanwaltskanzlei (als juristische Person) auf Eröffnung eines Insolvenzverfahrens über ihr Vermögen

An das

Amtsgericht[5] . . . . .

– Insolvenzgericht –

Antrag[1] auf Eröffnung eines Insolvenzverfahrens[3]

Ich beantrage als alleinvertretungsberechtigter Geschäftsführer[2, 6] der Rechtsanwalts-kanzlei . . . . . . GmbH,[7]

– Antragstellerin –

das Insolvenzverfahren über das Vermögen der Rechtsanwaltskanzlei . . . . . . GmbH[4, 7, 11] zu eröffnen.

Begründung:

Die Antragstellerin wurde am 1.1.2000 in Berlin gegründet und ist im Handelsregister beim . . . . . . (Registergericht) unter der Registernummer HR B . . . . . . eingetragen.[8] Der Sitz der Gesellschaft ist . . . . . .[9]

Bei der Antragstellerin handelt es sich um eine bereits seit mehreren Jahren tätige Rechtsanwaltskanzlei. Die Gesellschaft hat aktuell . . . . . . Partner und . . . . . . angestellte Berufsträger.[12] Darüber hinaus sind, wie bereits auch im vergangenen Jahr, derzeit weitere . . . . . . Mitarbeiter angestellt.[12] Die Kanzlei hat in den vergangenen Jahren einen Tätigkeitsschwerpunkt im Bereich des . . . . . . (bspw. Strafrechts und Familienrechts) entwickelt. Im vergangenen Geschäftsjahr wurde ein Gesamtumsatz iHv . . . . . . EUR erzielt.[12]

In den vergangenen Wochen/Monaten/Jahren gelang es der Gesellschaft nicht . . . . . ./Sie ist daher nicht in der Lage, die derzeit fälligen Verbindlichkeiten iHv insgesamt . . . . . . EUR innerhalb der nächsten (drei) Wochen zu begleichen. Die Gesellschaft hat aufgrund der oben beschriebenen wirtschaftlichen Situation ihre Zahlungen am . . . . . . vollständig eingestellt; sie ist aus den genannten Gründen zahlungsunfähig.[10]

Barvermögen ist nicht vorhanden. Ein Kontoguthaben besteht ebenfalls nicht.[11]

Es ist kein Vermögen vorhanden, das zur Deckung der Verfahrenskosten[11] herangezogen werden könnte.

Die Vermögensübersicht sowie das Gläubiger- und Schuldnerverzeichnis sind dem Antrag beigefügt.[12]

Aus dem beigefügten Handelsregisterauszug ergibt sich meine Alleinvertretungsberechtigung als Geschäftsführer der Antragstellerin.[6, 8]

. . . . . ., den . . . . . .

. . . . . .

(Unterschrift Geschäftsführer der Antragstellerin)

Anmerkungen

1. Zum **Eigenantrag** → Form. M. I. 1 Anm. 1. Zur Notwendigkeit der Antragstellung und zu den Anforderungen an einen **Insolvenzantrag** → Form. M. I. 1 Anm. 7. Zu den formalen Anforderungen an den Eigenantrag → Form. M. I. 1 Anm. 7.

2. Bei der **Gesellschaft mit beschränkter Haftung (GmbH)** (→ Form. B. II.) handelt es sich um eine Gesellschaftsform, mithilfe derer sich Angehörige freier Berufe zusammenschließen können, um einen gemeinsamen Zweck zu verfolgen. Für einen solchen Zusammenschluss von Rechtsanwälten zu einer Rechtsanwaltssozietät stellt das deutsche Recht auch „freiberufliche" Kapitalgesellschaften (wie zB die Gesellschaft mit beschränkter Haftung [GmbH] oder die Aktiengesellschaft [AG]) zur Verfügung (vgl. *K. Schmidt* NJW 2005, 2801 (2801); *Römermann*, NJW 2009, 1560 (1560)). Dies gilt unabhängig davon, ob die Gesellschaft als GmbH oder als UG (haftungsbeschränkt) firmiert. Zu den Anforderungen an anwaltliche Berufsausübungsgesellschaften (→ Form. M. I. 3 Anm. 2). Für die Gesellschaft mit beschränkter Haftung finden sich in der Bundesrechtsanwaltsordnung spezifische Voraussetzungen.

Die einzelnen Haftungsfolgen und die anwendbaren Vorschriften im Zusammenhang mit einem Insolvenzantrag ergeben sich in erster Linie aus den spezialgesetzlichen Normen, die für die jeweilig gewählte Rechtsform anwendbar sind. Für die GmbH sind daher die Vorschriften des GmbHG maßgeblich.

Neben den genannten deutschen juristischen Personen kommen auch andere (ausländische/europäische) Gesellschaftsformen in Betracht. Insbesondere die **Limited Liability Partnership (LLP)** (→ Form. B. II.), vereinzelt aber auch die **Private Company Limited by Shares (Limited/Ltd.)** (→ Form. B. II.), werden in Deutschland als Rechtsform für Anwaltskanzleien gewählt.

Auf die Insolvenzantragstellung einer Limited findet deutsches Recht Anwendung. Das anzuwendende Insolvenzrecht ergibt sich aus der Europäischen Insolvenzverordnung (EuInsVO). Nach Art. 4 Abs. 1 EuInsVO gilt für das Insolvenzverfahren das Recht des Mitgliedstaates, in welchem das Insolvenzverfahren eröffnet wird. Nach Art. 3 Abs. 1 S. 1 EuInsVO ist das Gericht des Landes zuständig, in dem die Gesellschaft den Mittelpunkt ihrer hauptsächlichen Interessen hat. Sollte das Unternehmen seinen Verwaltungssitz in Deutschland haben, so gilt allerdings die Verwaltungssitztheorie (*Kußmaul* IStR 2007, 696, (699)). Daraus folgt, dass die Insolvenzordnung auf eine Limited anzuwenden ist, die ausschließlich in Deutschland tätig ist, sog. Scheinauslandsgesellschaft

(Nerlich/Römermann/*Mönning* InsO § 15a Rn. 20 ff.; vgl. *Kußmaul* IStR 2007, (696), (699)). In dem hier vorliegenden Fall übt die Gesellschaft ihre werbende Tätigkeit ausschließlich in Deutschland aus. Somit findet die Insolvenzordnung Anwendung. Nach § 11 Abs. 1 S. 1 InsO kann das Insolvenzverfahren über das Vermögen einer juristischen Person eröffnet werden. Die englische Limited ist funktional mit der GmbH vergleichbar und daher rechts- und insolvenzfähig (Kindler/Nachmann, Handbuch Insolvenzrecht in Europa 2010, § 2 Rn. 56; MüKoInsO/*Ott/Vuia* § 11 Rn. 17a). Da die Insolvenzordnung auf die Limited Anwendung findet, richtet sich die Antragspflicht nach § 15a InsO (*Römermann* NZI 2010, 241, (242); Braun/*Bußhardt* InsO § 15a Rn. 4). Demzufolge ist jedes Mitglied des Vertretungsorganes bei Vorliegen der Insolvenzeröffnungsgründe verpflichtet, einen Insolvenzantrag zu stellen, § 15a Abs. 1 S. 1 InsO. Bei der Limited ist dies der director. Die Regelungen zu der Vertretung des directors bestimmen sich nach englischem Recht (vgl. *Uhlenbruck*, InsO § 13 InsO Rn. 94; *Just*, Die englische Limited in der Praxis, Rn. 339). Ursprünglich galt in Deutschland die Sitztheorie, dh es war das Recht des Landes auf eine Gesellschaft anzuwenden, in dem sie ihren Sitz hatte. Seit den EuGH-Entscheidungen „Centros" (EuGH Urt. v. 9.3.1999 – C-212/97, NJW 1999, 2027), „Überseering" (EuGH Urt. v. 5.11.2002 – C-208/00, NJW 2002, 3614) und „Inspire Art" (EuGH, Urt. v. 30.09.2003 – Rs. C-167/01, NZI 2003, 676) wird die Gründungstheorie angewandt. Das bedeutet, dass dasjenige Gesellschaftsrecht anzuwenden ist, nach welchem das Unternehmen gegründet wurde. Demnach ist auf die Limited in diesen Fällen deutsches Insolvenzrecht und bei gesellschaftsrechtlichen Fragen englisches Gesellschaftsrecht anzuwenden. Nach dem englischen Gesellschaftsrecht muss es mindestens einen director geben. Gibt es mehrere, so besteht grundsätzlich, dh nach den Muster-„Articles", Gesamtvertretung (vgl. *Kadel* MittBayNot 2006, 102). Abweichende Vereinbarungen sind aber nach dem hierfür maßgeblichen englischen Recht (Gesellschaftsstatut) möglich. Dies ist bei der Insolvenzantragstellung zu berücksichtigen. Entsprechendes gilt für die ebenfalls englisch-rechtliche LLP.

3. Zur **Eröffnung des Insolvenzverfahrens** → Form. M. I. 1 Anm. 3.

4. Das Insolvenzverfahren wird über das **Vermögen der Gesellschaft**, hier der GmbH, eröffnet. Dabei sind das Verfahren und die damit verbundenen Wirkungen nur auf das Vermögen der Gesellschaft beschränkt. Das Privatvermögen der Gesellschafter wird daher von der Insolvenz nicht unmittelbar erfasst.

5. Zur **örtlichen, sachlichen** und **funktionellen Zuständigkeit** in Insolvenzsachen → Form. M. I. 1 Anm. 6.

6. Antragsberechtigt sind die organschaftlichen Vertreter der GmbH. Dies ist/sind nach § 35 GmbHG der/die Geschäftsführer. Sind mehrere Geschäftsführer für eine Gesellschaft bestellt, sind diese nach § 35 Abs. 2 S. 1 GmbHG nur gemeinschaftlich zur Vertretung der Gesellschaft befugt. Durch entsprechende Vereinbarungen im Gesellschaftsvertrag kann auch eine davon abweichende Alleinvertretungsberechtigung vorgesehen werden. Die Regelungen zur Vertretungsberechtigung sind auf die Berechtigung zur Antragstellung zu übertragen. Das bedeutet, dass ein alleinvertretungsberechtigter Geschäftsführer auch allein den Insolvenzantrag stellen kann und mehrere nicht alleinvertretungsberechtigte Geschäftsführer den Antrag nur gemeinsam stellen können. Bei der GmbH – auch wenn sie wegen § 5a GmbHG als Unternehmergesellschaft (haftungsbeschränkt) firmiert – sind dabei die Haftungsvorschriften für die Geschäftsführer bei verspäteter Antragstellung zu beachten. Für die Geschäftsführer einer GmbH besteht danach nicht nur ein Insolvenzantragsrecht, sondern bei Vorliegen bestimmter Voraussetzungen eine Insolvenzantragspflicht.

7. Zu den Besonderheiten, insbesondere zum drohenden **Widerruf der Rechtsanwalts-zulassung** nach § 14 Abs. 2 Nr. 7 BRAO durch die Eröffnung eines Insolvenzverfahrens, → Form. M. I. 1 Anm. 14.

Der für einen möglichen Widerruf der Rechtsanwaltszulassung notwendige Ver-mögensverfall (vgl. § 14 Abs. 2 Nr. 7 BRAO) des einzelnen betroffenen Rechtsanwalts liegt wegen der Trennung der beiden Vermögenssphären (GmbH auf der einen Seite und Vermögen der einzelnen Gesellschafter auf der anderen Seite) nicht vor.

8. Nach § 7 Abs. 1 GmbHG ist die Gesellschaft bei dem Gericht, in dessen Bezirk sie ihren Sitz hat, zum Handelsregister anzumelden.

9. Nach § 16 InsO setzt die Eröffnung eines Insolvenzverfahrens voraus, dass ein **Eröffnungsgrund** gegeben ist. Bei der Gesellschaft mit beschränkter Haftung kommen hierfür (bei einem Eigenantrag) als juristische Person alle in der Insolvenzordnung vor-gesehenen Insolvenzeröffnungsgründe in Betracht, im einzelnen also Zahlungsunfähigkeit nach § 17 Abs. 1 InsO, drohende Zahlungsunfähigkeit nach § 18 Abs. 1 InsO und Über-schuldung nach § 19 InsO. Die Überschuldung kommt als Eröffnungsgrund bei juristi-schen Personen (§ 19 Abs. 1 InsO) sowie dem gleichgestellten nicht rechtsfähigen Verein (§ 11 Abs. 1 S. 2 InsO) und bei Gesellschaften ohne Rechtspersönlichkeit (§ 11 Abs. 2 Nr. 1 InsO) in Betracht, bei denen keiner der persönlich haftenden Gesellschafter eine natürliche Person ist, § 19 Abs. 3 InsO. Nach dem vom Gesetzgeber mit Art. 5 FMStG eingeführten sogenannten modifizierten zweistufigen Überschuldungbegriff (BT-Drs. 16/ 10600 S. 21- die ursprüngliche Befristung bis zum 31.12.2010 ist bis zum 31.12.2013 verlängert worden durch das Gesetz zur Erleichterung der Sanierung von Unternehmen vom 24.9.2009 (BGBl. I S. 315), kann Überschuldung im Sinne des § 19 Abs. 2 S. 1 InsO nur dann vorliegen, wenn die Fortführungsprognose des Unternehmens negativ ausfällt. Dieser Überschuldungsbegriff wurde durch Beschluss des Bundestages vom 9.11.2012 in 2. und 3. Lesung entfristet (BGBl. 2012, Teil I, 2424). Damit sind für das Vorliegen der Überschuldung die Anforderungen an die Fortführungsprognose entscheidend, mithin ist die Fortführungsprognose Kern der Überschuldungprüfung. Die Fortführungsprognose des Schuldners ist positiv, wenn die Fortführung des Unternehmens den gesamten Um-ständen und nicht nur der Liquidität nach überwiegend wahrscheinlich ist. Überwiegende Wahrscheinlichkeit der Fortführung des Unternehmens bedeutet, dass die Fortführung zu mehr als 50 % wahrscheinlich sein muss. Für eine positive Fortführungsprognose kann aber nicht allein eine mittelfristig für die Fortführung ausreichende Finanzkraft des Unter-nehmens sprechen (*Uhlenbruck* § 19 InsO Rn. 44). Voraussetzung ist vielmehr ein sub-jektiver Fortführungswille des Schuldners bzw. seiner Organe, wie auch die objektive Überlebensfähigkeit des Unternehmens. Die objektive Überlebensfähigkeit liegt vor, wenn der Schuldner ein schlüssiges und realisierbares Unternehmenskonzept nachweisen kann und nach einer laufend zu aktualisierenden Ertrags- und Finanzplanung mittelfristig stets eine ausreichende Liquidität zur Fortführung des Unternehmens zur Verfügung stehen wird (IDW WPg 1997, 22 (23 f.)). Ist danach die Fortführung des Unternehmens nach den Umständen des Einzelfalls überwiegend wahrscheinlich, kommt es auf eine Gegenüber-stellung der Aktiva und Passiva der Gesellschaft nicht mehr an (*Pape/Uhlenbruck/Voigt-Salus,* Insolvenzrecht, Kapitel 17 Rn. 28). Ergibt sich hingegen eine negative Fortführungs-prognose, ist eine Überschuldungsbilanz als Sonderbilanz aufzustellen. In dieser sind die Aktiva den Verbindlichkeiten gegenüberzustellen. Dabei kann der nach dem HGB auf-zustellenden Handelsbilanz lediglich indizielle Wirkung zukommen (Nerlich/Römermann/ *Mönning* § 19 Rn. 32). Grundsätzlich sind sämtliche Gegenstände des Anlage- und Umlaufvermögens wegen der negativen Fortführungsprognose unter Liquidationsgesichts-punkten mit ihren Nettoveräußerungswerten zu aktivieren (*Uhlenbruck* § 19 InsO Rn. 82). Auf der Passivseite der Überschuldungsbilanz sind alle Verbindlichkeiten, die im Fall der Eröffnung eines Insolvenzverfahrens aus der Masse bedient werden müssen bzw.

diese belasten, zu ihrem Nennwert auszuweisen (*Uhlenbruck* § 19 InsO Rn. 89). Decken danach die Aktiva nicht mehr die Passiva, liegt auch die rechnerische Überschuldung vor, mithin ist die insolvenzrechtliche Überschuldung gegeben.

Vgl. zur Zahlungsunfähigkeit → Form. M. I. 2 Anm. 13 und zur drohenden Zahlungsunfähigkeit → Form. M. I. 2 Anm. 15.

10. Vgl. zu den **Angaben über die Vermögensverhältnisse** und zu den **Kosten des Verfahrens** → Form. M. I. 2 Anm. 11, 12.

11. Vgl. zu den weiteren **notwendigen Angaben und Erklärungen im Eröffnungsantrag nach § 13 InsO** → Form. M. I. 2 Anm. 7.

12. Der Geschäftsführer bzw. die Geschäftsführer müssen ihre Antragsberechtigung darlegen und nachweisen. Hierfür reicht die Vorlage des Handelsregisterauszuges, aus dem sich die organschaftliche Stellung und damit die Vertretungsmacht ergeben.

II. (Drohende) Insolvenz des Mandanten oder seines Umfelds

1. Beratungsvertrag für Sanierungsberatung

Beratungsvertrag und Vergütungsvereinbarung[1, 2]

. . . . . .

– Rechtsanwälte –

und

. . . . . .

– Auftraggeber –

schließen folgenden Beratungs- und Vergütungsvertrag:

§ 1 Beratungsgegenstand[3]

. . . . . . Rechtsanwälte beraten den Auftraggeber bei der Sanierung seines Unternehmens. Die Leistung umfasst insbesondere:

. . . . . . (Beschreibung der einzelnen Sanierungsleistungen)

(1) Beschreibung der möglichen Sanierungswege im Insolvenzverfahren,

(2) Vorbereitung einer übertragenden Sanierung oder eines Insolvenzplanverfahrens,

(3) Vorbereitung der Unternehmensfortführung in der vorläufigen Eigenverwaltung . . . . . .

(4) . . . . . .

(5) . . . . . .

§ 2 Laufzeit der Vereinbarung[4]

(1) Das mit dieser Vereinbarung begründete Mandat beginnt am . . . . . .

(2) Das Mandat endet

a) mit einer jederzeit möglichen Kündigung. Zur Kündigung sind beide Seiten berechtigt, wobei die Kündigung durch . . . . . . Rechtsanwälte nicht zur Unzeit erfolgen darf;
b) mit Rechtskraft eines Insolvenzplans, der die Gesellschaft saniert, oder
c) mit der Eröffnung eines Regelinsolvenzverfahrens.

§ 3 Vergütung

(1) Höhe der Vergütung[5]

Für die unter § 1 beschriebene Beratung vereinbaren die Parteien die folgende Vergütung, wobei es sich bei allen Beträgen um Nettobeträge handelt. Die Abrechnung erfolgt daher zuzüglich der jeweils aktuellen gesetzlichen Umsatzsteuer:

(Alternative 1: Zeithonorar
Die Beratungstätigkeit von [. . . . . .] Rechtsanwälte wird auf Stundenbasis abgerechnet.
Es wird bis auf weiteres eine Vergütung von netto

- *. . . . . . EUR/Anwaltsstunde (Partner),*
- *. . . . . . EUR/Anwaltsstunde (Associate),*
- *. . . . . . EUR/Stunde eines Betriebswirts oder Wirtschaftsjuristen vereinbart.*

Hierbei erfolgt eine auf zehn Minuten genaue Abrechnung.)
(Alternative 2: Erfolgshonorar
Gelingt es, [. . . . . .] das Unternehmen des Auftraggebers mit Hilfe eines Insolvenzplans
zu erhalten und die Zahlungsfähigkeit wieder herzustellen oder durch eine übertragende
Sanierung die wesentlichen Vermögenswerte auf einen neuen Rechtsträger zu übertra-
gen und dort mit mindestens . . . . . . Mitarbeitern aus der hiesigen Gesellschaft den
Geschäftsbetrieb fortzuführen, wird ein zusätzliches Honorar in Höhe von . . . . . . EUR
als Erfolgshonorar fällig.
Für die Bemessung dieses Erfolgshonorars sind folgende wesentlichen Gründe bestim-
mend, auf die [. . . . . .] Rechtsanwälte hinweisen:
Die gesetzliche Vergütung für diese Tätigkeit würde bei Ansatz einer 1,5-fachen Ge-
schäftsgebühr gemäß §§ 13, 14 Nr. 2300 RVG und einem nach der Höhe des etwaigen
Volumens der notwendigen Finanzierung berechneten Gegenstandswertes von . . . . . .
EUR voraussichtlich . . . . . . EUR betragen. Die Tätigkeit wird zunächst lediglich mit
einem Zeithonorar abgerechnet, um der nicht einzuschätzenden Erfolgswahrscheinlichkeit
Rechnung zu tragen und den Auftraggeber zunächst nur mit dem anfallenden Pauschal-
honorar zu belasten. Zugleich erscheint im Erfolgsfalle eine entsprechende Honorierung,
die sodann über RVG liegt, als angemessen.)

(2) Fälligkeit der Vergütung[5]

Die Vergütungsrechnung wird nach Abschluss des Mandats erstellt. Dauert das Mandat
länger als einen Monat, wird gegenüber dem Auftraggeber monatlich jeweils zum
Monatsende abgerechnet. Das Honorar ist mit Rechnungsstellung sofort fällig und ist
unverzüglich auf das folgende Konto zu zahlen: [. . . . . .]

(Alternativ:
Die Stellung einer Rechnung erfolgt jeweils im Vorhinein für die erwarteten Leis-
tungen für einen Zeitraum von drei Wochen. Die Zahlung hat sodann unverzüglich
auf diese Rechnung vorschüssig zu erfolgen. Die geleisteten Stunden werden dann
gegen den Vorschuss verrechnet. Nach Ablauf der drei Wochen wird eine entspre-
chende Rechnung erstellt, aus der sich zum einen die Abrechnung des Vorschusses und
zum anderen der neue Vorschuss ergeben. Wird der geleistete Vorschuss nicht ver-
braucht, wird er auf die nächste Rechnung vorgetragen. Übersteigt der Rechnungs-
betrag den Vorschuss, ist der überschießende Betrag innerhalb von 3 Werktagen auf
das folgenden Konto auszugleichen: [. . . . . .].)

(3) Kostenerstattung

Zum og Honorar kommt die Erstattung etwaiger Auslagen und Reisekosten hinzu.

§ 4 Honorarschuldner

(1) Auftraggeber

Die Zahlung des Honorars erfolgt durch den Auftraggeber. Die Beratung richtet sich allein an die Gesellschafter (*bei Personengesellschaften*)/Geschäftsführer des Auftraggebers.

(2) *(sofern es sich beim Auftraggeber um eine Kapitalgesellschaft handelt)* Geschäftsführer[6]

Soweit der Auftraggeber das Honorar nicht zahlt oder das Honorar später von diesem zurückgefordert wird oder der Insolvenzverwalter später das Honorar nach den Vorschriften der §§ 129 ff. InsO anficht, haften die Geschäftsführer persönlich für das Honorar.

§ 5 Untermandatierung[7]

In Rahmen eines Unternehmenskaufs/. . . . . . kann die Prüfung steuer(recht)licher, kartellrechtlicher oder anderer spezialrechtlicher Themen notwendig werden, ohne die eine umfassende Beratung nicht möglich ist und die zum Teil in der Insolvenz eine gesonderte rechtliche Ausprägung finden. Die Einbindung von externen Rechtsanwälten oder Steuerberatern/Wirtschaftsprüfern in gesonderten Fragestellungen mit insolvenzrechtlichem Erfahrungshintergrund zum Vergütungssatz von . . . . . . EUR/Stunde als Untermandatierung wird vereinbart. Die Untermandatierung wird ohne Abstimmung . . . . . . (10 Stunden) nicht überschreiten.

§ 6 Anwendbares Recht/Salvatorische Klausel[8]

Auf diese Vereinbarung findet das Recht der Bundesrepublik Deutschland Anwendung. Für Streitigkeiten aus dieser Vereinbarung gilt . . . . . . als Gerichtsstand.

Sollte eine der Bestimmungen ganz oder teilweise unwirksam sein, wird hierdurch die Wirksamkeit der übrigen Bestimmungen nicht berührt. Die Parteien verpflichten sich, die ganz oder teilweise unwirksame Klausel durch eine Regelung, die der ganz oder teilweise unwirksamen Klausel wirtschaftlich möglichst entspricht, zu ersetzen oder die ganz oder teilweise unwirksame Klausel wirtschaftlich entsprechend und in rechtskonformer Weise anzuwenden.

. . . . . ., den . . . . . .

. . . . . .

(Unterschriften)

Anmerkungen

1. Der Rechtsanwalt ist gem. § 3 Abs. 1 BRAO der berufene unabhängige Berater und Vertreter in allen Rechtsangelegenheiten, mithin darf der Rechtsanwalt auch Sanierungsberatung betreiben. Dabei hat er seine Mandanten unabhängig zu beraten, in allen Rechtsangelegenheiten zu vertreten und vor Rechtsverlusten zu schützen, rechtsgestaltend, konfliktvermeidend und streitschlichtend zu begleiten, vor Fehlentscheidung durch Gerichte und Behörde zu bewahren und gegen verfassungswidrige Beeinträchtigung und staatliche Machtüberschreitung zu sichern, § 1 Abs. 3 BORA (*Schmittmann* ZInsO 2011, 545 (551)).

2. Ein erhebliches Risiko bei der Sanierungsberatung besteht darin, dass Honorare und vereinbarte Vergütungen, die nach erbrachter Leistung oder nach Vertragsabschluss vom zu sanierenden Unternehmen geleistet wurden, vom später eingesetzten Insolvenzverwalter angefochten werden. Das erhöhte Gefährdungspotenzial besteht deshalb, weil gerade durch die insolvenznahe Beratung weitgehende Einblicke in die finanziellen Verhältnisse des Mandanten genommen werden konnten. Dem Insolvenzverwalter fällt es daher leicht, nachzuweisen, dass hier auf der Seite des beratenden Anwalts Kenntnisse über die Zahlungsunfähigkeit oder jedenfalls Informationen vorhanden waren, die auf die Zahlungsunfähigkeit hindeuteten. Derartige Zahlungen können sowohl nach § 130 InsO als auch nach § 131 InsO anfechtbar sein. Daher ist es sinnvoll, bereits in der Honorarvereinbarung oder im Beratungsvertrag entsprechende Regelungen vorzusehen, die dieser Problematik Rechnung tragen. Bei derartigen vertraglichen Vereinbarungen handelt es sich dann nicht um Umgehungskonstruktionen, da der Gesetzgeber mit § 142 InsO deutlich gemacht hat, dass er in Fällen von Bargeschäften eine Anfechtung durch Insolvenzverwalter ausschließen möchte. Eine solche Regelung liegt auch im Interesse der späteren Gläubiger, da nur auf diese Weise sichergestellt ist, dass in die Krise geratene Unternehmen und Mandanten professionelle Hilfe in Anspruch nehmen können. Ohne eine solche Möglichkeit, die Anfechtung auszuschließen, wäre es in der Praxis kaum denkbar, dass sich Berater finden, die Sanierungsberatungsleistungen erbringen, wenn die dafür vereinbarten Honorare im Fall des Scheiterns zurückzugewähren wären. Die Honorarvereinbarungen mit derartigen Mandanten sollten sich daher an den Tatbestandsvoraussetzungen des § 142 InsO orientieren. Das bedeutet, dass sichergestellt wird, dass es genaue vertragliche Vereinbarungen über Leistungen und Gegenleistungen gibt und dass es genaue Vereinbarungen über die Fälligkeit der einzelnen Leistungen, dh genaue Vereinbarungen darüber gibt, wann einzelne Beratungsleistungen erbracht werden sollen, wann diese Leistungen als erbracht gelten und zu welchem Zeitpunkt das Beraterhonorar hierfür gezahlt werden soll. Hierbei ist zu berücksichtigen, dass die jeweilige Gegenleistung unmittelbar zu erfolgen hat, wie dies § 142 InsO voraussetzt. Der BGH hat für diese unmittelbare Gegenleistung einen Zeitraum von 30 Tagen genügen lassen.

3. Mit Annahme des Mandats müssen schon aus Gründen der Haftungsbegrenzung Gegenstand und Ziel des Auftrags konkret umschrieben und fixiert werden. Nur auf diese Weise kann sichergestellt werden, dass klar ist, welche Leistungspflichten bestehen. Anhand dieser Gegenstandsbeschreibung kann sodann abgeleitet werden, welche weiteren Nebenleistungspflichten sich aus dem Beratungsvertrag ergeben können. Die schriftliche Fixierung ist aber auch deshalb sinnvoll, um spätere Streitigkeiten in Bezug auf die geschuldete Leistung zu minimieren. Eine schriftliche Umschreibung der einzelnen Beratungsleistungen erleichtert die Darlegungs- und Beweislast für die Vertragspartner erheblich. Dies auch vor dem Hintergrund, dass der Grundsatz gilt, dass in einem schriftlichen Vertrag nicht geregelte Punkte auch als nicht vereinbart gelten (Annahme der Vollständigkeit).

4. Ebenfalls zur Haftungsbegrenzung (→ Anm. 3) ist die Laufzeit bzw. das Ende der Vereinbarung festzulegen, um später eine einfachere Darlegungs- und Beweismöglichkeit zu ermöglichen. Unabhängig davon bzw. darüber hinaus ist die Beendigung des Mandats gesondert schriftlich niederzulegen (vgl. dazu auch *Frege* NZI 2006, 545 (552)).

5. Denkbar ist auch eine erfolgsbasierte Abrechnung, die nicht an das Endergebnis anknüpft, sondern auf das Erreichen bestimmter – vorher fest vereinbarter – Zwischenziele abstellt. In diesem Fall sollte bereits in der Vereinbarung festgelegt werden, an welche konkreten Zwischenziele angeknüpft werden soll und welche Höhe das jeweils fällige Zwischenhonorar haben soll. Darüber hinaus sollte unbedingt auch die Fälligkeit des Zwischenhonorars festgelegt werden. Auch hier sollte an die Voraussetzungen des § 142 InsO gedacht werden.

Eine entsprechende Vereinbarung könnte wie folgt formuliert werden:

. . . . . . Rechtsanwälte erhalten eine erfolgsbezogene Vergütung, die nach Zwischenergebnissen abgerechnet wird. Hierbei werden folgende Einzelleistungen jeweils nach ihrer Erbringung gegenüber dem Auftraggeber wie folgt abgerechnet:
- Erstgespräch mit der Geschäftsleitung,
- Erstellung eines Sanierungsplanes nach IDW S6,
- Umsetzung des Sanierungsplanes.

6. Sinnvoll ist es, eine Vereinbarung darüber zu treffen, dass der Geschäftsführer einer Kapitalgesellschaft persönlich für die vereinbarte Vergütung haftet. Dann kann für den Fall, dass die Gesellschaft das Honorar nicht erfüllt oder nicht erfüllen kann, der Anspruch gegen den Geschäftsführer persönlich geltend gemacht werden. Auf diese Weise kann eine weitere ggf. solvente Haftungsmasse generiert werden. Sinnvoll ist diese Vereinbarung natürlich nur in den Fällen, in denen der Geschäftsführer selbst zahlungsfähig ist und über Vermögen verfügt, das ihn in die Lage versetzt, einen entsprechenden Honoraranspruch zu befriedigen. Dieser Punkt soll dann natürlich vorher mit dem Geschäftsführer der Gesellschaft ausdrücklich besprochen werden.

7. Insbesondere in einem solchen Spezialbereich wie der Sanierungsberatung bzw. der insolvenznahen Beratung kann es notwendig sein, sehr schnell fachliche Unterstützung durch Dritte in Anspruch nehmen zu müssen. Daher ist es sinnvoll, für diesen Fall ggf. eine entsprechende Klausel in den Vertrag mit aufzunehmen.

8. Durch die sog. salvatorische Klausel soll klargestellt werden, dass durch die Unwirksamkeit einer einzelnen Vereinbarung nicht die Wirksamkeit des gesamten Vertrages betroffen werden soll. Hierdurch soll die dispositive Regelung des § 139 BGB abbedungen werden. An dessen Stelle soll die individuelle Regelung treten, wonach die unwirksame Vereinbarung durch eine solche Regelung ersetzt werden soll, die den wirtschaftlichen Interessen der beiden Vertragsparteien am besten entspricht. Nur wenn eine solche erhaltene Auslegung unter keinen Umständen möglich ist, kommt die Rechtsfolge des § 139 BGB für diesen Teil zum Tragen.

2. Belehrung in der Unternehmenskrise

Niederschrift[1] über die Belehrung des Geschäftsführers

1. Situation bei Übernahme des Mandats[2]

Am . . . . . . beauftragte uns der Geschäftsführer der . . . . . . GmbH mit der Sanierungsberatung der Gesellschaft. Zu diesem Zeitpunkt war die . . . . . . GmbH ausweislich der uns vorliegenden Unterlagen[3] weder zahlungsunfähig noch überschuldet iSd § 19 InsO.

Zur Überprüfung der finanziellen und wirtschaftlichen Situation lagen die folgenden Geschäftsunterlagen[3] vor:

- Jahresabschluss 2012 vom . . . . . .,
- Summen- und Saldenlisten von . . . . . . bis . . . . . .,
- Kontoauszüge der . . . . . . GmbH von . . . . . . bis . . . . . .,
- Auftrags- und Bestellliste der . . . . . . GmbH vom . . . . . .,
- . . . . . .

2. Pflichten des Geschäftsführers

a) Am . . . . . . hat Rechtanwalt/Rechtsanwältin . . . . . . von . . . . . . Rechtsanwälte den Geschäftsführer der . . . . . . GmbH darüber informiert, dass er in seiner Eigenschaft als Geschäftsführer nach § 15a Abs. 1 InsO verpflichtet ist, unverzüglich[4] – spätestens jedoch innerhalb von drei Wochen – einen Antrag auf Eröffnung des Insolvenzverfahrens zu stellen, wenn sich die finanzielle Situation der Gesellschaft dahin gehend ändert, dass sie nicht mehr in der Lage ist, 90 % ihrer fälligen (und eingeforderten) Verbindlichkeiten innerhalb der kommenden drei Wochen zu befriedigen,[6] oder sie als überschuldet[5] gilt.

b) Der Geschäftsführer wurde ebenfalls auf § 15a Abs. 4 InsO hingewiesen, wonach mit Freiheitsstrafe bis zu drei Jahren bestraft wird, wer entgegen der unter a) beschriebenen Voraussetzungen einen Insolvenzeröffnungsantrag nicht, nicht richtig oder nicht rechtzeitig stellt.[11]

c) Darüber hinaus wurde der Geschäftsführer darüber informiert, dass er nach Eintritt eines Insolvenzgrundes[7] nach § 64 GmbHG nur noch Auszahlungen[8] vornehmen darf, die mit der Sorgfalt eines ordentlichen Geschäftsmannes[9] vereinbar sind. Anderenfalls haftet[10] er für derartige Auszahlungen. Das Gleiche gilt nach § 64 S. 3 GmbHG für Zahlungen an Gesellschafter, soweit diese zur Zahlungsunfähigkeit führen mussten und ebenfalls nicht mit der Sorgfalt eines ordentlichen Geschäftsmannes vereinbar waren.

d) Der Geschäftsführer wurde ebenfalls ausdrücklich auf seine Pflicht nach § 49 Abs. 3 GmbHG hingewiesen, nach der er unverzüglich eine Gesellschafterversammlung[12] einzuberufen hat, wenn sich aus der Jahresbilanz[13] oder aus einer im Laufe des Geschäftsjahres aufgestellten Bilanz[14] ergibt, dass das Stammkapital[15] zu mehr als 50 % verloren ist.

Anmerkungen

1. Über die Belehrung des jeweiligen Geschäftsführers sollte eine Niederschrift angefertigt werden. Nur auf diese Weise kann sichergestellt werden, dass im Nachhinein noch eine Dokumentation vorhanden ist und diese im Bedarfsfall auch beigebracht werden kann. Dies verhindert zudem Beweis- und Darlegungsprobleme im möglichen Haftungsfall. Dies sollte nicht unterschätzt werden, da gerade im Zusammenhang mit der Sanierungsberatung erhebliche Haftungsgefahren auftreten können. Darüber hinaus wird mit der schriftlichen Dokumentation der Belehrung bzw. Information dem Geschäftsführer die Bedeutung der Belehrung vor Augen geführt. Er kann sich später nicht darauf berufen, dass ihm diese nur in einem beiläufigen Gespräch näher gebracht worden sei und er daher nicht erkannt habe, welche Pflichten er zu beachten habe und welche strafrechtlichen und haftungsrechtlichen Folgen die Nichtbeachtung der Verpflichtungen für ihn haben könnte.

2. Bereits aus haftungsrechtlichen Gründen sollte in dieser Niederschrift die Ausgangssituation dargestellt werden. Eine Sanierungsberatung ist nur in den Fällen sinnvoll, in denen eine Sanierung des Unternehmens noch möglich ist. Dies bedeutet, dass zum Zeitpunkt der Mandatsübernahme eine wirtschaftliche und finanzielle Situation gegeben sein muss, die die Stellung eines Insolvenzantrages gerade noch nicht erforderlich macht. Das bedeutet, dass zum Zeitpunkt der Mandatsübernahme noch kein Insolvenzgrund vorliegen darf. Anderenfalls träfen den Geschäftsführer der Gesellschaft bereits zu diesem Zeitpunkt die nachfolgend genannten Pflichten (vgl. hierzu die Formulierungen unter II. Niederschrift). Lägen also bereits Voraussetzungen für die Insolvenzantragstellung vor, ginge die Belehrung des Geschäftsführers ins Leere, da er bereits zum Zeitpunkt der Belehrung die genannten Pflichten zu erfüllen hätte, um die strafrechtlichen und haftungsrechtlichen Risiken auszuschließen. In der Niederschrift muss also deutlich gemacht werden, dass zum

Zeitpunkt der Mandatsübernahme gerade noch keine Insolvenzantragsgründe vorliegen. Dies kann nicht ohne Weiteres vom Berater unterstellt werden, sondern verlangt vielmehr eine Überprüfung. Hierzu sind zum einen Auskünfte der Geschäftsführung erforderlich und zum anderen auch die Durchsicht der zur Verfügung gestellten Geschäftsunterlagen. Dabei müssen die Geschäftsunterlagen herangezogen werden, die typischerweise zur Beurteilung der Zahlungsunfähigkeit bzw. der Überschuldung verwendet werden (vergleiche dazu auch die Ausführungen → Form. M. II. 3 Anm. 3).

3. Zur Überprüfung der finanziellen und wirtschaftlichen Situation der Gesellschaft sind die einschlägigen Geschäftsunterlagen durchzusehen. In der Niederschrift sollte dokumentiert werden, welche Geschäftsunterlagen für die Prüfung der Insolvenz der Gesellschaft zur Verfügung gestellt wurden. Auf dieser Grundlage kann dann zu einem späteren Zeitpunkt nachvollzogen werden, welche Angaben zur Beurteilung der wirtschaftlichen Situation der Gesellschaft zur Verfügung standen und welche Rückschlüsse anhand dieser Unterlagen gezogen werden durften. Darüber hinaus ergibt sich auf Grundlage dieser Angaben, welche Unterlagen insgesamt für die Überprüfung zur Verfügung standen, dh in welchem Zustand sich die Buchhaltung der Gesellschaft zum Zeitpunkt der Mandatsübernahme befunden hat. Die Angabe dieser Informationen zwingt den beratenden Rechtsanwalt auch dazu, sich ohne Weiteres auf den Standpunkt zurückziehen zu können, dass zum Zeitpunkt der Mandatsübernahme keinerlei Unterlagen vorgelegt werden konnten. Eine sinnvolle Sanierungsberatung ist also nur dann möglich, wenn entsprechende Geschäftsunterlagen vollständig vorhanden sind. Anderenfalls würde es bereits an einer wesentlichen Grundvoraussetzung für eine ernsthafte Sanierung fehlen.

4. Nach § 15a Abs. 1 InsO hat der Geschäftsführer einer Gesellschaft mit beschränkter Haftung den Insolvenzantrag unverzüglich zu stellen, nachdem Zahlungsunfähigkeit bzw. Überschuldung eingetreten ist. Unverzüglich bedeutet, dass der Antrag auf Eröffnung des Insolvenzverfahrens ohne schuldhaftes Zögern zu stellen ist. Dies bedeutet, dass der Antrag zwar nicht sofort, aber innerhalb einer nach den Umständen des jeweiligen Einzelfalls zu bemessenden Prüfungs- und Überlegungsfrist zu stellen ist (Palandt/*Ellenberger* § 121 Rn. 3). Spätestens ist der Antrag jedoch innerhalb von drei Wochen zu stellen. Diese Dreiwochenfrist soll dazu dienen, zu entscheiden und zu überprüfen, ob eine Sanierung außerhalb des Insolvenzverfahrens in Betracht kommt und erfolgversprechend sein kann (Hamburger Kommentar InsO/*Wehr* § 15a InsO Rn. 17). Da es sich hierbei um eine Höchstfrist handelt, ist der Antrag ggf. auch vor Ablauf dieser Frist zu stellen, wenn sich bereits vor Ablauf der drei Wochen herausstellt, dass eine Sanierung nicht ernstlich in Betracht kommt.

5. Vergleiche zur Frage, wann die Gesellschaft **überschuldet** ist, → Form. M. I. 4 Anm. 9.

6. Zur Frage, wann **Zahlungsunfähigkeit** vorliegt, → Form. M. I. 4 Anm. 13.

7. § 64 GmbHG knüpft ebenfalls an das Vorliegen eines **Insolvenzgrundes** an. Dabei kann zum einen Zahlungsunfähigkeit oder zum anderen Überschuldung vorliegen. Zu den jeweiligen Begriffen → Form. M. I. 2 Anm. 13, → Form. M. I. 4 Anm. 9.

8. Der Geschäftsführer haftet nach § 64 S. 1 GmbHG für Auszahlungen, die er nach Vorliegen eines Insolvenzgrundes vornimmt. Die Rechtsprechung und Teile der Literatur legen den Begriff der Auszahlungen bzw. der Zahlungen sehr weit aus. Nach Ansicht des BGH wird der Haftungsanspruch dadurch ermittelt, dass sämtliche Zahlungen saldiert werden. Eventuelle Regressansprüche des Geschäftsführers gegen die Masse oder gegen den späteren Insolvenzverwalter werden dabei nicht berücksichtigt. Vielmehr umfasst der Erstattungsanspruch die gesamten Auszahlungen. Es bleibt dem Geschäftsführer dann jedoch unbenommen, etwaige Ansprüche gegen den Insolvenzverwalter selbst geltend zu machen. Insbesondere im Zusammenhang mit debitorisch geführten Konten kann dieses weite Verständnis des Auszahlungsbegriffs zu weitreichenden Konsequenzen für den Geschäftsführer führen. Nach Ansicht der Rechtsprechung sollen Einzahlungen auf debitorisch geführten Konten ebenfalls Auszahlungen darstellen, für die der Geschäftsführer grundsätzlich erstattungspflichtig ist. Die Rechtsprechung geht dabei davon aus, dass die Einzahlungen auf das debitorisch geführte Konto eine Befriedigung der Bank und damit eine Auszahlung an die Bank darstellt.

9. Die Erstattungspflicht des Geschäftsführers soll nach § 64 S. 2 GmbHG dann ausgeschlossen sein, wenn die Auszahlungen mit der Sorgfalt eines ordentlichen Geschäftsmannes vereinbar gewesen waren. Fraglich ist dabei, was unter dieser Sorgfalt zu verstehen ist. Nach Ansicht der Rechtsprechung, die bereits den Auszahlungsbegriff des § 64 S. 1 GmbHG sehr weit auslegt, muss die Ausnahmeregelung des § 64 S. 2 GmbHG demgegenüber eng ausgelegt werden. Anderenfalls ergäbe dies im Zusammenspiel keinen Sinn. Es wird daher vertreten, dass nur solche Auszahlungen mit der Sorgfalt eines ordentlichen Geschäftsmannes vereinbar sind, die auch der Insolvenzverwalter getätigt hätte (vgl. dazu OLG Celle, Urt. v. 23.12.2003 – 9 U 176/03, GmbHR 2004, 568; darüber hinaus *K. Schmidt*, Die GmbH in Krise, Sanierung und Insolvenz, Rn. 11.42 S. 996). Eine solche zulässige Zahlung soll auch dann vorliegen, wenn die Insolvenzmasse nicht verkürzt wurde (vgl. dazu BGH Urt. v. 8.1.2001 – II ZR 88/99, BGHZ 146, 264 (275)). Zulässig sind darüber hinaus insbesondere auch solche Auszahlungen, die das spätere Insolvenzverfahren positiv beeinflussen. Dies bedeutet aber nicht, dass auch solche Auszahlungen zulässig sind, die zwar eine Fortführung des Geschäftsbetriebs ermöglichen, aber die erforderliche Antragstellung nur hinauszögern. Nach Ansicht der Rechtsprechung sind jedoch solche Auszahlungen mit der Sorgfalt eines ordentlichen Geschäftsmannes vereinbar, deren Nichtzahlung durch strafrechtliche Haftungsnormen sanktioniert wird. Hier ist insbesondere die (im Unterlassensfall strafbewehrte) Abführung der Sozialversicherungsbeiträge zu nennen. Gleiches gilt in Bezug auf die §§ 34, 69 AO. Die Geschäftsführer haben die steuerrechtlichen Pflichten weiter zu berücksichtigen, sodass die steuerrechtlichen Pflichten und insbesondere Auszahlungen mit der Sorgfalt eines ordentlichen Geschäftsmannes vereinbar sind (vgl. *K. Schmidt* Rn. 11.46 (S. 998)). Letztlich bleibt in diesem Zusammenhang jedoch zu berücksichtigen, dass die Beweislast für das fehlende Verschulden, dh dafür, dass die Auszahlungen mit der Sorgfalt eines ordentlichen Geschäftsmannes vereinbar waren, den Geschäftsführer trifft. Der Geschäftsführer hat daher gegenüber dem Insolvenzverwalter darzulegen und zu beweisen, dass die von ihm geleisteten Zahlungen mit der Sorgfalt eines ordentlichen Geschäftsmannes vereinbar waren.

10. Der Geschäftsführer haftet der Gesellschaft nach § 64 S. 1 GmbHG für unzulässige Zahlungen. Das bedeutet, dass der Geschäftsführer die Zahlungen an die Insolvenzmasse zurückzugewähren hat. Die Höhe der Zahlungen bestimmt sich nach Ansicht der Rechtsprechung (vgl. BGH Urt. v. 31.3.2003 – II ZR 150/02, DB 2003, 1213; BGH Urt. v. 8.1.2001 – II ZR 88/99, NZG 1999, 884; OLG München Urt. v. 15.10.2008 – 7 U 4972/07, ZIP 2008, 2169) durch Addierung der nach Eintritt des Insolvenzgrundes getätigten Auszahlungen. Etwaige Gegenansprüche bleiben dabei außer Ansatz. In der Regel bleiben hierbei zunächst auch solche Auszahlungen vom Rückzahlungsanspruch erfasst, die mit der Sorgfalt eines ordentlichen Geschäftsmannes vereinbar sein könnten, solange der Geschäftsführer dies gegenüber dem den Anspruch geltend machenden Insolvenzverwalter nicht dargelegt und bewiesen hat.

11. Nach § 15a Abs. 4 InsO ist die fehlende oder nicht rechtzeitige oder nicht richtige Insolvenzantragstellung strafbewehrt. Strafbewehrt sind danach zum einen die unterlassenen Insolvenzantragstellungen, dh wenn der Geschäftsführer es zum maßgeblichen Zeitpunkt (dh bei Zahlungsunfähigkeit oder bei Überschuldung) unterlässt, einen Insolvenzantrag zu stellen. Darüber hinaus ist strafbewehrt, wenn der Geschäftsführer den Antrag nicht in der in § 15a genannten Frist (dh unverzüglich bzw. spätestens nach drei Wochen) stellt. Letztlich ist es nach § 15a Abs. 4 InsO auch strafbewehrt, wenn der Geschäftsführer den Insolvenzantrag nicht richtig stellt. Bisher war unklar, was unter dieser Formulierung zu verstehen ist. Nach der Novellierung des § 13 InsO mit seinen umfangreichen zusätzlichen Voraussetzungen kann es tatsächlich Fälle geben, in denen der Geschäftsführer den Antrag nicht richtig stellt, zB wenn er es unterlässt, die Höchstforderung besonders kenntlich zu machen. Denkbar wäre aber auch, dass der Geschäftsführer es versäumt, trotz eines laufenden Geschäftsbetriebes die Forderungen der Finanzverwaltung oder die Forderungen der Sozialversicherungsträger besonders kenntlich zu machen. Vgl. zu den Anforderungen an einen Eigenantrag → Form. M. I. 1 Anm. 7.

12. Was unter einer **Gesellschafterversammlung** zu verstehen ist, lässt sich aus § 48 GmbHG ableiten. Danach handelt es sich bei der Gesellschafterversammlung um die Gesamtheit aller Gesellschafter. Beschlüsse sind nach § 48 Abs. 1 GmbHG in einer Versammlung zu fassen. Hierfür müssen die Gesellschafter an einem Ort physisch zusammentreffen und über den Beschluss entscheiden (vgl. dazu BeckOkGmbHG/*Schindler* Stand: 1.9.2013, § 48 Rn. 7). Auch wenn man nach § 48 Abs. 2 GmbHG von einer Gesellschafterversammlung absehen kann, wenn sämtliche Gesellschafter in Textform erklärt haben, dass sie mit der zu treffenden Bestimmung oder mit der schriftlichen Abgabe der Stimmen einverstanden sind, so ergibt sich aus § 49 Abs. 3 GmbHG, dass jedenfalls im Fall der Stammkapitalunterschreitung eine Gesellschafterversammlung und damit eine physische Zusammenkunft der Gesellschafter erforderlich ist. Der Geschäftsführer hat die Pflicht, eine solche einzuberufen. Hintergrund dieser Pflicht ist die weitreichende finanzielle Entwicklung in Bezug auf das Stammkapital. Den Gesellschaftern soll durch die Einberufung einer solchen Gesellschafterversammlung zum einen die Bedeutung dieses finanziellen Ereignisses bewusst gemacht und zum anderen die Möglichkeit zur Ergreifung entsprechender (Gegen-)Maßnahmen gegeben werden.

13. Unter der Jahresbilanz versteht man die Schlussbilanz des Unternehmens, die im Rahmen des regulären Jahresabschlusses zu erstellen ist. Ergibt sich aus dieser Schlussbilanz, die in den meisten Fällen zum 31.12. des jeweiligen Geschäftsjahres aufgestellt wird, dass das Stammkapital zu mehr als 50 % aufgebraucht ist, so trifft den Geschäftsführer die og Pflicht.

14. In bestimmten Fällen und in bestimmten Situationen ist aber darüber hinaus auch noch im Laufe des Geschäftsjahres eine Bilanz aufzustellen. Es kann auch mehrere Zeitpunkte geben, zu denen eine solche Unterjährige Bilanz aufzustellen ist. Sollte sich aus einer solchen Bilanz ergeben, dass das Stammkapital zu mehr als 50 % aufgebraucht ist, so hat der Geschäftsführer ebenfalls eine Gesellschafterversammlung einzuberufen. Solche Unterjährigen Bilanzen sind ggf. dann aufzustellen, wenn sich die finanzielle oder wirtschaftliche Situation der Gesellschaft derart entwickelt, dass zu befürchten ist, dass ein Insolvenzgrund vorliegt. Den Geschäftsführer treffen insoweit hier auch weitreichende Überwachungspflichten. Gegebenenfalls hat der Geschäftsführer die Pflicht, eine solche Unterjährige Bilanz aufstellen zu lassen, um beurteilen zu können, ob ihn die Pflichten nach § 49 Abs. 3 GmbHG treffen. Insgesamt ist hierbei jedoch zu berücksichtigen, dass man nicht davon ausgehen kann, dass die Pflicht nur bzw. erst dann eintritt, wenn sich aus der aufgestellten Bilanz ein solcher Verbrauch des Stammkapitals ergibt. Vielmehr tritt die Pflicht bereits dann ein, wenn der Geschäftsführer im Rahmen der Erstellung oder auch in sonstiger Weise von dem hälftigen Verbrauch des Stammkapitals erfährt. Der Geschäftsführer hat dann die Pflicht, die Gesellschafterversammlung einzuberufen (vgl. hierzu BGH Urt. v. 20.2.1995 – II ZR 9/94, NJW-RR 1995, 669; Michalski/*Römermann* GmbHG § 49 Rn. 102). Zur Erfüllung dieser Pflicht und insbesondere zur Beurteilung, ob der Geschäftsführer entsprechend handeln muss, muss er sicherstellen, dass er es schnellstmöglich und sicher erfährt, wenn die Hälfte des Stammkapitals aufgebraucht ist. Daher hat er eine Organisationsstruktur zu errichten, die dies gewährleistet. Der Geschäftsführer kann sich daher nicht allein darauf verlassen, dass er zum jeweiligen Jahresende anhand der Schlussbilanz ableiten kann, wie die finanzielle und wirtschaftliche Situation der Gesellschaft aussieht.

15. Das Stammkapital stellt das sogenannte Grundkapital der Gesellschaft mit beschränkter Haftung dar. Nach § 5 Abs. 1 GmbHG muss das Stammkapital der GmbH mindestens 25.000 EUR betragen. Nach § 5a Abs. 1 GmbHG sind für Gesellschaften mit beschränkter Haftung, die dann als Unternehmergesellschaft (haftungsbeschränkt) firmieren müssen, auch geringere Stammkapitalhöhen möglich. Dieses Kapital stellt das sogenannte Mindestkapital, das den Gläubigern der Gesellschaft als Haftkapital zur Verfügung stehen soll. Das Kapital kann dabei von den einzelnen Gesellschaftern entweder durch Bareinlage oder durch eine entsprechende Sacheinlage erbracht werden. Hierbei ist jedoch zu berücksichtigen, dass das Stammkapital nicht während der gesamten Dauer als liquides Vermögen zur Verfügung stehen muss. Vielmehr kann die Gesellschaft das Stammkapital mit jeglicher Aktiva unterlegen. Dies bedeutet, dass auf der Aktivseite der Gesellschaftsbilanz entsprechende Vermögensgegenstände vorhanden sein müssen. Erst wenn sich hier eine Differenz in Höhe von mehr als 50 % ergibt, tritt die Pflicht des Geschäftsführers ein, die Gesellschafterversammlung einzuberufen.

3. Honorarvereinbarung mit einem notleidenden Mandanten

Beratungsvertrag und Vergütungsvereinbarung[1]

. . . . . .

– Rechtsanwälte –

und

. . . . . .

– Auftraggeber –

schließen folgenden Beratungs- und Vergütungsvertrag:

§ 1 Beratungsgegenstand[2]

. . . . . .

§ 2 Laufzeit der Vereinbarung[2]

Das mit dieser Vereinbarung begründete Mandat beginnt am . . . . . . Das Mandat endet mit einer jederzeit möglichen Kündigung. Zur Kündigung sind beide Seiten berechtigt, wobei die Kündigung durch . . . . . . Rechtsanwälte nicht zur Unzeit erfolgen darf.

§ 3 Vergütung

(1) Höhe der Vergütung[3]

Für die unter § 1 beschriebene Beratung vereinbaren die Parteien die folgende Vergütung, wobei es sich bei allen Beträgen um Nettobeträge handelt. Die Abrechnung erfolgt daher zuzüglich der jeweils aktuellen gesetzlichen Umsatzsteuer:

(Alternative 1: Zeithonorar
Die Beratungstätigkeit von [. . . . . .] Rechtsanwälte wird auf Stundenbasis abgerechnet.
Es wird bis auf weiteres eine Vergütung von netto

- *. . . . . . EUR/Anwaltsstunde (Partner),*
- *. . . . . . EUR/Anwaltsstunde (Associate),*
- *. . . . . . EUR/Stunde eines Betriebswirts oder Wirtschaftsjuristen vereinbart.*

Hierbei erfolgt eine auf zehn Minuten genaue Abrechnung.)
(Alternative 2: Erfolgshonorar
Gelingt es, ... das Unternehmen des Auftraggebers mit Hilfe eines Insolvenzplans zu erhalten und die Zahlungsfähigkeit wiederherzustellen oder durch eine übertragende Sanierung die wesentlichen Vermögenswerte auf einen neuen Rechtsträger zu übertragen und dort mit mindestens . . . . . . Mitarbeitern aus der hiesigen Gesellschaft den Geschäftsbetrieb fortzuführen, wird ein zusätzliches Honorar in Höhe von . . . . . . EUR als Erfolgshonorar fällig.
Für die Bemessung dieses Erfolgshonorars sind folgende wesentliche Gründe bestimmend, auf die [. . . . . .] Rechtsanwälte hinweisen:
Die gesetzliche Vergütung für diese Tätigkeit würde bei Ansatz einer 1,5-fachen Geschäftsgebühr gemäß §§ 13, 14 Nr. 2300 RVG und einem nach der Höhe des etwaigen Volumens der notwendigen Finanzierung berechneten Gegenstandswertes von . . . . . . EUR voraussichtlich . . . . . . EUR betragen. Die Tätigkeit wird zunächst lediglich mit einem Zeithonorar abgerechnet, um der nicht einschätzbaren Erfolgswahrscheinlichkeit Rechnung zu tragen und die Auftraggeber zunächst nur mit dem anfallenden Pauschalhonorar zu belasten. Zugleich erscheint im Erfolgsfalle eine entsprechende Honorierung, die sodann über RVG liegt, als angemessen.)

(2) Fälligkeit der Vergütung[4]

Die Vergütungsrechnung wird nach Abschluss des Mandats erstellt. Dauert das Mandat länger als einen Monat, wird gegenüber dem Auftraggeber monatlich jeweils zum Monatsende abgerechnet. Das Honorar ist mit Rechnungsstellung sofort fällig und ist unverzüglich auf das folgende Konto zu zahlen: . . . . . .

(Alternativ:

Die Stellung einer Rechnung erfolgt jeweils im Vorhinein für die erwarteten Leistungen für einen Zeitraum von drei Wochen. Die Zahlung hat sodann unverzüglich auf diese Rechnung vorschüssig zu erfolgen. Die geleisteten Stunden werden dann gegen den Vorschuss verrechnet. Nach Ablauf der drei Wochen wird eine entsprechende Rechnung erstellt, aus der sich zum einen die Abrechnung des Vorschusses und zum anderen der neue Vorschuss ergeben. Wird der geleistete Vorschuss nicht verbraucht, wird er auf die nächste Rechnung vorgetragen. Übersteigt der Rechnungsbetrag den Vorschuss, ist der überschießende Betrag innerhalb von drei Werktagen auf das folgende Konto auszugleichen: . . . . . .)

(3) Kostenerstattung

Zum og Honorar kommt die Erstattung etwaiger Auslagen und Reisekosten hinzu.

§ 4 Honorarschuldner

(1) Auftraggeber

Die Zahlung des Honorars erfolgt durch den Auftraggeber. Die Beratung richtet sich allein an die Gesellschafter (*bei Personengesellschaften*)/Geschäftsführer des Auftraggebers.

(2) *(sofern es sich beim Auftraggeber um eine Kapitalgesellschaft handelt)* Geschäftsführer

Soweit der Auftraggeber das Honorar nicht zahlt oder das Honorar später von diesem zurückgefordert wird oder der Insolvenzverwalter später das Honorar nach den Vorschriften der §§ 129 ff. InsO anfechtet, haften die Geschäftsführer des Auftraggebers persönlich für das Honorar.

§ 5 Anwendbares Recht/Salvatorische Klausel

Auf diese Vereinbarung findet das Recht der Bundesrepublik Deutschland Anwendung. Für Streitigkeiten aus dieser Vereinbarung gilt . . . . . . als Gerichtsstand.

Sollte eine der Bestimmungen ganz oder teilweise unwirksam sein, wird hierdurch die Wirksamkeit der übrigen Bestimmungen nicht berührt. Die Parteien verpflichten sich, die ganz oder teilweise unwirksame Klausel durch eine Regelung, die der ganz oder teilweise unwirksamen Klausel wirtschaftlich möglichst entspricht, zu ersetzen oder die ganz oder teilweise unwirksame Klausel wirtschaftlich entsprechend und in rechtskonformer Weise anzuwenden.

. . . . . ., den . . . . . .

. . . . . .

(Unterschriften)

Anmerkungen

1. Ein erhebliches Risiko bei der Beratung (wirtschaftlich) notleidender Mandanten liegt darin, dass Honorare und vereinbarte Vergütungen, die nach erbrachter Leistung oder nach Vertragsabschluss geleistet wurden, vom später eingesetzten Insolvenzverwalter angefochten werden (vgl. dazu auch bereits die Ausführungen → Form. M. II. 1 Anm. 2). Aus diesen Gründen ist es sinnvoll den Beratungsvertrag ebenfalls als Bargeschäft nach § 142 InsO auszugestalten (→ Form. M. II. 1 Anm. 2).

2. Beratungsgegenstand und Laufzeit der Vereinbarung sollten aus Gründen der Haftungsbegrenzung schriftlich fixiert werden (→ Form. M. II. 1 Anm. 3, 4).

3. Die Höhe und die Fälligkeit der Vergütung müssen den Voraussetzungen des § 142 InsO genügen. Im Einzelnen → Form. M. II. 1 Anm. 5.

4. Zur salvatorischen Klausel → Form. M. II. 1 Anm. 8.

N. Buchführung, Finanzbuchhaltung und Auswertungen

I. Vorbemerkungen

1. Grundlagen

Dieser wenig juristische Beitrag ist in der Verbindung mit dem Beitrag von *Vaagt* (→ Form. P) wahrlich „neu" in einem Formularbuch für den Anwaltsberuf. Obwohl die Kanzleimanagement-Programme zunehmend die Anwaltspraxen erobern, ist gerade bei den kleineren Praxen (aber auch bei den mittleren) immer noch eine gewisse Abwehrhaltung festzustellen. Das hat sicherlich verschiedene Gründe: Festhalten an dem alten „Sekretariatsdenken" mit allenfalls Word, Scheu bei der älteren Generation vor der IT, Kostengründe bei den Kleinpraxen und Hemmnisse, die eigene Organisation in Frage stellen usw. *B. Schnee-Gronauer* und *A.R.J. Schnee-Gronauer* haben unlängst einen guten Marktüberblick (allerdings zum Stand Nov. 2011/März 2012, wohl aber noch zutreffend) über die Software in den Kanzleien, die Trends und auch wesentliche Hinweise gegeben (*Schnee-Gronauer/Schnee-Gronauer*, AnwBl. 2013, S. 776 ff.).

Im Rahmen der beiden Beiträge *Vaagt* und *Knief* wird deutlich werden, das auch der Anwaltsberuf sich in Sachen Organisation, Management, Betriebswirtschaft, Marketing und Controlling beraten lassen muss und viele seiner Daten in Formularen, Tabellen und BWA abarbeiten muss.

Schon die Entscheidung, welches Kanzleimanagementprogramm für die eigene Praxisstruktur und die Klientel das richtige ist, ist überaus schwierig: wer sich hier nicht (wenn auch nur von dem provisionshungrigen Verkäufer) beraten lässt, büßt das bitterlich. Umsteigen aus einem einmal zufällig gewählten System in ein anderes, ist mühsam, technisch häufig schwierig, zeitaufwendig und auch sehr kostenintensiv. Eines ist immer richtig: „Anwaltsberatung rechnet sich", nicht nur für den Berater, am meisten für den Anwalt selbst. Das Beste ist immer richtig, wer weiß aber am Anfang, was und wer der Beste ist.

Dasselbe trifft auch auf die steuerliche, insbesondere aber auf die betriebswirtschaftliche Beratung zu.

Das übergeordnete Thema ist gegenwärtig im Zeitalter der BIG DATA das Stichwort „Freisetzung" (Kurz/Rieger Arbeitsfrei: Eine Entdeckungsreise zu den Maschinen, die uns ersetzen, München 2013) von Arbeitskraft:

„Die Kombination von algorithmischer Umstellung von Geschäftsprozessen, vollständiger Digitalisierung aller Vorgänge, plus Software und Rechenleistung könnte langfristig sogar dazu führen, dass ausgerechnet die Profiteure des Optimierungs- und Effizienzwahns – die Unternehmensberater – um ihre Jobs fürchten müssen. Wenn Unternehmer die bisher teuer extern eingekaufte Analyse ihres eigenen Geschäfts einfach selbst vornehmen können, reduziert sich das Berufsbild auf die Rolle, die heute oft genug der Grund für die Anforderungen von Beratern ist, nämlich als Sündenbock für Entlassungen zu dienen." (*Kurz/Rieger*, Die Freisetzung, in Frankfurter Allgemeine Sonntagszeitung vom 13.10.2013, S. 37)

Die Softwareentwicklungen in den nächsten Jahren wird durch diese Betrachtung bestimmt: auch der Anwaltsberuf könnte Nutznießer werden. Auch der Anwalt muss einsehen und praktisch erkennen, dass mühsames, zeitaufwendiges „händisches" Arbeiten ohne ein Kanzleiprogramm, ohne ein edv-gestütztes Buchführungssystem und ohne „statistische"

Nachbearbeitung der Ergebnisse (durch eine BWA oder mit Excel) mit zB Kennzahlen nachweislich die teuerste Variante der Berufsausübung und deren Kontrolle ist.

Anwaltspraxen – gerade auch kleine – lassen sich strategische nicht mehr allein durch „Management by Cash" führen: schnelles Agieren, Reagieren und intelligentes Anpassen muss auch – oder gerade – für die kleinen und mittleren Praxen gelten. Nur eine einfache Einnahmen-Überschuss-Rechnung gem. § 4 Abs. 3 EStG reicht bei weitem nicht mehr aus. Die weiter unten gezeigten DATEV-BWA, welche automatisch mit dem Rechnungswesen erzeugt werden, sind ein erster betriebswirtschaftlicher Schritt. Gerade die kleineren und mittleren Praxen müssen dieser Richtung folgen, verfügen sie doch nicht wie die großen nationalen wie internationalen Anwaltspraxen über in sich geschlossene IT-Systeme mit ausgefeilter individueller, aber teurer Auswertungssoftware, die zudem teure Hardware voraussetzen.

Vaagt zeigt in seinem Beitrag das nicht nur theoretische Gerüst an Kennzahlen für die Wirtschaftlichkeitsanalyse einer Anwaltspraxis. Seine Kennzahlen kennzeichnen kein Idealbild. Für kleine und mittlere Praxen gilt aber, das wirtschaftlich umzusetzen. Das wird im Folgenden an den DATEV-Auswertungen versucht.

2. Kanzleimanagement-Systeme

Die diversen qualitativ sehr unterschiedlichen Kanzleimanagementsysteme (vgl. die umfassende Zusammenstellung bei Schnee-Gronauer/Schnee-Gronauer, Fn. 3) erzeugen neben dem berufsüblichen und wichtigen Output wie Schriftsätze, Schriftwechsel, Notizen, Aktenunterlagen tiefster und breitester Art auch zusätzlich viele Daten, die für ein kluges Rechnungswesen verwendet werden können und müssen: Das sind zB die Anzahl der angelegten und abgearbeiteten Akten, die geleisteten verrechenbaren und nicht verrechenbaren Stunden, Stundensätze für Partner und Mitarbeiter, durchlaufende Gelder, Rechnungsausgangsbeträge, Debitorensätze, Vorschüsse, durchlaufende und verauslagte Kosten etc.

Es ist hier nicht die Aufgabe, irgendein Managementprogramm zu beschreiben. Allerdings sollen Hinweise gegeben werden, bei welcher Größenordnung einer Praxis welche Instrumente der Analyse für strategische Managementzwecke empfehlenswert sind.

Die Verknüpfung der Daten des Kanzleimanagementsystems mit Daten des Rechnungswesens erlaubt mit intelligenten Abfragealgorithmen sehr aussagefähige betriebswirtschaftliche Auswertungen zu erzeugen, welche „händisch" kaum wirtschaftlicher erzeugt werden können, auch nicht immer mit Excel. (Es ist allen noch so versierten Excel-Anwendern zu empfehlen ihre Excel-Berichte ab und zu einer Revision durch einen versierten Dritten zu unterziehen)

Weiter unten wird mit BWA-System RAISY (to raise, to increase in value, to put forward for consideration, an increase in salary, in wages etc., *Collins*, Concise Dictionary), ein System von insgesamt 10 individuellen betriebswirtschaftlichen Auswertungen vorgestellt. Das von *Vaagt* in diesem Formularbuch vorgestellte „Controlling und Reporting-System" muss für die kleinen und mittleren Praxen praktisch umsetzt werden. Das wird Aufgabe der Steuerberater und Wirtschaftsprüfer werden müssen. Diese haben Zugriff auf diese Lösungen in dem Buchhaltungssystem zB der DATEV (Addison, ua).

Dieser Beitrag richtet sich bewusst an die kleinen und mittleren Praxen, welche in der Kanzleimanagementliteratur sehr vernachlässigt werden.

Kanzleimanagement bei weiter Auslegung reicht von der Gründung bis zur Beendigung der anwaltlichen Tätigkeit. Es umfasst die Organisation des Ablaufes einer Praxis, aber auch das einfache Finanzbuchführungssystem einer Einnahmen-Überschuss-Rechnung bis zur Bilanzierung einer Sozietät oder Anwalts-GmbH und statistischen Auswertungen einschließlich Kennzahlen, letztlich bis zur Praxisbewertung im Zugewinnausgleichsverfahren, bei der Betriebsaufgabe, bei der Aufnahme neuer Partner, bei Verkauf der Praxis, einer Verschmelzung ua m.

Wer sich dieser weiten Auslegung verschließt, begeht betriebswirtschaftlich böse Fehler, die bei den entsprechenden Anlässen teuer (auch liquiditätsmäßig) bezahlt werden müssen. Unabhängig von der persönlichen Freude, welche die anwaltliche Berufsarbeit mit sich bringen kann, gebietet es sich (in der Regel auch der Familie gegenüber), den eigenen wirtschaftlichen Erfolg zu messen, mit der Frage, ob auch ein notwendiger kalkulatorische Anwaltslohn erarbeitet wird. (Vgl. *Knief* AnwBl 2010, S. 92 ff)

Wettbewerbsfähig sind diese Praxen dann nicht mehr. Sehr ausführlich und provokant hat dies jüngst in dem neuen Werk „Der Rechtsmarkt in Deutschland" *Tausch* beschrieben unter dem Thema: „Kleinkanzlei: Archetypus und Schlusslicht – Denn sie wollen nicht wissen, was sie tun." (Wegerich/Hartung/*Tauch* Der Rechtsmarkt in Deutschland., Überblick, Analyse, Erkenntnisse, Frankfurt 2014, S. 388 ff.)

Die Überschrift sagt genug. Sein „Optimismus" ist nicht gerade erfrischend. Man kann seinen schlüssigen Ausführungen auch entnehmen, dass ohne eine betriebswirtschaftliche Auseinandersetzung mit den eigenen Zahlen auch oder gerade der kleinere Anwalt kaum „gut überleben" kann.

Beschrieben werden wie bereits oben kritisiert vornehmlich die Probleme der heilen Welt der Großpraxen, deren Handhabung und Lösungen. Wie in der gesamten betriebswirtschaftlichen Literatur kommt die Beschäftigung mit kleinen und mittleren Unternehmen zu kurz.

Vorab seien für die persönliche Auseinandersetzung mit dem Gesamtthema mit 2 Fragebögen einige Kernprobleme abgefragt und umrissen. Das fördert die Einsicht für die Notwendigkeit der ernsthaften Beschäftigung mit dem Gesamtthema und für die Akzeptanz betriebswirtschaftlicher Auswertungen jeder Art und Tiefe.

Die 1. Checkliste für den Existenzgründer dient ausschließlich dazu, den zukünftigen Anwalt hoch zu sensibilisieren und unbedingt eine fachlich gute Unternehmensberatung in Anspruch zu nehmen; Literatur zu Businessplänen gibt es in Fülle, für die Existenzgründung sollten Sie sich unbedingt eines erfahrenen Beraters bedienen. Bei einer möglicherweise notwendigen Finanzierung ist ein solcher Businessplan unbedingt notwendig.

Die 2. Checkliste soll etablierten Anwälten dazu dienen, sich selbst Rechenschaft abzulegen über die Berufsausübung, den Sinn für Marketing und Controlling zu schärfen.

Die 3. Checkliste unterstellt, das das ein gewisses Controlling durchgeführt wird und gibt dem Leser Begriffsbestimmungen und zu arbeitender Geschäftsfelder.

Die 4. Checkliste ist eine Mahnung an kleine und mittlere Praxen über das Marketing und entsprechende Marketingmaßnahmen nachzudenken und sich notfalls auch hier beraten zu lassen.

II. Checklisten

1. Checkliste für Existenzgründer

	ja	nein	in Arbeit	beauftragt
Wie viele Jahre anwaltliche Erfahrung besitzen Sie?	☐	☐	☐	_____
Haben Sie einen in Anwaltssachen erfahrenen Berater?	☐	☐	☐	_____
Haben Sie eine Standortanalyse vorgenommen?	☐	☐	☐	_____
Nehmen Sie eine Beratungsförderung in Anspruch?	☐	☐	☐	_____
Reicht Ihr Erfahrungsschatz?	☐	☐	☐	_____
Können Sie Fach-Vorträge halten?	☐	☐	☐	_____
Haben Sie spezielle Fachgebiete?	☐	☐	☐	_____
Haben Sie schon einmal Aufsätze geschrieben?	☐	☐	☐	_____
Wer hat Ihnen das Kanzleimanagementsystem empfohlen?	☐	☐	☐	_____
Hat Ihre Bank Erfahrung in Sachen Existenzgründungsberatung?	☐	☐	☐	_____
Auch für Anwälte?	☐	☐	☐	_____
Haben Sie einen in Anwaltssachen erfahrenen Steuerberater?	☐	☐	☐	_____
Wissen Sie, was eine BWA ist?	☐	☐	☐	_____
Haben Sie einmal einen Kurs besucht mit der Thematik „BWL für junge Juristen"?	☐	☐	☐	_____
Welches Qualitätssicherungssystem streben Sie an?	☐	☐	☐	_____
Kennen und haben Sie die Handbücher dieses Systems?	☐	☐	☐	_____
Wie hoch soll Ihre Haftpflichtsumme werden?	☐	☐	☐	_____
Was für ein Praxis-Controlling-System wollen Sie einsetzen?	☐	☐	☐	_____
Haben Sie einen Businessplan und eine schriftlich niedergelegte Strategie?	☐	☐	☐	_____
Weiß Ihr Ehepartner, was auf sie/ihn zukommt?	☐	☐	☐	_____
_____				
_____				
Konnten Sie auf alle Fragen befriedigende Antworten geben?				

Sie sollten als Existenzgründer nahezu alle Fragen mit „Ja" beantwortet haben.

2. Checkliste für etablierte Kanzleien

	ja	nein	in Arbeit	beauftragt
Wie viele Jahre anwaltliche Erfahrung besitzen Sie?		☐ Jahre		_____
Haben Sie einen in Anwaltssachen erfahrenen Berater?	☐	☐	☐	_____
Überprüfen Sie regelmäßig Ihren Standort?	☐	☐	☐	_____
Schöpfen Sie Beratungsförderungsmöglichkeiten aus?	☐	☐	☐	_____
Reicht der Erfahrungsschatz Ihrer Praxis für die Zukunft?	☐	☐	☐	_____
Betreiben Sie hinreichend Fortbildung?	☐	☐	☐	_____
Mehr als gefordert?	☐	☐	☐	_____
Schöpfen Sie Ihre Geschäftsfelder aus?	☐	☐	☐	_____
Betreiben Sie systematisches Marketing?	☐	☐	☐	_____
Hatten Sie neue Geschäftsfelder in den letzten Jahren, welche?	☐	☐	☐	_____
Haben Sie spezielle Fachgebiete?	☐	☐	☐	_____
Schreiben Sie regelmäßig Aufsätze ?	☐	☐	☐	_____
Halten Sie Vorträge?	☐	☐	☐	_____
Welches Qualitätssicherungssystem haben Sie installiert?				_____
Beherrschen Sie und die Mitarbeiter das Handbuch?	☐	☐	☐	_____
Arbeiten Sie mit einem gängigen Kanzleimanagementsystem wie Ra-Micro, Annotext , DATEV Anwalt pro oder andere?	☐	☐	☐	_____
Wie hoch ist Ihre Haftpflichtsumme?				_____
Betreiben Sie ein hinreichendes Praxiscontrolling-System?	☐	☐	☐	_____
Liegt Ihre BWA bis zum 15. des Folgemonats vor?	☐	☐	☐	_____
Analysieren Sie Ihre BWA?	☐	☐	☐	_____
Wenn ja, mit wem?				_____
Haben Sie Planzahlen in der BWA , damit also einen Soll-Ist-Vergleich?	☐	☐	☐	_____
Was ist Ihnen wichtiger? Der Kontostand der Banken oder die BWA?				_____
Wie viel Liquidität haben Sie für einen Umsatzeinbruch als Sicherheit?				_____
Kennen Sie die exakten Außenstände Ihrer Praxis?	☐	☐	☐	_____
Kennen Sie Ihre unfertigen Leistungen? Wenigstens ungefähr?	☐	☐	☐	_____
Kennen Sie die BWA- Zeitreihen oder Entwicklungsübersicht?	☐	☐	☐	_____

	ja	nein	in Arbeit	beauftragt
Schreiben Sie Ihren Businessplan und Ihre Strategie laufend fort (einmal p.a.) und wenn ja, durch wen?	☐	☐	☐	_____
Wie viele Excel-Logiken gibt es für die Analyse Ihrer Praxis?				_____
Hat die schon einmal jemand auf ihre Richtigkeit überprüft?	☐	☐	☐	_____
Oder macht das alles Ihr Steuerberater/Wirtschaftsprüfer?	☐	☐	☐	_____
Haben Sie einen Management-Verantwortlichen?	☐	☐	☐	_____
Wie häufig besprechen Sie ihre Probleme in einem Coaching?				
Wie genau kennen Sie Ihre Partner?				_____
Kennen Sie den Wert Ihrer Praxis?	☐	☐	☐	
Teilt Ihre Familie Ihr berufliches Engagement und zollt Ihnen mit Anerkennung?	☐	☐	☐	_____
Können Sie im Falle einer Scheidung den Zugewinn in Bar aufbringen?	☐	☐	☐	_____
Wissen Sie, wann Sie beruflich aufhören wollen?	☐	☐	☐	_____

_____

_____

_____

3. Checkliste für das Controlling

Ein Controlling besteht aus einer mittel- und langfristigen Strategieformulierung und der kurz- wie mittelfristigen operativen Planung. Das Kanzlei-Managementsystem wie das Rechnungswesen müssen hier die wesentlichen Aus- und Bewertungsdaten liefern:

A. System

Strategisches Controlling: permanente systematische Markbeobachtung

                                    Ausreichende Wettbewerbsbeobachtung

Operatives Controlling: Mandats- und Auftragscontrolling

                                    Referats- und Zuständigkeitscontrolling

                                    Auslastungscontrolling

                                    Risikocontrolling: Zeit- und Fristüberschreitungen, zusätzliche Prozess-Risiken, Vertragsstrafen, Haftungsrisiken

                                    Funktionscontrolling: Produktivitätsüberwachung

                                    Termincontrolling: Termine, Fristen, Verantwortlichkeiten, Maßnahmen-Planung

B. Controlling der Geschäftsfelder

1. Erbrachte Praxis-Leistung:	Stunden – und Erlösüberwachung
	Personaleinsatzüberwachung
	Durchlaufzeiten – Bearbeitungsdauern
	Vorschuss-Überwachung
	Überwachung der Fremdgelder
	Überwachung der durchlaufenden Gelder
	Kostenüberwachung
	Bearbeitung der Auftragserfolgsquote
2. Mandanten-Analyse:	Altmandate – Zeit- und Erlöskontrolle
	Neumandate – Zeit- und Erlöskontrolle
	Potentialausschöpfung
	Analyse der Beschwerden
3. Wettbewerber-Analyse:	Wer ist neu in den Markt getreten?
	Welche Mandate wurden an neue Wettbewerber verloren?
	Welche Mandate wurden an alte Wettbewerber verloren?
	Welche neuen Geschäftsfelder bringen die Wettbewerber?
4. Finanz-Controlling:	Liquiditätsüberwachung
	Standard- und individuelle Betriebswirtschaftliche Auswertungen
	Investitionsplanung und – kontrolle
	Kredit-Controlling
5. Peronalcontrolling	Analyse der Zeitaufschreibungen
	Jährliche schriftliche Beurteilung
	Gezielter Aufbau der Altersstruktur
	Stundensatzkontrolle
6. Zukunfts-Controlling:	Analyse der alten und neuen Geschäftsfelder und Fälle p.a.
	Korrespondierende Personalentwicklungsplanung
	Überprüfung der ausreichenden Kapitalausstattung

4. Checkliste für das Marketing

☐ **Probleme:**	• Unzureichendes Marketingkonzept
	• Keine hinreichenden Finanzmittel für ausreichendes Marketing
	• Kein professionelles Personal für ein anwaltsbezogenes Marketing
	• Fehlerhafte Ausschöpfung der Markfelder
	• Unterschätzung der Wettbewerber

- Unterschätzung der Anlaufzeiten

- zu früher Markt-Eintrittstermin

- Übertriebene und auffällige oder lästige Mandatssuche

- Vernachlässigung der Bestandspflege der vorhandenen Mandate

☐ **Instrumente, Inhalt, Vorteile:**

Beachten Sie das Standesrecht, vor allem aber faire und vornehme Grundsätze des werbemäßigen Auftretens. Arbeiten Sie permanent folgende Aufgaben ab:

- Liste der wesentlichenn Empfehler

- Gute Arbeit und Aquisition neuer Mandanten

- Fachaufsätze

- Fach-Vorträge auf Tagungen

- Informationsschreiben an die eigene Klientel – Weitergabe von mandantengerechter Verarbeitung der Rechtsprechung

- Individuelle Newsletter

Anmerkungen

1. Das Controlling-System steht in einem engen Zusammenhang mit dem Kanzleimanagementsystem einerseits und dem Rechnungswesen andererseits.

Bei dem Einsatz großer IT-Systeme in den Großpraxen können die Daten integriert verarbeitet werden – damit entstehen die Kennzahlen als System nahezu automatisch und können insofern auch schnell ermittelt und diskutiert werden.

Die mittleren Praxen müssen aus Kostengründen trennen zwischen der Anwendung eines Kanzleimanagements-Systems einerseits, der getrennten buchhalterischen Verarbeitung der Finanzdaten andererseits und folgend die oben dargestellten Maßnahmen durchführen.

Kleinere Praxen ohne die Anwendung eines Kanzleimanagement-Systems können nur auf händisch ermittelte, z. T. Excel-Dateien, und auf die Finanzbuchhaltung zurückgreifen.

Es ergibt sich also ein erhebliches Gefälle hinsichtlich der Controlling-Daten zu Lasten der kleineren Praxen. Dieses Gefälle kann gemindert werden durch kluge betriebswirtschaftliche Auswertungen. Sie können dann Anreiz sein. Die einfachen sog. Standard-BWA aller Anbieter von externer Finanzbuchhaltungssoftware müssen Schritt für Schritt durch klügere Abfragealgorithmen verbessert werden. Das kann gelingen, wie im Folgenden gezeigt wird.

Der Idealfall für die kleineren und mittleren Praxen wäre die Integration in einem System. Erste Ansätze zeichnen sich bei einigen Anbietern von Controlling- und Reporting-Software ab. Vorerst müssen allerdings noch beide Bereiche getrennt gesehen werden, zumal in den Kanzleimanagementsystemen immer noch sehr unvollständige Buchhaltungsdaten erzeugt werden.

2. Trotz allem kann es sehr sinnvoll sein, für das Controlling und Berichtswesen einen **Excel-Bericht** aufzubauen, welcher auf diversen Blättern die Daten übernimmt und sie aussagefähig und intelligent verknüpft.

3. Die Verknüpfung statistischer Daten (geleistete Stunden, Anzahl der Mitarbeiter, Anzahl der Rechnungen, Größe der Praxis in Quadratmeter, ua) mit der Finanz-Buchhaltung geschieht dort über so genannte „statistischen Konten".

Als Beispiel: In der Finanzbuchhaltung müssen die gebuchten Erlöse (zB 100.000 EUR in der Klasse 8) durch die geleisteten Stunden (zB 800 in einem statischen Konto der Klasse 9) dividiert werden, damit der Stundensatz von 125 EUR berechnet werden kann.

In den üblichen Kontenrahmen sind hinreichend statistische Konten eingerichtet. Weiß der steuerberatende Beruf mit den statistischen Konten für Steuererklärungszwecke umzugehen, dann muss er diese auch für die betriebswirtschaftlichen Zwecke nutzen.

Individuelle betriebswirtschaftliche Auswertungen sind, wenn sie aussagefähig sein sollen, auch anspruchsvoll. Der interessierte Anwalt sollte gegenüber seinem Steuerberater auf der Verarbeitung statistischer Daten aus dem Kanzleimanagement-System bestehen.

III. ABC von Begriffen und Definitionen für Anwälte aus der BWL, der Steuerlehre und anderen Rechtsgebieten

Damit betriebswirtschaftliche Auswertungen auch schlüssig gelesen werden können, der Anwalt auch eine Diskussion mit seinen Berater und seinen Kreditinstituten standhalten kann, ist ein Basiswissen an betriebswirtschaftlichen und steuerlichen Begriffen notwendig. Die folgenden Stichworte sind nur eine Anregung, sie erheben keinen Anspruch auf Vollständigkeit. Sie sollten zum Verständnis der Rechnungslegung, der Einnahmen-Überschuss-Rechnung, einer möglichen Bilanzierung, der betriebswirtschaftlichen Auswertungen, möglicher Kreditgespräche notwendiges Wissen eines Anwalts sein. Dieses Wissen dient der Diskussion der Ergebnisse und der Entscheidungsfindungen im weitesten Sinne.

Abschreibungen: Abschreibungen drücken den Werteverzehr und die Vermögensminderungen von Gegenständen des Anlagevermögens aus. (Solange ein Freiberufler nicht bilanziert, kann er keine Abschreibungen auf das Umlaufvermögen vornehmen). Dabei werden die Anschaffungskosten eines abnutzbaren Wirtschaftsgutes auf die zu erwartende zeitliche Nutzungsdauer verteilt.

Abschreibungsarten:

Lineare Abschreibung: Die Anschaffungskosten werden dabei gleichmäßig als Werteverzehr auf die Jahre der Nutzung verteilt.

Degressive Abschreibung: Es handelt sich dabei um die Verteilung der Anschaffungskosten in fallenden Raten wie zB gem. § 7 Abs. 2 EStG: 25 %, nicht mehr als 2,5-fache des linearen Satzes.

Beispiel: Anschaffungskosten

		Buchwert		AfA		RestbuchW
1. J.	100.000	Satz 25 %	AfA	25.000	Rest	75.000
2. J.	75.000	Satz 25 %	AfA	18.750	Rest	56.250
3. J.	56.250	Satz 25 %	AfA	14.630	Rest	41.620
4. J.	41.620	Satz 25 %	AfA	10.405	Rest	31.215
						usw.

Merke: Die Investition von 100.000 EUR fließt liquide ab, nicht die auf Jahre „verteilten" Abschreibungsbeträge.

Absetzung für Abnutzung (AfA): Absetzung für Abnutzung ist der steuerliche Begriff für die planmäßige Abschreibungen gem. § 7 EStG. Dieser erlaubt die lineare wie auch degressive AfA.

Anschaffungskosten: Dies sind die Aufwendungen und Kosten, die anfallen, um ein Wirtschaftsgut zu erwerben und in einem betriebsbereiten Zustand dem Betriebsvermögen zuzuführen; dazu gehören auch die Anschaffungsnebenkosten.

Anschaffungsnebenkosten: Dies sind Kosten wie zB Maklerkosten, Eingangsfrachten, Zölle, Transportkosten (für Maschinen), Einbaukosten, Notarkosten (bei Grundvermögen), Grunderwerbsteuer, mögliche Gerichtskosten, etc. Die Anschaffungskosten werden gemindert um Skonti, Rabatte, Preisnachlässe, Zuschüsse (Subventionen, staatliche öffentliche Zuschüsse etc.).

Anlagekartei: Für das Anlagevermögen wird in der Regel eine Anlagekartei geführt; früher in Form von Karteikarten, heute wird das Anlagevermögen in der Regel in Form eines EDV-gestützten Anlageverzeichnisses ordnungsgemäß fortgeschrieben.

Aufbewahrungsfristen: Gem. §§ 146, 147 AO sind die steuerlichen Aufbewahrungsfristen für die Einkünfte gem. § 4 Abs. 3 EStG 6 Jahre.

Aufzeichnungspflichten: Die sehr einfache Aufzeichnung der Einnahmen und Ausgaben ist heutzutage überholt; idR wird ein Finanzbuchführungssystem benutzt. Das gewährleistet dann, dass selbst bei einer § 4 Abs. 3 EStG-Rechnung die Kapitalkonten mit gebildet werden und das System in sich geschlossen ist.

Auslagerung des Rechnungswesens: Das Rechnungswesen wird in der Regel zum Steuerberater ausgelagert, der wiederum die Daten im Rechenzentrum speichert.

Außenfinanzierung: Eine BWA Kapitaldienstgrenze zeigt, wie weit eine Praxis kapitaldienstfähig ist und ob sie weiteren Kapitaldienst für Fremdkapital verkraften kann (vgl. Stichwort **Innenfinanzierung**).

BAB, Betriebsabrechnungsbogen: Tabellarische Methode der Kostenrechnung, anfallende Kosten auf Kostenstellen (Niederlassungen, Referate oder Partner) zu verbuchen. Der Rechtsanwalt sollte diese Problematik mit seinem Steuerberater besprechen. Die Buchhaltungssysteme haben teilweise eine automatische integrierte Kostenrechnung, so dass zum Beispiel sehr leicht Referatsbuchhaltungen parallel mit erzeugt werden können.

Benchmarking: Dies ist eine der herausragenden Managementmethoden. Mit Hilfe eines externen oder auch internen Betriebsvergleichs sollen Vergleichs-Kennzahlen gebildet werden, welche die Stärken und/oder Schwächen der zu beurteilenden Anwaltspraxis im Vergleich zu anderen oder im Zeitvergleich zu Vorperioden darstellen sollen.

Dass externe Benchmarking hat dann erhebliche Schwächen, wenn die Gruppen der Vergleichspraxen nicht homogen gebildet werden und die in die Gruppen einbezogenen Praxen nicht einheitlich buchen.

Dem internen Benchmarking ist zurzeit noch der Vorrang einzuräumen.

Kritische Werte beim Benchmarking:

- unterschiedliche fachliche Referatsstrukturen und deren Veränderung
- unterschiedliche kalkulatorische Unternehmerlöhne für die Anwälte
- Groß-Mandate
- Einmal-Mandate

Beratung, betriebswirtschaftliche: Zu einer erfolgreichen Berufsausübung eines Anwaltes gehören in Zukunft gute IT-Kenntnisse, gute Excel-Kenntnisse, die zumindest ermöglichen, Excel-Dateien verständig zu lesen. Eine gut geführte Praxis sollte sich alle drei Jahre betriebswirtschaftlich einmal durchchecken lassen und alle vier Jahre bewertet werden.

Betriebsvorrichtungen: Dies sind nicht zum Grundvermögen gehörende Gebäude-Bestandteile, wenn diese in einem unmittelbaren Beziehung zu dem Praxisbetrieb stehen, also der Gebäudecharakter unerheblich ist. ZB Beleuchtungsanlagen, lose aufgestellte Innenwände, Klimaanlagen, Lärmschutzwände, Schalldämmungen, Schaukästen, Tresoranlagen.

Betriebswirtschaftliche Auswertung (BWA) als Standard: Die Standard-BWA ermöglicht nur generelle Aussagen. Der Abfragealgorithmus ist durch die Grundrechenarten einfach, Ziel ist häufig allein, das Erfolgsergebnis auszuweisen. Dabei kommt es dann auf die Struktur dieser Standard-BWA an: Sie sollte vom Laien lesbar, verständlich, logisch richtig und klar sein. Diese BWA sind dann besonders aussagefähig, wenn sie mit Grafiken unterstützt werden und konsequent 2- oder 3-Jahresvergleiche mit ausgedruckt werden. Der Trend geht zu Branchen-BWA und zu individuellen BWA.

Betriebswirtschaftliche Auswertung (BWA) individuell: Diese fragen das Anwalts-Rechnungswesen mit anderen, besonderen Algorithmen ab, zB unter Aspekten der Innen- oder Außenfinanzierung. Dabei werden zusätzlich auch noch statistische Konten (zB geleistete Stunden) mit abgefragt. Diese sind dann wertvoll, wenn sie berufstypische Aussagen betriebswirtschaftlich als Kennzahlen herausarbeiten und grafisch wie auch über 2- bis

3 Jahre darstellen. Der beratende StB/Wp kann dem Anwaltsbüro nach dessen Vorstellungen entweder solche BWA entwerfen (aufwendig!) oder entsprechende auf den Berufsstand zugeschnittene BWA zur Verfügung stellen. Für das Controlling und Managemententscheidungen haben diese zunehmend beliebten BWA eine hohe Bedeutung.

Buchführungspflicht, steuerrechtliche: Sie ist in §§ 140 und 141 AO geregelt: für die freien Berufe wird sich in der Regel aus § 141 AO eine originäre Buchführungspflicht ableiten lassen.

Buchführungs-Systeme: Es ist gem. § 4 Abs. 3 EStG tatsächlich erlaubt, die Einnahmen und die Ausgaben auf 2 getrennten Zetteln aufzuzeichnen, aber unüblich. Auch für händisch ausgefüllte Spaltenbücher gibt es keine plausiblen Gründe mehr. Üblich sind geschlossene Finanzbuchhaltungen der Anbieter wie DATEV, Lexware, Addison ua, welche von der Umsatzsteuer bis zur BWA alles automatisch erledigen.

Cashflow: Da Abschreibungen als Aufwandsgröße nicht in Liquidität abfließen (die Gesamtinvestition fließt ab) werden sie dem Ergebnis hinzugerechnet. Damit entsteht der so genannte Kassenfluss, also Cashflow.

Coaching: Auch Anwälte sollten sich hinsichtlich ihrer wirtschaftlichen Verhältnisse und ihrer Praxisorganisation beraten lassen.

Deckungsbeitragsrechnung: Der Deckungsbeitrag ist der Betrag nach Abzug der variablen Kosten, der bleibt, um fixe Kosten zu decken. Für Rechtsanwälte sollte der Deckungsbeitrag anders definiert werden und zwar wie folgt:

Beispiel:

Erlöse		400.000 EUR	
Veränderung Außenstände Erhöhung	40.000 EUR		
Veränderung halbfertige Leistungen Erhöhung	10.000 EUR	50.000 EUR	
Berufliche Leistung (– einschl. Forderungszugang und Zugang unfertige Arbeiten)		450.000 EUR	100,0 %
Personalkosten kalkulatorischer Anwaltslohn	100.000 EUR		
Angestellter RA	45.000 EUR		
Referendare	5.000 EUR		
Kosten der Juristen	150.000 EUR	150.000 EUR	33,3 %
Sekretariat, Fachgehilfen, AZuBi etc.		75.000 EUR	16,7 %
Summe Personalkosten		225.000 EUR	50,0 %
Deckungsbeitrag		225.000 EUR	50,0 %
Sachkosten		72.000 EUR	16,0 %
Gewinn vor Umsatzsteuer		153.000 EUR	34,0 %
Für ein Benchmarking ist allein diese Betrachtung wesentlich			
Überleitung zum Überschuss			
Nicht vereinnahmte Forderungen und unfertige Arbeiten		-/- 50.000 EUR	
Nettoüberschuss vor Umsatzsteuer		103.000 EUR	

Bezogen auf die Erlöse von 400.000 EUR
sind 103.000 EUR 25,75 %

Vereinnahmte Umsatzsteuer	76.000 EUR	
Verausgabte Vorsteuer	13.000 EUR	
Umsatzsteuer – Jahres- Saldo	63.000 EUR	
Vorauszahlungen	58.000 EUR	
Umsatzsteuerrest lfdes Jahr	5.000 EUR	5.000 EUR
Steuerlicher Überschuss gem. § 4 Abs. 3 EStG		108.000 EUR

Dieses betriebswirtschaftlich einzig richtige Schema ist in der unten gezeigten BWA-Form EÜR für Rechtsanwälte S. 1040 umgesetzt.

Warum die FIBU-Anbieter teilweise immer noch die Umsatzsteuer zu den Erlösen addieren, möglicherweise dann die Bruttoerlöse als Basisgröße für die Prozentuierung heranziehen, ist nur auf die falsche Affinität zum Umsatzsteuer-Jahresformular zurückzuführen.

Auch bei den freien Berufen ist die Umsatzsteuer letztlich „durchlaufend" und betriebswirtschaftlich unbedeutend.

Bei Bilanzierung wäre die Restumsatzsteuer von 5.000 EUR eine Verbindlichkeit zum Ultimo d.J.

Der Überschuss als Zufallsprodukt spiegelt nicht die tatsächliche Leistung wieder.

Debitorenbuchhaltung: In den guten Kanzleimanagementprogrammen sollte eine komfortable Debitorenbuchhaltung mit Mahnbuchhaltung integriert sein.

Durchlaufende Gelder: Diese bedürfen einer gesonderten Beachtung.

Eigenkapital: Dem Eigenkapitalkonto wird der Erfolg (auch das § 4 Abs. 3 EStG-Ergebnis) des Wirtschaftsjahres gutgeschrieben. Es wird erhöht um die Einlagen und vermindert um die Entnahmen.

Einlagen sind zB Einkommensteuer-Erstattungen, Bareinlagen, Einlage von Gegenständen.

Entnahmen: Dies sind die privaten Barentnahmen, Kosten der privaten Lebensführung, private Versicherungsbeträge, Einkommensteuer, Kirchensteuer, SolZ, KFz-Nutzung, Telefonnutzung

Ertragswert: Bei der Bewertung auch von freiberufliche Praxen wird idR das sog. Ertragswertverfahren angewandt. Dabei werden die zukünftigen Überschüsse nach Abzug eines angemessenen individuellen kalkulatorischen Anwaltslohnes auf den Bewertungszeitpunkt diskontiert.

Steuerlicher Ertragswert: Der **steuerliche Ertragswert** einer freiberuflichen Praxis wird berechnet gem. §§ 199 ff. BewG (vereinfachtes Ertragswertverfahren) für Zwecke der Erbschaft-/bzw. Schenkungsteuer. Das Verfahren gilt aber auch für Ertragssteuerzwecke bei Umwandlungen etc.

Forderungen: Das Forderungmanagement ist seitens der Geschäftsleitung einer Praxis gesondert zu pflegen. Je nach Größenordnung einer Praxis sollten entsprechenden Debitorenlisten zehntägig – unabhängig vom zuständigen Partner – kontrolliert werden.

Fremdgelder: Sind Geldbeträge oder andere Vermögenswerte, die einem Anwalt oder Notar für Fremde (Mandaten oder Dritte) übergeben werden, zur Verwahrung und Weiterleitung an die berechtigten Person oder Unternehmen. In der Finanzbuchhaltung sind diese Gelder getrennt zu verbuchen.

Gehaltsjournal: Dies ist notwendig für die steuerliche Ermittlung der Lohnabzugsbeträge

Geschäftsjahr: Dabei handelt es sich in der Regel um das Kalenderjahr.

Geschäftswert/Goodwill/Firmenwert: Zahlt ein Käufer einer Praxis einen Ertragswert, der über dem Substanzwert der Praxiswert liegt, dann zahlt er einen sog. Mehrwert, den sog. Goodwill/Geschäftswert/Firmenwert. Dieser umfasst das nicht bilanzielle immaterielle Vermögen wie den Mandantenstamm, Ruf, Name, Bekanntheitsgrad, Mitarbeiterstamm, Marktmacht, Organisation, das Knowhow u.v.a.m. Die Formel lautet: Ertragswert ./. Substanzwert = **Goodwill**

Goodwillabschreibung: Ein erworbener (derivativer) Goodwill kann abgeschrieben werden. Bei Anwaltseinzelpraxen kann das idR in über 5 Jahren, bei Sozietäten kann die Abschreibungszeit je nach Anzahl der Partner auch länger sein (6–8 Jahre), bei Großpraxen über 12–15 Partner kann die Abschreibungsdauer auch länger sein.

Grafische Darstellungen der wirtschaftlichen Entwicklung: Der wirtschaftliche Verlauf muss wie bei Wertpapiercharts grafisch dargestellt werden. Diese Form der Präsentation zeigt weitaus eindrucksvoller das Auf und Ab als eine Zahlenreihe. So lassen sich die Erlösentwicklung und Kostengrößen zeichnen (vgl. unten BWA EÜR (S. 1039), aber auch Stundensätze, Kostensätze ua (vgl. unten BWA TOPIK S. 1069).

Grundsätze ordnungsmäßiger Buchführung: Diese sind für die kaufmännischen Buchführungen entwickelt worden. Aber auch für die freien Berufe gelten im weitesten Sinne Grundsätze der Ordnungsmäßigkeit. Dazu gehört das Kapitalkonto gem. BGB insbesondere bei BGB-Gesellschaften, bei Anwälten die richtige Behandlung von Treuhandgeldern und durchlaufenden Fremdgeldern, u.v.a.m.

Halbfertige Arbeiten/-leistungen: Diese werden in ihrer Bedeutung in der Regel unterschätzt. Sie müssen aufgrund einer gewissenhaften Stundenaufzeichnung ermittelt werden. Davon sind die auf die Mandate anfallenden Vorschüsse abzusetzen.

Zusätzlich sollten die **Honorarreserven** je Mandat ermittelt werden: voraussichtliches Honorar – (Leistung lt. Stundennachweis-Vorschuss)

Innenfinanzierung: Im Existenzgründungsfall benötigt ein Anwalt in der Regel Fremdkapital, der Innenfinanzierungsanteil ist also gering. Je größer eine Praxis, um so eher benötigt sie auch ständig Fremdkapital. Die Finanzierungslehre kennt optimale Finanzierungsregeln, die sich in Kennzahlen ausdrücken lassen.

Inventar: Dies ist das Verzeichnis, das alle Vermögensteile und Schulden nach Art, Menge und Wert erstellt. Ordnungsgemäß gegliedert, führt das zu einem Status, zu Buchwerten, mit stillen Reserven und besonderen Risikopositionen zu einem echten Status mit Verkehrswerten.

Inventur: Dabei handelt es sich um eine mengen- und wertmäßige Bestandsaufname zu einem Stichtag.

Kalkulatorische Kosten

    Kalkulatorische Abschreibungen: In der Kostenrechnung werden – um über den kalkulierten Preis eine Substanzerhaltung zu gewährleisten – von den Wiederbeschaffungskosten eines Wirtschaftsgutes idR lineare Abschreibungen vorgenommen. Dabei wird anstatt der steuerlichen Nutzungsdauer häufig eine verlängerte Nutzungsdauer herangezogen.

    Kalkulatorischer Anwaltslohn: Gem. BGH Urteil vom 6.2.2008 ist der kalkulatorische Anwaltslohn individuell zu ermitteln und bei der Praxisbewertung zu berücksichtigen. Seine Ermittlung ist sehr komplex (vgl. Knief, Die Ermittlung des kalkulatorischen Unternehmerlohnes; AnwBl. 2010, 92). Die Definition findet sich in Art. 23 Abs. 2 LSP.

    Der kalkulatorische Anwaltslohn ist in jeder laufenden Buchhaltung zu verbuchen; die Standardkontenrahmen enthalten entsprechende Konten.

    Kalkulatorische Zinsen: Das Buchkapital einer Praxis, die nur eine EÜR fertigt, spiegelt nicht das wirklich eingesetzte Kapital wider. Das tatsächliche Eigenkapital umfasst unfertige Leistungen, Forderungen, stille Reserven, auch die

Abzüge von Rückstellungen: dieser eingesetzte Betrag ist kalkulatorisch zu verzinsen, denn auch er ist zu verdienen.

Zusammenfassung: Eine Buchhaltung, welche die kalkulatorischen Aufwendungen – insbesondere den kalk. Anwaltslohn – nicht verbucht, ist **betriebswirtschaftlich nicht verwendungsfähig.** Ziel der Berufsausübung muss sein, einen ausreichenden Überschuss zu erzielen, der den kalkulatorischen Anwaltslohn übersteigen muss. Das ist die eigentliche Probe.

Kapitaldienst: In der EÜR werden nur die Zinsen als Aufwand verbucht. Die Tilgungen werden erfolgsneutral verbucht. Beide Beträge, „Zinsen und Tilgungen" sind der Kapitaldienst, eine wesentliche Größe für die die Beurteilung der Bonität im Rahmen der Kapitaldienstfähigkeits- und Bonitätsprüfung.

Kapitalkonto, -en: Wird nur eine einfach Loseblattaufzeichnung der Einnahmen und Ausgaben durchgeführt, so kann des eingesetzte Eigenkapital nur durch einen Status ermittelt werden. Im Rahmen einer edv-gestützten Finanzbuchhaltung müssen Entnahme- und Einlagekonten angesprochen werden. Damit sind folgerichtig auch Kapitalkonten sowohl bei Einzelpraxen wie auch Personengesellschaften zu bilden. Ohne ein Kapitalkonto ist das Vermögen nicht zu ermitteln, was nicht ordnungsgemäß wäre.

Kassenbuchführung: Es besteht in der Regel eine Verpflichtung zur Führung eines Kassenbuches.

Kennzahlen: (→ Form. P.) Die Betriebswirtschaftslehre der Freien Berufe – hier der Anwälte – kennt noch kein berufsbezogenes betriebswirtschaftliches Kennzahlen-System. Voraussetzungen sind ein einheitlicher Standard des Rechnungswesens sowie allgemeingültige Grundätze der Rechnungslegung für Anwälte. Konkret hieße das, die einheitliche Verbuchung der kalkulatorischen Anwaltslöhne, der kalkulatorischen Zinsen, der differenzierten Verbuchung der Personalaufwendungen, letztlich also ein verbindlicher „Spezial-Kontenrahmen für Anwälte". Die kleinen und mittleren Praxen haben insofern noch kein Kennzahlensystem, wohl fangen die internationalen Großpraxen an, sich international mit Praxen in anderen Ländern zu vergleichen.

Kleinunternehmer: Voraussetzung sind bis zu 17.500 EUR brutto im vergangenen Jahr. Voraussichtlich bis zu 50.000 EUR im laufenden Jahr: keine Umsatzbesteuerung, kein Ausweis der USt, aber Option zur Regelbesteuerung für mindesten 5 Jahre.

KFZ-Nutzung: Diese sollte auch unterjährig nicht nur aus Umsatzsteuergründen unbedingt verbucht werden, auch betriebswirtschaftlich ist das für Zwecke der monatlichen Abgrenzung bedeutend.

Kontenrahmen: Der Berufsstand der Anwälte hat noch keinen sog. Anwaltskontenrahmen. Die buchführenden Berater nutzen den SKR 03 oder SKR 04, zunehmend mit 6-stelligen Konten. Dieser gibt bei der Anpassung des Kontenrahmens an die Organisation bessere und tiefere Auswertungsmöglichkeiten.

Kostenstellen: Eine Kostenrechnung in kleinen und mittleren Praxen ist in der Praxis die Ausnahme. Dennoch ist eine solche auch in Anwaltsbüros zu verwirklichen, da viele Buchhaltungssystem eine integrierte automatische Kostenrechnung mit erzeugen können. Kostenstellen können sein: „der Anwalt", ein Referat oder auch ein Standort; wird ein 6-stelliger Kontenplan eingesetzt, lassen sich viele Differenzierungen in 5. oder 6. Stelle der Kontonummer organisieren.

Leasinggebühren: Diese stellen Aufwand und gleichzeitig Ausgaben dar. Sie enthalten aber einen Zins-und einen Tilgungsanteil. Leasingbeträge sind betriebswirtschaftlich ein Ersatz für die Investitionen, deren Abschreibung und deren Finanzierung. Wegen der fehlenden Gewerbesteuerersparnis ist investitionsrechnerisch selten ein Vorteil zu berechnen, der Liquiditätsvorteil bei entsprechenden Gestaltungen wird aber als Vorteil gesehen.

Lohn und Gehaltsjournal: Diese sind steuerlich zu führen.

Mitunternehmerschaft: Gem. § 15 EStG ist nicht die Personengesellschaft Steuersubjekt, sondern die natürliche Person als Mitunternehmer

Niederlassungsrechnung: Bei Praxen mit mehreren Standorten sollte eine gesonderte Buchführung eingerichtet werden. Kostenbelastungen zwischen den Niederlassungen sollten gebucht werden, auch die kalkulatorischen Gehälter der jeweiligen Niederlassung. Die exakte Gewinnermittlung je Niederlassung muss schon aus Gewinnverteilungsgründen gewährleistet sein.

Nutzungsdauern (ND): ausgewählte ND in Jahren aus den amtl. AfA-Tabellen als

Beispiele

Schaukästen, Vitrinen	9	Getränkeautomaten	7
PKW	6	Stempelmaschinen	8
Wohnmobile	8	Klimageräte mobile	11
Büromaschinen	8	PC, Notebooks, Drucker	3
Reißwölfe	8	Teppiche normal	8

Für ERP-Software (betriebswirtschaftliche Software) beträgt die ND generell 5 Jahre, und zwar nur lineare AfA (§ 7 Abs. 1 S. 1 EStG)

Offene-Posten-Buchhaltung: Dies Ablage der offenen Rechnungen in gesonderter Ablage, ohne eine Verbuchung. Diese ist aber heute nicht mehr üblich. Forderungen können in der Finanzbuchhaltung als Debitorenbuchhaltung für die EÜR unschädlich verarbeitet werden.

Personalkosten: Der anwaltliche Beruf ist personalkostenintensiv, wobei betriebswirtschaftlich auch der kalkulatorische Unternehmerlohn zu den Personalkosten zählt. Die Personalkosten sind zu unterscheiden in durch die eigentliche juristische Tätigkeit verursachten Personalkosten (für Kalk. Anwaltslohn, Anwälte, Referendare, wissenschaftliche Mitarbeiter etc.) und in Personalkosten des sonstigen Personals.

Beispiel Referatsabrechnung:

Eine Referatsabrechnung kann über das REWE (hier Kostenrechnung) leicht eingerichtet werden.

Referate Einzelpraxis	Zivilrecht	Gesellschaftsrecht	anderes	Summe
Erlöse	120.000	65.000	65.000	250.000
Kalkulatorischer Anwaltslohn	55.000	28.000	25.000	108.000
Andere jur. Kosten(Referendare etc.)	8.000	8.000	4.000	20.000
DB 1	57.000	29.000	36.000	122.000
Andere Personalkosten	35.000	20.000	25.000	80.000
DB 2	22.000	9.000	11.000	42.000
In % der Erlöse	18,3 %	13,8 %	16,9 %	16,8 %
Sachkosten	25.000	13.000	3.000	41.000
Gewinn	./.3.000	./. 4.000	8.000	1.000
Kalk. Anwaltslohn vgl. oben	55.000	28.000	25.000	108.000
Steuerlicher Überschuss	52.000	24.000	33.000	109.000
In % der Erlöse	43,3 %	36,9 %	50,8 %	43,6 %

Damit tritt bei der Analyse die Frage nach den richtigen „Schlüsseln" für die Referate auf. Ein altes, aber lösbares Problem für jede Buchhaltung. Man muss es nur einsehen und wollen.

Sonderbetriebsvermögen: Bei BGB-Gesellschaften handelt es sich um das Vermögen, das nur einem Gesellschafter zivilrechtlich gehört, aber der „gesamten Hand" zur Verfügung gestellt wird.

Sonderbetriebseinnahmen bzw. **Betriebsausgaben:** Das sind von dem Mitunternehmer persönlich vereinnahmte Beträge oder persönlich ausgegebene Beträge für Wirtschaftsgüter, die er der Gesellschaft zur Verfügung gestellt hat. Bei der Gewinnermittlung erhöhen oder vermindern sie die Einkünfte des Mitunternehmers aus selbständiger Arbeit.

Status: Der Status umfasst die zum Betriebsvermögen gehörenden Wirtschaftsgüter. Darin wird das gesamte Betriebsvermögen in der Finanzbuchhaltung erfasst. Werden zusätzlich stille Reserven in statistischen Konten verbucht, kann der Status wie eine BWA automatisch generiert werden.

Substanzwert: Dieser umfasst die Summe der gemeinen Werte der zum Betriebsvermögen gehörenden Wirtschaftsgüter, vermindert um die zum Betriebsvermögen gehörenden Schulden und sonstigen Abzüge (§ 11 Abs. 2 BewG – das ist in der Regel auch der Wert, welcher in einem Status für die Kreditwirtschaft gesetzt wird). Der Substanzwert weicht in der Regel wegen der stillen Reserven von dem Eigenkapital ab. Der Status umfasst also auch die stillen Reserven. Im Rahmen der Unternehmensbewertung ist der Substanzwert als Mindestwert anzusetzen.

Treuhandvermögen: Dies wird häufig in den Standard-Fibu falsch ausgewiesen.

Umsatzsteuer: Dies ist ertragsteuerlich bei der EÜR eine Einnahme, bei der Bilanzierung durchlaufend – also neutral. Entsprechend ist die Vorsteuer bei der EÜR eine Ausgabe, auch die Vorauszahlung.

Wechsel der Gewinnermittlungsart. Dabei handelt es sich um die Berichtigung des Gewinns im ersten Jahr nach dem Übergang.

Fall 1: Übergang von der EÜR zum Bestandvergleich:

Beispiel:

		Überschuss	140.000
+ Warenbestand	Ultimo	10.000	
+ unfertige Arbeiten	Ultimo	30.000	
+ Forderungen	Ultimo	50.000	
Summe Hinzurechnungen		90.000	
./. Verbindlichkeiten aus Lieferungen und Leistungen		– 30.000	60.000
Gewinn nach Überleitung gem. § 4 Abs. 1 EStG			200.000

Der Übergang zur Bilanzierung bedeutet zum ersten, dass Forderungen sofort besteuert werden müssen, während sie bei der EÜR erst bei Vereinnahmung ertragsteuerlich besteuert werden; das bedeutet i.R. bei Übergang einen Liquiditätsverlust in Höhe der Steuer. Der Termin kann je nach Entwicklung optimiert werden (so in der BWA Nr. 10, vgl. unten).

Der Vorteil ist eine **nicht zufallsbedingte leistungsgerechte Gewinn- und Verlustrechnung** mit allen betriebswirtschaftliche Aussagen und den Vorteilen der Bilanzierung: Bewertung, Rückstellungen, Abgrenzungsposten, Re-Investitionsrücklage gem. § 6b Abs. 3 EStG ua Größeren Sozietäten kann hierzu geraten werden.

Vorteil: Die Kapitalkonten der Gesellschafter berücksichtigen die effektiven Leistungen, die Forderungen und Verbindlichkeiten. Damit sind die Kapitalkonten als Ausscheidungsguthaben idR schnell auszahlbar.

Fall 2: Übergang vom Bestandsvergleich (Bilanz) zur EÜR
Dieser seltenere Fall wird hier nicht dargestellt, rechnerisch der umgekehrte Fall wie oben.

Working Capital (**WIP** – Working in Progress): eine wesentliche Kennzahl für die Analyse von Dienstleistungsunternehmen, hier Anwaltspraxen: das WC (WIP) ist abhängig von der Leistung der Praxis und im Zeitverlauf zu betrachten.

Beispiel und Zusammensetzung:

Vereinnahmte Erlöse aus beruflicher Tätigkeit		600.000	100 %
Unfertige Arbeiten		30.000	
Fertige, noch nicht abgerechnete Leistungen		10.000	
Forderungen		60.000	
Aktives Working Capital		100.000	
Verbindlichkeiten aus L. u. L.	20.000		
Vorschüsse	20.000	40.000	
Working Capital		60.000	10 %

Zurechnung von Vermögensgegenständen: Zuschreibungen erfolgen bei EÜR nach Betriebsprüfungen, wenn eine zu kurze Nutzungsdauer nicht anerkannt wird und in Höhe der zu hohen Abschreibungen in dieser Höhe das Anlagevermögen wieder nach oben korrigiert wird.

IV. Einnahme-Überschussrechnung

1. Vorbemerkungen

Bei den Rechenzentren wird die EÜR in der Regel an das steuerliche Schema des Umsatzsteuerjahreserklärungs-Formulars angepasst. Dem ist aus betriebswirtschaftlichen Gründen nur schwer zu folgen (vgl. DATEV-BWA-Form Rechtsanwälte).

Stichworte:
- Vereinfachte Form der Gewinnermittlung
- Gewinnermittlungszeitraum ist in der Regel das Kalenderjahr
- Zu- und Abflussprinzip sind streng zu beachten
- Ausnahme: Abschreibungen sind in der EÜR Aufwand, nicht Ausgaben
- Durchlaufende Posten sind neutral
- Entnahmen und Einlagen sind privat bedingt, sollten aber verbucht werden
- Veräußerung der Praxis ist ein Sonderfall, bei dem zur Bilanz übergegangen werden muss.

Ergänzungsbilanzen: Dies ist ein steuerrechtlicher Begriff, der auch bei den Freien Berufen in der Mitunternehmerschaft in folgenden Fällen vorkommt:
a) Der Gesellschafter einer Personengesellschaft tätigt bei Eintritt in die Gesellschaft Aufwendungen, die über dem Nominalbetrag des eingeräumten Kapitalkontos liegen.
b) Bei Einbringung einer Praxis im Rahmen des Umwandlungssteuerrechts.
c) Bei Übertragung einzelner Wirtschaftsgüter zwischen Gesellschaft und Gesellschafter.
d) Bei Inanspruchnahme personenbetroffener Steuervergünstigungen für den einzelnen Gesellschafter, nicht die Personengesellschaft.

Ergänzungsbilanzen enthalten also Wertkorrekturen zu den in der Steuerrechnung (Steuerbilanz) enthaltenen Wirtschaftsgütern.

Dagegen:

Sonderbilanzen enthalten das Sonderbetriebsvermögen des jeweiligen Gesellschaftes.

Verbuchung von Darlehen ist unbedingt zu raten

Mängel der EÜR: In der Beratung häufig festgestellte Mängel sind zB:
- Keine Abschreibungsabgrenzungen
- Fehlbuchung des durchlaufenden Geldes
- Falscher Ausweis von Treuhandgeldern
- Keine Verbuchung von Kfz- u. Tel. Nutzung
- Keine monatliche Abgrenzung von Kalkulatorischen Anwaltslöhnen

Rechnungswesen: nicht voll ausgenutzte Buchhaltungsprogramme, keine Kapitalkonten, fehlerhafte Verbuchung von Fremdgeldern, unzureichende unterjährige Buchhaltungsqualität: fehlende Dauerbuchungen für Tel.-/Kfz-Nutzung, fehlende Abschreibungen, fehlende kalkulatorische Rechtsanwaltslöhne und bei Großpraxen kalkulatorische und Gesellschafterzinsen.

Die Anbieter der Auswertungen für die freien Berufe neigen dazu, diese nach dem Formular der Finanzverwaltung abzubilden. Betriebswirtschaftlich ist diese Sicht falsch: Formulare der Finanzverwaltung spiegeln nicht die Betriebswirtschaft der freien Berufe wider.

Damit der Leser die unterschiedliche Sicht in den BWA verstehen kann, wird hier das Formular Anlage EÜR für 2013 mit abgebildet, einschließlich der ANLAGE SZE und der Anleitung zum Vordruck.

2. Anlage EÜR der Finanzverwaltung

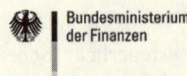
**Bundesministerium
der Finanzen**

POSTANSCHRIFT   Bundesministerium der Finanzen, 11016 Berlin

Nur per E-Mail

Oberste Finanzbehörden
der Länder

nachrichtlich:
Bundeszentralamt für Steuern

HAUSANSCHRIFT   Wilhelmstraße 97, 10117 Berlin

TEL   +49 (0) 30 18 682-0

E-MAIL

DATUM   11. September 2013

BETREFF   **Standardisierte Einnahmenüberschussrechnung nach § 60 Absatz 4 EStDV;
Anlage EÜR 2013**

ANLAGEN   4

GZ   **IV C 6 - S 2142/07/10001 :006**
DOK   **2013/0820092**
(bei Antwort bitte GZ und DOK angeben)

Unter Bezugnahme auf das Ergebnis der Erörterungen mit den obersten Finanzbehörden der
Länder gebe ich die Vordrucke der Anlage EÜR und die dazugehörige Anleitung für das Jahr
2013 bekannt.

Der amtlich vorgeschriebene Datensatz, der nach § 60 Absatz 4 Satz 1 EStDV durch Datenfernübertragung zu übermitteln ist, wird nach Tz. 3 des BMF-Schreibens zur StDÜV/StDAV
vom 16. November 2011 (BStBl I S. 1063) im Internet unter www.elster.de bekannt gegeben.

Bei Betriebseinnahmen unter 17.500 Euro im Wirtschaftsjahr wird es nicht beanstandet, wenn
der Steuererklärung anstelle des Vordrucks eine formlose Gewinnermittlung beigefügt wird.
Insoweit wird auch auf die elektronische Übermittlung der Einnahmenüberschussrechnung
nach amtlich vorgeschriebenem Datensatz durch Datenfernübertragung verzichtet. Die Verpflichtungen, den Gewinn nach den geltenden gesetzlichen Vorschriften zu ermitteln sowie
die sonstigen gesetzlichen Aufzeichnungspflichten zu erfüllen, bleiben davon unberührt.
Übersteigen die im Wirtschaftsjahr angefallenen Schuldzinsen, ohne die Berücksichtigung der
Schuldzinsen für Darlehen zur Finanzierung von Anschaffungs- oder Herstellungskosten von
Wirtschaftsgütern des Anlagevermögens, den Betrag von 2.050 Euro, sind bei Einzelunter-
nehmen die in der Anlage SZE (Ermittlung der nicht abziehbaren Schuldzinsen) enthaltenen
Angaben an die Finanzverwaltung zu übermitteln.

www.bundesfinanzministerium.de

2013

Name/Gesellschaft/Gemeinschaft/Körperschaft	

Anlage EÜR

Bitte für jeden Betrieb eine
gesonderte Anlage EÜR einreichen!

1 Vorname

2

3 (Betriebs-)Steuernummer | 77 | 13 | 1 |

Einnahmenüberschussrechnung

| 99 | 15 |

nach § 4 Abs. 3 EStG für das Kalenderjahr 2013   Beginn   Ende

4   **davon abweichend**   131   T T M M   2 0 1 3   132   T T M M J J J J

5 Art des Betriebs   Zuordnung zur Einkunfts-art (siehe Anleitung)

100   105

6 Rechtsform des Betriebs

7 Wurde im Kalenderjahr/Wirtschaftsjahr der Betrieb veräußert oder aufgegeben? (Bitte Zeile 76 beachten)   111   Ja = 1

8 Wurden im Kalenderjahr/Wirtschaftsjahr Grundstücke/grundstücksgleiche Rechte entnommen oder veräußert?   120   Ja = 1 oder Nein = 2

1. Gewinnermittlung

		99	20

Betriebseinnahmen   EUR   Ct

9 Betriebseinnahmen als umsatzsteuerlicher **Kleinunternehmer** (nach § 19 Abs. 1 UStG)   111

10 davon nicht steuerbare Umsätze sowie Umsätze nach § 19 Abs. 3 Satz 1 Nr. 1 und 2 UStG   119   *(weiter ab Zeile 15)*

11 Betriebseinnahmen als **Land- und Forstwirt**, soweit die Durchschnittssatz-besteuerung nach § 24 UStG angewandt wird   104

12 Umsatzsteuerpflichtige Betriebseinnahmen   112

13 Umsatzsteuerfreie, nicht umsatzsteuerbare Betriebseinnahmen sowie Betriebsein-nahmen, für die der Leistungsempfänger die Umsatzsteuer nach § 13b UStG schuldet   103

14 Vereinnahmte Umsatzsteuer sowie Umsatzsteuer auf unentgeltliche Wertabgaben   140

15 Vom Finanzamt erstattete und ggf. verrechnete Umsatzsteuer   141

16 Veräußerung oder Entnahme von Anlagevermögen   102

17 Private Kfz-Nutzung   106

18 Sonstige Sach-, Nutzungs- und Leistungsentnahmen   108

19 Auflösung von Rücklagen und Ausgleichsposten (Übertrag aus Zeile 86)

20 **Summe Betriebseinnahmen** (Übertrag in Zeile 71)   159

		99	25

Betriebsausgaben   EUR   Ct

21 Betriebsausgabenpauschale **für bestimmte Berufsgruppen** und/oder Freibetrag nach § 3 Nr. 26, 26a und/oder 26b EStG   190

22 Sachliche Bebauungskostenpauschale für **Weinbaubetriebe**/Betriebsausgabenpauschale für **Forstwirte**   191

23 Waren, Rohstoffe und Hilfsstoffe einschl. der Nebenkosten   100

24 Bezogene Fremdleistungen   110

25 Ausgaben für eigenes Personal (z. B. Gehälter, Löhne und Versicherungsbeiträge)   120

Absetzung für Abnutzung (AfA)

26 AfA auf unbewegliche Wirtschaftsgüter (ohne AfA für das häusliche Arbeitszimmer)   136

27 AfA auf immaterielle Wirtschaftsgüter (z. B. erworbene Firmen-, Geschäfts- oder Praxiswerte)   131

28 AfA auf bewegliche Wirtschaftsgüter (z. B. Maschinen, Kfz)   130

Übertrag (Summe Zeilen 21 bis 28)

2013AnlEÜR801   – Juni 2013 –   2013AnlEÜR801

(Betriebs-)Steuernummer

			EUR	Ct
	Übertrag (Summe Zeilen 21 bis 28)			
31	Sonderabschreibungen nach § 7g EStG	134		
32	Herabsetzungsbeträge nach § 7g Abs. 2 EStG (Erläuterungen auf gesondertem Blatt)	138		
33	Aufwendungen für geringwertige Wirtschaftsgüter nach § 6 Abs. 2 EStG	132		
34	Auflösung Sammelposten nach § 6 Abs. 2a EStG	137		
35	Restbuchwert der ausgeschiedenen Anlagegüter	135		

Raumkosten und sonstige Grundstücksaufwendungen
(ohne häusliches Arbeitszimmer)

			EUR	Ct
36	Miete/Pacht für Geschäftsräume und betrieblich genutzte Grundstücke	150		
37	Miete/Aufwendungen für doppelte Haushaltsführung	152		
38	Sonstige Aufwendungen für betrieblich genutzte Grundstücke (ohne Schuldzinsen und AfA)	151		

Sonstige unbeschränkt abziehbare Betriebsausgaben

39	Aufwendungen für Telekommunikation (z. B. Telefon, Internet)	280		
40	Übernachtungs- und Reisenebenkosten bei Geschäftsreisen des Steuerpflichtigen	221		
41	Fortbildungskosten (ohne Reisekosten)	281		
42	Rechts- und Steuerberatung, Buchführung	194		
43	Miete/Leasing für bewegliche Wirtschaftsgüter (ohne Kraftfahrzeuge)	222		
44	Beiträge, Gebühren, Abgaben und Versicherungen (ohne solche für Gebäude und Kraftfahrzeuge)	223		
45	Werbekosten (z. B. Inserate, Werbespots, Plakate)	224		
46	Schuldzinsen zur Finanzierung von Anschaffungs- und Herstellungskosten von Wirtschaftsgütern des Anlagevermögens (ohne häusliches Arbeitszimmer)	232		
47	Übrige Schuldzinsen	234		
48	Gezahlte Vorsteuerbeträge	185		
49	An das Finanzamt gezahlte und ggf. verrechnete Umsatzsteuer (Die Regelung zum 10-Tageszeitraum nach § 11 Abs. 2 Satz 2 EStG ist zu beachten)	186		
50	Rücklagen, stille Reserven und/oder Ausgleichsposten (Übertrag aus Zeile 86)	184		
51	Übrige unbeschränkt abziehbare Betriebsausgaben	183		

Beschränkt abziehbare Betriebsausgaben und Gewerbesteuer		nicht abziehbar EUR		Ct		abziehbar EUR		Ct
52	Geschenke	164			174			
53	Bewirtungsaufwendungen	165			175			
54	Verpflegungsmehraufwendungen				171			
55	Aufwendungen für ein häusliches Arbeitszimmer (einschl. AfA und Schuldzinsen)	162			172			
56	Sonstige beschränkt abziehbare Betriebsausgaben	168			177			
57	Gewerbesteuer	217			218			

Kraftfahrzeugkosten und andere Fahrtkosten

58	Leasingkosten	144		
59	Steuern, Versicherungen und Maut	145		
60	Sonstige tatsächliche Fahrtkosten ohne AfA und Zinsen (z. B. Reparaturen, Wartungen, Treibstoff, Kosten für Flugstrecken, Kosten für öffentliche Verkehrsmittel)	146		
61	Fahrtkosten für nicht zum Betriebsvermögen gehörende Fahrzeuge (Nutzungseinlage)	147		
62	Kraftfahrzeugkosten für Wege zwischen Wohnung und Betriebsstätte; Familienheimfahrten (pauschaliert oder tatsächlich)	142 −		
63	Mindestens abziehbare Kraftfahrzeugkosten für Wege zwischen Wohnung und Betriebsstätte (Entfernungspauschale); Familienheimfahrten	176 +		
64	**Summe Betriebsausgaben** (Übertrag in Zeile 72)	199		

2013AnlEÜR802

2013AnlEÜR802

Knief

(Betriebs-)Steuernummer

Ermittlung des Gewinns

			EUR	Ct
71	Summe der Betriebseinnahmen (Übertrag aus Zeile 20)			,
72	abzüglich Summe der Betriebsausgaben (Übertrag aus Zeile 64)	—		,
	zuzüglich			
73	– Hinzurechnung der Investitionsabzugsbeträge nach § 7g Abs. 2 EStG (Erläuterungen auf gesondertem Blatt)	188 +		,
74	– Gewinnzuschlag nach § 6b Abs. 7 und 10 EStG	123 +		,
	abzüglich			
75	– Investitionsabzugsbeträge nach § 7g Abs. 1 EStG (Erläuterungen auf gesondertem Blatt)	187 —		,
76	Hinzurechnungen und Abrechnungen bei Wechsel der Gewinnermittlungsart (Erläuterungen auf gesondertem Blatt)	250		,
77	Ergebnisanteile aus Beteiligungen an Personengesellschaften	255		,
78	Korrigierter Gewinn/Verlust	290		,

		Gesamtbetrag		Korrekturbetrag	
79	Bereits berücksichtigte Beträge, für die das Teileinkünfte- verfahren bzw. § 8b KStG gilt	261	,	262	,

			EUR	Ct
80	Steuerpflichtiger Gewinn/Verlust vor Anwendung des § 4 Abs. 4a EStG	293		,
81	Hinzurechnungsbetrag nach § 4 Abs. 4a EStG	271 +		,
82	**Steuerpflichtiger Gewinn/Verlust**	219		,

2. Ergänzende Angaben

		99	27

Rücklagen und stille Reserven
(Erläuterungen auf gesondertem Blatt)

			Bildung/Übertragung			Auflösung	
			EUR	Ct		EUR	Ct
83	Rücklagen nach § 6c i. V. m. § 6b EStG, R 6.6 EStR	187		,	120		,
84	Übertragung von stillen Reserven nach § 6c i. V. m. § 6b EStG, R 6.6 EStR	170		,			
85	Ausgleichsposten nach § 4g EStG	191		,	125		,
86	Gesamtsumme	190		,	124		,
			(Übertrag in Zeile 50)			(Übertrag in Zeile 19)	

3. Zusätzliche Angaben bei Einzelunternehmen

		99	29

Entnahmen und Einlagen i. S. d. § 4 Abs. 4a EStG

			EUR	Ct
87	Entnahmen einschl. Sach-, Leistungs- und Nutzungsentnahmen	122		,
88	Einlagen einschl. Sach-, Leistungs- und Nutzungseinlagen	123		,

Knief   975

Anlage AVEÜR 2013
Anlageverzeichnis/Ausweis des Umlaufvermögens[1]
zur Anlage EÜR

77	13	1
	99	40

1 Name/Gesellschaft/Gemeinschaft/Körperschaft

2 (Betriebs-)Steuernummer

	Gruppe/ Bezeichnung des Wirtschaftsguts	Anschaffungs-/ Herstellungskosten/ Einlagewert (EUR | Ct)	Buchwert zu Beginn des Gewinnermittlungs- zeitraums (EUR | Ct)	Zugänge (EUR | Ct)	Sonder-AfA nach § 7g EStG (EUR | Ct)	AfA/ Auflösungsbetrag (EUR | Ct)	Abgänge (insgesamt zu erfassen in Zeile 35 der Anlage EÜR)[3] (EUR | Ct)	Buchwert am Ende des Gewinnermittlungs- zeitraums (EUR | Ct)
	Grundstücke und grundstücksgleiche Rechte							
3	Grund und Boden	100	101	102			105	106
4	Gebäude	110	111	112		114	115	116
5	Andere (z. B. grundstücksgleiche Rechte)	120	121	122		124	125	126
6	Summe					190 *(Übertrag in Zeile 26 der Anlage EÜR)*		
	Häusliches Arbeitszimmer							
7	Anteil Grund und Boden	200	201	202			205	206
8	Gebäudeteil	210	211	212		214 *(So erfassen in Zeile 35 der Anlage EÜR)*	215	216
9	**Immaterielle Wirtschaftsgüter**	320	321	322		324 *(Übertrag in Zeile 27 der Anlage EÜR)*	325	326
	Bewegliche Wirtschaftsgüter (ohne GWG)							
10	Kraftfahrzeuge	400	401	402	403	404	405	406
11	Büroausstattung	410	411	412	413	414	415	416
12	Andere	420	421	422	423	424	425	426
13	Summe				480 *(Übertrag in Zeile 27 der Anlage EÜR)*	490 *(Übertrag in Zeile 26 der Anlage EÜR)*		
14	Sammelposten 2013			432		434		436
15	Sammelposten 2012	440	441			444		446
16	Sammelposten 2011	450	451			454		456
17	Sammelposten 2010	460	461			464		466
18	Sammelposten 2009	470	471			474		
19	Summe					499 *(Übertrag in Zeile 34 der Anlage EÜR)*		
	Finanzanlagen							
20	Anteile an Unternehmen etc. [2]	500	501	502			505	506
21	Andere	510	511	512			515	516
22	**Umlaufvermögen** [1]	600		602			605	606 *(zu erfassen in Zeile 23 der Anlage EÜR)*

1) nur Umlaufvermögen i. S. d. § 4 Abs. 3 Satz 4 EStG (z. B. Wertpapiere, Grund und Boden sowie Gebäude) bzw. § 32b Abs. 2 Satz 2 Nr. 2 Satz 2 Buchstabe c EStG   3) Summe der Einzelbeträge ohne Betrag aus Zeile 22
2) für deren Erträge das Teileinkünfteverfahren bzw. § 8b KStG gilt

2013

Anlage SZE
zur Einnahmen-
überschussrechnung

(Betriebs-)Steuernummer

	77	13	1
	99	41	

Ermittlung der nicht abziehbaren Schuldzinsen für Einzelunternehmen

I. Ermittlung des maßgeblichen Gewinns für Zwecke des § 4 Abs. 4a EStG

			EUR	Ct
4	Gewinn/Verlust (Übertrag aus Zeile 80 der Anlage EÜR)	160		
5	zuzüglich steuerfreie Gewinne	161 +		
6	abzüglich Gewinnanteile/zuzüglich Verlustanteile aus Mitunternehmerschaften (in Zeile 77 der Anlage EÜR enthalten)	162		
7	zuzüglich Veräußerungs-/Aufgabegewinn bzw. abzüglich Veräußerungs-/Aufgabeverlust	163		
8	**Maßgeblicher Gewinn für Zwecke des § 4 Abs. 4a EStG** (positiv in Zeile 10; negativ in Zeile 17 eintragen)	165		

II. Ermittlung der Über-/Unterentnahmen des lfd. Wirtschaftsjahres

			EUR	Ct
9	Entnahmen (Übertrag aus Zeile 87 der Anlage EÜR)	100		
10	Gewinn (= positiver Betrag aus Zeile 8)	200 −		
11	Einlagen (Übertrag aus Zeile 88 der Anlage EÜR)	210 −		
12	**Über-/Unterentnahme des lfd. Wirtschaftsjahres** ohne Berücksichtigung von Verlusten (positiv in Zeile 13; negativ in Zeile 15 eintragen)	130		

III. Ermittlung des Hinzurechnungsbetrages (§ 4 Abs. 4a Satz 3 und 4 EStG)

			EUR	Ct
13	Überentnahme des laufenden Wirtschaftsjahres (= positiver Betrag aus Zeile 12)	300		
14	Überentnahmen der vorangegangenen Wirtschaftsjahre (= positiver Betrag aus Zeile 20 des Vorjahres)	310 +		

Unterentnahmen — des laufenden Wjes (= negativer Betrag aus Zeile 12) — **EUR** — **Ct**

15	des laufenden Wjes (= negativer Betrag aus Zeile 12)	321			
16	der vorangegangenen Wje (= negativer Betrag aus Zeile 20 des Vorjahres)	322 +			

Verlust

17	des laufenden Wjes (= negativer Betrag aus Zeile 8)	331 −			
18	der vorangegangenen Wje (= negativer Betrag aus Zeile 19 des Vorjahres)	332 −			

				EUR	Ct
19	**Verbleibender Betrag** (Ein positiver Betrag ist in die rechte Spalte einzutragen, ein negativer Betrag ist für die Folgejahre festzuhalten.) 340	▶ 350 −			
20	**Kumulierte Über-/Unterentnahme**	360			
21	**davon 6 Prozent** (Ergibt sich in Zeile 20 ein negativer Betrag, ist hier der Wert „0" einzutragen.)	370			

IV. Höchstbetragsberechnung

			EUR	Ct
22	Tatsächlich angefallene Schuldzinsen des laufenden Wirtschaftsjahres	400		
23	Schuldzinsen i. S. d. § 4 Abs. 4a Satz 5 EStG	410 −		
24	Kürzungsbetrag gem. § 4 Abs. 4a Satz 4 EStG	−	2 0 5 0	0 0
25	**Höchstbetrag der nicht abziehbaren Schuldzinsen** (Ergibt sich ein negativer Betrag, ist hier der Wert „0" einzutragen.)	430		

V. Nicht abziehbare Schuldzinsen

			EUR	Ct
26	**Niedrigerer Betrag aus Zeile 21 oder 25** (Übertrag in Zeile 81 der Anlage EÜR)	150		

2013AnlSZE821   – Juni 2013 –   2013AnlSZE821

Anleitung zum Vordruck
„Einnahmenüberschussrechnung – Anlage EÜR" **2013**
(Gewinnermittlung nach § 4 Abs. 3 EStG)

Liegen Ihre Betriebseinnahmen für diesen Betrieb unter der Grenze von 17.500 €, wird es nicht beanstandet, wenn Sie der Steuererklärung anstelle des Vordrucks eine formlose Gewinnermittlung beifügen.

Die Anleitung soll Ihnen das Ausfüllen der Anlage EÜR erleichtern.

Abkürzungsverzeichnis

Abs.	Absatz	EStR	Einkommensteuer-Richtlinien
AfA	Absetzung für Abnutzung	GWG	Geringwertige Wirtschaftsgüter
AO	Abgabenordnung	H	Hinweise (im Amtlichen Einkommensteuer-Handbuch)
BFH	Bundesfinanzhof	Kj.	Kalenderjahr
BMF	Bundesministerium der Finanzen	KStG	Körperschaftsteuergesetz
BGBl.	Bundesgesetzblatt	LStR	Lohnsteuer-Richtlinien
BStBl	Bundessteuerblatt	R	Richtlinien (im Amtlichen Einkommensteuer-Handbuch)
EStDV	Einkommensteuer-Durchführungsverordnung	UStDV	Umsatzsteuer-Durchführungsverordnung
EStG	Einkommensteuergesetz	UStG	Umsatzsteuergesetz
EStH	Amtliches Einkommensteuer-Handbuch	Wj.	Wirtschaftsjahr

Die Anlage EÜR ist nach § 60 Abs. 4 EStDV elektronisch an die Finanzverwaltung zu übermitteln. Sofern Sie sich dabei für die elektronische authentifizierte Übermittlung entscheiden, benötigen Sie ein Zertifikat. Dieses erhalten Sie im Anschluss an Ihre Registrierung auf der Internetseite www.elsteronline.de/eportal/. Bitte beachten Sie, dass der Registrierungsvorgang bis zu zwei Wochen dauern kann. Programme zur elektronischen Übermittlung finden Sie unter https://www.elster.de/elster_soft_nw.php. Die Abgabe der Anlage EÜR in Papierform ist nur noch in Härtefällen zulässig. Für jeden Betrieb ist eine separate Einnahmenüberschussrechnung zu übermitteln/abzugeben.

Bitte füllen Sie Zeilen/Felder, von denen Sie nicht betroffen sind, nicht aus (auch nicht mit dem Wert 0,00).

Nur bei Gesellschaften/Gemeinschaften:
Für die einzelnen Beteiligten sind ggf. die Ermittlungen der Sonderbetriebseinnahmen und -ausgaben sowie die Ergänzungsrechnungen zusätzlich zur für die Gesamthand der Gesellschaft/Gemeinschaft elektronisch übermittelten Anlage EÜR gesondert einzureichen.

Der Vordruck ist nicht zu verwenden, sofern lediglich Betriebsausgaben festgestellt werden (z. B. bei Kostenträgergemeinschaften). Die Abgabepflicht gilt auch für **Körperschaften** (§ 31 KStG), die nicht zur Buchführung verpflichtet sind. Steuerbegünstigte Körperschaften dürfen den Vordruck nur dann abgeben, wenn die Einnahmen einschließlich der Umsatzsteuer aus steuerpflichtigen wirtschaftlichen Geschäftsbetrieben die Besteuerungsgrenze von insgesamt 35.000 € im Jahr übersteigen. Einzutragen sind die Daten des einheitlichen steuerpflichtigen wirtschaftlichen Geschäftsbetriebs (§ 64 Abs. 2 AO). Die Wahlmöglichkeiten des § 64 Abs. 5 AO (Ansatz des Gewinns mit dem branchenüblichen Reingewinn bei der Verwertung unentgeltlich erworbenen Altmaterials) und des § 64 Abs. 6 AO (Gewinnpauschalierung bei bestimmten wirtschaftlichen Geschäftsbetrieben, die eng mit der steuerbegünstigten Tätigkeit oder einem Zweckbetrieb verbunden sind) bleiben unberührt. Bei Gewinnpauschalierung nach § 64 Abs. 5 oder 6 AO sind die Betriebseinnahmen in voller Höhe zu erfassen. Die Differenz zum pauschal ermittelten Gewinn ist in Zeile 21 einzutragen.

Allgemeine Angaben (Zeilen 1 bis 8)

Tragen Sie die **Steuernummer**, unter der der Betrieb geführt wird, die **Art des Betriebs** bzw. der Tätigkeit (Schwerpunkt) sowie die Rechtsform des Betriebs (z. B. Einzelunternehmen) in die entsprechenden Felder ein.

Für die Zuordnung zur Einkunftsart und steuerpflichtigen Person (kann auch eine Gesellschaft/Gemeinschaft sein) verwenden Sie bitte folgende Ziffern:

Einkünfte	Stpfl./Ehemann	Ehefrau	Ehegatten-Mitunternehmerschaft
aus Land- und Forstwirtschaft	1	2	7
aus Gewerbebetrieb	3	4	8
aus selbständiger Tätigkeit	5	6	9

Zeile 4
In der Zeile 4 sind nur Eintragungen vorzunehmen, wenn das Wj. vom Kj. abweicht. Für land- und forstwirtschaftliche Betriebe ist stets eine Eintragung erforderlich.

Zeile 8
Hier ist zwingend anzugeben, ob im Wj. Grundstücke oder grundstücksgleiche Rechte entnommen oder veräußert wurden.

Betriebseinnahmen (Zeilen 9 bis 20)

Betriebseinnahmen sind grundsätzlich im Zeitpunkt des Zuflusses zu erfassen. Ausnahmen ergeben sich aus § 11 Abs. 1 EStG.

Zeile 9
Hier tragen **umsatzsteuerliche Kleinunternehmer** ihre Betriebseinnahmen (ohne Beträge aus Zeilen 15 bis 19) mit dem Bruttobetrag ein.

Sie sind Kleinunternehmer, wenn Ihr Gesamtumsatz (§ 19 UStG) im vorangegangenen Kj. 17.500 € nicht überstiegen hat und im laufenden Kj. voraussichtlich 50.000 € nicht übersteigen wird und Sie nicht zur Umsatzsteuerpflicht optiert haben. Kleinunternehmer dürfen für ihre Umsätze, z. B. beim Verkauf von Waren oder der Erbringung von Dienstleistungen, keine Umsatzsteuer gesondert in Rechnung stellen.

Zeile 10
Hier sind nicht steuerbare Umsätze und Umsätze nach § 19 Abs. 1 Satz 1 Nr. 1 und 2 UStG nachrichtlich zu erfassen.

Zeile 11
Diese Zeile ist **nur von Land- und Forstwirten** auszufüllen, deren Umsätze nicht nach den allgemeinen Vorschriften des UStG zu versteuern sind. Einzutragen sind die Bruttowerte (ohne Beträge aus Zeilen 15 bis 19). Umsätze, die nach den allgemeinen Vorschriften des UStG zu versteuern sind, sind in den Zeilen 12 bis 18 einzutragen.

Zeile 12
Tragen Sie hier sämtliche umsatzsteuerpflichtigen Betriebseinnahmen (ohne Beträge aus Zeilen 16 bis 18) jeweils ohne Umsatzsteuer (netto) ein. Die auf diese Betriebseinnahmen entfallende Umsatzsteuer ist in Zeile 14 zu erfassen.

Zeile 13
In dieser Zeile sind die nach § 4 UStG umsatzsteuerfreien (z. B. Zinsen) und die nicht umsatzsteuerbaren Betriebseinnahmen (z. B. Entschädigungen, öffentliche Zuschüsse wie Forstbeihilfen, Zuschüsse zur Flurbereinigung, Zinszuschüsse oder sonstige Subventionen) – ohne Beträge aus Zeilen 16 bis 18 – anzugeben. Außerdem sind in dieser Zeile die Betriebseinnahmen einzutragen, für die der Leistungsempfänger die Umsatzsteuer nach § 13b UStG schuldet.

Zeile 14
Die vereinnahmten Umsatzsteuerbeträge auf die Betriebseinnahmen der Zeilen 12 und 16 gehören im Zeitpunkt ihrer Vereinnahmung sowie die Umsatzsteuer auf unentgeltliche Wertabgaben der Zeilen 17 und 18 im Zeitpunkt ihrer Entstehung zu den Betriebseinnahmen und sind in dieser Zeile einzutragen.

Zeile 15
Hier sind die vom Finanzamt erstatteten und ggf. verrechneten Umsatzsteuerbeträge einzutragen. Die entsprechenden erstatteten steuerlichen Nebenleistungen (Verspätungszuschlag, Säumniszuschlag etc.) sind in Zeile 13, bei Kleinunternehmern in den Zeilen 9 und 10, zu erfassen.

Zeile 16
Tragen Sie hier bei Veräußerung von Wirtschaftsgütern des Anlagevermögens (z. B. Maschinen, Kfz) den Erlös jeweils ohne Umsatzsteuer ein. Pauschalierende **Land- und Forstwirte** (§ 24 UStG) tragen hier die Bruttowerte ein. Bei Entnahmen ist in der Regel der Teilwert anzusetzen. Teilwert ist der Betrag, den ein Erwerber des ganzen Betriebs im Rahmen des Gesamtkaufpreises für das einzelne Wirtschaftsgut ansetzen würde; dabei ist davon auszugehen, dass der Erwerber den Betrieb fortführt.

Zeile 17
Nutzen Sie ein zum Betriebsvermögen gehörendes Fahrzeug auch zu privaten Zwecken, ist der private Nutzungswert als Betriebseinnahme zu erfassen.

Für Fahrzeuge, die zu mehr als 50 % betrieblich genutzt werden, ist grundsätzlich der Wert pauschal nach dem folgenden Beispiel (sog. 1 %-Regelung gem. § 6 Abs. 1 Nr. 4 EStG) zu ermitteln:

Bruttolistenpreis	x	Kalendermonate	x	1%	=	Nutzungswert
20.000 €	x	12	x	1%	=	2.400 €

Begrenzt wird dieser Betrag durch die sog. Kostendeckung (vgl. Ausführungen zu Zeile 62). Für Umsatzsteuerzwecke kann aus Vereinfachungsgründen von dem Nutzungswert für die nicht mit Vorsteuern belasteten Kosten ein Abschlag von 20 % vorgenommen werden. Die auf den restlichen Betrag entfallende Umsatzsteuer ist in Zeile 14 mit zu berücksichtigen.

Alternativ hierzu können Sie den tatsächlichen privaten Nutzungsanteil an den Gesamtkosten des/der jeweiligen Kfz (vgl. Zeilen 28, 46 und 58 bis 60) durch Führen eines Fahrtenbuches ermitteln. Für ein zu mehr als 50 % betrieblich genutztes Kfz, das nicht zu mehr als 50 % betrieblich genutzt wird, ist mit dem auf die nicht betrieblichen Fahrten entfallenden Anteil an den Gesamtaufwendungen für das Kfz zu bewerten.

Weitere Erläuterungen finden Sie in den BMF-Schreiben vom 18.11.2009, BStBl I S. 1326 und vom 15.11.2012, BStBl I S. 1099.

Bei **steuerbegünstigten Körperschaften** ist die Nutzung außerhalb des steuerpflichtigen wirtschaftlichen Geschäftsbetriebs anzugeben.

Anleitung zur Anlage EÜR Juni 2013

Zeile 18

In diese Zeile sind die Privatanteile (jeweils ohne Umsatzsteuer) einzutragen, die für Sach-, Nutzungs- oder Leistungsentnahmen anzusetzen sind (z. B. Warenentnahmen, private Nutzung von betrieblichen Maschinen oder die Ausführung von Arbeiten am Privatgrundstück durch Arbeitnehmer des Betriebs). Bei Aufwandsentnahmen sind die entstandenen Selbstkosten (Gesamtaufwendungen) anzusetzen. Die darauf entfallende Umsatzsteuer ist in Zeile 14 zu berücksichtigen.
Bei **Körperschaften** sind die Entnahmen für außerbetriebliche Zwecke bzw. verdeckte Gewinnausschüttungen einzutragen.

Betriebsausgaben (Zeilen 21 bis 64)

Betriebsausgaben sind grundsätzlich im Zeitpunkt des Abflusses zu erfassen. Ausnahmen ergeben sich insbesondere aus § 11 Abs. 2 EStG.
Bei gemischten Aufwendungen ist ausschließlich der betrieblich/beruflich veranlasste Anteil anzusetzen (z. B. Telekommunikationsaufwendungen). Die nachstehend aufgeführten Betriebsausgaben sind grundsätzlich mit dem Nettobetrag anzusetzen. Die abziehbaren Vorsteuerbeträge sind in Zeile 48 einzutragen. Kleinunternehmer geben den Bruttobetrag an. Gleiches gilt für Steuerpflichtige, die den Vorsteuerabzug nach den §§ 23, 23a und 24 Abs. 1 UStG pauschal vornehmen (vgl. Ausführungen zu Zeile 48).
Unterhält eine **steuerbegünstigte Körperschaft** ausschließlich steuerpflichtige wirtschaftliche Geschäftsbetriebe, bei denen der Gewinn mit dem branchenüblichen Reingewinn oder pauschal mit 15 % der Einnahmen angesetzt wird, sind keine Angaben zu den tatsächlichen Betriebsausgaben vorzunehmen.
Die Vorschriften der §§ 4h EStG, 8a KStG (Zinsschranke) sind zu beachten.

Zeile 21

Nach H 18.2 (Betriebsausgabenpauschale) EStH können bei hauptberuflicher selbständiger schriftstellerischer oder journalistischer Tätigkeit pauschal 30 % der Betriebseinnahmen, maximal 2.455 € jährlich, bei wissenschaftlicher, künstlerischer und schriftstellerischer Nebentätigkeit sowie bei nebenamtlicher Lehr- und Prüfungstätigkeit pauschal 25 % der Betriebseinnahmen, maximal 614 € jährlich, statt der tatsächlich angefallenen Betriebsausgaben geltend gemacht werden (weiter mit Zeile 64).
Für Tagespflegepersonen besteht nach dem BMF-Schreiben vom 20.05.2009, BStBl I S. 642, die Möglichkeit, pauschal 300 € je Kind und Monat als Betriebsausgaben abzuziehen. Die Pauschale bezieht sich auf eine wöchentliche Betreuungszeit von 40 Stunden und ist bei geringerer Betreuungszeit zeitanteilig zu kürzen.
Ebenfalls einzutragen sind hier die Freibeträge
– nach § 3 Nr. 26 EStG für bestimmte nebenberufliche Tätigkeiten in Höhe von maximal 2.400 € (Übungsleiterfreibetrag),
– nach § 3 Nr. 26a EStG für andere nebenberufliche Tätigkeiten im gemeinnützigen Bereich in Höhe von maximal 720 € (Ehrenamtspauschale) und
– nach § 3 Nr. 26b EStG für Aufwandsentschädigungen an ehrenamtliche Betreuer in Höhe von maximal 2.400 €.
Die Freibeträge nach § 3 Nr. 26 EStG und § 3 Nr. 26b EStG dürfen zusammen den Betrag von 2.400 € nicht überschreiten. Die Steuerbefreiung nach § 3 Nr. 26a EStG ist ausgeschlossen, wenn für die Einnahmen aus der Tätigkeit – ganz oder teilweise – eine Steuerbefreiung nach § 3 Nr. 12, 26 oder 26b EStG gewährt wird.

Zeile 22

Die **sachlichen Bebauungskosten** umfassen – im Falle der Pauschalierung die mit der Erzeugung landwirtschaftlicher Produkte in Zusammenhang stehenden Kosten wie z. B. Düngung, Pflanzenschutz, Versicherungen, Beiträge, die Umsatzsteuer auf angeschaffte Anlagegüter und die Kosten für den Unterhalt/Betrieb von Wirtschaftsgebäuden, Maschinen und Geräten. Hierzu gehören auch weitere sachliche Kosten wie z. B. Ausbaukosten bei selbst ausbauenden Weinbaubetrieben oder die Kosten für Flaschenweinausbau.
Die AfA für angeschaffte oder hergestellte Wirtschaftsgüter kann nicht pauschaliert werden und ist in den Zeilen 26 bis 34 einzutragen.
Soweit Betriebsausgaben **nicht** zu den sachlichen Bebauungskosten gehören und in den Zeilen 23 ff. nicht aufgeführt sind, können diese in Zeile 51 eingetragen werden. Hierunter fallen z. B. Aufwendungen für Flurbereinigung und Wegebau, sonstige Grundbesitzabgaben, Aufwendungen für den Vertrieb der Erzeugnisse oder Hagelversicherungsbeiträge.
Bei landwirtschaftlichen Betrieben kann in Zeile 22 eine **Betriebsausgabenpauschale** von 55 % der Einnahmen aus der Verwertung des eingeschlagenen Holzes abgezogen werden (§ 51 EStDV). Die Pauschale beträgt 20 %, soweit das Holz auf dem Stamm verkauft wird. Mit den pauschalen Betriebsausgaben sind sämtliche Betriebsausgaben mit Ausnahme der Wiederaufforstungskosten und der Minderung des Buchwerts für ein Wirtschaftsgut Baumbestand abgegolten. Die Wiederaufforstungskosten sind in Zeile 23 bzw. 24 einzutragen; eine Minderung des Buchwerts ist in Zeile 35 zu erfassen.
Die tatsächlich angefallenen Betriebsausgaben (vgl. Zeilen 23 bis 63) sind dann um diese (mit der Pauschale abgegoltenen) Betriebsausgaben zu kürzen.

Zeile 23

Bitte beachten Sie, dass die Anschaffungs-/Herstellungskosten für bestimmte Wirtschaftsgüter des Umlaufvermögens (vor allem Anteile an Kapitalgesellschaften, Wertpapiere, Grund und Boden, Gebäude) erst im Zeitpunkt des Zuflusses des Veräußerungserlöses/der Entnahme aus dem Betriebsvermögen als Betriebsausgabe zu erfassen sind.

Zeile 24

Zu erfassen sind die von Dritten erbrachten Dienstleistungen, die in unmittelbarem Zusammenhang mit dem Betriebszweck stehen (z. B. Fremdleistungen, Provisionen sowie Kosten für freie Mitarbeiter).

Zeile 25

Tragen Sie hier Betriebsausgaben für Gehälter, Löhne und Versicherungsbeiträge für Ihre Arbeitnehmer ein. Hierzu rechnen sämtliche Bruttolohn- und Gehaltsaufwendungen einschließlich der gezahlten Lohnsteuer (auch Pauschalsteuer nach § 37b EStG) und anderer Nebenkosten.

Absetzung für Abnutzung (Zeilen 26 bis 35)

Zur Erläuterung kann die Anlage AVEÜR beigefügt werden.
Bei Personengesellschaften sind die Angaben zur Gesamthand vorzunehmen.

Die nach dem 05.05.2006 angeschafften, hergestellten oder in das Betriebsvermögen eingelegten Wirtschaftsgüter des Anlage- sowie bestimmte Wirtschaftsgüter des Umlaufvermögens sind mit dem Anschaffungs-/Herstellungsdatum, den Anschaffungs-/Herstellungskosten und den vorgenommenen Abschreibungen in besondere, laufend zu führende Verzeichnisse aufzunehmen (§ 4 Abs. 3 Satz 5 EStG, R 4.5 Abs. 3 EStR). Bei Umlaufvermögen gilt diese Verpflichtung vor allem für Anteile an Kapitalgesellschaften, Wertpapiere, Grund und Boden sowie Gebäude.
Für zuvor angeschaffte, hergestellte oder in das Betriebsvermögen eingelegte Wirtschaftsgüter gilt dies nur für nicht abnutzbare Wirtschaftsgüter des Anlagevermögens.

Zeilen 26 bis 28

Die Anschaffungs-/Herstellungskosten von selbständigen, abnutzbaren Wirtschaftsgütern sind grundsätzlich im Wege der AfA über die betriebsgewöhnliche Nutzungsdauer zu verteilen. Wirtschaftsgüter sind abnutzbar, wenn sich deren Nutzbarkeit infolge wirtschaftlichen oder technischen Wertverzehrs auf einen begrenzten Zeitraum erstreckt. Grund und Boden gehört zu den nicht abnutzbaren Wirtschaftsgütern.
Immaterielle Wirtschaftsgüter sind z. B. erworbene Firmen- oder Praxiswerte.
Falls neben der normalen AfA weitere Abschreibungen (z. B. außergewöhnliche Abschreibungen) erforderlich sind, sind diese ebenfalls hier einzutragen.

Zeile 31

Bei beweglichen Wirtschaftsgütern können neben der Abschreibung nach § 7 Abs. 1 oder 2 EStG im Jahr der Anschaffung/Herstellung und in den vier folgenden Jahren Sonderabschreibungen nach § 7g Abs. 5 EStG bis zu insgesamt 20 % der Anschaffungs-/Herstellungskosten in Anspruch genommen werden.
Die Sonderabschreibungen können nur in Anspruch genommen werden, wenn im Wj. vor Anschaffung oder Herstellung der Gewinn ohne Berücksichtigung des Investitionsabzugsbetrages 100.000 € nicht überschreitet. Land- und Forstwirte können den Investitionsabzugsbetrag auch in Anspruch nehmen, wenn zwar die Gewinngrenze überschritten ist, der Wirtschaftswert bzw. Ersatzwirtschaftswert von 125.000 € aber nicht. Darüber hinaus muss das Wirtschaftsgut im Jahr der Anschaffung oder Herstellung und im darauf folgenden Wj. in einer inländischen Betriebsstätte Ihres Betriebs ausschließlich oder fast ausschließlich (mindestens zu 90 %) betrieblich genutzt werden (BMF-Schreiben vom 08.05.2009, BStBl I S. 633).

Zeile 32

Hier sind die Herabsetzungsbeträge nach § 7g Abs. 2 EStG einzutragen (siehe auch Ausführungen zu Zeile 73).

Zeilen 33 und 34

In Zeile 33 sind Aufwendungen für GWG nach § 6 Abs. 2 EStG und in Zeile 34 ist die Auflösung eines Sammelpostens nach § 6 Abs. 2a EStG einzutragen. Nach § 6 Abs. 2 EStG können die Anschaffungs-/Herstellungskosten bzw. der Einlagewert von abnutzbaren, beweglichen und einer selbständigen Nutzung fähigen Wirtschaftsgütern des Anlagevermögens in voller Höhe als Betriebsausgaben abgezogen werden, wenn die um einen enthaltenen Vorsteuerbetrag verminderten Anschaffungs-/Herstellungskosten bzw. deren Einlagewert für das einzelne Wirtschaftsgut 410 € nicht übersteigen (GWG).

Aufwendungen für GWG von mehr als 150 € sind in ein besonderes, laufend zu führendes Verzeichnis aufzunehmen.

In der Anlage AVEÜR erfolgt keine Eintragung.
Für abnutzbare, bewegliche und selbständig nutzungsfähige Wirtschaftsgüter, deren Anschaffungs-/Herstellungskosten bzw. deren Einlagewert 150 €, aber nicht 1.000 € übersteigen, kann nach § 6 Abs. 2a EStG im Wj. der Anschaffung/ Herstellung oder Einlage auch ein Sammelposten gebildet werden. Dieses Wahlrecht kann nur einheitlich für alle im Wirtschaftsjahr zugegangenen Wirtschaftsgüter in Anspruch genommen werden. Im Fall der Bildung eines Sammelpostens zum Anschaffungs- oder Herstellungszeitpunkt lediglich die Aufwendungen für Wirtschaftsgüter mit Anschaffungs- oder Herstellungskosten bis 150 € als GWG (Zeile 33) berücksichtigt werden; bei Anschaffungs- oder Herstellungskosten von über 1.000 € sind die Aufwendungen über die voraussichtliche Nutzungsdauer zu verteilen (vgl. Zeile 28).
Weitere Erläuterungen zur bilanzsteuerlichen Behandlung von GWG und zum Sammelposten sowie dessen jährlicher Auflösung mit einem Fünftel finden Sie in dem BMF-Schreiben vom 30.09.2010, BStBl I S. 755.

Zeile 35

Scheiden Wirtschaftsgüter z. B. aufgrund Verkauf, Entnahme oder Verschrottung bei Zerstörung aus dem Betriebsvermögen aus, so ist hier der Restbuchwert als Betriebsausgabe zu berücksichtigen. Das gilt nicht für Wirtschaftsgüter des Sammelpostens. Der Restbuchwert ergibt sich regelmäßig aus den Anschaffungs-/Herstellungskosten bzw. dem Einlagewert, ggf. vermindert um die bis zum Zeitpunkt des Ausscheidens berücksichtigten AfA-Beträge und Sonderabschreibungen. Für nicht abnutzbare Wirtschaftsgüter des Anlagevermögens ist der Zeitpunkt des Ausscheidens und der Veräußerungserlöse maßgebend.

Raumkosten und sonstige Grundstücksaufwendungen (Zeilen 36 bis 38)

Aufwendungen für ein häusliches Arbeitszimmer sind ausschließlich in Zeile 55 zu erfassen.

Zeile 37

Hier sind die Miete und sonstige Aufwendungen für eine betrieblich veranlasste doppelte Haushaltsführung einzutragen. Mehraufwendungen für Verpflegung sind nicht hier, sondern in Zeile 54 zu erfassen, Kosten für Familienheimfahrten in den Zeilen 58 bis 63.

Zeile 38

Tragen Sie hier die Aufwendungen für betrieblich genutzte Grundstücke (z. B. Grundsteuer, Instandhaltungsaufwendungen) ein. Die AfA ist in Zeile 26 zu berücksichtigen. Schuldzinsen sind in den Zeilen 46 f. einzutragen.

Sonstige unbeschränkt abziehbare Betriebsausgaben (Zeilen 39 bis 51)

Zeile 40

Hier sind nur die Übernachtungs- und Reisenebenkosten bei Geschäftsreisen des Steuerpflichtigen einzutragen. Verpflegungsmehraufwendungen sind in Zeile 54, Fahrtkosten in den Zeilen 58 ff. zu berücksichtigen. Aufwendungen für Reisen von Arbeitnehmern sind in Zeile 25 zu erfassen.

Zeilen 46 und 47

Tragen Sie in Zeile 46 die Schuldzinsen für gesondert aufgenommene Darlehen zur Finanzierung von Anschaffungs-/Herstellungskosten von Wirtschaftsgütern des Anlagevermögens ein (ohne Schuldzinsen im Zusammenhang mit dem häuslichen Arbeitszimmer – diese sind in Zeile 55 einzutragen).

In diesen Fällen unterliegen die Schuldzinsen nicht der Abzugsbeschränkung. Die übrigen Schuldzinsen sind in Zeile 47 einzutragen. Diese sind bis zu einem Betrag von 2.050 € unbeschränkt abzugsfähig.

Darüber hinaus sind sie nur beschränkt abzugsfähig, wenn sog. Überentnahmen getätigt wurden.

Eine Überentnahme ist der Betrag, um den die Entnahmen die Summe aus Gewinn und Einlagen des Gewinnermittlungszeitraumes unter Berücksichtigung der Vorjahreswerte übersteigen. Die nicht abziehbaren Schuldzinsen werden dabei mit 6 % der Überentnahmen ermittelt.

Bei der Ermittlung der Überentnahmen ist grundsätzlich vom Gewinn/Verlust vor Anwendung des § 4 Abs. 4a EStG (Zeile 80) auszugehen. Der Hinzurechnungsbetrag nach § 4 Abs. 4a EStG ist in Zeile 81 einzutragen.

Wenn die geltend gemachten Schuldzinsen, ohne Berücksichtigung der Schuldzinsen für Darlehen zur Finanzierung von Anschaffungs- oder Herstellungskosten von Wirtschaftsgütern des Anlagevermögens, den Betrag von 2.050 € übersteigen, ist bei Einzelunternehmen die Anlage SZE beizufügen.

Bei Gesellschaften/Gemeinschaften sind die nicht abziehbaren Schuldzinsen gesellschafterbezogen zu ermitteln. Der nicht abziehbare Teil der Schuldzinsen ist deshalb für die einzelnen Beteiligten gesondert zu ermitteln (vgl. Anlage FE 5 zur Feststellungserklärung). Der Betrag von 2.050 € ist auf die Mitunternehmer nach ihrer Schuldzinsenquote aufzuteilen. Weitere Erläuterungen dazu finden Sie im BMF-Schreiben vom 07.05.2008, BStBl I S. 588.

> Die Entnahmen und Einlagen sind unabhängig von der Abzugsfähigkeit der Schuldzinsen gesondert aufzuzeichnen.

Zeile 48

Die in Eingangsrechnungen enthaltenen Vorsteuerbeträge auf die Betriebsausgaben gehören im Zeitpunkt ihrer Bezahlung zu den Betriebsausgaben und sind hier einzutragen. Dazu zählen bei Anwendung der §§ 23, 23a und 24 Abs. 1 UStG auch die tatsächlich gezahlten Vorsteuerbeträge für die Anschaffung von Wirtschaftsgütern des Anlagevermögens, jedoch nicht die nach Durchschnittssätzen ermittelten Vorsteuerbeträge.

Bei steuerbegünstigten Körperschaften sind hier nur die Vorsteuerbeträge für Leistungen an den steuerpflichtigen wirtschaftlichen Geschäftsbetrieb einzutragen.

Zeile 49

Die aufgrund der Umsatzsteuervoranmeldungen oder aufgrund der Umsatzsteuerjahreserklärung an das Finanzamt gezahlte und ggf. verrechnete Umsatzsteuer ist hier einzutragen.

Eine innerhalb von 10 Tagen nach Beginn des Kalenderjahres fällige und entrichtete Umsatzsteuer-Vorauszahlung für das Vorjahr ist dabei als regelmäßig wiederkehrende Ausgabe i. S. des § 11 Abs. 2 Satz 2 EStG im Vorjahr als Betriebsausgabe zu berücksichtigen.

Beispiel: Die Umsatzsteuer-Vorauszahlung für den Monat Dezember 2013 ist am 10. Januar des Folgejahres fällig. Wird die Umsatzsteuer-Vorauszahlung tatsächlich bis zum 10. Januar entrichtet, so ist der Abzug als Betriebsausgabe in 2013 zu berücksichtigen. Wenn Sie einen Lastschriftauftrag erteilt haben, das Konto die nötige Deckung aufweist und der Lastschriftauftrag nicht widerrufen wird, ist bei Abgabe der Voranmeldung bis zum 10. Januar ein Abfluss zum Fälligkeitstag anzunehmen, auch wenn die tatsächliche Belastung Ihres Kontos später erfolgt.

Die Zinsen zur Umsatzsteuer sind in Zeile 47, die übrigen steuerlichen Nebenleistungen (Verspätungszuschlag, Säumniszuschlag etc.) in Zeile 51 zu erfassen.

Bei mehreren Betrieben ist eine Aufteilung entsprechend der auf den einzelnen Betrieb entfallenden Zahlung vorzunehmen.

Von steuerbegünstigten Körperschaften ist hier nur der Anteil einzutragen, der auf die Umsätze des steuerpflichtigen wirtschaftlichen Geschäftsbetriebs entfällt.

Zeile 51

Tragen Sie hier die übrigen unbeschränkt abziehbaren Betriebsausgaben ein, soweit diese nicht in den Zeilen 21 bis 50 berücksichtigt worden sind.

Beschränkt abziehbare Betriebsausgaben und Gewerbesteuer (Zeilen 52 bis 57)

Beschränkt abziehbare Betriebsausgaben sind in einen nicht abziehbaren und einen abziehbaren Teil aufzuteilen.

> Aufwendungen für die in § 4 Abs. 7 EStG genannten Zwecke, insbesondere Geschenke und Bewirtung, sind einzeln und getrennt von den sonstigen Betriebsausgaben aufzuzeichnen.

Zeile 52

Aufwendungen für Geschenke an Personen, die nicht Arbeitnehmer sind (z. B. an Geschäftspartner), und die ggf. darauf entfallende Pauschalsteuer nach § 37b EStG, sind nur dann abzugsfähig, wenn die Anschaffungs- oder Herstellungskosten der dem Empfänger im Gewinnermittlungszeitraum zugewendeten Gegenstände 35 € nicht übersteigen.

Die Aufwendungen dürfen nur berücksichtigt werden, wenn aus dem Beleg oder den Aufzeichnungen der Geschenkempfänger zu ersehen ist. Wenn im Hinblick auf die Art des zugewendeten Gegenstandes (z. B. Taschenkalender, Kugelschreiber) die Vermutung besteht, dass die Freigrenze von 35 € bei den einzelnen Empfänger im Gewinnermittlungszeitraum nicht überschritten wird, ist eine Angabe der Namen der Empfänger nicht erforderlich.

Zeile 53

Aufwendungen für die Bewirtung von Personen aus geschäftlichem Anlass sind zu 70 % abziehbar und zu 30 % nicht abziehbar. Die in Zeile 48 zu berücksichtigende hierauf entfallende Vorsteuer ist allerdings voll abziehbar.

Abziehbar zu 70 % sind nur Aufwendungen, die nach der allgemeinen Verkehrsauffassung als angemessen anzusehen und deren Höhe und betriebliche Veranlassung nachgewiesen sind. Zum Nachweis der Höhe und der betrieblichen Veranlassung sind schriftlich Angaben zur Ort, Tag, Teilnehmer und Anlass der Bewirtung sowie Höhe der Aufwendungen zu machen. Bei Bewirtung in einer Gaststätte genügen Angaben zu dem Anlass und den Teilnehmern der Bewirtung; die Rechnung über die Bewirtung ist beizufügen. Es werden grundsätzlich nur maschinell erstellte und maschinell registrierte Rechnungen anerkannt (vgl. BMF-Schreiben vom 21.11.1994, BStBl I S. 855).

Zeile 54

Verpflegungsmehraufwendungen anlässlich einer Geschäftsreise oder einer betrieblich veranlassten doppelten Haushaltsführung sind hier zu erfassen. Fahrtkosten sind in den Zeilen 58 bis 63 zu berücksichtigen. Sonstige Reise- und Reisenebenkosten tragen Sie bitte in Zeile 40 ein. Aufwendungen für die Verpflegung sind unabhängig vom tatsächlichen Aufwand nur in Höhe der Pauschbeträge abziehbar.

Pauschbeträge (für Reisen im Inland)

	bis 31.12.2013	ab 01.01.2014
bei 24 Stunden Abwesenheit	24 €	24 €
bei mindestens 14 Stunden Abwesenheit	12 €	12 €
bei mindestens 8 Stunden Abwesenheit	6 €	12 €

Die Reisekosten für Ihre Arbeitnehmer tragen Sie bitte in Zeile 25 ein.

Zeile 55

Aufwendungen für ein häusliches Arbeitszimmer sowie die Kosten der Ausstattung sind grundsätzlich nicht abziehbar.

Steht für die betriebliche/berufliche Tätigkeit kein anderer (Büro-)Arbeitsplatz zur Verfügung, sind die Aufwendungen bis zu einem Betrag von maximal 1.250 € abziehbar.

Die Beschränkung der abziehbaren Aufwendungen auf 1.250 € gilt nicht, wenn das Arbeitszimmer den Mittelpunkt der gesamten betrieblichen und beruflichen Betätigung bildet. Der Tätigkeitsmittelpunkt ist dabei nach dem inhaltlichen (qualitativen) Schwerpunkt der gesamten betrieblichen und beruflichen Betätigung zu bestimmen; der Umfang der zeitlichen Nutzung hat dabei nur Indizwirkung. Weitere Erläuterungen finden Sie im BMF-Schreiben vom 02.03.2011, BStBl I S. 195.

Zeile 56

In diese Zeile sind die sonstigen beschränkt abziehbaren Betriebsausgaben (z. B. Geldbußen) und die nicht abziehbaren Betriebsausgaben (z. B. Aufwendungen für Jagd oder Fischerei, für Segel- oder Motorjachten sowie für ähnliche Zwecke und die hiermit zusammenhängenden Bewirtungen) einzutragen.

Die Aufwendungen sind getrennt nach „nicht abziehbar" und „abziehbar" zu erfassen.

Aufwendungen für Wege zwischen Wohnung und Betriebsstätte sowie für Familienheimfahrten sind hier nicht, sondern in den Zeilen 58 bis 63 zu erklären.

Aufwendungen, die die Lebensführung des Steuerpflichtigen oder anderer Personen berühren, soweit sie nach allgemeiner Verkehrsauffassung als unangemessen anzusehen sind.

Von Gerichten oder Behörden im Inland oder von Organen der Europäischen Union festgesetzte Geldbußen, Ordnungsgelder oder Verwarnungsgelder sind nicht abziehbar. Von Gerichten oder Behörden anderer Staaten festgesetzte Geldbußen fallen nicht unter das Abzugsverbot. In einem Strafverfahren festgesetzte Geldstrafen sind nicht abziehbar. Eine von einem ausländischen Gericht verhängte Geldstrafe kann bei Widerspruch zu wesentlichen Grundsätzen der deutschen Rechtsordnung Betriebsausgabe sein.

Zeile 57

Die Gewerbesteuer und die darauf entfallenden Nebenleistungen für Erhebungszeiträume, die nach dem 31.12.2007 enden, sind keine Betriebsausgaben. Diese Beträge sind als „nicht abziehbar" zu behandeln. Nachzahlungen für frühere Erhebungszeiträume können als Betriebsausgabe abgezogen werden. Erstattungsbeträge für Erhebungszeiträume, die nach dem 31.12.2007 enden, mindern die nicht abziehbaren Betriebsausgaben, Erstattungsbeträge für frühere Erhebungszeiträume mindern die abziehbaren Betriebsausgaben. Erstattungsüberhänge sind mit negativem Vorzeichen einzutragen.

Kraftfahrzeugkosten und andere Fahrtkosten (Zeilen 58 bis 63)

Zeile 61

Kosten für die betriebliche Nutzung eines privaten Kraftfahrzeuges können entweder pauschal mit 0,30 € je km oder mit den anteiligen tatsächlich entstandenen Aufwendungen angesetzt werden. Dies gilt entsprechend für Kraftfahrzeuge, die zu einem anderen Betriebsvermögen gehören.

Zeile 62

Aufwendungen für Wege zwischen Wohnung und Betriebsstätte können nur eingeschränkt als Betriebsausgaben abgezogen werden.

Grundsätzlich darf nur die Entfernungspauschale als Betriebsausgabe berücksichtigt werden (vgl. Zeile 63).

Deshalb muss der zunächst die tatsächlichen Aufwendungen, die auf Wege zwischen Wohnung und Betriebsstätte entfallen, eingetragen. Sie mindern damit Ihre tatsächlich ermittelten Gesamtaufwendungen (Betrag aus Zeilen 58 bis 60 zuzüglich AfA und Zinsen). Nutzen Sie ein Fahrzeug für Fahrten zwischen Wohnung und Betriebsstätte, für das die Privatnutzung nach der 1 %-Regelung ermittelt wird (vgl. Zeile 17 sowie BMF-Schreiben vom 18.11.2009, BStBl I S. 1326 und vom 15.11.2012, BStBl I S. 1099), ist der Kürzungsbetrag wie folgt zu berechnen:

0,03 % des Listenpreises
x Kalendermonate der Nutzung für Wege zwischen Wohnung und Betriebsstätte
x einfache Entfernung (km) zwischen Wohnung und Betriebsstätte
zuzüglich (nur bei doppelter Haushaltsführung)

0,002 % des Listenpreises
x Anzahl der Familienheimfahrten bei einer aus betrieblichem Anlass begründeten doppelten Haushaltsführung
x einfache Entfernung (km) zwischen Beschäftigungsort und Ort des eigenen Hausstandes.

Es ist höchstens der Wert einzutragen, der sich aus der Differenz der tatsächlich ermittelten Gesamtaufwendungen (Betrag aus den Zeilen 58 bis 60 zuzüglich AfA und Zinsen) und der Privatentnahme (Betrag aus Zeile 17) ergibt (sog. Kostendeckelung).

Führen Sie ein Fahrtenbuch, so sind die danach ermittelten tatsächlichen Aufwendungen einzutragen.

Nutzen Sie ein Fahrzeug für Fahrten zwischen Wohnung und Betriebsstätte, das nicht zu mehr als 50 % betrieblich genutzt wird, ist der Kürzungsbetrag durch sachgerechte Ermittlung nach folgendem Schema zu berechnen:

Tatsächliche Aufwendungen x $\dfrac{\text{Zurückgelegte Kilometer zwischen Wohnung und Betriebsstätte}}{\text{Insgesamt gefahrene Kilometer}}$

Zeile 63
Unabhängig von der Art des benutzten Verkehrsmittels sind die Aufwendungen für die Wege zwischen Wohnung und Betriebsstätte und für Familienheimfahrten nur in Höhe der folgenden Pauschbeträge abziehbar (Entfernungspauschale):

Arbeitstage, an denen die Betriebsstätte aufgesucht wird x 0,30 €/km der einfachen Entfernung zwischen Wohnung und Betriebsstätte.

Bei Familienheimfahrten beträgt die Entfernungspauschale ebenfalls 0,30 € je Entfernungskilometer.

Die Entfernungspauschale gilt nicht für Flugstrecken. Die Entfernungspauschale darf höchstens 4.500 € im Kalenderjahr betragen. Ein höherer Betrag als 4.500 € ist anzusetzen, soweit Sie ein eigenes oder zur Nutzung überlassenes Kfz benutzen oder die Aufwendungen für die Benutzung öffentlicher Verkehrsmittel den als Entfernungspauschale abziehbaren Betrag übersteigen.

Tragen Sie den so ermittelten Betrag hier ein.

Ermittlung des Gewinns (Zeilen 71 bis 82)

Zeile 73
Wurde für ein Wirtschaftsgut der Investitionsabzugsbetrag nach § 7g Abs. 1 EStG in Anspruch genommen, so ist im Wj. der Anschaffung oder Herstellung der Investitionsabzugsbetrag (maximal 40 % der Anschaffungs-/Herstellungskosten) gewinnerhöhend hinzuzurechnen. Nach § 7g Abs. 2 Satz 2 EStG können die Anschaffungs-/Herstellungskosten des Wirtschaftsguts um bis zu 40 %, höchstens jedoch um die Hinzurechnung, gewinnmindernd herabgesetzt werden. Diese Herabsetzungsbeträge sind in Zeile 32 einzutragen. Die Bemessungsgrundlage für weitere Absetzungen und Abschreibungen verringert sich entsprechend.

Die Höhe der Beträge und die Ausübung des Wahlrechts ist für jedes einzelne Wirtschaftsgut auf gesondertem Blatt zu erläutern.

Zeile 74
Soweit die Auflösung der jeweiligen Rücklagen nicht auf der Übertragung des Veräußerungsgewinns (§§ 6b, 6c EStG) auf ein begünstigtes Wirtschaftsgut beruht, sind diese Beträge mit 6 % pro Wj. des Bestehens zu verzinsen (Gewinnzuschlag).

Zeile 75
Steuerpflichtige können nach § 7g EStG für die künftige Anschaffung oder Herstellung von abnutzbaren beweglichen Wirtschaftsgütern des Anlagevermögens bis zu 40 % der voraussichtlichen Anschaffungs-/Herstellungskosten gewinnmindernd berücksichtigen (Investitionsabzugsbetrag).

Bei Einnahmenüberschussrechnung ist Voraussetzung, dass

1. der Betrieb (vor Berücksichtigung von Investitionsabzugsbeträgen) ein Betriebsvermögen von nicht mehr als 100.000 € oder der Wirtschaftswert bzw. der Ersatzwirtschaftswert bei Land- und Forstwirten nicht mehr als 125.000 € beträgt und
2. der Steuerpflichtige beabsichtigt, das Wirtschaftsgut in den folgenden drei Wjen. anzuschaffen/herzustellen und
3. das Wirtschaftsgut im Wj. der Anschaffung/Herstellung und im darauf folgenden Jahr in einer inländischen Betriebsstätte dieses Betriebs ausschließlich oder fast ausschließlich (mindestens zu 90 %) betrieblich genutzt wird und
4. der Steuerpflichtige das Wirtschaftsgut seiner Funktion nach benennt sowie die voraussichtlichen Anschaffungs-/Herstellungskosten angibt.

Die Summe der berücksichtigten Abzugsbeträge darf im Wj. des Abzugs und in den drei vorangegangenen Wjen. insgesamt nicht mehr als 200.000 € betragen.

Die Höhe der Beträge ist für jedes einzelne Wirtschaftsgut auf gesondertem Blatt zu erläutern (vgl. BMF-Schreiben vom 08.05.2009, BStBl I S. 633).

Zeile 76
Beim Übergang von der Gewinnermittlung durch Betriebsvermögensvergleich bzw. nach Durchschnittssätzen zur Gewinnermittlung nach § 4 Abs. 3 EStG sind die durch den Wechsel der Gewinnermittlungsart bedingten Hinzurechnungen und Abrechnungen im ersten Jahr nach dem Übergang zur Gewinnermittlung nach § 4 Abs. 3 EStG vorzunehmen.

Bei Aufgabe oder Veräußerung des Betriebs ist eine Schlussbilanz nach den Grundsätzen des Betriebsvermögensvergleichs zu erstellen. Ein entsprechender Übergangsgewinn/-verlust ist ebenfalls hier einzutragen.

Zeile 77
Hier sind die gesondert und einheitlich festgestellten Ergebnisanteile aus Beteiligungen an Personengesellschaften (Mitunternehmerschaften, vermögensverwaltende Personengesellschaften und Kostenträgergemeinschaften wie z. B. Bürogemeinschaften) einzutragen. Die in der gesonderten und einheitlichen Feststellung berücksichtigten Betriebseinnahmen und -ausgaben dürfen nicht zusätzlich in den Zeilen 9 bis 76 angesetzt werden.

Soweit Ergebnisanteile dem Teileinkünfteverfahren bzw. § 8b KStG unterliegen, sind sie hier in voller Höhe (einschl. steuerfreier Anteile) einzutragen. Die entsprechende Korrektur erfolgt in Zeile 79.

Zeile 79
Nach § 3 Nr. 40 EStG und § 8b KStG werden die dort aufgeführten Erträge (teilweise) steuerfrei gestellt. Damit in Zusammenhang stehende Aufwendungen sind nach § 3c Abs. 2 EStG und § 8b KStG (teilweise) nicht zum Abzug zugelassen. Der Saldo aus den Erträgen und den Aufwendungen ist als Gesamtbetrag zu erklären. Ein steuerfreier Betrag ist abzuziehen und ein steuerlich nicht abzugsfähiger Betrag ist als Korrekturbetrag hinzuzurechnen.

Rücklagen und stille Reserven (Zeilen 83 bis 86)

Zeile 83
Rücklage nach § 6c i.V.m. § 6b EStG
Bei der Veräußerung von Anlagevermögen ist der Erlös in Zeile 16 als Einnahme zu erfassen. Sie haben dann die Möglichkeit, bei bestimmten Wirtschaftsgütern (z. B. Grund und Boden, Gebäude, Aufwuchs) den entstehenden Veräußerungsgewinn (sog. stille Reserven) von den Anschaffungs-/Herstellungskosten angeschaffter oder hergestellter Wirtschaftsgüter abzuziehen (vgl. Zeile 84). Soweit Sie diesen Abzug nicht im Wj. der Veräußerung vorgenommen haben, können Sie den Veräußerungsgewinn in eine steuerfreie Rücklage einstellen, die als Betriebsausgabe behandelt wird. Die Anschaffung/Herstellung muss innerhalb von vier (bei Gebäuden sechs) Wjen. nach Veräußerung erfolgen. Anderenfalls ist eine Verzinsung der Rücklage vorzunehmen (vgl. Zeile 74). Die Rücklage ist in diesen Fällen gewinnerhöhend aufzulösen.

Rücklage für Ersatzbeschaffung nach R 6.6 EStR
Erhalten Sie Entschädigungszahlungen für Wirtschaftsgüter, die aufgrund höherer Gewalt (z. B. Brand, Sturm, Überschwemmung, Diebstahl, unverschuldeter Unfall) oder zur Vermeidung eines behördlichen Eingriffs (z. B. Enteignung) aus dem Betriebsvermögen ausgeschieden sind, können Sie den entstehenden Gewinn in eine Rücklage für Ersatzbeschaffung nach R 6.6 EStR gewinnmindernd einstellen.

Zusatz für steuerbegünstigte Körperschaften:
Rücklagen, die steuerbegünstigte Körperschaften im ideellen Bereich gebildet haben (§ 58 Nr. 6 und 7 AO), mindern nicht den Gewinn und sind deshalb hier nicht einzutragen.

Zeile 85
Wirtschaftsgüter, für die ein Ausgleichsposten nach § 4g EStG gebildet wurde, sind in ein laufend zu führendes Verzeichnis aufzunehmen. Dieses Verzeichnis ist der Steuererklärung beizufügen.

Entnahmen und Einlagen (Zeilen 87 und 88)

Hier sind die Entnahmen und Einlagen einzutragen, die nach § 4 Abs. 4a EStG gesondert aufzuzeichnen sind. Dazu zählen nicht nur die durch die private Nutzung betrieblicher Wirtschaftsgüter oder Leistungen entstandenen Entnahmen, sondern auch die Geldentnahmen und -einlagen (z. B. privat veranlasste Geldabhebung vom betrieblichen Bankkonto oder Auszahlung aus der Kasse). Entnahmen und Einlagen, die nicht in Geld bestehen, sind grundsätzlich mit dem Teilwert – ggf. zuzüglich Umsatzsteuer – anzusetzen (vgl. Ausführungen zu Zeile 16).

Erläuterungen zur Anlage AVEÜR (Anlageverzeichnis)

In der Spalte „Anschaffungs-/Herstellungskosten/Einlagewert" sind die historischen Anschaffungs-/Herstellungskosten bzw. Einlagewerte, der zu Beginn des Gewinnermittlungszeitraums vorhandenen Wirtschaftsgüter, ggf. vermindert um übertragene Rücklagen, Zuschüsse oder Herabsetzungsbeträge nach § 7g Abs. 2 EStG, einzutragen.

In der Spalte „Zugänge" sind die Wirtschaftsgüter mit den Anschaffungs-/Herstellungskosten oder dem Einlagewert, ggf. vermindert um übertragene Rücklagen, Zuschüsse oder Herabsetzungsbeträge nach § 7g Abs. 2 EStG, einzutragen. Die Minderung durch einen Zuschuss ist als negativer Zugangsbetrag im Wj. der Bewilligung und nicht im Wj. der Vereinnahmung zu berücksichtigen. Auch andere nachträgliche Minderungen der Anschaffungs- und Herstellungskosten sind als negative Zugänge zu erfassen.

Erläuterungen zur Anlage SZE (Ermittlung der nichtabziehbaren Schuldzinsen bei Einzelunternehmen)

Die Angaben in der Anlage SZE sind bei Einzelunternehmen zu übermitteln, wenn die geltend gemachten Schuldzinsen, ohne Berücksichtigung der Schuldzinsen für Darlehen zur Finanzierung von Anschaffungs- oder Herstellungskosten von Wirtschaftsgütern des Anlagevermögens, den Betrag von 2.050 € übersteigen. Die Eintragungen in den Zeilen 4 bis 8 dienen der Ermittlung des maßgeblichen Gewinns für Zwecke des § 4 Abs. 4a EStG (vgl. Rdnr. 8 des BMF-Schreibens vom 17.11.2005, BStBl I S. 1019).

Zeile 22
Hier sind die Schuldzinsen zur Finanzierung des Anlagevermögens lt. Zeile 46 der Anlage EÜR, die übrigen Schuldzinsen lt. Zeile 47 der Anlage EÜR und solche Schuldzinsen, die in anderen Zeilen (z. B. in der Anlage für ein häusliches Arbeitszimmer) enthalten sind, einzutragen, soweit sie keinen steuerlichen Abzugsbeschränkungen (mit Ausnahme der Vorschrift des § 4 Abs. 4a EStG) unterliegen.

Zeile 23
Hier ist grundsätzlich der Betrag der Schuldzinsen lt. Zeile 46 der Anlage EÜR einzutragen. Sofern in anderen Zeilen (z. B. Zeile 55 der Anlage EÜR zum häuslichen Arbeitszimmer) weitere Schuldzinsen für Investitionsdarlehen enthalten sind, sind diese ebenfalls hier zu berücksichtigen. Korrekturen können sich auch hier auf Grund steuerlicher Abzugsbeschränkungen ergeben (vgl. Erläuterungen zu Zeile 22).

V. Bilanzierung der Anwalts-GmbH

1. Muster-Bilanz einer kleinen Rechtsanwaltsgesellschaft mbH gem. § 267 Abs.1 HGB

AKTIVSEITE

A.	Anlagevermögen		
	I. immaterielle Wirtschaftsgüter	12.001	
	II. Sachanlagen	635.576	
	III. Finanzanlagen	1.000	648.577
B.	Umlaufvermögen		
	I. Vorräte	487.173	
	II. Forderungen und sonstige Vermögens- gegenstände	1058.912	
	III. Wertpapiere	0	
	IV. Kassenbestand, Bundesbankguthaben, Guthaben bei Kreditinstituten	781.738	2.326.923
C.	Rechnungsabgrenzungsposten		14.500
D.	Aktive latente Steuern		0
E.	Aktive Unterschiedsbetrag aus der Vermögensverrechnung		0
			2.990.000

PASSIVSEITE

A.	Eigenkapital		
	I. gezeichnetes Kapital	100.000	
	II. Kapitalrücklage	300.000	
	III. Gewinnrücklagen	200.000	
	IV. Gewinnvortrag	27.469	
	V. Jahresüberschuss	478.423	1.105.892
B.	Rückstellungen		47.543
C.	Verbindlichkeiten		1.836.565
D.	Rechnungsabgrenzungsposten		0
E.	passive latente Steuern		0
			2.990.000

Unterstellt wird:

ein Umsatz von < 9,68 Mio,

eine Arbeitnehmerzahl von < 50.

Diese Bilanz ist bedingt analysefähig, da es sich um eine verkürzte Bilanz handelt. In den Ausführungen unten wird für diese Gesellschaft ein Umsatz gezeigt von 8.963.341 € (→ Form. N.V.2, Zeile 462); die Gewinn- und Verlustrechnung braucht nicht veröffentlicht zu werden. Die Gesellschaft ist nicht prüfungspflichtig; die Aufstellung des Jahresabschlusses ist bis sechs Monate nach Bilanzstichtag Pflicht.

Auf das Schema einer Muster-Bilanz einer mittelgroßen Rechtsanwaltsgesellschaft mbH gem. 267 Abs.2 HGB wird hier verzichtet, da die Größenordnungsmerkmale für Anwaltsgesellschaften beachtlich sind.

Voraussetzungen sind

Umsatz	>	9,68 Mio	und	<	35,8 Mio
Bilanzsumme	>	4,84 Mio	und	<	19,25 Mio
Arbeitnehmerzahl	>	50	und	<	250

Die mittelgroße GmbH muss ihren Jahresabschluss bis drei Monate nach Bilanzstichtag erstellt haben, sie muss einen Lagebericht abgeben, sie ist prüfungspflichtig und offenlegungspflichtig. Die zu publizierende Bilanz ist gegenüber der großen Kapitalgesellschaft ebenfalls verkürzt.

Anmerkungen

1. Grundlagen. Seit dem 1.3.1999 ist die anwaltliche Berufsausübung auch in der Form der Rechtsanwaltsgesellschaft mbH möglich. (Vgl. dazu im wesentlichen Henssler/Streck/*Henssler,* Handbuch Sozietätsrecht, 2. Aufl. 2011, S. 401 ff.) In §§ 59c–59m BRAO sind die gesetzlichen Regelungen niedergelegt.

In der Regel handelt es sich um größere, auch überregionale Praxen (mehr als 10–15 Partner), meistens entstanden durch Umwandlung größerer freiberuflicher Sozietäten oder Partnerschaften in die Rechtsform der GmbH. Die Begrenzung der Haftung bei kaum mehr versicherbarem Risiko und die internationalen Wettbewerbs-Interessen mögen als Motiv eine Rolle gespielt haben, zu dem eine GmbH „einfacher" zu führen ist als eine komplexe Personengesellschaft. Auch die Aufnahme neuer Partner als GmbH-Gesellschafter ist ein schneller, unkomplizierter Akt, eine GmbH-Anteilserwerb.

Auf berufsrechtliche Einzelheiten wird in diesem Beitrag bewusst nicht eingegangen. **Betriebswirtschaftlich** ist eine Rechtsanwalts-GmbH, wie zu zeigen sein wird, gegenüber einer Personengesellschaft sehr anspruchsvoll. Die Vorschriften des HGB und des GmbH-Rechts gelten in weitestem Maße. Die Rechtsform ist bei nicht richtiger betriebswirtschaftlicher Führung steuerlich sehr sensibel. Interessant ist, dass auch Wirtschaftsprüfer, Steuerberater, Patentanwälte und andere Freiberufler Gesellschafter sein können, die Mehrheit der Einlagen muß aber bei Rechtsanwälten liegen. Eine Einmann-GmbH ist möglich. Hinzuweisen ist auf die beachtliche übliche Haftpflichtsumme von zweieinhalb Millionen, die Prämien werden je Partner berechnet. Dafür bringt die Rechtsanwalts GmbH einen beachtlichen Enthaftungsvorteil; ob man sich mit diesem Vorteil andere Nachteile erkauft, ist eine individuelle Frage der jeweiligen Partnerschaft.

Zum 1.1.2014 gab es in Deutschland 654 (586 Vj.)Anwalts-GmbH – ein Zuwachs von 68 GmbH oder 11,60 % – und 26 (25 Vj.) Anwalts-AG.(vgl. Homepage BRAK), während der Mitgliederbestand der BRAK betrug 163.690 (161.821 Vj.) – Zuwachs 1,15 %; Umsatzstatistiken sind nicht veröffentlicht. Diese Gesellschaftsform erfreut sich also einer zunehmenden Akzeptanz und damit Wachstums.

Die Anwalts-GmbH bilanziert, deswegen sind die für die EÜR entwickelten BWA nicht oder nur bedingt zu verwerten. Die üblichen BWA sind keine Branchen-BWA. Anwalts-GmbH sollten sich also – wenn sie Grundaussagen über das Rechnungswesen wie bei den unten entwickelten BWA mit statistische Konten übernehmen wollen – eigene BWA vom Steuerberater erstellen lassen, es sei denn, die GmbH nutzt bewusst ausschließlich die Aussagen des Management-Systems.

Umzuschreiben sind die Logik der unten dargestellten BWA EÜR, die BWA TOPIC aus dem Basisgrundpaket. Ebenfalls sind aus den weiteren 7 BWA die abzuschreiben welche der Anwalt erwartet; dies sind vom Steuerberater entsprechend einzurichten. Sinn?

2. HGB-Bestimmungen und Rechnungswesen. Die GmbH unterliegt den strengen Anforderungen eines ordnungsgemäßen Rechnungswesens nach dem HGB und dem GmbHG, wobei Personenkonten für die Gesellschafter nicht geführt werden, allenfalls Forderungs- oder Darlehenskonten gegenüber Gesellschaftern.

Da auch große Rechtsanwaltspersonengesellschaften gut beraten sind, zu bilanzieren (und dies auch häufig tun), sind daher solche Gesellschaften gut für eine GmbH vorbereitet.

Die Anwalts- GmbH unterliegt hinsichtlich ihres Jahresabschlusses den strengen Formbestimmungen der §§ 238–263 HGB. Das Gliederungsschema Bilanz und Gewinn- und Verlustrechnung ist je nach Größenordnung der GmbH gesetzlich vorgegeben, der Gesetzgeber unterscheidet nach § 267 HGB drei Größenkategorien und zwar

a) kleine Kapitalgesellschaften
- mit einer Bilanzsumme < 4,84 Mio
- mit einem Umsatz < 9,68 Mio
- mit einer Arbeitnehmerzahl < 50
- Rechtsfolge, wenn zwei der drei Merkmale die Werte nicht übersteigen.

b) mittelgroße Kapitalgesellschaften
- mit einer Bilanzsumme > 4,84 und < 19,25 Mio
- mit einem >Umsatz > 9,68 und < 38,5 Mio
- mit einer Arbeitnehmerzahl >50 und < 250 Mio
- Mittelgroß sind solche Gesellschaften, die mindestens zwei der drei unter a) bezeichneten Merkmale überschreiten und jeweils mindestens zwei der drei unter b) nicht überschreiten.

c) große Kapitalgesellschaften
- mit einer Bilanzsumme > 19,25 Mio
- mit einem Umsatz > 38, 5 Mio
- mit einer Arbeitnehmerzahl > 250

Die Rechtsfolgen der vorstehenden Merkmale treten nur dann ein, wenn sie an zwei aufeinanderfolgenden Abschluss Stichtagen über oder unterschritten werden. Diese Untergliederung hat Einfluss auf die Prüfungspflicht und die Offenlegungspflichten nach § 325 HGB; der Umfang der Offenlegungspflichten steht bei der kleinen GmbH in einer Veröffentlichung einer verkürzten Bilanz und des Anhangs, bei der mittleren GmbH in einer verkürzten Bilanz, der Gewinn- und Verlustrechnung, des Lagebericht und des Ergebnis-Verwendungsbeschlusses. Die Wahl dieser Rechtsform hat also eine Publizitätswirkung.

Unterstellt man einen Durchschnittsumsatz je Partner von 750.000,– EUR, dürften bei zwölf Partnern ca. 9 Million Umsatz erzielt werden, die Arbeitnehmerzahl aber knapp unter 50 liegen: damit wären diese Gesellschaften in der Regel kleine Anwalts-GmbH mit allen Vorteilen der eingeschränkten Publizität und einer fehlenden Prüfungspflicht und ohne Ausweis der Gewinn- und Verlustrechnung.

Die unten gezeigte GmbH ist mit einem Umsatz von 8,9 Mio und einer Arbeitnehmerzahl von 38 sowie einer Bilanzsumme von 2,881 Mio eine sog. „kleine"GmbH, das dürfte die Mehrzahl aller Anwalts-GmbH sein.

Fragen des Rechnungswesens und der Managementprogramme

- Sehr große(auch internationale) GmbH mit mehr als 20 Anwälten sollten ein anspruchsvolles Managementprogramm (– zB „Carpe Diem" –) anwenden, dann aber auch eine aufwendige, damit verknüpfte integrierte Buchhaltungssoftware und entsprechend aufwendige Hardware anschaffen. Diese Anwender werden zusätzliche Analyse- und Entscheidungsunterlagen mit Excel weiterbearbeiten können, häufig auch müssen. Dies ist allerdings häufig nicht der Fall, was Folgeprobleme mit sich bringt, die weiter unten dargestellt sind.
- Kleine und mittlere Gesellschaften bis zu 10–15 Partnern können durchaus die in Deutschland üblichen Finanzbuchführungs-Systeme (DATEV, Addison ua) anwenden, wenn ihr Kanzleimanagementsystem ihnen neben der Kanzleiabwicklung (Schriftverkehr, Aktenführung Debitoren-Abwicklung, Stundenstatistik und Leistungsabrechnung), die wesentlichen Entscheidungsdaten für die strategische Ausrichtung der Gesellschaft bietet und die kaufmännischen Daten auch für das Rechnungswesen bereitstellt. Zwischen den Kanzleisystemen und den Finanzbuchhaltungssystemen bestehen in der Regel keine oder betriebswirtschaftlich nicht ausreichende Schnittstellen. Der steuerberatende Beruf ist in der Regel ausschließlich an den Daten zur Erstellung der steuerlichen Gewinnermittlung interessiert; eine echte integrierte Verarbeitung findet nicht statt.

Die Kanzleimanagementsysteme müssen die erforderlichen Buchhaltungsdaten und ordnungsgemäße Daten für das Rechnungswesen zum jeweiligen Stichtag anbieten: Voraussetzungen sind:

- Daten für sechsstellige Buchhaltungskonten
- Partnergerechte Daten
- Niederlassungsgerechte Daten
- Aktenbezogen Daten
- Umsatzsteuerlich richtige Daten entsprechend der in den üblichen Fibu-Systemen vorbereiteten Automatiken für die Umsatzsteuer – Voranmeldungen und die richtige Behandlung in der Einnahmenüberschussrechnung oder bei der Bilanzierung, ohne komplizierte Umbuchungs- pflichten, wie es noch immer vorkommt: man darf erwarten können, dass die Umsatzsteuerproblematik in Kanzleimanagementprogrammen so elegant gelöst wird, dass der steuerberatende Beruf keine Mehrarbeit leisten muss; die schlechte Qualität bezahlt hier indirekt die Anwaltsklientel über die Steuerberatungskosten.
- Integrierte Kostenrechnungssysteme, welche eine anwaltsgerechte Kostenstellen und Kostenträger- Organisationen anbieten, die wiederum die Daten automatisch aus dem Kanzleimanagementsystem erhalten .

Ein Vorteil der Kapitalgesellschaft gegenüber der Personengesellschaft ist die relativ leichte Berechnung des Unternehmenswertes und damit die schnelle Abwicklung von Anteilsveränderungen bei der Aufnahme neuer Partner oder der Abfindung ausscheidender Gesellschafter. Von der 100 %-Beteiligung bis zu einem Minderheitsanteil von zB 1 % sind alle Modelle denkbar.

Wenn man die zermürbenden und häufig langwierigen Verhandlungen bei der Trennung von Personengesellschaften in Betracht zieht und richtig würdigt, dann kann eine

Anteilsübertragung beim Notar mit einem vereinbarten Kurswert nur Freude bereiten. Die Gesellschafter einer Kapitalgesellschaft kennen in der Regel die Bewertungsmethode für die Ermittlung der Anteilswerte und Wert der Gesellschaft, damit sind sie also dann in ihrer Entscheidung schnell.

3. Steuerrechtliche Vor- und Nachteile. Die GmbH ist voll gewerbe – und körperschaftsteuerpflichtig. Der Berufsangehörige erzielt aus seiner Tätigkeit als Gesellschafter – Geschäftsführer mit seinem Gehalt Einkünfte aus nichtselbständiger Arbeit: hieraus entsteht bei hohen Bezügen kein wesentlicher einkommensteuerlicher Vorteil. Allerdings können bei der GmbH Pensionszusagen gewährt werden: diese wirken sich bei der GmbH steuermindernd aus, eine Versteuerung der Rentenbezüge findet später bei Rentenbezug außerhalb der Gesellschaft statt.

Die **Gewinnermittlung** findet gem. § 5 EStG nach dem Bilanzierungsprinzip statt: diese Behandlung ist streng, hat aber auch gewisse Vorteile: ordnungsmäßige Erfassung der halbfertigen Leistungen, Bewertung der Debitoren, Bildung von Rückstellungen, exakte Umsatzsteuerabgrenzungen, reine Netto-Betrachtung ohne Umsatzsteuer; das alles führt bei der GmbH zu einer ordnungsgemäßen betriebswirtschaftliche Leistungsberechnung und Leistungsgewinn; die Einnahmenüberschussrechnung dagegen ist, was das Ergebnis betrifft, ein Zufallsprodukt, wobei die Umsatzsteuer zu den Einnahmen zählt, die Vorsteuer und die Vorauszahlungen zu den Ausgaben; damit ist die Einnahmenüberschussrechnung bei großen Gesellschaften für den extern wie internen Betriebsvergleich verfälscht.

Vorteile sind bei Gesellschafterwechsel zur GmbH keine komplexem langwierigen Kapitalkontenermittlungen für die Gesellschafter. Diese besitzen „nur" einen Anteilswert (in % zu einem Kurswert): für steuerliche Zwecke wird dieser seit dem 1.1.2009 gem. §§ 199 ff. BewG nach dem sog. Vereinfachten Ertragswertverfahren ermittelt, im allgemeinen nach dem Ertragswertverfahren nach IdW S1.
- Die wesentlichen steuerliche Risiken der GmbH liegen in einer zu hohen, nicht angemessenen Festsetzung der **Gehälter der Anwälte**: dies führt zu sog. Verdeckten Gewinnausschüttungen.
- Zu hohe **Mietvereinbarungen** (für zB Praxisräume) mit Gesellschaftern oder nahestehenden Dritten zu Lasten der GmbH können ebenfalls zu verdeckten Gewinnausschüttungen führen
- Das gilt auch für zu hohe **Darlehenszinsen** bei gewährten wie auch empfangenen Gesellschafterdarlehen.

Die zusätzliche Steuerbelastung aus verdeckten Gewinnausschüttungen ist komplex zu ermitteln und führt zu einem nicht unbeachtlichen Liquiditätsverlust – abhängig von der Art der Einkünfte (mindesten rd. 10–12 %) der ermittelten Beträge.

Die Rechtsanwaltsgesellschaft mbH ist also **steuerlich sehr sensibel**. Das Interesse der Anwälte muss sein, Ihre Gehälter und andere Bezüge „weit nach oben zu argumentieren" – diese müssen aber immer einem strengen Fremdvergleich standhalten. Es kann ratsam sein wie bei der Personengesellschaft auch bei GmbH den kalkulatorischen Anwaltslohn individuell zu berechnen; denn **den** vergleichbaren kalkulatorischen Unternehmerlohn gibt es nicht, jeder Partner hat seinen individuellen Unternehmerlohn bzw. sein individuelles Gehalt. Da die vielen Gesellschafter einer Rechtsanwaltsgesellschaft idR untereinander nicht verwandt sind, sprechen dann deren Vereinbarungen in der Regel für eine Angemessenheit.

4. Beratungserfordernisse. Die betriebswirtschaftliche Beratung der Anwalts-GmbH ist anspruchsvoll. Die sog. großen GmbH und AG haben hinsichtlich der Ermittlung und Verarbeitung ihrer Managementdaten eigenes betriebswirtschaftliches Knowhow einerseits, können andererseits bei Bedarf betriebswirtschaftlicher Beratung hohe Beratungskosten mit Stundensätzen von 300,– EUR bis zu 500,– EUR verkraften. Hier sind am Markt national wie international gute sog. **Consultants** hilfreich tätig. Der Effekt betriebswirtschaftlicher Beratung ist hier wegen der Größenordnung fast immer positiv, auch rentabel.

Die kleineren und mittleren Anwalts-GmbH haben auch Knowhow, es fehlen ihnen aber auf der Verarbeitungsseite der zu integrierenden Daten die nötigen handhabbaren Angebote der Software-Anbieter mit intelligenten betriebswirtschaftlichen Auswertungen für ihre Managemententscheidungen; insofern werden die mittleren und vor allem kleinen – unabhängig von ihrer betriebswirtschaftlichen Fachkunde – immer weniger wettbewerbsfähig. Mit eigenen Excel-Auswertungen versuchen diese – um wettbewerbsfähig zu sein – sich der Markentwicklung zu stellen. Das ist alles zeitlich aufwändig, selten ausreichend.

Mangels integrierter EDV-Lösungen müssen also die kleinen und mittleren GmbH auf die üblichen individuellen BWA zurückgreifen. Hier bedürfen die kleineren Anwalts-GmbH einer erheblichen sachkundigen Beratung zu verkraftbaren Kosten. Vor allen Dingen ist aus betriebswirtschaftlicher Sicht eine tiefere Gliederung der Gewinn- und Verlustrechnung notwendig: Gerade die Personalkosten müssen streng gegliedert werden in Kosten der Partner, der angestellten Anwälte, der Sekretariate und der Verwaltungskräfte; die Sachkosten sollten in Kostenblöcke aufgespalten werden.

Nur mit dem zur zeitigem Angebot unzureichender Auswertungen durch die Softwareanbieter (DATEV, Addison, ua) bleibt den mittleren und kleinen Anwalts-GmbH nichts anderes übrig als die Akzeptanz der von einer Integration unabhängigen individuellen BWA wie sie weiter unten dargestellt sind.

Im Folgenden werden in einem Excel-Modell die wesentlichen Gedanken und Berechnungen für das Verständnis einer Rechtsanwaltsgesellschaft mbH systematisch beschrieben; das entspricht den Anforderungen eines fortschrittlichen „Financial Modeling" und damit eines einheitlichen Controlling. Wesentlich erscheint es dem Verfasser, in Vorbereitung ein Verständnismodell aufzubauen:

Notwendige Grundkenntnisse der Kalkulation – Verständnismodell

Die Anwälte, welche eine Rechtsanwaltsgesellschaft planen, müssen die betriebswirtschaftliche Struktur Ihrer bisherigen Tätigkeit, insbesondere aber die betriebswirtschaftlichen Fragen kennen. Das folgende Verständnismodell zeigt zuerst das Problem der HEBEL-Wirkung (bei Vaagt LEVERAGE): Das Verhältnis zwischen Partnern und Nichtpartnern (freiberuflich tätige, angestellte Rechtsanwälte und sonstige juristische Mitarbeiter). Die Hebelwirkung beeinflusst den Rohertrag 1 durch die Anzahl der Anwälte, zum anderen durch die Unterschiede der entsprechenden Gehälter; erst nach den „Kosten der Juristen" werden die übrigen Personalkosten für Sekretariat und Verwaltungs-Kräfte abgesetzt, das führt dann zu dem sog. Rohertrag 2. Erst danach werde die Sachkosten abgesetzt so dass sich ein Gewinn vor Steuern ergibt (hier 64.000,– EUR); dieser ist mit Gewerbesteuer belastet und der Körperschaftsteuer einschließlich Solidaritätszuschlag: die Steuern betragen hier insgesamt 20.208,– EUR, so dass ein Handelsbilanzgewinn erzeugt wird von 43.792,– EUR.

Will man das Ergebnis vergleichen mit einer vorher geführten Personengesellschaft, dann müssen das Gehalt von 180.000,– EUR abzüglich der entsprechenden Steuerersparnis von 31,575 % (56.835,– EUR) mit insgesamt 123.165 gedanklich storniert werden; das führt dann zu einem Vergleichsgewinn von 166.009,– EUR oder 37,1 % der Gesamtleistung; damit kann man dann das Ergebnis der vorherigen Personengesellschaft wieder erkennen.

Setzt man den Gewinn der Kapitalgesellschaft von 43.792,– EUR ins Verhältnis zu einem angenommenen Stammkapital von 25.000,– EUR ergibt sich eine Rendite von 175,2 % vgl. Zeile 57).

Solche Berechnungen müssen die Partner einer zu planenden Rechtsanwaltsgesellschaft mbH einschließlich der Ausschüttungsplanung vor Umwandlung durchführen.

Eine GmbH ist nach unserem Steuerrecht bei Thesaurierung eine „Spardose" dann, wenn die Partner mit den vereinbarten Gehältern auskommen. Der Abstimmungsbedarf ist also immens, wenn man zum einen eine optimale Steuerbelastung anstreben will, zum anderen für alle Partner ein zufrieden stellendes Einkommen und dabei gleichzeitig vermeiden kann, den Wert der GmbH in Größenordnungen geleiten zu lassen, der unrealistisch und bei Aufnahme eines Minderheitsgesellschaftes nicht bezahlbar werden kann.

Bei vielen Partnern – wie unten gezeigt – kann dann einen Anteil von 2 % durchaus 180.000,– EUR kosten, er ist in der Regel bei hohen Einkommen von mehr als 200.000,– EUR dann auch jederzeit im Rahmen einer Existenzgründung finanzierbar; die andere Alternative wäre, dass die übrigen Gesellschafter dem eintretenden den Kaufpreis darlehensmäßig zur Verfügung stellen.

5. „Vorurteile" in der juristischen Literatur. Vorteilserwägungen für eine Rechtsform sind immer eine Frage der fachlich richtigen Berechnung, zum einen zum Zeitpunkt der Umwandlung oder Gründung einer GmbH, zum anderen eine Frage der langfristigen persönlichen Einkommens- und Vermögensplanung. Hier gilt ausnahmsweise einmal nicht „judex non calculat", vielmehr ist „calculare" eine Pflicht. Integriert sind solche Berechnungen dann gut, wenn sowohl die Unternehmensebene als auch die persönliche Ebene der Gesellschafter konsolidiert betrachtet und durchgerechnet werden.

Der Rechtsanwalt hat für eine mit anderen Anwälten gemeinsame Berufsausübung mehrere Rechtsformen zur Auswahl: die Sozietät in der Form einer Gesellschaft bürgerlichen Rechts, die Partnerschaftsgesellschaft, die Rechtsanwalts-GmbH und die Rechtsanwalts-Aktiengesellschaft.

Die aufgezeigten Kriterien erlauben aber nicht das generelle Urteil, die Gesellschaftsform der Rechtsanwalts-GmbH sei optimal, nur weil die Haftungsfrage so gut gelöst sei. Einer Rechtsanwalts Gesellschaft mbH in der Krise bei fallenden Umsätzen kann sehr schnell ein sehr komplizierter Beratungsfall werden.

Der Gesellschafter einer Rechtsanwalts-GmbH muss sich den formalen Ordnungsmäßigkeiten der GmbH unterordnen: er erhält Gehalt und Ausschüttungen, später bei Ausscheiden eine Pension, später je nach Vereinbarung ein Endvermögen.

Die GmbH kennt keine Entnahme-Diskussionen, kein negatives Kapital, kein Sonderbetriebsvermögen, keine Ergänzungsbilanzen, keine Verrechnungskonten, keine zufälligen Entnahmen, keine unsicheren Zufallszahlen einer Einnahmenüberschussrechnung. Das setzt also eine erhebliche Disziplin bei allen Gesellschaftern voraus, insbesondere nach Umwandlungen bei der älteren Generation, die in der Personengesellschaft das nicht gewöhnt war.

Über 700.000 mittelständische und gewerbliche Unternehmen können mit dieser Rechtsform umgehen, dann sollte es auch die Anwaltschaft können: Sie muss nur sehen, dass die Betriebswirtschaftslehre des anwaltlichen Berufes -wie unten zu erkennen ist – sehr komplex ist.

Zu den üblichen strengen Rahmenbedingungen einer GmbH kommen bei Anwälten das Standes- und Berufsrecht hinzu und erhebliche Versicherungsverpflichtungen.

Es wird also verständlich, dass die Entscheidung für eine Anwalts-GmbH unter sehr strengen betriebswirtschaftlichen Kriterien vorbereitet werden muss. Dies als richtig unterstellt, wurde das Verständnismodell aufgebaut und anschließend in einem Musterfall der „K'R'A'G Kölner Rechtsanwaltsgesellschaft mbH" oben konkreter beschrieben. Alle Zahlen in diesem folgendem Beispiel für zwölf Partner sind Annahmen: die folgenden Tabellen mögen einen ersten Überblick über die rechnerischen Anforderungen und deren betriebswirtschaftliche Bedeutung geben.

2. Muster-Berechnungen einer Rechtsanwalts-GmbH

#						Gehalt	Stunden	Selbstkosten	Außensatz / Stde	mögl. Leistung
1	MUSTER	K´R´A´G Kölner Rechtsanwaltsgesellschaft mbH, Köln								
2										
3	Notwendige Grund-Kenntnisse der Kalkulation									
4	vor der Entscheidung für eine		Rechtsanwaltsgesellschaft mbH							
5										
6										
7	**Verständniss-Modell**									
8										
9	Die effektiven Zahlen der		K´R´A´G Kölner Rechtsanwaltsgesellschaft mbH, Köln							
10	werden unten individuell durchgerechnet									
11				Anzahl Rae		Gehalt	Stunden	Selbstkosten	Außensatz / Stde	mögl. Leistung
12										
13	(kalkulatorisches) Gehalt Anwalt	BASIS	1,00	100,00%		180.000	1.000	180,00	220,00 €	220.000
14										
15	Gehalt angestellter Anwalt	60.000	0,90	30,00%		54.000	1.500	36,00	120,00 €	180.000
16										
17	Gehalt Referendare	15.000	0,67	5,56%		10.000	1.000	10,00	50,00 €	50.000
	625	2	15.000	1,57		64.000	2.500			230.000
18										
19	Kosten Juristen		2,6			244.000	3.500	69,71	128,57 €	450.000
20										
21	**Hebel**	LEVERAGE	1,567			0,356	2.500	54,22%	100%	1,045
22										
23	**Kosten der Juristen**		244.000 in %			54,22% von		450.000		100,00%
24										
25	Sekretariate	1	MitArb	36.000		36.000	1.400	25,71	0%	0
26										
27	Verwaltungskräfte	0,5	MitArb	32.000		16.000	700	22,86	0%	0
28										
29	**Sonstige Personalkosten**					52.000	2.100	24,76		
30	in % der					21,3%				
31	Personalkosten					296.000				
32										
33	Sachkosten	20%	der Erlöse von	450.000		90.000				
34								pro Stde	mögl. Leistung	
35	**Gesamtkosten**					386.000	3.500 prod. Stdn	110,29	450.000	
36										
37										
38	Erlöse					450.000	3.500 prod. Stdn	128,57		
39	Gewinn vor Steuern					64.000	3.500 prod. Stdn	18,29		
40										
41	Gewerbesteuer	450%	0,035	15,750%		-10.080				
42	Körperschaftsteuer	15%				-9.600				
43	Solidaritätszuschlag	5,50%				-528				
44	**Steuerbelastung**	-31,575%				-20.208				
45										
46	**Gewinn**	K´R´A´G Kölner Rechtsanwaltsgesellschaft mbH, Köln				43.792	9,7%	von	450.000	mögl. Leistung
47										
48	(kalkulatorisches) Gehalt Anwalt		180.000							
49	Storno	-31,575%	-56.835			123.165	27,4%		450.000	mögl. Leistung
50										
51	**effektiver Gewinn**		im Vergleich zur Pers. Gesellschaft			166.957	37,1%	von	450.000	mögl. Leistung
52										
53	Stammkapital					25.000				
54										
55	Gewinn					43.792				
56										
57	Rendite	bezogen zum	Stammkapital			175,2%				
58										
59	Zur Beurteilung des wirtschaftlichen Erfolgs einer Anwalts-GmbH bedarf es dieser Berechnungen bei jeder Praxis.									
60	vgl. unten									
61	In der Praxis gibt es dann typische Kennzahlen der jeweiligen Gesellschaft.									

						2011		2012		2013
62	1.	Beispiel einer Auswertung	K´R´A´G Kölner Rechtsanwaltsgesellschaft mbH, Köln							
63		integriertes excelbasiertes Anwendungstool	zur internen Beratung		oder auch durch Wp/StB					
64	1.1.	Mengengerüst aus dem Kanzleimanagement-System			Management- Orga- System NN					
65		unbedingt notwendige zu erhebende statistische Daten								
67						2011		2012		2013
69	Arbeitstage des Jahres	lt. bes. Ermittlung				222		223		221
71	Personalzusammensetzung									
72	Partner = Gesellschafter	Gehälter	Funktion	Anteil		10	27,50%	11	26,50%	12
73	1 Senior A	425.000	Rechtsanwalt	29,00%	425.000	27,50%	435.625	26,50%	446.516
74	2 Senior B	425.000	Rechtsanwalt	28,00%	425.000	26,50%	435.625	25,50%	446.516
75	3 Senior C	425.000	WP / StB	11,00%	425.000	11,00%	435.625	11,00%	446.516
76	4 Partner D	380.000	Rechtsanwalt	8,00%	380.000	8,00%	389.500	8,00%	399.238
77	5 Partner E	380.000	Rechtsanwalt	4,00%	380.000	4,00%	389.500	4,00%	399.238
78	6 Partner F	380.000	Rechtsanwalt	4,00%	380.000	4,00%	389.500	4,00%	399.238
79	7 Partner G	380.000	Rechtsanwalt	4,00%	380.000	4,00%	389.500	4,00%	399.238
80	8 Partner H	366.000	WP / StB	4,00%	366.000	4,00%	375.150	4,00%	384.529
81	9 Partner I	360.000	Rechtsanwalt	4,00%	360.000	4,00%	369.000	4,00%	378.225
82	10 Partner J	360.000	Rechtsanwalt	4,00%	360.000	4,00%	369.000	4,00%	378.225
83	11 Partner K	369.000	Rechtsanwalt			3,00%	369.000	3,00%	378.225
84	12 Partner L	378.000	Rechtsanwalt					2,00%	378.000
85	Summen			100,00%	3.881.000	100,00%	4.347.025	100,00%	4.833.701
86	Anzahl Partner				10		11		12
87	durchschnittliche Bezüge	ohne KFZ und anderes			388.100		395.184		402.808
89	freiberufliche Rae				1,0		1,0		0,5
91	angestellte RA/Rain				5,5		6,5		7,5
93	Referendare				4,0		5,0		5,0
	Summe juristische Mitarbeiter				10,5		12,5		13,0
95	Summe juristische Mitarbeiter				20,5		23,5		25,0
96	Verhältnis	JuMArb zu Partner			2,050		2,136		2,083
97	HEBEL	vgl. Vaagt	LEVERAGE		1,050		1,136		1,083
99	Sekretariate				8,0		7,0		8,0
101	Verwaltungskräfte				5,0		4,0		5,0
102	Summe	unproduktive Mitarbeier			13,0		11,0		13,0
104	Summe	Mitarbeiter			33,5		34,5		38,0
106	Produktive Stunden								
107	Partner = Gesellschafter	Management- Orga- System NN			12.440		13.805		14.988
108	freiberufliche Rae	Management- Orga- System NN			800		820		450
109	angestellte RA/Rain	Management- Orga- System NN			8.140		9.620		11.100
110	Referendare	Management- Orga- System NN			3.376		4.220		4.220
112	Produktive Stunden	Summe juristische Mitarbeiter			24.756		28.465		30.758
113	in %	Gesamtstunden			43,4%		46,7%		46,1%
115	je	Summe juristische Mitarbeiter			1.208		1.211		1.230
116	Gesamtstunden								
117	Partner = Gesellschafter	Management- Orga- System NN		2.088	20.880		22.968		25.056
118	angestellte RA/Rain	Management- Orga- System NN		2.088	11.484		13.572		15.660
119	Referendare	Management- Orga- System NN			7.104		8.920		8.840
120	freiberufliche Rae	Management- Orga- System NN			900		900		500
121	Sekretariate	Management- Orga- System NN		2.088	16.704		14.616		16.704
122	Verwaltungskräfte	Management- Orga- System NN		2.088	10.440		8.352		10.440
123	unproduktive Mitarbeiter								
124	Gesamtstunden	Management- Orga- System NN			57.072		60.976		66.760	100,0%
126	./. Produktive Stunden	Management- Orga- System NN			-24.756	43,4%	-28.465	46,7%	-30.758	46,1%
128	unproduktive Stunden Management- Orga- System NN				32.316	56,6%	32.511	53,3%	36.002	53,9%
129	in %	Gesamtstunden			56,6%		53,3%		53,9%

	Statistik		Management- Orga- System NN	K´R´A´G Kölner Rechtsanwaltsgesellschaft mbH, Köln				
	und aus dem Rechnungswesen bzw. individuelle BWA							
	zur Ermittlung und Bewertung der Bilanzpositionen			2011		2012		2013
	LEISTUNG			7.366.832		7.831.999		8.963.341
	halbfertige Arbeiten nach Vorschüsse		11					
	Stunden			1.303		1.498		1.619
	Bewertungssatz	**vgl. Zeile**	**496**	**275,67**		**259,33**		**275,86**
	Wertansatz		300.000	359.179		388.511		446.575
	fertige nicht abgerechnete Leistungen							
	Stunden			118		136		147
	Bewertungssatz	**vgl. Zeile**	**496**	**275,67**		**259,33**		**275,86**
	Wertansatz		25.000	32.653		35.319		40.598
	Summe		325.000	391.832		423.831		487.172
	Bestandsveränderungen			66.832		31.999		63.342
	in % der Leistung			5,32%		5,41%		5,44%
	Forderungen		**585.111**	**613.903**		**652.667**		**746.945**
	Gruppe	1	Management- Orga- System NN	123.456		90.000		155.555
	Gruppe	2	Management- Orga- System NN	324.444		300.888		266.666
	Gruppe	3	Management- Orga- System NN	34.444		25.555		66.666
	Gruppe	4	Management- Orga- System NN	3.545		5.555		6.578
	Gruppe	5	Management- Orga- System NN	32.444		43.555		52.333
	Gruppe	6	Management- Orga- System NN	95.570		187.114		199.147
			Probe(muß 0 sein!):	0		0		11
	Veränderung	Forderunger = Liquiditätsabgang		28.792		38.764		94.279
	durchlaufende Gelder			231.000		198.000		254.000

	1.2.	Gewinn- und Verlustrechnung		2010	2011		2012		2013	
		K´R´A´G Kölner Rechtsanwaltsgesellschaft mbH, Köln								
		betriebswirtschaftlich Sicht								
		nicht nach § 275 ff. HGB								
		Diese G.-u.V. ist als individuelle DATEV-BWA hinterlegbar.								
		Umsatzerlöse	Erlöse RVG		3.000.000	40,7%	3.050.000	38,9%	3.090.000	34,5%
			Erlöse freie Vereinbarungen		4.250.000	57,7%	4.702.000	60,0%	5.757.000	64,2%
					7.250.000	98,4%	7.752.000	99,0%	8.847.000	98,7%
			Vorträge, Literatur		40.000	0,5%	36.000	0,5%	39.000	0,4%
			Sonstige(AR, Beirat etc.)		10.000	0,1%	12.000	0,2%	14.000	0,2%
		Summe	Umsatzerlöse	7.000.000	7.300.000	99,1%	7.800.000	99,6%	8.900.000	99,3%
		fakturiert je prod. Stde			294,88 €		274,02 €		289,36 €	
		Bestandsveränderungen								
		halbfertige Arbeiten nach Vorschüssen		21.333	66.832		31.999		63.342	0,0
		LEISTUNG	Anwaltstätigkeit	**7.021.333**	**7.366.832**	**100,0%**	**7.831.999**	**100,0%**	**8.963.341**	**100,0%**
		LEISTUNG	je produktive Stunde		297,58 €		275,14 €		291,41 €	
		ZUWACHS			345.499		465.167		1.131.342	
			um		4,9%		6,3%		14,4%	
		Personalkosten								
		Summe juristische Mitarbeiter								
		Partner = Gesellschafter	vgl. oben Zeile	85	3.881.000	52,7%	4.347.025	55,5%	4.833.701	53,9%
		Tantiemen	Partner	50,00% v. Zuwachs	172.749	2,3%	232.584	3,0%	565.671	6,3%
		Tantiemen	maximal							
		Pensionszusagen	Partner	Zuführungen	196.800	2,7%	215.160	2,7%	235.152	2,6%
		Summe	**Partner = Gesellschafter**		**4.250.549**	**57,7%**	**4.794.769**	**61,2%**	**5.634.524**	**62,9%**
		freiberufliche Rae			88.000		90.200		49.500	
		angestellte RA/Rain		61.222	336.721		409.881		470.185	
		Referendare		700	2.800		3.500		3.500	
		Summe			427.521		503.581		523.185	
		Boni	jur. MitArb.	1%	73.668		78.320		89.633	
		Sozialabgaben	angestellte RA/Rain	20,50%	69.028		84.026		96.388	
		Summe	**Summe juristische Mitarbeiter**		**570.217**	**7,7%**	**665.927**	**8,5%**	**709.206**	**7,9%**
		in der % der Kosten	Partner = Gesellschafter		13,4%		13,9%		12,6%	
		Summe	**Personalkosten der Juristen**		**4.820.766**	**65,4%**	**5.460.696**	**69,7%**	**6.343.730**	**70,8%**
		Rohergebnis 1			**2.546.065**	**34,6%**	**2.371.303**	**30,3%**	**2.619.611**	**29,2%**
		In % der Leistung			34,6%		30,3%		29,2%	
		Sekretariate		44.528	356.226		321.048		366.912	
		Sozialabgaben	21,10%		75.164		67.741		77.419	
		Verwaltungskräfte		39.892	199.459		164.354		204.445	
		Sozialabgaben	21,10%		42.086		34.679		43.138	
		Summe	**unproduktive Mitarbeiter**		**672.934**	**9,1%**	**587.822**	**7,5%**	**691.914**	**7,7%**
		Summe in % der Kosten	Summe juristische Mitarbeiter		14,0%		10,8%		10,9%	
		Rohergebnis 2			**1.873.131**	**25,4%**	**1.783.481**	**22,8%**	**1.927.697**	**21,5%**

			2011		2012		2013	
	nachrichtlich							
	Personalaufwendungen	Summe	5.493.701	74,6%	6.048.518	77,2%	7.035.644	78,5%
	in der % der Kosten		74,6%		77,2%		78,5%	
	Rohergebnis 2	Übetrag	1.873.131	25,4%	1.783.481	22,8%	1.927.697	21,5%
	Mieten, Raumkosten		286.124	3,9%	286.124	3,7%	286.124	3,7%
	Zuwachs							
	Fremdleistungen		12.345	0,2%	6.666	0,1%	10.333	0,1%
	Fahrzeugkosten		161.532	2,2%	169.609	2,2%	178.089	2,3%
	Reisekosten		71.340	1,0%	81.780	1,0%	87.000	1,1%
	Werbekosten		25.555	0,3%	27.555	0,4%	31.888	0,4%
	Versicherungen		26.555	0,4%	31.030	0,4%	45.555	0,6%
	Beiträge		14.300	0,2%	15.600	0,2%	15.900	0,2%
	Instandhaltungen		32.123	0,4%	12.444	0,2%	21.333	0,3%
	Abschreibungen		51.063	0,7%	49.888	0,6%	53.456	0,7%
	EDV-und IT-Kosten		64.320	0,9%	67.536	0,9%	70.913	0,9%
	Kanzleibedarf		34.333	0,5%	35.363	0,5%	36.424	0,5%
	Porto/Telefon/Fax		39.798	0,5%	40.992	0,5%	42.222	0,5%
	Rechnungswesen, Steuerberatung,Prüfung,Beratung		54.777	0,7%	65.111	0,8%	61.222	0,8%
	Fachliteratur		24.555	0,3%	26.555	0,3%	26.666	0,3%
	Fortbildungskosten		65.560	0,9%	66.216	0,8%	71.234	0,9%
	Sonstige Kosten		119.774	1,6%	134.391	1,7%	173.033	2,2%
	Kosten des Geldverkehrs		2.345	0,0%	2.546	0,0%	3.123	0,0%
	Summe Sachkosten		1.086.399	14,7%	1.119.405	14,3%	1.214.515	15,5%
	LEISTUNGSERGEBNIS	EBIT	786.733	10,7%	664.076	8,5%	713.182	9,1%
	Zinserträge		8.546		9.409		10.944	
	Zinsaufwand	Kreditinstitute	345		123		222	
	Zinsaufwand	Gesellschafterdarlehn	13.512		17.680		22.043	
	Zinsergebnis		-5.311		-8.394		-11.321	
	Betriebergebnis		781.422	10,6%	655.682	8,4%	701.861	9,0%
	a.o. Ergebnis		11.313		2.383		-2.667	
	Ergebnis vor Steuern	EBT	792.735	10,8%	658.065	8,4%	699.194	8,9%
	Gewerbesteuer	Hebesatz	450					
		Belstungssatz 15,750%	-124.856	-1,7%	-103.645	-1,3%	-110.123	
	Körperschaftsteuer	15%	-118.910	-1,6%	-98.710	-1,3%	-104.879	
	Solidaritätszuschlag	5,50%	-6.540	-0,1%	-5.429	-0,1%	-5.768	
	Summe Steuern		-250.306	-3,4%	-207.784	-2,7%	-220.770	-2,8%
	HB-Ergebnis		542.429	7,4%	450.281	5,7%	478.423	6,1%

	2011		2012		2013	
geplante Ausschüttung	50,0%	271.214	40,0%	180.112	30,0%	143.527
Thesaurierung	50,0%	271.214	60,0%	270.169	70,0%	334.896

Cashflow-Analyse	2.011 in % der Lstg		2.012 in % der Lstg		2.013 in % der Lstg	
K´R´A´G Kölner Rechtsanwaltsgesellschaft mbH, Köln						
HB-Ergebnis	542.429	7,4%	450.281	5,7%	478.423	6,1%
Abschreibungen	51.063	0,7%	49.888	0,6%	53.456	0,7%
Pensionszusagen	196.800	2,7%	215.160	2,7%	235.152	2,6%
Cash-Flow	790.291	10,7%	715.329	9,1%	767.031	9,4%
+ Zinsaufwand	13.857	0,2%	17.803	0,2%	22.265	0,2%
erweiteter Cashflow	804.148	10,9%	733.132	9,4%	789.297	8,8%
erweiteter Cashflow je Produktive Stunden	32,48 €		25,76 €		25,66 €	

309	K'R'A'G Kölner Rechtsanwaltsgesellschaft mbH, Köln							
312	EBITDA-Entwicklung	**2011** in % v.Umsatz		**2012** in % v.Umsatz		**2013** in % v.Umsatz	
314	HB-Ergebnis	542.429	7,4%	450.281	5,7%	478.423	5,3%
316	Steuern	250.306		207.784		220.770	
318	EBT	792.735	10,8%	658.065	8,4%	699.194	7,8%
320	Zinsergebnis	-5.311		-8.394		-11.321	
322	EBIT	787.424	10,7%	649.671	8,3%	687.873	7,7%
324	Abschreibungen	51.063		49.888		53.456	
326	EBITDA	838.486	11,4%	699.559	8,9%	741.329	8,3%

327	K'R'A'G Kölner Rechtsanwaltsgesellschaft mbH, Köln		**2011**		**2012**		**2013**	
320	Entwicklung der Wertschöpfung							
322	HB-Ergebnis		542.429	8,6%	450.281	6,7%	478.423	6,2%
323	Zinsergebnis		-5.311	-0,1%	-8.394	-0,1%	-11.321	-0,1%
324	Personalaufwendungen		5.493.701	87,5%	6.048.518	90,3%	7.035.644	91,1%
325	Steuern		250.306	4,0%	207.784	3,1%	220.770	2,9%
327	Wertschöpfung	Verwendung	6.281.124	100%	6.698.189	100%	7.723.517	100%
328	Wertschöpfung	in % der Leistung	85,3%		85,5%		86,2%	
330	Mitarbeiter		34		35		38	
331	pro Beschäftigten		187.496		194.150		203.250	
332	pro Beschäftigten	Zuwachs			6.654		9.100	

K'R'A'G Kölner Rechtsanwaltsgesellschaft mbH, Köln

1.3. Bilanzzahlen   kein Schema des HGB   Staffelform

vgl. hierzu auch DATEV BWA Status (auch für Rechtsanwälte)

		31.12. 2011	in % der Aktiva	31.12. 2012	in % der Aktiva	31.12. 2013	in % der Aktiva
Ausstehende Einlagen		0		0		0	
Immaterielle Werte		24.000		18.000		12.000	
Geschäftswerte		1		1		1	
geleistete Anzahlungen		0		0		0	
Grundvermögen		0		0		0	
technische Anlagen		223.456		210.000		199.001	
Fahrzeuge		34.777		28.666		67.008	
Betriebs- und Geschäftsausstattung		345.678		298.000		324.567	
geleistete Anzahlungen						45.000	
Beteiligungen		1.000		1.000		1.000	
Anlagevermögen		**628.912**	**26,2%**	**555.667**	**22,2%**	**648.577**	**21,7%**
halbfertige Arbeiten nach Vorschüssen		359.179	15,0%	388.511	15,5%	446.575	14,9%
fertige nicht abgerechnete Leistungen		32.653	1,4%	35.319	1,4%	40.598	1,4%
Forderungen aus Leistungen	585.111	613.903	25,6%	652.667	26,1%	746.945	25,0%
Geldvermögen	530.000	610.411	25,4%	672.058	26,9%	781.738	26,1%
Forderungen gegenüber Gesellschaftern		0	0,0%	0	0,0%	180.000	16,3%
sonstige Forderungen		141.542	5,9%	183.434	7,3%	131.067	4,4%
Umlaufvermögen		**1.757.688**	**73,2%**	**1.931.989**	**77,3%**	**2.326.923**	**77,8%**
ARAP		13.400	0,6%	12.344	0,5%	14.500	0,5%
Summe AKTIVA		**2.400.000**	**100%**	**2.500.000**	**100%**	**2.990.000**	**100%**
Rückstellungen für Pensionen		655.580	27,3%	870.740	34,8%	1.105.892	37,0%
Rückstellungen für Steuern GewSt u, KSt/SolZ		32.440	1,4%	39.888	1,6%	21.000	0,7%
sonstige Rückstellungen		23.456	3,6%	19.888	2,3%	26.543	2,4%
verbindlichkeiten gg. Kreditinstituten		34.444	1,4%	27.778	1,1%	21.112	0,7%
erhaltene Anzahlungen nicht Debitoren	0		0,0%		0,0%		0,0%
Verbindlichkeiten aus L.u.L.	80.000	90.533	3,8%	93.284	3,7%	101.210	3,4%
Gesellschafterdarlehen		245.666	37,5%	321.446	36,9%	400.790	36,2%
Sonstige Verbindlichkeiten		21.003	0,9%	22.053	0,9%	23.156	0,8%
durchlaufende Gelder vgl. oben Zeile		231.000	9,6%	198.000	7,9%	254.000	8,5%
Umsatzsteuersaldo		25.877	1,1%	26.923	1,1%	21.297	0,7%
Summe Fremdkapital		**1.359.999**	**56,7%**	**1.620.000**	**64,8%**	**1.975.000**	**66,1%**
EIGENKAPITAL		**1.040.000**	**43,3%**	**880.000**	**35,2%**	**1.015.000**	**33,9%**

KRAG Kölner Rechtsanwaltsgesellschaft mbH, Köln	31.12. 2.011	in % der Aktiva	31.12. 2.012	in % der Aktiva	31.12. 2.013	in % der Aktiva
EIGENKAPITAL Übetrag	1.040.000	43,3%	880.000	35,2%	1.015.000	33,9%
Stammkapital	100.000		100.000		100.000	
Rücklagen	100.000		100.000		100.000	
restliches EK	840.000		680.000		815.000	
geplante Ausschüttung vgl. Zeile 286	271.214		180.112		143.527	
in % vom EIGENKAPITAL	26,1%		20,5%		14,1%	
geplante Ausschüttung je Partner	27.121		16.374		11.961	
EIGENKAPITAL nach geplante Ausschüttung	768.786		699.887		871.473	29,1%
Gesellschafterdarlehen	245.666		321.446		400.790	13,4%
Forderungen gegenüber Gesellschaftern	0		0		-180.000	-6,0%
"effektives" Eigenkapital I ohne Pensions-R	1.014.452		1.021.333		1.092.263	36,5%
nachrichtlich						
Rückstellungen für Pensionen	655.580,2		870.740,2		1.105.892,2	37,0%
"effektives" Eigenkapital II	1.670.032		1.892.073		2.198.155	73,5%
"effektives" Eigenkapital je Partner	167.003		172.007		183.180	

Stammkapital 100.000 Anteil

Anteile am "effektives" Eigenkapital I ohne Pensions-R	2.011 1.014.452	Anteil in %	2.012 1.021.333	Anteil in %	2.013 1.092.263	Anteil in %
Senior A	294.191	29,00%	280.867	27,50%	289.450	26,50%
Senior B	284.047	28,00%	270.653	26,50%	278.527	25,50%
Senior C	111.590	11,00%	112.347	11,00%	120.149	11,00%
Partner D	81.156	8,00%	81.707	8,00%	87.381	8,00%
Partner E	40.578	4,00%	40.853	4,00%	43.691	4,00%
Partner F	40.578	4,00%	40.853	4,00%	43.691	4,00%
Partner G	40.578	4,00%	40.853	4,00%	43.691	4,00%
Partner H	40.578	4,00%	40.853	4,00%	43.691	4,00%
Partner I	40.578	4,00%	40.853	4,00%	43.691	4,00%
Partner J	40.578	4,00%	40.853	4,00%	43.691	4,00%
Partner K	0	0,00%	30.640	3,00%	32.768	3,00%
Partner L	0	0,00%	0	0,00%	21.845	2,00%
Summen	1.014.452	100,00%	1.021.333	100,00%	1.092.263	100,00%

				2011		2012		2013	
453	1.4.	BWA TOPIC	3-Jahresvergleich						
454		TOP INFO CHEF	vgl. unten	DATEV-BWA					
455		K´R´A´G Kölner Rechtsanwaltsgesellschaft mbH, Köln							
456	LEISTUNG			7.366.832		7.831.999		8.963.341	100,0%
458	LEISTUNG	Vorjahr		7.000.000		7.366.832		7.831.999	87,4%
460	PLAN-Leistung laufendes Jahr							8.500.000	
462	LEISTUNG	bis dahin		7.366.832	100,0%	7.831.999	100,0%	8.963.341	100,0%
464	Bezüge der Partner	vgl. Zeile 213		4.250.549	57,7%	4.794.769	61,2%	5.634.524	62,9%
465	Personalkosten	Summe juristische Mitarbeiter		570.217	7,7%	665.927	8,5%	709.206	7,9%
466	Summe Kosten jur. Mitarbeiter			4.820.766	65,4%	5.460.696	69,7%	6.343.730	70,8%
468	Rohergebnis 1			2.546.065	34,6%	2.371.303	30,3%	2.619.611	29,2%
470	Summe unproduktive Mitarbeiter			672.934	9,1%	587.822	7,5%	691.914	7,7%
472	Rohergebnis 2			1.873.131	25,4%	1.783.481	22,8%	1.927.697	21,5%
473	Sachaufwand			1.086.399	14,7%	1.119.405	14,3%	1.214.515	13,5%
474	Zinsergebnis			-5.311	-0,1%	-8.394	-0,1%	-11.321	-0,1%
475	a.o. Ergebnis			11.313	0,2%	2.383	0,0%	-2.667	0,0%
476	Steuern			250.306	3,4%	207.784	2,7%	220.770	2,5%
477	HB-Ergebnis			542.429	7,4%	450.281	5,7%	478.423	5,3%
478	Abschreibungen			51.063	0,7%	49.888	0,6%	53.456	0,6%
479	Cashflow			593.491	8,1%	500.169	6,4%	531.879	5,9%
481	Ausschüttungen	geplante		271.214		180.112		143.527	
483	Partner = Gesellschafter			10		11		12	
484	Produktive Stunden	Partner = Gesellschafter		12.440		13.805		14.988	
485	Produktive Stunden	Summe juristische Mitarbeiter		12.316		14.660		15.770	
486	Produktive Stunden			24.756		28.465		30.758	
487	erzielter Stundensatz	LEISTUNG		297,58 €		275,14 €		291,41 €	
489	Summe Personalkosten			5.493.701		6.048.518		7.035.644	
490	Summe Sachaufwand			1.086.399		1.119.405		1.214.515	
492	Personalkosten	je prod. Stunde		221,91 €		212,49 €		228,74 €	
493	Sachaufwand	je prod. Stunde		43,88 €		39,33 €		39,49 €	
494	a.o. Ergebnis	je prod. Stunde		- 0,24 €		0,21 €		0,45 €	
495	Steuern	je prod. Stunde		10,11 €		7,30 €		7,18 €	
496	Gesamtkosten je prod. Stunde			275,67 €		259,33 €		275,86 €	
497		muß 0 sein	Probe	0,0 €		- €		0,0 €	
498	HB-Ergebnis	je prod. Stunde		21,91 €		15,82 €		15,55 €	
500	Geldkonten			610.411		672.058		781.738	
502	halb.fertige Leistungen			391.832		423.831		487.172	
503	Mand. Forderungen			613.903		652.667		746.945	
504	sonstige Forderungen			141.542		183.434		131.067	
506	Summe Umlaufvermögen			1.757.688		1.931.989		2.146.923	
507	Anlagevermögen			628.912		555.667		648.577	
508	Summe Fremdkapital			-1.359.999		-1.620.000		-1.975.000	
509	BUCHVERMÖGEN			1.040.000		880.000		1.015.000	
511	Geschäftsleitung hat								
512	Kenntnis genommen								

1.5.	Einkommen der Partner		2011	2012	2013
	K´R´A´G Kölner Rechtsanwaltsgesellschaft mbH, Köln				
	LEISTUNG		**7.366.832**	**7.831.999**	**8.963.341**
	Partner = Gesellschafter	Gehälter lt. G.u.V.	3.881.000	4.347.025	4.833.701
	Pensionszusagen	Zuführung	196.800	215.160	235.152
	Tantiemen		172.749	232.584	565.671
	Summe alle Partner		4.250.549	4.794.769	5.634.524
			10	11	12
	Bezüge je Partner		**425.055**	**435.888**	**469.544**
	Summe alle Partner	in % der Leistung	57,7%	61,2%	62,9%
	Bezüge je Partner	in % der Leistung	5,8%	5,6%	5,2%

1.6.	Working Capital		2010	2011		2012		2013	
	LEISTUNG			**7.366.832**	**100,0%**	**7.831.999**	**100,0%**	**8.963.341**	**100,0%**
	Summe AKTIVA			**2.400.000**		**2.500.000**		**2.990.000**	
	Umschlag			3,07		3,13		3,00	
	halb.fertige Leistungen		325.000	391.846	5,3%	423.831	5,4%	487.172	5,4%
	Mand. Forderungen		585.111	613.903	8,3%	652.667	8,3%	746.945	8,3%
	Geldkonten		530.000	610.411	8,3%	672.058	8,6%	781.738	8,7%
	Working Capital	aktiv	1.440.111	1.616.146	21,9%	1.748.555	22,3%	2.015.856	22,5%
	Verbindlichkeiten aus L.u.L.	passiv	-80.000	-90.533	-1,2%	-93.284	-1,2%	-101.210	-1,1%
	Working Capital		1.360.111	1.525.612	20,7%	1.655.271	21,1%	1.914.646	21,4%
	Working Capital	Bestandsveränderung		165.501		129.659		259.375	
	in % der Leistung			20,7%		21,1%		21,4%	
	Umschlag			4,83		4,73		4,68	
	in Tagen			76		77		78	
	in Monaten			2,5		2,6		2,6	
	Working Capital	je Partner		152.561		150.479		159.554	
	in % zu Bezüge je Partner			35,9%		34,5%		34,0%	
	Working Capital	je Beschäftigten		**45.541**		**47.979**		**50.385**	
	Durchschnittbezüge	je Beschäftigten		163.991		175.319		185.149	
	Working Capital	in %		27,8%		27,4%		27,2%	
	Bindung in Tagen			101		100		99	

1.7. Analyse — Stundenkalkulation — MUSTER — K'R'A'G Kölner Rechtsanwaltsgesellschaft mbH, Köln

2013

			Gehälter	Gesamt-Stunden	Selbstkosten	Außensatz	mögl. Leistung
(kalkulatorische) Gehälter Anwälte	12	100,0%	5.634.524	25.056	224,88	250,00 €	6.264.000
				1,00	0,13		
Gehälter angestellte Juristen	13	12,6%	709.206	25.000	28,37	100,00 €	2.500.000
Hebel LEVERAGE	1,083	12,6%	6.343.730	50.056	126,73	175,08 €	8.764.000
							effektiv
					72,4%	100%	8.963.341

		2013			72,38%		100%
Sekretariate	8	55.541 € je ArbKr	444.331	16.704	26,60	0%	0
Verwaltungskräfte	5	49.517 € je ArbKr	247.583	10.440	23,71	0%	0
Sonstige Pers. Kosten	13	53.224 € je ArbKr	691.914	27.144	25,49		
Personalkosten			7.035.644				8.764.000
Sachkosten	13,9%	8.764.000	1.214.515				
							effekt. Lstg
Gesamtkosten			8.250.159	66.760 Gesamtstunde			8.963.341
Gesamtkosten	je Stunde	123,58					
LEISTUNG	2013	8.957.952		30.758 prod. Sunde		291,24	erzielter StdnSatz
Gewinn			478.423	5,3%	von	8.963.341	eff. Leistung
(kalkulatorische) Gehälter Anwälte			6.264.000	69,9%	von	8.963.341	eff. Leistung
effektiver Gewinn	Partner = Gesellschafter	alle	6.742.423	75,2%	von	8.963.341	eff. Leistung

1.8. Berechnung der Kapitaldienstgrenze
K'R'A'G Kölner Rechtsanwaltsgesellschaft mbH, Köln
vgl. BWA Kapitaldienstgrenze

		2011	2012	2013
HB-Ergebnis		542.429	450.281	478.423
Abschreibungen		51.063	49.888	53.456
Cashflow		593.491	500.169	531.879
Zinsergebnis		5.311	8.394	11.321
erweiterter Cashflow		598.802	508.563	543.200
geplante Ausschüttung		-271.214	-180.112	-143.527
Veränderung	0	-165.501	-129.659	-259.375
frei zur weiteren Fremd-Finanzierung		162.086	198.792	140.298
Zinssatz	5,00%			
Laufzeit	6 Jahre			
Annuitätenfaktor	0,19702	0,19702	0,19702	0,19702
zusätzliches Kreditvolumen		822.701	1.009.005	712.112
vorhandenes Kreditvolumen lt. Abschluß		34.444	27.778	21.112
Kreditreserve		788.257	981.227	691.000
im Verhälnis zur Leistung		10,70%	12,53%	7,71%
im Verhältnis zum Working Capital		51,67%	59,28%	36,09%

			effektiv	Planjahre				
639	1.9.	Finanzplanung						
640		K¯R¯A¯G Kölner Rechtsanwaltsgesellschaft mbH, Köln	effektiv	1	2	3	4	4
641		Mengengerüst	2013	2014	2015	2016	2017	2018
642			T-Euro	T-Euro	T-Euro	T-Euro	T-Euro	T-Euro
643		Zuwachs						
644		Anzahl Partner	12,0	12,0	12,0	12,0	12,0	12,0
645		Zuwachs						
646		freiberufliche Rae	0,5	0,5	0,5			
647		Zuwachs 1.200 Stunden		1	1	1	1	1
648		angestellte RA/Rain Summe	7,5	8,5	9,5	10,5	11,5	12,5
649		Zuwachs						
650		Referendare	5,0	5,0	5,0	5,0	5,0	5,0
651		Summe juristische Mitarbeiter	25,0	26,0	27,0	27,5	28,5	29,5
652								
653								
654		Steigerungssätze						
655								
656		Produktive Stunden 1.200	30.758	31.958	33.158	34.358	35.558	36.758
657		Zuwachs		1.200	1.200	1.200	1.200	1.200
658								
659		Erlöse RVG	3.090	3.211	3.364	3.521	3.680	3.843
660		Erlöse freie Vereinbarungen	5.757	5.982	6.268	6.560	6.857	7.159
661			8.847	9.192	9.633	10.081	10.538	11.002
662		Vorträge, Literatur	39	41	42	44	46	49
663		Sonstige(AR, Beirat etc.)	14	15	15	16	17	17
664			0					
665		Umsatzerlöse	8.900	9.247	9.690	10.142	10.601	11.068
666		fakturiert je prod. Stde 1%	289,36	292,25	295,17	298,12	301,10	304,12
667								
668								
669		halbfertige Arbeiten nach Vorschüssen	63	66	69	72	75	79
670								
671		Anwaltstätigkeit LEISTUNG	8.963	9.313	9.759	10.214	10.676	11.147
672		je produktive Stunde	291,41 €	291,41	294,33	297,27	300,25	303,25
673								
674		Zuwachs LEISTUNG	1.131	350	446	454	462	471
675								
676		Personalkosten	0					
677		Summe juristische Mitarbeiter						
678		Partner = Gesellschafter 2,00%	4.834	4.930	5.029	5.130	5.232	5.337
679		Tantiemen 50,00%	566	175	223	227	231	235
680		Tantiemen	0					
681		Pensionszusagen 1,00%	235	238	240	242	245	247
682		Summe	5.635	5.343	5.492	5.599	5.708	5.819
683								
684		freiberufliche Rae 2,00%	49,5	50	51	53	54	55
685		angestellte RA/Rain 2,00%	470,2	480	489	499	509	519
686		Zuwachs 60.000 2,00%		60	121	184	247	312
687		Referendare 2,00%	3,5	4	4	4	4	4
688		Summe	523	594	666	739	814	890
689		Boni 1%	90	93	98	102	107	111
690		Sozialabgaben angestellte F 20,50%	96	111	125	140	155	170
691		Summe	709	797	888	981	1.075	1.172
692		in der % der Kosten Partner = Gesellschafter	12,6%	14,9%	16,2%	17,5%	18,8%	20,1%
693								
694		Summe Personalkosten der Juristen	6.344	6.140	6.380	6.580	6.783	6.991
695								
696		Rohergebnis 1	2.620	3.173	3.379	3.634	3.893	4.156
697		in % der Leistung	29,2%	34,1%	34,6%	35,6%	36,5%	37,3%
698								

699	Rohergebnis 1	Überträge		2.620	3.173	3.379	3.634	3.893	4.156
700									
701	Zugang				1	0	0		1
702	Sekretariate	Anzahl		8	9	9	9	9	10
703									
704	Zugang				1	1		0	
705	Verwaltungskräfte	Anzahl		5	6	7	7	7	7
706	Mitbeiter	Anzahl		13	15	16	16	16	17
707									
708	Kosten								
709	Sekretariate	2,00%	56	444					
710	Sekretariate	2,00%			510	520	530	541	613
711	Zuwachs			56	57	58	59	60	61
712									
713	Verwaltungskräfte	2,00%	50	248					
714	Zugang	2,00%			303	361	368	375	383
715	Zuwachs			49,5	50,5	51,5	52,5	54	55
716									
717	Summe	unproduktive Mitarbeiter		692	813	881	898	916	996
718	in % der Leistung			7,7%	8,7%	9,0%	8,8%	8,6%	8,9%
719									
720	Rohergebnis 2			1.928	2.360	2.498	2.735	2.976	3.160
721	in % der Leistung			21,5%	25,3%	25,6%	26,8%	27,9%	28,3%
722		Steigerungssätze							
723	Mieten, Raumkosten			286	286	286	286	286	286
724	Zuwachs			0		30	30	30	30
725	Fremdleistungen	1,75%		10	11	11	11	11	11
726	Fahrzeugkosten	2,50%		178	183	187	192	197	201
727	Reisekosten	2,50%		87	89	91	94	96	98
728	Werbekosten	1,50%		32	32	33	33	34	34
729	Versicherungen	1,50%		46	46	47	48	48	49
730	Beiträge	1%		16	16	16	16	17	17
731	Instandhaltungen	2%		21	22	22	23	23	24
732	Abschreibungen	10%		53	59	65	71	78	86
733	EDV-und IT-Kosten	4%		71	74	77	80	83	86
734	Kanzleibedarf	1,75%		36	37	38	38	39	40
735	Porto/Telefon/Fax	3%		42	43	45	46	48	49
736	Rechnungswesen, Steuerberatur	3%		61	63	65	67	69	71
737	Fachliteratur	2%		27	27	28	28	29	29
738	Fortbildungskosten	4%		71	74	77	80	83	87
739	Sonstige Kosten	1,75%		173	176	179	182	185	189
740	Kosten des Geldverkehrs	1,00%		3	3	3	3	3	3
741	Summe Sachkosten			1.215	1.241	1.299	1.329	1.359	1.391
742									
743	LEISTUNGSERGEBNIS			713	1.119	1.199	1.407	1.617	1.769
744									
745	Zinserträge			11	14	18	22	26	30
746									
747	Zinsaufwand			0					
748	Zinsaufwand			22	25	28	31	34	37
749	Zinsergebnis			-11	-11	-10	-9	-8	-7
750									
751	Betriebergebnis			702	1.108	1.189	1.398	1.609	1.762
752									
753	a.o. Ergebnis			-3	-3	-3	-3	-3	-3
754									
755	Ergebnis vor Steuern			699	1.105	1.186	1.395	1.607	1.759
756									
757	zu eliminierende Aufwendungen								
758									
759	Ergebnis vor Steuern	EBT		699	1.105	1.186	1.395	1.607	1.759
760									
761									

			2014	2015	2016	2017	2018
Ergebnis vor Steuern	EBT	699	1.105	1.186	1.395	1.607	1.759
Gewerbesteuer	4,5	0,035	110	174	187	220	253	277
Körperschaftsteuer	0,15		105	166	178	209	241	264
Solidaritätszuschlag	0,055		6	9	10	12	13	15
Steuerbelastung	-31,575%	0	221	349	375	441	507	555
Steuerbelastung			31,58%	31,58%	31,58%	31,58%	31,58%	31,58%
vorl. HB-Ergebnis			478	756	812	955	1.099	1.204
in % der Leistung			5,3%	8,1%	8,3%	9,3%	10,3%	10,8%

1.10. Unternehmensbewertung
Ertragswert nach IdW S1 Grundform   überschlägig K´R´A´G Kölner Rechtsanwaltsgesellschaft mbH, Köln
vereinfachte Zukunftsbetrachtung

	Jahr	1 2014	2 2015	3 2016	4 2017	5 2018
vorl. HB-Ergebnis		756	812	955	1.099	1.204
zu elimiminierende Beträge		0	0	0	0	0
bereinigte Ergebnisse		756	812	955	1.099	1.204

Ermittlung Kalkulationszinssatz

Basiszinssatz		02.01.2014	2,590				
Risokozuschlag	Markt	100%	2,590				
Risokozuschlag	Spezialwissen	50%	1,295				
Risokozuschlag	Wettbewerbe	40%	1,036				
Zins vor Steuern			7,511				
Abgeltungssteuer		25,000%	-1,8778				
Solidaritätszuschlag		5,500%	-0,1033				
		-26,375%	-1,9810				
Kirchensteuer		9,000%	-0,1690				
Gesamtzins		-28,625%	-2,1500				
Rechenzins			5,3610				

Rechenzins	nach Steuern	5,3610%	5,3610%	5,3610%	5,3610%	5,3610%	5,3610%
Barwertfaktor			0,9491	0,9008	0,8550	0,8115	0,7702
Barwerte			718	731	816	892	927

Jahre	2014	bis	2018				4.084

Gesamtabzinsungsdauer   12   Jahre

bereinigte Ergebnisse	ab	2019				1.204
Renten-Barwerte einer Rentenreihe		2019	7 bei	5,3610%	1,0000%	6,3610%
					Faktor	5,5115 €
Barwert	2019					6.634
Abzing über	5 Jahre	Barwertfaktor		5,3610%	0,770195665	5.110

Ertragswert	**nach IdW S1**	**überschlägig**	**Kurs**	**9194%**		**9.194**	129,9%

Da die Zukunftswerte über eine Finanzplanung berücksichtigt werden müssen, ist bei einer expansiven Gesellschaft mit steigenden Gewinnen
ein relativ hoher Unternehmenswert zu erwarten, der über dem Wert gem. §§ 199 ff. BewG liegt.

Bewertung der Anteile gem. §§ 199 ff. BewG			vgl. unten Zeile	870	**7.076**	100,00%

1.11. Bewertung der Anteile gem. §§ 199 ff. BewG   K´R´A´G Kölner Rechtsanwaltsgesellschaft mbH, Köln
Vergangenheitsbetrachtung

		2011	2012	2013
HB-Ergebnis		542.429	450.281	478.423
+ Hinzurechnungen gem. § 202 Abs. 1 BewG		1	1	1
./. Kürzungen gem. § 202 Abs. 1 BewG		-1	-1	-1
Summe Steuern		250.306	207.784	220.770
BETRIEBERGEBNISSE		792.735	658.065	699.194
./. Kürzung gem. § 202 Abs. 3 BewG	30%	-237.820	-197.420	-209.758
bereinigte Betriebsergebnisse		554.914	460.646	489.436
			Summe	1.504.996
anzusetzender Betrag			Schnitt	501.665
zu kapitalisieren	zum 01.01.2014			501.665
Basiszinssatz	2,59	wird jeweils in den ersten Januartagen vom BMF veröffentlicht 02.01.2014		
Zuschlag gem. § 203 Abs. 1 BewG	4,50			
Kapitalisierungszinssatz	7,09	(reziproker Wert) Kapitalisierungsfaktor		14,1044
Wert der Anteile	bei	100%		7.075.673
nicht marktgänger Wert lt. Gutachten IdW S1		ABC Wirtschaftsprüngsgesellschaft mbH		
Abschlag aufgrund Gesellschafterbeschluß vom 16.6.2012	auch so gehandelt		0%	0
anzusetzender Wert	auch so gehandelt		31.12. 2013	7.075.673

1.12. Kaufpreisabwicklung und -beurteilung   MUSTER   K´R´A´G Kölner Rechtsanwaltsgesellschaft mbH, Köln

			Stammkapital	Kaufpreis	31.12. 2013		
Stammkapital							100.000
Kurs letzter Eintritt	Partner L zahlte auf	2,00%	100.000	180.000			9194%
bezahlter Kurs	Partner L		9000%		Differenz	-194%	9194%
anzusetzender Wert			9.000.000		Differenz	-193.888	9.193.888
HB-Ergebnis	2013		478.423				478.423
Verzinsung			5,32%			0,11%	5,20%
EIGENKAPITAL			1.015.000				1.015.000
geplante Ausschüttung			-143.527				-143.527
EIGENKAPITAL	nach	geplante Ausschüttung	871.473				871.473
Verzinsung			9,68%				9,48%
angemessener Anlagezins	1,87% langfristige Obligationen		1,87%				1,87%
Stand FAZ vom 26.3.2014							
Überendite			7,81%				7,61%
Urteil		Vereinbarungen sind in den Grenzen der FinVerwaltung					
Goodwill-Ermittlung							
anzusetzender Wert			9.000.000		Differenz	-193.888	9.193.888
Buchvermögen	ohne stille Reserven		-1.015.000				-1.015.000
Firmenwert			7.985.000		Differenz	-193.888	8.178.888
Leistung	2013		8.963.341				8.963.341
Firmenwert in % der Leistung	nur ein Richtungwert		89,09%		Differenz	-2,16%	91,25%
	nicht mit den Ansätzen der BRAK 2009 zu vergleichen						

Anmerkungen

1. Zusammenfassung. Ziel muss es auch für die kleine und mittleren Praxis sein, ein schnelles, preiswertes und intelligentes Auswertungssystem zu erhalten. Eine Logik wie hier gezeigt bietet sich an. Die Anforderungen des GmbH-Rechts, des HGB hinsichtlich der ständigen Überprüfung der wirtschaftlichen Lage, die Interessen der Einzelgesellschafter und bei möglicher Bankfinanzierung die Anforderungen aus § 18 KWG sind also streng; mit der Entscheidung, den Beruf also in Form einer Kapitalgesellschaft auszuüben, stellt sich der Anwalt diese Vorstellungen.

Natürlich darf nicht erwartet werden, dass der Anwalt die steuerlichen und betriebswirtschaftlichen Fragen in ihrer Tiefe beherrscht: auch er muss sich beraten lassen.

Die unten gezeigten betriebswirtschaftlichen Auswertungen sind ohne Schwierigkeiten auch sofort in den entsprechenden Buchhaltungssystemen der DATEV und anderer anwendbar und oder zu programmieren.

2. Mengengerüst aus aus dem Kanzleimanagement-System. Betrachtet werden in den folgenden Ausführungen für den Musterfall ausschließlich die Zahlen des Jahres 2013.

Den 12 Partnern mit Bezügen von 4.833.701,– EUR stehen 13 weitere juristische Mitarbeiter gegenüber, dann 8 Sekretariatskräfte und 5 Verwaltungskräfte, insgesamt also 38 Mitarbeiter. (Zeilen 84–104 der Excel-Tabelle)

Die ordnungsmäßige Analyse steht und fällt mit der Aufzeichnung der Gesamtstunden und der produktiven Stunden je Mitarbeiter – auch für jeden Partner; aber auch die unproduktiven Stunden müssen exakt aufgezeichnet werden, das ist eine Bedingung.

Die Aufzeichnung der Stunden dient zum einen der Vor- und Nachkalkulation der Mandate einerseits, des erzielten Stundensatzes der Gesellschaft andererseits. Das dient auch der Messung der Produktivität des einzelnen wie auch der Gesamt-Praxis.

Damit kann auch gewährleistet werden, dass die halbfertigen Leistungen richtig bewertet werden: die halbfertigen Arbeiten mit 446.575,– EUR (vgl. Zeile 141) sind ein beträchtlicher Bestandteil des Working Capital (WIP = Work in Progress); auch fertige, nicht abgerechnete Leistungen müssen im Rahmen der Bilanzierung ermittelt und bewertet werden mit 40598,– EUR. (vgl. Zeile 146)

Den Forderungsbestand von 746.945,– EUR liefert das Kanzleimanagementsystem. Diese Werte sind Mindestanforderungen.

3. Gewinn- und Verlustrechnung. In einem 3-Jahresvergleich (Zeilen 184 ff.) wird dann die Gewinn- und Verlustrechnung nach einem tief gegliederten Schema entwickelt und zeigt für 2013 eine Leistung (Zeile 202) von 8.963.341,– EUR.

Den Gehältern der Partner in 2013 mit 5.634.524,– EUR stehen Gehälter für die weitere juristischen Mitarbeiter gegenüber von 709.206,– EUR.

Während nach der Anzahl der Mitarbeiter den 12 Partnern 13 juristische Mitarbeiter gegenüberstanden (was zu einem Mitarbeiter-Hebel von 1,083 führt, ist der betragsmäßige Hebel bei den absoluten Gehältern weitaus geringer mit 0,126 (709 Tsd/5.634 Tsd.). Das sind sehr tiefe Kernzahlen zur Beurteilung einer Anwaltspraxis: an ihnen kann man zum Beispiel auch den Erfolg von Rationalisierungs -Bemühungen messen.

Die Gewinn und Verlustrechnung wird im Einzelnen nicht weiter erläutert, sie ist lesbar.

Das Leistungsergebnis 2013 (EBIT) beträgt 713.182,– EUR, das Ergebnis vor Steuern (EBT) 699.194,– EUR.

Das führt zu einer Steuerlast 2013 von 220.770,– EUR, danach ergibt sich Handelsbilanzergebnis von 478.423,– EUR.

Das Ausschüttungs-Verhalten (Zeile 286) steigert sich von 2011 mit 50 % über 60 % im Jahr 2012 auf 70 % im Jahre 2013 und einem Betrag von 143.527,– EUR. Das Ausschüttungs-Verhalten kann unter steuerlichen wie auch auf betriebswirtschaftlichen Aspekten optimiert werden, wenn man die Unternehmensebene und die Gesellschafterebene gemeinsam betrachtet.

Die folgende Cashflowanalyse zeigt die Hinzurechnung der nicht in bar abfließenden Abschreibungsbeträge wie auch die Zuführung zu Pensionszusagen, welche ebenfalls nicht in bar abfließen; die Cashflow-Rate im Jahre 2013 mit 9,4 % liegt im Trend der beiden Vorjahre.

Fügt man dem Cashflow den Zinsaufwand hinzu, dann ergibt sich der so genannte erweiterte Cashflow: das ist der Betrag, der verbleibt, um theoretisch Fremdkapital zu bedienen (vergleiche dazu auch die BWA Kapitaldienstgrenze).

Wesentlich ist noch die Darstellung der Wertschöpfung (Zeilen 320 ff.), die Definition ergibt sich aus der Tabelle: die Entwicklung und Zusammensetzung ergibt sich aus den dargestellten Werten die Wertschöpfungsintensität der Rechtsanwalts GmbH in 2013 ist mit 91,1 % extrem, aber tendenziell richtig. Freiberufler sind immer wertschöpfungs-intensiven, in der Form der Kapitalgesellschaft besonders.

Diese Kennziffern sind praxistypisch und exakt zu verfolgen, insbesondere die Wert-schöpfung bezogen auf die Beschäftigten, hier 203.250,– EUR. Die Wertschöpfung ist eine sensible und aussagefähige Kennziffer, sie ist einfach und schnell zu berechnen, unterbleiben darf diese Betrachtung nicht.

4. Bilanzzahlen. Die für die Jahr 2011, 2012 und 2013 dargestellten Bilanzzahlen spiegeln die Vermögensstruktur wider und zeigen für 2013 ein Eigenkapital von 1015.000,– EUR (vgl. Zeile 400). Die Zusammensetzung des Vermögens ist branchen-typisch: das Anlagevermögen beträgt „nur" 21,7 % der AKTIVA von 2.990.000,– EUR, während das wertschöpfungsintensive Unternehmen ein Umlaufvermögen ausweist von 2.326.923,– EUR oder 77,8 %. Nach Abzug der Verbindlichkeiten (Zeilen 378–396) mit 1.975.000 ergibt sich ein Eigenkapital von 1.015.000,– EUR, eine Quote von 33,9 %.

Unter Berücksichtigung des Stammkapitals, der geplanten Ausschüttung, der Gesell-schafterdarlehen sowie der Forderungen gegenüber Gesellschaftern ergibt sich dann für 2013 ein effektives Eigenkapital von 1.092.263,– EUR(vgl. Zeile 421) oder 73,5 %. Die Pensionsrückstellungen sind ausschließlich für die angestellten Gesellschaftergeschäfts-führer gebildet, sind indirekt also langfristig Eigenkapital. Wesentlich erscheint Tabelle über die Aufteilung des bestehenden Eigenkapitals von 1.092.263,– EUR oder 73,5 %: im Rahmen dieses Excel-Tools werden dann für jeden Gesellschaftergeschäftsführer und/ oder Partner die entsprechenden absoluten Kapitalanteile direkt berechnet; eine solche Darstellung ist konsequent: jeder Partner Anspruch auf eine solche integrierte Darstellung mit Ausweis seines persönlichen Vermögens, dass er in der Gesellschaft arbeitet hat.

5. BWA TOPIC 3-Jahresvergleich. Die hier dargestellte Logik existiert bereits als BWA TOPIC(siehe unten): der Vorteil dieser Kurzdarstellung ist der Ausdruck auf einer einzigen Seite „One-Page-Philosophie"- so auch die BWA im Datev-System (vgl. unten).

In der Praxis erhält jeder Partner monatlich diese BWA „für seine Brieftasche": sie zeigt ihm die Gesamtbezüge aller Partner wie auch die Personalkosten der anderen juristischen Mitarbeiter das vorläufige Handelsbilanzergebnis sowie Cashflow.

Verknüpft werden diese Daten mit den produktiven Stunden und den Sachkosten, so dass dann zum einen die Personalkosten und die Sachkosten je produktive Stunde ausgewiesen werden wie auch das Ergebnis je Stunde zum jeweiligen Stichtag.

Mit dieser Auswertung werden auch die Gesamtkosten je produktive Stunde ausgewie-sen, welche für die Bewertung für die halb fertigen Arbeiten und nicht abgerechneten Leistungen benötigt werden (vgl. oben Zeilen 140, 145).

Dargestellt werden noch die Geldkonten wie auch die Summe des Umlaufvermögens, des Anlagevermögens und des Fremdkapitals.

Diese Auswertung ist die komprimierteste Form der Darstellung der wirtschaftlichen Lage. In einer Zeitreihe über die letzten 13 Monate betrachtet – mit Grafiken – ist diese Auswertung ein Highlight.

6. Einkommen der Partner. Die Kontrolle der Angemessenheit der Gesellschafter-geschäftsführerbezüge ist eine wichtige betriebswirtschaftliche und sensible Aufgabe und gleichzeitig ein steuerliches Problem; die Darstellung ist selbsterklärend. Das Einkommen besteht aus den Gehältern, die Zuführungen zu den Pensionszusagen wie auch die Tantiemen. Die Gesamtbezüge aller Gesellschafter im Jahr 2013 beträgt demnach 5.634.524,– EUR oder 62,9 %. Diese Kennzahl ist wesentlich, betriebswirtschaftlich wie steuerlich.

7. Arbeitskapital (Working Capital). Eine überaus große Bedeutung hat das Working Capital (WIP – Working in Proegress). Die Zusammensetzung der halbfertigen Arbeiten, der Forderungen, der Geldkonten abzüglich der Lieferantenverbindlichkeiten ergibt hier ein Working Capital für 2013 von 1.914.646,– EUR, im Verhältnis zur Leistung 21,4 %.

Das Working Capital verändert sich proportional zur Leistung und ist eine wesentliche variable hochsensible Kennzahl. Sie ist das Kernstück der Kontrolle der anwaltlichen Berufsausübung.

In 2013 schlägt sich das Working Capital 4,68-mal um, in Zahlen gemessen beträgt das Volumen 78 Tage, oder 2,6 Monate. Diese Zahlen sagen etwas über die Kapitalbindungsdauer aus, diese muss minimiert werden – eine wesentliche Managementaufgabe.

Es reicht eben nicht aus, nur den Forderungsbestand zu kennen und zu mahnen: den Forderungsbestand zu mindern und mit System in Liquidität zu transformieren; damit das Working Capital zu mindern um zB 100.000,– EUR bedeutet bei einem Kontokorrentzins von 6 % dann auch 6.000,– EUR Mehr- Gewinn. Umso mehr gilt es, auch die halb- fertigen Arbeiten zu vermindern, was bedeutet schnelleres Arbeiten, konzentrierteres Arbeiten, organisierteres Arbeiten: diese Daten müssen über das Kanzleimanagementsystem kontrolliert und gesteuert werden. Das ist auch bei kleineren GmbH möglich.

Eine Kennzahl kann auch das „**Working Capital je Partner**" sein, hier 159.554,– EUR. Das **Working Capital je Beschäftigten** beträgt 50.385,– EUR; das ist dann zu verfeinern in der Praxis für jeden Partner und Mitarbeiter. Jeder Anwalt bindet je nach Fall-Schwierigkeit und Dauer der Beratung unterschiedliches Vermögen.

Diese Zahlen bedürfen in der Praxis einer steten Kontrolle. Umgesetzt ist dies für das Gesamtunternehmen in der verfügbaren „BWA-Status". (Im Anhang nicht gezeigt.) Das Management des Working Capital ist eine wesentliche Aufgabe eines Praxismanagements: hier wird der Erfolg des Managements gemessen.

8. Analyse Stundenkalkulation. Entsprechend dem Grundschema im Verständnismodell werden nun mit den angenommenen Zahlen der Gehälter der Partner wie auch für die angestellten Juristen gezeigt wie auch die Ermittlung der Gesamtkosten. Die Gesellschaft hat bei einer Leistung von 8.963.341,– EUR bei 30.758 produktiven Stunden und Gesamtkosten je Stunde von 164,82 EUR und einen erzielten Stundensatz von 291,41 EUR. Diese Stundensatzanalyse ist monatlich fortzuschreiben. Sie ist das feinste Instrument des Controlling. Die Ergebnisse müssen mitarbeiterbezogen wie stundenbezogen ermittelt werden. Erst mit diesen Kostensätzen können Groß-Mandate vorkalkuliert werden, bei Abrechnung nach dem RVG ordnungsgemäß nachkalkuliert werden. Ordnungsgemäße Kanzleimanagement- Systeme erlauben dies ohnehin.

9. Berechnung der Kapitaldienstgrenze. Größere Anwaltsgesellschaften können auch schon einmal – aus welchen Gründen auch immer – Finanzierungs-Probleme haben.

Da diese Gesellschaften sehr wertschöpfungsintensiv sind, ein hohes Working Capital haben, andererseits versuchen werden, durch das Gehaltsgefüge für die Partner die Gewinne zu drosseln, sind von daher die Finanzierungsmöglichkeiten der Gesellschaft an sich schon eingeschränkt. Sie sind daher betriebswirtschaftlich auch gezwungen, eine hohe Liquidität vorzuhalten. Insofern sollten diese Gesellschaften eine permanente Kapitaldienstgrenzen-Ermittlung anstellen. (Hierzu gibt es eine DATEV-BWA, vgl. unten)

Im Rechenbeispiel ergibt sich bei ordnungsgemäßer Fortschreibung des Cashflow und nach Höhe der Ausschüttungen und der Veränderung des Working Capital ein freier, für eine mögliche Fremdfinanzierung zur Verfügung stehender Restbetrag in 2013 von zB 140.298,– EUR.

Unter der Annahme eines Fremdfinanzierungssatzes von 5 % und einer Kreditlaufzeit von 6 Jahren führt das zu einem Annuitätenfaktor von 0,19702, damit zu einem möglichen zusätzlichen Kreditvolumen für das Jahr 2013 von 712.112,– EUR.

Dieser Betrag ist nicht hoch, wenn man ihn ins Verhältnis setzt zur Leistung, insbesondere aber zum Working Capital: bei einem Working Capital im Jahr 2013 von 1.914.646,– EUR wären das 37,197 %; der Betrag von 712.112,– EUR liegt mit 95,39 % unter den Forderungen von 746.495,– EUR, welche in dieser Höhe aber kaum beleihungsfähig wären. Bei einer Beleihungsquote und guter Bonität der Forderungen von 65 % wären das 485.000,– EUR, es fehlten also zur Kapitaldienstgrenze von 691.000,– EUR immerhin 227.000,– EUR an Beleihungsmöglichkeit. Das beweist die Sensibilität der Gesellschaft in Finanzierungsfragen.

Es ist also neben dieser Analyse der Außenfinanzierung ratsam, dann auch die Innenfinanzierung permanent zu überwachen: hierzu gibt es bereits entsprechende BWA, die so genannte „BWA Finanzinformation".

Der Vorteil der diversen individuellen BWA ist, dass sie im Vergleich zu ähnlichen Arbeiten oder durch Erstellung mit Excel mit beachtlicher Zeitersparnis und einsetzbar sind und praktisch „wenig" Kosten.

10. Finanzplanung. Kapitalgesellschaften dieser Größenordnung sollten sich ein ordnungsgemäßes Planungssystem über mindestens fünf Jahre aufbauen; die sehr komfortablen integrierten Finanzplanungssysteme (zum Beispiel der DATEV) erlauben keine Planung eines komplexen Mengen Gerüstes wie das der Anzahl der Partner, der Anzahl der Mitarbeiter wie auch des Stundengerüstes; daher müssen in kleinen und mittleren Praxen intelligente Excel-Auswertungen wie hier gezeigt herhalten und ausreichen.

Ohne die Planung der Anzahl der Partner wie auch die Anzahl der Mitarbeiter sind die üblichen Standard-Planungssysteme nicht einsetzbar. In den Zeilen 641–694 wird dies rechnerisch ohne weitere Erläuterungen gezeigt; nach dem Rohergebnis 1 werden dann in den Zeilen 701 ff. die Personalkosten für die Sekretariat und die Verwaltung individuell geplant, nach dem Rohergebnis 2 mit 3.160 Teuro.

Eine Erlös- und Ergebnisplanung über mindestens fünf Jahre ist deswegen notwendig, um darauf aufbauend auch eine Unternehmensbewertung durchführen zu können (vgl. unten).

Entscheidend ist, dass im Planungs-System alle Kostenarten einzeln und möglichst individuell geplant werden können, umso exakter werden die Zukunftsergebnisse und damit auch die zukünftigen Steuerberechnungen (vgl. Zeilen 767 ff.).

Die zukünftigen Ergebnisse ergeben sich in der Zeile 773.

Damit werden die Grundlagen für folgende Unternehmensbewertung gelegt.

Eine komfortable Excel-Logik wie in diesem Beispiel dargestellt ermöglicht auch, strategische Parameter in ihrer Auswirkung zu analysieren und unterschiedliche Strategien zu simulieren.

11. Unternehmensbewertung nach IdW S1. Unternehmen werden in Deutschland, so auch die Rechtsprechung, nach dem IDW S 1 – Standard bewertet.

Im Rahmen dieses Beitrags kann es nicht Ziel sein, eine echte Unternehmensbewertung vorzunehmen. Eine Bewertung kommt in Betracht bei der Veräußerung eines Anteils, bei Aufnahme eines Partners gegen Entgelt, sie kommt in Betracht in Scheidungsfällen von Gesellschaftern, bei Verschmelzung mit anderen Gesellschaftern, bei der Beleihung eines

Anteils (so das erlaubt ist), der Übernahme eines Anteils bei Ausscheiden eines Gesellschafters durch die oder eines anderen.

Hier wird überschlägig der Wert der Rechtsanwalts-Gesellschaft mbH entsprechend ermittelt. Dem Kanzleimanagement muss es immer darum gehen, positive aber auch negative Entwicklungen in der Planung zu erkennen und Strategieentscheidungen in einem Unternehmenswert wieder zu erkennen. Das ist der Sinn eines solchen relativ komfortablen Modells.

Nach den Grundsätzen ordnungsgemäßer Unternehmensbewertung gibt es drei Problembereiche:

- Ermittlung der Zukunfts-Ergebnisse (1.9.) in Form einer Finanzplanung
- Ermittlung eines angemessenen Kalkulationszinssatzes zu Diskontierung der Zukunftsergebnisse auf den Bewertungsstichtag. Als Basis kann für eine überschlägige Bewertung durchaus der Basiszins nach dem Bewertungsgesetz herangezogen werden: Anders als beim Besteuerungsverfahren sind dann Zuschläge zu ermitteln: hierauf wird im Folgenden nicht näher eingegangen, das sind Details eines entsprechenden Bewertungsgutachtens eines zu bestellenden Wirtschaftsprüfers oder anderen Fachmanns.
- Wesentlich ist der Zeitraum, über den die Zukunftsergebnisse diskontiert werden müssen. Im Beispiel wurde eine Gesamt-Abzinsungsdauer von zwölf Jahren angenommen; je mehr Partner, umso höher ist die voraussichtliche „Lebensdauer" der Gesellschaft. Rechtsanwaltsgesellschaften dienen der Ausübung des freien Berufs als Anwalt, sie leben also nicht unendlich: daher kann man durchaus mit verkürzten Laufzeiten rechnen, wenn man bedenkt, dass auch innerhalb der Gesellschaften möglicherweise ein häufiger Wechsel von Partnern stattfindet; diese Fluktuationsquote muss sich auf den Wert der Gesellschaft auswirken.

Im Rahmen des üblichen Kanzleimanagements müssen solche überschlägige Berechnungen reichen, ist ein solches System in einer entsprechenden GmbH eingeführt, dürfte eine halbjährliche oder jährliche Pflege hinreichend sein, um eine Anwalts-GmbH permanent in ihrer Entwicklung zu beurteilen.

Im Beispielsfall beträgt der Ertragswert nach IDW S1 an Zukunfts-Zahlen gemessen überschlägig ermittelt 9.194.000,– EUR; dieser muss verglichen werden mit dem im Folgenden zu ermittelnden steuerlichen Wert, dieser beträgt an Vergangenheitszahlen gemessen 7.076.000,– EUR.

12. **Bewertung der Anteile gem. §§ 199 ff. BewG.** Für Schenkungsteuer und Erbschaftsteuerzwecke wird nach §§ 199 BewG – sog. vereinfachtes Ertragswertverfahren – ein steuerlicher Wert ermittelt. Auch diesen Wert sollten die Partner kennen. Das vereinfachte Ertragswertverfahren führt in der Regel entgegen dem früheren Stuttgarter Verfahren (bis 2008) zu überhöhten Werten.

Sollte tatsächlich in den letzten zwölf Monaten ein Preis für einen Anteil gezahlt worden sein, der unter dem Ertragswert des Bewertungsgesetzes liegt, dann gilt für Steuerzwecke der tatsächlich gezahlte niedrigere Preis.

Untereinander können die Partner durchaus vereinbaren, dass sie wie fremde Dritte auch nur einen geringeren Wert als den vollen Steuerwert des Steuerwertes zahlen: ratsam kann sein, die Gesellschaft alle 3–5 Jahre durch einen Wirtschaftsprüfer (oder Spezialisten) bewerten zu lassen, um sich dann untereinander für einen bestimmten Zeitraum an das Verfahren und den Wert zu binden.

Allerdings kennt auf die Finanzverwaltung das Bewertungsverfahren nach IDW S1. Das Risiko ist, dass bei Anwendung des vereinfachten Ertragswertverfahrens und zu niedrigen Werten eine unentgeltliche Zuwendung vermutet werden könnte.

13. **Entstehen der Rechtsanwaltsgesellschaft mbH aus einer Umwandlung einer Personengesellschaft.** In der Regel dürfte die meisten Rechtsanwalts-GmbH aus Umwandlungen aus Personengesellschaften entstanden sein; es ist nicht Sinn, im Rahmen dieses

Beitrags die handelsrechtlichen und die steuerlichen Modalitäten des Umwandlungs-rechtes darzustellen.

Für die Umwandlung in eine GmbH sind die Vorschriften des Umwandlungsgesetzes einerseits zu beachten: dabei kommen als wesentliche Möglichkeiten die Verschmelzung auf eine bereits bestehende oder neu zu gründende GmbH in Betracht, andererseits aber auch möglicherweise die einfache Änderung der Rechtsform in eine bisher nicht existente GmbH; deutlich muss hier erkannt werden, dass damit einhergeht eine Bewertung der Vorgesellschaft – gleich, welche steuerlichen Konsequenzen und Alternativen ergriffen werden, um eine Steuer aufgrund der Umwandlung zu minimieren.

Vorweg: die abgebende Personengesellschaft muss hinsichtlich der Gewinnermittlung von der Einnahmenüberschussrechnung zur Bilanzierung übergehen; allein das erfordert die Ermittlung der halb fertigen Arbeiten und der Forderungen, damit die Ermittlung eines so genannten zu versteuernden Übergangsgewinnes.

Das Umwandlungssteuergesetz bietet bei den Einbringungstatbeständen drei Varianten
- Einbringung grundsätzlich zu gemeinen Werte der Personengesellschaft, also inklusive Geschäfts- oder Firmenwert und Stiller Reserven
- Einbringung zu Buchwerten
- Einbringung zu einem Zwischenwertansatz.

Hier bedürfen die vorherige Gesellschaft und die Kapitalgesellschaft aber auch die betroffenen Partner einer exzellenten steuerlichen Beratung. Das trifft auch zu für eine gewissenhafte Unternehmensbewertung der untergehenden Gesellschaft.

Der abgebende Unternehmer oder Personengesellschaft möchte sein Vermögen erhalten wissen, der Gesetzgeber will bei der Umwandlung und der möglichen Steuerbegünstigung garantiert wissen, dass mögliche Stille Reserven und ein Firmenwert bei Auflösung der GmbH auch ordnungsgemäß versteuert werden. Ohne eine exzellente Steuerberatung sollte eine Rechtsanwalts-GmbH also nicht im Umwandlungswege entstehen.

Im Existenzgründungsfall – der Schaffung einer neuen Rechtsanwalts GmbH – steht die betriebswirtschaftliche Beratung mit der Erstellung eines entsprechen Businessplanes im Vordergrund.

14. Kaufpreisabwicklung und -beurteilung. Es ist ratsam, bei größeren Gesellschaften, welche Partner mit Minianteilen aufnehmen von zum Beispiel 1 % oder 2 %, eine Musterrechnung jeweils mit den letzten Bewertungszahlen anzustellen. Ein eintretender Minderheitsgesellschafter muss immer schnell und sicher prüfen können, ob er den Kaufpreis finanzieren kann und entsprechende Darlehen durch sein Einkommen bedienen kann. Insofern stellt eine Darstellung wie diese auch für ein Kreditinstitut eine wesentliche Bonitäts- und Kreditunterlage dar.

Zudem erwartet die Finanzverwaltung bestimmte Rentabilitätsziffern. Dies stellt sich wie folgt dar:

Die hier gezeigte Gesellschaft ist bewertet bei einem Stammkapital von 100.000,– EUR mit 9.194.000,– EUR zu einem Kurs von 9.194 %.

Zahlt ein Erwerber 2 % zu einem Kurs von 9.000 % mit 180.000,– EUR den Anteil, so ist davon auszugehen, dass er diesen Anteil bei einem zu versteuernden Einkommen von ca. 200.000 und einer Kreditlaufzeit von zehn Jahren finanzieren kann oder aber die aufnehmende Gesellschaft diesen Betrag kreditiert. Allein mit der Fremdfinanzierung durch die Kreditwirtschaft entstehen durch Bürgschaftskredite Bindungsseiten von zur 10–15 Jahren, damit wird gedanklich auch der Diskontierungs-Zeitraum beeinflusst; es kann also sinnvoll sein, der Existenzgründungsfinanzierung bei jüngeren Partnern aus dem Wege zu gehen und die Beträge durch die Gesellschaft selbst zu finanzieren.

Die Finanzverwaltung überprüft die Rentabilität wie folgt: Bei einem anzusetzenden Wert der Gesellschaft von 9.193.888 und einem Gewinn von 478.423,– EUR beträgt die Verzinsung 5,20 %. Diese Verzinsung ist überdurchschnittlich; erst wenn diese Verzinsung unter dem langfristigen Zins für festverzinsliche Wertpapiere (hier 1,87 %') liegen würde, wäre die Verzinsung der Kapitalgesellschaft für die Gesellschafter nicht mehr angemessen.

Das Eigenkapital beträgt nach Ausschüttung 871.473,– EUR, es beträgt also 9,48 % des anzusetzenden Wertes von 9.193.888,– EUR. **Beträgt** der angemessene Anlagezins für festverzinsliche Obligationen 1,87 %, dann ergibt sich eine Überrendite von 7,61 %. – dies wird von der Finanzverwaltung als angemessen akzeptiert.

Die folgende Firmenwertermittlung führt zu einem Firmenwert von 8.817.888,– EUR; im Verhältnis zur Leistung von 2013 wären das 91,25 % der Leistung (diese Vervielfältiger-Betrachtung ist betriebswirtschaftlich nicht haltbar, auch das Vorgehen der BRAK mit Vervielfältigern von 0,3-1,0 des bereinigten Umsatzes ist nicht mehr vertretbar).

Dennoch können für den internen Betriebsvergleich solche Berechnungen herhalten, wenn man sie in einer Zeitreihen über mindestens drei Jahre betrachtet und vergleicht, der Trend ist entscheidend.

VI. Formen der Buchführung

Es ist zwischen zwei Formen der Büchführung zu unterscheiden:

Klassische Einnahme-Ausgaben-Kladde: Es ist nach wie vor gemäß § 4 Abs. 3 EStG möglich, die Einnahmen gesondert auf Belegen aufzuzeichnen, ebenso die Ausgaben: der Saldo wäre der liquide Überschuss, welcher noch um die Abschreibungen gemindert wird. Diese Methode kann bei sehr geringen Einnahmen oder wenigen Positionen (Alterseinkünfte) durchaus angewandt werden.

EDV-Buchhaltungen: Hier ist vor allem zu nennen das DATEV-System, das vom Marktanteil her führend ist.
Die Externen Rechenzentren wie
- DATEV
- Addison
- Agenda
- Stotax ua
- Lexware

sind in ihrer Aussage abhängig vom anwendenden Steuerberater/Wirtschaftsprüfer: alle Rechenzentren haben nur sehr vereinfachte EÜR, welche wenig aussagefähig sind, vom Markt und den Steuerberatern aber „geduldet" werden.

VII. Kanzleimanagement-Systeme

Die marktgängigen Systeme werden hier in der Reihenfolge des Marktanteils aus dem Beitrag *B. Schnee-Gronauer/A. Schnee-Gronauer* im Anwaltsblatt aufgezählt, dabei wird hier von 43.200 Anwendungen in 2011 ausgegangen. (*Schnee-Gronauer/Schnee-Gronauer*, AnwBl 2013, 776 ff.) Die Datenerhebung ist aus Nov. 2011 bis März 2012, also mehr als zwei Jahre alt.

RA-MICRO:	Marktanteil:	27,25 %	ungefähre Anzahl der installierten Systeme	11.772
ReNoStar:	Marktanteil:	22,14 %	ungefähre Anzahl der installierten Systeme	9.564
ReNoFlex:	Marktanteil:	16,71 %	ungefähre Anzahl der installierten Systeme	7,219
DATEV pro:	Marktanteil:	7,26 %	ungefähre Anzahl der installierten Systeme	3.136
Advo-Ware:	Marktanteil:	5,39 %	ungefähre Anzahl der installierten Systeme	2.328
Findentity:	Marktanteil:	5,36 %	ungefähre Anzahl der installierten Systeme	2.316
AnNoText:	Marktanteil:	4,45 %	ungefähre Anzahl der installierten Systeme	1.922
Haufe Advolux:	Marktanteil:	2,35 %	ungefähre Anzahl der installierten Systeme	1.015

Die Internetseiten melden per 31.12.2013 teilweise beachtlich mehr Anwendungen.

Weitere Marktteilnehmer werden hier nicht genannt, über die Qualität der Software wird kein Urteil gefällt. Hinzuweisen ist noch auf die in den letzten Jahren neu auf den Markt gekommenen anwaltsspezifischen Programme wie „Ategra Legal Suite", „Canzeley"; „Haufe Advolux", „Juri Mart", „STP Lexolution KMS", „Mac Jur" und „Time Sensor Legal": Tendenziell könnte es sein, dass die jungen Programme die Anforderungen an das Kanzleimanagement moderner erfüllen als die alten: das erfordert eine Analyse der Wartungen und Verbesserungen.

Alle Programme zeigen Vorteile und Schwächen. Eine Entscheidung für ein Programm sollte nur mit sachkundiger Beratung bei gleichzeitiger eingehender Analyse der Daten und der Organisation des nachfragenden Anwaltbüros einhergehen. (ABC Anwaltsberatung Cosack – www.abc-anwalt.de) Die Anbieter glauben aus ihrer Sicht alle, konkurrenzlose „Universalwerkzeuge" anzubieten, ohne genaue Zielgruppen zu definieren. (Vgl. *Schnee-Gronauer/A. Schnee-Gronauer* AnwBl. 2013, 777)

Ein Universalwerkzeug kann es nur annäherungsweise geben. Entscheidend dürfte auch sein, dass der Anwalt bereit ist, seine individuelle Situation und Bedürfnisse auch an die angebotenen Systeme anzupassen.

VIII. Excel-Module zur Beratung von Rechtsanwälten

Moderne Kanzleimanagementsysteme wie auch die üblichen Finanzbuchhaltungssystem (DATEV, Addison, Agenda, Stotax, Lexware ua) verfügen über die Möglichkeit, wesentliche Daten wie geleistete Stunden, Umsätze je Mandat ua in das Excel-System zu exportieren. Das erlaubt es, diese Daten mit Zahlen der Buchhaltung zu mischen, nach neuen Kriterien zu analysieren und intelligente Berichte in einem Reporting-System zu schaffen, die dann „auf Knopfdruck" Periode für Periode generiert werden können. Allerdings erfordert das beachtliches Knowhow, dürfte also den kleinen und mittleren Praxen schon aus Kostengründen kaum offen stehen.

1. Kleine und mittlere Praxen – 1 bis zu 3 Partner

Als ein Mindestmaß an Kennzahlen müssen ermittelt werden, auch für Kleinpraxen:
* produktive und unproduktive Zeiten für die gesamte Praxis, je Partner und die Mitarbeiter
  – der Umsatz je Partner
  – der Umsatz je Referat
  – Umsatz je Mitarbeiter
  – Umsatz je Mandat
  – der Umsatz je Gesamt-Stunde
  – der Umsatz je produktiver Stunde
  – produktive Personalkosten je produktiver Stunde
* unproduktive Personalkosten je produktiver Stunde
* gesamte Personalkosten je Referat
* Sachkosten je Gesamtstunde und je produktive Stunde

2. Mittlere Praxen – 4 bis zu 9 Partner:

Hier sollte die wesentlichen statistischen Zahlen aus dem Kanzleimanagement-System in der Finanzbuchhaltung in statistischen Konten (Klasse 9) monatlich verbucht werden. Das erlaubt dann, diese Zahlen zu korrelieren, und zwar automatisch innerhalb von individuellen BWA. Das ist zurzeit der optimale und kostengünstigste Weg für die Vielzahl der Praxen. Allerdings sind viele Steuerberaterpraxen mit diesem Handling überfordert; andererseits streuben sich auch viele Anwälte.

3. Mittlere bis große Praxen 10 – 50 Partner

Größere Kanzleien haben in der Regel ein eigenes Rechnungswesen mit eigener Hardware. Diese sollten dann in der Lage und auch bereit sein, sich entweder ein individuelles Programm schreiben zu lassen (was sehr kostspielig ist), oder aber zu warten, bis am deutschen Markt komfortable Reporting-Systeme angeboten werden (vgl. dazu die Werbung LEXSOLUTION der StP-AG auf der Website www.stp-online.de). Ein solches

Reporting-System integriert aus dem Dokumentensystem der Anwaltssoftware die Dokumente, ermittelte Zahlenwerte (Rechnungswerte der Kunden, Stundenzahlen, Abteilungsspezifika etc.) des Systems, ermittelte Werte ausschließlich aus der FIBU (Kosten), zieht externe Werte aus Excel-Dateien (Vorgaben und Planwerte) hinzu, aber auch aus Fremdsystemen, um dann alle Daten zu analysieren und in standardisierten oder individuellen Reports der Praxis die nötigen Auswertungen für strategische Anpassungsentscheidungen zu liefern.

Ergebnisse wären dann **Standardberichte** (Zeitlisten, Kundenlisten, Mahnlisten ua) und sog. **Business Intelligence Berichte** – individuelle Berichte wie z.B. Praxisbewertung, Stundensatzbewertungen, Bewertung des Erreichens von Zielvorgaben u.v.a.m.

Eine solche neue Software wäre segmentmäßig angesiedelt unter den großen Softwaresystemen wie zB Carpe Diem, über den „kleinen" nicht integrierten Lösungen wie die in diesem Beitrag unten dargestellten DATEV-BWA. Die Masse der kleinen und „kleinen" mittleren Anwender wird in einem ersten Schritt mit komfortablen DATEV-BWA auskommen müssen.

Auch eine noch so elegante und komfortable Auswertungssoftware wird ohne die Nutzung einer Schnittstelle zu den FIBU-Anbietern nicht umhinkommen. Heute ist die Programmierung von Finanzbuchhaltungssoftware gerade aus steuerlichen Gründen viel zu komplex; diese Aufgabe und die Pflege dieser Software bleibt arbeitsteilig bei den gegenwärtigen Anbietern, wie z.B der DATEV.

Allerdings segmentieren die Reporting- und Analyse-Programme in den Kanzlei-Managementsystem die Anwälte wahrscheinlich grob wie folgt:

- SEG K: Kleine und „kleine" mittlere Praxen   DATEV – BWA und entsprechende
- SEG M: Mittlere, insbesondere interdisziplinäre Praxen   neue Reporting-Systeme
- SEG G: Großpraxen – nationale wie internationale   idR anglo-amer. Software

Das Segment K wird also in seinem oberen Teil Anwaltskunden verlieren, das teure Segment G wird im unteren Teil Kunden verlieren; wie dieser Wettbewerb ausgeht, wird durch die Qualität der neuen Reporting-Systeme entschieden einerseits, durch die durchaus notwendigen Qualitätsverbesserungen im SEG K, Preiszugeständnissen im SEG G andererseits.

IX. Praxisbewertung

Das Rechnungswesen einer Anwaltspraxis – auch das der kleinen und mittleren Praxis – muss so organisiert und strukturiert sein, dass jederzeit eine Praxisbewertung in einem angemessenen Zeitrahmen durchgeführt werden kann.

Anlässe einer Praxisbewertung sind
- Die Ermittlung des Zugewinns im Ehescheidungsverfahren
- Bewertung bei Aufnahme eines Partners
- Bewertung bei der Verschmelzung von 2 oder mehr Praxen
- Bewertung des Auseinandersetzungsguthaben bei Ausscheidung eines Gesellschafters
- Bewertung bei Eintritt in eine GBR
- Einbringung in eine Rechtsanwaltsgesellschaft
- Bewertung gem. §§ 199 ff. BewG im Erb- oder Todesfall

Die Ermittlung des Wertes einer Rechtsanwalts-Einzelpraxis wird nach der Rechtsprechung des BGH nach dem Ertragswertverfahren nach dem IdW-Standard S1 vorgenommen.

Die Verlautbarung der BRAK 2009 mit dem Vorschlag der Ermittlung des Goodwill mit Umsatzfaktoren zwischen 0,3 bis 1,0 BRAK-Mitt. 6/2009 entspricht nicht mehr der Rechtsprechung des BGH vom 6.2.2008 (XII ZR 45/06), 2.2.2011 (XII ZR 185/08) und 9.2.2011 (XII ZR 40/09). Die BRAK muss endlich einmal reagieren.

X. Reportingsysteme

1. Basiskennzahlen

Die von *Vaagt* (→ Form. P) dargestellten Kennzahlen sind im weistesten Sinne in entsprechend formulierten Berichten verwertbare einzelne Reportwerte.

2. BWA

Nur intelligente individuelle Betriebswirtschaftliche BWA können als Reports angesehen werden. Standard-BWA wie die EÜR sind algorithmenmäßig nur die Anwendung der 4 Grundrechenarten, erst wenn die Struktur der BWA anwaltsbezogen wird, sind diese BWA als Standard verwertbar.

3. Ein Set von diversen Einzel-BWA

Ein solcher Set kann dann einem Reporting-System nahe kommen, obwohl jede BWA einzeln entsteht und diese nicht miteinander verknüpft sind.

4. Business Intelligence Lösungen

Es scheint, dass noch in 2014 ein erste Business Intelligence System in den Markt dringt. Dieser Fortschritt muss bezahlt werden, der Wettbewerb wird es richten.

5. Zusammenfassung

Wettbewerbsfähig kann nur bleiben, wer seine wirtschaftliche Situation frühzeitig selbst erkennt. Selbst Erkennen heißt, durch betriebswirtschaftliche Auswertungen Wendepunkte in der wirtschaftlichen Entwicklung erkennen. Erkannte Wendepunkte müssen durch strategische Entscheidungen des Anwalts bewältigt werden. Neue Strategien entwickelt man nur durch aufmerksame Beobachtung des Rechtsmarktes. Erfolgreich kann man in dem Rechtsmarkt der Zukunft nur sein durch hinreichende IT-Kenntnisse. Ohne IT-Kenntnisse ist eine Berufsausübung schon in 15 Jahren gefährdet.

Schrifttum: *Bundesrechtsanwaltskammer*, BRAK-Mitt. 6/2009 S. 268 ff.: Richtlinien zur Bewertung von Anwaltskanzleien; DATEV, DATEV Anwalt classic pro, Leistungsbeschreibung, Stand 06/2011, Nürnberg Art. Nr. 19530; *Hennsler/Streck*, Die Rechtsanwaltsgesellschaft mbH, in: Hennsler/Streck, Handbuch Sozietätsrecht, 2. Aufl., 2011; *Knief*, EDV-gestützte Individuelle Betriebswirtschaftliche Auswertungen, DATEV-Schriften-Reihe Nr. 4, Köln 1984*ders*. Der kalkulatorische Anwaltslohn, AnwBl. 2010, 92: *ders.* Eine neue BWA – betriebswirtschaftliche Auswertung- für Rechts-anwälte,Teil I, AnwBl. 2010, S. 683 ff.; *ders.* Eine neue BWA – betriebswirtschaftliche Auswertung – für Rechtsanwälte,Teil II, AnwBl. 2010, S. 780 ff.; *ders.* Die Bewertung der Anwaltspraxis, Vortrag Dt. Juristentag 4.6.2008, noch nicht veröffentlichter Vortrag; *ders.* Homepage www.peter-knief.de, die dort ausgewiesenen BWA und Excel-Berichte für Rechtsanwälte; *Lutz* Rechnungswesen für Rechtsanwalts- und Notarangestellte, 10. Aufl., 2010; *Mertins/Kohl* Benchmarking, Leitfaden für den Vergleich mit den Besten, 2. Aufl., Düsseldorf 2009; *Schnee-Gronauer/Schnee-Gronauer*, Software in Kanzleien: Marküberblick, Trends und Hinweise für die Praxis, AnwBl 2013, 776; *Tausch* Kleinkanzlei: Archetypus und Schlusslicht – Denn sie wollen nicht wissen, was sie tun können, in: Der Rechtsmarkt in Deutschland, 2014; *Temple* Unternehmenskennzahlen, 2. Aufl., 2007; *Wegerich/Hartung* Der Rechtsmarkt in Deutschland, Überblick, Analyse, Erkenntnisse, 2014; Wikipedia, Stichwort BWA, Betriebswirtschaftliche Auswertung.

XI. Checkliste: Fristen- und Kontrollblatt

Grundsatzfragen	Ja	Nein
1. Kennen Sie das Eigenkapital Ihrer Praxis oder Ihren Anteil?	☐	☐
2. Kennen Sie den Goodwill der Praxis?		_____EUR
3. Kennen sie den Stand Ihres persönlichen Kapitalkontos?		_____EUR
4. Wie hoch schätzen Sie Ihren individuellen Unternehmerlohn ein!		_____EUR
Fragen zum Rechnungswesen	**Ja**	**Nein**
5. Ist der Vorjahresabschluss erstellt?	☐	☐
Wann?		
6. Sind die Saldovorträge zum 1.1. des Jahres gebucht?	☐	☐
7. Sind die Saldenvorträge gebucht?	☐	☐
8. Werden monatlich gebucht:	☐	☐
• Abschreibungen?	☐	☐
• Tel.- und Kfz-Nutzung?	☐	☐
• Unfertige Leistungen	☐	☐
• Geleistete Stunden aller Mitarbeiter?	☐	☐
• Sind die Forderungen abgestimmt?	☐	☐
• Sind die Fremdgelder abgestimmt?	☐	☐
• Werden die kalkulatorischen Anwaltslöhne verbucht?	☐	☐
9. Ist der Vormonat abgestimmt?	☐	☐

Anmerkungen

Die Checkliste hält dem Leser einen Spiegel vor: Die Fragen zum Rechnungswesen sind Fragen, die der berufstätige Anwalt qualitätsmäßig an sein Rechnungswesen stellen und beantworten soll. Ein ordnungsmäßig gut geführtes Rechnungswesen eines Anwaltes lässt erkennen, ob entsprechende Buchung vorgenommen wurden; man sollte sich dieses monatlich vom Steuerberater bestätigen lassen. Haben Sie mehr als 3 und ein „Nein" angekreuzt, dann besteht hinsichtlich der Buchführung Besprechungsbedarf, sie sollten eine unvollständige Buchhaltung nicht einem Kreditinstitut einreichen.

XII. Checkliste: Überwachungs- und Qualitäts-System-Termine

12.2. des Jahres: Vorlage der FiBu 12 des Vorjahres	☐
15.4. des Jahres: Fertigstellung des Vorjahresabschlusses	☐
20.4. des Jahres: Ist der Jahresabschluss des Vorjahres erstellt und verteilt?	☐
20.6. des Jahres: Haben Sie den Abschluss des Vorjahres verabschiedet?	☐
25.7. des Jahres: Gesellschafterversammlung betreffend Vorjahr	☐
25.7. des Jahres: Halbjahresbesprechung	☐
20.10. des Jahres: letzte Jahresbesprechung mit Zahlen per 30.9.	☐
Wann haben Sie die letzte Praxisbewertung vorgenommen?	_____
Brauchen Sie eine Unternehmensberatung oder ein Coaching?	_____

Anmerkungen

Eine ordnungsgemäße Praxisführung setzt voraus, dass sowohl gegenüber dem Finanzamt als auch aus grundsätzlichen Erwägungen heraus vernünftige Fristen eingehalten werden. Je früher ein Jahresabschluss erstellt ist, umso eher kann die wirtschaftliche Lage beurteilt werden. Das kann wichtig sein bei Verschmelzungen, bei Verkäufen, bei Ehescheidungen und sonstigen Anlässen, für die eine interne Due-Diligence-Prüfung benötigt wird.

Die Überwachung der Entwicklung einer Praxis ist ein permanenter Prozess, der nur ordnungsgemäß ablaufen kann, wenn sich alle betroffenen Partner, Steuerberater und andere Berater ein so gelagerte Verpflichtungen halten.

XIII. Betriebswirtschaftliche Auswertungen

1. Vorbemerkungen

Im folgenden werden aus Platzgründen in diesem Handbuch nur drei betriebswirtschaftliche Auswertungen (von insgesamt 11) gezeigt. Diese sind für kleine und mittlere Praxen, soweit sie durch ihren Steuerberater/Wirtschaftprüfer ein Rechenzentrum wie zum Beispiel die DATEV in Anspruch nehmen, das Minimum der Anwendung. Fachlich dürften die drei Auswertungen für den die BWA anbietenden Steuerberater/Wirtschaftsprüfer keine Herausforderung darstellen.

Das ist auch kostenmäßig zumutbar. Der erhebliche Vorteil ist, dass diese Auswertungen das Rechnungswesen direkt abfragen und keinerlei händische Arbeit notwendig wird. Abgefragt wird bei diesem Bespiel der SKR 03, die BWA existieren auch für den SKR 04; beide auch für einen sechsstelligen Kontenrahmen. Die folgende MUSTERMAPPE zeigt diese individuelle BWA mit Kurzbeschreibungen.

Während für alle drei Lösungen der Vorjahresvergleich mit dargestellt wird, wird aus Platzgründen der für eine Früherkennungsanalyse sehr aussagefähige 3-Jahresvergleich hier nicht gedruckt, in der täglichen Praxis ist dieser aber sehr empfehlenswert.

Das Basispaket per September 2013 umfasst:

BWA-Form Neue BWA EÜR	Blatt 1 und Blatt 2 → S. 1021/1022
Grafik Jahresübersicht	Jan. bis Sep. → S. 1023
Grafik Entwicklungsübersicht	Sep. Vorjahr bis Sep. laufendes Jahr → S. 1024
BWA Vorjahresvergleich September 2013	Blatt 1 und Blatt 2 → S. 1025/1026
BWA-Form Kapitalkonten RAE	Blatt 1 bis 10 → S. 1028 ff.
Grafik Jahresübersicht	Jan. bis Sep. → S. 1038
Grafik Entwicklungsübersicht	Sep. Vorjahr bis Sep. laufendes Jahr → S. 1039
BWA Vorjahresvergleich September 2013	Blatt 1 bis 10 → S. 1040 ff.

BWA Form TOPIC Top Info Chef	Blatt 1 → 1051	
Grafik Jahresübersicht	Stunden-Sätze	Jan. bis Sep. → S. 1052
Grafik Entwicklungsübersicht	Stunden-Sätze	Sep. Vorjahr bis Sep. laufendes Jahr → S. 1053
Grafik Jahresübersicht	Entwicklung	Jan. bis Sep. → S. 1054
Grafik Entwicklungsübersicht	Entwicklung	Sep. Vorjahr bis Sep. laufendes Jahr → S. 1055

Grafik Jahresübersicht	Kurzfr. Vermögen	Jan. bis Sep. → S. 1056
Grafik Entwicklungsübersicht	Kurzfr. Vermögen	Sep. Vorjahr bis Sep. laufendes Jahr → S. 1057

BWA Vorjahresvergleich September 2013 → S. 1058

Die einzelnen BWA müssen als Selbsterklärung angesehen werden; besprechen Sie diese mit Ihrem Steuerberater. Dieses Grundpaket sollte das Minimum der Praxisdarstellung sein.

Die aus einem Gesamtpaket von 11 BWA restlichen 8 BWA sind:

STATUS	3 Blätter	zzgl. Grafik
Stundensatzermittlung	1 Blatt	zzgl. Grafik
Statistik und Kennzahlen	2 Blätter	
Finanzinformation	1 Blatt	zzgl. Grafik 1 und Grafik 2
Kapitaldienstgrenze	1 Blatt	zzgl. Grafik 1
Überschlägige Praxisbewertung	1 Blatt	zzgl. Grafik 1 und Grafik 2
Erfolgsrechnung mit Kostenblöcken	7 Blätter	zzgl. Grafiken

BWA für Rechtsanwalts-GmbH

Hier haben der Steuerberater und der Anwalt die Möglichkeit, je nach betriebswirtschaftlichen Knowhow zusätzliche Beurteilungsblätter zu generieren. Die BWA sind Marktprodukte. Die mit einem Rechenzentrum erzeugten Auswertungen – hier: DA-TEV-BWA – sind fachlich keine Wettbewerbsprodukte zu komfortablen Reporting- und Controlling-Lösungen, wie sie sich zurzeit am Markt auftun. (Vgl. dazu LEXolution. KMS der StP-AG, homepage www.stp-online.de). Die BWA beweisen aber sehr anschaulich, dass auch ohne aufwendige IT beachtenswerte, für kleine und mittlere Praxen sichere betriebswirtschaftliche Aussagen erzeugt werden können. Die monatlichen Kosten für drei BWA sind abhängig von der Preisgestaltung des Steuerberaters, sie kommen zu den monatliche Buchführungskosten hinzu. Sie dürften sich im Rahmen von 100 bis 200 EUR halten. Die Kosten für eine aufwendige elegante Reporting- und Controlling-lösung verknüpft mit dem Kanzleimanagement dürften ein Mehrfaches betragen.

Wesentlich erscheint der Hinweis, dass die neuen Reporting- und Controlling-Lösungen dennoch den Anschluss an eine Finanzbuchhaltung benötigen; dieses Überleitungsproblem bleibt bestehen; insofern könnte es für mittlere Praxen mit einer komfortablen Lösung dennoch sinnvoll sein, auch die gezeigten Datev-BWA parallel mit zu fahren.

2. BWA-Form Neue BWA EÜR

1046/237216/2013
GBR RAe SKR 03 nach Knief

Kanzlei-Rechnungswesen pro V.4.2
Kurzfristige Erfolgsrechnung September 2013
SKR 03   BWA-Nr. 13   BWA-Form Neue BWA EÜR für RAe SKR 03

25.02.2014
Blatt 1

Bezeichnung	Sep/2013	§ 4 (3) 100 %	§ 4 (1) 100 %	Pers Jur 100 %	P-Aufwd %	Jan/2013 - Sep/2013	§ 4 (3) 100 %	§ 4 (1) 100 %	Pers Jur 100 %	P-Aufwd %
Einnahmen-Über-schußrechnung										
Erlöse RVG mit ges. Geb.-Vereinbarung	160.413,27	55,83	49,33			1.334.625,77	49,45	51,33		
Erlöse RVG mit freier Vereinbarung	152.673,17	53,13	46,95			1.113.832,35	41,27	42,84		
Erstattung steuerpfl. Auslagen	5.602,51	1,95	1,72			78.824,06	2,92	3,03		
nicht verteilte Erl. oder Vorschüsse	0,00					24.027,00	0,89	0,92		
Erlöse aus sonst. berufl. Tätigkeit	0,00					5.710,95	0,21	0,22	5,05	3,59
Bst.Verä. Fel/unf Arb	6.500,00	2,26	2,00	6,73	4,82	43.000,00	1,59	1,65		
Su. BERUFLICHE TÄTIGKEIT	325.188,95	113,17	100,00	336,81	241,10	2.600.020,13	96,33	100,00	305,58	217,04
sonstige Erlöse	3.696,33	1,29	1,14			91.271,33	3,38	3,51		
Summe der Erlöse	328.885,28	114,46	101,14			2.691.291,46	99,72	103,51		
erhalt. Anzahlungen	0,00					-72.816,80	-2,70			
+/- BSt.Verändrg	6.500,00	2,26				43.000,00	1,59			
+/- Forderungen	35.041,06	12,19				-123.486,20	-4,58			
vereinn. Entgelte	287.344,22	100,00				2.698.960,86	100,00			
kalk. RA-Löhne	60.000,00	20,88	18,45	62,14	44,49	540.000,00	20,01	20,77	63,47	45,08
Honorar freib. RAe	3.150,00	1,10	0,97	3,26	2,34	28.350,00	1,05	1,09	3,33	2,37
Gehälter jur. MitA	33.400,00	11,62	10,27	34,59	24,76	282.500,00	10,47	10,87	33,20	23,58
Kosten Juristen	96.550,00	33,60	29,69	100,00	71,58	850.850,00	31,53	32,72	100,00	71,03
Rohergebnis 1	190.794,22	66,40	58,67			1.848.110,86	68,47	71,08		
sonst. Gehälter	38.326,22	13,34	11,79	39,70	28,42	347.097,77	12,86	13,35	40,79	28,97
Rohergebnis 2	152.468,00	53,06	46,89			1.501.013,09	55,61	57,73		
nachrichtlich: Summe Personalaufwendungen	134.876,22	46,94	41,48	139,70	100,00	1.197.947,77	44,39	46,07	140,79	100,00

Status 2013*FE7
Werte in EUR

Das vorläufige Ergebnis entspricht dem derzeitigen Stand der Buchführung. Abschluss-/Abgrenzungsbuchungen können es noch verändern.

1046237216/2013
GBR RAe SKR 03 nach Knief

Kanzlei-Rechnungswesen pro V.4.2
Kurzfristige Erfolgsrechnung September 2013
BWA-Nr. 13 BWA-Form Neue BWA EÜR für RAe SKR 03

25.02.2014
Blatt 2

Bezeichnung	Sep/2013	SKR 03 § 4 (3) 100 %	§ 4(1) 100 %	Pers Jur 100 %	P-Aufwd %	Jan/2013 - Sep/2013	§ 4 (3) 100 %	§ 4(1) 100 %	Pers Jur 100 %	P-Aufwd %
Rohergebnis 2	152.468,00	53,06	46,89			1.501.013,09	56,61	57,73		
Fremdleistungen	0,00					0,00	0,00			
Mieten,Raumkosten	11.907,56	4,14	3,66	12,33	8,83	107.168,04	3,97	4,12	12,60	8,95
Fahrzeugkosten	1.512,77	0,53	0,47	1,57	1,12	28.547,70	1,06	1,10	3,36	2,38
Reisekosten	4.221,01	1,47	1,30	4,37	3,13	28.424,85	1,05	1,09	3,34	2,37
Werbekosten	2.013,43	0,70	0,62	2,09	1,49	21.996,17	0,81	0,85	2,59	1,84
Versicherungen	2.400,00	0,84	0,74	2,49	1,78	31.670,00	1,17	1,22	3,72	2,64
Beiträge	225,00	0,08	0,07	0,23	0,17	2.025,00	0,08	0,08	0,24	0,17
Instandhaltungen	2.370,68	0,83	0,73	2,46	1,76	21.499,77	0,80	0,83	2,53	1,79
Abschreibungen	16.282,00	5,67	5,01	16,86	12,07	141.837,53	5,26	5,46	16,67	11,84
EDV- und IT- Kosten	5.697,10	1,98	1,75	5,90	4,22	55.161,00	2,04	2,12	6,48	4,60
Kanzleibedarf	9.096,84	3,17	2,60	9,43	6,75	66.999,06	2,48	2,58	7,87	5,59
Porto/Telefon/Fax	2.008,78	0,70	0,62	2,08	1,49	27.977,20	1,04	1,08	3,29	2,34
Fachliteratur	1.444,65	0,50	0,44	1,50	1,07	19.287,15	0,71	0,74	2,27	1,61
Fortbildungskosten	1.903,41	0,66	0,59	1,97	1,41	14.008,93	0,52	0,54	1,65	1,17
Sonstige Kosten	6.021,00	2,10	1,85	6,24	4,46	117.522,24	4,35	4,52	13,81	9,81
Summe Sachkosten	67.107,23	23,35	20,64	69,51	49,75	684.124,64	25,35	26,31	80,40	57,11
Leistungsergebnis LE	85.360,77	29,71	26,25			816.888,45	30,27	31,42		
Ver. kalk. Kosten	64.500,00	22,45	19,83			580.500,00	21,51	22,33		
LE ohne kalk. Kostew	149.860,77	52,15	46,08			1.397.388,45	51,78	53,75		
geleistete Anzahlgn	0,00					5.000,01	0,19			
Buchw. Anlagenabg.	0,00					1.222,00	0,05			
sonst. Aufwand	400,00	0,14				3.600,00	0,13			
Zins-Saldo	3.651,33	1,27				26.011,33	0,96			
Zwischenergebnis	4.051,33	1,41				35.833,34	1,33			
bis dahin	145.809,44	50,74				1.361.555,11	50,45			
+ / - Veranderung						-68.907,48	-2,55			
Verbindlichkeiten	2,26									
ERGEBNIS vor USt	145.811,70	50,74				1.292.647,63	47,89			
Umsatzsteuer	60.740,91	21,14				472.959,49	17,52			
USt- Erstattung	0,00					0,00				
Vorsteuer	7.184,23	2,50				72.291,49	2,68			
Zahllast	53.556,68	18,64				400.668,00	14,85			
UmsatzSt-Zahlungen	56.444,00	19,64				372.433,00	13,80			
Umsatzsteuersaldo	-2.887,32	-1,00				28.235,00	1,05			
ÜBERSCHUSS	142.924,38	49,74			105,97	1.320.882,63	48,94			110,26

(c) Prof. Knief

Das vorläufige Ergebnis entspricht dem derzeitigen Stand der Buchführung. Abschluss-/Abgrenzungsbuchungen können es noch verändern.

Status 2013*FE7
Werte in: EUR

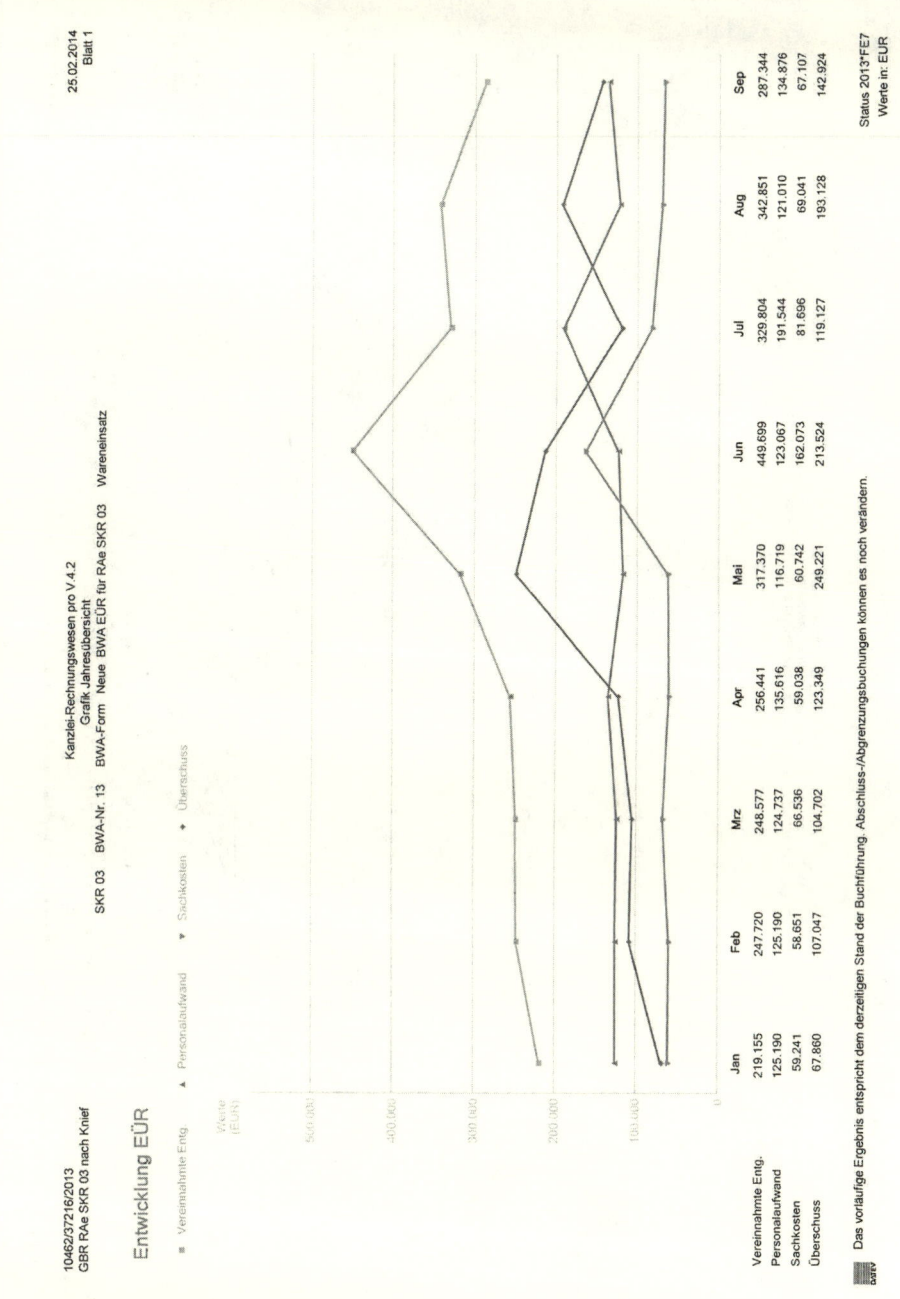

10462/37216/2013
GBR RAe SKR 03 nach Knief

Kanzlei-Rechnungswesen pro V.4.2
Grafik Jahresübersicht
SKR 03   BWA-Nr. 13   BWA-Form Neue BWA EÜR für RAe SKR 03   Wareneinsatz

25.02.2014
Blatt 1

Entwicklung EÜR

■ Vereinnahmte Entg.   ▲ Personalaufwand   ▼ Sachkosten   ♦ Überschuss

	Jan	Feb	Mrz	Apr	Mai	Jun	Jul	Aug	Sep
Vereinnahmte Entg.	219.155	247.720	248.577	256.441	317.370	449.699	329.804	342.851	287.344
Personalaufwand	125.190	125.190	124.737	135.616	116.719	123.067	191.544	121.010	134.876
Sachkosten	59.241	58.651	66.536	59.038	60.742	162.073	81.696	69.041	67.107
Überschuss	67.860	107.047	104.702	123.349	249.221	213.524	119.127	193.128	142.924

Status 2013*FE7
Werte in: EUR

▦ Das vorläufige Ergebnis entspricht dem derzeitigen Stand der Buchführung. Abschluss-/Abgrenzungsbuchungen können es noch verändern.

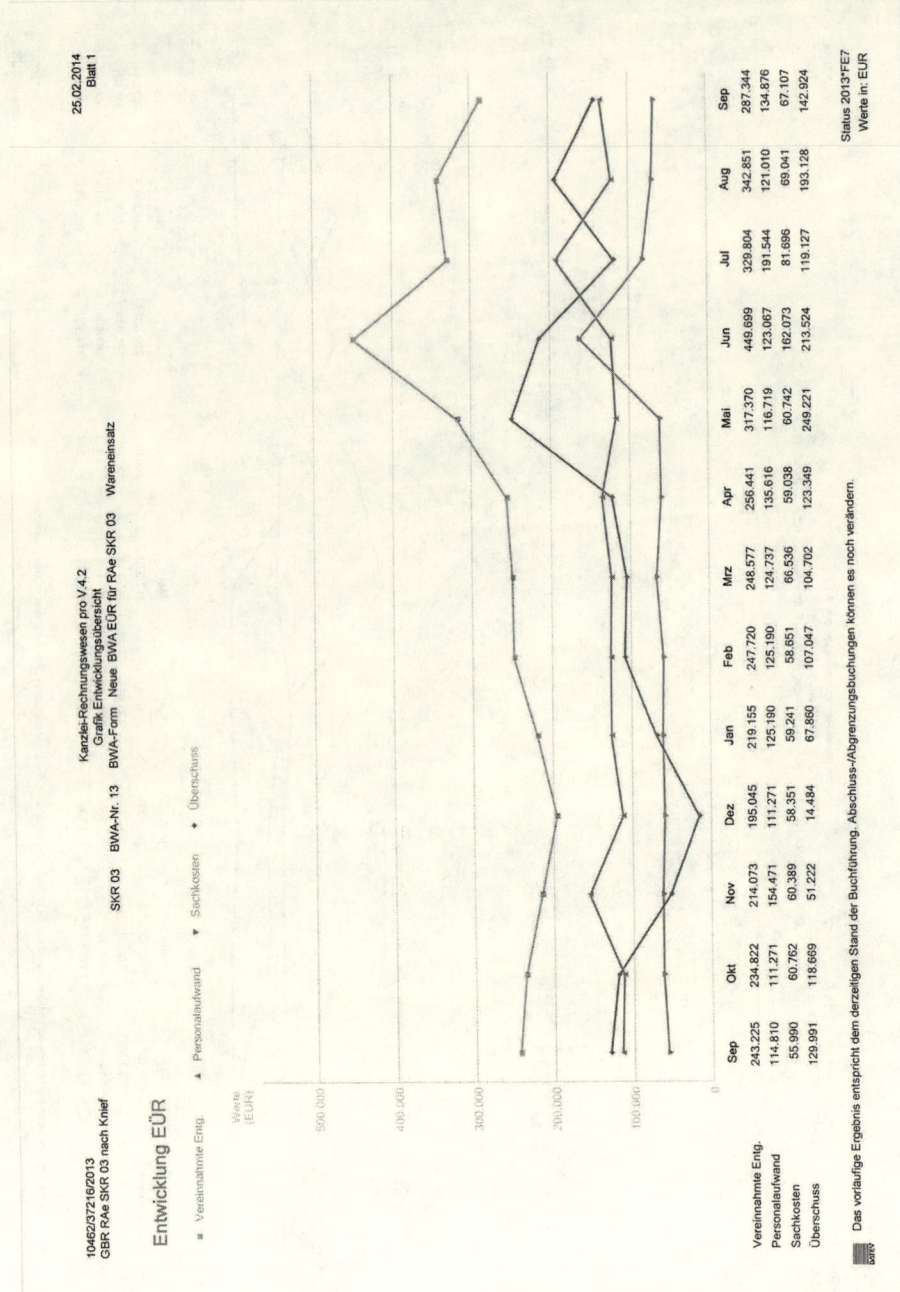

1046/37216/2013
GBR RAe SKR 03 nach Knief

Kanzlei-Rechnungswesen pro V.4.2
Vorjahresvergleich September 2013
SKR 03   BWA-Nr. 13   BWA-Form Neue BWA EÜR für RAe SKR 03

27.02.2014
Blatt 1

Bezeichnung	Sep/2013	Sep/2012	Veränderung absolut	in %	Jan/2013 - Sep/2013	Jan/2012 - Sep/2012	Veränderung absolut	in %
Einnahmen-Über-schußrechnung								
Erlöse RVG mit ges. Geb.-Vereinbarung	160.413,27	144.881,16	15.532,11	10,72	1.334.625,77	1.053.910,07	280.715,70	26,64
Erlöse RVG mit freier Vereinbarung	152.673,17	98.231,66	54.441,51	55,42	1.113.832,35	904.713,70	209.118,65	23,11
Erstattung steuerpfl. Auslagen	5.602,51	6.535,85	-933,34	-14,28	78.824,06	82.652,44	-3.828,38	-4,63
nicht verteilte Erl. oder Vorschüsse	0,00	0,00	0,00		24.027,00	0,00	24.027,00	
Erlöse aus sonst. berufl. Tätigkeit	0,00	0,00	0,00		5.710,95	518,69	5.192,26	1.001,03
Bst.Verä. Fe!unf Arb	6.500,00	0,00	6.500,00		43.000,00	0,00	43.000,00	
Su. BERUFLICHE TÄTIGKEIT	325.188,95	249.648,67	75.540,28	30,26	2.600.020,13	2.041.794,90	558.225,23	27,34
sonstige Erlöse	3.696,33	1.575,00	2.121,33	134,69	91.271,33	15.857,96	75.413,37	475,56
Summe der Erlöse	328.885,28	251.223,67	77.661,61	30,91	2.691.291,46	2.057.652,86	633.638,60	30,79
erhalt. Anzahlungen	0,00	0,00	0,00		-72.816,80	0,00	-72.816,80	
+/- BSt.Verändrg	6.500,00	0,00	6.500,00		43.000,00	0,00	43.000,00	
+/- Forderungen	35.041,06	7.998,33	27.042,73	338,10	-123.486,20	-78.249,19	-45.237,01	-57,81
vereinn. Entgelte	287.344,22	243.225,34	44.118,88	18,14	2.698.960,86	2.135.902,05	563.058,81	26,36
kalk. RA-Löhne	60.000,00	60.000,00	0,00		540.000,00	540.000,00	0,00	
Honorar freib. RAe	3.150,00	3.150,00	0,00		28.350,00	31.700,00	-3.350,00	-10,57
Gehälter jur. MitA	33.400,00	13.200,00	20.200,00	153,03	282.500,00	138.800,00	143.700,00	103,53
Kosten Juristen	96.550,00	76.360,00	20.200,00	26,46	850.850,00	710.500,00	140.350,00	19,75
Rohergebnis 1	190.794,22	166.875,34	23.918,88	14,33	1.848.110,86	1.425.402,05	422.708,81	29,66
sonst. Gehälter	38.326,22	38.459,98	-133,76	-0,35	347.097,77	334.347,07	12.750,70	3,81
Rohergebnis 2	152.468,00	128.415,36	24.052,64	18,73	1.501.013,09	1.091.054,98	409.958,11	37,57
nachrichtlich: Summe Personalaufwendungen	134.876,22	114.609,98	20.066,24	17,48	1.197.947,77	1.044.847,07	153.100,70	14,65

Das vorläufige Ergebnis entspricht dem derzeitigen Stand der Buchführung. Abschluss-/Abgrenzungsbuchungen können es noch verändern.

Status 2013*FE7
Werte in: EUR

1046/237216/2013
GBR RAe SKR 03 nach Knief

Kanzlei-Rechnungswesen pro V.4.2
Vorjahresvergleich September 2013
BWA-Nr. 13   BWA-Form   Neue BWA EUR für RAe SKR 03

27.02.2014
Blatt 2

Bezeichnung	SKR 03 Sep/2013	Sep/2012	Veränderung absolut	in %	Jan/2013 - Sep/2013	Jan/2012 - Sep/2012	Veränderung absolut	in %
Rohergebnis 2	152.468,00	128.415,36	24.052,64	18,73	1.501.013,09	1.091.054,98	409.958,11	37,57
Fremdleistungen	0,00	0,00	0,00		0,00	0,00	0,00	
Mieten,Raumkosten	11.907,56	11.655,46	252,10	2,16	107.166,04	104.823,79	2.344,25	2,24
Fahrzeugkosten	1.512,77	1.512,77	0,00		28.547,70	16.877,65	11.670,05	69,14
Reisekosten	4.221,01	3.008,68	1.212,33	40,29	28.424,85	27.006,78	1.418,07	5,25
Werbekosten	2.013,43	1.957,98	55,45	2,83	21.996,17	17.074,94	4.921,23	28,82
Versicherungen	2.400,00	2.400,00	0,00		31.670,00	21.545,55	10.124,45	46,99
Beiträge	225,00	225,00	0,00		2.025,00	2.034,44	-9,44	-0,46
Instandhaltungen	2.370,68	2.370,68	0,00		21.499,77	23.662,81	-2.163,04	-9,14
Abschreibungen	16.282,00	15.307,00	975,00	6,37	141.837,53	137.401,11	4.436,42	3,23
EDV- und IT- Kosten	5.697,10	5.529,03	168,07	3,04	55.161,00	61.432,15	-6.271,15	-10,21
Kanzleibedarf	9.099,84	3.464,83	5.635,01	162,63	66.999,06	31.352,66	35.646,40	113,69
Porto/Telefon/Fax	2.008,78	2.008,78	0,00		27.977,20	17.013,28	10.963,92	64,44
Fachliteratur	1.444,65	622,43	822,22	132,10	19.287,15	5.821,50	13.465,65	231,31
Fortbildungskosten	1.903,41	859,01	1.044,40	121,58	14.008,93	7.909,61	6.099,32	77,11
Sonstige Kosten	6.021,00	5.068,00	953,00	18,80	117.522,24	52.618,51	64.903,73	123,35
Summe Sachkosten	67.107,23	55.989,65	11.117,58	19,86	684.124,84	526.574,78	157.549,86	29,92
Leistungsergebnis LE	85.360,77	72.425,71	12.935,06	17,86	816.888,45	564.480,20	252.408,25	44,72
Ver. kalk. Kosten	64.500,00	64.500,00	0,00		580.500,00	580.500,00	0,00	
LE ohne kalk. Kostew	149.860,77	136.925,71	12.935,06	9,45	1.397.388,45	1.144.980,20	252.408,25	22,04
geleistete Anzahlgn	0,00	0,00	0,00		5.000,01	5.000,00	5.000,01	
Buchw. Anlagenabg.	0,00	0,00	0,00		1.222,00	0,00	1.222,00	
sonst. Aufwand	400,00	400,00	0,00		3.600,00	3.600,00	0,00	
Zins-Saldo	3.651,33	2.994,40	656,93	21,94	26.011,33	24.103,72	1.907,61	7,91
Zwischenergebnis	4.051,33	3.394,40	656,93	19,35	35.833,34	27.703,72	8.129,62	29,34
bis dahin	145.809,44	133.531,31	12.278,13	9,19	1.361.555,11	1.117.276,48	244.278,63	21,86
+ / - Veränderung Verbindlichkeiten	2,26	2,26	0,00		-68.907,48	-35.672,47	-33.235,01	-93,17
ERGEBNIS vor USt	145.811,70	133.533,57	12.278,13	9,19	1.292.647,63	1.081.604,01	211.043,62	19,51
Umsatzsteuer	60.740,91	47.623,24	13.117,67	27,54	472.959,49	389.617,22	83.342,27	21,39
USt- Erstattung	0,00	0,00	0,00		0,00	0,00	0,00	
Vorsteuer	7.194,23	7.166,31	17,92	0,25	72.291,49	96.823,37	-24.531,88	-25,34
Zahllast	53.556,68	40.456,93	13.099,75	32,38	400.668,00	292.793,85	107.874,15	36,84
UmsatzSt-Zahlungen	56.444,00	44.000,00	12.444,00	28,28	372.433,00	352.000,00	20.433,00	5,80
Umsatzsteuersaldo	-2.887,32	-3.543,07	655,75	18,51	28.235,00	-59.206,15	87.441,15	147,69
ÜBERSCHUSS	142.924,38	129.990,50	12.933,88	9,95	1.320.882,63	1.022.397,86	298.484,77	29,19

(c) Prof. Knief

Das vorläufige Ergebnis entspricht dem derzeitigen Stand der Buchführung. Abschluss-/Abgrenzungsbuchungen können es noch verändern.

Status 2013*FE7
Werte in: EUR

3. BWA-Form Kapitalkonten RAE

Vorbemerkungen

Die folgende BWA ist in dieser Form neu. § 4 Abs. 3 EStG erwartet aus steuerlichen Gründen nur eine Einnahmenüberschussrechnung. Eine Buchführung ist aber dann nicht vollständig, wenn sie aus ihr nicht unmittelbar das Vermögen – das Kapitalkonto – ableiten lässt; das gilt umso mehr für die Gesellschafter bürgerlichen Rechts. Die gegenwärtigen Buchführungssysteme ermöglichen dieses.

Jeder Partner hat gemäß §§ 705 ff. BGB das Recht, den Stand seines Kapitalkontos innerhalb der Gesellschaft gegenüber seinen anderen Partnern und im Verhältnis zum Gesamtvermögen (§ 738 BGB) zu kennen. Die Buchführung einer Sozietät kann insofern zivilrechtlich nicht ordnungsgemäß sein. Kapitalkonten ermittelt man nicht beiläufig anlässlich der Jahresabschlusserstellung, sondern permanent.

Insofern entwickelt die folgende Auswertung das Kapitalkonto zum 1.1. des Jahres unter Fortschreibung der Einlagen und Entnahmen und der Gewinne dann zum Ultimo eines Jahres. Damit erhält jeder Gesellschafter einen Kontoauszug über den Stand seines eingesetzten Kapitals, absolut und im Verhältnis zum Gesamt Kapital; jeder Gesellschafter hat auch Anspruch zu wissen, wie sich die Kapitalkonten der anderen Gesellschafter entwickeln.

Sind diese Voraussetzungen unterjährig nicht gegeben, so ist das Rechnungswesen nicht ordnungsgemäß.

1O62/37/216/2013
GBR RAe SKR 03 nach Knief

Kanzlei-Rechnungswesen pro V.4.2
Kurzfristige Erfolgsrechnung September 2013
SKR 03   BWA-Nr. 8   BWA-Form Kapitalkonten RAE

25.02.2014 Blatt 1

Status 2013*FE7
Werte in EUR

Bezeichnung	Sep/2013	1.JAN 100%	Ultimo 100%	frei	Jan/2013-Sep/2013	1.JAN 100%	Ultimo 100%	frei	frei
an alle PARTNER									
Entwicklung der									
KAPITALKONTEN									
insgesamt ohne									
Gewinnverteilung									
nachrichtlich:									
LEISTUNG Vorvorjahr	0,00				3.072.892,14	289,50	181,87		
LEISTUNG Vorjahr	0,00				2.839.342,52	267,49	168,05		
LEISTUNG PLAN lfd. J	0,00				3.000.000,00	282,63	177,56		
eff. LEISTUNG lfd.J	325.188,95	30,64	31,12		2.600.020,13	244,95	153,88		
vorl. bil.Ergebnis	187.705,50	17,68	17,96		1.359.950,72	128,12	80,49		
Kapital zum 1.1. d.J	1.061.459,82	100,00	101,58		1.061.459,82	100,00	62,82		
Einlagen	0,00				109.000,00	10,27	6,45		
Zwischensumme	1.061.459,82	100,00	101,58		1.170.459,82	110,27	69,27		
Entnahmen	204.205,00	19,24	19,54		840.807,50	79,21	49,76		
vorl. Kapitalkonten	857.254,82	80,76	82,04		329.652,32	31,06	19,51		
vorl. Ergebnis	187.705,50	17,68	17,96		1.359.950,72	128,12	80,49		
Kapitalkonten ULTIMO	1.044.960,32	98,45	100,00		1.689.603,04	159,18	100,00		
Rentabilität per 1.1	17,68				128,12	0,01	0,01		
Kapitalveränderung	-16.499,50	-1,55	-1,58		628.143,22	59,18	37,18		
in % zum 1.1.	-1,55				59,18	0,01			
Anteilsverhältnisse									
Partner 1	0,00				62,50				
Partner 2	0,00				17,50				
Partner 3	0,00				10,00				
Partner 4	0,00				5,00				
Partner 5	0,00				5,00				
Partner 6									
Partner 7									
Partner 8									
Partner 9									
Summe der Anteile	0,00				100,00				
besondere Beratung									
bei über 9 Partnern									

Das vorläufige Ergebnis entspricht dem derzeitigen Stand der Buchführung. Abschluss-/Abgrenzungsbuchungen können es noch verändern.

1046/37216/2013
GBR RAe SKR 03 nach Knief

Kanzlei-Rechnungswesen pro V.4.2
Kurzfristige Erfolgsrechnung September 2013
SKR 03   BWA-Nr. 8   BWA-Form Kapitalkonten RAE

25.02.2014
Blatt 2

Status 2013*FE7
Werte in: EUR

Bezeichnung	Sep/2013	1.JAN 100 %	Ultimo 100 %	frei	frei	Jan/2013 - Sep/2013	1.JAN 100 %	Ultimo 100 %	frei	frei
Ermittlung der Basis der Verteilung an alle Gesellschafter										
eff. LEISTUNG	325.188,95	30,64	31,12			2.600.020,13	244,95	153,88		
vorl. Ergebnis	187.705,50	17,68	17,96			1.359.950,72	128,12	80,49		
- Vorabvergütungen	57.000,00	5,37	5,45			513.000,00	48,33	30,36		
- geb. Ges.-Zinsen	0,00					63.733,00	6,00	3,77		
gebuchte Vergütungen	57.000,00	5,37	5,45			576.733,00	54,33	34,13		
Zwischensumme	130.705,50	12,31	12,51			783.217,72	73,79	46,36		
- Kfz-Nutzung	1.000,00	0,09	0,10			9.000,00	0,85	0,53		
- Tel- Nutzung	150,00	0,01	0,01			1.350,00	0,13	0,08		
gebuchte Nutzungen	1.150,00	0,11	0,11			10.350,00	0,98	0,61		
Zwischensumme	129.555,50	12,21	12,40			772.867,72	72,81	45,74		
andere Mituntern.Vgt										
VERTEILUNGSBETRAG	129.555,72	12,21	12,40			772.867,72	72,81	45,74		
in % der LEISTUNG	39,84			0,01	0,01	29,73				
Rest-Ergebnis-SOLL	0,00					20,00				
ABWEICHUNG	39,84			0,01	0,01	9,73				
Überschreitung in %	0,00					48,65				
absolut um	129.555,28					252.981,96				

geprüft am
durch

>>> weiter Blatt 4

Das vorläufige Ergebnis entspricht dem derzeitigen Stand der Buchführung. Abschluss-/Abgrenzungsbuchungen können es noch verändern.

10462/37216/2013
GBR RAe SKR 03 nach Knief

Kanzlei-Rechnungswesen pro V.4.2
Kurzfristige Erfolgsrechnung September 2013
SKR 03   BWA-Nr. 8   BWA-Form Kapitalkonten RAE

25.02.2014
Blatt 3

Bezeichnung	Sep/2013	1.JAN 100 %	Ultimo 100 %	frei	frei	Jan/2013-Sep/2013	1.JAN 100 %	Ultimo 100 %	frei	frei
VERTEILUNGSBETRAG	129.555,50	12,21	12,40			772.867,72	72,81	45,74		
dies ist nur ein										
Rechenblatt										
restliche Anteile										
aller Gesellschafter										
Rechenfaktor 100	0,00					100,00				
Gesellschafter 01	0,00					48.304.232,50				
Gesellschafter 02	0,00					13.525.185,10				
Gesellschafter 03	0,00					7.728.677,20				
Gesellschafter 04	0,00					3.864.338,60				
Gesellschafter 05	0,00					3.864.338,60				
Gesellschafter 06	0,00					0,00				
Gesellschafter 07	0,00					0,00				
Gesellschafter 08	0,00					0,00				
Gesellschafter 09	0,00					0,00				
Restgewinn 01	0,00					463.042,33				
Restgewinn 02	0,00					135.251,85				
Restgewinn 03	0,00					77.286,77				
Restgewinn 04	0,00					38.643,39				
Restgewinn 05	0,00					38.643,39				
Restgewinn 06										
Restgewinn 07										
Restgewinn 08										
Restgewinn 09										
Probe	0,00									
vgl. Blatt 2	129.555,50					772.867,73				
Differenz = 0	-129.555,50					772.867,72		0,01		
gebuchte Zinsen										
für die Kapitalktn										
Ges 01	0,00					26.443,00				
Ges 02	0,00					14.432,00				
Ges 03	0,00					5.492,00				
Ges 04	0,00					8.516,00				
Ges 05	0,00					8.850,00				
Ges 06										
Ges 07										
Ges 08										
Ges 09	0,00					63.733,00	6,00	3,77		
Summe und Zinssatz	1.061.459,82	100,00	101,58							
Kapitalkonten 1.1.	1.061.459,82					1.061.459,82	100,00	62,82		

Status 2013*FE7
Werte in: EUR

Das vorläufige Ergebnis entspricht dem derzeitigen Stand der Buchführung. Abschluss-/Abgrenzungsbuchungen können es noch verändern.

1046/237216/2013
GBR RAe SKR 03 nach Knief

Kanzlei-Rechnungswesen pro V.4.2
Kurzfristige Erfolgsrechnung September 2013
SKR 03 BWA-Nr. 8 BWA-Form Kapitalkonten RAE

25.02.2014
Blatt 4

Bezeichnung	Sep/2013	1,JAN 100 %	Ultimo 100 %	frei	frei	Jan/2013 - Sep/2013	1,JAN 100 %	Ultimo 100 %	frei	frei
Kapitalkontenauszug Gesellschafter 01 Anteil lt. GesVertr.										
Stand zum 1.1.	0,00					62,50	0,01			
Einlagen	0,00					440.721,82	41,52	26,08		
	0,00					24.500,00	2,31	1,45		
Zwischensumme	0,00					465.221,82	43,83	27,53		
Entnahmen privat	8.001,00	0,75	0,77			133.210,00	12,55	7,88		
Entnahmen Steuern	120.000,00	11,31	11,48			276.000,00	26,00	16,34		
Summe Entnahmen	128.001,00	12,06	12,25			409.210,00	38,55	24,22		
Zw.summe nach Ent.	-128.001,00	-12,06	-12,25			56.011,82	5,28	3,32		
+ Vorabvergütung	14.000,00	1,32	1,34			126.000,00	11,87	7,46		
+ Ges. Zinsen	0,00					26.443,00	2,49	1,57		
+ Kfz.-Nutzung	200,00	0,02	0,02			1.800,00	0,17	0,11		
+Tel.-Nutzung	30,00					270,00	0,03	0,02		
Su. Vergütungen	14.230,00	1,34	1,36			154.513,00	14,56	9,14		
Konto vor Restanteil	-113.771,00	-10,72	-10,89			210.524,82	19,83	12,46		
Restgewinnanteil	0,00					483.042,33	45,51	28,59		
Kapital Ultimo	-113.771,00	-10,72	-10,89			693.567,15	65,34	41,05		
Ges. Gewinnanteil	14.230,00	1,34	1,36			637.555,33	60,06	37,73		
Rentabilität	0,00					144,66				
Zielrentabilität	0,00					20,00				
Abweichung	0,00					124,66				
Überschreitung in %	0,00					623,30				
effektiver Anteil am Vermögen Ultimo	-10,89					41,05				
Gesamtvermögen	1.044.960,32	98,45	100,00			1.689.603,04	159,18	100,00		

Das vorläufige Ergebnis entspricht dem derzeitigen Stand der Buchführung. Abschluss-/Abgrenzungsbuchungen können es noch verändern.

Status 2013*FE7
Werte in: EUR

10/45/2/2316/2013
GBR RAe SKR 03 nach Knief

Kanzlei-Rechnungswesen pro V.4.2
Kurzfristige Erfolgsrechnung September 2013
SKR 03   BWA-Nr. 8   BWA-Form   Kapitalkonten RAE

25.02.2014
Blatt 5

Bezeichnung	Sep2013	1.JAN 100 %	Ultimo 100 %	frei	frei	Jan/2013 - Sep/2013	1.JAN 100 %	Ultimo 100 %	frei	frei
Kapitalkontenauszug										
Gesellschafter 02										
Anteil lt.GesVertrag						17,50				
Stand 1.1.	0,00					240.529,10	22,66	14,24		
Einlagen	0,00					25.000,00	2,36	1,48		
Zwischensumme	0,00					265.529,10	25,02	15,72		
Entnahmen privat	7.002,00	0,66	0,67			95.599,50	9,01	5,66		
Entnahmen Steuern	30.000,00	2,83	2,87			86.000,00	8,10	5,09		
Summe Entnahmen	37.002,00	3,49	3,54			181.599,50	17,11	10,75		
Zw. summe nach Entn.	-37.002,00	-3,49	-3,54			83.929,60	7,91	4,97		
+ Vorabvergütung	12.000,00	1,13	1,15			108.000,00	10,17	6,39		
+ Ges. Zinsen	0,00					14.432,00	1,36	0,85		
+ Kfz.-Nutzung	200,00	0,02	0,02			1.800,00	0,17	0,11		
+ Tel. Nutzung	30,00					270,00	0,03	0,02		
Su. Vergütungen	12.230,00	1,15	1,17			124.502,00	11,73	7,37		
Konto vor Restanteil	-24.772,00	-2,33	-2,37			208.431,60	19,64	12,34		
Restgewinnanteil	0,00					135.251,85	12,74	8,00		
Kapital ULTIMO	-24.772,00	-2,33	-2,37			343.683,45	32,38	20,34		
Ges. Gewinnanteil	12.230,00	1,15	1,17			259.753,85	24,47	15,37		
Rentabilität	0,00					107,99				
Zielrentabilität	0,00					20,00				
Abweichung	0,00					87,99				
Überschreitung in %	0,00					439,95				
effektiver Anteil am Vermögen Ultimo von	-2,37					20,34				
	1.044.960,32	98,45	100,00			1.689.603,04	159,18	100,00		

Status 2013*FE7
Werte in: EUR

Das vorläufige Ergebnis entspricht dem derzeitigen Stand der Buchführung. Abschluss-/Abgrenzungsbuchungen können es noch verändern.

1046/37216/2013
GBR RAe SKR 03 nach Knief

25.02.2014
Blatt 6

Kanzlei-Rechnungswesen pro V.4.2
Kurzfristige Erfolgsrechnung September 2013
SKR 03   BWA-Nr. 8   BWA-Form Kapitalkonten RAE

Status 2013*FE7
Werte in: EUR

Bezeichnung	Sep/2013	1.JAN 100 %	Ultimo 100 %	frei	Jan/2013-Sep/2013	1.JAN 100 %	Ultimo 100 %	frei	frei
Kapitalkontenauszug									
Gesellschafter 03									
Anteil lt. GesVertra					10,00				
Stand 1.1.	0,00				91.533,70	8,62	5,42		
Einlagen	0,00				12.500,00	1,18	0,74		
Zwischensumme	0,00				104.033,70	9,80	6,16		
Entnahmen privat.	5.003,00	0,47	0,48		55.330,00	5,21	3,27		
Entnahmen Steuern	9.000,00	0,85	0,86		36.000,00	3,39	2,13		
Summe Entnahmen	14.003,00	1,32	1,34		91.330,00	8,60	5,41		
Zw. Summe nach Entn.	-14.003,00	-1,32	-1,34		12.703,70	1,20	0,75		
+ Vorabvergütung	11.000,00	1,04	1,05		99.000,00	9,33	5,86		
+ Ges.Zinsen	0,00				5.492,00	0,52	0,33		
+ Kfz-Nutzung	200,00	0,02	0,02		1.800,00	0,17	0,11		
+ Tel.-Nutzung	30,00				270,00	0,03	0,02		
Summe Vergütungen	11.230,00	1,06	1,07		106.562,00	10,04	6,31		
Konto vor Restanteil	-2.773,00	-0,26	-0,27		119.265,70	11,24	7,06		
Restgewinnanteil	0,00				77.286,77	7,28	4,57		
Kapital Ultimo	-2.773,00	-0,26	-0,27		196.552,47	18,52	11,63		
ges. Gewinnanteil	11.230,00				183.848,77				
Rentabilität	0,00				200,85				
Zielrentabilität	0,00				20,00				
Abweichung	0,00				180,85				
Überschreitung in %	0,00				904,25				
effektiver Anteil am									
Vermögen Ultimo	-0,27				11,63				
von	1.044.960,32	98,45	100,00		1.689.603,04	159,18	100,00		

Das vorläufige Ergebnis entspricht dem derzeitigen Stand der Buchführung. Abschluss-/Abgrenzungsbuchungen können es noch verändern.

10462/37216/2013
GBR RAe SKR 03 nach Knief

Kanzlei-Rechnungswesen pro V.4.2
Kurzfristige Erfolgsrechnung September 2013
SKR 03   BWA-Nr. 8   BWA-Form   Kapitalkonten RAE

25.02.2014
Blatt 7

Status 2013*FE7
Werte in: EUR

Bezeichnung	Sep/2013	1.JAN 100 %	Ultimo 100 %	frei	frei	Jan/2013 - Sep/2013	1.JAN 100 %	Ultimo 100 %	frei	frei
Kapitalkontenauszug										
Gesellschafter 04										
Anteil lt GesVertrag	0,00					5,00				
Stand 1.1.	0,00					141.943,60	13,37	8,40		
Einlagen	0,00					35.000,00	3,30	2,07		
Zwischensumme	0,00					176.948,60	16,67	10,47		
Entnahmen privat	5.004,00	0,47	0,48			51.240,00	4,83	3,03		
Entnahmen Steuern	7.000,00	0,66	0,67			30.000,00	2,83	1,78		
Summe Entnahmen	12.004,00	1,13	1,15			81.240,00	7,65	4,81		
Zw.summe nach Entn.	-12.004,00	-1,13	-1,15			95.708,60	9,02	5,66		
+ Vorabvergütung	10.000,00	0,94	0,96			90.000,00	8,48	5,33		
+ Ges.-Zinsen	0,00	0,02	0,02			8.516,00	0,80	0,50		
+ Kfz-Nutzung	200,00					1.800,00	0,17	0,11		
+ Tel.Nutzung	30,00					270,00	0,03	0,02		
Su. Vergütungen	10.230,00	0,96	0,98			100.586,00	9,48	5,95		
Konto vor Restanteil	-1.774,00	-0,17	-0,17			196.294,60	18,49	11,62		
Restgewinnanteil	0,00					38.643,39	3,64	2,29		
Kapital Ultimo	-1.774,00	-0,17	-0,17			234.937,99	22,13	13,90		
ges. Gewinnanteil	10.230,00	0,96	0,98			139.229,39	13,12	8,24		
Rentabilität	0,00					98,09				
Zielrentabilität	0,00					20,00				
Abweichung	0,00					78,09				
Überschreitung in %	0,00					390,45				
effektiver Anteil am Vermögen Ultimo	-0,17	98,45	100,00			13,90				
von	1.044.960,32					1.689.603,04	159,18	100,00		

Das vorläufige Ergebnis entspricht dem derzeitigen Stand der Buchführung. Abschluss-/Abgrenzungsbuchungen können es noch verändern.

1046/237216/2013
GBR RAe SKR 03 nach Knief

25.02.2014
Blatt 8

Kanzlei-Rechnungswesen pro V 4.2
Kurzfristige Erfolgsrechnung September 2013
SKR 03   BWA-Nr. 8   BWA-Form Kapitalkonten RAE

Bezeichnung	Sep/2013	1.JAN 100 %	Ultimo 100 %	frei	frei	Jan/2013 - Sep/2013	1.JAN 100 %	Ultimo 100 %	frei	frei
Kapitalkontenauszug										
Gesellschafter 05										
Anteil lt.Ges.Vertrag	0,00					5,00				
Stand 1.1.	0,00					146.731,60	13,82	8,68		
Einlagen	0,00					12.000,00	1,13	0,71		
Zwischensumme	0,00					158.731,60	14,95	9,39		
Entnahmen privat	5.005,00	0,47	0,48			51.048,00	4,81	3,02		
Entnahmen Steuern	7.000,00	0,66	0,67			24.000,00	2,26	1,42		
Summe Entnahmen	12.005,00	1,13	1,15			75.048,00	7,07	4,44		
Zw.Summe nach Ent.	-12.005,00	-1,13	-1,15			83.683,60	7,88	4,95		
+ Vorabvergütung	10.000,00	0,94	0,96			90.000,00	8,48	5,33		
+ Ges. Zinsen	0,00					8.850,00	0,83	0,52		
+ Kfz-Nutzung	200,00	0,02	0,02			1.800,00	0,17	0,11		
+ Tel.Nutzung	30,00					270,00	0,03	0,02		
Su. Vergütungen	10.230,00	0,96	0,98			100.920,00	9,51	5,97		
Konto vor Restanteil	-1.775,00	-0,17	-0,17			184.603,60	17,39	10,93		
Restgewinnanteil	0,00					38.643,39	3,64	2,29		
Kapital ULTIMO	-1.775,00	-0,17	-0,17			223.246,99	21,03	13,21		
ges. Gewinnanteil	10.230,00	0,96	0,98			139.563,39	13,15	8,26		
Rentabilität	0,00					95,11				
Zielrentabilität	0,00					20,00				
Abweichung	0,00					75,11				
Überschreitung in %	0,00					375,55				
effektiver Anteil am										
Vermögen Ultimo	-0,17					13,21				
von	1.044.960,32	98,45	100,00			1.689.603,04	159,18	100,00		

Status 2013*FE7
Werte in. EUR

Das vorläufige Ergebnis entspricht dem derzeitigen Stand der Buchführung. Abschluss-/Abgrenzungsbuchungen können es noch verändern.

10462/3721/6/2013
GBR RAe SKR 03 nach Knief

Kanzlei-Rechnungswesen pro V.4.2
Kurzfristige Erfolgsrechnung September 2013
SKR 03   BWA-Nr. 8   BWA-Form   Kapitalkonten RAE.

25.02.2014
Blatt 9

Bezeichnung	Sep/2013	1.JAN 100 %	Ultimo 100 %	frei	frei	Jan/2013 - Sep/2013	1.JAN 100 %	Ultimo 100 %	frei	frei

HINWEIS
es fehlen
Gesellschafter 06
Gesellschafter 07
Gesellschafter 08
Gesellschafter 09

Für weitere Partner
müssen die Abfragen
programmiert werden
Bei Rückfrage zum
Programm
0221 800 474 30
dr@peter-knief.de

Die BWA sind
abhängig von der
Qualität Ihrer FIBU

Das vorläufige Ergebnis entspricht dem derzeitigen Stand der Buchführung. Abschluss-/Abgrenzungsbuchungen können es noch verändern.

Status 2013*FE7
Werte in: EUR

10462/37216/2013
GBR RAe SKR 03 nach Knief

Kanzlei-Rechnungswesen pro V.4.2
Kurzfristige Erfolgsrechnung September 2013
SKR 03   BWA-Nr. 8   BWA-Form Kapitalkonten RAE

25.02.2014
Blatt 10

Bezeichnung	Sep/2013	1.JAN 100 %	Ultimo 100 %	frei	frei	Jan/2013 - Sep/2013	1.JAN 100 %	Ultimo 100 %	frei	frei
>>> VERTEILER <<<										
Zusammenstellung für alle Partner										
Kapitalkonten ULTIMO	1.044.960,32	98,45	100,00			1.689.603,04	159,18	100,00		
Anteil Ges. 01	-113.771,00	-10,72	-10,89			693.567,15	65,34	41,05		
Anteil Ges. 02	-24.772,00	-2,33	-2,37			343.683,45	32,38	20,34		
Anteil Ges. 03	-2.773,00	-0,26	-0,27			196.552,47	18,52	11,63		
Anteil Ges. 04	-1.774,00	-0,17	-0,17			234.937,99	22,13	13,90		
Anteil Ges. 05	-1.775,00	-0,17	-0,17			223.246,99	21,03	13,21		
Anteil Ges. 06										
Anteil Ges. 07										
Anteil Ges. 08										
Anteil Ges. 09										
Summe	-144.865,00	-13,65	-13,86			1.691.988,05	159,40	100,14		
Differenz	1.189.825,32	112,09	113,86			-2.385,01	-0,22	-0,14		
unter/über 10,00 ok										
laufendes Ergebnis	187.705,50	17,68	17,96			1.359.950,72	128,12	80,49		
Gewinnanteil 01	14.230,00	1,34				637.555,33	60,06			
Gewinnanteil 02	12.230,00	1,15				259.753,85	24,47			
Gewinnanteil 03	11.230,00	1,06				183.848,77	17,32			
Gewinnanteil 04	10.230,00	0,96				139.229,39	13,12			
Gewinnanteil 05	10.230,00	0,96				139.563,39	13,15			
Gewinnanteil 06										
Gewinnanteil 07										
Gewinnanteil 08										
Gewinnanteil 09										
Summe	58.150,00	5,48	12,40	19,92	34,51	1.359.950,73	128,12			
Differenz	129.555,50	12,21				-0,01				
unter/über 10,00 OK										

(c) Prof. Dr. Knief
Version 2013. 13
www.peter-knief.de
+49 221 800 474 30

Das vorläufige Ergebnis entspricht dem derzeitigen Stand der Buchführung. Abschluss-/Abgrenzungsbuchungen können es noch verändern.

Status 2013*FE7
Werte in: EUR

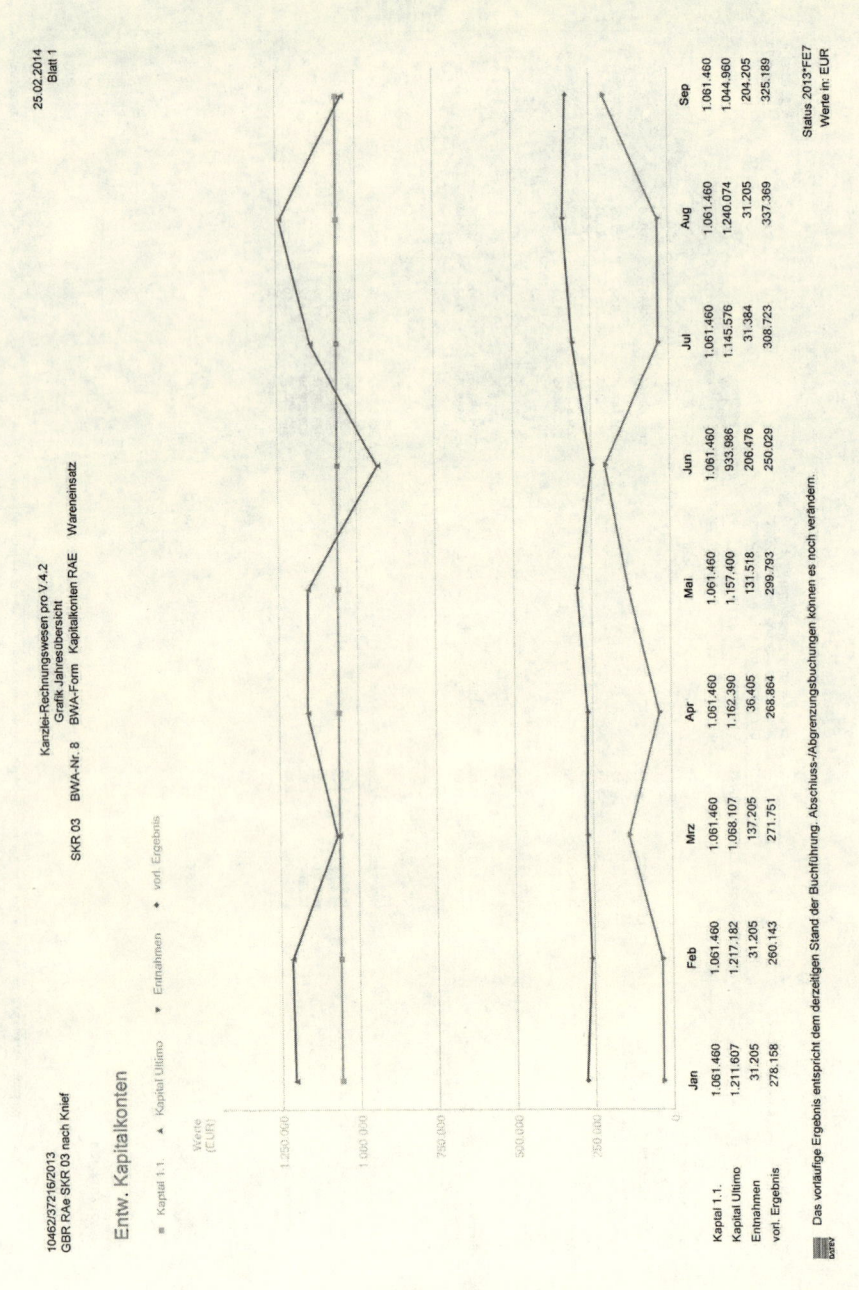

1046/2/372/216/2013
GBR RAe SKR 03 nach Knief

Kanzlei-Rechnungswesen pro V 4.2
Grafik Jahresübersicht
SKR 03   BWA-Nr. 8   BWA-Form   Kapitalkonten RAE   Wareneinsatz

25.02.2014
Blatt 1

Entw. Kapitalkonten

■ Kapital 1.1.   ▲ Kapital Ultimo   ▼ Entnahmen   ◆ vorl. Ergebnis

Werte
(EUR)

	Jan	Feb	Mrz	Apr	Mai	Jun	Jul	Aug	Sep
Kapital 1.1.	1.061.460	1.061.460	1.061.460	1.061.460	1.061.460	1.061.460	1.061.460	1.061.460	1.061.460
Kapital Ultimo	1.211.607	1.217.182	1.068.107	1.162.390	1.157.400	933.986	1.145.576	1.240.074	1.044.960
Entnahmen	31.205	31.205	137.205	36.405	131.518	206.476	31.384	31.205	204.205
vorl. Ergebnis	278.158	260.143	271.751	268.864	299.793	250.029	308.723	337.369	325.189

Status 2013*FE7
Werte in: EUR

Das vorläufige Ergebnis entspricht dem derzeitigen Stand der Buchführung. Abschluss-/Abgrenzungsbuchungen können es noch verändern.

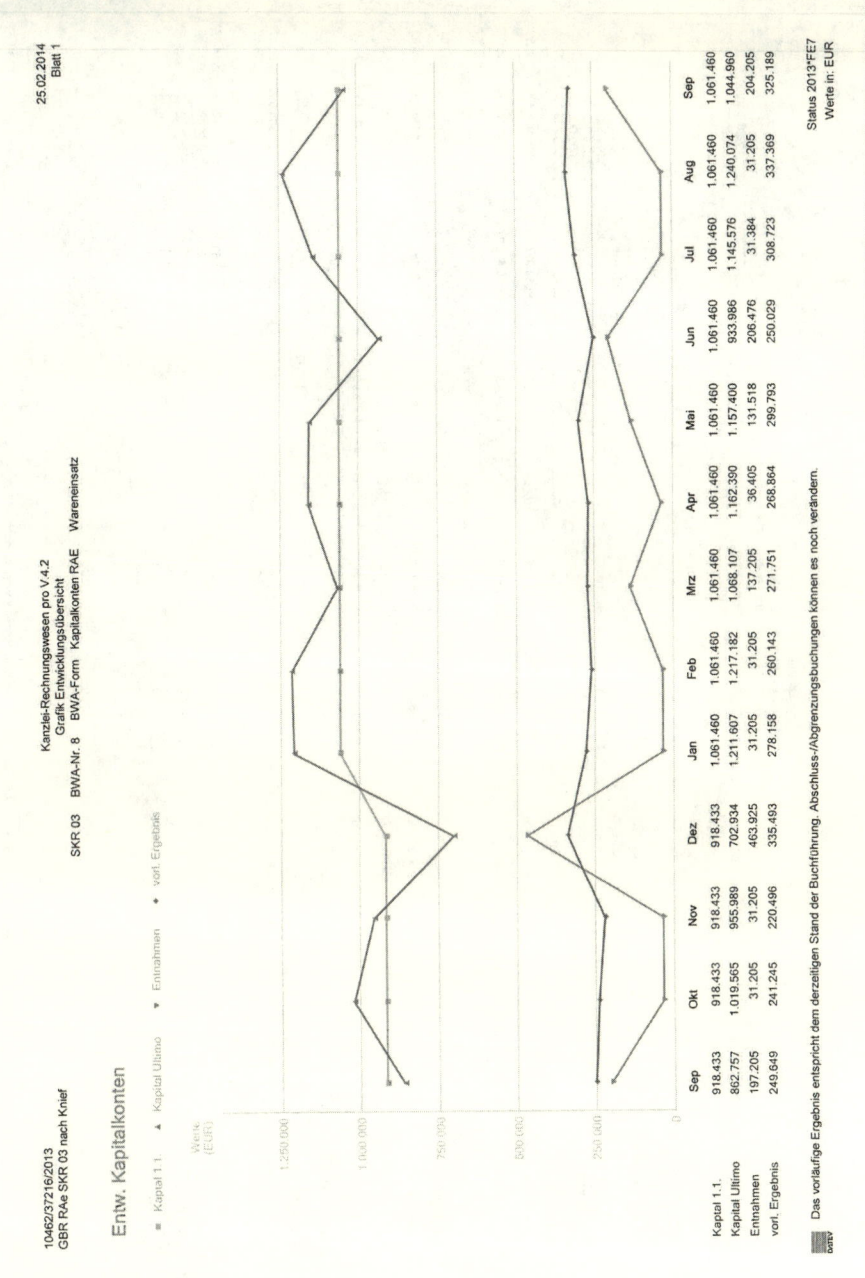

10462/372116/2013
GBR RAe SKR 03 nach Knief

Kanzlei-Rechnungswesen pro V.4.2
Vorjahresvergleich September 2013
SKR 03   BWA-Nr. 8   BWA-Form Kapitalkonten RAE

25.02.2014
Blatt 1

Bezeichnung	Sep/2013	Sep/2012	Veränderung absolut	in %	Jan/2013 - Sep/2013	Jan/2012 - Sep/2012	Veränderung absolut	in %
an alle PARTNER Entwicklung der KAPITALKONTEN insgesamt ohne Gewinnverteilung								
nachrichtlich:								
LEISTUNG Vorvorjahr	0,00	0,00	0,00		3.072.892,14	0,00	3.072.892,14	
LEISTUNG Vorjahr	0,00	0,00	0,00		2.839.342,52	0,00	2.839.342,52	
LEISTUNG PLAN lfd.J	0,00	0,00	0,00		3.000.000,00	0,00	3.000.000,00	
eff. LEISTUNG lfd.J	325.188,95	249.648,67	75.540,28	30,26	2.600.020,13	2.041.794,90	558.225,23	27,34
vorl. bil.Ergebnis	187.705,50	141.529,64	46.175,86	32,63	1.359.950,72	1.039.027,29	320.923,43	30,89
Kapital zum 1.1. d.J	1.061.459,82	918.432,17	143.027,65	15,57	1.061.459,82	918.432,17	143.027,65	15,57
Einlagen	0,00	0,00	0,00		109.000,00	99.000,00	10.000,00	10,10
Zwischensumme	1.061.459,82	918.432,17	143.027,65	15,57	1.170.459,82	1.017.432,17	153.027,65	15,04
Entnahmen	204.205,00	197.205,00	7.000,00	3,55	840.807,50	816.189,00	24.618,50	3,02
vorl. Kapitalkonten	857.254,82	721.227,17	136.027,65	18,86	329.652,32	201.243,17	128.409,15	63,81
vorl. Ergebnis	187.705,50	141.529,64	46.175,86	32,63	1.359.950,72	1.039.027,29	320.923,43	30,89
Kapitalkonten ULTIMO	1.044.960,32	862.756,81	182.203,51	21,12	1.689.603,04	1.240.270,46	449.332,58	36,23
Rentabilität per 1.1	17,68	15,41	2,27	14,73	128,12	113,13	14,99	13,25
Kapitalveränderung	-16.499,50	-55.675,36	39.175,86	70,36	628.143,22	321.838,29	306.304,93	95,17
in % zum 1.1.	-1,55	-6,06	4,51	74,42	59,18	35,04	24,14	68,89
Anteilsverhältnisse								
Partner 1	0,00	0,00	0,00		62,50	60,00	2,50	4,17
Partner 2	0,00	0,00	0,00		17,50	20,00	-2,50	-12,50
Partner 3	0,00	0,00	0,00		10,00	10,00	0,00	0,00
Partner 4	0,00	0,00	0,00		5,00	5,00	0,00	0,00
Partner 5	0,00	0,00	0,00		5,00	5,00	0,00	0,00
Partner 6								
Partner 7								
Partner 8								
Partner 9								
Summe der Anteile	0,00	0,00	0,00		100,00	100,00	0,00	
besondere Beratung bei über 9 Partnern								

Das vorläufige Ergebnis entspricht dem derzeitigen Stand der Buchführung. Abschluss-/Abgrenzungsbuchungen können es noch verändern.

Status 2013FE7
Werte in: EUR

1046/3721612013
GBR RAe SKR 03 nach Knief

SKR 03

Kanzlei-Rechnungswesen pro V.4.2
Vorjahresvergleich September 2013
BWA-Nr. 8   BWA-Form Kapitalkonten RAE

25.02.2014
Blatt 2

Bezeichnung	Sep/2013	Sep/2012	Veränderung absolut	in %	Jan/2013 - Sep/2013	Jan/2012 - Sep/2012	Veränderung absolut	in %
Ermittlung der Basis der Verteilung an alle Gesellschafter								
eff. LEISTUNG	325.188,95	249.648,67	75.540,28	30,26	2.600.020,13	2.041.794,90	558.225,23	27,34
vorl. Ergebnis	187.705,50	141.529,64	46.175,86	32,63	1.359.950,72	1.039.027,29	320.923,43	30,89
- Vorabvergütungen	57.000,00	468.000,00	-411.000,00	-87,82	513.000,00	467.880,00	45.120,00	9,64
- geb. Ges.-Zinsen	0,00	0,00	0,00		63.733,00	58.000,00	5.733,00	9,88
gebuchte Vergütungen	57.000,00	468.000,00	-411.000,00	-87,82	576.733,00	525.880,00	50.853,00	9,67
Zwischensumme	130.705,50	-326.470,36	457.175,86	140,04	783.217,72	513.147,29	270.070,43	52,63
- Kfz-Nutzung	1.000,00	9.000,00	-8.000,00	-88,89	9.000,00	9.000,00	0,00	0,00
- Tel- Nutzung	150,00	1.350,00	-1.200,00	-88,89	1.350,00	1.350,00	0,00	0,00
gebuchte Nutzungen	1.150,00	10.350,00	-9.200,00	-88,89	10.350,00	10.350,00	0,00	0,00
Zwischensumme	129.555,50	-336.820,36	466.375,86	138,46	772.867,72	502.797,29	270.070,43	53,71
andere Mituntern. Vgt								
VERTEILUNGSBETRAG	129.555,50	-336.820,36	466.375,86	138,46	772.867,72	502.797,29	270.070,43	53,71
in % der LEISTUNG	39,84	-134,92	174,76	129,53	29,73	24,63	5,10	20,71
Rest-Ergebnis-SOLL	0,00	0,00	0,00		20,00	20,00	0,00	
ABWEICHUNG	39,84	-134,92	174,76	129,53	9,73	4,63	5,10	110,15
Überschreitung in %	0,00	0,00	0,00		48,65	23,15	25,50	110,15
absolut um	129.555,28	-336.825,99	466.381,27	138,46	252.981,96	94.535,10	158.446,86	167,61
geprüft am durch								
>>> weiter Blatt 4								

Status 2013*FE7
Werte in: EUR

Das vorläufige Ergebnis entspricht dem derzeitigen Stand der Buchführung. Abschluss-/Abgrenzungsbuchungen können es noch verändern.

10462/372162013
GBR RAe SKR 03 nach Knief

Kanzlei-Rechnungswesen pro V.4.2
Vorjahresvergleich September 2013
SKR 03   BWA-Nr. 8   BWA-Form   Kapitalkonten RAE

25.02.2014
Blatt 3

Bezeichnung	Sep/2013	Sep/2012	Veränderung absolut	in %	Jan2013 - Sep/2013	Jan/2012 - Sep/2012	Veränderung absolut	in %
VERTEILUNGSBETRAG	129.555,50	-336.820,36	466.375,86	138,46	772.867,72	502.797,29	270.070,43	53,71
dies ist nur ein Rechenblatt restliche Anteile aller Gesellschafter								
Rechenfaktor 100	0,00	0,00	0,00		100,00	100,00	0,00	
Gesellschafter 01	0,00	0,00	0,00		48.304.232,50	30.167.837,40	18.136.395,10	60,12
Gesellschafter 02	0,00	0,00	0,00		13.525.185,10	10.055.945,80	3.469.239,30	34,50
Gesellschafter 03	0,00	0,00	0,00		7.728.677,20	5.027.972,90	2.700.704,30	53,71
Gesellschafter 04	0,00	0,00	0,00		3.864.338,60	2.513.986,45	1.350.352,15	53,71
Gesellschafter 05	0,00	0,00	0,00		3.864.338,60	2.513.986,45	1.350.352,15	53,71
Gesellschafter 06	0,00	0,00	0,00		0,00	0,00	0,00	
Gesellschafter 07	0,00	0,00	0,00		0,00	0,00	0,00	
Gesellschafter 08	0,00	0,00	0,00		0,00	0,00	0,00	
Gesellschafter 09	0,00	0,00	0,00		0,00	0,00	0,00	
Restgewinn 01	0,00	0,00	0,00		483.042,33	301.678,37	181.363,96	60,12
Restgewinn 02	0,00	0,00	0,00		135.251,85	100.559,46	34.692,39	34,50
Restgewinn 03	0,00	0,00	0,00		77.286,77	50.279,73	27.007,04	53,71
Restgewinn 04	0,00	0,00	0,00		38.643,39	25.139,86	13.503,53	53,71
Restgewinn 05	0,00	0,00	0,00		38.643,39	25.139,86	13.503,53	53,71
Restgewinn 06					0,00	0,00	0,00	
Restgewinn 07					0,00	0,00	0,00	
Restgewinn 08					0,00	0,00	0,00	
Restgewinn 09					0,00	0,00	0,00	
Probe	0,00	0,00	0,00		772.867,73	502.797,28	270.070,45	53,71
vgl. Blatt 2	129.555,50	-336.820,36	466.375,86	138,46	772.867,72	502.797,29	270.070,43	53,71
Differenz = 0	-129.555,50	336.820,36	-466.375,86	-138,46	0,01	-0,01	0,02	200,00
gebuchte Zinsen für die Kapitalktn								
Ges 01	0,00	0,00	0,00		26.443,00	25.000,00	1.443,00	5,77
Ges 02	0,00	0,00	0,00		14.432,00	12.000,00	2.432,00	20,27
Ges 03	0,00	0,00	0,00		5.492,00	5.000,00	492,00	9,84
Ges 04	0,00	0,00	0,00		8.516,00	8.000,00	516,00	6,45
Ges 05					8.850,00	8.000,00	850,00	10,63
Ges 06								
Ges 07								
Ges 08								
Ges 09								
Summe und Zinssatz					63.733,00	58.000,00	5.733,00	9,88
Kapitalkonten 1.1.	1.061.459,82	918.432,17	143.027,65	15,57	1.061.459,82	918.432,17	143.027,65	15,57

Das vorläufige Ergebnis entspricht dem derzeitigen Stand der Buchführung. Abschluss-/Abgrenzungsbuchungen können es noch verändern.

Status 2013*FE7
Werte in: EUR

1046/237216/2013
GBR RAe SKR 03 nach Knief

Kanzlei-Rechnungswesen pro V.4.2
Vorjahresvergleich September 2013
SKR 03 BWA-Nr. 8 BWA-Form Kapitalkonten RAE

25.02.2014
Blatt 4

Bezeichnung	Sep/2013	Sep/2012	Veränderung absolut	in %	Jan/2013 - Sep/2013	Jan/2012 - Sep/2012	Veränderung absolut	in %
Kapitalkontenauszug Gesellschafter 01 Anteil lt. GesVertr.	0,00	0,00	0,00		62,50	60,00	2,50	4,17
Stand zum 1.1.	0,00	0,00	0,00		440.721,82	438.432,01	2.289,81	0,52
Einlagen	0,00	0,00	0,00		24.500,00	75.000,00	-50.500,00	-57,33
Zwischensumme	0,00	0,00	0,00		465.221,82	513.432,01	-48.210,19	-9,39
Entnahmen privat	8.001,00	8.001,00	0,00		133.210,00	72.009,00	61.201,00	84,99
Entnahmen Steuern	120.000,00	105.000,00	15.000,00	14,29	276.000,00	351.344,00	-75.344,00	-21,44
Summe Entnahmen	128.001,00	113.001,00	15.000,00	13,27	409.210,00	423.353,00	-14.143,00	-3,34
Zw.summe nach Ent.	-128.001,00	-113.001,00	-15.000,00	-13,27	56.011,82	90.079,01	-34.067,19	-37,82
+ Vorabvergütung	14.000,00	117.000,00	-103.000,00	-88,03	126.000,00	116.880,00	9.120,00	7,80
+ Ges. Zinsen	0,00	0,00	0,00		26.443,00	25.000,00	1.443,00	5,77
+ Kfz.-Nutzung	200,00	1.800,00	-1.600,00	-88,89	1.800,00	1.800,00	0,00	0,00
+Tel.-Nutzung	30,00	270,00	-240,00	-88,89	270,00	270,00	0,00	0,00
Su. Vergütungen	14.230,00	119.070,00	-104.840,00	-88,05	154.513,00	143.950,00	10.563,00	7,34
Konto vor Restanteil	-113.771,00	6.069,00	-119.840,00	-1.974,63	210.524,82	234.029,01	-23.504,19	-10,04
Restgewinnanteil	0,00	0,00	0,00		483.042,33	301.678,37	181.363,96	60,12
Kapital Ultimo	-113.771,00	6.069,00	-119.840,00	-1.974,63	693.567,15	535.707,38	157.859,77	29,47
Ges. Gewinnanteil	14.230,00	119.070,00	-104.840,00	-88,05	637.555,33	445.628,37	191.926,96	43,07
Rentabilität	0,00	0,00	0,00		144,66	101,64	43,02	42,33
Zielrentabilität	0,00	0,00	0,00		20,00	20,00	0,00	
Abweichung	0,00	0,00	0,00		124,66	81,64	43,02	52,69
Überschreitung in %	0,00	0,00	0,00		623,30	408,20	215,10	52,69
effektiver Anteil am Vermögen Ultimo	-10,89	0,70	-11,59	-1.655,71	41,05	43,19	-2,14	-4,95
Gesamtvermögen	1.044.960,32	862.756,81	182.203,51	21,12	1.689.603,04	1.240.270,46	449.332,58	36,23

Das vorläufige Ergebnis entspricht dem derzeitigen Stand der Buchführung. Abschluss-/Abgrenzungsbuchungen können es noch verändern.

Status 2013*FE7
Werte in: EUR

1046/37216/2013
GBR RAe SKR 03 nach Knief
SKR 03

Kanzlei-Rechnungswesen pro V 4.2
Vorjahresvergleich September 2013
BWA-Nr. 8   BWA-Form   Kapitalkonten RAE

25.02.2014
Blatt 5

Bezeichnung	Sep/2013	Sep/2012	Veränderung absolut	in %	Jan/2013 - Sep/2013	Jan/2012 - Sep/2012	Veränderung absolut	in %
Kapitalkontenauszug								
Gesellschafter 02								
Anteil lt. Ges Vertrag	0,00	0,00	0,00		17,50	20,00	-2,50	-12,50
Stand 1.1.	0,00	0,00	0,00		240.529,10	224.000,15	16.528,95	7,38
Einlagen	0,00	0,00	0,00		25.000,00	0,00	25.000,00	
Zwischensumme	0,00	0,00	0,00		265.529,10	224.000,15	41.528,95	18,54
Entnahmen privat	7.002,00	7.002,00	0,00		95.599,50	63.018,00	32.581,50	51,70
Entnahmen Steuern	30.000,00	38.000,00	-8.000,00	-21,05	86.000,00	114.000,00	-28.000,00	-24,56
Summe Entnahmen	37.002,00	45.002,00	-8.000,00	-17,78	181.599,50	177.018,00	4.581,50	2,59
Zw. summe nach Entn.	-37.002,00	-45.002,00	8.000,00	17,78	83.929,60	46.982,15	36.947,45	78,64
+ Vorabvergütung	12.000,00	99.000,00	-87.000,00	-87,88	108.000,00	99.000,00	9.000,00	9,09
+ Ges. Zinsen	0,00	0,00	0,00		14.432,00	12.000,00	2.432,00	20,27
+ Kfz.-Nutzung	200,00	1.800,00	-1.600,00	-88,89	1.800,00	1.800,00	0,00	
+ Tel. Nutzung	30,00	270,00	-240,00	-88,89	270,00	270,00	0,00	
Su. Vergütungen	12.230,00	101.070,00	-88.840,00	-87,90	124.502,00	113.070,00	11.432,00	10,11
Konto vor Restanteil	-24.772,00	56.068,00	-80.840,00	-144,18	208.431,60	160.052,15	48.379,45	30,23
Restgewinnanteil	0,00	0,00	0,00		135.251,85	100.559,46	34.692,39	34,50
Kapital ULTIMO	-24.772,00	56.068,00	-80.840,00	-144,18	343.683,45	260.611,61	83.071,84	31,88
Ges. Gewinnanteil	12.230,00	101.070,00	-88.840,00	-87,90	259.753,85	213.629,46	46.124,39	21,59
Rentabilität	0,00	0,00	0,00		107,99	95,37	12,62	13,23
Zielrentabilität	0,00	0,00	0,00		20,00	20,00	0,00	
Abweichung	0,00	0,00	0,00		87,99	75,37	12,62	16,74
Überschreitung in %	0,00	0,00	0,00		439,95	376,85	63,10	16,74
effektiver Anteil am								
Vermögen Ultimo	-2,37	6,50	-8,87	-136,46	20,34	21,01	-0,67	-3,19
von	1.044.960,32	862.756,81	182.203,51	21,12	1.689.603,04	1.240.270,46	449.332,58	36,23

Das vorläufige Ergebnis entspricht dem derzeitigen Stand der Buchführung. Abschluss-/Abgrenzungsbuchungen können es noch verändern.

Status 2013*FE7
Werte in EUR

1046/2/37216/2013
GBR RAe SKR 03 nach Knief

SKR 03

Kanzlei-Rechnungswesen pro V.4.2
Vorjahresvergleich September 2013
BWA-Nr. 8 BWA-Form Kapitalkonten RAE

25.02.2014
Blatt 6

Bezeichnung	Sep/2013	Sep/2012	Veränderung absolut	in %	Jan/2013 - Sep/2013	Jan/2012 - Sep/2012	Veränderung absolut	in %
Kapitalkontenauszug Gesellschafter 03 Anteil lt. GesVertra	0,00	0,00	0,00	0,00	10,00	10,00	0,00	0,00
Stand 1.1.	0,00	0,00	0,00		91.533,70	113.333,17	-21.799,47	-19,23
Einlagen	0,00	0,00	0,00		12.500,00	0,00	12.500,00	
Zwischensumme	0,00	0,00	0,00		104.033,70	113.333,17	-9.299,47	-8,21
Entnahmen privat	5.003,00	5.003,00	0,00		55.330,00	45.027,00	10.303,00	22,88
Entnahmen Steuern	9.000,00	10.000,00	-1.000,00	-10,00	36.000,00	30.000,00	6.000,00	20,00
Summe Entnahmen	14.003,00	15.003,00	-1.000,00	-6,67	91.330,00	75.027,00	16.303,00	21,73
Zw. Summe nach Entn.	-14.003,00	-15.003,00	1.000,00	6,67	12.703,70	38.306,17	-25.602,47	-66,84
+ Vorabvergütung	11.000,00	90.000,00	-79.000,00	-87,78	99.000,00	90.000,00	9.000,00	10,00
+ Ges.Zinsen	0,00	0,00	0,00		5.492,00	5.000,00	492,00	9,84
+ Kfz-Nutzung	200,00	1.800,00	-1.600,00	-88,89	1.800,00	1.800,00	0,00	
+ Tel.-Nutzung	30,00	270,00	-240,00	-88,89	270,00	270,00	0,00	
Summe Vergütungen	11.230,00	92.070,00	-80.840,00	-87,80	106.562,00	97.070,00	9.492,00	9,78
Konto vor Restanteil	-2.773,00	77.067,00	-79.840,00	-103,60	119.265,70	135.376,17	-16.110,47	-11,90
Restgewinnanteil	0,00	0,00	0,00		77.286,77	50.279,73	27.007,04	53,71
Kapital Ultimo	-2.773,00	77.067,00	-79.840,00	-103,60	196.552,47	185.655,90	10.896,57	5,87
ges. Gewinnanteil	11.230,00	92.070,00	-80.840,00	-87,80	183.848,77	147.349,73	36.499,04	24,77
Rentabilität	0,00	0,00	0,00		200,85	130,01	70,84	54,49
Zielrentabilität	0,00	0,00	0,00		20,00	20,00	0,00	
Abweichung	0,00	0,00	0,00		180,85	110,01	70,84	64,39
Überschreitung in %	0,00	0,00	0,00		904,25	550,05	354,20	64,39
effektiver Anteil am Vermögen Ultimo	-0,27	8,93	-9,20	-103,02	11,63	14,97	-3,34	-22,31
von	1.044.960,32	862.756,81	182.203,51	21,12	1.689.603,04	1.240.270,46	449.332,58	36,23

Das vorläufige Ergebnis entspricht dem derzeitigen Stand der Buchführung. Abschluss-/Abgrenzungsbuchungen können es noch verändern.

Status 2013*FE7
Werte in: EUR

10462/37216/2013
GBR RAe SKR 03 nach Knief

Kanzlei-Rechnungswesen pro V.4.2
Vorjahresvergleich September 2013
SKR 03   BWA-Nr. 8   BWA-Form Kapitalkonten RAE

25.02.2014
Blatt 7

Bezeichnung	Sep/2013	Sep/2012	Veränderung absolut	in %	Jan/2013 - Sep/2013	Jan/2012 - Sep/2012	Veränderung absolut	in %
Kapitalkontenauszug								
Gesellschafter 04								
Anteil lt GesVertrag	0,00	0,00	0,00		5,00	5,00	0,00	
Stand 1.1.	0,00	0,00	0,00		141.943,60	81.333,51	60.610,09	74,52
Einlagen	0,00	0,00	0,00		35.000,00	0,00	35.000,00	
Zwischensumme	0,00	0,00	0,00		176.948,60	81.338,51	95.610,09	117,55
Entnahmen privat	5.004,00	5.004,00	0,00		51.240,00	45.036,00	6.204,00	13,78
Entnahmen Steuern	7.000,00	7.000,00	0,00		30.000,00	21.000,00	9.000,00	42,86
Summe Entnahmen	12.004,00	12.004,00	0,00		81.240,00	66.036,00	15.204,00	23,02
Zw.summe nach Entn.	-12.004,00	-12.004,00	0,00		95.708,60	15.302,51	80.406,09	525,44
+ Vorabvergütung	10.000,00	81.000,00	-71.000,00	-87,65	90.000,00	81.000,00	9.000,00	11,11
+ Ges.-Zinsen	0,00	0,00	0,00		8.516,00	8.000,00	516,00	6,45
+ Kfz-Nutzung	200,00	1.800,00	-1.600,00	-88,89	1.800,00	1.800,00	0,00	
+ Tel.Nutzung	30,00	270,00	-240,00	-88,89	270,00	270,00	0,00	
Su. Vergütungen	10.230,00	83.070,00	-72.840,00	-87,69	100.586,00	91.070,00	9.516,00	10,45
Konto vor Restanteil	-1.774,00	71.066,00	-72.840,00	-102,50	196.294,60	106.372,51	89.922,09	84,54
Restgewinnanteil	0,00	0,00	0,00		38.643,39	25.139,86	13.503,53	53,71
Kapital Ultimo	-1.774,00	71.066,00	-72.840,00	-102,50	234.937,99	131.512,37	103.425,62	78,64
ges. Gewinnanteil	10.230,00	83.070,00	-72.840,00	-87,69	139.229,39	116.209,86	23.019,53	19,81
Rentabilität	0,00	0,00	0,00		98,09	142,88	-44,79	-31,35
Zielrentabilität	0,00	0,00	0,00		20,00	20,00	0,00	
Abweichung	0,00	0,00	0,00		78,09	122,88	-44,79	-36,45
Überschreitung in %	0,00	0,00	0,00		390,45	614,40	-223,95	-36,45
effektiver Anteil am Vermögen Ultimo	-0,17	8,24	-8,41	-102,06	13,90	10,60	3,30	31,13
von	1.044.950,32	862.755,81	182.203,51	21,12	1.689.603,04	1.240.270,46	449.332,58	36,23

Das vorläufige Ergebnis entspricht dem derzeitigen Stand der Buchführung. Abschluss-/Abgrenzungsbuchungen können es noch verändern.

Status 2013*FE7
Werte in: EUR

10462/37216/2013
GBR RAe SKR 03 nach Knief

Kanzlei-Rechnungswesen pro V.4.2
Vorjahresvergleich September 2013
SKR 03   BWA-Nr. 8   BWA-Form Kapitalkonten RAE

25.02.2014
Blatt 8

Bezeichnung	Sep/2013	Sep/2012	Veränderung absolut	in %	Jan2013 - Sep/2013	Jan2012 - Sep/2012	Veränderung absolut	in %
Kapitalkontenauszug								
Gesellschafter 05								
Anteil lt.Ges.Vertrag	0,00	0,00	0,00		5,00	5,00	0,00	0,00
Stand 1.1.	0,00	0,00	0,00		146.731,60	61.333,33	85.398,27	139,24
Einlagen	0,00	0,00	0,00		12.000,00	24.000,00	-12.000,00	-50,00
Zwischensumme	0,00	0,00	0,00		158.731,60	85.333,33	73.398,27	86,01
Entnahmen privat	5.005,00	5.005,00	0,00		51.048,00	45.045,00	6.003,00	13,33
Entnahmen Steuern	7.000,00	6.000,00	1.000,00	16,67	24.000,00	19.000,00	5.000,00	26,32
Summe Entnahmen	12.005,00	11.005,00	1.000,00	9,09	75.048,00	64.045,00	11.003,00	17,18
Zw.Summe nach Ent.	-12.005,00	-11.005,00	-1.000,00	-9,09	83.683,60	21.288,33	62.395,27	293,10
+ Vorabvergütung	10.000,00	81.000,00	-71.000,00	-87,65	90.000,00	81.000,00	9.000,00	11,11
+ Ges. Zinsen	0,00	0,00	0,00		8.850,00	8.000,00	850,00	10,63
+ Kfz-Nutzung	200,00	1.800,00	-1.600,00	-88,89	1.800,00	1.800,00	0,00	0,00
+ Tel.Nutzung	30,00	270,00	-240,00	-88,89	270,00	270,00	0,00	0,00
Su. Vergütungen	10.230,00	83.070,00	-72.840,00	-87,69	100.920,00	91.070,00	9.850,00	10,82
Konto vor Restanteil	-1.775,00	72.065,00	-73.840,00	-102,46	184.603,60	112.358,33	72.245,27	64,30
Restgewinnanteil	0,00	0,00	0,00		38.643,39	25.139,86	13.503,53	53,71
Kapital ULTIMO	-1.775,00	72.065,00	-73.840,00	-102,46	223.246,99	137.498,19	85.748,80	62,36
ges. Gewinnanteil	10.230,00	83.070,00	-72.840,00	-87,69	139.563,39	116.209,86	23.353,53	20,10
Rentabilität	0,00	0,00	0,00		95,11	189,47	-94,36	-49,80
Zielrentabilität	0,00	0,00	0,00		20,00	20,00	0,00	0,00
Abweichung	0,00	0,00	0,00		75,11	169,47	-94,36	-55,68
Überschreitung in %	0,00	0,00	0,00		375,55	847,35	-471,80	-55,68
effektiver Anteil am Vermögen Ultimo	-0,17	8,35	-8,52	-102,04	13,21	11,09	2,12	19,12
von	1.044.960,32	862.756,81	182.203,51	21,12	1.689.603,04	1.240.270,46	449.332,58	36,23

Das vorläufige Ergebnis entspricht dem derzeitigen Stand der Buchführung. Abschluss-/Abgrenzungsbuchungen können es noch verändern.

Status 2013*FE7
Werte in: EUR

10462/37216/2013
GBR RAe SKR 03 nach Knief

Kanzlei-Rechnungswesen pro V 4.2
Vorjahresvergleich September 2013
SKR 03   BWA-Nr. 8   BWA-Form Kapitalkonten RAE

25.02.2014
Blatt 9

Bezeichnung	Sep/2013	Sep/2012	Veränderung absolut	in %	Jan/2013 - Sep/2013	Jan/2012 - Sep/2012	Veränderung absolut	in %
HINWEIS								
es fehlen								
Gesellschafter 06								
Gesellschafter 07								
Gesellschafter 08								
Gesellschafter 09								
Für weitere Partner								
müssen die Abfragen								
programmiert werden								
Bei Rückfrage zum								
Programm								
0221 800 474 30								
dr@peter-knief.de								
Die BWA sind								
abhängig von der								
Qualität Ihrer FIBU								

Das vorläufige Ergebnis entspricht dem derzeitigen Stand der Buchführung. Abschluss-/Abgrenzungsbuchungen können es noch verändern.

Status 2013*FE7
Werte in: EUR

1046237216/2013
GBR RAe SKR 03 nach Knief

Kanzlei-Rechnungswesen pro V.4.2
Vorjahresvergleich September 2013
SKR 03   BWA-Nr. 8   BWA-Form Kapitalkonten RAE

25.02.2014
Blatt 10

Bezeichnung	Sep/2013	Sep/2012	Veränderung absolut	in %	Jan/2013 - Sep/2013	Jan/2012 - Sep/2012	Veränderung absolut	in %
>>> VERTEILER <<< Zusammenstellung für alle Partner								
Kapitalkonten ULTIMO	1.044.960,32	862.756,81	182.203,51	21,12	1.689.603,04	1.240.270,46	449.332,58	36,23
Anteil Ges. 01	-113.771,00	6.069,00	-119.840,00	-1.974,63	693.567,15	535.707,38	157.859,77	29,47
Anteil Ges. 02	-24.772,00	56.068,00	-80.840,00	-144,18	343.683,45	260.611,61	83.071,84	31,88
Anteil Ges. 03	-2.773,00	77.067,00	-79.840,00	-103,60	196.552,47	185.655,90	10.896,57	5,87
Anteil Ges. 04	-1.774,00	71.066,00	-72.840,00	-102,50	234.937,99	131.512,37	103.425,62	78,64
Anteil Ges. 05	-1.775,00	72.065,00	-73.840,00	-102,46	223.246,99	137.498,19	85.748,80	62,36
Anteil Ges. 06								
Anteil Ges. 07								
Anteil Ges. 08								
Anteil Ges. 09								
Summe	-144.865,00	282.335,00	-427.200,00	-151,31	1.691.988,05	1.250.985,45	441.002,60	35,25
Differenz unter/über 10,00 ok	1.189.825,32	580.421,81	609.403,51	104,99	-2.385,01	-10.714,99	8.329,98	77,74
laufendes Ergebnis	187.705,50	141.529,64	46.175,86	32,63	1.359.950,72	1.039.027,29	320.923,43	30,89
Gewinnanteil 01	14.230,00	119.070,00	-104.840,00	-88,05	637.555,33	445.628,37	191.926,96	43,07
Gewinnanteil 02	12.230,00	101.070,00	-88.840,00	-87,90	259.753,85	213.629,46	46.124,39	21,59
Gewinnanteil 03	11.230,00	92.070,00	-80.840,00	-87,80	183.848,77	147.349,73	36.499,04	24,77
Gewinnanteil 04	10.230,00	83.070,00	-72.840,00	-87,69	139.229,39	116.209,86	23.019,53	19,81
Gewinnanteil 05	10.230,00	83.070,00	-72.840,00	-87,69	139.563,39	116.209,86	23.353,53	20,10
Gewinnanteil 06								
Gewinnanteil 07								
Gewinnanteil 08								
Gewinnanteil 09								
Summe	58.150,00	478.350,00	-420.200,00	-87,84	1.359.950,73	1.039.027,28	320.923,45	30,89
Differenz unter/über 10,00 OK	129.555,50	-336.820,36	466.375,86	138,46	-0,01	0,01	-0,02	-200,00

(c) Prof. Dr. Knief
Version 2013.13
www.peter-knief.de
+49 221 800 474 30

Das vorläufige Ergebnis entspricht dem derzeitigen Stand der Buchführung. Abschluss-/Abgrenzungsbuchungen können es noch verändern.

Status 2013*FE7
Werte in: EUR

4. BWA-Form TOPIC

Vorbemerkungen

1. Die BWA TOPIC (Top Info Chef) gibt auf einer Seite (One-Page-Philosophie) einen Überblick über die wirtschaftliche Lage einer Anwaltspraxis „für die Brieftasche". Sie entwickelt eine kurze Ergebnis-Rechnung, zeigt die aufgelaufenen Entnahmen, ermittelt die statistisch gebuchten Arbeitsstunden und kann danach erzielte Stundensätze ermitteln, und zwar sowohl den erzielten Erlössatz wie auch die Kostensätze für Personal und Sachkosten. Die BWA zeigt auch einen Blick in die Geldkonten und in die wesentlichen Positionen des Working Capital die halb fertige Arbeiten und Forderungen. Der Ausweis des Vermögens schließt diese BWA ab.

2. Diese leicht zu erzeugende BWA ist ein Beweis dafür, dass auch in den üblichen Buchführungssystemen (hier Datev) relativ leicht aussagefähige individuelle Kennzahlen sehr komprimiert ermittelt werden können: Das wird umso aussagekräftiger, wenn über eine Zeitreihendarstellung leicht verständliche Grafiken erzeugt werden. Der Anwalt muss lernen, zum einen mit den Begriffen seines Rechnungswesens umzugehen, zum anderen die Entwicklung seiner Praxis auch an den Zahlenwerke und Grafiken erkennen zu können. Das „Lesen" und „Verstehen" einer BWA muss eine Selbstverständlichkeit werden.

Das hier vorgestellte Grundpaket EÜR (→ Form. N. XIII. 2), Kapitalkonten RAe (→ Form. N. XIII. 3) und TOPIC sollte das Mindestmaß an Auswertung sein.

Steuerberater und Wirtschaftsprüfer können mit dem Instrument der individuellen BWA umgehen, sie können auch statistische Werte aus dem Kanzleimanagement System (Stunden) in so genannten statistischen Konten verbuchen. Damit sind die Grundlagen für intelligente, mit neuen Algorithmen abgefragte BWA gelegt.

Individuelle BWA müssen nicht immer Produkte der Rechenzentrumsanbieter sein, viele Berater beherrschen das Instrumentarium „individuelle BWA".

Solche Lösungsansätze sind für den anbietenden Berater rentabel, umso mehr aber für den Anwalt: derart preiswerte Lösungen setzen Arbeitszeit frei; sie sind auf dem Rechnungswesen aufgesetzt und erfordern wenig zusätzliche (z.B. Excel-) Berechnungen.

Der Anwalt, der in Zukunft keine Rechenhaftigkeit entwickelt, verliert als erstes den Blick für seine Wettbewerbsfähigkeit und danach irgendwann die Wettbewerbsfähigkeit.

10462/37216/2013
GBR RAe SKR 03 nach Knief

Kanzlei-Rechnungswesen pro V.4.2
Kurzfristige Erfolgsrechnung September 2013
SKR 03   BWA-Nr. 12   BWA-Form   TOPIC   Top Info Chef   für RAe

25.02.2014
Blatt 1

Bezeichnung	Sep/2013	Leistung 100 %	Pers. Ks 100 %	Buch-V. 100 %	Plan-Lst 100 %	Jan/2013.- Sep/2013	Leistung 100 %	Pers. Ks 100 %	Buch-V. 100 %	Plan-Lst 100 %
Leistung Vorvorjahr	0,00					3.072.892,14	118,19			102,43
Leistung Vorjahr	0,00					2.839.342,52	109,20			94,64
PLAN-Leistung lfd J	0,00					3.000.000,00	115,38			100,00
Leistung bis dahin	325.188,95	100,00				2.600.020,13	100,00			86,67
kalk. Anwaltslöhne	60.000,00	18,45	44,49			540.000,00	20,77	45,04		
pers. Kstn je. MitA	36.550,00	11,24	27,10			319.350,00	12,28	26,64		
Su jur. Mitarbeiter	96.550,00	29,69	71,58			859.350,00	33,05	71,68		
Rohergebnis 1	228.638,95	70,31				1.740.670,13	66,95			
weitere Pers. Kosten	29.033,00	8,93	21,53			267.949,33	10,31	22,35		
Sozialabgaben	9.293,22	2,86	6,89			71.586,44	2,75	5,97		
Su weitere Pers. Ks	38.326,22	11,79	28,42			339.535,77	13,06	28,32		
Rohergebnis 2	190.312,73	58,52				1.401.134,36	53,89			
Sachaufwand	67.107,23	20,64				679.275,54	26,13			
LEISTUNGSERGEBNIS	123.205,50	37,89				721.858,82	27,76		61,24	
LE-ERG. ohne kalk. L	183.205,50	56,34				1.261.858,82	48,53			
Abschreibungen	16.282,00	5,01		-514,78		141.837,53	5,46			
effekt. Cashflow	199.487,50	61,35				1.403.696,35	53,99			
Entnahmen	204.205,00	62,80		-573,79		731.807,50	28,15		35,52	
Anzahl Partner	0,00					5,00				
prod. Stden Partner	600,00					5.377,00				
prod. Stden jur MA	980,00					8.705,00				
Su prod. Stunden	1.580,00					14.082,00				
ERZIELTER Std-SATZ	205,82					184,63				
Summe Personalkosten	134.876,22	41,48	100,00			1.198.885,77	46,11	100,00		
Sachkosten	67.107,23	20,64	49,75			679.275,54	26,13	56,66		
P-Kstn je prod Stde	85,36					85,14				
S-Kstn je prod .Stde	42,47					48,24				
GesKstn je pr.Stde	127,83					133,38				
LE-Ergebn. je pr. St	77,98					51,26				
Geldkonten	-53.858,78	-16,56		151,34		513.736,46	19,76		24,93	17,12
halbfert. Leistungen	0,00					170.500,00	6,56		8,28	
Mand Forderungen	35.041,06	10,78		-98,46		182.380,60	7,01		8,85	
kurzfristiges Verm.	-18.817,72	-5,79		52,87		866.617,06	33,33		42,06	
sonst. Forderungen	-489,35	-0,15		1,38		81.554,72	3,14		3,96	
Buchwerte AnlageV	-16.282,00	-5,01		45,75		1.112.199,82	42,78		53,98	
BUCHVERMÖGEN	-35.589,07	-10,94		100,00		2.060.371,60	79,24		100,00	
Geschäftsleitung hat										
Kenntnis genommen										

Das vorläufige Ergebnis entspricht dem derzeitigen Stand der Buchführung. Abschluss-/Abgrenzungsbuchungen können es noch verändern.

Status 2013FFE7
Werte in. EUR

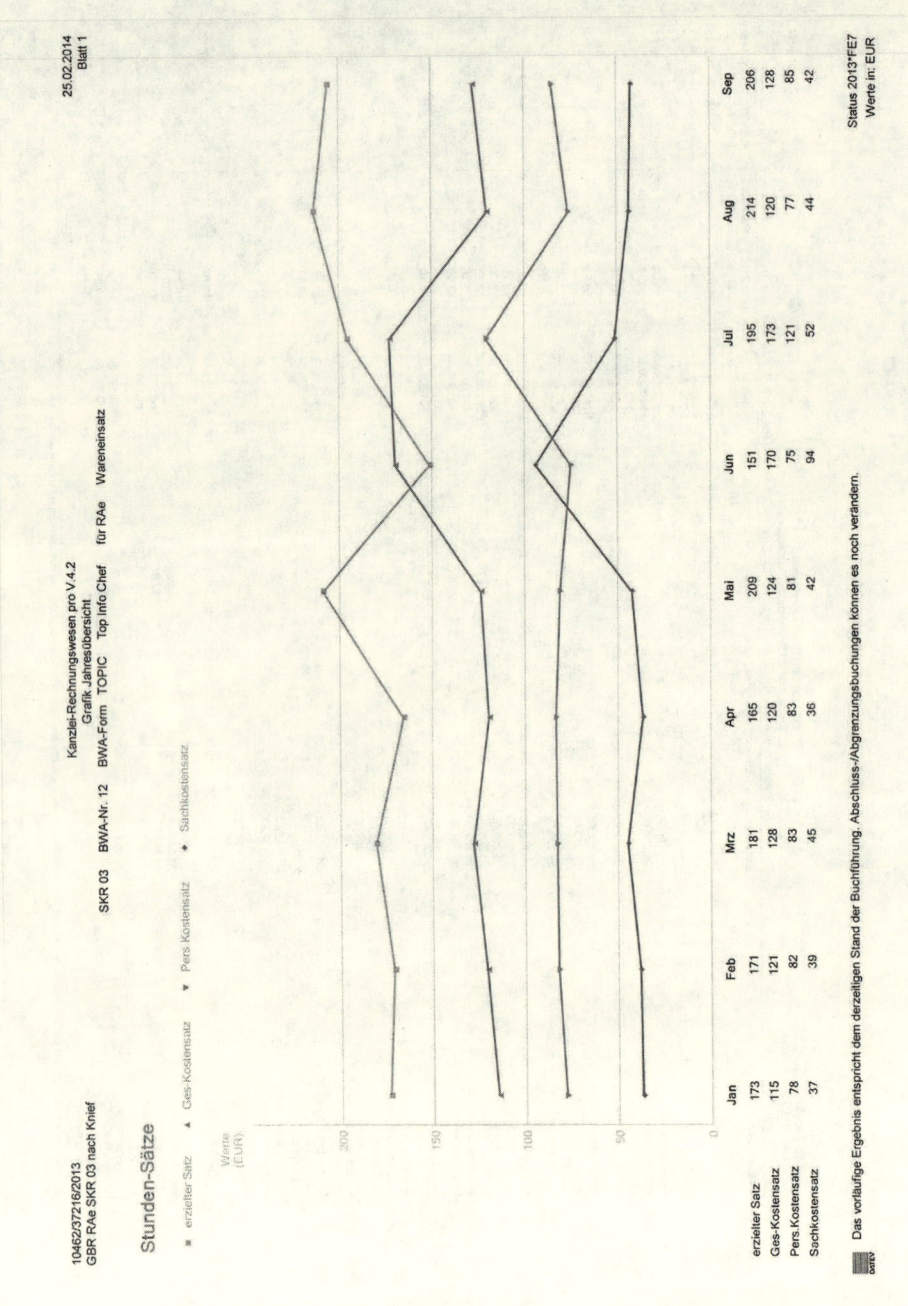

10462/37216/2013
GBR RAe SKR 03 nach Knief

SKR 03   BWA-Nr. 12

Kanzlei-Rechnungswesen pro V.4.2
Grafik Jahresübersicht
BWA-Form TOPIC Top Info Chef   für RAe   Wareneinsatz

25.02.2014
Blatt 1

Stunden-Sätze

■ erzielter Satz   ▲ Ges-Kostensatz   ▼ Pers.Kostensatz   ◆ Sachkostensatz

	Jan	Feb	Mrz	Apr	Mai	Jun	Jul	Aug	Sep
erzielter Satz	173	171	181	165	209	151	195	214	206
Ges-Kostensatz	115	121	128	120	124	170	173	120	128
Pers.Kostensatz	78	82	83	83	81	75	121	77	85
Sachkostensatz	37	39	45	36	42	94	52	44	42

Status 2013*FE7
Werte in: EUR

▨ Das vorläufige Ergebnis entspricht dem derzeitigen Stand der Buchführung. Abschluss-/Abgrenzungsbuchungen können es noch verändern.

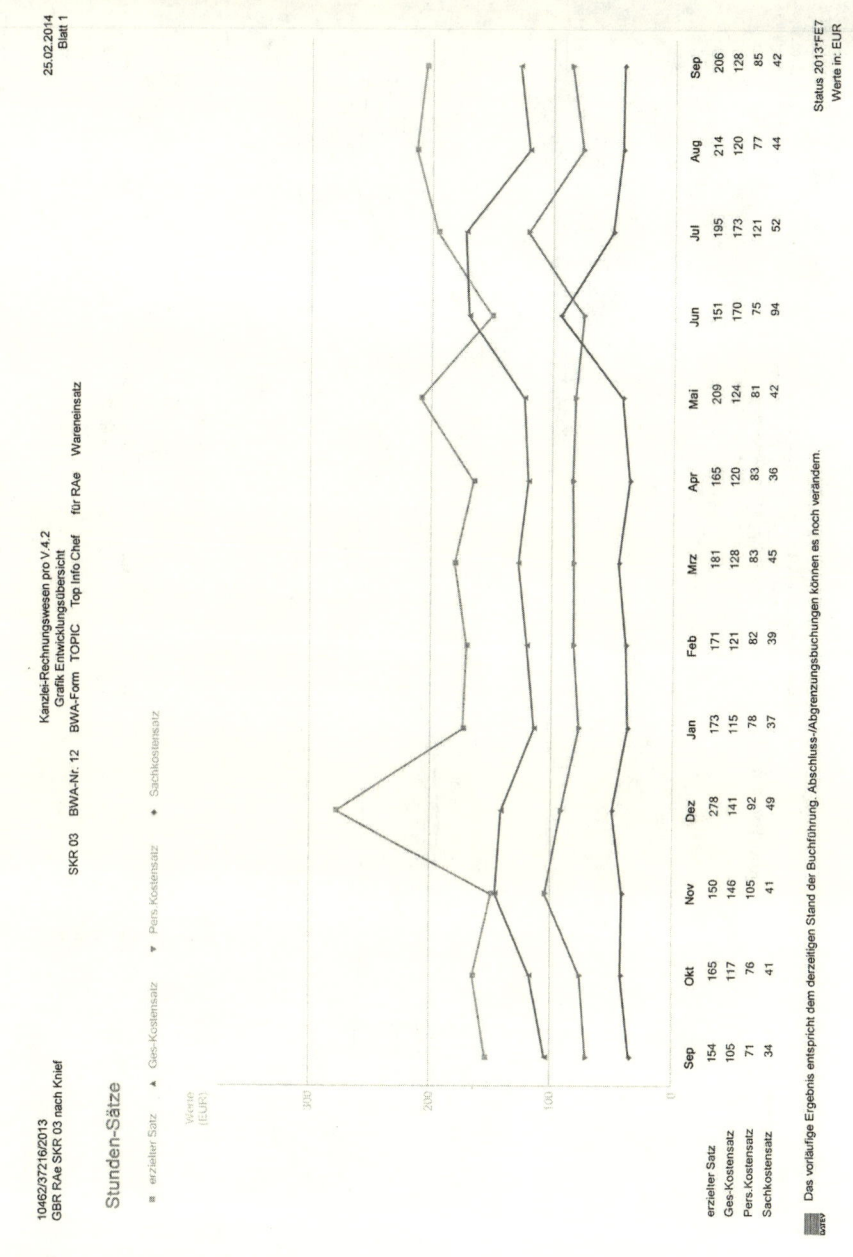

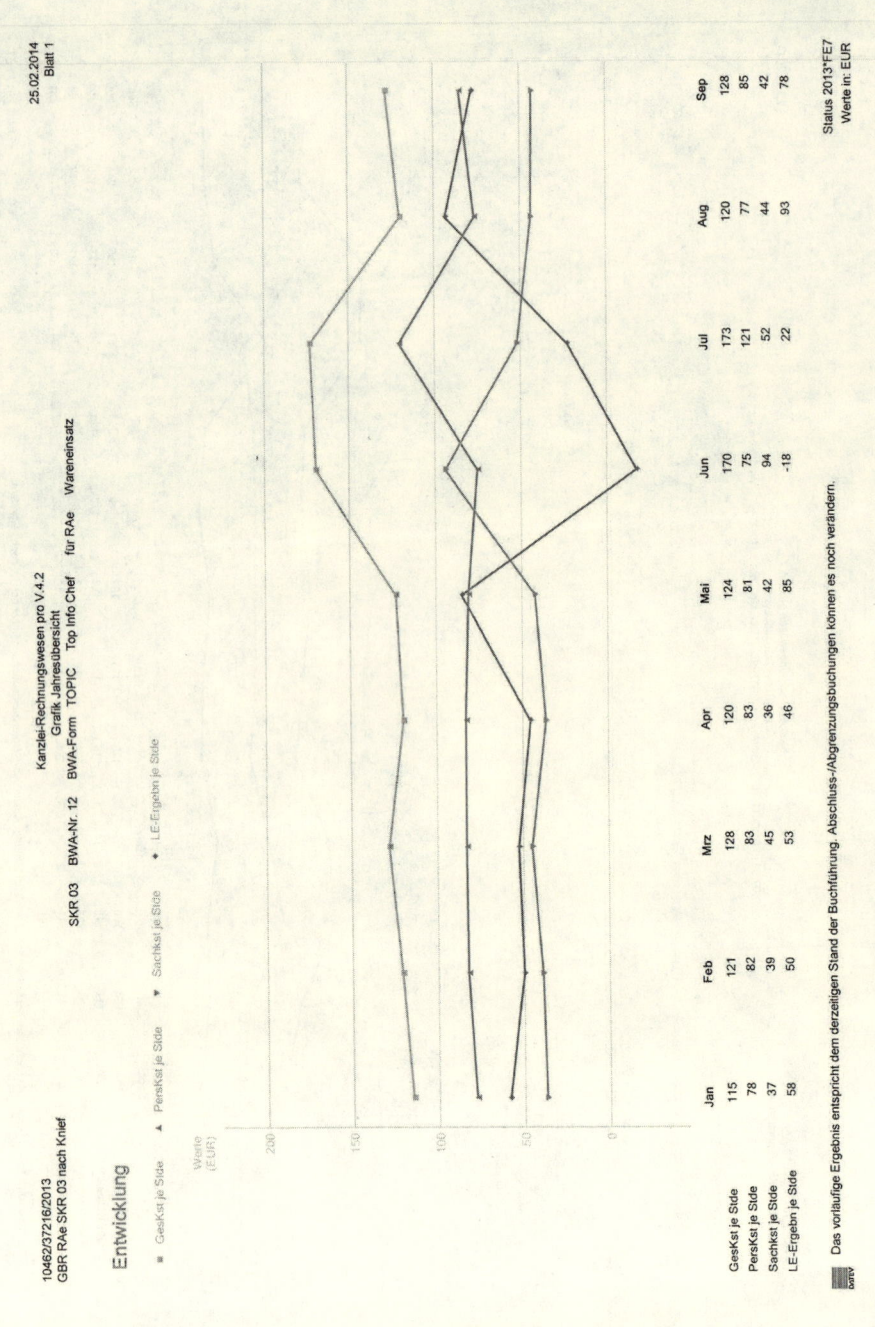

10462/37216/2013
GBR RAe SKR 03 nach Knief

Kanzlei-Rechnungswesen pro V.4.2
Grafik Jahresübersicht
SKR 03   BWA-Nr. 12   BWA-Form TOPIC Top Info Chef   für RAe   Wareneinsatz

25.02.2014
Blatt 1

Entwicklung

■ GesKst je Stde   ▲ PersKst je Stde   ▼ SachKst je Stde   ♦ LE-Ergebn je Stde

Werte
(EUR)

200

150

100

50

0

	Jan	Feb	Mrz	Apr	Mai	Jun	Jul	Aug	Sep
GesKst je Stde	115	121	128	120	124	170	173	120	128
PersKst je Stde	78	82	83	83	81	75	121	77	85
Sachkst je Stde	37	39	45	36	42	94	52	44	42
LE-Ergebn je Stde	58	50	53	46	85	-18	22	93	78

Status 2013*FE7
Werte in: EUR

▨ Das vorläufige Ergebnis entspricht dem derzeitigen Stand der Buchführung. Abschluss-/Abgrenzungsbuchungen können es noch verändern.
DATEV

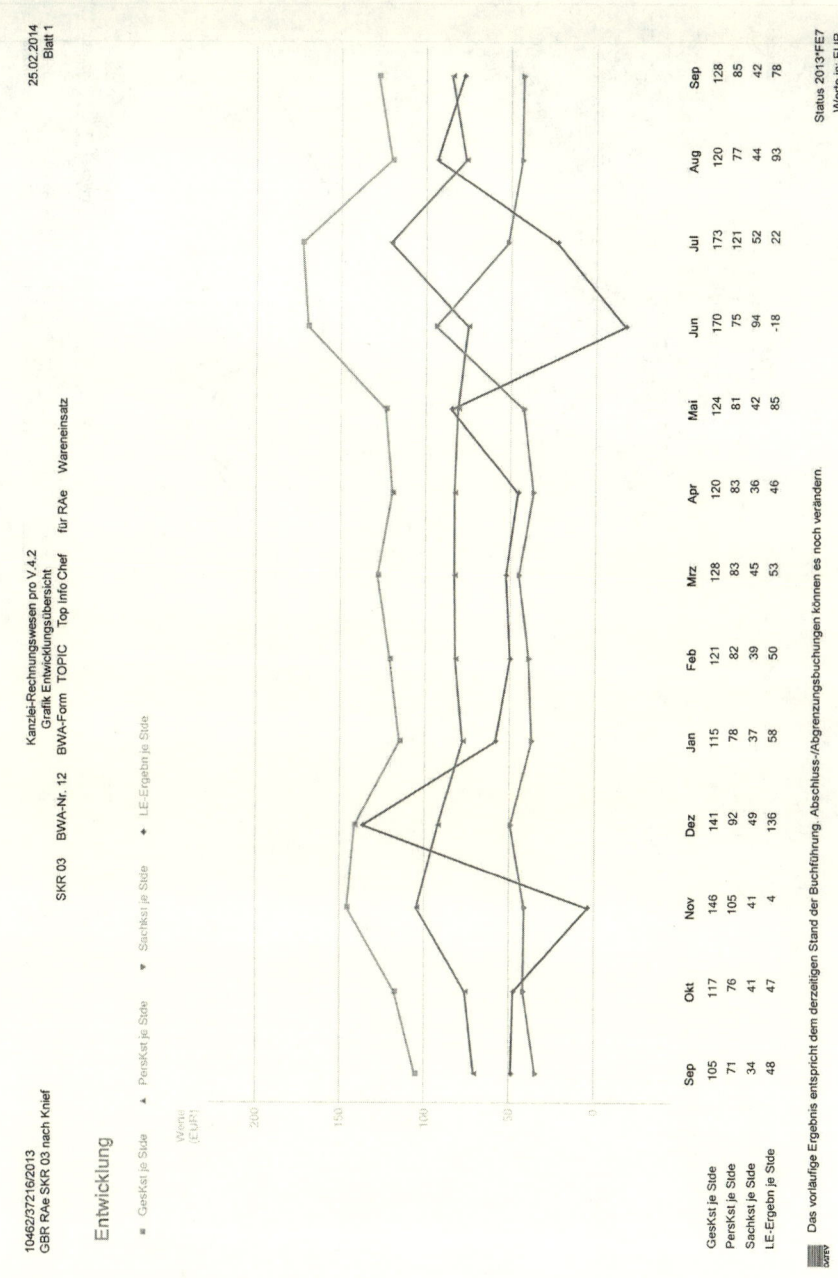

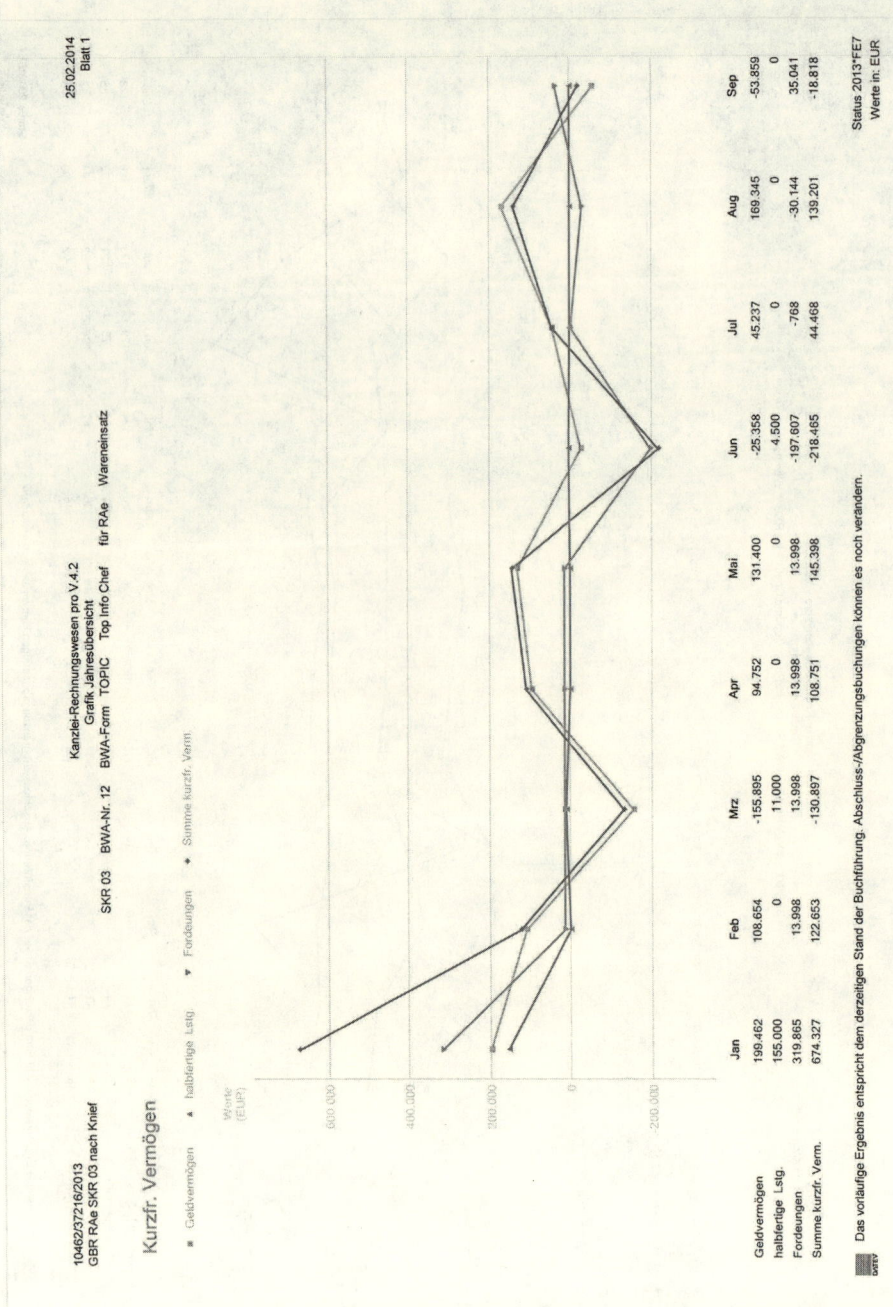

10462/37216/2013
GBR RAe SKR 03 nach Knief

Kurzfr. Vermögen

Kanzlei-Rechnungswesen pro V.4.2
Grafik Jahresübersicht
SKR 03   BWA-Nr. 12   BWA-Form TOPIC   Top Info Chef   für RAe   Wareneinsatz

25.02.2014
Blatt 1

Kurzfr. Vermögen

▪ Geldvermögen   ▲ halbfertige Lstg   ▾ Forderungen   ◆ Summe kurzfr. Verm

Werte
(EUR)

	Jan	Feb	Mrz	Apr	Mai	Jun	Jul	Aug	Sep
Geldvermögen	190.462	108.654	-155.895	94.752	131.400	-25.358	45.237	169.345	-53.859
halbfertige Lstg.	155.000	0	11.000	0	0	4.500	0	0	0
Forderungen	319.865	13.998	13.998	13.998	13.998	-197.607	-768	-30.144	35.041
Summe kurzfr. Verm.	674.327	122.653	-130.897	108.751	145.398	-218.465	44.468	139.201	-18.818

Status 2013*FE7
Werte in: EUR

▨ Das vorläufige Ergebnis entspricht dem derzeitigen Stand der Buchführung. Abschluss-/Abgrenzungsbuchungen können es noch verändern.
DATEV

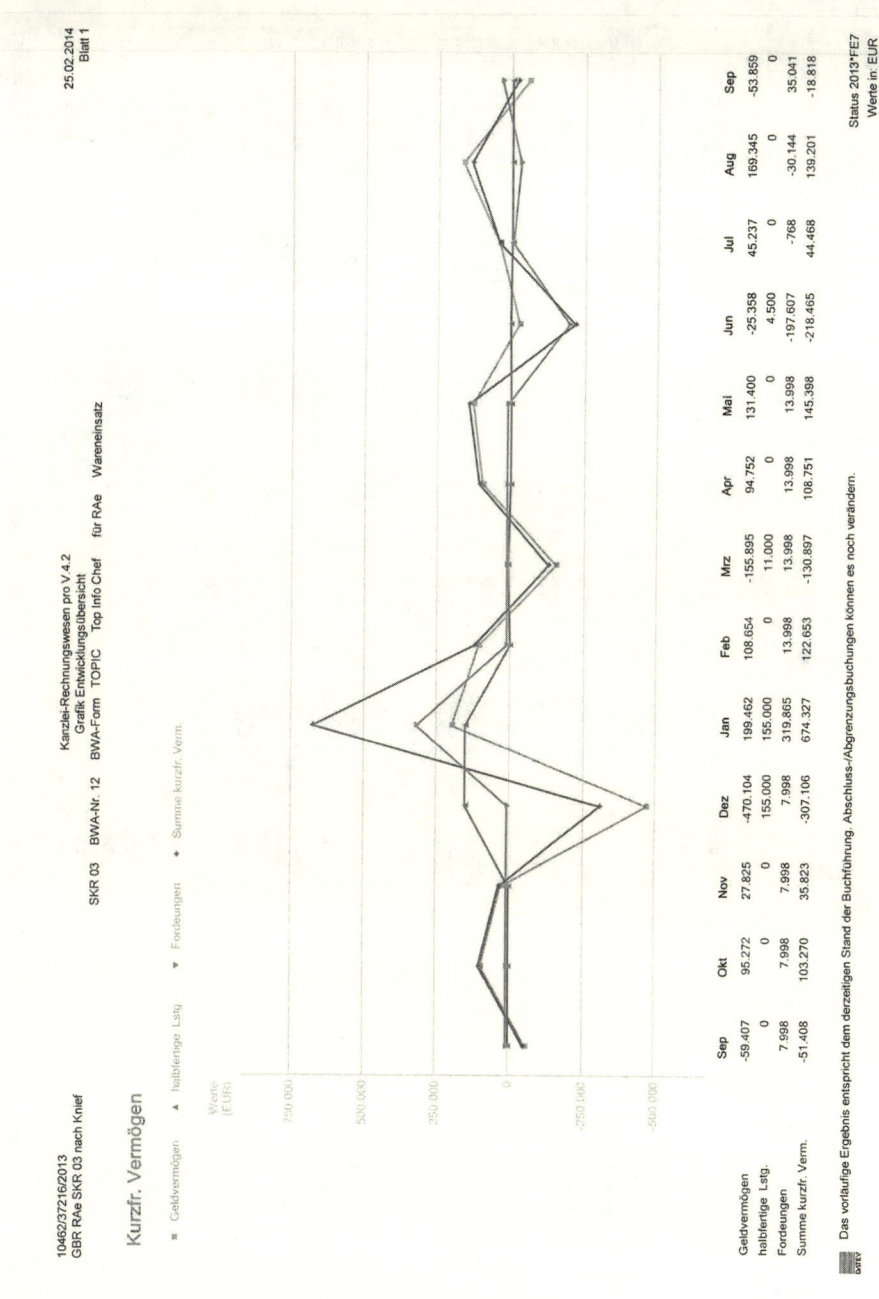

10462/37216/2013
GBR RAe SKR 03 nach Knief

SKR 03   BWA-Nr. 12

Kanzlei-Rechnungswesen pro V 4.2
Grafik Entwicklungsübersicht
BWA-Form TOPIC   Top Info Chef   für RAe   Wareneinsatz

25.02.2014
Blatt 1

Kurzfr. Vermögen

■ Geldvermögen   ▲ halbfertige Lstg.   ▼ Forderungen   ◆ Summe kurzfr. Verm.

	Sep	Okt	Nov	Dez	Jan	Feb	Mrz	Apr	Mai	Jun	Jul	Aug	Sep
Geldvermögen	-59.407	95.272	27.825	-470.104	199.462	108.654	-155.895	94.752	131.400	-25.358	45.237	169.345	-53.859
halbfertige Lstg.	0	0	0	155.000	155.000	0	11.000	0	0	4.500	0	0	0
Forderungen	7.998	7.998	7.998	7.998	319.865	13.998	13.998	13.998	13.998	-197.607	-768	-30.144	35.041
Summe kurzfr. Verm.	-51.408	103.270	35.823	-307.106	674.327	122.653	-130.897	108.751	145.398	-218.465	44.468	139.201	-18.818

Status 2013*FE7
Werte in: EUR

▨ Das vorläufige Ergebnis entspricht dem derzeitigen Stand der Buchführung. Abschluss-/Abgrenzungsbuchungen können es noch verändern.
DATEV

1062/37216/2013
GBR RAe SKR 03 nach Knief

Kanzlei-Rechnungswesen pro V.4.2
Vorjahresvergleich September 2013
SKR 03   BWA-Nr. 12   BWA-Form TOPIC   Top Info Chef   für RAe

27.02.2014 — Blatt 1

Bezeichnung	Sep/2013	Sep/2012	Veränderung absolut	in %	Jan/2013 - Sep/2013	Jan/2012 - Sep/2012	Veränderung absolut	in %
Leistung Vorvorjahr	0,00	0,00	0,00		3.072.892,14	0,00	3.072.892,14	
Leistung Vorjahr	0,00	0,00	0,00		2.839.342,52	0,00	2.839.342,52	
PLAN-Leistung lfd J	0,00	0,00	0,00		3.000.000,00	0,00	3.000.000,00	
Leistung bis dahin	325.188,95	249.648,67	75.540,28	30,26	2.600.020,13	2.041.794,90	558.225,23	27,34
kalk. Anwaltslöhne	60.000,00	60.000,00	0,00		540.000,00	540.000,00	0,00	
pers. Kstn jur. MitA	36.550,00	16.350,00	20.200,00	123,55	319.350,00	170.500,00	148.850,00	87,30
Su. jur. Mitarbeiter	96.550,00	76.350,00	20.200,00	26,46	859.350,00	710.500,00	148.850,00	20,95
Rohergebnis 1	228.638,95	173.298,67	56.340,28	31,93	1.740.670,13	1.331.294,90	409.375,23	30,75
weitere Pers. Kosten	29.033,00	26.033,00	3.000,00	11,52	267.949,33	244.247,00	23.702,33	9,70
Sozialabgaben	9.293,22	12.426,98	-3.133,76	-25,22	71.586,44	90.100,07	-18.513,63	-20,55
Su. weitere Pers. Ks	38.326,22	38.459,98	-133,76	-0,35	339.535,77	334.347,07	5.188,70	1,55
Rohergebnis 2	190.312,73	134.838,69	55.474,04	41,14	1.401.134,36	996.947,83	404.186,53	40,54
Sachaufwand	67.107,23	55.989,65	11.117,58	19,86	679.275,54	528.574,78	150.700,76	28,51
LEISTUNGSERGEBNIS	123.205,50	78.849,04	44.356,46	56,25	721.858,82	468.373,05	253.485,77	54,12
LE-ERG. ohne kalk. L	183.205,50	138.849,04	44.356,46	31,95	1.261.858,82	1.008.373,05	253.485,77	25,14
Abschreibungen	16.282,00	15.307,00	975,00	6,37	141.837,53	137.401,11	4.436,42	3,23
effekt. Cashflow	199.487,50	154.156,04	45.331,46	29,41	1.403.696,35	1.145.774,16	257.922,19	22,51
Entnahmen	204.205,00	197.205,00	7.000,00	3,55	731.807,50	717.189,00	14.618,50	2,04
Anzahl Partner	0,00	0,00	0,00		5,00	5,00		
prod. Stden Partner	600,00	629,00	-29,00	-4,61	5.377,00	5.406,00	-29,00	-0,54
prod. Stden jur.MA	980,00	997,00	-17,00	-1,71	8.705,00	8.536,00	169,00	1,98
Su prod. Stunden	1.580,00	1.626,00	-46,00	-2,83	14.082,00	13.942,00	140,00	1,00
ERZIELTER Std-SATZ	205,82	153,54	52,28	34,05	184,63	146,45	38,18	26,07
Summe Personalkosten	134.876,22	114.809,98	20.066,24	17,48	1.198.885,77	1.044.847,07	154.038,70	14,74
Sachkosten	67.107,23	55.989,65	11.117,58	19,86	679.275,54	528.574,78	150.700,76	28,51
P-Kstn je prod Stde	85,36	70,61	14,75	20,89	85,14	74,94	10,20	13,61
S-Kstn je prod. Stde	42,47	34,43	8,04	23,35	48,24	37,91	10,33	27,25
GesKstn je pr. Stde	127,83	105,04	22,79	21,70	133,38	112,85	20,53	18,19
LE-Ergebn. je pr. St	77,98	48,49	29,49	60,82	51,26	33,59	17,67	52,60
Geldkonten	-53.858,78	-59.406,66	5.547,88	9,34	513.736,46	477.506,13	36.230,33	7,59
halbfert. Leistungen	0,00	0,00	0,00		170.500,00	155.000,00	15.500,00	10,00
Mand.Forderungen	35.041,06	7.998,33	27.042,73	338,10	182.380,60	281.871,81	-99.491,21	-35,30
kurzfristiges Verm.	-18.817,72	-51.408,33	32.590,61	63,40	866.617,06	914.377,94	-47.760,88	-5,22
sonst. Forderungen	-489,35	-844,35	355,00	42,04	81.554,72	80.966,91	587,81	0,73
Buchwerte AnlageV	-16.282,00	-15.307,00	-975,00	-6,37	1.112.199,82	623.638,43	488.561,39	78,34
BUCHVERMÖGEN	-35.589,07	-67.559,68	31.970,61	47,32	2.060.371,60	1.618.983,28	441.388,32	27,26
Geschäftsleitung hat								
Kenntnis genommen								

Das vorläufige Ergebnis entspricht dem derzeitigen Stand der Buchführung. Abschluss-/Abgrenzungsbuchungen können es noch verändern.

Status 2013*FE7
Werte in: EUR

O. Steuerrecht

I. Personengesellschaft/Einzelunternehmen

1. Gründungsfragebogen

Steuernummer

1.3 Gründungsform

Bitte den von allen Gesellschaftern/Beteiligten unterschriebenen **Gesellschaftsvertrag** beifügen! Falls ein schriftlicher Vertrag nicht abgeschlossen wurde, fügen Sie bitte eine von allen Gesellschaftern/Beteiligten unterschriebene Erklärung über die gesellschaftsrechtlichen Vereinbarungen bei, insbesondere zu nachfolgenden Punkten:

– Wer ist zur Vertretung und Geschäftsführung der Gesellschaft/Gemeinschaft befugt?
– In welcher Höhe sind die Gesellschafter/Beteiligten am Gewinn oder Verlust beteiligt?
– In welcher Höhe sind die Gesellschafter/Beteiligten am Vermögen beteiligt?
– Welche Regelungen gelten für die Kündigung der Gesellschaft/Gemeinschaft?
– Wie soll die Auseinandersetzung für den Fall der Auflösung der Gesellschaft/Gemeinschaft oder des Ausscheidens erfolgen?

31   Neugründung zum   Verlegung zum

32   Übernahme (z.B. Kauf, Pacht, Vererbung, Schenkung) zum   Umwandlung / Einbringung / Verschmelzung zum

33   Vorheriges Unternehmen: Firma

oder

34   Name   Vorname

35   Straße   Haus-Nr.   Haus-Nr.-Zusatz

36   Postleitzahl   Ort

37   Finanzamt   Steuernummer

38   ggf. Umsatzsteuer-Identifikationsnummer

1.4 Rechtsform der Gesellschaft/Gemeinschaft ③

39   GbR (Gesellschaft bürgerlichen Rechts)   Atypische stille Gesellschaft

40   OHG (Offene Handelsgesellschaft)   Arge (z. B. Arbeitsgemeinschaft des Baugewerbes, s. Zusatzblatt)

41   KG (Kommanditgesellschaft)   GmbH & Co. KG (Bitte Gesellschaftsvertrag der GmbH beifügen!)

42   Partnerschaftsgesellschaft   Sonstiges   Angabe der Rechtsform

1.5 Kammerzugehörigkeit (Handwerks- / Industrie- und Handelskammer)

43   Ja   **X** Nein ④

1.6 Handelsregistereintragung

44   Ja, seit   Nein   Eine Eintragung ist beabsichtigt.

45   Bitte Handelsregisterauszug beifügen!   Antrag beim Handelsregister gestellt

46   beim Amtsgericht   am

47   Ort

48   Registernummer

1.7 Bankverbindung / Lastschrifteinzugsverfahren (LEV)   (Bitte **entweder** Kto. Nr., BLZ **oder** IBAN, BIC angeben)

Alle Steuererstattungen sollen an folgende Bankverbindung erfolgen:

49   Kontonummer   Bankleitzahl

50   IBAN

51   BIC

52   Geldinstitut (Name, Ort)

53   Kontoinhaber(in) lt. Zeile 3

54   Kontoinhaber(in), sofern das Konto nicht auf den Namen der Gesellschaft/Gemeinschaft lautet:

Möchten Sie am **Lastschrifteinzugsverfahren**, dem für beide Seiten einfachsten Zahlungsweg, teilnehmen?

55   Ja, die ausgefüllte Teilnahmeerklärung ist beigefügt.

2012FsEPG022NET   2012FsEPG022NET

Steuernummer

1.8 Vertretung der Gesellschaft/Gemeinschaft

61 ☐ Geschäftsführer(in)   ☐ Gesellschafter(in)/Beteiligte(r)

Firma:
62

oder

Name   Vorname
63

Straße   Haus-Nr.   Haus-Nr.-Zusatz
64

Postleitzahl   Ort
65

Postleitzahl   Ort (Postfach)   Postfach
66

Bei Geschäftsführer(in)

Geburtsdatum
67   Identifikationsnummer

Kommunikationsverbindungen

Telefon:
Vorwahl international   Vorwahl national   Rufnummer
68

Telefax:
Vorwahl international   Vorwahl national   Rufnummer
69

E-Mail
70

Internetadresse
71

Finanzamt   Steuernummer
72

ggf. Umsatzsteuer-Identifikationsnummer
73

---

74 **1.9 Steuerliche Beratung**   ☐ Nein   ☐ Ja

Firma:
75

oder

Name   Vorname
76

Straße   Haus-Nr.   Haus-Nr.-Zusatz
77

Postleitzahl   Ort
78

Postleitzahl   Ort (Postfach)   Postfach
79

Kommunikationsverbindungen

Telefon:
Vorwahl international   Vorwahl national   Rufnummer
80

Telefax:
Vorwahl international   Vorwahl national   Rufnummer
81

E-Mail
82

83   ☒ mit Empfangsvollmacht: Die gesonderte Vollmacht ist beigefügt. ⑤

2012FsEPG023NET   2012FsEPG023NET

	Steuernummer

1.10 Gemeinsame(r) von allen Gesellschaftern/Gemeinschaftern bestellte(r) Empfangsbevollmächtige(r) nach § 183 Abs. 1 Satz 1 AO bei der gesonderten und einheitlichen Feststellung

91   Firma: ⑥

oder

92   Name   Vorname

93   Straße   Haus-Nr.   Haus-Nr.-Zusatz

94   Postleitzahl   Ort

95   Postleitzahl   Ort (Postfach)   Postfach

Kommunikationsverbindungen

96   Telefon: Vorwahl international   Vorwahl national   Rufnummer

97   Telefax: Vorwahl international   Vorwahl national   Rufnummer

98   E-Mail

99   Die gesonderte **Vollmacht** ist beigefügt.

2. Angaben zu den Gesellschaftern/Beteiligten

(Bitte fügen Sie bei mehr als drei Gesellschaftern/Beteiligten die unten aufgeführten Angaben zu den Abschnitten 2 und 3 auf dem Einlageblatt mit fortlaufender Nummerierung gesondert bei!)

100   Nummer des Beteiligten   0 0 0 0 1   Zeichnernummer (soweit vorhanden)

101   Anrede

102   Titel / Namenszeile 1

103   Vorname/Namenszeile2   Geburtsdatum

104   Namensbestandteil / Namenszeile 3

105   Name / Namenszeile 4

106   Straße und Hausnummer

107   Postleitzahl, Ort   ggf. ausländ. Staat

108   Zuständiges Finanzamt   Eintrittsdatum

109   **Steuernummer**   Identifikationsnummer

110   Art der Beteiligung   ⑦

1 = persönlich haftender Gesellschafter einer OHG	6 = Gesellschafter / Gemeinschafter, der nicht Mitunternehmer ist, ohne Haftungsbeschränkung
2 = Komplementär	7 = Gesellschafter / Gemeinschafter, der nicht Mitunternehmer ist, mit Haftungsbeschränkung i. S. d. § 15a EStG
3 = Kommanditist	
4 = sonstiger Mitunternehmer ohne Haftungsbeschränkung	8 = Treuhänder
5 = sonstiger Mitunternehmer mit Haftungsbeschränkung i. S. d. § 15a EStG	9 = Treuhänder, der nur für einen haftungsbeschränkten Treugeber tätig ist.

111   Art des Beteiligten

1 = Personengesellschaft mit unmittelbar oder mittelbar beteiligter Körperschaft	Bei beteiligten Personengesellschaften: Anteil der hieran direkt oder indirekt beteiligten Kapitalgesellschaften in Prozent
3 = Körperschaft	
5 = Personengesellschaft ohne unmittelbar oder mittelbar beteiligte Körperschaft	
0 = natürliche Person	

112   %

113   1 = beschränkt einkommensteuerpflichtige Person, beschränkt steuerpflichtige Körperschaft oder Personengesellschaft, an der eine beschränkt steuerpflichtige Körperschaft beteiligt ist

114   Anteil am Ergebnis   Bruchteil   /

115   Anteiliges Kapital   €

Steuernummer

121 | Nummer des Beteiligten   **0 0 0 0 2**   Zeichnernummer (soweit vorhanden)

122 | Anrede

123 | Titel / Namenszeile 1

124 | Vorname/Namenszeile2   Geburtsdatum

125 | Namensbestandteil / Namenszeile 3

126 | Name / Namenszeile 4

127 | Straße und Hausnummer

128 | Postleitzahl, Ort   ggf. ausländ. Staat

129 | Zuständiges Finanzamt   Eintrittsdatum

130 | **Steuernummer**   Identifikations- nummer

131 | Art der Beteiligung

1 = persönlich haftender Gesellschafter einer OHG
2 = Komplementär
3 = Kommanditist
4 = sonstiger Mitunternehmer ohne Haftungsbeschränkung
5 = sonstiger Mitunternehmer mit Haftungsbeschränkung i. S. d. § 15a EStG

6 = Gesellschafter / Gemeinschafter, der nicht Mitunternehmer ist, ohne Haftungsbeschränkung
7 = Gesellschafter / Gemeinschafter, der nicht Mitunternehmer ist, mit Haftungsbeschränkung i. S. d. § 15a EStG
8 = Treuhänder
9 = Treuhänder, der nur für einen haftungs- beschränkten Treugeber tätig ist.

132 | Art des Beteiligten

1 = Personengesellschaft mit unmittelbar oder mittelbar beteiligter Körperschaft
3 = Körperschaft
5 = Personengesellschaft ohne unmittelbar oder mittelbar beteiligte Körperschaft
0 = natürliche Person

Bei beteiligten Personengesellschaften: Anteil der hieran direkt oder indirekt beteiligten Kapitalgesellschaften in Prozent

133 | %

134 | 1 = beschränkt einkommensteuerpflichtige Person, beschränkt steuerpflichtige Körperschaft oder Personengesellschaft, an der eine beschränkt steuerpflichtige Körperschaft beteiligt ist

135 | Anteil am Ergebnis   Bruchteil   /

136 | Anteiliges Kapital   €

137 | Nummer des Beteiligten   **0 0 0 0 3**   Zeichnernummer (soweit vorhanden)

138 | Anrede

139 | Titel / Namenszeile 1

140 | Vorname/Namenszeile2   Geburtsdatum

141 | Namensbestandteil / Namenszeile 3

142 | Name / Namenszeile 4

143 | Straße und Hausnummer

144 | Postleitzahl, Ort   ggf. ausländ. Staat

145 | Zuständiges Finanzamt   Eintrittsdatum

146 | **Steuernummer**   Identifikations- nummer

147 | Art der Beteiligung

1 = persönlich haftender Gesellschafter einer OHG
2 = Komplementär
3 = Kommanditist
4 = sonstiger Mitunternehmer ohne Haftungsbeschränkung
5 = sonstiger Mitunternehmer mit Haftungsbeschränkung i. S. d. § 15a EStG

6 = Gesellschafter / Gemeinschafter, der nicht Mitunternehmer ist, ohne Haftungsbeschränkung
7 = Gesellschafter / Gemeinschafter, der nicht Mitunternehmer ist, mit Haftungsbeschränkung i. S. d. § 15a EStG
8 = Treuhänder
9 = Treuhänder, der nur für einen haftungs- beschränkten Treugeber tätig ist.

Steuernummer

151	Art des Beteiligten	1 = Personengesellschaft mit unmittelbar oder mittelbar beteiligter Körperschaft 3 = Körperschaft
		5 = Personengesellschaft ohne unmittelbar oder mittelbar beteiligte Körperschaft
152		0 = natürliche Person

Bei beteiligten Personengesellschaften: Anteil der hieran direkt oder indirekt beteiligten Kapitalgesellschaften in Prozent   %

153   1 = beschränkt einkommensteuerpflichtige Person, beschränkt steuerpflichtige Körperschaft oder Personengesellschaft, an der eine beschränkt steuerpflichtige Körperschaft beteiligt ist

154	Anteil am Ergebnis	Bruchteil	/
155		Anteiliges Kapital	€

3. Angaben zur Festsetzung von Vorauszahlungen (Gewerbesteuer, Einkommensteuer)

		im Jahr der Betriebseröffnung EUR	im Folgejahr EUR
156	**Voraussichtlicher Gewinn** der Gesellschaft	(8)	
157	**zu lfd. Nr.** **0 0 0 0 1** 3.1 **voraussichtlicher Gewinnanteil**		
158	3.2 **Sonderbetriebseinnahmen**		
159	3.3 **Sonderbetriebsausgaben**		
160	**zu lfd. Nr.** **0 0 0 0 2** 3.1 **voraussichtlicher Gewinnanteil**		
161	3.2 **Sonderbetriebseinnahmen**		
162	3.3 **Sonderbetriebsausgaben**		
163	**zu lfd. Nr.** **0 0 0 0 3** 3.1 **voraussichtlicher Gewinnanteil**		
164	3.2 **Sonderbetriebseinnahmen**		
165	3.3 **Sonderbetriebsausgaben**		

4. Angaben zur Gewinnermittlung

166	Gewinnermittlungsart	X Einnahmenüberschussrechnung (9)
167		Vermögensvergleich (Bilanz) Eröffnungsbilanz liegt bei. wird nachgereicht.
168		Gewinnermittlung nach Durchschnittssätzen (nur bei Land- und Forstwirtschaft)

169   Art der Aufteilung   Bitte 1, 2, 3 oder 0 eintragen.   1 = nach gezeichnetem Kapital   3 = nach eingezahltem Kapital
                                              2 = nach Bruchteilen   0 = anderer Aufteilungsschlüssel
                                                                       (Erläuterungen auf besonderem Blatt)

Liegt ein vom Kalenderjahr abweichendes Wirtschaftsjahr vor?

170   X Nein   Ja,   Beginn   (10)

5. Freistellungsbescheinigung gemäß § 48b Einkommensteuergesetz (EStG)   (Bauabzugsteuer)

Das Merkblatt zum Steuerabzug bei Bauleistungen steht Ihnen im Internet unter www.bzst.de zum Download zur Verfügung. Sie können es aber auch bei Ihrem Finanzamt erhalten.

171   Wir beantragen die Erteilung einer Bescheinigung zur Freistellung vom Steuerabzug bei Bauleistungen gemäß § 48b EStG.

6. Angaben zur Anmeldung und Abführung der Lohnsteuer

172	Zahl der Arbeitnehmer (einschließlich Aushilfskräfte) Insgesamt	a) davon Familienangehörige	b) davon geringfügig Beschäftigte

173   Beginn der Lohnzahlungen

174   Anmeldungszeitraum (voraussichtliche Lohnsteuer im Kalenderjahr)   **monatlich** (mehr als 4 000 EUR)   **vierteljährlich** (mehr als 1 000 EUR)   **jährlich** (nicht mehr als 1 000 EUR) (11)

Die für die Lohnberechnung maßgebenden Lohnbestandteile werden zusammengefasst im Betrieb / Betriebsteil:

175	Bezeichnung
176	Straße Haus-Nr. Haus-Nr.-Zusatz
177	Postleitzahl Ort

┌───┐

Steuernummer

7. Angaben zur Anmeldung und Abführung der Umsatzsteuer

7.1 Sume der Umsätze im Jahr der Betriebseröffnung im Folgejahr
(geschätzt)   EUR   EUR

181   ⑫

7.2 Geschäftsveräußerung im Ganzen (§ 1 Abs. 1a Umsatzsteuergesetz (UStG))

Es wurde ein Unternehmen oder ein in der Gliederung eines Unternehmens gesondert geführter Betrieb erworben:

182 ☐ Nein ☐ Ja (siehe Eintragungen zu Tz. 1.3 Übernahme)

7.3 Kleinunternehmer-Regelung

183 ☐ Der auf das Kalenderjahr hochgerechnete Gesamtumsatz wird die Grenze von 17.500 EUR voraussichtlich nicht überschreiten. Es wird die Kleinunternehmer-Regelung (§ 19 Abs. 1 UStG) in Anspruch genommen.
In Rechnungen wird keine Umsatzsteuer gesondert ausgewiesen und es kann kein Vorsteuerabzug geltend gemacht werden.
Hinweis: Angaben zu Tz. 7.8 sind nicht erforderlich; Umsatzsteuer-Voranmeldungen sind grundsätzlich nicht zu übermitteln.

184 ☐ Der auf das Kalenderjahr hochgerechnete Gesamtumsatz wird die Grenze von 17.500 EUR voraussichtlich nicht überschreiten. Es wird auf die Anwendung der Kleinunternehmer-Regelung verzichtet.
Die Besteuerung erfolgt nach den allgemeinen Vorschriften des Umsatzsteuergesetzes **für mindestens fünf Kalenderjahre** (§ 19 Abs. 2 UStG); Umsatzsteuer-Voranmeldungen sind monatlich in elektronischer Form abzugeben. ⑬

7.4 Organschaft (§ 2 Abs. 2 Nr. 2 UStG)

☐ Ich bin Organträger folgender Organgesellschaft:

Firma
185

Straße   Haus-Nr.   Haus-Nr.-Zusatz
186

Postleitzahl Ort
187

Postleitzahl Ort (Postfach)   Postfach
188

Rechtsform
189

Beteiligungsverhältnis (Bruchteil) /
190

Finanzamt   Steuernummer
191

192 ggf. Umsatzsteuer-Identifikationsnummer (USt-IdNr.)

Hinweis: Weitere organschaftliche Verbindungen bitte in einer Anlage (formlos) mitteilen.

7.5 Steuerbefreiung

Es werden ganz oder teilweise steuerfreie Umsätze gem. § 4 UStG ausgeführt:

193 ☐ Nein ☐ Ja Art des Umsatzes / der Tätigkeit ⑭   (§ 4 Nr. UStG)

7.6 Steuersatz

Es werden Umsätze ausgeführt, die ganz oder teilweise dem ermäßigten Steuersatz gem. § 12 Abs. 2 UStG unterliegen:

194 ☐ Nein ☐ Ja Art des Umsatzes / der Tätigkeit ⑮   (§ 12 Abs. 2 Nr. UStG)

7.7 Durchschnittssatzbesteuerung

Es werden ganz oder teilweise Umsätze ausgeführt, die der Durchschnittssatzbesteuerung gem. § 24 UStG unterliegen:

195 ☒ Nein ☐ Ja Art des Umsatzes / der Tätigkeit   (§ 24 Abs. 1 Nr. UStG)

7.8 Soll- / Istversteuerung der Entgelte

196 Die Umsatzsteuer wird berechnet nach ☐ vereinbarten Entgelten **(Sollversteuerung)**. ⑫

197   ☒ vereinnahmten Entgelten. Es wird hiermit die **Istversteuerung** beantragt, weil

198   ☐ der Gesamtumsatz für das Gründungsjahr voraussichtlich nicht mehr als 500.000 EUR betragen wird.

199   ☐ die Gesellschaft von der Verpflichtung, Bücher zu führen und auf Grund jährlicher Bestandsaufnahmen regelmäßig Abschlüsse zu machen, nach § 148 der Abgaben-ordnung (AO) befreit ist.

200   ☒ die Gesellschaft Umsätze aus einer freiberuflichen Tätigkeit im Sinne des § 18 Abs. 1 Nr. 1 EStG ausführt.

2012FsEPG027NET   2012FsEPG027NET

└───┘

Steuernummer	

7.9 Umsatzsteuer-Identifikationsnummer

201   **X**   Wir **benötigen** für die Teilnahme am innergemeinschaftlichen Waren- und Dienstleistungsverkehr eine USt-IdNr.   ⑯
    Hinweis: Bei Vorliegen einer Organschaft ist die USt-IdNr. der Organgesellschaft vom Organträger zu beantragen.

202   Wir **haben bereits** für eine frühere Tätigkeit folgende USt-IdNr. erhalten:

203   USt-IdNr.   Vergabedatum:

Hinweis: Die mit diesem Fragebogen angeforderten Daten werden aufgrund der §§ 85, 88, 90, 93 und 97 AO erhoben.

204

_____

Ort, Datum   Unterschrift(en) vertretungsberechtigte(r) Geschäftsführer(in)
oder Gesellschafter(in) / Beteiligte(r) bzw. aller Gesellschafter / Beteiligten
bzw. des / der Vertreter(s) oder Bevollmächtigte(n)

205   Anlagen: Aufstellung über Betriebstätten (Tz. 1.2)

206   Verträge über die Übernahme / Einbringung / Umwandlung / Verschmelzung eines Unternehmens (Tz. 1.3)

207   Vertrag über die Gesellschaft / Gemeinschaft (Tz. 1.3)

208   Erklärung über die gesellschaftsrechtlichen Vereinbarungen (Tz. 1.3)

209   Gesellschaftsvertrag der Komplementär-GmbH (Tz. 1.4)

210   Handelsregisterauszug (Tz. 1.6)

211   Teilnahmeerklärung für das LEV (Tz. 1.7)

212   Empfangsvollmacht (Tz. 1.9 / 1.10)

213   Auflistung der Gesellschafter (Tz. 2, 3) (Einlageblatt)

214   Eröffnungsbilanz (Tz. 4)

215   Weitere organschaftliche Verbindungen (Tz. 7.4)

216

Finanzamt

Anmerkungen

1. Der Gründungsfragebogen dient dazu, dem zuständigen Finanzamt die notwendigen Angaben zu liefern, damit dieses für die Gesellschaft bzw. die Einzelkanzlei eine Steuernummer vergibt. Die Steuernummer ist notwendiger Bestandteil der Rechnungen, die von der Gesellschaft geschrieben werden (§ 14 UStG) und ist daher unverzichtbar für den Start des Unternehmens. Sind die Angaben und/oder Unterlagen unvollständig, kann dies die Bearbeitungszeit beim Finanzamt verlängern und damit die Erteilung der Steuernummer verzögern. Die von der Steuernummer verschiedene Umsatzsteuer-Identifikationsnummer (→ Anm. 16) kann ebenfalls erst nach Vergabe der Steuernummer erteilt werden. **Das zuständige Finanzamt** bestimmt sich nach den §§ 17 ff. AO. Bei der freiberuflichen Tätigkeit von Rechtsanwälten iSv § 18 EStG kommt es auf das Finanzamt an, in dessen Bezirk die Berufstätigkeit vorwiegend ausgeübt wird (§ 18 Abs. 1 Nr. 3 AO) – regelmäßig der Sitz der Kanzlei. Bei einer Einzelkanzlei, die am Wohnsitz des Rechtsanwalts geführt wird, entspricht die Steuernummer regelmäßig seiner Steuernummer für die Einkommensteuerveranlagung. Bei einer Personengesellschaft entscheidet nach § 18 Abs. 1 Nr. 4 AO über das zuständige Finanzamt der Ort, wo die Einkünfte aus selbständiger Arbeit verwaltet werden – regelmäßig der Hauptsitz der Kanzlei.

2. Unterhält die Kanzlei im Einklang mit den berufsrechtlichen Regelungen neben dem Hauptsitz in unterschiedlichen Städten bzw. Gemeinden Kanzleistandorte, handelt es sich um rechtlich unselbständige Teile des Unternehmens. Diese sind in den Zeilen 17 ff. zu erfassen. Unmittelbare steuerliche Auswirkungen ergeben sich für eine Personengesellschaft bzw. ein Einzelunternehmen jedoch nicht, soweit diese freiberufliche Einkünfte iSv § 18 EStG erzielen. Einkünfte aus einer Tätigkeit als Rechtsanwalt gehören zu den in § 18 Abs. 1 Nr. 1 S. 2 EStG explizit erwähnten Katalogberufen und sind damit grundsätzlich als freiberufliche Einkünfte anzusehen. Freiberufler unterliegen nicht der Gewerbesteuer (§§ 2, 6 GewStG), da sie grundsätzlichen keine gewerblichen Einkünfte erzielen (zu den Ausnahmen → Form. O. I. 8 Anm. 3). Nur bei gewerblichen Einkünften kann die Unterhaltung von Betriebsstätten in unterschiedlichen Gemeinden zu einer höheren Steuerbelastung mit Blick auf die Gewerbesteuer führen. Denn die Gewerbesteuerhebesätze werden von den jeweiligen Gemeinden individuell festgelegt und die Einkünfte sind im Wege der Gewerbesteuerzerlegung auf die einzelnen Betriebsstätten aufzuteilen (§ 4 GewStG; → Form. O. I. 8 Anm. 2). Für Zusammenschlüsse von Freiberuflern mit selbständigen Einkünften iSv § 18 EStG hat die Angabe von mehreren Betriebsstätten dagegen mangels Gewerbesteuerpflicht keine höhere Steuerbelastung zur Folge.

3. GbR und Partnerschaftsgesellschaften von Rechtsanwälten erzielen selbständige Einkünfte gemäß § 18 EStG, die im Wege der gesonderten und einheitlichen Feststellungserklärung (→ Form. O. I. 7) unmittelbar den einzelnen Gesellschaftern steuerlich zuzuordnen sind. Wer eine freiberufliche Tätigkeit aufnimmt, hat dies dem zuständigen Finanzamt mitzuteilen, § 138 Abs. 1 S. 3 AO. Auch bei den Handelsgesellschaften, wie der OHG und der KG, können Einkünfte iSd § 18 EStG entstehen, soweit sich Rechtsanwälte in berufsrechtlich zulässiger Weise in diesen Rechtsformen zusammenschließen. Die Eintragung im Handelsregister allein führt nicht dazu, dass die selbständigen Einkünfte zu gewerblichen Einkünften umqualifiziert werden. Besondere Beachtung muss jedoch die GmbH & Co. KG finden und jede andere Personengesellschaft, bei der sich Kapitalgesellschaften als Mitunternehmer beteiligen. Ist eine Kapitalgesellschaft einziger Vollhafter und zudem nur diese oder Personen zur Geschäftsführung befugt, die nicht zugleich Gesellschafter der Personengesellschaft sind, liegt eine gewerblich geprägte Personengesellschaft iSv § 15 Abs. 3 Nr. 2 EStG vor. Dies bedeutet, dass die **gewerblich geprägte Personengesellschaft** kraft ihrer rechtlichen Ausgestaltung gewerbliche Einkünfte erzielt, auch wenn sie nicht originär gewerblich (sondern zB freiberuflich) tätig ist. Dadurch tritt zugleich eine Gewerbesteuerpflicht ein, die anderenfalls (bei selbständigen Einkünften iSv § 18 EStG ohne gewerbliche Infektion) vermeidbar wäre.

Die Rechtsprechung geht jedoch bei einer freiberuflichen Tätigkeit über diese Grundsätze für gewerblich geprägte Gesellschaften hinaus. **Jede** Beteiligung einer Kapitalgesellschaft als Mitunternehmer an einer Personengesellschaft (auch zu 0 %) führt zu einer gewerblichen Infizierung der Gesellschaft, auch wenn diese nicht die Voraussetzungen der gewerblichen Prägung iSv § 15 Abs. 3 Nr. 2 EStG erfüllt (so zB BFH Urt v. 8.4.2008 – VIII R 73/05, BStBl 2008 II, 681; BFH Urt. v. 23.4.2009 – IV R 73/06, BStBl 2010 II, 40). Dies gilt selbst dann, wenn es sich bei der Kapitalgesellschaft ihrerseits um eine Freiberufler-Kapitalgesellschaft handelt. Auf die Berufsrechtswidrigkeit kommt es für die steuerliche Behandlung demgegenüber nicht an (dazu Schmidt/*Wacker* EStG § 18 Rn. 43). Bei der Beteiligung ausländischer Gesellschaften kommt es entscheidend für die Einstufung als freiberufliche Einkünfte iSv § 18 EStG darauf an, ob im Ausland vergleichbare staatliche Überwachung bzw. Berufsrechtskontrollen existieren (Schmidt/*Wacker* EStG § 18 Rn 43 mwN).

In allen anderen Fällen ist darauf zu achten, dass keine **gewerbliche Infizierung** der Einkünfte aus freiberuflicher Tätigkeit gemäß § 18 EStG erfolgt. Denn wenn die Gesellschaft **auch** gewerbliche Einkünfte tätigt, werden alle Einkünfte umqualifiziert und als gewerbliche Einkünfte eingestuft (sog. Abfärbetheorie). Eine Ausnahme wird von der Rechtsprechung lediglich dann anerkannt, wenn die gewerblichen Einkünfte äußerst gering ausfallen (BFH Urt. v. 11.8.1999 – XI R 12/98, BStBl 2000 II, 229 für einen Umsatzanteil von bis zu 1,25 % bzw. BFH Urt. v. 30.8.2001 – IV R 43/00, BStBl 2002 II, 152 für das Zusammentreffen mit gewerbesteuerbefreiten Einkünften). Die Beteiligung eines Berufsfremden (natürliche Person), der nicht Freiberufler ist, als Mitunternehmer an der Personengesellschaft führt ebenfalls zu einer gewerblichen Infektion der gesamten Einkünfte aus der Gesellschaft (zB über eine Erbengemeinschaft, BFH Beschl v. 5.12.2006 – XI B 137/05, BFH/NV 2007, 452; BFH Urt. v. 15.5.1997 – IV R 33/95, BFH/NV 1997, 751). Vor diesem Hintergrund erscheinen besondere gesellschaftsrechtliche Nachfolgeklauseln und eine konkrete Nachfolgeplanung zur Vermeidung einer gewerblichen Infektion der Gesellschaft aus steuerlicher Sicht zwingend erforderlich.

Als freiberufliche Einkünfte eines Rechtsanwaltes sind anerkannt: Vertretung vor den Gerichten und Tätigkeit als Schiedsrichter, Erstellung von Rechtsgutachten, Treuhandtätigkeit, Tätigkeit als Aufsichtsratsmitglied, Testamentsvollstrecker, Patentanwalt und die Tätigkeit der Nur-Notare bzw. der Anwalts-Notare. Nicht dazu zählen die Vornahme von standeswidrigen Geldgeschäften (wie zB die Darlehensgewährung gegen Entgelt) und die Vermittlung von Vermögensanlagen (Schmidt/*Wacker* EStG § 18 Rn. 99 f.). Auch die Tätigkeit als Zwangs- und Vollstreckungsverwalter soll keine freiberufliche Tätigkeit darstellen (BFH Urt. v. 26.1.2011 – VIII R 3/10, BStBl II 2011, 498; BFH Urt. v. 12.12.2001 – XI R 56/00, BStBl 2002 II, 202). Unter dem 15.12.2010 hat der BFH seine strenge Ansicht für Insolvenzverwaltertätigkeiten (gewerbliche Tätigkeit) geändert. Entscheidend sei auch insoweit die leitende und eigenverantwortliche Tätigkeit durch den Rechtsanwalt als Insolvenzverwalter. Das „Ob" der Entscheidung müsse beim Insolvenzverwalter verbleiben, dann könne er kaufmännische einfachere Tätigkeiten in größerem Umfang delegieren. Auf die Zahl der Mitarbeiter und die Höhe der Einnahmen komme es insoweit nicht an (BFH Urt. v. 15.12.2010 – VIII R 50/09, BStBl 2011 II, 506; FinVerw DB 2011, 2631; sa BFH Urt. v. 26.1.2011 – VIII R 3/10, BStBl 2011 II, 498; Schmidt/ *Wacker* EStG § 18 Rn. 30 ff. mwN).

4. Bei einer freiberuflichen Betätigung scheidet eine Zugehörigkeit bei der Handwerks- und Industrie- und Handelskammer aus.

5. Mithilfe der sog. Empfangsvollmacht wird der steuerliche Berater der Gesellschaft gegenüber dem Finanzamt ermächtigt, Steuerbescheide ua Korrespondenz für die Gesellschaft bzw. die Einzelkanzlei entgegenzunehmen. Ohne die Vorlage einer separaten Empfangsvollmacht führt das zuständige Finanzamt die Korrespondenz weiterhin über die Gesellschaft. Steuerbescheide werden der Gesellschaft zugestellt. Zur Arbeitserleichterung und zur Wahrung der erforderlichen Rechtsbehelfsfristen empfiehlt sich in der Praxis regelmäßig die Erteilung einer Empfangsvollmacht an den steuerlichen Berater.

6. Bei einer Personengesellschaft mit mehreren Beteiligten verlangt § 183 Abs. 1 S. 1 AO die Bestellung eines **gemeinsamen Empfangsbevollmächtigten** gemäß § 183 Abs. 1 S. 1 AO („*sollen*"). Dies kann nach → Anm. 5 der steuerliche Berater der Gesellschaft sein. Die Vorschrift stellt für die Finanzverwaltung eine Verfahrenserleichterung dar, da anderenfalls ein Steuerbescheid nach § 122 Abs. 1 AO allen Beteiligten einzeln bekannt zu geben wäre. Gleichzeitig birgt sie jedoch für die nicht als Empfangsbevollmächtigte eingesetzten Gesellschafter die Gefahr, dass Steuerbescheide, die die Gesellschaft betreffen, rechtskräftig werden, ohne dass der Gesellschafter selbst Kenntnis von diesem Bescheid erlangt hat. Denn die Bekantgabe an den Empfangsbevollmächtigten erfolgt mit Wirkung für und gegen alle an der Feststellung beteiligten Gesellschafter (§ 183 Abs. 1 S. 5 AO). Gibt der Empfangsbevollmächtigte den Bescheid nicht unverzüglich an die übrigen Gesellschafter weiter, haben sie ggfs. keine Zeit mehr, fristgerecht Einspruch einzulegen. Dementsprechend ist § 183 AO einschränkend auszulegen, wenn eine Beschränkung subjektiver Rechte droht (BFH Urt. v. 6.12.1995 – I R 131/94, BFH/NV 96, 592; Klein/Ratschow AO § 183 Rn. 3); wie zB bei einem andauernden Streit der Gesellschafter untereinander. Wird kein gemeinsamer Empfangsbevollmächtigter genannt, gilt ein zur Vertretung der Gesellschaft Berechtigter als Empfangsbevollmächtigter. Die Finanzverwaltung kann die Beteiligten explizit zur Benennung eines gemeinsamen Empfangsbevollmächtigten auffordern oder jederzeit zu einer Einzelbekanntgabe an alle Gesellschafter übergehen. Treten im weiteren Verlauf der Gesellschaft ernstliche Meinungsverschiedenheiten zwischen den Gesellschaftern auf oder ist ein Gesellschafter aus der Gesellschaft ausgeschieden bzw. besteht die Gesellschaft nicht mehr, muss der betroffene Gesellschafter darauf achten, dass er der Vollmacht widerspricht. Denn erst mit Zugang des Widerrufes ist die Finanzbehörde zur Einzelbekanntgabe gegenüber dem Gesellschafter verpflichtet und er kann sicherstellen, dass er Kenntnis von Bescheiden erhält, die die Gesellschaft betreffen mit der Möglichkeit, rechtzeitig Einspruch einzulegen (§ 183 Abs. 3 AO).

7. Zu jedem Beteiligten ist neben den Angaben zu seiner eindeutigen Identifizierung (Angabe der Steuernummer und der Identifikationsnummer) die konkrete Art der Beteiligung anzugeben. Die Art der Beteiligung hat folgende grundlegende steuerliche Bedeutung: Gesellschafter, die ein **unbeschränktes persönliches Haftungsrisiko** eingehen (wie die Gesellschafter einer GbR oder einer Partnerschaftsgesellschaft), können Verluste aus dieser Beteiligung, die sie im Rahmen der gesonderten und einheitlichen Feststellungserklärung (→ Form. O. I. 7) zugewiesen bekommen, grundsätzlich unbeschränkt im Rahmen ihrer Einkommensteuererklärung (wenn es sich bei dem Gesellschafter um eine natürliche Person handelt) geltend machen. Diese Verluste aus freiberuflicher Tätigkeit können mit anderen Einkünften (nach § 2 Abs. 1 EStG Einkünfte aus Land- und Forstwirtschaft, aus Gewerbebetrieb, aus selbständiger und nichtselbständiger Arbeit, aus Vermietung und Verpachtung und sonstigen Einkünften iSv § 22 EStG) verrechnet und damit steuermindernd geltend gemacht werden. Die Verlustverrechnung hat Vorrang vor einem Sonderausgabenabzug. Negative Einkünfte, die bei der Ermittlung des Gesamtbetrags der Einkünfte nicht ausgeglichen werden, können in das vorangegangene Jahr zurück getragen (sog. Verlustrücktrag nach § 10d Abs. 1 EStG) oder in die Folgejahre vorgetragen werden (sog. Verlustvortrag gemäß § 10d Abs. 2 EStG). Eine Sonderstellung nehmen die Einkünfte aus Kapitalvermögen ein, die dem pauschalen Abgeltungsteuersatz von 25 % unterfallen und nicht mit Verlusten verrechnet werden können, die – wie die Einkünfte aus selbständiger

Arbeit – dem individuellen progressiven Einkommensteuertarif (Spitzensteuersatz zur Zeit 42 % bzw. 45 % Reichensteuer) unterfallen. Gesellschafter, die **lediglich beschränkt haften**, können dagegen Verluste aus ihrer Beteiligung nur eingeschränkt nach den Regeln des § 15a EStG geltend machen. Die Regelung des § 15a EStG gilt über den Verweis in § 18 Abs. 4 S. 2 EStG für die Einkünfte aus selbständiger Arbeit entsprechend. Der typische Fall eines nur beschränkt haftenden Gesellschafters ist der Kommanditist der KG, der nur beschränkt in Höhe seiner Einlage haftet. Gemäß § 15 Abs. 5 EStG gilt dies jedoch auch für andere Unternehmer, soweit deren Haftung der eines Kommanditisten vergleichbar ist, insbesondere zB für Gesellschafter einer GbR, soweit die Inanspruchnahme des Gesellschafters für Schulden in Zusammenhang mit dem Betrieb durch Vertrag ausgeschlossen oder nach Art und Weise des Geschäftsbetriebs unwahrscheinlich ist (§ 15a Abs. 5 Nr. 2 EStG). Sinn und Zweck der Norm ist es, das die Beschränkung der Haftung auch zu einer nur beschränkten Verlustverrechenbarkeit führt. In Höhe des in das Handelsregister einzutragenden Haftkapitals des Kommanditisten ist eine Verlustverrechnung auch mit anderen Einkünften in jedem Fall zulässig, § 15a Abs. 1 S. 2 EStG. Sobald für diesen Gesellschafter bei der Gesellschaft jedoch ein negatives Kapitalkonto entsteht (zB weil die Verluste höher sind als das Haftkapital), sind die Verluste nicht mehr mit anderweitigen Einkünften, sondern nur noch mit zukünftigen Gewinnen aus dieser Beteiligung verrechenbar, § 15a Abs. 3 EStG. Es erfolgt insoweit eine gesonderte Feststellung der Verluste gemäß § 15a EStG für diese Beteiligung, die jährlich durch das Finanzamt fortzuschreiben ist.

Bei der Frage nach der **Treuhänderstellung** geht es in steuerlicher Hinsicht um den wirtschaftlich Berechtigten iSv § 39 AO. Dem wirtschaftlich Berechtigten sind die Einkünfte aus einer Beteiligung seitens des Finanzamtes zuzuweisen. Gemäß § 39 Abs. 2 Nr. 1 S. 2 AO sind die Wirtschaftsgüter bei Treuhandverhältnissen dem Treugeber zuzurechnen und nicht dem Treuhänder. Der Treuhänder ist daher nicht Feststellungsbeteiligter im Rahmen der gesonderten und einheitlichen Feststellungserklärung der Personengesellschaft → Form. O. I. 7.

8. In den **Zeilen 156 ff.** sind Angaben zum voraussichtlich erwarteten Gewinn der Gesellschaft für die Zwecke der Festsetzung von **Steuervorauszahlungen** zu tätigen. Eine Festsetzung von Vorauszahlungen auf die Gewerbesteuer scheidet bei Einzelkanzleien oder Personengesellschaften von Rechtsanwälten grundsätzlich aus, da freiberufliche selbständige Einkünfte erzielt werden und keine Einkünfte aus Gewerbebetrieb (zur Ausnahme bei gewerblich geprägten Personengesellschaften → Anm. 3). Bei den erforderlichen Angaben für das Jahr der Betriebseröffnung und das Folgejahr handelt es sich jeweils um eine Schätzung. Werden aufgrund anfänglicher Kosten und geringer Einnahmen zunächst Verluste erwartet, können auch entsprechende Fehlbeträge erklärt werden, so dass die Festsetzung von Steuervorauszahlungen zunächst unterbleibt. Die Festsetzung negativer Einkommensteuervorauszahlungen zugunsten des Gesellschafters mittels Steuerbescheid ist jedoch nicht zulässig. Für die Gesellschafter besteht nach § 90 Abs. 1 S. 2 AO eine Mitwirkungspflicht. Sie sind verpflichtet die für die Besteuerung erheblichen Tatsachen vollständig und wahrheitsgemäß offen zu legen. Das Finanzamt setzt die Vorauszahlungen pro Gesellschafter durch Vorauszahlungsbescheid fest (§ 37 Abs. 3 S. 1 EStG). Sie sind quartalsweise jeweils zum 10.3., 10.6., 10.9. und 10.12. eines jeden Jahres zu entrichten, § 37 Abs. 1 S. 1 EStG. Eine nachträgliche Anpassung der Vorauszahlungen ist grundsätzlich jederzeit zulässig. Dies gilt nicht nur für einen Antrag auf Herabsetzung der Vorauszahlungen, der gestellt wird, weil sich die Einkünftesituation zum Nachteil des Gesellschafters verändert hat. Der Gesellschafter ist im Rahmen seiner **Mitwirkungsverpflichtung** darüber hinaus verpflichtet, eine deutliche Einkommenssteigerung beim Finanzamt zeitnah anzuzeigen und eine Heraufsetzung der Steuervorauszahlungen zu erwirken. Das Formular unterscheidet zwischen dem voraussichtlichen Gewinn der Gesellschaft (**Zeile 156**) und dem voraussichtlichen Gewinnanteil eines jeden Gesellschafters (**Zeilen 157, 160, 163**). Für die

Festsetzung von Vorauszahlungen betreffend die Gewerbesteuer kommt es auf den Gewinn (sog. Gewerbeertrag → Form. O. I. 8) der Gesellschaft an. Für die steuerliche Erfassung der freiberuflichen Einkünfte wirkt sich jedoch das für Personengesellschaften geltende steuerliche **Transparenzprinzip** aus. Nach dem Transparenzprinzip erfolgt die Besteuerung der Einkünfte nicht auf Ebene der Personengesellschaft. Die Einkünfte werden vielmehr unmittelbar den einzelnen Gesellschaftern (Mitunternehmern) zugerechnet und sind von diesen im Rahmen ihrer Einkommensteuererklärung zu versteuern. Dafür kommt es grundsätzlich nicht auf den Zufluss dieser Einkünfte beim jeweiligen Gesellschafter an, sondern auf die Gewinnzuweisung, die jährlich im Rahmen der gesonderten und einheitlichen Feststellungserklärung erfolgt (→ Form. O. I. 7). Dementsprechend ist ein geschätzter voraussichtlicher Gewinn der Gesellschaft nach dem Gewinnverteilungsschlüssel auf die einzelnen Gesellschafter aufzuteilen. Auf dieser Basis kann das für den jeweiligen Gesellschafter zuständige Einkommensteuerfinanzamt die Festsetzung von Steuervorauszahlungen gemäß § 37 EStG vornehmen. Da der Gewinnanteil des Gesellschafters einer Personengesellschaft zusätzlich von den auf ihn entfallenden Sonderbetriebseinnahmen und Sonderbetriebsausgaben beeinflusst wird, sind auch diese für die Festsetzung von Vorauszahlungen zu schätzen und hinzuzurechnen bzw. in Abzug zu bringen. Zu den Sonderbetriebseinnahmen und -ausgaben → Form. O. I. 7 Anm. 4.

9. Der Einzelanwalt und die Freiberufler-Personengesellschaft sind nicht auf Grund gesetzlicher Vorschriften verpflichtet, Bücher zu führen und regelmäßig Abschlüsse zu machen. Denn bei ihnen handelt es sich nicht um buchführungspflichtige Kaufleute iSd § 238 HGB. Es besteht auch keine steuerliche Buchführungspflicht nach § 141 AO, die nur für gewerbliche Unternehmer und Land- und Forstwirte gilt. Demgemäß hat der Einzelanwalt und die Freiberufler-Personengesellschaft, die selbständige Einkünfte iSd § 18 EStG erzielt, ein **Wahlrecht hinsichtlich ihrer Gewinnermittlungsart**: Der Gewinn kann gemäß § 4 Abs. 1 S. 1 EStG durch Betriebsvermögensvergleich (**Bilanz**) ermittelt werden (→ Form. O. I. 6). In diesem Fall ist eine Eröffnungsbilanz vorzulegen. Es gelten alle Regeln, die bei einer verpflichtenden Bilanzierung Anwendung finden. Alternativ dazu kann der Gewinn aber auch im Wege der **Einnahmenüberschussrechnung** nach § 4 Abs. 3 EStG ermittelt werden (→ Form. O. I. 5). Nur Freiberufler haben das Privileg der unbeschränkten Wahl zwischen beiden Gewinnermittlungsarten. In der Praxis fällt diese Entscheidung in fast allen Fällen zugunsten der Einnahmenüberschussrechnung aus. Kaum ein Freiberufler oder eine Freiberufler-Personengesellschaft bilanziert freiwillig. Hintergrund sind die Vorteile, die eine Einnahmenüberschussrechnung bietet: Sie ist weniger aufwändig und löst damit geringere Kosten für die Erstellung der Jahreserklärung gegenüber einer Bilanz aus. So entfällt beispielsweise eine Inventur und die Führung von Bestandskosten. Der Gewinn gemäß § 4 Abs. 3 EStG ermittelt sich aus dem Überschuss der Betriebseinnahmen über die Betriebsausgaben. Es findet grundsätzlich das Zufluss-, Abflussprinzip iSd § 11 EStG Anwendung. Danach gelten Einnahmen innerhalb des Kalenderjahres bezogen, in dem sie dem Steuerpflichtigen zugeflossen sind. Ausgaben sind für das Kalenderjahr abzusetzen, in dem sie geleistet worden sind (§ 11 Abs. 2 S. 1 EStG). Regelmäßig wiederkehrende Einnahmen und Ausgaben, die kurze Zeit vor Beginn oder kurze Zeit nach dem Kalenderjahr zu- bzw. abfließen, gelten jedoch als in dem Kalenderjahr bezogen, zu dem sie wirtschaftlich gehören. Weitere Durchbrechungen des Zufluss-, Abflussprinzips existieren zB im Bereich der Abschreibung auf Anschaffungskosten von Gebäuden. Für den Rechtsanwalt ergibt sich bei der Einnahmenüberschussrechnung damit, dass Honorareinnahmen erst mit Zufluss der Einkommensbesteuerung zu unterwerfen sind. Auf den Zeitpunkt der Rechnungsstellung, der im Rahmen des Vermögensvergleiches mittels Bilanz entscheidend ist, kommt es dagegen nicht an. Die Einnahmenüberschussrechnung bietet daher den erheblichen Vorteil, dass die Liquidität geschont werden kann. Ertragsteuern sind erst auf die tatsächlich vereinnahmten Honorare festzusetzen.

10. Wird der Gewinn im Rahmen der Einnahmenüberschussrechnung ermittelt, entspricht das Wirtschaftsjahr grundsätzlich dem Kalenderjahr. Gleiches gilt für Freiberufler-Personengesellschaften, die selbständige Einkünfte iSv § 18 EStG erzielen. Denn die Wahl eines vom Kalenderjahr abweichenden Wirtschaftsjahres kommt nach § 4a EStG nur für Gewerbetreibende bzw. Land- und Forstwirte in Betracht. Das Wirtschaftsjahr umfasst – entsprechend dem Kalenderjahr – einen Zeitraum von zwölf Monaten. Es darf im Jahr der Kanzleieröffnung, des Kanzleierwerbs oder der Kanzleiveräußerung einen Zeitraum von weniger als zwölf Monaten umfassen (sog. Rumpfwirtschaftsjahr, § 8b Abs. 1 Nr. 1 EStDV).

11. Für die Zwecke der Lohnsteuer hat bei Kanzleigründung bzw. Gründung der Personengesellschaft ebenfalls eine Schätzung des erwarteten Steueraufkommens zu erfolgen. In Abhängigkeit der Schätzung ergibt sich von Beginn an eine monatliche Abgabe der Lohnsteueranmeldung an das zuständige Betriebsstättenfinanzamt (bei einer voraussichtlichen Lohnsteuer von mehr als 4.000 EUR im Kalenderjahr) oder eine quartalsweise Abgabe (bei einer voraussichtlichen Lohnsteuer von mehr als 1.000 EUR bis zu 4.000 EUR im Kalenderjahr) bzw. eine jährliche Abgabe (bei einer voraussichtlichen Lohnsteuer von bis zu 1.000 EUR im Kalenderjahr). Die Lohnsteueranmeldung hat auf elektronischem Wege (www.elster.de) im Rahmen eines authentifizierten Verfahrens zu erfolgen. Außerdem müssen seit Ende 2013 die Daten der Angestellten, für die ein Lohnsteuerabzug vorzunehmen ist, elektronisch bei den Finanzbehörden abgerufen werden (sog. ElStAM). Im Gegenzug entfällt die Aushändigung der Lohnsteuerkarten. Wichtig zu wissen ist, dass die Gehaltszahlungen an Gesellschafter, die als Mitunternehmer anzusehen sind, keine Gehaltszahlungen im steuerrechtlichen Sinne darstellen. Es liegen vielmehr Sonderbetriebseinnahmen vor (→ Form. O. I. 7 Anm. 4), die dazu führen, dass es sich um freiberufliche Einkünfte gemäß § 18 EStG handelt, die im Rahmen des Gewinnanteils aus der Personengesellschaft zu erfassen sind. Gleiches gilt für den Geschäftsführer der Komplementär-Kapitalgesellschaft einer Kapitalgesellschaft & Co. KG, bei der der Geschäftsführer zugleich Kommanditist der KG ist. Auch hier stellt sein Geschäftsführergehalt bei der Komplementär-GmbH eine Sonderbetriebseinnahme dar, die den freiberuflichen Einkünften aus der KG-Beteiligung zuzurechnen ist.

12. Für Zwecke der Umsatzsteuer sind ebenfalls Schätzungen vorzunehmen. So sind die erwarteten Bruttoumsätze für das Jahr der Betriebseröffnung und das Folgejahr anzugeben (Zeile 181). Diese Angaben sind grundsätzlich relevant für die Frage, ob die **Kleinunternehmer-Regelung** (→ Anm. 13) angewendet werden kann und für die Berechnung der Umsatzsteuer (Zeilen 196 – 200 des Formulars) – nach den vereinbarten Entgelten (**Sollversteuerung**) oder nach den vereinnahmten Entgelten (**Istversteuerung**). Bei der Sollversteuerung muss der Unternehmer die Umsatzsteuer nach den vereinbarten Entgelten gemäß § 16 Abs. 1 S. 1 UStG berechnen. Damit ist die Umsatzsteuer an das Finanzamt abzuführen mit Ablauf des Voranmeldungszeitraums, in dem die Leistung ausgeführt wurde (§ 13 Abs. 1 Nr. 1 Buchst. a UStG). Auf die Zahlung des Honorars kommt es insoweit nicht an, vielmehr ist der Leistungszeitpunkt entscheidend. Dies führt zu einem Liquiditätsnachteil, wenn die Zahlung durch den Mandanten erst deutlich später erfolgt. Dieser Nachteil lässt sich vermeiden, wenn die Umsatzsteuer nach den vereinnahmten Entgelten berechnet wird (§ 20 UStG). Bei dieser Istversteuerung kann das Finanzamt auf Antrag des Steuerpflichtigen gestatten, dass ein Unternehmer die Umsatzsteuer erst an das Finanzamt abführen muss, wenn er das Honorar vom Mandanten inklusive der Umsatzsteuer ausgezahlt erhalten hat. Dieser Antrag ist grundsätzlich bereits im Rahmen der Unternehmensgründung in dem vorliegenden Formular zu stellen. Der Antrag ist an folgende **alternativ** zu erfüllenden Voraussetzungen geknüpft: 1. Der Gesamtumsatz des Unternehmers hat im vorangegangenen Kalenderjahr nicht mehr als 500.000 EUR betragen. Bei einem Tätigkeitsbeginn erst in diesem Jahr kommt es auf den auf ein Kalenderjahr hochgerechneten Umsatz des laufenden Jahres an 2. Der Unternehmer ist von der Verpflichtung, Bücher zu führen und auf Grund jährlicher Bestandsaufnahmen regelmäßig Abschlüsse zu machen, nach § 148 AO befreit 3. Der Unternehmer führt Umsätze aus einer Tätigkeit als Angehöriger eines freien Berufes gemäß § 18 Abs. 1 Nr. 1 EStG aus. Bei den Einzelkanzleien oder den Zusammenschlüssen von Rechtsanwälten in Form von Personengesellschaften, die selbständige Einkünfte iSv § 18 Abs. 1 EStG erzielen, ist die dritte Alternative stets erfüllt. Unabhängig von der Höhe des Umsatzes kann sich der Rechtsanwalt daher für die Besteuerung nach den vereinnahmten Entgelten entscheiden. Aufgrund des angesprochenen Liquiditätsvorteils empfiehlt es sich regelmäßig, von diesem Antrag Gebrauch zu machen.

13. Die Inanspruchnahme der sog. **Kleinunternehmer-Regelung** iSv § 19 UStG stellt eine Vereinfachung für Unternehmer mit geringen Umsätzen dar. Sie können als Kleinunternehmer von der Verpflichtung, Umsatzsteuer-Voranmeldungen abgeben zu müssen, entbunden werden. Ein Kleinunternehmer weist in seinen Honorarabrechnungen keine Umsatzsteuer aus (§ 19 Abs. 1 S. 4 UStG). Korrespondierend dazu kann er aus Eingangsrechnungen auch keinen Vorsteuerabzug iSv § 15 UStG geltend machen (zum Vorsteuerabzug → Form. O. I. 2 Anm. 7). Die Vorsteuer zählt in diesem Fall vielmehr zu den Betriebsausgaben und mindert damit den Gewinn, soweit sie auf abzugsfähige Betriebsausgaben entfällt (→ Form. O. I. 5). Außerdem kann der Kleinunternehmer auf eine Umsatzsteuer-Identifikationsnummer (→ Anm. 16) und ihre Angabe in den entsprechenden Rechnungen verzichten (§ 19 Abs. 1 S. 4 UStG). In den Rechnungen muss der Kleinunternehmer auf seine Eigenschaft als Kleinunternehmer hinweisen (§ 14 Abs. 4 UStG). Der aufzunehmende Satz könnte beispielsweise wie folgt lauten: *„Es gelten die Regelungen für Kleinunternehmer iSv § 19 UStG."*

Voraussetzung für die Inanspruchnahme der Kleinunternehmer-Regelung ist, dass der inländische Bruttoumsatz im vorangegangenen Kalenderjahr 17.500 EUR nicht überstiegen hat und im laufenden Kalenderjahr 50.000 EUR voraussichtlich nicht übersteigen wird (§ 19 Abs. 1 S. 1 UStG). Bei einer Personengesellschaft bezieht sich der Umsatz nicht auf den einzelnen Gesellschafter, sondern den Gesamtumsatz der Personengesellschaft. Ist die Umsatzsteuer nach vereinnahmten Entgelten zu berechnen (→ Anm. 12), gilt dies auch für die Berechnung der Grenzen zur Einhaltung der Kleinunternehmer-Regelung (§ 19 Abs. 3 S. 2 UStG). Hat der Unternehmer seine Tätigkeit nur in einem Teil des Kalenderjahres ausgeübt, so ist der tatsächliche Gesamtumsatz in einen Jahresgesamtumsatz umzurechnen (§ 19 Abs. 3 S. 3 UStG). Bei der Gründung des Unternehmens stellt sich mangels Vorjahr die Frage, ob für das Gründungsjahr die Grenze von 17.500 EUR oder von 50.000 EUR maßgebend ist. Finanzverwaltung (UStAE 19.1 Abs. 4) und höchstrichterliche Rechtsprechung (zB BFH Urt. v. 22.11.1984 – V R 170/83, BStBl 1985 II, 142) stellen für das Gründungsjahr auf die Umsatzgrenze von 17.500 EUR ab (hochgerechnet auf einen Jahresumsatz, kritisch Sölch/Ringleb/*Mößlang* UStG § 19 Rn. 17). Werden im Gründungsjahr noch keine steuerbaren Umsätze getätigt, weil sich die Tätigkeit des Unternehmers auf Vorbereitungshandlungen beschränkt, wird die Grenze von 17.500 EUR für das Gründungsjahr eingehalten. Die Einstufung als Kleinunternehmer ist zulässig, wenn der für das Folgejahr prognostizierte Gesamtumsatz des Jahres (→ Anm. 12) voraussichtlich 50.000 EUR nicht übersteigt (OFD Frankfurt a. M. v. 21.4.2010 – S 7361 A – 2 – St 16, DStR 2010, 1741 und FG München Urt. v. 9.7.2003 – 3 K 4787/01, DStR 2003, 1283). Zu beachten ist, dass es sich bei der Umsatzgrenze von 50.000 EUR und von 17.500 EUR bei der Gründung um eine Prognose für das laufende Kalenderjahr handelt, die zu Beginn des Jahres zu treffen ist. Stellt sich im Laufe des Jahres heraus, dass diese Prognose zu niedrig war und die Umsätze höher als erwartet ausfallen, hat dies keinen Einfluss auf die Einstufung als Kleinunternehmer für das laufende Jahr. Etwas anderes gilt nur dann, wenn diese Umsatzausweitung dem Unternehmer bei Aufstellung der Prognose bereits bekannt war (Sölch/Ringleb/*Mößlang* UStG § 19 Rn. 16). Das Risiko, dass die Vorjahresgrenze eingehalten wird, trägt der Unternehmer. Stellt sich im Nachhinein infolge einer Betriebsprüfung heraus, dass die Vorjahresgrenze von 17.500 EUR überschritten wurde, durfte die Kleinunternehmer-Regelung nicht angewandt werden. Die Betriebsprüfung nimmt daher folgende Korrekturen vor: Aus den in Rechnung gestellten Bruttoumsätzen ist die Umsatzsteuer herauszurechnen und aus den Eingangsrechnungen kommt ein Vorsteuerabzug in Betracht (→ Form. O. I. 2 Anm. 7).

Der Unternehmer kann ausdrücklich auf die Kleinunternehmer-Regelung verzichten, indem er dies in der Zeile 184 des Formulars vermerkt. Damit gelten für ihn die allgemeinen Regelungen zur Umsatzbesteuerung. Es sind monatliche Umsatzsteuer-Voranmeldungen elektronisch über www.elster.de einzureichen (→ Form. O. I. 2) und der Unternehmer kann den Vorsteuerabzug nach § 15 UStG beanspruchen. Zu beachten ist, dass dieser Verzicht auf die Kleinunternehmer-Regelung den Unternehmer für mindestens fünf Kalenderjahre bindet (§ 19 Abs. 2 S. 2 UStG). Ein einmal erklärter Verzicht auf die Kleinunternehmer-Regelung muss ausdrücklich gegenüber den Finanzbehörden widerrufen werden. Der Widerruf muss vom Beginn eines Kalenderjahres an erfolgen (§ 19 Abs. 2 S. 3 UStG). Er ist spätestens bis zur Unanfechtbarkeit der Steuerfestsetzung des Kalenderjahres, für das er gelten soll, zu erklären (§ 19 Abs. 2 S. 4 UStG).

14. § 4 UStG enthält eine abschließende Aufzählung der Umsätze, die ganz oder teilweise von der Umsatzsteuer befreit sind. Typischer Fall ist die Umsatzsteuerbefreiung bei ärztlichen Leistungen gemäß § 4 Nr. 14 UStG. Im Bereich der Rechtsanwälte kommen nur wenige Umsatzsteuerbefreiungen in Betracht. § 4 Nr. 9 Buchst. a UStG für Umsätze, die unter das Grunderwerbsteuergesetz fallen; § 4 Nr. 12 UStG für die Vermietung und Verpachtung von Grundstücken und Rechten an diesen; § 4 Nr. 21 Buchst. b UStG die unmittelbar dem Schul- und Bildungszweck dienenden Unterrichtsleistungen selbständiger Lehrer an Hochschulen und öffentlich allgemeinbildenden oder berufsbildenden Schulen oder an privaten Schulen. Die Bedeutung der Umsatzsteuerbefreiungen ist daher in diesem Bereich grundsätzlich als gering einzustufen.

15. Der reguläre Umsatzsteuersatz beträgt zurzeit 19 %, § 12 Abs. 1 UStG. Ein **ermäßigter Steuersatz** von 7 % kommt nur dann zur Anwendung, wenn einer der in § 12 Abs. 2 UStG abschließend aufgezählten Fälle vorliegt. Soweit ein Rechtsanwalt Fachaufsätze für einen Verlag verfasst, kann der ermäßigte Steuersatz nach § 12 Abs. 2 Nr. 7 Buchst. c UStG zum Tragen kommen. In nahezu allen anderen Fällen greift für die Umsätze der Rechtsanwälte der reguläre Umsatzsteuersatz von 19 % ein.

16. Die **Umsatzsteuer-Identifikationsnummer** wird vom Bundeszentralamt für Steuern auf Antrag gemäß § 27a UStG erteilt. Es ist zu empfehlen, diesen Antrag durch Ankreuzen der Zeile 201 direkt zu Beginn der unternehmerischen Tätigkeit zu stellen. Denn bei Lieferungen und Leistungen über die Grenze kann es nach § 14a UStG im Einzelfall verpflichtend sein, die Umsatzsteuer-Identifikationsnummer in der Rechnung anzugeben. Nur dann handelt es sich in den Fällen des § 14a UStG um eine ordnungsgemäße Rechnung. Um die spätere Rechnungsstellung nicht zu verzögern, weil erstmals die Umsatzsteuer-Identifikationsnummer beantragt werden muss und die Vergabe eine gewisse Bearbeitungszeit verlangt, ist ein frühzeitiger Antrag sinnvoll, zumal die Vergabe der Umsatzsteuer-Identifikationsnummer nicht kostenpflichtig ist. Die Umsatzsteuer-Identifikationsnummer ist von der **Steuernummer** der Gesellschaft zu unterscheiden. Erstere beginnt mit einem Länderkürzel (DE für Deutschland) und bleibt für die Gesellschaft unverändert bestehen, auch wenn diese ihren Sitz innerhalb von Deutschland verlegt. Die Steuernummer erhält die Gesellschaft bzw. die Einzelkanzlei dagegen von dem für sie zuständigen Finanzamt. Bei einem Umzug in eine andere Gemeinde bzw. Stadt ändert sich das zuständige Finanzamt und damit die Steuernummer des Betriebes.

2. Umsatzsteuer-Voranmeldung

Zeile			

- Bitte weiße Felder ausfüllen oder ☒ ankreuzen, Anleitung beachten -

2014

Fallart	**Steuernummer**	Unter-fallart
11		**56**

30 Eingangsstempel oder -datum

Finanzamt

Umsatzsteuer-Voranmeldung 2014

Voranmeldungszeitraum

bei **monatlicher** Abgabe bitte ankreuzen | bei **vierteljährlicher** Abgabe bitte ankreuzen

14 01 Jan. ①	**14 07** Juli	**14 41** I. Kalender-vierteljahr
14 02 Feb.	**14 08** Aug.	**14 42** II. Kalender-vierteljahr
14 03 März	**14 09** Sept.	**14 43** III. Kalender-vierteljahr
14 04 April	**14 10** Okt.	**14 44** IV. Kalender-vierteljahr
14 05 Mai	**14 11** Nov.	
14 06 Juni	**14 12** Dez.	

Unternehmer – ggf. abweichende Firmenbezeichnung –
Anschrift – Telefon – E-Mail-Adresse

Berichtigte Anmeldung
(falls ja, bitte eine „1" eintragen)   **10**

Belege (Verträge, Rechnungen, Erläuterungen usw.)
sind beigefügt bzw. werden gesondert eingereicht   **22**
(falls ja, bitte eine „1" eintragen)

I. Anmeldung der Umsatzsteuer-Vorauszahlung

		Bemessungsgrundlage ohne Umsatzsteuer		Steuer	
		volle EUR	Ct	EUR	Ct
Lieferungen und sonstige Leistungen (einschließlich unentgeltlicher Wertabgaben)					
Steuerfreie Umsätze mit Vorsteuerabzug Innergemeinschaftliche Lieferungen (§ 4 Nr. 1 Buchst. b UStG) an Abnehmer **mit** USt-IdNr.	**41**		▬		
neuer Fahrzeuge an Abnehmer **ohne** USt-IdNr.	**44**		▬		
neuer Fahrzeuge außerhalb eines Unternehmens (§ 2a UStG)	**49**		▬		
Weitere steuerfreie Umsätze mit Vorsteuerabzug (z.B. **Ausfuhrlieferungen**, Umsätze nach § 4 Nr. 2 bis 7 UStG)	**43**		▬		
Steuerfreie Umsätze ohne Vorsteuerabzug Umsätze nach § 4 Nr. 8 bis 28 UStG	**48**	②	▬		
Steuerpflichtige Umsätze (Lieferungen und sonstige Leistungen einschl. unentgeltlicher Wertabgaben)					
zum Steuersatz von 19 %	**81**	③	▬		
zum Steuersatz von 7 %	**86**	④	▬		
zu anderen Steuersätzen	**35**		▬ **36**		
Lieferungen land- und forstwirtschaftlicher Betriebe nach § 24 UStG an Abnehmer **mit** USt-IdNr.	**77**		▬		
Umsätze, für die eine Steuer nach § 24 UStG zu entrichten ist (Sägewerkserzeugnisse, Getränke und alkohol. Flüssigkeiten, z.B. Wein)	**76**		▬ **80**		
Innergemeinschaftliche Erwerbe					
Steuerfreie innergemeinschaftliche Erwerbe Erwerbe nach §§ 4b und 25c UStG	**91**		▬		
Steuerpflichtige innergemeinschaftliche Erwerbe zum Steuersatz von 19 %.	**89**		▬		
zum Steuersatz von 7 %	**93**		▬		
zu anderen Steuersätzen	**95**		▬ **98**		
neuer Fahrzeuge von Lieferern **ohne** USt-IdNr. zum allgemeinen Steuersatz	**94**		▬ **96**		
Ergänzende Angaben zu Umsätzen					
Lieferungen des ersten Abnehmers bei **innergemeinschaftlichen Dreiecksgeschäften** (§ 25b Abs. 2 UStG)	**42**		▬		
Steuerpflichtige Umsätze, für die der **Leistungsempfänger** die **Steuer** nach § 13b Abs. 5 Satz 1 i.V.m. Abs. 2 **Nr. 10 UStG** schuldet	**68**		▬		
Übrige steuerpflichtige Umsätze, für die der **Leistungsempfänger** die **Steuer nach § 13b Abs. 5 UStG** schuldet	**60**	⑤	▬		
Nicht steuerbare sonstige Leistungen gem. § 18b Satz 1 Nr. 2 UStG	**21**	⑤	▬		
Übrige nicht steuerbare Umsätze (Leistungsort nicht im Inland)	**45**	⑥	▬		
Übertrag		zu übertragen in Zeile 45			

USt 1 A – Umsatzsteuer-Voranmeldung 2013 – (10.12)

– 2 –

				Steuer EUR	Ct
44	Steuernummer:				
45	Übertrag				
46	**Leistungsempfänger als Steuerschuldner**		Bemessungsgrundlage ohne Umsatzsteuer		
47	**(§ 13b UStG)**		volle EUR		
48	Im Inland steuerpflichtige sonstige Leistungen eines im übrigen Gemeinschaftsgebiet ansässigen Unternehmers (§13b Abs. 1 UStG) ..	46 (5)		47	
49	Andere Leistungen eines im Ausland ansässigen Unternehmers (§ 13b Abs. 2 Nr. 1 und 5 UStG)	52		53	
50	Lieferungen sicherungsübereigneter Gegenstände und Umsätze, die unter das GrEStG fallen (§ 13b Abs. 2 Nr. 2 und 3 UStG)	73		74	
51	Lieferungen von Mobilfunkgeräten und integrierten Schaltkreisen (§ 13b Abs. 2 Nr. 10 UStG)	78		79	
52	Andere Leistungen eines im Inland ansässigen Unternehmers (§ 13b Abs. 2 Nr. 4 und 6 bis 9 UStG)	84		85	
53	Steuer infolge Wechsels der Besteuerungsform sowie Nachsteuer auf versteuerte Anzahlungen u. ä. wegen Steuersatzänderung			65	
54	**Umsatzsteuer**				
55	**Abziehbare Vorsteuerbeträge**				
56	Vorsteuerbeträge aus Rechnungen von anderen Unternehmern (§ 15 Abs. 1 Satz 1 Nr. 1 UStG), aus Leistungen im Sinne des § 13a Abs. 1 Nr. 6 UStG (§ 15 Abs. 1 Satz 1 Nr. 5 UStG) und aus innergemeinschaftlichen Dreiecksgeschäften (§ 25b Abs. 5 UStG)			66 (7)	
57	Vorsteuerbeträge aus dem innergemeinschaftlichen Erwerb von Gegenständen (§ 15 Abs. 1 Satz 1 Nr. 3 UStG)			61	
58	Entstandene Einfuhrumsatzsteuer (§ 15 Abs. 1 Satz 1 Nr. 2 UStG)			62	
59	Vorsteuerbeträge aus Leistungen im Sinne des § 13b UStG (§ 15 Abs. 1 Satz 1 Nr. 4 UStG) ...			67 (5)	
60	Vorsteuerbeträge, die nach allgemeinen Durchschnittssätzen berechnet sind (§§ 23 und 23a UStG)			63	
61	Berichtigung des Vorsteuerabzugs (§ 15a UStG)			64 (8)	
62	Vorsteuerabzug für innergemeinschaftliche Lieferungen neuer Fahrzeuge außerhalb eines Unternehmens (§ 2a UStG) sowie von Kleinunternehmern im Sinne des § 19 Abs. 1 UStG (§ 15 Abs. 4a UStG)			59	
63	Verbleibender Betrag				
64	**Andere Steuerbeträge**				
65	In Rechnungen unrichtig oder unberechtigt ausgewiesene Steuerbeträge (§ 14c UStG) sowie Steuerbeträge, die nach § 4 Nr. 4a Satz 1 Buchst. a Satz 2, § 6a Abs. 4 Satz 2, § 17 Abs. 1 Satz 6 oder § 25b Abs. 2 UStG geschuldet werden			69 (9)	
66	**Umsatzsteuer-Vorauszahlung/Überschuss**				
67	**Anrechnung** (Abzug der festgesetzten **Sondervorauszahlung** für Dauerfristverlängerung) ..... (nur auszufüllen in der letzten Voranmeldung des Besteuerungszeitraums, in der Regel Dezember)			39 (10)	
68	**Verbleibende Umsatzsteuer-Vorauszahlung** .... **(bitte in jedem Fall ausfüllen)**			83 (1)	
69	Verbleibender Überschuss - bitte dem Betrag ein Minuszeichen voranstellen -				

70	**II. Sonstige Angaben und Unterschrift**
71	Ein Erstattungsbetrag wird auf das dem Finanzamt benannte Konto überwiesen, soweit der Betrag nicht mit Steuerschulden verrechnet wird.
72	**Verrechnung des Erstattungsbetrags erwünscht / Erstattungsbetrag ist abgetreten** (falls ja, bitte eine „1" eintragen) .... `29`
73	Geben Sie bitte die Verrechnungswünsche auf einem besonderen Blatt an oder auf dem beim Finanzamt erhältlichen Vordruck „Verrechnungsantrag".
74	Die **Einzugsermächtigung** wird ausnahmsweise (z.B. wegen Verrechnungswünschen) für diesen Voranmeldungszeitraum **widerrufen** (falls ja, bitte eine „1" eintragen) .... `26`
75	Ein ggf. verbleibender Restbetrag ist gesondert zu entrichten.

76	**Hinweis nach den Vorschriften der Datenschutzgesetze:**	**- nur vom Finanzamt auszufüllen -**
77	Die mit der Steueranmeldung angeforderten Daten werden auf Grund der §§ 149 ff. der Abgabenordnung und der §§ 18, 18b des Umsatzsteuergesetzes erhoben. Die Angabe der Telefonnummern und der E-Mail-Adressen ist freiwillig.	`11` `19`
78		
79	Bei der Anfertigung dieser Steueranmeldung hat mitgewirkt:	`12`
80	(Name, Anschrift, Telefon, E-Mail-Adresse)	**Bearbeitungshinweis**
81		1. Die aufgeführten Daten sind mit Hilfe des geprüften und genehmigten Programms sowie ggf. unter Berücksichtigung der gespeicherten Daten maschinell zu verarbeiten.
82		2. Die weitere Bearbeitung richtet sich nach den Ergebnissen der maschinellen Verarbeitung.
83		
84		_____ Datum, Namenszeichen
85		Kontrollzahl und/oder Datenerfassungsvermerk
86	**Datum, Unterschrift**	

Anmerkungen

1. Der umsatzsteuerpflichtige Unternehmer hat bis zum 10. Tag nach Ablauf jedes Voranmeldungszeitraums eine Umsatzsteuer-Voranmeldung abzugeben (§ 18 Abs. 1 UStG). Die Abgabe erfolgt durch elektronische Datenübertragung im authentifizierten Verfahren (**www.elster.de**). Zur Vermeidung unbilliger Härten kann ausnahmsweise auf die Papierform ausgewichen werden (§ 18 Abs. 1 S. 2 UStG). Im Rahmen der Umsatzsteuer-Voranmeldung hat der Unternehmer die Umsatzsteuer-Vorauszahlung für den jeweiligen Voranmeldungszeitraum selbst zu berechnen (Ergebnis Zeile 68). Es handelt sich somit um eine **Steueranmeldung**, die gemäß § 168 AO einer Steuerfestsetzung unter dem Vorbehalt der Nachprüfung (§ 164 AO) gleichsteht. Dies bedeutet, dass die Steueranmeldung auf Antrag des Unternehmers oder seitens des Finanzamtes grundsätzlich jederzeit aufgehoben oder geändert werden kann (§ 164 Abs. 2 AO). Führt jedoch der Änderungsantrag in Form der Abgabe einer berichtigten Voranmeldung zu einer Herabsetzung der bislang angemeldeten Steuer, bedarf es der formlosen Zustimmung der Finanzverwaltung zu dieser Änderung. Diese kann zB konkludent in der Auszahlung der Erstattung gesehen werden. Die Vorauszahlung ist am 10. Tag nach Ablauf des Voranmeldungszeitraums fällig (§ 18 Abs. 1 S. 4 UStG). **Voranmeldungszeitraum** ist gemäß § 18 Abs. 2 S. 1 UStG grundsätzlich das Kalendervierteljahr. Beträgt die Umsatzsteuer für das vorangegangenen Kalenderjahr mehr als 7.500 EUR, ist der Kalendermonat Voranmeldungszeitraum (§ 18 Abs. 2 S. 2 UStG). Beträgt die Umsatzsteuer für das vorangegangene Kalenderjahr nicht mehr als 1.000 EUR, kann das Finanzamt den Unternehmer von der Verpflichtung zur Abgabe der Voranmeldungen und der Entrichtung der Vorauszahlungen befreien (§ 18 Abs. 2 S. 3 UStG). Dies bedeutet jedoch nicht, dass in diesem Fall keine Umsatzsteuer an das Finanzamt abzuführen ist. Der Unternehmer muss lediglich die Umsatzsteuer-Jahreserklärung gemäß § 18 Abs. 3 UStG nach Ablauf des Kalenderjahres elektronisch an die Finanzverwaltung übermitteln, zu deren Abgabe jeder umsatzsteuerpflichtige Unternehmer verpflichtet ist. Lediglich die darüber hinausgehende Verpflichtung zur Abgabe von Umsatzsteuer-Voranmeldungen entfällt aufgrund des geringen Umsatzsteueraufkommens. Ergeben sich im Rahmen der Umsatzsteuer-Jahreserklärung größere Abweichungen zu den vorangemeldeten Beträgen, kann es zu Nachfragen der Finanzbehörden bis hin zu Umsatzsteuer-Sonderprüfungen bzw. einer Umsatzsteuernachschau (§ 27b UStG) kommen. Gleiches gilt, wenn sich im Rahmen einer Umsatzsteuer-Voranmeldung aufgrund eines Vorsteuerüberhangs größere Erstattungsansprüche ergeben. Hier kann es sich zur Beschleunigung der Auszahlung des Erstattungsbetrages auch ohne Aufforderung durch die Finanzverwaltung anbieten, die wesentlichen Rechnungen, aus denen sich der Vorsteuerüberhang ergibt, zeitnah zur Übermittlung der Umsatzsteuer-Voranmeldung an das Finanzamt zu übersenden.

Errechnet sich zu Gunsten des Unternehmers statt einer Zahllast ein **Erstattungsanspruch**, der sich für das vorangegangene Kalenderjahr auf mehr als 7.500 EUR erstreckt, kann er anstelle des Kalendervierteljahres den Kalendermonat als Voranmeldungszeitraum wählen (§ 18 Abs. 2a S. 1 UStG). Zur Ausübung dieses Wahlrechts, an das er für ein Kalenderjahr gebunden wird, ist es erforderlich, dass der Unternehmer bis zum 10. Februar des laufenden Kalenderjahres eine Voranmeldung für den ersten Kalendermonat abgibt (§ 18 Abs. 2a S. 2 UStG). Bei **Gründung des Unternehmens** ist der Unternehmer verpflichtet, im Jahr der Unternehmensgründung und dem folgenden Kalenderjahr unabhängig von der Höhe des Umsatzsteueraufkommens monatliche Umsatzsteuer-Voranmeldungen abzugeben (§ 18 Abs. 2 S. 4 UStG). Dies soll der Finanzverwaltung einen besseren Einblick in das neu gegründete Unternehmen gewähren und Betrugsfällen vorbeugen.

2. Bei Rechtsanwälten kommen umsatzsteuerfreie Leistungen nur in geringem Umfang in Betracht → Form. O. I. 1 Anm. 14. Mit Blick auf den Vorsteuerabzug ist zwischen zwei Gruppen der umsatzsteuerfreien Leistungen zu differenzieren: 1. Bei einer Umsatzsteuerfreiheit nach § 4 Nr. 1 bis 7 UStG bleibt der Vorsteuerabzug (→ Anm. 7) aus damit im Zusammenhang stehenden Eingangsrechnungen in vollem Umfang erhalten. 2. Sind die Umsätze jedoch gemäß § 4 Nr. 8 bis 28 UStG von der Umsatzsteuer befreit, entfällt ein diesbezüglicher Vorsteuerabzug für in Anspruch genommene Leistungen bzw. Lieferungen, die mit den umsatzsteuerfreien Leistungen im Zusammenhang stehen.

3. Zum regulären Umsatzsteuersatz von zur Zeit 19 % → Form. O. I. 1 Anm. 15. Zu beachten ist, dass nach § 10 Abs. 1 S. 6 UStG die Beträge, die der Unternehmer im Namen und für Rechnung eines anderen vereinnahmt und verausgabt (sog. **durchlaufende Posten**) nicht zum umsatzsteuerbaren Entgelt gehören. In diesen Fällen hat der Rechtsanwalt eine bloße Botenfunktion und kein eigenes finanzielles Interesse an den durchlaufenden Posten – vorausgesetzt er leitet sie in unveränderter Höhe an den Mandanten weiter. Ob es sich um einen solchen durchlaufenden Posten handelt, ist grundsätzlich nach dem Empfängerhorizont zu bestimmen, so dass der Name des Auftraggebers offen gelegt werden muss. Darauf kann jedoch in Bagatellfällen verzichtet werden, wenn die Kostenberechnung nach Kosten- bzw. Gebührenverordnungen erfolgt und diese den Auftraggeber (Mandanten) als Kostenschuldner ausweisen (BFH Beschl. v. 27.2.1989 – V B 75/88, BFH/NV 1989, 744; UStAE 10.4 Abs. 1). In umsatzsteuerlicher Hinsicht ist bei den an den Mandanten weiterzuleitenden Beträgen auf den feinen Unterschied zu achten: Nur wenn der Mandant auch tatsächlich der Kostenschuldner gegenüber dem Gericht oder der Behörde ist, handelt es sich aus Sicht des Rechtsanwalts um einen durchlaufenden Posten. Ist der Anwalt dagegen selbst der Kostenschuldner, sind diese Kosten Teil des Rechtsanwaltshonorars (sog. Auslagenersatz) und damit umsatzsteuerpflichtig. Irrelevant ist dagegen, ob letztendlich der Rechtsanwalt berechtigt ist, die Kosten vom Mandanten ersetzt zu verlangen und damit letztendlich der Mandant der wirtschaftlich Belastete ist. Eine solche wirtschaftliche Betrachtungsweise greift im Umsatzsteuerrecht nicht. Entscheidend ist das Bestehen einer unmittelbaren Rechtsbeziehung zwischen Zahlungsverpflichtetem und -empfänger (UStAE 10.4 Abs. 1 S. 1 f.). In der Verfügung der OFD Hannover vom 13.10.2008 (Az. S 7200 339 StO 181, UR 2009, 395) stellt die Finanzverwaltung folgende Einzelfälle zusammen: Bei Kosten, die nach dem GKG ermittelt werden, ist Kostenschuldner regelmäßig die Partei. Für den Rechtsanwalt handelt es sich damit um einen durchlaufenden Posten. Bei den Kosten für Grundbuchauszüge, Handelsregisterauszüge und Einwohnermeldeamtsanfragen ist dagegen regelmäßig der anfragende Rechtsanwalt der Kostenschuldner. Bei der Weiterbelastung an den Mandanten handelt es sich damit um Auslagenersatz, der umsatzsteuerpflichtig in Rechnung zu stellen ist. Die Aktenversendungspauschale stellt nach Ansicht der Finanzverwaltung eine Vergütung für die Serviceleistung der Justiz dar, die nur auf Antrag berechnet wird. Kostenschuldner ist nach § 28 Abs. 2 GKG der Antragsteller. Als Antragsteller kommt ausschließlich der Rechtsanwalt und nicht der Mandant in Betracht. Demgemäß handelt es sich bei der Weiterbelastung ebenfalls um umsatzsteuerpflichtigen Auslagenersatz und nicht um einen durchlaufenden Posten. Dagegen stellen verauslagte Gerichtsgebühren für einen Datenabruf durch einen Notar aus dem maschinellen Grundbuch durchlaufende Posten dar (BayObLG Beschl. v. 27.10.2004 – 3Z BR 185/04, BayObLGZ 2004, 311).

Die Angabe der umsatzsteuerpflichtigen Umsätze erfolgt einschließlich der **unentgeltlichen Wertabgaben**. Dabei stellen unentgeltliche Wertabgaben aus dem Unternehmen, die in der Abgabe von Gegenständen bestehen, **entgeltliche Lieferungen** dar (§ 3 Abs. 1b UStG). Dies gilt insbesondere für die Entnahme eines Gegenstandes durch einen Unternehmer für Zwecke, die außerhalb des Unternehmens liegen (§ 3 Abs. 1b Nr. 1 UStG). Es muss sich bei dem entnommenen Gegenstand um einen solchen des Unternehmens gehandelt haben. Dabei richtet sich die Zuordnung zum Unternehmensvermögen nicht nach ertragsteuerlichen Grundsätzen. Maßgebend ist, ob der Unternehmer zuvor den

Gegenstand dem unternehmerischen oder dem nichtunternehmerischen Tätigkeitsbereich zugewiesen hat (UStAE 3.3 Abs. 1 zum Wahlrecht bei unternehmerisch und nichtunternehmerisch genutzten Gegenständen, soweit die unternehmerische Nutzung mindestens 10 % beträgt). Die Entnahme eines dem Unternehmen zugeordneten Gegenstandes wird aber nur dann gemäß § 3 Abs. 1b UStG einer entgeltlichen Lieferung gleichgestellt, wenn der entnommene Gegenstand zum vollen oder teilweisen Vorsteuerabzug berechtigt hat (UStAE 3.3 Abs. 2). Als Beispiel ist auf einen Pkw zu verweisen, den der Unternehmer zu 40 % betrieblich genutzt und demzufolge zutreffend seinem unternehmerischen Bereich zugeordnet und die Vorsteuer in Abzug gebracht hat. Entnimmt er zu einem späteren Zeitpunkt den Pkw aus dem unternehmerischen Bereich und nutzt er ihn zukünftig nur noch privat, stellt diese Entnahme eine unentgeltliche Wertabgabe dar, die als steuerpflichtiger Umsatz zu erfassen ist. Bemessungsgrundlage ist nach § 10 Abs. 4 Nr. 1 UStG der Einkaufspreis zuzüglich der Nebenkosten für den Gegenstand zum Zeitpunkt der Entnahme.

Als unentgeltliche Wertabgabe erfasst werden auch unentgeltliche Sachzuwendungen und sonstige Leistungen an Arbeitnehmer, die keine Aufmerksamkeiten darstellen (§ 3 Abs. 1b Nr. 2 UStG) sowie jede andere unentgeltliche Zuwendung eines Gegenstandes mit Ausnahme von Geschenken von geringem Wert (§ 3 Abs. 1b Nr. 3 UStG; dazu ie UStAE 3.3 Abs. 9 ff.).

Die Verwendung eines dem Unternehmen zugeordneten Gegenstandes (zB betrieblicher Pkw), der zum vollen oder teilweisen Vorsteuerabzug berechtigt hat, durch den Unternehmer für Zwecke außerhalb des Unternehmens (ohne dass eine Entnahme des Pkws erfolgt) oder für den privaten Bedarf des Personals (soweit keine Aufmerksamkeiten vorliegen) steht einer **entgeltlichen sonstigen Leistungen** gleich (§ 3 Abs. 9a Nr. 1 UStG). Gleiches gilt nach § 3 Abs. 9a Nr. 2 UStG für die unentgeltliche Erbringung einer anderen sonstigen Leistung durch den Unternehmer für Zwecke, die außerhalb des Unternehmens liegen. Diese Verwendung eines Gegenstandes für Zwecke außerhalb des Unternehmens kommt in der Praxis häufig bei der Verwendung eines zum Unternehmen gehörenden Fahrzeuges für private Zwecke (UStAE 3.4 Abs. 3) oder der privaten Nutzung betrieblicher Mobilfunkgeräte (UStAE 3.4 Abs. 4 zur Ermittlung der Bemessungsgrundlage, vgl. § 10 Abs. 4 UStG) vor. Die Höhe der unentgeltliche Wertabgabe bei der privaten Pkw-Nutzung und damit die darauf zu berechnende Umsatzsteuer gemäß § 10 Abs. 4 Nr. 2 UStG lässt sich auf folgenden Wegen bestimmen: der 1%-Regelung oder der Fahrtenbuchmethode oder im Wege einer sog. sachgerechten Schätzung (→ Form. O. I. 5 Anm. 6; BMF-Schreiben v. 27.8.2004, BStBl 2004 I, 864; UStAE 1.8 Abs. 18; Sölch/Ringleb/*Wagner* UStG § 10 Rn. 430 ff.). Dabei soll die Berechnung des Privatnutzungsanteils aus Vereinfachungsgründen regelmäßig der ertragsteuerlichen Berechnung entsprechen. Dies ist jedoch nicht stets der Fall (dazu Sölch/Ringleb/*Wagner* UStG § 10 Rn. 431). Nicht steuerbar als unentgeltliche Wertabgabe ist im übrigen die Gewährung unentgeltlicher sonstiger Leistungen aus unternehmerischen Gründen (UStAE 3.4 Abs. 1).

4. Zum ermäßigten Steuersatz von 7 % → Form. O. I. 1 Anm. 15.

5. Steuerschuldnerschaft des Leistungsempfängers, § 13b Abs. 5 UStG: Ist der Rechtsanwalt bzw. die Freiberufler-Personengesellschaft **Empfänger** von Leistungen iSv § 13b Abs. 1 und Abs. 2 Nr. 1 bis 3, 5 bis 6 UStG schuldet er die Umsatzsteuer. Darunter fallen zB sonstige Leistungen eines im übrigen Gemeinschaftsgebiet ansässigen Unternehmer an den Rechtsanwalt, die nach § 3a Abs. 2 UStG im Inland umsatzsteuerpflichtig sind (§ 13b Abs. 1 UStG) sowie Werklieferungen und alle übrigen sonstigen Leistungen eines im Ausland ansässigen Unternehmers (§ 13b Abs. 2 Nr. 1 UStG). Der Rechtsanwalt erhält von dem ausländischen Unternehmer eine Netto-Rechnung ohne Umsatzsteuer-Ausweis, in der auf die Umkehr der Steuerschuldnerschaft nach § 13b UStG bzw. Art. 196 MwStSystRL hingewiesen wird (§ 14a Abs. 5 S. 2 UStG). Dann muss er die auf den Nettobetrag berechnete Umsatzsteuer in den Zeilen 48 bis 52 eintragen und kann diese zugleich aufgrund der grundsätzlichen Vorsteuerabzugsberechtigung der Rechtsanwälte in der Zeile 59 (→ Anm. 7) in Abzug bringen. Damit ergibt sich im Ergebnis ein Nullsummenspiel, da die Erhöhung der Umsatzsteuer zugleich wieder rückgängig gemacht wird. Eine Differenz und damit eine Mehrbelastung könnte nur verbleiben, wenn sich Einschränkungen beim Vorsteuerabzug aufgrund teilweise von der Umsatzsteuer befreiten Einkünften ergeben (→ Anm. 2). In diesen Fällen ist daher sorgfältig darauf zu achten, dass zum einen die Rechnung des ausländischen Unternehmers zutreffend ist und zum anderen die erforderlichen Angaben in der Umsatzsteuer-Voranmeldung getätigt werden.

Die Zeilen 40 bis 41 des Formulars beschäftigen sich dagegen mit dem umgekehrten Fall – in dem der Rechtsanwalt eine Leistung erbringt und der Leistungsempfänger die Umsatzsteuersteuer schuldet. In diesem Fall stellt der Rechtsanwalt eine Netto-Rechnung aus mit dem Hinweis auf die Umkehr der Steuerschuldnerschaft nach § 13b UStG. Die Angabe in der Umsatzsteuer-Voranmeldung ist lediglich nachrichtlich für das Finanzamt und führt nicht zu einer Erhöhung der Umsatzsteuerzahllast bei dem Rechtsanwalt bzw. der Freiberufler-Personengesellschaft. Dabei ist darauf hinzuweisen, dass die Beratungsleistungen, die ein Rechtsanwalt erbringt, grundsätzlich als **sonstige Leistungen** iSv § 3 Abs. 9 UStG anzusehen sind. Es handelt sich um Leistungen, die keine Lieferungen sind. Eine **Lieferung** iSd UStG beinhaltet die Verschaffung der Verfügungsmacht an Gegenständen (§ 3 Abs. 1 UStG). Für den Rechtsanwalt kann vor allem dann der Fall eintreten, dass der Leistungsempfänger die Umsatzsteuer schuldet, wenn es sich um einen in der EU ansässigen Unternehmer handelt <u>und</u> der Leistungsort im EU-Ausland liegt. Denn die übrigen EU-Länder haben auf Basis der MwStSystRL eine § 13b UStG entsprechende Regelung eingeführt, so dass sich die Vorschriften länderübergreifend decken (Fall des § 18b S. 1 Nr. 2 UStG, **Zeile 41**). Soweit ein **Drittland** betroffen ist, muss im Einzelfall abgeklärt werden, ob es nach dem Recht dieses Landes eine § 13b UStG entsprechende Norm gibt. Nur dann kommt ein Eintrag in den Zeilen 40 bis 41 in Betracht. Sinn und Zweck des § 13b UStG sind eine Vereinfachung des Umsatzsteuerverfahrens und die Bekämpfung des Umsatzsteuerbetruges. Zum Vereinfachungsgedanken: Greift eine § 13b UStG entsprechende Regelung, muss sich der Rechtsanwalt, der im Ausland eine Leistung erbringt, die dort umsatzsteuerbar ist, nicht im Ausland als umsatzsteuerlicher Unternehmer registrieren lassen. Es entfällt die Verpflichtung, ausländische Umsatzsteuer in der Rechnung auszuweisen. Sollte daher bei einem ausländischen Leistungsort die Regelung des § 13b UStG nicht eingreifen, ist zu prüfen, ob nach dem ausländischen Recht eine Verpflichtung zur Registrierung als Unternehmer und der Ausweis ausländischer Umsatzsteuer erforderlich sind. Möglicherweise existieren im Ausland Geringfügigkeitsgrenzen, die bei einmaligen Umsätzen ebenfalls eine Registrierung entbehrlich machen. Da § 13b Abs. 5 UStG nur Anwendung findet, wenn es sich bei dem Leistungsempfänger um einen Unternehmer handelt, entfällt für den Fall der Leistungserbringung an eine **Privatperson** die Umkehr der Steuerschuldnerschaft auf den Leistungsempfänger. Der Rechtsanwalt, der seine Beratungsleistungen an eine im Ausland ansässige Privatperson erbringt, steht – wenn sich der Leistungsort im Ausland befindet (→ Anm. 6) stets vor der Frage, ob er sich im Ausland für Zwecke der Umsatzsteuer registrieren lassen und ausländische Umsatzsteuer in seiner Rechnung ausweisen muss.

In der **Zeile 40** einzutragen sind alle übrigen **im Inland** ausgeführten steuerpflichtigen Umsätze iSv § 13b Abs. 1 und 2 UStG, bei denen der Leistungsempfänger die Umsatzsteuer nach § 13b Abs. 5 UStG schuldet. Dazu zählen beispielsweise Umsätze, die unter das Grunderwerbsteuergesetz fallen (§ 13b Abs. 2 Nr. 3 UStG), oder die Lieferung sicherungsübereigneter Gegenstände durch den Sicherungsgeber an den Sicherungsnehmer außerhalb des Insolvenzverfahrens (§ 13b Abs. 2 Nr. 2 UStG).

Über die in **Zeile 41** eingetragenen sonstigen Leistungen sind zusätzlich **Zusammenfassende Meldungen** iSv § 18a UStG an das Bundeszentralamt für Steuern auf elektronischem Wege zu übermitteln. Die Übermittlung muss bis zum 25. Tag nach Ablauf des Kalendervierteljahres erfolgen, in dem der Unternehmer im übrigen Gemeinschaftsgebiet steuerpflichtige sonstige Leistungen iSv § 3a Abs. 2 UStG ausgeführt hat, für die der in einem anderen Mitgliedstaat ansässige Leistungsempfänger die Steuer schuldet (§ 18a Abs. 2 UStG).

6. Liegt kein Fall des § 13b UStG vor (→ Anm. 5), sind ebenfalls lediglich nachrichtlich für die Finanzverwaltung Angaben zu den übrigen nicht in Deutschland umsatzsteuerbaren Umsätzen zu tätigen (Zeile 42), bei denen der Leistungsort nicht im Inland liegt. Für die sonstigen Leistungen (§ 3 Abs. 9 S. 1 UStG), die ein Rechtsanwalt erbringt, bestimmt sich der Ort der Leistung wie folgt: Nach der in § 3a Abs. 1 UStG aufgeführten Grundregel wird eine sonstige Leistung vorbehaltlich der Absätze 2 bis 8 und den §§ 3b, 3e und 3f UStG an dem Ort ausgeführt, von dem aus der Unternehmer sein Unternehmen betreibt. Handelt es sich bei dem Leistungsempfänger um einen Unternehmer, gilt nach § 3a Abs. 2 UStG – vorbehaltlich der Absätze 3 bis 8 und der §§ 3b, 3e und 3f UStG – die Leistung an dem Ort ausgeführt, von dem aus der Empfänger sein Unternehmen betreibt. Jedoch ordnet § 3a Abs. 4 UStG für die sonstigen Leistungen (insbesondere die rechtliche, wirtschaftliche oder technische Beratung) aus der Tätigkeit als Rechtsanwalt, Patentanwalt, Steuerberater o.ä. (§ 3a Abs. 4 S. 2 Nr. 3 UStG) Folgendes an: Ist der Empfänger dieser Leistungen eine Privatperson mit Wohnsitz im Drittlandsgebiet, wird die sonstige Leistung an seinem Wohnsitz (im Drittland) ausgeführt. Der Leistungsort befindet sich daher für die Beratungsleistungen eines Rechtsanwaltes immer dann im Ausland, wenn er eine Privatperson berät, die ihren Wohnsitz außerhalb der EU hat oder wenn er einen Unternehmer berät, der sein Unternehmen im Ausland betreibt. In diesen Fällen stellt sich die Frage nach einer Umkehr der Steuerschuldnerschaft nach § 13b UStG oder einer umsatzsteuerlichen Registrierung im Ausland (→ Anm. 5).

7. Vorsteuer (§ 15 Abs. 1 S. 1 Nr. 1 UStG): In die Zeile 56 sind Vorsteuerbeträge aus Rechnungen von anderen Unternehmern einzutragen, die die Umsatzsteuerzahllast mildern. Darunter fallen aus Sicht eines Rechtsanwalts vor allem: die gesetzlich geschuldete Steuer für Lieferungen und sonstige Leistungen, **1.** die von einem anderen Unternehmer für die Kanzlei ausgeführt worden sind, wenn eine Rechnung nach den §§ 14, 14a UStG vorliegt und **2.** die in einer Kleinbetragsrechnung enthaltene Umsatzsteuer, bei der eine Rechnung gemäß § 33 UStDV vorliegt. In beiden Fällen ist Grundvoraussetzung eines Vorsteuerabzuges, dass es sich um eine nach dem deutschen UStG geschuldete Steuer handelt. Ausländische Umsatzsteuer kann nicht im Rahmen der Umsatzsteuer-Voranmeldung erstattet verlangt werden. Vielmehr muss die ausländische Umsatzsteuer im Wege des Vorsteuervergütungsverfahrens über das Bundeszentralamt für Steuern im Ausland ersetzt verlangt werden. Anderenfalls scheidet ein Vorsteuerabzug aus; ggfs. ist die nicht erstattete ausländische Umsatzsteuer als Betriebsausgaben abzugsfähig.

Zu 1. Eine **ordnungsgemäße Rechnung** die zum Vorsteuerabzug berechtigt, verlangt nach § 14 Abs. 4 UStG den vollständigen Namen und die Anschrift des leistenden Unternehmers und des Leistungsempfängers, die dem leistenden Unternehmer vom Finanzamt erteilte Steuernummer bzw. alternativ die Umsatzsteuer-Identifikationsnummer (→ Form. O. I. 1 Anm. 16), das Ausstellungsdatum, eine fortlaufende Rechnungsnummer, die handelsübliche Bezeichnung der gelieferten Gegenstände oder der Umfang und die Art der sonstigen Leistung, den Leistungszeitpunkt, das nach Steuersätzen und einzelnen Steuerbefreiungen aufgeschlüsselte Entgelt für die Lieferung bzw. sonstige Leistung, den anzuwendenden Steuersatz sowie den auf das Entgelt entfallenden Steuerbetrag bzw. den Hinweis auf eine Steuerbefreiung sowie ggfs. in bestimmten Fällen (§ 14b Abs. 1 S. 5 UStG) einen Hinweis auf die Aufbewahrungspflicht des Leistungsempfängers. In besonderen Fällen erweitert § 14a UStG die Pflichtangaben in den Rechnungen ua um die Angabe der Umsatzsteuer-Identifikationsnummer des Leistenden und des Leistungsempfängers (§ 14a Abs. 1 und 3 UStG). Bei einer Umkehr der Steuerschuldnerschaft nach § 13b UStG muss ein Hinweis auf diese Regelung in der Rechnung enthalten sein (§ 14a Abs. 5 S. 2 UStG → Anm. 5).

Nur wenn diese Pflichtangaben auf den Rechnungen enthalten sind, kommt ein Vorsteuerabzug in Betracht (§ 15 Abs. 1 S. 1 Nr. 1 UStG). Der Rechtsanwalt hat Anspruch auf eine ordnungsgemäße Rechnung. Eine zeitnahe Kontrolle der Rechnung bei Rechnungseingang ist erforderlich, damit ggfs. umgehend eine Berichtigung der Rechnung verlangt werden kann. Bis zur Vorlage einer ordnungsgemäßen Rechnung kann der Rechtsanwalt die Bezahlung verweigern (Zurückbehaltungsrecht). Ein Vorsteuerabzug ist erst bei Vorlage einer ordnungsgemäßen Rechnung nach §§ 14, 14a UStG zulässig. Auf die Bezahlung der Rechnung kommt es nicht an (vgl. § 15 Abs. 1 S. 1 Nr. 1 UStG). Wird erst Jahre später im Rahmen einer Betriebsprüfung festgestellt, das die Rechnung, aus der Vorsteuer beansprucht wurde, nicht zutreffend war, ist der damalige Vorsteuerabzug seitens der Betriebsprüfung zu korrigieren. Damit erhöht sich die damalige Umsatzsteuerzahllast regelmäßig verbunden mit einer 6%igen Verzinsung des Nachzahlungsbetrages. Ein Vorsteuerabzug kommt aus der korrigierten Rechnung erst in dem Zeitpunkt in Betracht, in dem die zutreffende Rechnung vorliegt – also in dem dann aktuellen Voranmeldungszeitraum.

Zu 2. Von einer **Kleinbetragsrechnung** spricht man, wenn der Gesamtbetrag 150 EUR nicht übersteigt. In diesem Fall werden nach §§ 33, 35 UStDV erleichterte Anforderungen an eine Rechnung gestellt. Eine ordnungsgemäße Rechnung, die den Vorsteuerabzug erlaubt, muss mindestens folgende Angaben enthalten: Den Namen und die Anschrift des leistenden Unternehmers, das Ausstellungsdatum, die Menge und Art der gelieferten Gegenstände oder den Art und Umfang der sonstigen Leistung und das Entgelt und den darauf entfallenden Steuerbetrag in einer Summe sowie den anzuwendenden Steuersatz bzw. den Hinweis auf eine Steuerbefreiung. Insbesondere ein gesonderter Ausweis der Umsatzsteuer ist damit in einer solchen Rechnung nicht erforderlich. Vergleichbares gilt gemäß § 34 UStDV für Fahrausweise, die für die Personenbeförderung ausgegeben wurden.

Wird ein Gegenstand (zB ein Pkw) zu weniger als 10 % für das Unternehmen genutzt, scheidet ein Vorsteuerabzug trotz Vorliegen einer ordnungsgemäßen Rechnung aus (§ 15 Abs. 1 S. 2 UStG). Die umsatzsteuerliche Behandlung von Gegenständen, die teilweise unternehmerisch und teilweise nicht unternehmerisch genutzt werden (§ 15 Abs. 4 UStG), ist in UStAE 15.2 Abs. 21 und 15.6a von der Finanzverwaltung näher vorgegeben. Nicht abziehbar sind des Weiteren auch bei Vorliegen einer ordnungsgemäßen Rechnung Vorsteuerbeträge, die auf Aufwendungen entfallen, für die das Abzugsverbot des § 4 Abs. 5 S. 1 Nr. 1 bis 4, 7 EStG (→ Form. O. I. 5 Anm. 17) oder des § 12 Nr. 1 des EStG greift (§ 15 Abs. 1a S. 1 UStG). Eine Rückausnahme gilt nach § 15 Abs. 1a S. 2 UStG für angemessene und nachgewiesene Bewirtungsaufwendungen iSv § 4 Abs. 5 S. 1 Nr. 2 EStG. Hier ist ein 100%iger Vorsteuerabzug zulässig, auch wenn der Betriebsausgabenabzug aus diesen Rechnungen zur Zeit auf 70 % beschränkt wird.

Vom Vorsteuerabzug ausgeschlossen ist die Umsatzsteuer auf Lieferungen und Leistungen, die der Unternehmer zur Ausführung umsatzsteuerfreier Umsätze verwendet (§ 15 Abs. 2 Nr. 1 UStG), soweit nicht ein besonderer Fall des § 15 Abs. 3 UStG vorliegt (→ Form. 2). Gleiches gilt, wenn es sich um Umsätze im Ausland handelt, die steuerfrei wären, wenn sie im Inland ausgeführt würden (§ 15 Abs. 2 Nr. 2 UStG).

8. **Berichtigung des Vorsteuerabzugs:** Nach § 15a UStG iVm § 44 UStDV ist ein erfolgter Vorsteuerabzug zu berichtigen. Die Vorsteuerberichtigung führt zur Erhöhung der Umsatzsteuerlast, wenn beispielsweise ein Gegenstand, für den Vorsteuer beansprucht wurde, innerhalb der Fristen des § 15a UStG umsatzsteuerfrei veräußert bzw. in das Privatvermögen entnommen wird (§ 15a Abs. 8 UStG). Der Eintrag in der Zeile 61 erfolgt in diesem Fall mit einem vorangestellten Minuszeichen. Die Vorsteuerberichtigung wirkt sich zu Gunsten des Unternehmers aus, wenn ein bislang nur teilweise für zum Vorsteuerabzug berechtigende Zwecke eingesetzter Gegenstand nunmehr in größerem

Umfang für diese Zwecke eingesetzt wird. Gemäß § 15a Abs. 1 S. 1 UStG gilt für Wirtschaftsgüter des Anlagevermögens: Ändern sich bei einem Wirtschaftsgut, das nicht nur einmalig zur Ausführung von Umsätzen verwendet wird, innerhalb von fünf Jahren ab dem Zeitpunkt der erstmaligen Verwendung die für den ursprünglichen Vorsteuerabzug maßgebenden Verhältnisse, ist für jedes Kalenderjahr der Änderung ein Ausgleich durch eine Berichtigung des Abzuges der auf die Anschaffungs- oder Herstellungskosten entfallenden Vorsteuerbeträge vorzunehmen. Bei Grundstücken und ihren wesentlichen Bestandteilen verlängert sich der Berichtigungszeitraum auf zehn Jahre (§ 15a Abs. 1 S. 2 UStG). Für jedes Jahr der Änderung ist daher eine Korrektur der Vorsteuer um 1/5 bzw. 1/10 zu Lasten oder zu Gunsten des Unternehmers erforderlich (§ 15a Abs. 5 UStG). Eine Geschäftsveräußerung im Ganzen nach § 1 Abs. 1a UStG unterbricht den Berichtigungszeitraum dagegen nicht (§ 15a Abs. 10 UStG).

Bei Wirtschaftsgütern, die nur einmalig zur Ausführung eines Umsatzes verwendet werden, können sich ebenfalls die ursprünglichen Verhältnisse ändern. Die Berichtigung des Vorsteuerabzugs ist in diesem Fall unabhängig von einem Berichtigungszeitraum für den Besteuerungszeitraum vorzunehmen, in dem das Wirtschaftsgut verwendet wird (§ 15a Abs. 2 UStG, UStAE 15a.5 Abs. 1 mit zwei Beispielen in Abs. 2).

9. In der Zeile 65 sind vor allem in Rechnungen der Höhe nach unrichtig ausgewiesene Umsatzsteuerbeträge nach § 14c Abs. 1 UStG einzutragen, bei denen der Unternehmer die Umsatzsteuer schuldet (unrichtiger Steuerausweis). Beispielhaft ist ein Umsatzsteuerausweis von 19 % zu nennen, obwohl der ermäßigte Umsatzsteuersatz von 7 % einschlägig gewesen wäre (ein instruktives Beispiel dazu in UStAE 14c Abs. 5). Gleiches gilt für die Fälle des § 14c Abs. 2 UStG, bei denen Umsatzsteuer ausgewiesen wurde, obwohl der Unternehmer dazu nicht berechtigt war (unberechtigter Steuerausweis). Von § 14c Abs. 2 UStG werden laut UStAE 14c.2 Abs. 2 folgende Fallgestaltungen erfasst: unberechtigter Umsatzsteuerausweis eines Kleinunternehmers (→ Form. O. I. 1 Anm. 13); Schein- oder Gefälligkeitsrechnungen bzw. Schadensersatz; Fälle der unrichtigen Leistungsbezeichnung (zB Angabe einer Büromaschine, während tatsächlich ein privates Fernsehgerät geliefert wird); Verkauf eines Gegenstandes aus dem Privatbereich mit Umsatzsteuer; Umsatzsteuerausweis durch einen Nichtunternehmer. Solange die Rechnung nicht nach § 17 UStG korrigiert und eine Gefährdung des Umsatzsteueraufkommens nicht beseitigt wird, schuldet der Unternehmer eine zu Unrecht bzw. zu hoch ausgewiesene Umsatzsteuer. Bei einem zu niedrigen Umsatzsteuerausweis schuldet der Unternehmer die höhere Umsatzsteuer, ohne dass es einer Rechnungskorrektur insoweit bedarf. Zu beachten ist dabei, dass der Vorsteuerabzug nach § 15 Abs. 1 S. 1 Nr. 1 UStG (→ Anm. 7) nach seinem Wortlaut an die gesetzlich geschuldete Umsatzsteuer anknüpft. Ein zu hoher Umsatzsteuerausweis in einer Rechnung entspricht damit nicht der gesetzlich geschuldeten Umsatzsteuer, so dass ein Vorsteuerabzug insoweit ausscheidet.

10. Im letzten Voranmeldungszeitraum eines jeden Jahres (regelmäßig in der Voranmeldung für den Monat Dezember) wird die festgesetzte Sondervorauszahlung für die Dauerfristverlängerung (→ Form. O. I. 3 Anm. 1) zu Gunsten des Unternehmers in Anrechnung gebracht (§ 48 Abs. 4 UStDV). Für die Fälle, dass die Tätigkeit im Laufe des Kalenderjahres eingestellt oder auf die Dauerfristverlängerung verzichtet wird, ist die Sondervorauszahlung im letzten Voranmeldungszeitraum, für den die Dauerfristverlängerung gilt, in Anrechnung zu bringen.

3. Umsatzsteuer – Dauerfristverlängerung

Zeile	

– Bitte weiße Felder ausfüllen, Anleitung auf der Rückseite beachten –

2014

Fallart   **Steuernummer**   Unter-fallart   Zeit-raum

11   **56**   **1400**

30   Eingangsstempel oder -datum

Finanzamt

Unternehmer – ggf. abweichende Firmenbezeichnung –
Anschrift – Telefon – E-Mail-Adresse

Antrag auf Dauerfristverlängerung

Anmeldung
der Sondervorauszahlung
(§§ 46 bis 48 UStDV)

Zur Beachtung
für Unternehmer, die ihre Voranmeldungen **vierteljährlich** abzugeben haben:

Der Antrag auf Dauerfristverlängerung ist nicht zu stellen, wenn Dauerfristverlängerung bereits gewährt worden ist. Er ist nicht jährlich zu wiederholen. Eine Sondervorauszahlung ist nicht zu berechnen und anzumelden.

I. Antrag auf Dauerfristverlängerung

(Dieser Abschnitt ist gegenstandslos, wenn Dauerfristverlängerung bereits gewährt worden ist.)

Ich beantrage, die Fristen für die Abgabe der Umsatzsteuer-Voranmeldungen und für die Entrichtung der Umsatzsteuer-Vorauszahlungen um einen Monat zu verlängern.

II. Berechnung und Anmeldung der Sondervorauszahlung auf die Steuer für das Kalenderjahr 2014
von Unternehmern, die ihre Voranmeldungen monatlich abzugeben haben

Berichtigte Anmeldung (falls ja, bitte eine „1" eintragen)   **10**

	volle EUR	Ct
1. Summe der verbleibenden Umsatzsteuer-Vorauszahlungen **zuzüglich** der angerechneten Sondervorauszahlung für das Kalenderjahr 2013	①	▬
2. Davon ¹/₁₁ = Sondervorauszahlung 2014 . . . . **38**		▬

Verrechnung des Erstattungsbetrags erwünscht / Erstattungsbetrag ist abgetreten
(falls ja, bitte eine „1" eintragen)   **29**
Geben Sie bitte die Verrechnungswünsche auf einem besonderen Blatt an oder auf dem beim Finanzamt erhältlichen Vordruck „Verrechnungsantrag".

Die **Einzugsermächtigung** wird ausnahmsweise (z.B. wegen Verrechnungswünschen) für die   **26**
Sondervorauszahlung dieses Jahres **widerrufen** (falls ja, bitte eine „1" eintragen) . . . .
Ein ggf. verbleibender Restbetrag ist gesondert zu entrichten.

Hinweis nach den Vorschriften der Datenschutzgesetze:
Die mit der Steueranmeldung angeforderten Daten werden auf Grund der §§ 149 ff. der Abgabenordnung und des § 18 des Umsatzsteuergesetzes erhoben. Die Angabe der Telefonnummern und der E-Mail-Adressen ist freiwillig.

Bei der Anfertigung dieser Steueranmeldung hat mitgewirkt:
(Name, Anschrift, Telefon, E-Mail-Adresse)

- nur vom Finanzamt auszufüllen -

11   **19**

Bearbeitungshinweis
1. Die aufgeführten Daten sind mit Hilfe des geprüften und genehmigten Programms sowie ggf. unter Berücksichtigung der gespeicherten Daten maschinell zu verarbeiten.
2. Die weitere Bearbeitung richtet sich nach den Ergebnissen der maschinellen Verarbeitung.

Datum, Namenszeichen

Kontrollzahl und/oder Datenerfassungsvermerk

Datum, Unterschrift

USt 1 H – Antrag auf Dauerfristverlängerung/Anmeldung der Sondervorauszahlung 2014 – (01.13)

Anmerkungen

1. Der Unternehmer ist grundsätzlich verpflichtet, bis zum 10. Tag nach Ablauf des Voranmeldungszeitraums die Umsatzsteuer-Voranmeldung elektronisch an die Finanzverwaltung zu übermitteln (→ Form. O. I. 2 Anm. 1). Diese Frist ist recht kurz bemessen. Mittels der in §§ 46 ff. UStDV geregelten Dauerfristverlängerung kann der Unternehmer eine Verlängerung dieses Zeitraums um einen Monat verlangen. Der Unternehmer hat grundsätzlich einen Anspruch auf die Fristverlängerung, soweit nicht der Steueranspruch gefährdet erscheint. Ist der Unternehmer verpflichtet, monatlich Voranmeldungen abzugeben, steht die Fristverlängerung unter der Auflage, dass er eine Sondervorauszahlung auf die Umsatzsteuer eines Kalenderjahres entrichtet (§ 47 Abs. 1 S. 1 UStDV). Die Sondervorauszahlung beträgt ein Elftel der Summe der Vorauszahlungen des vorangegangenen Kalenderjahres zzgl. einer für das Vorjahr angerechneten Sondervorauszahlung (§ 47 Abs. 1 S. 2 UStDV). Hat der Unternehmer seine Tätigkeit im laufenden Kalenderjahr begonnen, ist die Sondervorauszahlung auf der Grundlage der zu erwartenden Vorauszahlungen dieses Kalenderjahres zu berechnen (§ 47 Abs. 3 UStDV → Form. O. I. 1 Anm. 12). In dem elektronisch zu übermittelnden Antragsformular muss der Unternehmer die Sondervorauszahlung selbst berechnen. Ein Bewilligungsbescheid durch das Finanzamt wird nicht erteilt. Das Finanzamt hat nach § 48 Abs. 3 UStDV die Sondervorauszahlung zu korrigieren, wenn sie vom Unternehmer nicht oder nicht richtig berechnet wurde oder die Anmeldung zu einem offensichtlich unzutreffenden Ergebnis führt. Ergibt sich bei der Berechnung der Sondervorauszahlung ein Überschuss zu Gunsten des Unternehmers, beträgt die zu entrichtende Sondervorauszahlung Null Euro. Der Antrag auf Dauerfristverlängerung ist bis zu dem Zeitpunkt zu beantragen, für den die Voranmeldung, für die die Fristverlängerung erstmals gelten soll, nach § 18 UStG abzugeben ist (→ Form. O. I. 2 Anm. 1).

2. Die Dauerfristverlängerung gilt solange, bis der Unternehmer gegenüber dem Finanzamt erklärt, dass er die Fristverlängerung nicht mehr in Anspruch nehmen will oder das Finanzamt die Fristverlängerung widerruft. Demnach bleibt ein einmal gestellter Antrag auf Dauerfristverlängerung kalenderjahrübergreifend in Kraft. Der Antrag muss nicht jedes Jahr neu gestellt werden. Lediglich die Sondervorauszahlung ist für jedes Jahr mithilfe des Formulars neu zu berechnen und an die Finanzverwaltung zu zahlen. Unterbleibt die Berechnung der Sondervorauszahlung für die Folgejahre, bestimmt das Finanzamt diese im Bescheidweg. Eine Abstandnahme von den Sondervorauszahlungen bedingt daher in jedem Fall eines ausdrücklichen Widerrufes durch den Unternehmer.

3. Für diejenigen Unternehmer, die ihre Voranmeldungen nur quartalsweise abzugeben haben (→ Form O. I. 2 Anm. 1), entfällt die Verpflichtung zur Entrichtung einer Sondervorauszahlung (§ 47 UStDV). Er muss daher nur einmalig die Dauerfristverlängerung beantragen. Einer Berechnung der Sondervorauszahlungen bedarf es ebenso wenig wie die jährlich wiederholte Antragstellung.

4. Lohnsteueranmeldung

- Bitte weiße Felder ausfüllen oder [X] ankreuzen und Hinweise auf der Rückseite beachten -

Zeile		

2014

Fallart	Steuernummer	Unter-fallart
11		**62**

30 Eingangsstempel oder -datum

Lohnsteuer-Anmeldung 2014

Finanzamt

Anmeldungszeitraum
bei **monatlicher** Abgabe bitte ankreuzen

bei **vierteljährlicher** Abgabe bitte ankreuzen

1401 Jan. (1)	**1407** Juli	**1441** I. Kalender-vierteljahr
1402 Feb.	**1408** Aug.	**1442** II. Kalender-vierteljahr
1403 März	**1409** Sept.	**1443** III. Kalender-vierteljahr
1404 April	**1410** Okt.	**1444** IV. Kalender-vierteljahr
1405 Mai	**1411** Nov.	bei **jährlicher Abgabe bitte ankreuzen**
1406 Juni	**1412** Dez.	**1419** Kalender-jahr

Arbeitgeber - Anschrift der Betriebsstätte - Telefonnummer - E-Mail

Berichtigte Anmeldung
(falls ja, bitte eine „1" eintragen)......... **10**

Zahl der Arbeitnehmer (einschl. Aushilfs- und Teilzeitkräfte)............... **86**

		EUR	Ct
Summe der einzubehaltenden Lohnsteuer [1][2]	**42**	(2)	
Summe der pauschalen Lohnsteuer - ohne § 37b EStG - [1]	**41**		
Summe der pauschalen Lohnsteuer nach § 37b EStG [1]	**44**	(3)	
abzüglich an Arbeitnehmer ausgezahltes Kindergeld	**43**		
abzüglich Kürzungsbetrag für Besatzungsmitglieder von Handelsschiffen	**33**		
Verbleiben [1]	**48**		
Solidaritätszuschlag [1][2]	**49**		
pauschale Kirchensteuer im vereinfachten Verfahren	**47**		
Evangelische Kirchensteuer - ev (lt/rf/fr) [1][2]	**61**		
Römisch-Katholische Kirchensteuer - rk [1][2]	**62**		
Israelitische Bekenntnissteuer - is [1][2]	**64**		
Altkatholische Kirchensteuer - ak [1][2]	**63**		
Gesamtbetrag [1] 1) Negativen Beträgen ist ein Minuszeichen voranzustellen 2) Nach Abzug der im Lohnsteuer-Jahresausgleich erstatteten Beträge	**83**		

Ein Erstattungsbetrag wird auf das dem Finanzamt benannte Konto überwiesen, soweit der Betrag nicht mit Steuerschulden verrechnet wird.
Verrechnung des Erstattungsbetrags erwünscht/Erstattungsbetrag ist abgetreten
(falls ja, bitte eine „1" eintragen) **29**
Geben Sie bitte die Verrechnungswünsche auf einem besonderen Blatt oder auf dem beim Finanzamt erhältlichen Vordruck „Verrechnungsantrag" an.
Die **Einzugsermächtigung** wird ausnahmsweise (z.B. wegen Verrechnungswünschen)
für diesen Anmeldungszeitraum **widerrufen** (falls ja, bitte eine „1" eintragen) **26**
Ein ggf. verbleibender Restbetrag ist gesondert zu entrichten.

Hinweis nach den Vorschriften der Datenschutzgesetze:
Die mit der Steueranmeldung angeforderten Daten werden auf Grund der §§ 149 ff. der Abgabenordnung und des § 41a des Einkommensteuergesetzes erhoben.
Die Angabe der Telefonnummer und der E-Mail-Adresse ist freiwillig.

Datum, Unterschrift

Vom Finanzamt auszufüllen

Bearbeitungshinweis
1. Die aufgeführten Daten sind mit Hilfe des geprüften und genehmigten Programms sowie ggf. unter Berücksichtigung der gespeicherten Daten maschinell zu verarbeiten.   **11**   **19**
2. Die weitere Bearbeitung richtet sich nach den Ergebnissen der maschinellen Verarbeitung.   **12**

Datum, Namenszeichen/Unterschrift

Kontrollzahl und/oder Datenerfassungsvermerk

3.13 - **LStA** - Lohnsteuer-Anmeldung 2014 -   (BayLfSt – 36.000 N/75.000 M – 09.13 – 2150)

Anmerkungen

1. Zum Zeitpunkt und der Form der Abgabe der Lohnsteueranmeldungen → Form. O. I. 1 Anm. 11.

2. Dazu, dass das Gehalt des Gesellschafters einer Freiberufler-Personengesellschaft zu seinen Sonderbetriebseinnahmen zählt und damit nicht lohnsteuerpflichtig ist → Form. O. I. 1 Anm. 11. Gleiches gilt für den angestellten Geschäftsführer der Komplementär-GmbH, der zugleich Kommanditist der Kapitalgesellschaft & Co. KG ist. Auch der Einzelanwalt muss auf die zur Bestreitung seines Lebensunterhaltes entnommenen Gelder keine Lohnsteuer entrichten. Es handelt sich vielmehr um Entnahmen, die den Gewinn nicht mindern und nicht mit Lohnsteuer zu belasten sind. Zum Gehalt des Gesellschafter-Geschäftsführers einer Freiberufler-Kapitalgesellschaft → Form. O. II. 1 Anm. 10.

3. § 37b EStG erlaubt bei Leistungen, die nicht in Geld bestehen, in bestimmten Fällen die Erhebung einer pauschalen Lohnsteuer iHv 30 % (§ 37b Abs. 1 S. 1 EStG). Bemessungsgrundlage für die Berechnung der Lohnsteuer sind die Aufwendungen des Steuerpflichtigen einschließlich der Umsatzsteuer (§ 37b Abs. 1 S. 2 EStG). Eine Pauschalierung ist nach § 37b Abs. 1 S. 3 EStG ausgeschlossen, wenn die Aufwendungen je Empfänger und Wirtschaftsjahr oder für die einzelne Zuwendung 10.000 EUR übersteigen (sog. Luxusgeschenke). Die Pauschalsteuer findet Anwendung auf betrieblich veranlasste Zuwendungen, die zusätzlich zur ohnehin vereinbarten Leistung erbracht werden (Nr. 1) und auf Geschenke iSv § 4 Abs. 5 S. 1 Nr. 1 EStG an Nichtarbeitnehmer. Streitig war, ob § 37b EStG auch auf solche Geschenke Anwendung findet, die sich auf mehr als 10 EUR aber weniger als 35 EUR belaufen (so FG Hamburg Urt. v. 20.9.2011 – 2 K 41/11, DStRE 2012, 282). Nach der Entscheidung des BFH vom 16.10.2013 (AZ VI R 57/11, BFH/NV 2014, 397) erfasst die Norm alle Geschenke iSd § 4 Abs. 5 EStG unabhängig davon, ob ihr Wert 35 EUR überschreitet. Gleiches gilt für die Frage, ob § 37b EStG für Geschenke an ausländische Empfänger gilt, die nicht in Deutschland steuerpflichtig sind (verneinend FG Düsseldorf Urt. v. 6.10.2011 – 8 K 4098/10, EFG 2012, 81, bestätigt durch BFH Urt. v. 16.10.2013 – VI R 57/11, BFH/NV 2014, 399). Streuwerbeartikel unterliegen dagegen unstreitig nicht der Pauschalierung (BMF v. 29.4.2008 – IV B 2 S 2297b/07/0001, BStBl 2008 I, 566 Rn. 10). Eine pauschale Lohnsteuer ist nach § 37b Abs. 2 EStG auch bei betrieblich veranlassten Zuwendungen an Arbeitnehmer zulässig, soweit sie nicht in Geld bestehen und zusätzlich zum ohnehin geschuldeten Arbeitslohn erbracht werden. Ausgenommen von der Pauschalierung sind aber beispielsweise die Firmenwagenüberlassung, amtliche Sachbezugswerte einschließlich betrieblicher Mahlzeiten u.ä. in § 37b Abs. 2 S. 2 f. EStG normierte Ausnahmetatbestände. Es ist darauf zu achten, dass nach dem Gesetzeswortlaut weitere Voraussetzung der Pauschalierung ist, dass **alle** entsprechenden Leistungen eines Kalenderjahres der Pauschalsteuer unterworfen werden. Eine nur partielle Erhebung der pauschalen Lohnsteuer in einem Kalenderjahr ist damit nicht zulässig. Der Unternehmer übt sein diesbezügliches Wahlrecht durch die Abgabe der Lohnsteueranmeldung und den Eintrag in der Zeile 19 aus (BMF v. 29.4.2008 – IV B 2 S 2297b/07/0001, BStBl 2008 I, 566 Rn. 7, 8), spätestens jedoch im Rahmen einer Lohnsteuer-Außenprüfung. Überdies muss er den Empfänger formlos über die Pauschalierung unterrichten (§ 37b Abs. 3 S. 3 EStG). **Rechtsfolge** der pauschalen Lohnsteuer ist gemäß § 37b Abs. 4 EStG, dass die Sachzuwendungen bei der Ermittlung der Einkünfte des Empfängers außer Ansatz bleiben. Im Ergebnis übernimmt daher der Unternehmer die Besteuerung der Sachzuwendungen, so dass diese beim Arbeitnehmer bzw. den beschenkten Geschäftsfreunden nicht der Steuer unterliegen. Anderenfalls können beschenkte Nichtarbeitnehmer über Kontrollmitteilungen des Finanzamtes des Unternehmers zur Zahlung der Steuer auf die Sachzuwendung in Form der erhaltenen Geschenke aufgefordert werden – eine Überraschung, die man seinen Geschäftspartnern ersparen sollte.

5. Einnahmenüberschussrechnung

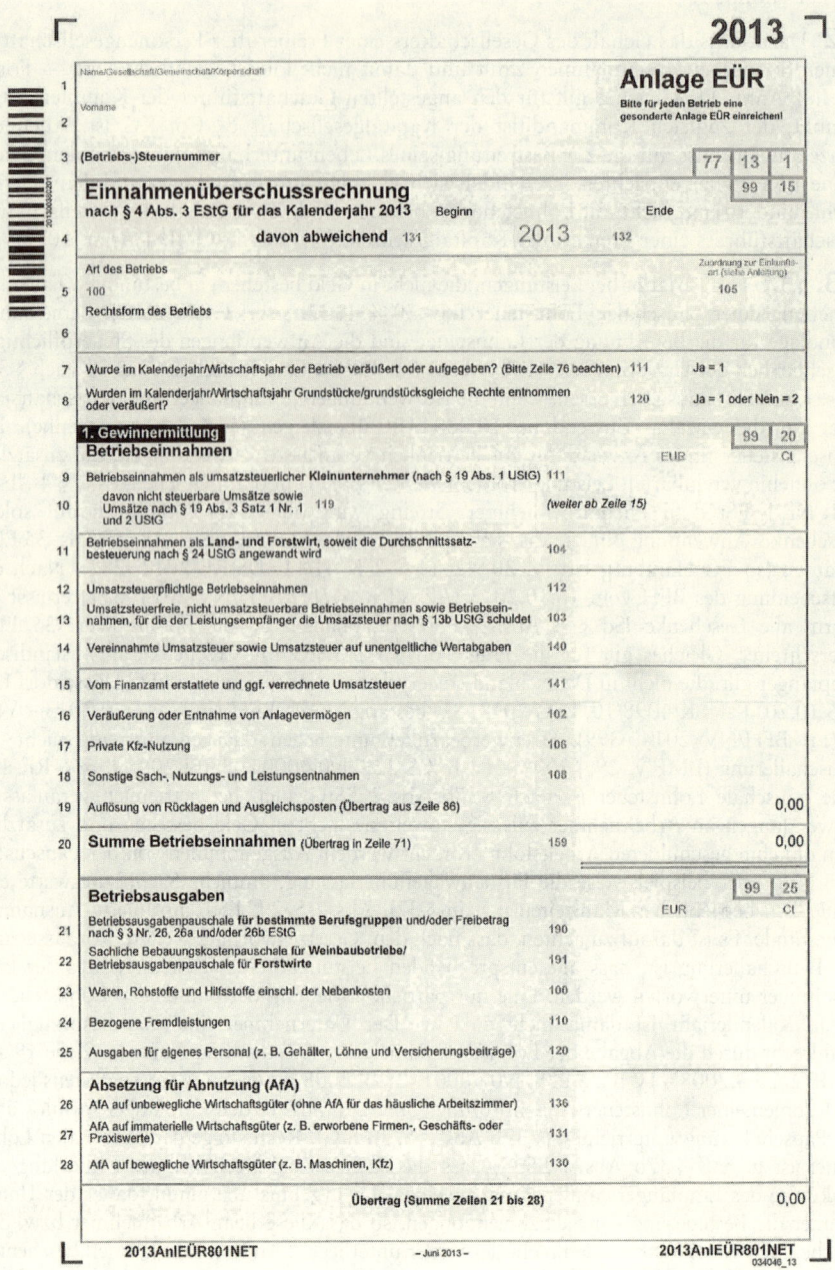

(Betriebs-)Steuernummer

			EUR	Ct
	Übertrag (Summe Zeilen 21 bis 28)			0,00
31	Sonderabschreibungen nach § 7g EStG	134	⑪	
32	Herabsetzungsbeträge nach § 7g Abs. 2 EStG (Erläuterungen auf gesondertem Blatt)	138	⑪	
33	Aufwendungen für geringwertige Wirtschaftsgüter nach § 6 Abs. 2 EStG	132	⑫	
34	Auflösung Sammelposten nach § 6 Abs. 2a EStG	137	⑫	
35	Restbuchwert der ausgeschiedenen Anlagegüter	135	⑩	

Raumkosten und sonstige Grundstücksaufwendungen (ohne häusliches Arbeitszimmer)

36	Miete/Pacht für Geschäftsräume und betrieblich genutzte Grundstücke	150	⑬	
37	Miete/Aufwendungen für doppelte Haushaltsführung	152		
38	Sonstige Aufwendungen für betrieblich genutzte Grundstücke (ohne Schuldzinsen und AfA)	151		

Sonstige unbeschränkt abziehbare Betriebsausgaben

39	Aufwendungen für Telekommunikation (z. B. Telefon, Internet)	280	⑦	
40	Übernachtungs- und Reisenebenkosten bei Geschäftsreisen des Steuerpflichtigen	221		
41	Fortbildungskosten (ohne Reisekosten)	281	⑭	
42	Rechts- und Steuerberatung, Buchführung	194	⑭	
43	Miete/Leasing für bewegliche Wirtschaftsgüter (ohne Kraftfahrzeuge)	222		
44	Beiträge, Gebühren, Abgaben und Versicherungen (ohne solche für Gebäude und Kraftfahrzeuge)	223		
45	Werbekosten (z. B. Inserate, Werbespots, Plakate)	224		
46	Schuldzinsen zur Finanzierung von Anschaffungs- und Herstellungskosten von Wirtschaftsgütern des Anlagevermögens (ohne häusliches Arbeitszimmer)	232	⑭	
47	Übrige Schuldzinsen	234	⑯	
48	Gezahlte Vorsteuerbeträge	185	⑮	
49	An das Finanzamt gezahlte und ggf. verrechnete Umsatzsteuer (Die Regelung zum 10-Tageszeitraum nach § 11 Abs. 2 Satz 2 EStG ist zu beachten)	186	⑤	
50	Rücklagen, stille Reserven und/oder Ausgleichsposten (Übertrag aus Zeile 86)			0,00
51	Übrige unbeschränkt abziehbare Betriebsausgaben	183	⑯	

Beschränkt abziehbare Betriebsausgaben und Gewerbesteuer		nicht abziehbar EUR	Ct		abziehbar EUR	Ct
52	Geschenke	164 ⑰		174		
53	Bewirtungsaufwendungen	165 ⑰		175		
54	Verpflegungsmehraufwendungen			171		
55	Aufwendungen für ein häusliches Arbeitszimmer (einschl. AfA und Schuldzinsen)	162 ⑰		172	⑰	
56	Sonstige beschränkt abziehbare Betriebsausgaben	168 ⑰		177		
57	Gewerbesteuer	217 ⑰		218		

Kraftfahrzeugkosten und andere Fahrtkosten

58	Leasingkosten	144	⑥	
59	Steuern, Versicherungen und Maut	145	⑥	
60	Sonstige tatsächliche Fahrtkosten ohne AfA und Zinsen (z. B. Reparaturen, Wartungen, Treibstoff, Kosten für Flugstrecken, Kosten für öffentliche Verkehrsmittel)	146	⑥	
61	Fahrtkosten für nicht zum Betriebsvermögen gehörende Fahrzeuge (Nutzungseinlage)	147		
62	Kraftfahrzeugkosten für Wege zwischen Wohnung und Betriebsstätte; Familienheimfahrten (pauschaliert oder tatsächlich)	142 −	⑥	
63	Mindestens abziehbare Kraftfahrzeugkosten für Wege zwischen Wohnung und Betriebsstätte (Entfernungspauschale); Familienheimfahrten	176 +		
64	**Summe Betriebsausgaben** (Übertrag in Zeile 72)	199		0,00

2013AnlEÜR802NET

2013AnlEÜR802NET

(Betriebs-)Steuernummer

Ermittlung des Gewinns

			EUR	Ct
71	Summe der Betriebseinnahmen (Übertrag aus Zeile 20)			0,00
72	abzüglich Summe der Betriebsausgaben (Übertrag aus Zeile 64)	−		0,00
	zuzüglich			
73	– Hinzurechnung der Investitionsabzugsbeträge nach § 7g Abs. 2 EStG (Erläuterungen auf gesondertem Blatt)	188 +	⑪	
74	– Gewinnzuschlag nach § 6b Abs. 7 und 10 EStG	123 +		
	abzüglich			
75	– Investitionsabzugsbeträge nach § 7g Abs. 1 EStG (Erläuterungen auf gesondertem Blatt)	187 −	⑪	
76	Hinzurechnungen und Abrechnungen bei Wechsel der Gewinnermittlungsart (Erläuterungen auf gesondertem Blatt)	250		
77	Ergebnisanteile aus Beteiligungen an Personengesellschaften	255		
78	Korrigierter Gewinn/Verlust	290		0,00

		Gesamtbetrag		Korrekturbetrag
79	Bereits berücksichtigte Beträge, für die das Teileinkünfte-verfahren bzw. § 8b KStG gilt	261 ⑱	262	
80	Steuerpflichtiger Gewinn/Verlust vor Anwendung des § 4 Abs. 4a EStG	293		0,00
81	Hinzurechnungsbetrag nach § 4 Abs. 4a EStG	271 +	⑲	
82	**Steuerpflichtiger Gewinn/Verlust**	219		0,00

2. Ergänzende Angaben | 99 | 27 |

Rücklagen und stille Reserven
(Erläuterungen auf gesondertem Blatt)

		Bildung/Übertragung EUR	Ct	−	Auflösung EUR	Ct
83	Rücklagen nach § 6c i.V.m. § 6b EStG, R 6.6 EStR	187			120	
84	Übertragung von stillen Reserven nach § 6c i.V.m. § 6b EStG, R 6.6 EStR	170				
85	Ausgleichsposten nach § 4g EStG	191			125	
86	Gesamtsumme	190	0,00		124	0,00
		(Übertrag in Zeile 50)			(Übertrag in Zeile 19)	

3. Zusätzliche Angaben bei Einzelunternehmen

Entnahmen und Einlagen i. S. d. § 4 Abs. 4a EStG | 99 | 29 |

			EUR	Ct
87	Entnahmen einschl. Sach-, Leistungs- und Nutzungsentnahmen	122	⑲	
88	Einlagen einschl. Sach-, Leistungs- und Nutzungseinlagen	123	⑲	

2013AnlEÜR803NET　　　　　　　　　　　　　　2013AnlEÜR803NET

Anmerkungen

1. Zu den Besonderheiten der **Kleinunternehmerstellung** → Form. O. I. 1 Anm. 13. Es sind die Bruttoeinnahmen des Kleinunternehmers als Betriebseinnahmen zu erfassen.

2. In der **Zeile 11** sind die umsatzsteuerpflichtigen Betriebseinnahmen in Höhe des Netto-Betrages im Zeitpunkt des Zuflusses (§ 11 Abs. 1 EStG) zu erfassen. **Durchlaufende Posten**, wie die für den Mandanten vereinnahmten Fremdgelder, zählen nicht zu den Betriebseinnahmen (§ 4 Abs. 3 S. 2 EStG). Gleiches gilt für Gerichtskostenvorschüsse, die vom Mandanten an den Rechtsanwalt geleistet werden und die dieser bei Gericht für den Mandanten einzahlt, und umgekehrt (BFH Beschl. v. 11.12.1996 – IV B 54/96, BFH/NV 1997, 290). Voraussetzung für einen durchlaufenden Posten ist, dass die Beträge **im Namen und für Rechnung eines anderen** (des Mandanten) vereinnahmt und verausgabt werden und dies bei der Zahlung dem Grunde und der Höhe nach für Dritte erkennbar ist. Abzugrenzen sind die durchlaufenden Posten von der Weiterleitung eigener Einnahmen bzw. Ausgaben (BFH Urt. v. 30.1.1975 – IV R 190/71, BStBl 1975 II, 776). So handelt es sich bei den Auslagen des Rechtsanwalts für Porto und Telefon bzw. Reisekosten, die dem Mandanten weiter belastet werden, nicht um durchlaufende Posten (Schmidt/*Heinicke* EStG § 4 Rn. 388). Diese stellen vielmehr Betriebsausgaben und die Erstattung der Auslagen durch den Mandanten Betriebseinnahmen dar. Gleiches gilt für Honorare, die von einem Rechtsanwalt vereinnahmt werden. Diese sind Betriebseinnahmen, auch wenn im Zeitpunkt der Vereinnahmung noch nicht feststeht, ob diese Gelder zum Teil an einen anderen Rechtsanwalt weitergeleitet werden müssen. Bei Weiterleitung werden diese Gelder als Betriebsausgaben erfasst (BFH Urt. v. 22.11.1962 – IV 179/59 U, BStBl 1963 III, 132). Fraglich und vor dem BFH anhängig ist zur Zeit die Frage, ob vereinnahmte Fremdgelder, die seitens des Rechtsanwalts veruntreut werden, als Betriebseinnahmen zu erfassen sind (Az. VIII R 19/12; bejaht durch die Vorinstanz FG Saarland Urt. v. 29.2.2012 – 1 K 1342/09, EFG 2012, 1328; als ernstlich zweifelhaft stufte der BFH mit Beschluss v. 17.10.2012 – VIII S 16/12, BFH/NV 2013, 32 die Annahme ein, dass ein Rechtsanwalt Einnahmen aus freiberuflicher Tätigkeit im Zeitpunkt der abredewidrigen Verwendung von Fremdgeldern erzielt). Werden veruntreute Gelder später an den Mandanten ausgezahlt, handelt es sich in diesem Zeitpunkt nach Ansicht des FG um Betriebsausgaben. Zur Bilanzierung → Form. O. I. 6.

Außerordentliche Einkünfte iSv § 34 Abs. 2 Nr. 4 EStG, auf die die Fünftelregelung des § 34 Abs. 1 EStG Anwendung findet (→ für den Verkauf der Beteiligung → Form. O. III. 5), kommen bei einem freiberuflich tätigen Rechtsanwalt nur in Betracht, wenn sich der Rechtsanwalt während mehrerer Jahre ausschließlich einer bestimmten Sache gewidmet und die Vergütung dafür (zusammengeballt) in nur einem einzigen Jahr erhalten hat **oder** wenn es sich um eine über mehrere Jahre erstreckende Sondertätigkeit handelt, die von der Rechtsanwaltstätigkeit ausreichend abgegrenzt ist und nicht zum regelmäßigen Kanzleibetrieb gehört und die in einem Jahr entlohnt wird (BFH Urt. v. 7.7.2004 – XI R 44/03, BStBl 2005 II, 276) **oder** wenn dem Anwalt eine Vergütung für eine mehrjährige Tätigkeit aufgrund einer vorausgegangenen rechtlichen Auseinandersetzung zusammengeballt zufließt (BFH Urt. v. 14.12.2006 – IV R 57/05, BStBl 2007 II, 180). Nicht ausreichend ist, dass der Anwalt für eine mehrjährige Tätigkeit ein berufsübliches Honorar erhält, die erst bei Abschluss der Angelegenheit abgerechnet wird (BFH Urt. v. 30.1.2013 – III R 84/11, BFHE 240, 156).

3. Umsatzsteuerfreie (→ Form. O. I. 2 Anm. 2), nicht umsatzsteuerbare Betriebseinnahmen (zB bei einem Leistungsort im Ausland) und Betriebseinnahmen, für die der Leistungsempfänger die Umsatzsteuer nach § 13b UStG schuldet (→ Form. O. I. 2 Anm. 5) sind in **Zeile 12** einzutragen. Auch hierbei handelt es sich um die Netto-Beträge.

4. In der **Zeile 14** ist die auf die Betriebseinnahmen (→ Anm. 2) entfallende vereinnahmte Umsatzsteuer anzugeben. Auch die Umsatzsteuer auf unentgeltliche Wertabgaben (→ Form O. I. 2 Anm. 3) ist hinzu zu addieren.

5. Ergeben sich aus den Umsatzsteuer-Voranmeldungen (→ Form. O. I. 2) oder einer Umsatzsteuer-Jahreserklärung Erstattungsbeträge, die von der Finanzverwaltung im relevanten Kalenderjahr ausgezahlt wurden, sind diese in die **Zeile 15** aufzunehmen. Die ausweislich der Voranmeldungen oder einer Umsatzsteuer-Jahreserklärung im Kalenderjahr gezahlte Umsatzsteuer gehört dagegen in die **Zeile 49** des Formulars. Einer Zahlung steht die Verrechnung mit anderweitigen Ansprüchen in beiden Fällen gleich.

6. **Private Kfz-Nutzung und Kfz-Kosten:** Die Ermittlung des Privatanteils (**Zeile 17**), der auf die private Nutzung eines betrieblichen Kfzs entfällt, ist grundsätzlich auf zwei Wegen möglich:

1. Fahrtenbuchmethode (§ 6 Abs. 1 Nr. 4 S. 3 EStG): Anhand der Aufzeichnungen in der Buchhaltung werden sämtliche Kfz-Kosten (Abschreibung, Kfz-Steuer, Kfz-Versicherung und Kfz-Betriebskosten einschließlich Reparaturen) ermittelt (eingetragen in **Zeile 58 bis 60** zzgl. der AfA aus der **Zeile 28**). Diese werden in das Verhältnis zu der Gesamtkilometerleistung des Jahres gesetzt, so dass sich die tatsächlichen Kosten pro gefahrenem Kilometer ergeben. Voraussetzung ist, dass ein Fahrtenbuch nach den strengen Kriterien der Finanzverwaltung geführt wird. Die Summe der privat gefahrenen Kilometer wird mit den Kosten pro Kilometer multipliziert und als Nutzungsentgelt gewinnerhöhend hinzugerechnet (**Zeile 17**). Dazu muss ein nachträglich nicht veränderbares Fahrtenbuch geführt werden, das folgende Angaben enthält: Tag und Uhrzeit des Fahrtbeginns, gefahrene Kilometer zzgl. des Anfangs- und Endbestandes des Kilometer-Zählers und die Aufteilung der gefahrenen Kilometer in beruflich und privat, die Angabe des Fahrtziels (Ort, Straße, Haus-Nr.) und der Fahrtzweck (besuchte Person und Anlass, vgl. BMF-Schreiben v. 18.11.2009 – IV C 6 S 2177/07/10004, BStBl I 2009, 1326 ff.). Dabei kann sich der Rechtsanwalt **nicht** auf seine Schweigepflicht berufen und deshalb die Namen von besuchten Mandanten anonymisieren (BFH Beschl. v. 3.1.2007 – XI B 128/06, BFH/NV 2007, 706). Vielmehr sind die Namen der Mandanten anzugeben, auch wenn ein Verstoß gegen die Verschwiegenheitspflicht für den Rechtsanwalt mit Strafe bedroht ist (§ 203 Abs. 1 Nr. 3 StGB). Alternativ können zwei Listen geführt werden, wobei im ersten Fahrtenbuch anstelle der besuchten Mandanten Kennziffern eingesetzt werden. In einer zweiten Aufstellung sind die Mandantennamen anzugeben. Die Vorlage dieses zweiten Buches soll die Finanzverwaltung nur in begründeten Zweifelsfällen verlangen (OFD München Verfügung v. 2.1.2001 – S 0251 2 St 312, AO-Kartei § 102 AO Karte 1). Die Verwendung eines exel-Programms genügt nicht, da die Unveränderbarkeit der Einträge in das elektronische Fahrtenbuch nicht sichergestellt ist (OFD Rheinland, Kurzinfo LSt-Außendienst 2/2013 v. 18.2.2013). **Hinweis:** Ein vergleichbares Problem mit der Verschwiegenheitsverpflichtung entsteht bei den **Bewirtungsrechnungen,** die nur zu 70 % abzugsfähig sind, wenn die Pflichtangaben erfolgen (→ Anm. 17), also der Name des bewirteten Mandanten genannt wird. Auch hier besteht die Rechtsprechung und die Finanzverwaltung auf der Angabe der Namen trotz Verschwiegenheit (zB BFH Urt. v. 26.2.2004 – IV R 50/01, BStBl II 2004, 502).

2. 1%-Regelung (§ 6 Abs. 1 Nr. 4 S. 2 EStG): Pro Monat der Nutzung des betrieblichen Fahrzeugs auch zu privaten Zwecken wird 1 % des **Bruttolistenneupreises** einschließlich aller Extras als privater Kfz-Nutzungsvorteil hinzugerechnet. Unerheblich ist, ob das Fahrzeug gebraucht oder neu zu einem abweichenden Preis (sog. Händlerrabatte auf Neufahrzeuge) erworben wurde. Die 1%-Regelung kann günstiger als die Fahrtenmethode sein, wenn das Fahrzeug reparaturanfällig ist bzw. sich der Bruttolistenneupreis auf bis zu 23.000 EUR beschränkt. Die 1%-Regelung darf jedoch nur angewendet werden, wenn das Kfz zu mehr als 50 % betrieblich genutzt wird (§ 6 Abs. 1 Nr. 4 S. 2 EStG). Anderenfalls können die Fahrzeugkosten nur anteilig nach dem Umfang der betrieblichen Nutzung in

Ansatz gebracht werden. Dabei ist der Kürzungsbetrag zu ermitteln aus den **tatsächlichen Aufwendungen X die zurückgelegten Kilometer zwischen Wohnung und Kanzlei: insgesamt gefahrenen Kilometer.** Der Beweis für die 50 % überschreitende Nutzung kann durch ein zeitweises Fahrtenbuch geführt werden. Die Aufzeichnungen müssen jedoch nicht die strengen Anforderungen an ein Fahrtenbuch erfüllen. Es genügt auch, wenn in einem repräsentativen Zeitraum von drei Monaten vereinfachte Aufzeichnungen (zB über einen Terminkalender) geführt werden, aus denen sich der berufliche Anteil errechnen lässt (BMF-Schreiben v. 18.11.2009 – IV C 6 S 2177/07/10004, BStBl 2009 I, 1326 Ziffer 2.). Dabei muss zusätzlich zu Beginn und Ende des Zeitraums der Kilometerstand laut Tacho aufgezeichnet werden. Eine Begrenzung der Hinzurechnung nach der 1%-Regelung ergibt sich durch die sog. **Kostendeckelung (Zeile 62 f.).** Die Hinzurechnung über die 1%-Regelung wird dadurch begrenzt auf die maximale Höhe der Aufwendungen inklusive AfA. Die Auswirkungen lassen sich am besten anhand eines Beispiels verdeutlichen: Werden über die 1%-Regelung 12.000 EUR gewinnerhöhend hinzugerechnet und fallen Kosten in Höhe von 14.000 EUR für das Fahrzeug an, ergibt sich in der Summe eine Gewinnminderung über 2.000 EUR (12.000 – 14.000). Entstehen für das Fahrzeug dagegen nur 8.000 EUR Kosten, wird die Hinzurechnung des Privatanteils durch die 1%-Regelung ebenfalls auf diesen Betrag (8.000 EUR) gedeckt. In diesem Fall ergibt sich daher weder eine Gewinnminderung noch eine Gewinnerhöhung durch die 1%-Regelung. Der Privatanteil wird durch die Kosten neutralisiert. Hat der Unternehmer in der Vergangenheit die 1%-Regelung zu Unrecht nicht angewendet und die Fahrzeugkosten in vollem Umfang abgezogen, ergibt sich im Rahmen einer späteren Betriebsprüfung die zusätzliche Steuerbelastung aus der erstmaligen gewinnerhöhenden Hinzurechnung der 1%-Regelung. Auch beim Eingreifen der Kostendeckelung entsteht in diesen Fällen eine Steuerbelastung für den Unternehmer, da die bislang in Abzug gebrachten Kosten neutralisiert werden und sich damit nicht mehr gewinnmindernd auswirken können. Die Hinzurechnung der 1%-Regelung scheidet für die Monate aus, in denen fest steht, dass die private Nutzung ausgeschlossen war (zB bei einem mehrwöchigen Krankenhausaufenthalt des Unternehmers oder der mehrwöchigen Reparatur des Kfzs, BMF-Schreiben v. 18.11.2009, BStBl 2009 I, 1326 Tz. 15; zur strengeren Auslegung – bislang nur – für Arbeitnehmer BFH Urt. v. 21.3.2013 – VI R 31/10, BFHE 241, 167).

Für **Umsatzsteuerzwecke** kann aus Vereinfachungsgründen für den Privatanteil der unternehmerischen Pkw-Nutzung von dem Nutzungswert für die nicht mit Vorsteuern belasteten Kosten ein Abschlag von 20 % vorgenommen werden. Die auf den restlichen Betrag entfallende Umsatzsteuer ist in **Zeile 14** zu berücksichtigen.

Steht dem Rechtsanwalt in seinem Privatvermögen ein gleichwertiges Fahrzeug zur Verfügung, ist der Beweis des ersten Anscheins, der grundsätzlich für eine Privatnutzung des betrieblichen Kfzs gilt, entkräftet (für einen Porsche 928 S4 im Privatvermögen und einen Porsche 911 im Betriebsvermögen BFH Urt. v. 4.12.2012 – VIII R 42/09, BStBl II 2013, 365; BFH Urt. v. 13.12.2012 – VI R 51/11, BStBl II 2013, 385; BMF-Schreiben v. 16.5.2013 – IV C 5 – S 2334/07/0011, BStBl 2013 I, 729). Das Finanzamt darf in diesen Fällen nicht einfach eine Privatnutzung des Kfz und damit die Anwendung der 1%-Regelung unterstellen.

Aufwendungen für Wege zwischen Wohnung und Kanzlei könne nur eingeschränkt als Betriebsausgaben abgezogen werden (**Zeile 62**). Grundsätzlich ist nur die Entfernungspauschale gemäß **Zeile 63** als Betriebsausgabe abzugsfähig. Die Entfernungspauschale berechnet sich aus einer Multiplikation der Arbeitstage, an denen die Kanzlei aufgesucht wurde X 0,30 EUR X die Kilometer der einfachen Entfernung zwischen Wohnung und Kanzlei. Gleiches gilt für Familienheimfahrten im Rahmen der doppelten Haushaltsführung. Davon erfasst sind auch Fahrten, auf deren Weg Mandantenbesuche getätigt werden (sog. **Dreiecksfahrten**, zB bei einem Mandantenbesuch auf der Rückfahrt von der Kanzlei). Es handelt sich insoweit nicht um sog. Dienstreisen, bei denen die Hin- und Rückreise als Betriebsausgaben abzugsfähig ist (FG Münster Urt. v. 19.12.2012 – 11 K

1785/11 F, EFG 2013, 419; anhängig **vor dem BFH unter dem Az. VIII R 12/13**). Bei Anwendung der 1%-Regelung ist der Abzugsbetrag zur Gleichstellung mit Arbeitnehmern wie folgt zu kürzen: 0,03 % des Bruttolistenpreises X die Anzahl der Kalendermonate der Nutzung für Wege zwischen Wohnung und Betriebsstätte X einfache Entfernung zwischen Wohnung und Kanzlei. Denn der Unternehmer hat aus der Nutzung des Pkw für die Fahrten zwischen Wohnung und Kanzlei ebenfalls einen Vorteil.

Bei einer doppelten Haushaltsführung ist zu diesem Betrag noch ein Vorteil aus der Nutzung für Familienheimfahrten hinzuzurechnen, nämlich 0,002 % des Listenpreises X Anzahl der Familienheimfahrten X einfache Entfernung zwischen Kanzlei und dem eigenen Hausstand.

In **Zeile 61** sind im übrigen auch die übrigen Fahrtkosten für ein nicht zum Betriebsvermögen gehörendes Fahrzeug einzutragen, wie die betrieblichen Fahrten mit einem privaten Kfz.

7. Zu den sonstigen Sach- und Nutzungsentnahmen zählt beispielsweise die Entnahme von betrieblichen Gegenständen oder der Vorteil aus einer privaten Nutzung des betrieblichen Mobilfunkgerätes (→ Form. O. I. 2 Anm. 3). Die laufenden Kosten, die für das betriebliche Mobilfunkgerät anfallen, sind dagegen in Höhe der Netto-Beträge in der **Zeile 39** zu erfassen. 10–20 % der Gesprächskosten (nicht der Grundgebühren) können dabei vereinfacht als Privatentnahme berücksichtigt werden.

8. Bei den bezogenen **Fremdleistungen** handelt es sich um Betriebsausgaben iSv § 11 Abs. 2 EStG, die im Zeitpunkt ihres Abflusses den Gewinn mindern und die von Dritten in unmittelbarem Zusammenhang mit dem Betriebszweck stehen. Erhält der Rechtsanwalt beispielsweise von einem Kollegen eine Rechnung für die Terminswahrnehmung über die vereinbarten hälftigen Gebühren (sog. Gebührenteilung), handelt es sich um eine bezogene Fremdleistung, die einen unmittelbarem Zusammenhang mit der Rechtsanwaltstätigkeit aufweist. Die Ausgaben sind, wie alle Betriebsausgaben, mit ihren Netto-Beträgen in Abzug zu bringen. Die Umsatzsteuer aus diesen Rechnungen ist als gezahlte Vorsteuer in die Zeile 44 einzutragen (→ Anm. 15).

9. In die **Zeile 25** sind alle Lohn- und Gehaltskosten für Angestellte und Arbeitnehmer einzutragen einschließlich der Lohnsteuer (auch die pauschale Lohnsteuer nach § 37b EStG → Form O. I. 4 Anm 3) und Sozialversicherungsbeiträge sowie alle sonstigen Lohnnebenkosten. Beispielsweise Lohnkosten für angestellte Rechtsanwälte oder Rechtsanwaltsfachgehilfen einschließlich der zu zahlenden Beiträge an das Versorgungswerk, nicht aber ein entnommener Unternehmerlohn oder die eigenen Beiträge des Unternehmers für das Versorgungswerk.

10. Bei den Abschreibungen (Absetzungen für Abnutzungen – kurz AfA) wird das Abflussprinzip durchbrochen. Angeschaffte unbewegliche Wirtschaftsgüter (zB bebaute Grundstücke) mindern nicht im Zeitpunkt der Zahlung des Kaufpreises den Gewinn, sondern stellen nur bezogen auf das Gebäude Betriebsausgaben in Höhe des zulässigen AfA-Satzes dar. Damit wird letztendlich der Abzug als Betriebsausgaben über die betriebsgewöhnliche Nutzungsdauer verteilt. Grund und Boden ist keiner Abnutzung und damit auch keiner Abschreibung zugänglich. Bei unbeweglichen Wirtschaftsgütern (Gebäuden) des Betriebsvermögens (**Zeile 26**) beläuft sich der AfA-Satz regelmäßig auf 3 % (§ 7 Abs. 4 Nr. 1 EStG), der auf die Anschaffungskosten des Gebäudes anzuwenden ist. Der sich daraus ergebende Abschreibungsbetrag wird gleichbleibend über die Jahre **linear** abgeschrieben.

Immaterielle Wirtschaftsgüter, die einer Abschreibung zugänglich sind, stellt vor allem ein erworbener Praxiswert dar. Der originäre Praxiswert ist nicht abschreibungsfähig; es muss sich um den Praxiswert handeln, der aufgrund eines Kanzleikaufes über die stillen Reserven der Wirtschaftsgüter hinaus an den Verkäufer zu zahlen war. Die Abschreibung erfolgt in steuerlicher Hinsicht nach § 7 Abs. 1 S. 3 EStG über eine unterstellte Abnutzungsdauer von 15 Jahren, mit der Folge, dass der Praxiswert jedes Jahr um 1/15 abzuschreiben und ein entsprechender Betrag in die **Zeile 27** einzutragen ist.

Die Abschreibung auf **bewegliche Wirtschaftsgüter** (**Zeile 28**), wie zB Computer und betriebliche Kfzs, richtet sich nach der betriebsgewöhnlichen Nutzungsdauer. Auch diese AfA hat grundsätzlich linear zu erfolgen. Zur Ermittlung der betriebsgewöhnlichen Nutzungsdauer können die amtlichen AfA-Tabellen der Finanzverwaltung herangezogen werden. Diese haben zwar keine Gesetzeskraft, sind aber anerkannte Hilfsmittel zur Schätzung der Nutzungsdauer. Für Rechtsanwälte existieren keine branchenspezifischen AfA-Tabellen. Vielmehr findet die allgemeine AfA-Tabelle Anwendung, die seitens des BMF veröffentlicht wird (www.bundesfinanzministerium.de unter dem 1.1.2012). Hier eine auszugsweise Aufzählung der wichtigsten Wirtschaftsgüter mit ihrer Nutzungsdauer und dem Prozentsatz der **jährlich** zulässigen AfA: Personen-Pkw = 6 Jahre = 16,66 %; Motorrad = 7 Jahre = 14,28 %; Klimagerät mobil = 11 Jahre = 9,09 %; Mobilfunkendgeräte (Handy) = 5 Jahre = 20 %; Textendeinrichtung (Faxgerät) = 6 Jahre = 16,66 %; Frankiermaschine = 8 Jahre = 12,50 %; PC/Laptop = 3 Jahre = 33,33 %; Präsentationseinrichtungen (Beamer, Overhead-Projektor) = 8 Jahre = 12,5 %; Aktenvernichter = 8 Jahre = 12,5 %; Büromöbel = 13 Jahre = 7,69 %.

Bei der **degressiven AfA** wird ein gleich bleibender (höherer als bei der linearen Abschreibung, maximal 25 % betragender) Prozentsatz abgeschrieben, aber nicht von den Anschaffungskosten, sondern vom Restbuchwert des Wirtschaftsgutes zu Beginn der jeweiligen Periode. Damit ist die AfA zu Beginn der Abschreibungsphase höhere als bei der linearen Methode, sie fällt dann aber über die Jahre und wird demgemäß als degressiv bezeichnet. Die degressive Abschreibung gilt nur für bewegliche Wirtschaftsgüter und auch nur dann, wenn die Anschaffung des Wirtschaftsgutes nach dem 31. Dezember 2008 und vor dem 1. Januar 2011 stattgefunden hat (§ 7 Abs. 2 S. 1 EStG). Für Wirtschaftsgüter, die diese Voraussetzungen nicht erfüllen, kann nur die lineare Abschreibung in Anspruch genommen werden. Für alle Anschaffungen die mithin heute getätigt werden, greift daher ausschließlich nur noch die lineare Abschreibungsmethode.

Auch über die lineare Abschreibung hinausgehende **außergewöhnliche Abschreibungen**, zB wegen erheblicher Beschädigung der Sache, sind in den Zeilen 26 bis 28 zu erfassen. Bei Ausscheiden des Anlagegutes aus dem Betriebsvermögen (bei Verkauf oder Verschrottung) ist der Restbuchwert in die **Zeile 35** einzutragen, während ein Netto-Verkaufserlös in die **Zeile 16** einzutragen ist.

Im Jahr der Anschaffung ist die jährliche AfA um 1/12 pro jedem vollen Monat zu kürzen, der dem Monat der Anschaffung vorangeht (§ 7 Abs. 1 S. 4 EStG). Über die einer Abschreibung zugänglichen Wirtschaftsgüter und die erfolgten Abschreibungen pro Wirtschaftsgut getrennt ist ein **Anlagenverzeichnis** (auch Anlagenbuchhaltung genannt) zu führen. Besondere Aufzeichnungen zur AfA können in dem Formular AVEÜR als Anlage zum Formular an das Finanzamt übermittelt werden.

11. Rechtsanwälte können unter den Voraussetzungen des § 7g EStG einen sog. Investitionsabzugsbetrag berücksichtigen. Auch Personengesellschaften können den Investitionsabzugsbetrag geltend machen (§ 7g Abs. 7 EStG). Dabei werden bereits heute für die künftige Anschaffung oder Herstellung eines abnutzbaren beweglichen Wirtschaftsguts des Anlagevermögens bis zu 40 % der voraussichtlichen Anschaffungs- bzw. Herstellungskosten gewinnmindernd abgezogen. Der Betrag von 40 % ist in die **Zeile 65** einzutragen. Der Investitionsabzugsbetrag kann nur in Anspruch genommen werden, wenn 1. der Betrieb am Schluss des Wirtschaftsjahres, in dem der Abzug vorgenommen wird, die folgenden Größenmerkmale nicht überschreitet: Bei Betrieben, die ihren Gewinn mittels Einnahmenüberschussrechnung nach § 4 Abs. 3 EStG ermitteln, darf der Gewinn 100.000 EUR nicht übersteigen. Für die Jahre 2009 und 2010 wurde die Grenze zeitweise auf 200.000 EUR angehoben. Bei einer Gewinnermittlung mittels **Betriebsvermögensvergleich** (→ Form. O. I. 6) darf ein Betriebsvermögen von 235.000 EUR (für die Jahre 2009 und 2010 von 335.000 EUR) nicht überschritten werden. **2.** Weitere Voraussetzung ist, dass das begünstigte Wirtschaftsgut in den dem Wirtschaftsjahr des Abzugs folgenden drei Wirtschaftsjahren angeschafft oder hergestellt wird und **3.** der Steuerpflichtige das begünstigte Wirtschaftsgut in den beim Finanzamt einzureichenden Unterlagen seiner Funktion nach benennt und die Höhe der voraussichtlichen Anschaffungs- bzw. Herstellungskosten angibt, so dass eine eindeutige Zuordnung möglich ist. Investitionsabzugsbeträge dürfen auch dann in Anspruch genommen werden, wenn dadurch ein Verlust entsteht oder sich erhöht (§ 7g Abs. 1 S. 3 EStG). Die Summe der in Anspruch genommenen Abzugsbeträge darf jedoch je Betrieb im Wirtschaftsjahr des Abzugs und den drei vorangegangenen Wirtschaftsjahren 200.000 EUR nicht übersteigen (§ 7g Abs. 1 S. 4 EStG).

Wird das Wirtschaftsgut in dem relevanten Zeitraum angeschafft, ist der in Anspruch genommene Investitionsabzugsbetrag im Wirtschaftsjahr der Anschaffung bzw. Herstellung dem Gewinn hinzuzurechnen (§ 7g Abs. 2 EStG, einzutragen in **Zeile 73**). Gleichzeitig können die Anschaffungs- bzw. Herstellungskosten des Wirtschaftsgutes um bis zu 40 %, höchstens jedoch um die Hinzurechnung, gewinnmindernd herabgesetzt werden (§ 7g Abs. 2 EStG). Die Eintragung dieser Herabsetzungsbeiträge erfolgt in der **Zeile 32**. Dadurch verringert sich die Bemessungsgrundlage für die regulären Abschreibungen entsprechend. Darüber hinaus kann für dieses Wirtschaftsgut des Anlagevermögens im Jahr der Anschaffung bzw. Herstellung und den folgenden vier Jahren eine Sonderabschreibung neben der regulären AfA (→ Anm. 10) in Anspruch genommen werden, die in **Zeile 31** einzutragen ist. Die Sonderabschreibung beträgt insgesamt bis zu 20 %. Weitere Voraussetzung für die Sonderabschreibung ist nach § 7g Abs. 6 Nr. 2 EStG, dass das Wirtschaftsgut im Jahr der Anschaffung bzw. Herstellung und im darauf folgenden Wirtschaftsjahr in einer inländischen Betriebsstätte des Steuerpflichtigen ausschließlich oder fast ausschließlich betrieblich (mind. 90 %) genutzt wird (BMF v. 8.5.2009, BStBl 2009 I, 633).

Hinweis: Wird der Investitionsabzugsbetrag nicht bis zum Ende des dritten auf das Wirtschaftsjahr des Abzugs folgenden Wirtschaftsjahres nach § 7g Abs. 2 EStG hinzugerechnet, ist der Abzug nach § 7g Abs. 1 EStG im Jahr des Abzugs rückgängig zu machen. Der damalige Steuer- bzw. Feststellungsbescheid ist zu ändern (§ 7g Abs. 3 EStG), so dass sich in dem aktuellen Jahr der Einnahmenüberschussrechnung dafür keine Zeile findet.

12. In der Zeile 33 sind Aufwendungen für **geringwertige Wirtschaftsgüter** iSv § 6 Abs. 2 EStG (sog. GWGs) einzutragen. Dabei handelt es sich um Aufwendungen, die in voller Höhe als Betriebsausgaben geltend gemacht werden können. Einer Abschreibung bedarf es insoweit nicht. Es muss sich bei den geringwertigen Wirtschaftsgütern um bewegliche abnutzbare Wirtschaftsgüter des Anlagevermögens handeln, die einer selbständigen Nutzung zugänglich sind. Voraussetzung ist des Weiteren, dass die Netto-Anschaffungs- bzw –Herstellungskosten einen Betrag von 410 EUR nicht übersteigen. Über den Sofortabzug als Betriebsausgaben lässt sich der Aufwand maximal geltend machen und damit die Steuerbelastung maximal absenken.

Demgegenüber führt die Einstellung in den **Sammelpool** und die anteilige Auflösung des Sammelpostens nach § 6 Abs. 2a EStG (Zeile 34) zu einer gleichmäßigeren Verteilung der Aufwendungen über die Laufzeit des Sammelpools. Liegt der Anschaffungspreis (netto) in einem Korridor zwischen 50 und 150 EUR, ist das Wirtschaftsgut sofort voll abzuschreiben (§ 6 Abs. 2a EStG). Liegen die Anschaffungskosten über 150 EUR, aber unter 1.000 EUR, dann greift die Sammelpool-Regelung ein. Alle auf diesem Konto erfassten Wirtschaftsgüter werden einheitlich über einen Zeitkorridor von fünf Jahren zu jeweils 1/5 p.a. abgeschrieben (§ 6 Abs. 2a EStG; vgl. BMF v. 30.9.2010, BStBl 2010 I, 755). Das gilt selbst dann, wenn das Wirtschaftsgut gar keine fünf Jahre genutzt werden kann oder vielleicht vorher schon wieder verkauft wurde (§ 6 Abs. 2a S. 3 EStG). Eine außerordentliche Abschreibung gibt es insoweit nicht.

Der Steuerpflichtige hat – soweit beide Voraussetzungen erfüllt sind – grundsätzlich ein Wahlrecht zwischen beiden Abschreibungsmöglichkeiten. Dabei muss er sich jedoch in einem Kalenderjahr für alle in diesem Jahr angeschafften Wirtschaftsgüter einheitlich für eine der beiden Möglichkeiten entscheiden (§ 6 Abs. 2a S. 5 EStG). Wichtig ist, dass Aufwendungen von mehr als 150 EUR in ein gesondertes Verzeichnis aufzunehmen sind.

13. In die Zeile 36 sind (Netto-)Mieten für die Geschäftsräume der Kanzlei einzutragen. In die Zeile 37 gehören Aufwendungen für eine betrieblich veranlasste doppelte Haushaltsführung (§ 4 Abs. 5 Nr. Nr. 6a EStG iVm § 9 Abs. 1 S. 3 Nr. 5 S. 1 bis 4 EStG ab dem 1.1.2014). Dies gilt auch für Mieten, die an einen Gesellschafter gezahlt werden. Diese sind ihm jedoch zugleich wieder als Sonderbetriebseinnahmen (→ Form. O. I. 7 Anm. 4) zuzurechnen.

14. Absetzbar sind (Netto-)Fortbildungskosten, wie zB Seminarbesuche für den Erhalt des Fachanwaltstitels oder auch erworbene Fachliteratur (**Zeile 41**). Bei den Kosten für Rechts- und Steuerberatung (**Zeile 42**) dürfte es sich bei den Rechtsanwälten regelmäßig um Kosten für beauftragte Steuerbüros mit Buchführung, Lohnabrechnung sowie der Erstellung der Steuererklärungen inklusive Einnahmenüberschussrechnung (jeweils netto) handeln. Schuldzinsen für die Fremdfinanzierung von Wirtschaftsgütern des Anlagevermögens, wie zB die sich im Betriebsvermögen befindende Kanzleiimmobilie, sind als Betriebsausgaben abzugsfähig (**Zeile 46**).

15. In die **Zeile 49** sind die gezahlte Vorsteuerbeträge aus den in den übrigen Zeilen netto als Betriebsausgaben angegebenen Beträge enthalten. Diese sollten im Wesentlichen mit den im Rahmen der Umsatzsteuer-Voranmeldung geltend gemachten Vorsteuerbeträgen identisch sein → Form. O. I. 2 Anm. 7.

16. Zu den übrigen unbeschränkt abziehbare Betriebsausgaben gehören beispielsweise steuerliche Nebenleistungen zur Umsatzsteuer, wie zB Verspätungs- und Säumniszuschläge. Auch alle übrigen Betriebsausgaben, die sich nicht den übrigen Zeilen zuordnen lassen, sind hier zu erfassen. Zinsen zur Umsatzsteuer sind dagegen in die **Zeile 47** einzutragen. Bei den Rechtsanwälten fallen weitere Kostenpositionen in diese Zeile: Mitgliedsbeiträge (zB Anwaltverein oder Rechtsanwaltskammer), Berufshaftpflichtversicherung. Eine Einbruchs- bzw. Bürohaftpflichtversicherung steht im Zusammenhang mit der betrieblich genutzten Immobilie und gehört in die Zeile 38. (Netto-)Kosten für Büromaterialien gehören zu den übrigen unbeschränkt abziehbaren Betriebsausgaben ebenso wie Courierdienste und Reisekosten (mit Ausnahme der Verpflegungsmehraufwendungen → Anm. 17). Zahlungen auf die Beiträge zum Versorgungswerk des Unternehmers und auf seine Krankenkasse stellen keine Betriebsausgaben dar. Insoweit kommt ein Sonderausgabenabzug im Rahmen der Einkommensteuererklärung in Betracht. Zur Einstufung der verauslagen Gerichtskosten und Gerichtsvollzieherkosten als durchlaufende Posten → Anm. 2.

17. Bestimmte Betriebsausgaben sind nur beschränkt abziehbare. Dies gilt für **Geschenke** an Geschäftsfreunde (Nichtarbeitnehmer, **Zeile 52**), deren Anschaffungs- bzw. Herstellungskosten gemäß § 4 Abs. 5 Nr. 1 EStG insgesamt im Kalenderjahr einen Betrag von 35 EUR nicht übersteigen dürfen. Auch die pauschale Lohnsteuer nach § 37b EStG (→ Form. O. I. 4 Anm. 3) ist nur unter diesen Voraussetzungen als Betriebsausgabe abzugsfähig. Zu jedem Geschenk muss explizit der Empfänger genannt werden.

Aufwendungen für die **Bewirtung** von Personen aus geschäftlichem Anlass sind nach § 4 Abs. 5 Nr. 2 EStG nur bis zu 70 % der Aufwendungen abzugsfähig (**Zeile 53**), soweit diese als angemessen anzusehen sind und ordnungsgemäß nachgewiesen werden. Zum Nachweis sind auf der Rechnung Ort, Tag, Teilnehmer (konkrete namentliche Benennung!) und Anlass der Bewirtung sowie die Höhe der Aufwendungen zu bezeichnen. Hat die Bewirtung in einer Gaststätte stattgefunden, so genügen Angaben zum Anlass und den Teilnehmern der Bewirtung, wenn die Rechnung beigefügt wird. Zur Zeit ist streitig, ob die Beschränkung des Betriebsausgabenabzugs auf 70 %, die durch das Haushaltsbegleitgesetz eingeführt wurde (statt bislang 80 %), durch ein formal ordnungsgemäßes Gesetzgebungsverfahren zustande gekommen ist. Ein entsprechendes Verfahren ist vor dem BVerfG anhängig (FG Baden-Württemberg Beschl. v. 26.4.2013 – 10 K 2983/11, Az. BVerfG: 2 BvL 4/13, www.justizportal-bw.de). Es besteht daher zur Zeit die Möglichkeit, auf einem 80%igem Betriebsausgabenabzug zu bestehen und einen notwendigen Einspruch unter Verweis auf das anhängige Verfahren ruhend zu stellen.

Verpflegungsmehraufwendungen (**Zeile 54**): Wird der Unternehmer vorübergehend von seiner Wohnung und dem Mittelpunkt seiner dauerhaft angelegten betrieblichen Tätigkeit entfernt betrieblich tätig, ist für die Kalenderjahre bis 2013 Verpflegungsmehraufwand in folgender Höhe als Betriebsausgabe abzugsfähig: Bei einer Abwesenheit von 24 h im Inland: 24 EUR; bei einer Abwesenheit von mindestens 14 h bis zu 23,9 h: 12 EUR und bei mindestens 8 h bis 13,9 h: 6 EUR. Auf den tatsächlichen Aufwand kommt es nicht an. Ein Abzug als Betriebsausgaben ist nur in Höhe der Pauschbeträge zulässig. Dies gilt auch für Verpflegungsmehraufwendungen im Zuge einer betrieblich veranlassten doppelten Haushaltsführung. Verpflegungsmehraufwendungen für Arbeitnehmer gehören dagegen in die **Zeile 25**. Ab dem **1.1.2014** kommt der Abzug von Verpflegungsaufwand aufgrund der weitreichenden **Reisekostenreform** nur noch in Betracht, wenn die Voraussetzungen des § 9 Abs. 4a EStG erfüllt sind. Danach gibt es nur noch zwei Stufen: Der Verpflegungsmehraufwand beträgt 24 EUR für jeden Kalendertag, an dem der Unternehmer abwesend ist und jeweils 12 EUR für den An- und Abreisetag, wenn er an diesem, einem anschließenden oder vorhergehenden Tag außerhalb übernachtet und ebenfalls 12 EUR für jeden Tag, an dem er ohne Übernachtung mehr als 8 h abwesend ist.

Die Regelungen über die Abzugsfähigkeit eines häuslichen **Arbeitszimmers** (**Zeile 55**) richten sich nach § 4 Abs. 5 Nr. 6b EStG. Danach sind die Kosten grundsätzlich nicht abzugsfähig. Steht für die berufliche Tätigkeit kein anderer Arbeitsplatz zur Verfügung, sind die Aufwendungen bis zu einem Betrag von maximal 1.250 EUR abziehbar. Diese Beschränkung gilt nicht, wenn das Arbeitszimmer den Mittelpunkt der beruflichen Betätigung bildet. Der Tätigkeitsmittelpunkt bestimmt sich dabei nach dem inhaltlichen (qualitativen) Schwerpunkt der gesamten beruflichen Betätigung (BMF v. 2.3.2011, BStBl 2011 I, 195). Der Umfang der zeitlichen Nutzung hat lediglich Indizwirkung. Wichtig ist allerdings, dass es sich bei dem beruflich genutzten Teil um einen vom übrigen Wohnraum getrennten Bereich handelt. Der Rechtsanwalt der seine Kanzlei im privaten Wohnhaus einrichtet, kann anstelle eines Arbeitszimmers, eine sog. **Betriebsstätte** im Wohnungsbereich unterhalten (BFH Urt. v. 9.11.2006 – IV R 2/06, BFH/NV 2007, 677). Dies hätte zur Folge, dass die Beschränkungen des Arbeitszimmers nicht einschlägig, sondern die Kosten in vollem Umfang abzugsfähig sind. Der Eintrag der Kosten hat in diesem Fall nicht in der **Zeile 37**, sondern in der **Zeile 38** zu erfolgen. Der Teil der privaten Immobilie wird bei der Betriebsstätte zum Betriebsvermögen. Wird die selbständige Tätigkeit später eingestellt, muss eine Entnahme in Höhe des dann gültigen Werts der Betriebsstätte versteuert werden. Jedoch ist die Kanzlei eines Rechtsanwalts nicht generell aus dem Anwendungsbereich des § 4 Abs. 5 Nr. 6b EStG herauszunehmen. Auch genügt es dafür nicht, dass gelegentlich Beratungsgespräche dort abgehalten werden (BFH Urt. v. 23.9.1999, BStBl 2000 II, 7). Jedoch führt der Aufenthalt einer familienfremden Teilzeitbeschäftigten zur Einstufung als Betriebsstätte (BFH Urt. v. 9.11.2006 – IV R 2/06, BFH/

NV 2007, 677; sa BMF v. 16.6.1998, BStBl 1998 I, 836 Tz. 7). Unterhält der Rechtsanwalt dagegen eine Praxis außer Haus, fällt das Arbeitszimmer im Wohnbereich regelmäßig unter das Abzugsverbot des § 4 Abs. 5 Nr. 6b EStG (Schmidt/*Heinicke* § 4 EStG Rn. 591 mwN).

Sonstige beschränkt abzugsfähige Betriebsausgaben (**Zeile 56**) finden sich in § 4 Abs. 5 Nr. 3 und 4, 7 bis 11 EStG. Darauf darf verwiesen werden.

Die **Gewerbesteuer** (**Zeile 57**) ist seit dem Jahr 2008 nach § 4 Abs. 5b EStG nicht mehr als Betriebsausgabe abzugsfähig. Da eine Einzelkanzlei bzw. eine Freiberufler-Personengesellschaft jedoch regelmäßig keine gewerblichen Einkünfte erzielt (→ Form. O. I. 1 Anm. 2), ist in dieser Zeile kein Eintrag vorzunehmen.

Aufwendungen für die in § 4 Abs. 7 EStG genannten Zwecke, insbesondere Geschenke und Bewirtungsaufwendungen, sind einzeln und getrennt von den übrigen Betriebsausgaben aufzuzeichnen.

18. Dividenden, die im Rahmen des Betriebsvermögens erzielt werden, unterliegen dem **Teileinkünfteverfahren** nach § 3 Nr. 40 EStG. Damit sind diese Einkünfte nur mit 60 % der Besteuerung zu unterwerfen. Kosten, die mit diesen Einkünften im Zusammenhang stehen, sind nach § 3c Abs. 2 EStG ebenfalls nur anteilig (zu 60 %) abzugsfähig. Entsprechende Korrekturen sind, wenn die Einnahmen und Ausgaben zuvor zu 100 % in Ansatz gebracht wurden, in der **Zeile 79** vorzunehmen.

19. Nach § 4 Abs. 4a EStG sind weiter oben als Betriebsausgaben in Abzug gebrachte Schuldzinsen, die auf **Überentnahmen** entfallen, wieder hinzuzurechnen. Eine Überentnahme ist der Betrag, um den die Entnahmen die Summe des Gewinns und der Einlagen des Wirtschaftsjahres übersteigen (§ 4 Abs. 4a S. 2 EStG). Die nicht abziehbaren Schuldzinsen werden typisiert mit 6 % der Überentnahmen des Wirtschaftsjahres zuzüglich der Überentnahmen vorangegangener Wirtschaftsjahre und abzüglich der sog. Unterentnahmen ermittelt (§ 4 Abs. 4a S. 3 EStG). Die Hinzurechnung richtet sich nach § 4 Abs. 4a S. 4 EStG (Schmidt/*Heinicke*, EStG, § 4 Rn. 522 ff.) und betrifft überwiegend Schuldzinsen im Rahmen eines Überziehungskredits des Geschäftskontos. Denn nach § 4 Abs. 4a S. 5 EStG bleibt der Abzug von Schuldzinsen für Darlehen zur Finanzierung von Anschaffungs- bzw. Herstellungskosten bei Wirtschaftsgütern des Anlagevermögens unbeschränkt möglich. Nähere Angaben zur Berechnung der Überentnahmen nach § 4 Abs. 4a EStG sind in der Anlage SZE zur Einnahmenüberschussrechnung (amtliches Formular 2012AnlSZE821NET) zu tätigen.

6. Bilanzierung

Gesamthandsbilanz der Personengesellschaft	auf den 31.12. XX
Anlagevermögen	Kapitalkonto K1[2]
Umlaufvermögen[1]	Kapitalkonto K2
(Rechnungsabgrenzungsposten)	Gesamthänderisch gebundene Rücklage[3]
	Rückstellungen[4]
	Fremdkapital[1] (Rechnungsabgrenzungsposten)
(Bilanzsumme XX)	(Bilanzsumme XX)

Anmerkungen

1. Freiberufler-Personengesellschaften und Einzelanwälte können frei zwischen der Erstellung einer Einnahmenüberschussrechnung und der Bilanzierung wählen (→ Form. O. I. 1 Anm. 9). Entscheiden sie sich für die Bilanzierung, gelten für sie alle Regelungen dieser Gewinnermittlungsart (§ 4 Abs. 1 S. 1 EStG). Anders als in der Einnahmenüberschussrechnung erfolgt die Gewinnermittlung nicht anhand des Zufluss-, Abflussprinzips des § 11 EStG. Bei der Bilanzierung wird ein Vermögensvergleich am Anfang und am Ende einer jeweiligen Periode vorgenommen. Entsprechende Vermögensmehrungen sind als Gewinn zu versteuern, während Vermögensminderungen zu Verlusten führen. Aus diesem Grund kommt es auf den Zufluss und Abfluss von Honorareinnahmen nicht an. Entscheidend für das zu versteuernde Jahresergebnis bei der Bilanz ist das Entstehen von Honorarforderungen und korrespondierender betrieblicher Verbindlichkeiten. Der Zahlungszeitpunkt ist jeweils irrelevant.

Die Gesamthandsbilanz wird regelmäßig als **Handelsbilanz** aufgestellt. Möglicherweise ist daneben auch eine zweite **Steuerbilanz** zu erstellen, wenn die aus steuerlichen Gründen nach § 60 EStDV notwendigen Korrekturen nicht im Rahmen einer bloßen Überleitungsrechnung vorgenommen werden können. Eine im Rahmen der Steuerbilanz notwendige Abweichung ergibt sich zB bei einem derivativen Firmenwert aufgrund eines Kanzleikaufes, der nach § 7 Abs. 1 S. 3 EStG über einen Zeitraum von 15 Jahren abzuschreiben ist, während das Handelsrecht eine Abschreibung über die betriebsgewöhnliche Nutzungsdauer anordnet.

2. Für jeden Gesellschafter der Personengesellschaft werden Kapitalkonten geführt. Entsprechend den gesellschaftsvertraglichen Vorgaben können sich diese in mehrere (Unter-)Konten untergliedern. Anhand der gesellschaftsvertraglichen Regelungen ist zu ermitteln, ob es sich um Eigenkapitalkonten oder Darlehenskonten (Forderungen bzw. Verbindlichkeiten) handelt. Zivilrechtlich liegen grundsätzlich Eigenkapitalkonten vor, wenn Verluste mit Guthaben auf diesen Konten zu verrechnen sind (BMF, BStBl 1997, 627 Tz. 4 f.; FinVerw DB 2008, 1350; *Kempermann* DStR 2008, 1917). Zum sog. Drei-Kontenmodell zB BFH Urt. v. 5.6.2002 – I R 81/00, BStBl 2004 II, 344; BFH Urt. v. 26.6.2007 – IV R 29/06, BStBl 2008 II, 103; zum Vier-Kontenmodell zB BFH Urt. v. 15.5.2008 – IV R 46/05, BStBl 2008 II, 812; BFH Urt. v. 15.5.2008 – IV R 98/06. BStBl 2009 II, 272.) Neben der Gesamthandsbilanz sind für jeden Gesellschafter – je nach Einzelfall – steuerlich zwei weitere besondere Bilanzen zu führen: die **Ergänzungsbilanz** und die **Sonderbilanz**. Ziel dieser steuerlichen Behandlung ist, dass ein Einzelunternehmen (die Einzelkanzlei) und die (Freiberufler-)Personengesellschaft steuerlich grundsätzlich gleich behandelt werden sollen. Zu den beiden Bilanzen: **1.** Eine **Ergänzungsbilanz** entsteht in der Praxis regelmäßig dann, wenn der Gesellschafter später in die bereits bestehende Gesellschaft eingestiegen und dafür einen Kaufpreis gezahlt hat. Entspricht der Kaufpreis dem Kapitalkonto des ausscheidenden Gesellschafters, bleibt es bei der Gesamthandsbilanz. Lediglich der Name des Gesellschafters bei dem Kapitalkonto wird ausgetauscht. In der Praxis weist der Kaufpreis jedoch häufig Abweichungen vom Kapitalkonto des Verkäufers auf. Übersteigt der Kaufpreis das Kapitalkonto, zahlt der Käufer für vorhandene stille Reserven einen höheren Betrag. Es entsteht eine **positive Ergänzungsbilanz**, bei der die auf den Käufer entfallenden anteiligen stillen Reserven, die in den Wirtschaftsgütern der Personengesellschaft stecken inklusive eines erworbenen Firmenwertes, auf der Aktivseite aufgedeckt werden und zu zusätzlichem Abschreibungsvolumen für diesen Gesellschafter führen können. Unterschreitet der Kaufpreis das Kapitalkonto des Verkäufers, entsteht eine **negative Ergänzungsbilanz** für den Käufer bei der Personengesellschaft. Die Minderwerte der anteiligen Wirtschaftsgüter sind auf der Passivseite der Ergänzungsbilanz zu erfassen und führen ggfs. über die jährliche Minder-AfA zu einem höheren Gewinn des Gesellschafters aus der Personengesellschaft. **2.** In einer **Sonderbilanz** eines Gesellschafters werden Wirtschaftsgüter erfasst, die der Gesellschafter der Personengesellschaft zur Nutzung überlässt (zB Geld als Darlehen oder vermietete Immobilien) bzw. von dieser erhält. Dabei handelt es sich um sog. **Sonderbetriebsvermögen I**, welches definiert wird als Wirtschaftsgüter, die im wirtschaftlichen Eigentum (§ 39 Abs. 2 Nr. 1 AO) des Gesellschafters stehen und dazu geeignet und bestimmt sind, dem Betrieb der Personengesellschaft zu dienen (zB Schmidt/*Wacker*, EStG § 15 Rn. 506), wie zB eine im Eigentum des Gesellschafters stehende Immobilie, die er an die Freiberufler-Personengesellschaft als Kanzleiimmobilie vermietet (**notwendiges Sonderbetriebsvermögen I**). Auch Verbindlichkeiten können Sonderbetriebsvermögen sein, wie zB das von der Gesellschaft an den einzelnen Gesellschafter gewährte Darlehen. Zum **notwendigen Sonderbetriebsvermögen II** gehören Wirtschaftsgüter, die unmittelbar der Begründung oder Stärkung der Beteiligung des Gesellschafters an der Personengesellschaft dienen (zB BFH Urt. v. 13.10.1998 – R 46/95, BStBl 1999 II, 357 II.2.c). Dies ist zB bei einem Darlehen erfüllt, das der Gesellschafter aufnehmen muss, um seine Einlage in die Gesellschaft zu finanzieren bzw. das zur Aufbringung des Kaufpreises für den Gesellschaftsanteil erforderlich ist. Handelt es sich um notwendiges Sonderbetriebsvermögen werden die Wirtschaftsgüter durch den entsprechenden Nutzungszusammenhang automatisch zu steuerlichem Betriebsvermögen. Sie gehören damit nicht mehr dem Privatvermögen an. Etwaige Steuerbefreiungen, wie die Zehnjahresfrist für Immobilienverkäufe nach §§ 22, 23 EStG, finden keine Anwendung. Veräußerungen sind – wie alle Veräußerungen aus dem Betriebsvermögen – unbefristet steuerpflichtig. Liegt kein notwendiges Sonderbetriebsvermögen vor, kann der Gesellschafter Wirtschaftsgüter des Aktivvermögens dem **gewillkürten Sonderbetriebsvermögen** zuordnen, wenn 1. diese **objektiv geeignet** sind, (mittelbar) den Betrieb der Personengesellschaft oder die Beteiligung des Gesellschafters an dieser zu fördern, und 2. **subjektiv** von ihm dazu **bestimmt** sind und 3. diese Widmung rechtzeitig klar und eindeutig zum Ausdruck gebracht wird (zB Schmidt/*Wacker*, EStG, § 15 Rn. 528, 530), zB bei Vorratsgrundstücken oder fremdvermieteten Grundstücken durch Aufnahme in die Sonderbilanz und Erfassung in der Buchhaltung der Gesellschaft. Verbindlichkeiten können nur dann dem gewillkürten Sonderbetriebsvermögen zugeordnet werden, wenn sie im wirtschaftlichen Zusammenhang mit gewillkürtem aktiven Sonderbetriebsvermögen stehen, wie dies beispielsweise bei der fremdfinanzierten vermieteten Immobilie der Fall sein kann (BFH Beschl. v. 4.7.1990 – GrS 2-3/88, BStBl 1990 II, 817 C.II.2.a). Die Sonderbilanzen sind fortzuschreiben; etwaige Gewinne oder Verluste aus den Sonderbilanzen beeinflussen das Ergebnis des Gesellschafters aus der Personengesellschaft (→ Form. O. I. 7 Anm. 4). **Hinweis:** Bei der **Einnahmenüberschussrechnung** (→ Form. O. I. 5) einer Freiberufler-Personengesellschaft werden zwar keine Sonder- und Ergänzungsbilanzen für die Gesellschafter geführt. Sonderergebnisse (Sonderbetriebseinnahmen und – ausgaben) sind jedoch ebenfalls gewinnerhöhend bzw. gewinnmindernd zu erfassen.

3. Die **gesamthänderisch gebundene Rücklage** entspricht in etwa der Kapitalrücklage bei den Kapitalgesellschaften. Aufgrund des bei den Personengesellschaften geltenden Transparenzprinzips steht den Gesellschaftern anteilig das Eigentum an der Rücklage entsprechend ihrer Beteiligung an der Gesellschaft zu. Zahlt nur ein Gesellschafter in die gesamthänderisch gebundene Rücklage ein, handelt es sich also um eine **disquotale Einzahlung**, kommt es zu einer unmittelbaren Bereicherung der anderen Gesellschafter. Denn ihr Anteil an der gesamthänderisch gebundenen Rücklage erhöht sich entsprechend ihrer Beteiligung. Regelmäßig stellt dies eine Schenkung an die übrigen Gesellschafter dar (Freibetrag 20.000 EUR, wenn es sich um fremde Dritte handelt).

4. Bei der Bilanzierung kann die Personengesellschaft oder der Einzelunternehmer – entsprechend den Regelung für Kapitalgesellschaften – Rückstellungen bilden (→ Form. O. II. 5 Anm. 4). Dies hat zur Folge, dass Verbindlichkeiten, die noch nicht fällig sind, bereits das Jahresergebnis mindern können (zB Pensionsrückstellungen). Auf den Abfluss, also die Bezahlung der Verbindlichkeiten, kommt es – anders als bei der Einnahmen-überschussrechnung nicht an. Die Möglichkeit, Rückstellungen zu bilden, stellt damit einen Vorteil der Bilanzierung gegenüber der Einnahmenüberschussrechnung dar. Zu weiteren in Betracht kommenden Rückstellungen → Form. O. II. 5 Anm. 4.

Durchlaufende Posten (→ Form. O. I. 5 Anm. 2) sind auch im Rahmen der Bilanzierung gewinnneutral zu erfassen. Dies wird im Ergebnis erreicht durch die Verbuchung gleich hoher Wertzu- und -abgänge im Rahmen der Bilanz (BFH Urt. v. 4.11.2004 – III R 5/03, BStBl 2005 II, 277) und durch die Tatsache, dass diese durchlaufenden Posten bei Verbuchung auf den zutreffenden Konten nicht die Gewinn- und Verlustrechnung tangieren. Gleiches gilt für die steuerfreien Auslagen, die für den Mandanten verauslagt und von diesem ersetzt werden.

7. Gesonderte und einheitliche Feststellungserklärung

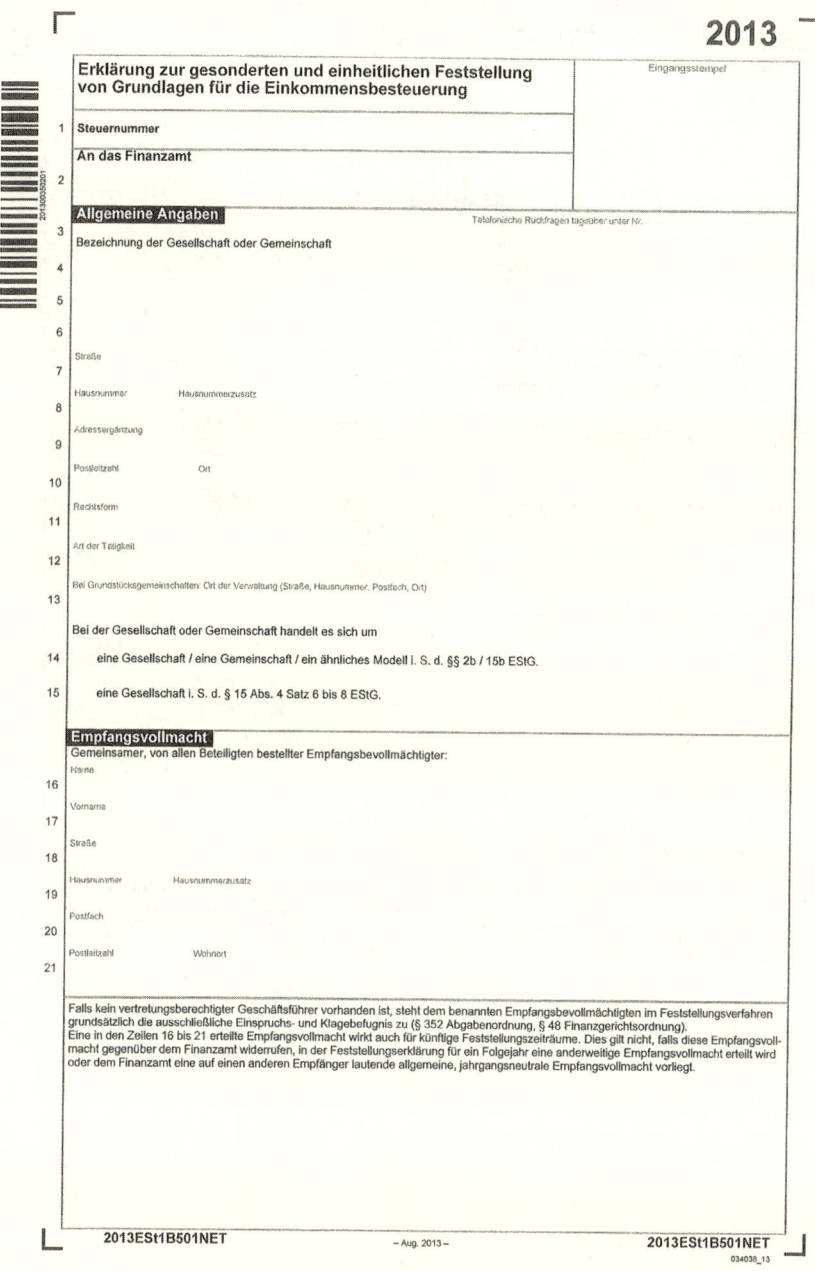

Steuernummer

Art der Aufteilung

11

31
1 = nach gezeichnetem Kapital
2 = nach Bruchteilen
3 = nach eingezahltem Kapital
0 = anderer Aufteilungsschlüssel (Erläuterungen auf besonderem Blatt)

11

Bitte 1, 2, 3
oder 0 eintragen.

Änderungen im Feststellungszeitraum

32 Vertragsunterlagen   wurden bereits vorgelegt.   sind beigefügt.

Datum

33 Zeitpunkt der Veräußerung   des ganzen   eines Teil-   eines ganzen Mitunter-
oder Aufgabe   Betriebs   betriebs   nehmeranteils, der von
der Gesellschaft gehalten
wurde.

Abweichendes Wirtschaftsjahr / Rumpfwirtschaftsjahr   (nicht bei Land- und Forstwirten)

vom   bis

34 Abweichendes Wirtschaftsjahr   75

vom   bis

35 Rumpfwirtschaftsjahr   75   76

Investitionsabzugsbetrag

EUR

36 Summe der 2013 in Anspruch genommenen Investitionsabzugsbeträge nach § 7g Abs. 1 EStG
(Erläuterungen auf besonderem Blatt)

37 Summe der 2013 nach § 7g Abs. 2 EStG hinzugerechneten Investitionsabzugsbeträge
(Erläuterungen auf besonderem Blatt)

Grundbesitz der Gesellschaft / Gemeinschaft

38 Die Gesellschaft / Gemeinschaft ist Eigentümerin von Grundbesitz   40   1=Ja
2=Nein

Vergütungen an Ehegatten / Lebenspartner

EUR

39 des Beteiligten, die als Betriebsausgaben / Werbungskosten abgezogen wurden

Empfänger und Art der Vergütung   Ehegatte /
Lebenspartner
40   des Beteiligten Nr.

Unterschrift

Die mit der Feststellungserklärung angeforderten Daten werden aufgrund der §§ 149, 150, 181 Abs. 2 der Abgabenordnung erhoben.

Ich wurde von den Beteiligten bevollmächtigt, diese bei der Erstellung und Unterzeichnung der Feststellungserklärung zu vertreten. Der in den Zeilen 16 bis 21 benannte Bevollmächtigte wurde von sämtlichen Feststellungsbeteiligten bestellt. Ich habe alle Feststellungsbeteiligten davon in Kenntnis gesetzt, dass - soweit kein vertretungsberechtigter Geschäftsführer vorhanden ist - dem in den Zeilen 16 bis 21 benannten Bevollmächtigten im Feststellungsverfahren grundsätzlich die ausschließliche Einspruchs- und Klagebefugnis zusteht.

Bei der Anfertigung dieser Feststellungserklärung hat
mitgewirkt:

41
Datum, eigenhändige Unterschrift
der Person, die für die Erstellung der Feststellungserklärung verantwortlich ist.

2013ESt1B502NET

2013ESt1B502NET

Name der Gesellschaft / Gemeinschaft

1

2 Steuernummer

lfd. Nr.
der
Anlage

Anlage FB

zur Erklärung zur gesonderten
und einheitlichen Feststellung
von Grundlagen für die Einkommensbesteuerung 2013

zum Fragebogen zur steuerlichen Erfassung

Angaben über die Feststellungsbeteiligten

45

– Die erstmalige Nummer des Beteiligten ist beizubehalten. –

3 Nummer des
Beteiligten   ①   Zeichennummer
(soweit vorhanden)   46.78

Anrede

4

Titel / Namenszeile 1

5

Vorname / Namenszeile 2

Geburtsdatum

6

46.72

Namensbestandteil / Namenszeile 3

7

Name / Namenszeile 4

8

Straße

9

Hausnummer   Hausnummerzusatz

10

Adressergänzung

11

Postleitzahl

12

Ort

13

Ggf. ausländischer Staat   (Kz 46.21)

14

Zuständiges inländisches Finanzamt   (Kz 701)

15

16 Steuer-
nummer 702

Identifikations-
nummer 46.70

2013FB521NET   – Aug. 2013 –   2013FB521NET

034012_13

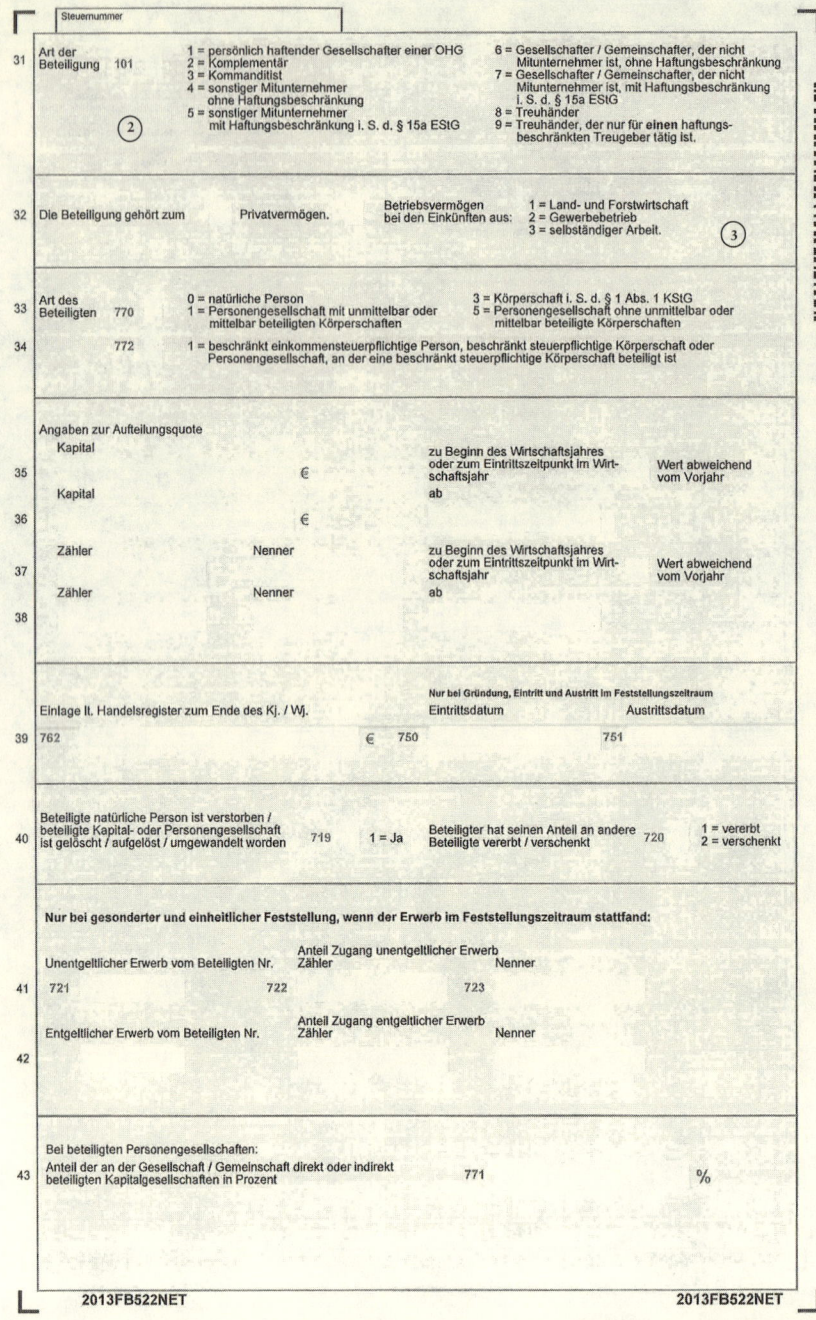

2013

1	Name der Gesellschaft / Gemeinschaft				**Anlage FE 1**

Anlage FE 1
zur Erklärung zur gesonderten
und einheitlichen Feststellung
von Grundlagen für die
Einkommensbesteuerung

2	Steuernummer		lfd. Nr. der Anlage	

3	Vom allgemeinen Aufteilungsmaßstab abweichende Aufteilung in den Zeilen	

Bei Bruttobetriebseinnahmen ab 17.500 € ist für jeden Betrieb / jede Tätigkeit,
soweit keine Bilanz erstellt wird, zusätzlich eine Anlage EÜR elektronisch
zu übermitteln. Eine Bilanz ist stets elektronisch zu übermitteln.

Aufteilung von Besteuerungsgrundlagen

4	Einkunftsart	Land- und Forstwirtschaft	Gewerbebetrieb	X	Selbständige Arbeit	Vermietung und Verpachtung	99

(bei ausländischen Einkünften: Anlage FE-AUS 1 und Anlage FE-AUS 2 beachten)

– Eintragungen vor Abzug ausländischer Steuern –

Laufende Einkünfte

Summe der Besteuerungsgrundlagen   EUR   Ct

5	– nach Schlüssel zu verteilen (ohne die Zeilen 16 bis 18 der Anlage FE 1 und ohne Zeilen 5 bis 8 und 15 bis 20 der Anlage FE 2)	100	④
6	– abweichend vom allgemeinen Schlüssel zu verteilen	102	
7	– Einkünfte aus Ergänzungsbilanzen / Ergänzungsvermögen	117	
8	Vergütungen auf gesellschaftsrechtlicher Grundlage (z. B. Vorabvergütungen, Zinsen für Kapitalanteile) – nicht bei Einkünften aus Vermietung und Verpachtung –	108	
9	Saldo aus Sonderbetriebseinnahmen und Sonderbetriebsausgaben oder aus Sondereinnahmen und Sonderwerbungskosten	113	

Nur nach Wegfall der Anwendung der Tonnagebesteuerung:

10	Hinzurechnungen i. S. d. § 5a Abs. 4 und 5 EStG (nicht in Zeile 5 und 6 enthalten)	142/143	

**Einkünfte, für die das Teileinkünfteverfahren gilt oder für die § 8b KStG
oder § 4 Abs. 7 UmwStG Anwendung findet** (Erläuterungen auf besonderem Blatt):

11	– nach Schlüssel zu verteilen (in Zeile 5 der Anlage FE 1 oder Zeile 19 der Anlage FE 2 enthalten)	420	⑤
12	– abweichend vom allgemeinen Schlüssel zu verteilen (in Zeile 6 der Anlage FE 1 oder Zeile 19 der Anlage FE 2 enthalten)	421	
13	– Einkünfte aus Ergänzungsbilanzen / Ergänzungsvermögen (in Zeile 7 enthalten)	430	
14	– Einkünfte aus Sonderbilanzen / Sonderbetriebsvermögen (in Zeile 9 enthalten)	431	
15	Nach §§ 3 Nr. 40, 3c Abs. 2 EStG und § 8b KStG steuerfreier Teil der Einkünfte aus der Beteiligung an anderen Personengesellschaften, soweit bei einer der vorangegangenen Feststellungen § 15a EStG zur Anwendung gelangt ist	419	
16	Zuzurechnendes Einkommen der Organgesellschaft - §§ 14 bis 19 KStG -	151	
17	Im Organeinkommen lt. Zeile 16 enthaltene Einkünfte, die dem Teileinkünfteverfahren (natürliche Personen) oder der Steuerfreistellung (Körperschaften) unterliegen	434	
18	Einkünfte der Organgesellschaft	651	
19	Gewerbesteuer-Messbetrag der Gesellschaft i.S.d. § 35 EStG / Anteile der Gesellschafter (ohne Messbeträge, die auf nach § 5a Abs. 1 EStG ermittelte Gewinne oder Gewinne i. S. d. § 18 Abs. 3 UmwStG entfallen)	158	
20	Für 2013 tatsächlich zu zahlende Gewerbesteuer, die auf den Gewerbesteuer-Mess- betrag lt. Zeile 19 entfällt	212	
21	Anteilige Gewerbesteuer-Messbeträge aus von der Gesellschaft gehaltenen Beteili- gungen an inländischen Personengesellschaften (Berechnung auf besonderem Blatt)	159	
22	Für 2013 tatsächlich zu zahlende Gewerbesteuer, die auf die Gewerbesteuer-Mess- beträge lt. Zeile 21 entfällt (Berechnung auf besonderem Blatt)	213	

23	Weitere Angaben	
24		
25		
26		

27	Die **Anlage Zinsschranke** ist beigefügt.	Ja

2013FE1-531NET   – Aug. 2013 –   2013FE1-531NET

034013_13

Steuernummer

Name des Beteiligten

lfd. Nr. des Beteiligten

– Eintragungen vor Abzug ausländischer Steuern –

Laufende Einkünfte

EUR   Ct

④

5	– nach Schlüssel zu verteilen (ohne die Zeilen 16 bis 18 der Anlage FE 1 und ohne Zeilen 5 bis 8 und 15 bis 20 der Anlage FE 2)		
6	– abweichend vom allgemeinen Schlüssel zu verteilen	102	
7	– Einkünfte aus Ergänzungsbilanzen / Ergänzungsvermögen	117	
8	Vergütungen auf gesellschaftsrechtlicher Grundlage (z. B. Vorabvergütungen, Zinsen für Kapitalanteile) – nicht bei Einkünften aus Vermietung und Verpachtung –	108	
9	Saldo aus Sonderbetriebseinnahmen und Sonderbetriebsausgaben oder aus Sondereinnahmen und Sonderwerbungskosten	113	
	Nur nach Wegfall der Anwendung der Tonnagebesteuerung:		
10	Hinzurechnungen i. S. d. § 5a Abs. 4 und 5 EStG (nicht in Zeile 5 und 6 enthalten)	143	

Einkünfte, für die das Teileinkünfteverfahren gilt oder für die § 8b KStG oder § 4 Abs. 7 UmwStG Anwendung findet (Erläuterungen auf besonderem Blatt):

⑤

11	– nach Schlüssel zu verteilen (in Zeile 5 der Anlage FE 1 oder Zeile 19 der Anlage FE 2 enthalten)		
12	– abweichend vom allgemeinen Schlüssel zu verteilen (in Zeile 6 der Anlage FE 1 oder Zeile 19 der Anlage FE 2 enthalten)	421	
13	– Einkünfte aus Ergänzungsbilanzen / Ergänzungsvermögen (in Zeile 7 enthalten)	430	
14	– Einkünfte aus Sonderbilanzen / Sonderbetriebsvermögen (in Zeile 9 enthalten)	431	
15	Nach §§ 3 Nr. 40, 3c Abs. 2 EStG und § 8b KStG steuerfreier Teil der Einkünfte aus der Beteiligung an anderen Personengesellschaften, soweit bei einer der vorangegangenen Feststellungen § 15a EStG zur Anwendung gelangt ist	419	
16	Zuzurechnendes Einkommen der Organgesellschaft - §§ 14 bis 19 KStG -	151	
17	Im Organeinkommen lt. Zeile 16 enthaltene Einkünfte, die dem Teileinkünfteverfahren (natürliche Personen) oder der Steuerfreistellung (Körperschaften) unterliegen	434	
18	Einkünfte der Organgesellschaft	651	
19	Gewerbesteuer-Messbetrag der Gesellschaft i.S.d. § 35 EStG / Anteile der Gesellschafter (ohne Messbeträge, die auf nach § 5a Abs. 1 EStG ermittelte Gewinne oder Gewinne i. S. d. § 18 Abs. 3 UmwStG entfallen)	158	
20	Für 2013 tatsächlich zu zahlende Gewerbesteuer, die auf den Gewerbesteuer-Messbetrag lt. Zeile 19 entfällt	212	
21	Anteilige Gewerbesteuer-Messbeträge aus von der Gesellschaft gehaltenen Beteiligungen an inländischen Personengesellschaften (Berechnung auf besonderem Blatt)	159	
22	Für 2013 tatsächlich zu zahlende Gewerbesteuer, die auf die Gewerbesteuer-Messbeträge lt. Zeile 21 entfällt (Berechnung auf besonderem Blatt)	213	

Weitere Angaben

23

24

25

26

Anmerkungen

1. Eine Personengesellschaft, an der mindestens zwei Personen – seien es natürlich oder juristische Personen – beteiligt sind, muss für die Feststellung ihres Gewinns jährlich eine sog. gesonderte und einheitliche Feststellungserklärung abgeben (§ 180 Abs. 1 Nr. 2 a AO). Der Einzelanwalt muss dagegen nur dann eine Feststellungserklärung abgeben, wenn sein privates Wohnsitz-Finanzamt nicht mit dem Betriebsstätten-Finanzamt seiner Kanzlei übereinstimmt (→ Form. O. I. 1 Anm. 1). Mittels der einheitlichen und gesonderten Feststellungserklärung wird der Gewinn der Gesellschaft festgestellt und zugleich auf die einzelnen Gesellschafter verteilt. Dies ist Folge des steuerlichen Transparenzprinzips der Personengesellschaft, nach dem die einkommensteuerlichen Gewinne und Verluste unmittelbar den Gesellschaftern zugerechnet und von diesen im Rahmen ihrer Einkommensteuererklärung zu versteuern sind (→ Form. O. I. 9). Handelt es sich bei dem Gesellschafter um eine Kapitalgesellschaft, ist der auf diese entfallende Gewinn bzw. Verlust im Rahmen ihrer Körperschaftsteuererklärung (→ Form. O. II. 6) zu erfassen. Die einheitliche und gesonderte Feststellung des Gewinns erfolgt unabhängig von der Frage, ob die Personengesellschaft ihren Gewinn im Rahmen der Einnahmenüberschussrechnung oder mittels Bilanzierung ermittelt. Zur Bindungswirkung der Feststellungserklärung für die Einkommensteuererklärung des Gesellschafters → Form. O. I. 9 Anm. 2.

Demgegenüber fehlt bei einer bloßen **Bürogemeinschaft** die gemeinschaftliche Gewinnerzielungsabsicht (BFH Urt. v. 14.4.2005 – XI R 82/03, BStBl 2005 II, 752), so dass keine gesonderte und einheitliche Feststellungserklärung abzugeben ist, sondern jeder Anwalt seine Betriebseinnahmen gesondert zu versteuern hat. Gleiches gilt für eine sog. **Scheinsozietät** (BFH Urt. v. 22.7.1975 – VIII R 64/70, BStBl 1975 II, 866; BFH Urt. v. 14.4.2005 – XI R 82/03, BStBl 2005 II, 752).

2. In der Anlage FB zur Erklärung zur gesonderten und einheitlichen Feststellung von Grundlagen für die Einkommensbesteuerung sind aufgrund der unmittelbaren Verteilung des Jahresergebnisses auf die Gesellschafter detaillierte Angaben zu den einzelnen Gesellschaftern der Personengesellschaft erforderlich. An dieser Stelle ist auf die in der **Zeile 31** erwähnten sog. **verrechenbaren Verluste iSv § 15a EStG** zu verweisen, die bei einer Beteiligung als Kommanditist oder eines vergleichbar beschränkt haftenden Personengesellschafters (§ 15a Abs. 5 EStG) entstehen können. Die Regelung des § 15a EStG findet über den Verweis in § 18 Abs. 4 S. 2 EStG auch Anwendung auf eine Freiberufler-Personengesellschaft. Der Einzelanwalt haftet stets unbeschränkt für die Verbindlichkeiten im Rahmen seines Einzelunternehmens, so dass § 15a EStG insoweit für ihn unbeachtlich ist. Er kann Verluste aus seiner selbständigen Tätigkeit als Rechtsanwalt nach den allgemeinen Regeln mit anderen Einkünften iSv § 2 EStG ausgleichen (Ausnahme: Kapitalvermögen). Entsteht oder erhöht sich dagegen für den nur beschränkt haftenden Gesellschafter einer Freiberufler-Personengesellschaft ein **negatives Kapitalkonto** (→ Form. O. I. 6 Anm. 2), werden die Verluste, die zu dem Entstehen des negativen Kapitalkontos geführt haben oder dieses erhöhen, mittels eines gesonderten Feststellungsbescheids als verrechenbare Verluste gemäß § 15a Abs. 4 EStG festgestellt. Diese Verluste dürfen ausschließlich mit späteren Gewinnen **aus dieser Beteiligung** ausgeglichen werden (§ 15a Abs. 2 EStG), jedoch nicht mit anderweitigen Einkünften iSv § 2 EStG. § 15a EStG schränkt daher die Verlustverrechnung in erheblichem Umfang ein. Um die Behandlung der Verluste zutreffend einstufen zu können, fragt das Finanzamt in **Zeile 13** ua nach bestehenden Haftungsbeschränkungen iSv § 15a EStG.

3. Relevant für die Besteuerung der Einkünfte ist des Weiteren, ob sich die Beteiligung beim Gesellschafter in seinem Privatvermögen oder in seinem Betriebsvermögen befindet.

Dies gilt auch für den Verkauf der Beteiligung und die Frage, nach welchen Vorschriften der Veräußerungsgewinn zu versteuern ist (→ Form. O. III. 5).

4. In der Anlage FE 1 zur Erklärung zur gesonderten und einheitlichen Feststellung von Grundlagen für die Einkommensbesteuerung werden die Einkünfte aus selbständiger Arbeit einer Freiberufler-Personengesellschaft zunächst (Seite 531NET) zusammenfassend dargestellt und anschließend (Seite 532 NET) auf die einzelnen Gesellschafter entsprechend der ihnen im Rahmen der Feststellungserklärung zugewiesenen Beteiligungsnummer verteilt. Dabei werden zunächst die **laufenden Einkünfte** der Gesellschaft erfasst, die nach dem vereinbarten Gewinnverteilungsschlüssel zu verteilen sind (jeweils als Gesamtsumme und verteilt auf die einzelnen Gesellschafter – **Zeile 5**). In der **Zeile 6** werden Betriebseinnahmen bzw. Gewinne erfasst, die abweichend vom allgemeinen Gewinnverteilungsschlüssel aufgrund besonderer Vereinbarung zu verteilen sind. Gleiches gilt für entsprechende Betriebsausgaben (**Zeile 7**). In der **Zeile 8** werden die Gewinne und Verluste aus **Ergänzungsbilanzen** (→ Form. O. I. 6 Anm. 2) aufgeführt, die bei einer Bilanzierung entstehen können, die speziell dem jeweiligen Gesellschafter zuzuordnen sind. Verluste aus Ergänzungsbilanzen entstehen beispielsweise aus der Mehr-AfA bei positiven Ergänzungsbilanzen, während Gewinne aus einer Minder-AfA bei negativen Ergänzungsbilanzen anfallen können. Vergütungen auf gesellschaftsrechtlicher Grundlage (**Zeile 9**) stellen Vergütungen an einzelne oder alle Gesellschafter dar, die – wie zB Vorabvergütungen und Zinsen für Kapitalanteile – im Ergebnis Vorabgewinnanteile darstellen und die demgemäß Teil der Gewinnverteilung sind. In der **Zeile 10** sind dagegen Vergütungen auf schuldrechtlicher Grundlage zu erfassen, die aus vertraglichen Vereinbarungen zwischen der Gesellschaft und dem Gesellschafter resultieren. Diese stellen sog. **Sonderbetriebseinnahmen** dar. Dazu zählen nach § 15 Abs. 1 S. 1 Nr. 2 2. Alt. EStG iVm § 18 Abs. 4 S. 2 EStG die Vergütungen, die der Gesellschafter von der Gesellschaft für seine Tätigkeit im Dienst der Gesellschaft (sein Angestelltengehalt) oder für die Hingabe von Darlehen oder für die Überlassung von Wirtschaftsgütern (zB Vermietung der Kanzleiimmobilie, die im Eigentum des Gesellschafters steht, an die Gesellschaft). Bei diesen Einkünften des Gesellschafters handelt es sich damit weder um Einkünfte aus nichtselbständiger Arbeit (§ 19 EStG) oder Einkünfte aus Kapitalvermögen (§ 20 Abs. 1 Nr. 7 EStG) noch um Einkünfte aus Vermietung und Verpachtung (§ 21 EStG). Diese werden vielmehr aufgrund ihres Sonderbetriebseinnahmen-Charakters umqualifiziert in selbständige Einkünfte iSv § 18 EStG und im Rahmen der Feststellungserklärung der Freiberufler-Personengesellschaft als diese erfasst. Trägt der Gesellschafter im Zusammenhang mit den Sonderbetriebseinnahmen stehende Ausgaben **persönlich**, handelt es sich um sog. **Sonderbetriebsausgaben** (**Zeile 11**). Dazu zählen bei der Vermietung der Immobilie an die Gesellschaft beispielsweise alle vom Gesellschafter selbst getragenen Nebenkosten der Immobilie, wie zB Grundsteuer, Gebäudeversicherung, aber auch die AfA. Gleiches gilt für Kosten, die im Zusammenhang mit dem Anstellungsvertrag stehen. Die Sonderbetriebsausgaben müssen **zwingend** im Rahmen der gesonderten und einheitlichen Feststellungserklärung der Gesellschaft in Ansatz gebracht werden. Eine Geltendmachung erst im Rahmen der privaten Einkommensteuererklärung bzw. der Körperschaftsteuererklärung bei einer Kapitalgesellschaft als Gesellschafter ist nicht zulässig und würde dazu führen, dass der Kostenabzug zu versagen ist.

In der Anlage FE 2 zur Erklärung zur gesonderten und einheitlichen Feststellung von Grundlagen für die Einkommensbesteuerung sind ergänzend erzielte **Veräußerungsgewinne bzw. -verluste** zu erfassen und zwar Veräußerungsgewinne bzw. -verluste des Gesamthandvermögens (wie zB der Verkauf eines Wirtschaftsgutes aus dem Gesamthandvermögen, dessen Gewinn dem Gesellschafter anteilig zugerechnet wird) oder aus den Ergänzungsbilanzen (ebenfalls bei Verkauf eines Wirtschaftsgutes aus dem Gesamthandsvermögen, das mit Auf- oder Abstockungswerten in der Ergänzungsbilanz des Gesellschafters erfasst ist) und den Sonderbilanzen (zB Verkauf der im Eigentum des Gesellschafters stehenden Kanzleiimmobilie). Auch Art und Höhe des Veräußerungsgewinns des Gesellschafters bei Veräußerung seiner Beteiligung an der Personengesellschaft ist im Rahmen der gesonderten und einheitlichen Gewinnfeststellung der Personengesellschaft zu bestimmen (→ Form. O. III. 5 Anm. 1).

5. In die **Zeilen 12 bis 16** sind die Einkünfte einzutragen, die dem **Teileinkünfteverfahren** nach § 3 Nr. 40 EStG unterliegen. Das Teileinkünfteverfahren gilt vor allem für Dividenden aus Aktien, die im Betriebsvermögen erzielt werden – sei es im Gesamthandsvermögen der Freiberufler-Personengesellschaft oder im Sonderbetriebsvermögen eines Gesellschafters. Diese Einkünfte werden nur zu 60 % der Besteuerung unterworfen. Damit im Zusammenhang stehende Kosten, wie zB Schuldzinsen für eine Fremdfinanzierung der Wertpapiere, können ebenfalls nur zu 60 % in Abzug gebracht werden, § 3c Abs. 2 EStG. § 8b KStG, der unter bestimmten Voraussetzungen zu einer im Ergebnis 95%igen Steuerbefreiung führt, greift nur ein, soweit eine Körperschaft an einer anderen Körperschaft beteiligt ist und aus der Beteiligung Dividendeneinkünfte erzielt werden bzw. die Beteiligung veräußert wird.

8. Gewerbesteuererklärung

2013

	An das Finanzamt	Eingangsstempel
1		
2	Steuernummer	

Gewerbesteuererklärung
Erklärung zur gesonderten Feststellung des Gewerbeverlustes
und zur gesonderten Feststellung des Zuwendungsvortrags ❶
Für jedes selbständige Unternehmen ist eine besondere Steuererklärung abzugeben. In Organschaftsfällen ist der
Gewerbeertrag für jede Organgesellschaft unter Verwendung des amtlichen Vordrucks „GewSt 1 A" gesondert zu erklären.

Die mit einem Kreis versehenen Zahlen
bezeichnen die Erläuterungen in der
Anleitung zur Gewerbesteuererklärung

Allgemeine Angaben

	Unternehmen/Firma	
3		
	Art des Unternehmens	
4		
	Anschrift der Geschäftsleitung/das Unternehmens im Erhebungszeitraum	
	Straße	Hausnummer
5		
	Postleitzahl Ort	
6		
	Postleitzahl Postfach Telefonisch erreichbar unter Nr.	
7		
	Rechtsform des Unternehmens	
8		

9	Das Einzelunternehmen/die Personengesellschaft ist durch Rechtsformwechsel ❷ im Laufe des Kalenderjahrs 2013 aus einer Personengesellschaft/einem Einzelunternehmen hervorgegangen:	Ja, am
9a	Es handelt sich um ein Unternehmen i. S. des § 7 Satz 5 GewStG (auch soweit Organgesellschaft)	Ja
9b	Anzahl der beigefügten Anlage(n) ÖHG	

Bei Personengesellschaften:
Im Laufe des Kalenderjahrs 2013

10	– sind Gesellschafter	eingetreten	Nein	Ja	ausgeschieden	Nein	Ja
10a	– hat sich die Beteiligungsquote geändert	Nein	Ja	①			
10b	Anzahl der beigefügten Anlagen MU						

Registergerichtliche Eintragung

11	Nein Ja, beim Registergericht	
		die Eintragung ist erfolgt
11a	am	Registernummer

12	Unternehmer/gesetzlicher Vertreter/Geschäftsführer einer Personengesellschaft (Vorname, Zuname),wenn von Zeile 3 abweichend	
13	Anschrift des Unternehmers/gesetzl. Vertreters/Geschäftsführers d. Personengesellschaft (Straße, Haus-Nr., PLZ u. Ort),wenn von Zeile 5 bis 7 abweichend	

Der Steuerbescheid soll einem von den Zeilen 3 bis 7 und 12 abweichenden Empfangsbevollmächtigten/Postempfänger zugesandt werden.

14	Empfangsvollmacht wird gesondert übermittelt. liegt dem Finanzamt vor.	

15	Betriebsstätten ❸ bestanden im Kalenderjahr 2013 in mehreren Gemeinden Nein Ja	Betriebsstätte(n) ❸ erstreckte(n) sich im Kalenderjahr 2013 über mehrere Gemeinden Nein Ja ②

Die einzige Betriebsstätte ❸ wurde im Laufe des Kalenderjahres 2013 in eine andere Gemeinde verlegt

16	Nein Ja, am	
17	von	nach

18	Bei Betrieb des Unternehmens im Kalenderjahr 2013 nur als Reisegewerbe: Wohnsitzgemeinde(n), Dauer des Wohnsitzes in der/den Gemeinde(n)	
19	Wurde das Unternehmen im Kalenderjahr 2013 überwiegend oder ausschließlich als Hausgewerbe betrieben (§ 11 Abs. 3 GewStG)?	Nein Ja

Unterschrift   Diese Erklärung muss vom Steuerpflichtigen bzw. von einer in § 34 AO genannten Person eigenhändig unterschrieben sein.

20 bis
22 frei

	Ort, Datum	Bei der Anfertigung dieser Erklärung hat mitgewirkt: (Name, Anschrift, Tel.-Nr.)
23	_____ , _____	
	(Unterschrift)	

Hinweis nach den Datenschutzgesetzen: Die mit der Steuererklärung angeforderten Daten
werden auf Grund der §§ 149 und 150 der Abgabenordnung i.V. mit § 14a GewStG verlangt.

2013GewSt1A701   – Sept. 2013 –   2013GewSt1A701

		Steuernummer				Fußnoten siehe Seite 3

30	Das Unternehmen ist **Organträger.**	Name, zuständiges Finanzamt, Steuernummer der Organgesellschaft(en) ggf. auf besonderem Blatt.				
31	Das Unternehmen ist **Organgesellschaft.**	Name, zuständiges Finanzamt, Steuernummer des Organträgers ggf. auf besonderem Blatt.				
32	Es besteht ein vom Kalenderjahr abweichendes Wirtschaftsjahr	vom _____ bis _____		ggf. zweites im Erhebungszeitraum endendes Wirtschaftsjahr	vom _____	bis _____

Gewerbeertrag   ③ 21

33	Gewinn aus Gewerbebetrieb – ohne Beträge lt. Zeilen 34, 35, 75 und 76 –, der nach den Vorschriften des Einkommensteuergesetzes ④ / Körperschaftsteuergesetzes ⑤ ermittelt worden ist – Negative Beträge bitte mit Minuszeichen – – ggf. „0" – ¹⁰	3	EUR ____ , __
34	**Unterschiedsbetrag i. S. des § 5a Abs. 4 EStG**	27	____ , __
35	**Sondervergütungen nach § 5a Abs. 4a EStG**	28	____ , __

Hinzurechnungen:

Finanzierungsanteile nach § 8 Nr. 1 GewStG (enden im Erhebungszeitraum zwei Wirtschaftsjahre, sind hier die Eintragungen für das erste Wirtschaftsjahr vorzunehmen und zusätzlich die Zeilen 42 bis 47 auszufüllen) ⑦

Bitte die Beträge in voller Höhe eintragen, ggf. auf besonderer Anlage erläutern; der Hinzurechnungsbetrag wird von Amts wegen ermittelt.

36	Entgelte für Schulden (§ 8 Nr. 1 Buchst. a GewStG)	31	④ ____ , __
37	Renten und dauernde Lasten (§ 8 Nr. 1 Buchst. b GewStG)	32	____ , __
38	Gewinnanteile der stillen Gesellschafter (§ 8 Nr. 1 Buchst. c GewStG)	33	____ , __
39	Miet- und Pachtzinsen (einschl. Leasingraten) für die Benutzung fremder **beweglicher** Betriebsanlagegüter (§ 8 Nr. 1 Buchst. d GewStG)	34	____ , __
40	Miet- und Pachtzinsen (einschl. Leasingraten) für die Benutzung fremder **unbeweglicher** Betriebsanlagegüter (§ 8 Nr. 1 Buchst. e GewStG)	35	____ , __
41	Aufwendungen für die zeitlich befristete Überlassung von Rechten - insbesondere Konzessionen und Lizenzen - (§ 8 Nr. 1 Buchst. f GewStG)	36	____ , __
41a	Im Betrag lt. Zeile 41 enthaltene Vergütungen i. S. des § 50a Abs. 1 Nr. 3 EStG an beschränkt steuerpflichtige Zahlungsempfänger	37	____ , __

Finanzierungsanteile nach § 8 Nr. 1 GewStG für ein zweites, im Erhebungszeitraum endendes Wirtschaftsjahr

Bitte die Beträge in voller Höhe eintragen, ggf. auf besonderer Anlage erläutern; der Hinzurechnungsbetrag wird von Amts wegen ermittelt.

42	Entgelte für Schulden (§ 8 Nr. 1 Buchst. a GewStG)	41	____ , __
43	Renten und dauernde Lasten (§ 8 Nr. 1 Buchst. b GewStG)	42	____ , __
44	Gewinnanteile der stillen Gesellschafter (§ 8 Nr. 1 Buchst. c GewStG)	43	____ , __
45	Miet- und Pachtzinsen (einschl. Leasingraten) für die Benutzung fremder **beweglicher** Betriebsanlagegüter (§ 8 Nr. 1 Buchst. d GewStG)	44	____ , __
46	Miet- und Pachtzinsen (einschl. Leasingraten) für die Benutzung fremder **unbeweglicher** Betriebsanlagegüter (§ 8 Nr. 1 Buchst. e GewStG)	45	____ , __
47	Aufwendungen für die zeitlich befristete Überlassung von Rechten - insbesondere Konzessionen und Lizenzen - (§ 8 Nr. 1 Buchst. f GewStG)	46	____ , __
47a	Im Betrag lt. Zeile 47 enthaltene Vergütungen i. S. des § 50a Abs. 1 Nr. 3 EStG an beschränkt steuerpflichtige Zahlungsempfänger	47	____ , __
48	**Nur bei einer Kommanditgesellschaft auf Aktien:** Gewinnanteile der in § 8 Nr. 4 GewStG bezeichneten Art an persönlich haftende Gesellschafter ⑧	14	____ , __
49	Gewinnanteile (Dividenden) und die diesen gleichgestellten Bezüge und erhaltenen Leistungen aus Anteilen an einer Körperschaft, Personenvereinigung oder Vermögensmasse i. S. des KStG (§ 8 Nr. 5 GewStG)❺⑨ – soweit nicht die Voraussetzungen des § 9 Nr. 2a oder Nr. 7 GewStG vorliegen - nach Abzug der damit im Zusammenhang stehenden Betriebsausgaben, soweit sie nach § 3c Abs. 2 EStG und § 8b Abs. 5 und 10 KStG bei Ermittlung des Gewinns unberücksichtigt geblieben sind – Bei Organträgern: Ohne entsprechende Beträge der Organgesellschaften. Keine Hinzurechnung bei Organgesellschaften. -	26	____ , __
50	Anteile am **Verlust** von in- und / oder **ausländischen Personengesellschaften** (§ 8 Nr. 8 GewStG) ❽ ⑨ – Betrag ohne Minuszeichen –	16	____ , __
51	Ausgaben i. S. des § 9 Abs. 1 Nr. 2 KStG, soweit sie als Betriebsausgaben bei der Ermittlung des Gewinns lt. Zeile 33 abgezogen worden sind (§ 8 Nr. 9 GewStG)	50	____ , __
52	Ausschüttungs- und abführungsbedingte Gewinnminderungen bei Beteiligungsbesitz (§ 8 Nr. 10 GewStG) (auch soweit die Gewinnminderung Folge einer Auskehrung von Liquidationsraten ist)	19	____ , __
53	Ausländische Steuern, soweit sie auf Gewinne oder Gewinnanteile entfallen, die nach § 9 GewStG gekürzt werden oder sonst nicht im Gewerbeertrag enthalten sind (§ 8 Nr. 12 GewStG)	22	____ , __
54	Negativer Teil des Gewerbeertrags, der auf Betriebsstätten im Ausland entfällt (§ 9 Nr. 3 GewStG) – Betrag ohne Minuszeichen –	17	____ , __

2013GewSt1A702   2013GewSt1A702

Steuernummer

Kürzungen: | 22

Einheitswert (Ersatzwirtschaftswert) des am 1.1.2013 zum Betriebsvermögen gehörenden oder betrieblich genutzten und im Eigentum des Unternehmers stehenden Grundbesitzes, soweit dieser nicht von der Grundsteuer befreit ist (§ 9 Nr. 1 Satz 1 GewStG):

(DM-Beträge bitte mit amtlichen Kurs
(1 3 = 1,95583 DM) in Euro umrechnen) | EUR | EUR

55 anzusetzen
mit ⑩ | 100 % | 140 % | 250 % | 400 % | 600 % 51 | ⑤

56 bis
59 frei
60 **Erweiterte Kürzung** bei einem **Grundstücksunternehmen** i. S. des § 9 Nr. 1
Satz 2 ff. GewStG | 30

61 **Anteile am Gewinn** von **in-** und / oder **ausländischen Personengesellschaften**
(§ 9 Nr. 2 GewStG) ❻ ❾ | 31

62 Gewinne aus **Anteilen** an **nicht steuerbefreiten inländ. Kapitalgesellschaften,** Kredit-
oder Versicherungsanstalten des öffentl. Rechts, Erwerbs- und Wirtschaftsgenossen-
schaften oder an Unternehmensbeteiligungsgesellschaften (§ 9 Nr. 2a GewStG),
soweit nicht bereits bei der Ermittlung des Gewinns lt. Zeile 33 nach § 3 Nr. 40 EStG
bzw. § 8b KStG abgezogen⑪ – Bei Organträgern: Ohne entsprechende Beträge der Organ-
gesellschaften – | 32

63 Nur bei persönlich haftendem Gesellschafter einer Kommanditgesellschaft auf Aktien:
Die nach § 8 Nr. 4 GewStG dem Gewinn aus Gewerbebetrieb der KGaA hinzu-
gerechneten Gewinnanteile (§ 9 Nr. 2b GewStG) ❻ | 53

64 **Positiver Teil** des Gewerbeertrages, der auf **Betriebsstätten im Ausland** entfällt
(§ 9 Nr. 3 GewStG) ⑩ | 33

Zuwendungen (Spenden und Mitgliedsbeiträge) nach § 9 Nr. 5 GewStG

65 Festgestellter Zuwendungsvortrag zum 31.12.2012 | 73

66 Zuwendungen im Kalenderjahr 2013 bzw. im abweichenden Wirtschaftsjahr 2012/
2013 – **ohne Betrag, der in Zeile 69 einzutragen ist** – zur Förderung steuer-
begünstigter Zwecke i. S. der §§ 52 bis 54 AO (§ 9 Nr. 5 Satz 1 GewStG) | 71

67 Bei dem übernehmenden Unternehmen im Jahr der Vermögensübernahme:
auf dieses nach § 12 Abs. 3 i. V. mit § 15 Abs. 1, § 16, § 18 UmwStG über-
gegangener Zuwendungsvortrag gemäß § 9 Nr. 5 Satz 12 GewStG | 84

68 Im Falle einer Abspaltung oder Teilübertragung: Verringerung des verbleibenden
Zuwendungsvortrages (§ 9 Nr. 5 Satz 12 GewStG) der der übertragenden Körper-
schaft (§ 12 Abs. 3 i. V. mit § 15 Abs. 1, § 16, § 18 UmwStG) in Höhe von | 85 | %

Nicht bei einer Körperschaft:
Zuwendungen in das zu erhaltende Vermögen (Vermögensstock) einer Stiftung
(§ 9 Nr. 5 Satz 9 GewStG)

69 Zuwendungen
im Kj. 2013 bzw.
im abweichenden
Wj. 2012/2013 | EUR | — Von diesen Beträgen
sollen im Erhebungs-
zeitraum 2013
abgezogen

70 noch nicht abge-
zogene Zuwendungen
aus 2004 bis 2012 | — werden | 72

Vortrag aus Großspenden aus den Vorjahren (§ 9 Nr. 5 Satz 4 GewStG 2006 ¹⁾)

71 – aus Zuwendungen für wissenschaftliche, mildtätige und als besonders
förderungswürdig anerkannte kulturelle Zwecke | 77

72 – aus Zuwendungen i. S. der Zeile 71 an Stiftungen | 63

73 Nur ausfüllen, wenn für Höchstbetragsberechnung erforderlich:
Summe der gesamten Umsätze und der im Wirtschaftsjahr aufgewendeten
Löhne und Gehälter | 57

74 Gewinne aus **Anteilen** an **Kapitalgesellschaft** mit **Geschäftsleitung** und **Sitz**
im Ausland (§ 9 Nr. 7 und § 9 Nr. 8 GewStG)⑩ , soweit nicht bereits bei der Ermittlung des Gewinns lt. Zeile 33 nach § 3 Nr. 40 EStG bzw. § 8b KStG abgezogen –
– Bei Organträgern: Ohne entsprechende Beträge der Organgesellschaften – | 37

Gewerbeertrag

75 – bei Handelsschiffen im internationalen Verkehr
(§ 5a EStG i. V. mit § 7 Satz 3 GewStG):
der nach § 5a Abs. 1 EStG ermittelte Gewinn
– Hinzurechnungen und Kürzungen entfallen – | 23

76 – bei öffentlich-rechtlichen Rundfunkanstalten:
das nach § 8 Abs. 1 Satz 3 KStG ermittelte Einkommen aus dem Geschäft
der Veranstaltung von Werbesendungen (§ 7 Satz 3 GewStG)
– Hinzurechnungen und Kürzungen entfallen – | 25

Weitere Angaben

77 Gewerbeertrag der Organgesellschaft(en)
– bei mehreren Organgesellschaften bitte Einzelaufstellung beifügen – | – ggf. „0" – 60

78 Bei Organträgern, soweit nicht selbst Organgesellschaft:
– soweit selbst Organgesellschaft, sind die Zeilen 106 bis 108 auszufüllen –
Summe der Korrekturbeträge zum Betrag lt. Zeile 77 aufgrund der Anwendung
des § 8b KStG, § 3 Nr. 40, § 3c Abs. 2 EStG i. V. mit § 15 Satz 1 Nr. 2 und
Satz 2 KStG (Bitte auf besonderem Blatt erläutern) – Negative Beträge mit Minuszeichen – | 79

79 Im Falle einer Aufspaltung oder Verschmelzung einer Organgesellschaft: Von der
Organgesellschaft selbst zu versteuernder Gewerbeertrag aus einem Übertragungs-
gewinn nach § 11 UmwStG | 62

1) GewStG 2006 = Gewerbesteuergesetz in der Fassung des Gesetzes vom 13. 12. 2006 (BGBl. I S. 2878),
2) GewStG 2007 = Gewerbesteuergesetz in der Fassung des Gesetzes vom 20. 12. 2007 (BGBl. I S. 3150),
3) KStG 2006 = Körperschaftsteuergesetz in der Fassung des Gesetzes vom 13. 12. 2006 (BGBl. I S. 2878).

2013GewSt1A703 | 2013GewSt1A703

			EUR	
	Steuernummer			Fußnoten siehe Seite 3

Angaben zur Verlustfeststellung

Zeilen 90 bis 104d nicht ausfüllen, wenn Anlage MU beigefügt ist. ⑱

90	Zum Ende des Erhebungszeitraums 2012 gesondert festgestellter vortragsfähiger Gewerbeverlust (§ 10a GewStG) – Betrag ohne Minuszeichen –	40		,
91	Von einem anderen Steuerschuldner im Falle des Rechtsformwechsels übernommener Gewerbeverlust aus der Zeit vor dem Rechtsformwechsel, soweit nach § 10a GewStG vortragsfähig – Betrag ohne Minuszeichen – ⑮	45		,
92	Übernommener Gewerbeverlust im Fall der Einbringung des Betriebs einer Personengesellschaft in eine andere Personengesellschaft oder der Verschmelzung von Personengesellschaften (R 10a.3 Abs. 3 Satz 1 und 2 GewStR 2009) oder im Fall der Anwachsung (R 10a.3 Abs. 3 Satz 9 Nr. 4 GewStR 2009) – Betrag ohne Minuszeichen –	48		,
92a	Im Fall der Anwachsung einer Personengesellschaft auf eine Organgesellschaft: Im Betrag laut Zeile 92 enthaltener Verlust, der vor Abschluss des Gewinnabführungsvertrages bei der Personengesellschaft entstanden ist (R 10a.4 Satz 2 GewStR 2009)	18		
93	Nur bei Betrieben gewerblicher Art: Übernommener vortragsfähiger Gewerbeverlust (§ 10a Satz 9 GewStG i. V. mit § 8 Abs. 8 KStG) – Betrag ohne Minuszeichen – ⑪	20		
94	Nur bei einer Körperschaft: Bei der übertragenden Körperschaft im Fall der Abspaltung wegfallender Gewerbeverlust aus vorangegangenen Erhebungszeiträumen (§ 18 Abs. 1 i. V. mit § 16 und § 15 Abs. 3 bzw. § 19 Abs. 2 i. V. mit § 15 Abs. 3 UmwStG) in Höhe von– Spaltungsschlüssel –	17	%	
95	Bei der übertragenden Körperschaft im Fall der Abspaltung wegfallender Gewerbeverlust aus dem laufenden Erhebungszeitraum (§ 18 Abs. 1 bzw. § 19 Abs. 1 i. V. mit § 15 Abs. 1 Satz 1, § 16 Satz 1 und § 4 Abs. 2 Satz 2 UmwStG) in Höhe von – Bitte als zeitanteiligen Prozentsatz eintragen –	46	%	
96	Nach § 10a Satz 10 GewStG i. V. mit § 8c KStG bzw. § 10a Satz 8 GewStG 2007²⁾ i. V. mit § 8 Abs. 4 KStG 2006³⁾ und § 36 Abs. 9 Satz 2 GewStG nicht abziehbarer Gewerbeverlust aus vorangegangenen Erhebungszeiträumen (ggf. i. V. mit §§ 2 Abs. 4, 20 Abs. 6 Satz 4 UmwStG) in Höhe von	10	%	
96a	oder	44		,
97	Nach § 10a Satz 10 GewStG i. V. mit § 8c KStG bzw. § 10a Satz 8 GewStG 2007 i. V. mit § 8 Abs. 4 KStG 2006 und § 36 Abs. 9 Satz 2 GewStG nicht ausgleichsfähiger Gewerbeverlust des laufenden Erhebungszeitraums (ggf. i. V. mit §§ 2 Abs. 4, 20 Abs. 6 Satz 4 UmwStG) in Höhe von – Bitte als zeitanteiligen Prozentsatz eintragen –	50	%	
97a	oder	49		,
98	Nur bei einer Mitunternehmerschaft, soweit an dieser eine Körperschaft unmittelbar oder mittelbar über eine oder mehrere Personengesellschaften beteiligt ist: Nach § 10a Satz 10 GewStG i. V. mit § 8c KStG nicht abziehbarer Gewerbeverlust aus vorangegangenen Erhebungszeiträumen in Höhe von	15	%	
98a	oder	12		
99	Nach § 10a Satz 10 GewStG i. V. mit § 8c KStG nicht ausgleichsfähiger Gewerbeverlust des laufenden Erhebungszeitraums in Höhe von – Bitte als zeitanteiligen Prozentsatz eintragen –	14	%	
99a	oder	13		
100	Nur bei einer Personengesellschaft oder aus einer Personengesellschaft hervorgegangenem Einzelunternehmen: Auf in 2013 ausgeschiedene Gesellschafter entfallen von dem zum Ende des Erhebungszeitraums 2012 gesondert festgestellten vortragsfähigen Gewerbeverlust, soweit er noch nicht bis zum Ausscheiden im Erhebungszeitraum 2013 verbraucht ist – Betrag ohne Minuszeichen –	43		,
101	Nur bei einer Personengesellschaft: Auf im Erhebungszeitraum 2013 ausgeschiedene Gesellschafter entfallen von dem Gewerbeverlust 2013 – Betrag ohne Minuszeichen –	75		,
102	oder	76	%	
103	Auf Gesellschafter, denen kein Anteil an dem zum Ende des Erhebungszeitraumes 2012 gesondert festgestellten vortragsfähigen Gewerbeverlust zuzurechnen ist, entfallen vom Gewerbeertrag des Erhebungszeitraumes 2013	41		,
104	oder	42	%	
104a	Kürzung des Höchstbetrags nach § 10a Satz 1 GewStG bei Änderungen im Gesellschafterbestand und/oder bei Änderung der Beteiligungsquote	74		,
104b	Nach § 10a Satz 2 GewStG zum Ansatz kommender Verlustabzug	81		,
104c	Nicht bei Körperschaften: Auf im Erhebungszeitraum 2013 veräußerte oder aufgegebene Teilbetriebe entfallen von dem zum Ende des vorangegangenen Erhebungszeitraums gesondert festgestellten vortragsfähigen Gewerbeverlust, soweit er noch nicht bis zur Veräußerung oder Aufgabe im Erhebungszeitraum 2013 verbraucht ist – Betrag ohne Minuszeichen –	16		
104d	Auf im Erhebungszeitraum 2013 veräußerte oder aufgegebene Teilbetriebe entfallen von dem Gewerbeverlust 2013 – Betrag ohne Minuszeichen –	86		
105	Nicht bei Körperschaften - nur für Zwecke des § 35 EStG -: Veräußerungs- oder Aufgabegewinn nach § 18 Abs. 3 UmwStG (im Betrag lt. Zeile 33 enthalten)	82		,
	Nur bei einer Organgesellschaft: Werte, die für die Ermittlung des Gewerbeertrags des Organträgers von Bedeutung sind. Ist die Organgesellschaft gleichzeitig Organträger: Einschließlich entsprechender Beträge ihrer Organgesellschaften (Bitte auf besonderem Blatt erläutern) ⑯ ⑰ – Negative Beträge mit Minuszeichen –			
106	Wenn der Organträger eine natürliche Person ist, zu berücksichtigender Korrekturbetrag zum Gewerbeertrag aufgrund der Anwendung der § 3 Nr. 40, § 3c Abs. 2 EStG i. V. mit § 15 Satz 1 Nr. 2 und Satz 2 KStG	28		,
107	Wenn der Organträger eine Körperschaft ist, zu berücksichtigender Korrekturbetrag zum Gewerbeertrag aufgrund der Anwendung des § 8b KStG i. V. mit § 15 Satz 1 Nr. 2 und Satz 2 KStG	29		,
108	Wenn der Organträger eine Personengesellschaft ist, zu berücksichtigender Korrekturbetrag zum Gewerbeertrag aufgrund der Anwendung des § 3 Nr. 40, § 3c Abs. 2 EStG, § 8b KStG i. V. mit § 15 Satz 1 Nr. 2 und Satz 2 KStG	27		,

2013GewSt1A704   2013GewSt1A704

Anmerkungen

1. Veränderungen im Gesellschafterbestand haben bei Personengesellschaften, die gewerbliche Einkünfte erzielen, Einfluss auf den den einzelnen Gesellschaftern anteilig anzurechnenden Teil des Gewerbesteuermessbetrages, der zu einer Minderung der Einkommensteuerbelastung nach § 35 EStG führen kann (→ Anm. 3).

2. Die Gewerbesteuer errechnet sich als Produkt aus dem **Gewerbesteuermessbetrag** (§ 11 GewStG), der vom Finanzamt anhand der Gewerbesteuererklärung bestimmt wird, und dem **Gewerbesteuerhebesatz** (16 GewStG), der von der jeweiligen Gemeinde festgelegt wird. Bestehen neben dem Hauptsitz der Kanzlei weitere Kanzleien (Betriebsstätten) in anderen Gemeinden, können diesbezüglich unterschiedliche Gewerbesteuerhebesätze zur Anwendung kommen. Die Zuordnung der einzelnen Erlöse zur jeweiligen Gemeinde erfolgt im Rahmen der sog. Gewerbesteuerzerlegung (§§ 28 ff. GewStG).

3. Handelt es sich bei der Freiberufler-Personengesellschaft um eine **gewerblich geprägte Personengesellschaft** iSv § 15 Abs. 3 Nr. 2 EStG (wie bei der „typischen" GmbH & Co. KG) oder ist eine **gewerbliche Infizierung** der Einkünfte erfolgt (zB infolge der Beteiligung eines Nicht-Freiberuflers → Form. O. I. 1 Anm. 3) erzielt die Gesellschaft gewerbliche Einkünfte und hat auch eine Gewerbesteuererklärung abzugeben. Ausgangspunkt für die Ermittlung des **Gewerbeertrages** ist der Gewinn aus Gewerbebetrieb, der sich nach den Vorschriften des Einkommensteuergesetzes ermittelt hat (→ Form. O. I. 5 und O. I. 6). Der Gewerbeertrag wird mit der Steuermesszahl von 3,5 % multipliziert (§ 11 Abs. 3 GewStG) und ergibt den **Gewerbesteuermessbetrag.** Dieser Gewerbesteuermessbetrag wird seitens des Finanzamtes mittels Feststellungsbescheid festgestellt. Eine Zahlungsverpflichtung ergibt sich aus diesem Bescheid noch nicht. Erst der von der jeweiligen Gemeinde erlassene Gewerbesteuerbescheid enthält die Zahlungsverpflichtung. Will sich die Gesellschaft gegen die unzutreffende Ermittlung des Gewerbeertrages zur Wehr setzen, muss Einspruch gegen den Feststellungsbescheid des Finanzamtes über den Gewerbesteuermessbetrag eingelegt werden. Gleiches gilt für eine Aussetzung der Vollziehung nach § 361 AO. Die Aussetzung der Vollziehung des Gewerbesteuerbescheides verlangt regelmäßig die Aussetzung der Vollziehung des Feststellungsbescheides über den Gewerbesteuermessbetrag.

Bei der gewerblichen Freiberufler-Personengesellschaft wird die Belastung mit Gewerbesteuer in zweifacher Hinsicht gegenüber den Kapitalgesellschaften abgemildert: **1.** Gewerblichen Freiberufler-Personengesellschaften steht ein **Freibetrag** von 24.500 EUR in der Gewerbesteuer zu (§ 11 Abs. 1 S. 3 Nr. 1 GewStG). **2.** Die Gewerbesteuer ermäßigt gemäß § 35 EStG die Einkommensteuerschuld des Gesellschafters. Der **Ermäßigungshöchstbetrag** ermittelt sich anhand des 3,8fachen des anteiligen Gewerbesteuermessbetrages des jeweiligen Kalenderjahres, der auf den jeweiligen Gesellschafter entsprechend seiner Beteiligung entfällt, § 35 Abs. 1 S. 1 Nr. 2 EStG. Bei Gewerbesteuerhebesätzen der Gemeinde oberhalb von 400 % kann es zu Anrechnungsüberhängen kommen, so dass eine Gewerbesteuerbelastung nicht vollständig kompensiert wird.

4. Zu den Hinzurechnungen gemäß § 8 GewStG → Form. O. II. 7 Anm. 4.

5. Zu den Kürzungen nach § 9 GewStG → Form. O. II. 7 Anm. 5.

9. Einkommensteuererklärung

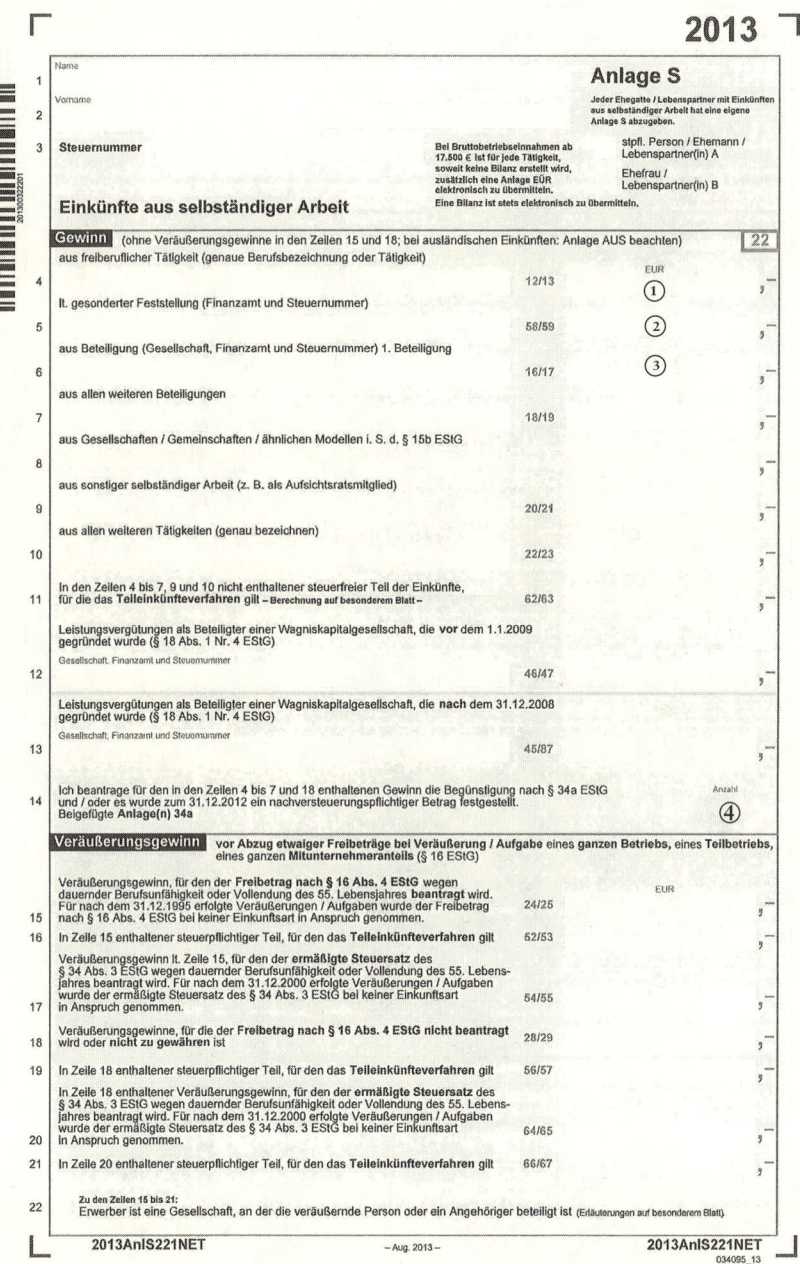

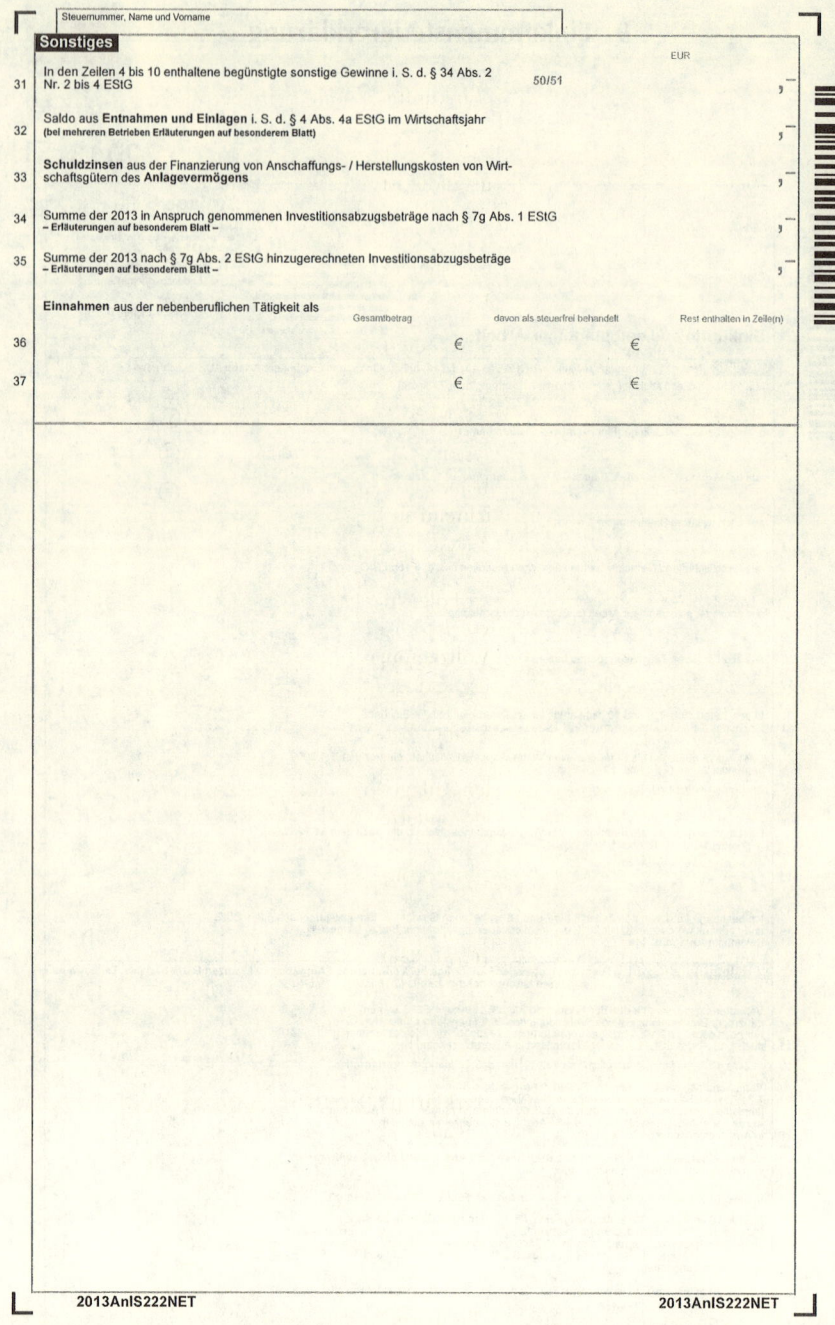

Anmerkungen

1. In der **Zeile 4** sind die laufenden Einkünfte aus einer freiberuflichen Tätigkeit als Einzelanwalt einzutragen. Der Eintrag in dieser Zeile ist vorzunehmen, wenn sich die Kanzlei im Einzugsgebiet desjenigen Finanzamtes liegt, das auch für die private Einkommensteuererklärung des Rechtsanwalts zuständig ist. Dies ist regelmäßig der Fall, wenn die Kanzlei zunächst von dem privaten Wohnhaus aus betrieben wird. In diesem Fall wird keine separate Feststellungserklärung für die Kanzlei abgegeben, sondern die Erklärung erfolgt im Rahmen der privaten Einkommensteuererklärung einschließlich der Abgabe der Einnahmenüberschussrechnung (→ Form. O. I. 5) bzw. der Bilanz (→ Form. O. I. 6).

2. In der **Zeile 5** werden die Einkünfte laut gesonderter Feststellung erfasst. Dabei handelt es sich um die Einkünfte aus der Einzelkanzlei, bei der das für den Kanzleisitz zuständige Finanzamt von dem für die private Einkommensteuererklärung zuständige Finanzamt verschieden ist. Nach § 180 Abs. 1 Nr. 2 b EStG ist für die Kanzlei bei dem zuständigen Finanzamt eine Feststellungserklärung einzureichen, auf deren Basis die Einkünfte des Einzelanwaltes per Feststellungsbescheid durch das Finanzamt festgestellt werden. Das festgestellte Ergebnis ist verpflichtend in die private Einkommensteuererklärung des Einzelanwaltes zu übernehmen. Der Feststellungsbescheid stellt insoweit einen **Grundlagenbescheid** (§ 171 Abs. 10 S. 1 AO) dar, der für den **Folgebescheid** (Einkommensteuerbescheid) Bindungswirkung entfaltet (zur Folgeänderung vgl. § 175 AO). Soll das festgestellte Kanzleiergebnis korrigiert werden, ist Einspruch gegen den Feststellungsbescheid einzulegen, ggfs. auch Aussetzung der Vollziehung nach § 361 AO zu beantragen. Der Einspruch gegen den Einkommensteuerbescheid ist insoweit wirkungslos.

3. In die **Zeile 6** sind die Einkünfte aus einer Beteiligung an einer Freiberufler-Personengesellschaft einzutragen. Handelt es sich dagegen um eine gewerbliche Personengesellschaft, sind entsprechende Angaben in der Anlage G zu tätigen. Basis sind die Einkünfte, die dem Gesellschafter im Rahmen der gesonderten und einheitlichen Feststellungserklärung mittels Feststellungsbescheid zugewiesen werden. Auch hier gilt: Die Werte sind zwingend in die Einkommensteuererklärung (Folgebescheid → Anm. 2) zu übernehmen. Ein Einspruch muss sich gegen den Feststellungsbescheid der Personengesellschaft richten, wobei darauf zu achten ist, dass die Einspruchsfrist noch nicht abgelaufen ist. Spätere Änderungen des Feststellungsbescheides (Grundlagenbescheid, zB aufgrund einer Betriebsprüfung bei der Gesellschaft) erlauben über § 175 AO eine Änderung auch des bestandskräftigen Einkommensteuerbescheides. Bei daraus resultierenden Nachzahlungen sind ggfs. noch 6 % Zinsen auf die nachträglich festgestellte Einkommensteuerschuld zu berechnen. Sind bei Erstellung der Einkommensteuererklärung die Ergebnisse aus der Beteiligung noch nicht bekannt, kann die Einkommensteuererklärung trotzdem eingereicht werden. Bei einer Abgabe in Papierform wurde in diesen Fällen die Gesellschaft bezeichnet, statt eines Betrages jedoch die Angabe „von Amts wegen" in das Formular eingetragen. Bei der elektronischen Übermittlung der Steuererklärung mittels www.elster.de ist dies nicht mehr möglich. Hier ist der erwartete Betrag aus der Beteiligung zu schätzen bzw. – wenn eine Schätzung nicht möglich ist – der Ertrag mit 1 EUR anzugeben.

4. Das steuerliche Transparenzprinzip bei Personengesellschaften sorgt dafür, dass die Einkünfte aus einer Beteiligung an einer Freiberufler-Personengesellschaft in dem jeweiligen Kalenderjahr unmittelbar ihren Gesellschaftern zugerechnet wird. Auch die Einkünfte aus einer Einzelkanzlei werden dem Rechtsanwalt unmittelbar pro Kalenderjahr zugeordnet. Unabhängig von einer Einnahmenüberschussrechnung oder einer Bilanzierung sind die Jahresergebnisse grundsätzlich in vollem Umfang in der Einkommensteuererklärung des Einzelanwaltes bzw. des Gesellschafters der Freiberufler-Personengesellschaft zu versteuern. Dies gilt unabhängig davon, ob die Gewinne tatsächlich entnommen wurden oder nicht. Dies stellt einen erheblichen Nachteil gegenüber Kapitalgesellschaften dar, die Gewinne auf Ebene der Kapitalgesellschaft dauerhaft thesaurieren können und bei denen die Gewinnausschüttung aus der Gesellschaft zu einem frei wählbaren Zeitpunkt erfolgt. Ziel des Gesetzgebers ist eine weitgehende steuerliche Gleichstellung von Kapitalgesellschaften und Personengesellschaften bzw. Einzelunternehmen. Demgemäß hat er nachträglich auch für Einzelunternehmer bzw. Personengesellschaften die Möglichkeit einer **Gewinnthesaurierung nach § 34a EStG** eingeführt (zu der komplizierten Regelung des § 34a EStG vgl. beispielhaft Schmidt/*Wacker*, EStG, § 34a Rn. 1 ff.). Diese kann jedoch nur bei einer **Bilanzierung** in Anspruch genommen werden. Für Einnahmeüberschussrechnungen scheidet eine Gewinnthesaurierung nach § 34a EStG bereits von vornherein aus. § 34a EStG ermöglicht es, nicht entnommene Gewinne auf Antrag des jeweiligen Gesellschafters mit einem Steuersatz von 28,25 % zu versteuern (§ 34a Abs. 1 EStG). Erst wenn dieser Betrag entnommen wird, erfolgt eine Nachversteuerung mit 25 % (§ 34a Abs. 4 EStG). Das Wahlrecht der Gewinnthesaurierung steht jedem Gesellschafter unabhängig von den anderen Gesellschaftern zu. Demgemäß ist es nicht im Rahmen der Feststellungserklärung auf Ebene der Personengesellschaft, sondern erst bei der Einkommensteuererklärung des jeweiligen Gesellschafters auszuüben. Da die Steuerbelastung in der Summe höher ist, wenn die Gewinne aus der Gesellschaft zeitnah entnommen werden, macht die Inanspruchnahme der Thesaurierungsbesteuerung nach § 34a EStG grundsätzlich nur dann Sinn, wenn die Gewinne langfristig in der Gesellschaft verbleiben können. Werden die Gewinne regelmäßig entnommen, ist von der Thesaurierung nach § 34a EStG abzuraten, da sich dadurch die Steuerbelastung gegenüber einer unmittelbaren vollen Versteuerung der Gewinnanteile erhöht.

10. Rechtsformwechsel in eine Kapitalgesellschaft

Checkliste

---

1. Auswirkungen für die übertragende Personengesellschaft
    a) Erstellung einer steuerlichen Übertragungsbilanz: Verpflichtung zur Übernahme der Ansätze der übernehmenden Kapitalgesellschaft[1]
    b) Steuerliche Rückbeziehung des Übertragungsstichtags um bis zu 8 Monate[2]
2. Auswirkungen für die übernehmende Kapitalgesellschaft
    a) Eintritt in die steuerliche Rechtsstellung der übertragenden Personengesellschaft[3]
    b) Bewertungswahlrecht: gemeiner Wert oder auf Antrag Buch- oder Zwischenwert pro Gesellschafter getrennt![4]
    c) Keine Grunderwerbsteuer[5]
3. Auswirkungen für die Gesellschafter der übertragenden Personengesellschaft
    a) Veräußerungsgeschäft[6]
    b) Einbringungsgewinn I und II[7]

Anmerkungen

1. Der Formwechsel von einer Personengesellschaft in eine Kapitalgesellschaft richtet sich nach § 25 UmwStG iVm §§ 20 bis 23 UmwStG. Aufgrund des Wechsels des Besteuerungssystems von der Personengesellschaft zur Kapitalgesellschaft fingiert das Steuerrecht einen Rechtsträgerwechsel (zum umgekehrten Fall des Formwechsels → Form. O. II. 9). Steuerrecht und Handelsrecht laufen insoweit auseinander. Aus steuerrechtlicher Sicht besteht die Verpflichtung für die übertragende Personengesellschaft, eine steuerliche Übertragungsbilanz zu erstellen, und für die übernehmende Kapitalgesellschaft eine steuerliche Eröffnungsbilanz (§ 25 S. 2 UmwStG iVm § 9 S. 2 UmwStG). Die Personengesellschaft ist verpflichtet, in ihrer Übertragungsbilanz die Wertansätze der übernehmenden Kapitalgesellschaft zu übernehmen (→ Anm. 4). Dabei ist für Freiberufler-Personengesellschaften zu beachten, dass nur die **Partnerschaftsgesellschaft**, die in dem Partnerschaftsregister als öffentlichem Register eingetragen ist, übertragende Personengesellschaft im Rahmen des Formwechsels sein kann. Eine Freiberufler-GbR ist nicht ausreichend (01.12 UmwStAE). Hier müsste zunächst von der Rechtsform der GbR in die der Partnerschaft gewechselt werden, um § 25 UmwStG zur Anwendung zu bringen. Die Partnerschaftsgesellschaft, die eine Einnahmenüberschussrechnung erstellt, muss zunächst zur **Bilanzierung** nach § 4 Abs. 1 EStG wechseln, bevor eine Schlussbilanz erstellt werden kann. Ein dadurch entstehender Übergangsgewinn ist als laufender Gewinn im letzten Jahr der Personengesellschaft zu besteuern.

2. Über § 25 S. 2 UmwStG findet § 9 S. 3 UmwStG Anwendung. Dieser erlaubt eine Rückbeziehung des steuerlichen Übertragungsstichtags um bis zu acht Monate vor der Anmeldung zur Eintragung in einem öffentlichen Register. Dazu ie → Form. O. II. 9 Anm. 3.

3. Die übernehmende Kapitalgesellschaft tritt gemäß §§ 25, 23, 4 Abs. 2 UmwStG in die steuerliche Rechtsstellung der übertragenden Personengesellschaft ein → Form. O. II. 9 Anm. 4.

4. Anders als beim Rechtsformwechsel von der Personengesellschaft zur Kapitalgesellschaft (→ Form. O. II. 9 Anm. 2) steht das Bewertungswahlrecht über den Ansatz der Wirtschaftsgüter grds. der übernehmenden Kapitalgesellschaft zu. Gemäß § 25 S. 1, 20 Abs. 2 S. 1 UmwStG ist grundsätzlich der gemeine Wert in Ansatz zu bringen. Auf Antrag kommt nach §§ 25 S. 1, 20 Abs. 2 S. 2 UmwStG auch ein Buch- oder Zwischenwert in Betracht, wenn die weiteren Voraussetzungen erfüllt sind. Erste Voraussetzung ist, dass der Antrag rechtzeitig gestellt wird. Er muss nach §§ 25 S. 1, 20 Abs. 2 S. 3 UmwStG spätestens bis zur erstmaligen Abgabe der steuerlichen Schlussbilanz bei dem für die Besteuerung der übernehmenden Körperschaft zuständigen Finanzamt gestellt werden. § 20 Abs. 2 S. 2 UmwStG regelt weitere Voraussetzungen für den Buch- bzw. Zwischenwertansatz: 1. Nach **§ 20 Abs. 2 Nr. 1 UmwStG** muss sichergestellt sein, dass das übernommene Betriebsvermögen bei der übernehmenden Körperschaft der Körperschaftsteuer unterliegt. Eine Übertragung auf eine von der Körperschaftsteuer befreite Gesellschaft muss damit zum gemeinen Wert erfolgen. Des weiteren muss auch das **funktional wesentliche Sonderbetriebsvermögen** eines Gesellschafters Betriebsvermögen der Kapitalgesellschaft werden und damit mit übertragen werden. Relevant ist dies insbesondere für betrieblich genutzte Grundstücke, die sich im Sonderbetriebsvermögen des Gesellschafters befinden (→ Form. O. I. 7 Anm. 4). Es genügt für einen Buchwert- oder Zwischenwertansatz nicht, wenn lediglich das Mietverhältnis von der Kapitalgesellschaft mit dem Gesellschafter fortgesetzt wird. Wird das von seiner Funktion her wesentliche Sonderbetriebsvermögen zurückbehalten, muss der Formwechsel bezogen auf diesen Gesellschafter zu gemeinen Werten erfolgen. Entscheidend ist die **Funktion** des Wirtschaftsgutes des Sonderbetriebsvermögens. Auf den Wert der Sache und die Höhe der stillen Reserven kommt es dagegen nicht an. Funktional unwesentliches Sonderbetriebsvermögen kann vom Gesellschafter zurückbehalten werden. Dies hindert einen Buchwertansatz nicht. Es kommt aber zu einer Entnahme in das Privatvermögen des Gesellschafters und damit zu einer Aufdeckung der stillen Reserven, wenn er das Wirtschaftsgut nicht gemäß § 6 Abs. 5 EStG in ein anderes Betriebsvermögen überführen kann. **2.** Gemäß **§ 20 Abs. 2 Nr. 2 UmwStG** dürfen die Passivposten des übernommenen Betriebsvermögens die Aktivposten nicht übersteigen. Es ist daher mit Blick auf den Grundsatz der Kapitalaufbringung bei

Griesel 1121

einer Kapitalgesellschaft nicht zulässig, ein negatives Kapitalkonto zu Buchwerten in die Kapitalgesellschaft zu übertragen. **3.** Nach **§ 20 Abs. 2 Nr. 3 UmwStG** darf das Recht der Bundesrepublik Deutschland hinsichtlich der Besteuerung des Veräußerungsgewinns des eingebrachten Betriebsvermögens nicht ausgeschlossen oder beschränkt werden. **4.** Des Weiteren darf kein Fall des **§ 20 Abs. 2 S. 4 UmwStG** vorliegen, dh erhält der einbringende Gesellschafter neben den Gesellschaftsanteilen auch andere Wirtschaftsgüter, deren gemeiner Wert den Buchwert des eingebrachten Betriebsvermögens übersteigt, hat die übernehmende Kapitalgesellschaft das eingebrachte Betriebsvermögen mindestens mit dem gemeinen Wert der anderen Wirtschaftsgüter anzusetzen. In diesem Fall kommt es daher zu einer mindestens anteiligen Aufdeckung der stillen Reserven.

Folgende Besonderheit ist zu beachten: Das Bewertungswahlrecht nach § 20 Abs. 2 UmwStG kann durch die aufnehmende Kapitalgesellschaft für jeden Gesellschafter getrennt ausgeübt werden. Beispielsweise kann für einen Gesellschafter der Ansatz der Buchwerte beantragt werden, wohingegen für einen anderen Gesellschafter der Ansatz mit dem gemeinen Wert erfolgen muss (zB weil er funktional wesentliches Sonderbetriebsvermögen zurück behält).

5. Da der Rechtsformwechsel nur eine Änderung des Rechtskleides beinhaltet, jedoch keinen Rechtsträgerwechsel, fällt keine Grunderwerbsteuer an, auch wenn bei der Personengesellschaft Grundbesitz vorhanden ist → Form. O. II. 9 Anm. 6.

6. Aus Sicht des Gesellschafters der übertragenden Personengesellschaft gilt der Wert, mit dem die übernehmende Körperschaft das eingebrachte Betriebsvermögen ansetzt, als Veräußerungspreis bezogen auf seinen Mitunternehmeranteil und als Anschaffungskosten der Anteile an der übernehmenden Körperschaft. Der Buchwertansatz bei der übernehmenden Körperschaft führt daher zu einem steuerneutralen Vorgang, da sich Veräußerungspreis und Anschaffungskosten entsprechen. Demgegenüber haben der Ansatz des gemeinen Wertes und auch der Zwischenwert regelmäßig einen (anteiligen) Veräußerungsgewinn zur Folge, dessen Besteuerung sich bei einer natürlichen Person als Anteilseigner nach § 16 EStG richtet (→ Form. O. II. 5). Zu beachten sind die Einschränkungen bei einer vergünstigten Besteuerung nach § 16 Abs. 4, 34 EStG (§ 20 Abs. 4 UmwStG).

7. Veräußert der Gesellschafter seinen Anteil an der Kapitalgesellschaft innerhalb einer Frist von sieben Jahren, kommt es bei einem Wertansatz unterhalb des gemeinen Wertes zur Verwirklichung eines sog. Einbringungsgewinn I (§§ 25 S. 1, 22 Abs. 1 UmwStG). Zum Einbringungsgewinn I und II inklusive der jährlichen Meldepflichten gegenüber der Finanzverwaltung → Form. O. III. 2 Anm. 5.

II. Kapitalgesellschaften

1. Gründungsfragebogen

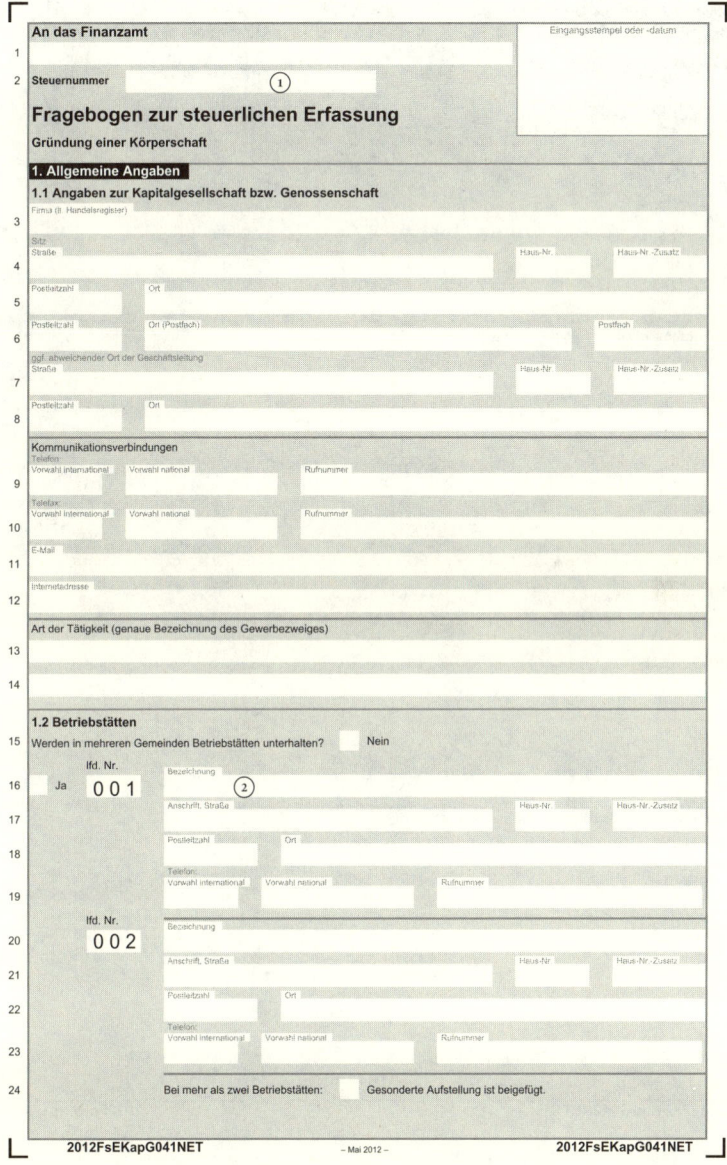

Steuernummer

1.3 Gesetzlicher Vertreter

31   Name   Vorname

32   Straße   Haus-Nr.   Haus-Nr.-Zusatz

33   Postleitzahl   Ort

34   Postleitzahl   Ort (Postfach)   Postfach

Bei Geschäftsführer(in)

35   Geburtsdatum   Identifikationsnummer

36   Finanzamt   Steuernummer

Kommunikationsverbindungen
Telefon:

37   Vorwahl international   Vorwahl national   Rufnummer

Telefax:

38   Vorwahl international   Vorwahl national   Rufnummer

39   E-Mail

40   Internetadresse

1.4 Steuerliche Beratung   Nein   Ja

41

42   Firma:

oder

43   Name   Vorname

44   Straße   Haus-Nr.   Haus-Nr.-Zusatz

45   Postleitzahl   Ort

46   Postleitzahl   Ort (Postfach)   Postfach

Kommunikationsverbindungen
Telefon:

47   Vorwahl international   Vorwahl national   Rufnummer

Telefax:

48   Vorwahl international   Vorwahl national   Rufnummer

49   E-Mail

50   mit Empfangsvollmacht: Die gesonderte **Vollmacht** ist beigefügt.

1.5 Empfangsbevollmächtigte(r) für alle Steuerarten

51   Firma: ③

oder

52   Name   Vorname

53   Straße   Haus-Nr.   Haus-Nr.-Zusatz

54   Postleitzahl   Ort

55   Postleitzahl   Ort (Postfach)   Postfach

2012FsEKapG042NET   2012FsEKapG042NET

Steuernummer

Kommunikationsverbindungen
Telefon:

61 | Vorwahl international | Vorwahl national | Rufnummer

Telefax:

62 | Vorwahl international | Vorwahl national | Rufnummer

63 E-Mail

Die gesonderte **Vollmacht** ist beigefügt.

1.6 Bankverbindung / Lastschrifteinzugsverfahren (LEV) (Bitte **entweder** Kto.Nr., BLZ **oder** IBAN, BIC angeben)
Alle Steuererstattungen sollen an folgende Bankverbindung erfolgen:

64 Kontonummer | Bankleitzahl

65 IBAN

66 BIC

67 Geldinstitut (Name, Ort)

68 Kontoinhaber(in) lt. Zeile 3

69 Kontoinhaber(in), sofern das Konto nicht auf den Namen der Gesellschaft lautet:

Möchten Sie am **Lastschrifteinzugsverfahren**, dem für beide Seiten einfachsten Zahlungsweg, teilnehmen?

70 ☐ Ja, die ausgefüllte Teilnahmeerklärung ist beigefügt.

**1.7 Gesellschaftsvertrag/Satzung und Eintragung ins Handels-
bzw. Genossenschaftsregister** | Bitte Gesellschaftsvertrag/Satzung beifügen!

71 Errichtung der Gesellschaft durch notariellen Vertrag oder Protokoll i. S. d. § 2 Abs. 1a GmbHG vom

72 Eintragung wurde beantragt am | Eintragung ist erfolgt am

beim Amtsgericht | unter Nummer

73 Ort | ④

74 ☐ HR-Auszug ist beigefügt. ☐ HR-Auszug wird nachgereicht.

durch Notar

75 Name | Vorname

76 Straße | Haus-Nr. | Haus-Nr.-Zusatz

77 Postleitzahl | Ort

78 Postleitzahl | Ort (Postfach) | Postfach

1.8 Rechtsform der Gesellschaft

79 ☐ GmbH | ☐ Unternehmergesellschaft (haftungsbeschränkt) i. S. d. § 5a GmbHG

80 ☐ AG | ☐ Europäische Gesellschaften

81 ☐ KG aA | ☐ Sonstiges

82 **1.9 Beginn der Tätigkeit**

1.10 Eröffnungsbilanz / Wirtschaftsjahr

83 Eröffnungsbilanz **X** liegt bei. ☐ wird nachgereicht. ⑤

Liegt ein vom Kalenderjahr abweichendes Wirtschaftsjahr vor?

84 **X** Nein ☐ Ja, vom ⑥ bis

85 **1.11 Höhe des Grund- oder Stammkapitals** | EUR

86 Darauf sind eingezahlt | EUR

2012FsEKapG043NET | 2012FsEKapG043NET

Steuernummer

2. Angaben zu den Anteilseignern (Bei Treuhandverhältnissen bitte Vertrag beifügen.)

(Bitte fügen Sie bei mehr als drei Anteilseignern die unten aufgeführten Angaben zu den Abschnitten 2 und 3 auf dem Einlageblatt mit fortlaufender Nummerierung gesondert bei!)

lfd. Nr.

91 **0 0 0 0 1** Firma:

oder

92 Name / Vorname

93 Zeichnernummer (soweit vorhanden)

94 Straße / Haus-Nr. / Haus-Nr.-Zusatz

95 Postleitzahl / Ort / ggf. ausländ. Staat

96 Geburtsdatum **oder** Gründungsdatum

97 Beruf, Tätigkeit / Art des Betriebes

98 Zuständiges Finanzamt

99 **Steuernummer** **Identifikationsnummer**

100 Höhe der Beteiligung nominell in EUR in Prozent

lfd. Nr.

101 **0 0 0 0 2** Firma:

oder

102 Name / Vorname

103 Zeichnernummer (soweit vorhanden)

104 Straße / Haus-Nr. / Haus-Nr.-Zusatz

105 Postleitzahl / Ort / ggf. ausländ. Staat

106 Geburtsdatum **oder** Gründungsdatum

107 Beruf, Tätigkeit / Art des Betriebes

108 Zuständiges Finanzamt

109 **Steuernummer** **Identifikationsnummer**

110 Höhe der Beteiligung nominell in EUR in Prozent

lfd. Nr.

111 **0 0 0 0 3** Firma:

oder

112 Name / Vorname

113 Zeichnernummer (soweit vorhanden)

114 Straße / Haus-Nr. / Haus-Nr.-Zusatz

115 Postleitzahl / Ort / ggf. ausländ. Staat

116 Geburtsdatum **oder** Gründungsdatum

117 Beruf, Tätigkeit / Art des Betriebes

2012FsEKapG044NET   2012FsEKapG044NET

Steuernummer	

Zuständiges Finanzamt

121

122 **Steuernummer** | **Identifikations-nummer**

123 Höhe der Beteiligung nominell | in EUR | in Prozent

124 **3. Angaben zur Gründung** Das Unternehmen ist entstanden durch ☐ Bargründung ☐ Sachgründung

3.1 Bei Bargründung
Im zeitlichen Zusammenhang mit der Bargründung hat die Körperschaft Vermögenswerte übernommen durch:

125 ☐ Übernahme folgender, einzelner Wirtschaftsgüter ohne Anteile an einer Kapitalgesellschaft oder Genossenschaft, siehe hierzu Zeilen 132 bis 139

126

127

128 ☐ Einbringung eines Betriebs, Teilbetriebs oder Mitunternehmeranteils nach § 20 Abs. 1 Umwandlungssteuergesetz (UmwStG)

129 Bezeichnung des eingebrachten Betriebs, Teilbetriebs bzw. der Mitunternehmerschaft

130 zuständiges Finanzamt

131 Steuernummer

132 ☐ (Qualifizierten) Anteilstausch nach § 21 Abs. 1 Satz 1, 2 UmwStG

133 Bezeichnung der Gesellschaft, an der die übernommenen Anteile bestehen

134 zuständiges Finanzamt, falls bekannt

135 Steuernummer, falls bekannt

136 USt-IdNr., falls bekannt

oder
Anschrift der Gesellschaft, falls zuständiges Finanzamt nicht bekannt

137 Straße | Haus-Nr. | Haus-Nr.-Zusatz

138 Postleitzahl | Ort

139 Postleitzahl | Ort (Postfach) | Postfach

3.2 Bei Sachgründung
3.2.1 Das Unternehmen ist entstanden unter

140 ☐ Einbringung folgender, einzelner Wirtschaftsgüter

141

142 Ein Sachgründungsbericht ☐ ist nicht erstellt worden. ☐ ist beigefügt. ☐ wird nachgereicht.

143 Die Sacheinlagen stammen aus ☐ Betriebsvermögen ☐ Privatvermögen

3.2.2 Das Unternehmen ist entstanden durch

144 ☐ Einbringung eines Betriebs, Teilbetriebs oder Mitunternehmeranteils nach § 20 Abs. 1 UmwStG

145 Steuerlicher Übertragungsstichtag ⑦

146 Bezeichnung des eingebrachten Betriebs, Teilbetriebs bzw. der Mitunternehmerschaft

147 zuständiges Finanzamt, falls bekannt

148 Steuernummer, falls bekannt

149 USt-IdNr., falls bekannt

oder
Anschrift der Gesellschaft, falls zuständiges Finanzamt nicht bekannt

150 Straße | Haus-Nr | Haus-Nr.-Zusatz

2012FsEKapG045NET | 2012FsEKapG045NET

Steuernummer

151 | Postleitzahl | Ort

152 | Postleitzahl | Ort (Postfach) | Postfach

153 Der Sachgründungsbericht / Umwandlungsbericht ☐ ist beigefügt. ☐ wird nachgereicht.

3.2.3 Das Unternehmen ist im Rahmen einer Umwandlung nach den Vorschriften des Umwandlungsgesetzes oder durch einen vergleichbaren ausländischen Vorgang (vgl. § 1 Abs. 1 UmwStG) entstanden durch

154 ☐ (qualifizierten) Anteilstausch nach § 21 Abs. 1 Satz 1, 2 UmwStG

155 | Bezeichnung der Gesellschaft, an der die übernommenen Anteile bestehen

156 | zuständiges Finanzamt, falls bekannt

157 | Steuernummer, falls bekannt

158 | USt-IdNr., falls bekannt

oder
Anschrift der Gesellschaft, falls zuständiges Finanzamt nicht bekannt

159 | Straße | Haus-Nr. | Haus-Nr.-Zusatz

160 | Postleitzahl | Ort

161 | Postleitzahl | Ort (Postfach) | Postfach

3.2.4 Das Unternehmen ist im Rahmen einer Umwandlung nach den Vorschriften des Umwandlungsgesetzes oder durch einen vergleichbaren ausländischen Vorgang (vgl. § 1 Abs. 1 UmwStG) entstanden durch

162 ☐ Verschmelzung ☐ Spaltung ☐ Formwechsel ☐ Vermögensübertragung

163 Steuerlicher Übertragungsstichtag

164 | Bezeichnung des Unternehmens, das verschmolzen, gespalten, formwechselnd umgewandelt bzw. von dem Vermögen übertragen worden ist

165 | zuständiges Finanzamt

166 | Steuernummer

167 Der Umwandlungsbeschluss, -vertrag und -bericht ☐ sind beigefügt. ☐ werden nachgereicht.

3.2.5 Die Verschmelzung, Spaltung, formwechselnde Umwandung, Übertragung, Einbringung bzw. der Anteilstausch erfolgte steuerlich zu

168 ☐ Buchwerten ☐ Teilwerten ☐ Zwischenwerten ☐ Anschaffungskosten ☐ gemeinen Werten

169 | 3.2.6 | Es handelt sich um die Betriebsgesellschaft im Rahmen einer Betriebsaufspaltung ⑧

170 | Bezeichnung des Besitzunternehmens

171 | zuständiges Finanzamt, falls bekannt

172 | Steuernummer, falls bekannt

173 | USt-IdNr., falls bekannt

oder
Anschrift der Gesellschaft, falls zuständiges Finanzamt nicht bekannt

174 | Straße | Haus-Nr. | Haus-Nr.-Zusatz

175 | Postleitzahl | Ort

176 | Postleitzahl | Ort (Postfach) | Postfach

Steuernummer	

4. Zusatzangaben zur Gesellschaft

181 4.1   ☐ Die Gesellschaft ist / wird **Komplementärin der nachstehenden KG**   ☐ Die Gesellschaft ist daneben selbst gewerblich tätig.

182   Bezeichnung der KG

183   zuständiges Finanzamt der KG

184   Steuernummer der KG

185 4.2   ☐ An der Gesellschaft besteht eine **atypisch stille Beteiligung**

186   zuständiges Finanzamt der atypisch stillen Gesellschaft

187   Steuernummer der atypisch stillen Gesellschaft

188   Der Vertrag   ☐ ist beigefügt.   ☐ wird nachgereicht.

189 4.3   ☐ Die Gesellschaft ist **Organträger**

190   ☐ körperschaftsteuerlich und gewerbesteuerlich.   ☐ umsatzsteuerlich.

     (Bitte Liste der Organgesellschaften unter Angabe der Steuernummer und - soweit erteilt - der Umsatzsteuer-Identifikationsnummer (USt-IdNr.) auf gesondertem Blatt beifügen.)

191 4.4   ☐ Die Gesellschaft ist körperschaftsteuerliche und gewerbesteuerliche **Organgesellschaft.**

     (Bitte Gewinnabführungsvertrag beifügen.)

192   Name des Organträgers

193   Finanzamt   Steuernummer

194   USt-IdNr.

195   ☐ Der umsatzsteuerliche Organträger ist mit dem körperschaftsteuerlichen und gewerbesteuerlichen Organträger identisch.

196   ☐ Die Gesellschaft ist umsatzsteuerliche **Organgesellschaft**.

197   Name des Organträgers

198   Finanzamt   Steuernummer

199   USt-IdNr.

5. Angaben zur Festsetzung von Vorauszahlungen (Körperschaftsteuer, Gewerbesteuer)

	für das Gründungsjahr EUR	für das Folgejahr EUR
Angaben zur Festsetzung der Vorauszahlungen (geschätzt)		
200 Jahresüberschuss / Steuerbilanzgewinn	⑨	
201 Zu versteuerndes Einkommen		
202 Steueranrechnungsbeträge		
203 Gewerbeertrag		

6. Angaben zur Anmeldung und Abführung der Lohnsteuer

204 Zahl der Arbeitnehmer [1]   Insgesamt   a) zugleich Gesellschafter oder deren Ehegatten   b) davon geringfügig Beschäftigte

1) Dazu gehören auch Geschäftsführer, Vorstandsmitglieder, geringfügig beschäftigte Personen und ehrenamtlich tätige Personen. Geschäftsführer einer Komplementär-Kapitalgesellschaft, die gleichzeitig Kommanditisten der Kapitalgesellschaft & Co. KG sind, sind nicht Arbeitnehmer im lohnsteuerlichen Sinne.

205 Beginn der Lohnzahlungen   ⑩

206 Anmeldezeitraum (voraussichtliche Lohnsteuer im Kalenderjahr)   ☐ **monatlich** (mehr als 4000 EUR)   ☐ **vierteljährlich** (mehr als 1000 EUR)   ☐ **jährlich** (nicht mehr als 1000 EUR)

Die für die Lohnberechnung maßgebenden Lohnbestandteile werden zusammengefasst im Betrieb / Betriebsteil:

207   Bezeichnung

208   Straße   Haus-Nr.   Haus-Nr.-Zusatz

209   Postleitzahl   Ort

2012FsEKapG047NET   2012FsEKapG047NET

Steuernummer	

7. Angaben zur Anmeldung und Abführung der Umsatzsteuer

7.1 Summe der Umsätze im Jahr der Betriebseröffnung (geschätzt) EUR / im Folgejahr EUR

211 ⑪

7.2 Geschäftsveräußerung im Ganzen (§ 1 Abs. 1a Umsatzsteuergesetz (UStG))

Es wurde ein Unternehmen oder ein in der Gliederung eines Unternehmens gesondert geführter Betrieb erworben:

212 Nein ☐ Ja ☐ (siehe Eintragungen zu Tz. 3 Angaben zur Gründung)

7.3 Kleinunternehmer-Regelung

213 Der auf das Kalenderjahr hochgerechnete Gesamtumsatz wird die Grenze von 17.500 EUR voraussichtlich nicht überschreiten. Es wird die Kleinunternehmer-Regelung (§ 19 Abs. 1 UStG) in Anspruch genommen.

In Rechnungen wird keine Umsatzsteuer gesondert ausgewiesen und es kann kein Vorsteuerabzug geltend gemacht werden. ⑫

Hinweis: Angaben zu Tz. 7.7 sind nicht erforderlich; Umsatzsteuer-Voranmeldungen sind grundsätzlich nicht zu übermitteln.

214 Der auf das Kalenderjahr hochgerechnete Gesamtumsatz wird die Grenze von 17.500 EUR voraussichtlich überschreiten. Es wird auf die Anwendung der Kleinunternehmer-Regelung verzichtet.

Die Besteuerung erfolgt nach den allgemeinen Vorschriften des Umsatzsteuergesetzes **für mindestens fünf Kalenderjahre** (§ 19 Abs. 2 UStG); Umsatzsteuer-Voranmeldungen sind monatlich in elektronischer Form abzugeben.

7.4 Steuerbefreiung

Es werden ganz oder teilweise steuerfreie Umsätze gem. § 4 UStG ausgeführt:

215 Nein ☐ Ja ☐ Art des Umsatzes / der Tätigkeit ⑬ (§ 4 Nr. ____ UStG)

7.5 Steuersatz

Es werden Umsätze ausgeführt, die ganz oder teilweise dem ermäßigten Steuersatz gem. § 12 Abs. 2 UStG unterliegen:

216 Nein ☐ Ja ☐ Art des Umsatzes / der Tätigkeit ⑭ (§ 12 Abs. 2 Nr. ____ UStG)

7.6 Durchschnittssatzbesteuerung

Es werden ganz oder teilweise Umsätze ausgeführt, die der Durchschnittssatzbesteuerung gem. § 24 UStG unterliegen:

217 ☒ Nein ☐ Ja ☐ Art des Umsatzes / der Tätigkeit (§ 24 Abs. 1 Nr. ____ UStG)

7.7 Soll- / Istversteuerung der Entgelte

218 Die Umsatzsteuer wird berechnet nach ☐ vereinbarten Entgelten **(Sollversteuerung).** ⑪

219 ☐ vereinnahmten Entgelten. Es wird hiermit die **Istversteuerung** beantragt, weil

220 ☐ der Gesamtumsatz für das Gründungsjahr voraussichtlich nicht mehr als 500.000 EUR betragen wird.

221 ☐ die Gesellschaft von der Verpflichtung, Bücher zu führen und auf Grund jährlicher Bestandsaufnahmen regelmäßig Abschlüsse zu machen, nach § 148 der Abgabenordnung (AO) befreit ist.

7.8 Umsatzsteuer-Identifikationsnummer

222 ☒ Es wird für die Teilnahme am innergemeinschaftlichen Waren- und Dienstleistungsverkehr eine USt-IdNr. benötigt. ⑮

Hinweis: Bei Vorliegen einer Organschaft ist die USt-IdNr. der Organgesellschaft vom Organträger zu beantragen.

Zusatzangaben für juristische Personen,
– die nicht Unternehmer sind,
– die Gegenstände nicht für ihr Unternehmen erwerben:

Es wird eine USt-IdNr. beantragt, weil

223 ☐ innergemeinschaftliche Erwerbe zu versteuern sind, da die Erwerbsschwelle von 12 500 EUR jährlich

224 ☐ voraussichtlich überschritten wird (§ 1a Abs. 3 UStG).

225 ☐ voraussichtlich nicht überschritten wird, auf die Erwerbsschwellenregelung jedoch für die Dauer von mindestens zwei Kalenderjahren verzichtet wird (§ 1a Abs. 4 UStG).

226 ☐ neue Fahrzeuge oder bestimmte verbrauchsteuerpflichtige Waren innergemeinschaftlich erworben werden (§ 1a Abs. 5 UStG).

227 Es wurde bereits für eine frühere Tätigkeit folgende USt-IdNr. vergeben:

228 USt-IdNr. _____ Vergabedatum _____

8. Freistellungsbescheinigung gemäß § 48 b Einkommensteuergesetz (EStG) (Bauabzugsteuer)

Das Merkblatt zum Steuerabzug bei Bauleistungen steht Ihnen im Internet unter www.bzst.de zum Download zur Verfügung. Sie können es aber auch bei Ihrem Finanzamt erhalten.

229 ☐ Es wird die Erteilung einer Bescheinigung zur Freistellung vom Steuerabzug bei Bauleistungen gemäß § 48b EStG beantragt.

2012FsEKapG048NET 2012FsEKapG048NET

Steuernummer	

Hinweis: Die mit diesem Fragebogen angeforderten Daten werden aufgrund der §§ 85, 88, 90, 93 und 97 der AO erhoben.

231

Ort, Datum

Unterschrift(en) vertretungsberechtigte(r) Geschäftsführer(in)
oder Gesellschafter(in) / Beteiligte(r) bzw. aller Gesellschafter / Beteiligten
bzw. des / der Vertreter(s) oder Bevollmächtigte(n)

232 Anlagen: ☐ Aufstellung über Betriebstätten (Tz. 1.2) (Einlageblatt) ☐ Vertrag über Treuhandverhältnisse (Tz. 2)

233 ☐ Empfangsvollmacht (Tz. 1.4, 1.5) ☐ Sachgründungsbericht (Tz. 3.2.1 / 3.2.2)

234 ☐ Teilnahmeerklärung für das LEV (Tz. 1.6) ☐ Umwandlungsbeschluss (Tz. 3.2)

235 ☐ Gesellschaftsvertrag/Satzung (Tz. 1.7) ☐ Vertrag über atypisch stille Beteiligung (Tz. 4.2)

236 ☐ HR/GR-Auszug (Tz. 1.7) ☐ Liste der Organgesellschaften (Tz. 4.3)

237 ☐ Eröffnungsbilanz (Tz. 1.10) ☐ Gewinnabführungsvertrag (Tz. 4.4)

238 ☐ Auflistung der Anteilseigner (Tz. 2) (Einlageblatt) ☐

Finanzamt

Anmerkungen

1. Zur Bedeutung des Gründungsfragebogens für die Erteilung der Steuernummer → Form. O. I. 1 Anm. 1. Das zuständige Finanzamt bestimmt sich bei einer Körperschaft nach dem Bezirk, in dem sich die Geschäftsleitung befindet (§ 20 AO). Unter der Geschäftsleitung ist nach § 10 AO der Mittelpunkt der geschäftlichen Oberleitung zu verstehen. Der Ort der Geschäftsleitung ist regelmäßig mit dem Sitz der Gesellschaft laut Handelsregister identisch. Sollte sich aber der Geschäftsführer dauerhaft nicht am Sitz der Gesellschaft aufhalten, kommt es auf den Ort der Geschäftsleitung und nicht den Sitz der Gesellschaft an.

2. Eine unbeschränkt körperschaftsteuerpflichtige Kapitalgesellschaft, die ihren Sitz oder die Geschäftsleitung im Inland hat, erzielt kraft Gesetz gewerbliche Einkünfte (§ 8 Abs. 2 KStG). Ob sie eine freiberufliche Tätigkeit ausübt, wie dies bei Rechtsanwaltsgesellschaften üblich ist, ist vor diesem Hintergrund irrelevant. Es werden keine Einkünfte nach § 18 EStG, sondern ausschließlich Einkünfte nach § 15 EStG (aus Gewerbebetrieb) erzielt. Damit besteht zugleich eine Gewerbesteuerpflicht für diese Einkünfte. Dies ist höchstrichterlich bestätigt worden (BVerfG HFR 2010, 756). Demzufolge kommt der Unterhaltung von mehreren Betriebsstätten gegenüber den freiberuflich tätigen Personengesellschaften (→ Form. O. I. 1 Anm. 2) eine erhöhte Bedeutung zu. Die Gewerbesteuerhebesätze, die zur Bemessung der Gewerbesteuer heranzuziehen sind, werden von den jeweiligen Gemeinden individuell festgelegt. Zur zutreffenden Zuordnung der in der jeweiligen Betriebsstätte erzielten Einkünfte und der damit verbundenen Gewerbesteuerlast werden die Einkünfte im Rahmen des Gewerbesteuerzerlegungsverfahrens auf die einzelnen Gemeinden aufgeteilt (§ 4 GewStG → Form. O. II. 7).

3. → Form. O. I. 1 Anm. 5.

4. Dem zuständigen Finanzamt sind im Rahmen der Gründung Angaben zur Eintragung in das Handelsregister der Gesellschaft zu machen und die Satzung der Gesellschaft ist vorzulegen. Üblicherweise wartet das Finanzamt mit der Vergabe der Steuernummer bis zur Vorlage eines Handelsregister-Auszuges, aus dem sich die Eintragung der Gesellschaft ergibt. Zwar kann der Handelsregister-Auszug nachgereicht werden. Dieser sollte aber alsbald eingereicht werden, um eine verzögerte Bearbeitung zu vermeiden. Steuerlicher Hintergrund ist, dass die Kapitalgesellschaft als Körperschaftsteuersubjekt iSv § 1 Abs. 1 Nr. 1 KStG erst mit Eintragung im Handelsregister entsteht. Während des Stadiums als Vor-Kapitalgesellschaft (also in der Zeit zwischen Abschluss des notariellen Gesellschaftsvertrages und der Eintragung im Handelsregister) besteht zwar grundsätzlich auch schon eine Körperschaftsteuerpflicht. Dies gilt jedoch nur, wenn die Gesellschaft auch tatsächlich in das Handelsregister eingetragen wird. Unterbleibt dagegen die Eintragung (zB weil das Stammkapital nicht eingezahlt wird), unterliegen etwaig erzielte Einnahmen nicht der Körperschaftsteuer. Es greifen bei einer natürlichen Person als Gesellschafter vielmehr die Regelungen zur Einkommensbesteuerung ein. Bei einer Mehrzahl von Gesellschaftern entsteht eine GbR, die nach den Regeln der Personengesellschaften zu besteuern ist. Alle Aufwendungen, die **vor** dem Notartermin getätigt werden, können der Körperschaft nicht zugeordnet werden. Sie müssen im Rahmen eines Einzelunternehmens (bei einer Einmann-Gesellschaft) oder einer GbR gegenüber dem Finanzamt geltend gemacht werden.

5. Eine Kapitalgesellschaft ist kraft Rechtsform Kaufmann iSd § 238 HGB und damit buchführungspflichtig. Dies führt zu einer Bilanzierungsverpflichtung gemäß § 5 Abs. 1 EStG. Die Erstellung einer Einnahmenüberschussrechnung gemäß § 4 Abs. 3 EStG ist nicht zulässig (zum Wahlrecht bei Einzelunternehmen und Personengesellschaften → Form. O. I. 1 Anm. 9). Dies gilt auch dann, wenn die Kapitalgesellschaft ausschließlich freiberufliche Einkünfte iSv § 18 EStG erzielt. Die Kapitalgesellschaft ist deshalb verpflichtet, eine Eröffnungsbilanz zu erstellen, aus der sich der Anfangsbestand ihres Vermögens ergibt, und diese dem Finanzamt einzureichen. Bei einer Rechtsanwalts-GmbH mit zwei Gesellschaftern und einem Stammkapital von 25.000 EUR könnte die Eröffnungsbilanz wie folgt aussehen:

Eröffnungsbilanz der XX-GmbH	auf den 1.7.2013
	Gezeichnetes Kapital: 25.000 EUR
	davon ausstehend – 25.000 EUR
Bilanzsumme: 0 EUR	Bilanzsumme: 0 EUR

6. Da es sich bei der Freiberufler-Kapitalgesellschaft kraft Gesetz um einen Gewerbetreibenden handelt, ermöglicht § 4a EStG grundsätzlich die Wahl eines vom Kalenderjahr abweichenden **Wirtschaftsjahres** im Rahmen der Gründung der Gesellschaft (anders bei der Einzelkanzlei und der Freiberufler-Personengesellschaft → Form. O. I. 1 Anm. 10). Die Kapitalgesellschaft ist – wie jede andere Kapitalgesellschaft auch – im Handelsregister eingetragen. Demnach greift § 4a Abs. 1 Nr. 2 EStG ein. Als Wirtschaftsjahr, dass grundsätzlich zwölf Monate umfassen muss (Ausnahme: Rumpfwirtschaftsjahr im Gründungsjahr und bei Liquidation der Gesellschaft) gilt der Zeitraum, für den die Gesellschaft regelmäßig Abschlüsse macht. Dieser Zeitraum kann vom Kalenderjahr abweichen. Dabei ist festzuhalten, dass die Wahl eines abweichenden Wirtschaftsjahres bei Gründung der Gesellschaft ohne eine Zustimmung des Finanzamtes zulässig ist. Startet die Gesellschaft dagegen mit einem Wirtschaftsjahr, das dem Kalenderjahr entspricht, ist eine spätere Umstellung auf einen vom Kalenderjahr abweichenden Zeitraum durch das Finanzamt genehmigungspflichtig (§ 4a Abs. 1 Nr. 2 S. 2 EStG). Diese wird nur bei einem besonderen Grund für ein Abweichen vom Kalenderjahr erteilt, wie dies zB bei Saisongeschäften im Einzelhandel der Fall sein kann. Diese Begründung greift nicht ohne weiteres für die Rechtsanwälte ein. Es bietet sich daher an, bereits bei der Gründung der Gesellschaft zu überlegen, ob ein vom Kalenderjahr abweichendes Wirtschaftsjahr gewünscht ist.

7. Bei einer Bargründung ergeben sich keine steuerlichen Besonderheiten für die Gesellschaft. Aus Sicht der Gesellschafter stellt die geleistete Stammeinlage Anschaffungskosten auf die Beteiligung dar. Bei einer Sachgründung können sich dagegen umwandlungssteuerrechtliche Fragestellungen ergeben, die in den Zeilen 144 bis 168 des Formulars abgefragt werden (→ Form O. III. 2). Aus Sicht der übernehmenden Körperschaft ist regelmäßig die Frage entscheidend, ob die übernommenen Werte mit dem Buchwert, dem Teilwert, Zwischenwerten oder dem gemeinen Wert angesetzt werden. Dies wirkt sich für den Ausweis des Vermögens in der Eröffnungsbilanz und die Höhe des sich ergebenden zukünftigen Abschreibungsvolumens aus. Die Versteuerung der stillen Reserven, die bei einem vom Buchwertansatz abweichenden Wert angesetzt werden, erfolgt in der Regel auf Ebene der übertragenden Gesellschaft.

8. Es ist die Frage zu beantworten, ob es sich bei der neu anzumeldenden Kapitalgesellschaft um die Betriebsgesellschaft im Rahmen einer **Betriebsaufspaltung** handelt. Dabei hat die Frage keine Auswirkung für die Besteuerung der anzumeldenden Kapitalgesellschaft als vielmehr für das mit ihr über die Betriebsaufspaltung verflochtene Einzelunternehmen. Eine Betriebsaufspaltung liegt vor, wenn zwei Unternehmen sachlich und personell miteinander verflochten sind (zB Schmidt/*Wacker*, EStG, § 15 Rn. 800 ff.). Die **sachliche Verflechtung** erfordert die Überlassung einer wesentlichen Betriebsgrundlage an die Betriebsgesellschaft. Dabei handelt es sich in der Praxis zumeist um das Betriebsgrundstück. Wird daher vorliegend die Immobilie, in der die Kanzlei betrieben wird, von dem Gesellschafter der

Kapitalgesellschaft an diese vermietet, liegt eine sachliche Verflechtung zwischen dem „Vermietungsunternehmen" des Gesellschafters und der Freiberufler-Kapitalgesellschaft als Betriebsgesellschaft vor. Eine **personelle Verflechtung** ist gegeben, wenn Betriebsgesellschaft und Besitzunternehmen von einem einheitlichen geschäftlichen Betätigungswillen getragen werden (BFH Beschl. v. 8.11.1971 GrS 2/71, BStBl 1972 II, 63). Dazu genügt die Stimmenmehrheit im Vermietungsunternehmen sowie der Betriebsgesellschaft (sog. Beherrschungsidentität; zu den gleichgerichteten Interessen einer geschlossenen Personengruppe s. Schmidt/*Wacker*, EStG, § 15 Rn. 823). Der Rechtsanwalt, der die in seinem Privatvermögen befindliche Kanzleiimmobilie an die Freiberufler-Kapitalgesellschaft vermietet, deren alleiniger Gesellschafter er ist, beherrscht unzweifelhaft beide Unternehmen (sog. **Beteiligungsidentität**). Es entsteht eine Betriebsaufspaltung. Die Betriebsaufspaltung hat zur Konsequenz, dass sich die Immobilie nicht mehr in seinem Privatvermögen befindet. Es liegt vielmehr ein gewerbliches Einzelunternehmen vor, in dessen Betriebsvermögen sich die Immobilie und die Anteile an der Betriebs-Kapitalgesellschaft befinden. Dementsprechend ist eine Veräußerung der Immobilie stets einkommensteuerpflichtig. Die Zehnjahresfrist des § 23 EStG findet keine Anwendung, da diese einen steuerfreien Verkauf von Immobilien nur erlaubt, wenn sich die Immobilie im Privatvermögen befindet. Hinzu kommt eine Gewerbesteuerbelastung auf den Veräußerungsgewinn. Wird der sachliche oder personelle Zusammenhang gelöst, kommt es zu einer Beendigung des gewerblichen Einzelunternehmens in Form der Betriebsaufgabe. Die Wirtschaftsgüter fallen im Wege der Entnahme zurück in das Privatvermögen. Die Entnahme führt zu einer Aufdeckung der stillen Reserven verbunden mit einer entsprechenden Einkommensteuerpflicht bei dem Gesellschafter – bezogen auf die Immobilie und auf die Anteile an der Kanzlei. Wird eine Betriebsaufspaltung begründet, ist zur Vermeidung ungewollter steuerlicher Konsequenzen stets darauf zu achten, dass es nicht zu einer unfreiwilligen Beendigung der Betriebsaufspaltung mit entsprechenden Steuerlasten kommt. Eine andere Alternative stellt es dar, von vornherein die Entstehung der Betriebsaufspaltung zu verhindern. Bei Eheleuten bietet sich in diesem Zusammenhang das sog. **Wiesbadener Modell** an. Dabei erwirbt ein Ehegatte die Anteile an der Kapitalgesellschaft und der andere Ehegatte die Immobilie, die an die Gesellschaft vermietet wird. Da die Eheleute in diesem Fall nicht zusammengerechnet werden dürfen, fehlt es an einer sachlichen Verflechtung (zB BFH Urt. v. 12.10.1988 – X R 5/86, BStBl 1989 II, 152, 155). Eine Betriebsaufspaltung entsteht erst gar nicht. Aufgrund der im Einzelfall erheblichen steuerlichen Konsequenzen ist das Entstehen einer Betriebsaufspaltung bei Gründung der Gesellschaft unbedingt zu bedenken.

9. In den Zeilen **200 bis 203** sind Schätzangaben zum voraussichtlich erwarteten Jahresüberschuss bzw. Steuerbilanzgewinn der Kapitalgesellschaft für das Gründungsjahr und das Folgejahr zu tätigen. Auch hier ist es möglich, Anfangsverluste einzusetzen, wenn in den ersten beiden Jahren noch keine Gewinne erwartet werden, und damit die Festsetzung von quartalsweisen Körperschaftsteuer- und Gewerbesteuervorauszahlungen zu vermeiden. Vom Jahresüberschuss laut Handelsbilanz bzw. dem Steuerbilanzgewinn laut Steuerbilanz (Zeile 200) sind bei der Bestimmung des zu versteuernden Einkommens (Zeile 201) außerbilanzielle Korrekturen zu berücksichtigen (→ Form. O. II. 6). Dementsprechend kann sich eine Erhöhung oder Herabsetzung bei dem zu versteuernden Einkommen ergeben, das in der Zeile 201 des Formulars zu schätzen ist. Der Einfachheit halber kann im Rahmen der Schätzung auch der Betrag aus der Zeile 200 übernommen werden. Bei den Steueranrechnungsbeträgen (Zeile 202) handelt es sich vor allem um Kapitalertragsteuer, die auf Zinserträge oder Dividenden, die die Gesellschaft erzielt, einbehalten werden. Diese können auf die sich ergebende Steuerlast angerechnet werden. In Zeile 203 ist der Gewerbertrag gesondert ausgewiesen, da sich aufgrund gewerbesteuerspezifischer Hinzurechnungen und Kürzungen (→ Form. O. II. 7) Abweichungen zum zu versteuernden Einkommen nach den Grundsätzen der Körperschaftsteuer ergeben können. Im Rahmen der

Schätzung kann – wenn keine Besonderheiten bekannt sind – auch hier der Betrag aus der Zeile 201 übernommen werden. Da die Kapitalgesellschaft als Körperschaft selbst Steuersubjekt der Körperschaft- und der Gewerbesteuer ist, kommt es auf die Verhältnisse bei den Gesellschaftern für die Festsetzung der Vorauszahlungen nicht an (anders bei der Einzelkanzlei und der Freiberufler-Personengesellschaft → Form. O. I. 1).

10. Zum Anmeldungszeitraum für Zwecke der Lohnsteuer → Form. O. I. 1 Anm. 11. Bei der Kapitalgesellschaft besteht gegenüber der Freiberufler-Personengesellschaft die Besonderheit, dass die Gehaltszahlungen an den Geschäftsführer der Gesellschaft, der zugleich Gesellschafter ist, eine lohnsteuerpflichtige Gehaltszahlung darstellt. Der **Gesellschafter-Geschäftsführer** versteuert dieses Gehalt als Einkünfte aus nichtselbständiger Arbeit gemäß § 19 EStG im Rahmen seiner Einkommensteuererklärung unter Anrechnung der Lohnsteuer. Bei der Kapitalgesellschaft muss jedoch ein besonderes Augenmerk auf die Angemessenheit des Gehaltes des Gesellschafter-Geschäftsführers bzw. seines Ehegatten gelegt werden. Denn überhöhte Gehaltszahlungen, die einem fremden Dritten nicht gewährt worden wären, führen zu einer **verdeckten Gewinnausschüttung**. Dabei handelt es sich nicht um eine Gehaltszahlung, sondern um eine Dividendenausschüttung iSv § 20 Abs. 1 Nr. 1 EStG an den Gesellschafter. Er hat diese als Einkünfte aus Kapitalvermögen mit dem Abgeltungsteuersatz oder bei entsprechender Antragstellung nach § 32d Abs. 2 Nr. 3 EStG mit seinem individuellen Einkommensteuersatz unter Anwendung des Teileinkünfteverfahrens zu versteuern. Auf Ebene der Gesellschaft bedeutet die Einstufung als verdeckte Gewinnausschüttung, dass es sich um eine bloße Einkommensverwendung handelt, die das zu versteuernde Einkommen nicht reduziert (§ 8 Abs. 3 S. 2 KStG). Auf die verdeckte Gewinnausschüttung ist daher Körperschaftsteuer und Solidaritätszuschlag sowie Gewerbesteuer durch die Gesellschaft zu zahlen. Mithilfe von Gehaltsstrukturuntersuchungen, die teilweise durch zuständige Kammern bzw. Organisationen durchgeführt werden, lässt sich die Angemessenheit eines Geschäftsführergehaltes annähernd bestimmen und gegenüber der Finanzverwaltung vertreten. Zum Geschäftsführer einer Komplementär-Kapitalgesellschaft, der gleichzeitig Kommanditist der Kapitalgesellschaft & Co. KG ist → Form. O. I. 1 Anm. 11.

11. Zur Schätzung der Umsatzhöhe und den Grundlagen zur Ist- und Sollversteuerung → Form. O. I. 1 Anm. 12. Die Besonderheit bei der Kapitalgesellschaft besteht darin, dass es sich um einen Gewerbebetrieb handelt. Der Antrag auf eine Besteuerung nach den vereinnahmten Entgelten (**Istversteuerung** gemäß § 20 UStG) kommt deshalb nur in Betracht, wenn der Gesamtumsatz des Unternehmens im vorangegangenen Kalenderjahr nicht mehr als 500.000 EUR betragen hat. Dabei handelt es sich um den nach § 19 Abs. 3 UStG zu berechnenden Bruttoumsatz. Bei einer Neugründung im laufenden Jahr ist der auf das Kalenderjahr hochgerechnete Umsatz des laufenden Jahres entscheidend anstelle eines Vorjahres (zB BFH Urt. v. 22.11.1984 – V R 170/83, BStBl 1985 II, 142). Da keine freiberuflichen Einkünfte erzielt werden, besteht für die Freiberufler-Kapitalgesellschaft kein Umsatz unabhängiges Wahlrecht zwischen der Ist- und der Sollversteuerung. Aus Sicht der bilanzierenden Gesellschaft bedarf eine Ermittlung der Umsätze nach den vereinbarten Entgelten eines geringeren Aufwandes, da sich die Umsatzbesteuerung an den zu berücksichtigenden Forderungen/Erlöskonten orientiert. Eine Umsatzbesteuerung nach den vereinnahmten Entgelten führt zu einem erhöhten Aufwand, da insoweit – anders als in einer Bilanz üblich – auf die Zahlungsströme abzustellen ist. Sie hat jedoch auch in diesem Fall den beschriebenen Liquiditätsvorteil (→ Form. O. I. 1 Anm. 12).

12. → Form. O. I. 1 Anm. 13.

13. → Form. O. I. 1 Anm. 14.

14. → Form. O. I. 1 Anm. 15.

15. → Form. O. I. 1 Anm. 16.

2. Umsatzsteuer-Voranmeldung

Zeile		
1	- Bitte weiße Felder ausfüllen oder ☒ ankreuzen, Anleitung beachten -	**2014**

Fallart	Steuernummer	Unter-fallart
11		**56**

30 Eingangsstempel oder -datum

Finanzamt

Umsatzsteuer-Voranmeldung 2014

Voranmeldungszeitraum

bei **monatlicher** Abgabe bitte ankreuzen   bei **vierteljährlicher** Abgabe bitte ankreuzen

14 01	Jan.	①	14 07	Juli		14 41	I. Kalender-vierteljahr
14 02	Feb.		14 08	Aug.		14 42	II. Kalender-vierteljahr
14 03	März		14 09	Sept.		14 43	III. Kalender-vierteljahr
14 04	April		14 10	Okt.		14 44	IV. Kalender-vierteljahr
14 05	Mai		14 11	Nov.			
14 06	Juni		14 12	Dez.			

Unternehmer – ggf. abweichende Firmenbezeichnung –
Anschrift – Telefon – E-Mail-Adresse

Berichtigte Anmeldung
(falls ja, bitte eine „1" eintragen)   **10**

Belege (Verträge, Rechnungen, Erläuterungen usw.)
sind beigefügt bzw. werden gesondert eingereicht   **22**
(falls ja, bitte eine „1" eintragen)

I. Anmeldung der Umsatzsteuer-Vorauszahlung

Lieferungen und sonstige Leistungen
(einschließlich unentgeltlicher Wertabgaben)

		Bemessungsgrundlage ohne Umsatzsteuer		Steuer	
		volle EUR	Ct	EUR	Ct
Steuerfreie Umsätze mit Vorsteuerabzug					
Innergemeinschaftliche Lieferungen (§ 4 Nr. 1 Buchst. b UStG) an Abnehmer mit USt-IdNr.	41		▬		
neuer Fahrzeuge an Abnehmer ohne USt-IdNr.	44		▬		
neuer Fahrzeuge außerhalb eines Unternehmens (§ 2a UStG)	49		▬		
Weitere steuerfreie Umsätze mit Vorsteuerabzug (z.B. **Ausfuhrlieferungen**, Umsätze nach § 4 Nr. 2 bis 7 UStG) ...	43		▬		
Steuerfreie Umsätze ohne Vorsteuerabzug Umsätze nach § 4 Nr. 8 bis 28 UStG	48	②	▬		
Steuerpflichtige Umsätze (Lieferungen und sonstige Leistungen einschl. unentgeltlicher Wertabgaben)					
zum Steuersatz von 19 %	81	③	▬		
zum Steuersatz von 7 %	86	④	▬		
zu anderen Steuersätzen	35		▬	36	
Lieferungen land- und forstwirtschaftlicher Betriebe nach § 24 UStG an Abnehmer mit USt-IdNr.	77		▬		
Umsätze, für die eine Steuer nach § 24 UStG zu entrichten ist (Sägewerkserzeugnisse, Getränke und alkohol. Flüssigkeiten, z.B. Wein)...	76		▬	80	
Innergemeinschaftliche Erwerbe					
Steuerfreie innergemeinschaftliche Erwerbe Erwerbe nach §§ 4b und 25c UStG	91		▬		
Steuerpflichtige innergemeinschaftliche Erwerbe zum Steuersatz von 19 %.	89		▬		
zum Steuersatz von 7 %	93		▬		
zu anderen Steuersätzen	95		▬	98	
neuer Fahrzeuge von Lieferern **ohne** USt-IdNr. zum allgemeinen Steuersatz	94		▬	96	
Ergänzende Angaben zu Umsätzen					
Lieferungen des ersten Abnehmers bei **innergemeinschaftlichen Dreiecksgeschäften** (§ 25b Abs. 2 UStG)	42		▬		
Steuerpflichtige Umsätze, für die der **Leistungsempfänger** die Steuer nach § 13b Abs. 5 Satz 1 i.V.m. Abs. 2 Nr. 10 UStG schuldet	68		▬		
Übrige steuerpflichtige Umsätze, für die der **Leistungsempfänger** die Steuer nach § 13b Abs. 5 UStG schuldet	60	⑤	▬		
Nicht steuerbare sonstige Leistungen gem. § 18b Satz 1 Nr. 2 UStG	21	⑤	▬		
Übrige nicht steuerbare Umsätze (Leistungsort nicht im Inland)	45	⑥	▬		
Übertrag .... zu übertragen in Zeile 45					

UStt 1 A – Umsatzsteuer-Voranmeldung 2014 – (01.13)

– 2 –

						Steuer EUR	Ct
44	Steuernummer:						
45	Übertrag						

		Bemessungsgrundlage ohne Umsatzsteuer				Steuer EUR	Ct
46	**Leistungsempfänger als Steuerschuldner**	volle EUR	Ct				
47	**(§ 13b UStG)**						
48	Im Inland steuerpflichtige sonstige Leistungen eines im übrigen Gemeinschaftsgebiet ansässigen Unternehmers (§13b Abs. 1 UStG) ..	46	⑤	▬	47		
49	Andere Leistungen eines im Ausland ansässigen Unternehmers (§ 13b Abs. 2 Nr. 1 und 5 Buchst. a UStG)	52		▬	53		
50	Lieferungen sicherungsübereigneter Gegenstände und Umsätze, die unter das GrEStG fallen (§ 13b Abs. 2 Nr. 2 und 3 UStG)	73		▬	74		
51	Lieferungen von Mobilfunkgeräten und integrierten Schaltkreisen (§ 13b Abs. 2 Nr. 10 UStG)	78		▬	79		
52	Andere Leistungen eines im Inland ansässigen Unternehmers (§ 13b Abs. 2 Nr. 4, 5 Buchst. b und Nr. 6 bis 9 UStG)	84		▬	85		
53	Steuer infolge Wechsels der Besteuerungsform sowie Nachsteuer auf versteuerte Anzahlungen u. ä. wegen Steuersatzänderung				65		
54	**Umsatzsteuer**						
55	**Abziehbare Vorsteuerbeträge**						
56	Vorsteuerbeträge aus Rechnungen von anderen Unternehmern (§ 15 Abs. 1 Satz 1 Nr. 1 UStG), aus Leistungen im Sinne des § 13a Abs. 1 Nr. 6 UStG (§ 15 Abs. 1 Satz 1 Nr. 5 UStG) und aus innergemeinschaftlichen Dreiecksgeschäften (§ 25b Abs. 5 UStG)				66	⑦	
57	Vorsteuerbeträge aus dem innergemeinschaftlichen Erwerb von Gegenständen (§ 15 Abs. 1 Satz 1 Nr. 3 UStG)				61		
58	Entstandene Einfuhrumsatzsteuer (§ 15 Abs. 1 Satz 1 Nr. 2 UStG)				62		
59	Vorsteuerbeträge aus Leistungen im Sinne des § 13b UStG (§ 15 Abs. 1 Satz 1 Nr. 4 UStG)				67	⑤	
60	Vorsteuerbeträge, die nach allgemeinen Durchschnittssätzen berechnet sind (§§ 23 und 23a UStG)				63		
61	Berichtigung des Vorsteuerabzugs (§ 15a UStG)				64	⑧	
62	Vorsteuerabzug für innergemeinschaftliche Lieferungen neuer Fahrzeuge außerhalb eines Unternehmens (§ 2a UStG) sowie von Kleinunternehmern im Sinne des § 19 Abs. 1 UStG (§ 15 Abs. 4a UStG)				59		
63	Verbleibender Betrag						
64	**Andere Steuerbeträge**						
65	In Rechnungen unrichtig oder unberechtigt ausgewiesene Steuerbeträge (§ 14c UStG) sowie Steuerbeträge, die nach § 4 Nr. 4a Satz 1 Buchst. a Satz 2, § 6a Abs. 4 Satz 2, § 17 Abs. 1 Satz 6 oder § 25b Abs. 2 UStG geschuldet werden				69	⑨	
66	**Umsatzsteuer-Vorauszahlung/Überschuss**						
67	**Anrechnung** (Abzug) der festgesetzten **Sondervorauszahlung** für Dauerfristverlängerung (nur auszufüllen in der letzten Voranmeldung des Besteuerungszeitraums, in der Regel Dezember)				39	⑩	
68	Verbleibende Umsatzsteuer-Vorauszahlung .... (bitte in jedem Fall ausfüllen)				83	①	
69	Verbleibender Überschuss - bitte dem Betrag ein Minuszeichen voranstellen -						

70	**II. Sonstige Angaben und Unterschrift**
71	Ein Erstattungsbetrag wird auf das dem Finanzamt benannte Konto überwiesen, soweit der Betrag nicht mit Steuerschulden verrechnet wird.
72	**Verrechnung des Erstattungsbetrags erwünscht / Erstattungsbetrag ist abgetreten** (falls ja, bitte eine „1" eintragen) ....
73	Geben Sie bitte die Verrechnungswünsche auf einem besonderen Blatt an oder auf dem beim Finanzamt erhältlichen Vordruck „Verrechnungsantrag".
74	Die **Einzugsermächtigung** wird ausnahmsweise (z.B. wegen Verrechnungswünschen) für diesen Voranmeldungszeitraum **widerrufen** (falls ja, bitte eine „1" eintragen) ....
75	Ein ggf. verbleibender Restbetrag ist gesondert zu entrichten.

Zeile 72: | 29 | |
Zeile 74: | 26 | |

76	**Hinweis nach den Vorschriften der Datenschutzgesetze:**
77	Die mit der Steueranmeldung angeforderten Daten werden auf Grund der §§ 149 ff. der Abgabenordnung und der §§ 18, 18b des
78	Umsatzsteuergesetzes erhoben. Die Angabe der Telefonnummern und der E-Mail-Adressen ist freiwillig.
79	Bei der Anfertigung dieser Steueranmeldung hat mitgewirkt:
80	(Name, Anschrift, Telefon, E-Mail-Adresse)

- nur vom Finanzamt auszufüllen -

| 11 | | | 19 | |
| | | | 12 | |

Bearbeitungshinweis

1. Die aufgeführten Daten sind mit Hilfe des geprüften und genehmigten Programms sowie ggf. unter Berücksichtigung der gespeicherten Daten maschinell zu verarbeiten.
2. Die weitere Bearbeitung richtet sich nach den Ergebnissen der maschinellen Verarbeitung.

_____
Datum, Namenszeichen

Kontrollzahl und/oder Datenerfassungsvermerk

| 86 | **Datum, Unterschrift** |

Anmerkungen

1. → Form. O. I. 2 Anm. 1.

2. → Form. O. I. 2 Anm. 2.

3. Die Freiberufler-Kapitalgesellschaft ist wie eine Einzelkanzlei oder eine Freiberufler-Personengesellschaft grundsätzlich zur Abgabe von Umsatzsteuer-Voranmeldungen (→ Form. O. I. 2) verpflichtet. Sie hat ebenfalls das Recht, einen Antrag auf Dauerfristverlängerung zu stellen (→ Form. O. I. 3). Für eine Kapitalgesellschaft sind dabei folgende Besonderheiten zu beachten: Die Kapitalgesellschaft hat nach § 20 UStG kein freies Wahlrecht zwischen der Besteuerung der Umsätze nach den vereinbarten oder den vereinnahmten Entgelten. Denn eine Freiberufler-Kapitalgesellschaft erzielt keine Einkünfte aus freiberuflicher Tätigkeit iSv § 18 EStG, sondern gewerbliche Einkünfte (→ Form. O. II. 1 Anm. 2). Sie ist nach den Regeln des HGB buchführungspflichtig. Damit kommt ein Antrag auf die **Besteuerung nach den vereinnahmten Entgelten** nur dann in Betracht, wenn der Gesamtumsatz nach § 19 Abs. 3 UStG im vorangegangenen Kalenderjahr nicht mehr als 500.000 EUR betragen hat (§ 20 Abs. 1 Nr. 1 UStG).

4. → Form. O. I. 2 Anm. 4.

5. → Form. O. I. 2 Anm. 5.

6. → Form. O. I. 2 Anm. 6.

7. → Form. O. I. 2 Anm. 7.

8. → Form. O. I. 2 Anm. 8.

9. → Form. O. I. 2 Anm. 9.

10. → Form. O. I. 2 Anm. 10.

3. Umsatzsteuer – Dauerfristverlängerung

→ Form. O. I. 3.

Anmerkungen

→ Form. O. I. 3

4. Lohnsteueranmeldung

- Bitte weiße Felder ausfüllen oder ☒ ankreuzen und Hinweise auf der Rückseite beachten -

2014

Fallart	Steuernummer	Unter-fallart
11		62

30 Eingangsstempel oder -datum

Lohnsteuer-Anmeldung 2014

Finanzamt

Anmeldungszeitraum

bei **monatlicher** Abgabe bitte ankreuzen

bei **vierteljährlicher** Abgabe bitte ankreuzen

14 01	Jan. (1)	14 07	Juli	14 41	I. Kalender-vierteljahr	
14 02	Feb.	14 08	Aug.	14 42	II. Kalender-vierteljahr	
14 03	März	14 09	Sept.	14 43	III. Kalender-vierteljahr	
14 04	April	14 10	Okt.	14 44	IV. Kalender-vierteljahr	
14 05	Mai	14 11	Nov.	bei **jährlicher Abgabe bitte ankreuzen**		
14 06	Juni	14 12	Dez.	14 19	Kalender-jahr	

Arbeitgeber - Anschrift der Betriebsstätte - Telefonnummer - E-Mail

Berichtigte Anmeldung (falls ja, bitte „1" eintragen)........	10	
Zahl der Arbeitnehmer (einschl. Aushilfs- und Teilzeitkräfte)..............	86	

		EUR	Ct
Summe der einzubehaltenden Lohnsteuer [1][2]	42	(2)	
Summe der pauschalen Lohnsteuer - ohne § 37b EStG - [1]	41		
Summe der pauschalen Lohnsteuer nach § 37b EStG [1]	44	(3)	
abzüglich an Arbeitnehmer ausgezahltes Kindergeld	43		
abzüglich Kürzungsbetrag für Besatzungsmitglieder von Handelsschiffen	33		
Verbleiben [1]	48		
Solidaritätszuschlag [1][2]	49		
pauschale Kirchensteuer im vereinfachten Verfahren	47		
Evangelische Kirchensteuer - ev (lt/rf/fr) [1][2]	61		
Römisch-Katholische Kirchensteuer - rk [1][2]	62		
Israelitische Bekenntnissteuer - is [1][2]	64		
Altkatholische Kirchensteuer - ak [1][2]	63		
Gesamtbetrag [1] 1) Negativen Beträgen ist ein Minuszeichen voranzustellen 2) Nach Abzug der im Lohnsteuer-Jahresausgleich erstatteten Beträge	83		

Ein Erstattungsbetrag wird auf das dem Finanzamt benannte Konto überwiesen, soweit der Betrag nicht mit Steuerschulden verrechnet wird.

Verrechnung des Erstattungsbetrags erwünscht/Erstattungsbetrag ist abgetreten (falls ja, bitte eine „1" eintragen).   29

Geben Sie bitte die Verrechnungswünsche auf einem besonderen Blatt oder auf dem beim Finanzamt erhältlichen Vordruck „Verrechnungsantrag" an.

Die **Einzugsermächtigung** wird ausnahmsweise (z.B. wegen Verrechnungswünschen) für diesen Anmeldungszeitraum **widerrufen** (falls ja, bitte eine „1" eintragen)   26

Ein ggf. verbleibender Restbetrag ist gesondert zu entrichten.

Hinweis nach den Vorschriften der Datenschutzgesetze: Die mit der Steueranmeldung angeforderten Daten werden auf Grund der §§ 149 ff. der Abgabenordnung und des § 41a des Einkommensteuergesetzes erhoben. Die Angabe der Telefonnummer und der E-Mail-Adresse ist freiwillig.

Datum, Unterschrift

Vom Finanzamt auszufüllen

Bearbeitungshinweis
1. Die aufgeführten Daten sind mit Hilfe des geprüften und genehmigten Programms sowie ggf. unter Berücksichtigung der gespeicherten Daten maschinell zu verarbeiten.
2. Die weitere Bearbeitung richtet sich nach den Ergebnissen der maschinellen Verarbeitung.

11		19	
		12	

Kontrollzahl und/oder Datenerfassungsvermerk

Datum, Namenszeichen/Unterschrift

3.13 - **LStA** - Lohnsteuer-Anmeldung 2014 - (BayLfSt – 36.000 N/75.000 M – 09.13 – 2150)

Anmerkungen

1. → Form. O. I. 4 Anm. 1

2. Bei der Lohnsteueranmeldung, die von einer Kapitalgesellschaft ebenfalls vorzunehmen ist, werden die Gehälter der Geschäftsführer bzw. der angestellten Rechtsanwälte, die zugleich Gesellschafter der GmbH sind, nicht in gewerbliche Einkünfte umqualifiziert. Es handelt sich vielmehr um lohnsteuerpflichtige Angestelltenbezüge, die bei den Empfängern als Einkünfte aus nichtselbständiger Arbeit nach § 19 EStG im Rahmen ihrer privaten Einkommensteuererklärungen zu besteuern sind. Bei Gesellschafter-Geschäftsführern ist in besonderem Maße darauf zu achten, dass die Gehälter einem Fremdvergleich entsprechen. Dies gilt erst Recht, wenn dem Gesellschafter die Mehrheit der Stimmrechte in der Kapitalgesellschaft zusteht (sog. beherrschender Gesellschafter KStH 36 III). Anderenfalls kann es sich nicht um eine Gehaltszahlung, sondern um eine **verdeckte Gewinnausschüttung** handeln. Letztere darf den Gewinn der Kapitalgesellschaft nach § 8 Abs. 3 S. 2 KStG nicht mindern. Entsprechende Sachverhalte werden oftmals nachträglich im Rahmen von Betriebsprüfungen aufgedeckt, so dass sich bei der Kapitalgesellschaft eine nachträgliche Erhöhung der Bemessungsgrundlage für die Körperschaft und die Gewerbesteuer regelmäßig verbunden mit einer Steuernachzahlung zzgl. entsprechender Zinsen ergibt.

Aus Sicht der Gesellschaft stellt eine überhöhte Gehaltszahlung an einen Gesellschafter Geschäftsführer eine Vermögensminderung dar, die durch das Gesellschaftsverhältnis veranlasst ist, sich auf die Höhe des Gewinns auswirkt und nicht auf einem offenen Gewinnausschüttungsbeschluss beruht (KStR 36 Abs. 1 S. 1). Gleiches gilt, wenn eine überhöhte Gehaltszahlung nicht an den Gesellschafter selbst, sondern an eine ihm nahestehende Person erfolgt (KStR 36 Abs. 1 S. 3). Es handelt sich auch in diesem Fall um eine verdeckte Gewinnausschüttung an den Gesellschafter, wenn die nahestehende Person selbst nicht Gesellschafter der Kapitalgesellschaft ist (KStH 36 III). Die Zahlung einer Überstundenvergütung sowie von Sonn-, Feiertags- und Nachtzuschlägen stellt regelmäßig eine verdeckte Gewinnausschüttung dar (KStH 36 IV mwN). Zur Angemessenheit der Gesamtausstattung BMF-Schreiben v. 14.10.2002, BStBl 2002 I, 972 mit einem guten Überblick über die Prüfung der Angemessenheit von Gehältern dem Grunde und der Höhe nach. Gehaltsstrukturuntersuchungen aus der jeweiligen Branche können helfen, die Angemessenheit zu beurteilen.

Verträge mit beherrschenden Gesellschafter-Geschäftsführern müssen überdies zivilrechtlich wirksam sein, um steuerlich anerkannt zu werden. Dies kann sich bei Anstellungsverträgen beispielsweise ergeben, wenn Änderungen nach den vertraglichen Abreden zwingend der Schriftform bedürfen und diese nicht eingehalten wird (KStH 36 I und III zum beherrschenden Gesellschafter) oder In-sich-Geschäfte getätigt werden, ohne dass eine Befreiung vom Selbstkontrahierungsverbot des § 181 BGB in das Handelsregister eingetragen ist. Rückwirkende Vereinbarungen mit beherrschenden Gesellschaftern sind steuerrechtlich unbeachtlich.

3. → Form. O. I. 4 Anm. 3

5. Bilanzierung

Bilanz zum	31.12.XX
A. Anlagevermögen[1]	A. Eigenkapital[3]
B. Umlaufvermögen[2]	B. Rückstellungen[4]
(C. Rechnungsabgrenzungsposten)	C. Verbindlichkeiten
	(D. Rechnungsabgrenzungsposten)
(Bilanzsumme XX)	(Bilanzsumme XX)

Anmerkungen

1. Für Kapitalgesellschaften besteht eine Buchführungspflicht nach den Regeln des HGB. Damit haben sie kein Recht, den Gewinn nach den Grundsätzen der Einnahmenüberschussrechnung (→ Form. O. I. 5) zu ermitteln. Im **Anlagevermögen** einer Freiberufler-Kapitalgesellschaft finden sich oftmals die Kanzleiimmobilie. Anderenfalls ist an das Entstehen einer Betriebsaufspaltung zu denken, wenn sie im Privatvermögen eines Mehrheitsgesellschafters steht (→ Form. O. II. 1 Anm. 8). Zu den immateriellen Vermögensgegenstände des Anlagevermögens kann eine erworbene Software (sog. Anwaltsprogramme) zählen. Des weiteren sind als Teil des beweglichen Anlagevermögens betriebliche Pkws und Büroeinrichtungen zu nennen. Gleiches gilt für PCs und Laptops, soweit sie nicht den geringwertigen Wirtschaftsgütern zuzurechnen sind (→ Form. O. I. 5 Anm. 12). Ein Praxiswert darf nur bilanziert werden, soweit er auf einem Praxiskauf beruht. Ein originärer selbst geschaffener Firmenwert darf nicht in der Bilanz ausgewiesen werden. Zur Abschreibung auf abschreibungsfähige Wirtschaftsgüter des Anlagevermögens → Form. O. I. 5 Anm. 10.

2. Das **Umlaufvermögen** besteht im wesentlichen aus Honorarforderungen gegen Mandanten und liquiden Mitteln, wie zB Bankguthaben oder Kassenbeständen. An dieser Stelle sei darauf hingewiesen, dass unterschiedliche Betriebsstätten der Kapitalgesellschaft keine rechtlich selbständigen Einheiten darstellen. Die Wirtschaftsgüter der Betriebsstätten sind damit in einer Bilanz im Anlage- und Umlaufvermögen ebenso zusammenzufassen wie die Betriebseinnahmen und –ausgaben. Für den Mandanten verauslagte Gerichtskosten, die von ihm zu erstatten sind, stellen regelmäßig durchlaufende Posten dar. Diese sind auf einem entsprechenden Konto zu erfassen und bei einem Überwiegen der Erstattungsansprüche ergibt sich eine Forderung gegenüber dem Mandanten und beim Überwiegen der Weitergabeverpflichtung eine Verbindlichkeit, die auf der Passivseite auszuweisen ist. Gleiches gilt für vereinnahmte Fremdgelder, die an den Mandanten weiterzuleiten sind. Diese als durchlaufende Posten zu erfassenden Gelder beinhalten zwar Forderungen und Verbindlichkeiten und damit Vermögenspositionen iSd Bilanz. Sie beeinflussen jedoch nicht das Jahresergebnis und gehen nicht mit in die Gewinn- und Verlustrechnung der Kapitalgesellschaft ein. Sie sind damit „gewinnneutral".

3. Das **Eigenkapital** der Bilanz untergliedert sich in das Gezeichnete Kapital (Stammkapital von mind. 25.000 EUR), die Kapitalrücklage sowie den Jahresüberschuss (Terminologie laut Handelsbilanz). Das bei den Kapitalgesellschaften geltende steuerliche Trennungsprinzip zwischen Gesellschaft und Gesellschafterebene verdeutlicht zugleich den Vorteil der Kapitalgesellschaft: Auf Ebene der Gesellschaft beträgt der Körperschaftsteuersatz lediglich 15 % zzgl. 5,5 % Solidaritätszuschlag auf die Körperschaftsteuer und Gewerbesteuer. Die Gesamtbelastung der Körperschaft liegt damit unter dem Spitzensteuersatz der Einkommensteuer, der sich zur Zeit auf 42 % bzw. 45 % Reichensteuer beläuft. Die Thesaurierung der Gewinne auf Ebene der Kapitalgesellschaft führt damit zu einem Steuervorteil. Zwar endet der Steuervorteil mit der Ausschüttung der Gewinne an die Gesellschafter, da nunmehr die Ausschüttungssteuerbelastung hinzutritt (→ Form. O. II. 8 Anm. 1). Jedoch hat die Gesellschaft es selbst in der Hand, den Zeitpunkt der Ausschüttungsbelastung zu bestimmen. Die Gewinnthesaurierung kann damit für eine Steuerersparnis zumindest auf Zeit genutzt werden. Demgegenüber läuft die Gewinnthesaurierungsmöglichkeit nach § 34a EStG für Personengesellschaften in der Praxis regelmäßig ins Leere (→ Form. O. I. 9 Anm. 4). Die Gewinne werden demnach den Gesellschaftern in dem Kalenderjahr zugerechnet, in dem sie entstehen und zwar unabhängig von ihrer Entnahme aus der Gesellschaft. Die Besteuerung erfolgt bei den Gesellschaftern der Personengesellschaft mit dem individuellen Einkommensteuersatz.

Einzahlungen in die **Kapitalrücklage** erhöhen das Eigenkapital der Gesellschaft. Zu beachten ist, dass es durch die Einführung des § 7 Abs. 8 ErbStG bei disquotalen Einzahlungen in die Kapitalrücklage (zB durch nur einen Gesellschafter bei mehreren Beteiligten) ebenso zu einer Schenkung an die übrigen Gesellschafter kommt wie bei der Einzahlung in die gesamthänderisch gebundene Rücklage bei der Personengesellschaft (→ Form. O. I. 6 Anm. 3)

4. Rückstellungen: Rückstellungen für drohende Verluste, wie sie gemäß § 249 Abs. 1 HGB in der Handelsbilanz zulässig sind, sind steuerlich irrelevant. Zu den Rückstellungen, die sich auch steuerlich auswirken, zählen dagegen die handelsrechtlichen Rückstellungen **für ungewisse Verbindlichkeiten** (§ 249 Abs. 1 HGB). Hintergrund ist die Maßgeblichkeit der Handelsbilanz für die Steuerbilanz. Zu den Rückstellungen für ungewisse Verbindlichkeiten gehören ua die Rückstellung für **Aufbewahrungspflichten** sowie die Rückstellung für **Schadensersatzansprüche**. Eine Rückstellung für Aufbewahrungspflichten darf vor dem Hintergrund der gesetzlichen Aufbewahrungspflichten nach §§ 257 Abs. 4 HGB, 147 Abs. 3 AO gebildet werden. Sie erstreckt sich auf die Höhe der voraussichtlich zur Erfüllung der Aufbewahrungspflicht erforderlichen Kosten. Die Aufbewahrungsfrist berechnet sich dabei grds. nach § 147 Abs. 3 AO (BFH Urt. v. 18.1.2011 – X R 14/09, BStBl 2011 II, 496). Eine Rückstellung kommt nur für die Aufbewahrung der zum Bilanzstichtag vorhandenen Unterlagen in Betracht. Sie errechnet sich aus dem 5,5fachen des Jahresaufwands für die Archivierung (BFH Urt. v. 18.1.2011 – X R 14/09, BStBl 2011 II, 496; BFH Urt. v. 19.8.2002 – VIII R 30/01, BStBl 2003 II, 131). Eine Rückstellung für Schadensersatzansprüche ist zu bilden, wenn mit einer Inanspruchnahme ernsthaft zu rechnen ist (zB FG Köln Urt. v. 17.3.2011 – 13 K 52/11, EFG 2011, 1769), die Wahrscheinlichkeit der Inanspruchnahme somit über 50 % liegt. Dies kann für die Finanzverwaltung nachweisbar an einem Aufforderungsschreiben der Gegenseite zur Stellungnahme festgemacht werden. Die Erhebung einer Klage ist dazu nicht erforderlich. Nach Ansicht des Schleswig-Holsteinischen Finanzgerichts (Urt. v. 25.9.2012 – 3 K 77/11, EFG 2013, 11) genügt die Klageerhebung als Grund für die Rückstellungsbildung. Auf die Erfolgsaussichten der Klage solle es nicht ankommen, soweit die Klageerhebung nicht offensichtlich willkürlich war. Das Revisionsverfahren dazu ist vor dem BFH unter dem Az. VIII R 45/12 anhängig. Weitere in Betracht kommende Rückstellungen sind Rückstellungen für Körperschaft- und Gewerbesteuer, für Personal inklusive Urlaub sowie Rückstellungen für Abschluss und Prüfung des Jahresabschlusses der Gesellschaft.

6. Körperschaftsteuererklärung

Grün umrandete Felder nur vom Finanzamt auszufüllen.

| 11 | St.-Nr. | | 3 _ 13 | Vorgang | **2013** |

An das Finanzamt

Körperschaftsteuererklärung
Erklärung zu gesonderten Feststellungen von Besteuerungsgrundlagen, die in Zusammenhang mit der Körperschaftsteuerveranlagung durchzuführen sind
für unbeschränkt Steuerpflichtige, bei denen alle Einkünfte als solche aus Gewerbebetrieb zu behandeln sind

Steuernummer

Zeile **Allgemeine Angaben**

Die mit einem Kreis versehenen Zahlen bezeichnen die Erläuterungen in der Anleitung zur Körperschaftsteuererklärung.

– Eingangsstempel –

1 Bezeichnung der Körperschaft

2

3 Straße, Hausnummer | Postleitzahl Postfach

4 Postleitzahl Ort | Telefonisch erreichbar unter Nr.

5 Ort der Geschäftsleitung | Internetadresse

6 Ort des Sitzes | E-Mail

7 Gesetzlicher Vertreter (mit Anschrift)

8 | Telefonisch erreichbar unter Nr.

9 Gegenstand des Unternehmens

10 | 99 | 11

10a Handelt es sich um ein Unternehmen, auf das § 8 Abs. 9 KStG anzuwenden ist oder um eine Organgesellschaft, auf deren Organträger § 8 Abs. 9 KStG anzuwenden ist? Nein ☐ Ja ☐ (In diesem Fall sind zusätzlich die Vordrucke „Anlage/n Spartenübersicht" und „Anlage/n ÖHK" abzugeben.) Ja = 1 | 68

10b Registergerichtliche Eintragung Nein ☐ Ja, beim ☐ Registergericht

10c die Eintragung ist erfolgt am Registernummer

11 **Bankverbindung – Bitte stets angeben –**
IBAN

11a BIC

12 Geldinstitut (Zweigstelle) und Ort

13 Name eines von Zeile 1 **abweichenden Kontoinhabers**

14 Der Steuerbescheid soll folgendem von den Zeilen 1 bis 8 **abweichenden Empfangsbevollmächtigten/Postempfänger** zugesandt werden.

14a | Empfangsvollmacht ☐ | wird gesondert übermittelt. ☐ | liegt dem Finanzamt vor. ☐

15 **Abweichendes Wirtschaftsjahr** vom bis | **Rumpfwirtschaftsjahr** vom bis | | 99 | 11

15a Die Körperschaft ist steuerbefreit nach § 5 Abs. 1 Nr. KStG | Befreit nach § 5 Abs.1 Nr. 9 KStG Ja = 1 Befreit nach anderen Vorschriften Ja = 2 | 15

16 frei

17 **Folgende Anlagen sind beigefügt:**

18 ☐ Anlage A ☐ Anlage AE ☐ Anlage EÜR ☐ Anlage GR ☐ Anlage ORG Anzahl ___ ☐ Anlage SP ☐ Anlage WA

19 ☐ Anlage ÖHK Anzahl ___ ☐ Anlage Spartenübersicht Anzahl ___ ☐ Anlage Zinsschranke ☐ Anlage St ☐ Anlage ___

Unterschrift
⌐ Bei der Anfertigung dieser Erklärung hat mitgewirkt: ¬
(Name, Anschrift, Tel.-Nr.)

Ort, Datum

(Unterschrift)
Die Erklärung muss vom gesetzlichen Vertreter des Steuerpflichtigen eigenhändig unterschrieben sein.
Hinweis nach den Datenschutzgesetzen : Die mit der Steuererklärung angeforderten Daten werden auf Grund § 149, § 150 und § 181 Abs. 2 Satz 1 AO I.V. mit § 31 KStG und § 25 EStG verlangt.

KSt 1 A – Okt. 2013

–2–

Zeile	Einkommen im Kalenderjahr 2013	Bitte nur volle Euro-Beträge eintragen Negative Beträge in Rot oder mit Minuszeichen EUR		EUR	99	13
	Steuernummer					
20	**Steuerbilanzgewinn/-verlust** (ohne den Zeile 24 entsprechenden Betrag) ② ③	110			110	
20a frei	Bei partieller Steuerpflicht: Gewinn/Verlust aus dem steuerpflichtigen Bereich lt. besonderer Ermittlung (nach Berücksichtigung des Abzugs nach § 10g EStG –	165			165	
20b	Abzug höchstens bis auf 0 €)					
21	**Jahresüberschuss/Jahresfehlbetrag** ② ③ (wenn keine Steuerbilanz aufgestellt ist) (ohne den Zeile 24 entsprechenden Betrag)	111	①		111	
22	Dazu / Davon ab: Korrektur nach § 60 Abs. 2 Satz 1 EStDV zur Anpassung der Handelsbilanz an die steuerlich maßgeblichen Wertansätze (lt. beigefügter Erläuterung)	113			113	
23	Summe der Zeilen 21 und 22		▶			
24	**Pauschaler Gewinn/Verlust aus dem Betrieb von Handelsschiffen bei gesonderter Gewinn-ermittlung nach § 5a EStG**	181			181	
25	Dazu / Davon ab: Erhöhung um nicht ausgleichsfähige Verluste i.S. des § 8 Abs. 4 Satz 4 KStG 2006¹) des § 2b EStG 2002²) i.V. mit § 52 Abs. 4 EStG, des § 15 Abs. 4 EStG bzw. des § 15a Abs.1 und Abs. 1a EStG, des § 15b Abs. 1 Satz 1 EStG, des § 20 Abs. 1 Nr. 4 Satz 2 EStG, des § 2 Abs. 4 UmwStG und des § 20 Abs. 6 Satz 4 UmwStG, sowie Hinzurechnung nach § 15a Abs.3 EStG oder Kürzung nach § 2b Satz 4 EStG 2002 i.V. mit § 52 Abs. 4 EStG, § 15 Abs. 4 Satz 2, 3 oder 7 und § 15a Abs. 2 oder Abs. 3 Satz 4 EStG, nach § 15b Abs. 1 Satz 2 EStG und nach § 20 Abs. 1 Nr. 4 Satz 2 EStG (Bitte Einzelaufstellung auf besonderem Blatt beifügen)	138			138	
25a	Dazu / Davon ab: Erhöhung bzw. Kürzung nach § 19 Abs. 4 REITG (vorbehaltlich des § 19a Abs. 1 Satz 2 REITG)	267			267	
26	Dazu: Gewinnzuschlag nach § 6b Abs. 7 und 8 EStG	139			139	
26a	Davon ab: **Investitionsabzugsbetrag** nach § 7g Abs. 1 EStG	239	②		239	
26b	Dazu: Im Wirtschaftsjahr der Anschaffung: **Investitionsabzugsbetrag** nach § 7g Abs. 2 Satz 1 EStG	240	②		240	
27	Dazu: **Verdeckte Gewinnausschüttungen** nach § 8 Abs. 3 Satz 2 KStG (lt. beigefügter Erläuterung sowie bei genossenschaftlichen Rückvergütungen lt. Zeile 14 der Anlage GR)	116	③		116	
27a	Davon ab: Gewinnerhöhungen im Zusammenhang mit **versteuerten verdeckten Gewinn-ausschüttungen** (gemäß BMF-Schreiben vom 28.05.2002 – BStBl I S. 603)	166			166	
28	Dazu: **Nicht erfolgswirksam gebuchte Einlagen** i. S. des § 8 Abs. 3 Satz 4 KStG	226			226	
29	Dazu: **Nicht abziehbare Aufwendungen laut Zeile 15 der Anlage A**		④			
30	Dazu / Davon ab: **Betrag nach § 4e Abs. 3 EStG**	241			241	
31 und 32 frei	Davon ab / Dazu: **Nicht der Körperschaftsteuer unterliegende inländische Vermögensmehrungen und -minderungen** (soweit sie im Betrag lt. Zeilen 20 oder 21 erfasst sind)					
33	– Einlagen der Gesellschafter, die nicht das Nennkapital erhöht haben (einschließlich eines Erhöhungs-betrags i. S. des § 23 Abs. 2 und 3 UmwStG): davon sind bis zum Ende des Wirtschaftsjahres geleistet ㊿	140			140	
34	davon sind bis zum Ende des Wirtschaftsjahres nicht geleistet	148			148	
34a	– Gewinnerhöhung aus der Begründung des Besteuerungsrechts der Bundesrepublik Deutschland hinsichtlich des Gewinns aus der Veräußerung eines Wirtschaftsgutes (§ 4 Abs. 1 Satz 8 EStG)	220			220	
34b	– Ertrag oder Gewinnminderung in Zusammenhang mit dem Anspruch auf Auszahlung des KSt-Guthabens (§ 37 Abs. 5 bis 7 KStG)	222			222	
34c	– Gewinnminderung oder Ertrag in Zusammenhang mit der Verpflichtung zur Entrichtung des KSt-Erhöhungsbetrags (§ 38 Abs. 5 bis 10 KStG)	232			232	
35 frei 36	– Investitionszulagen	131			131	
37	– sonstige steuerfreie Einnahmen	130			130	
37a	Dazu: **Einkommenserhöhung aus der Steuerentstrickung** nach § 12 Abs. 1 KStG, § 16 Abs. 3a EStG (soweit sie im Betrag lt. Zeilen 20 oder 21 nicht erfasst sind)	221			221	
38 und 39 frei 39a	Nicht bei Organgesellschaften und – bei Organträgern – ohne von Organgesellschaften übernommene Beträge: Dazu: Nach § 4 Abs. 6 UmwStG nicht zu berücksichtigender **Übernahmeverlust** ⑨	235			235	
39b	Zwischensumme (Übertrag)					

Fußnoten siehe Seite 5.

–3–

Steuernummer			

Zeile		Bitte nur volle Euro-Beträge eintragen Negative Beträge in Rot oder mit Minuszeichen		99	13
		EUR	EUR		
39b	Zwischensumme (Übertrag)				
39c	Dazu: **Einnahmen i. S. des § 7 UmwStG** (soweit sie im Betrag lt. Zeilen 20 oder 21 nicht erfasst sind) ⑨	223		223	
39d	Davon ab: Nach § 12 Abs. 2 Satz 1 UmwStG nicht zu berücksichtigender **Übernahmegewinn** (ohne anteiligen Betrag i. S. des § 12 Abs. 2 Satz 2 UmwStG)	224		224	
39e	Dazu: Nach § 12 Abs. 2 Satz 1 UmwStG nicht zu berücksichtigender **Übernahmeverlust**	236		236	
40 frei 40a	Dazu: Im Veranlagungszeitraum 2013 zu versteuernder „**Einbringungsgewinn I**" i. S. des § 22 Abs. 1 UmwStG	225		225	
41	**Ausländische Einkünfte / ausländische Steuern** (Übertrag aus Zeile 33 der Anlage AE)				
42 frei	**Nicht nach DBA steuerfreie negative Einkünfte / Nicht zu berücksichtigende Gewinnminderungen mit Bezug zu Drittstaaten im Sinne des § 2a Abs. 1 EStG:**				
43	– Dazu: **Betrag lt. Zeile 38 Spalte 7 der Anlage AE**				
44	– Davon ab: **Betrag lt. Zeile 38 Spalte 8 der Anlage AE**				
	Inländische Sachverhalte i. S. des § 8b KStG (ohne Beträge, für die § 8b Abs. 7 oder 8 KStG gilt) **Zeilen 44a bis 44j: Nicht bei Organgesellschaften und – bei Organträgern – ohne von Organgesellschaften übernommene Beträge** ④ ㉖ Bei Beteiligungen an mehreren Kapitalgesellschaften und/oder mittelbarer Beteiligung an Kapitalgesellschaften über Personengesellschaften: Bitte Einzelaufstellung auf besonderem Blatt beifügen.				
44a	Inländische Bezüge i. S. von § 8b Abs. 1 KStG (einschließlich der Einnahmen i. S. des § 7 UmwStG; ohne Beträge i. S. der Zeile 44n und – vorbehaltlich des § 19a Abs. 1 REITG – ohne Ausschüttungen einer REIT-Aktiengesellschaft; vgl. § 19 Abs. 3 REITG) ⑥ ⑨	182　⑤		182	
44b	Davon ab: In Zeile 44a enthaltene inländische Bezüge, auf die § 8b Abs. 4 KStG anzuwenden ist	282　⑤		282	
44c	Zwischensumme				
44d	Davon ab: Nicht abziehbare Ausgaben (5 % des Betrages lt. Zeile 44c – § 8b Abs. 5 KStG)				
44e	Unterschiedsbetrag (Übertrag in die Hauptspalte mit umgekehrtem Vorzeichen)　▶				
44f	Inländische Gewinne i. S. des § 8b Abs. 2 KStG, ggf. unter Berücksichtigung des Übernahmegewinns nach § 12 Abs. 2 Satz 2 UmwStG und einschließlich eines Übernahmegewinns i. S. des § 4 Abs. 7 UmwStG (ohne Beträge i. S. der Zeile 44n, ohne Gewinne aus der Veräußerung von Anteilen an einer REIT-Aktiengesellschaft; vgl. § 19 Abs. 3 REITG) ⑨	185		185	
44g	Davon ab: Nicht abziehbare Ausgaben (5 % des Betrages lt. Zeile 44f – § 8b Abs. 3 Satz 1 KStG)				
44h	Unterschiedsbetrag (Übertrag in die Hauptspalte mit umgekehrtem Vorzeichen)　▶				
44i	Dazu: Gewinnminderungen i. S. des § 8b Abs. 3 Satz 3 bis 7 KStG, die im Zusammenhang mit inländischen Anteilen stehen; in Anwendungsfällen des § 19a Abs. 1 Satz 2 REITG einschließlich entsprechender Beträge in Zusammenhang mit Anteilen an einer REIT-Aktiengesellschaft ⑨	287		287	
44j	Davon ab: Gewinne i. S. des § 8b Abs. 3 Satz 8 KStG, die im Zusammenhang mit inländischen Anteilen stehen ⑨	288		288	
44k	Dazu / Davon ab: **Korrekturbetrag** nach § 8b Abs. 8 Satz 4 und 5 KStG	168		168	
44l	Dazu: Nach § 8b Abs. 10 Satz 1 KStG **nicht abziehbare Aufwendungen**, soweit sie sich auf die Überlassung inländischer Anteile beziehen	227		227	
44m	Dazu: **Fiktive inländische Einnahmen und/oder Bezüge** i.S. des § 8b Abs. 10 Satz 2 KStG	228		228	
	Zeilen 44n und 44o: Nicht bei Organgesellschaften und – bei Organträgern – ohne von Organgesellschaften übernommene Beträge				
44n	Davon ab: inländische Beträge i. S. der Zeile 44m, soweit es sich dabei um Bezüge i. S. des § 8b Abs.1 KStG, auf die § 8b Abs. 4 KStG nicht anzuwenden ist, und/oder § 8b Abs. 2 KStG handelt ⑨	229		229	
44o	Davon ab: Bei der entleihenden Körperschaft: 5 % der Beträge i. S. der Zeilen 44c und/oder 44f, soweit es sich hierbei um Bezüge aus entliehenen Anteilen i. S. des § 8b Abs. 10 KStG handelt ⑨	230		230	
45	Zwischensumme (Übertrag)				

			–4–	Bitte nur volle Euro-Beträge eintragen Negative Beträge in Rot oder mit Minuszeichen	99	13
	Steuernummer			EUR		

Zeile					
45	Zwischensumme (Übertrag)				
	Bei einem Organträger oder einer Organgesellschaft:				
46	Dazu: Negative Einkünfte, soweit sie in einem ausländischen Staat im Rahmen der Besteuerung des Organträgers, der Organgesellschaft oder einer anderen Person berücksichtigt werden (§ 14 Abs. 1 Nr. 5 KStG), soweit diese in dem Betrag lt. Zeile 45 enthalten sind			231	231
47 frei	**Bei Organschaft: Gewinnabführung/Verlustübernahme**				
48	Dazu: Summe der Beträge aus neben- stehenden Zeilen aller Anlagen ORG	Nur Organträger Zeile 10 Sp. 1	Nur Organgesell- schaft Zeile 23 Sp. 1	Gleichzeitig Organträger u. Organgesellschaft Zeile 10 Sp.1 u, Zeile 23 Sp. 1	
49	Davon ab: Summe der Beträge aus neben- stehenden Zeilen aller Anlagen ORG	Zeile 10 Sp. 2	Zeile 23 Sp. 2	Zeile 10 Sp.2 u, Zeile 23 Sp. 2	
49a frei	**Nicht bei Organgesellschaften; bei Organträgern: einschließlich der entsprechenden Beträge der Organgesellschaften**				
49b	Davon ab: Nach Anwendung des § 4h EStG i. V. mit § 8 Abs. 1, § 8a KStG (Zinsschranke) als Betriebsausgaben abziehbare Zinsaufwendungen (Betrag lt. Zeile 14 der Anlage Zinsschranke)				
49c	Zwischensumme				
50	**Bei zusätzlichem Rumpfwirtschaftsjahr:** Dem Betrag lt. Zeile 49c entsprechendes Ergebnis des ersten im Veranlagungszeitraum endenden Wirtschaftsjahres (lt. zusätzlich beigefügtem Vordruck KSt 1 A)			211	211
51	Wenn während des Kalenderjahrs sowohl unbeschränkte als auch beschränkte Steuerpflicht bestanden hat: Dazu / Davon ab: Während der beschränkten Steuerpflicht erzielte Einkünfte (Betrag lt. Zeile 42 des beigefügten Vordrucks KSt 1 C für die Zeit der beschränkten Steuerpflicht; vgl. § 32 Abs. 2 Nr. 1 KStG)			210	210
52 und 53 frei					
54	Summe der Einkünfte				
	Davon ab: Zuwendungen nach § 9 Abs. 1 Nr. 2 KStG zur Förderung steuer- begünstigter Zwecke (lt. Nachweis)				99 | 15
54a frei	Die abziehbaren Zuwendungen sind unter Verwendung der **Anlage SP** zu ermitteln – auch soweit sie in 2013 geleistet worden sind –, wenn zum 31.12.2012 ein **Vortrag** aus **Großspenden** (ggf. aus Großspenden an **Stiftungen**) besteht		⑥	10	10
54b	Lt. Zeile 22 der Anlage SP sind **insgesamt** abziehbar (weiter mit Zeile 57)				
55 frei	**Außer in den Fällen der Zeile 54b:**				
56	**Abziehbare Zuwendungen für steuerbegünstigte Zwecke** (Betrag lt. Zeile 99)				
57	Dazu: Betrag lt. Zeile 33a der Anlage AE				
58 bis 62 frei					
63	Zwischensumme				
63a	Dazu: Nach § 8c KStG nicht berücksichtigungsfähiger Verlust des laufenden Veranlagungszeitraums (ggf. i. V. mit § 2 Abs. 4, § 20 Abs. 6 Satz 4 UmwStG) (Bitte auf besonderem Blatt erläutern)		⑦	51	51
63b	Zwischensumme				
64	**Wenn Sie Organträger sind:** Dazu / Davon ab: Zuzurechnende Einkommen der Organgesellschaften (Summe der Beträge aus Zeile 13 aller Anlagen ORG)				
64a	Zwischensumme				
64b	Dazu: Im Falle einer Abspaltung bei der übertragenden Körperschaft: wegfallender Verlust aus dem laufenden Veranlagungszeitraum (§ 15 Abs. 3, § 16 UmwStG)			52	52
64c	Zwischensumme				
65	**Wenn Sie Organgesellschaft sind:** Dazu: Vom Organträger zu leistende Ausgleichszahlungen (§ 16 Satz 2 KStG) (Betrag lt. Zeile 26 der Anlage ORG)				
66	**Wenn Sie Organgesellschaft sind:** Dem Organträger zuzurechnendes Einkommen (Betrag lt. Zeile 28 der Anlage ORG – einzutragen mit umgekehrtem Vorzeichen)				
67	**Gesamtbetrag der Einkünfte**				
68	Nur bei Gesellschaften, die unter § 8 Abs. 7 Satz 1 Nr. 2 Satz 2 KStG fallen und bei Gesell- schaften und BgA, die Organträger solcher Gesellschaften sind; nicht bei Organgesellschaften: Dazu: Summe der negativen Gesamtbeträge der Einkünfte aus den einzelnen Sparten i. S. des § 8 Abs. 9 Satz 1 Nr. 1 bis 3 KStG (Betrag lt. Zeile 13 Spalte 2 der Anlage ÖHK)			75	75
69	**Maßgeblicher Gesamtbetrag der Einkünfte** in den Fällen des § 8 Abs. 9 KStG				
70	Davon ab: **Verlustabzug** – Verlustvortrag (nicht in Fällen lt. Zeile 70a) (Summe der Beträge lt. Zeilen 86 und 88)				47
70a	– Verlustvortrag (in den Fällen des § 8 Abs. 9 KStG) (Betrag lt. Zeile 27 Spalte 2 der Anlage ÖHK)				76
71	– Verlustrücktrag aus 2014 auf 2013 (nicht in Fällen lt. Zeile 71a)				67
71a	– Verlustrücktrag aus 2014 auf 2013 (in den Fällen des § 8 Abs. 9 KStG)				77
72 frei					
73	**Einkommen**				
74	Davon ab: Freibetrag nach ☐ § 24 oder ☐ § 25 KStG ❽		⑧	28 | § 24 = 1 § 25 = 2	
75	**Zu versteuerndes Einkommen**				

–5–

Zeile	Aufteilung des zu versteuernden Einkommens nach Steuersätzen	Einkommensteile EUR	Körperschaftsteuer (auf volle Euro abgerundet) EUR
	Von dem Betrag lt. Zeile 75 unterliegen einer Körperschaftsteuer in Höhe von		
75a	15 % (§ 23 Abs. 1 KStG)		
76	81 %	82	
77 frei	Nur in den Fällen des Antrags nach § 34 Abs. 16 KStG:		
77a	**Erhöhung der Körperschaftsteuer** nach § 38 KStG, ggf. i. V. mit §§ 9, 16 UmwStG, § 10 UmwStG 2006[3], § 40 KStG 2006 (Summe der Beträge lt. Zeilen 9, 23 und 36 des Vordrucks KSt 1 F - 38)		
	Nur bei Berufsverbänden		
77b	Einnahmen		
77c	Mittel, die für die unmittelbare oder mittelbare Unterstützung oder Förderung politischer Parteien verwendet wurden	80	
77d	Körperschaftsteuer (50 % des Betrages aus Zeile 77c)		
		99 37	

Zeile	Verbleibender Verlustvortrag (§ 31 Abs. 1, § 8 Abs. 1 und 4, § 8c KStG, § 10d, § 57 Abs. 4 EStG)	Bitte nur volle Euro-Beträge eintragen Negative Beträge in Rot oder mit Minuszeichen EUR	EUR	Art der Verlustfeststellung 10 [ ][ ][ ][ ][ ]
78	Nicht in den Anwendungsfällen des § 8 Abs. 9 KStG **Verbleibender Verlustvortrag zum 31.12.2012**	15	15	
78a	**Nur für Betriebe gewerblicher Art** zu übernehmender verbleibender Verlustvortrag (§ 8 Abs. 8 KStG) ⑪	25	25	
78b	Von den Beträgen lt. Zeilen 78 bzw. 78a entfällt auf in 1990 entstandene Verluste aus dem Beitrittsgebiet i. S. des § 57 Abs. 4 EStG	19	19	
79	Davon ab: Nicht zu berücksichtigender Verlustabzug nach § 8 Abs. 4 Satz 1 bis 3 KStG 2006 (ggf. i. V. mit § 2 Abs. 4, § 20 Abs. 6 Satz 4 UmwStG)	16	16	
79a	Davon ab: Nicht zu berücksichtigender Verlustabzug nach § 8c KStG (ggf. i. V. mit § 2 Abs. 4, § 20 Abs. 6 Satz 4 UmwStG) (Bitte auf besonderem Blatt erläutern)	36	36	
79b	Zwischensumme			
79c	Davon ab: Im Fall der Abspaltung: Verringerung des verbleibenden Verlustvortrags bei der übertragenden Körperschaft (§ 15 Abs. 3, § 16 UmwStG)			
79d	In 1990 entstandene Verluste aus dem Beitrittsgebiet i. S. des § 57 Abs. 4 EStG, die in den Beträgen lt. Zeilen 79, 79a und 79c enthalten sind			
80	**Steuerlicher Verlust 2013:** negativer Gesamtbetrag der Einkünfte lt. Zeile 67 (ohne Vorzeichen eintragen)			
81	Davon ab: **Verlustrücktrag** auf das Einkommen 2012; höchstens 1 Mio. € ⑩ Kein Verlustrücktrag			
82	Ergebnis / Dazu (vortragsfähiger Verlust des Jahres 2013)	▶		
83 frei				
84	Zwischensumme			
85	**Abzug des zum 31.12.2012 festgestellten Verlustvortrags in 2013:** positiver Gesamtbetrag der Einkünfte (Betrag lt. Zeile 67; bei Organgesellschaften: Betrag lt. Zeile 27a der Anlage ORG)			
86	Davon ab: Niedrigerer Betrag aus Zeile 84 oder 85, höchstens 1 Mio. €	▶		
87	Zwischensumme			
88 89 bis 91 frei	Davon ab: Betrag lt. Zeile 87 Hauptspalte, höchstens 60 % des Betrages aus Zeile 87 Vorspalte			
92	**Verbleibender Verlustvortrag zum 31.12.2013**			
93	Davon entfällt auf in 1990 entstandene Verluste aus dem Beitrittsgebiet i. S. des § 57 Abs. 4 EStG (Betrag lt. Zeile 78b abzügl. Summe d. Beträge lt. Zeilen 79d, 86 u. 88; mind. „0")			

1) KStG 2006 = Körperschaftsteuergesetz in der Fassung des Gesetzes vom 13.12.2006 (BGBl. I S. 2878).
2) EStG 2002 = Einkommensteuergesetz in der Fassung des Gesetzes vom 19.10.2002 (BGBl. I S. 4210).
3) UmwStG 2006 = Umwandlungssteuergesetz in der Fassung vom 07.12.2006 (BGBl. I S. 2782, 2791).

			–6–	Bitte nur volle Euro-Beträge eintragen Negative Beträge in Rot oder mit Minuszeichen		99	15
	Steuernummer			EUR	EUR		
Zeile	**Verbleibender Zuwendungsvortrag (§ 9 Abs. 1 Nr. 2 Satz 9 und 10 KStG, § 10d Abs. 4 EStG)** (Zeilen 94 bis 101 nicht ausfüllen in den Fällen der Zeile 54b)						
94	Verbleibender Zuwendungsvortrag zum 31.12.2012			45	45		
95	Davon ab: Im Falle einer Abspaltung oder Teilübertragung: Verringerung des verbleibenden Zuwendungsvortrags bei der übertragenden Körperschaft (§ 12 Abs. 3 UmwStG i. V. mit § 15 Abs. 1, § 16 UmwStG)						
95a	Dazu: Bei der übernehmenden Körperschaft im Jahr der Vermögensübernahme: auf diese nach § 12 Abs. 3 i. V. mit § 15 Abs. 1 UmwStG übergegangener Zuwendungsvortrag gemäß § 9 Abs. 1 Nr. 2 Satz 9 KStG			46	46		
96	Dazu: Im Kalenderjahr 2013 bzw. im Wirtschaftsjahr 2012/2013 geleistete **Zuwendungen** (Spenden und Mitgliedsbeiträge) **für steuerbegünstigte Zwecke** i. S. der §§ 52 bis 54 AO (lt. Nachweis)			40	40		
96a	In Zeile 96 enthaltene Zuwendungen an Empfänger im EU-/EWR-Ausland			42	42		
97	Summe						
98	Nur ausfüllen, wenn für Höchstbetragsberechnung erforderlich: Summe der gesamten Umsätze sowie der im Kalenderjahr aufgewendeten Löhne und Gehälter			18	18		
99	Davon ab: Unter Beachtung der Höchstbeträge **abziehbare Zuwendungen** (Übertrag nach Zeile 56)						
100 frei 101	Verbleibender Zuwendungsvortrag zum **31.12.2013** in den Fällen der Zeilen 94 bis 99						
102	Verbleibender Zuwendungsvortrag zum **31.12.2013** in den Fällen der Zeile 54b: Betrag lt. Zeile 21 der Anlage SP			44	44		

Bezeichnung der Körperschaft	Enden in einem Veranlagungs-zeitraum zwei Wirtschaftsjahre, ist für jedes Wirtschaftsjahr die Anlage A gesondert auszufüllen.	**Anlage A**	**2013**
	Die mit einem Kreis versehenen Zahlen bezeichnen die Erläuterungen in der Anleitung zur Körperschaft-steuererklärung.	zur Körperschaftsteuererklärung KSt 1 A	
Steuernummer			

Nicht abziehbare Aufwendungen ❷

Nach Verrechnung mit Erstattungen
(soweit diese den Betrag lt. Zeile 20, 20b oder 23 des Vordrucks KSt 1 A beeinflusst haben)

| | | 99 | 14 | 89 | |

Zeile		Bitte nur volle Euro-Beträge eintragen Negative Beträge in Rot oder mit Minuszeichen EUR		Nur vom Finanzamt auszufüllen
1 frei				
2	Aufwendungen für satzungsmäßige Zwecke (§ 10 Nr.1 KStG)	12		12
3	**Körperschaftsteuer** (nach Anrechnung von Kapitalertragsteuer verbleibender Körperschaftsteuer-Aufwand lt. Gewinn- und Verlustrechnung)	15 ⑨		15
4	davon Zuführung zur Körperschaftsteuer-Rückstellung für den laufenden Veranlagungszeitraum			
5	**Solidaritätszuschlag** ⑫	30 ⑨		30
6	Anzurechnende **Kapitalertragsteuer** auf vereinnahmte Kapitalerträge	17		17
7	Nicht anzurechnende **Kapitalertragsteuer** auf vereinnahmte Kapitalerträge ⑬	29		29
7a	Gewerbesteuer ab Erhebungszeitraum 2008	43 ⑩		43
8	**Sonstige Personensteuern** (z. B. Vermögensteuer, Erbschaftsteuer und Schenkungsteuer)	21 ⑪		21
9	Nach § 10 Nr. 2 KStG nicht abziehbarer Teil der Umsatzsteuer und Vorsteuerbeträge	25 ⑫		25
10	Ausländische Personensteuern i. S. des § 10 Nr. 2 KStG ⑭	26		26
11	**Nebenleistungen zu den Steuern** lt. Zeilen 3 bis 10 (z.B. Säumnis- und Verspätungszuschläge, Zwangsgelder, Zinsen nach §§ 234 bis 237 AO, Nachzahlungszinsen nach § 233a AO, Zuschläge nach § 162 Abs. 4 AO, Gebühren nach §§ 89 und 178a AO) ⑮	31 ⑨		31
12	**Die Hälfte der Aufsichtsratsvergütungen** (einschl. des von der Körperschaft getragenen Steuerabzugs nach § 50a Abs. 1 Nr. 4 EStG und des Solidaritätszuschlags; § 10 Nr. 4 KStG) - Bitte auch Zeilen 33, 34, 39 ff. der Anlage WA ausfüllen -	32 ⑬		32
13	**Sonstige nicht abziehbare Aufwendungen** insbesondere nach § 4 Abs. 5 Satz 1 Nr. 1 bis 4, 7, 8, 8a, 10 und Abs. 6 bis 8 EStG, §§ 4c und 4d EStG, § 160 Abs. 1 AO, § 10 Nr. 3 KStG	33 ⑭		33
14	**Sämtliche Spenden** und nicht als Betriebsausgaben abziehbare **Beiträge**	35 ⑥		35
14a	Zeile 14a nur ausfüllen, wenn die Zinsaufwendungen mindestens drei Millionen Euro betragen und/oder ein Zins- oder EBITDA-Vortrag zum Ende des vorangegangenen Wirtschaftsjahres festgestellt wurde. Nicht bei Organgesellschaften, bei Organträgern: einschließlich entsprechender Beträge der Organgesellschaften ❶ **Sämtliche Zinsaufwendungen** i. S. des § 4h Abs. 3 Satz 2 und 4 EStG	44 ⑮		44
15	**Zusammen** (Übertrag nach Zeile 29 des Vordrucks KSt 1 A)		0	

Anlage A – Okt. 2013

034060_13

Anmerkungen

1. Ausgangsgröße für die Ermittlung der Körperschaftsteuer ist der Steuerbilanzgewinn bzw. – verlust (Zeile 20), der sich aus einer aufgestellten Steuerbilanz entnehmen lässt. Unterbleibt die Aufstellung einer separaten Steuerbilanz, ist auf den Jahresüberschuss bzw. – fehlbetrag laut Handelsbilanz abzustellen. Im Wege einer Überleitungsrechnung sind nach § 60 Abs. 2 S. 1 EStDV erforderliche steuerliche Korrekturen vorzunehmen, um auf die Ausgangsgröße – das Steuerbilanzergebnis – zu kommen. Daran anknüpfend sind zur Ermittlung des zu versteuernden Einkommens einer Körperschaft bestimmte außerbilanzielle Korrekturen vorzunehmen, von denen einige wesentliche angesprochen werden.

2. Die Kapitalgesellschaft darf ebenfalls einen Investitionsabzugsbetrag nach § 7g EStG iVm § 8 Abs. 1 KStG bilden (→ Form. O. I. 5 Anm. 11). Dabei ist zu berücksichtigen, dass eine im Inland unbeschränkt körperschaftsteuerpflichtige Kapitalgesellschaft stets Einkünfte aus Gewerbebetrieb erzielt (§ 8 Abs. 2 KStG) und aufgrund bestehender Buchführungsverpflichtung bilanziert. Demgemäß berechnet sich für sie die Grenze, bis wann ein Investitionsabzugsbetrag in Betracht kommt, ausschließlich nach § 7g Abs. 1 S. 2 Nr. 1 a EStG. Eine Einnahmenüberschussrechnung kommt nicht in Betracht.

3. In der **Zeile 27** sind **verdeckte Gewinnausschüttung** nach § 8 Abs. 3 S. 2 KStG anzugeben. Dabei handelt es sich um Vermögensminderungen oder verhinderte Vermögensmehrungen aus Sicht der Kapitalgesellschaft, die einem Fremdvergleich nicht standhalten und einem Gesellschaftsfremden nicht gewährt worden wären und nicht auf einem offenen Gewinnausschüttungsbeschluss beruhen (ausführlich dazu KStR 36 f.). Üblicherweise erfolgt bei Erstellung der Steuererklärung in dieser Zeile jedoch kein Eintrag, da die Gesellschaft regelmäßig von der Ordnungsgemäßheit der erbrachten Leistungen und abgeschlossenen Verträge ausgeht. Verdeckte Gewinnausschüttungen werden in der Praxis erstmals im Rahmen einer Betriebsprüfung diskutiert, da der Betriebsprüfer durch den Ansatz von verdeckten Gewinnausschüttungen, die zu einer Hinzurechnung von Betriebsausgaben zu den Einnahmen führen, ein Mehrergebnis zugunsten der Finanzverwaltung erzielen möchte.

4. In der Zeile 29 ist die Summe der nicht abziehbaren Aufwendungen laut Anlage A einzutragen → Anm. 9 ff.

5. In den **Zeilen 44b ff.** sind Angaben zu der Regelung des § 8b KStG zu tätigen. Nach § 8b Abs. 1 KStG werden Dividenden aus Beteiligungen an anderen Kapitalgesellschaften steuerfreigestellt, wenn die Beteiligung mindestens 10 % betragen hat (§ 8b Abs. 4 KStG). Ein Betrag von 5 % ist als nichtabziehbare Betriebsausgabe gewinnerhöhend hinzuzurechnen. Gleiches gilt für Veräußerungsgewinne aus Anteilen an anderen Kapitalgesellschaften (§ 8b Abs. 2 f. KStG) und zwar unabhängig von einer Beteiligungshöhe.

6. Von der Gesellschaft gezahlte Spenden sind zunächst im Rahmen der nichtabziehbaren Aufwendungen (Anlage A Zeile 14) vollständig dem Jahresergebnis wieder hinzuzurechnen und anschließend nach den Regeln des § 9 Abs. 1 Nr. 2 KStG wieder in Abzug zu bringen.

7. Vorsicht ist vor der Regelung des § 8c KStG geboten, wenn auf Ebene der Kapitalgesellschaft ein bislang noch nicht abziehbarer Verlust gesondert festgestellt worden ist. Veränderungen im Gesellschafterbestand von mehr als 25 % bis 50 % innerhalb von fünf Jahren führen zu einem anteiligen Wegfall dieser Verluste (§ 8c Abs. 1 S. 1

KStG). Bei Veränderungen im Gesellschafterbestand von mehr als 50 % droht sogar der Wegfall der gesamten Verluste (§ 8c Abs. 1 S. 2 KStG). Die Norm steht jedoch insgesamt auf dem verfassungsrechtlichen Prüfstand. Vor dem BVerfG ist unter dem Az. 2 BvL 6/11 ein Verfahren anhängig, in dem die Verfassungsgemäßheit des § 8c KStG geprüft wird. Der Verlustwegfall gilt nicht nur für die körperschaftsteuerlichen Verlustvorträge, sondern auch für gewerbesteuerliche Verlustvorträge.

8. Für Kapitalgesellschaften kommt **kein** Freibetrag nach §§ 24 f. KStG zur Anwendung.

9. Körperschaftsteuer und Solidaritätszuschlag gelten gemäß § 10 Nr. 2 KStG als nichtabziehbare Aufwendungen. Dies gilt auch für alle Nebenleistungen zu diesen Steuern, wie zB Säumniszuschläge, Verspätungszuschläge u.ä. sowie die Einstellung in die Körperschaftsteuerrückstellung. Die Körperschaftsteuer korrespondiert damit der Einkommensteuer des Einzelanwaltes. Er kann die Einkommensteuer ebenfalls nicht als Betriebsausgaben steuermindernd im Rahmen seiner Gewinnermittlung in Abzug bringen.

10. Die Gewerbesteuer ist als nicht abziehbarer Aufwand nach § 8 Abs. 1 KStG iVm § 4 Abs. 5b EStG erst für alle Veranlagungszeiträume ab 2008 einzustufen. Ab diesem Zeitpunkt hat daher eine außerbilanzielle Korrektur zu erfolgen.

11. Auch sonstige Personensteuern (zB die Erbschaft- und Schenkungsteuer) stellen nach § 10 Nr. 2 KStG nichtabziehbaren Aufwand dar. Bei Schenkungen an eine Kapitalgesellschaft gilt grundsätzlich der geringe Freibetrag von 20.000 EUR in der Schenkungsteuer (§ 16 ErbStG).

12. Nach § 10 Nr. 2 KStG sind ebenfalls hinzuzurechnen nicht abziehbarer Teile der Umsatzsteuer und Vorsteuerbeträge, für die das Abzugsverbot nach § 4 Abs. 5 S. 1 Nr. 1 bis 4, 7 bzw. Abs. 7 EStG gilt (→ Anm. 14).

13. Die Hälfte der von der Kapitalgesellschaft gezahlten Aufsichtsratsvergütungen sind gemäß § 10 Nr. 4 KStG dem Ergebnis wieder hinzuzurechnen.

14. Sonstige nicht abziehbare Aufwendungen erhöhen ebenfalls die körperschaftsteuerliche Bemessungsgrundlage: Geldstrafen nach § 10 Nr. 3 KStG und Aufwendungen nach § 4 Abs. 5 S. 1 Nr. 1 bis 4, 7, 8, 8a, 10 und Abs. 6 bis 8 EStG, §§ 4c und d EStG. Wichtige Fälle sind hier die Geschenke an Geschäftspartner über 35 EUR (§ 4 Abs. 5 Nr. 1 EStG) und die Bewirtungsaufwendungen größer 70 % (§ 4 Abs. 5 Nr. 2 EStG). Zu letzteren ist zur Zeit streitig, ob die Herabsetzung der Abziehbarkeit von 80 % auf 70 % durch das Haushaltsbegleitgesetz in einem formal ordnungsgemäßen Gesetzgebungsverfahren und damit verfassungskonform zustande gekommen ist (→ Form. O. I. 5 Anm. 17).

15. Zinsaufwendungen iSd § 4h Abs. 3 EStG sind ebenfalls hinzuzurechnen. Diese sog. Zinsschranke hat jedoch nur einen eingeschränkten Anwendungsbereich und trifft letztendlich nur Großkonzerne. Denn § 4h Abs. 2 a EStG enthält einen Freibetrag von 3 Millionen Euro bezogen auf die Zinserträge. Erst wenn Zinserträge diesen Betrag überschreiten, kommt es zur Anwendung der Zinsschrankenregelung und zu einer gewinnerhöhenden Hinzurechnung. Die Bedeutung für Freiberufler-Kapitalgesellschaften dürfte damit in der Praxis gering sein.

7. Gewerbesteuererklärung

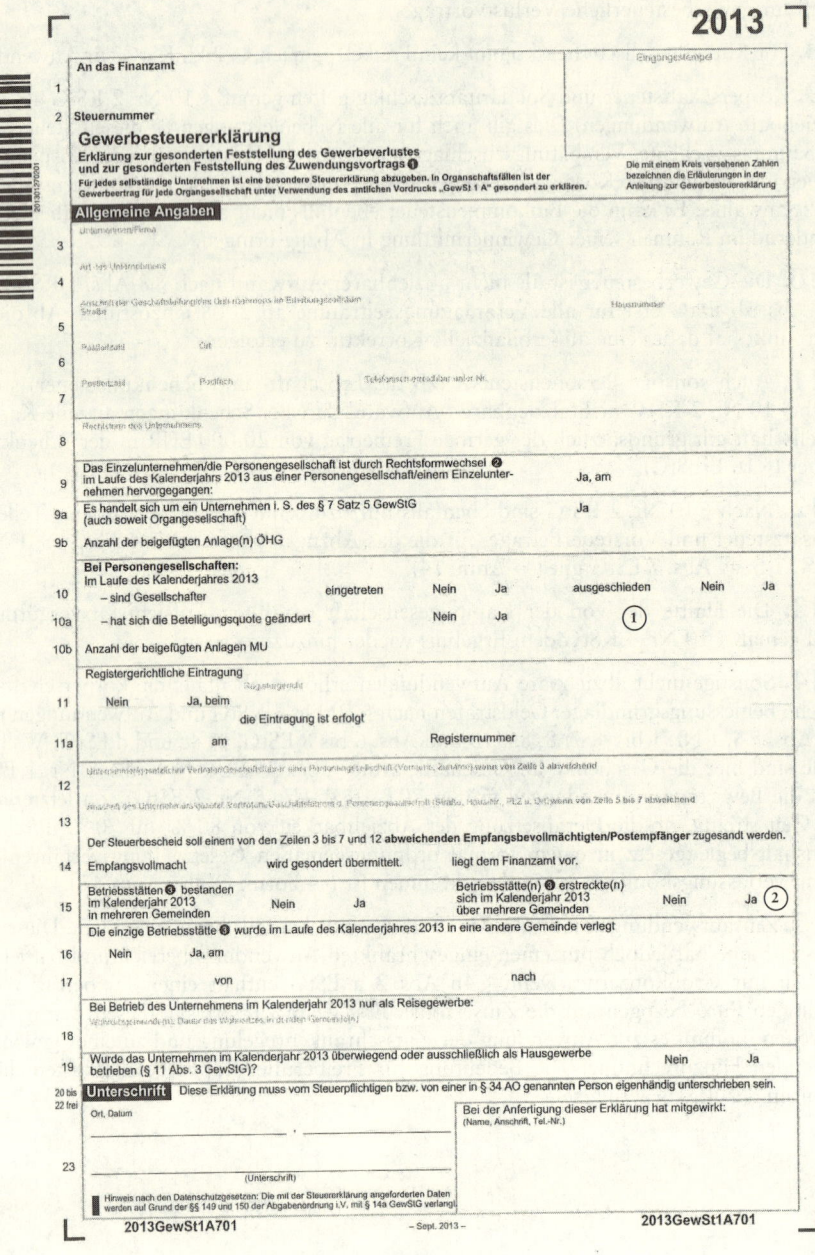

Steuernummer		Fußnoten siehe Seite 3

30 Das Unternehmen ist **Organträger.** Name, zuständiges Finanzamt, Steuernummer der Organgesellschaft(-en) ggf. auf besonderem Blatt.

31 Das Unternehmen ist **Organgesellschaft.** Name, zuständiges Finanzamt, Steuernummer des Organträgers ggf. auf besonderem Blatt.

32 Es besteht ein vom Kalenderjahr abweichendes Wirtschaftsjahr — von — bis — ggf. zweites im Erhebungszeitraum endendes Wirtschaftsjahr — von — bis —

Gewerbeertrag

Gewinn aus Gewerbebetrieb – **ohne Beträge lt. Zeilen 34, 35, 75 und 76 –**, der nach den Vorschriften des Einkommen-steuergesetzes ❹ Körperschaft-steuergesetzes ❺ ermittelt worden ist — EUR

33 – Negative Beträge bitte mit Minuszeichen – – ggf. „0" – 10 — (3)

34 Unterschiedsbetrag i. S. des § 5a Abs. 4 EStG — 27

35 Sondervergütungen nach § 5a Abs. 4a EStG — 28

Hinzurechnungen:

Finanzierungsanteile nach § 8 Nr. 1 GewStG (enden im Erhebungszeitraum zwei Wirtschaftsjahre, sind hier die Eintragungen für das erste Wirtschaftsjahr vorzunehmen und zusätzlich die Zeilen 42 bis 47 auszufüllen) ❼

Bitte die Beträge in voller Höhe eintragen, ggf. auf besonderer Anlage erläutern; der Hinzurechnungsbetrag wird von Amts wegen ermittelt.

36 Entgelte für Schulden (§ 8 Nr. 1 Buchst. a GewStG) — 31 — (4)

37 Renten und dauernde Lasten (§ 8 Nr. 1 Buchst. b GewStG) — 32

38 Gewinnanteile der stillen Gesellschafter (§ 8 Nr. 1 Buchst. c GewStG) — 33

39 Miet- und Pachtzinsen (einschl. Leasingraten) für die Benutzung fremder **beweglicher** Betriebsanlagegüter (§ 8 Nr. 1 Buchst. d GewStG) — 34

40 Miet- und Pachtzinsen (einschl. Leasingraten) für die Benutzung fremder **unbeweglicher** Betriebsanlagegüter (§ 8 Nr. 1 Buchst. e GewStG) — 35

41 Aufwendungen für die zeitlich befristete Überlassung von Rechten - insbesondere Konzessionen und Lizenzen - (§ 8 Nr. 1 Buchst. f GewStG) — 36

41a Im Betrag lt. Zeile 41 enthaltene Vergütungen i. S. des § 50a Abs. 1 Nr. 3 EStG an beschränkt steuerpflichtige Zahlungsempfänger — 37

Finanzierungsanteile nach § 8 Nr. 1 GewStG für ein zweites, im Erhebungszeitraum endendes Wirtschaftsjahr

Bitte die Beträge in voller Höhe eintragen, ggf. auf besonderer Anlage erläutern; der Hinzurechnungsbetrag wird von Amts wegen ermittelt.

42 Entgelte für Schulden (§ 8 Nr. 1 Buchst. a GewStG) — 41

43 Renten und dauernde Lasten (§ 8 Nr. 1 Buchst. b GewStG) — 42

44 Gewinnanteile der stillen Gesellschafter (§ 8 Nr. 1 Buchst. c GewStG) — 43

45 Miet- und Pachtzinsen (einschl. Leasingraten) für die Benutzung fremder **beweglicher** Betriebsanlagegüter (§ 8 Nr. 1 Buchst. d GewStG) — 44

46 Miet- und Pachtzinsen (einschl. Leasingraten) für die Benutzung fremder **unbeweglicher** Betriebsanlagegüter (§ 8 Nr. 1 Buchst. e GewStG) — 45

47 Aufwendungen für die zeitlich befristete Überlassung von Rechten - insbesondere Konzessionen und Lizenzen - (§ 8 Nr. 1 Buchst. f GewStG) — 46

47a Im Betrag lt. Zeile 47 enthaltene Vergütungen i. S. des § 50a Abs. 1 Nr. 3 EStG an beschränkt steuerpflichtige Zahlungsempfänger — 47

48 **Nur bei einer Kommanditgesellschaft auf Aktien:** Gewinnanteile der in § 8 Nr. 4 GewStG bezeichneten Art an persönlich haftende Gesellschafter ❾ — 14

49 **Gewinnanteile (Dividenden) und die diesen gleichgestellten Bezüge und erhaltenen Leistungen** aus Anteilen an einer Körperschaft, Personenvereinigung oder Vermögensmasse i. S. des KStG (§ 8 Nr. 5 GewStG)❿ – soweit nicht die Voraussetzungen des § 9 Nr. 2a oder Nr. 7 GewStG vorliegen - nach Abzug der damit in Zusammenhang stehenden Betriebsausgaben, soweit sie nach § 3c EStG 2 EStG und § 8b Abs. 5 und 10 KStG bei Ermittlung des Gewinns unberücksichtigt geblieben sind – Bei Organträgern: Ohne entsprechende Beträge der Organgesellschaften. Keine Hinzurechnung bei Organgesellschaften. — 26

50 Anteile am **Verlust** von in- und / oder **ausländischen Personengesellschaften** (§ 8 Nr. 8 GewStG) ❽ ❾ – Betrag ohne Minuszeichen – — 18

51 **Ausgaben** i. S. des § 9 Abs. 1 Nr. 2 KStG, soweit sie als Betriebsausgaben bei der Ermittlung des Gewinns lt. Zeile 33 abgezogen worden sind (§ 8 Nr. 9 GewStG) — 50

52 **Ausschüttungs- und abführungsbedingte Gewinnminderungen** bei Beteiligungsbesitz (§ 8 Nr. 10 GewStG) (auch soweit die Gewinnminderung Folge einer Auskehrung von Liquidationsraten ist) — 19

53 **Ausländische Steuern,** soweit sie auf Gewinne oder Gewinnanteile entfallen, die nach § 9 GewStG gekürzt werden oder sonst nicht im Gewerbeertrag enthalten sind (§ 8 Nr. 12 GewStG) — 22

54 **Negativer Teil des Gewerbeertrags,** der auf Betriebsstätten im Ausland entfällt (§ 9 Nr. 3 GewStG) – Betrag ohne Minuszeichen – — 17

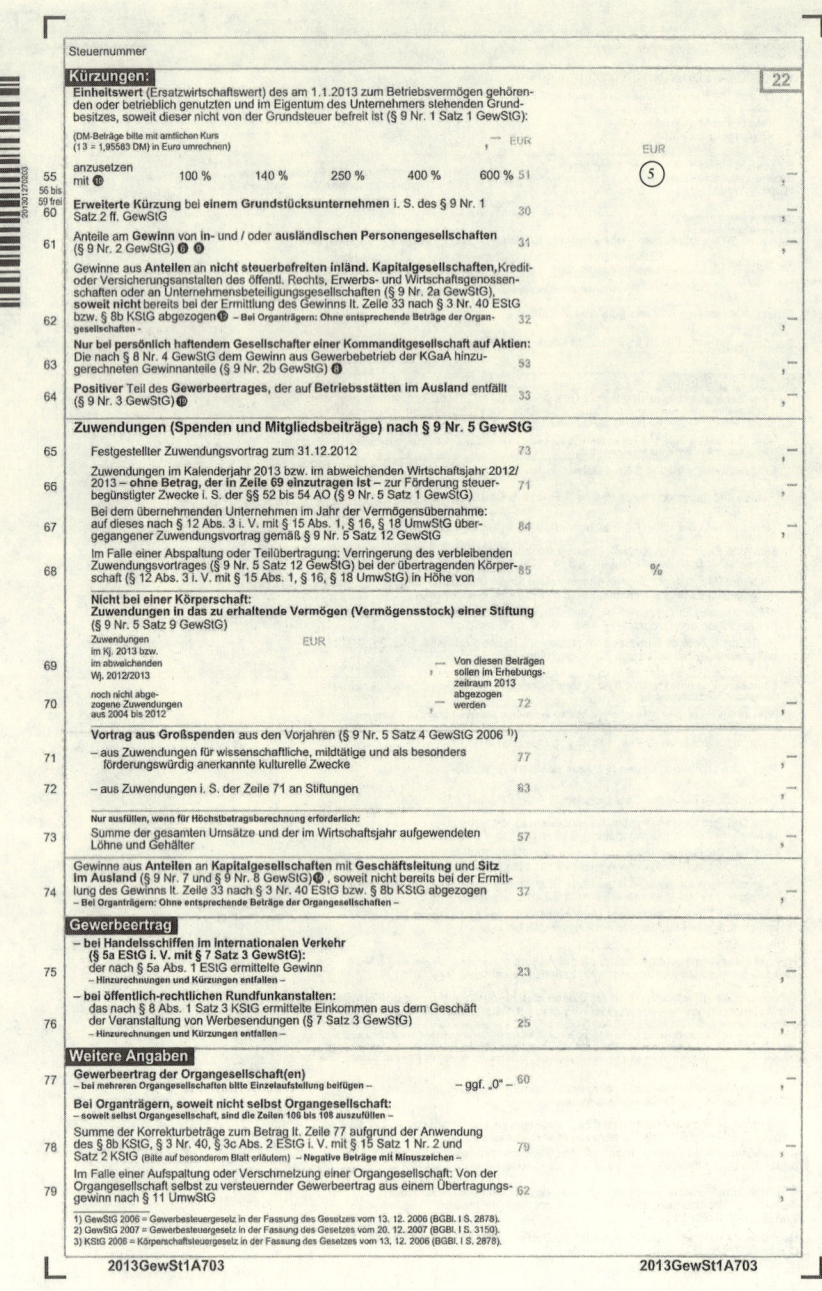

Steuernummer

Kürzungen: 22

Einheitswert (Ersatzwirtschaftswert) des am 1.1.2013 zum Betriebsvermögen gehörenden oder betrieblich genutzten und im Eigentum des Unternehmers stehenden Grundbesitzes, soweit dieser nicht von der Grundsteuer befreit ist (§ 9 Nr. 1 Satz 1 GewStG):

(DM-Beträge bitte mit amtlichem Kurs
(1 € = 1,95583 DM) in Euro umrechnen) EUR

anzusetzen EUR
55 mit
56 bis
59 frei 100 % 140 % 250 % 400 % 600 % 51 5
60

61 **Erweiterte Kürzung** bei **einem Grundstücksunternehmen** i. S. des § 9 Nr. 1 30
Satz 2 ff. GewStG

Anteile am Gewinn von in- und / oder ausländischen Personengesellschaften 31
(§ 9 Nr. 2 GewStG)

62 Gewinne aus **Anteilen** an nicht steuerbefreiten inländ. **Kapitalgesellschaften,** Kredit-
oder Versicherungsanstalten der öffentl. Rechts, Erwerbs- und Wirtschaftsgenossen-
schaften oder an Unternehmensbeteiligungsgesellschaften (§ 9 Nr. 2a GewStG),
soweit nicht bereits bei der Ermittlung des Gewinns lt. Zeile 33 nach § 3 Nr. 40 EStG
bzw. § 8b KStG abgezogen – Bei Organträgern: Ohne entsprechende Beträge der Organgesellschaften – 32

63 **Nur bei persönlich haftendem Gesellschafter einer Kommanditgesellschaft auf Aktien:**
Die nach § 8 Nr. 4 GewStG dem Gewinn aus Gewerbebetrieb der KGaA hinzugerechneten Gewinnanteile (§ 9 Nr. 2b GewStG) 53

64 **Positiver Teil des Gewerbeertrages,** der auf Betriebsstätten im Ausland entfällt 33
(§ 9 Nr. 3 GewStG)

Zuwendungen (Spenden und Mitgliedsbeiträge) nach § 9 Nr. 5 GewStG

65 Festgestellter Zuwendungsvortrag zum 31.12.2012 73

66 Zuwendungen im Kalenderjahr 2013 bzw. im abweichenden Wirtschaftsjahr 2012/
2013 – **ohne Betrag, der in Zeile 69 einzutragen ist** – zur Förderung steuer-
begünstigter Zwecke i. S. der §§ 52 bis 54 AO (§ 9 Nr. 5 Satz 1 GewStG) 71

67 Bei dem übernehmenden Unternehmen im Jahr der Vermögensübernahme:
auf dieses nach § 12 Abs. 3 i. V. mit § 15 Abs. 1, § 16, § 18 UmwStG über-
gegangener Zuwendungsvortrag gemäß § 9 Nr. 5 Satz 12 GewStG 84

68 Im Falle einer Abspaltung oder Teilübertragung: Verringerung des verbleibenden
Zuwendungsvortrages (§ 9 Nr. 5 Satz 12 GewStG) bei der übertragenden Körperschaft (§ 12 Abs. 3 i. V. mit § 15 Abs. 1, § 16, § 18 UmwStG) in Höhe von 85 %

Nicht bei einer Körperschaft:
Zuwendungen in das zu erhaltende Vermögen (Vermögensstock) einer Stiftung
(§ 9 Nr. 5 Satz 9 GewStG)

Zuwendungen EUR
im Kj. 2013 bzw.
69 im abweichenden
Wj. 2012/2013 — Von diesen Beträgen
sollen im Erhebungs-
zeitraum 2013
70 noch nicht abge- abgezogen
zogene Zuwendungen werden 72
aus 2004 bis 2012

Vortrag aus Großspenden aus den Vorjahren (§ 9 Nr. 5 Satz 4 GewStG 2006 [1])

71 – aus Zuwendungen für wissenschaftliche, mildtätige und als besonders
förderungswürdig anerkannte kulturelle Zwecke 77

72 – aus Zuwendungen i. S. der Zeile 71 an Stiftungen 63

Nur ausfüllen, wenn für Höchstbetragsberechnung erforderlich:
73 Summe der gesamten Umsätze und der im Wirtschaftsjahr aufgewendeten
Löhne und Gehälter 57

74 Gewinne aus **Anteilen** an Kapitalgesellschaften mit **Geschäftsleitung** und **Sitz
im Ausland** (§ 9 Nr. 7 und § 9 Nr. 8 GewStG), soweit nicht bereits bei der Ermittlung des Gewinns lt. Zeile 33 nach § 3 Nr. 40 EStG bzw. § 8b KStG abgezogen 37
– Bei Organträgern: Ohne entsprechende Beträge der Organgesellschaft –

Gewerbeertrag

– **bei Handelsschiffen im internationalen Verkehr**
(§ 5a EStG i. V. mit § 7 Satz 3 GewStG):
75 der nach § 5a Abs. 1 EStG ermittelte Gewinn 23
– Hinzurechnungen und Kürzungen entfallen –

– **bei öffentlich-rechtlichen Rundfunkanstalten:**
das nach § 8 Abs. 1 Satz 3 KStG ermittelte Einkommen aus dem Geschäft
76 der Veranstaltung von Werbesendungen (§ 7 Satz 3 GewStG) 25
– Hinzurechnungen und Kürzungen entfallen –

Weitere Angaben

77 **Gewerbeertrag der Organgesellschaft(en)**
– bei mehreren Organgesellschaften bitte Einzelaufstellung beifügen – – ggf. „0" – 60

Bei Organträgern, soweit nicht selbst Organgesellschaft:
– soweit selbst Organgesellschaft, sind die Zeilen 106 bis 108 auszufüllen –

78 Summe der Korrekturbeträge zum Betrag lt. Zeile 77 aufgrund der Anwendung
des § 8b KStG, § 3 Nr. 40, § 3c Abs. 2 EStG i. V. mit § 15 Satz 1 Nr. 2 und
Satz 2 KStG (Bitte auf besonderem Blatt erläutern) – Negative Beträge mit Minuszeichen – 79

79 Im Falle einer Aufspaltung oder Verschmelzung einer Organgesellschaft: Von der
Organgesellschaft selbst zu versteuernder Gewerbeertrag aus einem Übertragungsgewinn nach § 11 UmwStG 62

1) GewStG 2006 = Gewerbesteuergesetz in der Fassung des Gesetzes vom 13. 12. 2006 (BGBl. I S. 2878).
2) GewStG 2007 = Gewerbesteuergesetz in der Fassung des Gesetzes vom 20. 12. 2007 (BGBl. I S. 3150).
3) KStG 2006 = Körperschaftsteuergesetz in der Fassung des Gesetzes vom 13. 12. 2006 (BGBl. I S. 2878).

2013GewSt1A703   2013GewSt1A703

Steuernummer

Fußnoten siehe Seite 3

Angaben zur Verlustfeststellung

EUR

Zeilen 90 bis 104d nicht ausfüllen, wenn Anlage MU beigefügt ist. ⑩

90	Zum Ende des Erhebungszeitraums 2012 gesondert festgestellter vortragsfähiger Gewerbeverlust (§ 10a GewStG) – Betrag ohne Minuszeichen –	40
91	Von einem anderen Steuerschuldner im Falle des Rechtsformwechsels übernommener Gewerbeverlust aus der Zeit vor dem Rechtsformwechsel, soweit nach § 10a GewStG vortragsfähig – Betrag ohne Minuszeichen – ⑮	45
92	Übernommener Gewerbeverlust im Fall der Einbringung des Betriebs einer Personengesellschaft in eine andere Personengesellschaft oder der Verschmelzung von Personengesellschaften (R 10a.3 Abs. 3 Satz 9 Nr. 5 Satz 1 und 2 GewStR 2009) oder im Fall der Anwachsung (R 10a.3 Abs. 3 Satz 9 Nr. 4 GewStR 2009) – Betrag ohne Minuszeichen –	48
92a	Im Fall der Anwachsung einer Personengesellschaft auf eine Organgesellschaft: Im Betrag laut Zeile 92 enthaltener Verlust, der vor Abschluss des Gewinnabführungsvertrages bei der Personengesellschaft entstanden ist (R 10a.4 Satz 2 GewStR 2009)	18
93	**Nur bei Betrieben gewerblicher Art:** Übernommener vortragsfähiger Gewerbeverlust (§ 10a Satz 9 GewStG i. V. mit § 8 Abs. 8 KStG) – Betrag ohne Minuszeichen – ⑪	20
94	**Nur bei einer Körperschaft:** Bei der übertragenden Körperschaft im Fall der Abspaltung wegfallender Gewerbeverlust aus vorangegangenen Erhebungszeiträumen (§ 18 Abs. 1 i. V. mit § 16 und § 15 Abs. 3 bzw. § 19 Abs. 2 i. V. mit § 15 Abs. 3 UmwStG) in Höhe von – Spaltungsschlüssel –	17	%
95	Bei der übertragenden Körperschaft im Fall der Abspaltung wegfallender Gewerbeverlust aus dem laufenden Erhebungszeitraum (§ 18 Abs. 1 bzw. § 19 Abs. 1 i. V. mit § 15 Abs. 1 Satz 1, § 16 Satz 1 und § 4 Abs. 2 Satz 2 UmwStG) in Höhe von – Bitte als zeitanteiligen Prozentsatz eintragen –	46	%
96	Nach § 10a Satz 10 GewStG i. V. mit § 8c KStG bzw. § 10a Satz 8 GewStG 2007[3)] i. V. mit § 8 Abs. 4 KStG 2006[3)] und § 36 Abs. 9 Satz 2 GewStG nicht abziehbarer Gewerbeverlust aus vorangegangenen Erhebungszeiträumen (ggf. i. V. mit §§ 2 Abs. 4, 20 Abs. 6 Satz 4 UmwStG) in Höhe von	10	
96a	oder	44	
97	Nach § 10a Satz 10 GewStG i. V. mit § 8c KStG bzw. § 10a Satz 8 GewStG 2007 i. V. mit § 8 Abs. 4 KStG 2006 und § 36 Abs. 9 Satz 2 GewStG nicht ausgleichsfähiger Gewerbeverlust des laufenden Erhebungszeitraums (ggf. i. V. mit §§ 2 Abs. 4, 20 Abs. 6 Satz 4 UmwStG) in Höhe von – Bitte als zeitanteiligen Prozentsatz eintragen –	50	%
97a	oder	49	
98	**Nur bei einer Mitunternehmerschaft, soweit an dieser eine Körperschaft unmittelbar oder mittelbar über eine oder mehrere Personengesellschaften beteiligt ist:** Nach § 10a Satz 10 GewStG i. V. mit § 8c KStG nicht abziehbarer Gewerbeverlust aus vorangegangenen Erhebungszeiträumen in Höhe von	15	%
98a	oder	12	
99	Nach § 10a Satz 10 GewStG i. V. mit § 8c KStG nicht ausgleichsfähiger Gewerbeverlust des laufenden Erhebungszeitraums in Höhe von – Bitte als zeitanteiligen Prozentsatz eintragen –	14	%
99a	oder	13	
100	**Nur bei einer Personengesellschaft** oder aus einer Personengesellschaft hervorgegangenem **Einzelunternehmen:** Auf in 2013 ausgeschiedene Gesellschafter entfallen von dem zum Ende des Erhebungszeitraums 2012 gesondert festgestellten vortragsfähigen Gewerbeverlust, soweit er noch nicht bis zum Ausscheiden im Erhebungszeitraum 2013 verbraucht ist – Betrag ohne Minuszeichen –	43	
101	**Nur bei einer Personengesellschaft:** Auf im Erhebungszeitraum 2013 ausgeschiedene Gesellschafter entfallen von dem Gewerbeverlust 2013 – Betrag ohne Minuszeichen –	75	
102	oder	76	%
103	Auf Gesellschafter, denen kein Anteil an dem zum Ende des Erhebungszeitraumes 2012 gesondert festgestellten vortragsfähigen Gewerbeverlust zuzurechnen ist, entfallen von dem Gewerbeertrag des Erhebungszeitraumes 2013	41	
104	oder	42	%
104a	Kürzung des Höchstbetrags nach § 10a Satz 1 GewStG bei Änderungen im Gesellschafterbestand und/oder bei Änderung der Beteiligungsquote	74	
104b	Nach § 10a Satz 2 GewStG zum Ansatz kommender Verlustabzug	81	
104c	**Nicht bei Körperschaften:** Auf im Erhebungszeitraum 2013 veräußerte oder aufgegebene Teilbetriebe entfallen von dem zum Ende des vorangegangenen Erhebungszeitraums gesondert festgestellten vortragsfähigen Gewerbeverlust, soweit er noch nicht bis zur Veräußerung oder Aufgabe im Erhebungszeitraum 2013 verbraucht ist – Betrag ohne Minuszeichen –	16	
104d	Auf im Erhebungszeitraum 2013 veräußerte oder aufgegebene Teilbetriebe entfallen von dem Gewerbeverlust 2013 – Betrag ohne Minuszeichen –	86	
105	**Nicht bei Körperschaften - nur für Zwecke des § 35 EStG -:** Veräußerungs- oder Aufgabegewinn nach § 18 Abs. 3 UmwStG (im Betrag lt. Zeile 33 enthalten)	32	

Nur bei einer Organgesellschaft:
Werte, die für die Ermittlung des Gewerbeertrags des Organträgers von Bedeutung sind. Ist die Organgesellschaft gleichzeitig Organträger: Einschließlich entsprechender Beträge ihrer Organgesellschaften (Bitte auf besonderem Blatt erläutern) ⑯ ⑰
– Negative Beträge mit Minuszeichen –

106	Wenn der Organträger eine natürliche Person ist, zu berücksichtigender Korrekturbetrag zum Gewerbeertrag aufgrund der Anwendung des § 3 Nr. 40, § 3c Abs. 2 EStG i. V. mit § 15 Satz 1 Nr. 2 und Satz 2 KStG	28	
107	Wenn der Organträger eine Körperschaft ist, zu berücksichtigender Korrekturbetrag zum Gewerbeertrag aufgrund der Anwendung des § 8b KStG i. V. mit § 15 Satz 1 Nr. 2 und Satz 2 KStG	29	
108	Wenn der Organträger eine Personengesellschaft ist, zu berücksichtigender Korrekturbetrag zum Gewerbeertrag aufgrund der Anwendung des § 3 Nr. 40, § 3c Abs. 2 EStG, § 8b KStG i. V. mit § 15 Satz 1 Nr. 2 und Satz 2 KStG	27	

2013GewSt1A704   2013GewSt1A704

Griesel   1155

Anmerkungen

1. Die Veränderung im Gesellschafterbestand ist nur für Personengesellschaften von Interesse, bei denen der Gewerbesteuermessbetrag anteilig den Gesellschaftern zugerechnet wird zwecks Anrechnung auf die Einkommensteuererklärung nach § 35 EStG. Bei einer Kapitalgesellschaft, bei der steuerlich streng zwischen der Ebene der Kapitalgesellschaft und der Gesellschafterebene getrennt wird, entfällt eine solche Anrechnungsmöglichkeit. Die Gewerbesteuer stellt überdies nach § 4 Abs. 5b EStG für alle nach dem 31.12.2007 beginnenden Veranlagungszeiträume eine nichtabziehbare Betriebsausgabe auf Ebene der Körperschaft dar.

2. → Form. O. I. 8 Anm. 2

3. Die Bemessung des Gewerbeertrages erfolgt ausgehend von dem Gewinn, der nach den Vorschriften des Körperschaftsteuergesetzes ermittelt wurde. Da Freiberufler-Kapitalgesellschaften stets gewerbliche Einkünfte erzielen, ist auch in jedem Fall eine Gewerbesteuererklärung abzugeben. Ein Freibetrag, wie bei den Personengesellschaften (§ 11 GewStG), greift für Kapitalgesellschaften nicht ein.

4. Der Gewerbeertrag erhöht sich um besondere **Hinzurechnungen** nach § 8 GewStG. Infolge dessen kann es dazu kommen, dass aus einem steuerlichen Verlust (ermittelt nach den Regeln des KStG) ein positiver Gewerbeertrag wird, auf den Gewerbesteuer zu zahlen ist. Die Annahme, dass bei einem Verlust der Gesellschaft auch keine Gewerbesteuer anfallen wird, ist daher vor diesem Hintergrund nicht unbedingt zutreffend. Nach § 8 Nr. 1 GewStG ist ua ein **Viertel der Summe** – aus den Entgelten für Schulden (Schuldzinsen) und – aus 1/5 der Miet- und Pachtzinsen einschließlich der Leasingraten für die Benutzung von beweglichen Wirtschaftsgütern des Anlagevermögens und – aus der Hälfte der Miet- und Pachtzinsen einschließlich der Leasingraten für die Benutzung von unbeweglichen Wirtschaftsgütern des Anlagevermögens hinzurechnen. Die Hinzurechnung erfolgt jedoch nur, soweit die Summe den Betrag von 100.000 EUR übersteigt. Zu weiteren Hinzurechnungstatbeständen sa § 8 GewStG. Bei der Hinzurechnung von Zinsen und Mieten stellt sich nach § 8 Nr. 1 GewStG die Frage nach der Verfassungsmäßigkeit der Hinzurechnung. Das FG Hamburg hat mit Urteil vom 29.2.2012 (Az. 1 K 138/10, EFG 2012, 960) diese Hinzurechnung als verfassungswidrig eingestuft wegen des Verstoßes gegen das Leistungsfähigkeitsprinzip und mangels hinreichender Rechtfertigung für eine solche Ausnahmeregelung. Das Verfahren ist vor dem BVerfG unter dem Az. 1 BvL 8/12 anhängig. Bis zur Entscheidung durch das BVerfG sollte gegen entsprechende Gewerbesteuermessbescheide, die eine Hinzurechnung nach § 8 Nr. 1 GewStG beinhalten, Einspruch eingelegt und das Ruhen des Verfahrens beantragt werden.

5. Der Gewerbeertrag vermindert sich um die besonderen **Kürzungen** nach § 9 GewStG. Dabei kommt der Kürzung um 1,2 % des Einheitswert bei zum Betriebsvermögen gehörenden Grundstücken die größte praktische Bedeutung zu (§ 9 Nr. 1 S. 1 GewStG). Von einer erweiterten Kürzung nach § 9 Nr. 1 S. 2 GewStG spricht man, wenn es sich um ein Unternehmen handelt, dass ausschließlich eigenen Grundbesitz und eigenes Kapitalvermögen verwaltet und nutzt, errichtet und veräußert. In diesen Fällen wird der Gewerbeertrag um den Teil gekürzt, der auf die Verwaltung und Nutzung des eigenen Grundbesitzes entfällt. Diese erweiterte Kürzung kann sich damit auf bis zu 100 % des Gewerbeertrages belaufen – jedoch nicht bei Freiberufler-Kapitalgesellschaften, die überwiegend Beratungsleistungen erbringen. Weiter Kürzungstatbestände greifen für Dividenden aus anderen Kapitalgesellschaften, wenn die Beteiligung zu Beginn des Erhebungszeitraums mindestens 15 % betragen hat (§ 9 Nr. 2a GewStG), Gewinnanteile, die auf eine nicht im Inland belegene Betriebsstätte entfallen (§ 9 Nr. 3 GewStG) oder bei Spenden (§ 9 Nr. 5 GewStG).

8. Einkommensteuererklärung

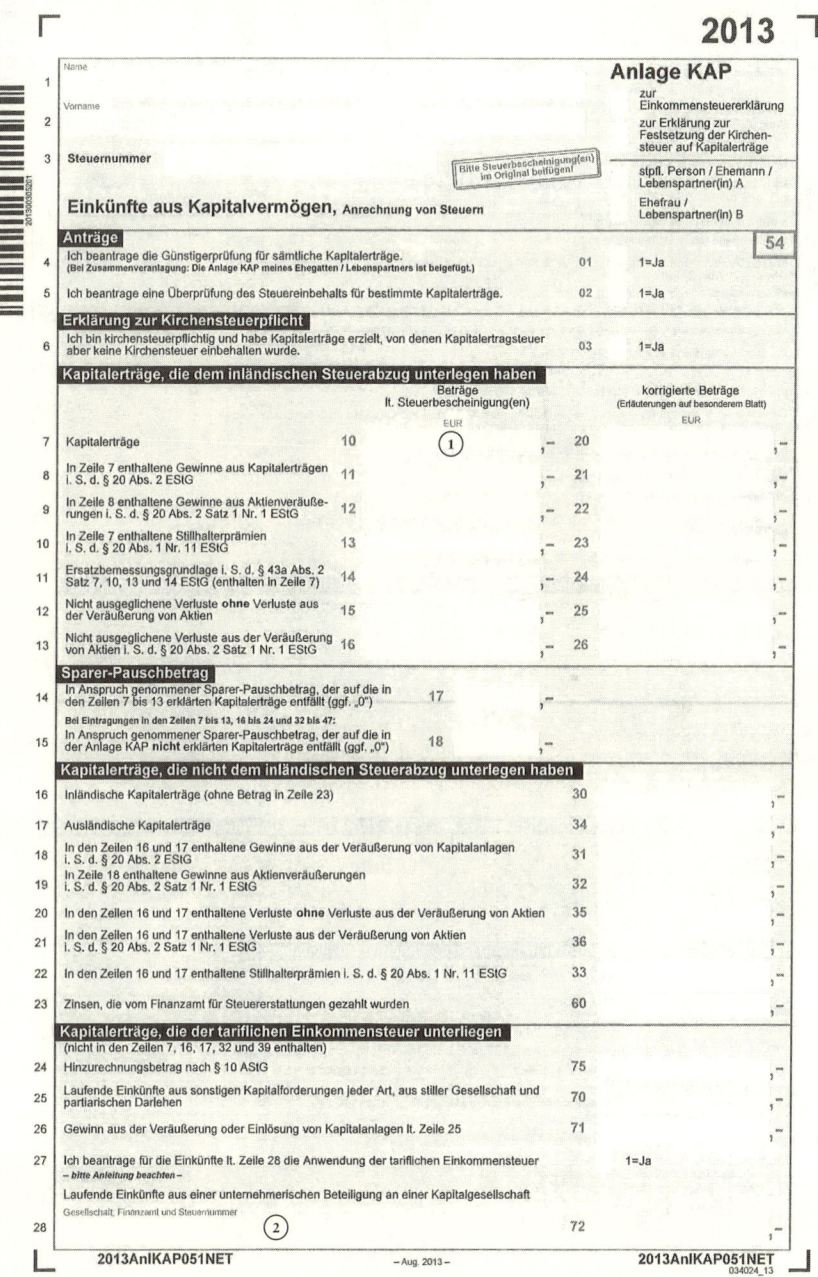

Steuernummer, Name und Vorname

Erträge aus Beteiligungen

	1. Beteiligung	2. Beteiligung
	Gemeinschaft, Finanzamt und Steuernummer	Gemeinschaft, Finanzamt und Steuernummer
31		

– mit inländischem Steuerabzug   EUR

32	Kapitalerträge	40	,
33	In Zeile 32 enthaltene Gewinne aus Kapitalerträgen i. S. d. § 20 Abs. 2 EStG	41	,
34	In Zeile 33 enthaltene Gewinne aus Aktienveräußerungen i. S. d. § 20 Abs. 2 Satz 1 Nr. 1 EStG	42	,
35	In Zeile 32 enthaltene Stillhalterprämien i. S. d. § 20 Abs. 1 Nr. 11 EStG	43	,
36	Ersatzbemessungsgrundlage i. S. d. § 43a Abs. 2 Satz 7, 10, 13 und 14 EStG (enthalten in Zeile 32)	44	,
37	Nicht ausgeglichene Verluste **ohne** Verluste aus der Veräußerung von Aktien	45	,
38	Nicht ausgeglichene Verluste aus der Veräußerung von Aktien i. S. d. § 20 Abs. 2 Satz 1 Nr. 1 EStG	46	,

– ohne inländischen Steuerabzug

39	Kapitalerträge (ohne Betrag in Zeile 45)	50	,
40	In Zeile 39 enthaltene Gewinne aus der Veräußerung von Kapitalanlagen i. S. d. § 20 Abs. 2 EStG	51	,
41	In Zeile 40 enthaltene Gewinne aus Aktienveräußerungen i. S. d. § 20 Abs. 2 Satz 1 Nr. 1 EStG	52	,
42	In Zeile 39 enthaltene Verluste **ohne** Verluste aus der Veräußerung von Aktien	55	,
43	In Zeile 39 enthaltene Verluste aus der Veräußerung von Aktien i. S. d. § 20 Abs. 2 Satz 1 Nr. 1 EStG	56	,
44	In Zeile 39 enthaltene Stillhalterprämien i. S. d. § 20 Abs. 1 Nr. 11 EStG	53	,
45	Gewinn aus der Veräußerung anteiliger Wirtschaftsgüter bei Veräußerung einer unmittelbaren oder mittelbaren Beteiligung an einer Personengesellschaft	61	,
46	In Zeile 45 enthaltene Gewinne / Verluste aus Aktienveräußerungen	62	,

– die der tariflichen Einkommensteuer unterliegen

47	Hinzurechnungsbetrag nach § 10 AStG	76	,
48	Laufende Einkünfte aus sonstigen Kapitalforderungen jeder Art, aus stiller Gesellschaft und partiarischen Darlehen	73	,
49	Gewinn aus der Veräußerung oder Einlösung von Kapitalanlagen lt. Zeile 48	74	,

Steuerabzugsbeträge zu Erträgen in den Zeilen 7 bis 22 und zu Beteiligungen in den Zeilen 31 bis 46

		lt. beigefügter Bescheinigung(en)		aus Beteiligungen	
		EUR	Ct	EUR	Ct
50	Kapitalertragsteuer	80		90	
51	Solidaritätszuschlag	81		91	
52	Kirchensteuer zur Kapitalertragsteuer	82		92	
53	Angerechnete ausländische Steuern	83		93	
54	Anrechenbare noch nicht angerechnete ausländische Steuern	84		94	
55	Fiktive ausländische Quellensteuern (nicht in den Zeilen 53 und 54 enthalten)	85		95	

Anzurechnende Steuern zu Erträgen in den Zeilen 25 bis 28, 48 und 49 und aus anderen Einkunftsarten

		EUR	Ct	EUR	Ct
56	Kapitalertragsteuer	86		96	
57	Solidaritätszuschlag	87		97	
58	Kirchensteuer zur Kapitalertragsteuer	88		98	

Nach der Zinsinformationsverordnung (ZIV) anzurechnende Quellensteuern

59	Summe der anzurechnenden Quellensteuern nach der ZIV (lt. beigefügter Bescheinigung)	99	

Verrechnung von Altverlusten

60	Ich beantrage die Verrechnung von Verlusten nach § 23 EStG nach der bis zum 31.12.2008 geltenden Rechtslage.	04	1=Ja
61	Ich beantrage die Verrechnung von Verlusten nach § 22 Nr. 3 EStG nach der bis zum 31.12.2008 geltenden Rechtslage.	05	1=Ja

Steuerstundungsmodelle

Einkünfte aus Gesellschaften / Gemeinschaften / ähnlichen Modellen i. S. d. § 15b EStG (Erläuterungen auf besonderem Blatt)

62		,

2013AnlKAP052NET   2013AnlKAP052NET

2013

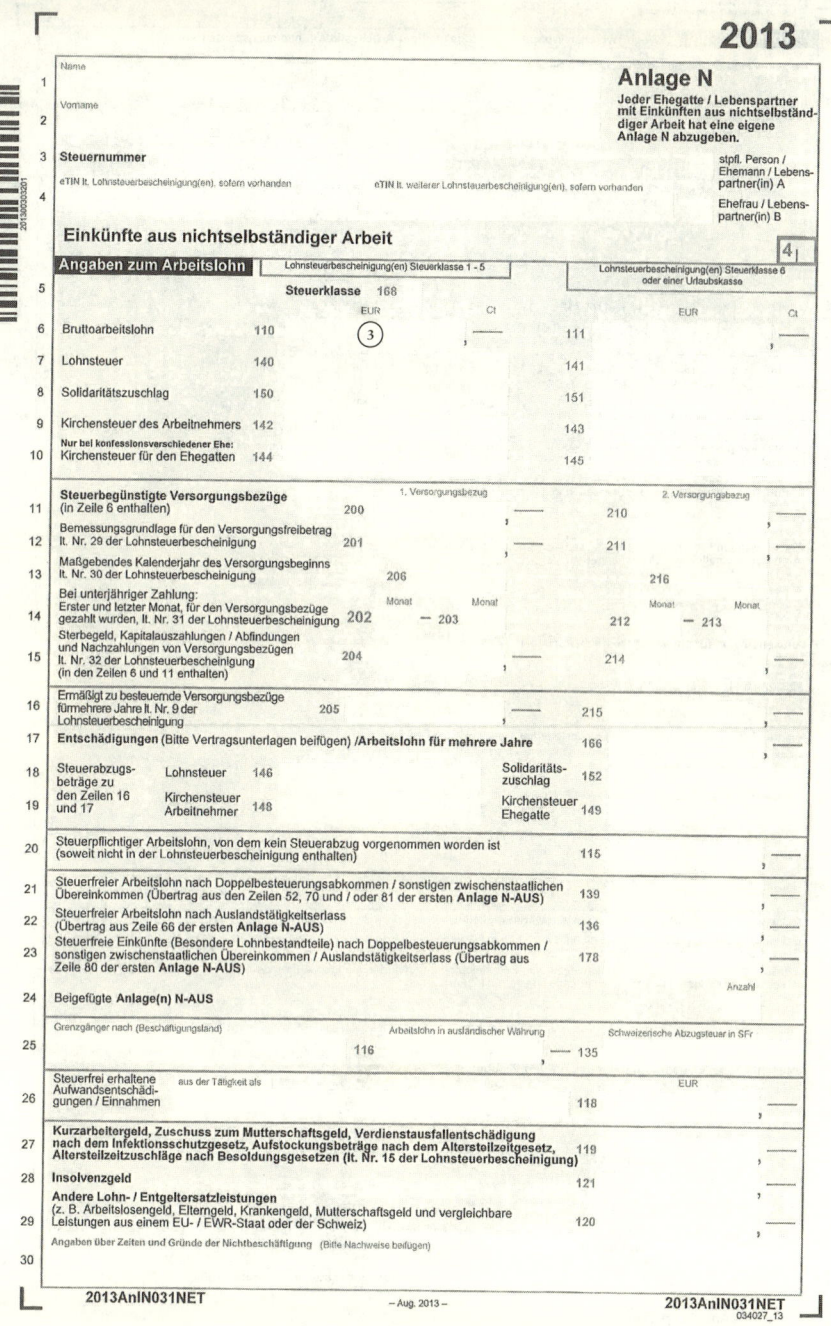

Anlage N

Jeder Ehegatte / Lebenspartner
mit Einkünften aus nichtselbständiger Arbeit hat eine eigene
Anlage N abzugeben.

Steuernummer, Name und Vorname

Werbungskosten   Wege zwischen Wohnung und regelmäßiger Arbeitsstätte (Entfernungspauschale)   8

Regelmäßige Arbeitsstätte in (PLZ, Ort und Straße)   Arbeitstage je Woche   Urlaubs- und Krankheitstage

31

32

33

34

Arbeits-stätte lt. Zeile	aufgesucht an Tagen	einfache Entfernung	davon mit eigenem oder zur Nutzung überlassenem Pkw zurückgelegt	davon mit Sammelbeförderung des Arbeitgebers zurückgelegt	davon mit öffentl. Ver-kehrsmitteln, Motorrad, Fahrrad o. Ä., als Fuß-gänger, als Mitfahrer einer Fahrgemein-schaft zurückgelegt	Aufwendungen für Fahrten mit öffentlichen Verkehrsmitteln (ohne Flug- und Fahrkosten) EUR	Behinderungsgrad mind. 70 oder mind. 50 und Merkzeichen „G"
35	110	111	km 112	km 113	km	km 114	— 115 1 = Ja
36	130	131	km 132	km 133	km	134	— 135 1 = Ja
37	150	151	km 152	km 153	km	154	— 155 1 = Ja
38	170	171	km 172	km 173	km	174	— 175 1 = Ja

39   Arbeitgeberleistungen lt. Nr. 17 und 18 der Lohnsteuerbescheinigung und von der Agentur für Arbeit gezahlte Fahrtkostenzuschüsse   steuerfrei ersetzt   290   EUR   pauschal besteuert   295

40   **Beiträge zu Berufsverbänden** (Bezeichnung der Verbände)   310   —

Aufwendungen für Arbeitsmittel – soweit nicht steuerfrei ersetzt – (Art der Arbeitsmittel bitte einzeln angeben.)   EUR

41

42   +   — ▶ 320   0,

Aufwendungen für ein häusliches Arbeitszimmer

43   325

44   **Fortbildungskosten** – soweit nicht steuerfrei ersetzt –   330

Weitere Werbungskosten – soweit nicht steuerfrei ersetzt –

Flug- und Fahrkosten bei Wegen zwischen Wohnung und regelmäßiger Arbeitsstätte

45

Sonstiges (z. B. Bewerbungskosten, Kontoführungsgebühren)

46   +

47   +

48   +   — ▶ 380   0,

Reisekosten bei beruflich veranlassten Auswärtstätigkeiten

49   Die Fahrten wurden ganz oder teilweise mit einem Firmenwagen oder im Rahmen einer unentgeltlichen Sammelbeförderung des Arbeitgebers durchgeführt   401   1 = Ja   2 = Nein

– Falls „Ja": Für die Fahrten mit Firmenwagen oder Sammelbeförderung dürfen mangels Aufwands keine Eintragungen zu Fahrtkosten in Zeile 50 vorgenommen werden. –

50   Fahrt- und Übernachtungskosten, Reisenebenkosten   410

51   Vom Arbeitgeber steuerfrei ersetzt   420

Pauschbeträge für Mehraufwendungen für Verpflegung

Bei einer Auswärtstätigkeit im Inland: Anzahl der Tage   EUR

52   Abwesenheit von mindestens 8 Std.   × 6 € =   0, —

     Anzahl der Tage

53   Abwesenheit von mindestens 14 Std.   × 12 € = +   0, —

     Anzahl der Tage

54   Abwesenheit von 24 Std.   × 24 € = +   0, —

55   Bei einer Auswärtstätigkeit im Ausland (Berechnung bitte auf besonderem Blatt):   +   — ▶ 480   0,

56   Vom Arbeitgeber steuerfrei ersetzt   490

Steuernummer, Name und Vorname

Mehraufwendungen für doppelte Haushaltsführung

Allgemeine Angaben

61	Der doppelte Haushalt wurde aus beruflichem Anlass begründet	501	am	
62	Grund			
63	Der doppelte Haushalt hat seitdem ununterbrochen bestanden	502	bis	2013
64	Beschäftigungsort (PLZ, Ort, Staat, falls im Ausland)			
65	Es liegt ein **eigener Hausstand** am Lebensmittelpunkt vor Falls ja, in	503	1 = Ja 2 = Nein	
	(PLZ, Ort)	504	seit	
66	Der Begründung des doppelten Haushalts ist eine Auswärtstätigkeit am selben Beschäftigungsort unmittelbar vorausgegangen oder es handelt sich um einen sog. Wegverlegungsfall	505	1 = Ja	
67	Anstelle der Mehraufwendungen für doppelte Haushaltsführung werden in den Zeilen 31 bis 39 Fahrtkosten für **mehr** als eine Heimfahrt wöchentlich geltend gemacht – Wird die Zeile 67 mit „Ja" beantwortet, sind Eintragungen in den Zeilen 68 bis 83 nicht vorzunehmen. –	506	1 = Ja	

Fahrtkosten

68	Die Fahrten wurden insgesamt mit einem **Firmenwagen** oder im Rahmen einer unentgeltlichen **Sammelbeförderung** des Arbeitgebers durchgeführt – Soweit die Zeile 68 mit „Ja" beantwortet wird, sind Eintragungen in den Zeilen 69, 70, 72 und 74 nicht vorzunehmen. –	510	1 = Ja 2 = Nein	

Erste Fahrt zum Beschäftigungsort und letzte Fahrt zum eigenen Hausstand

		gefahrene km				EUR Ct
69	mit privatem Kfz	511		Kilometersatz bei Einzelnachweis (Berechnung bitte auf besonderem Blatt)	512	
70	mit privatem Motorrad / Motorroller	gefahrene km 522		Kilometersatz bei Einzelnachweis (Berechnung bitte auf besonderem Blatt)	523	EUR Ct
71	mit öffentlichen Verkehrsmitteln oder entgeltlicher Sammelbeförderung (lt. Nachweis)		513			EUR ‚————

Wöchentliche Heimfahrten

		km	Anzahl			
72	einfache Entfernung (ohne Flugstrecken)	514	515			
73	Kosten für öffentliche Verkehrsmittel (lt. Nachweis – ohne Flug- und Fährkosten)		516			EUR ‚————

Nur bei Behinderungsgrad von mindestens 70 oder mindestens 50 und Merkzeichen „G"

		km		km	Anzahl			EUR Ct
74	einfache Entfernung (ohne Flugstrecken)	524	davon mit privatem Kfz zurückgelegt	517	518	Kilometersatz bei Einzelnachweis (Berechnung bitte auf besonderem Blatt)	519	
75	Kosten für öffentliche Verkehrsmittel (lt. Nachweis – ohne Flug- und Fährkosten)		520					EUR ‚————
76	Flug- und Fährkosten (zu den Zeilen 72 bis 75) oder Kosten für entgeltliche Sammelbeförderung für Heimfahrten (lt. Nachweis)		521					‚————

Kosten der Unterkunft am Beschäftigungsort

77	Aufwendungen (lt. Nachweis)	530		‚————
78	Größe der Zweitwohnung	531	m²	

Pauschbeträge für Mehraufwendungen für Verpflegung

Die Verpflegungsmehraufwendungen lt. Zeilen 79 bis 82 können nur für einen Zeitraum von 3 Monaten nach Bezug der Unterkunft am Beschäftigungsort geltend gemacht werden; geht der doppelten Haushaltsführung eine Auswärtstätigkeit voraus, ist dieser Zeitraum auf den Dreimonatszeitraum anzurechnen. In sog. Wegverlegungsfällen ist der vorangegangene Aufenthalt am Beschäftigungsort auf den Dreimonatszeitraum anzurechnen.

Bei einer doppelten Haushaltsführung im Inland:

79	Abwesenheit von mindestens 8 Std.	540	Anzahl der Tage
80	Abwesenheit von mindestens 14 Std.	541	Anzahl der Tage
81	Abwesenheit von 24 Std.	542	Anzahl der Tage
82	Bei einer doppelten Haushaltsführung im Ausland (Berechnung bitte auf besonderem Blatt)	543	EUR ‚————

Sonstige Aufwendungen

83		550	‚————
84	Summe der Mehraufwendungen für weitere doppelte Haushaltsführungen (Berechnung bitte auf besonderem Blatt)	551	‚————
85	Vom Arbeitgeber / von der Agentur für Arbeit insgesamt steuerfrei ersetzt	590	‚————

2013AnIN033NET

2013AnIN033NET

Griesel

1161

Anmerkungen

1. Erhält der Gesellschafter aus der Kapitalgesellschaft eine Dividendenausschüttung, handelt es sich um Dividendeneinkünfte nach § 20 Abs. 1 Nr. 1 EStG, die als Kapital-einkünfte grundsätzlich dem Abgeltungsteuersatz von 25 % zzgl. Solidaritätszuschlag und ggfs. Kirchensteuer unterfallen (§ 32d Abs. 1 EStG). Auf die Angabe in der Anlage KAP kann sogar ganz verzichtet werden, wenn von der Abgeltungswirkung Gebrauch gemacht werden soll. Ein Werbungskostenabzug (zB bei einer Fremdfinanzierung der Beteiligung die anfallenden Schuldzinsen) ist ausgeschlossen und mit dem Sparerpausch-betrag von 801 EUR bzw. 1.602 EUR bei zusammen veranlagten Ehegatten bzw. einge-tragenen Lebenspartnern abgegolten (§ 20 Abs. 9 EStG). Es ist zur Zeit aber zweifelhaft, ob dieses Werbungskostenabzugsverbot einer verfassungsrechtlichen Prüfung standhält. Zu einer Ausnahme → Anm. 2.

2. Gemäß § 32d Abs. 2 Nr. 3 EStG kann der Gesellschafter einer Freiberufler-Kapitalge-sellschaft auf Antrag die Anwendung seines individuellen Einkommensteuersatzes auf die Dividendeneinkünfte beantragen. Voraussetzung ist, dass er zu mindestens 25 % an der Gesellschaft beteiligt ist bzw. bei einer Beteiligung von mindestens 1 % beruflich für die Gesellschaft tätig ist. Der in dem Formular auszuübende Antrag eröffnet nach § 32d Abs. 2 Nr. 3 S. 2 EStG die Anwendung des individuellen Einkommensteuersatzes und die Besteue-rung der Dividendeneinkünfte mit dem **Teileinkünfteverfahren** (Ansatz zu 60 %). Gleich-zeitig können die tatsächlichen Werbungskosten nunmehr in Ansatz gebracht werden, wenn auch nur über die Beschränkung des § 3c Abs. 2 EStG zu 60 %. Bei einer Freiberufler-Kapitalgesellschaft sind die Gesellschafter üblicherweise beruflich für die Gesellschaft tätig. Es genügt eine Teilzeitbeschäftigung, möglicherweise auch die Betätigung im Rahmen eines sog. Minijobs. Der Gesetzgeber zielte mit diesem Wahlrecht gerade auf die Freiberufler-Kapitalgesellschaften und ermöglicht den Gesellschaftern bei einer Beteiligung ab 1 %, Finanzierungskosten, die aufgrund eines Anteilserwerbs entstehen, steuerlich geltend zu machen. Gerade bei hohen Schuldzinsen, die für den Beteiligungserwerb anfallen, führt der Antrag zu einer Steuerminderung gegenüber dem Abgeltungsteuersatz. Der Antrag ist spätestens mit der Einkommensteuererklärung zu stellen, für die er erstmals gelten soll. Wichtig ist, dass nicht von Jahr zu Jahr zwischen der Versteuerung mit dem individuellen Einkommensteuersatz und dem Abgeltungsteuersatz gewählt werden kann. Der Antrag nach § 32d Abs. 2 Nr. 3 EStG gilt grundsätzlich für das Jahr der Antragstellung und die folgenden vier Veranlagungszeiträume, soweit er nicht zuvor widerrufen wurde. Nach einem Widerruf ist ein erneuter Antrag nach § 32d Abs. 2 Nr. 3 EStG für diese Beteiligung nicht mehr zulässig (§ 32d Abs. 2 Nr. 3 S. 6 EStG). Es ist daher gut zu überlegen, ob von dem Antrag Gebrauch gemacht werden soll und wann ein Widerruf in Betracht kommt. Denn ein zweites Mal kann der Antrag für dieselbe Beteiligung nicht gestellt werden.

3. Erhält der Gesellschafter als Angestellter bzw. als angestellter Geschäftsführer von der Kapitalgesellschaft ein Gehalt, unterliegt dieses der Lohnsteuer (→ Form. O. II. 4). Der Gesellschafter muss dies als Einkünfte aus nichtselbständiger Arbeit nach § 19 EStG (Anlage N) versteuern und kann entsprechende Werbungskosten geltend machen, soweit diese ihm nicht von der Gesellschaft ersetzt wurden. Handelt es sich bei dem Gehalt, das der Gesellschafter-Geschäftsführer ausgezahlt erhalten hat, in vollem Umfang oder teil-weise um eine **verdeckte Gewinnausschüttung** (→ Form. O. II. 4 Anm. 2), stellt dieser Teil keine Einkünfte aus nichtselbständiger Arbeit, sondern Einkünfte aus Kapitalvermögen gemäß § 20 Abs. 1 Nr. 1 EStG dar. Die steuerliche Behandlung erfolgt entsprechend einer offenen Gewinnausschüttung. Wird dies – wie regelmäßig – erst nachträglich im Rahmen einer Betriebsprüfung bei der Kapitalgesellschaft entdeckt, kann der Gesellschafter eine korrespondierende Korrektur seiner ggfs. bereits bestandskräftigen Einkommensteuerbescheide verlangen. § 32a KStG ermöglicht die Korrektur der Einkommensteuerbescheide innerhalb eines Jahres nach Unanfechtbarkeit der geänderten Steuerbescheide der Kapitalgesellschaft (sog. Korrespondenzprinzip). Die Änderung im Rahmen der Einkommensteuer führt für den Gesellschafter regelmäßig zu einer Erstattung (während es auf Ebene der Kapitalgesellschaft zu einer Steuernachzahlung kommt). Denn aus mit dem progressiven Einkommensteuertarif besteuerten Einkünften (Spitzensteuersatz 42 % bzw. 45 %) werden Einkünfte aus Kapitalvermögen, die grds. dem Abgeltungsteuersatz von lediglich 25 % unterfallen. Auch hier ist zu prüfen, ob ein Antrag nach § 32d Abs. 2 Nr. 3 EStG (→ Anm. 2) zu einer niedrigeren Steuerbelastung führt.

9. Rechtsformwechsel in eine Personengesellschaft

Checkliste

1. Auswirkungen für die übertragende Kapitalgesellschaft:
   Wertansatz in der Schlussbilanz mit
   a) Grundsatz: gemeiner Wert[1]
   b) Auf Antrag: Zwischenwert oder Buchwert[2]
   c) Steuerliche Rückbeziehung um bis zu acht Monate[3]
2. Auswirkungen für die übernehmende Personengesellschaft
   a) Übernahme des Wertansatzes aus der Schlussbilanz der Kapitalgesellschaft[4]
   b) Untergang etwaiger Verlustvorträge[5]
   c) Kein Anfall von Grunderwerbsteuer[6]
3. Auswirkungen für die Gesellschafter der übertragenden Kapitalgesellschaft
   a) Besteuerung der offenen Rücklagen[7]
   b) Besteuerung des Übernahmeergebnisses[8]

Anmerkungen

1. Der Rechtsformwechsel von einer Kapitalgesellschaft in eine Personengesellschaft richtet sich nach § 9 UmwStG iVm §§ 3 ff. UmwStG. Es handelt sich aus steuerlicher Sicht um einen Wechsel des Besteuerungssystems – vom sog. Trennungsprinzip der Kapitalgesellschaft, bei dem streng zwischen der Gesellschafts- und der Gesellschafterebene unterschieden wird, zum sog. Transparenzprinzip der Personengesellschaften, nach dem die Besteuerung grundsätzlich erst auf Ebene der Gesellschafter der Personengesellschaft erfolgt. Demgemäß fingiert das Steuerrecht bei diesem Rechtsformwechsel einen Rechtsträgerwechsel, der in dieser Form handelsrechtlich nicht gegeben ist. Handelsrechtlich liegt ein bloßer Wechsel des Rechtskleides vor; der Rechtsträger ist vor und nach dem Formwechsel identisch. Demgemäß ordnet das Steuerrecht in § 9 S. 2 UmwStG explizit an, dass für steuerliche Zwecke von der übertragenden Körperschaft eine Übertragungsbilanz und seitens der übernehmenden Personengesellschaft eine Eröffnungsbilanz zu erstellen ist. Dies ist handelsrechtlich aufgrund des bloßen Rechtskleidwechsels nicht erforderlich. Ein Formwechsel kann in eine Partnerschaftsgesellschaft oder eine Gesellschaft bürgerlichen Rechts oder eine Personenhandelsgesellschaft erfolgen (01.10 UmwStAE). Dies kann sich insoweit als vorteilhaft erweisen, da eine Freiberufler-Personengesellschaft die Möglichkeit hat, ohne Einhaltung von bestimmten Grenzen zur Einnahmenüberschussrechnung anstelle eines Bestandsvergleiches in Form der Bilanz zu optieren.

Die übertragende Kapitalgesellschaft muss für steuerliche Zwecke eine Übertragungsbilanz auf den Zeitpunkt erstellen, in dem der Formwechsel wirksam wird (§ 9 S. 2 UmwStG). Der Wertansatz in der Übertragungsbilanz der Körperschaft erfolgt grundsätzlich mit dem gemeinen Wert (§ 9 UmwStG iVm § 3 Abs. 1 UmwStG). Dies führt zu einer umfassenden Aufdeckung der stillen Reserven im Betriebsvermögen einschließlich eines etwaigen Geschäfts- oder Firmenwertes. Dadurch entsteht bei der Kapitalgesellschaft ein sog. Übertragungsgewinn. Dieser aus den stillen Reserven resultierende Gewinn ist als laufender Gewinn im letzten Jahr des Bestehens der Kapitalgesellschaft der Körperschaft- und der Gewerbesteuer zu unterwerfen. Steuerliche Begünstigungen, wie zB ein Sondersteuersatz oder die Möglichkeit der Verteilung auf mehrere Jahre, existieren nicht. Zu einem Sonderfall § 3 Abs. 3 UmwStG.

2. Gemäß § 9 UmwStG iVm § 3 Abs. 2 UmwStG kann auf Antrag auch ein Zwischenwert- oder der Buchwertansatz gewählt werden, wenn die weiteren Voraussetzungen des § 3 Abs. 2 UmwStG erfüllt sind. Während der Buchwertansatz die Entstehung eines Übertragungsgewinns in vollem Umfang verhindert, führt der Zwischenwertansatz zu einer anteiligen Aufdeckung der stillen Reserven und damit zu einem gegenüber dem gemeinen Wertansatz nur anteiligen Übertragungsgewinn. § 3 Abs. 2 UmwStG verlangt für den Buchwert- bzw. den Zwischenwertansatz, dass **1.** die übertragenen Wirtschaftsgüter Betriebsvermögen der übernehmenden Personengesellschaft werden und dass sichergestellt ist, dass sie später der Besteuerung mit Einkommen- bzw. Körperschaftsteuer unterliegen (§ 3 Abs. 2 Nr. 1 UmwStG) und **2.** das Recht der Bundesrepublik Deutschland hinsichtlich der Besteuerung des Gewinns aus der Veräußerung der übertragenen Wirtschaftsgüter bei den Gesellschaftern der übernehmenden Personengesellschaft nicht ausgeschlossen oder beschränkt wird (§ 3 Abs. 2 Nr. 2 UmwStG) und **3.** keine Gegenleistung gewährt wird (außer Gesellschaftsrechten, § 3 Abs. 2 Nr. 3 UmwStG). Der Antrag ist spätestens bis zur erstmaligen Abgabe der steuerliche Schlussbilanz der Körperschaft bei dem für die Besteuerung der übertragenden Körperschaft zuständigen Finanzamt zu stellen (§ 3 Abs. 2 S. 2 UmwStG). Die Einhaltung der Voraussetzungen von § 3 Abs. 2 Nr. 1 UmwStG ist bei einem Formwechsel einer Freiberufler-Kapitalgesellschaft in eine Freiberufler-Personengesellschaft, die über Betriebsvermögen verfügt, ohne weiteres zu bejahen. Etwas anderes würde nur dann gelten, wenn die Zielgesellschaft eine rein vermögensverwaltende Funktion hat und es damit an einem steuerlichen Betriebsvermögen fehlt. Dann wäre zwar auch ein Rechtsformwechsel zulässig (§ 8 UmwStG), jedoch ausschließlich zum gemeinen Wert. Gemäß § 3 Abs. 2 Nr. 2 UmwStG darf es nicht zu einem Ausschluss oder einer Beschränkung des deutschen Besteuerungsrechts hinsichtlich der Besteuerung des Veräußerungsgewinns bei den Gesellschaftern der übernehmenden Gesellschaft kommen. Hintergrund ist das für die Personengesellschaften geltende Transparenzprinzip. Während die Wirtschaftsgüter einer in Deutschland ansässigen Kapitalgesellschaft bei einer Veräußerung stets in Deutschland im Rahmen der Körperschaft- und Gewerbesteuererklärung steuerlich erfasst werden, kann sich dies bei Personengesellschaften ändern. Denn der Gewinn aus der Veräußerung wird infolge des Transparenzprinzips den Gesellschaftern der Personengesellschaft entsprechend ihrer Beteiligung zugerechnet und erst bei diesen mit der Einkommen- bzw. Körperschaftsteuer besteuert. An dem Besteuerungsrecht der Bundesrepublik Deutschland bestehen keine Zweifel, wenn der Gesellschafter im Inland seinen Wohnsitz bzw. gewöhnlichen Aufenthalt hat und damit unbeschränkt steuerpflichtig ist. Lebt der Gesellschafter jedoch im Ausland, kann es dazu kommen, dass dem ausländischen Staat das Besteuerungsrecht bezogen auf den des ausländischen Gesellschafters Gewinnanteil zusteht, zB weil ein Doppelbesteuerungsabkommen dem Ausland das Recht zur Besteuerung zuweist und Deutschland den Gewinn freistellen muss. Wird nach § 3 Abs. 2 Nr. 3 UmwStG eine Gegenleistung in Form von einer Zuzahlung o.ä. im Rahmen des Formwechsels gewährt, scheidet ein Buchwert- bzw. Zwischenwertansatz ebenfalls aus. Es ist zwingend auf den gemeinen Wert abzustellen.

3. Gemäß § 9 S. 3 UmwStG können die Übertragungs- und die Eröffnungsbilanz auf einen Stichtag aufgestellt werden, der höchstens acht Monate vor der Anmeldung des Formwechsels zur Eintragung in ein öffentliches Register liegt (sog. Übertragungsstichtag). Zur Vermeidung einer kostenpflichtigen Zwischenbilanz macht eine Rückbeziehung auf den letzten Bilanzstichtag Sinn – vor allem dann, wenn, wie regelmäßig, die Buchwerte fortgeführt werden sollen. Dann ist aber dafür Sorge zu tragen, dass die Anmeldung zum Handelsregister innerhalb dieses Zeitraums liegt. Bei einem dem Kalenderjahr entsprechenden Wirtschaftsjahr muss die Anmeldung daher bis spätestens zum Ende des Monats August des Folgejahres erfolgen. Auf den Eintragungszeitpunkt kommt es nicht an. Handelsrechtlich liegt kein Rechtsträgerwechsel vor. Demgemäß ist auch keine Rückbeziehung des Stichtages erlaubt. Der Formwechsel erfolgt mit entsprechender Eintragung in die öffentlichen Register und ist ab diesem Zeitpunkt wirksam. Handels- und Steuerrecht laufen insoweit auseinander.

4. Die übernehmende Freiberufler-Personengesellschaft ist verpflichtet, in ihrer für steuerliche Zwecke auf den Zeitpunkt des Wirksamwerdens des Formwechsels zu erstellenden Eröffnungsbilanz die Wertansätze aus der Schlussbilanz der Kapitalgesellschaft zu übernehmen (§§ 9 S. 2, 4 Abs. 1 UmwStG). Das Wahlrecht zwischen dem Ansatz des Buchwertes, dem Zwischenwert oder dem gemeinen Wert kommt damit nur der übertragenden Kapitalgesellschaft zu. Handelsrechtlich werden im übrigen stets die Buchwerte fortgeführt, da das Handelsrecht nicht von einem Rechtsträgerwechsel ausgeht und damit die vorhandenen Werte schlicht weiter zu führen sind. Bei dem Ansatz des gemeinen Wertes bzw. mit dem Zwischenwert in der Steuerbilanz kommt es daher zu einer abweichenden Handelsbilanz, bei der die Buchwerte fortzuführen sind.

Die Personengesellschaft tritt auch im übrigen in die steuerliche Rechtsstellung der übertragenden Körperschaft ein, so zB bezüglich der Bewertung der übernommenen Wirtschaftsgüter und der Absetzung für Abnutzung (§ 4 Abs. 2 S. 1 UmwStG). Zur Abschreibung bei einem Wertansatz oberhalb des Buchwertes § 4 Abs. 3 UmwStG.

5. Etwaige vorhandene Verlustvorträge bei der Kapitalgesellschaft gehen nicht auf die Personengesellschaft über, sondern unter, § 4 Abs. 2 S. 2 UmwStG. In diesem Fall bietet es sich daher an, im Rahmen der Übertragungsbilanz die stillen Reserven mittels des Ansatzes der gemeinen Werte bzw. eines Zwischenwertes aufzudecken und den dadurch entstehenden Übertragungsgewinn mit den Verlustvorträgen zu verrechnen. Nur die danach noch übrig bleibenden Verlustvorträge gehen endgültig unter. Jedoch ist zu beachten, dass über § 8 KStG auch die Grundsätze der Mindestbesteuerung nach § 10d EStG zur Anwendung kommen und damit der Verlustverrechnung Grenzen gesetzt werden. Durch die (anteilige) Aufdeckung der stillen Reserven entsteht für die Personengesellschaft eine erhöhte Bemessungsgrundlage für die zukünftigen Abschreibungen. Durch erhöhte Abschreibungen können die künftigen Gewinne gemindert werden, so dass ein Ansatz über dem Buchwert aus Sicht der übernehmenden Personengesellschaft grundsätzlich vorteilhaft ist.

6. Da aus handels(zivil-)rechtlicher Sicht kein Rechtsträgerwechsel erfolgt, löst der Rechtsformwechsel auch keine Grunderwerbsteuer aus, auch wenn sich im Betriebsvermögen der Kapitalgesellschaft Immobilien befinden. Die Gesellschaft ändert nur ihr Rechtskleid, bleibt aber ansonsten identisch.

7. Die Besteuerung der offenen Rücklagen der übertragenden Kapitalgesellschaft auf Ebene der Anteilseigner gemäß § 7 UmwStG als Einkünfte aus Kapitalvermögen iSv § 20 Abs. 1 Nr. 1 EStG kann zu einer wesentlichen Steuerbelastung bei den Gesellschaftern der übertragenden Kapitalgesellschaft führen. Nach § 7 S. 1 UmwStG ist den Anteilseignern der Teil des in der Steuerbilanz ausgewiesenen Eigenkapitals abzüglich des Bestands des steuerlichen Einlagekontos (§ 27 KStG), der sich nach Anwendung des § 29 Abs. 1 KStG ergibt, in dem Verhältnis der Anteile zum Nennkapital der übertragenden Körperschaft als Einkünfte aus Kapitalvermögen iSv § 20 Abs. 1 Nr. 1 EStG zuzurechnen. Beispiel: Der Gesellschafter A ist zu 10 % an der übertragenden Körperschaft beteiligt. Das Stammkapital beträgt insgesamt 100.000 EUR. Das Eigenkapital der Gesellschaft beläuft sich ausweislich der Steuerbilanz auf 800.000 EUR. Das steuerliche Einlagekonto nach § 27 KStG beläuft sich auf 150.000 EUR. Vom Eigenkapital iHv 800.000 EUR ist das steuerliche Einlagekonto gemäß § 27 KStG mit 150.000 EUR ebenso in Abzug zu bringen wie das Stammkapital mit 100.000 EUR. Letzteres wird unter Anwendung des § 29 Abs. 1 KStG zum Teil des steuerlichen Einlagekontos. Die ausgeschütteten offenen Rücklagen betragen demnach insgesamt 550.000 EUR. Der Anteil des A beläuft sich auf 55.000 EUR. A hat 55.000 EUR als Einkünfte aus Kapitalvermögen nach § 20 Abs. 1 Nr. 1 EStG zu versteuern. Dabei verlangt die Finanzverwaltung auch einen entsprechenden Kapitalertragsteuereinbehalt auf die 55.000 EUR wie bei einer regulären Ausschüttung. Umstritten ist des Weiteren, ob auf die Ausschüttung der Abgeltungsteuersatz von 25 % Anwendung findet, wenn A die Anteile in seinem Privatvermögen hält. Die Finanzverwaltung geht unter Verweis auf die weite Einlagefiktion des § 5 Abs. 2 UmwStG davon aus, dass die Beteiligung an der Kapitalgesellschaft (bei Erreichen der Mindestbeteiligungsgrenze des § 17 EStG iHv 1 %) zunächst in die Personengesellschaft eingelegt wird und damit die Kapitaleinkünfte nach § 20 Abs. 1 Nr. 1 EStG durch die Personengesellschaft erzielt werden. Damit greift die Abgeltungsteuer nicht. Über § 20 Abs. 8 EStG iVm § 3 Nr. 40 S. 1d) EStG kommt nach Auffassung der Finanzverwaltung vielmehr das Teileinkünfteverfahren zum Ansatz (Besteuerung mit 60 % der Einkünfte, jedoch mit dem persönlichen Einkommensteuersatz des A). Bei Beteiligungen kleiner 1 % greift nach allen Ansichten die Abgeltungsteuer ein. Befindet sich die Beteiligung an der Kapitalgesellschaft vor dem Formwechsel im Betriebsvermögen des Gesellschafters, wird die fiktive Ausschüttung nach § 7 UmwStG nach allen Ansichten mit dem Teileinkünfteverfahren besteuert. Bei einer Beteiligung im Betriebsvermögen einer anderen Kapitalgesellschaft greift § 8b Abs. 1 KStG ein und führt zu einer Steuerfreistellung von im Ergebnis 95 %, wenn die Beteiligung mindestens 10 % betrug (§ 8b Abs. 4 KStG). Bei der Kapitalgesellschaft ist des Weiteren noch die Gewerbesteuer zu beachten, die nur unter bestimmten Voraussetzungen (§§ 8 Nr. 7, 9 Nr. 2a GewStG – 15%ige Mindestbeteiligung) entfällt. Werden die stillen Reserven im Rahmen der Übertragungsbilanz der Kapitalgesellschaft aufgedeckt, steigt ebenfalls die fiktive Ausschüttung entsprechend an. Diese im Einzelfall erhebliche Steuerbelastung, die auch bei einer Buchwertfortführung zum Tragen kommt, kann im Ergebnis ein Grund sein, den Formwechsel nicht durchzuführen.

8. Demgegenüber stellt die Besteuerung des Übernahmeergebnisses nach § 4 Abs. 4 ff. UmwStG oftmals kein Hemmnis für einen Formwechsel dar, da die steuerlichen Auswirkungen nicht immer so gravierend sind. Zur Bestimmung des Übernahmeergebnisses ist wie folgt vorzugehen: Von dem anteiligen steuerlichen Wert des Betriebsvermögens (entspricht dem anteiligen steuerlichen Eigenkapital) bezogen auf den jeweiligen Gesellschafter sind seine persönlichen Anschaffungskosten in Abzug zu bringen sowie anteilige Umwandlungskosten (§ 4 Abs. 4 UmwStG). Um eine Doppelbesteuerung der im steuerlichen Eigenkapital enthaltenen offenen Rücklagen zu verhindern, die bereits nach § 7 UmwStG besteuert werden, sind die auf den Gesellschafter entfallenden offenen Rücklagen in Abzug zu bringen (§ 4 Abs. 5 UmwStG). Damit ergibt sich oftmals ein **Übernahmeverlust** in Höhe der persönlichen Anschaffungskosten, der unter den Voraussetzungen des § 4 Abs. 6 UmwStG steuerlich nutzbar ist. Zu einem Übernahmegewinn, der nach § 4 Abs. 7 UmwStG zu besteuern ist, kann es beispielsweise kommen, wenn der Gesellschafter die Beteiligung an der Kapitalgesellschaft unter dem Nennwert erworben hat.

III. Veränderung im Gesellschafterbestand

1. Aufnahme eines neuen Gesellschafters in ein Einzelunternehmen bzw. in eine Personengesellschaft

Checkliste

1. **Alternative: durch Anteilsverkauf**
   a) Rechtsfolge für Erwerber:[1]
      aa) Anschaffungskosten (§§ 18 Abs. 3, 16 Abs. 2 EStG)
      bb) ggfs. Erstellung einer positiven bzw. negativen Ergänzungsbilanz
   b) Rechtsfolge für Veräußerer: Veräußerungsgewinn bzw. – verlust gemäß § 18 Abs. 3 EStG[2]
2. **Alternative: durch Einbringung gegen Gewährung von Gesellschaftsrechten**
   a) bei Geldzahlung:
      aa) Rechtsfolge für Neugesellschafter: Anschaffungskosten (§ 16 EStG)
      bb) Rechtsfolge für Altgesellschafter: Einbringung nach § 24 UmwStG[3]
   b) bei Einbringung von einzelnen Wirtschaftsgütern:
      aa) Rechtsfolge für Neugesellschafter:
         aa) Wirtschaftsgüter des Privatvermögens: § 6 Abs. 6 EStG[4]
         bb) Wirtschaftsgüter des Betriebsvermögens: § 6 Abs. 5 S. 3 EStG[5]
      bb) Rechtsfolge für Altgesellschafter: Einbringung nach § 24 UmwStG[3]
   c) bei Einbringung einer Einzelkanzlei bzw. Anteil an einer Personengesellschaft
      aa) Rechtsfolge für Neugesellschafter: Einbringung nach § 24 UmwStG[6]
      bb) Rechtsfolge für Altgesellschafter: Einbringung nach § 24 UmwStG[3]
3. **Alternative: durch Schenkung**
   a) Rechtsfolge für Beschenkten:
      aa) Buchwertfortführung (§ 6 Abs. 3 EStG)[7]
      bb) ggfs. Schenkungsteuer[8]
   b) Rechtsfolge für Schenker:
      aa) Ausscheiden aus der Gesellschaft
      bb) ggfs. Schenkungsteuer[9]

Anmerkungen

1. Die Rechtsfolge beim Kauf eines Anteils an einer Personengesellschaft für den Erwerber bestimmt sich nach §§ 18 Abs. 3, 16 Abs. 2 EStG. In Höhe des gezahlten Kaufpreises hat der Erwerber Anschaffungskosten auf die Beteiligung. Weicht der Veräußerungserlös von dem Kapitalkontostand des Veräußerers im Zeitpunkt der Veräußerung ab, müssen diese Abweichungen für den Erwerber im Rahmen von Ergänzungsbilanzen (→ Form. O. I. 6 Anm. 2) erfasst werden. Eine positive Ergänzungsbilanz, in der eine anteilige Aufdeckung der stillen Reserven erfolgt, entsteht, wenn der Veräußerungserlös das Kapitalkonto übersteigt. Erreicht der Veräußerungserlös nicht die Höhe des Kapitalkontos, ist eine negative Ergänzungsbilanz zu bilden, in der die Wirtschaftsgüter des Betriebes anteilig abgestockt werden. Die Ergebnisse aus den Ergänzungsbilanzen beeinflussen den jährlichen Gewinnanteil des Erwerbers aus der Gesellschaft (→ Form. O. I. 7 Anm. 4).

2. Der Veräußerer erzielt einen Veräußerungsgewinn oder – verlust nach den Grundsätzen der §§ 18 Abs. 3, 16 Abs. 2 EStG. Jedoch ist ein Veräußerungsgewinn nur dann nach den Regeln der §§ 16 Abs. 4, 34 EStG begünstigt, wenn die weiteren Voraussetzungen der

Normen erfüllt sind (→ Form. O. III. 5 Anm. 1). Insbesondere muss es sich um den Verkauf des gesamten Mitunternehmeranteils handeln, § 16 Abs. 1 Nr. 2 EStG. Wird der Gewinn im Rahmen einer Einnahmenüberschussrechnung ermittelt, muss auch bei einer Veräußerung zunächst zur Bilanzierung nach § 4 Abs. 1 EStG übergegangen und ein etwaiger Übernahmegewinn als laufender Gewinn besteuert werden (BFH Urt. v. 10.7.1986 – IV R 12/81, BStBl II 1986, 811; Schmidt/*Wacker*, EStG, § 18 Rn. 266 mwN).

3. Für den Altgesellschafter, der nach dem Eintritt des Neugesellschafters seine Kanzlei in Form der Personengesellschaft fortführt, greift § 24 UmwStG ein, soweit er keine Zuzahlung erhält (BFH Urt. v. 13.12.1979 – IV R 69/74, BStBl 1980 II, 239). Er bringt steuerlich seine Einzelkanzlei bzw. seinen (gesamten) Anteil an einer Mitunternehmerschaft in die mit dem neu eintretenden Gesellschafter neu gegründete Personengesellschaft ein (zB BFH Urt. v. 6.7.1999 – VIII R 17/95, BFH/NV 2000, 34; BMF-Schreiben v. 11.11.2011, BStBl 2011 I, 1314 Rn. 1.47). Nach § 24 Abs. 2 S. 1 UmwStG ist die Kanzlei grds. mit ihrem **gemeinen Wert** in Ansatz zu bringen mit der Folge, dass es zu einer steuerpflichtigen Aufdeckung der stillen Reserven kommt. Denn der Wert, mit dem das eingebrachte Betriebsvermögen in der Bilanz der Personengesellschaft einschließlich der Ergänzungsbilanzen für ihren Gesellschafter angesetzt wird, gilt für den Einbringenden als Veräußerungserlös iSv § 16 EStG (§ 24 Abs. 3 S. 1 UmwStG). Eine Begünstigung dieses Übertragungsgewinns nach § 16 Abs. 4 EStG kommt nur ausnahmsweise bei Erfüllung der weiteren in § 24 Abs. 3 S. 2 UmwStG genannten Voraussetzungen in Betracht.

§ 24 Abs. 2 S. 2 UmwStG erlaubt jedoch auf **Antrag** den Ansatz zu **Buchwerten** bzw. zu einem zwischen dem Buchwert und dem gemeinen Wert liegenden **Zwischenwert**, soweit das Recht der Bundesrepublik Deutschland hinsichtlich der Besteuerung des eingebrachten Betriebsvermögens nicht ausgeschlossen oder beschränkt wird. Bei einem Buchwertansatz kommt es für den Einbringenden nicht zu einem Veräußerungsgewinn, da sich der Wertansatz bei der Personengesellschaft und der Wertansatz bei der einzubringenden Gesellschaft entsprechen. Die Übertragung eines Teils eines Mitunternehmeranteils ist jedoch nicht nach § 24 UmwStG begünstigt. Ein zumindest teilweiser Ausschluss des Besteuerungsrechts der Bundesrepublik Deutschland liegt beispielsweise bei Einbringung in eine Personengesellschaft vor, an der ausländische Anteilseigner beteiligt sind und bei der das Besteuerungsrecht nach einem Doppelbesteuerungsabkommen dem ausländischen Staat zugewiesen wird. Zu den Möglichkeiten einer Buchwertfortführung vgl. Schmidt/*Wacker*, EStG, § 16 Rn. 562 mwN.

Führt die neue Personengesellschaft die **Einnahmenüberschussrechnung** nach § 4 Abs. 3 EStG fort und erfolgt die Einbringung zu **Buchwerten**, bedarf es nach Ansicht der höchstrichterlichen Rechtsprechung keiner Erstellung einer Einbringungs- und Übergangsbilanz (BFH Urt. v. 13.9.2001 – IV R 13/01, BStBl 2002 II, 287; BFH Urt. v. 14.11.2007 – XI R 32/06, BFH/NV 2008, 385; aA aber BMF-Schreiben v. 11.11.2011, BStBl 2011 I, 1314 Rn. 24.03). Es kommt nicht zu einem Wechsel der Gewinnermittlungsart, auch nicht fiktiv für den Übergang zur neuen Personengesellschaft. Etwas anderes gilt, wenn ein Zwischenwertansatz oder der Ansatz mit den gemeinen Werten erfolgt (BFH Urt. v. 9.11.2000 – IV R 18/00, BStBl II 2001, 102). In diesem Fall ist ein Wechsel der Gewinnermittlungsart und ein Übergang zur Bilanzierung nach § 4 Abs. 1 EStG zwingend erforderlich. Der entstehende Übergangsgewinn ist als laufender Gewinn für den Einbringenden steuerpflichtig. Nach der Einbringung kann umgehend wieder zur Einnahmenüberschussrechnung zurück gekehrt werden, so dass zur Vermeidung einer doppelten Besteuerung entsprechende Abschläge im Rahmen der erneuten Überleitungsrechnung erforderlich sind. Zum Zurückbehalt von Honorarforderungen vgl. BFH Urt. v. 13.9.2001 – IV R 13/01, BStBl 2002 II, 287; BFH Urt. v. 4.12.2012 – VIII R 41/09, BFHE 239, 437.

Leistet der neu eintretende Gesellschafter eine **Zuzahlung in das Privatvermögen der Alt-Gesellschafter**, handelt es sich für diese um einen laufenden nicht begünstigten Veräußerungsgewinn (BMF-Schreiben v. 11.11.2011, BStBl 2011 I, 1314 Rn. 24.10; BFH Urt. v. 11.12.1997 – IV R 28/97, BFH/NV 1998, 836, 838), da lediglich der Teil ihres jeweiligen Mitunternehmeranteils veräußert wird. Gleiches gilt für Umgehungsgestaltungen (dazu Schmidt/*Wacker*, EStG, § 16 Rn. 563). Darüber hinaus kommt es jedoch zu einer Anwendung des § 24 UmwStG aus Sicht der Alt-Gesellschafter. Gleiches gilt, wenn der bisherige Einzelunternehmer seine Kanzlei in die Personengesellschaft einbringt (→ Anm. 6) und als Gegenleistung ua eine Zuzahlung von dem neu eintretenden Gesellschafter in sein Privatvermögen erhält. Fraglich ist, ob für eine Zuzahlung in das Betriebsvermögen eines Gesellschafters Gleiches gilt (dagegen FG Köln BB 2011, 2032; Rev. anhängig IV R 33/11).

4. Bringt der Neugesellschafter Wirtschaftsgüter seines Privatvermögens gegen Gewährung von Gesellschaftsrechten in die Personengesellschaft ein, handelt es sich steuerrechtlich um einen Tausch iSv § 6 Abs. 6 EStG. Damit liegt ein entgeltliches Geschäft vor und es kann zu einer steuerpflichtigen Veräußerung aus dem Privatvermögen für den Neugesellschafter kommen. Dies ist der Fall, wenn er eine private Immobilie in die Gesellschaft einbringt, bei der die 10-Jahresfrist zwischen Anschaffung und Veräußerung noch nicht abgelaufen ist und es deshalb zu einem steuerpflichtigen privaten Veräußerungsgeschäft gemäß §§ 22 Nr. 2, 23 Abs. 1 Nr. 1 EStG kommt. Gleiches gilt für die Einbringung einer Beteiligung an einer Kapitalgesellschaft von mindestens 1 %, die gemäß § 17 EStG steuerpflichtig ist. Bei einer Beteiligung unterhalb von 1 % kommt es auf den Erwerbszeitpunkt der Beteiligung an: Bei einem Erwerb vor dem 1.1.2009 gelten §§ 22 Nr. 2, 23 Abs. 1 Nr. 2 EStG aF und die Einbringung ist aufgrund des Ablaufes der Jahresfrist steuerfrei möglich. Bei einem Anteilserwerb ab dem 1.1.2009 tritt stets ein nach § 20 Abs. 2 EStG abgeltungssteuerpflichtiges Veräußerungsgeschäft ein.

5. Auch dann, wenn der Neugesellschafter Wirtschaftsgütern seines Betriebsvermögens gegen Gewährung von Gesellschaftsrechten in die Personengesellschaft einbringt, handelt es sich um einen Tausch und damit um ein entgeltliches Geschäft. In diesem Fall greift aber die Sondervorschrift des § 6 Abs. 5 S. 3 EStG ein. Es kommt zur **Buchwertfortführung**, so dass die Aufdeckung etwaig vorhandener stiller Reserven vermieden werden kann. Dabei ist es unerheblich, ob sich das Wirtschaftsgut zunächst im Betriebsvermögen (§ 6 Abs. 5 S. 3 Nr. 1 EStG) oder im Sonderbetriebsvermögen (§ 6 Abs. 5 S. 3 Nr. 2 EStG) des Neugesellschafters befand, bevor es in das Gesamthandsvermögen der neuen Personengesellschaft eingebracht wird. Es ist jedoch die **Sperrfrist** des § 6 Abs. 5 S. 4 EStG zu beachten: Wird das zu Buchwerten übertragene Wirtschaftsgut innerhalb der Sperrfrist veräußert oder entnommen, ist rückwirkend auf den Zeitpunkt der Übertragung der Teilwert anzusetzen, es sei denn die bis zur Übertragung entstandenen stillen Reserven sind durch Erstellung einer Ergänzungsbilanz dem übertragenden Gesellschafter zugeordnet worden. Die Sperrfrist endet drei Jahre nach Abgabe der Steuererklärung des Übertragenden für den Veranlagungszeitraum, in dem die Übertragung zu Buchwerten erfolgt ist (§ 6 Abs. 5 S. 4 EStG). Zu weiteren Einschränkungen vgl. § 6 Abs. 5 S. 5 f. EStG.

6. Während die Vorschrift des § 6 EStG für die Einbringung von Einzelwirtschaftsgütern durch den Neugesellschafter gilt, greift § 24 UmwStG ein, wenn der Neugesellschafter seine bisherige Einzelkanzlei gegen Gewährung von Gesellschaftsrechten in die neue Gesellschaft einbringt (→ Anm. 3, auch zu den Besonderheiten bei der Einnahmenüberschussrechnung).

7. Der Beschenkte hat keine eigenen Anschaffungskosten. Er tritt vielmehr in die Fußstapfen des Schenkers und führt dessen Anschaffungskosten fort. Es kommt bei der unentgeltlichen Übertragung eines Betriebes, eines Teilbetriebes oder eines Anteils an einer Mitunternehmerschaft zur **Buchwertfortführung** gemäß § 6 Abs. 3 S. 1 EStG. Gleiches gilt bei der unentgeltlichen Aufnahme einer natürlichen Person in ein bestehendes Einzelunternehmen sowie bei der unentgeltlichen Übertragung eines Teils eines

Mitunternehmeranteils auf eine natürliche Person (§ 6 Abs. 3 S. 1 EStG). Behält der Schenker Wirtschaftsgüter, die weiterhin zum Betriebsvermögen derselben Mitunternehmerschaft gehören, zurück (insbesondere Wirtschaftsgüter seines Sonderbetriebsvermögens), kommt es trotzdem zu einer Buchwertfortführung, soweit der Rechtsnachfolger den übernommenen Mitunternehmeranteil über einen Zeitraum von mindestens fünf Jahren nicht veräußert oder aufgibt (§ 6 Abs. 3 S. 2 EStG).

8. Aus Sicht des Beschenkten ist die Bemessungsgrundlage für den geschenkten Anteil am Betriebsvermögen zu ermitteln und im Rahmen einer Schenkungsteuererklärung zu deklarieren (→ Form. O. III. 7). Dabei stellt sich die Frage, in welchem Umfang erbschaftsteuerliche Begünstigungen für Betriebsvermögen zum Tragen kommen. Zu den Möglichkeiten einer 85%igen bzw. 100%igen Verschonung bei Betriebsvermögen → Form. O. III. 8.

9. Auch der Schenker ist nach § 20 Abs. 1 ErbStG Schuldner der Schenkungsteuer. Wendet er dem Beschenkten jedoch die Schenkungsteuer unentgeltlich zu, handelt es sich um eine zusätzliche Schenkung, die die schenkungsteuerliche Bemessungsgrundlage entsprechend erhöht.

2. Aufnahme eines neuen Gesellschafters in eine Kapitalgesellschaft

Checkliste

---

1. **Alternative: durch Anteilsverkauf**
   a) Rechtsfolge für Erwerber: Anschaffungskosten
   b) Rechtsfolge für Veräußerer:
      aa) Beteiligung zu mindestens 1 %: Veräußerungsgewinn oder – verlust nach § 17 EStG[1]
      bb) Beteiligung kleiner 1 %:[2]
         aa) Anschaffung bis einschließlich 31.12.2008: steuerfrei nach § 23 EStG aF
         bb) Anschaffung ab 1.1.2009: Veräußerungsgewinn oder – verlust nach § 20 Abs. 2 EStG
2. **Alternative: durch Kapitalerhöhung**
   a) bei Geldzahlung: Erwerber hat Anschaffungskosten[3]
   b) bei Einbringung von einzelnen Wirtschaftsgütern: Tausch iSv § 6 Abs. 6 EStG[4]
   c) bei Einbringung von Einzelkanzlei oder Anteil an Personengesellschaft: Sacheinlage nach § 20 UmwStG[5]
   d) bei Einbringung von Kapitalgesellschaftsanteilen: Sacheinlage nach § 21 UmwStG[6]
3. **Alternative: durch Schenkung**
   a) Rechtsfolge für Beschenkten:
      aa) Fortführung der Anschaffungskosten des Schenkers[7]
      bb) ggfs. Schenkungsteuer[8]
   b) Rechtsfolge für Schenker:
      aa) Ausscheiden aus der Kapitalgesellschaft
      bb) ggfs. Schenkungsteuer[9]

Anmerkungen

1. Der Verkauf einer Beteiligung an einer Kapitalgesellschaft von mindestens 1 % führt bei dem Veräußerer zu gewerblichen Einkünften nach § 17 EStG in Form eines Gewinns oder eines Verlustes. Soweit der Freibetrag nach § 17 Abs. 3 EStG (→ Form. O. III. 6 Anm. 1) nicht zu einer Minderung des Veräußerungsgewinns führt, greift das Teileinkünfteverfahren ein und der Gewinn ist nur in Höhe von 60 % einkommensteuerpflichtig

(→ Form. O. III. 6 Anm. 1). Gleiches gilt für entsprechende Verluste. Ausgaben, die im Zusammenhang mit den Einkünften stehen, können gemäß § 3c Abs. 2 EStG ebenfalls nur iHv 60 % in Abzug gebracht werden. Für den Fall, dass es sich bei dem Anteilseigner (Verkäufer) um eine Kapitalgesellschaft handelt, gilt § 8b Abs. 2 und 3 KStG.

2. Ist die Beteiligung an der Kapitalgesellschaft kleiner als 1 %, kommt es für die Besteuerung auf den Zeitpunkt des Erwerbs der Beteiligung an: Bei einem Erwerb vor dem 1.1.2009 ist die einjährige Spekulationsfrist bereits seit längerem abgelaufen, wenn die Beteiligung heute veräußert wird. Damit wäre ein Veräußerungsgewinn nach § 23 EStG aF steuerfrei, aber auch ein Veräußerungsverlust könnte steuerlich nicht in Ansatz gebracht werden. Bei einem Erwerb der Beteiligung an der Kapitalgesellschaft ab dem 1.1.2009 gilt § 20 Abs. 2 EStG (§ 52a Abs. 1 EStG). Ein Veräußerungsgewinn bzw. – verlust ist stets steuerpflichtig. Es handelt sich um Einkünfte aus Kapitalvermögen, die unter die Abgeltungsteuer fallen (§ 32d Abs. 1 EStG).

3. Die Geldzahlungen, die im Rahmen einer Kapitalerhöhung der Gesellschaft durch den neu eintretenden Gesellschafter zur Erfüllung seiner Stammeinlageverpflichtung geleistet werden, stellen Anschaffungskosten für seine Beteiligung dar. Beträgt die Beteiligung mindestens 1 %, handelt es sich um Anschaffungskosten iSv § 17 EStG; anderenfalls um solche iSv § 20 Abs. 2 EStG bei einem aktuellen Erwerb. Werden über das Stammkapital hinaus Zahlungen in das Vermögen der Kapitalgesellschaft geleistet, gilt es Folgendes zu beachten: Der neu eintretende Gesellschafter muss neben dem Nennbetrag auch ein angemessene **Aufgeld** leisten, das auf Ebene der Kapitalgesellschaft im Rahmen der **Kapitalrücklage** erfasst wird. Das Aufgeld dient zur Abgeltung der vorhandenen stillen Reserven. Unterbleibt eine Aufgeldzahlung, gehen stille Reserven von den bisherigen Gesellschaftern auf den neu eintretenden Gesellschafter über, ohne dass dafür ein Entgelt gezahlt wird. Der Wille zur Freigebigkeit wird aufgrund des objektiven Missverhältnisses zwischen Leistung und Gegenleistung vermutet (BFH Urt. v. 10.9.1986 – II R 81/84, BStBl 1987 II, 80; BFH Urt. v. 20.12.2000 – II R 42/99, BStBl 2001 II, 454). Es handelt sich folglich um eine Schenkung auf Kosten der bisherigen Gesellschafter an den neu eintretenden Gesellschafter (Koordinierter Ländererlass v. 14.3.2012, BStBl 2012 I, 331 Ziff 2.1.4). Bei einem zu hohen Aufgeld kann ab dem 13.12.2011 eine Schenkung nach § 7 Abs. 8 S. 1 ErbStG gegeben sein (Koordinierter Ländererlass v. 14.3.2012, BStBl 2012 I, 331, Ziff. 2.1.3).

4. Wird das Stammkapital statt durch eine Geldzahlung dadurch erfüllt, dass der neu eintretende Gesellschafter einzelne Wirtschaftsgüter in die Kapitalgesellschaft einbringt, handelt es sich um einen Tausch iSv § 6 Abs. 6 EStG. Die Kapitalgesellschaft setzt diese Wirtschaftsgüter mit ihrem gemeinen Wert an. Im Gegenzug wird der Einbringende so behandelt, als hätte er das jeweilige Wirtschaftsgut an die Gesellschaft veräußert. Dabei können aus seiner Sicht steuerpflichtige Veräußerungsgeschäfte eintreten – je nachdem, um welches Wirtschaftsgut es sich handelt. Bei einem Grundstück, das aus dem Privatvermögen des Einbringenden stammt und in die Gesellschaft eingebracht wird, entsteht ein steuerpflichtiges Veräußerungsgeschäft nach §§ 22 Nr. 2 , 23 Abs. 1 Nr. 1 EStG, wenn seit der Anschaffung des Grundstücks im Privatvermögen noch keine zehn Jahre vergangen sind. Bei beweglichen Wirtschaftsgütern des Privatvermögens (außer Anteilen an Kapitalgesellschaften und anderen Wertpapieren) gilt über § 22 Nr. 2 EStG eine Frist von einem Jahr gemäß § 23 Abs. 1 Nr. 2 EStG, soweit die Wirtschaftsgüter nicht zur Erzielung von Einkünften genutzt wurden (dann greift die Zehnjahresfrist). Zur Einbringung von Anteilen an einer Kapitalgesellschaft im Wege des Anteilstausches → Anm. 6. Stammen die Wirtschaftsgüter aus einem Betriebsvermögen, sind diese unter Aufdeckung der stillen Reserven stets zu versteuern.

5. Die Einbringung einer Einzelkanzlei oder von Anteilen an einer Freiberufler-Personengesellschaft gegen Gewährung von Gesellschaftsrechten an einer Kapitalgesellschaft kann als **Sacheinlage** nach § 20 UmwStG erfolgen. Das übernommene Betriebsvermögen ist von der übernehmenden Kapitalgesellschaft grundsätzlich mit dem **gemeinen Wert** unter Aufdeckung der stillen Reserven anzusetzen (§ 20 Abs. 2 S. 1 UmwStG; inklusive eines Praxis- bzw. Geschäftswertes, Schmidt/*Wacker*, EStG, 32. Auflage, § 18 Rn. 213). Auf Antrag kann jedoch auch der **Buchwert** oder ein **Zwischenwert** in Ansatz gebracht werden, wenn sichergestellt ist, dass das Betriebsvermögen später bei der übernehmenden Körperschaft der Besteuerung mit Körperschaftsteuer unterliegt, die Passivposten (ohne Berücksichtigung des Eigenkapitals) des eingebrachten Betriebsvermögens die Aktivposten nicht übersteigen und das Recht der Bundesrepublik Deutschland hinsichtlich der Besteuerung des Gewinns aus der Veräußerung des eingebrachten Betriebsvermögens bei der übernehmenden Gesellschaft nicht ausgeschlossen oder beschränkt wird (§ 20 Abs. 2 S. 2 UmwStG).

Aus Sicht des einbringenden Gesellschafters stellt der Wert, mit dem die übernehmende Kapitalgesellschaft das Betriebsvermögen ansetzt, den Veräußerungspreis für sein Einzelunternehmen bzw. seinen Anteil an der Mitunternehmerschaft und zugleich die Anschaffungskosten für die Beteiligung an der neuen Kapitalgesellschaft dar (§ 20 Abs. 3 S. 1 UmwStG). Dabei kann der einbringende Gesellschafter nur dann den Freibetrag des § 16 Abs. 4 EStG (→ Form. O. III. 5 Anm. 1) auf einen entstehenden Veräußerungsgewinn anwenden, wenn die Kapitalgesellschaft das eingebrachte Betriebsvermögen mit dem gemeinen Wert angesetzt hat (kein Zwischenwertansatz) und nicht lediglich ein Teil eines Mitunternehmeranteils, sondern der gesamte Mitunternehmeranteil auf die Kapitalgesellschaft im Wege der Sacheinlage übertragen wird (§ 20 Abs. 4 UmwStG). Der **Stichtag** für die Einbringung darf auf einen Tag zurückbezogen werden, der höchstens acht Monate vor dem Tag des Abschlusses des Einbringungsvertrags und höchstens acht Monate vor dem Zeitpunkt liegt, an dem das eingebrachte Betriebsvermögen auf die übernehmende Gesellschaft übergeht (§ 20 Abs. 6 S. 3 UmwStG).

Es gilt eine Behaltefrist für die Anteile an der neuen Kapitalgesellschaft, die der einbringende Gesellschafter erhält, von sieben Jahren, wenn die Sacheinlage mit einem Wert unter dem gemeinen Wert angesetzt wurde. Werden die Anteile innerhalb eines Zeitraums von sieben Jahren nach dem Einbringungszeitpunkt veräußert, ist der Gewinn aus der Einbringung rückwirkend im Wirtschaftsjahr der Einbringung als Gewinn des Einbringenden iSv § 16 EStG zu versteuern (sog. **Einbringungsgewinn I**, § 22 Abs. 1 S. 1 UmwStG). Die Vergünstigungen der §§ 16 Abs. 4, 34 EStG finden keine Anwendung. Werden Anteile, die im Rahmen einer Sacheinlage bzw. eines Anteilstausches unter dem gemeinen Wert in das Betriebsvermögen der Kapitalgesellschaft eingebracht wurden, innerhalb eines Zeitraums von sieben Jahren nach dem Einbringungszeitpunkt durch die übernehmende Kapitalgesellschaft (un-)mittelbar veräußert und wäre der Veräußerungsgewinn nicht beim Einbringenden nach § 8b Abs. 2 KStG steuerfrei gewesen, ist der Gewinn aus der Einbringung im Wirtschaftsjahr der Einbringung rückwirkend als Gewinn des Einbringenden aus der Veräußerung von Anteilen zu versteuern (sog. **Einbringungsgewinn II**, § 22 Abs. 2 UmwStG). Die Vergünstigungen der §§ 16 Abs. 4, 34 EStG sind nicht anzuwenden. Für jedes seit dem Einbringungszeitpunkt abgelaufene Zeitjahr wird der jeweilige Einbringungsgewinn um 1/7 abgeschmolzen (§ 22 Abs. 1 S. 3 und Abs. 2 S. 3 UmwStG).

Zur Kontrolle dieser Fristen erlegt § 22 Abs. 3 UmwStG dem Einbringenden in den auf die Einbringung folgenden sieben Jahren die **Nachweisverpflichtung** gegenüber dem Finanzamt bis zum 31.5. des Folgejahres auf, wem mit Ablauf des Tages, der dem maßgebenden Einbringungszeitpunkt entspricht, die erhaltenen Anteile und die auf diesen Anteilen beruhenden Anteile (Fall des § 22 Abs. 1 UmwStG) bzw. die eingebrachten Anteile und die auf diesen Anteilen beruhenden Anteile (Fall des § 22 Abs. 2 UmwStG) zuzurechnen sind. Wird der Nachweis nicht fristgerecht erbracht, gelten die Anteile an dem Tag, der dem Einbringungszeitpunkt folgt oder der in den Folgejahren diesem Kalenderjahr entspricht, als veräußert (Fiktion). Diese Frist ist nicht verlängerbar. Jedoch erlaubt die Finanzverwaltung die Berücksichtigung einer verspäteten Meldung, soweit eine Änderung der betroffenen Bescheide verfahrensrechtlich noch möglich ist (22.33 UmwStAE).

6. Werden Anteile an einer Kapitalgesellschaft gegen Gewährung neuer Anteile an der übernehmenden Kapitalgesellschaft eingebracht, handelt es sich um einen sog. **Anteilstausch** in Form der Sacheinlage gemäß § 21 UmwStG. Auch hier gilt der Grundsatz, dass die übernehmende Kapitalgesellschaft grundsätzlich die Anteile mit ihrem gemeinen Wert anzusetzen hat (§ 21 Abs. 1 S. 1 UmwStG). Auf Antrag kann jedoch der Buchwert oder ein Zwischenwert zum Tragen kommen, wenn die übernehmende Kapitalgesellschaft nach der Einbringung auf Grund ihrer Beteiligung einschließlich der eingebrachten Anteile nachweisbar unmittelbar die Mehrheit der Stimmrechte an der erworbenen Gesellschaft hat (sog. **qualifizierter Anteilstausch**, § 21 Abs. 1 S. 2 UmwStG).
Der Wert, mit dem die übernehmende Kapitalgesellschaft die eingebrachten Anteile ansetzt, gilt für den Einbringenden als Veräußerungspreis der eingebrachten Anteile und als Anschaffungskosten der neu erhaltenen Kapitalgesellschaftsanteile (§ 21 Abs. 2 S. 1 UmwStG). Etwas anderes gilt jedoch, wenn für die eingebrachten Anteile nach der Einbringung das Recht der Bundesrepublik Deutschland hinsichtlich der Besteuerung des Gewinns aus der Veräußerung dieser Anteile ausgeschlossen oder beschränkt ist (§ 21 Abs. 2 S. 2 UmwStG). Dann kommt als Veräußerungspreis und als Anschaffungskosten der gemeine Wert der eingebrachten Anteile zum Tragen, soweit nicht ausnahmsweise die Voraussetzungen von § 21 Abs. 2 S. 3 UmwStG erfüllt sind. Der Freibetrag des § 17 Abs. 3 EStG ist auf den Veräußerungserlös betreffend die eingebrachten Anteile an einer Kapitalgesellschaft nur anzuwenden, wenn der Einbringende eine natürliche Person ist und die übernehmende Gesellschaft die eingebrachten Anteile mit dem gemeinen Wert ansetzt (§ 21 Abs. 3 S. 1 UmwStG). Zum Einbringungsgewinn II → Anm. 5.

7. Bei einer Schenkung tritt der Beschenkte an die Stelle des Schenkers. Der Beschenkte hat keine eigenen Anschaffungskosten, sondern führt die Anschaffungskosten des Schenkers fort. Auch der Beteiligungszeitraum iSv § 17 EStG läuft weiter (Fußstapfentheorie).

8. Eine Schenkungsteuer kann iHv 100 % bzw. 85 % entfallen, wenn die Voraussetzungen der Options- bzw. Regelverschonung erfüllt sind (§§ 13a Abs. 8, 13b ErbStG → Form. O. III. 8). Bei der Schenkung eines Anteils an einer Kapitalgesellschaft kommen diese Verschonungen von der Schenkungsteuer jedoch nur in Betracht, wenn die Kapitalgesellschaft Sitz oder Geschäftsleitung im Inland bzw. EU-/EWR-Raum hat **und** der Schenker am Nennkapital der Gesellschaft zu mehr als 25 % unmittelbar beteiligt war (sog. **Mindestbeteiligung** nach § 13b Abs. 1 Nr. 3 ErbStG). Bei Personengesellschaften besteht kein entsprechendes Mindestbeteiligungserfordernis. Bei einer sukzessiven Anteilsübertragung auf den Nachfolger im Wege der Schenkung ist daher darauf zu achten, dass auch bei der letzten Schenkung die Mindestbeteiligungsgrenze noch eingehalten wird. Anderenfalls würde bei der letzten Anteilsschenkung keine Verschonung nach §§ 13a, 13b ErbStG gewährt werden können.
Nach § 13b Abs. 1 Nr. 3 S. 2 ErbStG ermittelt sich die Mindestbeteiligung aus den dem Schenker unmittelbar zuzurechnenden Anteilen und den Anteilen weiterer Gesellschafter, wenn der Schenker und die weiteren Gesellschafter untereinander verpflichtet sind, über die Anteile nur einheitlich zu verfügen oder ausschließlich auf andere derselben Verpflichtung unterliegende Anteilseigner zu übertragen und das Stimmrecht gegenüber nichtgebundenen Gesellschaftern einheitlich auszuüben, (sog. **Stimmrechtspoolvertrag**, zu den Anforderungen der Finanzverwaltung RE 13b.6 Abs. 3 ff. ErbStR).

9. → Anm. 8

3. Ausscheiden eines Gesellschafters aus einer Personengesellschaft

Checkliste

1. **Alternative: durch Einziehung, Ausschließung oder Kündigung**
   a) aus Sicht des ausscheidenden Gesellschafters: Abfindungsanspruch (§ 16 EStG)[1]
      aa) Abfindungsanspruch = Kapitalkonto: Veräußerungsgewinn 0 EUR[2]
      bb) Abfindungsanspruch > Kapitalkonto: Veräußerungsgewinn iHd Differenz
      cc) Abfindungsanspruch < Kapitalkonto: Veräußerungsverlust iHd Differenz
      dd) Besonderheit bei Einnahmenüberschussrechnung (§ 4 Abs. 3 EStG):
          Ermittlung des Übernahmegewinns aus der Abschichtungsbilanz[3]
      ee) Besonderheiten bei einer Sachwertabfindung[4]
   b) aus Sicht der verbleibenden Gesellschafter:
      aa) Anwachsung der Beteiligung
      bb) Anschaffungskosten[5]
      cc) Veränderung in der Gesamthandsbilanz:[6]
          aa) Abfindungsanspruch = Kapitalkonto: keine Veränderung
          bb) Abfindungsanspruch > Kapitalkonto: Aufdeckung der stillen Reserven
          cc) Abfindungsanspruch < Kapitalkonto: Abstockung der Buchwerte
      dd) Besonderheit bei Einnahmenüberschussrechnung (§ 4 Abs. 3 EStG):[7]
          aa) Pflicht zur Erstellung einer Abschichtungsbilanz
          bb) keine Erfassung des Übernahmegewinns bei den verbleibenden Gesellschaftern
          cc) Fortsetzung der Einnahmenüberschussrechnung für die Zukunft
2. **Alternative: durch Realteilung (§ 16 Abs. 3 EStG)**
   a) Voraussetzungen:
      aa) Übertragung von Teilbetrieben, Mitunternehmeranteilen oder einzelnen Wirtschafts-
          gütern in das Betriebsvermögen der einzelnen Mitunternehmer[8]
      bb) Besteuerung der stillen Reserven ist sichergestellt[9]
      cc) bei Übertragung einzelner Wirtschaftsgüter:
          aa) Einhaltung der Sperrfrist für die Weiterveräußerung iSv § 16 Abs. 3 S. 3 EStG[10]
          bb) keine Übertragung auf eine Körperschaft iSv § 16 Abs. 3 S. 4 EStG[11]
   b) Rechtsfolge:
      aa) Buchwertfortführung ohne Aufdeckung stiller Reserven
      bb) Kapitalkontenanpassungsmethode[12]
      cc) Besonderheit bei Einnahmenüberschussrechnung (§ 4 Abs. 3 EStG)
          keine Abschichtungsbilanz erforderlich[13]
   c) Besonderheit: Realteilung mit Spitzenausgleich[14]
3. **Alternative: durch Tod**
   a) aus Sicht des Erben: Abfindungsanspruch des verstorbenen Gesellschafters (§ 16 EStG)[15]
      aa) Abfindungsanspruch = Kapitalkonto: Veräußerungsgewinn 0 EUR
      bb) Abfindungsanspruch > Kapitalkonto: Veräußerungsgewinn iHd Differenz
      cc) Abfindungsanspruch < Kapitalkonto: Veräußerungsverlust iHd Differenz
      dd) Besonderheit bei der Einnahmenüberschussrechnung (§ 4 Abs. 3 EStG):[16]
          Notwendigkeit zur Erstellung einer Abschichtungsbilanz
   b) aus Sicht der verbleibenden Gesellschafter:[17]
      aa) Anwachsung der Beteiligung
      bb) Anschaffungskosten
      cc) Veränderung in der Gesamthandsbilanz
          aa) Abfindungsanspruch = Kapitalkonto: keine Veränderung
          bb) Abfindungsanspruch > Kapitalkonto: Aufdeckung der stillen Reserven
          cc) Abfindungsanspruch < Kapitalkonto: Abstockung der Buchwerte
      dd) Besonderheit bei der Einnahmenüberschussrechnung (§ 4 Abs. 3 EStG)[18]
          aa) Pflicht zur Erstellung einer Abschichtungsbilanz
          bb) keine Erfassung des Übernahmegewinns bei den verbleibenden Gesellschaftern
          cc) Fortsetzung der Einnahmenüberschussrechnung für die Zukunft

Anmerkungen

1. Beim Ausscheiden eines Gesellschafters aus der Personengesellschaft setzen die verbleibenden Gesellschafter die Gesellschaft ohne den Ausgeschiedenen fort. Ihnen wächst sein Gesellschaftsanteil entsprechend ihrer jeweiligen Beteiligung quotal an. Entsprechendes gilt, wenn der vorletzte Gesellschafter aus der Gesellschaft ausscheidet. Es liegt keine Betriebsaufgabe vor. Der verbleibende Gesellschafter führt die Gesellschaft vielmehr in Form eines Einzelunternehmens fort (BFH Urt. v. 10.3.1998 – VIII R 76/96, BStBl II 1999, 269; FinVerw FR 2002, 1151). Der ausscheidende Gesellschafter erhält eine Abfindung, die sich entweder nach den gesellschaftsvertraglichen Regelungen oder im Zweifel nach dem gemeinen Wert seiner Beteiligung bestimmt. Der Abfindungsanspruch, der sich gegen die Gesellschaft richtet, stellt steuerlich einen Veräußerungserlös nach §§ 18 Abs. 3, 16 Abs. 1 Nr. 2 EStG dar (BFH Urt. v. 15.4.1993 – IV R 66/92, BStBl 1994 II, 227). Jedoch fallen beim Ausscheiden aus einer Freiberufler-Personengesellschaft keine gewerblichen Einkünfte an, wie von § 16 EStG angeordnet wird. Gemäß § 18 Abs. 3 zählt auch das, was aus der Veräußerung der Beteiligung erzielt wird, zu den freiberuflichen Einkünften iSv § 18 EStG. § 16 Abs. 1 Nr. 2 EStG und § 16 Abs. 1 S. 1 sowie Absatz 2 bis 4 EStG gelten entsprechend. Die Abfindung ist im Zeitpunkt ihrer Entstehung (mit Ausscheiden aus der Gesellschaft) zu versteuern. Auf den Zeitpunkt der Zahlung kommt es nicht an (Realisationsprinzip statt Zuflussprinzip). Die Höhe der Abfindung ist im Rahmen der gesonderten und einheitlichen Gewinnfeststellung der Personengesellschaft (→ Form. O. I. 7) festzulegen.

2. Ob der ausscheidende Gesellschafter einen Gewinn oder einen Verlust nach §§ 18 Abs. 3, 16 Abs. 1 Nr. 2 EStG zu versteuern hat, bestimmt sich nach der Höhe der erhaltenen Abfindung und dem Wert des Gesellschaftsanteils, der in Abzug zu bringen ist (sog. Buchwert). Der Buchwert der Beteiligung stellt das steuerbilanzielle **Kapitalkonto** des ausscheidenden Gesellschafters im Zeitpunkt des Ausscheidens dar. Einzubeziehen sind folglich nicht nur das Kapitalkonto des ausscheidenden Gesellschafters aus der Gesamthandsbilanz, sondern auch die Kapitalkonten aus etwaigen für ihn geführten Sonder- und Ergänzungsbilanzen (→ Form. O. I). Entspricht das Kapitalkonto dem Abfindungsbetrag, ergibt sich kein steuerpflichtiger Veräußerungserlös, da sich der Abfindungsbetrag und der Wert des anwachsenden Gesellschaftsanteils deckungsgleich gegenüberstehen.

Erst bei Abweichungen vom Kapitalkonto des ausscheidenden Gesellschafters ermitteln sich steuerpflichtige Gewinne oder Verluste aus der Abfindung: 1. **Übersteigt** die Abfindung den Buchwert des Kapitalkontos, werden dem Ausscheidenden regelmäßig vorhandene stille Reserven der Gesellschaft inklusive eines Firmenwertes abgegolten. Handelt es sich um einen sog. **lästigen Gesellschafter** iSv §§ 140, 133 HGB, der den Fortbestand der Gesellschaft gefährdet, sind die verbleibenden Gesellschafter regelmäßig bereit, ihm eine Abfindung noch oberhalb der stillen Reserven zu zahlen, um ihn schnellstmöglich los zu werden. Dieser Mehrbetrag, der sich nicht mit der Abgeltung der stillen Reserven rechtfertigen lässt, stellt für die Gesellschaft sofort abzugsfähige Betriebsausgaben dar (zB BFH Urt. v. 29.10.1991 – VIII R 148/85, BStBl 1992 II 647). Aufgrund dessen verlangt die Finanzverwaltung einen doppelten Nachweis: 1. dass der Mehrbetrag tatsächlich über die vorhandenen stillen Reserven hinausgeht und 2. dass es sich um einen lästigen Gesellschafter im rechtlichen Sinne handelt. 2. **Unterschreitet** dagegen die Abfindung den Buchwert des Kapitalkontos, entsteht ein Veräußerungsverlust gemäß §§ 18 Abs. 3, 16 Abs. 2 EStG. Dies setzt aber voraus, dass es sich um ein voll entgeltliches Geschäft handelt und keine gemischte Schenkung vorliegt, die in eine anteilige Veräußerung und eine anteilige Schenkung aufzuteilen ist.

Droht aufgrund der schlechten Lage der Gesellschaft im Zeitpunkt des Ausscheidens eine **persönliche Haftungsinanspruchnahme** für den Ausscheidenden, kann sich dies minernd auf den steuerpflichtigen Abfindungsanspruch auswirken, indem eine entsprechende Rückstellung in der Sonderbilanz des Ausscheidenden zu erfassen ist (BFH Urt. v. 19.3.1991 – VIII R 214/85, BStBl 1991 II, 633; Schmidt/*Wacker*, EStG, § 16 Rn. 465). Stellt sich später heraus, dass diese Rückstellung zu hoch bzw. zu niedrig berechnet wurde, kann der Steuerbescheid, der den Veräußerungsgewinn bzw. – verlust berücksichtigt, nach § 175 Abs. 1 Nr. 2 AO korrigiert und an das zutreffende Ergebnis angepasst werden. Demgegenüber führt ein **negatives Kapitalkonto** des Ausscheidenden, dass dieser nicht ausgleichen muss, zu einem **zusätzlichen** Veräußerungsgewinn (Schmidt/*Wacker*, EStG, § 16 Rn. 469 ff. zur Differenzierung zwischen unbeschränkt und beschränkt haftenden Gesellschaftern). Der Veräußerungserlös ergibt sich in diesem Fall aus der Abfindung zzgl. des Betrages des nicht ausgeglichen negativen Kapitalkontos. Scheidet ein Kommanditist aus der Gesellschaft aus und wächst sein negatives Kapitalkonto den übrigen Gesellschaftern an, erzielt er in dieser Höhe einen Veräußerungsgewinn gemäß § 52 Abs. 33 EStG.

3. → Anm. 7

4. Die grundsätzlich auf Geld gerichtete Abfindung kann bei entsprechender Einigung zwischen den Beteiligten statt dessen auch durch Übertragung von materiellen oder immateriellen Wirtschaftsgütern aus dem Gesellschaftsvermögen erfüllt werden (sog. **Sachwertabfindung**). Die Übertragung eines Mandantenstammes zur Erfüllung der Abfindung stellt beispielsweise die Übertragung eines immateriellen Wirtschaftsgutes dar (FinVerw DB 2010, 927). Dabei gilt es steuerlich Folgendes zu beachten: Neben die ggfs. nach §§ 18 Abs. 3, 16 Abs. 4 und 34 EStG begünstigt zu versteuernde Abfindung tritt die Veräußerung des Sachwertes durch die Gesellschaft an den Ausscheidenden. Übersteigt der im Rahmen der Leistung an Erfüllungs Statt in Ansatz gebrachte Wert des Wirtschaftsgutes den Buchwert bei der Personengesellschaft, entsteht ein laufender, nicht begünstigter Veräußerungsgewinn. Insoweit werden die vorhandenen stillen Reserven aufgedeckt. Dies gilt zwingend, wenn das übertragene Wirtschaftsgut in das Privatvermögen des ausscheidenden Gesellschafters übergeht. Findet dagegen eine Übertragung in das Betriebsvermögen des Ausscheidenden statt, ist streitig, ob die Buchwerte in dem neuen Betriebsvermögen zwangsweise nach § 6 Abs. 5 S. 3 EStG fortzuführen sind (und somit keine Aufdeckung der stillen Reserven erfolgt; BMF-Schreiben v. 28.2.2006, BStBl 2006 I, 228; FinVerw DB 2010, 927) oder ob die Grundsätze der Realteilung (→ Anm. 8) Anwendung finden (ebenfalls Buchwertfortführung).

5. Auch bei einem Untergang des Gesellschaftsanteils entstehen für die verbleibenden Gesellschafter aufgrund der Abfindungsverpflichtung aktivierungspflichtige **Anschaffungskosten** (BFH Urt. v. 17.7.2001 – IX R 50/98, BStBl 2001 II, 760). Dies gilt auch dann, wenn nur ein Gesellschafter übrig bleibt (FG Münster Urt. v. 10.6.1997 – 13 K 4060/94, EFG 1997, 1381). Die Wirtschaftsgüter wachsen anteilig den verbleibenden Gesellschaftern in der Höhe an, wie diese bislang dem ausscheidenden Gesellschafter zustanden (zB BFH Beschl. v. 25.2.1991, GrS 7/89, BStBl 1991 II, 691, 700). Jedoch erhöht sich der Buchwert der Kapitalkonten der verbleibenden Gesellschafter nicht.

6. In der **Gesamthandsbilanz** der Gesellschaft sind die Wirtschaftsgüter anteilig aufzustocken, wenn die Abfindung höher als das Kapitalkonto des Ausscheidenden ausfällt. Dies gilt auch für bislang noch nicht aktivierte Wirtschaftsgüter, wie beispielsweise einen Firmenwert (BFH Urt. v. 28.9.1993 – VIII R 67/92, BStBl 1994 II, 449, 450). Umgekehrt sind die Werte abzustocken, wenn bei einem vollentgeltlichen Vorgang die Abfindung niedriger ist als das Kapitalkonto des Ausscheidenden.

7. Fällt der Stichtag des Ausscheidens nicht auf das Ende des Wirtschaftsjahres, muss der Buchwert der Beteiligung über eine sog. **Abschichtungsbilanz** ermittelt werden, soweit nichts Abweichendes gesellschaftsvertraglich vereinbart wurde. Für die fortbestehende Personengesellschaft gibt es jedoch keine Verpflichtung, eine Zwischenbilanz mit einem Rumpfwirtschaftsjahr bis zum Zeitpunkt des Ausscheidens zu erstellen (BFH Urt. v. 19.4.1994 – VIII R 48/93, BFH/NV 1995, 84; BFH Urt. v. 24.11.1988 – IV R 252/84, BStBl 1989 II, 312). Bei der Einnahmenüberschussrechnung iSv § 4 Abs. 3 EStG fehlt es an einer Bilanzierung gemäß § 4 Abs. 1 EStG, so dass man glauben könnte, dass eine Abschichtungsbilanz nicht erforderlich ist. Nach der Rechtsprechung besteht jedoch die Verpflichtung, zur Ermittlung des Veräußerungsgewinns des ausscheidenden Gesellschafters zur Gewinnermittlung durch Bestandsvergleich (§ 4 Abs. 1 EStG) und damit zur Bilanzierung überzugehen und eine Abschichtungsbilanz zu erstellen (zB Sächsisches FG Urt. v. 23.3.2011 – 5 K 1231/07, DATEV lexinform Dok.Nr. 5013501, für den Fall des Ausscheidens aus einer zweigliedrigen freiberuflich tätigen Personengesellschaft). Dies geschieht allein zur Bestimmung des Veräußerungsgewinns des Ausscheidenden. Bei dem Wechsel der Gewinnermittlungsart werden steuerlich auch die vom Ausscheidenden in Rechnung gestellten Honorare erfasst, die von den Mandanten noch nicht beglichen wurden. Im Rahmen der Einnahmenüberschussrechnung nach § 4 Abs. 3 EStG wären diese erst im Zuflusszeitpunkt zu versteuern gewesen. Durch den Übergang zur Bilanzierung werden im Rahmen des sog. Übergangsgewinns, der als laufender Gewinn zu versteuern und entsprechend dem Gewinnverteilungsschlüssel auf die Gesellschafter zu verteilen ist, alle Einkünfte erfasst, die der ausscheidende Gesellschafter bis zum Ausscheidensstichtag iSv § 2 Abs. 1 S. 1 EStG erzielt hat, auch wenn sie noch nicht zugeflossen sind (BFH Urt. v. 19.8.1999 – IV R 67/98, BStBl 2000 II, 179). Demgegenüber wird der Teil des Übergangsgewinns, der auf die verbleibenden Gesellschafter entfällt, steuerlich nicht erfasst. Dies gilt auch dann, wenn nur ein Gesellschafter übrig bleibt, der die Gesellschaft nunmehr als Einzelunternehmen fortführt (Sächsisches FG Urt. v. 23.3.2011 – 5 K 1231/07, DATEV lexinform Dok.Nr. 5013501). Bei den verbleibenden Gesellschaftern wird die Gewinnermittlung nach § 4 Abs. 3 EStG ohne Ansatz des anteiligen Übergangsgewinns fortgesetzt. Bei einer Realteilung (→ Anm. 8) dagegen besteht keine Verpflichtung zur Erstellung einer Abschichtungsbilanz und der Ermittlung eines Übergangsgewinns.

8. Auch bei einer freiberuflich tätigen Personengesellschaft gelten über § 18 Abs. 3 S. 2 EStG die Regeln der Realteilung iSv § 16 Abs. 3 EStG entsprechend. Unter einer Realteilung ist die Aufgabe einer Mitunternehmerschaft durch Aufteilung des Gesellschaftsvermögens unter den Gesellschaftern zu bestehen, bei der zumindest einer der bisherigen Gesellschafter die ihm bei der Aufteilung zugewiesenen Wirtschaftsgüter in ein anderes Betriebsvermögen überführt (BFH Beschl. v. 29.4.2004 – IV B 124/02, BFH/NV 2004, 1395). Es sind nicht nur die aktiven Wirtschaftsgüter, sondern auch die Passiva (die Verbindlichkeiten) real zu teilen. Die Realteilung stellt somit im Ergebnis den umgekehrten Fall der Einbringung nach § 24 UmwStG dar (→ Form. O. III. 1). Wird eine zweigliedrige Personengesellschaft aufgelöst und führt jeder der beiden Gesellschafter die erhaltenen Teilbetriebe als Einzelpraxis weiter, handelt es sich unstreitig um einen Fall der Realteilung. Fraglich ist, ob auch dann eine Realteilung vorliegt, wenn ein Gesellschafter aus einer Personengesellschaft unter Übernahme eines **Teilbetriebes** ausscheidet, die Gesellschaft jedoch von den verbleibenden Gesellschaftern fortgeführt wird (so FG Hamburg Urt. v. 18.4.2012 – 3 K 89/11, EFG 2012, 1744 auch zum Teilbetriebsbegriff iSv § 16 EStG; *Frotscher/Kaufmann*, EStG, § 16 Rn 202b; vgl. *Stuhrmann* DStR 2005, 1355). In diesem Fall liegt keine Betriebsaufgabe der bisherigen Gesellschaft vor, da diese fortgeführt wird. Es könnte sich damit auch um den Fall des Ausscheidens eines Gesellschafters gegen Sachwertabfindung (→ Anm. 4) handeln (so BMF-Schreiben v. 28.2.2006, BStBl 2006 I, 228; *Musil* DB 2005, 1291). Nach einer weiteren Ansicht (zB *Dietz* DStR 2009, 1352; *Hermann/Heuer/Raupach/Kulosa*, EStG/KStG, § 16 EStG Rn. 441) liegt immer dann eine Realteilung gemäß § 16 Abs. 3 EStG vor, wenn die Sachwertabfindung aus Teilbetrieben bzw. Mitunternehmeranteilen besteht, nicht dagegen bei einer Sachwertabfindung mit Einzelwirtschaftsgütern. Zu weiteren Ansichten in der Literatur vgl. FG Hamburg Urt. v. 18.4.2012 – 3 K 89/11, EFG 2012, 1744, wie zB zur reziprok-analogen Anwendung von § 24 UmwStG. Die Abgrenzung zwischen Realteilung und Ausscheiden gegen Sachwertabfindung hat erhebliche steuerliche Auswirkungen. Im Zweifel sollte man sich bis zum Vorliegen einer höchstrichterlichen Rechtsprechung zu dieser Problematik in der Praxis an der Ansicht der Finanzverwaltung orientieren, um finanzgerichtliche Streitigkeiten zu vermeiden.

Neben der Übertragung eines Teilbetriebs kommt auch die Übernahme eines Mitunternehmeranteils bzw. nach einer Gesetzesänderung sogar die Übernahme einzelner Wirtschaftsgütern in Betracht, wenn diese (Sonder-)Betriebsvermögen des übernehmenden Gesellschafters werden. Es genügt dabei, wenn durch die Realteilung erstmals Betriebsvermögen bei dem Gesellschafter entsteht.

9. Die Besteuerung der stillen Reserven der im Zuge der Realteilung übernommenen Wirtschaftsgüter muss sichergestellt sein. Denn nur dann ist die Fortführung der Buchwerte, wie sie § 16 Abs. 3 S. 2 EStG vorsieht, gerechtfertigt. So darf beispielsweise nicht das Besteuerungsrecht der Bundesrepublik Deutschland für das „neue" Betriebsvermögen ausgeschlossen sein.

10. Für die Übertragung von **Einzelwirtschaftsgütern** im Zuge der Realteilung sieht das Gesetz in § 16 Abs. 3 S. 3 EStG eine **Sperrfrist** vor. Danach ist rückwirkend für jede einzelne Übertragung der gemeine Wert (statt dem Buchwert) anzusetzen, soweit bei der Realteilung zum Buchwert übertragener Grund und Boden, übertragene Gebäude oder andere wesentliche Betriebsgrundlagen innerhalb einer Sperrfrist veräußert oder entnommen werden. Die Sperrfrist beträgt drei Jahre nach Abgabe der Steuererklärung der Personengesellschaft für den Veranlagungszeitraum der Realteilung. Wird keine Steuererklärung abgegeben, beginnt die Frist nicht zu laufen. Je früher die Erklärung eingereicht wird, umso eher läuft die Sperrfrist ab. Die Wesentlichkeit einer Betriebsgrundlage ist nach ihrer Funktion für den Betrieb (funktionale Wesentlichkeit) und nach ihrem Wert bzw. dem Vorhandensein stiller Reserven (quantitative Wesentlichkeit) zu bestimmen (BMF-Schreiben v. 28.2.2006, BStBl 2006 I, 228). Bei einem Verstoß gegen die Sperrfrist erfolgt eine rückwirkende Änderung des (Übertragungs-)Gewinns, soweit die Veräußerung reicht. Der Übertragungsgewinn ist, wenn nichts anderes vereinbart ist, nach dem allgemeinen Gewinnverteilungsschlüssel zwischen den an der Realteilung beteiligten Gesellschafter aufzuteilen (Schmidt/*Wacker*, EStG, § 16 Rn. 554). Damit tragen auch diejenigen Gesellschafter das Risiko einer anteiligen Nachversteuerung, die ihrerseits nicht gegen die Sperrfrist verstoßen. Nach Ansicht des BMF (Schreiben v. 28.2.2006, BStBl 2006 I, 228) lässt sich dieses Nachversteuerungsrisiko im Rahmen der Auseinandersetzung dem Gesellschafter zuweisen, der gegen die Sperrfrist verstößt (zur Anerkennung einer schriftlichen Abrede über die Zurechnung des Veräußerungs- bzw. Entnahmegewinns). Hierauf ist in der Praxis unbedingt zu achten.

11. Keine Realteilung liegt ebenfalls dann vor, wenn die im Zuge einer Realteilung übergehenden einzelnen Wirtschaftsgüter un-/mittelbar auf eine Kapitalgesellschaft bzw. sonstige Körperschaft übertragen werden, § 16 Abs. 3 S. 4 EStG (vgl. dazu Schmidt/*Wacker*, EStG, § 16 Rn. 555).

12. Rechtsfolge der Realteilung ist nach § 16 Abs. 3 S. 2 EStG eine **zwingende** Fortführung der **Buchwerte** des real geteilten Unternehmens. Eine Aufdeckung der stillen Reserven unterbleibt. Die Fortführung der Buchwerte hat zur Konsequenz, dass in den Fortführungsbilanzen der Realteiler die Kapitalkonten erfolgsneutral an die Buchwerte der übernommenen Wirtschaftsgüter anzupassen sind (sog. **Kapitalkontenanpassungsmethode**). Damit kommt es zu Auf- oder Abstockungen der Kapitalkonten des jeweiligen

Gesellschafters und zu einer Erhöhung bzw. Herabsetzung seiner Anschaffungskosten, da das Kapitalkonto seine Anschaffungskosten (Anteil am Vermögen der Gesellschaft) widerspiegelt. Die Kapitalkontenanpassung führt damit im Ergebnis zu einer Verlagerung von stillen Reserven von einem Realteiler auf den anderen. Diese Verlagerung wird hingenommen, da die Besteuerung der stillen Reserven sichergestellt wird (BFH Urt. v. 18.5.1995 – IV R 20/94, BStBl 1996 II, 70; Musil, DB 2005, 1291).

13. Die Durchführung der Realteilung (ohne Spitzenausgleich) erfordert keine Abschichtungs (Realteilungs-)bilanz nebst Ermittlung des Übergangsgewinns. Dies gilt auch für den Fall, dass die Gesellschaft bislang ihren Gewinn im Rahmen einer Einnahmenüberschussrechnung ermittelt. Werden im Rahmen einer Realteilung ohne Spitzenausgleich die Buchwerte von den Gesellschaftern fortgeführt und halten die Gesellschafter ihrerseits die Gewinnermittlung nach den Grundsätzen der Einnahmenüberschussrechnung im Rahmen ihrer Einzelpraxen aufrecht, besteht keine Verpflichtung zur Ermittlung des Übergangsgewinns nebst Abschichtungsbilanz (ausführlich BFH Urt. v. 11.4.2013 – III R 32/12, NWB 2013, 3250). Dies ergibt sich aus der abschließenden Regelung der Buchwertfortführung für die Realteilung gemäß § 16 Abs. 3 S. 2 EStG, der eine Spezialregelung für die Realteilung enthält, die steuerlich eigentlich als Betriebsaufgabe einzustufen ist. Etwas anderes gilt für eine Realteilung mit Spitzenausgleich (→ Anm. 14). Zum Streitstand vgl. FG Hamburg Urt. v. 18.4.2012 – 3 K 89/11, EFG 2012, 1744. Es besteht stets auch die Möglichkeit, auf freiwilliger Basis eine Abschichtungsbilanz zu erstellen und den Übergangsgewinn zu ermitteln.

14. Eine **Realteilung mit Spitzenausgleich** liegt vor, wenn ein Gesellschafter aus eigenen Mitteln einen Ausgleich an die anderen Gesellschafter leistet, weil er etwa im Rahmen der Realteilung Wirtschaftsgüter übernommen hat, deren Verkehrswerte den Wert seines Anteils am Gesamthandsvermögen übersteigen (zB BFH, Urt. v. 10.2.1972 – IV 317/65, BStBl 1972 II, 419). Die Zahlung eines Spitzenausgleichs steht einer Realteilung zu Buchwerten grundsätzlich nicht entgegen. Jedoch führt die Zahlung des Spitzenausgleichs zu einer entgeltlichen Veräußerung und somit für die Gesellschafter, die die Zahlung erhalten, zu einem steuerpflichtigen laufenden Gewinn. Streitig ist dabei, ob ein Gewinn in voller Höhe des Spitzenausgleichs entsteht (zB BFH Urt. v. 1.12.1992 – VIII R 57/90, BStBl 1994 II, 607) oder nur im Verhältnis des Spitzenausgleichs zum Wert des übernommenen Betriebsvermögens (zB BMF-Schreiben v. 28.2.2006, BStBl 2006 I, 228). Um die Entstehung eines solchen steuerpflichtigen Gewinns zu vermeiden, werden oftmals vor der Realteilung die Teilbetriebe so geordnet, dass sie den Verkehrswerten bei der Aufteilung entsprechen und keine Zuzahlung erforderlich wird. Fraglich ist dabei, ob die gezielte vorherige Zuführung von Eigenmitteln eines Gesellschafters, ggfs. auch kreditfinanziert sind, zu einer Realteilung mit Spitzenausgleich führt (dagegen FG Hamburg Urt. v. 18.4.2012 – 3 K 89/11, EFG 2012, 1744) oder ob ein Missbrauch von Gestaltungsmöglichkeiten nach § 42 AO gegeben ist (*Rogall/Stangl* FR 2006, 345).

15. Scheidet der Gesellschafter mit seinem Tod aus der Gesellschaft aus und wird die Gesellschaft fortgesetzt, ohne dass seine Erben eintreten, entsteht noch in der Person des verstorbenen Gesellschafters der Abfindungsanspruch. Steuerlich wird der Fall entsprechend dem Ausscheiden aus der Personengesellschaft infolge Ausschlusses bzw. Austritts behandelt (1. Alternative). Für die Begünstigung der Abfindung als begünstigter Veräußerungsgewinn nach §§ 18 Abs. 3, 16 Abs. 4, 34 EStG kommt es ausschließlich auf die Person des Verstorbenen an (BFH Urt. v. 19.8.1999 – IV R 67/98, BStBl 2000 II, 179). Seine Erben erwerben seinen Abfindungsanspruch von Todes wegen. Darauf, ob sie die Begünstigungsvoraussetzungen in ihrer Person erfüllen, kommt es nicht an. Aus Sicht der Erben unterliegt der Abfindungsanspruch nicht der Einkommensteuer; er ist vielmehr Teil der letzten Einkommensteuererklärung des Verstorbenen. Scheidet der Verstorbene aus einer Personengesellschaft aus, die ihren Gewinn nach § 4 Abs. 3 EStG ermittelt, besteht auch hier die Verpflichtung, im Rahmen einer Abschichtungsbilanz den Übergangsgewinn zu ermitteln, der als laufender Gewinn im Todesjahr noch dem Verstorbenen zugerechnet wird, soweit gesellschaftsvertraglich nichts Abweichendes vereinbart wurde (BFH Urt. v. 19.8.1999 – IV R 67/98, BStBl 2000 II, 179). Ist im Gesellschaftsvertrag eine Abfindung für den Todesfall ausgeschlossen, entsteht für den Verstorbenen ein Veräußerungsverlust (Schmidt/*Wacker*, EStG, § 16 Rn 663), sofern der Ausschluss nicht aus privaten (familiären) Gründen erfolgt. Im letztgenannten Fall würde eine unentgeltliche Zuwendung des Mitunternehmeranteils an die verbleibenden Gesellschafter vorliegen (zB BFH Urt. v. 20.8.1970 – IV R 236/67, BStBl 1971 II, 83).

16. Besonderheiten Einnahmenüberschussrechnung: Übergang zur Bilanzierung nach § 4 Abs. 1 EStG und Erstellung einer Abschichtungsbilanz u → Anm. 7.

17. Die steuerliche Behandlung bei den verbleibenden Gesellschaftern erfolgt entsprechend dem Ausschluss oder Austritt eines Gesellschafters → Anm. 5 ff.

18. Besonderheiten bei der Einnahmenüberschussrechnung: Übergang zur Bilanzierung nach § 4 Abs. 1 EStG und Erstellung einer Abschichtungsbilanz, → Anm. 7.

4. Ausscheiden eines Gesellschafters aus einer Kapitalgesellschaft

Checkliste

1. Alternative: durch Kapitalherabsetzung
   a) aus Sicht des Ausscheidenden[1]
      aa) ursprünglicher Erwerb der Anteile zum Nennbetrag: keine Steuerfolgen
      bb) Erwerb der Anteile zu einem vom Nennbetrag abweichenden Betrag: steuerpflichtiger Veräußerungsgewinn bzw. – verlust
      cc) Aufteilung des Entgelts in Veräußerungserlös und Kapitaleinkünfte
   b) aus Sicht der Gesellschaft
      Vorsicht vor verdeckter Gewinnausschüttung bei vorzeitiger Kapitalrückzahlung![2]
   c) aus Sicht der verbleibenden Gesellschafter: Veränderung der Beteiligungsverhältnisse[3]
2. Alternative: durch Einziehung bzw. Ausschluss seitens der Gesellschaft
   a) Aus Sicht des Ausscheidenden
      Entgelt als Veräußerungserlös analog § 17 Abs. 4 EStG[4]
   b) Aus Sicht der Gesellschaft: steuerneutral[5]
   c) Aus Sicht der verbleibenden Gesellschafter: Veränderung der Beteiligungsverhältnisse[6]
3. Alternative: durch Austritt seitens des Gesellschafters: Steuerfolgen wie bei 2. Alternative[7]
4. Alternative: durch Tod[8]
   a) Erblasser: Veräußerungsgeschäft
   b) Aus Sicht der Gesellschaft: steuerneutral
   c) Aus Sicht der verbleibenden Gesellschafter: Veränderung der Beteiligungsverhältnisse

Anmerkungen

1. Bei einer Kapitalherabsetzung und einem dadurch bedingten Ausscheiden aus einer Kapitalgesellschaft gilt es aus Sicht des Ausscheidenden in steuerlicher Hinsicht Folgendes zu beachten: Der Untergang des Anteils steht gem. § 17 Abs. 4 EStG einer Anteilsveräußerung gleich, wenn das Kapital zurück gezahlt wird. Der Veräußerungserlös besteht in dem zurück gezahlten Kapital. Da diesem Veräußerungserlös jedoch die Anschaffungskosten im Rahmen des Anteilserwerbs gegenüber stehen, scheidet ein steuerpflichtiger Veräußerungserlös immer dann aus, wenn die Gesellschaftsanteile ursprünglich zum Nennbetrag erworben wurden. Dieser Vorgang ist für den Ausscheidenden steuerneutral. Etwas anderes gilt bei einem Anteilserwerb abweichend vom Nennbetrag der Beteiligung. In diesem Fall kann ein nach § 17 EStG steuerpflichtiger Herabsetzungsgewinn bzw. – verlust entstehen, Eine bloße nominelle Kapitalherabsetzung ohne Auskehrung des Kapitals (zB zum Ausgleich einer Unterbilanz) stellt jedoch keine Veräußerung iSv § 17 Abs. 4 EStG dar. Die Besteuerung des Herabsetzungsgewinns bzw. – verlustes erfolgt im Zeitpunkt der Eintragung der Kapitalherabsetzung im Handelsregister (str., *Schmidt/ Weber-Grellet*, EStG, 32. Auflage, § 17 Rn. 232 mwN) oder der vorzeitigen Auszahlung des Gesellschaftsvermögens (BFH Urt. v. 6.4.1976 – VIII R 72/70, BStBl 1976 II, 341). Kommt es im Zusammenhang mit der Kapitalherabsetzung auch zur Auskehr von (Gewinn-)Rücklagen an den Ausscheidenden, ist dieser auf die Rücklagen entfallende Zahlbetrag nicht Teil des Veräußerungserlöses nach § 17 Abs. 4 EStG. Es handelt sich vielmehr für den ausscheidenden Gesellschafter um Kapitaleinkünfte iSv § 20 Abs. 1 Nr. 1 EStG. Der Zahlbetrag ist daher ggfs. aufzusplitten in einen Veräußerungserlös iSv § 17 Abs. 4 EStG und Kapitaleinkünfte iSv § 20 Abs. 1 Nr. 1 EStG.

2. Aus Gesellschaftssicht ist die Kapitalherabsetzung grds. steuerneutral. Eine Ausnahme gilt, wenn das Kapital vor der handelsrechtlichen Wirksamkeit der Kapitalherabsetzung an den Ausscheidenden gezahlt wird. Dann kann es sich um eine verdeckte Gewinnausschüttung handeln, die dem zu versteuernden Ergebnis der Kapitalgesellschaft außerbilanziell gewinnerhöhend hinzugerechnet werden muss und die korrespondierend bei dem Ausscheidenden zu Einkünften aus Kapitalvermögen iSv § 20 Abs. 1 Nr. 1 EStG führt. Etwas anderes soll bei der vorzeitigen Kapitalrückzahlung nur dann gelten (keine verdeckte Gewinnausschüttung), wenn die Gesellschafter alles unternommen haben, was zur Herbeiführung der Wirksamkeit der Kapitalherabsetzung erforderlich war (BFH Urt. v. 29.6.1995 – VIII R 69/93, BStBl 1995 II, 725).

3. Aus Sicht der Gesellschafter ist zu beachten, dass sich durch die Kapitalherabsetzung eine Veränderung der Beteiligungsverhältnisse ergibt. Dadurch kann bei einem Gesellschafter, der bislang unterhalb von 1 % beteiligt war, erstmals eine Mindestbeteiligung iSv § 17 EStG entstehen verbunden mit den entsprechenden zukünftigen Besteuerungsfolgen bei der Anteilsveräußerung → Form. O. III. 6.

4. Bei einer Einziehung bzw. dem Ausschluss des Gesellschafters auf Betreiben der Gesellschaft stellen sich die steuerlichen Folgen für den Ausscheidenden wie folgt dar: Das Entgelt, das er als Abfindung im Rahmen der Einziehung bzw. seinem Ausschluss aus der Gesellschaft enthält, beinhaltet einen Veräußerungserlös analog § 17 Abs. 4 EStG (str., Schmidt/*Weber-Grellet*, EStG, 32. Auflage, § 17 Rn. 101 mwN). Für die Steuerfolgen ist damit auf → Anm. 1 zu verweisen. Die Besteuerung erfolgt dabei im Zeitpunkt der zivilrechtlichen Wirksamkeit des Einziehungsbeschlusses bzw. des Ausschlusses aus der Gesellschaft (zur Einziehung: BFH Urt. v. 22.7.2008 – IX R 15/08, BStBl 2008 II, 927), also zB mit Rechtskraft des Gesellschafterbeschlusses oder eines rechtskräftigen gerichtlichen Urteils im Rahmen eines Anfechtungsprozesses. Ist die Abfindung, die an den ausscheidenden Gesellschafter gezahlt wird, kleiner als der gemeine Wert seines Anteils, entsteht in Höhe der Differenz zum gemeinen Wert eine Anteilswerterhöhung bei den verbleibenden Gesellschaftern. Dies beinhaltet gem. § 7 Abs. 7 S. 2 ErbStG eine Schenkung des ausscheidenden Gesellschafters an die verbleibenden Gesellschafter (Koordinierter Ländererlass v. 14.3.2012, BStBl 2012 I, 331 Ziff. 2.5). Eine zu hohe Abfindung an den ausscheidenden Gesellschafter kann gemäß § 7 Abs. 1 Nr. 1 ErbStG eine Schenkung der Gesellschaft an den Ausscheidenden darstellen (zum Steuersatz § 15 Abs. 4 ErbStG; Koordinierter Ländererlass v. 14.3.2012, BStBl 2012 I, 331 Ziff. 2.4.2).

5. Aus Sicht der Gesellschaft beinhaltet die Einziehung bzw. der Ausschluss eines Gesellschafters einen steuerneutralen Vorgang (BFH Urt. v. 29.7.1992 – I R 31/91, BStBl 1993 II, 369). Das an den Ausscheidenden gezahlte Entgelt mindert unmittelbar das Eigenkapital der Gesellschaft, die keinen Vermögensgegenstand als Gegenleistung erwirbt (BFH Urt. v. 1.7.1992 – II R 20/90, BStBl 1992 II, 912).

6. Durch die Einziehung bzw. den Ausschluss des Gesellschafters verändern sich die Beteiligungsverhältnisse der verbleibenden Gesellschafter (→ Anm. 3). Ergänzend ist auf die gesetzliche Fiktion in § 7 Abs. 7 ErbStG hinzuweisen, wonach die verbleibenden Gesellschafter um die Differenz zwischen dem gemeinen Wert des eingezogenen Anteils und der zu leistenden Abfindung als bereichert gelten (sog. **Minderabfindung**). Es handelt sich nach dem Gesetzeswortlaut um eine Schenkung des ausgeschiedenen Gesellschafters an die verbleibenden Gesellschafter, soweit die Minderabfindung auf den gesetzlichen oder gesellschaftsvertraglichen Regelungen und nicht einem individuellen Gesellschafterbeschluss beruht. § 7 Abs. 7 S. 2 ErbStG findet nach seinem Wortlaut nur Anwendung auf Gesellschaften mit beschränkter Haftung, nicht auf die Einziehung von Aktien einer Aktiengesellschaft. Bei der zwangsweisen Abtretung des Geschäftsanteils an die GmbH, einen Gesellschafter oder einen Dritten ist der Besteuerung das Verhältnis des ausscheidenden Gesellschafters zur GmbH zugrunde zu legen. Denn es kommt zivilrechtlich stets zu einem Zwischenerwerb der Gesellschaft (iE Daragan/Halaczinsky/Riedel/*Griesel*, Praxiskommentar ErbStG und BewG, § 7 ErbStG Rn. 181 f.)

7. Bei einem Austritt aus der Gesellschaft infolge Kündigung des Gesellschafters gilt in steuerlicher Hinsicht das zur 2. Alternative Gesagte entsprechend. Für den Besteuerungszeitpunkt aus Sicht des Ausscheidenden kommt es auf den Zeitpunkt seines Austritts und nicht die Zahlung des Entgeltes an (*Hülsmann* DStR 2003, 49). Sollte nicht die Gesellschafterstellung, sondern die Gesellschaft selbst gekündigt werden, hat dies die Auflösung der Gesellschaft zur Folge. Das im Zuge der Auflösung an jeden Gesellschafter ausgekehrte Vermögen stellt einen Veräußerungserlös iSv § 17 Abs. 4 EStG dar. Der Veräußerungspreis bestimmt sich folglich nach dem gemeinen Wert des dem Gesellschafter zugeteilten oder zurückgezahlten Vermögens der Kapitalgesellschaft (§ 17 Abs. 4 S. 2 EStG).

8. Erfolgt die Einziehung oder auch eine Zwangsabtretung infolge des Todes des Gesellschafters, ist auf die gesetzliche Fiktion in § 3 Abs. 1 Nr. 2 S. 3 ErbStG hinzuweisen, wonach die verbleibenden Gesellschafter um die Differenz zwischen dem gemeinen Wert des eingezogenen Anteils und der zu leistenden Abfindung als bereichert gelten (in Parallele zu § 7 Abs. 7 ErbStG → Anm. 6). In Betracht kommt daher ein Erwerb von Todes wegen durch die Mitgesellschafter vom Erblasser, nicht durch die Gesellschaft als solche. Dies gilt nur dann, wenn die Einziehung bzw. auch eine Zwangsabtretung des Anteils an einen Mitgesellschafter gesellschaftsvertraglich vorgegeben ist. In diesem Fall erwirbt der Erbe des Erblassers von vornherein nur den Abfindungsanspruch und nicht einen ggfs. nach den Grundsätzen der §§ 13a, 13b ErbStG begünstigten Gesellschaftsanteil (sa § 10 Abs. 10 S. 2 ErbStG; dazu *Riedel*, Praxishandbuch Unternehmensnachfolge, § 4 Rn. 364 ff.). Darüber hinaus gelten die Regelungen gemäß → Anm. 4–6 entsprechend.

5. Anteilsverkauf bei einer Personengesellschaft

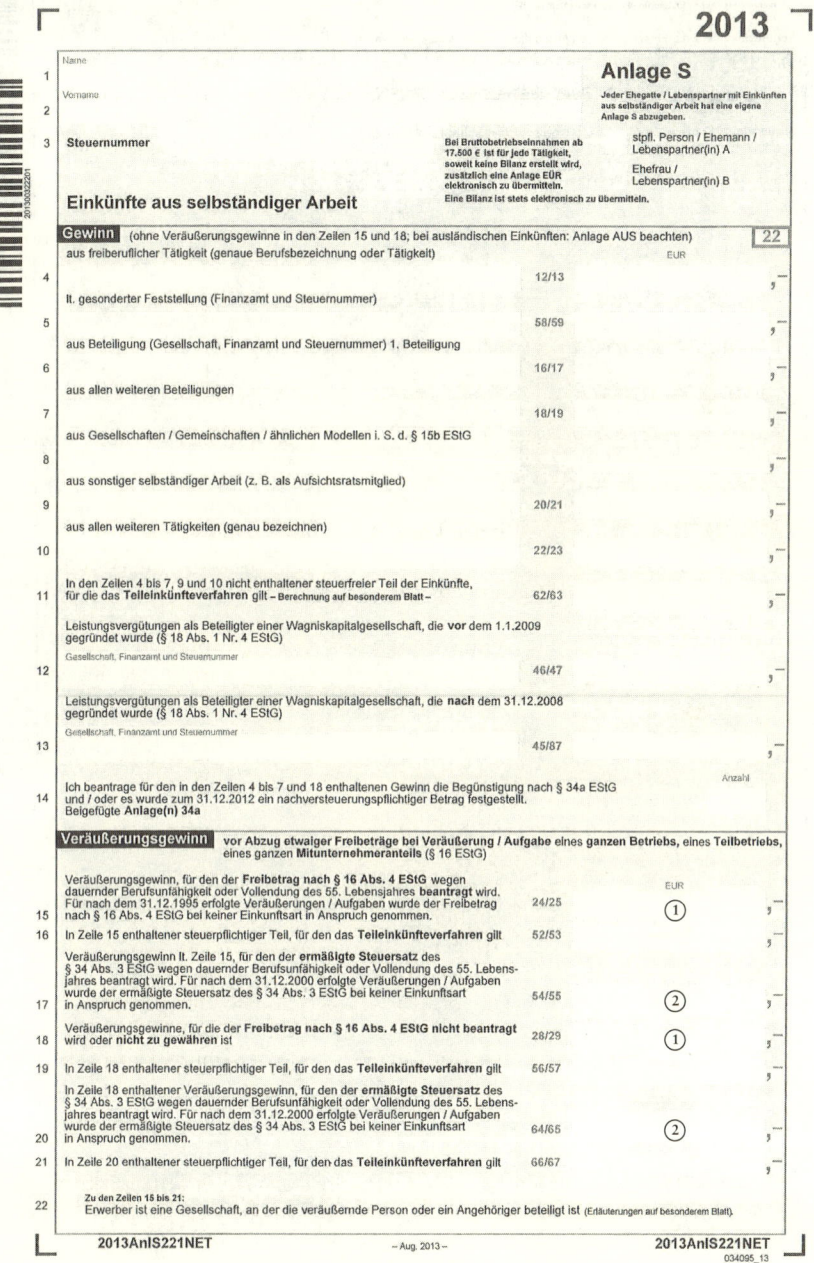

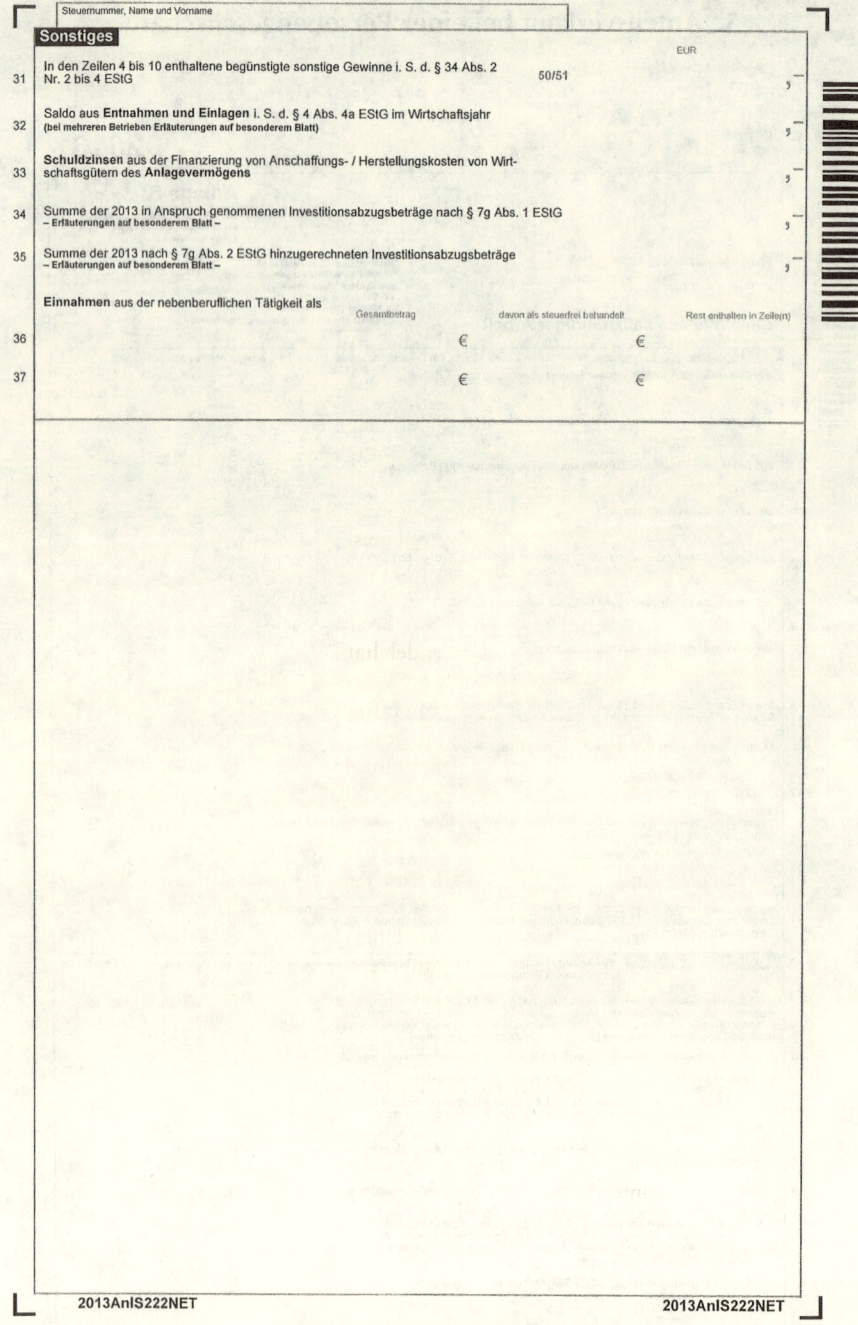

Anmerkungen

1. Nach § 18 Abs. 3 EStG gehört zu den Einkünften aus selbständiger Arbeit auch der Gewinn, der bei dem Verkauf der Einzelkanzlei oder eines selbständigen Teils des Vermögens erzielt wird. § 16 EStG, der die Veräußerung eines gewerblichen Unternehmens oder eines Anteils daran regelt, gilt in weiten Teilen entsprechend (§ 18 Abs. 3 S. 2 EStG). Handelt es sich um eine gewerbliche Gesellschaft greift § 16 EStG unmittelbar ein; ein Veräußerungsgewinn bzw. – verlust ist in der Anlage G zu erfassen. Wird der Anteil an einer Freiberufler-Personengesellschaft veräußert, sind Art und Höhe des Veräußerungsgewinns im Feststellungsverfahren der Personengesellschaft zu bestimmen (BFH Urt. v. 29.4.1993 – IV R 107/92, BStBl 1993 II, 666). Im Rahmen der Einkommensteuerveranlagung des Gesellschafters (Eintrag in die Anlage S) wird nur noch über die Voraussetzung des § 16 Abs. 4 EStG im engeren Sinne entschieden (Schmidt/*Wacker*, EStG, § 18 Rn. 268). Die verbindliche Bestimmung der Höhe des Veräußerungsgewinns im Rahmen der Feststellungserklärung der Personengesellschaft erscheint zutreffend, da nicht nur die Gesamthandsbilanz, sondern auch Ergebnisse aus den Ergänzungs- und Sonderbilanzen (→ Form. O. I. 7 Anm. 4) den Veräußerungsgewinn beeinflussen. Somit sind in den **Zeilen 15 und 18** in allen Fällen (Verkauf einer Einzelkanzlei bzw. eines selbständigen Teils von dieser oder Verkauf eines gesamten Mitunternehmeranteils) Eintragungen vorzunehmen, jedoch mit unterschiedlichem Prüfungsumfang für das Einkommensteuerfinanzamt.

Voraussetzung für die Inanspruchnahme des **Freibetrags** nach § 16 Abs. 4 EStG ist, dass der Verkäufer das 55. Lebensjahr vollendet hat oder im sozialversicherungsrechtlichen Sinne dauernd berufsunfähig ist (Schmidt/*Wacker*, EStG, § 16 Rn. 579). Der Freibetrag wird nur auf **Antrag** gewährt; der Antrag erfolgt im Rahmen der Einkommensteuererklärung im vorliegenden Formular. Der Antrag kann nur einmal im Leben gestellt werden (§ 16 Abs. 4 S. 2 EStG). Er beläuft sich auf 45.000 EUR und ermäßigt sich um den Betrag, um den der Veräußerungsgewinn 136.000 EUR übersteigt (§ 16 Abs. 4 S. 3 EStG). Ab einem Veräußerungsgewinn oberhalb von 181.000 EUR (45.000 EUR zzgl. 136.000 EUR) läuft der Freibetrag daher ins Leere und wirkt sich nicht aus. Der **Veräußerungsgewinn** seinerseits ermittelt sich aus dem Veräußerungserlös abzüglich des Wertes des Betriebsvermögens und etwaiger Veräußerungskosten (siehe § 16 Abs. 2 EStG). Bei der Veräußerung eines Anteils an einer Personengesellschaft ist von dem Veräußerungserlös das Kapitalkonto des Veräußerers in Abzug zu bringen. Die Kapitalkonten aus den Ergänzungs- und Sonderbilanzen werden ebenfalls berücksichtigt. Ein **negatives Kapitalkonto** führt zu einer Erhöhung des steuerlichen Veräußerungsgewinns, wenn der Veräußerer nicht zur Rückzahlung des negativen Kapitalkontos gegenüber der Gesellschaft verpflichtet ist.

Die Veräußerung ist zudem nur begünstigt, wenn die wesentlichen Grundlagen des Vermögens der Kanzlei oder ein selbständiger Teil von dieser bzw. ein gesamter Mitunternehmeranteil an einer Freiberufler-Personengesellschaft verkauft werden. Der Verkauf eines Teils des Mitunternehmeranteils genügt demgegenüber nicht (Schmidt/*Wacker*, EStG, § 18 Rn. 252 mwN), sondern stellt laufenden Gewinn dar. Bei Anwaltskanzleien bestehen die wesentlichen Wirtschaftsgüter regelmäßig in immateriellen Wirtschaftsgütern, nämlich dem Mandantenstamm (Praxiswert), die auf den Erwerber übertragen werden müssen. Unwesentliche Mandate können zurückbehalten werden, soweit diese in den letzten drei Jahren nicht mehr als 10 % der Gesamteinnahmen dieser Jahre ausgemacht haben (Geringfügigkeitsgrenze). Umstritten ist, inwieweit bei der Ermittlung der Geringfügigkeitsgrenze neu hinzugewonnene Mandate zu berücksichtigen sind (bejahend zB Schmidt/*Wacker*, EStG, § 18 Rn. 223 mwN; aA FinVerw DB 2007, 314). Zur Streitvermeidung sollte vorsorglich auf die Einhaltung der Ansicht der Finanzverwaltung geachtet werden. Ist Sonderbetriebsvermögen als wesentliches Vermögen einzustufen, muss auch dieses mitveräußert oder in das Privatvermögen entnommen werden (BFH Urt. v. 1.12.1992 – VIII R 57/90, BStBl 1994 II, 607, 614). Denn nur bei einer vollständigen Aufdeckung der stillen Reserven sollen der Freibetrag und die ermäßigte Besteuerung nach § 34 EStG (→ Anm. 2) Anwendung finden. Ein selbständiger Teil einer Anwaltskanzlei kann in Anlehnung an den gewerblichen Teilbetriebsbegriff nur angenommen werden, wenn es sich um unterschiedliche Tätigkeiten mit unterschiedlichen Mandantenkreisen handelt (Rechtsanwalt und Repetitor oder Rechtsanwalt und Steuerberater mit getrennten Praxen) oder die Teilbereiche organisatorisch und räumlich getrennt sind (Kanzleien in unterschiedlichen Städten, vgl. Schmidt/*Wacker*, EStG, § 18 Rn. 250).

Der Veräußerungsgewinn ist grundsätzlich im **Zeitpunkt** des Gefahrübergangs zu versteuern, auf den Zufluss des Veräußerungserlöses oder den Abschluss des schuldrechtlichen Vertrages kommt es nicht an (sog. Realisationsprinzip; zB BFH GrS Beschl. v. 19.7.1993 – GrS 2/92, BStBl 1993 II, 897, 902). Wird der ganze Betrieb **vollentgeltlich** gegen wiederkehrende Bezüge veräußert, kommt dem Veräußerer unter bestimmten Voraussetzungen das Recht zu, zwischen einer begünstigten Besteuerung iSv §§ 16, 34 EStG Einmalbesteuerung oder einer nicht begünstigten nachträglichen Versteuerung als nachträgliche Betriebseinnahmen im jeweiligen Zuflusszeitpunkt zu wählen (dazu ausführlich Schmidt/*Wacker*, EStG, § 16 Rn. 221 ff.). Zu beachten ist, dass eine sog. Vermögensübergabe gegen Versorgungsleistungen in ertragsteuerlicher Hinsicht eine **vollunentgeltliche** Übertragung darstellt. Insoweit entsteht kein ertragsteuerlich relevanter Veräußerungsgewinn (zu Vermögensübertragungen gegen Versorgungsleistungen vgl. Riedel/*Griesel*, Praxishandbuch Unternehmensnachfolge, § 26 S. 693 ff.).

2. Soweit der Verkäufer das 55. Lebensjahr vollendet oder im sozialversicherungsrechtlichen Sinn dauernd berufsunfähig ist (→ Anm. 1) und der Gewinn fünf Millionen Euro nicht übersteigt, kommt auf Antrag einmal im Leben ein ermäßigter Steuersatz nach § 34 Abs. 3 EStG in Betracht. Der ermäßigte Steuersatz beträgt 56 % des durchschnittlichen Steuersatzes, der sich ergäbe, wenn die tarifliche Einkommensteuer nach dem gesamten zu versteuernden Einkommen zuzüglich der dem Progressionsvorbehalt unterliegenden Einkünfte zu bemessen wäre, mindestens jedoch 14 % (§ 34 Abs. 3 S. 2 EStG). **Alternativ** dazu kann (ohne Antrag) eine Besteuerung nach der sog. **Fünftelregelung** gemäß § 34 Abs. 1 EStG erfolgen. Dabei wird zunächst die Einkommensteuer ohne die außerordentlichen Einkünfte ermittelt und anschließend unter Einbeziehung eines Fünftels des Veräußerungsgewinns. Die sich ergebende Steuerdifferenz wird verfünffacht und zur Steuerbelastung ohne Einbeziehung der außerordentlichen Einkünfte hinzu addiert. Vorteil der Fünftelregelung ist eine niedrigere Besteuerung bei zusammengeballten außerordentlichen Einkünften durch die Abflachung der Progressionswirkung. Im Einzelfall ist zu prüfen, ob ein Antrag nach § 34 Abs. 3 EStG vorzugswürdig und damit zu stellen ist oder die Fünftelregelung zu einer niedrigeren Besteuerung führt. Denn je höher die Einkünfte sind, desto geringer wirkt sich die Fünftelregelung zum Vorteil des Kanzleiveräußerers aus.

6. Anteilsverkauf bei einer Kapitalgesellschaft

2013

Anlage G
Jeder Ehegatte / Lebenspartner mit Einkünften aus Gewerbebetrieb hat eine eigene Anlage G abzugeben.

Name

Vorname

Steuernummer

Bei Bruttobetriebseinnahmen ab 17.500 € ist für jeden Betrieb, soweit keine Bilanz erstellt wird, zusätzlich eine Anlage EÜR elektronisch zu übermitteln. Eine Bilanz ist stets elektronisch zu übermitteln.

stpfl. Person / Ehemann / Lebenspartner(in) A

Ehefrau / Lebenspartner(in) B

Einkünfte aus Gewerbebetrieb

Gewinn (ohne die Beträge in den Zeilen 31, 34, 38, 40, 41 und 44; bei ausländischen Einkünften: Anlage AUS beachten) | 44
als Einzelunternehmer
(Art des Gewerbes, bei Verpachtung: Art des vom Pächter betriebenen Gewerbes) | EUR

1. Betrieb

4 | 10/11

2. Betrieb

5 | 62/63

Weitere Betriebe

6 | 12/13

lt. gesonderter Feststellung (Betriebsfinanzamt und Steuernummer)

7 | 58/59

als Mitunternehmer (Gesellschaft, Finanzamt und Steuernummer)

8 | 1. | 14/15

9 | 2. | 16/17

10 | 3. | 18/19

11 | 4. | 20/21

Gesellschaften / Gemeinschaften / ähnliche Modelle i. S. d. § 15b EStG

12

In den Zeilen 4 bis 11 und 44 nicht enthaltener steuerfreier Teil der Einkünfte, für die das **Teileinkünfteverfahren** gilt – Berechnung auf besonderem Blatt –

13 | 24/25

Ich beantrage für den in den Zeilen 4 bis 11 und 34 enthaltenen Gewinn die Begünstigung nach § 34a EStG und / oder es wurde zum 31.12.2012 ein nachversteuerungspflichtiger Betrag festgestellt. | Anzahl
Beigefügte **Anlage(n) 34a**

14

Zusätzliche Angaben bei Steuerermäßigung nach § 35 EStG

Für 2013 festzusetzender (anteiliger) Gewerbesteuer-Messbetrag i. S. d. § 35 EStG des Betriebs / des Mitunternehmeranteils lt. Zeile
15 | (ohne Gewerbesteuer-Messbetrag, der auf nach § 5a Abs. 1 EStG ermittelten Gewinn oder Gewinn i. S. d. § 18 Abs. 3 UmwStG entfällt) – Berechnung auf besonderem Blatt – | 64/65 | EUR

Für 2013 tatsächlich zu zahlende Gewerbesteuer, die auf den Gewerbesteuer-Mess-
16 | betrag lt. Zeile 15 entfällt – Berechnung auf besonderem Blatt – | 66/67

Für 2013 festzusetzender (anteiliger) Gewerbesteuer-Messbetrag i. S. d. § 35 EStG des Betriebs / des Mitunternehmeranteils lt. Zeile
17 | (ohne Gewerbesteuer-Messbetrag, der auf nach § 5a Abs. 1 EStG ermittelten Gewinn oder Gewinn i. S. d. § 18 Abs. 3 UmwStG entfällt) – Berechnung auf besonderem Blatt – | 68/69

Für 2013 tatsächlich zu zahlende Gewerbesteuer, die auf den Gewerbesteuer-Mess-
18 | betrag lt. Zeile 17 entfällt – Berechnung auf besonderem Blatt – | 70/71

Summe aller weiteren für 2013 festzusetzenden (anteiligen) Gewerbesteuer-Messbeträge
19 | (ohne Gewerbesteuer-Messbeträge, die auf nach § 5a Abs. 1 EStG ermittelte Gewinne oder Gewinne i. S. d. § 18 Abs. 3 UmwStG entfallen) – Berechnung auf besonderem Blatt – | 85/86

Summe aller weiteren für 2013 tatsächlich zu zahlenden Gewerbesteuern, die auf die
20 | Gewerbesteuer-Messbeträge lt. Zeile 19 entfallen – Berechnung auf besonderem Blatt – | 81/82

Bei zusammen veranlagten Ehegatten / Lebenspartnern:
Bezieht nur ein Ehegatte / Lebenspartner Einkünfte aus Gewerbebetrieb, sind in den Zeilen 21 bis 28 auch die Einkünfte des anderen Ehegatten / Lebenspartners einzutragen.
Beziehen beide Ehegatten / Lebenspartner Einkünfte aus Gewerbebetrieb, füllt jeder Ehegatte / Lebenspartner die Zeilen 21 bis 28 in seiner eigenen Anlage G aus.

		stpfl. Person / Ehemann / Lebenspartner(in) A EUR	Ehefrau / Lebenspartner(in) B EUR
21	Summe der positiven Einkünfte aus Land- und Forstwirtschaft		
22	Summe der positiven Einkünfte aus Gewerbebetrieb		
23	Summe der positiven Einkünfte aus selbständiger Arbeit		
24	Summe der positiven Einkünfte aus nichtselbständiger Arbeit		
25	Summe der positiven Einkünfte aus Vermietung und Verpachtung		
26	Summe der positiven sonstigen Einkünfte		
27	Summe der Zeilen 21 bis 26	72	0	73	0
28	Positive Summe der Einkünfte aus Kapitalvermögen, die der tariflichen Einkommensteuer unterliegen		

2013AnlG231NET | – Aug. 2013 – | 2013AnlG231NET
034094_13

Steuernummer, Name und Vorname

Veräußerungsgewinn vor Abzug etwaiger Freibeträge | **45**

bei Veräußerung / Aufgabe – eines **ganzen Betriebs**, eines Teilbetriebs, eines ganzen **Mitunternehmeranteils** (§ 16 EStG),
– eines **einbringungsgeborenen Anteils** an einer Kapitalgesellschaft (§ 21 UmwStG i. d. am 21.5.2003 geltenden Fassung) oder
– in gesetzlich gleichgestellten Fällen, z. B. Wegzug in das Ausland

EUR

Nr.	Beschreibung	Kennzahl
31	Veräußerungsgewinn, für den der **Freibetrag nach § 16 Abs. 4 EStG** wegen dauernder Berufsunfähigkeit oder Vollendung des 55. Lebensjahres **beantragt** wird. Für nach dem 31.12.1995 erfolgte Veräußerungen / Aufgaben wurde der Freibetrag nach § 16 Abs. 4 EStG bei keiner Einkunftsart in Anspruch genommen.	24/25
32	In Zeile 31 enthaltener steuerpflichtiger Teil, für den das **Teileinkünfteverfahren** gilt	32/33
33	Veräußerungsgewinn lt. Zeile 31, für den der **ermäßigte Steuersatz** des § 34 Abs. 3 EStG wegen dauernder Berufsunfähigkeit oder Vollendung des 55. Lebensjahres beantragt wird. Für nach dem 31.12.2000 erfolgte Veräußerungen / Aufgaben wurde der ermäßigte Steuersatz des § 34 Abs. 3 EStG bei keiner Einkunftsart in Anspruch genommen.	34/35
34	Veräußerungsgewinne, für die der **Freibetrag nach § 16 Abs. 4 EStG nicht beantragt** wird oder **nicht zu gewähren** ist	30/31
35	In Zeile 34 enthaltener steuerpflichtiger Teil, für den das **Teileinkünfteverfahren** gilt	36/37
36	In Zeile 34 enthaltener Veräußerungsgewinn, für den der **ermäßigte Steuersatz** des § 34 Abs. 3 EStG wegen dauernder Berufsunfähigkeit oder Vollendung des 55. Lebensjahres beantragt wird. Für nach dem 31.12.2000 erfolgte Veräußerungen / Aufgaben wurde der ermäßigte Steuersatz des § 34 Abs. 3 EStG bei keiner Einkunftsart in Anspruch genommen.	38/39
37	In Zeile 36 enthaltener steuerpflichtiger Teil, für den das **Teileinkünfteverfahren** gilt	40/41
38	**Veräußerungsverlust** nach § 16 EStG	22/23
39	In Zeile 38 enthaltener steuerpflichtiger Teil, für den das **Teileinkünfteverfahren** gilt	44/45
40	Steuerpflichtiger Teil des Veräußerungsgewinns bei Veräußerung von Anteilen an Kapitalgesellschaften/Genossenschaften nach § 17 EStG, § 6 AStG, § 13 und in gesetzlich gleichgestellten Fällen	28/29 ①
41	Zu berücksichtigender Teil des Veräußerungsverlusts bei Veräußerung von Anteilen an Kapitalgesellschaften / Genossenschaften nach § 17 EStG, § 13 UmwStG und in gesetzlich gleichgestellten Fällen	26/27
42	**Zu den Zeilen 31 bis 37:** Erwerber ist eine Gesellschaft, an der die veräußernde Person oder ein Angehöriger beteiligt ist (Erläuterungen auf besonderem Blatt).	

Sonstiges

Nr.	Beschreibung	Kennzahl
43	In den Zeilen 4 bis 12 enthaltene begünstigte sonstige Gewinne i. S. d. § 34 Abs. 2 Nr. 2 bis 4 EStG	55/56
44	Zuzurechnendes Einkommen der Organgesellschaft (Gesellschaft, Finanzamt und Steuernummer)	66/67
45	Saldo aus **Entnahmen und Einlagen** i. S. d. § 4 Abs. 4a EStG im Wirtschaftsjahr (bei mehreren Betrieben Erläuterungen auf besonderem Blatt)	
46	**Schuldzinsen** aus der Finanzierung von Anschaffungs- / Herstellungskosten von Wirtschaftsgütern des **Anlagevermögens**	
47	Summe der 2013 in Anspruch genommenen Investitionsabzugsbeträge nach § 7g Abs. 1 EStG – Erläuterungen auf besonderem Blatt –	
48	Summe der 2013 nach § 7g Abs. 2 EStG hinzugerechneten Investitionsabzugsbeträge – Erläuterungen auf besonderem Blatt –	
49	Anteile an Kapitalgesellschaften, Bezugsrechte sind 2013 übertragen worden (Einzelangaben auf besonderem Blatt)	

Nr.		außer Ansatz gelassene Verluste	enthaltene ungekürzte Gewinne	verrechnete Verluste aus anderen Jahren
50	**Gewerbliche Tierzucht / -haltung:** In den Zeilen 4 bis 12, 31, 34 und 38	€	€	€
51	Die nach Maßgabe des § 10d Abs. 1 EStG 2012 vorzunehmende Verrechnung nicht ausgeglichener negativer Einkünfte 2013 aus Zeile 50 soll wie folgt begrenzt werden:			€

Nr.		außer Ansatz gelassene Verluste	enthaltene ungekürzte Gewinne	verrechnete Verluste aus anderen Jahren
52	**Gewerbliche Termingeschäfte:** In den Zeilen 4 bis 12, 31, 34 und 38	€	€	€
53	Die nach Maßgabe des § 10d Abs. 1 EStG 2012 vorzunehmende Verrechnung nicht ausgeglichener negativer Einkünfte 2013 aus Zeile 52 soll wie folgt begrenzt werden:			€

Nr.		außer Ansatz gelassene Verluste	enthaltene ungekürzte Gewinne	verrechnete Verluste aus anderen Jahren
54	**Verluste aus Beteiligungen** an einer REIT-AG, anderen REIT-Körperschaften, -Personenvereinigungen oder -Vermögensmassen: In den Zeilen 4 bis 12, 31, 34 und 38	€	€	€
55	Die nach Maßgabe des § 10d Abs. 1 EStG 2012 vorzunehmende Verrechnung nicht ausgeglichener negativer Einkünfte 2013 aus Zeile 54 soll wie folgt begrenzt werden:			€

Nr.		Anzahl
56	Für die in den Zeilen 4 bis 6 genannten Betriebe ist die Anlage Zinsschranke beigefügt. Beigefügte **Anlage(n) Zinsschranke**	

2013AnlG232NET   2013AnlG232NET

Anmerkungen

1. Der Veräußerungsgewinn aus einer Beteiligung an einer Kapitalgesellschaft iSv § 17 EStG ist in der **Zeile 40** einzutragen. Es handelt sich um gewerbliche Einkünfte, wenn die Beteiligung an der Kapitalgesellschaft im Privatvermögen innerhalb eines Zeitraums von fünf Jahren mindestens 1 % betrug (zur Veränderung der Beteiligungsgrenze und den verfassungsrechtlichen Zweifeln BVerfG Beschl. v. 7.7.2010 – 2 BvR 748/05, BStBl 2011 II, 86; BMF-Schreiben v. 20.12.2010, BStBl 2011 I, 16; sa Schmidt/*Weber-Grellet*, EStG, § 17 Rn. 35 ff. mwN). Entscheidend ist die Beteiligung am Nennkapital; auf die Stimmrechte kommt es ebenso wenig an wie auf die Einzahlung des Kapitals (BFH Urt. v. 14.6.2005 – VIII R 73/03, BStBl 2005 II, 861; BFH Urt. v. 25.11.1997 – VIII R 29/94, BStBl 1998 II, 257). Bei Beteiligungen unterhalb von 1 % kommt es auf den Zeitpunkt des Beteiligungserwerbs an. Wurde die Beteiligung vor dem 1.1.2009 angeschafft, gilt § 23 EStG aF. Eine Veräußerung ist heutzutage aufgrund des Ablaufs der einjährigen Spekulationsfrist steuerfrei möglich. Jedoch sind auch Veräußerungsverluste steuerlich irrelevant. Wurde die Beteiligung ab dem 1.1.2009 erworben, ist der Veräußerungsgewinn bzw. -verlust unbefristet nach § 20 Abs. 2 EStG zu versteuern. Es handelt sich um Einkünfte aus Kapitalvermögen, die in der Anlage KAP einzutragen sind (→ Form. O. II. 8). Bei Erreichen der Mindestbeteiligung von 1 % greift § 17 EStG ein. Gleiches gilt, wenn ausnahmsweise die Mindestbeteiligungshöhe nicht erreicht wird, soweit es sich bei den Anteilen um einbringungsgeborene Anteile iSv § 17 Abs. 6 EStG handelt. Hat der Veräußerer den Anteil seinerseits innerhalb der letzten fünf Jahre vor der Veräußerung unentgeltlich erworben, greift § 17 EStG ein, wenn zwar nicht der Veräußerer selbst, wohl aber sein Rechtsvorgänger innerhalb der Fünfjahresfrist die Mindestbeteiligungsgrenze des § 17 EStG erreicht hat.

2. Der **Veräußerungsgewinn** errechnet sich nach § 17 Abs. 2 EStG aus dem **Veräußerungspreis abzüglich der Veräußerungskosten** (zB Notarkosten oder Vorfälligkeitsentschädigung aus Beteiligungsfinanzierungen) **und den Anschaffungskosten** (zB Kaufpreis, Nennkapitalzahlung bei Gründung und im Rahmen von Kapitalerhöhungen, Anschaffungsnebenkosten wie Notarkosten). Dabei gilt das **Teileinkünfteverfahren** nach § 3 Nr. 40 c EStG mit der Folge, dass der Veräußerungsgewinn nur zu 60 % steuerpflichtig ist. Korrespondierend dazu sind die Veräußerungs- und Anschaffungskosten auch nur mit 60 % abzugsfähig, § 3c Abs. 2 EStG. In **Zeile 40 bzw. 41** des Formulars darf nur der steuerpflichtige Teil des Veräußerungsgewinns bzw. – verlustes eingesetzt werden, also **nach** Anwendung des Teileinkünfteverfahrens. Der Veräußerungsgewinn ist zu versteuern, wenn das wirtschaftliche Eigentum an den Anteilen auf den Erwerber übergeht (BFH Urt. v. 17.2.2004 – VIII R 28/02, BStBl 2005 II, 46). Auf die Zahlung des Kaufpreises und den Vertragsabschluss kommt es insoweit nicht an (sog. Realisationsprinzip). Bei einer Veräußerung gegen wiederkehrende Bezüge ist als Veräußerungspreis einer vollentgeltlichen Veräußerung der Barwert der wiederkehrenden Bezüge im Zeitpunkt der Veräußerung anzusetzen (BFH Urt. v. 17.12.1991 – VIII R 80/87, BStBl 1993 II, 15). Dabei kann nach Ansicht der Finanzverwaltung anstelle der Sofortbesteuerung auf eine Zuflussbesteuerung ausgewichen werden, nach der ein Veräußerungsgewinn entsteht, wenn der Kapitalanteil der wiederkehrenden Leistungen das steuerliche Kapitalkonto zzgl. etwaiger Veräußerungskosten übersteigt (BMF-Schreiben v. 16.9.2004, BStBl 2004 I, 922 Rn. 56; EStR 17 Abs. 7 S. 2; sa Schmidt/*Weber-Grellet*, EStG, 32. Auflage, § 17 Rn. 143). Zur unentgeltlichen Vermögensübertragung gegen Versorgungsleistungen → Form. O. III. 5 Anm. 1.

Nach § 17 Abs. 3 EStG wird der Veräußerungsgewinn zur Einkommensteuer nur herangezogen, soweit er den Teil von 9.060 EUR übersteigt, der dem veräußerten Anteil an der Kapitalgesellschaft entspricht (§ 17 Abs. 3 S. 1 EStG). Der Freibetrag ermäßigt sich um den Betrag, um den der Veräußerungsgewinn den Teil von 36.100 EUR übersteigt, der dem veräußerten Anteil an der Kapitalgesellschaft entspricht (§ 17 Abs. 3 S. 2 EStG). Bei einer 100%igen Anteilsveräußerung wirkt sich der Freibetrag daher ab einem Veräußerungsgewinn von 45.160 EUR (36.100 EUR + 9.060 EUR) nicht mehr aus und läuft leer. Hat der Veräußerer den veräußerten Anteil unentgeltlich erworben, sind als Anschaffungskosten die des Rechtsvorgängers in Ansatz zu bringen (§ 17 Abs. 2 S. 5 EStG). Ein Veräußerungsverlust ist nach § 17 Abs. 2 S. 6 EStG nicht zu berücksichtigen, soweit er auf Anteile entfällt, die der Steuerpflichtige innerhalb der letzten fünf Jahre unentgeltlich erworben hat und bei denen auch der Rechtsvorgänger den Veräußerungsverlust nicht hätte geltend machen können **oder** bei entgeltlich erworbenen Anteilen, die nicht innerhalb der gesamten fünf Jahre zu einer Beteiligung des Veräußerers iSv § 17 Abs. 1 S. 1 EStG gehört haben. Dies gilt jedoch nicht für solche innerhalb der Frist erworbenen Anteile, deren Erwerb die Mindestbeteiligung erreicht hat oder die nach Begründung einer Beteiligung iSv § 17 Abs. 1 S. 1 EStG erworben wurden.

7. Anteilsübergang von Todes wegen bzw. Schenkung – Schenkungsteuererklärung

An das Finanzamt		Aktenzeichen			Eingangsstempel
FA **11**	Steuernummer	UFA **72**	Zeitraum	Vorgang **1**	

Schenkungsteuererklärung

Zeile					
1	**Zeitpunkt der Zuwendung (Schenkung)** Wann wurde die Schenkung ausgeführt?				Zeitpunkt Schenkung
2	Tag	Monat	Jahr	Privatschriftliche Verträge bitte vorlegen. Bei beurkundeten Verträgen bitte angeben:	
3	Notar/Gericht, Urkundenrollen-Nummer des Notars/Aktenzeichen des Gerichts				**99 11**
4	**Zuwender (Schenker)**				
5	Name, Vorname		Geburtsdatum	Staatsangehörigkeit	Art der Steuerfestst. **10**
6	Straße, Hausnummer		Postleitzahl	Postfach	
7	Postleitzahl	Wohnort	Telefonisch erreichbar unter		Zahl zus. Bescheide **20**
8	zuständiges Finanzamt	Steuer-Identifikationsnummer	Steuernummer		Bescheid ohne Anschrift **84**	ja = 1
9	**Erwerber (Beschenkter)**				
10	Name, Vorname		Geburtsdatum	Staatsangehörigkeit	
11	Straße, Hausnummer		Postleitzahl	Postfach	
12	Postleitzahl	Wohnort	Telefonisch erreichbar unter		
13	zuständiges Finanzamt	Steuer-Identifikationsnummer	Steuernummer		
14	Wird ein Antrag auf unbeschränkte Steuerpflicht nach § 2 Abs. 3 ErbStG gestellt? ja nein				
15	Verwandtschaftsverhältnis **zum Schenker** ①		Bitte beachten Sie die Erläuterungen in der Anleitung.		**99 13**
16	**Sonstige Angaben**				Verwandtschaftsverhältnis **14**
17	Wer trägt die Schenkungsteuer? ② Erwerber (Beschenkter) Zuwender (Schenker) Dritter Bitte Name und Anschrift auf gesondertem Blatt angeben.				
18	**Bankverbindung** (für Erstattungen) Kontoinhaber				Fall des § 2 Abs. 1 Nr. 3 **16**	ja = 1
19	Kontonummer		Bankleitzahl		
20	Geldinstitut und Ort				
21	Gezahlte ausländische Schenkungsteuer (Bitte Steuerbescheid und Zahlungsbelege beifügen.)		Wert		Pflege FB **23**	ja = 1
22	Bei Vereinbarung des Güterstands der Gütergemeinschaft: Bitte für **jeden** Ehegatten bzw. eingetragenen Lebenspartner ein Vermögensverzeichnis einreichen.				Pflege FB (pers.) **24**
23	Haben Sie von dem Zuwender (Schenker) weitere Schenkungen oder andere Zuwendungen erhalten, bei denen der Wert der Leistung des Schenkers den Wert der Gegenleistung übersteigt? nein ja ③ Bitte im Abschnitt Vorschenkungen, Zeilen 92 bis 99, einzeln angeben.				Freibetr. § 13 Abs. 1 Nr. 2 **27**
24	**Bekanntgabe** Der Bescheid soll nicht mir bekannt gegeben werden, sondern (bitte Vollmacht beifügen)				Ausländ. ErbSt **32**
25	Name, Vorname				Steuerübernahme **60**
26	Straße, Hausnummer		Postleitzahl	Postfach	
27	Postleitzahl	Wohnort	Telefonisch erreichbar unter		
28	**Unterschrift(en)**	Die mit der Steuererklärung angeforderten Daten werden aufgrund der §§ 149 ff. AO und des § 31 ErbStG erhoben. Die Angabe der Telefonnummer ist freiwillig.			
29	Steuererklärungen ohne Unterschrift gelten als nicht abgegeben.	Bei der Anfertigung dieser Steuererklärung und der Anlagen hat mitgewirkt:			
30					
	Datum, Unterschrift(en)				

Schenkungsteuererklärung (Mantelbogen)   1

Gegenstände der Zuwendung (Schenkung) | 99 | 41

Zeile 31 Die Angaben beziehen sich auf den Zeitpunkt der Zuwendung.

32 **Land- und forstwirtschaftliches Vermögen**
Wurde land- und forstwirtschaftliches Vermögen im Inland oder in EU-/EWR- Staaten geschenkt? | nein | infl. u. EU/EWR luf Vermögen

33 ja ☐ Anzahl der wirtschaftlichen Einheiten | Gesamtwert | 15

34 Wurde land- und forstwirtschaftliches Vermögen in Drittstaaten geschenkt? | nein | ausl. luf Vermögen

35 ja ☐ Lage | Wert | 16

36 **Grundvermögen**
Wurde Grundvermögen im Inland oder in EU-/EWR-Staaten geschenkt? | nein | infl. u. EU/EWR Grundstücke

37 ja ☐ Anzahl der Grundstücke | Gesamtwert | 23

38 Wurde Grundvermögen in Drittstaaten geschenkt? | nein | ausl. Grundstücke

39 ja ☐ Lage | Gesamtwert | 24

40 **Betriebsvermögen**
Wurde Betriebsvermögen im Inland oder in EU-/EWR-Staaten geschenkt? | nein | infl. u. EU/EWR Betriebsverm.

41 ja ☐ Anzahl der Betriebe | Gesamtwert | ④ | 35

42 Wurde Betriebsvermögen in Drittstaaten geschenkt? | nein | ausl. Betriebsverm.

43 ja ☐ Firma | Gesamtwert | 36

44 **Bei Anteilen an Personengesellschaften**
Ist eine Buchwertklausel vereinbart? (Bitte Gesellschaftsvertrag beifügen.) | nein

45 ja ☐ Buchwert des zugewendeten Anteils | ⑤

46 Ist der Anteil mit überhöhter Gewinnbeteiligung ausgestattet?
Bitte Gesellschaftsvertrag beifügen. | nein

47 ja ☐ Jahreswert des Übermaßes | Kapitalwert

48 Erwerb bei Ausscheiden eines Gesellschafters (Personen- oder Kapitalgesellschaft)
Bitte Gesellschaftsvertrag und Berechnung beifügen. | Wert

49 **Übriges Vermögen**
Wurden nicht notierte Anteile an Kapitalgesellschaften im Inland oder in EU-/EWR-Staaten geschenkt? | nein | Anteile an KapGes.

50 ja ☐ Anzahl der Beteiligungen | Gesamtwert | ⑥ | 46

51 Wurden nicht notierte Anteile an Kapitalgesellschaften in Drittstaaten geschenkt? | nein

52 ja ☐ Anzahl der Beteiligungen | Gesamtwert

53 Wurden andere Anteile, Wertpapiere und dergleichen geschenkt? ☐ nein | Wert (einschl. Stückzinsen)
ja Bezeichnung | ggf. Name des verwahrenden Geldinstituts/Bankleitzahl/Depot-Nr.

54

55

56

57 | Summe | 50 | Wertpapiere u. Ä. 50

58 Wurden Guthaben bei Geldinstituten geschenkt? ☐ nein | Wert (einschl. Zinsen)
ja Kontonummer | Name des Geldinstituts/Bankleitzahl

59

60

61

62 | Summe | 51 | Bankguthaben 51

2

Zeile 63	noch Übriges Vermögen				99	41

64 Wurden Bausparguthaben geschenkt?   ☐ nein
   ☐ ja   Bausparnummer   Name der Bausparkasse   Wert (einschl. Zinsen)

65   52   Bausparguthaben 52

66 Wurden andere Kapitalforderungen geschenkt?   ☐ nein
   ☐ ja   Bezeichnung   Name des Schuldners, Nennbetrag, Zinssatz   Wert (einschl. Zinsen)

67   54   Sonst. KapForderungen 54

68 Wurden Zinsansprüche geschenkt, soweit sie nicht in Guthaben (Zeilen 57, 62, 65, 67) enthalten sind?   ☐ nein
   ☐ ja   Bezeichnung   Name des Schuldners   Wert   55   Zinsen 55

69   55   KapForderungen (pers.) 48

70 Wurden sonstige Forderungen geschenkt?   ☐ nein
   ☐ ja   Bezeichnung   Name des Schuldners   Wert

71   49   Sonst. Forderungen 49

72 Wurden nicht fällige Ansprüche aus Versicherungen geschenkt?   ☐ nein
   ☐ ja   Vers.-Nr.   Name des Versicherungsunternehmens   Wert

73   56   Versicherungen 56

74 Wurden Renten oder andere wiederkehrende Nutzungen und Leistungen geschenkt?   ☐ nein
   ☐ ja   Art der Ansprüche   Name des Schuldners   Jahreswert

75

76 Zeitpunkt oder Ereignis, mit dessen Eintritt der Anspruch wegfällt   Renten u. Ä. 57

77 Hängt die Dauer des Anspruchs von der Lebenszeit einer oder mehrerer Personen ab?   ☐ nein
   ☐ ja   Name, Anschrift, Geburtsdatum und Geschlecht dieser Person(en)

78

79 Bei wiederkehrenden Nutzungen eines Wirtschaftsguts
   Bezeichnung, Lage, Firma, Anteile u.a.   Wert nach BewG

80

81 Bei Wohnrecht oder Nießbrauch an einem Grundstück

82 Fläche der belasteten Räume in m²   gesamte Wohn- und Nutzfläche des Gebäudes in m²

83 Kapitalwert der Renten oder anderen wiederkehrenden Nutzungen und Leistungen
   Soweit ermittelt, Gesamtwert

Wurden geschenkt
84 - in- und ausländische Zahlungsmittel (Bargeld)?   ☐ nein   Zahlungsmittel
   ☐ ja   Wert 58   58

85 - Münzen, unverarbeitete Edelmetalle, Edelsteine, Perlen?   ☐ nein   Edelmetalle u. Ä.
   ☐ ja   Wert 59   59

86 - Hausrat?   ☐ nein   Hausrat
   ☐ ja   Wert 60   60

87 - andere bewegliche körperliche Gegenstände (z.B. Kraftfahrzeuge, Boote, Kunstgegenstände, Schmuck)?   ☐ nein   and. bew. Gegenstände
   ☐ ja   Wert 61   61

88 - sonstige Rechte (Urheberrechte, Erfindungen, Patente u.ä.)?   ☐ nein   sonstige Rechte
   ☐ ja   Wert 62   62

3

Zeile					
89	**Erwerbsnebenkosten**	Bitte fügen Sie entsprechende Unterlagen oder Belege bei.		**99**	**42**
90	Hat der Erwerber Erwerbsnebenkosten getragen (z. B. für Notar, Grundbuch, Handelsregister)?		nein		Erwerbsnebenkosten
	ja	Wert 42		42	
91	Hat der Erwerber Steuerberatungskosten getragen?		nein		Steuerberatungskosten
	ja	Wert 44		44	

Zeile					
92	**Vorschenkungen**	Bitte auch Zeile 23 beachten.		**99**	**46**
			veranlagt beim		Gesamtwert Vorerwerb
93	Art, Wert und Zeitpunkt der Zuwendung	Finanzamt	Steuernummer	10	
94	③				Wert § 19a
				12	
95					für Vorerwerbe verb. Freibetrag
				19	
96					Steuer Vorerwerb
				20	
97					Steuer Vorerwerb pers.
				22	
98					
99					
100	Wurde für eine Schenkung in Zeilen 94 bis 99 ein Antrag nach § 2 Abs. 3 ErbStG gestellt?	nein	ja, in Zeile(n)		
101	**Bemerkungen/Anträge/sonstige Befreiungen oder Vergünstigungen**				
102					Entl. betr. § 19a
				24	
103					Hausrat
				60	
104					
105					
106					
107					bew. körp. Gegenst.
				61	

4

Anmerkungen

1. Die Angabe des Verwandtschaftsverhältnisses zum Schenker ist relevant für die zur Anwendung kommenden **persönlichen Freibeträge** gemäß § 16 ErbStG. Bei Personen der Steuerklasse I (vgl. § 15 ErbStG) gelten erhöhte Schenkungsteuerfreibeträge: für Schenkungen an den Ehegatten bzw. den eingetragenen Lebenspartner 500.000 EUR und für Schenkungen an Kinder 400.000 EUR pro Elternteil und Kind. Für Personen der Steuerklasse II und III stehen als persönlicher Freibetrag jeweils nur 20.000 EUR zur Verfügung. Dabei sind die Freibeträge für Schenkungen und Erbschaften grundsätzlich identisch. Eine Ausnahme gilt für Rückschenkungen an die Eltern im Erlebensfall (§ 15 ErbStG für die Eltern und Voreltern bei Erwerben von Todes wegen: Steuerklasse I und bei Schenkungen: Steuerklasse II). Da das Erbschaftsteuergesetz die steuerliche Behandlung von Schenkungen (lebzeitiger Erwerb) und Erbschaften (Erwerb von Todes wegen) einheitlich besteuert, gilt das Nachfolgende für Erwerbe von Todes wegen entsprechend. Das gesonderte Formular der Finanzverwaltung für die Erbschaftsteuererklärung bei einem Erwerb von Todes wegen entspricht damit weitgehend dem vorliegend besprochenen Formular für eine lebzeitige Schenkung.

Die persönlichen Freibeträge des § 16 ErbStG werden erst dann benötigt, wenn das übertragene Vermögen nicht bereits aus anderen Gründen von einer Erbschaft- und Schenkungsbesteuerung ausgenommen ist. Zu den Begünstigungen des übertragenen Betriebsvermögens nach §§ 13a, b ErbStG → Form. O. III. 8.

2. Grundsätzlich schuldet der Beschenkte als Erwerber die Erbschaft- bzw. Schenkungsteuer (§ 20 Abs. 1 S. 1 ErbStG), im Falle der Schenkung jedoch auch der Schenker. Kann der Beschenkte die zu tragende Schenkungsteuer nicht an das Finanzamt zahlen, kann der Schenker als weiterer Steuerschuldner in Anspruch genommen werden. Erklärt sich der Schenker jedoch freiwillig zur Übernahme der Schenkungsteuer für den Beschenkten bereit, wird der Beschenkte auch insoweit bereichert. Die übernommene Schenkungsteuer ist damit zu der Bemessungsgrundlage für die Schenkung hinzuzurechnen. Die Schenkungsteuerbelastung erhöht sich korrespondierend, soweit die persönlichen Freibeträge nach § 16 ErbStG (→ Anm. 1) überschritten sind.

3. Bei der Frage nach weiteren erhaltenen Schenkungen (sog. Vorschenkungen) geht es um die Anwendbarkeit des § 14 ErbStG. Denn die persönlichen Freibeträge des § 16 ErbStG (→ Anm. 1) leben alle zehn Jahre wieder auf und können neu in Anspruch genommen werden. Damit sind im Umkehrschluss alle Schenkungen (einschließlich eines Erwerbs von Todes wegen), die der Beschenkte von dem Schenker innerhalb einer Frist von zehn Jahren erhalten hat, für die Berechnung der zur Anwendung kommenden persönlichen Freibeträge zusammen zu rechnen. Dementsprechend werden in den **Zeilen 94 bis 99** Zeitpunkt und Wert der Vorschenkungen im Detail abgefragt. Dabei ist darauf hinzuweisen, dass auch Vorschenkungen, die innerhalb der persönlichen Freibeträge liegen, bei Schenkung jeweils gegenüber dem Finanzamt anzeigepflichtig sind (§ 30 Abs. 1 ErbStG). Die Anzeigepflicht gilt bei Schenkungen nicht nur für den Beschenkten, sondern auch den Schenker (§ 30 Abs. 2 ErbStG). Sind die vorangegangenen Anzeigen der Schenkungen entgegen der Anzeigeverpflichtung unterblieben, kann es zu unangenehmen Nachfragen der Finanzverwaltung kommen, wenn diese erstmals mit der abzugebenden Schenkungsteuererklärung von den Vorschenkungen erfährt. Jedoch entfällt gemäß § 30 Abs. 3 S. 4 ErbStG eine Anzeigeverpflichtung, wenn eine Schenkung gerichtlich oder notarielle beurkundet worden ist. Denn in diesen Fällen sind der Notar bzw. die Gerichte verpflichtet, den Finanzämtern die erforderlichen Meldungen zu machen. Bei ordnungsgemäßer Anzeige ermöglicht die Auflistung der Vorschenkungen dem Schenkungsteuerfinanzamt die Überprüfung der Vollständigkeit der Angaben zu den Vorschenkungen.

4. Die Übertragung von Betriebsvermögen umfasst die unentgeltliche Übertragung einer Einzelkanzlei, die im Inland oder im EU-/EWR-Raum belegen ist. Es gelten die Bewertungsgrundsätze → Form. O. III. 8. Betriebsvermögen im **Drittland** ist dagegen nicht begünstigungsfähig und muss ohne besondere Steuerfreistellungen für begünstigtes Betriebsvermögen zum gemeinen Wert besteuert werden (HE 13b.5 ErbStR mit einer Übersicht).

5. Die Bewertung von Anteilen an Personengesellschaften im Inland bzw. EU-/EWR-Ausland folgt grundsätzlich den Bewertungsregeln für die Übertragung einer Einzelkanzlei mit einigen Besonderheiten (→ Form. O. III. 8). Die drei nachfolgenden in § 7 ErbStG geregelte Schenkungsteuertatbestände bei Personengesellschaften sind im Besonderen zu beachten:

Buchwertklausel bei Personengesellschaftsanteilen: Die **Zeilen 43 und 44** beziehen sich auf § 7 Abs. 5 ErbStG. Sieht der Gesellschaftsvertrag einer Personengesellschaft vor, dass der durch **Schenkung** neu eintretende Gesellschafter im Falle der Auflösung der Gesellschaft oder im Falle seines vorzeitigen Ausscheidens nur den Buchwert seines Kapitalanteils erhält, so soll diese Beschränkung bei der Ermittlung der Bereicherung des Beschenkten nicht berücksichtigt werden. Soweit die Bereicherung (Steuerwert des übertragenen Gesellschaftsanteils) jedoch den Buchwert übersteigt, soll eine nur auflösend bedingte Zuwendung vorliegen. Bei Eintritt der Bedingung (Auflösen der Gesellschaft oder vorzeitiges Ausscheiden des neuen Gesellschafters) kann dann die Schenkungsteuer auf **fristgerechten** Antrag des Steuerpflichtigen korrigiert und nach dem Wert der tatsächlichen Bereicherung festgesetzt werden, § 5 Abs. 2 BewG (vertiefend Daragan/Halaczinsky/Riedel/*Griesel*, Praxiskommentar ErbStG und BewG, § 7 ErbStG Rn. 225 ff.)

Personengesellschaftsanteil mit überhöhter Gewinnbeteiligung: In den **Zeilen 46 bis 47** sollen Erwerbsvorgänge nach § 7 Abs. 6 ErbStG erfasst werden. Dort heißt es: „*Wird eine Beteiligung an einer Personengesellschaft mit einer Gewinnbeteiligung ausgestattet, die insbesondere der Kapitaleinlage, der Arbeits- oder sonstigen Leistung des Gesellschafters für die Gesellschaft nicht entspricht oder die einem fremden Dritten üblicherweise nicht eingeräumt würde, gilt das Übermaß an Gewinnbeteiligung als selbständige Schenkung, die mit dem Kapitalwert anzusetzen ist.*" Soweit sich nahe Angehörige eine überhöhte Gewinnbeteiligung **zu Lebzeiten** zuwenden, ist zumindest höchstrichterlich geklärt (BFH Beschl. v. 29.5.1972 – GrS-4/71, BStBl II 1973, 5; BFH Urt. v. 26.3.1973 – VIII R 58/68, BStBl II 1973, 650; BFH Urt. v. 31.5.1989 – III R 91/87, BStBl II 1990, 10, 13) und von der Finanzverwaltung übernommen worden, ab wann eine Gewinnbeteiligung als überhöht anzusehen ist. Dies ist dann der Fall, wenn einem nicht im Unternehmen mitarbeitenden nahen Angehörigen eine Gewinnbeteiligung eingeräumt wird, die auf längere Sicht zu einer Verzinsung von mehr als 15 % des gemeinen Wertes des Anteils führt. Unter fremden Dritten fehlt eine derartige einheitliche Vorgabe. Hier müssen alle Umstände des jeweiligen Einzelfalls berücksichtigt und bewertet werden. Die Kapitalisierung des Gewinnübermaßes wird von der Finanzverwaltung auf der Basis des 9,3fachen des Jahreswertes vorgenommen (RE 7.8 ErbStR). Es wird also eine Zuwendung auf unbestimmte Zeit unterstellt, sofern der Begünstigte nicht auf eine bestimmte Laufzeit verweisen kann (vertiefend Daragan/Halaczinsky/Riedel/*Griesel*, Praxiskommentar ErbStG und BewG, § 7 ErbStG Rn. 159 ff.).

Lebzeitiges Ausscheiden aus einer Personengesellschaft: Zeile 47 der Schenkungsteuererklärung betrifft die Fälle des § 7 Abs. 7 ErbStG, in denen ein Gesellschafter zu **Lebzeiten** aus der Gesellschaft freiwillig oder zwangsweise ausscheidet, gleichwohl aber als Abfindungsanspruch nur einen Wert erhält, der unter dem Anteilswert liegt. Die Differenz zwischen Anteilswert und Abfindungsleistung wächst den übrigen Gesellschaftern als Bereicherung an, unter denen die Gesellschaft fortgeführt wird (zB Kündigung oder Ausschluss eines Gesellschafters, vertiefend Daragan/Halaczynski/Riedel/*Griesel*,

Praxiskommentar ErbStG und BewG, § 7 ErbStG Rn. 170 ff.). § 7 Abs. 7 ErbStG stellt die Parallelvorschrift zu § 3 Abs. 1 Nr. 2 S. 2 ErbStG dar, der auf Minderabfindungen aufgrund Erbfalls Anwendung findet. Derartige Erwerbe von Todes wegen gelten als Schenkungen auf den Todesfall, die im Rahmen der Erbschaftsteuererklärung zu erfassen sind.

6. Der schenkungsteuerliche Wert von Anteilen an Kapitalgesellschaften ermittelt sich grundsätzlich entsprechend den Regelungen für Personengesellschaften und Einzelkanzleien → Form. O. III. 8.

8. Anteilsübergang von Todes wegen bzw. Schenkung – Erklärung zur Feststellung des Bedarfswertes

Zutreffende weiße Felder bitte ausfüllen oder ⊠ ankreuzen

An das Finanzamt	Eingangsstempel

Aktenzeichen/Steuernummer

Zeile				
1	**Erklärung zur Feststellung des Bedarfswerts**			
2	für das unbebaute Grundstück	⊠	für den Gewerbebetrieb/den freien Beruf oder den Anteil daran	
3	für das bebaute Grundstück	⊠	für nicht notierte Anteile an Kapitalgesellschaften	①
4	für den Betrieb der Land- und Forstwirtschaft		für den Anteil am Wert von anderen Vermögensgegenständen und von Schulden im Sinne des § 151 Abs. 1 Satz 1 Nr. 4 BewG	
5	**Bewertungsstichtag**	Tag Monat Jahr		②
6	**Eigentümer/Voreigentümer**			
7	Name/Firma			
8	Vorname			
9	Geburtsdatum	Tag Monat Jahr		
10	Wohnsitz-/Betriebsfinanzamt			
11	Steuernummer		Steuer-Identifikationsnummer	
12	Übertragener Anteil	Prozent oder	Zähler	Nenner	③
13	**Bekanntgabe**	Der Bescheid soll bekannt gegeben werden an		
14	Name/Firma			
15	Vorname			
16	Straße und Hausnummer oder Postfach			
17	Postleitzahl	Wohnort	Tagsüber telefonisch erreichbar	
18	Bei der Benennung eines Empfangsbevollmächtigten richtet sich die Einspruchs- und Klagebefugnis nach dem Umfang der erteilten Vollmacht.			
19	**Anlagen**			
20	Beigefügte Anlage Grundstück sowie ggf. Einlageblätter/Ausstattungsbogen		Anzahl	
21	Beigefügte Anlage Land- und Forstwirtschaft		Anzahl	
22	Beigefügte Anlage Betriebsvermögen		Anzahl	
23	Beigefügte Anlage Vermögen und Schulden von Gemeinschaften/Gesellschaften (§ 151 Abs. 1 Satz 1 Nr. 4 BewG)		Anzahl 0 1	
24				
25	**Unterschrift**	Die mit dieser Steuererklärung angeforderten Daten werden aufgrund der §§ 149 ff. der Abgabenordnung und des § 153 des Bewertungsgesetzes erhoben. Die Angabe der Telefonnummer ist freiwillig.		
26		Bei der Anfertigung dieser Steuererklärung und der Anlagen hat mitgewirkt:		
27				
28				
29	Datum, Unterschrift (ggf. des gesetzlichen Vertreters oder des Bevollmächtigten)			

BBW 1/12 – Personendaten
EW 431

Zeile 30	Angaben zum Erwerber bzw. Beteiligten am Besteuerungsverfahren		
31	**Erwerber/Beteiligter**		
32	Name/Firma		
33	Vorname		
34	Geburtsdatum	Tag Monat Jahr	
35	Straße und Hausnummer oder Postfach		
36	Postleitzahl Wohnort		Tagsüber telefonisch erreichbar
37	Steuernummer	Steuer-Identifikations-nummer	
38	**Erbengemeinschaft**		
39	Bezeichnung		
40	Empfangsbevollmächtigter		
41	Straße und Hausnummer oder Postfach		
42	Postleitzahl Wohnort		Tagsüber telefonisch erreichbar

Anleitung

Wofür wird ein Bedarfswert benötigt?

Nach § 151 Abs. 1 Satz 1 des Bewertungsgesetzes (BewG) sind im Bedarfsfall gesondert festzustellen

- Grundbesitzwerte,
- der Wert des Betriebsvermögens bei Gewerbetreibenden und bei freiberuflich Tätigen,
- der Wert des Anteils am Betriebsvermögen von Personengesellschaften,
- der Wert von nicht notierten Anteilen an Kapitalgesellschaften sowie
- der Anteil am Wert von anderen Vermögensgegenständen und von Schulden im Sinne des § 151 Abs. 1 Satz 1 Nr. 4 BewG.

Voraussetzung hierfür ist, dass die Werte für die Erbschaft-/Schenkungsteuer oder eine andere Feststellung von Bedeutung sind.

Für jede Feststellung im Sinne des Bewertungsgesetzes ist jeweils eine Erklärung BBW 1/09 nebst Anlage(n) abzugeben.

Abgabefrist

Wenn Sie die Erklärung nicht innerhalb der vorgegebenen Frist abgeben können, beantragen Sie bitte rechtzeitig unter Angabe des Grundes Fristverlängerung.

Bei Nichtabgabe oder nicht fristgerechter Abgabe der Steuererklärung sowie bei unrichtigen und unvollständigen Angaben kann ein Verspätungszuschlag, Zwangsgeld oder Bußgeld nach den Vorschriften der Abgabenordnung (AO) festgesetzt werden.

Soweit die Finanzbehörde die Besteuerungsgrundlagen nicht ermitteln oder berechnen kann, hat sie sie zu schätzen (§ 162 AO).

Bewertungsstichtag
zu Zeile 5

Für die Angaben in der Erklärung sind die Verhältnisse am Bewertungsstichtag maßgebend. Der Bewertungsstichtag ist im Allgemeinen der Tag des Erbfalls oder der Schenkung. Er ergibt sich aus §§ 9 und 11 des Erbschaftsteuergesetzes (ErbStG).

Das Finanzamt hat den maßgebenden Bewertungsstichtag bereits regelmäßig eingetragen.

Eigentümer/Voreigentümer
zu Zeilen 6 bis 12

Hier sind die Angaben für den bisherigen Eigentümer einzutragen. Ist die wirtschaftliche Einheit einer Personen- oder Kapitalgesellschaft zuzurechnen, ist diese einzutragen. Anzugeben sind auch das Wohnsitz- oder Betriebsfinanzamt und die Steuernummer bei der Einkommen- oder Körperschaftsteuer.

Unterschrift
zu Zeilen 26 bis 29

Bitte vergessen Sie nicht, die Erklärung zu unterschreiben. Für Geschäftsunfähige oder beschränkt Geschäftsfähige sowie bei nicht natürlichen Personen hat der gesetzliche Vertreter zu unterschreiben. Nicht unterschriebene Erklärungen gelten als nicht abgegeben.

Zur Wirksamkeit der Empfangsvollmacht ist die Unterschrift der Beteiligten erforderlich, die einen Empfangsbevollmächtigten bestellen.

Erwerberangaben
zu Zeilen 30 ff.

Bei Schenkungen und in Erbfällen mit einem Alleinerben sind die Angaben für den betreffenden Erwerber bzw. für den am Verfahren Beteiligten in Zeilen 31 bis 37 einzutragen.

Ist die wirtschaftliche Einheit einer Erbengemeinschaft zuzurechnen, ist die Erbengemeinschaft in Vertretung der Miterben in Zeilen 38 und 39 einzutragen.

2

Finanzamt
Aktenzeichen/Steuernummer

Anlage Betriebsvermögen
zur Feststellungserklärung

auf den Bewertungsstichtag   ....

Zutreffende weiße Felder bitte ausfüllen oder ☒ ankreuzen

Zeile						
1	**A. Allgemeine Angaben**					
2	Betriebsvermögen, Anteile am Betriebsvermögen, Anteile an einer Kapitalgesellschaft					
3	Firma			Tagsüber telefonisch erreichbar		
4	Straße und Hausnummer					
5	Postleitzahl und Ort					
6	Betriebsfinanzamt		Steuernummer/Aktenzeichen/Wirtschafts-Identifikationsnummer			
7	**Beteiligungsverhältnis** des (bisherigen) Betriebsinhabers/Gesellschafters					
8	Höhe der Beteiligung des Betriebsinhabers/Gesellschafters	Zähler ③	Nenner	oder		%
9	Name, Vorname					
10	Straße und Hausnummer					
11	Postleitzahl und Ort					
12	Finanzamt		Steuernummer/Aktenzeichen/Steuer-Identifikationsnummer			
13	**Erwerber/Beteiligter am Feststellungsverfahren**					
14	Höhe der auf den Erwerber/die Erbengemeinschaft übertragenen Beteiligung (Anteil, der von Zeile 8 erworben wurde)	Zähler ③	Nenner	oder		%
15	Name/Vorname/Bezeichnung der Erbengemeinschaft					
16	Straße und Hausnummer					
17	Postleitzahl und Ort					
18	Finanzamt		Steuernummer/Aktenzeichen/Steuer-Identifikationsnummer			
19	**Basiswertregelung**					
20	☐ Die Basiswertregelung nach § 151 Abs. 3 BewG soll angewendet werden. (Bitte die Einzelheiten auf einem gesonderten Blatt erläutern)					
21	**Sonstige Angaben**					
22						

BBW 50/12 - Anlage Betriebsvermögen
EW 450

1

Zeile							
23	**B. Ableitung aus Verkäufen**						
24	Innerhalb eines Jahres vor dem Bewertungsstichtag haben folgende Verkäufe stattgefunden (bitte Käufer und Verkäufer, ggf. Verwandtschaftsverhältnis, sowie einen ggf. im Kaufpreis enthaltenen Paketzuschlag auf einem gesonderten Blatt angeben und den Vertrag beifügen):						
25	Zeitpunkt des Verkaufs			Bei Kapitalgesellschaften:	Kaufpreis		Veräußerter Anteil
	Tag	Monat	Jahr	Nennwert der veräußerten Anteile			
26				EUR	EUR	④	%
27				EUR	EUR		%
28	Gemeiner Wert des **gesamten Betriebsvermögens** des Einzelunternehmens						EUR
29	Gemeiner Wert des **gesamten Betriebsvermögens** der Kapitalgesellschaft oder der Personengesellschaft (**ohne** Sonderbetriebsvermögen)						EUR
30	Gemeiner Wert des **erworbenen Anteils** an der Personengesellschaft (**ohne** Sonderbetriebsvermögen), übertragen in Teil G Zeile 67. Der Teil F ist nicht auszufüllen.						EUR
31	☐ Die vorgenannten Verkäufe sind zur Ermittlung des gemeinen Werts nicht geeignet (bitte Begründung beifügen). ☐ Verkäufe, aus denen sich der gemeine Wert ableiten lässt, sind nicht bekannt.						
32	**C. Gutachtenwert**						
33	☐ Wertermittlung erfolgt in Ausübung des Wahlrechts im vereinfachten Ertragswertverfahren (weiter mit Teil D).					⑤	
34	☐ Wertermittlung erfolgt nach einem Ertragswertverfahren laut beigefügtem Gutachten.						
35	☐ Wertermittlung erfolgt nach einer anderen anerkannten, auch im gewöhnlichen Geschäftsverkehr für nichtsteuerliche Zwecke üblichen Methode laut beigefügtem Gutachten.						
36	Name und Anschrift des Gutachters:						
37							
38	Gemeiner Wert des **gesamten Betriebsvermögens** des Einzelunternehmens						EUR
39	Gemeiner Wert des **gesamten Betriebsvermögens** der Kapitalgesellschaft oder der Personengesellschaft (**ohne** Sonderbetriebsvermögen)						EUR
40	In den Fällen eines Gutachtenwerts für den erworbenen Anteil an der Personengesellschaft Gemeiner Wert des **erworbenen Anteils** an der Personengesellschaft (**ohne** Sonderbetriebsvermögen)						EUR
41	Gemeiner Wert des **erworbenen Sonderbetriebsvermögens** (lt. Zeile 117 „Anlage Substanzwert")						EUR
42	Gemeiner Wert des **erworbenen Anteils** an der Personengesellschaft oder Summe aus Zeile 40 und 41						EUR
43	**D. Wert nach vereinfachtem Ertragswertverfahren** (§§ 199 ff. BewG)						
44	Gemeiner Wert des **gesamten Betriebsvermögens** des Einzelunternehmens, einer Kapitalgesellschaft oder einer Personengesellschaft (**ohne** Sonderbetriebsvermögen) laut beigefügter „Anlage Vereinfachtes Ertragswertverfahren"					⑥	EUR
45	**E. Substanzwert** (Mindestwert nach § 11 Abs. 2 Satz 3 BewG)						
46	Substanzwert des **gesamten Betriebsvermögens** des Einzelunternehmens, einer Kapitalgesellschaft oder einer Personengesellschaft (**ohne** Sonderbetriebsvermögen) laut beigefügter „Anlage Substanzwert"					⑦	EUR
47	In den Fällen eines Gutachtenwerts für den erworbenen Anteil an der Personengesellschaft (Zeile 40 bis 42) Substanzwert des **erworbenen Anteils** an der Personengesellschaft (nach Aufteilung des Werts lt. Zeile 46 in Teil G - Zeilen 55 bis 67)						EUR
48	Gemeiner Wert des **erworbenen Sonderbetriebsvermögens** (lt. Zeile 116 „Anlage Substanzwert")						EUR
49	Summe der Zeilen 47 und 48						EUR
50	**F. Anzusetzender gemeiner Wert des Betriebsvermögens** (gemeiner Wert, vorrangig B; andernfalls C oder D, mindestens E)						
51	Gemeiner Wert des **gesamten Betriebsvermögens** lt. Zeile 28, 29, 38, 39, 44 oder 46 - bei Personengesellschaften weiter mit Teil G Zeile 55 - bei Kapitalgesellschaften weiter mit Teil H Zeile 71						EUR
52	Gemeiner Wert des **erworbenen Anteils** an der Personengesellschaft lt. Zeile 42 oder 49 - übertragen in Teil G Zeile 69						EUR
53	Umfang des erworbenen Anteils an einem **Einzelunternehmen** (Zeile 14)	in %	Zeile 51 x Umfang des erworbenen Anteils in %				EUR

2

Zeile		Zähler	Nenner	
54	**G. Ermittlung des gemeinen Werts des Anteils des Gesellschafters einer Personengesellschaft**			
55	Maßgebender Gewinnverteilungsschlüssel des Gesellschafters	Zähler	Nenner	⑧
56	1. Gemeiner Wert des Betriebsvermögens der Personengesellschaft			
57	Anzusetzender gemeiner Wert des Betriebsvermögens laut Zeile 51 (Gesamthandsvermögen)			EUR
58	Abzüglich Summe der Kapitalkonten aller Gesellschafter laut Gesamthandsbilanz zum Bewertungsstichtag (bei zurückbehaltenem Kapitalkonto siehe Erläuterungen)			EUR
59	Verbleibender gemeiner Wert des Betriebsvermögens			EUR
60	2. Gemeiner Wert des Anteils des Gesellschafters			
61	Kapitalkonto des bisherigen Gesellschafters laut Gesamthandsbilanz			EUR
62	Zuzüglich anteiliger verbleibender gemeiner Wert des Betriebsvermögens (gemeiner Wert laut Zeile 59 x Gewinnverteilungsschlüssel laut Zeile 55)			EUR
63	Gemeiner Wert des Anteils des bisherigen Gesellschafters (ohne Sonderbetriebsvermögen), Summe Zeile 61 und 62			EUR
64	Umfang des erworbenen Anteils (Zeile 14)		%	
65	Übertragenes Kapitalkonto (Zeile 61 x Zeile 64) oder gesondert ermittelter Wert			EUR
66	Zuzüglich übertragener Anteil am verbleibenden Wert des Betriebsvermögens (Zeile 62 x Zeile 64)			EUR
67	Zwischenwert (Summe Zeile 65 und 66) oder gemeiner Wert des erworbenen Anteils am Gesamthandsvermögen (lt. Zeile 30)			EUR
68	Zuzüglich gemeiner Wert der Wirtschaftsgüter und Schulden des erworbenen Sonderbetriebsvermögens (Wert aus Zeile 116 der „Anlage Substanzwert")			EUR
69	Gemeiner Wert des erworbenen Anteils des Erwerbers (Summe Zeilen 67 und 68; oder Wert aus Zeile 52)			EUR
70	**H. Ermittlung des gemeinen Werts des Anteils des Gesellschafters einer Kapitalgesellschaft**			
71	Gemeiner Wert des Betriebsvermögens der Kapitalgesellschaft lt. Zeile 51		⑨	EUR
72	Nennkapital der Kapitalgesellschaft (Grund- oder Stammkapital)			EUR
73	eingezahlt sind			EUR
74	Bei nicht vollständig eingezahltem Nennkapital: Die Beteiligung am Vermögen und Gewinn richtet sich nach dem eingezahlten Nennkapital ☐ Ja ☐ Nein			
75	Ausstattung der Anteile: Sind die Anteile hinsichtlich der Beteiligung am Vermögen/Ertrag oder beim Stimmrecht unterschiedlich ausgestattet? ☐ Ja ☐ Nein (Bitte die unterschiedliche Ausstattung auf einem gesonderten Blatt erläutern.)			
76	eigene Anteile der Kapitalgesellschaft am Grund- oder Stammkapital			EUR
77	Beteiligungsverhältnis des (bisherigen) Gesellschafters			
78	Beteiligung des Gesellschafters (Anteil am Nennkapital) in % in EUR davon sind eingezahlt: EUR			
79	Erwerber			
80	Anteil der erworbenen Beteiligung in % (Zeile 14) in % in EUR Anteil der erworbenen Beteiligung in EUR am gesamten Nennkapital			
81	Gemeiner Wert des Betriebsvermögens (Zeile 71) x Anteil am Nennkapital (Zeile 80 in EUR) Nennkapital lt. Zeile 72 (ggf. minus Zeile 76)			EUR
82	Paketzuschlag § 11 Abs. 3 BewG			EUR
83	Gemeiner Wert des erworbenen Anteils an der Kapitalgesellschaft			EUR

3

Zeile		1	2	3	4
84	**I. Angaben zu §§ 13a, 13b ErbStG**				
85	**Verwaltungsvermögen**	1	2	3	4
86		Wert (ohne Sonderbetriebsvermögen)	Erworbenes Sonderbetriebsvermögen	Von Spalte 1 junges Verwaltungsvermögen	Von Spalte 2 junges Verwaltungsvermögen
87	Dritten zur Nutzung überlassene Grundstücke, Grundstücksteile	⑩ EUR	EUR	EUR	EUR
88	Anteile an Kapitalgesellschaften von 25 Prozent oder weniger	EUR	EUR	EUR	EUR
89	Anteile an Kapitalgesellschaften, deren Verwaltungsvermögen über 50 Prozent liegt	EUR	EUR	EUR	EUR
90	Beteiligungen an Personengesellschaften, deren Verwaltungsvermögen über 50 Prozent liegt	EUR	EUR	EUR	EUR
91	Wertpapiere und vergleichbare Forderungen	EUR	EUR	EUR	EUR
92	Kunstgegenstände u.ä.	EUR	EUR	EUR	EUR
93	Junges Verwaltungsvermögen aus einer Beteiligung	EUR	EUR		
94	**Summe Verwaltungsvermögen** (bei Personengesellschaft weiter mit Zeile 97)	EUR			
95	**Summe junges Verwaltungsvermögen** (bei Personengesellschaft weiter mit Zeile 97)			EUR	
96	**Nur bei Personengesellschaften**				
97	Maßgebender Gewinnverteilungsschlüssel (Zeile 55) x Zeile 94	EUR	Zeile 55 x Zeile 95 Spalte 3	EUR	
98	Erworbener Anteil (Zeile 14) x Zeile 97 Spalte 1	EUR	Zeile 14 x Zeile 97 Spalte 3	EUR	
99	Summe Zeilen 87 bis 93, Spalte 2	EUR	↶ EUR		
100	**Summe Verwaltungsvermögen** (Summe Z. 98 Sp. 1 und Z. 99 Sp. 1)	EUR	(Z. = Zeile, Sp. = Spalte)		
101	Summe Zeilen 87 bis 93, Spalte 4			EUR ↶	EUR
102	**Summe junges Verwaltungsvermögen** (Summe Zeile 98 Spalte 3 und Zeile 101 Spalte 3)			EUR	
103	**Quote des Verwaltungsvermögens**				
104	Verwaltungsvermögen (Summe aus Zeile 94 Spalte 1 oder Zeile 100 Spalte 1) / (anteiliger) gemeiner Wert des Betriebs (Zeile 51, 69 oder 71)			⑪ EUR / EUR	%
105	**Ausgangslohnsumme**				
106	Anzahl der Beschäftigten im Betrieb bzw. in der Gesellschaft einschließlich solcher in nachgeordneten Gesellschaften (§ 13a Abs. 1 Satz 4 ErbStG) (Bitte Anlage beifügen; bei nachgeordneten Gesellschaften auch Name, Anschrift, Steuernummer und Beteiligungshöhe)			⑫	Anzahl
107	Ausgangslohnsumme des übertragenen Betriebs bzw. der Gesellschaft einschließlich solcher in nachgeordneten Gesellschaften (§ 13a Abs. 1 Satz 3 und Abs. 4 ErbStG) (Bitte Anlage beifügen; bei nachgeordneten Gesellschaften auch Name, Anschrift, Steuernummer und Beteiligungshöhe)				EUR
108	In Zeile 107 enthalten: Lohnsummen unmittelbarer oder mittelbarer Beteiligungen an Personengesellschaften (§ 13a Abs. 1 Satz 3 und Abs. 4 ErbStG)				EUR
109	Lohnsummen unmittelbarer oder mittelbarer Beteiligungen an Kapitalgesellschaften von mehr als 25 % (§ 13a Abs. 1 Satz 3 und Abs. 4 ErbStG)				EUR
110	**J. Nachrichtliche Angaben** (bei Einzelunternehmen und Personengesellschaften)				
111	☐ Zu dem übertragenen Betriebsvermögen gehören Grundstücke, die sowohl dem Betriebsvermögen als auch dem Grundvermögen zuzuordnen sind (Bitte auf gesondertem Blatt erläutern).				
112	☐ Zu dem übertragenen Betriebsvermögen gehört Vermögen einer in einem Drittstaat (nicht Mitgliedstaat der Europäischen Union oder des Europäischen Wirtschaftsraums) belegenen Betriebsstätte (Bitte gesonderte Anlage beifügen und erläutern).				EUR

4

Finanzamt	
Aktenzeichen/Steuernummer	**Bewertungsstichtag**: ....

Anlage Vereinfachtes Ertragswertverfahren zur Feststellungserklärung

Zeile		20....	20....	20....
1	Ermittlung des Ertragswerts im vereinfachten Ertragswertverfahren (§ 200 BewG)			
2	**Ermittlung des Jahresertrags (§ 201 und § 202 BewG)**			
3	Betriebsergebnisse der letzten drei vor dem Besteuerungszeitpunkt abgelaufenen Wirtschaftsjahre			
4	**Ausgangswert** (Gewinn im Sinne des § 4 Abs. 1/§ 4 Abs. 3 EStG)	⑥ EUR	EUR	EUR
5	**Hinzurechnungen (§ 202 Abs. 1 Nr. 1 BewG)**			
6	Investitionsabzugsbeträge	+	+	+
7	Sonderabschreibungen und erhöhte Absetzungen	+	+	+
8	Bewertungsabschläge und Zuführungen zu steuerfreien Rücklagen sowie Teilwertabschreibungen	+	+	+
9	Absetzungen auf den Geschäfts- oder Firmenwert oder auf firmenwertähnliche Wirtschaftsgüter	+	+	+
10	Einmalige Veräußerungsverluste sowie außerordentliche Aufwendungen	+	+	+
11	Im Gewinn <u>nicht</u> enthaltene Investitionszulagen	+	+	+
12	Ertragsteueraufwand	+	+	+
13	Aufwendungen im Zusammenhang mit <u>nicht</u> betriebsnotwendigem Vermögen (§ 200 Abs. 2 BewG)	+	+	+
14	Aufwendungen im Zusammenhang mit jungem Betriebsvermögen (§ 200 Abs. 4 BewG)	+	+	+
15	Übernommene Verluste aus Beteiligungen (§ 200 Abs. 2 und 3 BewG)	+	+	+
16	**Abzüge (§ 202 Abs. 1 Nr. 2 BewG)**			
17	Gewinnerhöhende Auflösungsbeträge steuerfreier Rücklagen sowie Teilwertzuschreibungen	./.	./.	./.
18	Einmalige Veräußerungsgewinne sowie außerordentliche Erträge	./.	./.	./.
19	Im Gewinn enthaltene Investitionszulagen	./.	./.	./.
20	Angemessener Unternehmerlohn (soweit dieser noch nicht berücksichtigt wurde)	./.	./.	./.
21	Erträge aus der Erstattung von Ertragsteuern	./.	./.	./.
22	Erträge in Zusammenhang mit <u>nicht</u> betriebsnotwendigem Vermögen (§ 200 Abs. 2 BewG)	./.	./.	./.
23	Erträge in Zusammenhang mit betriebsnotwendigen Beteiligungen (§ 200 Abs. 3 BewG)	./.	./.	./.
24	Erträge im Zusammenhang mit jungem Betriebsvermögen (§ 200 Abs. 4 BewG)	./.	./.	./.
25	**Sonstige Hinzurechnungen und Abzüge (§ 202 Abs. 1 Nr. 3 BewG)**			
26	Sonstige Hinzurechnungen	+	+	+
27	Sonstige Abzüge	./.	./.	./.
28	**Betriebsergebnis** (vor Ertragsteueraufwand)			
29	**Ertragsteueraufwand (§ 202 Abs. 3 BewG)** <u>pauschal 30% von Zeile 28</u>	./.	./.	./.
30	**Betriebsergebnis (§ 202 BewG)**			

Zeile					
31	Ermittlung des Ertragswerts im vereinfachten Ertragswertverfahren (§ 200 BewG)				
32	Durchschnittsertrag =	Summe der Betriebsergebnisse (Zeile 30)			EUR
		Anzahl der Jahre des Ermittlungszeitraums			
33					
34	In Zukunft erzielbarer Jahresertrag (Bitte eingehende Begründung in besonderer Anlage beifügen)				EUR
35	Anzusetzender Jahresertrag (§ 201 BewG) (Betrag aus Zeile 32 oder 34)				EUR
36	Ermittlung des Kapitalisierungsfaktors (§ 203 Abs. 3 BewG)				
37	Zuschlag (§ 203 Abs. 1 BewG)			4,5 %	
38	Basiszins (§ 203 Abs. 2 BewG)			+	%
39	Kapitalisierungszinssatz				%
40	Kapitalisierungsfaktor	1			
		Zeile 39 in %			
41	Ermittlung Ertragswert (§ 200 Abs. 1 BewG)				
42	Ertragswert =	Anzusetzender Jahresertrag (Zeile 35)	x	Kapitalisierungsfaktor (Zeile 40)	EUR
43	Gesonderter Ansatz mit dem gemeinen Wert (§ 200 Abs. 2 bis 4 BewG)				EUR
44	Nicht betriebsnotwendiges Vermögen (§ 200 Abs. 2 BewG) Gemeiner Wert			+	
45	Mit Zeile 44 in wirtschaftlichem Zusammenhang stehende Schulden			./.	
46	Betriebsnotwendige Beteiligungen an anderen Gesellschaften (§ 200 Abs. 3 BewG) Gemeiner Wert			+	
47	Innerhalb von zwei Jahren vor dem Bewertungsstichtag eingelegte Wirtschaftsgüter (§ 200 Abs. 4 BewG) Gemeiner Wert			+	
48	Mit Zeile 47 in wirtschaftlichem Zusammenhang stehende Schulden			./.	
49	Summe Zeile 44 bis 48				
50	Ertragswert des Betriebs/der Gesellschaft (Summe aus Zeile 42 und Zeile 49)				

2

Anmerkungen

1. Die Bewertung einer Einzelkanzlei bzw. eines Anteils an einer Freiberufler-Personengesellschaft oder an einer Freiberufler Kapitalgesellschaft erfolgt nicht im Rahmen der Erbschaft- bzw. Schenkungsteuererklärung. Zwar sind dort auch Angaben zum Unternehmenswert zu tätigen (→ Form. O. III. 7). Entscheidend für die Wertbestimmung ist jedoch das Ergebnis der Feststellungserklärung (§ 151 Abs. 1 Nr. 2 AO) durch das für die Feststellung des Bedarfswertes des Unternehmens zuständige Finanzamt. Dabei handelt es sich gemäß § 152 Nr. 2 AO um das Finanzamt, von dessen Bezirk aus die Berufstätigkeit vorwiegend ausgeübt wird (Hauptstandort der Kanzlei). Dies ist nicht zwingend mit dem für die Schenkungsteuer bzw. Erbschaftsteuer zuständigen Finanzamt deckungsgleich. Dessen örtliche Zuständigkeit bestimmt sich nach § 35 ErbStG iVm §§ 19 Abs. 1, 20 AO, soweit der Erblasser bzw. Schenker Inländer sind. Danach ist grundsätzlich das Wohnsitzfinanzamt des Erblassers bzw. Schenkers zuständig. Im Verhältnis zum Erbschaft- bzw. Schenkungsteuerbescheid stellt der Feststellungsbescheid betreffend den unternehmerischen Bedarfswert einen Grundlagenbescheid dar (→ Form. O. I. 9 Anm. 2). Ein bereits rechtskräftiger Erbschaft- bzw. Schenkungsteuerbescheid (sog. Folgebescheid) kann damit gemäß § 175 Abs. 1 Nr. 1 AO auch noch geändert werden, wenn der Bedarfswert erst später festgestellt wird.

Nach bewertungsrechtlichen Grundsätzen werden freiberuflich tätige Gesellschaften und Kanzleien grundsätzlich entsprechend den Gewerbebetrieben bewertet (§§ 96, 95 BewG). Gemäß § 109 BewG ist der gemeine Wert der Kanzlei bzw. des Anteils an dieser zu bestimmen. Dabei unterscheidet das Erbschaftsteuergesetz bei der Wertermittlung seit der Erbschaftsteuerreform 2008 ab dem 1.1.2009 vom Grundsatz her nicht mehr zwischen der Bewertung einer Einzelkanzlei, einem Anteil an einer Freiberufler-Personengesellschaft oder einem Anteil an einer Freiberufler-Kapitalgesellschaft. Lediglich bei der Frage, ob Verschonungsabschläge für das Unternehmensvermögen in Betracht kommen, kommt es bei Freiberufler-Kapitalgesellschaften auf das Bestehen einer qualifizierten Beteiligung an (→ Anm. 3).

Zu beachten ist: Nach den Vorgaben des BVerfG sieht das Erbschaftsteuer- und Bewertungsgesetz ab dem 1.1.2009 nunmehr ein sog. zweistufiges Verfahren vor: **1. Schritt**: Bewertung des Unternehmens bzw. -teils und **2. Schritt**: Eingreifen der besonderen Verschonungsabschlägen gemäß §§ 13a, 13b ErbStG für begünstigtes Betriebsvermögen (ie → Anm. 10–12). Vom Grundsatz her gilt: Die §§ 13a, 13b ErbStG stellen begünstigtes Betriebsvermögen in Höhe von 85 % (Regelverschonung, § 13b Abs. 4 ErbStG) bzw. zu 100 % (Optionsmodell, § 13a Abs. 8 Nr. 4 ErbStG) von einer Erbschaftsteuer frei. Diese teilweise sehr weitreichenden Steuerfreistellungen (auch im Zusammenhang mit sog. Cash-Gesellschaften) haben den BFH (Beschluss v. 27.9.2012 – II R 9/11, BStBl 2012 II, 899) erneut veranlasst, die Frage der Verfassungsgemäßheit des gesamten Erbschaftsteuergesetzes an das BVerfG zu richten (Az. 1 BvL 21/12 des anhängigen Verfahrens vor dem BVerfG). Das BVerfG will im Jahr 2014 über diese Vorlage entscheiden.

Bei der 85%igen Steuerfreistellung ist für die verbleibenden 15 % gemäß § 13a Abs. 2 ErbStG ein **Abzugsbetrag** von 150.000 EUR zu berücksichtigen. Dieser Abzugsbetrag verringert sich jedoch in Abhängigkeit zum Wert des gesamten begünstigungsfähigen Vermögens bis auf 0 EUR. Übersteigt der Wert den 15 %igen Abzugsbetrag iHv 150.000 EUR, wird der Abzugsbetrag um die Hälfte des über 150.000 EUR hinausgehenden Betrages gekürzt. Kann sich der Abzugsbetrag aufgrund der geringen Höhe des steuerpflichtigen Teils des begünstigten Vermögens nicht in voller Höhe auswirken, verfällt er insoweit ungenutzt. Ein Vortrag für spätere Schenkungen ist nicht möglich (RE 13a.2 Abs. 2 ErbStR). Der Abzugsbetrag kann innerhalb von zehn Jahren für von derselben Person anfallende Erwerbe nur einmal berücksichtigt werden. Im Gegensatz zu § 13a Abs. 1 S. 2 ErbStG aF wird der Abzugsbetrag damit nicht aus der Sicht des Erblassers oder Schenkers gewährt, sondern bezieht sich auf den jeweils anfallenden Erwerb beim Erben oder Beschenkten. Hat der Beschenkte oder Erbe innerhalb der letzten zehn Jahre vor der Schenkung oder dem Erbfall bereits begünstigtes Vermögen vom Erblasser oder Schenker erhalten, kommt der Abzugsbetrag nicht zur Anwendung. Ob der Erblasser oder Schenker hingegen anderen Personen begünstigtes Vermögen unter Ausnutzung des Abzugsbetrages zugewandt hat, spielt im Gegensatz zum früheren Recht keine Rolle. Dies wirkt sich insbesondere dann positiv auf Erbfälle oder Schenkungen aus, wenn viele Personen bedacht werden.

2. Die Erbschaft- und Schenkungsteuer ist eine Stichtagssteuer. Es kommt auf den Wert des Unternehmensvermögens am **Stichtag** an (§ 11 ErbStG). Bei einer Schenkung ist dies der Zeitpunkt der Ausführung der Schenkung (§ 9 Abs. 1 Nr. 2 ErbStG) bzw. der Todestag (§ 9 Abs. 1 Nr. 1 ErbStG mit Ausnahmen). Spätere Wertveränderungen des übertragenen Vermögens haben grundsätzlich keinen Einfluss auf die Höhe der nach dem Stichtagswert zu ermittelnden Erbschaft- bzw. Schenkungsteuer. Verliert zB das Unternehmen im Rahmen von Erbauseinandersetzungen erheblich an Wert und steht erst nach einigen Jahren der Rechtsnachfolger fest, muss er die Erbschaftsteuer auf Basis des im Todeszeitpunkt hohen Unternehmenswertes bezahlen. Dass das Unternehmen jetzt nur noch einen geringer Unternehmenswert ausweist, ist für die Steuerberechnung irrelevant. Dies gilt selbst dann, wenn der Unternehmenswert nicht ausreichen würde, um die Erbschaftsteuer zu bezahlen.

3. Es muss die gesamte Einzelkanzlei (zu 100 %) bzw. ein Teilbetrieb von dieser übertragen werden, damit die §§ 13a, b ErbStG eingreifen können. Bei Anteilen an Freiberufler-Personengesellschaften kommt es für die Inanspruchnahme erbschaftsteuerlicher Begünstigungen dagegen nicht auf die Höhe der Beteiligung an. Auch eine Splitterbeteiligung von weniger als 1 % kann begünstigt (zu 85 % bzw. 100 % steuerfrei) übertragen werden, wenn die weiteren Voraussetzungen der §§ 13a, b ErbStG erfüllt sind. Das Vermögen der Personengesellschaft muss sich (ebenso wie das Vermögen der Einzelkanzlei) lediglich im Inland bzw. im EU-/EWR-Ausland befinden. Nach RB 95 und RE 13b.5 ErbStR deckt sich der Begriff des Betriebsvermögens grundsätzlich mit dem ertragsteuerlichen Betriebsvermögen. Alles, was ertragsteuerlich zum Betriebsvermögen gehört und aus dem der Anwalt Einkünfte aus freiberuflicher Tätigkeit erzielt, zählt damit auch für erbschaft- und schenkungsteuerliche Zwecke zum grundsätzlich begünstigungsfähigen Betriebsvermögen (zur Differenzierung für die Fälle der Bilanzierung und der Einnahmenüberschussrechnung – RB 95 Abs. 2 und 3 ErbStR). Gleiches gilt für Personengesellschaften (RB 97.1). Hinsichtlich der Übertragung von Sonderbetriebsvermögen stellt sich die Finanzverwaltung in RE 13b.5 Abs. 3 ErbStR auf den Standpunkt, dass folgende Vorgänge begünstigungsfähig nach den §§ 13a, b ErbStG sind: 1. die Übertragung von Gesellschaftsanteil und Sonderbetriebsvermögen in gleichem prozentualen Umfang 2. die Übertragung von Gesellschaftsanteil und Sonderbetriebsvermögen in abweichendem (disproportionalem) Umfang (es wird also über- oder unterproportional Sonderbetriebsvermögen übertragen) 3. die Übertragung von Gesellschaftsanteil unter Zurückbehaltung des Sonderbetriebsvermögens, sofern das Sonderbetriebsvermögen auch weiterhin zum Betriebsvermögen derselben Personengesellschaft gehört (der Schenker muss also weiterhin Gesellschafter bleiben. Nicht begünstigt sind demgegenüber 1. die Übertragung von Sonderbetriebsvermögen auf eine andere Person als den Erwerber des Gesellschaftsanteils, wenn der andere Erwerber nicht Mitunternehmer derselben Personengesellschaft ist oder zeitgleich wird 2. die Übertragung einzelner Wirtschaftsgüter aus einem Betriebsvermögen 3. die

Übertragung des Gesellschaftsanteils unter Zurückbehaltung wesentlicher Betriebs-grundlagen.

Bei Anteilen an **Freiberufler-Kapitalgesellschaften** verlangt das ErbStG eine Mindest-beteiligung, damit erbschaftsteuerliche Verschonungen überhaupt zum Tragen kommen können (Anerkennung als unternehmerische Beteiligung). Voraussetzung für die An-wendung der Verschonungsregeln der §§ 13a, b ErbStG ist, dass die Kapitalgesellschaft zur Zeit der Entstehung der Steuer **Sitz oder Geschäftsleitung im Inland bzw. EU-/ EWR-Ausland** hat und der Erblasser oder Schenker am Nennkapital der Gesellschaft zu mehr als 25 % **unmittelbar** beteiligt war (Mindestbeteiligung). Anders als bei der Einzelkanzlei und der Personengesellschaft kommt es hier nicht darauf an, wo sich das Vermögen der Kapitalgesellschaft befindet, sondern allein auf Sitz oder Geschäfts-leitung der Gesellschaft. Die erforderliche Mindestbeteiligung errechnet sich seit dem 1.1.2009 aber nicht mehr nur nach den dem Erblasser bzw. Schenker unmittelbar zuzurechnenden Anteilen, sondern auch nach der Summe der Anteile anderer Gesell-schafter, wenn der Erblasser/Schenker und die weiteren Gesellschafter untereinander verpflichtet sind, über die Anteile nur einheitlich zu verfügen oder ausschließlich auf andere derselben Verpflichtung unterliegende Anteilseigner zu übertragen und das Stimmrecht gegenüber nicht gebundenen Gesellschaftern einheitlich auszuüben (sog. Poolvereinbarung). Wie eine **Poolvereinbarung** aussehen könnte oder welche recht-lichen Anforderungen hieran zu stellen sind, ist im Gesetz nicht definiert. Zu näheren Details aus Sicht der Finanzverwaltung RE 13b.6 Abs. 3 ff. ErbStR.

Bei Freiberufler-Kapitalgesellschaften ist im Rahmen einer schrittweisen Anteilsübertra-gung auf den Nachfolger unbedingt auf die Einhaltung der Mindestbeteiligungsgrenze zu achten. Ist der Schenker zu 30 % an der Personengesellschaft beteiligt und überträgt er zunächst 5 % der Beteiligung auf seinen Nachfolger, kann diese Übertragung nach den §§ 13a, b ErbStG begünstigt werden. Will er anschließend seine verbleibenden 25 % übertragen, nachdem sich der Nachfolger im Unternehmen bewährt hat, scheidet eine Begünstigung der zweiten Übertragung aus. Denn der Schenker besitzt im Übertragungs-zeitpunkt nicht mehr als 25 % an den Anteilen. Etwas anderes könnte nur dann gelten, wenn ihm aufgrund bestehender Poolvereinbarungen eine höhere Beteiligungsquote zuzu-rechnen ist. Soll der Rechtsnachfolger stufenweise an der Gesellschaft beteiligt werden, muss daher mit Blick auf die erbschaftsteuerlichen Begünstigungen zwingend darauf geachtet werden, dass der Schenker bei der letzten Übertragung noch mehr als 25 % an der Kapitalgesellschaft besitzt, um auch die letzte Übertragung steuergünstig vornehmen zu können.

4. Gemäß § 11 Abs. 2 S. 2 BewG iVm § 12 ErbStG ermittelt sich der gemeine Wert für Anteile an nicht börsennotierten Kapitalgesellschaften vorrangig aus Verkäufen unter fremden Dritten, die weniger als ein Jahr vor dem Bewertungsstichtags erfolgt sind. Gleiches gilt über § 109 BewG entsprechend für Anteile an Personengesellschaften oder eine Einzelkanzlei. Bei Verkäufen unter nahen Angehörigen ist zu hinterfragen, ob diese einem Fremdvergleich standhalten und demgemäß als Wert herangezogen werden kön-nen. Zur Ableitung eines kurze Zeit nach dem Stichtag abgeschlossenen Anteilsverkaufs vgl. BFH Urt. v. 2.11.1988 – II R 52/85, BStBl 1989 II, 80). Anzugeben sind alle Verkäufe innerhalb eines Jahres, um der Finanzverwaltung die Möglichkeit zu geben, die Fremdüblichkeit eines Verkaufes zu beurteilen.

5. Lässt sich der gemeine Unternehmenswert nicht aus Verkäufen innerhalb der Jahresfrist bestimmen (→ Anm. 4), besteht ein **Wahlrecht**, ob der Unternehmenswert **1.** auf Basis eines Unternehmenswertgutachtens unter Berücksichtigung der Ertragsaussich-ten der Kanzlei oder **2.** anhand einer anderen anerkannten, auch im gewöhnlichen Geschäftsverkehr für nichtsteuerliche Zwecke üblichen Methode berechnet wird. Zu **1.**: Ein Verfahren zur Bestimmung des Ertragswertes eines Unternehmens stellt das sog.

vereinfachte Ertragswertverfahren nach §§ 199 ff. BewG dar (→ Anm. 6; **Zeile 33** ist anzukreuzen und der ermittelte Wert in **Zeile 44** einzutragen). Ein anderes Ertragswertverfahren ist beispielsweise das Discounted-Cash-Flow-Verfahren (anzukreuzen in der **Zeile 34**). Zu 2.: Bei Rechtsanwaltskanzleien existiert eine andere übliche Bewertungsmethode für Kanzleiverkäufe, die seitens der Bundesrechtsanwaltskammer empfohlen wird – die sog. **Umsatzmethode** (anzukreuzen in **Zeile 35** unter Angabe des Wertes in den folgenden Zeilen). Die Finanzverwaltung erkennt dieses Bewertungsverfahren ausdrücklich für erbschaft- und schenkungsteuerliche Zwecke als zulässiges Verfahren an (Bayerisches Staatsministerium der Finanzen, Schreiben vom 4.1.2013 – 34/31/33 S 3102 006, DStR 2013, 1384 mit einem Überblick über weitere Ertragswertverfahren). Dieses abweichende Verfahren begründet sich mit der besonderen Personenbezogenheit der Anwaltskanzlei, in der ein Nachfolger lediglich die Chance erhält, persönliche Beziehungen zu den Mandanten des Übergebers aufzubauen. Die Finanzverwaltung verweist jedoch darauf, dass die Grundsätze der Kammer nur für typische Kanzleien Anwendung finden dürfen. Bei Abweichungen nach Größe, Rechtsform und Umfeldbedingungen darf das Kammerverfahren nicht angewendet werden, sondern es ist vielmehr auf allgemeine Bewertungsverfahren (Ertragswertverfahren) zurückzugreifen, jedoch modifiziert aufgrund der starken Personenbezogenheit (Bayerisches Staatsministerium der Finanzen, Schreiben vom 4.1.2013 – 34/31/33 S 3102 006, DStR 2013, 1384, unter Verweis auf BGH Urt. v. 2.2.2011 – XII ZR 185/08, DStRE, 1553; sa *Janssen*, Die Bewertung von Anwaltskanzleien, NJW 2003, 3387 ff.). Der Steuerpflichtige ist jedoch nicht verpflichtet, eine zulässige Umsatzmethode zugrunde zu legen. Ihm obliegt vielmehr die Wahl, ob er auf diese oder ein (modifiziertes) Ertragswertverfahren zugreifen will (Bayerisches Staatsministerium der Finanzen, Schreiben vom 4.1.2013 – 34/31/33 S 3102 006, DStR 2013, 1384). Einzutragen in die Zeilen ist im übrigen der volle Wert des jeweiligen Unternehmens. Die Vergünstigungen für betriebliches Vermögen gemäß §§ 13a, b ErbStG dürfen nicht abgezogen werden. Diese werden vom Finanzamt bei der Steuerberechnung berücksichtigt.

6. Die Bewertung nach dem **vereinfachten Ertragswertverfahren**, die für alle Arten von Unternehmensvermögen gilt, ist im Bewertungsgesetz (§§ 199 ff. BewG) gesetzlich normiert. Bei der Wahl dieser Methode zur Berechnung des gemeinen Wertes des Unternehmens ist ebenfalls die „Anlage zum vereinfachten Ertragswertverfahren" auszufüllen, die das gesetzliche Berechnungsschema im Detail wiedergibt. Der Jahresertrag nach § 201 BewG ist mit dem Kapitalisierungsfaktor gemäß § 203 zu multiplizieren. Der **Jahresertrag** bestimmt sich aus den drei vorangegangenen Jahresergebnissen der Kanzlei, korrigiert um sog. Hinzurechnungen und Kürzungen gemäß §§ 202 BewG, wie zB außergewöhnliche einmalige Einnahmen oder Ausgaben (**Zeile 1 bis 30** der Anlage Vereinfachtes Ertragswertverfahren zur Feststellungserklärung). Der anzusetzende durchschnittliche Jahresertrag errechnet sich damit als Durchschnitt aus den korrigierten letzten drei Jahresergebnissen (ohne eine unterschiedliche Gewichtung der einzelnen Jahre). Aufgrund dieser vergangenheitsbezogenen Betrachtung gilt: Je niedriger die Jahresergebnisse der letzten drei Jahre waren, umso niedriger ist der sich nach dem vereinfachten Ertragswertverfahren ergebende Unternehmenswert. Auf zukünftig erwartete erhebliche Gewinnsteigerungen kommt es dabei nicht an. Der Kapitalisierungsfaktor bestimmt sich nach § 203 BewG aus dem Kehrwert des Kapitalisierungszinssatzes, bestehend aus Basiszins und einem Risikozuschlag von 4,5 % (siehe Zeile 37 der Anlage Vereinfachtes Ertragswertverfahren zur Feststellungserklärung). Der anzuwendende Basiszins wird jeweils zu Beginn eines neuen Kalenderjahres seitens des BMF auf Basis der langfristig erzielbaren Renditen öffentlicher Anleihen, die durch die Deutsche Bundesbank ermittelt werden, bekannt gegeben (§ 203 Abs. 2 BewG). Er gilt für alle Übertragungen in dem jeweiligen Kalenderjahr. Im Jahr 2014 beläuft er sich auf 2,59 % (BMF-Schreiben v. 2.1.2014 – IV

D 4 S 3102/07/10001, BStBl 2014 I, 23). Aufgrund des Kehrwertes ergibt sich folgender Effekt: Je schlechter sich die Wirtschaftslage darstellt, umso niedriger fällt der Basiszinssatz aus – umso höher werden aber die Unternehmenswerte nach dem vereinfachten Ertragswertverfahren u.u. In wirtschaftlich schlechten Zeiten sind Unternehmensnachfolgen nach dem vereinfachten Ertragswertverfahren deshalb teurer als in guten Zeiten – ein Nachteil, der bei anderen Ertragswertverfahren in der Form nicht erkennbar ist.

7. Als Mindestwert des Unternehmens ist stets der **Substanzwert** anzusetzen, wenn dieser oberhalb des nach → Anm. 5 ermittelten gemeinen Wertes liegt, § 11 Abs. 2 S. 3 ErbStG. Ergänzende Angaben zur Berechnung des Substanzwertes sind in einer gesonderten „Anlage Substanzwert" zu tätigen, die der Steuererklärung beizufügen ist. Dabei berechnet sich der Substanzwert aus der Summe der gemeinen Werte der zum Betriebsvermögen gehörenden Wirtschaftsgüter und sonstiger aktiver Ansätze abzüglich der zum Betriebsvermögen gehörenden Schulden und sonstigen Abzüge (RB 11.3 ErbStR).

8. Besonderheiten bei Personengesellschaften: Der Anteil eines Gesellschafters an einer Personengesellschaft besteht nicht nur aus seinem Anteil am Gesamthandsvermögen. Hinzuzusetzen ist vielmehr auch sein Sonderbetriebsvermögen (→ Form. O. I. 6 Anm. 2), je nachdem, in welchem Umfang es mit übertragen wird (→ Anm. 3).

9. Besonderheiten bei Anteilen an Kapitalgesellschaften: Ein Kriterium, das für die Bewertung eine Rolle spielt, ist die vollständige Einzahlung des Nennkapitals (**Zeile 74**). Außerdem ist ggfs. ein sog. Paketzuschlag nach § 11 Abs. 3 BewG (**Zeile 82**) erforderlich. Dies ist immer dann der Fall, wenn der gemeine Wert einer Anzahl von Anteilen, die einer Person gehören, infolge besonderer Umstände höher sind als der Wert, der sich auf Grund der gemeinen Werte für die einzelnen Anteile insgesamt ergibt (§ 11 Abs. 3 BewG). Besondere Umstände sind vor allem dann zu bejahen, wenn die Höhe der Beteiligung die Beherrschung der Kapitalgesellschaft ermöglicht.

10. Schädliches Verwaltungsvermögen gemäß § 13b Abs. 2 ErbStG: Die Regelverschonung (85%ige Steuerbefreiung) findet keine Anwendung, wenn das vorhandene Verwaltungsvermögen mehr als 50 % bezogen auf den Unternehmenswert beträgt. Bei dem Optionsmodell darf das Verwaltungsvermögen lediglich bis zu 10 % betragen (§ 13a Abs. 8 Nr. 3 ErbStG). Junges Verwaltungsvermögen, also solches, das dem Betrieb im Besteuerungszeitraum weniger als zwei Jahre zuzurechnen ist (§ 13b Abs. 2 S. 3 ErbStG), ist stets von einer Begünstigung ausgenommen (**Zeile 95**). Hintergrund dieser Einschränkung ist, dass der Gesetzgeber nur „echtes" Produktivvermögen begünstigen will. Privatvermögen im Kleide eines Betriebes soll ausdrücklich von der Begünstigung ausgenommen werden – zumindest dann, wenn es einen bestimmten Umfang überschreitet. In den **Zeilen 87 bis 93** sind die Gegenstände des Verwaltungsvermögens aufgeführt, wie sie in § 13b Abs. 2 ErbStG im einzelnen definiert werden. Aufgrund einer aktuellen Gesetzesänderung durch das Amtshilferichtlinie-Umsetzungsgesetz ist die Aufzählung noch etwas verkürzt wiedergegeben. Mit Wirkung ab dem 7.6.2013 haben sich die Anforderungen an **Zeile 91** „Wertpapiere und vergleichbare Forderungen" geändert (Reaktion auf die sog. Cash-GmbHs). Schädliches Verwaltungsvermögen stellt auch der gemeine Wert des nach Abzug des gemeinen Werts der Schulden verbleibende Bestand an Zahlungsmitteln, Geschäftsguthaben, Geldforderungen und anderen Forderungen dar, soweit er 20 % des anzusetzenden Wertes des Betriebsvermögens (→ Anm. 6) übersteigt (§ 13b Abs. 2 Nr. 4a ErbStG nF). Hier ist in absehbarer Zeit mit einer Anpassung der Formulare zu rechnen. Auch die ErbStR sind in diesem Punkt (HE 13b.17 ErbStR) noch als überholt zu bezeichnen.

Bei Dritten zur Nutzung überlassenen Grundstücken (**Zeile 87**) sieht das Gesetz in § 13b Abs. 2 Nr. 1 ErbStG eine Vielzahl von Rückausnahmen vor (zB im Falle der Betriebsaufspaltung). Hier ist sorgfältig zu prüfen, ob es sich wirklich um ein schädliches Grundstück handelt. Anteile an Kapitalgesellschaften, die sich im Betriebsvermögen des

Unternehmens befinden und höchstens 25 % betragen, stellen stets schädliches Verwaltungsvermögen dar (§ 13b Abs. 2 Nr. 2 ErbStG). Dagegen ist bei Beteiligungen an anderen Kapitalgesellschaften von mehr als 25 % (§ 13b Abs. 2 Nr. 2 ErbStG) und bei Anteilen an Personengesellschaften (§ 13b Abs. 2 Nr. 3 ErbStG) stets zu prüfen, ob deren Betriebsvermögen zu höchstens 50 % aus Verwaltungsvermögen besteht. Bei Überschreiten der Grenze stellt die Beteiligung schädliches Verwaltungsvermögen dar, umgekehrt nicht.

Bei den Personengesellschaften (**Zeilen 96 ff.**) ist die Besonderheit zu berücksichtigen, dass sich nicht nur in dem anteiligen Gesamthandsvermögen, sondern auch in dem Sonderbetriebsvermögen schädliches Verwaltungsvermögen befinden kann (vgl. RE 13b.19 ErbStR).

11. Die **Quote des schädlichen Verwaltungsvermögens** berechnet sich aus dem Verhältnis der Aktiva, die als schädliches Verwaltungsvermögen gem. → Anm. 10 identifiziert wurden, zum gemeinen Wert des Unternehmens (→ Anm. 6; zur Berechnung des Anteils des jungen Verwaltungsvermögens HE 13b.20 ERbStR mit Beispielen). Sie lässt sich am besten anhand eines Beispiels verdeutlichen: Die A GmbH verfügt über Grundvermögen mit einem gemeinen Wert von 250.000 EUR, das Dritten zur Nutzung überlassen wird. Daneben ist sie mit einer Beteiligungshöhe von 20 % an der B AG beteiligt. Der gemeine Wert dieser Anteile beläuft sich ebenfalls auf 250.000 EUR. Der Wert des übrigen Aktivvermögens beträgt 700.000 EUR. Die A GmbH verfügt über hohe Verbindlichkeiten, die mit dem Erwerb des Grundvermögens und der Anteile an der B AG in Zusammenhang stehen. Aufgrund des Fremdkapitals ist der A GmbH nur ein gemeiner Wert von 450.000 EUR beizumessen. Bei dem Grundvermögen und den Anteilen an der B AG von weniger als 25 % handelt es sich um schädliches Verwaltungsvermögen (insgesamt 500.000 EUR). Der Anteil des Verwaltungsvermögens am gesamten Betrieb der A GmbH beläuft sich demnach auf 111 % (500.000 : 450.000). Folglich übersteigt der Wert des Verwaltungsvermögens den Wert, der für den gesamten Betrieb anzusetzen ist; eine erbschaft- und schenkungsteuerliche Begünstigung scheidet aus. Dieses auf den ersten Blick schwer nachvollziehbare Ergebnis kommt dadurch zustande, dass – je nach Bewertungsverfahren – sich eine eventuelle Fremdfinanzierung zwar bei der Ermittlung des gemeinen Wertes des Betriebes wertmindernd auswirkt; eine Zuordnung und dementsprechende Berücksichtigung dieser Verbindlichkeiten bei der Bewertung des Verwaltungsvermögens, wenn die Fremdfinanzierung mit dem Verwaltungsvermögen in Zusammenhang steht, erfolgt hingegen nicht. Dem Nettowert „Ertragswert des Unternehmens" wird ein Bruttowert „gemeiner Wert des Verwaltungsvermögens" gegenübergestellt. Daraus folgt ganz allgemein: Je höher die Fremdfinanzierung, desto eher droht die 50%-Grenze des Verwaltungsvermögens überschritten zu werden. Für die 10%-Grenze gilt dies in noch viel stärkerem Maße. Im Falle einer hohen Fremdfinanzierung kann die Bewertung des Unternehmens, die zu einem möglichst hohen Unternehmenswert führt, im Einzelfall zur Konsequenz haben. Ggf. kann es daher insgesamt vorteilhafter sein, das bei der Bewertung ungünstigere (da höhere) vereinfachte Ertragswertverfahren zu akzeptieren, dafür aber in den Genuss der Verschonungsregeln zu gelangen, da die Bezugsgröße höher und damit die Verwaltungsvermögensquote niedriger ausfällt.

Möchte der Erwerber die **Optionsverschonung** (100%ige Steuerbefreiung des begünstigten Vermögens, wenn die Verwaltungsvermögensquote 10 % des gemeinen Wertes des begünstigten Vermögens nicht überschreitet) in Anspruch nehmen, muss er einen entsprechenden Antrag stellen. Ohne Antrag kommt die Regelverschonung zum Zuge. Der Antrag kann von jedem Erwerber ohne Rücksicht darauf gestellt werden, ob andere Miterwerber die Regelverschonung oder auch das Optionsmodell wählen. Jedem Erwerber steht damit für seinen Anteil am begünstigten Vermögen ein eigenes Antragsrecht zu. Der Antrag kann bis zum Eintritt der formellen Bestandskraft der Steuerfestsetzung schriftlich oder zur Niederschrift des für die Erbschaft- oder Schenkungsteuer zuständigen Finanzamtes gestellt werden. Da er jedoch unwiderruflich ist und dementsprechend nicht zurückgenommen werden kann, sollte der Steuerpflichtige die Entscheidung darüber, ob er den Antrag stellt oder nicht, so lange wie möglich herauszögern. Der Antrag kann nur für sämtliches begünstigtes Vermögen, das vererbt oder im Rahmen einer Schenkung übertragen wird, einheitlich gestellt werden. Vererbt der Erblasser beispielsweise zwei Kanzleien an einen Nachfolger, kann er nur für alle Einheiten zum Optionsmodell optieren. Sollte dann aber bei einem der Betriebe die Verwaltungsvermögensgrenze von maximal 10 % überschritten werden, kommt nach Ansicht der Finanzverwaltung hinsichtlich dieses Betriebes weder die Optionsverschonung noch die Regelverschonung zum Tragen (RE 13a.13 ErbStR). Lediglich dann, wenn bei allen Betrieben die Verwaltungsvermögensgrenze von 10 % nicht eingehalten wird, läuft der Antrag ins Leere und die Regelverschonung greift wieder Platz, sofern in dem jeweiligen Betrieb das Verwaltungsvermögen nicht über 50 % hinausreicht. Das Gleiche gilt, wenn sich erst nachträglich im Rahmen einer Betriebsprüfung herausstellt, dass bei sämtlichen Betrieben die Voraussetzungen für das Optionsmodell nicht vorgelegen haben (RE 13a.13 Abs. 3 ErbStR).

12. Bestimmung der Ausgangslohnsumme: § 13a Abs. 1 S. 1 f. ErbStG macht die Gewährung des vollständigen Verschonungsabschlags (85 % bzw. 100 %) davon abhängig, dass die so genannten Lohnsummenregelung eingehalten wird. Danach darf die Summe der maßgebenden jährlichen Lohnsummen des Betriebes bzw. bei Beteiligungen an einer Personengesellschaft oder Anteilen an einer Kapitalgesellschaft des Betriebs der jeweiligen Gesellschaft **innerhalb von** fünf Jahren nach dem Erwerb (Lohnsummenfrist) insgesamt **450 %** der Ausgangslohnsumme nicht unterschreiten (Mindestlohnsumme bei der Regelverschonung). Für das Optionsmodell müssen nun 700 % Mindestlohnsumme in sieben Jahren erreicht werden.

Zunächst ist aber die Frage zu stellen, ob die Lohnsummenregelung auf die übertragene Kanzlei Anwendung findet. Dies hängt zum einen von der Zahl der Mitarbeiter ab (**Zeile 106**). Erst bei **mehr als 20 Mitarbeitern** greift die Lohnsummenregelung ein. Kanzleien, die maximal 20 Mitarbeiter beschäftigen, brauchen die Lohnsummenregelung damit nicht mehr zu berücksichtigen. Sie müssen lediglich die sog. **Haltefrist** einhalten (dazu gleich im letzten Absatz dieses Kapitels). Zum anderen greift die Lohnsummenregelung nicht ein, wenn die **Ausgangslohnsumme null Euro** beträgt Hinsichtlich der Anzahl der Beschäftigten lässt es § 13a Abs. 1 ErbStG offen, inwieweit Teilzeitkräfte zu berücksichtigen sind. Aufgrund des Hinweises auf § 23 Abs. 1 KSchG in der Gesetzesbegründung lag es nahe, je nach Umfang der Teilzeitbeschäftigung eine Umrechnung in eine Ganztagskraft vorzunehmen. Zwei Halbtagskräfte hätten beispielsweise demnach soviel gezählt wie eine Ganztagskraft. Die Finanzverwaltung verwirft demgegenüber die Parallele zum Kündigungsschutzgesetz. Sie rechnet pro Kopf. Eine Umrechnung auf der Grundlage der regelmäßigen wöchentlichen Arbeitszeit nimmt sie nicht vor (RE 13a.4 Abs. 2 S. 4 ErbStR). Maßgebender **Zeitpunkt** für die Prüfung der Anzahl der Mitarbeiter ist der Besteuerungszeitpunkt (→ Anm. 2). Ein kurzfristiges Auf- oder Abstocken der Mitarbeiterzahl vor oder nach der Übertragung ist damit unerheblich, solange kein Fall des Gestaltungsmissbrauchs (§ 42 AO) vorliegt (RE 13a.4 Abs. 2 S. 3 ErbStR).

Durch das Amtshilferichtlinie-Umsetzungsgesetz wurde § 13a Abs. 1 S. 4 ErbStG im Jahr 2013 abgeändert. Nunmehr sind nach dem Gesetz in die Berechnung der 20-Mann-Grenze auch die Beschäftigten bei Beteiligungsgesellschaften einzubeziehen, wenn die Voraussetzungen des § 13a Abs. 4 S. 5 ErbStG erfüllt sind. Durch Gründung einer Holdinggesellschaft ohne Angestellte lässt sich die Lohnsummenregelung daher nicht mehr ohne weiteres umgehen. Die Finanzverwaltung hat dies sogar vor der Gesetzesänderung bereits entsprechend gehandhabt (RE 13a.4 ErbStR).

Ist die Lohnsummenregelung anwendbar, muss die Ausgangslohnsumme bestimmt werden (**Zeile 107**). Diese wird seitens des zuständigen Finanzamtes ebenso wie die Zahl der Beschäftigten gesondert festgestellt (§ 13a Abs. 1a ErbStG). Als **Ausgangslohnsumme** bezeichnet das Gesetz die durchschnittliche Lohnsumme der letzten fünf vor dem Zeitpunkt der Entstehung der Steuer endenden Wirtschaftsjahre. Um diese Voraussetzung zu konkretisieren definiert § 13a Abs. 4 ErbStG den Begriff der maßgebenden jährlichen Lohnsumme. Die Lohnsumme umfasst alle Vergütungen (Löhne und Gehälter sowie andere Bezüge und Vorteile, unabhängig davon, ob sie regelmäßig oder unregelmäßig gezahlt werden, oder ob es sich um Sach- oder Geldleistungen oder um Sondervergütungen handelt), die im maßgebenden Wirtschaftsjahr an die auf den Lohn- und Gehaltslisten erfassten Beschäftigten gezahlt werden. Zu den Löhnen und Gehältern gehören auch alle von den Beschäftigten zu entrichtenden Sozialbeiträge, Einkommensteuern und Zuschlagsteuern, selbst wenn sie vom Arbeitgeber einbehalten und im Namen des Beschäftigten direkt an den Sozialversicherungsträger und die Steuerbehörde abgeführt werden. Nicht hierunter fallen hingegen die Arbeitgeberanteile zu den Sozialabgaben. Die Finanzverwaltung stellt in RE 13a.4 Abs. 4 ErbStR klar, dass sich die Legaldefinition an der Definition in Anhang I der Verordnung (EG) Nr. 1503/2006 der Kommission vom 28.9.2006 (ABl. L 281/15) orientiert. Aus ihrer Sicht sei es jedoch nicht zu beanstanden, wenn bei inländischen Gewerbebetrieben von dem in der Gewinn- und Verlustrechnung ausgewiesenen Lohn- und Gehaltsaufwand ausgegangen werde. Außer Ansatz bleiben Vergütungen an solche Arbeitnehmer, die nicht ausschließlich oder überwiegend in dem Betrieb tätig sind.

Gehören zum Betriebsvermögen des Betriebes unmittelbar oder mittelbar Beteiligungen an Personengesellschaften, die ihren Sitz oder ihre Geschäftsleitung im Inland oder EU-/EWR-Ausland haben, oder entsprechende Anteile an Kapitalgesellschaften, wenn die unmittelbare oder mittelbare Beteiligung mehr als 25 % beträgt, sind die Lohnsummen dieser Gesellschaften einzubeziehen zu dem Anteil, zu dem die unmittelbare und mittelbare Beteiligung besteht (§ 13a Abs. 4 S. 5 ErbStG; zu Beispielen vgl. RE 13a.4 Abs. 6 und 7 ErbStR). Änderungen in der Beteiligungshöhe an der „Tochter"-Gesellschaft innerhalb des Verschonungszeitraums sind zu berücksichtigen und zwar auch dann, wenn die Beteiligungsquote auf 25 % oder weniger sinke. Beteiligungen an Drittlands-Personengesellschaften oder –kapitalgesellschaften sind jedoch **nicht** in die Berechnung der Lohnsummenregelung einzubeziehen (RE 13a.4 Abs. 6 S. 1 ErbStR). Dementsprechend wird in den **Zeilen 108 und 109** nach entsprechenden Beteiligungen und ihren Lohnsummen gefragt.

Überträgt der Schenker oder Erblasser mehrere wirtschaftliche Einheiten auf einen Erwerber – zB eine Einzelkanzlei und eine Beteiligung an einer Freiberufler-Personengesellschaft, ist die zuvor dargestellte Berechnung der Ausgangslohnsumme und der Anzahl der Arbeitnehmer zunächst für jede wirtschaftliche Einheit getrennt vorzunehmen. Zur Ermittlung der maßgebenden jährlichen Lohnsumme, also der Summe der vom Erwerber während der Lohnsummenfrist tatsächlich gezahlten Löhne und Gehälter, darf der Steuerpflichtige hingegen auf die Summe aller wirtschaftlichen Einheiten abstellen (HE 13a.4 Abs. 5 ErbStR). Muss der Erwerber also in einem Betrieb Mitarbeiter entlassen, schadet ihm das aus erbschaft- und schenkungsteuerlicher Sicht nicht, wenn er dafür im anderen Unternehmen entsprechend höhere Löhne und Gehälter zahlt bzw. mehr Mitarbeiter beschäftigt.

Folgen des Verstoßes gegen die Lohnsummenregelung: Unterschreitet die Summe der maßgebenden jährlichen Lohnsummen die Mindestlohnsumme (dies lässt sich erst am Ende der Lohnsummenfrist, also nach Ablauf der maßgeblichen Jahre feststellen), vermindert sich der Verschonungsabschlag mit Wirkung für die Vergangenheit in demselben prozentualen Umfang, wie die Mindestlohnsumme unterschritten wird. Ein Verstoß gegen die Lohnsummenregelung wirkt sich nicht auf den Abzugsbetrag (→ Anm. 1) aus.

Der ursprünglich berechnete Abzugsbetrag muss im Falle eines Lohnsummenverstoßes folglich nicht neu berechnet werden. Für die Einhaltung der Lohnsumme ist der Stichtag am Ende der Laufzeit entscheidend. Dementsprechend sollte unbedingt eine jährliche Überwachung der Lohnsumme eingerichtet werden. Denn wird die Lohnsumme in einem Jahr unterschritten, ist es möglich, dies durch höhere Lohnzahlungen (vorgezogene Boni oder Gehaltserhöhungen usw.) im folgenden Jahr auszugleichen. Dies gilt zumindest bis zum Ablauf des relevanten Lohnsummenzeitraums. Nach dessen Ablauf ist keine Beeinflussung mehr möglich.

Verstoß gegen die Haltefrist: § 13a Abs. 5 ErbStG enthält über die Lohnsummenregelung hinaus eine Regelung, wonach Verschonungsabschlag **und** Abzugsbetrag mit Wirkung für die Vergangenheit wegfallen, **1.** „soweit der Erwerber innerhalb von 5 Jahren einen Gewerbebetrieb oder einen Teilbetrieb, einen Anteil an einer Gesellschaft im Sinne des § 15 Abs. 1 S. 1 Nr. 2 und Ab . 3 oder § 18 Abs. 4 EStG, eines Anteiles eines persönlich haftenden Gesellschafters einer Kommanditgesellschaft auf Aktien oder einen Anteil daran **veräußert**. Als Veräußerung gilt auch die Aufgabe des Betriebs. Gleiches gilt, wenn wesentliche Betriebsgrundlagen veräußert oder in das Privatvermögen überführt oder anderen betriebsfremden Zwecken zugeführt werden oder **2.** als Inhaber eines Gewerbebetriebs, Gesellschafter einer Gesellschaft im Sinne des § 15 Abs. 1 Nr. 2 und Abs. 3 oder § 18 Abs. 4 EStG oder persönlich haftender Gesellschafter einer Kommanditgesellschaft auf Aktien bis zum Ende des letzten in die Siebenjahresfrist fallenden Wirtschaftsjahres **Entnahmen** tätigt, die die Summe seiner Einlagen und der ihm zuzurechnenden Gewinne oder Gewinnanteile seit dem Erwerb um mehr als 150.000 EUR übersteigen. Bei Ausschüttungen an Gesellschafter einer Kapitalgesellschaft ist entsprechend zu verfahren oder **3.** Anteile an Kapitalgesellschaften im Sinne des § 13b EStG ganz oder teilweise veräußert oder **4.** im Falle des § 13b Abs. 1 Nr. 3 S. 2 ErbStG die Verfügungsbeschränkung oder Stimmrechtsbündelung aufgehoben wird (vertiefend Daragan/Halaczinsky/*Riedel*, Praxiskommentar ErbStG und BewG, § 13a ErbStG Rn. 140 ff.). Auch diese Haltefristen sind einzuhalten, die sich dem Formular nicht unmittelbar entnehmen lassen.

P. Kanzleiverwaltung und Kanzleientwicklung

I. Geschäftsgrundsätze, Ziele und Strategien

1. Vorbemerkungen

Diese Unterlagen folgen der betriebswirtschaftlichen Logik, wonach die Unternehmung „Anwaltskanzlei" nur dann erfolgreich ist, wenn sie wirtschaftlich nachhaltig tätig ist und qualitatives und/oder quantitatives Wachstum ermöglicht. Dies widerspricht nicht der in der Anwaltsbranche häufig anzutreffenden Annahme, dass der Anwalt zuerst (oder gar ausschließlich) Organ der Rechtspflege ist. Vielmehr wird davon ausgegangen, dass die Unabhängigkeit der Stellung des Anwalts als Organ der Rechtspflege nur dann gesichert werden kann, wenn die Kanzlei die wirtschaftlichen Voraussetzungen dafür nachhaltig berücksichtigt. Die wirtschaftliche Führung ist somit eine Nebenpflicht des Anwaltes, abgeleitet aus § 43 a BRAO, dort spezifisch dem Gebot der Unabhängigkeit. Im Fall der Anwaltskanzlei lässt sie sich auch aus der Pflicht des Anwaltes gem. § 5 BORA, „die sachlichen, personellen und organisatorischen Voraussetzungen" für die Berufsausübung vorzuhalten, ableiten. Außerdem lässt sich an eine analoge Anwendung von § 289 HGB oder § 91 Abs. 2 AktG denken; welche zur Verpflichtung führen, einen Lagebericht zu erstellen respektive ein Risikoführerkennungssystem zu etablieren, welche erlauben, die für die Fortführung der Kanzlei gefährdende Entwicklungen frühzeitig zu identifizieren. Die Anforderungen an Anwaltskanzleien sind in dieser Hinsicht eher als höher wie niedriger gegenüber anderen Rechtsformen anzusehen, weil diesen in der Rechtsordnung eine besondere Rolle zukommt. Mit zunehmender Größe von Kanzleien nimmt dieser Bedarf zu (siehe dazu etwa die Regulierung von Großkanzleien in Großbritannien in der Folge des sog. Clementi-Reports; zur Diskussion *Hellwig* AnwBl 2007, 257–263). Die Frage von Compliance von Großkanzleien (ab 16 Partner) wird in Deutschland erst noch geschrieben werden müssen.

Diese Formulare wurden in Anlehnung an die Grundsätze der ordnungsgemäßen Planung des BDU erstellt (Version 2.0., Dezember 2007). Die Planungsergebnisse haben folgenden Kriterien zu genügen:
- Vollständigkeit
- Wesentlichkeit
- Folgerichtigkeit
- Verbindlichkeit
- Nachvollziehbarkeit durch Dokumentation
  (diesem letzteren Kriterium entsprechen die hier abgebildeten Vorlagen, die je nach Bedarf weiter auszudifferenzieren sind)
  Innerhalb des Planungsprozesses ist die Partizipation der Beteiligten zu sichern, um Akzeptanz zu erreichen und damit die Effektivität der Planung zu steigern. (→ Form. P. I.)

Schrifttum: *Ahlert/Evanschitzky/Hesse*, Exzellenz in Dienstleistung und Vertrieb, 2002; *Appelhagen*, Kanzleiführung, Organisation und Geschäftsführung in der Sozietät, 2003; *Axmann/Diem*, Anwaltsstrategien für das Kanzleimanagement, Band 8, 2007; *Bartoszyk*, Anwaltsberuf im Wandel, 2006; *Borgmann/Haug*, Anwaltshaftung, 3. Aufl. 1995; *Cosack/Hamatschek*, Praxishandbuch Anwaltsmarketing, 2013; *Cottermann/Weil*, Inc., Compensation Plans for Law Firms, 4. Aufl. 2004;

Dörner, Die Logik des Misslingens, 11. Aufl. 2003; *Delong/Nanda*, Professional Services: Text & Cases, 2003; *Empson*, Managing the modern law firm, 2007; *Freitag/Paal/Dolch/Reiniger/Ruby/ Kamradt/Werner*, Qualität in der Anwaltskanzlei, 1999; *Friedrich/Seiwert*, Das 1x1 der Erfolgsstrategie, 2. Auflage, 1998; *Grewe*, Professional Service Firms in einer globalisierten Welt, 2008; Grundsätze ordnunggemäßer Unternehmensplanung (GoP) des Bundes Deutscher Unternehmensberater, Dezember 2007 (Download von Homepage www.bdu.de); Deutscher Anwaltverein e.V., DAV-Ratgeber für junge Rechtsanwältinnen und Rechtsanwälte, 13. Aufl. 2013; Deutscher Anwaltverein e.V., TQM – Qualitätsmanagement in der Anwaltskanzlei, 1997; *Hartung/Römermann*, Marketing und Management, Handbuch für Rechtsanwälte, 1999; *Hauptmann/Deicke*, Der Start als Anwalt leicht gemacht, 2008; *Heussen*, Anwaltsunternehmen führen, 2009; *ders.*, in „Managementwerkzeuge für die Anwaltskanzlei – Die Balanced Scorecard", in Anwaltsrevue 5/2005 (Schweiz), Seite 211; *ders./Streck*, Handbuch Sozietätsrecht, 2. Aufl. 2011; *Jahn,* Überlebensstrategien für Einzelanwälte, 2013; *Kaiser/Ringlstetter*, Strategic Management of Professional Service Firms, 2011; *Kapellmann*, Juristisches Projektmanagement, 1997; *Krämer/Mauer/Kilian*, Vergütungsvereinbarung und –management, Band 5, 2005; *Kraus/Kunz/Mäder/Nerlich/Peres/Schmid/ Senft/Stuber/Weber*, Sozietätsrecht, Handbuch für rechts-, steuer- und wirtschaftsberatende Gesellschaften, 2. Aufl. 2006; *Lowendahl*, Strategic of Professional Service Firms, 3. Aufl. 2005; *Maister*, Managing the Professional Service Firm, 1997; *Mauer/Krämer/Becker*, Kanzleiführung für rechts- und wirtschaftsberatende Berufe, 2. Aufl. 2000; *McKenna/Maister*, First among equals, 2002; *Mayson*, Making Sense of Law Firms, 1997; *ders.*, Law Firm Strategy, Competitive Advantage and Valuation, 2007; *Nagel*, Die 6 Erfolgsfaktoren des Unternehmens, 5. Aufl. 1993, ders./*Wimmer*, Systemische Strategieentwicklung, 2008; *Reihlen/Rohde*, Internationalisierung professioneller Dienstleistungsunternehmen, 2006; *Ringlstetter/Bürger/Kaiser*, Strategien und Management für Professional Service Firms, 2004; *Roch*, Pricing and Profitability for Law Firms, 2008; *Schieblon*, Marketing für Kanzleien und Wirtschaftsprüfer, 2009; *dies.*, Kanzleimanagement in der Praxis, 2011; *Schulz/ Klugmann*, Wissensmanagement für Anwälte, 2005; *Smith*, Setting up and managing a small practice, 1995; *Staub/Hehli Hidber*, Management von Anwaltskanzleien, 2012; *Suchanek*, Verantwortung, Selbstbindung und die Funktion von Leitbildern, in Berufsethik der SteuerberaterDWS Schriftenreihe Nr. 16, 2008; *Werner*, Einflussfaktoren des Wissenstransfers in wissensintensiven Dienstleistungsunternehmen, 2004; *Weiss*, Value-Based Fees, How to Charge – and Get – What You're Worth, 2002; *Vaagt*, Erfolgsstrategien von Wirtschaftskanzleien, eine Benchmarkstudie, 2011; *von Dungen*, Teamproduktion in Professional Service Firms, 2007; *Von Lewinski*, Grundriss des Anwaltlichen Berufsrechts, Berliner Schriften zum Anwaltsrecht, Bd. 1/2006; *Young*, Marketing the Professional Services Firm, 2005; *ders.*, The Marketer's Handbook, 2011.

2. Checkliste: Geschäftsgrundsätze

Bereich[1]	Beispielsweise Festlegung	Kanzleispezifische Festlegung
Tätigkeitsfeld der Kanzlei	Die Kanzlei bietet umfassende Beratung in steuerlicher und rechtlicher Hinsicht für mittelständische Unternehmen und deren Eigentümerfamilien mit einem Mindestumsatz von 10 Mio. EUR der Region „Y" an	

Bereich[1]	Beispielsweise Festlegung	Kanzleispezifische Festlegung
Geschäftsmodell[2]	Wir verdienen unser Geld durch Verabredung von Pauschalhonoraren, die wir bei jeder Transaktion spezifisch mit unseren Kunden aushandeln; sie spiegelt immer den Wert wieder, den wir durch besonders gute Beratung aufgrund unserer guten Kenntnisse der Kundenorganisation haben	
Preispolitik (→ Form. P. IV.)	Die Preispolitik orientiert sich an dem Mehrwert, den wir für die Mandanten schaffen, nicht am Aufwand, den wir haben	
Wachstumspolitik	Die Kanzlei will als lokaler Marktführer nach Anzahl der Mitarbeiter von der Zielgruppe „x" anerkannt werden und daher immer oberhalb des Durchschnitts der Wettbewerber wachsen; Wachstum des Umsatzes immer oberhalb der Inflation und erhöhte Gewinnerwartungen der Sozien	
Beziehungen zu Mandanten	Wir pflegen einen engen Kontakt zu den Eigentümern der Unternehmen, die wir beraten. Unsere Beratung ist auf die Begleitung der Eigentümerfamilien fokussiert	
Beziehungen zu Gerichten, Behörden etc.	Wir kooperieren mit allen Gerichten und Behörden im Sinne einer gemeinsamen Problemlösung für unsere Mandanten	
Beziehungen zu Mitarbeitern	Wir fordern und fördern unsere Mitarbeiter zur gemeinsamen Erbringung einer ausgezeichneten Dienstleistung und sehen sie als gleichwertigen Teil des Dienstleistungsprozesses	

Unterfall: Einzelanwalt

Das Geschäftsmodell eines Einzelanwaltes ist typischerweise durch seine eigene Arbeitskraft limitiert. Der Mehrwert, den ein Einzelanwalt erbringt, kann nur durch hohe Spezialisierung (in rechtlicher Hinsicht oder, besser noch, durch Spezialisierung auf Zielgruppen) erhöht werden. Je geringer der Einzelanwalt („Generalist") spezialisiert ist, umso stärker ist er dem lokalen Wettbewerb ausgesetzt; dem entsprechend kann er nur durch eine Niedrigpreispolitik oder durch sein Marketing Marktvorteile erringen.

Unterfall: Großkanzlei:

Das Geschäftsmodell einer Großkanzlei ist aufgrund der fehlenden Lagerfähigkeit der Dienstleistung darauf angewiesen, die Auslastung der Kapazität zu beobachten und zu steuern. Daher sind die Stundenerfassung und in der Konsequenz die Abrechnung nach Stunden ein typisches Merkmal der Geschäftsmodelle. Folglich ist die Erzielung eines möglichst hohen Mindeststundensatzes das entscheidende Messkriterium.

Anmerkungen

1. Geschäftsgrundsätze. Geschäftsgrundsätze bilden den Rahmen für das betriebliche Entscheidungsfeld. Sie sind oberstes Gesetz einer Organisation und sozialer Bezugsrahmen. Sie sind zeitstabil im Gegensatz zu Zielen, die diese Grundsätze für eine bestimmte Periode konkretisieren, und Strategien, die die jeweils beste Umsetzung in einem Zeitraum von 3–5 Jahren beschreiben.

2. Geschäftsmodell. Damit ist gemeint, dass festgelegt werden muss, wie das Unternehmen arbeitet um Gewinn zu erwirtschaften (*Magretta* Harvard Business Review Nr. 01, 2011, S. 102, definiert ein Geschäftsmodell als: „The story that explains how the enterprise works").

Ein Geschäftsmodell sollte drei folgende Charakteristiken aufweisen
- es muss den Zielen des Unternehmens entsprechend sein,
- es muss nachhaltig und widerspruchsfrei sein und
- es muss robust gegenüber den „5 Kräften des Wettbewerbs" nach *Porter* sein.

Das Geschäftsmodell einer Kanzlei besteht darin, dass juristische Dienstleistungen angeboten und erbracht werden. Dieses geschieht typischerweise
- bei Einzelanwälten: durch sie selbst, Abrechnung meist nach pauschalisierten Sätzen des RVG, für einzelne Mandanten,
- bei Notaren durch angestellte Mitarbeiter, die die formularhaften Schriftsätze mit den Daten des Mandanten ergänzen sowie durch den Notar, der diese dann vorliest und ggf. noch anpasst, für einzelne Klienten,
- bei kleinen Sozietäten: durch die Gesellschafter, meist nach RVG, teilweise nach Stundensätzen für einzelne Mandanten in bestimmten Mandaten anspruchsvoller Privatkunden oder von Unternehmen (meist KMU, Freiberufler, Mittelständler),
- in großen Sozietäten: durch die Gesellschafter zusammen mit angestellten Mitarbeitern, fast ausschließlich aufgrund vorher vereinbarter Stundensätze in meist komplexen Mandaten bestimmter Unternehmen,
- bei telefonbasierten Rechtsanwaltskanzleien: durch eine Vielzahl von Volljuristen, die die Tätigkeit im Call Center ausführen und bei dem die Kanzlei durch Pauschalen von den Versicherern, für die sie meist tätig sind, erstattet bekommen,
- bei Inkassokonzern Masseninkassoverfahren: durch eine Vielzahl von Mitarbeitern, die nach einem bestimmen vorgegeben Schema die Mandate bearbeiten und nur im Einzelfall bei einem Volljuristen nachfragen, der sie im Übrigen beaufsichtigt,
- in Internetbasierten Dienstleistungen: durch Vorhalten technischer Ratgeber (etwa. janolaw.de) gegen Entgelt,
- bei Verbänden, Genossenschaften und Vereinen: durch Vorhalten von Dienstleistungen gegen Jahresbeiträge,
- bei Banken, Versicherungen, Makler etc. meist als kostenlose Zusatzleistungen, bei der die Bezahlung durch die Hauptleistung (Kredit, Maklertätigkeit, ...) mit abgegolten wird.

Für Anwälte ist insbesondere von Bedeutung, ob sie die Dienstleistung höchstpersönlich oder durch angestellte Mitarbeiter erbringen wollen und welches Verrechnungsmodell sie der Dienstleistung zugrunde legen wollen. Dieses setzt jeweils unterschiedliche Managementleistungen und Controlling voraus.

3. Checkliste: Kanzleiziele

Zieldimension[1]	Beispiel	Unsere Festlegungen	Operationalisierung (Wie wir Zielerreichung messen)
Allgemein[2]	Die Kanzlei stellt eine Dienstleistung zur Verfügung, um einen für den Mandanten und die Situation angemessenen Rechtsrat zu erteilen respektive die entsprechende Verfahrensschritte durchzuführen im Rahmen der berufsrechtlichen und sonstigen gesetzlichen Vorschriften, im Sinne des „sicheren Weges" und „gewissenhafter Arbeit".		Anzahl Beschwerden von Mandanten pro Jahr über zu hohe Rechnungen Anzahl Versicherungsfälle pro Jahr Dauer der Bindung von Mandanten Anzahl Wiederholungsmandatierungen
Bezüglich Gesellschaft[3]	Die Kanzlei hat das Ziel, dafür zu sorgen, dass die Anwälte ihre Aufgabe als Organ der Rechtspflege in optimaler Art und Weise ausüben können. Die Kanzlei nimmt auch Mandate an, die keinen wirtschaftlichen Beitrag bringen, wenn sie • im Rahmen der Spezialisierung liegen und/oder • jungen Anwälte eine Lernchance bieten		Zufriedenheitsbefragung der Berufsträger hinsichtlich optimaler Bedingungen zu Ausübung des Berufes Klassifizierung der Pro Bono-Fälle 1 x jährlich
Bezüglich Mandanten[4]	Angemessenen Rechtsrat für unsere Mandanten zur Verfügung zu stellen, zu Preisen, die die uns die Aufrechterhaltung und Weiterentwicklung unseres Geschäftsbetriebs erlauben. Mehrwert für Mandanten im Verhältnis zum anwaltlichen Wettbewerb bieten.		Wachstum an Gewinn pro Jahr und Berufsträger Anzahl von Empfehlungen Nachfrage Anzahl der Mandate, die im Wettbewerb mit anderen Kanzleien gewonnen wurden
Finanzziele (→ Form. P. V. 5)	Durchschnittlicher Gewinn pro Sozius iHv Durchschnittlichem Umsatz pro Anwalt/Berufsträger iHv Realisierter Stundensatz iHv		Ergebnis laut BWA/Anzahl Partner Umsatz laut BWA/Anzahl Berufsträger (FTE) Netto-Honorarumsatz pro Gesamtzahl erbrachte Stunden

Zieldimension[1]	Beispiel	Unsere Fest-legungen	Operationalisierung (Wie wir Zielerreichung messen)
Qualitätsziele[5]	Fachlich: a) Anerkennung bei Gerichten/Kollegen als fachlich herausragend b) Keine größeren Beschwerden pro Jahr Servicequalität: Reaktionszeit 24 Stunden Keine Wartezeit für Mandanten		Befragung der Richter Befragung der Kollegen Anzahl Beschwerden Zufriedenheitsbefragung von Mandanten Entfall des Wartezimmers; Befragung am Empfang
Wettbewerbsziele	Unter den führenden 5 Kanzleien in unserem Markt (zB Größe; Anzahl Anwälte; Reputation):		Zielmandanten zählen für uns zu den möglichen Anbietern laut Befragung, respektive Rangfolgen der Handbuchautoren etc.
Mitarbeiterziele	Fluktuation unter 5 % der Belegschaft pro Jahr Zusammenarbeit ist kollegial und respektvoll (Bewertung mind. 7 auf Skala 1 (gering) bis 10 (hoch)		
Weitere kanzleispezifisch Ziele			

Anmerkungen

1. Ziele. Ziele dienen der Zukunftsbewältigung. Sie sind in qualitative, allgemeine, meist schwerer messbare Ziele und quantitative, einfacher messbare Ziele unterteilbar. Beide Zieldimensionen müssen in konkrete Organisationsanweisungen (Aufbauorganisation, Ablauforganisation etc.) umsetzbar sein, um Wirksamkeit zu entfalten (Bspw.: Will die Anwaltskanzlei auch Pro Bono Mandate bearbeiten, so müssen diese in der Aufbauorganisation eindeutig zugewiesen werden und der hierfür nötige Aufwand muss, genauso wie abrechenbare Arbeit, gemessen werden und dürfen dem Bearbeiter keinen Nachteil bei der Bewertung seiner Leistungen bringen). Ziele müssen immer SMART sein: dh: spezifisch (nicht: global/vieldeutig), messbar (woran ist Umsetzung zu messen); attraktiv (motivierend); realistisch (in bestimmter Zeit erreichbar), terminiert (immer in bestimmter Frist umgesetzt oder beobachtet). (Dazu: *Dörner*, der insbesondere vor zu abstrakten, moralischen Zielen warnt, weil diese nur zu Fehlerbeseitigung, aber nicht zur Zukunftsbewältigung führen. weiter: *Oehme* Rn. 1 ff.). Ziele können Teil des Sozietätsvertrages sein (→ Form. B. I. 2). Die Zielvorstellungen können in oberste Unternehmensziele, Verhaltensgrundsätze, Leistungskonzepte etc. weiter ausdifferenziert werden als hier dargestellt (siehe: *Mauer/Krämer* Rn. 180 ff.).

Folgende generische Primärziele gelten für jede Anwaltskanzlei:

1. Einen für den Mandanten und die Situation angemessenen Rechtsrat „gewissenhaft" zu erteilen und ggf. die entsprechenden Verfahrensschritte vorzunehmen im Rahmen der berufsrechtlichen und sonstigen gesetzlichen Vorschriften im Sinne des „sicheren Wegs"
2. Dies so zu tun, dass die Kanzlei wirtschaftlich arbeitet, also neben einem angemessenen Gewinn auch die Ressourcen der Kanzlei in bestmöglicher Art und Weise dazu zur Verfügung gestellt werden

2. Zieldimension allgemein. Angemessenheit ist das, was der Anwalt im Rahmen seines Mandatsvertrages zu leisten hat (dazu: BeckRA-HdB/*Ponschab*, E. I.) Dies bedeutet, dass die Kanzlei als Unternehmen wirtschaftlich erfolgreich ist, also neben der Sicherung der Existenzgrundlage des in ihr tätigen Rechtsanwalts auch ausreichenden Profit erwirtschaftet, um Wachstum zu ermöglichen.

3. Zieldimension bzgl. Gesellschaft. Unternehmen sind erfolgreicher, wenn sie gesellschaftliche Ziele in ihren Zielkatalog aufnehmen (*Mewes*, EKS Strategie S. 52 ff). Gemäß § 1 iVm § 43, 43 a BRAO hat der Gesetzgeber die wichtigsten Pflichten des Anwaltes festgelegt, die auf einem unausgesprochenen Konzept des Anwaltes und seiner Rolle in der Gesellschaft beruhen. Diese sind zur Aufgabenwahrnehmung der von der Gesellschaft dem Anwalt zugewiesenen Aufgaben im Rahmen der Rechtspflege notwendig und nicht verhandelbar. Daraus ergibt sich die gesellschaftliche Relevanz anwaltlicher Tätigkeit, die in den Unternehmenszielen abgebildet sein müssen. Die Ambivalenz der Stellung des Anwalts, einerseits „Organ der Rechtspflege" zu sein, also zumindest eine für die Öffentlichkeit relevante und daher mit erhöhten Anforderungen auszuführende Aufgabe durchzuführen, und andererseits „ein freier Beruf" als Unternehmer zu sein, der unabhängig zu sein hat und diese durch Profitorientierung auch sichern muss, ist ein spannender, wohl nicht letztlich aufzulösender Widerspruch. Dieser kann nur im Einzelfall im Vorhinein, einerseits durch Anspannung des eigenen Gewissens (§ 43 BRAO: „gewissenhaft") und im Nachhinein anhand konkret verletzter Regelungen geprüft werden. Jedenfalls kann festgehalten werden, dass der Anwalt mehr ist als nur ein Unternehmer, der nur seinem eigenen Profitstreben dienen darf (anders: *Staub*, Kanzleimanagement, S. 8, Rn. 16, der nur die ökonomischen Ziele anerkennt, und alles andere als „idealistisch" zurückweist) und weniger ist als ein staatliches Organ. Letztlich ergibt sich diese Ambivalenz zwischen Freiheit und Verantwortung aus der besonderen Stellung eines Freiberuflers in der Gesellschaft, welche diesem zur Sicherung des Vertrauens in gesellschaftliche Funktionen eine Sonderstellung einräumt, die zugleich Verpflichtung ist (dazu etwa aus anwaltlicher Sicht: *Busse* DAV Ratgeber, 12. A. S. 61 ff).

4. Zieldimension bzgl. Mandanten. Dabei ist der Maßstab der „sichere Weg" (*Borgmann* Anwaltshaftung, Rn. 113, entgegen BGH, mit einleuchtender Begründung), also das, was nach Abwägung aller Möglichkeiten ein sinnvoller Weg ist. Grundsätzlich ist die Vor- und Nachkalkulation eines jeden Auftrages eine notwendige unternehmerische Aufgabe, um mit einem positiven Deckungsbeitrag zu arbeiten. Dies steht nicht im Widerspruch zur Möglichkeit, unwirtschaftliche Mandate anzunehmen, wenn dies im Rahmen der Kanzleitätigkeit möglich sein soll. Wichtig ist aber auch dort, dass hierüber wirtschaftliche Klarheit besteht. (*Mauer/Krämer/Becker*, Kanzleiführung für rechts- und wirtschaftsberatende Berufe, 2. Aufl. 2000, Rn. 238 ff).

Die Ziel-Dimensionen können auch für eine sog. „Balanced Scorecard" genutzt werden (dazu: *Heussen* AnwBl 2007, 169–180, *Jahn*, Strategieumsetzung, in Österr. Anwaltsblatt, 2009/03, S. 108 ff)

5. Qualitätsziele. Qualitätsziele können sich zum einen auf die anwaltliche Arbeit beziehen, zum anderen auf die Servicequalität der Kanzlei, in der Anwälte tätig sind und bei der sie nur einen Teil beisteuern. Beides kann Gegenstand von Zielen sein, allerdings ist die Qualität der anwaltlichen Tätigkeit nicht nur schwerer messbar (und wird daher meist nur durch die Einschätzung der Gesellschafter einer Anwaltskanzlei vorgenommen), sondern letztlich nur im Rahmen einer Organisation erbringbar, die dafür die angemessenen Rahmenbedingungen setzt (*Freitag/Paal/Dolch/Reiniger/Ruby/Kamradt/ Werner*, Qualität in der Anwaltskanzlei, 1999, S. 15). Die Dienstleistungsqualität als Prozess einer Organisation wurde etwa durch die Diskussion über TQM/QM (Total Quality Management/Quality Management) aufgriffen. Hieran orientieren sich etwa die Formulare zur Ablauforganisation (→ Form. P. II.)

Weitere Ziele können sich insbesondere aus der strategischen Festlegung ergeben, deren Ergebnis ein „Zukunftsentwurf" ist.

4. Checkliste: Prozess der Überprüfung der Strategie einer Kanzlei

---

Leitfragen (Kurzcheck):[1,2]

Eine Zielüberprüfung ist eine Abweichungsanalyse, dazu sind insbesondere Zahlenanalyse über mehrere Perioden (siehe Finanzkennzahlen) inkl. einer Geschäftsmodellanalyse (notwendig für das Erkennen von Verschiebungen der Nachfrage, etwa aufgrund der relativen Wettbewerbsstärke im Verhältnis zu anderen Anbietern) hilfreich.

Leitfragen:
1. Wie hat sich die Kanzlei in den letzten 5–10 Jahren entwickelt?
2. Wo waren wir gemeinsam erfolgreich, wo haben wir bisher keinen nachhaltigen Erfolg gehabt? Insbesondere auch: Wo haben wir hohe Umsätze, hohe Stundensätze/Deckungsbeiträge, wo sind diese eher gering?
3. Was bedeutet das für unsere weitere Entwicklung? Dabei gilt: Stärken statt Schwächen, Vorteile im Markt ausbauen statt alles abdecken zu wollen; Fokus auf hochwertige Angebotsbereiche und deren Ausbau statt der Versuch, wenig erfolgreiche Bereiche weiter zu pflegen.
4. Was bedeutet das für den einzelnen Berufsträger in seinem Geschäftsfeld?

Anmerkungen

1. Überprüfung der Strategie einer Kanzlei. Das Ziel einer strategischen Analyse ist es, den eigenen Existenzgrund als Problemlösungsinstanz im Markt zu erkennen und weiter zu entwickeln sowie die wichtigsten (Ertrags-) Ziele zu definieren und den Weg dorthin. Hiermit geht auch eine „Sinnstiftung" einher, die alle Mitarbeiter ausrichtet. Je anspruchsvoller diese Sinnstiftung nicht nur in materieller Hinsicht ist, sondern gerade auch in Bezug auf immaterielle Ziele (Werte, Mehrwert, überlegene Problemlösung, ...) gelingt, umso überlebensfähiger ist die Kanzlei als Organisation im Vergleich zu anderen Kanzleien mit einer ähnlichen Ausrichtung.

Dabei wird davon ausgegangen, dass sich die Markt- und Wettbewerbssituation laufend verschiebt, und es zu den unternehmerischen Kernaufgaben eines Anwaltes/einer Kanzlei gehört, sich damit auseinander zu setzen, um seine/ihre Unabhängigkeit als Organ der Rechtspflege zu sichern.

2. Bei der Strategieentwicklung heißt die Leitfrage: In welcher Art von Geschäft sind wir tätig, und wo sollten wir tätig sein (statt die Frage nach der Effizienz: Sind wir gut in dem, was wir machen?). Sie stellt also grundlegendere Fragen als es Anwälte gewohnt sind, denn mangels betriebswirtschaftlicher Ausbildung haben sie nicht gelernt, ihre Tätigkeit primär nach wirtschaftlichen, sondern nach inhaltlichen Aspekten zu hinterfragen. Die anwaltliche Tätigkeit ist dadurch einerseits extrem anpassungsfähig geworden, um diesen Mangel an strategischer Entwicklungsfähigkeit auszugleichen. Zugleich ist sie aber immer in den wesentlich gleichen Bahnen gelaufen. Dies wird sich voraussichtlich ändern. Auch daher ist es wichtig, dass Anwaltskanzleien lernen, sich und ihre Art, das Geschäft zu betreiben, zu hinterfragen. Denn bisher machen das vor allem Dienstleister außerhalb der Anwaltschaft, und zwar mit einigem Erfolg: So sind Versicherer (insbesondere Rechtsschutzversicherer), Banken, Steuerberater und Wirtschaftsprüfer sowie weitere Berufe sehr erfolgreich darin, die Deregulierung auszunutzen und frühzeitig Angebote zu entwickeln, die bis dato nur in der Anwaltschaft einen qualifizierten Ansprechpartner fanden. Die introspektive Anwaltschaft, die immer nur ihre eigenen Leitbilder (Einigkeit der Anwaltschaft, etc.) beschwört, verliert Anschluss an die Wirklichkeit, die von anderen gestaltet wird.

Die in der Literatur häufig anzutreffende Annahme, dass eine Strategieentwicklung ein einfaches Unterfangen ist, ist in der Realität von Anwaltskanzleien illusorisch. Zum einen sind Kanzleien Partnerschaften, bei denen eine Mehrzahl an Interessen und Beziehungen berücksichtigt werden muss und daher jede Strategiediskussion eher einem Verhandeln über möglichst wenig Veränderung ist. Zum anderen trifft die Umsetzung von Strategien auf hohe zeitliche Verzögerungen, weil die Neuaufnahme von Tätigkeitsbereichen, die Änderung der Mandatsannahmepolitik oder die Durchsetzung neuer Preismodelle von jedem Partner in seinem Geschäft individuell umgesetzt werden muss, was je nach Veränderungsbedarf/-einsicht/-wille unterschiedlich schnell von statten geht. Und schließlich fehlen in den meisten Kanzleien jene klassischen Strategiearbeit voraussetzenden Managementinstanzen zwischen Eigentümern und angestellten Mitarbeitern, die mittels Macht das richtig erkannte umsetzen können. Management in Kanzleien ist immer eine politische, auf Zeit gewählte Instanz, bestehend aus (Mit-) Eigentümern, die tendenziell opportunistisch und politisch agiert. Daher bietet der Autor in diesen Vorlagen ausschließlich jene in der Beratungspraxis erprobten Vorlagen an, aus denen Anwälte der Erfahrung nach Schlüsse ziehen (was bei klassischen Portfolioanalysen, datengetriebenen Charts und Instrumenten der klassischen betriebswirtschaftlichen Analyse meist nicht der Fall ist, respektive es fehlen entweder die notwendigen Daten oder Anwälte zeigen wenig Bereitschaft/Kapazität, diese auszuwerten.) Dies mag sich über die Zeit ändern, und infolge dessen könnten folgende Auflagen weitere Analyseinstrumente berücksichtigen.

5. Umfangreichere interne strategische Analyse

Analyse des derzeitigen Angebotes			
Mandanten-Zielgruppe	**Dienstleistungen derzeit (Stärken, Schwächen, Deckungsbeitrag)**	**Potenzial für weitere Dienstleistungen**	**Voraussetzungen in organisatorischer Hinsicht**
Mittelständische Unternehmen	Gesellschaftliche Umstrukturierung mit hohen Deckungsbeiträge, durch Sozien	Einbezug angestellter Anwälte; Ausbau steuerlicher Beratung	Lernprozesse für angestellte Anwälte verbessern, etwa durch Steuerberaterexamen oder FA Steuerrecht; Aufbau eigener Steuerrechtskompetenz respektive Kooperation/Fusion mit Steuerberatungskanzlei oder Fachanwälten für Steuerrecht

Stärken/Schwächenanalyse (sog. SWOT)[1]

Unsere Stärken	Unsere Schwächen (oder besser: unsere ausbaubaren Bereiche)
• ...... • ...... •	• ...... • ...... • ......
Chancen für uns als Kanzlei • ...... • ...... • ..	Risiken für uns als Kanzlei (besonders große Chancen) • ...... • ...... • ..

Historische Finanzierungsanalyse[2]

→ Form. P. V. 3.

Formulierung von Konsequenzen

Status	Zukunft
Bisher waren wir als Kanzlei primär in folgendem Geschäft tätig:	Zukünftig werden wir bevorzugt/stattdessen/zusätzlich folgende Tätigkeiten für folgende Zielgruppen erbringen:[3]
Bisher war unser Geschäftsmodell (→ Form. P. I. 5 Geschäftsmodell):	Damit verändert sich unser Geschäftsmodell (nicht/wie folgt):
Bisher hatten wir folgende Kennzahlen, an denen wir uns orientiert haben:	Folgende Kennzahlen werden daher für uns von Bedeutung und werden daher regelmäßig erhoben (Reporting → Form. P. V. Finanzen/Reporting)[4]

Trendaussage

Die Kanzlei hat sich wirtschaftlich positiv/negativ/statisch entwickelt.

. . . . . .

Folgende Kennzahlen sprechen für Unternehmenserfolg:

. . . . . .

Folgende Kennzahlen sprechen dagegen:

. . . . . .

Die Gründe sind in folgenden Entwicklungen zu sehen:

. . . . . .

Wir werden folgendes tun, um eine Trendumkehr einzuleiten:

. . . . . .

Anmerkungen

1. **Stärken/Schwächenanalyse.** Die Stärken/Schwächenanalyse ist das wohl bekannteste Instrument der Strategieanalyse, da sie einen schnellen Überblick ermöglicht. Der Nachteil ist die primär einmal nach Innen gerichtete Perspektive sowie die zu starke defizitäre Sicht. Daher wird diese zum einen durch eine Außenperspektive ergänzt (siehe oben) und zum anderen sind Formulierungen vorgeschlagen, welche Möglichkeiten eröffnen. Zum Prozess der Erarbeitung: Jeder Punkt kann durch eine Gruppe von Partnern parallel erarbeitet werden, am besten in einer Gruppensitzung. Das sorgt für Offenheit. Die Ergebnisse werden vorgestellt und diskutiert. Direkt ableitbare Entscheidungen werden in einer Merkliste aufgenommen, die dann evtl. in Maßnahmen übernommen werden (→ Form. P. III. 8 Projektmanagement, Liste offener Punkte).

2. **Historische Finanzierungsanalyse.** Die rückwärtige Finanzanalyse erlaubt einer Kanzlei, ihre tatsächlich wirtschaftliche Entwicklung nachzuvollziehen, die sich anhand bestimmter Kennzahlen darstellen lässt. Umsatz, Gewinn, Kostenquote etc. sind keine geeigneten Kennzahlen, sondern akkumulierte Zahlen, die nur geringe Aussagekraft haben. (→ Form. P. V.)

3. **Zielgruppen.** Zielgruppen sind nach Kriterium der Homogenität hinsichtlich ihres Rechtsberatungsbedarfes zu unterscheiden: so brauchen zwar Autohäuser und Technische Zeichner beide Zivilrecht, aber sie suchen sich Anwälte nach unterschiedlichen Kriterien aus und sind daher tendenziell unterschiedliche Zielgruppen.

4. **Kennzahlen.** Eine Kanzleistrategie, die nicht durch geeignete Kennzahlen hinsichtlich Zielerreichung gemessen wird, ist in der Kanzleipraxis ohne jegliche Bedeutung, weil es keine Rückmeldung über Zielerreichung gibt.

6. Checkliste: Externe strategische Analyse

Leitfragen: Analyse der Wettbewerbskräfte[1]

1. Wie verändert sich derzeit die Branche? Insbesondere welche Einflussfaktoren sind besonders wichtig, welche Spielregeln gelten, was beobachten wir hinsichtlich der Preise, der Aktivitäten der Wettbewerber, etc.

> Beispiel: Schnelligkeit nimmt zu (durch Nutzung von Mobiltelefonen, Smartphones, Tablets etc.), technische Unterstützung wird immer wichtiger, Information aller Beteiligten wird immer kritischer, Mandanten sind ungeduldig und wollen immer schneller Antworten, Überblickswissen, gepaart mit Spezialwissen, ist gefragt.

2. Welche neuen Wettbewerber treten auf? Worin unterscheiden sie sich, wo sind sie besser, worin sind sie weniger gut?
a) Beispiel Wirtschaftskanzleien: „Spin offs" von jungen Anwälten aus sehr guten Kanzleien sorgen für Preisdruck auch in fachlich sehr anspruchsvollen Fragen, so dass Tätigkeit der Großkanzleien immer mehr nur noch in Fragen, wo Reputation der Kanzlei wichtig ist, madatiert wird;
b) Beispiel Privatmandanten: Neue Kanzleien sind immer zielgruppenspezifischer tätig, und haben daher gerade in Mandantenkreisen mit größeren finanziellen Spielräumen Vorteile (etwa: Zahnärzte, Arbeitsrecht für leitende Angestellte, etc.)

3. Wie verändert sich die Verhandlungsmacht der Mandanten beim Einkauf der anwaltlichen Dienstleistungen? Was ist für sie wichtiger als früher, was weniger wichtig? Auf welchen Trend müssen wir uns einstellen?
a) Aufbau von Rechtsabteilung bedeutet Einkauf nur noch bei Spezialfragen.
b) Nutzung der Einkaufsabteilung macht es zunehmend schwieriger, Premiumpreise zu erzielen.
c) Privatleute haben sich im Internet vorab informiert und kommen mit einem Laienwissen, welches erst vorsichtig korrigiert werden muss; die Abrechnung dieser Zeit im Rahmen der Erstberatungsgebühr muss sichergestellt werden.

4. Wodurch wird welcher Teil unserer Dienstleistungen ersetzt respektive überflüssig? Was können wir tun? (Was dagegen, wie anders anbieten, wodurch verbessern, etc.)
a) Technische Dienstleister im Internet geben Mandanten Lösungen an die Hand, etwa Standardverträge, zu sehr günstigen Konditionen; hiergegen muss argumentiert werden oder entsprechende Verträge werden Mandanten selber zur Verfügung gestellt.
b) Legal Process Outsourcing (LPO) verlangt nach einer Veränderung des Geschäftsmodelles von Großkanzleien („diamond-shape").

5. Wie verändert sich unsere Situation gegenüber den Mitarbeitern (Ressourcen)?
a) Work life Balance wird wichtiger: Wie müssen wir unsere Erreichbarkeit, Arbeitszeitmodelle etc. anpassen, damit die Mitarbeiter motiviert bleiben und die Mandanten dennoch zufrieden sind? Wie können wir Erwartungen der Mandanten besser lenken und intern unsere Kommunikation umstellen?
b) Wie können wir unsere Mitarbeiter/-innen im Bereich Buchhaltung so ausbilden, dass sie die Mandantenkonten korrekt pflegen können?

Benchmarking, Differenzierung und Positionierung

Vorgehen

1. Auswahl der strategischen Gruppe, der die eigene Kanzlei angehört.
Beispiel: Das Wettbewerbsumfeld ist wie folgt strukturiert:
- Größere/Gleich große/Kleinere Kanzleien
- Kanzleien mit ähnlichem Angebot/Grad der Spezialisierungen
- Kanzleien mit ähnlicher geographischen Abdeckung
- Kanzleien mit ähnlichen Zielgruppen
- Kanzleien mit ähnlicher Reputation

2. Bestimmung der relevanten Wettbewerber nach dem Grad der Überlappung mit dem eigenen Angebot (umso mehr Überlappung, umso wahrscheinlicher besteht Wettbewerb)

Auswahl relevanter Wettbewerber nach Angebot und Zielgruppenüberlappung (Bsp.)

Kriterium	Eigene Kanzlei	Wettbewerber A	Wettbewerber B	Wettbewerber C
Grundstrategie	Wirtschaftskanzlei	Wirtschaftsprüfung, Steuerberatung mit Rechtsberatungsarm	Wirtschaftskanzlei mit Kooperation mit StB	Wirtschaftskanzlei
Zielgruppen[2]	Gehobener Mittelstand der Region X inkl. der Eigentümerfamilien in gesellschafts-, familien- und erbrechtlicher Hinsicht	Gehobener Mittelstand und börsennotierte Unternehmen bundesweit, kein Privatklientel	Gehobener Mittelstand der Region X und Y, nur Wirtschaftsrecht, Schwerpunkt Unternehmen, inkl. gewerbl. Rechtsschutz	Gehobener Mittelstand sowie Privatklientel der Region X in allen Rechtsfragen
Angebot (nach: Rechtsgebieten, geographischer Abdeckung, negative Abgrenzung[3]	Integrierte Rechts- und Steuerberatung, Schwerpunkt Gesellschaftsrecht, sowie allgemeines Handelsrecht und Zivilrecht, kein Strafrecht und Familienrecht	Integrierte Rechts- und Steuerberatung, ausgehend von Steuerberatung und Wirtschaftsprüfung	Rechtsberatung, mit Steuerberatungskompetenz im Einzelfall	Rechtsberatung
Organisation	50 Rechtsanwälte sowie kleinere Steuerabteilung mit 20 Sachbearbeitern	Regional 100 Berufsträger sowie 100 Sachbearbeiter in WP und StB	20 Rechtsanwälte	10 Rechtsanwälte
Qualität		Durchgängig sehr gut, aber zu wenig Ratgeber, zu sehr Dienstleister	Je nach Partner	Nur bei zwei Partnern sehr gut

Kriterium	Eigene Kanzlei	Wettbewerber A	Wettbewerber B	Wettbewerber C
Wesentliche Veränderungen der letzten Zeit	Verlust von drei Partner	Wachstum (intern und externe Rekrutierungen)	Stabiles Wachstum, ausschließlich intern	Ein Partner dazu (intern)
Vermutete Weiterentwicklung	Unklar	Wachstum	Stabil/leichtes Wachstum, man munkelt von Zusammenschluss mit ähnlicher Kanzlei	Stabil/leichtes Wachstum

Bearbeitung der Mobilitätsfaktoren[4]

Folgende Kriterien sind im Wettbewerb gegenüber den direkten Wettbewerbern von Bedeutung:

Mobilitätskriterium	Status	Maßnahmen zur Verbesserung
Fachliche Kompetenz (Erfahrung, Breite, Tiefe)		
Zugang zu dem Rekrutierungsmarkt		
Kapazität (insbesondere auch: Ersatz des Ansprechpartners)		
Geographische Abdeckung		
Qualität/Brand (ist aufgrund der Marktstellung der Kanzlei zu erwarten, dass sie die entsprechende Qualität liefert und dies auch argumentatorisch vertretbar ist, wenn es zu Problemen kommt?)		
Preisposition und Geschäftsmodell		
Kostenposition		
Organisationsstrukturen		
Technologieeinsatz und -ausstattung		
Vertriebsstrategie		
Service		
Leverage (als Ratio Partner/Associates verstanden)		

Szenario-Analyse[5]

Bester Fall:

Bester Fall[6]	Gewichtung Skala 1–5	Bewertung Skala 1–5	Summe (Multiplikation Gewichtung x Bewertung)[7]	Fördermaßnahme[8]
Wir sind in der Zielgruppe der Kanzlei bekannt				

Bester Fall[6]	Gewichtung Skala 1–5	Bewertung Skala 1 – 5	Summe (Multiplikation Gewichtung x Bewertung)[7]	Fördermaßnahme[8]

Schlechtester Fall:

Schlechtester Fall[9]	Gewichtung	Bewertung	Summe	Gegenmaßnahme[8]

Unterfall: Einzelanwalt

Da Einzelanwälte nur wenig Kapazität und Marketingbudget haben, ist eine höhere Spezialisierung umso wichtiger. Sie müssen dem Markt im Grad der Spezialisierung immer voraus sein. Waren es früher rechtliche Spezialisierungen, so sind es in der Zukunft Zielgruppenspezialisierungen (etwa: Dachdeckerbetriebe; Zahnärzte, Beamte, ...). Das bedeutet meist eine Ausweitung der Region, in der sie tätig sind. Dafür haben sie den Vorteil einer einfachen Festlegungsmöglichkeit für Strategien. Allerdings brauchen sie einen Gesprächspartner, um die eigene Strategie zu prüfen. Außerdem sind Kooperationsstrategien für sie essentiell, um den Engpass der eigenen Kapazität zu beheben.

Eine Tätigkeit als Einzelanwalt und Generalist schließen sich strategisch, marketingtechnisch und daher am Ende wirtschaftlich gegeneinander aus, was die Strukturdaten belegen (Umsatzsteuer-statistik).

Unterfall: Überörtliche Sozietät

Die Wettbewerbspositionierung ist ggf. auf Ebene der Praxisgruppen zu diskutieren. Eine Gesamt-strategie für überörtliche Kanzleien ist nur in grundsätzlicher Hinsicht zu diskutieren, etwa Aufbau internationaler Beziehungen bis hin zur Fusion oder Abrundung der Geschäftsbereiche oder Struktur des Angebotes. Auf der Ebene der Praxisgruppen sind allerdings Zielgruppen generell beschreibbar und negativ abgrenzbar (etwa Wirtschaftsunternehmen, keine Privatpersonen).

Im Markt der überörtlichen Kanzleien sind 7 Untergruppen unterscheidbar, die nur teilweise bzw. indirekt miteinander im Wettbewerb stehen: die weltweit führenden Transaktionskanzleien (Global Player), internationale Kanzleien (Internationalisierer), nationale Kanzleien (nationale Marktführer und Generalisten), Regionalisten, Spezialisten und Integrierte (Wirtschaftsprüfer, Steuerberater und Rechts-anwaltskanzleien). Sie haben aufgrund ihrer Marktposition jeweils unterschiedliche organisatorische Herausforderungen (*Vaagt*, Erfolgsstrategien von Wirtschaftskanzleien, eine Benchmarkstudie, 2011).

Anmerkungen

1. **Wettbewerbsanalyse.** Eine Wettbewerbsanalyse ist die zentrale Grundlage jeder Marktpositionierung einer Kanzlei. Auch wenn aufgrund der generalistischen Ausbildung ein Anwalt als Jurist daraufhin ausgebildet wurde, jeden möglichen Sachverhalt juristisch prüfen zu können, so hat sich der Markt für anwaltliche Dienstleistungen so entwickelt, dass für einen bestimmten Kanzleityp je nach seinem Segment (*Vaagt*, Erfolgsstrategien von Wirtschaftskanzleien, Eine Benchmark-Studie) nur bestimmte Mandatstypen in Frage kommen. Innerhalb des Segments sind zu unterscheiden: Ist die Kanzlei als eine der fünf führenden Kanzleien anzusehen oder in welchem ihrer Geschäftsfelder ist das der Fall?

Diese sind genau zu erfassen. Mehr als 5 Wettbewerber bedeuten eine hohe Wettbewerbsintensität. Es ist daher zu prüfen, ob die Strategie noch spezifischer zu definieren ist oder die Zielgruppe noch stärker zu untergliedern ist (nach Bedarfen, oder nach Kriterien wie Größe, lokale Verbreitung, etc.). Idealerweise ist die Zielgruppe so klein, dass sie die eigene Kanzlei ernährt, aber keinen zweiten Wettbewerber zulässt (*Friedrich/ Seiwert*, Das 1x1 der Erfolgsstrategie, 2. Aufl. 1998, unter Bezugnahme auf die weltweit führende, von den meisten deutschen Mittelständlern angewandte EKS Strategielehre von *Mewes*, ehemals FAZ Verlag).

Die Wettbewerbsanalyse gelingt in der Regel nur dann für die Gesamtkanzlei, wenn sie eine gemeinsame Grundstrategie verfolgt, insbesondere für dieselbe Zielgruppe tätig ist. Gibt es mehrere Zielgruppen, so ist höchstwahrscheinlich die Wettbewerbssituation je nach Zielgruppe unterschiedlich (es sollte vermieden werden, die Zielgruppe so breit zu definieren, dass eine Ausdifferenzierung vermieden wird, etwa: Rechtssuchende in der Region X). Dann sollte sie für einzelne Bereiche, etwa pro Praxisgruppe durchgeführt werden, wie dann auch die Strategie auf Ebene der Dezernat/Praxisgruppen festzulegen ist. Die Wettbewerbsanalyse ist daher abhängig von der Intensität des Wettbewerbes und kann nach folgendem Muster durchgeführt werden:
1. Unterscheidung Generalisten/Spezialisten (fachlich),
2. Unterscheidung fachliche Spezialisierung hinsichtlich Breite und Tiefe des Angebotes, insbesondere durch Besetzung von Fachgebieten durch darauf besonders spezialisierte Berufsträger,
3. Unterscheidung hinsichtlich derselben oder ähnlicher Zielgruppen, insbesondere nach Branchen oder anderen Merkmalen wie Position (Geschäftsführer) oder Bedarfen (innovative Unternehmen).

2. → Form. P. I. 5 Anm. 3.

3. Kriterium Angebot. Das Angebot der anwaltlichen Dienstleistung ist hinsichtlich Kernleistung und Zusatzleistungen auszudifferenzieren und neuen Tätigkeitsbereichen unterscheidbar (*Römermann* Rn. 82ff).

4. Mobilitätsfaktoren. Die Arbeit an den Mobilitätstreibern wird diese Kanzleien in einem viel größeren Maße innerhalb der strategischen Gruppe erfolgreich machen als alles andere. Generell liegen die Mobilitätsbarrieren in folgenden Bereichen:
1. Fachliche Kompetenz (Erfahrung, Breite, Tiefe),
2. Zugang zu dem Rekrutierungsmarkt,
3. Kapazität (insbesondere auch: Ersatz des Ansprechpartners),
4. Geographische Abdeckung.
5. Qualität/Brand: Ist aufgrund der Marktstellung der Kanzlei zu erwarten, dass sie die entsprechende Qualität liefert und dies auch argumentatorisch vertretbar ist, wenn es zu Problemen kommt?
6. Preisposition und Geschäftsmodell: Wie wird Gewinn in der Kanzlei erwirtschaftet werden?
7. Organisationsstrukturen: Welche Strukturen hat die Kanzlei, um Aufgaben (fachliche und nicht fachliche) angemessen zu bearbeiten.

5. Szenario: Analyse. Die Szenario Methode ist hilfreich, wenn es darum geht, eine gemeinsame Vorstellung von der Zukunft zu erarbeiten. Daher ist es wichtig, dass die Partner, evtl. sogar mit Mitarbeitern, diese gemeinsam bearbeiten. Das Ergebnis ist immer eines, welches die Augen für die wichtigsten Maßnahmen der Zukunftssicherung öffnet und sie bringt meist auch Ergebnisse, die sich weder aus der SWOT → Form. P. I. 5 noch aus der Analyse der Wettbewerbskräfte nach *Porter* → Form. P. I. 6 Anm. 1 ergeben haben.

6. Bester Fall. Es ist von der besten möglichen Entwicklung auszugehen, wie sie sich aus Sicht der Kanzlei darstellt (dh im Rahmen realistischer Erwägungen, aber durchaus spekulativ).

7. Gewichtung. Hier geht um die Wahrscheinlichkeit des Eintrittes auf einer Skala von 1 (niedrig) bis 5 (hoch). Bewertung: Hier geht es um die Einschätzung der Relevanz für die Kanzlei.

8. Fördermaßnahmen/Gegenmaßnahmen. Wichtig ist, die am höchsten bewerteten Fördermaßnahmen gleich zur Abstimmung zu stellen und verbindlich zu verabreden (ggf. auf die Liste der offenen Aufgaben eintragen mit Verantwortlichkeiten, etc.)

9. Schlechtester Fall. Es ist von den Befürchtungen der Anwesenden auszugehen. Meist sind hier auch schon Informationen über Tendenzen oder Vorfälle in der Kanzlei vorhanden, die hier geäußert werden. Daher ist es wichtig, jede Befürchtung gut zu untersuchen und nicht vorschnell eine Bewertung durchzuführen. Summe (durch Multiplikation von Gewichtung und Bewertung zu errechnen) die höchsten Ergebnisse verlangen besondere Beachtung.

7. Checkliste: Zusammenfassung strategischer Analyse und Zielbestimmung

Dimension	Bisher	zukünftig
Ziel		
Die dieses Ziel bestmöglich umzusetzende Strategie		
Das dafür geeignete Geschäftsmodell		
Organisation (Aufbauorganisation, die zur Strategieumsetzung notwendig ist)		
Organisation (Prozesse, die zur Strategieumsetzung notwendig sind)		
Berichtswesen (Kennzahlen, ...), die geeignete Informationen liefern, um die Zielerreichung zu messen		
Regelkommunikation, die die notwendigen Kommunikation dazu etabliert		
EDV, die die Prozesse der Mandatsbearbeitung und des Kanzleimanagements in idealer Weise unterstützt		
Marketing, welches die Zielgruppen anspricht		
Personalpolitik, die das Geschäftsmodell stützt		

II. Gewinnverteilungssysteme

1. Checkliste: Einstufung des vorhandenen Gewinnverteilungssystems

	Bürogemeinschaft	Individuelle Erfolgssysteme	Mischsysteme	Pures Lock-step-system	Feste Anteile
Typische Festlegungen[1, 2]	Zwei Kostenaufschlüsselungen üblich: jene nach Köpfen (etwa: Nutzung von Dienstleitungen) oder nach Quadratmeter genutzten Büroraumes (so bei alle bezüglich der Fläche kalkulierbaren Kosten)	(Nur) Der einzelne hinsichtlich seiner Leistung wird bewertet und erhält einen entsprechenden Anteil des (gemeinsam festgestellten) Gewinnes	Meist eine Kombination aus objektiven und subjektiven Kriterien	Den einzelnen Gesellschaftern ein entsprechender Anteil am Gewinn je nach Angehörigkeitsdauer zugeordnet	
Übliche Rechenformel	(Minimalste) Gemeinkosten durch Köpfe respektive nach Nutzung	Umsatz abzgl. Gemeinkosten = Gewinn; Verteilung nach individuellen Beiträgen (etwa: Relation der Umsätze zueinander, evtl. unter Zuordnung individuell zuordbarer Kosten	Typisch: 50 % des Gewinns wird vorab ausgeschüttet nach fester Formel (Lockstep-ähnlich, oder feste Anteile); der Rest nach individuellen Beiträgen objektiv (etwa: Umsatzbeitrag im Verhältnis zueinander, und subjektive Bewertung von sonstigen Beiträgen (etwa: Marketing, Managementaufgaben, ...) durch Komitee	Gewinn geteilt durch verteilte Punkte; individuelle Punkte pro Partner x Punktwert ergibt pers. Gewinnanteil	
Einstufung des eigenen Systems					

Schrifttum: *Cottermann/Weil*, Inc., Compensation Plans for Law Firms, 4. Aufl. 2004; *Dungen*, Teamproduktion in Professional Service Firms, 2007; *Henssler/Streck*, Handbuch Sozietätsrecht, 2. Aufl. 2011; *Heussen*, Gewinnverteilung – Strategie – Unternehmenskultur, AnwBl 2007, 169–180, *ders.*, Der ideale Sozietätsvertrag, AnwBl 2006, 293–298, ders., Checkliste für den idealen Sozietätsvertrag, AnwBl 2006, 298–303, *ders.*, Anwaltsunternehmen führen, 2009, *ders.* AnwBlatt zu Checklist, Vorlage, sowie zu Balanced Scorecard, oder sein „Gesamtwerk"; *Kraus/Kunz/Mäder/Nerlich/Peres/Schmid/Senft/Stuber/ Weber*, Sozietätsrecht, Handbuch für rechts-, steuer- und wirtschaftsberatende Gesellschaften, 2. Aufl. 2006; *Leblebici*, Your income, Determining the value of legal knowledge: Billing and Compensation Practices in Law Firms, in: Laura Empson, Managing the modern Law Firm, 2007; *Maister*, Managing the Professional Service Firm, 1993; Partnership Matters (s. 245 ff), *Morris*, T.J. and Pinnington, A.H. 1998. 'Patterns of profit sharing in professional firms' British Journal of Management, S. 23–39; *Naegele/Jürgensen*, Zusammenschlüsse von Freiberuflern, 1988; *Nanda/Prusiner*, Compensation in Professional Service Firms, Harvard Business School Paper, 9-905-039; *Offermann-Burckart*, Anwaltliches Gesellschaftsrecht, AnwBlatt 2013, S. 558 ff; *Poll*, Formen der Zusammenarbeit: Praxismodelle und Netzwerke, 2011; *Regan*, Eat What You Kill, The Fall of a Wall Street Lawyer, 2006.

Anmerkungen

1. In diesem Kapitel wird das Gewinnverteilungssystem aus der Kanzleiverwaltungssicht behandelt. Es geht also um die Fragen der richtigen Handhabung der bestehenden Systeme sowie der Veränderung eines bestehenden Gewinnverteilungssystems und damit zusammenhängender Fragen. Die **Gewinnverteilung** ist ein zentrales Steuerungsinstrument, da es in Kanzleien Anreize für oder gegen Kooperation und richtiges Verhalten setzt. Die Frage des richtigen **Gewinnverteilungssystems** stellt sich allerdings idR nur bei Neugründungen.

Dort fragt man folgerichtig:
1. Wie sind die Tätigkeitsbereiche der Kanzlei strukturiert?
2. Wie viel Zusammenarbeit ist nötig, um Wettbewerbsvorteile gegenüber Wettbewerb zu realisieren (idR sinnvoll, da angesichts großer Spezialisierungsnotwendigkeit gegenseitige Unterstützung und reziproker Leistungen (*von Dungen* S. 95 f.) qualitätsverbessernd ist?
3. In welchen zeitlichen Zyklen sind Erfolge zu erzielen (kurz, mittel, langfristig?)
4. Welche Unterschiede in der Ertragskraft der Partner sind typisch pro Periode? (Achtung: die Analyse in einem Jahr hat wesentlich größere Schwankungen als eine Analyse etwa von 5 oder 10 Jahren: so kann es sich um Schwankungen von 1:10 gegenüber 1:4 handeln, je nach Periodenbetrachtung).
5. Wie müsste das System aussehen, welches zum Einen das richtige Verhalten intensiviert, zum anderen mit den auftretenden Unterschieden der Ertragskraft umgehen kann, bzw. welche zusätzlichen Elemente (Evaluation, Managementinterventionen) sind notwendigerweise mit zu berücksichtigen?

Die Wahl des Gewinnverteilungssystems ist in der Kanzleiwelt ein Glaubenskrieg, der bisher durch keinerlei empirische Forschung abgesichert ist. Die Auswirkung individueller Anreizsysteme und deren negative Folgen für die Tätigkeit von Anwälten (wie anderer Wissensdienstleistern) ist inzwischen hinreichend bekannt (siehe: *Regan*; *von Dungen*).

Jedes Gewinnverteilungssystem umfasst mehr oder weniger starke Sozialisierungselemente. Außer bei einer Bürogemeinschaft, bei der Sozialisierung von Kosten minimiert wird, sind in partnerschaftlich strukturierten Anwaltskanzleien meist Kosten und Gewinne zu einem gewissen Maße sozialisiert. Der individuelle Deckungsbeitrag steht somit nicht in direktem Verhältnis zu der Entnahme. Der Grund ist die Einsicht, dass rechtliche Beratung meist nur durch kollegialen Austausch und Zusammenarbeit jene Qualität bringt, die für eine juristische Beratung notwendig ist.

De facto wird über die Gewinnverteilung bei Gründung entschieden. Sie ist stark kulturprägend. Anwälte, die in einem System sozialisiert worden sind, verteidigen dieses unter Hinweis auf die Vorteile. Jedes System hat jedoch Vor- und Nachteile und passt im Kontext eines bestimmten Geschäftsmodells besser oder schlechter.

Der Wechsel von einem zu einem anderen Gewinnverteilungssystem ist nicht ohne nachhaltige Störung der Kanzleikultur möglich, insbesondere wenn von einem Extrem (etwa: Lockstep) zu einem anderen System umgestiegen wird (Einbau von erfolgsorientierten Elementen). Veränderungen sind daher nur mit Augenmaß sinnvoll; besser ist immer die Diskussion über die Verbesserung der wirtschaftlichen Situation.

Jedes Gewinnverteilungssystem setzt immer eine entsprechende Einrichtung der Buchhaltung und des Reportings voraus, da diese das Verteilsystem unterstützen sollen.

Bei der Gewinnverteilung geht es im Kern um die Frage der Fairness; hierzu gehört auch die Frage nach der richtigen Bewertung von Leistungen. Jeder Gesellschafter schuldet typischerweise seine ganze Arbeitsleistung. Diese hat sich am Geschäftsmodell zu orientieren, also etwa der Frage, ob selber nur Sachbearbeitung, oder auch Auslastung und Beaufsichtigung von Mitarbeitern geschuldet ist.

Daher werden die Beiträge in schwer messbare Bemühungen (etwa: Akquisition, Personalführung, Verwaltungsaufgaben, allesamt ohne direkten Einfluss auf das wirtschaftliche Ergebnis) und einfach messbare Resultate (etwa: Umsatz, abrechenbare Stunden, neue Mandate oder Mandanten, Artikel in Fachzeitschriften etc.) unterteilt. Außerdem können Beiträge der Vergangenheit berücksichtigt werden.

Sollen einzelne Bestandteile stärker gewichtet werden als andere (etwa: Umsatz gegenüber Verwaltung, Vergangenheit versus Gegenwart), so muss dies entsprechend festgelegt bzw. gemessen werden.

Wird es gemessen, bedarf es dazu eines Prozesses und eines Ergebnisses. Damit aber wird eine scheinbare Relevanz für etwas erzeugt, mit Auswirkungen auf das Verhalten der Partner (etwa: Generierung von Umsatz wird zum Fokus), während die Verwaltung vernachlässigt wird, obwohl eine gute Kanzleiverwaltung ebenfalls einen Einfluss auf Erfolg hat, ja sogar die Annahme besteht, dass ein gewisses Maß an Verwaltung die Ertragslage verbessert. Das Berichtswesen steuert den internen Wettbewerb unter Partnern und ist daher als sekundäres Kriterium unbedingt mit zu berücksichtigen.

Sonderfall Einzelanwalt: für ihn ist die Bürogemeinschaft eine sinnvolle Lösung zur Kostendegression und Nutzung von Spezialisationsmöglichkeiten. Die Zusammenarbeit mit den Beteiligten sollte erprobt werden und, bei Übereinkunft, möglichst bald in ein gemeinsames Gewinnverteilungssystem überführt werden, um Spezialisation zu ermöglichen. Voraussetzung sind klare Vorstellungen über die Zielgruppe (Einzahl!), die bearbeitet werden sollte (→ Form. A. II.: Kanzleigründungsplanung; Strategie).

Sonderfall Großkanzlei: Je größer die Sozietät ist, umso komplexer werden die Anforderungen an Buchhaltung und Reporting. Die Kanzleien müssen ein ihrer Größe angemessenes System haben, welches von Mitarbeitern mit ausreichender Qualifikation betrieben wird. Die Finanzsysteme sind die größte Schwachstelle in der Kanzleiverwaltung und gehören regelmäßig angepasst und überprüft, insbesondere nach Wachstumsperioden.

2. Eine umfassende Darstellung über Gewinnverteilungssysteme ist aufgrund der unterschiedlichen Regelungen kaum möglich, wohl aber eine Typisierung:

1. **Verteilung nach Anteilen:** Dies kann ein gleicher Betrag nach Köpfen („sozialistisches Modell", bzw. die bei fehlender Regelung gemäß § 705 ff BGB vorhandene Regelung der Gesellschaft bürgerlichen Rechts), nach Gesellschaftsanteilen, fix oder jedes Jahr neu auszuhandelnde Anteile (vorab oder im Nachhinein bei Gewinnfeststellung), oder aufgrund der zwischen den Gesellschaftern untereinander übertragener Anteile sein. Die festen Anteile sind im Vornhinein berechenbar, die Vorabentnahmen werden meist nach dem gleichen Schlüssel vergeben, und ein einfaches mathematisches Verfahren kann nach Gewinnverteilung die Zuordnung ermöglichen. Die Buchhaltung bedarf daher keiner besonderen Anweisungen.

2. **Verteilung nach Seniorität** (sog. Reines Lockstep-Verfahrens: Hier werden den einzelnen Gesellschaftern ein entsprechender Anteil am Gewinn je nach Angehörigkeitsdauer zugeordnet. Dabei wird meist mit jedem Jahr der Zugehörigkeit ein größerer Gewinnanteil einem Gesellschafter zugeordnet). Dieses System in seiner reinen Formen erlaubt keinerlei Abweichungen, Rückstufungen, Anhalten oder Verteilung von Anteilen des Gewinnes in einer anderen Form, etwa als Bonus oder dergleichen. Nur in seiner reinen Form kann er die ihm zugeordneten Vorteile, also die vorbehaltlose Zusammenarbeit aller Gesellschafter ermöglichen. Um die Anteile einfacher als mit einem Prozentsystem zu berechnen, werden jedem Gesellschafter Punkte zugeordnet, die für Anteile am Gewinn stehen, typischerweise zwischen 20 und 100 Punkten. Jedes Jahr erhält ein Partner auf den unteren Gewinnstufen 10 Punkte mehr, bis er auf der höchsten Stufe angekommen ist. Senioren können, etwa ab dem 60. Lebensjahr, jedes Jahr 10 Punkte abgeben. Mit dem Anstieg ist sowohl die noch geringere Leistungsfähigkeit jüngerer Gesellschafter berücksichtigt, als auch eine gewisse Abgeltung des Unternehmenswertes vorhanden. Der Wert eines Punktes wird durch die Division des festgestellten Gewinnes durch alle im System vorhandenen Punkte errechnet.

3. Am anderen Ende der Skala besteht die **reine Bürogemeinschaft**, bei der die Regelungen unter den Bürogemeinschaftlern lediglich eine Bestimmung über die Erfassung und Verteilung der Kosten der gemeinsam genutzten Einrichtung und des Personals bedürfen. Dabei sind meist zwei Kostenaufschlüsselungen üblich: jene nach Köpfen (etwa: Nutzung von Dienstleistungen), oder nach Quadratmetern genutzten Büroraumes (so bei allen bezüglich der Fläche kalkulierbaren Kosten). Die Zusammenarbeit ist meist gering.

4. **Reine individuelle Erfolgsorientierung:** Ein System, in der (nur) der einzelne hinsichtlich seiner Leistung bewertet wird und einen entsprechen Anteil des (gemeinsam festgestellten) Gewinnes erhält. Die Verteilung kann sich an der Relation der Umsätze der Partnern zueinander (bei gleichartigem Geschäftsmodell), dem Deckungsbeitrag (bei unterschiedlichem Geschäftsmodell), einer Bewertung im Nachhinein aufgrund verschiedener Faktoren oder ähnlichem orientieren. Immer geht es darum, die entsprechenden Kriterien erfassbar und bewertbar zu machen, es setzt also eine ausdifferenzierte Buchhaltung voraus.

5. **Mischsysteme:** Jedes System, in dem nicht nur nach festen oder nach Seniorität bestimmten Anteilen der Gewinn verteilt wird, ist ein Mischsystem mit unterschiedlichen Steuerungsanreizen. Meistens werden ca. 50 % nach einem Lockstep-Verfahren vergeben, und der Rest nach Individuellen Erfolgsbeiträgen. (so auch: *Offerman-Burckardt*). So ist ein Lockstep-System mit der Möglichkeit zum Anhalte als Mischsystem zu klassifizieren, weil die Bewertung des individuellen Beitrages notwendig wird, um eine Anhalteentscheidung zu fällen. Je größer Sozietäten werden, umso häufiger werden solche Mischmodelle genutzt, anstelle sich von Gesellschaftern zu trennen, die den Beitrag nicht zu leisten im Stande sind. Strategisch zahlt sich dies meist nicht aus, sondern es werden zur Vermeidung von Konflikten hinsichtlich der Angehörigkeit dann Systeme eingeführt, die zu einer stärkeren Individualorientierung führen, und die Gemeinschaft damit schwächen.

Eine weitere Bedeutung hat das Verfahren der Verteilung: Nach festen Schlüssel im Vornhinein, die sich einfach berechnen lassen, oder durch einen Verhandlungs- oder Bewertungsprozess im Nachhinein.

Die Grundfrage ist, ob Unterschiede der Beiträge gesondert berücksichtigt werden, oder nicht: Sobald dies der Fall ist (also bei Mischsystemen, **reiner Erfolgsorientierung** (**sog. „merit based profit sharing agreements"**) oder Kostenteilung) wird beobachtet, dass ein relevanter Unterschied in der Zusammenarbeit besteht. Demnach weisen Kanzleien mit diesen System wesentlich weniger Gemeinsamkeit auf, und damit ist eine gemeinsame Strategiearbeit, selbst innerhalb von Praxisgruppen, schwerer.

Wichtig ist festzuhalten, dass die juristische Sachbearbeitung eine Leistung ist, die nur selten ohne kollegiales Feedback und Austausch auskommt (als eine sogenannte reziproke Leistung). Ohne diese Reziprozität leidet die Qualität. Daher führt ein Gewinnverteilungssystem, welches die Zusammenarbeit fördert (insbesondere Lockstep) zu einer qualitativ besseren Leistung (*van Dungen*).

Einfluss auf die Beitragsfähigkeit eines Partners hat darüber hinaus Folgendes:

1. Machtverhältnisse in der Kanzlei (und damit evtl. ungleiche Verteilung von Ressourcen oder Kontrolle über Zugänge zu bestimmten Mandanten, etc.).

2. Management etwa durch die Zurverfügungstellung unterschiedlicher Leistungsdimensionen, wie Akquise, fachliche Beaufsichtigung neben dem meist ausschließlich erfassten Rechnungsumsatz; ein aktives Management auch kann Unterstützungsleistung für schwache Partner organisieren, sei es durch spezielle Business Development-Projekte, sei es durch Training oder Coaching Angebote.

3. Die Kanzleistrategie etwa: Aufbau von Geschäftsfeldern, die Partnern zu neuen Mandantenzugängen verhelfen oder die bestehenden Kompetenzen besser nutzen.

In dem Masse, in dem der Gewinn sozialisiert wird, sollten auch die Ressourcen sozialisiert werden, also insbesondere der Zugriff auf Mitarbeiter/Associates, Nutzung IT Systeme, etc. Generell ist die gemeinsame Bewirtschaftung von Ressourcen, und damit auch die gemeinsame Nutzung, ein wichtiger Erfolgsfaktor von Sozietäten, die im Gegensatz zu Bürogemeinschaften gerade auf der gemeinsamen Marktbearbeitung beruhen und daher gemeinsame Standards etc. haben sollten.

2. Checkliste: Die richtige Ausgestaltung inkl. der administrativen Unterstützung des vorhandenen Gewinnverteilungssystems

	Bürogemeinschaft	Individuelle Erfolgssysteme	Mischsysteme	Pures Lock-step-system	Feste Anteile
Buchhaltung[1,2]	Getrennte Buchhaltungen der Beteiligten. Für die Gemeinkosten Einrichtung einer Buchhaltung der GbR. Zusätzlich: Einrichtung von speziellen Konten pro Beteiligten bei unterjährigen Kostenverursachungen, die zufällig in Bürogemeinschaft anfielen	Gemeinsame Buchhaltung mit Gesellschafterkonten für individuell zuordbare und verursachte Kosten auf Kapitalkonten: möglichst umfangreiche Kostenstelleneinrichtung für gut nachvollziehbare Kosten; Umsatzzuordnung nach Gesellschaftern (eingebrachte Mandantenumsätze und/oder bearbeitete Mandate/ und/oder abgerechnete Mandate und/ oder eingegangene Zahlungen auf eigene Rechnungen	Die Buchhaltung muss fähig sein, sämtliche für die Evaluation relevanten Kriterien zu erfassen; dies sind mindestens: akquirierte Umsätze; bearbeitete Umsätze (mind. Eigenumsätze); abgerechnete Umsätze (mit den Leistungen anderer Mitarbeiter/Partner).	Einfache Buchhaltung, aber mit Gesellschafter- (kapital-) konten. Dort Erfassung der lt. Gesellschaftsvertrag oder steuerlich notwendig individuell zuzuordnenden Kosten (etwa: KFZ, Verpflegungssätze, etc.) und evtl. Umsätze (etwa Autorentätigkeit, Lehrtätigkeit)	Keine besonderen Anforderungen außer der Pflege der Kapitalkonten und Abgleich mit den anteiligen Gewinnanteilen, die entnommen werden
Reporting	Einrichtung von zwei Zuordnungssystemen: Nach Nutzung von m² Flächen (Miete inkl. NK, etc.) und nach Köpfen (Verbrauch, ...).	Je nach Bezugspunkt (meist: eingegangene Zahlungen) individuelle Umsatzkonten; Kostenstellen möglichst umfangreich und tief gestaffelt für möglichst eindeutige Zuordnung	Das Berichtsweisen muss alle für die Evaluation relevanten Kriterien abbilden	Liste der Partner mit ihren zugeordneten Punkten sowie Vorausschau auf Punkteentwicklung zur Budgetplanung wegen Verwässerungseffekt. Kein individueller Umsatzausweis zur Vermeidung von widersprüchlichen Informationen. Steuerung durch Gruppendruck.	Keine besonderen Anforderungen

	Bürogemein-schaft	Individuelle Erfolgssysteme	Mischsysteme	Pures Lock-step-system	Feste Anteile
Sonstige Messsysteme		Je nach Festlegung: etwa Erfassung der intern weiter gegebenen Mandanten, Erfassung von Umsätzen mit Mandanten auch über mehrere Perioden hinweg, etc. Wegen Periodenbezug evtl. notwendig Bilanzierung oder zu mindestens Erfassung der Kosten und Umsätze nach Leistungsperioden zur Vermeidung von Streit über Zuordnung von Umsätzen. Aufwand für Management sollte zeitlich erfasst und berichtet werden, da meist wenig Wertschätzung hierfür vorhanden ist.	Meist sowohl Umsatz in ausdifferenzierter Form erfasst (eingebracht/bearbeitet/abgerechnet/eingebracht) als auch	Tätigkeit in der Verwaltung sollte zeitlich erfasst werden, da diese Tätigkeit in diesen Systemen gerne überbewertet wird	
Handlungsbedarf in der eigenen Kanzlei					

Anmerkungen

1. Anstelle eines Systemwechsels ist immer vorab zu prüfen, ob das genutzte Gewinnverteilungssystem überhaupt richtig administriert wird, also die Kanzlei die relevanten Kriterien angemessen erfasst und berichtet, und ob dies widerspruchsfrei geschieht. Die Steuerungsimpulse gehen primär vom System, sekundär vom Berichtswesen in einer Kanzlei aus.

2. Die administrative Unterstützung des bestehenden Gewinnverteilungssystems ist zentral für deren Akzeptanz. Dies fängt mit der Frage an, wie die Buchhaltung organisiert ist (etwa Notwendigkeit von Kostenstellen bei Bürogemeinschaften, oder bestimmten Mischsystemen), der Erfassung bestimmter Kriterien (durch Sekretariate, etwa bei Neuanlage eines neuen Mandates) bis hin zum Berichtswesen (sog. Reporting). Ein Berichtswesen, bei dem die für die Evaluation relevanten Kriterien nicht regelmäßig ausgewiesen werden, unterstützt das Gewinnverteilungssystem nicht. Der Ausweis von Individualumsätzen in Lockstep-Systemen etwa steht im Gegensatz zu dem Ziel, möglichst viel Zusammenarbeit unter Partnern zu gewährleisten.

3. Checkliste: Wunsch nach Anpassung respektive Veränderung eines bestehenden Gewinnverteilungssystems

Grund[1, 2]	Beispiel	Umgang damit	Bemerkungen
Geschäftsmodelle oder Beiträge der Partner sind nicht mehr miteinander vergleichbar	Ein Partner lastet mehrere Mitarbeiter aus, andere keinen	Zuordnung unterschiedlicher Gewinnanteile auf Basis Deckungsbeitrag wäre richtig	Die damit befürchtete Abnahme der Zusammenarbeit tritt meist nicht ein, da meist Partner ohne Auslastungspotenzial für Mitarbeiter meist auch vom Partner mit viel Auslastungspotenzial abhängig sind, oder so unabhängig, dass Zusammenarbeit keinen nennenswerten Rückgang erfährt
Beiträge der Partner nähern sich aneinander an	Partner sind, etwa nach Aufnahme von jüngeren, auf vergleichbaren Niveau angekommen	Anpassung des Gewinnverteilungssystems auf gleiche Anteile, evtl. auch mit Übergangsfristen (Lockstep oä); klare Regelung für Ausscheiden respektive Abschmelzen der Anteil der älteren	Fehlende Anpassungsprozesse führen meist zu Kanzleispaltungen, dabei ist der Verlust guter junger Partner meist relevanter als die Abgabe von Gewinnanteilen
Gewinnanteile im Lockstep stimmen mit Beiträgen nicht (mehr) überein	Größere Sozietäten auf Lockstep-Basis erleben immer wieder kurzfristige Leistungshochs einzelner Bereiche (etwa: Transaktionsgeschäft versus Litigation), was sich im auf Langfristigkeit ausgerichteten System (10 Jahre und mehr) meist ausgleicht	idR keine Anpassung des Lockstep-Systems sinnvoll, da schon kleine Korrekturen (Einführung von Gates, Heraufstufungen etc.) meist zu schweren Beeinträchtigungen der Zusammenarbeit führen, mit nachweisbaren Umsatzverlusten aufgrund Kooperationseinbußen	Relevant ab einer Beitragsdifferenz von größer als 1:4; Problem meist vor allem für jüngere Partner, die sich unangemessen entlohnt fühlen. Hier stellt sich die Frage nach der Vertragstreue bzw. der Akzeptanz des Systems; es ist meist besser, jene Partner gehen zu lassen, als ein eingeführtes System für einzelne umzustellen
Große Schwankungen in Mischsystemen	Messungssysteme sind in Kanzleien meist auf Unterdrückung allzu großer Unterschiede ausgelegt, bzw. auf Vermeidung von zu großen Spannungen	Kommen die Messsysteme an die Grenze, sind meist Instrumente zur Befriedigung Einzelner vorhanden und nutzbar; hierzu ist das Verständnis in der Partnerschaft herzustellen, wie die entsprechenden Kriterien zu interpretieren sind, um diese Spannung abzufedern; Grenze sollte aber bei 1:10 hinsichtlich höchsten und niedrigsten Entnahmen sein	Problem: keine Gewinnverteilung nach dem Prinzip „wer am lautesten schreit", da Ungerechtigkeiten meist sehr sensibel aufgenommen werden. Anpassungen im System sind meist eher Machtfragen, die anders adressiert werden sollten als durch Geldtransfers
Berichtswesen und Gewinnverteilung haben unterschiedliche Zielrichtungen; daraus resultieren Spannungen	Umsatzbericht in Lockstep-Systemen; Deckungsbeitragsausweisung bei Mischsystemen; nur Partnerumsätze werden berichtet ohne Associates-Umsätze;	Darauf achten, dass die Zielrichtungen beider aufeinander abgestimmt sind; im Zweifel ist erst einmal das Berichtswesen an die Gewinnverteilungslogik anzupassen, da dies weniger aufwendig ist und oftmals die Spannungen bereinigt	Durch die Inkongruenz entsteht eine Widersprüchlichkeit, die es zum Einen erlaubt, sich so zu verhalten, wie man will, zum Anderen wirtschaftliche Fehlallokation zur Folge hat
Grund in unserer Kanzlei:			

Anmerkungen

1. Bei bestehenden Kanzleien geht es meist nur um einer Weiterentwicklung des bestehenden **Gewinnverteilungssystems**, da die eingeübten Systeme und Prozesse eine grundlegende Neugestaltung meist nicht zulassen bzw. die Verhandlungsmasse in der Partnerschaft meist nicht vorhanden ist, um eine grundlegende Neuausrichtung hinzubekommen. (→ Form. P. II. 1 Anm. 1; → Form. P. II. 2 Anm. 2)

2. Beobachtbar ist, dass Änderungen des Gewinnverteilungssystems, ja selbst deren Diskussionen schon zu Partnerabgängen geführt haben. Davon abgesehen ist die Umverteilung der Gewinne insgesamt ein Nullsummenspiel, welches nur bei Aussicht auf erhebliche Verbesserung der Gesamtleistungsfähigkeit der Kanzlei überhaupt erwogen werden sollte. Diese ergibt sich meist nur bei einer höheren Sozialisierung von Kosten und Gewinnen, weil dann Kooperationsschranken wegfallen. Dem gegenüber werden und wurden in den Kanzleien tendenziell eher mehr Anreize für individuell richtiges Verhalten eingeführt (Boni, umsatzorientierte Hürden, sog. Gates, im **Lockstep**, etc.).

4. Kritischer Kurzcheck nach *Nanda*

Kriterium[1]	Berechnung	Bemerkungen	Analyse
Wertbeitrag des Partners (Value)	Monetär: Deckungsbeitrag Nicht-monetär: sonstige Beiträge, die Mandantenakquisition für andere Partner	Relevanz abhängig von Gewinnverteilungssystem	
Alternative außerhalb der Kanzlei („Outside Option")	Gewinnhöhe bei Wettbewerbern für vergleichbare Position	Wenn höher als derzeitige Kompensation, kritisch für Kanzlei	
Gewinnanteil	Tatsächliche Entnahme inkl. Vorabentnahme und Sonderbetriebsausgaben lt. Kapitalkonto	Wenn höher als Wertbeitrag, kritisch für Kanzlei:[2]	

Anmerkungen

1. *Nanda/Prusiner* definieren Gewinnverteilungssysteme nach dem Kriterium „Individuelle Performance orientierte Bezahlung" sowie „Teamorientierte Gewinnverteilung" einerseits, zum anderen kurzfristige und langfristig, vergangenheitsorientierte Systeme.

Kurzfristig individual („Eat what you kill"): Ausschließlich aufgrund der persönlichen wirtschaftlichen Beiträge basierende Gewinnbeteiligung **Langfristig individual**: „Long term perfomance driven compensation": Hierzu gehören alle Gewinnverteilungssysteme bei der der Beitrag nicht nur aufgrund der periodenbezogenen Beiträge, sondern auch hinsichtlich vergangener Beiträge bewertet wird. Dies setzt Evaluationsprozesse voraus, bei der diese bewertet werden. **Langfristig teambezogen**: Hierzu zählt *Nanda* etwa Lockstep-Systeme. **Kurzfristig teambezogen**: Hierzu gehören lt. *Nanda* teamorientierte Entlohnungssysteme (im Kanzleimarkt meist bei überörtlich tätigen Sozietäten oder bei unterschiedlichen Geschäftsfeldern innerhalb einer Kanzlei angewandte teamorientierte Formeln, die als „Außensozietät" bezeichnet werden.

2. *Nanda/Prusiner* gehen davon aus, dass sog. „Rainmaker" idR keinen höheren Wertbeitrag leisten als durchschnittliche Partner, da die entsprechende Ressourcennutzung durch diese meist nicht den (meist nur Umsatz-) Beiträgen gegenüber gestellt werden.

5. Musterklausel: Ergebnisverteilung nach Lockstep

(1) Gewinnverteilung nach Punkten:[1] Die Partner sind am Gewinn und Verlust entsprechend ihrer persönlichen Punktequote beteiligt. Die Punktequote eines Partners bestimmt sich aus dem Verhältnis der ihm zustehenden Punkte im Verhältnis zu den Punkten sämtlicher Partner sowie eventuell weiterer in Punktform am Gewinn beteiligten Angestellten. Der zu erreichende Punktwert wird dem Budgetierungsprozess zugrunde gelegt und bestimmt über die Beiträge der Partner und Kosten.

Hierfür wird ein Lockstep-System eingerichtet, welches von (20) Punkten (Punktwert X Punkten = Gehalt bei Eintritt in unterster Stufe) bis hin zu max. (hier: 100 Punkte) reicht. Pro Jahr Angehörigkeit als Gesellschafter erhöhen sich die Punkte um je 10 pro Jahr, so dass nach 8 Jahren die höchste Stufe erreicht worden ist.

Der Punktestand ergibt sich aus der Anlage, die auf jährlicher Ebene fortzuschreiben ist.

(Sonderregelung:

Den Gründungspartnern stehen bereits zu Beginn der Sozietät je 100 Gewinnpunkte zu.)

(Sonderregelung bei Aufnahme/Höher/Rückstufung:[2]

Abweichungen von Satz 1 und 2 des Absatzes (1) sind in begründeten Fällen möglich und bedürfen eines Beschlusses der Sozietät. Bei einem bereits in die Sozietät aufgenommenen Partner ist dieser nicht stimmberechtigt. Stimmberechtigt für Punkteerhöhungen oder Absenkungen sind nur die Partner, die jeweils auf gleicher Stufe stehen oder mehr Punkte haben als der betroffene Partner, mit Ausnahme der Gründungspartner, die jeweils ein Vetorecht haben. Abweichungen von Satz 1 und 2 sind auch in der Weise möglich, dass die Punktezahl eines Partners in begründeten Fällen reduziert wird. Ein begründeter Fall ist zB ein längerer Ausfall oder ein grobes Missverhältnis zwischen dem wirtschaftlichen Beitrag und dem erwarteten Gewinn des betroffenen Partners.)

Anmerkungen

1. Da die in der Literatur befindlichen Formulierungen meist etwas sehr apodiktisch formuliert sind, folgen anbei einige typische Formulieren, die in der Praxis Anwendung finden. (für Sozietätsvertrag → Form. B. I. 2)

2. In Lockstep-Systemen ist der Ruf nach Evaluation und detaillierte Umsatzausweisung ein typisches Phänomen, mit der die Nachteile des Systems („Fee riding", also die Ausnutzung) bekämpft werden sollen; besser wäre es allerdings, diejenigen, deren Beitrag als nicht ausreichend betrachtet wird, mit dieser Beobachtung zu konfrontieren und nach Lösungen innerhalb oder außerhalb der Kanzlei zu suchen. Die hier vorgeschlagene Formulierung dient eher der Erhöhung des Druckes auf die Gesellschafter; die Anwendung hingegen führt oftmals wieder zu einem Anreiz individueller Optimierung wie in Mischsystemen.

6. Musterklausel: Kriterien Individueller Beitragsmessung

Lockstep[1] Regelung wie → Form. P. II. 5 – Zusätzlich:

Von dem Gewinn werden vorab (50) %[2] in einen Sondertopf eingestellt. Über die Verwendung des Sondertopfs beschließt die ordentliche Partnerversammlung im Ersten Quartal/nach Vorlage des Jahresergebnisses. Hierbei sollen insbesondere Einzelumständen Rechnung getragen werden können, die einen wichtigen Beitrag eines oder mehrerer Partner im laufenden Geschäftsjahr berücksichtigen und die sich in der allgemeinen Regelung der Gewinnverteilung gemäß Absatz (3) nicht widerspiegeln. Dieser Gewinn wird nach folgenden Kriterien verteilt:

a) Umsatz im Verhältnis der Partner zueinander (50 %)[3]
b) Übernahme von Managementaufgaben (20 %)[4]
c) Besondere Beiträge, etwa durch Akquisition bedeutsamer Mandanten oder Übernahme von außergewöhnlich ergebniswirksamen Mandanten (30 %)[5]

Sofern die Partner aufgrund der vorstehenden Umstände nichts Abweichendes beschließen, wird der Sondertopf gemäß Absatz (1) verteilt.

Anmerkungen

1. Bei Gewinnverteilungssystemen, bei der der individuelle Beitrag von Bedeutung ist, gibt es im Grunde drei Systeme:
- Kostenbeitrag in Höhe der auf den einzelnen entfallenen Kostenanteilen an Gemeinkosten, errechnet nach der genutzten Fläche (m^2) und der darauf bezogenen Kosten sowie nach Köpfen (bzw. Tagessatzanteilen der Nutzung von Personal).
- Fixer Anteil am Gewinn, der sich etwa durch die Relation der Umsatzbeiträge der Partner untereinander ergibt.
- Eine subjektive Evaluation durch ein Organ, welches die Beiträge der Partner zueinander in Relation zum zu verteilenden Gewinn setzt, mit einer nicht überprüfbaren Beurteilungskompetenz. Die Kriterien hierbei sind:
  - BUSINESS-DEVELOPMENT
    Bestandsmandanten zu halten und auszubauen sowie neue Mandanten zu gewinnen ist zentral für den Unternehmenserfolg. **Messkriterien sind etwa:** Neue Mandate von neuen Mandanten; Mandate von Bestandsmandanten; Weitergabe von neuen Mandaten und Mandanten an andere Partner in der Kanzlei
  - PRAXISMANAGEMENT UND MITARBEITERNUTZUNG (LEVERAGE)
    Die eigene Praxis auszubauen und neue Mitarbeiter zu gewinnen und auszulasten ist unternehmerisch sinnvoll. **Messkriterien sind etwa:** Delegation von Mandatsarbeit zur Auslastung anderer Mitarbeiter, Führung und Ausbau des Dezernates; Erweiterung der Kompetenz und Erhöhung der Spezialisierung innerhalb der Kanzlei; Umsetzung der entsprechenden Kanzleivorgaben
  - PERSÖNLICHE PRODUKTIVITÄT
    Der eigene Umsatz ist von Relevanz (je nach Kanzlei: Mindestumsätze, Höchstzeiten, ...). **Messkriterien sind meist:** hinsichtlich Umsatz: abgerechneter Umsatz (Nachteil: Zuarbeit anderer wird vernachlässigt, Vernachlässigung des tatsächlich eingegangenen Umsatzes mit der Gefahr der Manipulation); bearbeiteter Umsatz (Nachteil: Akquise wird nicht berücksichtigt); daher möglichst alle Umsatzarten messen. Ansonsten: Anzahl an Stunden (je nach System: alle, nur billables, nur realisierte, Verwaltung etc.; mit ähnlichen Fehlsteuerungsgefahren wie bei Umsatz).

– KANZLEIMANAGEMENT UND SONSTIGE BEITRÄGE

Die Bereitschaft, Verantwortung zu übernehmen ist besonders wichtig für das Funktionieren einer Kanzlei. Messkriterien sind etwa: Einsatz in Funktionen (Effizienz, Effektivität, Führungskompetenz, Anerkennung intern/extern, Ergebnisse). Dementsprechend ist in Kanzlei mit erfolgsorientierten Bezahlsystemen der Ruf nach Management groß. Hierfür ist es sinnvoll, eine gesonderte Entlohnung (nach Stunden, pauschal) als Vorabvergütung einzurichten, da Kanzlei ab 8 Gesellschaftern einer Koordinationsfunktion bedürfen (bei Kanzleien bis zu 7 Gesellschaftern ist dies durch die Übertragung der Verwaltungsaufgaben auf einzelne Partner möglich).

Die Nutzung des sog. „Balanced Scorecard" ist in Anwaltskanzleien unüblich. Die wenigen Sozietäten, in denen es administriert wird, finden die Handhabung zu komplex und aufwendig. Sie ist für die Nutzung in Großunternehmen entwickelt worden. Im Übrigen führt sie zu den Nachteilen aller Mischsysteme, nämlich der Individualisierung der Ziele und damit der Verringerung der Zusammenarbeit in Sozietäten.

Generell besteht die Gefahr der Überbewertung der wirtschaftlichen/monetären Beiträgen zu anderen Beiträgen. Die in der Betriebswirtschaft anzutreffende Meinung, mit Geld ließe sich motivieren, findet im Übrigen in der Psychologie keine Entsprechung und führt eher zu Fehlverhalten, wie im Bankensektor, also etwa dem Eingehen zu großer Risiken auf Kosten der Gemeinschaft, oder der Nichtkommunikation von Fehlern (etwa: Pflichtverletzungen, oder im Falle ENRON bei Zweifeln an korrekter Interpretation einer Regelung) oder gar der fehlenden Zusammenarbeit zur Vermeidung von Beteiligung anderer Partner an den wirtschaftlichen Ergebnissen (siehe *Regan*).

2. Der Anteil an Erfolg orientierter Gewinnverteilung am Gesamtgewinn variiert zwischen 5 % und 50 %. Hinsichtlich der Anreizwirkung macht es keinen beobachtbaren Unterschied, da der soziale Anreiz der internen Ausdifferenzierung relevanter ist als der ökonomische. Da ca. 50 % des Gewinnes meist maximal vorab ausgeschüttet wird, ist es sinnvoll, diesen Anteil nach einem festen Schlüssel zu verteilen. *Offermann-Burkardt* empfiehlt die Zuteilung des Gewinnes zu 50 % nach gleichen Anteilen, und zu 50 % nach einem Punktesystem. Derartige Formulierungen finden sich in vielen Verträgen kleinerer Kanzleien. Die Umrechnung des Gewinnes in Punkte und die Verteilung von Punkten an Gesellschaftern hat den Reiz, dass alle gewinnen, je höher der auf einen Punkt entfallene Punktwert ist.

3. Die Relation des Umsatzes der Partner zueinander ist dann ein geeignetes Kriterium, wenn alle Partner im Wesentlichen das gleiche Geschäftsmodell verfolgen, also die gleiche Anzahl an Mitarbeitern zur Umsatzgenerierung nutzen. Sonst ist der erzielte Deckungsbeitrag das bessere Kriterium.

4. Die Übernahme von Managementaufgaben muss in einem erfolgsorientierten Gewinnverteilungssystem gesondert intensiviert werden, weil sie sonst typischerweise zu gering ausfällt. Ob Anteile (etwa: 1,5 % des Gewinnes), auf Stundensatzbasis, oder durch pauschale Zuweisung von Nominalbeträgen, ist weniger relevant.

5. Je unspezifischer die Beschreibung, umso schwieriger die Zuordnung bzw. umso umstrittener. Alternativ stehen auch folgende Kriterien bereit:
- Fähigkeit, wichtige Mandanten zu halten und zu entwickeln
- Fähigkeit neue Mandanten zu akquirieren

7. Musterklausel: Mischsysteme

Die Punkte werden den Partnern entsprechend des von Ihnen betriebenen Geschäfts-modells zugeteilt. Demnach erhält ein Partner, der hohe Deckungsbeiträge realisiert, einen entsprechend hohe Anzahl von Punkte. Die Punkte werden vor einem Geschäftsjahr festgelegt. Sie können nur mit Folge für das zukünftige Geschäftsjahr verändert werden.

Anmerkungen

Bei der Frage der Verteilung des Gewinnes angesichts sehr unterschiedlicher Geschäfts-modelle innerhalb einer Kanzlei bietet es sich an, eine an die Dekungsbeitragsrechnung angelehnte Gewinnverteilung zu übernehmen. Diese setzt voraus, dass die Buchhaltung für jeden Gesellschafter einzelne Kostenstellen eingerichtet hat und ihm alle von direkt oder indirekt verursachen Kosten zuordent, inkl. eines Gemeinkostenanteils nach Köpfen oder Quadratmetern.

8. Musterklausel: Prozess der Gewinnverteilung und Entscheidungsmacht

Im Falle einer Entscheidung über Anteile am Gewinn, die nicht nach einer festen Formel zugeteilt werden, ist die Partnerversammlung der Vorsitzende des geschäftsführenden Ausschusses/der Managing Partner/das Evaluationskomitee zuständig. Diese entscheiden final über den Gewinnanteil/legen der Partnerschaftsversammlung eine Regelung vor.

Die Erfüllung der Kriterien durch die einzelnen Partner wird durch ein gesondertes Komitee der Partnerversammlung (Evaluationskomitee, oä)/das Managementboard/den Managing Partner evaluiert. Das nähere bestimmt die Ausführungsverordnung in der Anlage zu diesem Vertrag.

Anmerkungen

Allzu leicht übersehen wird der unmittelbare Zusammenhang zwischen Gewinnvertei-lungssystem (und Prozess) und der Entscheidungsfähigkeit der Gesellschaft. Ein Misch-system mit Anpassungsmöglichkeiten (wie hier vorgeschlagen) bedarf eines Kanzleima-nagements welches eine Evaluation durchführen kann und mit Ergebnis abschließen kann. → Form. B. Jede Gewinnverteilung, die eine Ermessensentscheidung umfasst und nicht nach einer starren Formel den Gewinn zuweist (Lockstep oder starre Umsatz-orientierte Formel) bedarf eines Prozesses der Entscheidungsorganisation sowie Organe, die entscheiden.

III. Organisation

1. Checkliste: Aufbauorganisation

Ebene[1]	Anforderung an Aufgabe/Rolle	Eigene Festlegungen
Sozien	Fachlich: Annahme Mandate; fachliche Beaufsichtigung aller ihm zugeordneten Mandate und Mitarbeiter, Rechnungsstellung, Fristennotierungsprüfung Methodisch: Mitarbeiterführungskompetenz (disziplinarisch, Personalentwicklung, Fürsorge) Sozial: Füllt Vorbildfunktion voll aus Unternehmerisch: Mandantenbindung und Neuakquisition, Kanzleientwicklung, Führung von Dezernaten/Kanzlei Wirtschaftlich: Verantwortlich von (500.000) EUR Umsatz	
Angestellte Anwälte	Fachlich: Mitarbeit in Mandaten, je nach Seniorität selbstständig bis hin zur Unterschrift (Achtung: selbständige Bearbeitung hat Grenzen wegen Gewerblichkeit) Methodisch: Beherrschung der wichtigsten Verhandlungs- sowie Arbeitstechniken (inkl. Beherrschung EDV, ...) Sozial: Verbindlicher, angenehmer Umgang mit Mitarbeitern und Mandanten Unternehmerisch: Bindung vorhandener und Akquisition neuer Mandanten Wirtschaftlich:[2] korrekte Zeitaufzeichnung, korrekte Erfassung aller Gebührentatbestände in der Akte	
Sekretariat	Fachlich: Unterstützung der Rechtsanwälte, insbesondere Fristennotierung, Schriftsatzerstellung, Post, Telefonannahme, etc. ggf. Gebührenrecht Methodisch: Beherrschung Kanzleisoftware, ggf. Office-Paket sowie Bedienung aller Gerätschaften; ggf. Sprachkompetenz, Sozial: Kommunikation gegenüber Mandanten und Mitarbeitern hervorragend, Unternehmerisch: Denkt mit in allen Arbeitsprozessen und macht Vorschläge zur Verbesserung; bindet Mandanten durch gute Kommunikation Wirtschaftlich: Pflege der Mandantenkonten, ggf. Erstellung Abrechnungen oder deren Kontrolle, vermeidet kostenverursachende Tätigkeiten	
Weitere (Empfang, ...)		

Unterfall: Einzelanwälte

Klare Zuordnung der Aufgaben zwischen Sekretariat und Anwalt sind notwendig, insbesondere hinsichtlich Fristennotierung, Geldeingangsüberwachung und Weiterleitung.

Unterfall: Überörtliche Kanzleien

Mit zunehmender Größe nimmt die Ausdifferenzierung der Aufgaben zu; daher sind die og Aufgaben immer weiter auszudifferenzieren. Wichtig ist insbesondere die Übertragung der für die Aufgaben notwendigen Kompetenz zur selbständigen Entscheidung, zB im Rahmen des Budgets. Im Zweifel sind die Prozesse der Abstimmung zu beschreiben (etwa im Rahmen eines QM-Systems). Im Folgenden finden sich daher Funktionsbeschreibungen, die für jede Stelle, insbesondere in der Administration, anzulegen sind.

Schrifttum: *Appelhagen*, Kanzleiführung, Organisation und Geschäftsführung in der Sozietät, 2003; *Ahlert/Evanschitzky/Hesse*, Exzellenz in Dienstleistung und Vertrieb, 2002; *Axmann/Diem*, Anwaltsstrategien für das Kanzleimanagement, Band 8, 2007; *Borgmann/Haug*, Anwaltshaftung, 3. Aufl. 1995; *Freitag/Paal/Dolch/Reiniger/Ruby/Kamradt/Werner*, Qualität in der Anwaltskanzlei, 1999; *Hartung/Römermann*, Marketing und Management, Handbuch für Rechtsanwälte, 1999; *Heussen*, Anwaltsunternehmen führen, 2009; *ders.*, in „Managementwerkzeuge für die Anwaltskanzlei – Die Balanced Scorecard", Schweiz: Anwaltsrevue 5/2005, Seite 211; Deutscher Anwaltverein e.V., TQM – Qualitätsmanagement in der Anwaltskanzlei 1997; *Kapellmann*, Juristisches Projektmanagement, 1997; *Kohl*, Kanzleimanagementhandbuch, 1998; *Nagel*, Die 6 Erfolgsfaktoren des Unternehmens, 5. Aufl. 1993; *Schieblon*, Kanzleimanagement in der Praxis, 2011; *Schulz/Klugmann*, Wissensmanagement für Anwälte, 2005; *von Dungen*, Teamproduktion in Professonal Service Firms, 2007; *Werner*, Einflussfaktoren des Wissenstransfers in wissensintensiven Dienstleistungsunternehmen, 2004; *Kapellmann*, Juristisches Projektmanagement bei der Entwicklung und Realisierung von Bauprojekten, Werner Verlag 1997 (Ein Beispiel für eine die Marktstrategie einer gesamten Kanzlei definierenden Beschreibung eines Geschäftsfeldes, dargelegt in Ablauf- und Aufbauorganisation). Stellvertretend kann hier für sämtliche juristische Bearbeitungsprozesse auf die Formularhandbücher im Beck-Verlag verwiesen werden, die teilweise auch online erhältlich sind, de facto Detailablaufbeschreibungen bei der Bearbeitung der juristischen Dienstleistung darstellen.

Anmerkungen

1. Aufbauorganisation. Je größer die Sozietät, umso ausdifferenzierter ist eine Aufbauorganisation zu gestalten. Fallen bei einem Einzelanwalt alle Aufgaben der Führung in seiner Person zusammen, so kann bei einer Großkanzlei diese auch auf mehrere Partner und Mitarbeiter delegiert werden.

2. Wirtschaftliche Anforderungen. Diese dürfen bei angestellten Rechtsanwälten nicht so weit gehen, dass diese wie selbständige Anwälte eigenverantwortlich arbeiten, da die Kanzlei sonst als gewerblich eingestuft werden kann. Es muss immer eine Beaufsichtigung des angestellten Anwaltes durch einen Sozius geben, die aus der Handakte ersichtlich sein muss (Korrekturen, Unterschriften, Freigaben etc.). Einige Finanzämter versuchen, durch diese Klassifizierung Gewerbesteuern zu erheben (*Clausen*, Ausschuss Steuerrecht der BRAK, RAKMagazin 6/2007, S. 12).

2. Funktionsbeschreibung: Office Manager

Aufgaben[1]	Anforderungen[2]	Befugnisse[3]
• Unterstützung der Managing Partner bei der Verwaltung	• Fähigkeit zum Management einer Verwaltung in den Funktionen Personal, Marketing, Technik, Finanzen • Kenntnisse der Besonderheit von Dienstleistungen und Fähigkeit zur Planung und Durchführung von internen Projekten zur Verbesserung der Qualität etc. • Projektmanagement-Knowhow	• Personalführung • Budgetkompetenz, soweit nicht speziell vergeben, für die einzelnen Bereiche
Sonderaufgaben •	Spezielle Anforderungen •	Sonderbefugnisse •

Stellvertretung:[4]	Managing Partner
Überstellung:	Verwaltungsangestellte in Bereichen Personal, Buchhaltung, Marketing, Technik, Facility Management, etc.
Unterstellung:	Managing Partner

Weitere Aufgaben ergeben sich aus den Details der Ablaufbeschreibungen, aus besonderem Anlass oder aufgrund besonderer Weisung durch Überstellte.

Sonderfall Große Kanzlei:

Die Aufgabenstellungen können je nach Anzahl Sozien und Mitarbeitern beliebig ausdifferenziert werden, evtl. auch nach Standorten und Praxisgruppen. Typischerweise ist folgende Ausdifferenzierung zu beobachten und auch funktional:

1. Bis 7 Sozien: Die Sozien übernehmen jeweils eine Aufgabe und erledigen sie in Stellvertretung nach Entscheidung der Grundfragen im Sozienkreis.
2. 7 bis 16 Sozien: Die Sozien bilden jeweils kleine Komitees, um die Aufgaben entsprechend der Komplexität der Organisation zu erledigen (was aber nicht wirklich effizient ist: besser wäre es, auf Zeit gewählte Partner dies erledigen zu lassen; dagegen spricht jedoch der gruppendynamisch zu erklärende Bedarf an Teilhabe und Mitentscheidung aller Partner).
3. Ab 16 Partner: Einrichtung eines Managementboards, welcher die Aufgabenerledigung, die zum Teil durch nachgeordnete Kräfte stellvertretend für die Partnerschaft erledigt wird, übernimmt.

Anmerkungen

1. Funktionsbeschreibungen dienen dazu, die Aufgaben, allgemeinen Anforderungen und damit verbundene Kompetenzen einer Funktion in einer Kanzlei zu beschreiben. Hiervon ausgehend können die Stellen der einzelnen Stelleninhaber beschrieben werden.

Die Funktionsbeschreibungen folgen dem Schema „Aufgabe-Anforderung-Kompetenz", da für jede Aufgabe auch das Anforderungsprofil an die Person klar sein sollte (oder ggf. mittels geeigneter Aus- und Weiterbildung erstellt werden muss) und die Kompetenzen geregelt sein sollten, damit der Funktionsinhaber auch imstande ist, die Funktion auszufüllen und die Aufgaben umzusetzen.

Die Kanzleiverwaltung in größeren Einheiten setzt daher voraus, dass die Partnerschaft Berufsträger mit dem Management des gemeinsamen unternehmerischen Anliegens als Managing Partner, Managing Board, Leiter einer Praxisgruppe, etc. zugewiesen haben, innerhalb deren sie ohne Rückfrage entscheiden dürfen. Nur innerhalb dieses Rahmens können sie Aufgaben an ihnen unterstellte Mitarbeiter delegieren. Der Umfang an Bedarf nach Management variiert von Kanzlei zu Kanzlei (Größe, Aufgabenstellung, strategischer Positionierung, ...) und der Notwendigkeit des Managements.

Funktionsbeschreibungen sind die Ausfüllung der Aufbauorganisation einer Kanzlei; sie werden durch eine geeignete Ablauforganisation, Besprechungsstruktur und Strategie ergänzt, damit die Organisation als Ganzes effizient die Aufgabenerledigung vornehmen kann, und die Belastung der Berufsträger mit nicht zugewiesenen Aufgaben relativ gering bleibt (Vermeidung von zeitfressender Improvisation).

2. Hier werden die allgemein üblichen Managementfunktionen einer Anwaltskanzlei beschrieben. Die einzelnen Aufgabenkataloge können je nach Kanzleigröße unterschiedlich zugeordnet werden; es sollte jedoch darauf geachtet werden, dass keine Funktion ohne Zuordnung bleibt. Die Sonderaufgaben/-anforderungen/-befugnisse können sich abweichend oder zusätzlich je nach interner Zuordnung ergeben.

3. Neben den generellen Aufgaben sind auch die sich aus den einzelnen Abläufen ergebenden Aufgaben zu berücksichtigen. Daher ist es hilfreich, einen Überblick über die Abläufe in den einzelnen Bereichen zu haben und diese ggf. auch als Standards innerhalb der Kanzlei festzuschreiben, um die Aufgabenerledigung transparent und nachvollziehbar zu machen; dies ist oftmals die Voraussetzung dafür, dass Berufsträger bereit sind, ihren Teil zur Aufgabenerledigung beizusteuern.

Die Strukturierung der Entscheidungsbefugnisse in einer Kanzlei hängen von der Notwendigkeit ab, die sich an die Entscheidungsfähigkeit richten. Kanzleien, die in sehr volatilem Umfeld tätig sind, müssen schneller entscheidungsfähig sein, als solche, die aufgrund der Marktposition weniger gefährdet sind. Die Managementstruktur ist zuerst einmal die Organisation von Kommunikation, erst dann auch der Entscheidungsgewalt. Die Funktion eines Bürovorstehers wurde hier bewusst weggelassen, da diese Funktion in der des kaufmännischen Geschäftsführers aufgegangen ist respektive in Einzelfunktionen bestehen bleibt.

4. Die Stellvertretung durch eine entsprechende Funktion, die Überstellung (Weisungs- und Delegationsbefugnis für Funktionsträger) und Unterstellung (gegenüber Funktionsträgern weisungsbefugte Stellen/Organe) ist ebenso festzulegen, um Entscheidungsvorgänge klar zu regeln.

3. Checkliste: Ablauforganisation
(Steuerung wiederkehrender Prozesse)

Prozess[1]	Schnittstellen	Beschreibung vorhanden?	Mögliche Ausdifferenzierung
Führungsprozesse[2] Kanzleiziele und Strategie	Abhängig von Marktposition, Beziehungen, Kapazität und Fähigkeiten/Erfahrungen der Anwälte		
Marketing	Abhängig von Definition der Zielgruppen in Kanzleiziele		Marketingverwaltung (einheitliche Darstellung aller Kommunikationsmittel sog. Corporate Identity (CI)) Pflege der gängigen Kommunikativen Auftritte, insbesondere Homepage sowie Kanzleiräumlichkeiten Presse/Öffentlichkeitsarbeit Geschäftsentwicklung/ Mandatsakquisition (Business Development)
Technik	Abhängig von Art der Mandate: hoher Anteil forensicher Mandate verlangt nach einer ablaufunterstützender Kanzleisoftware; Projektgeschäft überörtlich verlangt nach einer überörtlichen Zeiterfassungssoftware, etc.		Insbesondere Nutzung von Standardsoftware (Kanzleisoftware, Diktatsoftware, Standardbürosoftware wie etwa Microsoft Office)
Finanzen	Abrechnung der Mandate, Entnahmepolitik		Budgetierungsprozess, Controlling und Reporting,
Dienstleistungser-bringungsprozesse[3] Mandatsannahme	Fristennotierung, Dezernatszuordnung		
Mandatsbearbeitung	Unabhängigkeit des Anwaltes als Kernwert der Profession gemäß § 43 a BRAO; Verstöße etwa durch Vorgabe der abzurechnenden Stunden Personalführung/Beaufsichtigung der Sachbearbeitung durch einen Gesellschafter zur Vermeidung der Klassifizierung der Tätigkeit als gewerblich durch Finanzämter		
Mandatabschluss und Mandatsabrechnung			
Unterstützende Prozesse[4]			
Personal:[5] Rekrutierung Personalführung Trennung			

Sonderfall Einzelanwalt:

Für einen Einzelanwalt ist zumindest eine generelle Beschreibung des Fristablaufs notwendig, um sich im Falle einer Fristversäumnis durch das Vorhandensein einer generellen Anweisung zu entlasten. Dies muss auch Stellvertretungen umfassen und muss an den/die Mitarbeiter bekannt gemacht worden sein im Sinne einer arbeitsrechtlichen Anweisung.

Anmerkungen

1. Ablauforganisation. Dienstleistungsunternehmen wie Kanzleien sind sog. Ablauf (oder prozess-)getriebene Organisationen, dh die Kernleistung wird in Arbeitsabläufen durch mehrere Mitarbeiter erbracht. Dabei hat jeder Mitarbeiter die ihm zugewiesenen Arbeitsabläufe entsprechend seiner/ihrer Qualifikation zu erbringen. Instrumente zur Optimierung der Abläufe sind daher sinnvoll einzusetzen (etwa Qualitätsmanagement, Total Quality Management, etc.). Sie helfen einer Organisation, die Arbeitsteilung zu erkennen und Optimierungspotenziale zu identifizieren. Diese sind in Kanzleien vor allem auf der unternehmerischen Seite zu finden (Führungsprozesse, Serviceprozesse, Abrechnungsprozesse etc.). Im Folgenden sind die wichtigsten Prozesse aufgeführt.

Die Beschreibung sollte tabellarisch erfolgen. (Prosa bietet sich nicht an, da die Überarbeitung schwierig ist). Checklisten, Vorlagen etc. sind als Anhang an jeden Ablauf zu erstellen.

2. Führungsprozesse. Die wichtigsten Vorlagen von Führungsprozessen sind in diesem Kapitel enthalten. Werden sie umgesetzt, so sind die Anforderungen insoweit erfüllt.

3. Dienstleistungsprozesse. Die Dienstleistungen des Anwaltes sind hochgradig standardisierbar. Sie wenden Gesetze an, die standardisierte Fallgestaltungen sind, mit Verfahren, die standardisierte Abläufe vorgeben, mit einem Berufsrecht, welches hohe Anforderungen an Integrität stellt. Raum für Kreativität ist gering, daher sind die meisten Anwälte auch stark regel- und werteorientierte Persönlichkeiten. Das Potential für Standardisierung ist hoch, wie die vielen Formularhandbücher und EDV-Lösungen zeigen. Dennoch sind Qualitätsmanagementhandbücher aus diesem Bereich nur in ganz wenigen Gestaltungen bekannt, so etwa bei Transaktionen internationaler Großkanzleien (was ihnen erlaubt, diese von Anwälten mit 4–8 Jahren Erfahrung kostengünstig durchführen zu lassen). Eine weitere liegt in der Beschreibung von *Kapellmann* (Juristisches Projektmanagement) für den Bereich Immobilienprojektentwicklung vor. Die umfassendste Beschreibung der Verfahrensschritte in einem QM-Prozess hat bisher die DATEV mit ihrem Projekt „ProCheck" geleistet, in der diese auch eine EDV-Unterstützung erfährt.

Als umfassendste Online-Darstellung gilt derzeit das Produkt „janolaw.de", bei welchem anhand von Abfragen im Internet das juristische Know-How für viele Rechtsfragen weitgehend automatisiert erstellt werden kann.

4. Unterstützungsprozesse. Unterstützungsprozesse sind meist der Fokus vorhandener Qualitätsmanagement-Handbücher. Sie sind aus der Perspektive der Anwälte geschrieben, die möchten, dass die Kanzlei nach ihren Vorstellungen funktioniert. Aber sie mögen sich selber nicht Abläufen unterwerfen, die ihre Handlungsräume einschränken. Da dies Teil ihres Selbstverständnisses ist, da sie höchstpersönliche Verantwortung tragen, die sie auch nur teilweise versichern können, möchten sie entscheiden können, was sie tun und wie sie es tun – was oftmals nur die jeweils andere Seite derselben Medaille ist.

5. Personalprozesse. Personalführungsprozesse werden immer relevanter für Kanzleien. Dies zum einen, weil es demographisch zu einem Wettbewerb um Mitarbeiter kommt. Organisatorisch, weil die Dienstleistungsqualität in hohem Masse von der Motivation der

Mitarbeitenden abhängig ist, also von der Arbeitsumgebung und Führung, die diese Motivation ermöglicht und aufrecht erhält (Identifikation, freiwillige Mitarbeit, Ausstrahlung, Freundlichkeit etc. sind stark von der Anerkennung durch Vorgesetze abhängig).

4. Checkliste: Organisation der Leistungsprozesse, insbesondere Zeiterfassung, Projektmanagement

Beispiel: Ablaufbeschreibung				
Ablaufanstoß[1,2] (Input)	Von	Was ist zu tun	An wen	Ergebnis (Output)

Quelle: QM in der Anwaltskanzlei, *Freitag et al*
Demnach muss die Zeiterfassung folgenden Kriterien genügen:
1. Zeitnah
2. Korrekt (idealerweise im Minutentakt), entsprechende Voreinstellungen sind möglich
3. Umfassend und nachvollziehbar Auskunft gebend über tatsächliche Leistung
4. Technische Voraussetzungen: Erfassung direkt in ein entsprechenden Software oder auf Papier und Übertragung in Rechnung.
5. Folgende Mindestkriterien der Textinformation müssen erfüllt sein:
   a) Mandant
   b) Mandat
   c) Tätigkeitsart
   d) Volltext inhaltliche Beschreibung
   e) Zeit (ein Viertelstundentakt ist jedenfalls nicht grundsätzlich unzulässig gem. § 242 BGB, BGH Urt. v. 5.3.2009 – IX ZR 144/06)
   f) Ggf. Ort (wenn Leistungsort relevant)
      Hinweis: Es muss aus dem Text der Zeitmitschrift unmittelbar nachvollziehbar gemacht werden, warum dieser Zeitaufwand notwendig war (OLG Düsseldorf Urt. v. 7.6.2011-24 U 183/5) sowie OLG Schleswig Urt.v. 19.2.2009-11 U 151/07; insbesondere muss lt. BGH die Angemessenheitsprüfung bei berechtigten Zweifeln durchgeführt werden (zitiert nach OLG Frankfurt/Main Urt. v. 12.1.2011-4 U 3/08):
      • Welche Akten zu einer Durchsicht zugezogen wurden
      • Zu welchen Tat- und Rechtsfragen Literaturrecherche durchgeführt worden ist
      • Bei fernmündlichen Unterredungen wann, mit wem und zu welchen Themen diese durchgeführt worden sind
   g) Ein Mindestpreis ist (lt. BGH Urt. v. 3.5.2007 – IZR 137/05) nicht unbedingt anzunehmen, jedenfalls sind die Grenzen sehr viel weiter. Daher können Mandate auch von Anfang an zu Minutenpreisen bzw unterhalb von RVG Standardsätzen verabredet werden.
   h) Auch Gebührenüberschreitungen sind nach stRspr. bei niedrigen Werten bei dem 5-fachen, bei hohen (str.) bereits bei 100 % erst möglich.

Anmerkungen

1. **Zeiterfassung.** Für die Berechnung der Wirtschaftlichkeit von Leistungsprozessen ist die Zeiterfassung notwendige Voraussetzung. Diese sollte so organisiert sein, dass sie die Anforderungen an die Wirtschaftlichkeit und das Recht sichergestellt ist.

2. **Ablaufbeschreibung.** Die hier vorgeschlagene Vorgehensweise entspricht dem Aufbau eines Qualitätsmanagements in der Anwaltskanzlei. Dabei werden die Ziele der Organisation in Strukturen und Prozesse umgesetzt. Dabei wird von generischen Zielen (→ Form. P. I. 3 Anm. 2) ausgegangen. Ablaufbeschreibungen sind für einige zentrale Abläufe wie Fristen und Postlauf auch unter haftungsrechtlichen Gesichtspunkten notwendig.

5. Checkliste: Fristenorganisation

<table>
<tr><td colspan="5" align="center">**Fristennotierung:**[1]
Der übliche Ablauf im Bereich Posteingang ist folgendermaßen gegliedert:</td></tr>
<tr>
<th>Post abholen</th>
<th>Post öffnen durch Vertrauensperson</th>
<th>Posteingang stempeln</th>
<th>Trennung Fristsachen von übriger Post</th>
<th>Vorlage Postsachen mit Akte</th>
</tr>
<tr>
<td>Klare Zuständigkeiten mit Namensbezeichnung notwendig</td>
<td>Problem: Trennung privater/persönlichvertraulicher Post</td>
<td>Nicht: Empfangsbekenntnisse, da Empfang erst mit Datierung und Unterschrift wirksam</td>
<td></td>
<td>Fristensachen gesondert behandeln</td>
</tr>
</table>

Der Fristeneintragungsablauf ist folgendermaßen gegliedert (immer durch gut ausgebildete, langjährig tätige, zuverlässige und sorgfältig überwachte Kraft):

<table>
<tr>
<th>Erkennung der Fristenart und Berechnung</th>
<th>Errechnetes Fristenende und -art auf SS notieren</th>
<th>Eintragung in Fristenkalender</th>
<th>Erledigungsvermerk auf Schriftstück</th>
<th>Kontrolle des Fristenvermerkes durch RA bei Vorlage der Fristensachen</th>
</tr>
<tr>
<td>Durch Stempel, Handzeichen auf Schriftstück und im Kalender
Berechnung nur durch sehr kundige, langjährige und zuverlässige Kraft</td>
<td>Datum des Ablauftages und Bezeichnung der Fristenart neben Termin setzen
Bei Zustellung per Empfangsbekenntnis: gesonderter Vermerk auf Schriftstück (Zustellung mit EB) notwendig</td>
<td>Art der Frist
Wer trägt ein (Handzeichen/Kürzel)
Fristablauftag
Bezeichnung der Sache (Aktenzeichen . . . . . .)
Ggf. auch Vorfrist notieren (nur in Fristenkalender)</td>
<td>Haken und Namenszeichen neben Ablauffristeintrag ausreichend</td>
<td>Art der Frist und Eintrag auf Schriftstück kontrollieren Berechnung nachvollziehen: Fristanfang prüfen und immer bestätigen; bei EB: Datierung und Unterschrift auf EB bedeutet Fristbeginn, daher ggf. gesondert in Akte dokumentieren; Fristablauftag überprüfen
Notiz seiner Kontrolle durch Kürzel auf Schriftstück (neben Stempel) dokumentieren
Ggf. Korrektur, auch bezüglich Kalendereintrag, durch persönl. Einzelanweisung</td>
</tr>
</table>

Die Fristerledigung gliedert sich in folgende Schritte:

Notieren der Vorlagedaten	Vorlage der Akte	Erledigung	Schriftsatz-Fertigung
Wiedervorlagen (WV): In WV-Kalender, oder per Reiter	Streichung WV mit Vorlage an Anwalt	Erledigung durch Verfügung („Akte wieder in Schrank!")	
Vorfristen (ggf. zwei) gehören in Fristenkalender (ca. 1 Woche)	Streichung mit Vorlage an Anwalt: Bearbeitungsbeginn	Fristnotierung und –abläufe überprüfen; Zeitplanung, ggf. unter Hinzuziehung WV- und Fristenlisten; Sicherstellung der Bearbeitung vor Ablauf	Diktatzeit und Schreibzeit mit einbeziehen Auch Abwesenheiten, persönliche Insuffizienzen etc. berücksichtigen

Der Friststreichungsablauf inkl. Postausgang gliedert sich in folgende Schritte:[2]

Vorlage an RA zur Unterschrift	Postfertig machen	Erledigungs-kontrolle	In Postausgangsfach legen	Friststreichung	Prüfung der Fristenerledigung
Schriftstück samt Anlagen	Kuvertieren und Frankieren Ggf. nötige Kopien fertigen	Noch offenen Umschlag daraufhin kontrollieren, ob Fristsache darin enthalten und wirksam unterschrieben	Besondere Fächer anlegen mit definiertem Zugriffsrechten Ggf. eilige Gerichtspost gesondert Gesonderte Arbeitsanweisung für den Boten bez. Gerichtspost (Gerichtsbriefkästen ggf. fächer) Nachfragen bei Hilfskräften notwendig!	Als Tätigkeit im letzten Moment vor dem Wegbringen Friststreichung bei Boten mit Übergabe, wenn eingewiesen und zuverlässig; nach Rückkehr idR nicht notwendig, Ausnahme: Hilfskräfte	Am Tagesende Kalender auf Streichung aller Fristen prüfen

Anmerkungen

1. Fristensicherung ist originär anwaltliche Aufgabe. Der Rechtsanwalt muss alles ihm Zumutbare unternehmen. Dabei muss er die übliche, von einem ordentlichen Rechtsanwalt zu fordernde Sorgfalt bei der Behandlung von Fristen oder generell bei der Organisation seines Büros anwenden. Dabei muss er grundsätzlich den „sichersten Weg" wählen, also dafür sorgen, dass im Zweifel die kürzest mögliche Frist eingehalten werden kann. Der Rechtsanwalt ist zur präventiven Fehlervermeidung verpflichtet, daher hat er eine Organisation zu unterhalten, die diesem Ziel dient!

2. Die Einhaltung der Fristen ist ein Querschnittsablauf, der durch eine Reihe von Tätigkeiten hindurch geht. Er betrifft: Posteingang, Fristennotierung, Aktenanlage, Mandatsannahme, Mandatsbearbeitung, Postausgang, Beschaffung, etc.

Diese Checkliste basiert auf der Ausarbeitung von Borgmann/Hartung/*Römermann*, Marketing- und Managementhandbuch, 1999. Dort wie auch (aktueller) im Buch *Borgmann/Haug* BRAO Rn. 58 sind weitergehende Hinweise zu finden.

6. Musterformulierung: Geschäftsordnung des Managementkomitees

Mit Partnerbeschluss[1] vom . . . . . ./aufgrund des Sozietätsvertrages in der Fassung . . . . . .
haben die Partner der Kanzlei ein Managementkomitee (MK) eingerichtet. Die gegenständliche Geschäftsordnung regelt die Ausübung der Geschäftsführungsagenden durch
die Mitglieder des Managementkomitees in näherem Detail.

Die Geschäftsführungsgremien der Gesellschaft sind die Partnerversammlung (PV) und
das Managementkomitee (MK).

1. Grundsätzliche Zuständigkeit des Management Komitees/Managing[2] Partner/Geschäftsführender Partner.

Das MK hat folgende Zuständigkeiten:

* Wahrnehmung von Verwaltungsaufgaben;
* Wahrnehmung der ausgewogenen Moderation des Diskussionsprozesses unter den
  Partnern (Vorbereitung von Meetings, Tagesordnungen, Beschlussvorlagen); und
* Erarbeitung von Vorschlägen für Kanzleirichtlinien und strategische Konzepte.
* Es gilt grundsätzlich die Befugnis zur Einzelgeschäftsführung der Mitglieder des
  Managementkomitees im jeweils zugewiesenen Verwaltungsbereich, aber Gesamtver-
  antwortung des Managementkomitees gegenüber der Partnerversammlung. Jedes Mit-
  glied des Managementkomitees ist verpflichtet, die anderen Mitglieder über die Ge-
  schäftsführungsmaßnahmen in seinem Verwaltungsbereich umfassend zu informieren.

Dem MK obliegen insbesondere:

* Grundsätzliche Änderungen der Außendarstellung der Kanzlei (CI, Logo, Grundsätz-
  licher Werbeauftritt)
* Implementierung oder Änderung von Leistungserfassungs- und Leistungsmessungssys-
  temen für Konzipienten
* Implementierung oder Änderung von Leistungserfassungs- und Leistungsmessungssys-
  temen (zB Gruppenumsätze, andere Umsatz- und Erfolgsmeßsysteme) für Partner
* Festlegung des Verteilerkreises von Unternehmensdaten (Stunden-, Umsatzlisten etc.)
* Zentrale Personalangelegenheiten
* Abschluss, Änderung und Beendigung von Verträgen mit Rechtsanwälten, die bereits
  mit Perspektive einer Junior Partner Position aufgenommen werden

Im Zweifel unterliegen Angelegenheiten der Gesamtgeschäftsführung des Managementkomitee dem Zustimmungsvorbehalt der Partnerversammlung.

Das Managementkomitee hat bei Erfüllung ihrer Aufgaben auf bestmöglichen Zugang
der Partner zu allen relevanten Informationen zu achten (Beschlüsse und verfügbare
Daten über Intranet zugänglich).

2. Der PV obliegt:

* Die Freigabe des Jahresbudgets
* Nicht budgetierte Ausgaben der Gesamtkanzlei oberhalb von insgesamt 5 % des
  Budgets pro Jahr (im Zweifel gilt das Budget des Vorjahres, gezwölftelt)
* Festlegung der Eigen/Fremdkapital- und Ausschüttungspolitik
* Kreditaufnahmen (Ausschöpfung bestehender Kreditrahmen obliegt dem für Rech-
  nungswesen zuständigen Mitglied des Managementkomitees)

- Abschluss von lang laufenden Verträgen (einschließlich Anmietung von Räumen) mit einem Vertragswert von über 5 % des Jahres-Budgets, ausgenommen Dienstverträgen
- Eröffnung und Schließung von Bürostandorten
- Eingehen und Beendigung von strategischen Allianzen mit Kanzleien oder anderen Einrichtungen (wie etwa Forschungseinrichtungen)
- Schaffung neuer Verwaltungsfunktionen
- Schaffung und Änderung von Ausbildungs- und Entlohnungsschemata für Rechtsanwälte
- Schaffung neuer und Reorganisation bestehender Praxisgruppen
- Partnerversammlung: Das Managementkomitee hat monatlich/quartalsweise/halbjährlich/jährlich eine Partnerversammlung einzuberufen und zu moderieren. Das Managementkomitee erstellt den Vorschlag einer Tagesordnung für die Partnerversammlung und versendet diesen 2 Wochen vorher. Jedem Partner steht es frei, Ergänzungen zu dieser Tagesordnung bis spätestens 1 Woche vorzuschlagen. Über Abänderungsvorschläge der Tagesordnung in den Besprechungen entscheidet das Managementkomitee.

3. Protokolle und Informationen an Partner

Das MK hat sicherzustellen, dass die jeweiligen Sitzungen der Geschäftsführungsgremien (Managementkomitee, Partnerversammlung) ordnungsgemäß protokolliert und unverzüglich nach Sitzung in die jeweiligen Öffentlichen Ordner abgelegt werden.

Allgemeine Zuständigkeitverteilung

Bereich	zuständiges MK-Mitglied	verantwortliche Funktion	unterstützende/ durchführende Funktion oder Person

Vertretungsregelung

Bereich	MK-Mitglied	Vertretung
Außendienst		
Berichtswesen (Rechnungswesen/Controlling und Koordination Berichte aus anderen Bereichen		
Beschaffung		
Innendienst		
Know-how/Bibliothek		
Kollisionsprüfung		
Lektorat		

Bereich	MK-Mitglied	Vertretung
Marketing		
Personal		
Raum		
Rechnungswesen/Controlling		
Versicherungen		

Anmerkungen

1. Entscheidungsorganisation. Es geht hier um die Geschäftsführung im nicht berufsrechtlichen Sinne, also um die Geschäfte der Gesellschaft außerhalb der Mandatsbearbeitung. Hierzu sind lt. Sozietätsvertrag (unabhängig von der Rechtsform) meist entsprechende Organe zu bestellen. Die Handlungsfähigkeit als Organ ist sowohl dienstrechtlich für die Mitarbeiter als auch kaufmännisch geboten.

2. Die Entscheidungsorganisation ist meist in genereller Form im Sozietätsvertrag festgelegt. Dabei geht es im wesentlichem um gesellschaftsrechtliche Teilhaberechte, als Schutzrechte von Minderheiten. Im Management der Kanzlei hingegen sind generelle Aufgaben- und Kompetenzzuweisungen im Sinne einer Geschäftsordnung von Bedeutung und regeln den Regelfall der sinnvollen Aufgabenwahrnehmung. Dabei geht es insbesondere darum, die Handlungsfähigkeit der Gesellschaft zu sichern, da die Fähigkeit, marktvalide Entscheidungen zu produzieren, zentrales Merkmal von erfolgreichen Wirtschaftsunternehmen ist.

Der Entwurf der Geschäftsordnung (GO) ist an die möglichst umfangreiche Handlungsfähigkeit im Management orientiert, die der besonderen Klarstellung bedarf. Je größer eine Partnerschaft ist, umso notwendiger ist die Klarstellung.

- **Sonderfall Einzelanwalt:** Hier ist keine besondere Anweisung notwendig; allerdings ist der Unterschied zwischen der dienstrechtlichen Aufsicht über Mitarbeiter und der fachlichen Aufsicht deutlich zu machen.
- **Sonderfall Sozietät bis zu 7 Sozien:** Hier werden die Zuständigkeiten meist einzelnen Partnern im Rahmen einer einfachen Aufteilung der Verwaltungsagenden übertragen, aber im Kollektiv diskutiert und beschlossen.
- **Sonderfall Sozietät 8 bis 16 Sozien und max. 2 Standorten:** Bei Sozietäten dieser Größe ist die Übertragung der Verwaltungsaufgaben auf eine kleine Gruppe (max. 3) sinnvoll, die diese Agenden wiederum unter sich aufteilen (Ressortzuständigkeit), aber gemeinsam verantworten. Damit bildet sich ein Regelungsbedarf heraus, der die Beziehung zwischen Partnerversammlung und Verwaltungsausschuss regelt, da die Sozienversammlung in dieser Größe zu einer sinnvollen Sachdiskussion gruppendynamisch nicht mehr fähig ist. Bei mehr als zwei Standorten kommt außerdem die Steuerungsproblematik der Überörtlichkeit hinzu, welche in Sozietäten mit mehr als 2 Standorten regelmäßig zu Aufsichtsnotwendigkeiten und Organisation von Teilhabe führt.
- **Sonderfall Sozietät mit mehr als 16 Sozien:** Partnerschaften dieser Größe sind gruppendynamischen Gesetzmäßigkeiten unterworfen, die eine Konzentration von Entscheidungskompetenzen bei einem Verwaltungsausschuss (mit oder ohne Vollzeit-„Managingpartner") notwendig macht. Dazu ist die oben stehende Geschäftsordnung erstellt, die auch bei kleineren Sozietäten sinnvoller Ausgang einer Diskussion ist, da sie die Handlungsfähigkeit der Kanzlei stärkt, was im Wettbewerb oftmals sinnvoll ist (da auch Schnelligkeit des Verwaltungshandelns ein Erfolgsfaktor ist, etwa bei Rekrutierung). Gleichzeitig treten Spezialprobleme auf (Sabbatical eines Vollzeit Managing

Partners nach Beendigung, Laufzeit, Nachwuchsrekrutierung, Wahlprozesse, ...
die gesonderter Beachtung bedürfen). Gleichzeitig ist der Erhalt eines Gefühls von
partnerschaftlicher Zusammenarbeit wichtig, welche allerdings auch durch das Gewinnverteilungssystem, das konkrete Führungsverhalten der ausgewählten Partner, der
Kultur der Kanzlei etc. abhängig ist. Ggf. kann bei sozial homogenen Kanzleien ein
weniger weitgehende Kompetenzzuordnung gearbeitet werden, wenn und solange die
Kompetenzen der Führenden ausreichen, um effektives Handeln der Gesellschaft zu
ermöglichen.

7. Checkliste: Regelkommunikation

Thema[1]	Häufigkeit	Teilnehmer	Ergebnis	Einfluss auf
Strategie	1 x jährlich/ alle 2–3 Jahre	Alle Sozien	Planung Kanzlei-entwicklung hin-sichtlich Markt, Wettbewerb, An-gebot, etc.	Marketing, HR, Finanzen
Marketing	1 – 2 x jähr-lich	Alle Sozien	Marketingpla-nung	Marketingaktivi-täten
Personal	1 x jährlich	Personalpartner resp. Partner mit Personalführungs-aufgaben	Personalentwick-lung, Rekrutie-rungsbedarf, Tren-nung, Ausbil-dungsbedarfe, etc.	Finanzen, Marke-ting,
Praxisgruppen-strategie	1 x jährlich	Praxisgruppenmit-glieder (Sozien)	Umsetzung gene-reller Strategie in Praxisgruppe	Markting, HR, ggf. Strategie
Qualitätsmana-gement	1 x jährlich	QM Beauftragter	Anpassung der Prozesse an die Vorgaben	Richtlinien, Checklisten, Handbücher

Tagesordnung Strategiebesprechung[2]

1. Klärung der Marktposition und Wettbewerbssituation (a) für die gesamte Sozietät; (b) für die
einzelnen Geschäftsfelder und Auswirkungen auf Attraktivität:
• Leitfrage: Wie attraktiv sind wir für die von uns avisierten Zielgruppen im Vergleich zu den
Wettbewerbern?

2. Klärung der Entwicklungsrichtungen (Aufbau, Stagnation, Abbau):
• Leitfrage: Wo lohnt sich der Aufbau von Kapazität, wo erwarten wir eher Stagnation, wo sollten
wir Kapazität bzw. deren Sichtbarkeit abbauen?

3. Klärung SWOT: Starken/Schwächenanalyse (→ Form. P. I. 1)
4. Wichtigste Maßnahmen (Übertrag in Maßnahmenliste)

Tagesordnung Marketing[3]

1. Aktivitäten des angelaufenen Jahres (inkl. Budgetkennzahlen) und deren Effektivität (ideal:
aufgrund eingerichteter Kennzahlen, zB bei Mandatsannahme abgefragten Empfehlungsquellen,
oder wie man auf die Kanzlei aufmerksam wurde, etc.)

2. Entscheid hinsichtlich der effektivsten Maßnahmen (Fortführung und Ausbau; Abbau wenig effizienter Instrumente)

3. Diskussion weiterer Maßnahmen

4. Diskussion Budget (Richtlinie: 2–4 % vom Umsatz; 60 % fest verplant, 40 % flexibel einzusetzen) und Priorisierung (Leitfrage: wie viel Prozent des Budgets sollten wir worauf verwenden?), Richtlinie: alle 3–5 Jahre das CI an verändertem Zeitgeist anpassen;

5. Diskussion der Maßnahmen; Übernahme in Maßnahmenliste (→ Form. P. III.)

Tagesordnung Finanzen (Budgetplanung/Kontrolle)[4]

1. Entwicklung wichtiger Kennzahlen der vergangenen Jahre
- letzte 3 Jahre
- Budget Soll/Ist des letzten Jahres
- Diskussion der Abweichungen (vorbereitet)

2. Festlegung des Gewinnzieles (Richtlinie: Gewinnerhöhung von 5 % ist notwendiges Mindestziel aufgrund allgemeiner Preissteigerung und höherer Gewinnerwartungen der Gesellschafter; Gewinnerhöhungen um 10 % nur durch nachhaltige Ablaufverbesserungen möglich; Gewinnerhöhungen von 15–20 % nur durch strategische Veränderungen möglich; Verbesserung von 30 % und mehr nur durch Änderung des Geschäftsmodelles möglich; Kostensenkungsmaßnahmen sind selten nachhaltig (meist nur: Abbau des Personal, die aber meist nur teilweise in der nächsten Periode wirksam werden, oder Senkung Mietkosten, die aber durch Umzugs- und/oder Renovierungs-/Einrichtungskosten oftmals teilweise wieder aufgehoben werden)

3. Festlegung der dazu notwendigen zu verändernden Kennzahlen (Kapazitätsausbau, oder höhere Auslastung, oder höher Preise, oder eine Kombination davon; typischerweise lassen sich höhere Preise nur durch strategische Maßnahmen (Erhöhung der Kompetenz durch Schulung oder Fokussierung auf bestimmte Zielgruppen) durchführen; Erhöhung Auslastung durch Arbeitsverdichtung (etwa durch Abbau Kapazität oder durch verbesserte Abläufe, die eine höhere Auslastung ermöglichen);

4. Übernahme in Maßnahmepläne (Leitfrage: Was ist möglichst spezifisch genau operativ zu tun, damit dies erreicht werden kann)

5. Definition des Gesamtbudgets für Folgejahre.

6. Berechnung der sich daraus ergebenden Kennzahlen pro Monat pro Bereich/Partner/Mitarbeiter/Standort etc. und Übergabe an Buchhaltung zur Einrichtung entspr. Soll-Zahlen in Rewe (DATEV) oder sonstigen Reportingsoftware

Tagesordnung Jahrespersonalbesprechung[5]

1. Feststellung der Gesamtanzahl in Vollzeitäquivalenten an Personal und Zu- und Abgänge. Diskussion der Gründe.

2. Aus. Strategiesitzung: Abgeleiteter Bedarf an Personal je nach Kapazitätsanforderungen: Festlegungen der Maßnahmen (Personalmarketing/Rekrutierung/Kündigungen).

3. Diskussion der Personalentwicklungsmaßnahmen zur Verbesserung der Kompetenz durch Schulungen/Training); Festlegung der Ziele der Personalgespräche; evtl. Gehaltsdiskussion.

4. Übernahme in Maßnahmenkatalog.

Anmerkungen

1. **Regelkommunikation.** Die Aufgabenwahrnehmung erfolgt durch einzelne, die die Erledigung bzw. den Fortschritt in regelmäßigen Besprechungen mit den jeweiligen Schnittstellenverantwortlichen respektive Vorgesetzten besprechen (sog. Regelkommunikation). Dabei wird entweder anhand von feststehenden Besprechungspunkten (bei Routineaufgaben) bzw. im Rahmen von Projektbesprechungen (→ Form. P. III. 9) anhand von Fortschrittsberichten der Status einer Aufgabenerledigung diskutiert, was notwendig ist, um Erfolge zu erreichen.

2. Strategiebesprechung. Die Kanzleistrategie ist einmal jährlich oder mind. Alle 3 Jahre durch den Blick auf das Wettbewerbsumfeld und auf die internen Ressourcenweiter zu entwickeln. Eine Kanzlei hat aufgrund ihrer Geschichte immer schon eine Strategie, die zu erkennen wichtig ist. Meist wird eine der folgenden generischen Strategien verfolgt:
– Generalist: Kanzleien für alle Mandanten, die sich an die Kanzlei wenden
– Spezialist: Kanzleien für ausgewählte Fragestellungen, entweder entpr. Rechtsgebieten (etwa: nur Arbeitsrecht), Zielgruppen (etwa nur Kapitalanleger) oder Geschäftsfelder (etwa. nur Immobilienmarkt).
Dabei ist es relevant, die Marktposition im Verhältnis zu anderen Kanzleien zu bestimmen, die sich um die gleichen Mandate bemühen. Diese können etwa nach Kanzleigröße, Marktpräsenz oder Wachstum der letzten Jahre bestimmt werden (Qualität ist kein aussagekräftiges Merkmal). Daraus kann auch die Wachstumsrichtung abgeleitet werden, etwa wo Kapazität aufgebaut und wo abgebaut werden sollte, um ausreichend gute Margen zu erzielen.
Dann folgt der Blick nach innen, also auf das Personal, die Systeme Strukturen, Prozesse und Beziehungsnetzwerke. Diese als Ressourcen zu bezeichnenden Elemente sind laufend zu optimieren, gerade in Hinsicht darauf, ob es die Wettbewerbsfähigkeit stärkt (etwa. Kauf einer neuen EDV, oder Verbesserung der Abläufe, oder Aufbau von Praxisgruppen, oder Einstellung qualifizierter Mitarbeiter oder deren Weiterentwicklung/Qualifikationserhöhung etc.).

3. Marketing. Marketing zu Erhöhung der Bekanntheit der Kanzlei bei den für sie relevanten Zielgruppen ist in jährlichem Turnus zu diskutiere. Dabei ist ehr wichtig zu wissen, welche Maßnahmen der Vergangenheit effektiv waren. Ohne Daten ist diese Diskussion meist müßig. Daher ist eine wichtige Maßnahme, die Datenqualität zu erhöhen, etwa durch Erfassung der Herkunft der Mandate (in der EDV bei Mandatsanlage obligatorisch zu erfassen), um Hinweise auf sinnvolle Maßnahmen zu erhalten. Das Marketingbudget ist notwendigerweise beschränkt, daher ist der Fokus auf wichtige Maßnahmen entscheidend. Weniger relevant ist die Nutzung des Budgets zur partnerindividuellen Verfügung, mit denen Beziehungsnetzwerke gepflegt werden (was aber im Einzelfall doch sinnvoll sein kann).

4. Finanzen. Die Diskussion der Finanzentwicklung ist nur mit Hinblick auf die Gewinnentwicklung sinnvoll. Diesen zu erhöhen ist Ziel. Dabei ist dies nur durch den Rückblick auf die historische Entwicklung sinnvoll, weil sich hier abbildet, ob die Kanzlei sich so entwickelt, wie geplant war. Brüche, Stagnation oder Erosion von Gewinnen sind immer Warnhinweise. Die Nutzung von Kennzahlen, welche für die Gewinnentwicklung relevant sind (→ Form. P. V. III.) für die letzten 3 Jahre sind Voraussetzung für ein Verständnis der wirtschaftlichen Entwicklung. Da die meisten Kanzleiprogramme keine ordentlichen Kennzahlen oder Diagramme zur Verfügung stellen, ist dies immer ein gesondert zu betreibender Aufwand, der aber mit Hilfe der unter → Form. P. V. dargestellten Formulare einfach gelingen kann. Die Festlegung von SOLL-Zahlen ist ein wichtiger Vorgang, der Kontrolle von Entwicklungen möglich macht. Fehlentwicklungen sollte konsequent nachgegangen werden. Die dafür notwendige interne Fähigkeit zur Auseinandersetzung muss in Parteiversammlungen möglich sein, da es sich bei Kanzleien um Zusammenschlüsse von Unternehmern handelt, die die wirtschaftliche Situation der Gesellschaft zu beurteilen und zu verbessern haben. Die sich hieraus ergebenden Spannungen lassen sich durch Anwesenheit eines Moderators umgehen.

5. Jahrespersonalgespräch. Teil der Finanzdiskussion kann der Aufbau oder Abbau von Personalressourcen sein. Kanzleien als Dienstleister sind auf die möglichst hohe Auslastung der Ressourcen angewiesen. Bei einer Jahresleistung von ca. 1700 Stunden pro Mitarbeiter sind Auslastungszahlen von 1200 oder 1300 Stunden erreichbar. Um dies nachvollziehbar zu machen, sind entweder die erfassten Stunden heranzuziehen (nur bei Vollzeiterfassung aussagekräftig), oder der aufgrund der vertraglich zu erbringenden Stundenzahl realisierter Stundensatz mit Hilfe des vom Bearbeiter erzielten Umsatzes, geteilt durch Gesamtstunden, errechenbar. Durch Vergleich zeigt sich, welcher Mitarbeiter hohe, und wer niedrige realisierte Stundensätze vorzuweisen hat. Diese Diskussion erlaubt es, Entscheidungen zu treffen.

8. Maßnahmenliste

Geschäftsplanung, Jahreszielplanung, Umsetzung in Detailpläne				
Ziel	**Zielereichung**	**Maßnahmen**	**Zuständig**	**Kontrolle**

Anmerkungen

Die einfachste Form des Kanzleimanagements besteht in der Anlage einer Akte, die als „Kanzleimanagement-fortlaufende Maßnahmenliste" zu bezeichnen ist und die wöchentlich in der Wiedervorlage auf dem Tisch des zuständigen Anwaltes zu finden sein sollte. Sie schreibt die notwendigen Umsetzungsmaßnahmen von Beschlüssen und Entscheidungen der Partner fort. Dabei sind diese möglichst genau und spezifisch zu definieren. Diese Maßnahmen sind vom Ziel her zu denken und einem einzelnen zur Durchführung zu übertragen. Nach Erledigung kann sie gestrichen werden, neue Maßnahmen sind aufzunehmen. Sie kann handschriftlich fortgeschrieben werden, oder in Excel oder Word als Tabelle angelegt werden. Wichtig ist die sofortige Kopie der Liste und Aushändigung an alle Verantwortlichen, so dass diese unmittelbar an die Erledigung erinnert werden. In wöchentlichem Turnus ist sie wieder vorzulegen und auf Erledigung zu kontrollieren. Wird sie gewissenhaft geführt und auch unter der Woche durch spontan auftreten Aufgaben zu ergänzen, wird sie zum Rückgrat der Kanzleiorganisation. Lediglich größere Projekte bedürfen eines gesonderten Projektorganisation, und werden dann in der zentralen Liste als Projekt aufgeführt, um bei den Besprechungen hinsichtlich des Status diskutiert zu werden.

9. Projektorganisation

Im Folgenden werden die wichtigsten Vorlagen für erfolgreiches, kanzleiinternes Projektmanagement dargestellt.[1] Der Nutzen liegt in einer strukturierten, erfolgsbezogenen Erledigung von internen komplexen Aufgaben, wie die Einführung von EDV, die Einführung eines Qualitätsmanagements, Wachstumsprozesse oder Kosteneinsparungsinitiativen.

Für überörtliche Zusammenarbeit ist die Nutzung elektronischer Projektmanagement-instrumente sinnvoll.

Projektordner Aufbau

Folgende Laschen sollte der Projektordner vorhalten, um alle relevanten Projektinformationen zu enthalten:

1. Liste offener Punkte
2. Schnittstellenthemen zu anderen Projekten
3. Projektorganisation (Teilnehmeradressen, etc.)
4. Teilprojekte
5. Sonstiges (Verträge, Protokolle, etc.)

Ad. 1. Liste offener Punkte → Form. P. III. 8

Liste offener Punkte

Projekt:

Teilprojekt:

Datum:

Teilnehmer der Besprechung (Kürzel):

Ad. 2. Projektauftrag:[2]

Elemente eines Projektauftrages	Beispiel	
Projektauftrag (Halbsatz):		
Projektleiter		
Zielsetzung		
Aufgabenstellung		
Zu erarbeitende Ergebnisse		
Budget		
Randbedingungen		
Termine		
Meilensteine		
Auftraggeber		
Projektleiter		

Einseitenprotokoll[3]

Ein-Seiten-Ergebnisprotokoll

Projekt:

Teilprojekt:

Datum:

Teilnehmer der Besprechung (Kürzel):

Seite: . . . . . .   von

. . . . . .

Legende: A = Auftrag, B = Beschluss, E = Empfehlung, F = Feststellung, T = Termin

Kopiert und an alle Teilnehmer im Anschluss an Sitzung übergeben: *ja:*   *Nein*

. . . .

Vereinbarungen/Maßnahmen

Thema	Was ist zu tun	Wer macht's	Bis wann	Kontrolle

Besprechungsablauf[4]

Wichtige Fragen für eine Besprechung:

1. Warum sitzen wir heute zusammen? Was wollen wir erreichen?
2. Welche Themen gibt es, die wir auch noch besprechen müssen? Wann wollen wir das tun?
3. Wie ist der Stand der Dinge? Wie hat es sich entwickelt?
4. Wo gibt es Abweichungen? Welche Gründe gibt es dafür? Was können wir tun, um die Abweichung zu korrigieren (bzw. die Gründe dafür)?
5. Was sind sinnvolle nächste Schritte?
6. Wer macht was bis wann konkret? Was bedeutet das im Sinne von Zeit und Geld (Projektauftrag). Ist die Aufgabe ausreichend klar?
7. Wann treffen wir uns das nächste Mal (wenn nicht sowieso Regelkommunikation verabredet wurde).

Anmerkungen

1. Projektorganisation. Für jedes Projekt sollte kanzleiintern eine Akte angelegt werden (elektronisch und/oder in Papier). Hierfür bietet diese Laschenbeschreibung eine Vorlage. Jedes Projekt sollte eine klare Ziel und Aufgabenbeschreibung inklusive der dafür notwendigen Ressourcen an Zeit und Geld sowie Verantwortlichkeiten enthalten. Diese Organisation eignet sich, neben den Managementaufgaben, auch für größere Mandate, die ebenfalls nur durch stringentes Projektmanagement zeitlich und finanziell im Rahmen des Auftrages abgewickelt werden können.

Die offenen Aufgaben sollten immer vorne eingeheftet werden und bei jeder Projektbesprechung als erstes zur Diskussion gestellt werden, um sich Überblick über den Erledigungsstatus zu verschaffen. Jede Besprechung sollte mit einer Maßnahmenliste abgeschlossen werden, in dem die konkrete Tätigkeit, die Frist sowie die Zuständigkeit notiert wird. Nicht bearbeitete Aufgaben werden in die Liste der offenen Aufgaben übernommen (Fortschreibung). Bei Nicht-Erledigung geht die Frage danach, was geschehen muss, damit sie erledigt wird (nicht die Suche nach dem „Schuldigen"). Komplexere Projekte werden durch einzelne Arbeitsaufträge konkretisiert („Tickets"). Projekte sollte regelmäßig im Rahmen der sog. „Regelkommunikation" hinsichtlich Grad der Erledigung, aufgetretene Probleme etc. diskutiert werde („Projektreview").

2. Projektauftrag. Der Projektauftrag ist der Grund für das Projekt. Eine klare Definition des Zieles (SMART: spezifisch, messbar, attraktiv, realistisch, terminiert) ist Voraussetzung für Projekterfolg. Wichtig: Keine Zielkonflikte und keine Globalziele wählen (etwa: „Preiserhöhung ohne Verlust an Mandanten"; oder: „mehr Umsatz")

Dieses Formular ist das zentrale Instrument im Kanzleimanagement. Es geht darum, von Maßnahme zu Maßnahme bis zur Erledigung oder der Definition von Folgemaßnahmen Übersicht über die Aufgaben zu erhalten. Besonders wichtig ist die Beschreibung der Maßnahmen: Diese sollten

- Genau hinsichtlich des Ergebnisses beschreiben werden (was soll erledigt werden)
- Eindeutig einem Verantwortlichen zugeordnet werden
- Taggenau terminiert werden

3. Einseitenprotokoll. Ein Einseitenprotokoll ist dazu gedacht, schnell alle Ergebnisse einer Besprechung festzuhalten. Es ist darauf angelegt, handschriftlich die Maßnahmen festzuhalten und nach Beendigung der Besprechung jedem in Kopie sofort zur Verfügung zu stellen, um zu vermeiden, dass die Entscheidungen vergessen werden. Die Punkte sind in die Liste offener Punkte zu übernehmen und dort weiter zu überwachen.

4. Besprechungsablauf. Im Gegensatz zu Gerichtsterminen oder formalen Gesellschafterversammlungen oä, wo aus Gründen der rechtlichen Anforderung bestimmte Verfahrensschritte abgesichert sein müssen (etwa zeitige Vorlage von Unterlagen, formal korrekte Entscheidungsverfahren, etc.), sind Besprechungen zur Verwaltung einer Kanzlei durch Informalität, Schnelligkeit, Fokus und Abwägungen hinsichtlich Wirtschaftlichkeit der Maßnahmen gekennzeichnet. In diesem Bereich ist es notwendig, eine Kommunikation zu pflegen, die einerseits offen ist für unterschiedliche Meinung, aber auch umsetzungsorientiert. Daher ist es wichtig, dass die Ziele am Anfang einer Besprechung (oder eines Tagesordnungspunktes) immer wieder in Erinnerung gerufen werden, dass der bisherige Status und die Entwicklung besprochen werden, um alle Beteiligten in einem gemeinsamen Stand zu versetzen, und dass Entwicklungen (auch: Fehlentwicklungen) ohne Suche nach Schuldigen, sondern mit dem Ziel der Abweichungsanalyse bewusst gemacht werden. Die Themen sollten der Wichtigkeit für die Beteiligten nach besprochen werden, also am Anfang der Besprechung ggf. priorisiert werden. Die einfache Protokollierung nur der Ergebnisse der Diskussion reicht aus; Wortprotokolle oder umfangreiche Niederschrift des Gesagten sind nicht von Bedeutung (im Gegensatz zu Zeugenbefragungen vor Gericht). Das Maßnahmenprotokoll sollte idealerweise gleich nach Ende der Besprechung jedem ausgehändigt werden (Kopie des handschriftlichen Kataloges), um sofort mit der Umsetzung individuell beginnen zu können. Eine Protokollfreigabe ist nicht geboten, weil sie nur Zeit kostet, ohne Mehrwert zu bringen.

IV. Marketing

1. Checkliste: Leistungsangebot

Zielgruppenspezifische Angebote[1, 2]

Zielgruppe	Typische Bedürfnisse	Leistungsangebot der Kanzlei	Möglicher Erweiterungen	Maßnahmen	Bemerkungen

Schrifttum: *Becker*, Marketing und Werbung; in Kanzleimanagementhandbuch, 1998; *Engelken*, Klartext für Anwälte, 2010; *Heßler/Mosebach*, Strategie und Marketing im Web 2.0, 2013; *Hoeflmayr*, Kanzleimarketing: Für die anwaltliche und steuerberatende Praxis, 2012; *Kilian*, Wirksamkeit anwaltlicher Werbemaßnahmen, 2011; Marketingleitfaden für Rechtsanwälte von Bayerischer Anwaltverband, 2012; *Pepels/Steckler*, Anwaltsmarketing. 2. Auflage, 2012; *Schieblon*, Marketing für Kanzleien und Wirtschaftsprüfer, 2009; *Schiefer/Hocke*, Marketing für Rechtsanwälte, 2. Auflage 1996, *Young*, Marketing the Professional Services Firm, 2005; *ders.*, The Marketers's Handbook, 2011

Anmerkungen

1. Grundlagen. Marketing wird hier im weiten Sinne verstanden, und umfasst alle Maßnahmen von der Zielgruppen- und Angebotsdefinition, über die Definition der Werbemaßnahmen, der Kontaktstrategie, dem Verkauf, bis hin zum Bestandskundenmanagement. Das Beschwerdemanagement ist ebenfalls Teil des Marketings, weil er zur Bestandsmandantenbindung beiträgt.

2. Zielgruppenspezifischen Angebote. Grundsätzlich sind **Angebote aus Zielgruppensicht** zu formulieren: damit erreicht man sie besser, und die Problemlösungen werden qualitativ besser auf die Zielgruppenbedürfnisse zugeschnitten. Daher ist bei der Definition der Zielgruppe sehr große Vorsicht zu walten. Je spezifischer sie eingegrenzt wird, umso besser. Beispiel: im Arbeitsrecht macht es einen Unterschied, ob die Beratung im Betriebsverfassungsrecht für Unternehmen mit oder ohne internen Jurist stattfindet. Außerdem macht es einen Unterschied, ob es in der IT Industrie (typischerweise geringer Organisationsgrad, informelle Unternehmenskultur) oder der Metallindustrie (meist hoher Organisationsgrad, formelle Unternehmenskultur) stattfindet. Die Größe, die Internationalität, die Art der Firmenkultur, die Struktur, die Rechtsform, die Eigentumsverhältnisse, alles kann Differenzierungsgrund sei. Da die Angebote der Konkurrenz im Zweifel von der gleichen Qualität sind, muss immer spezifischer ausdifferenziert werden. Ohne qualifizierte Marketingassistenz ist diese Arbeit meist für Anwälte neben ihrem Geschäft nicht mehr leistbar, dennoch strategisch und marketingtechnisch extrem wichtig. Für Einzelanwälte ist das Kapitel für Kanzleigründer (→ Form. A. II. 1.) hier relevant.

2. Checkliste: Marketingcockpit

Marketingcockpit[1, 2] inkl. Budgetzuordnung und Effektivitätskennzahlen, die zu erheben sind

Kanal	Aufgabenbeschreibung	Ziel-gruppe	Zustän-digkeit	Kosten[3, 4]	Bemer-kungen/ Status
I. Direkter Kontakt mit Zielgruppe	Kanzleiöffnungszeiten und Erreichbarkeit				
II. Veranstaltungen der Zielgruppe	Kongresse der Ziel-gruppe, eigene Ver-anstaltungen für die Zielgruppe				
III. Veröffentlichun-gen für die Ziel-gruppe					
IV. Anzeigen in Medien der Zielgruppe					
V. Pressearbeit in Medien der Zielgruppe					
VI. Marketingmate-rial					
VII. Honorargestal-tung					
VIII. Kontaktpolitik (Raum, Personal, Servicelevel)					

Anmerkungen

1. Ein Marketingcockpit dient dazu, alle zur Verfügung stehenden Kanäle und Maß-nahmen systematisch erfasst zu haben und bei der jährlichen Planung auf eine Grundlage zurück zu greifen. Dabei wird nach den hier dargestellten Kriterien vorgegangen, oder auch weitere hinzugefügt, die für die Bearbeitung des Geschäftsfeldes und der entspre-chenden Zielgruppen angemessen sind. Wichtig ist die laufende Ergänzung sowie die einmal jährliche Evaluation der im vergangenen Jahr durchgeführten Maßnahmen, um so zu einer stetigen Fokussierung der Mittel auf die Maßnahmen zu erreichen, die sich als effektiv herausgestellt haben.

2. Mit Hilfe eines Marketingcockpits ist die Steuerung aller Marketingaktivitäten möglich. Dabei sind zuerst alle möglichen Kommunikationskanäle zu erfassen und zwar so differenziert wie möglich. Dann werden diese auf Relevanz untersucht und wie schnell sie zu Kontakten mit der relevanten Zielgruppe führt. Schließlich werden sie nach Kosten/Aufwandskriterien überprüft. Das ist in Excel dank der Sortierungsfunktion recht einfach. Die am höchsten eingestuften Aktivitäten werden in den Marketingplan für die nächste Periode (meist jährlich) aufgenommen. Da die anwaltliche Dienstleistung primär mit Hilfe von Beziehungsaufbau verkauft wird, sind solche Aktivitäten zu bevorzugen, bei denen Anwälte auf potenzielle Mandanten treffen. Reputationsorientierte Maßnahmen sind aufgrund des limitierten Marketingbudgets nur in sehr engen Zielgruppen sinnvoll, was voraussetzt, dass eine Kanzlei eine klare Vorstellung hinsichtlich der Zielgruppe hat, die sie primär bedienen will.

3. Die Frage der rechtlichen Zulässigkeit von Werbemaßnahmen ist in der Rechtsprechung uneinheitlich, widersprüchlich und meist verfassungsrechtlich beanstandbar. Wir weisen hinsichtlich aller möglichen Einzelmaßnahmen insbesondere auf die sehr umfangreiche und gut gegliederte Darstellung für alle denkbaren Maßnahmen bei *Hoeflmayr* hin.
Eine rechtliche Diskussion soll in diesem Kapitel nicht erfolgen, da es hier um die Frage des Managements geht, also der Frage, wie mit den möglichen Beschränkungen umgegangen wird. Aus Sicht des Marketings sind diese von der Rechtsprechung aufgestellten Beschränkungen der unternehmerischen Entfaltung des Anwalts nicht hilfreich. Aus Sicht des Marketings ist in einem wettbewerbsintensiven Markt die Fähigkeit, Aufmerksamkeit auf das eigene Angebot zu lenken, wirtschaftlich notwendig. Sie dient dem Erhalt der Unabhängigkeit der Anwälte, die auch eine wirtschaftliche Unabhängigkeit sein muss. De facto sind Marketingmaßnahmen nur noch im Rahmen Gesetztes gegen unlauteren Wettbewerbs zu beschränken. Darüber hinausgehende Regelungen sowie darauf beruhende Rügen der Kammern sind de iure ohne Folgen, de facto kosten die Verfahren allerdings Zeit und ggf. Geld und stellen daher unnötige Opportunitätskosten für den Anwalt dar. Daher ist es m. E. primär eine wirtschaftliche Abwägung, in welchem Maße von den engen Vorgaben des anwaltlichen Werberechts abgewichen werden soll; berufspolitisch sind diese weder hilfreich noch sinnvoll.

3. Checklisten zur Honorargestaltung

Checkliste: Entwicklung einer Preisstrategie[1, 2]

Fragen	Beispiele	Eigene Antwort
Welchen Markt bedienen wir? (ggf. welche Märkte, nach Zielgruppen ausdifferenziert)	Arbeitnehmer Arbeitgeber	
Welche Stärken hat die Kanzlei (in fachlicher, örtlicher Hinsicht) siehe auch: Ergebnis der SWOT-Analyse oder der Wettbewerbsanalyse (→ Form. P. I. 5)	Reputation für Arbeitsrecht, da langjährig vorhanden und mehrere Berufsträger hier tätig; Einschränkung hins. Arbeitgeber (dort bisher nicht sonderlich aktiv)	
Wie wird die Stärke bisher kommuniziert? Ist sie verbesserbar?	Bisher keine Kommunikation gegenüber Unternehmen: hier Veranstaltungen denkbar	
Welche wirtschaftlichen Ziele haben wir und wie ist die derzeitige Gewinnsituation?	Gewinnerhöhung um 30 % angestrebt: durchschnittlich realisierter Stundensatz bei 135 EUR bei 5 Anwälten in Vollzeit (bei 1200 abrechenbaren Stunden); Erhöhung des Stundensatzes bei gleicher Auslastung nur durch andere Zielgruppe möglich (alternativ: höhere Auslastung pro Berufsträger bei gleicher Zielgruppe)	
Wie ist die Wettbewerbssituation einzuschätzen?	Derzeit viele Wettbewerber, von Einzelanwälten bis zu Anwälten in gemischten Sozietäten; daher nur wenige Wettbewerber bei auf Unternehmen spezialisierte Kanzleien im Arbeitsrecht vorhanden	
Wie ist die Preisgestaltung bei den Wettbewerbern?	Bei Arbeitnehmern: Fast ausschließlich RVG basiert; bei Unternehmen: RVG oder nach Stundensätzen, diese liegen bei 180 bis 300 EUR/Std. Hier also höhere Stundensätze realisierbar	
Welche Stärken/Schwächen haben die Wettbewerber im Vergleich zu uns?	Wettbewerber bei Arbeitnehmern sind meist kleinere Kanzleien/Einzelanwälte oder gemischte Sozietäten; hier haben wir mehr Profil und mehr Kapazität im Bereich Arbeitsrecht für Arbeitnehmer. Bei Arbeitgebern meist Anwälte in Wirtschaftskanzleien oder einige wenige überörtliche tätige Arbeitsrechtskanzleien; hier haben wir hohe Spezialisierung mit viel Kapazität, aber bisher noch wenig Exponierung.	
Preisfestlegungen	Wir werden außerhalb RVG einen Stundensatz von 250 EUR verlangen. Wir werden bei RVG Mandanten eine Klausel aufnehmen, die uns einen realisierten Mindeststundensatz von 180 EUR sichert.	

In Anlehnung an *Mauer/Krämer/Kilian*, S. 138.

Checkliste: Das angemessene Honorarmodell und deren Umsetzung

Frage	Anforderung	Alternative	Ergebnis
Ist der Mindeststundensatz pro Anwaltsstunde bekannt?	Zielumsatz/Anzahl abrechenbarer Stunden	Mindestens 180 EUR (bei 1000 Std./ Jahr ergibt dies einen Umsatz von 180.000 EUR, der neben der Kosten iHv ca. 80000 EUR für einen eingerichteten Kanzleibetrieb auch einen angemessenen Gewinn erzielt	
Gesetzlich geregeltes Honorar?	RVG	Abweichung möglich? Etwa durch freiwillige Vergütungsvereinbarung, etwa doppelte Gebühren wegen Schwierigkeit des Falles	
Frei auszuhandelndes Honorar?	Zeithonorar, Pauschale, oder Mischformen (Caps, Mindesthonorar, ...)	Mindestens RVG Honorar verabreden, insbesondere bei unsicheren Gegenstandswerten	
a) Zeithonorar?	Umfang der Tätigkeit unbekannt/komplexes Problem?	Evtl. Meilensteine verabreden, bzw. Maximalbeträge, oder jeweils neue Verabredungen	
b) Fest/Pauschalhonorar?	Ist Umfang abschätzbar aufgrund bisheriger Tätigkeiten?	Evtl. Preisanpassungsklausel vereinbaren	
c) RVG anwendbar?	Welche Tatbestände sind genau erfasst, welche nicht? Welches vor. Honorarvolumen ist dadurch erzielbar? Welcher typischer Aufwand ist dafür notwendig in Stunden?	Gesonderte Zusatzvereinbarung mit Mandanten möglich (auch wenn nicht erstattet von Rechtsschutzversicherung/Gegner)?	
d) Erfolgshonorar?	Umstände für das Vorliegen genau prüfen (etwa: wirtschaftliche Verhältnisse des Mandanten (BVerfG NJW 2007, 979 ff), die eine Rechtsverfolgung verunmöglichen g. § 4a, Abs. 1, S. 1, RVG; Berechnung: Erfolgszuschlag entsprechende Erfolgswahrscheinlichkeit definieren	Ist Erfolgshonorar hier grundsätzlich zulässig (etwa: Ausnahme vom strengen Erfolgshonorarverbot?) Prozessfinanzierung bei Aktivprozessen möglich?	

Checkliste: Pauschalhonorare

Kostenposition	Alternativen	Berechnung	Anwendung
MwSt	Nicht enthalten: 19 % Abzug vom Umsatz schmälert den Gewinn erheblich	Explizite Vereinbarung zzgl./ abzgl. 19 %	
Arbeitsinhalt	Klar definiert und hinsichtlich Aufwand damit berechenbar (bei RVG Mandanten meist der Fall)	Aufwand x Mindeststundensatz = Honorar	
	Grob umrissen	Aufwand x Mindeststundensatz = Honorar Regelung für Mehraufwand?	

Kostenposition	Alternativen	Berechnung	Anwendung
	Nicht definiert: liegen dennoch Erfahrungswerte (Zeitarbeitsstunden pro Anwalt) vor?	Aufwand x Mindeststundensatz = Honorar Regelung für Mehraufwand?	
Maximale Stundenanzahl	Nicht definiert: Bedeutet Risiko von Mehrarbeit bei Kanzlei?	Nachverhandlungsmöglichkeit gegeben?	
Basis für Nachverhandlung	Definiert	Einflussfaktoren für höhere Vergütung ausreichend klar bezeichnet? (etwa: Sachverhalt musste gesondert recherchiert werden, zusätzliche Anforderungen durch Mandanten, Auftreten neuer Rechtsfragen, Anzahl zusätzlicher Abstimmungstermine, Reisen, etc.)	
	Nicht definiert	Zusätzliche Definition einfügen, etwa Erhöhung von Rahmengebühren durch Anwalt zulassen	
Nebenkosten (Reisekosten/Telekommunikation/Fotokopien)	Enthalten	Definition ausreichend?	
	Nicht enthalten	Gegen Beleg, pauschal in Prozent des Honorars netto (üblich: 5 %-15 %) oder fixe Beträge?	
Streitwert/Gegenstandswert (bei RVG Mandanten)	Eindeutig	Wenn eindeutig, auch hoch genug, um Mindeststundensatz zu realisieren?	
	Nicht eindeutig	Festlegung eines Mindeststreitwertes/Gegenstandwertes, bzw. Erhöhung durch Faktor	
	Unklarheiten ungeregelt	Übernahme der Einholung der Deckungszusage sowie weitere, sich aus der Beziehung ergebenden offenen Honorarfrage ist der Mandant zuständig, respektive muss die hier entstehenden Aufwände des Anwaltes tragen (durch entsprechende Erweiterung des Mandatsvertrages oder zusätzlichen Mandatsvertrag sowie entsprechende Honorarvereinbarung)	
	Unklarheiten geregelt	Vorlage eines Formblattes an Mandanten vor Übernahme	

Anmerkungen

1. **Honorarpolitik, Preisfindung, Bepreisung, Preisverhandlung.** Preispolitik ist Teil des Marketings! Die Bepreisung einer Dienstleistung ist nicht nur ein Ergebnis von Angebot und Nachfrage, sondern ist ein eigenständiges Instrument, um Nachfrage zu generieren. Dies gilt sowohl für niedrigere Preise als die des Wettbewerbs (strategischer Fokus: Kostenführerschaft), als auch für höhere Preise (Strategischer Fokus: Spezialist/Nischenpolitik), welcher zur Differenzierung taugt und eine Botschaft enthält (hoher Preis = starke Nachfrage = hohe, rare Qualität).

2. Bepreisung. Die Frage der richtigen Preispolitik hängt mit einer Reihe von Faktoren zusammen. Die Vereinfachung der Preisdiskussion durch Fokussierung auf den Stundensatz ist nicht ausreichend, um die Bepreisung zu verstehen. Dieses Kapitel beschäftigt sich primär mit der betriebswirtschaftlichen Sichtweise, um dem Ziel der Formularsammlung zu dienen, schnell den richtigen Rat für ein dringendes Bepreisungsproblem zu erhalten.

- Rechtliche Rahmenbedingungen: Gemäß § 1 Abs. 1 ist die Regelvergütung des Anwaltes die Vergütung nach dem RVG. Gemäß §§ 3a, 4, 4a kann jedoch davon abgewichen werden. Ob abgewichen wird, ist neben der rechtlichen vor allem eine betriebswirtschaftliche Frage, die mit Hilfe des Formulars Preispolitik beantwortet werden kann.
- Marketingtechnisch besteht für den Mandanten der Unterschied zwischen dem RVG als eine pauschale Vergütung und einem Zeithonorar darin, dass die erstere in bestimmten Grenzen vorherbestimmbar ist und daher Preissicherheit gewährleistet, während im letzteren Fall das Risiko des Preises aufgrund eines schwer vorhersehbaren Aufwandes bei dem Mandaten liegt.
- Wettbewerbssituation/Spezialisierung: Ist die Kanzlei in einem Marktsegment tätig, in dem sie den Preis selber bestimmen kann, oder ist sie in einem Marktsegment tätig, in dem der Wettbewerb den (Mindest-) Preis bestimmt? Ist das letztere der Fall, so ist eigentlich eine Strategieentwicklung notwendig, die auf Differenzierung abzielt. Dies kann darin bestehen, dass die Kanzlei in ein Segment geführt wird, welches weniger wettbewerbsintensiv ist, und in dem eigene Stärken ausgespielt werden können (statt Arbeitsrecht für Arbeitnehmer etwa solches für Arbeitgeber, oder übertariflich bezahlte Angestellte, dann allerdings oftmals mit einer Ausdehnung des geographischen Angebotes verbunden). Oder in dem mit Hilfe eines niedrigeren Preises höhere Auslastung erreicht wird, oder mit Hilfe eines höheren Preises Qualität signalisiert wird.
- Wichtig ist auch das zu berücksichtigende Geschäftsmodell der eigenen Kanzlei. Dies stellt die Frage danach, wie Gewinn generiert wird. Ist dies ausschließlich durch die Tätigkeit der Sozien, und/oder durch die Tätigkeit von angestellten Mitarbeitern? Wird nach Stunden abgerechnet oder wird in der Regel pauschal abgerechnet? Welche Preismodelle sind im Markt üblich, in der die Kanzlei tätig ist?
  Beispiel: In einem Markt, in dem üblicherweise nach Stunden abgerechnet wird (etwa: Wirtschaftsunternehmen), und die Dienstleistung primär durch einen Gesellschafter mit seinen Mitarbeitern erbracht wird, trifft man meist auf eine Situation, wo ein Unternehmen als Mandat versucht, durch Pauschalen die Gefahr von Kostensteigerung auf die Kanzlei abzuwälzen. Hier ist der Preis also Verhandlungssache und (meist) Ergebnis von Vergleichen mit anderen Kanzleien. Relevant ist somit der realisierte Stundenlohn, in dem der Aufwand (in Stunden, erfasst durch die Mitarbeitenden) am Ende des Mandates mit dem realisierten Honorarnettoumsatz in Relation zu setzen ist. Es geht also eher um die Realisierung von ausreichenden Margen, also der kostenbewusste Einsatz von Ressourcen, um trotz geringer Umsätze noch wirtschaftlich zu arbeiten. Dies setzt die Erfassung der Ressourcen pro Mandat voraus (→ Form. P. V. 2).
- Marktpreise: Es gibt in jedem Segment ein Preissegment, welches sich in einem Rahmen von/bis bewegt. Innerhalb dieses Rahmens ist der Preis festzusetzen, oberhalb davon hat er keine Akzeptanz, unterhalb davon wird Gewinnpotenzial nicht realisiert.
- Vertrieb: Wie wird die Dienstleistung beworben? Wie bekannt ist die Kanzlei bereits, so dass sie Reputationsvorteile hat? Reputation hat einen hohen Einfluss auf die Preisstellung: je höher die Reputation im Verkehrskreis der Kanzlei, umso höher sind die realisierbaren Preise.

Vaagt   1269

Preispolitik ist daher die effektivste Art des Marketings. Zum einen definiert sie, wer zur Zielgruppe gehört und wer nicht, zum anderen sagt der durchsetzbare Preis etwas über die Wettbewerbsfähigkeit des eigenen Angebotes voraus. Es gilt:

1. Ob viele Stunden zu einem niedrigen oder wenige zu einem hohen Stundensatz verkauft werden, beides führt zum gleichen Umsatz.
2. Ein hoher Preis sorgt für eine kritischere Wahl auf Seiten des Nachfragers: umso deutlicher muss der Vorteil des Angebotes deutlich werden, insbesondere wenn die Kanzlei im Wettbewerb steht.
3. Ein (zu) hoher Preis, der nicht durchgesetzt werden kann, ist ein Hinweis auf strategischen Handlungsbedarf. Es muss also über die Frage nachgedacht werden, wie das Angebot attraktiver gestaltet werden kann. Dies ist vor allem mit Hinsicht auf die Problemlösung bei dem Nachfragenden zu beantworten (hingegen nicht lediglich mit der Qualität oder der Verpackung des Angebotes). Beispiel Familienrecht: Unternehmer erwarten ganzheitliche Lösungen, die das Steuerrecht, das Erbrecht und evtl. auch die Unternehmensbewertung einbezieht. Beispiel Arbeitsrecht: bei Kündigungen geht es auch um die Beherrschung der Folgen, also sozialrechtliche Fragen (Arbeitslosigkeit, etc.).

4. Formular zur Zeiterfassung

Aktennummer/Name Mandant/Sache[1]	Bearbeiter	Zeit von	Zeit bis (idealerweise minutengenau)	Genaue Beschreibung der Tätigkeit[2]

Anmerkungen

1. Die Zeiterfassung ist sowohl aus rechtlichen Gründen als auch aus marketingtechnischen Gründen von Bedeutung. Im letzteren geht es um die Fähigkeit, die eingesetzten Ressourcen pro Mandat zu erfassen, um eine Margenkalkulation durchzuführen.

2. Die rechtlichen Anforderungen an eine korrekte Zeitmitschrift sind recht hoch (s. → Form. P. III. 4), die Beweislast ist beim Anwalt. Daher sind insbesondere hohe Anforderungen an die Nachvollziehbarkeit der Tätigkeit. Dabei muss diese Nachprüfbarkeit gerichtsfest sein, obwohl der Mandant die Beweislast hat. Ob die am Ende geforderte Vergütung angemessen gem. § 3 a Abs. 2 RVG ist, ist davon abhängig, ob der Umfang und die Schwierigkeit, die Bedeutung der Sache für den Auftraggeber, die Vermögens- und Einkommensverhältnisse des Auftraggebers sowie etwaige positive Auswirkungen der anwaltlichen Tätigkeit auf die Vermögenslage des Auftraggebers berücksichtigt werden. Diese Prüfung bei Rechnungslegung ist somit notwendig, wenn die Gefahr der Überschreitung der Grenzen der die gesetzlichen Gebühren aufgrund des aufgelaufenen Zeithonorars besteht (BGH NJW 2005, 2142 ff.), was de facto auf eine Beweislastumkehr hinausläuft.

5. Telefonleitfaden

Ziel[1]	Festlegung	Zentrale Frage	Eigene Festlegung
Erreichbarkeit gewähr-leisten	Zuständigkeit und Zeiten der tel. Erreichbarkeit	Wer meldet sich zu welchen Zeiten am Telefon (etwa: Mitarbeiter, ggf. Weiterschaltung auf Anwalt nach Dienstschluss Sekretariat, bzw. Callcenter)	
Eindeutigkeit und Wiederkennung	Einheitliche Meldung aller Mitarbeiter und Anwälte am Telefon bei Erstkontakt	Beispiel: „Guten Tag, XYZ Kanzlei, mein Name ist . . . . . .!"	
Namen des Anrufes korrekt identifizieren	Begrüßung mit Wiederholung des Namens, ggf. nachfragen bei Unklarheit	Beispiel: „Guten Tag, Herr Schmidt, was kann ich für Sie tun?"	
Neumandanten Willkommen heißen	Anliegen klären; bei neuen Mandanten besonderes Willkommen aussprechen	Beispiel: „Was ist Ihr Anliegen?" „Schön, dass Sie sich mit Ihrer Frage an uns wenden, wir werden uns gerne um Ihre Angelegenheit kümmern"	
Erreichbarkeit aktiv sicherstellen	Zeiten für Erreichbarkeit für Ansprechpartner, insbesondere Anwälte, vorher verabreden, damit keine Störung erfolgt bzw. Rückrufangebote verlässlich verabredet werden können	Beispiel: „Können wir Sie um . . . . . . Uhr zurückrufen, da der Anwalt derzeit in einer Besprechung ist?"	
Verbindliche Auskünfte, die dem Mandanten weiterhelfen respektive Klärung der Anliegen	Verbindliche Aussagen bei Standardanfragen, etwa nach Terminen, Sachstand, etc. mittels Zuständigkeitsregelung, gerade bei Abwesenheit der Anwälte bzw. die Klärung der Anliegen des Mandanten	Beispiel: Sekretariat: „Worum geht es Ihnen genau?" „Der Anwalt wird Sie zurückrufen, wenn es etwas Wichtiges in dieser Sache gibt, sonst können Sie davon ausgehen, dass derzeit kein Handlungsbedarf besteht".	
Versprochene Rückrufe einhalten	Terminkontrolle der versprochenen Rückrufe durch Erfassung und Streichung	„Wann sind Sie unter welcher Nummer erreichbar?" Notiz in Kanzleikalender aufnehmen, an Anwalt weitergeben, und nach Erledigung streichen	
Herkunft des Neumandats erfahren/Wirksamkeit des Marketings erfahren	Liste der Quellen für Neumandanten pflegen (bei Erstanruf, im Erstberatungsgespräch oder bei Aufnahme der Stammdaten)	„Da Sie zum ersten Mal bei uns sind, darf ich erfahren, wie Sie auf uns gekommen sind?"	

Anmerkungen

1. Zur Kontaktpolitik gehört es, den telefonischen Kontakt zum Mandanten so freundlich und zuvorkommend wie möglich zu gestalten. Hierzu gehört es auch, darauf

Vaagt

zu achten, dass am Telefon ein Mitarbeiter mit einer guten Telefonstimme arbeitet, da die nonverbale Kommunikation durch das Telefon besonders auf emotionale Anteile angewiesen ist (in Anlehnung an *Cosack/Hamatschek*, S. 264 ff.).

6. Checkliste: Ablauforientierte Gestaltung von Anfahrt, Gebäude, Bürozugang, Raumgestaltung, Empfang und Verabschiedung

Für Mandant sichtbar ("Moment der Wahrheit")[1]	Organisatorische Anweisungen (Beispiele und Hinweise)	Eigene Festlegungen
Orientierung (Wo ist die Kanzlei?)	Anfahrtsplan auf der Homepage zurechtlegen, evtl. Google Maps oä einbinden Am Telefon eine einfache Wegbeschreibung hinterlegen, die vorgelesen werden kann (wichtige Orientierungspunkte benennen, etwa: "direkt hinter dem Dom")	
Anfahrt, auch mit öffentlichen Verkehrsmitteln, und ggf. Parkplatz ("Wo steige ich aus; wo parke ich")	So, evtl. entsprechende Parktickets ankaufen, die dem Mandanten bei Verlassen der Kanzlei mitgegeben werden können.	
Eingang des Gebäudes finden, evtl. Orientierung geben ("Woran erkenne ich, ob ich richtig bin?)	Foto des Gebäudes und/oder Hauseingangs im Internet; ausreichende und eindeutige Beschilderung (Angabe Stockwerk, Pfeile etc.) in ausreichender Sichtbarkeit	
Eingangsbereich/Tür der Kanzlei ("Hier bin ich richtig, hier fühl ich mich aufgehoben")	Warmes Licht, gute Beleuchtung auch vor der Tür! Beschilderung, möglichst einfache Öffnung	
Empfangsraum und erster persönlicher Kontakt ("Wie schön, dass Sie da sind")[2]	Heller Empfangsraum, sofortiger Blickkontakt mit einer Mitarbeiter/in, die sich dem Mandanten widmen kann und Orientierung gibt; evtl. Ansprache mit Namen, wenn Besuch erwartet wird (dazu: Besucherliste im Empfangsbereich hinterlegen, evtl. Raumreservierung damit verbinden, wenn mehrere Besprechungsräume); ggf. Entgegennahme von Mänteln etc.	
Sofortige Begleitung in einen Besprechungsraum ("Es geht hier um mich, es wird wichtig genommen")	Vorbereiteter, gesonderter Besprechungsraum (keine Warteräume), in den Mandant geleitet wird; Anwalt erscheint sofort, für angenehme Arbeitsatmosphäre ist gesorgt, Getränke etc. werden angeboten.	
Nach Beendigung der Besprechung Begleitung bis zur Tür und Verabschiedung durch den Anwalt ("Wir legen Wert darauf, dass Sie sich persönlich begleitet fühlen")	Evtl. Aushändigung Bekleidung, Erkundigung nach Weiterreise, ggf. Übergabe Parkticket, ggf. Übergabe an Empfangssekretärin, falls noch weitere Termine/Modalitäten/Anzahlungen etc. zu leisten sind.	

Anmerkungen

1. Die organisatorischen Maßnahmen, die notwendig sind, damit der Mandant aus seiner Sicht einen möglichst einfachen, angenehmen Zugang zur Dienstleistung hat, sind zentral für dessen Wahrnehmung von der Wahrnehmbarkeit der Nutzbarkeit. Hierfür kann die Qualitätsmanagementtechnik der „Quality Deployment" genutzt werden, also eine aus der Sicht des Besuchers definierter Ablauf, der sich an den zentralen „Momenten der Wahrheit" orientiert, die für einen Besucher relevant sind. Diese sind organisatorisch abzusichern. Dazu sollte man selber einmal in seine eigene Kanzlei „wie ein Fremder" gehen, bzw. jemanden sein, der ein waches Auge für Kleinigkeiten hat (evtl. einen Innenarchitekten etc.). Denn nichts ist verräterischer als eine Nachlässigkeit in diesem Bereich, die (evtl. ungerechtfertigte, aber üblicherweise vorhandene) Rückschlüsse auf die Qualität der Dienstleistung schließen lässt (mehr zum Thema Qualitätsmanagement bei *Mauer/Krämer/Becker* S. 70 ff.; Pepels/Steckler/*Ebel* S. 71 ff.).

2. Die Räumlichkeiten und die Kontaktpersonen für die Mandanten sollten entlang der sog. „Linie der Sichtbarkeit" ausgewählt werden. Dabei kommt es darauf an, dass die Kontaktpunkte des Mandanten mit der Kanzlei daraufhin optimiert sind, welchen Eindruck man hinterlassen möchte. Der Empfang eines Mandanten im Büro des Anwalts ist vor allem aus Gründen der Vertraulichkeit zu vermeiden. Sinnvoll ist in der Regel die Hinzuziehung eines Innenarchitekten oder Raumausstatters.

7. Ablauforientierter Sprechzettel zum Erstgespräch mit Mandanten für Rechtsanwälte (nicht-fachliche Leitung des Gesprächs unter Berücksichtigung der richtigen Platzierung des Honorargesprächs)

1. „Womit kann ich Ihnen helfen?"[1, 2]

„Darf ich noch einmal wiederholen?"

„Gut, ich habe Sie verstanden. Diesen Fall sollten wir genauer ansehen, da es oftmals mehr Aspekte gibt, als man anfangs meint. Aus meiner Erfahrung mit dieser Art von Fällen heraus gibt es eine Reihe von Stolpersteinen, die aus einem kleinen schnell ein großes Problem machen".

(Alternative:

„Fälle dieser Art bearbeite nicht ich, sondern ein Kollege von mir. Es ist mir wichtig, dass Sie für Ihr Problem den besten Anwalt bekommen. Ich selbst bin auf dem Gebiet/habe mich auf das Gebiet . . . . . . spezialisiert, daher meine ich, dass es besser ist, Sie gehen zum Kollegen . . . . . . Darf ich Sie mit ihm bekannt machen/durchstellen/darf ich Ihnen die Telefonnummer nennen? Ich bin sicher, dass Sie bei dem Kollegen sehr gut aufgehoben sind.")

2. „Wie ich Ihren Äußerungen entnehme, hat die Angelegenheit wirklich eine Bedeutung für Sie, so dass ich als Ihr Anwalt hier in der dargelegten Form tätig werde. Ist das richtig?"[3]

3. „Wir würden das Problem so angehen: 1. . . . . . ., 2. . . . . . ., 3. . . . . . . Sollte es dazu kommen, dass es Überraschungen gibt/die Gegenseite anders agiert als ich jetzt beschrieben habe, ... dann würden wir wie folgt vorgehen . . . . . ."[4, 5]

4. „Wir gehen davon aus, dass wir Schritt Nr. 1, in ca. . . . . . . Tagen erledigen können, dann nach . . . . . . Wochen eine Antwort erhalten haben."[6]

5. „Lassen Sie uns zusammenfassen: . . . . . .

Stimmt das mit Ihren Wünschen überein?"[7]

6. „Haben Sie noch Fragen?"[8]

Ich glaube, wir haben soweit alles besprochen. Wenn Ihnen noch etwas einfällt, was Ihnen wichtig erscheint, rufen Sie mich bitte an oder hinterlassen Sie mir eine Nachricht. Meine Sekretärin ist kompetent Ihnen ggf. weiterzuhelfen. Wir werden Sie über den Fortschritt der Sache nach dem Abschluss der einzelnen Schritte selbstverständlich informieren!"

7. „Wir haben, wie Sie meinen Ausführungen sicher entnommen haben, eine Reihe von Fällen wie den Ihren gehabt. Ich denke, dass wir in . . . . . . Wochen eine erste Reaktion erwarten dürfen. Gibt es noch irgendwelche Fragen von Ihrer Seite dazu?"[9]

8. „Aufgrund des hier zugrundeliegenden Gegenstandswertes entnehme ich der RVG-Tabelle, dass wir, wenn es zu einem außergerichtlichen Vergleich kommt, eine Rechnung in Höhe von . . . . . . EUR stellen werden. Sollten wir einen Prozess anstrengen müssen, und in diesem womöglich auch Beweise erhoben werden, könnte sich dies auf . . . . . . EUR erhöhen in der ersten Instanz. Ich rechne bei dieser Angelegenheit mit 8–10 Stunden Aufwand. Bei unserem Stundensatz von (250) EUR wird damit ein Gesamtaufwand von ca. (2.000 – 2.500) EUR entstehen. Da das gesetzliche Honorar diesen Aufwand nicht abdeckt, schlage ich eine gesonderte Honorarvereinbarung vor. Wir können uns auf einen Faktor von (2,5) oder eine Erhöhung des Gegenstands/Streitwertes auf . . . . . . EUR einigen, die dem tatsächlichen Wert, der hier in Frage kommt, wohl eher näher kommt. Was ist Ihnen lieber?"[10]

9. Bei Vorliegen einer Rechtsschutzversicherung:[11]

„Wie ich sehe, haben Sie eine Rechtsschutzversicherung bei der . . . . . . Versicherung abgeschlossen. Ob diese eintritt und in welchem Umfang, kann ich nicht vorher sagen. Wenn Sie möchten, dass ich mich darum kümmere, bitte ich Sie, die Kanzlei hierfür gesondert zu mandatieren. Dann können wir alle Fragen, die sich hieraus ergeben, vorab bzw. parallel klären. Ich muss Sie allerdings darauf aufmerksam machen, dass sich hieraus ergebende Aufwände die entsprechende Aufwände Ihnen in Rechnung gestellt werden. Die Zahlung der Honoraransprüche der Kanzlei durch die Rechtsschutzversicherung wird nur im Rahmen des Versicherungsvertrages abgesichert, deren Umfang wir leider häufig mit der Versicherung gesondert klären müssen. Bei Versagung des Rechtsschutzes sind Sie am Ende der Schuldner der Kanzleiforderung. Das betrifft mindestens immer die Eigenbeteiligung. Sind Sie damit einverstanden?

10. „Wir werden für eine Reihe von Tätigkeiten und möglicherweise auch Gebühren in Vorlage gehen müssen. Daher ist es Politik unseres Hauses, 30 % Vorschuss (bzw. die typische Eigenbeteiligung bei Rechtsschutzversicherten) zu nehmen.

Möchten Sie per Scheck zahlen oder per Überweisung? Auch die Zahlung per Visa- oder Eurocard ist im Sekretariat möglich."[12]

11. „Dann darf ich jetzt zusammenfassen, was wir verabredet haben und was die nächsten Schritte sind."[13]

Anmerkungen

1. **Vorlage Sprechzettel Honorarfrage bei Privatmandanten.** Die richtige Behandlung der Honorarfrage ist nicht nur rechtlich bedeutsam, sondern vor allem auch eine Methode zur Lenkung der Mandantenerwartungen. (Daher ist dies anders aufgebaut als der Mandantenfragebogen → Form. P. IV. 9)

2. Schritt 1. Der Anwalt sollte dem Mandanten aktiv zuhören und versichern, dass die Art des Problems seiner Kompetenz entspricht bzw. den Mandanten ggf. an einen anderen, besser qualifizierten Anwalt weiter empfiehlt.

3. Schritt 2. Der Anwalt sollte dem Mandanten versichern, dass der Mandant die Angelegenheit wirklich dem Anwalt anvertrauen möchte. Dieser Schritt ist wichtig, weil damit das weitere Vorgehen dargelegt werden kann, und man nicht bei dem Beschreiben von Problemen, die möglicherweise auftreten, mit der Frage wieder anfangen muss, ob das denn alles sinnvoll sei.

4. Schritt 3. Der Anwalt sollte die Schritte so schreiben, wie sie typischerweise unternommen werden. Die Darlegung der Vorgehensweise ist sehr wichtig für den Mandanten, da er damit nicht nur den Aufwand des Anwaltes besser nachvollziehen kann (und damit auch die Höhe der Rechnung), sondern auch weiß, was er möglicherweise tun soll oder kann. Einige Anwälte sind dazu übergegangen, diese Information auch zu visualisieren in Form eines sog. Flow-Charts oder mit Hilfe eines Flipcharts. Andere haben Kurzinformationen für die verschiedenen Vorgehensweisen (zB typischer Ablauf eines Gerichtsverfahrens) oder eine Liste häufig gestellter Fragen auf einem Blatt dargestellt, welches sie dem Mandanten übergeben können.

5. Schritt 4. Der Anwalt legt dar, welche voraussichtlichen Schwierigkeiten auftreten können, und wie ggf. damit umgegangen werden muss.

Mandanten meinen oftmals, dass ihre Angelegenheit dringend und schnell zu erledigen sei. Der damit verbundene Aufwand, die Probleme, die während der Bearbeitung auftreten können und die Dauer, die durch die Bearbeitung durch mehrere Seiten resultiert, sind für ihn nicht absehbar. Damit der Mandant die Leistungen des Anwaltes würdigen kann und damit auch die Höhe der Rechnung leichter nachvollziehen kann, ist es sinnvoll und hilfreich, sich am Anfang der Beziehung die Zeit zu nehmen, dies alles dem Mandanten darzulegen. Zugleich kann der Anwalt damit nachweisen, wie viel Erfahrung er mit diesen Themen hat, und wie sehr er das Verfahren und die dabei auftretenden Möglichkeiten beherrscht.

6. Schritt 5. Der Anwalt macht deutlich, in welchen Zeiträumen die Angelegenheit bearbeitet wird, und was die zentralen Meilensteine sind.

Dies ist ein sehr wichtiger Schritt, um zu verhindern, dass der Mandant anruft, einfach nur um zu wissen, wie denn nun die Sache steht. Diese Anrufe gehören zu den Zeitfressern im Zeitbudget eines jeden Anwaltes, die es zu reduzieren gilt. Auch ist dies ein Grund für hohe Mandantenunzufriedenheit, wenn er den Anwalt nicht erreicht. Denn die Erreichbarkeit ist das wichtigste Beurteilungskriterium nach der juristischen Qualität und Erfahrung aus Sicht des Mandanten, die darüber entscheiden, ob er zufrieden ist oder nicht.

7. Schritt 6. Der Anwalt versichert sich, dass der Mandant alles verstanden hat und damit einverstanden ist.

Dies ist ein sehr wichtiger Schritt, der zwar in der Regel schnell erledigt wird, aber dennoch für den Mandanten gerade dann notwendig ist, wenn er nicht alles mitbekommen hat. Da Anwälte in Diktion und in dem, was sie an Vorwissen voraussetzen, den Mandanten in der Regel überlegen sind, ist dies die Gelegenheit, den Mandanten „nachkommen" zu lassen, also zu überprüfen, ob er alles verstanden hat und damit einverstanden ist.

8. Schritt 7. Der Anwalt lädt den Mandanten ein, jederzeit nachzufragen, wenn etwas nicht seinen Erwartungen entspricht oder er etwas nicht versteht.

Auch wenn der Anwalt eigentlich nicht möchte, dass der Mandant ihn während der Mandatsbearbeitung anruft, ist es wichtig, die Offenheit zu zeigen. Wurde so wie oben geschildert vorgegangen, dann hat der Mandant in der Regel keinen Grund anzurufen, solange die Informationen regelmäßig wie angekündigt übersandt worden sind. Zugleich zeigt die Offenheit Respekt für die Meinung des Mandanten und betont die Dienstleistungsbereitschaft, die immer und zuerst eine Offenheit für die Fragen und Wünsche des anderen sind.

9. Schritt 8. Der Anwalt versichert dem Mandanten, dass die Angelegenheit bei ihm in guten Händen ist, und fasst zusammen, was er alles tun wird, damit das Ziel des Mandanten erreicht werden kann. Dadurch ist der Mandant beruhigt und ihm wird vor Augen geführt, dass er die richtige Wahl getroffen hat.

10. Schritt 9. Der Anwalt legt dar, wie hoch die Gebühren oder Zeitabrechnung sein werden. Entscheidend ist dabei, dass der Anwalt immer von/bis-Beträge angibt, und den Maximalbetrag eher zu hoch als zu niedrig schätzt. Dies ist wichtig, weil eine Rechnung, die oberhalb des Maximalbetrages liegt, immer als zu hoch empfunden wird (hier hat er eine Erwartung geschaffen!). Bei schwierig abzuschätzenden, komplexen Angelegenheiten ist es wichtig, dass der Mandant weiß, dass es eine komplexe, schwierig abzuschätzende Angelegenheit ist, deren Berechnung dem Anwalt Schwierigkeiten macht. Hier können Anwälte dann entweder über den Stundensatz reden und zB einen niedrigeren Stundensatz in Aussicht stellen, wenn eine bestimmte Höhe überschritten wird (solche Rabattschemata sollten vorher schriftlich fixiert sein und ggf. dem Mandanten ausgehändigt werden). Auch können Anwälte hier auf die Zahlungsweise eingehen (zB monatliche Abrechnung aufgrund Zeitmitschrift, wodurch der Mandant die Übersicht und Kontrolle behält (natürlich müssen Ihre Time-Sheets aussagekräftig sein). Die Grundregel lautet: Wenn der Mandant weniger zahlen will, sollte man niemals den Stundensatz kürzen, sondern lediglich einen geringeren Aufwand vorschlagen (soweit rechtlich zulässig, sonst Mandatsablehnung in Erwägung ziehen!). Bei sich aufgrund der Abrechnung von RVG ergebenden zu niedrigen Honoraren ist eine entsprechende Erhöhung oder eine Einigung auf einen höheren Streit/Gegenstandswert möglich.

11. Schritt 10. Sonderfall Rechtsschutzversicherung:
Der Anwalt klärt den Mandanten darüber auf, dass er, nicht der Anwalt, einen Versicherungsvertrag mit der Rechtsschutzversicherung hat, und daher sämtliche aus diesen Beziehungen stammenden Fragen und Aufwände zu seinen Lasten gehen. Der Mandant hat die Möglichkeit, einen gesonderten Vertrag mit dem Anwalt zu unterschreiben, damit dieser die sich daraus ergebenden Probleme (Deckungsschutzanfrage, besondere Informationspflichten; Ausschlussfälle, keine Abdeckung rein präventiver Beratung, Eigenbeteiligung, ggf. Zusatzhonorare der Kanzlei) abgedeckt sind.

12. Schritt 11. Der Anwalt erklärt, warum er einen Vorschuss nimmt, und fragt danach, wie der (Privat-) Mandant zahlen möchte. Da Mandanten in vielen Geschäftsdingen Vorschüsse zahlen müssen, ist es weniger eine Frage des Ob, sondern vielmehr eine Frage des Wie. Daher kann man davon ausgehen, dass der Mandant dem Anwalt einen Vorschuss leisten will, und er wird es tun. Dazu muss der Anwalt klar und höflich erklären, warum er einen Vorschuss haben möchte, und kann dem Mandanten die Entscheidung erleichtern, indem er ihm mehrere Möglichkeiten der Bezahlung anheimstellt.

13. Schritt 12. Zusammenfassung und nächster konkreter Schritt; Verabschiedung.

8. Fragebogen zur Mandantenzufriedenheitsmessung

Fragebogen für eine quantitative Befragung

Bitte geben Sie an, wie zufrieden[1] Sie mit den Leistungen der Kanzlei sind. Beurteilen Sie jeden Faktor auf einer Skala von 1 (= wenig zufrieden) bis 5 (= höchst zufrieden).

Skala	wenig zufrieden			höchst zufrieden	
	1	2	3	4	5
Qualität der fachlichen Arbeit					
Reaktion (zB Erwiderung von Anrufen etc.)					
Pünktlichkeit (Einhalten von Terminen etc.)					
Aufmerksamkeit[2]					
Information über den Fortgang der Arbeit					
Verfügbarkeit des Partners und/oder des zuständigen Sachbearbeiters					
Erfahrung und Sachkenntnis					
Erfolg der Bemühungen					
Verhandlungsfähigkeiten					
Engagement in Ihrer Angelegenheit					
Allgemeine Qualität der Serviceleistungen					
Allgemeines Leistungsangebot					
Freundlichkeit, Persönlichkeit					
Preis-Leistungs-Verhältnis					
Ressourcen und Unterstützung					
Bei Bedarf Verfügbarkeit von Teams aus mehreren Experten					

Bitte lassen Sie uns verstehen, was jeweils bei dem von Ihnen als wichtig empfunden Kriterien den Unterschied zu Höchstnote 5 ausgemacht hätte?

Kriterium	Wichtigkeit auf einer Skala von I (wenig relevant) – IV (sehr wichtig)	Unterschied zu 5:

Anmerkungen

1. Mandantenzufriedenheitsmessung. Man unterscheidet qualitative von quantitativen Befragungen. Quantitative Befragungen versuchen, mit Hilfe von standardisierten Fragebögen eine Vielzahl von Kunden zu spezifischen Kriterien zu befragen. Da Kanzleien meist weder Erfahrung in der Formulierung von Fragen noch der Durchführung und

Auswertung derartiger Aktionen haben, bleiben qualitative Befragungen einzelner Mandanten zu spezifischen Zeitpunkten übrig. Bewährt haben sich dabei einfache Befragungstechniken, die konkrete Hinweise auf Verbesserung des Services geben können.

2. Hier sind die relevanten Fragen abgebildet, die am Ende eines Mandates bei den telefonischen Nachfragen gestellt werden können. Das Schema ist: Die Frage stellen, den Mandanten auffordern, eine Einschätzung zwischen 1 und 7 zu geben, und dann nach den Gründen zu fragen, die den Unterschied zur Höchstnote ausgemacht hätten. Dies kann auch durch das Sekretariat oder externe Mitarbeiter erledigt werden (Call Center, Marketingbeauftragte).

9. Evaluation von Marketingmaßnahmen

Marketingmaßnahme[1]	Messkriterium	Messverfahren	Ergebnis[2]	Bewertung

Anmerkungen

1. Evaluation von Marketingmaßnahmen. Wenn Marketingmaßnahmen nicht nur aufgrund von Erfahrungen der Vergangenheit, sondern insbesondere einem eingesetzten Budget hinsichtlich der Wirksamkeit überwacht werden soll, muss ein Messverfahren eingesetzt werden. Dabei ist es wichtig, die Messung in den Abläufen so einzupflegen, dass sie automatisch erfolgen und daher auch auswertbare Ergebnisse produzieren. Die Wirksamkeit von Marketingmaßnahmen ist kanzlei- und zielgruppenspezifisch zu untersuchen. Für generelle Wirksamkeitsmessung (*Kilian*, Wirksamkeit anwaltliche Werbemaßnahmen) eine gute Referenz.

2. Die Möglichkeit zum direkten Aufbau von Beziehungen ist bei Tätigkeiten, bei denen es um großes Vertrauen aufgrund der Komplexität und (idR) außergewöhnlichen Rechtsfragen geht, von hoher Bedeutung gegenüber allgemeiner Werbung. Daher gilt die Regel, dass umso spezieller und umfangreicher die Tätigkeit ist, umso wichtiger ist die persönliche Präsenz der Anwälte. Hingegen gilt, dass je wettbewerbsintensiver der Markt ist, die Aufmerksamkeit nur durch einen hohen Einsatz von Marketingmitteln erreicht werden kann. Aufmerksamkeit wird dabei meist durch außergewöhnliche Gestaltungen und Werbemittel erreicht, die reflexartig die Kollegenschaft auf den Plan ruft, die einen „unfairen" Wettbewerbsvorteil annehmen. Die Zweckentfremdung des anwaltlichen Werberechts von der Kollegenschaft zur Vermeidung von Wettbewerbsvorteilen ist eine notwendige und widersinnige Folge, da alle Kanzleien auf kreatives Marketing angewiesen und dieses im Grunde auch zulässig ist. Zurückblickend auf die Entwicklung (hilfreich dazu der Rückblick bei dem ersten Werk zu diesem Thema bei *Schiefer/Hocke*) lässt sich sagen, dass die Regelbrecher die Erfolgreichsten waren.

10. Personalmarketing

Fokus[1]	Maßnahmen	Kosten/Aufwand	Priorität
Internes Personalmarketing[2]	Arbeitgeberseitige Maßnahmen zur Bindung und Mitarbeiterzufriedenheit, inkl. Arbeitszeitmodelle, Personalführungsinstrumente (→ Form. P. IV.)	Schulung von Sozien im Mitarbeiterumgang (geringe Kosten)	
Externe Personalmarketing	Reputationsbildende Maßnahmen als Arbeitgeber	Kosten abhängig von Maßnahme	
	Rekrutierungsmessen	Kosten hoch	
	Arbeitsamt	Kosten gering	
	Anzeigen	Kosten mittelmäßig	
	Kollegenempfehlungen	Kosten gering	
	Karrierewebsite (mit Darstellung der konkreten betrieblichen Situation)	Kosten gering	
	Konkrete Rekrutierungspolitik (Durchführung der Interviews)	Kosten gering	

Anmerkungen

1. Personalmarketing. Personalmarketing fängt bei einer guten Mitarbeiterführung an. Da Mitarbeiter, die sich wohlfühlen und motiviert sind, hierüber im Bekanntenkreis sprechen, ist so am einfachsten eine gute Reputation aufzubauen. Demgegenüber sind sämtliche andere Maßnahmen viel teurer und weniger nachhaltig. Mitarbeiterführung ist allerdings das Stiefkind in deutschen Anwaltskanzleien, die von Juristen geführt werden, die wenig geschult im Umgang mit Mitarbeitern sind. Eine einseitige Fokussierung auf die fachlich einwandfreie Leistung, so wichtig diese auch immer ist, ist zu wenig. Psychogramme von Sozien zeigen immer ein hohes Maß an Kontrollbedürfnis, gepaart mit einer geringen Eigenreflektion und Auseinandersetzung mit Fremdbild. Daher ist der Arbeitsplatz Anwaltskanzlei wenig beliebt.

2. Da Kanzleien ausschließlich Dienstleistungen von Menschen für Menschen erbringen, ist die Qualitätssicherung am besten über intrinsische Motivation möglich, also über die Einstellung der Mitarbeiter zur Arbeit, zu den Mandanten und den anderen Mitarbeitern. Voraussetzung ist eine entsprechende Personalplanung (→ Form. P. V.).

V. Finanzen

1. Vorbemerkungen

Wirtschaftlichkeitsanalyse auf Basis Zufluss/Abfluss (GuV), § 4 III EstG als Grundlage für ein Controlling und Reporting der Gesamtkanzlei

In diesem Kapitel wird ein Instrument vorgestellt, wie die Kanzlei schnell und einfach, auf regelmäßiger Basis die betriebswirtschaftliche Entwicklung beobachten kann (in sog. **Controlling** bzw. Managementreports, bei Staub: Betriebsbuchhaltung). Diese ergänzen die Darstellungen in → Form. N., dort wird vertieft die finanzbuchhalterische und steuerrechtliche Seite dargestellt. Die Daten, die hier jeweils notwendig sind, können mit jeder Kanzleisoftware in Verbindung mit der Finanzbuchhaltung und der Lohnbuchhaltung zusammengetragen werden. Dieser Prozess sollte, basierend auf einem Instrument wie Excel-Tabellen, automatisiert ablaufen, so dass sichergestellt ist, dass jederzeit aktuelle Informationen zur Verfügung stehen, insbesondere aber die Auswertungen möglich sind, die regelmäßig erhoben und aufbereitet werden sollten. Relevante Kennzahlen erzeugen ein Verhalten, welches die Leistungsfähigkeit der Gesamtorganisation wesentlich verbessert. Es wird vorerst ein Controlling-Instrument zur Verfügung gestellt (siehe Definition bei *Springer Gabler* Verlag (Hrsg.), Gabler Wirtschaftslexikon, Stichwort: Controlling, online im Internet: (**http://wirtschaftslexikon.gabler.de/Archiv/399/controlling-v7.html**) also die Herstellung von Information für die Führung einer Anwaltskanzlei. Controlling setzt die Fähigkeit der Kanzlei, die eigene Buchhaltung so organisiert zu haben, dass sie die wirtschaftliche Wahrheit hergestellt wird und relevante Kennzahlen produzieren kann, voraus. Dies ist oftmals nicht gegeben, da die in Kanzleien benutzten Rechenwerke oftmals keine ausreichende Grundlage für eine korrekte Beurteilung der wirtschaftlichen Lage erlaubt.

Schrifttum: *Roch*, Pricing and Profitability for Law Firms, 2008; *Krämer/Mauer/Kilian*, Vergütungsvereinbarung und –management, Band 5, 2005; *Weiss*, Value-Based Fees, How to Charge – and Get – What You're Worth, 2002; *Bailey/Gaulin/Kolodziejczak/Quinn*, Law Firm Accounting and Financial Management, 5th Edition, 2012; *Kohl*, Kanzleimanagementhandbuch, 1998; *Trejo/Eidmüller/Belian/Eggert*, Erfolgreich selbständig als Anwalt, 2013; *Jahn*, Strategieumsetzung in Rechtsanwaltskanzleien, Österr. AnwaltBl. 2009, S. 208 (zu Balanced Scorecards); *Marquard*, Die Balanced Scorecard als Instrument der Strategieumsetzung, in AnwBl 2012, 808–810; *Hartung/Römermann*, Marketing und Management, Handbuch für Rechtsanwälte, 1999; *Staub/Hehli Hidber*, Management von Anwaltskanzleien, 2012

2. Grunddaten

Ebene: Kanzlei[1, 2]	Quelle	Rechenweg	Bemerkung
Abgerechnete Leistungen (monatlich/quartalsweise/jährlich) in EUR	Kanzleibuchhaltung	Aus Rechnungen oder Konten	Honorar netto!
Bezahlte Leistungen und Kosten (monalich/quartalsweise/jährlich) in EUR	Kanzleibuchhaltung	Aus BWA oder Konten	Ohne Fremdgelder! Wenn Kosten/Gebührenauslagen hier erfasst werden, dann auch in Verwaltungskosten erfassen; besser aber als durchlaufende Posten behandeln und gesondert erfassen; hier dann nicht einbeziehen, da keine Wirtschaftsleistung
Gehaltskosten Juristen, (monatlich/quartalsweise/jährlich) in EUR	Kanzleibuchhaltung	Gehälter, inkl. aller Sozialkosten, Versicherungen etc.	Wichtig: Trennung der Personalkosten für Juristen von denen der Sekretärinnen und Verwaltungsmitarbeiter; monatliche Betrachtung wg. Ein- und Austritten erforderlich!
Rohertrag (monatlich/quartalsweise/jährlich) in EUR	Errechnet	Umsatz abzgl. Kosten für Juristen	
Verwaltungskosten (monatlich/quartalsweise/jährlich) in EUR	Kanzleibuchhaltung/BWA	Alle sonstigen Kosten inkl. der Sekretariatsgehälter!	Kostendetaillierung wie in BWA nicht notwendig!
Gewinn der Kanzlei (monatlich/quartalsweise/jährlich) in EUR	Errechnet	Rohertrag abzgl. Verwaltungskosten	
Sozien/Gesellschafter – Anzahl, berechnet auch anteilig bei unterjährigem Ein-/Austritt-EP	Sozietätsvertrag	Pro EP: 1 FTE (Full Time Equivalent)/12 x Anzahl Monate	Unterjähriges Eintreten/Ausscheiden beachten!
Anzahl weiterer Berufsträger (BT) in FTE	Lohnbuchhaltung	Pro EP: 1 FTE/12 x Anzahl Monate	Unterjähriges Eintreten/Ausscheiden beachten
Vorabentnahmen	Sozietätsvertrag/Budget	Sämtliche Entnahmen der Sozien geteilt durch Anzahl Sozien ergibt den durchschn. U.-Lohn auf Entnahmebasis	Gesamte unterjährige Vorabausschüttungen
Berufsträger (BT) gesamt	Errechnet	Addition FTE (EP und BT (Berufsträger))	Voraussetzung für Kapazitätsberechnung
Kapazität in Stunden der Gesamtkanzlei	Budget	SOLL-Jahresleistung pro BT (FTE) x Anzahl Berufsträger	Bei fehlender Kanzleifestlegung: Vorschlag SOLL: 1.610 h/Jahr (= 46 Wochen x 5 Tage x 7 h)

Ebene: Kanzlei[1, 2]	Quelle	Rechenweg	Bemerkung
Abgerechnete Stunden pro Berufsträger, Periode und YTD (Year to Date/ bis dato)	Stundenschreibung, idR aus Kanzleisoftware (IST)	Addition (nur BT)	Wichtig: Vollzeitmitschrift zwingend erforderlich!
Produktivität in vH, Periode und YTD	Errechnet	Kapazität/abgerechnete Stunden	

Anmerkungen

1. Kennzahlenberechnung für Gesamtkanzlei. Wir haben hier die Grunddaten, welche die Grundlage für die Berechnung der Wirtschaftlichkeit der Gesamtkanzlei betreffen, in den folgenden Tabellen zusammengefasst.

2. Es kommt zunächst immer erst einmal darauf an, dass eine Kanzlei die relevanten Grunddaten überhaupt produzieren kann. Abhängig von den technischen Gegebenheiten und dem bisherigen Umgang mit Zahlen zeigt sich, in welchen Bereichen die Kanzlei nachbessern muss, um über ein aussagefähiges Controlling zu verfügen.

3. Die Daten sind Grundlagen für Kennzahlenberechnung. Die Buchhaltung muss so organisiert werden, dass sie diese Daten regelmäßig liefern kann, was voraussetzt, dass diese Daten auch regelmäßig korrekt erhoben und aus den Systemen generiert werden kann. Die Daten sind aus der Buchhaltung, der Kanzleisoftware und der Lohnbuchhaltung zusammenzuführen, um aussagefähige Kennzahlen zu erhalten.

Die Voraussetzungen der jeweiligen Kanzleisoftware sind unterschiedlich. Setzen sie Grenzen, ist zu überlegen, ob sie zu ändern ist, oder ob auf bestimmte Daten verzichtet, bzw. mit gewissen Ungenauigkeiten gelebt werden kann. Dabei ist es prinzipiell wichtiger, schnell relevante Daten zu erhalten, als perfekte Datensätze so spät, dass sie keinerlei Relevanz mehr haben.

Das Berichtswesen wird auf Daten aus der Finanzbuchhaltung (FIBU) und Kanzleisoftware zurückgreifen. Teilweise werden noch zusätzliche Aufbereitungen nötig sein. Idealerweise kann man aus Excel heraus Datenbankabfragen direkt in die Reportingarbeitsblätter schreiben. Die technischen Voraussetzungen der kanzleispezifisch genutzten Programme sind individuell abzuklären.

Die typische Schwierigkeit liegt etwa vor, bei:
- Thema realisierter Stundensatz: Stundenmitschriften sind meist in der EDV periodengerecht vorhanden; allerdings mit dem Honorarumsatzzufluss in der gleichen Periode nicht ins Verhältnis zu setzen. Hier könnte überlegt werden, ob der Rechnungsumsatz hergenommen werden kann, wenn auf monatlicher Basis abgerechnet wird.
- Auslastung: Hierzu muss die Kapazität (Personen in Vollzeit * SOLL-Stundenzahl) ermittelt werden, und diese mit dem tatsächlich erfassten Stunden verglichen werden. Die Vollzeitäquivalente können aus der Personalbuchhaltung erfragt werden; idealerweise werden diese allerdings laufend erfasst und in der Buchhaltung vorgehalten (monatlich).

Die folgende Darstellung lehnt sich an international gebräuchliche Kennzahlenraster an.

3. Auswertung Gesamtkanzlei

Ebene Kanzlei:[1]	Quelle	Rechenweg	Bemerkung
Leverage (BT-Verhältnis zwischen EP und nicht-EP)	Grunddaten → Form. P. V. 2	Anzahl EP (FTE)/Anzahl BT (FTE)	Wichtig hinsichtlich eines Wertschöpfungskoeffizienten der Kanzlei. Auch freie Mitarbeiter einbeziehen, nicht aber Mitglieder von Bürogemeinschaften
Durchschnittlich berechneter Std.-Satz (monatlich/quartalsweise/jährlich) in EUR	Grunddaten → Form. P. V. 2	Umsatz/im System erfasste, auf Mandate gebuchte Stunden	Wichtig: Prüfen, ob Stunden, die nicht abgerechnet wurden, im System gelöscht oder nur als nicht-abrechenbar dargestellt wurden
Umsatz pro Berufsträger (monatlich/quartalsweise/jjährlich) in EUR	Grunddaten → Form. P. V. 2	Abgerechnete Leistungen netto ohne Auslagen/Anzahl BT (FTE)	Wichtig: Immer auf Grunddaten oben zurückgreifen
Gewinn pro Berufsträger, (monatlich/quartalsweise/jährlich) in EUR	Grunddaten → Form. P. V. 2	Gewinn/Anzahl BT (FTE)	
Umsatz pro Equity Partner (monatlich/quartalsweise/jährlich) in EUR	Grunddaten → Form. P. V. 2	Abgerechnete Leistungen netto ohne Auslagen/Anzahl EP (FTE)	
Vorabentnahmen (Fixa), (monatlich/quartalsweise/jährlich) in EUR	Grunddaten → Form. P. V. 2	Vorabentnahmen/Anzahl EP (FTE)	
Gesamtgewinn pro EP, (monatlich/quartalsweise/jährlich) in EUR	Grunddaten → Form. P. V. 2	Gewinn/Anzahl EP (FTE)	
Verwaltungskosten pro Gesellschafter (monatlich/quartalsweise/jährlich) in EUR	Grunddaten → Form. P. V. 2	Verwaltungskosten/Anzahl EP (FTE)	Gibt die Kosten an, die auf jeden EP entfallen
Verwaltungskosten in vH des Umsatzes (monatlich/quartalsweise/jährlich)	Grunddaten → Form. P. V. 2	Verwaltungskosten x 100 durch abgerechnete Leistungen	Angabe in Prozent (diese sind ohne Gehaltskosten der Juristen erstellt)

Anmerkungen

Die Kennzahlen der Gesamtkanzlei erlauben es, wichtige Kennzahlen für die Entwicklung der Gesamtkanzlei im Auge zu behalten. Die Veränderung von wichtigen Kennzahlen ist ein Indikator dafür, dass sich wesentliche Faktoren verschieben, also strategisch relevante Fragestellungen auftauchen. Sinnvoll ist es, die Zahlen der letzten 3 Jahre aufbereitet zu haben, um sicherzugehen, dass die Tendenz der wirtschaftlichen Entwicklung ausreichend abgebildet ist.

4. Auswertung pro Berufsträger

Die Berechnung dieser Zahlen zeigt, wie wirtschaftlich eine Kanzlei mit ihrer wichtigsten Ressource, nämlich den Berufsträgern, umgeht.

Ebene Berufsträger	Quelle	Rechenweg	Bemerkung
Kapazität in Std. pro Berufsträger (monatlich/quartalsweise, jährlich)	Grunddaten → Form. P. V. 2	Kapazität gesamt/Anzahl BT (FTE) gesamt	Durchschnitt
Erbrachte Stunden pro Berufsträger (monatlich/quartalsweise/jährlich)	Grunddaten → Form. P. V. 2	Erbrachte Stunden gesamt/Anzahl BT	Durchschnitt
Abgerechnete Stunden (monatlich/quartalsweise/jährlich)	Grunddaten → Form. P. V. 2	Addition	Durchschnitt
Produktivität in v.H., (monatlich/quartalsweise/jährlich)	Grunddaten → Form. P. V. 2	Abgerechnete Stunden/ Kapazität in Stunden gesamt	Durchschnitt
Durchschnittl. realisierter Std-Satz (monatlich/quartalsweise/jährlich)	Grunddaten → Form. P. V. 2	Abgerechnete Leistungen/Stunden	Durchschnitt
Umsatz pro Berufsträger (monatlich/quartalsweise/jährlich)	Grunddaten → Form. P. V. 2	Abgerechnete Leistungen/BT (FTE)	Durchschnitt
Gehaltskosten pro Berufsträger (monatlich/jährlich)	Grunddaten → Form. P. V. 2	Gehaltskosten aller BT inkl. kalk. Unternehmerlohn/BT	Durchschnitt
Verwaltungskosten pro Berufsträger (monatlich/quartalsweise/jährlich)	Grunddaten → Form. P. V. 2	Verwaltungskosten/Anzahl BT	Durchschnitt
Gewinn pro Berufsträger (monatlich/quartalsweise/jährlich)	Grunddaten → Form. P. V. 2	Gewinn/Anzahl BT	Durchschnitt

Anmerkungen

Die Kennzahlen pro Berufsträger sind für die wirtschaftliche Entwicklung der Gesamtkanzlei am wichtigsten. Denn diese Kennzahlen, wie etwa durchschnittliche Auslastung, Gewinn pro Berufsträger, etc, zeigen an, wie die Kanzlei wirtschaftlich funktioniert. So ist in kleinen Kanzleien der Gewinn, der mit angestellten Berufsträgern erzielt wird, in der Regel viel zu gering; sie produzieren Kosten und Aufwand in der Personalführung, ohne einen wirtschaftlichen Beitrag für die Sozien, die die Risiken tragen, zu erbringen.

5. Auswertung pro Equity Parnter (EP)

Diese Tabelle zeigt an, was pro EP im Durchschnitt in der Kanzlei an Ergebnissen erzielt wird und somit auch an Anforderungen bestehen (Wichtig für → Form. P. II)

Ebene Equity Partner	Quelle	Rechenweg	Bemerkung
Leverage	Grunddaten → Form. P. V. 2	Anzahl BT/EP	Darstellung: 1:x; zeigt Geschäftsmodell der Kanzlei (also wie sie Gewinne erwirtschaftet)
Gewinn pro Sozius in EUR	Grunddaten → Form. P. V. 2	Gewinn/Anzahl EP (FTE)	Wichtig für Planungsrechnung
Vorabentnahme pro EP in EUR	Grunddaten → Form. P. V. 2	Summe der Entnahmen/EP (FTE)	
Gesamtgewinn in EUR	Grunddaten → Form. P. V. 2	Abgerechnete Leistungen abzgl. Kosten	Profitabilität
Gehaltskosten pro angestellten BT in EUR	Grunddaten → Form. P. V. 2	Summe Personalkosten/BT ohne EP	Zeigt Gehaltsniveau der Kanzlei im Wettbewerb

Anmerkungen

Die Durchschnittszahlen pro EP sind vor allem im Wettbewerb relevant, weil es den „Durchschnitts-Businesscase" der EP in der Kanzlei darlegt. Ist dieser wettbewerbsfähig, ist die Rekrutierung von lateral aufzunehmenden EPs aus ähnlich positionierten Kanzleien leichter möglich. Auch der Anschluss an hochwertige Geschäftsfelder einer anderen Kanzlei ist so auf einen Blick darstellbar.

6. Kostenmultiplikator

Position	Rechenweg	Typisches Ergebnis	Kommentar
Gehalt	1 (Gehaltskosten werden als Grundlage der Berechnung gesetzt)	zB 60.000 EUR	Gehalt bzw. Vorabentnahme ist marktsegmentspezifisch anzunehmen
Gemeinkosten	1 (alle Verwaltungskosten der Sozietät – Gesamtkosten ohne Gehaltskosten für Juristen inkl. Vorabentnahmen	zB 60.000 EUR	Die Gemeinkosten entsprechen idR den Gehaltskosten, sind sie höher ist kritisch zu hinterfragen, welche Kosten die Kanzlei hat
Gewinn	1 (Umsatz abzgl. Gehaltskosten	Idealerweise 60.000 EUR	Bei kleineren Kanzleien sind die Gewinne pro Berufsträger meist 0, oder 0,1, teilweise auch negativ

Anmerkungen

Der **Kostenmultiplikator** gibt einen einfachen Hinweis auf die Profitabilität. Demnach entspricht der Gewinn pro Berufsträger (inkl. EP) dem Durchschnittsgehalt und den Durchschnittskosten (Verwaltungskosten) pro BT. Ist der Multiplikator kleiner 3, ist der Gewinn zu gering; ist der Multiplikator größer 3 und der Gewinn größer 1, ist die Relation tendenziell in Ordnung.

Der Gewinn pro Berufsträger sollte immer bei 1 oder höher sein, dh der oder die Eigentümer sollten an jedem Berufsträger einen Profit machen.

7. Liquiditätsanalyse der Gesamtkanzlei

Auch die Liquiditätsanalyse ist zur Steuerung wichtig. Sie ist auch Basis für die Vorausschau und den Blick auf ggf. vorhandene stille Reserven.

Liquiditätsanalyse	Quelle	Rechenweg	Bemerkung
Bewertung der halbfertigen Arbeiten (Work in Progress, WIP) in EUR	Vorzugsweise aus Kanzleisoftware: Alle noch nicht abgerechneten Zeiten etc.; bei Abrechnung nach Gebührenordnungen: noch abzurechnende Gebühren	Addition	Wichtig, um stille Reserven aufzudecken
Bewertungen der halbfertigen Arbeiten in Prozent (Realisierungsquote)	→ Form. P. V. Realisierungsquote	Abschlag entspr. Realisierungsquote (Verhältnis abzurechende gegenüber tats. eingegangener Umsätze)	Wichtig für Korrektur des Budgets
Bestandsveränderung WIP (Work In Progress) zur Vorperiode in EUR	Grunddaten → Form. P. V. 2	WIP Vorperiode gegenüber Status heute	Zeigt, ob eine positive oder negative Bestandsveränderung vorhanden ist
Forderungen in EUR (am Ende einer Periode, etwa: monatlich/quartalsweise/jährlich)	Kanzleibuchhaltung		Wenn Kanzleisoftware genutzt wird, dann hier Schnittstelle einrichten und Programmierung für Datenübernahme; Bestand sollte nicht größer als 3 Monatsumsätze sein
Veränderung Forderungen im Vergleich zur Vorperiode in EUR	Grunddaten → Form. P. V. 2	Veränderung in Prozent	Zeigt, ob im Vergleich besser oder schlechter eingezogen wird
Zahlungseingänge in EUR	Aus Konten in FIBU oder Kanzleisoftware	Addition	
Bankbestände in EUR	Aus FIBU/Kontoauszügen	Addition	Zzgl. Dispositionskreditrahmen zeigt Liquidität an

Anmerkungen

Die Liquiditätsanalyse der Kanzlei ist ein Instrument, um die in der Kanzlei vorhandenen wirtschaftlichen Reserven offen zu legen. Dies ist zur Sicherstellung der Zahlungsfähigkeit unbedingt nötig, insbesondere bei mittleren und größeren Kanzleien.

8. Kleine Kanzleien (einfache Version) auf Basis der Grundtabelle

Beobachtungs-kriterium	Datenquelle	Berechnung	Zielbereich	Bemerkungen
Umsatzentwicklung (netto)	BWA	Zeitreihe der letzten 3 Jahre (oder länger) erstellen; sinkende Umsätze sind Hinweis auf strategische Probleme	Lt. STAR: Einzelanwälte ca. 70.000 EUR Kosten bei 50.000 Gewinn als Durchschnitt, kleine lokale Sozietäten 180.000 EUR Umsatz pro Sozius (bei 80.000 EUR Gewinn)	
Umsatz pro Anwalt	BWA			Die Wettbewerbsfähigkeit einer Kanzlei als Ganzes zeigt sich im Umsatz, der pro Anwalt durchschnittlich erwirtschaftet wird
Mindestgewinn	BWA	Lebenshaltungskosten addieren (Miete, Versicherungen, Lebenshaltung, zzgl. Einkommensteuer)	Mindestens 60.000 EUR vor Steuern	Der Mindestgewinn sollte immer durch feste Umbuchungen vom Kanzleikonto auf das Privatkonto übertragbar sein, passiert dies nicht, besteht Gefahr einer unsicheren Lebensgrundlage
Gewinn pro Anwalt	BWA/ Personalliste	Gewinn der Sozietät/Berufsträger; Alternativ: Kosten der Sozietät ohne Gehaltskosen/Berufsträger, individuell: Gehaltskosten zzgl. Durchschnittskosten		Bei kleinen Kanzleien werden Gewinne meist individuell zugeordnet, während Kosten sozialisiert werden. Insbesondere junge Anwälte erwirtschaften meist nur ihre Kosten (Gehalt und Overhead).
Realisierter Stundenlohn	Umsatz, Stundenaufzeichnungen	Nettoumsatz durch aufgeschriebene Stunden	zB 100 EUR	Bei fehlender Erfassung aller Stunden sollte von mindestens 1200 Arbeitsstunden ausgegangen werden

Beobachtungs-kriterium	Datenquelle	Berechnung	Zielbereich	Bemerkungen
Mindeststundensatz	BWA, Aufstellung der eigenen Lebenshaltungskosten (= Mindestgewinn)	Kanzleikosten zzgl. Lebensunterhalt/ Anzahl Stunden (ca. 1200 h/Jahr) ansetzen	zB 80 EUR	1200 Stunden entspricht abrechenbare Stunden bei Vollzeittätigkeit, auch wenn möglicherweise mehr Stunden in der Kanzlei vollbracht werden (typischerweise: 9:00 Uhr - 19 Uhr, dh 10 h a 220 Tage = 2200 Std./ Jahr).
Durchschnittliches Honorarvolumen pro Akte	Kanzleisoftware, BWA	Umsatz geteilt durch Anzahl Akten/Jahr		Mandate unterhalb des Durchschnittsumsatzes sollten in der Zukunft kritisch hinterfragt werden
Abschreibungen	Offene Forderungen	Anteil an nicht einbringbaren Forderungen (offene Forderungen älter als 90 Tage)		Rechnungen älter als 90 Tage sind zu prüfen auf Einbringbarkeit

Anmerkungen

Kleinere Kanzleien brauchen typischerweise nur einige wenige Kennzahlen, die von Bedeutung sind. Dabei sind folgende Beobachtungen relevant: Erstens, kleine Kanzleien haben meist keinerlei Kennzahlen, ohne die eine Aussage über die Wirtschaftlichkeit nur schwer möglich ist. Zweitens: die Rohdaten aus der Kanzleisoftware oder vom Steuerberater sind meist ohne großen Wert, da sie nur Auskunft über Gewinn und Verlust geben, aber nicht, wie dieser erwirtschaftet wird und zu steigern ist. Drittens: die umfangreiche Kostendarstellung ist nicht hilfreich, da sie den Blick von den Umsätzen ablenkt, die es zu steigern gilt (Kosten sind meist nur in sehr geringem Umfang veränderbar). Daher ist es wichtig, die Umsatzentwicklung zu kennen (Tendenz), sowie zu wissen, wo Gewinne und wo Verluste entstehen. Umsatz ist nicht gleich Umsatz: so sind Mandate, die nicht zum Mindeststundensatz bearbeitet werden können, grundsätzlich Verlustbringer, dh die Zeit könnte besser mit anderen unternehmerischen Aktivitäten vollbracht werden, wie etwa Marketing, Vernetzung, gezielte Akquisition, etc. Auch die Kalkulierung des Mindeststundenlohnes, der in den Honorarverträgen nicht unterschritten werden darf, sollte bekannt sein. Schließlich ist bei dem Forderungseinzug darauf zu achten, dass keine Kredite an Mandanten vergeben werden, da hier Zinsverluste entstehen resp. Liquiditätsengpässe entstehen können.

9. Checkliste: Sinnvolle Bestandteile eines Reportings

Beobachtungs-kriterium[1, 2, 3]	Zielwert	Status	Verteiler	Bemerkungen
Gestellte Rechnungen	Zielumsatz pro Monat; Quelle: Budget		An alle abrech-nenden BT, mo-natlich	Die Anzahl nicht ebgerechneter Leistungen soll möglichst gering sein, um Zinsver-luste zu vermeiden
Offene Rechnungen	Alle offenen Rechnungen, mit Anzahl Tagen seit Re.-Stellung; far-bich markiert ab mehr als 30 Tagen		An alle abrech-nenden BT, wö-chentlich	
Noch nicht angerech-nete Zeiten/Gebühren	AbrechnungMaxi-mal 30 Tage nach Anfall	Abweichung in Tagen: sich aus den nicht ab-gerechneten Zeiten er-gebender Umsatz ge-teilt durch Jahresumsatz/365)	Monatlich an EP resp. abrech-nende BT	Die Anzahl nicht ebgerechneter Leis-tungen soll mög-lichst gering sein, um Zinsverluste zu vermeiden
Auslastung pro Be-rufsträger	Zielwert 80 %	Zielwert in Wirtschafts-kanzleien: 1610 h/Jahr durch 10,5 (monatlich/ bzw. quartalsweise) als Zielwert; tatsächliche Stunden x 100/ Sollstun-den = Prozent	Täglich/ monat-lich/ quartals-weise/ jährlich an EP	
Deckungsbeitrag pro Mandat	Zielwert 50 %	Umsatz/darauf entfal-lende bewertende Stunden (Stunden wer-den mit einem Kosten-satz berechnet, der sich aus Kosten pro BT zzgl. Gehaltskosten/ Soll-stundenzahl errechnet)		
Budget IST/SOLL	Abweichung in Prozent	Aus BWA (dort sind Kosten/Umsätze hinter-legbar, sonst. Kanzlei-buchhaltung)	Monatlich auf Grundlage der BWA	

Anmerkungen

1. Reporting Formular. Für ein Reporting, welches Steuerungswirkung entfalten soll, gilt es verschiedene Aspekte zu beachten:
1. Den Umfang der berichteten Daten
2. Die Präsentationsform
3. Die Verbindlichkeit der Planung
4. Regelmäßige Diskussionen der Situation und möglicher Konsequenzen im Partnerkreis
5. Die Steuerungsmöglichkeiten, welche die Sozien dem Management letztlich zubilligen

Erst das Zusammenspiel aus berichteten Daten, der Verbindlichkeit einer von der Sozietät einmal beschlossenen Planung und dem Ziehen von Konsequenzen aus Abweichungen zum Plan, führt dazu, dass das Reporting seine volle Wirkung zeigt.

Für die **Steuerung** einer mittleren oder großen Kanzlei sollten die Partner zunächst über folgende Entwicklungen informiert werden:

Die Personalentwicklung, absolut und als FTE dient dazu, die tatsächliche **Kapazitätsentwicklung** abzubilden. Dabei sollte die Personalentwicklung nach den Laufbahnstufen aufgegliedert sein, um die Seniorität der Geschäftseinheiten (sei es die ganze Kanzlei, sei es eine Praxisgruppe) transparent zu machen. Die Personalentwicklung sollte vollständig dargestellt werden. Das heißt, auch alle ausgeschiedenen Mitarbeiter sowie Hilfskräfte wie Assistenten, Sachbearbeiter, Übersetzer, wissenschaftliche Mitarbeiter und das Sekretariat sollten aufgegliedert enthalten sein. Die sonstige Verwaltung (soweit vorhanden) dagegen sollte abgesetzt dargestellt werden. Eine Trennlinie sollte stets nach der Personalverantwortlichkeit gezogen werden.

Für eine Geschäftseinheit (Dezernat, Praxisgruppe, etc.) sollten alle dort zugehörigen Mitarbeiter aufgeführt werden. Da die Personalentwicklung in einer Sozietät deren Kostenentwicklung bestimmt (auch die Mietkosten, Versicherungen und die meisten Sachkosten hängen jedenfalls mittelfristig hiervon ab), ist die transparente Berichterstattung über das vorhandene Personal ein zentraler Baustein im Reporting.

Das **Leverage,** also das Verhältnis von Partner zu Mitarbeiter, gibt Auskunft gibt über das Geschäftsmodell (dh die Anforderungen, die an die Partner hinsichtlich Auslastungsnotwendigkeit gestellt werden) als auch deren Volatilität (sog. negative Leverage: sinkt die Auslastung, wird das Kanzleiergebnis schnell negativ).

Grundsätzlich empfiehlt es sich, stets die aktuellen Zahlen sowohl den Vergangenheitswerten als auch dem **Budget** gegenüber zu stellen. Dabei ist der Budgetvergleich, eine sachgerechte und verbindliche Planung vorausgesetzt, der zentrale Vergleichsmaßstab, nicht etwa die Vergangenheitswerte.

Die **Auslastung** (in Prozent für Kanzlei gesamt, auch für einzelne Business Units, bis herunter auf jeden Berufsträger) ist wichtig für die Frage der Bewirtschaftung der Sozietätsresourcen. Als Zielauslastung gelten international 1610 Stunden (46 Wochen x 5 Tage x 7 Stunden) als Vollauslastung. Eine Auslastung von unter 1200 Std./Jahr sollte zu bedenken sein. Hier gilt es, den Zusammenhang zwischen Personalentwicklung und Auslastung herzustellen. Dieser Zusammenhang ist kritisch für eine Sozietät. Erfolgen Einstellungen bei gleichbleibendem oder gar sinkendem Auftragsvolumen, hat das unmittelbar negative und oftmals gravierende Folgen für die Profitabilität.

Die **Preispolitik** sollte im Reporting die zumindest die durchschnittlich erreichte Realisierung der Zielpreise zeigen. Sofern es keine verbindlichen und ambitionierten Zielpreise gibt, sollten zumindest die tatsächlich erzielten Preise und deren Entwicklung im Vergleich zu Vergangenheitswerten aufgeführt werden.

Der **durchschnittliche Umsatz pro Mandant** ist ebenfalls von Bedeutung, da sich aus dieser Kennzahl im Vergleich zu Vergangenheitswerten und zwischen den Geschäftseinheiten die Entwicklung der Qualität der Mandate, ablesen lässt.

Weiterhin ist für die Steuerung der Partnerschaft wichtig, den **Zusammenhang zwischen Auslastung und Realisierung** herzustellen. Im Reporting müssen beide Größen sozusagen gleichberechtigt an prominenter Stelle dargestellt werden, um Ausweichbewegungen in der Partnerschaft zu vermeiden. Wird nur Gewicht auf die Auslastung gelegt, werden in der Regel mehr Stunden aufgeschrieben, aber nicht notwendigerweise auch abgerechnet (sinkende Realisierung). Umgekehrt gilt, wird nur Gewicht auf die Realisierung gelegt, werden weniger Stunden aufgeschrieben ('nur die tatsächlich abrechenbaren') und sowohl die Auslastung als auch die Realisierung bilden nicht mehr die Realität ab und verlieren ihre Steuerungswirkung.

Ein Bericht mit Aussagen über **Einnahmen, Ausgaben und Gewinn** ist selbstverständlich. Eine andere Gliederung der BWA als jene, die standardmäßig von DATEV geliefert wird, ist hilfreich. Insbesondere sind die Kosten der Berufsträger (inklusive eines kalkulatorischen Unternehmerlohnes, → Form. N.) als „Warenseinsatz" vor dem Rohertrag abzusetzen. Dadurch kann deutlich gemacht werden, ob die Sozietät nach Kosten für Berufsträger inkl. der Sozien und Verwaltung überhaupt einen Gewinn realisiert, anstelle Gewinn nur als einen zufälligen Rest zu definieren, der den Sozien zur Verteilung zur Verfügung steht.

Vermieden werden sollte ein zu starker Fokus auf der Kostenseite, auf die die Partner sowieso nur wenig Einfluss haben. Daher ist es besser, die Kosten (fixen) in einem Block als „Verwaltungskosten" zusammen zu fassen.

Zentrale **Kennzahlen** in der Steuerung jeder Sozietät sind der **Umsatz pro Berufsträger (UBT)** und der **Umsatz pro Sozius (Equity Partner, meist abgekürzt als UEP)**. Diese Kennzahlen und deren Entwicklung bzw. Budgetvergleich sollten alle Partner präsent haben. Als Ergänzung für das Reporting empfiehlt es sich auch die durchschnittlichen Kosten und den durchschnittlichen Gewinn pro Berufsträger bzw. Sozius darzustellen.

Hinsichtlich der **Kosten** empfiehlt es sich im betriebswirtschaftlichen Reporting (Management Accounts) generell zwischen **direkten und indirekten Kosten** zu unterscheiden. Kriterium ist hier die Verantwortung der direkten Kosten durch die operativen Geschäftseinheiten (also letztlich durch den einzelnen Partner) und der indirekten Kosten durch das Management Board bzw. die Führungskräfte in der Administration. Die direkten Kosten umfassen daher die Masse der Personalkosten und alle Auslagen inklusive belastbaren Reisekosten. Ordnet man wie oben beschrieben auch das Sekretariat, Sachbearbeiter etc. den operativen Einheiten zu, dann ergibt sich für viele Partner, die eine solche Darstellung das erste Mal sehen, eine einer Deckungsbeitragsrechnung nahekommenden Darstellung an. Diese zeichnet zum einen ein neues Bilder der Sozietät und lädt darüber ein, über die Gewinnmargen in bestimmten Geschäftsfeldern nachzudenken, zum anderen aber auch zu dem falschen Schluss, dass Zusammenarbeit über die Grenzen der Geschäftseinheiten hinweg geringer wird, um den eigenen Deckungsbeitrag möglichst hoch zu halten.

Angemerkt sei hier noch, dass hinsichtlich der **indirekten Kosten** die Struktur der Sozietät eine erhebliche Rolle spielt. Bei einer großen Anzahl von Büros sind die Infrastrukturkosten für den Betrieb und die Vernetzung der Büros, die nicht unter ein gewisses Mindestmaß zu drücken sind, ohne dass diese Kosten von der Zahl der Anwälte abhängen.

Ergänzend sollte das Arbeitskapital (Working Capital/WIP) dargestellt werden. Um eine Vergleichbarkeit und die Grundlage zur Steuerung zu erzielen, sollten diese Werte auch als Kennzahlen umgerechnet in Tagen des (Ziel-) Umsatzes, ausgewiesen werden (sog. Debitor days und WIP days).

2. Planungsbudgets. Voraussetzung für jeden **Soll-Ist-Vergleich** ist eine sachgerechte Planung. Orientiert sich die Sozietät nur an Vergangenheitswerten, besteht die Gefahr, dass kaum Anreize für Wachstum bestehen und damit die Einnahmen-Entwicklung nicht im Einklang mit der Entwicklung der Kosten und Punkte steht.

Aus diesem Grund sollten nicht nur die Kosten budgetiert werden, sondern auch die **Einnahmen.** Für die Partner empfiehlt sich der strenge Fokus auf das Einnahmenbudget, welches sowohl auf Basis der Kapazitäten als auch der aktuellen und angestrebten Mandate erstellt werden kann. Schließlich sollte das Budget auch einen Stellenplan enthalten, um die Einstellungen in den operativen Einheiten kontrollieren zu können. Die Verwaltungskosten sind entgegen der Auffassung vieler Partner in aller Regel nicht der entscheidende Kostentreiber.

Die Planung sollte absolut **verbindlichen** Charakter haben. Einmal beschlossen, sollte das Budget und dessen Einhaltung von allen Partnern als unbedingtes Ziel betrachtet und in allen Reports hinterlegt werden (SOLL).

3. **Regelmäßige Diskussionen der Situation und möglicher Konsequenzen im Partnerkreis.** Um Konsequenzen aus den berichteten Daten zu ziehen, die nicht immer einfach sind (zB besser Abrechnen und die Honorarverhandlungen führen, konsequenter Mahnen, mehr auf die Auslastung achten, sich von unprofitablen Mandanten trennen, Mitarbeiter (ggf. auch Partner) kündigen etc.), sind regelmäßige Diskussionen im Gesellschafterkreis über die berichteten Daten unerlässlich.

Um zeitnah Entwicklungen zu erkennen und darauf reagieren zu können, empfiehlt sich hierfür ein **monatlicher Turnus.** Für eine ausführliche Analyse bietet sich ein halbjährlicher Turnus an. Dabei wird zB mit einer sog. Mid-Year-Projection gearbeitet und die Budgetierung des kommenden Wirtschaftsjahres vorbereitet.

Um mit allen Partnern laufend in Kontakt zu bleiben und mit diesen regelmäßige Besprechungen durchführen zu können, empfiehlt sich die Ergänzung des Management Boards durch weitere Partner mit Management-Aufgaben. Für größere Kanzleien empfiehlt sich die Bildung von Geschäftseinheiten (Praxisgruppen etc.).

Das Berichtswesen sollte mindestens folgende Daten enthalten:

- Einen Kennzahlen-Report, der die oben beschriebenen Sachverhalte übersichtlich darstellt.
- Ein Kurzbericht, der auch außerhalb des formalisierten Reportings verteilt werden kann. Dieser sollte über die Abrechnung und die Entwicklung des Arbeitskapitals (WIP) unterrichten.
- Eine Cash Flow Darstellung, um die aktuelle Liquiditätssituation transparent darzustellen.

VI. Personal

1. Personalplanung

Hinsichtlich der Funktions- und Stellenbeschreibung siehe die Vorlagen unter

→ Form. P. III.

Personalstatistik[1]

Jahr:

Mitar-beiter	Stelle	Monat 01	Monat 02	Monat 03	Monat 04	Monat 05	Monat (06 ff bis 12)	VZÄ	Bemerkungen (Krankheit, Urlaub, Doktorarbeit, etc.)

Personalplan[2]

Stellen	Stelleninhaber	Kapazität (VZ/TZ) in h	Status	Entwicklung
RA in Arbeitsrechtsabteilung	NN	35 h/Woche	Schwanger; Ausscheiden voraus. tt.mm.jj	Wiedereintritt unsicher, ggf. 3 Jahre Mutterschutz
RA in Arbeitsrechtsabteilung	NN	VZ (40 h/Woche)	Zu suchen	Ab tt.mm.jj., ggf. befristet
RA Gehilfin	X	VZ (40 h/Woche)		Geht in Rente; Prüfung, ob Aufgaben wegfallen können oder anders verteilt werden

---

Anmerkungen

1. Personalstatus. Um Übersicht über die Kapazität einer Kanzlei zu haben, ist es wichtig, einen Status der Kapazität der Unternehmung Anwaltskanzlei zu haben. Dieser Status kann in der Buchhaltung geführt und laufend auf dem aktuellen Stand gehalten werden. Er ist Voraussetzung für ein ordentliches Controlling (→ Form. P. V.), welches immer auf Personalkennzahlen zurückgreifen können muss. Wichtig ist dabei, die sog. Vollzeitäquivalente (FTE) zu berechnen, also die einer ganzen Stelle entsprechenden Personal-Kapazitäten. So ergeben 2 Halbtagskräfte eine Vollzeitstelle, oder ein Vollzeitäquivalent. Nur diese, monatlich geführte Tabelle kann Basis dafür sein, dass die organisatorische Leistungsfähigkeit oder die Bearbeitungskapazität richtig eingeschätzt wird, und die wirtschaftlichen Ergebnisse der Kanzlei auf Grundlage korrekter Kapazitätsberechnung in Kennzahlen dargestellt werden, die etwas über die tatsächliche wirtschaftliche Entwicklung der Kanzlei aussagen.

2. Personalbedarfsplan. (Umfasst den Personalbedarf aufgrund Kündigung, Wachstum, Arbeitslast etc.)

Die Personalplanung sollte an der gemessenen Auslastung orientiert sein. Dazu ist eine Vollzeitmitschrift aller Berufsträger, bei Mitarbeitern eine laufende Aufsicht grundsätzlich sinnvoll. Dabei sollte ein Überblick über Auslastung in der Gesamtkanzlei vorhanden sein, um sicherzugehen, dass die Kapazität der Kanzlei insgesamt ausgelastet ist (→ Form. P. V.).

Vor Einstellung von Personal sollte geprüft werden, ob die bisherigen Abläufe der Organisation nicht so geändert werden können, dass mit vorhandenem Personal weiter gearbeitet werden kann. Dabei sind insbesondere Arbeitsabläufe daraufhin zu prüfen, ob Tätigkeiten nicht entfallen könne, besser organisiert, durch Automatisierung (Software) überflüssig gemacht oder vereinfacht werden können. Dies betrifft etwa den konsequenten Einsatz der Kanzleisoftware, beispielsweise die doppelte Erfassung der Fristen in Fristenbuch und EDV (letzteres ist einfacher), der einfachen statt mehrfachen Datenerhebung (etwa: Stammdatenaufnahme in Kanzleisoftware und in Buchhaltungssoftware statt nur eines Systems und einfache Übernahme per Synchronisation der Export/Import, etc.). Grundprinzip sollte sein, dass nur anspruchsvolle Aufgaben durch Personal, Routineaufgaben hingegen durch Technik übernommen werden sollten. Dabei sollte laufend (mind. 1 x jährlich) das Personal geschult werden, damit es bereit und fähig ist, neue Aufgaben zu übernehmen.

2. Personalmarketingplanung

Marketingziele im Bereich Personalmarketing[1]			
Ziel	**Fokus**	**Maßnahmen**	**Erledigung**
Internes Personalmarketing	Betriebsklima	Messen, Verbessern	
	Work-Life Balance		
	Finanzielle Anreize		
	Ausgestaltung der Position		
	Weiterbildung		
	Perspektiven		
	Interne Kommunikation	Regelkommunikation wann, wer mit wem?	
Externes Personalmarketing	Webseite	Eigene Karriereseite mit umfangreicher Darstellung	
	Rekrutierungsmessen	Lokal, überörtlich	
	Stellenanzeigen	Zielgruppenmedien	
	Personalrekrutierungsagenturen		
	Broschüren für die Zielgruppe	Bei laufendem Bedarf entsprechend Wachstumskurs der Kanzlei	

Anmerkungen

1. Personalmarketingplanung. Je nach Wachstumsperspektive und Größe haben Kanzleien grundsätzlich ein Bedürfnis, als attraktiver Arbeitergeber angesehen zu werden. Da Anwaltskanzleien aufgrund des relativ hohen Arbeitsdruckes nicht als sehr einfache Arbeitsgeber gelten, ist dies im Wettbewerb mit anderen Dienstleistungsberufen, etwa Banken, Versicherungen, etc. besonders wichtig. Personalmarketing ist daher grundsätzlich eine wichtige Führungsaufgabe.

2. Dabei liegt primär der Fokus auf das Betriebsklima, da die nachhaltige Wahrnehmung vor allem auf Hörensagen beruht und die heutigen Medien eine hohe Interaktion aller potentiellen Mitarbeiter mit bestehenden Mitarbeitern erlauben. Daher ist die Personalführung von besonderer Bedeutung. Darüber hinaus gibt es je nach Wachstumsperspektiven einen größeren oder kleineren Bedarf an laufender Rekrutierung von Mitarbeitern (juristisch/nicht-juristisch). Damit dieser gelingt, sind nachhaltige Maßnahmen notwendig, da Stellenanzeigen „nach Bedarf" heute keine qualifizierten Mitarbeiter mehr ansprechen.

3. Checklisten: Rekrutierungsprozess

Vorgehen bei der Rekrutierung

Auswahl Umgang mit Unterlagen, Absagen, Interviewleitfaden, Interviewprozess

Prüfung der Unterlagen:

- Fachliche Merkmale (Notwendig, hilfreich)
- Aufbereitung entsprechender Stellenanforderungen (etwa: Layout bei Sekretariat, ...)
- Priorisierung

Vorstellungsgespräch: Checkliste

- Stellen Sie sicher, dass Sie nicht gestört werden, und begrenzen Sie die Zeit
- Stellen Sie die Beteiligten und den Gesprächsablauf vor, den Sie geplant haben; gleichen Sie den mit den Kandidaten ab
- Loben Sie vorab, was Ihnen positiv aufgefallen ist
- Sprechen Sie die aus Ihrer Sicht schwierige Themen von sich aus an und geben Sie die Möglichkeit zur Aufklärung.
- Begründen Sie, warum sie schwierige Fragen stellen
- Lassen Sie den Kandidaten reden, in dem Sie offene Fragen stellen, ggf. nachfragen. Wer fragt, führt im Gespräch. Überlassen Sie die Führung nicht dem Kandidaten.
- Achten Sie auf den Eindruck, den Sie erhalten und den, den Sie hinterlassen wollen!

Gesprächsleitfaden

1. Persönliche Vorstellung aller Beteiligten (auch persönliches zulassen, etwa Wohnen am Ort seit wann, Kinder, Hobbys, etc.)
2. Vorstellung des Kandidaten (nach Belieben: Schwerpunktbildung spricht bereits Bände über Persönlichkeit)

---

3. Vorstellung Kanzlei und „Vision" (warum diese Kanzlei mittel-/langfristig erfolgreich sein wird), da jedes Bewerbungsgespräch auch immer eine Möglichkeit ist, die Kanzlei im Kreis der Kandidaten und deren Netzwerke zu „verkaufen"
4. Nachfragen zu bestimmten Stationen und Entwicklungen durch offene Fragen:
   - Stellenwechsel: Was hat Sie veranlasst . . . . . .? Zu verschiedenen Stationen: Was haben Sie an dieser Stelle geschätzt? Warum haben Sie diese Stelle aufgegeben? etc.
   - Unstimmigkeiten: Aus meiner Sicht ist das nicht stimmig, wie erklären Sie das?
5. Vereinbarungen

Auswertungsraster

Kriterium	Ausprägung schwach	Ausprägung Mittel	Ausprägung stark	Bemerkungen/weitere Fragen
Fachliche Qualifikation				
Kommunikationsver-halten				
Teamfähigkeit				
Übernahme von Ver-antwortung				
Flexibilität				
. . . . . .				

Einarbeitungsphase

- Wer ist Pate für den neuen Mitarbeiter?
- Wie sieht Einarbeitungsplan aus?
- Welche Personen sollten anfangs besonders miteinander bekannt gemacht werden?
- Welche Arbeitsabläufe sind besonders wichtig, in denen er tätig sein wird
- Wie kann der Mitarbeiter möglichst schnell Übersicht erhalten?
- Welches Feedback braucht der Mitarbeiter wann? In welcher Intensität?

Einarbeitung neuer Mitarbeiter

Unabhängig von der spezifischen Arbeitsstelle sind folgende generelle Anforderungen wichtig:

Thema	Erledigung	Bemerkungen
Technischer Umgang mit Telefonanlage		
Form der Meldung am Telefon		
Umgang mit Kopierer (Bedienung, Regelung private Kopien)		
Bedienung des Telefax		
Arbeitszeit (inkl. Erfassung)		
Urlaubsregelung		
Krankmeldungen		
EDV (Nutzung, Datensicherung, Daten-zugriff)		
Hauszutritt (ggf. Übergabe Schlüssel gegen Quittung)		
Bibliothek		

Thema	Erledigung	Bemerkungen
Schreibmaterial		
Beschaffung		
Posteingang		
Postausgang		
Aushändigung Schlüssel gegen Quittung		
Vorhandensein Arbeitsvertrag		
Terminierung Zielvereinbarung		
. . . . . .		

Schrifttum: *Kohl,* Kanzleimanagementhandbuch, 1998; *Scholz,* Grundzüge des Personalmanagements, Vahlen 2011; *Mauer/Krämer/Becker,* Kanzleiführung für rechts- und wirtschaftsberatende Berufe, 2. Aufl. 2000; *Ludwig/Weinel,* Personalmanagement, in Hartung/Römermann, Marketing und Management, Handbuch für Rechtsanwälte, 1999.

4. Mitarbeiterentwicklungspläne (Berufsträger)

1. Einladung zum Zielvereinbarungsgespräch[1]

An

. . . . . .

im Hause   Ort, Datum

Einladung zum Jahreszielgespräch am . . . . . ., um . . . . . . Uhr im Raum . . . . . .

Liebe Mitarbeiterin, lieber Mitarbeiter,

wie mündlich vereinbart, möchten wir Sie einladen zu einem Gespräch über die gemeinsame Zukunft in der Kanzlei. Dabei möchten wir von Ihnen wissen, wie Sie sich in der Kanzlei sehen, was Sie gerne ändern würden, welche zukünftige Entwicklung Ihnen persönlich vorschwebt und was wir dazu beisteuern können. Dabei geht es darum, eine Zielvereinbarung zu schließen, die das nächste Jahr über für beide Seiten verbindlich ist. Diese Zielvereinbarung soll uns helfen, den gemeinsamen Weg auf klarer Grundlage zu gehen, gegenseitige Erwartungen zu klären und den Zielen der Kanzlei als Ganzes zu dienen.

Konkret geht es um

* Ihre Aufgaben und was Ihnen daran gefällt und was nicht und wie Sie sich besser einbringen können.
* Ihre Fähigkeiten und wieweit Sie diese derzeit einbringen können bzw. in der Zukunft besser Berücksichtigung finden kann.
* Ihre Ziele bezüglich einer Reihe von Themen, die zum einen für Sie wichtig sind und die zum anderen sich aus der Tatsache ergeben, dass unser Unternehmen/Anwalts-

kanzlei dem Wettbewerbsdruck nur durch eine laufende Verbesserung der Anstrengung aller Mitarbeiter standhalten kann.
- Ihre berufliche Entwicklung und wie wir Ihnen dabei helfen können.

Der Erfolg dieses Gespräches hängt ganz wesentlich davon ab, in wieweit Sie für sich Ziele setzen und konkrete Gedanken machen. Nehmen Sie dazu bitte die Anregungen auf und machen Sie sich schriftlich Notizen, die Sie zum Gespräch als Gedankenstütze mitbringen.

Ich wäre Ihnen dankbar, wenn Sie darüber hinaus alle für Sie wichtigen Punkte zur Sprache bringen.

Mit freundlichen Grüßen

. . . . . .

Anlagen:

1. Anregungen zur Gesprächsvorbereitung zum Mitarbeitergespräch
2. Kanzleiziele/Abteilungsziele in der aktuellen Version

2. Vorbereitungs- und Durchführungscheckliste für Partner

- Wichtigste Tagesordnungspunkte definieren
- Termin bestimmen oder vorherbestimmten Termin vom Protokoll übernehmen
- Reservierung der Räumlichkeiten
- Formelle Einladung (Zeit, Ort, Anlass, vorläufige Ziele, voraussichtliche Punkte, Beteiligte)

3. Durchführung

1. Begrüßung; soziales Ankommen gewährleisten, Persönliches vorher schnell klären
2. Erste Seite des Protokolls abzeichnen lassen
3. Erwartungen klären, auf Spielregeln hinweisen, ggf. ergänzen
   (s. Spielregel-Vorschlag, Killerphrasenverbot)
4. Tagesordnung ergänzen, gemeinsam die Prioritäten festlegen und zeitl. Umfang festlegen
5. Zu jedem Punkt der Tagesordnung, auch der wiederkehrenden, ein Ergebnis im Protokoll festhalten mit konkreten Maßnahmen/Terminen
6. Bei größeren Problemen ggf. besonderen Termin ansetzen (lieber keine als eine schlechte Entscheidung)
7. Zusammenfassung; Protokoll gemeinsam durchgehen auf umfassende Protokollierung und möglichst genaue, konkrete und zeitlich mit Enddatum versehene Maßnahmen
8. Gemeinsame Reflektion der Gesprächsatmosphäre, des Ablaufes und des Ergebnisses
9. Verabschiedung

4. Nachbereitung

- Kopieren des handschriftlichen Protokolls und sofortige Verteilung an alle Betroffenen
- Akte auf WV zum nächsten Erledigungstermin legen
- Ggf. Aktenanlage für neue Projekte

Wichtig für den Gesprächsleiter: unparteiisch bleiben, im Zweifel konkreten ersten Schritt zur Umsetzung vorschlagen mit Termin und klarer Vereinbarung (wie soll das Ergebnis aussehen)

5. Zielvereinbarungsformular[1, 2]

a) Rückmeldungen

Tätigkeiten im abgelaufenen Zeitraum	Rückmeldung Mitarbeiter		Rückmeldung Vorgesetze/r		Maßnahme (su)
Tätigkeitsbeschreibung	positiv	negativ	positiv	negativ	Nr.
Kriterien für die Phase entspr. kanzleiinterner Festlegung:					

b) Maßnahmen

Maßnahmen	Maßnahmen für	
Nr.	Mitarbeiter	Vorgesetzte/n

6. Ziele für Folgejahr/Vereinbarungen

	Ziele für das Folgejahr:	Gewicht	erledigt bis	von
1.				

Anmerkungen

1. Zielvereinbarungen. Es gibt viele Instrumente für die Personalführung. Für Dienstleistungsunternehmen, insbesondere solche, in denen intrinsisch motivierte Mitarbeiter mit einem hohen Bedarf an selbständiger Tätigkeit (Juristen und Sekretärinnen) tätig sind, sind Zielvereinbarungen das am besten geeignete Instrument. Hinzu kommt eine offene Kommunikation („Management by walking around").

Zielvereinbarungen sind wichtige Gelegenheiten für formales Feedback und Verortung der Leistungsfähigkeit. Daher sollte das Gespräch auch formal angekündigt und im Besprechungsraum der Kanzlei durchgeführt werden. Hierbei wird die formale Beziehung (Arbeitgeber/Arbeitnehmer) betont, was aber nicht heißt, dass es ein „Beurteilungsgespräch" sein sollte, sondern lediglich, dass das meist anzutreffende kollegiale Miteinander an diesem Punkt zugunsten einer Über-/Unterordnung verlassen wird. Mitarbeiter bedürfen eines Feedbacks, sowohl im positiven als auch im negativen Sinn. Dabei geht es primär darum, die Eigeneinschätzung des Mitarbeiters zu erhalten, um diese dann ggf. zu bestätigen oder zu korrigieren. Wichtig ist, dass der Arbeitgeber eine fragende Haltung einnimmt, und seine Redezeit auf 10 % der Gesamtzeit reduziert, um den Effekt einer Motivation zu erhalten und zugleich erfährt, wie der Mitarbeiter die Zusammenarbeit erlebt und wo aus seiner Sicht Verbesserungspotenziale bestehen. Gleichzeitig besteht die Möglichkeit, die Priorität als Arbeitgeber deutlich zu machen und konkretes Verhalten anzusprechen.

2. Grundsätzlich sollte es in dem ZV-Gespräch nicht um Gehaltsdiskussionen gehen, es sei denn, konkrete Ziele wurden mit Gehaltsbestandteilen verbunden. Der Grund liegt darin, dass die Entwicklung eines Mitarbeiters primär verhaltensorientierte Themen beinhaltet, weniger Leistung. Die wirtschaftliche Leistung eines angestellten Mitarbeiters sicherzustellen in einer Kanzlei ist eigentlich Aufgabe des Sozius, der eine Auslastungsverpflichtung hat. In Kanzleien, in denen früh erwartet wird, dass Anwälte selber wirtschaftliche Beiträge erbringen, sollte darauf geachtet werden, ob die angeworbenen Mandanten zur Kanzlei passen und die Qualität der Bearbeitung korrekt ist. Außerdem muss darauf geachtet werden, dass die Tätigkeit eines angestellten Anwaltes nicht so selbständig ist, dass die Gefahr einer Beurteilung als Gewerbebetrieb durch das Finanzamt besteht, was Steuernachzahlungen nach sich ziehen kann.

5. Aufnahme von Partnern

a) Business Plan für Quereinsteiger[1]

b) Executive Summary

Strategie (Märkte und Tätigkeitsfelder)
    Team (Struktur und Track Record)
    Markt (Marktentwicklung)
    Finanzen (konsolidierter Teamumsatz, -profitabilität)

c) Strategie

In welchen Märkten ist der Partner/das Team tätig?
    Welche Tätigkeitsfelder umfasst da Dienstleistungsspektrum?
    Wie arbeitet das Team (Business Logik, Arbeitsmethodik, Standards, Managementmethoden)?

d) Team

(Team Struktur, Entscheidungsmodell, Qualifikationen, Erfahrungen)

	Expertise in		
Equity Partner			
Senior Associates			
Junior Associates			

e) Partner

(Profil jedes Equity Partners inkl. Lebenslauf und Darlegung der Beweggründe, warum der Wechsel, Entnahmen der letzten 3 Jahren und Einstufung)

f) Juristen

(Profil jedes Juristen inkl. Lebenslauf in Anlage, „upcoming partner candidates")

g) Administration

(Kompetenzprofile, Funktionen, Aufgaben)

h) Darlegung der Beweggründe für einen „lift out" Markt

Einschätzung der Marktentwicklung
    Einschätzung der eigenen Marktstellung

i) Mandate

(Wichtige Mandanten der letzten 3 Jahre und Einschätzung, welche mitkommen und wer nicht (pot. Kollision)

Mandant der letzten 3 Jahre	Umsatz mit Mandant p.a.	Art von Mandanten	Voraussichtler Umsatz in Folgejahr	Voraussichtliches Verhalten bei Wechsel

Wichtige Umsatzpotenziale und Erfahrungen

Wichtigste Deals der letzten 3 Jahre inkl. Angabe Mandant(en), Quelle (woher kam der Mandant), Deal-Volumen, Abrechnung (Honorar, Umsatz netto)

Deals (und Zeitpunkt)	Mandant(en)	Umsatz (Honorar netto)

Einschätzung der Wettbewerber

Wettbewerber (Kanzlei/Team)	Stärken	Schwächen	Voraussichtliche Veränderungen	Bemerkungen

j) Prognose

Evaluation der Risiken und Chancen des Wechsels

k) Planung[2]

Geschäftsentwicklung der nächsten 3 Jahre (Umsätze, mit welchen Mandaten, in welchen Standorten, Evaluation der Risiken und Chancen des lift out

Jahr +1	Jahr + 2	Jahr +3
Umsatz	Umsatz	Umsatz
FTE	FTE	FTE
Umsatz pro BT	Umsatz pro BT	Umsatz pro BT
Umsatz pro EP	Umsatz pro EP	Umsatz pro EP

l) Anlage: Lebensläufe, Mandatslisten, Umsatznachweise, etc.

Anmerkungen

1. **Rekrutierung von Seiteneinsteigern in die Partnerschaft.** Die Rekrutierung von Seiteneinsteigern in Partnerschaften ist selten ein (wirtschaftlicher) Erfolg. Entweder sind diejenigen Anwälte, die wechselwillig sind, wirtschaftlich nicht erfolgreich gewesen oder sie sind sozial unverträglich. Seltener sind Anwälte sehr erfolgreich und auch sozial kompatibel.

Daher liegt die durchschnittliche Verweildauer bei 5 Jahren; dh es sind nur noch 50 % der Seiteneinsteiger in einer Kanzlei vorhanden. Daher gilt es, das Risiko einzugrenzen. In Wirtschaftskanzleien hat sich daraus ergeben, dass der wechselwillige Partner entsprechende Businesspläne vorlegt, die, verbunden mit einem Vertrag, der das Risiko des Misserfolges reduziert (also etwa Partnerschaft auf Probe oder Eintritt als Non-Equitypartner), vorgelegt werden sollten. Das macht die Umsatzeinschätzung nachvollziehbarer. Dabei ist die Quantifizierung durch entsprechenden Belege wichtig. Es gilt allerdings der Grundsatz, dass ein Anwalt, der eine Kanzlei wechselt, selten auf das vorher erreichte Umsatzniveau kommt, da das Umfeld, in dem er vorher tätig war, meist Mandantenzugänge gebracht hat, von dem ein Teil des bisherigen Umsatzes stammt, den er beim Wechsel verliert. Insbesondere bei der Einstufung hinsichtlich des Gewinns sollten daher entsprechende Sicherungen im Vertrag vorhanden sein und ein monatliches Controlling die Entwicklungen zeitnah beobachten. Gerade kleinere Kanzleien, die wenig Erfahrungen mit Wechsel/Aufnahme haben, machen hier immer wieder die gleichen Fehler, nämlich die möglichen Risiken nicht zu thematisieren, um den vermeintlichen Wechsel nicht zu gefährden oder die soziale Situation am Anfang nicht mit kritischen Fragen zu belasten.

2. Wir verweisen auf die Ausführungen zum Finanzmanagement, wonach angestellte Mitarbeiter gemäß der Dreier-Regeln nicht mehr als ein Drittel des Umsatzes verdienen sollten (Ausnahme: Berufseinsteiger). Umsatzbezogene Gehaltsbestandteile sollten mit Vorsicht behandelt werden, da sie einseitige Anreize auf Umsatzgenerierung setzen, meist zulasten von Qualität und interner Zusammenarbeit. Andere Instrumente wie Auslastungskontrolle, verbunden mit Vollzeitmitschriftverpflichtung als zentraler Gegenleistung des Arbeitsvertrages, sind besser geeignet, die Tätigkeiten zu überwachen. Auf jeden Fall sollte die Entnahmeberechtigung gerade in den ersten Monaten an die tatsächliche Leistung angepasst werden könne, und (zu) hohe feste Zusagen genauso wie unkündbare Verträge, etc. vermieden werden. In diesem Bereich werden nach Beobachtung des Autors die größten wirtschaftlichen Fehler begangen.

6. Trennung von Mitarbeitern

Einvernehmliche Trennung[1] von Arbeitnehmern ist sowohl für die internen Betriebsfrieden als auch aus Gründen des Personalmarketings sinnvoll. Die arbeitsrechtlichen Fragen sind unter (→ Form. J.) behandelt. Wichtig ist, dass man sich im Zweifel von einem Kollegen beraten lassen sollte, da auch der interne Arbeitsrechtler der Kanzlei befangen sein kann. Hier soll nur auf die Prozessgestaltung eingegangen werden.

Laufzettel Trennungsgespräch

1. Gesprächsführung
2. Einladung (formell ankündigen: Personalgespräch)
3. Ziel benennen
4. Gründe darlegen:[2] Zuerst den Mitarbeiter für die Tätigkeit loben und danken. Dann den Grund arbeitsrechtlich korrekt benennen. Erklären, was die Motivation des Arbeitgeber sind, ohne versteckte Aberkennung auszusprechen. Vor allem: immer die betrieblichen Anforderungen benennen.
5. Kündigung der schriftlichen Kündigung mit Empfangsbestätigung zur Unterzeichnung. Zeitpunkt ggf. erst nach Diskussion mit Mitarbeitern eintragen.
6. Evtl. Übergabe Zeugnis, oder wann und wie dieses erstellt wird. Ggf. Diskussion über besondere Anforderungen.

7. Erklären der formellen Schritte, die folgen (Umgang mit Urlaubsanspruch, persönliche Dinge, Arbeitsplatz, evtl. Überleitung oder Einarbeitung von Nachfolgern, oder, im Falle von sofortiger Trennung: Hinweis, ob Verabschiedung intern zulässig ist, oder ggf. an Mitarbeiter für Begleitung bei Räumung des Arbeitsplatzes, Schlüsselübergabe und Verlassen des Gebäudes).

Anmerkungen

1. **Gespräch zur Trennung.** Das Trennungsgespräch ist zentraler Baustein für eine gelungene Trennung. Denn trotz der aus der Sicht des Arbeitgebers nicht erfolgreichen Tätigkeit oder, im Falle von betriebsbedingten Kündigungen, Nicht-Möglichkeit der Weiterbeschäftigung, kann die Kanzlei hier aktives Personalmarketing betreiben, die sich durch eine gelungene Trennung herumspricht. Daher ist wichtig, dass der Grund deutlich wird, und dass die Würdigung der Leistungen der Mitarbeiter in jedem Falle im Vordergrund stehen. Den arbeitsrechtlichen Anforderungen kann auch Genüge getan werden, wenn der Mitarbeiter versteht, warum und dass die Tätigkeit beendet wird, aber dass seine Bemühungen, im Rahmen des ihr oder ihm Möglichen, dennoch vom Arbeitgeber wahrgenommen wurden. Denn darum geht es letztlich: trotz der fehlenden „Übereinstimmung" der Arbeitsleistung mit den betrieblichen Anforderungen geht es um die Anerkennung des Geleisteten, was immer es gewesen sein mag. Nur dies ist auch bei evtl. arbeitsrechtlichen Streitigkeiten im Nachhinein hilfreich, da gütliche Einigungen einfacher werden.

2. Bei einer erfolgten emotionalen Eskalation zwischen Kanzleiführung oder betroffener Führungskraft sollte das Trennungsgespräch daher emotional unbelasteten Führungskräften, ggf. einem Anwalt überlassen werden. Eine schriftliche Zustellung einer Kündigung an den Wohnort, womöglich ohne Ankündigung, ist jedenfalls nicht hilfreich für eine Deeskalation.

Q. Syndikusanwälte

I. Vorbemerkungen

Es ist heute ganz selbstverständlich, als Rechtsanwalt in einem Unternehmen oder in einem Verband zu arbeiten. Nach allgemeinem juristischem Sprachgebrauch ist ein solcher Rechtsanwalt Syndikusanwalt. Kennzeichnend ist, dass er bei einem nicht dem anwaltlichen Berufsrecht unterliegenden Dienstherrn in einem ständigen Dienstverhältnis steht. Die Aufgabe ist es, diesen Dienstherrn (das Unternehmen, den Verband) rechtlich zu beraten und zu vertreten. Das Spektrum der möglichen Tätigkeiten und der denkbaren Gestaltungen ist breit. Die BRAO kennt den Syndikusanwalt nicht als Begriff, sondern spricht in § 46 von Rechtsanwälten in ständigen Dienstverhältnissen:

§ 46 Abs. 1 BRAO Rechtsanwälte in ständigen Dienstverhältnissen
(1) Der Rechtsanwalt darf für einen Auftraggeber, dem er aufgrund eines ständigen Dienst- oder ähnlichen Beschäftigungsverhältnisses seine Arbeitszeit und –kraft zur Verfügung stellen muss, vor Gerichten und Schiedsgerichten nicht in seiner Eigenschaft als Rechtsanwalt tätig werden.

Liest man die Bestimmung verständig, so stellt man fest, dass ein Rechtsanwalt in einem Anstellungsverhältnis (als Rechtsanwalt!) arbeiten darf, weitere Besonderheiten in seinem Berufsbild nicht bestehen und er lediglich gehalten ist, das Vertretungsgebot in Anwaltsprozessen zu beachten. Trotz dieser klaren Gesetzeslage gibt es eine seit Jahrzehnten während Diskussion um die Rechtsstellung des Syndikusanwalts. Zu dessen Erklärung hat die geltende, vor allem vom Anwaltssenat des BGH geprägte Rechtspraxis die Doppelberuftheorie entwickelt. Sie hat keinen Rückhalt im Gesetz, sondern ist ein dogmatisches Konstrukt, das auf der Grundlage eines überholten und schon 1959 nicht klar konzipierten Berufsbilds beruht. Außerdem wird der Begriff der anwaltlichen Unabhängigkeit missverstanden. Nach der Doppelberufstheorie ist der Syndikusanwalt im Unternehmen oder im Verband kein Rechtsanwalt, sondern arbeitsvertraglich gebundener Angestellter, obwohl er wie jeder Rechtsanwalt den Dienstherrn vertritt und ihm Rechtsrat erteilt. Die Angestelltentätigkeit ist aus berufsrechtlicher Perspektive (zulässiger) Zweitberuf, der neben die hauptberufliche Tätigkeit als „freier" Rechtsanwalt für andere Mandanten, die der Syndikusanwalt meist nicht hat, tritt. Die Doppelberufstheorie wird von der Rechtsprechung und der Justizverwaltungspraxis durchgehend angewandt. Aus pragmatischen Gründen liegt sie daher den nachfolgenden Ausführungen zugrunde. Die „Grauzone", in der der Syndikusanwalt sich befindet und die nicht einheitliche Verwaltungspraxis in den Bundesländern erschweren eine bündige Hilfe in Formularen, für die Klarheit nötig ist.

Es geht darum, bei den Syndikusanwälten auf einige berufsrechtliche Besonderheiten aufmerksam zu machen. Sie ergeben sich durchweg nicht aus dem Gesetz, sondern sie sind Ergebnisse dessen Interpretation und dazu veranstalteten dogmatischen Wirkens. Die gesonderte Betrachtung ist kein Weg zu einer gesonderten Anwaltschaft. Am einheitlichen Bild des Rechtsanwalts, der in Vielfalt praktiziert, ist festzuhalten. Dieses Bild stört der Syndikusanwalt ebenso wenig wie der Strafverteidiger.

Nach allem ist bei der Hilfe mit Formularen zurückhaltend zu verfahren. Bei unsicherer Rechtslage und Praxis hilft der Text dem einen und schadet dem anderen.

Ob man die weiteren aus der Doppelberufstheorie entwickelten Unterlagen, Versicherungen und Informationen im Anstellungsvertrag unterbringt oder gesondert vorlegt, ist offen. Ich halte es wegen der Klarheit für zweckmäßig, diese Zusätze gesondert zu präsentieren.

Die Inhalte dieser Zusätze weichen in den Unterlagen der einzelnen Rechtsanwaltskammern voneinander ab. Die nachfolgenden → Form. Q. II. 3–7 sind in Anlehnung an die Vorgaben der Rechtsanwaltskammern Köln und Frankfurt am Main entwickelt. Auch die anderen Rechtsanwaltskammern halten Muster und Merkblätter vor. Sie stehen auf deren Websites.

Man findet die jeweiligen Rechtsanwaltskammern am schnellsten über die BRAK (www.brak.de)

1. Einrichtung der Praxis

Wegen der vielfältigen Gestaltungsmöglichkeiten wird davon abgesehen, ein Formular zu entwickeln. Ob Vereinbarungen schriftlich oder mündlich zu treffen sind, ist im Einzelfall zu entscheiden. Für den Praxisort ist meist schon im Antragsformular eine Rubrik vorgesehen. Der Bewerber/die Bewerberin kann seine/ihre Praxis bei dem Dienstherrn, bei einem Rechtsanwalt/einer Rechtsanwältin oder als Einzelperson außerhalb oder innerhalb seiner Wohnung einrichten. Im letzteren Fall muss besonders darauf geachtet werden, dass Erreichbarkeit, insbesondere die Entgegennahme von Zustellungen gewährleistet sind. Wenn die Praxis in den Räumen des Dienstherrn errichtet wird, muss die Beachtung der anwaltlichen Berufspflichten gesichert sein. Die (direkten) Mitarbeiter des Syndikusanwalts sollten in üblicher Weise auf die Einhaltung der Verschwiegenheit verpflichtet werden. Hilfreich ist, wenn der Syndikusanwalt über ein abschließbares Büro und abschließbare Schränke sowie einen eigenen Telefonanschluss verfügt. Der Telefonverkehr der Anwaltskanzlei kann auch über Handy abgewickelt werden. Das Anbringen eines Praxisschilds ist nicht zwingend, wenn die Kommunikation und die Präsentation nach außen anderweitig gesichert ist. Im Übrigen trifft der Syndikusanwalt die Vorkehrungen, die zur Ausübung seiner anwaltlichen Berufsausübung erforderlich sind.

2. Versorgungsrechtliche Besonderheiten

Diese Fragen werden an anderer Stelle dieses Buchs behandelt, → Form. C.

3. Fachanwaltschaften

a) Der Syndikusanwalt/die Syndikusanwältin kann grundsätzlich auch Fachanwaltstitel erlangen. Für den Antrag und das Verfahren ist auf den entsprechenden Abschnitt dieses Buchs zu verweisen. Es gelten keine Abweichungen.

Problematisch ist die Akzeptanz von Fällen, die der Syndikusanwalt im Rahmen des Anstellungsverhältnisses bearbeitet hat. Da es für die Fachanwaltschaft auf exzellentes Fachwissen und die gehörige Praxis eher ankommt als auf Statusfragen, kann man die (anwaltliche) Tätigkeit und Erfahrung aus dem Beschäftigungsverhältnis nicht gänzlich ignorieren. So hat die Rechtsprechung in einer vorsichtigen Entwicklungslinie die von dem Syndikusanwalt im Unternehmen bearbeiteten Fälle als berücksichtigungsfähig anerkannt. Offen ist nach wie vor, in welchem Umfang das geschehen kann. Reicht es, wenn nur Fälle aus dem Syndikusanwaltsbereich vorgetragen werden? Wohl nicht. In welchem Verhältnis sollen diese Fälle zu den in sog. freier Praxis erarbeiteten stehen? Je mehr Fälle in „freier" Praxis gegeben sind, desto größer sind die Erfolgschancen für die Fachanwaltschaft.

b) Aus dem Katalog von Fachanwaltsbezeichnungen in § 1 FAO werden die Syndikusanwälte wohl das Familienrecht, das Erbrecht, das Strafrecht und das Agrarrecht eher vernachlässigen und Schwerpunkte im Arbeitsrecht, Handels- und Gesellschaftsrecht, Insolvenzrecht, Gewerblichen Rechtsschutz setzen. Interessant können allerdings je nach Branche und Vorliebe auch die anderen Fachanwaltsbezeichnungen sein.

c) Für den Nachweis der besonderen praktischen Erfahrungen ist die Zahl der Fälle entscheidend. Deshalb sollte der Syndikusanwalt die Arbeits- und Projektlinien seiner Arbeit abzugrenzen und in „Fälle" zu unterteilen suchen. Akribie ist gefragt. Fall ist jede (juristische) Aufarbeitung eines einheitlichen Lebenssachverhalts. Er reicht vom knappen Telefonat bis zum viele Aktenordner füllenden Projekt. Zu achten ist darauf, dass die eigene Arbeitsleistung ungeschmälert erkennbar ist. Weil die Zählweise mit Unwägbarkeiten behaftet sein kann, sollten auch einige überzählige Fälle eingereicht werden.

4. Wechsel des Dienstherrn

Ein Wechsel des Dienstherrn und/oder des Beschäftigungsverhältnisses ist der zuständigen Rechtsanwaltskammer anzuzeigen (§ 56 BRAO). Auch das Versorgungswerk und die gesetzliche Rentenversicherung sind zu unterrichten. Eine Befreiung von der gesetzlichen Rentenversicherung gilt nur für das jeweilige Beschäftigungsverhältnis. Die Befreiung ist für jede Beschäftigung neu zu beantragen.

Nur die Pflicht selbst ist hier hervorzuheben. Für die formelle Seite ihrer Erledigung gibt es keine Besonderheiten. Deshalb ist auf die entsprechenden Abschnitte diese Buchs zu verweisen.

5. Ausscheiden des Syndikusanwalts und Eintritt in „freie" Praxis und umgekehrt

Das Thema wird hier nur angeschnitten, weil der Übergang von der angestellten in die „freie" Tätigkeit und umgekehrt ein besonderer Schritt ist. Der Syndikusanwalt muss dafür Sorge tragen, dass die allgemein versicherungsrechtlichen und eventuellen gesellschaftsrechtlichen Positionen sowie die Optionen für die Versorgung im Alter sachgerecht bewertet und „transportiert" werden.

Im Übrigen ist der Fragenkreis ohne Besonderheiten der Begründung und Auflösung von Arbeitsverhältnissen, Einzelpraxen und Zusammenarbeitsformen zugehörig. Auf diese Abschnitte des Buchs wird verwiesen.

6. Aktuell: Rechtsprechung des BSG

Die Entscheidungen des BSG vom 3.4.2014 (B 5 RE 13/14R; 3/14R; 9/14R) in Sachen „Syndikusanwälte" lassen manche der Überlegungen dieses Kapitels vielleicht als absurd erscheinen. Die Entscheidungsgründe sind noch nicht veröffentlicht. Allerdings lässt schon der Terminsbericht Nr. 14/14 vom 4.4.2014 erkennen, dass das BSG mit dem „Holzhammer", ohne Begründung und losgelöst von den Fallgestaltungen, die ihm unterbreitet waren, generell dekretiert, der Syndikusanwalt kann niemals Rechtsanwalt sein. Zum Status des Syndikusanwalts, der Rechtsanwalt ist, etwas zu dekretieren, hat das BSG keine Kompetenz. Der Syndikusanwalt bleibt also, was er ist und kann seine Position aufrecht und umsichtig vertreten. Vorübergehend wird er allerdings die Befreiungsmöglichkeit aus der Rentenversicherungspflicht entbehren. Darum ging es in den Verfahren. In der zu erwartenden Übergangszeit muss der Syndikusanwalt zweckmäßig mit seinen bisherigen und prognostizierbaren beruflichen Daten umgehen und zB darauf hinweisen, dass er Rechtsanwalt ist und deshalb auch als solcher arbeitet. Es ist ja nicht auszuschließen, dass die Verwaltungsbehörde wegen der Ungereimtheiten der Urteile diesen nicht bedingungslos folgt.

Die Befreiung ist sozialversicherungsrechtlicher Stoff. Da das BSG aber das Sozialversicherungsrecht unrichtig anwendet und das anwaltliche Berufsrecht gänzlich missachtet, entfalten die Urteile keine sachliche Autorität, sondern bleiben Hülsen, die man bald vergessen kann. Das gibt es gelegentlich, wenn hochgeschraubte dogmatische Spitzfindigkeiten wie die sog. Doppelberuftheorie am Leben vorbei sich selbst nicht mehr verstehen und nach einem Befreiungsschlag rufen. Leider hat das BSG in die falsche Richtung gehauen. So wird es vorübergehend noch bei so unsäglichen Ausführungen bleiben, wie sie die beteiligten Landessozialgerichte liefern. Die Urteile können keinen Bestand haben. In Kürze:

Mit der Aberkennung des Befreiungsrechts beraubt das BSG die Rechtsanwälte, die betroffen sind, einer elementaren verfassungsrechtlich gesicherten freiberuflichen Position, die eine eigenständige Altersvorsorge beinhaltet. Die Abgrenzung zwischen Rechtsanwälten, die bei einem nicht dem anwaltlichen Berufsrecht unterliegenden Dienstherrn angestellt sind und solchen, die einem anderen Rechtsanwalt dienen, ist reine Willkür. Die Anknüpfung an eine Tätigkeit oder Beschäftigung im Sinne des § 6 SGB VI ist fehlerhaft, denn es gibt keine Definition der anwaltlichen Tätigkeit. Mit Recht. Die Freiheit der Advokatur verbietet ein Erforschen und Bewerten der anwaltlichen Arbeit. Die in den letzten Jahren entwickelten vier Kriterien (Rechtsberatung, Rechtsentscheidung, Rechtsgestaltung, Rechtsvermittlung) liefern keine Abgrenzung anwaltlicher Tätigkeit, denn sie erfassen in nuce sämtliche denkbaren anwaltlichen, aber eben auch sämtliche „nur" juristischen Tätigkeiten. Anwaltliche Tätigkeit lässt sich materiell von „nur" juristischer Tätigkeit nicht abgrenzen. Einzig sicheres Kriterium dafür ist der durch den formellen Zulassungsakt begründete Status des Rechtsanwalts. Solche Klarheit zu schaffen ist der Zweck fixierter Berufsbilder. Das gilt für alle freien Berufe. Der Status des Rechtsanwalts liegt ja auch der Mitgliedschaft im Versorgungswerk zugrunde. Korrekt müsste das Sozialversicherungsrecht am „Rechtsanwalt" anknüpfen, da brauchbare Tätigkeitsmerkmale nicht vorliegen. Insoweit wären die Rechtsanwälte wie alle Freiberufler besser in § 5 SGB VI aufgehoben.

Soweit das BSG anwaltliches Berufsrecht überhaupt berücksichtigt, greift es auf die unsägliche Doppelberuftheorie zurück, die schon wiederholt als gänzlich unbrauchbar qualifiziert wurde. Diesem Raisonnement liegt ebenso wie dem des BGH und sogar dem des EuGH, auf die das BSG hinweist, ein ideologisch verstelltes und unreflektiertes Verständnis von Unabhängigkeit zugrunde.

Leider ist die Anwaltschaft nicht unschuldig an dem Durcheinander, denn sie vermag es seit Jahrzehnten nicht, klar zu sagen, wer zu ihr gehört und wer nicht. Soweit es um die Syndikusanwälte geht, sabotieren die Rechtsanwaltskammern und die BRAK bis in die jüngste Zeit eine integrierende Entwicklung. Ob freilich die Rechtsanwaltskammern als Behörden mittelbarer Staatsgewalt und weniger als sogenannte Selbstverwaltung dazu legitimiert sind, gesellschafts- und berufspolitische Entwicklungen, die im gesellschaftlich freien Raum formuliert sind, zu torpedieren, ist keineswegs ausgemacht.

Schrifttum: Henssler/Prütting/*Henssler*, BRAO, 4. Aufl. 2014, § 46 BRAO; *Benckendorff,* Rechtsanwälte mit Zweitberuf/Syndikusanwälte, in Offermann – Burckhard (Hrsg.), Anwaltsrecht in der Praxis 2010, S. 312 ff.; *Hamacher,* Der Syndikusanwalt, in Anwälte und ihre Geschichte 2011, S. 913 ff.; *Lenz (Hrsg.),* Die Rechtsabteilung 2011; *Rethorn,* Ein Rechtsanwalt wie jeder andere – Der Syndikusanwalt, AnwBl 2012, S. 426; *Offermann/Burckhard,* Die Systemrelevanz von Syndikusanwälten, AnwBl 2012, S. 778 ff.: *Kleine/Cosack,* Vom Syndikusanwalt zum Unternehmensjuristen, AnwBl 2012, S. 947 ff.; *ders.,* Tätigkeitsverbote für Freiberufler, AnwBl 2013, S. 11 ff.; *Prütting,* Die Ausgrenzung des Syndikus – ein Schritt in die falsche Richtung, AnwBl 2013, S. 78 ff.; *Hamacher,* Der Syndikusanwalt, in DAV Ratgeber, 13. Aufl. 2013 S. 161 ff; *Herbst,* Syndikusanwalt und deutsches Anwaltsprivileg im US-Zivilprozess 2013.

II. Zulassung zur Rechtsanwaltschaft

1. Zulassungsantrag

→ Form. A. I. 1

Anmerkungen

1. Die Zulassung zur Rechtsanwaltschaft wird auf Antrag erteilt (§ 6 Abs. 1 BRAO). Einzige Voraussetzung der Zulassung ist die Befähigung zum Richteramt (§ 4 BRAO). Die Anforderungen für ausländische Rechtsanwälte bleiben außer Betracht. Der Bewerber/die Bewerberin hat einen strikten Rechtsanspruch auf Zulassung. Materielle Erwägungen, etwa Kenntnisse oder in Aussicht genommene Tätigkeiten spielen für die Zulassung keine Rolle. Sie ist wie der Status des Rechtsanwalts rein formeller Natur. Das folgt aus dem Grundsatz der Freiheit der Advokatur, der es nicht verträgt, wenn, abgesehen von den gesetzlichen Rahmenbedingungen, behördlicherseits die anwaltliche Befindlichkeit und Tätigkeit erforscht und bewertet wird.

Das Verfahren und sein Ergebnis sind in § 6 ff. BRAO geregelt. Ergänzend gilt das Verwaltungsverfahrensgesetz (§ 32 BRAO). Ein Formular sowie detaillierte Ausführungen finden sich unter → Form. A. I.

Für die Zulassung der Syndikusanwälte gibt es kein besonderes Antragsverfahren. Das wird gelegentlich angeregt, widerspricht aber der Einheitlichkeit der Rechtsanwaltschaft, von der die BRAO ausgeht.

Nach allem kann für den Antrag auf Zulassung auf die allgemeinen Formularsätze, die alle Rechtsanwaltskammern bereithalten, zurückgegriffen werden.

2. Neben dem Antrag enthält das Formular weitere Angaben und eine Auflistung der einzureichenden Anlagen. Außerdem ist ein Fragebogen zum Antrag auf Zulassung zur Rechtsanwaltschaft zu bearbeiten, der auf die Versagungsgründe des § 7 BRAO Bezug nimmt. Die Frage nach einer sonstigen beruflichen Tätigkeit sollten Sie mit „Nein" beantworten, denn Sie wollen als Rechtsanwalt tätig sein und nicht als sonst was, auf die Anstellung weisen sie ohnehin hin. Es empfiehlt sich, den Formularsatz der jeweils zuständigen Rechtsanwaltskammer anzufordern.

3. Die **Anstellung bei einem Dienstherrn** ist nach der Doppelberufstheorie eine anzeigepflichtige Tatsache (§ 56 Abs. 3 Nr. 1 BRAO). Nach **§ 7 Nr. 8 BRAO** ist die Zulassung zu versagen

> „8. wenn der Bewerber eine Tätigkeit ausübt, die mit dem Beruf des Rechtsanwalts, insbesondere seiner Stellung als unabhängiges Organ der Rechtspflege nicht vereinbar ist oder das Vertrauen in seine Unabhängigkeit gefährden kann;"

Aus dem Text folgern Verwaltungspraxis und Rechtsprechung, dass der Antragsteller/die Antragstellerin zur Beurteilung der Zulässigkeit des Zweitberufs (der Tätigkeit des Syndikusanwalts/der Syndikusanwältin im Unternehmen oder im Verband) zusätzliche Unterlagen, Versicherungen und Informationen beizubringen hat. Diese Zusätze ergeben sich aus den interpretatorischen Arbeiten der Gerichte und Verwaltungen (Kammern). Sie sind mit einem gewissen Nuancenreichtum in den Antragsformularen, meist auf einem gesonderten Merkblatt, festgehalten, → Form. A. I. 1.

2. Anstellungsvertrag – Auszug

Zwischen

Herrn/Frau . . . . . .

und . . . . . . Unternehmen

(im Folgenden „Unternehmen")

wird folgender Anstellungsvertrag geschlossen:[1, 2]

§ Stellung und Tätigkeit

Herr/Frau . . . . . . wird als Rechtsanwalt/Rechtsanwältin angestellt.[3] Seine/Ihre Aufgabe[4] ist es, das Unternehmen und seine Mitarbeiter in den Angelegenheiten des Unternehmens umfassend rechtlich zu beraten, die rechtlichen Angelegenheiten und die rechtlichen Interessen des Unternehmens wahrzunehmen und, wo es notwendig ist, zu gestalten.[5, 6] Außerdem obliegt es ihm/ihr, auf allen Ebenen des Unternehmens für die Erläuterung, Gestaltung und Anwendung des Rechts Ansprechpartner zu sein. Herr/Frau arbeitet in der Sache des Rechts weisungsfrei.[7, 9]

Ergänzungen (alternativ)[8]

Herr/Frau . . . . . . erledigt die Aufgaben

- *als Leiter/Leiterin der Rechtsabteilung*
- *als Mitarbeiter/Mitarbeiterin der Rechtsabteilung mit/ohne angegebenen rechtlichem Arbeitsfeld*
- *in Einzeltätigkeit*

Anmerkungen

1. Die Prüfung der Zulässigkeit des Zweitberufs erfolgt anhand des Anstellungsvertrags

2. Es ist nicht zweckmäßig, einen vollständigen Anstellungsvertrag zu entwerfen. Dazu sind die Gegebenheiten zu unterschiedlich. Als Hülse kommen ein Dienstvertrag für höhere Dienste oder ein GmbH – Geschäftsführervertrag in Betracht.

3. Die Anstellung als Rechtsanwalt ist nicht zwingend, aber sehr sinnvoll, denn sie qualifiziert das Anstellungsverhältnis von vornherein. Herrschte die Doppelberufstheorie nicht, könnte es damit sein Bewenden haben, denn der Beruf „Rechtsanwalt/Rechtsanwältin" enthält in sich selbst seine Tätigkeitsbeschreibung. Aus Gründen der Freiheit der Advokatur fehlt eine Beschreibung der Tätigkeit des Rechtsanwalts. Es gibt mit Recht nur die rudimentären Angaben in den §§ 1–3 BRAO.

4. Die Beschreibung der Tätigkeit im Formular ist ausreichend und flexibel genug für alle Branchen und Sparten. Sie hat sich von den Stellenbeschreibungen für die Deutsche Rentenversicherung zu unterscheiden, denn die dort zu Recht oder zu Unrecht angewandten Kriterien sind für die Vereinbarkeitsprüfungen der Rechtsanwaltskammern nicht maßgebend.

5. Die Einstellung als Rechtsanwalt ist auch eine Frage der Unternehmenskultur. Zum „Rechtsanwalt" müssen sich das Unternehmen und der Syndikus/die Syndika bekennen.

6. Erfolgt die Anstellung bei einem Verband, ist entsprechend zu variieren und außerdem eine Satzung vorzulegen.

7. Die Formel „in der Sache des Rechts weisungsfrei" ist wesentlich und außerdem sehr aussagekräftig. Sie zeigt nämlich die „wahre" Unabhängigkeit, ungeachtet eines Vertrags- oder Anstellungsverhältnisses. Es gehört zum Recht selbst, dass es unabhängig ist, nämlich dem Lauf der Dinge eigenständig als Maßstab und Gestaltungselement gegenübersteht. Die Formel versteht sich von selbst und bedürfte „eigentlich" keiner Erwähnung, denn es ist absurd, eine kompetente Rechtsabteilung einzurichten und ihr dann Weisungen hinsichtlich des rechtlichen Ergebnisses zu erteilen. Besser sparte man dann das Geld für die Rechtsabteilung.

8. Ob man von den Ergänzungen Gebrauch macht, ist Geschmackssache.

9. Tatsächliche Möglichkeit der Berufsausübung. Der BRAO ist ein Tätigkeitsgebot für den Rechtsanwalt nicht zu entnehmen. Gleichwohl wird daran festgehalten, dass der "Titularanwalt" unerwünscht ist. Das bedeutet für den Syndikusanwalt, dass er in der Lage sein muss, neben seiner nichtanwaltlichen zweitberuflichen Tätigkeit (tatsächlich ist sie die Hauptaufgabe) den Beruf des Rechtsanwalts in nennenswertem Umfang auszuüben. Hierfür sind hinreichende Gestaltungsfreiheit der Dienstzeit und die Fähigkeit, als Anwalt auch während der Dienststunden mindestens telefonisch erreichbar zu sein, angezeigt. Außerdem sollte die Entfernung zwischen dem Ort der Beschäftigung und der Kanzlei (oft fallen sie zusammen) nicht übermäßig sein.

Diese Anforderung lässt sich per **Formular** nicht erfassen. Enthält der Anstellungsvertrag eine übliche Vollzeitverpflichtung und keine Besonderheiten, ist das erforderliche Zeitbudget für anwaltliche Tätigkeit leicht erkennbar. Ausführungen in Begleitung des Antrags sind überflüssig.

3. Freistellungserklärung

Es wird Herrn/Frau[1, 2]. . . . . .unwiderruflich gestattet, den Beruf als Rechtsanwalt/ Rechtsanwältin auszuüben und auch während der Dienstzeit, wenn nötig, Schriftsätze zu verfassen, Emails zu schreiben und Telefonate zu führen. Für eilbedürftige und fristgebundene anwaltliche Tätigkeiten ist er/sie, ohne Rücksprache nehmen zu müssen, während der Arbeitszeit freigestellt.

Anmerkungen

1. Die Kammern erwarten, dass die Freistellungserklärung auf dem Briefpapier des Dienstherrn abgegeben und von einem Zeichnungsberechtigten unterschrieben ist.

2. Die Ausübung des Zweitberufs neben der anwaltlichen Tätigkeit wird versagt, wenn der Bewerber/die Bewerberin um die Zulassung keine umfassende „Freistellungserklärung" des Dienstherrn vorlegt. Die Erklärung ist unerlässlich.

4. Keine Vertretung von Belegschaftsmitgliedern

Wir[1] . . . . . . (das Unternehmen) erklären hiermit unwiderruflich, dass Herr/Frau . . . . . . nicht gehalten ist, Belegschaftsmitglieder unsres Unternehmens nach den gesetzlichen Vergütungsregeln oder unentgeltlich zu beraten oder zu vertreten.

Anmerkungen

1. Diese Erklärung des Dienstherrn wird nicht von allen Kammern verlangt. Ob sie einer verfassungsrechtlichen Nachprüfung standhält, kann offen bleiben. Der Sinn mag darin liegen, dass in der Vertretung eines Belegschaftsmitglieds auf Gebieten, die außerhalb des Unternehmenszwecks liegen, dennoch Belange des Unternehmens mitschwingen. Das ist untunlich. Auch der Konkurrenzgedanke der „freien" Anwaltschaft wird eine Rolle spielen.

5. Verpflichtungserklärung

Hiermit erkläre ich,[1] dass ich bereit und in der Lage bin, die Pflichten eines Anwalts/einer Anwältin im Hinblick auf die §§ 48 – 49 a BRAO durch Übernahme von Prozesskostenhilfe- und Beratungshilfemandaten, ferner von Pflichtverteidigungen, Betreuungen und Sprechstunden zu erfüllen.

Anmerkungen

1. Die Formel wiederholt das Gesetz. Sie könnte entfallen.

6. Auskunftsverpflichtung

Ich verpflichte mich[1], der Rechtsanwaltskammer jede Änderung meines Beschäftigungsverhältnisses hinsichtlich Aufgaben und Umfang mitzuteilen (§ 56 Abs. 3 Nr. 1 BRAO). Außerdem ermächtige ich die Rechtsanwaltskammer unwiderruflich, Auskunft bei meinem Dienstherrn (Arbeitgeber) über Änderungen des Anstellungsverhältnisses einzuholen.

Anmerkungen

1. Das Formular erscheint entbehrlich, denn es konkretisiert eine gesetzliche Pflicht. Die Konkretisierung, die den Syndikusanwalt besonders belastet, ist der Doppelberufstheorie geschuldet. Es empfiehlt sich, im Einzelfall Rücksprache mit der Rechtsanwaltskammer zu nehmen.

R. Anwaltsnotare

1. Antrag auf Zulassung zur notariellen Fachprüfung und Antrag auf Nachteilsausgleich gem. § 16 NotFV

PRÜFUNGSAMT
FÜR DIE NOTARIELLE FACHPRÜFUNG
BEI DER BUNDESNOTARKAMMER

MOHRENSTR. 34, 10117 BERLIN

nur vom Prüfungsamt auszufüllen

Antragseingang   Geschäftszeichen

Antrag auf Zulassung zur notariellen Fachprüfung①②③
Prüfungskampagne 2014/I
Schriftliche Prüfung in der Zeit vom 24. bis 28. März 2014
Ende der Antragsfrist: 27. Januar 2014 (Eingang beim Prüfungsamt)

I. Persönliche Angaben	
Familienname (ggf. auch Geburtsname):	....
Vorname	....
Akademischer Titel	....
Geburtsdatum und Geburtsort	....
Staatsangehörigkeit	....
Kanzleianschrift Straße / Hausnummer	....
Postleitzahl / Ort	....
Privatanschrift Straße / Hausnummer	....
Postleitzahl / Ort	....
Telefonnr. (mit Vorwahl), unter der Sie tagsüber erreichbar sind	....
Mobiltelefon	....
E-Mail	....

1

Anmeldung zur Prüfung_2014_1

Antrag auf Zulassung zur notariellen Fachprüfung

Bevorzugte Kontaktadresse:

Kanzleianschrift ☐   Privatanschrift ☐

Wichtiger Hinweis: Das Prüfungsamt verwendet die bevorzugte Kontaktadresse für den Versand von Schreiben, die für die Zulassung zur Prüfung von Bedeutung sind (z. B. fristgebundene Anforderungen von Gebühren oder Unterlagen), sowie für die Zustellung von Ladungen zur schriftlichen und mündlichen Prüfung. Die Schreiben sind mit dem Zusatz „Persönlich/verschlossen" versehen. Es bietet sich deshalb an, durch geeignete Maßnahmen Vorsorge für eine rechtzeitige Kenntnisnahme in Zeiten persönlicher Abwesenheit (z. B. Urlaub oder Krankheit) zu treffen.

II. Zulassungsvoraussetzungen

Datum der zweiten juristischen Staatsprüfung ....

Mitglied der Rechtsanwaltskammer ....

Datum der letzten Zulassung zur Rechtsanwaltschaft ....

_____   _____
Ort, Datum   Unterschrift Antragsteller/in

III. Beizufügende Unterlagen

Gemäß § 8 Abs. 1 NotFV sind dem Antrag folgende Unterlagen beizufügen:

1. eine Ablichtung des Zeugnisses über die bestandene zweite juristische Staatsprüfung der Antragstellerin oder des Antragstellers,
2. eine Bescheinigung der zuständigen Rechtsanwaltskammer über die Zulassung der Antragstellerin oder des Antragstellers zur Rechtsanwaltschaft und über den Tag, seit dem die Zulassung ohne Unterbrechung besteht; die Bescheinigung muss weniger als drei Monate vor Stellung des Antrags auf Zulassung zur notariellen Fachprüfung ausgestellt sein (**Original erforderlich!**).

Diese liegen dem Antrag bei ☐   reiche ich umgehend nach ☐

2

IV. Weitere Erklärungen

1. Bevorzugter Ort für die schriftliche Prüfung

☐ Berlin ☐ Celle ☐ Frankfurt/Main ☐ Hamm

☐ Oldenburg

2. Nachteilsausgleich gem. § 16 NotFV

Bitte gesonderten Vordruck verwenden!

3. Wiederholungsprüfung gem. § 7a VII BNotO

☐ Wiederholungsprüfung gem. § 7a VII 1 BNotO

☐ Wiederholungsprüfung gem. § 7a VII 2 BNotO (Notenverbesserung)

V. Datenschutzrechtliche Erklärung

Ich erkläre, dass ich damit einverstanden bin, dass das Prüfungsamt für die notarielle Fachprüfung bei der Bundenotarkammer alle Daten verarbeitet, die aufgrund meines Antrages nach den gesetzlichen Bestimmungen mitzuteilen sind und im Zulassungs- und Prüfungsverfahren erhoben werden.

_____   _____
Ort, Datum   Unterschrift Antragsteller/in

3

Absender:

_____

_____   Geschäftszeichen

_____

Prüfungsamt für die notarielle Fachprüfung   Telefon: 030/38 38 66-70
bei der Bundesnotarkammer   Telefax: 030/38 38 66-710
Mohrenstraße 34
10117 Berlin

Antrag auf Nachteilsausgleich gem. § 16 NotFV

Hiermit beantrage ich, mir Nachteilsausgleich gemäß § 16 Notarfachprüfungsverordnung (NotFV) wegen einer personenbedingten Behinderung zu gewähren.

Antragsteller/in (Name, Vorname, ggf. auch Geburtsname):
Geburtsdatum/Geburtsort:
Antrag auf Zulassung zur notariellen Fachprüfung vom:

Ich leide an einer Behinderung, die es erforderlich macht,

☐   die Bearbeitungszeit für die Aufsichtsarbeiten um jeweils _____ Minuten zu
     verlängern,

☐   die Vorbereitungszeit für den Vortrag um _____ Minuten zu verlängern,

☐   Hilfsmittel und/oder die Inanspruchnahme von Hilfsleistungen Dritter dabei zuzu-
     lassen.

Zur Begründung verweise ich auf meine als Anlage beigefügten Ausführungen. Ihnen
ist zu entnehmen, inwieweit meine Behinderung meine Fähigkeit einschränkt, die
vorgeschriebene Bearbeitungs- und/oder Vorbereitungszeit einzuhalten und/oder es
ggf. erforderlich ist, Hilfsmittel und Hilfsleistungen Dritter in Anspruch zu nehmen.

1

Antrag auf Nachteilsausgleich.doc

Antrag auf Nachteilsausgleich

☐   Ein amtsärztliches Zeugnis füge ich bei.

☐   Ein Attest meines behandelnden Arztes füge ich bei.

Ort, Datum

Unterschrift Antragsteller

2

PRÜFUNGSAMT FÜR DIE NOTARIELLE FACHPRÜFUNG
BEI DER BUNDESNOTARKAMMER

Informationen zum Antrag auf Nachteilsausgleich gem. § 16 NotFV

Gemäß § 16 Satz 1 Notarfachprüfungsverordnung (NotFV) kommt in Betracht, behinderten Prüflingen die Bearbeitungszeit für die Anfertigung von Aufsichtsarbeiten, die regelmäßig fünf Stunden beträgt (§ 7b Absatz 1 Satz 1 BNotO), auf Antrag je nach Schwere der Behinderung um bis zu zwei Stunden für jede Aufsichtsarbeit zu verlängern.

In der mündlichen Prüfung ist vor einem Prüfungsgruppengespräch, das für jeden Prüfling mit etwa einer Stunde anzusetzen ist (§ 7c Abs. 1 Satz 2 BNotO), ein Vortrag von höchstens zwölf Minuten Dauer zu halten (§ 14 Abs. 3 Satz 6 NotFV). Die Vorbereitungszeit auf diesen Vortrag beträgt gemäß § 14 Abs. 3 Satz 5 NotFV eine Stunde und kann je nach Schwere der Behinderung um bis zu eine Stunde verlängert werden, § 16 Satz 2 NotFV.

Darüber hinaus kommt in Betracht, gemäß § 16 Satz 3 NotFV Hilfsmittel und die Inanspruchnahme von Hilfsleistungen Dritter, die die besonderen Verhältnisse behinderter Personen berücksichtigen, auf Antrag zuzulassen.

Auf Anforderung des Prüfungsamtes ist gemäß § 16 Satz 5 NotFV ein amtsärztliches Zeugnis vorzulegen, aus dem sich ergeben muss, inwieweit die Behinderung die Fähigkeit des Prüflings einschränkt, die vorgeschriebene Bearbeitungszeit oder Vorbereitungszeit einzuhalten. Soweit in Betracht kommt, einen Antrag auf Nachteilsausgleich zu stellen, wird gebeten, frühzeitig mit dem Prüfungsamt Kontakt aufzunehmen, um die Erforderlichkeit eines amtsärztlichen Zeugnisses zu klären. Für den Amtsarzt ist ein gesondertes Merkblatt vorbereitet. Kosten für das amtsärztliche Zeugnis werden vom Prüfungsamt für die notarielle Fachprüfung nicht übernommen.

Bei einer zeitweiligen Erkrankung, die vergleichbare Folgen mit sich bringt, kommt ebenfalls in Betracht, einen Nachteilsausgleich zu gewähren.

Mohrenstraße 34, D-10117 Berlin, Telefon (0 30) 38 38 66 – 70, Telefax (0 30) 38 38 66 – 710, E-Mail: pruefungsamt@bnotk.de

PRÜFUNGSAMT FÜR DIE NOTARIELLE FACHPRÜFUNG
BEI DER BUNDESNOTARKAMMER

**Merkblatt für ein amtsärztliches Zeugnis
zum Antrag auf Nachteilsausgleich gem. § 16 NotFV**

Es wird gebeten, diese Hinweise bei der Erstellung eines amtsärztlichen Zeugnisses zur Vorlage bei dem Prüfungsamt für die notarielle Fachprüfung bei der Bundesnotarkammer wegen eines Antrags auf Nachteilsausgleich zu berücksichtigen. Sollten darüber hinaus offene Fragen zu klären sein, bitten wir, rechtzeitig mit dem Prüfungsamt für die notarielle Fachprüfung, ggf. auch telefonisch Kontakt aufzunehmen.

Gemäß § 16 Notarfachprüfungsverordnung (NotFV) kommt in Betracht, behinderten Prüflingen die Bearbeitungszeit für die Anfertigung von Aufsichtsarbeiten, die regelmäßig fünf Stunden beträgt, auf Antrag je nach Schwere der Behinderung um bis zu zwei Stunden für jede Aufsichtsarbeit zu verlängern.

In der mündlichen Prüfung ist vor einem Prüfungsgruppengespräch, das für jeden Prüfling mit etwa einer Stunde anzusetzen ist, ein Vortrag von zwölf Minuten Dauer zu halten. Die Vorbereitungszeit auf diesen Vortrag beträgt eine Stunde und kann gemäß § 16 Satz 2 NotFV je nach Schwere der Behinderung um bis zu eine Stunde verlängert werden.

Darüber hinaus kommt in Betracht, Hilfsmittel und die Inanspruchnahme von Hilfsleistungen Dritter, die die besonderen Verhältnisse behinderter Personen berücksichtigen, auf Antrag zuzulassen

Aus dem amtsärztlichen Zeugnis muss sich gemäß § 16 Satz 5 NotFV ergeben, inwieweit die Behinderung die Fähigkeit des Prüflings einschränkt, die vorgeschriebene Bearbeitungszeit oder Vorbereitungszeit einzuhalten.

Entsprechendes gilt für den Fall, dass eine zeitweilige Erkrankung vergleichbare Folgen mit sich bringt.

Kosten für das amtsärztliche Zeugnis werden vom Prüfungsamt für die notarielle Fachprüfung nicht übernommen.

Mohrenstraße 34, D-10117 Berlin, Telefon (0 30) 38 38 66 – 70, Telefax (0 30) 38 38 66 – 710, E-Mail: pruefungsamt@bnotk.de

2

Auszug aus der Notarfachprüfungsverordnung des Bundesministeriums der Justiz vom 7. Mai 2010 (BGBl I, S. 576):

§ 16
Nachteilsausgleich

Die Leitung des Prüfungsamtes kann behinderten Prüflingen die Bearbeitungszeit für die Anfertigung der Aufsichtsarbeiten auf Antrag je nach Schwere der Behinderung um bis zu zwei Stunden für jede Aufsichtsarbeit verlängern. Sie kann für die mündliche Prüfung behinderten Prüflingen die Vorbereitungszeit für den Vortrag auf Antrag je nach Schwere der Behinderung um bis zu eine Stunde verlängern. Hilfsmittel und die Inanspruchnahme von Hilfeleistungen Dritter, die die besonderen Verhältnisse behinderter Menschen berücksichtigen, können durch die Leitung des Prüfungsamtes auf Antrag zugelassen werden. Die Anträge nach Satz 1 bis 3 sind gleichzeitig mit dem Antrag auf Zulassung zur notariellen Fachprüfung beim Prüfungsamt zu stellen. Dem Prüfungsamt ist auf Verlangen ein amtsärztliches Zeugnis vorzulegen, aus dem im Falle von Satz 1 und Satz 2 auch hervorgeht, inwieweit die Behinderung die Fähigkeit des Prüflings einschränkt, die vorgeschriebene Bearbeitungszeit oder Vorbereitungszeit einzuhalten.

Anmerkungen

1. Die notarielle Fachprüfung wurde durch das **Gesetz zur Neuregelung des Zugangs zum Anwaltsnotariat vom 2. April 2009** (BGBl. I, Seite 696) neu eingeführt. Deren Bestehen ist gemäß § 6 Abs. 2 S. 1 Nr. 3 BNotO eine **Voraussetzung für die Bestellung zur Anwaltsnotarin und zum Anwaltsnotar.** Weitere Zugangsvoraussetzungen sind der Nachweis einer regelmäßig mindestens fünfjährigen Tätigkeit in nicht unerheblichem Umfang für verschiedene Auftraggeberinnen und/oder Auftraggeber als Rechtsanwältin bzw. Rechtsanwalt, § 6 Abs. 2 S. 1 Nr. 1 BNotO, wobei diese Tätigkeit mindestens drei Jahre ohne Unterbrechung in dem in Aussicht genommenen Amtsbereich ausgeübt worden sein muss, § 6 Abs. 2 S. 1 Nr. 2 BNotO, der Nachweis der Teilnahme an jährlich mindestens 15 Zeitstunden an von Notarkammern oder Berufsorganisationen durchgeführten notarspezifischen Fortbildungsveranstaltungen nach § 6 Abs. 2 S. 1 Nr. 4 BNotO ab dem auf das Bestehen der notariellen Fachprüfung folgenden Kalenderjahr.

2. Im Bereich des Anwaltsnotariats (§ 3 Abs. 2 BNotO) darf die Landesjustizverwaltung bei ihrer Entscheidung um die Besetzung einer Notarstelle im Falle der **Konkurrenz eines bereits amtierenden (Anwalts-)Notars mit Rechtsanwälten, die noch nicht Notare sind,** im Hinblick auf die zum 1. Mai 2011 wirksam werdende Änderung des § 6 BNotO das Vertrauen der anwaltlichen Bewerber in die Erheblichkeit der nach Maßgabe der bisherigen Rechtslage erworbenen Qualifikationen als schutzwürdig betrachten (BGH v. 26.11.2012 – NotZ (Brfg) 5/12 – NJW-RR 2013, 694).

3. § 6 Abs. 3 Satz 1 BNotO greift den **Eignungsbegriff** in § 6 Abs. 1 Satz 1 BNotO auf und macht das Maß, in dem seine Merkmale bei dem einzelnen Bewerber ausgeprägt sind, mithin auch dessen **Leistungen, zum umfassenden Auswahlkriterium** (BGH v. 23.7.2012 – NotZ (Brfg) 3/12 – NJW-RR 2012, 1452). Nach § 6 Abs. 3 Satz 1 BNotO richtet sich die für das Auswahlverfahren entscheidende fachliche Eignung ausdrücklich nach den bei der Vorbereitung auf den Notarberuf gezeigten Leistungen und den Ergebnissen der **zweiten juristischen Staatsprüfung** (BGH v. 23.7.2012 – NotZ (Brfg) 3/12 – NJW-RR 2012, 1452). Für das Auswahlverfahren hat der Gesetzgeber die Ausbildungsleistungen des Bewerbers für den juristischen Beruf als solchen, die sich im Ergebnis der zweiten juristischen Staatsprüfung widerspiegeln, ausdrücklich abgesetzt gegenüber den Vorbereitungsleistungen des Bewerbers auf den Notarberuf (BGH v. 23.7.2012 – NotZ (Brfg) 3/12 – NJW-RR 2012, 1452; BGH v. 13.12.1993 – NotZ 56/92 – BGHZ 124, 327; BVerfGE 110, 304). Die Vorbereitungsleistungen auf den Notarberuf sind Gegenstand der dienstlichen Beurteilung, die zB gemäß der Regelung in § 3 Abs. 3 NotAssAusbV NW über den aufgrund der Vorbereitung auf das Amt des Notars aktuellen Leistungsstand Aufschluss zu geben hat (BGH v. 23.7.2012 – NotZ (Brfg) 3/12 – NJW-RR 2012, 1452). In ihr ist die Tätigkeit des Notarassessors während des Anwärterdienstes in den Blick zu nehmen. Die Bewertung der Leistungen der Notarassessoren während des Anwärterdienstes zB nach § 3 Abs. 3 Satz 1 NotAssAusbV NW stellt ausschließlich eine Äußerung über die Eignung des Notarassessors für das Amt des Notars auf der Grundlage von Erkenntnissen aus dem Verhalten des Notarassessors während des Anwärterdienstes ohne Berücksichtigung der Ergebnisse der zweiten juristischen Staatsprüfung dar (BGH v. 23.7.2012 – NotZ (Brfg) 3/12 – NJW-RR 2012, 1452). Auch wenn die dienstliche Eignung nicht selten in den bei der zweiten juristischen Staatsprüfung gezeigten Leistungen angelegt erscheinen kann, weil sie regelmäßig eine gute allgemeine juristische Befähigung widerspiegeln, die für die erfolgreiche Wahrnehmung der Aufgaben eines Notars zentrale Bedeutung hat, **lässt mit zunehmender beruflicher Tätigkeit und fortschreitendem zeitlichen Abstand die Aussagekraft der Staatsexamensergebnisse für den für die Stellenbesetzung maßgeblichen aktuellen Leistungsstand im Allgemeinen nach** (BGH v. 23.7.2012 – NotZ (Brfg) 3/12 – NJW-RR 2012, 1452; BGH

v. 18.7.2011 – NotZ (Brfg) 1/11 – NJW-RR 2012, 53; BGH v. 11.8.2009 – NotZ 4/09 – DNotZ 2010, 467; BGH v. 9.12.2008 – NotZ 25/07 -; BVerfGE 110, 304). Ihre Einbeziehung schon in die dienstliche Beurteilung würde den Blick auf den zwischenzeitlich erreichten berufsspezifischen Leistungsstand verunklaren (BGH v. 23.7.2012 – NotZ (Brfg) 3/12 – NJW-RR 2012, 1452). Die Beurteilung allein der dienstlichen Leistungen im Anwärterdienst ist deshalb unverzichtbare Grundlage für die differenzierende vergleichende Bewertung des aktuellen Leistungsstandes der einzelnen Bewerber. **Die Gewichtung des Examensergebnisses im Verhältnis zur dienstlichen Beurteilung obliegt danach ausschließlich der die Auswahlentscheidung nach § 6 Abs. 3 Satz 1 BNotO treffenden Justizverwaltung** (BGH v. 23.7.2012 – NotZ (Brfg) 3/12 – NJW-RR 2012, 1452).

2. Antrag auf Bestellung zum Notar gemäß Formblatt

. . . . . .

Rechtsanwalt

An

Die Präsidentin des Kammergerichts[1, 2, 3, 4, 5]

– Notarabteilung –

Berlin, den . . . . . .

Antrag auf Bestellung zum Notar[1, 2]

Sehr geehrte Damen und Herren,

unter Bezugnahme auf Ihre Ausschreibung im Amtsblatt für Berlin vom . . . . . . beantrage ich hiermit, mich zum nächstmöglichen Zeitpunkt zum Notar zu bestellen.[3] Dazu überreiche ich:

1. das von mir ausgefüllte und unterzeichnete Formblatt Ihrer Behörde nebst Anlagen;[4]
2. den Nachweis über das Bestehen der notariellen Fachprüfung.

Für baldige Entscheidung wäre ich dankbar.[5, 6]

Mit freundlichen Grüßen

. . . . . ., den . . . . . .

Rechtsanwalt

Anmerkungen

1. Seit Einführung der notariellen Fachprüfung kann ein Anwalt nur zum Notar bestellt werden, wenn er die **notarielle Fachprüfung erfolgreich bestanden** hat. Sind **mehr Bewerber als verfügbare Notarstellen** vorhanden, kommt es in erster Linie auf die Abschlussnote der notariellen Fachprüfung, in zweiter Linie auf das Ergebnis des zweiten Staatsexamens an. Der Aufsichtsbehörde steht ein **pflichtgemäßes Ermessen bei der Entscheidung** zu. Über die genannten Gesichtspunkte hinaus wird die Behörde die mit Einwilligung des Bewerbers eingeholten **Stellungnahmen** der Generalstaatsanwaltschaft Berlin, der Staatsanwaltschaft

Berlin, der Rechtsanwaltskammer Berlin, der Auskunft aus dem Bundeszentralregister und der Vorlage eines amtsärztlichen Gesundheitszeugnisses abwarten. Auch können mit Einverständnis des Bewerbes **bei anderen Behörden geführte Personalakten** und sonstige für die Entscheidung bedeutsame Vorgänge – wie Akten zu straf- und berufsrechtlichen Verfahren – beigezogen werden.

2. Nach Studium aller Unterlagen leitet die Behörde einen **Bericht an die Notarkammer** mit der Bitte um eigene Stellungnahme zu, insbesondere zur **Eignung und Reihenfolge**, in der mehrere Bewerber berücksichtigt werden sollen.

3. Bewerbungen haben **innerhalb der Ausschreibungsfrist** zu erfolgen. War ein Bewerber ohne Verschulden verhindert, die Frist einzuhalten, so ist ihm auf Antrag **Wiedereinsetzung in den vorigen Stand** zu gewähren. Der Antrag ist innerhalb von zwei Wochen nach Wegfall des Hindernisses zu stellen. Die Tatsachen zur Begründung sind **glaubhaft** zu machen. Die Bewerbung ist **innerhalb der Antragsfrist nachzureichen.**

4. Das **für die Antragstellung vorgesehene Formblatt** ist bei dem zuständigen **Oberlandesgericht** (hier: **Kammergericht**) anzufordern.

5. Wegen der Einzelheiten der Auswahl der Bewerber siehe **Allgemeine Verfügung über Angelegenheiten der Notarinnen und Notare (AVNot) vom 14.11.2013 (ABl. S. 2441)**, dort III. Ziffer 9 und 10.

6. **Ein Bewerber, der nicht berücksichtigt wurde,** wird von der Behörde benachrichtigt, das beabsichtigt sei, die Notarsteller an Mitbewerber zu übertragen, und dass das Besetzungsverfahren nach Ablauf von zwei Wochen nach Zugang des Benachrichtigungsschreiben fortgesetzt wird. Dies soll dem aus seiner Sicht zu Unrecht nicht berücksichtigten Bewerber Gelegenheit geben, **Rechtsschutz** zu suchen, **bevor der vorgesehene Bewerber zum Notar bestellt wird.**

3. Niederschrift über die Verpflichtung zur Verschwiegenheit eines beim Notar Beschäftigten gem. § 26 BNotO i. V. m. § 1 VerpflG

Niederschrift

über die Verpflichtung einer beim Notar beschäftigten Person[1, 2]

Der unterzeichnende Notar _____

mit Amtssitz in _____

hat am _____

Herrn/Frau _____

Gem. § 26 BNotO über dessen/deren Pflichten belehrt und gem. § 1 des Verpflichtungsgesetzes förmlich verpflichtet. Darüber wurde die folgende Niederschrift aufgenommen:

Der/Die Beschäftigte wurde von mir, dem Notar, auf die gewissenhafte Erfüllung seiner/ihrer Obliegenheiten verpflichtet.

Der/Die Beschäftigte wurde besonders auf die Bestimmung des § 14 Abs. 4 BNotO hingewiesen. Ihm/Ihr wurde untersagt, Darlehen sowie Grundstücksgeschäfte zu vermitteln oder im Zusammenhang mit einer Amtshandlung des Notars eine Bürgschaft oder sonstige Gewährleistung für einen Beteiligten zu übernehmen.

Besonders wurde auch auf die Verpflichtung zur Wahrung des Amtsgeheimnisses nach § 18 BNotO hingewiesen und darauf, dass auch jede bei einem Notar beschäftigte Person über alles zur Verschwiegenheit verpflichtet ist, was ihr im Rahmen der Ausübung der Tätigkeit beim Notar bekannt geworden ist. Auf die strafrechtlichen Folgen der Verletzung der Pflichten wurde hingewiesen.

Dem/Der Beschäftigten wurde sodann der Inhalt der folgenden Strafvorschriften des Strafgesetzbuches bekanntgegeben:

§ 133 Abs. 1, 3 – Verwahrungsbruch
§ 201 – Verletzung der Vertraulichkeit des Wortes
§ 203 – Verletzung von Privatgeheimnissen
§ 204 – Verwertung fremder Geheimnisse
§§ 331 Abs. 1, 332 – Vorteilsannahme und Bestechlichkeit
§ 353 b Abs. 1-3 – Verletzung des Dienstgeheimnisses
§ 355 – Verletzung des Steuergeheimnisses
§ 358 – Nebenfolgen

Dem/Der Beschäftigten ist bekannt, dass die Strafvorschriften für ihn/sie gelten. Ihm/Ihr ist ferner bekannt, dass die Strafvorschriften, sofern ihre Anwendung eine förmliche Verpflichtung voraussetzt, aufgrund der heutigen Verpflichtung für ihn/sie gelten.

Der/Die Beschäftigte erklärte, von dem Inhalt der vorgenannten Bestimmungen der Bundesnotarordnung und des Strafgesetzbuches Kenntnis erhalten zu haben.

Der Notar hat ihn/sie durch Handschlag zur Wahrung der Amtsgeheimnisse und zur gewissenhaften Erfüllung aller anderen Obliegenheiten verpflichtet.

Für den Fall eines einheitlichen Beschäftigungsverhältnisses zu mehreren Notaren:
Der Notar wies den/die Beschäftigte(n) darauf hin, dass es bei einem einheitlichen Beschäftigungsverhältnis zu mehreren Notaren gem. § 26 Satz 3 BNotO genügt, wenn einer von ihnen die Verpflichtung vornimmt.

Er/Sie unterzeichnete dieses Protokoll zum Zeichen der Genehmigung und bestätigte den Empfang einer Abschrift dieser Niederschrift.

_____   _____

(Unterschrift des Notars)   (Unterschrift des/der Verpflichteten)

§ 133. Verwahrungsbruch . (1) Wer Schriftstücke oder andere bewegliche Sachen, die sich in dienstlicher Verwahrung befinden oder ihm oder einem anderen dienstlich in Verwahrung gegeben worden sind, zerstört, beschädigt, unbrauchbar macht oder der dienstlichen Verfügung entzieht, wird mit Freiheitsstrafe bis zu zwei Jahren oder mit Geldstrafe bestraft.

(3) Wer die Tat an einer Sache begeht, die ihm als Amtsträger oder für den öffentlichen Dienst besonders Verpflichteten anvertraut worden oder zugänglich geworden ist, wird mit Freiheitsstrafe bis zu fünf Jahren oder mit Geldstrafe bestraft.

§ 201.[1] Verletzung der Vertraulichkeit des Wortes. (1) Mit Freiheitsstrafe bis zu drei Jahren oder mit Geldstrafe wird bestraft, wer unbefugt
1. das nichtöffentlich gesprochene Wort eines anderen auf einen Tonträger aufnimmt oder
2. eine so hergestellte Aufnahme gebraucht oder einem Dritten zugänglich macht.

(2)[1] Ebenso wird bestraft, wer unbefugt
1. das nicht zu seiner Kenntnis bestimmte nichtöffentlich gesprochene Wort eines anderen mit einem Abhörgerät abhört oder
2. das nach Absatz 1 Nr. 1 aufgenommene oder nach Absatz 2 Nr. 1 abgehörte nichtöffentlich gesprochene Wort eines anderen im Wortlaut oder seinem wesentlichen Inhalt nach öffentlich mitteilt.

[2] Die Tat nach Satz 1 Nr. 2 ist nur strafbar, wenn die öffentliche Mitteilung geeignet ist, berechtigte Interessen eines anderen zu beeinträchtigen.
[3] Sie ist nicht rechtswidrig, wenn die öffentliche Mitteilung zur Wahrnehmung überragender öffentlicher Interessen gemacht wird.

(3) Mit Freiheitsstrafe bis zu fünf Jahren oder mit Geldstrafe wird bestraft, wer als Amtsträger oder als für den öffentlichen Dienst besonders Verpflichteter die Vertraulichkeit des Wortes verletzt (Absätze 1 und 2).

(4) Der Versuch ist strafbar.

(5)[1] Die Tonträger und Abhörgeräte, die der Täter oder Teilnehmer verwendet hat, können eingezogen werden. [2] § 74 a ist anzuwenden.

§ 203.[2] Verletzung von Privatgeheimnissen. (1) Wer unbefugt ein fremdes Geheimnis, namentlich ein zum persönlichen Lebensbereich gehörendes Geheimnis oder ein Betriebs- oder Geschäftsgeheimnis, offenbart, das ihm als
3. Rechtsanwalt, Patentanwalt, Notar, Verteidiger in einem gesetzlich geordneten Verfahren, Wirtschaftsprüfer, vereidigtem Buchprüfer, Steuerberater, Steuerbevollmächtigten oder Organ oder Mitglied eines Organs einer Wirtschaftsprüfungs-, Buchprüfungs oder Steuerberatergesellschaft,

anvertraut worden oder sonst bekannt geworden ist, wird mit Freiheitsstrafe bis zu einem Jahr oder mit Geldstrafe bestraft.

(2)[1] Ebenso wird bestraft, wer unbefugt ein fremdes Geheimnis, namentlich ein zum persönlichen Lebensbereich gehörendes Geheimnis oder ein Betriebs- oder Geschäftsgeheimnis, offenbart, das ihm als
2. für den öffentlichen Dienst besonders Verpflichteten, anvertraut worden oder sonst bekanntgeworden ist. [2] Einem Geheimnis im Sinne des Satzes 1 stehen Einzelangaben über persönliche oder sachliche Verhältnisse eines anderen gleich, die für Aufgaben der öffentlichen Verwaltung erfasst worden sind; Satz 1 gilt jedoch nicht anzuwenden, soweit solche Einzelangaben anderen Behörden oder sonstigen Stellen für Aufgaben der öffentlichen Verwaltung bekanntgegeben werden und das Gesetz dies nicht untersagt.

(3)[1] Den in Absatz 1 Genannten stehen ihre berufsmäßig tätigen Gehilfen und die Personen gleich, die bei ihnen zur Vorbereitung auf den Beruf tätig sind. [2] Den Absatz 1 und den in Satz 1 Genannten steht nach dessen Tod für die Wahrung des Geheimnisses Verpflichteten ferner gleich, wer das Geheimnis von dem Verstorbenen oder aus dessen Nachlass erlangt hat.

(4) Die Absätze 1 bis 3 sind auch anzuwenden, wenn der Täter das fremde Geheimnis nach dem Tod des Betroffenen unbefugt offenbart.

(5) Handelt der Täter gegen Entgelt oder in der Absicht, sich oder einen anderen zu bereichern oder einen anderen zu schädigen, so ist die Strafe Freiheitsstrafe bis zu zwei Jahren oder Geldstrafe.

§ 204. Verwertung fremder Geheimnisse. (1) Wer unbefugt ein fremdes Geheimnis, namentlich ein Betriebs- oder Geschäftsgeheimnis, zu dessen Geheimhaltung er nach § 203 verpflichtet ist, verwertet, wird mit Freiheitsstrafe bis zu zwei Jahren oder mit Geldstrafe bestraft.

(2) § 203 Abs. 4 gilt entsprechend.

§ 331.[2] Vorteilsannahme. (1) Ein Amtsträger oder ein für den öffentlichen Dienst besonders Verpflichteter, der für die Dienstausübung einen Vorteil für sich oder einen Dritten fordert, sich versprechen lässt oder annimmt, wird mit einer Freiheitsstrafe bis zu drei Jahren oder mit Geldstrafe bestraft.

(3) Die Tat ist nicht nach Absatz 1 strafbar, wenn der Täter einen nicht von ihm geforderten Vorteil sich versprechen lässt oder annimmt und die zuständige Behörde im Rahmen ihrer Befugnisse entweder die Annahme vorher genehmigt hat oder der Täter unverzüglich bei ihr Anzeige erstattet und sie die Annahme genehmigt.

§ 332.[1] Bestechlichkeit. (1)[1] Ein Amtsträger oder ein für den öffentlichen Dienst besonders Verpflichteter, der einen Vorteil für sich oder einen Dritten als Gegenleistung dafür fordert, sich versprechen lässt oder annimmt, dass er eine Diensthandlung vorgenommen hat oder künftig vornehme und dadurch seine Dienstpflichten verletzt hat oder verletzen würde, wird mit Freiheitsstrafe von sechs Monaten bis zu fünf Jahren bestraft. [2] In minder schweren Fällen ist die Strafe Freiheitsstrafe bis zu drei Jahren oder Geldstrafe. [3] Der Versuch ist strafbar.

(3) Falls der Täter den Vorteil als Gegenleistung für eine künftige Handlung fordert, sich versprechen lässt oder annimmt, so sind die Absätze 1 und 2 schon dann anzuwenden, wenn er sich dem anderen gegenüber bereit gezeigt hat.
1. bei der Handlung seine Pflichten zu verletzen oder,
2. soweit die Handlung in seinem Ermessen steht, sich bei Ausübung des Ermessens durch den Vorteil beeinflussen zu lassen.

§ 353 b. Verletzung des Dienstgeheimnisses und einer besonderen Geheimhaltungspflicht (1) [1] Wer ein Geheimnis, das ihm als
2. für den öffentlichen Dienst besonders Verpflichteten oder anvertraut worden oder sonst bekanntgeworden ist, unbefugt offenbart und dadurch wichtige öffentliche Interessen gefährdet, wird mit Freiheitsstrafe bis zu fünf Jahren oder mit Geldstrafe bestraft.

(2)[1] wer, abgesehen von den Fällen des Absatzes 1, unbefugt einen Gegenstand oder eine Nachricht, zu deren Geheimhaltung er
2. von einer anderen amtlichen Stelle unter Hinweis auf die Strafbarkeit der Verletzung der Geheimhaltungspflicht förmlich verpflichtet worden ist,
an einen anderen gelangen lässt oder öffentlich bekannt macht und dadurch wichtige öffentliche Interessen gefährdet, wird mit Freiheitsstrafe bis zu drei Jahren oder mit Geldstrafe bestraft.

(3) Der Versuch ist strafbar.

(4)[1] Die Tat wird nur mit Ermächtigung verfolgt. [2] Die Ermächtigung wird erteilt
1. von dem Präsidenten des Gesetzgebungsorgans
    a) in den Fällen des Absatzes 1, wenn dem Täter das Geheimnis während seiner Tätigkeit bei einem oder für ein Gesetzgebungsorgan des Bundes oder eines Landes bekanntgeworden ist,
    b) in den Fällen des Absatzes 2 Nr.1;
2. von der obersten Bundesbehörde
    a) in den Fällen des Absatzes 1, wenn dem Täter das Geheimnis während seiner Tätigkeit sonst bei einer oder für eine Behörde oder bei einer anderen amtlichen Stelle des Bundes oder für eine solche Stelle bekanntgeworden ist,
    b) in den Fällen des Absatzes 2 Nr. 2, wenn der Täter von einer amtlichen Stelle des Bundes verpflichtet worden ist;
3. von der obersten Landesbehörde in allen übrigen Fällen der Absätze 1 und 2 Nr. 2

§ 355. Verletzung des Steuergeheimnisses. (1) Wer unbefugt
1. Verhältnisse eines anderen, die ihm als Amtsträger
    a) in einem Verwaltungsverfahren oder einem gerichtlichen Verfahren in Steuersachen,
    b) in einem Strafverfahren wegen einer Steuerstraftat oder in einem Bußgeldverfahren wegen einer Steuerordnungswidrigkeit,
    c) aus anderem Anlaß durch Mitteilung einer Finanzbehörde oder durch die gesetzlich vorgeschriebene Vorlage eines Steuerbescheids oder einer Bescheinigung über die bei der Besteuerung getroffenen Feststellungen bekanntgeworden sind, oder
2. ein fremdes Betriebs-, oder Geschäftsgeheimnis, das ihm als Amtsträger in einem der in Nummer 1 genannten Verfahren bekanntgeworden ist,
offenbart oder verwertet, wird mit Freiheitsstrafe bis zu zwei Jahren oder mit Geldstrafe bestraft.

(2) Den Amtsträgern im Sinne des Absatzes 1 stehen gleich
1. die für den öffentlichen Dienst besonders Verpflichteten,

(3)[1] Die Tat wird nur auf Antrag des Dienstvorgesetzten oder des Verletzten verfolgt. [2] Bei Taten amtlich zugezogener Sachverständiger ist der Leiter der Behörde, deren Verfahren betroffen ist, neben dem Verletzten antragsberechtigt.

§ 358. [1] **Nebenfolgen.** Neben einer Freiheitsstrafe von mindestens sechs Monaten wegen einer Straftat nach den §§ 332, 335, 339, 340, 343, 344, 345 Abs. 1 und 3, §§ 348, 352 bis 353 b Abs. 1, §§ 355 und 357 kann das Gericht die Fähigkeit, öffentliche Ämter zu bekleiden (§ 45 Abs. 2) aberkennen.

Anmerkungen

1. Auf den **websites der Notarkammern** findet sich das **Formular der Bundesnotarkammer** der Niederschrift über die Verpflichtung zur Verschwiegenheit eines beim Notar Beschäftigten gemäß § 26 BNotO. Vgl. http://Berliner-notarkammer.de/Kommentare/4.html

2. Eine mit **Anmerkungen** versehene Niederschrift über die Verpflichtung zur Verschwiegenheit eines beim Notar Beschäftigten gemäß § 26 BNotO findet sich in → Form. J. VI. 2.

4. Antrag des Anwaltsnotars auf Bestellung eines Notarvertreters durch die Aufsichtsbehörde gem. § 39 Abs. 1 BNotO

**Antrag auf Bestellung einer Notarvertreterin / eines Notarvertreters
und/oder einer Notariatsverwaltervertreterin / eines Notariatsverwaltervertreters**

Antragsteller/in (zu vertretende Notarin / vertretender Notar)	Geschäftszeichen:
Kanzlei (Straße, Hausnummer, Postleitzahl, Ort)	Telefon: Telefax:

An die
Präsidentin des Kammergerichts
- Notarabteilung -
Elßholzstraße 30-33
10781 Berlin

Notarvertreterbestellung

Ich bitte,

Frau Rechtsanwältin und Notarin / Herrn Rechtsanwalt und Notar (Unzutreffendes bitte streichen)	
Kanzlei (Straße, Hausnummer, Postleitzahl, Ort)	Telefon: Telefax:
Geburtsdatum:	

☐ zu meiner Notarvertreterin / zu meinem Notarvertreter   und

☐ zu meiner Vertreterin / meinem Vertreter (auch) in meiner Eigenschaft als Notariatsverwalter/in

    für den früheren Notar / die frühere Notarin _____

zu bestellen

☐ für den _____

☐ für den Zeitraum   vom _____ bis _____

☐ für die Zeiträume   vom _____ bis _____

           vom _____ bis _____

Grund der Verhinderung: _____

_____   _____
Ort, Datum   Unterschrift Notarin / Notar

**Als die in Aussicht genommene Vertreterin / der in Aussicht genommene Vertreter beant-
worte ich die nachstehenden Fragen vollständig und wahrheitsgemäß wie folgt:**

Ihre Verpflichtung zu wahrheitsgemäßen Auskünften folgt aus § 64 a Abs. 1 BNotO i.V.m. § 26
Abs. 2 Satz 1 VwVfG. Bitte beantworten Sie die Fragen aber nur, sofern Sie nicht selbst Notarin
bzw. Notar sind. Reicht der vorgesehene Platz für Ihre Antwort nicht aus, fügen Sie Ihre Angaben
bitte auf einem unterschriebenen besonderen Blatt bei. Sollten Sie eine solche Selbstauskunft
schon einmal erteilt haben, so genügt es, wenn Sie sich auf diese beziehen und erklären können,
dass sich seit der letzten Erklärung keine Veränderung ergeben haben (siehe unten).

	Frage	Erläuterungen	Antwort
1	Welche Staatsangehörigkeit besitzen Sie?	EuGH, Urteil vom 24. 05.2011 (C-54/08)	_____
2	Seit wann sind Sie als Rechtsanwältin/Rechtsanwalt zugelassen und tätig?		seit _____
3	In welchem OLG-Bezirk sind Sie zugelassen?		_____
4	Waren Sie schon einmal **zur Notarin/zum Notar** bestellt?	ggf. OLG-Bezirk benennen	☐ nein ☐ ja
5	Sind gegen Sie a) Strafen b) Disziplinarmaßnahmen c) berufsgerichtliche Maßnahmen verhängt worden?	Ggf. erkennende Stelle (Gericht, Staatsanwaltschaft) und Aktenzeichen angeben. Es sind auch Verurteilungen und Maßnahmen anzugeben, die nicht in ein Führungszeugnis oder ein Behördenführungszeugnis aufgenommen werden, sofern diese Verurteilungen im Bundeszentralregister nicht zu tilgen sind. Die für Justiz zuständige Senatsverwaltung und die Präsidentin des Kammergerichts haben gem. § 41 Abs. 1 Nr. 1 BZRG ein Recht auf uneingeschränkte Auskunft aus dem Register, so dass ihnen gegenüber keine Rechte aus § 53 Abs. 1 Nr. 1 BZRG hergeleitet werden können (§ 53 Abs. 2 BZRG, §§ 6 Abs. 1 a 3, 49, 50 Abs. 1 Nrn. 1 u. 2 und 97 BNotO).	a) ☐ nein a) ☐ ja b) ☐ nein b) ☐ ja c) ☐ nein c) ☐ ja
6	Sind Ihnen a) schriftliche Missbilligungen b) Rügen erteilt worden?		a) ☐ nein a) ☐ ja b) ☐ nein b) ☐ ja
7	Sind oder waren gegen Sie a) straf- b) disziplinar- oder c) berufsrechtliche Ermittlungsverfahren d) bei der Rechtsanwaltskammer in den letzten 5 Jahren geführte Beschwerde- bzw. Gebührenbeschwerdeverfahren - anhängig? Es sind auch Verfahren anzugeben, die nicht zu einer Bestrafung oder Ahndung geführt haben.		a) ☐ nein a) ☐ ja b) ☐ nein b) ☐ ja c) ☐ nein c) ☐ ja d) ☐ nein d) ☐ ja

8	a) Sind Sie durch gerichtliche An-ordnung in der Verfügung über Ihr Vermögen beschränkt? b) Liegen oder lagen gegen Sie in den letzten 5 Jahren Vollstre-ckungstitel vor? c) Ist ein Insolvenzverfahren gegen Sie eröffnet worden oder sind Sie im Schuldnerverzeichnis (§ 26 Abs. 2 InsO, § 882b ZPO) einge-tragen? d) Sind Mahn-, Klage- oder Zwangsvollstreckungsverfahren gegen Sie anhängig?	§ 50 Abs. 1 Nr. 6 und 8 BNotO	a) ☐ nein a) ☐ ja b) ☐ nein b) ☐ ja c) ☐ nein c) ☐ ja d) ☐ nein d) ☐ ja
9	Üben Sie eine Nebentätigkeit aus? Es ist <u>jede</u> Nebentätigkeit (z.B. auch Aufsichtsrats-, Vorstands-, Geschäfts-führer- und/oder Syndikustätigkeit) an-zugeben, unabhängig davon, ob sie genehmigungsbedürftig ist oder als genehmigt gelten würde oder ob sie entgeltlich oder unentgeltlich ausgeübt wird.	§ 8 BNotO Bitte ggf. die Nebentätigkeit(en) insbesondere nach Art und Umfang auf einem gesonderten Blatt im Einzelnen erläutern.	☐ nein ☐ ja
10	Liegen mit dem Notaramt unverein-bare Gesellschaftsbeteiligungen im Sinne von § 14 Abs. 5 BNotO vor?	§ 14 Abs. 5 BNotO ggf. Art der Beteiligung im Einzelnen erläutern	☐ nein ☐ ja
11	Liegen gesundheitliche Beeinträch-tigungen vor, die Sie bei der ord-nungsgemäßen Ausübung des Am-tes behindern könnten?		☐ nein ☐ ja
12	Den Notarvertretereid habe ich be-reits geleistet.	§ 40 Abs. 1 Satz 2, 3 BNotO	☐ nein ☐ ja, am _____

Hiermit versichere ich ausdrücklich, dass ich die Fragen in der Selbstauskunft vollständig und wahrheitsgemäß beantwortet habe. Ich bin mir der Bedeutung der Verpflichtung zu vollständigen und wahrheitsgemäßen Angaben im Verhältnis zu den Aufsichtsbehörden bewusst.

Ich erkläre ausdrücklich, dass ich mit der Vertreterbestellung für Notar/Notarin

einverstanden bin.

Ich versichere, dass sich seit meiner letzten Selbstauskunft vom   nichts geändert hat.

....
Ort, Datum   **Unterschrift Notarvertreter/in**

Anmerkungen

Als Beispiel dient das Formular der Berliner Notarkammer, abzurufen unter www.berlin.
de/sen/justiz/gerichte/kg/notar/formulare.html.

1. Steht der Rechtsanwalt in gemeinsamer Berufsausübung mit einem (Anwalts-)
Notar, so wird regelmäßig der Rechtsanwalt als Notarvertreter bestellt. Die Aufsichts-
behörde entscheidet über den Antrag des Anwaltsnotars, ihm gemäß **§ 39 Abs. 1 und
Abs. 3 BNotO** einen Vertreter zu bestellen, **nach pflichtgemäßem Ermessen**; der (An-
walts-)Notar hat **keinen Rechtsanspruch auf Bestellung eines Vertreters** (KG v. 13.9.2010
– NotZ 5/10). Vielmehr hat die Aufsichtsbehörde ein **Entschließungsermessen**, ob sie bei
Verhinderung des Notars überhaupt einen Vertreter bestellt, und ein **Auswahlermessen**
hinsichtlich der Person des Vertreters (KG v. 13.9.2010 – NotZ 5/10). Bei der Entschei-
dung über die Auswahl des Vertreters hat sie die allgemeinen Grundsätze des Notarwe-
sens und gemäß § 39 Abs. 3 Satz 3 BNotO das **Vorschlagsrecht des Notars zu beachten**
(BGH v. 18.11.2009 – NotZ 2/09 – DB 2010, 671; BGH v. 26.3.2007 – NotZ 42/06 –
NJW-RR 2007, 1291; KG v. 13.9.2010 – NotZ 5/10; vgl. auch: *Kiupel,* Anmerkung
BGH v. 26.3.2007 – NotZ 42/06; NotBZ 2007, 409).

2. Es ist nicht ermessensfehlerhaft, einen als Vertreter Vorgeschlagenen wegen fehlender
persönlicher Eignung abzulehnen (BGH v. 31.7.2000 – NotZ 12/00 – NJW-RR 2001, 784;
KG v. 13.9.2010 – NotZ 5/10). Dabei sind an die Eignung eines Notarvertreters **keine
geringeren Anforderungen als an einen Notarbewerber stellen,** da der Vertreter das Amt des
Notars selbstständig und unter eigener Verantwortung ausübt (KG v. 13.9.2010 – NotZ 5/
10 – mwN), ihn treffen dieselben Amtspflichten (vgl. § 39 Abs. 4 BNotO) (KG v. 13.9.2010
– NotZ 5/10 –). Die persönliche Eignung für das Notariat stellt einen **unbestimmten
Rechtsbegriff** dar, dessen Interpretation durch die Landesjustizverwaltung gerichtlich voll
überprüfbar ist (KG v. 13.9.2010 – NotZ 5/10 –). Dieser verbleibt allerdings bei der
Prognose, ob der Bewerber aufgrund seiner richtig festgestellten und rechtlich zutreffend
bewerteten persönlichen Umstände für das Amt geeignet ist, ein **Beurteilungsspielraum**
(BGH v. 25.11.1996 – NotZ 48/95 – NJW 1997, 1975; KG v. 13.9.2010 – NotZ 5/10 –).
Der vollen gerichtlichen Überprüfung unterliegt aber die Frage, ob ein Umstand überhaupt
für die Eignung von Bedeutung ist und welches Gewicht ihm im Einzelfall zukommt (KG v.
13.9.2010 – NotZ 5/10 –).

3. Die **Unvollständigkeit von Angaben** des zu bestellenden Notarvertreters ist vom
Grundsatz **geeignet, Bedenken an seiner persönlichen Eignung zu begründen.** Eine „Eig-
nungsvermutung" besteht nicht, vielmehr gehen verbleibende Zweifel zu Lasten des jeweiligen Antragstellers (BGH v. 17.11.2008 – NotZ 10/08 – NJW-RR 2009, 350). Die
persönliche Eignung für das Amt des Notars ist zu bejahen, wenn die inneren und äußeren
Eigenschaften des Bewerbers, wie sie sich insbesondere in seinem äußeren Verhalten offen-
baren, keinen begründeten Zweifel daran aufkommen lassen, dass er die Aufgaben und
Pflichten eines Notars gewissenhaft erfüllen werde (BGH v. 25.11.1996 – NotZ 48/95 –
NJW 1997, 1975; KG v. 13.9.2010 – NotZ 5/10 –). Mit Rücksicht auf die Bedeutung und
Schwierigkeit der Aufgaben, die der Notar als unabhängiger Träger eines öffentlichen
Amtes auf dem Gebiet der vorsorgenden Rechtspflege zu erfüllen hat (§ 1 BNotO), darf
der an die persönlichen Eigenschaften des Bewerbers **anzulegende Maßstab nicht zu milde**
sein (BGH v. 31.7.2000 – NotZ 5/00 – DNotZ 2000, 943; BGH v. 17.11.2008 – NotZ 10/
08 – NJW-RR 2009, 350; KG v. 13.9.2010 – NotZ 5/10 –). Zu diesen Eigenschaften
gehören auch die **Integrität, die uneingeschränkte Wahrhaftigkeit und Redlichkeit,** und auf
diese kommt es auch gegenüber den Aufsichtsbehörden an (BGH v. 17.11.2008 – NotZ 10/
08 – NJW-RR 2009, 350; KG v. 13.9.2010 – NotZ 5/10 –). Denn zur Wahrnehmung ihrer
für die Gewährleistung einer funktionstüchtigen vorsorgenden Rechtspflege wesentlichen

Aufsichtsbefugnisse müssen sich die Aufsichtsbehörden darauf verlassen können, dass der Notar ihnen vollständige und wahrheitsgemäße Auskünfte erteilt (KG v. 13.9.2010 – Not 5/10 –). Unvollständige Angaben müssen aber im Einzelfall nicht notwendig die Ablehnung eines Notarbewerbers wegen mangelnder persönlicher Eignung zur Folge haben, **wenn sein sonstiges Verhalten erkennen lässt, dass er nicht bewusst über das Vorhandensein weiterer Verfahren täuschen wollte** (BGH v. 10.3.1997 – NotZ 22/96 – DNotZ 1997, 894; KG v. 13.9.2010 – NotZ 5/10 –).

4. Im Rahmen der **Bewerbung um eine Notarstelle** kommt der frei verantwortlichen selbständigen Tätigkeit ein **anderes Gewicht** zu als der **Tätigkeit als Notarvertreter gemäß § 39 BNotO** (BGH v. 23.7.2012 – NotZ (Brfg) 12/11 – BGHZ 194, 165; BGH v. 25.11.2013 – NotZ (Brfg) 13/13 – BeckRS 2013, 22639).

5. Antrag an die Aufsichtsbehörde auf Erlaubnis einer Nebentätigkeit gem. § 8 Abs. 3 BNotO

. . . . . .

Rechtsanwalt und Notar

An die

Präsidentin des Kammergerichts

– Notarabteilung –

Antrag auf Erlaubnis einer Nebentätigkeitsgenehmigung gemäß § 8 Abs. 3 BNotO[1, 2]

Sehr geehrte Damen und Herren,

der gemeinnützige „Förderverein des Fachbereichs Malerei der Universität der Künste Berlin" hat mich gebeten, seinem Beirat beizutreten.[3, 4]

Die Tätigkeit ist ehrenamtlich. Eine Kopie der Satzung des Vereins füge ich bei.

Ich beabsichtige, der Aufforderung zu folgen. Die zeitliche monatliche Belastung schätze ich auf etwa drei Stunden.

Ich beantrage hiermit, mir für die vorgenannte Nebentätigkeit die Erlaubnis gemäß § 8 Abs. 3 BNotO zu erteilen.[5, 6]

Mit freundlichen Grüßen

. . . . . ., den . . . . . .

Notar

1 Anlage

Anmerkungen

1. Einen guten Überblick über Genehmigungserfordernisse und –voraussetzungen gibt die Stellungnahme der Notarkammer Berlin vom 29.1.2008:

Notarkammer/Berufsrecht

Stellungnahmen der Notarkammer zu berufsrechtlichen Fragen

Nebentätigkeit gem. § 8 Abs. 3 BNotO

Notare dürfen nur unter bestimmten Voraussetzungen Nebentätigkeiten ausüben. Diese Voraussetzungen werden in der Praxis zum Teil nicht ausreichend beachtet, insbesondere werden Genehmigungserfordernisse übersehen.

Wir möchten daher den folgenden Überblick geben:

A. Zuständigkeit

Die für die Erteilung einer Genehmigung zuständige Aufsichtsbehörde im Sinne des § 8 Abs. 3 BNotO ist in Berlin gem. Nr. 14 AVNot (auf unseren Internetseiten unter Fachinformationen/Berufsrecht) die

Präsidentin des Kammergerichts
Elßholzstraße 30 - 33, 10781 Berlin
Telefon: 9015- (App.-Nr.) bzw. -0 (Vermittlung)
Fax: 9015-2294
Internet: www.berlin.de/sen/justiz/gerichte/kg/notar/ueberblick.html

Die Präsidentin des Kammergerichts holt eine Stellungnahme des Vorstands der Notarkammer ein. Daher empfiehlt es sich, in eiligen Angelegenheiten, der Notarkammer unmittelbar eine Zweitschrift des Antrags mit der Bitte um Stellungnahme gegenüber der Präsidentin des Kammergerichts zu übersenden.

B. Genehmigungspflichtige Tätigkeiten

I. Nebenbeschäftigung gegen Vergütung oder gewerbliche Tätigkeit

Einer Genehmigung bedarf nach § 8 Abs. 3 BNotO die Übernahme einer

Nebenbeschäftigung gegen Vergütung, insbesondere - aber nicht nur - einer gewerblichen Tätigkeit.

1. Als genehmigungspflichtige **Nebenbeschäftigung gegen Vergütung** ist jede Tätigkeit anzusehen, bei der durch Arbeitsleistung irgendwelcher Art eine Vergütung erzielt wird. Als Vergütung sind Leistungsentgelte, Aufwandsentschädigungen, Sitzungsgelder und sonstige Bezüge in Geld oder Geldeswert anzusehen. Dasselbe gilt für Fahrtkosten sowie für Tage- und Übernachtungsgelder, soweit sie die für Landesbeamte der Eingangsstellen des höheren Dienstes geltenden Sätze übersteigen (Nr. 15 AVNot).

Die Ausübung des Rechtsanwaltsberufs ist nicht genehmigungspflichtig. Hierzu gehört jedoch nicht die Tätigkeit eines Rechtsanwalts in einem ständigen Dienst- oder Beschäftigungsverhältnis (Nr. 17 AVNot).

Unter Vorbehalt des Widerrufs allgemein erteilt ist die Genehmigung gem. Nr. 16 AVNot für:

a) Nebenbeschäftigungen geringen Umfangs, für die Vergütungen im Werte bis zu 100 € monatlich oder 1.200 € jährlich gewährt werden,

b) freundschaftliche Hilfeleistungen geringen Umfangs, sofern die gewährte Vergütung nicht in Geld besteht oder die Aufsichtsbehörde die Tätigkeit nicht aus besonderen Gründen untersagt.

2. Die **gewerbliche Tätigkeit** ist nach dem Wortlaut des Gesetzes zwar Unterfall der Tätigkeit gegen Vergütung, hat aber eigenständige Bedeutung und erfasst insbesondere die Tätigkeit im Gewerbebetrieb eines Dritten (z. B. Ehepartner).

II. Organmitgliedschaften

Übersehen wird teilweise, dass der **Eintritt in** den Vorstand, Aufsichtsrat, Verwaltungsrat oder in **ein** sonstiges **Organ** einer auf Erwerb gerichteten Gesellschaft, Genossenschaft oder **eines** in einer anderen Rechtsform betriebenen **wirtschaftlichen Unternehmens** selbst dann der Genehmigung bedarf, wenn keine Vergütung gewährt wird (§ 8 Abs. 3 Nr. 2 BNotO).

Nicht unter Nr. 2 fallen lediglich Vereinigungen, die gemeinnützige, wissenschaftliche, künstlerische und gesellige Zwecke verfolgen. Die Organmitgliedschaft in solchen Vereinigungen bedarf daher nur bei Vergütung einer Genehmigung.

III. Genehmigungsfreie Tätigkeiten

1.   Keiner Genehmigung bedarf nach § 8 Abs. 2 S. 1, 2. HS. BNotO die Ausübung der Rechtsanwaltstätigkeit. Jedoch unterliegen Tätigkeiten dem Genehmigungserfordernis, wenn sie nicht zwangsläufig an die Tätigkeit als Anwalt gekoppelt sind, die Tätigkeit also auch durch einen anderen Berufsinhaber ausgeübt werden kann.

2.   Genehmigungsfrei ist nach § 8 Abs. 4 BNotO die Übernahme des Amtes als Testamentvollstrecker, Insolvenzverwalter, Schiedsrichter oder Vormund oder einer ähnlichen auf behördlicher Anordnung beruhenden Stellung sowie einer wissenschaftliche, künstlerische oder Vortragstätigkeit. Auf behördlicher Anordnung beruht z. B. auch die Tätigkeit als Zwangsverwalter. Die Tätigkeit als Liquidator beruht hingegen nicht auf behördlicher Anordnung und bedarf der Genehmigung.

3.   Genehmigungsfrei ist grundsätzlich auch die Verwaltung des eigenen Vermögens oder des kraft Gesetzes der Verwaltung des Notars unterliegenden Vermögens.

B.   Genehmigungsvoraussetzungen

I.   Wahrung der Unabhängigkeit und Unparteilichkeit sowie des Ansehens des Notaramts als Sinn und Zweck des § 8 Abs. 3 BNotO

1.   Eine Nebentätigkeitsgenehmigung nach § 8 Abs. 3 BNotO ist zwingend zu versagen, wenn die beabsichtigte Nebenbeschäftigung mit dem öffentlichen Amt des Notars nicht vereinbar ist oder das Vertrauen in seine Unabhängigkeit und Unparteilichkeit gefährden kann.

Diese Zwecksetzung erfordert, dass im Interesse einer geordneten vorsorgenden Rechtspflege und damit im Interesse des Gemeinwohls nicht hur konkreten, sondern bereits möglichen Gefährdungen des Leitbilds des Notars als Träger eines öffentlichen Amtes vorzubeugen ist. Deshalb muss schon der mit einer bestimmten Nebentätigkeit verbundene Anschein einer Gefährdung der Unabhängigkeit oder Unparteilichkeit des Notars verhindert werden (BGHZ 145, 59, 62 f.).

Der Notar hat sich gem. § 14 Abs. 3 S. 1 BNotO innerhalb und außerhalb seines Amtes dem **Ansehen des Notaramts** würdig zu zeigen. Nebenbeschäftigungen, die nach Bedeutung und Verantwortung als untergeordnet anzusehen sind oder - außerhalb von reinen Gefälligkeitsverhältnissen - unangemessen niedrig vergütet werden, sind daher mit der Stellung des Notars unvereinbar (BGH NJW 1961, 1468). Gleiches gilt für Tätigkeiten, deren gewerblicher, gewinnorientierter Charakter stark im Vordergrund steht (BGH NJW 1961, 921).

Die Genehmigung einer Nebenbeschäftigung ist zu untersagen, wenn die zeitliche Belastung des Notars die Ausübung des Notaramts beeinträchtigt (BGH DNotZ 1989, 330).

2. Vorrangig zu der Versagung der Genehmigung ist stets eine Auflage, die geeignet ist, der in Rede stehenden Gefahr zu begegnen.

3. Die Zweckrichtung des Gesetzgebers, die Unabhängigkeit und Unparteilichkeit der Notare zu wahren und jeder denkbaren Gefährdung entgegenzutreten, ist verfassungsrechtlich unbedenklich *(BVerfG, NJW 2003, 419)*. Schon dem Anschein einer Gefährdung der Unabhängigkeit und Unparteilichkeit ist zu begegnen, § 14 Abs. 3 Satz 2 BNotO. Ein solcher Anschein kann jedoch nicht aus der Besorgnis abgeleitet werden, dass der Notar die ihm auferlegten Pflichten durchweg missachten könnte. Vielmehr ist zu unterstellen, dass er alle an ihn gerichteten Ge- und Verbote beachtet. Nur wenn auch unter dieser Voraussetzung das gesetzliche Leitbild des Notars bzw. seine Unabhängigkeit oder Unparteilichkeit durch die Nebentätigkeit gefährdet erscheint, ist deren Genehmigung ausgeschlossen.

II. Abgrenzung zur Ausübung eines weiteren Berufs

Die Ausübung eines weiteren Berufs ist einem Notar gem. § 8 Abs. 2 Satz 1 Hs. 1 BNotO von vornherein versagt. In seinem Beschluss vom 11.7.2005 *(NotZ 9/2005, ZNotP 2005, 475)* stellt der BGH zur Abgrenzung maßgeblich auf die vereinbarte Arbeitszeit ab. Bei einer flexiblen Arbeitszeit nach betrieblichen Erfordernissen, die bei etwa 10 bis 15 Stunden monatlich liege sowie einem Entgelt von ca. 5.000 € bis 10.000 € im Jahr handele es sich noch um eine Beschäftigung, die gegenüber den Berufen als Rechtsanwalt und Notar in den Hintergrund tritt und nicht dem Regelungsbereich des § 8 Abs. 2 BNotO, sondern demjenigen des § 8 Abs. 3 BNotO zuzuordnen sei.

III. Aufsichtsratstätigkeit

Nach der Kammerentscheidung des Bundesverfassungsgerichts vom 23.9.2002 *(1 BvR 1717/00 und 1747/00, NJW 2003, 419)* kann die Genehmigung des Eintritts eines Notars in den Aufsichtsrat einer Kreditgenossenschaft, die sich satzungsgemäß mit Grundstücksangelegenheiten und deren Vermittlung befasst, entgegen der seinerzeitigen Rechtsprechung des BGH *(vgl. Beschluss vom 31.6.2000 – NotZ 13/00, ZNotP 2000, 437)* von der Aufsichtsbehörde grundsätzlich nicht verweigert werden. Der Bundesgesetzgeber habe die Offenlegung der Organmitgliedschaft anlässlich des Urkundsgeschäfts (§ 3 Abs. 3 BeurkG) als ausreichendes Mittel gesehen, dem bösen Schein mangelnder Unabhängigkeit oder Unparteilichkeit zu begegnen.

Dies ändert nach der Entscheidung des BGH vom 12.7.2004 (NotZ 3/2004, ZNotP 2004, 413 = DNotZ 2005, 74) nichts an der Tatsache, dass eine auffällige Häufung der Urkundstätigkeit des Notars für das Institut, in dessen Organ er gewählt ist, oder für den Kunden beim rechtsuchenden Publikum zu Schlussfolgerungen auf einen Zusammenhang zwischen dem Aufsichtsratsmandat und der Akquisition notarieller

Praxis führen kann. Eine solche Häufung der Urkundstätigkeit rechtfertigt zwar noch keinen Eingriff in die mit der Genehmigung der Nebentätigkeit begründete Rechtstellung des Notars. Sie kann indes Anlass zur Prüfung sein, ob Umstände vorliegen, die das Vertrauen des Publikums in die Unabhängigkeit und Unparteilichkeit des Notars gefährden. Nach Ansicht des BGH kann die Aufsichtsbehörde dem Notar, der in den Aufsichtsrat eines Kreditinstituts gewählt ist, auferlegen, über Zahl und Gebührenaufkommen der eigenen Urkundsgeschäfte in Angelegenheiten der Bank oder deren Beteiligungsunternehmen jährlich nach Ende des jeweiligen Geschäftsjahrs zu berichten. Die Justizbehörde braucht insoweit nicht abzuwarten, bis der böse Schein entsteht, der Notar könne sein Amt zur Akquisition notarieller Mandate benutzen ()..

Für unverändert nicht genehmigungsfähig hält die Kommentarliteratur *(Schippel/Bracker, BNotO, 8. Auflage, § 8 Rn. 22)* den Eintritt eines Notars in den Vorstand einer gemeinnützigen Wohnungsbaugenossenschaft mit gleichzeitiger Übernahme der Geschäftsführung in deren Tochtergesellschaft *(Hinweis auf BGH DNotZ 1996, 219)*.

IV. Geschäftsführer-/Vorstandstätigkeit

Mit Beschluss vom 11.7.2005 *(NotZ 9/2005, ZNotP 2005, 475 = DNotZ 2005, 951; die dagegen eingelegte Verfassungsbeschwerde ist durch Kammerbeschluss vom 22.9.2005 – 1 BvR 1865/05, Beschluss vom 23.9.2002 – 1 BvR 1717/00 und 1747/00, ZNotP 2002, 482 = DNotZ 2003, 65 nicht zur Entscheidung angenommen worden.)* hat der BGH entschieden, dass die Nebentätigkeit eines Anwaltsnotars als Geschäftsführer einer Unternehmens- und Wirtschaftsberatungs-GmbH selbst dann nicht genehmigt werden kann, wenn seine Tätigkeit nach dem beabsichtigten Geschäftsführervertrag auf die Vertretung der Gesellschaft in ihren eigenen inneren Angelegenheiten beschränkt ist und für das operative Geschäft der Gesellschaft ausgeschlossen sein soll.

§ 3 Abs. 1 Satz 1 Nr. 6 BeurkG lasse sich zwar entnehmen, dass der Gesetzgeber grundsätzlich von der Zulässigkeit des Eintritts eines Notars in das vertretungsberechtigte Organ einer juristischen Person ausgehe und dies für genehmigungsfähig halte. Nach der oben zitierten Verfassungsgerichtsrechtsprechung müsse bei der Prüfung der Genehmigung des Weiteren unterstellt werden, dass sich der Notar an das Beurkundungsverbot des § 3 Abs. 1 Satz 1 Nr. 6 BeurkG halten werde. Jedoch sei eine wirtschafts- bzw. unternehmensberatende Tätigkeit einem Anwaltsnotar als weiterer Beruf untersagt, § 8 Abs. 2 Satz 2 BNotO. Durch sein Auftreten als Geschäftsführer einer GmbH, deren Unternehmensgegenstand gerade auf diesem Gebiet liege, erwecke er den Eindruck, er dürfe derartige Beratungsleistungen erbringen. Hinzu komme, dass der Notar als GmbH-Geschäftsführer den wirtschaftlichen, auf Gewinn gerichteten Interessen der Gesellschaft verpflichtet und in seiner Tätigkeit an die Beschlüsse der Gesellschafter gebunden sei. Dies beeinträchtige das Vertrauen in die unabhängige und weisungsfreie Ausübung des Notaramts. Durch das Auftreten des Notars als

Geschäftsführer der GmbH in der Öffentlichkeit werde der Anschein einer Verbindung und Vermischung seiner notariellen Amtstätigkeit mit der Geschäftstätigkeit der Gesellschaft begründet. Sein Handeln für die GmbH werde nicht nur aufgrund der Publizitätsvorschriften des Gesellschaftsrechts, sondern auch durch sein Tätigwerden für die Gesellschaft bekannt. Auch wenn sich seine Tätigkeit auf Eigenangelegenheiten der Gesellschaft beschränke, werde er doch mit der erwerbswirtschaftlichen Zielsetzung der GmbH identifiziert.

Nach *Schäfer (Schippel/Bracker, BNotO, 8. Auflage, § 8 Rn. 22)* ist aus dem allgemeinen Regelungsgehalt des § 8, der sich ausschließlich auf Tätigkeiten „neben" dem Amt des Notars bezieht, zu entnehmen, dass Tätigkeiten als ordentliches Vorstandsmitglied oder leitender Geschäftsführer für das operative Geschäft eines Wirtschaftsunternehmens regelmäßig nicht genehmigungsfähig sind. Derartige Tätigkeiten werden typischerweise vollschichtig und hauptberuflich ausgeübt, so dass auch verfassungsrechtlich keine andere Sicht geboten ist.

Unbedenklich sind hingegen Nebenbeschäftigungen in Vereinigungen, die lediglich gemeinnützige, künstlerische, wissenschaftliche oder gesellige Zwecke verfolgen.

C.   Genehmigungspraxis der Notarkammer Berlin

I.   Aufsichtsratstätigkeit

1.   Die Genehmigung einer Tätigkeit im Aufsichtsrat von Banken, die sich auch mit Grundstücksangelegenheiten beschäftigen, wird befürwortet. Eine Auflage, über die Urkundstätigkeit für die Bank zu berichten (vgl. oben Entscheidung des BGH vom 12.7.2004 - NotZ 3/2004, ZNotP 2004, 413 = DNotZ 2005, 74) wird angeregt, wobei sich die Berichtspflicht auf die gesamte Sozietät erstreckt.

2.   Die Genehmigung einer Tätigkeit im Aufsichtsrat eines typischen Immobilienunternehmens (An- und Verkauf, Bauträger, Makler) wird abgelehnt, da § 14 Abs. 3 BNotO gebietet, bereits den Anschein einer Gefährdung von Unabhängigkeit und Unparteilichkeit der Amtsausübung zu vermeiden *(vgl. BGH DNotZ 1994, 336, DNotZ 1996, 219).*

3.   Die Tätigkeit im Aufsichtsrat einer Holdinggesellschaft wird auch dann befürwortet, wenn die Tätigkeit für die Tochtergesellschaften nach den vorstehenden Grundsätzen nicht genehmigungsfähig wäre. Grund ist, dass der Notar nicht als Organ der Tochtergesellschaften wahrgenommen wird. Zudem ist ein Interessenkonflikt im Sinne der früheren BGH-Rechtsprechung von vornherein ausgeschlossen, da der Notar keine Treuepflichten gegenüber der Tochtergesellschaft hat.

II.   Geschäftsführer-/Vorstandstätigkeit

1.   Die Genehmigung einer Tätigkeit als Geschäftsführer eines
Wirtschaftsunternehmens wird grundsätzlich abgelehnt. Der Notar dürfe in der
Öffentlichkeit nicht als kaufmännischer Unternehmer wahrgenommen werden.

Befürwortet wird eine solche Tätigkeit ausnahmsweise, wenn sie sich als die
Verwaltung eigenen Vermögens darstellt, die gesellschaftsrechtliche Einkleidung also
nur (steuer)rechtliche Gründe hat. Eine aktive Teilnahme am Markgeschehen muss
in diesen Fällen ausgeschlossen sein.

III.   Liquidatorentätigkeit

Es wird danach differenziert, inwieweit sich im konkreten Fall die Tätigkeit für das
Unternehmen im Abwicklungsstadium von der Tätigkeit für dieses Unternehmen im
werbenden Stadium unterscheidet. So ist z. B. bei der Tätigkeit als Liquidator eines
Immobilienunternehmens, dessen Liquidation die Verwertung des umfangreichen
Immobilienbesitzes erfordert, kein qualitativer Unterschied zwischen
Liquidationsstadium und werbender Tätigkeit festzustellen.

Stand: 29.01.2008

Anmerkungen

1. § 8 Abs. 3 BNotO erfasst **jede entgeltliche Nebenbeschäftigung**, sei sie selbstständig oder unselbstständig, befristet oder unbefristet. Insbesondere ist jede gewerbliche Tätigkeit genehmigungspflichtig, also jede selbstständige, auf Gewinnerzielung gerichtete Tätigkeit, BGH DNotZ 1967, 701. Eine **gelegentliche Tätigkeit ist nicht gewerblich**, da die Absicht der Dauer fehlt, Eylmann/Vaasen/*Baumann* § 8 BNotO Rn. 21.

2. Sofern Nebentätigkeiten die Unparteilichkeit des Notars nicht tangieren, werden sie regelmäßig genehmigt. Denkbar ist in Ausnahmefällen, eine **Genehmigung mit Auflage** zu erteilen, Eylmann/Vaasen/*Baumann* § 8 BNotO Rn. 23 Fn. 62.

3. Die **Nebentätigkeit als englischer Notary Public ist genehmigungsfähig**, solange der Notar sich den überwiegenden Teil der monatlichen Arbeitszeit an seinem deutschen Amtssitz aufhält.

4. Bei Verstößen gegen § 8 BNotO droht die Einleitung eines **Amtsenthebungsverfahrens**.

5. Sind Nebentätigkeiten mit den Amtspflichten des Notars und dem Ansehen seines Berufs nicht vereinbar (§ 14 BNotO), so kann die Aufsichtsbehörde dem Notar die unerlaubten **Tätigkeiten untersagen und Verstöße disziplinarrechtlich ahnden**, Baumann in Eylmann/Vaasen, § 8 BNotO, Rn. 35.

6. Antrag an die Aufsichtsbehörde auf Genehmigung notarieller Urkundstätigkeiten außerhalb des Amtsbezirks gem. § 11 Abs. 2 BNotO

. . . . . .

Rechtsanwalt und Notar

An die

Präsidentin des Kammergerichts

– Notarabteilung –

Antrag auf Genehmigung notarieller Urkundstätigkeiten außerhalb des Amtsbezirks gemäß § 11 Abs. 2 BNotO[1]

Sehr geehrte Damen und Herren,

ich bin gebeten worden, in Potsdam, also außerhalb meines Amtsbezirkes, ein Testament für Frau Brunhilde Tannhäuser zu beurkunden.

Frau Tannhäuser ist eine wohlhabende Frau mit komplexer Vermögensstruktur, so dass bei der Abfassung des Testaments eine Fülle von familien-, erb-, gesellschafts- und steuerrechtlichen Aspekten zu beachten sind. Frau Tannhäuser ist in der Isoldestraße 111 in 14177 Potsdam polizeilich gemeldet und wohnhaft.

Inzwischen liegt nach sechsmonatiger Vortätigkeit seit einigen Tagen der abgestimmte Urkundentwurf vor, den ich Frau Tannhäuser zur letzten Durchsicht und Abstimmung eines Beurkundungstermins übermittelt habe. Bei dem Versuch, einen Beurkundungstermin mit Frau Tannhäuser telefonisch zu vereinbaren, teilte mir deren Haushälterin mit, dass diese in das Franz-von-Assisi-Krankenhaus in Potsdam wegen einer schweren Erkrankung eingeliefert worden sei. Eine telefonische Rücksprache mit dem behandelnden Arzt hat ergeben, dass Frau Tannhäuser zwar bei vollem Bewusstsein ist, ein baldiges Ableben aber nicht ausgeschlossen werden könne; Frau Tannhäuser habe ihn gebeten, mich zu bitten, so schnell wie möglich nach Potsdam ins Krankenhaus zu kommen, um die lange beabsichtigte Beurkundung endlich durchzuführen; auch sei er bereit, an der Beurkundung teilzunehmen, wenn ich dies wünsche und Frau Tannhäuser damit einverstanden sei.[2]

Angesichts der erkennbaren Zeitnot sowie unter Berücksichtigung der Tatsache, dass Frau Tannhäuser zu einzelnen Punkten des Testaments ihre Meinung immer wieder geändert hat, halte ich es nicht für sinnvoll, einen Potsdamer Kollegen zu bitten, das Testament auf der Grundlage meines Entwurfs zu beurkunden. Angesichts der Komplexität der vorgesehenen testamentarischen Regelungen würde ein Potsdamer Kollege längere Zeit benötigen, um sich vollständig in den Vorgang einzuarbeiten. Hinzu kommt, dass der Kollege in Potsdam mein umfangreiches Vorwissen nicht besitzt und zudem nicht klar ist, ob Frau Tannhäuser dessen Rückfragen sachgerecht beantworten kann.

Ich beantrage daher, mir die Genehmigung zur Beurkundung des Testaments außerhalb meines Amtsbezirks im vorgenannten Krankenhaus in Potsdam zu erteilen.

Mit Rücksicht auf die erkennbare Eile des Vorgangs bitte ich um möglichst umgehende Entscheidung und Benachrichtigung.

Mit freundlichen Grüßen

. . . . ., den . . . . . .

. . . . . .

Notar[3, 4]

Anmerkungen

1. Wie das Antragsbeispiel zeigt, dürften Anträge nur bei Vorliegen **außergewöhnlicher Umstände** erfolgreich sein. Die Berufung allein auf jahrelange Tätigkeit als „Haus- und/oder Vertrauensnotar" eines Urkundsbeteiligten reicht nicht aus, OLG Celle, Nds. Rpfl. 2001, 266.

2. Zulässig ist eine Beurkundung außerhalb des Amtsbezirks bei **Gefahr im Verzuge.** Es muss die Gefahr bestehen, dass ein dringend notwendige Amtshandlung durch einen ortsnahen Notar nicht mehr rechtzeitig vorgenommen werden kann mit der Folge, dass der Urkundsgewährungsanspruch der Beteiligten nicht erfüllt wird. Denkbar sind Fälle, wo ein Beteiligter unheilbar erkrankt ist und, gestützt auf medizinische Aussagen, zwar noch geschäfts- oder testierfähig ist, jedoch **jederzeit versterben kann** und der Anruf mit der Bitte um Hilfe beim Notar am späten Freitag Nachmittag erfolgt. Denkbar ist auch der Fall, dass der Notar ins Krankenhaus gerufen wird, um das Testament eines Schwerverletzten zu beurkunden, der zwar nach ärztlicher Einschätzung noch geschäftsfähig ist, sich aber einer **Notoperation** unterziehen muss, die er, ebenfalls nach ärztlicher Einschätzung, möglicherweise nicht überlebt. Schließlich sind auch Fälle denkbar, in denen der Notar gebeten wird, eine vertragliche Genehmigungserklärung zu beglaubigen, bei dem die **Annahmefrist noch am gleichen Tage abläuft** und zudem noch Zustellungen vorzunehmen sind.

3. Angesichts eines zunehmend **einheitlichen Wirtschafts- und Rechtsraums Europa** sollte § 11 BNotO auch für notarielle Tätigkeiten in ausländischen, grenznah zu Deutschland gelegenen Gebieten gelten, so dass zB bei Gefahr in Verzug der im Grenzgebiet zu Holland praktizierende deutsche Notar auch die Grenze nach Holland überschreiten und dort beurkunden kann. Insbesondere vor der Entscheidung des EuGH vom 24.5.2011, C-54/08, NJW 2001, 2941, wonach **Notare grundsätzlich die europäischen Freiheiten der Dienstleistung und der Niederlassung genießen**, erscheinen die klein-territorialen Grenzziehungen der §§ 10, 10 a, 11 und 11 a BNotO zunehmend wirklichkeitsfremd und die internationale Tätigkeit des Notars unnötig einschränkend. Auch werden Beteiligte bei grenzüberschreitenden Vorgängen unnötig kosten- und zeitmäßig belastet. Hier sollte der Gesetzgeber durch entsprechende Novellierung der genannten Vorschriften einen Beitrag dazu leisten, dass nicht die wirtschaftlichen Interessen der Notare, sondern eher diejenigen der Wirtschaft und der sonstigen Urkundsbeteiligten im Vordergrund stehen.

4. Die Entscheidung des BGH vom 4.3.2013, NotZ (Brfg) 9/12, womit einem Anwaltsnotar eine **Beurkundung im EU-Ausland** nicht gestattet wurde, liegt derzeit dem Bundesverfassungsgericht zur Entscheidung vor.

7. Antrag an die Aufsichtsbehörde auf Befreiung von der Schweigepflicht gem. § 18 Abs. 2 und 3 BNotO

......

Rechtsanwalt und Notar

An den

Präsidenten des Landgerichts Berlin

– Notarabteilung –

Berlin, den ......

Antrag auf Befreiung von der Schweigepflicht[1, 2] gemäß § 18 Abs. 2 und 3 BNotO[4]

Sehr geehrte Damen und Herren,

im Jahre 2005 habe ich einen Grundstückkaufvertrag beurkundet; eine Kopie dieses Vertrages füge ich bei.

Im Rahmend der Vorbereitung des vorgenannten Vertrages hat der Verkäufer mir Mitteilungen über seine Verkaufsmotive gemacht. Mit dem gleichfalls in Kopie beigefügten Schreiben des Erben des inzwischen verstorbenen Verkäufers verlangt dieser Auskunft über die mir seinerzeit gemachten Mitteilungen.[3] Er habe von dritter Seite erfahren, dass der Verkäufer mir seine Verkaufsmotive offengelegt habe.

Welche Ziele der Erbe letztlich mit dem Auskunftsbegehren verfolgt, ist mir nicht klar. Eine entsprechende Anfrage hat der Erbe bislang nicht beantwortet. Ich sehe mich außerstande, dem Auskunftsbegehren ohne aufsichtsrechtliche Genehmigung zu entsprechen, die ich hiermit beantrage.[5, 6, 7, 8]

Mit freundlichen Grüßen

. . . . . ., den . . . . . .

. . . . . .

Notar

2 Anlagen

Anmerkungen

1. Gem. § 18 Abs. 3 S. 1 BNotO kann der Anwaltsnotar um die Entscheidung der Aufsichtsbehörde nachsuchen, wenn im Einzelfall Zweifel über die Pflicht zur Verschwiegenheit bestehen.

2. Die Befreiung von der Verschwiegenheitspflicht nach dem Tode eines Beteiligten **obliegt uneingeschränkt der Aufsichtsbehörde des Anwaltsnotars** (BGH v. 10.3.2003 – NotZ 23/02 – MDR 2003, 719; BGH v. 25.11.1974 – NotZ 4/74 – NJW 1975, 930). Als **tatbestandliche Voraussetzung für ihr Tätigwerden** prüft sie zunächst, ob ein bestimmter Beteiligter, an dessen Stelle sie die Befreiung erteilen soll, verstorben ist (BGH v. 10.3.2003 – NotZ 23/02 – MDR 2003, 719). Sodann hat sie nach pflichtgemäßem Ermessen zu entscheiden, ob der verstorbene Beteiligte, wenn er noch lebte, bei verständiger Würdigung der Sachlage die Befreiung erteilen würde oder ob unabhängig hiervon durch den Todesfall das Interesse an einer weiteren Geheimhaltung entfallen ist (BGH v. 25.11.1974 – NotZ 4/74 – NJW 1975, 930; BGH v. 10.3.2003 – NotZ 23/02 – MDR 2003, 719 mwN). Demgemäß hat derjenige, der die Entscheidung der Aufsichtsbehörde beantragt, **die Person des verstorbenen Beteiligten zu bezeichnen, dessen Befreiungserklärung ersetzt werden soll** (BGH v. 10.3.2003 – NotZ 23/02 – MDR 2003, 719). Ferner ist der Aufsichtsbehörde **mitzuteilen, welcher tatsächliche Vorgang, über den durch die Auskunft des Notars nähere Informationen erstrebt werden, Gegenstand der Befreiung sein soll.** Aufgrund der Angaben des Antragstellers muss es möglich sein, **diesen Vorgang als solchen in zeitlicher und sachlicher Hinsicht zu individualisieren** (BGH v. 10.3.2003 – NotZ 23/02 – MDR 2003, 719). Nur dann ist die Aufsichtsbehörde in der Lage und berechtigt, vom Notar die für ihre Entscheidung notwendigen Auskünfte und Unterlagen anzufordern. Den Aufsichtsbehörden ist weder allgemein nach § 93 BNotO noch im Verfahren nach § 18 Abs. 2 Halbs. 2 BNotO das Recht eingeräumt, vom Notar „praktisch grenzenlos" jede Art von Auskünften zu verlangen (BGH v. 10.3.2003 – NotZ 23/02 – MDR 2003, 719; BGH v. 14.7.1986 – NotZ 7/86 - DNotZ 1987, 438). Es ist insbesondere nicht Zweck des Befreiungsverfahrens zu ermitteln, ob es im Aktenbestand des Notars überhaupt irgendwelche Vorgänge gibt, die Gegenstand der Befreiung sein können. Ein darauf gerichteter Antrag darf von der Aufsichtsbehörde mangels sachlicher Prüfbarkeit abgelehnt werden. (BGH v. 10.3.2003 – NotZ 23/02 – MDR 2003, 719).

3. Aus der **Erbenstellung** ergibt sich **keine eigene Befugnis zur Befreiung des vom Erblasser zugezogenen Notars von der Verschwiegenheitspflicht** (BGH v. 20.4.2009 – NotZ 23/08 – NJW-RR 2009, 991). Vielmehr tritt nach der eindeutigen Regelung des § 18 Abs. 2 BNotO an die Stelle eines verstorbenen Beteiligten allein die Aufsichtsbehörde des Notars (BGH v. 25.11.1974 – NotZ 4/74 – NJW 1975, 930; BGH v. 20.4.2009 – NotZ 23/08 – NJW-RR 2009, 991 mwN). Damit wird der etwaige **Widerstreit der Interessen der**

Erben mit denen des Erblassers, aber auch der Interessen der Erben untereinander, von einer unparteiischen Stelle entschieden (BGH v. 20.4.2009 – NotZ 23/08 – NJW-RR 2009, 991). § 18 BNotO schützt das Interesse des „Beteiligten" an der Geheimhaltung der dem Notar bei seiner Berufsausübung bekannt gewordenen Angelegenheiten, nicht hingegen das Interesse der Erben, Ansprüche Dritter auf den Nachlass von vornherein dadurch abzuwehren, dass die Aufklärung des Sachverhalts vereitelt wird (BGH v. 25.11.1974 – NotZ 4/74 – NJW 1975, 930; BGH v. 20.4.2009 – NotZ 23/08 – NJW-RR 2009, 991).

4. Gegenstand der Verschwiegenheitspflicht ist alles, was dem Notar bei der Ausübung seines Amtes bekannt geworden ist, es sei denn, es handelt sich um offenkundiges und bedeutungsloses. Im vorstehenden Beispiel hätte der Notar auch einfach schweigen können. Es wäre dann Sache des Erben gewesen, die Aufsichtbehörde um die Befreiung des Notars von seiner Verschwiegenheitspflicht zu bitten. Alternativ hätte der Notar den Erben auf diese Möglichkeit auch hinweisen können.

5. Die berufsrechtliche Verschwiegenheitspflicht gilt auch für den gemäß §§ 22, 25, 29 BUrkG hinzugezogenen **zweiten Notar**, den **amtlich bestellten Vertreter** (§ 39 Abs. 4), den **Notariatsverwalter** (§ 57 Abs. 1), den **Notarassessor** (§ 7 Abs. 4 S. 2) und den **Referendar**. Die strafrechtlich sanktionierte Verschwiegenheitspflicht erfasst nach § 203 Abs. 3 StGB die berufsmäßig tätigen Gehilfen und die Person, die bei ihnen (den Notaren) zur Vorbereitung auf den Beruf tätig sind, also **das gesamte Büropersonal**, sofern sie Zugang zu den Notariatsvorgängen haben, einschließlich **Auszubildenden**, **Praktikanten** und **Sozien** in ihrer Eigenschaft als Anwälte, Steuerberater oder Wirtschaftsprüfer. § 17 UWG stellt den Verrat von **Geschäfts- und Betriebsgeheimnisse** durch Angestellte, Arbeiter und Auszubildende unter Strafe. Eine gesonderte Verschwiegenheitspflicht für **Auszubildende** ergibt sich aus § 9 Nr. 6 BerBG. Der Notar selbst bleibt auch nach Erlöschen seines Amtes weiterhin zur Verschwiegenheit verpflichtet. Nach seinem Tode erstreckt sich die Verschwiegenheitspflicht gemäß § 203 Abs. 3 S. 2 StGB auf alle Personen, die von dem Verstorbenen oder aus seinem Nachlass Kenntnis von geheim zu haltenden Angelegenheiten erlangt haben.

6. Wegen der aus der Verschwiegenheitspflicht abgeleiteten **Zeugnisverweigerungsrechte** und **Beschlagnahmeverbote** siehe Eylmann in Eylmann/Vaasen, Bundesnotarordnung, § 18 Rn. 18 ff.

7. Demgegenüber stehen **gesetzliche Offenbarungspflichten**, insbesondere notarielle Mitteilungspflichten, etwa gegenüber dem Standesamt in Personenstandsangelegenheiten, gegenüber dem Grundbuchamt in Hypotheken- und Grundschuldangelegenheiten und gegenüber dem Handelsregister in gesellschaftsrechtlichen Angelegenheiten. Offenbarungspflichten ergeben sich auch aus dem **Geldwäschegesetz**. Auch können die Notarkammern nach § 74 BNotO Auskünfte sowie die **Vorlage von Büchern und Akten** verlangen, und zwar auch außerhalb der regelmäßigen Prüfung und Überwachung der Amtsführung des Notars gemäß § 93 BNotO.

8. Trotz bestehender Offenbarungspflicht **kann der Notar die Offenbarung verweigern, wenn er berechtigte Eigeninteressen hat**, insbesondere im Falle der Durchsetzung seiner Gebührenansprüche, oder wenn ihm ein rechtfertigender Notstand gemäß § 34 StGB zur Seite steht. In jedem Falle sollte der Notar vor einem Bruch der Verschwiegenheitspflicht sorgfältig abwägen, ob sein Offenbarungsgrund wirklich schwerer wiegt als das durch seine Verschwiegenheitspflicht geschützte Rechtsgut.

8. Anzeige an die Aufsichtsbehörde und die Notarkammer bei Verbindung zur gemeinsamen Berufsausübung oder zur gemeinsamen Nutzung von Geschäftsräumen gem. § 27 Abs. 1 BNotO

......

Rechtsanwalt und Notar

An

Den Präsidenten des Landgerichts Berlin

– Notarabteilung –

Berlin, den ......

Anzeige über die künftige gemeinsame Berufsausübung gemäß § 27 Abs. 1 BNotO[1, 2, 3]

Sehr geehrte Damen und Herren,

hiermit zeige ich an, dass ich mich mit der Sozietät Meyer, Müller & Schulze in Berlin, Kurfürstendamm 300 in 10778 Berlin zur gemeinsamen Berufsausübung zusammengeschlossen habe. Die vorgenannte Sozietät setzt sich aus Rechtsanwälten, Wirtschaftsprüfern und Steuerberatern zusammen, wie sich aus dem in der Anlage als Ablichtung beigefügten aktuellen Briefkopf der Sozietät ergibt.

Eine entsprechende Anzeige habe ich mit gleicher Post an die Notarkammer Berlin versandt.

Mit freundlichen Grüßen

......, den ......

......

Notar

1 Anlage

Anmerkungen

1. Der **Umfang der Anzeigepflicht** ergibt sich zweifelsfrei aus dem Gesetz selbst. Die Anzeigepflicht ist **unverzüglich** zu erfüllen. Davon unabhängig ist die Verpflichtung zur **Vorlage der Vereinbarungen** über die gemeinsame Berufsausübung oder die gemeinsame Nutzung der Geschäftsräume, wenn dies nach § 27 Abs. 2 BNotO von der Aufsichtsbehörde oder der Notarkammer verlangt wird. Da das Verlangen nach § 111 BNotO einen anfechtbaren Verwaltungsakt darstellt, **ist das Verlangen zu begründen.**

2. Auf die **Berufsrechte** von Personen, mit denen sich der Notar zur Berufsausübung zusammengeschlossen hat, kann sich dieser nicht berufen, um seiner Anzeige- und Vorlageverpflichtung zu entgehen. Auch kann der Notar diese Verpflichtungen **nicht** auf solche Personen **übertragen:** sie sind **höchstpersönlich** zu erfüllen.

3. Bei **Verstößen gegen § 27 BNotO** ist die Verbindung zur gemeinsamen Berufsausübung oder zur gemeinsamen Nutzung von Geschäftsräumen von der Aufsichtsbehörde unverzüglich zu **untersagen**. Missachtet der Notar einen entsprechenden Verwaltungsakt, so ist er im Disziplinarverfahren seines Amtes zu entheben. Hat der Notar **falsche Angaben** im Rahmen seiner Anzeige- und Vorlagepflichten gemacht, so ist die Genehmigung der Justizverwaltung nach § 9 Abs. 1 S. 2 Nr. 1 unwirksam und führt damit zur **Unwirksamkeit** der Berufsverbindung und des ihr zugrundeliegenden Berufsverbindungsvertrages.

9. Befreiung von der Verschwiegenheitspflicht gem. § 18 BNotO

. . . . . .

Rechtsanwalt und Notar

An

. . . . . .

Berlin, den . . . . . .

Befreiung von meiner Verschwiegenheitspflicht[1]

Sehr geehrter Herr Mustermann,

wie Sie sich sicherlich erinnern werden, haben Sie zu meiner Urkundenrolle-Nr. . . . . . ./. . . . . . am . . . . . . einen Grundstückskaufvertrag über das Grundstück . . . . . . 11 in . . . . . . abgeschlossen.

Herr . . . . . . hat sich gemäß dem in der Anlage beigefügten Schreiben an mich gewandt mit der Bitte, ihm eine Ablichtung dieses Kaufvertrages zu überlassen, da er am Erwerb des Grundstücks interessiert ist und Ihnen ein Kaufangebot unterbreiten möchte.

Auf Grund meiner Verschwiegenheitspflicht sehe ich mich daran gehindert, dieser Bitte ohne Ihr Einverständnis und desjenigen des seinerzeitigen Verkäufers zu entsprechen. Aus meiner Sicht bestehen allerdings keine für mich erkennbaren Bedenken, dem Wunsch des Nachbarn zu entsprechen.[2]

Bitte teilen Sie mir mit, ob Sie mit der Versendung einer Kopie des Vertrages einverstanden sind. Auch wenn Sie Ihr Einverständnis nicht erteilen wollen, wäre ich für kurze schriftliche Nachricht bis zum

10. April 2014

dankbar.

Mit freundlichen Grüßen

. . . . . ., den . . . . . .

. . . . . .

Notar

1 Anlage

Anmerkungen

1. Wegen des **Umfangs der Verschwiegenheitspflicht** wird auf die Anmerkung zu oben R.V. verwiesen.

2. Kommt der Notar zu dem Schluss, dass seine Verschwiegenheitsverpflichtung sich auf Umstände erstreckt, hinsichtlich derer **ein Dritter Auskunft von ihm begehrt**, sollte er **die Beteiligten**, zu deren Schutz seine Verschwiegenheitspflichtung besteht, **um deren Zustimmung bitten** und denjenigen, der um Auskunft bittet, darauf hinweisen, dass er sich um die Zustimmung der Betroffenen bemühe. Stattdessen kann er auch den Auskunftsbegehrenden darauf verweisen, sich selbst um die Befreiungserklärung zu bemühen, sofern nicht die Bekanntgabe der Adresse des Beteiligten Ihrerseits eine Verletzung der Verschwiegenheitsverpflichtung darstellen würde.

10. Versagung der notariellen Dienstleistung gem. § 14 Abs. 2 BNotO

......

Rechtsanwalt und Notar

An

......

Berlin, den ......

Versagung einer notariellen Dienstleistung[1]

Sehr geehrter Herr Mustermann,

Sie hatten mich beauftragt, den Entwurf eines Grundstückskaufvertrages zu entwerfen und den von dem Vertragsparteien genehmigten Entwurf sodann zu beurkunden.

Im Verlaufe meiner Vorbereitungen erreichte mich ein Anruf Ihres Mitarbeiters ......, der mich bat, in den Vertragsentwurf eine Klausel aufzunehmen, derzufolge der Kaufpreis von Ihnen bar auf mein Notaranderkonto eingezahlt werden solle. Auf entsprechende Fragen erklärte mir Ihr Mitarbeiter, der Barzahlungsbetrag stamme aus dem Verkauf eines ungarischen Bordells, er werde in Kürze ohne Beteiligung von Banken nach Deutschland verbracht; im Übrigen solle ich mir keine Sorgen machen, es handele sich schließlich um echte Euro-Banknoten, und weitere Auskünfte seien sie nicht bereit zu erteilen.[2, 3]

Vor diesem Hintergrund habe ich erhebliche Zweifel, dass der Zweck des Kaufvertrages als redlich und gesetzlich eingestuft werden kann. Ich sehe mich daher außerstande, die gewünschten notariellen Dienstleistungen zu erbringen. Auf § 14 Abs. 2 der Bundesnotarordnung weise ich hin.[4]

Mit freundlichen Grüßen

......, den ......

......

Notar

Anmerkungen

1. Neben **erkennbar unerlaubten oder unredlichen Zwecken** ist die Amtshandlung auch zu versagen, wenn sie im Übrigen **mit den Amtspflichten des Notars nicht vereinbar** ist. Hier ist eine Fülle von Fallkonstellationen denkbar, siehe Eylmann/Vaasen/*Frenz* § 14 BNotO Rn. 27 ff. Allerdings ist inzwischen europarechtlich zweifelhaft, ob Amtstätigkeiten des Notars im Ausland entgegen § 11 a BNotO einen Nichtigkeitsgrund darstellen, der die Versagungspflicht auslöst.

2. Typische Nichtigkeitsgründe stellen vor allem Verstöße gegen gesetzliche Verbote gemäß § 134 BGB dar. Dies gilt auch für **sittenwidrige Rechtsgeschäfte** gemäß § 138 Abs. 1 BGB. Auch **wucherische Geschäfte** nach § 138 Abs. 2 BGB führen zur Nichtigkeit des Geschäfts und damit zur Versagungspflicht des Notars.

3. Die Versagungspflicht gemäß § 14 Abs. 2 BNotO greift nicht ein bei lediglich **schwebend unwirksamen Rechtsgeschäften**, solange die Genehmigung noch erreicht werden kann.

4. Im obigen Fall ist der Notar nach den einschlägigen Geldwäschevorschriften zur **Anzeige an die Behörden** verpflichtet. Dies dürfte es ausschließen, den Betroffenen davon zu unterrichten, dass er beabsichtige, eine entsprechende Anzeige zu erstatten; anderenfalls würde der Notar eine möglicherweise gebotene Strafverfolgung unterlaufen.

11. Ablehnung anwaltlicher Dienstleistungen wegen notarieller Vorbefassung, § 45 Abs. 1 BRAO

. . . . . .

Rechtsanwalt und Notar

An

. . . . . .

Ablehnung einer anwaltlichen Dienstleistung

Sehr geehrter Herr Mustermann,

Sie hatten mich gebeten, einen Scheidungsantrag für Sie beim Familiengericht einzureichen.[1]

Bei der Überprüfung unserer Mandanten- und Mandatsdateien habe ich festgestellt, dass mein Sozius, Herr Rechtsanwalt und Notar . . . . . ., am 16.11.2011 zwischen Ihnen und Ihrer Frau einen Scheidungsfolgenvertrag abgeschlossen hat. Zu diesem Zeitpunkt war ich mit Herrn Kollegen . . . . . . bereits zur gemeinsamen Berufsausübung in einer Sozietät zusammengeschlossen. Angesichts dieser notariellen Vorbefassung ist es mir gemäß § 45 Abs. 1 Nr. 1 BRAO nicht gestattet, für Sie anwaltlich tätig zu werden – ich bitte um Verständnis. Ich muss Sie daher bitten, statt meiner einen Kollegen außerhalb meiner Sozietät zu beauftragen.[2, 3]

Mit freundlichen Grüßen

. . . . . ., den . . . . . .

. . . . . .

Rechtsanwalt

Anmerkungen

1. Das anwaltliche Tätigkeitsverbot gilt natürlich erst recht, wenn **der Anwaltsnotar selbst** den Scheidungsfolgenvertrag **beurkundet** hat. Dann ergibt sich sein Tätigkeitsverbot bereits aus dem Gebot der Unparteilichkeit nach § 14 Abs. 1 BNotO.

2. Weitere Bespiele sind die **Vertretung eines Gesellschafters gegen Mitgesellschafter** nach Beurkundung des Gesellschaftsvertrages, sowie die **Verfolgung von Pflichtteilsrechten** in Ansehung eines vom Notar früher beurkundeten Testaments.

3. Gemäß § 45 Abs. 1 Nr. 2 BRAO gilt ein Tätigkeitsverbot auch im Rahmen eines Streites um den Rechtsbesstand oder die Auslegung der Urkunde, oder wenn die Vollstreckung aus ihr betrieben wird.

12. Ablehnung notarieller Dienstleistung wegen anwaltlicher Vorbefassung, § 3 Abs. 1 Nr. 7 BeurKG

......

Rechtsanwalt und Notar

An

......

Ablehnung einer notariellen Dienstleistung

Sehr geehrter Herr ......,

Sie hatten mich gebeten, für Sie und Ihre Frau den Entwurf einer notariellen Scheidungsfolgenvereinbarung zu fertigen.

Bei der Überprüfung der Mandanten- und Mandatsdateien unserer Sozietät habe ich festgestellt, dass mein Sozius, Herr Rechtsanwalt ......, Sie vor knapp 7 Jahren mit der Durchführung eines Scheidungsverfahrens beauftragt hatte, welches damit endete, dass Sie Ihren Scheidungsantrag zurücknahmen.[1, 2, 3, 4]

Auch wenn das genannte anwaltliche Mandat schon viele Jahre zurückliegt und letztlich nicht durchgeführt wurde, bin ich dennoch gemäß § 3 Abs. 1 Ziff. 7. BUrkG nicht befugt, die erbetene Tätigkeit für Sie auszuführen – ich bitte um Verständnis.

Mit freundlichen Grüßen

......, den ......

......

Notar

Anmerkungen

1. Das Tätigkeitsverbot läge gleichermaßen vor, wenn der genannte Rechtsanwalt Nürnberg nicht Sozius des Notars wäre, sondern lediglich mit ihm **gemeinsame Geschäftsräume** benutzt.

2. Wie aus dem Beispielfall ersichtlich, **umfasst das Tätigkeitsverbot auch frühere, selbst abgeschlossene Tätigkeiten.** Damit soll einer Umgehung des Mitwirkungsverbotes durch willkürliche Mandatsniederlegung entgegengewirkt werden, BT-Drucks 13/4184, Seite 36. Dies stellt eine Verschärfung des früheren Rechtszustandes dar, wonach es ausreichte, dass die anwaltliche Bevollmächtigung im Zeitpunkt der Beurkundung beendet war. Dementsprechend reicht es auch nicht mehr, wenn der beurkundende Anwaltsnotar von Anfang an oder nachträglich aus dem Kreis der anwaltlichen Auftragnehmer ausgeschlossen wird.

3. Frühere notarielle Tätigkeiten bleiben ebenso unberücksichtigt wie eine **nichtnotarielle Tätigkeit, wenn sie für alle Personen ausgeübt wurde** oder wird, die an der Beurkundung materiell beteiligt sein sollen, da hier **keine Konfliktsituation** droht.

4. In jedem Fall muss es sich bei der das Tätigkeitsverbot auslösenden Angelegenheit um **dieselbe Angelegenheit** handeln, die zur Beurkundung führen soll. Wegen des Begriffs „derselben Angelegenheit" vergleiche Eylmann/Vaasen/*Eylmann* § 3 BUrkG Rn. 7 bis 29.

13. Schreiben an einen Beteiligten über dessen Recht zur Ablehnung der Amtstätigkeit des Notars

. . . . . .

Rechtsanwalt und Notar

An

. . . . . .

Betreff

Sehr geehrter Herr . . . . . .,

Sie hatten mich über meine notarielle Mitarbeiterin, Frau . . . . . ., gebeten, für Sie und weitere Beteiligte einen notariellen Grundstückskaufvertrag im Entwurf vorzubereiten.[1]

Gerne bin ich bereit, dies zu tun und anschließend den Kaufvertrag zu beurkunden. Allerdings muss ich Sie darauf hinweisen, dass ich Mitglied des Aufsichtsrats der XYZ-Aktiengesellschaft bin, die Eigentümerin des zu verkaufenden Grundstücks ist. Dieser Hinweis erfolgt gemäß § 3 Abs. 3 Ziff. 1 BUrkG.[2, 3, 4] Sofern Sie deswegen Bedenken haben, steht es Ihnen frei, in dieser Angelegenheit meine Tätigkeit abzulehnen. Ich bitte Sie daher mitzuteilen, ob auf Ihrer Seite derartige Bedenken bestehen; eine Begründung bedarf es allerdings nicht.

Gerne erwarte ich Ihre baldige Nachricht.

Mit freundlichen Grüßen

. . . . . ., den . . . . . .

. . . . . .

Notar

Anmerkungen

1. Der hier gewählte Beispielfall ist nicht ungewöhnlich. Dem Gesetzgeber geht es darum, den Beteiligten die Entscheidung zu überlassen, ob sie **hinreichendes Vertrauen in die Unparteilichkeit des Notars** haben.

2. Der Beispielfall ist nur einer von vielen gesetzlich geregelten Fällen gemäß § 3 BUrkG, in denen dem Notar eine Mitwirkung verboten ist. Die gesetzliche Ausgestaltung ist wenig übersichtlich. Der Notar ist daher gut beraten, wann immer **Anhaltspunkte für Zweifel an seiner Unparteilichkeit** entstehen könnten, § 3 BUrkG und die dazu ergangene Kommentierung und Rechtsprechung sorgfältig zu verfolgen. Selbst wenn er nach sorgfältiger Prüfung zu dem Ergebnis kommt, dass solche Zweifel vernünftigerweise nicht bestehen können, **empfiehlt es sich, in Befolgung der notariellen Belehrungs- und Dokumentationspflichten die Beteiligten außerhalb der Urkunde auf ihre Informations- und Ablehnungsrechte hinzuweisen**, spätestens durch Aufnahme entsprechender Hinweise in der Urkunde.

3. Die **Verletzung des Mitwirkungsverbotes führt nicht zur Unwirksamkeit der Beurkundung.** Allerdings kann sich daraus ein **Schadenersatzanspruch gegen den Notar** ergeben. Hat der Notar die gesetzlichen Hinweise und Belehrungen nicht gegeben bzw. erteilt, trifft ihn im Schadenseratzprozess die **Beweislast für die erfolgten Hinweise und Belehrungen.** Seines notariellen **Gebührenanspruches** geht der Notar allerdings nur in Fällen offenkundiger Verstöße verlustig, vgl. BGH NJW 1962, 2107; OLG Celle Rpfleger 1970, 365; KG DNotZ 1976, 334.

Als berufsrechtliche Sanktion kommen eine **Missbilligung** gemäß § 94 BNotO in Betracht, bei **wiederholt grober Verletzung** der in § 3 Abs. 1 BUrkG enthaltenen Mitwirkungsverboten sieht § 50 Abs. 1 Nr. 9 BNotO eine **Amtsenthebung** vor.

4. Falschbeurkundung im Amte mit den entsprechenden strafrechtlichen Folgen des § 348 StGB treffen den Notar, wenn er zur Frage nach einer Vorbefassung eine Verneinung protokolliert, obgleich von einer Vorbefassung die Rede war.

14. Anzeige des Notars an die Aufsichtsbehörde über seine Verhinderung oder Abwesenheit gem. § 38 S. 1 BNotO

. . . . . .

Rechtsanwalt und Notar

An

Die Präsidentin des Kammergerichts

– Notarabteilung –

Anzeige und Genehmigungsersuchen gemäß § 38 BNotO[3]

Sehr geehrte Damen und Herren,

zur vollständigen Auskurierung einer im vergangenen Jahr anlässlich eines Verkehrsunfalles erlittenen Verletzung wurde mir ärztlicherseits angeraten, mich Rehabilitationsmaßnahmen zu unterziehen. Diese sollen nach Aussage meines behandelnden Arztes voraussichtlich sechs Wochen andauern.

Wie ich von der Rehabilitationsklinik inzwischen erfahrne habe, ist nunmehr der Zeitraum vom 1.6. bis 15.7.2014 in Bad Mergentheim vorgesehen. Während dieser Zeit werde ich mithin nicht zur Fortführung meiner Amtsgeschäfte zur Verfügung stehen.[1, 2]

Dies zeige ich hiermit an. Zugleich bitte ich um entsprechende Genehmigung gemäß § 38 S. 2 BNotO.[4, 5, 6]

Einen Antrag auf Bestellung eines nicht-ständigen Vertreters für den vorgenannten Zeitraum werde ich kurzfristig mit gesonderter Post stellen.

Mit freundlichen Grüßen

. . . . . ., den . . . . . .

. . . . . .

Notar

Anmerkungen

1. Die Anzeigepflicht besteht bereits **Abwesenheit von mehr als einer Woche**, die Genehmigungspflicht erst bei einer **Abwesenheit von mehr als einem Monat**. Eine Anzeige ist entbehrlich, wenn der Notar für den Zeitraum seiner Abwesenheit einen Antrag auf Bestellung eines nicht-ständigen Notarvertreters stellt.

2. Die Anzeige ist **unverzüglich** zu erstatten. Eine besondere Form ist gesetzlich nicht vorgeschrieben. Die Anzeige kann auch **durch einen Dritten**, etwa einen bereits bestellten Notarvertreter, einen Bevollmächtigten oder Betreuer im Namen des Notars erstattet werden.

3. Für das Genehmigungsverfahren ist eine **besondere gesetzliche Form nicht vorgeschrieben**. Es reicht, dass er den Anlass der Abwesenheit in nachvollziehbarer Weise darstellt.

4. Die Genehmigungsbehörde hat ein **Ermessen bei der Erteilung der Genehmigung**. Sie wägt die Belange einer geordneten Rechtspflege, darunter Amtsbereitschaft und persönliche Amtsausübung, gegen das persönliche Interesse des Notars an der Abwesenheit ab. Ärztlich belegte krankheitsbedingte Abwesenheiten führen in der Regel zur Genehmigung. Wird die Genehmigung versagt, so kann der Notar die **ablehnende Entscheidung nach § 111 BNotO anfechten**.

5. Sorgt der Notar für den Fall seiner Abwesenheit selbst oder über seinen Notarvertreter **nicht dafür, dass die Notargeschäfte ordnungsgemäß weitergeführt werden** können, so macht er sich unter Umständen **schadenersatzpflichtig**, kann aber auch **disziplinarrechtlich belangt** werden.

6. Erteilt die Aufsichtsbehörde einem deutschem Notar, der zugleich **englischer Notary Public** ist, für seine englischen notariellen Tätigkeiten eine Nebentätigkeitsgenehmigung, so bedarf es für die entsprechenden Abwesenheiten in England und Wales nicht mehr gesonderter Verhinderungs- oder Abwesenheitsanzeigen bzw. -genehmigungen.

15. Antrag des Notars auf Entlassung aus dem Amt gem. § 48 BNotO

. . . . . .

Rechtsanwalt und Notar

An

Die Landesjustizverwaltung

– Notarabteilung –

Antrag auf Entlassung aus dem Amt

Sehr geehrte Damen und Herren,

hiermit beantrage ich, mich mit Ablauf des 30.6.2014 aus dem Amt zu entlassen.[1, 2, 3]

Mit freundlichen Grüßen

. . . . . ., den . . . . . .

. . . . . .

Notar

Anmerkungen

1. Die Landesjustizverwaltung **muss einem solchen Antrag entsprechen;** ein Ermessen steht ihr insoweit nicht zu.

2. Als rechtsgestaltende Willenserklärung ist der Antrag **bedingungs- und vorbehalts-feindlich.** Der Entlassungsantrag bedarf der **Schriftform** und muss **eigenhändig unter-schrieben** sein, § 126 BGB.

3. Der Notar kann seinen Antrag wegen **Irrtums, arglistiger Täuschung oder Drohung anfechten,** wenn die entsprechenden Voraussetzungen gegeben sind, §§ 119, 123 BGB analog. Eine **Rücknahme des Antrages** ist grundsätzlich möglich, jedoch nicht mehr nach mehr als zwei Wochen nach Zugang des Antrages bei der Behörde, Custodis in Eylmann/Vaasen, § 48 BNotO, Rn. 11.

16. Antrag auf Bestellung zum Notariatsverwalter des eigenen Notariats nach Erreichen der Altersgrenze gem. § 56 BNotO

. . . . . .

Rechtsanwalt und Notar a. D.

An

Die Präsidentin des Kammergerichts

– Notarabteilung –

Antrag auf Bestellung zum Notariatsverwalter des eigenen Notariats[1, 2, 3]

Sehr geehrte Damen und Herren,

mit Ablauf des 31.5.2014 endet mein Amt als Notar wegen Erreichens der notariellen Altersgrenze gemäß § 47 Ziff. 1 in Verbindung mit § 48 a BNotO.[4]

Ich beantrage hiermit, mich zum Notariatsverwalter meines eigenen Notariats zu bestellen, da noch eine Reihe von Urkunden nicht vollzogen ist. Für ergänzende Auskünfte stehe ich jederzeit gern zur Verfügung.[5, 6]

Mit freundlichen Grüßen

. . . . . ., den . . . . . .

. . . . . .

Notar

Anmerkungen

1. Eine Bestellung erfolgt nur, wenn dafür ein **Bedürfnis** besteht. Dies wird nur in Ausnahmefällen nicht der Fall sein, da **in der Regel noch anhängige Verfahren abzuwickeln** sind.

2. **Innerhalb der ersten drei Monate** ist der Notariatsverwalter berechtigt, neben Abwicklungsgeschäften auch **neue Notariatsgeschäfte** vorzunehmen. Dies dürfte in der Regel zu weiteren Abwicklungsgeschäften führen. Können diese innerhalb der gesetzlichen Jahresfrist nicht abgewickelt werden, so kann der **Zeitraum der Notariatsverwaltung auf Antrag verlängert** werden.

3. Im Falle einer **vorläufigen Amtsenthebung** des Notars kann die Aufsichtsbehörde **statt eines Notariatsverwalters auch einen Notarvertreter** bestellen. Dies dürfte dann angezeigt sein, wenn eine endgültige Enthebung des Amtes wenig wahrscheinlich erscheint.

4. Die Aufsichtsbehörde darf nur **eine für das Notaramt gemäß § 5 BNotO befähigte Person zum Verwalter** bestellen. Gehört der ausgeschiedene Notar einer Sozietät an, so kann die Aufsichtsbehörde **nach Vorschlag des ausgeschiedenen Notars** entweder andere Anwaltsnotare oder einen Nur-Anwalt zum Notariatsverwalter bestellen. Die Aufsichtsbehörde wird in der Regel den Vorschlägen des ausgeschiedenen Notars folgen, es sei denn, es lägen in der Person des von ihm vorgeschlagenen Notariatsverwalters Gründe vor, die **Zweifel an der Amtsführung des Vorgeschlagenen** rechtfertigen.

5. Wegen der **unterschiedlichen Fallkonstellationen**, bei denen dem früheren Notar Rechtsmittel gegen die Entscheidung der Aufsichtsbehörde über die Besetzung des Amtes des Notariatsverwalters zustehen, siehe Eylmann/Vaasen/*Wilke* § 56 BNotO, Rn. 35 ff.

6. Dem bestellten Notariatsverwalter wird nach Anhörung der Notarkammer eine **Bestallungsurkunde** überreicht, § 57 Abs. 2 BNotO. Für seine Tätigkeiten gelten grundsätzlich **alle für die Notare geltenden Vorschriften; besondere Vorschriften** über die Fortführung der Amtsgeschäfte, über Kostenforderungen, über die Vergütung des Notariatsverwalters, die Abrechnung mit der Notarkammer und etwaige Überschüsse aus der Notariatsverwaltung sowie für Amtspflichtverletzungen des Notariatsverwalters gelten die §§ 57 bis 64 BNotO.

17. Antrag auf Verlängerung der Dauer der Bestellung zum Notariatsverwalter gem. § 56 Abs. 2 S. 2 BNotO

......

Rechtsanwalt und Notar a. D.

An

Die Präsidentin des Kammergerichts

– Notarabteilung –

Verlängerung meiner Bestellungsfrist als Notariatsverwalter

Sehr geehrte Damen und Herren,

am 31.5.2016 endet mein Amt als Notariatsverwalter. Allerdings ist bereits jetzt absehbar, dass zum Beendigungszeitpunkt meiner Bestellung noch mindestens zwölf notarielle Vorgänge nicht abgewickelt sein werden. Da diese umfangreich sind und für einen neuen Bearbeiter sehr zeitaufwendig sein dürften, beantrage ich hiermit, den Zeitraum meiner Bestellung zum Notariatsverwalter um ein weiteres Jahr bis zum 31.5.2017 zu verlängern.[1, 2, 3]

Mit freundlichen Grüßen

......, den ......

......

Notar a. D.

Anmerkungen

1. In der Regel wird die Aufsichtsbehörde einem solchen Antrag entsprechen, zumal sie aus den Jahresmeldungen des Notars und des Notariatsverwalters in etwa abschätzen kann, wie viele unerledigte Sachen noch zu bearbeiten sind. Will sie darüber genauere aktuelle Erkenntnisse gewinnen, so kann sie den Notariatsverwalter zu einem aktualisierten Bericht auffordern.

2. Auch wenn bereits bei erstmaliger Bestellung zum Notariatsverwalter erkennbar ist, dass die Abwicklung der Verfahren mehr als ein Jahr betragen wird, darf die Aufsichtsbehörde **keine Bestellung für einen Zeitraum über 12 Monate hinaus** vornehmen oder gar eine unbefristete Notariatsverwalterbestellung vornehmen.

3. Selbstverständlich kann die Aufsichtsbehörde **auch bei einem Notariatsverwalter die Prüfung seiner Urkunden, Akten und Bücher vornehmen.** Dies wird in der Regel jedoch nur dann erfolgen, wenn Zweifel bei mehrfachen Verlängerungsanträgen des Notariatsverwalters bestehen oder Beteiligte oder Dritte sich über das Verhalten des Notariatsverwalters beklagen, insbesondere bezüglich seiner Kostenrechnungen.

18. Antrag auf Übertragung der Akten- und Bücherverwahrung unter Führung der Notaranderkonten gem. § 51 Abs. 1 S. 2 BNotO

. . . . . .

Rechtsanwalt und Notar

An

Den Präsidenten des Landgerichts

– Notarabteilung –

Verwahrung meiner Bücher und Akten einschließlich der Verfügungsbefugnis über meine Notaranderkonten

Sehr geehrte Damen und Herren,

mit Ablauf des nächsten Monats scheide ich wegen Erreichens der notariellen Altersgrenze aus dem Amte aus. Ich beantrage daher, die Verwahrung meiner notariellen Bücher und Akten einschließlich der Verfügungsbefugnis über meine Notaranderkonten meinem mit mir in Sozietät verbundenen Kollegen, Herrn Rechtsanwalt und Notar Oskar Landsberg, zu übertragen. Für baldige Unterrichtung sowohl meiner selbst als auch meines Kollege wäre ich verbunden.[1, 2, 3, 4, 5, 6]

Mit freundlichen Grüßen

. . . . . ., den . . . . . .

. . . . . .

Notar

Anmerkungen

1. Sofern an der **Geeignetheit des vorgeschlagenen Notars**, etwa wegen eines laufenden Disziplinarverfahrens, keine berechtigten Zweifel bestehen, wird der Präsident des Landgerichts dem Antrag folgen.

2. Die Verwahrung kann auch in der Weise angeordnet werden, dass **nur ein Teil der Akten des ausgeschiedenen Notars**, zB nur die Urkunden des laufenden Jahres, in die Verwahrung eines anderen Notars gegeben werden, während der Rest in die Verwahrung des Amtsgerichts Schöneberg übergeht.

3. Wer immer Empfänger der Bücher und Akten des ausgeschiedenen Notars und Berechtigter zur Verfügung über seine Notaranderkonten wird, ist **verpflichtet, die erforderlichen Auskünfte** (unter Beachtung der Verschwiegenheitsverpflichtung) an befugte Personen und Stellen zu erteilen. Gleiches gilt für die Erteilung von **Abschriften, Vollstreckbarkeitserklärungen** u. ä.

4. Können frühere Urkundsbeteiligte vom Büro des früheren Notars über den Verbleib der Akten, Bücher und Notaranderkonten keine oder keine befriedigende Auskunft erlangen, sollten diese an den **Präsidenten des Landgerichts** oder, sofern bekannt ist, dass die Zuständigkeit nun beim **Amtsgericht Schöneberg** liegt, an dieses verwiesen werden.

5. Will der Notar, der die Notariatsverwaltung für einen ausgeschiedenen Kollegen übernommen hat, dessen Bücher, Akten und Notaranderkonten dem Amtsgericht Schöneberg zuleiten, so kann er den ggf. bestehenden gerichtlichen Fahrdienst zur Abholung in seinen Räumen in Anspruch nehmen.

6. Die Entscheidung des Präsidenten des Landgerichts über die Verwahrung hat dieser der Präsidentin des Kammergerichts und dem Präsidenten des Amtsgerichts Schönberg sowie der Notarkammer Berlin mitzuteilen.

19. Antrag auf Abgabe von einzelnen Notariatsvorgängen an das Landesarchiv

......

Rechtsanwalt und Notar a. D.

An

Das Landesarchiv Berlin

Historisch bedeutsame Notariatsvorgänge aus meiner früheren Praxis

Sehr geehrte Damen und Herren,

nach Ablauf meines Amtes als Notar befinden sich meine notariellen Bücher und Akten inzwischen beim Präsidenten des Amtsgerichts Schöneberg. Unter diesen Vorgängen befinden sich zwei Urkunden, die nach meiner Überzeugung historisch bedeutsam sind und daher eine dauerhafte Aufbewahrung rechtfertigen. Es handelt sich um meine beiden Urkunden zu den UR-Nr. 25/1993 und 180/2001.

Ich rege an, dass Sie unter Überlassung einer Ablichtung dieses Schreibens sich an den Präsidenten des Amtsgerichts Schöneberg wenden und um Prüfung bitten, ob dieser meine Einschätzung teilt.

Ich bitte um Verständnis, dass ich wegen meiner nachwirkenden Verschwiegenheitspflicht Ihnen Ablichtungen der erwähnten Urkunden nicht überlassen kann.

Ich wäre Ihnen dankbar, wenn Sie mich von dem Ergebnis der erbetenen Prüfung unterrichten könnten.[1, 2]

Mit freundlichen Grüßen

......, den ......

......

Notar a. D.

Anmerkungen

1. Die Entscheidung über die Anbietung trifft in Berlin der Präsident des Amtsgerichts Schöneberg unter Berücksichtigung der in der jeweils geltenden Fassung der **Allgemeinen Verfügung über die Aufbewahrung, Aussonderung, Ablieferung und Vernichtung des Schriftgutes** der ordentlichen Gerichtsbarkeit, der Strafverfolgungs- und der Jusitzvollzugsbehörden festgelegten Kriterien.

2. Im Übrigen bestimmen sich die Zuständigkeiten nach dem jeweils einschlägigen Landesrecht.

20. Anzeige an die Aufsichtsbehörde über ein in Verlust geratenes Notarsiegel gemäß § 2 Abs. 3 S. 2 DONot

......

Rechtsanwalt und Notar

An

Den Präsidenten des Landgerichts in Berlin

– Notarabteilung –

Berlin, den ......

Verlust meines Hartdrucksiegels

Sehr geehrte Damen und Herren,

hiermit zeige ich an, dass mein Farbdrucksiegel in Verlust geraten ist. Ein Siegelabdruck dürfte Ihnen vorliegen.

Trotz intensiver Suche durch mein Personal und durch mich über nunmehr fast zwei Wochen ist es uns nicht gelungen, das Farbsiegel, welches täglich in einem abgeschlossenen geeigneten Stahlschrank verwahrt wird, aufzufinden. Möglicherweise ist es versehentlich entsorgt worden.

Ich melde den Verlust des Farbsiegels gemäß § 2 Abs. 3 S. 2 der DONot, verbunden mit der Bitte, das Siegel öffentlich für kraftlos zu erklären.

Zugleich bitte ich um Mitteilung, ob Ihrerseits Einwendungen dagegen bestehen, dass ich ein neues Farbdrucksiegel identischer Gestalt in Auftrag gebe.

Ihrer baldigen Nachricht sehe ich entgegen.[1, 2]

Mit freundlichen Grüßen

......, den ......

......

Notar

Anmerkungen

1. Der erst- und einmalige Verlust eines **Prägesiegels** wird in der Regel von der Aufsichtsbehörde bei plausibler Begründung hingenommen. Bei wiederholtem Verlust, insbesondere in kurzem zeitlichen Abstand, sind **ergänzende Auflagen** und sogar **Disziplinarmaßnahmen** vorstellbar.

2. Um das in Verlust gegangene Siegel von dem neuen Siegel unterscheiden zu können, wird die Aufsichtsbehörde in der Regel eine **zusätzliche Kennzeichnung des neuen Siegels** verlangen.

21. Verhaltensempfehlungen der Bundesnotarkammer bei Durchsuchungen und Beschlagnahmen im Notariat

 **BNotK**
BUNDESNOTARKAMMER

Köln, Februar 1998

Merkblatt

Durchsuchungen und Beschlagnahmen im Notariat

Bei Durchsuchungen und Beschlagnahmen von Notarakten durch Beamte der Strafverfolgungsbehörden (einschließlich der Steuerfahndung, §§ 385 f. StPO) im Rahmen von Ermittlungsverfahren gegen Klienten des Notars bzw. gegen den Notar selbst werden oft die gesetzlichen Grenzen nicht ausreichend beachtet, die einem solchen Vorgehen durch die besondere Stellung des Notars als Träger eines öffentlichen Amtes und durch das besonders geschützte Vertrauensverhältnis zwischen dem Notar und seinem Klienten gesetzt sind. Der Notar sieht sich dann vor die Frage gestellt, ob er der Aufforderung der Beamten Folge leisten muß, die Durchsuchung zu dulden und ob er die in seinem Gewahrsam befindlichen Unterlagen herauszugeben hat. Diese Frage ist für den Notar von erheblicher Bedeutung, da er gem. § 18 BNotO zur Verschwiegenheit verpflichtet ist und ein Verstoß gegen diese Berufspflicht gem. § 203 Abs. 1 Nr. 3 StGB auch strafrechtlich geahndet werden kann. Die nachstehend dargelegten rechtlichen Gesichtspunkte (I.) und Verhaltensempfehlungen (II.) sollen betroffenen Notaren in einer derartigen Situation eine Orientierungshilfe geben, ohne die rechtliche Problematik erschöpfend behandeln zu können.

I. Rechtliche Rahmenbedingungen

1. Verschwiegenheitspflicht des Notars

Gem. § 18 BNotO hat der Notar die Pflicht, über die ihm bei seiner Berufsausübung bekanntgewordenen Angelegenheiten Verschwiegenheit gegenüber jedermann zu bewahren, es sei denn, es wäre etwas anderes bestimmt oder die Beteiligten hätten den Notar von seiner Verschwiegenheitspflicht befreit. Bestehen im Einzelfall Zweifel über die Pflicht zur Verschwiegenheit, kann der Notar gem. § 18 Abs. 2 BNotO die Entscheidung der Aufsichtsbehörde nachsuchen. Die berufsrechtliche Verschwiegenheitspflicht findet ihre notwendige Ergänzung in den Regelungen zum Zeugnisverweigerungsrecht. § 53 Abs. 1 Nr. 3 StPO berechtigt den Notar, das Zeugnis über das zu verweigern, was ihm in seiner Eigenschaft als Berufsträger anvertraut worden oder bekanntgeworden ist. § 383 Abs. 1 Nr. 6, Abs. 3 ZPO ergänzt diese Regelung für den Zivilprozeß. Diese Zeugnisverweigerungsrechte sichern und schützen das persönliche Vertrauensverhältnis zwischen dem Beteiligten und dem Notar. Gem. § 53 Abs. 2 StPO besteht das Zeugnisverweigerungsrecht nicht, wenn der Notar von der Verpflichtung zur Verschwiegenheit entbunden wird. Verletzt der Notar seine Verschwiegen-

7VR22MER

- 2 -

heitspflicht, so kann er gem. § 203 Abs. 1 Nr. 3 StGB auf Antrag eines
Verletzten strafrechtlich verfolgt werden. Zugleich treten disziplinarrechtli-
che und haftungsrechtliche Folgen ein (vgl. Seybold/Schippel, BNotO,
6. Aufl., § 18 Rnrn. 60 f.).

2. **Voraussetzungen einer Durchsuchung und Beschlagnahme**
Bei dem Vorgehen der Strafverfolgungsbehörde ist die Durchsuchung von
der Beschlagnahme **rechtlich** zu trennen, wobei sich dies **praktisch** während der Durchführung der Maßnahmen vermischt.

  a) **Besondere Voraussetzungen**
    Die Beschlagnahme gem. §§ 94 f. StPO ist die Sicherstellung von Ge-
    genständen, die sich im Gewahrsam einer zur freiwilligen Herausgabe
    nicht bereiten Person befinden; sie dient der Sicherung von Beweis-
    verlusten im Strafverfahren. Dabei ist die potentielle Beweisbedeutung
    des Gegenstandes erforderlich und ausreichend. Demgegenüber dient
    die Durchsuchung gem. § 103 StPO bei einem Notar als "anderer Per-
    son" dazu, das Beweismittel aufzufinden. Hier sind Durchsuchungen
    nur zur Ergreifung des Beschuldigten oder zur Beschlagnahme be-
    stimmter Gegenstände und nur dann zulässig, wenn Tatsachen vorlie-
    gen, aus denen zu schließen ist, daß die gesuchte Person, Spur oder Sa-
    che sich in den zu durchsuchenden Räumen befindet. Die Durchsu-
    chungsanordnung muß den gesuchten Gegenstand konkret bezeichnen.
    Ist der Notar selbst als Täter oder Teilnehmer einer Straftat oder der
    Begünstigung, Strafvereitelung oder Hehlerei verdächtig, kann eine
    Durchsuchung nach den erleichterten Voraussetzungen des § 102 StPO
    vorgenommen werden, wenn zu vermuten ist, daß die Durchsuchung
    zur Auffindung von Beweismitteln führen werde.

  b) **Anordnungsbefugnis**
    Durchsuchungen sowie Beschlagnahmen dürfen nur durch Richter, bei
    Gefahr in Verzug auch durch die Staatsanwaltschaft und ihre Hilfsbe-
    amten angeordnet werden (§§ 105 Abs. 1 Satz 1, 98 Abs. 1
    Satz 1 StPO).

  c) **Verhältnismäßigkeit**
    Bei der Anordnung und Durchführung von Beschlagnahmen und
    Durchsuchungen ist stets der Grundsatz der Verhältnismäßigkeit zu
    wahren. Das Interesse der Allgemeinheit an der Strafverfolgung ist ge-

- 3 -

gen das Geheimhaltungsinteresse des Klienten und das Interesse an einer ordnungsgemäßen Aufgabenerfüllung durch den Notar abzuwägen, die ein ungestörtes Vertrauensverhältnis zwischen Notar und Klient voraussetzt. Bei Durchsuchungen ist im Rahmen der vorzunehmenden Interessenabwägung besonders die Gefahr zu berücksichtigen, daß die Angelegenheiten und Geheimnisse auch vieler unbeteiligter Klienten des Notars offenbart werden. Der Grundsatz der Verhältnismäßigkeit dürfte es in der Regel auch gebieten, vor der Durchführung einer Beschlagnahme den Präsidenten des Landgerichts als Aufsichtsbehörde einzuschalten.

3. Das Beschlagnahmeverbot des § 97 StPO

An das Zeugnisverweigerungsrecht des § 53 StPO knüpft das Beschlagnahmeverbot des § 97 StPO im Sinne eines akzessorischen Umgehungsschutzes an.

a) Beschlagnahmefreie Gegenstände nach § 97 Abs. 1 StPO

Gem. § 97 Abs. 1 StPO unterliegen der Beschlagnahme nicht
- schriftliche Mitteilungen zwischen dem Beschuldigten und dem zeugnisverweigerungsberechtigten Notar,
- Aufzeichnungen, welche der Notar über die ihm vom Beschuldigten anvertrauten Mitteilungen oder über andere Umstände gemacht hat, auf die sich das Zeugnisverweigerungsrecht erstreckt und
- andere Gegenstände, auf die sich das Zeugnisverweigerungsrecht des Notars erstreckt.

Ob auch **notarielle Urkunden** beschlagnahmefreie Gegenstände darstellen, ist umstritten. Nach überwiegender Auffassung handelt es sich bei notariellen Urkunden um beschlagnahmefähige Gegenstände, da diese als öffentliche Urkunden nach ihrer Zweckbestimmung nicht geheimhaltungsbedürftig, sondern für die Kenntnisnahme durch Dritte gerade bestimmt sind und damit der Beschlagnahme zugänglich sind (BGH NJW 1987, 2441 (2442); LG Darmstadt wistra 1987, 232; LG Stuttgart wistra 1988, 245; Kleinknecht/Meyer-Goßner, StPO, 43. Aufl., § 97 Rn. 40). Dagegen spricht jedoch, daß sich aus dem Begriff der öffentlichen Urkunde gem. § 415 ZPO nicht unmittelbar etwas über die Geheimhaltungsbedürftigkeit ergibt. Vielmehr wird auch von einer öffentlichen Urkunde in der Regel nur ein spezifischer Gebrauch gemacht [vgl. zu dieser Kritik Amelung, Grenzen der Beschlagnahme

- 4 -

notarieller Urkunden, DNotZ 1984, 195 (204); Reiß, Die Beschlagnahme von notariellen Urkunden durch Strafverfolgungsorgane, Mitt-
BayNot 1994, 518 f.; Knoche, Anm. zu LG Darmstadt, DNotZ 1991,
560 (565)]. Jedenfalls sind der Urkunde vorausgehende **Entwürfe**, der
darauf bezogene Schriftwechsel und Besprechungsnotizen beschlagnahmefrei und unterliegen damit dem Geheimhaltungsschutz, den das
Gesetz dem Vertrauensverhältnis zwischen Notar und Mandanten gewährt (LG Köln NJW 1981, 1746 (1747); Nack, in Karlsruher Kommentar, 3. Aufl., § 97 Rn. 10; Kleinknecht/Meyer-Goßner, a.a.O., § 97
Rn. 40). Auch reine **Buchungs-/Anderkontounterlagen** sind grundsätzlich beschlagnahmefrei (LG Köln, WM 1991, 589; im Ergebnis
auch LG Darmstadt, DNotZ 1991, 560 (561) und LG Aachen vom
23.01.98 (86 Qs 94/97); a.A. für Buchungsunterlagen, die sich bei der
Bank befinden, LG Frankfurt WM 1994, 2279).

Nach bislang überwiegender Auffassung in Literatur und Rechtsprechung schützt § 97 Abs. 1 StPO lediglich das Vertrauensverhältnis zwischen Notar und Beschuldigten. Der Schutz des § 97 entfällt, wenn
ausschließlich Dritte, d. h. an dem Vertrauensverhältnis nicht beteiligte
Personen beschuldigt werden (LG Fulda NJW 1990, 2946; LG Koblenz
MDR 1983, 779, Schäfer in: Löwe, Rosenberg, StPO, 24. Aufl., § 97
Rn. 50; Nack, in: Karlsruher Kommentar, a.a.O., § 97 Rn. 1; Klein-
knecht/Meyer-Goßner, a.a.O., § 97 Rn. 10). Urkunden, Urkundsentwürfe und andere Schriftstücke, die nicht unmittelbar aus dem Vertrauensverhältnis zum Beschuldigten herrühren, wären demnach beschlagnahmefähig. Eine solche enge Interpretation von § 97 Abs. 1 Nr. 3
StPO findet indessen im Wortlaut des Gesetzes, der keine entsprechende Einschränkung vorsieht, keine Stütze, vielmehr erwähnt § 97 Abs. 1
Nr. 3 StPO im Gegensatz zu Nrn. 1 und 2 den Beschuldigten gerade
nicht. Auch die ratio legis spricht gegen eine Eingrenzung der Beschlagnahmefreiheit auf diejenigen Gegenstände, die erst infolge des
Vertrauensverhältnisses zwischen dem Notar und dem Beschuldigten
entstanden sind. Der Beschlagnahmeschutz wäre dann enger als das
Zeugnisverweigerungsrecht, das durch die Beschlagnahmemöglichkeit
unterlaufen werden könnte. Gerade eine solche Umgehungsmöglichkeit
der Zeugnisverweigerungsrechte soll aber durch das Beschlagnahmeverbot nach § 97 StPO verhindert werden [vgl. ausführlich Amelung,
DNotZ 1984, 195 (207); Starke, Beschlagnahme von Sachverständigengutachten, in: Zur Theorie und Systematik des Strafprozeßrechts,

- 5 -

Wolter (Hrsg.), 81 (84)]. Um solche Wertungswidersprüche zu vermeiden, wird auch von der Rechtsprechung von einem verfassungsrechtlich begründeten erweiterten Beschlagnahmeverbot ausgegangen (LG Fulda, NJW 1990, 2946).

b) **Ausnahmen von der Beschlagnahmefreiheit gem. § 97 Abs. 2 StPO**
   Gem. § 97 Abs. 2 Satz 3 StPO gelten die Beschränkungen der Beschlagnahme nach § 97 Abs. 1 StPO nicht, wenn der **Notar einer Teilnahme oder einer Begünstigung, Strafvereitelung oder Hehlerei verdächtig** ist. Welche Anforderungen an den Verdacht i. S. des § 97 Abs. 2 Satz 3 StPO zu stellen sind, wird im einzelnen unterschiedlich beurteilt. Zum Teil werden hier gewichtige Anhaltspunkte für eine strafrechtliche Verstrickung des zeugnisverweigerungsberechtigten Notars gefordert [vgl. Krekeler, Beeinträchtigungen der Rechte des Mandanten durch Strafverfolgungsmaßnahmen gegen den Rechtsanwalt, NJW 1977, 1417 (1419 f. unter Hinweis auf BGH, JR 1974, 115 f.)], zum Teil wird ein Verdacht, der sich auf bestimmte Tatsachen stützt, für ausreichend erachtet (Kleinknecht/Meyer-Goßner, a.a.O., § 97 Rn. 20).

   Nach § 97 Abs. 2 Satz 3 StPO gelten die Beschränkungen der Beschlagnahme gem. § 97 Abs. 1 StPO nicht für Gegenstände, die durch eine **Straftat hervorgebracht** oder zur Begehung einer Straftat **gebraucht** oder bestimmt sind oder die aus einer Straftat **herrühren**. Eine notarielle Urkunde kann jedoch Tatwerkzeug nur sein, "wie sie endgültig errichtet worden ist und wie sie dem Täter zur Verwendung im Rechtsverkehr zur Verfügung gestanden hat" [LG Köln, NJW 1981, 1746 (1747)]. Da der Notar die Urschrift in der Regel zurückbehält, kann Tatwerkzeug nur eine Ausfertigung der Urkunde, nicht jedoch die Urschrift sein.

- 6 -

II. Verhaltensempfehlungen

Für das Verhalten des betroffenen Notars ergeben sich folgende Empfehlungen:

1. Kontaktaufnahme mit Beteiligten, Notarkammer und Aufsichtsbehörde

Der Notar sollte vor Beginn der Durchsuchung bzw. der Beschlagnahme die Beamten der Staatsanwaltschaft bitten, ihm zunächst Gelegenheit zu geben, telefonisch Kontakt mit dem Beteiligten, dessen Unterlagen herausverlangt werden, sowie der Notarkammer und der Aufsichtsbehörde aufzunehmen.

a) Kontaktaufnahme mit dem Beteiligten zwecks Befreiung von der Verschwiegenheitspflicht

Der Notar sollte zunächst versuchen, den Beteiligten, dessen Unterlagen herausverlangt werden, telefonisch zu bitten, ihn von der Verschwiegenheitsverpflichtung zu entbinden und ihm zu erlauben, die in der Beschlagnahmeanordnung angegebenen Unterlagen herauszugeben. Das Telefongespräch sollte von Zeugen (Mitarbeitern) mitgehört und eine schriftliche Bestätigung der Beteiligten hierüber erbeten werden. Die Ermittlungsbeamten können Telefongespräche nur untersagen, sofern der Untersuchungszweck gefährdet ist.

b) Nachsuchen der Entscheidung der Aufsichtsbehörde

Wird die Geschäftsstelle des Notars zum Zwecke der Auffindung bestimmter Akten durchsucht, sollte der Notar gem. § 18 Abs. 2 Satz 1 BNotO die Entscheidung der Aufsichtsbehörde, des Präsidenten des Landgerichts, nachsuchen, ob er zur Herausgabe der Akten berechtigt ist, insoweit also keine Verschwiegenheitspflicht besteht. Durch die Herausgabe der Akten könnte dann nämlich die Durchsuchung und damit die Offenbarung der persönlichen Angelegenheiten vieler unbeteiligter weiterer Mandanten des Notars verhindert werden.

Insbesondere im Vorfeldstadium der Durchsuchung, in dem sich vor allem die Steuerfahndung oftmals telefonisch ankündigt bzw. um Auskünfte bittet, empfiehlt es sich, die Entscheidung der Dienstaufsicht gem. § 18 Abs. 2 BNotO einzuholen und die Ermittlungsbehörden über die erfolgte Anfrage zu benachrichtigen.

- 7 -

c) Einschaltung der Notarkammer

In jedem Fall sollte der Notar auch sofort Kontakt mit der zuständigen Notarkammer aufnehmen.

2. Überprüfung der Beschlagnahmeanordnung

Vor Beginn der Durchsuchung bzw. der Beschlagnahme sollte der Notar sich die Durchsuchungs- und Beschlagnahmeanordnung vorlegen lassen und diese im Hinblick auf den Grund und Umfang der Anordnung sowie die Verdachtsgründe gegen den Mandanten überprüfen.

3. Formlose Bitte um Aufschub der Maßnahme bis zur Beschwerdeentscheidung

Hält der Notar die Anordnung oder Durchführung von Durchsuchungen in seiner Geschäftsstelle oder die Beschlagnahme seiner Notarakten für rechtswidrig oder zweifelt er an der Rechtmäßigkeit der Maßnahmen, sollte er die Beamten der Staatsanwaltschaft bitten, von der Durchsuchung bzw. Beschlagnahme solange Abstand zu nehmen, bis die Rechtslage endgültig geklärt ist, d.h., bis über eine sofort einzulegende Beschwerde des Notars gem. § 304 StPO entschieden ist. Hierbei sollte darauf hingewiesen werden, daß bei dem Notar als Träger eines öffentlichen Amtes keinerlei Gefahr besteht, daß Akten zwischenzeitlich abhanden kommen. Jedenfalls sollte versucht werden, die Beamten der Staatsanwaltschaft dazu zu bewegen, die Entscheidung über den sofort zu stellenden Antrag auf Aussetzung der Vollziehung des richterlichen Durchsuchungs- und Beschlagnahmebeschlusses abzuwarten.

4. Rechtsmittel

Eine standesrechtliche Pflicht, gegen Durchsuchungs- und Beschlagnahmemaßnahmen grundsätzlich alle Rechtsmittel auszuschöpfen, besteht nicht. Hält der Notar jedoch die Maßnahmen für rechtswidrig oder zweifelt er an der Rechtmäßigkeit der Maßnahmen, kommen folgende Rechtsmittel in Betracht.

a) Antrag auf Aussetzung der Vollziehung

Ist die Staatsanwaltschaft nicht bereit, bei **Vorliegen eines richterlichen Durchsuchungs- und Beschlagnahmebeschlusses** vorläufig von der Maßnahme abzusehen, sollte unverzüglich (telefonisch) beim Beschwerdegericht beantragt werden, die Vollziehung des Durchsuchungs- und Beschlagnahmebeschlusses nach § 307 StPO auszusetzen.

- 8 -

Hierbei sollte auf die ungeklärte Rechtslage, die Gefahren, die mit einer Verletzung des Vertrauensverhältnisses des Notars zu seinen Klienten verbunden sind, und auf die Tatsache hingewiesen werden, daß beim Notar als Träger eines öffentlichen Amtes gewährleistet ist, daß die bei ihm befindlichen Gegenstände greifbar bleiben.

b) **Widerspruch und Antrag auf richterliche Entscheidung**
Soll die Durchsuchung bzw. Beschlagnahme lediglich aufgrund einer Anordnung der Staatsanwaltschaft oder ihrer Hilfsbeamten durchgeführt werden, so sollten die Beamten darauf hingewiesen werden, daß das Erfordernis der Gefahr im Verzug bei derartigen Maßnahmen gegen einen Notar wohl nicht gegeben ist und daher die Maßnahme unzulässig ist. Der Maßnahme sollte widersprochen und die richterliche Entscheidung gem. § 98 Abs. 2 Satz 2 StPO beantragt werden. Der Antrag auf richterliche Entscheidung kann auch gegen Durchsuchungsmaßnahmen analog § 98 Abs. 2 StPO gestellt werden, solange die Durchsuchungshandlung noch nicht abgeschlossen ist.

c) **Beschwerdeeinlegung**
Gegen einen **richterlichen Durchsuchungs- bzw. Beschlagnahmebeschluß** (vgl. a)) oder gegen die eine Anordnung der Staatsanwaltschaft bestätigende richterliche Entscheidung (vgl. b)) sollte gem. §§ 304, 306 StPO Beschwerde eingelegt werden, ggf. gleichzeitig mit dem Antrag auf Aussetzung der Vollziehung gem. § 307 StPO. Die Beschwerde ist nicht fristgebunden und wird bei dem Gericht erhoben, das den Beschluß erlassen hat (§ 306 Abs. 1 StPO). Hält das Gericht die Beschwerde für begründet, wird der Beschlagnahmebeschluß aufgehoben. Hält es die Beschwerde für unbegründet, ist der Rechtsbehelf binnen drei Tagen beim Beschwerdegericht vorzulegen (§ 306 Abs. 2 StPO). Gegen die Entscheidung des Beschwerdegerichts kann keine weitere Beschwerde erhoben werden (§ 310 Abs. 2 StPO).

5. **Verhalten bei der Herausgabe von Unterlagen**

a) **Keine freiwillige Herausgabe bei fehlender Zustimmung der Beteiligten**
Ohne Zustimmung der Beteiligten sollte der Notar der Herausgabe von Unterlagen ausdrücklich widersprechen, so daß eine **formelle Be-**

- 9 -

schlagnahme erfolgt. Dabei sollte der Notar darauf achten, daß dies in dem Beschlagnahmeprotokoll vermerkt wird.

b) Herausgabe lediglich von Abschriften und Ablichtungen

Es sollte stets die Möglichkeit geprüft werden, ob nicht die Herausgabe von Abschriften bzw. Ablichtungen der Urkunden oder sonstigen Akten den Belangen der Staatsanwaltschaft genügt. Sollten dennoch Originalakten herausgegeben oder beschlagnahmt werden, sollte der Notar von diesen Aktenstücken Kopien anfertigen und zurückbehalten.

c) Durchsicht von Papieren

Der Notar sollte darauf achten, daß Polizeibeamte Papiere nicht durchsehen. Dieses Recht steht ausschließlich der Staatsanwaltschaft zu (§ 110 StPO).

d) Beschlagnahmeprotokoll

Der Notar sollte sich vergewissern, daß ein vollständiges Verzeichnis aller beschlagnahmten Gegenstände angefertigt und unterzeichnet wird.

e) Aufbewahrung in versiegeltem Umschlag

Der Staatsanwaltschaft sollte vorgeschlagen werden, herausverlangte Unterlagen bis zur gerichtlichen Entscheidung in einem versiegelten Umschlag bzw. Karton aufzubewahren. Durch diese Maßnahme wird sichergestellt, daß vor einer anschließenden richterlichen Entscheidung weder die Ermittlungsbehörden noch Dritte Einblick in die beschlagnahmten Unterlagen erhalten.

6. Unterrichtung der Mitarbeiter

Der Notar hat sicherzustellen, daß seine Mitarbeiter über das berufsgerechte Verhalten anläßlich einer Beschlagnahme frühzeitig unterrichtet sind. Gem. § 203 Abs. 3 StGB können sich auch die Mitarbeiter der "Verletzung von Privatgeheimnissen" strafbar machen, wenn sie unbefugt - auch gegenüber Strafverfolgungsbeamten - Informationen erteilen oder Unterlagen herausgeben. Auch für den Fall der Abwesenheit des Notars muß sichergestellt sein, daß die Verschwiegenheitspflicht eingehalten wird.

- 10 -

Vorstehende Ausführungen können lediglich allgemeine Hinweise geben. Jeder Notar muß im Einzelfall selbst prüfen, ob er zur Herausgabe von Notarakten berechtigt ist und welche Schritte er gegen Durchsuchungs- und Beschlagnahmemaßnahmen, die nach seiner Ansicht nicht rechtmäßig sind, zu unternehmen hat. Bei Fragen vor, während oder nach Durchsuchungs- und Beschlagnahmemaßnahmen wenden Sie sich bitte an Ihre Notarkammer.

Zusammenfassung des Merkblattes
Durchsuchungen und Beschlagnahmen im Notariat

I. Rechtliche Rahmenbedingungen

Gem. § 18 BNotO hat der Notar die Pflicht, über die ihm bei seiner Berufsausübung bekanntgewordenen Angelegenheiten Verschwiegenheit gegenüber jedermann zu bewahren, es sei denn, es wäre etwas anderes bestimmt oder die Beteiligten hätten den Notar von seiner Verschwiegenheitspflicht befreit. Ein Verstoß gegen diese Berufspflicht kann gem. 203 Abs. 1 Nr. 3 StGB auch strafrechtlich geahndet werden. Bestehen im Einzelfall Zweifel über die Pflicht zur Verschwiegenheit, kann der Notar gem. § 18 Abs. 2 BNotO die Entscheidung der Aufsichtsbehörde nachsuchen. Die berufsrechtliche Verschwiegenheitspflicht findet ihre notwendige Ergänzung in den Regelungen zum Zeugnisverweigerungsrecht gem. § 53 Abs. 1 Nr. 3 StPO, an das wiederum das Beschlagnahmeverbot gem. § 97 StPO im Sinne eines akzessorischen Umgehungsschutzes anknüpft. Im einzelnen ist der Umfang der beschlagnahmefreien Gegenstände gem. § 97 Abs. 1 StPO jedoch streitig. So sind notarielle Urkunden nach überwiegender Auffassung beschlagnahmefähig, während die Urkundsentwürfe unstreitig beschlagnahmefrei sind. Buchungs- und Anderkontounterlagen sind grundsätzlich ebenfalls beschlagnahmefrei. Nach bislang noch überwiegender, aber bedenklicher Auffassung schützt § 97 Abs. 1 StPO lediglich das Vertrauensverhältnis zwischen Notar und Beschuldigten. Demnach entfiele der Beschlagnahmeschutz für Schriftstücke, die nicht unmittelbar aus dem Vertrauensverhältnis zum Beschuldigten herrühren.

II. Verhaltensempfehlungen

1. Der Notar sollte vor Beginn der Durchsuchung bzw. Beschlagnahme die Beamten bitten, ihm zunächst Gelegenheit zur **telefonischen Kontaktaufnahme mit Beteiligten, Aufsichtsbehörde und Notarkammer** zu geben:
   - Kontaktaufnahme mit den Beteiligten zwecks Befreiung von der Verschwiegenheitspflicht,
   - Nachsuchen der Entscheidung des Landgerichtspräsidenten über die Pflicht zur Verschwiegenheit gem. § 18 Abs. 2 Satz 1 BNotO,
   - Einschaltung der Notarkammer in jedem Fall.
2. Vor Beginn der Durchsuchung/Beschlagnahme sollte der Notar sich die **Durchsuchungs- und Beschlagnahmeanordnung vorlegen lassen** und diese im Hinblick auf Grund und Umfang der Anordnung sowie die Verdachtsgründe gegen den Mandanten **überprüfen**. Hält der Notar die Maßnahmen für rechtswidrig oder hat er Zweifel an der Rechtmäßigkeit, sollte er **formlos um Aufschub der Maßnahmen bis zur Beschwerdeentscheidung bitten**.
3. Es kommen folgende **Rechtsmittel** in Betracht
   - bei Vorliegen eines richterlichen Durchsuchungs- und Beschlagnahmebeschlusses
     - Antrag auf Aussetzung der Vollziehung gem. § 307 StPO und
     - Beschwerde gem. § 304, 306 StPO
   - bei Anordnung der Maßnahme durch Staatsanwaltschaft/Hilfsbeamte
     - Widerspruch und Antrag auf gerichtliche Entscheidung und
     - gegen bestätigende richterliche Entscheidung Beschwerde
4. Bei der **Herausgabe von Unterlagen** sollte der Notar
   - der Herausgabe **ausdrücklich widersprechen**, soweit keine ausdrückliche Zustimmung der Beteiligten vorliegt, so daß dann eine formelle Beschlagnahme erfolgt,
   - nach Möglichkeit nur **Abschriften/Ablichtungen** aushändigen, im übrigen Kopien von Originalen zurückbehalten,
   - darauf achten, daß ein vollständiges **Beschlagnahmeprotokoll** angefertigt und unterzeichnet wird, Papiere nicht von Polizeibeamten durchgesehen und nach Möglichkeit herausverlangte Unterlagen in einem **versiegelten Umschlag/Karton** aufbewahrt werden.
5. Der Notar hat auch seine **Mitarbeiter** frühzeitig über das berufsgerechte Verhalten zu **unterrichten**.

7V_MERKBL.DOC

Anmerkungen

1. Die **Verhaltensempfehlungen der Bundesnotarkammer** können auch über die Websites der Notarkammern heruntergeladen werden.

2. Notarielle Urkunden, die sich in Verwahrung eines Notars befinden, werden **im Strafverfahren grundsätzlich als beschlagnahmefähig** angesehen (BGH v. 30.3.1987 – RiZ(R) 7/86 – NJW 1987, 2441; LG Rostock v. 23.5.2008 – 9 T 8/07; LG Darmstadt v. 12.12.1986 – 13 Qs 1368/86 – wistra 1987, 232; LG Gera v. 30.9.2003 – 2 Qs 306/03 – NotBZ 2003, 433; LG Landshut v. 26.5.1994 – Qs 127/94 – MittBayNot 1994, 586; LG Kiel v. 6.8.1999 – 39 Qs 27/99 –).

S. Ausländische und transnationale Kooperationsformen

I. Limited Liability Partnership (LLP)

1. Vorbemerkungen

Die wichtigsten Formulare von der Gründung einer Limited Liability Partnership (LLP) bis zu ihrer Löschung sind nachfolgend aufgeführt, musterhaft ausgefüllt und kommentiert. Die Formulare sind vom **Companies House** vorgefertigt. Das Companies House empfiehlt jedem, die bereits vorgefertigten Formulare zu verwenden (www.companieshouse.gov.uk).

Mit der Verabschiedung des Limited Liability Partnerships Act 2000 wurde eine neue juristische Person in das englische Rechtssystem eingeführt. Das Gesetz kann auf nachdrücklichen Wunsch der Freien Berufe zustande, aufgelst werden. Dieses Verlangen der Geschäftswelt wurde durch die stark gestiegenen Zahlen von Klagen wegen Fahrlässigkeit *(tort of negligence)* mit den damit verbundenen hohen Schadensersatzsummen, die nun immer häufiger von Verbrauchern eingefordert wurden.

Die Geschäftswelt befürchtet, dass viele Partner und Mitglieder nicht mehr über ausreichend Kapital verfügen, um sich durch Rücklagen oder Vernichtungsprämien gegen erhebliche Schadensersatzansprüche zu schützen. Das Endresultat wäre dann ein Aussterben der traditionellen englischen Partnerschaften. Seit Einführung des Limited Liability Partnerships Act 2000 bis einschließlich März 2007 wurden 24.555 LLP's beim Companies House eingetragen und die Zahlen wachsen kontinuierlich an (*Mayson*, French & Ryan on Company Law (2008 – 2009), 25th Edition, 8–9).

Die LLP ist eine Rechtsform, die ausschließlich durch Gesetz in das System des common law eingeführt wurde. Sie ist eine eigenständige Rechtsperson. Die LLP teilt sich jedoch typische Merkmale mit der Ltd und der traditionellen Partnerschaftsgesellschaft im Sinne des Partnerships Act 1890 http://www.legislation.gov.uk. Sobald die LLP ins Handelsregister in Cardiff eingetragen ist, erhält sie eine eigenständige rechtliche Identität, welche sich deutlich von ihres der Mitglieder unterscheidet. Dieses Prinzip trifft auch bei anderen Gesellschaftsmodellen wie zB der Ltd zu.

Jede „Person" ist berechtigt ein Mitglied einer LLP zu werden. Die Terminologie „Person" umfasst Gesellschaften, andere LLPs oder Einzelpersonen. Im Allgemeinen muss die LLP immer über mindestens zwei Mitglieder verfügen (http://www.legislation.gov.uk).

Eine Person ist ungeeignet, Mitglied einer LLP zu sein, sollte sie bereits als Geschäftsführer einer Limited disqualifiziert worden sein gemäß dem Company Directors Disqualification Act 1986 (http://www.legislation.gov.uk) und umgekehrt. Sollte ein Insolvenzeröffnungsbeschluss gegen ein Mitglied vorliegen, so ist dieses nicht mehr berechtigt, an der Leitung der LLP mitzuwirken. Daher ist es ein Vergehen, wenn ein solches Mitglied in einer LLP in gleich welcher Form weiter agiert (Company Directors Disqualification Act 1986 unter Berücksichtigung von s. 11 Limited Liability Partnerships Regulations 2001, SI 2001/1090 reg 4 (2)).

Eine Ltd. und eine LLP fangen erst an zu existieren, wenn alle Formulare, die notwendig sind, um die LLP/Ltd zu registrieren, vervollständigt sind und der Registrar in Cardiff den Handelsregistereintrag vorgenommen hat (Jubillee Cotton Mills Ltd v

Lewis [1924] AC 958; s. 44 aus Mayson, French & Ryan on Company Law (2008 – 2009), 25th Edition, veröffentlicht in 2008 von Oxford University Press). Bevor dieser Vorgang nicht erfolgreich abgeschlossen ist, existieren weder die Ltd. noch die LLP als rechtliche Person. Anders als bei einer Ltd. muss die LLP keinen Gesellschaftsvertrag oder eine Gesellschaftssatzung vereinbaren und beim Registrar zur Veröffentlichung vorlegen.

Die Ltd. wie auch die LLP sind verpflichtet, einen Jahresabschluss und geprüfte Bilanzen zu veröffentlichen. Jedoch anders als bei der Ltd. muss die LLP keine Hauptversammlung abhalten, um den Jahresabschluss zu bestätigen.

Die Ähnlichkeiten im Namen täuschen den „durchschnittlichen" Verbraucher. Es scheint, als hätten die LLP und die Partnerschaftsgesellschaft den gleichen rechtlichen Hintergrund. Dies trifft allerdings nicht zu. Wie bereits erläutert, besitzt die LLP ihre eigene Rechtsnatur, welche sie von den anderen Gesellschaften unterscheidet, daher teilen sich die LLP und Partnerschaftsgesellschaft nur die Ähnlichkeit ihres Namens. So sagt der Limited Liability Partnerships Act 2000 ausdrücklich, dass die gesetzlichen Regelungen, die für die Partnerschaftsgesellschaft gelten, keine Anwendung bei der LLP finden (Limited Liabillity Partnerships Act 2000 s. 1(5)).

Der Verfasser dankt seinem Mitarbeiter *Anthony Tur*, Barrister (England & Wales) für seine gründlichen Vorarbeiten.

2. Anmeldung einer LLP

In accordance with Section 2 of the Limited Liability Partnership Act 2000 and the relevant provisions of the Companies Act 2006 as applied to Limited Liability Partnerships.	**LL IN01** Application for the incorporation of a Limited Liability Partnership (LLP)	*Companies House — for the record —*

A fee is payable with this form
Please see 'How to pay' on the last page.

✓ **What this form is for** You may use this form to incorporate a Limited Liability Partnership.	✗ **What this form is NOT for** You cannot use this form to incorporate a company. To do this, please use form IN01 'Application to register a company'.	For further information, please refer to our guidance at www.companieshouse.gov.uk

Part 1   LLP details [19]

> **→ Filling in this form**
> Please complete in typescript or in bold black capitals.
>
> All fields are mandatory unless specified or indicated by *

A1   **LLP details**

Please show the proposed LLP name below.

LLP name in full ❶	Max Mustermann Advocates LLP

Name ending ❷	LLP/Limited Liability Partnership
For official use	

> ❶ **Duplicate names**
> Duplicate names are not permitted.
>
> ❷ **Name ending**
> You must delete either LLP or Limited Liability Partnership.
> If the LLP is situated in Wales and you chose to have a Welsh ending (PAC or Partneriaeth Atebolrwydd Cyfyngedig), please use form LL IN01c.

A2   **LLP name restrictions ❸ [20]**

Please tick the box only if the proposed LLP name contains sensitive or restricted words or expressions that require you to seek comments of a government department or other specified body.

☑ I confirm that the proposed company name contains sensitive or restricted words or expressions and that approval, where appropriate, has been sought of a government department or other specified body and I attach a copy of their response.

> ❸ **LLP name restrictions**
> A list of sensitive or restricted words or expressions that require consent can be found in guidance available on our website: www.companieshouse.gov.uk

A3   **Situation of registered office ❹ [21]**

Please tick the appropriate box below that describes the situation of the proposed registered office (only one box must be ticked):

☑ England and Wales
☐ Wales
☐ Scotland
☐ Northern Ireland

> ❹ **Registered office**
> Every LLP must have a registered office and this is the address to which the Registrar will send correspondence.
>
> For England and Wales LLPs, the address must be in England or Wales.
>
> For Welsh, Scottish or Northern Ireland LLPs, the address must be in Wales, Scotland or Northern Ireland respectively.

BIS | Department for Business Innovation & Skills

CHFP000
04/11 Version 4.1

LL IN01

Application for the incorporation of a Limited Liability Partnership (LLP)

A4	Registered office address ❶ 22		
	Please give the registered office address of your LLP.		❶ **Registered office address**
Building name/number	16		You must ensure that the address shown in this section is consistent with the situation indicated in section A3.
Street	Xample Street		
			You must provide an address in England or Wales for LLPs to be registered in England and Wales.
Post town	London		
County/Region	Greater London		You must provide an address in Wales, Scotland or Northern Ireland for LLPs to be registered in Wales, Scotland or Northern Ireland respectively.
Postcode	S W 1 E 6 L B		

A5	Members' designation 23	
	Will all members from time to time be designated members? ❷	❷ **Members' designation** If 'Yes' all members named will be designated. If 'No' at least two members named must be designated.
	☑ Yes	
	☐ No	

CHFP000
04/11 Version 4.1

LL IN01
Application for the incorporation of a Limited Liability Partnership (LLP)

Part 2	**Proposed officers**[24]

→ For a **member** who is an individual, go to **Section B1**.
→ For a **corporate member**, go to **Section C1**.

There must be two designated members at all times. Unless there are at least two designated members all members will be designated.

Member

B1	**Member appointments** ❶	❶ Appointments
	Please use this section to list all the member appointments taken on formation. For a corporate member complete C1-C5.	For corporate member appointments, please complete section C1-C5 instead of section B.
Title*	Mr.	❷ Former name(s)
Full forename(s)	Max	Please provide any previous names which have been used for business purposes in the last 20 years.
Surname	Mustermann	Married women do not need to give
Former name(s) ❷		former names unless previously used for business purposes.
Country/State of residence ❸	Germany	❸ Country/State of residence This is in respect of your usual residential address as stated in Section B4.
Date of birth	0 1 0 7 1 9 8 5	
Designated member ❹	Please tick this box if you are consenting to act as a **designated** member. ✓	❹ Designated member There must be at least two designated members at all times.
		Additional appointments If you wish to appoint more members, please use the 'Member appointments' continuation page.

B2	**Member's service address** ❺	❺ Service address
	Please complete the service address below. You must also fill in the member's usual residential address in **Section B4**.	This is the address that will appear on the public record. This does not have to be your usual residential address.
Building name/number	16	
Street	Xample Street	Please state 'The LLP's Registered Office' if your service address will be recorded in the LLP's register of members' particulars as the LLP's registered office.
Post town	London	
County/Region	Greater London	If you provide your residential address here it will appear on the public record.
Postcode	S W 1 E 6 L B	
Country	United Kingdom	

B3	**Signature** ❻	❻ Signature
	I consent to act as member of the proposed LLP named in **Section A1**.	The person named above consents to act as member of the proposed LLP.
Signature	Signature X	X

CHFP000
04/11 Version 4.1

LL IN01

Application for the incorporation of a Limited Liability Partnership (LLP)

X

This page is not shown on the public record

||||||||||||||||||||||||||||||||

Do not cover this barcode

B4	**Member's usual residential address ❶**

Please complete your usual residential address below.

Building name/number	3
Street	Friedrichstrasse
Post town	Berlin
County/Region	
Postcode	1 0 1 1 7
Country	Germany

❶ **New member's usual residential address**
Please state 'Same as service address' in this section if your usual residential address is recorded in the LLP's proposed register of member's residential addresses as 'Same as the service address'.

You cannot state 'Same as service address' if your service address has been stated in section B2 as 'The LLP's Registered Office'. You will need to complete the address in full.

This address cannot be a PO Box, DX or LP (Legal Post in Scotland) number.

Section 243 of Companies Act 2006 as applied to LLPs by The Limited Liability Partnerships (Application of Companies Act 2006) Regulations 2009.

Section 243 exemption ❷

Only tick the box below if you are in the process of applying for, or have been granted, exemption by the Registrar from disclosing your usual residential address to credit reference agencies under section 243 of the Companies Act 2006 as applied to LLPs by The Limited Liability Partnerships (Application of Companies Act 2006) Regulations 2009.

☐

Different postal address:
If you are applying for, or have been granted, a section 243 exemption, please post this whole form to the different postal address below:
The Registrar of Companies, PO Box 4082, Cardiff, CF14 3WE.

Where you are applying for a section 243 exemption with this notice, the application and this form must be posted together.

X

❷ If you are currently in the process of applying for, or have been granted, a section 243 exemption, you may wish to check you have not entered your usual residential address in section B2 as this will appear on the public record.

CHFP000
04/11 Version 4.1

LL IN01

Application for the incorporation of a Limited Liability Partnership (LLP)

Member

B1   **Member appointments ❶**

	Please use this section to list all the member appointments taken on formation. **For a corporate member, complete Section C1–C5.**
Title*	Mrs.
Full forename(s)	Lisa - Marie
Surname	Mustermann
Former name(s) ❷	
Country/State of residence ❸	Germany
Date of birth	0 1 0 2 1 9 8 7
Designated member ❹	Please tick this box if you are consenting to act as a **designated** member. ☑

❶ **Appointments**
For corporate member appointments, please complete section C1-C5 instead of Section B.

❷ **Former name(s)**
Please provide any previous names which have been used for business purposes in the last 20 years.
Married women do not need to give former names unless previously used for business purposes.

❸ **Country/State of residence**
This is in respect of your usual residential address as stated in section B4.

❹ **Designated member**
There must be at least two designated members at all times.

Additional appointments
If you wish to appoint more members, please use the 'Member appointments' continuation page.

B2   **Member's service address ❺**

	Please complete the service address below. You must also fill in the member's usual residential address in **Section B4.**
Building name/number	16
Street	Xample Street
Post town	London
County/Region	
Postcode	S W 1 E 6 L B
Country	United Kingdom

❺ **Service address**
This is the address that will appear on the public record. This does not have to be your usual residential address.

Please state 'The LLP's Registered Office' if your service address will be recorded in the LLP's register of members' particulars as the LLP's registered office.

If you provide your residential address here it will appear on the public record.

B3   **Signature ❻**

	I consent to act as member of the proposed LLP named in **Section A1.**
Signature	Signature
	X X

❻ **Signature**
The person named above consents to act as member of the proposed LLP.

CHFP000
04/11 Version 4.1

LL IN01

Application for the incorporation of a Limited Liability Partnership (LLP)

X

This page is not shown on the public record

Do not cover this barcode

B4	Member's usual residential address ❶

Please complete your usual residential address below.

Building name/number	3
Street	Friedrichstrasse
Post town	Berlin
County/Region	
Postcode	1 0 1 1 7
Country	Germany

❶ **New member's usual residential address**
Please state 'Same as service address' in this section if your usual residential address is recorded in the LLP's proposed register of member's residential addresses as 'Same as the service address'.

You cannot state 'Same as service address' if your service address has been stated in section B2 as 'The LLP's Registered Office'. You will need to complete the address in full.

This address cannot be a PO Box, DX or LP (Legal Post in Scotland) number.

Section 243 of Companies Act 2006 as applied to LLPs by The Limited Liability Partnerships (Application of Companies Act 2006) Regulations 2009.	### Section 243 exemption ❷ Only tick the box below if you are in the process of applying for, or have been granted, exemption by the Registrar from disclosing your usual residential address to credit reference agencies under section 243 of the Companies Act 2006 as applied to LLPs by The Limited Liability Partnerships (Application of Companies Act 2006) Regulations 2009. ☐ **Different postal address:** If you are applying for, or have been granted, a section 243 exemption, please post this whole form to the different postal address below: The Registrar of Companies, PO Box 4082, Cardiff, CF14 3WE. Where you are applying for a section 243 exemption with this notice, the application and this form must be posted together.	❷ If you are currently in the process of applying for, or have been granted, a section 243 exemption, you may wish to check you have not entered your usual residential address in section B2 as this will appear on the public record.

X

CHFP000
04/11 Version 4.1

LL IN01
Application for the incorporation of a Limited Liability Partnership (LLP)

Corporate member

C1	Corporate member appointments❶	
	Please use this section to list all the corporate members of the LLP.	**❶ Registered or principal address** This is the address that will appear on the public record. This address must be a physical location for the delivery of documents. It cannot be a PO box number (unless contained within a full address), DX number or LP (Legal post in Scotland) number.
Name of corporate body or firm	Muster-Schmidt AG	
Building name/number	17	
Street	Kurfuerstendamm	
		❷ Designated member There must be at least two designated members at all times.
Post town	Berlin	
County/Region		**Additional appointments** If you wish to appoint more than one corporate member, please use the 'Corporate member appointments' continuation page.
Postcode	1 0 7 0 7	
Country	Germany	
Designated member ❷	Please tick this box if you are consenting to act as a **designated** member. ☐	

C2	Location of the registry of the corporate body or firm	
	Is the corporate member registered within the European Economic Area (EEA)? → Yes Complete **Section C3 only** → No Complete **Section C4 only**	

C3	EEA companies ❶	
	Please give details of the register where the company file is kept (including the relevant state) and the registration number in that register.	**❶ EEA** A full list of countries of the EEA can be found in our guidance: www.companieshouse.gov.uk
Where the company/firm is registered ❶	Berlin - Germany	**❶** This is the register mentioned in Article 3 of the First Company Law Directive (68/151/EEC).
Registration number	HRB 00000	

C4	Non-EEA companies	
	Please give details of the legal form of the corporate body or firm and the law by which it is governed. If applicable, please also give details of the register in which it is entered (including the state) and its registration number in that register.	**❶ Non-EEA** Where you have provided details of the register (including state) where the company or firm is registered, you must also provide its number in that register
Legal form of the corporate body or firm		
Governing law		
If applicable, where the company/firm is registered ❶		
If applicable, the registration number		

C5	Signature ❶	
	I consent to act as member of the proposed LLP named in **Section A1**.	**❶ Signature** The person named above consents to act as corporate member of the proposed LLP.
Signature	Signature X	X

CHFP000
04/11 Version 4.1

LL IN01

Application for the incorporation of a Limited Liability Partnership (LLP)

Part 3	Signature

I certify that I am a

- Solicitor engaged in the formation of this LLP
- Member named of this LLP

and that two or more persons named in this form are associated for carrying on lawful business with a view to profit.

I am signing this form on behalf of the LLP

Signature	Signature
	X X

CHFP000
04/11 Version 4.1

LL IN01
Application for the incorporation of a Limited Liability Partnership (LLP)

Presenter information

You do not have to give any contact information, but if you do it will help Companies House if there is a query on the form. The contact information you give will be visible to searchers of the public record.

Contact name   Wolfgang Muster

Company name   Muster Rechtsanwaelte

Address   Musterstrasse 31

Post town   Berlin

County/Region

Postcode | 1 | 0 | 1 | 1 | 7 | | |

Country   Germany

DX

Telephone   0049 30 ...

✓ Certificate

We will send your certificate to the presenters address (shown above) or if indicated to another address shown below:

☐ At the registered office address (Given in Section A4).

✓ Checklist

We may return forms completed incorrectly or with information missing.

Please make sure you have remembered the following:
☐ You have checked that the proposed LLP name is available and the various rules that may affect your choice of name. More information can be found in guidance on our website.
☐ If the name of the company is the same as one already on the register as permitted by The Company and Business Names (Miscellaneous Provisions) Regulations 2008, please attach consent.
☐ You have used the correct appointment section.
☐ Any addresses given must be a physical location. They cannot be a PO Box number (unless part of a full service address), DX or LP (Legal Post in Scotland) number.
☐ There are at least two designated members.
☐ The document has been signed, where indicated.
☐ You have enclosed the correct fee.
☐ All relevant attachments have been included.

! Important information

Please note that all information on this form will appear on the public record, apart from information relating to usual residential addresses.

£ How to pay

A fee is payable on this form.
Make cheques or postal orders payable to 'Companies House'. For information on fees, go to: www.companieshouse.gov.uk

✉ Where to send

You may return this form to any Companies House address, however for expediency we advise you to return it to the appropriate address below:

For LLPs registered in England and Wales:
The Registrar of Companies, Companies House, Crown Way, Cardiff, Wales, CF14 3UZ.
DX 33050 Cardiff.

For LLPs registered in Scotland:
The Registrar of Companies, Companies House, Fourth floor, Edinburgh Quay 2, 139 Fountainbridge, Edinburgh, Scotland, EH3 9FF.
DX ED235 Edinburgh 1
or LP - 4 Edinburgh 2 (Legal Post).

For LLPs registered in Northern Ireland:
The Registrar of Companies, Companies House, Second Floor, The Linenhall, 32-38 Linenhall Street, Belfast, Northern Ireland, BT2 8BG.
DX 481 N.R. Belfast 1.

Section 243 exemption
If you are applying for, or have been granted a section 243 exemption, please post this whole form to the different postal address below:
The Registrar of Companies, PO Box 4082, Cardiff, CF14 3WE.

i Further information

For further information, please see the guidance notes on the website at www.companieshouse.gov.uk or email enquiries@companieshouse.gov.uk

This form is available in an alternative format. Please visit the forms page on the website at www.companieshouse.gov.uk

This form has been provided free of charge by Companies House.

CHFP000
04/11 Version 4.1

Anmerkungen

1. Die für die Registrierung der Unternehmen zuständige Person ist der Registrar im Companies House. Die Registrierung einer LLP wird durch den zuständigen Registrar durchgeführt, sobald er das genehmigte Formular für die Gründung der Kapitalgesellschaft erhalten hat. Es ist ratsam, das genehmigte **Formular LL IN01**; siehe auch: http://www.companieshouse.gov.uk von der Website des Companies House zu nutzen. Die Gesellschaft darf jedoch auch ihr eigenes Gründungsdokument entwerfen. Dieses Dokument muss die folgenden Angaben enthalten:

(1) Der Name der zu gründenden LLP
(2) Ob sich der Firmensitz der LLP in England und Wales, nur Wales oder in Schottland befinden soll
(3) Die Adresse des geplanten Firmensitzes
(4) Namen und Adressen aller Mitglieder (Partner)
(5) Welche dieser natürlichen Mitglieder als designierte Mitglieder bezeichnet werden sollen; alternativ können alle Mitglieder als designierte Mitglieder fungieren.

2. Jeder Name einer LLP muss ein Suffix im Anhang führen, entweder der komplette Ausdruck „limited liability partnership" oder die Abkürzung „llp" oder „LLP" (http://www.legislation.gov.uk). Die Namen aller eingetragenen LLPs und Gesellschaften sind registriert und in einem Handelsregister festgehalten, welches über die Website des Companies House zugänglich ist.

Keine LLP und keine Gesellschaft darf einen bereits verwendeten Namen benutzen, der im Companies House Index zu finden ist. Außerdem darf eine LLP keinen Namen wählen, der – würde seine Nutzung erlaubt sein – eine Straftat darstellt, beleidigend ist, oder den Eindruck vermittelt, dass er in irgendeiner Weise mit der Zentralregierung oder der Kommunalverwaltung in Verbindung steht. Alle LLPs Gesellschafter dürfen kein Wort und keinen Ausdruck ohne die Zustimmung des Secretary of State verwenden, sollte es in den Vorschriften des Companies Act 2006 oder im „Company and Business Names Regulation 1981 (*Tolley's Company Law Service/Division L/Limited Liability Partnerships/Formation procedures [L3013], Issue 127, February 2013*)" aufgeführt ist.

3. Alle LLPs müssen zu jeder Zeit einen eingetragenen Firmensitz in England, Wales oder Schottland vorweisen, an welchen Nachrichten und Mitteilungen adressiert werden können. Es gibt keine Einschränkungen bei der Wahl des eingetragenen Firmensitzes, allerdings wird von einer „Solicitors LLP" verlangt, ihre praktizierende Adresse sowie ihren eingetragenen Firmensitz auszuführen. Bei einer erfolgreichen Gründung der LLP wird die angegebene „Büroadresse" zum sogenannten eingetragenen Firmensitz.

4. Der Registrar muss von jeglicher Veränderung bezüglich der Angaben zu den Mitgliedern einer LLP schnellstmöglich unterrichtet werden. Es ist daher ratsam, die entsprechenden vorgefertigten Formulare des Companies House zu verwenden. Die vorgefertigten Formulare kann man auf folgender Website finden: http://www.companieshouse.gov.uk.

Die entsprechenden Formulare müssen von den designierten Mitgliedern unterschrieben, vervollständigt und nach der Vorgabe des Registrars beglaubigt werden.

Sollte es notwendig sein, den Registrar davon zu unterrichten, dass ein neues Mitglied in die LLP eintreten soll, so muss das entsprechende Formular → Form. S. I. 9 – LL AP01 von einem designierten Mitglied und vom neuen Mitglied vervollständigt und unterschrieben werden sowie dem Registrar innerhalb von 14 zugestellt werden. Dieselbe Vorgehensweise und Zeitlimit treffen auch zu, wenn ein Mitglied die LLP verlassen möchte oder ein Mitglied als *„designiertes Mitglied" zurücktreten möchte*. Der Registrar muss des Weiteren innerhalb von 28 Tagen davon unterrichtet werden, dass sich der Name oder die Adresse eines Mitglieds verändert hat. Alle designierten Mitglieder machen sich uU strafbar, sollten sie sich nicht an die gesetzlichen Vorgaben gehalten haben.

5. Aufgabe, Funktion und Status eines designierten Mitglieds (http://www.legislation. gov.uk) wurden vom englischen Gesetzgeber nicht klar definiert. Es gibt jedoch eine Vielzahl von gesetzlichen Bestimmungen, die nur von designierten Mitgliedern ausgeführten werden können. Daher ist die Haftung für ein Fehlverhalten auch nur auf die designierten Mitglieder beschränkt und nicht auf alle Mitglieder einer LLP.

Es scheint jedoch, dass die Position des designierten Mitglieds keine anderen Befugnisse verleiht. Diese Position bringt jedoch mehr Aufgaben und Verantwortung mit sich, die aber auch essentiell wichtig sind, um eine LLP zu führen. Daher ist es Aufgabe eines designierten Mitglieds, die administrativen Verpflichtungen einer LLP wahrzunehmen und in ständigem Kontakt zum Registrar des Companies House zu stehen.

Eine LLP könnte beschließen, nur eine kleine Zahl von designierten Mitgliedern zu bestimmen, jedoch die Aufgaben, Rollen und Funktionen der Unternehmensführung und Kontrolle auf alle Mitglieder der LLP zu verteilen. Dies wird vielfach so gehandhabt, um Schadensbegrenzung zu betreiben, sollte mal etwas schief gehen.

6. Die Vor- und Nachnamen (wo zutreffend Titel) jedes natürlichen Mitgliedes müssen auf dem Gründungsdokument vermerkt sein und bei dem Registrar des Companies House eingereicht werden. Sollte jedoch eine juristische Person Mitglied werden, muss auch dessen Gesellschafts- oder Firmenname in den Gründungsdokumenten hinterlegt werden. Die zukünftigen Mitglieder sind in der Regel verpflichtet, ihren Wohnort auf den Gründungsdokumenten einzutragen. Außerdem **muss** bei einem Unternehmen als zukünftiges Mitglied dessen eingetragene oder postalische Adresse notiert sein. Nur in außergewöhnlichen Umständen darf eine Person oder eine juristische Person einen Geheimhaltungsbeschluss beantragen, um ihre Adresse einer öffentlichen Prüfung zu entziehen. Um mit dem Antrag erfolgreich zu sein, muss die Person nachweisen können, dass sie potentiell körperlicher Angriff oder Sachbeschädigung gefährdet.

Für Personen oder Unternehmen die in spezifischen Bereichen wie Forschung mittels Tierversuchen arbeiten, oder die als Ärzte Abtreibungen durchführen oder in Bereichen forschen, die unter öffentlichen Ausschlusses liegen, besteht die Möglichkeit einer erfolgreichen Bewerbung um einen Geheimhaltungsbeschluss.

7. Die Namen der geplanten Ursprungsmitglieder der LLP müssen im Gründungsdokument spezifiziert werden.

8. Eine LLP kann jederzeit „neue Mitglieder" aufnehmen, solange diese sich an die Vereinbarungen mit den bestehenden Mitgliedern halten. Die Vereinbarung zwischen den bestehenden Mitgliederung (Limited Liability Partnership Vereinbarung) muss nicht in schriftlicher Form vorliegen, jedoch ist es ratsamer, eine schriftliche Vereinbarung zu verfassen und sich nicht auf eine mündliche Vereinbarung oder gegenseitiges Verständnis zu verlassen.

Die „neuen Mitglieder" können Personen [→ Form. S. I. 9 – **LLAP01**] oder Unternehmen [**Formular LLAP02**] sein. Für die Anzahl der Mitglieder, die einer LLP beitreten dürfen, gibt es keine Begrenzung, jedoch gilt eine Mindestanzahl von zwei Mitgliedern, solange keine Ausnahme vom Registrar gewährt wurde. Eine Ausnahme darf gewährt werden, sollte eines der zwei Mitglieder versterben, oder sollte das verbleibende Mitglied die Frist für die Ernennung eines neuen Mitgliedes zeitlich nicht einhalten können. In diesem Fall darf das verbleibende Mitglied die Geschäfte der LLP für 6 Monate weiterführen, jedoch muss die Ernennung des neuen Mitgliedes spätestens mit Ablauf dieser 6 Monate erfolgen.

9. Das Gründungsdokument kann bestimmen, dass alle Mitglieder „designated members" sein müssen, oder es kann einige individuelle Mitglieder der LLP als designated members benennen. Diese Mitglieder werden als „designated members" bei der Gründung der LLP bestimmt. Unabhängig von der Wahl, die die LLP ursprünglich traf, kann die Entscheidung jederzeit widerrufen werden. Dies erfolgt durch Benachrichtigen des Registrars, dass die Benennung der designated members geändert wird, etwa um einige Personen einzuschließen oder um alle Mitglieder zu designated members zu ernennen. Diese Benachrichtigungen werden mit Zugang beim Registrar wirksam.

Es sind keine spezifischen Anforderungen erforderlich, um sich als designated member zu qualifizieren. Aus diesem Grunde kann jeder in Verbindung mit dieser Vereinbarung designated member werden. Dieses Prinzip gilt gleichermaßen für designated members, welche einen Austritt aus der Gruppe der designated members wünschen. Sollte es kein oder nur ein designated member geben, verlangt der Limited Liability Partnerships Act 2000, dass in diesem Fall alle Mitglieder zu designated members benannt werden. Um diese Situation zu vermeiden sollte der LLP Vertrag Klauseln enthalten, die bestimmen, wie ein designated member (designiertes Mitglied) ernannt werden muss und wie ein bereits existierender designiertes Mitglied diese Position räumen kann

10. Die Mitgliedschaft einer Person einer LLP endet durch Tod oder durch Löschung der Corporate Identity. Ein Mitglied kann jederzeit seine Mitgliedschaft in der LLP beenden und zwar in Übereinstimmung mit der schriftlichen/mündlichen Partnerschaftsvereinbarung. Sollte die Vereinbarung keine Bestimmungen zu einer Beendigung beinhalten, kann die Mitgliedschaft jederzeit unter Einhaltung einer angemessenen Frist beendet werden. Es gibt keine Richtlinien, die eine „angemessene Frist" definieren; dieses muss von Fall zu Fall entschieden werden, angepasst an die jeweiligen Umstände eines individuellen Falles. Die finanziellen Konsequenzen einer frühen Beendigung des Mitgliedschaftsstatus' sind nicht durch Fallrecht oder gesetzliche Regelung bestimmt. Für das Formular zur Beendigung einer Mitgliedschaft → Form. S. I. 8 – LLTM 01.

11. Ein Eckpfeiler der LLP besteht darin, dass jedes Mitglied die LLP vertreten kann.

12. Die Mitglieder der LLP haben eine Treuepflicht der LLP gegenüber, jedoch besteht keine Treuepflicht zwischen den einzelnen Mitgliedern. Dies ist auch nicht gewollt, da dies im Falle einer Klage nur zu Unklarheit führen würde, wer die eigentlich haftbare Person ist, gegen die sich die Klage richten muss.

13. Die LLP kann für das Fehlverhalten eines Mitgliedes im selben Umfang haftbar gemacht werden wie das Mitglied selbst.

14. Jedes Mitglied der LLP fungiert als rechtlicher Vertreter der gesamten LLP. Daher kann jedes Mitglied die LLP gegenüber einer dritten Partei vertraglich binden.

15. Das Ausscheiden eines Mitglieds aus der LLP und die damit verbundene Entnahme von Kapital können ein hohes Maß an Verwundbarkeit hervorrufen. Um dies zu verhindern, hat das Gericht auf Gesuch die Möglichkeit, die „unfair prejudice" Bestimmungen aus dem Companies Act 2006 anzuwenden. Auf Antrag eines Mitglieds muss das Gericht abwägen, ob die LLP zum rechtlichen Nachteil ihrer/ihres Mitglieder/Mitgliedes agiert. Dies kann jedoch außer Kraft gesetzt werden durch einen einstimmig beschlossenen schriftlichen Vertrag.

16. Ein Partnerschaftsvertrag muss nicht im Detail schriftlich festgehalten oder sogar zum Ausdruck gebracht worden sein, jedoch besteht die Möglichkeit, dass solch eine Vereinbarung vor Gericht impliziert wird. Um Missverständnisse vorzubeugen, ist es daher ratsam einen detaillierten, schriftlichen Partnerschaftsvertrag zu schließen.

Der Limited Liabillity Partnerships Act 2000 sieht sogar vor, dass die Mitglieder und die LLP einen Vertrag untereinander abschließen um die wechselseitigen Rechte und Verpflichtungen zwischen der LLP und ihren Mitgliedern sowie zwischen den einzelnen Mitgliedern, rechtlich abzusichern. Ohne solch einem Vertrag werden die Rechte und Pflichten der LLP und ihrer Mitglieder durch Säumnisbedingungen reguliert.

17. Der Gesetzesgeber hat mit der Einführung der Limited Liability Regulations 2001 nur eine geringe Anzahl an Säumnisbedingungen bezüglich der internen Unternehmensführung eingefügt. Die Säumnisbedingungen, die in den Limited Liability Regulations auftauchen, sind den Säumnisbedingungen aus dem Partnership Act 1890 sehr ähnlich.

Sollte kein Partnerschaftsvertrag vorhanden sein, könnten die folgenden Bedingungen Anwendung finden:
- Alle Mitglieder nehmen an der Unternehmensführung teil.
- Keines der Mitglieder hat ein Recht auf Vergütung von der LLP
- Die Aufnahme neuer Mitglieder benötigt eine einstimmige Einwilligung der bestehenden Mitglieder
- Eine einfache Mehrheit kann alles entscheiden, außer eine Veränderung in der Art der Geschäftätigkeit der LLP; dafür ist eine einstimmige Mehrheit erforderlich
- Die Geschäftsbücher und Unterlagen müssen am Geschäftssitz gelagert werden und frei zugänglich sein für alle Mitglieder der LLP
- Ausschluss ist nicht möglich ohne ausdrückliche Bestimmungen.
- Alle Mitglieder müssen wahrheitsgemäße Rechenschaft und vollständige Informationen über alle relevanten Dinge ablegen, die die LLP beeinflussen oder betreffen könnten.
- Alle Mitglieder teilen gleicher Maßen das Kapital und den Gewinn der LLP.

Die obig aufgeführten Bedingungen können durch einen gültigen LLP Partnerschaftsvertrag außer Kraft gesetzt werden, jedoch das Recht, die Geschäftsbücher der LLP einzusehen, kann nicht aufgehoben werden, da dies eine fundamentale Bedingung der Mitgliedschaft in einer LLP ist.

18. Sobald das Gründungsdokument und der Gründungsbericht dem Registrar zugestellt wurden – und er bestätigen kann, dass alle notwendigen Vorraussetzungen für die Gründung erfüllt sind – wird er ein unterschriebenes oder versiegeltes Zertifikat ausstellen, welches die Gründung der LLP belegt (http://www.legislation.gov.uk).

Das vom Registrar ausgestellte Zertifikat ist ein beweiskräftiger Beleg, dass die Person (en) die Registrierungsvoraussetzungen

19. Unter **LLP details** muss der vollständige Firmennamen der LLP, unter Verwendung der Bezeichung der Körperschaft (entweder „LLP" oder „Limited Liability Partnership") eingetragen werden.

20. Unter **LLP name restrictions** muss bestätigt werden, dass der Firmenname der LLP den gesetzlichen Vorgaben des Companies Act 2006 und der Business Names Regulation 1981 entspricht.

21. Unter **Situation of registered office** muss ausgewählt werden, in welchem britischen Handelsregister die neue LLP eingetragen werden soll. Es ist jedoch zu beachten, dass – wenn die Geschäftsadresse in England and Wales belegen ist – England and Wales ausgewählt werden muss.

22. Unter **Registered office address** muss die Adresse der Hauptgeschäftsstelle der LLP angegeben werden.

23. Unter **Member's designation** kann die LLP festlegen, dass alle Mitglieder mit der Aufnahme zur LLP automatisch designierte Mitglieder werden.

24. Unter **Proposed officers** werden nun die neuen Mitglieder der LLP geführt. Dieses Formular wird für jedes Mitglied individuell ausgefüllt.

25. Unter **Members appointment** muss die LLP den vollständigen Namen des neuen Mitglieds, seinen Wohnort (Land), sein Geburtsdatum sowie angeben, ob er ein designiertes Mitglied werden soll.

26. Unter **Member's service address** muss die Adresse angegeben werden, an welcher die geschäftliche Post bezüglich der LLP empfangen werden soll. Hier wird üblicherweise die Geschäftsadresse der LLP gewählt. Diese Adresse wird auch im Handelsregister veröffentlicht und ist somit frei zugänglich für die Öffentlichkeit.

27. Unter **Signature** muss das zukünftige Mitglied der LLP unterschreiben und somit bestätigen, dass er der Mitgliedschaft zustimmt.

28. Unter **Member's usual residential address** muss die Wohnadresse des neuen Mitglieds angegeben werden. Das Mitglied hat die Möglichkeit, einen Antrag zu stellen, um von dieser Verpflichtung befreit zu werden, jedoch wird das nur genehmigt, sollte durch die Angabe der Wohnadresse die Sicherheit des neuen Mitglieds gefährdet sein (so).

29. Wird ein Unternehmen oder eine juristische Person als Mitglied der LLP aufgenommen, so müssen der vollständige Firmenname und die Firmenadresse angegeben werden. Es wird des Weiteren gefragt, ob das Unternehmen ein designiertes Mitglied wird.

30. Unter **C2** muss die LLP eintragen, wo das Unternehmen ins Handelsregister eingetragen ist. Sollte das Unternehmen im europäischen Wirtschaftsraum registriert sein, so muss C3 ausgefüllt werden; wenn nicht, muss C4 ausgefüllt werden.

31. Unter „Signature" muss der Vertretungsberechtigte des Unternehmens unterschreiben und bestätigen, dass der Mitgliedschaft zur LLP zugestimmt wird.

32. Unter **Part 3** muss dann entweder der Anwalt, der die LLP im Auftrag gegründet hat, oder ein designiertes Mitglied der neuen LLP unterschreiben.

3. Namensänderung einer LLP

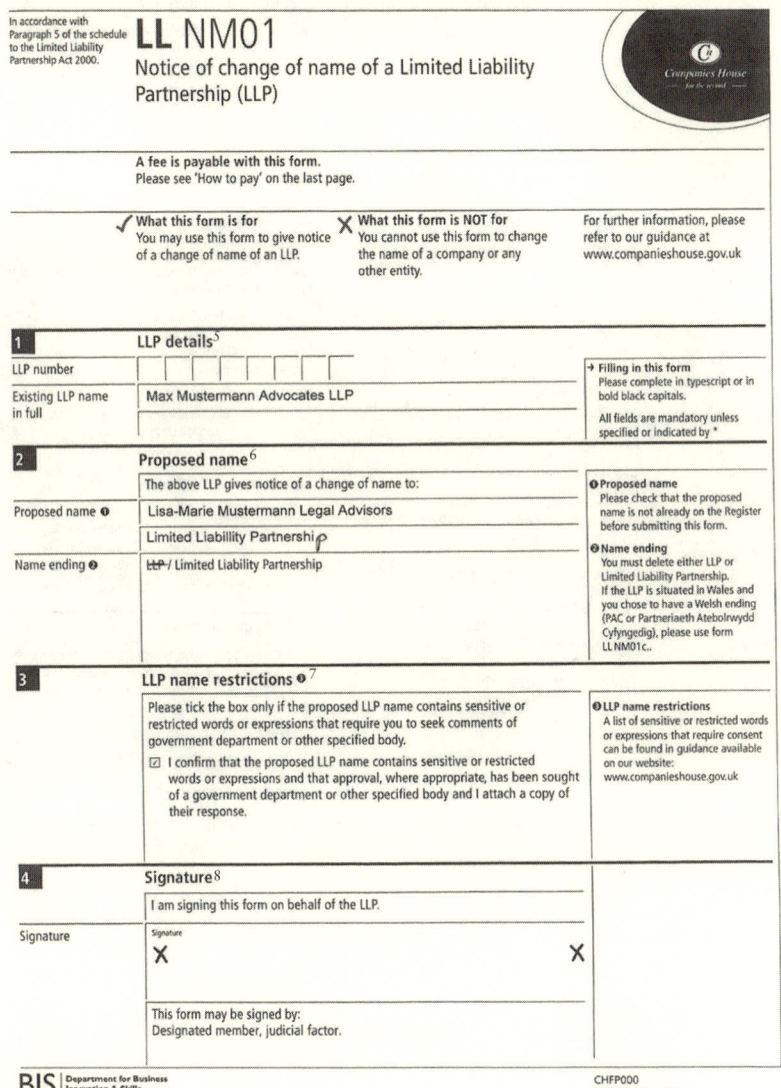

LL NM01
Notice of change of name of a Limited Liability Partnership

Presenter information

You do not have to give any contact information, but if you do it will help Companies House if there is a query on the form and will establish where we return the original documents. The contact information you give will be visible to searchers of the public record.

Contact name Wolfgang Muster

Company name Muster Rechtsanwälte

Address Musterstrasse 31

Post town Berlin

County/Region

Postcode | 1 | 0 | 1 | 1 | 7 | | |

Country Germany

DX

Telephone 0049 30 ...

✓ Checklist

We may return forms completed incorrectly or with information missing.

Please make sure you have remembered the following:
☐ The LLP name and number match the information held on the public Register.
☐ You have given the proposed name in Section 2.
☐ You have checked that the proposed name is not already on the Register.
☐ You have signed the form.
☐ You have enclosed the correct fee.

! Important information

Please note that all information on this form will appear on the public record.

£ How to pay

A fee of £10 is payable to Companies House in respect of change of name.

Make cheques or postal orders payable to 'Companies House.'

✉ Where to send

You may return this form to any Companies House address, however for expediency we advise you to return it to the appropriate address below:

For LLPs registered in England and Wales:
The Registrar of Companies, Companies House, Crown Way, Cardiff, Wales, CF14 3UZ.
DX 33050 Cardiff.

For LLPs registered in Scotland:
The Registrar of Companies, Companies House, Fourth floor, Edinburgh Quay 2,
139 Fountainbridge, Edinburgh, Scotland, EH3 9FF.
DX ED235 Edinburgh 1
or LP - 4 Edinburgh 2 (Legal Post).

For LLPs registered in Northern Ireland:
The Registrar of Companies, Companies House, Second Floor, The Linenhall, 32-38 Linenhall Street, Belfast, Northern Ireland, BT2 8BG.
DX 481 N.R. Belfast 1.

i Further information

For further information, please see the guidance notes on the website at www.companieshouse.gov.uk or email enquiries@companieshouse.gov.uk

This form is available in an alternative format. Please visit the forms page on the website at www.companieshouse.gov.uk

This form has been provided free of charge by Companies House.

CHFP000
05/10 Version 4.0

Anmerkungen

1. Der registrierte Name einer LLP kann zu jeder Zeit geändert werden. Dazu wird der LLP nahegelegt dieses Formular mit dem gewünschten neuen Namen auszufüllen und an das Companies House zu senden.

2. Bei einer Namensänderung der LLP muss erneut darauf geachtet werden, dass der neue Name nicht bereits anders verwendet wird.

3. Bei der Namenswahl ist weiterhin darauf zu achten, dass der neue Name der LLP nicht im „*Companies Act 2006*" oder im „*Company and Business Names Regulation 1981*" als nicht verwendbarer Name gelistet ist.

4. Eine LLP darf ihren Namen durch Einreichung des Formulars LL NM01, welches auf der Website des Companies House zu finden ist, jederzeit berichtigen oder ändern. Dieses Formular muss zusammen mit einem Scheck über £10, ausgestellt auf das Companies House, eingereicht werden.

5. Unter **LLP details** müssen die Daten der LLP eingteragen werden, und zwar die Registrierungsnummer und der Name, unter dem die LLP bisher geführt wird.

6. Unter **Proposed name** muss der zukünftige Name der LLP, zusammen mit der gewählten Endung eingetragen werden. Dies kann entweder „*LLP*" oder „*Limited Liability Partnership*" sein.

7. Unter **LLP name restrictions** muss vom designierten Mitglied bestätigt werden, dass der neue Name den Regeln des *Companies Act 2006* und den des *Business Names Regulations 1981* entspricht und somit verwendet und registriert werden darf.

8. Das Formular muss sodann von einem designierten Mitglied unterschrieben werden, jedoch kann auch eine andere Firma im Auftrag der LLP das Formular einreichen und für etwaige Fragen als Kontaktperson dem Companies House zur Verfügung stehen.

4. Sitzverlegung einer LLP

In accordance with
Section 87 of the
Companies Act 2006
as applied by the Limited
Liability Partnerships
(Application of Companies
Act 2006) Regulations 2009

LL AD01

Change of registered office address of a Limited
Liability Partnership (LLP)

Companies House
— for the record —

✓ **What this form is for**
You may use this form
to change an LLP's registered office
address.

✗ **What this form is NOT for**
You cannot use this form to change
the registered office address of a
private or public limited company.
To do this, please use form AD01
'Change of registered office
address'.

For further information, please
refer to our guidance at
www.companieshouse.gov.uk

1 | **LLP details** [6]

LLP number	☐☐☐☐☐☐☐☐
LLP name in full	Max Mustermann Advocates LLP

→ **Filling in this form**
Please complete in typescript or in
bold black capitals.

All fields are mandatory unless
specified or indicated by *

2 | **New registered office address ❶** [7]

The change in registered office address does not take effect until this notice has
been registered.

A person may validly serve any document on the LLP at its previous registered
office for 14 days from the date that a change of registered office is registered.

Building name/number	27
Street	Xample Street
Post town	Newcastle upon Tyne
County/Region	
Postcode	N E 7 7 D U

❶ **Change of registered office**
For England and Wales LLPs, the
address provided can either be in
England or Wales.

For Welsh LLPs, the address provided
must be in Wales.

For LLPs registered in Scotland
or Northern Ireland, the address
provided must be in Scotland or
Northern Ireland respectively.

3 | **Signature** [8]

I am signing this form on behalf of the LLP.

Signature	Signature ✗ ✗

This form may be signed by:
Designated member, Judicial factor.

BIS | Department for Business
Innovation & Skills

CHFP000
05/10 Version 4.0

LL AD01

Change of registered office address of a Limited Liability Partnership (LLP)

Presenter information

You do not have to give any contact information, but if you do it will help Companies House if there is a query on the form. The contact information you give will be visible to searchers of the public record.

Contact name	Max Mustermann
Company name	Max Mustermann Advocates LLP
Address	27 Xample Street
Post town	Newcastle upon Tyne
County/Region	
Postcode	N E 7 7 D U
Country	United Kingdom
DX	
Telephone	

Checklist

We may return forms completed incorrectly or with information missing.

Please make sure you have remembered the following:

☐ The LLP name and number match the information held on the public Register.
☐ You have provided the new registered office address in section 2.
☐ The registered office is in the location where the LLP was registered e.g. England and Wales, Wales, Scotland, or Northern Ireland.
☐ You have signed the form.

Important information

Please note that all information on this form will appear on the public record.

Where to send

You may return this form to any Companies House address, however for expediency we advise you to return it to the appropriate address below:

For LLPs registered in England and Wales:
The Registrar of Companies, Companies House, Crown Way, Cardiff, Wales, CF14 3UZ.
DX 33050 Cardiff.

For LLPs registered in Scotland:
The Registrar of Companies, Companies House, Fourth floor, Edinburgh Quay 2, 139 Fountainbridge, Edinburgh, Scotland, EH3 9FF.
DX ED235 Edinburgh 1
or LP - 4 Edinburgh 2 (Legal Post).

For LLPs registered in Northern Ireland:
The Registrar of Companies, Companies House, Second Floor, The Linenhall, 32-38 Linenhall Street, Belfast, Northern Ireland, BT2 8BG.
DX 481 N.R. Belfast 1.

Further information

For further information, please see the guidance notes on the website at www.companieshouse.gov.uk or email enquiries@companieshouse.gov.uk

This form is available in an alternative format. Please visit the forms page on the website at www.companieshouse.gov.uk

This form has been provided free of charge by Companies House.

CHFP000
05/10 Version 4.0

Anmerkungen

1. Die LLP muss einen Geschäftssitz im Vereinigten Königreich von Großbritannien haben.

2. Der Firmensitz der LLP kann innerhalb Großbritanniens jederzeit verändert werden, jedoch muss der Registrar von der bevorstehenden Geschäftssitzverlegung umgehend informiert werden.

3. Die Verlegung des Geschäftssitzes wird nicht wirksam, bevor das Formular LL AD01 beim Registrar registriert ist. Dennoch können bis zu 14 Tage nach der Registrierung der Geschäftssitzverlegung noch Dokumente an die Adresse zugestellt werden.

4. Es muss daher sichergestellt werden, dass die alte Adresse und die neue Geschäftsadresse in der 14-tägigen Übergangsphase parallel weiterlaufen, damit an beiden Adressen zugestellt werden kann.

5. Bei einer Geschäftssitzverlegung muss die LLP sicherstellen, dass alle Mandanten, Klienten, Geschäftspartner, Gerichte, Mitglieder und Schuldner von der Verlegung unterrichtet werden.

6. Unter **LLP details** müssen die Daten der LLP eingetragen werden, und zwar die Registrierungsnummer und der Name, unter dem die LLP im Companies House Register geführt wird.

7. Unter **New Registered office address** muss der neue Geschäftssitz der LLP in Großbritannien eingetragen werden. Es ist zu beachten, dass eine Geschäftssitzverlegung von England und Wales nach Nordirland oder Schottland etwas schwieriger ist, da diese Gebiete ihr eigens Companies House Register führen und es somit sein kann, dass die LLP komplett neu registriert werden muss.

8. Das Formular muss schließlich von einem designierten Mitglied unterschrieben werden und schnellstmöglich dem Registrar der jeweiligen Region, in der die LLP registriert ist, zugestellt werden.

5. Bekanntgabe der Verlegung der Geschäftsunterlagen in ein zentrales Archiv

---

In accordance with sections 162, 743, 877 and 892 of the Companies Act 2006 as applied by The Limited Liability Partnerships (Application of Companies Act 2006) Regulations 2009.

LL AD02

Notification of single alternative inspection location (SAIL) of a Limited Liability Partnership (LLP)

Companies House
for the record

✓ **What this form is for**	✗ **What this form is NOT for**	For further information, please
You may use this form to tell us the address (other than the registered office) of an alternative inspection location where LLP records may be kept for inspection.	You cannot use this form to tell us the address of a location outside of the part of the United Kingdom where the LLP is registered.	refer to our guidance at www.companieshouse.gov.uk

1 **LLP details**[4]

LLP number								

LLP name in full	

→ Filling in this form
Please complete in typescript or in bold black capitals.

All fields are mandatory unless specified or indicated by *

2 **Address of the single alternative inspection location (SAIL)❶** [5]

This is the address for an alternative location to the LLP's registered office for the inspection of the LLP records.

Building name/number	10
Street	Xample Street
Post town	Liverpool
County/Region	
Postcode	L 2 4 1 Y D

❶ Important
The SAIL must always be in the part of the United Kingdom in which your LLP is registered.

You need to notify which LLP records have moved to the SAIL on form LL AD03 'Change of location of the records to the single alternative inspection location (SAIL) of a Limited Liability Partnership (LLP)'. If you have not previously filed form LL AD03, please file one.

3 **Signature**[6]

I am signing this form on behalf of the LLP

Signature	Signature X X

This form may be signed by:
Designated member, Member, Administrator, Administrative receiver, Receiver manager, Receiver, Judicial factor.

BIS Department for Business Innovation & Skills

CHFP000
05/10 Version 4.0

LL AD02

Notification of single alternative inspection location (SAIL) of a
Limited Liability Partnership (LLP)

👤 Presenter information

You do not have to give any contact information, but if
you do it will help Companies House if there is a query
on the form. The contact information you give will be
visible to searchers of the public record.

Contact name	Max Mustermann ➕
Company name	Max Mustermann Advocates LLP ➕
Address	16 Xample Street
Post town	London
County/Region	
Postcode	S W 1 E 6 L B
Country	United Kingdom
DX	
Telephone	

✔ Checklist

**We may return forms completed incorrectly or
with information missing.**

Please make sure you have remembered the
following:
- ☐ The LLP name and number match the information
  held on the public Register.
- ☐ You have provided the address of the single
  alternative inspection location in Section 2.
- ☐ The address provided is in the part of the UK where
  the LLP is registered.
- ☐ You have signed the form.

❗ Important information

**Please note that all information on this form will
appear on the public record.**

✉ Where to send

You may return this form to any Companies House
address, however for expediency we advise you to
return it to the appropriate address below:

For LLPs registered in England and Wales:
The Registrar of Companies, Companies House, Crown
Way, Cardiff, Wales, CF14 3UZ.
DX 33050 Cardiff.

For LLPs registered in Scotland:
The Registrar of Companies, Companies House,
Fourth floor, Edinburgh Quay 2,
139 Fountainbridge, Edinburgh, Scotland, EH3 9FF.
DX ED235 Edinburgh 1
or LP - 4 Edinburgh 2 (Legal Post).

For LLPs registered in Northern Ireland:
The Registrar of Companies, Companies House,
Second Floor, The Linenhall, 32-38 Linenhall Street,,
Belfast, Northern Ireland, BT2 8BG.
DX 481 N.R. Belfast 1.

ℹ Further information

For further information, please see the guidance notes
on the website at www.companieshouse.gov.uk
or email enquiries@companieshouse.gov.uk

This form is available in an
alternative format. Please visit the
forms page on the website at
www.companieshouse.gov.uk

This form has been provided free of charge by Companies House.

CHFP000
05/10 Version 4.0

Anmerkungen

1. Die LLP ist verpflichtet, ihre Geschäftsunterlagen wie Liste ihrer Mitglieder, Bilanzen, Berichte des Auditors oder auch die Liste ihrer Anteilsinhaber, offen zugänglich aufzubewahren und zu archivieren.

2. Es ist üblich, diese Unterlagen am Geschäftssitz aufzubewahren, jedoch gibt es Umstände, unter denen dies nicht (mehr) möglich ist. Die Unterlagen dürfen an einem anderen Ort archiviert werden, solange dies dem Registrar rechtzeitig mitgeteilt worden ist.

3. Das neue Archiv muss in derselben Region liegen wie der Geschäftssitz der LLP. Dies bedeutet, dass das Archiv sich in England und Wales, Schottland oder Nord Irland befinden darf, solange auch die LLP dort registriert ist.

4. Unter **LLP details** müssen die Daten der LLP eingetragen werden und zwar die Registrierungsnummer und der Name, unter dem die LLP im Companies House Register geführt wird.

5. Unter **Address of the single alternative inspection location (Sail)** muss die vollständige Adresse des Archivs in Großbritannien eingetragen werden. Das Archiv muss in Großbritannien sein, da dort die LLP ihren Hauptgeschäftssitz haben muss, um als LLP registriert werden zu können.

6. Das Formular muss abschließend von einem designierten Mitglied unterschrieben werden und schnellstmöglich dem Registrar der jeweiligen Region, in der die LLP registriert ist, zugestellt werden.

6. Beschreibung der Unterlagen, die nun im SAIL sind

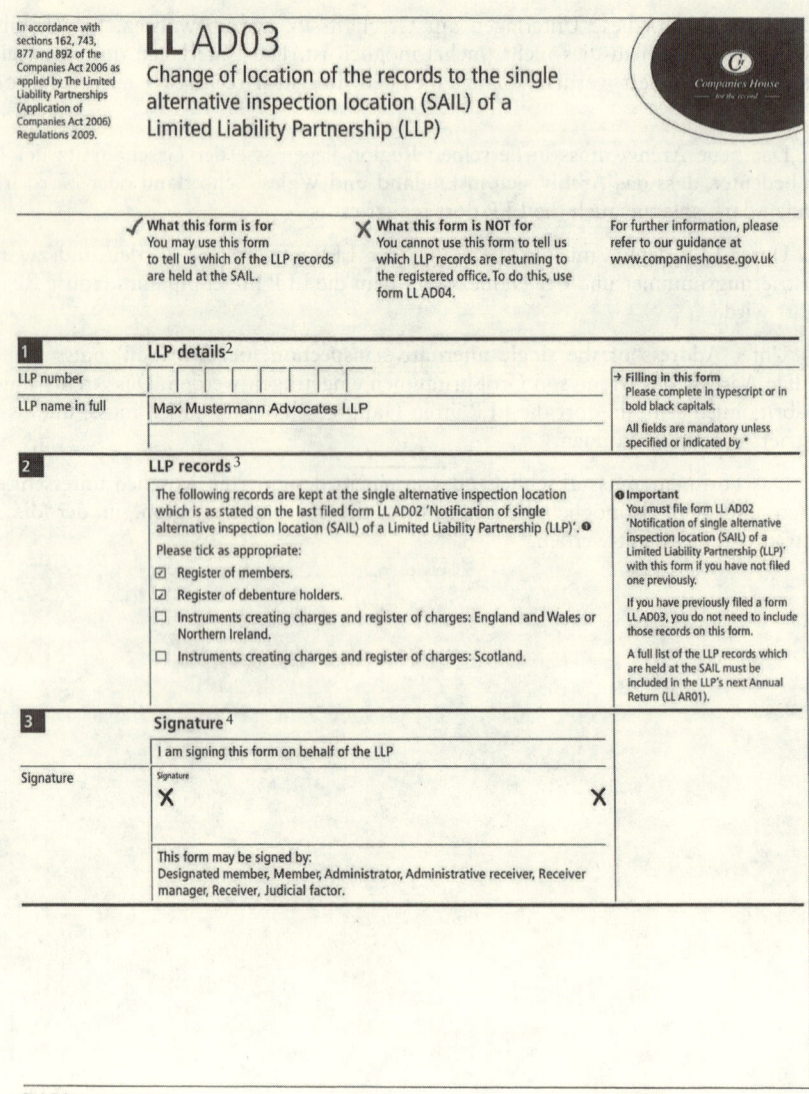

LL AD03
Change of location of the records to the single alternative inspection location (SAIL) of a
Limited Liability Partnership (LLP)

Presenter information

You do not have to give any contact information, but if
you do it will help Companies House if there is a query
on the form. The contact information you give will be
visible to searchers of the public record.

Contact name   Max Mustermann

Company name   Max Mustermann Advocates LLP

Address   16 Xample Street

Post town   London

County/Region

Postcode | S | W | 1 | E | | 6 | L | B |

Country   United Kingdom

DX

Telephone

Checklist

We may return forms completed incorrectly or
with information missing.

Please make sure you have remembered the
following:
☐ The LLP name and number match the information
held on the public Register.
☐ You have ticked the relevant boxes in Section 2.
☐ You have signed the form.

Important information

Please note that all information on this form will
appear on the public record.

Where to send

You may return this form to any Companies House
address, however for expediency we advise you to
return it to the appropriate address below:

For LLPs registered in England and Wales:
The Registrar of Companies, Companies House, Crown
Way, Cardiff, Wales, CF14 3UZ.
DX 33050 Cardiff.

For LLPs registered in Scotland:
The Registrar of Companies, Companies House,
Fourth floor, Edinburgh Quay 2,
139 Fountainbridge, Edinburgh, Scotland, EH3 9FF.
DX ED235 Edinburgh 1
or LP - 4 Edinburgh 2 (Legal Post).

For LLPs registered in Northern Ireland:
The Registrar of Companies, Companies House,
Second Floor, The Linenhall, 32-38 Linenhall Street,
Belfast, Northern Ireland, BT2 8BG.
DX 481 N.R. Belfast 1.

Further information

For further information, please see the guidance notes
on the website at www.companieshouse.gov.uk
or email enquiries@companieshouse.gov.uk

This form is available in an
alternative format. Please visit the
forms page on the website at
www.companieshouse.gov.uk

This form has been provided free of charge by Companies House.

CHFP000
05/10 Version 4.0

Anmerkungen

1. Sollte eine LLP entscheiden, dass sie bestimmte Unterlagen von ihrem Hauptgeschäftssitz in Großbritannien in ein weiteres Archiv senden will, muss diese die Geschäftsunterlagen identifizieren, damit der Registrar aus Companies House weiß, welche Unterlagen noch am Geschäftssitz archiviert werden und welche im ausgegliedertem Archiv gelagert werden.

2. Unter **LLP details** müssen die Daten der LLP eingetragen werden, und zwar die Registrierungsnummer und der Name, unter dem die LLP im Companies House Register geführt wird.

3. Unter **LLP records** muss die LLP angeben, welche Geschäftsunterlagen gesondert im SAIL archiviert werden und sich somit nicht mehr am Hauptgeschäftssitz gelagert werden.

4. Das Formular muss sodann von einem designierten Mitglied unterschrieben und am besten zusammen mit dem Formular LL AD02 beim Registrar eingereicht werden.

7. Änderung des Aufbewahrungsorts der Geschäftsunterlagen zurück zum Hauptgeschäftsitz

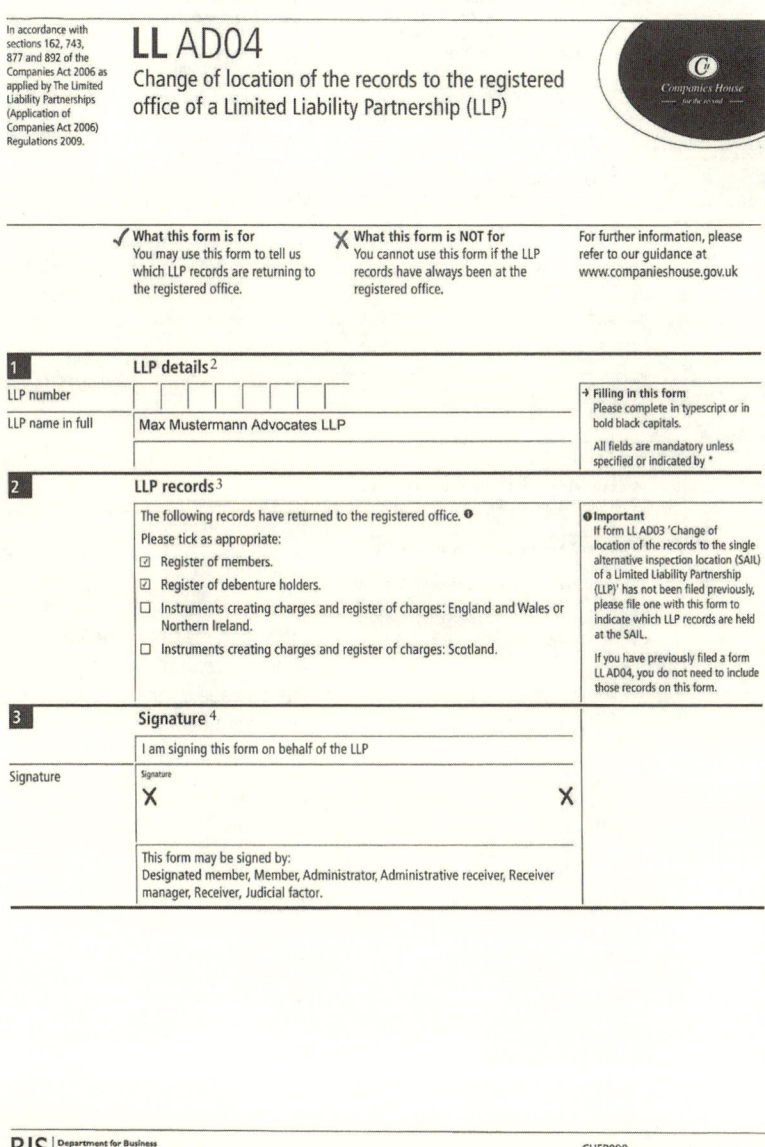

In accordance with sections 162, 743, 877 and 892 of the Companies Act 2006 as applied by The Limited Liability Partnerships (Application of Companies Act 2006) Regulations 2009.

LL AD04

Change of location of the records to the registered office of a Limited Liability Partnership (LLP)

Companies House for the record

✓ **What this form is for**
You may use this form to tell us which LLP records are returning to the registered office.

✗ **What this form is NOT for**
You cannot use this form if the LLP records have always been at the registered office.

For further information, please refer to our guidance at www.companieshouse.gov.uk

---

1   **LLP details** [2]

LLP number									

LLP name in full   Max Mustermann Advocates LLP

→ **Filling in this form**
Please complete in typescript or in bold black capitals.

All fields are mandatory unless specified or indicated by *

---

2   **LLP records** [3]

The following records have returned to the registered office. ❶

Please tick as appropriate:

☑ Register of members.

☑ Register of debenture holders.

☐ Instruments creating charges and register of charges: England and Wales or Northern Ireland.

☐ Instruments creating charges and register of charges: Scotland.

❶ **Important**
If form LL AD03 'Change of location of the records to the single alternative inspection location (SAIL) of a Limited Liability Partnership (LLP)' has not been filed previously, please file one with this form to indicate which LLP records are held at the SAIL.

If you have previously filed a form LL AD04, you do not need to include those records on this form.

---

3   **Signature** [4]

I am signing this form on behalf of the LLP

Signature

Signature
X   X

This form may be signed by:
Designated member, Member, Administrator, Administrative receiver, Receiver manager, Receiver, Judicial factor.

BIS | Department for Business Innovation & Skills

CHFP000
05/10 Version 4.0

LL AD04

Change of location of the records to the registered office of a Limited Liability Partnership (LLP)

👤 Presenter information

You do not have to give any contact information, but if you do it will help Companies House if there is a query on the form. The contact information you give will be visible to searchers of the public record.

Contact name	Max Mustermann
Company name	Max Mustermann Advocates LLP
Address	16 Xample Street
Post town	London
County/Region	
Postcode	S W 1 E 6 L B
Country	Germany
DX	
Telephone	

✓ Checklist

We may return forms completed incorrectly or with information missing.

Please make sure you have remembered the following:
- ☐ The LLP name and number match the information held on the public Register.
- ☐ You have ticked the relevant boxes in Section 2.
- ☐ You have signed the form.

❗ Important information

Please note that all information on this form will appear on the public record.

✉ Where to send

You may return this form to any Companies House address, however for expediency we advise you to return it to the appropriate address below:

For LLPs registered in England and Wales:
The Registrar of Companies, Companies House, Crown Way, Cardiff, Wales, CF14 3UZ.
DX 33050 Cardiff.

For LLPs registered in Scotland:
The Registrar of Companies, Companies House, Fourth floor, Edinburgh Quay 2,
139 Fountainbridge, Edinburgh, Scotland, EH3 9FF.
DX ED235 Edinburgh 1
or LP - 4 Edinburgh 2 (Legal Post).

For LLPs registered in Northern Ireland:
The Registrar of Companies, Companies House, Second Floor, The Linenhall, 32-38 Linenhall Street, Belfast, Northern Ireland, BT2 8BG.
DX 481 N.R. Belfast 1.

ℹ Further information

For further information, please see the guidance notes on the website at www.companieshouse.gov.uk or email enquiries@companieshouse.gov.uk

This form is available in an alternative format. Please visit the forms page on the website at www.companieshouse.gov.uk

This form has been provided free of charge by Companies House.

CHFP000
05/10 Version 4.0

Anmerkungen

1. Die LLP hat jederzeit die Möglichkeit, die Unterlagen vom SAIL wieder zum Geschäftssitz in Großbritannien zurückzuholen, jedoch muss die LLP vorher den Registrar davon unterrichten.

2. Unter **LLP details** müssen die Daten der LLP eingetragen werden, und zwar die Registrierungsnummer und der Name, unter dem die LLP im Companies House Register geführt wird

3. Die LLP muss unter dem Punkt **LLP Records** angeben, welche Geschäftsunterlagen nun wieder am Hauptgeschäftssitz in Großbritannien archiviert werden und frei zugänglich sind.

4. Das Formular muss dann von einem designierten Mitglied unterschrieben und schnellstmöglich dem Registrar der jeweiligen Region, in der die LLP registriert ist, zugestellt werden.

8. Beendigung der Mitgliedschaft in einer LLP

In accordance with
Section 9 of the Limited
Liability Partnerships
Act 2000.

LL TM01
Termination of appointment of member
of a Limited Liability Partnership (LLP)

Companies House
for the record

✓ What this form is for	✗ What this form is NOT for	For further information, please
You may use this form to terminate the appointment of a member (individual or corporate) of an LLP.	You cannot use this form to terminate the appointment of a director of a company. To do this, please use form TM01 'Termination of appointment of director'.	refer to our guidance at www.companieshouse.gov.uk

1　　　　　LLP details [4]

LLP number										→ **Filling in this form**
LLP name in full	Max Mustermann Advocates LLP									Please complete in typescript or in bold black capitals.
										All fields are mandatory unless specified or indicated by *

2　　　　　Current details on the Register [5]

Please give us the current appointment details of this member held on the public Register.

		❶ **Date of birth**
Date of birth* ❶	`d 0` `d 1` `m 0` `m 2` `y 1` `y 9` `y 8` `y 7`	Providing a date of birth will help us identify the correct person on the public Register. This is voluntary information and if completed it will be placed on the public record.
Title*	Mrs.	
Full forename(s)	Lisa - Marie	
Surname/Corporate name	Mustermann	

3　　　　　Termination details ❷ [6]

Date of termination of appointment	`d 0` `d 5` `m 0` `m 9` `y 2` `y 0` `y 1` `y 3`	❷ Only one member appointment can be terminated per form.

4　　　　　Signature [7]

I am signing this form on behalf of the LLP.

Signature	Signature	
	X	X

This form may be signed by:
Designated member, Judicial factor.

BIS | Department for Business Innovation & Skills

CHFP000
05/10 Version 4.0

LL TM01
Termination of appointment of member of a Limited Liability Partnership (LLP)

Presenter information

You do not have to give any contact information, but if you do it will help Companies House if there is a query on the form. The contact information you give will be visible to searchers of the public record.

Contact name
Max Mustermann

Company name
Max Mustermann Advocates

Address
16 Xample Street

Post town
London

County/Region

Postcode
| S | W | 1 | E | | 6 | L | B |

Country
United Kingdom

DX

Telephone

Checklist

We may return forms completed incorrectly or with information missing.

Please make sure you have remembered the following:
☐ The LLP name and number match the information held on the public Register.
☐ You have correctly entered the name of the member being terminated.
☐ You have included the date of termination.
☐ A designated member has signed the form.

Important information

Please note that all information on this form will appear on the public record.

Where to send

You may return this form to any Companies House address, however for expediency we advise you to return it to the appropriate address below:

For LLPs registered in England and Wales:
The Registrar of Companies, Companies House, Crown Way, Cardiff, Wales, CF14 3UZ.
DX 33050 Cardiff.

For LLPs registered in Scotland:
The Registrar of Companies, Companies House, Fourth floor, Edinburgh Quay 2, 139 Fountainbridge, Edinburgh, Scotland, EH3 9FF.
DX ED235 Edinburgh 1
or LP - 4 Edinburgh 2 (Legal Post).

For LLPs registered in Northern Ireland:
The Registrar of Companies, Companies House, Second Floor, The Linenhall, 32-38 Linenhall Street, Belfast, Northern Ireland, BT2 8BG.
DX 481 N.R. Belfast 1.

Further information

For further information, please see the guidance notes on the website at www.companieshouse.gov.uk or email enquiries@companieshouse.gov.uk

This form is available in an alternative format. Please visit the forms page on the website at www.companieshouse.gov.uk

This form has been provided free of charge by Companies House.

CHFP000
05/10 Version 4.0

Anmerkungen

1. Sollte ein Mitglied aus der LLP ausscheiden oder austreten, muss die LLP den Registrar innerhalb von 14 Tagen unterrichten, dass das Mitglied aus der LLP ausgeschieden ist, und dass das Mitglied keine Vertretungsbefugnis der LLP mehr besitzt; andernfalls kann das frühere Mitglied die LLP nicht rechtlich binden.

2. Es ist von großer Wichtigkeit, dass die Daten der einzelnen Mitglieder immer auf dem neusten Stand sind, und dass jegliche Veränderungen dem Registrar schnellstmöglich mitgeteilt werden.

3. Sollte dies nicht geschehen, machen sich alle desginierten Mitglieder gleichermaßen strafbar haftbar, daher sollten sie sich unbedingt an die gesetzlich festgelegten Fristen halten.

4. Unter **LLP details** müssen die Daten der LLP eingetragen werden, und zwar die Registrierungsnummer und der Name, unter dem die LLP im Companies House Register geführt wird.

5. Unter **Current details on the Register** müssen das Geburtsdatum sowie der vollständige Name des auscheidenden Mitglieds eingetragen werden.

6. Unter **Termination details** muss das Datum eingesetzt werden, ab wann die Mitgliedschaft beendet wird oder worden ist.

7. Das Formular muss sodann von einem designierten Mitglied unterschrieben werden und dem Registrar innerhalb von 14 Tagen nach Beendigung der Mitgliedschaft zugestellt werden. Sollte dies nicht geschehen, können strafrechtliche Konsequenzen auf alle designierten Mitglieder zukommen. Es liegt daher im Interesse der betroffenen Mitglieder, die Fristen einzuhalten.

8. Dieses Formular kann immer nur für ein Mitglied verwendet werden. Sollten mehrere Mitglieder zur gleichen Zeit ausscheiden, muss das Formular mehrmals für die einzelnen Mitglieder ausgefüllt werden. Gründe, warum die Mitgliedschaft beendet wurde, müssen nicht angegeben werden.

9. Ernennung eines Mitglieds zur LLP

In accordance with
Section 9 of the
Limited Liability
Partnerships Act 2000.

LL AP01[5]

Appointment of member
of a Limited Liability Partnership (LLP)

Companies House
— *for the record* —

✓ What this form is for	✗ What this form is NOT for	For further information, please
You may use this form to appoint an individual as a member of an LLP.	You cannot use the form to appoint a corporate member. To do this, please use form LL AP02 'Appointment of a corporate member of a Limited Liability Partnership (LLP)'.	refer to our guidance at www.companieshouse.gov.uk

1   LLP details[6]

LLP number										→ Filling in this form
										Please complete in typescript or in bold black capitals.
LLP name in full	Max Mustermann Advocates LLP									All fields are mandatory unless specified or indicated by *

2   Date of member's appointment[7]

Date of appointment	$^d0$ $^d1$	$^m0$ $^m5$	$^y2$ $^y0$ $^y1$ $^y3$

3   New member's details[8]

Title *	Dr.	❶ Former name(s)
		Please provide any previous names which have been used for business purposes in the past 20 years.
Full forename(s)	Andreas	
		Married women do not need to give former names unless previously used for business purposes.
Surname	Mustermann	
Former name(s) ❶		Continue in Section 6 if required.
Country/State of residence ❷	Germany	❷ Country/State of residence
		This is in respect of your usual residential address as stated in Section 4a.
Date of birth	$^d1$ $^d4$	$^m1$ $^m1$	$^y1$ $^y9$ $^y4$ $^y9$	
Appointment type ❸	Are you being appointed as a designated member?	❸ Appointment type
	☐ Yes	Your designation must match the status of the LLP.
	☑ No	

4   New member's service address ❹[9]

	Please complete the service address below. You must also complete the member's usual residential address in **Section 4a**.	❹ Service address
		This is the address that will appear on the public record. This does not have to be your usual residential address.
Building name/number	16	
Street	Xample Street	Please state 'The LLP's Registered Office' if your service address is recorded in the LLP's register of members as the LLP's registered office.
Post town	London	
County/Region		
Postcode	S W 1 E 6 L B	If you provide your residential address here it will appear on the public record.
Country	United Kingdom	

BIS | Department for Business Innovation & Skills

CHFP000
05/10 Version 4.0

LL AP01
Appointment of member of a Limited Liability Partnership (LLP)

X

This page is not shown on the public record

Do not cover this barcode

4a   New member's usual residential address ❶¹⁰

	Please complete your usual residential address below.
Building name/number	15
Street	Unter den Linden
Post town	Berlin
County/Region	
Postcode	1 0 1 1 7
Country	Germany

❶ New member's usual residential address
Please state 'Same as service address' in this section if your usual residential address is recorded in the LLP's register of members' residential addresses as 'Same as service address'.

You cannot state 'Same as service address' if your service address has been stated in Section 4 as 'The LLP's Registered Office'. You will need to complete the address in full.

This cannot be a PO Box, DX or LP (Legal Post in Scotland) number.

Section 243 of Companies Act 2006 (as applied to LLPs by The Limited Liability Partnerships (Application of Companies Act 2006) Regulations 2009)

Section 243 exemption ❷¹¹

Only tick the box below if you are in the process of applying for, or have been granted, exemption by the Registrar from disclosing your usual residential address to credit reference agencies under Section 243 of the Companies Act 2006 (as applied to LLPs by The Limited Liability Partnerships (Application of Companies Act 2006) Regulations 2009).

☐

Different postal address:
If you are applying for, or have been granted, a Section 243 exemption, please post this whole form to the different postal address below:
The Registrar of Companies, PO Box 4082, Cardiff, CF14 3WE.

Where you are applying for a Section 243 exemption with this notice, the application and this form must be posted together.

X

❷ If you are currently in the process of applying for, or have been granted, a Section 243 exemption, you may wish to check you have not entered your usual residential address in Section 4 as this will appear on the public record.

CHFP000
05/10 Version 4.0

LL AP01
Appointment of member of a Limited Liability Partnership (LLP)

5	Signatures [12], [13]	
	I consent to act as member of the above named LLP.	
New member's signature	Signature X	X
Authorising signature	Signature X	X
	This form may be signed and authorised by: Designated member, Judicial factor.	

6	Additional former names (continued from Section 3)	
Former names ❶		❶ Additional former names Use this space to enter any additional names.

CHFP000
05/10 Version 4.0

LL AP01

Appointment of member of a Limited Liability Partnership (LLP)

Presenter information

You do not have to give any contact information, but if you do it will help Companies House if there is a query on the form. The contact information you give will be visible to searchers of the public record.

Contact name   Max Mustermann

Company name   Max Mustermann Advocates

Address   16 Xample Street

Post town   London

County/Region

Postcode | S | W | 1 | E | | 6 | L | B |

Country   United Kingdom

DX

Telephone

✓ Checklist

We may return forms completed incorrectly or with information missing.

Please make sure you have remembered the following:

☐ The LLP name and number match the information held on the public Register.
☐ You have provided a correct date of birth.
☐ You have completed the date of appointment.
☐ You have completed the appointment type.
☐ You have indicated if you are a designated member.
☐ You have provided both the service address and the usual residential address.
☐ Addresses must be a physical location. They cannot be a PO Box number (unless part of a full service address), DX or LP (Legal Post in Scotland) number.
☐ You have included all former names used for business purposes over the last 20 years.
☐ You have enclosed a relevant Section 243 application if applying for this at the same time as completing this form.
☐ The new member has signed the form.
☐ An authorising signature has been given by a designated member.

! Important information

Please note that all information on this form will appear on the public record, apart from information relating to usual residential addresses.

✉ Where to send

You may return this form to any Companies House address, however for expediency we advise you to return it to the appropriate address below:

For LLPs registered in England and Wales:
The Registrar of Companies, Companies House, Crown Way, Cardiff, Wales, CF14 3UZ
DX 33050 Cardiff.

For LLPs registered in Scotland:
The Registrar of Companies, Companies House, Fourth floor, Edinburgh Quay 2, 139 Fountainbridge, Edinburgh, Scotland, EH3 9FF.
DX ED235 Edinburgh 1
or LP - 4 Edinburgh 2 (Legal Post).

For LLPs registered in Northern Ireland:
The Registrar of Companies, Companies House, Second Floor, The Linenhall, 32-38 Linenhall Street, Belfast, Northern Ireland, BT2 8BG.
DX 481 N.R. Belfast 1.

Section 243 exemption
If you are applying for, or have been granted, a section 243 exemption, please post this whole form to the different postal address below:
The Registrar of Companies, PO Box 4082, Cardiff, CF14 3WE.

i Further information

For further information, please see the guidance notes on the website at www.companieshouse.gov.uk
or email enquiries@companieshouse.gov.uk

This form is available in an alternative format. Please visit the forms page on the website at www.companieshouse.gov.uk

Anmerkungen

1. Die LLP kann zu jeder Zeit neue Mitglieder aufnehmen, solange in der schriftlichen oder mündlichen Vereinbarung (Partnerschaftsvertrag) nichts Gegenteiliges vereinbart wurde.

2. Es gibt keine Begrenzung für die Anzahl der Mitglieder, doch muss die LLP aus mindestens 2 Mitgliedern bestehen. Diese Mindestvoraussetzung darf nicht ohne Zustimmung des Registrars unterschritten werden.

3. Sollte der Registrar eine Unterschreitung der Mitgliederzahl genehmigt haben, gilt diese Genehmigung nur für sechs Monate. Sollte nach Ablauf dieser Zeit nicht die Mindestzahl an Mitgliedern erfüllt sein, muss die LLP in eine andere Unternehmensform umgewandelt werden (zB in eine Ltd).

4. Bei der Aufnahme in die Mitgliedschaft der LLP wird auch festgelegt, ob ein neues Mitglied ein designiertes Mitglied wird oder nicht.

5. Das Formular LL AP01 darf nur für die Ernennung von natürlichen Personen zur Mitgliedschaft in der LLP benutzt werden. Falls ein Unternehmen oder eine rechtliche Person ernannt werden soll, muss → Form. S. I. 10 – LL AP 02 benutzt werden.

6. Unter **LLP details** müssen die Daten der LLP eingetragen werden, und zwar die Registrierungsnummer und der Name, unter dem die LLP im Companies House Register geführt wird.

7. Unter **Date of member's appointment** muss das Datum eingetragen werden, zu dem die Person Mitglied der LLP geworden ist.

8. Unter **New Member's details** müssen der vollständige Name, der Staat, in dem das Mitglied wohnhaft ist, das Geburtsdatum und weiterhin eingetragen werden, ob das neue Mitglied ein designiertes Mitglied werden soll.

9. Unter **New Member's Service address** muss die Adresse angeben werden, an die die offizielle Korrespondenz geschickt werden soll. Dies ist üblicherweise die Geschäftsadresse der LLP, da diese Adresse veröffentlich wird und somit für jedermann frei zugänglich ist.

10. Unter **New Member's usual residential address** muss die private Anschrift/Wohnadresse angegeben werden. Diese wird jedoch nicht veröffentlicht.

11. Unter **Section 243 exemption** sind Mitglieder von der Pflicht zur Angabe der Wohnadresse befreit, wenn dies zu einer Gefährdung des Mitgliedsführen würde. Dies wird jedoch auf die meisten Personen nicht zutreffen, außer die LLP ist in einem Bereich wie zB der inneren Sicherheit, oder aber auch im Bereich von Abtreibungen oder Tierversuchen tätig. Die Befreiung muss schriftlich beantragt werden.

12. Unter **Signatures** müssen das neue Mitglied und ein designiertes Mitglied unterschreiben; erst dann ist das neue Mitglied offiziell der LLP beigetreten.

13. Das Formular muss sodann innerhalb von 14 Tagen nach Aufnahmelin die Mitgliedschaft dem Registrar zugestellt werden. Sollte dies nicht geschehen, können strafrechtliche Konsequenzen auf alle designierten Mitglieder zukommen. Es liegt daher im Interesse der einzelnen Mitglieder, die Fristen einzuhalten.

10. Ernennung eines Unternehmens/einer rechtlichen Person zum Mitglied in einer LLP

In accordance with
Section 9 of the Limited
Liability Partnerships Act
2000.

LL AP02[5]

Appointment of corporate member
of a Limited Liability Partnership (LLP)

Companies House
for the record

✓ What this form is for	✗ What this form is NOT for	For further information, please
You may use this form to appoint a corporate body or firm as member of an LLP.	You cannot use this form if you are appointing an individual as a member. To do this, use form LL AP01 'Appointment of member of a Limited Liability Partnership (LLP)'.	refer to our guidance at www.companieshouse.gov.uk

1   **LLP details[6]**

LLP number	☐☐☐☐☐☐☐☐
LLP name in full	Max Mustermann Advocates LLP

→ **Filling in this form**
Please complete in typescript or in bold black capitals.

All fields are mandatory unless specified or indicated by *

2   **Date of corporate member's appointment[7]**

Date of appointment	`0` `1` `0` `3` `2` `0` `1` `3`

3   **Corporate member's details[8]**

Corporate body/firm name	Wolfgang Mustermann Solicitors Ltd.
Building name/number	19
Street	Xample Street
Post Town	Manchester
County/Region	Greater Manchester
Postcode	M 1 7 B L
Country	United Kingdom

Registered or principal address
This is the address that will appear on the public record.
This address must be a physical location for the delivery of documents. It cannot be a PO box number (unless contained within a full address), a DX number or LP (Legal post in Scotland) number.

4

Appointment type ❶[9]	Are you being appointed as a designated member?
	☑ Yes
	☐ No
	Is the corporate member registered within the European Economic Area (EEA)?
	→ Yes Complete **Section 5**
	→ No Complete **Section 6**

❶ **Appointment type**
Your designation must match the status of the LLP.

BIS Department for Business
Innovation & Skills

CHFP000
05/10 Version 4.0

Heinz

LL AP02
Appointment of corporate member of a Limited Liability Partnership (LLP)

5	EEA companies ❶10	
	Please give details of the register where the company file is kept (including the relevant state) and the registration number in that register.	❶ EEA A full list of countries of the EEA can be found in our guidance: www.companieshouse.gov.uk
Where the company/ firm is registered ❷	United Kingdom	
		❷ This is the register mentioned in Article 3 of the First Company Law Directive (68/151/EEC).
Registration number		

6	Non-EEA companies[11]	
	Please give details of the legal form of the corporate body or firm and the law by which it is governed. If applicable, please also give details of the register in which it is entered (including the state) and its registration number in that register	❸ Non-EEA Where you have provided details of the register (including state) where the company or firm is registered, you must also provide its number in that register
Legal form of the corporate body or firm		
Governing law		
If applicable, where the company/firm is registered ❸		
If applicable, the registration number		

7	Signatures[12, 13]	
	I consent to act as member of the above named LLP.	
New member's signature	Signature X	X
Authorising signature	Signature X	X
	This form may be signed and authorised by: Designated member, Judicial factor.	

CHFP000
05/10 Version 4.0

LL AP02

Appointment of corporate member of a Limited Liability Partnership (LLP)

Presenter information

You do not have to give any contact information, but if you do it will help Companies House if there is a query on the form. The contact information you give will be visible to searchers of the public record.

Contact name   Max Mustermann

Company name   Max Mustermann Advocates LLP

Address   16 Xample Street

Post town   London

County/Region

Postcode | S | W | 1 | E | | 6 | B | L |

Country   United Kingdom

DX

Telephone

Checklist

We may return forms completed incorrectly or with information missing.

Please make sure you have remembered the following:
☐ The LLP name and number match the information held on the public record.
☐ You have completed the date of appointment.
☐ You have entered the new corporate member's address.
☐ The address must be a physical location. It cannot be a PO Box number (unless part of a full address), DX or LP (Legal Post in Scotland) number.
☐ You have completed either Section 5 or Section 6.
☐ An officer of the new corporate member has signed the form.
☐ An authorising signature has been given by a designated member.

Important information

Please note that all information on this form will appear on the public record.

Where to send

You may return this form to any Companies House address, however for expediency we advise you to return it to the appropriate address below:

For LLPs registered in England and Wales:
The Registrar of Companies, Companies House,
Crown Way, Cardiff, Wales, CF14 3UZ.
DX 33050 Cardiff.

For LLPs registered in Scotland:
The Registrar of Companies, Companies House,
Fourth floor, Edinburgh Quay 2,
139 Fountainbridge, Edinburgh, Scotland, EH3 9FF.
DX ED235 Edinburgh 1
or LP - 4 Edinburgh 2 (Legal Post).

For LLPs registered in Northern Ireland:
The Registrar of Companies, Companies House,
Second Floor, The Linenhall, 32-38 Linenhall Street,
Belfast, Northern Ireland, BT2 8BG.
DX 481 N.R. Belfast 1.

Further information

For further information, please see the guidance notes on the website at www.companieshouse.gov.uk or email enquiries@companieshouse.gov.uk

This form is available in an alternative format. Please visit the forms page on the website at www.companieshouse.gov.uk

This form has been provided free of charge by Companies House.

CHFP000
05/10 Version 4.0

Anmerkungen

1. Dieses Formular LL AP 02 darf nur zur Ernennung eines Unternehmens oder einer rechtlichen Person zur Mitgliedschaft in der LLP verwendet werden.

2. Die LLP kann zu jeder Zeit, neue Mitglieder aufnehmen, solange in der schriftlichen oder mündlichen Vereinbarung (Partnerschaftsvertrag) nichts Gegenteiliges vereinbart wurde.

3. Es gibt keine Begrenzung für die Anzahl der Mitglieder, jedoch muss die LLP an mindestens 2 Mitgliedern bestehen. Diese Mindestvoraussetzung darf nicht ohne Zustimmung des Registrars unterschritten werden.

4. Sollte der Registrar eine Unterschreitung der Mitgliederzahl genehmigt haben, gilt diese Genehmigung nur für sechs Monate. Sollte nach Ablauf dieser Zeit nicht die Mindestzahl an Mitgliedern erfüllt sein, muss die LLP in eine andere Unternehmensform umgewandelt werden (zB in eine Ltd).

5. Bei der Ernennung zur Mitgliedschaft zur LLP wird auch bestimmt, ob ein neues Mitglied ein designiertes Mitglied wird oder nicht.

6. Unter **LLP details** müssen die Daten der LLP eingetragen werden, und zwar die Registrierungsnummer und der Name, unter dem die LLP im Companies House Register geführt wird.

7. Unter **Date of corporate member's appointment** muss das Datum eingetragen werden, ab wann das Unternehmen Mitglied der LLP geworden ist oder wird.

8. Unter **Corporate Member's details** muss der vollständige eingetragene Firmenname mit Körperschaftsbezeichnung und vollständiger Adresse des Hauptfirmensitzes eingetragen werden.

9. Es muss angegeben werden, ob das neue Mitglied ein designiertes Mitglied werden soll.

10. Unter **EEA companies** muss in das Handelsregister eingetragen werden (Adresse & Handelsregisternummer), wenn das Unternehmen in einem Handelsregister im europäischen Wirtschaftsraum eingetragen ist.

11. Unter **Non-EEA companies** muss, falls das Unternehmen keine Körperschaft aus dem europäischen Wirtschaftsraum ist, eingetragen werden, was für eine Körperschaft das Unternehmen ist, nach welchem Recht sie registriert ist sowie in welchem Handelsregister und unter welcher Handelsregisternummer sie eingetragen ist.

12. Unter **Signatures** müssen das neue Mitglied und ein designiertes Mitglied unterschreiben, erst dann ist das neue Mitglied offiziell der LLP beigetreten.

13. Das Formular muss dann innerhalb von 14 Tagen nach Aufnahme der Mitgliedschaft in die LLP dem Registrar zugestellt werden. Sollte dies nicht geschehen, können strafrechtliche Konsequenzen auf alle designierten Mitglieder zukommen. Es liegt daher im Interesse der einzelnen Mitglieder, die Fristen einzuhalten.

11. Abänderung des Datums für den Abschluss des Geschäftsjahrs einer LLP

In accordance with Section 392 of the Companies Act 2006 as applied by The Limited Liability Partnerships (Accounts and Audit) (Application of Companies Act 2006) Regulations 2008.

LL AA01

Change of accounting reference date of a Limited Liability Partnership (LLP) [1, 3, 4, 8]

Companies House
for the record

✓ **What this form is for**
You may use this form to change the accounting reference date relating to either the LLP's current, or the immediately previous, accounting period. [2]

✗ **What this form is NOT for**
You cannot use this form to
- change a period for which the accounts are already overdue; or
- extend a period beyond 18 months unless the LLP is in administration.

For further information, please refer to our guidance at www.companieshouse.gov.uk

---

1   LLP details [9]

LLP number   [ ][ ][ ][ ][ ][ ][ ][ ]

LLP name in full   Max Mustermann Advocates LLP

→ **Filling in this form**
Please complete in typescript or in bold black capitals.

All fields are mandatory unless specified or indicated by *

---

2   Date of accounting reference period [10]

Please enter the end date of the current, or the immediately previous, accounting period. ❶

Accounting period ending on   [d 0][d 1] [m 0][m 1] [y 2][y 0][y 1][y 4]

❶ **Date of period you wish to change**
The current period means the present accounting period which has not yet come to an end.

The immediately previous period means the period immediately preceding your present accounting period.

---

3   New accounting reference date ❷ [11]

Has the accounting reference period been shortened or extended?
→ **Shortened.** Please complete 'Date shortened so as to end on'.
→ **Extended.** Please complete 'Date extended so as to end on'.

Please enter the date the accounting reference period has been shortened to.

Date Shortened so as to end on   [d][d] [m][m] [y][y][y][y]

or

Please enter the date the accounting reference period has been extended to.

Date Extended so as to end on   [d 0][d 1] [m 1][m 2] [y 2][y 0][y 1][y 4]

❷ **New accounting reference date**
If you wish to move the end of your current, or immediately previous, reference period to an earlier date, please insert the required date in the box marked 'Shortened'.

If you wish to move the end of your current, or immediately previous, reference period to a later date, please insert the required date in the box marked 'Extended'.

You cannot change a period for which the accounts are overdue.

You cannot extend a period beyond 18 months unless the LLP is in administration.

BIS | Department for Business Innovation & Skills

CHFP0000
05/10 Version 4.0

LL AA01

Change of accounting reference date of a Limited Liability Partnership (LLP)

4	**Extending more than once in five years**❷ 12	❷ **Extending more than once in five years**
	Have you extended the accounting reference period more than once in five years?	You only need to complete this section if you have extended your accounting reference period more than once in five years.
	→ **Yes.** Please complete the section below.	
	→ **No.** Please go to **Section 5.**	
Extending more than once in five years	You **may not** extend periods more than once in five years unless the LLP falls into one of the following categories. Please tick only one box.	
	☐ The LLP is in administration.	
	☐ You have specific approval from the Secretary of State (please enclose a copy).	
	☐ You are extending the LLP's accounting reference period to align with that of a parent or subsidiary undertaking established in the European Economic Area.	

5	**Signature** 13	
	I am signing this form on behalf of the LLP.	
Signature	Signature	
	✗ ✗	
	This form may be signed by: Designated member, Member, Administrator, Administrative receiver, Receiver, Receiver manager, Judicial factor.	

CHFP0000
5/10 Version 4.0

LL AA01

Change of accounting reference date of a Limited Liability Partnership (LLP)

Presenter information

You do not have to give any contact information, but if you do it will help Companies House if there is a query on the form. The contact information you give will be visible to searchers of the public record.

Contact name Max Mustermann

Company name Max Mustermann Advocates LLP

Address 16 Xample Street

Post town London

County/Region

Postcode S W 1 E 6 L B

Country United Kingdom

DX

Telephone

Checklist

We may return forms completed incorrectly or with information missing. 5, 6

Please make sure you have remembered the following:
- ☐ The LLP name and number match the information held on the public Register.
- ☐ You have completed Section 2.
- ☐ You have entered the new accounting reference date in Section 3.
- ☐ You have completed section 4 (if applicable).
- ☐ You have signed the form.
- ☐ You have checked your filing deadline through WebCHeck at www.companieshouse.gov.uk

Important information

Please note that all information on this form will appear on the public record.

Where to send

You may return this form to any Companies House address, however for expediency we advise you to return it to the appropriate address below:

For LLPs registered in England and Wales:
The Registrar of Companies, Companies House, Crown Way, Cardiff, Wales, CF14 3UZ.
DX 33050 Cardiff.

For LLPs registered in Scotland:
The Registrar of Companies, Companies House, Fourth floor, Edinburgh Quay 2,
139 Fountainbridge, Edinburgh, Scotland, EH3 9FF.
DX ED235 Edinburgh 1
or LP - 4 Edinburgh 2 (Legal Post).

For LLPs registered in Northern Ireland:
The Registrar of Companies, Companies House, Second Floor, The Linenhall, 32-38 Linenhall Street, Belfast, Northern Ireland, BT2 8BG.
DX 481 N.R. Belfast 1.

Further information

For further information, please see the guidance notes on the website at www.companieshouse.gov.uk or email enquiries@companieshouse.gov.uk

This form is available in an alternative format. Please visit the forms page on the website at www.companieshouse.gov.uk

This form has been provided free of charge by Companies House.

CHFP000
05/10 Version 4.0

Anmerkungen

1. Rechnungsjahre und Bilanzstichtag sind für die LLP die gleichen für die LLP wie für die Ltd. Der Bilanzstichtag ist immer der letzte Tag im Monat vom Jahrestag der Gründung der LLP. Das Datum zur Einreichung der Bilanz kann variiert werden, solange der Stichtag zur Einreichung der Bilanz und des Berichts des Auditor/Revisor noch nicht verstrichen ist.

2. Die LLP darf ihren Abschluss entweder gemäß der „International Accounting Standrads (IAS individual account)" oder gemäß Abs. 396 des Companies Act 2006 in Form von „non- IAS individual account" führen. Sobald jedoch einer der oben aufgeführten Standards gewählt worden ist, müssen alle darauffolgenden Abschlüsse auch diesem Standard entsprechen. Es wird einer international agierenden LLP mit Zweitsitz in Deutschland empfohlen, dem „IAS – individual account" Aufbau zu folgen. Alle Mitglieder der LLP sind für die ordnungsgemäße Erstellung der Abschlüsse verantwortlich.

3. Der Abschluss der LLP muss dem Registrar vom Companies House auf demselben Weg zugestellt werden wie der Abschluss für eine Limited Company (Ltd.). Die designierten Mitglieder der LLP sind für die korrekte und rechtzeitige Zustellung des Abschlusses verantwortlich. Die designierten Mitglieder machen sich auch strafbar, sollten Sie ihrer oben aufgeführten Aufgabe nicht gerecht werden. Eine verspätete Zustellung des Abschlusses kann auch in eine zivilrechtliche Strafe gegen die LLP selbst enden.
Die LLP muss ihren Abschluss innerhalb von neun Monaten nach der Vollendung der jeweiligen Abrechnungsperiode zustellen. Die designierten Mitglieder können unaufgefordert selbst korrigierte oder abgeänderte Abschlüsse nachreichen, sollten sie Fehler in der bereits zugestellten Version entdecken. Der Secretary of State hat des Weiteren die Befugnis, nach Benachrichtigung eine korrigierte Version des Abschlusses anzufordern, sollte er Fehler in dem bereits zugestellten Abschluss' entdecken. Für den Fall, dass die angeforderten Abänderungen oder Korrekturen nicht zufriedenstellend erledigt worden sind, kann der Secretary of State oder der *„Financial Reporting Review Panel"* das zuständige Gericht auffordern, die geforderten Abänderungen in den Abschluss zu intrigieren.

4. Genau wie eine Ltd. ist auch die LLP verpflichtet, einen Jahresabschlussbericht und eine Gewinn- und Verlustrechnung durchzuführen. Die Berichte der LLP müssen mit den gesetzlichen Vorgaben bezüglich des Formats und des Inhalts übereinstimmen. Darüber hinaus muss der Jahresabschlussbericht durch den Auditor/Revisor geprüft worden sein. Der Sinn dieser Maßnahme ist die Öffentlichkeit dadurch zu schützen, dass die finanzielle Zuverlässigkeit der LLP überprüft und veröffentlicht wird.

5. Die Bilanz und der Abrechnungsbericht muss von den designierten Mitgliedern der LLP unterschrieben werden. Jedes Mitglied kann strafrechtlich verfolgt werden, sollte es einem Abschluss zugestimmt haben, der nicht mit den Vorgaben im Companies Act 2006 übereinstimmt.
Der Bericht eines Auditors/Revisors muss üblicherweise erstellt werden mit der LLP als Adressat des Berichts. Ein gravierender Unterschied zwischen einer Ltd. und der LLP liegt aber darin, dass die LLP keine Jahreshauptversammlung veranstalten muss, um den Geschäftsabschlussbericht zu beschließen.

6. Eine Kopie des erstellten Abschlusses und eine Kopie des Berichts des Auditor/Revisor müssen an jedem Mitglied der LLP und, falls vorhanden, jeden Inhaber von Schuldverschreibungen zugestellt werden. Dies muss innerhalb eines Monats nach von des Abschlusses, unterschrieben worden ist, oder spätestens zehn Monate nachdem Ende des jeweiligen Geschäftsjahrs, erfolgen.

7. Die LLP wie auch die Ltd. sind dazu verpflichtet, Buch zu führen und die Buchungs-unterlagen aufzubewahren. Die Verpflichtung, die Buchführung aufzubewahren, gilt für alle Mitglieder der LLP. Daher machen sich alle Mitglieder der LLP strafbar, sollten sie die Aufzeichnungen nicht ordnungsgemäß und frei zugänglich aufbewahren.

8. Um das **Datum** für die Abgabe des Abschlusses für das Geschäftsjahr zu verän-dern, ist das Formular LL AA01 zu verwenden. Sollten Sie nur einen Abschluss für das Geschäftsjahr ohne Änderung des Abgabedatums einreichen wollen, müssen Sie das Formular LL AR01 (http://www.companieshouse.gov.) einreichen. Die Gebühr für dieses Formular beträgt momentan £40.

9. Unter **LLP details** müssen die Daten der LLP eingetragen werden, und zwar die Registrierungsnummer und der Name, unter dem die LLP im Companies House Register geführt wird.

10. Unter **Date of accounting reference period** muss der Stichtag eingesetzt werden, bis zu dem der Abschluss für das laufende Geschäftsjahr abgegeben werden muss oder für das vorherige Geschäftsjahr abgegeben werden musste.

11. Unter **New accounting reference period** kann die LLP das Abgabedatum für den Abschluss entweder vorziehen oder den Zeitraum verlängern. Es ist jedoch zu beachten, dass der Zeitraum nicht um mehr als 18 Monate verlängert werden kann.

12. Unter **Extending more than once in five years** muss die LLP den Grund angeben, falls sie schon einmal innerhalb der letzten fünf Jahre das Datum für die Abgabe eines Abschlusses verlängert hat.

13. Unter **Signature** muss ein designiertes Mitglied unterschreiben und das ausgefüllte Formular vor Ablauf des laufenden Geschäftsjahres einreichen, um die Abgabefrist wirk-sam zu verlängern.

12. Entbindung des Auditors von seinen Aufgaben bei der LLP

In accordance with Section 512 of the Companies Act 2006 as applied by the Limited Liability Partnerships (Application of Companies Act 2006) Regulations 2009.

LL AA02

Notice of removal of auditor from a Limited Liability Partnership (LLP) [1, 2, 3, 4, 5]

Companies House
— for the record —

✓ **What this is for**
You may use this form to give notice of the removal of an auditor from an LLP.

✗ **What this is NOT for**
You cannot use this form to give notice that an auditor has resigned from an LLP.

For further information, please refer to our guidance at www.companieshouse.gov.uk

---

1   **LLP details [6]**

LLP number								

LLP name in full: Max - Mustermann Advocates LLP

→ **Filling in this form**
Please complete in typescript or in bold black capitals.

All fields are mandatory unless specified or indicated by *

---

2   **Date of determination *[7]**

Date of determination: $0\ 1$ $1\ 0$ $2\ 0\ 1\ 2$

---

3   **Auditors details *[8]**

Firm/Partnership/ Individual removed from office	Sample Auditors Ltd.
Building name/number	14
Street	Xample Street
Post town	Manchester
County/Region	Greater Manchester
Postcode	M 1 6 B L
Country	United Kingdom

---

4   **Date of removal *[9]**

Date of removal: $0\ 1$ $0\ 1$ $2\ 0\ 1\ 3$

---

5   **Signature [10]**

I am signing this form on behalf of the LLP

Signature

Signature   X   X

This form may be signed by:
Designated member, Judicial factor

BIS | Department for Business Innovation & Skills

CHFP000
05/10 Version 4.0

LL AA02
Notice of removal of auditor from a Limited Liability Partnership (LLP)

👤 Presenter information

You do not have to give any contact information, but if you do it will help Companies House if there is a query. The contact information you give will be visible to searchers of the public record.

Contact name
Max Mustermann

Company name
Max Mustermann Advocates LLP

Address
16 Xample Street

Post town
London

County/Region

Postcode
S W 1 | 6 B L

Country
United Kingdom

DX

Telephone

✓ Checklist

We may return forms completed incorrectly or with information missing.

Please make sure you have remembered the following:
☐ That the LLP name and number match the information held on the public Register.
☐ A designated member has signed the form.

❗ Important information

Please note that all this information will appear on the public record.

✉ Where to send

You may return this form to any Companies House address, however for expediency we advise you to return it to the appropriate address below:

For LLPs registered in England and Wales:
The Registrar of Companies, Companies House, Crown Way, Cardiff, Wales, CF14 3UZ.
DX 33050 Cardiff.

For LLPs registered in Scotland:
The Registrar of Companies, Companies House, Fourth floor, Edinburgh Quay 2,
139 Fountainbridge, Edinburgh, Scotland, EH3 9FF.
DX ED235 Edinburgh 1
or LP - 4 Edinburgh 2 (Legal Post).

For LLPs registered in Northern Ireland:
The Registrar of Companies, Companies House, Second Floor, The Linenhall, 32-38 Linenhall Street, Belfast, Northern Ireland, BT2 8BG.
DX 481 N.R. Belfast 1.

𝑖 Further information

For further information, please see the guidance notes on the website at www.companieshouse.gov.uk or email enquiries@companieshouse.gov.uk

This form is available in an alternative format. Please visit the forms page on the website at www.companieshouse.gov.uk

This has been provided free of charge by Companies House.

CHFP000
05/10 Version 4.0

Anmerkungen

1. Die LLP ist verpflichtet für jedes Geschäftsjahr der LLP einen Auditor/Revisor zu bestellen, es sei denn die LLP ist von dieser Verpflichtung befreit worden. Die designated members haben die Befugnis, selbst zu entscheiden, ob die Ernennung eines Auditors/Revisors erforderlich ist. Sie können in den folgenden Fällen einen Auditor/Revisor beauftragen:

- Jederzeit vor der ersten Periode zur Beauftragung eines Auditors/Revisors.
- Jederzeit vor der Periode der Beauftragung, welche nach einer Periode in der die LLP keinen Auditor/Revisor bestellen musste.
- Jederzeit, wenn im Büro des Auditors/Revisors eine Vakanz auszutauschen ist.

Für jedes Geschäftsjahr der LLP, in dem ein Auditor/Revisor ernannt werden muss, mit Ausnahme des ersten Geschäftsjahrs der LLP, muss der Auditor/Revisor ernannt werden, bevor die relevante Periode von 28 Tagen verstrichen ist. Die Periode von 28 Tagen beginnt mit dem Ende der Periode für das Versenden der Kopien des Jahresabschlussberichts und des Berichts des Auditors/Revisors für das vorherige Geschäftsjahr.

Falls dies früher geschah, an dem Tag, an dem die Kopien des Jahresabschlussberichts und der Bericht des Auditors/Revisors versandt wurden.

Der Auditor/Revisor agiert daher nur im Einklang mit den Bedingungen seiner Bestellung, jedoch tritt er sein Amt erst an, nachdem der vorherige Auditor sein Amt verlassen hat oder am Ende der Periode, in der ein Auditor/Revisor bestellt werden darf.

2. Der Auditor der LLP hat das Recht, jederzeit die Geschäftsbücher, die Konten und Belege einzusehen und zu überprüfen. Der Revisor hat die Befugnis die folgenden Personen um Informationen, Erklärungen und Mithilfe zu bitten, sollte er der Meinung sein, dass dies notwendig ist, um die ihm anvertrauten Aufgaben gewissenhaft zu erfüllen:

- Jedes Mitglied oder jeder Mitarbeiter der LLP;
- Jede Person, die verantwortlich oder vertraut ist mit der Führung der Geschäftsbücher, Konten oder Belegen;
- Jede Tochtergesellschaft oder Unternehmen der LLP welche im Vereinigten Königreich oder anderswo im Handelsregister eingetragen ist;
- Jedes Vorstandsmitglied, jeden Mitarbeiter oder Auditor/Revisor aller Tochtergesellschaften oder Unternehmen zu befragen und Einsicht in die Geschäftsbücher, Konten und Belegen vorzunehmen;
- Jede Person die unter die oben aufgezählten Personengruppen fiel zu dem Zeitpunkt in der der Auditor/Revisor die Informationen, Erklärungen und Stellungnahmen benötigte.

Der Auditor/Revisor hat des Weiteren die Vollmacht bei jeder Gesellschaftsversammlung beizuwohnen und gehört zu werden.

3. Die LLP ist verpflichtet einen Auditor/Revisor zu ernennen, es sei denn die LLP ist davon befreit. Sollte die LLP einen (Auditor/Revisor) ernennen, so wird der Secretary of State einen oder mehrere Personen zu Auditor(en)/Revisor(en) der LLP ernennen. Bevor der Secretary of State einen Auditor/Revisor ernennt, erhält die LLP nochmals die Möglichkeit, selbst einen Auditor/Revisor zu ernennen. Sollte die LLP erneut nicht ernennen, muss der Secretary of State innerhalb einer Woche davon benachrichtigt werden.

4. Für den Fall, dass die LLP keinen neuen Auditor/Revisor ernannt hat, wird angenommen, dass der bisherige Auditor/Revisor als neuer und alter Auditor/Revisor ernannt worden ist. Diese Vermutung, sofern der „LLP Partnership Vertrag" oder LLP Sozietätsvertrag nichts Gegenteiliges aufweist. Die Mitglieder und/oder die designated members haben die Befugnis zu entscheiden, dass kein Auditor/Revisor für den nächsten Zeitraum ernannt werden soll.

Sollten 5 % der Mitglieder (oder wie abweichend im LLP Sozietätsvertrag festgelegt) die LLP vorab informieren, dass der bisherige Auditor/Revisor nicht erneut ernannt werden soll, ist die allgemeine Regel der Wiederernennung außer Kraft gesetzt worden. Diese Bekanntgabe muss schriftlich geschehen, entweder in elektronischer Form oder als Ausdruck (hard copy), jedoch muss diese Bekanntgabe von der jeweiligen Person beglaubigt worden sein. Diese schriftliche Bekanntgabe muss von der LLP vor dem Ablauf der Rechnungsperiode und unmittelbar vor dem Zeitraum der angenommenen Wiederernennung zugegangen sein.

5. Die Mitglieder einer LLP haben die Möglichkeit, den Auditor/Revisor jederzeit von seinen Aufgaben zu entbinden, solange die LLP dem Auditor dies mit einer Frist von 7 Tagen angekündigt hat. Die LLP muss den Registrar innerhalb von 14 Tagen über die Abberufung des Auditors/Revisors unterrichten. Die Unterlassung, den Registrar rechtzeitig zu benachrichtigen, kann dazu führen, dass jedes „designated member" eine strafbare Handlung begangen hat.

Sollte der Auditor/Revisor vor seiner vertraglich zugesicherten „Amtszeit" von seinen Aufgaben entbunden worden sein, hat er uU einen Anspruch auf Kompensation oder Entschädigung. Der entbundene Auditor/Revisor hat jedoch trotz der Kündigung/Auflösung seines Vertrags das Recht, an jeder Versammlung teilzunehmen, die die Beendigung seines Auftrages betrifft; des Weiteren darf der scheidende Auditor/Revisor an jeder Versammlung teilnehmen bis sein Nachfolger die Aufgaben übernommen hat, siehe Formular LL AA 02.

6. Unter 1. **LLP details** müssen die Daten der LLP eingetragen werden, und zwar die Registrierungsnummer und der Name, unter dem die LLP im Companies House Register geführt wird.

7. Unter 2. **Date of determination** muss die LLP das Datum einfügen, an dem sie beschlossen hatte, den Auditor von seinen Aufgaben zu entbinden.

8. Unter 3. **Auditors details** muss der Firmenname und die vollständige Geschäftsadresse des Auditors eingetragen werden.

9. Unter 4. **Date of removal** muss die LLP eintragen, ab wann der Auditor von seinen Aufgaben bei der LLP entbunden worden ist.

10. Unter 5. **Signature** muss ein designiertes Mitglied der LLP das Formular unterschreiben und innerhalb von 14 Tagen nach der Entbindung des Auditors von seinen Aufgaben und Pflichten dem Registrar zukommen lassen.

13. Abschluss des Geschäftsjahres einer LLP

LL AR01

Annual Return of a Limited Liability Partnership (LLP)[1, 2, 3, 4, 5]

Companies House

A fee is payable with this form.
Please see 'How to pay' on the last page.

✓ **What this form is for**	✗ **What this form is NOT for**	For further information, please
You may use this form to confirm that the LLP information is correct as at the date of this return. You must file an Annual Return at least once every year.	You cannot use this form to give notice of changes to the LLP members, the registered office address or information relating to the company records.	refer to our guidance at www.companieshouse.gov.uk

Part 1 — LLP details[6]

This section must be completed by all LLPs.

→ **Filling in this form**
Please complete in typescript or in bold black capitals.

All fields are mandatory unless specified or indicated by *

A1   LLP details

LLP number								

❶ LLP name change
If your LLP has changed its name, please provide the LLP name as at the date of this return.

LLP name in full ❶   Max Mustermann Advocates LLP

A2   Return dates[7]

Please give the annual return made up date. The return date must not be a future date. The annual return must be delivered within 28 days of the date given below.

Date of this return ❷   `0` `1`   `0` `2`   `2` `0` `1` `4`

❷ Date of this return
Your LLP's return date is usually the anniversary of incorporation or the anniversary of the last annual return filed at Companies House. You may choose an earlier return date but it must not be a later date.

A3   Registered office address ❸[8]

Please give the registered office address of your company.

Building name/number	16
Street	Xample Street
Post town	London
County/Region	
Postcode	S W 1 E 6 L B

❸ Change of registered office
This must agree with the address that is held on the Companies House records at the date of this return.

If the registered office address has changed, you should complete form LL AD01 and submit it together with this annual return.

A4   Single alternative inspection location (SAIL) of the LLP records (if applicable) ❹[9]

Building name/number	10
Street	Xample Street
Post town	Liverpool
County/Region	
Postcode	L 2 4 1 Y D

❹ SAIL address
This must agree with the address that is held on the Companies House records at the date of this return.

If the address has changed, you should complete form LL AD02 and submit it together with this annual return.

CHFP000
10/11 Version 4.2

LL AR01
Annual Return of a Limited Liability Partnership (LLP)

A5

Location of LLP records ❶ [10]

Please tick the appropriate box to indicate which records are kept at the SAIL address in **Section A4:**	**❶ Location of LLP records** If the LLP records are held at the registered office address, do not tick any of the boxes in this section.
☑ Register of members	Certain records must be kept by every LLP while other records are only kept where appropriate.
☑ Register of debenture holders	
☐ Instruments creating charges and register of charges: England and Wales or Northern Ireland	If the records are not kept at the SAIL address they must be available at the registered office.
☐ Instruments creating charges and register of charges: Scotland	If any of the LLP records have moved from the registered office to the address in Section A4 since the last annual return, you must complete form LL AD03 and submit it together with this annual return.

CHFP000
10/11 Version 4.2

LL AR01
Annual Return of a Limited Liability Partnership (LLP)

Part 2	**Officers of the LLP** [11]	
	This section should include details of the LLP members at the date to which this annual return is made up.	**Continuation pages** Two pages have been included in the form for details of members who are individuals and two pages have been included for details of corporate members.
	→ For a **member** who is an individual, go to **Section B1**. → For a **corporate member**, go to **Section C1**.	
	Once Part 2 has been completed, please go to Part 3 'Signature'.	Please use a continuation page if you need to enter any more officer details.

Member

B1	**Member details** ❶ [12]	
	Please use this section to list all the members of the LLP. **For a corporate member, complete Sections C1-C4.**	**❶ Member appointments** You may not use this form to appoint a member. To do this, please complete form LL AP01 and submit it together with this annual return.
Title*	Mr.	
Full forename(s)	Max	**Corporate details** Please use Section C1-C4 to enter corporate member details.
Surname	Mustermann	
Former name(s) ❷		**Member details** All details must agree with those previously notified to Companies House. If you have made changes since the last annual return and have not notified us, please complete form LL CH01.
Country/State of residence	Germany	
Date of birth	$^d0$ $^d1$ $^m0$ $^m1$ $^y1$ $^y9$ $^y8$ $^y5$	**❷ Former name(s)** Please provide any previous names which have been used for business purposes during the period of this return. Married women do not need to give former names unless previously used for business purposes.
Designated member	Please tick this box if you are a designated member. ☑	

B2	**Member's service address** ❸ [13]	
Building name/number	16	**❸** If you have previously notified Companies House that the service address is at 'The LLP's registered office', please state 'The LLP's registered office' in the address.
Street	Xample Street	
Post town	London	This information will appear on the public record.
County/Region	Greater London	
Postcode	S W 1 E 6 L B	
Country	United Kingdom	

CHFP000
10/11 Version 4.2

LL AR01
Annual Return of a Limited Liability Partnership (LLP)

Member

B1 — Member details ❶ 14

Please use this section to list all the members of the LLP.
For a corporate member, complete Sections C1-C4.

Title*	Dr.
Full forename(s)	Andreas
Surname	Mustermann
Former name(s) ❷	
Country/State of residence	Germany
Date of birth	ᵈ1 ᵈ4 ᵐ1 ᵐ1 ʸ1 ʸ9 ʸ4 ʸ9
Designated member	Please tick this box if you are a designated member. ☐

❶ Member appointments
You may not use this form to appoint a member. To do this, please complete form LL AP01 and submit it together with this annual return.

Corporate details
Please use Section C1-C4 to enter corporate member details.

Member details
All details must agree with those previously notified to Companies House. If you have made changes since the last annual return and have not notified us, please complete form LL CH01.

❷ Former name(s)
Please provide any previous names which have been used for business purposes during the period of this return. Married women do not need to give former names unless previously used for business purposes.

B2 — Member's service address ❸

Building name/number	16
Street	Xample Street
Post town	London
County/Region	
Postcode	S W 1 E 6 L B
Country	United Kingdom

❸ If you have previously notified Companies House that the service address is at 'The LLP's registered office', please state 'The LLP's registered office' in the address.

This information will appear on the public record.

CHFP000
10/11 Version 4.2

LL AR01
Annual Return of a Limited Liability Partnership (LLP)

Corporate member

C1	**Corporate member details ❶**[15]	
	Please use this section to list all the corporate members of the LLP. Please complete **Sections C1-C4**.	**❶ Corporate member appointments** You may not use this form to appoint a corporate member. To do this, please complete form LL AP02 and submit it together with this annual return.
Name of corporate body/firm	Wolfgang Mustermann Solicitors Ltd	**Corporate member details** All details must agree with those previously notified to Companies House. If you have made changes since the last annual return and have not notified us, please complete form LL CH02.
Building name/number	19	
Street	Xample Street	
Post town	Manchester	
County/Region		
Postcode	M 1 9 7 B L	
Country	United Kingdom	
Designated member	Please tick this box if you are a designated member. ☑	

C2	**Location of the registry of the corporate body or firm** [16]	
	Is the corporate member registered within the European Economic Area (EEA)? → Yes Complete **Section C3 only** → No Complete **Section C4 only**	

C3	**EEA companies ❷**	
	Please give details of the register where the company file is kept (including the relevant state) and the registration number in that register.	**❷ EEA** A full list of countries of the EEA can be found in our guidance: www.companieshouse.gov.uk **❸** This is the register mentioned in Article 3 of the First Company Law Directive (68/151/EEC).
Where the company/ firm is registered ❸	Manchester- United Kingdom	
Registration number		

C4	**Non-EEA companies**	
	Please give details of the legal form of the corporate body or firm and the law by which it is governed. If applicable, please also give details of the register in which it is entered (including the state) and its registration number in that register.	**❹ Non-EEA** Where you have provided details of the register (including state) where the company or firm is registered, you must also provide its number in that register.
Legal form of the corporate body or firm		
Governing law		
If applicable, where the company/firm is registered ❹		
If applicable, the registration number		

CHFP000
10/11 Version 4.2

LL AR01
Annual Return of a Limited Liability Partnership (LLP)

Corporate member

C1	Corporate member details ❶	
	Please use this section to list all the corporate members of the LLP. Please complete **Sections C1-C4**.	❶ **Corporate member appointments** You may not use this form to appoint a corporate member. To do this, please complete form LL AP02 and submit it together with this annual return.
Name of corporate body/firm	Muster - Schmidt AG	**Corporate member details** All details must agree with those previously notified to Companies House. If you have made changes since the last annual return and have not notified us, please complete form LL CH02.
Building name/number	17	
Street	Kurfuerstendamm	
Post town	Berlin	This information will appear on the public record.
County/Region		
Postcode	1 0 7 0 7	
Country	Germany	
Designated member	Please tick this box if you are a designated member. ☐	

C2	Location of the registry of the corporate body or firm	
	Is the corporate member registered within the European Economic Area (EEA)? → Yes Complete **Section C3 only** → No Complete **Section C4 only**	

C3	EEA companies ❷	
	Please give details of the register where the company file is kept (including the relevant state) and the registration number in that register.	❷ **EEA** A full list of countries of the EEA can be found in our guidance: www.companieshouse.gov.uk ❸ This is the register mentioned in Article 3 of the First Company Law Directive (68/151/EEC).
Where the company/firm is registered ❸	Berlin - Germany	
Registration number	HRB 00000	

C4	Non-EEA companies	
	Please give details of the legal form of the corporate body or firm and the law by which it is governed. If applicable, please also give details of the register in which it is entered (including the state) and its registration number in that register.	**Non-EEA** Where you have provided details of the register (including state) where the company or firm is registered, you must also provide its number in that register.
Legal form of the corporate body or firm		
Governing law		
If applicable, where the company/firm is registered ❸		
If applicable, the registration number		

CHFP000
10/11 Version 4.2

1428   *Heinz*

LL AR01
Annual Return of a Limited Liability Partnership (LLP)

Have you completed all the LLP officer details?

→ **Yes** Go to **Part 3** 'Signature'.

→ **No** Please make sure all the officer details, at the time of this return, have been completed.

Part 3   **Signature**[17]

This must be completed by all LLPs.

I am signing this form on behalf of the LLP.

Signature

Signature
X   X

This form may be signed by: Designated member, Judicial factor.

CHFP000
10/11 Version 4.2

LL AR01

Annual Return of a Limited Liability Partnership (LLP)

Presenter information

You do not have to give any contact information, but if you do it will help Companies House if there is a query on the form. The contact information you give will be visible to searchers of the public record.

Contact name   Max Mustermann

Company name   Max Mustermann Advocates LLP

Address   16 Xample Street

Post town   London

County/Region

Postcode | S | W | 1 | E | | 6 | L | B |

Country   United Kingdom

DX

Telephone

✓ Checklist

We may return forms completed incorrectly or with information missing.

Please make sure you have remembered the following:

☐ The LLP name and number match the information held on the public Register.
☐ You have not used this form to make changes to the registered office address.
☐ You have not used this form to make changes to members' details.
☐ You have signed the form.
☐ You have enclosed the correct fee.

! Important information

Please note that all information on this form will appear on the public record.

£ How to pay

A fee of £40 is payable to Companies House in respect of an Annual Return

Make cheques or postal orders payable to 'Companies House.'

✉ Where to send

You may return this form to any Companies House address, however for expediency we advise you to return it to the appropriate address below:

For LLPs registered in England and Wales:
The Registrar of Companies, Companies House, Crown Way, Cardiff, Wales, CF14 3UZ.
DX 33050 Cardiff.

For LLPs registered in Scotland:
The Registrar of Companies, Companies House, Fourth floor, Edinburgh Quay 2,
139 Fountainbridge, Edinburgh, Scotland, EH3 9FF.
DX ED235 Edinburgh 1
or LP - 4 Edinburgh 2 (Legal Post).

For LLPs registered in Northern Ireland:
The Registrar of Companies, Companies House, Second Floor, The Linenhall, 32-38 Linenhall Street, Belfast, Northern Ireland, BT2 8BG.
DX 481 N.R. Belfast 1.

i Further information

For further information, please see the guidance notes on the website at www.companieshouse.gov.uk or email enquiries@companieshouse.gov.uk

This form is available in an alternative format. Please visit the forms page on the website at www.companieshouse.gov.uk

This form has been provided free of charge by Companies House.

CHFP000
10/11 Version 4.2

Anmerkungen

1. Die LLP muss für das Geschäftsjahr die Durchschnittsanzahl der Mitglieder und die Anzahl der Mitglieder mit den größten Gewinnanteilen angeben. Es ist jedoch nicht notwendig, dass die Mitglieder mit den größten Gewinnanteilen identifiziert werden.

2. Der Abschluss enthält auch den Posten „*Andere Interessen der Mitglieder*". Dieser Posten ist weiterhin unterteilt in drei Unterkategorien. Der Buchhalter ist daher verpflichtet die nötigen Informationen offenzulegen und in den Abschluss einzubringen. Die drei Unterkategorien lauten wie folgt:
1. Das Vermögen der einzelnen Mitglieder
2. Die Neubewertungsreserve
3. Andere finanzielle Rücklagen

3. Die folgenden zusätzlichen Informationen müssen angegeben werden, um das finanzielle Wohlergehen der LLP als Ganzes sicherzustellen. Diese zusätzlichen Informationen dienen dazu, die finanzielle Situation der LLP so transparent wie nur möglich und für die Öffentlichkeit frei zugänglich zu machen und dazu beitragen, das Wohlergehen der LLP zu gewährleisten. Folgende zusätzliche Informationen sind anzugeben:
- Der Gesamtwert der Darlehen und anderer Verbindlichkeiten gegenüber den Mitgliedern der LLP mit Beginn des Geschäftsjahrs.
- Der Gesamtwert der Gelder, die von den einzelnen Mitgliedern der LLP während des Geschäftsjahrs zugeflossen sind.
- Die Summe der Gelder, die von den einzelnen Mitgliedern aus, der LLP herausgezogen worden ist.
- Die Gesamtsumme von Krediten und anderen Verbindlichkeiten der LLP gegenüber ihren Mitgliedern am Tag der Erstellung der Bilanz.
- Die Gesamtsumme von Krediten oder anderen Verbindlichkeiten der LLP gegenüber ihren Mitgliedern, die nach einem Jahr beglichen werden müssen.

4. Informationen zu Krediten und anderen Verbindlichkeiten gegenüber den Mitgliedern der LLP müssen auch in dem Jahresabschluss enthalten und erläutert sein. Daher müssen die folgenden Informationen in dem Abschluss enthalten sein:
1. Der noch auszustehende Betrag, der der LLP durch ihre Mitglieder in Form eines Kredits gewährt worden ist.
2. Der ausstehende Betrag, der den Mitgliedern der LLP noch geschuldet wird, meist in Form einer Gewinnbeteiligung
3. jede andere Verbindlichkeit.

5. Die Verpflichtungen Buch zu führen und die Finanzunterlagen durch den Auditor/ Revisor sowie die entsprechenden Formatvorgaben, sind geregelt durch die Limited Liabillity Partnerships Regulation 2008. Die darin enthaltenen Vorgaben sind durch die gesetzlichen Bestimmungen zur Regulierung der Limited aus dem Companies Act 2006 stark beeinflusst worden, und zwar bis zu dem Punkt, dass ganze Passagen übernommen worden sind.

6. Unter A1 **LLP details** müssen die Daten der LLP angeben werden und zwar die Registrierungsnummer und den vollständigen Firmennamen der LLP.

7. Unter A2 **Return date** muss das Datum eingetragen werden, zu dem das Geschäftsjahr endet. Der Abschlussbericht für das angegebene Geschäftsjahr darf nicht mehr als 28 Tage nach Ablauf dieses Datums eingereicht werden.

8. Unter A3 **Registered office address** muss die vollständige Adresse der LLP angegeben werden.

9. Unter A4 **Single alternative inspection location of the LLP records** muss die vollständige Adresse des „SAIL archives" angegeben werden, sollten diese eingerichtet worden sein.

10. A5 **Location of LLP records** muss nur ausgefüllt werden, sollte ein SAIL archiv existieren. Wenn ja, muss die LLP hier angeben, welche Dokumente dort gelagert werden.

11. Unter Part 2 **Officers of the LLP** muss die LLP die gesamten Mitglieder eintragen. Sollten die Spalten nicht ausreichen, können weitere PART 2-Bögen hinzugefügt werden. Diese Bögen sind auf der Webseite des Companies House erhältlich [für Personen http://www.companieshouse.gov.uk/forms/generalForms/LL_AR01_cont1_member.pdf und für Unternehmen/rechtliche Personen http://www.companieshouse.gov.uk/forms/generalForms/LL_AR01_cont2_corporate_member.pdf].

12. Unter B1 **Members details** müssen der vollständige Name, Wohnsitz und das Geburtsdatum des Mitglieds angegeben werden. Des Weiteren muss angegeben werden, ob das Mitglied ein designiertes Mitglied ist.

13. Unter B2 **Members service address** wird üblicherweise die Geschäftsadresse des Mitglieds angegeben. Daher ist dies in den meisten Fällen die Geschäftsadresse der LLP.

14. Dieser Vorgang wiederholt sich dann für jedes einzelne Mitglied der LLP.

15. Unter C1 **coporate member** müssen die Details der Unternehmen/rechtlichen Personen eingetragen werden, die Mitglieder der LLP sind. Daher müssen hier folgende Details angeben werden:
a) Der vollständige Firmenname unter rechtlicher Identifizierung des Unternehmens/ juristischer Person;
b) die vollständige Geschäftsadresse; und
c) ob das Unternehmen ein designiertes Mitglied der LLP ist.

16. Unter C2 **Location of the registry of the corporate body or firm** muss – je nach dem, wo das Mitglied registriert ist – entweder C3, wenn es im europäischen Witschaftsraum registriert ist, oder aber C4, wenn es außerhalb des europäischen Wirtschaftsraums registriert ist, verwendet werden. Es muss dann unter Angabe der Handelsregisternummer angegeben werden, bei welchem Handelsregister die Firma eingetragen ist (mit Adresse).

17. Unter Part 3 **Signature** muss sodann ein designiertes Mitglied unterschreiben und das ausgefüllte Formular fristgerecht dem Registrar zukommen lassen.

14. Löschung einer LLP aus dem Companies House Register

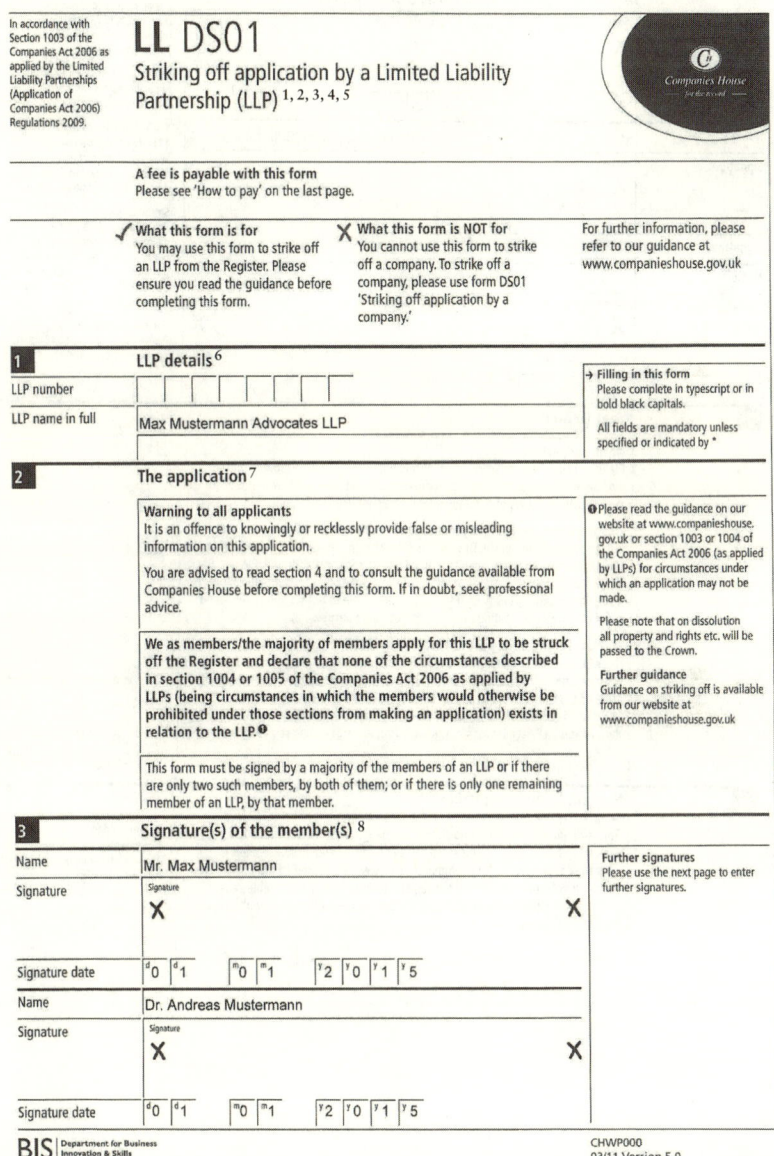

In accordance with Section 1003 of the Companies Act 2006 as applied by the Limited Liability Partnerships (Application of Companies Act 2006) Regulations 2009.

LL DS01

Striking off application by a Limited Liability Partnership (LLP) [1, 2, 3, 4, 5]

Companies House
for the record

A fee is payable with this form
Please see 'How to pay' on the last page.

✓ **What this form is for**
You may use this form to strike off an LLP from the Register. Please ensure you read the guidance before completing this form.

✗ **What this form is NOT for**
You cannot use this form to strike off a company. To strike off a company, please use form DS01 'Striking off application by a company.'

For further information, please refer to our guidance at www.companieshouse.gov.uk

1 **LLP details** [6]

LLP number								

LLP name in full   Max Mustermann Advocates LLP

→ **Filling in this form**
Please complete in typescript or in bold black capitals.

All fields are mandatory unless specified or indicated by *

2 **The application** [7]

Warning to all applicants
It is an offence to knowingly or recklessly provide false or misleading information on this application.

You are advised to read section 4 and to consult the guidance available from Companies House before completing this form. If in doubt, seek professional advice.

We as members/the majority of members apply for this LLP to be struck off the Register and declare that none of the circumstances described in section 1004 or 1005 of the Companies Act 2006 as applied by LLPs (being circumstances in which the members would otherwise be prohibited under those sections from making an application) exists in relation to the LLP. ❶

This form must be signed by a majority of the members of an LLP or if there are only two such members, by both of them; or if there is only one remaining member of an LLP, by that member.

❶ Please read the guidance on our website at www.companieshouse. gov.uk or section 1003 or 1004 of the Companies Act 2006 (as applied by LLPs) for circumstances under which an application may not be made.

Please note that on dissolution all property and rights etc. will be passed to the Crown.

Further guidance
Guidance on striking off is available from our website at www.companieshouse.gov.uk

3 **Signature(s) of the member(s)** [8]

Name	Mr. Max Mustermann
Signature	Signature ✗

Further signatures
Please use the next page to enter further signatures.

Signature date d0 d1 m0 m1 y2 y0 y1 y5

Name	Dr. Andreas Mustermann
Signature	Signature ✗

Signature date d0 d1 m0 m1 y2 y0 y1 y5

BIS | Department for Business Innovation & Skills

CHWP000
03/11 Version 5.0

LL DS01
Striking off application by a Limited Liability Partnership (LLP)

Name	Mr/Mrs. .... on behalf of Muster-Schmidt AG
Signature	Signature ✗ ✗
Signature date	d 0 d 1 m 0 m 1 y 2 y 0 y 1 y 5
Name	Mr./Mrs. ....on behalf of Wolfgang Mustermann Solicitors Ltd.
Signature	Signature ✗ ✗
Signature date	d 0 d 1 m 0 m 1 y 2 y 0 y 1 y 5
Name	
Signature	Signature ✗ ✗
Signature date	d d m m y y y y

Warning to all applicants
It is an offence to knowingly or recklessly provide false or misleading information on this application.

Please note that on dissolution any remaining assets will be passed to the Crown.

You are advised to read section 4 and to consult the guidance available from Companies House before completing this form. If in doubt, seek professional advice.

Signatures
The form must be signed by a majority of the members of an LLP or if there are only two such members, by both of them; or if there is only one remaining member of an LLP, by that member.

Further signatures
Please use a continuation page if you need to enter further signatures.

4 What to do next

Notify all parties
Please ensure that you send copies of this application to all notifiable parties e.g. creditors, employees, pension managers or trustees and other members of the LLP within 7 days of the day on which the application is made.

Please also send copies to anyone who later becomes a notifiable party within 7 days of this taking place. This applies from the day of application and before the day on which the application is finally dealt with or withdrawn. Please check the guidance, which contains a full list of those who must be notified. Failure to notify interested parties is an offence. It is advisable to obtain and retain some proof of delivery or posting of copies to notifiable parties.

Withdrawal of striking off application by a LLP
If the LLP ceases to be eligible for striking off at any time after the application is made, and before the application is finally dealt with, as specified in section 1009 of the Companies Act 2006, then the application must be withdrawn using form LL DS02 'Withdrawal of striking off application by a Limited Liability Partnership (LLP) available from our website: www.companieshouse.gov.uk

5 Warning to all interested parties

This is an important notice and should not be ignored. The LLP named has applied to the Registrar to be struck off the Register and dissolved. Please note that on dissolution any remaining assets will be passed to the Crown. The Registrar will strike the LLP off the register unless there is reasonable cause not to do so. Guidance is available on grounds for objection. If in doubt, seek professional advice.

Further guidance
Guidance on all aspects of striking off is available from our website at www.companieshouse.gov.uk

CHWP000
03/11 Version 5.0

LL DS01

Striking off application by a Limited Liability Partnership (LLP)

👤 Presenter information

You do not have to give any contact information, but if you do it will help Companies House if there is a query on the form. The contact information you give will be visible to searchers of the public record.

Contact name   Dieter Muster

Company name   Muster Rechtsanwaelte

Address   Musterstrasse 31

Post town   Berlin

County/Region

Postcode | 1 | 0 | 1 | 1 | 7 | | |

Country   Germany

DX

Telephone

✓ Checklist

We may return the forms completed incorrectly or with information missing.

Please make sure you have remembered the following:
- ☐ The LLP name and number match the information held on the public Register.
- ☐ The correct number of current members have signed and dated the form – the majority of members of an LLP, or if there are only two such members, by both of them; or if there is only one remaining member of an LLP, by that member.
- ☐ You have included a continuation page (available from www.companieshouse.gov.uk) if applicable.
- ☐ Is the LLP already dissolved or is being dissolved by the Registrar? If so, you cannot file this form.
- ☐ You have enclosed the correct fee.

! Important information

Please note that all information on this form will appear on the public record.

£ How to pay

A fee of £10 is payable to Companies House in respect of a striking off application.

Make cheques or postal orders payable to 'Companies House.'

✉ Where to send

You may return this form to any Companies House address, however for expediency we advise you to return it to the appropriate address below:

For LLPs registered in England and Wales:
The Registrar of Companies, Companies House, Crown Way, Cardiff, Wales, CF14 3UZ.
DX 33050 Cardiff.

For LLPs registered in Scotland:
The Registrar of Companies, Companies House, Fourth floor, Edinburgh Quay 2, 139 Fountainbridge, Edinburgh, Scotland, EH3 9FF.
DX ED235 Edinburgh 1
or LP - 4 Edinburgh 2 (Legal Post).

For LLPs registered in Northern Ireland:
The Registrar of Companies, Companies House, Second Floor, The Linenhall, 32-38 Linenhall Street, Belfast, Northern Ireland, BT2 8BG.
DX 481 N.R. Belfast 1.

𝒊 Further information

For further information please see the guidance notes on the website at www.companieshouse.gov.uk or email enquiries@companieshouse.gov.uk

This form is available in an alternative format. Please visit the forms page on the website at www.companieshouse.gov.uk

This form has been provided free of charge by Companies House.

CHWP000
03/11 Version 5.0

Anmerkungen

1. Es besteht die Möglichkeit, eine LLP aus dem Register zu löschen, wenn das Unternehmen keine Schulden, keine ungeklärten Haftungen jeglicher Art, zB bei englischen Behörden, und keine offenen Gerichtsverfahren hat. Dieses Formular darf nicht benutzt werden, wenn das Unternehmen kurz vor der Insolvenz steht und in Kürze ein Administrator die Geschäfte der LLP übernehmen wird.

2. Ein „Striking off" Antrag kann eingereicht werden, wenn eine Mehrheit der Mitglieder der LLP diesem Antrag zustimmt und das Formular unterschreibt.

3. Sollten nur 2 Mitglieder der LLP existieren, müssen beide verbleibenden Mitglieder unterschreiben.

4. Der Antrag auf Löschung vom Companies House Register kostet momentan £10. Sobald das Formular vollständig ausgefüllt ist, muss es dem Registrar zugestellt werden.

5. Mit Zustellung an den Registrar sind die Mitglieder verpflichtet alle Parteien, die ein Interesse in der LLP haben, über den Antrag zur Löschung zu informieren und ihnen eine Kopie des Antrags zukommen zu lassen. Dies muss innerhalb von 7 Tagen nach Eingang des Antrags erledigt worden sein.

6. Unter **LLP details** müssen die Daten der LLP eingetragen werden und zwar die Registrierungsnummer und der Name, unter dem die LLP im Companies House Register geführt wird.

7. Unter 2. **The Application** müssen die Mitglieder angeben, dass sie der Löschung zustimmen und diese im Einklang mit Section 1004 oder 1005 des Companies Act 2006 steht.

8. Unter 3. **Signatures of the member(s)** müssen die Mitglieder, die der Löschung zustimmen, unter Angabe des Datums unterschreiben.

II. Limited Company (Ltd.)

1. Vorbemerkungen

Die wichtigsten Formulare von der Gründung einer Limited Company (Ltd.) bis zur Löschung der Ltd. sind hiernach aufgeführt, musterhaft ausgefüllt, erläutert und kommentiert.

Die Formulare sind weitestgehend vom Companies House vorgefertigt. Das Companies House empfiehlt jedem, die bereits vorgefertigten Formulare zu verwenden.

Die Limited Company (siehe auch *Heinz & Harting, Die englische Limited S.* 66) kann eine der folgenden Formen annehmen:

a) Eine Gesellschaft, bei der die Haftbarkeit der Mitglieder auf ihre jeweiligen Anteile begrenzt ist (Im Internet unter: http://www.legislation.gov.uk);

b) eine Gesellschaft, bei der die Haftung auf die garantierte Einlage begrenzt ist; oder

c) eine Gesellschaft mit unbegrenzter Haftung (Im Internet unter: http://www.legislation.gov.uk).

Diese Gesellschaftsformen sind im Detail in § 3 des Companies Act 2006 definiert. Dieser besagt Folgendes:

„Ein Unternehmen ist eine „Limited Company", wenn die Haftung ihrer Mitglieder durch deren Beitrag begrenzt ist. Dies kann geschehen durch eine Begrenzung der Haftung auf die Anteile der Mitglieder oder auf die garantierte Einlage".

Es gibt die folgenden sieben potenziellen Vorzüge zur Gründung einer Ltd.:

1. Nur geringe finanzielle Mittel sind nötig, um eine Ltd. zu gründen. Üblicherweise reicht £1 als Kapitaleinlage aus, um eine Ltd. zu registrieren.

2. Die Ltd. ist international akzeptiert und anerkannt.

3. Es wird kein Notar benötigt, um in England eine Ltd. zu gründen.

4. Der Status einer Ltd. limitiert die potenziellen Gläubiger und Kläger.

5. Eine persönliche Garantieerklärung ist bei den meisten Geschäften nicht notwendig, jedoch kann eine Bankbürgschaft von einer Bank verlangt werden, sollte es notwendig sein, einen Kredit aufzunehmen.

6. Schadensersatzforderungen sind üblicherweise auf die Limited beschränkt, soweit sie aus unternehmerischen Tätigkeiten resultieren.

7. Die Besteuerung in Großbritannien ist oft im Vergleich zu anderen EU-Staaten vorteilhafter für die Gesellschaft und ihre Gesellschafter.

Es gibt sechs klare Nachteile die dagegen sprechen können eine Ltd. zu gründen (Im Internet unter: http://www.limited-partner.de/web/(Stand: 30.5.2013)):

• Eine Vielzahl von zusätzlichen gesetzlichen Regelungen der Unternehmensführung müssen eingehalten werden.

• Jedes Unternehmen muss ihre Bilanzen regelmäßig und fristgerecht aktualisieren.

• Die Bilanzen müssen regelmäßig von einem unabhängigen Auditor/Revisor überprüft werden.

• Es ensteht ein erhöhter administrativer Aufwand, welches auch mit höheren Kosten verbunden sein kann, da mehr Zeit in das Management investiert werden muss, um sicherzustellen, dass alle Bestimmungen eingehalten werden.

• Bilanzen und andere Informationen müssen veröffentlicht werden, dh diese Dokumente sind für die Öffentlichkeit und für potenzielle Konkurrenten frei zugänglich.

• Der Entscheidungsfindungsprozess einer Ltd. verlangt ein hohes Maß an Formalitäten.

Die Ltd. wurde erfolgreich nach Deutschland importiert einen Vielzahl von Unternehmen, darunter auch zahlreiche Start-Ups. Diese Unternehmen nutzen die wirtschaftlichen Vorteile, die die Ltd. ihnen im Vergleich zur national üblichen GmbH bietet.

Eine allgemein bekannte und geschätzte Anwaltskanzlei, die selbst die Ltd. Struktur benutzt, ist Krümmel & Kollegen Vertriebs Ltd. Seit ihrer Handelsregistereintragung im Jahre 2003 ist sie ein „Global Player" geworden, der seine Erfahrung und Dienstleistungen auf nationaler und internationaler Ebene anbietet.

Für eine detaillierte und umfassende Analyse der englischen Limited wird verwiesen auf *Heinz/Hartung*, Die englische Limited, 3. Auflage 2011.

Der Verfasser bedankt sich bei seinem Mitarbeiter *Anthony Tur*, Barrister (England & Wales) für seine gründlichen Vorarbeiten.

2. Anmeldung einer Ltd.

In accordance with
Section 9 of the
Companies Act 2006.

IN01

Application to register a company [1, 2, 3, 4]

Companies House

A fee is payable with this form.
Please see 'How to pay' on the last page.

✓ **What this form is for**
You may use this form to register a
private or public company.

✗ **What this form is NOT for**
You cannot use this form to register
a limited liability partnership. To do
this, please use form LL IN01.

For further information, please
refer to our guidance at
www.companieshouse.gov.uk

Part 1	**Company details**

A1	**Company name** [5]

To check if a company name is available use our WebCHeck service and select
the 'Company Name Availability Search' option:

www.companieshouse.gov.uk/info

Please show the proposed company name below.

Proposed company name in full ❶	Max Mustermann Advocates Ltd.

For official use

> **→ Filling in this form**
> Please complete in typescript or in bold black capitals.
>
> All fields are mandatory unless specified or indicated by *
>
> ❶ **Duplicate names**
> Duplicate names are not permitted. A list of registered names can be found on our website. There are various rules that may affect your choice of name. More information on this is available in our guidance booklet GP1 at: www.companieshouse.gov.uk

A2	**Company name restrictions** ❷[6]

Please tick the box only if the proposed company name contains sensitive
or restricted words or expressions that require you to seek comments of a
government department or other specified body.

[✓] I confirm that the proposed company name contains sensitive or restricted
words or expressions and that approval, where appropriate, has been
sought of a government department or other specified body and I attach a
copy of their response.

> ❷ **Company name restrictions**
> A list of sensitive or restricted words or expressions that require consent can be found in our guidance booklet GP1 at: www.companieshouse.gov.uk

A3	**Exemption from name ending with 'Limited' or 'Cyfyngedig'** ❸[7]

Please tick the box if you wish to apply for exemption from the requirement to
have the name ending with 'Limited', Cyfyngedig' or permitted alternative.

[ ] I confirm that the above proposed company meets the conditions for
exemption from the requirement to have a name ending with 'Limited',
'Cyfyngedig' or permitted alternative.

> ❸ **Name ending exemption**
> Only private companies that are limited by guarantee and meet other specific requirements are eligible to apply for this. For more details, please go to our website: www.companieshouse.gov.uk

A4	**Company type** ❹[8]

Please tick the box that describes the proposed company type and members'
liability (only one box must be ticked):

[ ] Public limited by shares
[ ] Private limited by shares
[✓] Private limited by guarantee
[ ] Private unlimited with share capital
[ ] Private unlimited without share capital

> ❹ **Company type**
> If you are unsure of your company's type, please go to our website: www.companieshouse.gov.uk

BIS | Department for Business
Innovation & Skills

CHFP000
05/12 Version 5.0

IN01
Application to register a company

A5   Situation of registered office ❶ 9

Please tick the appropriate box below that describes the situation of the proposed registered office (only one box must be ticked):

- ☑ England and Wales
- ☐ Wales
- ☐ Scotland
- ☐ Northern Ireland

❶ **Registered office**
Every company must have a registered office and this is the address to which the Registrar will send correspondence.

For England and Wales companies, the address must be in England or Wales.

For Welsh, Scottish or Northern Ireland companies, the address must be in Wales, Scotland or Northern Ireland respectively.

A6   Registered office address ❷ 10

Please give the registered office address of your company.

Building name/number	16
Street	Xample Street
Post town	London
County/Region	Greater London
Postcode	S W 1 E 6 L B

❷ **Registered office address**
You must ensure that the address shown in this section is consistent with the situation indicated in section A5.

You must provide an address in England or Wales for companies to be registered in England and Wales.

You must provide an address in Wales, Scotland or Northern Ireland for companies to be registered in Wales, Scotland or Northern Ireland respectively.

A7   Articles of association ❸ 11

Please choose one option only and tick one box only.

Option 1   I wish to adopt one of the following model articles in its entirety. Please tick only **one** box.

- ☐ Private limited by shares
- ☑ Private limited by guarantee
- ☐ Public company

Option 2   I wish to adopt the following model articles with additional and/or amended provisions. I attach a copy of the additional and/or amended provision(s). Please tick only **one** box.

- ☐ Private limited by shares
- ☐ Private limited by guarantee
- ☐ Public company

Option 3   ☐ I wish to adopt entirely bespoke articles. I attach a copy of the bespoke articles to this application.

❸ For details of which company type can adopt which model articles, please go to our website: www.companieshouse.gov.uk

A8   Restricted company articles ❹

Please tick the box below if the company's articles are restricted.

- ☐

❹ **Restricted company articles**
Restricted company articles are those containing provision for entrenchment. For more details, please go to our website: www.companieshouse.gov.uk

CHFP000
05/12 Version 5.0

IN01
Application to register a company

Part 2   Proposed officers [12]

For private companies the appointment of a secretary is optional, however, if you do decide to appoint a company secretary you must provide the relevant details. Public companies are required to appoint at least one secretary.

Private companies must appoint at least one director who is an individual. Public companies must appoint at least two directors, one of which must be an individual.

For a secretary who is an individual, go to Section B1; For a corporate secretary, go to Section C1; For a director who is an individual, go to Section D1; For a corporate director, go to Section E1.

Secretary

B1	Secretary appointments ❶	
	Please use this section to list all the secretary appointments taken on formation. **For a corporate secretary, complete Sections C1-C5.**	**❶ Corporate appointments** For corporate secretary appointments, please complete section C1-C5 instead of section B.
Title*	Mr.	
Full forename(s)	Wolfgang	**Additional appointments** If you wish to appoint more than one secretary, please use the 'Secretary appointments' continuation page.
Surname	Mustermann	
Former name(s) ❷		
		❷ Former name(s) Please provide any previous names which have been used for business purposes in the last 20 years. Married women do not need to give former names unless previously used for business purposes.

B2	Secretary's service address ❸	
Building name/number	16	**❸ Service address** This is the address that will appear on the public record. This does not have to be your usual residential address.
Street	Xample Street	
		Please state 'The Company's Registered Office' if your service address will be recorded in the proposed company's register of secretaries as the company's registered office.
Post town	London	
County/Region	Greater London	
Postcode	S W 1 E 6 B L	
Country		If you provide your residential address here it will appear on the public record.

B3	Signature ❹ [13]	
	I consent to act as secretary of the proposed company named in **Section A1**.	**❹ Signature** The person named above consents to act as secretary of the proposed company.
Signature	Signature X X	

CHFP000
05/12 Version 5.0

IN01
Application to register a company

Corporate secretary

C1   **Corporate secretary appointments ❶ 14**

Please use this section to list all the corporate secretary appointments taken on formation.

Name of corporate body/firm	Schmidt & Mustermann Rechtsanwaelte
Building name/number	14
Street	Musterstrasse
Post town	Berlin
County/Region	
Postcode	1 3 5 8 7
Country	Germany

❶ Additional appointments
If you wish to appoint more than one corporate secretary, please use the 'Corporate secretary appointments' continuation page.

Registered or principal address
This is the address that will appear on the public record. This address must be a physical location for the delivery of documents. It cannot be a PO box number (unless contained within a full address), DX number or LP (Legal Post in Scotland) number.

C2   **Location of the registry of the corporate body or firm[15]**

Is the corporate secretary registered within the European Economic Area (EEA)?

→ Yes   Complete **Section C3 only**
→ No   Complete **Section C4 only**

C3   **EEA companies ❷ 15**

Please give details of the register where the company file is kept (including the relevant state) and the registration number in that register.

Where the company/firm is registered ❸	Berlin - Germany
Registration number	HRB 00000

❷ EEA
A full list of countries of the EEA can be found in our guidance: www.companieshouse.gov.uk

❸ This is the register mentioned in Article 3 of the First Company Law Directive (68/151/EEC).

C4   **Non-EEA companies**

Please give details of the legal form of the corporate body or firm and the law by which it is governed. If applicable, please also give details of the register in which it is entered (including the state) and its registration number in that register.

Legal form of the corporate body or firm	
Governing law	
If applicable, where the company/firm is registered ❸	
Registration number	

❹ Non-EEA
Where you have provided details of the register (including state) where the company or firm is registered, you must also provide its number in that register.

C5   **Signature ❺ 16**

I consent to act as secretary of the proposed company named in **Section A1.**

Signature	Signature X X

❺ Signature
The person named above consents to act as corporate secretary of the proposed company.

CHFP000
05/12 Version 5.0

IN01
Application to register a company

Director

D1   **Director appointments ❶ 17**

	Please use this section to list all the director appointments taken on formation. **For a corporate director, complete Sections E1-E5.**
Title*	Mr.
Full forename(s)	Max
Surname	Mustermann
Former name(s) ❷	
Country/State of residence ❸	Germany
Nationality	German
Date of birth	$^d0$ $^d1$ $^m0$ $^m1$ $^y1$ $^y9$ $^y8$ $^y5$
Business occupation (if any) ❹	Rechtsanwalt

❶ Appointments
Private companies must appoint at least one director who is an individual. Public companies must appoint at least two directors, one of which must be an individual.

❷ Former name(s)
Please provide any previous names which have been used for business purposes in the last 20 years. Married women do not need to give former names unless previously used for business purposes.

❸ Country/State of residence
This is in respect of your usual residential address as stated in section D4.

❹ Business occupation
If you have a business occupation, please enter here. If you do not, please leave blank.

Additional appointments
If you wish to appoint more than one director, please use the 'Director appointments' continuation page.

D2   **Director's service address ❺ 18**

	Please complete the service address below. You must also fill in the director's usual residential address in **Section D4.**
Building name/number	16
Street	Xample Street
Post town	London
County/Region	Greater London
Postcode	S W 1 E 6 B L
Country	United Kingdom

❺ Service address
This is the address that will appear on the public record. This does not have to be your usual residential address.

Please state 'The Company's Registered Office' if your service address will be recorded in the proposed company's register of directors as the company's registered office.

If you provide your residential address here it will appear on the public record.

D3   **Signature ❻ 19**

	I consent to act as director of the proposed company named in **Section A1.**
Signature	Signature X X

❻ Signature
The person named above consents to act as director of the proposed company.

CHFP000
05/12 Version 5.0

IN01
Application to register a company

Director

D1 | **Director appointments ❶**

Please use this section to list all the director appointments taken on formation.
For a corporate director, complete Sections E1-E5.

Title*	Mrs.
Full forename(s)	Lisa-Marie
Surname	Mustermann
Former name(s) ❷	
Country/State of residence ❸	Germany
Nationality	German
Date of birth	0 1 0 2 1 9 8 7
Business occupation (if any) ❹	Rechtsanwaeltin

❶ Appointments
Private companies must appoint at least one director who is an individual. Public companies must appoint at least two directors, one of which must be an individual.

❷ Former name(s)
Please provide any previous names which have been used for business purposes in the last 20 years. Married women do not need to give former names unless previously used for business purposes.

❸ Country/State of residence
This is in respect of your usual residential address as stated in Section D4

❹ Business occupation
If you have a business occupation, please enter here. If you do not, please leave blank.

Additional appointments
If you wish to appoint more than one director, please use the 'Director appointments' continuation page.

D2 | **Director's service address ❺**

Please complete the service address below. You must also fill in the director's usual residential address in **Section D4.**

Building name/number	16
Street	Xample Street
Post town	London
County/Region	Greater London
Postcode	S W 1 E 6 L B
Country	

❺ Service address
This is the address that will appear on the public record. This does not have to be your usual residential address.

Please state 'The Company's Registered Office' if your service address will be recorded in the proposed company's register of directors as the company's registered office.

If you provide your residential address here it will appear on the public record.

D3 | **Signature ❻**

I consent to act as director of the proposed company named in **Section A1.**

Signature	Signature X X

❻ Signature
The person named above consents to act as director of the proposed company.

CHFP000
05/12 Version 5.0

IN01
Application to register a company

X

This page is not shown on the public record

‖‖‖‖‖‖‖‖‖‖‖‖‖‖‖‖‖‖‖‖‖‖‖‖

Do not cover this barcode

D4 **Director's usual residential address** ❶ 20, 21

	Please complete your usual residential address below.
Building name/number	3
Street	Friedrichstrasse
Post town	Berlin
County/Region	
Postcode	1 0 1 1 7
Country	Germany

❶ **New director's usual residential address**
Please state 'Same as service address' in this section if your usual residential address is recorded in the company's proposed register of director's residential addresses as 'Same as service address'.

You cannot state 'Same as service address' if your service address has been stated in section D2 as 'The Company's Registered Office'. You will need to complete the address in full.

This address cannot be a PO Box, DX or LP (Legal Post in Scotland) number.

Section 243 of Companies Act 2006

Section 243 exemption ❷

Only tick the box below if you are in the process of applying for, or have been granted, exemption by the Registrar from disclosing your usual residential address to credit reference agencies under section 243 of the Companies Act 2006.

☐

Different postal address:
If you are applying for, or have been granted, a section 243 exemption, please post this whole form to the different postal address below:
The Registrar of Companies, PO Box 4082, Cardiff, CF14 3WE.

Where you are applying for a section 243 exemption with this notice, the application and this form must be posted together.

❷ If you are currently in the process of applying for, or have been granted, a section 243 exemption, you may wish to check you have not entered your usual residential address in Section D2 as this will appear on the public record.

X

CHFP000
05/12 Version 5.0

IN01
Application to register a company

Corporate director

E1	Corporate director appointments ❶	
	Please use this section to list all the corporate directors taken on formation.	**❶ Additional appointments** If you wish to appoint more than one corporate director, please use the 'Corporate director appointments' continuation page.
Name of corporate body or firm	Muster - Schmidt AG	
Building name/number	17	**Registered or principal address** This is the address that will appear on the public record. This address must be a physical location for the delivery of documents. It cannot be a PO box number (unless contained within a full address), DX number or LP (Legal Post in Scotland) number.
Street	Kurfuerstendamm	
Post town	Berlin	
County/Region		
Postcode	1 0 7 0 7	
Country	Germany	

E2	Location of the registry of the corporate body or firm	
	Is the corporate director registered within the European Economic Area (EEA)? → Yes Complete **Section E3 only** → No Complete **Section E4 only**	

E3	EEA companies ❷ 23	
	Please give details of the register where the company file is kept (including the relevant state) and the registration number in that register.	**❷ EEA** A full list of countries of the EEA can be found in our guidance: www.companieshouse.gov.uk
Where the company/firm is registered ❸	Berlin - Germany	**❸** This is the register mentioned in Article 3 of the First Company Law Directive (68/151/EEC).
Registration number	HRB 00000	

E4	Non-EEA companies	
	Please give details of the legal form of the corporate body or firm and the law by which it is governed. If applicable, please also give details of the register in which it is entered (including the state) and its registration number in that register.	**❹ Non-EEA** Where you have provided details of the register (including state) where the company or firm is registered, you must also provide its number in that register.
Legal form of the corporate body or firm		
Governing law		
If applicable, where the company/firm is registered ❹		
If applicable, the registration number		

E5	Signature ❺ 24	
	I consent to act as director of the proposed company named in **Section A1**.	**❺ Signature** The person named above consents to act as corporate director of the proposed company.
Signature	Signature X	X

CHFP000
05/12 Version 5.0

IN01

Application to register a company

Part 3   Statement of capital [25]

Does your company have share capital?
- → **Yes** Complete the sections below.
- → **No** Go to Part 4 (Statement of guarantee).

F1   Share capital in pound sterling (£)[26]

Please complete the table below to show each class of shares held in pound sterling.
If all your issued capital is in sterling, only complete **Section F1** and then go to **Section F4**.

Class of shares (E.g. Ordinary/Preference etc.)	Amount paid up on each share ❶	Amount (if any) unpaid on each share ❶	Number of shares ❷	Aggregate nominal value ❸
				£
				£
				£
				£
			Totals	£

F2   Share capital in other currencies [27]

Please complete the table below to show any class of shares held in other currencies.
Please complete a separate table for each currency.

Currency

Class of shares (E.g. Ordinary/Preference etc.)	Amount paid up on each share ❶	Amount (if any) unpaid on each share ❶	Number of shares ❷	Aggregate nominal value ❸
			Totals	

Currency

Class of shares (E.g. Ordinary/Preference etc.)	Amount paid up on each share ❶	Amount (if any) unpaid on each share ❶	Number of shares ❷	Aggregate nominal value ❸
			Totals	

F3   Totals [28]

Please give the total number of shares and total aggregate nominal value of issued share capital.

		❸ Total aggregate nominal value Please list total aggregate values in different currencies separately. For example: £100 + €100 + $10 etc.
Total number of shares		
Total aggregate nominal value ❸		

❶ Including both the nominal value and any share premium.

❷ Total number of issued shares in this class.

❸ Number of shares issued multiplied by nominal value of each share.

Continuation Pages
Please use a Statement of Capital continuation page if necessary.

CHFP000
05/12 Version 5.0

IN01
Application to register a company

F4	**Statement of capital** (Prescribed particulars of rights attached to shares)²⁹	
	Please give the prescribed particulars of rights attached to shares for each class of share shown in the statement of capital share tables in **Sections F1** and **F2**.	**❶ Prescribed particulars of rights attached to shares**
Class of share		The particulars are:
Prescribed particulars ❶		a. particulars of any voting rights, including rights that arise only in certain circumstances;
		b. particulars of any rights, as respects dividends, to participate in a distribution;
		c. particulars of any rights, as respects capital, to participate in a distribution (including on winding up); and
		d. whether the shares are to be redeemed or are liable to be redeemed at the option of the company or the shareholder and any terms or conditions relating to redemption of these shares.
		A separate table must be used for each class of share.
		Continuation pages
		Please use the next page or a 'Statement of Capital (Prescribed particulars of rights attached to shares)' continuation page if necessary.

CHFP000
05/12 Version 5.0

IN01
Application to register a company

Class of share		**❶ Prescribed particulars of rights attached to shares**
Prescribed particulars ❶		The particulars are:

❶ Prescribed particulars of rights attached to shares

The particulars are:

a. particulars of any voting rights, including rights that arise only in certain circumstances;

b. particulars of any rights, as respects dividends, to participate in a distribution;

c. particulars of any rights, as respects capital, to participate in a distribution (including on winding up); and

d. whether the shares are to be redeemed or are liable to be redeemed at the option of the company or the shareholder and any terms or conditions relating to redemption of these shares.

A separate table must be used for each class of share.

Continuation pages
Please use a 'Statement of capital (Prescribed particulars of rights attached to shares)' continuation page if necessary.

CHFP000
05/12 Version 5.0

IN01
Application to register a company

F5 **Initial shareholdings**[30]

This section should only be completed by companies incorporating with share capital.	**Initial shareholdings**
Please complete the details below for each subscriber.	Please list the company's subscribers in alphabetical order.
The addresses will appear on the public record. These do not need to be the subscribers' usual residential address.	Please use an 'Initial shareholdings' continuation page if necessary.

Subscriber's details	Class of share	Number of shares	Currency	Nominal value of each share	Amount (if any) unpaid	Amount paid
Name						
Address						
Name						
Address						
Name						
Address						
Name						
Address						
Name						
Address						

CHFP000
05/12 Version 5.0

IN01
Application to register a company

Part 4	Statement of guarantee[31]	
	Is your company limited by guarantee?	
	→ **Yes** Complete the sections below.	
	→ **No** Go to **Part 5** (Statement of compliance).	

G1 **Subscribers**

Please complete this section if you are a subscriber of a company limited by guarantee. The following statement is being made by each and every person named below.

I confirm that if the company is wound up while I am a member, or within one year after I cease to be a member, I will contribute to the assets of the company by such amount as may be required for:
-   payment of debts and liabilities of the company contracted before I cease to be a member;
-   payment of costs, charges and expenses of winding up, and;
-   adjustment of the rights of the contributors among ourselves, not exceeding the specified amount below.

❶ Name
Please use capital letters.

❷ Address
The addresses in this section will appear on the public record. They do not have to be the subscribers' usual residential address.

❸ Amount guaranteed
Any valid currency is permitted.

Continuation pages
Please use a 'Subscribers' continuation page if necessary.

Subscriber's details

Forename(s) ❶	Max
Surname ❶	Mustermann
Address ❷	16 Xample Street
	London
Postcode	S W 1 E 6 B L
Amount guaranteed ❸	€ 1.000

Subscriber's details

Forename(s) ❶	Lisa- Marie
Surname ❶	Mustermann
Address ❷	16 Xample Street
	London
Postcode	S W 1 E 6 B L
Amount guaranteed ❸	€ 1.000

Subscriber's details

Forename(s) ❶	Wolfgang
Surname ❶	Mustermann
Address ❷	16 Xample Street
	London
Postcode	S W 1 E 6 B L
Amount guaranteed ❸	€ 100

CHFP000
05/12 Version 5.0

IN01
Application to register a company

Subscriber's details	
Forename(s) ❶	Dr. Andreas
Surname ❶	Mustermann
Address ❷	15 Unter den Linden
	Berlin - Germany
Postcode	1 0 1 1 7
Amount guaranteed ❸	€ 100

Subscriber's details	
Forename(s) ❶	Muster - Schmidt AG
Surname ❶	
Address ❷	17 Kurfuerstendamm
	Berlin - Germany
Postcode	1 0 7 0
Amount guaranteed ❸	€ 200

Subscriber's details	
Forename(s) ❶	
Surname ❶	
Address ❷	
Postcode	
Amount guaranteed ❸	

Subscriber's details	
Forename(s) ❶	
Surname ❶	
Address ❷	
Postcode	
Amount guaranteed ❸	

Subscriber's details	
Forename(s) ❶	
Surname ❶	
Address ❷	
Postcode	
Amount guaranteed ❸	

❶ **Name**
Please use capital letters.

❷ **Address**
The addresses in this section will appear on the public record. They do not have to be the subscribers' usual residential address.

❸ **Amount guaranteed**
Any valid currency is permitted.

Continuation pages
Please use a 'Subscribers' continuation page if necessary.

CHFP000
05/12 Version 5.0

IN01
Application to register a company

Part 5 ## Statement of compliance [32]

This section must be completed by all companies.
Is the application by an agent on behalf of all the subscribers?

→ **No** Go to **Section H1** (Statement of compliance delivered by the subscribers).

→ **Yes** Go to **Section H2** (Statement of compliance delivered by an agent).

H1 ### Statement of compliance delivered by the subscribers ❶

Please complete this section if the application is not delivered by an agent for the subscribers of the memorandum of association.

I confirm that the requirements of the Companies Act 2006 as to registration have been complied with.

❶ **Statement of compliance delivered by the subscribers** Every subscriber to the memorandum of association must sign the statement of compliance.

Subscriber's signature	Signature ✗	✗
Subscriber's signature	Signature ✗	✗
Subscriber's signature	Signature ✗	✗
Subscriber's signature	Signature ✗	✗
Subscriber's signature	Signature ✗	✗
Subscriber's signature	Signature ✗	✗
Subscriber's signature	Signature ✗	✗
Subscriber's signature	Signature ✗	✗

CHFP000
05/12 Version 5.0

IN01

Application to register a company

Subscriber's signature	Signature ✗	✗	**Continuation pages** Please use a 'Statement of compliance delivered by the subscribers' continuation page if more subscribers need to sign.
Subscriber's signature	Signature ✗	✗	
Subscriber's signature	Signature ✗	✗	
Subscriber's signature	Signature ✗	✗	

H2   **Statement of compliance delivered by an agent**

Please complete this section if this application is delivered by an agent for the subscribers to the memorandum of association.

Agent's name	Mr. Andreas Schmidt of Schmidt & Mustermann Rechtsanwaelte
Building name/number	14
Street	Musterstrasse
Post town	Berlin
County/Region	
Postcode	1 3 5 8 7
Country	Germany

I confirm that the requirements of the Companies Act 2006 as to registration have been complied with.

Agent's signature	Signature ✗	✗

CHFP000
05/12 Version 5.0

IN01

Application to register a company

👤 Presenter information

You do not have to give any contact information, but if you do it will help Companies House if there is a query on the form. The contact information you give will be visible to searchers of the public record.

Contact name: Mr. Andreas Schmidt

Company name: Schmidt & Mustermann

Rechtsanwaelte

Address: 14

Musterstrasse

Post town: Berlin

County/Region:

Postcode: | 1 | 3 | 5 | 8 | 7 | | | |

Country: Germany

DX:

Telephone: 0049 (0) 30 ....

✓ Certificate

We will send your certificate to the presenters address (shown above) or if indicated to another address shown below:

☐ At the registered office address (Given in Section A6).
☐ At the agents address (Given in Section H2).

✓ Checklist

We may return forms completed incorrectly or with information missing.

Please make sure you have remembered the following:

☐ You have checked that the proposed company name is available as well as the various rules that may affect your choice of name. More information can be found in guidance on our website.
☐ If the name of the company is the same as one already on the register as permitted by The Company and Business Names (Miscellaneous Provisions) Regulations 2008, please attach consent.
☐ You have used the correct appointment sections.
☐ Any addresses given must be a physical location. They cannot be a PO Box number (unless part of a full service address), DX or LP (Legal Post in Scotland) number.
☐ The document has been signed, where indicated.
☐ All relevant attachments have been included.
☐ You have enclosed the Memorandum of Association.
☐ You have enclosed the correct fee.

❗ Important information

Please note that all information on this form will appear on the public record, apart from information relating to usual residential addresses.

£ How to pay

A fee is payable on this form.
Make cheques or postal orders payable to 'Companies House'. For information on fees, go to: www.companieshouse.gov.uk

✉ Where to send

You may return this form to any Companies House address, however for expediency we advise you to return it to the appropriate address below:

For companies registered in England and Wales:
The Registrar of Companies, Companies House, Crown Way, Cardiff, Wales, CF14 3UZ.
DX 33050 Cardiff.

For companies registered in Scotland:
The Registrar of Companies, Companies House, Fourth floor, Edinburgh Quay 2, 139 Fountainbridge, Edinburgh, Scotland, EH3 9FF.
DX ED235 Edinburgh 1
or LP - 4 Edinburgh 2 (Legal Post).

For companies registered in Northern Ireland:
The Registrar of Companies, Companies House, Second Floor, The Linenhall, 32-38 Linenhall Street, Belfast, Northern Ireland, BT2 8BG.
DX 481 N.R. Belfast 1.

Section 243 exemption
If you are applying for, or have been granted a section 243 exemption, please post this whole form to the different postal address below:
The Registrar of Companies, PO Box 4082, Cardiff, CF14 3WE.

ℹ Further information

For further information, please see the guidance notes on the website at www.companieshouse.gov.uk or email enquiries@companieshouse.gov.uk

This form is available in an alternative format. Please visit the forms page on the website at www.companieshouse.gov.uk

This form has been provided free of charge by Companies House.

CHFP000
05/12 Version 5.0

Anmerkungen

1. Der größte Vorteil der Ltd gegenüber der GmbH besteht darin, dass nur sehr wenig Startkapital für die Registrierung der Ltd in Großbritannien notwendig ist. Des Weiteren ist für die Anmeldung der Ltd kein Anwalt oder Notar notwendig. Es wird zwar den Interessenten nahegelegt, einen Anwalt zurate zu ziehen, um Fehler bei der Registrierung zu vermeiden. Doch ist die Limited aufgrund ihrer relativ einfachen und kostengünstigen Registrierung und ihrer international ausgerichtete Unternehmensstruktur sehr beliebt bei Startups und anderen IT Firmen.

2. Die Ltd stößt jedoch auch in der Anwaltschaft auf größeres Interesse, welches nur von der LLP übertroffen wird. Gegenüber der traditionellen GbR oder auch der PartGG gewinnen die englischen Unternehmensstrukturen (LLP & Ltd) steigende Beliebtheit aufgrund der beschränkten Haftung, der potenziellen steuerlichen Vorteile und ihrer starken internationalen Anerkennung.

3. Die Ltd kann sehr schnell angemeldet werden, entweder online (auf elektronischen weg, dies ist meistens kostengünstiger) oder auf Papier (auf postalischem Weg). Die Anmeldung der Ltd ist daher relativ unbürokratisch.

4. Für die Anmeldung einer Ltd in Großbritannien ist es jedoch notwendig, dass die zukünftige Ltd eine Firmenadresse in Großbritannien besitzt (registered office). Dies ist aber kein allzu großes Problem, da es genügend Anbieter gibt, die entweder virtuelle Büros/Adressen oder Postadressen anbieten. Die Post wird Ihnen dann nach Deutschland oder in ein anderes Land weitergeleitet.

5. In Part 1 **Companies details A1** muss der „neue" Firmenname eingetragen werden.

6. Unter A2 **Company name restriction** muss der Antragsteller bestätigen, dass der Firmenname den gesetzlichen Vorgaben des Companies Act 2006 und denen des Business Names Regulation 1981 entspricht.

7. Unter A3 **Exemption from name ending with „Limited" or Cyfyngedig (walisisch)** kann die Ltd. von der Pflicht, die Bezeichnung Limited/Ltd. am Ende des Firmennamens zu tragen, befreit werden. Dies ist aber nur bei einer Limited by guarantee zulässig.

8. Unter A4 **Company type** wählen Sie die gewählte Art der Ltd aus, wie zB Limited by Guarantee oder Limited by Shares etc.

9. Unter A5 **Situation of registered office** muss angegeben werden, wo der Firmensitz in Großbritannien sein wird.

10. Unter A6 **Registered office address** muss die vollständige Firmenadresse der Ltd. in Großbritannien eintragen werden.

11. Unter A7 **Articles of asssociation** besteht die Möglichkeit, die Standard „Articles of Association" zu adoptieren. Die sogenannten „model articles" können Sie im Ganzen übernehmen oder Teile der „model articles" an ihre Bedürfnisse anpassen. Alternativ können Articles of Association entworfen werden, die auf besondere Bedürfnisse zugeschnitten sind.

12. Part 2 **Proposed officers**: Für private companies (Ltd.) ist die Ernennung eines „Company Secretary" optional. Gegebenenfalls muss sein/ihr vollständiger Name unter B1 und unter B2 seine/ihre Adresse eingetragen werden. Unter B2 wird üblicherweise die Firmenadresse angegeben; diese erscheint dann im öffentlich einsehbaren Handelsregister.

13. Unter B3 **Signatures** muss der neu ernannte company secretary unterschreiben und bestätigen, dass er/sie als Company Secretary agieren wird.

14. Unter C1 **Corporate Secretary** besteht die Möglichkeit, ein Unternehmen mit den Aufgaben des „Company Secretary" zu beauftragen. Hier wird häufig eine Rechtsanwalts-kanzlei gewählt, die sich mit den gesetzlichen Bestimmungen des englischen Unternehmens-und Handelsrecht und ggf. mit dem englischen und deutschen Steuerrecht auskennt.

15. Unter C3 oder C4 müssen die Handelsregister-Details des Unternehmens eingetragen werden, welches als Company Secretary agieren soll. Bei C3 sind die Handelsregisternummer und der Ort des Handelsregisters einzutragen, wenn das Unternehmen im europäischen Wirtschaftsraum angemeldet ist. Sollte dies nicht der Fall sein, so muss C4 ausgefüllt werden.

16. Unter C5 **Signature** muss der Corporate Secretary unterschreiben und bestätigen, dass er als Company Secretary agieren wird.

17. Unter D1 **Director appointment** ist/sind der oder die Geschäftsführer der Ltd. einzutragen. Bei einer Ltd muss es mindestens einen Geschäftsführer geben. Sollte es mehrere geben, wird geraten, eine ungerade Zahl von Geschäftsführern zu bestimmen, um ein Patt zwischen den einzelnen Geschäftsführern zu verhindern. Des Weiteren ist unter D1 der vollständige Name, Wohnort (Staat) Staatsbürgerschaft, sein/ihr Geburts-datum und der Beruf einzutragen.

18. Unter D2 **Director's service address** ist die Adresse einzutragen, unter der die Firmenkorrespondenz empfangen werden soll. Hier wird üblicherweise die Firmenadresse angegeben, da die Adresse im öffentlich einsehbaren Handelsregister eingetragen wird.

19. Unter D3 **Signature** muss der zukünftige Director/Geschäftsführer unterschreiben und damit bestätigen, dass er als Director agieren wird.

20. Unter D4 **Director's usual residential adress** muss die Wohnadresse des Geschäfts-führers eingetragen werden.

21. Dieser Vorgang wird für jeden ernannten Geschäftsführer individuell wiederholt.

22. Unter E1 besteht die Möglichkeit, ein Unternehmen als Geschäftsführer/Director zu ernennen. Hierzu sind der vollständige Firmenname und die Firmenadresse anzugeben.

23. Unter E3 oder E4 ist einzutragen, wo das Unternehmen, das als Geschäftsführer agieren soll, im Handelsregister eingetragen ist. Sollte das Unternehmen im europäischen Wirtschaftsraum registriert sein, so muss E3 ausgefüllt werden. Sollte das Unternehmen je-doch nicht im europäischen Wirtschaftraum eingetragen sein, so muss E4 ausgefüllt werden.

24. Unter E5 muss das Unternehmen unterschreiben, dass es als Geschäftsführer der neu gegründeten Ltd agieren wird.

25. Part 3 **Statement of Capital** muss ausgefüllt werden, sollte das Unternehmen eine limited by shares oder share capital sein, ansonsten ist Part 4 „Statment of gurantee" auszufüllen.

26. Unter F1 müssen die Anteile in Britischen Pfund (British Pound Sterling) sowie angegeben werden, um welche Art/Typ von Anteilen es sich handelt.

27. Unter F2 ist anzugeben, welche Anteile in Fremdwährungen gehalten werden.

28. Unter F3 ist die gesamte Zahl der gezeichneten Anteile anzugeben. Werden die Anteile in Fremdwährungen gehalten, müssen diese separat in der jeweiligen Währung angegeben werden.

29. Unter F4 **Statement of Capital** ist anzugeben, welche Rechte den einzelnen Arten/ Typen von Anteilen zugewiesen werden (zB Stimmrechte).

30. Unter F5 **Initial Shareholding** sind die Namen der Personen/Unternehmen mit deren Adresse/Geschäftsadresse einzutragen, die Anteile an der Ltd besitzen. Des Weiteren muss angegeben werden, welche Art von Anteilen diese besitzen.

31. Unter Part 4 **Statement of guarantee** sind die Personen einzutragen, die mit ihrem Vermögen bis zu einer bestimmten Höhe haften. Dadurch ist die Haftung der Ltd bis zu einer bestimmten Höhe garantiert.

Hierzu müssen der vollständige Name und die Adresse des Anteilsinhabers/Garantierenden ebenso eingetragen werden wie die Summe der Währung(en), bis zu der die Haftung garantiert wird. Dieses muss für jeden Garanten ausgefüllt werden.

32. Unter Part 5 **Statement of Compliance** muss bestätigt werden, dass alle gesetzlichen Richtlinien eingehalten wurden, dass die Anmeldung der Ltd gewollt ist und dass alle Angaben der Richtigkeit entsprechen. Alle, die das „Memorandum of Association unterschrieben haben, müssen auch unter H1 unterschreiben. Sollte aber die Anmeldung im Auftrag der zukünftigen Gesellschafter durch eine dritte Person/Agentur geschehen sein, zB eine Rechtanwaltskanzlei, so muss dieser Agent H2 ausfüllen und unterschreiben.

3. Gesellschafterliste

MEMORANDUM OF ASSOCIATION[1, 2, 3]

– OF –

. . . . . . ADVOCATES Ltd.

Each subscriber to this memorandum of association wishes to form a company under the Companies Act 2006 *(s. 8(2) of the Companies Act 2006)* and agrees to become a member of the company.

Name of each subscriber:[4]   Authentication by each subscriber:[5]

1. . . . . . .
2. . . . . . .
3. . . . . . .
4. . . . . . .
5. . . . . . .
6. . . . . . .

Dated:[6]

Anmerkungen

1. Bei jeder Anmeldung einer Limited muss eine Gesellschafterliste/Memorandum of Association beigefügt werden. Dieses Dokument bestätigt dem Registrar, dass die auf der Liste eingetragenen Gesellschafter der Ltd beitreten. Dies muss jeder Gesellschafter mit seiner Unterschrift bestätigen.

2. Das oben abgedruckte Muster eines Memorandum of Association stellt nur einen Vorschlag dar. Das Wichtigste ist, dass der obige Text wiedergegeben wird und dass jeder Gesellschafter in diesem Dokument auftaucht und unterschrieben hat.

3. Jedes Unternehmen kann dieses Dokument mit seinem eigenen Layout frei gestalten.

4. Jeder Gesellschafter muss neben seinem Namen in der Spalte „Authentication by each subscriber" unterschreiben und ggf. datieren.

5. Das Dokument sollte von allen Gesellschaftern simultan unterschrieben werden

6. Die Gesellschafterliste/Memorandum of Association muss außerdem datiert werden und zwar mit dem Datum, an dem das Dokument unterschrieben wurde. Sobald dies geschehen ist, muss es mit dem ausgefüllten Formular IN01 und ggf. mit den Articles of Association zusammen an den Registrar gesendet werden.

4. Auslandsanmeldung

In accordance with
Section 130 of the
Companies Act 2006.

AD06
Notice of opening of overseas branch register [1, 2]

Companies House
for the record

✓ **What this form is for**	✗ **What this form is NOT for**	**For further information, please**
You may use this form to tell us when a company opens an overseas branch register.	You cannot use this form to tell us about the discontinuance of an overseas branch register. To do this, please use form AD07.	refer to our guidance at www.companieshouse.gov.uk

1	**Company details [3]**	
Company number		**→ Filling in this form** Please complete in typescript or in bold black capitals.
Company name in full	Max Mustermann Advocates Ltd ⊞	All fields are mandatory unless specified or indicated by *

2	**Country or territory ❶ 4**	
	The company gives notice that an overseas branch register of members has been opened and is kept in the following country or territory:	**❶ Overseas branch register** An overseas branch register is regarded as part of the company's register of members and a duplicate of any overseas register must be kept available for inspection at the same place in the UK as the register of members.
	Berlin - Germany ⊞	

3	**Signature 5**	
	I am signing this form on behalf of the company.	**❷ Societas Europaea** If the form is being filed on behalf of a Societas Europaea (SE), please delete 'director' and insert details of which organ of the SE the person signing has membership.
Signature	Signature ✗	✗
	This form may be signed by: Director ❷, Secretary, Person Authorised ❸, Administrator, Administrative receiver, Receiver, Receiver manager, Charity commission receiver and manager, CIC manager, Judicial factor.	**❸ Person authorised** Under either section 270 or 274 of the Companies Act 2006.

BIS | Department for Business Innovation & Skills

CHFP000
05/10 Version 4.0

AD06
Notice of opening of overseas branch register

👤 Presenter information

You do not have to give any contact information, but if you do it will help Companies House if there is a query on the form. The contact information you give will be visible to searchers of the public record.

Contact name Mr. Wolfgang Mustermann

Company name Max Mustermann Advocates Ltd.

Address 16

Xample Street

Post town London

County/Region Greater London

Postcode | S | W | 1 | E | | 6 | B | L |

Country United Kingdom

DX

Telephone

✔ Checklist

We may return forms completed incorrectly or with information missing.

Please make sure you have remembered the following:
☐ The company name and number match the information held on the public Register.
☐ You have entered the country or territory where the overseas branch register has been opened.
☐ You have signed the form.

❗ Important information

Please note that all information on this form will appear on the public record.

✉ Where to send

You may return this form to any Companies House address, however for expediency we advise you to return it to the appropriate address below:

For companies registered in England and Wales:
The Registrar of Companies, Companies House, Crown Way, Cardiff, Wales, CF14 3UZ.
DX 33050 Cardiff.

For companies registered in Scotland:
The Registrar of Companies, Companies House, Fourth floor, Edinburgh Quay 2,
139 Fountainbridge, Edinburgh, Scotland, EH3 9FF.
DX ED235 Edinburgh 1
or LP - 4 Edinburgh 2 (Legal Post).

For companies registered in Northern Ireland:
The Registrar of Companies, Companies House, Second Floor, The Linenhall, 32-38 Linenhall Street,, Belfast, Northern Ireland, BT2 8BG.
DX 481 N.R. Belfast 1.

ℹ Further information

For further information, please see the guidance notes on the website at www.companieshouse.gov.uk or email enquiries@companieshouse.gov.uk

This form is available in an alternative format. Please visit the forms page on the website at www.companieshouse.gov.uk

This form has been provided free of charge by Companies House.

CHFP000
05/10 Version 4.0

Anmerkungen

1. Sollten Sie eine Niederlassung im Ausland anmelden wollen, müssen Sie den Registrar vom Companies House davon in Kenntnis setzen.

2. Eine Kopie der Registrierung/Eintragung im ausländischen Handelsregister muss auch an den Registrar gesendet werden. Hier wäre es auch angebracht, eine beglaubigte Kopie und ggf. eine beglaubigte Übersetzung des ausländischen Handelsregisterauszugs an das Companies House zu senden. Eine Kopie dieser Anmeldung im Ausland muss stets für alle Geschäftsführer/Gesellschafter der Ltd zugänglich sein.

3. Unter 1. **Company details** müssen Sie die Details der Ltd zusammen mit der UK Handelsregisternummer eintragen.

4. Unter 2. **Country/Territory** müssen Sie die Adresse, Ort, Staat/Land und Handelsregisternummer der im Ausland eingetragenen Niederlassung einfügen.

5. Unter 3. **Signature** muss entweder der Geschäftsführer oder der Company Secretary unterschreiben.

5. Grenzüberschreitende Geschäftsübernahme

| In accordance with Regulation 12 of the Companies (Cross Border Mergers) Regulations 2007. | **CB01**
Notice of a cross border merger involving a
UK registered company [1], [2] | **CH**
Companies House |

| ✓ **What this form is for**
You may use this form
to give notice of a cross border
merger between two or more
limited companies (including a
UK registered company). | ✗ **What this form is NOT for**
You cannot use this form to give
notice of a cross border merger
between companies outside the
European Economic Area (EEA). | For further information, please
refer to our guidance at
www.companieshouse.gov.uk |

Part 1	**Company details** [3]	
Company number of UK merging company	[ ][ ][ ][ ][ ][ ][ ][ ]	→ **Filling in this form** Please complete in typescript, or in bold black capitals.
Company name in full of UK merging company	Max Mustermann Advocates Ltd.	All fields are mandatory unless specified or indicated by *

Part 2	**Merging companies** [4]	
	Please use **Section A1** and **Section B1** to fill in the details for each merging company (including UK companies). Please use a CB01 continuation page to enter the details of additional merging companies.	

A1	**Merging company details** ❶	
Full company name	Max Mustermann Advocates Ltd.	❶ **Merging Company details** Please use Section B1 to enter the details of the second merging company.
Registered number ❷	[ ][ ][ ][ ][ ][ ][ ][ ]	❷ **Registered number** Please give the registered number as it appears in the member state registry.
	Please enter the registered office address.	
Building name/number	16	❸ **Legal entity and governing law** Please enter the legal form and law which applies to the company.
Street	Xample Street	
Post town	London	❹ **Member state and registry** For non-UK companies, please enter the name of the member state and the name and address of the registry where documents are kept.
County/Region	Greater London	
Postcode	S W 1 E 6 B L	
Country	United Kingdom	
Legal form and law ❸	Limited Company - Private Limited by guarantee. Laws of England and Wales apply.	
Member state and registry ❹		

BIS | Department for Business Innovation & Skills

CHFP000
08/11 Version 5.0

CB01
Notice of a cross border merger involving a UK registered company

B1	**Merging company details** ❶

Full company name	Muster - Schmidt AG

❶ Merging Company details
Please use a CB01 continuation page to enter the details of additional merging companies.

Registered number ❷	H R B 0 0 0 0 0

Please enter the registered office address.

❷ Registered number
Please give the registered number as it appears in the member state registry.

Building name/number	17
Street	Kurfuerstendamm

❸ Legal entity and governing law
Please enter the legal form and law which applies to the company.

Post town	Berlin
County/Region	
Postcode	1 0 7 0 7
Country	Germany
Legal form and law ❸	AG - Aktiengesellschaft. The Laws of the Federal Republic of Germany apply.
Member state and registry ❹	Handels-, Partnerschafts- und Genossenschaftsregister
	Hardenbergstr. 31; 10623 Berlin - Germany

❹ Member state and registry
For non-UK companies, please enter the name of the member state and the name and address of the registry where documents are kept.

Part 3   Details of meetings ❺ 5

If applicable, please enter the date, time and place of every meeting summoned under regulation 11 (power of court to summon meeting of members or creditors).

❺ Details of meetings
For additional meetings held under regulation 11, please use a CB01 continuation page.

Details of meeting

Date	d d m m y y y y
Time	
Place	

Details of meeting

Date	d d m m y y y y
Time	
Place	

Details of meeting

Date	d d m m y y y y
Time	
Place	

Details of meeting

Date	d d m m y y y y
Time	
Place	

CHFP000
08/11 Version 5.0

CB01
Notice of a cross border merger involving a UK registered company

Part 4   **Terms of merger and court orders**[6]

| C1 | Terms of merger[7] |

	You must either:
	- enclose a copy of the draft terms of merger;
	or,
	- give details (below) of a website on which the draft terms are available.❶
Website address	

❶ Draft terms of merger on a website
In order to be able to give notice of draft terms of merger on a website, the following conditions must be met:
- the website is maintained by or on behalf of the UK merging company;
- The website identifies the UK merging company;
- no fee is required to access the draft terms of merger;
- the draft terms of merger remain available on the website throughout the period beginning one month before and ending on the date of the first meeting of members.

| C2 | Court orders[8] |

If applicable, you must enclose a copy of any court order made where the court has summoned a meeting of members or creditors.

Part 5   **Signature**[9]

| D1 | Signature |

I am signing this form on behalf of the UK merging company.

Signature	Signature
	X X

This form may be signed by a director of the UK merging company on behalf of the Board.

CHFP000
08/11 Version 5.0

CB01
Notice of a cross border merger involving a UK registered company

Presenter information

You do not have to give any contact information, but if you do it will help Companies House if there is a query on the form. The contact information you give will be visible to searchers of the public record.

Contact name Mr. Wolfgang Mustermann

Company name Max Mustermann Advocates Ltd

Address 16

Xample Street

Post town London

County/Region Greater London

Postcode S W 1 E   6 B L

Country United Kingdom

DX

Telephone

Checklist

We may return forms completed incorrectly or with information missing.

Please make sure you have remembered the following:
- ☐ The company name and number of the UK merging company match the information held on the public Register.
- ☐ You have completed the details of each merging company in Part 2.
- ☐ You have completed Part 3.
- ☐ You have completed Part 4 (if applicable).
- ☐ You have enclosed the relevant documents.
- ☐ You have signed the form in Part 5.

Important information

Please note that all information on this form will appear on the public record.

Where to send

You may return this form to any Companies House address, however for expediency we advise you to return it to the appropriate address below:

For companies registered in England and Wales:
The Registrar of Companies, Companies House, Crown Way, Cardiff, Wales, CF14 3UZ.
DX 33050 Cardiff.

For companies registered in Scotland:
The Registrar of Companies, Companies House, Fourth floor, Edinburgh Quay 2,
139 Fountainbridge, Edinburgh, Scotland, EH3 9FF.
DX ED235 Edinburgh 1
or LP - 4 Edinburgh 2 (Legal Post).

For companies registered in Northern Ireland:
The Registrar of Companies, Companies House, Second Floor, The Linenhall, 32-38 Linenhall Street, Belfast, Northern Ireland, BT2 8BG.
DX 481 N.R. Belfast 1.

Further information

For further information, please see the guidance notes on the website at www.companieshouse.gov.uk or email enquiries@companieshouse.gov.uk

This form is available in an alternative format. Please visit the forms page on the website at www.companieshouse.gov.uk

This form has been provided free of charge by Companies House.

CHFP000
08/11 Version 5.0

Anmerkungen

1. Sollte eine Ltd mit einem anderem im Ausland registrierten Unternehmen fusionieren, muss der Registrar vom Companies House prompt informiert werden.

2. Bei einer Übernahme/Fusion mit einem anderen ausländischen Unternehmen muss der Registrar die Übernahmebedingungen/den Übernahmevertrag in Kopie von der Ltd. erhalten.

3. Unter Part 1 **Companies details** müssen der vollständige Firmenname der Ltd und ihre UK Handelsregisternummer eingetragen werden.

4. Unter Part 2 **Merging companies** müssen Sie unter A1 und B1 die Details der fusionierenden Unternehmen eintragen.

5. Unter Part 3 **Details of meetings** müssen die Details und Daten der Treffen eingetragen werden, sollten solche Treffen für die Übernahme/Fusion vom Gericht angeordnet worden sein.

6. Unter Part 4 **Terms of merger and court order** sind die Bedingungen der Übernahme/Fusion einzutragen, sowie die ggf. ergangenen gerichtlichen Verfügungen.

7. Unter C1 sind entweder die Bedingungen der Übernahme einzutragen, oder die Ltd überlässt dem Registrar eine Kopie der Übernahmebedingungen im Anhang zum Formular.

8. Unter C2 sind ggf. die vom Gericht angeordneten Fusionsbedingungen dem Formular beizufügen.

9. Unter D1 muss der Geschäftsführer der Ltd unterschreiben, um die Fusion der Unternehmen zu bestätigen.

6. Entbindung des Company Secretary

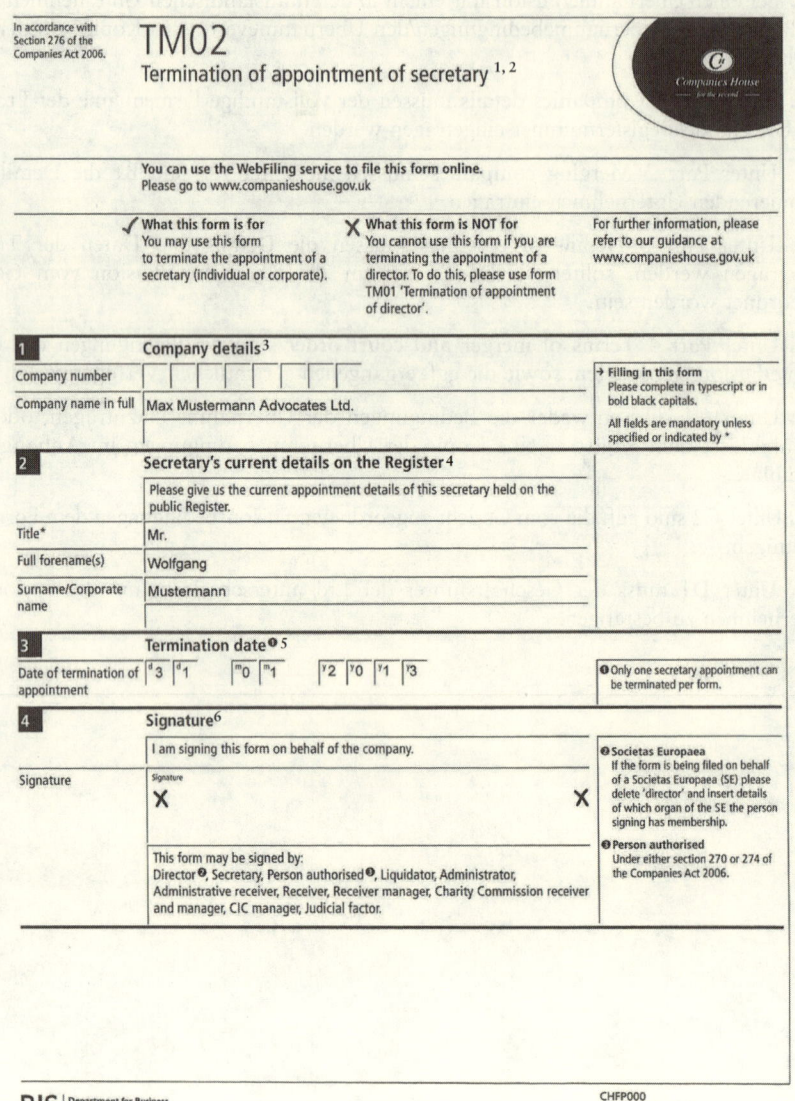

In accordance with
Section 276 of the
Companies Act 2006.

TM02
Termination of appointment of secretary [1, 2]

You can use the WebFiling service to file this form online.
Please go to www.companieshouse.gov.uk

✓ **What this form is for**	✗ **What this form is NOT for**	For further information, please
You may use this form to terminate the appointment of a secretary (individual or corporate).	You cannot use this form if you are terminating the appointment of a director. To do this, please use form TM01 'Termination of appointment of director'.	refer to our guidance at www.companieshouse.gov.uk

1 **Company details** [3]

Company number		→ **Filling in this form**
Company name in full	Max Mustermann Advocates Ltd.	Please complete in typescript or in bold black capitals.
		All fields are mandatory unless specified or indicated by *

2 **Secretary's current details on the Register** [4]

Please give us the current appointment details of this secretary held on the public Register.

Title*	Mr.
Full forename(s)	Wolfgang
Surname/Corporate name	Mustermann

3 **Termination date** ❶ [5]

Date of termination of appointment	ᵈ3 ᵈ1 ᵐ0 ᵐ1 ʸ2 ʸ0 ʸ1 ʸ3	❶ Only one secretary appointment can be terminated per form.

4 **Signature** [6]

I am signing this form on behalf of the company.

Signature	Signature **X**	**X**

This form may be signed by:
Director ❷, Secretary, Person authorised ❸, Liquidator, Administrator,
Administrative receiver, Receiver, Receiver manager, Charity Commission receiver
and manager, CIC manager, Judicial factor.

❷ **Societas Europaea**
If the form is being filed on behalf of a Societas Europaea (SE) please delete 'director' and insert details of which organ of the SE the person signing has membership.

❸ **Person authorised**
Under either section 270 or 274 of the Companies Act 2006.

BIS | Department for Business Innovation & Skills

CHFP000
05/10 Version 4.0

TM02
Termination of appointment of secretary

👤 Presenter information

You do not have to give any contact information, but if you do it will help Companies House if there is a query on the form. The contact information you give will be visible to searchers of the public record.

Contact name **Mr. Max Mustermann**

Company name **Max Mustermann Advocates Ltd.**

Address **16**

Xample Street

Post town **London**

County/Region **Greater London**

Postcode | S | W | 1 | E | | 6 | B | L |

Country **United Kingdom**

DX

Telephone

✓ Checklist

We may return forms completed incorrectly or with information missing.

Please make sure you have remembered the following:
- ☐ The company name and number match the information held on the public Register.
- ☐ You have correctly entered the name of the secretary being terminated.
- ☐ You have included the date of termination.
- ☐ You have signed the form.

❗ Important information

Please note that all information on this form will appear on the public record.

✉ Where to send

You may return this form to any Companies House address, however for expediency we advise you to return it to the appropriate address below:

For companies registered in England and Wales:
The Registrar of Companies, Companies House, Crown Way, Cardiff, Wales, CF14 3UZ.
DX 33050 Cardiff.

For companies registered in Scotland:
The Registrar of Companies, Companies House, Fourth floor, Edinburgh Quay 2,
139 Fountainbridge, Edinburgh, Scotland, EH3 9FF.
DX ED235 Edinburgh 1
or LP - 4 Edinburgh 2 (Legal Post).

For companies registered in Northern Ireland:
The Registrar of Companies, Companies House, Second Floor, The Linenhall, 32-38 Linenhall Street, Belfast, Northern Ireland, BT2 8BG.
DX 481 N.R. Belfast 1.

ℹ Further information

For further information, please see the guidance notes on the website at www.companieshouse.gov.uk or email enquiries@companieshouse.gov.uk

This form is available in an alternative format. Please visit the forms page on the website at www.companieshouse.gov.uk

This form has been provided free of charge by Companies House.

CHFP000
05/10 Version 4.0

Anmerkungen

1. Die Ltd kann zu jeder Zeit seinen „Company Secretary" von seinen/ihren Aufgaben entbinden. Sollte dies geschehen, muss der Registrar prompt informiert werden (innerhalb von 14 Tagen).

2. Dieses Formular darf nur für **einen** „Company Secretary" benutzt werden. Sollte es notwendig sein, mehrere „Company Secretaries" von ihren Aufgaben zu entbinden, muss dieses Formular mehrfach ausgefüllt werden, und zwar pro Company Secretary ein Formular.

3. Unter 1. **Company details** ist der vollständige Firmenname der Ltd zusammen mit der UK Handelsregisternummer anzugeben.

4. Unter 2. **Secretary's current details on the Register** ist der Name des Company Secretary's einzutragen.

5. Unter 3. **Termination date** muss das Datum, an dem der Secretary von seinen/ihren Aufgaben entbunden wird/ist, angegeben werden.

6. Unter 4. **Signature** muss der Geschäftsführer oder verbleibene Company Secretary unterschreiben.

7. Ernennung eines neuen/weiteren Geschäftsführers/Gesellschafters

In accordance with Section 167 of the Companies Act 2006.	**AP01** Appointment of director [1, 2]	Companies House *for the record*

You can use the WebFiling service to file this form online.
Please go to www.companieshouse.gov.uk

✓ **What this form is for** You may use this form to appoint an individual as a director.	✗ **What this form is NOT for** You cannot use the form to appoint a corporate director. To do this, please use form AP02 'Appointment of corporate director'.	For further information, please refer to our guidance at www.companieshouse.gov.uk

1	**Company details** [3]	
Company number		→ **Filling in this form** Please complete in typescript or in bold black capitals.
Company name in full	Max Mustermann Advocates Ltd.	All fields are mandatory unless specified or indicated by *

2	**Date of director's appointment** [4]	
Date of appointment	$^d0$ $^d1$ $^m0$ $^m2$ $^y2$ $^y0$ $^y1$ $^y3$	

3	**New director's details** [5]	
Title*	Mr.	❶ **Former name(s)** Please provide any previous names which have been used for business purposes in the past 20 years.
Full forename(s)	Wolfgang	Married women do not need to give former names unless previously used for business purposes.
Surname	Mustermann	
Former name(s) ❶		Continue in section 6 if required.
Country/State of residence ❷	Germany	❷ **Country/State of residence** This is in respect of your usual residential address as stated in Section 4a.
Nationality	German	
Date of birth	$^d0$ $^d6$ $^m0$ $^m7$ $^y1$ $^y9$ $^y4$ $^y9$	❸ **Business occupation** If you have a business occupation, please enter here. If you do not, please leave blank.
Business occupation (if any) ❸		

4	**New director's service address** ❶[6]	
	Please complete your service address below. You must also complete your usual residential address in **Section 4a**.	❶ **Service address** This is the address that will appear on the public record. This does not have to be your usual residential address.
Building name/number	16	
Street	Xample Street	Please state 'The Company's Registered Office' if your service address is recorded in the company's register of directors as the company's registered office.
Post town	London	
County/Region	Greater London	If you provide your residential address here it will appear on the public record.
Postcode	S W 1 E 6 B L	
Country		

BIS Department for Business Innovation & Skills	CHFP000 05/10 Version 4.0

AP01
Appointment of director

X

This page is not shown on the public record

Do not cover this barcode

4a	**New director's usual residential address ❶ 7**	
	Please complete your usual residential address below.	❶ **New director's usual residential address** Please state 'Same as service address' in this section if your usual residential address is recorded in the company's register of director's residential addresses as 'Same as service address'.
Building name/number	9	
Street	Unter den Linden	
Post town	Berlin	You cannot state 'Same as service address' if your service address has been stated in Section 4 as 'The Company's Registered Office'. You will need to complete the address in full.
County/Region		
Postcode	1 0 1 1 7	This address cannot be a PO Box, DX or LP (Legal Post in Scotland) number.
Country	Germany	

Section 243 of Companies Act 2006	**Section 243 exemption ❷**	
	Only tick the box below if you are in the process of applying for, or have been granted, exemption by the Registrar from disclosing your usual residential address to credit reference agencies under section 243 of the Companies Act 2006. ☐	❷ If you are currently in the process of applying for, or have been granted, a section 243 exemption, you may wish to check you have not entered your usual residential address in Section 4 as this will appear on the public record.
	Different postal address: If you are applying for, or have been granted, a section 243 exemption, please post this whole form to the different postal address below: The Registrar of Companies, PO Box 4082, Cardiff, CF14 3WE. Where you are applying for a section 243 exemption with this notice, the application and this form must be posted together.	
X		

CHFP000
05/10 Version 4.0

Heinz

AP01
Appointment of director

5	**Signatures** [8]

	I consent to act as director of the above named company.
New director's signature	Signature X X
Authorising signature	Signature X X

This form may be signed and authorised by:
Director ❶, Secretary, Person authorised ❷, Administrator, Administrative Receiver, Receiver, Receiver manager, Charity commission receiver and manager, CIC manager, Judicial factor.

❶ **Societas Europaea**
If the form is being filed on behalf of a Societas Europaea (SE) please delete 'director' and insert details of which organ of the SE the person signing has membership.

❷ **Person authorised**
Under either section 270 or 274 of the Companies Act 2006.

6	**Additional former names** (continued from Section 3)

Former names ❸	

❸ **Additional former names**
Use this space to enter any additional names.

CHFP000
05/10 Version 4.0

AP01
Appointment of director

👤 Presenter information

You do not have to give any contact information, but if you do it will help Companies House if there is a query on the form. The contact information you give will be visible to searchers of the public record.

Contact name Mr. Max Mustermann

Company name Max Mustermann Advocates Ltd

Address 16

Xample Street

Post town London

County/Region Greater London

Postcode | S | W | 1 | E | | 6 | B | L |

Country United Kingdom

DX

Telephone

✔ Checklist

We may return forms completed incorrectly or with information missing.

Please make sure you have remembered the following:
- ☐ The company name and number match the information held on the public Register.
- ☐ You have provided a business occupation if you have one.
- ☐ You have provided a correct date of birth.
- ☐ You have completed the date of appointment.
- ☐ You have completed the nationality box in Section 3.
- ☐ You have provided both the service address and the usual residential address.
- ☐ Addresses must be a physical location. They cannot be a PO Box number (unless part of a full service address), DX or LP (Legal Post in Scotland) number.
- ☐ You have included all former names used for business purposes over the last 20 years.
- ☐ You have enclosed a relevant section 243 application if applying for this at the same time as completing this form.
- ☐ The new director has signed the form.
- ☐ You have provided an authorising signature.

❗ Important information

Please note that all information on this form will appear on the public record, apart from information relating to usual residential addresses.

✉ Where to send

You may return this form to any Companies House address, however for expediency we advise you to return it to the appropriate address below:

For companies registered in England and Wales:
The Registrar of Companies, Companies House,
Crown Way, Cardiff, Wales, CF14 3UZ.
DX 33050 Cardiff.

For companies registered in Scotland:
The Registrar of Companies, Companies House,
Fourth floor, Edinburgh Quay 2,
139 Fountainbridge, Edinburgh, Scotland, EH3 9FF.
DX ED235 Edinburgh 1
or LP - 4 Edinburgh 2 (Legal Post).

For companies registered in Northern Ireland:
The Registrar of Companies, Companies House,
Second Floor, The Linenhall, 32-38 Linenhall Street,
Belfast, Northern Ireland, BT2 8BG.
DX 481 N.R. Belfast 1.

Section 243 exemption
If you are applying for, or have been granted a section 243 exemption, please post this whole form to the different postal address below:
The Registrar of Companies, PO Box 4082,
Cardiff, CF14 3WE.

ℹ Further information

For further information please see the guidance notes on the website at www.companieshouse.gov.uk or email enquiries@companieshouse.gov.uk

This form is available in an alternative format. Please visit the forms page on the website at www.companieshouse.gov.uk

This form has been provided free of charge by Companies House.

CHFP000
05/10 Version 4.0

Anmerkungen

1. Die Ltd kann zu jeder Zeit einen neuen oder weiteren Geschäftsführer ernennen, solange nichts Gegenteiliges in den „Articles of Association" festgelegt worden ist. Sollten die Articles of Association eine bestimmte Vorgehensweise festgelegt haben, so muss diese befolgt werden.

2. Sobald die Ltd. ein neuen Gesellschafter/Geschäftsführer aufgenommen hat, muss der Registrar darüber informiert werden.

3. Unter 1. **Company details** ist der vollständige Firmenname der Ltd zusammen mit der UK Handelsregisternummer einzutragen.

4. Unter 2. **Date of director's appointment** ist das Datum anzugeben, ab wann der neue/weitere Geschäftsführer seine Aufgaben wahrnehmen wird.

5. Unter 3. **New director's details** sind der vollständige Name des neuen Geschäftsführers, seinen Wohnort (Land), seine Staatsangehörigkeit und sein Geburtsdatum anzugeben.

6. Unter 4. **New director's service adress** ist die Geschäftsadresse des neuen Geschäftsführers anzugeben. Dies ist üblicherweise die Geschäftsadresse der Ltd. Diese Adresse wird im öffentlichen Handelsregister eingetragen und ist somit für jedermann zugänglich.

7. Unter 4a. **New director's usual residential address** ist die Wohnanschrift des neuen Geschäftsführers/Gesellschafters einzutragen. Diese Adresse ist nicht im öffentlichen Handelsregister einsehbar.

8. Unter 5. **Signatures** müssen der neue oder auch weitere Geschäftsführer/Geselschafter, sowie der jetzige Geschäftsführer der Ltd oder der Company Secretary der Ltd unterschreiben, um die Ernennung zu bestätigen.

8. Namensänderung einer Ltd.

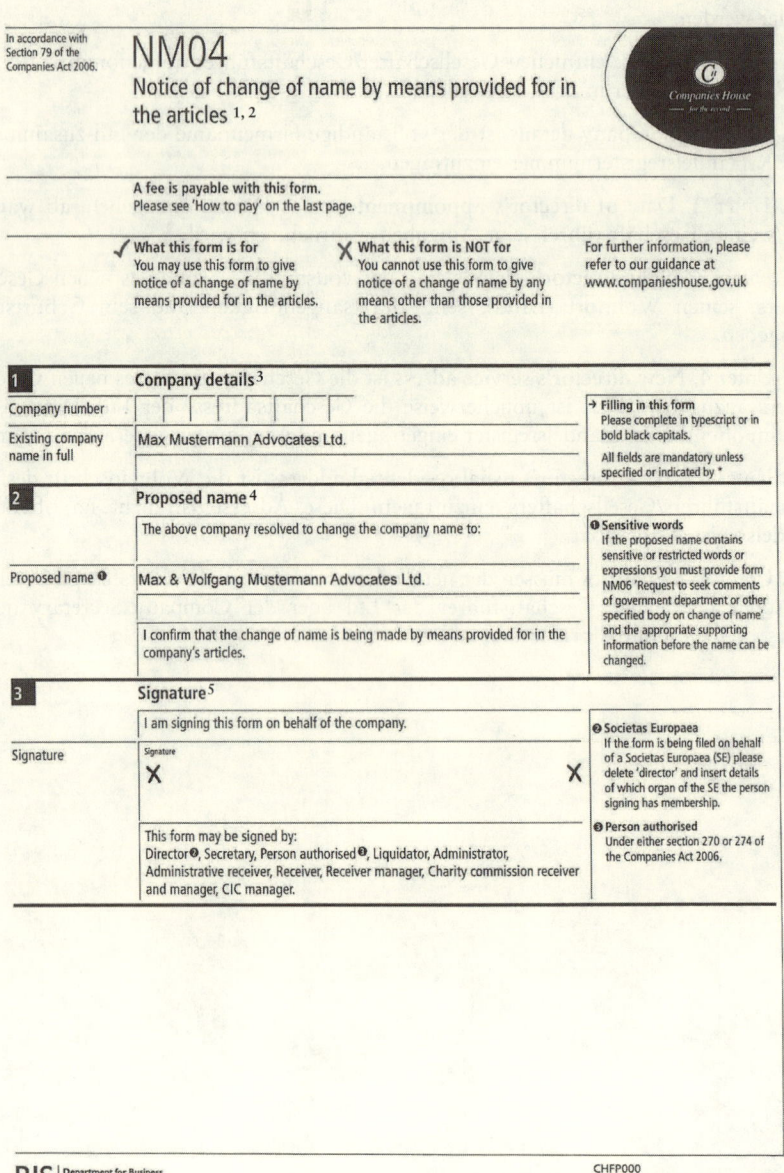

NM04
Notice of change of name by means provided for in the articles

👤 Presenter information

You do not have to give any contact information, but if you do it will help Companies House if there is a query on the form. The contact information you give will be visible to searchers of the public record.

Contact name **Mr. Max Mustermann**

Company name **Max Mustermann Advocates Ltd.**

Address **16**

Xample Street

Post town **London**

County/Region **Greater London**

Postcode | S | W | 1 | E | | 6 | B | L |

Country **United Kingdom**

DX

Telephone

✔ Checklist

We may return forms completed incorrectly or with information missing.

Please make sure you have remembered the following:
- ☐ The company name and number match the information held on the public Register.
- ☐ You have provided the proposed name in section 2.
- ☐ You have signed the form.
- ☐ You have enclosed the correct fee.

❗ Important information

Please note that all information on this form will appear on the public record.

£ How to pay

A fee of £10 is payable to Companies House in respect of a notice of change of name by means provided for in the articles.

Make cheques or postal orders payable to 'Companies House'.

✉ Where to send

You may return this form to any Companies House address, however for expediency we advise you to return it to the appropriate address below:

For companies registered in England and Wales:
The Registrar of Companies, Companies House, Crown Way, Cardiff, Wales, CF14 3UZ.
DX 33050 Cardiff.

For companies registered in Scotland:
The Registrar of Companies, Companies House, Fourth floor, Edinburgh Quay 2,
139 Fountainbridge, Edinburgh, Scotland, EH3 9FF.
DX ED235 Edinburgh 1
or LP - 4 Edinburgh 2 (Legal Post).

For companies registered in Northern Ireland:
The Registrar of Companies, Companies House, Second Floor, The Linenhall, 32-38 Linenhall Street Belfast, Northern Ireland, BT2 8BG.
DX 481 N.R. Belfast 1.

ℹ Further information

For further information, please see the guidance notes on the website at www.companieshouse.gov.uk or email enquiries@companieshouse.gov.uk

This form is available in an alternative format. Please visit the forms page on the website at www.companieshouse.gov.uk

This form has been provided free of charge by Companies House.

CHFP000
05/10 Version 4.0

Anmerkungen

1. Die Ltd kann prinzipiell zu jeder Zeit ihren Firmennamen ändern, vorausgesetzt, die Namensänderung wurde durch einen Beschluss genehmigt. Wie der Name der Ltd geändert werden darf, hängt jedoch davon ab, was in den Articles of Association vereinbart wurde. Dies erfolgt in den meisten Fällen durch eine „Special Resolution"/ einen Beschluss auf einer Generalversammlung.

2. Der Antrag auf eine Namensänderung der Ltd kostet derzeit £10.

3. Unter 1. **Companies details** ist der alte Firmenname der Ltd zusammen mit der UK Handelsregisternummer einzutragen.

4. Unter 2. **Proposed name** ist der neue Firmenname der Ltd einzutragen.

5. Unter 3. **Signature** muss der Geschäftsführer oder Company Secretary unterschreiben, um die Namensänderung bestätigen.

9. Firmensitzverlegung einer Ltd.

In accordance with Section 87 of the Companies Act 2006.

AD01
Change of registered office address [1,2]

Companies House
— for the record —

You can use the WebFiling service to file this form online.
Please go to www.companieshouse.gov.uk

✓ **What this form is for**	✗ **What this form is NOT for**	For further information, please
You may use this form to change a company's registered office address.	You cannot use this form to change the registered office address of a Limited Liability Partnership (LLP). To do this, please use form LL AD01's Change of registered office address of a limited liability partnership (LLP).	refer to our guidance at www.companieshouse.gov.uk

---

1   **Company details** [3]

Company number	☐☐☐☐☐☐☐☐
Company name in full	Max & Wolfgang Mustermann Advocates Ltd.

→ **Filling in this form**
Please complete in typescript or in bold black capitals.

All fields are mandatory unless specified or indicated by *

---

2   **New registered office address ❶ 4**

The change in registered office address does not take effect until the Registrar has registered this notice.

A person may validly serve any document on the company at its previous registered office for 14 days from the date that a change of registered office is registered.

Building name/number	10
Street	Xample Street
Post town	Liverpool
County/Region	
Postcode	L 2 4	1 Y D

❶ **Change of registered office**
For England and Wales companies, the address provided can either be in England or Wales.

For Welsh companies, the address provided must be in Wales.

For companies registered in Scotland or Northern Ireland, the address provided must be in Scotland or Northern Ireland respectively.

---

3   **Signature** [5]

I am signing this form on behalf of the company.

Signature	Signature
	✗ ✗

This form may be signed by:
Director ❷, Secretary, Person Authorised ❸, Liquidator, Administrator, Administrative receiver, Receiver, Receiver manager, Charity commission receiver and manager, CIC manager, Judicial factor.

❷ **Societas Europaea**
If the form is being filed on behalf of a Societas Europaea (SE), please delete 'director' and insert details of which organ of the SE the person signing has membership.

❸ **Person authorised**
Under either section 270 or 274 of the Companies Act 2006.

BIS | Department for Business Innovation & Skills

CHFP000
05/10 Version 4.0

AD01
Change of registered office address

👤 Presenter information

You do not have to give any contact information, but if you do it will help Companies House if there is a query on the form. The contact information you give will be visible to searchers of the public record.

Contact name	Mr. Max Mustermann
Company name	Max & Wolfgang Mustermann
	Advocates Ltd.
Address	16
	Xample Street
Post town	London
County/Region	Greater London
Postcode	S W 1 E 6 B L
Country	United Kingdom
DX	
Telephone	

✓ Checklist

We may return forms completed incorrectly or with information missing.

Please make sure you have remembered the following:
- ☐ The company name and number match the information held on the public Register.
- ☐ You have provided the new registered office address in section 2.
- ☐ The registered office is in the location where the company was registered e.g. England and Wales, Wales, Scotland, Northern Ireland.
- ☐ You have signed the form.

❗ Important information

Please note that all information on this form will appear on the public record.

✉ Where to send

You may return this form to any Companies House address, however for expediency we advise you to return it to the appropriate address below:

For companies registered in England and Wales:
The Registrar of Companies, Companies House, Crown Way, Cardiff, Wales, CF14 3UZ.
DX 33050 Cardiff.

For companies registered in Scotland:
The Registrar of Companies, Companies House, Fourth floor, Edinburgh Quay 2,
139 Fountainbridge, Edinburgh, Scotland, EH3 9FF.
DX ED235 Edinburgh 1
or LP - 4 Edinburgh 2 (Legal Post).

For companies registered in Northern Ireland:
The Registrar of Companies, Companies House, Second Floor, The Linenhall, 32-38 Linenhall Street, Belfast, Northern Ireland, BT2 8BG.
DX 481 N.R. Belfast 1.

ℹ Further information

For further information, please see the guidance notes on the website at www.companieshouse.gov.uk or email enquiries@companieshouse.gov.uk

This form is available in an alternative format. Please visit the forms page on the website at www.companieshouse.gov.uk

This form has been provided free of charge by Companies House.

CHFP000
05/10 Version 4.0

Anmerkungen

1. Die Ltd kann ihren Firmensitz innerhalb von England und Wales verlegen. Dies muss jedoch dem Registrar vorher mitgeteilt werden.

2. In der Übergangsphase zwischen der alten Firmenadresse/Firmensitz und der neuen Firmenadresse (neuer Firmensitz) darf ein Dritter noch 14 Tage nach der Registrierung der neuen Firmenadresse durch den Registrar, Dokumente wirksam an die alte Firmenadresse senden.

3. Unter 1. **Company details** ist der vollständige Firmenname der Ltd zusammen mit der UK Handelsregisternummer einzufügen.

4. Unter 2. **New Registered office address** wird die neue Firmenadresse angegeben. Es ist jedoch zu beachten, dass die alte Firmenadresse noch 14 Tage nach der Registrierung durch den Registrar aktiv ist und daher noch Post zur alten Adresse wirksam zugestellt werden kann.

5. Unter 3. **Signature** muss der Geschäftsführer der Ltd oder der Company Secretary unterschreiben, um die Adressänderung zu bestätigen.

10. Ernennung eines Zwangsverwalters/Insolvenzverwalters

In accordance with
Section 871(1) of the
Companies Act 2006

LQ01

Notice of appointment of an administrative receiver,
receiver or manager [1,2]

Companies House
for the record

✓ **What this form is for**	✗ **What this form is NOT for**	For further information, please
You may use this form to give notice of the appointment of an administrative receiver, receiver or manager of a company's property.	You cannot use this form to give notice of a cessation to act as an administrative receiver, receiver or manager. To do this, please use form LQ02. Also, you cannot use this form for a Scottish company.	refer to our guidance at www.companieshouse.gov.uk

1	**Company details** [3]	
Company number	☐☐☐☐☐☐☐☐	→ **Filling in this form** Please complete in typescript or in bold black capitals.
Company name in full	Max & Wolfgang Mustermann Advocates Ltd.	All fields are mandatory unless specified or indicated by *

2	**Statement of appointment** [4]	
Name	I/We ❶ Directors	❶ **Name** Please give the name and address of the person appointing or obtaining an order to appoint.
	of	
	Max & Wolfgang Mustermann Advocates Ltd.	❷ Please insert the name and address of the administrative receiver/ receiver/manager.
	give notice that ❷ Xample LLP	
	Harton Place, Exhange Square	❸ Please tick one box.
	Liverpool L2 3PM, United Kingdom	❹ Please give the name of the court and the date the order was made.
	was appointed as ❸	❺ Please enter the date of appointment.
	☐ Receiver	
	☑ Administrative receiver	
	☐ Manager	
	of ❸	
	☐ part of the property of the company.	
	☑ the whole of the property of the company.	
	The appointment was made by: (Please complete A or B)	
Name of court	A. an order of the ❹ High Court	
Date of order	made on ｄ2 ｄ0 ｍ0 ｍ9 ｙ2 ｙ0 ｙ1 ｙ4	
Date of appointment ❺	B. me/us	
	on ｄ ｄ ｍ ｍ ｙ ｙ ｙ ｙ	
	Please enter the date and description of the instrument.	
Date of instrument	ｄ ｄ ｍ ｍ ｙ ｙ ｙ ｙ	
Description of instrument		

BIS | Department for Business Innovation & Skills

CHFP000
05/10 Version 4.0

LQ01
Notice of appointment of an administrative receiver, receiver or manager

3	**Signature** ❶ 5	
	Please sign the form here.	❶ **Signature**
Signature	Signature X	By the person who appointed, or obtained the order for the appointment of, the administrative receiver, receiver or manager. X

CHFP000
05/10 Version 4.0

LQ01
Notice of appointment of an administrative receiver, receiver or manager

Presenter information

You do not have to give any contact information, but if you do it will help Companies House if there is a query on the form. The contact information you give will be visible to searchers of the public record.

Contact name Max Mustermann

Company name Max & Wolfgang Advocates Ltd

Address 10

Xample Street

Post town Liverpool

County/Region

Postcode | L | 2 | 4 | | 1 | Y | D |

Country United Kingdom

DX

Telephone

Checklist

We may return forms completed incorrectly or with information missing.

Please make sure you have remembered the following:
☐ The company name and number match the information held on the public Register.
☐ You have given the name and address of the chargee.
☐ You have given the name and address of the administrative receiver, receiver or manager.
☐ You have indicated who is being appointed.
☐ You have given the name of the court and the date the order was made (if applicable).
☐ You have provided the date and description of instrument under which the appointment is made (if applicable).
☐ You have signed the form.

Important information

Please note that all information on this form will appear on the public record.

Where to send

You may return this form to any Companies House address, however for expediency we advise you to return it to the appropriate address below:

For companies registered in England and Wales:
The Registrar of Companies, Companies House, Crown Way, Cardiff, Wales, CF14 3UZ.
DX 33050 Cardiff.

For companies registered in Northern Ireland:
The Registrar of Companies, Companies House, Second Floor, The Linenhall, 32-38 Linenhall Street, Belfast, Northern Ireland, BT2 8BG.
DX 481 N.R. Belfast 1.

Further information

For further information, please see the guidance notes on the website at www.companieshouse.gov.uk or email enquiries@companieshouse.gov.uk

This form is available in an alternative format. Please visit the forms page on the website at www.companieshouse.gov.uk

This form has been provided free of charge by Companies House.

CHFP000
05/10 Version 4.0

Anmerkungen

1. Dieses Formular wird höchstwahrscheinlich nur auf die wenigsten in Deutschland eingetragenen Ltds zutreffen, da diese nach Begründung einer deutschen Zweigniederlassung regelmäßig dem deutschen Insolvenzrecht unterliegen. Sollte aber eine Ltd. allein oder überwiegend in Großbritannien ansässig sein, gilt englisches Insolvenzrecht (Insolvency Act 1986).

2. Sollte englisches Insolvenzrecht Anwendung finden, muss der ernannte Zwangsverwalter/Insolvenzverwalter dieses Formular ausfüllen und dem Registrar zur Kenntnis bringen.

3. Unter 1. **Company details** muss der vollständige Firmenname der Ltd zusammen mit der UK Handelsregisternummer eingetragen werden.

4. Unter 2. **Statement of appointment** muss der Name des Zwangsverwalters/Insolvenzverwalters eingetragen werden, welche Vermögenwerte er verwalten soll und wann und von wem er ernannt wurde.

5. Unter 3. **Signature** muss der Verwalter unterschreiben.

11. Löschung der Ltd

In accordance with
Section 1003 of the
Companies Act 2006.

DS01
Striking off application by a company [1, 2, 3, 4, 5]

Companies House

A fee is payable with this form
Please see 'How to pay' on the last page.

✓ **What this form is for**
You may use this form to strike off a company from the Register.

✗ **What this form is NOT for**
You cannot use this form to strike off a Limited Liability Partnership (LLP). To strike off an LLP please use form LL DS01 'Striking off application by a Limited Liability Partnership (LLP)'.

For further information, please refer to our guidance at www.companieshouse.gov.uk

---

Warning to all interested parties

This is an important notice and should not be ignored. The company named has applied to the Registrar to be struck off the Register and dissolved. Please note that on dissolution any remaining assets will be passed to the Crown. The Registrar will strike the company off the register unless there is reasonable cause not to do so. Guidance is available on grounds for objection. If in doubt, seek professional advice.

---

1 **Company details** [6]

Company number | ☐ ☐ ☐ ☐ ☐ ☐ ☐ ☐

Company name in full | Max & Wolfgang Mustermann Advocates Ltd.

→ **Filling in this form**
Please complete in typescript or in bold black capitals.

All fields are mandatory unless specified or indicated by *

---

2 **The application** [7]

Warning to all applicants
It is an offence to knowingly or recklessly provide false or misleading information on this application.

You are advised to read Section 4 and to consult the guidance available from Companies House before completing this form. If in doubt, seek professional advice.

I/We as director(s) / the majority of directors apply for this company to be struck off the Register and declare that none of the circumstances described in section 1004 or 1005 of the Companies Act 2006 (being circumstances in which the directors would otherwise be prohibited under those sections from making an application) exists in relation to the company. ❶

This form must be signed by the sole director if only 1, by both if there are 2, or by the majority if there are more than 2.

→ **Go to Section 3** 'Name(s) and Signature(s) of the directors'

❶ Please read the guidance on our website at www.companieshouse.gov.uk or section 1004 or 1005 of the Companies Act 2006 for circumstances under which an application may not be made.

Please note that on dissolution all property and rights etc will be passed to the Crown.

BIS | Department for Business Innovation & Skills

CHWP000
05/12 Version 6.0

DS01
Striking off application by a company

3   **Name(s) and signature(s) of the director(s)** [8]

Name (Print clearly)	Mr. Max Mustermann
Signature	Signature X X
Signature date	$^d0$ $^d1$ $^m0$ $^m1$ $^y2$ $^y0$ $^y1$ $^y4$
Name (Print clearly)	Mrs. Lisa - Marie Mustermann
Signature	Signature X X
Signature date	$^d0$ $^d1$ $^m0$ $^m1$ $^y2$ $^y0$ $^y1$ $^y4$
Name (Print clearly)	Mr. Wolfgang Mustermann
Signature	Signature X X
Signature date	$^d0$ $^d1$ $^m0$ $^m1$ $^y2$ $^y0$ $^y1$ $^y4$
Name (Print clearly)	
Signature	Signature X X
Signature date	d d m m y y y y

Warning to all applicants
It is an offence to knowingly or recklessly provide false or misleading information on this application.

Please note that on dissolution all property and rights etc will be passed to the Crown.

You are advised to read Section 4 and to consult the guidance notes available from Companies House before completing this form. If in doubt, seek professional advice.

Name and date
Please ensure that you complete the name and signature date

Signatures
This form must be signed by the sole director if only 1, by both if there are 2, or by the majority if there are more than 2.

Further signatures
Please use a continuation page if you need to enter further signatures.

4   **What to do next**

Notify all parties.
Please ensure that you send copies of this application to all notifiable parties e.g. creditors, employees, shareholders, pension managers or trustees and other directors of the company within 7 days from the day on which the application is made.

Please also send copies to anyone who later becomes a notifiable party within 7 days of this taking place. This applies from the day of application and before the day on which the application is finally dealt with or withdrawn. Please check the guidance notes which contain a full list of those who must be notified. Failure to notify interested parties is an offence. It is advisable to obtain and retain some proof of delivery or posting of copies to notifiable parties.

Withdrawal of striking off application by a company
If the company ceases to be eligible for striking off at any time after the application is made, and before the application is finally dealt with, as specified in section 1009 of the Companies Act 2006, then the application must be withdrawn using form DS02 'Withdrawal of striking off application by a company' available from our website: www.companieshouse.gov.uk

CHWP000
05/12 Version 6.0

DS01
Striking off application by a company

👤 Presenter information

You do not have to give any contact information, but if you do it will help Companies House if there is a query on the form. The contact information you give will be visible to searchers of the public record.

Contact name   Mr. Andreas Schmidt

Company name   Schmidt & Mustermann

Rechtsanwaelte

Address   14

Musterstrasse

Post town   Berlin

County/Region

Postcode | 1 | 3 | 5 | 8 | 7 | | | |

Country   Germany

DX

Telephone   49

✓ Checklist

We may return the forms completed incorrectly or with information missing.

Please make sure you have remembered the following:
- ☐ The company name and number match the information held on the public Register.
- ☐ The correct number of current directors have signed and dated the form – 1 director if there is only 1 director, both if there are 2, and the majority if there are more than 2 e.g. Out of 6 directors, 4 must sign.
- ☐ You have included a printed name and date for the signature(s)
- ☐ You have included a continuation sheet (available from www.companieshouse.gov.uk) if applicable.
- ☐ You have enclosed the correct fee.

❗ Important information

Please note that all information on this form will appear on the public record.

£ How to pay

A fee of £10 is payable to Companies House in respect of a striking off application.

Make cheques or postal orders payable to 'Companies House.'

✉ Where to send

You may return this form to any Companies House address, however for expediency we advise you to return it to the appropriate address below:

For companies registered in England and Wales:
The Registrar of Companies, Companies House, Crown Way, Cardiff, Wales, CF14 3UZ.
DX 33050 Cardiff.

For companies registered in Scotland:
The Registrar of Companies, Companies House, Fourth floor, Edinburgh Quay 2,
139 Fountainbridge, Edinburgh, Scotland, EH3 9FF.
DX ED235 Edinburgh 1
or LP - 4 Edinburgh 2 (Legal Post).

For companies registered in Northern Ireland:
The Registrar of Companies, Companies House, Second Floor, The Linenhall, 32-38 Linenhall Street, Belfast, Northern Ireland, BT2 8BG.
DX 481 N.R. Belfast 1.

ℹ Further information

For further information please see the guidance notes on the website at www.companieshouse.gov.uk or email enquiries@companieshouse.gov.uk

This form is available in an alternative format. Please visit the forms page on the website at www.companieshouse.gov.uk

This form has been provided free of charge by Companies House.

CHWP000
05/12 Version 6.0

Anmerkungen

1. Es besteht die Möglichkeit, eine Ltd aus dem Register zu löschen, wenn das Unternehmen keine Schulden, keine ungeklärten Haftungen jeglicher Art (zB bei englischen Behörden) oder offene Gerichtsverfahren hat. Doch darf dieses Formular nicht benutzt werden, wenn das Unternehmen kurz vor der Insolvenz steht und in Kürze ein Verwalter die Geschäfte der Ltd übernehmen wird.

2. Ein „Striking off" Antrag kann eingereicht werden, wenn eine Mehrheit der Gesellschafter der Ltd diesem Antrag zustimmt und das Formular unterschreibt.

3. Sollten nur (noch) zwei Gesellschafter existieren, müssen beide (verbleibenden) Mitglieder unterschreiben.

4. Der Antrag auf Löschung vom Companies House Register kostet derzeit £10. Sobald das Formular vollständig ausgefüllt ist, muss es dem Registrar zugestellt werden.

5. Mit Zustellung an den Registrar sind die Gesellschafter und Geschäftsführer verpflichtet, alle Parteien, die ein Interesse in der Ltd haben, vom Antrag zur Löschung zu informieren und ihnen eine Kopie des Antrags zukommen zu lassen. Dies muss innerhalb von 7 Tagen nach Eingang des Antrags geschehen.

6. Unter 1. **Company details** müssen die Daten der Ltd eingetragen werden, und zwar die Registrierungsnummer und der Name, unter dem die Ltd im Companies House Register geführt wird.

7. Unter 2. **The Application** müssen die Gesellschafter/Geschäftsführer angeben, dass sie der Löschung zustimmen, und dass diese im Einklang mit Section 1004 oder 1005 des Companies Act 2006 stehen.

8. Unter 3. **Signatures of the director(s)** müssen die Gesellschfter/Geschäftsführer, die der Löschung zustimmen, unter Angabe des Datums unterschreiben.

III. Legal Disciplinary Practice (LDP)

1. Vorbemerkungen

Mit der Einführung des Legal Services Act 2007 (LSA) begann ein neues Zeitalter für die Erbringung von Rechtsdienstleistungen (*Greene* (senior partner, Edwin Coe LLP & consultant editor of NLJ), Time for a new model?). Eine Reform der Art und Weise, wie Juristen Ihre Rechtsdienstleistungen anbieten, war nötig, da das Vereinigte Königreich eines der wenigen Länder ist, in dem es noch eine Aufgabenteilung in dem Berufsfeld des Rechtsanwaltes gibt. Diese Teilung bedeutet, das Barrister (Prozessanwalt), Solicitor (Anwalt) und Public Notaries (Notare) nicht innerhalb einer Sozietät praktizieren dürfen. Die noch weit verbreitete traditionelle Struktur führt oft dazu, dass ein Mandant einen Barrister, Solicitor und Public Notary beauftragen muss, um seine Angelegenheit erfolgreich zu betreiben. Das heißt, dass all diese unterschiedlichen Berufszweige kooperieren und eng miteinander zusammenarbeiten müssen, jedoch von unterschiedlichen Kanzleien aus. Diese traditionelle Form des Outsourcings wurde in den letzten Jahren als nicht kosteneffektiv kritisiert, daher ist die Einführung der LDP (Legal Disciplinary Practice) ein Beitrag zur Kostenoptimierung des englischen Rechtssystems (*Baksi/News,* BSB chastised over „bad" misconduct findings, Law Society Gazette (2012) LSGaz, 6.9.2012, 4 (2)).

Die LDP ist eine nun anerkannte und akzeptierte Rechtsform der Britischen Anwaltskammern (Bar Standards Board & Solicitors Regulation Authority) (http://www.lawsociety.org.uk/advice/practice-notes/legal-disciplinary-practice/#ldp2). Die LDP darf jedoch nur Rechtsdienstleistungen anbieten, die von zugelassenen Juristen angeboten werden. Außerdem dürfen nun nicht mehr nur Solicitors of England and Wales, zugelassene registrierte EU – Anwälte oder ausländische Juristen eine Sozietät gründen und Teilhaber einer Sozietät werden (*Robins*, Why legal disciplinary practices are off to a slow start, The Law Gazette, 7.4.2009). Bis dato war es zB für Barrister nicht möglich, eine Kanzlei zu besitzen oder Anteile darin zu besitzen, da dies ihre Unabhängigkeit gefährden könnte. Die LDP sollte jedoch nicht mit den „Alternative Business Structures" (ABS) verwechselt werden, da die ABS Struktur es ermöglichen, dass auch Nicht-Juristen Gründer, Teilhaber oder Geschäftsführer einer Sozietät werden können. Dies ist bei der LDP nicht möglich.

Es gibt verschiedene Gründe, eine LDP zu gründen:
1. Das Eigenkapital kann von einer größeren Anzahl von potenziellen Teilhabern, Partnern, Mitgliedern und Geschäftsführern erhoben werde [*Rozenberg* Law Society Gazette, (2009) LS Gaz, 29.10.2009 (7)].
2. Außerdem können auch andere Juristen Mitglieder und Teilhaber einer LDP werden.
3. Ein traditionell nicht sozietätsfähiger Jurist, zB ein Barrister, kann nun auch Partner, Geschäftsführer oder Teilhaber der LDP werden.
4. Eine Sozietät mit einem LDP Status kann neue Rechtsdienstleistungen anbieten, [http://www.lawsociety.org.uk], was bisher aufgrund fehlender Expertise nicht möglich war [Wurtzel, Filling the Gap, The Counsel, 1.9.2012].

Um eine Legal Disciplinary Practice zu gründen, müssen die potenziellen neuen Mitglieder vorerst eine juristische Person in England/Wales gründen, zB eine LLP oder Ltd. Diese Unternehmensstruktur muss schon vor dem Antrag auf Zulassung als LDP existieren (http://www.lawsociety.org.uk).

Wenn zum Beispiel eine Sozietät von Solicitor (LLP) einen Barrister in ihre Kanzlei aufnehmen möchte, um mehr Dienstleistungen anbieten zu können, braucht dieses das Einverständnis der jeweiligen Anwaltskammer, eine LLP-LDP zu gründen. Aufgrund der bisherigen Tätigkeitsfeldteilung war dies bislang nicht möglich. Um es nochmals zu verdeutlichen: die LDP ist keine eigenständige juristische Person, sondern nur ein Mittel, um auch mit „berufsfremden" Juristen in England und Wales zusammen arbeiten zu können [http://www.lawsociety.org.uk]. Dabei kommt es darauf an, welche juristische Person zum Zeitpunkt des Antrags existiert. Deren Auswahl entscheidet, welches Feld im Formular „FA 1 – Firm Authorisation application Form" ausgefüllt werden muss. Jeder Antragssteller muss des Weiteren Formular „FA 2 – Individual Approval application Form" ausfüllen. Sollte jedoch eine andere juristische Person als Manager der LDP vorgesehen sein, so muss das Formular „FA 3 – Corporate Manager/ Owner Approval application form" ausgefüllt werden. Diese beiden Formulare entstammen der Webseite der Solicitors Regulation Authority [http://www.sra.org/solicitors/firm-based-authorisation/authorisation-recognition.page].

Der Verfasser bedankt sich bei seinem Mitarbeiter *Anthony Tur*, Barrister (England & Wales) für seine gründlichen Vorarbeiten.

2. Anmeldung einer LLP-LDP

FA1 - Firm Authorisation application form

This form is to make an application for approval for the following:
1. **Licensed Bodies**
2. **Recognised Bodies**①②③④
3. **Recognised Sole Practitioners**

Solicitors
Regulation
Authority

Before completing the application form please read the guidance provided
www.sra.org.uk/newfirm which will outline the step-by-step application process.

This application form is an editable PDF which you must save on your computer before and after
completion in order to capture your data. Please include in each file name the name of your firm and the
title of the form. For example "smith-llp-applicant-firm.pdf"

**This form is not compatible with Mac computers, and data will not be stored correctly. You must
complete the form using a Windows based computer. In addition the PDF application must be
created with Adobe PDF or Nuance, alternative format will not be accepted.**

Section 1 - Basic Application Details⑤

Applicant Firm Name: [   ]   **SRA ID:** [   ]
                                                      (if applicable)

Application Type⑥

Is this an application for: (select appropriate)

[ ] Licensed Body   [✔] Recognised Body   [ ] Recognised Sole Practitioner

If this is an application for a Licensed or Recognised Body please select one of the following:

[ ] Partnership   [ ] Limited Liability Partnership   [ ] Company Registered at Companies House

[ ] Other, please specify [   ]

Firm Type

Is this an application:

To practise as a new Authorised Body or Recognised Sole Practitioner; or	Yes [ ]	No [ ]
For an existing Authorised Body or Recognised Sole Practitioner that is changing their legal status or identity at law.	Yes [ ]	No [ ]

If **YES**: provide name and SRA number of the current firm:

Name: [   ]   SRA ID [   ]

Does the applicant firm hold authorisation with any Legal Services Act 2007 (LSA) approved regulator?	Yes [ ]	No [ ]

If **YES**: Approved Regulator: [   ]   Registration No. [   ]

If **YES**: Is the applicant firm an existing non-lawyer Legal Disciplinary Practice (LDP)?	Yes [ ]	No [ ]
Is it applying for approval to increase of change its non-lawyer managers to more than 25%?	Yes [ ]	No [ ]
Is it proposing to change its business model?	Yes [ ]	No [ ]
Has it or will it be significantly expanding its staff (an increase of more than 25% will be considered to be significant)?	Yes [ ]	No [ ]

v14 05.03.14   Page 1

Is the applicant firm an authorised professional firm regulated by the Financial Conduct Authority?	YES ☐ NO ☑

IF **YES**: Registration No: _____

What does this authorisation allow? _____

If the firm was previously authorised by the FCA/FSA on what date did the firm cease to be authorised and why?

_____

Has the applicant firm at any time previously applied for authorisation to any LSA approved regulator or any other regulatory body other than the SRA?	YES ☐ NO ☑

If **YES**: Name of Regulator: _____

Date of application: _____ Reference Number (if known): _____

Application Outcome: _____

Will this application, including approvals for authorised role holders by the applicant firm, breach any other regulator's rules or legislation?	YES ☐ NO ☑

If **YES** please provide details: _____

Please describe the reason for this application and the background behind the application.

_____

Does the applicant firm have SRA temporary emergency authorisation?	YES ☐ NO ☑

If **YES**: What date was temporary emergency authorisation granted? _____

If **NO**: and the applicant firm needs temporary emergency authorisation due to an unforeseeable event please call the Authorisation Directorate on 0121 329 6835.

Please enter the date the applicant firm would like to start providing legal services.[7] _____

Please note that the applicant firm must not commence practice until the firm has been authorised by the SRA. It is a criminal offence to carry out a reserved legal activity without being authorised to do so.

Firm Contact

The applicant is the firm that will operate as the Authorised Body or Recognised Sole Practitioner. All questions relate to the applicant firm and are about the applicant firm, unless otherwise stated.

Applicant Firm contact:	_____	Role:	_____
Address of Firm contact:	_____	DX Number:	_____
	_____	DX Town:	_____
	_____	Tel No.	_____
Postcode:	_____		
Email Address:	_____		

Section 2 - Registration and Address Details [8]

The applicant firm must provide details concerning itself and if applicable, where the registration of the firm took place. If the registration took place overseas, but the applicant has subsequently re-registered in England and Wales, Scotland or Northern Ireland please only provide the current registration details.

If the applicant firm is a corporate body please state country of registration or incorporation:

Date of incorporation: Registration Number of incorporation:

Companies House reference number:

Registered Office

If the applicant firm is a corporate body please provide details of the registered office, this **must** be a practising address.

Address: Postcode:

                                                        DX Number:

Town: DX Town:

County: Tel No.

Email Address:

Practising styles and/or trading names utilised for this office:

Please tick here ☐ if this is the same address as the head office.

Head Office

Please provide all Head Office addresses of the applicant firm.

Address: Postcode:

                                                        DX Number:

Town: DX Town:

County: Tel No.

Email Address:

Practising styles and/or trading names utilised for this office:

Other Offices (We require details of all offices of the applicant firm. By offices we mean places where the applicant firm undertakes the practise of law or other services if it is a multi disciplinary practice. The practise of law means the provision of legal advice or assistance, or representation in connection with the application of the law or resolution of legal disputes. Please also use this space to add any additional Head Offices.)[9]

Office 1

Address:		Office Type:	
		DX Number:	
		DX Town:	
Postcode:		Tel No.	
Email Address:			

Practising styles and/or trading names utilised for this office:

Is this a practising address?   YES ☐   NO ☐

Office 2

Address:		Office Type:	
		DX Number:	
		DX Town:	
Postcode:		Tel No.	
Email Address:			

Practising styles and/or trading names utilised for this office:

Is this a practising address?   YES ☐   NO ☐

Office 3

Address:		Office Type:	
		DX Number:	
		DX Town:	
Postcode:		Tel No.	
Email Address:			

Practising styles and/or trading names utilised for this office:

Is this a practising address?   YES ☐   NO ☐

Are any of the above offices shared premises?   YES ☐   NO ☐

Are any of the above offices virtual offices?   YES ☐   NO ☐

If **YES** please provide details including how the applicant firm intends to mitigate any risks to client confidentiality.

Section 3 - Business Management, Governance and Risk [10]

This section is about the risks attached to your business and the systems and controls that you have in place to manage those risks.

The SRA Risk framework sets out the SRA's approach to risk. The Risk Index, which applies the Risk Framework, provides a catalogue of risk, identified by the SRA to the achievement of regulatory objectives in the Legal Services Act 2007. These risks are embedded in our reporting and all regulatory activities are aligned to this central Index. Throughout the form you will find a number of tables to complete, which ask you to explain your exposure to these risks.

In the "Controls" box please explain why you have assessed the likelihood of risk at the level and explain what systems and controls are in place to manage the risk.

The SRA expects systems and controls to be proportionate to the nature, scale and complexity of the firm.

3.1 Business Structure and Firm Governance [11]

Please provide full details of the applicant firm's governance structure. We would expect to see a full governance structure including the position of the COLP and the COFA and all managers within that structure.	☐ **YES,** attached
Please provide a copy of the applicant firm's corporate structure including all managers and owners and if any person is authorised by another regulator please provide their registration number. This structure should also include details on shareowner percentages and voting rights.	☐ **YES,** attached
Please provide an outline of your business and explain how you will run your business effectively and in accordance with proper governance and risk management principles. Please also provide a copy of your business plan.	☐ **YES,** attached

If the applicant firm does not have a business plan please explain why:

If the applicant firm is a corporate body please provide the following: [12]

☐ Memorandum and Articles of Association

☐ Shareholders agreements

☐ Nominee agreements

☐ Partnership agreement

☐ Members agreements

☐ Limited Liability Partnership agreement

☐ Any other documents which pertain to the voting or veto rights and/or any other controls within the applicant firm, and/or any parent or subsidiary undertaking (this might include any written, ordinary or special resolutions).

If the applicant firm is a corporate body please give details of any other persons who have influence over the management of the firm i.e. de facto directors.

Is the applicant firm a PLC?	YES ☐	NO ☐
Is the applicant firm connected to a PLC?	YES ☐	NO ☐
Is the applicant firm planning an IPO?	YES ☐	NO ☐
Is the applicant firm connected to another body planning an IPO?	YES ☐	NO ☐

Only to be completed by applicant firms wishing to become a Licensed Body.

Does the applicant firm consider itself for the purposes of section 72 of the Legal Services Act 2007 (LSA) to be a body, please tick the appropriate box:

☐   with share capital (see section 72(6)(a) of the LSA);

☐   with capital but no share capital (see(72(6)(b) of the LSA); or

☐   without capital (see section 72(6)(c) of the LSA)?

Please also provide reasons for the conclusion reached:

What steps has the applicant firm taken to satisfy itself of the material interests which exist for the purposes of Schedule 13 of the Legal Services Act?

What steps has the applicant firm taken to satisfy itself that it has identified all associate relationships which exist between non authorised persons for the purposes of schedule 13 of the Legal Services Act 2007?

Will the applicant firm be a subsidiary undertaking for the purposes of Schedule 13 of the Legal Services Act (which relies upon the definition in section 420 of the Financial Services and Markets Act 2000)?

IF **YES**: Please provide details.

Please confirm who is entitled to exercise, or control the exercise of, voting power (or will have such an entitlement) in the applicant firm and all relevant parent undertakings (see paragraph 3 and 5(4) of Schedule 13 to the Legal Services Act 2007)?

Please confirm which non authorised persons have significant influence over the management of the applicant firm and all relevant parent undertakings and describe the nature of that influence.

What steps has the applicant firm taken to ensure compliance with section 190 of the Legal Services Act 2007?

Does the applicant firm have a parent undertaking	YES ☐ NO ☐
If **YES** please confirm whether:	
any non authorised person has any right of veto or is otherwise able to have dominant influence (passively or actively) in respect of the exercise of voting power or in respect of management in the applicant firm and all relevant undertakings;	YES ☐ NO ☐
the applicant firm or any relevant parent undertaking is managed on a unified basis with another body or with other bodies;	YES ☐ NO ☐
whether any non authorised person has the right to impose directions on the operating and financial policies of the applicant firm or a relevant parent undertaking, including by virtue of the Articles of Association or a control contract; or	YES ☐ NO ☐
any non authorised person has an unqualified right to appoint or remove a majority of the directors of the applicant firm or a parent undertaking.	YES ☐ NO ☐

The definition of a beneficial owner is the person for whose benefit the asset in question is owned: The ultimate beneficial owner would therefore be the individual holding the final benefit of that asset without holding it for the benefit of any other party.

Please provide details of the ultimate beneficial owner(s) of the applicant firm.

Are any of the applicant's external investors incorporated or domiciled in jurisdictions that are identified by the Financial Action Task Force (FATF) as high risk and suspect or that are on the Organisation for Economic Cooperation Development (OECD) sanction list?	YES ☐ NO ☐

If any of the applicant firm's external investors incorporated or domiciled in jurisdictions are identified by the FATF as high risk and suspect or are on the OECD sanction list, then please provide further details and their jurisdictions.

3.2 Separate Businesses [13]

Will the applicant firm or any individual connected with the applicant firm:	
own a separate business?	YES ☐ NO ☐
be owned by a separate business?	YES ☐ NO ☐
actively participate in a separate business?	YES ☐ NO ☐
be connected with a separate business?	YES ☐ NO ☐

If **YES**: Please provide the following details in respect of each business.

Name the separate business(es)	Describe the relationship with the applicant firm/ individual	Give details of work undertaken by separate business if regulated name regulator	Does any of the activities fall within the definition of prohibited separate business activities?	Will the business remain separate or amalgamate with applicant firm once authorised?

Please explain what systems and controls are in place to address any risks posed by these separate businesses. (For example, explain how you intend to manage and publicise the business in order to prevent client confusion about which services are being provided by the applicant firm and which services are not).

If the applicant firm is part of a group of companies, please provide details of the names and registration numbers of those companies. These should also be recorded on the Corporate Structure Chart (referred to on page 5, section 3.1). Does the applicant consider that the association with these companies poses any risk to the applicant firm or its clients?

3.3 Expansion Plans[14]

Does the applicant firm have any plans to expand, including through mergers, acquisitions or any joint ventures in the next 12 months?   **YES** ☐   **NO** ☐

If **YES**, please provide details and an explanation of any risks that the applicant firm considers to be involved with the expansion and how will these risks be managed?

3.4 Business Process Outsourcing[15]

Does the applicant firm outsource or intend to outsource processes including legal work?   **YES** ☐   **NO** ☐

If **YES**: Please provide the following details in respect of each arrangement.

Name of outsource partner	Please select which processes the applicant firm outsources or intends to outsource	Is any of the outsourcing offshore?	Does the country/countries have adequate data protection legislation?	Are they authorised to conduct this activity?	Who are they authorised by?

Does the applicant firm intend to act as an outsourced service provider? YES ☐ NO ☐

If **YES:** Please provide details.

Please also explain what systems and controls are in place to address any risks posed by the outsourcing/in-sourcing of work.

Does or will the applicant firm have consultancy arrangements or other forms of advice from third parties in connection with the running of its business? YES ☐ NO ☐

If **YES**, please provide details and explain any risks that the firm has identified in relation to such arrangements and any steps it has taken to manage those risks.

3.5 Firm Viability Risks[16]

Please refer to the details provided at the start of Section 3.

Risk	Examples	Likelihood	Controls
Group contagion Risk that liabilities, losses or events affecting one part of a group (involving a corporate structure or common branding) affect a regulated legal firm within the group.	Financial failure of parent company, reputational damage to common brand.		
Geographical/ jurisdictional conflicts Risks posed by territories within which the firm operates or is linked.	Branch located in country suffering from, or designated as high-risk area for money-laundering, terrorism financing and corruption.		
Irregular firm structure Risk that a firm is structured in a fashion that causes regulatory concern.	Excessively complex or unclear set up. New and novel profit-making structure		
Lack of independence Risk that a firm's decision making is influenced by structural or commercial concerns.	Third party control by financial backer, undue influence from other parts of a group.		
Structural instability Risk that a firm's structure is destabilised by events.	Death/incapacity of sole practitioner, excessive merging.		

Section 4 - Financial Management [17]
4.1 Sources of Funding

Does the applicant firm utilise or intend to utilise sources of finance? YES ☐ NO ☐

Explain the reason for funding (e.g. start up, expansion).

If **YES:** Please provide the following firm details in respect of each arrangement:

Which of the following sources of finances does the applicant firm utilise or intend to utilise?	Name of source	Capital invested / amount borrowed	Percentage interest

Date of loan	Repayment terms	Date of renewal	Please supply a copy of the Covenant Compliance Certificate (If applicable)

Please outline the risks related to that funding, and controls the applicant firm will put in place to mitigate those risks.

4.2 Debt Management [18]

Please outline how the applicant firm will generate income and profit in order to remain solvent. The applicant firm should consider detailing how the business will manage debts, work in progress and general cash-flow in its response.

Please outline details of the applicant firm's plans in the event that the business is unable to meet its ongoing liabilities.

Heinz

1501

4.3 Client Money [19]

If the applicant firm holds or receives client money then it will be subject to the requirements to send in an accountant's report to the SRA.

Does the applicant firm intend to hold or receive client money? YES ☐ NO ☐

If **NO:** Explain how you would run your business effectively without holding or receiving client money.

☐

If **YES:** Has the applicant firm set up their client account? YES ☐ NO ☐

Intended date on which the first accounting period will start: ☐

Date on which the first accounting period is intended to end: ☐

Is the applicant firm intending to submit separate accountant's report for any of the offices listed in section 2? YES ☐ NO ☐

If **YES:** Please provide details.

☐

A client account must be at a bank account at a branch (or a bank's head office) in England and Wales or a building society account at a branch (or a society's head office) in England and Wales.

Please confirm that all client accounts are held at a bank in England and Wales. YES ☐ NO ☐

If **NO:** what action is being taken to rectify this situation.

☐

Will any manager, consultant or employee operate a client's own account as a signatory? YES ☐ NO ☐

If **YES:** Please provide details.

☐

If the applicant firm is proposing to operate as a multi-disciplinary practice, please confirm the applicant firm will satisfy the requirements to ring-fence client monies received from SRA regulated activities. YES ☐ NO ☐

4.4 Safeguarding Client Assets [20]

Please explain the systems and controls that the applicant firm has in place to comply with the SRA Accounts Rules 2011 and ensure the safeguarding of client money.

☐

4.5 Banking [21]

Does the applicant firm intend to use any off shore banking facilities? If so, please identify the countries involved and explain what consideration has been given to any risks attached to those countries.

☐

4.6 Predicted Turnover and Profit/Loss Forecast [22]

Please provide an estimated turnover figure for the first 12 months of practise: (£)

Please confirm the exact date the accounting period relating to the turnover figure will start:

Please confirm the exact date the accounting period relating to the turnover figure will end:

For existing authorised firms who are changing legal status please confirm the total turnover for the last complete accounting period. Select option which confirms how figure reached:

☐ Based on closed accounts

☐ An estimate as accounts for the period have not yet been closed

☐ An estimate for the first 12 months

Has your accountant provided written confirmation of the above figure **YES**, attached ☐ **NO** ☐

Will the applicant firm on approval be a Successor authorised firm? **YES** ☐ **NO** ☐

IF **YES**: please confirm date Notice of Succession submitted to the SRA.

Please provide your balance sheet projections and forecast drawings for the next 12 month period on a monthly basis. ☐ **YES**, attached

Please provide your monthly profit and loss forecast for the next 12 months. As a minimum the profit and loss forecast must disclose the following on a monthly basis:

☐ Gross income, analysed between legal and non-legal activities

☐ Profit and loss before tax

☐ Business expenditure including an analysis of major overhead expenditure (property, staff costs, drawings). ☐ **YES**, attached

4.7 Projected Cash Flow

Please provide the monthly cash-flow projected for the next 12 months with comments. ☐ **YES**, attached

4.8 Financial Management Risks

Has the applicant firm or any individual managers/owners, previously been involved in any other Authorised Body or Authorised Non SRA Firm which has been wound up? **YES** ☐ **NO** ☐

If **YES**: please explain including any relevant SRA numbers:

Risk	Examples	Likelihood	Controls
Disorderly closure Risk that a firm fails to close in a proper and orderly manner.	Failure to inform clients that the firm is closing, failure to secure client files.		
Financial difficulty Risk that a firm experiences difficulty in meeting ongoing financial liabilities.	Failure to pay debts or pay staff, insolvency/ liquidation, bankruptcy of sole practitioner.		
Criminal association Risk that firm or individual is involved with criminal organisation/group.	Funding received from terrorist network.		
Misuse of money or assetts Risk that a firm or individual misuses money or assets.	Unauthorised movement of money between client accounts, overcharging, mortgage fraud, tax fraud, insurance fraud.		

Section 5 - Services ㉓
5.1 Services Offered

Please identify the applicant firm's service delivery channel(s) together with estimated use of each delivery channel:

%　　　　　　　%　　　　　　　%　　　　　　　%

Internet [＿＿]　　Client's home [＿＿]　　Office [＿＿]　　Telephone [＿＿]

Other (please give details).

[＿＿＿＿＿＿＿＿＿＿＿＿＿＿＿＿＿＿＿＿＿＿]

Does or will any single client, group of clients or referral source account for more than 20% of the applicant firm total gross fees for the last complete accountancy period, or the 12 months folllowing authorisation or recognition?　　　　　　YES [＿] NO [＿]

If **YES:** Please provide details.

[＿＿＿＿＿＿＿＿＿＿＿＿＿＿＿＿＿＿＿＿＿＿]

5.2 Service Types [24]

Please confirm the reserved legal activities the applicant firm wishes to undertake:

☐ Conduct of Litigation

☐ Reserved Instrument Activities

☐ Probate Activities

☐ Rights of Audience

☐ Administration of Oaths

Please provide a breakdown of the areas of work undertaken by percentage of the turnover. The total percentage of the work types should add up to 100%.

AREA OF WORK	PERCENTAGE	% of work type publicly funded
Arbitration and alternative dispute resolution		
Bankruptcy/insolvency		
Children		
Commercial/corporate work for listed companies		
Commercial/corporate work for non-listed companies and others		
Consumer		
Criminal		
Debt collection		
Discrimination/civil liberties/human rights		
Employment		
Family/matrimonial		
Financial advice and services (regulated by the SRA) (Insurance Mediation activities)		
Financial advice and services (regulated by the FCA)		
Immigration		
Intellectual property		
Landlord and tenant (commercial and domestic)		
Litigation		
Mental health		
Personal injury		
Planning		
Probate and estate administration		
Property - commercial		
Property - residential		
Social welfare		
Wills, trusts and tax planning		
Total Percentage		

Does/will the applicant firm carry out any work which falls within the exemptions contained in Part XX of Financial Services and Markets Act 2000? If so, please list the areas of work:

If the applicant firm is a multi-disciplinary practice i.e. it provides both legal and non legal services:

What are the non legal services provided:

What fees are anticipated from the non legal work: Figure   %

5.3 Marketing Your Services[25]

Risk	Examples	Likelihood	Controls
Misleading or inappropriate publicity Risk that firm is publicised in a way which is inappropriate or misleading.	Misleading publicity re: business, costs or services, cold calling.		
Misleading a party Risk that firm or individual acts in a way which is misleading.	Giving false information, perverting the course of justice, misleading practising arrangement, forgery, dishonest record keeping.		
Supply chain risks Risk arising from a firm's third party supplier(s) or provider(s).	Instability/failure of bank or insurance company, instability or unsuitability of outsource provider used by firm.		

5.4 Client Service

Risk	Examples	Likelihood	Controls
Inadequate complaints handling Risk that firm fails to properly deal with consumer complaints.	Failure to deal with complaints in a timely manner, consumers not made aware of their rights to complain.		

5.5 Insurance [26]

The applicant firm will need to have qualifying insurance in place at the point of approval from a participating insurer.

Upon authorisation being granted to the applicant firm please confirm whether any existing professional indemnity insurance (PII) issued by a participating insurer and held by the applicant firm will be transferred to the newly authorised firm or a new policy will commence?   Existing ☐   New ☐

Existing Policy:

Existing Policy: Name of participating insurer: _____

Policy number: _____   How many claims were made against the applicant firm in the last complete indemnity period? ☐

Amount of cover: _____   How many claims were paid, whether by the insurer or the applicant firm in the last complete indemnity period? ☐

In respect of the applicant firm's (or predecessor firm's) indemnity insurance, have any premiums remained unpaid in the last 5 years?   **YES** ☐   **NO** ☐

Please provide a copy of the 'held cover' letter. ☐   **YES**, attached

New Policy: Name of intended participating insurer: _____

Policy number (if known): _____   Amount of cover: _____

Period of cover (start date): _____   Period of cover (end date): _____

Please provide a copy of the quote ☐   **YES**, attached

Is the applicant firm exempt or partially exempt under the SRA Indemnity Insurance Rules? _____

If **YES:** Date exemption granted: _____   Name of Insurer: _____

Policy number: _____   Period of cover: _____

Amount of cover: _____

How many claims were made against the applicant firm (or predecessor firm) in the last complete professional indemnity period?: ☐

How many claims were paid, whether by the insurer or the applicant firm in the last complete indemnity period?: ☐

All applicant firms to answer these questions.

In respect of the applicant firm's indemnity insurance, have any premiums remained unpaid in the last 5 years?   **YES** ☐   **NO** ☐

Has the applicant firm or any individual owner or manager ever been refused professional indemnity insurance?   **YES** ☐   **NO** ☐

If **YES:** Please provide details.

_____

Has the applicant firm or any individual owner or manager ever been refused any other indemnity insurance?   YES ☐ NO ☐

If **YES**: Please provide details.

Please provide information on any other indemnity insurance cover the applicant firm holds for its business purposes.

Does the applicant firm hold any other indemnity insurance?   YES ☐ NO ☐

If **YES**: Name of Insurer:

Policy number: Amount of cover:

Period of cover:

5.6 Fee Sharing, Referrals and Cross Selling

Does the applicant firm have or intend to have referral arrangements in the 12 months following authorisation/recognition?   YES ☐ NO ☐

Does the applicant firm share or intend to share professional fees with third parties in the next 12 months following authorisation/recognition?   YES ☐ NO ☐

If **YES**, please provide the following details in respect of each arrangement.

Name of person or business and type of work	Date or intended date of commencement of arrangement with third parties	Percentage of the applicant firm total fee income arising or expected to arise from the arrangement	Total sum or other consideration expected to be paid or given to the third party	Does this include personal injury work?

Please explain what systems and controls are in place to address any risks posed by the sharing of fees and referral work.

If the applicant firm is a Multi Disciplinary Practice will it be undertaking cross-selling within 12 months of the date of authorisation?   YES ☐ NO ☐

If **YES**, please provide details and explain how you intend to manage any risks attached to this activity, particularly in relation to conflict.

Section 6 - Approach to Compliance and Other Risks^②

6.1 Firm Operational Risks

Risk	Examples	Likelihood	Controls
Failure to act with integrity or ethics Risk that the firm or an individual acts in a way that demonstrates a lack of integrity or ethics.	Taking unfair advantage, threatening behaviour, conviction or other criminal process, plagiarism.		
Lack of legal competence Risk that firm or an individual lacks necessary legal experience.	Giving wrong advice, letters/documents/ pleadings not fit for purpose.		
Lack of financial competence Risk that the firm or an individual lacks necessary competence in financial matters.	Poor management of client and office accounts, providing financial advice outside scope of authorisation, incompetent or misuse of client money.		
Lack of management competence Risk that the firm or an individual lacks the competence needed for management of the firm or of staff.	Inadequate business planning, no succession planning, poor resourcing, failure to supervise staff or office.		
Ineffective systems & controls Risk that firm's systems and controls are ineffective.	Inadequate business contingency planning/ quality monitoring/ information security policy/ management information/ staff training and development.		

6.2 Cooperation with your Regulator

Does the applicant firm have the necessary procedures in place to achieve the outcomes of ensuring co-operation with the applicant's regulators and Legal Ombudsman?　　YES ☐　NO ☐

Please explain what procedures are in place to achieve the outcomes of ensuring co-operation with the SRA and the Legal Ombudsman.

What processes does the applicant firm have in place for complying with the SRA's reporting requirements?

How is the application compatible with the regulatory objectives?

What impact would authorisation of the applicant firm have in regards to improving access to justice?

6.3 Firm Impact Risks

Risk	Examples	Likelihood	Controls
Acting outside regulatory permissions Risk that the firm or an individual fails to obtain or acts outside appropriate regulatory permissions.	Failure to obtain practising certificate/licence/ recognition, failure to obtain relevant waiver, failure to have PI cover, failure to comply with conditions.		
Failure to co-operate or comply with notification and information requirements Risk that the firm or an individual fails to co-operate or comply with the notification and information requirements of relevant regulators or ombudsmen.	Failure to inform of firm closure, failure to respond or to make records available, failure to comply with decision of Ombudsman, failure to comply with directions.		
Failure to provide a proper standard of service Risk that the firm or individual fails to provide a proper standard of client care and/or quality of work to clients.	Acting without due regard to client's mental capacity or other vulnerability, client care costs information deficient or delayed and failure to inform/reply.		
Discrimination Risk that the firm or an individual discriminates on a prohibited ground against consumers or employees.	Direct discrimination, indirect discrimination, victimisation, harassment, failure to make reasonable adjustments.		
Failure to meet duties to 3rd parties or the court Risk that the firm fails to comply with duties owed to third parties or to the Courts.	Breach of undertaking, failure to comply with a court order.		
Bogus firm or individual Risk that an unregulated person(s) (unrelated to an authorised firm) hold themselves out as an authorised firm or individual.	Unregulated person cloning the identity of a genuine firm or individual, setting up a fictitious firm or calling themselves a solicitor.		

6.4 Conflict and Confidentiality

Risk	Examples	Likelihood	Controls
Breach of confidentiality Risk that unauthorised parties access information in a firm's possession.	Misuse of client information for cross-selling purposes, failure to protect security of information on laptops.		
Conflict of interests Risk that a firm acts in a conflict of interests.	Client/client conflict, personal conflict.		

What systems and controls does the applicant firm have in place to manage the following conflict of interests?

Legal:

Commercial:

Personal:

6.5 Other Risks

Risk	Examples	Likelihood	Controls
Bribery & corruption Risk that the firm or an individual commits, facilitates or is otherwise involved in bribery or other corrupt practices.	Coaching defendants, tampering with evidence.		
Money laundering Risk that the firm or an individual commits, facilitates, or is otherwise involved in money laundering.	Passing proceeds of crime through client account, failure to carry out customer due diligence, failure to report suspected money laundering.		

Please outline the systems and processes that the applicant firm has or will have in place to identify its clients and comply with the current Anti Money Laundering Regulations.

How does the applicant firm propose that its staff, owners and managers will be aware of their obligations in relation to money laundering?

Section 7 - People [28]

7.1 Recruitment

Explain the procedures for ensuring that UK based staff have the legal right to work in the UK.

7.2 Equality and Diversity

Please explain how the applicant firm will ensure that it will run the business and that individuals carry out their roles in the business in a way that encourages equality of opportunity and respect for diversity.

How will the applicant firm monitor compliance?

7.3 Personnel Details

This section is about the number of personnel legally qualified or otherwise who undertake legal activities within the applicant firm. This includes the practise of law, which means the provision of legal advice or assistance, or representation in connection with the application of the law or resolution of legal disputes. The applicant firm should provide information relating to the next 12 months following Authorisation/ Recognition.

In connection with the applicant firm please state the number of:

Legally qualified fee earners currently based or to be based in England and Wales

Legally qualified fee earners currently based or to be based outside England and Wales

Non legally qualified fee earners currently based or to be based in England and Wales

Non legally qualified fee earners currently based or to be based outside England and Wales

Total number of employees at firm

Please provide details of the management experience of the key individuals who are involved in both the day to day and strategic management of the business. The applicant firm may cross refer this to the details on the governance structure.

Please supply a corporate structure chart showing all owners and managers of each entity on the structure chart.

☐   **YES**, attached

7.4 Role Holder Details ^㉙

In this section, please provide details of all individuals who are to be authorised role holders within the applicant firm, including any owner who holds a material interest in an owner which is a parent of the applicant firm.

FOR ANY ROLE HOLDER LISTED IN SECTION 7.4 WHO ARE NOT DEEMED APPROVED WE WILL ALSO REQUIRE INDIVIDUAL OR COPORATE APPLICATION FORMS TO BE SUBMITTED IN ADDITION TO THIS FIRM APPLICATION FORM.

In order to complete the "do you meet the deeming criteria" question the applicant firm will need to refer to Rule 13.2 of the Authorisation Rules; which outline the criteria for deemed indivduals or corporate bodies.

13.2   The SRA will deem a person to be approved as suitable to be a manager or owner of an authorised body under this Part if:

   (a)   that person is:

      (i)   a solicitor who holds a current practising certificate;

      (ii)   an authorised body;

      (iii)   an REL; or

      (iv)   an RFL;

   (b)   there is no condition on the person's practising certificate, registration or authorisation as appropriate, preventing or restricting them from being a manager, owner or interest holder of an authorised body or being a sole practitioner.

   (c)   the SRA is notified on the prescribed form at least seven days in advance of the person becoming a manager or owner of the authorised body; and

   (d)   the SRA has not withdrawn its approval of that person to be a manager or owner under Rule 17.

Please note that the deeming criteria is not applicable to the roles of COLP and COFA.
If you hold more than one role please make separate entries in the table below.

Individual Corporate role holder	Name	Type of role	SRA ID number	Person Type	Do they meet the deeming criteria?

7.5 Managers of a Corporate Manager/Owner ㉚㉛

In this section please provide details of all individuals who act as a manager of any Corporate Manager or Corporate Owner of the applicant firm.

Individual Name of Corporate Manager or Owner	Name	Type of role	SRA ID number	Name of entity in which role held	Person Type	Do they meet the deeming criteria?

☐ If you have additional persons please list details on a separate sheet in the same format as this table. Please tick here if additional sheets will be attached.

7.6 Person Qualified to Supervise ㉜

Please provide the name of the manager or recognised sole practitioner qualified to supervise in compliance with Rule 12 of the SRA Practice Framework Rules.

The applicant firm must have at least one lawyer manager or recognised sole practitioner who is qualified to supervise. Please refer to the notes if the person named is not a solicitor.

Name: _____   SRA Number: _____

7.7 Authorisation to take Trainees ㉝

Does the applicant firm wish to apply to become authorised to take trainee solicitors?   YES ☐   NO ☐

If **YES** we will pass your details onto the relevant department.

7.8 Fees and Payment

Confirm fee you will be paying   _____

Confirm method of payment   _____

Please do not submit payment details electronically. A photocopy of the front page should be submitted as a hard copy by fax or post with the payment to enable this to be matched to your electronic submission.

Anmerkungen

1. Die LLP – LDP oder die Ltd. – LDP ist nur interessant für eine Anwaltskanzlei, wenn diese bereits als LLP oder Ltd. registriert ist und mit einer anderen Kanzlei in Großbritannien fusionieren möchte, um Tätigkeiten nachzugehen, die juristischen Berufen vorbehalten sind (reserved legal activity). In diesem Fall muss der LLP-LDP oder auch Ltd. – LDP Status bei der Solicitors Regulation Authority (SRA) of England and Wales beantragt werden. [siehe http://www.sra.org.uk/home/home.page].

2. Die LDP darf nicht mit einer LLP oder Ltd. verwechselt werden. Die LDP ist keine eigenständige juristische Person. Die LDP ist nur in Kombination mit der LLP oder Ltd. zulässig; sie ermöglicht, dass verschiedene Berufsgruppen von Juristen (zB Barrister, Solicitor, Notary Public und der EU-Anwalt) zusammen in einer Kanzlei arbeiten können. Dies war vor der Einführung der LDP in England und Wales nicht möglich.

3. Dieser Bereich der Legal Disciplinary Practice (LDP) wird weiterhin kontinuierlich weiterentwickelt, um ihre Benutzerfreundlichkeit und Wettbewerbsfähigkeit zu verbessern. Es werden in Zukunft noch weitere Veränderungen im englischen Rechtssystem zu erwarten sein. Die größte Veränderung ist die dramatische Kürzung der Prozesskostenhilfe und Beratungskostenhilfe auf ein Niveau, welches das wirtschaftliche Ende für die zumeist selbständigen Barrister und Solicitor aus diesem Bereich bedeutet. Es ist hier noch kurz zu erwähnen, dass Prozesskostenhilfe und Beratungskostenhilfe nur für Strafprozesse und für den Bereich des Familienrechts, zB Scheidungen, gewährt werden kann. Aus diesem Grund werden nun wahrscheinlich die Kanzleien, die in diesem Bereich spezialisiert sind, notgedrungen mit anderen Kanzleien fusionieren müssen. Daher wird es weiterhin eine große Nachfrage nach dem LDP und ABS Status in Großbritannien geben.

4. Aufgrund des Umfangs des Formulars FA-1 wurden aus diesem nur ausgewählte Stellen (Sec. 1–7) abgedruckt. Jedoch sind die weiteren Formulare FA-2 und FA-3 im vollen Umfang abgedruckt worden. Die Formulare FA-2 und FA-3 können entweder von dem zu gewinnenden neuen Mitglied der LDP oder von den Mitgliedern der LDP im Auftrag des neuen Mitglieds ausgefüllt werden. Jedoch muss jedes Mitglied, sollte er/sie nicht schon von der SRA zugelassen sein, eines der Formulare ausfüllen.

5. Unter Section 1 **Basic Application Details** muss der Firmenname der LLP oder Ltd. eingetragen werden, sowie ggf. auch, ob die LLP oder Ltd. bereits als Kanzlei/Law firm von der Solicitors Regulation Authority reguliert wird. Wenn ja, muss die SRA- Nummer eingetragen werden. Wenn nicht, wird der Sozietät nach erfolgreichem Antrag eine Nummer zugewiesen. Diese SRA-Nummer muss nach erfolgreicher Zulassung auf allen Dokumenten und Webseiten der Sozietät angeben werden.

6. Unter **Application Type** muss ein „*Recognised Body*" vom Antragsteller ausgewählt werden, um eine LDP nach englischem Recht erfolgreich zu registrieren. Der Antragsteller muss des Weiteren hier angeben, ob es sich um eine Ltd oder LLP handelt, die als LDP registriert werden soll.

7. Des Weiteren muss unter Section 1 auf **Seite 2 des Formulars FA-1** das Datum eingetragen werden, an dem die LLP – LDP oder Ltd. – LDP zu praktizieren beginnen will. Bei diesem Datum handelt es sich lediglich um eine Präferenz, es kann jedoch nicht garantiert werden, dass die LLP-LDP oder Ltd. LDP tatsächlich zu diesem Datum mit einer Lizenz versehen sein wird. Deshalb wird empfohlen, die Zulassung zur LDP rechtzeitig zu beantragen. Es wird darauf hingewiesen, dass das Praktizieren und oder das Anbieten von rechtlichen Dienstleistungen ohne Lizenzierung als LDP strafrechtliche Konsequenzen nach sich ziehen kann.

8. Unter Section 2 **Registration and Address Details** sind die Firmenadresse und Kontaktdaten sowie die Companies House Registration Number (UK-Handelsregisternummer) einzutragen.

9. Unter Section 2 **Other Offices** können die Adressen von weiteren Niederlassungen der Sozietät (zB in Deutschland) eingetragen werden.

10. Unter Section 3 **Business Management, Governance and Risk** muss der Antragsteller angeben, welche firmeninternen Systeme und Kontrollen vorhanden sind, um rechtliche und finanzielle Risiken zu minimieren oder gar auszuschließen.

11. Unter Section 3.1 muss die Firmen- oder Unternehmensstruktur in einem separaten Dokument erläutert und angegeben werden, und ob ein Compliance Officer (COLP) für die rechtlichen Dienstleistungen und ein Compliance Officer für die wirtschaftlichen Belange (COLFA) vorhanden ist. Falls die Firma bisher keine Compliance Officer bereitgestellt hat und dazu auch keine Notwendigkeit sieht, muss diese Situation nebst Begründung dem SRA in einem separaten Dokument geschildert werden.
Der Antragsteller muss eine schriftliche Erklärung mit dem Formular FA-1 abgeben, in dem erklärt wird, wie die Geschäfte der LDP in Zukunft geführt werden sollen (in anderen Worten, es muss ein ausgearbeiteter Businessplan vorgelegt werden). Sollte es jedoch keinen Businessplan/Geschäftsplan geben, muss der Antragsteller dies gegenüber dem SRA begründen und darlegen, weshalb nach Auffassung des Antragstellers auch in Zukunft kein *„Businessplan"* benötigt wird.

12. Der Antragsteller muss, je nach Gesellschaftstyp, den LLP („Partnership Agreement) Partnerschaftsvertrag oder die Satzung der Ltd. („Memorandum und Articles of Association") dem ausgefüllten Formular FA-1 beifügen.

13. Unter Section 3.2 muss der Antragsteller angeben, ob der oder einer der Eigentümer der zukünftigen LLP – LDP oder Ltd. – LDP ein weiteres Unternehmen besitzt, und ob ein weiteres Unternehmen ein wirtschaftliches oder rechtliches Interesse in der zukünftigen LDP hat.

14. Unter Section 3.3 muss der Antragsteller angeben, ob er oder sein Unternehmen, innerhalb der folgenden zwölf Monate ein Joint-Venture oder sonstige Expansionspläne verfolgt. Wenn ja, muss der Antragsteller die spezifischen wirtschaftlichen und rechtlichen Risiken dieser geplanten Vorhaben schildern und angeben, wie diese Risiken kontrolliert und ggf. minimiert werden können.

15. Unter Section 3.4 muss angegeben werden, ob und welche Aufgaben, inklusive rechtlicher Dienstleistungen, an andere Sozietäten oder Personen ausgegliedert werden, zB Buchhaltung oder Vertretungen vor Gericht. Wenn ja, müssen diese in der nachfolgenden Tabelle aufgeführt werden.

16. Unter Section 3.5 **Firm Viability Risks** muss der Antragsteller die Wahrscheinlichkeit angeben, mit welcher die in der nachfolgenden Tabelle aufgeführten Risiken auftreten können, und welche firmeninternen Kontrollmechanismen vorhanden sind, um diese Risiken auszuschließen oder zu minimieren.

17. Unter Section 4 **Financial Management** muss angegeben werden, ob und welche Darlehen oder Kredite die Firma in der Vergangenheit aufgenommen hat oder ob sie dieses noch tun wird. Wenn ja, muss hier angeben werden, wie diese Kreditrisiken kontrolliert werden, um die Zahlungsfähigkeit der Sozietät zu gewährleisten.

18. Unter 4.2 **Debt Management** muss der Antragsteller angeben, wie die vorher angegebenen möglichen Kreditverpflichtungen bedient werden sollen, damit die Zahlungsfähigkeit der anwaltlichen Sozietät gewährleistet bleibt. Auch muss der Antragssteller angeben, wie er das mögliche Risiko kontrolliert, falls die Sozietät in Zahlungsverzug kommt, um sicherzustellen, dass alle anderen Zahlungsverpflichtungen neben den Kreditverbindlichkeiten, wie zB Gehälter der Mitarbeiter und Steuern, gezahlt werden können.

19. Unter Section 4.3 **Client Money** muss angegeben werden, ob die Kanzlei (LLP-LDP oder Ltd. – LDP) Geld von Mandanten treuhänderisch verwalten wird, wer das Treuhänderkonto/Anderkonto verwaltet und ob ein weiterer Angestellter der Sozietät auf dieses Konto Zugriff hat.

20. Unter Section 4.4. muss der Antragsteller angeben, ob die Firma Sicherungsmechanismen implementiert hat, um das treuhänderische Vermögen vor unerlaubter Verwendung oder vor Zweckentfremdung zu schützen.

21. Unter Section 4.5 muss der Antragssteller angeben, ob die Firma über Offshore Konten verfügt und wenn ja, welche Risiken mit diesen verbunden sind.

22. Unter Section 4.6 muss der Antragsteller den prognostizierten Umsatz und den prognostizierten Gewinn/Verlust für die nächsten zwölf Monate angeben.

23. Unter Section 5 **Services** muss der Antragsteller angeben, über welche Kanäle rechtliche Dienstleistungen angeboten werden sollen, zB über das Internet, Fernsehen, Telefon, oder in persönlichen Gesprächen in den Räumlichkeiten der Kanzlei.

24. Unter Section 5.2 muss der Antragsteller aufführen, in welchen Bereichen die Sozietät rechtliche Dienstleistungen anbieten möchte, zB Zivilrecht, Strafrecht, notarielle Dienstleistungen etc. Nach der Angabe, in welchen Bereichen die Sozietät Dienstleistungen anbieten will, muss der Antragsteller angeben (falls mehrere Bereiche ausgewählt wurden), wie hoch der prozentuale Anteil dieser einzelnen Dienstleistungsbereiche am täglichen Geschäft sein wird, zB 50% Zivilrecht und 50% notarielle Dienstleistungen. Des Weiteren muss angegeben werden, ob diese Dienstleistungen in England durch „*Legal Aid*" (ähnlich dem deutschen PKH) finanziert werden.

25. Unter 5.3 **Marketing Your Services** muss angegeben werden, wie die angebotenen rechtlichen Dienstleistungen der LDP vermarket werden sollen, zB Webseite, Fernsehspots oder mit Hilfe von Bannern auf anderen Webseiten. Falls diese Marketing-Aktionen zu potenziellen Risiken führen könnte, müssen diese vom Antragssteller erkannt, Lösungen zur Risikominimierung angeben und dem SRA offengelegt werden.

26. Unter Section 5.5 **Indemnity Insurance** sind die Details der Berufshaftpflichtversicherung anzugeben. Des Weiteren muss die Höhe des Versicherungsschutzes, die unter der aktuellen Versicherungspolice abgedeckt ist, angeführt werden.

27. Unter Section 6 **Approach to Compliance and other Risks** muss der Antragsteller angeben, wie die Firma mit den Risiken aus dem operativen Geschäft sowie mit den Auflagen, die von der Solicitors Regulation Authority (SRA) verabschiedet werden, umzugehen beabsichtigt.

28. Unter Section 7 **People** muss der Antragsteller angeben, ob die Firma Mitarbeiter innerhalb von Großbritannien beschäftigen wird.

29. Unter Section 7.4 **Role Holder Details** muss der Antragsteller angeben, welche Tätigkeiten die Mitglieder der LDP wahrnehmen werden, und inwiefern diese Mitglieder zugelassen sind, rechtliche Dienstleistungen in Großbritannien zu erbringen, zB Barrister, Solicitor, Public Notary, oder EU-Anwalt.

30. Unter Section 7.5 **Managers of a Corporate Manager/Owner** sind die Details aller Geschäftsführer, Manager und Anteilsinhaber der Firma anzugeben. Alle Mitglieder müssen Juristen sein, und die unter Section 7.5 aufgeführten Personen müssen von der SRA reguliert sein.

31. Unter Section 7.5 **Individual Manager** besteht die Möglichkeit, einen Manager/ Geschäftsführer einzutragen, der kein englischer Solicitor ist - zB Barrister, Notar oder ein europäischer Anwalt. Hier muss des Weiteren angegeben werden, wo und bei welcher Anwaltskammer er zugelassen wurde, zB The Bar Standards Board (BSB), The Faculty Office, Rechtsanwaltskammer Berlin etc.

32. Unter Section 7.6 **Person Qualified to Supervise** muss der Name des Geschäftsführers (zugelassener Anwalt, zB Solicitor oder EU-Anwalt) eingetragen werden, welcher laut Rule 12 SRA die Leitung und Aufsicht über die LLP –LDP oder Ltd. – LDP führt. Dieser Geschäftsführer muss bei der SRA registriert sein, um Rechtsdienstleistungen in der LDP erbringen zu dürfen und diese zu leiten.

33. Unter Section 7.7 **Authorisation to take Trainees** ist anzugeben, ob die LDP englische Solicitor oder Barrister ausbilden möchte. Falls ja, wird sich die SRA bei einer erfolgreichen Zulassung als LDP unaufgefordert bei der Sozietät melden. Dies sollte die zukünftige LDP in Betracht ziehen, wenn diese sicherstellen will, dass geeignete „Young Professionals" oder auch „frisches Blut" in der Kanzlei nachwachsen können. Dieser Schritt könnte wichtig sein, um den Fortbestand und die Wettbewerbsfähigkeit der Sozietät zu sichern.

3. Anmeldung einer natürlichen Person als LDP-Mitglied

FA2 - Individual Approval application form ①

Solicitors Regulation Authority

This is the form to make an application to the SRA by an authorised body (existing firm) or an applicant firm (new firm) for approval of the following: ②

☐ Managers

☐ Owners

☐ Managers of a corporate manager

☐ Managers of a corporate owner

☐ Compliance Officer for Legal Practice (COLP)

☐ Compliance Officer for Finance and Administration (COFA)

☐ Related Entity Compliance Officer for Legal Practice

☐ Related Entity Compliance Officer for Finance and Administration

This form is not for managers who meet the deeming provisions pursuant to Rule 13.2 of the SRA Authorisation Rules for Legal Services Bodies and Licensable Bodies;

If you need to notify the SRA of a new manager, notifications regarding individual managers can now be made in advance by the firm online via mySRA. (Companies who wish to notify the SRA of a new owner or manager who meets the deeming provisions should use the Advance Notification form).

http://www.sra.org.uk/mysra/mysra.page

Before completing the application form please read the guidance provided on the SRA Firm Based Authorisation micro site. This will outline the step by step application process.

http://www.sra.org.uk/authorisation

Section 1 Basic Application Details ③

Is the individual applying for a role as part of an application for a new firm	YES ☐	NO ☐	
Is the individual applying for a role in an existing firm	YES ☐	NO ☐	
Individual Name:			
Individual SRA Number:			
Authorised Body/Applicant Firm Name:			
Authorised Body/Applicant Firm SRA Number:			
Name of person authorised to make this application:			
SRA Number:	Role at Authorised Body/Applicant firm:		④

1

v8 25.11.13

Individual's Roles (please select all that apply):

☐   COLP

☐   COFA

☐   Manager

☐   Manager of a corporate manager   Name of Corporate Manager [   ]

☐   Manager of a corporate owner   Name of Corporate Owner [   ]

☐   Owner

If an owner please indicate the nature of the interest holding.

[   ]

Confirm the percentage held: [   ] ⑤

Will the individual hold these shares as a nominee?   **YES** ☐   **NO** ☐

If **YES**, plese provide details: [   ]

Please note: The individual can only hold shares for someone who would be capable of holding the shares in their own right.

Please note: The beneficial share owner may also require approval.

2

Section 2 - Personal Details of the individual ⑥

Surname:	Forename(s):
SRA number:	Title:	Date of Birth:
Former Name(s):	Gender:
National Insurance No:	Nationality:
Passport/Identity Card No:	Passport Expiry Date:
Second (Dual) Nationality:	Place of Birth:
Country of origin:	

Is the individual a citizen of the EU?　　　　　　　　　　　　　　YES ☐　NO ☐

If **NO:** Does the individual have the legal right to remain in the United Kingdom?　YES ☐　NO ☐

Does the individual have the legal right to work in the United Kingdom?　YES ☐　NO ☐

Visa Number:　　　　　　　　　Visa Expiry Date:

Please provide a full statement explaining the individual's current circumstances:

To approve an application where an individual has no legal right to remain or work in the United Kingdom could be contrary to the public interest and Immigration Regulations.

Section 3 - Contact Details ⑦

Please provide address history covering the last five years.

Current Home Address:

	Postcode
	Date from:
Town	
County	Tel No:
Country	
Email Address:	

3

v8 25.11.13

Section 4 - Home Address History [8]

If the individual needs to provide other home addresses to cover the required five year period please use the section below.

Previous Home Address:

		Postcode:	
		Date from:	
Town:		Date to:	
County:	
Country:	

Previous Home Address:

		Postcode:	
		Date from:	
Town:		Date to:	
County:	
Country:	

Previous Home Address:

		Postcode:	
		Date from:	
Town:		Date to:	
County:	
Country:	

Previous Home Address:

		Postcode:	
		Date from:	
Town:		Date to:	
County:	
Country:	

Has the individual ever resided in any country other than the UK, or their current country of residence, for a period of more than 6 months in the last five year period from the date of this application?   YES ☐ NO ☐

4

Please provide address details listing addresses in each country other than the UK and the relevant dates of residence for the last 5 year period.

Address	Country	Date from	Date to

Section 5 - Business Addresses[9]

We require details of the addresses where the individual will be working.

Address 1

Business Name:		Postcode:	
		DX Number:	
		DX Town:	
Town:			
County:		Tel No:	
Country:			

Address 2

Business Name:		Postcode:	
		DX Number:	
		DX Town:	
Town:			
County:		Tel No:	
Country:			

Address 3

Business Name:		Postcode:	
		DX Number:	
		DX Town:	
Town:			
County:		Tel No:	
Country:			

5

v8 25.11.13

6 - Professional Status[10]

6.1 Individual Information

Is the individual a:

☐ Solicitor of England and Wales

☐ Lawyer of England and Wales;   If a lawyer of England and Wales please state title.

☐ Registered European lawyer (REL) with the SRA

☐ Registered Foreign lawyer (RFL) with the SRA

☐ European lawyer registered with the Bar Standards Board

☐ Exempt European lawyer

☐ Other lawyer, please specify

☐ Non Authorised Individual, please specify

Is the individual entitled to practise law in England and Wales?   YES ☐   NO ☐

Professional title: Registration Number:

Full name of Professional and/or regulatory body:

Registration/membership No.

Jurisdiction of qualification: Date of admission:

The following question must be completed if the manager or owner is an Exempt European Lawyer.

Will the individual be based entirely at an office of offices outside of[11] England and Wales?   YES ☐   NO ☐

6

6.2 Regulatory Information[12]

Name of your professional and/or regulatory body:		

If the individual is not a solicitor, please indicate whether the Authorised Body or applicant firm has obtained written confirmation from the approved regulator named above that the individual is authorised by that regulator, entitled to practise and not subject to a condition or other restriction which would preclude the individual from becoming a manager or owner (if applicable).   **YES** ☐   **NO** ☐

Tick to confirm written confirmation is attached with application form.   **YES** ☐

Is the individual regulated by any other regulator?   **YES** ☐   **NO** ☐

If **YES**: Please provide details of the regulator including any registration number.

Has the individual previously been a manager or owner, compliance officer or employee, of a firm which has been:

reprimanded, made the subject of disciplinary sanction or made the subject of an order under section 43 of the Solicitors Act 1974, ordered to pay costs or made the subject of a recommendation to the Law Society or the SRA to consider imposing a condition by the Tribunal, or struck off or suspended by the Court?   **YES** ☐   **NO** ☐

made the subject of an order under section 43 of the Solicitors Act 1974 by the Law Society or the SRA, or rebuked or fined by the SRA under section 44D of the Solicitors Act 1974 or paragraph 14B of Schedule 2 to the Administration of Justice Act 1985?   **YES** ☐   **NO** ☐

Has the individual previously been:

a manager or owner, compliance officer or employee, of a firm which has been intervened in by the SRA (or previously by the Law Society) or by any other approved regulator?   **YES** ☐   **NO** ☐

notified in writing by the SRA (or previously by the Law Society) that it does not regard as satisfactory an explanation given at the SRA's (or Law Society's) request?   **YES** ☐   **NO** ☐

made the subject of disciplinary sanction by, or refused registration with or authorisation by, another approved regulator, professional or regulatory tribunal, or regulatory authority, whether in England and Wales or elsewhere?   **YES** ☐   **NO** ☐

Has the individual been disqualified from being a manager?   **YES** ☐   **NO** ☐

If **YES** to any of the above, please provide details.

Has the individual at any time made any application to the SRA?   **YES** ☐   **NO** ☐

If **YES**: Type of application made

Please provide the reference number or approximate date of the application

Outcome (i.e. pending/granted/granted with conditions/refused)

v8 25.11.13

Heinz   1525

6.3 Compliance Officer Information [13]

This section is to be completed only if the nominee is to be COLP and/or COFA.

If the roles are to be held by different individuals you will need to complete one individual form per individual.

Please read and ensure you understand rule 8.5 of the Authorisation Rules, regulation 4.8 of the SRA Practising Regulations and the SRA Suitability Test.

If your firm is nominating a COLP/COFA who is not currently regulated by the SRA, please ensure they register with mySRA and record their mySRA ID for use in this form. For information about how to register, please see the guide.

http://www.sra.org.uk/solicitors/freedom-in-practice/ofr/colp-cofa-guide.page

Compliance Officer for Legal Practice (COLP)

To support the nomination for COLP please could you provide substantive responses to the following:

COLP nominee is a:
(e.g. employee, manager)

Has the individual ever managed or supervised staff?   YES [ ]   NO [ ]

If **YES:** Please provide details:

Has the individual ever owned or managed a business alone or with others?   YES [ ]   NO [ ]

If **YES:** Please provide details:

Has the individual ever managed or supervised an office?   YES [ ]   NO [ ]

If **YES:** Please provide details:

What past experience do you consider is relevant to the role and you being able to adequately fulfil your duties?

How do you intend to ensure that the firm will be fully compliant with the SRA's handbook?

In what ways do you feel that you are suitable to undertake the role of COLP including seniority and sufficient responsibility?

Please provide details of any relevant training courses that you have attended.

Please provide details of the recording and reporting obligations of the COLP?

---

v8 25.11.13

Compliance Officer for Finance and Administration (COFA)

To support the nomination for COFA please could you provide substantive responses to the following:

COFA nominee is a: [ ] (e.g. employee, manager)

Please provide a summary of the individual's experience and knowledge of managing finance, to include:

Billing and recovering: [ ]

Computerisation: [ ]

Preparing budgets: [ ]

Controlling costs: [ ]

Financial and management information: [ ]

What is your experience of working with the SRA Accounts Rules?

[ ]

Do you have or are you, a book keeper who is a member of the The Institute of Legal Finance & Management (ILFM)?

[ ]

Who will undertake the day-to-day accounting activities?

[ ]

Have you experience in signing off reconciliation statements, can you describe this process, and can you confirm that you will be reviewing and signing them off?

[ ]

What is your knowledge of managing office and client accounts?

[ ]

Do you have a full understanding of what constitutes client money?

[ ]

Please provide details of the recording and reporting obligations of a COFA?

[ ]

In what ways do you feel that you are suitable to undertake the role of COFA, including seniority and sufficient responsibility?

[ ]

For firms who are not intending to hold client money, how will disbursements be paid?

[ ]

For firms who are not intending to hold client money, how will compensation be dealt with and paid?

[ ]

For firms who are not intending to hold client money, how will you invoice and bill clients?

[ ]

9

v8 25.11.13

Related Entity COLP/COFA

This section is to be completed if the nominee is to be a COLP and/or a COFA for a related entity authorised body.

Rule 8.5 (h) and (i) Authorisation Rules relates to COLPs and COFAs respectively.

'Related authorised body' means an authorised body which has a manager or owner in common with another authorised body'.

A COLP or COFA who is applying to hold these positions in a number of related entitles within a large group structure may make one application. This application needs to indicate all the entities for which the individual wishes to be approved.

The SRA retains the right to refuse approval in some or all of these entities.

Please list the related entities below:

Firm name	Firm SRA No.	Role COLP/COFA/ BOTH	Firm AUS	AUS declare Yes/No	Individual name	Individual declare Yes/No

10

Section 7 - Employment History [14]

In order to assess the individual we need information on the work history and the professional interests of the individual. Please provide details including length of time and the role type/title in respect of all forms of employment, including self employment, for the last 5 years.

Has the individual ever worked in legal services?   YES ☐   NO ☐

If **YES**, please provide details and include the length of their employment and their role type/title.

Current or most recent employer

Name of individual's employer:

SRA Number of employer (if applicable):

Job Title:

Address: Date employment started:

Date employment ended:

Postcode:

Did/does this employment involve the practise of law in England and Wales?   YES ☐   NO ☐

Is the individual currently an employee of the applicant firm/authorised body?   YES ☐   NO ☐

If **YES**: Employment start date:

Position/status within the firm:

Job title:

Previous employer

Name of individual's employer:

Job Title:

Address: Date employment started:

Date employment ended:

Postcode:

Did this employment involve the practise of law in England and Wales?   YES ☐   NO ☐

11

Previous employer

Name of individual's employer: _____

Job Title: _____

Address: _____   Date employment started: _____

_____   Date employment ended: _____

_____

Postcode: _____

Did this employment involve the practise of law in England and Wales?   YES ☐   NO ☐

Section 8 - Business Interests[15]

You will need to read Chapter 12 of the Code of Conduct before answering the following questions.

http://www.sra.org.uk/solicitors/handbook/code/part5/rule12/content.page

Will the individual

own a separate business   YES ☐   NO ☐

be owned by a separate business   YES ☐   NO ☐

actively participate in a separate business   YES ☐   NO ☐

or be connected with a separate business   YES ☐   NO ☐

Name the separate business(es)	Describe the relationship with the individual	Give details of work undertaken by the separate business if regulated name regulator	Does any of the activities fall within the definition of prohibited separate business activities?	Do you intend to keep this business separate or amalgamate with applicant firm/ authorised body?

v8 25.11.13

Section 9 - Suitability Test [16] [17]

The SRA has a responsibility to ensure that people who hold certain roles are fit and proper. The SRA Suitability Test 2011 expresses the criteria you have to satisfy. The individual will become known as the candidate for the purposes of the Suitability Test and the rest of this section.

"Candidate" means Compliance Officer for Legal Practice (COLP), Compliance Officer for Finance and Administration (COFA), owner or manager under the SRA Authorisation Rules for Legal Services Bodies and Licensable Bodies and the SRA Practising Regulations.

All material information relating to the candidate's application must be disclosed. Failure to disclose material information will be treated as prima facie evidence of dishonest behaviour. The candidate must disclose any matters that have occurred in the UK and/or overseas.

If the candidate is only a manager and/or a lawyer owner and or the intended COLP or COFA in a recognised body or sole practitioner firm they should not disclose any convictions or cautions that are spent under the Rehabilitation of Offenders Act. They should not answer questions 2 (iii) and 3 (i) - (v).

If the candidate is an intended non lawyer owner in a Licensable Body and or the intended COLP or COFA in a Licensable Body they should answer all questions and disclose spent convictions and cautions but should not disclose protected cautions or convictions.

The Rehabilitation of Offenders Act 1974 (Exceptions) Order 1975 (as amended) was amended in May 2013 to bring it in line with the European Convention on Human Rights. The main changes were the introduction of 'protected' cautions and convictions. As a result of the changes, question we ask about convictions and cautions do not apply to protected cautions and convictions. Failure to disclose such convictions and cautions cannot be considered as prima facie evidence of dishonesty. The Disclosure and Barring Service (DBS) will filter any protected convictions and cautions, so they will not appear on standard disclosures.

THE CANDIDATE HAS READ AND UNDERSTOOD THE ABOVE STATEMENT   YES ☐

Criminal offences

Refer to section 1 of the SRA Suitability Test 2011 within the SRA Handbook.

1) Has the candidate ever been convicted by a court of a criminal offence:

i. for which they received a custodial or suspended sentence;	YES ☐	NO ☐
ii. involving dishonesty, fraud, perjury or bribery;	YES ☐	NO ☐
iii. specifically in relation to, or which they have been included on the Violent and Sex Offender Register	YES ☐	NO ☐
iv. associated with obstructing the course of justice;	YES ☐	NO ☐
v. which demonstrated behaviour showing signs of discrimination towards others;	YES ☐	NO ☐
vi. associated with terrorism;	YES ☐	NO ☐
vii. which was racially aggravated;	YES ☐	NO ☐
viii. which was motivated by any of the 'protected' characteristics defined within the Equality Act 2010; and/or	YES ☐	NO ☐
ix. more than one criminal offence.	YES ☐	NO ☐

If the candidate has answered 'yes' we will refuse their application unless there are exceptional circumstances.

13

v8 25.11.13

2) Has the candidate ever:

    i.   been convicted by a court of a criminal offence not falling in 1) above;   YES ☐ NO ☐

    ii.   been included on the Violent and Sex Offender Register but in relation to the candidates inclusion on the Register, the candidate has not been convicted by a court of a criminal offence; and/or   YES ☐ NO ☐

    iii.   accepted a caution for an offence involving dishonesty.   YES ☐ NO ☐

If the candidate has answered 'yes' we are more likely than not to refuse the application.

3) Has the candidate ever:

    i.   received a local warning from the police;   YES ☐ NO ☐

    ii.   accepted a caution from the police for an offence not involving dishonesty;   YES ☐ NO ☐

    iii.   received a Penalty Notice for Disorder (PND) from the police;   YES ☐ NO ☐

    iv.   received a final warning or reprimand from the police (youths only); and/or   YES ☐ NO ☐

    v.   received a referral order from the courts (youths only).   YES ☐ NO ☐

If the candidate has answered 'yes' we may refuse their application.

14

v8 25.11.13

4) Is the candidate currently facing any criminal charges? YES ☐ NO ☐

If the candidate answered 'yes' they must disclose the details of the charge(s). We will not determine their application until they can confirm that the charge(s) have either been dropped or the outcome of their case is known. Please attach all evidence to the completed application.

Evidence and rehabilitation

Refer to sections 7 and 8 of the SRA Suitability Test 2011 within the SRA Handbook. The detailed evidence requirements are specified after each section of the test.

If the candidate has answered 'yes' to questions 1) - 4) they must provide:

A) a full statement of the event(s), setting out any exceptional circumstances;

B) at least one independent report relating to the event(s) such as sentencing remarks;

C) details of at least two independent professional people (of which one should preferably be from an employer or tutor) who know the candidate well, are familiar with the events being considered, and have given their consent to be contacted on behalf of the candidate for references;

D) any evidence of rehabilitation;

E) documentary evidence in support of their case and where possible an independent corroboration of their account of the event(s);

F) if they were fined, evidence of payment of fine(s), reports can be obtained from the court.

The onus is on the candidate to provide any evidence the candidate considers necessary and/or appropriate. However, should we consider that the candidate has provided insufficient evidence, we reserve the right to carry out our own investigation and/or refuse the candidate's application if further evidence is not forthcoming.

Please attach all evidence to the completed application.

Assessment offences

Refer to section 4 of the SRA Suitability Test 2011 within the SRA Handbook.

All material information relating to the candidate's application must be disclosed. Failure to disclose material information will be treated as prima facie evidence of dishonest behaviour. The candidate must disclose any matters that have occurred in the UK and/or overseas.

THE CANDIDATE HAS READ AND UNDERSTOOD THE ABOVE STATEMENT YES ☐

5) Has the candidate ever committed and/or been adjudged by an education establishment to have committed a deliberate assessment offence YES ☐ NO ☐
which amounts to plagiarism or cheating to gain advantage for themselves or others?

15

v8 25.11.13

Heinz   1533

Evidence and Rehabilitation

If they have answered 'yes' to question 5) they must provide:

A) a full statement of the event(s), setting out:
   i) any exceptional circumstances,
   ii) the extent to which the candidate was aware of the rules and procedures governing the reference of material or the use of group work or collaborative material, and
   iii) the extent to which the candidate could reasonably have been expected to realise that the offence did not constitute legitimate academic practice.

B) at least one independent report relating to the event(s) from the university or course provider, such as minutes from meetings or hearings;

C) details of at least two independent professional people (of which one should preferably be from an employer or tutor) who know the candidate well, are familiar with the events being considered, and have given their consent to be contacted on behalf of the candidate for references;

D) documentary evidence in support of their case and where possible an independent corroboration of their account of the event(s).

The onus is on the candidate to provide any evidence the candidate considers necessary and/or appropriate. However, should we consider that the candidate has provided insufficient evidence, we reserve the right to carry out our own investigation and/or refuse the candidate's application if further evidence is not forthcoming.

Please attach all evidence to the completed application.

Financial behaviour

Refer to section 5 of the SRA Suitability Test 2011 within the SRA Handbook.

All material information relating to the candidate's application must be disclosed. Failure to disclose material information will be treated as prima facie evidence of dishonest behaviour. The candidate must disclose any matters that have occurred in the UK and/or overseas.

THE CANDIDATE HAS READ AND UNDERSTOOD THE ABOVE STATEMENT   YES ☐

6) Has the candidate ever been declared bankrupt, entered into any individual voluntary arrangements (IVA) or had a County Court Judgment (CCJ) issued against them?   YES ☐   NO ☐

If the candidate answered 'yes' it will raise a presumption that they cannot manage their finances properly and carefully, and we will refuse their application unless there are exceptional circumstances.

Evidence and rehabilitation
If the candidate has answered 'yes' to question 6) they must provide:

A) a full statement of the event(s), setting out any exceptional circumstances;

B) at least one independent report relating to the event(s), to include paperwork from the court relating to the hearing, with dates, court reference numbers and the outcome;

C) details of at least two independent professional people (of which one should preferably be from an employer or tutor) who know the candidate well, are familiar with the events being considered, and have given their consent to be contacted on behalf of the candidate for references;

D) a credit report, no more than one month old at the date of application, through Experian or Equifax;

E) independent evidence of actions the candidate has taken to clear any debts, satisfy any judgments, and manage their finances.

The onus is on the candidate to provide any evidence they consider necessary and/or appropriate. However, should we consider that the candidate has provided insufficient evidence, we reserve the right to carry out our own investigation and/or refuse the candidate's application if further evidence is not forthcoming.

Please attach all evidence to your completed application.

16

v8 25.11.13

Regulatory history

Refer to section 6 of the SRA Suitability Test 2011 within the SRA Handbook.

All material information relating to the candidate's application must be disclosed. Failure to disclose material information will be treated as prima facie evidence of dishonest behaviour. The candidate must disclose any matters that have occurred in the UK and/or overseas.

THE CANDIDATE HAS READ AND UNDERSTOOD THE ABOVE STATEMENT   YES ☐

7) Has the candidate ever:

i.   been made the subject of a disciplinary finding, sanction or action by a regulatory body and/or any court or other body hearing appeals in relation to disciplinary or regulatory findings;   YES ☐   NO ☐

ii. failed to disclose information to a regulatory body when required to do so, or provided false or misleading information;   YES ☐   NO ☐

iii. breached the requirements of a regulatory body;   YES ☐   NO ☐

iv. been refused registration by a regulatory body; and/or   YES ☐   NO ☐

v.   failed to comply with the requests of a regulatory body.   YES ☐   NO ☐

If the candidate answered 'yes' we will refuse their application unless there are exceptional circumstances.

8) Has the candidate ever been rebuked or reprimanded by or received a warning about their conduct from a regulatory body?   YES ☐   NO ☐

If the candidate answered 'yes' we may refuse their application.

9) Is the candidate currently facing any disciplinary proceeding(s) or investigation(s)?   YES ☐   NO ☐

If the candidate answered 'yes', they must disclose details of the matter(s). We will not determine their application until they can confirm that the matter(s) has/have either been dropped or the outcome is known.

Evidence and rehabilitation

If the candidate has answered 'yes' to questions 7) - 9) you must provide:

A)   a full statement of the event(s), setting out any exceptional circumstances;

B)   at least one independent report relating to the event(s), to include documentation from the regulatory/professional body, minutes from hearings and meetings, confirmation of outcome(s), appeal details (if relevant) and any sanctions;

C)   details of any disciplinary proceeding(s) or investigation(s) they may be facing. Please be aware that we will not determine their application until they can confirm that the matter(s) has/have either been dropped or the outcome of your case is known;

D)   details of at least two independent professional people (of which one should preferably be from an employer or tutor) who know the candidate well, are familiar with the events being considered, and have given their consent to be contacted on behalf of the candidate for references ;

E)   independent evidence of actions the candidate has taken to satisfy any findings and/or sanctions.

The onus is on the candidate to provide any evidence they consider necessary and/or appropriate. However, should we consider that the candidate has provided insufficient evidence, we reserve the right to carry out our own investigation and/or refuse the candidate's application if further evidence is not forthcoming.

Please attach all evidence to your completed application.

17

v8 25.11.13

Any other behaviour

Refer to section 3 of the SRA Suitability Test 2011 within the SRA Handbook.

All material information relating to the candidate's application must be disclosed. Failure to disclose material information will be treated as prima facie evidence of dishonest behaviour. The candidate must disclose any matters that have occurred in the UK and/or overseas.

THE CANDIDATE HAS READ AND UNDERSTOOD THE ABOVE STATEMENT   YES ☐

10) Are there any other factors which may call into question the candidate's   YES ☐ NO ☐
character and suitability?

Unless there are exceptional circumstances we will refuse the candidate's application if they have:

(i)   been responsible for behaviour:

    (a) which is dishonest;

    (b) which is violent;

    (c) where there is evidence of discrimination towards others;

(ii) misused their position to obtain pecuniary advantage;

(iii) misused their position of trust in relation to vulnerable people; and/or

(iv) been responsible for other forms of behaviour which demonstrate that they cannot be relied upon to discharge their regulatory duties.

Evidence and rehabilitation

If the candidate has answered 'yes' to question 10) you must provide:

A)   a full statement of the event(s), setting out any exceptional circumstances;

B)   at least one independent report relating to the event(s);

C)   details of at least two independent professional people (of which one should preferably be from an employer or tutor) who know the candidate well, are familiar with the events being considered, and have given their consent to be contacted on behalf of the candidate for references.

The onus is on the candidate to provide any evidence they consider necessary and/or appropriate. However, should we consider that the candidate has provided insufficient evidence, we reserve the right to carry out our own investigation and/or refuse the candidate's application if further evidence is not forthcoming.

11) Has the candidate ever been removed from the office of charity trustee for a   YES ☐   NO ☐
charity by an Order of the Charities Act 1993?

If **YES:** Please provide details:

12) Has the candidate ever been removed or disqualified as a company director?   YES ☐   NO ☐

If **YES:** Please provide details:

13) Has the candidate ever been a manager or shareholder of a body corporate
which has been the subject of a winding up order, an administration order or any
type of receivership, or has otherwise been wound-up or put into administration   YES ☐   NO ☐
or has entered into a voluntary arrangement under the Insolvency Act 1986?

If **YES:** Please provide details:

14) Has the candidate ever committed an offence under the Companies Act 2006?   YES ☐   NO ☐

If **YES:** Please provide details:

18

15) Is the candidate aware of any matters which relate to the honesty and integrity of any person they are related to, affiliated with, or act together with which may influence the candidate's authorised role within the applicant firm/authorised body? **YES** ☐ **NO** ☐

If **YES:** Please provide details:

16) Does or will the candidate have any arrangements, relationships or connections with third parties that may allow another party to have any influence over the running of the firm? **YES** ☐ **NO** ☐

If **YES:** Please provide details:

17) Is the candidate a manager or employee in any other business? **YES** ☐ **NO** ☐

If **YES:** Please provide details:

18) Does the candidate intend to continue with any other business(es) if this application for approval is successful? **YES** ☐ **NO** ☐

If **YES:** Please provide details:

19) Has the candidate been named in any complaints to their regulator or to any Ombudsman in the last 12 months? **YES** ☐ **NO** ☐

If **YES:** Please provide details:

20) Has the candidate ever been disqualified in any capacity under Section 99 of the LSA or under the SRA Authorisation Rules? **YES** ☐ **NO** ☐

If **YES:** Please provide details:

21) Has the candidate ever been disqualified from acting as a Head of Finance and Administration or Head of Legal Practice by the SRA or another approved regulator? **YES** ☐ **NO** ☐

If **YES:** Please provide details:

v8 25.11.13

Heinz 1537

Section 10 - Declaration

This section is to be completed by the candidate

Knowingly or recklessly giving the SRA information, which is false or misleading, or failing to inform the SRA of significant information may lead to:

- **The application for Authorisation or Recognition of the applicant body being rejected;**

- **The application for approval of an authorised role holder being rejected;**

- **Authorisation or Recognition of the applicant body being revoked;**

- **Approval being withdrawn; and/or**

- **Disciplinary action being taken by the SRA.**

The SRA Authorisation Rules and the SRA Practising Regulations requires the candidate to ensure that all information is correct and complete and to notify the SRA as soon as it becomes aware, or has information that reasonably suggests, that they have or may have provided the SRA with information, which was or may have been false, misleading, incomplete or inaccurate, or has or may have changed.

The submission of this portable document form constitutes a proper application and the act of submission is evidence of a binding signature.

When a compliance officer is responsible for reporting matters to the SRA, as set out in the SRA Authorisation Rules or the SRA Practising Regulations, failing to inform the SRA in accordance with those rules is a breach.

It should not be assumed that information is known to the SRA merely because it is in the public domain or has previously been disclosed to the SRA or another regulatory body. If there is any doubt about the relevance of information it should be included.

For the purposes of complying with the Data Protection Act 1998, any personal information provided in this application may be used by the SRA to discharge its statutory functions under the Legal Services Act 2007, the Solicitors Act 1974, the Administration of Justice Act 1985 and any other relevant legalisation.

The SRA may make such enquiries, and seek such further information, as it considers appropriate in the course of verifying information about this application, and about any individual or body associated with this application, to ensure compliance with the SRA Handbook. In performing these checks, personal information given in the application may be disclosed to registered Credit Reference Agencies, who may keep a record of that information.

☐ I confirm that I have read and understood the guidance notes and that the information in this application about me and the applicant/authorised firm is correct and complete to the best of my knowledge and belief.

☐ I confirm that I understand the regulatory responsibilities of my proposed role as set out in the Legal Services Act 2007 and the SRA Handbook, and agree to be subject to and bound by the regulatory arrangements of the SRA.

☐ I authorise the SRA to make such enquiries and seek such further information, as it considers appropriate in the course of verifying information about this application.

☐ I agree that the information I give, or which becomes known because of this application, and any consent given by me may be disclosed to the firm.

☐ I will provide all necessary consents for information to be given to the SRA to enable it to discharge its functions in accordance with its regulatory arrangements.

☐ I will notify the SRA as soon as I become aware that any information provided in this application has changed.

20

v8 25.11.13

☐ I agree that information about any approval as an authorised role holder, including any conditions, will be published in accordance with the SRA publication policy.

☐ In making this application I confirm, on the basis of due and diligent enquiry, that I am a fit and proper person.

☐ I agree that whilst resident or working in the UK, I will hold the appropriate and valid documentation necessary in order to comply with Immigration Regulations and statutes.

☐ I am satisfied that I will be able to fully discharge my responsibilities as set out in the SRA Handbook.

COLP/COFA only:

☐ If applicable I consent to the nomination of the role of Compliance Officer for Legal Practice.

☐ If applicable I consent to the nomination of the role of Compliance Officer for Finance and Administration.

☐ I agree I am satisfied that I will be able to fully discharge my responsibilities as set out in rule 8.5 (c) of the SRA Authorisation Rules or regulation 4.8 (c) of the SRA Practising Regulations.

☐ Where appropriate, I have discussed with the firm any concerns or issues I have regarding my suitability as the applicant firm/authorised body's compliance officer(s).

Individual declaration details:

Individual's signature: _____ Date: _____

Surname: _____ Forename(s): _____

SRA/Registration number: _____ Title: _____ Date of Birth: _____

Role: _____ E-mail address: _____

☐ If completed electronically please tick to say you confirm the declaration.

In making this application on behalf of the applicant firm/authorised body:

☐ I confirm that I have read and understood the guidance notes and that the information in this application about the firm and all candidates is correct and complete to the best of my knowledge and belief.

☐ I confirm that I have authority to make this application and the declarations on behalf of the firm and all candidates named in this application.

☐ The firm, all candidates and all employees understand the regulatory responsibilities of their proposed roles as set out in the Legal Services Act 2007 and the SRA Handbook and agree to be subject and bound by the regulatory arrangements of the SRA.

☐ I have obtained the necessary consents from each of the candidates for disclosure by the SRA to the firm of the results of any checks or any information and any documents held in respect of any candidate.

☐ I confirm that the SRA will be notified as soon as any information provided in this application has changed.

☐ I authorise the SRA to make such enquiries and seek such further information, as it considers appropriate in the course of verifying information about this application.

v8 25.11.13

☐ I confirm that the applicant firm/ authorised body will provide all necessary permissions to allow for information to be given to the SRA.

☐ I agree to any information about the authorisation or recognition and any approval of candidates including any conditions being published in accordance with the SRA publication policy.

☐ I confirm that the firm believes on the basis of due and diligent enquiry that each candidate is a fit and proper person.

COLP/COFA only

☐ I have discussed with the nominee compliance officer(s) any concerns and/or issues regarding their suitability as the firms compliance officer(s).

☐ I confirm that the firm is satisfied that the COLP/COFA nominee(s) will be able to fully discharge their responsibilities as a COLP and or COFA in the firm.

☐ The firm has suitable arrangements in place in accordance with rule 8.5(a) of the SRA Authorisation Rules or regulation 4.8 (a) of the SRA Practising Regulations.

☐ The information provided regarding the individual named as COLP/COFA nominee in this application is accurate.

☐ The candidate(s) consents to their nomination(s).

Please provide details of the Authorised Individual making this declaration:

Surname: [   ]   Forename(s): [   ]

SRA/Registration number: [   ]   Title: [   ]   Date of Birth: [   ]

Role: [   ]   E-mail address: [   ]

Signature: [   ]   Date: [   ]

☐ If completed electronically please tick to say you confirm the declaration.

v8 25.11.13

Section 11 - Returning the form

Please return the form, supporting documents and list of enclosures by email to:
authorisation@sra.org.uk

Applicant checklist

To help us process your application quickly please check that:

- [ ] The candidate's declaration has been signed and dated.

- [ ] The authorised body's/applicant firm declaration has been signed and dated.

- [ ] Certificate of Good Standing from the candidate's home jurisdiction is supplied. The certificate must be received by us within three months from the date of issue and must be accompanied by an official translation, if not in the English language. We will require the original certificate of attestation.

- [ ] Written confirmation from the approved regulator relating to the candidate.

- [ ] Any additional information has been labelled and securely attached to the email.

v8 25.11.13

Heinz   1541

Anmerkungen

1. Das Formular **FA2 – Individual Approval application form-** muss von den zukünftigen Mitgliedern ausgefüllt werden, um als Mitglied der LDP agieren zu dürfen. Sollte dem zukünftigen Mitglied bereits vom SRA genehmigt worden sein, als Mitglied in einer anderen LDP zu agieren, muss dieses Formular nicht nochmal für diese Person ausgefüllt werden. Normalerweise entfällt dieses Formular für alle Solicitor von England und Wales, da diese bereits automatisch zugelassen sind, in einer LDP zu arbeiten. Alle anderen Juristen (zB Barrister und Public Notary) müssen zuerst vom SRA die Genehmigung dafür erhalten.

2. Der Antragsteller muss angeben, welcher Tätigkeit er in der LDP nachgehen wird.

3. Unter Section 1 **Basic Application Details** muss der Antragsteller seinen Namen nennen sowie angeben, ob der Antrag eine bereits existierende LDP oder eine noch zu gründende LDP betrifft. Sollte die LDP bereits existieren, müssen hier auch die SRA Nummer und der Name der LDP angegeben werden.

4. Des Weiteren muss der Antragsteller oder die Person, die zugelassen werden soll, unter Section 1 nochmals seinen vorgesehenen Tätigkeitsbereich angeben.

5. Sollte die Person, die zugelassen werden soll, Anteile an der LDP besitzen, so muss sie die prozentualen Anzahl der Anteile hier eintragen.

6. Unter Section 2 **Personal Details of the individual** muss der Antragsteller die personenbezogen Daten der Person eintragen, die zugelassen werden soll.

7. Unter Section 3 **Contact Details** muss der Antragsteller oder die Person, die zugelassen werden soll, die Kontaktdaten sowie deren Wohnanschriften der letzten fünf Jahre eintragen.

8. Wie unter **Anmerkung** 7 bereits erläutert, muss der Antragsteller oder die Person, die zugelassen werden soll, in den folgenden Spalten die Wohnanschriften der letzten fünf Jahre eintragen. Sollten die vorgedruckten Spalten dazu nicht ausreichen, muss ein separates Ergänzungsblatt mit den noch fehlenden Wohnanschriften dem Antrag beigefügt werden.

9. Unter Section 5 **Business Addresses** muss der Antragsteller oder die Person, die zugelassen werden soll, die Geschäftsadressen angeben, wo er oder das neue Mitglied arbeiten wird.

10. Unter Section 6 **Professional Status** muss der Antragsteller oder die Person, die zugelassen werden soll, angeben, bei welcher Anwaltskammer sie zugelassen ist, zB Bar Standards Board (BSB), The Faculty Office, Rechtsanwaltskammer Berlin etc., und welchen juristischen Titel er trägt - zB Barrister (England & Wales) oder Public Notary, oder ob er als ein Europäischer Rechtanwalt tätig ist. Sollte letzteres der Fall sein, so muss dieser noch angeben, bei welcher Anwaltskammer er als europäischer Anwalt zugelassen ist.

11. Hier muss angegeben werden, ob der Antragsteller oder die Person, die zugelassen werden soll, hauptsächlich außerhalb von England & Wales arbeiten wird. Dieses könnte der Fall sein, wenn die LDP eine Niederlassung in Deutschland oder in der Europäischen Union betreibt.

12. Unter 6.2 **Regulatory Information** muss angegeben werden, bei welcher Anwaltskammer der Antragsteller oder die Person, die zugelassen werden soll, normalerweise registriert ist. Dies ist generell der Fall, wenn der Antragsteller oder die Person, für die eine Zulassung beantragt wird, kein Solicitor von England und Wales ist, sondern zB ein Barrister.

13. Section 6.3 **Compliance Officer Information** muss nur vervollständigt werden, wenn der Antragsteller, oder die Person die zugelassen werden soll, als Compliance Officer für die rechtlichen Dienstleistungen und Verpflichtungen der LDP tätig werden soll.

14. Unter Section 7 **Employment History** muss der der Antragsteller, oder die Person die zugelassen werden soll, seinen beruflichen Werdegang der letzten fünf Jahre offenlegen.

15. Unter Section 8 **Business Interests** muss angegeben werden, welche weiteren wirtschaftlichen Interessen der Antragsteller oder die Person, die zugelassen werden soll, unabhängig von der LDP noch hat, zB Anteile an einer weiteren anwaltlichen Sozietät im In- oder Ausland.

16. Unter Section 9 **Suitability Test** („Eignungsprüfung") muss der Antragsteller oder die Person, die zugelassen werden soll, Fragen schriftlich beantworten, die deren Tauglichkeit feststellen sollen, bevor die SRA dieser Person erlaubt, ein Mitglied in einer LDP zu werden.

17. Erst nach Auswertung des Tests wird die SRA endgültig entscheiden, ob der Antrag auf Zulassung zur Mitgliedschaft in einer LDP erfolgreich war. Der Grund für diesen Test liegt darin, dass, sobald die SRA die Person für geeignet hält, ein Mitglied in einer LDP zu sein, diese Person auch als Mitglied in die SRA aufgenommen wird. Die SRA wird somit auch automatisch zuständig für die Disziplinarmaßnahmen und Fortbildung des neuen Mitglieds. Aus diesem Grund muss die SRA vorher gründlich prüfen, welchen Personen sie die Mitgliedschaft ermöglichen will.

4. Anmeldung einer Sozietät als LDP-Mitglied

FA3 - Corporate Manager/Owner
Approval application form①②

Solicitors
Regulation
Authority

This is the form to make an application for approval in an Authorised Body or an Applicant Firm for the following:

*   Corporate Managers
*   Corporate Owners

This form is not to be used by Authorised Bodies who meet the deemed criteria pursuant to Rule 13.2 of the Authorisation Rules for Legal Services Bodies and Licensable Bodies (SRA Authorisation Rules).

http://www.sra.org.uk/solicitors/handbook/authorisationrules/content.page

In these cases an advance notification form (NM1) should be submitted.

This form cannot be used by Recognised Bodies wishing to have non legally qualified managers or owners. Please note any managers within the corporate manager and/or owner also needs to be approved.

Please submit the relevant Individual Manager application form with this application.

Before completing the application form please read the guidance provided on the SRA Firm Based Authorisation micro site. This will outline the step by step application process.

http://www.sra.org.uk/authorisation

Manager means:

*   a member of an LLP;
*   a director of a company;
*   a partner of a partnership; or
*   in relation to any other body, a member of its governing body.

Corporate Body means a body which is incorporated and registered, for example, at Companies House and that has a separate legal personality.

Legally Qualified Body means:

*   a recognised body;

*   a licensed body of which lawyers are entitled to exercise, or control the exercise of, 90% or more of the voting rights of that licensed body;

*   an authorised non-SRA firm of which lawyers are entitled to exercise, or control the exercise of, 90% or more of the voting rights of that authorised non-SRA firm; or

*   a European corporate practice,

*   and for the purposes of section 9A(6)(h) and (6C) of the AJA means a body which would meet the requirement in Rule 13.2 of the SRA Practice Framework Rules.

Section 1 - Basic Application Details③

Applicant Firm/Authorised body:	
Applicant Firm/Authorised body SRA No:	
Corporate manager/owner name:	

Role held:[4]   Manager ☐   Owner ☐

If an owner please indicate the nature of the interest holding.

[   ]

Confirm the percentage held: [   ]

Please list the beneficial owners of the Corporate Body: [   ]

Please provide the corporate structure of the intended Corporate Body with the application.[5]
YES attached ☐

Please provide the corporate structure of the Authorised Body/Applicant Firm with the[6]
application. **YES attached** ☐

Section 2 - Corporate Managers and/or Corporate Owners[7]

Please list the names of the managers of the Corporate Body:

[   ]

Please give the number of individual forms completed and attached for each manager: [   ]

What does the Corporate Body do? [   ]

Has the Corporate Body at any time made an application to the SRA?   YES ☐   NO ☐

If **YES** Nature of application: [   ]

Please provide the reference number or approximate date of the application: [   ]

Application Outcome: [   ]   Registration No. [   ]

Does the Corporate Body hold authorisation with any other regulator?   YES ☐   NO ☐

If **YES**: Regulator: [   ]   Registration No: [   ]

If the Corporate Body is incorporated please provide:

Country of registration or incorporation: [   ]   Date of incorporation: [   ]

Companies House Registration number: [   ]

Main/registered Address: [   ]

[   ]

Town: [   ]   Country: [   ]

County: [   ]   Postcode: [   ]

Tel No. [   ]

Email Address: [   ]

Section 3 - Separate Businesses[8]

Will the corporate body or any individual connected with the corporate body:

own a separate business	YES ☐	NO ☐
be owned by a separate business	YES ☐	NO ☐
actively participate in a separate business	YES ☐	NO ☐
be connected with a separate business	YES ☐	NO ☐

Please provide the following details in respect of each business.

Name the separate business(es)	Describe the relationship with the individual/corporate body	Give details of work undertaken by the separate business if regulated name regulator	Does any of the activities fall within the definition of prohibited separate business activities?	Is it intended to keep this business separate or amalgamate with the authorised body?

Does the Authorised Body/Applicant firm act as a manager or owner of any other business? ☐

If YES please provide details

Section 4 - Individual Manager Details[9]

Rule 8.6 of the Authorisation Rules requires all managers within any corporate manager or corporate owners to be approved.

You will need to complete and submit Individual Forms for approval for each individual who will require approval to be a manager of a corporate manager or corporate owner.

Please provide details of all individuals in the table below who sit in the corporate manager/owner

Individual Manager	Name	Type of role	SRA ID number	Name of entity in which role held	Person Type	Do you meet the deeming criteria?

Please ensure you submit the relevant individual form for any non-deemed manager.

Please confirm how many individual forms you will be submitting. [   ]

Section 5 - SRA Suitability Test 2011[10]

The SRA has a responsibility to ensure that people who hold certain roles are fit and proper. The SRA Suitability Test 2011 expresses the criteria to be satisfied.

The corporate manager or owner will become the candidate for the purposes of this section.

All material information relating to the candidate's application must be disclosed. Failure to disclose material information will be treated as prima facie evidence of dishonest behaviour. The candidate must disclose any matters that have occurred in the UK and/or overseas.

THE CANDIDATE HAS READ AND UNDERSTOOD THE ABOVE STATEMENT   YES ☐

Criminal offences

Refer to section 1 of the SRA Suitability Test 2011 within the SRA Handbook.

1) Has the candidate ever been convicted by a court of a criminal offence:

   i. involving dishonesty, fraud, perjury or bribery;   YES ☐ NO ☐

   ii. specifically in relation to, or which they have been included on the   YES ☐ NO ☐
      Violent and Sex Offender Register

   iii. associated with obstructing the course of justice;   YES ☐ NO ☐

   iv. which demonstrated behaviour showing signs of discrimination   YES ☐ NO ☐
      towards others;

   v. associated with terrorism;   YES ☐ NO ☐

   vi. which was racially aggravated;   YES ☐ NO ☐

   vii. which was motivated by any of the 'protected' characteristics defined   YES ☐ NO ☐
      within the Equality Act 2010; and/or

   viii. more than one criminal offence.   YES ☐ NO ☐

If the candidate has answered 'yes' we will refuse their application unless there are exceptional circumstances.

2) Has the candidate ever been convicted by a court of a criminal offence   YES ☐ NO ☐
   not falling in 1) above.

If the candidate has answered 'yes' we may refuse the application.

---

3) Is the candidate currently facing any criminal charges?   YES ☐ NO ☐

If the candidate answered 'yes' they must disclose the details of the charge(s). We will not determine their application until they can confirm that the charge(s) have either been dropped or the outcome of their case is known. Please attach all evidence to the completed application.

Evidence and rehabilitation

Refer to sections 7 and 8 of the SRA Suitability Test 2011 within the SRA Handbook. The detailed evidence requirements are specified after each section of the test.

If the candidate has answered 'yes' to questions 1) - 3) they must provide:

A)   a full statement of the event(s), setting out any exceptional circumstances:

B)   at least one independent report relating to the event(s) such as sentencing remarks;

C)   details of at least two independent professional people (of which one should preferably be from an employer or tutor) who know the candidate well, are familiar with the events being considered, and have given their consent to be contacted on behalf of the candidate for references;

D)   any evidence of rehabilitation;

E)   documentary evidence in support of their case and where possible an independent corroboration of their account of the event(s);

F)   if they were fined, evidence of payment of fine(s), reports can be obtained from the court.

The onus is on the candidate to provide any evidence the candidate considers necessary and/or appropriate. However, should we consider that the candidate has provided insufficient evidence, we reserve the right to carry out our own investigation and/or refuse the candidate's application if further evidence is not forthcoming.

Please attach all evidence to the completed application.

Financial behaviour

Refer to section 5 of the SRA Suitability Test 2011 within the SRA Handbook.

All material information relating to the candidate's application must be disclosed. Failure to disclose material information will be treated as prima facie evidence of dishonest behaviour. The candidate must disclose any matters that have occurred in the UK and/or overseas.

THE CANDIDATE HAS READ AND UNDERSTOOD THE ABOVE STATEMENT   **YES** ☐

4) Has the candidate ever had a County Court Judgment (CCJ) issued   **YES** ☐ **NO** ☐
   against them or entered into a Corporate Voluntary Arrangement (CVA)
   or a winding up order issued against them?

If the candidate answered 'yes' it will raise a presumption that they cannot manage their finances properly and carefully, and we will refuse their application unless there are exceptional circumstances.

Evidence and rehabilitation
If the candidate has answered 'yes' to question 4) they must provide:

A) a full statement of the event(s), setting out any exceptional circumstances;

B) at least one independent report relating to the event(s), to include paperwork from the court relating to the hearing, with dates, court reference numbers and the outcome;

C) details of at least two independent professional people (of which one should preferably be from an employer or tutor) who know the candidate well, are familiar with the events being considered, and have given their consent to be contacted on behalf of the candidate for references;

D) a credit report, no more than one month old at the date of application, through Experian or Equifax;

E) independent evidence of actions the candidate has taken to clear any debts, satisfy any judgments, and manage their finances.

The onus is on the candidate to provide any evidence they consider necessary and/or appropriate. However, should we consider that the candidate has provided insufficient evidence, we reserve the right to carry out our own investigation and/or refuse the candidate's application if further evidence is not forthcoming.

Please attach all evidence to your completed application.

Regulatory history

Refer to section 6 of the SRA Suitability Test 2011 within the SRA Handbook.

All material information relating to the candidate's application must be disclosed. Failure to disclose material information will be treated as prima facie evidence of dishonest behaviour. The candidate must disclose any matters that have occurred in the UK and/or overseas.

THE CANDIDATE HAS READ AND UNDERSTOOD THE ABOVE STATEMENT   YES ☐

5) Has the candidate ever:

  i.   been made the subject of a disciplinary finding, sanction or action by a regulatory body and/or any court or other body hearing appeals in relation to disciplinary or regulatory findings;   YES ☐   NO ☐

  ii. failed to disclose information to a regulatory body when required to do so, or provided false or misleading information;   YES ☐   NO ☐

  iii. breached the requirements of a regulatory body;   YES ☐   NO ☐

  iv. been refused registration by a regulatory body; and/or   YES ☐   NO ☐

  v.   failed to comply with the requests of a regulatory body.   YES ☐   NO ☐

If the candidate answered 'yes' we will refuse their application unless there are exceptional circumstances.

6)   Has the candidate ever been rebuked or reprimanded by or received a warning about their conduct from a regulatory body?   YES ☐   NO ☐

If the candidate answered 'yes' we may refuse their application.

7)   Is the candidate currently facing any disciplinary proceeding(s) or investigation(s)?   YES ☐   NO ☐

If the candidate answered 'yes', they must disclose details of the matter(s). We will not determine their application until they can confirm that the matter(s) has/have either been dropped or the outcome is known.

Evidence and rehabilitation

If the candidate has answered 'yes' to questions 5) - 7) you must provide:

A)   a full statement of the event(s), setting out any exceptional circumstances;

B)   at least one independent report relating to the event(s), to include documentation from the regulatory/professional body, minutes from hearings and meetings, confirmation of outcome(s), appeal details (if relevant) and any sanctions;

C)   details of any disciplinary proceeding(s) or investigation(s) they may be facing. Please be aware that we will not determine their application until they can confirm that the matter(s) has/have either been dropped or the outcome of your case is known;

D)   details of at least two independent professional people (of which one should preferably be from an employer or tutor) who know the candidate well, are familiar with the events being considered, and have given their consent to be contacted on behalf of the candidate for references;

E)   independent evidence of actions the candidate has taken to satisfy any findings and/or sanctions.

The onus is on the candidate to provide any evidence they consider necessary and/or appropriate. However, should we consider that the candidate has provided insufficient evidence, we reserve the right to carry out our own investigation and/or refuse the candidate's application if further evidence is not forthcoming.

Please attach all evidence to your completed application.

Any other behaviour

Refer to section 3 of the SRA Suitability Test 2011 within the SRA Handbook.

All material information relating to the candidate's application must be disclosed. Failure to disclose material information will be treated as prima facie evidence of dishonest behaviour. The candidate must disclose any matters that have occurred in the UK and/or overseas.

THE CANDIDATE HAS READ AND UNDERSTOOD THE ABOVE STATEMENT   YES ☐

8) **Are there any other factors which may call into question the candidate's**   YES ☐   NO ☐
    character and suitability?

Unless there are exceptional circumstances we will refuse the candidate's application if they have:

(i)   **been responsible for behaviour:**

      (a) which is dishonest;

      (b) which is violent;

      (c) where there is evidence of discrimination towards others;

(ii) **misused their position to obtain pecuniary advantage;**

(iii) **misused their position of trust in relation to vulnerable people; and/or**

(iv) **been responsible for other forms of behaviour which demonstrate that they cannot be relied upon to discharge their regulatory duties.**

Evidence and rehabilitation

If the candidate has answered 'yes' to questions 8-16 you must provide:

A) a full statement of the event(s), setting out any exceptional circumstances;

B) at least one independent report relating to the event(s);

C) details of at least two independent professional people (of which one should preferably be from an employer or tutor) who know the candidate well, are familiar with the events being considered, and have given their consent to be contacted on behalf of the candidate for references.

The onus is on the candidate to provide any evidence they consider necessary and/or appropriate. However, should we consider that the candidate has provided insufficient evidence, we reserve the right to carry out our own investigation and/or refuse the candidate's application if further evidence is not forthcoming.

9) Has the candidate ever been removed from the office of charity trustee for a   YES ☐   NO ☐
    charity by an Order of the Charities Act 1993?

If **YES**: Please provide details:

☐

10) Has the candidate ever been a manager or shareholder of a body corporate
    which has been the subject of a winding up order, an administration order or any
    type of receivership, or has otherwise been wound-up or put into administration YES ☐   NO ☐
    or has entered into a voluntary arrangement under the Insolvency Act 1986?

If **YES**: Please provide details:

☐

11) Has the candidate ever committed an offence under the Companies Act 2006? YES ☐   NO ☐

If **YES**: Please provide details:

☐

12) Is the candidate aware of any matters which relate to the honesty and integrity of any person they are related to, affiliated with, or act together with which may influence the candidate's authorised role within the applicant firm/authorised body?   YES ☐   NO ☐

If **YES**: Please provide details:

---

13) Does or will the candidate have any arrangements, relationships or connections with third parties that may allow another party to have any influence over the running of the applicant firm/authorised body?   YES ☐   NO ☐

If **YES**: Please provide details:

---

14) Does the candidate intend to continue with any other business(es) if this application for approval is successful?   YES ☐   NO ☐

If **YES**: Please provide details:

---

15) Has the candidate been named in any complaints to their regulator or to any Ombudsman in the last 12 months?   YES ☐   NO ☐

If **YES**: Please provide details:

---

16) Has the candidate ever been disqualified in any capacity under Section 99 of the LSA or under the SRA Authorisation Rules (this includes disqualification from acting as a Head of Finance or Head of Legal Practice)?   YES ☐   NO ☐

If **YES**: Please provide details:

Heinz   1553

Section 6 - Declaration

This section is to be completed by an authorised individual of the candidate.

Knowingly or recklessly giving the SRA information, which is false or misleading, or failing to inform the SRA of significant information may lead to:

- **The application for Authorisation or Recognition of the applicant firm being rejected;**
- **The application for approval of an authorised role holder being rejected;**
- **Authorisation or Recognition of the applicant firm being revoked;**
- **Approval being withdrawn; and/or**
- **Disciplinary action being taken by the SRA.**

The SRA Authorisation Rules require the candidate to ensure that all information is correct and complete and to notify the SRA as soon as it becomes aware or has information that reasonably suggests that they have or may have provided the SRA with information, which was or may have been false, misleading, incomplete or inaccurate, or has or may have changed.

The submission of this portable document form constitutes a proper application and the act of submission is evidence of a binding signature.

When a compliance officer is responsible for reporting matters to the SRA, as set out in the SRA Authorisation Rules or the SRA Practising Regulations, failing to inform the SRA in accordance with those rules is a breach.

It should not be assumed that information is known to the SRA merely because it is in the public domain or has previously been disclosed to the SRA or another regulatory body. If there is any doubt about the relevance of information it should be included.

For the purposes of complying with the Data Protection Act 1998, any personal information provided in this application may be used by the SRA to discharge its statutory functions under the Legal Services Act 2007, the Solicitors Act 1974, the Administration of Justice Act 1985 and any other relevant legalisation.

The SRA may make such enquiries, and seek such further information as it considers appropriate, in the course of verifying information about this application, and about any individual or body associated with this application to ensure compliance with the SRA Handbook. In performing these checks, personal information given in the application may be disclosed to registered Credit Reference Agencies, who may keep a record of that information.

In making this application on behalf of the candidate

☐ I confirm that I have read and understood the guidance notes and that the information in this application about the candidate body and the applicant/authorised firm is correct and complete to the best of my knowledge and belief.

☐ I confirm that I understand the regulatory responsibilities of my proposed role as set out in the Legal Services Act 2007 and the SRA Handbook and agree to be subject to and bound by the regulatory arrangements of the SRA.

☐ I authorise the SRA to make such enquiries and seek such further information, as it considers appropriate in the course of verifying information about this application.

☐ I agree that the information I give or which becomes known because of this application and any consent given by me may be disclosed to the applicant/authorised firm.

☐ I will provide all necessary consents for information to be given to the SRA to enable it to discharge its functions in accordance with its regulatory arrangements.

☐ I will notify the SRA as soon as I become aware that any information provided in this application has changed.

☐ I agree that information about any approval, as an authorised role holder including any conditions will be published in accordance with the SRA publication policy.

☐ I confirm, on the basis of due and diligent enquiry, that the candidate body is a fit and proper person.

☐ I am satisfied that the candidate body will be able to fully discharge my responsibilities as set out in the SRA Handbook.

For and on behalf of the candidate body:

Body Name:

Surname: Forename(s):

SRA No:
(If applicable)

Manager's signature: Date:

Office Held:

☐ If completed electronically please tick to say you confirm the declaration.

Knowingly or recklessly giving the SRA information, which is false or misleading, or failing to inform the SRA of significant information may lead to:

- The application for Authorisation or Recognition of the applicant firm being rejected;

- The application for approval of an authorised role holder being rejected;

- Authorisation or Recognition of the applicant firm being revoked;

- Approval being withdrawn; and/or

- Disciplinary action being taken by the SRA.

The SRA Authorisation Rules require the applicant firm/authorised body to ensure that all information is correct and complete and to notify the SRA as soon as it becomes aware or has information that reasonably suggests that they have or may have provided the SRA with information, which was or may have been false, misleading, incomplete or inaccurate, or has or may have changed.

The submission of this portable document form constitutes a proper application and the act of submission is evidence of a binding signature.

When a compliance officer is responsible for reporting matters to the SRA, as set out in the SRA Authorisation Rules or the SRA Practising Regulations, failing to inform the SRA in accordance with those rules is a breach.

It should not be assumed that information is known to the SRA merely because it is in the public domain or has previously been disclosed to the SRA or another regulatory body. If there is any doubt about the relevance of information it should be included.

For the purposes of complying with the Data Protection Act 1998, any personal information provided in this application may be used by the SRA to discharge its statutory functions under the Legal Services Act 2007, the Solicitors Act 1974, the Administration of Justice Act 1985 and any other relevant legalisation.

The SRA may make such enquiries, and seek such further information as it considers appropriate, in the course of verifying information about this application, and about any individual or body associated with this application to ensure compliance with the SRA Handbook. In performing these checks, personal information given in the application may be disclosed to registered Credit Reference Agencies, who may keep a record of that information.

In making this application on behalf of the applicant firm/authorised body:

☐ I confirm that I have read and understood the guidance notes and that the information in this application about the candidate body and the applicant firm/authorised body and all candidates is correct and complete to the best of my knowledge and belief.

☐ I confirm that I have authority to make this application and the declarations on behalf of the applicant firm/authorised body and all candidates named in this application.

☐ The applicant firm/authorised body, all candidates and all employees understand the regulatory responsibilities of their proposed roles as set out in the Legal Services Act 2007 and the SRA Handbook and agree to be subject and bound by the regulatory arrangements of the SRA.

☐ I have obtained the necessary consents from each of the candidates for disclosure by the SRA to the applicant firm/authorised body of the results of any checks or any information and any documents held in respect of any candidate.

☐ I confirm that the SRA will be notified as soon as any information provided in this application has changed.

☐ I authorise the SRA to make such enquiries and seek such further information, as it considers appropriate in the course of verifying information about this application.

☐ I confirm that the applicant/authorised firm will provide all necessary permissions to allow for information to be given to the SRA.

☐ I agree to any information about the authorisation or recognition and any approval of candidates including any conditions to being published in accordance with the SRA publication policy.

☐ I confirm that the applicant/authorised firm believes on the basis of due and diligent enquiry that each candidate is a fit and proper person.

Please provide details of the Authorised Individual making this declaration:

Surname: _____ Forename(s): _____

SRA/Registration number: _____ Title: _____ Date of Birth: _____

Role: _____ E-mail address: _____

Signature: _____ Date: _____

☐ If completed electronically please tick to say you confirm the declaration.

Section 7 - Returning the form

Please return the form, supporting documents and list of enclosures by email to: authorisation@sra.org.uk

Applicant checklist

To help us process your application quickly please check that:

☐ The candidate's declaration has been signed and dated.

☐ The authorised body's/applicant firm declaration has been signed and dated.

☐ Any additional information has been labelled and securely attached to the email.

☐ Any additional application forms relating to managers/owners have been supplied with the application.

Anmerkungen

1. Das Formular FA 3 – Corporate Manager/Owner Approval application form – kann im Fall eines LDP Antrages nur verwendet werden, um eine andere anwaltliche Sozietät, sei es in Form einer LLP, Ltd. oder einer anderen rechtlichen Form, in eine zu registrierende oder bereits existierende LDP als weiteres Mitglied aufzunehmen.

2. Das Formular FA 3 sowie die Formulare FA 1 und FA 2 können auch dazu verwendet werden, um ein „Alternative Business Structure" (ABS) nach englischem Recht zu registrieren. In diesem Fall können die Formulare auch dazu verwendet werden, um einen nicht-Juristen oder ein nicht-juristisches Unternehmen aufzunehmen, dann allerdings in eine ABS.

3. Unter Section 1 **Basic Application Details** muss der Antragsteller oder die Firma und/oder die Partnerschaft, die als Mitglied in der LDP zugelassen werden will, die Daten der bereits registrierten LDP und die des vorrausichtlich neuen Mitgliedes angeben.

4. Sollte die LDP den Antrag auf Zulassung des neuen Mitglieds stellen, muss die agierende Person hier angeben, welche Position der Antragsteller in der bereits registrierten LDP haben wird.

5. Hier muss bestätigt werden, dass die Dokumente, die der SRA über die Unternehmensstruktur des möglichen neuen Mitglieds der LDP Aufschluss geben sollen, diesem Antrag beigefügt wurden.

6. Hier muss bestätigt werden, dass Dokumente diesem Antrag beigefügt worden sind, die der SRA Aufschluss über die Unternehmensstruktur der bereits registrierten LDP geben.

7. Unter Section 2 **Corporate Managers and/or Corporate Owners** muss der Antragsteller die Daten bezüglich der zu registrierenden Firma und oder Partnerschaft als Mitglied der LDP angeben. Dazu zählen unter anderem zB Daten, ob die Firma/Partnerschaft bereits bei der SRA als rechtlicher Dienstleister zugelassen ist, wie viele Mitglieder die zu registrierende Firma/Partnerschaft momentan hat und wer die Anteilseigner oder Eigentümer der Firma oder Partnerschaft sind.

8. Unter Section 3 **Separate Businesses** muss der Antragsteller angeben, ob das zu registrierende neue Mitglied der LDP weitere wirtschaftliche Interessen in anderen Firmen hat. Diese möglichen Interessen müssen sodann in der folgenden Tabelle offengelegt werden.

9. Unter Section 4 **Individual Manager Details** muss der Antragsteller die Namen der Eigentümer und/oder Geschäftsführer und/oder leitenden Angestellten angeben, die als neues Mitglied der LDP angedacht sind.

10. Section 5 **SRA Suitability Test 2011** muss vom Antragsteller im Auftrag des neuen Mitglieds oder vom zu registrierenden neuen Mitglied ausgefüllt werden. Erst nach der Auswertung des Tests wird die SRA darüber entscheiden, ob die Firma/Partnerschaft in die LDP aufgenommen werden darf.

Sachverzeichnis

Die **fett** gesetzen Großbuchstaben, römischen und arabischen Zahlen
beziehen sich auf die die Systematik des Formularbuchs;
die nachfolgenden mageren Zahlen kennzeichnen die betreffende Anmerkung.